X 1423. X 1424.
Franz. +A.f.2.

X 1423.
Cra.2.

X 1424.
+A.f.2.

THE NEW UNIVERSAL DICTIONARY,

ENGLISH AND FRENCH,

AND

FRENCH AND ENGLISH.

THE NEW UNIVERSAL DICTIONARY,

ENGLISH AND FRENCH,

AND

FRENCH AND ENGLISH,

Compiled from the writings of the best Authors as well as from the most approved Dictionaries of both Languages, particularly that of

A. BOYER;

Containing a concise english Grammar, written in French, and an Abridgment of the french Grammar, written in English, with the Conjugations of the english and french Verbs, both regular and irregular, and Tables of the irregular english Verbs;

Also an alphabetical List of the english Verbs which are followed by Prepositions, &c., with an Example & its Translation by the side of each; a complete Table of the Particles with their different significations illustrated by Examples; the names of Men, Women, Nations, Republicks, Empires, Kingdoms, Towns, &c.; the Division of France in Departments, the Abbreviations of english Christian names, & other words used in News papers, &c., as well as in familiar Discourse; with several useful & necessary improvements, besides many Articles not to be found in any other Work of this kind;

By JOHN GARNER.

THE SECOND VOLUME.

ROUEN,

Printed for M.rs PETER DUMESNIL and Son.

An X. 1802.

X 2641.

PREFACE.

AS moſt Dictionaries of this kind have been introduced into the world by means of long and elaborate Prefaces, meant to prove their ſuperiority over all thoſe which have preceded them, we think the Reader will readily diſpenſe with our imitating the prolixity of our Predeceſſors in that reſpect, when we acknowledge that we have not only conſulted thoſe very Dictionaries, but every other that is in any repute, either in French or English, and by their help we are enabled to offer this to the Publick.

We have taken care to avoid moſt of the faults which are to be found in the Dictionaries of BOYER, CHAMBAUD and others, hitherto publiſhed in England, France and Holland. We have moreover added a conſiderable number of Words in both Languages, including all thoſe which the French Tongue has acquired of late years.

In order to render our work as complete as may be, we have prefixed to the firſt Volume an Abridgment of the French Grammar, with the Conjugation of the French regular and irregular Verbs; by means of which, and the aid of the Dictionary, the English may acquire a perfect knowledge of the French Language.

We have alſo added alphabetical Liſts of the Names of men and women, with their ſignification and from whence they are derived; the names of ancient and modern Nations, with the moſt remarkable Empires, Kingdoms, Republicks, Iſlands, Provinces, Cities, Towns, Mountains, Capes, Seas, Gulphs, Straits, Rivers, &c., and many other objects that occur in Hiſtory, Mythology, Poetry, &c., with the tranſlation of thoſe which require it.

To the ſecond Volume we have prefixed an Introduction to the English Grammar. By following the Method there laid down, we know, from long experience, that the English Language, which is the moſt ſimple of any extant, in its form and conſtruction, may be acquired in a ſhort time. The principal difficulties are there made eaſy by Examples, and all thoſe occaſioned by the different Prepoſitions which follow the English Verbs, &c., are entirely done away by a Table of Particles, and a correct Liſt of the Verbs, with Examples in both Languages.

Tome II. a

PREFACE.

The Editors of a late Edition of BOYER's Dictionary have gone so far as to give a pronunciation of all the English Words. To accomplish their design, they have had recourse to the greek Alphabet for letters or signs to represent those sounds which cannot be well done by any letter or mark whatever. It is true that the sound of the θ (thêta) comes very near to that of the English *th*; but is not this expedient truly ridiculous? Is it not as easy to pronounce the sound of the English *th*, represented by these two letters, as when it is represented by the greek θ, at least for those who are unacquainted with the true pronunciation of that Tongue?

Now, as every Lady is not a MADAME DACIER, and we hope that a great number of the fair Sex, as well as many of the other Sex who are not Grecians, will make use of our Dictionary, we thought it would be sufficient to give the best Instructions that can be followed to acquire the true pronunciation of the most difficult sounds of the English Language; and we flatter ourselves that our Readers may, by looking for *ch*, *th*, &c., in their alphabetical order, learn how to pronounce English without being obliged to give themselves up to the long and painful study of Greek.

This Work being calculated to propagate the Languages of two Nations, with whom Literature, Arts and Sciences seem to flourish more than with any other, we trust that we shall not be looked upon as vain and presumptuous, when we offer it to the world, not only as the most complete hitherto published, but as a Work indispensable for those who, by means of the two Languages in question, wish to make any progress in modern Learning and Arts.

ÉLÉMENTS
DE LA
LANGUE ANGLOISE.

De l'Alphabet.

L'Alphabet anglois est composé de vingt-six lettres dont voici l'ordre & la figure. A côté se trouvent leurs noms rendus par l'orthographe françoise.

A,	è.	N,	n.
B,	bî.	O,	ô.
C,	cî.	P,	pî.
D,	dî.	Q,	qu'ou.
E,	i.	R,	arr.
F,	ef.	S,	s.
G,	dgi.	T,	tî.
H,	eich.	U,	iou.
I,	aï.	V,	vî.
J,	djé.	W,	dobliou.
K,	ké.	X,	ex.
L,	l.	Y,	ouaï.
M,	m.	Z,	zedd.

Six de ces lettres sont voyelles, & peuvent se prononcer seules : *a, e, i, o, u, y.* Quand elles sont initiales, elles se prononcent généralement comme en François, excepté dans quelques mots d'une syllabe terminés par un *e* muet, comme *ale, ape,* &c. qui se prononcent, *aile, aipe.*

Les autres lettres sont consonnes, & ne sauroient se prononcer seules.

Des parties du Discours.

En Anglois, il y a neuf sortes de Mots, ou, comme on les appelle ordinairement, parties du Discours ; savoir : l'Article, le Substantif ou Nom, l'Adjectif, le Pronom, le Verbe, l'Adverbe, la Préposition, la Conjonction, l'Interjection.

De l'Article, & de la déclinaison des Noms.

Les Articles sont des particules dont on se sert pour décliner les Noms.

Il y a deux Articles en Anglois : l'un s'appelle Défini, parce qu'il sert à fixer l'étendue de l'idée que l'on doit attacher au Substantif qui le suit ; l'autre s'appelle Indéfini, parce qu'il ne détermine point d'une maniere particuliere l'objet dont on parle.

L'Article défini est *the*, de tout genre & de tout nombre : il répond, en François, à l'Article *le, la, les.*

L'Article indéfini est *a*, lorsque le mot qui le suit commence par une consonne ; & *an*, quand il commence par une voyelle : il représente, en François, l'Article *un* & *une.*

Le Substantif ou Nom, est l'appellation de tout ce que nous concevons exister, ou dont nous avons quelque connoissance, ou enfin de tout ce dont nous nous formons quelque idée.

Déclinaison des Noms Substantifs pris dans un sens limité.

SINGULIER.

Nom.	the General,	le Général.
Gén.	of the General,	du Général.
Dat.	to the General,	au Général.
Acc.	the General,	le Général.
Abl.	from the General,	du Général.

PLURIER.

Nom.	the Generals,	les Généraux.
Gén.	of the Generals,	des Généraux.
Dat.	to the Generals,	aux Généraux.
Acc.	the Generals,	les Généraux.
Abl.	from the Generals,	des Généraux.

SINGULIER.

SINGULIER.

Nom.	the House,	la Maison.
Gén.	of the House,	de la Maison.
Dat.	to the House,	à la Maison.
Acc.	the House,	la Maison.
Abl.	from the House,	de la Maison.

PLURIER.

Nom.	the Houses,	les Maisons.
Gén.	of the Houses,	des Maisons.
Dat.	to the Houses,	aux Maisons.
Acc.	the Houses,	les Maisons.
Abl.	from the Houses,	des Maisons.

Le Nom auquel l'article *the* est attaché, doit être pris, comme j'ai déjà dit, dans un sens défini ou déterminé. Exemples :

The General who commands the army, Le Général qui commande l'armée.

The House which I inhabit, La Maison que j'habite.

Déclinaison des Noms Substantifs pris dans le sens indéfini.

SINGULIER.

Nom.	a Soldier,	un Soldat.
Gén.	of a Soldier,	d'un Soldat.
Dat.	to a Soldier,	à un Soldat.
Acc.	a Soldier,	un Soldat.
Abl.	from a Soldier,	d'un Soldat.

PLURIER.

Nom.	Soldiers,	des Soldats.
Gén.	of Soldiers,	de Soldats.
Dat.	to Soldiers,	à des Soldats.
Acc.	Soldiers,	des Soldats.
Abl.	from Soldiers,	de Soldats.

Quand le Nom commence par une voyelle :

SINGULIER.

Nom.	an Orator,	un Orateur.
Gén.	of an Orator,	d'un Orateur.
Dat.	to an Orator,	à un Orateur.
Acc.	an Orator,	un Orateur.
Abl.	from an Orator,	d'un Orateur.

PLURIER.

Nom.	Orators,	des Orateurs.
Gén.	of Orators,	d'Orateurs.
Dat.	to Orators,	à des Orateurs.
Acc.	Orators,	des Orateurs.
Abl.	from Orators,	d'Orateurs.

Le Nom auquel l'article *a* ou *an* est attaché, en désignant un individu d'une espèce nombreuse, ne présente à l'esprit aucun individu particulier. Exemples :

I met a Soldier, or *an Orator*; Je rencontrai un Soldat, ou un Orateur.——C'est-à-dire, un des hommes que l'on nomme Soldats, *ou* Orateurs.

I have seen a fine Panther, J'ai vu une belle Panthere.——C'est-à-dire, un des animaux que l'on appelle Pantheres.

Déclinaison des Noms propres.

Tous les Noms propres sont déclinés sans Articles, avec les particules *of*, de ; *to*, à ; & *from*, de ; & seulement au nombre singulier.

Exemples.

Nom.	Peter,	Pierre.
Gén.	of Peter,	de Pierre.
Dat.	to Peter,	à Pierre.
Acc.	Peter,	Pierre.
Abl.	from Peter,	de Pierre.
Nom.	Mary,	Marie.
Gén.	of Mary,	de Marie.
Dat.	to Mary,	à Marie.
Acc.	Mary,	Marie.
Abl.	from Mary,	de Marie.

Ces Exemples font voir que l'Article, en Anglois, ne désigne ni le genre, ni le nombre des Noms. Les Anglois ne connoissent point d'autre distinction des genres, que celle que la nature a mise entre les Sexes ; savoir, le Masculin & le Féminin ; & cette distinction se fait ordinairement par des mots différents. Exemple : *man*, homme ; *woman*, femme ; *husband*, mari ; *wife*, femme mariée : *horse*, cheval ; *mare*, jument ; *dog*, chien ; *bitch*, chienne, &c. Mais lorsque le sexe des animaux n'est pas distingué par un mot particulier, on se sert des mots *he*, mâle ; *she*, femelle ; ou des noms de quelques autres animaux dont le sexe est distingué. Exemple :

A he goat, un bouc.   *A buck rabbit*, un lapin.
A she goat, une chevre. *A doe rabbit*, une lapine.

On y voit aussi que le plurier des Substantifs se forme en ajoutant *s* au singulier ; mais comme dans la prononciation on ne sauroit faire sentir une *s* après les mots qui se terminent en *ch*, *sh*, *ss*, *x*, sans le secours d'une voyelle, il faut ajouter *es* pour former leur plurier. Exemple :

SINGULIER.	PLURIER.
Church, église.	*Churches*, églises.
Wish, souhait.	*Wishes*, souhaits.
Class, classe.	*Classes*, classes.
Fox, renard.	*Foxes*, renards.

Les mots *Monarch*, Monarque ; *Patriarch*, Patriarche, où le *ch* se prononce comme *k*, sont exception.

exception à la Regle, & se pluralisent par l'addition d'une s ; *Monarchs*, Monarques ; *Patriarchs*, Patriarches.

Dans la plupart des mots qui se terminent en *f* ou *fe*, les Pluriers ont pour finales *ves*, de la maniere suivante :

Thief, voleur ;   *Thieves*, voleurs.
Knife, couteau ;   *Knives*, couteaux.

Mais ceux qui finissent en *oof* suivent la Regle générale. Ex. *hoof*, sabot (d'un cheval) ; *hoofs*, sabots, &c.

L'*y* final, lorsqu'il est précédé immédiatement d'une consonne, se change, au Pluriel, en *ies*. Ex. *fly*, mouche ; *flies*, mouches.

Les mots suivants, dont les Pluriels sont irréguliers, doivent être exceptés des différentes Regles que nous venons d'établir.

SINGULIER.	PLURIER.
Man, homme.	*Men*, hommes.
Woman, femme.	*Women*, femmes.
Child, enfant.	*Children*, enfants.
Brother, frere.	*Brethren*, } freres.
	Brothers, }
Ox, bœuf.	*Oxen*, bœufs.
Die, dé.	*Dice*, dés.
Mouse, souris.	*Mice*, souris.
Louse, pou.	*Lice*, poux.
Goose, oie.	*Geese*, oies.
Tooth, dent.	*Teeth*, dents.
Foot, pied.	*Feet*, pieds.
Penny, sou.	*Pence*, sous.

Les mots *sheep*, brebis ; *deer*, daim ; *swine*, cochon, s'emploient indifféremment aux deux Nombres.

Les noms des métaux & des minéraux, ceux des vertus & des vices, n'ont point de Pluriel.

Remarque sur la Déclinaison des Noms.

Le rapport de possession ou d'appartenance se trouve exprimé par ce qu'on appelle un cas particulier, ou une terminaison différente de celle du Substantif : ce cas répond au Génitif des Latins, & pourroit même très-bien en retenir la dénomination, quoique celle de cas possessif lui convînt peut-être encore mieux. C'est ainsi que l'on trouve en Anglois, *God's grace*, qui pourroit encore très-bien se rendre par, *the grace of God*, la grace de Dieu ; *Peter's son*, ou *the son of Peter*, le fils de Pierre ; *Mary's child*, ou *the child of Mary*, l'enfant de Marie ; *St. Paul's Church*, ou *the Church of St. Paul*, l'Église de St. Paul ; *the King's Palace*, ou *the Palace of the King*, le Palais du Roi ; *the Queen's Page*, ou *the Page of the Queen*, le Page de la Reine.

Quand la chose à laquelle une autre se rapporte est exprimée par une circonlocution ou par plusieurs termes, le signe du cas possessif se place ordinairement dans le dernier mot. Exemple : *The King of Great Britain's soldiers*, les soldats du Roi de la Grande-Bretagne.

Lorsque le mot finit par une *s*, il arrive quelquefois que le signe du cas possessif ne s'exprime pas, comme dans cet Exemple : *For Righteousness' sake*, pour l'amour de la Justice.

Quelquefois on s'imagineroit que le signe & la préposition sont employés tout ensemble, comme quand on dit : *A soldier of the King's* ; mais il faut observer qu'il se rencontre ici réellement deux possessifs, & que c'est comme si l'on disoit : *A soldier of the King's soldiers*, ou *one of the soldiers of the King*, un des soldats du Roi : mais il est bon d'observer que ce signe ne se met point & ne doit point se mettre aux Noms qui sont au pluriel.

Les Anglois ont aussi une maniere de composer leurs Substantifs en transposant le nom au Génitif devant le nom qui le gouverne, sans y ajouter *'s*, comme *stable-boy*, *chamber-maid*, *house-door*, *garden-gate*, *silver-tankard*, *gold-watch*, &c. garçon d'écurie, femme de chambre, porte de maison, porte de jardin, pot d'argent, montre d'or, &c. mais cette transposition se fait rarement, si le mot à transposer désigne un être animé.

Des Noms de nombre.

Les Anglois distinguent quatre sortes de nombres; savoir, les Cardinaux, les Ordinaux, les Distributifs, & les Multiplicatifs.

Table des nombres Cardinaux.

One, un, une, 1, I.
Two, deux, 2, II.
Three, trois, 3, III.
Four, quatre, 4, IV.
Five, cinq, 5, V.
Six, six, 6, VI.
Seven, sept, 7, VII.
Eight, huit, 8, VIII.
Nine, neuf, 9, IX.
Ten, dix, 10, X.
Eleven, onze, 11, XI.
Twelve, douze, 12, XII.
Thirteen, treize, 13, XIII.
Fourteen, quatorze, 14, XIV.
Fifteen, quinze, 15, XV.
Sixteen, seize, 16, XVI.
Seventeen, dix-sept, 17, XVII.
Eighteen, dix-huit, 18, XVIII.
Nineteen, dix-neuf, 19, XIX.
Twenty, vingt, 20, XX.
Thirty, trente, 30, XXX.
Forty, quarante, 40, XL.
Fifty, cinquante, 50, L.
Sixty, soixante, 60, LX.
Seventy, soixante-dix, 70, LXX.
Eighty, quatre-vingts, 80, LXXX.
Ninety, quatre-vingt-dix, 90, XC.
A hundred, cent, 100, C.
Five hundred, cinq cents, 500, D.
A thousand, mille, 1000, M, CIↃ.
A million, million, 1000000, CCCIↃↃↃ.

Observations.

1.° Les Anglois disent *one and twenty*, un &
vingt;

vj ÉLÉMENTS DE LA LANGUE ANGLOISE.

vingt; *two and twenty*, deux & vingt, &c. ou, comme les François, *twenty one*, *twenty two*, &c. vingt-un, vingt-deux, & ainsi de suite.

2.º Depuis cent, chaque nombre ajouté est précédé de *and*, & on dit *a hundred and ten*, cent dix ; *a hundred and twenty*, cent vingt ; & en comptant depuis mille, on dit *one thousand one hundred*, mille & un cent, au lieu de onze cents, &c.

Once, une fois.
Twice, deux fois.
Thrice, ou *Three times*, trois fois.
Four times, quatre fois.
Five times, cinq fois.
Six times, six fois.
Seven times, sept fois, &c.
} Et ainsi de suite en ajoutant *times*, fois, à chaque nombre.

Table des nombres Ordinaux, avec leur signe abrégé.

1st. *First*, premier, 1er.
2d. *Second*, second, 2d.
3d. *Third*, troisieme, 3e.
4th. *Fourth*, quatrieme, 4e.
5th. *Fifth*, cinquieme, 5e.
6th. *Sixth*, sixieme, 6e.
7th. *Seventh*, septieme, 7e.
8th. *Eighth*, huitieme, 8e.
9th. *Ninth*, neuvieme, 9e.
10th. *Tenth*, dixieme, 10e.
11th. *Eleventh*, onzieme, 11e.
12th. *Twelfth*, douzieme, 12e.
13th. *Thirteenth*, treizieme, 13e.
14th. *Fourteenth*, quatorzieme, 14e.
15th. *Fifteenth*, quinzieme, 15e.
16th. *Sixteenth*, seizieme, 16e.
17th. *Seventeenth*, dix-septieme, 17e.
18th. *Eighteenth*, dix-huitieme, 18e.
19th. *Nineteenth*, dix-neuvieme, 19e.
20th. *Twentieth*, vingtieme, 20e.
30th. *Thirtieth*, trentieme, 30e.
40th. *Fortieth*, quarantieme, 40e.
50th. *Fiftieth*, cinquantieme, 50e.
60th. *Sixtieth*, soixantieme, 60e.
70th. *Seventieth*, soixante-dixieme, 70e.
80th. *Eightieth*, quatre-vingtieme, 80e.
90th. *Ninetieth*, quatre-vingt-dixieme, 90e.
100th. *Hundredth*, centieme, 100e.
1000th. *Thousandth*, millieme, 1000e.

Observations.

Lorsqu'après vingt, trente, &c. on ajoute des unités, on emploie en Anglois les mots *first*, *second*, &c. Exemple : *twenty first*, vingt-unieme ; *thirty second*, trente-deuxieme, & ainsi de suite.

First signifie aussi premierement, 1º., & se chiffre 1st. *Secondly*, secondement, 2ly, & ainsi de suite en ajoutant *ly* aux noms Ordinaux, & le même *ly* aux chiffres qui les représentent.

Nombres Distributifs.

The half, la moitié.
The third part, le tiers.
The fourth part, le quart, &c.
} Ainsi de suite, en ajoutant *part* au nombre Ordinal.

Nombres Multiplicatifs.

Double, double.
Treble, triple.
Fourfold, quadruple, &c.
} Ainsi de suite, en ajoutant *fold* au nombre Cardinal.

Des Adjectifs.

LES Adjectifs sont les mots que l'on ajoute aux noms, pour exprimer la qualité qui leur est particuliere. Exemple : *A good man*, un bon homme. *Good*, bon, est un Adjectif, parce qu'il ajoute une qualité de bonté au mot *man*, homme, &c.

Les Adjectifs anglois ne varient jamais leur terminaison ; ainsi *good* signifie également bon & bonne, bons & bonnes. Exemple : *The good father*, le bon pere ; *the good mother*, la bonne mere ; *the good fathers*, les bons peres ; *the good mothers*, les bonnes meres.

Les Adjectifs anglois se mettent ordinairement avant le Substantif; ainsi l'on dit, *an impatient man*, un homme impatient, & non pas *a man impatient*.

Des degrés de comparaison.

Le Comparatif se forme du Positif, en y ajoutant *r* ou *er* ; & le Superlatif, en y ajoutant *st* ou *est*. Exemples :

POSITIF.	COMPARATIF.	SUPERLATIF.
Rich, riche.	*Richer*, plus riche.	*The richest*, le plus riche.
Fine, beau.	*Finer*, plus beau.	*The finest*, le plus beau.
Hard, dur.	*Harder*, plus dur.	*The hardest*, le plus dur.
Wise, sage.	*Wiser*, plus sage.	*The wisest*, le plus sage.
Great, grand.	*Greater*, plus grand.	*The greatest*, le plus grand.

Ou en faisant précéder l'Adverbe *more*, si le mot est long, pour le Comparatif, & *most* pour le Superlatif. Exemples :

POSITIF.	COMPARATIF.	SUPERLATIF.
Charitable, charitable.	*More charitable*, plus charitable.	*The most charitable*, le plus charitable.
Sincere, sincere.	*More sincere*, plus sincere.	*The most sincere*, le plus sincere.

Le *que* qui suit le Comparatif, s'exprime par *than*. Ex. Plus beau que, *finer than* ; plus sincere que, *more sincere than*.

Le *de* qui suit le Superlatif, s'exprime par *of* si les deux objets sont comparés. Ex. Le plus grand des hommes, *the greatest of men*.

Le

Le même de est exprimé par *in*, s'il n'y a point de comparaison d'objets. Ex. Le plus grand homme de la ville, *the greatest man in the city*.

Quand c'est une comparaison d'égalité, on dit : *As great as*, aussi grand que.——D'infériorité ; *less wise than*, moins sage que.——Négative ; *not so wise as*, pas si sage que.

Le Superlatif d'infériorité ; *the least wise of*, le moins sage de.

Superlatif absolu sans comparaison ; *very wise*, très-sage.

Remarque.

Si la comparaison se fait avec les prépositions *aussi*, *si*, *tant*, *autant*, alors le *que* qui suit le Positif, s'exprime par *as* ou *that*. Exemples :

Vous êtes *aussi* sage que lui, *you are as wise as he*.

Ils ne sont pas *si* bons que vous les croyez, *they are not so good as you think them*.

Il est *si* fort, que personne ne peut le tenir ; *he is so strong that nobody can hold him*.

Il est *tant* usé, que je ne puis plus m'en servir ; *it is so much worn that I can no longer wear it*, or *use it*.

Quand vous serez *aussi* poli que lui, alors— *when you are as polite as he, then—*

Quand serez-vous *aussi* poli que lui ? *When shall you be as polite as he ?*

Les trois Adjectifs suivants sont irréguliers.

POSITIF.	COMPARATIF.	SUPERLATIF.
Good, bon.	Better, meilleur.	The best, le meilleur.
Bad, mauvais.	Worse, pire ou plus mauvais.	The worst, le pire ou le plus mauvais.
Little, petit.	Less, plus petit ou moindre.	The least, le moindre ou le plus petit.

Des Pronoms.

Le Pronom est un mot qui tient lieu d'un nom, en qualité de son substitut ou de son représentant.

Des Pronoms personnels.

Dans les Pronoms anglois, il y a quatre choses à considérer ; savoir, la Personne, le Nombre, le Genre & le Cas.

Il y a trois personnes qui peuvent former le sujet de tout discours quelconque ; d'abord, la personne qui parle peut parler d'elle-même ; en second lieu, elle peut parler à celle à laquelle elle adresse la parole : enfin, elle peut parler de quelqu'autre personne.

Voilà ce que l'on appelle les première, seconde & troisième personnes.

Comme ceux qui parlent, ceux à qui l'on parle, & les autres personnes dont il est question dans le discours, peuvent être plusieurs ; chacune de ces personnes à son plurier.

Mais il est souvent à propos que la troisième personne ou chose dont on parle, soit indiquée par une distinction de genre, au moins quand il est question d'une personne ou d'une chose qui doit être plus distinctement spécifiée : c'est pourquoi le Pronom singulier de la troisième personne a tous les trois Genres.

Comme une personne peut ou faire une action ou en être l'objet (ou la recevoir), de là viennent deux *cas* ou deux classes de Pronoms personnels. Ceux de la première classe se mettent devant le verbe actif, comme les personnes agissantes ; & devant le verbe que l'on appelle passif, comme celles qui reçoivent l'action. Ceux de la seconde classe suivent le verbe actif, comme personnes qui reçoivent l'action ; & se mettent après le verbe passif, comme étant les agents.

Première Classe, ou Cas Nominatif.		Seconde Classe, ou Cas Objectif.	
SINGULIER.		SINGULIER.	
1.er *I*,	je, moi.	1.er *Me*,	me, moi.
2.e *Thou*,	tu, toi.	2.e *Thee*,	te, toi.
3.e { *He*,	il, lui.	3.e { *Him*,	le, lui.
She,	elle.	*Her*,	la, elle, lui.
It,	il, elle.	*It*,	le, la, lui.
PLURIER.		PLURIER.	
1.er *We*,	nous.	1.er *Us*,	nous.
2.e *You*, *Ye*, }	vous.	2.e *You*,	vous.
3.e *They*,	ils, elles.	3.e *Them*, {	les, eux, elles, leur.

NOTA. Le Pronom *it* représente les choses inanimées, & même les êtres animés, lorsqu'on n'en distingue pas le sexe.

Tous ces Pronoms de la seconde classe se déclinent avec *of*, de, au Génitif ; *to*, à, au Datif ; & *from*, de, à l'Ablatif. Quant à l'Accusatif, c'est le même que l'Objectif.

Des Pronoms possessifs.

On les appelle possessifs, parce qu'ils indiquent la possession ou la propriété d'une chose.

Ces Pronoms sont appliqués aux Substantifs tant singuliers que pluriels, sans changer de terminaison.

1.er *My*,	mon,	ma,	mes.
2.e *Thy*,	ton,	ta,	tes.
3.e *His*, *Her*, *Its*, }	son,	sa,	ses.
1.er *Our*,	notre,		nos.
2.e *Your*,	votre,		vos.
3.e *Their*,	leur,		leurs.

Il faut remarquer que le Pronom de la troisième personne singulière, s'accorde avec le sexe du possesseur ;

ÉLÉMENTS DE LA LANGUE ANGLOISE.

sesseur ; ainsi *his* se dit d'un mâle, *her* d'une femelle, *its* d'une chose sans sexe. Exemples :
He loves his wife, il aime sa femme.
She loves her husband, elle aime son mari.
It (the bird) takes care of its young; il (l'oiseau) a soin de ses petits.

Il y a d'autres Pronoms possessifs qui ne sont jamais joints aux Noms ; mais ils ont rapport à ceux qui ont déjà été exprimés dans le discours.

1.e *Mine*,	{ le mien, la mienne,	les miens, les miennes,	} à moi.
2.e *Thine*,	{ le tien, la tienne,	les tiens, les tiennes,	} à toi.
3.e *His*, *Hers*,	{ le sien, la sienne,	les siens, les siennes,	} à lui ou à elle.
1.e *Ours*,	{ le nôtre, la nôtre,	les nôtres,	à nous.
2.e *Yours*,	{ le vôtre, la vôtre,	les vôtres,	à vous.
3.e *Theirs*,	{ le leur, la leur,	les leurs,	à eux, à elles.

Exemples.

I have sold my horse ; shall you sell yours ? J'ai vendu mon cheval ; vendrez-vous le vôtre ?
This hat is mine, but those caps are thine. Ce chapeau est le mien ; mais ces bonnets sont les tiens.

Ils se déclinent avec les particules *of*, *to*, & *from*.

Des Pronoms relatifs.

Ils sont appelés relatifs, parce qu'ils ont relation à la personne ou à la chose dont on a déjà parlé.

That,
Which, } qui, lequel, laquelle, lesquels, lesquelles, &c.
Who,
Whose, de qui, dont.
Whom, que, lequel, &c.

That & *which* s'emploient pour les personnes & les choses.
Who, *whose* & *whom* ne sont relatifs qu'aux personnes, excepté dans le style figuré ou poétique.
Exemples :
I like streets that are always clean, j'aime les rues qui sont toujours propres.
Fetch the candle which I left in the other room, allez chercher la chandelle que j'ai laissée dans l'autre chambre.
God, who is invisible, is the creator of the world, which is visible ; Dieu, qui est invisible, est le créateur du monde, qui est visible.
The man whom you saw, is my brother; l'homme que vous avez vu, est mon frere.
God whose works we admire, Dieu dont nous admirons les œuvres.

Le mot *which* a souvent rapport à une circonstance entiere. Exemple :
At length he married her, which he would not have done if he had not loved her ; enfin il l'épousa, ce qu'il n'auroit pas fait s'il ne l'eût aimée.

Des Pronoms démonstratifs.

This ou *that*, ce, cet, cette, celui, celle.
These ou *those*, ces, ceux, celles.
This & *these*, servent pour indiquer les objets proches de nous ; *that* & *those*, pour les objets éloignés.
What, ou *that which*, ce qui, ce que.
That, signifie aussi cela, & *this*, ceci.

Exemples.

He makes love to that girl, il fait l'amour à cette fille.
I will take care of those children, je prendrai soin de ces enfants.
What, ou that which grieves him is, that he is not rewarded ; ce qui le chagrine, c'est qu'il n'est pas récompensé.
That was what he wanted, c'étoit ce qu'il vouloit.

Des Pronoms interrogatifs.

Who ? qui ?
Whose ? à qui ?
Whom ? qui, que ?
Which ? lequel, laquelle, lesquels ? &c.
What ? que, quoi, quel, quels, quelle, quelles ? &c.

Exemples.

Who is the author of this book ? Qui est l'auteur de ce livre ?
Whom can one trust to ? A qui peut-on se fier ?
Whose house is that ? A qui est cette maison-là ?
Which do you like best ? Lequel aimez-vous le mieux ?
What have you done with my book ? Qu'avez-vous fait de mon livre ?

Des Pronoms indéfinis ou indéterminés.

On les appelle indéfinis, parce qu'ils sont employés, au lieu de personnes & de noms, dans un sens vague & indéterminé.
Every-body, *every-one*, chacun, chacune.
Somebody, *some-one*, *any-body*, quelqu'un, quelqu'une.
Nobody, *not any-body*, *none*, aucun, aucune, nul, nulle, personne.
Both, l'un & l'autre, l'une & l'autre, les uns & les autres, les unes & les autres, tous les deux.
Either, l'un ou l'autre, l'une ou l'autre, les uns ou les autres, &c.
Some, *any*, quelque, quelques.
Not-one, *never-a-one*, *none*, pas un, pas une, aucun, nul.
Neither, ni l'un ni l'autre, ni l'une ni l'autre, ni les uns ni les autres, &c.
One, un.
One another, *each other*, l'un l'autre, l'une l'autre, les uns, &c.
Whatever, *whatsoever*, quel que, quelque, quoique, tout ce qui, quelconque, quoi que ce soit.
Whoever, *whosoever*, *whomsoever*, quiconque, qui que ce soit, celui qui, quelque.

Exemples.

Exemples.

Every-body *lives after his own way.* Chacun vit à sa maniere.
Every-one *seeks tranquillity, and* nobody *finds it.* Chacun ou *tout le monde* cherche le repos, & personne ne le trouve.
I know nobody *so happy as she.* Je ne connois personne de si heureux qu'elle.
Did ever any-body *better know men, than* LA BRUYERE? *Did ever* any-body *write more ingenuously than* LA FONTAINE? Personne a-t-il jamais mieux connu les hommes, que LA BRUYERE? Personne a-t-il jamais écrit plus naïvement que LA FONTAINE?
They both *relate the same circumstances.* L'un & l'autre rapportent les mêmes circonstances.
I tried to please both, but I could not please either. J'ai essayé de plaire à tous deux, & je n'ai pu plaire ni à l'un ni à l'autre.
Some *author has maintained that women have no soul.* Quelque auteur a soutenu que les femmes n'ont point d'ame.
Have you met with any (*or* some) *good wine?* Avez-vous trouvé du (ou *quelque*) bon vin?
Not-one *or* none *of the judges has opposed it.* Aucun ou *pas un* des juges ne s'y est opposé.
I have seen none *of the men of whom you speak.* Je n'ai vu *aucun* des hommes dont vous parlez.
I took neither *party.* Je ne pris ni l'un ni l'autre parti.
Will you buy a horse? I have a good one to sell. Voulez-vous acheter un cheval? j'en ai *un* bon à vendre.
One *ought not to be judge in one's own cause.* On ne doit point être juge dans sa propre cause.
It is uncommon for two Poets to speak well of each other. Il est rare à deux Poëtes de dire du bien *l'un de l'autre.*
The people always suffer by the war that Princes make with one another. Les peuples souffrent toujours de la guerre que les Princes se font *les uns aux autres.*
Whatever *is right in itself, is not always approved.* Tout ce qui est bien en soi, n'est pas toujours approuvé.
What faults *soever you have committed.* Quelques fautes que vous ayez commises.
Whatever services *he has done me, I have been grateful for them.* Quelques services qu'il m'ait rendus, j'en ai été reconnoissant.
Whoever ou whosoever *is rich, is every thing.* Quiconque est riche, est tout.
Whomsoever you employ, make a bargain first. Qui que ce soit que vous employiez, faites marché auparavant.

Des Verbes.

LE Verbe est un mot qui signifie *être* ou *agir, faire* ou *souffrir.*

On peut les diviser en deux classes, verbes actifs & verbes neutres; & aussi en deux especes, par rapport à leur conjugaison, savoir, verbes réguliers & verbes irréguliers.

Par verbes actifs, nous entendons les verbes qui expriment une action qui se rapporte à quelque objet: ainsi, quand je dis *I tear*, je déchire, personne n'entend ce que je veux dire; mais quand je dis *I tear my book*, je déchire mon livre, on entend un sens parfait.

Par verbes neutres (*ou* verbes substantifs, comme d'autres disent,) nous voulons dire ceux qui renferment un sens complet en eux-mêmes, sans autre rapport qu'avec le sujet dont on parle. Exemples:
I am, je suis; *he exists*, il existe; *he walks*, il marche.

NOTA. Je n'ignore pas que le plus savant de nos Grammairiens a divisé les verbes anglois en trois classes, savoir, actifs, passifs, & neutres; mais, proprement parlant, il n'y a point de verbes passifs dans notre langue: car quoique *I am* LOVED, je suis AIMÉ, soit appellé un verbe passif, cependant LOVED, AIMÉ, n'est qu'un participe ou adjectif qui dérive du verbe *to* LOVE, AIMER; de sorte que le verbe passif n'est autre chose que le Participe passé joint à l'auxiliaire *to Be* dans toutes ses variations, comme *I am loved, I was loved, I have been loved*, &c.

Conjugaison.

La conjugation n'est autre chose que l'art de varier les temps, les nombres, les personnes & les modes des verbes.

Ces variations se font, comme en François, par le secours des deux verbes *to Have*, Avoir; *to Be*, Être, appellés, par cette raison, auxiliaires; de sorte qu'il est impossible de conjuguer un verbe, sans bien savoir les auxiliaires.

Conjugaison du verbe TO HAVE, *Avoir.*

MODE INFINITIF.

Présent.	To Have,	Avoir.
Participe présent.	Having,	Ayant.
Participe passé.	Had,	Eu, eue.

MODE INDICATIF.

TEMPS PRÉSENT.

Sing.
1. I have,   J'ai.
2. Thou hast,   Tu as.
3. He has *ou* hath, Il a.
3. She has *ou* hath, Elle a.

Plur.
1. We have,   Nous avons.
2. You have, Vous avez.
3. They have, Ils ont, elles ont.

TEMPS PASSÉ.

Sing.
I had,   J'avois, *ou* j'eus.
Thou hadst,   Tu avois, tu eus.
He had,   Il avoit, il eut.
She had,   Elle avoit, elle eut.

Plur.
We had,   Nous avions, nous eumes.
You had,   Vous aviez, vous eutes.
They had,   { Ils avoient, ils eurent;
              { Elles avoient, elles eurent.

TEMPS FUTUR.

ÉLÉMENTS DE LA LANGUE ANGLOISE.

Temps Futur.

Sing.
I shall ou will have,	J'aurai.
Thou shalt ou wilt have,	Tu auras.
He shall ou will have,	Il aura.
She shall ou will have,	Elle aura.

Plur.
We shall ou will have,	Nous aurons.
You shall ou will have,	Vous aurez.
They shall ou will have,	Ils auront, elles auront.

MODE IMPÉRATIF.

Singulier.

Have thou, ou Do thou have,	Aie.
Let him have,	Qu'il ait.
Let her have,	Qu'elle ait.

Pluriel.

Let us have,	Ayons.
Have, ou Do ye have,	Ayez.
Let them have,	Qu'ils aient, qu'elles aient.

MODE SUBJONCTIF.

Temps Présent.

Sing.
That I have ou may have,	Que j'aie.
That thou have ou mayest have,	Que tu aies.
That he have ou may have,	Qu'il ait.
That she have ou may have,	Qu'elle ait.

Plur.
That we have ou may have,	Que nous ayons.
That ye ou you have ou may have,	Que vous ayez.
That they have ou may have,	Qu'ils aient, qu'elles aient.

Temps Passé ou Conditionnel.

Singulier.
I could, should, would ou might have,	J'aurois, j'eusse.
Thou could'st, should'st, would'st ou mightest have,	Tu aurois, tu eusses.
He could, should, would ou might have,	Il auroit, il eût.
She could, should, would ou might have,	Elle auroit, elle eût.

Pluriel.
We could, should, would ou might have,	Nous aurions, nous eussions.
You could, should, would ou might have,	Vous auriez, vous eussiez.
They could, should, would ou might have,	Ils auroient, ils eussent, elles auroient, elles eussent.

Conjugaison du verbe TO BE, ÊTRE.

INFINITIF.

Présent.	To Be,	Être.
Participe présent.	Being,	Étant.
Participe passé.	Been,	Été.

INDICATIF.

Présent.

Sing.
I am,	Je suis.
Thou art,	Tu es.
He is,	Il est.

Plur.
We are,	Nous sommes.
You are,	Vous êtes.
They are,	Ils sont, elles sont.

Passé.

Sing.
I was,	J'étois, je fus.
Thou wast,	Tu étois, tu fus.
He was,	Il étoit, il fut.

Plur.
We were,	Nous étions, nous fûmes.
You were,	Vous étiez, vous fûtes.
They were,	Ils étoient, ils furent; Elles étoient, elles furent.

Futur.

Sing.
I shall ou will be,	Je serai.
Thou shalt ou wilt be,	Tu seras.
He shall ou will be,	Il sera.

Plur.
We shall ou will be,	Nous serons.
You shall ou will be,	Vous serez.
They shall ou will be,	Ils seront, elles seront.

IMPÉRATIF.

Singulier.

Be thou, ou Do thou be,	Sois.
Let him be,	Qu'il soit.
Let her be,	Qu'elle soit.

Pluriel.

Let us be,	Soyons.
Be, ou Do ye be,	Soyez.
Let them be,	Qu'ils soient, qu'elles soient.

SUBJONCTIF.

Présent.

Sing.
That I be ou may be,	Que je sois.
That thou be ou mayest be,	Que tu sois.
That he be ou may be,	Qu'il soit.

Plur.
That we be ou may be,	Que nous soyons.
That you be ou may be,	Que vous soyez.
That they be ou may be,	Qu'ils soient, qu'elles soient.

Passé ou Conditionnel.

Singulier.
I could, should, would ou might be,	Je serois, je fusse.
Thou could'st, should'st, would'st ou mightest be,	Tu serois, tu fusses.
He could, should, would ou might be,	Il seroit, il fût.

Pluriel.
We could, should, would ou might be,	Nous serions, nous fussions.
You could, should, would ou might be,	Vous seriez, vous fussiez.
They could, should, would ou might be,	Ils seroient, ils fussent, elles seroient, elles fussent.

Remarque.

Le verbe *to Be* prend toujours le Nominatif après lui, à moins qu'il ne soit à l'Infinitif. Exemples :
It was I and not he, that did it. C'étoit *moi* qui avois fait cela, & non pas *lui.*
Though you took it to be him. Quoique vous ayez cru que c'étoit *lui.*

Le cas objectif, contraire aux regles de la Grammaire, s'emploie très-souvent & même constamment, au lieu du Nominatif. Exemple:
Who is there? It is me. Qui est là ? C'est moi.
Il seroit mieux cependant de dire : *It is I.*

Des

Des Temps composés.

Les temps composés des deux verbes auxiliaires se conjuguent comme en François, par l'union du Participe passé avec les différents temps du verbe to Have, Avoir.

Exemples.

I have had, &c.	J'ai eu.
I had had,	J'avois eu.
I shall have had,	J'aurai eu.
I may have had,	J'aie eu.
I could have had,	J'aurois eu.

Modele de Conjugaison pour tous les Verbes réguliers.

INFINITIF.

Présent.	To Walk,	Marcher, (se promener.)
Participe présent.	Walking,	Marchant.
Participe passé.	Walked,	Marché.

INDICATIF.

Présent.

Singulier.
I walk, I do walk, I am walking,	Je marche.
Thou walkest, Thou dust walk, Thou art walking,	Tu marches.
He walks, He does walk, He is walking,	Il marche.

Pluriel.
We walk, We do walk, We are walking,	Nous marchons.
You walk, You do walk, You are walking,	Vous marchez.
They walk, They do walk, They are walking,	Ils ou elles marchent.

Passé.

Singulier.
I walked, I did walk, I was walking,	Je marchois, je marchai.
Thou walkedst, Thou didst walk, Thou wast walking,	Tu marchois, tu marchas.
He walked, He did walk, He was walking,	Il marchoit, il marcha.

Pluriel.
We walked, We did walk, We were walking,	Nous marchions, nous marchâmes.
You walked, You did walk, You were walking,	Vous marchiez, vous marchâtes.
They walked, They did walk, They were walking,	Ils marchoient, ils marchèrent.

Futur.

Sing.
I shall ou will walk,	Je marcherai.
Thou shalt ou wilt walk,	Tu marcheras.
He shall ou will walk,	Il marchera.

Plur.
We shall ou will walk,	Nous marcherons.
You shall ou will walk,	Vous marcherez.
They shall ou will walk,	Ils marcheront.

IMPÉRATIF.

Singulier.

Walk thou, ou Do thou walk,	Marche.
Let him walk,	Qu'il marche.
Let her walk,	Qu'elle marche.

Pluriel.

Let us walk,	Marchons.
Walk,	Marchez.
Let them walk,	Qu'ils ou qu'elles marchent.

SUBJONCTIF.

Présent.

Sing.
That I walk ou may walk,	Que je marche.
That thou walk ou mayest walk,	Que tu marches.
That he walk ou may walk,	Qu'il marche.

Plur.
That we walk ou may walk,	Que nous marchions.
That you walk ou may walk,	Que vous machiez.
That they walk ou may walk,	Qu'ils marchent.

Passé ou Conditionnel.

Singulier.
I could, should, would ou might walk,	Je marcherois, je marchasse.
Thou could'st, should'st, would'st ou mightest walk,	Tu marcherois, tu marchasses.
He could, should, would ou might walk,	Il marcheroit, il marchât.

Pluriel.
We could, should, would ou might walk,	Nous marcherions, nous marchassions.
You could, should, would ou might walk,	Vous marcheriez, vous marchassiez.
They could, should, would ou might walk,	Ils marcheroient, ils marchassent.

Remarque.

Les signes *shall* & *will*, désignent le Futur ; *let*, l'Impératif ; *may*, le présent du Subjonctif ; *could*, *should*, *would*, *might*, les Conditionnels ; & *to*, l'Infinitif.

Pour exprimer le Présent & le Passé des Verbes, on se sert, comme on voit, quelquefois du verbe *do* comme auxiliaire, pour exprimer l'action avec plus de force & de précision. Exemples :

I do (absolutely or truly) *walk*. Je marche (vraiment ou absolument.)

I did (absolutely or truly) *walk*. Je marchai (absolument ou vraiment.)

Do & *did* sont aussi d'un usage très-fréquent & presque indispensable dans les phrases interrogatives & négatives : ils remplissent aussi quelquefois la place d'un autre verbe, & en rendent la répétition inutile dans la même phrase. Exemple :

He likes wine as well as you do. Il aime le vin autant que vous l'aimez.

Let n'exprime pas seulement permission, mais encore priere, exhortation, commandement. *May* & *might* expriment le droit, la possibilité ou la liberté de faire une chose ; *can* & *could* en expriment le pouvoir inhérent. *Will*, à la premiere personne, promet ou menace ; tandis qu'à la seconde & à la troisieme, il ne fait que prédire & annoncer l'événement. *Shall*, au contraire, à la premiere personne, ne fait que prédire ; à la seconde & à la troisieme, il promet, commande ou menace (*) : mais

---

(*) Cette distinction n'étoit pas autrefois si rigoureusement observée à l'égard du mot *shall*, dont on se servoit, à la seconde & à la troisieme personne, pour indiquer un simple événement. Il en étoit encore de même de *should* dont on se servoit aussi dans les cas où nous mettons aujourd'hui *would*. Voyez la Traduction vulgaire de la Bible.

ceci

ceci ne doit s'entendre que des phrases affirmatives; car, quand la phrase est interrogative, leur signification est le plus souvent tout-à-fait contraire. Ainsi *I shall walk*, *you will walk* n'expriment que l'événement futur; mais *will you walk?* implique intention; & *shall I walk?* se rapporte à la volonté d'un autre: mais, avec tout cela, *he shall walk* & *shall he walk?* impliquent tous deux une volonté qui se rapporte à un commandement. *Would*, d'abord, dénote inclination de volonté, & *should* obligation; mais ils varient tous deux leur valeur & leur puissance, & servent souvent à indiquer un simple événement.

Comme une des plus grandes difficultés de la langue est de savoir bien employer les deux signes du Futur, malgré les regles que nous avons déjà données, nous essayerons encore de la développer d'une maniere plus claire. Pour cet effet, nous distinguerons l'un par *le Futur de simple énoncé*, & l'autre par *le Futur de promesse, ou de défense, ou de menace & commandement*.

1°. *Du Futur de simple énoncé*. Quand les premieres personnes ne font qu'énoncer ce qu'il leur arrivera de faire, elles s'exprimeront par *shall*. Exemples:

I shall *probably see him to morrow*. Il y a apparence que je le verrai demain.

We shall *be ready time enough*. Nous serons prêts à temps.

Mais en parlant à une seconde personne, ou d'une troisieme, on se servira de *will* pour énoncer ce qui arrivera à ces secondes ou troisiemes personnes, soit que leur volonté y concoure, soit qu'elle n'y prenne aucune part. Exemples:

You will *find my sister there*. Vous y trouverez ma sœur.

He will *torment us*. Il nous tourmentera.

En parlant des événements qui ne dépendent pas de nous, & auxquels nous ne pouvons rien, on se sert de *will*. Exemples:

It will *rain*. Il pleuvra.

It will *not thunder*. Il ne tonnera pas.

2°. *Du Futur de promesse, défense, menace & commandement*. Lorsqu'on fera une promesse, une défense ou un commandement, la premiere personne dira *will*; mais si l'on parle à une seconde ou d'une troisieme, on se servira de *shall*. Exemples:

I will *wait upon you without fail*. J'irai vous trouver sans faute.

If you *do it well*, you shall *be rewarded*. Si vous le faites bien, vous serez récompensé.

If he will *not pay attention*, he shall *be punished*. S'il ne veut pas faire attention, il sera puni.

You shall *tell him to go there*. Vous lui direz d'y aller.

They shall *not execute his orders*. Ils n'exécuteront pas ses ordres.

On vient de remarquer que *to*, devant un verbe, est le signe de l'Infinitif; mais il y a de certains verbes qui régissent ordinairement après eux d'autres verbes à l'Infinitif, sans cependant y souffrir le signe *to*. Ces verbes sont, *bid, dare, need, make, see, hear, feel: let* en est encore un autre, aussi bien que *have*, lorsqu'ils ne sont point auxiliaires; & peut-être en trouveroit-on encore quelques uns. Exemples:

I bade *him do it*. Je lui ordonnai de le faire.
You dare *not do it*. Vous n'osez le faire.
I saw *him do it*. Je l'ai vu le faire.
I heard *him say it*. Je l'entendis le dire.
I need *not give it*. Je n'ai pas besoin de le donner.
I felt *it touch me*. Je le sentis me toucher.

Conjugaison d'un Verbe avec ses différentes applications.

INFINITIF.

Présent.   *To Dine*,   A, de, pour dîner.
Participe présent.   *Dining*,   Dînant.
Participe passé.   *Dined*,   Dîné.

INDICATIF.

	Présent simplement affirmatif.	Présent plus énergique.	
Sing.	I dine,	I do dine,	Je dine.
	Thou dinest,	Thou dost dine,	Tu dines.
	He dines ou dineth,	He does ou doth dine,	Il dine.
Plur.	We dine,	We do dine,	Nous dinons.
	You ou Ye dine,	Ye ou You do dine,	Vous dinez.
	They dine,	They do dine,	Ils dinent. Elles dinent.

Présent *appliqué à l'instant de l'action.*

Sing.	I am dining,	Je suis à dîner.
	Thou art dining,	Tu es à dîner.
	He is dining,	Il est à dîner.
Plur.	We are dining,	Nous sommes à dîner.
	You are dining,	Vous êtes à dîner.
	They are dining,	Ils sont à dîner, Elles sont à dîner.

On dit aussi: *I am at dinner*, &c. Je suis à dîner.

	Passé simplement affirmatif.	Passé plus énergique.	
Singulier.	I dined,	I did dine,	Je dinois. Je dinai.
	Thou dined'st,	Thou didst dine,	Tu dinois. Tu dinas.
	He dined,	He did dine,	Il dinoit. Il dina.
Pluriel.	We dined,	We did dine,	Nous dinions. Nous dinames.
	You ou Ye dined,	You ou Ye did dine,	Vous diniez. Vous dinates.
	They dined,	They did dine,	Ils dinoient, Elles dinoient. Ils dinerent, Elles dinerent.

Passé *appliqué à l'instant de l'action.*

Sing.	I was dining,	Je dinois,	J'étois à dîner.
	Thou wast dining,	Tu dinois,	Tu étois à dîner.
	He was dining,	Il dinoit,	Il étoit à dîner.
Plur.	We were dining,	Nous dinions,	Nous étions à dîner.
	You ou You were dining,	Vous diniez,	Vous étiez à dîner.
	They were dining,	Ils dinoient, Elles dinoient.	Ils étoient à dîner. Elles étoient à dîner.

On dit aussi: *I was at dinner*, &c. J'étois à dîner.

FUTUR.

ELÉMENTS DE LA LANGUE ANGLOISE.

FUTUR simplement énonciatif.

Sing.
I shall dine,	Je dînerai.
Thou wilt dine,	Tu dîneras.
He will dine,	Il dînera.

Plur.
We shall dine,	Nous dînerons.
Ye ou You will dine,	Vous dînerez.
They shall dine,	Ils dîneront, Elles dîneront.

FUTUR indicatif de la volonté.

Sing.
I will dine,	Je dînerai ou je veux dîner.
Thou shalt dine,	Tu dîneras ou je veux que tu dînes.
He shall dine,	Il dînera ou je veux qu'il dîne.

Plur.
We will dine,	Nous dînerons ou nous voulons dîner.
You shall dine,	Vous dînerez ou je veux que vous dîniez.
They shall dine,	Ils dîneront ou je veux qu'ils dînent, Elles dîneront ou je veux qu'elles dînent.

IMPÉRATIF.

SINGULIER.

Dine thou, ou Do thou dine,	Dîne.
Let him dine,	Qu'il dîne.
Let her dine,	Qu'elle dîne.

PLURIER.

Let us dine,	Dînons.
Dine, ou Do dine,	Dînez.
Let them dine,	Qu'ils dînent, Qu'elles dînent.

SUBJONCTIF.

PRÉSENT.

Singulier.
That I may dine,	Que je dîne ou que je puisse dîner.
That thou mayest dine,	Que tu dînes ou que tu puisses dîner.
That he may dine,	Qu'il dîne ou qu'il puisse dîner.

Plurier.
That we may dine,	Que nous dînions ou que nous puissions dîner.
That you may dine,	Que vous dîniez ou que vous puissiez dîner.
That they may dine,	Qu'ils dînent ou qu'ils puissent dîner, Qu'elles dînent ou qu'elles puissent dîner.

FUTUR CONDITIONNEL optatif. / FUTUR CONDITIONNEL énonciatif.

Sing.
I could dine,	I should dine,	Je dînerois,
Thou could'st dine,	Thou would'st dine,	Tu dînerois.
He could dine,	He would dine,	Il dîneroit.

Plur.
We could dine,	We should dine,	Nous dînerions.
You could dine,	You would dine,	Vous dîneriez.
They could dine,	They would dine,	Ils dîneroient, Elles dîneroient.

Troisième FUTUR CONDITIONNEL.

Sing.
I would dine,	Je dînerois ou je voudrois dîner.
Thou should'st dine,	Tu dînerois ou tu devrois dîner.
He should dine,	Il dîneroit ou il devroit dîner.

Plur.
We would dine,	Nous dînerions ou nous voudrions dîner.
You should dine,	Vous dîneriez ou vous devriez dîner.
They should dine,	Ils dîneroient ou ils devroient dîner, Elles dîneroient ou elles devroient dîner.

IMPARFAIT.

Sing.
That I might dine,	Que je dînasse.
That thou mightest dine,	Que tu dînasses.
That he might dine,	Qu'il dînât.

Plur.
That we might dine,	Que nous dînassions.
That you might dine,	Que vous dînassiez.
That they might dine,	Qu'ils dînassent, Qu'elles dînassent.

Les Temps composés se forment par l'union du Participe passé avec les différents temps du verbe to Have.

Exemples.

I have dined, &c.	J'ai dîné.
I had dined, &c.	J'avois dîné.
I shall have dined, &c.	J'aurois dîné.
Tho' I may have dined, &c.	Quoique j'aie dîné.
I could have dined, &c.	J'aurois ou j'eusse dîné.

Des Participes.

Le Participe présent de tous les Verbes, tant réguliers qu'irréguliers, se forme en ajoutant *ing* à la racine du verbe, comme *to walk*, marcher ; *walking*, marchant ; mais les verbes qui finissent en *e* perdent cet *e* qui se fond dans l'*ing* de leur participe, comme *dine*, *dining*, &c.

Tous les verbes terminés par une consonne simple précédée d'une seule voyelle, & qui, étant de plus d'une syllabe, ont l'accent sur la dernière, doublent leur consonne finale au participe présent, aussi bien que dans chacune des autres parties du verbe qui se forment par l'addition d'une syllabe, comme *put*, *putting*, *putteth* ; *forget*, *forgetting*, *forgetteth* ; *abet*, *abetting*, *abetteth*, *abetted*.

Toutes les prépositions, excepté *to* qui est le signe de l'Infinitif, sont suivies du participe présent. Exemples :

She likes to talk ou to hear herself talk. She is fond of talking. She cannot refrain from talking. She is resolved upon doing it. For she cannot live without talking. She spends half her time in talking to her parrot.

Le participe passé de tous les verbes réguliers se termine en *ed* comme *walked*, marché ; *dined*, dîné ; & ce participe alors sert pour le temps passé ou prétérit de l'Indicatif.

Des Verbes irréguliers.

Les Verbes qui ne suivent pas la regle que nous venons de donner sur les Participes passés, sont ceux que l'on regarde comme irréguliers, quoiqu'ils ne soient très-souvent irréguliers que par contraction ; car la nature de notre langue, son accent & sa prononciation, nous portent également à contracter même tous nos verbes réguliers : c'est ainsi que *walked*, *dined* se prononcent communément en une syllabe *walk'd*, *din'd* ; & que la seconde personne, qui étoit originairement de trois syllabes, *walkedest*, *dinedest*, est devenue un dissyllabe, *walked'st*, *dined'st*, &c. Mais il y a beaucoup de verbes qui, par eux-mêmes, ont un Prétérit qui n'est pas leur Participe passé, & chez qui ces deux temps different de terminaison.

ÉLÉMENTS DE LA LANGUE ANGLOISE.

Il y en a d'autres dont le Participe passé seul, qui forme le Prétérit, diffère de la regle commune ; on trouvera tous ces Verbes dans les deux Tables suivantes :

PREMIERE TABLE.

Des Verbes dont les Participes & les Temps passés sont différents.

Infinitif.		Prétérit.	Participe.
To arise,	se lever. s'élever.	arose.	arisen.
be,	être.	was.	been.
bear,	porter. supporter.	bore.	born.
beat,	battre.	beat.	beat, beaten.
begin,	commencer.	began.	begun.
bid,	ordonner.	bid, bade.	bid, bidden.
bite,	mordre.	bit.	bit, bitten.
blow,	souffler.	blew.	blown.
break,	rompre.	broke, brake.	broken.
chide,	réprimander.	chid.	chid, chidden.
choose, chuse,	choisir.	chose.	chosen.
cleave,	fendre.	cleft, clove, clave.	cleft, cloven.
come,	venir.	came.	come.
crow,	chanter comme un coq.	crew, crowed.	crowed.
dare,	oser.	durst.	dared.
die,	mourir.	died.	dead.
do,	faire.	did.	done.
draw,	tirer, dessiner.	drew.	drawn.
drink,	boire.	drank, drunk.	drunk, drunken.
drive,	chasser.	drove.	driven.
eat,	manger.	eat, ate.	eat, eaten.
fall,	tomber.	fell.	fallen.
fly,	voler, fuir.	flew, fled.	flown, fled.
forget,	oublier.	forgot.	forgot, forgotten.
forsake,	abandonner.	forsook.	forsaken.
freeze,	geler.	froze.	frozen.
get,	gagner.	got.	got, gotten.
give,	donner.	gave.	given.
go,	aller.	went.	gone.
grow,	croître.	grew.	grown.
hew,	couper.	h.w'd.	hewn.
hide,	cacher.	hid.	hid, hidden.
know,	savoir. connoître.	knew.	known.
lie,	coucher.	lay.	lain.
load,	charger.	loaded.	loaden, laden.
mow,	faucher.	mow'd.	mow'd, mown.
ride,	aller à cheval.	rid, rode.	rid, ridden, rode.
ring,	sonner.	rang, rung.	rung.
rise,	se lever.	rose.	risen.
rive,	fendre.	rived.	riven.
run,	courir.	ran.	run.
saw,	scier.	sawed.	sawn.
see,	voir.	saw.	seen.
seeth,	mitonner.	seeth'd, sod.	sodden.
shake,	secouer.	shook.	shaken, shook.
shave,	raser.	shaved.	shaven.
shear,	tondre.	shore.	shorn.
shew, show,	montrer.	shew'd, show'd.	shewn, shown.
shrink,	se rapetisser.	shrank, shrunk.	shrunk.
sing,	chanter.	sang.	sung.
slay,	tuer.	slew.	slain.
slide,	glisser.	slid.	slidden.
smite,	frapper.	smote.	smitten.
sow,	semer.	sowed.	sown.
speak,	parler.	spoke, spake.	spoken.
steal,	voler, dérober.	stole.	stole, stolen.
stink,	puer.	stank, stunk.	stunk.
strive,	tâcher.	strove.	stiven.
strow,	joncher.	strowed.	strown.
swear,	jurer.	swore.	sworn.
swell,	enfler.	swelled.	swelled, swoln, swollen.
swim,	nager.	swam, swum.	swum.
take,	prendre.	took.	taken, took.
tear,	déchirer.	tore.	tore, torn.
thrive,	prospérer.	throve.	thriven.
throw,	jeter.	threw.	thrown.
tread,	marcher.	trod.	trodden.
wear,	porter, user.	wore.	worn.
weave,	tresser.	wove.	woven.
write,	écrire.	writ, wrote.	writ, wrote, written.

SECONDE TABLE.

Des Verbes irréguliers dont les Prétérits & les Participes passés sont les mêmes.

Infinitif.		Prétérit & Participe.
To abide,	demeurer.	abode.
awake,	s'éveiller.	awoke.
bend,	courber.	bent.
bereave,	priver.	bereft.
beseech,	supplier.	besought.
bind,	lier, relier.	bound.
bleed,	saigner.	bled.
breed,	engendrer.	bred.
bring,	apporter.	brought.
build,	bâtir.	built.
burn,	brûler.	burnt.
burst,	crever.	burst.
buy,	acheter.	bought.
cast,	jeter.	cast.
catch,	attraper.	caught.
cling,	s'attacher.	clung.
clothe,	vêtir.	clad, clothed.
cost,	coûter.	cost.
creep,	ramper.	crept.
curse,	maudire.	curst.
cut,	couper.	cut.
deal,	agir.	dealt.
dig,	creuser.	dug.
dream,	rêver.	dreamt.
dwell,	demeurer, habiter.	dwelt.
feed,	nourrir.	fed.
feel,	sentir, tâter.	felt.
fight,	combattre.	fought.
find,	trouver.	found.
flee, fly,	s'enfuir.	fled.
fling,	lancer.	flung.
fraight,	charger.	fraught.
geld,	châtrer.	gelt.
gild,	dorer.	gilt.
gird,	ceindre.	girt.
grind,	moudre.	ground.
hang,	pendre.	hung, hang'd.
have,	avoir.	had.
hit,	frapper, rencontrer le but.	hit.
hurt,	nuire, blesser.	hurt.
keep,	garder.	kept.
kneel,	s'agenouiller.	knelt, kneeled.
lay,	poser, mettre.	laid, layed.
lead,	mener, conduire.	led.
leap,	sauter.	leapt.
leave,	laisser.	left.
lend,	prêter.	lent.

To let;

ÉLÉMENTS DE LA LANGUE ANGLOISE.

Infinitif.		Prétérit & Participe.
To let,	laisser, permettre, louer.	let.
light,	allumer.	light, lighted.
lose,	perdre.	lost.
make,	faire.	made.
mean,	entendre, signifier.	meant.
meet,	rencontrer.	met.
pay,	payer.	paid.
put,	mettre.	put.
read,	lire.	read.
rend,	déchirer.	rent.
rid,	débarrasser.	rid.
say,	dire.	said.
seek,	chercher.	sought.
sell,	vendre.	sold.
send,	envoyer.	sent.
set,	placer, planter.	set.
shall,	(signe du futur.)	should.
shed,	répandre.	shed.
shine,	briller.	shone, shined.
shoe,	chausser, ferrer.	shod.
shoot,	tirer avec des armes à feu.	shot.
shred,	hacher.	shred.
shut,	fermer.	shut.
sit,	s'asseoir.	sat.
sleep,	dormir.	slept.
sling,	fronder.	slung.
slink,	se glisser.	slunk.
slip,	glisser.	slipt.
slit,	fendre.	slit.
smell,	flairer, sentir.	smelt.
speed,	réussir.	sped.
spell,	épeler.	spelt.
spend,	dépenser.	spent.
spill,	répandre.	spilt.
spin,	filer.	spun.
split,	fendre.	split.
spread,	étendre.	spread.
spring,	jaillir.	sprung.
stamp,	empreindre.	stampt.
stand,	se tenir debout.	stood.
stick,	s'attacher.	stuck.
sting,	aiguillonner.	stung.
stride,	enjamber.	strode.
strung,	enfiler, corder.	strung.
strip,	dénuer, dépouiller.	stript.
sweat,	suer.	sweat.
sweep,	balayer.	swept.
teach,	enseigner.	taught.
tell,	dire, raconter.	told.
think,	penser.	thought.
thrust,	pousser.	thrust.
weep,	pleurer.	wept.
whip,	fouetter.	whipt.
will,	vouloir.	would.
wind,	tourner.	wound.
work,	travailler.	wrought.
wring,	tordre le cou, le linge, &c.	wrung.

Conjugaison du verbe To Give, Donner.
(*Voyez* première Table.)

INFINITIF.

Présent.	To Give,	Donner.
Participe présent.	Giving,	Donnant.
Participe passé.	Given,	Donné.

INDICATIF.

Présent.

I give, *I do give*, *I am giving*, Je donne.
Thou givest, &c.

Passé ou Prétérit.

I gave, *I did give*, *I was giving*, Je donnois, je donnai.
Thou gavest, &c.

FUTUR.

I shall ou *will give*, Je donnerai.
Thou shalt, &c.

Ainsi de suite, comme les verbes réguliers.

Conjugaison du verbe To Sell, Vendre.
(*Voyez* seconde Table.)

INFINITIF.

Présent.	To sell,	Vendre.
Participe présent.	Selling,	Vendant.
Participe passé.	Sold,	Vendu.

INDICATIF.

Présent.

I sell, *I do sell*, *I am selling*, Je vends,
Thou sell'st, &c.

Passé ou Prétérit.

I sold, *I did sell*, *I was selling*, Je vendois, je vendis,
Thou sold'st, &c.

Ainsi de suite, comme les autres Verbes.

Observation sur les Modes.

L'Évêque *Wilkins*, dans son Livre intitulé *Real character*, donne l'explication suivante des Modes.

» Pour marquer la maniere dont le sujet se joint
» à son attribut, la copule qui les unit se trouve
» affectée d'une particule qui, par l'usage auquel elle
» sert, s'appelle *mœuf*, *modus*; c'est-à-dire, maniere
» ou mode.
» Or, il y a deux manieres dont le sujet peut être
» uni avec son attribut; savoir, *simplement* ou avec
» quelque sorte de *limitation* ou *restriction* : en con-
» séquence, ces Modes sont primitifs ou secondaires.
» Les Modes primitifs sont connus des Grammai-
» riens, sous les noms d'Indicatif & d'Impératif.
» Lorsque la chose est simplement déclarée être
» *telle*, ou du moins qu'il est au pouvoir de celui
» qui parle de la faire être *telle* que la simple union
» du sujet avec son attribut le feroit entendre, alors
» la copule s'exprime nuement sans aucune sorte de
» variation; & cette maniere de la rendre s'appelle
» le Mode Indicatif.
» Lorsqu'elle n'est point déclarée *telle*, & qu'il ne
» paroît point au pouvoir de celui qui parle de la
» rendre *telle*, alors tout ce qui lui reste à faire
» par le moyen des mots, c'est de faire sentir ce
» qu'il demande à celui qui a la chose en sa puis-
» sance; savoir,

à son { supérieur, égal, inférieur, } par { supplique, persuasion, commandement.

» Et

» Et alors ces manieres d'affecter la copule, be it
» so ou let it be so, s'appellent le Mode Impératif,
» où il y a ces trois différentes variétés qui méri-
» tent bien d'être indiquées chacune d'une maniere
» distincte.

» Quant à cet autre usage de l'Impératif, où il
» signifie une simple permission, on peut l'exprimer
» suffisamment bien par le *Mode secondaire de liberté*;
» *you may do it*.

» Les *Modes secondaires* sont ceux qui, lorsque
» la copule se trouve affectée d'aucun d'eux, ren-
» dent la phrase ce que les Logiciens appellent une
» *proposition modale*. Cela arrive lorsque la matiere
» du discours, c'est-à-dire, l'*être*, l'*action* ou la
» *souffrance* d'une chose, se trouve considérée non
» simplement *toute seule*, mais graduellement dans
» *ses causes*, d'où alors elle procede d'une maniere
» ou *contingente* ou *nécessaire*.

» Dans ce cas, la chose paroit rester dans l'état
» de *contingence*, lorsque celui qui parle n'en exprime
» que la *possibilité*, ou la *liberté* qu'il a de l'exécuter.

» 1.° La *possibilité* d'une chose dépend de la puis-
» sance de son principe, & peut s'exprimer,

lorsqu'elle est { absolue, conditionnelle, } par la particule { can. could.

» 2.° La *liberté* d'une chose dépend d'un déga-
» gement total de tous les obstacles tant intérieurs
» qu'extérieurs, & s'exprime ordinairement dans
» notre langue,

lorsqu'elle est { absolue, conditionnelle, } par la particule { may. might.

» Alors une chose semble être de *nécessité*, lorsque
» celui qui parle exprime la résolution de sa propre
» *volonté*, ou quelqu'autre obligation qui le presse
» de dehors.

» 3.° L'*inclination* de la *volonté* s'exprime,

lorsqu'elle est { absolue, conditionnelle, } par la particule { will. would.

» 4.° La *nécessité* d'une chose occasionnée par
» quelque *obligation extérieure*, soit *naturelle* ou
» *morale*, que nous appellons *devoir*, s'exprime,

lorsqu'elle est { absolue, conditionnelle, } par la part. { must, ought, shalt. must, ought, should.

Exemples pour éclaircir l'Observation ci-dessus,
aussi bien que la Remarque qui suit le verbe to
Walk.

1.° *We can force them to surrender.* Nous pou-
vons les forcer à se rendre.
They could make their retreat if they would.
Ils pourroient faire leur retraite s'ils le vouloient.

2.° *You may do it if you will, I give you
leave.* Vous pouvez le faire si vous le voulez, je
vous en donne la permission.
*I told him he might do it if he would, as I
gave him permission.* Je lui ai dit qu'il pouvoit le
faire s'il le vouloit, comme je lui en ai donné la
permission.

3.° *We will force them to accept our conditions.*
Nous les forcerons d'accepter nos termes.

*They would gladly accept our terms, if they did
not expect that some troops were coming to their
relief.* Ils accepteroient bien nos termes, s'ils n'es-
péroient que des troupes vinssent à leur secours.

4.° *They must and shall do it, and in fact they
ought to do it.* Il faut qu'ils le fassent, je le veux,
& en effet c'est leur *devoir*.
*He should by right assist him, he ought also to
assist his brother, but I am afraid he must do most
for his sister as she has a great many children.* Il
devroit en justice l'aider, il *devroit* aussi aider son
frere, mais je crains qu'il ne soit *obligé* de faire
plus pour sa sœur, parce qu'elle a beaucoup d'enfants.

Nota. On ne peut jamais considérer le mot
ought comme signe du conditionnel ni comme *particule*, mais plutôt comme verbe défectueux qui exprime
le devoir, puisqu'il gouverne la préposition *to* ;
c'est-à-dire, qu'il est toujours suivi de l'Infinitif
d'un autre verbe.

Table des Verbes défectueux.

Présent.	Passé.	
Can.	Could.	Pouvoir.
May.	Might.	Pouvoir.
Must.	Must.	Falloir, être obligé.
Ought.	Ought.	Devoir.
Quoth.	Quoth.	Dire.
Shall.	Should.	Devoir.
Will.	Would.	Vouloir.

Ces verbes n'ont point d'Infinitif, & conséquemment point de Participe ; mais, pour suppléer à ces
défauts, on se sert du verbe *to Be*, Être, en y
ajoutant quelque adjectif. Exemples :

INFINITIF

Présent.	To Be able,	Pouvoir.
Participe présent.	Being able,	Pouvant.
Participe passé.	Been able,	Pu.

INDICATIF

Présent.

Sing. *I can* ou *am able*, Je puis.
Thou canst ou *art able*, Tu peux.
He can ou *is able*, Il peut.

Plur. *We can* ou *are able*, Nous pouvons.
You can ou *are able*, Vous pouvez.
They can ou *are able*, Ils peuvent.

Passé.

Sing. *I could* ou *was able*, Je pouvois, je pus.
Thou could'st ou *wast able*, Tu pouvois, tu pus.
He could ou *was able*, &c. Il pouvoit, il put, &c.

Futur.

Sing. *I shall* ou *will be able*, &c. Je pourrai, &c.

Et les autres temps comme dans les verbes ordinaires.

L'usage

L'usage permet d'employer *can* pour le Futur, & *could* pour le Conditionnel. Exemples:
Ask if he can come to morrow. Demandez s'il pourra venir demain.
He could render me that service if he would. Il pourroit me rendre ce service s'il le vouloit.

May, qui prend le même Infinitif que *can*, signifie aussi *pouvoir*, mais plutôt la liberté d'agir que la capacité.

INDICATIF.

PRÉSENT.

Sing.	I may,	Je puis, je pourrai.
	Thou mayest,	Tu peux, tu pourras.
	He may,	Il peut, il pourra.
Plur.	We may,	Nous pouvons, nous pourrons.
	You may,	Vous pouvez, vous pourrez.
	They may,	Ils peuvent, ils pourront.

PASSÉ.

Sing.	I might,	Je pouvois, je pourrois.
	Thou mightest,	Tu pouvois, tu pourrois.
	He might,	Il pouvoit, il pourroit.
Plur.	We might,	Nous pouvions, nous pourrions.
	You might,	Vous pouviez, vous pourriez.
	They might,	Ils pouvoient, ils pourroient.

Il faut observer que le Temps présent *may* sert aussi pour le Futur, & que le Passé *might* s'emploie aussi pour le Conditionnel.

Must signifie *falloir*, ou *devoir* de nécessité & d'obligation; & c'est par *to be obliged* qu'on supplée au défaut d'Infinitif, &c. Exemples:

INDICATIF.

PRÉSENT.

Sing.	I must,	Il faut, il faudra que je.
	Thou must,	Il faut, il faudra que tu.
	He must,	Il faut, il faudra qu'il.
Plur.	We must,	Il faut, il faudra que nous.
	You must,	Il faut, il faudra que vous.
	They must,	Il faut, il faudra qu'ils.

PASSÉ.

Sing.	I was obliged,	Il falloit, il fallut que je.
	Thou wast obliged,	Il falloit, il fallut que tu.
	He was obliged, &c.	Il falloit, il fallut qu'il, &c.

FUTUR.

Sing. I shall ou will be obliged, &c. Il faudra que je.

Ainsi de suite, comme les autres verbes.

Ought indique un *devoir* de convenance ou de bienséance, & est toujours suivi de *to*, comme je l'ai déjà remarqué.

PRÉSENT & CONDITIONNEL.

Sing.	I ought,	Je dois, je devrois.
	Thou oughtest,	Tu dois, tu devrois.
	He ought,	Il doit, il devroit.
Plur.	We ought,	Nous devons, nous devrions.
	You ought,	Vous devez, vous devriez.
	They ought,	Ils doivent, ils devroient.

Tome II.

Exemples.

One ought to serve one's country. On doit servir sa patrie.
They ought not to complain. Ils ne devroient pas se plaindre.
He ought not to have done it, he had no orders. Il ne devoit pas le faire, il n'avoit pas d'ordres.
He ought to have been sent. On auroit dû l'envoyer.
I ought to have done that. J'aurois dû faire cela.

Will & *would* marquent la volonté, & signifient *vouloir*; ils se conjuguent ainsi:

INFINITIF.

	Présent.	To be willing,	Vouloir.
	Participe présent.	Willing,	Voulant.

INDICATIF.

PRÉSENT.

I will ou am willing,   Je veux.
Thou wilt, &c.

PASSÉ.

I would ou was willing,   Je voulois, je voulus.
Thou would'st, &c.

FUTUR.

I will ou shall be willing, Je voudrai.
Thou wilt, &c.

SUBJONCTIF.

PRÉSENT.

That I may be willing,   Que je veuille.
That thou mayest, &c.

PASSÉ ou CONDITIONNEL.

I would,   Je voudrois, je voulusse.
Thou would'st, &c.

Il ne faut pas confondre ce verbe avec le verbe régulier *to Will*, qui signifie *commander, ordonner, diriger, vouloir*, &c.; & comme il n'a pas de Participe passé, on ne peut le faire précéder de l'auxiliaire *to Have*: ainsi, au lieu de dire comme en François, « J'aurois voulu faire cela », il faut tourner, *Je voudrois* avoir fait cela, *I would have done that*.

Autres Exemples.

I will not lend you my book. Je ne veux pas vous prêter mon livre.
He will have his wife drink what he does. Il veut que sa femme boive ce qu'il boit.
I would have you do that. Je voudrois que vous fissiez cela.
I would have him do it. Je voudrois qu'il le fît.
I would have had you done it. Je voudrois que vous l'eussiez fait.

Shall,

Shall, signe du Futur, voyez le verbe *to Dine*.
Should, devoir, s'emploie souvent comme *ought*, & quelquefois à la fin d'une phrase, pour exprimer *il faut*. Exemples :
I should do that ou *I ought to do that*. Je devrois faire cela.
You should, ou *You ought to*. Vous devriez.
I should have done that ou *I ought to have done that*. J'aurois dû faire cela.
That is not done as it should be. Cela n'est pas fait comme *il faut*.
Men should first learn their duties. Il faudroit que les hommes apprissent d'abord leurs devoirs.

Quoth, qui signifie *dire*, est généralement placé devant le Nominatif. Exemple :
You are a charming woman, quoth I, quoth he, &c. Vous êtes une femme charmante, *dis-je* ou *disois-je, dit-il* ou *disoit-il*.

Des Verbes imperfonnels.

It rains,	Il pleut.
It snows,	Il neige.
It hails,	Il grêle.
It freezes,	Il gele.
It thaws,	Il dégele.
It thunders,	Il tonne.
It follows,	Il s'ensuit.
It blows,	Il vente.
It happens,	Il arrive.
It appears,	Il paroît.
It behooves,	{ Il regarde. Il est nécessaire, Il est expédient, Il faut.
It seems,	Il semble.
It is,	C'est.
There is,	Il y a.

Conjugaison du verbe impersonnel To Rain, Pleuvoir.

INDICATIF.

It rains ou It does rain,	Il pleut.
It rained ou It did rain,	Il pleuvoit.
It will rain,	Il pleuvra.
It has rained,	Il a plu.
It had rained,	Il avoit plu.

IMPÉRATIF.

Let it rain,	Qu'il pleuve.

POTENTIEL.

It may rain,	Il peut pleuvoir.
It might rain,	Il pouvoit pleuvoir.
It might have rained,	Il auroit pu pleuvoir.
It may rain to-morrow,	Il pourra pleuvoir demain.

NÉGATIVEMENT.

It does not rain,	Il ne pleut pas.
It did not rain,	Il ne pleuvoit pas.
It will not rain, &c.	Il ne pleuvra pas, &c.

INTERROGATIVEMENT.

Does it rain ?	Pleut-il ?
Did it rain ?	Pleuvoit-il ?
Will it rain ?	Pleuvra-t-il ?
Has it rained ?	A-t-il plu ?
Had it rained ?	Avoit-il plu ?

NÉGATIVEMENT & INTERROGATIVEMENT.

Don't it rain ? Does it not rain ?	} Ne pleut-il pas ?
Did it not rain ? Didn't it rain ? &c.	} Ne pleuvoit-il pas ? &c.

There is,   Il y a.

There is s'emploie lorsque le mot qui suit est au singulier, & *There are*, lorsqu'il est au pluriel. Exemples :
There is *a man*. Il y a un homme.
There are *men*. Il y a des hommes.
There was *a horse*. Il y avoit ou il y eut un cheval.
There were *horses*. Il y avoit ou il y eut des chevaux.
There will be *a horse*. Il y aura un cheval.
There will be *horses*. Il y aura des chevaux.
There are *about twenty-five millions of souls in France*, there are *but ten in England*. Il y a environ vingt-cinq millions d'ames en France, il n'y en a que dix en Angleterre.
There is *a man below who wants to speak to you*. Il y a un homme là-bas qui désire vous parler.
There was *a great fire yesterday at—* Il y eut hier un grand incendie à—
Was there *any-body killed ? No ; but there were above twenty people wounded.* Y a-t-il eu quelqu'un de tué ? Non ; mais il y a eu plus de vingt personnes de blessées.
There were *not so many houses burnt as they said*. Il n'y a pas eu autant de maisons de brûlées qu'on le disoit.
Is there *a public stage from Paris to Brussels ?* Y a-t-il une voiture publique de Paris à Bruxelles ?

NOTA. Pour les différentes manieres de rendre en Anglois le verbe *Il y a*, Voyez la Grammaire françoise dans le *Tome I*.

It is, ou *That is*,   C'est.

Exemples.

That is *the end he aims at*. C'est le but où il tend.
It is *the truth which offends him*. C'est la vérité qui l'offense.
It is *here I wait for him*. C'est ici que je l'attends.
It was *there she died*. C'est là quelle mourut.
It is *easy to say*. C'est aisé à dire.
It is *right to serve one's country*. Il est juste de servir sa patrie.
It was *then I saw him*. C'étoit alors que je le vis.
Exemples

ÉLÉMENTS DE LA LANGUE ANGLOISE.

Exemples sur d'autres Verbes impersonnels.

It appears *that he is not guilty*. Il paroît qu'il n'est point coupable.

It follows *from thence that a man cannot be happy, who is not virtuous*. Il s'ensuit de là que celui qui n'est pas vertueux, ne sauroit être heureux.

It rains *too hard to go out*. Il pleut trop pour sortir.

It blows *ou* the wind blows *very hard*. Il vente beaucoup *ou* il fait bien du vent.

It happens *sometimes that the wisest are mistaken*. Il arrive quelquefois que les plus sages se trompent.

It behooves *a woman to have a great deal of circumspection*. Il faut qu'une femme ait un grand fond de retenue.

It will freeze *before long*. Il gelera avant qu'il soit long-temps.

Conjugaison du verbe TO SAY, DIRE, *avec la particule* ON.

One says,
It is said,
We say,
They say,
People say, } On dit.

One said ou did say,
It was said,
We said ou did say,
They said ou did say,
People said ou did say, } L'on disoit, l'on dit.

One shall ou will say,
It shall ou will be said,
We shall ou will say,
They shall ou will say,
People shall ou will say, } On dira.

Ainsi de suite pour le reste du Verbe.

INTERROGATIVEMENT.

Does any one say?
Is it said?
Do they say?
Do people say? } Dit-on?

Does one not say?
Is it not said?
Do they not say?
Do people not say? } Ne dit-on pas?

Ainsi de suite.

On peut encore tourner par *on* la maniere de parler suivante :

She is said to walk. On dit qu'elle marche.

Conjugaison des Verbes avec négation.

Ne pas s'exprime par *not*, qui doit suivre immédiatement le verbe, lorsqu'il n'est point accompagné d'un signe ou d'un auxiliaire ; dans les autres cas, *not* se met entre le signe & le verbe. Exemples :

INFINITIF.

	Présent.	Not to think,	Ne pas penser.
Participe présent.	Not thinking,	Ne pensant pas.
Participe passé.	Not thought,	Pas pensé.

INDICATIF.

PRÉSENT.

I think not, I do not think, I am not thinking, Je ne pense pas.
Thou think'st not, &c.

PASSÉ.

I thought not, I did not think, I was not thinking, Je ne pensois pas.
Thou thought'st not, &c.

FUTUR.

I shall not think ou *I will not think*, Je ne penserai pas.
Thou shalt, &c.

IMPÉRATIF.

Let him ou *her not think*, Qu'il *ou* qu'elle ne pense pas.
Let us not think, Ne pensons pas.
Think not, ou *Do not think*, Ne pensez pas.
Let them not think, Qu'ils *ou* qu'elles ne pensent pas.

SUBJONCTIF.

PRÉSENT.

That I may not think, Que je ne pense pas.
That thou, &c.

CONDITIONNEL.

I could not think, Je ne penserois pas, Je ne pensasse pas.
Thou could'st, &c.

Nous avons donné les trois manieres de conjuguer les verbes avec négation, mais l'usage le plus commun est de se servir du verbe *to Do*. Exemples :
I do not think. Je ne pense pas.
He does not see. Il ne voit pas.
Do not go. N'allez pas.

De la maniere d'interroger.

Transposez le pronom après le verbe, ou entre le signe & le verbe.

PRÉSENT.

Think I? Do I think? Am I thinking? Pensé-je ?
Think'st thou? &c.

PASSÉ.

Thought I? Did I think? Was I thinking? Pensois-je ?
Thought'st thou? &c.

FUTUR.

Shall I think? ou *Will I think?* Penserai-je ?
Shalt thou think? &c.

De même pour les autres temps.

La premiere maniere est en usage dans la poésie, mais en prose on se sert du verbe *to Do*. Exemples :
Do you sing? Chantez-vous ?
Did we not dance? N'avons-nous pas dansé ?
Did he succeed? A-t-il réussi ?

Au

Au lieu de *oui* ou *non*, qui servent, en François, de réponse aux interrogations, les Anglois répetent quelquefois le signe & le pronom pour *affirmer*, & y joignent *not* pour *nier*. Exemples :
 Do you think? Pensez-vous? *I do*. Oui. *I do not* ou *I don't*. Non.
 Are you thinking? Pensez-vous? *I am*. Oui. *I am not* ou *I an't*. Non.
 Do you not think? ou *Don't you think?* Ne pensez-vous pas? *I do*. Oui. *I do not* ou *I don't*. Non.
 Are you not thinking? ou *An't you thinking?* Ne pensez-vous pas? *I am*. Oui. *I am not* ou *I an't*. Non.
 On peut aussi répondre : *Not I*. Non pas moi.

Exemples.

 Is Miss *** married? No, she is not. M.lle *** est-elle mariée? Non, elle ne l'est pas.
 Are you ill, Madam? Yes, I am, and fear to be so long. Êtes-vous malade, Madame? Oui, je le suis, & je crains de l'être long-temps.
 Is that your notion? Yes, it is. Est-ce-là votre idée? Oui, c'est l'est.
 Is that your wife? Yes, it is she. Est-ce-là votre femme? Oui, c'est elle.
 Is not that your boy? Yes, it is he. N'est-ce pas là votre garçon? Oui, c'est lui.
 Is that your horse? Yes, it is. Est-ce-là votre cheval? Oui, c'est.
 Are those Ladies arrived? Yes, they are. Ces Dames sont-elles arrivées? Oui, elles le sont.

Remarque.

 Il y a deux manieres d'interroger en François, qui ne se rencontrent que dans peu de langues. Par exemple, l'on dit souvent : *Est-ce qu'il pleut?* Le but de celui qui interroge n'est pas de savoir s'il pleut ou non, mais il fait entendre qu'il croit qu'il ne pleut pas, & qu'il seroit surpris s'il pleuvoit ; il faut donc bien distinguer cette façon d'interroger de celle de pur mouvement de curiosité, qui porte un homme à demander, s'il pleut, *pleut-il?* &c. Les Anglois ont quelquefois recours à une circonlocution, pour rendre cette idée. Exemple :
 Est-ce que je lis? tournez ainsi : *I am not reading, am I?* ou *I don't read, do I?* vous aurez mot pour mot : *Je ne suis pas lisant, suis-je lisant? Je ne lis pas, lis-je?* & ainsi tout le long des verbes.
 De même, par cette interrogation : *N'est-ce pas qu'il lit?* un François assure que la personne dont il parle lit actuellement, & il en prend à témoin celle à qui il adresse la parole. Il faut s'exprimer ainsi en Anglois : *He is reading, isn't he* ou *is he not?* ou *He reads, don't he?* c'est-à-dire, Il lit, n'est-ce pas? Exemples :
 Your father is sick, is he not ou *is not he?* N'est-ce pas que votre pere est malade?
 Will you not come with me? Ne viendrez-vous pas avec moi? *No*. Non.
 You promised me, did not you ou *did you not?* Est-ce que vous ne me l'avez pas promis?

Conjugaison des Verbes avec les Pronoms.

 On a déjà vu dans la conjugaison des Verbes, que le Nominatif les précede ; & c'est une regle générale de la langue. Le Pronom que les Anglois nomment *Objectif*, suit le Verbe aussi bien que le Pronom qui tient lieu de l'Accusatif en François ; mais le Pronom gouverné à l'Accusatif, se met devant le Pronom gouverné au Datif, au lieu qu'en François il se met après.

Affirmativement.

Singulier.	*I give you, I do give you, I am giving you,*	Je vous donne.
	Thou givest me, Thou dost give me, Thou art giving me,	Tu me donnes.
	He gives us, He does give us, He is giving us,	Il nous donne.
Pluriel.	*We give him, We do give him, We are giving him,*	Nous lui donnons.
	You give them, You do give them, You are giving them,	Vous leur donnez.
	They give thee, They do give thee, They are giving thee,	Ils te donnent, &c.

Exemple.

 Shame is a mixture of grief and fear which infamy causes. La honte est un mélange de chagrin & de crainte que cause l'infamie.—C'est-à-dire, dont l'infamie est la cause, conséquemment le Nominatif *or*, il suit le Verbe en François, & le précede en Anglois.
 Nota. Beaucoup de Verbes anglois admettent la préposition *to* à leur suite, c'est-à-dire, gouvernent l'Accusatif ; on peut dire également, *I give you* ou *I give to you*, mais il y en a qui exigent absolument que cette préposition les suive, comme le verbe *to Say*, Dire ; car on ne peut jamais dire, *I say you*, mais *I say to you*, &c. Il y a d'autres Verbes qui gouvernent d'autres prépositions qu'il faut apprendre par l'habitude.

Négativement.

I do not give you, I am not giving you, Je ne vous donne pas.

Interrogativement.

Do I give you? Am I giving you? Vous donné-je?

Négativement & Interrogativement.

Do I not ou *Don't I give you?*
Am I not ou *An't I giving you?* } Ne vous donné-je pas?

Avec deux Pronoms.

Affirmativement.

I give it you, I do give it you, I am giving it you, Je vous le donne.

Négativement.

I do not give it you, I am not giving it you, Je ne vous le donne pas.

Avec Interrogation simple.

Do I give it you? Am I giving it you? Vous le donné-je?

Interrogativement & Négativement.

Don't I ou *Do I not give it you?*
An't I ou *Am I not giving it you?* } Ne vous le donné-je pas?

Des

ÉLÉMENTS DE LA LANGUE ANGLOISE.

Des Verbes réfléchis.

On appelle réfléchi, tout Verbe dont l'action ne regarde que celui qui agit. Ex. *S'habiller* est un Verbe réfléchi, parce que l'action qu'il exprime n'a pour objet que la personne qui parle.

Le Verbe réfléchi se conjugue, en François, par le moyen des Pronoms *me, te, se, nous, vous*, qui le précedent immédiatement, & représente les Pronoms anglois suivants.

Pronoms réciproques.

SINGULIER.		PLURIER.	
Myself,	{ Moi-même. Me. }	*Ourselves*,	{ Nous-mêmes. Nous. }
Thyself,	{ Toi-même. Te. }	*Yourselves*,	{ Vous-mêmes. Vous. }
Yourself,	{ Vous-même. Vous. }		
Himself,	{ Lui-même. Se. }		
Herself,	{ Elle-même. Se. }	*Themselves*,	{ Eux-mêmes. Elles-mêmes. Se. }
One's self,	{ Soi-même. Se. }		
Itself,	{ Lui-même. Se. }		

NOTA. *Itself* ne s'emploie que pour les animaux & les choses.

Conjugaison du verbe réfléchi TO DRESS ONE'S SELF, S'HABILLER.

AFFIRMATIVEMENT.

Singulier.
I dress ou I do dress ou I am dressing myself, — Je m'habille.
Thou dress'st ou Thou dost dress ou Thou art dressing thyself, — Tu t'habilles.
He dresses ou He does dress ou He is dressing himself, — Il s'habille.
She dresses ou She does dress ou She is dressing herself, — Elle s'habille.

Plurier.
We dress ou We do dress ou We are dressing ourselves, — Nous nous habillons.
You dress ou You do dress ou You are dressing yourselves, — Vous vous habillez.
They dress ou They do dress ou They are dressing themselves, — Ils ou elles s'habillent.

Suivez les autres temps des Verbes, en mettant toujours les Pronoms à leur suite.

NÉGATIVEMENT.

I do not dress ou I am not dressing myself, — Je ne m'habille pas.

INTERROGATIVEMENT.

Do I dress myself? Am I dressing myself? — M'habillé-je?

NÉGATIVEMENT & INTERROGATIVEMENT.

Do I not ou Don't I dress myself? Am I not ou An't I dressing myself? } — Ne m'habillé-je pas?

Les temps composés se forment en Anglois par le verbe *to Have*, au lieu qu'en François on se sert du verbe *Être* : ainsi, pour exprimer ces différents temps, *Je me suis habillé*, &c. *Je m'étois habillé*, &c. *Je me serai habillé*, &c. *Je me serois habillé*, &c. les Anglois disent : *I have dressed myself*, &c. *I had dressed myself*, &c. *I shall have dressed myself*, &c. *I could have dressed myself*, &c.

Il est important d'observer que tous les Verbes réfléchis ne demandent pas à être accompagnés de Pronoms réciproques, comme celui que nous venons de donner pour exemple. Cette maniere de conjuguer n'a lieu que dans le cas où le défaut de Pronoms pourroit occasionner de l'amphibologie. On peut dire également : *I apply myself* ou simplement *I apply*, je m'applique ou je m'adresse; *I submit*, je me soumets, au lieu de *I submit myself*, lorsqu'il n'y a rien dans la phrase qui puisse faire imaginer qu'il s'agit d'un autre que soi-même. En général, ces sortes de Verbes ne sont autre chose que des Verbes actifs, dont on change l'objet en réfléchissant l'action sur soi; car les mots *adresser*, *appliquer*, *soumettre*, *habiller*, &c. supposent un objet auquel on s'adresse, on s'applique, qu'on soumet, qu'on habille, &c. & ils ne deviennent Verbes réfléchis que lorsque la personne qui parle, ou dont on parle, est elle-même l'objet de l'action qu'ils expriment.

Il n'en est pas ainsi de quelques Verbes anglois purement intransitifs, que les François rangent dans leur langue au nombre des Verbes réfléchis, tels que *to repent*, se repentir; *to fall asleep*, s'endormir, &c. Ces Verbes, en Anglois, ne peuvent être accompagnés de Pronoms réciproques, parce que de leur nature ils sont intransitifs, & que le sentiment, la passion ou l'action qu'ils expriment, se bornent à la personne qui sert de Nominatif au Verbe : ainsi l'on dira, *I repent*, je me repents, &c. comme si c'étoit un Verbe actif, & non pas *I repent myself*, parce qu'il n'est pas possible qu'on *repente* un autre que soi-même.

Exemples.

He repented having obliged an ungrateful man. Il se repentit d'avoir obligé un ingrat.
I engage to do it. Je m'engage à le faire.
Men have built cities for their safety. Les hommes se sont bâti des villes pour leur sûreté.
I went to bed last night at eleven o' clock, and rose this morning at six. Je me couchai hier au soir à onze heures, & je me suis levé ce matin à six.
I repent having done it, and wish it was to be done still. Je me repents de l'avoir fait, & je souhaiterois que cela fût encore à faire.
It is time to dress one's self. Il est temps de s'habiller.

EVADNE, CAPANEUS's *wife, after* having dressed herself *in her richest suits*, threw herself *in the middle of the pile and was consumed with the corps of her husband*. ÉVADNÉ, femme de CAPANÉE, après s'être parée de ses plus riches habits, se jetta au milieu du bûcher, & fut consumée avec le cadavre de son mari.

APOLLO, remembering *the injury which his mother had received from the serpent* Python, killed him *with arrows*. APOLLON, se ressouvenant du mal que le serpent Python avoit fait à sa mere, le tua à coups de fleches.

Des Adverbes.

Les Adverbes sont ajoutés aux Verbes & aux Adjectifs, & quelquefois à d'autres Adverbes pour indiquer quelque modification ou circonstance d'une action, d'une qualité ou d'un état; mais comme on n'est pas heureux ni malheureux au même degré, comme on peut marcher vîte ou lentement, & agir sagement ou follement, l'Adverbe est donc le mot dont on se sert pour marquer les différentes nuances que ces mots seuls ne sauroient peindre.

Il y a plusieurs sortes d'Adverbes, mais on peut les réduire en,

1.º *Adverbes de temps*,

Tels que :

Presently,	Présentement.
Now,	Maintenant.
Instantly,	A l'instant.
To day,	Aujourd'hui.
Not long ago,	Naguère.
Lately,	Depuis peu.
Yesterday,	Hier.
To morrow,	Demain.
Once,	Jadis.
Formerly,	Autrefois, &c.

2.º *Adverbes de lieu*,

Tels que :

Here,	Ici.
There,	Là.
Where,	Où.
Whence,	D'où.
Within,	Dedans.
Without, *Out*, }	Dehors.
Hence,	D'ici.
No where,	Nulle part.
Upon,	Dessus.
Under,	Dessous.
Into,	Dedans.
Above,	Au-dessus.
Under,	Au-dessous, &c.

3.º *Adverbes de quantité*,

Tels que :

How much,	Combien.
Little, *Few*, }	Peu.
But little,	Guère.
Enough,	Assez.
More,	Plus.
Less,	Moins.
Much,	Beaucoup.
Most,	Le plus.
Well nigh,	A peu près, &c.

4.º *Adverbes de qualité*,

Tels que :

Well,	Bien.
Right,	Juste.
Badly, *Ill*, }	Mal.
Slowly,	Lentement.
Wisely,	Sagement.
Prettily,	Joliment.
Bluntly,	Brusquement.
Quickly,	Promptement, &c.

5.º *Adverbes d'affirmation*,

Tels que :

Yes,	Oui.
Truly,	Véritablement.
Verily,	En vérité.
Certainly,	Certainement.
Without doubt,	Sans doute.
Surely,	Sûrement, &c.

6.º *Adverbes de négation*,

Tels que :

No, *Not*, } Non, ne pas, point, non pas, &c.

7.º *Adverbes de doute*,

Tels que :

Perhaps,	Peut-être.
Probably,	Probablement, &c.

8.º *Adverbes de comparaison*,

Tels que :

More,	Plus.
Less,	Moins.
As much,	Autant.
Generally,	Généralement, &c.

9.º *Adverbes d'interrogation*,

Tels que :

When ?	Quand ?
How ?	Comment ?
Why ?	Pourquoi ?
How often ?	Combien de fois ? &c.

10.º *Adverbes d'ordre*,

Tels que :

Firstly,	Premiérement.
Secondly,	Secondement.
Thirdly,	Troisièmement.
Fourthly,	Quatrièmement, &c.

Il y a un très-petit nombre d'Adverbes qui admettent la variation de degrés de comparaison comme les Adjectifs, tels que *often*, *oftener*, *the oftenest*, *souvent*, *plus souvent*, *le plus souvent*; *soon*, *sooner*, *the soonest*, tôt, plutôt, le plutôt; & ceux qui, venant d'Adjectifs irréguliers, le font aussi eux-mêmes, comme *well*, *better*, *the best*, bien, mieux, le mieux, &c.

Généralement on peut faire des Adjectifs anglois, autant d'Adverbes en ajoutant *ly*, comme on les forme en François en ajoutant *ment*.

Exemples.

Easily,	Aisément,		*Easy*,	Aisé.
Assuredly,	Assurément,		*Assured*,	Assuré.
Sensibly,	Sensiblement,	de	*Sensible*,	Sensible.
Politely,	Poliment,		*Polite*,	Poli.
Commonly,	Communément,		*Common*,	Commun, &c.

L'Adverbe, dans la construction des phrases, se place ordinairement le plus près qu'il est possible du mot qu'il modifie ou qu'il affecte; & sa propriété, aussi bien que sa force, dépendent de sa position. Sa place la plus ordinaire est avant les Adjectifs, après les Verbes actifs ou neutres; & quand ils sont accompagnés d'auxiliaires, il se place ordinairement au milieu. Exemple :

He made a very elegant harangue; he spake unaffectedly and forcibly; and was attentively heard by the whole audience. Il fit une harangue très-élégante ; il parla sans affectation & avec énergie; & il fut écouté attentivement par tout l'auditoire.

Il faut observer que les Adverbes de qualité, qui pour la plupart se terminent en *ly*, sont presque toujours placés après le Nom ou le Pronom gouverné par le Verbe, lorsque ce Nom ou Pronom est à l'Accusatif. Ainsi, au lieu de *I love dearly his sister*, j'aime tendrement sa sœur, il faut dire *I love his sister dearly*, parce que *his sister* est à l'Accusatif ; mais si le Verbe gouverne tout autre cas, l'Adverbe doit immédiatement le suivre, Ex. *He boasts amazingly of his birth*, il se vante étrangement de sa naissance, parce que *of his birth* est au Génitif.

Il est néanmoins indifférent de mettre les Adverbes devant ou après les Verbes. L'on dit également : *I love you heartily* ou *I heartily love you*, je vous aime de tout mon cœur ; *I humbly beg of you* ou *I beg humbly of you*, &c. je vous demande humblement, &c.

La lecture de bons Auteurs fera connoître le choix que l'on doit faire. Mais faites attention que *always*, toujours ; *never*, jamais ; *often*, souvent, & *seldom*, rarement, doivent suivre immédiatement le Nominatif du Verbe. Dites : *I always say*, &c. Je dis toujours, &c.—*I never say*, &c. Je ne dis jamais, &c.—*I often say*, &c. Je dis souvent, &c.—*I seldom say*, &c. Je dis rarement, &c. & non : *I say always*, &c. *I say never*, &c. *I say often*, &c. *I say seldom*, &c.

Autres Exemples.

He beat him severely. Il l'a battu rudement.
You basely wrong my honour. Vous faites lâchement tort à mon honneur.

He prayed heartily to God ou *He prayed to God heartily*. Il pria Dieu de bon cœur.
Indeed he will not come. En vérité il ne viendra pas.
He said indeed he would come. Il a dit en vérité qu'il viendroit.
I'll rather die than tell it you. Je mourrai plutôt que de vous le dire.
He has often been here. Il a été souvent ici.
He has been here oftener than you. Il a été ici plus souvent que vous.
It is twenty years since I saw him. Vingt ans se sont écoulés depuis que je ne l'ai vu.
What became of him since. Qu'est-il devenu depuis ?
Homer sometimes slumbers in the midst of gods and heroes. Homère sommeille quelquefois au milieu des dieux & des héros.
Ignorant people are generally obstinate. Les ignorants sont ordinairement obstinés.
Death almost always comes at an improper hour. La mort vient presque toujours mal à propos.

Des Prépositions.

Les Prépositions sont des mots indéclinables qui ont toujours un régime. En Anglois, c'est toujours l'Objectif qu'elles prennent après elles, comme *with him*, *from her*, *to me*.

Quand c'est un Pronom relatif qui est le régime de la Préposition, il arrive souvent qu'elle s'en trouve séparée, & qu'elle est jointe au Verbe après lequel elle est placée à la fin de la phrase. Exemples :

Horace is an author whom I am much delighted with. Horace est un auteur qui me plaît beaucoup.
The world is too well bred to shock Authors with a truth, which generally their Booksellers are the first that inform them of. Le monde sait trop bien vivre pour choquer les Auteurs en leur disant une vérité que leurs Libraires sont ordinairement les premiers à leur apprendre.

Cet idiôme est un de ceux pour lesquels la langue angloise a le plus de propension. Il est très-fréquent en conversation, & convient assez au style familier quand on écrit ; mais cependant il est plus harmonieux, aussi bien que beaucoup plus clair, de placer la Préposition avant le Relatif ; & il faut avouer que cette manière convient aussi infiniment mieux au style noble & élevé. Exemples :

It is said that Cromwell had fifty chambers, and that is best friends never knew in which he used to lie ; non pas, *which he used to lie in*. On dit que Cromwell avoit cinquante chambres, & que ses meilleurs amis ne savoient jamais dans laquelle il couchoit.
Coriolanus came to besiege Rome, from whence he had been banished, & non, *whence he had been banished from*. Coriolan vint assiéger Rome, d'où il avoit été banni.
Henry the fourth looked upon the good education of youth as a thing on which depends the felicity of kingdoms and people. Henri quatre regardoit la bonne éducation de la jeunesse comme une chose

chose *dont* dépend la félicité des royaumes & des peuples.

Il est impossible de dire : which *depends the felicity of kingdoms and people* on ; mais l'on peut dire : which *the felicity of kingdoms and people depends* on.

Il y a des Prépositions qui entrent dans la composition des Verbes, & qui changent leur signification, comme *to give*, donner ; *forgive*, pardonner ; mais pour les connoître il faut consulter le Dictionnaire.

Il y a encore des Prépositions que l'on met à la suite des Verbes, qui en changent la signification radicale, & leur font prendre une signification nouvelle & même souvent tout-à-fait opposée.

Exemples.

To go down,	Descendre ;		Aller en bas.
To go up,	Monter ;		Aller en haut.
To go out,	Sortir ;		Aller dehors.
To go in,	Entrer ;	mot	Aller dedans.
To go again,	Retourner ;	à	Aller derechef.
To go off,	S'en aller ;	mot.	Aller de loin.
To go back,	Reculer ;		Aller en arriere.
To go away,	Partir ;		Aller dehors.
To go near,	S'approcher ;		Aller proche, &c.

Cette facilité de changer ainsi la signification des Verbes par l'addition d'une Particule, tient au génie de la langue angloise, & lui prête beaucoup d'énergie ; mais comme *back*, *away*, &c. ont encore d'autres significations, il faut consulter la Table des Particules, à la suite de cette Grammaire, où ils se trouvent suffisamment expliqués ; & comme on y voit beaucoup d'exemples sur les Prépositions, je vais finir cet article en observant qu'il y a des Grammairiens qui prétendent, malgré l'opinion du savant docteur LOWTH, à qui les Anglois sont redevables de leur meilleure Grammaire, que le *Cas objectif* n'est pas toujours gouverné par une Préposition, & que l'on peut dire : who *is this for* ? au lieu de whom *is this for* ? & who *did you give it to* ? au lieu de whom *did you give it to* ? mais comme on ne peut dire : *for who is this* ? ni *to who did you give it*, il semble que dans ces cas l'usage l'emporte sur les regles de la Grammaire.

Remarque sur la Particule a.

Les Grammairiens ne sont pas d'accord par quel hasard la Particule *a* s'est introduite parmi les Prépositions angloises ; mais comme elle y tient un rang assez marqué, nous nous bornerons à donner quelques exemples. Elle s'emploie souvent devant des Participes présents, comme *a coming*, *a going*, *a walking*, *a shooting*, &c. & devant des Noms, comme *a-bed*, *a-shore*, *a-foot*, *a-horse-back*, &c. Exemples :

He is gone a shooting, a hunting, a coursing, &c. Il est allé à la chasse au fusil, à la chasse aux bêtes courantes, à la chasse du lievre avec des levriers.

He is coming a-foot, a-horse-back. Il vient à pied, à cheval.

She is a-bed still. Elle est encore au lit.

He has got a-shore on a desert island. Il a gagné le rivage d'une île déserte.

Des Conjonctions.

LES Conjonctions sont des mots invariables qui servent à joindre & unir ensemble les phrases, de maniere à n'en former qu'une de plusieurs ; sans ces liens un discours ne paroîtroit qu'une liste de phrases décousues, & non un ouvrage suivi. Exemples :

You went to London ; I went to London ; Peter went to London. Vous allates à Londres ; J'allai à Londres ; Pierre alla à Londres.

Voilà trois phrases séparées, dont, par le moyen de la Conjonction *and* deux fois employée, on fait une seule phrase. Exemple :

You and *I* and *Peter went to London.* Vous & moi & Pierre, nous allames à Londres.

Autre Exemple.

You and *I went to London, but Peter staid at home.* Vous & moi allames à Londres, *mais* Pierre resta à la maison.

Cette phrase est composée de trois autres par le moyen des Conjonctions *and* & *but* ; or, toutes deux unissent les phrases, mais la derniere désigne une opposition dans le sens : c'est pourquoi la premiere s'appelle *Conjonction copulative*, & l'autre, *Conjonction disjonctive*.

L'usage des Conjonctions copulatives est de joindre ou continuer la phrase en exprimant une addition, comme *and*, & ; une supposition ou condition, comme *if*, *as*, si, comme ; une cause, comme *because*, *then*, parce que, alors ; un motif, comme *that*, afin que ; une induction ou conséquence, comme *therefore*, c'est pourquoi, &c. &c.

L'usage des disjonctives est aussi de joindre & de continuer la phrase, mais en même temps de faire sentir une opposition de sens avec des degrés différents, comme *or*, *but*, *than*, *although*, *unless*, &c. ou, mais, que, quoique, à moins que, &c. Exemples :

If he comes, be so good as to tell him that I have waited for him till now. S'il vient, ayez la bonté de lui dire que je l'ai attendu jusqu'à présent.

Because I was not at home when he came, he would not stay. Parce que je n'étois pas au logis quand il vint, il ne voulut pas attendre.

Whether he wins or loses, he is always the same. Soit qu'il gagne soit qu'il perde, il est toujours le même.

Tho' he asked me, I would not tell him. Quoiqu'il me le demandât, je ne voulus point le lui dire.

Unless a book be instructive or entertaining, I don't care to read it. À moins qu'un livre ne soit instructif ou divertissant, je ne me soucie point de le lire.

I will not go thither, unless you go with me ou *along with me.* Je n'irai pas, à moins que vous ne veniez avec moi.

You must not play before you can say your lesson. Il ne faut pas que vous jouiez *avant que* vous sachiez votre leçon.

When I punish you for your faults, you think I hate you ; whereas it is only because I love you that I take this trouble. Quand je vous punis de vos fautes, vous croyez que je vous hais ; *au lieu que*

ÉLÉMENTS DE LA LANGUE ANGLOISE.

que je ne prends cette peine que *parce que* je vous aime.

Il est inutile de donner ici une foule d'exemples; car chaque conjonction ayant un sens qui lui est propre, on le trouvera en consultant la Table des Particules. J'observerai seulement qu'il y a des Conjonctions qui demandent l'Indicatif, d'autres le Subjonctif, d'autres enfin qui n'influent en rien sur le Mode. Les Conjonctions hypothétiques, conditionnelles, concessives & exceptives, telles que *if*, *though*, *unless*, *except*, *whether*, *or*, &c. semblent demander en général le Subjonctif après elles; cependant, par l'usage, elles prennent aussi fort souvent l'Indicatif, & dans certains cas c'est avec assez de propriété. Exemples:

If *thou be the son of* God. MATH. IV, 3. Si tu es le fils de Dieu.

Though *he slay me, yet will I put my trust in him*. JOB XIII, 15. Quand bien même il me donneroit la mort, je mettrois toujours ma confiance en lui.

Unless *he wash his flesh*. LEV. XXII, 6. A moins qu'il ne purifie sa chair.

No *power except it were given from above*. JOHN XIX, 11. Nul pouvoir à moins qu'il ne vienne d'en haut.

Whether *it were I or they, so we preach*. 1. COR. XV, 11. Que ce soit moi ou que ce soient eux qui vous prêchent, c'est-là ce que nous prêchons.

Le Subjonctif, dans tous ces exemples, implique quelque chose de contingent & de douteux; tandis que l'Indicatif exprimeroit un sens plus absolu & plus déterminé.

NOTA. La seule différence entre l'Indicatif & le Subjonctif, est que, dans celui-là, les seconde & troisieme personnes du singulier du Temps présent, & la seconde personne du singulier de tous les autres Temps, different toujours de la premiere personne du singulier; au lieu que dans celui-ci elles sont toujours les mêmes.

Des Interjections.

LES Interjections sont des mots dont on se sert pour exprimer les passions ou quelque mouvement subit de l'ame, comme la douleur, la colere, la joie, l'admiration, la curiosité, l'applaudissement, l'aversion, le mépris, &c., & elles n'ont point de régime en Anglois.

Les principales, sont:

Ha, ha, ha!	Ah, ah!
Ah! Ah!	Ah!
Alas!	Hélas!
Pho!	Ouf! Ai! Aye!
Well!	Eh bien!
Right!	Bon!
Egod!	
Pshaw!	} Ouais!
Fye!	
Fye upon it!	} Fi donc!
Oh! Oh! Oh!	Ha! Ha! Ha!

Alack-a-day!	} Bon Dieu!
God bless me!	Miséricorde!
How!	{ Comment!
What!	Quoi!
	Qui!
	Qu'est-ce!
Dear sirs!	O dame!
Come on!	Allons!
Cheer up!	Courage!
Courage!	Alerte!
Encore!	Bis!
Softly!	} Tout beau!
Gently!	
Hist!	
Whist!	} Paix!
Hush!	Chut!
Mum!	
Huzza!	{ Vivat! Vive le Roi! &c.
Zounds!	Peste!
S' death!	Diable!
Odsbud!	Morbleu!
Damn! &c. &c.	Ventre-saint-gris!

Nous avons observé au commencement de cette Grammaire, que la langue angloise se compose de neuf sortes de Mots que nous venons de définir & d'expliquer chacun en particulier, dans sa place & dans l'ordre suivant:

Article, Substantif, Adjectif, Pronom, Verbe, Adverbe, Préposition, Conjonction, Interjection.

Nous allons maintenant donner un exemple, tiré de la Grammaire du docteur LOWTH, où tous les mots se trouvent indiqués par les chiffres comme ci-dessus.

Exemple en Anglois.

The power of speech is a faculty peculiar to man, and was bestowed on him by his beneficent Creator for the greatest and most excellent uses; but alas! how often do we pervert it to the worst of purposes?

Traduction.

Le pouvoir de la parole est une faculté particuliere à l'homme, & qui lui a été accordée par son Créateur libéral, pour les plus grands & les meilleurs usages; mais, hélas! combien de fois la pervertissons-nous, en la faisant servir aux plus mauvais desseins? Nous

Nous allons donner les remarques de l'Auteur sur l'Exemple en Anglois, & qui ne pourroient convenir à la Traduction.

« Dans la Phrase précédente, les mots *the*, *a*, sont des Articles; *power*, *speech*, *faculty*, *man*, *creator*, *uses*, *purposes*, sont des Substantifs; *peculiar*, *beneficent*, *greatest*, *excellent*, *worst*, sont des Adjectifs; *him*, *his*, *we*, *it*, sont des Pronoms; *is*, *was*, *bestowed*, *do*, *pervert*, sont des Verbes; *most*, *how*, *often*, sont des Adverbes; *of*, *to*, *on*, *by*, *for*, sont des Prépositions; *and*, *but*, sont des Conjonctions; & *alas!* est une Interjection.

» Les Substantifs *power*, *speech*, *faculty*, sont des noms de choses générales ou communs à plusieurs; c'est à-dire, dont il y a plusieurs espèces appartenantes au même genre, ou plusieurs individus de la même espèce. Par exemple, il y a plusieurs sortes de *power*, plusieurs sortes de *speech*, plusieurs sortes de *faculty*, plusieurs individus de cette espèce d'animal qu'on appelle *man*; ainsi du reste. Ces termes généraux ou communs sont ici employés dans un sens plus ou moins étendu, suivant qu'ils sont privés ou accompagnés de l'un ou de l'autre des deux Articles *a* & *the*.

» Les mots *speech*, *man*, n'étant accompagnés d'aucun Article, sont pris dans leur sens le plus étendu, & signifient tout ce qui est de ce même genre ou de cette même espèce; toutes les sortes de *speech*, & tous les individus *men*. Le mot *faculty*, avec l'Article *a* placé auparavant, est employé dans un sens plus resserré, comme *une certaine faculté*, parmi plusieurs du même genre; car le sens implique ici qu'il y a d'autres facultés appartenantes à l'homme, outre celle de la parole (*speech*.) Les mots *power*, *creator*, *uses*, *purposes*, avec l'Article *the* devant eux, (car *his creator* est équivalent à *the creator of him*) sont employés dans le sens le plus étroit, quant aux choses que l'on déclare & affirme ici dans la Phrase en question. *The power*, n'est pas telle sorte de pouvoir qu'il plaira d'entendre indifféremment parmi plusieurs espèces, mais cette espèce particulière dont on parle, savoir, celle de la parole. *The creator*, présente à l'idée ce *créateur un* & *suprême* de l'homme & de toutes choses. *The uses and the purposes*, sont de certains *usages* & *desseins* particuliers: les premiers sont caractérisés pour être ceux-là particulièrement qui sont les plus grands & les meilleurs, tels, par exemple, que la gloire de Dieu & le bien général du genre humain; & les derniers, pour être les pires de tous, tels que mentir, médire, blasphémer; & ainsi du reste.

» Les Adjectifs *peculiar*, *beneficent*, *greatest*, *excellent*, *worst*, sont ajoutés à leurs Substantifs respectifs, pour marquer le caractère & la qualité de chacun d'eux en particulier.

» Les Pronoms *him*, *his*, *we*, *it*, sont ici placés au lieu de quelques-uns des Noms ou Substantifs qui les précédent. *Him*, par exemple, tient lieu de *man*; *his*, de *man's*; *we*, de *men*, comme étant impliqués dans le mot général *man* d'auparavant, & renfermant tous les hommes quelconques, au nombre desquels se trouve alors le *speaker* (celui qui parle;) &, enfin, *it* tient la place de *the power*, dont on vient de parler. Si, au lieu de ces Pronoms, on avoit fait usage des noms pour lesquels ils sont placés, le sens auroit bien été le même; mais la fréquente répétition des mêmes mots auroit été désagréable & ennuyeuse, comme on le peut voir en l'essayant ainsi: *the power of speech peculiar to man*, *bestowed on man*, *by man's Creator*, &c.

» Les Verbes *is*, *was*, *bestowed*, *do*, *pervert*, signifient séparément *être*, *souffrir*, & *agir*. Le premier implique qu'il existe une certaine chose connue sous le nom de *power of speech*, & elle est affirmée être d'un certain genre en particulier; savoir, une faculté propre à l'homme. Par le second, ce *power of speech* est dit avoir éprouvé une action, avoir souffert quelque chose; savoir, d'avoir été accordé à l'homme. Par le troisième, nous apprenons qu'à notre tour nous agissons sur lui, nous lui faisons quelque chose, qui est de le pervertir.

» Les Adverbes *most*, *often*, sont ajoutés à l'Adjectif *excellent* & au verbe *pervert*, pour marquer la circonstance particulière qui leur appartient à chacun; savoir, celle du plus haut degré pour le premier, & celle de la *fréquence ou répétition* pour le dernier; à l'égard de laquelle fréquence même, le ton interrogatif est encore exprimé par l'Adverbe *how* ajouté à l'Adverbe *often*.

» Les Prépositions *of*, *to*, *on*, *by*, *for*, placées devant les Substantifs *speech*, *man*, *him*, &c., les lient avec d'autres mots substantifs, adjectifs & verbes, tels que *power*, *peculiar*, *bestowed*, &c., & font voir le rapport qu'ils ont avec eux, comme rapport de sujet, d'objet, d'agent ou de fin. *For*, dénote la fin; *by*, l'agent; *on*, l'objet; *to* & *of*, marquent la possession ou plutôt l'appartenance d'une chose à une autre.

» Les Conjonctions *and* & *but*, réunissent & lient ensemble les trois membres de la Phrase; la premiere, d'une manière plus intime, & dans ce qu'elle comporte; la seconde lie & unit aussi les parties de la Phrase, quoique d'une manière plus lâche, mais en même temps elle fait sentir une opposition dans le sens.

» L'Interjection *alas!* exprime l'affection & le regret de celui qui parle; & quoiqu'elle soit jetée là fort à propos, cependant elle auroit pu être omise sans faire tort soit à la construction soit au sens de la Phrase. «

APPLICATION

DES PRINCIPES DE LA LANGUE ANGLOISE.

EXEMPLE de ce que l'on appelle faire une Résolution grammaticale, ou, autrement dit, faire les Parties.

J'ai mis sous chaque mot anglois le mot françois qui y a rapport, afin que le Lecteur puisse comparer
le

ÉLÉMENTS DE LA LANGUE ANGLOISE.

le mot à mot avec la traduction à côté, bonne méthode à suivre pour un jeune Traducteur.

In the fifteenth year of the reign of Tiberius Cæsar, Pontius Pilate being governor of Judea, the word of God came unto John, the son of Zacharias, in the wilderness.

Dans la quinzieme année du regne de Tibere Céſar, Ponce Pilate étant gouverneur de Judée, la parole de Dieu vint à Jean, le fils de Zacharie, dans le déſert.

L'an quinzieme de l'empire de Tibere Céſar, Ponce Pilate étant préſident de Judée, la parole du Seigneur s'adreſſa à Jean fils de Zacharie, dans le déſert.

And he came into all the country about Jordan, preaching the Baptism of repentance for the remission of sins.

Et il vint dans toute la contrée environ Jourdain, prêchant le Baptême de repentance pour la rémiſſion des péchés.

Et il vint dans toute la contrée du Jourdain, prêchant le Baptême de pénitence pour la rémiſſion des péchés.

And the same John had his raiment of camel's hair, and a Lathern girdle about his loins; and his meat was locusts and wild honey.

Et le même Jean avoit ſon vêtement de poils de chameaux, & une de cuir ceinture autour ſes reins; & ſa nourriture étoit ſauterelles & ſauvage miel.

Or Jean avoit un vêtement de poils de chameaux, avec une ceinture de cuir ſur ſes reins, & ne ſavoit que de ſauterelles & de miel ſauvage.

Then, said he to the multitude that came forth to be baptized of him: O generation of vipers, who hath warned you to flee from the wrath to come? Bring forth, therefore, fruits meet for repentance.

Donc, diſoit-il à la multitude qui ſortoit à être baptiſée de lui: O génération de viperes, qui a averti vous à fuir de la colere à venir? Produiſez donc fruits propres pour repentance.

Il diſoit donc aux peuples qui venoient recevoir ſon Baptême. Race de viperes, qui vous a dit de venir? Faites donc un digne fruit de pénitence.

And as all men mused in their hearts of John, whether he were the Christ, or not; John answered saying unto them all: I, indeed, baptize you with water; but one mightier than I cometh, the latchet of whose shoes I am not worthy to unloose: he shall baptize you with the Holy Ghost and with fire.

Et comme tous les hommes méditoient dans leurs cœurs de Jean, ſi il étoit le Chriſt, ou non; Jean répondit, diſant à eux tous: Je, en vérité, baptiſe vous avec eau; mais un plus puiſſant que moi vient, le cordon de ſouliers de qui je ne ſuis pas digne de délier: il baptiſera vous avec le Saint-Eſprit & avec feu.

Or, comme le peuple s'imaginoit que Jean étoit peut-être le Chriſt, & que tous avoient cette penſée dans leurs cœurs; Jean leur dit à tous: Pour moi, je vous baptiſe avec de l'eau, mais il en viendra un qui eſt plus fort que moi, & je ne ſuis pas digne de délier le cordon de ſes ſouliers: celui-ci vous baptiſera par le Saint-Eſprit & par le feu.

Now, when all the people were baptized, it came to pass, that Jesus also being baptized and praying, the Heaven was opened, and the Holy Ghost descended in a bodily shape, like a dove, upon him; and lo! a voice from Heaven, saying: This is my beloved son, in whom I am well pleased.

Or, lorſque tout le peuple étoit baptiſé, il arriva que Jeſus auſſi étant baptiſé & priant, le Ciel fut ouvert, & le Saint-Eſprit deſcendit dans une corporelle forme, comme une colombe, ſur lui; & voilà! une voix du Ciel, diſant: Celui-ci eſt mon bien-aimé fils, à qui je ſuis bien plu.

Or il arriva que tout le peuple recevant le Baptême, & Jeſus l'ayant reçu & faiſant ſa prière, le Ciel s'ouvrit, & le Saint-Eſprit deſcendit ſur lui, ſous la forme viſible d'une colombe; & en même temps une voix du Ciel ſe fit entendre, qui dit: Celui-ci eſt mon fils bien-aimé, en qui je me plais uniquement. *Traduction du R. P. Amelote.*

Réſolution des Parties.

In, eſt une prépoſition; *the*, article défini; *fifteenth*, adjectif; *year*, ſubſtantif ou nom au cas objectif, gouverné par la prépoſition *in*; *of*, prépoſition; *the reign*, ſubſtantif à l'objectif, gouverné par la prépoſition *of*; *Tiberius Cæsar*, tous deux ſubſtantifs, noms propres, en régime & cas comme deſſus; *Pontius Pilate*, noms propres; *being*, participe préſent du verbe neutre *to Be*; *governor*, ſubſtantif; *of Judea*, nom propre, en régime & cas comme deſſus; *Pontius Pilate being governor*, forment enſemble le cas abſolu; c'eſt-à-dire, le nominatif avec un participe ſans verbe à la ſuite qui s'accorde avec lui, ce qui équivaut à *when Pilate was governor*; *the word*, ſubſtantif; *of God*, ſubſtantif à l'objectif, gouverné par la prépoſition *of*; *came*, verbe neutre, à la troiſieme perſonne du ſingulier du prétérit de l'indicatif, en concordance avec le nominatif *word*; *unto*, prépoſition; *John*, nom propre; *the son*, ſubſtantif, mis en oppoſition avec *John*, c'eſt-à-dire, au même cas, gouverné par la même prépoſition *unto*; *of Zacharias*, nom propre; *in*, prépoſition; *the wilderness*, ſubſtantif, en régime & cas comme deſſus.

And, conjonction copulative; *he*, pronom maſculin de la troiſieme perſonne, au nominatif, tenant lieu de *John*; *came*, c. d. (c'eſt-à-dire, *comme deſſus*; nous nous ſervirons toujours de cette marque dans le même cas, pour éviter les répétitions;) *into*, prépoſition; *all*, adjectif; *the country*, nom ſubſtantif à l'objectif, gouverné par la prépoſition *into*; *about*, prépoſition; *Jordan*, nom propre à l'objectif, gouverné par la prépoſition *about*; *preaching*, participe préſent du verbe actif *to Preach*, joint comme un adjectif au pronom *he*; *the Baptism*, ſubſtantif à l'objectif, à la ſuite du verbe actif *preaching*, & gouverné par lui; *of repentance*, ſubſtantif, en régime & cas comme deſſus; *for*, prépoſition; *the remission of sins*, ſubſtantifs, dont le dernier eſt au pluriel, en régime & cas comme deſſus.

And, c. d.; *the same*, adjectif; *John*, c. d.; *had*, verbe actif, à la troiſieme perſonne du ſingulier du prétérit de l'indicatif, en concordance avec le nominatif *John*; *his*, pronom de la troiſieme perſonne, au poſſeſſif; *raiment*, ſubſtantif à l'objectif, à la ſuite du verbe actif *had*, & gouverné par lui; *of camel's*, ſubſtantif au poſſeſſif; *hair*, ſubſtantif à l'objectif, gouverné par la prépoſition *of*, égal à *of the hair of a camel*; *and*, c. d.; *a*, article indéfini; *leathern*, adjectif; *girdle*, ſubſtantif; *about*, c. d.; *his*, c. d.; *loins*, ſubſtantif pluriel à l'objectif, gouverné par la prépoſition *about*; *and his*, c. d.; *meat*, ſubſtantif; *was*, troiſieme perſonne du ſingulier du prétérit de l'indicatif du verbe neutre *to Be*; *locusts*, ſubſtantif pluriel au nominatif après le verbe *was*; *and*, c. d.; *wild*, adjectif; *honey*, ſubſtantif au même cas que le précédent.

Then, adverbe; *said*, verbe actif, à la troiſieme perſonne du ſingulier du prétérit de l'indicatif, en concordance avec le nominatif *he*, c. d.; *to*, prépoſition; *the multitude*, ſubſtantif à l'objectif, gouverné par la prépoſition *to*; *that*, pronom relatif dont

ÉLÉMENTS DE LA LANGUE ANGLOISE.

dont l'antécédent est *the multitude*; *came*, c. d.; *forth*, adverbe; *to*; préposition qui, devant un verbe, devient le signe de son infinitif; *be baptized*, verbe passif à l'infinitif, fait par le moyen du participe passé du verbe *to Baptize*, & de l'auxiliaire *to Be*; *of him*, pronom de la troisieme personne, représentant *John*, à l'objectif, gouverné par la préposition *of*; *O!* interjection; *generation*, substantif au nominatif; *of vipers*, substantif plurier à l'objectif, gouverné par la préposition *of*; *who*, pronom interrogatif; *hath warned*, verbe actif, à la troisieme personne du singulier du présent parfait, composé du participe parfait *warned* & de l'auxiliaire *hath*, en concordance avec le nominatif *who*; *you*, pronom de la seconde personne du plurier, à l'objectif, comme étant à la suite du verbe actif *warned*, & gouverné par lui; *to flee*, verbe neutre à l'infinitif; *from*, préposition; *the wrath*, substantif à l'objectif, gouverné par la préposition *from*; *to come*, verbe neutre à l'infinitif; *bring*, verbe actif, à la seconde personne du plurier de l'impératif, en concordance avec le nominatif *ye*, sous-entendu, comme s'il y avoit *bring ye*; *forth*, adverbe; *therefore*, conjonction; *fruits*, substantif plurier à l'objectif, comme étant à la suite du verbe actif *bring*, & gouverné par lui; *meet*, adjectif uni à *fruits*, mais placé après lui, qui en dépend; *for repentance*, substantif gouverné par une préposition comme dessus.

And, c. d.; *as*, conjonction; *all*, c. d.; *men*, substantif plurier; *mused*, verbe actif, à la troisieme personne du plurier du prétérit, en concordance avec le nominatif *men*; *in*, c. d.; *their*, adjectif pronominal, tiré du pronom *they*; *hearts*, substantif plurier à l'objectif, gouverné par la préposition *in*; *of John*, c. d.; *were*, troisieme personne du singulier du prétérit du subjonctif du verbe *to Be*, gouverné par la conjonction *whether* en concordance avec le nominatif *he*; *the Christ*, substantif au nominatif, comme étant à la suite du verbe *were*; *or*, conjonction disjonctive, correspondant à la conjonction précédente *whether*; *not*, adverbe; *John*, c. d.; *answered*, verbe actif, à la troisieme personne du singulier du prétérit de l'indicatif, en concordance avec le nominatif *John*; *saying*, participe présent du verbe actif *to Say*; *unto*, c. d.; *them*, pronom de la troisieme personne du plurier, à l'objectif, gouverné par la préposition *unto*; *all*, c. d.; *I*, pronom de la premiere personne du singulier; *indeed*, adverbe; *baptize*, verbe actif, à la premiere personne du singulier du présent de l'indicatif, en concordance avec le nominatif *I*; *you*, pronom de la seconde personne du plurier, à l'objectif, comme étant à la suite du verbe actif *baptize*, & gouverné par lui; *with*, préposition; *water*, substantif à l'objectif, gouverné par la préposition *with*; *but*, conjonction disjonctive; *one*, pronom représentant quelque personne dont on ne dit point le nom; *mightier*, adjectif au comparatif, venant du positif *mighty*; *than*, conjonction usitée après les comparatifs; *I*, c. d., nominatif du verbe sous-entendu *am*; *cometh*, verbe neutre, à la troisieme personne du singulier du présent de l'indicatif, en concordance avec le nominatif *one*; *the latchet*, substantif; *of*, c. d.; *whose*, pronom relatif au possessif, & dont l'antécédent est *one*; *shoes*, substantif plurier à l'objectif, gouverné par la préposition *of*; *I*, c. d.; *am*, premiere personne du singulier du prétérit de l'indicatif du verbe *to Be*, en concordance avec le nominatif *I*; *not*, c. d.; *worthy*, adjectif; *to unloose*, verbe actif, à l'infinitif, gouvernant le substantif *latchet* à l'objectif; *he*, c. d.; *shall baptize*, verbe actif, à la troisieme personne du singulier du futur de l'indicatif, formé par le moyen de l'auxiliaire *shall*, en concordance avec le nominatif *he*; *you*, c. d.; *with the*, c. d.; *Holy*, adjectif; *Ghost*, substantif; *and with*, c. d.; *fire*, substantif, tous deux, c'est-à-dire celui-ci & le précédent, à l'objectif, gouvernés par la préposition *with*.

Now, adverbe; *when*, conjonction; *all*, c. d.; *the people*, substantif; *were baptized*, verbe passif, à la troisieme personne du plurier du prétérit de l'indicatif, formé de l'auxiliaire *to Be*, joint au participe passé du verbe *to Baptize*, en concordance avec le nominatif *people* qui est un nom de multitude de la troisieme personne du singulier; *it*, pronom neutre de la troisieme personne du singulier au nominatif; *came*, c. d.; *to pass*, verbe neutre à l'infinitif; *that*, conjonction; *Jesus*, nom propre; *also*, adverbe; *being*, participe présent du verbe neutre *to Be*; *baptized*, participe passé du verbe *to Baptize*, c. d.; *praying*, participe présent du verbe *to Pray*; *Jesus being baptized and praying*, forment tous ensemble ce que l'on appelle cas absolu comme dessus; *the Heaven*, substantif; *was opened*, verbe passif, à la troisieme personne du singulier du prétérit de l'indicatif, en concordance avec le nom *Heaven*, formé comme dessus par le moyen de l'auxiliaire *to Be*; *and the Holy Ghost*, c. d.; *descended*, verbe actif, à la troisieme personne du singulier du prétérit de l'indicatif, en concordance avec le nom *Ghost*; *in a*, c. d.; *bodily*, adjectif; *shape*, substantif à l'objectif, gouverné par la préposition *in*; *like*, adjectif; *a dove*, substantif à l'objectif, gouverné par la préposition *to*, sous-entendue, comme s'il y avoit *like to a dove*; *upon*, préposition; *him*, pronom de la troisieme personne du singulier de l'objectif, gouverné par la préposition *upon*; *and*, c. d.; *lo!* interjection; *a voice*, substantif ou nom, sous-entendu *there was*, comme qui diroit *there was a voice*; *from*, préposition; *Heaven*, substantif à l'objectif, comme dessus; *saying*, c. d.; *this*, adjectif pronominal du substantif *person*, sous-entendu; *is*, troisieme personne du singulier du présent de l'indicatif du verbe *to Be*, en concordance avec le nominatif *this*; *my*, adjectif pronominal; *beloved*, adjectif; *son*, substantif au nominatif, comme étant à la suite du verbe *is*; *in*, c. d.; *whom*, pronom relatif à l'objectif, gouverné par la préposition *in*, & dont l'antécédent est le substantif *son*; *I am*, c. d.; *well*, adverbe; *pleased*, participe passé du verbe *to Please*, faisant avec l'auxiliaire *am* un passé à la premiere personne du singulier de l'indicatif, en concordance avec le nominatif *I*.

SECOND

SECOND EXEMPLE *de ce que l'on appelle faire une Résolution grammaticale.*

FIN *du Discours de Priam à Achille, quand il demanda le corps de son fils Hector.*

Think of thy father, and this face
Penses à ton pere, & cette figure
behold :
contemple !
See him in me as helpless and as
vois lui en moi aussi infirme & aussi
old !
vieux !
Tho' not so wretched : there he yields
Quoique non pas si misérable : là il cede
to me,
à moi,
The first of men in sovereign
le premier des hommes en souveraine
misery,
misère,
Thus forc'd to kneel, thus groveling
ainsi forcé de m'agenouiller, ainsi rampant
to embrace
d'embrasser
The scourge and ruin of my realm and
le fléau & la ruine de mon royaume &
race,
ma race,
Suppliant my children's murderer
suppliant le meurtrier de mes enfants
to implore,
d'implorer,
And kiss those hands yet reeking with
& baiser ces mains encore fumantes de
their gore.
leur sang.

Ayez pitié de moi en rappellant dans votre esprit l'image de votre pere. Combien suis-je plus malheureux que lui ! Après tant de calamités, la fortune impérieuse m'a réduit à offrir ce que jamais mortel n'osa avant moi ; elle m'a réduit à baiser la main homicide & teinte encore du sang de tous mes enfants. *Traduction de mad. Dacier.*

POPE.

Think, est un verbe irrégulier à la seconde personne du nombre singulier de l'impératif, qui s'accorde avec son agent Achille sous-entendu ; *of*, préposition ; *thy*, pronom possessif, nombre singulier ; *father*, nom ; *and*, conjonction ; *this*, pronom démonstratif ; *face*, nom ; *behold*, verbe irrégulier, même mode, &c. de *think* ; *See*, verbe irrégulier comme *behold* ; *him*, pronom à l'objectif, troisieme personne du singulier masculin ; *in*, préposition ; *me*, pronom à l'objectif, après une préposition ; *as*, conjonction ; *helpless*, adjectif ; *and*, *as*, conjonctions ; *old*, adjectif ; *Tho'*, conjonction ; *not*, *so*, adverbes ; *wretched*, adjectif ; *there*, adverbe ; *he*, pronom au nominatif, troisieme personne du singulier, genre masculin ; *yields*, verbe actif, à la troisieme personne du présent de l'indicatif, en concordance avec son agent *he* ; *to*, préposition ; *me*, pronom à l'objectif, après une préposition ; *The*, article défini ; *first*, adjectif ; *of*, préposition ; *men*, nom plurier, formé en changeant la voyelle ; *sovereign*, adjectif ; *misery*, nom ; *Thus*, adverbe ; *forced*, participe passé du verbe *to Force*, formé en y ajoutant *d* ; *to*, signe de l'infinitif ; *kneel*, verbe à l'infinitif ; *groveling*, participe présent ou actif, formé du verbe *Grovel* en y ajoutant *ing* ; *to embrace*, verbe à l'infinitif ; *Scourge*, *ruin*, noms ; *my*, pronom possessif, *realm*, *race*, noms ; *Suppliant*, adjectif ; *children's*, nom au génitif ou possessif, formé en y ajoutant *s* au nominatif ; *murderer*, nom ; *implore*, verbe à l'infinitif, qui suit le signe *to* ; *Kiss*, verbe à l'infinitif, le signe *to* sous entendu ; *those*, plurier de *that*, pronom démonstratif ; *hands*, nom plurier comme le démontre le pronom *those* qui le précede ; *yet*, adverbe ; *reeking*, participe présent ; *with*, préposition ; *their*, pronom possessif qui a rapport à un nom plurier ; *gore*, nom d'une chose.

LISTE DES VERBES
QUI SONT SUIVIS
DES PARTICULES.

N. B. L'astérique indique les Verbes que l'on peut quelquefois employer sans aucune Particule; par exemple, le verbe To ABIDE pourroit être employé sans Particule comme dans la phrase suivante : *I can not abide him.* Je ne puis le souffrir.

Infinitifs.	Particules qui suivent les Verbes.	Exemples.	Traduction des Exemples.
* To ABIDE	in.	I *abide in* this house.	Je demeure dans cette maison.
	with.	I *abide with* you.	Je demeure avec vous.
	by.	I *abide by* what I say.	Je soutiens ce que je dis.
To Abound	with.	France *abounds with* fruit.	La France abonde en fruits.
	in.		
To Abscond	from.	You *abscond from* justice.	Vous vous cachez de la justice.
To Absent one's self	from.	You *absent yourself from* me.	Vous vous absentez de moi.
To Abstain	from.	I *abstain from* wine.	Je me prive de vin.
To Accede	to.	He *accedes to* the treaty.	Il accede au traité.
* To Accept	of.	I *accept of* a crown from you.	J'accepte un écu de vous.
* To Accommodate one's self	to.	He *accommodates himself to* that.	Il s'accommode à cela.
To Accommodate	with.	He *accommodates* me *with* it.	Il me le cede pour me faire plaisir.
To Account	with.	I *account with* you.	Je regle mon compte avec vous.
	to.	I *account to* you for that.	Je vous rends compte de cela.
	for.	I *account for* that.	Je rends raison de cela.
To Acquiesce	in.	I *acquiesce in* it.	J'y consens.
	to.		
* To Acquit one's self	in.	I *acquit myself in* that affair.	Je m'acquitte de cette affaire.
	of.	I *acquit myself of* my commission.	Je m'acquitte de ma commission.
* To Act	up to.	They *act up to* their principles.	Ils agissent suivant leurs principes.
To Addict one's self	to.	You *addict yourself to* vice.	Vous vous abandonnez au vice.
* To Address one's self	to.	I *address myself to* you.	Je m'adresse à vous.
To Adhere	to.	I *adhere to* my opinion.	Je m'attache à mon opinion.
* To Admire	at.	I *admire at* it.	Cela me surprend.
* To Admit	of.	I *admit of* that.	Je permets cela.
To Advert	to.	I *advert to* his discourse.	Je parle de son discours.
* To Advise	with.	I *advise with* my father.	Je consulte mon pere.
To Agree	to.	I *agree to* your proposal.	Je consens à votre proposition.
	in.	We *agree in* opinion.	Nous sommes du même sentiment.
	with.	I *agree with* you.	Je m'arrange avec vous.
	for.	I *agree for* that horse.	Je fais le marché pour ce cheval.
	about.	They *agree about* that.	Ils sont d'accord sur ce sujet.
To Aim	at.	I *aim at* that.	Je vise à cela.
To Alight	from.	He *alights from* his horse.	Il descend de son cheval.
* To Allow	of.	I *allow of* that.	Je permets cela.
To Amount	to.	That *amounts to* a guinea.	Cela monte jusqu'à une guinée.
To Animadvert	on.	He *animadverts on* my conduct.	Il fait des remarques sur ma conduite.
	upon.		
* To Answer	to.	I *answer to* a question.	Je réponds à une question.
	for.	I *answer for* a thing.	Je réponds d'une chose.
To Apologize	to.	I *apologize to* you for my error.	Je vous fais une apologie pour mon erreur.
	for.		

| To Appeal

LISTE DES VERBES QUI SONT SUIVIS DES PARTICULES.

	Verb	Particle	English example	French translation
	To Appeal	from.	He *appealed from* the parliament *to* the king.	Il en appela du parlement au roi.
		to.		
*	To Appertain	to.	That *appertains to* history.	Cela appertient à l'histoire.
*	To Apply	to.	I *apply to* you *for* that.	Je m'adresse à vous pour cela.
		for.		
*	To Approve	of.	I *approve of* your conduct.	J'approuve votre conduite.
	To Argue	with.	I *argue with* you.	Je dispute avec vous.
		against.		
	To Arise	from.	That *arises from* your negligence.	Cela provient de votre négligence.
		against.	They *arise against* me.	Ils s'élèvent contre moi.
	To Arrive	at.	I *arrived at* your house.	J'arrivai chez vous.
	To Arrogate	to.	He *arrogates to* himself all our power.	Il s'arroge tout notre pouvoir.
*	To Ask	of.	I *ask'd of* him.	Je lui demandai.
		for.	I *ask for* a guinea.	Je demande une guinée.
		after.	I *ask after* your son's health.	Je m'informe de la santé de votre fils.
	To Aspire	to.	He *aspires to* honour.	Il aspire à l'honneur.
		after.		
	To Assent	to.	I *assent to* your proposal.	Je consens à votre proposition.
	To Associate	with.	I *associate with* you.	Je vous fréquente.
*	To Assume	to.	I *assume to* myself your merit.	Je m'attribue votre mérite.
	To Atone	for.	He *atones for* his sins.	Il expie ses péchés.
	To Attain	to.	He *attained to* that.	Il parvint à cela.
*	To Attend	to.	I *attend to* what you say.	Je fais attention à ce que vous dites.
		on.	I *attend on* this gentleman.	Je sers ce monsieur.
		upon.		
	To Avail one's self	of.	I *avail myself of* this opportunity.	Je profite de cette occasion.
	To Avenge one's self	of.	I *avenge myself of* my enemies.	Je me venge de mes ennemis.
*	To Awake	from.	I *awake from* a dream.	Je m'éveille d'un rêve.
	To Awe	into.	I *awe* him *into* silence.	Je le fais taire.
	To BABBLE	out.	He *babbles out* nonsense.	Il dit des bêtises.
*	To Bail	out.	He *bailed out* his friend.	Il devint caution pour son ami.
*	To Bale	up.	He *bales up* his cloth.	Il met son drap en ballots.
		out.	He *bales out* the boat.	Il vide l'eau du bateau.
*	To Bar	up.	He *bars up* his door.	Il ferme sa porte avec des barreaux.
	To Bargain	for.	You *bargain for* a horse.	Vous marchandez un cheval.
	To Bark	at.	The dog *barks at* me.	Le chien m'aboie.
*	To Barrel	up.	You *barrel up* pork.	Vous mettez du porc en barril.
	To Bask	in.	I *bask in* the sun.	Je me chauffe au soleil.
	To Battle	with.	I *battle with* him.	Je me bats avec lui.
	To Bawl	to.	I *bawl to* him.	Je lui crie.
		at.		
		out.	I *bawl out* to him.	Je lui crie haut.
	To Bay	at.	The dog *bays at* me.	Le chien m'aboie.
	To Be	in.	I am *in* the wrong.	J'ai tort.
		in for.	I am *in for* it.	J'y suis engagé.
		at.	I am *at* work; you are *at* play.	Je travaille; vous jouez.
		for.	I am *for* him, and *against* her.	Je suis de son côté, & contre elle.
		against.		
		out with.	I am *out with* him.	Je suis brouillé avec lui.
		out.	I am *out*.	Je me trompe.
*	To Bear	hard upon.	He *bears hard upon* me.	Il me traite durement.
		away.	He *bears away* the prize.	Il remporte le prix.
			The ship *bears away*.	Le bâtiment s'en va.
		down.	He *bears down* upon me.	Il me ruine.
			He *bears* me *down* in that.	Il me soutient cela en face.
			The ship *bears down* upon us.	Le navire s'approche de nous.
		into.	The ship *bears into* the port.	Le navire vient au port.
		off.	He *bears off* his prey.	Il emporte sa proie.
			He *bears off*.	Il s'en va.
		on.	You *bear on* me.	Vous vous appuyez sur moi.
		upon.		
		out.	He *bears out* his conduct.	Il se défend bien.
			This part of the building *bears out*.	Cette partie du bâtiment s'avance trop.
		towards.	He *bears towards* us.	Il s'approche de nous.
		through.	My conduct will *bear* me *through*.	Ma conduite me justifiera.
		up.	He *bears up against* misfortune.	Il se soutient bien dans le malheur.
		with.	I *bear with* your bad temper.	Je supporte votre mauvaise humeur.
*	To Beat	back.	They *beat back* the enemy.	Ils repoussent l'ennemi.
		down.	You *beat down* his price.	Vous abaissez son prix.
			You *beat* him *down* in argument.	Vous lui soutenez en face.
		up.	We *beat up* the enemy's quarters.	Nous attaquons les quartiers de l'ennemi.
		out.	They *beat out* his brains.	Ils l'assommerent.
		about.	They *beat about*.	Ils cherchent avec diligence.
*	To Beckon	to-with.	I *beckon to* him *with* my hand.	Je lui fais signe de la main.
*	To Beg	of.	I *beg of* you to do it.	Je vous supplie de le faire.
*	To Believe	in.	I *believe in* God.	Je crois en Dieu.
	To Bellow	out.	He *bellows out*.	Il crie haut.
	To Belong	to.	That *belongs to* me.	Cela m'appartient.
*	To Bend	back.	He *bends back*.	Il se plie en arriere.
		forward.	He *bends forward*.	Il s'accroupit.

| To Betake

LISTE DES VERBES QUI SONT SUIVIS DES PARTICULES.

To Betake one's self	to.	I betake myself to that.	Je m'applique à cela.
To Bethink one's self	of.	I bethink myself of that.	Je me rappelle de cela.
To Beware	of.	Let him beware of that.	Qu'il se garde de cela.
* To Bind	up.	I bind up my wound.	Je bande ma plaie.
* To Blab	out.	He blabs out the secret.	Il divulgue le secret.
* To Block	up.	They block up the fort.	Ils bloquent le fort.
* To Blot	out.	I blot out your name.	Je raye votre nom.
* To Blow	out.	He blows out his brains.	Il lui brûle la cervelle.
	up.	They blow up the magazine.	Ils font sauter le magasin.
	down.	The wind blows down the house.	Le vent fait tomber la maison.
	upon.	They blow upon their dinner.	Ils méprisent leur dîné.
	off.	It blows off my hat.	Il emporte mon chapeau.
To Blubber	with.	She blubbers with weeping.	Elle s'enfle les joues à force de pleurer.
To Blunder	out.	He blunders out a word.	Il dit un mot sans y penser.
To Blush	for.	He blushes for shame.	Il rougit de honte.
	at.	He blushes at that.	Il rougit de cela.
To Bluster	at.	He blusters at that.	
	about.	He blusters about that.	Il fait un grand bruit à cause de cela.
* To Board	in.	He boards in my house.	Il est en pension chez moi.
	with.	He boards with me.	Il est en pension avec moi.
* To Boast	of.	I boast of that.	Je me vante de cela.
* To Bob	at.	He bobs at that.	Il tape cela.
To Boggle	at.	He boggles at that.	Il hésite sur cela.
* To Bolt	into.	He bolts into the room.	Il entre dans la chambre brusquement.
* To Book	down.	He books down that.	Il écrit cela sur un livre.
* To Border	upon.	That borders upon destruction.	Cela est près de la destruction.
To Borrow	of.	I borrow of my friend.	J'emprunte à mon ami.
	from.	He borrows from the French.	Il emprunte du François.
* To Bottle	up.	I bottle up beer.	Je mets de la biere en bouteille.
To Bouge	out.	That bouges out.	Cela s'enfle.
To Bow	to.	He bows to you.	Il vous salue.
To Brag	of.	He brags of his riches.	Il se vante de ses richesses.
To Branch	out.	The tree branches out.	L'arbre pousse des branches.
* To Brangle	about.	They brangle about that.	Ils disputent pour cela.
To Brawl	for.		
	about.	He brawls about that.	Il fait tapage pour cela.
To Brazen	out.	He brazened out the business.	Il se justifia avec audace.
* To Break	asunder.	He breaks asunder.	Il casse, ou il rompt.
	out of.	He breaks out of prison.	Il sort de prison par force.
	out.	He breaks out into a passion.	Il se met en colere.
	off.	He breaks off the negociation.	Il interrompt la négociation.
	forth.	He breaks forth into an exclamation.	Il éclate dans une exclamation.
	into.	He breaks into a house.	Il entre dans une maison par force.
	in.	He breaks in upon our conversation.	Il nous interrompt.
	through.	He breaks through the wall.	Il passe un mur par force.
	up.	He breaks up the meeting.	Il fait séparer l'assemblée.
	down.	He breaks down a hedge.	Il abat une haie.
	loose.	He breaks loose.	Il se permet de faire des folies.
	loose.	He breaks loose from prison.	Il sort de prison par violence.
	open.	He breaks open my coffer.	Il ouvre mon coffre par force.
To Breakfast	upon.	I breakfast upon eggs.	Je déjeûne avec des œufs.
* To Breathe	upon.	He breathes upon me.	Il souffle sur moi.
	after.	He breathes after that.	Il respire cela.
	out.	He breathes out curses.	Il maudit.
* To Breed	up.	He breeds up his child.	Il élève son enfant.
* To Brim	up.	I brim up the glass.	Je remplis le verre.
* To Bring	to.	I bring him to justice.	Je le mene à la justice.
		He brought us to.	Il nous fit mettre en panne.
	about.	I bring about that.	Je viens à bout de cela.
	away.	I bring away the prize.	Je remporte le prix.
	off.		
	off.	I bring him off.	Je le tire d'embarras.
	forth.	She brings forth a child.	Elle fait un enfant.
	on.	Bring on the rear.	Faites avancer l'arriere.
	over.	I bring him over.	Je le mets dans mon parti.
	under.	I bring him under.	Je le soumets.
	in.	I bring him in.	Je l'introduis.
	out.	I bring out that.	Je fais sortir cela.
		She brings up a fashion.	Elle introduit une mode.
	up.	She brings up a child.	Elle éleve son enfant.
		He brings up the rear.	Il fait avancer l'arriere.
	down.	He brings down his enemies.	Il humilie ses ennemis.
To Brisk	up.	He brisks up.	Il prend un air de joie.
To Bristle	up.	He bristles up.	Il prend ses tons.
To Brood	over.	He broods over his money.	Il couve ses écus.
	upon.		
* To Brush	away.	He brushes away.	Il décampe.
	by.	He brushes by me.	Il me passe brusquement.
	up.	He brushes up.	Il s'avance brusquement.

* | To Bubble

LISTE DES VERBES QUI SONT SUIVIS DES PARTICULES. xxxiij

*	To Bubble	up.	The water *bubbles up*.	L'eau bouillonne.
*	To Buckle	to.	He *buckles* to you.	Il se soumet à vous.
			He *buckles* to.	Il s'applique à.
*	To Bud	out.	The tree *buds out*.	L'arbre pousse des bourgeons.
*	To Budge	from.	I will not *budge from* it.	Je ne bougerai pas.
*	To Build	up.	He *builds up* a house.	Il bâtit une maison.
		upon.	I *build upon* my riches.	Je compte sur mes richesses.
	To Bunch	out.	That *bunches out*.	Cela se forme en bosse.
	To Bundle	up.	He *bundles up* his clothes.	Il fait un paquet de ses hardes.
*	To Buoy	up.	He *buoys up* his friends.	Il soutient ses amis.
*	To Burn	away.	The wood *burns away*.	Le bois se consume.
		to.	The wood *burns* to ashes.	Le bois se réduit en cendres.
		up.	It is *burnt up*.	Il est consumé.
		out.	It is *burnt out*.	Il est éteint.
*	To Burst	with.	He *bursts with* envy.	Il meurt d'envie.
		forth.	He *bursts forth*.	Il s'éclate.
		into.	He *bursts into* tears.	Il fond en larmes.
	To Busy one's self	with.	He *busies* himself *with* my affairs.	Il se mêle de mes affaires.
*	To Butt	at.	The ram *butts at* me.	Le bélier me frappe.
*	To Button	up.	He *buttons up* his coat.	Il boutonne son habit.
*	To Buy	off.	He *buys off* his son.	Il dégage son fils.
		up.	He *buys up* all the provisions.	Il achete toutes les provisions.
		over.	He *buys over* all the members.	Il corrompt tous les membres.
		into.	He *buys into* the army.	Il achete une commission dans l'armée.
		in.	He *buys in* goods.	Il s'approvisionne de marchandises.
*	To CALL	in.	You *call in* that man.	Vous faites entrer cet homme.
			You *call in* a law.	Vous révoquez une loi.
			You *call in* question.	Vous révoquez en doute.
		back.	You *call back* your servant.	Vous faites revenir votre domestique.
			You *call back* your word.	Vous vous dédites.
		off.	You *call off* my attention.	Vous détournez mon attention.
		aside.	You *call aside* your son.	Vous prenez votre fils à part.
		forth.	He *calls forth* the militia.	Il fait sortir la milice.
		out.		
		to.	He *calls out to* me.	Il m'appelle.
		to.	He *calls to* mind.	Il se rappelle de.
			He *calls* me *to* account.	Il m'examine.
		on.	He *calls on* you.	Il passe chez vous.
		upon.		
		upon.	You *call upon* me.	Vous me demandez.
		on.		
		at.	You *call at* my house.	Vous venez chez moi.
		for.	You *call for* me.	Vous me prenez en passant.
				Vous m'éveillez.
		up.	You *call* me *up*.	Vous me faites monter.
		down.	You *call* me *down*.	Vous me faites descendre.
	To Capitulate	with.	He *capitulated with* the enemy.	Il capitula avec l'ennemi.
		for.	He *capitulated for* the place.	Il capitula pour la place.
	To Care	for.	He *cares for* me.	Il se soucie de moi.
	To Carp	at.	He *carps at* that.	Il y trouve à redire.
	To Carry	away.	He *carries away* my money.	Il emporte mon argent.
		on.	He *carries on* the war.	Il continue la guerre.
		back.	He *carries back* your money.	Il remporte votre argent.
		over.	I *carried* you *over* the river.	Je vous ai fait passer la rivière.
		through.	He will *carry* himself *through*.	Il se tirera d'affaire.
		off.	He *carried off* your daughter.	Il enleva votre fille.
	To Cast	up.	He *casts up* his dinner.	Il vomit son dîner.
			He *casts up* his account.	Il fait son compte.
		away.	He *casts away* his money.	Il jette son argent.
		out.	He *casts out* the disaffected.	Il rejete les mécontents.
		down.	He *casts down* his friends.	Il chagrine ses amis.
		forth.	He *casts forth* his beams.	Il jette ses rayons.
		off.	He *casts off* his old friends.	Il rejette ses vieux amis.
			He *casts off* the dogs.	Il lâche les chiens.
	To Catch	at.	They *catch at* you.	Ils tâchent de vous attraper.
		up.	They *catch up* a stick.	Ils prennent un bâton.
	To Cavil	at.	They *cavil at* the judgment.	Ils trouvent à redire au jugement.
*	To Chalk	out.	They *chalk'd out* a line.	Ils crayonnoient une ligne.
	To Charge	with.	I *charge* you *with* him.	Je le remets entre vos mains.
			He *charges* me *with*.	Il m'accuse de.
			I *charge* you *with* this affair.	Je vous charge de cette affaire.
	To Cheer	up.	They *cheer up* their soldiers.	Ils encouragent leurs soldats.
	To Clap	up.	They *clap up* a bargain.	Ils font un marché à la hâte.
	To Clear	away.	They *clear away* the rubbish.	Ils ôtent les débris.
		up.	They *clear up* the affair.	Ils expliquent l'affaire.
			The weather *clears up*.	Le temps s'éclaircit.
*	To Cleave	off.	He *cleaves off* a branch.	Il ôte une branche.
		asunder.	He *cleaves* it *asunder*.	Il la fend.

*| To Cleave

Tome II.   e

LISTE DES VERBES QUI SONT SUIVIS DES PARTICULES.

	Verb	Particle	English example	French translation
*	To Cleave	to.	He cleaves to you.	Il s'attache à vous.
*	To Climb	up.	He climbs up the tree.	Il grimpe sur l'arbre.
*	To Cling	to.	He clings to me.	Il s'attache à moi.
*	To Close	up.	He closes up the space.	Il remplit l'espace.
		with.	He closes with me.	Il s'accorde avec moi.
		in with.	He closes in with my proposal.	
	To Cloud	over.	The sky is clouded over.	Le ciel est couvert de nuages.
*	To Cobble	up.	He cobbles up the affair.	Il fait l'affaire gauchement.
*	To Cock	up.	He cocks up his nose.	Il se retrousse le nez.
*	To Coil	up.	They coil up the cable.	Ils levent le cable.
	To Come	to.	You will come to misery.	Vous serez réduit à la misère.
			He is come to.	Il s'est rendu.
		off.	He comes off.	Il s'en vient. Il se tire d'affaire.
		by.	How did you come by it?	Comment l'avez-vous eu?
		upon.	They come upon me.	Ils tombent sur moi.
		short.	They come short.	Ils manquent. Ils perdent.
*	To Conceal	from.	I conceal it from you.	Je vous le cache.
	To Concur	in.	They concur in that.	Ils y consentent.
		with.	They concur with us.	Ils sont d'accord avec nous.
	To Condescend	to.	We condescend to that.	Nous donnons notre consentement à cela.
	To Condole	with.	I condole with the widow.	Je console la veuve.
	To Conduce	to.	You conduce to my happiness.	Vous contribuez à mon bonheur.
*	To Confide	in.	You confide in me.	Vous vous fiez à moi.
	To Conge	to.	I conge to her.	Je la salue.
	To Connive	at.	I connive at your faults.	Je tolère vos fautes.
	To Consent	to.	I consent to your request.	Je consens à votre requête.
*	To Consider	of.	I consider of you.	Je ne vous oublie pas.
	To Consist	of.	His army consists of infantry and cavalry.	Son armée consiste en infanterie & en cavalerie.
		in.		
		with.	That consists with his system.	Cela s'accorde avec son système.
	To Conspire	against.	They conspire against me.	Ils conspirent contre moi.
	To Contend	for.	I contend for that.	Je soutiens cela.
		with.	I contend with you.	Je m'oppose à vous.
*	To Contract	for.	You contract for wood.	Vous faites le marché pour du bois.
*	To Contribute	to.	You contribute to that.	Vous contribuez à cela.
*	To Cook	up.	You cook up that prettily.	Vous arrangez cela joliment.
	To Co-operate	with.	You co-operate with him.	Vous agissez avec lui.
	To Cope	with.	You cannot cope with him.	Vous ne pouvez pas faire face contre lui.
*	To Cord	up.	You cord up your box.	Vous cordez votre caisse.
*	To Cork	up.	You cork up a bottle.	Vous bouchez une bouteille.
	To Correspond	with.	I correspond with you.	J'ai une correspondance avec vous. Je suis de votre sentiment.
*	To Covenant	with.	He covenants with us.	Il convient avec nous.
*	To Cover	up.	He covers up his plants.	Il couvre ses plantes.
		over.	He covers over his design.	Il cache son dessein.
		with.	He covers him with dirt.	Il le couvre de boue.
	To Cough	out.	He coughs out something.	Il rend quelque chose en toussant.
		up.		
*	To Count	up.	He counts up his gains.	Il fait un calcul de ce qu'il a gagné.
*	To Cow	down.	He cows down his brother.	Il intimide son frere.
	To Cringe	to.	He cringes to the mob.	Il flatte la canaille.
*	To Crumple	up.	He crumples up his hat.	Il donne de mauvais plis à son chapeau.
*	To Cry	out to.	He cries out to me.	Il me crie.
		out against.	He cries out against me.	Il crie contre moi.
		up.	He cries up his goods.	Il vante sa marchandise.
		down.	He cries down my goods.	Il décrie ma marchandise.
		unto.	He cried unto God.	Il invoqua Dieu.
		out.	He cried out.	Il s'écria.
*	To Cull	out.	He culls out the best.	Il choisit les meilleurs.
*	To Curb	up.	He curbs up his horse.	Il gourme son cheval.
*	To Curl	up.	He curls up his hair.	Il frise ses cheveux.
*	To Cut	open.	He cuts open a body.	Il ouvre un corps.
		out.	He cuts out a coat.	Il coupe un habit.
		down.	He cuts down a tree.	Il coupe un arbre.
		up.	He cuts up a fowl.	Il coupe un poulet.
		short.	He cuts me short.	Il me tranche le mot.
		off.	He cuts off my arm.	Il me coupe le bras.
		asunder.	He cuts them asunder.	Il les sépare avec un instrument tranchant.
		away.	He cuts away the branches.	Il coupe les branches.
	To DALLY	with.	He dallies with her.	Il badine avec elle.
	To Dangle	about.	He dangles about his wife.	Il est pendu à la ceinture de sa femme.
*	To Deal	for.	He deals for a house.	Il achette une maison.
		to.	I deal to you.	Je vous donne des cartes.
		with.	You deal ill with me.	Vous en usez mal avec moi.
		by.		
*	To Debate	on.	We debate on that subject.	Nous disputons sur ce sujet.
		upon.		
		with.	We debate with you.	Nous disputons contre vous.

LISTE DES VERBES QUI SONT SUIVIS DES PARTICULES.

*	To Debate	about.	We debate about that.	Nous disputons là-dessus.
*	To Decide	upon.	I decide upon that case.	Je décide ce cas.
		on.		
	To Declaim	upon.	He declaims upon that subject.	Il déclame sur ce sujet.
		on.		
		against.	He declaims against that.	Il déclame contre cela.
	To Deliberate	upon.	He deliberates upon that.	Il délibère là-dessus.
		on.		
	To Depart	from.	They depart from their duty.	Ils s'écartent de leur devoir.
	To Depend	on.	That depends on you.	Cela dépend de vous.
		upon.		
	To Desist	from.	You desist from fighting.	Vous cessez de vous battre.
	To Despair	of.	I despair of that.	Je désespère de cela.
	To Detract	from.	He detracts from my right.	Il déroge à mon droit.
	To Deviate	from.	They deviate from their duty.	Ils s'écartent de leur devoir.
	To Differ	from.	You differ from me.	Votre sentiment n'est pas le mien.
		with.	You differ with me.	Vous querellez avec moi.
	To Digress	from.	He digresses from his subject.	Il s'écarte de son sujet.
	To Dine	with.	I dine with you.	Je dîne avec vous.
		upon.	I dine upon fish.	Je mange du poisson pour dîner.
		on.		
	To Disagree	about.	We disagree about that.	Nous ne sommes pas d'accord là-dessus.
		with.	You disagree with him.	Vous n'êtes pas d'accord avec lui.
*	To Disapprove	of.	I disapprove of that.	Je désapprouve cela.
*	To Dish	up.	I dish up the meat.	Je sers la viande.
*	To Dispose	of.	I have disposed of my house.	J'ai vendu ma maison.
		of.	I have disposed of my children.	J'ai placé mes enfants.
*	To Dispute	with.	I dispute with him.	Je dispute avec lui.
		against.		
*	To Dissent	from.	I dissent from your opinion.	Je ne suis pas de votre avis.
*	To Do		You are well to do.	Vous vivez comme il faut.
		again.	I do it again.	Je le refais.
		away.	I do away that objection.	J'ôte cette objection.
				Je détruis cette objection.
		over-with.	I do over my shoes with blacking.	Je noircis mes souliers.
		off.	I do off my boots.	Je tire mes bottes.
		on.	I do on my stockings.	Je mets mes bas.
		up.	I do up my bundle.	Je fais mon paquet.
		with.	I have done with that.	J'ai fini avec cela.
	To Domineer	over.	You domineer over me.	Vous me tyrannisez.
	To Dote	upon.	You dote upon her.	Vous l'aimez à la folie.
		on.		
*	To Draw	away.	You draw away my friends.	Vous enlevez mes amis.
		along.	He draws along his leg.	Il traîne sa jambe.
				Il retire.
		again.	He draws again.	Il retrace.
		asunder.	He draws them asunder.	Il les sépare.
		back.	He draws back.	Il recule.
		in.	He draws in the ignorant.	Il attire les ignorants.
		on.	He draws on the enemy.	Il attire l'ennemi.
		over.	He draws over the poor.	Il gagne les pauvres.
		out.	He draws out the time.	Il prolonge le temps.
			He draws out the army.	Il met l'armée sous les armes.
		near.	He draws near us.	Il s'approche de nous.
		off.	He draws off.	Il se retire.
		up.	He draws up a writing.	Il rédige un écrit.
			He draws up a deed.	Il dresse un acte.
			He draws up his soldiers.	Il met ses soldats en ordre de bataille.
*	To Dream	of.	I dream of you.	Je rêve à vous.
*	To Dress	up.	You dress up your children.	Vous parez trop vos enfants.
*	To Drink	away.	He drinks away his fortune.	Il mange sa fortune.
		in.	He drinks in an error.	Il adopte une erreur.
		down.	He drinks down all.	Il avale tout.
		off.		
		up.	He drinks off his glass.	Il vide son verre.
		out of.	He drinks out of a glass.	Il boit dans un verre.
*	To Drive	away.	He drives away the enemy.	Il chasse l'ennemi.
		back.	He drives back the army.	Il fait reculer l'armée.
		out.	He drives out his wife.	Il chasse sa femme.
		on.	He drives us on.	Il nous fait avancer.
		off.	He drives off the enemy.	Il repousse l'ennemi.
		in.	He drives us in.	Il nous fait entrer.
		into.		
*	To Drop	in.	I dropped in at dinner time.	J'entrai à l'heure du dîner.
		off.	He drops off.	Il commence à manquer.
		out.	He drops out.	Il disparoît.
*	To Dry	up.	The sun dries up the grass.	Le soleil brûle l'herbe.
			Dry up your tears.	Essuyez vos larmes.
*	To Dwell	in, with.	You dwell in the house with me.	Vous demeurez dans la maison avec moi.

To Dwell

LISTE DES VERBES QUI SONT SUIVIS DES PARTICULES.

To Dwell	upon.	You dwell upon that.	Vous insistez sur cela.
	on.		
* To EAT	up.	You eat up the loaf.	Vous mangez tout le pain.
To Egg	on.	He eggs me on.	Il m'excite à le faire.
To Eke	out.	You eke out the time.	Vous alongez le temps.
To Elope	from.	You elope from your husband.	Vous quittez furtivement votre mari.
* To Emerge	from.	He emerges from darkness.	Il sort de l'obscurité.
	out of.		
To Emigrate	from.	I will emigrate from America to Europe.	Je quitterai l'Amérique pour aller m'établir en Europe.
	to.		
* To Except	against.	I except against it.	Je le rejette.
* To Expatiate	upon.	He expatiates upon my conduct.	Il s'étend sur ma conduite.
	on.		
To Expostulate	with.	I expostulated with him upon that subject.	Je me plaignis à lui là-dessus.
	upon.		
* To Exult	in.	I exult in your success.	Je me réjouis de votre succès.
* To FACE	down.	He faced down that story.	Il soutint cette histoire effrontément.
	out.		
To Fail	about.	He faced about.	Il se tourna.
	in.	He failed in his enterprise.	Il manqua dans son entreprise.
To Faint	away.	I fainted away.	Je tombai en défaillance.
To Fall	down.	He falls down.	Il tombe à terre.
	to.	The estate falls to me.	Le bien est mon partage.
		I fall to.	Je commence.
	on.	He falls on us.	Il fond sur nous.
	upon.	Fall on.	Commencez.
	on.		
	upon.	He falls upon the enemy.	Il fond sur l'ennemi.
	in with.	I fell in with an old companion.	Je rencontrai par hasard une ancienne connoissance.
	into.	I fell into his scheme.	Je trouvai son plan bon.
	back.	The enemy fell back.	L'ennemi se retira.
	from.	He falls from his word.	Il se dédit.
	off.	His friends fell off.	Ses amis l'abandonnent.
	under.	They fell under the yoke.	Ils tombent sous le joug.
	out.	It fell out that he did not go.	Il arriva qu'il n'alla pas.
	out of.	My money fell out of my hand.	Mon argent tomba de ma main.
	short.	I fall short of my account.	Je me suis trompé dans mon compte. Je perds.
	foul.	The ship falls foul of the brig.	Le navire se heurte contre le brick.
To Fasten	upon.	I fasten upon him.	Je le saisis.
	on.		
	with.	I fasten him with a cord.	Je l'attache avec un cordon.
To Faulter	in.	He faulters in speech.	Il bredouille.
To Fawn	upon.	He fawns upon me.	Il me flatte lâchement.
To Fend	off.	He fends off the blow.	Il évite le coup.
To Fetch	away.	He fetches away every thing.	Il emporte tout.
	down.	He fetches down their pride.	Il abaisse leur orgueil.
	in.	He fetches us in.	Il nous fait entrer.
	off.	He fetches himself off.	Il s'excuse.
	up.	I have fetched up what I had lost.	J'ai regagné ce que j'avois perdu.
		Fetch up my hat.	Montez-moi mon chapeau.
* To Fight	out.	I will fight out the battle.	Je finirai le combat.
* To File	off.	They file off.	Ils s'en vont à la file.
* To Fill	out.	I fill out the wine.	Je verse le vin.
	up.	I fill up the glasses.	Je remplis les verres.
* To Find	out.	I have found out the secret.	J'ai découvert le secret.
	fault with.	I find fault with that.	J'y trouve à redire.
* To Fire	at.	I fired at him.	Je lui tirai dessus.
	upon.		
* To Fit	out.	He fits out a ship.	Il arme un navire.
	up.	He fits up a house.	Il arrange une maison.
To Flaunt	about.	She flaunts about.	Elle brille.
To Flinch	from.	He flinches from his duty.	Il fait le lâche.
* To Fling	away.	He flings away.	Il se retire brusquement.
		He flings away his money.	Il jette son argent.
	down.	He flings down his arms.	Il met bas les armes.
	off.	I fling off my friends.	Je rejette mes amis.
	out.	He flings out.	Il sort brusquement.
		He flings out a defiance.	Il hasarde un défi.
		He is flung out.	Il est rejeté.
	up.	He flings up his commission.	Il donne sa démission.
To Flock	to.	They flock to him.	Ils vont à lui en foule.
To Flow	from.	Knowledge flows from study.	La connoissance découle de l'étude.
To Fly	in.	Birds fly in the air.	Les oiseaux volent dans l'air.
	from.	He flies from us.	Il se sauve de nous.
	away.	They fly away.	Ils s'enfuient.
	about.	The news flies about.	La nouvelle se répand.
	at.	She flies at him.	Elle l'attaque.
	back.	She flies back.	Elle fait un saut en arrière.

| To Fly.

LISTE DES VERBES QUI SONT SUIVIS DES PARTICULES.

To Fly	out.	She *flies* out.	Elle s'emporte.
		The bird *flies* out of the cage.	L'oiseau fort de la cage.
	off.	He *flies* off.	Il s'en va.
	in.	He *flies* in my face.	Il me fait des reproches.
To Fobb	off.	He *fobbs* me off.	Il m'amuſe.
To Fold	up.	I *fold* up a letter.	Je plie une lettre.
To Follow	up.	He *followed* up his blow.	Il fuivit ton coup.
To Force	out.	He *forced* out his neighbours.	Il fit fortir ſes voiſins.
	from.	He *forced* them from their poſt.	Il les chaſſa de leur poſte.
	back.	He *forced* them back.	Il les obligea de ſe retirer.
	in.	He *forced* them in.	Il les obligea d'entrer.
To Fret	at.	I *fret* at it.	J'en ſuis fâché.
To Frown	at.	I *frown* at him.	Je le regarde de mauvais œil.
	on.		
	upon.	They *furl* up the ſails.	Ils plient les voiles.
To Furl	up.	I *furniſh* him with wine.	Je lui fournis du vin.
To Furniſh	with.		
To GAD	about.	You *gad* about.	Vous courez çà & là.
	up & down.		Vous ſoupirez pour cela.
To Gape ou Gaſp	at.	You *gape* at that.	Vous ouvrez la bouche pour avoir cela.
	after.		
To Gather	up.	You *gather* up your clothes.	Vous ramaſſez vos hardes.
	together.	You *gather* together.	Vous vous raſſemblez.
To Gaze	at.	You *gaze* at me.	Vous me regardez fixement.
	on.		
	upon.		
To Get	the better.	You *get* the better of him.	Vous l'emportez ſur lui.
	done.	I ſhall *get* done ſoon.	J'aurai bientôt fini.
	rid.	I *get* rid of it.	Je m'en défais.
	along.	*Get* along.	Allez-vous-en.
	away.	*Get* away.	
	abroad.	I *get* abroad.	Je ſors de la maiſon.
	by.	I *get* by that.	Je gagne par cela.
	back.	I *get* back.	Je me retire.
		I ſhall *get* back ſoon.	Je ſerai bientôt de retour.
	down.	I *get* down.	Je deſcends.
	off.	I *get* off.	Je me ſauve.
	from.	I *get* from you.	Je me ſauve de vous.
	in.	I *get* in.	J'entre.
	out.	I *get* out.	Je ſors.
			Je monte.
	up.	I *get* up.	Je me leve.
	on.	I *get* on.	Je m'avance.
	before.	I *get* before.	Je me mets en avant.
	behind.	You *get* behind.	Vous vous mettez en arriere.
	through.	I *get* through it.	Je paſſe par-là.
	well.	I *get* well.	Je me guéris.
	clear.	I *get* clear of that.	Je m'échappe de cela.
	above.	I *get* above him.	Je le ſurpaſſe.
To Give	up.	I *give* up my intereſt.	J'abandonne mon intérêt.
		He *gives* himſelf up for gone ou loſt.	Il ſe croit perdu.
	up to.	I *give* up to.	Je me rends.
	in.	I *give* in my name.	Je donne mon nom.
	into.	I *give* into the ſnare.	Je donne dans le panneau.
	over.	I *give* over all.	Je déſeſpere de tout.
			Je quitte tout.
	forth.	I *give* forth.	Je publie.
	off.	*Give* off.	Ceſſez.
	out.	He *gives* out.	Il publie.
			Il ſe rend.
	away.	He *gives* away to the enemy.	Il donne à l'ennemi.
		He *gives* away money.	Il donne de l'argent.
	again.	He *gives* again.	Il rend.
	ear to.	He *gives* ear to me.	Il me prête l'oreille.
	back.	He *gives* back the money.	Il rend l'argent.
To Glare	at.	He *glares* at me.	Il me regarde d'un œil terrible.
To Go	about.	I *go* about that.	Je vais faire cela.
	along.	*Go* along.	Allez-vous-en.
	along with.	I am going along with you.	Je vais avec vous.
	aſtray.	You *go* aſtray.	Vous vous égarez.
	away.	You *go* away.	Vous vous en allez.
	back.	You *go* back.	Vous retournez.
	by.	I *go* by your name.	Je me ſers de votre nom.
		I *go* by your inſtructions.	Je fais vos inſtructions.
		I *go* by your houſe.	Je paſſe par votre maiſon.
	for.	I *go* for your ſervant.	Je vais chercher votre domeſtique.
		He *goes* for a Saint.	Il paſſe pour un Saint.
	off.	I *go* off.	Je m'en vais.
	without.	I *go* without victuals.	Je ne mange pas.
	out.	You *go* out.	Vous ſortez.

*| To Go

LISTE DES VERBES QUI SONT SUIVIS DES PARTICULES.

* To Go	on.	Go on.	Allez toujours. / Avancez.
	at.	I go at it.	Je vais le faire.
	to.	I go to the play.	Je vais à la comédie.
	from.	I go from here.	Je m'en vais d'ici.
* To Grapple	with.	I grapple with him.	J'en viens aux mains avec lui.
* To Grasp	at.	I grasp at that.	Je tâche d'attraper cela.
* To Grow	rich.	You grow rich.	Vous devenez riche.
	near.	It grows near the time.	Le temps s'approche.
	into.	That grows into fashion.	Cela vient à la mode.
	out.	That grows out of fashion.	Cela n'est plus à la mode.
	towards.	That grows towards its end.	Cel touche à sa fin.
	up.	That tree grows up fast.	Cet arbre croît vite.
To Gush	from.	The water gushes from the fountain.	L'eau jaillit de la fontaine.
	out of.	The water gushes out of the fountain.	
* To HANG	upon.	He hangs upon my hands.	Il m'est à charge.
	on.		
	about.	He hangs about her neck.	Il se pend à son cou.
	back.	He hangs back.	Il fait le poltron. / Il recule.
	by.	I hang by my coat.	Je reste accroché par mon habit.
	down.	He hangs down his head.	Il baisse la tête.
	out.	He hangs out his flag.	Il arbore son pavillon.
	up.	He hangs up his hat.	Il pend son chapeau.
To Hanker	after.	He hankers after her.	Il la desire avec passion.
To Happen	to.	That happens to him.	Cela lui arrive.
	upon.	I happened upon it.	Je le trouvai par hasard.
To Harp	on.	He harps on the same strain.	Il parle toujours du même sujet.
	upon.		
	at.	He harps at me.	Il me gronde continuellement.
* To Have	at.	I will have at him.	Je l'attaquerai.
	on.	He had his blue coat on.	Il étoit en habit bleu. / Il portoit son habit bleu.
* To Heal	up.	His wounds heal up.	Ses blessures se guérissent.
* To Heap	up.	He heaps up riches.	Il amasse des richesses.
* To Hear	out.	I will hear out your tale.	J'écouterai votre conte jusqu'à la fin.
* To Hearken	to.	He hearkens to you.	Il vous écoute.
* To Help	down.	I help you down.	Je vous aide à descendre.
	up.	I help him up.	Je l'aide à s'élever.
	forward.	I help him forward.	Je l'avance. / Je lui donne un coup de main.
	into.	I help you into the house.	Je vous aide à entrer dans la maison.
	off with.	I help you off with it.	Je vous aide à le finir.
	out.	You help me out.	Vous me tirez d'affaire.
	over.	You help him over.	Vous l'aidez à passer.
	on.	I help you on.	Je vous donne un coup de main.
	to.	Help me to something.	Procurez-moi quelque chose. / Donnez-moi quelque chose.
* To Hem	in.	He hemmed in the army.	Il entoura l'armée.
* To Herd	together.	They herd together.	Ils vont en foule. / Ils vont en troupeau.
To Higgle	at.	He higgles at it.	Il y fait de la difficulté.
To Hit	at.	I hit at it.	J'y vise.
	off.	I hit off the thing.	Je devine, je flaire la chose de loin.
	upon.	I hit upon the man I want.	Je rencontre l'homme dont j'ai besoin.
	on.		
	out.	He hit out the way.	Il trouva le moyen. / Il trouva le chemin.
* To Hold	forth.	He holds forth.	Il met en avant. / Il fait un discours public.
	in.	He holds in his hand.	Il retient sa main.
	off.	He holds off the enemy.	Il tient l'ennemi à distance.
	on.	He holds on.	Il continue.
	out.	I hold out.	Je tiens bon.
		He holds out his hand.	Il étend sa main.
	up.	He holds up his head.	Il leva la tête.
	with.	He holds with you.	Il se met de votre côté.
* To Hope	for.	I hope for that.	J'espere cela.
* To Hunt	down.	We hunted down a hare.	Nous forçâmes un lievre.
* To Hurry	away.	He hurries me away.	Il m'entraîne.
	on.	He hurries me on.	Il me précipite.
* To IMPOSE	on.	You impose on me.	Vous m'en imposez.
	upon.		
To Inch	out.	You inch out your money.	Vous épargnez votre argent.
To Incline	to.	You incline him to it.	Vous le portez à cela.
To Inform	against.	I inform against you.	Je vous dénonce.
To Inquire	about.	I inquire about that.	Je m'informe de cela.
	into.	I inquire into that.	Je fais des recherches là-dessus.
* To Insinuate	into.	He insinuates himself into our company.	Il s'insinue dans notre compagnie.
To Insist	on, upon.	I insist on ou upon that.	J'insiste sur cela.

To Instill

LISTE DES VERBES QUI SONT SUIVIS DES PARTICULES.

To Instill	into.	He instills good principles into him.	Il lui inspire de bons principes.
To Intrude	into.	He intrudes himself into our affairs.	Il s'ingere dans nos affaires.
	on.	He intrudes on us.	Il nous interrompt mal-à-propos.
	upon.		
To Involve	in.	She involves him in debt.	Elle le plonge dans les dettes.
To Itch	at.	My fingers itch at him.	Il me tarde de le battre.
To Jest	at.	You jest at that.	Vous vous moquez de cela.
	on.	You jest on that subject.	Vous badinez sur ce sujet.
To Jog	on.	I jogged on.	Je m'avançois lentement.
	along.		
To Join	battle.	We join battle.	Nous commençons à nous battre.
		I join with you.	Je me mets avec vous.
	with.		Je me mets de votre côté.
			Je saute.
To Jump	up.	I jump up.	Je m'éleve.
To KEEP	away.	I keep away from you.	Je me tiens éloigné de vous.
	in.	I keep in my reasons.	Je cache mes raisons.
	out.	I keep out the enemy.	Je retiens l'ennemi en échec.
	at.	I keep at it.	Je le continue.
	back.	I keep back a guinea.	Je retiens une guinée.
	asunder.	I keep them asunder.	Je les tiens séparés.
	down.	You keep him down.	Vous l'empêchez de se lever.
	off.	You keep off the enemy.	Vous empêchez l'ennemi de s'avancer.
	under.	You keep him under.	Vous le tenez en bride.
	up.	You keep up the farce.	Vous continuez la farce.
	on.	Keep on.	Continuez.
To Kick	at.	I kick at him.	Je tâche de lui donner un coup de pied.
	up.	He kicks up a strife.	Il fait du bruit.
	against.	He kicks against all authority.	Il lutte contre toute autorité.
To Kindle	up.	He kindles up a flame.	Il excite des troubles.
To Kneel	down to.	He kneels down to her.	Il s'agenouille devant elle.
To Knit	up.	He knits up his brows.	Il fronce les sourcils.
To Knock	down.	He knocks down every one.	Il abat tout le monde.
	in.	He knocks in the door.	Il enfonce la porte.
	off.	He knocks off his chains.	Il brise ses fers.
		He knocks off their pay.	Il discontinue leur solde.
	on.	They knock him on the head.	Ils l'assomment.
	under.	He knocks under.	Il se soumet.
To LANGUISH	in.	We languish in misery.	Nous languissons dans la misere.
To Laugh	at.	I laugh at you.	Je me moque de vous.
	out.	He laughs out.	Il éclate de rire.
To Launch	into.	He launches into the water.	Il s'élance dans l'eau.
	forth.	He launches forth in your praise.	Il fait de grands éloges de vous.
	out.	He launches out into a long detail.	Il entre dans un long détail.
To Lay	down.	I lay down my arms.	Je mets bas les armes.
	up.	I lay up money.	
	by.	I lay by money.	Je serre de l'argent.
	in.	I lay in a store.	Je fais une provision.
	out.	I lay out my money.	Je dépense mon argent.
		He lays himself out.	Il s'expose à.
	about.	I lay about me.	Je frappe de tout côté.
	waste.	He laid the country waste.	Il ravagea le pays.
	against.	I lay a crime against you.	Je vous accuse d'un crime.
	aside.	I lay aside my great-coat.	Je mets de côté mon habit d'hiver.
	away.	Lay that away.	Mettez cela de côté.
	to.	I lay that to you.	Je vous accuse de cela.
	on.	I lay on him.	Je le bats.
	hold of.	I lay hold of him.	Je le prends.
	open.	I lay open the truth.	J'expose la vérité.
To Leave	off.	He leaves off drinking.	Il renonce à son habitude de boire.
To Lengthen	out.	He left out a word.	Il a omis un mot.
To Let	out.	He lengthens out the time.	Il prolonge le temps.
	down.	I let down the curtain.	Je baisse la toile.
	loose.	I let loose the dog.	Je lâche le chien.
	go.		
	into.	I let you into the house.	Je vous permets d'entrer dans la maison.
	in.		
	in.	You let me in.	Vous me trompez.
	off.	You let off a gun.	Vous dechargez un fusil.
		You let him off.	Vous l'excusez.
		You let him out.	Vous lui permettez de sortir.
	out.	I let out my horse.	Je loue mon cheval.
To Lie	down.	I lie down.	Je me couche.
	in.	She lies in.	Elle accouche.
	out.	He lies out.	Il s'étend.
	at.	He lies at him continually.	Il le tourmente sans cesse.
To Lift	up.	I lift up my head.	Je leve la tête.
To Light	up.	I light up the fire.	J'allume le feu.
	upon.	I light upon him.	Je le trouve par hasard.
	on.		

* | To Listen

LISTE DES VERBES QUI SONT SUIVIS DES PARTICULES.

*	To Listen	to.	He *listens to* what they say.	Il écoute ce qu'ils disent.
*	To Lock	in.	I *lock in* my dog.	J'enferme mon chien.
		up.	He *locks up* the box.	Il ferme la boite à clef.
		up.	He *locks* me *out*.	Il me ferme la porte.
		out.		
	To Loll	upon.	He *lolls upon* my chair.	Il s'appuie sur ma chaise.
	To Long	for.	He *longs for* that.	Il desire cela.
	To Look	at.	I *look at* you.	Je vous regarde.
		upon.	I *look upon* it not to be true.	Je ne crois pas que cela soit vrai.
		on.		
		after.	I *look after* you.	Je vous cherche.
			He *looks after* my flock.	Il garde mon troupeau.
		into.	I *look into* that.	J'examine cela.
		out.	I *look out* my account.	Je cherche mon compte.
		out for.	I *look out for* a wife.	Je cherche une femme.
		out of.	I *look out of* the window.	Je regarde par la fenêtre.
		about.	I *look about*.	Je cherche partout.
		for.	I *look for* you.	Je vous cherche.
		over.	I *look over* the wall.	Je regarde par-dessus le mur.
		to.	I shall *look to* that.	Je ferai attention à cela.
	To Lust	after.	He *lusts after* her.	Il la convoite.
*	To MAKE	good.	*Make good* your promise.	Accomplissez votre promesse.
		of.	I don't know what *to make of* it.	Je ne sais qu'en penser.
			What do you *make of* that?	Que faites-vous de cela?
		account of.	He *makes no account of* her.	Il ne fait aucun cas d'elle.
		light of.	He *makes light of* that.	Il ne fait pas attention à cela.
		much of.	He *makes much of* her.	Il l'estime beaucoup.
		over.	I *make over* my fortune.	Je cede ma fortune.
				Je transfere ma fortune.
		off.	I *make off*.	Je m'en vais.
		away with.	I made *away with* him.	Je m'en suis défait.
		in.	I *make in*.	J'entre.
		out.	I *make out*.	Je sors.
			I *make* that *out*.	Je démêle cela.
			I *make out* an account.	Je fais un compte.
			I *make up* an account.	
			I *make up* my loss.	Je répare ma perte.
		up.	I *make up for* that.	Je me dédommage de cela.
			I *make up* a coat.	Je fais un habit.
			I *make up to* him.	Je m'avance vers lui.
			I *make up* a letter.	Je plie une lettre.
			They *made* it *up*.	Ils se sont réconciliés.
		way.	*Make way*.	Place; faites place.
		sure of.	I *make sure of* that.	Je m'assure de cela.
		free.	I *make free* with you.	Je ne fais point de façons avec vous.
*	To Mark	out.	I *mark out* your duty.	Je trace votre devoir.
				Je fais voir votre devoir.
	To Meditate	upon.	I *meditate upon* that.	J'y pense.
		on.		
*	To Meet	with.	I *meet with* them.	Je les rencontre.
*	To Melt	down.	I *melt down* gold.	Je fonds de l'or.
		into.	He *melted into* tears.	Il fondit en larmes.
	To Mete	out.	I *mete out*.	Je distribue.
*	To Mix	up.	I *mix up*.	Je mêle.
	To Moralize	upon.	You *moralize upon* that.	Vous moralisez sur cela.
		on.		
	To Mould	up.	You *mould up*.	Vous formez.
	To Muster	up.	They *muster up*.	Ils passent en revue.
	To Mutter	out.	They *mutter out* some words.	Ils marmottent quelques mots.
*	To NAIL	up.	They *nail up* the cannons.	Ils enclouent les canons.
	To Nibble	at.	They *nibble at* it.	Ils le critiquent un peu.
	To Nod	at.	He *nods at* me.	
		to.	He *nods to* me.	Il me fait signe de la tête.
	To Note	down.	He *notes* that *down*.	Il met cela en écrit.
	To Nourish	up.	He *nourishes up* his enemy.	Il encourage son ennemi.
	To Nuddle	along.	He *nuddles along*.	Il va négligemment.
	To Nurse	up.	He *nurses* me *up*.	Il me soigne.
	To OBJECT	to.	I *object to* that.	Je m'oppose à cela.
		against.		
*	To Occur	to.	That *occurs to* me.	Cela se présente à moi.
*	To Open	upon.	He *opened upon* me.	Il commença à me gronder.
		on.		
*	To Operate	on.		
		upon.	That *operates on* me.	Cela me fait effet.
		with.		
*	To Oppose	to.	He *opposes* himself *to* us.	Il s'oppose à nous.
	To Originate	in.	That *originated in* your country.	Cela commença dans votre pays.
		from.	That *originates from* your negligence.	Cela vient de votre négligence.
		with.	That *originates with* you.	Cela vient de vous.
	To Overwhelm	with.	He *overwhelms* me *with* grief.	Il m'accable de douleur.

* | To PACK

LISTE DES VERBES QUI SONT SUIVIS DES PARTICULES.

Verbe	Particule	Exemple anglais	Traduction française
To PACK	off.	He packed off.	Il s'en alla.
	away.		
	up.	He packed up his clothes.	Il fit un paquet de ses hardes.
To Pamper	up.	He pampers up his horse.	Il nourrit trop son cheval.
To Pant	for.	He pants for fear.	Il palpite de peur.
	after.	He pants after glory.	Il soupire après la gloire.
	for.		
To Parcel	out.	I parcel out your work.	Je divise votre ouvrage.
	up.	I parcel up goods.	Je mets des marchandises en paquet.
To Parley	with.	They parleyed with us.	Ils parlementoient avec nous.
To Part	with.	I part with you.	Je vous quitte.
	from.		
	with.	I part with my horse.	Je vends mon cheval.
	from.		Je me défais de mon cheval.
To Partake	in.	I partake in your joy.	Je partage votre joie.
	of.		
To Pass	away.	The time passes away.	Le temps se passe.
	by.	I pass by.	Je passe à côté.
	over.	I pass over a fault.	Je passe une faute.
	by.		Avancez.
	on.		Continuez.
	along.		
	over.	I have passed that over.	J'ai négligé cela.
	upon.	You pass a jest upon him.	Vous vous moquez de lui.
	on.		
To Patch	up.	I patch it up.	Je le raccommode mal.
To Patter	with.	She patters with her feet.	Elle fait du bruit en marchant.
To Pause	upon.	She pauses upon that.	Elle s'arrête sur cela.
	on.		
To Pay	to.	Pay attention to that.	Faites attention à cela.
	away.	I pay away money.	Je paie de l'argent.
	back.	I pay back.	Je rends.
	down.	I pay down ready money.	Je paie en argent comptant.
	for.	I pay for my house.	Je paie ma maison.
	off.	I pay off my servant.	Je renvoie mon domestique.
	off.	I pay off a bill.	Je paie un mémoire.
To Peep	in.	You peep in.	Vous regardez dedans.
	out.	You peep out.	Vous regardez dehors.
	over.	You peep over.	Vous regardez par-dessus.
	up.	You peep up.	Vous regardez en haut.
	at.	You peep at me.	Vous me regardez.
To Pen	down.	I have penned that down.	J'ai fait une note de cela.
	up.	I pen up my sheep.	Je renferme mes moutons.
	in.		
To Persist	in.	He persists in that.	Il soutient cela.
To Pertain	to.	That pertains to him.	Cela lui appartient.
To Pick	out.	I pick out this man.	Je choisis cet homme-ci.
	up.	I pick up this pen.	Je ramasse cette plume.
	open.	I pick open a lock.	Je crochète une serrure.
To Piece	out.	You piece out your time.	Vous prolongez votre temps.
	up.	You piece up your coat.	Vous raccommodez votre habit.
To Pin	up.	You pin up your gown.	Vous troussez votre robe.
To Pinch	up.	You pinch up your waist.	Vous resserrez votre taille.
	off.	You pinch off something.	Vous arrachez quelque chose.
To Pine	for.	You pine for a husband.	Vous désirez un mari.
	at.	You pine at your loss.	Vous regrettez votre perte.
To Pique	on.	I pique myself on that quality.	Je me pique de cette qualité.
To Pitch	upon.	We pitch upon this.	Nous choisissons celui-ci.
	on.		
To Plaster	up.	I plaster up the hole.	Je bouche le trou.
	over.	He plasters over the affair.	Il cache l'affaire.
To Plough	up.	You plough up your field.	Vous labourez votre champ.
To Pluck	off.	You pluck off the feathers.	Vous ôtez les plumes.
	out.	You pluck out his eyes.	Vous lui arrachez les yeux.
	up.	You pluck up the plant.	Vous déracinez la plante.
To Pocket	up.	You pocket up the affront.	Vous buvez l'affront.
To Point	at.	He points at you.	Il vous montre avec le doigt.
	out.	He points out the man.	Il indique l'homme.
To Ponder	upon.	I pondered upon that.	Je réfléchissois sur cela.
	on.		
To Pop	out.	He popped out.	Il se montra subitement.
	in.	He pops in.	Il entre subitement.
	off.	He popped off.	Il s'esquiva.
	away.		
To Pore	upon.	He pores upon his book.	Il a les yeux continuellement fixés sur son livre.
	on.		
	over.		
To Portion	out.	I portion out the money.	Je divise l'argent.
To Post	up.	He posts up a paper.	Il affiche un papier.

Tome II.

* | To Pour

LISTE DES VERBES QUI SONT SUIVIS DES PARTICULES.

Verb	Particle	English	French
To Pour	down.	The rain pours down.	Il pleut à verse.
	out.	He pours out the wine.	Il verse le vin.
To Preach	up.	He preaches up sedition.	Il prêche la sédition.
To Preside	in.		
	at.	He presides in an assembly.	Il préside dans une assemblée.
	over.		
To Press	on.	I pressed on him to come.	Je le priai beaucoup de venir.
	upon.		
	down.	I press down the linen in my trunk.	Je presse le linge dans ma malle.
To Presume	on.	He presumes on his merit.	Il présume de son mérite.
	upon.		
To Prevail	on.	I prevailed on him to come.	Je le persuadai de venir.
	upon.		
	with.	I prevail with him to drink.	Je le persuade de boire.
	against.	I prevailed against him.	Je l'emportai sur lui.
	over.		
To Prick	up.	He pricks up his ears.	Il dresse les oreilles.
To Proceed	on.	He proceeds on just grounds.	Il agit avec justice.
	upon.		
	with.	He proceeds with caution.	Il agit avec précaution.
To Profit	by.	He profits by my error.	Il profite de mon erreur.
To Protest	against.	I protest against your judgment.	Je proteste contre votre jugement.
To Prune	up.	You prune up your trees.	Vous taillez vos arbres.
To Puff	up.	He puffs up his heart.	Il s'enorgueillit.
To Pull	away.	He pulls away my hand.	Il m'arrache la main.
	back.	He pulls back the cart.	Il traîne la charrette en arrière.
	down.	He pulls down the church.	Il jette bas l'église.
	in.	He pulls in his hand.	Il retire la main.
	off.	He pulls off his boots.	Il tire ses bottes.
		He pulls off his hat.	Il ôte son chapeau.
	out.	He pulls out his eyes.	Il lui arrache les yeux.
	up.	He pulls up a tree.	Il déracine un arbre.
To Pump	up.	We pump up water.	Nous pompons de l'eau.
	out.	You have pumped out the secret.	Vous avez découvert le secret.
To Purse	up.	You purse up money.	Vous entassez de l'argent.
		She purses up her mouth.	Elle fait la petite bouche.
To Push	on.	I push him on.	Je le pousse.
	forward.		Je l'avance.
	back.	I push him back.	Je le repousse.
To Put	about.	You put about the news.	Vous faites courir le bruit.
	again.	I put it again.	Je le remets.
	away.	He puts away his Steward.	Il renvoie son homme d'affaires.
	back.	He puts back.	Il se recule.
	down.	I put down my gun.	Je mets mon fusil à terre.
		I put him down.	Je l'humilie.
	forth.	He puts forth a proposal.	Il fait une proposition.
		The trees put forth leaves.	Les arbres poussent des feuilles.
	forward.	You put him forward.	Vous le poussez.
	in.	I put in my part.	J'y contribue pour ma part.
	into.	I put into the port.	J'entrai dans le port.
	in for.	He puts in for that post.	Il prétend à ce poste.
	off.	I put off my hat.	J'ôte mon chapeau.
		The assembly was put off.	L'assemblée fut dissoute.
		I put off that cloth.	Je vends ce drap-là.
		We put off from the land.	Nous nous éloignâmes de la terre.
	on.	I put on my stockings.	Je mets mes bas.
		I put on the price.	Je fixe le prix.
	upon.	I put upon you.	Je vous maltraite.
		I put that upon you.	Je vous impose cela.
	over.	Put them over the river.	Faites-les passer la rivière.
	out.	They put out his eyes.	Ils lui crèvent les yeux.
		He puts out the candle.	Il éteint la chandelle.
		He was put out.	Il fut chassé.
		He puts out a book.	Il fait publier un livre.
		He puts out his money.	Il prête son argent.
	to.	I am put to it.	Je suis dans la détresse.
	together.	I put them together.	Je les mets ensemble.
	up.	He puts up the game.	Il fait lever le gibier.
		He puts up his goods to sale.	Il expose ses marchandises en vente.
	up.	He puts up what he earns.	Il serre ce qu'il gagne.
	by.		
	up with.	I put up with your conduct.	Je souffre votre conduite.
To QUAKE	at.	I quaked at that.	Je tremblai de cela.
	for.	I quaked for fear.	Je tremblai de peur.
	with.		
To RAFFLE	for.	They raffle for a hat.	Ils jouent un chapeau à la rafle.
To Rail	against.	He rails against me.	Il médit de moi.
	at.	He rails at me.	Il me dit des injures.
To Raise	up.	He raises up his sword.	Il lève son épée.
To Rap	at.	He raps at the door.	Il frappe à la porte.

LISTE DES VERBES QUI SONT SUIVIS DES PARTICULES.

* To Rap	out.	He raps out an oath.	Il fait un grand jurement.
To Rave	against.	He raves against me.	Il crie contre moi.
* To Ravel	out.	She ravels out her stockings.	Elle effile ses bas.
* To Reach	out-after.	He reaches out his arm *after my stick.*	Il avance le bras pour avoir mon bâton.
* To Read	about.	He reads about that.	Il lit sur ce sujet-là.
	again.	We read again.	Nous relisons.
	on.	We read on.	Nous continuons de lire.
	over.	We read over the paper.	Nous parcourûmes le papier.
	out.	We read out.	Nous lisons à voix haute.
	up. out.	We read out the book.	Nous lisons tout le livre.
* To Rear	up.	He rears up his head. He rears up his children.	Il leve la tête. Il éleve ses enfants.
* To Reason	with.	I reason with you.	Je raisonne avec vous.
	upon. on.	I reason upon that subject.	Je raisonne sur ce sujet.
* To Reckon	upon. on.	I reckon upon your word.	Je compte sur votre parole.
	up.	I reckon up what I have gained.	Je fais un calcul de ce que j'ai gagné.
To Recur	to. in.	That recurs to my mind.	Cela me revient dans l'esprit.
To Redound	to.	That redounds to your honour.	Cela vous fait honneur.
* To Refer	to.	He refers to me.	Il se rapporte à moi.
To Reflect	on. upon.	He reflects on that.	Il réfléchit sur cela.
To Reign	in.	He reigns in Spain.	Il regne en Espagne.
	over.	He reigns over the Spaniards.	Il regne sur les Espagnols.
* To Rejoice	at.	He rejoices at your good fortune.	Il se réjouit de votre bonne fortune.
To Relapse	into.	He relapsed into his former state.	Il retomba dans son premier état.
* To Relate	to.	I relate it to you.	Je vous le raconte.
		That relates to.	Cela se rapporte à.
	of.	He relates it of M.r ***.	Il le raconte de M.r ***.
To Repose	on. upon.	Repose on me.	Ayez confiance en moi.
	in.	I repose my trust in him.	Je me fie à lui.
* To Resolve	on. upon.	I resolve on that.	Je délibere là-dessus.
To Result	from.	That results from his conduct.	Cela résulte de sa conduite.
To Retire	from. to.	I retire from the town to the country.	Je me retire de la ville à la campagne.
* To Return	from. to.	He returned from America to Europe.	Il quitta l'Amérique, & retourna en Europe.
* To Rid	of.	He rids himself of us.	Il se débarrasse de nous.
To Ride	from. in.	He rides in a coach.	Il va en carrosse.
	on.	He rides on horseback.	Il monte à cheval.
	out.	He rides out on horseback.	Il sort à cheval.
	at.	The ship rides at anchor.	Le navire est à l'ancre.
* To Rig	out.	I rig out a ship.	J'équipe un navire.
To Rip	up. open.	He rips up his belly.	Il lui fend le ventre.
* To Rise	up.	They rise up.	Ils s'élevent.
To Rob	of.	He robs her of her honour.	Il lui ravit son honneur.
To Root	up. out.	They root up every thing.	Ils détruisent tout.
	up.	They root up a tree.	Ils déracinent un arbre.
* To Rouse	up.	I rouse up the sluggards.	J'éveille les dormeurs.
* To Rub	away.	You rub away my buckles.	Vous usez mes boucles à force de les frotter.
	out.	He rubs out his drawings.	Il efface ses desseins.
	down.	You rub down the horse.	Vous bouchonnez le cheval.
	off.	I rub off the rust.	J'ôte la rouille.
	up.	I rub up his memory.	Je lui rafraîchis la mémoire.
	up.	I rub up my buckles.	Je polis mes boucles.
	on.	He rubs on.	Il se tire d'affaire assez bien.
* To Rule	over.	He rules over us.	Il nous commande. Il vous gouverne.
* To Ruminate	on. upon.	I ruminate on that.	Je pense à cela.
* To Run	against.	He runs against me.	Il se heurte contre moi.
	aground.	He runs aground in his affairs.	Ses affaires vont mal.
		The ship runs aground.	Le navire échoue.
	away.	He runs away.	Il s'enfuit.
	away with.	He runs away with my daughter.	Il enleve ma fille.
	ahead.	He runs ahead.	Il fait tout à sa tête.
	back.	He runs back.	Il retourne sur ses pas.
	down.	He runs her down.	Il la méprise.
		He runs me down.	Il m'attrape.
	into.	He runs into the field.	Il entre vite dans le champ.
	in.	He runs into debt.	Il contracte des dettes.
	for.	He runs for that.	Il court chercher cela.

LISTE DES VERBES QUI SONT SUIVIS DES PARTICULES.

* To Run	on.	He runs on.	Il parle à tort & à travers.
		The bottle runs over.	La bouteille se déborde.
	over.	I run over to him.	Je passe de son côté.
		The carriage runs over him.	La voiture passe sur lui.
		I run over the book.	Je parcours le livre.
	out.	The barrel runs out.	Le barril dégoutte.
	out of.	He runs out of his money.	Il dissipe son argent.
	out into.	He runs out into a long discourse.	Il s'étend dans un long discours.
	up.	The account runs up.	Le compte monte bien haut.
		He runs up my account.	Il augmente mon compte.
To Rush	into.	I rushed into the house.	Je me jetai dans la maison.
	out.	I rushed out of the house.	Je me jetai hors de la maison.
	in upon.	I rushed in upon the enemy.	Je me précipitai sur l'ennemi.
To SALLY	out.	They sally out.	Ils font une sortie.
To Saunter	about.	He saunters about.	Il bat le pavé.
To Say	to.	He says to me.	Il me dit.
To Scoff	at.	He scoffs at me.	Il me méprise.
			Il se moque de moi.
* To Scold	at.	He scolds at you.	Il vous gronde.
* To Scoop	out.	We scoop out the water.	Nous vidons l'eau.
* To Score	up to.	He scores up a shilling to me.	Il met un schelin sur mon compte.
	out.	He scores out a shilling.	Il efface un schelin.
* To Scrape	off.	He scrapes off the dirt.	Il ôte la boue.
	up.	He scrapes up money.	Il ramasse de l'argent.
	out.	He scrapes out the mark.	Il efface la marque.
? To Scratch	up.	She scratches up money.	Elle ramasse de l'argent.
		He scratches out a word.	Il efface un mot.
	out.	He scratches out my eyes.	Il m'arrache les yeux.
* To Screw	up.	I screw up the box.	Je ferre la boîte avec des vis.
	out.	I screw out that.	J'ôte cela avec un tournevis.
* To Scruple	at.	I scruple at that.	Je m'en fais scrupule.
* To Seal	up.	I seal up my letter.	Je cachette ma lettre.
* To Search	out.	I search out your brother.	
	after.	I search after your brother.	Je cherche votre frere.
? To Seek	out.	I seek you out.	
	after.	I seek after you.	Je vous cherche.
* To Seize	on.	I seize on him.	Je le saisis.
	upon.	I seize upon his fortune.	Je m'empare de son bien.
? To Send	away.	I send away the messenger.	Je renvoie le messager.
	for.	You send for me.	Vous m'envoyez chercher.
	after.		
* To Serve	out.	He has served out his time.	Il a achevé son temps.
		He has served out the provisions.	Il a distribué les provisions.
	up.	You serve up the dinner.	Vous servez le diné.
? To Set	about.	I set about that.	Je me mets en train pour faire cela.
	abroad.	He sets abroad a false report.	Il publie une fausse nouvelle.
	against.	I am set against you.	Je suis prévenu contre vous.
	agog.	She is set agog.	Elle est mise en mouvement.
	agoing.	The mill is set agoing.	Le moulin est mis en mouvement.
	aside.	He was set aside.	Il fut mis à côté.
	apart.	He was set apart.	Il fut mis à part.
	away.	He was set away.	Il fut mis de côté.
	at.	I set him at work.	Je le mets au travail.
	to.		
	by.	I set it by.	Je le mets de côté.
		I set much by him.	Je l'estime beaucoup.
	down.	I set it down in my book.	Je l'ai écrit dans mon livre.
		I set it down for a fact.	Je regarde cela comme un fait certain.
	forth.	I set forth your goodness.	Je loue votre bonté.
		He sets forth his riches.	Il fait parade de ses richesses.
	forward.	I set forward.	Je commence à m'avancer.
	off.	I set off.	Je m'en vais.
	away.		
	on.	You set on the mob.	Vous excitez la canaille.
		I set the house on fire.	Je mets le feu à la maison.
		They set him on shore.	Ils l'ont mis à terre.
	on.		
	upon.	They set on us.	Ils nous attaquent.
	out.	They set out.	Ils partent.
		I set out his land.	Je trace les bornes de sa terre.
	off.	He sets-off his daughter.	Il exalte sa fille.
	out.		
	up.	He sets up a cross.	Il éleve une croix.
		He sets up his trade.	Il s'établit dans son métier.
	up for.	He sets up for an honest man.	Il se donne pour honnête homme.
* To Shake	off.	They shake off the yoke.	Ils secouent le joug.
To Shift	off.	He shifts off the fault.	Il s'excuse.
	for.	He shifts for himself.	Il se passe de toute aide.
? To Shoot	at.	I shoot at him.	Je tire sur lui.

LISTE DES VERBES QUI SONT SUIVIS DES PARTICULES. xlv

	Verb	Particle	English	French
*	To Shoot	out.	The trees shoot out.	Les arbres poussent.
		forth.	He shoots forth.	Il sort très-vite.
		up.	The child shoots up.	L'enfant croit à vue d'œil.
	To Shore	up.	He shores up his house.	Il soutient sa maison.
*	To Shrink	from.	He shrinks from it.	Il a de l'aversion pour cela.
		at.	He shrinks at it.	Il en a peur.
*	To Shut	in.	He shuts me in.	Il m'enferme.
		up.	He shuts me up.	Il me renferme.
		up.	He shuts up his house.	Il ferme sa maison.
		out.	He shuts out his servant.	Il ferme la porte sur son domestique.
	To Single	out.	He singles me out.	Il me distingue, il me choisit, me désigne.
*	To Sink	under.	He sinks under the weight.	Il est accablé sous le faix.
	To Sit	down.	I sit down.	Je m'assieds. Je me tiens sur mon séant.
		up.	I sit up.	Je passe la nuit sans dormir.
*	To Slip	away.	He slipped away.	Il s'en alla secretement.
		down.	He slips down.	Il se laisse tomber.
		into.	She slipped into the room.	Elle se glissa dans la chambre.
		out.	She slips out.	Elle sort secretement.
		out.	She slips out a word.	Elle lâche une parole.
		off.	She slips off.	Elle s'en va adroitement.
		off.	She slips off her shoes.	Elle ôte ses souliers.
		on.	I slip on my shoes.	Je mets mes souliers à la hâte.
*	To Snap	at.	He snaps at a thing.	Il saisit quelque chose.
		up.	He snaps me up.	Il me coupe la parole.
	To Sneak	off.	He sneaks off.	Il s'en va sans dire mot.
		away.		
*	To Snuff	up.	He snuffs up the air.	Il respire l'air.
		in.		
*	To Speak	to.	I speak to you.	Je vous parle.
		with.	I speak with you.	Je parle avec vous.
		of.	I speak of you.	Je parle de vous.
*	To Spin	out.	You spin out your time.	Vous tirez le temps en longueur.
*	To Spirit	up.	You spirit up the rebels.	Vous excitez les rebelles.
		on.		
		away.	You spirit away my child.	Vous égarez mon enfant.
*	To Spit	at.	You spit at me.	Vous crachez sur moi.
		upon.	The volcano spits out fire.	Le volcan vomit du feu.
		out.		
	To Sport	at.	You sport at that.	Vous vous moquez de cela.
		with.	You sport with that.	Vous vous amusez de cela.
	To Spur	on.	You spur him on.	Vous le poussez, vous l'excitez.
		upon.		
*	To Spurn	at.	We spurn at that.	Nous rejetons cela avec dédain.
*	To Spy	out.	He spies out my faults.	Il découvre mes fautes.
*	To Squeeze	out.	You squeeze out the juice.	Vous exprimez le jus.
*	To Stand	against.	You stand against that.	Vous vous opposez à cela.
		by.	Stand by, sir.	Faites place, monsieur.
		by.	I stand by.	Je suis présent.
		by.	I stand by you.	Je vous soutiens.
		for.	A letter stands for a word sometimes.	Une lettre signifie un mot quelquefois.
		for.	I stand for you.	Je tiens votre place.
		for.	I stand for a post.	Je brigue un emploi.
		into.	We stand into the land.	Nous faisons voile pour la terre.
		in.	We stand in need of that.	Nous avons besoin de cela.
		off.	We stand off.	Nous nous tenons à l'écart.
		out.	That part stands out.	Cette partie-là s'avance.
		out in.	I stand out in my opinion.	Je tiens ferme à mon sentiment.
		out of.	I stand out of your way.	Je m'ôte de votre chemin.
		to.	I stand to my word.	Je m'en tiens à ma parole.
		to.	We stand to the South.	Nous faisons voile au Sud.
		under.	I stand under that.	Je supporte cela.
		upon.	That stands me upon.	Cela me concerne beaucoup.
		upon.	I stand upon that.	J'insiste sur cela.
		with.	That stands with my interest.	Cela s'accorde avec mon intérêt.
		with.	I will not stand with you for that.	Je ne vous disputerai pas cela.
	To Stare	at.	You stare at me.	Vous me regardez fixement.
	To Start	up.	He starts up.	Il se lève brusquement.
	To Stay	for.	I stay for you.	Je vous attends.
		away from.	I stay away from here.	Je ne viens plus ici.
		upon.	He stays upon that.	Il reste sur cela.
		on.		
*	To Steal	away.	He steals away my money.	Il vole mon argent.
		away from.	He steals away from the company.	Il s'esquive secretement de la compagnie.
		off.	He steals off.	Il s'échappe à la dérobée.
		on.	They steal on.	Ils s'avancent doucement.
		upon.	They steal upon us.	Ils nous surprennent.
	To Step	in.	I step in.	J'entre.

| To Step

LISTE DES VERBES QUI SONT SUIVIS DES PARTICULES.

	Verb	Particle	English	French
	To Step	out.	I step out.	Je sors.
	To Stick	up.	I stick up a paper.	J'affiche un papier.
		out.	This part of the rampart sticks out.	Cette partie du rempart fait saillie.
		out.	I will not stick out.	Je ne veux pas m'obstiner.
		at.	He sticks at that.	Il tient à cela.
*	To Stir	up.	You stir up a mob.	Vous mettez la canaille en mouvement.
		up.	You stir up the fire.	Vous remuez le feu.
		out.	You cannot stir out.	Vous ne pouvez pas sortir.
*	To Stop	up.	You stop up the opening.	Vous bouchez l'ouverture.
		out.	You stop out the mice.	Vous bouchez les trous des souris.
		in.	You stop in the sheep.	Vous enfermez les moutons.
		at.	He stops at that.	Cela l'arrête.
*	To Strain	at.	He strains at that.	Il s'efforce de faire cela.
		out.	He strains out the cloth.	Il étend le drap en le tirant.
*	To Stretch	away.	We stretch away.	Nous nous en allons grand train.
		out.	He stretches out his arms.	Il étend les bras.
*	To Strike	off.	I strike off your name.	J'efface votre nom.
		into.	I strike into trade.	Je me lance dans les affaires.
		out.	I strike out fire.	Je produis du feu en frappant.
		at.	I strike at you.	Je vous attaque.
		in with.	I strike in with you.	Je me range de votre côté.
		through.	They strike through the wood.	Ils passent à travers le bois.
		up.	They strike up a bargain.	Ils font un marché tout de suite.
			Strike up the musick.	Commencez à jouer.
			The fiddle strikes up.	Le violon commence à jouer.
*	To Strip	off.	He strips off his coat.	Il ôte son habit.
	To Struggle	with.	He struggles with me.	Il lutte contre moi.
		against.		
	To Stumble	on.	He stumbles on it.	Il tombe sur cela par hasard.
		at.	He stumbles at that.	Cela l'arrête.
*	To Submit	to.	I submit to you.	Je me soumets à vous.
*	To Suck	in.		
		up.	You suck in.	Vous sucez.
		out.		
*	To Sum	up.	I sum up the whole.	Je fais un résumé de tout.
			I sum up the account.	Je fais l'addition du compte.
	To Supply	with.	He supplies me with money.	Il me fournit de l'argent.
*	To Sweep	away.	They sweep away all.	Ils emportent tout.
	To TAKE	along with.	I will take you along with me.	Je vous prendrai avec moi.
		asunder.	You take them asunder.	Vous les séparez.
		away.	You take away my life.	Vous m'ôtez la vie.
			Take away.	Desservez.
		down.	I take down a picture.	Je décends un tableau.
			I take down his pride.	J'abaisse son orgueil.
		from.	I take from you.	Je prends de vous.
		in.	I take in my brother.	Je laisse entrer mon frere.
				Je dupe mon frere.
			He takes in his coat.	Il raccourcit son habit.
			He takes in his expences.	Il retranche ses dépenses.
		off.	I take off my hand.	J'ôte la main.
			I take off a copy.	Je prends une copie.
			Take yourself off.	Allez-vous-en.
			He takes him off.	Il l'imite.
		on.	I take on with you.	Je m'engage avec vous.
			He takes on.	Il s'afflige beaucoup.
		out.	I take out something.	J'ôte quelque chose.
		to.	I take to pieces.	Je défais.
		in.		
		to.	You take to that.	Vous vous appliquez à cela.
			You take to your feet.	Vous vous enfuyez.
			You take up arms.	Vous prenez les armes.
			You take up that fashion.	Vous adoptez cette mode.
			You take up the room.	Vous occupez la place.
			You take up the dinner.	Vous ôtez le diner du feu.
		up.	You take up the child.	Vous levez l'enfant.
			I take you up.	Je vous arrête.
			I take you up short.	Je vous coupe la parole.
			I take up.	Je me corrige.
		up with.	He takes up with her.	Il s'attache à elle.
	To Talk	to.	I talk to you.	Je parle à vous.
		with.	I talk with you.	Je parle avec vous.
		of.	I talk of you.	
		about.	I talk about you.	Je parle de vous.
	To Tamper	with.	I tamper with him.	Je tâche de le gagner.
	To Taunt	at.	I taunt at you.	Je vous insulte.
*	To Tell	of.	I tell you of that.	Je vous dis cela.
ǂ	To Think	of.		
		on.	I will think of that.	Je penserai à cela.
		upon.		

* | To Thirst

LISTE DES VERBES QUI SONT SUIVIS DES PARTICULES.

* To Thirst	for.	I thirst for your blood.	J'ai soif de votre sang.
* To Throw	after.		
	about.	I throw about my money.	Je répands mon argent.
	at.	I throw at him.	Je vise à lui.
	away.	I throw away money.	Je jette de l'argent.
	by.	I throw by this coat.	Je quitte cet habit.
	aside.		
	down.	I throw down my sword.	Je mets bas mon épée.
	off.	I throw off your authority.	Je rejette votre autorité.
		I throw out something.	Je jette quelque chose dehors.
	out.	I throw out your horse.	Je laisse votre cheval derriere.
		He throws out an aspersion on me.	Il parle mal de moi.
		I throw up a stone.	Je jette une pierre en l'air.
	up.	I throw up my employment.	Je donne ma démission.
		I throw up my right.	Je renonce à mon droit.
* To Thrust	away.	He thrusts away his friends.	Il repousse ses amis.
* To Tie	down to.	He is tied down to the mast.	Il est attaché au mât.
* To Tire	out.	You tire out every body.	Vous fatiguez tout le monde.
* To Touch	up.	I touch him up.	Je le corrige.
	off.		
	upon.	I touch upon that.	Je touche à cela.
	on.		
	at.	The ship touched at Jamaica.	Le bâtiment relâcha à la Jamaique.
* To Tread	on.	You tread on me.	Vous marchez sur moi.
	upon.		
* To Trim	up.	You trim up your garden.	Vous ornez votre jardin.
To Trip	up.	I trip up his heels.	Je le fais tomber.
* To Turn	away.	I have turned away my servant.	J'ai congédié mon domestique.
	off.	I turn away from you.	Je vous quitte avec dédain.
	away.	I turn him back.	Je le fais retourner.
	back.	I turned aside the blow.	J'évitai le coup.
	aside.	She turns in her handkerchief.	Elle rendouble son mouchoir.
	in.	She turned him into a tree.	Elle le métamorphosa en arbre.
	into.	I turn over my goods to you.	Je vous passe mes marchandises.
	over.	I turn over a book.	Je parcours un livre.
	out.	I turn out some one.	Je chasse quelqu'un.
	to.	I turn to you.	Je me tourne vers vous.
	down.	Turn that down.	Pliez cela.
	up.	Turn that up.	Troussez cela.
		That turns up well.	Cela arrive bien.
	off.	I turn off.	Je change de chemin.
To VAULT	upon.	He vaults upon his horse.	Il saute sur son cheval.
* To Venture	at.	I will venture at that.	J'entreprendrai cela.
	on.		
	upon.		
To Vie	with.	I vie with you.	Je dispute avec vous.
* To WAIT	for.	I wait for you.	Je vous attends.
		I will wait upon you.	Je passerai chez vous.
	upon.	I wait upon this gentleman.	Je sers ce monsieur.
	on.	I wait upon you.	Je vous accompagne.
To Ward	of-from.	I ward of the blow from you.	Je vous défends du coup.
* To Wash	away.	That is washed away.	Cela est emporté par l'eau.
	out.		
	over.	I wash over a picture.	Je lave un tableau.
To Wear	away.	I wear away the mark.	J'efface la marque.
	out.	I wear out my clothes.	J'use mes hardes.
* To Weather	out.	I weathered it out.	Je le supportai.
* To Weigh	down.	That weighs down this.	Celui-là pese plus que celui-ci.
* To Whip		I whip up.	Je monte promptement.
	up.	I whip that up.	Je me saisis de cela.
	off.	I whip off.	Je m'en vais à la hâte.
		I whip off a thing.	Je fais une chose promptement.
	out.	I whipped out.	Je sortis subitement.
	down.	I whipped down.	Je descendis subitement.
To Wind	up.	I wind up my watch.	Je remonte ma montre.
	about.	I wind about you.	Je vous prends entre mes bras.
* To Work	at.	You work at that.	Vous travaillez à cela.
		You work out your debt.	Vous payez votre dette en travail.
	out.	You work out your crime.	Vous expiez votre crime.
		He works out his deliverance with words.	C'est par des mots qu'il travaille à se délivrer.
		He works them up to a rebellion.	Il les excite à la rebellion.
	up.		
	off.	They work off the books.	Ils achevent les livres.
* To Write	down.	I write down your words.	Je mets vos paroles en écrit.
	out.	I write out a copy.	Je prends une copie.
	to.	I write to you.	Je vous écris.
To YEARN	to.	My heart yearns to you.	Mon cœur est tout à vous.
	after.		
To Yield	up to.	I yield myself up to you.	Je me livre à vous.

TABLE ALPHABÉTIQUE
DES PARTICULES ANGLOISES,
& de leur usage dans cette Langue.

A.

A & AN, *particule explétive & démonstrative.*

Try what a friend I am, *éprouvez quel ami je suis.* What a man are you? *quel homme êtes-vous?* He was not a whit troubled, *il ne s'en effraya pas du tout.* A far off, *loin,* au lieu de *Far off.*

D'énumération & d'exposition.

So much a bushel, *tant le boisseau.* Twice a day, *deux fois le jour.* A fortnight before, *huit jours avant.* Not a man, *pas un homme.* What a noise! *quel bruit!*

Qui indique l'action actuelle ou prochaine.

I am a bed, *je suis au lit.* I am an hungered, *j'ai faim.* I would a-fled, *j'usse pris la fuite.* I am a-coming, *je viens à l'instant.* I am going a-hunting, *je vais à la chasse.*

Et s'emploie quelquefois au lieu de of the.

It is one a clock, *il est une heure.*

ABOVE, *particule qui indique l'élévation ou la supériorité.*

He placed them *above* himself, *il les plaça au-dessus de lui.* From *above*, *d'en haut.* I shall easily get *above* them all, *je saurai les soumettre tous.* Above all, *above* all things, *above* any thing, *sur-tout*, *sur toutes choses*, *principalement.* Above our strength, *au-delà de nos forces.*

Explétive jointe à over.

Over and *above* these mischiefs, *outre toutes ces malversations.*

Elle exprime le comparatif & la quantité indéterminée.

Above what you will believe, *plus que vous ne penseriez.* Above what was meet, *plus qu'il ne convenoit.* I was not in London *above* three days, *je ne suis pas resté à Londres plus de trois jours.* I am not *above* four and fifty, *je n'ai pas plus de cinquante-quatre ans.* An hundred years after and *above*, *plus de cent ans après.* Above three hundred years before, *plus de trois cents ans auparavant.* As *above*, *comme ci-dessus.* Above said, *sus-mentionné.*

ABOUT, *particule qui indique la proximité du lieu, du temps, de la quantité, &c.*

The towns *about* London, *les villes voisines de Londres.* About break of day, *vers le point du jour, à la pointe du jour.* About noon, *vers midi.* About forty pounds, *près de quarante livres.*

La cause, la manière & l'intention, &c.

The stir was *about* this, *voilà la cause du bruit.* He takes her *about* the middle, *il la prend par le milieu du corps.* To go *about* a thing, *se mettre à quelque chose.* I came *about* your daughter, *c'est pour votre fille que je suis venu.* About this matter, *touchant cette affaire-ci, sur ceci.* I am *about* a truth, *je parle sérieusement, en vérité.* Look *about* you, *songez à vous.*

Le tour, la circonférence.

About him, *autour de lui.* Fifteen ells *about*, *quinze aunes de circonférence.* To drink *about*, *boire à la ronde.* All *about*, *tout autour, par-tout.* You have gone ten leagues *about*, *vous avez fait dix lieues à la ronde.* I did take a long way *about*, *je fis un grand détour.*

Elle signifie avec.

About me, *avec moi, sur moi.* Have you your wits *about* you? *avez-vous de la raison? y songez-vous?*

Indique la proximité de l'action.

I am *about* to fight, *je vais livrer combat.* Being *about* to say, *étant sur le point de dire ou près de dire.*

Le but ou la fin.

To bring a thing *about*, *finir, terminer une chose, en venir à bout.* Before a year was gone *about*, *avant la fin de l'année.*

ABROAD, *particule qui exprime généralement le dehors.*

They are *abroad*, *elles sont dehors ou sorties.* A fit place *abroad*, *un lieu bien exposé.* He lay all night *abroad*, *il coucha à la belle étoile.* At home and *abroad*, *au logis & au dehors.*

Elle est explétive.

To publish a thing *abroad*, *divulguer une chose.* All the sails were spread *abroad*, *on força de toutes voiles.* I come home from *abroad*, *je reviens de campagne.* Abroad far and wide, *de tous côtés, par-tout.* He took me *abroad* with him, *il m'emmena avec lui.* There is wind *abroad*, *il fait bien du vent.* It is generally talked *abroad*, *c'est le bruit commun.* That could get *abroad*, *cela transpireroit peut-être.* To walk *abroad*, *aller faire un tour.*

ACROSS, CROSS, *particule qui signifie en général* à travers, en travers.

I went *across* the church, *je traversai l'église.* When any thing comes *cross* between friends, *quand il survient quelque différent entre amis.* You managed all things *cross* against my designs, *vous fîtes l'impossible pour traverser mes vues.* He had his legs folded *across*, *il avoit les jambes croisées.*

AFTER, *particule qui indique, en parlant des personnes ou des choses, celles qui suivent les autres.*

The day *after*, *le jour suivant.* And not long *after*, *peu de temps après.* After his death, *après son décès.* After the funeral, *après les funérailles.* He was a little *after* their time, *il vivoit quelque temps après eux.*

Elle exprime la manière, la cause.

After the same manner, *de la même manière.* After his own name, *par son nom.* After the French fashion, *à la mode de France.*

Jointe

TABLE ALPHABÉTIQUE DES PARTICULES ANGLOISES.

Jointe à next, presently, *elle marque la proximité immédiate.*

Next after these, *immédiatement après ceux-ci.* Next after his brother he attributed most unto them, *après son frere il les considéroit plus que tout autre.*

Elle dénote l'intention.

They gape after my goods, *ils convoitent avidement mes biens.*

Elle s'emploie pour as soon as, *en sous-entendant* that.

After I shewed him your behaviour, *dès que je lui eus fait voir votre conduite.* After we were set down, *nous étant assis.* After the kings were driven out of Rome, *les rois ayant été chassés de Rome.*

AGAIN, *particule itérative & explétive.*

I come again to what I said, *je reviens à ce que je disois.* If I find you in this street again, *si je te retrouve dans cette rue.* If ever he do so again, *si jamais il y retombe ou s'il recommence.* Whom I had never seen before nor should ever see again, (lui) *que je n'avois jamais vu & que je ne devois jamais revoir.*

Elle indique la réciprocité, le retour.

Now you know the affairs of the city, do you again write us what is done in the country; *maintenant que nous venons de vous apprendre ce qui se passe à la ville, faites-nous savoir à votre tour ce qui s'est passé (ou se passe) à la campagne.* Your love to me again, *l'amour que vous avez réciproquement pour moi.* It sounded again, *cela retentit.* I must have two pence back again, *il me faut deux sous de retour; il me revient, &c.* It shall be measured to you again, *on vous rendra la pareille.* I'll be here again presently, *je serai de retour à l'instant.* His blood shall again be shed, *son sang sera pareillement répandu.* So again you disturb me, *vous me troublez aussi de votre côté.*

Elle marque la fréquence avec emphase.

It thunders again and again, *il tonne sans cesse.* Enough and enough again, *c'en est bien assez.* We must not say over again, *il ne faut pas toujours répéter.* The buyers find fault with the commodity again and again, *les acheteurs trouvent toujours mille défauts dans la marchandise.*

Répond au mot françois d'ailleurs, *de plus.*

And again a man's life is endangered, *d'ailleurs la vie de l'homme est pleine de dangers.* Again if you will, *de plus, d'ailleurs, si vous voulez.*

Elle dénote l'opposition dans différents rapports.

They could not answer him again to those things, *ils ne purent rien opposer à ces raisons.*

Jointe avec as, *elle marque l'excédant d'une chose sur une autre.*

As much again, *une fois plus.* As big again and more, *une fois plus grand que l'autre & même davantage.*

AGAINST, *particule qui exprime l'opposition, la contrariété.*

I am clear against it, *je m'y oppose tout net.* If the senat be not against it, *si le sénat ne s'y oppose pas.* One against another, *l'un contre l'autre.* He strives against the stream, *tous ses efforts sont inutiles.* It was against his mind, *c'étoit malgré lui.* I defend you against his villany, *je vous défends de sa (ou contre sa) scélératesse.* We may be guarded against strangers, *ils nous est permis d'être sur nos gardes avec des étrangers.* They use that plaister against (ou for) all sort of sores, *ils se servent de cet emplâtre pour toute sorte de maux.* A law against killing a ploughing ox, *une loi qui défendoit de tuer un bœuf de labour.* Lest you dash your nose against this ball, *de peur que vous ne donniez du nez dans cette poutre.* I am not against all men's reading my writings, *je n'empêche pas que tout le monde ne lise mes écrits.*

Le temps futur.

I reserve them against the day of revenge, *je les réserve pour le jour de ma vengeance.* They are got ready against the time of battle, *ils se tiennent prêts à combattre.* Against the king came, *en attendant que le roi vint.* Against the next day, *pour le jour suivant.* Against this night, *pour ce soir, ce soir, vers le soir, avant la nuit.*

La préférence.

I am for the town against the country, *je préfère la ville à la campagne.*

AGO, *particule qui indique le passé en général.*

Some years ago, *il y a quelques années.* I heard it three days ago, *il y a trois jours que je le sais.* It is a good while ago since I heard it, *il y a déjà du temps que je l'ai appris.* Long ago they were under their protection, *ils étoient depuis longtemps sous leur protection.* How long ago? *combien y a-t-il de temps?* You look fairer now than you did a while ago, *vous paroissez plus belle que ci-devant.*

ALL, *particule qui exprime la totalité des choses, des personnes, du temps, &c.*

He used to take so much pains for them all, *c'étoit pour eux tous qu'il se donnoit tant de peine.* All men of all orders, toutes personnes de toutes conditions. I have not seen him all this day, *je ne l'ai pas vu de toute la journée.* This is all, *voilà tout.* His all is at stake, *il joue de son reste.* All that while I was .... *pendant tout ce temps-là j'étois....* All that shall she go away withal, *elle enlevera ma foi tout.* I am all in all with him, *j'ai tout crédit auprès de lui.* Reputation is all in all, *tout dépend de la réputation.* When you were the busiest of all, *dans le plus fort de vos occupations.* With all speed, *au plutôt.* All on a sudden, *tout-à-coup, subitement.* In all, *en tout.*

Elle s'emploie pour aussi.

You and all, *vous aussi.* He had lost his faith and all, *il auroit aussi perdu son crédit.* Here and there all at once, *ici & là en un même moment.*

Elle signifie autant que, tout ce que, quelque, &c.

Add all you will thereto, *ajoutez-y autant que vous voudrez.* He did all he could, *il fit tout ce qu'il put.* All the wit I had, *quelque pénétration que j'eusse.* All I may, *autant qu'il est en moi.* Comfort her all you can, *consolez-la autant que vous le pourrez.* Let them make all the stir they please, *qu'ils fassent tout le bruit, autant de bruit qu'ils voudront; quelque bruit qu'ils fassent.*

Elle emporte restriction.

The Stoics were all the Philosophers that said so, *cette assertion étoit particulière aux Philosophes Stoïciens.* They live all upon honey, *ils ne vivent que de miel.* He is all my care, *je n'ai des yeux que pour lui.* This is all, *il n'y a que cela; voilà tout.* When all came to all, *quand il n'y eut plus d'autre parti à prendre; à la fin, à l'extrémité.*

Avec after as, *elle devient en quelque sorte explétive.*

All after as he will prove good or bad, *selon qu'il sera bon ou méchant.* All after as fodder is to be had, *proportionnément au fourrage qu'on pourra trouver.*

Avec one, *elle signifie peu importe; & avec* one as, *elle se rend par* comme.

It is all one to me, *peu m'importe.* I reckon all one as forlorn, *je le regarde comme perdu.*

Elle s'emploie dans un sens négatif absolu avec no, not, nothing, never.

No body at all, *personne, pas un.* Nothing at all, *rien du tout.* I do not at all agree with him, *je ne suis nullement d'accord avec lui.* There was never any doubt at all made of it, *il n'y eut jamais aucun doute là-dessus.*

Elle est admise dans plusieurs expressions d'usage.

For good and all, *tout-à-fait, pour toujours.* It comes all to a thing, *cela revient au même.* If that be all, *si c'est-là tout.* All over, *par-tout.* All night long, *toute la nuit.* All too rash, *trop vite.* All for, *quoique.* All this while, *jusqu'ici; pendant tout ce temps-ci; si long-temps.* They are not all in

TABLE ALPHABÉTIQUE DES PARTICULES ANGLOISES.

a tale, *ils se coupent; leur dire ne s'accorde pas*. It is not all the same case, *ce n'est pas tout-à-fait le même cas.* Giving up all for gone, *croyant tout perdu*. All the better, *tant mieux*. All under one, *ensemble*. All were it, *fût-ce même*. All a sunshine day, *un jour entier*. All my fault is that, *toute ma faute, c'est que.* Without all doubt, *sans doute; indubitablement.*

ALONE, *particule adverbiale qui signifie* seul ou seulement.

All alone, *tout seul*. That alone, *cela seul; que cela.*

Elle est quelquefois explétive.

Let me but alone, *laissez-moi là*. Let me alone for that, *laissez-moi faire*. Let him alone for my sake, *laissez-le tranquille par rapport à moi*. You may trust him alone, *reposez-vous sur lui*. It is better let alone, *than done, il vaut mieux laisser cela que de l'entreprendre*. You did leave me alone, *vous m'avez abandonné*. Whom alone you had chosen out from among all, (*lui*) *que vous aviez préféré à tous les autres*.

ALONG, *particule qui signifie* le long, de son long.

I will send somebody along the shore, *j'enverrai quelqu'un le long du rivage*. He lies all along, *il est touché tout de son long.*

Et devient emphatique avec le verbe qu'elle accompagne.

I will go along with you, *je partirai avec vous, nous irons de compagnie*. Take this along with you, *prenez garde à ceci*. I went groping along, *je vins à tâtons*. I go so far along with you, *jusque-là je suis de votre avis*. When I was going along, *chemin faisant.*

AMISS, *particule adverbiale qui, primitivement, signifie* manque, défaut.

If you do never so little amiss, *pour peu que vous soyez en faute; que vous manquiez*. If he surprizes me amiss, *s'il me prend en défaut.*

Mal-à-propos, à contre-temps, en mauvaise part.

All happened him amiss, *tout lui vint à contre-temps.* That can not be taken amiss, *on ne peut prendre cela en mauvaise part, en mal.*

AMONG, AMONGST, *particule adverbiale qui signifie* parmi, au milieu.

He is not to be reckoned among the great men, *il ne sera jamais compté parmi les grands hommes.* Out from among all, *d'entre tous*. They are not liked among the common sort, *le peuple ne les approuve pas.* He rushed fretfully among them, *plein de colère il se précipita au milieu d'eux.* He has remained among us, *il est resté avec nous.* Among the Grecians, *chez les Grecs.*

AND, *particule conjonctive qui signifie &c.*

He took and eat it, *il le prit & le mangea.* My sister and he were then young and giddy, *ma sœur & lui étoient alors jeunes & étourdis.*

Elle joint, à l'Impératif ou au Prétérit, deux Verbes, dont le premier marque du mouvement; au lieu que nous mettons le second, sans conjonction, à l'Infinitif.

Go and fetch, *allez querir*. And he sent and beheaded him, *il envoya lui trancher la tête.*

Elle se prend pour mais, or, d'ailleurs.

And why so? *mais pourquoi cela?* And would you think this? *mais le penseriez-vous?* And for those who.... *mais quant à ceux qui....* And if a man also strives, *or si quelqu'un s'expose ainsi au combat*. And he would not stay for an answer, *d'ailleurs il ne voulut pas attendre de réponse.*

Elle signifie quelquefois si, quand même, sans.

But and you will not forgive, *mais si vous ne pardonnez pas*. Not, and you would have killed me, *non, quand même vous m'auriez tué.* How can we go out and not be seen? *comment sortirons-nous sans être vus?* And please God (and it), *s'il plait à Dieu.*

Elle entre dans quelques expressions d'usage.

Bacon and eggs, *des œufs au lard, fricassés avec du lard*. And indeed hear with me, *ayez, je vous prie, de l'indulgence pour moi.* And yet, *cependant, néanmoins*. And they are blameless, & cependant ils sont sans reproche. And for those who.... *quant à ceux qui....* And are you so bad? *êtes-vous donc assez méchant?* Now and then, *quelquefois; de temps en temps*. Hither and thither, *tantôt ici, tantôt là.* By little and little, *petit à petit.* Two and two, *deux à deux*. By and by, *tout-à-l'heure, un peu après*. Better and better, *de mieux en mieux.* And so forth, *& ainsi du reste*. And if you do that, *que si vous faites cela.*

ANY, *particule ou pronom qui signifie* quelque, quelqu'un, un, une.

Is any body there? *y a-t-il quelqu'un là?* I know not any man, *je ne connois aucun homme.* Not any word, *pas un mot.*

Elle s'emploie pour chaque, chacun, tout, & pour de, du, des.

Any body says it, *chacun ou tout le monde le dit.* Any one or any man or any body but you, *tout autre que vous.* At any time, *en tout temps*. Any dangers are adventured, *on court des risques.* They denied they had any farther commands, *ils dirent n'avoir pas d'ordres plus étendus.*

Se joint aux Adverbes de lieu.

Not any where, *nulle part.* Any where, *quelque part.* Any farther, *plus loin.*

S'emploie comme diminutive avec thing.

If he will be any thing the wiser, *s'il veut être un peu plus sage.* Any thing the less, *quelque chose de moins, un peu moins*. If he be any thing inclined to peace, *pour peu qu'il soit disposé à la paix.* If they have any mind, *pour peu qu'ils en soient d'avis.*

Et comme augmentative quand elle précède le comparatif.

Any longer, *un peu plus long-temps.* Any sooner, *un peu plutôt.* Any more, *un peu plus*. Any richer, *un peu plus riche*. Any farther, *un peu plus loin.*

Elle représente l'article a, the.

Any never so small a largess, *la moindre libéralité.* Any never so good an office, *le moindre service.*

Expressions d'usage.

He will come any how, *il viendra comme il pourra.* I will not come short of any, *je ne le céderai à personne.* To any one, *à tout le monde*. I use him the most of any, *je m'en sers plus que tout autre.*

AS, *particule qui signifie* comme, *dans un sens aussi général qu'en François.*

As you did say it, *comme vous l'avez dit.* As I was doing, *comme je faisois.* As I ought, *comme je devois.*

Jointe à un verbe, elle s'exprime par nos participes présens ou passés.

And as he flew, he looked down, *en volant il regardoit en bas*. As he goes his journey, *chemin faisant.* As he was sitting, *étant assis.*

Suivie de to, for, elle signifie quant à, concernant, &c.

As for Cromwell, *quant à Cromwell.* As to the severity, *quant à la sévérité.* As to the common-wealth, *pour ce qui regarde l'État.*

Elle sert à lier le second terme de comparaison après so, such, si, tel; ou s'emploie dans les deux membres. On la rend par que, pour, &c.

Should I be so foolish as to think? *serois-je assez fou que de croire?* Would he be so stout as to.... *pourroit-il être hardi que de, &c.* ou *assez hardi pour, &c.* Such a one as you were, *un homme tel que vous.* As little trouble as may be, *aussi peu d'embarras que faire se peut.* As much as I will, *autant que je veux.*

Répétée

TABLE ALPHABÉTIQUE DES PARTICULES ANGLOISES.

Répétée, elle s'exprime par **quelque, quel que**.

As well as I love you, *quel que soit mon amour pour vous*. As rich as you are, *quelque riche que vous soyez*. As many as they are, *quel que soit leur nombre*.

Elle se prend pour **en tant que, en qualité de**, *dans ces expressions*:

As he is a pitiful fellow, *en tant qu'il est un homme sans ame*. Not as he is such a man's son, but as he is a man, *non en qualité de fils d'un tel, mais simplement en tant qu'il est homme*.

Jointe à **like, semblable, comme**; *ou à* **even**, *de même, dans le premier membre d'une phrase, elle est suivie de* **so** *dans le second, & se rend ainsi*:

Like as that was troublesome to me, so is this pleasant, *autant cela me fit de peine, autant ceci me fait de plaisir*. Even as the part of a wise man is.... so is the property of a mad man, &c. *si c'est le propre d'un homme sage de.... c'est au contraire celui d'un insensé de, &c*.

Répétée, elle exprime nos superlatifs **le plus, la plus, le moins, &c**.

As strong a fleet as it may be, *la flotte la plus redoutable*. As submissively as he can, *le plus humblement qu'il put*. At little in decently as may be, *le moins indécemment, &c*. As well as can be, *le mieux du monde*.

Expressions d'usage.

As they went to town, *comme ils alloient à la ville*. As his manner was, *à sa manière*. As what! quoth I, *mais quoi! lui dis-je*. As soon as, as soon as ever, *dès que, aussi tôt que*. As well as, *comme aussi*. As (if) it were, *comme si, comme si c'étoit*. Even as well, *tout aussi-bien*. As you will go thitherwards, *si vous y allez*. According as, *selon que, selon*. All such as were named, *tous ceux qui furent nommés*. As far as, *jusqu'à*; autant que. These things are, as is the, &c *il en est de ces choses comme de, &c*. That is like as it was before, *cela est tel qu'auparavant, comme ci-devant*. Not so much as this, *pas même ceci, pas un zest*. As being one who.... *étant celui qui*.... In as much as I see, *autant que je puis voir, d'autant plus que je vois*. It is prohibited so much as to speak, *il est même défendu de parler*. de many years as he has lived, *depuis qu'il est né*. Twice as many as, *deux fois autant que, &c*. As certain as you live, *en vérité, aussi vrai que vous vivez*. It is all one as.... *c'est comme si*.... Not so much as one, *pas un seul*. As yet, *encore*.

AT, *particule qui indique* le lieu, le temps, la manière, *& se rend par* **à, près, auprès, par, de, &c**.

Hannibal's three victories at Trebia, at Thrasymene and at Cannæ, *les trois victoires que remporta Annibal; savoir, sur la Trebie, au Lac de Thrasymene & à Cannes*. At what day, *le jour auquel ou auquel jour*. At the day I went, *le jour que j'allai*. At Rome, *à Rome, dans Rome*. At their backs, *par derrière; derrière eux*. At supper at Lepidus's house, *à souper chez Lepidus*. At so great a distance, *à une si grande distance*. At this very time, *justement dans ce temps-ci*. At hand, *sous la main*; tout près. At the time of treaty, *pendant que l'on traitoit d'accommodement*. At Paris, *sous les murs de Paris*. At the name of Thisbe, he looked up, *au nom de Thisbé il leva les yeux*. To buy at second hand, *acheter de la seconde main*. The corn is at a great price, *le blé est à un haut prix*. He is at peace with Denmark, *il est en paix avec le Dannemarck*. To be at leisure, *être de loisir*. At my first beginning, *à peine avois-je commencé*. At a great expence, *à grands frais*. At a small charge, *avec peu de dépense*. At the door, *devant la porte*.

Elle dénote la cause.

It is at the command of, *c'est par l'ordre de*. At Sextius his intreaty, *à l'invitation de Sextius*. At my bidding, *par mon ordre*.

A la fin des phrases elle s'emploie en un sens absolu, elle y devient en quelque maniere elliptique; ou elle est précédée de son régime.

We are deservedly laughed at, *on se moque de nous avec raison*. Hard to come at, *de difficile accès*. When he heard what it was at, *quand il eut entendu à quel prix il étoit*. What would you be at? *que prétendez-vous? quel est votre but?*

Expressions d'usage.

He is angry at you, *il vous en veut*. I am at pains and charge, *j'y mets mon temps & mon argent*. At one's heart, *de tout son cœur, sincérement*. They are at him over and over, *on l'importune de tous côtés*. Do you take him at his word? *vous en rapportez-vous à lui?* He is at it, *il est après*. He is hard at it, *il y va de bon cœur*. At random, *à la volée, inconsidérément*. At unawares, *inopinément*. At one blow, *tout d'un coup, tous ensemble*. At last, *enfin*. At least, *au moins, du moins*. They are at odds, *ils sont brouillés*. At a word, *en un mot*. At no time, *jamais*. At length, *enfin*. At the season, *dans la saison*. At pleasure, *à son gré*. At first, *d'abord*. I begin at you, *je commence par vous*. My heart was at my heels, *je tremblois de peur*. To be at an end, *être achevé*. To be at a point, *être presque d'accord*. He is skilful at the hautboy, *il joue habilement des hautbois*.

AWAY, *particule qui marque en général* l'aversion, l'éloignement, le progrès.

Away with him, *chassez-le d'ici*. Away for shame! *fi! quelle honte! n'est-il pas honteux?* Away you are but a fool, *allez, vous n'êtes qu'un fou*. Make haste to have away this woman, *vite, emmenez-moi cette femme*. Get you away hence, *allez-vous-en; sortez vite*. He shall not go away with it so, *il n'en sera pas quitte à si bon marché*. He gets badly away with it, *il a bien de la peine à reprendre, à se refaire*. The cloth is taken away, *la table est ôtée*. I cannot away with this air, *l'air de ce pays ne me va pas*. They can ill away with it, *cela n'est pas trop de leur goût*. To eat a bit and away, *manger en courant*. Time will away, *.... le temps se passe, &*.... He has been away three months, *il est absent depuis trois mois*. He stole away from me, *il a disparu de mes yeux*. I will away hence, *je m'en irai*. I pine away with grief, *je suis rongé de soucis*.

B.

BACK, *particule qui signifie* en arrière, par derrière.

To go back, *reculer; tourner le dos*. To give back, *plier; lâcher le pied; prendre la fuite*.

Marque le retour, &c.

I will soon be back, I will quickly be back again, *je suis de retour à l'instant*. To send, to bring, to pay back, *renvoyer, reconduire (ou ramener), récompenser*. I will have it back again, *je veux le ravoir*.

Et est emphatique.

They turned their hatred back from Annibal to the Romans, *ils tournerent contre les Romains la haine qu'ils avoient pour Annibal*. He came back again to me, (quand il eut fait) *il revint vers moi*.

BECAUSE, *particule qui marque* la raison, le motif, la cause.

Because the greatest part of the day was spent, *d'autant plus que la meilleure partie du jour étoit passée*. Because he never desired, &c. *comme il ne désiroit jamais, &c*. Because I should leave it, *parce que je devois le laisser*. Because they have been with me three days, *car ils ont été trois jours avec moi*. There came out a viper, because of the heat, *la chaleur en fit sortir une vipere*.

BEFORE, BEFOREHAND, *particules qui indiquent* l'antériorité, la préférence.

The enemy pressing out before, *l'ennemi pressant ou forçant par-devant*. Before, *autrefois, jadis*. More uncertain than I was

TABLE ALPHABÉTIQUE DES PARTICULES ANGLOISES.

was before, *plus incertain que je n'étois auparavant.* No one ought to be pronounced happy before his death, *on ne doit jamais juger un homme heureux avant sa mort.* All Philosophers before him, *tous les Philosophes qui l'ont précédé.* They were carried before my sight, *on les amena devant moi.* Before the Senat, *en préfence du Sénat.* Before our door, *à notre porte.*

Elle signifie avant que, plutôt que.

Before any authority came from you, *avant que vous eussiez interposé votre autorité.* Before I was there, *avant que j'y fuffe.* I shall want voice before I shall want words, *la voix me manquera plutôt que les termes.* Nothing was to be done before.... *le devoir le plus effentiel étoit de....*

Et indique la préférence dans le choix & l'intention.

I love the moft unjuft peace before the juftest war, *je préfere la paix la plus injurieufe à la guerre la plus légitime.* I accept this before that, *j'aime mieux celui-ci que celui-là.*

BEHIND, *particule directement oppofée à* before, *& qui fignifie* derriere.

He comes behind, *il fuit, il vient derriere.* She was hidden behind her mother, *elle étoit cachée derriere fa mere.* You were lurking behind him, *vous étiez à regarder derriere lui.*

Elle indique le furplus, le reftant.

Any thing yet behind, *encore quelque chofe de plus.* He has one work yet behind, *il a encore une chofe, un ouvrage à faire.*

Le défaut, le manque.

I am far behind Cicero, *je fuis bien au-deffous de Cicéron.* I will not be behind any one, *perfonne ne l'emportera fur moi.* There was nothing behind, *il n'y manquoit rien.* To have what is behind, *pour avoir ce qui manque.* They are behind-hand in the world, *ils font mal dans leurs affaires.*

BEHOLD, *particule qui fignifie* voici, voilà. *C'eft proprement l'Impératif de* behold, *confidérer.*

But behold another trick! *mais voilà bien un autre tour!* Behold a miferable man, if.... *me voilà un homme perdu, fi....* Behold the crime, behold the punifhment, *tel crime, tel fupplice.*

BESIDE, BESIDES, *particule qui marque en général* la proximité, le voifinage.

Befide their father, *à côté de leur pere.* Befide the ftill waters, *au bord, le long d'une eau tranquille.* Befide this country, *dans le voifinage de ce pays-ci.* It runs befide the very wall, *il vient baigner les murs.*

Avec une négation, elle emporte reftriction.

No body befide myfelf, *perfonne que moi.* I afk no reward befide the eternal remembrance of.... *je ne demande de récompenfe que le fouvenir éternel de....*

Elle marque le furplus, l'excédant.

Many things befide thofe, *encore bien d'autres chofes.* And a few befide, *& quelques autres encore.*

Et dans un fens abfolu elle fe rend par d'ailleurs, en outre, de plus, &c.

And befide my wife would hear of it, *d'ailleurs ma femme le fauroit.* And befide, the foundation of his happinefs is within himfelf, *fon bonheur dépend même de lui feul.* Befide, the whole multitude, *bien plus, toute la multitude.* Befide, I have no mind to.... *en outre, je n'ai pas envie de....* Befide that he was blind, *outre qu'il étoit aveugle.*

BETWEEN, BETWIXT, *particules qui défignent* un intervalle de temps & de lieu.

Between youth and old age, *entre la jeuneffe & la vieilleffe.* There are huge waftes between, *il y a des déferts immenfes dans l'intervalle.* A parcel of ground between, *une petite portion de champ entre-deux.*

Et le rapport qu'il y a d'une chofe ou d'une perfonne à une autre.

Has there been nothing elfe between you and him? *n'y a-t-il pas eu autre chofe entre vous & lui? de vous à lui?* Let us be friends between ourfelves, *foyons amis.* Many words paffed between us, *il fe dit entre nous beaucoup de chofes de part & d'autre.* He was appointed the umpire between the Nolanes and Neapolitans, *il fut nommé arbitre entre les habitans de Nole & ceux de Naples.*

BEYOND, *particule relative principalement au lieu.*

Beyond, *au-delà.* From beyond, *de delà.* I was beyond my bounds, *j'étois au-delà de mes terres.* Beyond sea, *outre-mer, de l'autre côté de la mer.*

Elle marque l'excès, la fupériorité.

You are expenfive beyond meafure, *vous dépenfez trop.* Beyond others, *plus que tous les autres.* They are excellent in that kind beyond us, *ils nous furpaffent en ce genre.* Beyond or fhort of, *ou trop ou trop peu.*

Expreffions d'ufage.

I fhall be gone beyond, unlefs.... *je ferai dupe, fi je.... à moins que je....*

BUT, *particule qui marque en général* réferve ou reftriction.

But we ufe this word otherwife, *mais nous prenons encore ce mot différemment.* What are you but a rogue? *qu'êtes vous finon un fripon?* They would have but one religion, *ils ne vouloient admettre qu'une religion.*

Suivie de that, *elle fignifie* fi, fi ce n'étoit que.

But that I fear my father, *fi je ne craignois mon pere.* But that my friend's caufe held me in hand, *fi l'affaire de mon ami ne me tenoit occupé.*

Suivie de for, *elle s'exprime par* fans.

But for you I fhould have been killed, *fans vous j'aurois été tué.* But for him I might have taken care of myfelf, *fans lui je faurois bien me tirer d'affaire.*

Après fcarce, hardly, no fooner *qui fignifient* à peine, *elle s'exprime par* que.

He was fcarce gone out but.... *à peine fut-il forti, que....* Hardly was the former ftir ended but.... *à peine le premier tumulte avoit-il ceffé, que....* I cannot but bemoan his misfortune, *je ne puis que plaindre fon malheur.* How can I but defire that? *puis-je faire autrement que de defirer cela?*

Après no, none, never, *elle fe rend par* qui ne, qu'ils ne, &c.

There is none but is afraid, *il n'en eft pas un qui ne craigne.* There is no day but he comes to my houfe, *il ne fe paffe pas un jour qu'il ne vienne chez moi.*

Précédée de not, *elle répond à* non que.

Not but that it was right, *non qu'il ne fût pas jufte.* Not but that you did fay it, *non que vous ne l'ayez dit.*

Après les verbes de doute, elle fe rend par que ne.

There is no doubt but he fhall come, *il n'y a pas de doute qu'il ne vienne.* I do not fear but you.... *je ne crains pas que vous ne....*

Quelquefois elle fignifie or.

But which is the chiefeft thing, or, *ce qu'il y a d'effentiel.* But that you may know, or, *pour vous faire reconnoître.*

Elle eft affirmative.

It is not my duty; nay! but it is yours, *ce n'eft pas mon devoir; que dis-je! c'eft bien le vôtre.* But let him fpeak however! *qu'il parle donc!*

Expreffions d'ufage.

He was commended with a but, *il ne fut pas loué en tout.* But yefterday, *juftement hier.* But a while fince, *tout récemment.*

But

TABLE ALPHABÉTIQUE DES PARTICULES ANGLOISES.

But sparingly, *bien mesquinement.* There wanted *but* a little *but* he had killed him, *peu s'en fallut qu'il ne le tuât.* The last *but* one, *l'avant-dernier.* The first *but* one, *le second.* *But* yet not the most happy, *non pas cependant le plus heureux.*

BY, *particule qui dénote* le lieu par où l'on passe.

I took my way *by* London, *je pris ma route par Londres.* He went *by* Arbella unto Tigris, *il se rendit au Tigre par Arbelle.* By sea and *by* land, *par mer & par terre.* By the way, *en passant, ou chemin faisant.*

Le temps, l'instrument, la cause & la maniere.

By night, *de nuit.* By this time twelve months, *dans un an.* By break of day, *au lever du soleil.* By that time, *alors.* By the space of.... *pendant....* l'espace de.... He subdued him not *by* arms, *ce ne fut pas par les armes qu'il les soumit.* By your friend or *by* your self, *ce n'est pas par votre ami ou par vous-même.* I am come *by* the scent, *c'est au fumet que je viens ; c'est l'odeur qui m'attire.* He is undone *by* his villany, *ses désordres l'ont perdu.* Higher *by* ten feet, *plus haut de dix pieds.* By stealth, *à la dérobée.* Man *by* man, *homme à homme.* Street *by* street, *de rue en rue.* By reason of the danger, *eu égard au danger, à cause du, &c.* By agreement, *de commun accord.* By turns, *tour-à-tour.*

Elle signifie de, par, *avec les verbes passifs qui expriment une action.*

He was not seen *by* any body, *il ne fut vu de personne.* That was minded *by* none, *cela ne fut remarqué par personne.* He died *by* the hands of the executioner, *il mourut de la main du bourreau.*

Expressions d'usage.

By this time, *déjà.* By the time I have done it, *quand je l'aurai fait.* By that he had ended his speech, *à peine avoit-il fini son discours.* By me, *en mon pouvoir ; en main.* They knew nothing *by* themselves, *ils ne se sentoient coupables de rien.* By the mother's side, *du côté maternel.* By moon-light, *au clair de la lune.* He put it off day *by* day, *il traîna cela de jour en jour.* I got it *by* heart, *je l'ai appris par cœur.* By that name, *sous ce nom-là.* By and *by*, incontinent, *sur-le-champ.* By no means, *nullement, d'aucune maniere.* By one's self, *seul.* By itself, *seule.* By himself, *à part.* By herself, *séparément.* By how much ? *pour combien ? combien ?* By so much, *pour tant, tant.* By the *by*, *en passant.* One *by* one, *un à un.* By the event, *par hasard.* By his advice, *de son avis.*

D.

DOWN, *particule qui signifie* en bas, à bas, en descendant.

He is carried *down* the stream, *il descend la riviere.* I have been up and *down* all Asia, *j'ai parcouru la haute & la basse Asie, toute l'Asie.*

Elle se met en un sens absolu sans régime.

He ran *down*, *il descendit en courant.* Corn is *down*, *le prix du blé baisse.* He is *down*, *il est à bas ; il est descendu.* To drink me *down*, *pour m'enivrer.* His stomach is going *down*, *sa colere se passe.* Lying *down* flat on his belly, *couché à plat-ventre.* Up and *down*, *çà & là, de côté & d'autre.* At the going *down* of the sun, *au coucher du soleil.* We will pay the money *down*, *nous paierons argent comptant.* He was *down* in the mouth, *il étoit muet ; il resta tout sec.* Down with him, *tombez sur ce diable-là.* Down upon the nail, *de l'argent ; payez-moi.*

Elle entre dans la composition de plusieurs mots.

A *down*-man, *un homme cassé, décrépit,* (pour *a man that is down.*) Down-right, *franc, droit, manifestement vrai.*

E.

EITHER, *particule qui indique* l'alternative, comme ou, soit que, soit de.

Either two or none, *ou deux ou personne.* They will find *either* profit or delight, *ils y trouveront ou du profit ou de l'amusement.*

Après les négations, none, nothing, never, *elle répond à notre négation* ni *répétée.*

Cities could not have been *either* built or frequented without laws, *on ne peut avoir bâti ni habité des villes sans certaines loix.* There is not *either* a more unhappy man, or a more wicked citizen, *il n'y a ni un homme plus malheureux, ni un citoyen plus injuste.*

ELSE, *particule qui signifie* autre ou autrement.

No man *else*, *aucun autre.* He aimed at nothing *else* but to overthrow.... *il ne tendoit à rien autre chose qu'à renverser....* Else were your children unclean, *autrement vos enfans seroient impurs.* What *else* is harmony but.... *qu'est-ce que l'harmonie, sinon....* What *else* are acts of piety but acts of justice towards God ? *que sont les actes de piété, sinon des actes de justice envers Dieu ?*

Elle s'emploie pour more, farther, besides, plus, davantage, outre.

Had you any thing *else* to do ? *aviez-vous encore quelque chose à faire ?* I will have something *else*, *je veux quelque chose de plus.* And *else* I was afraid of him, *d'ailleurs je le craignois.* I know no body *else*, *je ne sache plus personne.*

Elle se joint à or, ou, *pour exprimer* une alternative.

Let him drink or *else* be gone, *qu'il boive ou qu'il s'en aille.* I fear I shall be absent or *else* I would promise to come, *je crains d'être obligé de m'absenter, sans cela je vous promettrois de venir.*

EVEN, *particule qui se joint avec* as, *& signifie* de même que.

He loves me *even* as another parent, *il m'aime comme un pere aime son fils.* So affected toward his friend *even* as he is towards himself, *voulant à tous ses amis autant de bien qu'il s'en veut à lui-même.* Even as they had already overcome, *comme s'ils avoient déjà vaincu.*

Avec but, *elle répond à* non-seulement.

They were superior by the strength *even* of their foot, *bien* with their cavalry had exceedingly the better, *non-seulement ils étoient supérieurs par (la force de) leur infanterie, ils l'emportoient encore de beaucoup par leur cavalerie.*

Elle signifie même.

Even from the beginning, *même dès le commencement.* Even the case of persecution will not warrant a man's dying by his own hand, *le cas même de persécution ne peut justifier un homme de s'être défait lui-même.* It were a shame *even* to speak of them, *ce seroit même une honte de parler d'eux.*

Et donne plus de force au discours.

Even now he went out, *il ne fait que de sortir.* Thou wast a soldier *even* to Cato's wish, *tu fus un guerrier selon le vœu de Caton.*

Expressions d'usage.

Or *even* nothing at all, *ou plutôt rien du tout.* Even on, (allez) *tout droit, continuez.* At *even* or odds, *à pair ou non.* He makes *even* at the year's end, *il joint justement les deux bouts de l'année.* Even almost, *presque autant.* Even down, *droit en bas.* Even so, *justement la même chose, comme cela.*

EVER,

EVER, *particule qui répond à jamais pour le passé & le futur.*

Did you *ever* hear it? *l'avez-vous jamais ouï dire?* If *ever* you be cited to be a witness, *si jamais on vous appelle en témoignage.*

Avec or, *elle signifie avant que, pas encore.*

Or *ever* thou hadst formed the earth, *avant même que vous eussiez formé la terre.* Or *ever* you were by him, *vous n'étiez même pas encore auprès de lui.*

Avec since, *elle indique un temps fort éloigné dans le passé.*

Ever since he was a youth, *dès sa plus tendre jeunesse.* Ever since his ancestor's time, *du temps même de ses ancêtres.*

Elle rentre dans la signification de nos pronoms indéfinis un, certain, quelque, &c.

I will see whither there be *ever* a ship come, *je vais voir s'il n'y auroit pas un vaisseau d'arrivé.* Whither there may be *ever* an addition to, *s'il ne seroit pas possible d'y faire une addition.*

Après une négation & devant un comparatif, elle signifie malgré cela, nonobstant.

Nor was he *ever* the less helpful to him, *il ne lui en donna pas moins de secours.* He would not think himself ever the more privileged to, *il ne s'en croyoit pas pour cela plus privilégié, plus autorisé à, &c.*

Précédée de as *répété dans le second membre de la période, elle est explétive.*

With as great speediness as *ever* I could, *le plus promptement que je pus.* As kindly as *ever* he is able, *le plus aisément qu'il soit possible.*

Elle se compose avec plusieurs pronoms & quelques adverbes de lieu.

Whatever Epicurian, *si quelque Epicurien ; quelque Epicurien que ce soit.* What *ever* it be, *quel qu'il soit; quoi que ce soit.* Whatsoever pains.... *quelque peine que.....* What way soever.... *quelque chemin que....* Whithersoever you go, *quelque part que vous alliez.* Nothing whatsoever declares so much, *rien ne fait tant connoître.* Whosoever, *quiconque.* Wheresoever thou art, *par-tout où tu es; en quelque lieu que tu sois.* By any means whatsoever, *de quelque maniere que ce soit ou que ce fût.*

Expressions d'usage.

For *ever*, *à jamais.* Ever and anon, *de temps en temps.* Ever before, *de tout temps.* Ever after, *depuis tout ce temps-là.* However, *quoique.* As soon as *ever*, *aussi-tôt que.* Now more than *ever*, *à présent sur-tout.* Though ever so good, *quelque bon qu'il soit.*

F.

FAR, *particule dont la signification primitive est* loin, de loin, au loin.

The *far* extended Ocean, *l'Océan qui s'étend au loin.* From a *far* country, *d'un pays éloigné.* This way is not so *far* about, *le détour n'est pas si grand par ici.* From the *far* end of the town, *de la derniere extrémité de la ville.*

Elle répond à très, beaucoup, bien, le plus.

He is *far* the better at running, *il l'emporte de beaucoup à la course.* He is *far* the most learned, *il est sans contredit le plus savant.* It fell out *far* otherwise, *la chose arriva bien différemment.* He sold for *far* less, *il vendit à bien moindre prix.* I prefer his judgment *far* before yours, *je préfere de beaucoup son jugement au vôtre.* Far above all other things, *très-supérieur aux autres.*

Avec as *ou* so, *elle signifie* autant que, jusque.

As *far* as it is possible, *autant que faire se peut.* They came to meet us as *far* as London, *ils vinrent au-devant de nous*

jusqu'à Londres. He fetched it as *far* as from Paris, *il alla le chercher jusqu'à Paris.* As *far* as from Æthiopia, *d'aussi loin que l'Ethiopie.* So *far* I hear, *d'après tout ce que j'entends.*

Avec so, *elle répond à* tant s'en faut.

He was so *far* from killing him, *tant s'en fallut qu'il le tuât, ou bien loin de le tuer.* So *far* death is from being an evil, *bien loin que la mort soit un mal.* So far from being fearful, his courage cost him his life, *bien loin qu'il fut timide, son courage lui coûta la vie.* So *far* from selling, that they bought, *non-seulement ils n'ont pas vendu, ils ont acheté au contraire.*

Expressions d'usage.

How *far*? *combien y a-t-il jusque? de combien plus? jusqu'où?* So *far* that, *au point de.* Thus far of that, *mais c'en est assez là-dessus.* Thus far their words agree, *jusque-là ils s'accordent.* By *far*, *de beaucoup.* It is *far* of the day, *le jour est avancé.* You are *far* away, *vous en êtes bien loin.* And so you will go *far* with him, *& de cette maniere vous obtiendrez tout auprès de lui.* And I write thus *far*, *je finis ici ma lettre.* Far off, *bien loin ; de loin.* Far as from beyond and wide, *par-tout.* As *far* as from beyond, *jusqu'au-delà; jusque de l'autre côté.*

FOR, *particule qui se rend par* car, en effet.

For if, *car si.* For it was said, *en effet on disoit.*

Marque la durée, le temps.

For many years, *pendant plusieurs années.* For five years, *pour (l'espace de) cinq ans.* For these many years, *pendant ces dernieres années.* For the time to come, *à l'avenir, désormais, un jour.*

La cause, le motif, le prix.

For his folly, *pour sa folie ; à cause de, &c.* But for a great cause, *que pour une bonne raison.* For as much as he will, *pour ce qu'il voudra.* For six pounds, *à six livres sterling.* For fear, *par crainte.* I cannot speak for weeping, *les larmes m'empêchent de parler.* I will grind for you, *je moudrai en ta place.* You will have it for your reward, *tu l'auras en récompense.* For a pledge of, *en gage de.* For hearkening to him, *pour l'avoir écouté.* For the killing of his rival, *pour assassiner son rival.* For the saving of the country, *pour le salut de la patrie.*

Seule ou avec sake, *elle est attributive.*

It is most fit for your age, *il convient fort à votre âge.* This was good for others too, *ceci convenoit aussi à d'autres.* For his own sake, *par rapport à lui, pour lui.* For my sake, *quant à moi, ou pour moi; à cause de moi.* I intreat you for the sake of God, *je vous conjure, je vous prie pour l'amour de Dieu.*

Elle se rend par quoique, cependant, *lorsqu'elle est suivie de* all *ou* all that.

For all you are his father, *quoique vous soyez son pere.* He came into the court for all that, *il vint néanmoins au Palais.* For all (that) they were so many, *quoiqu'ils fussent en grand nombre, quelque nombreux qu'ils fussent.*

Précédée ou non de as, *elle répond à* quant à, à l'égard de.

As for the other matters, *quant aux autres choses.* And as for your intending, *quant à l'intention que vous avez de, &c.* For what concerned, *&c. pour ce qui regardoit, concernoit, &c.*

Elle se prend dans un sens distributif.

So that he did assign four pounds for every man, *de sorte qu'il assigna quatre livres à chacun.* Every body for his particular, *chacun en son particulier.*

Elle devient particule séparable à la suite d'un verbe, & participe à sa signification.

And all the ladies could prevail upon my master for, was.... *tout ce que ces dames purent gagner de mon maître, fut....* If there be any thing that you stay for, *si vous y (en) attendez quelque chose.*

Autres

TABLE ALPHABÉTIQUE DES PARTICULES ANGLOISES.

Autres expressions.

For as much as, *d'autant plus que ; puisque.* Had it not been for you, *sans vous ; si ce n'eût été vous.* For fear I should swoon away, *de peur de m'évanouir.*

FROM, *particule qui marque en général* le point de départ pour le lieu, l'espace, le temps, &c.

He goes from London to, *il va de Londres à.* Distant one from another, *distants l'un de l'autre.* From that time, *depuis ce temps-là.* From your house, *de chez vous.* The seventh from Adam, *le septième depuis Adam.* She lifted up him from the turf (pour *from off*), *elle le leva de dessus le gazon.* From his youth up, *depuis sa jeunesse.*

Expressions d'usage.

Tierce from the king, *tierce au roi,* (aux cartes.) Even from the very beginning, *dès le premier instant.* From the heart, *de cœur, de bon cœur.* From whom, *de la part desquels.* From the Romans, *de la part des Romains.* From door to door, *de porte en porte.* From hence, *d'ici.* From henceforth, *désormais ; par la suite.* From day to day, *de jour en jour.* From before, *d'avant,* (du temps où une chose n'étoit pas encore.) From between, *d'entre ; d'entre deux.* From one to the other, *de l'un à l'autre.* He has but from hand to mouth, *il vit au jour la journée.* From above, *d'en haut.* From beneath, *d'en bas.* From abroad, *de dehors ; de la campagne.* From within, *de dedans.* From one another, *séparément l'un de l'autre.*

H.

HENCE, *particule qui signifie proprement* d'ici, de cet endroit.

Will he carry her away hence? *l'emmenera-t-il d'ici?* Not many days hence, *dans quelques jours d'ici.* Ten years hence, *dans dix ans (d'ici.)*

Et marque la cause, le motif.

Hence are those tears, *de là proviennent ces larmes.* Hence it comes to pass, *de là il arrive.*

HERE, *particule qui signifie* ici, *& a pour adversative* there, là.

They are to be here, *ils doivent être ici.* You have it here, *vous l'avez ici ; le voici.*

Elle est quelquefois explétive.

For here, he is going to, *car voici qu'il est allé à.* And here, my dear Sir, concluded I, *alors je finis, Monsieur, en disant,* &c.

Elle entre en composition avec différents mots, comme hereabout, hereafter. *(Voyez le Dictionnaire.)*

Autres expressions.

Here is himself, *le voici (lui-même) justement.* My being here, *ma présence.* Here is to you, *à votre santé.* If I had him but here now! *si je le tenois!* Here is a miserable man, *c'est un homme perdu.*

HITHER, *particule qui signifie* de ce côté-ci, par ici, *& marque que c'est toujours vers l'endroit où l'on est que se fait le mouvement.*

They come hither, *ils viennent ici, de ce côté-ci.* Bring him hither, *amenez-le.* Into the hither Spain, *dans l'Espagne citérieure* (qui est deçà, ou de ce côté-ci.) He fell down at the hither side of...., *il tomba de ce côté-ci de....* &c. *(Voyez ses composés dans le Dictionnaire.)*

HOW, *particule qui signifie* comme, comment, combien.

Let us carry ourselves how we will, *conduisons-nous comme nous voudrons ; de quelque manière que nous agissions.* How knowest thou that? *comment as-tu su cela?* I wonder how you could, *je suis étonné que vous ayez pu,* &c. Do you not know how much? *ne savez-vous pas combien?* How many times? *combien de fois?* How he desired that I would come, *combien il desiroit que je vinsse.*

Elle sert d'exclamation.

How I rejoice, *que j'ai de plaisir de,* &c. How are the mighty fallen! *comment les forts sont-ils déchus!*

Souvent elle est explétive.

He told him how he was banished, *how* he was to be murdered, *how* by this means he was preserved, *il lui raconta qu'il avoit été banni, qu'il avoit été près d'être assassiné, & par quels moyens il avoit échappé.* Scipio had a heart too high to know how to be treated like a criminal, *Scipion avoit le cœur trop haut pour se laisser traiter en criminel.*

Elle marque l'état des choses & des personnes.

He gave us an account how it was, *il nous dit de quelle manière la chose étoit passée.* You see how handsome the looks now, *vous voyez combien elle est jolie maintenant.* *(Voyez ses composés dans le Dictionnaire.)*

Expressions d'usage.

How boldly! *quelle hardiesse!* How lowly was he there! *qu'il étoit rampant alors!* How I grieve! *que j'ai de douleur!* How fain he would, *qu'il auroit d'envie de,* &c. How stand the matters? *où en sont les choses?* How far? *jusqu'où?* How long? *y a-t-il long-temps? jusqu'à quand?* How much? *combien? pour combien?* How is it that? *d'où vient que?* How soon will you do it? *combien serez-vous de temps à le faire?* I study how to please him, *je m'étudie à lui plaire.* How near you have undone me, *combien peu s'en fallut que vous ne me perdissiez.*

I.

IF, *particule conditionnelle qui signifie* si.

I leave you a kingdom, strong if you shall be good, if bad, a weak one, *je vous laisse un empire puissant si vous vous attachez au bien, mais foible si vous êtes méchant.*

Marque le doute.

See I pray if (whether) he be at home, *voyez, je vous prie, s'il est au logis.* To see if the waters were gone off from,..., *pour voir si les eaux avoient disparu de....*

Et se prend affirmativement pour quoique.

If the great names of my ancestors don't set me off, yet, &c. *si je n'ai pas du côté de mes ancêtres de grands noms pour recommandation, cependant,* &c. If I should have died for it! *m'en eût-il coûté la vie!* If he were at any time.... si jamais il est.... If ever, si jamais. If so be there any virtue, *si cependant il est une vertu.* If not, he should have been punished, *sinon il auroit été puni.* As if, *comme si.* And if, or si, *mais si, & si.* But if, *si au contraire.*

IN, *particule qui signifie* dans.

In the city, *dans la ville ; à la ville.* In the rear, *à la queue.* In the dark, *dans l'obscurité, au milieu des ténèbres.* In falling down, *en tombant.*

Elle sert à marquer le temps, la manière, la cause, & se prend dans toutes les acceptions de en.

In so many years, *pendant tant d'années.* In the night, *de nuit.* In the reign of Augustus, *sous le règne d'Auguste.* In their own case, *par rapport à eux-mêmes.* In the first place, *d'abord.* In that he offered, *parce qu'il offroit, en ce qu'il offroit.* In regard I have referred, *d'autant que, vu que j'ai rapporté.* In a joking manner, *en badinant.* To be rich in land, *être riche en fonds de terre.* We are in good hopes, *nous avons tout lieu d'espérer.* In the mean time, *pendant ce temps-là ; sur ces entrefaites.* In heat, *par colère, en colère.* A little in drink, *un peu pris de vin.* In the very nick of time, *à point nommé, à propos, à temps.* To be in doubt, *être dans le doute.* In a manner, *presque.* In my mind, *selon mon avis.* This stands me in six pence, *cela m'a coûté douze sous.* In so little charge, *à si peu de frais.* It will stand you in

stead,

stead, *il vous feroit avantageux de, &c.* In appearance, *en apparence.* In order, *par ordre ;* l'un après l'autre ; à dessein de. A book in the press, *un livre qui est sous presse.* One mischief comes in upon the neck of another, *un malheur n'arrive jamais seul.* One in ten, *un sur dix.* In verity, *réellement ; en effet.* I gave nothing in evidence but, *je n'alléguai pour preuve rien que, &c.* In any thing rather than in this, *dans toute autre occasion plutôt qu'à présent.* Where in the world, *en quel pays.* It is not in man.... *il n'est pas au pouvoir de l'homme.* In the name of the people, *au nom du peuple, de la part du peuple.* He vows to fight in our defence, *il promet de combattre pour notre défense.* While your hand is in, *pendant que vous êtes en train.* This happens seldom in him, *cela lui arrive rarement.* Get you in, in doors, *entrez.* You hel'd me in, *vous me reteniez.* He is in a sweat, *il est tout en sueur.* In arms, *sous les armes.* They are in and out in a wink, *ils se brouillent & se raccommodent en un instant.*

Elle se prend dans le sens d'intérieur, inner.

You did make it clear by in and home proofs, *vous le prouvâtes par des raisons prises de la chose même.* That thing has in and home argument, *le sujet présente de lui-même des preuves incontestables.*

IT, *pronom relatif qui ne se dit jamais que des choses. Il se met pour ce, cela, & est de tout genre. Il s'emploie devant les verbes impersonnels.*

It is I, it is me, *c'est moi.* It was death for him, *c'étoit une mort pour lui.* It was never his fashion, *ce n'étoit pas sa coutume.* It is hard to say, *il est bien difficile de dire.* It is no hard matter whether, *il importe peu que.* It is not long of me, *il n'y a pas de ma faute.* If it were in my power, *s'il dépendoit de moi.* How is it with our general ? *comment se trouve notre général ?*

Joint à self, il se rend par cela même, lui-même, elle-même.

The matter itself, *la chose elle-même, la chose même.* It moves of itself, *il se meut de lui-même, cela se meut de soi-même.*

Précédé de of, *il se rend par* son, sa, ses, y, en.

The bigness of it was, *sa grandeur étoit de, &c.* The inhabitants of it, *ses habitans.* You thinkest ill of it, *vous en pensez mal.* I don't think of it, *je n'y pense pas.*

Quelquefois il est emphatique.

I have often seen people lavish it profusely in tricking up their children and yet starve their minds, *j'ai vu quelques personnes mettre une profusion excessive dans la parure de leurs enfans, & négliger entièrement la culture de leur esprit.*

Expressions d'usage.

I hold it better, *je crois qu'il vaudra mieux.* Be it what it will, *quoi qu'il en soit.* Whom it was long of, *par la faute duquel.* It is not by strength, *ce n'est pas par force.* It is just so with me, *c'est aussi ma coutume.* It had need to be done, &c. *il a fallu le faire.* It is ten days, *il y a dix jours.* It is as ill as it can be, *cela est aussi mal qu'il se puisse.* For it, *pour lui, pour cela.* By it, y, *par-là.* You must go without it, *tu t'en passeras.* So far with it, *si loin, si avant.* Look to it, *prends-y garde, vois.* How long is it ? *y a-t-il long-temps ?* Let him look to it, *ce sont ses affaires.* By itself, *à part.*

N.

NEVER, *particule qui signifie* jamais, *négativement. Elle se met pour* no, not, *dans un sens prohibitif : elle est alors emphatique & négative.*

Never deny him so small a kindness, *ne lui refusez pas une si petite faveur.* Never cry nor lament, *ne criez ni ne te lamentez pas.* He came never the sooner for that, *il n'en vint pas plus vite pour cela.*

Avec les mots qui marquent la quantité, la qualité, le nombre, *précédés de* so, *elle s'emploie pour* jamais, *dans le sens affirmatif.*

Tho' it be procured with never so great pains, *quelque peine qu'on ait à l'obtenir.* Let them use never so much care, *qu'ils prennent tout le soin possible.* Let him have never so little, *he has enough,* nature assistée never so little by art, *pour peu que la nature soit aidée de l'art.* Tho' never so many, *quoiqu'en très-grand nombre.* If I would never so fain, *quelque envie que j'eusse.* If any, tho' never so small a matter shall be found, *si l'on trouve jamais la moindre chose.*

Autres phrases.

Shall I never be but an hearer ? *ne ferai-je jamais qu'écouter ?* Now or never, *maintenant ou jamais.* Never at all, *jamais, au grand jamais.*

NO, NOT. *Ces deux mots signifient* non, ne pas. *Nous chercherons à établir la distinction qu'il faut faire dans l'usage de ces deux négations, que les Anglois n'emploient pas indifféremment l'une pour l'autre.*

N O.

On se sert de no *toutes les fois que l'on peut joindre la négation en François au mot* aucun, *ou qu'on peut la rendre par* nul.

There is no virtue, no spirit, no courage, *on n'y remarque aucune vertu, aucun courage, aucun esprit, ou ni vertu, &c.* Tho' no misfortune had befallen him, *quoiqu'il ne lui fût arrivé aucun malheur.* As they saw no harm come to him, *voyant qu'il ne lui arrivoit aucun mal.* In no manner, *en aucune manière.* To no purpose, *en vain, inutilement.* There was no need of, *il n'y avoit aucune nécessité de, &c.*

Quand la négation est jointe à un adjectif ou à un comparatif.

He put them in no small fear, *il les jeta dans une grande frayeur.* Because they had no other way, *n'ayant pas d'autre route à prendre.* He was in no greater danger than the rest, *il n'étoit pas plus en danger que les autres.* That there might be no further room for an inhumanity of that nature, *afin qu'il ne se commit plus par la suite aucune action aussi barbare.* He has no more wit than a stone, *il n'a pas plus d'esprit qu'une huître.* There was no less danger, *il n'y avoit pas moins de danger.* They were no farther off than.... *ils n'étoient pas plus loin que ....*

Après une interrogation, si l'on veut nier ; ou en délibérant.

Should I return ? no. *Reviendrai-je ?* non. Is this he that I am seeking for or no ? *Est-ce celui que je cherche, ou non ?*

Quand on nie une chose absolument, & si la négation est répétée, on se sert de not *ou de* nor. *Quelquefois même on ajoute* neither *à la fin pour nier plus formellement.*

No doubt, *ne doutez pas, il n'y a pas lieu de douter.* They had no patience nor industry, no, nor fortitude neither, *ils n'avoient ni patience, ni industrie, ni même aucun courage.* No, nor, even yet are ye able to.... *non, certes, vous n'êtes pas encore capable de....* No, not if I must...., *non, non, quand je devrois....*

Expressions d'usage.

He is no where to be found, *on ne le trouve nulle part.* If you be in no wise able to match them all, *si vous n'êtes nullement en état de leur faire face à tous.* To say no worse, *pour ne pas dire pis.* Fearing no such thing, *ne craignant rien de semblable.* No fear of, *il n'y a point de danger.* No marvel, *il n'est pas étonnant.* He is in no fault, *il est innocent.* We can do the State no good, *nous ne pouvons secourir l'État.* See that no wrong be done me, *faites en sorte que*

TABLE ALPHABÉTIQUE DES PARTICULES ANGLOISES.

que je n'en souffre point. No ways, en aucune maniere. You are in no haste to, vous ne vous empressez guere de, &c. No man, no body, personne. We are no longer enemies. nous ne sommes plus ennemis. It is no matter, n'importe; il n'importe pas.

NOT.

Cette négation se joint aux verbes dans les différentes modifications des temps, soit que le verbe la précede ou la suive, soit qu'il soit exprimé ou sous-entendu.

I know not, je ne sais. It is not fifteen days, il n'y a pas quinze jours. It was not long after, peu de temps après. If you had not rather, à moins que vous n'aimassiez mieux. Not to be tedious, pour abréger, pour n'être pas ennuyeux. That I say not, pour ne pas dire. He misses not a day but, il ne passe pas un jour sans, &c. If they can not (or cannot) have it, s'ils ne peuvent l'avoir. They lived not as they ought, ils vivoient mal.

Jointe au verbe auxiliaire, cette négation se met immédiatement après lui.

I did not remember that, je ne me rappelle pas que, &c. If I do not shame myself, si je ne me couvre pas de confusion. That pleasure may not breed pain, de sorte que le plaisir ne cause aucune peine. Fear will not teach a man his duty, la crainte n'apprendra pas à l'homme son devoir.

Lorsqu'on se sert d'un tour négatif conditionnel, alors le pronom se place entre le verbe & la négation, comme si l'on interrogeoit.

Had he not done it so, I had, ne l'eût-il pas fait, pour lors j'eusse, &c. (pour s'il ne l'eût, &c.) Had they not been weakened by it, &c. s'ils n'eussent pas été affoiblis par le, &c.

La négation, jointe à l'impératif dans un sens prohibitif, se place après le verbe auxiliaire.

Let it not be once named amongst you, que cela ne soit même pas nommé parmi vous. Do not entreat me, ne me priez pas. Thou shalt not kill, ne tue pas, (tu ne tueras pas.)

Lorsque la négation devient interrogatoire, elle se met après le verbe & le pronom, ou entre le verbe & le nom, ou après le verbe auxiliaire & le pronom.

Ought I not to have known of it before? ne devois-je pas le savoir auparavant? Does not Plato say that? Platon ne dit-il pas que, &c.? Why do you not bring it? pourquoi ne l'apportez-vous pas?

Si le pronom est suivi du nom, il se met après la négation & le verbe auxiliaire.

Would not his father give him leave? Son pere ne lui auroit-il pas donné permission?

La négation qui se joint aux infinitifs, précede immédiatement cet infinitif & son signe to.

He advised his friend not to give any answer, il conseilla à son ami de ne donner aucune réponse. Not to say, pour ne pas dire. I desire you not to ask that of me, ne me demandez pas cela, je vous prie.

Expressions d'usage.

No, not, altho' he were, &c. non, fût-il même, &c. I fear you cannot, je crains que vous ne puissiez pas. We are afraid that should not be of any long continuance, nous appréhendons que cela ne continue pas long-temps. But if not, sinon. And you cannot but know, vous savez sans doute. Not that I know of, non pas que je sache. That I say not, pour ne pas dire. Be not afraid, n'ayez pas peur. And not to us neither, ni pour nous non plus. Not at all, point du tout. We have not so much as heard, nous n'avons même pas entendu. Not that I suppose you.... non que je suppose que vous.... Not but that I have a good opinion of, non que je n'aie pas une bonne opinion.

NOW, particule adverbiale qui signifie primitivement, maintenant, présentement.

Even now, dans le moment, à présent même, tout à l'heure. Now or never, à présent ou jamais, sur-le-champ. Now is your time, voilà le moment favorable pour vous.

Marque le passé non éloigné.

He came but just now, il ne fait que d'arriver.

Et le futur prochain.

I will just now go to it, j'y vais à l'instant.

Elle répond à différentes conjonctions selon les différentes modifications du temps & des circonstances.

Now so numerous shall thy progeny be, or ta postérité sera aussi nombreuse, &c. Now he had taken him along with him, car il l'avoit emmené avec lui. Now he shewed himself such a man, mais il s'étoit montré tel. Now if the Greeks, si donc les Grecs, suffer it to be so now, permettez seulement que cela soit.

Expressions d'usage.

Now concerning the, &c. quant à, &c. Now and then, de temps en temps. Now-a-days, aujourd'hui. Now on one side, then on another, tantôt d'un côté, tantôt de l'autre. Till now, jusqu'à présent. Never till now, jamais, jamais jusqu'ici. How now? comment donc? que veut dire ceci?

O.

OF, particule qui est ordinairement la marque du génitif & de l'ablatif. Elle signifie en général de, & indique la liaison du rapport d'une chose à une autre.

A penny of money, un denier d'argent. In the midst of this entertainment, au milieu de ce repas.

Elle se joint aux mots qui marquent qualité, quantité, cause, matiere, maniere, desir, disette, abondance, &c. & quelquefois ne s'exprime pas en François.

The knowledge of liberal arts, la connoissance des arts libéraux. Of what matter every thing is made, de quelle matiere que chaque chose soit faite. All of gold, tout d'or. Be of good cheer, allons, bon courage. Maids of passing beauty, des filles d'une très-grande beauté. A boy of an honest look, un enfant qui a l'air honnête. The injuries of powerful men are commonly very Great, les injures que font les Grands sont ordinairement excessives. He was unprovided of shipping, il étoit dépourvu de vaisseaux. He was of the bed-Chamber, il étoit Chambellan. Hear us of thy clemency a few words, ayez l'indulgence de nous entendre. Singularly mindful of physic, particuliérement attaché à la médecine. Skilful of laws, letters, &c. très-versé dans le droit, les belles-lettres, &c. A city full of warlike provisions, une ville pleine de provisions de guerre. Void of blood, qui a perdu tout son sang. You have no need of a wife, vous n'avez pas besoin d'une femme.

Elle s'unit aux mots qui marquent partition, dénombrement, &c.

Which of them? lequel d'entr'eux? He would have been the eighth of the wise men, il eût été le huitieme sage. The only of all foreign sacrifices that Romulus received, les seuls que Romulus admit de tous les sacrifices étrangers. The elder of you, le plus âgé d'entre vous. Of two evils the less is always to be chosen, de deux maux, il faut toujours choisir le moindre. Out of every nation, pris, choisi dans chaque nation, un de, &c.

Elle s'emploie pour from, de la part; ou pour on, upon, touchant, &c.

He is praised of these, il est loué de ceux-ci. Nor is seen of any body, il n'est vu de personne. I will ease thee of this burden, je te soulagerai de ce fardeau. To inquire of him, pour s'informer de lui. You had heard somebody, vous l'aviez oui dire à quelcu'un. I have spoken of friendship, j'ai parlé de l'amitié. I will write of this thing, j'écrirai sur cette affaire.

TABLE ALPHABÉTIQUE DES PARTICULES ANGLOISES.

Au lieu d'un pronom possessif direct, les Anglois se servent d'un pronom absolu avec of, *dans ces manieres de parler.*

This friend of mine is his next kinsman, *cet homme, qui est mon ami, est son proche parent.* That life of yours is death, *la vie que vous menez est une mort.* This book of his, *ce livre qui lui appartient.* For some gain of their own, *pour leur profit.* This acquaintance of ours is but of very late, *ce n'est que depuis fort peu de temps que nous nous connoissons.*

Autres expressions d'usage.

What would become of your soul? *que deviendroit votre ame?* He was of incredible industry, *il étoit extrêmement industrieux.* A ton of so many tears, *un fils qui avoit coûté tant de larmes.* They that were of the circumcision, *les Juifs, (ceux qui étoient de la circoncision.)* Of itself, *de soi-même.* There is more hope of a fool than of him, *il y a plus à espérer d'un fou que de lui.* This is of excellent use to, *ceci est très-utile à, &c.* That is of the latest, *c'est s'y prendre trop tard.* That admits of no longer delay, *cela ne souffre plus de délai.* Out of hand, *d'abord, incontinent.* Of his own head, *de son chef, de lui-même.* It is cheap of twenty pounds, *cela coûte peu, vingt livres! c'est bon marché, &c.* On the farther side of, *au-delà de.* It is dear of a penny, *un sou! c'est cher.* He is none of the best, *il n'est pas plus honnête homme qu'il ne faut.* Of a little one, *ces son bas âge.* To live of a little, *vivre de peu.* Of set (on set) purpose, *de propos délibéré, à dessein.* When I think of it, *quand j'y pense.* He is of my mind, *il est de mon avis.* He had one to learn of, *il a un maître pour apprendre, &c.*

OFF, *particule qui marque en général* l'éloignement, l'élévation, *&c.*

I come off, *je m'éloigne.* A little way off, *à peu de distance.* Two miles off this town, *à deux milles de cette ville.* How he will come off, *comment il s'en tirera.* This comes off well and excellent, *ceci ressort à merveille, (en parlant de peinture ou de sculpture.)* The match is off, *le mariage est rompu.* Either off or on, *pour ou contre.* Off hand, *d'abord, sur-le-champ, sans préparation.* Several starts of fancy off hand look well enough, *quelques écarts de l'imagination qui se montrent sans étude produisent de l'effet.* He is off and on with me, *il s'accorde quelquefois avec moi, quelquefois non.* Off with your hat, *chapeau bas.* I was never off my legs, *j'étois toujours sur mes jambes.*

ON, UPON. *Ces deux particules se mettent en bien des cas l'une pour l'autre indifféremment. On les rend par* sur, vers, à, de, *&c.*

To lean on one's elbow, *s'appuyer sur le coude.* I am resolved upon going, *je suis résolu d'aller.* On every side, *de tout côté.* My mind is on my meat, *je songe à manger.* Are you resolved on it? *y êtes-vous résolu?* On purpose, *à dessein.* On the contrary, *au contraire.* To play on the violin, *jouer du violon.* To be on one's way, *être en chemin.* To have one's clothes on, *être habillé.*

Idiotismes qui peuvent indiquer l'usage de ces particules.

He comes on this side London, *il vient en-deçà de Londres.* They on foot and we on horseback, *eux à pied & nous à cheval.* He fell upon the body of, *il tomba sur le corps de, &c.* He put a notable trick upon him, *il lui joua un singulier tour, ou il le dupa bien.* Do not lay any blame on me, *ne me chargez d'aucun crime.* We both depend upon the same chance, *nous courons tous deux le même hasard.* On this condition and upon these terms you may have her, *c'est à ces clauses & conditions que vous l'obtiendrez.* On pain of death, *sous peine de mort.* He spent a great deal of money on or upon that work, *il dépensa beaucoup à cet ouvrage.* Letters upon letters, *lettres sur lettres.* Take pity on me, *ayez pitié de moi.* On or upon every occasion, *en toute occasion.* On or upon the first opportunity, *à la première occasion.* Not but upon great necessity, *jamais, sinon dans un grand besoin.* You were off and on, *vous balanciez, vous hésitiez.* Upon my way, *en route, sur mon chemin.* I am upon a journey, *je suis sur le point d'aller en campagne.*

Upon oath, *avec serment.* Upon my word, *sur ma parole, en vérité.* He took up that money upon use, *il prit cet argent à intérêt.* We have relied on (or upon) your promises, *nous faisions fond sur vos promesses.* Upon the news of the death, *à la nouvelle de la mort.* He set himself there on, *il s'y posta.* There upon, *là-dessus; alors.* On a sudden, *subitement.* On foot, *à pied.* Upon the coming of, *à l'arrivée de.* He begot children on a freed man's daughter, *il eut des enfants de la fille d'un affranchi.* Upon what ground? *pourquoi? sur quel fondement?* I am going on my fourscore, *j'approche de quatre vingts ans.* And so on, *& ainsi des autres.* He went with his morning gown on, *il partit en robe de chambre.* I drink on that side that you drank on, *je bois du même côté que vous avez bu.*

ONE, *particule qui signifie* on, l'on.

That one might know he had been Theophrastus's scholar, *de sorte qu'on pouvoit bien s'appercevoir qu'il avoit été disciple de Théophraste.* As one would have it, *comme on le désiroit.*

Elle se prend pour un, certain, quelque, celui-ci, *&c.*

One ground is fit for corn, another for wines, *un terroir est bon pour le blé, un autre pour le vin.* Till one should declare war against the other, *jusqu'à ce qu'un déclarât la guerre à l'autre.* This is the one and thirtieth year since.... *il y a trente & un ans que....* He was one of the eyes of Europe, *il étoit, c'étoit une des lumières de l'Europe.* One had handed it to one, and another to another, *celui-ci l'avoit fait passer à celui-là, & cet autre à un autre.* Or one of the planets, *ou quelqu'une des planètes.* One limb in one place, and another in another, *un membre d'un côté, un autre d'un autre.* To one another, *l'un à l'autre, réciproquement.* Now there was but one to one left to fight, *il ne restoit plus qu'un homme de chaque côté pour se battre.* What would one write? *mais qu'écriroit-on?* Every one, *chacun.* Did he put himself in for one? *se mit-il de la partie? du nombre?* It is all one, *il n'importe; cela est indifférent.* And what one thing did you say standing there? *avez-vous seulement dit un mot étant là?* But he was one that would hear, *&c. c'étoit cependant un homme prêt à écouter, &c.* One's self, *soi-même.* One's, *de quelqu'un; son, sa.* The day of one's birth, *le jour de la naissance de quelqu'un.* Ones, *des, de, en (r. tatif.)* You have a bad pen and I have a good one, *vous avez une mauvaise plume & j'en ai une bonne.* The Great ones of the world, *les Grands de la terre.*

OR, *particule disjonctive alternative qui signifie* ou. *Elle s'unit avec* whether.

Whether shall I come or stay here? *irai-je ou n'irai-je pas?* Whether I hold my peace or speak, *savoir si je me tairai ou non.* Whether you use a physician or no, *soit que vous preniez un médecin, soit que vous n'en preniez pas.* Whether he would or no, *bon gré malgré lui.*

Avec either.

Either let him drink or be gone, *qu'il boive ou qu'il s'en aille.* Either he is present or not, *ou il est ici ou il n'y est pas.* Nothing is either mine or any other man's, that may be taken away, *tout ce qu'on peut ravir n'est ni à moi ni à aucun autre.*

Expressions d'usage.

Or rather if, *ou mieux si, &c.* Or ever he come near, *avant même qu'il approche.* Or else the forenamed remedies will be to no purpose, *autrement les remèdes susdits seront inutiles.* Over or under, *plus ou moins.* Two or three, *deux ou trois.*

OVER, *particule qui signifie originairement* sur, dessus, au-delà, au-dessus, *&c.*

The evils that hang over our heads, *les maux qui menacent nos têtes.* Holding their arms over their heads, *tenant ou ayant les armes sur la tête.* Over the sea, *au-delà de la mer, outre-mer.* The geese fly over the barn, *les oies volent au-dessus de la grange.*

Elle s'emploie pour more than *ou* above, plus que, plus de.

Not over two or three months, *il n'y a pas plus de deux ou trois mois.* They did not stand over four fingers out, *ils ne sortoient pas de plus de quatre doigts.*

TABLE ALPHABÉTIQUE DES PARTICULES ANGLOISES.

Pour too much, trop ; & *se joint même à* much.

Over long (a time), *trop long-temps*. There is no man over happy, *il n'y a personne de trop heureux*. It comes by over much ease, *cela vient de trop d'aisance*. It drowns the mind over deep, to let it have any use of understanding, *il affaisse trop l'esprit pour lui laisser le moindre usage de l'intelligence*. That is over great to be believed, *cela est trop fort pour être cru ; c'en est trop pour qu'on le croie*.

Elle signifie à cause de, touchant.

He comforted him over all the evil that, &c. *il le consola de tout le mal que*, &c. Joy shall be over one sinner that repents, *on se réjouira du repentir d'un pécheur*.

Expressions d'usage.

He is over head and ears in love, *il est éperdument amoureux*. Over what it uses to be, *plus que de coutume ; extraordinairement*. Without you be told it an hundred times over, *si on ne vous le répète cent fois ; à moins qu'on ne vous*, &c. Over and under, *plus ou moins*. Over and above, *de plus*, outre cela, *d'ailleurs*. Over and besides he, *outre qu'il*, &c. Till his danger be over, *jusqu'à ce que le danger soit passé pour lui*. Over night, *le soir précédent*. He did not carry himself over gallantly, *il ne s'est pas trop bien comporté*. Twice over, over again, *une seconde fois*. Over and over again, *sans cesse ; très-souvent*. Over against, *vis-à-vis ; au-devant*. All over the camp, *par tout le camp*. Hostility covered over with the name of peace, *hostilités couvertes du spécieux nom de paix*. Some books are to be turned over diligently, *il est des livres qu'on doit lire & relire*. You shall endeavour to bring over others to your opinion, *vous tâcherez d'amener les autres à votre avis*. He was set over all the rest, *il avoit autorité sur tous les autres*. These are the overseers of all sacred things, *ce sont eux qui ont inspection sur tout ce qui concerne la religion*.

OUT, *particule qui signifie originairement* dehors. *Elle marque le point de départ*, la cause, *l'origine*, &c.

He was put out of command, *on lui ôta le commandement*. I am frighted out of my wits, *je suis tout consterné, tout troublé*. Out of my love, *par amitié de ma part*. Not out of laziness, *non par paresse*. Many men out of a consciousness that, *bien des gens dans l'intime persuasion que*, &c. Out of malice to, *pour se..pi..ce à*, &c. Out of danger, *hors de danger*. Like a man out of breath, *comme un homme hors d'haleine*. Out of measure, *outre mesure*. I am out of hopes, *j'ai perdu tout espoir*. Translated out of, &c. *traduit du*, &c. Out upon, out with it, *ôtez cela ! fi donc !* He will out, *il se sauvera, s'échappera*. Get you out, *va-t-en, retire-toi, sors d'ici*. Out at the elbows, *percé au coude*. To drink out of a glass, *boire dans un verre*. A word that is out, (among printers), *un mot qu'on a omis*. You are quite out, *vous vous trompez, vous voilà dérouté*. They are fallen out, *ils sont brouillés*. He is out with me, *je ne le vois plus, nous sommes brouillés*. Speak out, parlez. Out of hand, *sur-le-champ, incontinent*. Out of doubt, *sans doute*. How so much out of purse? *avez-vous dépensé tant?* I am out, *je n'y suis plus, où je me trompe*. Out of sight, *invisible, hors de la portée de la vue*. He would not hear me out, *il ne voulut pas m'entendre jusqu'à la fin*. His sister was out of the way, *sa sœur étoit absente, n'étoit pas venue*. I will read this book out, *je lirai ce livre en entier*. The time is out, *le temps est passé ou expiré*. The fire is out, *le feu est éteint*. But I was astonished as he said he would physic me out of my life, *je fus consterné quand je lui entendis dire qu'il me drogueroit jusqu'à m'ôter la vie*. You ought to whip that mischievous boy out of his tricks, *il falloit fouetter ce petit étourdi jusqu'à ce qu'il changeât*. My land is out, and beside I am out of tune, *je ne suis pas en train, d'ailleurs je ne suis pas de bonne humeur*. If it fell out, *s'il arrivoit que*, &c. It will out, said he, *cela transpirera, dit-il*.

S.

SINCE, *particule conjonctive qui marque* la cause, le motif, &c. & *s'exprime par* car, puisque, &c.

Since he was to come to London, *car il devoit venir à Londres*. Since the one was a fool, *l'un étant un sot*, &c. But *since* there is nothing.... *mais comme il n'y a là rien*.... Since you have forced me, *puisque vous m'avez forcé à*, &c. Since it differs not much from, &c. *d'autant plus qu'il ne diffère pas beaucoup de*, &c. That since he was old, *qu'eu égard à sa vieillesse*.

Elle marque le temps passé, & *se rend par* depuis. (*Voyez* AGO.)

'Tis the third day since I, &c. *voilà trois jours que je*, &c. It is not long since you were of our opinion, *il n'y a pas long-temps que vous pensiez comme nous*. Since his death, *depuis sa mort*. Some while since, *il y a quelque temps*. How long is it since you eat? *combien y a-t-il que tu n'as mangé?* A while since, *peu de temps*. Since the days of Bajazet, *depuis Bajazet*. A few days since he had, *peu après qu'il eût, ou peu de jours, &c.*

SO, *particule qui signifie* si, ainsi, autant.

So the things be the same, *si les choses sont encore dans le même état*. And so I declare to you.... *& ainsi je vous déclare*.... He thinks he may do so, *il pense pouvoir en faire autant*. They were so hindered that, *ils éprouvoient tant d'obstacles que*, &c. Did you think me so uncivil as to be angry with you? *me croiez-vous assez impoli pour me fâcher contre vous?* I do not rely so entirely upon my memory, as to think I can forget nothing, *je n'ai pas ma confiance assez absolue dans ma mémoire pour penser que je ne puis rien oublier*. He is so drunk (that) he is hardly able to hold his eyes open, *il est si ivre qu'il ne peut tenir les yeux ouverts*. They are so fat (that) they swim on the water, *ils sont si gras qu'ils nagent sur l'eau*. You were so young (that) you could not see it, *vous étiez trop jeune pour voir cela*.

Pourvu que, à condition.

So they may obtain their desires, *pourvu que leurs desseins réussissent*. So he can but make himself merry, *qu'il puisse seulement se réjouir*. So she be but a citizen, *si cependant elle a droit de bourgeoisie*. Yet so that I be not cheated, *mais autant que je ne serai pas dupe*.

Avec as, *elle sert à comparer*, ou *signifie* de forte que.

As a war should be undertaken upon a just motive, so a Prince ought to consider the condition he is in when he enters on it, *comme une guerre ne doit être entreprise que sur de justes motifs, il faut aussi que le Prince qui la commence examine sa situation*. As you wished so it is fallen out, *les choses sont enfin telles que vous le désiriez*. So as I in like manner may have liberty, *de sorte que j'aie aussi ma liberté*. (*Voyez* AS.)

So, joint à then, *signifie* c'est pourquoi, &c.

So then you have no reason to fear, *c'est pourquoi vous n'avez pas sujet de craindre*. So then there was no need, *il n'étoit donc pas besoin*, &c.

Expressions d'usage.

If it were not so, *si ce n'étoit cela ; s'il n'étoit pas ainsi*. So close upon one another, *si près l'un de l'autre*. He hates nothing so much as, *il ne hait rien tant*, &c. So much am I incapable of...., *tant il s'en faut que je sois capable de*.... Not so much for this, as for.... *non pas tant pour ceci que pour*.... So far, *jusque-là*. So unfit was he to.... *tant il étoit incapable de*.... So, so, *passablement, médiocrement*. Is it so that there is not a vile man among you? *quoi! il n'y a pas un seul homme prudent parmi vous?* It is so far from adorning, *bien loin qu'il orne*, &c. So that not without reason, *de sorte que ce n'est pas sans raison*. Be it so, *soit, il soit*. And why so? *mais pourquoi?* Is it ainsi? So came we to know, *voilà comme nous avons su*, &c. So it be no trouble to you, *si cependant cela ne vous dérange pas*. It is even so, *cela est ainsi ; oui*. So or so, *de manière ou d'autre*. We do not so much as suspect, *nous ne soupçonnons même pas*. Nor am I so foolish, *je ne suis pas non plus assez fou que ; je n'ai garde*. So when this was done, *quand cela fut fait*. If it so chanced, *si par hasard*.

THAN.

TABLE ALPHABÉTIQUE DES PARTICULES ANGLOISES.

T.

THAN, particule conjonctive qui répond au *que* conjonctif des deux termes d'une comparaison, & se met après *other*, *more*, & tous les comparatifs.

They were towards us, others *than* we could expect, *ils étoient à notre égard tout autres que nous l'espérions*. Otherwise *than* they had informed us, *tout autrement qu'ils nous l'avoient marqué*. No body did torment himself worse *than* he, *personne ne se tourmentoit plus cruellement que lui*. Nothing sooner grows old *than* obligation, *rien de sitôt oublié qu'un bienfait*. I had rather have them *than* not, *j'aimois mieux les avoir que de les perdre*. Less *than* thirty, *moins de trente*.

Quelquefois elle se transpose avant le relatif & le comparatif, sur-tout en poésie.

Than which never was any thing more pitiful, *il n'y a jamais eu rien de si déplorable*. Than whom a spirit more lewd fell not from heaven, *c'étoit le plus coupable de tous les esprits qui furent précipités du ciel*.

THAT, particule conjonctive qui se prend pour *afin que*, *de sorte que*, &c. *Dans ces sortes de cas on l'exprime ou on la supprime à volonté.*

I will see (*that*) you be acquainted with all, *je ferai en sorte que vous soyez informé de tout*. To the end (*that*) men may be, *afin que le public soit*, &c. To the end (*that*) they might hinder, *de manière qu'ils puissent empêcher*. I am afraid (*that*) I shall not be, *l'appréhende de ne pas être*, &c. In so much (*that*) before he came, &c. *de sorte qu'avant qu'il vint*, &c.

Expressions d'usage.

That she may love the child, *afin qu'elle aime son enfant*. That he might not intrust, *pour n'être pas obligé de confier*. That you did obtain it, don't think, *de ce que vous l'avez obtenu, ne pensez pas*, &c. Save that he laid his hands, &c. *sinon qu'il posa les mains*, &c. For that she was to die, *parce qu'elle alloit mourir*. So that the minds of the guests.... *de sorte que l'esprit des convives*.... See that you, *fais ensorte que, prends garde de*, &c. Woe is me that, *malheur à moi que*, &c. Before (*that*) I begin to.... *avant que je commence à*.... At that age, *that*.... *d'un âge à*.... He brought them to that, *that*.... *il les mena au point de*.... It was long of them, that, *c'est leur faute, si*, &c. Not that they displease me, *non qu'ils me déplaisent*. Not but that it was right, *non que la chose ne fût juste*. But that I fear him, *si je ne le craignois*. That is to say, (to wit,) *c'est-à-dire, savoir, à savoir*.

THOROUGH, THROUGH, THRO', particules qui signifient à travers, d'un côté à l'autre, entièrement, &c.

He runs the Prince through the breast with a sword, *il plonge son épée dans la poitrine du Prince*. Through all England, *par toute l'Angleterre*. Almost all the year through, *presque toute l'année*. So that they were quite wet through, *de sorte qu'ils étoient mouillés ou percés jusqu'aux os*.

Through sert à marquer la cause, le motif, la manière, &c.

They perish through cold, *ils meurent de froid, le froid les fait périr*. Through want of skill, *par mal-adresse, faute de génie*. Sometimes men err in their counsels through ambition, as Perdiccas; sometimes through a false opinion of right, as Brutus; sometimes through anger, as Marius, on s'abuse dans ses desseins tantôt par ambition, comme Perdiccas; tantôt par une fausse opinion de la justice, comme Brutus; quelquefois par emportement, comme Marius.

TILL, UNTIL, particules conjonctives qui signifient *jusqu'à*, mais en parlant du temps seulement.

Who first broke peace in heaven and faith *till* then unbroken, *qui viola le premier dans les cieux la paix & la foi jusqu'alors sans atteinte*. Till at last Satan, &c. *jusqu'à ce qu'enfin Satan*, &c. Not we have known *till* now, *nous n'avons pas encore su jusqu'à ce moment-ci*. Till dewy sleep oppressed them, *jusqu'à ce qu'un doux sommeil vint s'emparer de leurs sens*. Don't stay till I give you thanks, *n'attendez pas que je vous remercie*. Till (until) they shall be come up, *avant qu'ils soient arrivés*. He would not *till* he had first answered him, *il ne voulut pas, qu'il ne lui eût auparavant répondu*. Til thou return unto the ground, *jusqu'à ce que tu rentres dans la terre*. I was so in earnest in the contest as *till* then I had never been in any case, *j'ai disputé avec plus de chaleur que je ne l'avois fait jusqu'alors*. Till they were eleven years old, *à moins qu'ils n'eussent onze ans*. We never understand our own good, *till* we have lost what we had, *nous ne sentons jamais nos propres intérêts, que nous n'ayons perdu ce que nous avions*. Till anon, *maintenant, jusqu'à ce moment-ci*. Till a while ago, *tout récemment*.

TO, particule qui marque l'attribution à, aux.

They neither do good to themselves nor any other, *ils ne font de bien ni à eux-mêmes ni aux autres*. To give way to the time, *céder aux circonstances, au temps*.

Le mouvement.

To seduce them to our party, *pour les séduire & les amener à notre parti ou les ranger de notre parti*. He lifts up his hands to heaven, *il leve les mains au (ou vers le) ciel*. A ready way to honours, *un chemin qui conduit droit aux honneurs*.

La distance.

That scaled (from thence) by steps of gold to heaven's gate, *qui s'élevoit (de là) jusqu'aux portes du ciel par des degrés d'or*. From Paris to London, *depuis Paris jusqu'à Londres*.

L'intention, le but.

Whether *to* dare the fiend, *soit pour attaquer l'ennemi*, &c. I have no friends to comfort me, *je n'ai pas d'amis pour me consoler, qui puissent me consoler*. You seemed over desirous to go away, *vous paroissiez bien pressé de vous en aller*.

Expressions d'usage.

Shall I help you to some bread? *voulez-vous du pain? voudriez-vous*, &c. In proportion to the degrees of sharpness, *proportionnement aux degrés de l'acrimonie*. Of such a nature as to produce the yellowness, *de nature à produire cette couleur jaune*. And it was so great as to hinder, & *cela étoit assez considérable pour empêcher*, &c. Whereby the liquor is restored to its first natural state, *ce qui peut ramener la liqueur à son état primitif*. Of whomsoever taught to counterfeit man's voice, *de qui que ce soit qu'il ait appris à contrefaire la voix humaine*. To Indians known, *connu des Indiens*. You are nothing to him, *vous n'êtes rien auprès de lui, en comparaison de lui*. He thinks them clowns to the others, *il les regarde comme des rustres en comparaison des autres*. Your kindness to me, *la bienveillance que vous avez pour moi*. It is, in a manner, to ask him again, *c'est en quelque façon le redemander*. I have not time to breathe in Paris, *je n'ai pas le temps de respirer à Paris*. I weep to think what will become of him, *je pleure quand je pense à ce qu'il va devenir*. You had been a fool to have stood against him, *vous auriez été fou de lui résister*. We are now to treat first of honesty, *il nous faut à présent parler premiérement de l'honnêteté*. They were then to part from the others, *ils étoient près de se séparer des autres*. After you had spoken to virtue, *lorsque vous eûtes parlé de la vertu*. I called him to me, *je le fis venir chez moi*. There is nothing at all to me, *il n'y a rien là qui me regarde*. Because, said he, I have a sad thing to my wife, *parce que, dit-il, j'ai pour femme un pauvre sujet*. He did offer to him all he would have to his daughter's portion, *il lui offrit tout ce qu'il vouloit pour la dot de sa fille*. You bring me to that pass, *vous me réduisez au point de*, &c. I am glad to see it, *je suis bien aise de le voir*. Down to the slender waist, *jusqu'au bas de la fine taille*. Never take it to heart, *ne vous en chagrinez pas*. To his very great reproach, *à son grand déshonneur*. To and fro, *ça et là, de part & d'autre*. To day, to night, *aujourd'hui, ce soir*. Next to the house, *près de la maison*. I am not so inconsiderate as to.... *je ne suis pas si imprudent que de*.... From day to day, *de jour en jour*. From man to man, *d'homme à homme*. To about a quart, *aux environs*

TABLE ALPHABÉTIQUE DES PARTICULES ANGLOISES.

environs d'un quart, un quart environ. According to the continuance of the distillation, selon qu'on pousse la distillation. From end to end, d'une extrémité à l'autre. What do you say to it? qu'en dites-vous? I have observed it to lose this property, j'ai remarqué qu'il perdoit cette propriété. My service to you, à votre santé. To thirty drops, à la dose de trente gouttes. Exposed to the fire, mis sur le feu. She calculated just to a day, elle ne s'est pas trompée d'un seul jour dans son calcul. As to the king, quant au roi. It is not to say how glad they are, on ne diroit pas qu'elle est leur joie, on ne sauroit dire, &c. More to see to than they were, paroissant plus nombreux qu'ils n'étoient. Wonderful to hear, merveilleux à entendre. A brave navy to see to, une belle flotte à voir. He was nearer to it, il en étoit plus près. They fought hand to hand, ils en étoient aux prises, aux mains. From hand to hand, de main en main. The next to him, le premier après lui. Being he to blame, lui étant en faute; comme il étoit en faute. Burnt to a coal and thence to ashes, réduit en charbon & ensuite en cendre. It is not to be understood as, il ne faut pas l'entendre comme si, &c. Like to die, près de mourir. Not to my knowledge, non que je sache. To a penny, jusqu'au dernier sou. So as to prove in some cases, de sorte qu'ils sont dans plusieurs cas, &c. It is a thing to be ashamed of, c'est une chose qui fait rougir. The age to come will pronounce upon our doings, la postérité prononcera sur nos actions. With any particular regard to women, avec quelque exception particulière pour les femmes. To wit, savoir, c'est-à-dire. Affections too great to require of a woman, des sentiments plus élevés qu'on ne peut l'exiger d'une femme.

La particule to est ordinairement sous-entendue après les verbes monosyllabes qui marquent attribution ou mouvement.

Give me the cup, donnez-moi la coupe. Send me my book, envoyez-moi mon livre. Bring me my sword, apportez-moi mon épée.

TOO, *particule qui signifie* trop.

Too fast they made and durable, ils ne le firent que trop solide & trop durable. Too large to fill, trop vaste pour être rempli. We are too large in easy things, nous nous étendons trop sur des choses si aisées. You are too eager on it, vous y allez avec trop de chaleur. It is spoken too subtilly for every one to apprehend, cela est dit avec trop de finesse pour qu'un chacun le saisisse. I love thee too well, je t'aime trop. Enough and too much, en voilà bien assez. In all things, too much is more offensive than too little; en toutes choses, le trop choque plus que le trop peu.

Elle signifie aussi, pareillement.

His being naught himself spoils his own son too, sa mauvaise conduite corrompt aussi son fils. I have need of your authority and favour too, j'ai besoin & de votre autorité & de votre faveur. He too shall be prayed to, on l'en priera aussi.

TOWARDS, *particule qui signifie* vers, envers, &c.

Sometimes towards Eden, sometimes towards heaven, tantôt vers l'Eden, tantôt vers le ciel. Towards Syria, du côté de la Syrie. He came towards me, il vint au-devant de moi. It grows towards evening, le soir ou la nuit approche. I will go towards the haven, je m'en vais au port. They bear an especial good-will towards you, ils vous veulent beaucoup de bien. The reverence to be used towards them, le respect qu'il faut avoir pour eux. They were so affectioned one towards another, that.... ils étoient si affectionnés l'un pour l'autre, que....

U.

UNDER, *particule qui signifie* dessous.

Or for ever sunk under yon boiling ocean, wrapt in chains, ou précipités pour jamais au fond de cet océan de feu, chargés de chaînes. Whatsoever is under the earth, tout ce qui est dans le sein de la terre. A little under the middle region, un peu au-dessous de la moyenne région.

Elle s'emploie, dans le sens figuré, comme en François.

A crew which under names of old renown, cette association qui, sous des noms fameux anciennement, &c. Under the inevitable curb, asservis à une autorité à laquelle, nous ne pouvons nous dérober. Much more to taste that sacred fruit, under ban to touch, de goûter même ce fruit sacré qu'il ne nous étoit pas permis de toucher. Under a shew of friendship, sous le nom d'amitié, sous l'apparence, &c. Under pretence of, sous prétexte de. Under colour of a peace, sous l'apparence de la paix.

Elle signifie moins.

Don't give it under what it cost, ne le donne pas à moindre prix qu'il coûte. A great deal under what it cost, beaucoup au-dessous de son prix. Under three hundred, moins de trois cents.

Expressions d'usage.

Thirty days over and under, trente jours plus ou moins. To work under-hand, travailler par-dessous-main, machiner, tramer. Under your favour, avec votre permission. But and you fall under my displeasure, si vous encourez mon indignation. It falls under the consideration of profit, il faut en envisager, en examiner l'utilité. All under one, ensemble, d'une pierre deux coups.

UP, *particule qui signifie originairement* en haut avec mouvement.

The water was up to.... l'eau étoit montée jusqu'à.... From the ground up to,.... depuis la terre jusques.... I rose up to make reply, je me levai pour répondre. That part of the way is very much up hill, ce chemin va bien en pente ou monte beaucoup de ce côté-là. It creeps up, il s'élève en rampant. Looking up, regardant en haut. From my youth up, depuis ma jeunesse. It was a rock of alabaster piled up to the clouds, c'étoit un rocher d'albâtre qui élevoit fièrement son sommet jusqu'aux nues. Up he starts discovered, il ne fait qu'un saut dès qu'il se voit découvert. Up springing light flew through the midst of heaven, il en partoit des torrents de lumière qui se répandoient au milieu des cieux. And though they call up the old Proteus from the sea, & quoiqu'ils fissent sortir du sein de l'océan le vieux Protée. But drawn up to heaven, mais retirée vers le ciel. That you may not run up and down, afin que tu ne sois pas toujours à courir. To make up, achever, accomplir, finir, suppléer, accommoder, &c. Before the sun was up, avant le soleil levé. To raise up, exciter, animer. Up, (pour get up) lève-toi. Up and let us be going, allons, leve-toi & partons. He so took me up, il s'en prit si fort à moi, il me gronda si fort. How many shall we make up? en combien de jeux la partie? We will make four up, en quatre. His blood is up, le voilà fâché. All up to Romulus's time, tous depuis Romulus; en remontant à Romulus.

UPON. Voyez **ON**.

V.

VERY, *particule qui marque* une affirmation emphatique.

It is a very lie, c'est un pur mensonge. This is a very sycophant, c'est un vrai fourbe.

Elle s'emploie pour even, même.

That way the very consulship may be dispraised, par ce moyen le consulat même deviendroit blâmable. The very hairs, les cheveux même.

Pour himself, itself, themselves.

The very God of peace, le Dieu de paix lui-même. Believe me for the very works sake, croyez-moi d'après les faits que vous voyez.

Avec same, selfsame, self and same, *elle donne plus d'emphase & de précision.*

The very same day, le jour même. And for that very selfsame thing, & pour cela même, par rapport à cela même. Which very thing, which very same thing, *laquelle chose elle-même.* It is his own very self, *c'est bien lui-même.* That very self and same thing, *cette chose-là même.*

Elle sert à marquer le superlatif.

These symptoms which are very common in all other methods, *ces symptômes qui se voient très-souvent en employant toute autre méthode.* Very obvious in.... *très-fréquent dans....* We are now very weary, *nous sommes très-fatigués.* That is very false, *cela est très-faux.* I would very fain, *je désirerois très-fort, &c.* I was very much afraid, *je craignois beaucoup que, &c.* In very deed, *très-réellement; oui, vraiment.*

Avec not, *elle se rend par* pas trop, pas plus que.

He was not very well advised, *il n'a pas été trop prudent.* She was not very well, *elle n'étoit pas trop bien.*

W.

WHEN, *particule qui signifie positivement* quand, lorsque, dès que, alors.

When thus began our Author, *alors, quand l'Etre suprême commença ainsi.* He scarce had ended when those two approached, *&c. à peine est-il fini que ces deux s'approchoient, &c.* But when we wake, *and when we seek, &c. & lorsque nous veillons (ou sommes éveillés,) & lorsque nous cherchons, &c.* When I heard this, *dès que j'eus appris ceci.* When she heard I stood at the door, *(elle) entendant que j'étois à la porte.* And I was at his house, I did take, *&c. étant chez lui, je pris, &c.*

When *se joint à* then *pour lier le sens correspondant.*

When you were reading then I was, *&c.* quand vous lisiez j'étois alors, *&c.* When I had, &c. then I set about, &c. *quand j'eus, &c... alors je me mis à, &c.*

Et s'emploie comme interrogatif.

When will that be? never, *quand verrons-nous cela? jamais.*

WHENCE, *particule conjonctive qui indique en général le lieu ou la cause d'où vient une chose.*

Whence come you? *d'où viens-tu?* I asked whence that letter came, *je demandai d'où venoit cette lettre.* Whence it ought to be conceived that.... *d'où l'on peut comprendre que....* Whence all things do grow, *c'est de là que tout a existence.*

Elle signifie ainsi, c'est pourquoi, alors.

Whence warn him to beware of, *c'est pourquoi vus l'avertir de prendre garde de, &c.* Whence if you don't return to, *ainsi ou si donc tu ne reviens pas à, &c.* Whence Adam faltering, *alors Adam d'une voix mal-articulée, &c.*

WHERE, *particule adverbiale qui indique en général le lieu où l'on est & par où l'on passe.*

Where wast thou? *où étois-tu?* Where art thou Adam, wont with joy to meet my coming seen far off? *où es-tu Adam, toi qui venois de loin à ma rencontre avec tant de plaisir?* While to hell I am thrust where neither joy nor love, *tandis que je suis précipité dans l'enfer où il n'y a ni joie ni amour.* Where there was any entrance to it, *par toutes les avenues de ce lieu.* Any where, *quelque part.* Every where, *par-tout.* Love no where to be found, *amour qui ne peut se trouver nulle part.*

Dans le sens figuré, elle se rend de différentes manieres.

Where is the peaceful consciousness of your good behaviour? *qu'est devenu ce sentiment intérieur & paisible de votre bonne conduite passée?* Nor is room any where for counsel, *un bon avis n'a plus lieu; personne ne veut plus recevoir d'avis.* Where it may be useful, *lorsqu'il sera avantageux.*

Elle se compose avec différentes prépositions. (Voy. le Dictionnaire.)

WHILE, *particule adverbiale qui exprime le temps que dure une chose. Elle se prend substantivement.*

Stay a while for me here, *attends-moi un peu ici.* In a while, *en peu de temps.* For a little while, *pour peu de temps; tant soit peu.* A great while, *long-temps.* Too little a while, *trop peu de temps.* For some while, *pour quelque temps.* It is a good while since I drank first, *(ou while ago, &c.) il y a du temps que j'ai bu pour la premiere fois.* A good while ago, *since, bien du temps que, &c.*

Elle devient conjonctive & signifie jusqu'à ce que, pendant que, lorsque, *&c.*

While day arises, *jusqu'à ce que le jour paroisse.* While the bright pomp ascended jubilant, *pendant que cette pompe éclatante montoit avec des cris de joie.* While I am there, *tant que j'y resterai là.* While you come out, *jusqu'à ce que vous sortiez.* While thus he spoke, *tandis qu'il parloit ainsi.* So perfect while they stood, *si parfaits lorsqu'ils étoient encore dans leur état d'innocence.* I will not leave while I have done it, *je ne quitterai pas que je n'aie fait.* While time was not, *lorsque le temps n'étoit ou n'existoit pas encore.*

Expressions d'usage.

Mean while enjoy your fill, *en attendant jouissez à votre gré, &c.* Mean while the eternal eye, *pendant ce temps-là, l'œil éternel (Dieu.)* In the mean while, *sur ces entrefaites; cependant (en poésie.)* All the while, *pendant tout le temps que, &c.* All this while, *jusqu'à ce moment-ci.* A good while before, *long-temps auparavant.* One while this way, another while another way, *tantôt d'un côté, tantôt de l'autre.* A while after, *peu après que, &c.* A while ago, *il n'y a que peu de temps.* Whilst, *tandis que, &c.*

WHY, *particule adverbiale. Comme interrogatif*, why *se rend par* quoi? pourquoi? &c.

Why then was this forbid? *pourquoi donc ceci étoit-il défendu?* Why but to awe, why but to keep you low and ignorant? *pourquoi si ce n'est pour (ou n'est-ce pas pour) vous intimider & vous tenir dans la bassesse & l'ignorance?* Why should he not carry away? *pourquoi ne l'emmeneroit-il pas?* Why so? *pourquoi? comment cela?* Why is Epicurus more happy than Metrodorus? *comment Epicure est-il plus heureux que Métrodore?* Why make you no haste? *que ne vous pressez-vous?* Nor can I tell why, & je ne saurois en dire la raison. If it be there any reason why you should not come, *s'il y a quelque raison qui vous empêche de venir.* What have you why I should think you immortal? *qu'avez-vous qui puisse me porter à vous croire immortel?*

Elle sert à marquer quelque restriction, correction, affirmation.

Why, you look like a lady already, *en vérité, mais vraiment; vous avez déjà l'air d'une dame de qualité.* Why, said he, you have broke, *mais, di-t-il, vous avez brisé, &c.* Why, here is ado indeed, *parbleu, voici bien de l'embarras.* Why, these tender fair ones bear fatigue better than we men, *ma foi, ces aimables tendrons soutiennent mieux les fatigues que nous autres hommes.* Why then! *mais quoi!* Why, she will toss us by and by, *elle va, certes, nous peloter tous.* Why he is here, *ou dà, il est ici.* Why, sure thou art in love, oh! *certainement tu es amoureuse.* Why, but, cependant, car. Why, but I, &c. *pour moi, quant à moi.* Why! you are mighty happy with such a lover, *vous êtes sans doute au comble du bonheur avec un tel amant.* Why, said she, *fort bien, dit-elle.*

WITH, *particule qui signifie en général* avec, & *on y joint quelquefois* together, ensemble.

See with what heat these dogs of hell, &c. *vois avec quelle fureur ces monstres infernaux (ses chiens d'enfer.)* With whose stol'n fruit man once more to delude, *pour abuser une seconde fois l'homme avec leurs fruits dérobés.* You were together with him, *vous étiez avec lui.* With me, *avec moi, chez moi, à côté de moi.* They shall be of little availment with me, *ils ne feront pas grand'chose auprès de moi.* To will the same with me, *vouloir la même chose que moi.*

Elle

TABLE ALPHABÉTIQUE DES PARTICULES ANGLOISES.

Elle indique la cause, la maniere, l'inſtrument, l'union, le mélange, &c.

There is no reaſon why you ſhould be angry *with* that, *il n'y a pas là de raiſon de vous fâcher*. Many diſeaſes are cured *with* faſting and reſt, *nombre de maladies ſe guériſſent par l'abſtinence & le repos*. He killed him *with* his own hand, *il le tua de ſa propre main*. *With* ſoot and cinders filled, *rempli de ſuie & de cendres*. Nor number, nor example *with* him wrought to ſwerve from truth, *ni le nombre ni l'exemple ne purent le porter à s'écarter de la vérité*. *With* purpoſe to, *à deſſein de*. Intermixed *with* choral voice, *entremêlés de chœurs*. And the empyrean rung *with* hallelujahs, *ils faiſoient retentir l'empyrée de leurs alléluia*. *With* his ſoft hand he ſeized mine, *de ſa douce, de ſa belle main il ſaiſit ou prit la mienne*. But all alike informed *with* radiant light, *mais toutes également éclatantes*. I had a mind to begin *with* that, *c'eſt par-là que je voulois commencer*. What do you find amiſs *with* it? *qu'y trouvez-vous à redire? qu'y trouvez-vous de défectueux?*

Expreſſions d'uſage.

I will be even *with* you, *je vous rendrai la pareille*. Sir, a word *with* you; *Monſieur, j'ai un mot à vous dire*. *With* all my heart, *de tout mon cœur*. What will you have *with* me, voyons, *de quoi s'agit-il entre nous?* Things go not well *with* them, *leurs affaires ne vont pas bien*. He ſhall not go away *with* it ſo, *il n'en ſera pas quitte à ſi bon marché*. I am in hand *with* the ſeventh book, *j'en ſuis au ſeptieme livre*. *With* much ado I held from, *j'eus bien de la peine à m'empêcher de*, &c. Their ſociety one *with* another, *la liaiſon qu'ils ont entr'eux*. He will die *with* cold or heat, *il mourra de froid ou de chaud*. *With* all ſpeed, *au plutôt*. The ſame *with* that, &c. *le même que celui que*, &c. Do ye deal ſo *with* me? *eſt-ce ainſi que l'on vous comportez envers moi?* They contend or agree one *with* another, *ils s'accordent ou ne s'accordent pas*. It is juſt ſo *with* me, & *de même à mon égard, c'eſt auſſi ma coutume, il en eſt ainſi de moi*. All one *with* the others, *le même que les autres*. I know not what courſe to take *with* him, *je ne ſais quel parti prendre à ſon ſujet*. *With* a good will, *volontiers*. I am now quite out of love *with* myſelf, *je me déplais entièrement à moi-même*. *With* two heads, *à deux têtes*. *With* the help of God, *Dieu aidant*.

WITHIN, *particule de temps & de lieu qui ſignifie en général* dedans, en dedans, dans l'intérieur.

There is a cave *within* the mount of God, *dans le ſein de la montagne de Dieu ſe voit un antre*. So forcible *within* my heart I feel the bond of nature, *tant je ſens puiſſamment dans mon cœur le lien de la nature*. For *within* him hell he brings, *car il contient l'enfer en lui-même*. And both contain *within* them, *l'un & l'autre ont en eux-mêmes*. *Within* a few days, *ſous peu de jours*. *Within* this three days, *d'ici à trois jours, avant trois jours*. Call out ſome body from *within*, *faites venir quelqu'un de là-dedans*. Is he *within?* *eſt-il au logis?* *Within* a while after, *preſque auſſi-tôt, peu de temps après*. He was *within* a little of being killed, *peu s'en fallut qu'on ne le tuât, il fut preſque tué*. *Within* compaſs, *avec meſure, réſerve, modération*. To keep *within* compaſs, *tenir de court ou agir avec prudence*. *Within* an hour's time, *d'ici à une heure*.

WITHOUT, *particule qui ſe rend par* dehors, hors, *& eſt directement oppoſée à* within.

He is *without*, *il eſt dehors, il eſt ſorti*. From *within* or from *without*, *de dedans ou de dehors, au dedans ou au dehors*. *Without* hope, *hors d'eſpoir*.

Elle s'emploie pour ſans.

Without cauſe, *ſans raiſon, injuſtement*. *Without* noiſe, *à bas bruit, ſans bruit*. And *without* remorſe drive out the ſinful pair, & *ſans pitié chaſſe ce couple criminel*. *Without* jeſting, *raillerie à part*. She attains her end *without* the leaſt motion, *elle parvient à ſon but ſans le moindre mouvement*. *Without* delay to judgment he proceeded, *incontinent il procéda au jugement*. *Without* thy leave, *à ton inſu*. I remember it *without* your telling me, *je m'en ſouviens ſans que vous le diſiez*.

Quelquefois elle ſe rend par à moins que, que.

He cannot riſe *without* he be helped, *il ne peut ſe lever ſans que, à moins qu'on ne l'aide*. She will not come *without* ſending for, *elle ne viendra pas, qu'on ne l'envoie chercher*.

Y.

YET, *particule conjonctive qui ſe rend par* mais, cependant, au moins, &c.

And *yet* he looks ſo deadly ſtrong, that.... *mais certes il me paroît ſi vigoureux, que*.... *Yet* are not the two ſexes made for one another? *néanmoins les deux ſexes ne ſont-ils pas faits l'un pour l'autre?* We ſhould have had, though not the beſt, *yet* ſome commonwealth, *nous aurions au moins eu une République, quoiqu'elle n'eût pas été la meilleure*. *Yet* I know it, *cependant je le ſais*. But *yet* what raſhneſs was therein? *mais encore, quelle témérité y avoit-il en cela?* And *yet* what pain is that! *voilà en vérité bien de la peine!*

Elle eſt relative au temps, & ſe rend, *avec* as *ou ſans* as, *par* encore, juſqu'ici.

In what I have as *yet* ſpoken I think I agree with you, *dans tout ce que j'ai dit juſqu'ici, je penſe être d'accord avec vous*. Truly nothing as *yet*, *rien du tout*. *Yet* I have not *yet* done it, *mais je ne l'ai pas encore fait*. You had ſcarce *yet* been twenty days in London, *à peine aviez-vous même été vingt jours à Londres*. Do you *yet* with for that? *quoi! le voudriez-vous encore à préſent?* It is not *yet* fifteen days ſince, *il n'y a pas encore quinze jours*.

Elle marque le ſurplus, l'excès.

There was ſomething behind *yet*, *il y avoit encore quelque choſe de plus, de reſte*. Did you ſay any thing further *yet? avez-vous dit quelque choſe outre cela?* As they would go a little further *yet*, *comme il vouloient aller encore un peu plus loin*. Have you any thing more *yet? n'avez-vous rien de plus?*

EXPLANATION

OF THE MARKS AND ABBREVIATIONS

MADE USE OF IN THIS WORK.

---

† Marks a mean or vulgar word or expression, as also words and expressions of humour and burlesque.

* An obsolete word or expression.

P. A Proverb or proverbial expression.

R. A Remark.

V. Stands for *Vide*, see.

s. or *sub.* or *subst.* A Substantive.

s. m. or *sub. m.* or *subst. masc.* A Substantive of the Masculine Gender.

s. f. or *sub. f.* or *subst. fem.* A Substantive of the Feminine Gender.

adj. or *adject.* An Adjective, whether Noun or Participle.

v. act. or *v. a.* Verb Active.

v. neut. or *v. n.* Verb Neuter.

v. recip. or *v. rec.* or *v. r.* Verb Reciprocal *or* Reflected.

v. impers. or *v. imp.* Verb Impersonal.

adv. An Adverb.

prep. A Preposition.

interj. or *interject.* An Interjection.

Ex. Example.

THE NEW

THE NEW UNIVERSAL DICTIONARY,

THE SECOND PART,

Containing the English before the French.

LE NOUVEAU DICTIONNAIRE UNIVERSEL,

SECONDE PARTIE,

Qui contient l'Anglois devant le François.

A

A EST la première lettre de l'Alphabet chez tous les Peuples, & la première des cinq voyelles.
A se prononce de trois manieres différentes en Anglois.
1. Comme l'*a* françois. *Ex.* hat, chapeau, se prononce *hate.*
2. Comme la diphtongue *ai. Ex.* hate, haine, se prononce *haite.*
3. Comme l'*â* circonflexe. *Ex.* hall, salon, se prononce *hâle.*
Mais les regles que l'on pourroit donner sur la prononciation de cette voyelle sont sujettes à tant d'exceptions, que le plus court est de les apprendre par l'usage.
A, *subst. Ex.* A good A, *un bon A.*
A little a, *un petit a.*
A en Anglois *est souvent un article qui signifie* un , une.
Ex. A house , *une maison.* A garden , *un jardin.*
R. *En François l'article* un, une , *fait* des , *au pluriel ; mais en Anglois cet article n'est pas exprimé au pluriel.*
Ex. Houses, *des maisons.* Gardens, *des jardins.*
L'article A , devant un mot qui commence par une voyelle , ou par une H muette ,

A

prend une N ; pour éviter le son désagréable qui naîtroit de la rencontre des deux voyelles.
Ex. An eagle , *une aigle.* An hour , *une heure.*
A. *Quelque ,* le , la.
Ex. A little money. *Quelque peu d'argent.*
I was there a while. *J'y fus quelque temps.*
To wear a sword. *Porter l'épée.*
Twice a day. *Deux fois le jour.*
Once a year. *Une fois l'année.*
A se met quelque fois dans le sens de la préposition BY , *Par.*
Ex. So much a week. *Tant par semaine.*
So much a man. *Tant par tête.*
On se sert aussi très-souvent de cette Particule , entre un verbe & un participe du temps présent.
Ex. To go a hunting. *Aller à la chasse.*
To go a begging. *Mendier.*
I am a coming. *Je viens, je m'en viens.*
He is a doing it. *Il le fait, il y travaille.*
It is a doing. *On y travaille, on y est après.*
A se met quelquefois au lieu de of the.
Ex. It is one a clock, (*pour, it is one by the clock.*) *Il est une heure.*

A | ABA

A quelquefois est une Particule explétive, & ne sert qu'à l'ornement du discours.
Ex. What a man are you ! *Quel homme vous êtes !*
On dit aussi, many a man , *au lieu de* many men. *Plusieurs personnes.*
Quelquefois encore , au lieu des prépositions IN , ON , &c.
Ex. To be a bed, (pour, to be in *or* more properly on the bed.) *Être au lit.*
To go a foot, (pour, to go on foot.) *Aller à pied.*
Quelquefois elle entre en composition sans pourtant rien changer au sens des mots avec lesquels elle est composée.
Ex. Afar off, to abate, signifient la même chose que leurs simples , far off , loin , to bate, rabattre.
ABACK, *adv.* (a sea-term.) *Coëffé , sur le mât ou vent dessus ;* en parlant des voiles.
The main top-sail is taken aback. *Le grand hunier est coëffé ; le grand hunier est sur le mât.*
To lay aback any sail. *Coëffer ou mettre sur le mât une voile.*
Lay all flat aback ! *Mets toutes les voiles sur le mât ! brasse tout à culer !*

ABACUS,

Tome II.

ABA

ABACUS, *subst.* (a counting table; the uppermost member of a column.) *Abaque, tailloir.*

ABADDON, *subst. Abaddon, Satan.*

ABAFT, *subst.* (a sea-term, the hinder part of a ship.) *La poupe, l'arriere d'un vaisseau.*

Abaft, *adv. comp. Arriere, en arriere de, en arriere*, & *de l'arriere.* Ex.

Alaft the main mast. *En arriere du grand mât.*

The mizen mast hangs abaf. *Le mât d'artimon est incliné en arriere.*

To **ABALIENATE**, *v. a. V.* To Alienate.

To **ABANDON**, *verb. act.* (or forsake.) *Abandonner, quitter, délaisser, laisser à l'abandon.*

To abandon all hope. *Perdre toute espérance.*

Abandoned, *adject. abandonné, délaissé, laissé à l'abandon, quitté.*

ABANDONER, *subst.* (one who abandons.) *Celui qui abandonne.*

ABANDONING, *s. Abandonnement, l'action d'abandonner, de délaisser,* &c.

To **ABASE**, *verb. act. Abaisser, humilier, avilir.*

Abased, *adj. Abaissé, humilié.*

ABASEMENT, } *sub. Abaissement, humiliation, abjection.*
ABASING,

To **ABASH**, *v. act.* (or confuse.) *Rendre honteux, rendre confus.*

Abashed, *adj.* (put out of countenance.) *Honteux, confus.*

* **ABASHMENT**, *s. Consternation, confusion.*

To **ABATE**, *verb. act. Abattre, rabattre, rabaisser, faire un rabais de, diminuer.*

Ex. To abate, (or diminish) something of a sum. *Rabattre quelque chose d'une somme.*

To abate, (lessen or lower) one's pride. *Rabaisser ou rabattre l'orgueil de quelqu'un.*

To abate the price of some commodities. *Rabaisser le taux de quelques denrées.*

To abate the taxes. *Faire un rabais d'impôts.*

To abate (diminish or weaken) a man's power. *Diminuer le pouvoir de quelqu'un.*

To abate something of a man's right. *Céder ou relâcher une partie de son droit.*

To abate, *verb. neut. Diminuer, s'abattre.*

The heat abates, (or ceases.) *La chaleur diminue, la chaleur s'abat.*

My pain begins to abate, (or leave me.) *Ma douleur commence à diminuer.*

To abate of that ardour one had for something. *Perdre une partie de l'ardeur ou de la passion qu'on avoit conçue pour quelque chose.*

To abate, (in the sense of the law, signifies to beat *or* pull down, to defeat, to overthrow, to intrude.) *Ce verbe, en termes de Palais, signifie abattre, démolir, renverser, annuller, casser, usurper, s'emparer.*

1. Ex. To abate a castle. *Démolir, abattre ou raser un Château.*

2. To abate a writ. *Rabattre, révoquer, casser ou annuller un acte ou une procédure.*

3. To abate or intrude into (in opposition to disseize) an estate. *S'emparer du bien du défunt, au préjudice du plus proche héritier.*

ABA

Abated, *adj. Rabattu, rabaissé, diminué,* &c. *V.* to abate.

ABATEMENT, *subst. Rabais, diminution, l'action d'affoiblir.*

But when all things are rightly computed and just abatements (or deductions) made. *Mais tout bien compté & rabattu.*

ABATER, *s. Qui diminue, qui affoiblit.*

ABATING, *subst. Rabais, diminution, l'action de rabattre, de rabaisser,* &c. *V.* to abate.

ABATOR, *sub.* (a law-term.) *Celui qui s'empare d'un bien.*

ABATTURE, *s. Abattures*, en termes de chasse.

ABB, *subst.* (the yarn on a weavers warp.) *Laine sur le métier.*

ABACY, *s.* (a Law-term for an Abbey.) *Terme de Palais, pour dire, Abbaye ou dignité d'Abbé.*

ABBESS, *subst.* (a Nun that is possessed with an Abbey, and governs the other nuns.) *Abbesse, Religieuse qui possede une Abbaye,* & *qui, en vertu de sa dignité, a pouvoir sur les autres Religieuses.*

ABBEY, *subst. Abbaye.*

† Abbey-lubber. *Un gros fainéant, qui est gros & gras.*

ABBOT, *subst.* (the Ruler of an Abbey.) *Abbé, chef d'Abbaye.*

A regular Abbot. *Abbé régulier, qui a la direction du temporel & du spirituel de son Abbaye.*

A secular Abbot. *Abbé séculier, Abbé qui n'est pas Religieux.*

An Abbot in commendam. *Abbé commandataire, Abbé qui possede une Abbaye en commande.*

ABBOTSHIP, *s.* (an Abbot's dignity.) *Charge ou dignité d'Abbé.*

To **ABBREVIATE**, *v. act.* (to abridge, epitomise, abstract or contract into a narrow space, to shorten.) *Abréger, réduire en abrégé, raccourcir.*

Abbreviated, *adj. Abrégé, raccourci.*

ABBREVIATION, *subst. Abréviation.*

ABBREVIATOR, *subst. Abréviateur.*

ABBREVIATURE, *subst.* (a letter for a word.) *Abréviation.*

ABC, } *subst.* (or Christs-Cross-Row.)
ABCE,

ABC, Croix de par Dieu, l'Alphabet.

ABC Scholar, *subst. Un Écolier qui est à l'ABC.*

ABC Teacher, *s. Un petit Maître d'école qui enseigne à lire.*

ABDEST, *sub.* (a mahometan purification by washing.) *Purification d'usage chez les mahométans.*

To **ABDICATE**, *verb. act. Abdiquer, renoncer à, quitter, se défaire de, se démettre de quelque charge ou de quelque dignité.*

Abdicated, *adj. Abdiqué, à quoi l'on a renoncé,* &c.

ABDICATING, } *sub. Abdication, renoncement, action d'abdiquer,* &c. *V.* to
ABDICATION, abdicate.

ABDOMEN, *s.* (the lower belly.) *Abdomen, le bas ventre.*

ABDOMINAL, } *adj. Qui a rapport à l'abdomen.*
ABDOMINOUS,

To **ABDUCE**, *v. act. Tourner, détourner,* en matiere de Physique.

ABDUCTOR, *subst. Abducteur*, terme d'Anatomie.

ABEARING ou A-bearing, *s.* (a Law-

ABE

term.) *Terme de Palais, dont on se sert en ce sens.*

To be bound to good a-bearing, (or to one's good behaviour.) *Être obligé de tenir une conduite reguliere à l'avenir.*

ABECEDARY, } *adj. Abécédaire.*
ABECEDARIAN,

ABED or In-bed, *adv.*

Ex. To be or to lie a-bed. *Être au lit, être couché.*

ABERRANCE, } *subst. Égarement.*
ABERRANCY,

ABERRATION, *sub.* (or going astray.) *Égarement, erreur, aberration*, terme d'Astronomie.

ABERRING, *subst. Qui s'égare.*

To **ABET**, *verb. act.* (to set on, to encourage.) *Inciter, exciter, animer, pousser, encourager.*

To abet, (to maintain, to back, to aid and assist.) *Soutenir, appuyer, supporter, favoriser, prendre le parti de, aider, assister.*

Abetted, *adj. Incité, animé,* &c. *V.* to Abet.

ABETTER, } *subst. Qui incite, anime,*
ABETTOR, &c. *V.* to Abet. *Fauteur, instigateur, partisan.*

To be an abettor (or accomplice) of murder. *Être complice de quelque meurtre.*

ABETTING, *s. L'action d'inciter, d'animer,* &c. *V.* to Abet.

ABEYANCE, *subst.* (a Law-term.) Ex. Lands in abeyance (or expectation when the Law has not yet determined to whom they belong.) *Terres jacentes.*

To **ABHOR**, *v. act.* (to detest or loath.) *Détester, abhorrer, avoir en horreur.*

Abhorred, *adj. Abhorré, détesté,* &c.

ABHORRENCE, } *subst. Horreur, aversion.*
ABHORRENCY,

I have a strange abhorrence to that course or manner of life. *J'ai une étrange aversion pour cette maniere de vivre.*

ABHORRENT, *adject. Éloigné, qui a en horreur, qui déteste, qui abhorre.*

ABHORRER, *s. Qui déteste, qui abhorre, ennemi juré.*

ABHORRING, *subst. Horreur, aversion, l'action d'abhorrer,* &c. *V.* to Abhor.

To **ABIDE**, *verb.* (to suffer or to endure.) *Souffrir, supporter, endurer.*

I cannot abide him, (I detest his sight.) *Je ne saurois le souffrir, je ne puis l'endurer.*

To abide, *verb. neut.* (to dwell or live.) *Habiter, demeurer, vivre.*

To abide in a most delightful place. *Demeurer dans un lieu très-agreable.*

To abide (or dwell) in the woods. *Vivre dans les bois.*

To abide (or remain) in sin. *Croupir dans le péché.*

If you abide (or withstand) but the first charge. *Si vous soutenez seulement le premier choc.*

He cannot abide to take pains, (or cannot settle to business.) *Il ne sauroit prendre de la peine.*

I cannot abide him out of my sight. *Je ne saurois me passer de sa compagnie.*

He cannot abide a wife, (or suffer the thoughts of marriage or of being married.) *Il ne veut pas entendre parler de mariage, il a une grande aversion pour le mariage.*

To

ABI ABL

To abide BY or IN a thing, (to stand to it.) *Se tenir à quelque chose.*
ABIDER, *subst.* Habitant.
ABIDING, *subst. L'action de souffrir, de demeurer,* &c. *V.* to Abide.
An abiding-place, (dwelling, habitation or place of abode.) *Une demeure.*
ABJECT, *adj. Abject, méprisable, bas, vil, lâche.*
Men of abject spirit, (groveling or low minded men.) *Des ames basses.*
ABJECTION, } *subst. Bassesse abaissement, abjection.*
ABJECTNESS,
Abjection of mind. *Découragement, bassesse de cœur, lâcheté, foiblesse de courage, abattement de courage.*
ABJECTLY, *adv. Bassement, lâchement.*
ABILITY, *subst.* (or power.) *Pouvoir, force, capacité.*
Ability, (of estate.) *Biens, moyens, revenus.*
Ability, (parts or capacity.) *Habileté, science, savoir, portée, capacité.*
ABINTESTATE, *adj.* (a law-term.) *Intestat.*
To abjugate, (to set free.) *Affranchir.*
ABJURATION, *f. Abjuration.*
Abjuration, en termes de Palais, signifie quelquefois un exil perpétuel.
To ABJURE, *v. a.* (to renounce or forswear.) *Abjurer, renoncer à, renier.*
To abjure one's country, (or take leave of it for ever.) *Renoncer pour toujours à sa patrie.*
ABJURING, *subst. Abjuration, renoncement, l'action d'abjurer,* &c.
To ABLACTATE, *verb. act.* (or wean.) *Sevrer.*
ABLACTATION, *subst. Greffe par approche.*
To ABLAQUEATE, *verb. act. Déchausser un arbre.*
ABLATION, *subst. Dépossession.*
ABLATIVE, *subst. or adject. as* Ablative case, (a term in Grammar.) *Ablatif, le cas ablatif, terme de Grammaire.*
ABLE, *adj.* (or capable.) *Capable.*
Able, (in strength.) *Fort, robuste, vigoureux.*
Able, (in estate.) *Riche, qui a du bien, accommodé, aisé.*
Able, (or skilful.) *Expert, expérimenté, qui a de l'expérience, habile, savant.*
Able to read and write. *Qui sait lire & écrire.*
Able to pay. *Solvable, qui a de quoi payer.*
To be able. *Pouvoir.*
Ex. I am not able to walk. *Je ne saurois marcher.* He is hardly able to hold his eyes open. *A peine peut-il tenir les yeux ouverts.*
None is able to come near him for skill. *Son adresse est incomparable.*
He gives more than he is well able. *Il donne plus que son bien ne porte.*
Every one according as he is able. *Chacun selon sa portée, selon ses moyens.*
An able workman, (appointed to direct others.) *Un expert.*
ABLEBODIED, *adj. Fort, robuste, membru.*
To ABLEGATE, *v. a.* (or send out of the way.) *Envoyer, député.*
ABLEGATION, *subst. Envoi.*
ABLENESS. *V. Ability.*
ABLEPSY, *subst. Aveuglement.*

ABL ABO

To ABLOCATE, *verb. act. Louer, amodier.*
ABLUENT, *adj. Qui nettoie en lavant.*
ABLUTION, *f.* (a term of the Romish Church.) *Ablution, terme de l'Église Romaine.*
To ABNEGATE, *verb. act. Renoncer.*
ABNEGATION, *subst. Renoncement, abnégation.*
With a full abnegation of our wills. *Avec une entière résignation de nos volontés.*
ABNORMOUS, *adject. Irrégulier, difforme.*
ABOARD, *adv. A bord, à bord d'un navire.*
He put himself aboard a Corinthian vessel. *Il s'embarqua sur un vaisseau de Corinthe.*
To go aboard. *Aller à bord.*
To fall aboard of a ship. *Aborder un vaisseau, en dérivant sur lui, ou en chassant sur lui, & non comme ennemi.*
Aboard main tack! *Amure la grande voile.*
ABODE, *f.* (from to abide.) *Demeure, séjour.*
To ABODE, *v. a. Présager.*
ABODEMENT, *subst. Augure, présage.*
To ABOLISH, *verb. act.* (to destroy.) *Abolir, anéantir, détruire.*
To abolish (or repeal) a Law. *Abolir, casser, annuller, révoquer une Loi.*
To abolish, (or deface.) *Abolir, effacer.*
Abolished, *adject. Aboli, cassé, anéanti,* &c.
ABOLISHING, } *subst. Abolition, abolissement, l'action d'abolir, de casser,* &c. *V.* to Abolish.
ABOLISHMENT,
ABOLISHABLE, *adject. Qui peut être aboli.*
ABOLISHER, *f. Qui abolit.*
ABOLITION, *f.* (a Law term.) *Abolition, terme de Palais, qui signifie cessation de poursuite criminelle; grace, pardon d'un crime.*
ABOMINABLE, *adj. Abominable, détestable, exécrable.*
ABOMINABLENESS, *subst. Horreur ce qui rend abominable.*
ABOMINABLY, *adv. rb. Abominablement, d'une manière abominable.*
To ABOMINATE, *verb. act.* (to detest, to hate.) *Détester, abhorrer, avoir en horreur, avoir en abomination ou en exécration.*
Abominated, *adject. Détesté,* &c.
ABOMINATION, *f. Abomination, chose abominable.*
ABORIGINES, *f.* (or first inhabitants of a country.) *Aborigènes.*
ABORTION, *f.* (or miscarriage.) *Avortement ou fausse couche.*
ABORTIVE, *adject. Abortif, qui est né avant le terme, imparfait, informe.*
Ex. An abortive child. *Un enfant qui n'est pas venu à terme, un avorton.*
An abortive design. *Dessein qui n'a pas réussi, qui a échoué ou avorté.*
ABORTIVELY, *adv. Avant le terme.*
ABOVE, *adv. En-haut, là-haut.*
From above. *D'en-haut.*
Above, *prép. Au-dessus de.*
The one far above, and the other below me. *L'un s'assit au-dessus de moi, & l'autre au-dessous.*
These things are above me. *Ces choses sont au-dessus de moi ou hors de ma portée, ces choses-là me passent.*

ABO

I am above-board. *Je suis au-dessus de tout, je me montre à découvert.*
Above our strength or ability. *Au-delà de nos forces.*
Above all, above all things, above any thing. *Sur-tout, sur toutes choses, principalement.*
Above, (more than.) *Plus de, plus que.*
I was not in London above three days. *Je n'ai pas été à Londres plus de trois jours.*
We fought above six hours. *Nous combattimes plus de six heures.*
Above what every one will believe. *Plus qu'on ne sauroit croire.*
I value honour above life. *J'estime plus l'honneur que la vie.*
I love him above any man. *Je l'aime préférablement à toute autre personne, c'est l'homme du monde que j'aime le plus, il n'y a personne que j'aime tant que lui.*
† If he be above ground. *S'il est en vie ou quelque part qu'il soit.*
I am above these things. *Ces choses sont au-dessous de moi.*
A good name is above wealth or better than riches. *Une bonne renommée est préférable aux richesses.*
To be above (or surpass) one. *Surmonter, surpasser quelqu'un.*
I shall easily get above them all. *Je les surmonterai facilement, j'en viendrai aisément à bout.*
The water came above my knees. *L'eau passoit mes genoux.*
His head was above the water. *Sa tête paroissoit hors de l'eau.*
Over and above. *Par-dessus, outre.*
Ou bien en ces sens.
Give me that which remains over and above. *Donnez-moi ce qui reste, donnez-moi ce qu'il y a de surplus.*
As above. *Comme ci-dessus, comme il a été dit.*
Above-mentioned, above said, *adject. Susdit, dont il a été parlé ci-dessus.*
To ABOUND, *verb. neut. Abonder, avoir en abondance ou être en abondance.*
Our country abounds with (or in) all things necessary. *Notre pays abonde en toutes choses nécessaires.*
To abound in one's own sense, (to be conceited, opinionated or positive.) *Abonder en son sens, être entêté.*
ABOUT, *prep. Autour, environ, à l'entour de, aux environs.*
About noon. *Environ midi.* About a foot wide. *D'un pied de large ou environ.*
The soldiers he has about him. *Les soldats qu'il a autour de lui.*
P. To go about the bush. *Tourner autour du pot.*
About. *Sur.*
About the dawning of the day. *Sur le point du jour.* About three o' clock in the afternoon. *Sur les trois heures après midi.*
About the year's end. *Sur la fin de l'année.*
I ridiculed him about his hat. *Je le raillai sur son chapeau.*
I have no money about me, (or in my pocket.) *Je n'ai point d'argent sur moi.*
About. *Touchant.*
I come to you about that business. *Je viens vous voir touchant cette affaire.*
Shall I send to him about it? *Le ferai-je avertir de cette affaire?*

About

ABO ABR ABR ABS

About the latter end of the book. *Vers la fin du livre.*
He is somewhere about the house. *Il est quelque part au logis.*
What do they cry about the streets? *Qu'est-ce qu'on crie dans les rues?*
All about. *Partout.*
About and about. *Çà & là, d'un côté & d'autre.*
The world is come about. *Le monde n'est plus ce qu'il étoit autrefois, le monde a changé, le monde s'est ravisé.*
From about. *D'environ, d'autour de.*
Round about. *Tout autour.* All places round about. *Tous les lieux d'alentour.*
What greater matter can a man desire about which to employ his thoughts? *Quelle matiere plus sublime peut-on souhaiter pour faire l'occupation de ses pensées?*
There are several or divers opinions about it. *Les sentiments sont partagés là-dessus.*
It is not so about us. *Il n'en est pas de même dans nos quartiers.*
We have a thick air round about us. *L'air de notre pays est grossier, nous respirons un air grossier.*
I took a view of the country round about. *Je fis tout le tour du pays.*
ABRICOT. *Voyez* Apricock.
A tree ten foot about, (or in circumference.) *Un arbre qui a dix pieds de tour.*
Ten leagues about, (or out of the way.) *A dix lieues à la ronde.*
To take a turn about the town. *Faire un tour de ville.*
A short way about. *Un chemin raccourci.*
A long way about. *Un grand détour.*
This way is not so far about. *Ce chemin n'est pas si long.*
To be sent a long way about. *Être envoyé bien loin.*
To lead an army a long way about. *Faire faire un grand tour à une armée.*
That is such a devilish way about. *Cela est si long.*
To lie about (or scattered.) *Être disperse çà & là, être tout en désordre.*
To take one about the middle or waist. *Prendre quelqu'un par le milieu du corps.*
To drink about. *Boire à la ronde.*
To have one's wits or senses about one. *Songer à ce que l'on fait, avoir l'esprit présent.*
Mind what you are about. *Songez à ce que vous faites.*
We are about a business of great consequence. *Nous traitons d'une affaire de grande conséquence.*
I am about a great piece of work. *Je travaille à un grand ouvrage, je suis après un grand ouvrage.*
I am about to do it. *Je m'en vais le faire.*
And as she was about to swear. *Et comme elle alloit jurer.*
You are very or extremely long about it. *Vous êtes bien long-temps à le faire.*
Look about you, (or take care.) *Songez à vous, prenez garde à vous.*
They are about to fight. *Ils sont sur le point de se battre ou d'en venir aux mains.*
All this stir was kept about you, (or on your account.) *Tout ce bruit s'est fait à votre sujet ou à votre occasion.*
All the bustle was about this. *C'est ce qui a fait tout ce bruit, c'est ce qui a causé tout ce vacarme.*

R. Quant aux autres expressions, où cette préposition fait une partie de la signification du verbe, comme dans les verbes
To go about, to come about, to bring about, &c., *vous les verrez à l'article de ces verbes.*
About, *adv.* (a sea-term.) *Ex.* To go about. *Virer de bord.*
Ready about! *Pare à virer!*
About ship! *Adieu-va!* Commandement fait à l'équipage, pour virer de bord.
ABRACADABRA, *subst.* Charme superstitieux pour guérir de la fievre.
To ABRADE, *v. a. User en frottant.*
ABREAST, *adv. De front, à côté l'un de l'autre.*
Abreast, (a sea-term.) *Par le travers, vis-à-vis de.* Ex.
We discovered a ship abreast of cape St. Vincent. *Nous découvrimes un vaisseau par le travers du cap St. Vincent.*
The frigate sprung a leak abreast of the main hatchway. *Il se déclara une voie d'eau à la frégate vis-à-vis la grande écoutille.*
A fleet formed abreast. *Escadre sur une ligne de front.*
ABRENUNCIATION, *sub. Renoncement, renonciation.*
ABRICOT. *Voyez* Apricock.
To ABRIDGE, *verb. act.* (or shorten.) *Abréger, raccourcir, réduire en abrégé, mettre en petit, retrancher, diminuer.*
Ou bien en ces sens.
To abridge one's self of conveniencies. *Se retrancher, vivre d'épargne, retrancher de son ordinaire.*
The Christian Religion abridges us of no lawful pleasures. *La Religion chrétienne ne nous prive pas des plaisirs licites.*
Abridged, *adj. Abrégé, raccourci,* &c.
ABRIDGER, *subst. Qui abrege, qui fait des abrégés.*
ABRIDGING, *sub. L'action d'abréger, de raccourcir,* &c. *V.* to Abridge.
ABRIDGMENT, *subst. Abrégé, diminution.*
ABROACH, *adj. Percé, mis en perce,* V. to broach.
To set abroach, (to pierce or tap,) *Percer, mettre en perce.*
A studied forecast of setting this humour abroach is disgusting and nauseous to the highest degree. *Rien n'est si fade ni si dégoutant qu'une affectation recherchée & étudiée de faire entrer dans le discours cette sorte de plaisanterie.*
ABROAD, *adv. Dehors.*
Abroad, (in foreign countries.) *Hors de chez soi, dans les pays étrangers.*
Ou bien en ces sens.
To go abroad. *Sortir.*
To take a person abroad with one. *Prendre, emmener quelqu'un avec soi.*
To walk abroad. *Se promener, faire un tour de promenade.*
To wait upon one's Master abroad. *Suivre son Maitre quand il sort.*
There is a wind abroad. *Il fait du vent.*
There is such a report abroad, such a report goes abroad, (it is common.) *C'est un bruit commun, le bruit s'est répandu par-tout.*
It is generally talked of abroad. *On en parle par-tout.*
The manifestos that are abroad. *Les manifestes qu'on fait courir.*
At home and abroad. *Dans la maison*

& hors de la maison, au-dedans & au-dehors, dans le royaume & hors du royaume.
To set abroad. *Divulguer, publier.*
To ABROGATE, *verb. act.* (to annul or to repeal.) *Abroger, abolir, casser, annuller, révoquer.*
Abrogated, *adj. Abrogé, aboli, cassé, annullé, révoqué.*
ABROGATING, } *subst.* Abrogation,
ABROGATION, } *abolissement, cassation,* &c.
ABROOD. Ex. To sit abrood upon eggs, (as birds do.) *Couver des œufs.*
ABROTANUM, *sub.* (or southern-wood.) *Auronne,* herbe.
ABRUPT, *adj. Précipité, brusque, bouillant, fougueux.*
ABRUPTLY, *adverb. Brusquement, d'une maniere brusque, sans préambule.*
To fall out with one abruptly. *Rompre en visiere à quelqu'un, l'offenser sottement & mal à propos.*
ABRUPTNESS, *s. Maniere d'agir brusque, brusquerie.*
ABSCESS, *sub.* (or imposthume.) *Abcès, sac, aposteme.*
To ABSCIND, *verb. act. Couper, trancher.*
ABSCISSA, *subst. Abscisse,* terme de géométrie.
ABSCISSION, *s.* (or cutting off.) *L'action de couper.*
To ABSCOND, *v. n.* (or to hide one's self.) *Se cacher en cas de danger; s'enfuir.*
Absconded, *adj. Caché.*
ABSCONDER, *subst. Qui se cache.*
ABSCONDING, *subst. L'action de se cacher.*
ABSENCE, *subst. Absence, éloignement.*
He took the opportunity of doing it in my absence. *Il prit l'occasion de le faire en mon absence.*
Absence of mind, (inattention.) *Distraction, abstraction.*
ABSENT, *adj. Absent, éloigné.*
Prov. Long absent soon forgotten. *On oublie bientôt les absents; l'absence refroidit l'amitié.*
Absent, (unattentive or inattentive, wandering.) *Distrait.*
To ABSENT one's self, *verb. récip. S'absenter, être absent.*
ABSENTEE, *sub. Absent de son pays, de son poste.*
ABSINTHIATED, *adj. Mêlé avec de l'absinthe, qui a un goût d'absinthe.*
ABSINTHIUM, *sub. Absinthe.*
To ASSIST, *verb. neut. S'éloigner, s'ôter, quitter.*
ABSOLVATORY, *adj. Absolutoire.*
To ABSOLVE, *v. a.* (to acquit, to discharge.) *Absoudre, décharger, exempter, dispenser, délivrer.*
Absolved, *adj. Absous, justifié, délivré.*
ABSOLVING, *subst. L'action d'absoudre,* &c. *V.* to absolve.
ABSOLUTE, *adj. Absolu, arbitraire.*
Ex. An absolute Prince. *Un Prince absolu.*
Absolute, (or perfect.) *Parfait, achevé.*
An absolute knave. *Un fripon achevé.*
An absolute (or arrant) fool. *Un sot fieffé.*
Ablative absolute, (a term of latin Grammar.) *Ablatif absolu,* terme de Grammaire latine.
ABSOLUTELY, *adv. Absolument, sans réserve, parfaitement, entiérement.*
Ex. I am absolutely for it. *Je le veux absolument.*

folument. I am abſolutely yours. *Je ſuis à vous ſans réſerve.*
ABSOLUTENESS, *ſubſt.* (or abſolute power.) *Un pouvoir abſolu ou arbitraire.*
ABSOLUTION, *ſub. Abſolution, pardon.*
ABSOLUTORY, *adject. Qui abſout, en parlant d'une ſentence.*
ABSONANT, *adj.* (diſagreeing in ſound.) *Diſcordant, diſagréable, qui ne s'accorde pas.*
ABSONOUS, *adj.* (or abſurd.) *Abſurde, ridicule, qui ne convient pas.*
To ABSONATE, *verb. act. Eviter, détester.*
To ABSORD, *v. act.* (or ſwallow up.) *Abſorber, engloutir, abimer.*
Abſorbed, adject. Abſorbé, englouti, abimé.
ABSORBENT, *adj. & ſubſt.* (a term of Phyſick.) *Abſorbant.*
An abſorbent medicine. *Un remede abſorbant, un abſorbent.*
ABSORPT, *part. Englouti, perdu.*
ABSORPTION, *ſ. L'action d'abſorber.*
To ABSTAIN, *verb. neut.* (or to forbear.) *S'abſtenir, ſe retenir.*
Ex. To abſtain from wine. *S'abſtenir de vin.*
ABSTAINING, *ſub. Abſtinence, l'action de s'abſtenir.*
ABSTEMIOUS, *adject.* (that drinks no wine.) *Sobre, qui ne boit point de vin.*
ABSTEMIOUSNESS, *ſub. Sobrieté, temperance, abſtinence de vin.*
To ABSTERGE, } *v. act.* (to cleanſe
To ABSTERSE, } or wipe off.) *Eſſuyer, nettoyer, purger.*
Abſterged or abſterſed, adj. Eſſuyé, torché, nettoyé, purgé.
ABSTERGENT, } *adj.* (cleanſing, ſpea-
ABSTERSIVE, } king of medicines.) *Déterſif, qui nettoie.*
ABSTERSION, *ſubſt. L'action de torcher, &c.*
ABSTERSIVE, *adj. Déterſif.*
ABSTINENCE, *ſubſt. Abſtinence, modération, retenue, tempérance.*
ABSTINENT, *adj. Sobre, tempéré, moderé.*
ABSTRACT, *ſubſt. Un extrait, un abrégé, un raccourci.*
To ABSTRACT, *verb. act. Extraire, ſéparer, conſiderer ſéparément.*
Abſtracted, adject. Extrait, abſtrait, abſtrus.
ABSTRACTEDLY, *adv. Par abſtraction, terme de Philoſophie.*
ABSTRACTING from, *prép.*
Ex. I ſhall conſider the doctrine abſtracting from the divine authority of it. *Je conſidererai la doctrine en elle-même, ſéparée de l'autorité divine qui l'accompagne.*
Abſtracting from the perſons named in it. *Sans compter les perſonnes qui y ſont nommées.*
ABSTRACTION, *ſubſt. Abſtraction.*
ABSTRACTIVE, *adject. Suſceptible d'abſtraction.*
ABSTRACTLY, *adv. En faiſant abſtraction d'autre choſe.*
ABSTRUSE, *adj.* (hid, dark or ſecret.) *Abſtrus, caché, mal-aiſé à pénétrer, convert.*
ABSTRUSELY, *adverb. D'une maniere obſcure.*
ABSTRUSENESS, *ſubſt. Obſcurité, difficulté.*

To ABSUME, *verb. act. Conſumer.*
ABSURD, *adject.* (fooliſh, impertinent.) *Abſurde, ſot, ridicule, impertinent.*
ABSURDITY, *ſubſt. Abſurdité, impertinence, ſottiſe.*
ABSURDLY, *adv. Sottement, abſurdement, ſans jugement, mal à propos, impertinemment, d'une maniere ridicule ou abſurde.*
ABSURDNESS, *ſubſt. Sottiſe.*
ABUNDANCE, *ſubſt.* (from to abound.) *Abondance, quantité, grande quantité, grand nombre, beaucoup, infinité.*
He has abundance of books. *Il a quantité de Livres.*
There was abundance of people. *Il y avoit beaucoup de monde.*
I take abundance of pains to teach you. *Je prends bien de la peine pour vous inſtruire.*
He has abundance of wit. *Il a infiniment d'eſprit, il a beaucoup d'eſprit.*
ABUNDANT, *adject. Abondant, qui abonde.*
ABUNDANTLY, *adv. Abondamment avec abondance, largement, fort, entierement, parfaitement.*
More abundantly. *Singulierement.*
This may abundantly ſuffice to. *En voilà de reſte, en voilà aſſez pour.*
ABUSE, *ſubſt.* (or ill uſe.) *Abus, mauvais uſage.*
Ex. It is not the uſe, but the abuſe of things, which I blame. *Ce n'eſt pas l'uſage, mais l'abus des choſes que je condamne.*
Abuſe, (or affront.) *Affront, injure.*
To put an abuſe upon one. *Faire un affront à quelqu'un.*
To ABUSE , *verb. act.* (to miſuſe.) *Abuſer de, faire un mauvais uſage de.*
Ex. You abuſe my patience. *Vous abuſez de ma patience.*
To abuſe, (to rail or affront.)—*Maltraiter, gourmander, quereller, bafouer, injurier, dire des injures à.*
Why do you abuſe him thus ? *Pourquoi le maltraitez-vous de la ſorte ?*
To abuſe the King's equity , (or to over-reach his juſtice.) *Surprendre l'équité du Roi.*
To abuſe (or violate) a virgin. *Abuſer d'une fille, la violer, lui ravir ſa virginité.*
Abuſed , *adject.* Dont on a abuſé ; maltraité, querellé, trompé, violé, &c. V. to Abuſe.
Cruel men are not to be placed into a ſtation, where power may be abuſed to oppreſſion. *On ne doit pas mettre les gens cruels dans un poſte qui puiſſe leur fournir les moyens d'opprimer ceux qui relevent de leur puiſſance.*
ABUSER, *ſubſt. Celui qui abuſe, maltraite, &c. V.* to abuſe.
ABUSIVE, *adject. Choquant, outrageux, abuſif.*
Ex. Abuſive language. *Des expreſſions choquantes, paroles outrageuſes , injures.*
ABUSIVELY, *adv. Abuſivement, par abus, par une catachreſe,* (*c'eſt-à-dire, lorſqu'au lieu des mots propres, on ſe ſert de quelques autres qui approchent de leur ſignification.*)
ABUSIVENESS, *ſ. Humeur choquante.*
ABUTTAL, *ſubſt.* (a law term.) *Terme de palais , qui veut dire limites , bornes.*
To ABUT, *v. n. Aboutir, confiner.*
ABUTMENT, *ſubſt. Aboutiſſement.*

ABYSS, } *ſubſt.* (or bottomleſs pit.)
ABYSM, } *Abyme, gouffre profond , profondeur immenſe.*
ABYSMAL, *adj. Sans fond.*
ACACIA, *ſubſt.* (a ſort of tree.) *Acacia, ſorte d'arbre qui vient du Levant, dont la fleur eſt belle & odoriférante.*
Acacia, (the juice of ſloes.) *Suc épaiſſi & compoſé de prunelles ſauvages.*
ACADEMICAL, } *adj. Académique.*
ACADEMICK, }
ACADEMICIAN, *ſ. Académicien.*
ACADEMIST, *ſ. Académiſte.*
ACADEMY, *ſubſt.* (publick Scool or Univerſity.) *Académie, école publique, Univerſité.*
Academy, (or riding-ſchool.) *Académie, lieu où l'on apprend à monter à cheval.*
ACANATIOUS, *adject. Piquant, rude, acanacé.*
ACATALECTIC, *ſ. & adj. Acatalectique, acatalecte.*
ACATALEPSIS, *ſubſt. Acatalepſie.*
ACANTHUS, *ſubſt. Acanthe, branche-urſine.*
To ACCEDE, *verb. neut.* (to be added to, to come to.) *Accéder.*
To accede to a treaty. *Entrer dans un traité, accéder à un traité.*
To ACCELERATE, *v. act.* (or haſten.) *Accélérer, preſſer, hâter.*
To accelerate, *verb. neut. Se hâter, ſe dépécher, faire diligence.*
Accelerated , *adject. Accéléré, hâté, depêché.*
ACCELERATION, *ſ. Accélération.*
* To ACCEND, *verb. act.* (to ſet on fire.) *Enflammer, allumer.*
ACCENSION, *ſubſt. L'action d'allumer.*
ACCENT, *ſubſt.* (tone or inflection of the voice.) *Accent, ton ou inflexion de voix.*
He has a good accent. *Il a un bon accent.*
He has not the true accent. *Il n'a pas le véritable accent ou le bon accent.*
Accent, (a mark uſed in writing to ſhow the various inflections of the voice.) *Accent, petite note qui marque les diverſes inflexions de la voix.*
An accent grave, acute and circumflex. *Un accent grave, aigu & circonflexe.*
The muſical accents of birds. *Les accents mélodieux des oiſeaux.*
To ACCENT, *verb. act.* (or to mark with an accent.) *Accentuer, marquer d'un accent.*
ACCENTUATION , *ſubſt. Maniere d'accentuer ou de prononcer.*
To ACCEPT ,*v. act. Accepter, recevoir, agréer.*
Ex. To accept a preſent, (or of a preſent.) *Accepter, recevoir, agréer un préſent.*
To accept a bill of exchange. *Accepter une lettre de change.*
To accept of an employment. *Accepter un emploi.*
ACCEPTABLE, *adject. Agréable, reçu avec plaiſir.*
It will be very acceptable to me. *Je l'aurai pour agréable.*
ACCEPTABLENESS, *ſ. Graces, faveur, réception , accueil.*
ACCEPTABLY, *adv. Agréablement, avec plaiſir, avec joie.*
ACCEPTANCE, } *ſubſt.* (receiving
ACCEPTATION, } kindly.) *Acceptation.*

The

ACC

The kind acceptance of a present. *La maniere obligeante de recevoir un présent.*
This is not worth your acceptance. *Ceci n'est pas digne de vous être offert.*
He preached with great acceptance and approbation. *Son sermon fut reçu avec une approbation générale.*
ACCEPTED, *adj. Accepté, reçu, agréé.*
ACCEPTER, *subst. Celui qui reçoit, qui accepte.*
ACCEPTILATION, *subst.* (an acquittance by word of mouth, law term.) *Une quittance ou une décharge de parole.*
ACCEPTING, *s. L'action d'accepter, &c.*
ACCEPTION, *s.* (or meaning of a word.) *Acception d'un mot.*
ACCESS, *s.* (or admittance.) *Accès, entrée, abord.*
Ex. No body can have access to him. *Personne ne peut avoir accès auprès de lui.*
Pray, let me have free access to your library. *Souffrez, je vous prie, que j'aie l'entrée libre dans votre bibliotheque.*
Access, (or accession.) *Surcroît, augmentation, jonction.*
Access (or fit) of an ague. *Accès de fievre.*
ACCESSARY, *adj. V. Accessory.*
ACCESSIBLE, *adj. Accessible.*
ACCESSION, *subst.* (or addition.) *Accessoire, surcroît, augmentation, accroissement.*
Accession, (or coming.) *Avénement.*
Ex. Since your happy accession to the Crown. *Depuis votre heureux avénement à la Couronne.*
Since the accession of the States General to the treaty of Hanover. *Depuis que les États généraux sont entrés dans le traité de Hanover.*
Upon the accession of Guienne to the Crown. *Par l'acquisition que la Couronne fit de la Guienne.*
ACCESSORY, *subst. Accessoire, opposé au principal.*
Ex. The principal and the accessory. *Le principal & l'accessoire.*
Accessory, *adject. Complice, qui a part à.*
Ex. He is accessory to that crime. *Il est complice de ce crime.*
He is accessory to his own misfortunes. *Il a contribué à ses propres malheurs.*
ACCESSORILY, *adv. En passant, légèrement, par maniere d'accessoire.*
ACCIDENCE, *subst. Accidents de Grammaire.*
A book of accidence, (or first rudiments of Grammar.) *Rudiment, petit livre contenant les premiers principes de la langue latine.*
ACCIDENT, *subst.* (chance, casualty, fortuitous adventure.) *Accident, hazard, aventure, événement fortuit, incident.*
Accident, (a philosophical term used in opposition to substance.) *Accident, par opposition à substance.*
ACCIDENTAL, *adj. Accidentel, casuel.*
ACCIDENTALLY, *adv. Accidentellement, par accident, casuellement, per hasard.*
ACCIDENTALNESS *subst. Hasard.*
ACCIPIENT, *subst. Receveur.*
To ACCITE, *verb. act. Appeller, sommer, citer.*
ACCLAIM, *subst.* (a poetical word for applause, acclamation.) *Applaudissement, acclamation.*
ACCLAMATION, *subst. Acclamation, cri de joie.*

ACC

ACCLIVITY, (or steepness.) *Montée, élévation, avenue d'une colline. Declivity, en est la pente & la descente.*
ACCLIVOUS, *adj. Penché, incliné en parlant d'une colline.*
ACCLOY, *verb. neut. V. Cloy.*
ACCOIL. *V. Coil.*
ACCLOYED, *adj.* (or cloyed.) *Affadi.* My stomach is accloyed with these sweet-meats. *Ces confitures m'ont affadi l'estomac.*
A horse accloyed or cloyed, (nailed or pricked in the shoeing.) *Un cheval enclouë.*
ACCOLADE, *subst. Accolade.*
ACCOMMODABLE, *adj. Qui peut s'accommoder avec—.*
To ACCOMMODATE, *v. act.* (or to fit.) *Accommoder, ajuster, proportionner.*
To accommodate one's self to the times. *S'accommoder aux temps.*
To accommodate (or adjust) a business. *Accommoder ou terminer une affaire.*
Will you be so kind as to accommodate me with or lend me this? *Voulez-vous bien m'accommoder de ceci? voulez-vous me le prêter?*
Accommodated, *adj. Accommodé, &c. V. To accommodate. Conforme, propre.*
You are well accommodated here in regard to your lodging. *Vous êtes logé commodément, vous êtes dans une maison fort commode.*
ACCOMMODATELY, *adj.* (or suitably.) *D'une maniere propre, juste, proportionnée.*
Every thing is there represented so accommodately to the capacity of the People. *Tout y est si bien dépeint suivant la portée du Peuple.*
ACCOMMODATING, *subst. L'action d'accommoder, &c. accommodement, accord.*
ACCOMMODATION, *subst.* (of a contest or quarrel.) *Accommodement, réconciliation, accord.*
Accommodation of lodging. *Logement ou commodités de logement, aisances.*
Accommodations, *subst. pl.* (in a ship.) *Logements & emménagements d'un vaisseau.*
ACCOMPANABLE, *subst. Sociable.*
ACCOMPANIER, *subst. Compagnon, celui qui accompagne.*
ACCOMPANIMENT, *subst. Accompagnement.*
Accompanied, *adj. Accompagné, suivi.*
To ACCOMPANY, *v. act. Accompagner, faire compagnie à, être à la suite de, suivre.*
ACCOMPLICE, *subst.* (associate or partaker, commonly in a bad sense.) *Complice, associé.*
To ACCOMPLISH, *verb. act.* (to finish, to perform.) *Accomplir, exécuter, achever, finir, venir à bout de.*
Accomplished, *adj. Accompli, &c.*
A well accomplished young man. *Un jeune homme accompli ou bien formé pour le monde.*
ACCOMPLISHER, *subst. Qui accomplit.*
ACCOMPLISHING, } *subst. Accomplissement, perfection.*
ACCOMPLISHMENT, }
ACCOMPT. *Vide Account.*
ACCOMPTABLE. *Vide Accountable.*
ACCOMPTANT. *Vide Accountant.*
ACCORD, *subst.* (or agreement.) *Accord, union.*
With one accord, (or unanimously.)

ACC

Unanimement, d'un accord, d'un commun accord.
Of his own accord. *Volontairement, de soi-même, de son propre mouvement, de sa franche volonté.*
To ACCORD, *verb. act.* (to adjust.) *Accorder, accommoder, réconcilier.*
To accord, *verb. neut.* (or agree.) *Demeurer d'accord, tomber d'accord, s'accorder.*
ACCORDANCE, *subst. Accord, union, convenance.*
ACCORDANT, *adject.* (or agreeable.) *Convenable, conforme, propre, qui s'accorde.*
ACCORDED, *adj. Accordé, &c. V. to Accord.*
ACCORDING, *adv.*
According as. *Selon que.* According to. *Selon, suivant, conformément à.*
Ex. According as you deserve. *Selon que vous meritez.*
According to your orders. *Suivant ou conformément à vos ordres.*
Ou bien en ces sens.
According as they shall see occasion. *Comme ils le trouveront à propos.*
According as every man's pleasure is. *Selon le bon plaisir de chacun.*
According to his mind. *A sa fantaisie.*
According to the present rate. *Au prix courant.*
It would raise a great deal of money, to tax the fair sex according to their beauty and skill in dressing, to be determined by their own judgment. *On leveroit de grosses sommes, si l'on taxoit le beau sexe, à proportion de leur beauté & de leur bon goût pour l'ajustement, dont on les feroit les juges.*
To go according to the times. *S'accommoder au temps.*
To act according to reason. *Agir raisonnablement.*
ACCORDINGLY, *adverb. Conformément, convenablement.*
To ACCOST, *verb. act.* (to come up to one.) *Accoster, aborder, joindre, s'accoster de, s'approcher de.*
To accost (to speak to) one in a very familiar style. *Parler à quelqu'un avec beaucoup de familiarité, le traiter familierement.*
ACOSTABLE, *adj. Accostable, qui a l'abord doux, qui reçoit avec civilité ceux qui l'approchent.*
ACCOSTED, *adj. Accosté, abordé, &c.*
ACCOUNT, *subst.* (or esteem.) *Compte, état, estime, cas.*
To make great account of a thing. *Faire grand cas de quelque chose, en faire grande estime, l'estimer beaucoup.*
To make small account of it. *En faire peu de cas ou d'estime.*
To make no account of it. *N'en faire aucun cas, aucune estime, la mépriser, s'en moquer.*
She makes no account of it. *Elle ne s'en met guere en peine.*
Account, (or relation.) *Relation, récit.*
He was called to an account for the receiving of bribes. *Il fut accusé de s'être laissé corrompre par des présents.*
To give an account. *Rendre compte, représenter, rendre raison.*
At the first account a man gives of himself. *A cette premiere connoissance qu'on donne de soi.*
He has given a very good account of himself

ACC

felf both in peace and war. *Il s'eft fignalé & dans la paix & dans la guerre.*

I took a particular account of the errors of my life. *J'examinai en détail les erreurs de ma vie.*

To give an account of one's travels, *Faire le récit de fes voyages, en faire la relation.*

He is at a lofs within himfelf what account to give of it. *Il ne fait que dire là-deffus.*

None but heaven can give an account of the caufes of love and hatred. *Il n'y a que Dieu feul qui puiffe rendre raifon ou expliquer les caufes de l'amour & de la haine.*

If I hear any thing, I fhall give you an account of it. *Si j'apprends la moindre chofe, je vous en donnerai avis.*

We have an account from thence, that. *Nous avons reçu avis ou nous venons d'apprendre d'un tel endroit que: on mande d'un tel endroit que.*

Have you any account of the fhip you fent to Spain? *Avez-vous quelques nouvelles du vaiffeau que vous avez envoyé en Efpagne?*

I have no account of him fince he went away. *Je n'ai aucunes nouvelles de lui depuis qu'il eft parti.*

I did it upon that account. *Je le fis pour cette raifon, dans cette vue, fur ce pied, à cet égard.*

I will do it upon your account. *Je le ferai pour l'amour de vous, à votre confidération.*

Account, (ground, réafon, confidération.) *Raifon, vue, égard, confidération, occafion, caufe, fujet.*

She did it on your account. *Elle l'a fait à votre intention ou pour l'amour de vous.*

Account, (defign.) *État, deffein, compte.* I made account long fince to wait upon you at your houfe. *Il y a long-temps que j'ai fait deffein de vous aller voir chez vous.*

He makes account to go very foon or fpeedily. *Il fait état de partir bientôt ou il fait fon compte de partir bientôt.*

Upon this account it is that the Apoftle..... *C'eft fur ces principes ou c'eft pour cela que l'Apôtre......*

Upon all accounts. *En toute manière.*

We hope in a few days to have a good account of the rebels. *Nous efpérons d'apprendre dans peu de jours la défaite des rebelles.*

A man of good account. *Un homme de confidération, une perfonne de marque.*

A man of no account. *Un homme de nulle confidération, un homme de rien.*

An Author of the beft account. *Un Auteur des plus eftimés ou des plus accrédités.*

There are few people of any account but know him. *Il y a peu d'honnêtes gens qui ne le connoiffent, il eft connu de tout ce qu'il y a d'honnêtes gens.*

Bare refolutions are of no account with God. *Les fimples intentions ne fervent de rien auprès de Dieu.*

We muft account that. *Nous devons nous attendre à, il faut compter que, nous devons croire que.*

He excufed himfelf on the account of his age. *Il s'excufa fur fon âge.*

Upon what account (or ground) does he demand it? *En vertu de quoi on de quel droit le demande-t-il?*

I owe him nothing upon a particular account. *Je ne lui dois rien en particulier.*

ACC

He does me great fervice upon all accounts. *Il me rend de grands fervices en toutes fortes d'affaires.*

The King does not mean that his fubjects fhould be oppreffed upon any account whatfoever. *Le Roi n'entend pas qu'on vexe fes fujets pour quelque chofe ou fous quelque prétexte que ce foit.*

Account, (or reckoning.) *Compte, fupputation, calcul.*

To keep account. *Tenir compte.*

To caft up an account. *Faire un compte.*

To call to an account. *Demander compte, faire rendre compte, rechercher.*

To pay a fum of money on account. *Payer une fomme à compte ou fur & tant moins.*

A thing that turns to account. *Une chofe où il y a à gagner, où l'on trouve fon compte.*

To ACCOUNT, *verb. act.* Tenir compte, rendre compte, venir à compte.

You muft account for it to me. *Il faut que vous m'en teniez compte.*

The Colonels are ordered to account with the inferiour Officers. *Les Colonels ont reçu ordre de faire le décompte aux fubalternes.*

To account, (or believe.) *Tenir, croire, eftimer, regarder.*

I account it a great fin. *Je tiens que c'eft un grand péché.*

We account (or look upon) the knowledge of things wonderful and hidden as effential to a happy life. *Nous regardons la connoiffance de tout ce qui eft merveilleux & caché, comme néceffaire au bonheur de la vie; ou nous mettons la connoiffance de tout ce qui eft merveilleux & caché, au nombre des chofes néceffaires à la félicité de la vie.*

To account for, (or explain.) *Rendre raifon, expliquer.*

He accounts for all the phænomena. *Il rend raifon de, il explique tous les phénomènes.*

ACCOUNTABLE, *adj. Comptable, refponfable, obligé à rendre compte.*

His mother is his guardian, and fhe is accountable. *Sa mere eft fa tutrice, & elle eft obligée à rendre compte.*

You fhall be accountable for this. *Vous rendrez compte de ceci, vous en ferez refponfable.*

ACCOUNTANT, *f.* (or Arithmetician.) *Arithméticien, calculateur.*

A good accountant. *Un habile arithméticien, qui entend bien les comptes.*

ACCOUNT-BOOK, *fubft.* Livre de comptes.

ACCOUNTED, *adject. Eftimé, confidéré, réputé.*

He is accounted, (or efteemed) the next man to the King. *Il eft confidéré comme la premiere perfonne après le Roi.*

To be accounted a learned man. *Être réputé favant, paffer pour un favant homme.*

ACCOUNTING, *f. Calcul, l'action de compter.*

To ACCOUPLE, *v. act.* (or link together.) *Accoupler.*

To ACCOUTRE. *v. a. Courtifer, faire la cour.*

To ACCOUTRE, *verb. act.* (to equip.) *Habiller, ajufter, parer, équiper, accoutrer.*

Accoutred, *adj. Habillé, ajufté, paré, équipé, accoutré.*

ACC

ACCOUTREMENT, *f. Ajuftement, habit, équipage, accoutrement.*

ACCRETION, *fubft.* (or growing to.) *Accroiffement, augmentation.*

ACCRETIVE, *adject. Qui croît, qui augmente.*

To ACCREW, *v.* to accrue.

To ACCROACH, *v. act. Accrocher.*

To ACCRUE, *v. neut. Revenir, provenir, réfulter, accroître.*

What good will accrue thereby or thereform? *Quel avantage en reviendra-t-il?* Thefe are things that accrue to the heir with the houfe itfelf by cuftom. *Ce font des chofes qui accroiffent par la coutume à l'héritier, & dont il prend poffeffion avec la maifon.*

ACCUBATION, *f. Pofition que prenoient les Anciens pendant leurs repas.*

To ACCUMB, *v. act. Se coucher comme les Anciens faifoient à table.*

ACCUMBENT, *adject. Penché, accoudé.*

To ACCUMULATE, *verb. act.* (to heap up.) *Accumuler, amaffer, entaffer.*

Accumulated, *adject. Accumulé, amaffé, entaffé.*

Accumulated kindneffes. *Surcroît de faveurs.*

Accumulated or complicated treafon, (feveral over-acts of treafon.) *Complication de crimes de haute-trahifon.*

Ex. The Earl of Strafford loft his head for accumulated treafon: that is, a great many facts were laid to his charge, and tho' it was agreed on all fides, that not one of them fingly amounted to treafon, yet it was infifted upon, that all of them put together, fhewed an intention in him to fubvert the Government, and therefore that he was a traitor, but the proceedings againft that Earl were afterwards branded in full Parliament, and what was before called *accumulated treafon*, was adjudged to be no treafon at all. *Le Comte de Strafford cut la tête trancheé comme coupable de haute trahifon: je veux dire qu'il fut accufé d'un grand nombre de crimes, & quoi que tout le monde convint que pas un d'eux pris féparément ne pouvoit être regardé comme trahifon, cependant on prétendit que réunis, ils prouvoient l'intention de renverfer le Gouvernement, & qu'ainfi c'étoit un traître; mais les procédures contre ce Comte furent dans la fuite condamnées en plein Parlement; & ce qui avoit été auparavant traité de crime de lèze-Majefté au premier chef, fut jugé ne porter aucun indice de trahifon.*

ACCUMULATION, *fubft. Accumulation, entaffement, amas, comble.*

ACCUMULATIVE, *adject. Qui accumule ou qui eft accumulé.*

ACCUMULATOR, *f. Celui qui accumule ou entaffe.*

ACCURACY, } *fubft. Exactitude,*
ACCURATENESS, } *foin.*

ACCURATE, *adject.* (or exact.) *Exact; qui fait avec exactitude, en parlant des perfonnes; poli, limé, exact, fait avec foin, avec application, en parlant des chofes.*

ACCURATELY, *adv. Exactement, nettement, avec exactitude, avec beaucoup de netteté, foigneufement.*

To ACCURSE, *verb. act. Maudire, mettre en interdit, anathématifer.*

Accurfed, *adj. Maudit, mis en interdit, anathématifé.*

ACCUSABLE,

ACCUSABLE, *adject.* Blâmable, coupable.
ACCUSATION, *f.* Accusation, blâme, reproche.
ACCUSATIVE, *subst. & adject.* An accusative case, (a term of Grammar.) *Accusatif, le cas accusatif, terme de Grammaire.*
ACCUSATORY, *adject.* Se dit d'un acte d'accusation.
To ACCUSE, *verb. act.* Accuser, dénoncer, blâmer, reprendre.
To accuse one of (or for) a thing. *Accuser quelqu'un de quelque chose, la lui reprocher.*
Accused, *adj.* Accusé, dénoncé, blâmé, repris.
ACCUSER, *subst.* Accusateur, accusatrice, dénonciateur, délateur.
ACCUSING, *f.* L'action d'accuser, &c. *V.* to accuse.
To ACCUSTOM, *v. act.* (to use.) Accoutumer.
To accustom one's self to a thing. *S'accoutumer à quelque chose.*
ACCUSTOMABLE, *adject.* Commun, ordinaire.
ACCUSTOMABLY, *adv.* Souvent, ordinairement.
ACCUSTOMANCE, *subst.* (habit, use.) *Usage, habitude.*
ACCUSTOMARILY, *adv.* Communément, ordinairement.
ACCUSTOMARY, ou plutôt customary, *adject.* Accoutumé, commun, ordinaire.
ACCUSTOMED, *adj.* Accoutumé, fait à quelque chose.
A shop well accustomed or rather customed. *Une boutique bien achalandée.*
ACCUSTOMING, *subst.* L'action de s'accoutumer, habitude.
ACE, *f.* As, de carte ou de dé; ambsace or ams-ace. *Ambesas, beset, terme du jeu de trictrac.*
I will not wag an ace farther. *Je ne bougerai pas d'ici.*
ACEPHALOUS, *adj. & subst.* Acéphale, qui n'a point de tête.
ACERB, *adject.* (from the latin; sharp, sour as unripe fruit.) *Acerbe, aigre, âpre au goût, vert.*
Acerb, (bitter, grievous, painful.) *Cruel, dur, rude, fâcheux, amer.*
To ACERBATE, *v. a.* Aigrir.
ACERBITY, *subst.* (sourness, sharpness, bitterness.) *Aigreur, âpreté des fruits qui ne sont pas mûrs.*
Acerbity, (grief, trouble, severity.) *Dureté, cruauté, rigueur, sévérité, amertume.*
To ACERVATE, *v. a.* (to heap up.) *Amasser, accumuler, entasser.*
ACESCENT, *adject.* Qui s'aigrit.
ACETOUS, *adject.* Acéteux.
ACETOSITY, *f.* Aigreur.
ACHE. *V.* Ake.
To ACHIEVE. *V.* to achieve, avec les mots qui en dérivent.
ACHOR, *subst.* Achore, espèce d'ulcère.
ACID, *adj.* (or sour.) Acide, aigre, âcre.
ACIDITY,
ACIDNESS, } *subst.* Aigreur, qualité acide.
ACIDULÆ, *f.* Eaux minérales qui possèdent une qualité acide.
To ACIDULATE, *v. act.* Aciduler, rendre aigrelet.
To ACKNOWLEDGE, *v. a.* (to own and confess.) Reconnoître, avouer, confesser.

To acknowledge a benefit. *Reconnoître un bienfait, en être reconnoissant.*
ACKNOWLEDGMENT, *subst.* (or confession.) *Aveu, confession, reconnoissance.*
The acknowledgment of a benefit. *La reconnoissance d'un bienfait.*
ACKNOWLEDGING, *subst.* L'action d'avouer, de confesser, de reconnoître, reconnoissance.
Acknowledging, *adject.* Reconnoissant.
ACME, *f.* Cime, sommet; crise, en parlant d'une maladie.
ACOLYTE,
ACOLOTHIST } *subst.* (a Clerk serving at mass.) *Acolyte.*
ACONITE, *subst.* (or wolf's bane, an herb.) *Aconit, herbe venimeuse.*
ACORN, *subst.* Gland, fruit de chêne.
Acorn, (a sea term.) *Pomme de girouette.*
ACOUSTICKS, *subst.* Acoustique, théorie des sons.
To ACQUAINT one, *verb. act.* (or make one acquainted with.) *Avertir, informer, communiquer, faire savoir à, donner avis à, apprendre.*
I must acquaint him with it. *Il faut que je l'en avertisse, que je l'en informe, &c.*
This is to acquaint you, *Cette lettre vous apprendra.*
ACQUAINTANCE, *subst.* Connoissance, habitude, une connoissance, une personne avec qui l'on a fait connoissance.
To get into one's acquaintance, (or to make an acquaintance with one.) *Faire connoissance avec quelqu'un.*
I have little acquaintance with him. *Je n'ai pas de grandes liaisons avec lui.*
He is an old acquaintance of mine. *C'est une de mes anciennes connoissances, il y a long-temps que nous nous connoissons.*
A man of general acquaintance. *Un homme fort répandu, un fort répandu dans le monde.*
Upon what acquaintance? *Pourquoi? en vertu de quoi? de quel droit.*
ACQUAINTED, *adject.* Informé, averti ou qui a fait connoissance avec quelqu'un.
I am acquainted with it. *Je sais l'affaire, j'en ai eu avis.*
I will make you acquainted with my design. *Je vous communiquerai mon dessein.*
I will make you acquainted with it. *Je vous en donnerai avis, je vous le ferai savoir, je vous en informerai.*
I have the honour to be acquainted with him. *J'ai l'honneur de le connoître.*
How came you and she to be acquainted together? *Comment avez-vous fait connoissance avec elle?*
I brought him acquainted with the best families. *Je l'ai introduit dans les meilleures familles.*
I will make (or I will get) you acquainted with him. *Je vous ferai faire connoissance avec lui.*
ACQUAINTING, *f.* Information, avis, déclaration; l'action de donner avis, &c. *V.* to acquaint.
ACQUEST, *f.* (or purchase.) Acquêts, acquisitions.
To ACQUIESCE, *verb. neut.* Acquiescer, donner des mains, consentir, se soumettre à, se contenter de.
To acquiesce, (or agree) to one's proposal. *Acquiescer à la proposition de quelqu'un, y consentir.*

To acquiesce (or submit) to the will of God. *Se soumettre à la volonté de Dieu.*
Acquiesced to, *adj.* À quoi l'on acquiesce, à quoi l'on consent, à quoi l'on se soumet, de quoi l'on se contente.
ACQUIESCENCE,
ACQUIESCING, } *f.* Acquiescement, consentement, soumission.
ACQUIRABLE, *adj.* (that may be acquired.) *Qui peut être acquis, &c. V.* to acquire.
To ACQUIRE, *verb. act.* (to purchase.) *Acquérir, faire quelque acquisition.*
To acquire, (to get.) *Acquérir, gagner.*
To acquire (or learn.) *Apprendre, attraper.*
Acquired, *adj.* Acquis, gagné, appris.
ACQUIRER, *subst.* Acquéreur, terme de Palais.
ACQUIRING,
ACQUIREMENT, } *subst.* L'action d'acquérir, de gagner, d'apprendre, acquisition.
ACQUISITION, *subst.* Acquisition, ou acquêt, terme de Palais.
For the acquisition of the French tongue. *Pour apprendre le François.*
ACQUISITIVE, *adj.* Acquis, appris.
ACQUIST, *subst.* Acquisition.
To ACQUIT, *verb. act.* (to discharge.) *Acquitter, décharger, exempter, absoudre, renvoyer absous.*
To acquit one's self very well in his office. *S'acquitter parfaitement bien de sa charge.*
To acquit (or discharge) a prisoner. *Décharger un prisonnier, l'absoudre.*
To acquit one's self from blame. *S'exempter de blâme, se mettre à couvert des reproches.*
To acquit one's self of one's promise. *S'acquitter de sa promesse.*
To acquit an obligation. *S'acquitter d'une obligation, reconnoître un bienfait.*
To acquit (or pay) a debt. *S'acquitter d'une dette, payer une dette.*
To acquit a malefactor from his deserved punishment, (or pardon him.) *Remettre à un criminel la peine qu'il a méritée.*
ACQUITMENT,
ACQUITTAL, } *subst.* Décharge, absolution, délivrance.
ACQUITTANCE, *subst.* (for money received.) *Acquit, décharge, quittance, reçu.*
ACQUITTED, *adject.* Acquitté, déchargé, &c. *V.* to acquit.
ACQUITTING, *f.* Décharge, absolution, l'action d'acquitter, de décharger, &c. *V.* to acquit.
ACRASY, *subst.* Indisposition causée par un relâchement.
ACRE, *subst.* (a certain measure of land.) *Acre, mesure de terre, différentes selon les divers pays: l'acre d'Angleterre contient ordinairement 720 pieds de long, & 72 de large.*
ACRID, *adj.* Aigre, âpre.
ACRIDOPHAGI, *s. pl.* Acridophages, mangeurs de sauterelles.
ACRIMONIOUS, *adj.* Âcre, aigre.
ACRIMONY,
ACRITUDE, } *subst.* (or sharpness.) *Acrimonie, âpreté, aigreur.*
ACROAMATICAL, *adj.* Qui appartient aux sciences profondes.
ACROSPIRE, *subst.* Germe qui sort du bout des graines.
ACROSPIRED, *adj.* Germé.

ACROSS,

ACR ACT

ACROSS, adv. *De travers.*
His arms were folded acrofs. *Il avoit les bras croifés.*
Acrofs, prép. *A travers, au travers.*
ACROSTICK, *fubft.* Acrofliche, *efpece de Poëfie.*
ACROTERS, ⎱ *fubft.* Acroteres, *terme*
ACROTERIA, ⎰ *d'architecture.*
ACT, *fubft.* (deed or action.) *Acte, action, coup, trait.*
To do a wicked act. *Faire une méchante action.*
It is a bold act. *C'eft un trait hardi.*
He was taken in the very act. *Il a été pris fur le fait.*
An act of oblivion, (or amnefty.) *Une amniftie.*
Act of Parliament. *Acte ou arrêt du Parlement.*
Act of a play. *Acte de piece de théâtre.*
Act of a ftudent in Divinity. *Aulique, acte de Théologien.*
To ACT, *verb. n.* *Faire, agir.*
To act like a wife man. *Agir en homme fage ou en homme prudent.*
To act againft one's confcience. *Agir contre fa confcience, trahir fa confcience.*
To act contrary to the Government's orders. *Contrevenir aux ordres du Gouvernement.*
To act againft one's own intereft. *Trahir fes intérêts, aller contre fes intérêts.*
To act, *verb. act.* *Animer, inciter, pouffer, faire agir.*
To act a play. *Jouer la comédie, repréfenter une piece de théâtre.*
He acts in this play. *Il eft un des acteurs de cette piece.* Mrs. B.** acts very well. *Madame B** eft une bonne actrice ou une bonne comédienne, elle joue bien* (ou *elle fait bien*) *fon perfonnage.* He acts or reprefents Alexander. *Il repréfente Alexandre; il fait le perfonnage d'Alexandre.*
Acted, *adj.* *Joué, repréfenté; animé.*
They are acted (or moved) by their inclinations. *Ils font animés par leurs inclinations, ils agiffent felon leurs inclinations.*
ACTING, *fubft.* Action, *l'action de jouer ou de repréfenter une piece de théâtre.*
ACTION, *fubft.* (or deed.) *Action, fait, œuvre, acte.*
Action, (or gefture.) *Action, gefte.*
To be full of action. *Faire beaucoup de geftes; être actif, être agiffant.*
A man fit for action. *Un homme d'exécution.*
Action, (or fuit at law.) *Action, procès, caufe.*
To bring (or enter) an action againft one. *Faire un procès à quelqu'un, l'appeler en Juftice, lui intenter action.*
To lofe one's action. *Perdre fon procès.*
An action of trefpafs. *Action criminelle.*
An action upon an appeal. *Caufe d'appel.*
Action, (or fight.) *Action, combat, mêlée.*
ACTIONABLE, *adject.* *Qui porte action, qui l'on peut pourfuivre en Juftice.*
ACTIONARY, ⎱ *fubft.* Actionnaire.
ACTIONIST, ⎰
ACTION-TAKING, *adject.* *Proceffif, litigieux.*
ACTIVE, *adj.* (or nimble.) *Actif, agiffant, remuant.*
Active, (in Grammar.) *Actif, en termes de Grammaire.*

Tome II.

ACT ADD

ACTIVELY, *adv.* (or nimbly.) *Habilement, promptement, avec activité.*
Actively, (in an active fenfe.) *Activement, dans un fens actif, dans une fignification active.*
ACTIVENESS, ⎱ *fubft.* Activité, vigueur,
ACTIVITY, ⎰ *vivacité, foupleffe, agilité.*
Feats of activity. *Tours de foupleffe.*
ACTOR, *f.* Acteur, Comédien.
ACTRESS, *f.* Actrice, Comédienne.
ACTUAL, *adj.* Actuel, effectif.
ACTUALITY, *fubft.* *Qualité de ce qui eft actuel.*
ACTUALLY, *adv.* *Réellement, en effet, effectivement.*
ACTUARY, *fubft.* (a Clerk of a Convocation.) *Secrétaire, Greffier.*
To ACTUATE, *verb. act.* (to move or excite.) *Animer, faire agir, pouffer.*
Actuated, *adj.* *Animé, pouffé.*
To ACUATE, *v. act.* *Aiguifer.*
ACULEATE, *adj.* *Aigu, pointu.*
ACUMEN, *f.* *Génie, pénétration.*
To ACUMINATE, *v. act.* *Aiguifer, rendre pointu.*
ACUTE, *adject.* (keen or fharp.) *Aigu, perçant, violent.*
Acute, (fubtle or ingenious.) *Subtil, ingénieux, pénétrant.*
Acute, *fubft.* *Accent aigu.*
ACUTELY, *adv.* *Subtilement, avec pénétration, finement, ingénieufement.*
ACUTENESS, *fubft.* *Subtilité, efprit, pénétration.*
ADACTED, *adj.* (an obfolete word; driven by force.) *Cogné, pouffé avec force, enfoncé.*
ADAGE, *fubft.* (old faying or proverb.) *Adage, proverbe, fentence populaire.*
ADAGIO, *fubft.* Adagio, *terme de mufique, qui exprime un mouvement lent.*
ADAMANT, *fubft.* (an adamant-ftone, a diamond.) *Un diamant.*
ADAMANTEAN, *adject.* (or hard.) *Dur comme le diamant, qu'on ne peut rompre, impénétrable.*
ADAMANTINE, *adject.* *De diamant, ou femblable au diamant par la dureté ou l'indiffolubilité.*
Adamantine ties. *Nœuds indiffolubles.*
ADAMITES, *fubft.* (a fort of Hereticks.) *Adamites, Hérétiques qui s'élevèrent dans le troifième fiecle; & dont on dit qu'il y a encore quelques reftes en Hollande.*
To ADAPT, *v. act.* (or to fit.) *Adapter, ajufter, accommoder, appliquer.*
Adapted, *adj.* *Adapté, ajufté, accommodé, appliqué.*
ADAPTATION, ⎱ *fubft.* *Application,*
ADAPTING, ⎰ *l'action d'adapter, d'ajufter, d'accommoder,* &c.
To ADD, *verb. act.* (to join or augment, to put to.) *Ajouter, joindre, mettre une chofe à une autre, augmenter, contribuer.*
You muft add fomething to it. *Il faut que vous y ajoutiez quelque chofe.*
To which add. *Ajoutez à cela.*
Your filence added to (or increafed) my fufpicion. *Votre filence augmentoit mon foupçon.*
That has added much to my grief. *Cela a beaucoup augmenté ma douleur.*
I will add nothing of my own. *Je n'y mettrai rien du mien.*
That added to our misfortune. *Cela eft arrivé par un furcroît de malheur.*

ADD

ADDABLE, *adj.* more properly ADDIBLE. *Qui peut être ajouté.*
To ADDECIMATE. *verb. act.* (to take or afcertain tithes.) *Dixmer, lever des dixmes.*
ADDED, *adject.* *Ajouté, joint, &c. V.* to add.
To ADDEEM, *v. a.* *Eftimer, préfumer.*
ADDER, *fubft.* *Couleuvre, vipere, ferpent.* Water-adder, *un ferpent d'eau.* Adder's-tongue. *Langue de ferpent, forte d'herbe.*
ADDIBILITY, *fubft.* Ex. Addibility of numbers. *Qualité des nombres qui peuvent être ajoutés.*
ADDIBLE, *adj.* *Qui peut être ajouté.*
ADDICE, ⎱ *fubft.* (a Cooper's tool.) *Do-*
ADZE, ⎰ *loire, outil de Tonnelier.*
To ADDICT one's felf to, *verb. récip.* *S'adonner, s'appliquer, s'attacher, fe donner, fe confacrer, fe dévouer à.*
Addicted, *adj.* *Adonné, appliqué, attaché, porté, dévoué, confacré.*
Addicted, *eft généralement pris en mauvaife part. Ex.* He is addicted to vice. *Il eft adonné au vice.*
ADDICTEDNESS, *fubft.* *Application à quelque chofe.*
ADDICTION, *fubft.* (or deliverance of goods.) *Délivrance, adjudication au plus offrant & dernier enchériffeur, en termes de Palais.*
Addition, *fubft.* *Dévouement.*
ADDING. *fubft.* *L'action d'ajouter, &c. V.* to Add.
ADDITAMENT. *V.* Addition.
ADDITION. *fubft.* (augmentation or increafe.) *Addition, furcroît, accroiffement, augmentation.*
To make additions to a book. *Faire des additions a un livre, augmenter un livre.*
An addition of kindnefs. *Un furcroît de faveurs.*
The rule of addition. *La regle d'addition, en arithmétique.*
A fecond edition revifed with improvements. *Seconde édition, revue & augmentée.*
God is capable of no addition to his happinefs. *La félicité de Dieu eft incapable d'accroiffement.*
Addition, (advantage or ornament.) *Avantage, ornement, embelliffement.*
ADDITIONAL, *adj.* *De furplus, qu'on ajoute.*
An additional excife. *Un furcroît d'impôt.*
Additional happinefs. *Surcroît de bonheur.*
ADDLE, *adj.* (or empty.) *Vide.*
An addle egg. *Un œuf fans germe, un œuf ftérile.*
Addle, (vain.) *Vain, qui n'a que l'apparence.*
Addle-headed, or addle-pated, *adject.* *Evanté, décervelé, étourdi.*
To ADDLE, *v. act.* *Rendre ftérile.*
ADDRESS, *fubft.* (fkill, induftry.) *Adreffe, induftrie, habileté.*
Addrefs, (Epiftle dedicatory.) *Dédicace, Epitre dédicatoire.*
The amorous addreffes of a lover to his miftrefs. *Les pourfuites d'un amant.*
An addrefs prefented to the King. *Une adreffe préfentée au Roi.*
R. *Ce qu'on appelle adreffe en Angleterre eft une maniere de placet, de requête ou même de Remontrance que le Parlement, lorfqu'il*

B

lorfqu'il eft affemblé, préfente quelquefois au Roi; & en général, toutes ces foumiffions & civilités formelles, ou ces actes de reconnoiffance qu'un Corps, une Société ou Communauté fait au Roi par des députés en des occafions extraordinaires.

To make one's addreffes (*or application*) to one about a thing. *S'adreffer à quelqu'un pour une affaire; avoir recours à quelqu'un pour une affaire.*

Addrefs, (a word borrowed from the french, for direction.) *Adreffe, lieu où l'on envoie quelque chofe à quelqu'un.*

To ADDRESS, *verb. act.* (*or direct.*) *Adreffer, dédier.*

To addrefs one's prayers to one. *Adreffer fes prieres à quelqu'un.*

Addrefs yourfelf to him. *Adreffez-vous à lui.*

To addrefs the King. *Préfenter une adreffe ou des adreffes au Roi.*

To addrefs a letter to one. *Adreffer une lettre à quelqu'un.*

Addreffed, *adj. Adreffé, dédié, à qui l'on a préfenté des adreffes.*

ADDRESSER, *fubft. Préfenteur d'adreffes.*

ADDRESSING, *fub. L'action d'adreffer, ou de préfenter des adreffes.*

ADDUCENT, *adject. Qui conduit, qui amene.*

ADDUCTOR, *fubft. Mufcle adducteur.*

To ADDULCE, *verb. act. Adoucir.*

ADDENOGRAPHY, *f. Adénographie, defcription des glandes.*

ADELING, *fubft. C'eft un terme Saxon qui veut dire Prince ou fils de Roi.*

ADEMPTION, *fubft.* (or taking away.) *Privation, dépouillement.*

ADEPT, *fubft.* (a fkilful perfon.) *Adepte.*

ADEQUATE, *adj.* (or proportionable.) *Proportionné, conforme, égal, équivalent.*

ADEQUATELY, *adv. Juftement, complétement.*

ADEQUATENESS, *f. Jufte proportion.*

To ADHERE to, *verb. neut.* (to ftick to.) *Adhérer, s'attacher à, fe coller, fe tenir, être attaché à ou contre, être joint.*

To adhere to a party, (*or opinion.*) *Adhérer à un parti, à une opinion.*

Adhered to, *adject. A quoi l'on s'attache,* &c.

ADHERENCY, } *fubft. Adhérence, attachement.*
ADHESION,

ADHERENT, *fubft.* (one that adheres.) *Adhérent, partifan.*

ADHERER, *fubft. Partifan, adhérent.*

ADHESION, *fubft. Adhéfion, attache.*

ADHESIVENESS, *fubft. Ténacité.*

To ADHIBIT, *verb. act. Se fervir, employer.*

ADHIBITION, *fubft. Emploi, ufage.*

ADJACENCY, *f. Contiguité, voifinage.*

ADIAPHOROUS, *adj. Neutre.*

ADIAPHORY, *fubft. Neutralité.*

ADHESIVE, *adj. Tenace.*

ADJACENT, *adj.* (or lying near.) *Adjacent, voifin, contigu.*

To ADJECT, *verb. act. Ajouter.*

ADJECTION, *V. Addition.*

ADJECTITIOUS, *adj. Ajouté.*

ADJECTIVE, *adj. Adjectif.*

An adjective, *fubft. Un adjectif, un nom adjectif.*

ADJECTIVELY, *adj. Dans un fens adjectif.*

ADIEU, *fubft.* (or farewel.) *Adieu.*

To bid one's friends adieu. *Dire adieu à fes amis.*

To ADJOIN, *v. act. Adjoindre, joindre, ajouter, avoifiner.*

ADJOINED, *adj. Adjoint, joint, ajouté.*

ADJOINING, *fubft. Adjonction, l'action d'adjoindre, de joindre, d'ajouter.*

Adjoining, *adj. Qui touche, joignant, contigu, qui eft fitué auprès.*

To ADJOURN, *verb. act.* (or to put off.) *Remettre, renvoyer, différer.*

It is folly to adjourn the neceffary work of falvation to a dying hour. *Il y a de la folie de différer jufqu'à, ou de remettre à, l'heure de la mort un ouvrage auffi néceffaire que celui du falut.*

To adjourn, (to give a delay.) *Donner ou accorder un délai, ajourner.*

To adjourn, *verb. neut.* (fpeaking of the Parliament.) *Se féparer pour fe raffembler une autre fois, s'ajourner.*

Adjourned, *adj. Remis, renvoyé, différé, à qui l'on a donné un délai, qui a remis fa féance à un autre jour.*

ADJOURNING, } *fubft. Délai, remife, renvoi, l'action de remettre, ajournement,* &c. *V.* to Adjourn.
ADJOURNMENT,

ADIPOUS, *adj. Adipeux, gras.*

ADIT, *fubft. Entrée, fouterrain.*

To ADJUDGE, *verb. act. Adjuger ou condamner.*

Adjudged, *adj. Adjugé, condamné.*

He was adjudged to fuffer the punifhment of a traitor. *On le condamna à fouffrir les peines qui font dues à la trahifon.*

ADJUDGING, } *fubft. Adjudication ou l'action d'adjuger, condamnation, ou l'action de condamner.*
ADJUDICATION,

ADJUGATE, *verb. act. Accoupler.*

ADJUMENT, *fubft.* (help.) *Aide, affiftance.*

ADJUNCT, *adj. Uni.*

Adjunct, *fubft. Acceffoire, circonftance.*

ADJUNCTION, *fubft. Adjonction, addition, augmentation.*

ADJURATION, *fubft. Adjuration, conjuration, formule de ferment.*

To ADJURE, *verb. act. Adjurer, conjurer.*

To ADJUST, *v. a.* (or fettle.) *Ajufter, régler.*

To adjuft (or determine.) *Accorder, accommoder, terminer, en parlant d'un différent,* &c.

Ajufted, *adj. Ajufté, réglé, accommodé, terminé.*

ADJUSTING, *fubft. Ajuftement, réglement, accommodement, l'action de régler,* &c. *V.* to Adjuft.

ADJUSTMENT, *fubft. Ajuftement, réglement, accord, accommodement.*

ADJUTANT, *fubft.* (an Officer in a Regiment.) *Un Aide-Major, Officier d'un Régiment.*

To ADJUTE, *verb. act. Aider.*

ADJUTOR, *fubft. Aide.*

ADJUTORY, *adject.* (or helping.) *Qui aide.*

ADJUVANT, *fubft. Secourable.*

To ADJUVATE, *verb. act.* (or to help.) *Aider, fecourir, affifter.*

ADMEASUREMENT, *fubft.* (a Law-term, an eftimation made by a Jury or before a Court of Juftice.) *Terme de Palais, qui veut dire un acte pour faire reftituer ce que quelqu'un a pris au-delà de fon tel.*

Admeafurement, *fubft. L'action de mefurer.*

ADMENSURATION, *fubft. Égalifation, l'action d'égalifer, de faire les partages égaux.*

ADMINICLE, *fubft.* (or help.) *Aide, fecours, adminicule.*

ADMINICULAR, *adject. Qui aide, qui fert.*

To ADMINISTER, *verb. act.* (to give.) *Adminiftrer, donner, rendre, difpenfer.*

To adminifter the Sacraments. *Adminiftrer les Sacrements, difpenfer les Sacrements.*

To adminifter Baptifm. *Donner le Baptême, conférer le Baptême.*

To adminifter Juftice. *Adminiftrer ou rendre la Juftice.*

To adminifter an occafion of complaint. *Donner fujet de fe plaindre.*

To adminifter an oath. *Faire prêter le ferment.*

To adminifter jealoufy. *Donner des foupçons, faire naître ou caufer des foupçons.*

To adminifter, (to govern or manage.) *Adminiftrer, gouverner, régir, avoir le maniment de.*

Adminiftered, *adj. Adminiftré, donné, rendu, gouverné.*

To ADMINISTRATE, *v. act. Adminiftrer, donner un remede.*

ADMINISTRATION, *fubft. Adminiftration, difpenfation, diftribution, maniment, conduite.*

The feveral kinds of publick adminiftration are fubject to feveral defects and corruptions. *Les divers départements du Gouvernement d'un Etat, font fujets à plufieurs défauts, à plufieurs maux.*

ADMINISTRATIVE, *adject. Qui adminiftre.*

ADMINISTRATOR, *fubft. Adminiftrateur.*

ADMINISTRATORSHIP, *fubft. Qualité d'adminiftrateur, adminiftration.*

ADMINISTRATRIX, *fubft. Celle qui adminiftre, qui a la conduite ou le maniment de quelque chofe.*

ADMIRABLE, *adj. Admirable, qui eft digne d'admiration, merveilleux, étonnant, furprenant, bon, excellent, beau.*

ADMIRABILITY, } *fubft. Qualité de ce qui eft admirable.*
ADMIRABLENESS,

ADMIRABLY, *adv.* (or admirably well.) *Admirablement, d'une maniere admirable, d'une façon furprenante, à merveilles, fort bien.*

ADMIRAL, *fubft. Un Amiral, l'Officier qui commande en chef fur mer.*

Admiral of the fleet. *L'Amiral d'Angleterre, le premier Officier de Marine, Lord High Admiral. V.* au mot ADMIRALTY.

Admiral of the red, &c. *Amiral de l'efcadre ou de la divifion rouge, blanche ou bleue, qui porte le pavillon quarré au grand mât.*

Vice-admiral. *Vice-Amiral, grade qui répond à celui de Lieutenant général en France, & au même grade dans le fervice de terre; mais il porte le pavillon quarré au mât de mifaine, comme en France les Vice-amiraux.*

Vice-admiral, *eft auffi une charge civile d'Amirauté, qui répond à celle de Lieutenant général de l'Amirauté en France.*

Rear-admiral. *Contre-amiral, grade qui répond*

répond à celui de Chef d'escadre en France, & de-Maréchal-de-camp dans le service de terre. Il porte le pavillon quaré au mât d'artimon.

Nota. Il y a ordinairement trois Amiraux de l'escadre rouge, trois de la blanche & trois de la bleue; trois Vice-amiraux & trois contre-amiraux de chaque escadre; & même le nombre de ces Officiers généraux est augmenté, à présent que les forces maritimes d'Angleterre sont plus considérables.

The Admiral or admiral's ship. *L'Amiral, le vaisseau-amiral.*

The admiral-flag. *Le pavillon.* The admiral galley. *Galere capitainesse* ou simplement *l'amirale.*

The admiral's wife. *L'amirale, la femme de l'Amiral.*

ADMIRALSHIP, *subst.* La charge de l'Amiral.

ADMIRALTY, *subst. L'Amirauté.*

C'est proprement la charge & les fonctions de Grand-amiral (*Lord high admiral*) remplies depuis long-temps par sept Lords Commissaires (*Lords Commissioners of the admiralty*) qui ont conjointement l'autorité attribuée en France au Ministre de la Marine, & les pouvoirs de Grand-Amiral.

The Admiralty-Court. *La Cour de l'Amirauté.*

ADMIRATION, *subst. Admiration.*

Taken up with admiration. *Ravi en admiration.*

Note of admiration. *Un point d'admiration.*

To ADMIRE, *verb. act.* (to behold with wonder, to be surprised at.) *Admirer, considérer avec admiration, avoir de l'admiration pour, être surpris, s'étonner.*

I admire her wit more than her beauty. *J'admire son esprit plus que sa beauté.*

I admire it or I regard it with wonder. *J'en suis surpris, je m'en étonne.*

To admire, (or love.) *Aimer, aimer fort, être grand amateur de.*

I admire this above any thing. *J'aime ceci par-dessus toutes choses.*

Admired, *adj. Admiré, aimé.*

ADMIRER, *subst. Admirateur, qui admire, qui aime, grand amateur.*

ADMIRINGLY, *adv. Avec admiration.*

ADMISSIBLE, *adj. Admissible.*

ADMISSION, *subst. Admission, réception, entrée, accès.*

By their admission of men of all professions, these two benefits arise. *En admettant des gens de toutes sortes de professions, ils en retirent ces deux avantages ou en agrégeant à leurs corps des gens, &c.*

To ADMIT, *v. act.* (or to admit of, to receive.) *Admettre, recevoir.*

To admit one into his chamber. *Admettre, recevoir quelqu'un dans sa chambre.*

To admit one into an office. *Recevoir quelqu'un à quelque charge.*

To admit of one's excuse. *Admettre les excuses de quelqu'un.*

To admit of, (to permit or suffer.) *Permettre, souffrir.*

The season will hardly admit of that. *A peine la saison nous le permettra.*

To admit a principle, (to acknowledge it true.) *Admettre un principe, le reconnoître pour véritable.*

Admit (or suppose) it were so. *Posez*

le cas que cela soit, supposez que cela soit.

Faith admits of degrees. *La foi a différents degrés, il y a différents degrés de foi.*

Because only mathematical matters admit of this kind of evidence. *Parce qu'il n'y a que les vérités mathématiques qui soient capables de cette sorte d'évidence.*

She has wit, but yet I have not heard that she has admitted of any gallantry. *Elle ne manque pas d'esprit; cependant je n'ai pas ouï dire qu'elle ait eu aucune galanterie.*

And therefore a shepherd's life may be admitted as the most happy, since it is the most innocent. *C'est pour cela que la condition des bergers peut passer pour la plus heureuse, puisqu'elle est la plus innocente.*

ADMITTABLE, *adj. Admissible, qui peut être admis.*

ADMITTANCE, *subst. Admission, entrée, accès.*

ADMITTED, *adj. Admis, reçu, permis, &c. V.* to Admit.

To ADMIX, *v. act. Mêler.*

ADMIXTION,
ADMIXTURE, } *subst. Mélange, mixtion.*

To ADMONISH, *verb. act.* (or warn.) *Exhorter, avertir, donner des avis, reprendre.*

Admonished, *adj.* (or exhorted.) *Exhorté, averti, &c.*

ADMONISHER, *subst. Qui exhorte, qui avertit, &c.*

ADMONISHING,
ADMONISHMENT, } *subst. Exhortation, avertissement, avis.*
ADMONITION,

ADMONITORY, *adj. Admonitoire.*

To ADMOVE, *v. act. Approcher.*

ADMURMURATION, *subst.* L'action de murmurer, de se plaindre à quelqu'un.

ADO, *subst.* (pains, trouble.) *Peine.*

I had much ado to forbear laughing. *J'eus bien de la peine à m'empêcher de rire, à peine pus-je m'empêcher de rire.*

I have much ado to forbear beating of him. *Peu s'en faut que je ne le batte.*

We got away with much ado. *Nous nous sauvâmes avec bien de la peine; nous eûmes bien de la peine à nous sauver.*

After much ado. *Après bien de la peine, enfin.*

Without any more ado. *Sans tant de façon, sans plus hésiter, sans autre forme de procès, sans autre mystère.*

Ado, (or noise.) *Bruit, tintamarre, tumulte, vacarme.*

What ado is here? *Quel bruit, quel vacarme est ceci?* Why do you keep such ado? *Pourquoi faites-vous tant de bruit?*

With no great ado, (easily.) *Aisément, facilement.*

ADOLESCENCE,
ADOLESCENCY, } *subst.* (the time of life, from childhood to puberty.) *Adolescence, l'âge entre l'enfance & la puberté.*

To ADOPT, *v. act. Adopter quelqu'un, le prendre, le choisir pour son fils.*

To adopt another man's works. *Adopter ou s'approprier les ouvrages d'autrui.*

Adopted, *adj. Adopté.*

Heroes are descended from the Gods, and are in due time to be adopted into their number. *Les Héros tirent leur ori-*

gine des Dieux, & doivent un jour être admis dans leur nombre.

ADOPTEDLY, *adv. Par adoption, en forme d'adoption.*

ADOPTER, *subst. Qui adopte.*

ADOPTING, *subst. L'action d'adopter ou de s'approprier.*

ADOPTION, *subst. Adoption.*

ADOPTIVE, *adj. Adoptif.*

ADORABLE, *adj. Adorable.*

ADORABLENESS, *subst. Qualité de ce qui est adorable.*

ADORABLY, *adv. D'une maniere adorable ou digne d'adoration.*

ADORATION, *s. Adoration, vénération.*

To ADORE, *v. a.* (or worship.) *Adorer, révérer.*

To adore, (to love respectfully and violently.) *Adorer, aimer d'un amour respectueux & violent.*

Adored, *adj. Adoré, révéré.*

ADORER, *subst. Adorateur.*

ADORING,
ADOREMENT, } *sub. Adoration, l'action d'adorer, &c.*

To ADORN, *v. act.* (or set off.) *Orner, embellir, enrichir, ajuster, parer.*

Adorned, *adj. Orné, embelli, paré, &c.*

The fields are adorned with a delightful verdure. *La campagne est tapissée d'une agréable verdure.*

ADORNATION. V. Adorning.

ADORNER, *subst. Qui orne, qui pare, qui embellit.*

ADORNING, *subst. L'action d'orner, de parer, d'embellir, d'enrichir, d'ajuster.*

ADORNMENT, *subst. Ornement, embellissement, parure.*

ADOWN, *prép.* (sometimes used in poetry for down.) *Ex.* his curling hair adown his shoulders flowed. *Ses cheveux flottoient en boucles sur ses épaules.*

ADREAD, *adv. Avec crainte, craintivement.*

ADRIFT, *adv. Au hasard.*

Adrift, (a sea term.) *En dérive, au gré des flots ou du vent.*

ADROIT, *adj.* (Skilful, dextrous.) *Adroit, habile.*

ADROITLY, *adv. Adroitement.*

ADROITNESS, *sub.* (dexterity.) *Adresse, dextérité, habileté.*

The adroitness of his skill. *L'adresse de son art.*

A-DRY, *adject.* (thirsty.) *Altéré, qui a soif.*

ADSCITITIOUS, *adj.* (added, foreign.) *Ajouté, étranger.*

ADSTRICTION, *subst. L'action d'unir, de lier ensemble.*

ADVANCE, *subst.* (or step.) *Avance, avancement, démarche.*

To ADVANCE, *v. n.* (to go forward.) *Avancer, aller ou marcher en avant, s'approcher.*

They were now advancing from reproaches to blows. *Ils alloient passer des injures aux coups.*

To advance, *verb. act.* (to give before-hand.) *Avancer ou donner par avance.*

To advance, (or prefer.) *Avancer, pousser, préférer, faire la fortune de.*

This made David advance the knowledge of God, before all other knowledge. *De-là vient que David préféra la connoissance de Dieu à toute autre connoissance.*

To advance (or further) a design. *Pousser ou conduire une entreprise.*

They

They may advance (or carry) them to a higher perfection. *On peut les porter à un degré plus haut de perfection.*
He advanced the glory of his purple. *Il rehaussa l'éclat de sa pourpre.*
It is upon that we advance (or found) all our hopes, *C'est sur cela même que nous fondons ou que nous faisons rouler toutes nos espérances.*
Advanced, *adj. Avancé, &c. Voyez* to Advance.
ADVANCEMENT, *sub.* (or promotion.) *Avancement.*
Before his advancement to the throne. *Avant qu'il montât sur le trône, avant qu'il parvint à la couronne.*
ADVANCER, *sub. Protecteur, fauteur.*
ADVANCING, *f. L'action d'avancer, &c.* V. to Advance.
ADVANTAGE, *subst.* (good, profit, interest, &c.) *Avantage, bien, profit, intérêt, gloire, honneur, commodité, prérogative.*
Ou bien en ces sens.
To give something by way of advantage. *Donner quelque chose de surplus, ou par dessus le poids ou la mesure.*
To take advantage of a thing. *Se prévaloir, profiter d'une chose.*
He made advantage of their disagreement. *Il profita de leur division.*
It would be more for (or to) your advantage. *Il vaudroit bien mieux pour vous ; vous y trouveriez mieux votre compte, vous feriez mieux.*
It would be no advantage to me. *Je n'y gagnerois rien.*
To sell a thing to advantage. *Vendre une chose au plus haut prix.*
She dresses to the best advantage. *Elle se met bien, elle a le don de se bien ajuster.*
To shew a thing to the best advantage. *Mettre quelque chose dans son beau jour, la faire voir du bon côté, la faire valoir.*
To ADVANTAGE, *v. act.* (to profit.) *Apporter quelque avantage à, profiter, être avantageux à.*
What will it advantage (or avail) me to deceive you? *Que gagnerai-je à vous tromper?* He might very well advantage himself ten pounds. *Il auroit pu gagner dix livres.*
Advantaged, *adj. Qui a quelque avantage, qui gagne.*
ADVANTAGEABLE, } *adj. Avantageux,*
ADVANTAGEOUS, } *utile, profitable, considérable.*
ADVANTAGEOUSLY, *adv. Avantageusement, utilement.*
ADVANTAGEOUSNESS, *sub. Avantage, profit.*
To ADVENE, *verb. neut. Consentir, être ajouté.*
ADVENIENT, *adj. Consentant, ajouté.*
ADVENT, *subst.* The Advent (a time of devotion before Christmas.) *L'Avent, temps consacré par l'Eglise pour se préparer à la nativité de Jesus-Christ.*
Advent, (or coming.) *Venue, arrivée, approche.*
ADVENTINE, } *adject. Accessoire,*
ADVENTITIOUS, } *étranger, casuel,*
ADVENTIVE, } *accidentel.*
ADVENTUAL, *adject. Qui a rapport à l'Avent.*
ADVENTURE, *subst.* (or accident.) *Aventure, incident, accident.*
Adventure, (or hazard.) *Hasard, risque, aventure.*

Adventure, (or enterprise.) *Aventure, entreprise, dessein, expédition.*
At all adventures. *A tout hasard.*
To ADVENTURE, *v. act.* (to hazard.) *Aventurer, hasarder, risquer, mettre au hasard ou à l'aventure.*
To adventure, (or to undertake.) *Entreprendre, oser.*
Adventured, *adject. Aventuré, hasardé, risqué, &c.*
ADVENTURER, *subst. Aventurier, qui cherche quelque aventure, qui risque.*
ADVENTURESOME, } *adj. Hasardeux,*
ADVENTUROUS, } *hardi.*
ADVENTUROUSLY, *adv. Hardiment ou avec témérité.*
ADVERB, *subst. Adverbe, une des parties d'oraison.*
ADVERBIAL, *adj. Adverbial.*
ADVERBIALLY, *adv. Adverbialement, dans un sens adverbial.*
ADVERSABLE, *adj. Adverse, contraire.*
ADVERSARIA, *subst. Journal.*
ADVERSARY, *subst. Adversaire, ennemi, partie adverse,* en termes de Pratique.
ADVERSATIVE, *adj. Adversatif.*
ADVERSE, *adj.* (contrary.) *Contraire, opposé, adverse.*
ADVERSITY, *sub.* (or calamity.) *Adversité, malheur, disgrace, misère, calamité, infortune.*
ADVERSELY, *adv. Malheureusement.*
To ADVERT, *verb. act.* (or to mark.) *Prendre garde, faire réflexion, remarquer.*
ADVERTENCE, } *sub. Attention, con-*
ADVERTENCY, } *sidération.*
To ADVERTISE, *v. act.* (or to warn.) *Avertir, donner avis à.*
Advertised, *adj. Averti.*
ADVERTISEMENT, *sub. Avertissement, avis, affiche.*
ADVERTISER, *f. Qui avertit, qui donne avis.*
ADVERTISING, *sub. L'action de donner avis à, l'action d'avertir.*
To ADVESPERATE, *verb. neut. Avancer vers le soir.*
ADVICE, *sub.* (counsel.) *Avis, conseil.*
To take advice of one. *Demander conseil à quelqu'un, prendre conseil ou avis de quelqu'un.*
To give one good advice. *Donner un bon conseil à quelqu'un.* To take (or to follow) one's friend's advice. *Suivre le conseil de son ami.*
Advice, (notice, account.) *Avis, avertissement, connoissance.*
Advice-boat. *Patache d'avis, aviso.*
ADVISABLE, *adj.* (to be advised about.) *Sur quoi l'on doit demander avis, prudent.*
Advisable, (fit to be done.) *A propos, que l'on doit conseiller.*
ADVISABLENESS, *sub. Convenance.*
To ADVISE one, *verb. act.* (to give him advice.) *Conseiller quelqu'un, donner avis, donner conseil à quelqu'un.*
To advise to the contrary. *Dissuader.*
To do as one should advise. *Suivre le conseil de quelqu'un.*
To advise, (to give an account, to write.) *Donner avis, mander, apprendre, écrire, marquer.*
To advise with one, *verb. neut. Prendre conseil de quelqu'un, demander avis à quelqu'un, consulter quelqu'un.*
To advise with one's self. *Considérer, examiner, consulter, délibérer.*

Advised, *adj. Consulté.*
Advised with. *Consulté.*
Well-advised. *Bien avisé, ou avisé, sage, circonspect, prudent.*
Ill-advised. *Imprudent, inconsidéré, qui n'est point sur ses gardes.*
I will be advised by him. *Je veux suivre son conseil.*
Be advised by me. *Faites ce que je vous dis, suivez mon conseil, croyez moi.*
I will do nothing without advice or but as I am advised. *Je ne veux rien faire que ce qu'on me conseillera, je ne veux rien faire de mon chef.*
I am otherwise advised. *On m'a dit ou je me suis laissé dire toute autre chose.*
It is advised from such a place, that. *On donne avis ou on mande d'un tel endroit, que.*
ADVISEDLY, *adv. Sagement, après mûre délibération.*
ADVISEDNESS, *subst. Sagesse, prudence.*
ADVISEMENT, *f.* (a Law-term for deliberation.) *Délibération, consultation.*
Upon good advisement and deliberation. *Après mûre délibération, après y avoir bien avisé.*
ADVISER, *subst. Conseiller, qui donne des avis ou des conseils.*
Ex. I was none of his adviser. *Je n'ai pas été son conseiller, ce n'est pas moi qui le lui ai conseillé.*
ADVISING, *f. L'action de conseiller, &c.* V. to advise.
ADULATION, *f.* (flattery.) *Flatterie, complaisance basse & étudiée, cajolerie.*
ADULATOR, *subst. Adulateur, flatteur.*
ADULATORY, *adj. Flatteur, flatteuse.*
ADULT, *adj. Adulte, qui est entré dans l'adolescence, qui est parvenu à l'âge de raison.*
ADULTERATE, *adject.* (sophisticated or counterfeit.) *Falsifié, sophistiqué, altéré, mêlé.*
Adulterate, (degenerated or corrupted.) *Corrompu, abâtardi.*
To ADULTERATE, *v. act.* (to sophisticate.) *Falsifier, sophistiquer, mêler, altérer, frelater.*
To adulterate, (or mix.) *Corrompre, abâtardir.*
Adulterated, *adject. Falsifié, sophistiqué, &c.*
ADULTERATENESS, } *subst. Action de*
ADULTERATION, } *corrompre, de frelater.*
ADULTERER, *subst. Adultère, celui qui commet un adultère.*
ADULTERESS, *subst. Adultère, une femme adultère.*
ADULTERINE, *adj. Adultérin.*
ADULTEROUS, *adj. Adultère.*
ADULTERY, *subst. Adultère, commerce illégitime avec une personne mariée.*
ADULTNESS, *sub. L'âge de puberté.*
✝ To ADUMBRATE, *verb. act.* (or to overshadow.) *Ombrager, couvrir de son ombre.*
To adumbrate. *Peindre grossièrement, crayonner, tracer, ébaucher, représenter.*
Adumbrated, *adj. Ombragé, &c.* V. le verbe to Adumbrate.
ADUMBRATION, *sub.* (a rude or rough draught.) *Une ébauche, un ébauchement, un léger crayon, une ressemblance légère.*
ADUNATION, *subst. Union.*
ADUNCITY, *subst. Courbure.*
AD UNGUEM, *adv.* (at one's fingers end.)

end.) *Parfaitement bien, sur le bout des doigts.*
ADUNQUE, *adj. Courbé.*
ADVOCATE, *subst.* (or Lawyer, that defends another in a Court of Justice.) *Avocat, qui défend un autre en Justice.*
Advocate, (or intercessor.) *Avocat, intercesseur, défenseur.*
Advocate, (or favourer.) *Partisan, défenseur.*
ADVOCATION, } *subst. Intercession.*
ADVOCACY, }
ADVOWE, *subst. Avoué.*
Ex. Advowe Paramount, (the King or highest Patron.) *Avoué ou Patron en chef, en termes de Droit Canon.*
ADVOWSON, *sub.* (right of Patronage.) *Avouerie, droit de Patronage.*
* ADVOWTRY, *subst.* (or adultery.) *Adultere.*
To ADURE, *v. act. Brûler, dessécher.*
ADUST, } *adj.* (or burnt.) *Adusté,*
ADUSTED, } *brûlé.*
Adust blood. *Sang adusté.*
ADUSTIBLE, *adj. Combustible.*
ADUSTION, *sub.* (a philosophical word for burning.) *Action de brûler, adustion.*
ADZ, *sub.* (a carpenter's tool.) *Herminette.*
Hollow adz. *Herminette courbe.*
R. La diphtongue Æ n'est en usage en Anglois qu'au commencement de quelques Noms propres, comme Æneas, Enée; Æsculapius, Esculape, & des mots suivants.
ÆGAGROPILUS, *subst.* (a kind of bezoar.) *Ægagropile.*
ÆGILOPS, *subst. Ægilops, ulcere à l'œil.*
ÆQUATOR, *subst. l'Équateur, la ligne Équinoxiale, un des grands cercles de la Sphere.*
ÆQUILIBRIOUS. *Voyez* Equilibrious.
ÆQUINOCTIAL, *adj. Equinoxial.*
ÆQUINOX, *subst. Equinoxe, temps auquel les jours sont égaux aux nuits.*
ÆRA, *subst. Ere, époque.*
AERIE, *subst. Aire, nid d'aigle & d'autres oiseaux de proie.*
AERIAL, *adj.* (of the air.) *Aérien, d'air, de l'air, qui est, qui vit ou qui se fait dans l'air.*
AEROLOGY, *sub. Systême de l'air.*
AEROMANCY, *subst. Aéromancie.*
AEROMETRY, *subst.* (art of measuring the air.) *Aérométrie.*
AEROSCOPY, *sub. Observation de l'air.*
ÆSTIVAL, *adj. D'Été, qui est d'Été.*
To ÆSTUATE, *verb. n.* (derived from the Latin.) *Brûler, être en feu, rendre une vapeur chaude, comme une fournaise; être ému & agité, comme la mer.*
ETHER, *sub.* (the ambient air.) *L'Éther, l'air.*
ÆTHERIAL, *adj.* (heavenly, celestial.) *Etherée, d'air, aérien, céleste, divin.*
AFAR off, *adj. Loin, loin d'ici, de loin.*
AFEARD. *Voyez* Afraid.
AFER, *subst. Le vent de Sud-Ouest.*
AFFABILITY, } *substant.* (courtesy.)
AFFABLENESS, } *Affabilité, douceur, honnêteté, complaisance, civilité, maniere civile & honnête de converser avec les gens.*
AFFABLE, *adj.* (courteous, civil.) *Affable, doux, honnête, complaisant, civil, communicatif.*
AFFABLY, *adv. Affablement, honnêtement, civilement, avec affabilité.*

AFFABROUS, *adj. Fait avec recherche & avec habileté.*
AFFAIR, *subst.* (business.) *Affaire.*
Affair, (engagement, fight.) *Affaire, combat.*
Affair, (quarrel.) *Affaire, démêlé, querelle.*
Affair, (amour, intrigue.) *Affaire, affaire de cœur, amourette.*
To have an affair with a woman. *Avoir affaire avec une femme, en avoir des faveurs.*
To AFFEAR, *verb. act. Confirmer, établir.*
AFFECT, *subst. Affection, sensation.*
To AFFECT, *v. act.* (to study.) *Affecter, rechercher avec soin, s'étudier trop à, se piquer de.*
To affect a particular mien. *Affecter une mine toute particuliere.*
To affect to speak well. *Affecter ou se piquer de bien parler.*
To affect, (to touch or move.) *Toucher, émouvoir, attendrir, faire impression sur. pénétrer, affecter.*
All your Rhetorick does not affect me in the least. *Votre éloquence ne me touche point, ne fait aucune impression sur mon esprit; je ne me sens point pénétré de votre éloquence.*
To affect a lady's heart. *Toucher le cœur d'une belle.*
To affect, (to love.) *Affectionner, aimer.*
To affect, (to desire, to endeavour, to get.) *Affecter, rechercher avec soin, aspirer ou prétendre à.*
To affect the Crown. *Affecter la Couronne, aspirer ou prétendre à la Royauté.*
Your objection does not affect my assertion. *Votre objection ne fait rien contre ce que j'ai avancé.*
AFFECTATION, *sub.* (study.) *Affectation, affeterie, étude.*
Affectation, (or desire.) *Désir violent, passion, empressement.*
Ex. The affectation of power by violence is a most diabolical outrage upon the laws of God and nature. *Le désir ou la passion de gouverner par des voies injustes est une infraction diabolique des lois de Dieu & de la nature.*
AFFECTED, *adj. Affecté, plein d'affectation, étudié, recherché, touché, ému, pénétré, &c. Voyez* to Affect.
An affected style. *Un style affecté.*
Affected ways. *Des manieres affectées, étudiées, recherchées, pleines d'affectation.*
I was very much affected by her tears. *Je fus fort ému, touché ou pénétré de ses larmes.*
How stands he (or is he) affected? *En quelle disposition est-il? à quoi est-il porté ou disposé? quelle est sa pente ou son inclination? dans quel parti est-il?*
Every one speaks as he stands affected. *Chacun parle suivant ses inclinations ou selon qu'il est affecté.*
To be well or ill-affected to the Government. *Être bien ou mal intentionné pour le Gouvernement.*
To be affected with the same distemper. *Avoir (être atteint de) la même maladie.*
Affected with sadness. *Mélancolique, triste, chagrin, affligé.*
AFFECTEDLY, *adv. Avec affectation.*
AFFECTEDNESS, *substant. Affectation, affeterie, maniere affectée, étudiée, recherchée.*

AFFECTING, *adj.* (moving.) *Pathétique, intéressant, frappant.*
AFFECTION, *subst.* (love.) *Affection, amour, amitié, tendresse, passion, attache, attachement, désir, inclination.*
No entity can have no affection nor property. *Le néant n'est capable d'aucune qualité ou propriété.*
AFFECTIONATE, *adj. Affectionné, attaché avec affection.*
AFFECTIONATELY, *adv. De bon cœur, affectueusement.*
AFFECTIONATENESS, *subst. Tendresse, attachement.*
AFFECTIONED, *adject. Attaché, intentionné.*
AFFECTIOUSLY, *adv. Affectueusement.*
AFFECTIVE, *adject. Touchant, qui affecte vivement.*
To AFFERE, *v. a.* (a term used in the Exchequer, that is, to confirm by oath.) *Ex.* To affere an account. *Homologuer un compte.*
Affered, *adj. Homologué.*
AFFERORS, *sub.* (a law-word, that is, Jury-men that set fines upon offenders.) *Terme de Palais, qui signifie des Jurés ou Commissaires qui reglent certaines amendes pécuniaires.*
* AFFIANCE, *subst.* (or trust.) *Confiance.*
* Affiance, (a law-term for betrothing.) *Terme de Palais, pour dire, fiançailles, accordailles.*
To AFFIANCE. *Voy.* to Betroth.
AFFIANCED. *Voy.* Betrothed.
AFFIDATION, } *subst. Contrat mutuel, ou mutuel serment de fidélité.*
AFFIDATURE, }
AFFIDAVIT, *subst.* (a law-term, deposition or evidence sworn before a magistrate.) *Déclaration, attestation ou déposition sous serment, une déposition faite avec serment.*
AFFILD, } *adj. Fiancé.*
AFFIANCED, }
AFFILIATION, *subst. Affiliation, adoption.*
AFFINAGE, *s.* (or refining of metals.) *Affinage, l'action d'affiner les métaux.*
AFFINED, *adj. Parent, allié.*
AFFINITY, *subst.* (alliance or kin by marriage.) *Affinité, parenté, alliance.*
Affinity, (or relation.) *Affinité, rapport, ressemblance, conformité, convenance.*
To AFFIRM, *v. act.* (or to assure.) *Affirmer, assurer.*
To affirm (or confirm) a decree. *Confirmer un Arrêt, une Sentence.*
AFFIRMABLE, *adj.* Qui peut être affirmé.
AFFIRMANT, *subst.* (is the same with respect to Quakers, as *deponent* in relation to others, because their affirmation is admitted in law, instead of an Oath, in the usual form.) *Affirmant, se dit en Angleterre, par rapport aux Quakers ou Trembleurs, & signifie la même chose que déposant; parce que leur affirmation est reçue dans les cours de Judicature au lieu du serment selon les formes.*
AFFIRMATION, *subst. Affirmation.*
AFFIRMATIVE, *adj. Affirmative.*
AFFIRMATIVE, *subst. Affirmatif.*
Ex. The one is for the affirmative, and the other for the negative. *L'un tient l'affirmative, & l'autre la négative.*
AFFIRMATIVELY, *adv. Affirmativement, avec affirmation, positivement.*
AFFIRMED, *adj. Affirmé, assuré.*
AFFIRMER, *s. Celui qui affirme.*

To

To AFFIX, verb. act. *Afficher, attacher, lier.*
Affixed, adj. *Affiché, attaché, lié.*
AFFIXING, } subst. *L'action d'afficher, d'attacher, &c.*
AFFIXION, }
AFFLATION, subst. *Inspiration, enthousiasme.*
To AFFLICT, verb. act. (to cause sorrow, to molest, vex or trouble.) *Affliger, donner de l'affliction à, inquiéter, tourmenter, opprimer, accabler, persécuter.*
To afflict, (to bring low, to weaken.) *Affliger, abattre, affoiblir, accabler, en parlant d'une maladie, &c.*
To afflict one's self, verb. récip. *S'affliger, se tourmenter, se chagriner.*
Ex. *Affligé, tourmenté, inquiété, opprimé, accablé, persécuté, &c.*
V. to afflict.
AFFLICTING, *s. L'action d'affliger, &c.* V. to afflict.
AFFLICTION, }
AFFLICTEDNESS, } subst. *Affliction, douleur, souci, peine, tourment, chagrin, trouble.*
AFFLICTIVE, adj. *Affligeant, accablant, chagrinant.*
AFFLUENCE, }
AFFLUENCY, } subst. (abundance.) *Affluence, abondance, excès, profusion, grande quantité.*
AFFLUENT, adject. *Qui abonde, abondant.*
AFFLUX, }
AFFLUCTION, } subst. *Concours, affluence.*
To AFFORD, v. act. (to give or yield.) *Donner, fournir.*
I cannot afford it so cheap. *Je ne puis pas le vendre ou le laisser aller à si bon marché.*
I cannot afford to spend so high or so much. *Je ne saurois ou je n'ai pas le moyen de faire une si grande dépense.*
† I could afford to give him a box on the ear. *J'ai quelque envie de lui donner un soufflet.*
He is the greatest man our age affords. *C'est le plus grand homme de notre siècle.*
Afforded, adj. *Donné, fourni.*
AFFORDING, *s. L'action de donner, de fournir, &c.* V. to Afford.
To AFFOREST, v. act. (that is, to turn ground into forest.) *Mettre une terre en forêt.*
To AFFRANCHISE, verb. act. *Affranchir, donner la liberté, donner le droit de bourgeoisie.*
AFFRAY, }
AFFRAYEMENT, } subst. (a law-term for fray.) *Trouble, tumulte, combat.*
AFFRICTION, subst. *Friction, frottement.*
To AFFRIGHT, verb. act. *Étonner, épouvanter, faire peur.*
Affrighted, adject. *Épouvanté, à qui l'on a fait peur.*
AFFRIGHTFUL, adject. *Terrible, effrayant.*
AFFRONT, *s.* (or abuse.) *Affront, outrage, insulte, injure.*
To put a grievous affront upon one. *Outrager quelqu'un, lui faire un sanglant affront ou une injure atroce.*
To bear an affront or to take an affront or to put up an affront. *Souffrir ou endurer un affront, boire un affront.*
To AFFRONT, verb. act. (or to brave.) *Affronter, braver.*

To affront, (or abuse.) *Outrager, choquer, insulter, injurier, maltraiter, faire un affront à.*
Affronted, (or abused,) *A qui l'on a fait un affront, maltraité, outragé, choqué, insulté, injurié.*
AFFRONTER, subst. *Affronteur, celui qui affronte.*
AFFRONTING, adj. *Choquant, insultant.*
To AFFUSE, verb. act. *Verser sur.*
AFFUSION, *s. L'action de verser sur.*
To AFFY, verb. act. *Fiancer.*
To affy, verb. neut. *Se fier, mettre sa confiance en quelqu'un.*
AFIELD. V. Field.
AFLOAT, adv. *A flot.*
Ex. To set a ship afloat. *Mettre un navire à flot, relever un vaisseau échoué.*
A-FOOT, adv. *A pied ou en train.*
Ex. The design is a-foot. *La chose est en train.*
AFORE, prép. *Devant.*
Afore-hand. *Par avance.*
To be afore-hand with one. *Prévenir quelqu'un.*
Afore, adv. *Devant, auparavant.*
Afore, adv. comp. (a sea-term.) *Avant, en avant, de l'avant.*
AFOREGOING, adj. *Précédent.*
AFOREHAND, adv. *Par avance.*
AFORESAID, adj. *Dont on a déjà parlé, susdit.*
AFORETIME, adv. *Autrefois, auparavant, jadis.*
AFRAID, adj. *Qui a peur, qui craint.*
Ex. I am afraid of nothing. *Je n'ai peur de rien ; je ne crains rien.*
You are more afraid than hurt. *Vous avez plus de peur que de mal.* † *Vous criez avant qu'on vous écorche.*
I am afraid to say it. *Je n'ose le dire, ou je me fais scrupule de le dire.*
To make one afraid. *Faire peur à quelqu'un, l'étonner, l'épouvanter.*
AFRESH, adv. *De nouveau, encore une fois, une seconde fois.*
His sorrow begins afresh. *Sa douleur se renouvelle.*
AFRONT, adv. *De front, en face.*
AFT. *s. La poupe, l'arriere du vaisseau.*
Aft, adv. (a sea-term.) *Arriere, de l'arriere.*
Afore and aft. *De l'avant à l'arriere, dans toute la longueur du vaisseau, de long en long.*
The wind is right aft. *Le vent est droit arriere.*
AFTER, prép. *Après, selon, suivant, à, derriere.*
Ex. After his death. *Après sa mort.*
After all. *Après tout, au fond.*
One after another. *L'un après l'autre, tour à tour.*
After the ancient custom. *Selon ou suivant l'ancienne coutume.*
After the French fashion. *A la Françaiſe, à la mode de France.*
After what manner ? *Comment ? de quelle maniere ?* After this manner, *Ainſi, de cette maniere.*
After the example of..... *A l'exemple de...*
I called him after his own name. *Je l'ai appellé par son nom, je lui ai dit ses vérités.*
At half an hour after three. *A trois heures & demie.*
He puts me off day after day. *Il me renvoie de jour à autre.*
R. *Cette préposition se trouve quelquefois*

après un verbe, *& fait partie de sa signification.*
Ex. To look after. *Chercher, avoir soin, &c. prendre garde à,* To go after. *Suivre.*
To gape after. *Soupirer après, desirer avec passion, aspirer à.*
To take after one. *Ressembler à quelqu'un.*
To be after one. *Etre inférieur à quelqu'un.*
After, adv. *Après, après que, ensuite, puis, de là.*
A little after. *Un peu après.* Some while after. *Quelque temps après.*
After I was gone in. *Après que je fus entré.*
An hour after they condemned him. *Une heure après qu'ils l'eurent condamné.*
The next day after. *Le jour d'après, le lendemain, le jour suivant.*
After that he went away. *Ensuite ou puis il s'en alla.*
He walked on the shore, after that he went into the bath. *Il se promena sur le rivage, & de là il alla au bain.*
After, (from aft ; it is used adjectively.) *De l'arriere.* Ex.
The after sails. *Les voiles de l'arriere.*
The after capstern. *Le cabestan de l'arriere, ou le petit cabestan, dans les vaisseaux de guerre Anglois.*
R. *Cet adverbe se compose avec plusieurs noms substantifs, comme :*
After-ages or after-times. *Les siecles futurs, les siecles suivans, l'avenir, la postérité.*
After-math, (or after grass.) *Regain, foin qui revient après les fenaisons, la seconde herbe de quelque pré.*
After-birth. *L'arriere-faix.*
After-crop. *Seconde récolte.*
After-pains. *Les douleurs ou les tranchées d'une femme après son accouchement.*
After-noon. *Après-midi.*
Afternoon's-lunchion, (or collation.) *Le goûter, la collation.*
After-clap. *Un second coup, un coup redoublé, ou un redoublement d'action.*
After-part. *La derniere partie.*
After-tossing. *L'agitation de la mer après une tempête.*
After-game. *Revanche, partie que l'on joue pour réparer sa perte.*
He will play an after-game for it. *Il aura sa revanche ; il fera de nouvelles tentatives.*
It is a desperate after-game. *C'est une ressource désespérée.*
After-proceedings. *Procédure subséquente.*
After-reckoning. *Surcoût, nouveau compte.*
They are afraid of an after-reckoning. *Ils appréhendent quelque nouveau malheur, ou nouvelle disgrace.*
Chief Ministers secure themselves from after-reckonings by an act of indemnity. *Les premiers Ministres se mettent à couvert des recherches par une Amnistie.*
After-taste, (of any liquor.) *Un déboire.*
After-thought, subst. *Réflexion faite après coup.*
After-wit. *Esprit tardif, adresse qui vient trop tard, tour d'esprit qui n'est plus de saison.*
Prov. An after-wit is every body's wit. *Tout le monde est sage après coup.*
AFTERWARDS, adv. *Ensuite, puis, dans la suite, après, après cela.*
AGA, subst. *Aga, Officier Turc.*
AGAIN, adv. *Encore, une seconde fois,*
une

une autre fois, de nouveau, de plus, d'ailleurs.
Ou bien en ce sens.
Give me as much again. *Donnez-m'en une fois autant, ou la même quantité.*
Mine is as big again. *Le mien est plus gros de la moitié.*
To and again. *De côté & d'autre.*
Over again. *Encore une fois.*
I will be here again presently. *Je reviendrai, ou je serai de retour tout aussi-tôt.*
I must have two pence back again. *Il me faut deux sous de retour.*
He is well again. *Il est guéri, il a recouvré la santé.*
My love to you again. *L'amitié réciproque que je vous porte.*
What is just is honest, and again, what is honest is just. *Ce qui est juste est honnête, & pareillement ce qui est honnête est juste.*
He is so old that his head shakes again. *Il est si vieux que la tête lui grouille.*
R. *Cet adverbe se met souvent après un verbe, pour marquer la réitération de l'action.*
Ex. To read again, (to read over again.) *Relire.*
To fall sick again. *Retomber malade.*
To come again. *Revenir, retourner.*
To write again. *Récrire.*
To see again. *Revoir.*
To find again. *Retrouver.*
If ever you do so again. *Si jamais vous y retournez.*
Again and again. *Plus d'une fois, plusieurs fois.*
To consider again and again. *Penser ou considérer sérieusement.*
I intreated him again and again. *Je l'ai prié & reprié, je l'ai prié instamment.*
AGAINST, *prép. Contre.*
Ex. Against my order. *Contre mon ordre.*
Against the stream. *Contre le fil de l'eau, contre le courant, contre le cours de la rivière.*
Over-against. *Vis-à-vis, à l'opposite, tout devant.*
Ou bien en ce sens.
To do a thing against one's will. *Faire quelque chose à regret, ou malgré soi, contre son gré, ou à contre-cœur, ou par contrainte.*
To be against a thing. *Désapprouver quelque chose, s'y opposer.*
I am clear against it. *Je m'y oppose absolument.*
I am not against it. *Je ne m'y oppose pas, ou je ne refuse pas le parti.*
To dry a thing against the fire. *Sécher quelque chose auprès du feu.*
To make war against one's neighbours. *Faire la guerre à ou contre ses voisins, être en guerre, ou avoir la guerre avec ses voisins.*
That is against all probability. *Cela choque la vraisemblance.*
A crime against the State, (or high treason.) *Un crime d'État.*
Against the end of the week. *Sur la fin de la semaine.*
Let all things be ready against we come back. *Que tout soit prêt à notre retour.*
Your shoes will be made against after-to-morrow. *Vos souliers seront faits après demain.*
Against he comes. *En attendant qu'il vienne.*

I am for the country against the world. *J'aime la campagne préférablement à (ou par dessus) toutes choses.*
Against the hair, or against the grain. *A contre-poil.*
Against the hair, or against the grain. *A contre-cœur, à regret, malgré soi, avec peine, avec chagrin, à écorchecu, † cahincahu.*
AGAPE, *adv. La bouche béante, regardant avec surprise.*
AGARICK, *subst.* (a sort of mushroom.) *Agaric, espèce de champignon.*
AGAST, or rather Aghast, *adj. Étonné, éperdu, surpris, interdit, épouvanté, effrayé, effaré.*
AGATE, *subst.* (or agate-stone.) *Agate.*
An Agate-knife. *Un couteau à manche d'agate.*
AGATY, *adject. Que tient de la nature de l'agate.*
* To AGAZE, *verb. act.* (an obsolete word, out of use.) *Effrayer, étourdir.*
AGE, *subst.* (the whole ordinary duration of the life of men, beasts, trees, &c.) *Age, durée entière & ordinaire de la vie des hommes, des bêtes, des arbres, &c.*
The age of man is not so long as that of a crow. *L'âge de l'homme n'est pas si long que celui d'une corneille.*
Age, (years, the time a man, a beast, &c. have been living.) *Age, ans, temps qu'il y a qu'un homme, une bête, &c. est en vie.*
What age are you of? *Quel âge avez-vous? I am thirty years of age. J'ai l'âge de trente ans, j'ai trente ans.*
Age, (part of a man's life.) *Age, différent degré de la vie de l'homme.*
Tender age. *L'âge tendre, le jeune âge, le bas âge.* Ripe age. *Age mûr, âge de discrétion.*
The prime or flower of one's age. *La fleur de l'âge.*
To be of age. *Être en âge, être majeur, avoir atteint l'âge de majorité, être hors de tutelle.*
Under-age, (or nonage.) *Bas âge, minorité, l'enfance.*
To be under age. *N'être pas en âge, être mineur, être en tutelle.*
Constant age. *L'âge de consistance.*
Age, (or old-age.) *Age, vieillesse.*
A man of great age. *Un homme d'âge, un homme sur l'âge, un homme fort vieux, ou un âge fort avancé.* He is worn out with age. *Il est cassé de vieillesse.* He lived to a great age. *Il mourut vieux, il vécut long-temps.*
I cannot do it for age. *L'âge ou la vieillesse m'empêche de le faire, je suis si vieux que je ne saurois le faire.*
To be of a middle age, (neither young nor old.) *Être entre deux âges.*
Age, (or century.) *Un siècle.*
A whole age. *Tout un siècle, un siècle entier.*
After-ages. *Les siècles futurs, la postérité.*
Age, (days or time.) *Age, siècle, jours, temps.*
He is the greatest man of our age. *C'est le plus grand homme de notre âge, de notre siècle, de nos jours, ou de notre temps.*
Age, (a tract of time.) *Age, certain nombre de siècles.*
The world is divided into several ages. *Le monde est divisé en plusieurs âges.*

The golden or iron-age. *L'âge ou le siècle d'or, ou de fer.*
A golden age, (happy days.) *Un âge d'or, un temps heureux.*
Full-age. *L'adolescence.*
Non-age. *Minorité, bas âge, l'enfance.*
AGED, *adj.* (of a certain age.) *Âgé, qui a un certain âge.*
Aged, (old.) *Âgé, vieux, avancé en âge.*
AGEDLY, *adv. En vieillard.*
AGEN, *adv. Encore.*
AGENCY, *subst.* (action.) *Action.*
Agency, (the being an Agent.) *Agence, emploi d'Agent.*
AGENT, *subst. Agent, Résident, ou Ministre d'un Prince ou d'un État.*
Agent of a Regiment. *Agent, payeur, ou solliciteur d'un Régiment.*
AGENT-VICTUALLER, *subst. comp.* Directeur des vivres de la Marine, dans chaque port & dans chaque escadre, qui est subordonné au bureau général des Vivres (*Victualling Office*) établi à Londres.
Agent. *Agent, terme de Philosophie.*
The devil and all his agents. *Le diable & tous ses suppôts.*
AGGELATION, *subst. Amas de glaces.*
AGGENERATION, *subst.* (a growing together.) *Aggénération.*
TO AGGERATE, *v. act.* (or heap up.) *Entasser, assembler en un tas, amasser, accumuler.*
TO AGGLOMERATE, *v. act. Assembler, mettre en peloton.*
To agglomerate, *v. neut. Se ramasser, s'assembler, se mettre en peloton.*
AGGLUTINANCE, *subst. Remède dont on se sert pour rejoindre des parties désunies.*
TO AGGLUTINATE, *v. act.* (or to glue together.) *Coller, joindre avec de la colle.*
To agglutinate, (to tack together.) *Joindre ensemble, ajuster, assembler.*
Agglutinated, *adj. Collé, joint, ajusté, assemblé.*
AGGLUTINATION, *s. Union, liaison.*
AGGLUTINATIVE, *adject. Qui lie, qui unit.*
TO AGGRANDISE, *verb. act. Agrandir, augmenter.*
AGGRANDISEMENT, *subst. Agrandissement.*
TO AGGRAVATE, *v. act.* (to heighten, to make heavy or worse.) *Augmenter, aggraver, amplifier, exagérer.*
This will aggravate his crime. *Ceci augmentera son crime; ceci rendra son crime plus odieux; ceci le fera voir plus coupable.*
That would but aggravate our sorrow. *Cela ne feroit qu'aggraver ou augmenter notre affliction.*
Aggravated, *adj. Augmenté, aggravé.*
AGGRAVATING, *subst. Augmentation, l'action d'augmenter, &c. V.* to Aggravate.
AGGRAVATION, *s. Augmentation, surcroît, exagération, amplification.*
AGGREGATE, *adj. Assemblé, ramassé, uni, agrégé, incorporé.*
Aggregate, *subst. Résultat.*
To AGGREGATE, *verb. act. Incorporer, agréger, unir, assembler, ramasser.*
Aggregated, *adj. Assemblé, ramassé, uni, agrégé, incorporé.*
AGGREGATION, *s. Agrégation, collection, un tout.*
To AGGRESS, *v. act. Attaquer,*
AGGRESSION,

AGG AGO   AGO AGR   AGR

AGGRESSION, *subst.* Attaque, agression.

AGGRESSOR, *subst.* Agresseur, celui qui attaque le premier.

† AGGRIEVANCE, *s.* Douleur, affliction, chagrin, tristesse.

† To AGGRIEVE, *verb. a.* (or afflict.) Affliger, attrister, abattre, faire tort. See Grieve.

Aggrieved, *adj.* Affligé, attristé, abattu, chagrin.

Aggrieved, (or wronged.) Lésé, à qui on a fait tort.

To AGGROUP, *v. a.* Grouper, mettre en groupe.

AGHAST, *adject.* Effrayé, saisi de terreur.

AGILE, *adject.* (nimble.) Agile dispos, vif, souple de corps.

AGILENESS,
AGILITY, } *subst.* Agilité, vitesse, légéreté, souplesse du corps.

AGIO, *subst.* Agio, terme de commerce.

To AGIST, *v. a.* Recevoir sur son terrain des bestiaux à tant par tête.

AGISTAGE,
AGISTMENT, } *subst.* Pâturage des bestiaux.

AGITABLE, *adj.* Qui peut être agité.

To AGITATE, *v. act.* (or stir.) Agiter, remuer.

To agitate, (or debate.) Agiter, débattre, balancer, considérer, en parlant d'une question, d'une affaire, &c.

Agitated, *adj.* Ému, agité.

Agitated, Agité, disputé, traité, débattu, dont on a parlé ou délibéré, mis sur le tapis.

AGITATION, *subst.* Agitation, mouvement, trémoussement, émotion, trouble.

That business is in agitation. On traite de cette affaire, cette affaire est agitée ou sur le tapis.

While these things were in agitation. Dans ou sur ces entrefaites.

AGITATOR, *subst.* (so were called, during the civil war in England, the Agents of regiments who had a great power in the army.) Agitateur, c'est un terme dont on se servoit durant les guerres civiles, sur tout l'an 1647, pour dire un Agent ou un sollicitcur d'un régiment.

AGLET or rather Aiguiet. Petite lame, ou feuille de quelque métal que ce soit.

AGNAIL, *s.* Une onglée, apostème à la racine de l'ongle.

AGNATION, *subst.* (a term of the civil law: consanguinity among the male issue.) Agnation.

* To AGNISE, *verb act.* (or own; out of use.) Reconnaître.

AGNITION, *subst.* (or acknowledging.) Reconnoissance, en parlant d'une personne ou d'une chose, qu'on reconnoit à quelque marque ou indice.

AGNOMONATION, *subst.* L'allusion ou le rapport d'un mot avec un autre.

AGNUS, *subst.* (Cire bénite par le Pape, sur laquelle est imprimée la figure d'un agneau ou quelqu'autre image de piété.) Agnus.

AGNUS CASTUS, *subst.* Agnus castus, arbuste.

AGO,
AGONE, } *adverb.*

Ex. Long ago or it is long ago. Il y a long-temps.

Not long ago, Depuis peu, il n'y a pas long-temps.

A while ago. Il y a quelque temps ; some years ago, il y a quelques années.

AGOG, *adv.*

Ex. To set agog, (or a longing.) Donner envie, faire naître l'envie.

To set one's curiosity agog. Faire naître la curiosité. V. Gog.

AGOING, *adj.* En action.

AGONISM, *subst.* Combat pour un prix, dans une solemnité publique.

AGONISTES,
AGONIST, } *subst.* Celui qui combat pour un prix.

To AGONIZE, *verb. neut.* Être dans les tourments de l'agonie, éprouver une grande peine.

AGONY, *subst.* Agonie, abois.

To be in agony. Être à l'agonie, agoniser, être aux abois.

AGOOD, *adj.* Réellement, vraiment, tout de bon.

AGOUTY, *subst.* Un petit animal qui se trouve aux Antilles.

AGRARIAN, *adj.* (belonging to the division of conquered lands among the Romans.) Agraire.

Ex. Agrarian laws. Les Lois Agraires, parmi les Romains, qui regardoient le partage des terres conquises sur les ennemis, entre le peuple & le soldat.

To AGREE, *v. a.* Accorder.

I desire that they would agree these matters among themselves, before they quarrel with us about them. Je souhaiterois qu'ils accordassent ces choses entre eux avant qu'ils nous fissent un procès.

To agree, (or to agree upon, to or in,) *verb. neut.* Convenir, s'accorder, être, tomber, ou demeurer d'accord, arrêter.

Exemples.

I agree with you. J'en conviens, ou j'en demeure d'accord avec vous.

We agreed to set out the next day. Nous convinmes, nous arrêtames de partir le lendemain.

All agree upon this. Tout le monde convient ou tombe d'accord de ceci.

To agree upon the price. Convenir du prix.

They agreed to the justice of his cause. Ils tomberent d'accord de la justice de sa cause.

Authors do not agree in the sense of this expression. Les Auteurs ne s'accordent pas sur le sens de cette expression.

They all agree upon this principle. Ils conviennent tous sur ce principe.

To agree upon a truce. Accorder une treve, convenir d'une treve.

To agree in one tune. S'accorder en chantant, chanter en partie.

I agree to it. J'en conviens, j'y consens.

They agree very well together. Ils s'accordent parfaitement bien, ils vivent ensemble en parfaite intelligence.

Fools cannot agree together. Les sots ne peuvent compatir ensemble.

These stories do not agree together. Ces contes ne s'accordent pas, ces contes se démentent ou se contredisent.

Your actions and words do not agree. Vos actions ne répondent pas ou ne sont pas conformes à vos paroles ; vos actions démentent vos paroles.

To agree with one for a thing. Faire marché de quelque chose avec quelqu'un, convenir du prix d'une chose avec quelqu'un.

I agreed with him for half the profit. J'ai composé avec lui pour la moitié du profit.

To make people agree. Accorder des personnes qui sont en différent, les mettre d'accord, les réconcilier.

To make one thing agree with another. Accorder une chose avec une autre, ajuster ou lier deux choses ensemble.

This meat does not agree with me. Cette viande me fait mal ou cette viande ne me revient pas.

Fasting does not agree with my constitution. Le jeûne m'incommode.

I could better agree with a talkative than a silent man. Je m'accommoderois mieux d'un grand parleur que d'un homme taciturne.

To agree with one's self. Être toujours égal ou le même, ne se démentir pas, ne se pas contredire.

Prov. To agree like dog and cat. S'accorder comme chien & chat.

They agreed (or resolved) among themselves to. Ils résolurent entre eux de, ou ils prirent la résolution de.

AGREEABLE, *adj.* (that agrees.) Conforme, propre, semblable, proportionné, convenable.

This Tenet is not agreeable to the doctrine of the Church. Ce Dogme n'est pas conforme à la doctrine de l'Eglise.

Agreeable, (or pleasant.) Agréable, charmant.

A very agreeable country-house. Une maison de campagne fort agréable.

AGREEABLENESS, *subst.* Accord, union, conformité, rapport, convenance, proportion.

Agreeableness, (or charms.) Agrément, qualité agréable, charme.

AGREEABLY, *adv.* Conformément, convenablement.

Agreeably, (or pleasantly.) Agréablement.

AGREED on or upon, *adject.* Dont on est convenu, dont on est tombé ou demeuré d'accord, arrêté, approuvé.
Ou bien en ces sens.

To be agreed. Être d'accord, vivre en bonne intelligence.

It is agreed of, (or upon.) On convient, on demeure d'accord.

The quarrel is agreed or made up. La querelle est accommodée.

They are agreed, (en parlant des gens qui s'étoient brouillés.) Ils se sont réconciliés, ils sont raccommodés.

It is agreed that he was a great Prince. On convient qu'il a été un grand Prince.

Agreed, *adv.* Tope, j'y consens, d'accord, voilà qui est fait.

AGREEING, *subst.* L'action de s'accorder, &c. V. to Agree. Concorde, union, correspondance, intelligence.

Agreeing, *adj.* Conforme, convenable, semblable.

AGREEINGNESS, *s.* Conformité, rapport, liaison, convenance.

AGREEMENT, *subst.* (agreeableness, union, sympathy, relation.) Accord, convenance, union, sympathie, consentement, rapport, conformité, proportion.

Agreement in tune. Accord, concert, harmonie, consonance.

Agreement, (or reconciliation.) Accommodement, réconciliation.

Agreement, (contract, articles agreed upon.)

upon.) Accord, convention, contrat, transaction, marché, traité.
To bring to an agreement. Accorder, raccommoder, réconcilier.
To come to an agreement. S'accorder, se raccommoder, transiger.
AGREEMENT-MAKER, s. Entremetteur, entremetteuse, négociateur, arbitre.
AGRESTICAL, } adject. Agreste, rustique, champêtre.
AGRESTICK,
Agrestical or agrestick, (clownish.) Grossier, rude, sauvage; paysan, villageois, campagnard.
AGRICULTURE, s. Agriculture, labourage, l'art de cultiver la terre.
AGRIEVANCE. V. Aggrievance.
AGRIEVED. V. Aggrieved.
AGRIMONY, subst. Aigremoine, sorte de plante médicinale.
AGROUND, adv. A terre.
To run aground, (dans un sens neutre.) Echouer, donner à travers quelque banc de sable.
To run a ship aground, (dans un sens actif.) Faire échouer un vaisseau.
Ague, s. Fievre, fievre intermittente.
A violent ague. Une fievre violente.
A quotidian ague. Fievre quotidienne.
Tertian (or every third day's) ague. Fievre tierce.
Quartan (or fourth day's) ague. Fievre quarte.
To have an ague, (or to be sick of an ague.) Avoir la fievre.
Prov. An ague in the spring, is physick for a king. La fievre au printemps sert de médecine.
Ague-powder. Fébrifuge, poudre pour guérir la fievre.
AGUE-FIT, s. L'accès de la fievre.
AGUE-TREE. V. sassafras.
To AGUISE. V. Guise.
AGUISH, adj. Fievreux, qui a la fievre ou qui donne la fievre, en parlant des personnes & des choses.
AGUISHNESS, subst. Disposition à la fievre.
Ah! interj. Ah! hélas!
AHA! s. Objecte inattendu.
AHA! interj. Qui exprime tantôt le plaisir, tantôt le triomphe, ou la surprise.
AHEAD. V. Headlong.
AHEAD, adv. comp. (a sea-term.) En avant du vaisseau.
Ahead of us. De l'avant à nous.
To run ahead of one's reckoning. Être en avant de son point ou de son estime, se faire de l'arriere.
AHEIGHT. V. Aloft.
A-HULL, adverb. (a sea-term, from the word Hull.) A sec, à mâts & à cordes.
Ai. Cette diphthongue se prononce en Anglois de même qu'en les mots françois, faire, taire.
Ex. Fair. Beau, blond.
Hair. Cheveu, poil.
Despair. Désespoir.
R. Mais remarquez que dans les mots qui finissent en ain, le son de cette diphthongue differe en Anglois de la prononciation françoise; car au lieu qu'en François elle a un son très-liquide, comme dans ces mots, certain, vilain; en Anglois elle a à peu près le son de notre è ouvert.
Ex. Again, prononcez agen, derechef.
Certain, prononcez certen, certain.
AID, s. (or help.) Aide, secours, assistance, appui, soulagement.

Royal-aide, (subsidy.) Aides, subsides, impôt.
AIDANCE, subst. Aide.
AID-DE-CAMP, s. Aide-de-camp, Officier qui sert à porter les ordres du Général.
To AID, verb. act. Aider, secourir, assister, donner du secours, soulager, appuyer.
Aided, adj. Aidé, secouru, assisté, &c.
AIDER, s. Qui aide, qui assiste.
AIDING, s. L'action d'aider, &c. aide, secours, assistance, appui, soulagement.
AIDLESS, adj. Délaissé, sans secours.
AIGULET, s. Aiguillette.
AIL, s. subst. (distemper.) Mal, incommodité, douleur.
To AIL, verb. neut.
Ex. What ails you? Qu'est-ce qui vous fait mal? What ails your eye? Qu'avez-vous à l'œil?
I ail nothing. Je n'ai rien, je n'ai aucun mal.
What ails you to beat me? Pourquoi me battez-vous?
What ails you to be so sad? D'où vient que vous êtes si triste? Qu'est-ce qui vous rend si triste?
I presently found out what he ailed. Je découvris d'abord son mal; † je trouvai d'abord l'enclouure.
What ails the fellow? Quelle mouche a piqué cet sot? Que veut dire ce sot? qu'est-ce qu'il prétend?
AILMENT, s. Mal, légere incommodité ou indisposition.
AILING, adj. Qui se porte mal.
She is ever ailing. Elle a toujours quelque chose qui lui fait mal.
AIM, subst. Visée, but, le blanc auquel on tire.
The aim of the cross-bow. Perte d'arbalete.
Aim, (or design.) Visée, but, dessein, vue, intention.
To take one's aim well. Prendre bien sa visée, ajuster bien son coup; & dans le figuré, concerter bien un dessein.
I have no other aim but what I tell you of. Je n'ai point d'autre but ou d'autre vue, que ce que je vous dis.
To miss of one's aim. Manquer son coup.
Your aim was at me, for all you hit another. Vous en vouliez à moi, quoiqu'un autre ait reçu le coup.
I am quite out of my aim. Je ne sais plus où j'en suis, je suis tout déconcerté.
Aim. Mire ou action de pointer un canon.
To take aim. Pointer.
To AIM, verb. neut. Viser.
To aim at something. Viser, tendre, aboutir, prétendre, aspirer, buter à quelque chose.
I know by your discourse what you aim at. Je vois par votre discours à quoi vous visez, je connois où vous en voulez venir ou où vous allez tomber.
To aim at one's destruction. Tramer ou machiner la ruine de quelqu'un.
Aimed at, adj. A quoi l'on vise, où l'on tend.
AIMER, subst. Qui vise, qui bute.
AIMING, subst. L'action de viser, &c.
V. to Aim.
AIR, s. (one of the elements.) L'air, un des quatre élémens.

The birds of the air. Les oiseaux de l'air.
Our design has taken air. Notre dessein est éventé, la mine est éventée.
Air, (or tune.) Un air, une chanson.
Air, (or looks.) L'air, la mine, la physionomie.
Air-hole, (or vent to give light to a cellar.) Un soupirail.
To AIR, verb. act. Sécher, chauffer, aérer.
To air a shirt by the fire. Sécher, chauffer une chemise auprès du feu.
To air a house. Aérer une maison.
To air drink. Chauffer la boisson.
AIRBLADDER, s. Vessie remplie d'air, bulle d'air.
AIRBUILD, adj. Bâti en l'air, frivole, léger.
AIRED, adj. (from to air.) Séché, sec, aéré.
AIRER, s. Qui seche ou qui aère.
AIRGUN, s. Fusil à vent.
AIRILY, adv. Gaiement.
AIRINESS, s. (from Airy, adj.) Vivacité, enjouement.
AIRLESS, adj. Vide d'air.
AIRING, subst. L'action d'aérer ou de sécher.
To take an airing. Prendre l'air.
To give a horse an airing. Faire prendre l'air à un cheval, le promener.
AIRPUMP, s. Machine pneumatique.
AIRLING, s. Une personne jeune & enjouée.
AIRSHAFT, s. Ouverture pratiquée pour introduire l'air extérieur dans les mines.
AIRY, adj. (of the air.) D'air, de l'air, aérien.
Airy, (brisk, full of air and life.) Eveillé, vif, enjoué, gaillard, badin, folâtre.
Airy notions. Des idées creuses.
Airy, (thin, light, of no substance.) Mince, délié, léger, qui n'a point de substance.
AIRY, s. Aire, nid d'oiseau de proie.
AISLE, s. Aile; l'entre-deux des bancs d'une Eglise.
AIT, subst. Petite isle dans une riviere.
AKE, s. Mal, douleur.
Ex. Head-ake. Mal de tête.
Tooth-ake. Mal de dents.
Belly-ake. Mal de ventre.
To AKE, v. neut. Faire mal.
My head akes. La tête me fait mal, j'ai mal à la tête.
He loves the publick as many a man does a coy mistress, that has made his heart ake. Il aime le public de la même maniere qu'un amant aime une beauté sévere, quoiqu'il n'en reçoive que des rigueurs.
AKER. V. Acre.
AKIN, adj. Parent, allié, semblable.
AKING, s. Qui fait mal.
To have an aking tooth. Avoir mal à une dent.
† To have an aking tooth at one. En vouloir à quelqu'un, avoir une dent de lait contre lui.
ALABASTER, (ou comme on prononce air ornent, alablaster.) s. Albâtre.
ALACK! interj. Hélas!
Alack a day! Ouais!
ALACRIOUSLY, adv. Gaiement.
ALACRITY, subst. Allégresse, gaieté, joie, vivacité, ardeur.
ALAMODE, s. (a sort of silk.) Sorte de taffetas.

Alamode, adv. A la mode.
ALAND, adv. A terre, débarqué.
ALARM, ALARUM, } subst. Alarme, épouvante.
Alarm-bell. Tocsin, beffroi.
Alarm-watch. Un réveil ou réveille-matin.
To ALARM, v. a. Alarmer, épouvanter, donner l'alarme ou l'épouvante.
Alarmed, adj. Alarmé, épouvanté, qui a pris l'alarme.
ALARMING, subst. L'action d'alarmer, d'épouvanter. &c.
ALARUM. V. Alarm.
ALAS! interj. Hélas!
ALATE, pour of Late. V. Late.
ALAY. V. Allay.
ALB, subst. (a surplice.) Aube.
A Priest's alb. Aube de Prêtre; robe blanche faite de lin, que les Prêtres mettent lorsqu'ils officient.
ALBEIT, conj. Quoique, bien que.
ALBION, subst. Ancien nom de la Grande Bretagne.
ALBUGINEOUS, adj. Albugineux.
ALBUGO, subst. Albugo, maladie de l'œil.
ALBURN. V. Auburn.
ALCAID, subst. Nom qu'on donne à un Juge en Espagne, Alcade.
ALCANNA, subst. Sorte de plante qui sert dans la teinture.
ALCOHOL, subst. Alcohol, esprit de vin rétifié.
ALCOHOLISATION, subst. Alcoholisation.
To ALCOHOLISE, verb. act. Alcoholiser.
ALCHYMIST, subst. Alchimiste.
ALCHYMY, subst. Achimie.
ALCORAN, subst. L'Alcoran, le recueil des écrits du faux Prophete Mahomet.
ALCOVE, subst. Alcove, l'endroit de la chambre où le lit est placé.
ALDERLIEVEST, adject. Celui ou celle qui inspire l'amour le plus vif & le plus durable.
ALDERMAN, subst. Sénateur d'une ville ou Echevin, Aldeman.
Alderman of a ward. Quartenier.
To walk an alderman's pace. Marcher à pas comptés, avec gravité.
ALDERN, adj. D'aune.
ALDER-TREE, s. Aune, sorte d'arbre.
An alder-bed, (where alders grow.) Une aunaie.
ALE, subst. Aile, biere forte.
Ale and beer. Mélange d'aile & de biere, où l'aile prédomine.
Beer and ale. Mélange de biere & d'aile, où la biere prédomine.
P. Good ale is meat, drink and clothes. P. La bonne aile sert de viande, de boisson & de vêtement.
Ale-house. Cabaret à biere.
Ale-house-keeper. Cabaretier qui vient de la biere à pot & à pinte.
Ale-conner or ale-taster. Officier qui a l'inspection sur les Brasseurs, afin de prévenir ou de punir leurs fraudes.
Ale-silver. C'est une espece de tribut annuel que tous ceux qui vendent de la biere dans Londres, sont obligés de payer au Maire de cette ville.
A-LEE, adv. (a sea-term, from the word Lee.) Sous le vent, s'emploie pour commander au gouvernail, & marquer la position de la barre. Ex.
Put the helm alee! Lof! littéralement, Mets la barre sous le vent!

Hard alee! Lof tout!
Helm alee! Change la barre! commandement au timonnier de mettre la barre toute sous le vent, lorsqu'on veut donner vent devant pour virer de bord.
ALECOST, subst. Sorte de plante.
ALECTOROMANCY, s. Divination par le moyen des coqs.
ALEGAR, subst. Vinaigre de biere.
ALEHOOF, subst. Lierre de terre.
ALEMBICK, sub. Alambic, vaisseau pour distiller.
ALERT, adv. Alerte.
ALERTNESS, subst. Vivacité.
ALEVAT, subst. (a tub to ferment ale.) Vaisseau où l'on met fermenter la biere.
ALEWIFE, (a woman who sells ale.) Femme qui vent de la biere.
ALEWASHED, adj. (soaked in ale.) Lavé avec la biere.
ALEXANDERS, subst. Sorte de plante.
ALEXANDRINE, subst. Alexandrin, en parlant de vers.
ALEXIPHARMICK, ALEXITERICAL, } adj. Alexipharmaque, se dit des antidotes.
ALGEBRA, subst. L'Alg-bre, partie de l'Arithmétique, inventée par les Arabes.
ALGEBRAICAL, ALGEBRAICK, } adj. (belonging to algebra.) Algébrique.
ALGEBRAIST, subst. Algébriste.
ALGID, adj. Excessivement froid.
ALGIDITY, subst. Le froid.
ALGIFIC, adj. Qui rend froid.
ALGOR, subst. Froid excessif.
ALGORISM, ALGORITH, } subst. La science des nombres.
ALHIDADA, subst. (a moving rule in a mathematical instrument.) Alidade.
ALIAS, adv. Autrement.
ALIBLE, adj. Nourrissant.
ALIEN, subst. Etranger, étrangere, ou en termes de Palais, aubain, aubaine.
Alien, adject. Etranger, qui n'a point de rapport, qui ne s'accorde pas, qui ne convient pas, contraire.
While alien troops engage. Pendant que les troupes étrangeres & auxiliaires sont aux mains.
It is alien (or foreign) to my purpose. Cela n'a point de rapport à mon sujet.
ALIENABLE, adj. Aliénable.
To ALIEN, To ALIENATE, } verb. act. Aliéner quelque chose, en donnant ou vendant, cédant, &c. transporter le domaine de quelqu'un à un autre.
To alienate one from another. Aliéner ou éloigner quelqu'un d'une autre, lui donner de l'aversion pour l'autre.
He shall never alienate me from you. Il ne m'aliénera jamais de vous, il ne me fera jamais perdre l'affection que j'ai pour vous.
He endeavours to alienate men from the Government. Il tâche de rendre le Gouvernement odieux.
Alienated, adj. Aliéné, vendu, transféré, donné.
Alienated from one. Aliéné de quelqu'un, qui a changé son amitié en froideur, qui a rompu avec quelqu'un.
ALIENATING, sub. L'action d'aliéner, &c. aliénation. V. to Alienate.
ALIENATION, subst. Aliénation, vente, transport, cession de quelque chose.
Alienation. Rupture d'amitié, froideur,

mésintelligence, séparation, éloignement, désunion.
Alienation of mind. Aliénation d'esprit, égarement, espece de délire.
To ALIGHT, v. neut. Mettre pied à terre, descendre.
Ex. To alight from one's horse. Descendre de cheval, mettre pied à terre.
Alighted, adj. Descendu, qui a mis pied à terre.
ALIKE, adj. Semblable, tout de même, qui ressemble.
Alike, adv. Egalement.
To love alike. Aimer également.
ALIMENT, subst. Aliment, nourriture.
ALIMENTAL, adj. Qui nourrit.
ALIMENTARY, adj. Alimenteux, alimentaire.
ALIMONY, subst. Provision, l'entretien ou la pension que le mari est obligé de donner à la femme en cas de séparation.
ALISH, adj. de biere.
ALIQUANT, adj. Aliquante.
ALIQUOT, adj. Aliquote.
ALIVE, adj. Vif, vivant, qui est en vie.
To be burnt alive. Etre brûlé tout vif.
Is he still alive. Est-il encore en vie? vit-il encore?
Ou bien en ces sens.
He is the best man alive. C'est le meilleur homme du monde.
He yields to no man alive. Il ne le cede à personne ou à ame vivante.
ALKAHEST, subst. Un dissolvant.
ALKALI, subst. Alcali.
ALKALINE, adj. Alcalin.
To ALKALISATE, v. act. Alcaliser.
ALKERMES, subst. Akermes.
ALL, adj. & pron. Tout.
All the world. Tout le monde: all men, tous les hommes.
When all comes to all. Enfin, après tout, au pis aller.
With all speed. Au plutôt, en toute diligence, au plus vite.
To be all for one's self. Ne prendre soin que de soi-même, ne songer qu'à ses intérêts.
He is all my care. Il est l'objet de tous mes soins, c'est mon seul souci.
The latter end of all. La fin.
He is undone to all intents and purposes. Il est perdu sans ressource ou de fond en comble.
It is not at all the same case. Ce n'est pas de même, ce n'est pas la même chose.
I would not do it for all the world. Je ne le ferois pas pour quoi que ce soit, ou pour tout le bien du monde, ou pour rien au monde.
It is just as all the world as if. C'est justement comme si, c'est tout de même que si.
His all is at stake. Il joue de son reste.
Five all, six all, (at play.) Cinq à cinq, six à six, en marquant au jeu.
For good and all. Tout-à-fait, pour toujours.
You and all. Et vous aussi.
He lost his sword, hat and all. Il perdit son épée & son chapeau.
When I was most busy. Au plus fort de mes occupations.
Thirty are all that are missing. Il n'en manque que trente en tout.
To be all in all with one. Etre intime ami de quelqu'un; ou bien être son tout, être tout puissant chez lui, avoir beaucoup

ALL

coup de pouvoir sur son esprit, le gouverner.
Reputation is all in all in war. *A la guerre tout dépend de la réputation, la réputation fait tout à la guerre.*
By all means. *Absolument, à quelque prix que ce soit.*
All together, (the whole company.) *Tous ensemble.*
If that be all. *S'il n'y a que cela, s'il ne tient qu'à cela.*
All at once or all under one. *Tout à la fois, tout de suite, tout d'un train, tout d'une venue.*
All of a sudden. *Tout à coup, incontinent, sur le champ, aussi-tôt.*
Once for all. *Une fois pour toutes.*
All over. *Tout, par-tout.*
To read a book all over. *Lire un livre d'un bout à l'autre.*
It is all one. *C'est tout un, c'est tout de même, c'est la même chose, il n'importe.*
It is all one to me. *Ce m'est tout un.*
It is all one to me what he says. *Je ne me mets guere en peine de ce qu'il dit, je ne m'en embarasse pas.*
All and every one. *Tous en général, & chacun en particulier.*
Not at all. *Point du tout.*
To go upon all four. *Marcher à quatre pattes, se traîner par terre sur les genoux, & avec les mains.*
I understand not one word of all. *Je n'entends pas un seul mot.*
He is ashamed of nothing at all. *Il n'a honte de rien, de quoi que ce soit.*
No where at all. *Nulle part.*
There was never any doubt at all made of it. *On n'en a jamais douté.*
All the better. *Tant mieux.*
All along. *Tout du long, toujours.*
Without all doubt. *Sans doute, indubitablement.*
All, adv. & adj. (used as subs.) *Eux.*
All in the wind. *Prêt à foiser*, en partant des voiles.
You are all in the wind! *Défie du vent! ne vient pas au vent!*
All's well! *Bon quart! à l'autre bon quart!*
All hands high or all hands hoay! *En haut tout le monde!*
R. All, se compose souvent avec le Participe présent des Verbes.
Ex. All-seeing. *Qui voit tout.*
All-knowing. *Qui sait ou qui connoit tout.*
All-Saints. *La Toussaint.*
All-fours. *Sorte de jeu de cartes où l'on ne peut jouer que qua re.*
All-heal, (an herb.) *Panacée, sorte de remede.*
ALLATRATE, verb. act. *Aboyer, crier contre.*
ALLAY, subst. (or mixture.) *Mélange.*
Allay of metals. *Alliage ou aloi de métaux.*
Allay, (ease, mitigation.) *Allégement, soulagement, adoucissement.*
To give one's passion some allay. *Modérer sa passion.*
To ALLAY, verb. act. (or mix.) *Allier, mêler.*
Ex. To allay metals. *Allier ou mêler des métaux.*
To allay, (or ease.) *Modérer, alléger, tempérer, adoucir, soulager, diminuer*, en parlant d'une passion, d'une douleur, &c.

ALL

Allayed, adj. *Allié, mêlé.*
Allayed. *Allégé, modéré, tempéré, adouci, soulagé, diminué.*
ALLEGATION, subst. (reason alleged.) *Exposé, raison qu'on allegue, allégation.*
To ALLEGE, v. act. *Alléguer, citer, rapporter, apporter une chose pour preuve, avancer.*
Alleged, adj. *Allégué, cité, rapporté, avancé.*
ALLEGEMENT, } subst. *Allégation, citation d'un passage, passage qu'on cite.*
ALLEGATION,
ALLEGIANCE, subst. *Fidélité, allégeance.*
I do not know to which of the two Kings I ought to pay my allegiance. *Je ne sais lequel des deux Rois je dois reconnoître.*
ALLEGING, sub. *L'action d'alléguer, &c.* V. to Allege.
ALLEGORICAL, adj. *Allégorique, qui renferme une allégorie.*
ALLEGORICALLY, adv. *Allégoriquement.*
To ALLEGORIZE, v. neut. *Allégoriser, faire des allégories, user d'allégorie, donner un sens allégorique.*
ALLEGORY, subst. (a continued metaphor.) *Allégorie, métaphore continuée, figure de Rhétorique.*
ALLEGRO, subst. *Allegro*, terme de musique.
ALLELUJAH, subst. *Dieu soit loué, alleluia.*
To ALLEVIATE, v. act. (or to allay.) *Alléger, soulager, adoucir, diminuer.*
Alleviated, adj. *Allégé, soulagé, adouci.*
ALLEVIATING, sub. *L'action d'alléger, &c. allégement, adoucissement, soulagement.*
ALLEVIATION, subst. *Allégement, soulagement, adoucissement.*
ALLEY, subst. (or narrow lane.) *Ruelle, petite rue.*
A turn-again alley. *Un culdesac.*
Alley, (or walk.) *Allée*, dans un jardin, promenoir.
ALLIANCE, f. (or affinity.) *Alliance, affinité qui se contracte par le mariage.*
Alliance, (or league.) *Alliance, confédération.*
To ALLIGATE, v. act. *Lier.*
ALLIGATOR, subst. *Espece de crocodile dans les Indes Orientales.*
ALLISION, subst. *L'action d'entre-choquer.*
ALLITERATION, sub. *Allitération*, terme que les grammairiens employent lorsque plusieurs mots commencent par la même lettre.
ALLOCATION, sub. (a law-term.) *Remboursement, allocation.*
ALLOCUTION, subst. *Harangue, allocution.*
ALLODIAL, adject. (free from fines and service.) *Franc-aleu, allodial.*
Ex. Allodial lands. *Terres en franc-aleu, terres allodiales.*
ALLODIUM, subst. *Franc-aleu.*
ALLONGE, subst. *Botte*, en termes d'escrime.
To ALLOO, v. act. *Exciter, provoquer, animer.*
ALLOQUY, subst. *Discours.*
To ALLOT, v. act. (assign or appoint) one to some business. *Assigner, constituer, nommer, commettre quelqu'un sur quelque affaire, choisir pour quelque affaire.*
To allot somewhat to one. *Donner ou*

ALL

distribuer au sort quelque chose à quelqu'un, adjuger, départir.
Allotted, adj. *Constitué, assigné, commis, nommé, déterminé, distribué ou donné par sort.*
To be allotted to, (or to have by lot.) *Obtenir par sort, avoir un lot.*
ALLOTMENT, subst. *Constitution, assignation, distribution, partage qui se fait par sort, lot.*
ALLOTING, subst. *L'action de constituer, &c. to Allot.*
To ALLOW, v. act. (to give.) *Donner, accorder, permettre.*
To allow a servant twenty pounds a year. *Donner vingt livres sterling par an à un domestique.*
You must allow me some time to do it. *Il faut que vous me donniez du temps pour le faire.*
The court has allowed him six hundred pounds damage. *La Cour lui a adjugé six cens livres sterling de dommages.*
To allow the charges. *Allouer les fruits*, en termes de Palais.
To allow a privilege. *Attribuer un privilege.*
To allow, (deduct or discount.) *Prélever, déduire.*
To allow (or approve) of a thing. *Approuver quelque chose.*
I allow of that excuse. *J'approuve ou je reçois cette excuse.*
To allow, (or suffer.) *Supporter, souffrir, permettre.*
To allow a child in his wanton tricks. *Souffrir les petites malices d'un enfant.*
Will you allow him to do so? *Voulez-vous souffrir qu'il le fasse? Permettez-vous qu'il le fasse.*
I will not allow you to do it. *Je ne veux pas vous donner cette liberté.*
Both spiritual and temporal powers have allowed the laying out of that money. *Les puissances ecclésiastiques & séculieres ont permis l'emploi de cet argent.*
To allow, (to grant or own.) *Avouer, tomber d'accord, accorder.*
To allow one's self in any known sin. *Continuer volontairement dans un grand péché.*
To allow a captain three men to muster. *Passer trois hommes à un capitaine.*
ALLOWABLE, adj. *Qu'on doit donner, qu'on doit approuver, adjuger, allouer, recevoir, permettre, accorder; qui est louable, estimable, juste, légitime.*
ALLOWABLENESS, subst. *Légitimité, légalité.*
ALLOWANCE, subst. *Pension, appointement, portion, ce qu'on donne à quelqu'un pour son entretien ou pour son travail.*
Allowance, (in reckoning.) *Allocation.*
Allowance, (or indulgence.) *Connivence, permission, licence, indulgence.*
Ex. There must be some grains of allowance. *Il faut un peu d'indulgence, il ne faut pas examiner les choses à toute rigueur.*
The world makes allowance for some actions in one man which are condemned in others. *Le monde a de l'indulgence pour certaines actions de quelques personnes, qu'il condamne pourtant en d'autres.*
This phrase must be understood with some grains

grains of allowance. *Il faut expliquer cette phrase avec quelque restriction ou adoucissement.*
Allowance of a privilege. *Attribution de privilège.*
ALLOWED, *adj. Donné, adjugé, alloué, approuvé, reçu, permis. Voyez to Allow.*
He has forty pounds a year allowed him. *On lui donne quarante livres sterling par an, il a quarante livres sterling d'appointemens.*
This is not a thing to be allowed of. *Ce n'est pas une chose qu'on doive approuver ou permettre.*
If one may be allowed to say so. *S'il est permis de s'exprimer de la sorte.*
An Author cannot be allowed to be a competent judge of his own works. *Un Auteur ne sauroit être juge compétent de ses propres ouvrages.*
ALLOWING, *subst. L'action de donner, &c. Voyez to Allow.*
ALLOY. *Voyez Allay.*
ALLUBESCENCY, *subst. Empressement, promptitude, bonne volonté.*
To ALLUDE, *v. n. Faire allusion.*
Alluded to, *adj. A quoi l'on fait allusion.*
ALLUDING, *subst. L'action de faire allusion.*
ALLUM. *Voyez Alum.*
ALLUMINOR, *subst. (or Limner.) Enlumineur.*
To ALLURE, *v. act. (to decoy or entice,) Gagner, attirer, amorcer, inviter par des charmes, des attraits, des caresses.*
The charms of their numbers allured them to be instructed by the severe doctrines of Solon. *Les charmes de leurs nombres les rendirent dociles à la doctrine sévère de Solon.*
They esteemed it as an outlandish fashion which would allure them from the strictness of their discipline. *Ils regardoient cela comme une coutume étrangère qui pourroit corrompre la sévérité de leur discipline.*
Allured, *adject. Attiré, gagné, invité, amorcé.*
ALLUREMENT, *subst. Attrait, amorce, appas, agrément, charme, caresse, flatterie, douceur.*
ALLURER, *sub. Qui charme, qui attire, flatteur.*
ALLURING, *sub. L'action d'attirer, &c. Voyez to Allure.*
ALLURING, *adj. Attrayant.*
ALLURINGLY, *adv. D'une maniere attrayante, agréable, insinuante.*
ALLUSION, *sub. Allusion.*
ALLUSIVELY, *adv. Par allusion.*
ALLUVION, *subst. Alluvion.*
ALLUVIOUS, *adject. Amené par alluvion.*
To ALLY, *v. act. Allier, joindre, unir d'intérêts.*
Allied to, (or akin.) *adject. Allié parent.*
Allied, (joined, united.) *Allié, joint, uni, confédéré.*
ALLIES, *sub. Les Alliés, les Confédérés.*
ALMANACK. *subst. Almanach.*
† To make almanacks for the last year. *Faire des réflexions hors de propos, être sage après coup.*
ALMANDINE, *subst. Almandine, sorte de rubis.*
ALMIGHTINESS, *subst. Toute-puissance.*

ALMIGHTY, *adj. Tout-puissant.*
ALMOND, *subst. Amande, fruit d'amandier.*
The almonds of the ear. *Les émonctoires du cerveau, oreillons, sorte de fluxion qui se jette sur l'oreille ou autour de l'oreille.*
The almonds of the throat. *Les amygdales ou les deux petites glandes qui sont aux côtés du gosier.*
ALMOND-TREE, *subst. Amandier.*
ALMONER, } *subst. Aumônier.*
ALMINER, }
ALMONRY, *sub. Aumônerie, office d'Aumônier, ou le lieu où l'on distribue les aumônes.*
ALMOST, *adv. Presque, quasi, à peu près, environ.*
E'en almost. *A peu près.*
He was e'en almost undone. *Il fut à deux doigts de sa perte.*
It is almost night. *Il s'en va nuit, la nuit approche.*
ALMS, *subst. Aumône, charité.*
ALMSDEED, *s. Charité, œuvre de charité.*
ALMS-GIVER, *sub. Qui donne ou qui distribue les aumônes, aumônier, homme charitable.*
ALMS-HOUSE, *subst. Maison de charité; sorte d'hôpital fondé par un particulier.*
ALMSMAN, *subst. Homme qui vit d'aumônes.*
ALNAGER, } *subst. Officier du Roi qui reçoit les subsides qui sont accordés au Roi par acte de Parlement, sur les manufactures de drap.*
ALNEGER, }
ALOES, *sub. Aloès, gomme très-amère.*
ALOETIC, } *adj. Composé en partie d'aloès, amer comme de l'aloès.*
ALOETICAL, }
ALOFT, *adj. Haut, élevé.*
Aloft, *adv. En haut.*
To set aloft. *Lever, élever, hausser.*
ALOGY, *subst. Absurdité, extravagance, excès.*
ALONE, *adj. Seul.*
All alone. *Tout seul.*
Ou bien en ces sens.
Let me alone. *Laissez-moi en repos.*
Let me alone for that. *Laissez-moi faire.*
Let those things alone. *Laissez ces choses-là, n'y touchez pas; ne parlez pas de cela, ne remuez pas cela.*
You may trust him alone. *Vous pouvez vous fier à lui, vous n'avez qu'à le laisser faire.*
I think it were better let alone than done. *Je crois qu'il vaut mieux ne pas le faire que de le faire.*
To leave one alone. *Abandonner ou laisser quelqu'un.*
Alone, *adv. Seulement.*
ALONG, *prép. Le long.*
Along the shore. *Le long du rivage.*
Along side, (a sea-term.) *Bord-à-bord.*
To lie along-side of a ship. *Être bord-à-bord, élonger un vaisseau.*
To lie along. *Plier ou donner à la bande, par la force du vent.*
Go, (or come along.) *Marchez, marchez.*
Will you come along with me? *Voulez-vous venir avec moi?*
Take this along with you. *Souvenez-vous de ceci.*

And we are also to take this along with us. *Et nous devons aussi nous souvenir.*
To sail along the coast. *Côtoyer le rivage, ranger la côte.*
To lie along, (or to lie all along.) *Coucher, ou être couché tout de son long.*
All along, *adv. Toujours, depuis le commencement jusqu'à la fin.*
To go along. *Voyez to Go.*
To come along. *Voyez to Come.*
To grope along, &c. *V. to Grope, &c.*
ALOOF, *adv. (a sea-term.) De loin, au large, au lof.*
ALOUD, *adv. Haut, d'une voix haute ou élevée.*
ALOW, *adv. Bas, en bas.*
ALPHA, *subst. La première lettre de l'alphabet grec, alpha.*
ALPHABET, *sub. Alphabet, abécé, croix de par Dieu.*
To ALPHABET, *v. a. (to range or place alphabetically.) Ranger, mettre ou placer alphabétiquement, ou selon l'ordre alphabétique.*
Alphabeted, *adj. Rangé, mis ou placé alphabétiquement.*
ALPHABETICAL, } *adj. Alphabétique.*
ALPHABETICK, }
ALPHABETICALLY, *adv. Par ordre alphabétique.*
ALPHABETING, *subst. Action de ranger, &c.*
ALPINE, *adj. (from Alpes.) Des Alpes, qui appartient aux Alpes.*
ALREADY, *adv. Déjà.*
ALSO, *conj. Aussi, de plus, encore, outre cela.*
ALTAR, *subst. Autel.*
Altar-wise. *En forme d'autel.*
ALTARAGE, *subst. (a law-term.) Terme de Palais, qui veut dire les offrandes qu'on fait sur l'autel, & tous les profits de l'autel.*
To ALTER, *v. act. Changer, altérer.*
To alter one's mind. *Changer de volonté.*
We have altered nothing in his will. *Nous n'avons point altéré son testament.*
Twenty times have I altered this period, and could not bring it to perfection. *J'ai tourné vingt fois cette période, sans lui avoir pu donner le tour qu'elle doit avoir.*
To alter one's condition, (to marry.) *Changer d'état, se marier.*
To alter, *verb. neut. Changer.*
He will never alter. *Il ne changera jamais, il sera toujours le même.*
ALTERABLE, *adj. Altérable.*
ALTERATION, *subst. Changement, altération.*
ALTERCATION, *sub. Contestation, dispute, débat, altercation.*
ALTERED, *adj. (from to alter.) Changé, altéré.*
The case is altered or things are altered. *Les choses ont changé de face.*
ALTERING, *s. L'action de changer, &c.; changement, altération.*
ALTERNATE, *adj. (done or enjoyed by turns.) Alternatif, qui se fait ou dont on jouit alternativement, tour à tour, l'un après l'autre, alterne.*
These two Generals have the alternate command of the army. *Ces deux Généraux ont le commandement alternatif de l'armée, ou ils roulent pour le commandement de l'armée.*

Tha-

ALT AMA

The leaves of that plant are alternate. *Les feuilles de cette plante sont alternes.*
To ALTERNATE, *verb. neut.* (to enjoy by turns.) *Rouler, exercer un emploi alternativement.*
ALTERNATION, } *subst.* Tour, succes-
ALTERNITY, } *sion, viciſſitude.*
ALTERNATIVE, *adj.* Alternatif.
Alternative, *subst.* L'alternative.
Ex. To offer an alternative. *Offrir l'alternative.*
ALTERNATIVELY, *adv.* Alternativement, tour à tour, l'un après l'autre.
ALTHOUGH, } *conj.* Quoique, bien que,
ALTHO', } *encore que, quand, quand même.*
ALTILOQUENCE. *subst.* Éloquence pompeuſe & boursouflée.
ALTIMETRY. *subst.* L'art de mesurer les hauteurs.
ALTISONANT, *adj.* Qui rend un ſon éclatant, pompeux.
ALTITUDE, *subst.* (height.) Hauteur, faite.
To take the sun's altitude. *Prendre la hauteur du soleil.*
He reached the altitudes of human greatness. *Il ſe vit élevé au faîte des grandeurs humaines.*
† He is in his altitude, (he is merry and elevated with liquor.) *Il eſt dans ſes goguettes, ou il eſt dans ſes humeurs gaies, il eſt gai.*
His anſwer to himſelf gave me the altitude of his head. *La réponse qu'il ſe fit à lui-même me fit connoître la portée de ſon eſprit, ou l'étendue de ſa capacité.*
ALTO, *subst.* Alto, haute-contre.
ALTOGETHER, *adv.* Tout-à-fait, tout entierement.
Ou bien en ce ſens.
Are you come to town for altogether? *Etes-vous venu en ville pour y demeurer toujours?*
ALUM, *subst.* Alun, ſorte de minéral.
Mixed with alun. *Enduit d'alun.*
ALUMINOUS, *adj.* (of the nature of alum.) *Alumineux, qui tient de l'alun, ou qui ſent l'alun.*
ALWAYS, *adv.* Toujours, inceſſamment, en tout tems, continuellement.
AM, I am. *Je ſuis.* Voyez to Be.
AMABILITY, *sub.* (or loveliness.) Qualité aimable, amabilité.
AMAIN, *adv.* (uſed at ſea.) *Amene*, terme de marine.
Let go amain! *En bande! Ordre de lâcher tout-à-coup, en parlant d'un garant de palan ou de quelque manœuvre courante; c'est-à-dire, lâchez tout-à-coup.*
Amain, (or violently.) *Vigoureuſement, avec vigueur, de toutes ſes forces.*
AMALGAM, } *subst.* Amalgame.
AMALGAMA, }
To AMALGAMATE, *verb. act.* (to unite metals with quickſilver.) *Amalgamer.*
AMALGAMATION, *sub.* Amalgamation.
AMANDATION, *subst.* L'action d'envoyer un meſſage.
AMANUENSIS, *subst.* (a writing Clerk.) *Un Secrétaire ou copiſte, celui qui écrit ce qu'un autre dicte.*
AMARANTH, *subst.* (or flower-gentle.) *Amarante*, ſorte de fleur.
AMARANTHINE, *adj.* D'amarante, durable.
AMARITUDE, *subst.* Amertume.

AMA AMB

AMASEMENT, *s.* (a heap, accumulation or collection.) *Amas, tas, monceau.*
To AMASS, *v. a.* Amaſſer, accumuler, entaſſer, ramaſſer.
Amaſſed, *adj.* Amaſſé, ramaſſé, accumulé, entaſſé.
To AMATE, *v. n.* (or terrify.) *Effrayer, épouvanter.*
AMATORY, *adj.* Qui a rapport à l'amour.
AMAUROSIS, *subst.* Amauroſe, goutte ſereine.
To AMAZE, *v. a.* Surprendre, étonner, ou épouvanter.
Amazed, *adj.* Surpris, étonné, interdit.
I am amazed at it. *J'en ſuis ſurpris.*
AMAZEDNESS, } *subst.* Surpriſe, éton-
AMAZEMENT, } *nement.*
AMAZING, *adj.* Surprenant, étonnant, étrange.
AMAZINGLY, *adv.* Étrangement, d'une maniere étonnante, avec étonnement, avec ſurpriſe.
AMAZON; *subst.* Une Amazone.
AMBAGES, *subst.* (circumlocutions, turnings and windings in diſcourſe.) *Ambages, détours, circonlocution.*
AMBASSADOR, *subst.* Ambaſſadeur.
AMBASSADE, } *subst.* Ambaſſade, tra-
AMBASSAGE, } *vail d'un ambaſſadeur.*
AMBER, *subst.* Ambre.
AMBERED, *adj.* Ambré, parfumé avec de l'ambre.
AMBERGRIS, *subst.* Ambre-gris.
AMBES-ACE. *Voyez* Ace.
AMBIDEXTER, *adj.* Ambidextre, qui ſe ſert également des deux mains.
Ambidexter, *sub.* (or jack on both ſides.) *Un prévaricateur, un fripon, un malhonnête homme, qui prend de l'argent de tous côtés; il ſe dit proprement d'un Juge.*
AMBIDEXTROUS, *adj.* Malhonnête, fripon, douteux, ambigu.
Ex. Ambidextrous dealings. *Un procédé malhonnête, une fripponnerie, un procédé équivoque ou ambigu: comme lorsqu'on agit pour & contre dans quelque affaire.*
AMBIENT, *adj.* Qui environne.
Ex. The ambient air. *L'air qui nous environne.*
AMBIGU, *sub.* Ambigu, ſorte de repas.
AMBIGUITY, } *subst.* Ambiguité,
AMBIGUOUSNESS, } *équivoque, ſens double & ambigu.*
AMBIGUOUS, *adj.* Ambigu, équivoque, qui a un double ſens, douteux.
AMBIGUOUSLY, *adverb.* Ambigument, d'une maniere douteuſe, incerta.ne ou ambigue, à double ſens, avec équivoque.
To ſpeak ambiguouſly. *Biaiſer.*
AMBIT, *subst.* Circonférence, circuit.
AMBITION, *subst.* Ambition, paſſion déréglée de la gloire, des honneurs & des charges.
To AMBITION, *v. a.* (to covet.) *Ambitionner, ſouhaiter ardemment.*
AMBITIOUS, *adj.* Ambitieux, qui a de l'ambition.
I am very ambitious to ſerve you. *Je ſouhaite avec ardeur ou avec paſſion de vous ſervir.*
An ambitious man. *Un ambitieux.*
An ambitious woman. *Une ambitieuſe.*
AMBITIOUSLY, *adv.* Ambitieuſement, avec ambition, avec ardeur, avec empreſſement.

AMB AME

Ambitiouſly to ſeek for preferment. *Briguer un emploi ou un poſte avec empreſſement.*
To AMBLE, (*v. neut.* as a horſe.) *Aller l'amble, ambler.*
An ambling pace. *L'amble, l'entre-pas, le pas de haquenée.*
An ambling nag. *Cheval qui va l'amble, une haquenée.*
AMBROSIA, *subst.* (the food of the fabulous Gods.) *Ambroiſie*, le manger des faux Dieux.
AMBROSIAL, *adj.* Délicieux, qui tient de l'ambroiſie.
AMBRY, *subst.* Lieu où l'on diſtribue les aumônes, armoire.
AMBSACE. *Voyez* Ace.
AMBULATORY, *adj.* (or travelling.) *Ambulatoire, de voyageur, qui marche.*
AMBURY, *subst.* (a diſeaſe in horſes.) *Sorte de furoncle ou de tumeur qui vient aux chevaux.*
AMBUSCADE, } *sub.* Embuſcade, em-
AMBUSCADO, } *bûches.*
AMBUSH, }
AMBUSHED, *adj.* Embuſqué.
AME. *Voyez* Aume.
AMEL. *Voyez* Enamel.
AMEL-CORN, *subst.* (a kind of rice.) *Seigle blanc, dont on fait l'amidon.*
AMEN, *adv.* Amen, ainſi ſoit-il.
† Amen I ſay. *J'y conſens, j'y donne les mains.*
AMENABLE, *adj.* (a law term.) *Terme de Palais, qui veut dire traitable, ſimple, docile, en parlant d'une femme mariée.*
AMEND, } *sub.* (law term.) *Amende.*
AMENDE, }
To AMEND, *v. a.* (to mend or reform.) *Corriger, amender, réformer, réparer, revoir, retoucher.*
To amend, *verb. neut.* Se corriger, s'amender, ſe réformer, en parlant des mœurs; ſe remettre, relever d'une maladie, ſe rétablir, en parlant d'un malade.
Amended, *adj.* Corrigé, amendé, &c.
The world is well amended with him. *La fortune lui eſt favorable, il a bien fait ſes affaires.*
AMENDMENT, *subst.* Amendement, réforme.
Ordered that the bill with the amendments be engroſſed. *Ordonné que le bill ſoit mis-au-net avec les changements ou corrections qui y ont été faits.*
AMENDS, *subst. plur.* (from amende.) *Compenſation, ſatisfaction.*
Ex. To make amends. *Faire une compenſation, réparer, reconnoître, récompenſer, ſatisfaire; faire ſatisfaction.*
AMENITY, *subst.* (pleaſantneſs, delightfomeneſs of a place.) *Aménité, beauté, ou agrément d'un lieu.*
AMENTACEOUS, *adj.* Suſpendu à un fil.
To AMERCE, *v. act.* (to inflict a forfeiture.) *Mettre à l'amende, ou condamner à une amende pécuniaire.*
Amerced, *adj.* Mis à l'amende, condamné à une amende pécuniaire.
AMERCEMENT, } *subst.* Amende pécu-
AMERCIAMENT, } *niaire.*
AMESS, } *subst.* (part of the prieſtly
AMICE, } *habit.) Amict*, partie de l'habit ſacerdotal.
AMETHYST, *subst.* (precious ſtone of a violet

violet colour.) *Améthyste, pierre précieuse.*
AMIABLE, adj. (or courteous.) *Doux, honnête, plein de douceur & de bonté.*
Amiable, (or lovely.) *Aimable, agréable, charmant, qui a bonne grace.*
AMIABLENESS, *subst. Douceur, honnêteté, agrément, charme, bonne grace.*
AMIABLY, adv. *Avec douceur, civilement, avec honnêteté, avec grace, agréablement.*
AMICABLE, adj. (or friendly.) *Favorable, profitable, commode.*
AMICABLY, adv. *Amiablement, à l'amiable, en ami.*
AMIDSHIPS, adv. comp. *Au milieu du vaisseau, soit dans le sens de sa largeur, soit dans celui de sa longueur.*
Ex.
The enemy boarded us amidships. *L'ennemi nous aborda par le travers.*
Put the helm amidships! *Droit la barre!*
AMICE,
AMICT, } *Voyez Amess.*
AMIDST, prép. (in the midst.) *Au milieu, parmi.*
AMISS, adj. *Malfait, vicieux.*
Amiss, adv. *Mal, mal à propos, hors de propos.*
To do amiss. *Faire mal, manquer, pécher, commettre un péché.*
It would not be amiss for you to go thither. *Vous ne feriez pas mal d'y aller.*
To judge amiss of things. *Juger mal des choses.*
I thought it not amiss. *J'ai cru qu'il ne seroit pas mal à propos ou hors de propos, j'ai cru qu'il falloit.*
Ou bien en ces sens.
If you do never so little amiss. *Si vous faites la moindre faute.*
If any thing shou'd happen amiss. *S'il arrivoit quelque malheur, s'il arrivoit le moindre. J'aifere ou contre-temps.*
Nothing comes amiss to him. *Il s'accommode de tout, il prend tout ce qui lui vient.*
Nothing comes amiss to an hungry stomach. *On trouve tout bon quand on a faim.*
Nothing came amiss to him that was possible, however dangerous it might appear. *Il affrontoit tous les dangers, pourvu que le succès de l'entreprise fut possible.*
It cannot be taken amiss. *On ne sauroit le prendre en mauvaise part, ou s'en scandaliser.*
Nothing comes amiss to one that keeps house. *Tout vient à point à qui tient ménage.*
AMISSION, *subst. Perte.*
To AMIT, verb. act. *Perdre.*
AMITY, *subst. Amitié, affection, paix, concorde.*
AMMONIACK, adj. (the name of a salt.) *Ammoniac ou ammoniac.*
Ex. Salt ammoniack. *Sel armoniac.*
AMMUNITION, *subst. Munition de guerre.*
Ammunition-bread. *Pain de munition.*
AMNESTY,
AMNISTY, } *subst.* (or Act of oblivion.) *Amnistie.*
AMNION,
AMNIOS, } *subst. Amnios.*
AMOMUM, *subst. Sorte de fruit.*
AMONG,
AMONGST, } adverb. *Parmi, entre, au milieu de.*
From among. *D'entre.*

He had like to have been lost amongst them. *Il pensa périr avec eux.*
He ran among the naked swords. *Il se jeta au travers des épées nues.*
AMORIST,
AMOROSO, } *subst. Amant, galant, un amoureux.*
AMOROUS, adj. *Amoureux, passionné, tendre, sensible, en parlant des choses & des personnes.*
He was amorous or fond of poetry and musick. *Il aimoit la Poësie & la Musique.*
AMOROUSLY, adv. *Amoureusement, tendrement, passionnément, avec amour, &c.*
AMOROUSNESS, *subst. Amour, tendresse.*
AMORT, adject. (as dead, poetically.) *Amorti, assoupi, mort.*
Amort, (dull or melancholy.) *Sombre, triste, mélancolique, morne, taciturne, interdit.*
AMORTIZATION, *subst.* (a law-term.) *Amortissement.*
To AMORTIZE, v. a. *Amortir, en parlant d'un fief, &c.*
To AMOVE, v. act. *Déplacer.*
AMOUNT, *subst. m.* (the total of several articles or sums of an account.) *Le montant, le total, la somme totale.*
To AMOUNT, v. n. *Monter, se réduire, revenir.*
His bill amounts to fifty pounds. *Son mémoire monte à cinquante livres sterling.*
All his speech amounts to this. *Tout son discours revient ou se réduit à ceci.*
AMOUR, f. *Amour, amourette, attachement, intrigue.*
AMPER, *subst. Flegmon, sorte de tumeur ou d'inflammation.*
AMPHIBIOUS, adj. *Amphibie, qui vit dans l'eau & sur la terre.*
AMPHIBIOUSNESS, f. *Qualité, état de l'amphibie.*
AMPHIBOLOGICAL, adject. *Amphibologique.*
AMPHIBOLOGICALLY, adv. *Amphibologiquement, ambigument.*
AMPHIBOLOGY, f. (doubtful speech.) *Amphibologie, parole ambigue ou à double sens, équivoque.*
AMPHIBOLOUS, adj. *Balotté, jeté de l'un à l'autre.*
AMPHISBÆNA, *subst. Amphisbène, serpent à deux têtes.*
AMPHISCII, f. (a term of Geography, so are called the people who inhabit the torrid zone.) *Amphisciens.*
AMPHITHEATRE, *subst. Amphithéâtre, c'étoit le lieu des représentations, des combats, des jeux & des autres spectacles.*
AMPLE, adv. *Ample, grand, étendu.*
AMPLENESS, *subst. Grandeur.*
To AMPLIATE, verb. act. *Agrandir, étendre.*
AMPLIATION, *subst.* (a law-term.) *Délay, renvoi, ampliation, en termes de Pratique.*
AMPLIFICATION, *subst. Amplification.*
AMPLIFIER, *subst. Amplificateur, celui ou celle qui amplifie, qui augmente, qui exagère.*
To AMPLIFY, verb. act. *Amplifier, agrandir, exagérer, augmenter, élargir, étendre.*
Amplified, adj. *Amplifié, agrandi.*
AMPLIFYING, *subst. L'action d'amplifier, &c. amplification, exagération, accroissement.*

AMPLITUDE, f. *Grandeur, largeur, amplitude.*
AMPLIVAGOUS, adj. *Errant, égaré.*
AMPLY, adv. (from Ample.) *Amplement, largement, abondamment.*
To AMPUTATE, verb. act. *Trancher, amputer.*
AMPUTATION, f. *Amputation, retranchement, l'action de couper ou de tailler.*
AMN-ACE. V. Ace.
AMULET, *subst.* (or superstitious preservative.) *Un amulette, un préservatif, qu'on mettoit quelquefois au cou des enfans.*
To AMUSE, v. act. (or to keep at bay.) *Amuser, tenir le bec dans l'eau.*
Amused, adj. *Amusé.*
AMUSEMENT, f. *Amusement.*
AMUSER, f. *Qui amuse.*
AMUSING, f. *L'action d'amuser, &c. V. to Amuse.*
AMUSIVE, adj. *Amusant.*
AMYGDALATE, f. *Amandé, emulsion.*
AN, article qui signifie, un, une.
ANA, f. Ant. *sorte de livre.*
ANABAPTISM, f. *La secte ou la Religion des Anabaptistes.*
ANABAPTIST, *subst. Anabaptiste.*
ANABAPTISTRY, *subst. Anabaptisme, la Religion des anabaptistes.*
ANACAMPTIC, adj. *Réfléchi.*
ANACAMPTICS, *subst. Science des reflets, ou ca optrique.*
ANACHORITE, f. *Anachorete.*
ANACLATICKS, *subst. Science des réfractions, ou dioptrique.*
ANACHRONISM, f. *Anachronisme.*
ANAGRAM, f. *Anagramme.*
ANALECTS, *subst. Analectes, recueils.*
ANALEMMA, *subst. Analeme, projection orthographique de la sphère sur le colure des solstices.*
ANALEPTICK, adj. *Analeptique.*
ANALOGICAL, adj. *Analogique ou analogue, conforme, proportionné, qui a de l'affinité ou du rapport.*
ANALOGICALLY, adv. *Analogiquement, par analogie.*
To ANALOGIZE, v. act. *Expliquer par analogie.*
ANALOGOUS. V. Analogical.
ANALOGY, f. *Analogie, rapport, conformité, convenance, proportion.*
ANALYSIS, f. *Analyse, méthode de résolution.*
ANALYTICALLY, adv. *Par analyse.*
ANALYTICK,
ANALYTICAL, } adj. *Analytique, qui revient de l'analyse.*
To ANALYSE, v. act. *Analyser.*
ANANAS, f. *Ananas.*
ANARCH, *subst. Rebelle, agitateur.*
ANARCHIAL, *subst. Anarchique.*
ANARCHY, *subst. Anarchie.*
ANASARCA, *subst. Anasarque, sorte d'hydropisie.*
ANASTOMOSIS, f. *Anestomose.*
ANASTROPHE, *subst. Figure de rhétorique, anastrophe.*
ANATHEMA, *subst.* (or execration, excommunication.) *Anathème, exécration, excommunication.*
An anathema, (one accursed.) *Un anathème, un excommunié, une personne frappée d'anathème.*
To ANATHEMATIZE, verb. act. *Anathématiser, frapper d'anathème, excommunier.*
Anathematised, adj. *Anathématisé, frappé d'anathème, excommunié.*
ANATIFEROUS,

ANATIFEROUS, adj. Qui produit beaucoup de canards.
ANATOCISM, subst. Anatocisme, sorte d'usure.
ANATOMICAL, adj. Anatomique, qui appartient à l'anatomie.
ANATOMICALLY, adv. Suivant les regles de l'anatomie.
ANATOMIST, subst. Anatomiste.
To ANATOMIZE, verb. act. (to dissect.) Anatomiser, faire l'anatomie d'un corps, le disséquer.
Anatomied, adj. Anatomisé, disséqué, dont on a fait l'anatomie.
ANATOMY, subst. (the dissecting of a body.) Anatomie, l'art de disséquer un corps.
An anatomy, (or body dissected.) Un squelette.
ANCESTORS, s. (or forefathers.) Les ancêtres, nos prédécesseurs, nos aieux, nos pères.
ANCESTREL, adj. (law term , derived from one's ancestors.) Qui vient des ancêtres, qui l'on tient des ancêtres, héréditaire.
An ancestrel right. Un droit héréditaire.
ANCESTRY, s. (extraction , descent.) Race, extraction.
ANCHOR, s. (a large piece of iron to hold ships fast.) Ancre.
Parts of the anchor. Parties de l'ancre.
The thank. La verge.
The eye. L'œillet.
The nuts. Les tenons.
The ring. L'organeau.
The crown. Le collet ou la croisée.
The palms. Les pattes.
The flukes. Les oreilles.
The arm. Les bras.
The bill. Le bec.
The stock. Le jat.
To drag the anchors. Chasser sur ses ancres.
The anchor comes home. Le vaisseau chasse sur son ancre.
Foul anchor. Ancre dont le cable a fait un tour.
C'est aussi une ancre dont le cable étant lâché par le changement de position, ou la cessation du vent, a fait un tour autour de la patte supérieure de l'ancre ; ce qui est cause qu'elle est bientôt arrachée du fond, lorsque le cable vient à se tendre de nouveau.
The anchor is a-cock-bill. L'ancre est à la veille.
The anchor is a peek. L'ancre est à pic.
The anchor is a trip. L'ancre a laissé.
The anchor is a-weigh. Voyez Aweigh.
To back an anchor. Empenneler une ancre.
To cat the anchor. Caponer l'ancre.
To fish the anchor. Traverser l'ancre.
To moor the ship to her anchor. Gouverner sur son ancre.
To weigh the anchor. Lever l'ancre.
To ride at anchor. Être à l'ancre sur une seule ancre.
Flood anchor. Ancre de flot.
Ebb anchor. Ancre de jusant.
The shore anchor. L'ancre de terre.
The sea anchor or that which lies towards the offing. L'ancre du large.
The sheet anchor. Maîtresse ancre, ou ancre d'espérance.
The best bower anchor. La seconde ancre.

The small bower anchor. Ancre d'affourche.
The stream anchor. Ancre de touée.
The kedge anchor. Petite ancre de touée ou ancre à empenneler.
Anchor stock fashion. Maniere d'assembler deux files de préceintes couplées, dans la construction Anglaise, de façon que chaque piece a la forme d'un jat d'ancre, c'est-à-dire plus large au milieu qu'aux deux bouts. Le milieu des pieces de préceintes de la file supérieure, se rencontre toujours à la jonction des bouts de celles de la file inférieure, & réciproquement.
To cast or drop anchor. Jeter l'ancre, laisser tomber l'ancre, mouiller l'ancre, mouiller, toucher.
To shoe the anchor. Brider l'ancre.
To be , to lie or to ride at anchor. Être à l'ancre, demeurer sur ses ancres.
Anchor-hold. (ground where an anchor sticks.) Ancrage.
Our anchor-hold is better than either the French or Dutch, for we have generally a stiff clay or hard gravel. Notre ancrage est meilleur que celui des François ou de Hollandois, car notre fond est d'ordinaire d'argile ou de gros gravier.
Anchor, (a measure of five gallons.) Ancre, sorte de mesure.
To ANCHOR, verb. neut. Ancrer ou jeter l'ancre.
ANCHORAGE, subst. (a place to cast anchor.) Ancrage , mouillage.
Anchorage, (a duty payed for casting anchor.) Ancrage , ce qu'on paye pour ancrer en quelque lieu.
ANCHORING, (participe du verbe TO ANCHOR.) Ex.
Anchoring ground. Fond de bonne tenue, bon mouillage.
ANCHORSMITH, subst. Celui qui fait des ancres.
ANCHORET, } subst. (or Hermit.)
ANCHORITE, } Anachorete, hermite, homme ou femme solitaire.
ANCHOVY, s. Anchois, petit poisson de mer.
ANCIENT, adj. Ancien, vieux, antique.
The ancient history. L'histoire ancienne.
To grow ancient. Devenir vieux, vieillir, se faire vieux.
ANCIENT, subst. La flamme d'un vaisseau.
ANCIENT, subst. Porte-drapeau.
ANCIENTLY, adv. Anciennement, autrefois, jadis.
ANCIENTNESS, s. Ancienneté, en parlant d'une famille ; antiquité, en parlant du temps.
ANCIENTRY, s. L'antiquité, le temps passé, le vieux temps : ou bien, l'ancienneté, en parlant d'une maison, d'une race, &c.
ANCIENTS, s. plur. Les anciens, l'antiquité.
ANCLE. V. Ankle.
ANCORAGE. V. Anchorage.
ANCONY, subst. (a flat iron bar used in mills.) Sorte de ferrure employée dans les moulins.
AND, conj. Et.
Ou bien en ces sens,
A toast and ale. Une rôtie trempée dans l'ale ou bierre forte.
A toast and butter. Une rôtie au beurre.
To go and see. Aller voir.
How can we go out and not be seen ? Le moyen de sortir sans être vus.

Let us go and drink. Allons boire.
Let us go and take a walk. Allons faire un tour de promenade.
This is pure and clean. Ceci est fort net, ceci est fort propre.
A little more and he had been killed. Peu s'en fallut qu'il ne fût tué, il pensa être tué.
To grow better and better. Devenir toujours meilleur, aller de bien en mieux.
To grow worse and worse. Aller de mal en pis, empirer.
To sink deeper and deeper. S'enfoncer de plus en plus, s'affaisser toujours davantage.
And therefore. Pour cet effet, c'est pourquoi , c'est pour cela que.
And yet. Néanmoins.
By and by. Tout à l'heure, un peu après.
Now and then. De temps en temps, quelquefois.
Two and two. Deux à deux.
By little and little. Peu à peu.
And , que. Ex. And if that be true, que si cela est vrai ; and if you do that, que si vous faites cela.
And , se met quelquefois au lieu de if , si. Ex. I will go out and try to make them friends, and please your Lordship. Si Mylord le trouve bon, je vais sortir & tenter de les réconcilier. And please God, s'il plaît à Dieu. What is that and please you ? dites-moi, s'il vous plaît, ce que c'est ?
And please your Lordship. Monseigneur, Milord.
R. Quoique les petites gens d'Angleterre soient naturellement fiers, ils ne laissent pas d'être fort soumis en parlant aux grands du Royaume ; & lorsqu'ils répondent affirmativement à un Milord, ils ont accoutumé de s'exprimer ainsi :
Yes , and please your Lordship.
S'ils parlent à un Duc, ils disent :
Yes, and please your grace.
A un Chevalier.
Yes, and please your honour.
A une Dame de qualité.
Yes , and please your Ladyship.
Ce que nous dirions en François ; Oui , Madame.
And , subst.
Ex. Without ifs or ands. Sans barguigner , sans marchander.
ANDANTE, subst. Andante, terme de musique.
ANDIRON, subst. Chenet.
ANDROGINAL, }
ANDROGYNUS, } subst. Androgyne, hermaphrodite.
ANECDOTE, subst. Anecdote.
ANEMOGRAPHY, subst. Description des vents, arémographie.
ANEMOMETER, subst. Anémometre.
ANEMONE, subst. (or wind-flower.) Une anemone, sorte de fleur.
ANEMOSCOPE, subst. Anémoscope.
AN-END, adv. comp. (used at sea.) Debout ou perpendiculaire , en parlant des mâts, épontilles, &c. Ce mot s'emploie aussi dans l'expression suivante :
The main-top mast is an-end. Le mât de grand hunier est guindé, c'est-à-dire, rendu à son poste.
* ANENT, prép. Touchant, tout contre, vis-à-vis.
ANEURISM, s. Anévrisme, terme de médecine.
ANEW,

ANEW, adv. (again.) De nouveau, encore.
To begin anew. Commencer de nouveau, recommencer.
ANFRACTUOUS, adj. (a philosophical term: that has many turnings or ups and downs.) Anfractueux.
ANFRACTUOUSNESS, subst. Anfractuosité.
ANGEL, s. Ange, Esprit créé.
Angel, (an ancient sort of coin.) Sorte de monnoie qui vaut deux écus ou dix schellings d'Angleterre.
ANGELICA, subst. (a plant.) Angélique, sorte de plante.
Angelica-water. Eau d'angélique, eau distillée avec de l'angélique.
ANGELICAL, } adject. Angélique,
ANGELICK, } d'Ange, qui appartient aux Anges ou qui tient de leur nature.
Ou bien, my angelical Mistress, mon doux, mon bel Ange, ma Divinité, en parlant à une Maîtresse.
ANGELOT, subst. (a sort of outlandish cheese.) Angelot, sorte de fromage.
ANGER, subst. (wrath, passion.) Colère, emportement, passion, transport.
He is easily provoked to anger. Il prend feu aisément, il est fort prompt.
Anger, (scolding.) Gronderie, fâcherie.
You will have anger, (you will be scolded at.) Vous serez grondé.
To have anger. Etre grondé, être réprimandé.
To ANGER, verb. act. Fâcher, irriter, aigrir, provoquer, faire mettre en colère.
Angered, adj. Fâché, irrité, aigri, provoqué, mis en colère.
ANGRILY, adv. (or angrily.) En colère, avec emportement, avec aigreur.
To speak angerly to one. Gronder quelqu'un, lui laver la tête.
A fore that looks angerly. Une plaie avec inflammation.
ANGIOLOGY, s. Angiologie.
ANGIOTOMY, s. Angiotomie, terme de chirurgie.
ANGLE, s. Angle, espace compris entre deux lignes qui se rencontrent.
Angle, (or hook.) Hameçon.
Angle, (or angling-rod.) Verge, pour pêcher à la ligne, une ligne.
To ANGLE, v. neut. Pêcher à la ligne.
Prov. To angle with a golden hook. Pêcher avec un hameçon d'or, ou perdre plus qu'on ne gagne.
ANGLER, subst. Pêcheur, qui pêche à la ligne.
ANGLICISM, s. Anglicisme, manière de parler purement Angloise.
ANGLING, s. Pêche à la ligne.
An angling-line. Une ligne de pêcheur.
An angling-rod. Verge de pêcheur ou une ligne.
ANGRED. V. Angered.
ANGRILY, adv. En colère, avec emportement, avec aigreur.
ANGRY, adject. fâché, en colère, irrité, aigri.
To make one angry. Fâcher quelqu'un, le faire mettre en colère.
He is soon angry. Il est prompt, il est colère, il se met facilement en colère.
To be angry at one or with one. Etre fâché, être en colère contre quelqu'un.
I am angry with myself for it. Je m'en sais mauvais gré.
Did I ever give you an angry word?

Vous ai-je jamais grondé? me suis-je jamais fâché contre vous?
ANGUISH, s. Angoisse, chagrin, tristesse, détresse, accablement d'esprit.
ANGUISHED, adj. Chagrin, désolé.
ANGULAR, adj. Angulaire, qui est à angles, qui a plusieurs coins.
ANGULOSITY, s. (a word used in philosophy.) Angles, qualité de ce qui a plusieurs angles.
ANGULOUS, adj. Anguleux.
ANGUST, adj. Etroit, serré.
ANGUSTATION, subst. Rétrécissement.
ANHILATION, subst. Difficulté de respirer.
ANHELOSE, adj. Essouflé, hors d'haleine.
ANIENTED, adj. Frustré.
ANIGHTS, adv. De nuit, la nuit.
ANILENESS, subst. La vieillesse d'une femme.
ANIMABLE, adject. Susceptible d'être animé.
ANIMADVERSION, subst. Animadversion, observation, réflexion, remarque.
ANIMADVERSIVE, adj. Ex. The animadversive faculty. La faculté de réfléchir.
To ANIMADVERT, verb. act. (or to take notice of.) Remarquer, observer, prendre garde, faire réflexion, avoir attention à quelque chose, voir de près, découvrir.
To animadvert a thing upon one. Reprocher quelque chose à quelqu'un.
Animadverted, adj. Remarqué, observé, reconnu, vu, découvert, à quoi on a fait réflexion.
ANIMAL, subst. Un animal, une créature animée.
Animal, adj. D'animal, animal, qui a quelque rapport à un animal.
ANIMALCULE, subst. Animalcule.
ANIMALITY, s. Faculté animale.
To ANIMATE, verb. act. (to give life.) Animer, donner la vie, donner une ame à quelque chose.
To animate, (or encourage.) Animer, exciter, encourager.
Animated, adj. Animé, qui a reçu la vie ou une ame.
Animated. Animé, excité, encouragé.
ANIMATING, s. L'action d'animer, &c.
V. to animate; l'infusion de l'ame, en parlant de l'homme; animation, en termes de physique.
ANIMATING, adj. Qui anime, qui donne la vie ou l'ame.
Animating. Qui anime, qui excite, qui encourage.
ANIMATION, s. (the time when the human embryo is animated or when the foul is infused into it.) Animation, l'action d'animer.
ANIMATIVE, adject. Qui a le pouvoir d'animer, de donner la vie.
ANIMATOR, s. Qui anime.
ANIMOSITY, subst. Animosité, la chaleur & le feu qu'on met à soutenir une opinion.
Animosity, (grudge, hatred) Animosité, pique, haine, aversion.
ANISE, s. Anis, sorte de plante.
Anise-seed. Anis, graine d'anis.
ANKER. V. Anchor.
ANKLE, subst. (or ankle-bone.) La cheville du pied.
ANNALIST, s. Annaliste, historien qui écrit des annales.
ANNALS, subst. Annales, un livre d'Annales, un livre d'histoire où on observe l'ordre des années.

ANNATS, } subst. (or first-fruits.) Annate, le revenu d'un an d'un bénéfice vacant, que le Pape prétend lui appartenir.
ANNATES, }
To ANNEAL, v. neut. (or to paint upon glass.) Peindre en apprêt sur le verre.
To anneal, (or to anoint with oil.) Huiler, oindre ou frotter d'huile.
Annealed, adj. Peint en apprêt; huilé, oint.
ANNEALING, s. L'action de peindre en apprêt sur le verre; l'action d'huiler ou d'oindre; onction.
The annealing of tiles, (the well baking of them.) La manière de bien faire des tuiles, de les bien cuire.
To ANNEX, verb. act. Annexer, joindre, réunir.
ANNEXATION, } s. Addition, union.
ANNEXION, }
ANNEXED, adj. Annexé, joint, réuni.
ANNEXING, s. L'action d'annexer, de joindre ou de réunir.
ANNIENTED, adj. (a law-term.) Terme de Palais, qui veut dire, aboli, cassé, révoqué, annullé, rendu nul, abrogé, mis au néant.
To ANNIHILATE, v. act. (or to turn to nothing.) Anéantir, détruire.
Annihilated, adj. Anéanti, détruit.
ANNIHILATING, } subst. Anéantissement, destruction.
ANNIHILATION, }
ANNIVERSARY, adv. Anniversaire, qui se fait tous les ans, annuel, en parlant d'une fête, &c.
The anniversary, subst. (of a Saint.) L'anniversaire d'un Saint.
ANNIVERSE, s. (used for anniversary by Dryden.) Anniversaire.
ANNO DOMINI, (mots empruntés du Latin pour exprimer ce que nous disons en François) l'an de grace.
ANNOLIS, s. Animal qui se trouve en Amérique.
ANNOTATION, s. (or note.) Annotation, note, remarque.
ANNOTATOR, s. Commentateur, qui fait des notes.
To ANNOUNCE, v. act. Annoncer, publier, déclarer.
Announced, adject. Annoncé, publié, déclaré.
To ANNOY, v. act. (to hurt, to prejudice.) Nuire, incommoder, préjudicier, apporter du dommage.
ANNOY, } subst. Dommage, préjudice, tort.
ANNOYANCE, }
ANNOYED, adj. Incommodé, préjudicié, qui a reçu du dommage.
ANNOYER, s. Celui qui fait tort.
ANNUAL, adj. Annuel, qui revient tous les ans ou qui dure un an.
ANNUALLY, adv. Annuellement, chaque année, tous les ans.
ANNUITANT, subst. (he or she that has an annuity.) Rentier ou rentière à constitution.
ANNUITY, s. (yearly rent or income.) Rente constituée, bien à constitution.
To buy an annuity. Mettre, placer son argent en constitution de rente.
To ANNUL, v. act. Annuller, casser, abroger, révoquer, abolir.
ANNULAR, adj. Annulaire.
ANNULET, s. Petit anneau.

ANNULLED,

ANNULLED, adj. *Annullé, caſſé, abrogé, révoqué, aboli.*
ANNULLING, ſ. *L'action d'annuller, &c.* V. to Annul; *caſſation, abrogation, révocation.*
To ANNUMERATE, v. act. (to put into the number.) *Mettre au nombre, compter parmi, ajouter, comprendre.*
Annumerated , adject. *Mis au nombre, compté parmi, ajouté, compris.*
ANNUMERATION, ſubſt. *Addition à un nombre.*
To ANNUNCIATE , verb. act. *Annoncer.*
ANNUNTIATION , ſubſt. (or Lady-day.) *L'Annonciation, une des fêtes de la bien-heureuſe Vierge.*
ANODINE, adj. (ſoftening, ſpeaking of a remedy.) *Anodin, qui adoucit, en parlant d'un remede.*
To ANOINT, v. act. *Oindre, enduire ou frotter avec quelque choſe d'onctueux.*
† To anoint one , and by a vulgar contraction , to noint one , (to lick or bang him.) *Oindre quelqu'un d'huile de corne, lui repaſſer le buffle, l'étriller, le roſſer.*
Anointed , adj. *Oint, enduit.*
Anointed , ſ. Ex. The Lord's anointed. *L'Oint du Seigneur.*
ANOINTER, ſ. *Qui oint, qui enduit.*
ANOINTING , ſubſt. *Onction, ou l'action d'oindre ou d'enduire.*
Anointing, adj. Ex. Anointing oil. *Huile d'onction.*
ANOISANCE. V. *Nuiſance.*
ANOMALOUS , adject. (or irregular.) *Anomal, irrégulier, qui eſt contre les regles.*
ANOMALOUSLY, adv. *Irrégulièrement.*
ANOMALY , f. *Anomalie.*
ANOMY , ſ. *Confuſion, déſordre, violation des loix.*
* ANON , adv. *Tout-à-l'heure, tout-auſſi-tôt, tantôt, incontinent.*
Ever and anon, *à tout moment ; à tout bout de champ ; de temps en temps.*
ANONYMOUS , adj. *Anonyme, qui n'a point de nom ou qui tait ſon nom.*
ANONYMOUSLY, adv. *Sans dire ſon nom.*
ANOREXY , ſubſt. *Anorexie, dégoût des alimens.*
ANOTHER , adject. *Autre , un autre , l'autre. Ce mot eſt compoſé de An & de Other.*
You will be of another mind. *Vous ſerez d'un autre ſentiment, vous changerez d'avis.*
One is bigger than another. *L'un eſt plus gros que l'autre.*
To kill one another. *Se tuer l'un l'autre, s'entre-tuer.*
To love one another. *S'aimer l'un l'autre, s'entre-aimer.*
It is juſt or exactly ſuch another. *C'eſt la même choſe que l'autre , c'eſt tout de même.*
They coſt me twenty ſhillings one with another. *Ils me coûtent vingt ſchellings l'un portant l'autre.*
Ou bien en ces ſens.
To ſell things one with another. *Vendre pluſieurs choſes enſemble ou pêle-mêle ou comme elles viennent.*
Three days one after another. *Trois jours de ſuite.*
Prov. One misfortune comes upon the neck of another. *Malheur ſur malheur, un malheur ne vient jamais ſeul.*

Tome II.

You muſt not take that which is another's or another man's. *Vous ne devez pas prendre ce qui eſt à autrui ou le bien d'autrui.*
They differ one from another. *Ils différent entr'eux.*
They contend one with another. *Ils ſont en diſpute.*
It is one thing to promiſe , and another to perform. *Promettre eſt un , & tenir eſt un autre ; il y a de la différence entre promettre & tenir, promettre & tenir ſont deux.*
One while he does this and another while that. *Tantôt il fait ceci, & tantôt cela.*
To ANOY. } V. { Annoy.
ANOYANCE. } { Annoyance.
ANOYED. } { Annoyed.
ANSATED, adj. *Qui a des anſes ou quelque choſe de ſemblable.*
ANSWER, ſ. *Réponſe, replique.*
To make , to give or to return an anſwer. *Faire ou rendre réponſe, répondre.*
To write an anſwer to a letter. *Répondre à une lettre, y faire réponſe.*
To expect an anſwer , to wait for an anſwer *Attendre réponſe.*
To ANSWER, verb. act. & neut, (to return an anſwer.) *Répondre, faire ou rendre réponſe.*
To anſwer for one, verb. neut. (to be ſecurity for him.) *Répondre pour quelqu'un, le cautionner, ou être caution pour lui.*
Examp. Will you anſwer for the debt? *Voulez-vous être caution pour cette dette ?*
To anſwer, (to be agreeable to.) *Répondre, égaler , s'accorder , ſe rapporter, avoir du rapport, quadrer, être proportionné.*
Exemples.
To anſwer to the purpoſe. *Répondre à propos, pertinemment, à la queſtion.*
This anſwers to that. *Ceci a du rapport à cela, ceci répond à cela.*
You can never anſwer that fault. *Vous ne ſauriez jamais vous juſtifier de cette faute.*
He anſwers the hopes that were entertained of him in his youth. *Il remplit les eſpérances qu'on conçut de lui dans ſa jeuneſſe.*
Whether his be true or not, let my author anſwer for it. *Si cela eſt vrai ou non, je m'en rapporte.*
He anſwered and ſaid. *Il prit la parole & dit.*
To anſwer again. *Répliquer , faire une replique.*
We have a great deal to anſwer for. *Nous avons un grand compte à rendre.*
This faſhion anſwers ſeveral purpoſes. *Cette mode ſert à pluſieurs choſes.*
I cannot anſwer it to my conſcience. *Je ne ſaurois le faire en bonne conſcience.*
I have this only to anſwer for myſelf. *Je n'ai autre choſe à dire pour m'excuſer.*
The joint of that finger was large enough to have anſwered to the hulk of a giant. *A en juger par la grandeur de la jointure de ce doigt, il falloit que ce fût le corps d'un géant.*
To anſwer in law for another. *Comparoître en Juſtice ou ſe préſenter pour un autre.*
To anſwer a debt. *Payer une dette.*
To anſwer an obligation. *S'acquitter d'un devoir ou reconnoître un bienfait.*

To anſwer bluntly. *Se rebéquer.*
Money anſwers all occaſions. *L'argent ſatisfait à toutes ſortes de néceſſités.*
The traders and artificers cannot anſwer the demands of buyers. *Le marchand & l'ouvrier ne peuvent ſuffire aux demandes des acheteurs.*
This will better anſwer your buſineſs. *Ceci ſera mieux votre affaire.*
ANSWERABLE, adject. *A quoi l'on peut répondre ou répliquer , en parlant d'un écrit, &c.*
Anſwerable. *Reſponſable , qui eſt obligé de répondre de quelque choſe.*
Anſwerable. *Conforme , qui répond , qui a du rapport à quelque choſe , proportionné, équivalent.*
ANSWERABLENESS , ſ. *Rapport, conformité, proportion, convenance.*
ANSWERABLY, adv. *Conformément.*
ANSWERED, adj. *A quoi l'on a répondu ou repliqué , en parlant d'une lettre, d'un livre, &c.*
ANSWERER , ſubſt. *Qui répond ou qui a répondu.*
ANSWERING, ſ. *L'action de répondre, &c.* V. to Anſwer.
ANT , ſubſt. (or emmet.) *Fourmi , ſorte d'inſecte.*
An ant's hole, (or neſt ,) or ant's hill. *Une fourmillière.*
AN'T pleaſe you. V. And.
ANTAGONIST , ſ. (or adverſary.) *Antagoniſte, adverſaire.*
To ANTAGONIZE , v. a. *Concourir avec quelqu'un.*
ANTANAKLASIS , ſubſt. *Antanaclaſe,* figure de rhétorique.
ANTAPHRODITICK, adj. *Anti-vénérien.*
ANTAPOPLECTICK, adj. *Propre à guérir de l'apoplexie.*
ANTARTHETICK , adj. *Bon pour guérir la gouté.*
ANTARCTICK , adj. (relating to the ſouthern pole.) *Antarctique , auſtral.*
Ex. The antarctick pole. *Le pôle antarctique, auſtral ou méridional.*
ANTE, *c'eſt une prépoſition latine, inſéparable, qui dans la compoſition ſignifie :* Before, avant.
ANT ACT, ſ. (a former act.) *Acte qui a précédé.*
To ANTECEDE, v. neut. *Précéder.*
ANTECEDENT, ſ. *L'antécédent,* terme de Philoſophie.
Antecedent , adj. *Antécédent, précédent, qui précede.*
ANTECEDENTLY, adv. *En premier lieu, précédemment.*
ANTECESSOR , ſ. *Celui qui précède.*
ANTECHAMBER, ſ. *Antichambre.*
ANTEDATE , ſ. (or dating before the time.) *Antidate.*
To ANTEDATE , v. act. *Antidater.*
Antedated, adj. *Antidaté.*
ANTEDILUVIAN , ſ. & adj. *Qui a été ou vécu avant le déluge.*
ANTELOPE. V. *Antilope.*
ANTEMERIDIAN, ſub. *Qui eſt avant midi.*
ANTEPAST , ſ. (preguſtation , foretaſting.) *Avant-goût.*
ANTEPENULT, ſ. *Antépénultième ſyllabe.*
To ANTEPONE , v. a. *Préférer une choſe à une autre.*
ANTERIOR , adj. *Antérieur, qui précède.*
ANTERIORITY, ſ. *Antériorité.*
ANTES , ſ. *Colonnes qui ſervent à ſupporter le front d'un édifice.*
ANTHELMINTICK , adj. *Vermifuge.*
ANTHEM, ſubſt. (for ant-hymn.) *Antienne,*

D

tienne, cantique qui se chante dans le chœur de l'Eglise.
ANTHOLOGY, s. Anthologie.
ANTHONIANS, subst. Antonins, Religieux de saint Antoine.
ANTHONY'S FIRE, s. Le feu saint Antoine, l'érysipele, espece de mal.
ANTHRAX, subst. (a scab, &c.) Anthrax.
ANTHROPOPHAGI, subst. (cannibals or men eaters.) Anthropophages.
ANTHROPOPHAGINIAN, s. Mot dont se sert Shakespeare, au lieu d'Anthropophage.
R. ANTI. C'est une préposition grecque inséparable, qui dans la composition signifie contraire, opposé.
Exemp. Anti-courtier. Un ennemi de la Cour.
Anti-Roman. Contraire aux sentimens de Rome.
Cette préposition est quelquefois séparée par un trait des mots avec lesquels elle est composée, & quelquefois elle est tout-à-fait jointe avec les mots, comme dans ceux qui suivent.
ANTICHAMBER, s. Antichambre.
ANTICHRIST, s. Antechrist.
ANTICHRISTIAN, adj. Antichrétien, de l'Antechrist.
ANTICHRISTIANISM, subst. Antichristianisme.
To ANTICIPATE, v. act. Anticiper, prévenir, prendre ou faire par avance quelque chose.
Anticipated, adj. Anticipé, qui est pris ou fait par avance.
ANTICIPATING, s. L'action d'anticiper, &c. V. to Anticipate.
ANTICIPATION, s. Anticipation.
Anticipation. Préoccupation, figure de rhétorique, préjugé.
ANTICIPATOR, subst. Qui anticipe, qui prévient, qui prend ou qui fait par avance.
ANTICK, subst. Une antique, une antiquaille, ouvrage qui nous est resté des anciens.
Ou bien en ce sens.
He is a meer antick. C'est un bâteleur, c'est un facétieux, c'est un véritable scaramouche.
Antick, adj. Ancien, antique, du vieux temps, à l'antique, grotesque.
To dance anticks. Danser à l'antique, danser grotesquement, comme un scaramouche, &c.
Antick-work, ou simplement Anticks. Grotesques, ouvrage grotesque, mélange de diverses figures irrégulieres.
ANTIDATE. V. Antedate.
ANTIDILUVIANS, s. (those that lived before the flood.) Ceux qui vivoient avant le déluge.
ANTIDOTAL, adject. Qui sert d'antidote.
ANTIDOTE, s. Antidote, contre-poison, préservatif.
To give one an antidote. Donner un antidote ou un préservatif à quelqu'un. Il se dit dans le propre & dans le figuré.
ANTIFEBRILE, s. adj. Bon contre la fievre.
ANTILOPE, s. Gazelle, bête sauvage.
ANTILOGARITHM, s. Complément du logarithme d'un sinus, d'une tangente, ou d'une sécante.
ANTIMONARCHICAL, adject. Contraire ou opposé au gouvernement monarchique, républicain.

ANTIMONIAL, adject. D'antimoine, qui garde l'antimoine, où il y a de l'antimoine.
ANTIMONY, subst. Antimoine, sorte de minéral composé de souffre & de mercure.
Animony prepared. Antimoine préparé.
ANTIPATHY, s. Antipathie, opposition d'humeur, d'inclination, &c. entre les hommes; contra-iété qui se trouve dans le reste des créatures.
ANTIPATHETICAL, adj. Antipathique.
ANTIPENDIUM, subst. (what hangs before.) Ex. The antipendium of an altar. Le devant d'un autel.
ANTIPERISTASIS, subst. (a philosophical term; counter-action.) Antipéristase, action contraire.
ANTIPHRASIS, s. (a grammatical term, ironical figure, irony.) Antiphrase, ironie.
ANTIPODES, s. Les Antipodes, ceux qui habitent cette partie du monde qui est opposée diamétralement à la nôtre, & qui ont les pieds tournés vers les nôtres.
ANTIPOPE, s. Antipape, Pape qui usurpe la papauté au préjudice de celui qui est élu dans les formes.
ANTIQUARY, subst. Un antiquaire, un homme savant dans la connoissance des antiques.
To ANTIQUATE, v. act. (to abolish a custom or a law.) Abolir ou abroger une coutume ou une loi.
ANTIQUATED, adj. (or grown out of use.) Aboli, qui est proscrit, vieux, qui a vieilli, qui est hors d'usage.
An antiquated (or stale) beauty. Une beauté surannée, qui a passé.
ANTIQUE. V. Antick.
ANTIQUITY, s. Antiquité, ancienneté.
ANTISCORBUTICK, } adj. & subst. Antiscorbutique, bon contre le scorbut.
ANTISCORBUTICAL, (good against the scurvy.)
ANTISTROPHE, s. Antistrophe.
ANTITHESIS, s. (a rhetorical figure.) Antithese, figure de rhétorique.
ANTITYPE, subst. (or figure.) Type, figure.
ANTIVENEREAL, adject. Bon pour les maladies vénériennes.
ANTLERS, subst. Andouillers, des bêtes fauves.
Brow-antlers. Premiers ou maîtres andouillers.
Sur-antlers or bear-antlers. Sur-andouillers, qui sont au haut du bois.
ANTOCOW, s. (a kind of swelling, in a horse.) Avant-cœur ou Anti-cœur, tumeur de figure ronde & grosse, à peu près comme la moitié du poing, qui se forme à la poitrine du cheval vis-à vis du cœur.
ANTOECI, s. Ceux qui habitent le même méridien à distances égales de l'équateur.
ANTONIANS. V. Anthonians.
ANTONOMASIA, s. Antonomase, figure de rhétorique, qui consiste à mettre un nom appellatif au lieu d'un nom propre. Ex. L'Orateur, pour désigner Cicéron.
ANTRE, s. Antre, caverne.
ANUS, s. L'Anus.
ANVIL, s. Enclume.
The flock of an anvil. Souche d'enclume.
A rising anvil, (a goldsmith's tool.) Une bigorne.

ANXIETY, s. Anxiété, chagrin, inquiétude, perplexité, peine d'esprit, accablement.
The anxieties of philosophy. Les épines, les difficultés de la philosophie.
ANXIOUS, adj. Chagrin, inquiet, agité de quelque trouble.
Anxious cares. Des soins inquiets ou chagrinans.
An anxious search. Une recherche épineuse, difficile, pénible, exacte.
ANXIOUSLY, adv. Avec inquiétude, avec grand soin.
ANY, (nom adjectif ou pronom.) Quelqu'un, aucun, tout, quoi que ce soit.
Exemples.
Any thing. Quelque chose, quoi que ce soit, tout.
Is there any hope? Y a-t-il quelque espérance.
Will you have any thing with me? Avez-vous quelque chose à me dire? Voulez-vous me parler.
In any place. En quelque lieu, partout.
Any where. Quelque part, en quelque lieu que ce soit, partout.
Any time this week. Quelque jour de la semaine, un jour de cette semaine.
Is there any (or any man or any one, or any body) that will undertake it? Y a-t-il quelqu'un qui veuille l'entreprendre?
Do you know any man that understands it? Connoissez-vous quelqu'un qui s'y entende ou qui s'y connoisse?
I know not any one of them. Je n'en connois aucun.
He has no settled dwelling any where. Il n'est établi en aucun endroit, il n'a point de demeure fixe.
I defy any man to find fault with it. Je défie tout homme d'y trouver à redire.
Any man can do that. Qui que ce soit peut faire cela.
Any thing that you shall think fit. Tout ce que vous trouverez à propos.
Above any thing. Sur toutes choses.
In any thing rather than this. En toute autre chose que celle-ci.
I went or had access to him at any time. J'allois chez lui, ou j'avois accès auprès de lui en tout temps, à toute heure.
Any where else. En tout autre lieu.
I would not do it for any thing. Je ne le ferois pas pour quoi que ce soit.
Any body but you. Tout autre que vous.
His purse is open to any one. Sa bourse est ouverte à tout le monde.
Ou bien en ces sens.
If I hear any thing. Si j'entends dire ou si j'apprends la moindre chose.
If he be any thing slack to revenge. S'il n'est pas fort porté à la vengeance.
If it be any thing hot. S'il est tant soit peu chaud.
Do you think he is any thing wiser? Pensez-vous qu'il en soit plus sage ou plus savant?
Is he any thing the richer for it? En est-il pour cela plus riche?
Any thing of a gentleman wou'd scorn to do so. Il n'y a point d'honnête homme qui n'eût honte de faire cela.
He is as learned as any one. Il est aussi savant que pas un, ou que qui que ce soit.
I said nothing that any man or any one
could

could take offence at. *Je n'ai rien dit dont personne puisse s'offenser ou se scandaliser.*
If liberality will do it, I shall not come short of any. *S'il ne tient qu'à donner, je ne serai pas des derniers.*
I understand not any one word. *Je n'entends pas un seul mot.*
He must be there, if he be any where. *Il faut qu'il soit là ; il ne peut être que là.*
He is as drunk as any thing. *Il est tout-à-fait soul.*
† Any thing will go down with him. *Il n'est rien qu'il ne fasse, il est homme à tout faire,* en parlant des actions ; *il trouve tout bon, il avale tout,* en parlant du boire & du manger.
Come at any time and you shall be welcome. *Venez quand vous voudrez, & vous serez toujours le bien venu.*
If at any time I should arrive at that happiness! *Si jamais il m'arrivoit d'être si heureux !*
Any how. *De quelque maniere que ce soit.*
Do it any how. *Faites-le comme vous voudrez.*
Any more. *Plus, davantage.*
I will not buy any more. *Je n'en veux plus acheter.*
If you provoke me any more. *Si vous me fâchez ou si vous m'irritez davantage.*
Without any more ado. *Sans tant de façon, sans autre forme de procès, sans plus hésiter.*
Any farther. *Plus loin.*
Will you go any farther ? *Voulez-vous aller plus loin ? Voulez-vous passer outre ?*
He denied that he had any farther orders. *Il dit qu'il n'avoit point reçu d'autre ordre ; il dit que sa commission ne s'étendoit pas plus loin.*
Any longer. *Plus.*
Ex. I will not put you off any longer. *Je ne veux plus vous remettre, je ne vous renverrai plus.*
Have you any other ? *En avez-vous d'autres ?*
Did you think any other ? *En doutiez-vous ?*
Take any you like. *Prenez celui, celle, ceux, celles que vous voudrez.*
I will take any you please. *Je prendrai celui ou ceux que vous voudrez.*
Without any great trouble. *Sans beaucoup de peine.*
In case there be any necessity for it. *En cas qu'il y ait de la nécessité.*
Nor did any wind blow but what was against us. *Et il ne souffla point de vent qui ne nous fût contraire.*
Nor was there any but one by. *Et même il n'y avoit là qu'une personne présente.*
There was never any doubt made of it. *On n'en a jamais douté.*
While there was any treating of peace. *Pendant qu'on traittoit de la paix.*
AORIST, *sub. & adject. Aoriste ; terme de Grammaire.*
AORTA, *subst. Aorte, grande artere.*
APACE, *adv. Vite, promptement, diligemment, en diligence.*
Ex. To go apace. *Aller vite, aller bon pas.*
It rains apace. *Il pleut fort, il pleut à verse.*
Night wears apace. *La nuit s'en va finir, le jour approche.*

APART, *adv. A part, à côté.*
To set, to lay apart. *Mettre à part, mettre de côté.*
APARTMENT, *s. (or part of a house.) Appartement, membre de logis.*
APATHETICAL, *adj. Apathique, exempt de passion.*
APATHY, *subst. (or want of feeling.) Apathie, insensibilité.*
APE, *subst. Singe, sorte d'animal.*
Prov. The higher the ape goes, the more he shews his tail. *Plus le singe s'éleve, plus il découvre son cul pelé,* c'est-à-dire, *que les dignités ne servent qu'à faire voir le ridicule de ceux qui n'en sont pas dignes.*
† To be one's ape. *Être le singe de quelqu'un, l'imiter ou le contrefaire.*
To APE, *verb. act. Être le singe de quelqu'un, l'imiter, le contrefaire, le copier.*
APEEK, *adv. (a sea-term.) A pic,* en parlant du cable d'une ancre.
Ce mot exprime aussi quelquefois la situation des vergues que nous nommons en *pentenne ou apiquées,* quoique peu usité en ce sens.
Ex. To ride apeek. *Avoir les vergues en pentenne ou apiquées.*
APEPSY, *sub. Apepsie, sorte de maladie.*
APERIENT, *adject. Apéritif.*
APERITIVE,
APERTION, *subst. Passage, action d'ouvrir.*
APERT, *adject. Ouvert.*
APERTLY, *adv. (openly.) Ouvertement, hautement, publiquement, à découvert, sans déguisement.*
APERTURE, *s. Ouverture.*
APETALOUS, *adj. Apétale,* en parlant des fleurs.
APEX, *subst. (the top of any thing.) Sommet, extrémité, tout.*
APHELION, *s. Aphélie.*
APHILANTHROPY, *s. (want of humanity.) Le contraire de philantropie.*
APHONY, *s. Perte de la parole.*
APHORISM, *s. Aphorisme.*
APHRODISIACAL,
APHRODISIACK, *adj. Aphrodisiaque, qui excite à l'amour.*
APIARY, *s. Ruche, endroit où l'on tient des abeilles.*
APIECE, *adv. Chacun pour sa part, per tête.*
APISH, *adject. (from Ape.) Badin, qui fait mille singeries, ridicule imitateur.*
An apish trick. *Singerie, action de singe,* dans le propre & dans le figuré.
APISHLY, *adv. Badinement, en singe,* en badin.
To carry one's self apishly. *Faire le singe, faire le badin.*
APISHNESS, *s. Humeur badine, humeur à faire des singeries, ou singerie.*
APLUSTRE, *subst. Pavillon des anciens vaisseaux.*
APITPAT, *adv. Avec une palpitation précipitée.*
APOCALYPSE, *s. (or St John's revelation.) Apocalypse, la révélation de S. Jean,* un des livres du nouveau Testament.
APOCALYPTICAL, *adj. The apocalyptical beast. La bête dont il est fait mention dans l'Apocalypse.*
APOCRYPHA, *s. Les Apocryphes,* certains livres de la Bible que les critiques soutiennent avec raison n'être pas canoniques.

APOCRYPHAL, *adject. Apocryphe,* qui n'est pas canonique.
APODICTICAL, *adj. Démonstratif, évident, apodictique.*
APOGÆON,
APOGEE, *subst. Apogée,* terme d'astronomie.
APOLOGETICK, *subst. Apologétique, discours ou livre qui contient une apologie.*
APOLOGETICK,
APOLOGETICAL, *adj. Apologétique, d'apologie.*
Ex. An apologetick oration. *Un discours apologétique.*
APOLOGIST, *s. Apologiste, qui fait une apologie.*
To APOLOGIZE, *verb. neut. Faire une apologie, défendre, justifier.*
To apologize for one's self. *Faire son apologie, parler en sa propre défense.*
APOLOGUE, *subst. Un apologue, une fable.*
APOLOGY, *sub. Apologie, discours ou livre composé pour la justification ou pour celle d'autrui.*
To make an apology. *Faire une apologie, défendre, justifier.*
APONEUROSIS, *subst. Aponévrose.*
APOPHLEGMATICK, *adj. Bon contre les flegmes.*
APOPHLEGMATISM, *subst. Se dit des remedes contre les flegmes.*
APOPHTHEGM, *subst. (or remarkable saying.) Apophtegme, sentence courte, bon mot, repartie fine & agréable.*
APOPHYSIS, *s. Apophyse.*
APOPLECTICAL, *adj. Apoplectique, qui est sujet à l'apoplexie.*
APOPLECTICK, *adj. Apoplectique, bon contre l'apoplexie,* en parlant d'un remede.
APOPLEXY, *s. Apoplexie,* sorte de maladie subite.
To fall into an apoplexy. *Tomber en apoplexie.*
To die of an apoplexy. *Mourir d'apoplexie.*
APORRHOIA, *subst. Émanation, écoulement.*
APOSTASY, *subst. (departure from the true church.) Apostasie, crime de ceux qui abandonnent la véritable Église.*
APOSTATE, *s. Apostat, celui qui abandonne la véritable Église.*
To APOSTATIZE, *v. neut. Apostater, déserter ou abandonner la véritable religion.*
To apostatize from the faith. *Apostasier, renoncer à la foi, abandonner la foi.*
To APOSTEMATE, *v. neut. Se former en aposteme.*
APOSTEME,
APOSTUME, *subst. Aposteme.*
APOSTLE, *s. Apôtre.*
APOSTLESHIP, *s. Apostolat, l'office ou la dignité d'Apôtre.*
APOSTOLICAL,
APOSTOLICK, *adj. Apostolique.*
APOSTOLICALLY, *adv. Apostoliquement, d'une maniere apostolique, à la façon des Apôtres.*
APOSTROPHE, *subst. Apostrophe, figure de rhétorique ; apostrophe (') ou signe qui marque l'absence de quelque lettre.*
To APOSTROPHIZE, *v. act. Apostropher.*
APOTHECARY, *s. Apothicaire.*
† To talk like an Apothecary, (to talk idly.) *Parler sans rime ni raison, faire*

D 2

APO APP

faire des discours à perte de vue sur un rien.

An apothecary's shop. *Une apothicairerie ou boutique d'apothicaire.*

APOTHEOSIS, *s. Apothéose.*

APOTOME, *sub. La différence de deux quantités incommensurables.*

APOZEME, *s.* (or decoction.) *Apoſeme, décoction faite & préparée avec des racines & autres simples.*

* To APPAIR, &c. *V.* to Impair, &c.
* To APPALL, *v. act.* (to daunt or discourage.) *Effrayer, faire pâlir de peur.*
* APPALLED, *adj. Effrayé, qui pâlit de peur.*

APPALLMENT, *s. Frayeur.*

APPANAGE, *s.* (the portion a Sovereign Prince gives to his younger children.) *Apanage, ce que les Souverains donnent à leurs puinés pour leur droit de partage.*

APPARATUS, *subst. Appareil, outils dont on a besoin pour faire quelque chose.*

APPAREL, *s.* (or habit.) *Vêtement, habit, habillement, ajustement.*

To change apparel. *Changer de vêtement.*
To be in white apparel. *Être vêtu de blanc.*

To APPAREL, *v. act. Vêtir, habiller, ajuster.*

Apparelled, *adject. Vêtu, habillé, ajusté.*

APPARENT, *adject.* (from to appear.) *Clair, évident, manifeste, apparent.*

The apparent heir of the crown. *L'héritier présomptif de la couronne.*

Apparent. *Imminent, qui nous menace, en parlant d'un danger.*

APPARENTLY, *adv. Apparemment, vraisemblablement, évidemment.*

APPAREITNESS, *s. Evidence, clarté.*

APPARITION, *sub. Apparition, vision, spectre, fantôme, illusion.*

APPARITOR, *subst. Appariteur, bedeau, huissier, sergent.*

APPARTMENT, *V.* Apartment.

To APPAY, *verb. act. Satisfaire, contenter.*

To APPEACH. *V.* to Impeach.

APPEACHMENT, *s. Accusation.*

APPEAL, *s. Appel ou appellation d'une sentence ou d'une procédure.*

Without further appeal. *Sans appel, en dernier reſſort.*

A court from whence there is no appeal. *Cour qui juge en dernier reſſort.*

Appeal. *Ce mot, en terme de Palais, se prend souvent pour accusation, lorsqu'un criminel accuse ses complices.*

To APPEAL, *v. neut. Appeler, se relever;* réclamer la justice d'un Juge supérieur contre un Juge subalterne.

I appeal to Cæsar. *J'en appelle à Céſar.*
I appeal to you. *J'en appelle ou je m'en rapporte à vous, je vous en fais le juge.*

He appealed from the Pope's decree. *Il se releva de la sentence du Pape.*

To appeal, *v. act. Accuser, découvrir ses complices.*

Appealed, *adj. Accusé, découvert.*

APPEALANT, } *subst. Appelant, qui appelle d'une sentence ou d'une procédure.*
APPEALER,

APPEALING, *s. L'action d'appeler d'une sentence, &c. Appel.*

Appealing. *L'action d'accuser ou de découvrir ses complices, accusation.*

To APPEAR, *v. n. Paroître, se montrer, se faire voir,* en parlant des personnes;

APP

apparoître, se montrer, se rendre visible, en parlant des esprits; apparoître, se faire voir, paroître, en parlant des cometes & autres choses semblables; se présenter, comparoître, en termes de Palais.

To appear in publick. *Paroître en public.*

To appear in the world. *Paroître dans le monde.*

An Angel appeared to him in a dream. *Un Ange lui apparut en songe.*

Divers ships appeared of the port. *On apperçut du port quantité de vaisseaux en mer.*

To appear in person before the Judge. *Comparoître, se présenter en personne devant le Juge.*

Ou bien en ces sens.

He has a mind to appear in print. *Il a envie de se faire imprimer, il a envie de devenir Auteur; il veut se faire relier en veau.*

To make appear, (to shew, to demonstrate.) *Faire paroître, faire voir, prouver, représenter.*

He has made it appear that he is a courageous man. *Il a fait paroître qu'il est homme de cœur, il a donné des preuves de son courage.*

I will make appear what I say to be true. *Je ferai voir que ce que je dis est vrai, je prouverai ce que je dis.*

The benefits are vast that will appear upon this conjunction. *Il naîtra de grands avantages du concours de ces choses.*

To appear, (or stand) for one. *Répondre ou comparoître pour quelqu'un, prendre son parti, l'appuyer, le soutenir, le favoriser, dire du bien de lui.*

To appear against one. *S'opposer à quelqu'un, se porter partie contre lui.*

The beard begins to appear on his face. *La barbe commence à lui poindre.*

This hope caused a singular joy to appear in his eye. *Cette espérance avoit peint dans ses yeux une joie singulière.*

It appears, *verb. impers. Il paroît, on voit.*

APPEARANCE, *subst.* (out-side, show.) *Apparence, dehors, extérieur, ce qui paroît au-dehors.*

Appearance, (likelihood.) *Apparence, probabilité, vraisemblance.*

There is no appearance of truth. *Il n'y a aucune apparence de vérité, cela n'est nullement vraisemblable.*

At first appearance. *D'abord, au commencement, tout-à-coup.*

Appearance, (or figure.) *Figure.*

He makes a mean appearance at Court. *Il ne fait pas grande figure à la Cour.*

He was sent away under the appearance (or pretence) of an Embassy. *On l'éloigna sous prétexte d'une Ambassade.*

Appearance in a court of Justice. *Comparution en Justice.* Default of appearance. *Défaut, lorsqu'on manque de comparoître en Justice.*

My appearance was not taken notice of. *On n'a pas pris connoissance de ma comparution.*

There was a great appearance (or concourse) of people. *Il y avoit un grand concours, une grande assemblée.*

To enter into a bond for appearance. *S'obliger par écrit de comparoître en Justice.*

To make one's appearance in court. *Faire*

APP

comparution en Justice, comparoître ou comparoir, se présenter en Justice.

Personal appearance, *comparution personnelle.*

The day of appearance. *Le jour auquel on est assigné ou ajourné à comparoître en Justice.*

Appeared. *C'est le prétérit du verbe to Appear.*

APPEARING, *s. L'action de paroître, &c. V.* to Appear.

APPEARER, *subst. Comparant, celui qui comparoît.*

APPEASABLE, *adject. Qu'on peut appaiser.*

To APPEASE, *verb. act.* (to pacify or calm.) *Appaiser, calmer, adoucir.*

APPEASED, *adject. Appaisé, calmé, adouci.*

APPEASEMENT, *subst. Réconciliation, pacification.*

APPEASING, *s. L'action d'appaiser, de calmer, d'adoucir.*

APPELLANT, *subst. Celui qui donne un défi, ou qui envoie un cartel.*

Appellant, *s.* (a law-term, the person that appeals.) *Appelant.*

Appellant, *subst. Un criminel qui découvre ou qui accuse ses complices.*

APPELLATE, *sub.* (the person appealed against.) *La personne qui est appelée, en termes de Droit.*

APPELLATION, *subst.* (or name.) *Nom qu'on donne à quelque chose.*

APPELLATIVE, *adj.* (a Grammar word.) *Appellatif, terme de Grammaire.*

APPELLATORY, *adj. D'appel, qui contient un appel.*

APPELLEE, *subst.* (a law-term, for one that is appealed or accused.) *Un accusé, une personne déférée en Justice pour quelque crime.*

To APPEND, *v. act.* (to hang, to affix.) *Appendre, pendre, attacher.*

Ex. Of old the appending of the seal was sufficient in charters, without the subscription of the party. *Il suffisoit autrefois d'appendre ou d'attacher le sceau aux chartres, sans le seing de la personne.*

APPENDAGE. *Voyez* Apperdix.

APPENDANT, *adj.* (belonging to, accessory.) *Dépendant, qui dépend d'une chose, qui appartient ou qui est attaché à une chose, accessoire.*

An Hospital which is appendant to a manor. *Un Hôpital qui dépend d'une seigneurie.*

To APPENDICATE, *v. act. Ajouter, annexer.*

APPENDICATION, *subst. Annexion.*

APPENDIX, *subst.* (an addition of itself to any thing, any thing accessory.) *Une appartenance, une dépendance, un accessoires, un appendice.*

She inured even those to labour who look upon idleness as an appendix of their greatness. *Elle accoutuma au travail ceux ou celles-là même qui regardent l'oisiveté comme l'apanage de leur grandeur.*

An appendix, (in Physick or Anatomy.) *Un appendice, en termes de Médecine ou d'Anatomie.*

An appendix (or supplement) to a book. *Un supplément ou des additions à un livre.*

APPENNAGE, *subst. Voyez* Appanage.

To APPERTAIN, *v. neut.* (to belong.) *Appartenir.*

APPERTAINMENT, *subst. Ce qui appartient au rang, à la dignité.*

APPERTENANCE,

APP

APPERTENANCE, *subst.* (or dependency.) *Appartenance, dépendance, accessoire.*
APPERTINENT, *adj. Appartenant à, dépendant de.*
APPETENCE, } *subst.* (carnal desire.)
APPETENCY, } *Appétit, désir, envie, inclination.*
APPETIBILITY, *sub. Qualité d'être desirable.*
APPETIBLE, *adj. Désirable.*
APPETITE, *subst.* (desire, inclination or lust.) *Appétit, inclination, désir, cupidité, convoitise, concupiscence.*
Appetite, (affection of the mind.) *Appétit, affection de l'ame, passion.*
Appetite, (or stomach.) *Appétit, désir de manger, faim.*
He has lost his appetite to all sorts of meat. *Il n'a d'appétit à aucune viande, il est dégoûté de toutes sortes de viande.*
APPETITION, *subst. Désir.*
APPETITIVE, *adj.* (belonging to the appetite or desire.) *Qui appete, qui désire, qui convoite.*
The appetitive faculty of the soul. *L'appétit concupiscible de l'ame.*
To APPLAUD, *v. act.* (or highly commend.) *Applaudir, donner des applaudissemens à, louer, approuver.*
All the court applauds his choice. *Toute la cour applaudit à son choix.*
Applauded, *adj. Applaudi, à qui l'on a applaudi, loué, approuvé.*
APPLAUDER, *subst. Celui ou celle qui applaudit, approbateur.*
APPLAUDING, *subst. Applaudissement, l'action d'applaudir, &c. Voyez* to Applaud.
APPLAUSE, *subst.* (or approbation.) *Applaudissement, approbation.*
To court popular applause. *Chercher l'applaudissement ou l'approbation du peuple.*
APPLE, *subst.* (a well-known fruit.) *Pomme, fruit assez connu.*
The apple of the eye, (the eyeball or pupil.) *La prunelle de l'œil.*
Apple-graft, *subst. Greffe de pommier.*
Apple-parings, (or parings of apples.) *Pelures de pommes.*
Apple-tree. *Un pommier.*
Apple-tart. *Tourte de pommes.*
Apple-monger. *Fruitier, vendeur de fruit.*
Apple-woman. *Vendeuse de pommes, fruitière.*
Apple-loft. *Lieu où l'on serre les fruits, fruiterie.*
Apple-roaster. *Pommier, petit instrument où l'on met cuire les pommes devant le feu.*
Apple-core. *L'enveloppe du pepin de pomme, le trognon.*
† Apple-squire. *Cueilleur de pommes, un gratter Louyer de dame.*
APPLIABLE, } *adj. Qui se peut appliquer, qui a du rapport, applicable, conforme.*
APPLICABLE, }
He was constant to his ends and applicable to occasions. *Il savoit s'accommoder aux occasions, sans pourtant cesser d'aller à son but.*
APPLIANCE, *subst. L'action d'appliquer, la chose appliquée.*
APPLICABLENESS, *subst. Convenance, rapport.*
APPLICATION, *subst. Application, l'action d'appliquer.*
Application, *Application, attachement, attache.*

APP

To make one's application to some one. *S'adresser à quelqu'un, avoir recours à lui, s'attacher à lui, lui faire la cour.*
APPLICATIVE, } *adj. Qui applique.*
APPLICATORY, }
To APPLY, *v. act. Appliquer, faire l'application de,* dans le propre & dans le figuré.
Ex. To apply a plaster. *Appliquer un emplâtre.*
Let us apply this fable to our discourse. *Appliquons cette fable à notre discours.*
To apply one's self to something. *S'appliquer, s'adonner, s'attacher, appliquer son esprit à quelque chose.*
To apply one's self to some one. *S'attacher, se dévouer à quelqu'un, se mettre sous sa protection, s'adresser ou avoir recours à quelqu'un, lui faire la cour.*
Applied, *adj. Appliqué.*
APPLYING, *subst. L'action d'appliquer, &c.*
To APPOINT, *v. act.* (to order.) *Ordonner, prescrire.*
Exemples.
To appoint a man to do a thing. *Ordonner à quelqu'un de faire quelque chose.*
To appoint him what he must do. *Lui ordonner, lui prescrire ce qu'il doit faire.*
To appoint (or name) one for a place. *Nommer, désigner quelqu'un pour un emploi.*
To appoint him over a business. *L'établir sur quelque chose.*
To appoint the time and place for a business. *Arrêter, nommer, marquer, déterminer le jour & le lieu pour une affaire.*
I appointed to meet him to day. *Je lui ai promis de le voir aujourd'hui, je lui ai donné un rendez-vous pour aujourd'hui.*
To appoint (or set) a task. *Donner, régler une tâche.*
APPOINTED, *adj. Ordonné, prescrit, commis, nommé, destiné, établi, arrêté, marqué, déterminé.*
The wedding was appointed to be to day. *Les noces devoient se faire aujourd'hui.*
The Parliament is appointed to meet at Westminster. *Le Parlement doit s'assembler à Westminster.*
At the appointed time. *A l'heure qu'il faut.*
In God's appointed time. *Quand il plaira à Dieu.*
Well-appointed. *Bien équipé, en bon état.*
Ill-appointed. *En mauvais équipage, en mauvais état.*
APPOINTER, *s. Celui qui regle, qui fixe.*
APPOINTMENT, *subst. Ordonnance, ordre, règlement, commission, arrangement, appointement.*
I come to you according to your appointment. *Je viens à vous suivant vos ordres.*
As by provision of Parliament, all the remaining stock was to be divided among the proprietors, the directors have executed that appointment. *Comme par le règlement fait par le Parlement, toutes les actions restantes devoient être divisées entre les propriétaires, les directeurs ont exécuté cet arrangement.*
Appointment, (assignation.) *Rendez-vous, assignation.*
To APPORTION, *v. act.* (a law-term, that is, to proportion.) *Proportionner, égaler, diviser également.*

APP

Apportioned, *adj. Proportionné, égalisé, divisé également.*
APPORTIONMENT, *subst. L'action de proportionner, distribution égale, partage uniforme.*
To APPOSE, *v. act.* (or examine.) *Examiner, considérer. V.* to Pose.
APPOSER, *subst. Examinateur.*
APPOSITE, *adj. Propre, bien appliqué, qui est dit ou fait à propos, ou sur le sujet.*
APPOSITELY, *adv. Proprement, à propos, d'une manière propre.*
APPOSITENESS, *subst. Convenance, propriété.*
APPOSITION, *subst.* (the setting or putting one thing to another.) *Apposition, application, action de mettre ou d'appliquer une chose à une autre.*
Apposition. *Apposition,* figure de Grammaire.
To APPRAISE, *v. act.* (to rate.) *Estimer, taxer, apprécier, évaluer quelque chose, mettre le prix à quelque chose.*
Appraised, *adj. Estimé, taxé, apprécié, évalué.*
APPRAISEMENT, *subst. Évaluation, appréciation.*
APPRAISER, *subst. Priseur, appréciateur, estimateur, celui qui taxe le prix, qui regle la valeur des choses, qui y met le prix.*
APPRAISING, *subst. L'action d'estimer &c. V.* to appraise, *appréciation, estimation, évaluation.*
To APPREHEND, *verb. act.* (to seize.) *Appréhender,* terme de Pratique, *saisir, prendre, empoigner, arrêter prisonnier.*
To apprehend, (or fear.) *Appréhender, craindre, soupçonner.*
To apprehend, (or conceive.) *Concevoir, entendre, comprendre.*
APPREHENDED, *adj. Pris, saisi, empoigné, arrêté, appréhendé, craint, conçu, entendu, compris.*
APPREHENDING, *subst. L'action d'appréhender. V.* to Apprehend.
APPREHENDER, *subst. Qui pense, qui conçoit.*
APPREHENSIBLE, *adj. Susceptible d'être compris.*
APPREHENSION, *subst.* (or understanding.) *Esprit, entendement, conception, imagination.*
To be quick of apprehension. *Avoir l'esprit vif ou l'imagination vive, avoir la conception prompte & facile.*
He is dull of apprehension. *Il a la conception dure, il a l'esprit pesant.*
According to my apprehension. *A mon avis, à mon jugement, selon moi.*
Apprehension, (fear or jealousy.) *Crainte, appréhension, soupçon.*
APPREHENSIVE, *adj.* (quick of apprehension.) *Vif, qui conçoit, qui comprend aisément.*
I never saw a child more apprehensive. *Je n'ai jamais vu d'enfant si vif, ou qui conçut les choses plus aisément.*
To be apprehensive (or sensible) of a thing. *S'appercevoir d'une chose, la remarquer.*
Apprehensive of danger. *Qui craint, ou qui appréhende le danger.*
We are most apprehensive that our enemy's design is upon that place. *Nous croyons fermement que nos ennemis ont résolu d'attaquer cette place.*
APPREHENSIVENESS,

APPREHENSIVENESS, *subst.* Entendement, conception, imagination, crainte.
APPRENTICE, &c. *V.* Prentice, &c.
To APPRENTICE, *v. act.* (to put out to prentice.) Mettre en apprentissage.
APPRENTICESHIP, } *V.* Prenticeship.
APPRENTISAGE,
To APPRETIATE, *verb. act.* Apprécier.
To APPRIZE, *v. act.* (to inform, to acquaint.) Informer, mettre au fait.
Apprized, *adject.* Informé, qui est au fait.
I am not fully apprized of that affair. *Je ne suis pas bien au fait de cette affaire, je n'en suis pas bien informé.*
I am fully apprized of the truth of that maxim. *Je suis convaincu de la vérité de cette maxime.*
APPROACH, *subst.* Approche, avenue.
The approaches in a siege. *Les approches d'un siege.*
To have approach to one. *Avoir entrée chez (ou accès auprès de) quelqu'un.*
To APPROACH, *v. act.* Approcher, ou s'approcher de.
I have the honour to approach his Highness's person. *J'ai l'honneur d'approcher la personne de son Altesse.*
To APPROACH, *v. neut.* S'approcher, approcher.
The night approaches. *La nuit approche ou s'approche, il se fait nuit.*
APPROACHABLE, *adj.* Dont on peut approcher ou s'approcher, accessible.
APPROACHED, *adj.* Approché.
APPROACHLESS, *adj.* Dont on ne sauroit approcher, inaccessible.
APPROACHMENT, *sub.* Approche, l'action d'approcher.
APPROBATION, *sub.* Approbation, agrément.
* APPROOF, *subst.* Approbation.
To APPROPINQUATE, } *v. neut.* Approcher.
To APPROPINQUE,
APPROPRIABLE, *adj.* Qui peut être approprié.
APPROPRIATE, *adject.* (fit, proper.) Propre, bon à quelque chose.
Appropriate and natural means. *Des moyens propres & naturels.*
To APPROPRIATE, *v. neut.* Approprier.
Appropriated, *adj.* Approprié.
APPROPRIATION, *subst.* Appropriation.
APPROPORTIONED, *adject.* Proportionné.
APPROVABLE, *adject.* Digne d'approbation.
APPROVAL, } *sub.* Approbation.
APPROVANCE,
To APPROVE, *v. act.* Approuver, trouver bon, avoir pour agréable, donner son approbation, confirmer, ratifier.
I do not approve of your discourse. *Je n'approuve point votre discours.*
I am glad that you approve of what I have done. *Je suis bien aise que vous trouviez bon ce que j'ai fait.*
To approve one's self to God. *Se rendre agréable à Dieu.*
To approve one's self to one. *Plaire à quelqu'un, s'attirer son estime ou son approbation.*
Not to approve of a thing. *Trouver mauvais, ne pas trouver bon, désapprouver.*
I have said nothing but what is approved to be true by experience. *Je n'ai rien avancé qui ne soit confirmé par l'expérience.*
To approve land, (a law-expression for improving land.) *Faire valoir une terre, l'améliorer.*
Approved or approved of, *adj.* Approuvé, confirmé, ratifié.
An approved Author. *Un Auteur qui est en crédit, un bon Auteur.*
An approved cure. *Une cure reçue ou pratiquée par les Médecins.*
APPROVEMENT, *subst.* (approbation.) Approbation; amélioration, en parlant d'une terre.
APPROVER, *subst.* Approbateur, qui approuve, qui agrée, qui ratifie.
Approver, (a law-term, an accuser of his accomplices.) *Criminel qui accuse ses complices.*
Approver, (a law-term, for improver.) *Ex.* The King's approver. *Ceux qui font valoir les domaines du Roi.*
APPROXIMATE, *adj.* Prochain.
APPROXIMATION, *subst.* (or coming or putting nearer.) Action d'approcher, approximation.
APPULSE, *subst.* L'action de heurter, de choquer une chose contre une autre.
APPURTENANCE, *V.* Appertenance.
APRICOCK, } *sub.* Un abricot, sorte
APRICOT, } de fruit.
Apricock-tree, *Un abricotier, sorte d'arbre.*
APRIL, *subst.* Avril, un des douze mois de l'année.
Prov. April showers bring forth May flowers. *Les pluies d'Avril produisent les fleurs de Mai.*
Prov. When April blows his horn, 'tis good for hay and corn. *Les tonnerres d'Avril présagent l'abondance.*
APRON, *subst.* Tablier.
Apron, (in a dock.) *Radier d'un bassin ou forme.*
Apron, (in ship-building.) *Contre-étrave.*
Apron, (in gunnery.) *Platine de canon.*
Apron-man, *subst.* Artisan.
APRONED, *adj.* Qui porte un tablier.
APSIS, *subst.* Apsides, terme d'Astronomie.
APT, *adj.* (fit.) Propre, qui a de l'aptitude ou de la disposition pour réussir en quelque chose.
Apt to do any thing. *Propre à tout faire.*
He is an apt scholar. *Il a de l'aptitude aux Lettres, il apprend facilement.*
An apt (or convenient) mean. *Un moyen propre ou convenable.*
Apt, (inclined) *Sujet, enclin, qui a du penchant, accoutumé.*
Apt to be drunk. *Sujet ou enclin à l'ivrognerie, adonné au vin.*
Apt to bleed. *Sujet à saigner.*
Apt to be troubled with the gravel. *Sujet à la gravelle.*
I am apt to think otherwise of him. *J'ai du penchant ou je suis porté à faire un autre jugement de lui.*
This meat is apt to make me sick. *Cette viande a accoutumé de me faire mal, cette viande m'est ordinairement contraire ou me fait mal le plus souvent.*
Too apt to forgive. *Trop facile à pardonner, trop indulgent.*
Apt to break. *Fragile, frêle.*
Apt to be merry. *Gai, qui est d'une humeur gaie.*
To APTATE, *v. act.* Rendre propre.
APTITUDE, *subst. V.* Aptness.
APTLY, *adv.* Bien à propos, fort bien, proprement, justement.
APTNESS, *subst.* Aptitude, facilité, disposition naturelle qui rend les personnes propres à quelque chose.
AQUA, *subst.* mot emprunté du Latin pour dire, Eau; comme par exemple:
AQUA EORTIS, *subst.* Eau forte.
AQUA MARINA, *subst.* Béril, pierre précieuse.
AQUA REGIA or REGALIS, *subst.* Eau régale.
AQUA VITÆ, *subst.* Eau de vie, particulièrement celle qui se fait de grains.
AQUARIUS, *subst.* (one of the twelve celestial signs.) *Le Verseau, un des douze signes du zodiaque.*
AQUATICK, } *adject.* (living in the
AQUATILE, } water.) *Aquatique, qui se plaît dans l'eau.*
AQUEDUCT, *sub.* (or passage for waters.) *Aqueduc, conduit d'eau, canal par où l'on conduit l'eau d'un lieu à un autre.*
AQUEOUS, *adj.* (or waterish.) Aqueux, humide, plein d'eau, où il y a de l'eau.
AQUILINE, *adj.* Aquilin.
ARABICK, *sub.* L'arabe, la langue Arabesque.
Arabick, *adj.* Arabe, Arabique, qui est d'Arabie; Arabesque, en parlant du langage ou des lettres des Arabes.
ARABISM, *subst.* (way of speaking in Arabick.) Arabisme.
ARABLE, *adj.* Labourable.
Ex. Arable land. *Terre labourable.*
ARACK, *subst.* by contraction, rack, (a sort of strong liquor extracted from rice.) *Sorte de liqueur forte qu'on extrait du riz, & qui est particuliere aux Indes Orientales.*
ARÆOMETER, *subst.* Aréometre, instrument pour peser les liqueurs.
ARANEOUS, *adj.* qui ressemble à une toile d'araignée.
ARATION, *subst.* Labourage.
ARAY. *V.* Array.
ARAY'D. *V.* Arrayed.
ARBALIST, *subst.* Arbalète.
ARBITER, *subst.* (umpire.) Arbitre, Juge choisi par des parties qui veulent s'accorder à l'amiable.
Arbiter, (umpire, sovereign master.) *Arbitre, souverain maître.*
ARBITRABLE, *adj.* Qu'on peut mettre en arbitrage.
ARBITRABLY, *adj. A discrétion.*
Arbitrably punishable. *Punissable à la discrétion du Juge.*
ARBITRAMENT, *subst.* Volonté, choix.
ARBITRARILY, *adv.* Selon son caprice, à sa fantaisie, absolument, despotiquement, souverainement.
ARBITRARIOUS. *V.* Arbitrary.
ARBITRARIOUSLY. *V.* Arbitrarily.
ARBITRARY, *adj.* (or free.) Arbitraire, qui dépend de la volonté, libre.
An arbitrary action. *Une action arbitraire ou libre.*
An arbitrary (or absolute) government. *Un gouvernement arbitraire, absolu, despotique.*
ARBITRARINESS, *s.* Tyrannie.
To ARBITRATE, *v. n.* (to give sentence as an arbiter.) *Rendre une sentence arbitrale, arbitrer.*
ARBITRATION, *s.* Arbitrage, compromis. To put a thing to arbitration. *Mettre une chose en arbitrage, la faire juger par des arbitres, compromettre, faire ou passer un compromis.*

ARBITRATOR,

ARBITRATOR, s. Arbitre, négociateur, maître.
ARBITREMENT, subst. Arbitrage, compromis.
An arbitrement upon a marriage, (agreement.) Un contrat de mariage.
ARBOR, } subst. Berceau de jardin,
ARBOUR, } treille.
An arbour-maker. Un faiseur de berceaux.
ARBORARY, } adj. Qui appartient aux
ARBOROUS, } arbres.
ARBORET, s. Petit arbre, arbuste.
ARBOREOUS, adj. Qui appartient aux arbres.
ARBORIST, subst. Naturaliste qui s'applique à l'étude des arbres.
ARBUT-TREE, } subst. Arbousier, sorte
ARBUTE-TREE, } d'arbrisseau.
ARC, s. Arc.
ARCADE, s. Arcade.
ARCANUM, subst. Secret, mystère, arcane, terme d'alchymie.
ARCH, subst. Arcade, arc, voûte, arceau.
The arches of a bridge. Les arcades d'un pont.
A triumphal arch. Un arc de triomphe.
The starry arch, (the sky.) La voûte étoilée, azurée ou céleste, le ciel, le firmament.
The chief or great arch of a vault. Doubleau de voûte.
Arch-wise, adverb. En forme d'arc, en voûte.
Arches-court or the court of Arches. La Cour des Arches, cour ou chambre spirituelle qui dépend de l'Archevêque de Cantorbery.
Arch, adj. (or arrant.) Insigne, infame, grand, méchant.
An arch-rogue. Un insigne fripon.
An arch-traitor. Un grand traitre.
An arch blade. Un méchant garnement.
She is an arch woman. Elle a l'esprit malin.
It is an arch boy. C'est un méchant garçon, c'est un petit espiègle.
An arch wag. Un maitre Gonin.
R. Remarquez que, dans la composition, Arch répond à l'Arki des Grecs & marque supériorité, comme Archbishop, Archevêque, &c.
To ARCH, v. act. Faire des arcades, des voûtes.
ARCHAISM, s. Archaïsme, ancienne façon de parler.
ARCHANGEL, s. (the first of Angels.) Archange.
ARCHBISHOP, s. Un Archevêque.
The Archbishop's palace. L'Archevêché, la maison de l'Archevêque.
ARCHBISHOPRICK, subst. Archevêché.
There are but two Archbishopricks in England, that of Canterbury, and that of York. Il n'y a que deux Archevêchés en Angleterre, celui de Cantorbery & celui d'York.
ARCHDEACON, s. (the Bishop's vicar.) Archidiacre.
ARCHDEACONRY, s. Archidiaconat.
ARCHDIACONAL, adj. Archidiaconal, d'Archidiacre.
ARCHDUKE, subst. Archiduc.
ARCHDUKEDOM, s. Archiduché.
ARCHDUCHESS, s. Archiduchesse.
ARCHED, adj. (made arch-wise.) Voûté, fait en voûte.

The arched skies. La voûte céleste.
ARCHER, s. Archer, tireur d'arc, qui tire de l'arc.
ARCHERY, s. (the art of shooting with the long bow.) L'art de tirer de l'arc ou de l'arbalète.
ARCHETYPAL, adj. (original.) Original.
ARCHETYPE, subst. Archétype, premier modèle.
ARCH-HERETICK, subst. (he that first broached an heresy.) Hérésiarque ou chef d'une secte hérétique.
ARCHIEPISCOPAL, adj. Archiépiscopal.
ARCHITECT, subst. (or chief builder.) Architecte, celui qui conduit les ouvrages d'architecture.
Architect-like, adv. En architecte, avec symétrie, artistement.
ARCHITECTONICK, adj. (that understands or belongs to architecture.) Qui entend l'architecture ou qui appartient à l'architecture.
ARCHITECTURE, s. (the art of building.) L'architecture.
ARCHITRAVE, s. (or master-beam.) Architrave, grosse pièce de bois portée sur deux colonnes, entre les chapiteaux & la frise.
ARCHIVES, subst. (rolls or any place where ancient records, charters and evidences are kept.) Archives, lieu où l'on garde les papiers & les actes publics.
ARCH-PRIEST, subst. Archiprêtre.
ARCH-PRIESTHOOD, s. Archiprêtré.
ARCHWISE, adj. En forme de voûte.
ARCTATION, subst. Emprisonnement, contrainte.
ARCTICK, adj. Artique.
The Arctick pole and circle. Le pôle, le cercle Arctique.
To ARCUATE, v. act. Plier en arc.
ARCUATION, s. Courbure.
ARCUBALISTER, s. Arbalétrier.
ARDENCY, subst. (or heat,) Ardeur, chaleur, violence.
The ardency of a passion. L'ardeur d'une passion.
ARDENT, adj. (or eager,) Ardent, véhément, violent, vif, animé, passionné, empressé.
ARDENTLY, adv. Ardemment, avec ardeur, vivement, passionnément.
To be ardently officious to one. Avoir de grands empressements pour quelqu'un, être ardent à son service.
ARDOUR, subst. (heat or eagerness,) Ardeur, chaleur, violence, désir, passion, empressement.
ARDUOUS, adject. (difficult.) Difficile, en parlant d'une affaire, d'une charge, &c. élevé, haut.
ARDUOUSNESS, s. Difficulté.
ARE, c'est une personne du verbe to Be. Ex. We are, nous sommes. You are, vous êtes. They are, ils sont.
AREA, s. Aire.
To AREAD, } verb. act. Conseiller
To AREED, } diriger.
ARESACTION, s. Dessèchement, l'action de sécher.
To AREFY, v. act. Sécher.
ARENACEOUS, } adj. Areneux, sa-
ARENOSE, } blonneux.
AREOTIC, subst. Sorte de médicaments qui ouvrent les pores.
AREOPAGITES, subst. (the Areopagites were judges of life and death among the Athenians.) Aréopagites ou Juges de

l'Aréopage qui étoit chez les Athéniens un lieu où l'on rendoit la justice.
ARGAL. V. Tartar.
ARGENT, adject. (a term of heraldry, that is, white or silver-colour.) Argent, en terme de Blason, c'est-à-dire, blanc.
ARGENTINE, adj. (sounding like silver.) Argentin.
ARGIL, s. Argile.
ARGILACEOUS, adj. Argileux.
ARGILOUS, adj. D'argile.
ARGONAUTS, s. pl. (the companions of Jason, in the ship called Argo.) Les argonautes.
ARGOSY, subst. Grand vaisseau marchand.
To ARGUE, verb. act. (to reason or discourse.) Raisonner, argumenter, parler, discourir, apporter ou alléguer des raisons, disputer, contester, débattre, balancer, examiner.
To argue very sillily. Raisonner ou argumenter fort mal.
To argue the case with one. Débattre une affaire avec quelqu'un, disputer contre lui.
To argue, (to shew.) Prouver, établir, montrer, faire voir, conclure, marquer.
What does that argue? Cela prouve-t-il quelque chose? que peut-on inférer delà? que concluez-vous de là?
That argues nothing. Cela ne prouve rien, cela ne conclud rien.
Here is a letter that argues a great deal of haste. Voici une lettre qui marque beaucoup de précipitation, ou qui paroît avoir été écrite à la hâte.
Argued, adj. Raisonné, argumenté, débattu, contesté, disputé, &c.
ARGUER, s. Raisonneur.
ARGUING, subst. L'action de raisonner, d'argumenter, &c. V. to Argue.
Arguing, adj. Ex. To stand arguing the case. S'amuser à disputer, à raisonner, à discourir ou à contester d'une chose.
ARGUMENT, subst. (or reasoning.) Argument, raisonnement, syllogisme, preuve.
Argument, (or reason.) Raison, indice, marque.
Argument, (or theme.) Argument, sujet, matière d'un discours, d'une comédie, d'un tableau, &c.
To hold or maintain an argument. Pousser ou presser un argument.
This is the argument of his discourse. Voici l'argument ou le sujet de son discours.
ARGUMENTAL, adject. Qui tient de l'argumentation, du raisonnement.
ARGUMENTATION, s. Argumentation, manière d'argumenter, argument, raisonnement.
ARGUMENTATIVE, adj. Raisonné.
ARGUTE, adj. Subtil, aigu.
ARIA, s. Air de Musique.
ARIAN, s. (one who follows the opinion of Arius.) Arien.
ARIANISM, s. (the doctrine of Arius, an Heresiarch of the fourth century who denied the eternal co-existence of Jesus-Christ with God the Father.) Arianisme.
ARID, adject. (or dry.) Aride, sec, séché.
ARIDITY, subst. (drought.) Aridité, sécheresse.
ARIEREBAN. V. Arriereban.
ARIES, s. (one of the twelve celestial signs)

signs.) *Le Belier* , un des douze signes du zodiaque.

To ARIETATE, verb. act. *Heurter de la tête , comme les béliers.*

ARIETATION, subst. *L'action de heurter.*

ARIETTA, subst. *Ariette, terme de Musique.*

ARIGHT, adv. *Droitement , sainement , bien , comme il faut.*

To judge aright of a thing. *Juger sainement d'une chose.*

To set aright. *Rectifier , redresser.*

To make a horse carry himself aright. *Ajuster un cheval.*

ARIOLATION, s. *Prédiction , action de deviner , de prédire.*

To ARISE, verb. neut. (to rise.) *Se lever , s'élever.*

Ex. Arise , and defend my cause. *Levetoi , & défends ma cause.*

The vapours that arise from the sea. *Les vapeurs qui s'élèvent de la mer.*

To arise , (or to proceed.) *Venir , provenir , procéder , naître.*

Our misfortune arises (or springs) from that. *Notre malheur vient de là , procède de là.*

The differences that arise amongst us. *Les différents qui naissent entre nous.*

He told me , with that sort of malicious smile , which arises from pity or contempt for the ignorant. *Il me dit avec ce souris malin qui part de la pitié ou du mépris qu'on a pour un ignorant.*

Here arises a new difficulty. *Il se forme ici une nouvelle difficulté.*

There arose some words between them. *Ils eurent quelques paroles , ils curent du bruit entr'eux.*

Arisen, adj. *Levé , élevé , venu , provenu , procédé , formé.*

ARISTOCRACY, subst. (or Government administred by nobles.) *Aristocratie , Gouvernement administré par les Nobles & les principaux d'une République , indépendamment du Peuple.*

ARISTOCRATICAL,
ARISTOCRATICK, } adj. *Aristocratique.*

ARISTOLOCHY, s. (birthwort or hartwort.) *Aristoloche ou sarrasine , herbe.*

ARITHMETICAL, adj. *Arithmétique , qui appartient à l'arithmétique.*

ARITHMETICALLY, adv. *Arithmétiquement.*

ARITHMETICIAN, subst. *Arithméticien , Arithméticienne , celui ou celle qui fait l'Arithmétique.*

ARITHMETICK, subst. (the art of numbering or casting up accounts.) *L'Arithmétique , ou la science des nombres.*

A rule of Arithmetick. *Une règle d'Arithmétique.*

ARK, subst. *Arche.*

Ex. Noah's ark. *L'arche de Noé.*

The ark of the covenant. *L'Arche d'Alliance.*

ARM, s. (a part of a man's body.) *Bras , partie du corps humain.*

The right and left arm. *Le bras droit & le gauche.*

He is my right arm, (he is the person I most rely on.) *C'est mon bras droit , c'est mon appui , c'est lui qui me soutient.*

An arm of the sea. *Un bras de mer.*

The arm-pit or arm-hole. *L'aisselle.*

An arm-chair , (or elbow-chair.) *Une chaise à bras , un fauteuil.*

An arm-full. *Une brassée.*

The arm of an oak. *La branche d'un chêne.*

Arm, (or weapon.) *Arme , tout ce qui sert pour se défendre ou pour attaquer.*

A fire-arm. *Une arme à feu.*

Offensive and defensive arms. *Armes offensives & défensives.*

To take up arms. *Prendre les armes.*

To bear arms. *Porter les armes.*

To be up in arms. *Être en armes.*

To continue up in arms. *Demeurer sous les armes.*

To lay down arms. *Poser ou mettre bas les armes , abandonner les armes.*

All things yield to the force of arms. *Tout plie sous la force ou tout cede à la force des armes.*

Arms , (in heraldry.) *Les armes , les armoiries , en termes de blason.*

To ARM, verb. act. *Armer , donner des armes.*

To arm one's self against an enemy. *S'armer contre un ennemi.*

To arm, verb. neut. *Armer, lever des troupes.*

Arm! arm! interj. *Aux armes.*

ARMADA, subst. *Flotte.*

Ex. The Spanish armada. *La flotte d'Espagne.*

ARMADILLO, subst. *Petit animal qui se trouve au Brésil.*

ARMAMENT, subst. *Armement.*

ARMATURE, s. *Ergots , dont quelques oiseaux sont armés , a mur.*

ARMED, adj. *Armé.*

Armed cap-à-pe, (or from top to toe.) *Armé de pied en cap , armé de toutes pieces.*

An armed ship. *Vaisseau armé en guerre, pour garder quelque poste particulier.*

ARMGAUNT, adj. *Maigre, décharné.*

ARMILLARY, adj. Ex. *Armillary sphere. Sphere armillaire.*

ARMING, s. *L'action d'armer , armement.*

ARMINIAN, subst. (one that follows the opinion of Arminius about predestination. *Arminien.*

ARMINIANISM, subst. (the doctrine of Arminius contrary to Calvinism , about predestination and reprobation.) *Arminianisme.*

ARMISTICE, subst. (or short truce.) *Armistice.*

ARMLET, s. (the armour that covers a man's arm.) *Brassard , armure de bras.*

An armlet of pearl. *Un bracelet de perles.*

ARMONIACK, adj. *D'Arménie.*

Ex. Bole Armoniack. *Bol d'Arménie.*

ARMORER, s. *Armurier, qui fabrique des armes.*

ARMORIAL, adj. *(belonging to armory.) D'armes, qui regarde les armes.*

Armorial ensigns. *Armes , armoiries.*

ARMORIST, s. (blazonner , herald.) *Héraut , un homme qui sait le blason.*

ARMORY, s. (or Heraldry.) *Le blason , armoiries.*

ARMOUR, s. *Armure ou harnois , en termes poétiques.*

Armour , (a sea-term.) *Top-armour. Pavois des hunes.*

R. Armour, in the sense of the Law, signifies, offensives or defensive arms. *Ce mot , en termes de Palais , se prend pour toutes sortes d'armes. De même que dans ce passage,* Rom. 13. v. 12. Let us put on the armour of light. *Soyons revêtus des armes de lumière.*

ARMOUR-BEARER, s. *Ecuyer.*

ARMOURER, s. *Armurier, celui qui fait & vend des cuirasses , casques & autres choses dont on se couvre dans un combat.*

ARMPIT, s. *Voy. Arm.*

ARMY, s. *Une armée.*

A land-army. *Une armée de terre.*

A naval-army. *Une armée navale.*

The vanguard , the body and the rear of an army. *L'avant-garde , le gros & l'arriere-garde d'une armée.*

The head and wings of an army. *La tête & les ailes d'une armée.*

A flying army. *Un camp volant.*

To draw up an army in battalia. *Ranger une armée en bataille.*

To put an army into winter-quarters. *Mettre une armée en quartier d'hiver.*

AROMATICAL, } adj. (of a spicy
AROMATICK, } smell.) *Aromatique , odoriférant.*

To AROMATIZE, verb. act. *Aromatiser ; mêler des aromates à quelque chose.*

AROSE, *c'est un prétérit du verbe,* to Arise.

Ex. A storm arose. *Il s'éleva une tempête.*

AROUND, prép. *Autour de , tout au tour de.*

Ex. Around him. *Tout autour de lui.*

To AROUSE , verb. act. *Éveiller , exciter.*

AROW, adv. *En ligne , sur la même ligne.*

AROYNT, adv. *Hors d'ici.*

ARQUEBUSE, s. (a sort of gun.) *Arquebuse , sorte d'arme à feu & à rouet qui se bande avec une clef.*

ARQUEBUSIER, s. *Arquebusier.*

ARRACK. V. *Arack.*

To ARRAIGN one , verb. act. (to indite him and bring him to his trial) *Faire assigner quelqu'un pour comparoitre en Justice , le citer devant le Juge ; ou bien, faire le procès à quelqu'un , le juger ; arrange.*

ARRAIGNED, adj. *Assuré , cité ; ou bien , à qui l'on fait ou à qui l'on a fait le procès.*

ARRAIGNING, s. *L'action de faire le procès à quelqu'un , &c.* V. to Arraign.

ARRAIGNMENT, s. *Accusation, procès criminel.*

ARRAND. V. *Errand.*

To ARRANGE, v. act. *Arranger.*

ARRANGEMENT, s. *Arrangement.*

ARRANT, adj. (bad in a high degree.) *Grand , insigne , fieffé , infame.*

An arrant fool. *Un grand fou.*

An arrant dunce. *Un grand sot.*

An arrant whore. *Une infame ou une insigne putain , une franche lorve.*

An arrant knave. *Un fripon fieffé , un insigne fripon.*

ARRANTLY, adv. *Honteusement.*

ARRAS,
ARRAS-HANGING, } s. *Tapisserie de haute lice.*

ARRAY, s. *Habit , vêtement , ornement ; il n'est bon qu'en vers.*

Array , (or order.) *Ordre , rang.*

To set an army in array. *Mettre ou ranger une armée en bataille.*

An army in battle array. *Une armée rangée en bataille.*

Commissioners of array. V. *Arrayers.*

To ARRAY, v. act. *Vêtir , équiper ; ce verbe n'est guère en usage que dans la Poésie.*

To

To array a pannel, (a law-expression, to to impannel a Jury.) *Choisir les Jurés.*
Arrayed, *adj. Vétu:* ce mot n'est guere en usage qu'en poësie.
ARRAYERS, *subst.* (or Commissioners of array.) *Officiers qui avoient soin d'équiper les soldats d'une armée.*
A' REAR of an army, *s.* (or the rear.) *L'arrier-garde d'une armée.*
ARREARAGES, } *subst.* (the remainder
ARREARS, } of any money or rents unpaid.) *Arrérages.*
A'RRENTATION, *subst.* Permission accordée au propriétaire d'un terrain dans une forêt, de faire enclore ce terrain.
ARREPTITIOUS, *adj. Qui s'insinue secretement.*
ARREST, *s.* (the seizing of one.) *Arrêt, prise de corps.*
To take into arrest. *Arrêter, faire prisonnier.*
An Officer under arrest. *Un Officier en arrêt.*
Arrest, (or sentence of a court.) *Arrêt, sentence, jugement définitif.*
To ARREST, *v. act.* (to stop, to put a stop to.) *Arrêter, faire cesser.*
To arrest one, (to seize him.) *Arrêter quelqu'un, le saisir, le faire prisonnier.*
Arrested, *adj. Arrêté, saisi.*
ARRESTING, *s. L'action d'arrêter ou de faire prisonnier.*
ARRIERE-BAN, *s.* (the gentlemen of a country summoned to serve in the war.) *L'arriere-ban.*
ARRIERE-FEE, *s. Arriere-fief.*
ARRIERE-GUARD, *subst.* (or rear of an army.) *L'arriere-garde d'une armée.*
ARRIERE-VASSAL, *s. Arriere-vassal.*
ARRISION, *subst.* (or smiling upon.) *Dérision.*
ARRIVAL, *s. Arrivée, venue.*
To ARRIVE, *v. n.* (to come.) *Arriver, venir, parvenir.*
To arrive at a place. *Arriver en quelque lieu.*
Accidents arrive (or happen) from unknown causes. *Les accidents viennent de causes inconnues.*
To arrive at some perfection. *Parvenir à quelque degré de perfection.*
Arrived, *a ject. Arrivé, venu, parvenu.*
ARRIVING, *s. L'action d'arriver ou de parvenir.*
ARROGANCE, }
A RROGANCY, } *subst. Arrogance, orgueil, présomption, fierté, insolence.*
ARROGANT, *adj. Arrogant, fier, hautain, orgueilleux, présomptueux, insolent, superbe.*
ARROGANTLY, *adv. Arrogamment, insolemment, fierement.*
To ARROGATE, *verb. act.* Présumer de soi, s'arroger, s'attribuer, prétendre à, se faire un mérite de, usurper la louange, &c.
He arrogates too much to himself. *Il présume trop de soi, il s'est fait trop accroire.*
Arrogated, *adj. Qu'on s'est arrogé, &c.*
ARROGATION, *s. L'action de s'arroger, d'exiger avec hauteur.*
ARROSION, *s. L'action de ronger.*
To ARRODE, *v. act. Ronger.*
ARROW, *s. Fleche.*
To shoot arrows. *Tirer des fleches.*
Shot or wounded with an arrow. *Percé d'une fleche, blessé d'une fleche.*
A shower of arrows. *Une grêle de fleches.*

As strait as an arrow. *Aussi droit qu'une fleche.*
Arrow-head. *Le fer, la pointe d'une fleche.*
Arrow-head, (a plant.) *Herbe longue & pointue qui vient dans les marais.*
ARROWY, *adj. De fleches.*
ARSE, *s. Le cul, le derriere,* la partie sur laquelle on s'assied; *le siége,* en termes de Médecine.
To whip one's arse. *Fouetter quelqu'un, donner le fouet ou les étrivieres à quelqu'un.*
† To hang an arse upon an occasion. *Tirer le cul en arriere; saigner du nez; se dédire, faire paroître peu de fermeté dans ce qu'on avoit entrepris, manquer à sa promesse.*
† A short arse. *Un petit corps, un petit avorton, un ragot.*
The arse-gut. *Le boyau culier.*
The arse-hole. *Le trou du cul.*
Arse-smart, (an herb.) *Persicaire, sorte d'herbe.*
ARSE-FOOT or Didapper, *subst.* (a waterfowl.) *Foulque.*
ARSENAL, *s. Arsenal, magasin d'armes.*
ARSENICAL, *adject. D'arsenic, qui contient de l'arsenic.*
ARSENICK, *subst.* (a very deadly poison.) *Arsenic, sorte de potion très-violente.*
ARSEVERSY, } *adverb. Cul par dessus*
ARSY-VERSY, } *tête, sens dessus dessous; à rebours.*
ART, *s. Art, science, artifice.*
The Arts of peace. *Les Arts pacifiques.*
The liberal and mechanick Arts. *Les Arts libéraux & mécaniques.*
A master of Arts. *Maître ès Arts.*
A thing done with great art. *Une chose faite avec art, artistement faite.*
Art, (cunning or industry.) *Adresse, artifice, industrie.*
A man of art will live any where. *Un homme industrieux trouve partout de quoi vivre.*
The black-art. *La magie noire.*
Art, c'est une personne du verbe to Be.
Ex. Thou art. *Tu es.*
ARTERIAL, *adject.* (of or belonging to arteries.) *Artériel.*
The arterial blood. *Le sang artériel ou des arteres.*
ARTERIOTOMY, *subst. Artériotomie, ouverture faite à une artere.*
ARTERY, *s. Artere.*
The great artery. *La grosse artere.*
The veiny artery. *L'artere vineuse.*
ARTFUL, *adject.* (from art.) *Artificiel, fait avec art, artistement fait, méthodique, régulier.*
ARTFULLY, *adv. Artistement, avec art, artificiellement, ingénieusement.*
ARTFULNESS, *s. Habileté, industrie.*
ARTHRITICAL, } *adject. Arthritique,*
ARTHRITICK, } *qui a rapport à la goute.*
ARTICHOKE, *s. Artichaut.*
The bottom of an artichoke. *Le cul d'un artichaut.*
ARTICK, *adject.* (or more properly arctick.) *Artique,* se dit du pôle.
ARTICLE, *subst.* (head, point.) *Article, chef, point.*
Articles of Grammar. *Articles de Grammaire.*
Articles of an account, of a contract, of the christian faith. *Articles de compte, de contrat, de la foi chrétienne.*

At the article of death. *A l'article de la mort.*
He had a great presence of mind in the very article of danger. *Il avoit une grande présence d'esprit dans le fort du danger ou dans les plus grands dangers.*
Article, (or joint.) *Article, jointure des os.*
Article, (condition, temps.) *Article, condition.*
To surrender upon articles. *Se rendre à composition, capituler.*
To ARTICLE one, *v. act.* (or draw up articles against one) for treason. *Accuser quelqu'un de crime de lese-Majesté ou de haute-trahison, lui faire son procès.*
To article one, (in another matters.) *Actionner, intenter action.*
To Article, *verb. neut. Passer des articles, dresser des articles, convenir, faire un pacte.*
Articled, *adj.* (done by articles.) *Mis, disposé ou rangé par articles.*
ARTICULAR, *adject. Articulaire, qui a rapport aux jointures du corps.*
ARTICULATE, *adj.* (or distinct.) *Articulé, distinct.*
An articulate voice. *Une voix articulée.*
To ARTICULATE, *v. act.* (to pronounce distinctly.) *Articuler.*
ARTICULATLY, *adv. Distinctement.*
ARTICULATION, *s. Articulation, jointure des membres.*
ARTIFICE, *subst. Adresse, artifice, art, industrie, fraude.*
ARTIFICER, *s.* (or handicrafts-man.) *Artisan, ouvrier,* celui qui fait profession de quelque métier; *Artiste,* qui travaille avec esprit & avec art.
ARTIFICIAL, } *adject. Artificiel,* qui
ARTIFICIOUS, } n'est pas naturel ou qui est fait avec art.
ARTIFICIALLY, *adv. Artificiellement, avec art, avec artifice, selon les regles de l'art.*
ARTIFICIALNESS, *s. Artifice.*
ARTILLERY, *s. Artillerie,* toutes sortes de gros & petits canons.
A train of artillery. *Un train d'artillerie.*
The Artillery Company of the City, (so are called a select number of about five hundred volunteer citizens of London, who, under the direction of a President, vice-President, court of assistants, and other Officers; and under the command of a Capitan - General, are trained up in military exercises, which they usually perform at a place called the Artillery-Ground, from whence that company took its name.) *La compagnie de l'Artillerie de Londres est composée d'environ cinq cents bons bourgeois de Londres volontaires, qui sous la direction d'un Président, d'autres Officiers, & sous les ordres d'un Capitaine-Général, s'exercent au maniement des armes; & comme ils font d'ordinaire leurs exercices en un lieu nommé le Terrain de l'Artillerie, cette compagnie en a pris son nom.*
ARTISAN. *V. Artificer.*
ARTIST, *s. Artiste; ouvrier qui travaille avec esprit & avec art.*
ARTLESSLY, *adv. Simplement, naturellement, sans art.*
ARTLESS, *adject.* (or plain.) *Sans art, sans fard, sans artifice, simple, naturel.*

To ARTUATE, v. act. Démembrer, arracher les membres d'un corps.
ARTUOSE, adject. Fort, nerveux, bien membré.
ARUNDINEOUS, adj. Abondant en roseaux.
ARUNDINATIOUS, adj. De roseaux ou semblable aux roseaux.
ARUSPICE, s. Aruspice, espece de devin chez les Anciens, qui consultoit les entrailles des victimes, pour pronostiquer l'avenir.
AS, adv. & conj. Comme.
Exemp. As you please. Comme il vous plaira.
As you ought to do. Comme vous devez faire.
As coarse as. Aussi grossier que.
As sure as I am alive or as I live. Aussi vrai que je vis.
He is as good as she. Monsieur vaut bien Madame.
I am as good a man as he. Je m'estime autant que lui.
You are as like him as can be or possible. Vous lui ressemblez parfaitement.
As I am an honest man, I will do it. Sur mon honneur, je le ferai.
As sure as can be. Assurément, sans doute.
As I am informed. A ce que j'apprends, à ce que j'ai ouï dire.
As things go now or as the world goes. Selon l'état où sont les choses.
I used him as if he had been my brother. Je l'ai traité en frere, j'en ai agi avec lui comme s'il eût été mon frere.
He lives with me as a valet de chambre. Il est chez moi en qualité de valet de chambre.
As things fall out. Selon que les choses se rencontrent.
As occasion shall serve. Suivant l'occasion qui se présentera, selon qu'il sera nécessaire.
As you love me, (or if you have any love for me.) Si vous m'aimez.
As you tender your life, be gone. Si votre vie vous est chere, retirez-vous.
As you like it. Comme il vous plaira.
Every one us he likes. Chacun a sa fantaisie.
Do as I bid you. Faites ce que je vous dis ou ce que je vous ordonne.
As I went along. En marchant, chemin faisant.
I will see you as I go by. Je vous verrai en passant.
As big again. Une fois plus grand ou plus gros, ou plus grand de la moitié.
Such as it is. Tel qu'il est, quel qu'il soit.
As for or as to. Quant à, pour ce qui est de, pour ce qui regarde.
As for me. Pour moi, pour ce qui est de moi, pour ce qui me regarde, en mon particulier, quant à moi.
As for example. Comme par exemple, par exemple, exemple.
As this day. Aujourd'hui.
As yet. Encore.
He is not come as yet. Il n'est pas encore venu.
As it were. Comme par maniere de dire, en quelque maniere, pour ainsi dire.
As rich as he is. Quelque riche qu'il soit.
As big as he is. Quelque grand qu'il soit.
As many as they are. Tous tant qu'ils sont, quoiqu'ils soient plusieurs.
The parties have agreed amongst themselves as follows Les parties ont transigé & accordé en la forme qui suit.
To be as a father to one. Servir ou tenir lieu de pere à quelqu'un.
As little as you please. Si peu qu'il vous plaira.
The Eucharist, as it is a Sacrament. L'Eucharistie, en tant que Sacrement.
As is the beginning, so is the end. Tel est le commencement, telle est la fin.
As what? quoth I. Qu'y a-t-il donc, lui dis-je?
As these things are very unprofitable, so they are very base. Ces choses ne sont pas moins viles qu'inutiles, ces choses sont également inutiles & basses.
As well as. Aussi bien que, ainsi que.
As if, as though. Comme si.
Ex. All such as were chosen. Tous ceux qui furent choisis.
I took such as I pleased. Je pris ceux que je voulus.
As far. V. Far.
As good. V. Good.
As if, &c. V. If, &c.
R. Avant de finir cet article, il ne sera pas hors de propos de rapporter ici certaines comparaisons triviales où cette conjection entre.
As clear as crystal. Clair comme du cristal.
As warm as wool. Chaud comme laine.
As cold as ice. Froid comme glace.
As soft as silk. Doux comme de la soie.
As strong as mustard. Fort comme de la moutarde.
As sweet as honey. Doux comme miel.
As bitter as gall. Amer comme fiel.
As white as snow. Blanc comme neige.
As pale as ashes or as pale as death. Pâle comme la mort.
As clear as the sun. Aussi clair que le soleil.
As black as the devil. Noir comme le diable.
As black as a crow. Aussi noir qu'une corneille.
As dark as pitch, (not pour moi, obscur comme poix.) Noir comme dans un four.
ASAFŒTIDA, s. Assa fœtida, sorte de gomme d'une odeur forte & désagréable.
ASARABACCA, s. (a plant.) Asarum, cabaret, herbe.
ASBESTINE, adj. Incombustible, qui tient de la nature de l'asbeste.
ASBESTOS, subst. Asbeste, sorte de pierre.
ASCARIDES, s. Ascarides, petits vers ronds.
To ASCEND, v. neut. Monter, grimper sur quelque lieu.
ASCENDABLE, adj. Où l'on peut monter.
ASCENDANT, s. Hauteur, élévation, supériorité, ascendant, pouvoir.
Ascendant, adj. Supérieur, ascendant, en termes d'astrologie.
ASCENDENCY, subst. (or Ascendant.) Ascendant, pouvoir.
ASCENSION, subst. Ascension, terme de physique.
Ascension-day. Le jour de l'Ascension.
ASCENSIONAL, adj. Ascensionnel, terme d'astronomie.
ASCENSIVE, adject. Qui monte, qui s'éleve.
ASCENT, s. L'action de monter, ou bien hauteur, élévation, montée.
An ascent of three steps. Une élévation de trois marches.
A hard or difficult ascent. Une montée rude, difficile, roide, escarpée.
There is an ascent to the quire of many steps. On monte au chœur par plusieurs degrés.
To ASCERTAIN, verb. act. (or assure.) Assurer, confirmer, affirmer, établir.
To ascertain the price of a commodity. Régler, fixer, déterminer le taux ou prix d'une denrée.
Ascertained, adj. Affirmé, assuré, confirmé, établi, réglé, fixé, &c.
ASCERTAINER, subst. Qui confirme, qui assure, qui regle, &c. Voyez to Ascertain.
ASCERTAINING, s. L'action de confirmer ou d'assurer ; confirmation, reglement. V. to Ascertain.
ASCERTAINMENT, subst. Regle établie.
ASCETICK, adject. (monastick or solitary) life. Vie ascétique, solitaire, de Moïne ; ascétique, qui a rapport à la dévotion.
Ascetick, subst. Ascétique, comme Les ascétiques de saint Basile.
ASCII, s. Asciens, terme de géographie, pour désigner les Peuples qui sont entre les Tropiques.
ASCITES s. Ascite, sorte d'hydropisie.
ASCITITIOUS, adject. Ajouté, qui n'est point naturel & inhérent.
ASCRIBABLE, adj. Qui peut être attribué.
To ASCRIBE, verb. act. (or to attribute.) Attribuer.
Ascribed, adj. Attribué.
ASCRIBING, s. L'action d'attribuer, attribution.
ASH, s. } s. Frêne, sorte d'arbre.
ASH-TREE, }
ASHAMED, adj. Qui a honte, honteux, confus.
To be ashamed. Avoir honte, être confus.
To be half ashamed. Avoir un peu de honte.
I am ashamed of him. Il me fait honte, je suis honteux pour lui.
He makes me ashamed. Il me rend confus, il me fait honte, il me donne de la confusion.
I wonder you are not ashamed to look me in the face. Je m'étonne que vous ayez l'impudence de me regarder en face.
In point of confession, never be afraid to own your sins to your Ghostly Father. En fait de confession, ne faites point scrupule d'avouer vos péchés à votre Confesseur.
ASHEN, adject. (from Ash.) De frêne, fait de bois de frêne.
ASHES, s. (the remains of any thing burnt.) Cendres.
To burn to ashes. Réduire ou être réduit en cendres.
To lie in ashes. Être enseveli sous ses cendres, en parlant d'une maison, d'une ville, &c. Être mort, être dans la sépulture, en parlant des personnes.
Ash-colour. Cendré, de couleur de cendre.
Ash-coloured, adj. Cendré, couleur de cendre.
ASHLAR, s. Pierres de carriere brutes.
ASHORE, adv. A terre.
To go ashore. Aller à terre.
To get ashore. Prendre terre, débarquer.

ASH ASL

A ship a-shore. *Vaisseau échoué.*
ASH-PAN, *subst. Un cendrier.*
ASH-WEDNESDAY, *f.* (the first day of lent.) *Le jour des Cendres, le premier jour de carême.*
ASHY, *adject.* (full of ashes.) *Plein de cendres, cendreux.*
ASIDE, *adverb. A part, à côté, à quartier.*
To take a man aside. *Tirer quelqu'un à part.*
To lay aside, (or a part.) *Mettre de côté, mettre à quartier.*
To lay a project aside, (to give it up.) *Abandonner un projet, n'y plus songer.*
To lay aside, (or neglect.) *Négliger, rejeter.*
That place set aside, there is nothing remarkable. *A ce lieu près, il n'y a rien de remarquable.*
Aside, *f.* (what one speaks aside in a play.) *Un aparté.*
ASINARY, } *adj. D'âne, qui appartient*
ASININE, } *ou qui ressemble à un âne.*
To ASK, *v. act.* (to demand or crave.) *Demander, faire demande de.*
To ask one's advice. *Demander avis à quelqu'un, consulter quelqu'un.*
To ask a man pardon. *Demander pardon a quelqu'un.*
To ask the price of a thing. *Demander le prix d'une chose.*
I will ask him. *Je le lui demanderai.*
It is but ask and have. *On n'a qu'à lui demander pour obtenir; on obtient de lui tout ce qu'on lui demande.*
To ask a question. *Faire une question.*
I asked him a thousand pardons for making him wait so long. *Je lui fis mille excuses de l'avoir fait attendre si longtemps.*
To ask people in the church. *Publier les bans ou les annonces de mariage.*
To ask for one or after one. *Demander quelqu'un pour lui parler.*
If any body asks for me. *Si quelqu'un me demande, si quelqu'un demande à me parler.*
R. *Remarquez en passant, cette distinction des verbes Anglois qui signifient demander.* To beg *veut dire demander avec soumission :* to desire, *avec modestie ;* to demand, *avec justice, en autorité :* & to ASK, *se dit en tous ces sens. Quand le Roi demande des subsides à son Parlement, il se sert de ce dernier verbe, & dit, par exemple,* I ASK your assistance.
ASKANCE, } *adv.* (Poetick.) *De tra-*
ASKAUNCE, } *vers, de côté, oblique-*
ASKAUNT, } *ment.*
ASKED, *adj. Demandé, &c. V.* to Ask.
ASKEW or Crooked, *adject. De travers, qui n'est pas droit : il n'est guere en usage.*
ASKEW, *adv. De travers, avec mépris.*
Ex. To look askew. *Regarder de travers.*
ASKING, *f. L'action de demander. V.* to Ask.
A thing not worth asking. *Une chose qu'il ne vaut pas la peine de demander.*
It is not your asking that will do the business. *Il ne suffit pas que vous demandiez la chose pour l'obtenir.*
To ASLAKE, *verb. act. Ralentir, retarder.*
ASLANT, *adv.* (or aslope.) *De biais, de travers.*

ASL ASP

ASLEEP, *adj. Endormi, assoupi.*
Half asleep and half awake. *A demi endormi.*
To be asleep. *Etre endormi.*
To make asleep. *Endormir.*
To fall asleep. *S'endormir, se laisser aller au sommeil.*
To lie or to be asleep. *Dormir.*
To be fast asleep. *Dormir d'un profond sommeil.*
My foot is asleep. *Mon pied est tout engourdi.*
ASLOPE, *adj. a. De biais, de travers. Voyez* Sloping.
ASOMATOUS, *adj.* (or incorporeal.) *Incorporel.*
ASP, }
ASPIN-TREE, } *subst.* Tremble, sorte de peuplier.
ASP, }
ASPICK, } *subst.* (small venomous serpent whose poison inevitably kills within a few hours without pain.) *Aspic, sorte de serpent.*
ASPALATHUS, *f. Aspalathe.*
ASPARAGUS, *subst.* (or Sparrow-grass.) *Asperge.*
ASPECT, *subst.* (look or presence.) *Aspect, vue, regard, air, mine.*
There was nothing of fierceness in his aspect. *Son aspect n'avoit rien de féroce.*
A man of good aspect. *Un homme qui a bon air ou bonne mine.*
A maid of a sweet aspect. *Une fille qui a l'air ou le regard doux & agréable.*
The aspect of planets and constellations. *L'aspect des planetes & des constellations.*
To ASPECT, *v. act. Regarder.*
ASPECTABLE, *adj. Visible.*
ASPECTION, *subst. Vue, action de regarder.*
ASPEN, *adj.* (belonging to the asp-tree.) *De tremble.*
ASPER, *f.* (a turkish coin.) *Un aspre, sorte de monnoie parmi les Turcs, qui vaut environ six liards.*
ASPER, *adj. Apre, rude, sévere.*
To ASPERATE, *verb. act. Hérisser, rendre rude, inégal.*
ASPERITY, *f.* (sharpness or harshness.) *Apreté, rudesse, dureté, grossiéreté, sévérité, austérité. Il se dit dans le propre & dans le figuré.*
Some Grammarians erroneously look upon the asperity of a tongue, as an argument of its antiquity : the Hebrew, for instance, they account rough, and harsh, whereas it is one of the smoothest. *Quelques Grammairiens se trompent en croyant que la rudesse d'une langue est une marque de son antiquité : sur ce principe, l'Hébreu passe chez eux pour une langue rude & qui écorche l'oreille, au lieu qu'elle est une des plus douces.*
ASPERNATION, *subst. Mépris.*
ASPEROUS, *adj. Rude.*
To ASPERSE (or detract) one, *verb. act. Diffamer quelqu'un, noircir, obscurcir, flétrir sa réputation, médire de lui, le calomnier.*
Aspersed, *adj. Diffamé, noirci, flétri, déshonoré.*
ASPERSING, *f. L'action de diffamer de, noircir, &c. Voyez* to Asperse.
ASPERSION, *f.* (or sprinkling.) *Aspersion, l'action de répandre une liqueur sur quelque chose.*
Aspersion, (defaming,) *Tache, ca-*

ASP ASS

lomnie, flétrissure, diffamation, médisance.
To cast an aspersion upon one. *Diffamer quelqu'un, le calomnier, le noircir de quelque crime.*
Malicious aspersions. *Des médisances envenimées, des calomnies.*
ASPHALTICK, *adj. Bitumineux.*
ASPHALTOS, } *subst. Asphalte, sorte*
ASPHALTUM, } *de bitume.*
ASPIN-TREE. *Voyez* Asp.
To ASPIRATE, *verb. act. Aspirer, prononcer avec aspiration.*
ASPIRATE, } *adj. Aspiré, prononcé*
ASPIRATED, } *avec aspiration.*
ASPIRATION, *f. Aspiration, prononciation aspirée.*
To ASPIRE, *verb. act.* (or blow upon.) *Souffler, venter.*
To aspire at, to or after a thing, *v. n.* (or aim at.) *Aspirer à, prétendre à, soupirer après quelque chose.*
ASPIRED to or at, *adject. A quoi l'on aspire ou à quoi l'on prétend.*
ASPIRING, *sub. L'action d'aspirer, &c. Voyez* to Aspire.
ASPORTATION, *subst. Exportation.*
ASQUINT, *adv. De travers.*
To look asquint. *Regarder de travers.*
ASS, *subst.* (a well known beast.) *Ane, sorte d'animal assez connu.*
A she-ass. *Une ânesse.*
A wild ass. *Un âne sauvage.*
A young ass, (an ass's colt or foal.) *Un ânon.*
To bring forth a young ass. *Faire un ânon, en parlant d'une ânesse.*
Ass, (sot or fool.) *Un âne, un ignorant, un benêt, un sot, une bête, une dupe.*
He is a great ass. *C'est un gros âne.*
He plays the ass with himself. *Il fait le sot.*
He talks like an ass. *Il parle comme un sot, il ne dit que des sottises.*
To ASSAIL, *verb. act. Assaillir, attaquer.*
ASSAILANT, *subst.* (or aggressor.) *Assaillant, agresseur, celui qui attaque.*
ASSAILED, *adj. Assailli, attaqué.*
ASSAILER, *f. Assaillant.*
ASSAILING, *subst. L'action d'assaillir ou d'attaquer.*
ASSARABACK. *Voyez* Asarabacca.
ASSART, *subst.* (a law-term, that signifies the pulling up by the roots, without licence, the thickets and coverts for deer, so that they can never grow again.) *C'est un terme de palais qui signifie le crime de ceux qui, sans permission, essartent les bois qui servent d'abri aux bêtes fauves, en telle sorte qu'ils ne peuvent plus revenir.*
To ASSART or pull up by the roots, *v. act. Essarter, arracher jusqu'aux racines.*
ASSASSIN, } *subst. Assassin,*
ASSASSINATOR, } *subst.* (or private murder.) *Assassinat, meurtre commis en trahison & de dessein formé.*
To ASSASSINATE, *verb. act. Assassiner, égorger.*
Assassinated, *adj. Assassiné, égorgé.*
ASSATION. *Voyez* Roasting.
ASSAULT, *f.* (or onset.) *Un assaut, une attaque.*
A general assault. *Un assaut général.*

ASS

To take a town by assault. *Prendre une ville d'assaut.*

Assault, (in the sense of the law signifies an injury or abuse, offered to a man's person, either by words or blows.) *Ce mot, en termes de palais, signifie attaque, insulte, affront, injure que l'on fait à quelqu'un, soit en le frappant, ou en l'offensant de paroles.*

To make an assault upon one. *Assaillir quelqu'un, l'attaquer, le battre.*

To ASSAULT, verb. act. *Assaillir, attaquer.*

Assaulted, adj. *Assailli, attaqué.*

ASSAULTER, f. *Assaillant, agresseur, celui ou celle qui attaque.*

ASSAULTING, f. *L'action d'assaillir ou d'attaquer.*

ASSAY, subst. (proof or trial.) *Essai, épreuve. Voyez Essay.*

An assay of weights and measures, (an examination of them made by the clerk of the market.) *Visite que l'on fait des poids & des mesures.*

To ASSAY, verb. act. *Essayer, faire un essai de, goûter.*

To assay silver. *Essayer de l'argent, en faire l'épreuve.*

Assayed, adj. *Essayé, éprouvé.*

ASSAYER, f. (an officer of the mint, for the due trial of silver.) *Essayeur, officier de la monnoie, qui voit à quel titre est l'argent.*

ASSAYING, sub. *L'action d'essayer. Voyez* to Assay.

Assaying, (flourish before one begins to play.) *Prélude, essay, en termes de musique.*

ASSECTATION, subst. *Assiduité, service.*

ASSAY-MASTER. *V. Essayer.*

ASSECUTION, sub. *Acquisition, obtention.*

ASSEMBLAGE, f. (collection.) *Assemblage, amas.*

Assemblage of ideas. *Assemblage ou combinaison d'idées.*

The beautiful assemblage of her features is what no other woman can pretend to. *Aucune femme ne peut lui disputer ce bel assemblage de traits.*

To ASSEMBLE, v. act. *Assembler, convoquer.*

To Assemble, v. neut. *S'assembler.*

Assembled, adj. *Assemblé.*

ASSEMBLING, subst. *L'action de convoquer, d'assembler ou de s'assembler.*

ASSEMBLY, f. *Assemblée, concours de peuple.*

ASSENT, subst. *Consentement, approbation, aveu, agrément.*

The bill hath passed the Royal assent. *Le bill a eu l'approbation du Roi, ou le bill a été approuvé par le Roi.*

The King has given his royal assent to the following acts. *Le Roi a approuvé les actes suivants, le Roi a donné son consentement aux actes suivants.*

To ASSENT to, verb. neut. (agree to.) *Consentir, approuver, donner son consentement ou son approbation, donner les mains, acquiescer.*

ASSENTATION, subst. (or flattering.) *Flatterie, complaisance, condescendance, caresses.*

ASSENTED to, adj. *A quoi l'on a consenti on donné son consentement, approuvé, dont on est convenu.*

ASSENTER, subst. *Consentant, celui ou celle qui donne son consentement.*

ASS

ASSENTMENT, f. *Consentement.*

To ASSERT, v. act. (to hold, to maintain.) *Tenir, soutenir, avancer, affirmer, dire.*

They assert it to be the chief happiness. *Ils tiennent, ils soutiennent, ils avancent que c'est le souverain bien.*

They asserted him to be a creature made by God. *Ils soutenoient qu'il étoit une créature faite par la main de Dieu.*

To assert, (to keep or preserve.) *Protéger, défendre, conserver, maintenir.*

ASSERTED, adj. *Soutenu, avancé, affirmé, conservé, défendu, maintenu.*

ASSERTING, f. *L'action de soutenir, &c. défense, protection. Voyez* to Assert.

ASSERTION, sub. *Assertion, affirmation, conclusion, opinion que l'on a avancée & que l'on défend.*

But this may abundantly suffice to vindicate my assertion. *Mais en voilà de reste pour justifier mon opinion, ou ce que j'ai avancé.*

ASSERTIVE, adj. *Affirmatif, dogmatique.*

ASSERTOR, sub. *Défenseur, protecteur, libérateur.*

To ASSERVE, v. act. *Seconder, aider, soutenir.*

To ASSESS, verb. act. *Cotiser, régler la part que chacun doit donner.*

Assessed, adj. *Cotisé.*

ASSESSMENT, f. *Cotisation.*

ASSESSOR, subst. *Celui qui cotise, qui dit.*

Assessor, (an officer in the Presbyterian assemblies.) *Un assesseur, sorte d'officier dans les assemblées des Presbytériens.*

ASSETS, subst. (a law-word, it signifies goods enough left to the executor or heir, to satisfy the testator or ancestor's debts and legacies.) *Terme de Palais, qui veut dire bien suffisant laissé à l'héritier, ou à l'exécuteur testementaire, pour payer les dettes & les legs du testateur.*

ASSEVERATION, f. (affirming or avouching.) *Protestation, assurance, affirmation.*

To ASSEVERATE,
To ASSEVER, } verb. act. *Protester, assurer, affirmer.*

ASSIDUITY, f. (or diligence.) *Assiduité, attachement, attache, soin, empressement.*

ASSIDUOUS, adj. (or diligent.) *Assidu, diligent.*

ASSIDUOUSLY, adv. *Assidument, avec assiduité, incessamment, continuellement.*

ASSIENTO, sub. *Assiente.*

ASSIGN, f. (he that is appointed or deputed by another, to perform any business or enjoy any thing.) *Ayant-cause, agent, procureur ou substitut, toute personne qui, par le droit d'un autre, a plein pouvoir d'agir ou de jouir de quelque chose.*

To ASSIGN, v. act. (or appoint.) *Commettre, nommer, députer, substituer.*

To assign a lease. *Transporter un bail.*

To assign a part of one's estate for the payment of one's debts. *Assigner une partie de ses biens pour le paiement de ses dettes.*

To assign, (to shew or set forth.) *Prouver, faire voir.*

ASSIGNABLE, adj. *Qu'on peut assigner.*

ASSIGNATION, subst. (appointment.) *Assignation, rendez-vous.*

ASS

ASSIGNED, adject. *Commis, substitué, nommé, députe, assigné, transporté, prouvé.*

ASSIGNEE, sub. (a person appointed to act for another.) *Voyez* Assign.

ASSIGNMENT, sub. *Transport, cession, assignation.*

ASSIMILABLE, adject. *Qui peut s'assimiler.*

To ASSIMILATE, v. act. (or compare.) *Comparer, conférer, égaler.*

To assimilate, (or make like.) *Rendre semblable ou conforme, assimiler.*

Assimilated, adject. *Comparé, conféré, égalé.*

ASSIMILATING, f. *L'action de comparer. Voyez* to Assimilate.

ASSIMILATION, f. *Assimilation, terme de physique.*

To ASSIST, verb. act. (or aid.) *Assister, aider, secourir, appuyer.*

I have assisted him to the utmost of my power. *Je l'ai secouru ou je l'ai assisté de tout mon pouvoir.*

To assist, verb. neut. *Assister, être présent, se trouver.*

To assist or be present at a funeral. *Se trouver ou assister à des funérailles.*

ASSISTANCE, f. (aid or help.) *Aide, assistance, secours, appui ou main-forte, en termes de Palais.*

A writ of assistance. *Ordre pour faire prêter main-forte.*

ASSISTANT, subst. *Celui qui aide, qui assiste.*

Assistant to the great Master of the ceremonies. *Aide du grand Maître des cérémonies.*

An assistant, (or auditor.) *Un auditeur, un assistant, un homme présent.*

An assistant, (or colleague.) *Un collègue, un assesseur, un assistant.*

ASSISTED, adj. *Assisté, aidé, secouru, appuyé.*

ASSISTING, f. *L'action d'assister, &c. Voyez* to Assist.

ASSIZE, f. *Assise, jurés.*

To hold the assizes. *Tenir les assises.*

The general assizes. *Les assises générales, c'est-à-dire, qui se tiennent par tout le Royaume.*

The ASSIZES, sont des Cours de Judicature qui se tiennent deux fois l'an dans chaque province. *Ces Cours sont composées d'un Juge & de Jurés.*

Assizes of weights and measures. *Règlements ou ordonnances touchant les poids & les mesures.*

The assize of a commodity. *Le prix ou le taux d'une denrée.*

To ASSIZE, verb. act. (or regulate.) *Régler.*

Ex. To assize weights and measures. *Régler les poids & les mesures.*

Assized, adj. *Régié.*

ASSIZER, f. Ex. Assizer of weights and measures. *Celui qui règle les poids & les mesures.*

ASSIZES. *Voyez* Assize.

ASSOCIATE, f. (or partner.) *Un associé, un collègue.*

Associate in war, (ally.) *Allié, conféderé.*

To ASSOCIATE, verb. act. *Associer, joindre à quelque société.*

To associate one's self with another. *S'associer avec un autre, se joindre à lui, entrer en société avec lui.*

Associated, adj. *Associé.*

ASSOCIATING, f. *L'action d'associer. Voyez* to Associate.

Associating,

ASS

Associating. *Association, confédération, cabale.*

To ASSOIL, } verb. act. (a law-term:
To ASSOYLE, } that is, to set free from an excommunication.) *Lever l'excommunication, recevoir dans l'Eglise une personne qui en avoit été excommuniée.*

Assoiled or Assoyled, *adj. Absous, qui n'est plus dans l'état d'un excommunié.*

AS SOON AS, *adv. D'abord que, aussitôt que, dès que, à mesure que.*

Ex. As soon as I saw him. *D'abord ou dès que je le vis.*

I will be there as soon as you. *J'y serai aussi-tôt que vous.*

I have my money as soon as I want it. *J'ai mon argent à mesure que j'en ai affaire.*

To ASSORT, *v. act. Assortir.*

ASSORTMENT, *subst. Assortiment, l'action d'assortir.*

To ASSOT, *verb. act. Hébéter, infatuer.*

To ASSUAGE, *v. act. Adoucir, appaiser, apprivoiser, calmer.*

To ASSUAGE, *verb. neut. S'adoucir, s'appaiser, s'apprivoiser, devenir traitable.*

To assuage, (after swelling.) *Se désenfler, s'abaisser, parlant d'une enflure ou des flots de la mer.*

Assuaged, *adj. Adouci, appaisé, apprivoisé, calmé, désenflé, abaissé.*

ASSUAGEMENT, *s. Adoucissement.*

ASSUAGER, *subst. Qui adoucit, qui appaise, &c.*

ASSUAGING, *s. Adoucissement, l'action d'adoucir, d'appaiser, &c. Voyez to Assuage.*

ASSUASIVE, *adj. Touchant.*

To ASSUBJUGATE, *v. a. Subjuguer.*

ASSUEFACTION, } sub. Habitude, coutume.
ASSUETUDE, }

To ASSUME (or arrogate) to one's self, *verb. act. S'attribuer, s'approprier, s'arroger, prétendre à, prendre, adopter.*

To assume a title. *S'arroger ou prendre un titre, se qualifier.*

In England, the Judges and Lawyers, as members of either house of Parliament, have a great part in penning those very laws, which they assume the liberty of interpreting and glossing upon at their pleasure. *En Angleterre, les Juges & les Avocats, comme membres des deux chambres du Parlement, ont beaucoup de part à la rédaction de ces mêmes loix qu'ils s'arrogent ensuite le droit d'interpréter & de commenter à leur fantaisie.*

Not that I have assume to myself to have put him out of conceit with it. *Ce n'est pas que j'ose me flatter de l'en avoir dégoûté.*

He assumed a Deity to himself. *Il se fit passer pour Dieu.*

Our Saviour has assumed flesh. *Notre Sauveur s'est incarné.*

He assumes in all companies. *Il tranche partout.*

He assumes too much to himself. *Il s'en fait trop accroire, il fait le fat ou le glorieux.*

Assumed, *adj. Pris, que l'on s'approprie, que l'on s'attribue.*

ASSUMER, *subst. Arrogant, homme à prétentions.*

ASSUMING, *sub. L'action de prendre, &c. V. to Assume.*

ASS

Without assuming the vain prophetick spirit. *Sans faire le prophete, sans prétendre à l'esprit de prophétie.*

ASSUMPSIT, *subst. (a law-term.) Un pacte, un contrat par lequel on s'oblige de faire quelque chose.*

ASSUMPTION, *subst. (or the ascension of the holy Virgin into heaven; a feast celebrated in the catholick church.) Assomption, fête de l'Assomption.*

Assumption, (a logical term, the minor of a syllogism.) *Assomption, mineure d'un syllogisme.*

ASSURANCE, *subst. (or certainty.) Assurance, certitude.*

Assurance, (or surety.) *Sûreté, assurance, caution, garantie.*

An office of assuring or insurance. *Bureau d'assurance.*

Assurance, (or confidence.) *Assurance, hardiesse, courage, fermeté.*

To ASSURE, *v. act. Assurer, cautionner, promettre.*

Assure yourself that. *Soyez assuré, faites votre compte que, assurez-vous que.*

Assure yourself that it is not so. *Sachez que cela n'est pas.*

Assured, *adj. Assuré, certain.*

ASSUREDLY, *adv. Assurément, certainement.*

ASSUREDNESS, *subst. Certitude.*

ASSURER, *subst. Assureur, terme de commerce.*

To ASSWAGE. *Voyez to Assuage.*

ASTERICK, } *subst. Astérisque, petite marque en forme d'étoile (*) dont on se sert dans les livres.*
ASTERISM, }

ASTERISM, *sub. (or constellation.) Une constellation.*

ASTERN, *adj. Par derriere.*

Astern, *adv. comp. (a sea-term, opposed to A-HEAD.) En arriere du vaisseau.*

To ASTERT, *v. act. Effrayer.*

ASTHMA, *f. (or short-breath.) Asthme, difficulté de respiration.*

ASTHMATICAL, } *adj. Asthmatique, qui a une grande difficulté de respirer.*
ASTHMATICK, }

To ASTONISH, *verb. act. Etonner, surprendre.*

Astonished, *adj. Etonné, surpris.*

ASTONISHING, *adj. Etonnant.*

ASTONISHINGLY, *adv. Etonnamment, d'une maniere surprenante.*

ASTONISHMENT, *subst. Etonnement, surprise.*

To ASTOUND, *v. act. Surprendre, frapper d'étonnement & de crainte.*

A-STRADDLE, *adv. (or A-stride.) A califourchons, jambe deçà, jambe delà.*

In France most women ride on horseback a-straddle. *En France la plupart des femmes vont à cheval à califourchons, ou jambe deçà, jambe delà.*

ASTRAGAL, *subst. Astragale ou chapelet, terme d'architecture.*

ASTRAL, *adj. Semblable aux astres.*

ASTRAY, *adv. Hors du bon chemin.*

To go astray. *S'égarer.*

To be led astray. *Egarer, détourner.*

They were led astray (or turned from) the right worship of God. *Ils furent détournés du vrai culte de Dieu.*

Astray, *subst. (in the law-sense.) Une bête épave ou égarée.*

To ASTRICT, *v. act. Resserrer. V. To constringe.*

ASTRICTION, *subst. Resserrement, effet de ce qui est astringent.*

AST

ASTRICTIVE, *adj. Astringent, qui resserre.*

A-STRIDE. *V. A-straddle.*

ASTRINGENCY, *subst. Pouvoir de resserrer.*

ASTRINGENT. *Voyez Astrictive.*

ASTROGRAPHY, *subst. Science qui a pour objet la description des astres.*

ASTROLABE, *subst. Astrolabe, instrument pour observer les astres.*

ASTROLOGER, *subst. Un Astrologue.*

ASTROLOGICAL, *adj. Astrologique.*

ASTROLOGICALLY, *adv. D'une maniere astrologique.*

To ASTROLOGIZE, *v. n. Exercer l'Astrologie.*

ASTROLOGIE, *sub. L'Astrologie, science des signes & des planetes.*

Judicial Astrology. *Astrologie judiciaire.*

ASTRONOMER, *subst. Un Astronome.*

ASTRONOMICAL, *adj. Astronomique, qui regarde l'astronomie.*

ASTRONOMY, *f. Astronomie, la science du cours & de la position des astres.*

ASUNDER, *adv. (or separately.) Séparément, à part.*

Ex. To examine the witnesses asunder. *Examiner les témoins séparément.*

Put them asunder. *Mettez-les à part, ou séparez-les.*

To take a thing asunder. *Défaire, démonter une chose.*

AS WELL AS, *adv. Aussi bien que, autant que.*

I am as well here as there. *Je suis aussi bien ici que là.*

I love him as well as you. *Je l'aime autant que vous.*

As well as I love you, I do not think I shall do that. *Quelque amitié que j'aie pour vous, ne croyez pas que je fasse cela.*

As well as could be, as well as can be. *Fort bien, le mieux du monde.*

R. *Remarquez que cet adverbe est composé de ces deux as & well, & que la plupart des bons Auteurs ne font deux mots.*

ASYLUM, *subst. (or sanctuary.) Asyle, refuge, lieu de sûreté.*

ASYMMETRY, *sub. Disproportion, manque de symétrie.*

ASYMPTOTE, *subst. Asymptote, terme dont on se sert en géométrie, pour exprimer des lignes droites qui s'approchent de plus en plus d'un courbe, sans jamais la rencontrer.*

AT

AT, *prép. A, c'est.*

At the, A, au, à la, aux.

At Rome. *A Rome.*

At home. *Au logis.*

At break of day. *A la pointe du jour.*

At school. *A l'école.*

At the King's arms. *Aux armes du Roi.*

At this day. *Aujourd'hui, à présent.*

At our house. *Chez nous.*

To be at open war. *Se faire ouvertement la guerre.*

To be angry at one. *Etre fâché contre quelqu'un.*

To be laughed at. *Etre moqué.*

All things are ordered at the will of God. *Toutes choses sont réglées par la volonté de Dieu.*

He entered at the window. *Il entra par la fenêtre.*

To buy a thing at second hand. *Acheter une chose de la seconde main.*

I do not value him at a rush. *Je n'en fais aucun cas.*

He

He is at peace with Denmark. *Il est en paix avec le Danemarck.*
What wou'd you he at? *Que prétendez-vous faire? quelle est votre vue?*
I will see what they would be at. *Je verrai ce qu'ils se proposent, quel est leur dessein, quelle est leur intention.*
R. To be at it. *C'est une maniere de parler très-commune, & qui se rapporte à toutes sortes d'occupations, sérieuses ou divertissantes. Ainsi on dit d'un homme qui étudie, qui écrit, qui mange, qui boit, qui joue, &c. il est at it: c'est-à-dire, le voila dans l'occupation, le voila qui étudie, qui écrit, &c.*
† He longs to be at it. *Les mains lui démangent.*
† She longs to be at it. *Elle s'impatiente de gouter des fruits de l'amour.*
† To be hard at it, (or to work hard.) *Travailler fort & ferme.*
To be at the charge of a thing. *Payer la façon d'une chose, la faire à ses frais & dépens.*
To be at a great deal of charges. *Dépenser beaucoup, débourser beaucoup.*
He is at all, (at play.) *Il tape partout, en terme de joueur.*
People were at him over and over, to know how this came about. *On l'importunoit à tout moment pour savoir comment cela étoit arrivé.*
To be at the pains of doing a thing. *Prendre la peine de faire une chose.*
To be at sea. *Etre sur mer.*
To be at a stand, to be at a loss. *Etre en peine, ne savoir plus de quel côté se tourner, ou de quel bois faire flèche, être interdit.*
To be at a loss, (as a dog.) *Etre en défaut, en parlant d'un chien.*
To be at an end. *Etre achevé ou fini.*
Your honour lies at stake. *Il y va de votre honneur, votre honneur y est intéressé.*
Hard to come at. *Qu'on ne peut avoir que difficilement.*
To be at leisure. *Etre de loisir, avoir le loisir, n'avoir point d'affaires.*
To be at odds with one. *Etre en différent avec quelqu'un, être en dispute, ou être brouillé avec lui, se quereller avec quelqu'un.*
To set at one, people that are fallen out. *Rajuster des personnes brouillées, les accommoder, les réconcilier.*
To be at hand. *Approcher, s'approcher être près, ou être à la maison ou à la portée de quelqu'un.*
To be at a point. *Etre presque d'accord.*
At the first appearing of Cæsar. *Aussi-tôt que César parut.*
At the finding out of that country. *Quand on découvrit ce pays-là.*
At my hearing of that. *Quand j'entendis cela.*
He begins at Romulus. *Il commence par Romulus.*
I will never take this wrong at your hands. *Je ne souffrirai jamais ce tort que vous me faites.*
At any time. *V. Any.*
At that time. *En ce temps-là.*
At no time. *Jamais.*
At one time or other. *Quelque jour.*
At this present. *Maintenant, présentement.*
At that rate. *V. Rate.*
At last, at length. *Enfin.*
At first, at the very first. *D'abord, au commencement, tout à coup.*

At first sight. *D'abord, du premier coup.*
At first blush. *Tout à coup.*
At one blow. *Tout d'un coup.*
At unawares. *Sans qu'on y pense, à l'improviste, soudainement, d'une maniere imprévue.*
At a word. *En un mot.*
At a venture. *A tout hasard, inconsidérément, témérairement.*
At once *Tout d'un coup, tout d'un train, tout d'une venue.*
At all. *Du tort.*
I did it at your command. *Je l'ai fait par votre ordre.*
Ready at hand. *Tout prêt.*
ATABAL, *subst.* (a kind of tabour.) *Sorte de tambourin dont se servent les Mores.*
ATARAXIA, } *subst.* (tranquility.) *Ataraxie.*
ATARAXY,
To ATCHIEVE, *v. act. Faire, exécuter, venir à bout de, en parlant d'une action belle & honorable.*
ATCHIEVED, *adj. Fait, exécuté,* &c.
ATCHIEVEMENT, *subst.* (great deeds, exploits.) *Action belle & éclatante, faits, exploits, expédition.*
Learned atchievement. *De savans ouvrages, des écrits pleins de savoir.*
Atchievement, (in heraldry signifies the arms of a Gentleman.) *Ce mot, en termes de blason, veut dire les armes d'un Gentilhomme, ses armoiries.*
ATE, *c'est un prétérit du verbe* to Eat.
ATHANOR, *subst.* (a chymical term.) *Athanor, sorte de fourneau.*
ATHEISM, *sub.* (the denying of a God.) *Atheïsme, impieté qui consiste à ne reconnoitre point de Dieu.*
ATHEIST, *sub. Athée, qui ne reconnoit point de Dieu.*
ATHEISTICAL,
ATHEISTICK, } *adj. Athée, qui est d'athée, impie.*
An atheistical opinion. *Un sentiment athée.*
ATHEISTICALLY, *adv. En athée, en impie.*
ATHEOUS, *adj. V. Atheistical.*
ATHEROMA, *subst. Atherome, sorte d'abcès.*
ATHIRST, *adj. Altéré, qui a soif.*
ATHLET, *subst.* (or champion.) *Athlete, combattant, un champion.*
ATHLETICK, *adj.* (or strong.) *D'athlete ou fort, vigoureux, robuste comme un athlete.*
ATHWART, *adv. De travers, de guingois.*
Athwart, (a sea-term.) *Par le travers.*
We discovered a fleet standing athwart us. *Nous découvrimes une escadre par notre travers.*
Athwart hawse. *Situation d'un vaisseau qui se trouve en travers, & droit de l'avant d'un autre. Cette expression traduite littéralement, signifie par le travers des écubiers.*
Athwart the fore foot. *Expression qui designe l'action de canonner un vaisseau que l'on veut arrêter dans sa marche, point ni pour cela, de façon que les boulets passent un peu en avant de l'étrave.*
Athwart ships. *En travers du vaisseau, d'un bord à l'autre.*
Athwart, *prép. A travers, sur.*
To throw one athwart a couch. *Renverser quelqu'un sur un lit.*

ATILT, *adv. En joûtant, en combattant.*
ATLAS, *subst. Atlas, collection de cartes géographiques.*
ATMOSPHERE, *subst. Atmosphere.*
ATMOSPHERICAL, *adj. Qui appartient à l'atmosphere, atmosphérique.*
ATOM, *subst.* (a small indivisible part of matter.) *Atome, corps si menu qu'il est indivisible.*
ATOMICAL, *adj. Composé d'atomes, ou qui appartient aux atomes.*
ATOMIST, *subst. Partisan de la philosophie corpusculaire.*
To ATONE, *v. act.* (or expiate.) *Expier.*
To atone, (or appease.) *Apaiser, rendre propice ou favorable, réconcilier.*
To atone for a fault. *Expier un crime.*
To atone one's self to God. *Se rendre Dieu propice, se réconcilier à lui.*
Virtue atones for bodily defects. *La vertu cache ou répare les défauts du corps.*
He had the skill to atone (or adjust) so many differences. *Il avoit l'adresse d'ajuster tous ces différents.*
Atoned, *adj. Expié, réconcilié, rendu propice, apaisé.*
ATONEMENT, *subst. Expiation, précipitation, accommodement, ou bien sacrifice; & en général, tout ce qu'on fait pour expier un péché ou un crime.*
ATOP, *adv. Au sommet.*
ATRABILARIAN,
ATRABILARIOUS, } *adj. Atrabilaire, terme de médecine.*
ATRAMENTAL,
ATRAMENTOUS, } *adj. D'encre, noir comme l'encre.*
A-TRIP, *adv. comp.* (a sea-term.) The anchor is a-trip. *L'ancre a loüé.*
The top-sails are a-trip. *Les hunurs sont guindés.*
ATROCIOUS, *adj.* (enormous.) *Atroce, énorme.*
ATROCIOUSLY, *adv. D'une maniere atroce.*
ATROCIOUSNESS,
ATROCITY, } *subst. Atrocité, énormité.*
ATROPHY, *sub.* (a word derived from the greek, and used in physick for want of nourishment.) *Atrophie.*
To ATTACH, *v. act. Arrêter, saisir, se saisir de, faire une saisie de.*
To attach one's goods. *Faire arrêt sur les meubles de quelqu'un, en faire une saisie, s'en saisir.*
To attach (or arrest) one. *Arrêter quelqu'un, faire arrêt sur sa personne, le faire prisonnier.*
To attach. *Attacher.*
He is very much attached to him. *Il lui est très-attaché.*
Attached, *adj. Sur quoi on a fait arrêt, saisi, arrêté, attaché.*
ATTACHMENT, *subst. Attachement, arrêt, saisie, soit des meubles, soit des personnes.*
Ou bien dans ce sens.
I don't doubt of your attachment. *Je ne doute pas de votre attachement.*
The court of attachment, (or woodmote.) *Cour forestiere.*
ATTACK, *subst.* (or onset.) *Attaque, assaut.*
A false attack. *Une fausse attaque.*
To begin an attack. *Commencer une attaque.*
To ATTACK. *v. act. Attaquer, assaillir.*
Attacked, *adj. Attaqué, &c.*
ATTACKER,

ATT

ATTACKER, *subst.* Aggresseur, qui attaque.
ATTACKING, *subst.* L'action d'attaquer ou d'assaillir, attaque, assaut.
To ATTAIN, *v. act.* } (to get or
To ATTAIN at or to, *v. n.* } acquire.) Arriver à, parvenir à, obtenir, acquerir, attraper, apprendre.
He has attained to the thorough understanding of the english tongue. *Il a acquis une entiere connoissance de la langue angloise, il a appris l'Anglois en persection.*
He could never have attained to that degree of knowledge. *Il ne seroit jamais parvenu à ce degré de connoissance.*
ATTAINABLE, *adjec.* Que l'on peut obtenir, attraper, apprendre, &c.
ATTAINABLENESS, *sub.* Qualité de ce qui peut être acquis, &c.
ATTAINDER, *subst.* or bill of attainder, (an act of Parliament whereby, for want of full legal proofs, upon very strong presumption, a person being declared guilty of high treason, his life is forfeited, his estate confiscated, his title lost and his family disgraced.) *Proscription, acte du Parlement par lequel un prevenu, contre lequel il n'y a pas de preuves juridiques & suffisantes, mais seulement des demi-preuves & de fortes présomptions, est déclaré atteint & convaincu de haute trahison, & condamné à mort, dégradé de noblesse, & ses biens confisqués.*
Attainders, as well all other acts of absolute power, are ever odious to the people, and often very dangerous precedents. *Les proscriptions ou condamnations sans preuves, & tous les autres actes de pouvoir absolu, sont toujours odieux, & souvent de très-dangereux exemple.*
ATTAINED, } *adj.* (from to Attain.)
ATTAINED to, } Obtenu, acquis, appris, à quoi l'on est parvenu.
Things hardly attained, are long preserved. *On retient fort long-temps ce qu'on a de la peine à apprendre.*
ATTAINING, *s.* L'action d'obtenir, d'acquérir, acquisition, &c. V. to Attain.
ATTAINMENT, *s.* Acquisition.
Toward the attainment of everlasting salvation. *Pour obtenir le salut éternel.*
ATTAINT, *s.* (a farrier's word.) Terme de maréchal.
Ex. Upper attaint. *Nerf-ferure.*
To ATTAINT, *v. act.* Convaincre de quelque crime.
To attaint the blood, (as high-treason does.) *Flétrir, comme non est dégradé pour un crime de leze-majesté.*
To attaint, (to taint, to corrupt.) *Tacher, ternir, flétrir, corrompre.*
ATTAINTED, *adj.* Atteint, prévenu ou convaincu de quelque crime, dégradé par un crime de leze-majesté.
Attainted, (or tainted.) *Taché, terni, flétri, corrompu.*
Attainted flesh. *De la chair corrompue ou qui sent mauvais. Voy. Taint.*
ATTAINTURE, *subst.* Reproche, imputation.
ATTAQUE. *Voy. Attack.*
To ATTEMPER, } *v. act.* Tempérer,
To ATTEMPERATE, } modérer, adoucir, mêlanger.
Attempered, *adjec.* Tempéré, modéré, adouci.

ATT

ATTEMPT, *s.* (or endeavour.) Entreprise, effort, essai, tentative.
A bold attempt. *Une entreprise hardie.*
To make new attempts. *Faire de nouvelles tentatives.*
There is an attempt designed upon the King. *On a formé un dessein sur la personne du Roi.*
An attempt against the law. *Un attentat, une entreprise contre les loix.*
To make an attempt upon one (or to endeavour) to take away his life. *Attenter sur la vie de quelqu'un.*
To ATTEMPT, *v. act.* Entreprendre, essayer, tâcher, tenter.
To attempt impossibilities, (or swim against the tide.) *Entreprendre des choses impossibles.*
To attempt all means. *Essayer tout mettre tout en œuvre, remuer ciel & terre.*
To attempt upon a man's life. *Entreprendre ou plutôt attenter sur la vie de quelqu'un.*
Attempted, *adj.* Entrepris, essayé.
The sentry that was placed at my door, had orders to shoot me dead, if I attempted my liberty. *La sentinelle qui étoit à ma porte, avoit ordre de me tuer, si je tâchois de m'évader.*
* ATTEMPTABLE, *adj.* Exposé à des entreprises.
ATTEMPTER, *subst.* Celui ou celle qui entreprend, qui tente, &c.
ATTEMPTING, *subst.* L'action d'entreprendre, &c. entreprise, effort, essai, tentative. V. to Attempt.
The attempting of that must needs be very dangerous. *Une telle entreprise ne peut qu'être très-dangereuse.*
To ATTEND, *v. neut.* (to hear.) *Ecouter attentivement ou avec attention, faire attention, se rendre attentif, faire réflexion, considérer.*
To attend to the word of God. *Ecouter avec attention la parole de Dieu.*
They never attended to the natural consequences of these principles. *Ils n'ont jamais considéré les conséquences nécessaires de ces principes.*
To attend, *v. act.* (to serve.) *Servir, avoir soin de, &c.*
To attend one, (or give him attendance.) *Servir quelqu'un, se tenir auprès de lui pour le servir, se tenir prêt à recevoir ses commandements.*
To attend a sick body. *Servir un malade, prendre soin de lui, le garder.*
To attend (or mind) a business. *Prendre soin d'une affaire, vaquer à une affaire.*
To attend one, (or to wait on him any where.) *Suivre quelqu'un, être à sa suite, l'accompagner pour lui faire honneur, faire sa cour à quelqu'un.*
To attend, (or wait for.) *Attendre.*
To attend one's devotion. *Faire ses dévotions.*
The like punishment attends you. *La même punition vous attend ou vous est réservée.*
Great misfortunes attend war. *La guerre entraine après elle de grands malheurs.*
Ill luck attend you. *Mal vous en prenne.*
ATTENDANCE, *s.* (waiting.) *Service, soin, assiduité, sujetion.*
To give attendance to one's master. *Servir son maitre.*
He expects great attendance. *Il veut être*

ATT

bien servi, il demande beaucoup d'assiduité ou de sujétion.
He has a great attendance, (or retinue.) *Il est bien servi, il a un grand train, un grand cortège, une grande suite ou une grande cour, en parlant d'un Prince ou d'un Grand.*
Attendance, (the act of waiting on another.) *Hommage, assiduité à se rendre auprès d'un Grand, action de faire sa cour.*
To give frequent attendance upon a Prince. *Faire souvent sa cour à un Prince, être un courtisan assidu.*
† To dance attendance, (or to wait long.) *Attendre long-temps en vain, faire le pied de grue.*
Attendance, (help, care.) *Soin, secours, assistance.*
He died for want of attendance. *Il mourut faute de secours.*
ATTENDANT, *s.* (or servant.) *Un serviteur.*
Attendant, (one that goes with another as a companion.) *Un homme ou une femme de la suite d'un autre.*
I saw him with his attendants. *Je l'ai vu avec ses serviteurs ou avec sa suite.*
A disease with its attendants. *Une maladie avec ses suites.*
ATTENDED, *adj.* Servi, gardé, dont on a ou dont on prend soin, en parlant d'un malade; servi, en parlant d'un maitre; suivi, accompagné, dans le propre & dans le figuré.
ATTENDER. *V. Attendant.*
ATTENT, *adj.* Attentif.
ATTENTION, *s.* Attention, application d'esprit, soin, réflexion.
ATTENTIVE, *adj.* (or heedful.) *Attentif, qui a de l'attention, appliqué, attaché, qui a de l'application d'esprit.*
To be attentive or intent on a thing. *Faire attention à quelque chose, être attentif à quelque chose.*
ATTENTIVELY, *adv.* Attentivement, avec attention, avec application d'esprit, soigneusement.
ATTENTIVENESS, *s.* Attention, application d'esprit.
ATTENUANT, *adj.* Atténuant, terme de médecine.
To ATTENUATE, *v. act.* (to lessen.) *Atténuer, affoiblir, amoindrir, diminuer.*
Attenuated, *adj.* Atténué, exténué, amoindri, diminué.
ATTENUATION, *s.* Atténuation.
ATTENUATING, *adj.* (weakening.) *Qui atténue.*
ATTER, *subst.* Pus.
To ATTEST, *v. act.* Attester, rendre témoignage, confirmer.
ATTESTATION, *s.* Attestation, preuve, témoignage, confirmation.
ATTESTED, *adj.* Attesté, confirmé.
ATTICISM, *s.* (a pithy, concise and elegant way of speaking, similar to that of the ancient Athenians.) *Atticisme.*
ATTICK, *adj.* (qui appartient à l'Attique, pays de Grèce.) *Attique.*
Attick, *subst.* (a small order in architecture.) *Attique, petit ordre d'architecture.*
ATTIGUOUS, *adj.* Contigu.
To ATTINGE, *v. act.* Effleurer, toucher légèrement.
ATTIRE, *s.* Parure, ornement, ajustement, affiquets de femme.
The attires of a stag, (in heraldry.) *Les*

les ramures du bois des cerfs, des daims, &c.

To ATTIRE, verb. act. Parer, ajuster, orner.

Attiré é, adj. Paré, ajusté, orné.

Attired, (in heraldry) Ramé, chevillé, e. termes de blason.

ATTITUDE, f. Attitude.

To ATTONE, &c. V. to Atone.

ATTORNEY, f. by. Procureur.

Attorney-general. Procureur-Général.

A letter of Attorney. Procuration.

ATTORNEY-SHIP, f. Office de Procureur.

ATTOURNMENT, f. (a law-term.) Terme de Palais, qui signifie l'action d'un fermier qui reconnoît son nouveau Maître ou Seigneur.

To ATTRACT, v. act. (to draw, entice or all etc.) Attirer, tirer à soi, gagner, inviter.

You attract the eyes and love of all the world. Vous attirez sur vous les yeux & l'affection de tout le monde.

Attracted, adj. Attiré, gagné, invité.

ATTRACTING, f. Attraction.

Attracting, adj. V. Attractive.

ATTRACTION, f. Attraction, terme de philosophie.

ATTRACTIVE,
ATTRACTICAL, } adj. Attractif.

Attractive, (alluring.) Attrayant, charmant.

Attractive, f. (or bewitching.) Attraits, charme, amorce, appas.

ATTRACTIVELY, adv. Par attraction, en terme de philosophie; par une vertu attrayante & charmante, dans un sens figuré.

ATTRACTIVENESS, f. Qualité de ce qui est attractif.

ATTRACTOR, f. Agent qui attire, qui tire.

ATTRAHENT, adj. Qui attire.

ATTRECTATION, subst. Action de manier & sentir.

ATTRIBUTABLE, adj. Qui peut être attribué.

ATTRIBUTE, subst. Attribut, terme de théologie.

To ATTRIBUTE, verb. act. Attribuer, imputer.

To attribute to one's self. S'attribuer, s'approprier, se faire un mérite de.

ATTRIBUTED, adj. Attribué, imputé.

ATTRIBUTION, f. Attribut.

ATTRITE, adj. Usé par le frottement.

ATTRITENESS, subst. État de ce qui est beaucoup usé.

ATTRITION, subst. (or sorrow for one's sins, caused by the fear of hell.) Attrition, regret d'avoir offensé Dieu, causé par la crainte des peines de l'enfer.

To ATTUNE, verb. act. Accorder, en musique.

To ATTURN to one, v. n. (a law-term.) Terme de Palais, qui veut dire reconnoître quelqu'un pour son maître ou son Seigneur. V. Attournment.

ATWEEN,
ATWIXT } adv. Entre, au milieu de.

R. La diphthongue au, en Anglois, se prononce comme notre au François.

Ex. Cause, cause; author, auteur.

To laugh. Rire, se prononce, Rîr.

Paul suit la regle, hormis quand on parle de l'église cathédrale de S. Paul à Londres, qu'on appelle Pols.

AVAIL, f. Profit, avantage.

To AVAIL, v. neut. Servir, être utile, être avantageux, aider.

He cannot avail himself, (verb. récip.) with the matter of this plea in abatement. Il ne se peut pas prévaloir de ces fins de non-recevoir.

AVAILABLE, adj. Utile, profitable, avantageux, efficace, qui contribue, qui aide.

AVAILABLY, adv. Puissamment, avantageusement.

AVAILABLNESS, subst. Utilité, avantage.

AVAILMENT, subst. Profit, utilité, avantage.

It is of little availment with me. Cela ne me sert presque à rien, cela ne me profite presque de rien.

AVANT-GUARD, f. Avant-garde.

AVANT-PEACH, f. Avant-pêche, pêche précoce.

AVARICE, f. (covetousness.) Avarice, épargne excessive, desir immodéré du bien & de l'argent.

AVARICIOUS, adj. Avare, avaricieux, aside du bien, attaché aux richesses.

AVARICIOUSNESS. V. Avarice.

AVARICIOUSLY, adv. Avec avarice, en avare.

AVAST, interj. (a sea-term.) C'est un ordre de cesser ou d'arrêter dans quelque manœuvre ou exercice. Les Provençaux disent beja.

AVAUNT, interj. (or get you gone.) Sortez d'ici, retirez-vous, ôtez-vous d'ici.

AUBURNE, f. (or dark colour.) Brun obscur.

AUCTION, f. (or open sale.) Enchere, encan, vente au plus offrant.

AUCTIONARY, adj. Qui met à l'enchere.

AUCTIONEER, f. (one that sells by auction.) Crieur d'encan ou d'enchere.

AUCTIVE, adj. (of an increasing quantity.) Augmentatif.

AUCUPATION, f. (fowling or bird catching.) Chasse à petits oiseaux.

AUDACIOUS, adj. (or over-bold.) Audacieux, hardi, présomptueux, téméraire.

AUDACIOUSLY, adv. Audacieusement, avec audace, fièrement, hardiment, avec témérité.

AUDACIOUSNESS, f. Impudence.

AUDACITY, f. Audace, effronterie, fierté, hardiesse, présomption.

AUDIBLE, adj. (that may be heard.) Que l'on peut entendre; haut, en parlant de la voix.

AUDIBLY, adv. D'une maniere à être entendu.

AUDIENCE, f. Audience.

To give audience. Donner audience.

Audience of leave. Audience de congé.

A great audience, (or assembly hearkning to something spoken.) Un grand auditoire, une nombreuse audience, une assemblée de ceux qui écoutent, un grand nombre d'auditeurs.

Audience-Court. Cour d'audience, Juridiction qui dépend de l'Archevêque de Cantorbery.

AUDIT, f. Audition.

Ex. An audit of accounts in a Chapter. Audition de comptes dans un Chapitre; l'action d'ouïr & d'examiner les comptes d'un Chapitre.

To AUDIT accounts, v. act. Ouïr, examiner des comptes.

Audited, adj. Oui, examiné, en parlant d'un compte.

AUDITION, f. Audition, terme de pratique.

AUDITOR, f. (or hearer.) Auditeur, celui qui écoute quelque discours en public ou dans quelque assemblée.

Auditor of the Exchequer. Auditeur des comptes de l'Echiquier, celui qui ouit & examine les comptes.

AUDITORY, f. (or an assembly of hearers.) Auditoire, audience, assemblée de ceux qui écoutent.

AUDITRESS, subst. Femme qui écoute, qui assiste à quelque discours.

To AVIL, v. act. (or pull away.) Tirer, arracher.

AVE MARY, f. Ave Maria.

AVENAGE, f. (or rent of oats.) Cens ou rente d'avoine.

To AVENGE, v. act. (to revenge, to punish.) Venger, punir.

Avenge my quarrel. Venge ma querelle.

Avenged, adj. Vengé.

To be avenged on one. Se venger de quelqu'un.

AVENGER, f. Vengeur.

AVENGERESS, f. Vengeresse.

AVENGING, f. L'action de venger, vengeance.

AVENOR, subst. (an officer of the King's stables.) Contrôleur de l'écurie du Roi.

AVENTURE, f. Malheur, mort causée par accident.

AVENUE, f. Avenue, passage.

To possess one's self of all the avenues. Se saisir de toutes les avenues.

To stop or to shut up the avenues. Fermer les avenues.

To AVER, v. act. Avérer, vérifier, certifier, affirmer, assurer.

AVERAGE, f. (a service which the tenant owes to the Lord by house or carriage of horse.) Corvée, que le vassal doit à son Seigneur.

Average, (equal sharing.) Partage égal, égalité.

To come to an average among the creditors of an insolvent debtor. Faire une distribution ou partage des effets d'un débiteur insolvable, au prorata de la dette de chaque créancier.

Average, (a sea-term.) Avarie.

AVERED, adj. Avéré, vérifié, certifié, &c.

AVERING, f. L'action d'avérer, de vérifier, de certifier, &c. V. to Aver.

AVERMENT, f. (from to aver.) Preuve, témoignage, confirmation.

AVERPENNY, f. (quasi Average-penny.) C'est ainsi qu'on appelle l'argent qu'on donne pour les corvées qu'on doit au Roi.

AVERSATION, f. Répugnance, aversion, haine, dégoût.

AVERSE, adj. (that hates or abhors a thing.) Qui a de l'aversion, de la répugnance.

I am averse to or from it. J'ai de l'aversion pour cela.

Averse from books. Ennemi de l'étude.

Averse from physick. Ennemi des remedes.

AVERSELY, adv. Avec répugnance.

AVERSENESS,
AVERSION } f. Répugnance, aversion, haine, dégoût.

To have an aversion for something or to something. Avoir de la répugnance ou de l'aversion pour quelque chose.

His averseness to the Cardinal. L'aversion qu'il avoit pour le Cardinal.

To

To AVERT, verb. act. Détourner, éloigner.
To avert God's judgment by a timely repentance. Détourner les jugements de Dieu par une prompte repentance.
Averted, adject. Détourné, éloigné.
AVERTING, subst. L'action de détourner, &c.
To AVERRUNCATE, v. act. Déraciner.
AVERY, subst. (the place where oats or provender for horses is kept.) Grenier où l'on tient l'avoine.
AUF, or Oaf, sub. (fool.) Un sot, un fou, un benet, un nigaud.
AUGER, subst. (a carpenter's tool.) Tarière, outil pour percer le bois.
Auger-bit. Bout ou cuillère de la tarière.
Shank of the auger. Tige ou verge de la tarière.
Through of the auger. Manche de la tarière.
AUGHT, pron. Quelque chose.
To AUGMENT, v. act. (or to increase.) Augmenter, accroître, agrandir.
AUGMENT,
AUGMENTATION, } subst. Augmentation, accroissement, agrandissement.
AUGMENTED, adj. Augmenté, accru, agrandi.
AUGMENTER, subst. Celui ou celle qui augmente ou qui accroît, &c.
AUGMENTING, subst. L'action d'augmenter ou d'accroître, &c. Voy. to Augment.
AUGRE. V. Auger.
AUGUR, subst. (or soothsayer.) Augure, devin ; celui qui, parmi les anciens, observoit les oiseaux pour en tirer des présages.
To AUGUR,
To AUGURATE, } v. act. (to foretell.) Augurer, tirer un augure ou un présage, conjecturer, pressentir, présager, deviner.
Augurated, adj. Auguré, conjecturé, deviné, pressenti, présagé.
AUGURATING, f. L'action d'augurer, de conjecturer, &c. Augure, conjecture, présage, pressentiment.
AUGURATION, f. Dignité d'augure ; augure, présage, conjecture, pressentiment, auspice.
AUGURY, f. Augure, présage, auspice, divination, conjecture, pressentiment.
AUGUST, adj. (or venerable.) Auguste, vénérable, sacré, digne de très-grand respect, majestueux.
August, f. (one of the twelve months of the year.) Août, un des douze mois de l'année.
AUGUSTINE. V. Austin.
AUGUSTNESS, f. Dignité, majesté.
AVIARY, f. (a great cage.) Volière ou grande cage.
AVIDITY, f. (or greediness.) Avidité, désir ardent & insatiable, empressement, ardeur.
AUKWARD,
AWKWARD, } adj. Mal-adroit, lourdaud, qui fait les choses de travers.
AUKWARDLY, adv. En mal-adroit, de mauvaise grâce, de travers, lourdement.
AUKWARDNESS, f. Manque d'adresse, mal-adresse.
AULICK, adj. Aulique.
AULN, f. (a measure in length.) Aune.
To AUMAIL, verb. act. (or figure.) Figurer.

AUME, f. Tonneau.
Ex. An aume of Rhenish wine. Tonneau de vin de Rhin, contenant 40 gallons d'Angleterre, ou environ 160 pintes, mesure de Paris.
AUMELET, f. (a pancake made of eggs.) Une omelette.
AUNCEL-WEIGHT, f. Sorte de romaine ou instrument à peser, autrefois en usage en Angleterre, mais qui est aboli par acte de Parlement.
AUNCESTORS. Voyez Ancestors.
AUNCESTREL, subst. Hommage de auncestrel. Hommage qui se rend de père en fils.
AUNT, f. Une tante, une sœur du père ou de la mère.
To AVOCATE, verb. act. (to call off from.) Détourner.
AVOCATION, subst. (or let.) Obstacle, empêchement, distraction, diversion, divertissement, action de divertir.
AVOCATORIA, subst. Lettres avocatoires.
To AVOID, v. act. (to shun.) Fuir, éviter, échapper, esquiver, décliner.
He avoids me. Il m'évite, il me fuit.
Impenitent sinners shall not avoid God's vengeance. Les pécheurs impénitents n'échapperont jamais à la vengeance de Dieu.
To avoid (or quit) the kingdom. Vider le royaume, sortir du royaume, quitter le royaume.
Avoid my presence. Ôtez-vous de devant moi.
To avoid by stool. Vider le ventre.
To avoid by urine. Pisser, uriner.
To avoid the room. Vider la chambre, se retirer.
To avoid the change in pursuing the game, (in hunting.) Garder bien le change en suivant la bête.
Avoid, interj. Ex. Avoid, Satan. Loin de moi, Satan.
AVOID-BLE, adj. Qu'on peut éviter.
AVOIDANCE, subst. (a law-term.) Vacance, le temps qu'un bénéfice vaque.
Avoidance, (or shunning.) L'action d'éviter, fuite.
AVOIDED, adject. Évité, fui, décliné, quitté.
AVOIDER, f. Qui évite ; vaisseau dans lequel on emporte quelque chose.
AVOIDING, subst. L'action d'éviter, &c. Voyez to Avoid.
An avoiding of blood. Une perte de sang.
AVOIDLESS, adj. (inevitable.) Inévitable.
AVOIRDUPOIS, subst. Poids à 16 onces la livre.
R. L'autre poids qui n'est qu'à 12 onces la livre, se nomme Troy-weight.
AVOLATION, sub. L'action de s'enfuir, de disparoître.
AVOUCHER, f. Voucher.
To AVOW,
To AVOUCH, } v. act. Avouer, justifier ce que l'on a fait, faire voir que l'on n'a point tort, défendre, soutenir, approuver.
To avow, (to declare or protest.) Protester, déclarer solennellement.
Avowed, (or open.) Ouvert, public.
AVOWABLE, adj. Qui peut être avoué.
AVOWAL, f. Aveu, approbation, l'action de justifier, de soutenir, &c.
AVOWED,
AVOUCHED, } adj. Justifié, défendu, soutenu.

AVOWEDLY, adv. Ouvertement.
AVOWEE, f. (a law-word.) Patron, de quelque bénéfice ; un Avoué.
AVOWER, f. Prôneur.
Ex. Virgil makes Æneas a bold avower of his own virtues. Virgile fait d'Énée un grand prôneur de ses propres vertus.
AVOWRY,
ADVOWRY, } sub. (a law-term, from the French avouer.) Défense, justification, apologie.
AVOWSAL, f. Aveu, confession.
AVOWTRY f. Adultère.
AURATE, f. Espèce de poire.
AURELIA, sub. Chrysalide, nymphe, en histoire naturelle.
AURICLE, subst. La partie extérieure de l'oreille.
AURICULA, subst. (a flower of which there are various sorts, and vulgarly called, reclus.) Oreille d'ours.
AURICULAR, adj. Auriculaire.
Ex. The auricular confession. La confession auriculaire.
AURICULARLY, adv. Secrètement, à l'oreille.
AURIFEROUS, adj. Qui produit de l'or.
AURORA, f. (the morning or day-break.) L'Aurore.
Aurora borealis. Aurore boréale.
AUSCULTATION, f. L'action d'écouter.
AUSPICE, f. Auspice, autorité, pouvoir, appui, protection.
I took it upon me under your favourable auspices. Je l'ai entrepris sous vos favorables auspices.
AUSPICIAL,
AUSPICAL, } adject. Qui a rapport aux pronostiques.
AUSPICIOUS, adj. Heureux, favorable, sage.
AUSPICIOUSLY, adv. Heureusement.
AUSPICIOUSNESS, sub. (or happiness) favour. Bonheur, faveur.
AUSTERE, adject. (or severe:) Austère, rigoureux, rude, sévère, grave, sérieux.
AUSTERELY, adv. Austèrement, avec austérité, sévèrement, rigoureusement.
AUSTERENESS,
AUSTERITY, } Austérité, sévérité, rigueur, dureté.
AUSTIN-FRIARS, subst. (a sort of Religious Order.) Augustins, sorte de Religieux.
The Austin-Nuns. Les Augustines.
AUSTRAL, adj. (or southern.) Austral.
AUTHENTICAL,
AUTHENTICK, } adj. Authentique, solennel, d'original.
AUTHENTICALLY,
AUTHENTICKLY, } adv. Authentiquement, solennellement.
AUTHENTICKNESS, sub. Authenticité, qualité authentique, originale ou solennelle d'une chose.
AUTHOR, f. Auteur, inventeur.
The Author of a book. L'auteur d'un livre ; un Écrivain.
The author of a report. L'auteur d'un bruit qui court.
The author (the head) of a sedition. L'auteur, le chef d'une sédition.
AUTHORITATIVE, adject. (done by authority.) Fait par autorité, appuyé par l'autorité.
AUTHORITATIVELY, adv. Par autorité, avec autorité.
AUTHORITY, subst. (power, credit.) Autorité, puissance, pouvoir, crédit, considération, estime, réputation, vogue. To

Tome II.

To flight a man's authority. *Mépriser l'autorité* ou *la puissance de quelqu'un*.
To be in authority. *Être en autorité, en crédit, en considération, avoir le pouvoir en main*.
Authority. *Autorité, passage d'un auteur qu'on allegue pour confirmer ce que l'on dit*.
Those are good authorities. *Voilà de bonnes autorités*.
I have it from the most impartial authorities. *Je l'ai tiré des auteurs les moins partiaux*.
Printed with authority. *Imprimé avec privilège*.
AUTHORIZATION, *sub. Autorisation, terme de pratique*.
To AUTHORIZE, *v. a.* (to give power.) *Autoriser, appuyer de son autorité, valider, confirmer, ratifier*.
Authorized, *adj. Autorisé, validé*.
AUTHORIZING, *s. L'action d'autoriser* ou *de valider, &c.* V to Authorize.
AUTOCRACY, *sub. Autocratie, indépendance, souveraineté absolue*.
AUTOGRAPH, *s. Autographe*.
AUTOMATICAL,
AUTOMATOUS, } *adj.* (self-moving.) *Qui se meut de lui-même comme les automates*.
AUTOMATON, *subst.* (a machine moving of itself.) *Automate, machine qui a en soi les principes de son mouvement*.
AUTOPSY, *s. Autopsie, contemplation*.
AUTOPTICAL, *adj. Qu'on voit de ses propres yeux*.
AUTOPTICALLY, *adv. Par ses propres yeux*.
AUTUMN, *s.* (or the fall of the leaf.) *L'Automne*, (prononcez l'Autonne) *le chûte des feuilles, celle des quatre saisons de l'année qui est entre l'Eté & l'Hiver*.
A cold autumn. *Un automne froid*.
A rainy autumn. *Un automne pluvieux*.
R. *Remarquez que plusieurs font automne féminin*.
AUTUMNAL, *adj. Automnal, qui est de l'automne*.
AVULSION, *s. Action d'arracher, de séparer*.
AUXESIS, *subst. Amplification*.
AUXILIAR, *adj.* (a word used by poets for auxiliary.) *Auxiliaire*.
AUXILIARIES, *subst. pl.* (or auxiliary troops,) *Troupes auxiliaires*.
AUXILIARY, *adj. Auxiliaire, qui aide*.
Auxiliary forces. *Des troupes auxiliaires*.
The auxiliary verbs. *Les verbes auxiliaires*.

Remarque sur AW.
Cette diphthongue en Anglois, se prononce comme l'â circonflexe en François. Ex. Law, Loi, prononcez Lâ.
Mais il y a des mots où l'a forme une syllabe & le w en commence une autre, comme dans await, awake, *&c., alors on les prononce* aouaïte, aouaïque, *&c., excepté* award *qui se prononce* aouàrde. *Dans le mot* awry, *le w est muet, comme il l'est toujours devant une r.*
AWAIT, *s. Guet-à-pens, embûche*.
Ex. A man slain by await. *Un homme tué de guet-à-pens*.
To AWAIT, *verb. act. & neut. Attendre*. *Voyez* to Wait.
AWAKE, *adject.* (not sleeping.) *Éveillé*.
Ex. He is awake. *Il est éveillé*.
To keep awake. *Empêcher de dormir*.

To lie awake. *Être couché sans pouvoir dormir, avoir des insomnies*.
Between sleep and awake, or half asleep and half awake. *A demi endormi*.
When I am awake. *A mon réveil*.
To AWAKE, *verb. act.* (to rouse out of sleep.) *Éveiller*.
To awake one out of his sleep. *Éveiller quelqu'un, interrompre son sommeil*.
To awake, *v. neut. S'éveiller*.
I awaked this morning at seven o' clock. *Je me suis éveillé ce matin à sept heures*.
Awaked, *adject. Éveillé* ou *que l'on a éveillé*.
To AWAKEN, *verb. act. & neut. Voyez* Awake.
AWAKENED, *adj. Rendu sensible*.
Ex. To be awakened to a lively sense of God's mercies. *Devenir sensible aux bienfaits de Dieu, être touché, pénétré de ses faveurs*.
AWAKER, *s. Réveille-matin, celui qui éveille*.
AWAKING, *s. L'action d'éveiller* ou *de s'éveiller*.
AWARD, *subst. Sentence, sentence arbitrale*.
To AWARD, *v. act. Juger, prononcer la sentence, adjuger*.
Awarded, *adj. Prononcé, jugé, adjugé, paré, détourné*.
AWARE, *adj. Qui prévoit, qui prend garde, qui se donne de garde, qui ne se laisse pas surprendre*.
To be aware of a thing. *Se donner de garde d'une chose*.
He came upon them before they were aware, (or unexpectedly.) *Il se jeta sur eux lorsqu'ils ne s'y attendoient point*.
She tasted of it before she was aware. *Elle en goûta sans y penser*.
I was not aware of it. *Je n'en savois rien, je n'y songeois seulement pas*.
You were not aware what man you spoke to. *Vous ne pensiez pas, vous ne songiez pas à qui vous parliez*.
AWARE, *interj. Gare, prenez garde*.
AWAY, *interj.*
Ex. Away, get you gone. *Sortez d'ici, ôtez-vous d'ici, qu'on décampe*.
Away, you are a novice in that. *Allez, vous n'êtes qu'un apprenti en cela*.
Away, there is no danger. *Bagatelles, il n'y a aucun danger, il n'y a rien à craindre*.
Away, for shame. *Fi, fi*.
Away, *adv.*
Ex. Away with him. *Qu'il s'en aille, ôtez-le*.
Away with him to the University. *Qu'on l'envoie à l'Université*.
Away with this. *Ôtez ceci*.
I cannot away with it. *Je ne saurois souffrir cela*.
To eat a bit and away. *Manger un morceau à la hâte avant de partir*.
Away with these compliments. *Trêve de compliments, laissons-là tous ces compliments*.
Away with these fopperies. *Défaites-vous de ces sottises*.
R. *Cet adverbe se joint souvent avec un verbe, & fait alors partie de sa signification*.
Ex. To run away. *S'enfuir*.
To go away. *S'en aller*.
To steal away. *Se dérober*.

To take away. *Ôter, emporter*.
To scold one away. *Obliger quelqu'un de s'en aller à force de le gronder*.
Time will away. *Le temps passe, le temps s'écoule, le temps n'a point d'arrêt*.
He shall not go away with it so. *Il n'en sera pas quitte à si bon marché*.
I will away hence. *Je veux m'en aller, je m'en vais*.
AWE, *subst. Crainte respectueuse, échec, sujétion, crainte*.
To keep one in awe. *Tenir quelqu'un dans la crainte, le tenir en échec* ou *en sujétion*.
To stand in awe. *Craindre, redouter, être retenu par la crainte*.
To stand in awe of some body. *Craindre quelqu'un, le respecter, lui porter du respect*.
To AWE, *v. act. Tenir en crainte*.
To awe the people into fear and obedience. *Tenir le peuple en crainte & dans les regles de l'obéissance*.
Awed, *adject.* (from to Awe.) *Tenu en crainte, tenu en échec* ou *en sujétion*.
To be awed into the connivance of a crime. *Fermer les yeux par force à un crime*.
AWEIGH, *adv.* (a sea-term.) The anchor is aweigh. *L'ancre a laissé*.
AWFUL, *adj. Terrible, qui donne de la crainte*.
The awful greatness of your titles. *La grandeur imposante des titres que vous portez*.
AWFULLY, *adv. Avec respect*.
AWFULNESS, *subst. Qualité propre à donner de la crainte, à inspirer du respect*.
AWKWARD, &c. V. Aukward, &c.
AWL, *s.* (a shoe-maker's tool.) *Aline, outil de cordonnier*.
AWLESS, *adject. Méprisant, insolent, mal risé*.
AWME. V. Aume, (a Dutch measure.)
AWN, *s.* (or Husk.) *Cosse de légumes*.
AWNCEL. *Voyez* Auncel.
AWNING, *s.* (a sea-term.) *Petite voile dont on se sert sur mer pour se garder du soleil*.
AWOKE. *C'est un prétérit du verbe to* Awake.
AWORK, *adv.*
AWORKING, *adject.* } *Dans le travail*.
AWRY, *adject. Oblique, de travers, mal fait, contrefait, tourné*.
Awry, *adv. De côté, de travers*.
To look awry. *Regarder de travers*.
To go awry. *Marcher de travers*.
The heel of my shoe goes awry. *Le talon de mon soulier est tourné, il va tout de travers*.
AXE, *s. Hache*.
A broad-axe or Chip-axe. *Une doloire*.
A pick-axe. *Une besaigue, outil de laboureur*.
A butcher's axe. *Un maillet*.
A battle-ale or pole-axe. *Une hache d'armes*.
A battle-axe, (such as the band of gentlemen pensioners carry when they are in waiting.) *Bec-de-corbin*.
Axe-vetch or axe-wort. *Grave ou feve de loup, herbe*.
AXILLA, *subst. Aisselle*.
AXILLARY, *adj.* (of or belonging to the arm-pit.) *Axillaire, qui appartient à l'aisselle*.
The axillary artery. *L'artere axillaire*.
AXIOM, *sub.* (a term of Geometry, a proposition

proposition self-evident.) *Axiome*, proposition si claire qu'elle n'a pas besoin de preuve.
AXIS, *f.* (the axel-tree or diameter of the world.) *L'axe du monde.*
AXLE-TREE. *Voyez* Axle.
AXLE, *subst.* Ex.
Axle-pin, *f. L'esse d'une roue*, cheville de fer qu'on met au bout de l'essieu pour tenir la roue.
Axle-tree. *Essieu de roue ; l'axe*, en termes de Géographie.
AY, *adv.* (or Yes.) *Oui.*

Ay ; ay. *Oui , oui.*
Ay, but are you sure of it? *Oui, mais en êtes-vous bien assuré?*
R. *On ne se sert de ce mot qu'avec bien de la familiarité ; & quand on parle à des gens auxquels on doit du respect, il faut se servir de yes.*
Ay marry, Sir. *Oui-da, Monsieur.*
Set up a bed for this Gentleman ; ay marry if I had one, said the landlady. *Qu'on dresse un lit à ce Monsieur.— Oui, qui en auroit, répondit l'hôtesse.*
Ay, *interj. Ahi.*

Ay me ! *Malheureux que je suis !*
AYE, *adv. A jamais , pour toujours.*
AYGREEN. *subst. Joubarbe.*
AZIMUTH, *f.* (or vertical circle , a term of Astronomy.) *Azimut ou cercle vertical*, terme d'Astronomie.
AZURE. *sub. Azur, bleu , couleur bleue.*
AZURED. *adj. Azuré, qui est de couleur d'azur, bleu.*
AZYMES, } *subst.* (the feast of unleavened bread among the Jews.) *Les Azymes.*
AZYMY,

B.

B, seconde lettre de l'Alphabet Anglois : en la nommant on la prononce Bi, & c'est en cela seulement qu'elle differe du B François.
B est muet dans les mots suivants.
Debt. *Dette.*
Debtor. *Débiteur.*
Doubt. *Doute.*
Redoubt. *Redoute.*
Subtle. *Subtil.*
Comb. *Peigne.*
Coxcomb. *Sot, fat.*
Limb. *Membre.*
To climb. *Grimper.*
Tomb. *Tombeau.*
Womb. *Matrice, ventre.*
Dumb. *Muet.*
Thumb. *Le pouce.*
To BAA, *verb. neut.* (to cry like a sheep.) *Bêler.*
BAA, *subst. Bêlement.*
BABBLE, *f.* (chat , prattle.) *Babil, caquet, bruit.*
To BABBLE, *v. neut.* (to chat or tattle.) *Babiller, jaser, causer, caqueter, avoir du babil.*
BABBLER, *f. Un babillard ou une babillarde, un causeur, une causeuse.*
BABBLES. *Voyez* Bawbles.
BABBLING, *f. Babil, caquet, l'action de babiller, &c. Voyez* to babble.
BABE, *f.* (an infant.) *Un petit enfant, un poupon.*
BABERY, *f. Babiole, jouet d'enfant.*
BABISH, *adj.* (or childish.) *Puéril, enfantin.*
BABOON, *f.* (or great monkey.) *Un magot, un babouin, un gros singe.*
BABY, } *f. Un petit enfant.*
BABE,
Baby, (a child's puppet, like a babe.) *Une poupée.*
Baby-house. *Boite à poupée.*
Baby-things, *f. pl. Babioles.*
BACCATED, *adj. Orné de perles.*

BACCALARE, *f. Fat, petit maître, freluquet.*
BACCHANALIAN, *subst. Débauché, ivrogne.*
BACCHANALIZATION, } *f. pl.* (the
BACCHANALS, drunken feasts of Bacchus.) *Bacchanales*, fête en l'honneur de Bacchus le Dieu des ivrognes.
BACCIFEROUS, *adject. Qui produit des petites graines.*
BACHELOR, *f.* (a graduate in the University.) *Bachelier, celui qui a un des degrés pour parvenir au Doctorat.*
Bachelor , (or single man.) *Garçon, qui n'a jamais eu de femme.*
A Knight Bachelor. *Un Chevalier Bachelier , un Gentilhomme qui tenoit rang entre un Chevalier & un Ecuyer.*
BACHELORSHIP, *subst.* (the degree of a Bachelor in the University.) *Baccalauréat, degré de Bachelier.*
Bachelorship, (the being a single man.) *Célibat, état de celui qui est garçon, qui n'est pas marié.*
BACK, *subst.* (the hinder part of a man or beast, from the shoulders to the reins.) *Le dos, la partie de derriere de l'animal entre les épaules & les reins.*
The back of a man, a horse or mule. *Le dos d'un homme, d'un cheval, d'un mulet.*
To tie two men back to back. *Attacher deux hommes dos à dos.*
To turn one's back to one. *Tourner le dos à quelqu'un.*
To turn one's back of one, (to forsake him.) *Tourner le dos à quelqu'un, l'abandonner.*
To turn one's back, (to be gone or run away.) *Tourner le dos , s'en aller ou s'enfuir.*
To lay all on a person's back, (to lay all the burden or charge upon him.) *Mettre tout sur le dos de quelqu'un.*

He has not a shirt to his back, (he is very poor.) *Il n'a pas de chemise à son dos, il est fort pauvre.*
To fall on one's back. *Tomber sur le dos ou à la renverse.*
To rail at one behind his back, (when he is absent.) *Médire ou parler mal de quelqu'un en son absence.*
To clap a writ on his back, (to sue him at Law.) *Intenter un procès à quelqu'un, lui faire des affaires.*
Back , (or hinder part of any thing.) *Dos, derriere , la partie postérieure.*
The back of a knife. *Le dos d'un couteau.*
A book gilt on the back. *Un livre doré sur le dos.*
The back of a coach. *Le derriere d'un carrosse.*
The back of a house. *Le derriere d'une maison.*
The back of the hand. *Le revers ou le dos de la main.*
The back of a chair. *Le dossier d'une chaise.*
The back of a chimney. *Contre-cœur de cheminée, plaque de fer.*
A back and breast , (or cuirass.) *Une cuirasse.*
Back , (the reins or loins.) *Les reins, les lombes*, le bas de l'épine du dos.
He has a pain in his back. *Il a une douleur dans les reins, il a mal aux reins.*
He has a good or a strong back. *Il a les reins bons ou les reins forts.*
The back of a horse. *Les reins ou l'échine d'un cheval.*
To break one's back. *Rompre les reins à quelqu'un, l'éreinter.*
To break one's back , (to ruin him.) *Donner un tour de reins à quelqu'un, lui nuire, le perdre, le ruiner.*
He has a strong back , (he is a substantial man.) *Il a les reins forts, il est riche.*

Composés

BAC

Composés de Back.

The back-bone. *L'épine du dos.*

The back-bone of a hare or rabbet. *Le rable d'un lievre ou d'un lapin.*

A back-sword. *Un estramaçon ou espadon.*

A back-sword-man. *Celui qui se bat à coups d'estramaçon.*

A back-blow or back-stroke. *Un revers, un coup de revers.*

Back-twanked. *Eslanqué, élancé.*

Back-clouts. *Brases.*

A back-friend. *Un faux ami, un ami prétendu.*

A saddle-back. *Un dos enfoncé.*

A pig-back. *Un dos voûté.*

A back-basket. *Une hotte.*

The back-part or back-side. *Le derriere.*

The back-side of a leaf in a book. *Le revers du feuillet dans un livre.*

On the back-side. *Derriere, par derriere, sur le derriere.*

A back-yard. *Une cour sur le derriere ou arriere-cour.*

A back-room. *Une chambre sur le derriere.*

A back-door. *Une porte de derriere; une poterne, terme de fortification.*

A back-door, (a shift.) *Une porte de derriere, une échapatoire, un faux-fuyant.*

† To keep the back-door open, (or one's belly loose.) *Tenir le ventre libre.*

Bac's-stairs. *Escalier dérobé.*

A page of the back-stairs to a Prince. *Valet de chambre, garçon de chambre ou garçon de la gardewobe, chez un Prince.*

A back-shop. *Une arriere-boutique.*

Back, (used at sea.) *Exemp. Back of the stern-post. Contre-étambord extérieur.*

Back-board. *Dossier d'un canot.*

Back-stays or breast-back-stays. *Galhaubans.*

Shifting back-stays. *Galhaubans volans.*

After-back stays. *C'est une sorte de galhaubans, usités sur certains bâtimens, & qu'on pourroit appeller en François contre-étais. Ils sont frappés droit en arriere du mât, & résistent directement dans le sens opposé à celui des étais.*

BACK, *adv.* (or behind.) *En arriere.*

To return back. *Retourner en-arriere.*

To pull back. *Tirer en arriere.*

To go back. *Aller en arriere.*

A pull-back, (or rub.) *Un obstacle, un empêchemens.*

To back-slide. *V.* to backslide.

Back, or back again. *De retour.*

Ex. You must give me something back or back again. *Il faut que vous me donniez quelque chose de retour, il faut que vous me rendiez quelque chose.*

I shall be back again by one o'clock. *Je serai de retour à une heure.*

R. Back, *se met souvent immédiatement après un verbe & fait partie de sa signification, & ordinairement sert à marquer la réitération de l'action du verbe.*

Ex. To give back, (or recoil.) *Reculer ou repousser.*

To come back, (or return.) *Retourner ou revenir.*

To send back. *Renvoyer.*

To keep back (or detain.) *Retenir.*

To BACK, *v. act.* (to mount a horse or any other beast.) *Monter un cheval ou quelqu'autre monture.*

BAC

To back, (to support, abet or countenance.) *Appuyer, soutenir, supporter, seconder, favoriser.*

To back, *v. act. & n.* (a sea-term.) *Ex.*

To back an anchor. *Empenneler une ancre.*

To back the sails. *Coiffer les voiles, mettre les voiles sur le mât ou brasser les voiles à culer.*

To back a-stern. *Scier à culer, avec les avirons.*

Back all a-stern! *Scie tout à culer!* commandement aux rameurs.

BACKBEROND, *s.* (a law-term for a thief, taken with the goods about him.) *Voleur pris sur le fait ou en flagrant délit, en termes de Palais.*

To BACKBITE, *v. act.* (to slander.) *Parler mal ou médire de quelqu'un, le déchirer, le diffamer en son absence.*

BACKBITER, *s.* *Médisant, calomniateur, diffamateur.*

BACKBITING, *s.* *Médisance, calomnie, diffamation, l'action de médire, &c.*
V. to Backbite.

BACKED, *adj.* (or mounted.) *Monté.*

Backed, (supported, &c.) *Appuyé, soutenu, supporté, secondé, favorisé.*

Broken backed. *Éreinté, qui a les reins rompus.*

BACKGAMMON, *s.* *Toutes tables, sorte de jeu de trictrac.*

BACKING, *s.* (or mounting.) *L'action de monter.*

Backing, (supporting or countenancing.) *Action d'appuyer, de soutenir, &c. appui, soutien, support, assistance.*

To BACKSLIDE, *verb. neut.* (to turn back, to shuffle.) *Reculer, biaiser, tergiverser.*

To backslide in Religion. *Apostasier.*

BACKSLIDER, *subst.* *Celui ou celle qui recule, qui tergiverse, &c. Voyez* to Back-slide.

A backslider in religion. *Un apostat, un renégat.*

BACKSLIDING, *s.* *Tergiversation.*

Backsliding in Religion. *Apostasie.*

BACKSTAFF, *s.* *Instrument qui sert sur mer à prendre la hauteur du soleil.*

BACKWARD, *adj.* (slow or negligent.) *Lent, froid, qui agit avec lenteur ou avec froideur, négligent, paresseux.*

How can you be so backward to your own happiness? *D'où vient que vous agissez avec tant de lenteur ou de froideur, dans la chose qui doit vous rendre heureux?*

I found him a little backward in it. *Je l'ai trouvé un peu froid là-dessus, je ne l'ai pas trouvé fort disposé à cela.*

To be backward in one's duty. *Négliger son devoir.*

Backward, (or late.) *Tardif, qui vient tard, reculé.*

A backward spring. *Un printemps tardif ou reculé.*

Backward or Backwards, *adv.* (on the backside.) *En arriere, par derriere, sur le derriere, à reculons, à la renverse, à rebours.*

To go backward and forward. *Aller & venir.*

To go backward and forward, (to contradict one's self.) *Se couper, se dédire, se démentir.*

Shall we go backward (shall we return) to the castle? *Retournerons-nous au château?*

BACKWARDLY, *adverb.* (unwillingly.) *Malgré soi, avec aversion.*

BAC BAF

BACKWARDNESS, *s.* (or slowness.) *Lenteur, froideur, négligence, répugnance.*

Backwardness. *Retardement, délai.*

BACON, *s.* *Du lard.*

A flitch of bacon. *Une fleche de lard.*

A gammon of bacon. *Un jambon.*

† To save one's bacon, (to come off unhurt.) *Se tirer de la presse, se tirer d'une méchante affaire.*

† To save one's bacon, (to look to one's self.) *Prendre soin de sa peau, ne pas s'attirer des affaires.*

A bacon-hog. *Un cochon gras.*

BAD, *adj.* (ill, not good, naught.) *Méchant, mauvais, qui n'est pas bon, qui ne vaut rien.*

Bad wine. *Du méchant vin.*

Bad money. *De méchant argent, l'argent qui n'est pas bon ou qui est faux.*

This is bad for the stomach. *Ceci ne vaut rien pour l'estomac, ceci est contraire à l'estomac.*

Bad times. *Un mauvais temps, un temps dur ou fâcheux.*

Bad fortune, (ill luck.) *Mauvaise fortune, malheur.*

To be bad, (not to be well in health.) *Se porter mal, être malade, être mal.*

He is very bad, or it is very bad with him. *Il est fort mal ou fort malade, il se porte fort mal.*

It is very bad with him, (he is ill to pass.) *Il passe mal son temps, il est mal dans ses affaires.*

† Sure, you are not so bad. *Vraiment, je ne vous crois pas si méchant.*

To keep bad (or late) hours. *Se retirer tard ou à des heures indues; † se ranger tard.*

BAD, *est aussi un prétérit du verbe to* Bid. *V.* to Bid.

BADGE, *subst.* (sign or mark.) *Marque, signe, caractere, symbole.*

White is the badge of innocence. *Le blanc est le symbole de l'innocence.*

Badge, (a sea-term.) *Fausse-bouteille ou ornement qui tient lieu de bouteille dans les bâtimens marchands.*

BADGER, *s.* (a sort of wild animal.) *Un blaireau ou un taisson.*

Badger, (or huckster.) *Un regrattier, un revendeur de denrées.*

BADLY, *adv.* (from bad.) *Mal.*

Badly, (or hardly.) *A peine, avec peine.*

BADNESS, *s.* *Mauvaise qualité, ce qu'il y a de mauvais dans une chose.*

BAFFLE, *s.* (sham.) *Amusement, tromperie, fraude, mauvaise foi.*

Baffle, (balk or disappointment.) *Défaite, escade.*

To come off with a baffle. *Faire une escade, se tirer mal d'une affaire qu'on a entreprise, être obligé d'abandonner son dessein.*

To BAFFLE, *v. act.* (to sham, fool or amuse one.) *Amuser, jouer quelqu'un, se moquer de quelqu'un, † lui passer la plume par le bec.*

To baffle (to balk or disappoint) a design. *Détruire, renverser, déconcerter, faire échouer une entreprise.*

To baffle, (to confound by reasons.) *Confondre, donner de la confusion, abimer, battre en ruine, fermer la bouche.*

To baffle a good cause. *Battre une bonne cause en ruine.*

Baffled, *adject. Amusé, joué, &c. V.* to Baffle.

BAFELER &c.

BAFFLER, f. *Un fourbe, un trompeur, qui confond, qui déconcerte.*
BAFFLING, *subst. L'action d'amuser,* &c. V. to Baffle.
BAG, f. *Un sac.*
Put your money in that bag. *Mettez votre argent dans ce sac.*
Bags of wool, (used in a siege.) *Sacs à laine.*
† To put one in a bag, (to be stronger than he.) *Mettre quelqu'un dans sa poche, être plus fort que lui.*
† To give one the bag to hold, (to overreach him.) *Tromper quelqu'un, lui avoir le poil, le surprendre, lui donner son paquet.*
A leather-bag, (or budget.) *Une poche de cuir, une bougette, une escarcelle.*
A sweet-bag. *Un coussinet de senteur.*
A tinker's bag. *Une drouine.*
A cloak-bag. *Une valise.*
A hawking-bag. *Une fauconniere, une gibeciere.*
† A black-bag, (or woman's hood.) *Une coiffe de femme.*
A bag-pipe. *Une cornemuse, une musette.*
A bag-piper. *Un joueur de cornemuse.*
Bag-pudding. *Sorte de boudin bouilli à l'angloise.*
A bag-net. *Un réseau.*
Bag and baggage. *Bagage.*
To truss up bag and baggage. *Plier bagage, décamper, s'en aller.*
The garrison came out with bag and baggage. *La garnison sortit bagues sauves.*
To BAG, v. act. *Mettre dans un sac.*
To Bag, v. neut. *Être enflé.*
To bag-pipe, v. a. (a sea-term.) Ex.
To bag-pipe the mizen. *Mettre l'artimon vent dessus, en portant l'écoute vers les haubans du côté du vent, & le bas de la vergue sous le vent.*
BAGATEL, f. (a word borrowed from the French, a trifle.) *Bagatelle, niaiserie.*
BAGET, f. (a sort of strong tulip.) *Baguette, en terme de Fleuriste, sorte de tulipe.*
Of bagets, these are the finest who keep least of their mother colour, when they break. *Les plus belles tulipes qui viennent de baguettes, sont celles qui retiennent le moins de leur premiere couleur, quand elles en changent ou qu'elles rompent.*
BAGGAGE, subst. (goods for soldiers.) *Bagage, équipage de gens de guerre.* Voy. Bag.
Baggage, (or trull.) *Une garce, une putain d'armée,* terme déshonnête.
† BAGGED, adj. *Plein, enflé.*
Ex. One of his mistresses is bagged, (or with child.) *Une de ses maitresses à le ventre plein où est grosse.*
* BAGGINGLY, adv. (or proudly.) *Fièrement, avec fierté, superbement.*
BAGNIO, f. (a place to bathe and sweat in.) *Un bain, une étuve ; il se dit aussi d'une maison de mauvaise réputation.*
A bagnio-keeper. *Un baigneur.*
BAGUETTE, f. *Baguette,* terme d'architecture.
BAIL, f. (or surety.) *Caution, répondant, celui qui s'oblige à représenter un autre en Justice,* &c.
To be bail for one. *Être caution pour quelqu'un, cautionner quelqu'un, répondre de lui.*
To give or to put in bail. *Donner caution.*

To be out of prison upon bail. *Être élargi sous caution.*
Bail, (or bound in a forest.) *Une borne ou limite, dans une forêt.*
A bail or rather bale of goods. *Une balle de marchandise.*
To BAIL one, v. act. (to be bail for him.) *Cautionner quelqu'un, être caution ou répondre pour lui.*
BAILABLE, adj. (that may be bailed.) *Recevable à caution ou pour qui l'on peut cautionner.*
BAILED, adj. *Cautionné, pour qui l'on a cautionné.*
Bailed out of prison. *Élargi sous caution.*
BAILIFF, f. (a sort of magistrate or officer of Justice.) *Bailli,* sorte de Magistrat.
The Bailiffs of *Ipswich* and *Colchester.* *Les Baillis d'Ipswich & de Colchester.*
The Bailif (or Governor) of Dover-Castle. *Le Gouverneur du Château de Douvres.*
A Bailif of husbandry, (a Land-Steward.) *Un receveur de rentes, un homme d'affaires d'un Seigneur, celui qui a la charge & l'inspection de ses terres.*
Bailif. V. Baily.
BAILING, f. *Cautionnement, l'action de cautionner ou de répondre.*
BAILIWICK, f. (the precinct of a Bailif's jurisdiction.) *Bailliage.*
BAILY,
BUM-BAILY, } f. (a catchpole.) *Un Sergent.*
BAIT, f. (to catch fish withal.) *Amorce, appât.*
Bait, (or allurement.) *Charme, amorce, appas ; attraits.*
Bait, (meat or collation on one's journey.) *Repas, collation ou rafraîchissement qu'on prend en voyage.*
To BAIT, v. act. Ex. To bait a hook, *Amorcer un hameçon, y mettre une amorce.*
To bait, (to allure or intice.) *Amorcer, attirer, inciter.*
To bait a bull or bear, (to make them fight with dogs.) *Engager un taureau ou un ours au combat, les faire battre avec des chiens, les commettre ensemble.*
To bait one, (to tease him.) *Tourmenter ou harceler quelqu'un, le faire enrager.*
To bait, v. neut. (to stop to eat or drink on one's journey.) *S'arrêter pour manger ou pour boire en voyageant, faire un repas ou une collation sur la route, repaitre en chemin.*
The hawk baits, (or flaps her wings.) *Le faucon ou l'oiseau bat des ailes.*
The hawk baits at a blackbird. *L'oiseau fond sur un merle.*
Baited, adject. *Amorcé,* &c. V. to Bait.
BAITING, f. *L'action d'amorcer,* &c. V. to Bait.
I rode forty miles without baiting by the way. *J'ai fait quarante milles à cheval sans débrider.*
A baiting place, (or inn.) *Un logis, un cabaret, une hôtellerie.*
A bull-baiting. *Un combat de taureaux.*
A baiting place for bulls and bears. *Lieu où les taureaux & les ours se battent avec des chiens.*
BAIZE. V. Bayze.
To BAKE, v. act. *Cuire au four, cuire.*
Baked, adj. *Cuit au four, cuit.*

BAKE-HOUSE, f. *Boulangerie.*
BAKER, f. *Un boulanger.*
A baker's wife or a woman-baker. *Une boulangere.*
The baker's trade. *La boulangerie.*
Baker-legged. *Qui a les jambes courbées en dehors, qui marche en dehors.*
BAKING, subst. *Action de cuire au four, cuisson, fournée.*
Bread of the first or second baking. *Pain de la premiere ou de la seconde cuisson ou fournée.*
Baking of tobacco-pipes. *Cuite de pipes à fumer.*
Baking, (the baker's trade.) *Boulangerie, métier de boulanger.*
One baking. *Une fournée.*
Baking-pan. *Une tourtiere.*
BALAD. V. Ballad.
BALANCE, subst. (a pair of scales.) *Balance, instrument à deux bassins servant à peser.*
To bring a thing into balance with another, (to compare them together.) *Mettre une chose en balance ou en comparaison avec une autre, comparer une chose avec une autre.*
To put one's self into the balance with another. *Se comparer avec quelqu'un, entrer en comparaison avec lui.*
Balance, (or even weight.) *Balancement, équilibre, contre-poids.*
Balance, (one of the twelve celestial signs.) *La balance, le signe de la balance ou libra, un des douze signes du zodiaque.*
The balance of an account. *La solde d'un compte.*
While my thoughts were upon the balance, (or in suspense.) *Pendant que mon esprit étoit en balance ou en suspens, comme j'étois dans cette incertitude ou irrésolution.*
If you weigh the things well, you will find upon the balance, that. *Si vous pesez bien les choses, vous verrez après les examen, que.*
Balance-wheel, (in a clock or watch.) *Roue de rencontre.*
A balance-maker. *Faiseur de balances.*
To BALANCE, verb. act. (to weigh.) *Peser.*
To balance, (to poise, to make even weight.) *Balancer, mettre en équilibre.*
To balance, (to weigh and consider.) *Balancer, mettre dans la balance, peser, considérer, examiner.*
To balance, (or counter-balance.) *Contrebalancer.*
His virtue does not balance his vices. *Sa vertu ne contrebalance pas ses vices.*
The expence balances the receipt. *La dépense monte autant que la recette.*
To balance an account. *Solder, ajuster, régler, terminer un compte.*
To balance a sail, (a sea-term.) *Prendre un ris à l'artimon & autres voiles semblables, comme voile de brigantin, de goëlette, de sloop, dont les ris se prennent par en bas.*
Balanced, adject. *Pesé,* &c. Voy. to Balance.
A balanced account. *Compte arrêté ou parties arrêtées.*
BALANCEMASTER, subst. *Celui qui fait des tours par le moyen de l'équilibre.*
BALANCER, f. *Celui qui pese avec la balance.*

BALANCING,

BAL   BAL   BAL   BAN

BALANCING, *subst.* Action de peser, &c. V. to Balance.
BALASS, *adj. Ex.* A balass ruby. *Un rubis balass.*
BALAST. *V.* Ballast.
BALCONY, *s. Un balcon.*
Balcony, (speaking of a ship.) *Galerie de poupe.*
BALD, *adj.* (that has no hair.) *Chauve, pelé.*
Bald, (thread-bare; inelegant.) *Usé, battu, rebattu, froid, inélégant, fade.*
Bald-pated. *Chauve.*
Bald-arse. *Cul pelé.*
Bald-rib. *Côte de porc.*
BALDACHIN, *s. Baldaquin.*
BALDERDASH, *s.* (mixture or mingle-mangle.) *Mélange.*
Balderdash, (paltry, confused discourse.) *Fatras de paroles, galimatias, discours confus, qui n'a pas de sens.*
To BALDERDASH, *v. act.* (to adulterate or sophisticate.) *Mélanger, mêler, frelater ou sophistiquer.*
Balderdashed, *adj. Mélangé, mêlé, frelaté, sophistiqué.*
BALDERDASHING, *s. Mélange, frelaterie, action de mélanger,* &c.
BALDNESS, *subst.* (the being bald.) *Calvitie.*
BALDRICK, *s.* (an old word for a long belt.) *Un baudrier.*
BALE, *subst.* (a peck of merchandise.) *Balle, gros paquet de marchandises.*
A little bale. *Un ballot.*
To make up into a Bale. *Emballer, empaqueter, mettre dans une balle.*
Bale (the handle) of a pail. *L'anse d'un seau.*
To BALE, *v. neut.* (to scoop water out of a ship.) *Vuider l'eau d'un vaisseau.*
BALEFUL, *adj.* (sad.) *Triste, funeste.*
BALEFULLY, *adv. Tristement, malheureusement.*
BALK, *subst.* (a piece of ground left unploughed.) *Un coin de champ qui n'est pas labouré ou que la charrue a manqué.*
Balk, (or furrow.) *Sillon, terre relevée entre deux raies dans un champ labouré.*
Balk, (or beam.) *Une poutre.*
Balk, (disappointment or baffle.) *Contretemps, cascade.*
He has had a sad balk. *Il a fait une vilaine cascade.*
Balk, (shame or disgrace.) *Honte, déshonneur, disgrace.*
Balk, (or prejudice.) *Tort, préjudice.*
To BALK, *v. act.* (to pass by or omit.) *Passer, omettre, manquer.*
Death balks no creature. *La mort n'excepte ou n'épargne personne.*
I shall not balk your house. *Je ne manquerai pas de vous voir en passant.*
To balk a shop, (to hinder its custom.) *Faire tort ou préjudice à une boutique, la déschalander.*
To balk one, (to disappoint him.) *Manquer de parole à quelqu'un, lui faire faux-bond.*
I will not balk him a whit, I will tell him all. *Je dirai tout, je ne lui cacherai rien.*
To balk one, (to make a fool of him or to put him out of countenance.) *Se moquer, se jouer de quelqu'un, le déconcerter.*
Balked, *adject. Passé, omis,* &c. *V.* to Balk.

† BALKERS. *V.* Conders.
BALL, *s.* (any round body.) *Balle ou boule, corps rond ou sphérique.*
A ball or tennis-ball. *Une balle, pour jouer à la paume.*
A printer's ink-ball. *Balle d'Imprimeur.*
A wooden or ivory ball. *Une boule de bois ou d'ivoire.*
At the sign of the golden ball. *A l'enseigne de la boule d'or.*
A ball for a gun. *Balle ou boulet pour une arme à feu.*
A ball, (to play at billiards.) *Bille de jeu de billard.*
A foot-ball. *Un ballon.*
A snow-ball. *Une pelote de neige.*
A sweet-ball. *Une pomme de senteur.*
A fire-ball. *Espèce de grenade dont se servent les incendiaires pour mettre le feu en quelque lieu.*
The ball of the eye. *La prunelle de l'œil.*
The ball of the hand. *La paume de la main.*
The ball of the foot. *La plante du pied.*
A wash-ball or soap-ball. *Une savonnette.*
The ball (or whirl-bone) of the knee. *La rotule du genou.*
Ball-basket, (at tennis.) *Un corbillon.*
Ball, (a dancing-meeting.) *Bal, assemblée pour danser.*
To make or to give a ball. *Faire ou donner un bal.*
Ball-money. *L'argent que les compagnes de la nouvelle mariée exigent d'elle, pour faire les frais d'un bal.*
BALLAD, *subst.* (a common song.) *Vaudeville, chanson qui court les rues, chanson imprimée qu'on chante dans les rues, & qu'on vend aux badauds.*
Ballad, (a sort of french poem.) *Ballade, sorte de poésie Françoise.*
BALLADSINGER, *subst. Baladin.*
BALLAST, *subst.* (stones, sand or any weight put in the bottom of an empty ship, to make her sail right and steady.) *Lest, cailloux, sable,* &c. *qu'on met au fond du vaisseau pour le faire tenir droit lorsqu'il est sous les voiles.*
To go on ballast. *Aller en lest.*
Ballast lighter. *Sorte d'allege employée sur la tamise,* &c. *à tirer le lest du fond de l'eau, d'une maniere semblable à celle de nos machines à creuser.*
To BALLAST a ship, *v. act. Lester un vaisseau, y mettre du lest.*
BALLASTING, *subst. Lestage, action de lester.*
BALLETTE, *s. Ballet, danse figurée.*
BALLIST, *subst.* (a sort of large crossbow used by the ancients.) *Baliste, machine de guerre parmi les anciens.*
BALLISTER, *s.* (or tail.) *Balustre, petit pilier façonné.*
Ballister, (or balustrade.) *Un balustre, une balustrade, des barreaux.*
To BALLISTER, *verb. act. Fermer de balustres, d'un balustre ou d'une balustrade.*
Ballistred, *adj. Fermé de balustres,* &c.
BALLOON, *subst.* (a sort of ball.) *Ballon.*
BALLOT, *s.* (a ball to give one's vote,) *Ballote, petite balle dont on se sert pour donner les suffrages.*
To BALLOT, *v. neut. Balloter, donner les suffrages avec des ballotes.*

BALLOTATION, } *subst.* L'action de
BALLOTING, } *balloter ou de donner les suffrages avec des ballotes.*
BALM, *subst.* (or balsam, an healthy liquor, running out of a tree or compounded and made.) *Baume, liqueur qui découle d'un arbre, ou qui est composée.*
Balm-tree. *Baume, arbrisseau d'où découle le vrai baume.*
Balm or mint, (an herb.) *Baume ou menthe, herbe.*
Balm-gentle. *Melisse.*
Balm-apple, (a plant.) *Pomme de merveilles.*
To BALM, *v. act. Embaumer, adoucir.*
BALMY. *V. Balsamick.*
BALNEARY, *s. Bain.*
BALNEATION, *subst. Bain, usage du bain.*
BALNEATORY, *adj. Qui a rapport au bain.*
BALON, *s.* (a vessel used in chymistry.) *Balon.*
BALSAM, *s.* (or balm in the first sense.) *Baume, onguent.*
BALSAMICK,
BALMY, } *adj.* (having the quality of balsam.) *Balsamique, de baume.*
BALUSTER,
BALUSTRADE, } *subst. Balustre, balustrade.*
† BAM, *subst.* (a low word, a fun.) *Une hapelourde, une attrapatoire, une bourde, une cassade, une menterie, une fourberie.*
To BAM,
To BAMBOOZLE, } *verb. act. & neut.* (to fun, to fib, to sham.) *Bourder, donner des cassades, donner de la gabatine, fourber.*
BAMBOO, *s.* (a sugar-cane in the west-indies.) *Bambou.*
BAMBOO, or Bamboo-cane, (a sort of cane with many knots.) *Bamboche, sorte de canne qui vient des Indes.*
BAMBOOZLER, *s.* (or cheat.) *Filou, fripon.*
BAN, *subst. Ban, publication de mariage,* &c.
To BAN, *v. act.* (to curse.) *Maudire.*
Banned, *adj. Maudit.*
BAND, *subst.* (any tie, from to bind.) *Bande, lien, attache.*
Bands of iron to cover the felloes of a wheel. *Bande de fer pour une roue.*
The ban of society. *Le lien de la société.*
A band for a faggot, a faggot-band. *La hart d'un fagot, le lien d'un fagot.*
A band, (for a book.) *Nerf, ficelle cousue au dos d'un livre.*
This book has five bands. *Ce livre a cinq nerfs.*
Head-band. *Un bandeau.*
Hat-band. *Cordon ou laisse de chapeau.*
A swaddle or swathing-band for a child. *Tour de lange, les draps, les langes, dont on enveloppe les enfans en nourrice.*
Band-dog. *Mâtin ou chien qu'on tient enchaîné le jour.*
Band, (that men wear about the neck.) *Un collet, un rabat.*
Band-strings. *Cordons de rabat ou les glands d'un collet.*
Band box. *Boîte à linge.*
A band, (a troop or company) of soldiers.

diets.) Une bande, une troupe de gens de guerre.
Train-bands, or trained-bands. Milice, bourgeoisie sous les armes.
A band-roll, (or muster-roll.) Une liste, une matricule.
To BAND, v. act. Bander, assembler.
BANDAGE, subst. Bandage.
BANDEROL, s. (a little flag or streamer.) Banderole, pendant.
BANDITO, subst. Banditi, au pl. (an outlaw turned robber, in Italy.) Bandit, un banni qui s'est fait voleur, un voleur de grand chemin, en Italie.
BANDOG. V. Band-dog sous Band.
BANDOLEER. s. Une bandouliere.
BANDOW, s. (for a widow.) Bandeau de veuve.
BANDROL. V. Banderol.
BANDY, adj. V. Bandyed.
BANDY, subst. (a sort of club to strike a ball.) Une crosse.
To BANDY, v. rb. act. (to toss a ball at tennis.) Bander, pousser une balle à la paume.
To bandy, (to toss about.) Balloter.
To bandy about (to agitate, debate or discuss) a business or question. Balloter, disputer, balancer, agiter, débattre, examiner une affaire, une question.
To bandy, verb. neut. Ex. To bandy together into a faction. Se bander, se liguer, cabaler, se soulever contre quelqu'un.
Bandyed, adj. Bandi, poussé, &c. V. to Bandy.
BANDYLEG, subst. Jambe tortue.
BANDYLEGGED, adj. Qui a les jambes tortues ou tournées en dehors.
BANE, s. (or poison.) Poison, mort.
Rats-bane. Mort aux rats, arsenic.
Wolfs-bane. Aconit, réalgal.
Bane-wort (or night-shade) Morelle.
Banc, (pest.) Peste.
They are the bane of human society. Ils sont la peste de la société humaine.
I will be the bane (or death) of him. Je lui ôterai la vie.
To BANE, v. act. Empoisonner.
BANEFUL, adj. Empoisonné, funeste.
BANERET. V. Banneret.
BANG, subst. (or blow.) Coup.
To BANG, v. act. (to beat.) Battre, frotter, étriller.
Banged, adj. Battu, frotté, étrillé.
BANGING, s. L'action de battre, &c. V. to Bang.
BANIAN-DAYS, subst. comp. Jours maigres.
BANING, s. Malédiction, l'action de maudire, imprécation.
To BANISH, v. act. (to send into exile.) Bannir, exiler.
To banish out of the kingdom. Bannir du Royaume.
To banish, (to drive or turn away.) Bannir, chasser, éloigner.
Let us banish sorrow. Bannissons le chagrin.
Banished, adj. Banni, exilé, &c. V. to Bannish.
He was banished Rome or out of Rome. Il fut banni de Rome.
BANISHING, s. L'action de bannir, &c. V. to Bannish.
BANISHMENT, s. (or exile.) Bannissement, exil.
BANK, s. (or hillock,) Hauteur, éminence, lieu élevé.

A bank of a ditch. Une levée de terre.
Bank, (side of the sea or of a river.) Rive, rivage, bord de la mer, d'un fleuve ou d'une riviere.
Bank, (or shelf in the sea.) Un banc de sable, un écueil.
Bank of oars. Banc de rameurs.
The bank of a printing press. Le banc, l'établi ou la tablette d'une presse d'Imprimerie.
Bank, (or stock of money.) Banque d'argent.
The bank of England. La Banque d'Angleterre.
The bank, (at basset or at the oak.) La banque à la bassette ou à l'hoca.
To keep the bank. Tenir la banque.
To keep a thing in bank. Garder, réserver, conserver une chose pour l'avenir.
Bank bill, (or bank note.) Billet de banque.
To BANK, v. act. out the sea. Opposer des digues à la mer.
To bank money. Placer de l'argent sur une banque.
BANKER, subst. (he that keeps a bank of money.) Un banquier.
Banker. Vaisseau employé à la pêche de la morue sur le grand banc de Terre-neuve, Terre-neuvier.
BANKET. V. Banquet.
BANKRUPTCY, s. (the turning bankrupt.) Banqueroute, faillite.
BANKRUPT, s. (one that breaks, and stops aside, being or pretending to be unable to pay his debts.) Un banqueroutier, celui qui fait banqueroute.
To turn bankrupt. Faire banqueroute ou faillite.
We conclude them bankrupt to all manner of understanding. Nous concluons qu'ils ont fait banqueroute, ou renoncé au sens commun ou à la raison.
To BANKRUPT, v. n. Faire banqueroute.
BANNER, s. (a flag or ensign.) Banniere, drapeau, enseigne, étendard.
BANNERET, adj. Banneret, ayant droit de banniere.
Ex. A Knight banneret. Un Chevalier banneret.
BANNIAN, s. (or morning gown.) Robe de chambre.
To BANNISH, &c. V. to Banish, &c.
BANNOCK, subst. (an oaten cake.) Gâteau d'avoine qui n'est pétri qu'avec de l'eau, & cuit sur des cendres chaudes.
BANQUET, subst. (or feast.) Banquet, festin.
A banquet of sweet-meats. Une collation de confitures.
† To BANQUET, verb. neut. (to feast.) Banqueter, faire bonne chere, faire des festins, être en festin.
BANQUETER, subst. (or feaster.) Celui qui donne un festin.
BANQUETING, subst. L'action de banqueter, &c. V. to Banquet.
A banqueting house. Une salle pour faire un festin.
BANQUETTE, subst. Banquette, terme de fortification.
BANSTICLE, subst. Sorte de petit poisson dont on fait de l'huile.
BANTER, subst. (or jest.) Moquerie, raillerie, plaisanterie.
To BANTER, v. n. (to jest or jeer.) Railler, se moquer, plaisanter.
Bantered, adj. Raillé; dont on s'est moqué.

BANTERER, subst. Railleur, plaisant.
BANTERING, subst. Raillerie, plaisanterie, action de railler, &c. Voyez to Banter.
BANTLING, s. Un petit enfant.
BAPTISM, subst. (or christening.) Baptême.
BAPTISMAL, adject. Baptismal, qui appartient au Baptême.
BAPTIST, adj. Baptiste.
Ex, Saint John the baptist. S. Jean-Baptiste.
BAPTISTERY, subst. (or font.) Fonts de Baptême.
To BAPTIZE, v. act. (to christen.) Baptiser, conférer le Baptême.
Baptized, adj. Baptisé.
BAPTIZER, subst. Qui baptise.
BAPTIZING, subst. L'action de baptiser.
BAR, subst. (a long narrow piece of wood or iron.) Une barre, piece de bois, de fer, &c. longue & étroite, un barreau.
A bar for a door or window. Une barre pour une porte ou pour une fenêtre.
A bar of gold or silver. Barre d'or ou d'argent.
A bar, (or lever.) Une barre, un levier.
A bar, (in heraldry.) Une barre, en termes de blason.
The bar of a printing-press. Barreau de presse d'imprimeur.
The bar of a haven. La barre d'un port, amas de sable ou de rochers à l'entrée d'un port ou d'une riviere.
Hatch-bars, (sea-word.) Barres d'écoutilles.
Bars of the capstern. Barres du cabestan.
Bars of the windlass. Barres du vindas.
Bar, (of the house of commons.) Barre de la chambre des communes.
Bar, (in a court of Justice.) Barre de cour de Justice; Barreau, lieu où l'on plaide.
Bar, (the Lawyers in general.) Le Barreau, les Avocats.
The Clergy thrive and the litigious Bar. Le Clergé & le Barreau s'engraissent.
A bar, (in a shoe.) Tranche-file de soulier.
Bar, (in a publick house.) Réduit près de la porte des cabarets, où l'on marque les écots.
Bar of lace. Bride de dentelle.
Cross bars of wood. Barreau de bois, jalousie, treillis, grille.
Bar, (or hindrance.) Barriere, obstacle, empêchement.
Bar. (or cavil, at law.) Exception, chicane, moyen par lequel on se défend d'une demande.
Bar-fee. Droit de vingt sols qu'un prisonnier paye au geolier pour son élargissement.
To BAR, v. act. (to make fast with a bar.) Barrer, fermer avec une barre, † baclar.
To bar, (or set with cross bars.) Fermer de barreaux, de grilles, de treillis.
To bar (to shut up or stop) the way. Fermer, boucher le chemin.
To bar (to debar or keep) from. Exclure, interdire, priver.
To bar, (at dice.) Rompre, aux dés.
I bar that throw. Je romps ce coup.
I bar your quint, (at piquet.) Je romps, je pare ou j'empêche votre quinte, en termes du jeu de piquet.
BARATOR. V. Barretor.

BARB,

BAR

BARB, *subst.* (a Barbary-horse.) *Un barbe, cheval de Barbarie.*

Barb, *Armure de cheval ; pointe recourbée d'un hameçon.*

To BARB, v. act. (to shave or trim.) *Faire la barbe, raser.*

BARBACANE, *subst. Barbacane, terme de fortification.*

BARBACUE, *subst. Cochon cuit tout entier avec des épices.*

BARBADOES-CHERRY, *s. Fruit agréable & piquant qu'on trouve dans les Antilles.*

BARBARIAN, *subst.* (a barbarous or savage man.) *Un barbare.*

BARBARICK, *adj. Étranger.*

BARBARISM, *subst.* (an impropriety in speech.) *Barbarisme, faute contre la pureté de la langue; grossiereté, barbarie.*

BARBARITY, *s.* (cruelty, inhumanity.) *Barbarie, cruauté, inhumanité, férocité.*

BARBAROUS, *adject.* (savage, wild.) *Barbare, sauvage, qui n'a ni lois ni politesse.*

Barbarous, (inhumane, cruel.) *Barbare, inhumain, cruel, féroce.*

Barbarous (improper or broken) speech. *Langage barbare, langage impur, corrompu, où il y a de mauvais termes.*

BARBAROUSLY, *adv. Barbarement, d'une façon barbare.*

BARBAROUSNESS, *s.* (or unpoliteness.) *Barbarie, manque de politesse.*

Barbarousness, (or barbarity.) *Barbarie, inhumanité, cruauté.*

BARBARY, *sub.* (the name of a country.) *La Barbarie.*

A Barbary-horse. *Un barbe.*

To BARBACUE, } v. act. *Cuire un cochon tout entier avec des épices & du vin de Madère.*
To BARBCUE,

BARBED, *adj. Rasé, &c. V.* to Barb.

Barbed, (or bearded, as a fish-hook.) *Barbelé.*

A barbed arrow. *Une flèche barbelée.*

Barbed, (furnished with armour.) *Bardé, armé d'une barde. V.* Barbs.

BARBEL, *s.* (a sort of fish.) *Barbeau, poisson d'eau douce.*

BARBER, *subst. Un barbier.*

A Barber-Surgeon. *Un Chirurgien-Barbier.*

To BARBER, v. act. *Raser, coiffer, poudrer.*

BARBERRIER, *s. Fruit rouge de l'épine-vinette.*

BARBERRY-TREE, *subst. Épine-vinette, sorte d'arbrisseau.*

BARBES. *V.* Barbs.

BARBICAN, } *sub.* (or watch-tower.)
BARBACAN, *Une échauguette, une haute tour.*

BARBLES, *sub.* (a horse's disease.) *Barbes, excroissance qui vient dans le canal & sous la langue du cheval, & qui l'empêche de boire.*

BARBS, *s.* (a sort of armour for a horse.) *Barde, ancienne armure de cheval, qui lui couvroit le cou, le poitrail & la croupe.*

BARD, *s.* (a poet, among the ancient Britons and Gauls.) *Barde, Poëte, parmi les anciens Bretons & Gaulois.*

BARDOUS, *adj. Stupide, lourd, lent, pesant.*

BARE, *adj.* (naked, uncovered.) *Nu, découvert, nu.*

To stand bare or bare headed. *Se tenir tête nue ou découvert, se tenir chapeau bas.*

Bare, (without hair or grass.) *Ras, pelé.*

Bare of money. *Destitué d'argent, sans argent, grêlé.*

Bare, (only.) *Simple, seul, unique.*

I believe him upon his bare word. *Je le crois sur sa simple parole.*

He was condemned upon a bare suspicion. *Il fut condamné sur un simple soupçon.*

A bare (or plain) recital. *Un récit simple ou sans ornement.*

Bare in cloaths. *Mal vêtu, couvert de haillons.*

P. Ever spare and ever bare. P. *Tel épargne tout ce qu'il peut, qui ne laisse pas d'être toujours gueux.*

Thread-bare. *Qui montre la corde, usé.*

Bare-faced. *A découvert, la tête levée, démasqué.*

Bare-footed. *Les pieds nuds, ou qui a les pieds nus.*

Bare-legged. *Les jambes nues.*

Bare-headed. *Qui a la tête découverte, ou est tête nue.*

Bare-tailed. *Cul pelé.*

Bare, *est aussi un prétérit du verbe to* bear.

BAREBONES, *sub. Personne très-maigre.*

BAREFACEDNESS, *subst. Effronterie.*

To BARE, v. a. (to uncover.) *Découvrir.*

To bare one's arm. *Découvrir son bras.*

To bare, (to strip, to bereave.) *Priver, dépouiller.*

BARELY, *adv.* (only.) *Simplement, seulement, uniquement.*

Barely, (slenderly, poorly.) *Pauvrement, chétivement.*

BARENESS, *subst. Nudité, pauvreté, misère.*

BARGAIN, *subst.* (an agreement or contract.) *Marché, accord.*

I must have that into the bargain. *Il faut que j'aie cela sur ou par dessus le marché.*

I had but a dull bargain of it. *Je fis là un mauvais, un méchant ou un sot marché.*

Marriage is a bargain for life. *Le mariage est un marché à vie.*

To buy a bargain. *Faire un marché, acheter quelque chose.*

To sell one a good bargain. *Vendre quelque chose à bon marché à quelqu'un.*

† To sell one a bargain, (to put a sham upon him.) *Donner une cassade à quelqu'un, lui en donner à garder.*

To meet with a good bargain. *Faire une bonne rencontre, acheter quelque chose par rencontre & à bon marché.*

P. A good bargain, is a pick purse. P. *Le bon marché fait sortir l'argent de la bourse.*

P. More words than one go to a bargain. P. *On ne fait pas marché au premier mot, on ne s'engage pas si tôt.*

You shall lose nothing by the bargain. *Vous ne perdez rien au marché ou au change, vous n'y perdrez rien.*

One that helps people to bargains, or a bargain maker. *Un faiseur de marchés, un courtier.*

You will repent your bargain. *Vous vous en repentirez.*

You have enough of your bargain, I suppose, by this. *Je crois que vous en avez eu assez pour votre argent.*

A bargain, (done, agreed.) *Tope, voilà qui est fait, j'y consens.*

P. A bargain is a bargain, P. *Ce qui est fait est fait, ce qui est dit est dit.*

Bargain. *Repartie brusque en termes équivoques.*

To BARGAIN, v. n. (to beat down the price.) *Marchander, demander le prix de quelque chose, & essayer d'en convenir.*

He has bargained for that cloth peny by penny. *Il a marchandé ce drap sou à sou.*

To bargain, (or strike up a bargain.) *Faire marché, tomber d'accord.*

Did you bargain with him? *Avez-vous fait marché avec lui?*

Bargained, *adj. Marchandé, dont on a fait marché. V.* to Bargain.

BARGAINER, *subst. Celui qui offre un marché.*

BARGAINING, *subst. L'action de marchander ou de faire marché.*

BARGE, *s.* (or great boat.) *Un grand bateau.*

A barge-man. *Un batelier.*

BARGER, *subst. Batelier.*

BARGE-MASTER, *subst.* (or Surveyor of Mines.) *L'Intendant ou l'Inspecteur des Mines.*

BARGE-MOTE, *s. La Cour des Mines.*

BARILLA, *subst. Potasse.*

BARK, *sub.* (or Boat.) *Une barque, un bateau.*

Bark, (a sea-term.) *Barque, nom générique, On entend souvent par ce mot, un vaisseau marchand à trois mâts, qui n'a ni pouline ni bouteilles.*

Bark (or rind) of a tree. *L'écorce d'un arbre.*

The bark, (or Jesuits powder.) *Le Quina ou le Quinquina.*

To BARK, v. neut. (to bay, as a dog.) *Aboyer, japer comme un chien.*

To bark, (as a fox.) *Glapir, en parlant d'un renard.*

An Author that barks at another. *Un Auteur qui aboye après un autre, qui le déchire, qui lui chante pouilles.*

To bark a tree, v. act. (to take off the bark.) *Oter ou lever l'écorce d'un arbre.*

Barked, *adj. Dont on a ôté l'écorce.*

BARKER, *subst. Celui ou celle qui ôte l'écorce d'un arbre.*

Barker, (speaking of a dog.) *Aboyeur.*

BARKING, *subst.* (or baying, as a dog.) *Aboi, aboiement, l'action d'aboyer ou de japer comme un chien.*

The barking of a fox. *Le glapissement d'un renard.*

Barking, (abusive language.) *Aboiemens, injures, invectives, l'action de chanter pouilles.*

Barking, (the taking off the bark.) *L'action de lever l'écorce d'un arbre.*

BARKY, *adj. D'écorce d'arbre.*

BARLEY, *subst.* (a sort of corn.) *Orge, sorte de grain.*

Fine barley. *De belle orge.*

Barley-bread. *Du pain d'orge.*

A barley-corn. *Un grain d'orge.*

Peeled barley. *Orge mondée.*

Barley-broth. *Orge mondée, potion faite avec de l'orge.*

Barley-water. *Tisane d'orge.*

BARM, *subst.* (or yeast.) *Levain.*

BARMY, *adj.* (containing barm.) *Où il y a du levain.*

BARN, *s.* (a corn-house, &c.) *Grange, grenier.*

The barn floor. *L'aire de la grange.*

A

A capon from my own barn-door. *Un chapon de ma poulailler.*
† The barn is full, or she is with child. *Elle a le ventre plein, elle est grosse.*
† Barn or Bearn, (a scotch or northern word for a child.) *Un enfant, un poupon.*
BARNACLE, *s.* (an instrument to hold a horse's nostrils.) *Mouraille avec quoi on serre le nez d'un cheval.*
Barnacle, (a sort of shell-fish.) *Bernacle, sorte de coquillage qui s'attache au fond des vaisseaux & des rochers.*
BAROMETER, *subst.* (an instrument to find the pressure of the air.) *Baromètre, instrument pour connoître la pesanteur de l'air.*
BAROMETRICAL, *adj. Qui a rapport au baromètre.*
BARON, *subst.* (a degree and title of nobility.) *Baron, degré & titre de noblesse.*
A Baron, (or Judge.) *Un Juge.*
Ex. A Baron of the Exchequer. *Un Juge de l'Échiquier ou de la cour des Finances.*
The lord chief Baron. *Le premier Juge.*
BARONAGE, *s. Baronie, terre ou dignité de Baron.*
BARONNESS, *subst. La femme d'un Baron.*
BARONET, *adj.* (or Banneret.) *Banneret.*
A Knight Baronet. *Un Chevalier Banneret, le dernier degré de noblesse héréditaire en Angleterre.*
BARONY, *subst. Une Baronie.*
BAROSCOPE, *s.* Instrument qui sert à connoître la pesanteur de l'atmosphère.
BARRACAN, *s.* (a sort of coarse camlet.) *Bouracan, sorte de gros camelot.*
BARRACK, *s.* (a house for soldiers.) *Une baraque, une caserne.*
BARRATOR, *subst. Chicaneur, plaideur.*
BARRATRY, *subst. Chicane.*
BARRED, *adj. Barré, &c. V.* to Bar.
Barred place, (a sea-term.) *Lieu de barre, en termes de marine.*
BARREL, *s.* (a small cask.) *Un baril, un petit tonneau.*
The barrel of a gun. *Le canon d'une arme à feu.*
The barrel of a drum. *Le fût d'un tambour.*
The barrel of a watch. *Le barrillet d'une montre.*
A barrel or great barrel. *Une barrique, un gros tonneau.*
The barrel of a jack. *La fusée d'un tourne-broche.*
To BARREL up, *v. a. Entonner, mettre dans un baril ou dans une barrique.*
† To barrel up sleep. *Dormir tout son soul.*
Barrelled up, *adj. Entonné.*
BARREN, *adject.* (fruitless, sterile.) *Stérile, infructueux, qui ne produit rien, qui ne porte aucun fruit, en parlant de la terre, des animaux, &c.*
Barren, (dry, jejune.) *Stérile, sec, maigre, en parlant de l'esprit, de la conversation, &c.*
BARRENLY, *adv. Stérilement, maigrement, séchement.*
BARRENNESS, *s.* (sterility, in a proper and figurative sense.) *Stérilité, au propre & au figuré.*
BARRESTER, *V.* Barrister.
BARRETOR, *s.* (a wrangler.) *Un chicaneur. V.* Barrator.
BARREFUL, *adj* Plein d'obstacles.

BARRICADE, } *sub.* (a sort of intrenchment.) *Barricade, sorte de retranchement.*
BARRICADO,
Barricade, (a sea-term.) *Batayoles pour le bastingage, placées sur les fronteaux des gaillards.*
To BARRICADO, *v. a. Barricader, faire des barricades.*
Barricadoed, *adj. Barricadé.*
BARRIER, *s.* (a bar to shut a passage.) *Barrière, sorte de barre servant à fermer un passage.*
Barriers, (a running exercise within bars.) *Barres, sorte de jeu de course.*
BARRIL. *V.* Barre.
BARRISTER, *subst. Un Avocat qui a ses licences pour plaider.*
BARROCK. *V.* Baraque.
BARROW, *subst. Civière,* instrument de bois.
A hand-barrow. *Une civière à bras.*
A wheel-barrow. *Une brouette.*
A barrow-hog. *Un porc ou un verrat châtré.*
Barrow-grease. *Graisse de porc.*
BARSHOT, *subst. Boulets ramés.*
To BARTER, *v. act.* (to truck or exchange.) *Troquer, changer, faire un troc ou un échange.*
To barter a thing for another. *Troquer une chose contre une autre.*
Bartered, *adj. Troqué, changé.*
BARTER, } *subst.* Troc, échange,
BARTERY, } *l'action de troquer, &c.*
BARTERING, } *V.* to Barter.
BARTON, *sub.* (a coop for poultry.) *Poulailler, lieu où couchent les poules, & où elles pondent ordinairement.*
BASE, *adj.* (mean, low, vile.) *Bas, vil, méprisable.*
Base extraction or parentage. *Basse extraction ou basse naissance.*
Base, (of mean parentage.) *De basse naissance.*
Base-born, (or bastard.) *Bâtard, bâtarde.*
A base-born son. *Un bâtard, un fils naturel.*
Base, (shameful, dishonest, knavish.) *Honteux, vilain, infame, mal-honnête, indigne.*
A base action. *Une action honteuse, vilaine, infame, indigne, &c.*
Base, (sneaking, cowardly.) *Bas, lâche, sans courage & sans générosité.*
A base soul. *Une ame basse, un esprit bas.*
Base, (sneaking or penurious.) *Avare, chiche, mesquin.*
Base coin, (of less value than it shou'd be.) *Argent bas, monnois de bas aloi, billon.*
Base coin, (or small money.) *Petite monnoie.*
A base (or inferior) court. *Une cour subalterne.*
BASE, *sub.* (basis or foundation.) *Base, fondement ou soutien de quelque chose.*
The base of a column. *La base d'une colonne.*
Justice is the base of sovereign authority. *La justice est la base de l'autorité souveraine.*
The base of a pedestal. *Socle de piédestal.*
The base of a bed. *Le soubassement d'un lit, le tour d'en-bas d'un lit.*
Base or bass or the base part, (in musick.) *La basse ou la basse-contre, une des parties en musique.*

A thorough base. *Une basse continue.*
A base viol. *Une basse de viole,* instrument de musique.
Base, (a sea-fish.) *Loup de mer, sorte de poisson.*
To BASE, *v. act.* (or embase.) *Altérer, affoiblir un métal par le mélange.*
BASELY, *adv.* (meanly.) *Bassement, d'une manière basse.*
Basely, (poorly, pitifully.) *Bassement, pauvrement, chétivement, mal, très-mal.*
Basely, (shamefully, knavishly.) *Lâchement, vilainement, honteusement, en mal-honnête homme, en faquin.*
Basely, (or horribly.) *Horriblement, furieusement.*
I was basely jolted in that coatch. *J'ai été horriblement ou furieusement cahoté dans ce carrosse.*
BASENESS, *s.* (or meanness.) *Bassesse, qualité de ce qui est vil & méprisable.*
Baseness of extraction. *Bassesse d'extraction.*
Baseness, (base, dishonest or knavish action.) *Bassesse, infamie, lâcheté, action basse, honteuse, infame ou indigne.*
Baseness, (or sneakingness) of spirit. *Bassesse d'esprit ou de cœur, lâcheté, abattement de courage.*
Baseness, (or penuriousness.) *Avarice, mesquinerie, pleutrerie.*
† To BASH, *verb. neut. Rougir, avoir honte.*
BASHAW. *Voyez* Bassa.
BASHFUL, *adj.* (shamefaced, timorous, modest,) *Honteux, qui a de la pudeur, timide ou modeste.*
BASHFULLY, *adv. Avec honte, avec pudeur, avec timidité, avec modestie.*
BASHFULNESS, *subst. Bonne ou mauvaise honte, pudeur, timidité, modestie.*
BASIL or Sweet Basil, *subst.* (a sweet smelling plant.) *Basilic, plante odoriférante.*
Basil, (the skin of a sheep tanned.) *Basane.*
To BASIL, *v. act.* (to grind the edge of a tool to an angle.) *Aiguiser le coupant d'un outil.*
BASILICA, } *subst. Basilicon,* sorte
BASILICON, } d'onguent.
Basilica, (the middle vein of the arm.) *La veine basilique.*
BASILICK, *s.* (or great church.) *Basilique, une grande église.*
Ex. The basilick of S. Pierre. *La basilique de S. Pierre.*
BASILISK, *s.* (or cockatrice.) *Basilic, sorte de serpent.*
Basilic, (a sort of great gun.) *Basilic, sorte de gros canon.*
BASIN, } *subst.* (a place near the sea
BASON, } where ships may ride in safety.) *Bassin.*
Basin. *Bassin, en plusieurs autres sens.*
Basin of a dock. *Bassin à radouber les vaisseaux.*
Basin. *Bassin d'un port, ou darce.*
BASIS, *subst.* (base or foundation, in a proper and figurative sense.) *Base, soutien, fondement, au propre & au figuré.*
To BASK in the sun, *v. neut. Se chauffer, être ou se tenir au soleil.*
BASKIT, *s. Un panier, une corbeille.*
A fruit-basket. *Un panier à fruit.*

BAS

A table-basket. *Une manne.*
A basket to carry on the back. *Une hotte.*
A little basket. *Un corbillon.*
A basket-maker. *Un faiseur de paniers ou de corbeilles.*
A basket-woman. *Une femme qui se tient aux marchés & aux boucheries avec une corbeille, & qui porte pour peu de chose les provisions qu'on y achete.*
Pin-basket, &c. V. Pin.
BASON, *s. Un bassin.*
BASS. *Voyez* Base.
BASS-RELIEF,
BASSO-RELIEVO, } *subst.* Bas-relief, *ouvrage de sculpture.*
BASTONADO. V. Bastinade.
BASSA
BASHAW, } *subst.* (a Turkish Officer.)
Bacha ou Bassa, Officier parmi les Turcs. Ceux qui ont été à Constantinople assurent qu'il faudroit dire Pacha, mais l'usage l'emporte contre leur sentiment.
BASSET, *s.* (a game at cards.) *Bassette, sorte de jeu de cartes.*
BASSOON, *s.* Basson, *instrument de musique.*
BAST,
BASTE, } *subst.* (lime-tree wood made into ropes and mats.) *Cordes ou nattes de tilleul.*
BASTARD, *adj.* (born out of wedlock.) *Bâtard, bâtarde, né hors de légitime mariage.*
A bastard child. *Un enfant bâtard.*
A bastard son. *Un fils bâtard.*
Bastard, (not true, false.) *Bâtard, qui n'est pas véritable, faux.*
Bastard fruits. *Fruits bâtards.*
A bastard generosity. *Une fausse générosité.*
Bastard French. *François corrompu.*
Bastard, *s. Un bâtard, une bâtarde.*
To BASTARDIZE, *v. act. Abâtardir, altérer, corrompre, faire dégénérer, falsifier.*
Bastardized, *adj. Abâtardi, altéré, corrompu, falsifié.*
* BASTARDLY, *adv. En bâtard, d'une maniere qui tient de la bâtardise.*
BASTARDY, *s.* (the being a bastard.) *Bâtardise,* qualité *de bâtard.*
Bastardy, (an enquiry at law, whether one is a bastard or no.) *Recherche de bâtardise.*
To BASTE, *v. act.* (to beat soundly.) *Battre, rosser, rouer de coups.*
† To baste flints with butter, (to do a thing to no purpose.) *Battre l'eau avec un bâton.*
To baste meat a roasting. *Arroser ou flamber le rôti.*
To baste, (to sow with long stitches.) *Faufiler, faire une fausse couture à longs points.*
Basted, *adject. Battu, rossé, &c. V. to Baste.*
BASTEN, *adject. Exemp.* A basten rope, (from Bast.) *Corde d'écorce de tilleul.*
BASTINADE,
BASTINADO, } *subst.* (blows with a stick.) *Bastonnade, coups de bâton.*
To BASTINADO, *v. act.* (or beat.) *Bâtonner, donner des bastonades, donner des coups de bâton.*
Bastinadoed *adj. Bâtonné.*
BASTING, *s.* (or beating.) *Bastonnade, coups de bâton, l'action de battre, &c.*
V. to Baste.

BAS BAT

The basting of meat. *L'action d'arroser la viande.*
A basting-ladle. *Ustensile de cuisine pour flamber ou pour arroser le rôti.*
BASTION, *s.* (or bulwark.) *Un bastion, ouvrage de fortification.*
BASTO, *s. Nom qu'on donne à l'as de trefle au jeu de quadrille.*
† BASTON, *s.* (or batoon.) *Un bâton, un tricot.*
Baston, (an officer of the fleet prison who attends the court with a red staff.) *Un Huissier, un Sergent de la prison de Londres, qu'on appelle* Fleet.
BAT, *s.* (a club.) *Crosse, gros bâton courbé au bout.*
A brick-bat. *Un morceau ou éclat de brique.*
A whirl-bat. *Un ceste, gantelet dont on se servoit pour se battre à coups de poings.*
Bat, (or rere-mouse or flitter-mouse.) *Une chauve-souris.*
Bat-fowling. *Chasse aux oiseaux pendant la nuit.*
BATABLE, *adject.* (or disputed.) *Ex.*
Batable-ground, (or between borderers, especially between England and Scotland of old.) *Terres limitrophes que deux États se disputent.*
BATALIA. V. Battalia.
BATALION. V. Battalion.
BATCH, *s.* (the quantity of bread baked at one time.) *Une fournée.*
But all being of the same batch or make. *Mais tous les ouvrages étant de la même trempe.*
BATCHELOR,
BATCHELOUR, &c.} V. Bachelor, &c.
BATE, *s.* (or strife.) *Débat, querelle, dispute.*
A make-bate. *Un boute-feu.*
To BATE, *v. act.* (to abate or retrench.) *Rabattre, retrancher, diminuer.*
† He won't bate an inch of it. *Il n'en veut point démordre.*
To bate, *v. n.* (to be abated.) *Baisser, diminuer, s'abattre, décroître.*
To bate, (as a hawk does.) *Voyez* to Bait.
BATEFUL, *adj. Querelleur, chicaneur.*
BATH, *subst.* (a place for bathing.) *Bain, l'eau ou le lieu dans lequel on se baigne.*
To prepare the bath. *Préparer le bain.*
A hot bath. *Un bain chaud, des étuves.*
A dry bath. *Une étuve, tieu dans les bains où l'on se met pour suer.*
The Knights of the Bath, (an order of Knighthood in England.) *Les Chevaliers du Bain, ordre de Chevalerie en Angleterre.*
A bath-keeper. *Un baigneur.*
To BATHE, *v. act.* (to soak or water.) *Baigner, arroser, tremper, mouiller.*
To bathe one's self. *Se baigner, prendre le bain.*
To bathe a wound. *Étuver ou bassiner une plaie.*
To bathe, *verb. récip. Se baigner, ou baigner.*
Bathed, *adject. Baigné, arrosé, trempé, mouillé, &c.* V. to Bath.
BATHING, *s. L'action de baigner, &c.*
V. to Bath.
A bathing-place. *Un bain, un endroit propre à se baigner.*
A bathing-tub. *Une baignoire, ou un bain.*

BAT

BATING, *s. L'action de rabattre, rabais; diminution, &c.* V. to Bate.
Bating some few. *Hormis, except quelques-uns, à quelques-uns près.*
BATLET, *subst. Battoir, instrument pour battre la lessive.*
BATOON, *s.* (a short thick stick.) *Un bâton gros & court, un tricot.*
* BATTAILED, *adj.* (embattled, having battlements.) *Qui est orné de créneaux, crenelé.*
BATTAILOUS, *adj. Guerrier, militaire.*
BATTALIA, *s.* (battle array.) *Bataille, ordre de bataille.*
To draw up an army in battalia. *Ranger une armée en bataille.*
BATTALION, *s.* (a body of foot-soldiers generally consisting of five or six hundred men.) *Bataillon, corps d'infanterie.*
To BATTEN, *v. neut.* (or to welter.) *S'étendre, se vautrer.*
Ex. A sow that battens in her own dung. *Une truie qui se vautre dans son fumier.*
To batten, (to fatten or get flesh.) *S'engraisser, se refaire, se rumplumer.*
Batten, *s. Latte, listeau ou regle de bois, en général.*
Battens of the hatches. *Lattes de bois ou cercles de tonneaux cloués sur les bords des prélarts qui recouvrent les panneaux des écoutilles pour les fermer hermétiquement.*
BATTER, *s.* (flour and water to make puddings and pancakes with.) *Farine détrempée pour en faire des boudins & des beignets à l'angloise.*
To BATTER, *v. act.* (to beat or bruise.) *Battre, frapper, froisser, applatir, écacher.*
To batter with ordnance. *Battre à coups de canon, canonner, foudroyer.*
To batter one's face. *Souffleter quelqu'un, ou lui mettre le visage en compote.*
To batter down. *Abattre, renverser, fracasser, battre en ruine.*
Battered, *adj. Battu, frappé, froissé, &c.*
V. to Batter.
Battered, (ruined, decayed.) *Délabré, ruiné.*
A battered debauchee or rake. *Un homme qui a ruiné sa santé par la débauche.*
BATTERER, *s. Celui qui bat.*
BATTERING, *s. L'action de battre, &c.*
V. to Batter.
BATTERY, *s.* (beating or assault.) *Batterie, combat, ou querelle où il y a des coups donnés.*
Battery, (the place where cannons are planted.) *Batterie, lieu où l'on place les canons.*
To raise or set up a battery. *Elever, dresser ou établir une batterie.*
Battery, (the cannons themselves planted.) *Batterie, les canons mêmes placés en batterie.*
BATTING, *adj. Ex.* A laundress's batting-staff. *Un battoir, instrument de blanchisseuse pour battre la lessive.*
BATTLE, *s.* (general fight of two armies.) *Bataille, combat général de deux armées.*
To offer battle. *Présenter la bataille.*
To give battle. *Donner bataille.*
To join battle. *Livrer bataille, en venir aux mains.*
A set or pitched battle. *Une bataille rangée.*

Battle-axe,

Battle-axe. *Hache d'armes*, ou *bec de corbin.*
Battle-array. *Ordre de bataille.*
Battle, (or trial by combat.) *Duel, combat qui étoit autrefois permis pour prouver les faits en question.*
Battle, (in the sense of the University of Oxford.) *V.* Size.
To BATTLE, *v. a. Combattre en bataille rangée.*
BATTLEDOOR , *subst.* (to play at shittle - cock or tennis.) *Un battoir, une palette,* pour jouer au volant *ou* à la paume.
A battledoor, (or horn-book.) *Un a-b-c* ou *alphabet attaché à une petite palette.*
BATTLEMENT, *s.* (a piece of masonry on the top of a wall, like a dent.) *Un créneau.*
BATTLER, *s.* (a scholar that battles or fises in the university.) *Un étudiant, un écolier dans l'université.*
BATTOON. *V.* Batoon.
BAVAROY , *s.* Sorte de surtout.
* BAUBEE, *s.* (or farthing.) *Un liard.*
BAUBLE, *s. V.* Bawble.
BAUD, &c. *V.* Bawd, &c.
* BAUFREY, *s.* (a beam or joist.) *Une poutre, une solive.*
BAVIN, *s.* (a fagot of small branches of wood.) *Bourrée,* espèce de fagot de menues branches.
To BAULK, &c. *V.* to Balk, &c.
Baulks or Balks, *s. pl.* (du Gothique BALKUR, poutre, longue pièce de bois.) Forans ou épontilles de sapin.
BAULM, &c. *V.* Balm, &c.
* To BAULTER. *V.* to Curl.
BAWBLE, *s.* (or play-thing.) *Babiole, jouet d'enfant, bagatelle, colifichet.*
A fool's bawble. *Marotte de fou.*
† BAWBLING, *adject. Vil, de nulle valeur.*
BAWD, *s.* (a she-bawd, a procuress.) *Une maquerelle, une femme d'intrigue, femme qui fait trafic de filles & de femmes.*
A bawd, (or pimp.) *Un maquereau, un ministre infame de voluptés illicites.*
To BAWD, *v. n. Faire le métier de débaucher & de prostituer des femmes.*
BAWDILY, *adv. D'une manière obscène.*
BAWDINESS, *s. Obscénité.*
BAWD\RICK , *s.* (a cord or a thong for a bell-clapper.) *Corde ou courroie de battant de cloche.*
Bawdrick. *V.* Furniture.
BAWDRY, *s.* (or a bawd's trade.) *Maquerellage.*
Bawdry. *V.* Bravery.
BAWDY, *adj.* (obscene, filthy, smutty.) *Sale, obscène, vilain, impudique, infâme, déshonnête, gras, trop libre, qui blesse la pudeur.*
Bawdy discourses. *Des discours sales, obscènes, trop libres, déshonnêtes.*
A bawdy-song. *Une chanson obscène.*
A bawdy-house. *Un bordel, un lieu infâme, un lieu de débauche, un mauvais lieu.*
Bawdy, *s.* (bawdy or obscene words or discourse.) *Obscénité, saleté, ordure, paroles grasses, discours trop libre, ou qui blesse la pudeur.*
To talk bawdy. *Tenir des discours sales, obscènes ou déshonnêtes, parler gras.*
To DAWL, *verb. neut. Crier, criailler, clabauder.*

BAWLER, *s. Un criard, un criailleur, un clabaudeur; ou une criarde, une criailleuse, une clabaudeuse.*
BAWLING, *s. Cris, criterie, criaillerie, clabauderie, l'action de crier,* &c. *V.* to Bawl.
To keep a bawling. *Crier, criailler,* &c.
Bawling, *adj. Qui crie, qui criaille, qui clabaude.*
A bawling fellow. *Un criard, un criailleur, un clabaudeur.*
BAWRIL, *s. Sorte d'oiseau de proie.*
† BAWSIN. *V.* Badger, a beast.
BAY, *subst.* (a term in architecture.) *Baie.*
Bay, (a road for ships.) *Baie, plage, rade,* espèce de golfe où les vaisseaux sont à l'abri.
Bay, (or empty place in masonry for a door or window.) *Baie,* en maçonnerie, ouverture pour une porte, *ou* pour une fenêtre.
A bay of joists betwixt two beams. *Une travée.*
A bay-window. *Une fenêtre ronde,* ou *cintrée ou faite en arcade.*
A tinkers bay. *Une drouine.*
A bay, (or dam to stop water.) *Une bonde.*
To keep one at bay, (to amuse him.) *Amuser quelqu'un, le tenir en haleine, lui tenir le bec dans l'eau.*
BAY. *Abois.*
At bay. *Aux abois.*
BAY } *s. Un laurier, un laurier femelle.*
BAY-TREE }
BAY, *adj.* (brown-red, speaking of colours.) *Bai,* rouge-brun.
Ex. A bay-horse. *Un cheval bai.*
Bay-salt. *Du sel gris.*
To BAY or rather Baa, *v. neut.* (to cry like a lamb.) *Bêler.*
To bay (to bark, like a dog.) *Aboyer, japer, clabauder,* comme un chien.
BAYARD, *s.* (a bay-horse.) *Un balzan, un cheval bai.*
BAYING, *subst.* (as a lamb.) *Bêlement d'agneau.*
Baying, (as a dog.) *Aboiement.*
BAYL, &c. *V.* Bail, &c.
BAYLIFF, &c. *V.* Bailiff, &c.
BAYONNET, *s.* (a dagger for soldiers.) *Une bayonnette.*
BAYZE, } *s.* (a kind of stuff.) *Revêche,* sorte d'étoffe frisée.
BAIZE, }
BDELLIUM, *s. Sorte de gomme aromatique.*
To BE, *v. neut. & subst.* (to exist.) *Être, exister.*
The substantive verb to Be is irregular in most languages. *Le verbe substantif Être est irrégulier dans presque toutes les langues.*
I am, *je suis;* thou art, *tu es;* he is, *il est;* we are, *nous sommes;* you or ye are, *vous êtes;* they are, *ils sont;* I was, *j'étois ou je fus;* I have been, *j'ai été;* I had been, *j'avois ou j'eusse été;* I shall be, *je serai;* that I be, *afin que je sois;* I should be, *je serois, ou je fus.*
God calls himself him that is. *Dieu s'appelle celui qui est.*
That is true or false. *Cela est vrai ou faux.*
That man is wise. *Cet homme est sage.* He is not learned. *Il n'est pas savant.*
We were in summer-time. *Nous étions en été.*

I grant it he so, *je veux qu'il soit de la sorte.* If he be well, let him keep so, *s'il est bien, qu'il s'y tienne.*
His Physician says he is better. *Son Médecin dit qu'il est mieux,* ou *qu'il se porte mieux.*
That is well. *Cela est bien, voilà qui va bien.*
That will be, (or will come to pass.) *Cela sera, cela arrivera.*
Were it not that, *Si ce n'étoit que, si ce n'étoit été que.*
Who is it? *Qui est-ce?*
So it is. *Aussi est-ce.*
What is the matter? *Qu'est-ce que c'est? qu'y a-t-il?*
It is, (used impersonally.) *Il est,* impersonnellement.
It is day. *Il est jour.*
It is night. *Il est nuit.*
It is eleven o' clock. *Il est onze heures.*
It is not in me (or in my power) to do such a thing. *Il n'est pas en moi ou en mon pouvoir de faire telle chose.*
There is or there be. *Il est, il y a.*
There are men so wicked. *Il est ou il y a des hommes si méchants.*
There was a woman. *Il étoit ou il y avoit une femme.*
There are some good and some bad. *Il en est de bons, il en est de mauvais.*
It is with painters as with poets. *Il en est des peintres comme des poètes.*
That is just. *Cela est de justice, cela est juste.*
That is very much like him. *Cela est bien de lui.*
To be (to make) one of the number. *Être, faire partie d'un nombre.*
He is one of the match. *Il est de la partie.*
He will be one of my Judges. *Il sera de mes Juges.*
He is none of the accomplices. *Il n'est pas des complices.*
Will you be one? *En voulez-vous être?*
Where are we now? *Où en sommes-nous à présent.*
Are you there? *En êtes-vous là?*
I shall be there. *Je serai là, je m'y trouverai.*
Will you be there? *Y serez-vous? vous y trouverez-vous.*
You are out, you are mistaken. *Vous n'y êtes pas, vous vous trompez.*
R. To Be, has several other significations, and first of all it is often rendered into French by the verb *Avoir.*
Ex. To be hungry, thirsty or dry, hot or cold. *Avoir faim, soif, chaud ou froid.*
To be ten years old. *Avoir dix ans, être âgé de dix ans.*
How many games are you? *Combien de jeux avez-vous?*
To be of good cheer. *Avoir bon courage.*
To be nothing but skin and bones. *N'avoir que la peau & les os.*
To be in orders. *Avoir les ordres.*
You are to blame. *Vous avez tort.*
It is so much in compass or length. *Il a cela de tour ou de long.*
I am to receive money. *Je dois recevoir de l'argent.*
He is to be hanged. *Il doit être pendu.*
You are to play. *C'est à vous à jouer.*
How is it? *Comment va l'affaire? comment vont les affaires?*
How is it with you? *Comment vous va? Comment vous portez-vous?*

I am very well. *Je me porte bien.*
He is not well. *Il ne se porte pas bien, il se porte mal.*
Who are you for? *Pour qui tenez-vous? ou pour qui êtes-vous?*
I am sur that or that is the thing I am for. *C'est ce que je veux avoir, que je cherche, que j'aime, à quoi je vise; je me déclare en faveur de cela.*
I am absolutely for it. *Je le veux absolument.*
I am for any thing. *Je m'accommode de tout, j'aime tout.*
It is not all the money in the world that can make him dishonest. *Tout l'argent du monde ne sauroit le corrompre.*
As soon as his back was turned. *Dès qu'il eut le dos tourné.*
What would you be at? *Que prétendez-vous faire? quel est votre dessein? quelle est votre vue ou intention?*
To be at. *Voyez* At.
Shall I help you to a wing of this partridge? no, I thank you, this is enough. *Vous servirai-je une aile de cette perdrix? non, je vous rends graces, j'ai assez de quoi manger sur mon assiette.*
This is nothing to you. *Ceci ne vous importe nullement, vous n'y avez rien à voir, cela ne vous regarde point.*
What is it to me? *Que m'importe?*
I shall be there without fail. *Je m'y trouverai, ou j'y serai sans faute.*
To be a witness for one. *Servir de témoin à quelqu'un.*
I will be a father to him. *Je lui servirai de père.*
That must be to you instead of a recompence. *Cela vous doit servir ou tenir lieu de récompense.*
I was so frighted, that I shall not be myself again these two days. *J'ai eu si grande peur, que je n'en reviendrai pas de deux jours.*
Here he is. *Le voici.*
There she is. *La voilà.*
This is the reason why I did it. *Voici la raison pour quoi je l'ai fait.*
That is the occasion of the quarrel. *Voilà le sujet de la querelle.*
To be all for a spurt. *Faire tout par boutades.*
Thanks be to God. *Grace à Dieu.*
If so be that he go away. *S'il s'en va, s'il est vrai ou si tant est qu'il s'en aille.*
To be hereafter. *Futur, qui doit être.*
So it be no trouble to you. *Pourvu que cela se fasse sans vous incommoder.*
I am as yet to seek or at a loss as to that. *C'est ce que je cherche, c'est ce que je ne sais pas encore.*
To be to do. *Devoir faire.*
Ex. I am to go thither. *Je dois y aller.*
To be in hand with a thing. *Travailler à quelque chose, y être après.*
It will be ill for you. *Cela ira mal pour vous, vous en souffrirez.*
I cannot be without it. *Je ne saurois m'en passer.*
That will never be. *Cela n'arrivera jamais, cela ne se fera jamais.*
I shall be the death of him. *Je le tuerai, je lui ôterai la vie.*
I will be the ruin of him. *Je le ruinerai, je causerai sa ruine.*
R. *Les Anglois se servent fort souvent de ce verbe avec le participe présent d'un autre verbe, à la manière des Grecs.*
Ex. I am reading, *je lis.* I was reading,

je lisois. I have been reading, *j'ai lu.* I shall be reading, *je lirai.*
R. *Ils s'en servent aussi avec les participes passifs, dans le sens de nos adjectifs finissant en* able.
Ex. To be praised, *louable.* To be imagined, *concevable.* Not to be cured, *incurable.* That is not to be done, *cela n'est pas faisable.*
R. *Ils l'emploient aussi impersonnellement.*
Ex. There is a fine coach, *il y a un beau carrosse.* There are several houses, *il y a plusieurs maisons.*
There is good beef eaten in England. *On mange ou il se mange de bon bœuf en Angleterre.*
There is good wine drunk in France. *On boit ou il se boit de bon vin en France.*
'Tis or it is great pity. *C'est un grand dommage.*
It is I. *C'est moi.* It is such a one, *c'est un tel.*
It is above an hour since. *Il y a plus d'une heure.*
R. *L'impersonnel* It is *signifie quelquefois* il est, *& quelquefois* il fait.
Ex. It is day light. *Il est jour.*
It is fine weather. *Il fait beau temps.*
It is moon-shine. *Il fait clair de lune.*
It is good being here. *Il fait bon ici.*
It is better being there. *Il fait meilleur là.*
It is better. *Il vaut mieux.*
It is no matter. *Il n'importe.*
As it were. *Pour ainsi dire.*
R. Be *est quelquefois une particule inséparable, qui dans la composition a la signification de l'adverbe* all over, *partout.*
Ex. To bedawb. *Barbouiller.*
To beshit, (or dawb.) *Embrener.*
BEACH, *subst.* (or shore.) *Un rivage, une côte de mer.*
Beach, (or cape.) *Pointe de terre, cap.*
BEACHED, *adj. Exposé aux flots, aux vagues de la mer.*
BEACON, *s.* (a high light for warning.) *Un signal, un feu pour servir de signal, balise, fanal, phare.*
BEACONAGE, *s.* (money to maintain a beacon.) *Le droit qu'on paye pour l'entretien d'un signal.*
BEAD, *s. Grain de collier, de bracelet ou de chapelet.*
To thread beads. *Enfiler des grains de collier,* &c.
Beads, popish beads, (to say prayers with.) *Chapelet ou rosaire.*
To say over one's beads. *Dire son chapelet ou son rosaire.*
Bead-roll or bed-roll, (a list of those that used to be played for.) *Liste ou catalogue de ceux pour qui les Prêtres avoient accoutumé de prier dans les Églises.*
Beeds-man. *Aumônier, homme d'Église qui prioit pour un bienfaiteur.*
Beads-man, (an under-beadle, to clear the church-doors from beggars, children, &c.) *Sorte de bedeau.*
Bead-cuffs. *Manchettes à petits grains.*
BEADLE, *subst.* (a mean officer in an university, in a parish or a court.) *Un bedeau, un sergent; bas-Officier dans une Université, dans une Paroisse ou dans une Cour de Justice.*
BEAGLE, *sub.* (a sort of hunting-dog.) *Basset, espèce de chien de chasse.*

† A precious beagle, (a rascally fellow.) *Un homme de néant, un faquin.*
BEAK, *s.* (or bill of a bird.) *Le bec d'un oiseau.*
Beak-full. *Becquée.*
The beak or beak-head of a ship. *L'éperon, le cap, la poulaine ou l'avant d'un navire, qui se termine par un colis.*
The beak of an alembick. *Le bec ou le canon d'un alambic.*
BEAKED, *adj. Qui a un bec.*
BEAKER, *s.* (a drinking cup.) *Un gobelet, une tasse.*
BEAL, *subst.* (or wheak.) *Pustule, aposteme.*
To BEAL, *v. neut.* (to gather matter.) *Apostumer, se former en aposteme.*
BEAM, *subst.* (a great piece of timber in building.) *Poutre, grosse solive.*
Beam, (or pole of a wain or coach.) *Timon de chariot, flèche de carrosse.*
A draw beam, (a windlass.) *Un vindas, un cabestan, machine pour tirer ou enlever les fardeaux.*
The beam (or main horn) of a stag's head. *La perche de la tête d'un cerf.*
The beam of a balance or pair of scales. *Le fléau d'une balance.*
A weaver's-beam or yarn-beam. *Ensuble de tisserand.*
The fail-beam of a wind-mill. *Le volant d'un moulin à vent.*
Beams, *subst. plur.* (de BOM, *qui signifie en Langue Gothique, Arbre.*) *Baux.*
Orlops-beams. *Baux du faux pont ou faux baux.*
On the beam. *Droit par le travers du vaisseau ou sur la perpendiculaire, en parlant de la position des objets qu'on découvre dans le lointain.*
Before the beam. *Un peu par l'avant.*
Abaft the beam. *Un peu par l'arriere.*
Midship beam. *Voyez* Midship.
Beam, (ray of light.) *Rayon, trait de lumière.*
The beams of the sun. *Les rayons du soleil.*
Beam, (a meteor in shape of a column.) *Colonne de feu, sorte de météore ignée.*
BEAMY, *adj.* (full of beams, radiant.) *Rayonnant.*
BEAN, *s.* (a sort of pulse.) *Feve, sorte de légume.*
Kidney-beans or French-beans. *Feves de haricots, ou haricots, fasioles.*
BEAN-COD, *subst. sorte.* (a sort of small boat.) *Sorte de bateau pêcheur ou de chaloupe des pilotes de Portugal.*
BEAR, *subst.* (a wild beast.) *Un ours.*
A she-bear. *Une ourse.*
A bear's cub. *Le petit d'une ourse, un petit ours.*
Pr. To sell the bear's skin before one has caught him. *Vendre la peau de l'ours avant qu'il soit pris; compter sans son hôte.*
Pr. He goes like a bear to the stake, (he goes unwillingly.) *Il marche comme un homme que l'on mène pendre, il y va à contre-cœur.*
A bear-dog. *Chien ou dogue de combat avec les ours.*
Bear-garden. *Lieu où les dogues se battent avec les ours.*
A bear-ward. *Un meneur d'ours.*
Bear's breech or bear's foot or brank-ursine or black hellebore, (a plant.) *Branche-ursine, sorte de plante.*

Bear-fly.

BEA

Bear-fly. *Un insecte.*
Bear's-ear. *Oreille d'ours*, plante.
Bear's-foot. *Voyez* Hellebore.
To BEAR, verb. act. (to carry, to hold up.) *Porter, supporter, soutenir.*
To bear a burden. *Porter un fardeau.*
These pillars bear all the house. *Ces piliers supportent ou soutiennent toute la maison.*
To bear, (to abide or suffer.) *Soutenir, supporter, porter, souffrir, endurer, essuyer.*
To bear the enemy's onset. *Soutenir le choc ou l'attaque de l'ennemi.*
To bear a thing patiently. *Supporter, porter, souffrir, endurer quelque chose patiemment.*
To bear (yield or bring forth) fruit, in a proper and figurative sense. *Porter ou produire du fruit, dans le propre & dans le figuré.*
To bear children. *Porter, faire des enfants.*
To bear one good will, (to have a good will for him.) *Porter amitié ou affection à quelqu'un, être porté d'amitié pour quelqu'un, avoir de l'amitié pour lui, l'aimer, être porté de bonne volonté envers lui.*
To bear one a grudge, a spite or an ill will. *Vouloir mal à quelqu'un, lui en vouloir; avoir une dent de lait contre lui.*
To bear sway or to bear rule. *Dominer, gouverner, régner, avoir le pouvoir en main.*
To bear an office. *Soutenir un emploi, exercer une charge.*
To bear the charges. *Payer les frais ou la dépense, défrayer.*
I will bear your charges. *Je vous défraierai.*
I have not one penny to bear my charges. *Je n'ai pas un sou pour me défrayer.*
To bear one company. *Faire ou tenir compagnie à quelqu'un.*
Wine that bears water. *Du vin qui porte bien l'eau.*
Paper that bears ink. *Du papier qui ne boit point.*
This word will hardly bear that sense. *Ce mot ne se prend guere en ce sens.*
These two words bear the same sense. *Ces deux mots ont un même sens ou signifient la même chose.*
What date does that letter bear? *De quelle date est cette lettre? de quel quantième du mois est-elle écrite?*
To bear witness. *Porter témoignage, rendre témoignage, être témoin, témoigner.*
Bear witness. *Vous en serez témoin, je vous prends à témoin, qu'il vous en souvienne.*
To bear, (or succeed.) *Réussir.*
To bring a project to bear, (to make it prosper, take or succeed.) *Faire réussir un projet.*
To bear one to another or to bear resemblance, (to resemble.) *Ressembler, être semblable, se rapporter l'un à l'autre, avoir du rapport ou de la conformité.*
To bear proportion. *Avoir de la proportion, être proportionné.*
To bear (have or take) a part. *Avoir ou prendre part.*
I shall bear a perpetual memory to his kindness. *Je conserverai toujours ou éternellement le souvenir ou la mémoire de ses bienfaits, je ne les oublierai jamais.*
To bear a thing in one's mind, (to remember it.) *Avoir quelque chose dans l'esprit ou dans la mémoire, s'en souvenir.*
Our language will not bear (or allow of) such a style. *Notre langue ne souffre pas un style de cette nature.*
This book will not bear another impression. *Ce n'est pas un livre à réimprimer.*
This is a subject that would bear a volume. *C'est un sujet qui fourniroit de la matiere pour un volume.*
This fable will bear divers morals. *On peut donner divers sens moraux à cette fable; cette fable contient plusieurs moralités.*
To bear too hard upon one, (to treat him too roughly.) *Traiter quelqu'un avec trop de rigueur ou de sévérité.*
To bear one's self upon (to glory in) one's learning. *Se glorifier de sa science, être fier parce qu'on est savant, tirer vanité de son savoir, s'en faire accroire.*
To bear one's self as Consul or as a Consul. *Se porter pour Consul, prendre le titre & l'autorité de Consul.*
To bear (or behave) one's self well or ill. *Se comporter, se conduire bien ou mal, se porter bien ou mal.*
To bear a good price, (to sell well or at a good rate.) *Se bien vendre.*
That will not bear a better price. *Cela ne sauroit se vendre à plus haut prix.*
To bear little or no price. *Se vendre à vil prix ou presque pour rien.*
What price does it bear here? *A quel prix se vend-il ici?*
To bear a good honest mind, (to have good principles.) *Avoir le fond bon, être integre, avoir un grand fond d'honnêteté, avoir une bonne ame.*
To bear one's age well. *Porter bien son âge, paroitre plus jeune que l'on n'est.*
To bear faith to one. *Etre fidele à quelqu'un.*
To bear a fair face. *Faire bonne mine, faire bon visage.*
He gives more than his estate can bear, (or can let him.) *Il donne plus que son bien ne comporte, il donne au-delà de son bien.*
As far as my estate will bear. *Autant que mon bien me le permettra.*
To bear, (a sea-term.) *Rester*, en parlant de la position des objets relativement au vaisseau sur lequel on navigue, ou des terres par rapport les unes aux autres. *Ex.*
Cape Trafalgar bore N. E. of the compass. *Le Cap Trafalgar nous restoit au N. E. de la boussole.*
To bear (to lie or rest) on or upon, verb. neut. *Porter, poser, être soutenu.*
To bear (or carry) AWAY, verb. act. *Remporter.*
To bear away the prize. *Remporter le prix.*
To bear away the bell. *Voyez* Bell.
To bear away, v. n. (to run away at sea.) *Prendre chasse*, en termes de mer, *prendre la fuite.*
To bear OUT, v. a. *Maintenir, soutenir, appuyer, justifier, tirer d'affaire, tirer d'intrigue.*
The circumstances will, I hope, bear me out. *J'espere que les circonstances suffiront pour me justifier ou pour me justification.*
Nothing is so ridiculous but custom may bear it out. *La coutume rend supportable les choses les plus ridicules, ou bien les choses les plus ridicules cessent de l'être lorsqu'elles sont autorisées par la coutume.*
To bear (or jut) out, v. n. *Avancer*, en termes d'architecture.
To bear WITH one. *Supporter quelqu'un, lui pardonner, avoir de l'indulgence ou de la complaisance pour lui.*
To bear UP, v. act. *Porter, appuyer, soutenir, supporter.*
To bear up, v. neut. *Se hausser, s'élever, s'avancer.*
To bear up. *Se soutenir.*
To bear up against. *Résister, faire effort, se roidir, ou tenir ferme contre quelque chose.*
To bear up before the wind, (a sea-phrase.) *Porter à routes*, en termes de marine; *faire voile en droiture.*
To bear up to a ship. *Porter sur un vaisseau.*
Bear up the helm! *Arrive!*
Bear up round. *Arrive tout.*
Bear-a-hand! int. (du verbe To BEAR.) *Haut la main! hardi!* expression qu'on emploie pour animer les matelots à travailler promptement.
To bear TOWARDS the coast. *Naviguer vers la côte, approcher des côtes.*
To bear DOWN, v. act. *Faire baisser, abattre, renverser, entraîner.*
Love is able to beat down all considerations whatsoever. *L'amour l'emporte sur toutes sortes de considérations.*
To bear one down in discourse, (and make one yield.) *Soutenir fortement quelque chose à quelqu'un, le troubler, le déconcerter, le battre en ruine, le mener battant.*
To bear (or face) down. *Soutenir, soutenir en face.*
A guinea that beats down the weight. *Une guinée qui trébuche.*
To bear DOWN, v. neut. *S'affaisser, s'enfoncer.*
To bear OFF a blow, v. act. *Parer un coup, le détourner.*
To bear off, v. neut. (a sea-term.) *Courir au large, se mettre au large, alarguer*, en termes de marine.
To bear in with the harbour, (to sail into it with a large wind.) *Être porté d'un vent frais dans le port, chercher le mouillage.*
To bear in with the land. *Courir vers la terre.*
BEARD, s. (the hair about the chin and cheeks of an animal.) *Barbe, poil du menton & des joues de l'animal.*
A man's or goat's beard. *La barbe d'un homme ou d'un bouc.*
A rough beard. *Une barbe rude.*
The beard of an ear of corn. *La barbe d'un épi de blé.*
The beard of roots. *Les fibres des racines.*
† To BEARD one, v. act. (to affront him.) *Braver quelqu'un, l'affronter à sa barbe.*
To beard (or to bard) wool. *Couper la laine qui couvre le cou & la tête d'une brebis.*
To beard a stuff. *Ébarber ou tondre une étoffe.*
BEARDED, adj. (affronted, opposed.) *Bravé, &c. V. to* Beard.

Bearded,

BEA   BEA   BEA

Bearded, (having a beard.) *Barbu, qui a de la barbe.*
A bearded comet. *Une comete barbue.*
A red-bearded fellow. *Une barbe rousse, un homme qui a la barbe rousse.*
A bearded arrow. *Une fleche barbelée.*
Bearded away, (terme de construction.) *Amoindri.*
BEARDLESS, adj. *Sans barbe, qui n'a point de barbe, qui a le menton ras.*
BEARER, *s.* (one that bears.) *Porteur.*
A bill payable to the bearer. *Un billet payable au porteur.*
The bearers of a tree. *Les crochets d'un arbre.*
Bearer, *s.* Support, terme de blason.
BEARING, *subst. L'action de porter, &c.* V. to Bear.
There is no bearing of this. *C'est une chose insuportable, on ne sauroit l'endurer.*
A woman past child bearing. *Une femme qui ne porte plus, une femme qui n'est plus en âge de faire ou d'avoir des enfans.*
A bearing (or jutting) out. *Une saillie, une avance.*
The bearing of a town, (its situation with respect to another place.) *La hauteur d'une ville, par rapport à un autre endroit.*
Bearing, (a sea-term, the situation of a sea coast with respect to another.) *Gisement de côté.*
A bearing, (or charge, in heraldry, that which fills one's escutcheon.) *Ce qu'on porte pour ses armes, les armes; les armoiries, les pieces qui remplissent l'écu.*
Bearing up *or* bearing away. *Arriver vent-arriere.*
BEARN. V. Barn.
BEASEL. V. Bezil.
BEASOM. V. Besom.
BEAST, *s.* (a brute.) *Bête, bête brute, animal irraisonnable.*
A tame beast. *Une bête apprivoisée ou privée.*
A wild beast. *Une bête sauvage ou farouche.*
A beast of burden. *Une bête de charge, de somme ou de voiture.*
A beast for the saddle. *Une monture.*
A beast, (filthy creature, a lewd man or woman.) *Un vilain, une vilaine, un homme ou une femme qui est sale ou impudique.*
Beast, (a game at cards, like loo.) *Bête,* certain jeu de cartes.
BEASTLINESS, *s.* (filthiness, nastiness.) *Vilenie, saleté, saloperie.*
† Beastliness (filthiness, brutishness.) *Bestialité, vilenie, impudicité, brutalité, obscénité.*
BEASTLY, adj. (filthy, nasty.) *Sale, vilain, salope, maussade, mal-propre.*
Beastly, (filthy, brutish.) *Bestial, vilain, sale, brutal, obscène, impudique.*
A beastly desire. *Un desir bestial.*
Beastly discourses. *Des discours sales ou obscenes, des saletés, des obscénités.*
BEAT, *s.* (the beating or noise of a drum.) *La batterie, le bruit ou le son d'un tambour.*
The principal beats of the drum are, 1. the general, 2. the troop, 3. to arms, 4. the march, 5. the tattoo or retreat, 6. the reveillé, (vulgarly called travaillé,) 7. the call, 8. the shamade,

9. a rough or flourish. *Les principaux sons du tambour sont,* 1. *la générale,* 2. *l'assemblée,* 3. *aux armes ou aux drapeaux,* 4. *la marche ou battre aux champs,* 5. *la retraite,* 6. *la diane,* 7. *l'appel,* 8. *la chamade,* 9. *un roulement.*
Beat. *Coup.*
To BEAT, *v. act.* (to strike.) *Battre, frapper, fatiguer, harasser.*
To beat one soundly. *Battre quelqu'un fort & ferme, le battre rudement, le rosser, le rouer de coups.*
To beat one's coat or to beat his sides. *Battre quelqu'un à plate couture.*
To beat one's breast. *Se frapper la poitrine.*
To beat the drum. *Battre la caisse ou le tambour.*
To beat time, (in musick.) *Battre la mesure.*
To beat the hoof. *Battre la semelle, aller à pied.*
To beat, (or to bruise.) *Piler, broyer, casser.*
To beat pepper in a mortar. *Piler du poivre dans un mortier.*
To beat, (or to get the better of, to overcome.) *Battre, vaincre, avoir l'avantage sur, défaire.*
We have beaten the Spaniards. *Nous avons battu ou vaincu les Espagnols, nous avons eu l'avantage sur eux.*
I beat him five sets together at piquet. *Je lui ai gagné cinq parties de suite au piquet.*
To beat flat. *Écacher, aplatir.*
To beat one's brains with a thing. *Rompre la tête à quelqu'un d'une chose, rebattre quelque chose à quelqu'un, l'importuner par ses discours.*
To beat one's head (or brains) about a thing. *Se tourmenter l'esprit pour une chose, rêver profondement.*
To beat a ship. *Dépasser un vaisseau, marcher plus vite que lui, avoir la marche sur un vaisseau.*
We beat all the vessels we met. *Nous dépassames tous les vaisseaux que nous rencontrâmes, faisant même route que nous.*
To beat IN, *v. act.* Pousser dedans, faire entrer de force, enfoncer, cogner.
To beat in, *v. neut.* (as rain sometimes does.) *Entrer avec force.*
To beat a thing into a man's head, brains or memory. *Graver ou inculquer une chose dans l'esprit de quelqu'un, l'imprimer dans sa mémoire; ou bien, la lui faire comprendre.*
To beat a thing into one's own head. *Se mettre quelque chose en tête.*
To beat one black and blue. *Meurtrir quelqu'un, lui faire quelque meurtrissure ou quelque marque livide.*
To beat down the price. *Diminuer le prix, offrir moins qu'un autre.* Il signifie aussi *marchander.*
To beat, *v. n.* (as a hare does.) *Crier,* en parlant d'un liévre.
To beat BACK or to beat off. *Repousser, faire retirer, relancer, faire plier.*
We beat them back into their camp. *Nous les forçames à se retirer dans leur camp.*
The wind beat us back. *Le vent nous repoussa, le vent nous fit relâcher.*
To beat OUT. *Arracher, faire sortir à force de coups.*
To beat out one's eyes. *Arracher les yeux à quelqu'un, lui crever les yeux.*

To beat out a thing, (to search for it.) *Chercher quelque chose.*
To beat a thing out of one's head. *Dissuader quelqu'un d'une chose, lui ôter de l'esprit ou de la tête.*
To beat one out of his opinion. *Faire changer d'avis à quelqu'un.*
To beat one out of his reason. *Faire accroire à quelqu'un qu'il a tort ou qu'il n'a pas la raison de son côté.*
To beat one out of countenance. *Faire perdre contenance à quelqu'un, le déconcerter, le confondre.*
To beat UP the enemies quarters. *Mettre l'alarme dans les quartiers des ennemis, les attaquer, les enlever.*
To beat DOWN. *Abattre, renverser, démolir, détruire.*
To beat down the seams. *Rabattre les coutures.*
To beat UP and DOWN, (as a stag that runs first one way, and then another.) *Balancer,* en termes de chasse.
To beat one's head AGAINST the wall. *Donner de la tête contre la muraille, se froisser la tête contre, &c.*
To beat against, (as the waves against the rocks.) *Battre ou se briser contre le roc,* en parlant des flots de la mer.
I have hereby beaten THROUGH all the rough ways of this journey. *Ainsi j'ai aplani ce qu'il y avoit de rude & de raboteux dans cette carriere.*
To beat TO powder. *Réduire en poudre.*
To beat, *v. n. Battre, être agité.*
To beat, (a sea-expression.) *Combattre, résister, louvoyer.*
BEATEN, adj. *Battu, frappé, pilé, broyé, vaincu, gagné, &c.* V. to Beat.
An old weather beaten soldier. *Un vieux soldat.*
A beaten way. *Un chemin battu.*
An old beaten or trite argument. *Un argument qui a été souvent rebattu.*
Weather-beaten. V. Weather.
BEATER, *s.* Batteur, celui qui bat ou qui frappe, &c. V. to Beat.
A beater, (or rammer.) *Une hie,* avec quoi l'on enfonce le pavé.
A printer's beaters, (or balls.) *Balles d'imprimeur.*
Beater, (a plasterer's beater.) *Un rabot.*
BEATIFICAL, } adject. Béatifique, qui
BEATIFICK, } rend bienheureux, qui concerne les bienheureux.
BEATIFICALLY, adv. *D'une maniere béatifique, en bienheureux.*
BEATIFICATION, *s. Béatification.*
To BEATIFY, *v. act.* (to make blessed.) *Béatifier, rendre heureux, mettre au rang des bienheureux.*
Beatified, adj. *Béatifié.*
BEATING, *s.* (from to Beat.) *L'action de battre, battement, &c.* V. to Beat.
The beating of him does no good. *Il ne sert de rien de le battre.*
The beating of the pulse. *Le battement du pouls.*
BEATITUDE, *s.* (or blessedness.) *Béatitude, félicité, bonheur.*
BLAU, *s.* Les Anglois empruntent ce mot & son pluriel beaux de notre Langue, & lui font signifier, *un beau garçon, un beau fils, un damoret, un damoiseau, un godelureau, un petit-maitre.*
BEAVER, *s. Bievre,* animal amphibie à quatre pieds, *Castor.*
Beaver, *Chapeau fait du poil de cet animal, que nous appellons castor.* Beaver.

BEA

Beaver. *Collation. V. Bever.*
Beaver of an helmet. *V. Bever.*
BEAVERED, *adj. Couvert d'un casque.*
BEAUISH, *adj. (gay.) Pimpant.*
BEAUTEOUS, } *adject. Beau ou bel,*
BEAUTIFUL, } *belle, bien fait.*
BEAUTIFULLY, *adv. Agréablement, avec agrément.*
BEAUTIFULNESS, *f. Beauté.*
To BEAUTIFY, *v. act. Embellir, orner, farder.*
Beautified, *adj. Embelli, orné, fardé.*
BEAUTIFYING, *f. L'action d'embellir, d'orner, de farder; embellissement, ornement, fard.*
Beautifying, *adj. Qui embellit, qui orne, qui farde.*
BEAUTY, *subst. Beauté, charme, agrément.*
Women are mighty fond of their beauty. *Les femmes sont folles de leur beauté.*
Few women's worth outlives their beauty. *Le mérite de la plupart des femmes meurt avec leur beauté.*
Beauty-water. *Eau dont se servent les dames pour conserver leur beauté.*
To BEAUTY. *V. Beautify.*
BEAUTY-SPOT, *subst. Mouche pour le visage.*
BECAFICO, *subst. Bec-figue, petit oiseau.*
To BECALM, *v. act. (or make calm.) Calmer.*
To becalm, amongst sea-men, is when any thing keeps of the wind from a ship, as when the shore keeps the wind away. *Ce verbe, en termes de marine, signifie mettre à couvert ou à l'abri du vent, abriter un vaisseau.*
To becalm, (or to appease.) *Calmer, appaiser, adoucir.*
Becalmed, *adj. Calmé, qui est tombé dans un calme ou mis à l'abri du vent.*
Becalmed. *Calmé, appaisé, adouci.*
BECALMING, *f. L'action de calmer, calme, &c. V. to Becalm.*
BECAUSE, *conj. Parce que, à cause.*
I do it, because I have a mind to it. *Je le fais, parce qu'il me plaît.*
I did it, because of you. *Je l'ai fait à cause de vous, à votre considération ou pour l'amour de vous.*
This was done because new opinions should not grow among them. *Ceci fut fait afin qu'il ne s'établit point parmi eux, ou de peur qu'il ne s'établit parmi eux, de nouvelles opinions.*
* To BECHANGE, *v. neut. Arriver.*
BECHICK, *f. Béchique, terme de médecine.*
BECK, *f. Signe, figne de la main ou de la tête.*
Ex. To give a beck to one. *Faire signe à quelqu'un.*
To be at one's beck. *Dépendre de quelqu'un, être à sa disposition, être fait au hola.*
He keeps him at his beck. *Il en fait ce qu'il veut.*
To BECK, } *v. neut. (to make a*
To BECKON, } *sign with the hand or head.) Faire signe de la main ou de la tête.*
BECKETS, *subst. pl. Terme général qui signifie tout ce qui sert à assujettir des cordages ou avirons, des matériaux. Ce terme n'a point de correspondant en François.*
Put the tacks and sheets in the beckets ! *Ordre d'amarer les écoutes du vent,*

BEC

& les écoutes dessous le vent des basses voiles, aux haubans les plus en avant du grand mât & du mât de misaine, par le moyen des petits cordages ou estrops, frappés à ce dessein à ces haubans.
BECKONED to, *adj. A qui l'on à fait signe.*
BECKONING, *f. L'action de faire signe.*
To BECOME, *v. neut. Devenir.*
What will become of me ? *Quel sera mon sort ? Que deviendrai-je ?*
To become, *v. act. Ce verbe se rend par notre verbe défectif, il sied, ou aller bien, convenir, être propre.*
Every thing becomes handsome people. *Tout sied bien aux personnes bien faites.*
That which becomes one, does not become another. *Ce qui sied bien à l'un, sied mal l'autre.*
That suit becomes you extremely well. *Cet habit vous va fort bien.*
It does not become a beggar to be proud. *Il ne convient pas ou il sied mal à un gueux d'être glorieux.*
Do what becomes a man of honour. *Faites ce qui est digne d'un homme d'honneur.*
It does not become a man of your profession. *Il n'est pas bienséant à un homme de votre profession.*
It does not become you to speak so. *Vous avez mauvaise grace de parler de la sorte.*
That hat becomes you very well. *Ce chapeau vous va fort bien ou à bonne grace sur votre tête.*
Become, *adj. Devenu.*
What is become of your brother ? *Qu'est devenu votre frère ?*
BECOMING, *f. L'action de devenir.*
Becoming, *adj. Séant, bienséant, convenable, qui sied bien, qui va bien.*
BECOMINGLY, *adv. Convenablement, proprement.*
BECOMINGNESS, *f. Bienséance, bonne grace.*
BED, *f. Lit, couche.*
To go to bed. *Aller ou se mettre au lit, aller se coucher.*
To lie a-bed. *Être au lit.*
To lie sick a-bed. *Être au lit malade, être alité.*
A bed of state. *Un lit de parade.*
P. He that goes to bed thirsty, rises healthy. *Celui qui se couche sur sa soif, s'en porte mieux le lendemain.*
To be brought to bed. *Accoucher, en parlant des femmes.*
One that is brought to bed. *Une accouchée, une femme en couche.*
P. Early to go to bed, and early to rise, makes a man healthy, wealthy and wife. *En se couchant de bonne heure, & se levant de bon matin, on fait un trésor de santé, de bien & de sagesse.*
The bed (or channel) of a river. *Le lit d'une rivière.*
Bed. *Chantier de bois, sur lequel reposent les tonneaux dans l'arrimage du vaisseau.*
A bed, (a plank on which the cannon lies in the carriage.) *Flasque, planche d'affût de canon, sur quoi le canon pose.*
Bed of a cannon. *Ferrure d'affût sur laquelle porte la culasse du canon, & qui n'est pas d'usage dans les affûts François. V. au mot* CARRIAGE.

BED

Bed-bolt. *Cheville qui traverse l'affût & qui tient cette ferrure.*
Bed of the bowsprit. *Tête de l'étrave où repose le beaupré.*
The bed in the cod of pulse. *Cavité de gousse ou cosse de légume.*
Bed, (in a garden.) *Carreau, couche ou planche de jardin.*
A bed of strawberries. *Un carreau ou une couche de fraises.*
A bed of asparagus. *Une plante d'asperges.*
A feather-bed. *Un lit de plumes.*
A straw-bed. *Une paillasse.*
A down-bed. *Un lit de duvet.*
A flock-bed. *Un lit de bourre.*
A bride ('or nuptial) bed. *Un lit nuptial.*
A pallet-bed. *Un lit de veille.*
A bed of ease, (or couch.) *Un lit de repos.*
A trundle or truckle-bed. *Roulette, un lit qui se roule sous un autre lit.*
A settle-bed. *Lit qui se ferme & qui sert de banc le jour.*
A press-bed. *Un lit en forme de garde-robe.*
An angel-bed. *Un lit d'ange.*
A table-bed. *Lit qui sert de table le jour.*
A canopy-bed. *Un pavillon.*
A bed of honour. *Un lit d'honneur.*
Bed-stead. *Bois de lit.*
Bed-side. *Le côté, le bord ou la ruelle du lit.*
The bed's head. *Le chevet.*
The bed's feet. *Les pieds du lit.*
The bed-post. *Les colonnes du lit.*
Bed-curtain. *Rideau de lit.*
Bed-tick. *Taie.*
Bed-rid. *Alité, qui garde le lit.*
The bed-cloaths or bedding. *Les couvertures.*
A bed-chamber. *Chambre à coucher, chambre où il y a un lit.*
A Gentleman of the King's bed-chamber. *Gentilhomme de la chambre du Roi.*
Bed-time. *Temps de s'aller coucher.*
Bed-fellow. *Compagnon de lit, coucheur, coucheuse.*
Bed-maker. *Qui fait le lit.*
A bed (or knot) of snakes. *Masses de jeunes serpents entortillés ensemble.*
The bed (or nether-millstone.) *La meule d'en bas d'un moulin.*
The riding-bed of a coach. *La voie d'un carrosse.*
To BED, *v. neut. Coucher.*
Ex. Have they bedded together ? (speaking of a new-married couple.) *Ont-ils couché ensemble ?*
* To BEDABBLE, *v. act. (to wet.) Mouiller, tremper.*
To BEDAGGLE, *v. act. Crotter, remplir de boue.*
Bedaggled, *adj. Crotté, rempli de boue.*
To BEDASH, &c. *V. to Dash, &c.*
To BEDAWB, &c. *V. to Dawb, &c.*
To BEDAZZLE, *v. act. Éblouir.*
BEDDED. *V. to Bed.*
BEDDING. *V. Bed-cloaths, après Bed.*
BEDDER, } *subst. (the netherstone*
BIDETTER, } *of an oil-mill.) La meule d'en bas d'un moulin à huile.*
To BEDECK, *v. act. Orner, parer.*
BEDEL. *V. Beadle.*
BEDEREPE, } *subst. (duty of some*
BIDREPE, } *tenants to reap their landlord's corn.) Corvée que le vassal doit au Seigneur dans la moisson.*

BEDEROL.

BEDEROL. V. Bead.
BEDESMAN. V. Bead.
To BEDEW, v. act. Couvrir de rosée, mouiller, arroser.
Bedewed, adj. Couvert de rosée, mouillé, arrosé.
To BEDIGHT, v. act. Parer, orner.
To BEDIM, v. act. Obscurcir.
To BEDIZEN. V. Bedight.
BEDLAM, subst. L'hôpital des fous, les petites maisons.
R. On dit Bedlam par corruption de Beth'ehem.
A bedlam or a bedlamite, (or a madman.) Un fou, un insensé, un écervelé.
Bedlam-like, adj. En fou, en insensé.
† BEDRAWLED,
† BEDRABLED, } V. Driveled.
To BEDRAGGLE, v. act. Crotter.
To BEDRENCH, verb. act. Abreuver, tremper.
BED-RID. V. Bed.
BED-ROLL. V. Bead.
To BEDROP, v. act. Tacher.
To BEDUST, verb. act. Couvrir de poussiere.
† To bedust (or maul) one. Épousseter ou rosser quelqu'un.
BEDWARD, adv. Vers le lit.
To BEDWARF, v. act. Rapetisser.
BEDWARFED, adj. Noué, en parlant d'un enfant.
BEDWORK, subst. Ouvrage qu'on peut faire étant au lit.
BEE or honey bee, s. Abeille, mouche à miel.
A swarm of bees. Un essaim d'abeilles.
† To be as busy as a bee. Être toujours en action ou dans l'occupation.
An humble bee. Sorte de grosse abeille.
A gad-bee. Un taon, sorte de mouche.
A bee-garden. Rucher.
A bee-hive. Une ruche d'abeilles.
Bee master, subst. Celui qui a soin des abeilles.
To BEE. V. to be.
BEECH, s. Hêtre ou fouteau, sorte d'arbre, hêtre, bois de hêtre.
BEECHEN, adj. De hêtre, fait du bois de cet arbre.
BEEF, s. Bœuf, chair de bœuf.
Powdered (or salt) beef. Bœuf salé.
Stewed beef. Bœuf à l'étuvée.
Beef-eater. Mangeur de bœuf.
R. C'est un sobriquet qu'on donne aux Gardes du Roi d'Angleterre, qui sont à peu près comme les cent Suisses étoient en France, parce que leur ordinaire n'est que du bœuf, lorsqu'ils sont de garde. D'ailleurs, leur véritable nom est YEOMEN OF THE GUARD.
BEE-MOL, s. Bémol.
BEEN, adj. Été : c'est le participe passé du verbe to Be.
BEER, s. (a drink.) Biere.
Strong beer. De la biere forte, de la double biere.
Small beer. De la petite biere.
Stale beer. De la biere vieille.
New beer. De la biere nouvelle.
*Beer and ale, and beer. V. Ale.
Beer or rather bier, (a wooden frame to carry dead people on.) Espece.d. brancard de bois pour porter un mort. Le mot de Biere en François signifie en Anglois a coffin.
BEESTINGS. See Biestings, s.
BEET, subst. Poirée, bette blanche, herbe potagere.

The red beet. La betterave ou bette rouge.
BEETLE, s. (a heavy mallet to drive wedges.) Sorte de marteau.
A paving beetle. Un marteau de paveur, une hie.
Beetle, (a sea-term.) Mouton d'une machine à battre les pilotis.
Reeming-beetle. Maillet de calfat.
Beetle, (a fly.) Escabot, cerf volant.
Prov. As blind as a beetle. Tout-à-fait aveugle, qui ne voit goutte.
Beetle-headed. Lourdaud, malotru.
Beetle-browed. Qui a les sourcils joints, ou dans un sens figuré, qui a le visage chagrin, de mauvaise humeur, refrogné.
BEEVES, the plur. of beef. Bœuf.
To BEFALL, v. n. (to happen.) Arriver, survenir.
A very strange accident befel me. Il m'arriva un étrange accident.
Befallen or befaln, adject. Arrivé, survenu.
To BEFIT. V. Fit.
BEFITTING. V. Fitting.
BEFOAMED, adj. Couvert d'écume.
To BEFOOL, v. act. Duper, tromper.
BEFORE, prép. & adv. Avant, avant que, devant, auparavant, plutôt que, plutôt que.
Remarquez que quand Before se rapporte au temps, il s'exprime par avant, & quand il se rapporte à la situation, il veut dire devant.
Before noon. Avant midi.
The day before his wedding. Le jour avant ses nocces.
Before I die. Avant que je meure.
Before all the world. Devant tout le monde, en présence de tous.
Before the face of the whole town. A la face de toute la ville.
Before and behind. Devant & derriere.
Long before, long before now, long before this. Long-temps auparavant, il y a long-temps.
An hour before. Une heure auparavant.
I love you before myself. Je vous aime plus que moi-même.
I will die before I put up or pocket the affront. Je perdrai plutôt la vie que de souffrir cet affront.
Before, (or formerly.) Auparavant, autrefois.
To prefer one thing before another. Préférer une chose à une autre.
How long will it be b fore you come back? Dans combien de temps serez-vous de retour?
It will not be long before he goes into Flandres. Il s'en ira bientôt en Flandres.
To get before one. Devancer quelqu'un.
Before-hand, Par avance, d'avance.
To know before-hand. Savoir par avance.
To give money before-hand. Donner de l'argent d'avance.
To be before-hand with one. Prévenir quelqu'un.
To be before-hand in the world. Être en belle passe, être à son aise.
He has the world before him. Il commence d'entrer dans le monde.
Prepare yourself for whatever may be before you. Préparez-vous à tout ce qui peut vous arriver.
BEFOREHAND. V. Before.
BEFORETIME, adv. Auparavant, autrefois.
To BEFORTUNE, v. n. Arriver.

To BEFOUL, v. act. Salir.
To BEFRIEND one, v. act. Favoriser quelqu'un, le traiter en ami, lui faire un tour d'ami, lui être favorable, lui faire un plaisir.
To befriend one's self. Songer à son avantage, être attaché à son propre intérêt.
Befriended, adject. Traité en ami, favorisé.
To BEFRINGE, v. act. Orner, comme avec des franges.
To BEG, v. act. & neut. (or ask alms.) Mendier, gueuser, demander l'aumône, trucher.
He begs his bread from door to door. Il mendie son pain de porte en porte.
He begs about the town. Il gueuse, il demande l'aumône, il truche par la ville.
To beg, (or humiliate themselves as Religious do.) Quêter, aller à la quête ou faire la quête.
To beg FOR a thing. Mendier quelque chose.
He begs for peace. Il mendie la paix.
To beg, (earnestly to desire or intreat.) Prier, supplier, demander avec soumission ou avec instance.
To beg something of one. Prier quelqu'un d'une chose.
I beg that you will do me that kindness. Je vous supplie de m'accorder cette grace.
I humbly beg it of you. Je vous le demande par grace ou très-humblement.
I beg your pardon. Je vous demande pardon.
To beg a play-day, (at school.) Demander vacances ou congé pour jouer.
Let me beg it of you. Souffrez que je vous demande cela, ou accordez cela à mes prieres.
To beg the question, (or a principle.) Supposer ce qui est en question.
BEGAN, prétérit du verbe to begin.
I began to speak. Je commençai à parler.
Since the world began. Depuis la création du monde.
To BEGET, v. act. Engendrer, produire, mettre au monde.
To beget a son or a daughter. Engendrer un fils ou une fille.
To beget, (to cause or procure.) Causer, exciter, être cause de, produire, faire naitre.
Plenty begets divisions. L'abondance cause des divisions.
This was a sure way to beget a reverence in the people's hearts towards themselves. C'étoit un moyen assuré de s'attirer la vénération du peuple.
The first accident must naturally beget the second. Il faut que le second incident naisse naturellement du premier.
BEGETTER, s. Celui qui engendre.
BEGETTING, subst. L'action d'engendrer, &c. génération, production. Voy. Beget.
BEGGAR, s. Un mendiant, un pauvre, un gueux, un misérable, qui est réduit à la mendicité.
A beggar-woman. Une mendiante, une gueuse, une pauvre, une truchense, une misérable.
A crew of beggars. Un tas de gueux, de la gueusaille.
To converse with beggars. Fréquenter la gueusaille, s'encanailler.
Prov.

Prov. I know him as well as a beggar knows his dish, (*mot pour mot :* Je le connois aussi bien qu'un gueux connoît son écuelle,) *je le connois parfaitement bien, je le connois de longue main ou à fond.*
Prov. Beggars breed, and rich men feed. *Les gueux font les enfans, & les riches les entretiennent.*
Prov. Beggars must not be chusers. *Ce n'est pas aux gueux à choisir; ou bien, P. Ne choisît pas qui emprunte.*
Prov. Set a beggar on horse-back, and he will ride to the devil. *Il n'est rien de plus fier qu'un gueux revêtu ou devenu riche.*
Beggars bush. *Le rendez-vous des gueux.*
Beggars velvet. *Peluche.*
To BEGGAR, *v. act. Appauvrir, rendre pauvre, réduire à la mendicité, mettre à la besace.*
Beggared, *adj. Rendu pauvre, appauvri, réduit à la mendicité, mis à la besace.*
BEGGARLINESS, *s. Gueuserie, pauvreté, misere, mendicité.*
BEGGARLY, *adj. Gueux, pauvre, miserable, chétif.*
Beggarly doings. *Des bassesses.*
A beggarly thing. *Une gueuserie.*
Beggarly cloaths. *Des haillons, des guenilles, un méchant, un vieux habit, un habit de gueux, un habit frippé.*
Beggarly fellow. *Un mendiant; un homme bas ou rampant.*
BEGGARY, *adv. Pauvrement, misérablement, chétivement, en gueux.*
BEGGARLY, *s. Pauvreté, mendicité, indigence, disette, misere.*
Luxury is the high-way to beggary. *Le luxe est le grand chemin de l'hôpital, le luxe mene droit à la besace.*
BEGGED, *adj. Prié, supplié, demandé.*
He was begged to do it. *Il fut prié de le faire.*
BEGGING, *s. L'action de gueuser, &c. V. to Beg.*
To go a begging. *Aller mendiant, mendier, aller à la quête, faire la quête, être à la quête.*
By begging a principle or two, he argues consistently enough. *En faisant une ou deux suppositions, il raisonne assez conséquemment.*
† That copy goes a begging, (no body cares for it.) *Personne ne se soucie de cette copie.*
BEGGING, *adj. Mendiant.*
The begging Friars. *Les Religieux mendians.*
BEGGINGLY, *adv. En mendiant.*
To BEGIN, *v. act. & neut. Commencer, débuter.*
To begin a discourse. *Commencer un discours.*
To begin to speak. *Commencer à parler.*
Where shall we begin? *Par où commencerons-nous? par où débuterons-nous?*
You must begin with that. *Il vous faut commencer par-là.*
It begins to rain. *Il commence à pleuvoir.*
To begin one's march. *Se mettre en marche.*
To Begin a journey. *Se mettre en chemin.*
To begin a picture. *Ébaucher un tableau.*
To begin the world. *Entrer dans le monde, s'établir, se mettre en quelque passe pour vivre.*
To begin house-keeping. *Lever ménage, commencer à tenir maison.*
To begin afresh or again. *Recommencer, reprendre, renouveller.*
You must begin again. *Il vous faut recommencer.*
To begin a law-suit again. *Reprendre un procés.*
To begin, *v. neut. (or to arise.) Naître, être engendré, s'élever, être excité.*
There began a quarrel betwixt them. *Ils se brouillerent, ils se querellerent, ils eurent un démêlé.*
BEGINNER, *s. Un commençant, celui qui commence, qui ne fait que commencer; l'inventeur, l'auteur de quelque chose.*
A new beginner. *Un novice, un apprenti.*
BEGINNING, *s. Commencement, élément, premiere partie.*
The beginning of the world. *Le commencement du monde.*
Beginning, *(or rise.) Commencement, origine, cause, source.*
It is that which gave beginning to the proverb. *C'est ce qui a donné lieu au proverbe, c'est de là qu'est venu le proverbe.*
To BEGIRT, *v. act. Ceindre, enfermer, resserrer.*
To BEGNAW, *v. act. Mordre, manger, ronger.*
BEGONE, *interj. Loin d'ici, va.*
BEGOT, *adject. (from to beget.) Engendré.*
R. *On est aussi le préterit du verbe to beget.*
BEGOTTEN, *adject. Engendré.*
God's only-begotten Son. *L: Fils unique de Dieu.*
The first-begotten. *Le premier né.*
† To BEGREASE, *v. act. Graisser, frotter de graisse. V. to Grease.*
† BEGREASED, *adject. Graissé, frotté de graisse.*
To BEGRIME, *v. act. Noircir, barbouiller avec de la suie.*
† Begrimed. *Noirci, barbouillé avec de la suie.*
To BEGUILE, *v. act. Tromper, décevoir, surprendre, fourber, duper.*
Beguiled, *adj. Trompé, déçu, &c.*
BEGUILER, *subst. Trompeur, fourbe imposteur.*
BEGUILING, *s. L'action de tromper, &c. V. to Beguile. Tromperie, fourberie.*
BEGUINES, *subst. (an Order of Nuns.) Beguines, sorte de Religieuses.*
BEGLERBEG, *subst. Gouverneur d'une province parmi les Turcs, beglerbey.*
BEGUN, *adject. (from to begin.) Commencé.*
Begun again. *Recommencé, repris.*
Begun, *préterit du verbe to begin.*
BEHALF, *adv. Pour, en faveur de, à la considération, au nom, de la part.*
In my behalf. *Pour moi, en ma faveur, à ma considération, &c.*
In your behalf. *Pour vous, en votre faveur, &c.*
On his behalf. *De sa part.*
To BEHAVE one's self, *v. récip. Se comporter, se conduire.*
BEHAVIOUR, *subst. Conduite, maniere de vivre.*
A man of good behaviour. *Un homme d'une conduite réguliere, qui se conduit ou qui se comporte bien.*

To be bound to one's good behaviour or rather to be upon one's good behaviour. *Être obligé de tenir une conduite réguliere; avoir les mains liées pour ne point faire de mal.*
Bound to his good behaviour, (*or forced to keep at home by reason of some distemper.*) *Qui est obligé de demeurer chez soi par quelque indisposition.*
† Behaviour, (*or action.*) *Geste, contenance.*
To BEHEAD, *v. act. Trancher ou couper la tête, décapiter, couper le cou, décoller, guillotiner.*
Beheaded, *adj. A qui l'on a tranché ou coupé la tête, à qui l'on a coupé le cou, décapité, décollé, guillotiné.*
BEHEADING, *subst. L'action de trancher la tête, &c. V. to Behead.*
The beheading of St. John the Baptist. *La décollation de S. Jean Baptiste.*
R. *On ne se sert guere du mot de décollation, que dans l'expression précédente.*
BEHELD, *adj. (from to behold.) Regardé, contemplé, observé, remarqué, considéré, &c. V. to Behold.*
Beheld, *préterit du verbe to Behold.*
* BEHEST, *s. (an old word, still used in poetry, for command.*) *Ordre, commandement. V. Hests.*
* To BEHIGHT, *verb. act. Promettre, confier.*
BEHIND, *adv. & prép. Derriere, par derriere.*
She staid behind. *Elle demeura derriere.*
He hid himself behind the hanging. *Il se cacha derriere la tapisserie.*
He was attacked both before and behind. *Il fut attaqué par devant & par derriere.*
To ride behind one. *Monter en croupe ou en trousse derriere un autre.*
He left a stink behind him. *Il a laissé une puanteur en partant.*
I will take him up behind me. *Je le prendrai en croupe.*
Is there any thing yet behind? *Reste-t-il encore quelque chose?*
What is behind shall be done. *S'il reste quelque chose à faire, on le fera.*
To be behind or in arrears. *Être arriéré, devoir encore quelque chose.*
There is so much behind, (or so much unpaid.) *Il reste tant à payer.*
You are so much behind. *Vous devez tant de reste.*
To rail at one behind his back. *Médire de quelqu'un en son absence.*
To be behind-hand in the world. *Être en mauvaise passe, être mal dans ses affaires.*
I shall not be behind-hand with him in civility. *Je serai aussi civil que lui, je ne me laisserai pas surpasser en civilité.*
He comes not behind any one in point of learning. *Il ne le cede à personne en fait d'érudition, il est aussi savant que pas un.*
To be behind in one's business. *Discontinuer ou interrompre son ouvrage, se relâcher.*
The discovery of another new world is still behind. *Il reste encore un autre nouveau monde à découvrir.*
BEHINDHAND, *adv. En arriere. Voyez Behind.*
To BEHOLD, *v. act. (or to look upon.*) *Regarder, contempler, considérer, observer, remarquer.*
Behold, *adv. Voici, voilà, tenez.*

BEHOLDEN.

BEHOLDEN, adj. Obligé, redevable. You are beholden to him, Vous lui êtes obligé ou redevable.
BEHOLDER, subst. Spectateur, contemplateur, assistant.
BEHOLDING, s. L'action de regarder, &c. V. to Behold.
BEHOLDING, adject. (as Beholden.) Obligé, redevable, qui a obligation.
BEHOLDINGNESS, sub. Obligation ou proprement, l'état de celui qui est obligé ou redevable.
BEHOOF, sub. (profit, &c.) Avantage, utilité.
To BEHOOVE, v. imp. Ex. It behooves. Il faut, il est utile, il est nécessaire, il est expédient.
It behooves us to look before we leap. Nous devons bien examiner l'affaire avant de nous y embarquer.
BEHOOVEFUL, adj. Utile, nécessaire, expédient.
BEHOOVEFULLY, adv. Utilement, avantageusement.
To BEHOWL, verb act. (to howl at.) Hurler après ou contre.
BEING, sub. (from to be.) L'être, l'essence, l'existence d'une chose.
In God we live, move, and have our being. En Dieu nous avons la vie, le mouvement & l'être.
A thing which is in being. Une chose qui subsiste, qui existe, qui vit, qui est en nature, qui se trouve encore, qu'on a encore.
Perhaps my being here may be a hindrance to you. Peut-être que ma présence vous sera un obstacle.
I do no good with being here. Ma présence ne sert de rien ici, ma présence est ici inutile.
Being, (or abode.) Demeure, habitation, lieu, établissement.
I have no settled being. Je n'ai point de demeure fixe ou assurée, † je n'ai ni feu ni lieu.
There is no being for me there. Ce n'est pas là un lieu pour moi, ou il n'y a pas là de place pour moi.
This will be the safest being for you. Ce lieu-ci vous sera le plus assuré.
A man's first being. Le premier moment de la vie.
There is no such thing in being. Il n'y a rien de tel dans la nature.
Being, (participle of to be.) Étant.
Being sick. Étant malade.
It being thus. La chose étant ainsi.
The Lord-Mayor or the Chancellor for the time being. Le Lord-Maire ou le Chancelier alors en charge.
Being to come hither. Devant venir ici.
He was near being kill'd. Peu s'en fallut qu'il ne fût tué, il pensa être tué.
So far is death from being an evil, that. Tant s'en faut que la mort soit un mal, que.
You need not trouble yourself at his being gone. Vous ne devez pas vous mettre en peine de ce qu'il s'en est allé.
Your being bound for him will be your ruin. Votre ruine viendra d'avoir répondu ou cautionné pour lui.
To keep a thing from being done. Empêcher qu'une chose ne se fasse.
BEING that, conj. Puisque, vu que.
Being that I promised it, I will be as good as my word. Puisque je l'ai promis, je veux tenir ma parole.
Be it so. Qu'il soit ainsi.

† To BELABOUR, v. act. Battre, maltraiter, rosser, rouer de coups.
* I belaboured his bones, I belaboured him soundly. Je l'ai bien battu, je l'ai rossé, je l'ai accommodé d'importance.
Belaboured, adj. Battu, maltraité, rossé.
To BELACE, v. a. (a sea term for to fasten any rope.) Amarrer, en termes de marine, attacher, lier.
BELACED, adject. Chamarré, couvert de dentelles ou de passements.
BELAGGED, adj. (or left behind.) Qui est demeuré derrière.
To BELAM. V. Belabour.
Belammed. V. Belaboured.
To BELATE, v. act. Retenir trop longtemps, mettre à la nuit.
You are a pretty man indeed to belate us so for a trifle. Vraiment vous avez bonne grace de nous mettre à la nuit pour une bagatelle.
Belated, adj. Qui a trop tardé, qui est surpris de la nuit.
To BELAY a man's way, v. act. Dresser des embuches à quelqu'un.
To belay, (a sea-term.) Amarrer une manœuvre ou un cordage à son taquet, chevillot, &c.
BELCH, s. (wind going out upward.) Rot, sortie impétueuse des vents de l'estomac par la bouche.
Belch, (a sort of beer.) Sorte de biere.
To BELCH, v. neut. Roter, faire des rots, faire quelque rot.
To belch out blasphemies, v. a. Vomir des blasphèmes.
BELCHER, subst. Roteur, roteuse.
BELCHING, subst. L'action de roter.
The belching out of blasphemies. L'action de vomir des blasphèmes.
* BELDAM, subst. (or an old beldam, a term of contempt.) Une vieille.
To BELEAGUER, v. a. (this verb begins to be out of date, and in its stead we use to besiege.) Assiéger : ce verbe commence à vieillir, & en sa place, on se sert de to Besiege.
Beleaguered, adj. Assiégé.
Beleaguered with sickness and want. Assiégé, pressé par la maladie & par la disette.
BELEAGUERER, s. Assiégeant, qui assiége.
BELEMNITES, subst. Bélemnites, terme d'histoire naturelle, espèces de fossiles.
BELFLOWER. V. Bell.
BELFOUNDER. V. Bell.
BELFRY, subst. (a belfry or steeple.) Beffroi, tour ou clocher.
To BELIE, verb. act. Contrefaire, imiter, tromper, calomnier, donner un démenti.
BELIEF, s. (trust, credit or opinion.) Foi, croyance, sentiment, opinion.
The articles of our belief. Les articles de notre foi.
This is my belief. C'est ici ma croyance.
It is a wrong belief. C'est un sentiment erroné, c'est une opinion erronée.
Light of belief. Crédule.
Hard of belief. Incrédule.
Easiness of belief. Crédulité.
Hardness of belief. Incrédulité.
Past all belief. Incroyable.
To be in a right belief of religion. Être orthodoxe.
BELIEVABLE, adject. (credible, which may be credited.) Croyable.
To BELIEVE, v. act. (to have faith.) Croire, ajouter foi à.

To believe, (or to think.) Croire, penser, s'imaginer.
To believe, (or to trust.) Croire, mettre sa confiance, se fier.
Do you believe that? Croyez-vous cela? I believe no such thing. Je ne crois rien de tel ou de tel.
I believe so. Je crois qu'oui, je pense qu'oui.
I believe not. Je crois que non, je pense que non.
I will believe him as soon as any body. Je le crois aussi-tôt sur sa parole que qui que ce soit.
To believe in God. Croire en Dieu, mettre sa confiance en Dieu.
To make one believe. Faire accroire.
P. To make one believe that the moon is made of green cheese. P. Faire accroire que la lune est noire.
No body shall make me believe but that the soul is immortal. Personne ne saurait m'ôter de l'esprit que l'ame est immortelle; on ne me persuadera jamais que l'ame est mortelle.
BELIEVED, adject. Cru, que l'on croit, pensé.
It is generally believed or it is believed by the whole world. Tout le monde le croit.
It is not to be believed. Il n'est pas croyable. If I may be believed. Si on veut m'en croire.
A person not to be believed. Une personne qu'on ne doit pas croire, à qui l'on ne doit pas ajouter foi.
BELIEVER, sub. Un fidèle, un croyant.
BELIEVING, s. L'action de croire, &c.
V. to Believe. Foi, croyance.
BELIEVINGLY, adv. Avec foi.
BELIKE, adv. Apparemment.
BELL, subst. Cloche.
A little bell. Une petite cloche, une clochette, une sonnette, un grelot.
A saint's bell or sacring bell. Un martinet.
A bell hung about a crow's neck. Un tantan.
A hawk's bells. Grillets d'oiseau.
The bell of a clock, (whereon the bell-clapper strikes.) Un timbre d'horloge.
An alarum-bell. Un toesin ou beffroi.
To ring the bell. Sonner la cloche.
A ring of bells. La sonnerie.
A chime of bells. Un carillon.
To bear away the bell. Remporter le prix du combat, remporter la victoire.
† To curse one with bell, book, and candle. Maudire quelqu'un, faire sur lui mille imprécations.
A passing-bell. Cloche mortuaire.
Bell-founder. Fondeur de cloche.
Bell-metal. Métal dont on fait les cloches, métal sonnant.
Bell-clapper. Battant de cloche.
Bell-man. Réveille-matin.
Bell-wether. Mouton qui a une sonnette au cou.
Bo'l bit. Mors de bride, fait en forme de cloche.
Bell-lower or Blue-bell. Campanelle, sorte de fleur.
Bell-fashioned, adj. Fait en forme de cloche, campaniforme.
To BELL, v. n. (a hunting word.) Réer, terme de chasse, qui se dit des cerfs, des daims & des chevreuils, & qui signifie le cri que font ces bêtes lorsqu'elles sont en rut.
† BELLARMIN, subst. (a burlesque word amongst drinkers, for a large bottle of strong

BEL

strong drink.) *Grosse bouteille de vin ou d'autre boisson forte.*
† To dispute with bellarmin. *Vider la bouteille.*
BELLE, *s.* (or young lady.) *Une belle.*
BELLES-LETTRES , *s.* (polite literature.) *Belles-Lettres.*
BELLIBONE, *subst. & adj.* (beautiful and good.) *Beau & bon.*
A woman excelling in beauty and virtue. *Une femme qui réunit la vertu & la beauté.*
BELLIGERENT,
BELLIGEROUS, } *adj.* (waging war.) *Adonné à la guerre, qui fait la guerre, bellig'rant.*
To BELLOW , *v. act.* (as oxen, cows, and bulls do.) *Beugler, meugler, mugir ; c'est ainsi qu'on appelle le cri qui distingue les bœufs , les vaches , les taureaux, des autres bêtes.*
To bellow , (as the sea in a storm.) *Mugir.*
BELLOWING , *s. L'action de beugler, &c.* V. to Bellow. *Beuglement , mugissement.*
BELLOWS, *s.* Soufflet à souffler le feu.
BELLUINE , *adj. Brutal , de bête.*
BELLY , *subst. Ventre, panse.*
To have a huge belly. *Avoir un gros ventre ou une grosse panse,* † *avoir un ventre de tambour.*
To be given to one's belly. *Être adonné à son ventre.*
Great-belly, (that has a great belly , a woman with a great belly.) *Une femme grosse, une femme enceinte.*
When I had a great belly , '(when I was big with child.) *Lorsque j'étois grosse ou enceinte, du temps de ma grossesse.*
As young as she is , she has had no less than seven great bellies. *Toute jeune qu'elle est, elle a été grosse sept fois, elle a fait sept enfants.*
My belly is full. *Je suis rassasié, j'ai assez mangé, j'ai le ventre plein.*
I got my belly full of it. *J'en ai en tout mon soûl.*
P. An hungry belly has no ears. P. *Ventre affamé n'a point d'oreilles.*
P. Your eyes are bigger than your belly. P. *Vous avez les yeux plus grands que la panse.*
P. A belly full is a belly full. P. *Tout fait ventre.*
P. What is got over the devil's back , is spent under his belly. *Ce qui vient par la flûte s'en retourne par le tambour.*
Belly-band, (for a horse.) *Ventrière de cheval.*
† Belly-cheer , belly-timber. *Vivres, provisions, mangeaille.*
The belly of a lute. *La table d'un lut.*
Belly-worm. *Ver long qui s'engendre dans les intestins des hommes & des autres animaux.*
A belly God , (an Epicure.) *Un homme qui fait de son ventre son Dieu , un gourmand ou glouton, un épicurien.*
A belly-friend. *Un ami intéressé, un parasite,* † *un chercheur de franches lipées.*
Belly-ake. *Mal de ventre.*
A punch-belly or a great bellied man, *Une grosse panse, qui est ventru, qui a un gros ventre, une grosse panse.*
† Belly-cheat, (or apron.) *Un tablier.*
To BELLY, *v. n.* (to grow fat , to get a belly.) *Devenir pansu ou ventru.*
To belly , (or bunch out , as a wall.)

Faire *un ventre ou une bosse , pousser en dehors , en parlant d'une muraille.*
BELMETAL , *s. Métal dont on fait les cloches.*
To BELOCK. V. Fasten.
To BELONG, *v. neut.* (or appertain to.) *Être , appartenir , regarder , concerner.*
This belongs to me. *Ceci est à moi, ceci m'appartient.*
This belonged to me formerly. *Ceci étoit autrefois à moi.*
As for what belongs to oratory. *Pour ce qui regarde, pour ce qui concerne la déclamation ou le discours public.*
Belonging , *adj. Appartenant.*
BELOVED , *adj. Aimé , bien-aimé , très-cher, favori.*
He is beloved of all men. *Il est aimé de tout le monde.*
Beloved, dearly beloved, (a pulpit expression.) *Mes bien-aimés , mes très-chers freres, en termes de prédicateur protestant : Messieurs.*
A beloved in. *Un péché favori ou mignon.*
Below , *adv. En bas, là-bas.*
Is he below ? *Est-il en bas.*
BELOW , *prép. Au-dessous de.*
To sit below another. *Être assis au-dessous d'un autre.*
It is below you so to do. *Cela est au-dessous de vous.*
To BELOWT , *v. act.* Apostropher, injurier.
BELSWAGGER , *s.* (a bragadoccio.) *Un rodomont , un fanfaron.*
BELT, *subst. Un baudrier , un ceinturon.*
A shoulder-belt. *Un baudrier.*
A belt or waist-belt. *Un ceinturon.*
The hangers of a belt. *Les pendans d'un baudrier ou d'un ceinturon.*
A belt-maker. *Un ceinturier , un faiseur de ceinturons, ou de baudriers.*
To BELVER , *v. neut.* (to bawl or cry out.) *Crier, crailler.*
BELWETHER. V. Bell.
To BELY , *v. act.* (give the lie.) *Démentir.*
Their actions bely their words. *Leurs actions démentent leurs paroles.*
To bely one's self. *Se démentir, se contredire , se couper.*
To bely (or to calumniate) one. *Calomnier quelqu'un , lui supposer des choses fausses.*
To BEMAT the hair , *v. act.* Mêler, entrelacer les cheveux.
To BEMIRE, *v. act.* (to drag in the mire.) *Embourber, mettre dans la bourbe, crotter, salir.*
Bemired, *adj. Embourbé, &c.*
To BEMOAN , *v. act.* Plaindre , lamenter, pleurer , déplorer.
To bemoan one's misfortune. *Plaindre quelqu'un , lamenter son malheur.*
To bemoan one's self. *Se plaindre , se lamenter.*
BEMOANER, *subst. Affligé , qui se lamente.*
BEMOANING , *subst. L'action de se plaindre, &c. V.* to Bemoan. *Plaintes, lamentations.*
To BEMOIL. V. Bemire.
To BEMONSTER, *v. act.* Rendre hideux.
BEMUSED , *adj.* Rêveur.
BENCH, *s.* (to sit upon.) *Un banc.*
A joiner's bench. *Un établi de Menuisier.*
A bench, (to lean on.) *Un accoudoir.*
Bench, (or seat of Justice.) *Banc, siege, tribunal de Justice.*

BEN

The King's bench. *Le banc du Roi ou le banc royal.*
R. *C'est le nom de l'une des cours de Justice qui se tiennent à Westminster, & d'une prison au fauxbourg de Southwark.*
To BENCH, *v. act.* Fournir de bancs, placer sur un banc.
BENCHER, *subst. Jurisconsulte du premier rang dans un College , un Assesseur.*
BEND, *s.* (a term of heraldry.) *Bande, en termes de blason, c'est une piece honorable de l'écu.*
Bend. *Nœud.*
Bends , (in ship-building.) V. WALES.
Midship bend. *Le maître gabarit ou le contour du maître couple.*
To BEND , *v. act.* (or stretch.) *Bander, étendre en tirant , tendre.*
To bend a bow. *Bander un arc.*
To bend a net. *Tendre un filet , tendre une tirasse.*
To bend, (to bow or crook.) *Plier, fausser, forcer, courber, recourber.*
To bend the body. *Plier le corps.*
To bend the knee. *Plier le genou.*
To bend a sword. *Fausser ou forcer une épée.*
To bend , *verb. neut.* Plier, *se plier, se fausser, se courber.*
See how it bends. *Voyez comment il se plie , se faisse ou se courbe.*
To bend forward. *S'accroupir.*
To bend , (at sea.) *Nouer.*
To bend a sail to its yard. *Enverguer une voile.*
To bend the cable to the anchor's ring, (at sea.) *Étalinguer , terme de marine.*
To bend or double one's fist. *Fermer le poing.*
To bend all one's wits about a thing. *Faire tous ses efforts pour venir à bout de quelque chose ou pour y réussir.*
To bend one's self (one's will or one's mind) to or upon a thing. *S'appliquer, s'attacher à quelque chose , en faire son étude.*
He would have made a good Mathematician if he had bent his mind to it. *Il auroit été un grand Mathématicien, s'il eût tourné son esprit de ce côté là.*
Their studies were principally bent upon expounding Aristotle. *Ils s'attachoient en particulier à expliquer Aristote, ils en faisoient leur principal objet.*
To bend one's spite against a man, *S'acharner contre quelqu'un.*
To bend one's brows. *Froncer le sourcil , se refrogner, rider le front.*
The Rhone bends its course southward. *Le Rhône coule vers le midi.*
To bend BACK , *verb. act.* Faire recourber.
To bend back , *s. n. Se recourber.*
BENDABLE , *adj.* Que l'on peut bander, tendre , plier , courber , fausser , &c. V. to Bend.
BENDED , *adj. Bandé , tendu , plié , faussé , forcé , courbé , recourbé.*
With my bended knees. *A genoux.*
BINDER , *subst. Le tendon ou celui qui bande , &c.*
BENDING, *sub. L'action de bander , de tendre , &c. Voyez* to Bend. *Tour, détour , pli.*
The bending (or shelving part) of a hill. *La pente , le penchant , la descente d'une colline.*
The bending of a vault. *Voussure de voûte.*
The bending of the elbow. *Le pli du coude.*

Bending,

Bending, *adj.* (or shelving.) *Penchant, qui penche, qui va en pente.*
BENDLET, *f.* (a little band.) *Une petite bande.*
BENDWITH, *f.* (a fort of plant.) *Viorne, forte de plante.*
BENEATH, *prép.* Sous, d *ssous, au dessous.*
Beneath, *adv.* En bas, là-bas.
BENEDICT, *adj.* Doux & humain.
BENEDICTINES, *f. pl.* (Monks of the order of St. Benedict.) *Bénédictins, Religieux de l'ordre de St. Benoît.*
BENEDICTION, *f.* (or blessing.) *Bénédiction.*
BENEFACTION, *f.* (or good turn.) *Bienfait, grace, faveur, service.*
BENEFACTOR, *subst.* Bienfaiteur, patron.
BENEFACTRESS, *f.* Bienfaictrice.
BENEFICE, *f.* (or spiritual living.) *Un bénéfice, une charge spirituelle.*
BENEFICED, *adj. Ex.* A beneficed man, (one that has a benefice.) *Un Bénéficier, celui qui a un bénéfice.*
He is well beneficed , (or has a good benefice.) *Il a un bon bénéfice.*
BENEFICENCE, *f.* (the doing of good offices.) *Bienfaisance, inclination à obliger ou à faire du bien, humeur bienfaisante.*
Beneficence, (or liberality.) *Libéralité, largesse.*
BENEFICENT, *adject.* Bienfaisant, libéral.
BENEFICIAL, *adject.* (advantageous.) *Avantageux, utile, bon.*
This will prove very beneficial to you. *Ceci vous sera fort avantageux.*
If I find it beneficial to me. *Si j'y trouve mon compte, si j'y trouve mon intérêt.*
Beneficial, (kind and free.) *Bienfaisant, obligeant, porté à faire du bien, libéral, qui fait du bien.*
BENEFICIALLY, *adv.* Avantageusement, obligeamment.
BENEFICIALNESS, *f.* Utilité, profit.
BENEFICIARY, *f.* Bénéficier.
Beneficiary, *adj.* (subordinated to another.) *Dépendant, subordonné.*
BENEFIT, *subst.* (kindness or favour.) *Bienfait, bien, bonté, faveur, grace, plaisir, service.*
Benefit, (or advantage.) *Bien, profit, avantage, utilité, bénéfice.*
To give God thanks for all his benefits. *Rendre graces à Dieu de tous ses bienfaits, de toutes ses bontés, de tous les biens qu'il nous a faits.*
It will prove much to your benefit. *Cela tournera fort à votre avantage ou à votre profit.*
It is a thing of more credit than benefit. *C'est une chose qui apporte plus de gloire que de profit ou d'utilité.*
The benefit of the Clergy. *Le privilege ou exemption du Clergé.*
To BENEFIT (or profit) one, *verb. act.* Faire du bien à quelqu'un.
To benefit, *verb. neut.* Profiter, se prévaloir.
Benefitted, *adject. Ex.* A benefitted ticket in a lottery. *Un bon billet dans une loterie.*
BENEVOLENCE, } *subst.* (or good
BENEVOLENTNESS, } will.) *Bienveillance, affection, amitié, inclination à faire du bien à quelqu'un.*
Benevolence, (a voluntary gratuity given by the subjects to the King.) *Don gratuit, présent que les sujets font volontairement au Roi.*
BENEVOLENT, *adject.* Bon, bienfaisant.
BENGAL, *subst.* (a fort of cloth from Bengal.) *Bengale, toile de Bengale.*
BENJAMIN, *subst.* (a sweet gum of an African tree.) *Benjoin, gomme odoriférante qui vient d'un arbre qui croit en Afrique.*
Benjamin, (a fort of wash for the face.) *Lait virginal.*
BENIGHTED, *adj.* Surpris par la nuit.
BENIGN, *adj.* (or kind.) *Benin, doux, favorable, humain, obligeant, honnête.*
A benign influence. *Une influence bénigne.*
Pray, give it a benign or kind interpretation. *Je vous prie de lui donner un sens favorable.*
BENIGNESS, } *subst.* Bénignité, dou-
BENIGNITY, } ceur, humanité, bonté, honnêteté.
BENIGNLY, *adv.* Favorablement, gracieusement.
* BENISON, *f.* (a worn-out expression for blessing.) *Bénédiction.*
BENT, *adj.* (from to bend.) *Bandé, tendu, plié, &c. V.* to Bend.
He keeps his mind bent like a bow. *Il tient son esprit bandé comme un arc.*
Bent to war or bent on or upon war. *Porté à la guerre, qui est résolu de faire la guerre.*
To be stiffly bent to something or on or upon something. *S'opiniâtrer à quelque chose, s'y attacher, s'y porter avec opiniâtreté, être obstiné à, &c.*
To be obstinately bent against reason. *Se roidir contre la raison.*
To be cruelly bent against one, (or to be his sworn enemy.) *S'acharner contre ou sur quelqu'un, être son ennemi juré.*
To be fiercely bent against a thing. *S'opposer fortement à quelque chose.*
The eyes of all men are bent (or fixed) on you. *Tout le monde a les yeux sur vous, vous honore, vous admire.*
BENT, *f.* (or ply.) *Pli.*
Bent, (or inclination.) *Pli, penchant, inclination, pente.*
Bent, (a fort of rush.) *Sorte de jonc, dont on oine en été les cheminées.*
BENTING-TIME, *subst.* Saison de l'année où les pigeons ne trouvent pour se nourrir que des brins d'herbes.
BEN'T, *c'est une abréviation de* be not. *Ne soyez pas.* Voyez *To* Be.
To BENUM, *v. act.* Engourdir, transir, en parlant du froid.
To benum, (to amaze.) *Étonner, glacer.*
Benummed, *adj.* Engourdi, transi, &c.
BENUMMEDNESS, *subst.* Engourdissement.
BENUMMING, *f.* L'action d'engourdir, &c. *V.* to Benum.
BENZOIN, *subst.* Benjoin, substance résineuse.
To BEPAINT, *v. act.* Peindre, farder.
To BEPINCH, *v. act. V.* Pinch.
To BEPISS, *v. act.* Pisser sur.
To Bepiss a thing. *Pisser sur quelque chose.*
I laughed till I was ready to bepiss myself. *J'ai presque pissé dans mes chausses à force de rire.*
Bepissed or bepist, *adj.* Sur quoi l'on a pissé.

To BEQUEATH, *v. act.* Léguer, laisser par testament, faire hériter de quelque chose.
Bequeathed, *adj.* Légué, laissé par testament.
The party to whom any thing is bequeathed. *Légataire, celui ou celle à qui on a légué.*
BEQUEATHER, *f.* Testateur.
BEQUEATHING, *f.* L'action de léguer, ou de laisser par testament.
BEQUEST, *f.* (a law-term for legacy.) *Legs, ce qui est légué ou laissé par testament à quelqu'un.*
To BERATTLE, *verb. act.* (to speak eagerly and noisily.) *Crier, clabauder, déclamer.*
BERBERY. Voyez Barberry.
To BEREAVE one of a thing, *verb. act.* Priver, dépouiller quelqu'un de quelque chose; ôter, enlever quelque chose à quelqu'un.
Bereaved, *adj.* Privé, dépouillé.
BEREAVING, *f.* L'action de priver, &c. *V.* to Bereave.
BEREFT, *comme* Bereaved.
BERG. *See* Burrow.
BERGAMOT, *f.* (the bergamot pear.) *Bergamote, forte de poire.*
Bergamot, (a fort of perfume.) *Bergamote, forte de bonne senteur.*
BERGMASTER, *subst.* (the Bailiff or chief Officer among the Derbyshire miners.) *Le Bourguemestre ou le Bailli des mineurs de Derby-shire, une des Provinces septentrionales d'Angleterre.*
BERGMOTE, *f.* (a court kept by the foresaid Berg-Master.) *La Cour ou la Juridiction du Bourguemestre. V.* BergMaster.
To BERHYME, *v. act.* Chanter, célébrer.
BERLIN, *subst.* Berline, espece de carrosse.
BERME, *subst.* Berme, terme de fortification.
BERNARDINES, *sub. pl.* (a Religious Order.) *Bernardins, sorte de Religieux.*
BERRY, *f.* Grain, graine, baie.
Juniper-berry. *Un grain ou une baie de genievre.*
Ivy-berry. *Grain de lierre.*
Elder-berry. *Grain de sureau.*
Bay-berry. *Boie de laurier.*
Briony-berry. *Baie de brione.*
Coffee-berries. *Grains de café.*
Black-berries or bramble-berries. *Mûres de ronces.*
Rasp-berries. *Framboises.*
A service-berry. *Une corme ou une sorbe.*
A goose-berry. *Une groseille.*
* BERRY, *f.* (or burrough.) *Terrier.*
To BERRY or to thrash. *V.* to Thrash.
To BERRY or bury *V.* Bury.
BERTH, } *f.* (a sea-term for convenient
BIRTH, } sea-room for a ship that rides at anchor.) *Parage ou étendue de mer où un vaisseau peut demeurer commodément sur le sir.*
BERTON, *subst.* (a farm-house.) *Une métairie, une ferme.*
Berton. *V.* Barton.
BERTRAM, *sub.* (a fort of herb called also bastard pellitory.) *Sorte d'herbe.*
BERYL, *f.* (a precious stone so called.) *Béril, pierre précieuse fort semblable au crystal.*
BESANT, *f.* (a gold coin of old.) *Fonsant.*

fant, ancienne piece d'or valant environ un double ducat.
To BESCREEN, verb. act. Couvrir, cacher.
To BESEECH, verb. act. (to intreat.) Prier, supplier, faire d'instantes prières, demander avec instance, conjurer.
To beseech with tears. Demander avec larmes, ou prier la larme à l'œil.
BESEECHING, s. L'action de prier, &c. V. to Beseech. Prière, instance, supplication.
* To BESEEM, v. neut. (or to become.) Être bienséant, convenir.
Beseeming, adj. (or becoming.) Bienséant, décent, convenable.
BESET, adject. Assiégé, environné, obsédé.
She is beset by Jesuits. Elle est obsédée par les Jésuites.
Hard beset, (or hard put to it.) Qui est dans de grandes difficultés, mal à son aise, embarrassé, réduit à l'extrémité, acculé.
A heel beset with nails. Un talon garni de clous.
To BESET, v. act. Assiéger, environner, obséder.
To beset on all sides. Acculer.
BESHIT, adj. Souillé d'ordure, embrené, rempli de merde.
To BESHIT, verb. act. Souiller d'ordure, embrener.
BESHITTEN. V. Beshit, adj.
To BESHREW, v. act. (or to curse.) Maudire, faire des imprécations : ce verbe commence à vieillir.
Bethrew your heart, (or ill luck attend ye.) Mal vous en prenne.
BESIDE, &c. } conj. (more or moreover.)
BESIDES, Outre, d'ailleurs, d'autre côté, d'autre part.
Besides that. Outre cela.
Besides, I would not that. D'ailleurs, d'autre côté, je ne voudrois pas que.
Beside or Besides, prép. Outre, excepté, à la réserve de.
Besides the miseries of war. Outre les malheurs de la guerre.
There was no body besides those two. Il n'y avoit personne, excepté eux deux.
Except myself and a few beside. Excepté moi & quelques autres.
To be beside one's self, to be put beside one's self. Être hors de soi, extravaguer, avoir perdu le sens, l'esprit ou la raison ; avoir perdu la tramontane.
Beside, (by or nigh to.) Près, proche, auprès.
Beside the purpose. Hors de propos.
It is beside my present scope. Cela n'est pas de mon sujet.
These are things quite beside the Philosopher business. Ce n'est point de tout l'affaire des Philosophes.
BESIDERY, s. (a sort of pear.) Sorte de poire.
To BESIEGE, v. act. Assiéger, mettre le siège.
To besiege a town. Assiéger une ville, mettre le siège devant une place.
Besieged, adj. Assiégé.
BESIEGED, s. pl. Les assiégés.
BESIEGERS, s. pl. Les assiégeants.

BESIEGING, s. L'action d'assiéger, siège.
* To BESLUBBER, verb. act. Barbouiller.
To BESMEAR, v. act. Barbouiller, salir, tacher, souiller.
Besmeared, adj. Barbouillé, sali.
BESMEARER, s. Barbouilleur.
BESMEARING, subst. L'action de barbouiller.
To BESMIRCH. V. to Soil.
To BESMOKE, v. act. Enfumer, noircir de fumée.
Besmoked, adject. Enfumé, noirci de fumée.
To BESMUT, v. act. Noircir avec de la suie.
BESOM, sub. (or birch broom.) Balai.
* To BESORT, v. act. convenir.
To BESOT, v. act. Abrutir, accoquiner, accagnarder, rendre sot.
Besotted, adj. Abruti, sot, &c. V. the verb.
BESOTTING, subst. L'action d'abrutir. V. to Besot.
BESOUGHT. Prétérit du verbe to Beseech.
To BESPANGLE, v. act. Orner de quelque chose de brillant.
To BESPATTER, v. a. (or to bedaggle.) Éclabousser, crotter, couvrir de boue, salir.
To bespatter, (to defame.) Noircir, diffamer, flétrir.
To bespatter one's cloaths with dirt. Éclabousser ou crotter quelqu'un, le couvrir de boue.
How dare you bespatter his reputation ? Comment ose-ce que vous osez noircir sa réputation ?
Bespattered, adject. Éclaboussé, crotté, couvert de boue, dans le propre ; noirci, diffamé, flétri, dans le figuré.
BESPATTERING, subst. L'action de crotter, &c. V. to Bespatter.
To BESPAWL, v. act. Couvrir de crachats, cracher contre ou sur quelque chose.
Bespawled, adj. Couvert de crachats, sur quoi l'on a craché.
To BESPEAK, verb. act. (to speak for a thing.) Faire faire, commander de faire.
To bespeak a pair of shoes. Faire faire une paire de souliers, commander une paire de souliers.
To bespeak (or to hire) a coach. Retenir un carrosse.
To bespeak somebody's good opinion. Prévenir quelqu'un en sa faveur.
Let me bespeak your most serious regard to those things. Souffrez que je vous prie de faire une sérieuse attention à ces choses.
To bespeak one, (to speak to him.) Parler à quelqu'un, discourir ou s'entretenir avec lui.
To bespeak a man, (to engage him on one's side.) Gagner quelqu'un, l'attirer à son parti, le prévenir en sa faveur.
To BESPECKLE, v. act. Tacheter, marqueter.
Bespeckled, adj. Tacheté, marqueté.
To BESPEW. V. to Bespue.
To BESPICE, v. act. Épicer.
To BESPIT, v. act. (or to bespawl.) Cracher dessus, couvrir de crachats.
Bespitted, adj. Sur quoi l'on a craché, couvert de crachats.
BESPOKE, c'est un prétérit du verbe to Bespeak.

BESPOKEN, adj. Qu'on a fait faire, de commande, retenu.
Bespoken. Gagné, prévenu.
Bespoken. A qui l'on a parlé.
These are bespoken thanks. Ce sont des remerciments forcés ou qu'on leur a fait faire malgré eux.
To BESPOT, v. act. Tacher, salir, souiller.
Bespotted, adj. Taché, sali, souillé.
BESPOTTING, s. L'action de tacher, &c. V. to Bespot.
To BESPREAD. V. to Cover.
To BESPRINKLE a thing, v. a. Arroser quelque chose, répandre, verser, épancher quelque liqueur sur quelque chose.
He besprinkles his treatise not only with useful reflexions, but also with poetical citations from the best wits, which render the whole wonderfully entertaining. Il répand dans son traité non seulement des réflexions utiles, mais même des traits d'esprit tirés des meilleurs poètes ; ce qui rend tout son ouvrage extrêmement agréable.
Besprinkled, adj. Arrosé, &c.
BESPRINKLING, subst. L'action d'arroser, &c. V. to Besprinkle.
To BESPUE, v. act. Vomir dessus.
To bespue one's cloaths. Vomir sur son habit.
Bespued, adj. Sur quoi on a vomi.
To BESPUTTER. V. to Bespit.
BESSE. } subst. Un loup, sorte
BESSE-FISH. de poisson.
BEST : c'est le superlatif de l'adjectif good, Bon ; & ainsi il signifie très-bon ou le meilleur.
He is the best man alive. C'est le meilleur homme du monde.
This is the best thing that can be taken. C'est la meilleure chose qu'on puisse prendre.
Authors of the best account, (or most esteemed.) Les meilleurs Auteurs, ceux qui sont les plus estimés ou les plus accrédités.
To put the best construction upon a thing Prendre une chose du bon côté, lui donner une interprétation favorable.
What is the best news ? Que dit-on de bon ?
What had I best do ? what course had I best take ? Que faudroit-il que je fisse ? quel parti, quelles mesures devrois-je prendre ? que dois-je faire ?
You had e'en best do according to my directions. Vous ferez fort bien de suivre mon conseil.
He thought best to conceal it. Il jugea plus à propos de n'en rien dire.
To do one's best, to do the best one can. Faire tous ses efforts, faire tout son possible ou tout ce qu'on peut.
I will do the best I can. Je ferai tous mes efforts, tout mon possible, tout ce que je pourrai.
Do what is best for yourself. Faites ce qui est le plus de votre intérêt.
To make the best of a thing. Ménager bien une chose, la faire valoir, en tirer la quintessence.
To make the best of a bad market or of a bad game. Se tirer d'un mauvais pas ou d'une mauvaise affaire le mieux qu'on peut.
To make the best of one's way. Aller aussi vite ou aussi promptement que l'on peut ; ne pas s'arrêter en chemin, faire toute la diligence possible.

He had the best of it. *Il eut l'avantage, il eut du bon.*
P. The best is cheapest. *P. On trouve toujours son compte à acheter ce qu'il y a de meilleur.*
I hope he has done for the best. *J'espere que cela lui tournera en bien, je veux bien croire qu'il n'a pas mal fait.*
The *English* are best at Tragedies, and the *French* at comedies *Les Anglois réuffiffent mieux dans la Tragédie, & les François dans la Comedie.*
I will do it to the best of my power. *Je le ferai le mieux que je pourrai ou le mieux qu'il me sera possible.*
To the best of my remembrance. *Autant que je puis m'en souvenir.*
Not to my best remembrance. *Non pas que je me souvienne.*
Speak to the best of your knowledge. *Dites tout ce que vous en savez, parlez sans réserve.*
Best, *adv. hx.* Best of all. *Tant mieux.*
I like that best of all or most. *J'approuve fort cela, j'aime mieux cela que toute autre chose.*
Every man likes his own things best *Personne n'estime rien tant que ce qui est à lui ou qui lui appartient.*
To serve who shall do the best. *Faire à l'envi, faire à qui mieux mieux ou à qui l'emportera, faire par émulation.*
BESTAIN. *V.* Stain.
To BESTEAD one, *v. act.* (to befriend him.) *Se montrer ami de quelqu'un, lui être utile, le servir.*
BESTIAL, *adj. brutal, de bête.*
A bestial shape. *La figure d'une bête.*
BESTIALITY, *f. Brutalité, bestialité.*
BESTIALLY, *adv. Brutalement, en bête.*
To BESTICK. *V. to* Stick.
To BESTIR, *v. act. Empantir, remplir de partout.*
To BESTIR one's self, *v. recip. Être agissant, actif, diligent ou remuant; agir, se remuer, s'intriguer ou s'agiter.*
To BESTOW, *v. act.* (or give.) *Donner, faire présent.*
To bestow a suit of cloaths upon one. *Donner un habit à quelqu'un, lui faire présent d'un habit.*
You must divide your time, and bestow part of it in books. *Il faut que vous partagiez votre temps, & que vous en donniez une partie à l'étude.*
They were furnished by labour with what nature bestowed not upon them. *Leur travail suppléoit à ce que la nature leur refusoit.*
To bestow, (or to lay out.) *Employer, dépenser.*
To bestow one's money upon idle things. *Employer son argent à des bagatelles.*
To bestow part of one's revenue upon building. *Employer, appliquer ou dépenser une partie de ses revenus à bâtir.*
To bestow a charity upon an indigent person. *Faire la charité à une personne indigente.*
To bestow a kindness on one. *Faire une faveur, rendre un bon office à quelqu'un, l'obliger.*
To bestow cost. *Faire de la dépense.*
How will you bestow yourself? *Où voulez-vous faire? à quoi voulez-vous vous occuper?*
I know not how to bestow myself. *Je ne sais qui faire de moi, je ne sais à quoi passer le temps, je ne sais que devenir.*

To bestow a pair of horns upon one's husband. *Faire infidélité à son mari.*
To bestow a great deal of pains upon a work. *Prendre beaucoup de peine pour un ouvrage, le polir, le limer.*
To bestow a daughter. *Marier, placer, établir sa fille, la donner en mariage.*
Bestowed, *adj. Donné, employé, fait, vendu, &c.*
Kindness is better bestowed upon good, than upon rich men. *Il vaut mieux obliger les gens de bien que ceux qui sont riches.*
BESTOWER, *sub. Celui qui donne, qui dispose.*
BESTOWING, *f. L'action de donner, &c. V. to* Bestow.
BESTRACT
BESTRAUGHT *f.* (an old word for mad.) *Fou, insensé, qui est hors de sens.*
To BESTREW, *v. act. Arroser, répandre, semer.*
BESTRID, *adj. Monté.*
This is as good a horse as ever was bestrid. *C'est un aussi bon cheval que l'on en ait jamais monté.*
To BESTRIDE, *v. act. Être assis dessus jambe deçà jambe delà, monter.*
To bestride a horse. *Monter un cheval.*
BESTROWN, *adj. Arrosé, mouillé, semé.*
To BESTUD, *v. act. Orner, garnir de clous.*
BESTUNK, *adj.* (from to bestink) *Empuanti.*
BET, *f.* (or wager.) *Pari, gageure.*
To BET, *v. act. Gager, faire un gageure, parier.*
To BETAKE one's self, *verb recip.* (or to have recourse to.) *S'adonner, s'appliquer, s'attacher.*
He betakes himself to a very profitable profession. *Il s'applique, il s'attache à une profession fort lucrative.*
The time for visits being over, I betake myself (or I retire) to my study. *Le temps des visites étant passé, je me retire ou je m'en vais à mon étude.*
The *French* betook themselves to a running fight. *Les François commencerent à battre en retraite.*
He betook himself to *Cæsar* for his protector. *Il se mit sous la protection de César, il se jetta entre les bras de César.*
*To betake one's self to one's heels. *Se sauver, s'enfuir, se gagner au pied, enfiler la venelle.*
He betook himself to a speedier flight than before. *Il prit la fuite ou il se mit à fuir plus vite qu'auparavant.*
To betake one's self to one's weapons. *Prendre son temps les armes.*
He betook himself to his old trade. *Il reprit son premier métier; il reprit son train ordinaire.*
*To betake, *v. act. Ex.* To betake a thing, and deliver it to another's trust. *Confier quelque chose à quelqu'un, l'en faire le dépositaire.*
To BETEEM, *v. act. Produire, donner.*
To BETHINK one's self, *v. recip. Songer, penser, considérer, s'aviser ou se ravisser.*
I bethink myself what to do. *Je songe, je pense à ce que je ferai ou à ce que je dois faire.*
I bethought myself in good time of the stump of the mast. *Je m'avisai fort à propos du tronc du mât.*
BETHOUGHT: prétérit du verbe to Bethink.

BETHLEM. *Voyez* Bedlam.
*To BETHRAL, *v. act. Asservir, subjuguer.*
To BETHUMP, *v. act. Rosser.*
To BETIDE, *v. n. Arriver.*
Woe betide thee. *Que malheur te puisse arriver, mal t'en prenne.*
BETIMES, *adv.* (or in good time.) *De bonne heure, assez tôt.*
Betimes, (in the morning.) *De bonne heure, de bon matin.*
BETLE,
BETRE, } *f.* (bastard-pepper.) *Du poivre bâtard.*
To BETOKEN, *v. act.* (to signify, to mark.) *Signifier, marquer, désigner.*
To betoken, (or foretoken.) *Présager, pronostiquer.*
*Betokened, *adj. Signifié, marqué, désigné, présagé, pronostiqué.*
BETOKENING, *f. Marque, présage.*
BETONY, *f.* (a sort of herb.) *Bétoine, sorte d'herbe.*
BETOOK: prétérit du verbe to Betake.
To BETOSS, *v. act. Agiter.*
To BETRAY, *v. act. Trahir, vendre, livrer.*
He has betrayed his country. *Il a trahi, il a vendu sa patrie.*
To betray, (or discover.) *Trahir, livrer, découvrir, divulguer.*
To betray one's design. *Découvrir le dessein de quelqu'un.*
He has betrayed my secrets. *Il a trahi, il a divulgué mes secrets.*
She knew that an eclaircissement or explanation would betray her. *Elle savoit qu'un éclaircissement la trahiroit.*
He has betrayed me into the hands of my enemies. *Il m'a livré, il m'a trahi, on entre les mains de mes ennemis.*
To betray one to destruction and ruin. *Tramer la ruine de quelqu'un, le perdre.*
Betrayed, *adj. Trahi, vendu, découvert, divulgué.*
BETRAYER, *f. Qui trahit, qui vend, qui découvre, traître.*
BETRAYING, *f. L'action de trahir, &c. V. to* Betray. *Trahison.*
To BETRIM, *v. act. Parer, orner, embellir.*
To BETROTH, *v. act. Promettre, accorder, fiancer.*
To betroth one's daughter to a man. *Promettre, accorder à quelqu'un sa fille en mariage.*
Betrothed, *adject. Promis, accordé, fiancé.*
BETROTHING, *f. Fiançailles, accordailles.*
To BETRUST, *v. act. Confier.*
BETTEE, *f.* (an instrument to break a door open.) *Instrument de fer dont se servent les voleurs pour forcer les portes.*
BETTER, *adj. Meilleur: c'est le comparatif de l'adjectif* Good.
Wine is better than beer. *Le vin est meilleur que la biere.*
That will be the better way. *Ce sera la meilleure voie.*
My better Angel, (a word of kindness.) *Mon doux Ange, terme de tendresse.*
I can make no better shift. *Je n'ai point d'autre ressource.*
I desire no better play. *Je ne demande pas plus beau jeu.*

For

For your better understanding of it. *Pour vous le faire mieux comprendre.*
To be better. *Valoir mieux, être plus.*
He is much the better man. *Il est bien plus que lui, il est cent piques au-dessus de lui.*
Why should you think one man better than another? *Pourquoi voulez-vous qu'un homme soit plus qu'un autre? pourquoi estimez-vous un homme plus qu'un autre?*
To make better. *Faire ou rendre meilleur, amender, corriger, réformer.*
To mend one's manners or grow better mannered. *Devenir meilleur, s'amender, se corriger, se réformer.*
To grow better in health. *Se porter mieux, se refaire, se remettre, se rétablir, commencer à reprendre ses forces.*
P. The better day, the better deed. *A bon jour bonne œuvre.*
For better or worse. *V.* Worse.
Better, (substantively used.) *Avantage.*
To give one the better of it. *Céder l'avantage à quelqu'un.*
Who has got the better of it? *Qui a eu l'avantage? qui a eu du bon?*
Our betters. *Nos supérieurs, ceux qui sont au-dessus de nous.*
Better, *adv.* (the comparative of well.) *Mieux.*
It is better. *Il vaut mieux.*
Better bend than break. *Il vaut mieux plier que rompre.*
I never was better or better in health. *Je ne me suis jamais mieux porté.*
I had better not have told it. *J'aurois mieux fait de n'en dire mot.*
I love him better and better every day. *Je l'aime tous les jours de mieux en mieux.*
So much the better. *Tant mieux.*
Ten foot high and better. *Haut de dix pieds & au-delà.*
As long again and better. *Une fois plus long pour le moins ou & au-delà.*
Do you know me no better than so? *M'avez-vous oublié jusqu'à ce point-là?*
I thought better of it. *Je me suis enfin ravisé.*
What shall I be the better for it? (or gain by it?) *Qu'y gagnerai-je? quel profit m'en revirea-t-il?*
I love my wife the better for it. *J'en aime davantage ma femme.*
I take it so much the better. *J'en suis d'autant plus satisfait.*
The more I knew him, the better I liked him. *Plus je l'ai connu, plus j'ai fait d'estime de lui.*
To BETTER, *v. neut.* Rendre meilleur, corriger, réformer, amender, augmenter, faire valoir, améliorer.
To better one's fortune. *Se pousser, s'avancer, faire sa fortune.*
To better one's self. (or to better one's penny-worth.) *Acheter à meilleur marché.*
To better one's self. *Trouver son avantage ailleurs.*
Bettered, *adj.* Devenu meilleur, amendé, augmenté, amélioré.
BETTERING, *subst.* L'action de rendre meilleur, &c. *V.* to Better.
BETTING, *sub.* L'action de parier ou de gager.
BETTOR, *subst.* Parieur, qui fait une gageure.
BETTY. *V.* Bettee.

BETWEEN, } *prép. Entre, entre-deux.*
BETWIXT,
To put one's finger between the bark and the tree. *Mettre son doigt entre l'écorce & l'arbre.*
Betwixt you and I. *Entre vous & moi.*
The space between. *L'entre-deux.*
There is but three days difference between their age. *Il n'y a que trois jours de différence dans leur âge, ils sont d'un même âge à trois jours près.*
Between - and and water. *A fleur d'eau.*
Between whiles, (from time to time.) *De temps en temps.*
BETWEEN-DECKS, *s. comp. & adv.* Entrepont.
BEVEL, *subst.* (a mason's tool.) *Espèce d'équerre, instrument de maçon.*
Bevel, (aslant, that makes an acute angle.) *Coude, angle aigu, enfoncement, à travers.*
Bevel, (in ship-building) *Angle, équerrage, fausse équerre des pièces de construction.*
Bevel, *adj. Qui est de biais, qui fait un coude, qui est à angle aigu, enfoncé, de travers.*
To BEVEL, *v. act.* Travailler une pièce suivant son équerrage.
BEVER, *s.* (or collation betwixt dinner and supper.) *Le goûté, collation d'enfant, léger repas entre le dîné & le soupé.*
Bever of an helmet. *Visière de casque.*
Bever, *V.* Beaver.
BEVERAGE, *s.* (a treat given on being initiated into a society, also vulgarly called garnish.) *Bien-venu.*
Beverage, (or mingled drink.) *Boisson rafraîchissante, bavaroise.*
Beverage, (water, cyder or perkin.) *Sorte de boisson rafraîchissante.*
BEVIL. *V.* Bevel.
BEVY, *subst. Ex.* A bevy of quails. *Une volée de cailles.*
A bevy of roe-bucks. *Une troupe de chevreuils.*
A bevy of gossips. *Une troupe de commères.*
A bevy of Ladies. *Un cercle de Dames.*
To BEWAIL, *v. a.* (or lament.) *Plaindre, lamenter, pleurer, déplorer, regretter, être affligé, s'affliger, être touché de quelque perte.*
I bewail your misery and my own. *Je plains votre malheur & le mien.*
If you die, I shall bewail the loss of you. *Si vous mourez, je vous regretterai.*
Bewailed, *adj. Plaint, lamenté, pleuré, déploré, regretté.*
BEWAILING, *s.* L'action de plaindre, &c. *V.* to Bewail. *Plainte, lamentation, pleurs, regrets.*
To BEWARE, *v. n. Se garder, se donner de garde, prendre garde.*
Beware of false prophets. *Donnez-vous de garde des faux prophètes.*
To BEWEEP, *v. act. V.* Bewail.
To BEWET, *V.* to Wet.
To BEWILDER, *v. act. Égarer, troubler, mettre quelqu'un hors de lui.*
Bewildered, *adject.* (that has a wild look with him.) *Effaré, tout éperdu, tout hors de lui-même, tout troublé.*
To BEWITCH, *v. act.* (or enchant.) *Ensorceler, charmer, enchanter.*
I think he has bewitched me. *Je crois qu'elle m'a enchanté.*
Bewitched, *adject. Ensorcelé, charmé, enchanté.*

He is bewitched with her. *Il en est coiffé, il en est entêté.*
Bewitched, (or out of his wits.) *Troublé, hors de foi, épouvanté.*
BEWITCHERY, *s. Sortilège, ensorcellement, entêtement, epinar.*
This is the bewitchery which seizes upon the unexperienced. *C'est-là l'entêtement qui saisit l'esprit de ceux qui n'ont point d'expérience.*
BEWITCHING, *subst.* (or fascination.) *L'action d'ensorceler, &c. V.* to Bewitch. *Enchantement, charme.*
Bewitching, *adj. Charmant, qui enchante qui charme.*
BEWITS, *subst.* (leather to which the hawk's bells are fastened.) *Cuir ou courroie où les grillets de l'oiseau sont attachés.*
To BEWRAY, *v. act.* (or to discover perfidiously.) *Vey.* to Betray.
To bewray (or discover) a secret. *Trahir, découvrir, déceler, révéler un secret, divulguer, publier une chose secrète.*
BEY, *subst. Gouverneur ou Vice-Roi parmi les Turcs, Bey.*
To BEY. *V.* to Buy.
BEYOND, *prép.* (over, on the further side.) *Delà, au-delà, de delà, par delà, outre, plus loin.*
Beyond the Alps. *Delà les Alpes, au-delà des Alpes.*
Beyond my reach or brains. *Au-delà de ma portée ou de ma capacité.*
Beyond sea. *Delà la mer.*
Beyond sea, (adjectively used.) *D'outre-mer, qui est de delà la mer.*
To go beyond. *Passer, passer outre, aller plus loin ou plus avant, passer au-delà.*
To go beyond one (to excel or surpass him) in any thing. *Surpasser ou surmonter quelqu'un en quelque chose, le passer.*
Beyond measure. *Outre mesure, d'mesurément, excessivement, avec excès, trop.*
Beyond what is sufficient. *Plus qu'il ne faut.*
To stay beyond one's time. *Passer son heure, demeurer ou tarder trop longtemps.*
To eat beyond digestion. *Manger plus qu'on ne sauroit digérer.*
They engaged themselves beyond retreat. *Ils s'engagèrent trop avant pour pouvoir faire retraite.*
To go beyond the reach of the dart. *Être hors de portée du trait.*
To go beyond one's depth, (in the water) *Perdre pied en l'eau.*
BEZANT. *V.* Bezant.
BEZANTLER, *subst.* (or second antler.) Second andouiller.
BEZEL, } *subst.* (the upper part of
BEZIL, the collet of a ring which fastens and encompasses the stone.) *Le chaton d'une bague.*
BEZOAR, *V.* Bezoar.
BEZOAR-STONE, } *subst. Bézoard,
pierre qui se forme dans l'estomac d'un animal des Indes.*
BEZONIAN, *subst. Misérable, gueux, sellerat.*
To BEZZLE, *verb. neut.* (to guzzle or tipple) *Gargoter, chopiner, ivrogner, boire d'usage.*
BIANGULATED, } *adject. Qui a deux
BIANGULOUS, angles.*

BIAS.

BIAS, *subst.* 1 x. The bias of a bowl. *Le fort d'une bille, l'endroit par où elle penche d'un côté plus que d'un autre en roulant.*
Bias, (inclination, bending.) *Pente, penchant.*
To go on a bias. *Prendre sa pente ou pencher d'un certain côté.*
To cut bias, (or a rope.) *Couper de biais ou de travers.*
Bias, (bent, ply or inclination.) *Pente, penchant, inclination, pli.*
His bias leads him that way. *Sa pente ou son inclination le porte à cela.*
The bias of all this discourse was to shew. *Le but de tout ce discours étoit de faire voir.*
To put one out of his bias. *Déorienter, déconcerter ou démonter quelqu'un.*
You force the natural bias (or sense) of the fable. *Vous forcez le sens naturel de la fable.*
Vicious inclinations set a bias upon men's understandings towards atheism. *Les inclinations vicieuses conduisent ou portent l'esprit à l'Athéisme.*
Andromache, in the midst of her concern for Hector, runs off her bias, to tell him a story of her pedigree. *Andromaque, au milieu de ses alarmes pour Hector, s'écarte de son sujet ou abandonne l'objet de sa passion, pour lui raconter sa généalogie.*
The bias (or force) of interest. *La force de l'intérêt.*
To BIAS, *v. act.* (to set a bias upon, to incline.) *Pencher, incliner, donner un certain penchant.*
To bias one, (to prevail with him to do any thing.) *Gagner, attirer quelqu'un, le porter à faire ce que l'on veut.*
To bias (or prepossess) one. *Prévenir, préoccuper quelqu'un.*
Biassed, *adj.* Penché, incliné, &c. *V.* to bias.
To be biassed to a party. *Pencher vers un parti, se particulariser, être partial.*
BIB, *subst.* (a slabbering bib.) *Une bavette.*
A bib-apron. *Un tablier à bavette.*
A bib (or child's sucking bottle.) *Un biberon.*
To BIB, *v. neut.* (or to sip.) *Siroter, boire souvent.*
BIBACIOUS, *adj.* Adonné au vin.
BIBACITY, *subst.* Amour excessif du vin.
BIBBER. *V.* Wine Bibber.
To BIBBLE, *v. neut.* (to bubble up.) *Bouillonner.*
BIBLE, *s.* (the Holy Scripture.) *La Bible, la Sainte Ecriture.*
BIBLIOGRAPHER, *s. Bibliographe.*
BIBLIOTHICAL, *adj. De bibliothèque.*
BIBULOUS, *adj. Spongieux, qui prend l'humidité.*
BICANE, *subst.* (or verjuice grape.) *Raisin sauvage.*
BICIPITAL,
BICIPITOUS, } *adj.* À deux têtes.
To BICKER, *v. n.* (to quarrel.) *Disputer, contester, quereller, se quereller, se chamailler, se picoter.*
BICKERER, *subst.* (a quarrelsome man or woman.) *Disputeur, querelleur.*
BICKERING, *subst.* (strife, contest, quarrel.) *Dispute, contestation, querelle, † chamaillis, picoterie, escarmouche.*

BICORN,
BICORNOUS, } *adject. Qui a deux cornes.*
BICORPORAL, *adj. Qui a deux corps.*
BID, *adj.* Commandé, à qui l'on a dit de faire quelque chose, &c. *V.* to Bid.
Do as you are bid. *Faites ce qu'on vous dit, qu'on vous commande ou qu'on vous ordonne; obéissez.*
To BID, *verb. act.* (to tell, order or command.) *Dire, commander, donner ordre.*
Bid him come in. *Dites-lui qu'il entre, faites-le entrer.*
Bid him come hither. *Dites-lui qu'il vienne ici.*
I bid him go home. *Je lui ai commandé, ordonné ou donné ordre de s'en aller chez lui ou au logis.*
To bid one farewel. *Dire adieu à quelqu'un.*
To bid one good night or good morrow. *Souhaiter la bonne nuit, donner le bon jour à quelqu'un.*
To bid one welcome. *Faire un bon accueil à quelqu'un.*
To bid the bans of matrimony. *Publier les bans ou les annonces de mariage.*
To bid a holy-day. *Annoncer une fête.*
To bid, (or offer.) *Dire, offrir, présenter.*
I found it so dear, that I bid nothing for it. *Je l'ai trouvé si cher que je n'en ai rien dit ou offert.*
To bid the enemy battle. *Présenter la bataille à l'ennemi.*
To bid UP, (at an auction.) *Enchérir, surdire dans une enchère. Surdire n'est plus en usage que dans quelques provinces de France.*
To bid (or to invite) one to supper, &c. *Inviter, prier, convier quelqu'un à souper, &c.*
† To bid (or to desire) a boon. *Demander une grâce.*
† Bid-ale or Bid-all, *subst.* (a western word for help-ale or a bidding friends to a poor man's house to gain their charitable help.) *Ce mot est en usage dans les provinces occidentales d'Angleterre, où il signifie l'invitation des amis d'un homme indigent, qui espère de recevoir d'eux quelques secours dans ses nécessités.*
Bidden, *adj. V.* Bid.
BIDDER, *subst.* Celui ou celle qui commande, qui invite, &c. selon les diverses significations du verbe to Bid.
Bidder, (at an auction.) *Acheteur, enchérisseur, à une enchère, à une vente.*
To sell to the highest bidder. *Vendre au plus offrant & dernier enchérisseur.*
He that attempts the judge's honesty, by making him offers of reward, ought not to complain when he loses his cause, by a better bidder. *Celui qui tâche de corrompre l'intégrité d'un Juge, par des offres de présents, n'a pas sujet de se plaindre, s'il perd son procès, parce que sa partie adverse a enchéri sur lui.*
BIDDING, *s. L'action de commander, &c. V.* to Bid.
† Bidding, (or command.) *Commandement, ordre.*
† To BIDE. *V.* to Abide.
BIDENTAL, *adj. Qui a deux dents.*
BIENNIAL, *adj.* (of two years.) *De deux ans, qui a duré ou qui doit durer deux ans, biennal.*

BIER,
BEER, } *subst.* (a wooden frame to carry a dead body upon.) *Espèce de châssis de bois pour porter un mort. Le mot de bière en François signifie a coffin.*
BESTINGS, *subst. Premier lait d'une vache qui a fait son veau.*
BIFEROUS, *adject.* (bearing fruit twice a year.) *Qui porte du fruit deux fois l'année.*
BIFID,
BIFIDATED, } *adj.* (a botanical term.) *Divisé en deux.*
BIFOLD, *adj.* Double.
BIFARIOUS, } *adj.* Double.
BIFURCATED, *adj. Qui se partage en deux pointes.*
BIG, *adj.* (thick, bulky.) *Gros, épais.*
Big, (or great.) *Grand.*
A woman big with child. *Une femme grosse ou enceinte.*
A woman's being big with child. *Grossesse de femme.*
To talk big. *Parler haut ou d'un ton fier, d'un ton résolu, faire l'entendu.*
Big words. *De grosses paroles, des paroles fières.*
To look big. *Le porter haut, avoir la mine fière, faire le fier.*
Prov. † He looks as big as bull-beef. *Il a le regard extrêmement fier.*
He looks big upon me. *Il me regarde de haut en bas.*
She begins already to look big. *Sa grossesse paroît déjà.*
He has a mind too big for his estate. *Il le porte trop haut, il vit au-delà de ses revenus.*
To go big with a project. *Etre gros d'un projet, avoir un projet fort en tête.*
To be big with expectations. *Avoir de grandes espérances.*
Big with pride. *Enflé d'orgueil.*
A project big with ruin. *Un projet fatal, un projet ruineux ou qui menace ruine.*
Big-napped. *A gros grain.*
Ex. Big-napped fustian. *Futaine à gros grain.*
Big-bodied. *Gros, gras, replet.*
Big-bellied. *Ventru, qui a un gros ventre.*
BIGAMIST, *subst. Bigame, qui a deux femmes.*
BIGAMY, *subst.* (the having two wives at once.) *Bigamie, l'action d'avoir deux femmes à la fois.*
BIGBELLIED, *adj. Grosse, enceinte, en parlant d'une femme.*
BIGGIN, *s.* (a coif for a child.) *Béguin, coiffe de toile qu'on met sur la tête des enfants.*
BIGHT, *subst.* Bight of a rope or cable. *Le double ou le milieu d'un cordage ou le balant d'un cordage.*
Bight. *Crique ou calanque.*
BIGLY, *adv. Haut, arrogamment.*
BIGNESS, *subst. Grosseur, épaisseur, grandeur.*
BIGOT, *subst.* (a superstitious man or woman.) *Bigot, bigote, un superstitieux, une superstitieuse, un cafard, une cafarde, un ou une hypocrite, faux dévot.*
A roman bigot. *Un mangeur de crucifix.*
BIGOTISM,
BIGOTRY, } *s. Bigoterie, superstition.*
BIGOTTED, *adject.* (grown a bigot.) *Devenu bigot, qui a donné dans la bigoterie.*

BIGSWOLN,

BIGSWOLN, *adj. Easté, gonflé.*
BILANDER, *subst.* (a kind of Flemish vessel.) *Belandre*, sorte de vaisseau Flamand.
BILAWS. V. By-laws *sous* by.
BILBERRY, *s. Mûre de ronce.*
BILBO, *s. Une épée.*
BILBOES, *s. pl.* (a sort of punishment at sea.) *Sorte de châtiment usité parmi les gens de marine : il differe de la cale ou de l'estrapade marine.*
Bilboes *or* Bilbows, *s. pl. Fers de prisonniers ou barre de prisonniers.*
BILE, *s.* (an angry swelling.) *Un ulcere, un clou, un furoncle.*
Bile. *Bile.*
To BILGE, } *verb. n. Faire une voie*
To BULGE, } *d'eau.*
A ship that is bilged. *Vaisseau qui a reçu quelque coup, & qui est crevé dans son fond en échouant.*
BILIARY, *adj. Biliaire*, terme d'anatomie.
BILINGSGATE, *s. Langage des halles.*
BILINGUOUS, *adject.* (having or speaking two tongues.) *Qui a deux langues, ou qui parle deux langues..*
BILIOUS, *adject.* (cholerick.) *Bilieux, colere.*
To BILK, *v. a.* (to deceive, to frustrate.) *Tromper, fourber, duper, frustrer, s'en aller sans payer.*
BILKED, *adject. Trompé, fourbé, dupé, frustré.*
Bilked in his expectations. *Frustré de ses espérances.*
BILL of a bird, *subst. Le bec d'un oiseau.*
A bill, (or halbert.) *Une hallebarde.*
A hedging-bill. *Une serpe.*
Brown-bill. *Espece de dard.*
Bill of an anchor. *Bec d'une ancre.* Voy. au mot ANCHOR.
A bill-man, (or lopper of trees.) *Celui qui ébranche, qui taille ou qui élague les arbres.*
Bill-bush. *Becquée.*
BILL, *s.* (or note.) *Billet, écriteau.*
To put a bill upon the door for lodgings to be let. *Mettre un écriteau sur la porte pour louer des chambres.*
A bill, (or note under one's hand.) *Billet, promesse sous seing privé.*
A bill, (set up on a post.) *Une affiche.*
A bill (or bond) for debt. *Un billet, une cédule, une obligation, une promesse.*
The Taylor's or Apothecary's bill. *Les parties du Taillieur ou de l'Apothicaire.*
To find the bill, (that is , the bill of indictment.) *Recevoir l'accusation ou l'acte d'accusation.*
A bill of complaint. *Une plainte.*
A bill in chancery, (or verbal procés.) *Procés verbal.*
To read a bill in Parliament. *Lire un bill ou un projet d'acte.*
Is the bill past ? *Le bill a-t-il passé ?*
A bill of exchange. *Une lettre de change.*
A bill of divorce. *Lettre de divorce.*
Bill , (or catalogue.) *Liste, catalogue.*
The weekly bill , (or the weekly bill of mortality.) *La liste de morts, ou extrait mortuaire, qui se publie à Londres une fois la semaine.*
Within the bills of mortality, (*i. e.* in London, Westminster and ten miles

round.) *Dans les villes de Londres & de Westminster & dix milles à la ronde.*
The bill and answer of plaintiff and defendant. *Avertissement, en termes de Palais, écritures qu'on fait pour instruire un procés.*
A bill of lading. *Connoissement, lettre de cargaison : écrit par lequel le maître du vaisseau confesse avoir chargé telle & telle marchandise.*
A bill of store, (a licence granted at the custom-house to a merchant to carry such stores and provisions, custom-free, as are necessary for the voyage.) *Permission d'avitailler un vaisseau.*
A bill of sufferance, (a licence granted at the custom-house to a merchant to suffer him to trade from one *English* port to another without paying custom.) *Permission de trafiquer sans payer aucun droit à la douane.*
To BILL, *v. act.* (as pigeons do.) *S'entrebaiser comme font les pigeons.*
BILLEMENTS (or woman's attire.) V. Attire.
BILLET, *f.* (a billet of wood for fuel.) *Une bûche.*
A billet (or ticket) for quarters. *Billet pour faire loger les soldats.*
Billet , (or billot of gold.) *Un lingot d'or.*
To BILLET, *v. act.* Ex. To Billet a soldier, (to quartier him by way of billet.) *Loger les soldats par billet.*
BILLIARDS, *s.* (a sort of game.) *Billard, jeu de billard.*
To play at billiards. *Jouer au billard.*
Billiard-table. *Billard.* The cloth of a billard-table, *Le tapis d'un billard.*
Billiard-stick. *Billard*, le bâton dont on pousse la bille.
Billard-ball. *La bille.*
Billard, (a sea word.) *Billard*, longue barre de fer, servant à chasser les cercles de fer d'un mât, &c.
BILLINGSGATE, *subst.* Ex. Billingsgate Oratory or Rhetorick. *Le langage des halles.*
BILLOW, *s. Vague, flot, coup de mer.* ou en termes d'art, *houle, lame de mer.*
To BILLOW, *v. neut. S'enfler comme les vagues.*
BILLOWY, *adj. Enflé.*
BIN, *s. Espece de caveau ou de reduit, où l'on serre des provisions ; une espece de dépense ;* ou bien, *une manne ou grand coffre.*
BINACLE. V. BITTACLE.
BINARY, *adj. Binaire.*
BIND, *s.* (stalk of hops.) *Sarment ou tige de houblon.*
To BIND, *v. act.* (or to tie.) *Garroter, lier, attacher, serrer.*
Bind him hand and foot. *Attachez-lui les mains & les pieds, tenez-le pieds & mains liés.*
To bind, (tie or oblige.) *Lier, engager, obliger.*
To bind one by covenant. *Lier ou obliger quelqu'un par contrat.*
To bind him with an oath. *L'obliger par serment.*
To bind him by kindnesses. *L'obliger par des bienfaits.*
To bind one's self by promise. *S'obliger, s'engager par promesse.*
My mother bound herself with a vow. *Ma mere fit un vœu, elle voua.*

To bind a book. *Relier un livre.*
To bind the belly. *Resserrer le ventre ; constiper.*
To bind a bargain with earnest. *Arrêter un marché en donnant des arrhes.*
To bind a servant , (to give him earnest.) *Arrêter ou retenir un domestique , en lui donnant de l'argent d'avance.*
When sleep binds up our senses. *Quand le sommeil assoupit nos sens.*
To bind with galoon. *Border de galon.*
To bind one apprentice. *Mettre quelqu'un en apprentissage.*
BINDER, *s. Un Relieur de livres ;* un homme qui lie des gerbes.
Binder, (or costive.) *Qui constipe, qui resserre, un astringent.*
BINDING, *s. L'action de lier, &c.* V. to Bind.
The binding of stones, (in building.) *La liaison des pierres.*
Binding of books. *Reliûre.*
Binding, *adj.* (or tying.) *Qui lie, qui engage.*
Binding , (or costive.) *Astringent , qui constipe.*
BIND-WEED, *s.* (a sort of plant.) *Liset ou liseron,* sorte de plante.
BINOCLE, *subst. Binocle*, sorte de télescope.
BINOMIAL root. *Binome*, en algebre.
BIOGRAPHER, *s. Biographe.*
BIOGRAPHY, *s. Biographie.*
BIOVAC, } *subst. Bivouac*, terme de
BIVOUAC, } guerre.
BIPARTITE, *adject.* (divided into two parts.) *Partagé, divisé en deux.*
BIPED, *s. Bipede, à deux pieds.*
BIPEDAL, *adj. Bipédal.*
BIRCH, *s. Verge de bouleau,* des verges, *une poignée de verges ; pour fouetter un enfant.*
Birch-tree. *Un bouleau.*
BIRCHIN, *adj. De bouleau.*
A birchen-broom. *Un balai de bouleau.*
BIRD, *s. Un oiseau.*
A bird of game. *Un oiseau de chasse.*
P. Birds of a feather flock together. *Chacun aime son semblable.*
P. There is no catching old birds with chaff. *On ne prend pas les vieux oiseaux à la pipée.*
P. A bird in the hand, is worth two in the bush. *L'oiseau dans la main vaut mieux que l'ois qui vole.*
To hit the bird in the eye, (or the nail on the head.) *Toucher au but, rencontrer.*
P. To kill two birds with one stone. *Faire d'une pierre deux coups.*
† A newgate bird. *Un scélérat, un pendard, gibier de potence. Newgate est une prison de Londres.*
† An unlucky bird. *Une méchant garnement.*
Bird-call. *Apeau, pipeau.*
Bird-lime. *Glu.*
Bird-cage. *Cage, volière.*
Bird's-nest. *Nid d'oiseau.*
Bird-catcher, (or fowler.) *Oiseleur, qui chasse aux oiseaux.*
Bird-seller. *Oiselier.*
To BIRD, *v. neut.* (to go a birding.) *Chasser aux oiseaux, prendre des oiseaux à la pipée, ou trébuchet, &c.*
BIRDER, *s. Oiseleur.*
BIRDING, *s. Chasse aux oiseaux.*
A birding-piece. *Un fusil.*
A birding-pouch. *Une gibeciere.*

BIRGANDER,

Tome II.

BIRGANDER, *s.* (a sort of wild-goose.) *Oie sauvage.*
BIRLED. *V.* Studded.
* BIRLET, *s.* (for a woman.) *Un bourrelet.*
BIRT, *s.* (a fish of the turbot kind.) *Espèce de turbot.*
BIRTH, *subst.* (or nativity.) *Naissance, nativité.*
Birth, (or extraction.) *Naissance, extraction.*
Birth, (or lying in of a woman.) *Enfantement, couche de femme.*
She had two children or twins, at a birth. *Elle a fait deux jumeaux.*
Birth, (or litter among beasts.) *Portée, ventrée.*
A bitch that had four puppies at a birth. *Lice qui a eu quatre petits d'une portée.*
A new - birth. *Renaissance, nouvelle naissance, régénération, en termes de piété.*
P. Birth is much, but breeding is more. *Nourriture passe nature.*
A strange unnatural birth. *Une production contre nature.*
Untimely birth. *Avortement, fausse couche.*
The after-birth. *L'arriere-faix.*
Birth, (rise, beginning.) *Naissance, commencement, source.*
This is that which gave birth to such severe laws. *C'est ce qui donna lieu de faire des loix si sévères.*
Birth-place. *Le lieu de naissance de quelqu'un.*
Birth day. *Le jour de la naissance.*
Birth-right. *Droit d'aînesse.*
Birth-wort, (an herb.) *Aristoloche, sorte d'herbe.*
Birth, (a sea-word.) Position d'un vaisseau au mouillage, & l'espace dans lequel il fait son évitée.
The ship lies in a good birth. *Le vaisseau est bien mouillé ou mouillé en bon parage.*
Birth, (where one or a number of the ship's company of officers mess & reside.) *Peste, comme poste des Chirurgiens, poste de l'Aumônier, &c.*
BISCOTIN, *s. Biscotin.*
BISCUIT, *subst. Biscuit,* sorte de pâtisserie.
Sea-Biscuit. *Biscuit de mer, pain q l'on mange sur mer.*
To BISECT, *v. act. Couper en deux.*
BISHOP, *s. Evêque.*
The bishops, (at chess.) *Les fous au jeu des echecs.*
BISHOPPING, *s.* (or confirmation.) *La Confirmation.*
BISHOPRICK, *s. Evêché.*
BISK, } *s. Bisque, potage succulent.*
BISQUE, }
Bisk, (at tennis.) *Bisque,* en termes de jeu de paume, avantage de quinze a prendre en quel endroit de la partie l'on veut.
BISMUTE, *s.* (or tin-glass, metal used in making of pewter.) *Sorte de métal dont on fait l'étain.*
BISSEXTILE, *subst. Bissexte,* jour qu'on ajoute au mois de Février de quatre en quatre ans.
Bissextile, *adj. Ex.* Bissextile (or leap) year. *Année bissextile.*
BISSON, *adj. Aveugle.*
BISTOURY, *s. Bistouré.*
BISTRE, *s. Bistre, suie détrempée.*
B.SULCOUS, *adj. Fourchu.*
BIT, *s.* (or piece.) *Morceau, piece.*

A bit of bread. *Un morceau de pain.*
A tit-bit. *Un morceau friand, un bon morceau , une friandise.*
Adam's bit, (the protuberance of the throat in some people.) *Pomme d'Adam.*
Never a bit, (nothing at all.) *Point du tout , rien.*
It is all naught every bit of it. *Tout cela ne vaut rien, il n'y a rien de bon.*
To keep for the last bit. *Garder pour la bonne bouche.*
Bit of a bridle. *Frein , mors de bride, embouchure.*
To bite on the bit, (in a figurative sense.) *Mordre, ronger son frein , prendre le frein aux dents.*
To draw bit. *Débrider.*
Without drawing bit. *Sans débrider.*
The bit of a key. *Le panneton d'une clef.*
Bit , prétérit de To Bite. *Ex.* He has bit the bridle. *Il a pris bien de la peine, il a tiré le diable par la queue, il a mangé de la vache enragée.*
To BIT, *v. act. Emboucher.*
To bit a horse. *Emboucher un cheval.*
To bit, (at sea.) *Ex.* To bit the cable. *Bitter le cable.*
BITCH, *s. Chienne.*
A proud bitch. *Chienne qui est en amour ou en chaleur.*
† Bitch, (an abusive word to women.) *Chienne, carogne, méchante friponne.*
BITE, *s. Morsure.*
I desire but one bite. *Je ne demande qu'à y mordre une fois.*
† Bite, (or trap.) *Panneau, baie, attrapoire, ruse.*
To BITE, *v. act. Mordre.*
To bite by the fingers. *Mordre aux doigts.*
I fear the dog will bite me. *Je crains que le chien ne me morde.*
If you cannot bite, never chew your teeth. *A quoi bon montrer les dents quand on ne peut pas mordre.*
To bite one's nails. *Ronger ses ongles.*
Pepper bites the tongue. *Le poivre pique la langue.*
The frost bites the grass. *La gelée fait mourir les herbes.*
To bite Or F. *Emporter la pièce en mordant.*
† To bite, (or cheat.) *Attraper, duper, tromper , en donner à garder.*
† To bite ON (or of) the bridle. *Etre réduit à l'étroit, tirer le diable par la queue, manger de la vache enragée.*
To bite , *v. n.* (speaking of an anchor.) *Mordre,* en parlant de l'ancre lorsqu'elle accroche le fond.
BITER, *subst.* Qui mord , qui trompe , tromp .
BITING, *subst.* L'action de mordre ou de piquer , &c. *V.* to Bite : *morsure.*
Biting, *adj. Mordant, piquant, fort,* dans le propre & dans le figuré.
A biting jest. *Raillerie mordante, piquante, forte.*
BITINGLY, *adv. D'une maniere mordante, piquante , satyrique.*
BITS , *s.* (a sea term , two square pieces of timber to belage the cables.) *Bittes,* deux grosses pieces de bois où l'on amarre les cables.
Main-bits. *Bittes* ou *grandes bittes.*
Top - fail-sheet bits. *Bittons* ou *seps d'écoutes* des huniers.
Gallows-bits. *V.* Gallows.
BITTACLE, *s.* (a sea-term, it signifies

the frame of timber in the steerage; where the compass is kept.) *Habitacle, réduit en forme d'armoire, devant le poste du timonier, où on renferme le compas de route.*
BITTED, *adj.* (from to bit.) *Embouché.*
BITTEN, *adj.* (from to bite.) *Mordu, &c. V.* to Bite.
A hard bitten dog. *Un chien fort en gueule.*
BITTER, *adj.* (in taste.) *Amer.*
Bitter, (or sharp.) *Cruel, rude, fâcheux.*
Bitter, (biting or sharp.) *Aigre, piquant, choquant, mordant, satyrique, dur.*
Wormwood is bitter. *L'absinthe est amere.*
As bitter as gall. *Amer comme du fiel.*
Bitter weather. *Un cruel temps , un temps rude ou fâcheux.*
A bitter woman to her husband. *Une méchante femme, une véritable mégere.*
Bitter words. *Paroles aigres, piquantes, choquantes ou mordantes, injures, duretés.*
There past many bitter words between them. *Ils se dirent beaucoup d'injures ou de duretés.*
A bitter child. *Un méchant enfant , un enfant reveche, désobéissant.*
A bitter quarrel. *Une sanglante, une furieuse querelle.*
B ter-vetch. *Ers ou vesce noire,* sorte de légume.
Bitter-wort. *Gentiane ,* sorte d'herbe.
Bitter cold weather. *Un froid âpre, piquant ou perçant.*
BITTERLY, *adv. Amerement.*
To inveigh bitterly against one. *Faire de sanglantes invectives contre quelqu'un.*
BITTERN, }
BITTOUR, } *subst.* (a kind of bird.) *Butor ,* oiseau de la grandeur d'un héron.
BITTERNESS, *s.* (from bitter.) *Amertume.*
Bitterness, (or roughness.) *Aigreur, emportement, dureté, malice, satire.*
BITUMEN, *s.* (a sort of slime naturally clammy, like pitch.) *Bitume, limon gras & visqueux qui a quelque chose de l'odeur du souffre.*
BITUMINOUS, *adj. Bitumineux, qui tient du bitume.*
BIVALVE, *adj. Bivalve,* terme d'histoire naturelle.
BIZANTINE. *V.* Besant.
BIZARRE. *V.* Odd.
BLAB, *s. Un bavard, une bavarde, un causeur, une causeuse, qui dit tout ce qu'il sait.*
He is a great blab with his tongue. *C'est un grand bavard.*
To BLAB out , *v. act. Divulguer , porter inconsidérément, dire à la volée, publier.*
To blab out a thing. *Divulguer ou publier une chose.*
Blabbed out, *adj. Divulgué, publié.*
BLABBER-LIPPED, *adj.* Qui a de grosses levres, *lipu. V.* Blubber.
BLABBER-LIPS, *s. Grosses levres.*
BLACK, *adj. Noir, de couleur noire.*
Black, (or wicked.) *Noir, méchant, infame.*
A black deed. *Une action noire, infame ou criminelle.*
A black (or fatal) day. *Un jour fatal, un jour malheureux.*

A

BLA

A black monday. *Jour de punition, jour d'exécution.*
Black book, (in the exchequer.) *Registre de l'Echiquier ou de la Chambre des Comptes.*
† A black book, (where one sets down those he designs for vengeance.) *Livre de vengeance, qui contient la liste de ceux qu'on est résolu de sacrifier à sa vengeance.*
The black art. *La magie noire ou la nécromancie.*
The black letter. *La lettre gothique.*
The black Friars, (or Dominicans.) *Les Peres Dominicains.*
R. A Londres il y a un quartier de la ville que l'on appelle Black friars.
A black man. *Un noiraud, qui a les cheveux noirs.*
A black woman. *Une noiraude, (or rather,) une femme qui a les cheveux noirs, une brune.*
To make black. *Noircir, rendre noir, faire noir.*
To make black, (to diffame.) *Noircir, rendre odieux.*
The black rod, *s.* (or the usher of the black rod.) *L'Huissier de la verge noire.*
R. Il est Huissier de la chambre du Roi, des Chevaliers de l'Ordre de la Jarretiere & de la Chambre Haute.
A black-guard. *Un vaurien, un polisson.*
A black-bird. *Un merle.*
Black-berries. *Mûres de ronce.*
Black and blue, *adj. Meurtri de coups, livide.*
To beat black and blue. *Meurtrir quelqu'un à force de coups, lui laisser des endroits tout livides ou tout noirs.*
Black and blue, *subst. Meurtrissure, contusion.*
A black. *Un noir, un negre.*
BLACK, *s. Noir, couleur noire.*
Smoke-black. *Noir de fumée.*
Stone-black. *Noir de pierre.*
To put on black. *S'habiller de noir, prendre le deuil.*
Black will take no other hue. *Le noir ne change jamais de couleur, le noir demeure toujours noir.*
† To have a thing under black and white. *Avoir quelque chose en écrit.*
Black-brown, *Noir brun.*
Black-eyed. *Qui a les yeux noirs.*
Black-faced. *Qui a le visage noir, noiraud.*
Black-mouthed. *Qui a la bouche noire, & dans le figuré, qui a une méchante langue, médisant.*
BLACKAMOOR, *s. Un more, un negre.*
A she-blackamoor. *Une moresque, une negresse.*
P. To wash a blackamoor white. *Blanchir un more :* P. *laver la tête d'un âne.*
BLACK-BRYONY, *s. Sorte de plante.*
BLACK-CATTLE, *s. Gros bétail, comme bœufs, vaches, &c.*
BLACK-LEAD, *s. Mine de plomb.*
BLACK-PUDDING, *s. Boudin noir.*
To BLACK,
To BLACKEN, } *v. act. Noircir, rendre noir.*
To blacken, *v. n. Noircir, se noircir, devenir noir.*
Blackened, *adj. Noirci.*
BLACKENING, *s. L'action de noircir.*
BLACKING, *subst.* (black for shoes.) *Noir.*
BLACKISH, *adj. Noirâtre, qui tire sur le noir.*

BLA

BLACKMOOR. V. Blackamoor.
BLACKSMITH, *s. Forgeron.*
BLACKNESS, *s. Noirceur.*
BLACK-THORN, *s. Epine noire.*
BLADDER, *s. La vessie.*
BLADDER-SENA, *s. Séné bâtard,* espece d'arbrisseau.
BLADE, *s.* (of a sword, &c.) *La lame d'une épée, d'un couteau, &c.*
The blade, (the flat of an oar.) *Le palme ou le plat d'une rame.*
The blade of an herb. *La tige, le tuyau ou la feuille d'une herbe.*
Blade of corn. *Tuyau de blé.*
The shoulder-blade. *Le palleron ou l'os de l'épaule, l'omoplate.*
The breast-blade. *Sternum.*
† A notable young blade. *Un éveillé, un espiegle, un gaillard, un égrillard.*
† An old blade. *Un vieux routier, un vieux renard.*
A fine blade. *Un homme du monde, un jeune homme qui le porte beau, qui fait belle figure.*
A stout blade. *Un brave, une bonne épée.*
† A cunning blade. *Une bonne ou une fine lame, un fin renard, un dérasé.*
A pair of blades, (or yarn-windles.) *Un dévidoir.*
† To BLADE it, *v. neut. Faire le brave, piafer.*
Bladed, *adj.* Ex. Corn bladed. *Blé en tuyau.*
BLADEBONE, *s. Omoplate, paleron, l'os de l'épaule.*
BLAIN, *s. Sorte d'aposteme ou de furoncle* avec grande inflammation.
BLAMABLE,
BLAMEABLE, } *adject.* (or blame-worthy.) *Blâmable, digne de blâme, répréhensible, condamnable.*
BLAMABLY, *adv. Mal, d'une maniere blâmable.*
BLAME, *s.* (reproach or fault.) *Blâme, reproche ou faute, offense.*
To lay the blame upon one. *Donner le blâme à quelqu'un, rejetter la faute sur lui.*
The blame of it will light upon me. *On me blâmera de cela, j'en porterai le blâme.*
Blame-worthy. *Blâmable, digne de blame, condamnable.*
To BLAME, *v. act.* (to find fault with.) *Blamer, condamner, reprendre.*
I cannot blame you for it. *Je ne saurois vous blamer de cela.*
It is not the use, but the abuse of things which I blame. *Ce n'est pas l'usage des choses, mais l'abus, que je condamne.*
He blames me for that. *Il me reprend de cela.*
You are both to blame for that. *Vous avez tous deux tort en cela.*
You are more to blame in that, than he. *Vous avez en cela plus de tort que lui.*
He blamed me for a breach of friendship. *Il m'accusa d'avoir fait breche à notre amitié.*
Your conduct is to blame. *Votre conduite est blâmable.*
Blamed, *adj. Blâmé, condamné, repris.*
BLAMEFUL, *adj. Blâmable, coupable.*
BLAMELESSLY, *adv. Innocemment, sans reproche.*
BLAMELESS, *adj. Innocent, irrépréhensible, net, pur, irréprochable, exempt de tout reproche.*
BLAMER, *subst.* (or fault finder.) *Un*

BLA

censeur, un critique, celui qui blâme, qui trouve à redire.
BLAMING, *s. L'action de blamer, &c.*
V. to Blame.
To BLANCH, *v. act.* (or to whiten.) *Blanchir.*
To blanch the blanks, (or pieces to be coined,) *Blanchir les flans.*
To blanch (to take off the rind of) almonds. *Peler des amandes.*
To blanch, (or to palliate.) *Pallier, colorer, couvrir ingénieusement.*
They blanched however their answer in handsome words. *Ils ont du moins fait leur réponse en des termes honnêtes.*
Blanched, *adj. Blanchi, &c.*
Blanched almonds. *Amandes pelées.*
BLANCHING, *s. L'action de blanchir, &c.*
V. to Blanch.
BLAND, *adj. Doux, aimable.*
BLANDILOQUENCE,
BLANDILOQUY, } *subst.* fair speaking or flattering.) *Discours ou langage doux & flatteur, caresse, flatterie, paroles emmiellées.*
To BLANDISH, *v. act.* (or sooth up.) *Flatter, cajoler, caresser.*
BLANDISHMENT, *subst.* (alluring caresses.) *Flatterie, cajolerie, caresses, complaisance.*
BLANK, *adject.* (pale and wan.) *Pâle, blême.*
Blank, (out of countenance.) *Confus, déconcerté, déconcerté, troublé.*
Blank verse. *Vers blancs, vers sans rime, prose mesurée ou cadencée.*
A blank bond. *Un blanc signé.*
† A blank (or bad) come off. *Une méchante défaite.*
Point-blank, *adv.* (entirely.) *Tout-à-fait, entièrement, diametralement.*
This is point-blank (or diametrically) against the second commandment. *Cela est diamétralement opposé au second commandement.*
BLANK, *s.* (in writing.) *Un blanc,* dans un écrit.
Blank. *Blanc, but où l'on vise.*
Blank, (a piece for coining.) *Un flan,* en termes de monnoie.
Blank, (an ancient coin.) *Blanc,* monnoie du temps passé.
Blank, (in a lottery.) *Billet blanc, blanque.*
To have blank, (or no honours, at cards.) *Avoir cartes blanches.*
To BLANK, *v. a. Confondre, abattre, effacer, abolir.*
BLANKET, *subst. Couverture, couverture de lit.*
Blanket, (for a child.) *Lange d'étoffe ou de drap pour un enfant au maillot.*
Blanket, (of a printing-press.) *Blanchet ou lange de presse d'Imprimerie.*
To BLANKET, *v. a. Faire faire le saut de la couverture, envelopper dans une couverture.*
To BLARE, *v. n.* (as a calf.) *Beugler,* comme font les veaux.
To BLASPHEME, *v. act.* (or speak evil of.) *Blasphémer, proférer un blaspheme, jurer.*
Blasphemed, *adj. Blasphémé.*
BLASPHEMER, *s. Blasphémateur.*
BLASPHEMOUS, *adj. Blasphématoire, pl. de blasphèmes, impie.*
BLASPHEMOUSLY, *adv. Avec des blasphèmes, avec impiété.*
BLASPHEMY, *subst. Blasphème, jurement exécrable.*

I 2

BLAST,

BLAST, *f.* (or puff.) *Bouffée.*
A blast of wind. *Bouffée de vent.*
Blast. Influence maligne, impression de quelque chose de pestilentiel.
A blast, (in corn or trees.) *Nielle ou rouille.*
A blast has spoiled the corn. *La nielle a brouï le blé.*
Blast - ointment. *Onguent pour la brulure.*
To BLAST, v. act. *Brouïr, brûler.*
To blast the corn. *Brouïr le blé,* (comme fait la nielle.)
To blast a design or to blast one in his undertaking. *Ruiner le dessein de quelqu'un, le faire échouer.*
To blast a man's credit or reputation. *Déchirer quelqu'un, noircir ou ternir sa réputation, le diffamer.*
Blasted, *adj. Brouï, brûlé.*
Blasted, *Ruiné, terni, noirci.*
BLASTMENT. V. Blast.
BLASTING, *adj.* L'action de brouïr, &c.
V. to Blast.
† BLATANT, *adj.* (or babbling.) *Babillard, clabaudeur.*
A blatant writer. *Un Auteur babillard.*
To BLATTER. *Mugir, en parlant des animaux, bavarder, en parlant des hommes.*
BLAY. V. Bleak-Fish, *après* Bleak.
BLAZE, *fubft. Une belle flamme, mais qui n'est pas de durée.*
Blaze. *Bruit, rapport.*
To BLAZE, verb. neut. *Flamber, jeter des flammes.*
The fire blazeth. *Le feu flambe.*
To BLAZE abroad, verb. act. *Divulguer, publier, découvrir, rendre public.*
Blazed abroad, *adj. Divulgué, publié, découvert, rendu public.*
BLAZER, *fubft.* Ex. A blazer of things abroad. *Celui qui fait courir des bruits.*
BLAZING, *f.* L'action de flamber, &c.
V. to Blaze, *v. neut. &* act.
A blazing star. *Etoile brillante ou une comete.*
BLAZON,
BLAZONRY, } *f.* (or Heraldry.) *Blason, la science des armoiries.*
To BLASON, v. act. *Blasonner, déchiffrer les armes.*
To blazon, (or set out.) *Dépeindre, représenter, orner, célébrer.*
Blazoned, *adj. Blasonné,* &c.
BLAZONING, *fubft.* L'action de blasonner, &c.
BLEA,
BLEAK, } *fubft.* L'aubier, le blanc & la partie la plus molle entre l'écorce & le bois d'un arbre.
To BLEACH, v. act. (or whiten in the sun.) *Blanchir au soleil.*
To bleach cloth. *Blanchir de la toile.*
BLEACHER, *f. Blanchisseur.*
BLEACHED, *adj. Blanchi.*
BLEACHING, *f. Blanchissage, blanchiment,* l'action de blanchir.
BLEAK, *adj.* (or cold.) *Froid, gelé.*
A bleak wind. *Un vent froid.*
Bleak, (pale or wan.) *Pâle, blême.*
You look very bleak. *Vous paroissez fort pâle.*
The bleak-fish. *Able,* sorte de poisson de riviere.
BLEAKNESS, *fubft.* (coldness.) *Froid.*
To BLEAR the sight, *verb. act.* (to dim it.)
Obscurcir, offusquer, troubler la vue.
BLEAREDNESS, *f. Chassie, humeur qui*
coule des yeux & s'attache aux paupieres.
BLEAR-EYED, *adj. Chassieux,* qui a de la chassie aux yeux.
To BLEAT, v. neut. *Bêler.*
The sheep bleat. *Les brebis bêlent.*
BLEATING, *fubft. Bêlement.*
BLED, *f. Une vessie ou ampoule.*
Bled, prétérit du verbe to Bleed.
To BLEED, v. neut. (from blood.) *Saigner, perdre du sang.*
To bleed at the nose. *Saigner du nez.*
I bled five ounces of blood. *J'ai perdu cinq onces de sang.*
My heart bleeds for it. *Le cœur m'en saigne.*
Our lords and nobles were made to bleed, in wanton sport, for treason committed against his mock Majesty. *On faisoit mourir de gaieté de cœur notre Noblesse & nos Gentilshommes pour crime de haute-trahison commis contre un Roi de théâtre ou faux Roi.*
To BLEED one, *v. act.* (to let him blood.)
Saigner quelqu'un, lui tirer du sang.
BLEEDER, *fubft. Saigneur ou phlébotomiste.*
BLEEDING, *f. Saignement, saignée.*
One's bleeding at the nose. *Saignement du nez.*
To stop the bleeding. *Arrêter le sang.*
Bleeding, *adj. Qui saigne, saignant.*
To be in a bleeding condition. *Saigner.*
A bleeding heart. *Un cœur qui saigne, un cœur navré de douleur.*
A bleeding (or dangerous) condition. *Etat dangereux.*
BLEMISH, *fubft.* (stain, spot or fault.)
Tache, tare, défaut, manquement.
Blemish, (disgrace, reproach, stain.)
Flétrissure, tache, déshonneur.
He is the blemish of our age. *Il est la honte de notre siecle.*
Blemishes, *pl.* (a term of hunting, hunters marks where the deer has gone.)
Brisées, en termes de chasse.
To BLEMISH, *v. act.* (or to stain.) *Tacher, souiller.*
To blemish one's reputation. *Flétrir, ternir, blesser, noircir la réputation de quelqu'un.*
Blemished, *adj. Taché, souillé, flétri, terni, blessé, noirci, déshonoré.*
BLEMISHING, *f.* L'action de tacher, &c.
V. to Blemish. *Flétrissure, déshonneur, reproche.*
To BLENCH, *v. neut. Reculer.*
To blench, verb. act. *Empêcher, arrêter.*
BLENCH, *fubft.* (a law-term.)
Ex. To hold land in blench. *Posséder une terre qui paye cens à un Seigneur censier.*
To BLEND, verb. act. (to mix.) *Mêler, confondre.*
Blended, *adj. Mêlé.*
To BLESS, *v. act. Bénir,* donner sa bénédiction.
To bless, (or make happy.) *Rendre heureux.*
To bless, (or to praise.) *Bénir, louer.*
Do but bless me with the story of it.
Faites-moi la grâce de me le raconter ou de me dire ce que c'est.
To bless one's self AT a thing. *Se récrier sur quelque chose.*
To bless one's self IN a thing. *Se glorifier ou se féliciter de quelque chose.*
Bless me, *interj. Bon Dieu, juste Dieu ! miséricorde.*

BLESSED, *adj. Béni ou bénit.*
Blessed be God. *Dieu soit béni.*
Blessed, (or holy.) *Saint.*
Blessed, (or happy.) *Heureux.*
The blessed Virgin. *La sainte Vierge.*
Of blessed memory. *D'heureuse mémoire.*
God's blessed providence. *La Providence divine.*
Our blessed Saviour. *Notre Sauveur.*
To be blessed with a good wife. *Avoir une bonne femme.*
He was blessed with a long and prosperous reign. *Son regne a été long & heureux.*
The last time I was blessed with her company. *La derniere fois que j'eus le bonheur de la voir ou de l'entretenir.*
The blessed, *f. Les Bienheureux, les Saints glorifiés.*
BLESSEDLY, *adv. Heureusement.*
BLESSEDNESS, *fubft. Bonheur, félicité.*
BLESSER, *fubft. Qui bénit.*
BLESSING, *f.* (or benediction.) *Bénédiction.*
Blessing, (or happiness.) *Bonheur, félicité, douceur, bien, trésor.*
The blessings (or kindnesses) of God. *Les graces, les bienfaits de Dieu.*
BLEST, *adject. Béni.* V. Blessed.
BLEW, prétérit du verbe to blow.
What wind blew you hither ? *Quel vent vous amene ici ?*
BLEYME, *fubft. Bleime,* maladie de cheval.
BLIGHT, *f.* (or blast.) *Nielle, bruine ou rouille.*
To BLIGHT, *v. act. Gâter, corrompre, perdre, rendre stérile.*
Blighted, *adject. Brouï, gâté par la nielle.*
Blighted, (or decayed.) *Gâté, perdu, corrompu, altéré.*
BLIND, *adject. Aveugle,* qui ne voit goutte.
To be born blind. *Etre né aveugle.*
A blind man. *Un aveugle.*
Prov. Who so blind as they that will not see ? *Il n'y a personne de si aveugle que celui qui ne veut pas voir.*
Prov. When the devil is blind. *Quand le diable sera aveugle,* ou *jamais.*
Blind of one eye. *Borgne,* qui ne voit que d'un œil.
† A blind story. *Un conte borgne.*
A blind (or dark) stair-case or closet. *Un escalier ou un cabinet obscur,* où l'on ne voit goutte.
A blind writing. *Un écrit où l'on ne voit goutte, qui est tout effacé.*
A blind, (or false pretence.) *Un faux prétexte.*
A blind way. *Chemin difficile à tenir.*
Blind nettle. *Scrofulaire,* sorte d'herbe.
Purblind or pore-blind. *Qui a la vue courte.*
Sand-blind or moon-blind. *Qui a la vue foible,* qui ne voit presque point.
A man's blind-side. *Le foible de quelqu'un.*
Blind, *fubft.* (or false pretence.) *Voile, masque, prétexte, poussiere que l'on jette aux yeux de quelqu'un pour l'empêcher de voir.*
His honesty is but a blind for him to cheat the better. *Son honnêteté n'est qu'un masque, pour tromper plus facilement ; ce n'est qu'un voile, qu'une adresse ou un prétexte pour tromper.*
Blind, (in fortification.) *Blinde,* qui sert

BLI

fort à couvrir les tranchées découvertes.
To BLIND, v. act. Aveugler, rendre aveugle, ou bander les yeux.
To blind one's fight. Oter la vue à quelqu'un, l'aveugler.
To blind one, (to deceive him.) Aveugler quelqu'un, l'éblouir ; lui jeter de la poudre aux yeux, le tromper.
Blinded, adject. Aveuglé, &c. Voyez to Blind.
BLINDFOLD, adv. Les yeux bandés.
Blindfold, (blindly or rashly.) Aveuglément, sans réflexion, sans considération.
To BLINDFOLD, v. act. (to hoodwink.) Bander les yeux, mettre un voile sur les yeux, au propre & au figuré.
Blindfolded, adj. Qui a les yeux bandés.
BLINDLY, adv. Aveuglément.
To go blindly to work. Faire les choses aveuglément, sans réflexion, sans considération.
BLIND-MAN'S-BUFF, s. Cligne-musette ou Colin-maillard, sorte de jeu où l'on bande les yeux à quelqu'un de la compagnie, jusqu'à ce qu'il en attrape un autre qui le relève.
BLINDNESS, subst. Aveuglement, perte de la vue.
Blindness, (or error.) Aveuglement, erreur ou conduite peu sage.
BLINDWORM, subst. Sorte de petit serpent.
To BLINK, v. neut. (to wink and blink.) Faire les petits yeux, n'ouvrir les yeux qu'à demi, cligner les yeux, clignoter, guigner.
BLINKARD or one blink-eyed, s. Qui cligne, qui n'ouvre les yeux qu'à demi, louche ou qui regarde de travers.
BLINKING, adj. Qui cligne les yeux.
Blinking candles. Des chandelles qui éclairent mal, qui ne donnent qu'une foible lumière.
BLINKS, s. Brisées, (terme de chasse,) V. Blemishes.
BLISS, subst. (or happiness.) Bonheur, félicité.
BLISSFUL, adj. Bienheureux, heureux.
BLISSFULLY, adv. Heureusement.
To BLOSSOM. V. to Tup.
BLISTER, subst. (blain or wheal.) Vessie, ampoule, pustule, élevure, sur la peau.
Blister, (a sort of plaister.) Vésicatoire, médicament qui fait élever des vessies.
To BLISTER, verb. act. Appliquer des vésicatoires.
To blister, verb. neut. S'élever, se former en vessies.
Blistered, adj. A qui l'on a appliqué des vésicatoires.
Blister'd. Plein, couvert de vessies.
BLISTERING, s. L'action d'appliquer des vésicatoires.
Blistering, adj. as blistering heat. Inflammation.
Blistering plaister. Un vésicatoire.
BLITHENESS, } subst. Joie, allégresse.
BLITHSOMNESS, }
BLITH, s. Blette, sorte d'herbe.
BLITHE, adj. (or merry.) Joyeux, gai, gaillard, enjoué, agréable, content.
BLITHLY, adv. Joyeusement, gaillardement.
To look blithly on it. Faire paroitre la joie sur son visage.
BLITHSOME, adj. V. Blithe.

BLO

BLOACH, s. Une pustule.
To BLOAT, verb. neut. S'enfler.
BLOATEDNESS, s. Enflure.
BLOB-CHEEKED, s. Joufflu, qui a de grosses joues.
BLOBBER, s. Vessie, bulle d'eau, enflure.
BLOBBERLIPPED. Voyez Blubber-lipped.
BLOCK, s. (or stem of a tree.) Un bloc, un billot.
BLOCK. Buche, niais.
Block, (or barber's block.) Tête de bois, dont on se sert pour peigner les perruques, &c.
A hatter's block. Forme de chapeau.
Block, (or rub.) Obstacle, traverse, empêchement.
To cast a block in one's way. Traverser le dessein de quelqu'un.
To come to the block, (or to be beheaded.) Avoir la tête tranchée.
A block or a ram's block in a ship. Cap de mouton, terme de marine.
BLOCK, subst. Poulie.
Single block. Poulie simple.
Double block. Poulie double.
Long-tackle-block. Poulie double de palan.
Snatch-block. Poulie coupée ou poulie à dent.
Top-block. Poulie de guinderesse.
Treble-blocks. Poulies à trois rouets, comme celles des grandes drisses, les poulies à caliornes à trois rouets.
Gear-block. Poulie de drisse à caliorne.
Voyal-block. Poulie de tournevire ; c'est une poulie servant à conduire la tournevire.
Clue-garnet-block. Poulie de cargue-point.
Block and block. Situation d'un palan dont le garant est halé autant qu'il est possible, & dont les deux poulies se touchent ou se baisent.
Cat-block. Poulie de capon.
A printer's ink-block. Encrier d'imprimerie.
BLOCKHEAD, s. (or fool.) Lourdaud, hébété, niais
BLOCK-HOUSE, s. Un Fort.
To BLOCK up, verb. act. Bloquer.
To block up a town. Bloquer une ville, faire un blocus autour, en garder les avenues avec des troupes.
BLOCKADE, subst. Blocus, campement d'une armée sur les avenues d'une place.
BLOCKED up, adj. Bloqué.
BLOCKING up, s. L'action de bloquer, blocus.
BLOCKISH, adject. Lourd, grossier, sot, qui a l'esprit pesant, hébété, niais, stupide.
BLOCKISHLY, adv. Lourdement, grossièrement, sottement.
BLOCKISHNESS, s. Grossièreté, sottise, stupidité.
BLOCKT up. V. Blocked up.
BLOCK-TIN, s. Etain pur.
BLOCK-WOOD. V. Log-Wood.
† BLOMARY. V. Furnace.
BLOOD, subst. Sang, l'humeur qui se fait des aliments pour la nourriture du corps.
Blood, (or kindred.) Sang, famille.
Blood, (or anger.) Colère, indignation.
Blood, (or murder.) Sang, meurtre.
The mass of blood. La masse du sang.

BLO

To let one blood. Tirer du sang à quelqu'un, le saigner.
To stanch or stop the blood. Arrêter ou étancher le sang.
To whip one till the blood comes. Fouetter quelqu'un jusqu'au sang.
He killed him in cold blood. Il l'a tué de sang froid.
The blood of the grape. Le jus de la treille, le vin.
A distemper that runs in the blood. Une maladie attachée à la famille.
My blood began to boil. Je commençai à m'échauffer ou à me mettre en colère.
My blood was up. J'étois en colère.
It should make our blood rise in our faces. Nous en devrions rougir de honte.
They cannot for their blood keep themselves honest. Ils ne sauroient s'empêcher de voler.
I cannot for my blood break the shell. Je ne saurois casser l'écaille, quelque effort que je fasse pour cela.
To be let blood. Etre saigné.
To breed ill blood, (to exasperate.) Aigrir les esprits.
Blood-guiltiness, subst. Meurtre, assassinat.
Blood-hound. Limier, chien de haut nez.
Blood-letting. Saignée.
Blood-shed. Effusion de sang, meurtre, homicide.
Blood-red. Rouge sanguin ou empourpré, en termes poétiques.
Blood-warm. Un peu plus que tiède.
Blood-sucker. Sang-sue.
Blood-thirsty, blood-thirster. Sanguinaire, cruel, qui aime à répandre le sang.
Blood-shot eyes. Yeux rouges.
Blood-stone. Sanguine, sorte de pierre rouge, qui étanche le sang.
Blood-wort, (an herb to stanch the blood.) Sanguinaire, herbe qui étanche le sang.
To BLOOD, v. act. (or let blood.) Saigner, tirer du sang.
To blood, (to accustom to bleed or to spill blood.) Accoutumer au sang.
It is probable, that his soldiers, if once blooded, would have gone on with him. Il y a apparence que si ses soldats eussent ou avoient été accoutumés au sang, ils l'auroient suivi par-tout.
To blood, (or daub with blood.) Ensanglanter, remplir, couvrir de sang.
Blooded, adj. Saigné ou ensanglanté.
BLOODILY, adv. D'une manière sanglante & cruelle, cruellement.
Bloodily principled. Qui aime à répandre le sang, sanguinaire, cruel.
BLOODING, subst. (or blood-pudding.) Boudin de sang, boudin noir.
BLOODLESS, adject. Qui n'a point de sang.
Bloodless, adv. Sans effusion de sang.
BLOOD-WIT, subst. (a law-term for an amerciament for blood-shed.) Amende que l'on paye pour avoir fait effusion de sang.
BLOODY, adv. (or cruel.) Sanglant, cruel.
A bloody fight. Un sanglant combat.
Bloody, (or blood-thirsty.) Sanguinaire, cruel.
Bloody, (or daubed with blood.) Sanglant, ensanglanté, plein de sang.
Bloody-minded,

Bloody-minded. *Sanguinaire, cruel, qui aime à répandre le sang.*
The bloody-flux. *L: flux de sang.*
BLOOM, *s.* (or blossom of trees.) *Fleur d'arbres.*
Bloom or gleam, (a blast of hot wind.) *Une bouffée de vent chaud.*
Bloom, (of some fruits.) *Fleur de certains fruits.*
To BLOOM. *V.* to Blossom, &c.
BLOOMY, *adj.* Rempli de fleurs, fleuri.
BLOSSOM, *s.* Fleur d'arbre.
To BLOSSOM, *v. neut. Fleurir, pousser des fleurs, être en fleur.*
Blossomed, *adj. Fleuri, qui est en fleur.*
BLOT, *s.* (or blur.) *Tache.*
A blot of ink. *Une tache d'encre, une rature.*
A blot at back-gammon. *Une dame qui n'est pas couverte, & qui court risque d'être battue.*
To BLOT, *v. act. Tacher.*
To blot a man's reputation. *Ternir la réputation de quelqu'un.*
This papers blots, *v. neut. Ce papier boit.*
To blot OUT. *Rayer, effacer, raturer.*
To blot a thing out of one's remembrance. *Mettre une chose en oubli, l'effacer de sa mémoire.*
BLOTCH, *subst. Pustule.*
BLOTE, *adj.* (or swelled.) *Bouffi, jouffflu, enflé.*
A blote face. *Un visage bouffi, un jouffflu.*
To BLOTE, *v. neut. Se bouffir, s'enfler.*
To blote, *v. act.* (or to smoke.) *Fumer.*
Bloted, *adject. Bouffi, enflé, jouffflu, bourjouffflé.*
A bloted face. *Un visage bouffi, un joufflu.*
Bloted lineaments. *Des traits grossiers.*
Bloted. *Fumé.*
Bloted herrings. *Des harengs fumés.*
BLOTTED, *adj.* (from to blot.) *Taché.*
Blotted out. *Rayé, effacé, raturé.*
BLOTTING, *s.* L'action de tacher, &c. *V.* to Blot.
Blotting paper. *Papier qui boit ou papier brouillard.*
BLOW, *s.* (or stroke.) *Coup, action de celui qui frappe.*
Blow, (misfortune, cross accident.) *Coup, disgrâce, malheur, accident, désastre, revers, échec.*
A flanding blow. *Un coup de travers.*
He does nothing without blows. *Il ne fait rien qu'à force de coups.*
To take a town without a blow or without striking a blow. *Prendre une ville sans coup férir.*
A blow (or cuff) on the ear. *Un soufflet.*
To make a blow at a thing. *Essayer de frapper quelque chose.*
To come to handy blows. *En venir aux mains.*
It is but a word and a blow with him. *Il est haut à la main, il est extrêmement prompt, il a aussi-tôt frappé que parlé.*
Blow, (a term used among florists for flower or bloom.) *Fleur.*
Tulips or roses in blow. *Des tulipes ou des roses épanouies.*
A fine blow of tulips or roses. *De belles tulipes ou de belles roses.*
To BLOW, *v. act. & neut. Souffler.*
Ex. To blow the fire. *Souffler le feu.*

The King of the *Lombards* and the Duke of *Bavaria* did underhand blow the coals. *Le Roi des Lombards & le Duc de Bavière soufflaient le feu sous main.*
The wind blows. *Le vent souffle.*
To blow the trumpet. *Sonner de la trompette.*
To blow the horn. *Sonner du cor.*
To blow the meat. *Souffler la viande, comme font les bouchers, pour la rendre plus belle.*
To blow up a bladder. *Enfler une vessie.*
To blow (or wipe) one's nose. *Se moucher.*
To puff and blow. *Souffler, être essouffflé ou hors d'haleine, perdre haleine.*
To blow, (as a rose.) *S'épanouir comme une rose, s'ouvrir, s'étendre, se déplier, s'élargir.*
It blows, *v. imp. Il vente, il fait du vent.*
It blew a dreadful storm. *Il faisoit une furieuse tempête.*
What wind blew you hither! *Quel bon vent vous a amené ici?*
To blow UP. *Élever en l'air.*
To blow up a feather. *Élever une plume en l'air par le souffle.*
To blow up a house. *Faire sauter une maison en l'air.*
To blow up the city into a tumult. *Exciter un tumulte dans la ville.*
To blow up a mine. *Faire jouer une mine.*
That mine blew up the ground very high. *Cette mine fit une grande élévation de terre.*
† To blow one up, (or to make him break.) *Faire faire banqueroute à quelqu'un.*
To blow OVER a storm. *Dissiper une tempête.*
To blow DOWN. *Faire tomber par le souffle, abattre, renverser.*
The wind has blown down many houses. *Le vent a renversé plusieurs maisons.*
To blow IN. *Faire entrer en soufflant.*
To blow OUT. *Faire sortir en soufflant.*
To blow out a candle. *Souffler ou éteindre une chandelle.*
To blow UPON. *Souffler dessus.*
To blow upon, (to run down.) *Décrier, nuire, faire tort à.*
To blow OFF. *Dissiper en soufflant.*
To blow AWAY. *Écarter, emporter, dissiper, en soufflant.*
Blown upon, *adj. Décrié.*
A commodity blown upon, (or a mere drug.) *Une marchandise décriée ou de rebut.*
BLOWER, *s.* Souffleur, qui souffle, &c. *V.* to Blow.
BLOWING, *s.* L'action de souffler, &c. *V.* to Blow.
Blowing weather. *Temps orageux.*
BLOWN, *adj.* Soufflé, épanoui, &c. *V.* to Blow.
Their iniquities are full blown. *Leurs iniquités sont au comble, ou ont comblé la mesure.*
Blown UP. *Qu'on a fait sauter en l'air; qui a fait banqueroute.*
BLOWTH, *s. V.* Blossom.
† BLOWZE, *subst.* (a red-faced, fat, beggarly wench.) *Une fille joufflue & à rouge trogne.*
BLOWZY, *adj. Ex.* A blowzy wench or girl. *V.* Blowze.

BLUB, *adj.* (or swollen.) *Enflé.*
BLUBBER, *s.* (a sea-fish.) *Sorte de poisson de mer.*
Blubber, (oil of a whale.) *Huile de baleine.*
Blubber-lips. *De grosses lèvres.*
Blubber-lipped. *Lippu, qui a de grosses lèvres.*
To BLUBBER with weeping, *v. neut. S'enfler les joues à force de pleurer.*
Blub-cheeked. *V.* Blob-cheeked.
BLUDGEON, *s.* Sorte de bâton pour se battre.
BLUE, *adj. De couleur bleue.*
A blue-ribbon. *Un ruban bleu.*
† A blue aproned statesman. *Un homme de métier ou artisan qui se mêle des affaires d'État.*
True blue. *De beau bleu.*
† A true blue protestant. *Un Protestant marqué au bon coin.*
† He looked blue (or blank) upon it. *Il en fut tout confus, tout déconcerté, tout déconcernané.*
† It will be a blue day for him. *Ce jour-là lui sera fatal.*
Black and blue. *V.* Black.
Blue-bottle, (a sort of flower.) *Bluet, ou barbeau, fleur qui vient parmi les blés.*
Blue, *s. Bleu, couleur bleue.*
Blue, (a colour given to iron.) *Couleur d'eau.*
The blue, (or bloom of fruits.) *La fleur de certains fruits.*
Blue-mantle, (it is an office of one of the pursuivants at arms.) *Un des poursuivants d'armes.*
BLUED, *adj. Ex.* He was very much blued, (or abathed.) *Il fut tout déconcerté ou étonné.*
† BLUELY, *adv. Ex.* He came off bluely. *Il s'est mal tiré d'affaires, il a eu du malheur.*
BLUENESS, *s. Bleu, couleur.*
BLUFF, *adject.* (a sea-term.) *A bluff bow. Avant joufflu, avant renflé ou gros avant.*
A bluff-headed ship. *Vaisseau dont l'étrave a peu d'élancement.*
To BLUFFE, (or to blind-fold.) *V.* to Blind-fold, après Blind.
BLUISH, *adject. Bleuâtre, tirant sur le bleu.*
BLUNDER, *s. Faute, bévue.*
A blunder in Chronology. *Un Anachronisme.*
To BLUNDER about, *v. n. Être étourdi, faire les choses à l'étourdie.*
To BLUNDER a thing out, *v. act. Dire une chose sans y penser, la dire à la volée ou sans réflexion, lâcher quelque chose.*
To blunder upon a thing. *Se tromper, s'abuser en quelque chose, raisonner mal touchant quelque chose, faire des quiproquo.*
BLUNDERBUSS, *s.* (a wide-mouthed brass gun.) *Gros mousqueton portant environ 20 balles de pistolet.*
A meer blunderbuss or Blunderhead. *Un franc lourdaud, un sot, un étourdi.*
BLUNDERER, } *subst. Un sot, une*
BLUNDERHEAD, } *bête.*
BLUNDERING, *subst. Manière d'agir d'étourdi.*
Blundering, *adj. Ex.* A blundering fellow. *Un étourdi.*
To have a blundering (or aukward) way

way with one. *Avoir l'air d'un étourdi ; faire les choses mal adroitement.*
BLUNKET, *subst.* (a light colour.) *Sorte de bleu.*
BLUNT, *adject.* Émoussé, rebouché, *faussé.*
A blunt pen-knife. *Canif émoussé.*
Blunt, (or downright, in carriage.) *Brusque, un peu étourdi.*
A blunt man. *Un homme brusque.*
A blunt action. *Une action brusque.*
A blunt, (or rude) invention. *Une invention grossière, une ébauche.*
To grow blunt. *S'émousser, se reboucher.*
To blunt, *v. act.* Émousser, fausser, gâter la pointe d'une chose qui perce & qui est aiguë.
To blunt a point. *Émousser une pointe.*
To blunt (or allay) the pain. *Adoucir, soulager la douleur.*
Blunted, *adj.* Émoussé, rebouché, adouci, *soulagé.*
BLUNTISH, *adj.* Un peu émoussé ou rebouché.
BLUNTLY, *adv.* Brusquement, d'une manière brusque.
BLUNTNESS, *s.* L'état d'une chose émoussée ou *faussée.*
Bluntness, (in one's carriage.) *Brusquerie, humeur brusque.*
BLUNTWITTED, *adj.* Stupide.
BLUR, *s.* (or blot.) *Tache, pâté d'encre, rature.*
Blur, (or blemish.) *Tache, flétrissure.*
This is a blur on his family, *C'est une tache à sa famille.*
To BLUR, *v. act.* Tacher.
Blurred, *adj.* Taché.
To BLURT out, *v. act.* (or let slip.) *Dire à la volée, étourdiment ou sans réflexion, ne pas songer à ce qu'on dit.*
I blurted out a word which I heartily repent of. *J'ai laissé échapper un mot dont je me repens fort.*
Blurted out, *adj.* Dit à la volée.
BLURTING out, *s.* L'action de dire quelque chose à la volée.
BLUSH, *subst.* Rougeur, rouge qui vient de pudeur.
A blush appears upon his face, (he blushes or reddens.) *La rougeur lui monte au visage, il rougit.*
To put one to the blush. *Faire rougir quelqu'un, lui donner de la confusion & de la honte.*
† To get a blush (or glimpse) of a thing. *Entrevoir quelque chose, la voir un peu, la découvrir tant soit peu.*
At first blush or sight. *Tout à coup, d'abord.*
To BLUSH, *v. neut.* Rougir de honte, avoir honte.
She blushed at it. *Elle en rougit, cela lui fit monter la rougeur au visage.*
I blushed as red as fire. *Une rougeur de feu me monta au visage.*
BLUSHING, *s.* L'action de rougir, rougeur ou rouge de honte.
Blushing is virtue's colour. *La rougeur est le teint de la vertu.*
BLUSTER, *subst.* Bruit, tumulte, dispute, *fureur.*
To BLUSTER, *verb. neut.* (as the wind.) *Faire grand bruit, faire du fracas, comme un vent violent.*
To bluster, (or make a great noise.) *Faire du bruit, faire du fracas, tempêter, être turbulent, inquiet, remuant.*

BLUSTERER, *s.* (bully or swaggerer.) *Rodomont, tapageur.*
BLUSTERING, *s.* Grand bruit, émotion, *fracas.*
Blustering, *adj. Ex.* A blustering wind. *Un vent fort, véhément, violent, furieux, impétueux.*
Blustering or boisterous weather. *Tempête, temps orageux.*
He thought he durst not give herself such blustering airs, considering how matters stood between them. *Il ne crut pas qu'elle osât prendre de ces airs bruyans, vu les termes où ils en étaient.*
A blustering fellow. *Un esprit violent, inquiet, turbulent.*
A blustering style. *Un style enflé ou trop élevé.*
BLUSTROUS. *V.* Blustering.
† BO, *s. Ex.* He cannot say BO to a goose. *Il n'a pas le mot à dire en compagnie, c'est une buse.*
BOAR, *s.* (or hog.) *Verrat, le mâle de la truie.*
A wild boar. *Sanglier, bête noire.*
A young wild boar. *Marcassin.*
Boar-pig. *Jeune verrat.*
Boar-spear. *Épieu pour la chasse du sanglier.*
BOARD, *s.* (or plank.) *Ais, planche.*
A loose board. *Un ais détaché, qui brante.*
Board, (or ship.) *Bord, navire.*
I went on board his ship. *Je fus à son bord.*
To throw a thing over-board. *Jeter quelque chose hors du navire, la jeter dans la mer.*
Board, (a sea-term.) *Bord & bordée, en louvoyant.*
A-board or on ship-board. *V.* Aboard.
Board, (or table.) *Une table.*
He entertains him at his board. *Il l'entretient à sa table, il lui donne sa table.*
† To deal above-board, (openly or frankly.) *Agir ouvertement, franchement, à la franquette, sans déguisement.*
† I am above-board, (I fear nobody.) *Je suis au-dessus de tout.*
Board-wages. *L'argent que l'on donne à un domestique pour sa table ou pour sa dépense de bouche.*
Board, (or pension.) *Pension.*
To put out a child to board. *Mettre un enfant en pension.*
The board or Council-board. *La table du Conseil du Roi, le Conseil.*
A member of the board. *Un membre du Conseil.*
A chess-board. *Un Échiquier.*
The side-board of a tub. *Une douve.*
A falling board, (or trap.) *Une trape.*
To BOARD, *verb. act.* (to cover with boards.) *Plancher, garnir ou couvrir de planches.*
To board a ship, (a sea-phrase.) *Border un vaisseau; aller ou venir à l'abordage.*
† To board (or come up with) one. *Aborder, accoster, joindre quelqu'un, approcher de lui pour lui parler.*
† To board a woman, (to pick her up.) *Aborder une femme, l'accrocher.*
To board, (to keep boarders.) *Prendre ou tenir des pensionnaires.*
To board, *v. neut.* (to be a boarder.) *Vivre ou être en pension.*

Boarded, *adj.* Planchéié, &c. *V.* to Board.
The boarded bottom of a bed-stead. *Enfonçure de lit, goberges, en termes de tapissier.*
BOARDER, *subst.* Un ou une pensionnaire.
BOARDING, *s.* L'action de planchéier, &c. *V.* to Board.
The boarding of a ship. *L'abordage d'un vaisseau.*
A boarding-school. *Une école où l'on prend des pensionnaires.*
A boarding-house. *Une pension.*
BOARISH, *adj.* (of boar.) *De sanglier, qui appartient au sanglier.*
Boarish, (clownish, brutish.) *Grossier, brutal.*
BOAST, *s.* (or vaunt.) *Vanterie, ostentation, vanité, vaine gloire, montre, parade.*
To make a boast of something. *Se vanter de quelque chose, en tirer vanité, en faire montre ou parade.*
To BOAST, *v. act.* } (to brag of.)
To BOAST of, *v. n.* }
Vanter, se vanter, se glorifier, se faire honneur, faire trophée, montre ou parade de quelque chose.
He boasts his learning or of his learning. *Il vante sa science, il se vante ou il se glorifie de son savoir.*
Boasted or boasted of, *adj.* Vanté, &c. *V.* to Boast.
BOASTER, } *subst.* Vantard, qui se
BRAGGER, } *vante, bavard, glorieux.*
BOASTFUL, *adj.* Fanfaron, qui se vante.
BOASTING, *subst.* Vanterie, ostentation, air de vanité, vaine gloire, parade, action de vanter, de se vanter, &c. *V.* to Boast.
Boasting, *adject.* Vain, plein de vanité, *orgueilleux.*
Boasting or vain expressions. *Paroles pleines de vanité ou d'ostentation.*
A boasting or vain glorious fellow. *Un vantard, un bavard, un glorieux.*
BOASTINGLY, *adv.* (or vauntingly.) *Avec ostentation, par ostentation.*
BOAT, *s.* Un bateau, une barque, une chaloupe.
A ship boat or skiff. *Une chaloupe pour le service d'un vaisseau; un esquif.*
A passage boat. *Un coche d'eau.*
A packet-boat. *Un paquet-bot.*
A ferry-boat. *Un bac.*
A fly boat. *Un flibot.*
An advice-boat. *Une patache d'avis.*
A boat-staff. *Croc, perche de batelier.*
Trim the boat! *Barque droite!*
To bale the boat. *Égoutter un bateau canot ou chaloupe, ou jeter l'eau qui y est entrée, à l'aide d'un écoop à main.*
Long-boat. *Chaloupe d'un vaisseau de guerre.*
Boat-hook. *Gaffe.*
BOATMAN, } *subst.* Pilote, batelier.
BOATSMAN, }
BOATSWAIN, pron. bossen, *subst.* (an Officer in a ship.) *Maître d'équipage, Officier de l'équipage d'un vaisseau.*
BOATION, *s.* Rugissement, mugissement, *grand bruit.*
BOB, *s.* a dry bob, (a jest or wipe.) *Un lardon, un mot piquant, un trait de raillerie ou un sarcasme.*
Bob, (a short periwig.) *Une perruque d'Abbé, une perruque courte.*

Bob,

Bob, (a fort of pendant or earing.) Pendans d'oreille de bas prix.
To BOB, v. act. (to strike or clap.) Frapper, taper, tapoter, toucher.
To bob, (to gull.) Duper, tromper, fourber.
To bob, v. neut. (to hang or dangle.) Pendre, pendiller.
Bobbed, adj. (from to Bob.) Frappé, &c. V. to Bob.
BOBBIN, f. Bobine, fuseau à faire de la dentelle.
BOBBING, f. L'action de frapper, &c. V. to Bob.
Bobbing, adject. (or dangling.) Qui pendille.
BOB-STAY, subst. comp. (a sea-term.) Sous-barbe de beaupré.
BOB-TAIL
BOB-TAIL'D } adj. Écourté, à qui l'on a coupé la queue.
Bob-tail, f. (a kind of short arrow-head.) La pointe d'une fleche.
BOB-WIG, f. Petite perruque.
BOCASINE, f. (fine buckram.) Du bougran fin.
To BODE, v. act. (to presage.) Présager, pronostiquer.
All this bodes no good. Tout ceci ne présage rien de bon.
Boded, adj Présagé, pronostiqué.
BODEMENT, f. Présage.
To BODGE, &c. V. to Boggle.
BODICE, f. (a woman's stays quilted, or stitched, that lace before, whereas the stays lace behind.) Corset de femme qui difiere du corps de jupe, en ce que celui-ci se lace par derriere, & le corset par devant.
A pair of womens bodice or stays. Corps de jupe.
BOD-ED, adject. Ex. Big-bodied, gros; strong-bodied, fort.
BODILESS, adj. (without a body.) Incorporel, sans corps, qui n'a point de corps.
BODILY, adject. Corporel, du corps, qui regarde le corps.
BODILY, adv. Corporellement.
† To set bodily upon a thing. Employer toutes ses forces à quelque chose.
To drive bodily upon a coast, (a sea-phrase.) Dériver par le travers du vaisseau sur une côte.
BODKIN, subst. (a pointed iron,) Un poinçon.
A bodkin, (that women use.) Aiguille de tête, dont se servent les femmes.
A bodkin, (to curl the hair with,) Un fer à frifer.
A printer's bodkin. Pointe d'Imprimeur.
BODY, f. (a compound of matter and form.) Corps, ce qui est composé de matiere & de forme.
A natural, physical, simple or mixed body. Un corps naturel, physique, simple ou mixte.
Body, (strength or thickness.) Corps, force, epaisseur.
That wine has a good body. Ce vin a du corps ou bien du corps, il a de la force.
That paper has not body enough. Ce papier n'a pas assez de corps.
The body or human body. Le corps, le corps humain.
The body and the soul. Le corps & l'ame.
A body well-made or well-proportioned. Un corps bien fait ou bien proportionné.

A dead body, (or corpse.) Un corps mort, un cadavre.
A glorious or glorified body. Un corps glorieux ou glorifié, un corps de bienheureux.
Body, (the principal part of certain things.) Corps, la partie principale de certaines choses.
The body (or hull) of a ship. Le corps d'un navire.
The body of a coach. Le corps d'un carrosse.
The body of a fortress. Le corps d'une forteresse.
The body of a letter. Le corps d'une lettre.
The body of a book or discourse. Le corps d'un livre ou d'un discours.
The body (or globe) of the sun or moon. Le corps ou le Globe du Soleil ou de la Lune.
Body, (a society or company of people.) Corps, société, union de plusieurs personnes.
A body politick. Un corps politique ou civil, la société civile.
The Church is a mystical body. L'Église est un corps mystique.
The Parliament went thither in a body. Le Parlement y alla en corps.
Body, (whole army or a certain number of soldiers.) Corps, une armée entiere ou un certain nombre de gens de guerre.
A great body of men, un grand corps d'armée, un gros corps de troupes.
The army was divided into three bodies. L'armée étoit divisée en trois corps.
He commands the body of the army. Il commande le corps ou le gros de l'armée.
A body of French or English. Un corps de François ou d'Anglois.
Body, (a collection of what relates to an art or science, out of one or several authors.) Corps, recueil, l'assemblage d'un ou de divers auteurs sur quelque art ou quelque science.
A body of civil law. Un corps de droit civil.
A body of Divinity. Un corps de Théologie, un système, un cours de Théologie.
The body of a church. La nef d'une église.
The body of a tree. Le tronc d'un arbre.
A hawk too high in body, (or too fat.) Un oiseau en corps ou trop en corps, qui est trop gras.
How does your body do? Comment vous portez-vous? comment vous va?
He tells every body of it. Il le dit à tout le monde.
I had sold it ten shillings more to any body else. Je l'aurois vendu dix schellings de plus à tout autre que vous.
He was not seen by any body, Il ne fut vu de personne.
A busy-body. Un homme ardent ou un femme intrigante, qui se mêle de toutes choses ou un brouillon.
Every body. Chacun, tout le monde.
Nobody. Personne.
He was nobody that could not do it. On ne faisoit point de cas d'une personne qui n'avoit point ce talent.
Some-body Quelqu'un.
BODYCLOATHS, f. Couverture qu'on met sur les chevaux.

BOG, f. Fondriere, sorte de gouffre marécageux.
A bog-trotter. Coureur de morais: c'est ainsi qu'on appelle les voleurs d'Irlande qui vont en troupes comme les bandits d'Italie.
To BOGGLE, v. neut. Être embarrassé, hésiter, balancer, ne savoir à quoi se résoudre.
I did not at all boggle (or hesitate) at it. Je n'ai point du tout balancé là-dessus.
BOGGLER, subst. Un homme timide, irrésolu.
BOGGY, adj. Plein de fondrieres.
BOG-HOUSE, f. (or house of office.) Les lieux, le privé.
BOHEA, f. Sorte de thé, thé bon.
BOIL, subst. (or bile.) Ulcere, clou, furoncle.
An angry boil. Un ulcere malin.
To BOIL, v. n. Bouillir, cuire.
To boil, v. act. Fouiller, faire bouillir.
The pot boils. Le pot bout.
To boil fast. Bouillir à gros bouillons.
To make the pot boil. Faire bouillir la marmite.
My blood boiled within me. Le sang bouilloit dans mes veines.
To boil a piece of meat. Faire bouillir une piece de viande.
To boil to pieces. Faire trop cuire.
To boil AWAY. Se diminuer à force de bouillir.
To boil OVER. Verser.
He began to boil over with rage. La fureur l'emporta.
BOILARY of salt, f. Lieu où l'on fait le sel, saline.
BOILED, adj. Bouilli.
Boiled-meat. Du bouilli.
Half boiled away. Bouilli jusqu'à réduction de moitié.
BOILER, f. (or kettle in a kitchen.) Potager ou fourneau de cuisine.
Boiler. V. Blancher.
BOILING, f. L'action de bouillir.
Boiling hot, adj. Tout bouillant.
BOISTEROUS, adj. (fierce or stormy.) Violent, furieux, véhément, impétueux.
Boisterous wind or weather. Vent furieux, orage ou tempête.
A boisterous youth. Un jeune emporté, un étourdi.
BOISTEROUSLY, adv. A l'étourdie, avec emportement.
BOISTEROUSNESS, f. Violence, fougue, véhémence, impétuosité.
BOLARY, adj Bolaire.
Ex. Bolary earth. Terre bolaire.
BOLD, adj. (hardy, stout.) Hardi, qui a de la hardiesse ou de l'assurance, déterminé, brave, courageux, osé.
A bold (or valiant) soldier. Un soldat hardi, un déterminé.
Bold, (or free.) Hardi, dégagé.
A bold stroke Un trait hardi.
To be too bold, (to be rash.) Être téméraire.
To be too bold, (or saucy.) Etre impudent ou impertinent.
I dare be bold to say. J'ose dire.
He was so bold as to call me names. Il eut la hardiesse ou l'effronterie de me dire des injures.
If I may be so bold as to say so. Si je l'ose dire.
He makes bold with these things to which the greatest reverence is due. Il se sonne

la liberté de plaisanter sur ce qu'il y a de plus vénérable.
He is too bold with the eloquence of former times. *Il critique trop librement l'éloquence des anciens.*
I shall make bold to disturb him. *Je prendrai la hardiesse ou la liberté de l'interrompre.*
I shall make bold to wait upon you. *Je prendrai la liberté de vous aller voir.*
A bold face. *Un effronté, un impudent.*
To put on a bold face. *S'enhardir, paroitre hardi.*
Bold, (sure, found and without any danger.) *Ex. A bold shore. Une côte sûre & sans aucun danger.*
A bold sea-coast. *Côte écore ou côte de fer.*
To BOLDEN, v. act. *Rendre hardi.*
BOLDLY, adv. (or courageously.) *Hardiment, courageusement, bravement, vaillamment, avec bravoure, d'un air intrépide.*
Boldly, (or freely.) *Hardiment, franchement, librement, avec hardiesse.*
To speak boldly. *Parler hardiment, franchement ou librement ; parler avec hardiesse ou liberté.*
BOLDNESS, f. (or stoutness.) *Hardiesse, courage, intrépidité, fermeté de courage.*
Boldness, (in speaking.) *Hardiesse, fierté, liberté.*
BOLE, f. (or trunk of a tree.) *Tronc d'arbre.*
Bole. *Mesure de six boisseaux.*
Bole Armoniack. *Bol d'Arménie.*
BOLING, f. (a sea term, a cord that draws the sail to gather wind.) *Bouline, terme de marine : c'est une espèce de corde.*
BOLL, STEM or STALK, f. *Tige. Ex. Boll of flax. Tige de lin.*
BOLLARD, f. Bollard-timber (or knight-heads, a sea term.) *Les Apôtres.*
Bollards. *Corps morts servant dans un port aux grosses manoeuvres.*
BOLLED, adj. Ex. Bolled flax. *Lin qui a une tête.*
BOLLIMONG, } f. (or buck-wheat. Blé-sarrafin.*
BOLL-MONG,
† BOLLEN, adj. (or swollen. *Enflé.*
BOLSTER, f. (for a bed.) *Chevet, traversin de lit.*
The bolster, (of a saddle.) *Batte de selle.*
A bolster, (for a wound.) *Une compresse.*
BOLSTERS, f. pl. (used at sea.) *Coussins de fourrure & paillets.*
To BOLSTER up, v. act. (or countenance.) *Appuyer, soutenir, mettre une compresse.*
To bolster one up in his wickedness. *Appuyer quelqu'un, le soutenir dans ses crimes.*
Bolstered up, adj. *Appuyé, soutenu.*
BOLT, f. (of a door.) *Verrou.*
A bolt, (or dart.) *Javelot, trait.*
A prisoner's bolts. *Fers, liens de fer.*
The bolt of a lock. *Pêne de serrure.*
A thunder bolt. *Le ou la foudre.*
He has shot his bolt. *Il a tiré son coup. P. A fool's bolt is soon shot. Un fou a bientôt dit sa pensée.*
Bolt upright. *Tout droit.*
Bolt rope. V. BOLT-ROPE, *dans l'ordre alphabétique.*
Bolt, (a term of naval construction.) *Cheville de fer.*
Chain-bolt. *Cheville des chaînes des haubans.*

Drive-bolt. *Repoussoir.*
Eye-bolt. *Cheville à aillet.*
Forelock-bolt. *Cheville à goupille.*
Ring-bolt. *Cheville à boucle.*
Rag-bolt. *Fiche.*
Fender-bolt. *Cheville à tête ronde ou à bouton.*
Clinch-bolt. *Cheville clavettée sur virole.*
Bolt, signifie aussi quelque fois un *faisceau ou paquet. Ex.*
Reed bolts. *Paquets de roseaux servant à chauffer les vaisseaux.*
To BOLT, v. act. *Verrouiller, fermer au verrou.*
Bolt the door. *Verrouillez la porte, fermez la porte au verrou.*
To bolt meal or flower, (to sift it through a bolter, to make it finer.) *Bluter de la farine, la passer avec le bluteau, la sasser.*
To bolt (to sift or pump) out. *Tirer quelque chose de quelqu'un, le faire parler ; lui tirer les vers du nez.*
To bolt a coney. *Faire sortir un lapin de son terrein.*
To bolt a case, (to argue upon it.) *Débattre un point de Droit, l'agiter, l'examiner.*
To bolt IN, v. neut. *Entrer tout-à-coup ou subitement.*
To bolt OUT. *Sortir tout-à-coup.*
To bolt out something ridiculous. *Dire ou lâcher, sans y penser, quelque chose de ridicule.*
Bolted, adj. *Verrouillé, fermé au verrou, bluté, passé avec le bluteau, débattu, examiné, agité, disputé, contesté.*
BOLTER, f. (a bolting bag.) *Bluteau, instrument d'étamine blanche dont on se sert pour passer la farine.*
BOLTHEAD, subst. *Matras, vase de Chimiste.*
BOLTING, f. *L'action de verrouiller, de bluter, de débattre ou d'examiner.*
Bolting, (an exercise at Grays-inn, of less solemnity than their moot.) *Dispute de Droit.*
A bolting-hutch or bunting-hutch, (a chest to sift meal in.) *Huche à bluter ou sasser de la farine.*
BOLT-ROPE, f. (the rope wherein the sail is sowed.) *Ralingue, corde qui attache la voile.*
BOLT-SPRIT. V. *Bow-Sprit.*
BOLUS, subst. *Bol ou Bolus.*
† A quieting bolus. *Un bol qui donne la mort, un bol qui fait dormir d'un sommeil dont on ne réveille jamais.*
BOMB, f. (a sort of great fire-ball used in war.) *Une bombe, espèce de grosse grenade dont on se sert à la guerre.*
Bomb, (a loud noise.) *Vacarme, tumulte.*
Bomb-ketch or bomb-vessel. *Galiote à bombes.*
To Bomb. V. *to Bombard.*
BOMBARD, f. (a sort of great gun.) † Bombarde, piece d'artillerie.
To BOMBARD, v. act. *Bombarder.*
Bombarded, adj. *Bombardé.*
BOMBARDIER, subst. *Bombardier.*
BOMBARDING, f. *Bombardement, l'action de bombarder.*
BOMBARDMENT, f. *Bombardement.*
BOMBASIN, f. *Basin, sorte d'étoffe.*
BOMBAST, &c. V. *Bumbast, &c.*
BOMBILATION, subst. *Bourdonnement, bruit, son.*
BONAROBA, subst. *Fille de joie, fille publique.*

BONCHRETIEN, subst. *Bonchrétien, poire.*
BOND, f. (or obligation.) *Obligation, billet, promesse.*
Bond, (or tie.) *Lien, attache, nœud.*
To enter into a bond of friendship with one. *Nouer amitié avec quelqu'un.*
Bond, adj. *Esclave, captif.*
Bondman or bond-slave. *Un esclave.*
Bondwoman or bondmaid. *Une esclave.*
BONDAGE, f. *Servitude, esclavage.*
BONDSMAN, subst. V. *Bond.*
BONDSERVICE, f. *Servitude.*
BONE, subst. *Un os.*
A fish-bone. *Une arête de poisson.*
He is nothing but skin and bones. *Il n'a que la peau & les os.*
To give one a bone to pick. *Donner un os à ronger à quelqu'un. On se sert de cette expression dans le propre & dans le figuré.*
† To fall or to be upon one's bones. *Se jetter sur la friperie de quelqu'un, le battre, le bourrer.*
I tremble every bone of me. *Je tremble par tout le corps.*
You lazy bones ! *Paresseux que vous êtes !*
† He made no bones (or scruple) of it. *Il n'en fit aucun scrupule.*
The shoulder-bone. *L'os de l'épaule.*
The hip or huckle-bone. *L'os de la cuisse.*
The shin-bone. *L'os de la jambe.*
The jaw-bone or cheek-bone. *La mâchoire.*
A whale-bone. *Une côte de baleine.*
Bone-lace. *Dentelle faite au fuseau.*
Bone ace, (a game at cards.) *Sorte de jeu de cartes, où l'as de carreau l'emporte sur les autres cartes.*
A bone-setter. *Un renoueur, un bailleur.*
Bones, (dice.) *Dés.*
To BONE, v. act. (to pick out the bones.) *Désosser, ôter les os qui sont dans la chair de quelque animal.*
Boned, adj. *Désossé.*
BONELESS, adj. *Sans os, qui n'a point d'os.*
To BONESET, v. act. *Remettre les os disloqués.*
BONESPAVEN, f. (a horse disease.) *La forme, espèce de calus qui vient aux jarrets du cheval, & qui le plus souvent l'estropie.*
BONFIRE, subst. *Feu de joie.*
BONGRACE, sub. *Certain rebord que les petits enfants portent l'été sur la tête pour se garantir du hâle.*
BONNET, sub. (or under cap.) *Bonnet, calotte.*
The bonnet of a sail, (an addition of a piece to it.) *Bonnette voilée, hors d'usage à présent.*
To lace on the bonnet. *Attacher ou mettre la bonnette.*
BONNILY, adv. *Gaiement, agréablement.*
BONNINESS, subst. *Gaieté, honnêteté.*
BONNYCLABBER, subst. (or buttermilk.) *Lait de beurre.*
BONNY, adj. (a scotch word for pretty, genteel, merry, gay.) *Gentil, joli, gai, joyeux.*
A bonny blade, (or graceful youth.) *Un gentil garçon, un égrillard.*
A bonny lass. *Une jolie fille.*
BONUM MAGNUM, subst. (a sort of plum.) *Sorte de prune.*
BONY, adj. (full of bones.) *Osseux, Bony.*

Tome II.

K

Bony, Robuste, fort, grand.
BOOBY, subst. Sot, badaud, benêt, marousse, nigaud.
BOOK, subst. Un livre.
A book of accounts. Un livre de compte.
A book of receipts and disbursements. Livre de recette & de mise.
A book of memorandums. Un livre de mémoire, un agenda.
A paper-book. Livre en blanc.
A stitched book. Livre broché, une brochure.
A bound book. Livre relié.
A new's book. Une gazette.
A day-book, (or Journal.) Un Journal.
An old book. Un bouquin.
To mind one's book. Étudier fort & ferme, s'attacher à l'étude.
To learn one's book. Apprendre sa leçon.
To say one's lesson without book, (or by heart.) Dire sa leçon par cœur.
To fall to one's book again. Reprendre ses études.
The book-trade or trade of books. Librairie, commerce de livres.
† To get into one's books. Gagner l'affection de quelqu'un.
‡ To run into one's books, (or debt.) S'endetter envers quelqu'un.
† To get out of his books, (or pay him.) Le payer, s'acquitter.
A book-maker. Un faiseur de livres, un Auteur.
A book-binder. Un relieur de livres.
A book-seller. Un libraire.
Book-selling. Librairie.
Book-keeper. Teneur de livres, celui qui tient les livres de comptes.
Book-worm. Ver qui ronge les livres.
To BOOK or to book down, v. a. (to write down in a book.) Coucher par écrit, mettre sur un livre de comptes.
Booked or booked down, adj. Écrit, couché sur un livre.
BOOKISH, adj. (or given to books.) Studieux, attaché aux livres.
BOOKFUL, adject. Savant hérissé, pédant.
BOOK-LEARNED, adj. } Savant, savantasse.
BOOK-LEARNING, s. }
BOOK-SELLER, s. Libraire, Marchand Libraire.
BOOM, s. (or mast of a ship.) Arbre ou mât de navire.
A boom (or bar) of a haven. Chaîne d'un port ou panne.
Boom, signifie aussi en général Boute-hors, & arboutant.
Fire-boom. Boute-hors pour défendre l'approche des brûlots, &c.
Boom-iron. Cercle de boute-hors, & autres cercles pareils.
Jib-boom. Bâton de fer.
Studding-sail-booms. Boute-hors de bonnettes.
Ring-tail-boom. Boute-hors d'une sorte de paille-en-cul.
Main-boom. La grande vergue ou gui d'un sloop ou d'un brigantin, goelette, &c.
Square-sail-boom. Vergue de tréou ou vergue de fortune, dans les bâtimens à voiles latines ou antiques.
BOOMING, adject. (it is said of a ship when all the sails are out.) Qui porte toutes ses voiles ; qui se précipite avec violence.
BOON, s. (or favour.) Grace, faveur, plaisir.

Boon, (or request.) Requête.
I have a boon to ask of you. J'ai une grace à vous demander ou une requête à vous faire.
Will you grant me one boon ? Voulez-vous me faire un plaisir ?
Boon, adj. Bon, gai, enjoué.
A boon companion. Un bon compagnon.
To do a thing with a boon grace. Faire quelque chose de bonne grace.
BOOR, s. (a clown.) Un paysan, un villageois, un rustre.
He is a meer boor. C'est un vrai paysan.
BOORISH, adj. (from boor.) Rustique, rustre, grossier, paysan.
BOORISHNESS, subst. Rusticité, grossièreté.
† BOOSY, } adj. (merry, a little in
† BOSKY, } drink.) Gris, qui est en pointe de vin.
BOOT, subst. Botte.
A pair of boots. Une paire de bottes.
The foot, the leg, and the top of a boot. Le pied, la tige & la genouillère d'une botte.
To draw on one's boots. Se botter, mettre ses bottes.
To pull one's boots off. Tirer les bottes de quelqu'un, le débotter.
To pull of one's own boots. Se débotter.
The boot of a coach. Le dessous du siege du cocher.
Boot, (profit.) Profit, avantage.
What will you give me to boot ? Que me donnerez-vous de retour ?
You shall have this to boot, (or in exchange.) Vous aurez ceci par dessus ou sur le marché.
It is to no boot, (or purpose.) Il ne sert de rien, c'est en vain ou inutilement.
A boot-tree or boot-last. Embouchoir de botte, deux morceaux de bois en forme de jambe qu'on met dans les bottes pour les élargir.
A boot-catcher, (a person employed in an inn to pull off boots.) Domestique employé dans une auberge pour tirer les bottes.
A boot-strap. Tirant de botte.
Take hold of the boot-straps to draw your boots on. Prenez les tirans pour vous botter plus facilement.
Boot-topping or Boot-hose-topping, part aſ. (a sea-term.) Demi-bande ou demi-caréne.
To BOOT, v. neut. Servir, être utile à quelque chose, profiter.
What boots it or avails it ? Que sert cela ? It boots little. Il importe peu.
BOOTED, adj. Botté.
BOOTH, subst. Cabane, loge.
To BOOT-HALE, v. act. (a north-country word.) Piller, voler, aller à la petite guerre ; † picorer.
BOOT-HALER, subst. Voleur ; † picoreur, celui qui pille & enleve tout ce qu'il trouve.
BOOT-HALING, s. (stealing or getting of booty.) Vol, pillage, petite guerre ; † picorée.
BOOTING, s. (it is a kind of punishment used in Scotland, by putting an iron-boot on the offender's leg, and driving an iron-peg upon his shin-bone.) Sorte de question, avec des coins & une botte de fer, qui se pratique en Ecosse.
BOOTLESS, adject. Inutile, vain, sans effet.

BOOTY, subst. (or prey.) Proie.
To get a great booty. Faire un grand butin.
To play booty. S'entendre avec quelqu'un, être d'intelligence avec lui.
BOPEEP, subst. to play at bopeep. Jetter des regards ou des attitudes à la dérobée, lorgner.
BORABLE, adj. Pénétrable, qu'on peut percer. V. to Bore.
BORACHIO, s. (a spanish wine-vessel made of leather.) Un bouc, vaisseau où les Espagnols mettent leurs vins. Borachio. Ivrogne.
BORAGE, subst. (a sort of herb.) Bourrache, sorte d'herbe.
Borage, (the tenure of bord-lands.) V. Bord-land.
BORAX, s. (a kind of whitish mineral.) Le borax, minéral ordinairement blanchâtre.
BORDEL, } s. (a bawdy-house.) Un
BROTHEL, } bordel, un lieu de débauche.
BORDER, s. (or extremity.) Bord, bordure, extrémité.
A border, (among Printers.) Fleuron ou vignette, ornement d'Imprimeur.
The borders (or frontiers) of a country. Les frontieres, les limites, les bornes ou les confins d'un pays.
Border of a garden. Bordure ou platbande de jardin.
To BORDER, v. act. Border.
To border a garment. Border un habit.
To border upon, v. n. Confiner, aboutir.
Lorrain borders upon Alsace. La Lorraine confine à l'Alsace.
This word borders upon that sense. Ce mot approche de ce sens.
His jests border upon prophaneness or impiety. Ses plaisanteries approchent ou sont voisines de l'impiété.
BORDERER, s. Qui demeure aux frontieres.
They are borderers. Ce sont des gens des frontieres.
BORDERING, adject. Frontiere, voisin, proche, contigu.
A bordering town. Ville frontiere.
BORD-HALF-PENNY, subst. (a duty paid in fairs and markets, for setting up tables, boards, and stalls, for the selling of wares.) Étalage, droit qui se paye aux marchés.
BORD-LAND, s. Les terres que le Seigneur d'un fief se réserve pour l'entretien de sa table.
BORD-RAGING, s. (the act of plundering the borders.) Pillage des frontieres.
BORDURE, s. (in heraldry.) Bordure, terme de blason.
BORE, s. (the hollow of a gun.) Calibre, la largeur de la bouche du canon d'une arme à feu.
The bore of a lock. Le trou d'une serrure.
Bore of a pump. Chambre d'une pompe.
Bore-tree. Sureau, arbrisseau.
Bore, prétérit du verbe to Bear. V. to Bear.
To BORE, v. act. Percer avec une tariere, forer.
To bore a hole. Faire un trou.
To bore a pump. Creuser une pompe.
To bore a cannon. Forer un canon.
BORED, adj. Percé, troué.
BOREAL,

BOREAL, adj. Boréal, du nord.
BOREAS, subst. (north wind.) Vent du nord.
BOREE, subst. (a kind of dance.) La bourrée, sorte de danse.
BORER, subst. Vrille.
BORING, subst. L'action de percer ou de faire un trou.
BORN, adj. (from to bear.) Porté, soutenu, souffert, supporté. V. to Bear.
All charges born. Tous frais faits.
BORN, adj. (from birth.) Né, qui a pris naissance.
The first born. Le premier-né.
Born. Né, destiné.
A man born to great things. Un homme né pour les grandes choses.
They are born to slavery. Il sont nés pour la servitude ou pour être esclaves.
Born to an unhappy life or misery. Destiné à être malheureux.
To be well-born. Etre bien né.
The good sense to which he is born. Le bon sens dont la nature l'a doué.
A Gentleman born, (or by birth.) Un Gentilhomme de naissance.
A man born of mean (or obscure) parentage. Un homme sorti de bas lieu, qui est de basse naissance ou extraction.
Born to a great estate. Qui doit hériter de grands biens par le droit de sa naissance.
Born before his time. Un avorton.
Base-born. Bâtard.
Born after the death of his father, (a posthumous child.) Posthume.
Still-born. Mort-né.
He was not born to martial exploits. Les armes ne sont pas de son fait.
Since I was born. Depuis que je suis au monde.
I never saw the like since I was born. Je n'ai jamais vu de telle chose de ma vie.
To be born. Naître.
To be born again. Renaître.
Where were you born? D'où êtes-vous? où avez-vous pris naissance? quel est le lieu de votre naissance?
BOROUGH, }
BOROW, } subst. Bourg, gros village, communauté.
To BORROW, verb. act. something of one. Emprunter quelque chose de quelqu'un.
Borrowed, adj. Emprunté, d'emprunt.
BORROWER, s. Celui ou celle qui emprunte, emprunteuse.
BORROWING, subst. Emprunt, l'action d'emprunter.
BOSCAGE, sub. (a place full of trees.) Un bocage.
Boscage, (or mast.) Glandée.
BOSKY. V. Woody.
BOSOM, subst. Le sein.
The bosom of the Church. Le sein ou le giron de l'Eglise.
A bosom-friend. Un ami intime, un ami de cœur.
The wife of my bosom. Ma chere femme, ma chere moitié.
A bosom enemy or perfidious traitor. Un ennemi qui trahit sous les apparences de l'amitié, un traitre, un perfide.
The bosom of a shirt. Le jabot ou la fente d'une chemise.
To BOSOM, v. act. Renfermer, cacher.
BOSON,
BOSEN, } V. Boatswain.
BOSS, s. (or stud of a girdle or bridle.) Bossette.

BOSSAGE, subst. Bossage, en architecture.
BOTANICAL, }
BOTANICK, } adject. (belonging to herbs.) Botanique.
BOTANICKS, sub. (the science of simples.) La Botanique.
BOTANIST, subst. Botaniste, qui sait la Botanique.
BOTANY, subst. Botanique.
BOTARGO, subst. (a sort of Italian sausage.) Boutargue, saucisson à l'Italienne, qui se fait d'œufs & du sang du mulet de mer.
BOTCH, s. (a piece of cloth stitched to old cloths.) Piece qu'on met en quelque endroit usé d'un habillement.
Botch, (an ulcer or venereal bubo.) Un ulcere ou un poulain vénérien.
Botch, (in poetry.) Cheville, dans un vers.
To leave a botch behind one. Laisser une chose imparfaite.
To BOTCH, v. act. (to piece or to mend.) Rapiécetter, ravauder, raccommoder, rapetasser.
† To botch a copy of verses. Rapetasser des vers.
To botch, (or to bungle.) Saveter, gâter ou faire mal un ouvrage, le massacrer, l'estropier.
BOTCHED, adj. Rapiéceté, ravaudé, raccommodé, rapetassé.
BOTCHER, subst. Ravaudeur, ravaudeuse.
BOTCHING, s. L'action de rapiéceter, &c. V. to Botch.
BOTCHINGLY, adv. (or bunglingly.) En saveteur, grossierement.
BOTCHY, adj. (covered with sores or scales, pocky.) Vérolé.
BOTH, (a pronoun.) Tous les deux, tous deux, l'un & l'autre.
Many were killed on both sides. Il y eut plusieurs personnes de tués de part & d'autre.
A juck of both sides or trimmer. Un homme qui tourne facilement casaque, qui est tantôt d'un parti, tantôt d'un autre.
BOTH, adv. Ex. Both by sea and land. Tant par mer que par terre, par mer & par terre.
Both in time of peace and war. En temps de paix & en temps de guerre.
He is both poor and a cuckold. Il est pauvre & cocu tout ensemble.
BOTRYOID, adject. Qui a la forme de grappe.
BOTS, subst. Petits vers qui se trouvent dans les entrailles des chevaux.
BOTTLE, s. (a vessel to put liquor in.) Une bouteille.
A glass-bottle. Une bouteille de verre, une fiole.
A stone-bottle. Une bouteille de grès-serie.
To play for a bottle and a fowl. Jouer bouteille coiffée.
Bottle-nosed. Qui a un gros vilain nez plat.
Bottle-broth. Goupillon.
A bottle of hay. Une botte de foin.
BOTTLESCREW, s. Tire-bouchon.
To BOTTLE or to bottle off, v. act. (to put any liquor in bottles.) Mettre en bouteilles.
To bottle hay. Botteler du foin, le mettre en bottes.
Bottled, adj. En bouteilles, mis en bouteilles; mis en bottes.

BOTTLE-FLOWER, subst. Bluet, plante.
BOTTLING, subst. L'action de mettre en bouteilles, &c. V. to Bottle.
BOTTOM, s. (or ground of any thing.) Le fond.
The bottom of the sea. Le fond de la mer.
The bottom of a business. Le fond, le secret d'une affaire.
The bottom of the heart. Le fond du cœur.
But love was at the bottom of it. Mais l'amour en étoit le véritable motif.
He complained of his acting on a separate bottom. Il se plaignit de ce qu'il agissoit de son chef, sans leur en rien communiquer ou séparément.
The bottom (or settling) of a liquor. Le sédiment d'une liqueur.
Bottom, (end.) Bout.
Ex. You will find at the bottom of the account. Vous trouverez au bout du compte, vous verrez après tout.
And this is what lies at the bottom of all his objections. C'est ce qui fait le fondement ou qui est la base de toutes ses objections.
A bottom, (or valley.) Un fond, une vallée.
The bottom of a valley. Enfoncement d'une vallée.
The boarded bottom of a bed-stead. Goberges ou enfonçure de lit.
The bottom of an ink-horn. Cornet d'écritoire.
The bottom of an artichoke. Le cul d'un artichaut.
The bottom of the stairs. Le bas de l'escalier.
The bottom of the belly. Bas du ventre.
A bottom, (a ball of thread.) Un peloton de fil.
To cut a book at top and bottom. Rogner un livre par la tête & par la queue.
The bottom of a periwig. Les coins d'une perruque.
To stand upon a good bottom. Etre bien fondé, être sur un bon pied.
To depend upon one's bottom. Se reposer sur quelqu'un.
Prov. Better spare at the brim, than at the bottom. Il vaut mieux épargner au commencement qu'à la fin.
The bottom of a ship. La quille, la carene d'un vaisseau, le fond d'un navire, ou œuvres vives.
A bottom, (or ship.) Un vaisseau, un navire.
The ship going bottom upwards, the Captain and crew took to the long boat. Le vaisseau étant sur le point de sombrer sous voile, le Capitaine & l'équipage se mirent dans la chaloupe.
To BOTTOM, v. act. Fonder.
There must needs be something to bottom on. Il faut nécessairement se fonder sur quelque chose.
BOTTOMARY. V. Bottomry.
BOTTOMED, adj. Fondé.
Flat-bottomed. A fond plat.
BOTTOMLESS, adj. Qui n'a point de fond.
Bottomless. Excessif, démesuré, qui n'a point de bornes.
Bottomless. Impénétrable.
A bottomless pit or abyss. Un abîme.
A woman is a bottomless thing. Il est impossible de connoître une femme à fond.

BOTTOMRY,

BOTTOMRY, subst. (when the master of a ship borrows money upon the keel of his ship.) Bomerie, grosse aventure.
BOUD, subst. Insecte qui s'engendre dans la dreche.
BOUCHE of Court. V. Badge of Court.
† To BOUGE out, v. neut. (to swell.) S'enfler.
BOUGET. V. Budget.
BOUGH, subst. (or branch.) Branche, rameau.
To light upon a bough. Brancher sur un arbre, se percher.
BOUGHT, adject. (from to buy.) Acheté.
I bought, (the preter tense.) J'achetois, j'achetai, j'ai acheté.
BOUGIE, s. Bougie.
BOUILLON, subst. Bouillon, soupe.
BOUL. V. Bowl.
BOULSTER. V. Bolster.
To BOULT, &c. V. to Bolt, &c.
BOUNCE, subst. (or great noise.) Éclat, fracas, bruit éclatant, comme celui d'un arbre ou d'un édifice qui tombe ou d'une porte qu'on enfonce; ou bruit d'une arme à feu.
To give a bounce. Faire un grand bruit, un grand éclat.
Bounce, (or rodomontade.) Vanterie, rodomontade, fanfaronnade.
To BOUNCE, v. neut. (to crack or make a noise.) Peter, faire un éclat, faire du bruit.
To bounce at the door, (to knock hard.) Donner un grand coup à la porte, cogner fort.
To bounce the door open. Enfoncer la porte.
† To bounce, (to crack or brag.) Faire le fanfaron, se vanter, gasconner.
To bounce or bounce up, (to leap.) Bondir, faire des bonds.
BOUNCER, s. (or boaster.) Bavard, bavarde.
BOUNCING, s. L'action de bondir, &c. V. to Bounce.
Bouncing, adject. Ex. A bouncing lass. Une dondon, jeune fille grosse & grasse, & de taille un peu ramassée.
BOUND, adject. (from to bind.) Lié, tenu, obligé, &c. V. to Bind.
Bound-masonry. Maçonnerie en liaison.
Whither are you bound? Où allez-vous? où s'en va-t-on?
Our ship was bound to Amsterdam. Notre vaisseau alloit à Amsterdam ou étoit chargé pour Amsterdam.
We are bound from Cadiz to London. Nous venons de Cadix & nous allons à Londres.
A wind bound ship. Vaisseau retenu dans un port par les vents contraires.
To be ice bound. Être fermé par les glaces, être retenu dans un port par les glaces.
Bound, subst. (or boundary, limit.) Borne, limite, terre.
The bounds of a country. Les bornes, les limites d'un pays, la frontiere.
To set bounds to one's ambition. Mettre des bornes à son ambition, la borner.
To keep within the bounds of modesty. Se tenir dans les bornes ou dans les regles de la modestie.
Within the bounds of honesty. Dans les termes de l'honnêteté.
To drink within bounds. Boire sans excès, boire avec modération.

I shall not keep within bounds. Je ne garderai point de mesures.
A bound-stone. Borne, limite ou pierre qui sert de borne.
A bound-setter. Celui qui pose une borne, un arpenteur, un mesureur de terre.
Bound, (skip or leap.) Un bond, un saut.
To BOUND, v. act. Borner, limiter.
To bound (or border) upon, v. neut. Aboutir ou confiner à.
To bound, v. n. (or rebound.) Bondir, faire des bonds, rejaillir.
BOUNDARY, subst. (or limits.) Borne, limite, frontiere.
The river Tanais was of old the boundary betwixt Europe and Asia. Le Tanais séparoit autrefois l'Europe d'avec l'Asie.
BOUNDED, adj. Borné, limité.
BOUNDEN, adj. Qui lie, qui oblige. According to our bounden duty. Selon notre devoir, selon le devoir qui nous y oblige.
BOUNDER, subst. Celui qui pose une borne.
BOUNDING, s. L'action de borner, &c. V. to Bound.
Bounding, adj. (or bordering near together.) Voisin, contigu, proche, qui confine, limitrophe.
Bounding-stone. Borne, limite.
Bounding, (skipping or leaping.) Bondissant, qui fait des bonds.
Bounding courses. Des chevaux ou coursiers bondissants, fougueux.
BOUNDLESSNESS, s. (or exemption from limits.) Immensité, infinité.
BOUNDLESS, adj. Infini, qui n'a point de bornes.
BOUNTEOUS, } adj. Bienfaisant, libéral, généreux.
BOUNTIFUL,
BOUNTEOUSLY, } adv. Libéralement, généreusement.
BOUNTIFULLY,
BOUNTIFULNESS, subst. Bienfaisance, inclination à faire du bien, libéralité, largesse.
BOUNTY, } subst. Générosité, libéralité.
BOUNTEOUNESS,
† To BOURGEON. V. to Bud.
BOURN. V. Brook, Bound or Limit.
To BOUSE,
To BOOSE, } v. n. Se griser, boire à l'excès.
BOUSY, adj. Gris, qui a une pointe de vin.
BOUT, s. Coup, fois.
Ex. For this bout. Pour ce coup, pour cette fois.
Do it all at one bout. Faites le tout d'un coup, tout d'un train, tout de suite, tout d'une venue.
† To have a bout with a woman. Se divertir avec une femme.
A drinking bout. Débauche à boire.
A merry bout. Une réjouissance.
Let us have a merry bout of it to day. Réjouissons-nous aujourd'hui.
† I must have a bout with him. Il faut que je l'entreprenne, il faut que j'en découse avec lui.
BOUTEFEU, subst. (or incendiary and make-bate.) Boute-feu, dans le sens propre & dans le figuré.
BOUTS-RIMES, s. (French.) Bouts-rimés.
BOW, s. (a sort of weapon.) Arc.

A bow, (for a violin.) Archet de violon.
A bow, (or reverence.) Révérence d'homme, salut.
Remarquez qu'à l'égard des deux premiers sens ce mot se prononce bâ, & à l'égard du dernier baou.
A bow and arrows. Un arc & des fleches.
Prov. To have two strings to one's bow. Avoir deux cordes à son arc.
To make a bow to one. Faire la révérence à quelqu'un, saluer quelqu'un.
Prov. To fly like an arrow out of a bow. Aller comme un trait d'arbalête ou plus vite que le vent.
† To make a bow (or shot) of a business. Terminer une affaire.
The bow (or uppermost part) of a key. Anneau de clef.
Bow, (an instrument to take the height of any thing.) Demi-cercle, instrument de mathématique.
Bow (or the fore-part) of a ship. L'avant du vaisseau.
A lean bow. Avant maigre.
A bluff bow. Avant renflé ou avant joufflu.
A flaring bow. Avant fort élancé.
On the bow, adv. comp. Plus en avant que le travers du vaisseau, en parlant du gissement des objets que l'on découvre en mer; & comme on dit chez nous, par les haubans de misaine ou par le bossoir.
On the starboard bow. Par le bossoir de tribord.
The bow of a sword's hilt. La branche de la garde d'une épée.
A cross-bow. Une arbalête.
A stone-bow. Une arbalête à jalet.
A saddle-bow. L'arçon de la selle.
The rain bow. L'arc-en-ciel.
A bow-string. Corde d'arc.
The bow-shot. Portée de l'arc.
A bow-man. Archer, qui tire de l'arc.
A bow-net. Nasse de pêcheur.
Bow-bearer, (an under-officer of the forest.) Sorte d'Officier subalterne de forêt.
Bow-legged. Cagneux.
To BOW, v. neut. (to bend.) Plier.
To bow to one, (to salute him.) Faire la révérence à quelqu'un.
To bow, verb. act. Plier, courber, fléchir.
To bow one's knees. Fléchir les genoux.
To bow one's head. Baisser la tête.
To bow down, v. neut. Se prosterner, se jeter aux pieds de quelqu'un.
Bowed, adj. Courbé, plié, fléchi.
To BOWEL, v. act. Vider, ou arracher les entrailles, éventrer.
Bowelled, adj. Vidé, éventré.
BOWELS, s. Entrailles ou visceres, en termes de Philosophie.
BOWER, s. (in a garden.) Berceau ou treillis de jardin.
The celestial bower, (or sky.) La voûte céleste, azurée ou étoilée.
BOWER, subst. (from Bow, the fore part of a ship.) Synonyme d'ancre, en parlant des deux ancres de poste, ou de celles qui sont placées aux bossoirs.
The two bowers. Les deux ancres de poste.
The best bower. Seconde ancre d'un vaisseau.
The small-bower. Ancre d'affourche ou troisieme ancre d'un vaisseau.

BOWRY,

BOWERY, adj. Plein de berceaux, de bosquets.
BOWET, s. (a young hawk beginning to clamber on the boughs.) Oiseau qui commence à branchér.
To BOWGE, v. act. (or to pierce.) Percer. See To Bouge.
BOWING, subst. L'action de plier, &c. V. to Bow.
BOWL, s. (to drink in.) Godet, grande tasse à boire.
Ex. A bowl of punch. Bol de ponche.
The bowl of a tobacco pipe. Le fourneau d'une pipe à fumer.
Bowl, (to play withal.) Boule.
To beat bowls. Jouer à la boule.
Bowl, (a sea-term: a round thing, at the head of a mast, to stand in.) Hune.
The bowl of a spoon. Le cuilleron d'une cuiller.
Bowls, plur. (at sea.) Gamelles de bois pour contenir les rations de vivres des matelots.
To BOWL, v. act. Jeter la boule.
To Bowl, v. n. Jouer à la boule.
Bowled, adjet. Ex. Well bowled, Bien joué.
BOWLDER-STONE, s. Pierres arrondies par l'action de l'eau.
BOWLER, s. Joueur de boule.
BOWLINE, s. (composé de Bow, avant du vaisseau, & de LINE, cordage; cette manœuvre servant à tirer la voile vers l'avant du vaisseau.) Bouline.
Lee-bowline. Bouline de revers.
To check the bowline. Choquer la bouline, c'est-à-dire, la larguer un peu.
BOWLING, s. Le jeu de boule.
Bowling, adjet. Ex. Bowling green. Jeu de boule, parterre uni de gazon où l'on joue a la boule comme sur un tapis vert.
BOWSPRIT, subst. (that mast which stands fore-most in the head of the ship stooping and pointing forward.) Beaupré.
To BOWSSEN, v. act. Tromper.
BOW-WAUGH, s. (the bark of dogs.) Mot inventé pour exprimer l'aboiement des chiens.
BOWYER, subst. (or maker of bows.) Faiseur d'arcs.
To BOWZE, v. a. Palanquer ou hâler sur un cordage.
To bowze, v. n. (to drink stoutly.) Boire à tire-la-rigot V. to Loose.
BOX, s. (a sort of wood.) Buis, forte de bois.
Box-tree. Buis, forte d'arbre.
Box, (to put things in.) Caisse, boîte ou layette.
A dressing box. Un carré.
The poor's-box, (wherein money given is put.) Tronc où l'on met ce qu'on donne aux pauvres dans une Eglise.
A dust-box, (or sand-box.) Un poudrier.
Christmass-box. Tire-lire.
† Christmass-box, Les étrennes qu'on donne aux domestiques à Noël.
A dice-box. Un cornet.
The box, (or worm of a screw.) L'écrou d'une vis.
Box of a pump, (a sea-term.) Piston de pompe.
A juggler's box. Gobelet de joueur de passe-passe.
The coach-box. Le siege du carrosse.
A box, (in a play house.) Une loge.
A box, (in a publick house.) Un trou, un petit réduit à boire dans un cabaret.
A box on the ear. Un soufflet.
A box, (for a sort of letter in a Printing-house.) Cassetin.
† To be in the wrong box. Se tromper, s'abuser, donner à gauche, se belouser.
† You are in the wrong box, (or in a great error.) Vous vous trompez fort, vous donnez à gauche.
A country box, (a little snug country-house.) Une petite maison de campagne, une guinguette ou pavillon.
To BOX, v. neut. Boxer, se battre à coups de poing.
To BOX one, v. act. Souffleter quelqu'un, lui donner des soufflets ou le battre à coups de poing, le bourrer, le frotter.
To box UP, (or to put in a box.) Renfermer dans un coffre.
Boxed, adjet. Soufflé, battu, bourré, frotté.
BOXEN, adj. De buis.
BOXER, s. Un homme qui se bat à coups de poing, un boxeur.
BOXING, s. L'action de souffleter, &c. V. to Box. Combat à coups de poing.
Boxing a ship. Action de mettre les voiles d'avant sur le mât, ou de coiffer ces voiles pour remettre promptement le vaisseau en route, lorsqu'il a pris vent devant par la faute du timonnier.
Boxing of the stem. Ecart de l'été ave avec le brion, qui se fait d'une manière différente de celle usitée en France; on ôte à chaque piece la moitié de son épaisseur, dans le sens vertical, & on les accouple & cheville ensemble; de sorte que cet écart est perpendiculaire, au lieu que chez nous il est horizontal.
BOY, subst. Un garçon, un jeune garçon.
Boy or servant-boy. Un garçon, un valet.
A singing-boy. Un enfant de chœur.
An idle boy. Un badin, un petit fainéant.
A soldier's boy. Un goujat.
A school-boy. Un écolier.
To do things like a boy. Faire l'enfant ou le jeune garçon, faire des tours d'enfant.
To be past a boy. Être un homme fait.
To leave off boy's play. Quitter l'enfance ou le badinage.
A cabin boy. Mousse, jeune matelot qui sert de valet à l'équipage d'un navire.
BOY. V. BUOY.
BOYHOOD, s. L'enfance.
BOYISH, adj. Pueril, enfantin, d'enfant, qui a l'air enfantin.
BOYISHLY, adv. Puérilement, d'une manière puérile ou enfantine.
BOYISHNESS, s. Puérilité, action ou discours d'enfant.
BOYISM, s. Puérilité, action ou discours d'enfant.
BRABBLE, s. Dispute, querelle, débat, chamaillis.
To BRABBLE, v. n. Disputer, se quereller, se chamailler.
BRABBLER, subst. Un querelleur, chicaneur.
BRABBLING, subst. L'action de se quereller, &c. querelle, dispute.
BRACE, subst. (pair or couple.) Couple, paire.
A brace of hares. Une couple de lievres.
A brace of pistols. Une paire de pistolets.

A brace of hundred pounds sterling. Deux cents livres sterling.
Brace, subst. (armour for the arm.) Brassard.
A brace of iron, (to fasten beams in building.) Crampon ou cheville de fer, une ancre, en termes de charpentier.
The brace of a dosser. Agraffe de hotte.
A brace, (in the art of printing.) Un crochet.
The braces of a ship, (the ropes belonging to all the yards, except the mizen.) Bras, les cordages amarés aux bouts de la vergue.
Lee braces. Bras de dessous le vent.
Weather braces. Bras du vent.
The main braces of a coach, Soupentes de carrosse, grosses bandes de cuir qui servent à suspendre le carrosse.
To BRACE, v. act (or to Buckle.) Lier, attacher, joindre.
To brace, (a sea-term.) To brace the yards, Brasser les vergues plus près du vent.
Braced, adj. Lié, attaché.
BRACELET, s. Brasselet, petit ornement qui embrasse le bout du bras près de la naissance de la main.
A bracelet of pearls. Bracelet de perles.
BRACER, s. Bandage.
BRACH, subst. (or Bitch.) Une braque, une chienne.
BRACHIAL, adj. Brachial, terme d'anatomie.
BRACHYGRAPHY, subst. L'art d'écrire par abbréviation.
BRACK, subst. (or flaw.) Paille, petit défaut.
BRACKET, subst. (a kind of stay in timber-work.) Tasseau, gousset, terme de Charpentier.
Brackets, pl. (a term of naval construction.) Courbatons des herpes, proprement les consoles en sculpture qui les recouvrent, & en général toute sorte de consoles.
Hair bracket. Ornement de la poulaine de la plupart des vaisseaux Anglois; c'est une continuation de la courbe supérieure de Jotereau, qui vient sur en volute derrière la tête de la figure ou du lion.
BRACKISH, adjet. Apre, rude, saumâtre.
Brackish water. De l'eau saumâtre.
BRACKISHNESS, subst. Apreté, saveur ou qualité âpre, comme celle des eaux qui ne sont pas tout-à-fait dégagées de sel. Le sel d'une eau.
BRACKMAN, subst. (an Indian Priest or Philosopher.) Brachmane, Philosophe ou Prêtre Indien.
BRAD, sub. (a sort of nail.) Clou sans tête.
BRAG, subst. Vanterie, ostentation, fanfaronade.
To make grievous brags of one's self. Se vanter d'une manière insupportable.
Brag, adj. (proud, vain.) Fier.
How long would you have been! Que vous auriez bien fait le fier!
To BRAG, v. neut. Se vanter, bavarder.
A genteel man never brags, nor disparages himself. Un honnête homme ni se vante ni ne se blâme jamais.
BRAGGADOCIO, subst. (a bragging fellow.) Un grand vantard, un faux brave.
BRAGGART, BRAGGER,
BRAGGED,

BRAGGED, subst. Boisson composée de drèche, d'eau & de miel, avec quelques épiceries.

BRAGGING, subst. (from to brag.) Vanterie ou l'action de se vanter.

BRAGLY, adv. Bien, parfaitement.

BRAID, subst. (a small lace, a chain or edging.) Un passe-poil.
Braid of hair. Tresse de cheveux.
To BRAID hair, v. act. Faire des tresses de cheveux, cordonner les cheveux.
Braided, adject. Fait en tresses, cordonné.

BRAILS, subst. plur. (a sea-term.) Cargues en général, ce mot est affecté plus particulièrement à celles de l'artimon & des voiles pareilles.
Haul the mizen up in the brails! Cargue l'artimon.

BRAIN, subst. Cerveau, cervelle, substance molle & blanche enfermée dans le crâne.
Brain, (wit or judgment.) Cerveau, cervelle, esprit ou jugement.
To beat (or dash) one's brains out. Faire sauter la cervelle à quelqu'un, lui casser la tête.
† To have cracked brains. Être blessé du cerveau, avoir le cerveau perclus.
To have but little brains. Avoir peu de cervelle, avoir peu de sens.
To have good brains. Avoir bonne cervelle, ou avoir du bon sens ou de l'esprit.
To beat a thing into one's brains. Graver quelque chose dans son esprit, l'imprimer dans sa mémoire.
To beat (or study) one's brains about a thing. Se tourmenter, se fatiguer l'esprit pour quelque chose.
To beat one's brains with studying. Perdre la tête à force d'étudier.
That is beyond my brains. Cela est au-delà de ma portée.
His brains were good when he made his will. Il se possédoit encore, il parloit sainement, il étoit en bon sens lorsqu'il testa.
Brain, (man or person.) Ex.
It is impossible for the craftiest brain to impose long on the majority of a Nation. L'homme le plus rusé ne sauroit en imposer long-temps à la plus grande partie d'une Nation.
The brain-pan. Le crâne.
Brain-sick, (foolish.) Qui n'a pas bonne cervelle, blessé du cerveau.
Brain-sick, (or mad.) Frénétique.
Brain-sickness. Folie, étourderie.
To BRAIN one, v. act. (to dash out his brains.) Faire sauter la cervelle à quelqu'un.
Brained, adj. À qui l'on a fait sauter la cervelle.
Hare-brained. Étourdi, écervelé.
Shittle-brained. Volage, léger, inconstant.

BRAINLESS, adj. Écervelé, qui n'a point de cervelle.

BRAKE, sub. (fern.) Fougeraie, lieu où croît la fougère.
Brake, (the handle of a ship's pump.) Brimbale.
Brake, (or snaffle for horses.) Un bridon.
Brake, (for flax or hemp.) Brisoir, instrument à briser le chanvre ou le lin.
Brake, (for bakers.) Huche où l'on pétrit.

Brake, prétérite du verbe to Break.
To BRAKE hemp, verb. act. Briser le chanvre.
Braked, adj. Brisé.
BRAKY, adject. Rude, épineux, raboteux.
BRAMBLE, s. (or Briar.) Ronce.
BRAMINES. V. Brackman.
BRAN, s. Son, ce qui reste de la farine lorsqu'elle est blutée.
Bran that has some meal among it. Son gras, où il y a encore de la farine.
Coarse bran. Son sec, où il n'y a point de farine.

BRANCH, s. Branche.
The branches of a tree. Les branches d'un arbre.
The branches of a pedigree. Branches de généalogie.
Vine-branch. Sarment.
Branch-pease. Pois qui croissent sur des perches.
The branch of a candlestick. La tige d'un chandelier, ou la branche d'un chandelier. V. Branched.
The branch of a stag's head. Chevillure ou corps d'une tête de cerf.
To BRANCH out, verb. neut. (or spread into branches.) Pousser, jeter des branches, & dans le figuré, se diviser.
To branch out, verb. act. (or divide into branches.) Diviser.
To branch out. Discourir longuement, ou en divisant son sujet.
Branched, adj. Plein ou garni de branches.
A branched candlestick or a branch. Un lustre ou une girandole.
Branched velvet. Velours à ramage, velours figuré ou en feuillage.
Branched, (as a deer's head in heraldry.) Chevillé, ramé.
Branched out, (or divided.) Divisé.
BRANCHER, subst. (a young hawk, a bowet.) Un oiseau qui commence à brancher.
BRANCHING out, s. L'action de pousser des branches, &c.
BRANCHLESS, adject. Sans branches, ébranché.
BRANCHY, adj. Branchu, touffu.
BRAND, s. (a piece of burning wood.) Un tison.
The fire brand of love. Le brandon de l'amour.
Brand, (or mark.) Marque ou flétrissure faite avec un fer chaud.
To cast a brand upon one. Flétrir la réputation de quelqu'un, le diffamer.
Brand-iron, (to mark felons with.) Fer chaud que le bourreau applique sur la main de ceux qui ont fait des crimes qui ne méritent pas la mort.
Brand-iron, (or trevet.) Un trépied.
Brand-new, or Brand-fire new. Tout battant-neuf, tout-à-fait neuf.
To BRAND, verb. act. Marquer d'un fer chaud.
To brand. Flétrir, noircir, terrir, diffamer, déshonorer.
To brand one with foul names. Diffamer quelqu'un, le décrier, le déshonorer.
To brand the throne. Parler mal de son Prince.
Branded, adj. Marqué d'un fer chaud, & dans le figuré, flétri, noirci, terni, diffamé, déshonoré.
All wit that drolls upon Religion deserves to be branded with folly. Cette sorte

d'esprit qui raille des choses saintes mérite de porter les marques flétrissantes de la folie.
To BRANDISH, v. act. (to shake to and fro.) Branler, secouer en sa main, brandir; ce mot vieillit.
To brandish a sword. Brandir une épée.
He had long brandished his poisonous tongue and virulent pen against the Government. Il y avoit long-temps qu'il répandoit le venin de sa langue & de sa plume sur ou contre le Gouvernement.

BRANDY,
BRANDY-WINE, } sub. (or aqua vitæ.) Eau-de-vie, brand-vin.
A brandy-shop. Boutique où l'on vend de l'eau-de-vie.
A brandy-bottle. Bouteille à eau-de-vie.

BRANGLE, s. V. Brangling.
To BRANGLE, verb. neut. (to bicker or quarrel.) Quereller, se quereller, disputer, se chamailler, se piquer.
BRANGLER, subst. Querelleur, querelleuse.
BRANGLING, s. Querelle, dispute, débat, chamaillis, picoterie.
BRANK. V. Buck-wheat.
BRANK-URSIN, s. (or Bear's-breech, a plant.) Branche-ursine, sorte de plante.
BRANNY, adject. Semblable au son, Voy. Bran.
BRANT-GOOSE, subst. (a wild goose.) Une oie sauvage.
BRASED, adj. (in heraldry.) Divisé en croix de S. André, en termes de blason.
BRASLN. V. Brazen.
BRASIER. V. Brazier.
BRASIL,
BRASIL-WOOD, } subst. Brésil, bois de Brésil.
BRASS, s. (a sort of metal.) Cuivre ou airain, sorte de métal.
Red brass. Cuivre rouge.
Yellow brass. Cuivre jaune, laiton.
Brass money. Monnoie de cuivre.
A brass candlestick. Chandelier de cuivre ou de laiton.
The age of brass. L'âge d'airain.
A brass kettle. Un chaudron de cuivre ou d'airain.
A brass pot. Un coquemar.
Brass oar. Calamine.
Brass, (false or counterfeit money.) Fausse monnoie.
One that makes brass money. Un faux monnoyeur.
This sentence is brass every bit of it. Cette sentence est fausse en toutes ses parties.
BRASS, adj. Impudent.
BRASSETS, s. (armour for the arm.) Brassard, armure de bras.
BRASSY; adject. D'airain, qui tient de l'airain ou du cuivre.
BRAST, adj. (or Burst.) Crevé.
BRAT, s. (a shitten arse child.) Un petit foireux.
BRAVADO, s. (or rodomontado.) Bravade, rodomontade.
BRAVE, adject. (valiant, courageous.) Brave, vaillant, hardi, courageux, intrépide.
Brave, (fine, genteel, skilful.) Brave, honnête, galant, habile, éclairé.
You are a brave man. Vous êtes un brave ou un honnête homme.
She is a brave woman. C'est une brave femme.
A brave scholar. Un habile homme, un homme fort savant.

Bravo,

BRA

Brave, (fine in cloaths.) *Brave, bien-mis, magnifique, vêtu ou paré de beaux habits.*
Brave, (fine, rare, excellent.) *Beau, excellent*, en parlant des choses.
He made a brave speech. *Il fit une belle harangue.*
Brave, *subst.* (a swaggerer.) *Un brave, un faux brave, un branché, un fanfaron.*
Oh! brave! *intérj. Ho! ho ou bravo!*
To BRAVE, *verb. act.* (to dare or insult.) *Braver, morguer, affronter, insulter, se moquer de, traiter de haut en bas.*
To brave it, (absolutely used.) *Faire le brave, faire l'entendu.*
Braved, *adj. Bravé, morgué, affronté*, &c. V. to Brave.
BRAVELY, *adv.* (courageously.) *Bravement, courageusement.*
Bravely, (finely, well.) *Bravement, galamment, fort bien, comme il faut.*
BRAVERY, *sub.* (or valour.) *Bravoure, valeur, cœur, courage.*
Bravery, (finery.) *Braverie, magnificence, galanterie.*
This I speak not out of bravery, or to insult foreigners. *Je ne dis pas ceci pour faire une bravade, ou pour faire insulte aux étrangers.*
BRAVO, *s. Meurtrier, brigand.*
BRAWL, *s.* (dispute or squabble.) *Débat, querelle, dispute, clabauderie, chamaillis.*
Brawl, (a sort of dance.) *Eranle, danse où plusieurs dansent en rond, se tenant par la main.*
To BRAWL, *v. n.* (to scold with one.) *Disputer, se quereller avec un autre, clabauder, brailler, criailler.*
BRAWLER, *s. Un querelleur, un clabaudeur, un criailleur.*
BRAWLING, *s. L'action de brailler ou de criailler*, &c.
Brawling, *adj. Ex.* A brawling woman. *Une brailleuse ou criailleuse.*
BRAWN, *s.* (or hard flesh.) *Chair far me, partie charnue.*
Brawn, (or boar's flesh.) *Chair de verrat.*
Brawn or collared brawn. *Plat de chair de verrat préparée à l'Angloise qu'on mange d'ordinaire aux fêtes de Noël.*
BRAWNINESS, *s.* (strength, hardiness.) *Force, vigueur.*
BRAWNY, *adj. Membru, charnu, fort, robuste, qui a de gros membres charnus.*
BRAY, *subst. Braie.*
Ex. False-bray, (a piece of fortification.) *Fausse-braie*, sorte de fortification.
To BRAY, *v. act.* (to bruise, to pound.) *Broyer, casser menu, piler.*
To bray the ink, (among printers.) *Broyer l'encre.*
Prov. To bray a fool in a mortar, (or to wash a blackamore white.) *Laver la tête à un âne.*
To bray, *v. neut.* (as an ass does.) *Braire comme un âne.*
Brayed, *adj. Broyé, pilé, cassé.*
BRAYER, *subst.* (the instrument the ink is brayed with.) *Broyon*, terme d'imprimeur.
BRAYING, *s. L'action de broyer ou de braire.*
BRAYL, *subst.* (or pannel) of a hawk. *Mulette de faucon.*
To BRAZE, *v. act. Couvrir de cuivre, bronzer.*

BRA · BRE

Brazed over, *adject. Couvert de cuivre, bronzé.*
BRAZEN, *adj.* (from Brass.) *D'airain, de fonte, de bronze.*
The brazen serpent. *Le serpent d'airain.*
A brazen horse. *Un cheval de bronze.*
Brazen-footed. *Qui a les pieds d'airain.*
A brazen-face or a brazen-faced man. *Un effronté, un impudent.*
To put on a brazen face. *Être effronté.*
To BRAZEN out a thing, *v. act. Soutenir une chose avec impudence.*
To brazen one down. *Démonter quelqu'un à force de lui soutenir une chose avec impudence.*
BRAZENNESS, *subst. Impudence, effronterie.*
BRAZIER. *s. Chaudronnier.*
Brazier's ware. *Chaudronnerie, marchandise de Chaudronnier.*
BREACH, *s.* (from to break.) *Breche, rupture, violation.*
To make a breach in a wall. *Faire une breche à une muraille.*
A breach of peace. *Rupture de paix.*
A breach of articles. *Violation d'articles.*
A breach of friendship, (a falling out.) *Rupture, brouillerie, inimitié.*
BREAD, *subst. Pain.*
Leavened bread. *Pain levé.*
Unleavened bread. *Pain azyme, ou pain sans levain.*
White, brown or household-bread. *Du pain blanc, noir, bis ou de ménage.*
The crum and crust of bread. *La mie & la croûte du pain.*
Ammunition bread. *Pain de munition.*
Consecrated bread. *Pain bénit.*
Shew-bread. *Pain de proposition.*
Ginger-bread. *Pain d'épice.*
A ginger-bread maker or seller. *Faiseur ou marchand de pain d'épice.*
The sweet-bread of a breast of veal. *Ris de veau.*
Sow-bread. *Truffe.*
Bread-basket. *Panier à pain, manne.*
The bread room of a ship. *Soute, le lieu où se garde le biscuit dans un vaisseau.*
Bread corn, (or corn of which bread is made.) *Blé.*
BREADTH, *s.* (from Broad.) *Largeur.*
A finger's breadth. *La largeur d'un doigt.*
Breadth of cloth. *Lé ou largeur d'étoffe ou de toile.*
Breadth, (of a ship.) *Largeur du vaisseau.*
Extreme breadth. *Largeur de chaque couple à la lisse du fort.*
Main breadth. *La plus grande largeur ou ouverture horizontale de chaque couple.*
Top-timber breadth. *La largeur ou l'ouverture du haut de chaque couple.*
BREAK, *s.* (break of day.) *La pointe ou le point du jour.*
He rises every morning by break of day. *Il se leve tous les matins au point du jour.*
A break, (or interruption.) *Un vide, une interruption.*
A break, (in the art of printing.) *Un blanc.*
To BREAK, *v. act.* (to cut in pieces.) *Rompre, casser, briser.*
To break a stick or a glass. *Rompre un bâton ou casser un verre.*
To break one's neck. *Se rompre le cou.*

BRE

To break some-one's head. *Casser la tête à quelqu'un.*
To break asunder. *Rompre en deux, séparer.*
To break in pieces. *Rompre en pieces.*
To break on, upon the wheel. *Rompre quelqu'un, le rouer tout vif.*
To break one's head with noise or chatteting. *Rompre la tête à quelqu'un, l'étourdir à force de bruit ou de rebattre la même chose.*
To break a conference. *Rompre une conférence*; vows, *des vœux*; a match, *un mariage.*
To break a horse. *Rompre ou dompter un cheval*, le rendre souple & docile.
To break (or spoil) one's beauty. *Flétrir, ternir la beauté de quelqu'un.*
To break (or undo) one. *Ruiner quelqu'un, le perdre, lui faire faire banqueroute.*
To break one's heart. *Percer, fendre le cœur à quelqu'un, lui causer la mort, mettre la mort au cœur de quelqu'un, lui donner la mort, mettre ou mener quelqu'un au tombeau.*
Those expressions break my heart. *Ces expressions me fendent le cœur.*
To break one's oath. *Violer, fausser son serment, se parjurer.*
To break the sabbath. *Violer le sabat.*
To break God's Law. *Transgresser, violer, enfreindre la Loi de Dieu.*
To break one's brains about a thing. *V. Brains.*
To break one's back. *Éreinter quelqu'un, lui rompre les reins.*
To break a custom. *Désaccoutumer, perdre la coutume de quelque chose.*
To break company. *Fausser compagnie.*
To break ground, (or to open the trenches.) *Ouvrir la tranchée.*
The strength of the wind that caught them up into the air, broke their fall. *La force du vent qui les enleva dans l'air, fit que leur chute en fut moins violente.*
His debauches have broken his constitution. *Ses débauches ont altéré, dérangé ou ruiné sa santé.*
To break a jest upon one. *Railler quelqu'un.*
To break a business. *Déclarer, proposer une affaire, en faire l'ouverture, la mettre sur le tapis.*
To break one's mind to one. *Découvrir sa pensée à quelqu'un, s'ouvrir à quelqu'un.*
To break out of prison. *Forcer la prison, se sauver.*
To break small. *Piler, broyer, casser menu, pulvériser.*
To break silence, (to begin to speak.) *Rompre le silence, commencer à parler.*
To break (or open) one's mind to one. *S'ouvrir à quelqu'un.*
To break (or burst) one's belly with meat. *Se crever de viandes.*
To break (or split) one's sides with laughter. *Éclater de rire, crever de rire.*
To break wind upward, (to belch.) *Roter, lâcher des vents par la bouche.*
To break wind backward, (or fart.) *Lâcher des vents par derriere, peter.*
To break one's rest or sleep. *Interrompre le sommeil de quelqu'un, l'éveiller, l'empêcher de dormir.*
To break one's fast. *Rompre le jeûne.*
To break one's back, (or ruin him.) *Ruiner quelqu'un.*

To

BRE

To break a battalion, *Renverser, rompre un bataillon.*
To break a jest. *Faire une raillerie, railler.*
To break a child of his tricks. *Réduire un enfant, lui faire quitter ses mauvaises habitudes.*
To break him from pissing a-bed. *Le désaccoutumer, lui faire quitter l'habitude de pisser au lit.*
To break open a door. *Enfoncer une porte.*
To break open a house. *Forcer une maison.*
To break open a letter. *Ouvrir, décacheter une lettre.*
To break loose. *Détacher, ou se détacher.*
My heart is ready to break. *J'ai le cœur percé de douleur.*
To BREAK, v. neut. (to fall out.) *Rompre, se brouiller, cesser d'être ami, cesser d'avoir des liaisons avec quelqu'un, renoncer à son amitié.*
I will break with him. *Je veux rompre avec lui.*
To break. *Se rompre, éclater, crever, sortir avec violence.*
Do you think it will break? *Croyez-vous qu'il se rompra?*
The ice breaks. *La glace se rompt.*
When the wave breaks. *Quand la vague se brise ou crève.*
To break, (as an imposthume.) *Crever ou percer.*
I hope the frost will break up in good earnest. *J'espere qu'il dégelera ou qu'il y aura un dégel tout de bon.*
To break, (to change colour, as some flowers do.) *Rompre, changer de couleur, en parlant des tulipes & autres fleurs.*
His water breaks. *Son urine s'épaissit ou se résout en ses parties.*
He cannot hold out, he must break in a little time. *Il ne sauroit tenir, il faut qu'il fasse banqueroute ou faillite en peu de temps.*
He broke for ten thousand pounds. *Il a fait banqueroute de dix mille livres sterling.*
She begins to break. *Elle commence à perdre sa beauté; l'éclat de sa beauté s'en va, se flétrit, passe.*
To break with sorrow. *Se consumer d'ennui ou de tristesse.*
To break FORTH, v. n. *Sourdre, sortir de terre. As also, to break out.*
He broke forth into tears. *Il fondit en larmes.*
To break OFF, v. act. *Rompre, briser.*
To break off company. *Rompre, compagnie; the conversation, la conversation; a discourse, un discours.*
Let us break off here. *Brisons là-dessus.*
To break off one's work. *Quitter, discontinuer son ouvrage; le remettre à une autre fois.*
To break OUT, v. neut. *Sortir avec violence, crever, percer, s'ouvrir, jeter du pus ou de la matière.*
To break out, (as water out of a spring.) *Sourdre.*
To break out, (as the sea does.) *Inonder, se déborder, en parlant de la mer.*
If the war does but once break out. *Si jamais la guerre commence à s'allumer.*
The war breaks out again. *La guerre se rallume.*

BRE

The fire broke out at my house. *Le feu prit ou commença à ma maison.*
To break out of prison, (or to escape from prison.) *Forcer la prison, se sauver, s'échapper de la prison.*
To break out into an exclamation. *S'écrier, se mettre à crier, pousser ou jeter des cris.*
To break out into joy. *Éclater de joie.*
To break out into tears. *Fondre en larmes, verser un torrent de larmes.*
To break out into unchaste expressions. *S'échapper à dire des paroles déshonnêtes.*
To break out into pimples. *S'élever, se couvrir de boutons ou de pustules; sortir, en parlant des pustules, &c.*
To break out into wrath. *S'emporter, s'abandonner à la colère.*
To break IN, v. neut. *Se jeter dedans avec impétuosité.*
To break in upon the enemy. *Fondre, donner sur l'ennemi, charger l'ennemi.*
There are impertinent people that break in upon men of business. *Il y a des fâcheux qui viennent interrompre les gens d'affaires.*
It is not for one man to break in upon the province of another. *On ne doit pas se mêler des affaires d'autrui.*
To break in upon the respect a man owes to persons of quality. *Blesser le respect que l'on doit aux personnes de qualité.*
The thieves broke in through the wall. *Les voleurs ont percé le mur.*
To break INTO, v. neut. a trench. *Forcer une tranchée.*
To break into the enemy's camp. *Forcer le camp des ennemis, faire irruption sur les ennemis.*
To break out into laughter. *Éclater de rire.*
To break one's self OF all the pleasures of life. *Renoncer à tous les plaisirs de la vie.*
To break THROUGH, v. n. *Passer à travers, enfoncer, s'ouvrir le chemin.*
To break through a squadron. *Enfoncer un escadron.*
To break through difficulties. *Surmonter des difficultés.*
To break through a law, (to infringe it.) *Enfreindre une loi, la violer, lui donner atteinte, la fouler aux pieds.*
Nothing is more dangerous to an English prince, than to break through the fundamental constitution. *Rien n'est plus dangereux pour un Roi d'Angleterre que de donner atteinte à la constitution fondamentale de l'État.*
To break UP the ground, v. act. *Creuser, fouir la terre.*
To break up a letter. *Ouvrir, décacheter une lettre.*
To break up a ship. *Rompre des bordages ou démolir un vaisseau.*
The weather breaks up, v. neut. *Le temps s'éclaircit.*
To break up, (as armies that are incamped, that is, to decamp.) *Décamper, rompre le camp.*
To break up, (as assemblies do.) *Se séparer.*
To break up school. *Donner ou avoir vacances.*
When shall we break up? *Quand aurons-nous vacances?*
To break DOWN, v. act. *Abattre, démolir, renverser, ruiner.*

BRE

BREAKER, subst. *Qui rompt, &c. V. to Break.*
A breaker of the peace. *Infracteur de la paix.*
Hair-breakers, (or love-locks.) *Boucles de cheveux.*
Breakers, (or sea-term.) *Brisans.*
BREAKFAST, s. *Déjeûné, repas que l'on prend le matin.*
To eat a good breakfast. *Faire un bon déjeûné.*
To BREAKFAST, v. neut. *Déjeûner.*
BREAKING, s. *L'action de rompre, &c. V. to Break. Fracture, rupture.*
There is no breaking of it. *On ne sauroit le rompre.*
A breaking up of school. *Vacances.*
Upon the breaking out of the war. *Au commencement de la guerre.*
Breaking-bulk, (a sea-term.) *Commencement de la décharge d'un vaisseau.*
A breaking of the belly, (or burstenness.) *Descente de boyau, hernie.*
BREAK-NECK, s. *Précipice.*
Break-neck. *Ruine.*
This will prove a break-neck (or hindrance) to your design. *Ceci ruinera votre dessein.*
BREAK-PROMISE, s. (or rather promise breaker.) *Trompeur, qui manque à sa parole.*
BREAK-WATER, subst. comp. *Vieux vaisseau placé à l'entrée d'un petit port pour rompre la mer, & mettre à l'abri les navires qui sont amarrés plus en dedans.*
C'est aussi une petite bouée attachée à une première bouée de l'ancre, lorsque l'orin qui tient à l'ancre n'est pas assez long pour la faire paroître hors de l'eau.
BREAM, subst. (a fish.) *Brême, poisson d'eau douce.*
To BREAM a ship, v. act. (a sea term.) *Donner le feu à un bâtiment, en termes de marine.*
BREAMING, partic. act. (formé par analogie.) *Action de chauffer un vaisseau, chauffage.*
Breaming furze or faggots. *Bois de chauffage.*
BREAST, s. *Poitrine, gorge, sein, un teton ou une mamelle.*
She has a fine breast. *Elle a une belle gorge ou un beau sein.*
I am wound in the breast. *Je suis blessé à la poitrine.*
To have a sore breast. *Avoir mal au sein.*
To keep a thing in one's breast. *Tenir une chose secrete.*
It lies in his breast. *Cela dépend de lui, c'est lui qui en est le juge, c'est à sa conscience qu'il faut s'en rapporter.*
A base and degenerous breast. *Une ame basse & perfide.*
Back and breast, (or armour.) *Une cuirasse.*
Breast-cloth. *Piece d'étoffe dont on se couvre la poitrine.*
Breast-knot, (a riband worn by women.) *Nœud de ruban que les femmes portent sur le corps.*
Breast-bone. *Sternum, os de la poitrine.*
Breast-plough. *Sorte de charrue dont on se sert sans chevaux.*
Breast-plate, (of the Chief-Priest.) *Pectoral, du souverain Sacrificateur.*
Breast-work, (in fortification.) *Un parapet, ouvrage de fortification.*
Breast-high.

BRE

Breast-high. *Qui va jusqu'à la hauteur de l'estomac, qui est à hauteur d'appui.*
Breast-fast, (at sea.) *Amarre qui tient un vaisseau par le travers ou par son flanc.*
Breast-hooks. *Guirlandes pour fortifier l'avant du vaisseau.*
Breast-work. *Fronteau.*
A breast. *V.* Abreast.
BREATH, *subst.* Haleine, souffle, respiration.
To take, to draw or to fetch one's breath. *Prendre haleine, respirer.*
To run one's self out of breath. *Courir à perte d'haleine.*
Foul, strong or stinking breath. *Haleine forte, puante, mauvaise, méchante.*
To the last breath. *Jusqu'au dernier soupir.*
He dares not fetch his breath, *Il n'ose pas souffler.*
His breath is gone or he has breathed his last. *Il a expiré ou rendu l'esprit.*
He is out of breath. *Il est hors d'haleine, il est tout essoufflé.*
Shortness of breath. *Asthme, difficulté de respirer.*
† You spend your breath in vain. *Vos paroles sont inutiles, tout ce que vous dites-là ne sert à rien.*
The least breath of commotion. *Le moindre branle.*
A small breath of wind, (at sea.) *Une fraîcheur, un souffle de vent.*
There is not a breath of wind. *Il n'y a pas le moindre souffle de vent.*
BREATHABLE, *adject. Qui peut être respiré.*
To BREATHE, *v. neut. Respirer, souffler.*
He breathes, he is not dead. *Il respire, il n'est pas encore mort.*
To breathe a pure air. *Respirer un air pur.*
He breathes nothing but vengeance. *Il ne respire que la vengeance.*
To breathe ON or UPON. *Souffler dessus, souffler sur.*
To breathe INTO. *Souffler dedans.*
To breathe one's last. *Expirer, rendre l'esprit, mourir.*
As long as I breathe. *Tant que je vivrai.*
You are the strangest man breathing or that breathes upon the earth. *Vous êtes le plus étrange homme du monde.*
To breathe the vein, *v. act. Éventer ou ouvrir la veine, tirer du sang, saigner.*
To breathe, (or air.) *Sécher.*
To breathe an oracle to one. *Inspirer un oracle à quelqu'un.*
To breathe one's self with running. *S'exercer à la course.*
To breathe or gape after a thing. *Souhaiter quelque chose, soupirer après quelque chose.*
To breathe OUT. *Exhaler.*
To breathe out one's last. *Expirer, rendre l'esprit, mourir.*
Breathed, *adj. Respiré, &c.*
BREATHER, *subst. Celui qui respire, qui inspire.*
BREATHING, *s. L'action de respirer, de souffler. V.* breath.
Breathing casts a mist upon a looking glass. *L'haleine ternit un miroir.*
Breathing, *adj. Exemp.* A fine breathing sweat. *Une sueur modérée.*

Tome II.

BRE

A breathing-hole. *Soupirail, ouverture pour recevoir l'air.*
Breathing-time. *Relâche, repos, répit.*
A breathing-place, (in a period.) *Repos de période, l'endroit d'une période où l'oreille se repose agréablement.*
BREATHLESS, *adj. Essoufflé, hors d'haleine, mort.*
BRED, *adj. (from to* Breed.) *Engendré, produit, causé.*
Bred, (brought up.) *Nourri, élevé.*
B-ed a scholar. *Élevé aux belles-lettres.*
There was I bred and born. *C'est là que j'ai pris naissance, & que j'ai été élevé.*
Obstructions which are bred in the liver. *Des obstructions qui se forment dans le foie.*
Our desire of knowledge is bred within us, (or innate.) *Le désir que nous avons de connoître naît avec nous ou nous est naturel.*
Bred in one naturally. *Naturel à quelqu'un.*
P. That which is bred in the bone, will never out of the flesh. *Il est mal-aisé de se défaire des inclinations naturelles.*
To BREDE. *V. to* Braid.
BREDTH. *V.* Breadth.
BREE, *subst.* Taon, *mouche fort piquante.*
BREECH, *subst. Les fesses, le cul, le derrière.*
Breech, (of a gun or canon.) *Culasse d'une arme à feu.*
To wip one's breech. *Fouetter quelqu'un, lui donner le fouet, le fesser.*
† His breech makes buttons. *Il chie de peur en ses chausses.*
Bear's-breech, (an herb.) *Branche-ursine, herbe.*
To BREECH, *v. act.* (to put into breeches.) *Mettre en culottes.*
Breeched, *adj. Fessé, fouetté.*
A boy newly breeched. *Un jeune garçon qui commence à porter culotte.*
BREECHES, *s. Chausses, haut-de-chausse, culotte.*
To wear breeches. *Porter les chausses.*
† To wear the breeches, (or usurp the husband's authority.) *Porter les chausses, être maîtresse.*
BREECHING, *s. Brague d'affût.*
BREED, *s. (kind or race.) Race.*
A dog of a good breed. *Un chien de bonne race.*
To BREED, *v. act.* (to engender.) *Engendrer.*
To breed, (or cause.) *Produire, causer, être cause de.*
Intemperance breeds diseases. *L'intempérance produit des maladies.*
To breed, (or bring up.) *Élever, instruire, donner l'éducation nécessaire.*
To breed lice. *Engendrer des poux.*
To breed ill blood. *Produire de mauvais sang; & dans le figuré, faire naître de l'inimitié, aigrir les esprits.*
To breed quarrels. *Causer, faire naître des querelles.*
To breed UP youth. *Élever la jeunesse.*
A worm that breeds in the wood. *Ver qui s'engendre dans le bois.*
A woman that breeds. *Une femme enceinte.*
To breed exceedingly. *Multiplier fort.*
To breed teeth. *Pousser des dents.*
To breed, *v. neut. Accoucher, naître, s'accroître.*
BREEDBATE, *subst. Querelleur, incendiaire.*

BRE

BREEDER, *s. As.* A good breeder. *Une femme fertile.*
A good breeder of children. *Une personne qui sait parfaitement bien élever la jeunesse.*
A breeder of cattle. *Qui nourrit du bétail.*
BREEDING, *s. L'action d'engendrer, &c. V. to* Breed.
Breeding, (or civility.) *Civilité.*
Good or bad breeding, (or education.) *Bonne ou mauvaise éducation.*
The breeding of teeth. *La naissance des dents.*
Breeding, *adj. Ex.,* A woman that is a breeding. *Une femme grosse ou enceinte.*
A disease that has been breeding a long while. *Maladie qui a long-temps couvé ou qui est habituelle.*
BREEF. *V.* Brief.
BREETCH of a gun. *V.* Breech.
BREEZE, *subst.* (a sea-term for a gentle gale.) *Vent frais, brise, en termes de mer.*
Land-breeze. *Brise de terre.*
Sea-breeze. *Brise du large.*
BREEZY, *adj. Rafraîchi par le zéphir.*
BREME, *adj. Cruel, dur, sévère.*
BRENDICE. *V.* Brindice.
† BRENT, *adj. (for burnt.) Brûlé.*
BRET, BRUTT, } *subst.* (a sort of fish.) *La plie, sorte de poisson.*
BRETHREN, *subst. (pluriel de* Brother.) *Frères.*
R. C'est proprement un terme de chaire, comme: My beloved brethren. *Mes frères bien aimés.*
Autrement Brother fait Brothers au pluriel.
Some friends are brethren, but in iniquity. *Il y a des amis qui ne sont frères qu'en iniquité.*
BREVIARY, *s.* (or prayer-book.) *Bréviaire, Office divin.*
BREVIAT, *subst. Abrégé.*
BREVIATE, *subst. Un extrait ou une instruction des procès couchée par écrit en peu de mots.*
To BREVIATE. *V. to* Abridge.
BREVIATION, *subst. Abréviation.*
BREVIER, *sub.* (a sort of letter among printers, one degree above the Nompareil.) *Petit Texte, caractère d'Imprimerie au-dessus de la Nompareille.*
BREVITY, *subst. Brièveté.*
For brevity's sake. *Pour couper ou pour trancher court, pour abréger.*
To BREW beer. *v. act. Brasser, faire de la bière.*
To brew. *Mêler, mélanger.*
To brew, (or to machinate.) *Brasser; machiner quelque mauvais dessein.*
To brew a plot. *Brasser un trahison.*
P As you have brewed, so you must bake. *Vous avez fait la faute, vous la boirez.*
Brewed, *adj. Brassé.*
BREWER, *subst. Brasseur.*
BREW-HOUSE, *subst. Brasserie.*
BREWING, *s. L'action de brasser, &c. V. to* Brew.
A whole brewing. *Brassin, toute la quantité de bière que l'on brasse à la fois.*
BREWING, (a sea word.) *Nuage noir, & apparence de mauvais temps à l'horizon, ce qu'on appelle en François un grain.*
BREWIS. *s. Tranches de pain trempées dans la graisse qui nage sur le bouillon.*

BRIAR.

L

BRIAR, subst. Une ronce.
Sweet-briar. Eglantier odoriférant.
† To be in the briars. Être bien en peine, être bien embarrassé, ¶ être sur les épines.
† He brought me in the briers. C'est lui qui m'a jetté dans cet embarras.
† To leave one in the briars. Laisser quelqu'un en peine, le laisser dans l'embarras.
BRIBE, sub. Présent que l'on donne pour corrompre quelqu'un.
P. Bribes can get in without knocking. La porte n'est jamais fermée aux présents, ils entrent sans qu'il soit besoin de frapper à la porte.
To BRIBE, v. n. (or corrupt with gifts.) Corrompre, suborner, gagner.
To bribe one's Judges. Corrompre ses Juges.
You must bribe them with great sums. Il faut les pratiquer avec de grandes sommes.
bribed, f. Corrompu, gagné, suborné.
BRIBER, f. Qui corrompt, corrupteur, suborneur.
BRIBERY,
BRIBING, } f. L'action de corrompre quelqu'un par présents ou par des promesses.
Guilty of bribery. Qui s'est laissé corrompre ou qui a corrompu.
BRICK, subst. Brique.
Brick. Pain frit à peu près en forme de brique.
To make bricks. Faire de la brique.
Brick-kill or Brick-kela. Briqueterie ou tuilerie, lieu où l'on fait de la brique.
Brick-wall. Mur fait de briques.
† To make brick-walls, (to swallow meat greedily.) Avaler sans mâcher, manger avidement.
Brick-lay. Terre dont on fait la brique.
Brick-dust. Poussiere de brique pilée.
Brick-work. Ouvrage de brique.
Brick-bat. Brique ou pièce de brique.
A brick-layer. Un maçon.
A brick-maker. Un briquetier.
To BRICK, v. n. (to lay bricks.) Mettre une couche de brique.
To BRICKEN, v. neut. (to hold in one's chin proudly.) Se rengorger.
BRICKOLL,
BRICOLE, } f. (a side stroke at tennis.) Bricole, terme du jeu de paume.
To BRICKOLL, v. neut. (to pass a ball at tennis.) Bricoler.
BRIDAL, adj. (of or belonging to the bride.) Nuptial, de l'épouse, qui appartient à l'épouse.
A bridal song, (an epithalamium.) Un épithalame.
Bridal, f. (or wedding.) Des noces.
BRIDE, f. L'épouse, l'épousée, la nouvelle mariée.
Bride-chamber. Chambre nuptiale.
The bride-bed. Le lit nuptial, la chambre nuptiale.
The bride-maid. Celle qui a la charge de l'épouse.
Bridecake, f. Gâteau qu'on distribue le jour des noces.
BRIDEGROOM, f. L'époux, l'épousé.
BRIDEWELL, f. Maison de correction.
BRIDGE, subst. Un pont.
A stone-bridge. Un pont de pierre.
A bridge of boats. Un ponton, un pont de bateaux.
A draw-bridge. Un pont-levis.

The bridge of the nose. La paroi du nez, l'entre-deux des narines.
The bridge of a lute. Le chevalet d'un lut.
The bridge of a comb. Champ de peigne, le milieu d'un peigne qui a des dents de côté & d'autre.
To BRIDGE, v. act. Construire un pont en quelque endroit.
BRIDLE, subst. Une bride.
The head-stall, the reins, and bit of the bridle. La têtiere, les rênes & les mors d'une bride.
To give a horse the bridle. Lâcher la bride à un cheval, lui donner la main.
The citadel is a bridle upon the discontents. La citadelle tient en bride les mécontents.
† He has bit the bridle, Il a mangé de la vache enragée.
BRIDLES, subst. plur. (a sea term.) Bouts de cables qui tiennent à des chaînes fixées à des ancres mouillées au fond, pour servir d'amarrage aux vaisseaux désarmés.
Bridles of the bowline. Pattes de bouline.
To BRIDLE, v. act. (a horse,) Brider un cheval, mettre la bride à un cheval.
To bridle (or curb) one's passions. Brider, retenir ses passions, les dompter.
† To bridle it, (as women are said to do, when they thrust their chin into the neck.) Se rengorger.
Bridled, adj. Bridé.
BRIDLEHAND, sub. La main qui tient la bride.
BRIDLING, subst. L'action de brider.
BRIEF, adj. (or short.) Court, succinct. Bref, (or rise.) Commun.
Brief, subst. Brief, brevet, assignation, lettres patentes.
Brief, (or abstract.) Extrait, abrégé.
BRIEFLY, adv. (in a few words.) Briévement, succinctement, en peu de mots, en peu de paroles, en court.
BRIEFNESS, subst. Briéveté.
BRIAR. V. Briar.
BRIERY, adj. (or thorny.) Épineux.
BREEZE. V. Breeze.
BRIGADE, subst. (a certain body of soldiers.) Brigade, division d'un corps de gens de guerre.
BRIGADIER, subst. (the Commander of a Brigade.) Brigadier, le Commandant d'une Brigade.
Brigadier of an army. Brigadier d'armée.
† BRIGAND. V. Highway-man.
BRIGANDINE, f. (an old fashion coat of mail.) Cotte de mailles à l'ancienne, dont s'armoient autrefois les brigands.
BRIGANTINE, f. (a kind of swift vessel at sea, generally used by pirates.) Brigantin, sorte de petit vaisseau à rames pour aller en course.
BRIDG-POTE,
BRUG-BOTE, } subst. (an aid towards the mending of bridges.) Pontonage, subside ou contribution qu'on paie pour l'entretenement des ponts.
BRIGHT, adject. (or clear.) Clair, luisant, reluisant, brillant, éclatant, resplendissant.
A bright night. Une nuit claire.
A bright fire. Une étoile brulante.
A bright genius. Un esprit pénétrant, subtil.
Bright pewter. Étain luisant.
A bright colour. Une couleur vive.
A bright andiron. Un chenet bien poli ou luisant.

Thorough-bright. Transparent.
It is bright. Il fait jour, le jour commence à paraître.
To BRIGHTEN, v. a. (to make bright.) Éclaircir, polir, brunir, éclairer.
Brightened, adj. Bruni, éclairci, poli.
BRIGHTENING, f. L'ruissage, l'action de brunir, d'éclaircir ou de polir.
BRIGHTISH, adj. Luisant.
BRIGHTLY, adv. Clairement ou splendidement.
BRIGHTNESS, f. Clarté, lueur, éclat, splendeur, brillant, poli, sorte d'éclat & de lustre net, clair, uni & luisant tout ensemble.
The brightness of the stars. Le brillant des astres.
The brightness of the sun. La clarté du soleil.
BRILLIANCY, subst. Lustre, splendeur.
BRILLIANT, f. Brillant, diamant taillé à facettes.
BRILLIANTNESS. V. Brilliancy.
BRILS, f. pl. (the hair on the eye lids of a horse.) Les cils d'un cheval.
BRIM, subst. Bord, extremité de quelque chose.
Ex. The brim of a hat, plate, glass or well. Le bord d'un chapeau, d'une assiette, d'un verre ou d'un puits.
A narrow brim. Un bord étroit.
To fill up a glass to the very brim. Emplir un verre tout plein.
P. Better spare at the brim, than at the bottom. V. Bottom.
To BRIM, v. neut. (to be full to the brim.) Être plein jusqu'au bord.
To brim, v. act. (to fill to the brim.) Emplir jusqu'au bord.
BRIMFUL, adj. Plein, rempli, chargé.
BRIMMED, adj. Ex. A narrow brimmed hat. Chapeau à petit bord.
BRIMMER, f. Rasade, rouge-bord, verre tout plein de vin, † la spée.
To drink great brimmers, (or bumpers.) Boire de grandes rasades.
BRIMSTONE, subst. Soufre, sorte de minéral. See Sulpur.
BRIMSTONY, adj. Sulfureux.
BRINDLE, f. (the state of being brindled.) Tavelure.
Brindled or brinded, (of a dun-ish-red colour, streaked or spotted white,) Tavelé, roussâtre, marqué de blanc, en parlant des tigres, de certains chiens, chats, &c.
BRINE, f. (or salt liquor.) Saumure.
As salt as brine. Salé comme de la saumure, trop salé de beaucoup.
Brine, (among poets, for the sea.) La mer.
The foaming brine. La mer écumante.
To BRING, v. act. Apporter, amener.
Bring me my hat and sword. Apportez-moi mon chapeau & mon épée.
Bring him along with you. Amenez-le avec vous.
To bring. Mettre.
To bring to light. Mettre en lumiere.
To bring a child into the world. Mettre un enfant au monde.
To bring one's self into disrepute. Se mettre en mauvaise odeur dans le monde.
To bring. Servir.
To bring dinner in. Servir à dîner.
To bring the best wine first. Servir le bon vin le premier.
To bring. Réduire.
To bring to poverty. Réduire à la mendicité, à la misere ou à la besace.
To

To bring to naught *or* nothing. *Réduire au néant.*
To bring one to reason. *Réduire, ranger, faire venir quelqu'un à la raison.*
He has brought things to such a pass, that, &c. *Il a réduit les choses à un tel état, que, &c.*
To bring ill luck. *Porter malheur.*
To bring word to one. *Porter la nouvelle à quelqu'un, lui faire savoir quelque chose, l'en informer.*
To bring him word again. *Rapporter, annoncer quelque chose à quelqu'un, lui en faire rapport, lui en apprendre la nouvelle.*
To bring sleep. *Faire dormir.*
To bring an action against one. *Intenter action contre quelqu'un, le poursuivre en Justice.*
To bring two persons together, that were fallen out. *Mettre deux personnes bien ensemble, les raccommoder, les réconcilier.*
That brings salvation. *Salutaire.*
That will bring him to the gallows. *Cela le menera droit à la potence.*
To bring a child to know good from evil. *Faire connoître à un enfant la différence qu'il y a entre le bien & le mal.*
I shall never bring him to do it. *Je ne pourrai jamais le lui persuader ou le lui faire faire, je n'obtiendrai jamais cela de lui.*
To bring by the lee, (a sea expression.) *Faire chapelle, je coiffer, lorsqu'on court vent largue, en faisant le tour par le côté sous le vent.*
To bring a thing ABOUT, (in speech.) *Faire venir adroitement une chose dans son discours.*
To bring a cause about again. *Reprendre, recommencer un procès.*
To bring a design about. *Venir à bout d'un dessein, le faire réussir.*
To bring one a great way about. *Faire faire un grand tour à quelqu'un.*
To bring AWAY. *Apporter, amener, faire sortir.*
To bring BACK, to bring back again. *Rapporter, ramener.*
To bring one back to his duty. *Ramener quelqu'un à son devoir.*
To bring FORWARD. *Pousser.*
To bring FORTH a child. *Mettre un enfant au monde, accoucher d'un enfant, en parlant des femmes.*
To bring forth young ones. *Faire des petits, en parlant des bêtes.*
To bring forth before the time. *Faire une fausse couche, avorter.*
To bring forth a prisoner. *Représenter un prisonnier.*
To bring forth witnesses. *Produire des témoins.*
To bring forth fruits. *Produire ou porter des fruits.*
To bring ON. *Engager, porter.*
To bring OFF. *Dégager, délivrer, débarasser, tirer d'affaire.*
To bring off, (to dissuade.) *Dissuader, détourner.*
To bring OVER. *Apporter, amener.*
To bring over. *Pratiquer, attirer à quelqu'un parti.*
To bring UNDER. *Soumettre, assujetir, mettre à ses pieds, ranger sous son obéissance.*
He has brought the whole country under the King's obedience. *Il a soumis tout le pays à l'obéissance du Roi.*

To bring IN. *Faire entrer, introduire, apporter, attirer.*
Bring him in. *Faites-le entrer.*
Credit consists in bringing in money both by the allurement of an interest, and by the punctuality of paying the capital. *Le crédit consiste à attirer de l'argent par l'appât d'un intérêt, & par la fidélité à payer le capital.*
To bring one in (or prefer him.) *Pousser quelqu'un, lui procurer de l'emploi.*
To bring one in the place of another. *Mettre, substituer quelqu'un en la place d'un autre.*
To bring (or draw) one in. *Engager quelqu'un dans une affaire.*
To bring a thing cunningly into a discourse. *Faire glisser adroitement quelque chose dans un discours.*
See how one thing brings on another. *Voyez comment on vient d'une chose à une autre.*
How shall I bring in this notion? *Comment ferai-je entrer cette pensée?*
To bring a river into a place. *Conduire une rivière en quelque endroit.*
To bring one in guilty. *Condamner quelqu'un, ou bien le déclarer coupable.*
To bring him in not guilty. *L'absoudre, le déclarer absous ou bien le déclarer innocent.*
That will bring your hand in. *Cela vous fera la main, vous rendra la main ferme ou libre.*
To bring a man, in a passion, to himself. *Ramener un homme transporté de colere.*
To bring LOW. *Abattre, abaisser, humilier, affoiblir.*
To bring him TO subjection. *Le soumettre, l'assujetir, le ranger à son devoir.*
I could not bring myself to it. *Je n'ai pu m'y résoudre ou gagner cela sur mon esprit.*
To bring to perfection. *Perfectionner, rendre parfait.*
To bring a thing to pass. *Exécuter, effectuer, faire, accomplir, mettre à exécution une chose.*
The familiarity of dangers brings us to the contempt of them. *En nous familiarisant avec les dangers, nous apprenons à les mépriser.*
To bring to an exemplary punishment. *Punir exemplairement.*
This brought him to a sense of his sin. *Ceci lui fit voir ou lui fit connoître son péché.*
Upon second thought, his conscience brought him home to his own case. *Après y avoir fait réflexion, sa conscience le porta à s'en faire l'application.*
To bring to agreement. *Mettre d'accord, accorder, concilier, réconcilier.*
To bring to life again. *Ressusciter, redonner la vie.*
To bring one to his wits again. *Faire rentrer quelqu'un en lui-même, le faire revenir à lui, le ramener.*
His age has brought his body to the shape of a bow. *Son âge l'a rendu courbé.*
I cannot bring him to pronounce the first letter of the alphabet. *Je ne saurais lui faire prononcer la première lettre de l'alphabet.*
He was brought by the evidence of the things themselves to the shameful confession. *L'évidence des faits lui arracha cette honteuse confession.*

He has brought that into fashion. *Il en a fait venir la mode.*
Bring to, (a sea-expression.) *Amene.*
To bring to. *Mettre en panne.*
To bring one to his death. *Être cause de la mort de quelqu'un, le faire mourir.*
To bring a thing to one's remembrance. *Faire ressouvenir quelqu'un d'une chose, la lui remettre dans l'esprit, lui en rafraîchir la mémoire.*
To bring close to. *Approcher, appliquer.*
To bring a woman to bed. *Accoucher une femme.*
To bring one INTO trouble. *Faire de mauvaises affaires à quelqu'un, lui causer de l'embarras.*
To bring him into question. *Lui faire des affaires, le rechercher.*
To bring a thing into question. *Faire la recherche d'une chose, l'examiner.*
To bring one into danger. *Attirer, engager quelqu'un dans un danger ou dans un mauvais pas.*
To bring a man into a fool's paradise. *Repaître ou nourrir quelqu'un de vaines espérances, l'attirer par de belles promesses.*
To bring into debt. *Endetter.*
To bring a thing into fashion. *Faire venir la mode de quelque chose.*
I will bring you again into his favour. *Je vous remettrai en ses bonnes graces.*
God will bring us into judgment. *Dieu nous fera rendre compte.*
Wine brings a man's blood into his cheeks. *Le vin donne de la couleur ou fait venir le sang au visage.*
But to bring the matter into a narrow compass. *Mais pour trancher ou faire court, mais pour abréger.*
To bring a thing into the balance with another. *Contrebalancer une chose par une autre, les comparer, les mettre en parallele.*
To bring OUT. *Sortir, faire sortir, tirer.*
To bring one out of one room into another. *Mener quelqu'un d'une chambre à une autre.*
To bring one out of trouble. *Tirer quelqu'un de la misere ou le tirer d'une mauvaise affaire.*
To bring out of another country. *Apporter ou faire venir d'un autre pays.*
To bring out a story. *Faire un conte, réciter une histoire.*
I cannot tell how to bring it out. *Je ne sais ce qu'en faire l'idée.*
To bring OVER. *Faire passer, faire traverser, transporter, apporter.*
To bring UP. *Élever, amener en haut.*
Bring it up. *Apportez-le en haut.*
Bring him up. *Amenez-le en haut.*
To bring up a fashion. *Introduire une mode.*
To bring up a child by hand. *Nourrir ou élever un enfant à la cuiller.*
To bring up a child to good manners. *Élever un enfant, lui former les mœurs, l'instruire.*
It is he that has brought me up. *C'est lui qui m'a élevé.*
I bring up all my children to my own trade. *Je fais apprendre mon métier à tous mes enfans.*
To bring up the rear. *Faire l'arrière-garde.*
The general brought up another Regiment.

L 2

ment. *Le général fit avancer un autre Régiment.*
He has brought up what he has eaten. *Il a vomi ce qu'il a mangé.*
To bring up phlegm. *Cracher.*
To bring one up to one's hand. *Former quelqu'un à son service.*
To bring up. Expression usitée dans les bâtiments marchands, pour dire, *jeter l'ancre ou mouiller.*
To bring one UPON the stage. *Mettre quelqu'un sur les rangs, l'exposer en public.*
To bring a mischief upon one's self or upon one's own head. *S'attirer un malheur.*
God forbid that this should bring guilt upon our souls. *A Dieu ne plaise que cela nous rende criminels.*
To bring DOWN. *Apporter, amener en bas.*
To bring down, (or to humble.) *Abattre, abaisser, humilier, affoiblir.*
To bring down the price of some commodities. *Ralentir ou diminuer le taux de quelques denrées.*
BRINGER, *subst.* Porteur.
Ex. A bringer of good tidings. *Un porteur de bonnes nouvelles.*
A bringer UP of children. *Celui ou celle qui élève des enfants.*
Bringer-up, (the last man of a file.) *Serrefile, terme de guerre.*
BRINGING, *s.* L'action d'apporter, &c. V. to Bring.
BRINISH,
BRINY, } *adj.* (from brine.) *Salé, comme de la saumure.* V. plus bas Briny.
BRINISHNESS, *s.* Qualité de ce qui est salé.
BRINK, *s.* Bord, extrémité.
The brink of a well. *Le bord d'un puits, & en termes d'art, margelle d'un puits.*
To be upon the very brink of a precipice. *Etre sur le bord d'un précipice.*
To be upon the brink of ruin. *Etre à la veille de sa ruine.*
BRINY, *adj.* (from brine.) *Salé.*
The briny depths. *Les plaines azurées.*
The briny waves. *L'onde amère.*
BRIONY, *subst.* (an herb.) *Brioine herbe.*
Briony, (the wild vine.) *Vigne sauvage.*
BRISK, *adj.* (or lively.) *Vif, éveillé, qui a beaucoup de feu.*
Brisk, (jovial, merry.) *Enjoué, gai, gaillard.*
Brisk, (or healthful.) *Qui se porte bien.*
Brisk, (or vigorous.) *Vigoureux.*
We gave them a brisk charge. *Nous les chargeâmes vigoureusement.*
A brisk gale of wind. *Un vent frais, en termes de marine.*
To BRISK one's self up, *v. neut.* Se réjouir, prendre un air de joie.
BRISKET, *subst.* of beef. *Un brechet de bœuf.*
BRISKLY, *adv.* Vigoureusement, vivement, vertement, gaiement, gaillardement.
We received the enemy briskly. *Nous reçûmes vigoureusement l'ennemi, nous le reçûmes vertement.*
To drink briskly. *Boire gaiement, boire à tire-larigot.*
To come off briskly. *Se tirer d'affaire haut la main.*
BRISKNESS, *s.* (or liveliness.) *Vivacité, vigueur.*

Briskness, (merriness, gayety.) *Gaîté, gaillardise.*
BRISTLE, *subst.* Soie de cochon ou de sanglier.
To BRISTLE, *v. neut.* Hérisser.
To bristle up to one. *Aborder ou approcher quelqu'un fièrement.*
To bristle a shoemaker's thread, *v. act.* Enfoyer le ligneul.
Bristling, *adj.* Hérissé.
BRISTLY, *adject.* Semblable aux soies de cochon ou de sanglier, ou bien, qui a le poil rude & long, qui a des soies.
BRISTOL, *s.* (the name of a city in England.) *Bristol.*
Bristol-stone. *Hapelourde, diamant faux.*
BRITAIN, *subst.* L'Angleterre, l'Ecosse & l'Irlande réunies.
BRITISH, *adj.* Qui est d'Angleterre, qui appartient à l'Angleterre.
BRITON, *subst.* Anglois, natif de la grande Bretagne.
BRITTLE, *adj.* Fragile, frêle, cassant, aisé à rompre ou à casser; il se dit dans le propre & dans le figuré.
BRITTLENESS, *s.* Fragilité.
BRITTLY, *adv.* Fragilement.
BRIZE, *s.* (the gad-fly.) *Taon.*
BROACH, *s.* (or spit.) *Broche, à faire rôtir la viande.*
To BROACH, *verb. act.* (or to spit.) *Embrocher, mettre en broche ou à la broche.*
To broach, (or tap a vessel.) *Percer un futaille ou un tonneau, le mettre en perce.*
To broach a lie. *Débiter un mensonge, inventer ou faire courir une fausseté.*
To broach an heresy. *Semer une hérésie, être l'auteur d'une hérésie.*
To broach to, *v. neut.* Faire chapelle, se coiffer, lorsqu'on court vent arriere ou vent largue, en faisant le tour par le côté du vent.
Broached, *adj.* (set on a spit.) *Embroché, mis à la broche.*
Broached, (or tapped.) *Percé, mis en perce.*
Broached. Débité, inventé, semé, &c. V. to Broach.
In these papers were broached many horrible doctrines. *Ces écrits contiennent plusieurs horribles doctrines.*
BROACHER, *subst.* (or author.) *L'auteur, l'inventeur.*
He was the first broacher of this heresy. *Il est l'auteur de cette hérésie.*
BROACHING, *s.* L'action d'embrocher, de percer, &c. V. to Broach.
BROAD, *adj.* Large.
Broad. Obscene, libre.
Broad cloth. *Du drap large.*
Broad-day-light. *Grand jour.*
At broad-noon. *En plein midi.*
A broad-step. *Repos d'escalier.*
A broad-piece. *Un jacobus, sorte de monnoie d'or.*
A broad-side. *Bordée, terme de marine, décharge de tous les canons d'un bord.*
We gave them a broad-side. *Nous leur lâchâmes ou envoyâmes une bordée.*
We poured a broad-side into the enemy's ship. *Nous envoyâmes notre bordée au vaisseau ennemi.*
On entend aussi par *broad-side*, dans certains cas, *la batterie d'un vaisseau.*
A squall of wind laid the ship on her broad side. *Un grain chargea le vaisseau, & lui fit mettre la batterie à l'eau.*

To make broad. *Elargir, rendre plus large.*
To grow broad. *S'élargir.*
This carries a broad conviction along with it. *Ceci est d'une force tout-à-fait convaincante.*
A broad-weaver. *Un ouvrier qui fait des étoffes de soie.*
It is as broad as 'tis long, (it is all one.) *Cela revient à la même chose, c'est tout un, il n'y a aucune différence.*
'Tis as broad as 'tis long, whether. *Il est douteux, il est incertain si.*
Broad, *s.* Ex. The broad, (the blade or flat) of an oar. *La palme ou le plat d'une rame.*
Broad, *adv.* Ex. To speak broad. *Parler d'un ton grossier.*
Broad awake. *Tout-à-fait éveillé.*
Broad-brimmed. *Qui a un grand bord.*
Broad-faced, *adj.* (openly.) *A découvert, la tête levée.*
Broad-faced. *Qui a un grand visage.*
To BROADEN, *v. neut.* (to grow broad.) *S'élargir.*
BROADLY, *adv.* A pleine-bouche.
BROADNESS, *subst.* Largeur; grosseur.
BROADSHOULDERED, *adj.* Qui a les épaules larges.
BROCADE, *subst.* (cloth of gold or silver.) *Brocard, étoffe à fleur d'or ou d'argent.*
BROCADED, *adject.* Fait en façon de brocard.
BROCAGE. V. Brokage.
BROCCOLY, *subst.* (See Cabbage of which it is a species.) *Brocoli, sorte de chou.*
BROCK, *subst.* (or badger.) *Blereau; taisson.*
BROCKET, *subst.* (a red deer of two years old.) *Daguet, jeune cerf de deux ans.*
To BROGE for eels, *v. neut.* Troubler l'eau pour prendre des anguilles.
BROGUE, *subst.* (Irish shoes.) *Souliers d'Irlande.*
BROID. V. Braid.
To BROIDER, *v. a.* (See To Embroider.) *Broder.*
BROIDERY, *subst.* (embroidery.) *Broderie.*
BROIL, *subst.* (or tumult.) *Brouillerie; trouble, division, tumulte, sédition dans un Etat.*
Broil, (or quarrel.) *Querelle, brouillerie, débat, dispute.*
To BROIL, *v. act.* Griller, faire cuire sur le gril, faire une grillade.
Broiled, *adj.* Grillé.
Broiled meat. *Grillade.*
To broil, *v. neut.* (to be in the heat.) *Etre exposé à l'ardeur du soleil.*
BROILER, *s.* Qui grille ou qui a grillé.
BROILING, *s.* L'action de griller.
BROKAGE, *subst.* (a broker's trade.) *Le métier de Courtier.*
Brokage, (the hire or wages of a broker.) *Courtage, ce que l'on donne à un Courtier pour ses peines.*
BROKE,
BROKEN, } *adj.* (from to break.) *Rompu, ruiné, brisé, cassé, &c. V. to Break.*
A broken heart. *Un cœur contrit.*
A broken spirit. *Un esprit abattu.*
A broken week. *Une semaine où il y a quelques jours de Fête qui empêchent qu'on ne travaille toute la semaine.*

He

Hell broke loose. *L'enfer déchaîné.*
A broken sleep. *Un sommeil interrompu.*
A broken voice. *Une voix entrecoupée.*
Broken meat. *Viande où l'on a touché, les graillons, les bribes, les restes d'un repas.*
A broken (or mixt) language. *Un baragouin ou un langage corrompu.*
To speak broken English. *Ecorcher l'Anglois, le parler mal.*
Broken-backed, *adj. comp. Arqué, en parlant d'un vaisseau.*
Broken-winded. *Pousif, qui a la pousse.*
Broken-bellied. *Qui a une descente de boyau.*
Broken-handed. *Estropié de la main.*
Broken-footed. *Estropié d'un pied.*
BROKENLY, *adv. Sans suite.*
BROKER, *subst.* (seller of old cloaths.) *Fripier.*
Brokers-row, (monmouth street or rag fair.) *Friperie.*
Broker, (or procurer of bargains.) *Un Courtier.*
A pawn-broker. *Un usurier, un homme qui prête sur gages.*
BROKERAGE. *V.* Brokage.
BROMIDGHAM, *subst.* (money of base metal.) *Piece de monnoie de billon ou simplement billon: Bromidgham est une ville d'Angleterre, qu'on écrit Birmingham.*
R. *On donnoit aussi dans ces derniers temps le nom de Bromidgham à ceux qui se tenoient neutres entre les Toris & les Whigs; mais on a changé depuis ce nom-là en celui de Trimmers.*
BRONCHOCELE, *f. Broncocele,* terme de Médecine.
BRONCHIAL,
BRONCHICK, } *adj.* Bronchial, terme d'Anatomie.
BRONCHOTOMY, *subst.* Bronchotomie, terme de Chirurgie.
BRONZE, *f. Bronze, figure ou médaille de bronze.*
BROOCH, *f.* (a painting in one colour.) *Camaieu, ouvrage de peinture qui n'est que d'une couleur.*
Brooch, (which ladies used to wear about their necks.) *Collier d'or, joyau.*
To BROOCH, *v. act. Parer.*
BROOD, *f. Couvée.*
Ex. A brood of chickens. *Couvée de poussins.*
A brood-hen. *Poule qui couve.*
The brood of pigeons. *La volée de pigeons.*
Brood, (or off-spring.) *Race, lignée,* † *engeance.*
To BROOD, *v. n. & act.* (to sit or brood.) *Couver.*
BROOK, *f.* (or rivulet.) *Un ruisseau.*
To leap over a brook. *Franchir un ruisseau.*
To BROOK an affront, *v. act. Digérer, souffrir patiemment, avaler ou boire un affront ou une injure.*
BROOM, *subst.* (a plant.) *Genêt, genêt commun, plante qui a plusieurs verges, propre à faire des balais.*
A broom, (or besom.) *Balai de genêt ou de bouleau. V.* to Sweep.
Sweet broom. *Bruyere.*
Broom-rake or choke-weed. *Tigne, sorte d'herbe.*
Broom-staff. *Manche à balai.*
Butcher's-broom. *Du brusc, myrte sauvage.*

BROOMY, *adject. Plein de genêts.*
BROTH, *f. Bouillon.*
To take some broth. *Prendre un bouillon.*
Jelly-broth. *Un consommé.*
† BROTHEL-HOUSE, *subst.* (a bawdy-house.) *Bordel, maison de débauche, lieu infâme.*
† BROTHELRY, *f.* (or bawdry.) *Lasciveté, impudicité.*
BROTHER, *f. Frere.*
An elder brother. *Frere aîné, aîné.*
A younger brother. *Cadet.*
Half-brother. *Frere de pere ou de mere seulement.*
Brother by the mother's side. *Frere utérin, frere du côté de la mere.*
Brother in-law. *Beau-frere.*
Foster-brother. *Frere de lait.*
Brother's children. *Fils de freres, cousins-germains.*
† A brother of the quill, (an Author.) *Un Auteur.*
† A brother of the brush, (a Painter.) *Un Peintre.*
BROTHERHOOD, *f.* (brotherly union.) *Fraternité, liaison de freres, union fraternelle.*
Brotherhood, (or fraternity.) *Confrérie.*
BROTHERLY, *adj. Fraternel, de frere.*
Ex., Brotherly kindness. *Amitié fraternelle.*
Brotherly, *adverb. Fraternellement, en frere.*
BROUGHT, *adj.* (from to bring.) *Apporté, amené, &c. V.* to Bring.
Let him be brought to me. *Qu'on me le fasse venir.*
He was by their prayers brought to the use of his tongue. *Il recouvra par leurs prieres l'usage de la langue.*
I am now brought to such a pass. *Je suis réduit à une telle extrémité.*
But do what the King could, the Duke of Monmouth would not be brought further. *Mais quoique le Roi pût faire, le Duc de Monmouth n'en voulut pas démordre.*
Brought to bed. *Accouchée.*
† Now I am finely brought to bed, (or brought to a fine pass.) *Me voilà en beaux draps blancs.*
Brought, *est aussi le prétérit du verbe* to Bring.
BROW, *f.* (or forehead.) *Le front.*
Brow, ey-brow. *Sourcil.*
To be or knit the brow. *Froncer le sourcil, se renfrogner, rider le front.*
To clear up the brow, to look merrily on it.) *Se montrer joyeux, faire paroitre la joie sur son visage, se dérider le front.*
Brow, (or confidence.) *Hardiesse, effronterie.*
He has not brow enough to assert it. *Il n'a pas assez de hardiesse ou d'effronterie pour l'affirmer.*
To get one's livelihood by the sweat of one's brows. *Gagner sa vie à la sueur de son front.*
The brow of a hill. *Le sommet d'une montagne.*
Brow-antler, (the start between the stag's head and beam-antler.) *Andouiller.*
To BROW, *v. act. Border, être au bord.*
To BROW-BEAT one, *v. act.* (or look at him in a scornful manner.) *Regarder quelqu'un fièrement, de travers ou avec des sourcils froncés.*

BROWBOUND, *adj. Couronné.*
BROWSICK, *adj. Abatu, foible.*
BROWED, *adj. Ex.* Thick-browed. *Qui a les sourcils épais.*
Beetle-browed. *Qui fronce les sourcils, refrogné.*
BROWN, *adj. Brun.*
Brown hair. *Des cheveux bruns.*
A brown woman. *Une brune.*
Brown paper. *Papier gris.*
Brown bread. *Du pain noir ou bis.*
Brown sugar. *Cassonade grise.*
Brown blue. *Livide.*
A brown girl. *Une brunette.*
† Brown george, (or ammunition bread.) *Pain de munition.*
To make a thing that is frying look brown. *Rissoler comme il faut une friture.*
To make the skin of a young pig look brown. *Rissoler la peau d'un cochon de lait.*
† To be in a brown study. *Etre rêveur ou mélancolique.*
BROWNBILL, *subst. L'ancienne arme de l'infanterie angloise.*
BROWNISH, *adj. Tirant sur le brun.*
BROWNISTS, *subst.* (a sort of sect first broached in England by Robert Brown.) *Sorte d'Hérétiques en Angleterre.*
BROWNNESS, *f. Brun,* couleur.
BROWSE, *f.* (or browse-wood.) *Brout, poussé du bois au printemps.*
To BROWSE, *v. act. Brouter.*
The goat and camel browse. *La chevre & le chameau broutent.*
Browsed, *adj. Brouté.*
BROWSING, *f. L'action de brouter.*
To go a browsing. *Aller brouter, ou aller au brout.*
BRUISE, *f. Contusion, meurtrissure.*
Slight bruise. *Une légere contusion.*
To BRUISE, *v. act.* (or break small.) *Egruger, concasser, piler, broyer.*
To bruise salt. *Egruger du sel.*
To bruise nuts and almonds. *Concasser des noix & des amandes.*
To bruise, (to beat black and blue.) *Froisser, meurtrir, rouer.*
To bruise one's arm by a fall. *Se meurtrir le bras par une chute.*
Bruised, *adj. Egrugé, pilé, broyé, concassé, &c. V.* to Bruise.
To be bruised all over, (with fatigue, riding, &c.) *Etre moulu, roué ou rompu.*
BRUISEWORT. *See* Comfrey.
BRUISING, *subst. L'action d'égruger, &c; V.* to Bruise.
BRUIT, *f.* (or report.) *Bruit, bruit de ville, nouvelle.*
To BRUIT a thing abroad, *v. act. Faire courir un bruit, semer des nouvelles.*
BRUMAL, *adj.* (wintery.) *D'hiver.*
BRUNETT, *f. Brunette.*
BRUNION, *subst.* (a sort of plum.) *Brugnon, sorte de prune.*
BRUNT, *subst.* (assault, effort, brush.) *Choc, attaque, effort, combat, violence.*
Brunt, (or cross accident.) *Traverse, malheur, disastre, accident, peine.*
BRUSH, *f.* (to brush cloth with.) *Vergette, brosse.*
Brush, (or fox's brush.) *Queue de renard.*
A shoe-brush. *Décrottoire.*
A Painter's brush or pencil. *Un pinceau de Peintre.*
Brush, (a sea-term.) *Pinceau ou brosse.*
Tar-brush. *Brosse à goudron.*
Blacking-brush. *Brosse de barbouilleur.*
A plaisterer's brush. *Un pinceau dont on se sert pour blanchir une muraille.*

Bru-

Brush, (or faggot of sticks.) *Amas, fagot de menu bois.*
Brush, (brunt, push, fight.) *Choc, attaque, combat, escarmouche.*
To give one a brush, (to come up to him smartly.) *Attaquer vigoureusement qu.lqu'un.*
Bottle-brush. *Goupillon.*
Brush-maker. *Vergetier, artisan qui fait des vergettes, des brosses & des décrottoires.*
Brush-wood. *Broussailles, menu bois, menus branchages.*
To BRUSH, verb. act. *Vergeter, nettoyer avec des vergettes, des brosses ou des décrottoires.*
The eagle seems to brush the sky. *L'aigle semble raser le firmament.*
To BRUSH, v. neut. (to go along) *Brosser, passer.*
Their horses being used to brush through the wood. *Leurs chevaux accoutumés à passer à travers les bois.*
To brush away. *Décamper, gagner au pied, s'enfuir, se retirer.*
Brush or brush away, (be gone.) *Décampez, qu'on décampe, retirez-vous, déchargez le plancher.*
To brush by one. *Passer près de quelqu'un.*
Brushed, adj. *Vergeté.*
BRUSHER, s. *Celui qui vergette.*
† A brusher, (or brimmer.) *Rasade, verre tout plein, un rouge-bord.*
BRUSHING, s. *L'action de vergeter.*
BRUSHY, adj. *Rude, hérissé, velu.*
To BRUSTLE, v. n. (or make a noise.) *Se lever contre quelqu'un, à dessein de lui faire tête; bruire.*
BRUTAL, V. *Brutish.*
BRUTALITY, subst. *Brutalité, action brutale.*
To BRUTALIZE, v. act. *Rendre sauvage ou brutal.*
To Brutalize, v. n. *Devenir sauvage ou brutal.*
BRUTE, adj. *Brute.*
A brute beast. *Une bête brute.*
Brute, subst. *Brute, bête.*
BRUTISH, adj. *Brutal, sensuel.*
To BRUTIFY, v. act. *Abrutir.*
BRUTISHLY, adv. *Brutalement, d'une manière brutale.*
BRUTISHNESS, sub. *Brutalité, humeur ou action brutale.*
BRYONY, s. (a plant.) *Brione, sorte de plante.*
BUB, s. *Sorte de bierre forte.*
BUBBIES. V. *Bubby.*
BUBBLE, s. (of water.) *Bouteille d'eau, manière de cellule pleine d'air qui se forme sur l'eau quand il pleut.*
Bubble, (or trifle.) *Bagatelle, chose de néant, niaiserie.*
Bubble, (or cully.) *Une dupe, un sot, un petit esprit qui donne aisément dans le panneau.*
To make a bubble of one. *Duper quelqu'un, le faire donner dans le panneau, ou le fourber, le plumer.*
To BUBBLE, v. act. *Duper, faire donner dans le panneau, fourber.*
To Bubble UP, v. n. *Bouillonner.*
Bubbled, adj. *Dupé, fourbé.*
BUBBLER, s. *Trompeur.*
BUBBLING, s. *L'action de duper.*
Bubbling up. *Bouillonnement.*
† BUBBY, s. (a woman's breast.) *Teton ou mamelle de femme.*
BUBO, s. *Bubon.*

BUBONOCELL, sub. *Bubonocele, terme de Chirurgie.*
BUCANIER, subst. (a cant word for the American pirates.) *Boucanier, flibustier.*
BUCK, subst. *Le mâle entre certaines bêtes.*
Ex. A buck goat. *Un bouc.*
A buck cony, (or rabbit.) *Un lapin.*
A buck, (or doe.) *Un daim, un chevreuil.*
A buck of cloaths. *Lessive.*
Buck ashes. *Cendre de lessive.*
Buckmast, (the fruit of the beech tree.) *Gland de hêtre.*
Buck-horn, (an herb.) *Chiendent, herbe.*
Buck wheat. *Blé sarrasin ou noir, ou millet.*
Back-stall, (a sort of large net.) *Sorte de grand filet.*
To BUCK cloaths, verb. act. *Faire la lessive.*
To buck, v. n. (to copulate as bucks do.) *S'accoupler.* V. *buck.*
Leathern-Bucket. *Seau de cuir.*
BUCKING, s. *L'action de faire la lessive, lessive.*
Bucking-tub. *Cuvier à lessive.*
Bucking-cloth. *Charrier, ce tel qu'on étend sur le linge rangé dans le cuvier.*
BUCKSLAN, subst. (a sort of trefoil.) *Sorte de trefle.*
BUCKLE, sub. (a ring with a tongue.) *Boucle.*
The tongue of a buckle. *L'ardillon d'une boucle.*
† To keep buckle and tongue together. *Nouer les deux bouts, avoir juste ce de quoi vivre.*
A buckle-maker. *Un faiseur de boucles.*
Buckle, (or curl.) *Boucle, sorte de frisure.*
To BUCKLE, verb. act. *Attacher avec une boucle, agraffer, joindre ou lier ensemble.*
To buckle (or prepare) for war. *Se préparer à la guerre.*
He buckles himself wholly to his study. *Il s'attache uniquement à l'étude.*
To buckle (or yield) to one. *Se rendre, se soumettre à quelqu'un.*
To buck'e to one's way. *S'accommoder à l'humeur de quelqu'un.*
Buckled, adj. *Attaché avec une boucle, &c.* V. to *Buckle.*
BUCKLER, s. *Un bouclier, arme défensive.*
A buckler-maker. *Faiseur de boucliers.*
A buck'er of beef, (a piece cut off of the surloin.) *Pièce de bœuf coupée de l'échine.*
BUCKLERS, pl. (a sea-term.) *Ce sont deux pièces de bois accouplées pour boucher les couliers, s'ajustant entr'elles la place du cable, pour empêcher l'eau d'entrer dans le vaisseau, lorsqu'il est mouillé dans une rade foraine & par une grosse mer.*
To BUCKLER, v. act. *Défendre, soutenir.*
BUCKLER-THORN. Voy. *Back-thorn, dans l'ordre alphabétique.*
BUCKMAST, s. (beech tree) V. *Beck.*
BUCKRAM, s. *Bougran, sorte de toile forte & gommée.*

BUCKSOM. V. *Buxom.*
BUCKSOMNESS. V. *Buxomness.*
BUCK-SKIN, subst. *Peau de daim.*
BUCKTHORN, s. (a sort of thorn.) *Nerprun, sorte d'épine qui a une graine noire.*
Buckthorn berry. *Graine de nerprun.*
BUCOLICKS, subst. (or pastoral song.) *Bucolique, pastorale.*
Virgil's Bucolicks, (or pastorals.) *Les Bucoliques de Virgile.*
BUD, s. *Bouton, bourgeon, jet.*
† Dear bud, (or dear, my dear.) *Mon cher, mon ami, terme de tendresse dont les femmes se servent envers leurs maris, &c.*
A rose-bud. *Bouton de rose.*
To BUD, v. n. (to bargeon or bloom.) *Bourgeonner, boutonner, pousser, jetter des bourgeons ou des boutons.*
To Bud, v. act. *Greffer.*
BUDGE, subst. (or lamb's fur.) *Peau d'agneau.*
A budge, (one that slips in to steal cloaths, &c.) *Filou qui se glisse adroitement pour voler des hardes.*
Budge-barrel, (a little un powder-barrel.) *Petit baril de poudre ou fer blanc.*
To BUDGE, v. n. (or stir.) *Bouger, se remuer.*
BUDGER, subst. (one who moves from his place.) *Qui se remue, qui change de place.*
BUDGET, subst. *Borgette, une poche de cuir.*
BUFF, (or leather of buff.) *Buffle, peau de buffle.*
Buff-coat. *Espèce, justaucorps fait de peau de buffle bien parée.*
Blind-man's buff. V. *Blind.*
Buff, adj. (firm, stout, resolute.) *Ferme, résolu.*
To stand buff against the bolts of fortune. *Soutenir avec fermeté les traits de la fortune.*
BUFFALO, BUFFLE, s. (a wild ox.) *Buffle, bœuf sauvage.*
BUFFET, s. (a kind of cupboard.) *Un buffet.*
Buffet. *Un soufflet.*
To BUFFET, v. act. *Souffleter.*
Buffeted, adj. *Soufleté.*
BUFFLE. V. *Buffalo.*
Buffle-headed, adjest. *Buffle-head, subst. Grosse tête, lourdaud, rustre, hébété.*
To BUFFLE, v. neut. (to puzzle.) *Être embarrassé.*
BUFFOON, subst. (or merry jester.) *Bouffon, bussonne, scaramouche, jodelet, zani.*
To play the buffoon. *Bouffonner, plaisanter.*
Buffoon-like, adject. *Bouffon, gaillard, plaisant.*
BUFFOONING, BUFFOONERY, subst. *Bouffonnerie, plaisanterie, action ou parole pour faire rire.*
BUG, s. (a stinking vermin or insect.) *Punaise, sorte d'insecte.*
A may-bug. *Hanneton, sorte d'insecte volant.*
Bug-words. *Paroles pleines de fierté.*
Death is a bug-word. *La mort est un mot terrible ou effrayant.*
BUGBEAR, s. *Fantôme, épouvantail.*
To BUGBEAR, v. act. *Faire peur à quelqu'un, l'épouvanter.*
To bugbear one out of his reason. *Déconcerter*

concerter quelqu'un, lui faire perdre la raison à force de l'épouvanter.
BUGGY, adj. (full of bugs.) Plein de punaises.
BUGLE, s. (a sort of wild ox.) Espece de bœuf sauvage.
A bugle-horn. Cor de chasse.
Bugle, (a kind of glass bead.) Sorte de grain de verre.
Bugle, (an herb.) Herbe qui guérit les blessures.
BUGLOSS, s. (a sort of herb.) Buglose, herbe.
To BUILD, v. act. Bâtir, construire, faire bâtir, édifier.
Prov. Fools build houses, and wise men buy them. Les fous bâtissent les maisons, & ceux qui sont sages les achetent.
† To build castles in the air. Bâtir des châteaux en l'air, faire des châteaux en Espagne.
To build AGAIN. Rebâtir.
To build UP. Achever de bâtir.
To build (or rely) upon one. Se reposer, compter, faire fond sur quelqu'un, s'assurer, se fier en lui.
To build a chapel. Faire chapelle, se laisser coiffer.
Builded. V. Built.
BUILDER, s. Bâtisseur, qui fait bâtir, qui bâtit, Architecte.
A great builder. Un grand bâtisseur, homme qui bâtit beaucoup.
A Chief or Master builder. Un Architecte.
BUILDING, sub. L'action de bâtir.
Building, (or edifice.) Bâtiment, édifice, maison, logis.
The art of building. L'architecture.
He hath undone himself by building. Il s'est ruiné à bâtir.
BUILT, or Built UP, adj. Bâti, construit.
Dutch-built. Bâti à la Hollandoise.
Built, (speaking of a ship.) Construit. Ex.
Frigate-built. Frégaté.
English-built. De construction Angloise.
American-built. Construit en Amérique.
French-built. De construction Françoise.
BULB, s. (a root of some plants.) Bulbe ou oignon de plante.
BULBACEOUS, } adj. (having a round head in the root.) Bulbeux.
BULBOUS,
Ex. A bulbous root. Un oignon bulbeux, une racine bulbeuse.
BULIMY, sub. (canine or insatiable appetite.) Boulimie ou faim canine.
BULK, s. (or massiness.) Masse.
Bulk, (or bigness.) Volume, grandeur, grosseur.
To sell one's wares by the bulk. Vendre ses marchandises en gros.
A bulk, (or stall before a shop.) Établi de boutique où l'on met s'évaigne.
The bulk of a man's body. Taille, stature, corsage.
The bulk of a ship. Tout ce que contient un vaisseau dans le fond de cale.
To break bulk, (to take part of a ship's cargo out.) Tirer une partie de la charge d'un vaisseau.
In-bulk, adv. (laden in-bulk.) Chargé en grenier.
To BULK out, v. neut. Faire ventre, ou pencher en devant.
BULKER, s. (a common whore.) Une putain publique.

BULK-HEAD, s. (a sea-term.) Séparation dans un navire.
A ship-and-unship bulk-head. Cloison qui se demonte, pour faire branlebas, &c.
BULKINESS, s. Taille, grandeur,
BULKY, adj. (or big.) Grand, gros.
Bulky, (or massy.) Massif.
A bulky (or corpulent) man. Un homme gros, gras, replet.
A bulky volume. Un gros volume.
Bulky, (or weighty.) Pesant, lourd.
BULL, s. Taureau.
Bull's eye, (a sea-term.) Margouillet ou cosse de bois.
Bull's pizzle. Un nerf de bœuf.
Bull, (or Pope's brief.) Bulle, bref du Pape.
Bull, (incongruous speech.) Contradiction manifeste dans ce qu'on dit, expression ridicule ou impertinente.
It is a bull to say, &c. Il est impertinent de dire. &c.
To tell one a story of a cock and a bull. Faire à quelqu'un un conte de vieille ou des contes à dormir debout.
Bull-calf, (a he calf, also a stupid fellow.) Un sot, une bête; un veau mâle.
Bull-dog. Espece de dogue.
Bull-head. La tête du taureau; un sot.
Bull-head, (an insect.) Têtard, insecte noir qui nage & vit dans l'eau.
Bull-beef. Chair de taureau.
† Bull-beef, (a nauseous woman.) Une hallebreda, femme grossière & disagréable.
† Bull-beggar. Moine bourru, fantôme, épouvantail.
Bull-fly, (or bull-bee.) Taon, mouche qui pique les taureaux.
A bull-fly, (or horned beetle.) Un cerf volant.
Bull-finch. Rouge-queue, oiseau.
Bull-baiting. Combat de chiens avec un taureau.
Bull-dog. Chien dressé ou propre au combat du taureau.
Bull-feast, (such as they use in Spain and Portugal.) Combat de taureaux.
Bull-trout, (a sort of fish.) Sorte de truite.
BULLACE, s. (a wild plum.) Prunelle, fruit du prunier sauvage.
Bullace-tree. Prunier sauvage.
BULLENGER, s. (a sort of boat.) Sorte de bateau.
BULLET, s. (for a musket or pistol.) Une balle de mousquet ou de pistolet.
Bullet, (or cannon bullet.) Boulet de canon.
Bullet-hole. Le trou qu'a fait une balle ou un boulet.
BULLION, s. (gold or silver uncoined.) Or ou argent en lingot, ou non monnoyé, matière pour faire de la monnoie.
Bullion of copper, (to set on poitral's or bridles, for an ornament.) Cloux à tête qu'on met aux brides, &c., pour servir d'ornement.
BULLITION, subst. (the act or state of boiling.) Ébullition.
BULLOCK, subst. (from Bull.) Un jeune bœuf.
BULLY, s. (or bully-rock.) Un braveur, un protecteur de filles de joie, celui qu'on nomme vulgairement à Paris un pierrot ou un suppôt.
A bully-gamester. Un filou.
To BULLY, verb. n. Faire le fanfaron, le querelleur.

BULRUSH, s. Un jonc.
BULWARK, s. Boulevart, bastion.
To BULWARK, v. act. Fortifier.
† BUM, s. Le cul, les fesses.
Bum-fodder. Un torchecul.
Bum-bailiff, (or catch pole.) Sergent, pousse-cul.
Bum-boat, (a sea-term.) Bateau de provision employé à vendre des herbages, &c. aux vaisseaux.
BUMBARD, s. (a sort of gun.) Bombarde, canon gros & court qui fait beaucoup de bruit.
BUMBAST, s. Phébus, de grands mots, des expressions ampoulées, bourre.
To BUMBAST one, v. act. Battre quelqu'un, bourrer, frotter.
BUMBASTICK, adj. (or swollen.) Ampoulé, enflé, ronflant.
A bumbastick style. Un style enflé ou ampoulé, du phébus.
BUMBLE-BEE, s. Un bourdon.
BUMKIN, } s. (or country-bumkin.) Un paysan, un homme grossier, un lourdaud, un rustre.
BUMPKIN,
Bumkin, (composé des mots Bum & Kin, parce qu'il est voisin du lieu d'aisance des Matelots.) Arcnecs.
BUMP, (or blow.) Un coup.
Bump, (or swelling.) Enflure.
To BUMP up, v. n. S'enfler.
BUMPER, s. (or brimmer.) Une rasade; verre tout plein, un rouge-bord.
BUMPKIN. V. Bumkin.
BUMPKINLY, adj. Grossier, de paysan.
BUN, s. Fouace, sorte de gâteau.
BUNCH, subst. (on the back.) Bosse, tumeur.
Bunch, (of any thing tied together.) Trousseau, faisceau.
A bunch of keys. Un trousseau de clefs.
A bunch of little sticks. Un fagot de brossailles.
Bunch of a tree. V. Knot.
A bunch of grapes. Une grape de raisins.
A bunch of radishes. Une botte de raves.
A bunch of feathers. Panache, touffe ou bouquet de plumes.
BUNCHY, adj. (or bunch-backed.) Bossu, voûté.
To BUNCH out, v. neut. S'élever ou se former en bosse.
To bunch out as a wall. V. to Belly.
BUNDLE, s. Poque.
A bundle of cloaths. Un poquet de hardes.
A bundle of rods. Une présence de verges. The bundle of rods-sticks were carried of old before the Roman Consuls. Faisceaux, hachés enchâssées dans des verges qu'on portoit autrefois devant les Bourgmestres Romains.
To BUNDLE up, v. act. (to make up into a bundle.) Empaqueter.
BUNG, s. Bondon, petit morceau de bois qu'on botche le trou qui est sur les muids & autres futailles.
To stop with a bung. Bondonner, boucher avec un bondon.
Bung-hole. Trou de futaille, le trou du bondon.
Bang, (of a piece of ordinance.) Tampon de canon.
To BUNG, v. act. Boucher, bondonner.
BUNGLE, s. Faute, bévue.
To BUNGLE, v. a. n. r. t. (botch or perform awkwardly.) Massacrer, faire une chose comme un homme qui n'entend pas son...

son métier, la gâter, † l'estropier, † la massacrer.

Bungled, adj. Saveté, estropié, massacré, maisfait.

BUNGLER, s. Un savetier, un mauvais ouvrier, un mal-adroit.

A bungler at play. Une mazette.

A bungler in politicks. Un mauvaiseur en fait de politique.

BUNGLER-LIKE, } adv. Grossièrement,
BUNGLINGLY, } en mauvais ouvrier, en saveteur.

BUNN. V. Bun.

To BUNT out. V. to Bunch out.

BUNT, subst. (a sea-term, the bunt of a sail.) La partie de la voile que le vent fait enfler.

BUNTINE, subst. Etamine, étoffe dont on fait les pavillons.

BUNTING, s. (a kind of bird.) Traquet, espece d'oiseau.

Bunting-hutea. V. Bolting-hutch.

BUNTLINES, subst. comp. pl. Carguefonds.

BUOY, subst. Bouée, marque ou enseigne qu'on laisse flotter sur l'eau, pour indiquer l'endroit où l'ancre est mouillée.

Nun-buoy. Bouée en baril, en forme de deux cônes assemblés par leurs bases pour servir de balise, & marquer les écueils & les passages dangereux.

Can-buoy. Bouée en baril, en forme d'un cone, pour le même usage.

Wooden-buoy. Bouée de bois ou bouée de bout de mât.

Cable-buoy. Futailles frappées de distance en distance sur le cable, pour l'alléger & l'empêcher de frotter & de s'érailler sur un fond de roches.

Buoy-rope. Orin de l'ancre.

The flings of the buoy. Garniture ou trélingage de la bouée.

To stream the buoy. Mettre la bouée à l'eau.

To BUOY one up, v. act. Appuyer, soutenir quelqu'un, lui donner de l'espérance.

Buoyed up, adj. Appuyé, soutenu.

To BUOY, v. neut. Flotter.

BUOYANT, adj. Flottant.

BUR, } s. Bardane, glouteron,
BURDOCK. } plante qui porte une feuille large, & dont les fruits s'attachent aux habits.

To stick like burs. S'attacher comme la bardane.

BURDEN, s. (or load.) Fardeau, charge qu'on porte.

Ex., a heavy burden. Un pesant fardeau.

His life was a burden (or bathsome) to him.) So vie lui étoit à charge.

A beast of burden. Bête de somme.

Burden, (terme de marine.) Port d'un vaisseau en tonneaux: Ex.

The Emerald, burden 300 tuns. L'Emeraude, du port de 300 tonneaux.

A ship of great burden. Un vaisseau de grand port.

The burden of a song. Le refrain d'une chanson.

To BURDEN, v. act. (or load.) Charger.

Burdened, adj. Chargé.

BURDENOUS, adj. Facheux, accablant, inutile.

BURDENSOME, adj. Incommode, qui est à charge, fâcheux.

BUREAU, subst. Bureau.

BURGAGE, s. (a law term; 'tis a tenure proper to cities, boroughs, and towns.) Bourgage; la maniere dont les villes &

les villages relevent du Souverain ou certain droit qu'ils lui payent.

BURGAMOT, s. Bergamote, poire.

BURGANET, }
BURGONET, } subst. (a kind of helmet.) Bourguignote, pot en tête ouvert par devant.

BURG-BOTE, subst. Exemption de droit, qu'on nomme brig-bote.

BURGESS, }
BURGEOIS } subst. Bourgeois, celui qui est habitué dans une ville.

Burgess, (in the House of Commons.) Membre de Parlement ou Député d'une Bourgeoisie.

BURGH. V. Borough.

BURGHER, s. Un Bourgeois.

BURGHERSHIP, subst. Droit de Bourgeoisie.

BURGOMASTER, s. (a chief Magistrate in some parts beyond sea.) Un Bourguemestre, sorte de magistrat.

BURGLARY, subst. Voleur, qui enfonce une porte, un coffre, à dessein de voler.

BURGLARY, subst. Vol qui se fait dans une maison dont on a enfoncé la porte, &c.

BURIAL. s. (from to Bury.) Sépulture, enterrement, funerailles.

To give the dead a christian burial. Donner la sépulture aux morts en terre bénite.

To deny one a christian burial, (as they did to Protestants in France.) Jeter quelqu'un à la voirie, lui refuser la sépulture.

Burial. Un mortuaire.

BURIER, s. Celui qui enterre.

BURINE, s. (or graving tool.) Burin.

BURLESQUE, adj. (or comical.) Burlesque, plaisant, comique.

A burlesque Poet or style. Poète ou style burlesque.

A burlesque expression. Une expression burlesque.

In a burlesque (or comical) sense. Dans un sens burlesque.

Burlesque, s. (or mock-poetry.) Burlesque, poésie burlesque.

To BURLESQUE, v. act. (or ridicule.) Rendre burlesque.

Burlesqued, adject. Ex. Virgil burlesqued. Virgile travesti.

BURLINESS. V. Bulk.

BURLY, adject. (or big.) Replet, gros & gras.

A burly man. Un homme replet.

* Burly brand, subst. (a word used by Chaucer, for a great sword.) Une grosse épée.

To BURN, v. act. Brûler.

To burn wood or coals. Brûler du bois ou du charbon.

To burn lime or bricks. Cuire de la chaux ou des briques.

To burn day-light. Brûler une chandelle en plein jour.

To burn one alive. Brûler quelqu'un tout vif.

To burn one's self. Se brûler.

To burn or to burn away, v. neut. Se brûler, se consumer.

To burn to ashes, v. act. Réduire en cendres.

To burn to ashes, v. neut. Se réduire en cendres.

To burn one in the hand. Marquer quelqu'un dans la main avec un fer chaud.

† He burnt his fingers there. Il s'y est échaudé, il n'y a pas trouvé son compte.

To burn UP. Brûler tout, consumer.

To burn up the grass, v. act. Brûler, ou sécher l'herbe, comme font les grandes chaleurs.

To burn up, v. neut. Se sécher.

To burn faint and dim. Donner peu de clareté.

BURNED. V. Burnt.

BURNET, s. (a kind of herb.) Pimprenelle, sorte d'herbe.

BURNING, subst. Brûlure ou l'action de brûler.

Burning of lime or bricks. Cuite de la chaux ou des briques.

Burning, (or great fire.) Incendie, embrasement.

This meat smells of burning. Cette viande sent le brûlé.

Burning, adj. Brûlant, chaud, allumé.

A burning heat. Chaleur brûlante, ardeur, grande chaleur.

Burning coal. De la braise, charbon allumé.

To have one in burning scent. Sentir quelqu'un de près.

Burning glass, (a piece of glass to collect the several rays of the sun into one point and burn whatever lies in its way.) Un verre ardent.

To BURNISH, v. act. (or polish.) Brunir, polir, éclaircir avec le brunissoir.

To burnish v. n. (or grow bright.) Devenir brillant.

To burnish a piece of silver plate, (to brighten it.) Brunir de la vaisselle d'argent.

To burnish, (among hunters, is said when harts spread their horns, after they are frayed or new rubbed.) Brunir, en termes de chasse.

Burnished, adject. Bruni, ou devenu brillant.

BURNISHER, s. Brunisseur, brunisseuse.

BURNISHING, s. Brunissage.

A burnishing-stick. Brunissoir.

BURNT, adj. (from to burn.) Brûlé, &c; V. to burn.

A burnt offering or a burnt-sacrifice. Holocauste, sacrifice où toute la victime étoit brûlée.

A smell of some stuff burnt. Odeur de roussi.

Burnt out. Tout brûlé, consumé.

Burnt up, as grass. Brûlé, sec, comme l'herbe qu'une trop grande chaleur a brûlée.

Burnt to bathrooms. Réduit en cendres.

P. A burnt child dreads the fire. Chat échaudé craint l'eau froide.

Sun burnt. Hâlé, basané.

BURR. V. Bur.

Burr, (the round knob of horn next the deers head.) Meules.

Burr, (or ditto) of the ear. Le tambour ou tympan de l'oreille.

Burr, (a country word for sweet-bread.) Ris.

Burr-pump. Pompe dans un vaisseau.

BURRLI-FLY, s. Taon, sorte de mouche. Prononcez Tán.

BURROUGH. V. Borough.

BURROW, s. Terrier de garenne.

Cony-burrow or rabbit-burrow. Trou de lapin.

To BURROW, v. neut. Entrer dans le trou ou dans le terrier, comme font les lapins. Percer la terre.

BURSE.

BUR BUS

BURSE, *f.* (or exchange.) *Bourse, où s'assemblent les Marchands.*
BURSER, } *subst. Boursier de Collège.*
BURSAR,
BURS-HOLDER, } *Voyez* Head-borough.
BURROW-HOLDER,
BURST, *f.* (or bursting.) *Éclat, action de crever.*
The burst of waters occasioned by sudden rains. *Le débordement des eaux causé par de grosses pluies.*
Excuse this burst of tears. *Excusez ces larmes que je ne saurois retenir.*
BURST, *adj.* Crevé.
Burst-bellied or bursten-bellied. *Incommodé d'une descente de boyau.*
To BURST, *v. act. & neut. Crever, se crever, éclater.*
To burst one's belly with over-eating. *Se crever de manger.*
He eats till he bursts again. *Il se crève à force de manger.*
To burst WITH envy. *Mourir, crever d'envie.*
To burst with laughing. *Crever ou mourir de rire.*
To burst (or to burst FORTH) into tears. *Fondre en larmes.*
I never go into his room but he bursts into tears. *Je n'entre jamais dans sa chambre qu'il ne fonde en larmes.*
To burst OUT into laughter. *Éclater de rire.*
It was positively affirmed, that this spring burst out in an instant. *On assuroit positivement que cette fontaine sourdit tout d'un coup.*
BURSTEN, *adj.* (or broken-bellied.) *Qui est incommodé d'une descente de boyau.*
BURSTENNESS, *subst. Hernie, descente de boyau.*
BURSTWORT, *f.* (an herb good against ruptures.) *Herniaire.*
BURT, *subst.* (a flat sort of fish.) *Limande, espèce de poisson plat.*
BURTON, *subst.* (a sea-term.) *Palanquin ou petit palan, servant à rider les haubans des huniers, & aussi à mouvoir des fardeaux.*
BURTHEN, &c. V. Burden, &c.
BURY, *f.* (or Berry, termination added to names of towns, the same as Borough.) *Bourg, terminaison qu'on ajoute aux noms de quelques Villes.*
To BURY, *v. act. Enterrer, ensevelir, mettre en terre une personne morte.*
To bury one alive. *Enterrer quelqu'un tout vif.*
To bury in oblivion. *Ensevelir dans l'oubli.*
If ever I bury him. *S'il lui arrive de mourir devant moi.*
Buried, *adj. Enterré, enseveli.*
BURYING, *subst. L'action d'enterrer, &c.*
V. to Bury ; *enterrement, funérailles.*
A burying-place. *Sépulture.*
St. Denis was the burying-place of the Kings of France. *St. Denis étoit la sépulture des Rois de France.*
BUSH, *subst.* (or shrub.) *Buisson, arbuste, arbrisseau.*
A rosemary or honey suckle bush. *Buisson ou arbuste de romarin, chèvre-feuille.*
A gooseberry-bush. *Un groseillier.*
A tavern-bush. *Un bouchon de cabaret.*
† To go about the bush. *Tourner autour du pot.*
A bush of hair. *Une touffe de cheveux.*
Bush, (a fox's tail.) *Une queue de renard.*

BUS

To BUSH, *v. neut. Devenir touffu.*
BUSHEL, *f.* (or strike, a sort of measure.) *Un boisseau, sorte de mesure.*
P. To measure another man's corn by one's own bushel. *Mesurer les autres à son aune.*
BUSHMENT, *subst.* Hallier.
BUSHY, *adj.* (from bush.) *Plein de buissons, touffu, épais.*
He has a bushy beard. *Il a la barbe épaisse, il est barbu.*
BUSIED, V. Busyed.
BUSILESS, *adj. Sans affaires.*
BUSILY, *adv. Ardemment, avec ardeur, avec feu, avec passion, avec empressement.*
BUSINESS, *subst. Affaire, occupation, chose.*
To be full of business. *Être accablé d'affaires.*
To be always about some business or other. *Avoir toujours quelque chose à faire.*
A man fit for business. *Un homme d'affaires, un homme versé dans les affaires.*
He makes it his business. *Il s'en fait une affaire, il ne songe à autre chose.*
I will make it my business. *Je tâcherai, je m'efforcerai, je m'appliquerai.*
† To do one's business, (to shite.) *Faire ses affaires, chier.*
To do one's business, (to kill, undo or ruin him.) *Perdre quelqu'un, le ruiner, le tuer.*
His business is done, (he is undone, he is a dead man.) *Ses affaires sont faites, c'est un homme perdu, ruiné, confisqué ou mort.*
He did his own business as soon as he had the full swing of his power. *Il se perdit lui-même, dès qu'il fut tout puissant ou dès qu'il n'eût personne au dessus de lui.*
The business of states-men during the winter. *L'occupation des politiques pendant l'hiver.*
In the business of Religion. *Dans ce qui concerne la Religion, lorsqu'il s'agit de Religion, en matières de Religion.*
It was concluded I should betake myself to the business of a Merchant. *Il fut résolu que je serois dans le négociant.*
The business is done, there is no going back. *C'en est fait, il n'est plus temps de reculer.*
My business is done, I am a dead man. *C'est fait de moi, je suis un homme mort.*
He has done my business, he has killed me. *Il m'a tué, je suis un homme mort.*
All my business is my song. *Je ne fais que chanter.*
A man of good credit in the common business of his calling. *Un homme de probité dans ce qui regarde sa vocation.*
He thinks he has done more than half his business. *Il croit avoir fait plus de la moitié du chemin.*
A hanging-business. *Un cas pendable.*
The business will not quit cost. | *Le jeu ne vaut pas la chandelle.*
To come into business. *Avoir la vogue.*
She has one that does her business for her. *Elle s'en fait donner.*
BUSK, *subst. Un busc.*
BUSKIN, *subst.* (short boots.) *Bottine, petite botte.*
Buskins of the ancients. *Les brodequins des anciens.*
Buskin style. *Style tragique.*
BUSKINED, *adj. En brodequins.*

BUS BUT

BUSKY. V. Bosky.
BUSS, *subst. Un baiser.*
A buss, (or ship.) *Sorte de petit vaisseau pour la pêche du hareng.*
To BUSS or rather kiss. *v. a. Baiser.*
Bussed, *adj. Baisé.*
BUSSING, *f. L'action de baiser.*
BUST, *subst.* Buste.
BUSTARD, *subst.* (a sort of great fowl.) *Outarde, gros oiseau, espèce de dinde sauvage.*
BUSTLE, *f. Bruit, fracas.*
To make a bustle in the world. *Faire du bruit dans le monde, faire du fracas.*
She makes little or no bustle when she goes. *Elle marche à petit bruit.*
A man of bustle. *Un homme remuant, intrigant, qui se donne beaucoup de mouvement.*
To BUSTLE, *v. neut. Faire du bruit, faire du fracas.*
Bustling, *comme* bustle.
BUSTLER, *subst. Un homme remuant.*
BUSY, *adject. Occupé, qui a des affaires.*
I am very busy now. *J'ai beaucoup d'affaires présentement.*
While he was thus busy with himself in matters of Religion. *Pendant qu'il s'appliquoit ainsi aux affaires de Religion.*
He is as busy as a bee. *Il est toujours en action comme les abeilles.*
Busy at work. *Attaché à son ouvrage.*
Busy at prayers. *Qui fait sa dévotion en particulier.*
A busy day. *Un jour d'affaires.*
A busy body. *Un homme qui se mêle de tout, & qui ne s'entend à rien, un homme intrigant, remuant, agissant, qui fait le nécessaire, qui se donne beaucoup de mouvement.*
A busy-brain. *Un esprit inventif ou plein de projets.*
To BUSY one's self. *v. récip. S'occuper, s'employer à quelque chose.*
BUSYED, *adj.* Occupé.
BUT, *conj.* Mais.
I went to see him, but he was not at home. *Je le suis allé voir, mais il n'étoit pas au logis.*
But. *Que.*
To laugh but faintly. *Ne rire que du bout des lèvres.*
I go but seldom abroad. *Je ne sors que rarement.*
She does nothing but cry. *Elle ne fait que pleurer.*
There is no doubt but he will come. *Il ne faut pas douter qu'il ne vienne.*
No body says so but he. *Il n'y a que lui qui le dise.*
He is nothing but skin and bones. *Il n'a que la peau & les os.*
There were but two ways out. *Il n'y avoit que deux chemins pour sortir.*
Scarce a day passes but he comes to my house. *Il ne se passe presque pas un jour qu'il ne vienne chez moi.*
But that, (or were it not that.) *Si ce n'étoit que.*
Not but that. *Non que.*
But, (or only.) *Seulement.*
If you would but take the pains to go thither. *Si vous vouliez seulement prendre la peine d'y aller.*
Be but ruled by me. *Suivez seulement mon conseil.*
But one word. *Un mot seulement.*
But, (except.) *Hormis, excepté, à la réserve de.*

We were all there but you. *Nous y étions tous hormis vous.*
They all came but you two. *Ils vinrent tous à la réserve de vous deux.*
If we do but seriously reflect upon it. *Si nous y faisons un sérieuse réflexion.*
Your demand it but reasonable. *Votre demande est raisonnable.*
That tree has born but little fruit this year. *Cet arbre n'a guere porté de fruit cette année.*
Our life is but short. *Notre vie est courte.*
To eat but little. *Manger peu.*
I cannot choose but cry out. *Je ne puis m'empêcher de crier.*
I cannot but bemoan his misfortune. *Je ne puis m'empêcher de pleurer son sort.*
But a while since. *Depuis peu.*
But just now. *Tout-à-l'heure.*
He is but just now gone. *Il ne fait que de sortir, il vient de sortir.*
But sparingly. *Avec épargne.*
But a little. *Tant soit peu.*
There wanted but a little. *Il s'en manqua fort peu, peu s'en fallut.*
But yet, *Néanmoins.*
The last but one. *Le pénultieme.*
If you do but take my part. *Pourvu que vous preniez mon parti.*
You cannot but know. *Vous ne pouvez pas ignorer.*
There is none but knows. *Il n'est personne qui ne sache.*
There is none but afraid of you. *Il n'y a personne qui n'ait peur de vous.*
There is nothing so good but what may be abused. *Il n'est rien de si bon dont on ne puisse abuser.*
No question but he will do it. *Il le fera infailliblement, il n'y a pas lieu d'en douter.*
But for you, had it not been for you. *Si ce n'eût été pour vous, ou à votre considération.*
I would but for hurting him. *Je le ferois, n'étoit que je crains de lui faire mal.*
The wild boars suffer no beast with them but what is of their own kind. *Les sangliers ne souffrent aucun animal avec eux, s'il n'est de leur espece.*
Lastly, *but*, is rendered, by *or*, when it begins the minor proposition of a syllogism.
Ex. But ye are not in the flesh. *Or vous n'êtes point en la chair.*
BUT, *subst.* (or mark.) *But, blanc où l'on tire.* V. Butt.
BUT-END, *subst. Le gros bout d'une pique, &c.*
BUTCHER, *subst. Boucher.*
Butcher's meat. *Grosse viande, ou viande de boucherie.*
To go to the butcher's. *Aller à la boucherie.*
Butcher's-broom. *Du bruse.*
To BUTCHER, *v. act. Égorger, couper la gorge à, massacrer.*
Butchered, *adj. Egorgé, massacré.*
BUTCHERLY, *adj. Cruel, barbare, sanguinaire.*
BUTCHERY, *s. Boucherie, grand carnage, tuerie.*
BUTLER, *s. Sommelier.*
BUTLERAGE of wines, *subst.* (it is an imposition of sale-wine brought into the land, which the King's butler, by vertue of his office, may take of every ship.) *Sorte de droit que les vins étrangers payent au bouteillier du Roi.*

BUTT, *subst.* (a sort of wine-vessel containing 126 gallons,) *Botte, tonneau de vin contenant 126 gallons, qui (sur le pied de quatre pintes de Paris le gallon) font 504 pintes.*
A butt, (or bound.) *Une borne.*
Butt, (or mark to shoot at.) *Butte ou but, à quoi l'on tire.*
To meet one full butt. *Rencontrer quelqu'un tête à tête.*
To run full butt at one. *Donner de la tête contre quelqu'un en courant.*
The butt-end of a thing. *Le bout, l'extrémité.*
The butt-end of a musket. *La crosse d'un mousquet.*
Butt, (sea-term.) *Tête de bordages.*
The ship has started or sprung a butt. *Il s'est lâché un bordage ou une tête de bordage.*
C'est aussi un bout ou reste d'une piece de bois.
To BUTT, *v. n. Se choquer, en parlant des beliers ou des moutons.*
To butt at one. *Heurter de la tête contre quelqu'un.*
Butted, *adj.* (or bounded.) *Borné.*
BUTTENS, *f.* (or burrs of deer.) V. Burr.
BUTTER, *subst. Beurre.*
Fresh or new butter. *Du beurre frais.*
Salt butter. *Beurre salé.*
A toast and butter. *Une rôtie au beurre.*
Bread spread with butter. *Beurrée.*
P. He looks as demurely as if butter would not melt in his mouth. *P. il est si froid qu'il semble qu'il n'y touche pas.*
P. My money melts like butter against the sun. *Ma bourse a le flux.*
Butter-milk. *Rabeure, lait de beurre.*
Butter-sauce. *Sauce au beurre.*
Butter-crock. *Pot à beurre.*
Butter-woman. *Beurriere ou vendeuse de beurre.*
A butter-whore. *Une querelleuse.*
Butterfly. *Papillon.*
Butter-teeth, (great broad fore-teeth.) *Dents de devant.*
Butterbump, *Butor, oiseau qui vit dans les marécages.*
Butter-bur. *Grande bardane, plante.*
Butter-print. *Instrument pour marquer le beurre.*
† Butter-box, (a great eater of butter.) *Un grand mangeur de beurre, ventre de beurre.*
† A butter-box, (or dutchman.) *Un Hollandois. On appelle ainsi les Hollandois par dérision.*
To BUTTER, *v. act. Mettre du beurre.*
Ex. To butter bread. *Etendre du beurre sur du pain.*
To butter, *v. n.* (to double at play.) *Doubler, au jeu.*
Buttered, *adject. Où l'on a mis du beurre.*
† He knows on which side the bread is buttered. *Il n'est pas sot, il n'est pas bête, il ne donne pas aisément dans le panneau.*
BUTTERING, *subst.* V. to Butter.
BUTTERY, *adj. Qui tient du beurre.*
Buttery, *s.* (from butter.) *Sommellerie, dépense.*
BUTTOCK, *s. Fesse, pattie du corps sur laquelle on s'assied.*
The buttocks of a horse. *La croupe d'un cheval.*
Buttock of beef. *Cimier, la chair qui est sur la croupe du bœuf.*

Buttock, (a sea-term, the ship's breadth right a-stern, from the tuck upwards.) *Carcasse de navire, terme de marine.*
BUTTON, *subst. Bouton, bouton d'habit.*
A plate-button. *Un bouton d'orfèvrerie.*
A long button. *Un bouton à queue.*
A tufted button. *Un bouton à freluche.*
Button, (in plants.) *Bouton, bourgeon.*
Handkerchief-buttons. *Glands de mouchoir.*
† His arse makes buttons. *Il a grand-peur, il chie de peur.*
† 'Tis not worth a button. *Cela ne vaut pas un zest.*
Button-hole. *Boutonniere.*
Button-maker. *Boutonnier.*
Button-ware. *Boutonnerie, ouvrage de boutonnier.*
Buttons of a bonnet. *Boutons d'une bonnette maillée.*
To BUTTON, *v. act. Boutonner.*
Buttoned, *adj. Boutonné.*
BUTTONER, *s.* (a taylor's instrument, to get the buttons into the button-holes.) *Un tire-bouton.*
BUTTONING, *sub. L'action de boutonner.*
To BUTTRESS, *v. act.* (to prop or support.) *Soutenir, étayer.*
BUTTRESS, *s.* (a prop supporting the butt end of a building.) *Arc-boutant, éperon.*
Buttress, (or support.) *Arc-boutant, soutien, appui.*
Buttress, (a farrier's tool.) *Boutoir de Maréchal ferrant, l'instrument avec lequel il pare le pied des chevaux.*
BUTYRACEOUS, } *adj. Qui tient de*
BUTYROUS, } *la nature du beurre.*
BUXOM, *adj.* (pliant, obedient.) *Souple, doux, ducile.*
Buxom, (or merry.) *Gai, de bonne humeur, enjoué, aimable, gaillard.*
BUXOMNESS, *subst. Douceur, docilité.*
Buxomness, (or chearfulness.) *Bonne humeur, gaieté, enjouement, air gai ou gaillard.*
To BUY, *v. act. Acheter.*
To buy of one. *Acheter de quelqu'un.*
To buy upon trust. *Acheter à crédit.*
P. To buy a pig in a poke. *Acheter chat en poche, acheter quelque chose sans la voir.*
To buy things at the best hand. *Acheter de ceux qui vendent à meilleur marché.*
To buy one off. *Gagner quelqu'un par des présents, le corrompre.*
To buy and sell. *Trafiquer, être marchand.*
BUYER, *sub.* (or chapman.) *Acheteur, celui qui achete.*
BUYING, *s. L'action d'acheter, achat.*
To BUZZ, *v. neut. Bourdonner, comme font les moucherons.*
To buzz in one's ears. *Faire un bruit importun qui choque les oreilles.*
To buzz a thing about, *v. act. Divulguer une chose, en faire courir le bruit.*
To buzz into one's ears. *Souffler à l'oreille, dire en secret.*
BUZZ, } *s. Bourdonnement, son*
BUZZING, } *de bruit sourd.*
BUZZARD, *s.* (a sort of fowl.) *Busard ou buse, oiseau de rapine.*
† To be betwixt hawk and buzzard, (to be neither fish nor flesh, to be a-trimmer.) *N'être ni chair ni poisson.*

BY,

BY, prép. Par.
By good luck. Par bonheur.
By chance. Par hasard.
By. De.
To be loved by one. Être aimé de quelqu'un.
By day. De jour.
By much. De beaucoup.
By the advice of. De l'avis de.
Bigger by two foot. Plus grand de deux pieds.
By birth. De naissance.
What benefit do you reap by your reading? Quel fruit retirez-vous de votre lecture?
By trade a hatter. Chapelier de son métier.
By. A, au.
By one's self, by itself, by himself, by herself, by themselves. A part, seul, seule, seuls, seules.
I shall be back again or return by one o' clock. Je serai de retour à une heure.
It is three by my watch. Il est trois heures à ma montre.
By such a token or sign. A telles enseignes.
Turned by the lath. Travaillé au tour.
By candle-light. A la chandelle.
By the favour of the night. A la faveur de la nuit.
By break of day. Au point du jour.
To do by others as we would be done by. Faire à autrui ce que nous voudrions qu'on nous fît.
One by one. Un à un.
I have it by me. Je l'ai par devers moi.
By. Près, proche.
To sit by one. S'asseoir près de quelqu'un.
Hard by. Tout près.
By or near the Church. Proche l'Église.
By. Sur.
I shall regulate myself by his example. Je me réglerai sur son exemple.
Ten sail passed by the port. Dix vaisseaux passèrent à la vue de ce port.
By that time you come again. Quand vous reviendrez.
By that time I got half way thither. Quand je fus venu à moitié chemin.
By this time I perceived my fault. C'était en ce temps-là que je m'apperçus de ma faute.
By that time I have looked after my horses, I have not a moment left me to spare. Après que j'ai fait la revue de mes chevaux, il ne me reste pas un moment à moi.
He must be back again by monday next. Il faut qu'il soit de retour lundi prochain.
Doubtless he is dead by this time. Sans doute qu'il est déjà mort.
By this time twelve-month. Dans un an d'ici.
To take example by one. Se régler ou prendre exemple sur quelqu'un.
Should I do by you as you do by me. Si je voulois en agir avec vous comme vous en avez agi envers moi, si je voulois vous rendre la pareille.
I found much good by it. Je m'en suis bien trouvé.
He went or was called by that name. Il prit ce nom-là.
By how much? by so much. Voyez Much.
By degrees, by little and little. Peu à peu, petit à petit, par degrés, insensiblement, pas à pas.
Day by day, year by year. Journellement ou tous les jours, tous les ans.
By a'l means. Quoiqu'il en coûte, à quelque prix que ce soit, absolument.
By no means. Nullement.
By reason that. Parce que.
By course, by turns. Tour à tour.
He is there by himself. Il est là tout seul.
By the bulk or wholesale. En bloc ou en gros.
By retail. En détail.
Some grow richer by giving, than others by receiving. Il y en a qui se font plus riches en donnant, que d'autres en recevant.
By the by, by the way. En passant, légèrement.
I shall speak of it only by the by. Je n'en parlerai qu'en passant.
He ordered the matter so as to be in his company, as upon business by the by. Il fit ensorte qu'il se trouva en sa compagnie comme par hasard.
By and by, (or presently.) Tout-à-l'heure, tantôt, bientôt.
To be by, to stand by. Être présent.
To stand by one, to assist him. Appuyer, assister, soutenir quelqu'un, prendre son parti.
R. Cette préposition suit fort souvent les verbes, & fait partie de leur signification.
Ex. To set by. V. to Set.
To come by, &c. V. to Come, &c.
A by jobb. Un ouvrage à part.
A by-lane. Une rue qui est à l'écart ou qui n'est pas fort passante.
A by place. Un lieu écarté, un lieu retiré, à l'écart.
A by-place. Réduit, retranchement, dongeon.
A by-town. Ville écartée de la route par où la poste passe.
A by-way, (or path.) Un détour.
A by-law. Statut, règlement de Communauté.
The by-laws of a company of tradesmen. Les statuts d'un corps de métier.
By-stander or looker on. Un regardant.
P. A by-stander sees more than a gamester. P. Un regardant voit plus qu'un joueur.
By-coffeehouse. Café dans un lieu obscur.
By-end. Intérêt particulier.
By-interest. Intérêt particulier, différent de l'intérêt public.
By-respect. Vue ou fin particulière.
By-road. Chemin détourné.
By or nick name. Sobriquet ou injure.
by-works. Hors d'œuvre.
By-gains, by-profits. Tour de bâton.
A by-blow, (or a bastard.) Un bâtard, un enfant illégitime, un pet à vingt ongles.
A good by-blow, (or wind-fall.) Une bonne aubaine, un bonheur, un coup de bonheur.
† A by-word. Un dicton, quolibet, proverbe.
A by-sack, s. (a shoemaker's wallet or tinker's budget.) Un bissac.
BYSANTINE. V. Bizantine.

C.

C subst. C'est la troisième lettre de l'Alphabet. Les Anglois la prononcent ci lorsqu'elle est seule, comme dans l'alphabet; mais dans les mots elle a le même son qu'en François, excepté le ç, avec une cédille, qui est particulière à cette langue & qui est inconnue en Anglois.
R. To indict, avec ses dérivatifs, indicted or indictment, se prononcent comme quelques-uns les écrivent; savoir, To indite, indited, inditement, en faisant sonner l'i de la seconde syllabe, aï.
La lettre C parmi les Romains servoit de nombre & signifioit Cent. Cicéron l'appelle Triste, parce que les Juges, quand ils vouloient condamner un criminel, jetoient dans l'urne un billet où ils avoient écrit un C, c'est-à-dire, condemno, je condamne.
CAB, subst. (a hebrew measure about 3 pints

CAB

3 pints English.) *Sorte de mesure parmi les Hébreux.*

CABAL, *subst.* (or jewish tradition.) *Cabale, science abstruse du vieux Testament & de ses mysteres, ou une tradition de l'interpretation des Rabbins.*

Cabal, (or secret council.) *Cabale, pratique secrete, complot.*

Cabal, (party, set or gang.) *Cabale, parti, coterie.*

A dangerous cabal. *Une dang.reuse cabale.*

To CABAL, *verb. neut.* (or intrigue.) *Cabaler, faire cabale, faire une espece de parti, faire des pratiques secretes, attirer plusieurs personnes à son dessein.*

To cabal in company. *Faire coterie à part, se separer du reste de la compagnie.*

CABALISTE, *subst. Cabaliste, qui fait profession de la science secrete & mystérieuse de la cabale.*

CABALISTICK, *adj. Cabalistique, de cabale, qui concerne la cabale.*

CABALLER, *s. Cabaleur, intrigant.*

CABARET, *s. Cabaret, taverne.*

CABBAGE, *s.* Chou.

Cole-Cabbage. *Choux cabus.*

Cabbage head. *Pomme de chou.*

Cabbage lettice. *Laitue pommée.*

The cabbage of a deer's head. *Meules, le bas de la tête d'un cerf, d'un daim ou d'un chevreuil.*

† A taylor's cabbage. *Retailles de Tailleur, morceaux qu'il a coupés de quelque étoffe.*

To CABBAGE, *v. n.* (to grow to a head, like a cabbage.) *Pommer.*

This lettice begins to cabbage. *Cette laitue commence à pommer.*

To CABBAGE, *verb. act.* To cabbage a piece of stuff, (as a tailor.) *Voler un morceau d'étoffe, comme font quelquefois les Tailleurs.*

CABIN, *subst.* (in a ship.) *Cabane, petite loge ou réduit de planches où l'on couche dans un navire.*

A cabin in a fair. *V.* Booth.

Cabin boy, (a sea-term.) *Mousse de la chambre, dans les bâtimens marchands.*

To CABIN, *verb. neut. Demeurer dans une cabine.*

To CABIN, *verb. act. Confiner dans une cabine.*

CABINET, *subst. Cabinet, espece d'armoire avec des tiroirs.*

The cabinet council. *Le cabinet, les secrets, les mysteres, les intrigues cachées de la Cour.*

Cabinet maker. *Tourneur.*

CABLE, *s. Cable, grosse corde dont on se sert dans les navires.*

The sheet cable. *Maître cable.*

The best bower cable. *Second cable.*

The small bower cable. *Cable d'affourche.*

The stream cable. *Cable de touée.*

To bit the cable. *Bitter le cable.*

To coil the cable. *V.* Coil.

To serve the cable. *Fourrer le cable.*

To splice a cable. *V* To Splice.

Heave in the cable! *Ordre de faire virer au cabestan pour lever l'ancre.*

Pay away the cable! or Veer away the cable! *File du cable!*

A cable's length. *Un cable ou une encablure.*

CABLET, *subst.* (diminutif de *Cable.*) *Cablot ou grelin.*

CABLISH, *subst.* (a law-word for brushwood.) *Menu bois, broussailles.*

CAB CAJ

Cablish, (or wind fallen wood.) *Bois chablis, abattis de bois, bois que le vent a abattu.*

CABURN, *subst.* (a sea-term, small yarnline to bind cables withal.) *Fil de caret.*

CACHECTICAL, } *adj. Cacochyme.*
CACHECTICK,

CACHET, *s. Cachet.*

CACHEXY, *subst.* (a bad constitution of body.) *Cacochymie, cachexie, mauvaises humeurs, estomac foible.*

CACHINNATION, *subst. Éclat de rire.*

CACK a bed, *subst.* (or shit a bed.) *Un chie-en-lit.*

To CACKLE, *verb. neut.* (as a hen does when she has laid her egg.) *Glousser, comme font les poules quand elles veulent pondre ou qu'elles en viennent.*

To cackle. *Ricaner.*

CACKLER *subst.* (a tell-tale, a tattler.) *Bavard, Babillard.*

Cackler, (a fowl that cakles.) *Poule qui glousse.*

CACKLING, *s.* Cri ou chant d'une poule qui pond.

CACKREL, *s.* (a fish.) *Espece de poisson de mer.*

CACOCHYMY, *s. Cacochymie.*

CACOPHONY, *s.* (an ill or harsh sound of words.) *Cacophonie, son dur ou rude à l'oreille qui se rencontre dans quelques mots.*

To CACUMINATE, *v. act. Rendre pointu.*

CADAVEROUS, *adj. Cadavéreux.*

CADDIS, *subst. Ruban de fil ou de laine; espece de ver.*

CADE, *adj. Domestique; ce mot n'est usité qu'en ce sens.*

A cade lamb, *Un agneau domestique.*

CADENCE, } *subst.* (or fall of a period.)
CADENCY,

Cadence, chûte harmonieuse d'une période ou d'une partie de période.

CADENT, *adj. act.* (falling down.) *Qui tombe.*

CADET, *s.* (or younger brother.) *Cadet, le plus jeune des deux freres.*

CADEW, } *subst.* (a straw-worm.)
CADDIS,

Sorte de ver qui s'engendre parmi la paille.

CADGER, *s. Coquetier, poulailler.*

CADI, *s. Cadi, chez les Turcs.*

CAFTAN, *s. Cafetan, habillement Turc.*

CÆCIAS, } *s.* Vent du Nord.
CÆSIAS,

CÆCITY, *subst.* (or blindness.) *Aveuglement, privation de la vue.*

CÆLIBATE, *subst.* (a batchelor's life or condition.) *Célibat, état de ceux qui ne se marient point.*

CÆSURA, *subst. Césure, terme de poésie.*

CAG, *s. Une caque, un baril.*

A cag of herrings. *Une caque de harengs, qui en contient ordinairement cinq cents.*

A cag of sprats. *Une caque ou un baril de sardines, qui en contient mille.*

Cag, (a vessel containing 4 or 5 gallons.) *Cague.*

CAGE, *subst.* Cage.

A great cage. *Une volière.*

Cage, (or jail.) *Cage, prison.*

To CAGE, *v. act. Mettre en cage ou mettre en prison.*

Caged, *adj.* Mis en cage.

CAIMAN, *subst.* Caiman, espece de crocodile.

To CAJOLE, *v. act.* (or sooth up.) *Cajoler, caresser, flatter.*

CAJ CAL

To cajole, (to beguile one.) *Enjôler, duper, attraper quelqu'un en lui disant de belles paroles.*

Cajoled, *adj. Cajolé, caressé, flatté, enjôlé, dupé.*

CAJOLER, *s. Cajoleur, cajoleuse, flatteur, flatteuse.*

CAJOLERY, *s. Cajolerie.*

CAJOLING, *subst.* L'action de cajoler, &c. *Voy.* to Cajole; *cajolerie, flatterie, caresses.*

CAISSON, *s. Caisson.*

CAITIFF, *s.* (or slave.) *Un esclave.*

† Caitiff, (or scoundrel.) *Un coquin, un pendard, un scélérat, un garnement, un misérable.*

CATIFLY, *adv. Vilement, bassement, méchamment.*

CAKE, *s.* Un gâteau.

Cake of coals. *Charbon qui s'est pris ou collé, ou qui a formé une espece de croûte par la chaleur du feu.*

A rose-cake. *Un pain de rose.*

A wax-cake. *Un pain de cire.*

A cake-house. *Maison où l'on fait & où l'on vend des gâteaux.*

A cake-woman. *Une femme qui vend des gâteaux.*

To CAKE, *verb. neut.* (as sea-coal does.) *Se lier, se prendre, se coller, former une croûte, en parlant du charbon de terre qu'on brule.*

Caked, *adj. Collé, lié, pris.*

CALABASH, *subst. Calebasse, fruit des îles qui ressemble à une citrouille.*

CALABASH tree, *subst.* Arbre qui porte des calebasses.

CALAMANCO, *s.* (a sort of stuff.) *Calmande.*

CALAMARY, *s.* (a sort of fish.) *Calemar, sorte de poisson.*

CALAMINE, *subst.* (a sort of stone which serves to colour yellow brass.) *Calamine, pierre ou terre bitumineuse qui donne la teinture jaune au cuivre.*

CALAMINT, *subst.* (a sort of mint.) *Calament, sorte de plante.*

CALAMITOUS, *adj.* (unfortunate.) *Calamiteux, misérable, infortuné, malheureux, plein de traverses, accablé d'infortunes & de calamités.*

CALAMITOUSNESS, } *subst. Calamité,*
CALAMITY,

malheur, disgrace, désastre, affliction, traverse, infortune.

CALAMUS, *s.* Un roseau, une canne.

Sweet calamus. *Roseau aromatique.*

To CALANDER, &c. *V.* Calender, &c.

CALASH, *s. Caleche.*

CALCAR, *s.* (a calcinating furnace.) *Fourneau de Chimiste pour calciner des corps.*

CALCATED, *adj. Chaussé.*

CALCEDONIUS, *subst. Calcédoine, sorte d'agathe.*

CALCINATE, }
CALCINATED, } *adj. Calciné.*
CALCINED, }

CALCINATING, } *subst. Calcination ou*
CALCINATION, } *l'action de calciner.*
CALCINING, }

To CALCINE, *v. a.* (to burn to a cinder.) *Calciner, réduire en chaux par le moyen du feu.*

To calcine. *v. n. Se calciner.*

To CALCULATE, *v. act.* (to reckon or comput.) *Calculer, compter, supputer, dresser des comptes.*

He does calculate himself for preferment. *Il fait son compte qu'il sera infailliblement avancé.*

To

CAL

To calculate or frame a discourse to the meanest capacity. *Accommoder ou proportionner un discours à la portée des plus foibles.*

Religion is calculated to make us happy. *La religion ne tend qu'à nous rendre heureux, je but de la Religion est de nous rendre heureux.*

Calculated, *adj. Calculé, supputé, &c. V.* To Calculate.

CALCULATING
CALCULATION
CALCULE,
} *subst. Calcul, supputation, compte.*

CALCULATOR, *s. Calculateur.*

CALCULATORY, *adj. Qui a rapport au calcul.*

CALCULOSE,
CALCULOUS,
} *adj. Pierreux, graveleux.*

CALCULUS, *s.* Pierre, gravier, terme de Chirurgie.

CALDRON, *s. Chaudron.*

CALECHE. *V.* Calash.

CALEFACTION, *s. Caléfaction*, terme didactique.

CALEFACTIVE,
CALEFACTORY,
} *adject. Qui rend chaud.*

To CALEFY, *v. n. Devenir chaud.*

CALENDAR, *subst.* (a sort of almanack.) *Calendrier*, livre où sont marqués par ordre les mois, les jours, les lunaisons, &c. qui regardent l'année.

CALENDER, *subst.* (an insect.) *Calandre, charanson*, petit insecte qui ronge le blé.

To CALENDER, *v. act. Calandrer.*

To calender cloth. *Calandrer des toiles, les lisser, les polir.*

Calendered, *adj. Calandré, lissé, poli.*

CALENDS, *subst.* (the first day of every month among the ancient *Romans.*) *Calendes*, le premier jour de chaque mois parmi les anciens *Romains.*

CALENTURE, *subst.* (a burning fever.) *Une fievre ardente.*

CALESH, *s. Une calèche.*

CALF, *subst.* (the young of a cow.) *Un veau. Calves* au pluriel.

P. To cry like a sucking calf. *Pleurer comme un veau.*

Calf's head. *Tête de veau.*

Calf's pluck. *Fressure de veau.*

Calf's-skin. *Veau, peau de veau.*

Calves-foot, (an herb.) *Pied de veau*, sorte d'herbe.

The calf of the leg. *Le gras de la jambe, mollet de la jambe.*

CALIBER, *subst.* (or bore of a gun.) *Calibre*, l'ouverture d'une piece d'artillerie & de toute autre arme à feu.

CALICE, *subst. Calice.*

CALICO,
CALLICO,
} *subst.* (cloth made of cotton in the *Indies.*) *Toile de coton*, toile des Indes, espèce de basin.

CALID, *adj. Chaud, bruiant.*

CALIDITY, *s. Chaleur.*

CALIF,
CALIPH,
} *subst. Califé.*

CALIGATION, *s. Obscurité.*

CALLIGOUSNESS,

CALIGINOUS, *adj. Obscur.*

CALIGRAPHY, *s. Belle écriture.*

CALIX, *s. Calice de fleur.*

CALIVER, *subst.* (a small sea gun.) *Sorte de petit canon dont on se sert sur mer.*

To CALK,
To CAULK,
} *verb. act.* (a sea-term.) *Calfater.*

CAL

To calk a ship, (to stop its cracks, &c.) *Calfater un vaisseau, en étouper ou boucher les fentes, le radouber.*

Calked, *adj. Calfaté.*

CALKER, *subst.* (he that calks.) *Calfat*, celui qui a soin de donner le radoub aux vaisseaux incommodés.

CALKING, *s. Calfat, radoub*, l'action de *calfater*, &c. *V.* to Calk.

Calking-iron. *Fer a calfat.*

CALL, *subst.* (or calling.) *L'action d'appeler.*

To give one a call. *Appeler quelqu'un.*

To be ready at a call. *Être toujours prêt ou être fait au fold.*

A call (or invitation) to repentance. *Une invitation ou une sollicitation à la repentance.*

The call of partridges. *L'appel des perdrix.*

Call, *appeau.*

Call, (a sea-term.) *Sifflet de maître d'équipage.*

Call, (the calling over the names of those that are to compose an assembly, &c.) *Appel*, action de nommer les noms de ceux qui doivent former une assemblée.

The call of the house was adjourned to the next day. *L'appel de la Chambre fut remis au lendemain.*

Call, (or beat of drum.) *Appel*, sorte de battement de tambour.

A call, (for a water-pipe.) *Pommelle*, plaque de plomb, &c. trouée qu'on met à l'embouchure d'un tuyau.

Call. *Vocation, ordre, autorité.*

To CALL, *verb. act.* (to name.) *Appeler, nommer, donner le nom à.*

How do you call that? *Comment appellez-vous cela ?*

To call one by his name. *Appeler quelqu'un par son nom.*

To call, (to give a call, to desire or bid to come.) *Appeler, faire venir.*

Call my man. *Appelez mon valet, faites-le venir.*

I call your conscience to witness. *J'appelle ou je prends votre conscience à témoin, j'en appelle à votre conscience.*

To call, (or to assemble.) *Convoquer, assembler.*

To call a Council. *Convoquer un Concile.*

To call a Parliament. *Assembler un Parlement.*

Their patience, shall I call it or rather stupidity. *Leur patience ; ou pour mieux dire, leur stupidité.*

To call one names. *Dire des injures à quelqu'un, l'injurier, lui chanter pouilles.*

He calls me rogue. *Il m'appelle coquin, il me traite de coquin.*

To call, (as a partridge does.) *Appeler, chanter*, comme une perdrix.

To call one's game, (at cards.) *Accuser son jeu.*

† Let us call another cause, (i. e. let us speak of something else.) *Parlons d'autre chose, changeons de discours, brisons là-dessus.*

To call one IN. *Faire entrer quelqu'un, lui dire qu'il entre.*

To call IN or BACK one's word. *Retirer, reprendre sa parole.*

To call in one's money or debts. *Retirer son argent, lever ses dettes, exiger, poursuivre, rechercher ses dettes, se faire payer.*

To call in one's word, (to recant.) *Se*

CAL

dédire, se rétracter, rétracter ce qu'on avoit avancé.

To call in (or repeal) a Law. *Révoquer, abroger, annuller une loi.*

To call in or INTO question. *Révoquer en doute, douter.*

To call one AWAY. *Faire sortir quelqu'un, ou lui dire qu'il s'en vienne, l'emmener.*

To call one BACK. *Rappeler quelqu'un, le faire revenir, lui dire qu'il s'en revienne.*

To call back or recall one's word. *V.* to Call in.

To call OFF. *Détourner, dissuader.*

To call FOR. *Appeler, demander.*

Did he call for me? *M'a-t-il appelé ?*

To call for drink. *Demander à boire.*

Call for dinner. *Faites servir le diner.*

To call AFTER one. *Appeler quelqu'un à haute-voix.*

To call AGAIN. *Rappeler, faire revenir.*

To call ASIDE. *Tirer à côté, tirer ou prendre à part.*

To call ALOUD. *S'écrier, se récrier, pousser un cri.*

To call FORTH. *Faire sortir ou venir, évoquer.*

To call TOGETHER. *Assembler, convoquer.*

To call TO one, (to call him.) *Appeler quelqu'un.*

To call to one or unto one, (to invoke him.) *Invoquer quelqu'un, le réclamer.*

To call to one for help. *Appeler quelqu'un à son secours, demander du secours à quelqu'un, implorer son assistance.*

Termes having put on a brazen countenance, and calling all his impudence to his aid. *Termes s'étant fait un front d'airain, & s'armant de toute son effronterie.*

I call God to witness. *J'en prends Dieu à témoin, Dieu m'en est témoin.*

To call a thing to mind or to remembrance. *Rappeler la mémoire ou le souvenir de quelque chose, la repasser dans son esprit, s'en ressouvenir, se la remettre.*

To call one to account. *Faire rendre compte à quelqu'un, le rechercher.*

To call at a place, (to take it in one's way to another.) *Passer par un endroit, en allant à un autre.*

To call one OUT. *Faire sortir quelqu'un, lui dire de sortir.*

To call OVER an assembly or the names of an assembly. *Appeler une assemblée ou les noms d'une assemblée, en faire l'appel.*

To call one UP. *Faire monter quelqu'un, lui dire de monter.*

To call one up in the morning, (to awake him.) *Éveiller quelqu'un, le faire lever.*

To call up spirits. *Évoquer, conjurer faire venir les esprits.*

To call one DOWN. *Faire descendre quelqu'un, lui dire de descendre ou qu'il descende.*

To call one ON. *Exhorter, animer, encourager, pousser quelqu'un.*

To call UPON one, in one's way. *Appeler quelqu'un en passant, l'aller voir en passant.*

I called upon him to be as good as his word. *Je le sommai de sa parole ou de sa promesse, je l'en fis souvenir.*

So many instances of your goodness call upon us for the highest returns of

CAL

of duty, zeal, and affection. *Tant de marques de bonté de votre part exigent de nous les plus fortes démonstrations de fidélité, de zele & d'affection.*
To call upon (to invoke) God. *Invoquer Dieu, le réclamer.*
Called, adj. *Appelé*, &c. *Voy.* to Call. He was afterwards called by that name. *Le nom lui en est resté.*
CALLAT, } subst. (a trull.) *Femme de mauvaise vie.*
CALLET, }
CALLEMANCO. *Voyez* Calamanco ou Callimanco.
CALLER, s. *Celui ou celle qui appelle.*
CALLICO. *Voyez* Calico.
CALLIMANCO, subst. (a sort of stuff.) *Étoffe qui se fait en Angleterre.*
CALLING, subst. (from to call.) *Action d'appeler*, &c. *V.* to Call.
Calling, (or vocation.) *Vocation.*
Calling, (or trade.) *Vacation, métier, emploi.*
CALLIPERS, s. *Compas courbe servant à mesurer des rondeurs.*
CALLOSITY, } subst. (hardness or thickness of skin.) *Calus, durillon, dureté de peau.*
CALLOUSNESS, }
CALLOUS, adj. (hard, full of callosities.) *Calleux, dur, plein de calus ou de durillons, endurci.*
CALLOUSNESS. *V.* Callosity.
CALLOW, adj. (not fledged, speaking of a bird.) *Qui n'a point de plumes, en parlant d'un oiseau.*
A callow (or young) maid. *Une jeune fille.*
CALLUS, s. *Calus.*
CALM, adject. (not stirred, in a proper and figurative sense.) *Calme, tranquille, qui n'est point agité, au propre & au figuré.*
CALM, s. (tranquillity.) *Calme, tranquillité, bonace.*
To CALM, v. a. (to make calm, in a proper and figurative sense.) *Calmer, rendre calme ou tranquille, appaiser, adoucir, au propre & au figuré.*
Calmed, adj. *Calmé, adouci, appaisé.*
CALMER, s. *Qui calme.*
CALMING, s. *L'action de calmer*, &c. *V.* to Calm.
CALMLY, adv. *Tranquillement, paisiblement, sans bruit.*
CALMNESS, s. *Calme, tranquillité.*
CALMY, adj. *V.* Calm.
CALOMEL, s. *Mercure extrêmement subtilisé; mercure doux ou dulcifié.*
CALORIFIC, adj. *Calorifique, qui cause ou produit la chaleur.*
CALOTTE, s. (or leather cap.) *Calotte.*
CALOYER, s. *Caloyer, moine Grec.*
CALTHROP, } s. (an instrument made with four iron points, so joined that being thrown on the ground one stands upright.) *Chausse-trape, instrument garni de quatre ou cinq pointes de fer, de sorte qu'il y en a toujours une en l'air.*
CALTROP, }
Caltrop, (an herb.) *Chausse-trape, sorte d'herbe.*
CALVARY, s. *Calvaire.*
To CALVE, v. n. *Vêler, faire un veau, en parlant d'une vache.*
CALVES, (c'est le pluriel de Calf.) *V.* Calf.
CALVILLE, s. *Calville, pomme.*
CALVINISM, s. *Calvinisme.*

CAL CAM

CALVINIST, subst. (a Protestant according to the Doctrine of *Calvin*.) *Calviniste, Protestant de la Secte de Calvin.*
To CALUMNIATE, v. act. (or slander.) *Calomnier, imposer de faux crimes, accuser malicieusement d'un crime supposé, médire.*
Calumniated, adj. *Calomnié, accusé à faux, dont on médit.*
CALUMNIATOR, s. *Calomniateur, imposteur, médisant.*
CALUMNIOUS, adj. (or slandering.) *Calomnieux, plein de calomnies, faux.*
CALUMNY, } s. (slander.) *Calomnie, fausse accusation, crime supposé, médisance.*
CALUMNIATION, }
CALX, subst. *Chaux, toute matiere qui se trouve pulvérisée par le feu.*
CAMAIEU, s. *Camaieu.*
CAMAIL, s. (a bishop's purple ornament, worn over the rochet.) *Camail, partie de l'habit que portent les Évêques sur le rochet.*
CAMARADE, s. (or Companion.) *Camarade, compagnon, ami.*
CAMBERED, adj. (a sea-word.) *Cambered-deck. Pont arqué.*
Cambered keel. *Quille arquée.*
CAMBERING, adj. (a sea-term.) *Cambré, voûté.*
Ex. The deck of the ship lies cambering. (that is, it is higher in the middle than at either end.) *Le pont du vaisseau est cambre.*
CAMERICK, subst. *Toile de Cambrai, Batiste.*
CAME, prétérit du verbe to Come. *V.* to Come.
CAMEL, s. *Chameau, sorte d'animal.*
A keeper or driver of camels. *Un chamelier, celui qui conduit les chameaux.*
CAMELION, s. *Caméléon, animal grand comme un lézard ordinaire.*
The camelion is said to live upon air. *On dit que le caméléon se nourrit d'air.*
CAMELOPARD, subst. *Caméléopard, animal.*
CAMILOT. *V.* Camlet.
CAMERA OBSCURA, s. *Chambre obscure, terme d'optique.*
CAMERADE, *V.* Camarade.
CAMISADO, s. (a sudden assaulting, or surprisal of the enemy by night.) *Camisade, attaque de nuit.*
CAMLET, s. *Camlot, sorte d'étoffe.*
Hair-camlet. *Camlot de poil.*
Watered-camlet. *Camlot ondé.*
CAMMOCK. *V.* Rest-harrow.
CAMMOMIL, sub. *Camomille, sorte de plante.*
* CAMOYS, adj. (or crooked upwards.) *Recourbé, crochu, camus.*
CAMP, s. *Camp, lieu où une armée plante le piquet pour se loger.*
A flying or running camp. *Un camp volant.*
Camp fight. *Combat en champ clos.*
To CAMP, v. n. *Camper, se camper, se poster, poser ou asseoir le camp.*
CAMPAIGN. *V.* Campaign.
CAMPAIGN, } sub. (a great and level piece of ground.) *Campagne, étendue de pays.*
CAMPANIA, }
Campaign, (or summer's war.) *Campagne, temps particulier de chaque année, qui, pendant la guerre, est employé*

CAM CAN

à faire tenir les troupes en corps d'armée.
To open the campaign. *Ouvrir la campagne, commencer la campagne.*
A campaign-wig. *Perruque à la cavaliere.*
CAMPANIFORM, } adj. *Qui a la figure de cloche, en parlant des fleurs.*
CAMPANULATE, }
CAMPECHE, subst. (a kind of *Indian* wood.) *Campêche, sorte de bois des Indes.*
CAMPED, adj. (from to camp.) *Campé, posté.*
CAMPESTRAL, adj. *Qui croît dans les champs.*
CAMPHIRE, s. (a sort of gum.) *Camphre, gomme qui sort d'un arbre aux Indes Orientales.*
CAMPHORATE, adj. *Camphré.*
CAMPING, s. *L'action de camper*, &c. *V.* to Camp. *Campement.*
CAMRADE. *V.* Camarade.
CAN. *V.* Cann.
CAN, verbe défectif qui signifie pouvoir ou savoir.
Ex. I will do it if I can. *Je le ferai si je puis.*
I cannot. *Je ne puis pas, je ne saurois.*
I will do what I can or all I can. *Je ferai ce que je pourrai, je ferai tous mes efforts, je tâcherai, je ferai tout mon possible.*
If I can but hold my tongue. *Pourvu que je puisse me taire.*
He can read and write. *Il sait lire & écrire.*
How can you tell? *Comment le savez-vous?*
It is more than I can tell. *Je n'en sais rien, c'est ce que je ne sois pas.*
No body can tell. *Personne n'en sait rien.*
No body can tell so well as you or you can tell best of any. *Vous le savez mieux que qui que ce soit, ou s'il y a quelqu'un qui le sache, c'est vous.*
I can find him no where. *Je ne le saurois trouver.*
Can you never be satisfied? *Ne serez-vous jamais content?*
Make all the haste you can. *Faites toute la diligence possible.*
Every man must do all he can. *Il faut que chacun fasse de son mieux ou son possible.*
He is as like him as can be. *Il lui ressemble tout-à-fait ou parfaitement.*
That is the safest course that can be. *C'est la voie la plus assurée.*
As sure as can be. *Sans doute, indubitablement, très-assurément.*
As soon as can be. *Aussi-tôt qu'il se pourra, au plutôt, au premier jour.*
He is as bad as bad can be. *Il est aussi méchant qu'on puisse l'être, il ne sauroit être plus méchant.*
They can have it away with it. *Cela les fâche extrêmement, ils ont bien de la peine à le digérer.*
It can be no otherwise. *Il ne se peut autrement.*
You cannot but know it. *Il n'est pas possible que vous l'ignoriez, vous ne pouvez pas l'ignorer.*
He cannot speak Latin. *Il ne sait pas parler Latin.*
Cannot you hold your tongue? *Ne sauriez-vous vous taire?*
He cannot tell which is which. *Il ne sait pas*

CAN

pas lequel c'est des deux, il ne sait pas distinguer l'un de l'autre.
One cannot tell which way it will go. *On ne sait pas quelle en sera l'issue.*
I cannot or can't but laugh when I see him. *Je ne puis m'empêcher de rire quand je le vois.*
It cannot be. *Cela ne peut pas être, cela est impossible.*
CANAILLE, *f. Canaille.*
CANAL, *f. Canal*, piece d'eau étroite & longue.
Canal-coal. *Sorte de charbon d'Angleterre.*
CANARY, *f. Vin de Canaries.*
Canary-bird. *Un serin de Canarie.*
† Canary-bird, (a knave.) *Un fripon.*
To CANCEL a writing, *v. act.* (to blot or raze it out.) *Canceller, biffer un écrit.*
To cancel, (or make void.) *Invalider, annuller.*
To cancel, (to ftint, to fet bounds to.) *Borner, limiter, refferrer, donner des bornes, en parlant du pouvoir ou de l'autorité de quelqu'un.*
Cancelled, *adj. Cancellé, biffé, invalidé, annullé, &c.*
CANCELLATION, *f. L'action de canceller, &c. V.* to Cancel.
CANCELLING,
CANCER, *f.* (an ulcer.) *Cancer, tumeur impure & maligne.*
Cancer, (a celestial fign.) *Le signe du Cancer, le Cancer ou l'Ecreviffe, un des douze fignes céleftes.*
To CANCERATE, *verb. neut. Se changer en cancer.*
CANCEROUS, *a'ject. Qui tient du cancer.*
CANCRINE, *adj. Qui tient du cancre.*
CANDENT, *adj. Extrêmement chaud.*
CANDICANT, *adj. Blanchiffant.*
CANDID, *adj.* (or upright.) *Candide, integre, fincere, franc, ingénu, ouvert.*
Candid. *Blanc*, peu ufité dans ce fens.
CANDIDATE, *fubft.* (one that ftands for any place or office.) *Un Candidat, un prétendant, un homme qui brigue une charge.*
To ftand candidate for an office. *Briguer, poftuler une charge, fe mettre fur les rangs pour une charge, fe porter pour candidat, concurrent ou compétiteur.*
CANDIDLY, *adv.* (from Candid.) *Sincerement, ingénument, nettement, avec ardeur, fimplement, naïvement.*
CANDIDNESS, *f. Candeur, ingénuité.*
CANDLE, *f. Chandelle.*
A candle of four in the pound. *Chandelle de quatre à la Li.re.*
Candle-fnuffers. *Mouchettes.*
A tallow-candle. *Chandelle de fuif.*
A rufh (or watch) candle. *Chandelle de veille*, dont la mèche eft de jonc.
A wax candle. *Une bougie, une chandelle de cire.*
To work by candle-light. *Travailler à la chandelle.*
A candleholder, *fubft.* (one who affifts remotely.) *Celui qui tient la chandelle.*
CANDLEMAS, *f. Suif.*
CANDLEMAS-DAY, *La Chandeleur, la Purification de la Bienheureufe Vierge;* C'eft le second jour de Février.
CANDLESTICK, *f. Un chandelier.*
A branched candleftick. *Un luftre ou une girandole.*
CANDLESTUFF, *f. Suif.*
CANDLEWASTER, *f.* (or Spendthrift.) *Un diffipateur.*
CANDOCK, *f. Herbe qui vient dans les rivières.*

CAN

CANDOR,
CANDOUR, *f.* (fincerity, ingenuity.) *Candeur, fincérité, franchife, intégrité, ingénuité.*
CANDY, *adj. Candi.*
Ex. Sugar-candy. *Sucre-candi.*
To CANDY, *verb. neut. Se candir, devenir comme glacé.*
To candy, *v. act. Confire.*
Candied, *adj. Confit.*
Candied oranges. *Des oranges confites.*
CANE, *f.* (a fort of reed.) *Canne, roseau d'Inde.*
A cane, (or ftick.) *Une canne, un bâton.*
The head of a cane. *La pomme d'une canne.*
A cane-man. *Un vendeur de cannes, un tabletier.*
Cane-bottom chairs. *Chaifes à fond de canne.*
To CANE one, *v. act. Donner des coups de canne à quelqu'un.*
Caned, *adj. A qui l'on a donné des coups de canne.*
CANEL, *fubft.* (a fpice-tree.) *Canelle, arbre ou l'écorce de cet arbre. V.* Cinnamon.
CANEL-BONE, *f.* (the neck or throat bone.) *L'os du gofier.*
CANNABINE, *adj. De chanvre.*
CANIBAL,
CANNIBAL, *f.* (or Man-eater.) *Anthropophage, cannibale, qui mange les hommes.*
CANICULAR, *adj. Caniculaire.*
Ex. Caricular days, (or dog-days.) *Les jours caniculaires, le temps de la canicule.*
CANINE, *adj.* (or dog-like.) *Canin, de chien.*
Ex. Canine appetite. *Faim canine ou fort grande faim.*
CANISTER, *fubft. Petite corbeille, petit vafe dans lequel on porte le thé, le café, &c.*
CANKER, *fubft. Un chancre, forte de tumeur ulcérée.*
Canker-worm, (or caterpillar.) *Une chenille.*
To CANKER, *verb. act. & n. Corrompre, infecter ou fe corrompre.*
Cankered, *adj. Où il y a un chancre, corrompu.*
CANN, *fubft. Bidon, pot à boire, fait de bois.*
Cann-hooks. *Elingue à pattes, ou crochets de fer pour fervir d'élingue.*
CANNIBAL, *fubft. V.* Canibal.
CANNON, *f.* (or great gun.) *Canon, piece d'artillerie.*
The parts of a cannon. *Parties du canon.*
The length of the cannon. *Longueur du canon.*
The breech. *La culaffe.*
The button or catcabel or pomiglion. *Le bouton.*
The breech mouldings. *Le cul-de-lampe.*
The bafe ring and ogee. *La plate-bande de la culaffe.*
The vent field. *Le champ de la lumiere.*
The vent. *La lumiere.*
The vent aftragal and fillets. *L'aftragale de la lumiere.*
The firft reinforce. *Le premier renfort.*
The firft reinforce ring and ogee. *La plate-bande du premier renfort.*
The fecond reinforce. *Le fecond renfort.*
The fecond reinforce ring and ogee. *La plate-bande du fecond renfort.*

CAN

The chace. *La volée.*
The chace girdle. *La ceinture de la volée.*
The muzzle. *La bouche.*
The chace aftragal and fillets. *L'aftragale de la volée.*
The muzzle aftragal and fillets. *L'aftragale de la bouche,* ou fimplement *l'aftragale.*
The fwelling of the muzzle. *Le bourrelet.*
The muzzle mouldings. *La ceinture de la bouche.*
The trunnions. *Les tourillons.*
The bore or caliber. *L'ame ou le calibre.*
Cannon-bullet. *Boulet de canon.*
To be within cannon-fhot. *Être à la portée du canon.*
CANNOT. *V.* Can.
CANNONADE, *fubft.* (or cannon-fhot.) *Cannonade, coup de canon, volée de canon.*
To CANNONADE, *verb. act. Canonner, battre de coups de canon.*
CANNONADING, *f. Canonnade, l'action de canonner, &c.*
Cannonaded, *adj. Battu, canonné.*
CANNONIER, *f.* (or Gunner.) *Canonnier, Officier d'Artillerie.*
CANOE, *fubft.* (a fort of Indian boat.) *Canot des Indiens ou des Sauvages.*
CANON, *fubft.* (or Church-Law.) *Canon, regle, ftatut ou ordonnance de l'Eglife.*
Canon, (a Church Dignitary.) *Un Chanoine,* celui qui poffede un Canonicat.
Canon, (a Printing-letter of a large fize.) *Parangon*, forte de lettre d'imprimerie.
Lean or fat Canon. *Petit ou gros Canon.*
Canon, (a horfe-bit.) *Canon*, embouchure de cheval.
CANONESS, *f. Chanoineffe.*
CANONICAL, *adj. Canonique.*
A canonical book. *Un livre canonique,* un livre qui doit fervir de regle à notre Foi.
The canonical hours. *Les heures canoniales,* le temps réglé par les Canons de l'Eglife, pour officier ou pour adminiftrer les Sacrements.
CANONICALNESS, *f. Canonicité, l'état canonique d'une chofe.*
CANONIST, *f. Canonifte,* un Docteur en Droit Canon.
CANONIZATION, *f. Canonifation.*
To CANONIZE, *v. act. Canonifer,* mettre au nombre des Saints.
Canonized, *adj. Canonifé.*
CANONRY,
CANONSHIP, *fubft. Canonicat,* prébende que poffede un Chanoine.
CANOO. *V.* Canoe.
CANOPY, *f. Dais,* ciel carré qu'on place au-deffus du trône du Roi, &c.
Canopy. *Poile, pavillon* ou *ciel* fous lequel les Catholiques portent le S. Sacrement, ou qu'ils élevent au-deffus de leurs Autels.
Canopy, (for a bed.) *Pavillon pour un lit.*
The canopy of heaven. *Le firmament, la voûte étoilée ou azurée.*
To CANOPY, *verb. act. Couvrir d'un dais.*
CANOROUS, *adj.* (loud, thrill or fweet.) *Réfonnant, mélodieux, harmonieux, doux, agréable, clair,* parlant de la voix & des inftruments.
CANOW, *f.* (an Indian boat.) *Canot,* bateau des Indiens fait d'un gros tronc d'arbre creufé, ou d'un affemblage d'écorces d'arbre. *V.* Canoe.
R. *Canot,* veut dire auffi en François,

CAN

un petit bateau ou esquif pour le service d'un grand bâtiment.

CAN'T, c'est une abreviation du mot cannot, fort commune en Anglois. Voyez Can.

CANT, s. (way of selling to the highest bidder by inch of candle or otherwise.) Encan, vente publique.

To sell by cant. Vendre à l'encan, ou au plus offrant & dernier enchérisseur.

Cant, (gibberish, pedlar's French.) Baragouin, narquois, jargon, langage qui n'est intelligible qu'à ceux d'une certaine clique ou cabale.

To speak cant. Parler narquois, parler un jargon, jargonner, baragouiner.

Cant. adj. Oblique ou dévoyé.

Ex. Cant timbers. Couples dévoyés, c'est-à-dire, les couples ou membres des extrémités du vaisseau, qui sont quelquefois placés obliquement sur la quille, & qui dévoyent de la perpendiculaire; ce qui n'est pas d'un usage universel.

To CANT, v. neut. (to speak a canting language), to have an affected peculiar kind of speech.) Avoir un langage affecté, baragouiner, jargonner, parler narquois.

To CANT, v. act. Flatter, cajoler.

To cant. Tourner ou renverser quelque chose, comme une piece de bois, &c.

CANTATA, subst. Cantate.

CANTATION. V. Incantation.

CANTER, sub. Celui ou celle qui se sert d'un langage affecté; hypocrite, bigot.

CANTHARIDES, s. (or Spanish flies.) Cantharides, mouches dont on se sert pour faire des vesicatoires.

CANTHUS, subst. Coin de l'oeil.

CANTICLE, s. Cantique, comme ceux de Salomon.

CANTING, s. ou bien, canting language. Langage affecté, baragouin, narquois.

A canting-wheel. Un hérisson, sorte de roue.

CANTLE, s. (or piece.) Un chanteau, un morceau.

A cantle of bread. Un chanteau de pain.

To CANTLE out, v. act. Démembrer, diviser, morceler.

CANTLET, s. V. Cantle.

CANTLING out, s. L'action de démembrer, de diviser, de morceler.

The Duke of Lorrain was for cantling out some part of France, which lay next his territories. Le duc de Lorraine vouloit qu'on démembrât une partie de la France, qui étoit à sa bienséance.

CANTO, s. Chant d'un Poëme.

CANTON, s. Canton, étendue de pays en forme de Province.

The thirteen Cantons of Swisserland. Les treize cantons de la Suisse.

To CANTON, v. n. (as soldiers do.) Se cantonner.

To canton. v. act. Diviser en petites parties.

To CANTONIZE, v. act. Diviser en Cantons.

Cantonized, adj. Divisé en Cantons

CANTRED, subst. C'est un terme Breton qui signifie cent villages.

In Wales the counties are divided into cantreds, as in England into hundreds. On divise les provinces de Galles en cantreds, comme celles d'Angleterre en hundreds.

CANVASS, s. (coarse cloth.) Canevas, sorte de grosse toile.

CAN CAP

Canvass, (a sea-term.) Toile à voile & toile à prélart.

Nota. On employe quelquefois ce mot généralement pour signifier les voiles d'un vaisseau.

Let us have her in all her canvass. Mettons toutes les voiles dehors.

To CANVASS a business, v. a. Examiner bien une affaire, la bien éplucher, la bien considerer.

To canvass, v. neut. for a place. Briguer, poursuivre, demander une charge.

Canvassed, adj. Examiné, épluché, consideré, &c.

The case was thoroughly scanned and canvassed. L'affaire fut épluchée & examinée à fond.

CANVASSING, subst. L'action d'examiner, &c. V. to Canvass.

Canvassing. L'action de briguer, &c. Brigue, intrigue, recherche empressée, cabale.

CANY, adject. Plein de cannes de roseaux.

CANZONET, s. Petite chanson.

CAP, s. (covering for the head.) Bonnet.

A square-cap. Un bonnet carré.

A night-cap. Un bonnet de nuit.

Cap, (or saluting.) Bonnetade, coup de chapeau, salut.

Off with your cap. Bas le bonnet, chapeau bas.

† To cest one's cap at one. Se confesser vaincu.

A Cardinal's cap or hat. Chapeau rouge, chapeau de Cardinal.

A black cap, (such as aged men wear under their hats.) Une calotte.

A cap and bells, (or a fool's cap.) Une marotte.

Cap, (or head.) Caboche, tête.

A considering cap. Une bonne tête.

Cap, (a sea-term.) Chouquet, terme de marine.

Cap-scuttle, (a sea-term.) Écoutillon a panneau.

Cap-maker. Bonnetier, faiseur de bonnets.

Cap case. Sac, besace, valise.

Cap a-pe or cap-a-pie. De pied en cap.

Ex. He is armed cap-a-pe. Il est armé de pied en cap.

Cap-paper. Sorte de papier gris & épais.

Fool's cap, (a sort of writing-paper.) Sorte de papier à écrire.

To CAP one, v. act. (or take off his hat.) Decouvrir quelqu'un, lui ôter le chapeau de dessus la tête.

To cap one, (to pull off one's hat to him.) Saluer quelqu'un, lui ôter le chapeau.

To cap verses. Réciter des vers à l'envi, en commençant chacun son vers par la même lettre que celle qui finit le dernier vers qu'on a récité.

To cap or put on a cop of wood, (a sea-term.) Mettre le chouquet.

To cap a pair of shoes, (to mend the extremities of the upper leather, when the sole is good.) Mettre une empeigne neuve à des souliers vieux.

CAPABILITY, s. Capacité.

CAPABLE, adj. (fit or able.) Capable, suffisant, propre.

Capable of doing a thing. Capable de faire une chose.

He is not capable of discipline. Il n'est pas docile, il ne profite pas des préceptes qu'on lui donne.

CAP

Capable of (subject to) envy. Susceptible d'envie, envieux.

A haven capable (or capacious) of 400 ships. Un port capable de contenir 400 vaisseaux.

CAPABLENESS, s. Capacité, intelligence, pénétration.

CAPACIOUS, adject. Capable de tenir, grand, spacieux, ample, vaste, étendu, large. Il se dit dans le propre & dans le figuré.

CAPACIOUSNESS, s. Capacité.

To CAPACISE, v. act. Renverser ou chavirer quelque chose; c'est une expression vulgaire.

To CAPACITATE, v. act. (to make capable.) Rendre capable.

Capacitated, adj. Rendu capable.

CAPACITY, s. (or capaciousness.) Capacité, grandeur. Il n'est guere en usage dans le propre.

Capacity, (or ability.) Capacité, portée, habileté, savoir.

A book fitted to the meanest capacity. Un livre accommodé à la capacité ou à la portée des esprits les plus médiocres.

They are happy who can serve their country in that capacity. Ceux-là sont heureux, qui peuvent servir leur patrie dans cet emploi ou dans cette qualité.

The common law allows the King two capacities, a natural and a politick. Le droit commun considere le Roi sous deux capacités, l'une naturelle, & l'autre politique.

No man had capacity to take tithes, but spiritual persons, and the King. Il n'y avoit que les gens d'Eglise & le Roi qui eussent la capacité ou le pouvoir de prendre les dîmes.

CAPARISON, s. Caparaçon, sorte de housse dont on orne les chevaux.

To CAPARISON, v. act. Caparaçonner.

Caparisoned, adj. Caparaçonné.

CAPE, s. Cape, pointe, promontoire, langue de terre qui s'avance dans la mer.

Cape of good hope. Le cap de Bonne-Espérance.

Cape of a cloak, &c. Collet de manteau ou de houpelande.

A Spanish cape. Une cape à l'espagnole ou un manteau à coqueluchon.

CAPER, s. (or capering.) Cabriole.

Cross-capers (or troubles.) Traverses, malheurs.

Caper, (or privateer.) Capre, armateur, vaisseau armé en guerre pour faire le cours.

Caper, (a sort of acid fruit used for sauce.) Capre, fruit du caprier.

Caper-tree. Caprier, arbre.

To CAPER, v. neut. (to cut capers.) Cabrioler, faire des cabrioles.

CAPERER, s. Cabrioleur.

CAPIAS, s. Lettres exécutoires, mandat d'amener.

CAPILLAMENT, s. Étamine, terme de botanique.

CAPILLARY, adj. Capillaire.

Ex. The capillary veins. Les veines capillaires.

CAPILOTADE, s. (a French dish, a kind of minced meat.) Capilotade.

CAPITAL, adject. (or great.) Capital, grand.

A capital letter. Une lettre capitale, ou majuscule.

A capital, (or chief city.) Une ville capitale.

A

CAP

A capital crime. *Un crime capital, un crime digne de mort.*
A capital ship. *Un vaisseau de ligne.*
CAPITAL, *s. Le haut d'une colonne; principale ville; le capital, ou le principal d'une dette.*
CAPITALLY, *adv. Capitalement.*
Ex. To proceed capitally against one. *Procéder criminellement contre quelqu'un, lui faire un procès criminel.*
He was convicted capitally. *Il a été jugé & déclaré coupable de crime digne de mort.*
CAPITATION, *s. (or poll-tax.) Capitation, taxe par tête.*
Capitation, (or capitation-stuff.) *Sorte de tiretaine.*
CAPITE, *s. (a law-term.)*
Ex. A tenure in capite. *Un fief noble, qui relève immédiatement du Roi.*
CAPITOL, *s. (the Roman Capitol.) Le Capitole, forteresse dans l'ancienne Rome, bâtie sur le mont de Saturne.*
Capitol, (a term of Architecture.) *Chapiteau, terme d'Architecture.*
CAPITULAR, *adject. (belonging to a Chapter.) Capitulaire, de Chapitre.*
Capitular office. *Affaires de Chapitre.*
To CAPITULATE, *v. act. (or treat upon terms.) Capituler, traiter de la reddition d'une place.*
CAPITULATION, *s. Capitulation, traité de la reddition d'une place.*
CAPON, *s. Chapon, coq châtré.*
To CAPON, *v. act. (or geld.) Chaponner, châtrer.*
Caponed, *adj. Chaponné, châtré.*
CAPONNIERE, *s. Caponniere, terme de fortification.*
CAPOT, *s. (a term of piquet.) Capot, terme du jeu de piquet.*
To CAPOT one, *v. act. Faire capot.*
CAPOUCH. *V. Capuch.*
CAPPANOS, *s. Nom que quelques-uns donnent aux vers de mer qui rongent & percent le bois.*
CAPPER, *s. (or a cap-maker.) Un bonnetier.*
CAPPING, *s. (from to Cap.)*
Ex. † A man full of capping and crouching. *Un homme fort humble, † un homme qui fait le chien couchant.*
CAPREOLATE, *adj. Se dit des plantes rampantes, comme le concombre, &c.*
CAPRICE,
CAPRICHIO, } *s. (a whimsey, a freak, a maggot.) Caprice, fantaisie, boutade.*
CAPRICIOUS, *adj. Capricieux, bizarre, fantasque, bourru.*
CAPRICIOUSLY, *adv. Capricieusement, d'une maniere capricieuse & bizarre.*
CAPRICIOUSNESS. *V. Caprice.*
CAPRICORN, *subst. (one of the twelve celestial signs.) Le Capricorne, l'un des douze signes célestes.*
CAPRIOLE, *s. (or caper.) Cabriole.*
CAPRIPEDE, *adj. Qui a des pieds de chèvre.*
CAP-SQUARES,
CLAMPS, } *s. plur. Plate-bande d'affût.*
CAPSTAN,
CAPSTERN, } *s. Cabestan.*
The parts of a capstern. *Parties du cabestan.*
The drum-head. *La tête.*
The rundle-head. *La tête de la cloche inférieure d'un cabestan double.*
The whelps. *Les flasques ou taquets.*
The barrel. *La mèche.*

CAP

The spindle or pivot. *Le pivot.*
Its appurtenances are. *Ses accessoires sont:*
The saucer. *L'écuelle.*
The bars. *Les barres.*
The pawls. *Les élinguets.*
The pins, Petites chevilles qui se passent par la tête du cabestan, & traversent les barres pour les assujettir, lorsque le cabestan est armé; ce qui n'est pas d'usage chez les François.
The swifter. *Garde-corps ou tirevieille du cabestan, ou cordage qui tient toutes les barres par leur extrémité, lorsque le cabestan est garni.*
The step. *La carlingue.*
A double capstern. *Cabestan double ou à deux cloches.*
The main capstern. *Le grand cabestan d'un vaisseau, placé entre le grand mât & le mât de misaine, dans la plupart des vaisseaux de guerre Anglois.*
The gear capstern. *Le petit cabestan, placé en arriere du grand mât dans la plupart des vaisseaux de guerre Anglois.*
To rig the capstern. *Armer ou garnir le cabestan.*
To surge the capstern. *Choquer au cabestan.*
To heave the capstern. *Virer au cabestan.*
To come up the capstern. *Dévirer.*
To pawl the capstern. *Mettre les élinguets au cabestan.*
CAPSULAR,
CAPSULARY, } *adj. Capsulaire, terme de botanique.*
CAPSULATE,
CAPSULATED, } *adj. Enfermé.*
CAPTAIN, *sub. Capitaine, chef, commandant.*
A Captain general of an army. *Un commandant en chef, un général d'armée.*
A Captain of horse. *Un Capitaine de Cavalerie.*
A Captain of foot. *Un Capitaine d'infanterie.*
A sea-Captain. *Un Capitaine de vaisseau.*
A Lieutenant-Captain. *Un Capitaine-Lieutenant.*
CAPTAINRY, *s. Capitainerie.*
CAPTAINSHIP, *s. La charge, la place de Capitaine.*
CAPTATION, *s. Brigue, flatterie.*
CAPTION, *s. (a certificate of a commission executed.) Certificat.*
CAPTIOUS, *adj. (or deceitful.) Captieux, fourbe, trompeur, ambigu; en parlant des choses & des personnes.*
A captious argument. *Un argument captieux, un sophisme.*
Captious words. *Des paroles captieuses, ambiguës, à double sens, capables de surprendre.*
Captious, (apt to take exceptions, or quarrelsome.) *Querelleur, de mauvaise humeur, qui se choque de la moindre chose.*
Captious, (or censorious.) *Critique, qui trouve partout à redire.*
CAPTIOUSLY, *adverb. (slyly or deceitfully.) Captieusement, finement, subtilement, d'une maniere capable de surprendre ou de tromper.*
CAPTIOUSNESS, *s. (or deceit.) Tromperie, fourberie, fraude, finesse, surprise.*
Captiousness, (the being exceptious.) *Humeur querelleuse, inclination ou penchant à la critique.*

CAP . CAR

To CAPTIVATE, *v. act. Captiver, se rendre maître, gagner, posséder.*
R. Il ne se dit guere que dans le figuré, en parlant de l'affection, de l'estime ou des bonnes graces de quelqu'un.
To captivate to. *Asservir à.*
Captivated, *adject. Captivé, possédé, gagné.*
CAPTIVE, *sub. (a slave or prisoner of war.) Captif, esclave ou prisonnier de guerre.*
To CAPTIVE, *v. act. Faire prisonnier.*
CAPTIVITY, *s. (or slavery.) Captivité, esclavage, servitude.*
CAPTOR, *s. Celui qui fait une prise ou une capture.*
CAPTURE, *s. (prey or booty.) Capture, prise, butin, proie.*
CAPUCH, *s. (or a monk's cow.) Capuchon, couverture de tête de diverses façons, mais ordinairement faite en pointe.*
CAPUCHED, *adj. En capuchon.*
CAPUCHINS, *s. (or Religious friars of the Order of St. Francis.) Capucins, Religieux de l'Ordre de S. François.*
CAR. *V. Cart.*
CARABINE, *s. Carabine, arme à feu.*
CARABINIER, *s. Carabinier.*
CARACK, *s. (a great Portuguese ship.) Caraque; c'est le nom que les Portugais donnoient autrefois à leurs plus grands vaisseaux.*
CARACOL, *s. (a term used in war, for the troopers calling themselves into a ring.) Caracole, tour en rond ou en demi-rond que fait la Cavalerie.*
To CARACOLE, *v. neut. Caracoler.*
CARAMOSIL, *s. (a Turkish ship of burden.) Caramoussal, vaisseau de charge Turc construit en huche, c'est-à-dire à poupe excessivement haute.*
CARAT,
CARACT, } *subst. (the weight of four grains.) Carat, petit poids de quatre grains, dont on se sert pour l'estimation des pierres précieuses.*
Carat, (the third part of an ounce.) *Carat, la troisieme partie d'une once.*
CARAVAN, *s. (a company of Merchants travelling together.) Caravane, troupe de Marchands qui voyagent en compagnie, une grande voiture.*
Caravan of the Knights of Maltha. *Caravane, course que les nouveaux Chevaliers de Malthe font sur mer.*
CARAVANSARY, *s. Caravansérail.*
CARAVEL, *s. (a swift Portuguese bark.) Caravelle, petit vaisseau Portugais, court du vaingue & rond de proue.*
CARAWAY, *s. (a sort of plant.) Carvi, sorte de plante.*
Caraway seed. *Graine de carvi.*
CARBINE. *V. CARABINE.*
CARBONADO, *s. (meat broiled on the coals.) Carbonade, viande grillée.*
CARBONADOED, *adject. Grillé sur les charbons.*
CARBUNCLE, *s. (a precious stone.) Escarboucle, sorte de pierre précieuse.*
Carbuncle, (a plague-sore.) *Charbon, tumeur maligne.*
CARBUNCULATION, *s. Brouissure des plantes.*
CARCANET, *s. Collier.*
CARCASS, *s. Carcasse ou squelette, corps où il n'y a presque plus que les os.*
The carcass of a fowl. *La carcasse d'un poulet, chapon, &c.*
† Carcass, (or body.) *La peau, le corps.*

Carcass,

CAR

Carcafs, (a fort of warlike engine.) Carcaſſe, machine de feu, & une eſpece de bombe.

CARCELAGE, ſ. (prifon fees.) Geolage.

CARCINOMA, ſubſt. Carcinome, terme de médicine.

CARCINOMATOUS, adj. Carcinomateux.

CARD, ſubſt. (to play withal.) Carte à jouer.

A pack of cards. Un jeu de cartes.

In a pack of cards we muſt conſider the colours, the court cards, and the ſmall cards. Dans un jeu de cartes, il faut conſidérer le point, les figures ou les têtes, & les baſſes cartes.

They who fee all the cards may eaſily gueſs who will be winners. Il eſt facile à ceux qui voient le deſſous des cartes, de juger qui feront les gagnans.

A trump-card. Une triomphe, un à-tout.

A mariner's or ſea-card. Carte marine.

A card for wool. Carde à carder la laine.

Card-math. Allumette.

Card-maker, ſubſt. Cartier, qui fait ou qui vend des cartes à jouer; Cardier, ouvrier qui fait des cardes à carder la laine.

To CARD, v. act. Carder.

Ex. To card wool. Carder de la laine, l'accommoder avec les cardes.

To card. Jouer beaucoup aux cartes.

CARDAMOM,
CARDAMOMUM, } ſubſt. Cardamome, graine.

CARDER, ſ. Cardeur, cardeuſe.

CARDES, ſ. (ſtalks of artichokes, &c. good to eat.) Cardes, tiges bonnes à manger.

CARDIACAL,
CARDIAK, } adj. Cardiaque.

CARDIALGY or HEART-BURN, ſubſt. Cardialgie.

CARDINAL, ſ. Un Cardinal.

A Cardinal's cap. Un chapeau de Cardinal.

CARDINAL, adject. (chief, principal.) Cardinal, principal.

The four cardinal virtues, viz, prudence, temperance, juſtice, and fortitude. Les quatres vertus cardinales; ſavoir: la prudence, la temperance, la juſtice & la force.

The cardinal numbers. Les nombres cardinaux.

The four cardinal winds. Les quatre vents cardinaux.

CARDINALATE,
CARDINALSHIP, } ſ. Cardinalat, dignité de Cardinal.

CARDING, ſ. (from to Card.) L'action de carder.

Carding, (or cards, at play.) Cartes, jeu.

I have very bad carding. J'ai de fort méchantes cartes, j'ai fort mauvais jeu.

CARDOON,
CARDOON-THISTLE, } ſubſt. (a plant whoſe ſtalk is good to eat.) Cardes ou cardon, ſorte de plante dont on mange les côtes.

CARE, ſ. Soin, ſouci.

To take care of a thing, to take it into one's care. Prendre ſoin d'une choſe.

Troubleſome, carking, gnawing, ſad, great or grievous cares. Soucis cuiſans, dévorans, fâcheux, cruels.

To take no care. Ne prendre aucun ſoin, aucun ſouci.

Pray, let it be your ſpecial care. Je vous prie d'en prendre un ſoin tout particulier.

CAR

To have a care, (or take heed.) Prendre garde.

Take you no care for that. Ne vous mettez pas en peine de cela.

If I had nothing elſe to do, but to pleaſe him, the care were taken. Si je n'avois autre choſe à faire qu'à le contenter, ce ſeroit bientôt fait ou je ne me mettrois guere en peine.

To take care, (or provide for a thing.) Pourvoir à quelque choſe.

I ſhall take care never to commit ſuch a fault again. Je tâcherai de ne plus retomber dans cette faute.

He takes care to learn what he ought to know. Il eſt ſoigneux d'apprendre ce qu'il doit ſavoir.

To caſt away care. Se réjouir, chaſſer les ſoucis.

To CARE, v. act. Se ſoucier, tenir compte, ſe mettre en peine.

I do not care a pin (a ſtraw or a ruſh) for it. Je ne m'en ſoucie point, je ne m'en mets aucunement en peine, † je m'en moque, je n'en tiens pas plus de compte que de cela, en montrant une choſe de rien.

He cares for no body. Il ne ſe ſoucie de perſonne, il n'a des égards pour perſonne.

A man that cares for nothing. Un homme qui ne ſe ſoucie de rien ou qui n'a ſoin de rien, un homme ſans ſouci.

I care for no body, and no body cares for me. Je ne me ſoucie de perſonne, & perſonne ne ſe ſoucie de moi; ſi je ſuis indifférent aux autres, les autres me ſont indifférents.

What care I? Qu'eſt-ce que cela m'importe? Vraiment! voilà de quoi je me mets en peine.

I care not how much he gets by it. Je ne ſuis pas fâché du profit qu'il y fait.

I do not care if I go along with you. J'ai envie d'aller avec vous.

Cared for, adj. Dont on ſe ſoucie, pour qui l'on a des égards, dont on a ſoin.

CARECRAZED, adject. Accablé de ſoins & d'inquiétudes.

CAREEN, ſ. (a ſea word from CARINA.) Carene.

A ſhip laid on a careen. Vaiſſeau abattu en carene.

To CAREEN, v. act. (a ſea-term, that is, to refit.) Caréner, radouber.

Exemp. To careen a ſhip. Caréner un vaiſſeau, lui donner la carene, le mettre en carene.

Toutes ces expreſſions veulent dire donner le radoub à un vaiſſeau.

† To careen a wig, (an expreſſion uſed among the beaux.) Taper, accommoder une perruque.

To careen, v. act. Ex.

The ſhip careens, as preſſed with a weight of ſail. Le vaiſſeau plie ou donne à la bande.

CAREER, ſ. (or race.) Carriere, courſe, route.

Career. Carriere, l'endroit où l'on court.

CAREERING, adj. Qui court.

CAREFUL, adj. (or diligent, from care.) Soigneux, qui a ſoin, exact, aſſidu, diligent, attentif, qui fait les choſes avec application.

Careful, (or heedful.) Circonſpect, prévoyant, ſage, précautionné, aviſé, prudent.

Careful, (penſive, and full of cares.) Chagrin, inquiet, qui eſt en peine.

CAR

CAREFULLY, adv. (or diligently.) Soigneuſement, diligemment, exactement, attentivement, avec aſſiduité.

Carefully, (or warily.) Avec circonſpection, ſagement, prudemment.

Carefully, (or penſively.) Avec chagrin, avec inquiétude.

CAREFULNESS, ſ. (or diligence.) Soin, attention, application, exactitude, attachement, aſſiduité.

Carefulneſs, (or warineſs.) Circonſpection, prudence, prévoyance, ſageſſe.

Carefulneſs, (or penſiveneſs.) Soin, peine, inquiétude, travail d'eſprit.

CARELESLY, adv. (or negligently.) Nonchalamment, négligemment, avec peu de ſoin, avec négligence, par maniere d'acquit, légerement, en paſſant.

CARELESS, adject. (or at eaſe.) Exempt de ſoin & de chagrin, tranquille, qui vit ſans ſouci, nonchalant.

Careleſs, (or negligent.) Négligent, qui ne ſe met en peine de rien, qui n'a ſoin de rien, qui ne prend garde à rien, nonchalant.

He is very careleſs in his dreſs. Il eſt fort négligé dans ſon ajuſtement.

To be careleſs in one's ſtyle. Avoir des négligences dans ſon ſtyle, n'être pas aſſez exact.

Careleſs. Négligé, en parlant des choſes. Exemp. A careleſneſs dreſs. Façon négligée de s'habiller; négligé.

A careleſs diſcourſe. Un diſcours négligé.

CARELESNESS, ſ. Négligence, nonchalance, manque de ſoin.

CARESS, ſ. Careſſe, témoignage extérieur d'amitié, cajolerie, flatterie.

To CARESS, verb. act. (to make much of.) Careſſer, faire des careſſes, cajoler, flatter.

Careſſed, adj. Careſſé, cajolé, flatté.

CARET, ſ. Marque pour indiquer où doivent entrer des mots qu'on a omis, comme ʌ.

CARFAX, ſ. (a term uſed in Oxford for a market-place, where four ways meet.) Un carrefour.

CARGASON, V. Cargo.

CARGO, ſ. (the lading of a ſhip.) Cargaiſon, charge, la marchandiſe qu'on charge dans un vaiſſeau.

CARIES, ſ.
CARIOSITY, } ſ. Carie.

CARIOUS, adject. Carié.

CARING for, ſ. L'action de ſe ſoucier, &c. V. to Care.

CARION, ſ. (ſtinking fleſh of a dead beaſt.) Charogne, bête morte & puante.

† Carion, (a jade.) Carogne, ſorte d'injure de femme.

To CARK and care, v. neut. Être rongé de ſouci, être accablé de ſoins ou d'inquiétudes, avoir des ſoucis cuiſans & rongeans.

CARKING, adj. Ex. Carking care. Souci cuiſent, rongeur, dévorant, accablant; inquiétude, travail d'eſprit.

CARKNET,
CARKANET, } ſ. (a chain of jewels for the neck.) Un collier.

CARL, ſ. (a bundle or load, the thirtieth part of a ſarplar of wool.) Balle de laine.

CARLE, ſ. (or clown.) Un payſan, un ruſtre.

CARLINGS, ſ. pl. Traverſins des baux, pieces de conſtruction beaucoup plus fortes de dimenſion que chez nous.

On appelle auſſi du même nom, toutes pieces

pieces horizontales qui suivent la direction de la longueur du vaisseau.
CARMAN, *f. Conducteur d'un char, charretier.*
CARMELITE, *f.* (a sort of Friar.) *Carme, sorte de Religieux.*
Carmelite-Nuns. *Carmelites, sorte de Religieuses.*
CARMINATIVE, *adj.* (a term used among Physicians.) *Exemp.* A carminative remedy. *Un remède carminatif.*
Carminative, *f. Un carminatif.*
CARMINE, *f. Carmin.*
CARNAGE, *subst.* (a poetical word for a great slaughter.) *Carnage, boucherie, tuerie.*
Carnage, (the flesh in hunting given to the dogs.) *Curée, terme de chasse.*
CARNAL, *adject.* (or fleshly.) *Charnel, de chair, sensuel, brutal.* On ne s'en sert guere que dans le figuré, en parlant des appétits, des passions, des plaisirs, &c.
CARNALITY, *subst.* (or carnal lust.) *Convoitise charnelle, brutalité, sensualité.*
CARNALLY, *adv. Charnellement, selon la chair, brutalement, sensuellement.*
To have carnally to do with a woman. *Avoir un commerce charnel avec une femme, la connoître charnellement.*
CARNATION, *f.* (a flower.) *Œillet carné, sorte de fleur.*
Carnation-colour. *Incarnat, couleur incarnate, qui tire sur la couleur de chair.*
Carnation, (in painting.) *Carnation, terme de peinture.*
CARNAVAL,
CARNIVAL, } *subst.* (or Shrove-tide.) *Carnaval, les jours gras.*
* CARNEL, *f.* (a little ship.) *Espece de petit vaisseau.*
CARNELION, *subst. Sorte de pierre précieuse.*
CARNOUS,
CARNEOUS, } *subst. Charnu.*
To CARNIFY, *v. act. Changer en chair.*
CARNIFIED, *adj. Converti en chair.*
CARNIVAL. *V. Carnaval.*
CARNIVOROUS, *adject.* (that greedily feeds upon flesh.) *Carnassier, vorace.*
CARNOSITY, *f.* (fleshy excrescence.) *Carnosité, excrescence de chair.*
CAROB, *f.* (a sort of weight.) *Carobe, poids.*
CAROB,
CAROB-BEAN, } *f. Caroube,* sorte de fruit doux, & qui a quelque chose du goût du miel.
Carob-tree. *Caroubier, l'arbre qui porte ce fruit.*
CAROL, *f.* (a christmas song or hymn in honour of our Saviour's Birth.) *Noël, chanson spirituelle sur la Nativité de Jesus-Christ.*
To CAROL, *verb. act.* (a poetical old word, for to sing, to extol.) *Chanter, Louer.*
CAROLINE, *adj. Ex.* A caroline hat. *carolin,* sorte de chapeau.
CAROLUS, *f.* (a sort of coin.) *Carolus, ou cinq doubles,* sorte de monnoie.
CAROT, *f. Carotte,* espece de pastenade bonne à manger.
† Carot, (or red-haired man.) *Un roussau, un homme qui a les cheveux rouges, couleur de carote.*
CAROTID, *adj. Carotide,* terme d'Anatomie.
CAROUSAL, *f. Carousel.*
CAROUSE, *f. Carousse, débauche de vin.*

To CAROUSE it, *v. act. Faire carousse, bien boire, faire la débauche, à boire tire-larigot.*
CAROUSER, *f. Un buveur.*
CARP, *f. Carpe,* sorte de poisson de lac & de riviere.
A young carp. *Un carpeau, un carpillon, une petite carpe.*
To CARP at, *v. act. Pointiller, reprendre, subtilifer, trouver à redire, critiquer, blâmer, médire.*
To carp at a thing. *Subtilifer sur quelque chose, y trouver à redire, pointiller sur quelque chose.*
He carps at every body. *Il médit de tout le monde, il critique, il blâme, il déchire tout le monde, il fait des railleries de tout le monde, il n'épargne personne.*
Carped at, *adj. A quoi l'on a trouvé à redire, critiqué,* &c. *V.* to Carp.
CARPENTER, *f. Charpentier.*
A ship-carpenter. *Un charpentier de navire, maître charpentier d'un vaisseau.*
Carpenter's work. *Charpente.*
CARPENTRY, *f.* (the Carpenter's art.) *Charpenterie, métier de Charpentier, l'art de faire une charpente.*
CARPER, *f.* (from to Carp.) *Un critique, un médisant, un homme qui trouve à redire à tout, un censeur.*
CARPET, *f. Tapis.*
A Turquey-carpet. *Un tapis de Turquie.*
† Carpet - knight. *Un délicat, un efféminé.*
The business is upon the carpet, (or in agitation.) *L'affaire est sur le tapis ou en déliberation.*
Carpet-way. *Un chemin de velours.*
CARPING, *f.* (from to Carp.) *Trouver à redire, critiquer,* &c. *V.* to Carp.
CARR. *V.* Cart.
CARR-MAN, *f. Charretier.*
CARRACK. *V. Carack.*
CARRET. *V. Carat.*
CARREER. *V. Career.*
CARRIAGE, *f.* (carrying, portage.) *Port, transport, voiture.*
Carriage, (carrying in a cart, waggon, &c.) *Charriage, charroi, voiture par chariot, par fourgon,* &c.
A carriage, (a thing to carry another in.) *Une voiture.*
A carriage, (or close waggon.) *Un fourgon.*
Carriage, (trouble of, and reward for carrying or bringing any thing.) *Port.*
A beast of carriage, (or burden.) *Une bête de voiture, de charge ou de somme.*
A ship for carriage. *Un vaisseau de charge.*
Carriage, (mien.) *Port, air, mine, façon.*
Carriage, (or behaviour.) *Conduite, maniere de vivre.*
A carriage for ordinance. *Un affut d'artillerie.*
The carriages of a coach. *Le train d'un carosse.*
The carriage (bagage or luggage) of an Army. *Le bagage d'une Armée.*
Carriage, (of a gun.) *Affut de canon.*
The parts of a carriage. *Parties de l'affut.*
The sides or cheeks. *Les flasques.*
The axle-trees. *Les essieux.*
The trucks. *Les roues.*
The transom. *L'entretoise.*
The sole or bottom. *La sole.*
The iron work of a carriage. *Ferrures de l'affut.*
The cap-squares or clamps. *Les plattes-bandes.*

Eye-bolts. *Chevilles à œillets.*
Joint bolts. *Chevilles à goupilles.*
The transom-bolt. *Cheville qui lie l'entre-toise avec les flasques.*
The bed-bolt. *Cheville ou boulon qui traverse l'affut vers l'arriere, & qui sert de soutien à une piece sur laquelle porte la culasse du canon.*
Breeching bolts. *Chevilles pour la brague, ou chevilles courtes qui traversent chaque flasque, & à chacune desquelles est fixée une boucle, dans laquelle on fait passer la brague.*
Hind-axle-tree-bolts. *Chevilles qui lient les flasques avec l'essieu de derriere.*
Loops or eye-bolts to which the gun tackles are hooked. *Œillets servant à y accrocher les palans à canon.*
Carriage of a mortar. *Affut de mortier.*
CARRICK-BEND, *f. comp.* (a sea-term.) *Sorte de nœud.*
CARRICK-BITS, *subst. comp. Les bittes latérales du vindas sur lesquelles il a son appui.*
CARRIED. *V.* Carryed.
CARRIER, *f. Un voiturier, un roulier, un porteur, un messager.*
† To send a thing by Tom Long the carrier. *Envoyer quelque chose par un messager négligent, ou faire long-temps attendre une chose, ne l'envoyer que fort tard.*
CARRION. *V.* Carion.
CARROT. *V.* Carot.
CARROTY, *adject. Qui a les cheveux roux.*
CARROUSEL, *f. Carousel,* sorte de jeu mêlé de courses à cheval, de chariots, de spectacles, &c.
To CARRY, *v. act. Porter, mener.*
To carry a thing from one place to another. *Porter quelque chose d'un lieu à un autre.*
R. To avoid the common mistake of most of the *English,* who use *Porter* instead of *Mener,* and again *Mener* instead of *Porter,* you must observe, that to carry is rendered by *Porter* when you speak of things that cannot walk; and by *Mener,* when you talk of things that can go by themselves. In short, *Porter* answers to the verb *to Bear,* and *Mener,* signifies *to Lead.*
To carry in a cart. *Charier, voiturer dans une charrette, dans un chariot.*
To carry it high. *Le porter haut, faire le grand, trancher du grand, se donner de grands airs, avoir l'air important, faire l'entendu, s'en faire accroire.*
He carries it like a Philosopher. *Il tranche du Philosophe, il fait le Philosophe.*
To carry it, (or get the better of it.) *L'emporter, avoir l'avantage, avoir le dessus, avoir du bon.*
To carry the cause. *Avoir gain de cause.*
To carry it, (as when one's opinion prevails.) *L'emporter faire convenir ou demeurer d'accord.*
To carry the day, (to bear the bell.) *Reporter la victoire, vaincre, être victorieux, remporter le prix.*
I carried four pins, and tipped six. *J'ai fait quatre quilles de venue, & six de rabat.*
To carry it fair. *Faire beau semblant.*
To carry it fair with one. *Avoir des égards pour quelqu'un.*
To carry it cunningly. *Faire le fin, user de finesse ou de politique.*
He carries a mind worthy of praise. *Il a l'ame*

N 2

CAR — CAR — CAR — CAS

l'ame grande, il a l'ame belle, il a le cœur bien placé.

This carries a broad conviction along with it. Ceci est d'une force tout-à-fait convaincante.

To carry a jest too far. Pousser trop loin la raillerie.

A pillar that carries false. Une colonne qui porte à faux.

To carry one's self well. Se comporter, vivre, agir, en user comme il faut, se bien conduire, savoir vivre.

He knows not how to carry (or behave) himself. Il ne sait pas vivre.

I know how to carry myself with them. Je sais comment il en faut user avec eux, je sais comment il faut les prendre, je sais comment il faut les ménager.

I will teach you how to carry yourself. Je vous apprendrai à vivre.

Learn how to carry yourself. Apprenez à vous connoître, apprenez à vivre.

He carries himself like a fool. Il parle, il agit en fou.

To carry AWAY, (by force.) Emporter, enlever, entraîner, arracher, ravir, ôter de force.

To carry away, (to take along with one.) Emporter, mener, emmener.

To carry BACK. Rapporter, ramener, remporter, emporter.

To carry BEFORE. Porter devant.

To carry all before one. Se rendre maître de tout, ne trouver aucune résistance ou venir à bout de tout ce que l'on entreprend.

His army carries all before it. Son Armée ne trouve aucune opposition; elle entraîne tout, rien ne lui résiste; tout plie devant son armée.

To carry OVER. Transporter, faire traverser.

To carry ABOUT or to and fro. Porter çà & là, porter à l'entour, transporter de tous côtés.

I carry no money about me. Je ne porte point d'argent sur moi.

To carry FORTH or OUT. Tirer, montrer, faire paroître, faire sortir de quelque endroit, faire avancer.

To carry one's thoughts INTO the future. Songer à l'avenir.

To carry IN. Porter, mettre dedans, faire entrer.

To carry DOWN. Mener, amener, conduire, voiturer, faire descendre.

To carry UP. Porter en haut, faire monter.

To carry OUT an opinion. Soutenir une opinion.

To carry ON. Pousser, conduire, continuer, avancer.

To carry on a business secretly. Conduire secrétement une affaire.

To carry on a notion further. Pousser plus loin une pensée.

To carry on a wall. Conduire, continuer une muraille.

To carry on the trenches. Pousser les tranchées.

To carry on the war. Continuer la guerre.

To carry on a siege vigorously. Pousser vigoureusement un siège, le presser vivement.

To carry OFF. Emporter, entraîner, dissiper.

Ex. This will carry off the bad humours. Ceci entraînera ou dissipera les mauvaises humeurs.

To carry off the serous matter by urine. Vider les sérosités par les urines.

To carry off, (to kill.) Emporter, tuer.

Sometimes this distemper causes men to linger a long time, sometimes it carries them off (or kills them) quickly. Ce mal fait quelquefois languir ceux qui en sont atteints, & quelquefois il les emporte (ou les tue) d'abord.

To carry off the ring once or twice, (at running at the ring.) Avoir un ou deux dedans, en courant la bague.

To carry a thing THOROUGH. Venir à bout d'une chose.

To carry a good humour thorough. Être toujours de bonne humeur.

Where is the money that must carry me thorough? Où est l'argent qu'il me faut pour cela?

CARRIED, adj. Porté, mené, &c. Voy. to Carry.

The business was carried beyond a contention in words. L'affaire ne se termina pas à une simple dispute de paroles.

It was carried at last, that...... On demeura enfin d'accord, on convint, on arrêta que......

He is too wife to be carried away with such impertinences. Il est trop sage pour se laisser aller à ces sottises.

To be carried on with all one's affection in any design. Se porter de toute son affection dans quelque dessein.

CARRYING, subst. L'action de porter, de mener, &c. V. to Carry.

CART, s. Un chariot, une charrette.

Prov. † To set the cart before the horses. Mettre la charrue devant les bœufs.

A covered-cart. Une carriole.

Cart-taker. V. Cartaker.

A dung-cart. Un tombereau.

Cart-rut. Ornière.

Cart-load or Cart-full. Charretée.

Cart-way or road. Chemin de charrettes.

Cart-wheel. Roue de charrette ou de chariot.

Cart-wright. Charron, artisan qui fait le bois des chariots & des charrettes, &c.

Cart-horse or cart-jade. Cheval de charrette.

To CART one, v. act. Attacher quelqu'un à une charrette.

To cart, verb. neut. Se servir de chariots, de charrettes.

CARTAGE. V. Cartridge.

CARTAKER, subst. (an Officer belonging to an army or a Prince.) Un Vaguemestre.

CARTE-BLANCHE, subst. Carte-blanche, papier blanc qu'on envoie tout signé à une personne pour quelle le remplisse à sa discrétion.

Et figurément. To give a carte-blanche to a general. Donner carte-blanche à un général.

CARTED, adj. (from to cart.) Attaché à une charrette.

CARTEL, s. (or challenge.) Cartel, défi, Cartel, (a regulation betwixt two parties in war.) Cartel, règlement entre deux partis ennemis.

Cartel. Vaisseau ou bâtiment parlementaire.

CARTER, subst. (from cart.) Charretier, conducteur de charrette.

CARTESIAN, s. Cartésien, Philosophe qui est du sentiment de Descartes.

Cartesian, adj. Ex. The Cartesian Philosophy. La Philosophie Cartésienne ou de Descartes, le Cartésianisme.

CARTHUSIAN, subst. (a sort of friar.) Chartreux, sorte de Religieux.

CARTILAGE, s. (or gristle.) Cartilage.

CARTILAGINOUS, adj. (or gristly.) Cartilagineux.

CARTOON, subst. Carton, terme de peinture.

CARTOUCH, } subst. Cartouche, rouleau en manière d'étui de gros papier ou de carton, pour envelopper la charge d'une arme à feu.
CARTRIDGE,

Cartridge, (in building or painting.) Cartouche, ornement de Sculpture ou de peinture.

CARTWRIGHT. Voy. Cart-wright, au mot Cart.

CARVE, (or hide of land.) V. Hide.

To CARVE, verb. act. (or cut.) Couper, découper.

To carve meat. Couper ou découper la viande.

To carve an image. Tailler ou ciseler une image.

To carve, (or ingrave.) Graver.

To carve OUT one's own satisfaction. Se satisfaire, se contenter soi-même.

To carve out one's own fortune. Choisir, régler sa propre fortune, avoir tout à souhait.

Carved, adj. Coupé, découpé, taillé, ciselé, gravé, &c.

CARVED-WORK, } subst. comp. (in ship-building) La sculpture d'un vaisseau, ou l'ouvrage des sculpteurs.
CARVER'S-WORK,

CARVEL. V. Caravel.

Carvel-work, s. comp. (a term of ship-building.) Manière ordinaire de border les vaisseaux.

CARVER, subst. (from to carve.) Écuyer tranchant, celui ou celle qui découpe les viandes.

We must not pretend to be our own carvers. Nous ne devons pas prétendre d'être les maîtres de notre fortune, ou de choisir nos avantages.

A carver in wood or stone. Un sculpteur.

A carver, (or Ingraver.) Un graveur, un ciseleur.

Carver's work. Sculpture, ou ouvrage ciselé ou gravé.

CARVING, subst. L'action de couper, &c. V. to Carve.

CARUNCLE, subst. (glandulous flesh.) Caroncule, chair glanduleuse.

CASCADE, subst. (or fall of water.) Cascade.

CASCARILLA, subst. (a bark of an Indian tree.) Cascarille, écorce d'un arbre des Indes.

CASE, subst. (thing, matter, question.) Cas, chose, fait, matière, sujet.

It is a strange, but yet a true case. C'est un cas étrange, & néanmoins très-véritable.

It is a plain case. C'est une chose claire, il n'y a rien de plus clair.

It is not all the case. Ce n'est pas la même chose.

That is another case. C'est une autre affaire, c'est une autre question, c'est une autre paire de manches.

Put the case (or suppose it be) so. Posez le cas que cela soit.

To argue the case pro and con. Disputer, raisonner pour & contre sur une matière.

The case is altered. Les choses ont changé de face.

There

CAS

There is no dishonesty in the case. *Il n'y a rien de malhonnête, il n'y a point de friponnerie.*
In case of complaint. *En cas de plainte.*
A case in law. *Une matiere de droit, une cause, une affaire, une question, un procès.*
A case of conscience. *Un cas de conscience.*
Case, (or occasion.) *Cas, occasion, rencontre.*
In such a case. *En ce cas-là, si cela arrivoit.*
Case, (in Grammar.) *Cas*, en termes de Grammaire.
The latin nouns have six cases. *Les noms latins ont six cas.*
Case, (or condition.) *État, condition.*
To be in a sad case. *Être en fort mauvais état.*
I pity your case. *Votre état me fait compassion, je vous plains.*
To be in a good case. *Être en bon état, se porter bien, être bien conditionné.*
You see how my case stands. *Vous voyez quel est l'état de mes affaires.*
I know not in what manner he told her his case. *Je ne sais de quelle maniere il lui conta sa chance.*
As in the case of swearing. *Comme dans ce qui regarde les sermens.*
A case, (to put any thing in.) *Un étui.*
A hat-case. *Un étui de chapeau.*
Case of knives. *Étui à couteaux, coutelière.*
A comb-case. *Un étui à peigne, une trousse.*
A case for a bed-post. *Fourreau de colonne de lit.*
A pistol-case. *Faux fourreau de pistolet.*
Case-shot. *Mitrailles.*
A case for a bed or chair. *Housse de lit ou de chaise.*
A rabbit in his case. *Un lapin en poil.*
Good-case. *Embonpoint.*
To be in a good case, (to be rich.) *Être à son aise, être en belle passe; avoir les pieds chauds.*
I think it is a very hard case. *Cela me semble bien rude.*
As the case stands, there is no likelihood of peace. *Dans la situation où sont les affaires, il n'y a aucune apparence de paix.*
It is all a case. *C'est tout un.*
Were you in my case. *Si vous étiez à ma place.*
A watch-case. *Une boîte à montre.*
A case of bottles. *Une cave, une cantine.*
The case for pens in a pocket inkhorn. *La partie de l'écritoire de poche où l'on met les plumes.*
A letter-case, (or pocket-book.) *Un porte-lettre.*
A letter case, (in a printing-house.) *Une casse d'Imprimerie.*
To CASE, *v. act.* (or put up in a case.) *Serrer, mettre dans un étui.*
To case (or to suppose) a matter. *Supposer une chose, faire une supposition.*
To CASE-HARDEN, *verb. act.* *Donner une forte trempe, endurcir*, au propre & au figuré.
Case-hardened, *adj.* *Endurci.*
CASEKNIFE, *subst.* *Couteau de table ou de cuisine.*
CASEMATE, *subst.* (a piece of fortification.) *Casemate*, en termes de fortification.
Casemate, (in Architecture.) *Gueule droite*, terme d'architecture.

CAS

Casemate, (or loop-hole in a wall, to shoot through.) *Barbacane.*
CASEMENT, *subst.* (or window.) *Fenêtre qui s'ouvre.*
To open the casement. *Ouvrir la fenêtre.*
Casement, (the iron work of a casement.) *Ferrure d'une fenêtre.*
CASEOUS, *adj.* *Caseux*, qui tient de la nature du fromage.
CASERN, *subst.* *Caserne.*
CASH, *s.* *Cassette ou caisse, coffre* à tenir de l'argent, &c.
To have money in cash. *Avoir de l'argent en caisse ou de l'argent comptant.*
Cash, (or money.) *Argent, fonds.*
Running cash. *L'argent qui roule dans le commerce.*
To run out of cash. *Prodiguer son argent.*
CASHIER, *s.* (or cash-keeper.) *Caissier*, celui qui garde la caisse.
To CASHIER, *verb. act.* (or disband.) *Casser.*
To cashier a soldier. *Casser un soldat.*
Cashiered, *adj.* *Cassé.*
CASHIERING, *s.* *L'action de casser.*
CASHOO, *subst.* *Cachou*, le suc d'un arbre des Indes Orientales.
CASINGS, *s.* (dryed cow-dung for fuel.) *Bouse de vache seche pour brûler.*
CASK, *s.* (or vessel.) *Tonneau.*
Cask, (or head-piece.) *Casque ou armure qui couvre la tête d'un soldat.*
CASKET, *s.* *Une petite cassette.*
To CASKET, *verb. act.* *Mettre dans une cassette.*
CASQUE, *subst.* (a french word, used by some Poets for a helmet.) *Un casque.*
To CASSATE, *v. act.* *Casser, annuller.*
CASSIA, *s.* *Casse*, gousse aromatique qui croît aux Indes.
CASSIDONY, *subst.* *Sorte de plante odoriférante.*
CASSOCK, *s.* *Soutane*, vêtement d'Ecclésiastique.
A short cassock. *Jupon.*
CAST, *s.* (or throw.) *Jet, coup.*
A stone-cast. *Un jet de pierre.*
A cast at dice. *Un coup de dés.*
A great cast. *Un grand coup.*
A lucky cast. *Un bon coup.*
A winning cast. *Un coup qui gagne la partie.*
A losing cast. *Un coup à perdre la partie.*
A measuring cast. *Un coup à mesurer*, dans le propre.
It is a measuring cast. *Il est douteux; il y a du pour & du contre.*
A cast of the eye. *Œillade, coup d'œil.*
To have a cast with one's eye, (to squint.) *Être louche, regarder de travers.*
A cast (or set) of hawks. *Un vol d'oiseaux de fauconnerie.*
A cast of printing letters. *Une fonte de lettres d'Imprimeur.*
To be at the last cast, (or at one's wit's end.) *Être réduit à l'extrémité, ne savoir de quel côté se tourner ou de quel bois faire flèche.*
They are men of your cast. *Ce sont des gens de votre trempe, de votre humeur ou de votre maniere.*
† He gave us a cast of his office. *Il nous donna un plat de son métier ou de sa façon.*
CAST, *adj.* *Jeté*, &c. *V.* to Cast.
To CAST, *v. act.* (to throw.) *Jeter.*
To cast anchor. *Jeter ou laisser tomber l'ancre.*
To cast his rider. *Jeter son homme par terre*, comme font les chevaux.

CAS

To cast lots. *Jeter le sort, tirer au sort.*
To cast a mist before one's eyes. *Jeter de la poudre aux yeux de quelqu'un, l'éblouir par de belles apparences, le tromper.*
To cast one's self at some one's feet. *Se jetter aux pieds de quelqu'un.*
To cast a dart. *Lancer un dard.*
To cast a lustre. *Donner du lustre, rehausser ou relever l'éclat.*
To cast a bell. *Jeter une cloche ou jeter une cloche en moule, fondre une cloche.*
To cast or cast up a sum with counters. *Jeter une somme avec des jetons.*
To cast an account. *Faire un compte, dresser un compte.*
To cast a patient's water, (as physicians do.) *Regarder, examiner l'urine d'un malade.*
To cast an astrological figure. *Jeter la figure.*
To cast one's nativity. *Faire ou dresser l'horoscope ou la nativité de quelqu'un.*
To cast an ill smell. *Exhaler une odeur puante.*
To cast a heat. *Donner de la chaleur.*
To cast (or meditate) in one's mind or with one's self. *Songer, méditer, ruminer, rouler dans son esprit.*
The court will cast you. *La Cour vous condamnera ou vous déboutera.*
To cast one's adversary at the bar. *Avoir gain de cause, gagner son procès.*
To cast his coat (or his skin) every year. *Muer, changer de peau toutes les années.*
To cast a block in one's way. *Traverser le dessein de quelqu'un, venir à la traverse.*
He begins to cast (or to shed) his teeth. *Les dents commencent à lui tomber.*
To cast, (or vomit.) *Rendre, vomir.*
To cast, *verb. neut.* (or warp, as timber does that is not well seasoned.) *Se déjeter en parlant du bois.*
To cast her young. *Avorter.*
To cast AWAY. *Jeter, abandonner.*
To cast one's self away. *Se perdre, s'abandonner.*
To cast away care. *Bannir les soucis, se divertir, passer le temps, s'en donner au cœur joie.*
To cast ABOUT, (to think.) *Songer, penser à.*
Servants are ever casting about, how to make their advantage of their master's follies. *Les domestiques ne songent qu'à profiter des folies de leurs maîtres.*
That being pressed by hunger, they might cast about to help themselves by some subtle conveyance. *Afin qu'étant pressés de la faim, ils usassent d'invention pour suppléer à leurs besoins par quelque tour d'adresse.*
To cast one BEHIND, *Devancer quelqu'un, le laisser derriere. V.* To Cast off.
To cast FORTH. *Exhaler.*
To cast forth beams, *Rayonner, darder ou répandre des rayons.*
To cast ABOUT, (or consider,) *Considérer, songer, rouler dans son esprit, méditer, chercher.*
To cast AGAINST. *Reprocher.*
To cast HEADLONG. *Précipiter.*
To cast OFF. *Dépouiller, rejeter, quitter, abandonner.*
To cast off, (or tell the lines, amongst printers.) *Compter les lignes.*
Away he scours across the fields, casts off (or outstrips) the dogs, and gains a wood. *Il détale à travers champs, devance les*

les chiens (ou *laisse les chiens derriere*) & *gagne un bois.*
Some men do cast off all to a death bed repentance. *Il y a des gens qui remettent à se repentir de tous leurs péchés jusqu'à ce qu'ils se voient au lit de la mort.*
To cast off his feathers. *Muer, en parlant des oiseaux.*
A snake casts off her skin or her slough. *Le serpent mue.*
To cast off (or let go) the hounds, in hunting. *Donner ou lâcher les chiens.*
To cast IN one's dish or teeth. *Objecter, reprocher.*
Let us cast in another instance. *Alléguons un autre exemple.*
To cast a thing INTO form. *Donner la forme à quelque chose.*
To cast into a sleep. *Endormir, faire dormir.*
This will cast you into a fever. *Ceci vous donnera la fievre.*
To cast UP. *Supputer, compter, sommer.*
But upon consideration of the whole, and casting up all things together. *Mais tout bien compté & rabattu.*
Did you cast it up? *L'avez-vous supputé? en avez-vous sommé les articles?*
To cast up, (to vomit.) *Rendre par haut, vomir,* † *dégobiller.*
Marshes cast up noisome vapours. *Les marais jetent ou exhalent des vapeurs malignes.*
To cast up a bank. *Faire une chaussée ou levée de terre.*
To cast up one's eyes. *Lever les yeux.*
To cast up the castings. *V.* Castings.
To cast UPON. *Ex.* To cast a mist upon. *Ternir.*
To cast much scorn upon a thing. *Mépriser une chose, en parler avec mépris.*
He has cast himself upon me for my assistance. *Il s'est adressé à moi pour l'assister, il s'est mis sous ma protection.*
To cast the fault upon another. *Rejeter la faute sur un autre.*
To cast DOWN one's eyes. *Baisser les yeux.*
To cast one down, (to discourage him.) *Décourager quelqu'un, lui faire perdre courage, l'abattre.*
To cast down, (to afflict.) *Affliger, humilier, abaisser.*
To cast OUT. *Jeter dehors, chasser.*
To cast out devils. *Chasser les diables.*
To cast, *verb. neut.* (a sea-expression.) *Abattre, faire son abattée.*
The ship casts to starboard. *Le vaisseau abat sur tribord.*
The ship casts the wrong way. *Le vaisseau abat du mauvais côté.*
CASTANETS, *subst.* (snappers to dance with.) *Castagnettes.*
CASTAWAY, *adject. Inutile, sans valeur.*
Castaway, (a sea-word.) *Naufragé, perdu ou jeté à la côte.*
Castaway, *s.* (or refuse.) *Le rebut.*
A castaway, (or reprobate.) *Un réprouvé, un perdu, un abandonné.*
CASTELLAIN, *s.* (the constable of a castle.) *Châtelain, celui qui commande dans un château.*
CASTELLANY, *s. Châtellenie.*
CASTER, *subst. Celui qui jete; un calculateur.*
To CASTIGATE, *v. act.* (to correct or punish.) *Châtier, corriger, punir.*
Castigated, *adj. Corrigé, puni, châtié.*

CASTIGATION, *s. Correction, punition, châtiment.*
CASTIGATORY, *adj. Qui sert à châtier.*
CASTING, *s.* (from to cast.) *L'action de jeter, &c. V.* to Cast.
Casting. *Action d'abatre & abatée.*
Casting, (a pellet of canvas or cotton, to purge a hawk.) *Cure, terme de fauconnerie.*
A casting-house. *Une fonderie.*
A casting voice. *La voix qui l'emporte.*
A casting-net. *Un épervier, sorte de filet pour la pêche.*
CASTLE, *s. Château fort.*
A strong castle. *Un château bien fort.*
Prov. To build castles in the air. *Bâtir des châteaux en l'air, faire des châteaux en Espagne.*
To CASTLE, *verb. neut.* (a term used at chess.) *Roquer.*
CASTLEWARD, *s. Châtellenie.*
CASTLING, *subst.* (from to cast.) *Un avorton.*
CAST-OFF, *s.* (or refuse.) *Rebut.*
CASTOR, *s. Un castor, quadrupede.*
A castor or castor hat. *Castor ou chapeau fin.*
CASTOREUM, *subst.* (in pharmacy.) *Testicules de castor.*
CASTRAMETATION, *s. Castramétation, partie de l'art militaire.*
To CASTRATE, *verb. act.* (or geld.) *Châtrer.*
CASTRATED, *adj. Châtré.*
CASTRATION, *s. Castration, l'action de châtrer.*
CASTREL, *s. V.* Costrel.
Castrel, (or kestrel, a sort of hawk.) *Cercello, oiseau de proie.*
CASUAL, *adject.* (from *case*, accidental.) *Casuel, sujet au hasard, accidentel, fortuit.*
A casual word, (or a noun.) *Un nom.*
CASUALLY, *adv. Casuellement, par accident, fortuitement.*
CASUALTY, *sub.* (or chance.) *Accident, hasard, aventure, cas fortuit.*
Casualty, (or accidental death.) *Mort par un accident.*
CASUIST, *sub.* (a man skilled in cases of conscience.) *Casuiste, celui qui entend, fait ou explique les cas de conscience.*
CASUISTICAL, *adject. Qui a rapport aux cas de conscience.*
CASUISTRY, *s. Science du casuiste.*
CASULE } *sub.* (a Mass-Priest's vestment.) *Chasuble, l'un des vêtements du Prêtre lorsqu'il dit la Messe. Voyez* Chasuble.
CHASUBLE }
CAT, *s. Chat, chatte.*
A tame cat. *Chat privé, chat domestique.*
A wild cat. *Chat sauvage.*
Prov. To reprobate all cats for witches. *Faire passer tous les chats pour des sorciers.*
Prov. When candles are out, all cats are grey. *Dans la nuit tous les chats sont gris.*
Prov. Cat to her kind. *Chaque être aime son semblable.*
† Cat in pan, (a deserter.) *Un transfuge, un déserteur.*
† To turn cat in pan. *Changer de parti,* † *tourner casaque.*
A pole-cat. *Une fouine.*
A gib-cat. *Un chat, le mâle de la chatte.*
A civet-cat. *Civette, sorte d'animal.*
A musk-cat. *Martre ou zibeline, sorte d'animal.*

Cat-a-mountain, (a mongrel sort of wild cat.) *Chat-pard.*
Cat-fish. *Chat marin.*
Cat's-mint, (an herb.) *Pouliot sauvage.*
Cat's-tail. *V.* Catkins.
Cat, (a sort of ship.) *Chat, sorte de navire de charge des mers du Nord.*
Cat, est aussi *le capon.*
Cat-block. *Poulie de capon.*
Cat-head. *Bossoir.*
Cat-hook. *Croc de capon.*
Cat-rope or cat-fall. *Garant de capon.*
CATONINETAILS, *s. Martinet; espece de discipline.*
CATACHRESIS, *s. Catachrese, figure de rhétorique.*
CATACHRESTICAL, *adj. Recherché.*
CATACLYSM, *s. Déluge.*
CATACOMBS, *s.* (subterranean burying places.) *Catacombes.*
CATAMAGTICK, *adj. Catagmatique.*
CATALEPSIS, *f. Catalepsie.*
CATALOGUE, *sub.* (or list.) *Catalogue, rôle.*
CATAMARAN, *s. Radeau servant de bac, ou de bateau de passage.*
CATAMITE, *s. Bardache.*
CATAPHRACT, *s. Cavalier armé.*
CATAPLASM, *s.* (or poultice.) *Cataplasme, sorte d'emplâtre ou de médicament externe.*
CATAPULT, *s. Catapulte.*
CATARACT, *s.* (a fall of a river.) *Cataracte, chûte d'eau avec grand bruit, saut de riviere qui se précipite.*
The cataracts of the *Nile. Les cataractes du Nil.*
A cataract in the eye. *Cataracte ou altération de l'humeur crystalline de l'œil qui a perdu sa transparence.*
Cataract. *V.* Portcullis.
CATARRH, *s.* (a defluxion of rheum.) *Catarre, fluxion des humeurs de la tête sur quelque partie du corps.*
CATARRHAL, } *adj. Catarreux.*
CATARRHOUS, }
CATASTROPHE, *s.* (end or issue.) *Catastrophe, événement fâcheux.*
The catastrophe of a tragedy. *La catastrophe ou le dénouement d'une tragédie.*
CAT-CALL, *s. Un pipeau.*
CATCH, *subst.* (or prize.) *Capture, prise, butin.*
To get a good catch. *Faire une bonne capture.*
A catch, (a sort of ship.) *V.* Ketch.
A catch, (a sort of song.) *Sorte de chanson.*
A catch for a hawk, or hawk's lare. *Leurre d'oiseau de proie.*
A catch of a door. *Anneau d'une porte.*
The catch of a latch. *Crampon de loquet.*
To be or lie upon the catch. *Etre aux aguets, tâcher d'attraper quelque chose, tendre des embûches à quelqu'un, tâcher de le surprendre.*
Catch. *Petit intervalle de temps.*
Catch. *Teinture, impression légère.*
† To live upon the catch. *Vivre de ce qu'on peut écornifler, vivre de picorée.*
† A catch-bit. *Un parasite, un écornifleur, un chercheur de franches lippées.*
† A catch-fart. *Un attrape-pet, sobriquet que l'on donne aux pages qui portent la queue de leurs Dames.*
A catch, (a play-thing for boys, being a stick with a hollow at one or both ends, and a ball hanging on a string in the middle, which they endeavour to catch in the hollow.) *Bilboquet, jeu d'enfant.*
Catch-pole. *Sergent.*
Catch-word,

Catch-word, (a term in printing, the last word of a page, which begins the next page.) *Réclame.*
To CATCH, verb. act. (or hold on.) *Prendre, se saisir de, saisir, empoigner, attraper.*
Truth attracts the eyes of superior minds, who, as soon as they have catched it, (or are perfect masters of it) make it prevail. *La vérité attire les regards des esprits supérieurs; dès que ceux-ci en sont saisis, ils lui font prendre bientôt le dessus.*
To catch, (or snatch.) *Ravir, enlever.*
To catch, (or overtake one.) *Attraper, atteindre, joindre quelqu'un, en marchant.*
To catch one, (to come upon him unawares.) *Surprendre quelqu'un.*
To catch a fall. *Tomber.*
To catch a tartar. V. Tartar.
To catch cold. *S'enrhumer, gagner du froid.*
To catch a distemper. *Prendre une maladie, tomber malade, gagner une maladie.*
To catch one's death. *S'attirer la mort.*
To catch fire. *Prendre feu, s'allumer.*
To catch AT a thing. *Chercher, rechercher quelque chose, tâcher de l'attraper, ou de l'obtenir, dans le figuré. Porter les mains sur quelque chose à dessein de s'en saisir ou de l'attraper, dans le propre.*
I shall write nothing that he can catch at. *Je n'écrirai rien qui lui donne prise.*
To catch UP. *Prendre, empoigner, saisir.*
To catch one in a lie. *Trouver quelqu'un menteur.*
I have caught him in a lie. *Je l'ai trouvé menteur.*
Catched, adj. (or laid hold of.) *Pris, attrapé, saisi, empoigné.*
Catched, (or snatched.) *Ravi, enlevé.*
Catched, (or overtaken.) *Attrapé, atteint, joint.*
Catched, (or surprised.) *Surpris, &c.* V. to Catch.
CATCHER, s. *Qui prend, qui attrape, qui empoigne, &c.* V. to Catch.
Thief-Catcher, s. *Celui dont l'emploi consiste à faire la chasse aux voleurs.*
CATCHING, subst. *L'action d'attraper, de prendre, &c.* Voyez Catch. *Prise, capture.*
Catching, adject. *Contagieux, qui se communique, en parlant d'une maladie.*
CATECHETICAL, adject. *Par demandes & par réponses.*
To CATECHISE, verb. act. *Catéchiser, instruire sur les articles de la Foi.*
R. Il se dit aussi dans l'une & dans l'autre Langue, pour *examiner quelqu'un sur sa conduite.*
Catechised, adject. *Catéchisé.*
CATECHISING, subst. *L'action de catéchiser.*
CATECHISM, subst. *Catéchisme,* instruction sur les articles de Foi; *Catéchisme,* petit livre qui contient les principales matieres de la Religion.
CATECHIST, s. *Catéchiste, qui fait le Catéchisme.*
CATECHUMEN, s. (one that is instructed for the receiving of Sacraments.) *Catéchumene, celui que l'on catéchise pour le disposer à recevoir un Sacrement.*
CATEGORICAL, adj. (in form, to the purpose.) *Catégorique, suivant l'ordre ou la raison, à propos.*

A categorical answer. *Une réponse catégorique.*
CATEGORICALLY, adverb. *Catégoriquement.*
CATEGORY, subst. (order or rank.) *Catégorie, ordre.*
CATENARIAN, adj. *Qui ressemble à une chaîne.*
To CATENATE, verb. act. (to chain.) *Enchaîner.*
CATENATION, s. *Enchaînement.*
CATER, s. *Un quatre au jeu de cartes ou de dés.*
To CATER, verb. neut. *Faire la provision ou donner les ordres pour le repas.*
A CATERCOUSIN, subst. (or trencher-friend.) *Un parasite, un écornifleur, un chercheur de franches lippées.*
CATERER, s. *Pourvoyeur, celui qui fait la provision.*
CATERESS, subst. *Celle qui fait les provisions.*
CATERPILLAR, subst. (an insect.) *Chenille,* sorte d'insecte.
Caterpillar, (a plant.) *Chenille, plante qui porte une maniere de vesce ou de pois en forme de chenille.*
To rid a tree of caterpillars. *Écheniller un arbre.*
CATERWAULING. V. Catterwauling.
CATES, subst. *Mets délicats & voluptueux.*
CATGUT, s. *Espece de canvas très-fin; boyau avec lequel on fait des cordes à violon.*
CAT-HARPINGS, s. comp. pl. (a sea-word.) *Trelingage des haubans sous la hune.*
CATHARTICAL,
CATHARTICK, } adject. *Cathartique,* terme de Pharmacie.
CATHEAD, s. *Sorte de fossile.*
CATHEDRAL, adject. *Cathédral.*
Ex. A cathedral Church, (the mother-Church of a Diocese.) *Église cathédrale.*
CATHEDRAL, s. *Une Cathédrale.*
St. Peter's Cathedral. *La Cathédrale de S. Pierre.*
CATHEDRATICK, subst. (a law-word, which signifies a sum of two shillings, paid to the Bishop by the inferior Clergy.) *Droit de deux schellings que les Ecclésiastiques payent à leur Diocésain.*
CATHETER, sub. *Sonde, instrument de Chirurgie.*
CATHOLICISM, s. (the Catholick Religion.) *Catholicité.*
CATHOLICK, adj. (or universal.) *Catholique, universel, général.*
The Catholick Church. *L'Église Catholique.*
The catholick laws of nature. *Les loix générales de la nature.*
Catholick, (or orthodox.) *Catholique ou orthodoxe.*
Ex. The catholick Faith. *La Foi catholique ou orthodoxe.*
Catholick, s. *Un ou une Catholique.*
A Roman Catholique. *Un Catholique Romain.*
The Catholick King, (a title peculiar to the King of Spain.) *Le Roi Catholique, titre affecté au Roi d'Espagne.*
CATHOLICON, s. (sovereign medecine.) *Catholicon,* composition de divers médicaments.
† Catholicon, (a plaister for all sores.) *Remede à tous maux.*
CATKINS, subst. (or cat's-tail, on nut-

trees, &c.) *Chatons, terme de Botanique.*
CATLING, s. (a sort of knife.) *Sorte de gros couteau.*
CATOPTRICAL, adj. *Qui appartient à la catoptrique.*
CATOPTRICKS, s. *La catoptrique.*
CAT'S-PAW, s. comp. (a sea-expression.) *Fraîcheur & petit vent sur l'eau, qui frise légérement la surface de la mer dans le lointain, pendant un calme.*
CATTALS. V. Chattels.
CATTEL. V. Cattle.
CATTERWAUL,
CATTERWAULING, } subst. *Sabbat des chats.*
To go a catterwauling. *S'assembler la nuit pour s'accoupler.*
† Catterwauling, (or noise.) *Bruit, tintamarre.*
CATTONINETAILS. V. Cat.
CATTLE, subst. *Bétail, bœufs, vaches & brebis, bêtes à corne.*
Fat cattle. *Du bétail gras.*
They took a hundred head of cattle. *Ils prirent cent bêtes à corne.*
† Cattle, (or cracks.) *Des filles de joie, des catins.*
CAVALCADE, subst. (or riding.) *Cavalcade.*
CAVALIER, s. *Cavalier.*
R. *Du temps des guerres civiles d'Angleterre, on appelloit* CAVALIERS *les Royalistes.* V. Tory.
Cavalier-like. *A la cavalière.*
CAVALIERLY, adv. (freely.) *Cavalièrement.*
CAVALRY, subst. (or horse.) *Cavalerie, soldats à cheval, chevaux légers.*
CAUDEBECK, s. *Caudebec ou chapeau de Caudebec.*
CAUDLE, s. *Boisson stomacale à l'Angloise,* qui se fait avec du vin, des œufs, du sucre & d'autres épices, & est fort propre à fortifier la nature.
Caudle for a new married couple. *Le réveillon.*
CAVE, subst. *Caverne, antre.*
To live in caves. *Vivre dans les cavernes.*
A cave, (or cellar.) *Un cave.*
To CAVE, verb. neut. *Habiter dans des cavernes.*
CAVEAT, subst. (or caution.) *Avertissement, précaution.*
Caveat, (a bill entered in a Court of judicature to stop proceedings.) *Un arrêt ou empêchement, en Justice.*
To enter a caveat. *Mettre un arrêt ou un empêchement.*
CAVERN, s. *Caverne.*
CAVERNED,
CAVERNOUS, } adj. *Plein de cavernes.*
† CAVERS, subst. plur. (robbers of the mines.) *Voleurs des mines.*
CAVESSON, s. (a false rein to hold or lead a horse hy.) *Caveçon.*
CAUF, s. (a chest with holes, to keep fish under water.) *Sorte de coffret percé pour garder le poisson entre deux eaux.*
CAUGHT, adj. (from to catch.) *Attrapé, &c.* V. to Catch.
I am caught. *Je n'tiens.*
Caught up. *Ravi.*
Caught, *prétérit du verbe* to catch.
CAVIARY, subst. (the spawn of a fish called *Bellengina.*) *Caviaire, œufs d'une espece d'esturgeon préparés à la Moscovite.*

CAVIL.

CAVIL, *f.* (a captious argument.) *Chicane, argument capticux, fubtilité.*
To CAVIL, *v. neut.* Pointiller, chicaner, *fe fervir d'arguments capticux.*
To cavil at every thing he fays. *Trouver à redire à tout ce qu'on dit.*
CAVILLATION, *f. L'action de pointiller, &c. V.* to Cavil. *Pointillerie, chicane, fubtilité.*
CAVILLER, *f. Un fophifte,* qui fe fert d'arguments capticux, *un chicaneur.*
CAVILLING, *f. V.* Cavillation.
Cavilling, *adj.* Capticux, pointilleux.
CAVILLOUS, *adj.* Chicaneur.
CAVITY, *f.* (from cave, hollow.) *Cavité, creux.*
CAUL. *V.* Cawl.
CAULDRON. *f.* (or kettle.) *Un chaudron, une chaudiere.*
CAULM. *V.* Calm.
CAUSAL, *adj. Qui a rapport aux caufes.*
CAUSALITY, *f.* (a word ufed in philofophy, for caufe.) *Caufe, fource, principe.*
CAUSALLY, *adverb. Selon l'ordre des caufes.*
CAUSATIVE, *adj. Caufatif,* qui exprime une caufe.
CAUSE, *fubft.* (that which produces an effect.) *Caufe, fource, principe,* tout ce qui produit quelque effet.
A physical or moral cause. *Caufe phyfique ou morale.*
He was the cause of my misfortune. *Il a été la caufe de mon malheur.*
Cause, (or reason.) *Caufe, fujet, raifon, matiere, lieu.*
It is not without cause. *Ce n'eft pas fans fujet ou fans raifon, c'eft avec raifon.*
You gave me cause enough to complain. *Vous m'avez donné affez de fujet de me plaindre.*
Cause, (or party.) *Caufe, parti.*
To ftand for the good cause. *Être pour la bonne caufe.*
The good old cause. *La vieille caufe.*
C'eft ainfi que les Républicains d'Angleterre appellent la caufe prétendue de la religion.
Cause, (at Law.) *Caufe, procès ; affaire.*
To plead a cause. *Plaider une caufe.*
The cause is over. *La caufe eft plaidée.*
A juft or unjuft cause. *Une caufe bien ou mal fondée en droit.*
To plead in one's own cause. *Plaider en fon fait propre.*
Do as you fee cause. *Faites comme vous l'entendez.*
When I fee cause. *Quand j'en aurai l'occafion.*
I will proceed as I fhall fee cause. *Je réglerai toutes mes démarches par les occafions qui naîtront, je ferai comme je l'entendrai.*
To give cause of fufpicion. *Donner lieu de foupçon, faire foupçonner, faire entrer en foupçon.*
It is for this cause. *C'eft pour cela.*
Cause, for because. *V.* Because.
To CAUSE, *v. act.* (to be the cause of, to occafion.) *Caufer, être caufe de, faire, exciter, faire naître.*
To cause a rebellion. *Caufer une rebellion, en être caufe, l'exciter.*
To cause fleep. *Faire dormir.*
To cause love. *Faire aimer, donner de l'amour.*

He causes one to read to him whilft he is at fupper. *Il fe fait lire pendant qu'il foupe.*
To cause forrow. *Donner du chagrin.*
Caufed, *adj.* Caufé, fait, &c.
CAUSELESLY, *adv. Sans caufe, fans fujet, fans fondement, à tort.*
CAUSELESS, *adj. Sans fujet, fans caufe, injufte.*
CAUSER, *f. Celui qui eft caufe.*
CAUSEY, *f.* (or causeway.) *Chauffée, digue, levée de terre.*
CAUSING, *f. L'action de faire, d'exciter, de caufer, de donner.*
CAUSTICAL, } *adject.* (or burning.)
CAUSTICK, } *Cauftique, corrofif, brûlant.*
CAUSEWAY. *V.* Causey.
CAUSTICK, *f. Un cauftique.*
CAUTELOUS, *adj.* (or crafty.) *Fin, rufé, adroit, trompeur, fourbe.*
CAUTELOUSLY, *adv. Finement,* avec rufe, avec précaution.
CAUTERIZATION, *fub. Cautérifation.*
To CAUTERIZE, *v. act.* (to fire or burn.) *Cautérifer, brûler.*
To cauterize a horse., (to cut away a wart, &c. with a fharp hot iron.) *Donner le feu à un cheval.*
Cauterized, *adj. Cautérifé,* à qui l'on a donné le feu.
CAUTERY, *fubft. Cautere.*
CAUTION, *f.* (or heed.) *Précaution, circonfpection, prudence, attention, retenue.*
Caution, (or warning.) *Avertiffement, avis, l'action d'avertir quelqu'un, afin qu'il fe tienne fur fes gardes.*
To give one a caution. *Avertir quelqu'un.*
To CAUTION, *v. act. Avertir, donner avis.*
CAUTIONARY, *adj. D'ôtage.*
Cautionary (or pledge) towns. *Villes d'ôtage, villes qu'on donne pour caution ou pour affurance de ce qu'on promet.*
CAUTIOUS, *adj. Circonfpect, prévoyant, fage, précautionné, prudent, avifé, retenu :* il fe dit des perfonnes & des chofes.
The Ancients were very cautious about declaring of war. *Les Ancients ne déclaroient pas la guerre légérement ou à la légere.*
CAUTIOUSLY, *adv. Sagement, prudemment, avec précaution, avec circonfpection, avec retenue, avec prévoyance.*
CAUTIOUSNESS, *f. Circonfpection, prévoyance, fageffe, prudence, retenue.*
To CAW. *V.* to Kaw.
CAWDLE. *V.* Caudle.
CAWL, *f.* (or kell, which covers the bowels.) *La coiffe du ventre :* membrane qui couvre les boyaux, & qui reffemble à un filet de pêcheur.
Cawl for womens heads. *Une coiffe ou une cornette de femme.*
The cawl of a wig. *La coiffe d'une perruque.*
CAYMAN, *f. Une forte de crocodile.*
CEARMENT, *f. Bandage qui enveloppe un corps embaumé.*
To CEASE, *v. neut.* (to leave off.) *Ceffer, difcontinuer, fe déffifter.*
He never ceases to complain. *Il ne ceffe jamais de fe plair dre.*
To cease from work. *Ceffer de travailler, quitter le travail.*
The wind ceafes, *Le vent ceffe, le vent s'appaife ou le vent s'abat ou tombe ,* en termes de marine.

The work was fain to cease for a while. *L'ouvrage fut interrompu pour quelque temps , il fallut quitter le travail pour quelque temps.*
Ceafed, *adj.* (or left off.) *Interrompu, difcontinué,* en parlant d'un ouvrage.
Ceafed. *Appaifé, abattu, tombé,* en parlant du vent.
CEASELESS, *adj.* (inceffant.) *Continuel, perpétuel.*
CEASING, *f. Inaction, l'action de ceffer, &c. V.* to Ceafe. *Difcontinuation, interruption.*
Without ceafing. *Sans ceffe, inceffamment, continuellement, fans interruption.*
CECITY, *f.* (or blindnefs.) *Aveuglement.*
CEDAR, *f.* (cedar-tree or wood.) *Cedre, forte d'arbre,* ou le bois de cet arbre.
To CEDE, *v. act. Céder.*
CEDRINE, *adj. De cedre.*
To CEIL, *v. act. Plafonner, lambriffer.*
CEILING, *f. Plafond.*
Ceiling or foot-waleing, (a term of fhip building.) *Vaigres ou vaigrave.*
CELATURE, *f. L'art de graver ou de cifeler.*
CELANDINE, } *f.* (an herb.) *Eclaire,*
CELENDINE, } forte d'herbe.
To CELEBRATE, *v. act.* (or to folemnize.) *Célébrer, folennifer.*
To celebrate a feaft. *Célébrer , folennifer une fête.*
To celebrate an hero, (to fet forth his praife.) *Célébrer les louanges d'un héros, faire l'éloge ou le panégyrique d'un héros, publier fes louanges , rendre fon nom célebre.*
Celebrated, *adj. Célébré, folennifé.*
Celebrated, (or famous.) *Célebre, fameux, renommé, connu, loué.*
CELEBRATING, *f. Célébration, l'action de célébrer ou de folennifer, &c. V.* to Celebrate.
CELEBRATION, *f.* (or celebrating,) *Célébration , folennifation, célébrité, folennité.*
Celebration, (praife or elogy.) *Louange, éloge, panégyrique.*
CELEBRIOUS, *adj.* (or famous.) *Célebre , fameux , renommé , connu , illuftre.*
CELEBRIOUSLY, *adv. d'une maniere célebre.*
CELEBRITY, *f.* (or famoufnefs.) *Réputation, renommée, éclat, célébrité.*
Celebrity of marriage. *La célébrité, la fête d'une noce.*
Celebrity, (or praife.) *Louange, éloge.*
CELENDINE. *V.* Celandine.
CELERITY, *fubft.* (fwiftnefs.) *Célérité, viteffe, rapidité, légéreté, promptitude.*
CELERY, *f.* (a fort of plant.) *Céleri,* forte de plante.
CELESTIAL, *adj.* (heavenly.) *Célefte, du ciel.*
Celeftial globe. *Un globe célefte.*
The twelve celeftial figns. *Les douze fignes célestes.*
Celeftial. *f. Habitants du ciel.*
CELESTIALLY, *adv. D'une maniere célefte.*
To CELESTIFY, *v. act. Rendre célefte.*
CELESTINES, *f.* (or Celeftine Monks.) *Céleftins,* Ordre religieux.
CELIACK, *adj. Céliaque,* terme de médecine.
CELIBACY, } *f.* (fingle life.) *Célibat,*
CELIBATE, } vie oppofée à celle du mariage.

CELL.

CELL, *f. Cellule.*
The Monks lie in their cells. *Les Moines couchent dans leurs cellules.*
CELLAR, *f. Cave.*
A wine-cellar. *Une cave à vin, un cellier.*
CELLARAGE, *f. Caves, celliers.*
There is very good cellarage in that house. *Il y a de très-bonnes caves ou de très-bons celliers dans cette maison.*
Cellarage, (duty paid for laying wine in a cellar.) *Le droit que l'on paye pour mettre du vin dans la cave d'un autre.*
CELLARIST, *f.* (the butler in a monastery.) *Célérier d'un monastère.*
CELLULAR, *adj. Cellulaire, terme d'anatomie.*
CELSITUDE, *f.* (or highness.) *Altesse, titre d'honneur.*
CEMENT, *f.* (a strong and cleaving fort of mortar.) *Ciment, sorte de mortier.*
To **CEMENT**, *v. a.* (or fasten together.) *Cimenter, joindre ensemble, affermir : il ne se dit guere qu'au figuré.*
Cemented, *adj. Cimenté, joint, affermi.*
CEMENTATION, *f. L'action de cimenter.*
CEMETERY, *f. Cimetiere.*
CENOBITICAL, *adj. Cénobitique.*
CENOTAPHE, *f. Cénotaphe.*
CFNATICAL,
CENATORY, } *adj. Qui a rapport au souper.*
CENSE, *f.* (publick rates.) *Taxes, impositions.*
To **CENSE**, *v. a.* (or perfume with incense.) *Encenser.*
CENSER, *f.* (or perfuming pan.) *Encensoir.*
CENSOR, *f.* (a Roman Magistrate.) *Censeur, Magistrat Romain.*
CENSORIAN, *adj. Qui appartient à la censure.*
CENSORIOUS, *adj. Critique, qui a beaucoup de penchant à censurer ce que font les autres, médisant.*
He is a censorious man. *C'est un censeur, un critique, un homme qui censure tout.*
CENSORIOUSLY, *adv. En censeur, en critique.*
CENSORIOUSNESS, *f. Critique, médisance, disposition à critiquer, à reprendre, à censurer.*
CENSORSHIP, *f.* (the dignity of a Roman Censor.) *Censure, dignité de Censeur.*
CENSURABLE, *adj. Censurable, digne de censure.*
CENSURAL, *adj. Ex.* Censural roll or book. *Un registre des cens ou des rentes.*
CENSURE, *f. Censure, réprimande, correction, † mercuriale.*
To expose one's self to the censure of the world. *S'exposer à la censure du monde.*
To **CENSURE**, *v. act.* (to check or reprove.) *Censurer, reprendre, réprimander, faire une mercuriale.*
Censured, *adject. Censuré, &c. V.* to Censure.
CENSURER, *f. Frondeur.*
CENSURING, *V. Censure.*
CENT, *f.* (a law term.) *Cent.*
To pay interest at six per cent. *Payer l'intérêt à six pour cent.*
CENTAUR, *f.* (a fabulous monster, half man, half horse.) *Centaure, monstre fabuleux, moitié homme & moitié cheval.*

CENTAURY major & minor, *f.* (a plant much used in medicine.) *Centaurée, plante.*
CENTENARY, *adj. Centenaire.*
CENTER,
CENTRE, } *f.* (the middle point of a round thing.) *Centre, le point du milieu d'une chose ronde.*
The center of a circle or of the earth. *Le centre d'un cercle ou de la terre.*
Center of a fleet. *Corps de bataille d'une armée navale.*
Centers, (wooden things, to turn arches upon.) *Cintres.*
To **CENTER**,
To **CENTRE**, } *v. n. Aboutir, se terminer, se réunir.*
All your cares and hopes do center upon your son. *Votre fils fait l'unique objet de vos soins & de vos espérances.*
All those reasonings center in this conclusion. *Tous ces raisonnements vont à conclure.*
CENTESIMAL, *adj. Centieme.*
CENTIFIDOUS, *adj. Divisé en cent parties.*
CENTINODY, *f.* (or knotgrass.) *Renouée, herbe.*
CENTO, *f. Centon.*
CENTORY, *f. V. Centaury.*
CENTRAL, *adj.* (belonging to the center.) *Central, du centre.*
The central line. *La ligne centrale.*
CENTRE, *V. Center.*
CENTRICK, *adj.* (placed in the center.) *Placé au centre.*
CENTRIFUGAL, *adj. Centrifuge.*
CENTRIPETAL, *adj. Centripete.*
CENTRY, *f.* (or sentinel.) *Sentinelle.*
To set a centry. *Poser une sentinelle.*
To stand centry. *Être en sentinelle ou en faction.*
A centry, (or mould for an arch.) *Cintre.*
CENTUPLE, *adj.* and *f.* (or hundred-fold.) *Centuple, ou cent fois autant.*
To **CENTUPLICATE**, *v. act.* (to make a hundredsfold) *Centupler.*
CENTURIATOR, *f. Centuriateur.*
CENTURION, *f.* (a Captain of an hundred.) *Centurion, Centenier ou Capitaine de cent hommes.*
CENTURY, *f.* (company of a hundred among the Romans.) *Centurie ou compagnie Romaine de cent hommes.*
Century, (or hundred.) *Centurie, nombre de cent.*
Nostradamus's centuries. *Les centuries de Nostradamus.*
Century, (or age.) *Siecle, espace de cent ans.*
They lived in the same century. *Ils vivoient dans le même siecle.*
CEPHALICK, *adj.* (of or belonging to the head or good for the head.) *Céphalique.*
The cephalick vein. *La veine céphalique.*
Betony is cephalick. *La bétoine est céphalique.*
CERASTES, *f.* (a horned serpent.) *Sorte de serpent cornu.*
CERATE, *f. Onguent fait avec de la cire.*
To **CERE**, *v. act.* (to wax.) *Cirer.*
CEREBEL, *f. Cervelet.*
CERE-CLOTH, *f. Toile cirée, V. Cloth.*
CEREMONIAL, *adj. Qui a rapport aux cérémonies.*
Ceremonial, *f.* (or book of ceremonies, as that of the Roman Church.) *Cérémonial, livre où sont les cérémonies qui se pratiquent dans l'Eglise.*
CEREMONIOUS, *adj.* (full of ceremony.)

Cérémonieux, qui fait des cérémonies; qui a des manieres de civilité trop affectées, façonnier.
You are too ceremonious. *Vous êtes trop cérémonieux ou façonnier.*
CEREMONIOUSLY, *adv. Avec beaucoup de cérémonies.*
CEREMONIOUSNESS,
CEREMONIALNESS, } *f. Amour excessif des cérémonies.*
CEREMONY, *f.* (formality, formal compliment.) *Cérémonie, formalité, compliment.*
The ceremonies used at Court. *Les cérémonies de Cour.*
A Master of ceremonies. *Un Maitre des cérémonies.*
The church-ceremonies, (or external worship.) *Les cérémonies de l'Église, le culte extérieur de la Religion.*
A book of the ceremonies. *Cérémonial.*
The clown made no ceremony of promising. *Le paysan le leur promit sans se faire beaucoup prier.*
CERILLA, *f. Cédille, petite virgule qu'on met en François sous le ç pour montrer qu'il se prononce comme une S.*
CEROTE,
CERATE, } *f.* a plaster made of oil, turpentine and wax.) *Cérat, médicament externe composé d'huile, de térébenthine & de cire.*
CERTAIN, *adj.* (or sure.) *Certain, assuré, indubitable, sûr, clair, évident, manifeste, incontestable, constant.*
Certain, (or settled.) *Certain, fixe, assuré.*
Certain, (or regular.) *Réglé, régulier.*
Certain, (or some.) *Certain, quelqu'un, quelque.*
A certain truth. *Une vérité certaine, assurée, indubitable, claire, &c.*
It is certain. *Il est constant, il est certain.*
I am certain of it. *J'en suis sûr, j'en suis assuré, j'en suis certain.*
I have no certain abode. *Je n'ai point de demeure fixe ou certaine.*
A certain (or regular) motion. *Un mouvement réglé ou régulier.*
A certain man. *Un certain homme, quelqu'un.*
A certain thing. *Une certaine chose, quelque chose.*
Certain others. *D'autres, quelques autres.*
Of a certain. *Certainement, assurément, immanquablement.*
CERTAINLY, *adv.* (assuredly.) *Certainement, assurément, immanquablement, sans doute, à ne point mentir.*
Certainly, *conj. A la vérité, certes.*
CERTAINTY,
CERTITUDE, } *f. Certitude, assurance, vérité.*
The certainty of the fact. *La certitude ou la vérité du fait.*
For a certainty. *Avec certitude, certainement, assurément, immanquablement, infailliblement.*
I know it for a certainty. *Je le sais de science certaine, je le sais de bonne part, je le sais de certitude.*
We have now the certainty of his death. *Nous avons maintenant des nouvelles certaines de sa mort.*
There is no certainty of any thing. *Il n'y a rien de certain ou d'assuré, il y a du doute en toutes choses.*
I would fain be at some certainty. *Je voudrois*

CER CET   **CHA**   **CHA**

trois être assuré en quelque façon, ou avoir quelques assurances.
To leave certainty and stick to chance. *Quitter le certain pour l'incertain.*
There is no certainty in him. *On ne peut faire aucun fond sur lui; cet homme n'a pas de tenue.*
* CERTES, adv. (certainly.) *Certes.*
CERTIFICATE, *s.* (a writing under a man's own hand, certifying something.) *Certificat, témoignage qu'on donne par écrit.*
CERTIFIED. V. to Certify.
CERTIFIER, *s. Celui ou celle qui certifie, qui témoigne, qui assure ou déclare.*
To CERTIFY, *v. act.* (or assure.) *Certifier, assurer, témoigner, déclarer.*
To certify (or acquaint) a person with a thing. *Donner avis de quelque chose à quelqu'un, le lui faire savoir, avertir ou assurer quelqu'un de quelque chose.*
Certifyed, *adj. Certifié, assuré, témoigné, déclaré, &c.*
CERTIORARY, *s.* (a law term.) *C'est une espèce de lettres de la chancellerie adressées à une Cour inférieure, pour faire remettre au Greffe de la Chancellerie les pièces & procédures d'un procès pendant devant cette Cour inférieure.*
CERTITUDE, *subst. Certitude, assurance, vérité.*
CERVICAL, *adj. Cervical,* terme d'anatomie.
CERULEAN,
CERULEOUS, } *adject.* (or blue.) *Bleu céleste.*
CERUMEN, *subst. Cérumen,* terme de chirurgie.
CERUSE, *subst.* (or white lead.) *Céruse, blanc d'Espagne ou blanc de plomb,* sorte de fard ou couleur blanche dont se servent les Peintres.
CESARIAN, *adj. Césarian* section. *Opération césarienne.*
CESS,
CENSE, } *subst.* (or tax.) *Cotisation, taxe.*
To CESS, *v. act. Cotiser, taxer.* Voy. to Assess.
The Tenant cesseth, (a Law term, that is, ceases or neglects) to do what he ought. *Le Fermier ou le Métayer ne fait point son devoir, il se relâche, il néglige ce qu'il a à faire.*
CESSATION, *s.* (from to cease.) *Cessation, relâche, discontinuation, intermission, suspension.*
Cessation of arms. *Cessation ou suspension d'armes, trève.*
CESSED. V. Assessed.
CESSIBILITY, *s. Qualité par laquelle une chose cède sans résistance.*
CESSIBLE, *adj. act. Qui cède sans résistance.*
CESSION, *s. Cession,* transport.
CESSIONARY, *adject.* A cessionary bankrupt. *Cessionnaire, celui qui a fait cession de ses biens à ses créanciers.*
CESSOR. V. Assessor.
CESTUS, *s.* (a marriage girdle.) *Ceste,* ceinture de Vénus.
CESTERN. V. Cistern.
CETACEOUS, *adject.* (of the nature of a whale.) *Cetacée,* de la nature d'une baleine.

Remarque sur CH.
Voici une règle simple & facile, pour guider les Etrangers dans la prononciation du ch Anglois: cette règle consiste à toujours supposer ces deux lettres précédées

d'un t: ainsi dans les mots cheese, charm, *il faut prononcer comme s'ils étoient écrits* tcheese, tcharm, *&c. Et si d'abord, l'œil n'étant point accoutumé à cette combinaison de lettres, les Etrangers trouvent quelque difficulté à unir ces sons au commencement des mots, ils pourront commencer par disposer leurs organes d'une manière propre à prononcer un t, ce qui se fera en le plaçant après une voyelle, comme* et. *Le t ainsi formé, qu'ils retiennent la langue dans la même position, le son du t se trouvera nécessairement prononcé le premier, quand ils changeront de position & sera composé d'avance avec le son ch qui le suit. Cette règle sert également pour la prononciation du* ch *à la fin des mots, comme dans ces mots* rich, much, such, *&c. quelquefois il se trouve après un t, comme dans* catch, fetch, ditch, Kitchen, *&c. en ce cas le t n'apporte aucun changement à la prononciation, & les François ne manquent jamais de le bien prononcer.*
Ce son composé, comme nous venons de le décrire, est le plus ordinaire dans les mots originaires Anglois; mais il y en a quelques uns dérivés du François, qui retiennent leur prononciation, tels que chagrin, champaign, chevalier, *&c. & quelques autres dérivés du grec, qui se prononcent* k, *comme* chaos, chorus; *mais le nombre en est petit & l'usage les fera aisément connoître.*
Anchor, *une ancre; se prononce,* Ainker, Ache, *mal ou douleur,* Aike.
To CHACE. V. to Chase.
To CHAFE, *v. a.* (or make hot.) *Chauffer, échauffer.*
To chafe, (or enger.) *Mettre en colère.*
To chafe, (or rub with one's hand.) *Frotter avec la main.*
To chafe, *verb. neut.* (to fret and fume.) *S'échauffer, s'emporter, se mettre en colère.*
To chafe, (to be sore or galled by riding.) *S'écorcher,* en allant à cheval.
To chafe, (a sea-term.) *Frotter ou s'érailler.*
Chafed, *adj. Chauffé, échauffé, frotté,* avec la main.
CHAFE, *subst. Chaleur, colère, emportement.*
† CHAFER, *subst.* (to warm meat.) *Un poelon.*
A chafer, (or beetle.) *Un escarbot.*
CHAFERY, *s.* (it is that part of an iron-mill where the iron is wrought into bars, and perfected.) *L'endroit du moulin à fer où l'on met le fer en barres.*
CHAFE-WAX, *subst.* (an officer in Chancery.) *Chauffe-cire, officier de la Chancellerie.*
CHAFF, *s. Menue paille ou paille d'avoine.*
* CHAFFER, *s.* (ware or merchandise.) *Marchandise.*
To CHAFFER, *verb. neut. Négocier, trafiquer.*
To chaffer, (or beat down price.) *Marchander.*
CHAFFERING,
CHAFFERY, } *subst. Négoce, trafic,* commerce.
CHAFFERN, *subst.* (to heat water in.) *Pot à faire chauffer de l'eau,* ou *une chaudière.*
CHAFFINCH, *s.* (a sort of bird.) *Pinson,* sorte d'oiseau.

CHAFFY, *adj.* (full of chaff.) *Plein de paille, ou semblable à la paille.*
CHAFING, *s.* (from to chafe.) *L'action de chauffer ou d'échauffer, de frotter,* &c. V. to Chafe.
A chafing, (or galling of the skin.) *Ecorchure.*
A chafing-dish. *Un réchaud.*
CHAGRIN, *s.* (peevishness.) *Chagrin.*
CHAIN, *s.* (a series of links fastened one with another.) *Chaîne.*
Ex. A gold, silver or iron chain. *Chaîne d'or, d'argent ou de fer.*
To bind one in chains. *Mettre quelqu'un à la chaîne.*
Buoy-chains, (a sea-term.) *Chaînes qui amarrent les bouées servant de balise.*
Pendant-chains. *Grosses chaînes servant à l'amarrage des vaisseaux desarmés.*
Shank-printer-chain. *Cordage & chaîne servant à brider l'ancre.*
Top-chains. *Chaînes des basses vergues; chaînes fixées aux vergues basses, pour les supporter dans un combat.*
Chains, *pl.* Chaines de haubans.
A long chain (a long ridge) of hills. *Une longue chaîne de montagnes,* ou *de grandes lisières de montagnes.*
A little chain. *Chaînette ou petite chaîne.*
A link of a chain. *Un chaînon.*
A chain-maker. *Faiseur de petites chaînes.*
Chain, (or chain-lace.) *Un passe-poil ou cordonnet.*
Chain, (or slavery.) *Chaîne, servitude, captivité.*
Chain-shot (or chain-bullet.) *Un ange,* terme d'artillerie.
Chain-pump. *Sorte de pompe double.*
To CHAIN, *v. act.,* (or bind with chains.) *Enchaîner, mettre à la chaîne.*
To chain the streets. *Tendre les chaînes des rues.*
Chained, *adject. Enchaîné, mis à la chaîne.*
CHAINING, *s. Enchaînement ou l'action d'enchaîner.*
CHAIN-WALES, *prononcez* Channels, *subst. comp. plur.* (a sea-term.) *Porte-haubans.*
Main-channels. *Les grands porte-haubans.*
The larboard-mizen-channel. *Le porte-hauban de babord d'artimon.*
CHAIR, *s.* (to fit in.) *Chaise, siège où l'on s'assied.*
An arm-chair. *Chaise à bras, chaise de commodité, fauteuil.*
A chair of state. *Chaise de parade, fauteuil.*
A folding chair. *Chaise brisée ou chaise pliante.*
A chair, (or sedan.) *Chaise où l'on se fait porter.*
To go out in a chair. *Sortir ou se faire porter en chaise.*
A flying chair, (or little chariot.) *Une chaise roulante.*
A privy chair, (or stool.) *Une chaise percée.*
Chair-man, (one that mends chairs about the town.) *Un raccommodeur de chaises.*
Chair-man, (one that carries people in a chair.) *Porteur de chaise.*
A chair-man in a committee or the like. *Le chef, le président des Commissaires nommés pour examiner une affaire.*
Chair-woman, (a woman that works by the day, in private houses.) *Une écureuse.*

CHAISE,

CHA

CHAISE, *f.* (pronounce shaise, a word borrowed from the *French.*) *Exemp.* A four-wheel chaise. *Une chaise roulante ; un phaeton.*
A two wheel chaise. *Un cabriolet.*
CHALCEDONY, *f.* (a precious stone.) *Chalcédoine, c'est une sorte d'agathe à demi-opaque & à demi-transparente.*
CHALCOGRAPHER, *subst.* (an engraver in brass.) *Chalcographe, graveur en airain, &c.*
CHALCOGRAPHY, *f. Gravure.*
CHALDER, } *subst.* (a measure for
CHALDRON, } coals, containing 36 bushels.) *Mesure pour mesurer le charbon, qui contient 36 boisseaux d'Angleterre.*
A calf's chaldron. *Fraise de veau.*
CHALICE, *subst.* (or Communion Cup.) *Calice.*
CHALK, *subst. Craie,* sorte de pierre blanche & molle dont on se sert pour marquer.
To score up a reckoning with a piece of chalk. *Marquer un compte avec de la craie.*
P. It is no more like, than chalk is like cheese. *Il n'y a aucune ressemblance.*
Chalk-pit. *Un endroit d'où l'on tire la craie.*
Chalk-cutter. *Ouvrier qui tire la craie.*
To **CHALK**, *v. act.* (or mark with chalk.) *Marquer avec de la craie.*
To chalk, (to design or sketch a picture.) *Crayonner, esquisser, dessiner un portrait.*
To chalk OUT. *Frayer, marquer, tracer.*
Ex. He chalked out a way before them. *Il leur a frayé le chemin, il a rompu la glace.*
He has chalked us out a way to happiness. *Il nous a tracé le chemin de la félicité.*
Chalked, *adj. Marqué avec de la craie, &c. V.* to Chalk.
Chalked out. *Frayé, tracé, marqué.*
CHALKING, *f. L'action de marquer avec de la craie, &c. V.* to Chalk.
The chalking (sketching or designing) of a picture. *Le premier crayon, l'esquisse ou le premier dessin d'un portrait.*
A chalking OUT. *L'action de frayer, de marquer ou de tracer.*
CHALKY, *adject.* (full of chalk.) *Plein de craie.*
Chalky clay, (or marl.) *Marne, terre blanchâtre: propre à engraisser les terres.*
CHALLENGE, *subst.* (invitation to fight.) *Défi, appel, cartel.*
Challenge, (or Claim.) *Prétention, demande.*
Challenge, (a Law term,) an exception against things or persons.) *Récusation, en termes de Palais.*
To **CHALLENGE**, *v. act.* (or Claim.) *Prétendre, avoir des prétentions à, demander, réclamer.*
To challenge, (to fight.) *Défier, faire un appel ou un défi, provoquer.*
To challenge, (or except against.) *Récuser.*
To challenge, (or accuse.) *Accuser.*
To challenge a man's promise. *Sommer quelqu'un de sa promesse.*
Centries have orders to challenge after ten o'clock *Les sentinelles ont ordre d'appeler ou de crier qui va-là, après dix heures.*
Challenged, *adject.* A quoi l'on prétend,

réclamé, demandé, défié, à qui l'on a fait un défi, récusé, accusé, &c.
CHALLENGER, *f. Celui qui prétend ou qui a des prétentions, qui demande ; celui qui fait un appel, un agresseur, &c. V.* to Challenge.
CHALLENGING, *f. L'action de prétendre, V.* to Challenge.
CHALOT. *V.* Shalot.
CHALYBEATE, *adj. Exemp.* Chalybeate water, (wherein a hot iron or steel has been quenched.) *Eau ferrée.*
CHAMADE, *f. Chamade.*
CHAMBER, *subst.* (or room.) *Une chambre.*
A fine chamber. *Une belle chambre.*
A bed chamber. *Une chambre à lit, une chambre où l'on couche.*
A bride-chamber. *Une chambre nuptiale.*
A groom of the chamber. *Un valet de chambre.*
A chamber-maid. *Une femme de chambre, une soubrette, une chambrière.*
A chamber-pot. *Un pot de chambre.*
The chamber-door. *La porte de la chambre.*
A chamber-fellow. *Camarade, celui qui loge avec un autre dans une même chambre.*
The chamber of a gun. *La chambre d'un canon.*
Chamber-lye, (or piss.) *Pissat, urine.*
A chamber-Counsellor. *Un Avocat Consultant.*
The chamber of London. *Le trésor public de Londres.*
To **CHAMBER**, *verb. act. Exemp.* To chamber a gun. *Faire une chambre dans un canon.*
CHAMBERDEKINS, *f.* { Irish Beggars in *Henry* the VIIIth's time, who were banished from *England.*) *Gueux Irlandois qui furent chassés d'Angleterre sous Henry VIII.*
* **CHAMBERER**, *f.* (an obsolete word for chamber-maid.) *Chambrière,* ce mot est usé.
* **CHAMBERING**, *subst.* (wantonness.) *Luxure, débauche, dissolution.*
CHAMBERLAIN, *f. Chambellan.*
The Lord great Chamberlain of *England. Le grand Chambellan d'Angleterre.*
The Chamberlain of *London*, &c. *Le Receveur des revenus ou le Trésorier de la Ville de Londres, &c.*
A chamberlain in an inn. *Un valet de chambre d'hôtellerie, celui qui a le soin des chambres.*
CHAMBERLAINSHIP, *f. Charge de Chambellan.*
CHAMBERS, *f.* (a sort of fire-works.) *Boîte*, sorte de feu d'artifice.
To **CHAMBLET**. *V.* Vary.
CHAMELEON, *f.* (a four footed animal.) *Caméléon*, animal.
CHAMFER, *f.* (or rebate, a small gutter or furrow upon a pillar.) *Cannelure*, terme d'Architecture.
To **CHAMFER**, *v. act. Canneler, faire des cannelures.*
Exemp. To chamfer a pillar. *Canneler une colonne.*
Chamfered, *adject. Cannelé.*
CHAMFRET. *V.* Chamfer.
CHAMFERING, *f. Cannelure ou l'action de canneler.*
CHAMLET. *V.* Camelot.
CHAMOIS, *f.* Chamois, animal.
CHAMOMILE. *V.* Camomil.
To **CHAMP**, *v. act.* (or to chew.) *Mâcher, mordre.*

CHA

A horse that champs the bit. *Un cheval qui mord son frein.*
CHAMPAIGN, } *subst.* (a
CHAMPAIGN-COUNTRY, } large plain.) *Plaine ou campagne, pays découvert.*
CHAMPED, *adj.* (from to champ.) *Mâché, mordu.*
CHAMPERTOR, *f.* (a Law-term, that is, a barretor.) *Un chicaneur, un homme qui achete des procès ou qui prête à grosse usure sur un procès pendant.*
CHAMPERTY, *f.* (a Law-term, which signifies a maintenance of any man in his suit depending.) *C'est proprement ce que l'on donne à quelque plaideur pour le faire subsister durant le temps que son procès est pendant. V.* Champertor.
CHAMPIGNON, *subst.* (a kind of mushroom.) *Champignon.*
CHAMPING, *f.* (from to champ.) *L'action de mâcher ou de mordre.*
CHAMPION, *f.* (one that fights against another.) *Champion*, celui qui combat contre un autre.
CHANCE, *f.* (hazard or fortune.) *Accident, hasard, cas fortuit, aventure, événement, rencontre, fortune.*
It is by mere chance. *C'est par accident.*
It was a pretty chance. *C'étoit une plaisante aventure.*
I met him by chance. *Je l'ai rencontré par hasard.*
An happy or unhappy chance or accident. *Un heureux ou fâcheux événement.*
By an unhappy chance. *Par une malheureuse rencontre.*
To try the chance of war. *Tenter la fortune de la guerre.*
The chance of arms is uncertain. *Les armes sont journalières.*
To take one's chance. *Risquer, hasarder.*
To look to the main chance. *Songer au solide, songer à ses affaires, travailler pour sa subsistance.*
To bear stoutly the chance of fortune. *Souffrir patiemment les revers de la fortune.*
An ill chance. *Un malheur, une infortune, un désastre.*
A chance-customer. *Une personne qui achète quelque chose par hasard dans une boutique.*
A chance-guest. *Un survenant.*
Chance-medley, (the casual killing of a man, which is called man-slaughter.) *Meurtre casuel ou involontaire, meurtre qui s'est fait par hasard ou par accident.*
Chance-medley, (or casualty.) *Cas fortuit.*
To **CHANCE**, *v. act. Arriver.*
He first too'c care of the main chance. *Il alla d'abord au plus pressé.*
If ever I chance to meet him. *Si jamais il m'arrive de le rencontrer.*
I may chance to go thither. *Peut-être irai-je là, il peut se faire que j'y irai.*
If any man chance to come in. *Si quelqu'un entroit par hasard.*
He chanced to come in. *Il entra par hasard.*
If my letter should chance to be lost. *Si ma lettre venoit à se perdre.*
He made secret subterraneous passages for which the ground chanced to be proper. *Il fit faire secrètement des conduits souterrains ou des boyaux, à quoi le terrain se rencontroit favorable.*
CHANCEABLE, *adj. Accidentel, fortuit.*

CHANCEL,

CHA   CHA   CHA

CHANCEL, *subst.* the chancel of a Church. *Le presbytere, le cancel,* cette partie de l'Eglise où l'Autel est séparé du reste par une balustrade.

The rails of the chancel. *La balustrade de l'Autel.*

CHANCELLOR, *s.* (a sort of dignity and title.) *Chancelier.*

Ex. The Lord high Chancellor of England. *Le grand Chancelier d'Angleterre.* The Chancellor of an University. *Le Chancelier d'un Université.* Chancellor of the Diocess. *Chancelier d'une Cathédrale, l'Official.* The Chancellor's wife or Lady. *La Chanceliere, la femme du Chancelier.*

CHANCELLORSHIP, *subst.* La charge de Chancelier.

CHANCE-MEDLEY. *V.* Chance.

CHANCERY, *subst.* or Chancery-Court. *La Chancellerie, la Cour de la Chancellerie.*

A Chancery-man. *Un Avocat plaidant dans la Cour de Chancellerie.*

The Chancery Office. *Le bureau de la Chancellerie.*

CHANCRE, *subst. Chancre.*

CHANCROUS, *adj. Chancreux.*

CHANDELIER, *subst.* (a word borrowed from the French, to signify a hanging branched candlestick.) *Un cancelabre, un grand lustre.*

CHANDLER, *subst.* Petit marchand qui vend des chandelles, des allumettes, du beurre, du fromage, du pain, du savon, &c.

A tallow-chandler. *Un chandelier*, un faiseur & vendeur de chandelles.

A wax-chandler. *Un cirier,* celui qui vend des cierges & des bougies.

A corn-chandler. *Un vendeur de grains.*

CHANDRY, *s.* (the place where candles are kept.) *L'endroit où l'on serre les chandelles.*

CHANFRIN, *subst.* Chanfrein, terme de manege.

CHANGE, *s.* (or alternation.) *Changement, vicissitude, révolution.*

Change, (or variety.) *Variété.*

Change, (or conversion.) *Conversion.*

Change, (amongst traders.) *Change, gain de banquier.*

To put the change upon one. *Donner le change à quelqu'un.*

Change, (or small money.) *Le change, la monnoie d'une piece d'or ou d'argent, plusieurs pieces qui en font la valeur.*

Change, (or exchange, where merchants meet.) *La bourse, la place du change, le change.*

He loves change. *Il aime le changement.*

The change of season. *La vicissitude des saisons.*

England has all along been subject to many changes. *L'Angleterre a toujours été sujette à beaucoup de révolutions.*

We must have a little change. *Il nous faut un peu de variété.*

It is God alone who works our change. *Il n'y a que Dieu qui opere notre conversion.*

The change is very high. *Le change est fort haut.*

I have no change. *Je n'ai point de monnoie.*

This is a fine change. *Voici une belle bourse ou un beau change.*

The change of the moon, (when neither the old moon nor the new is seen.) *Le défaut de lune, le temps auquel la lune ne paroît point, étant en conjonction avec le soleil.*

To CHANGE, *v. act.* Changer.

To change a piece of gold. *Changer une piece d'or.*

To change one's apparel. *Changer d'habit.*

To change its colour. *Changer de couleur.*

To change one's mind. *Changer d'avis, se raviser.*

Fortune began to change. *Les choses commencerent à changer de face.*

Will you change your hat for mine ? will you change hats ? *Voulez-vous changer de chapeau ? voulez-vous changer ou troquer votre chapeau contre le mien ?*

To change a woman's child. *Supposer un enfant à une femme.*

The moon changes. *La lune se renouvelle.*

To CHANGE, *v. n.* (to suffer alteration.) *Changer, être altéré.*

CHANGEABLE, *adj.* Changeant, inconstant, variable.

A changeable colour. *Une couleur changeante.*

A changeable humour. *Une humeur inconstante, changeante, volage.*

Changeable weather. *Temps changeant ou variable.*

CHANGEABLENESS, *subst.* Inconstance, mutabilité.

CHANGED, *adj.* Changé.

The face of affairs is very much changed. *Les affaires ont bien changé de face.*

I got it changed. *Je l'ai changé, je l'ai fait changer.*

CHANGEFUL, *adject.* Inconstant, changeant, léger.

CHANGELING, *subst.* (a child put in the place of another.) *Un enfant supposé.*

Changeling, (or fool.) *Un sot, un benêt, un niais, une buse.*

He is a mere changeling. *C'est un franc benêt, c'est un vrai sot.*

CHANGER, *subst.* (money-changer.) *Changeur.*

Changer was also formerly an Officer belonging to the mint, whose business was to exchange coin for bullion. *Le Changeur étoit autrefois un homme préposé en titre d'office dans la Monnoie, pour changer les especes monnoyées contre de l'or ou de l'argent non-monnoyé.*

CHANGING, *subst.* Changement ou l'action de changer, &c.

CHANNEL, *subst.* Canal.

A deep channel. *Un canal profond.*

A channel (betwixt two banks or two lands.) *Passe,* terme de mer, canal ou passage entre des bancs ou des terres.

The channel of a river. *Le lit d'une rivière.*

The channel, (or narrow seas.) *La Manche.*

The channel of a pillar. *La cannelure d'une colonne.*

Saint George's channel. *Le canal de Saint-George.*

To CHANNEL, *verb. act.* (to chamfer.) *Canneler.*

Channeled, *adj.* Cannelé.

To CHANT, *v. act.* (er sing.) Chanter.

CHANTER, *s.* (or chief singer.) Chantre, celui qui dirige le chœur.

† CHANTICLEER, *subst.* (a cock.) *Un coq.*

CHANTRESS, *s.* Chanteuse.

CHANTRY, *subst.* (a chapel commonly annexed to some parochial or cathedral church, and endowed with yearly revenues, for the maintenance of one or more priests, daily, to sing mass for the souls of the donors.) *Sorte de Chapelle dans une Eglise Paroissiale ou Cathédrale.*

CHAOS, *subst.* (a lumpish heap of dead unactive matter.) *Chaos,* masse informe, grossiere & sans mouvement, mélange confus de tous les élémens.

Chaos, (or confusion.) *Chaos, confusion.*

CHAOTICK, *adj.* Confus, entassé, sans ordre.

CHAP, *s.* (or chink.) *Fente, crevasse.*

Chaps, (in one's skin.) *Gerçure.*

A chap of the ground. *Ouverture de terre; abyme de terre.*

Chap, (or chapman.) *Acheteur, chaland. Chap. V.* Chop.

To CHAP, *v. n.* (or open.) *Se fendre, s'ouvrir, s'entrouvrir, se crevasser.*

To chap, (as one's skin does.) *Se gercer.*

Ex. The chape of a scabbard. *Bout de fourreau.*

CHAPEL, *subst.* Chapelle.

To CHAPEL, *v. act.* (a ship, or to build a chapel.) *Faire chapelle, se laisser coiffer & virer sur l'autre bord malgré soi ; ce qui arrive par la négligence du timonnier.*

CHAPELLANY, } *s.* (the same thing CHAPELRY, } to a chapel, as a parish to a church.) *Chapellenie.*

CHAPERON, *subst.* (term of heraldry.) *Chaperon,* terme de blason.

CHAPFALN, *adj.* Qui a la bouche rétrécie, & au figuré, triste, abattu.

CHAPITER, *s.* (head or top of a pillar.) *Chapiteau de colonne, le haut ou le couronnement d'une colonne.*

Chapiters, (or articles in the sense of the common-law.) *Chefs ou articles.*

Chapiter. *V.* Chapter.

CHAPLAIN, *s.* (he that performs divine service in a chapel.) *Chapelain.*

CHAPLAINSHIP, *subst.* (the office of a chaplain.) *Office de Chapelain.*

CHAPLESS, *adject.* Qui a le visage sec & décharné.

CHAPLET, *subst.* A chaplet of beads. *Un chapelet.*

A chaplet, (or garland.) *Guirlande, sorte de couronne.*

Chaplet, (or tuft of feathers on the peacock's head.) *Touffe de plumes sur la tête du paon.*

Chaplet, (or string of beads.) *Chapelet.*

Chaplet, (in architecture) a little moulding carved into round beads, pearls or olives. *Chapelet.*

Chaplet, (in horsemanship, to supply the want of Academy saddles which have no stirrups to them.) *Chapelet.*

CHAPMAN, *subst.* (buyer or customer.) *Acheteur, qui achete, chaland.*

He was the chapman for the fish. *Il achetale poisson.*

CHAPS. *V.* Chops.

CHAPTER, *subst.* (or part of a book.) *Chapitre ou partie d'un livre.*

A book divided into several chapters. *Un livre divisé en plusieurs chapitres.*

Chapter (the whole body or the assembly) of Canons. *Chapitre de Chanoines.*

To hold a chapter. *Tenir chapitre.*

To have a voice in the chapter. *Avoir voix en chapitre.*

The chapter-house. *Le lieu où l'on tient le chapitre.*

CHAPTERLY.

CHA

CHAPTERLY, adv. Capitulairement, en corps de chapitre.

† **CHAR**, subst. (or small business.) Petite affaire.

A **char-woman**. Une aide, femme que l'on prend dans un ménage pour assister la servante. Une lavandière.

To **CHAR**, v. act. Travailler à la journée.

CHARACTER, s. (or letter.) Caractère ou lettre.

Character, (or mark.) Caractère ou marque.

Character, (or description.) Caractère, description, portrait.

Character, (or dignity.) Caractère, dignité ou qualité.

A fine character. Une belle lettre.

An indelible character. Un caractère, une marque indélébile.

To give the true character of people. Donner le véritable caractère des gens.

The character of an Embassador. Le caractère d'un Ambassadeur.

Character, (honour, reputation.) Honneur, réputation, nom.

He is grown rich at the expence of his character. Il s'est fait riche aux dépens de son honneur & de sa réputation.

He has raised his own character in the world. Il s'est fait un grand nom, il s'est acquis beaucoup de réputation.

He has given me a good character of you. Il m'a rendu de fort bons témoignages de vous, il m'a dit beaucoup de bien de vous, il vous a donné un bon caractère.

I have given a good character of you. J'ai dit beaucoup de bien de vous, j'ai parlé de vous fort avantageusement.

To give one an ill character. Parler mal de quelqu'un.

To **CHARACTER**, v. act. Graver, imprimer.

CHARACTERISM, s. Caractère, marque caractéristique.

CHARACTERISTICAL, } adj. Caractéristique.
CHARACTERISTICK, }

CHARACTERISTICK, s. Marque caractéristique, distinctive.

To **CHARACTERIZE**, v. act. Caractériser, marquer le caractère d'une personne, &c.

Characterised, adj. Caractérisé.

CHARCOAL, s. Charbon de bois.

CHARD, subst. Carde.

CHARGE, subst. (or burden.) Charge, fardeau.

Charge, (or orders.) Charge, ordre ou commission.

To commit a thing to one's charge. Donner charge d'une chose à quelqu'un, la lui donner en charge.

He gave it me in charge. Il me l'a donné en charge, il m'a chargé de cela, il me l'a recommandé.

He delivered what he had in charge. Il s'acquitta de sa commission, il déclara ce qu'il avoit ordre de dire.

Charge, (conduct or care.) Soin, conduite.

He has committed the whole management of the war to his charge. Il lui a remis tous les soins de la guerre.

The Earl of Northumberland had the charge of his education trusted to him by the parliament. Le Parlement avoit confié le soin de son éducation au Comte de Northumberland.

I have had a long time the charge of them. Ils ont été long-temps sous ma conduite.

Charge, (or trust.) Ce que l'on a en charge, dépôt.

This shall be your charge. Voici ce que vous aurez en charge, voici ce dont vous prendrez soin.

Charge, (office or employ.) Charge, emploi, commission.

To perform one's charge well. S'acquitter bien de sa charge ou de son emploi.

Charge, (or accusation.) Charge, imputation, accusation, information.

He denied the charge. Il nia l'accusation, il nia les faits qu'on lui imputoit.

These are the heads of the charge brought against him. Ce sont ici les chefs de l'accusation qu'on a portée contre vous.

Charge, (of a Bishop to his Clergy.) Exhortation, avis d'un Evêque à son Clergé.

Charge, (of a Judge or Chancellor, to the Lawyers or Jury.) Mercuriale, exhortation d'un Juge, d'un Chancelier.

Charge, (expence and cost.) Charge, dépense, frais.

I am not able to bear that charge. Je ne saurois faire cette dépense.

I have a great charge, I am at a great charge. Je sais bien de la dépense, j'ai beaucoup de charge.

I am at the charge of it. C'est moi qui en paye les frais.

To put one's self to charges. Se mettre en frais.

That was not a six-pence charge to him. Cela ne lui a pas coûté deux sous.

All charges born. Tous frais faits.

The charge of victuals and cloaths. Dépense ou entretien de bouche & d'habits.

Charge, (or fight.) Charge, choc, attaque.

To sound the charge. Sonner la charge.

To return to the charge. Revenir à la charge.

The charge of a gun. La charge d'une arme à feu.

To take a great charge upon one. Entreprendre une grande affaire, prendre un grand fardeau sur ses épaules.

To give the enemy a round charge. Charger vigoureusement l'ennemi.

To lay a thing to one's charge. Accuser quelqu'un d'une chose.

Lay not this sin to their charge. Ne leur impute point ce péché.

Charge, (among farriers.) Charge, sorte de cataplasme pour les chevaux.

Rent-charge. Rente inféodée.

To **CHARGE**, verb. act. (to load or to burden.) Charger, mettre une charge sur.

To charge a gun. Charger une arme à feu.

To charge, (or command.) Charger, donner charge de, commander, donner ordre.

To charge one with a business, (to give him a charge of it.) Charger quelqu'un d'une affaire, commettre une affaire au soin, à la conduite de quelqu'un.

He charged me to wait on you from him. Il m'a chargé, il m'a donné ordre de vous aller voir de sa part.

To charge, (or fall upon) the enemy. Charger l'ennemi, attaquer, choquer l'ennemi.

The King charged with our Regiment. Le Roi mena notre Régiment à la charge, ou il chargea à la tête de notre Régiment.

To charge, (to lay to one's charge, to accuse him.) Charger, déposer contre quelqu'un, l'accuser.

They charge a crime upon him or charge him with a crime. Ils le chargent ou ils l'accusent d'un crime.

He was charged with want of mettle. On l'accusoit de manquer de vigueur.

The witnesses charge him with several crimes. Les témoins le chargent de plusieurs crimes, les dépositions l'accusent furieusement.

To clear one's self of a fault, and charge another with it or throw it upon another. Se justifier d'une faute & en charger un autre.

To charge, (or to trust.) Charger, commettre au soin, à la conduite, à la garde de quelqu'un.

To charge a constable with a man. Livrer un homme entre les mains d'un connétable.

CHARGEABLE, adj. (or costly.) Cher, qui coûte cher.

It is very chargeable living in time of war. Il fait cher vivre en temps de guerre, les denrées sont chères en temps de guerre.

To be chargeable to one. Être à charge à quelqu'un.

Meadows are less chargeable and yield a great deal more. Les prairies sont de moindre entretien & de plus grand rapport.

CHARGEABLENESS, subst. Dépense, cherté.

CHARGEABLY, adv. D'une manière dispendieuse, coûteuse, onéreuse.

CHARGED, adj. Chargé, à qui on a donné charge; commandé, chargé, battu, &c. V. to Charge.

CHARGER, s. (a great dish.) Un grand plat, un bassin.

CHARGING, adj. Ex. A charging horse. Un cheval de bataille.

CHARILY, adv. Ex. To keep a thing charily or chary. Conserver ou garder une chose chèrement.

* **CHARINESS**, subst. Précaution, délicatesse.

CHARIOT, s. (or triumphal car.) Un char, un chariot.

Chariot. Un carrosse coupé.

CHARIOTEER, s. Un cocher.

CHARIOT-RACE, subst. Course de chars chez les anciens.

CHARITABLE, adj. Charitable, qui a de la charité.

Charitable user. Œuvre pie, charité.

CHARITABLENESS, s. Disposition charitable, charité.

CHARITABLY, adv. Charitablement, avec charité.

To be charitably inclined. Être charitable, avoir du penchant à la charité.

CHARITY, s. (or love.) Charité, amour de Dieu & du prochain.

Charity, (or alms.) Charité, aumône.

Charity is the first of christian virtues. La charité est la première des vertus chrétiennes.

Prov. Charity begins at home. Charité bien ordonnée commence par soi-même.

To beg a charity of one. Demander la charité à quelqu'un.

To bestow a charity on a poor man. Faire ou donner la charité à un pauvre.

I live or am in charity with all men. Je ne veux de mal à personne.

To be out of charity with one. Vouloir mal à quelqu'un.

To **CHARK**, verb. act. Faire du charbon de bois.

CHARK-COAL, s. Charbon de bois.

CHARLATAN,

CHARLATAN, *f.* (quack or mountebank.) *Charlatan.*
CHARLATANICAL, *adj. De charlatan.*
CHARLATANRY, *f. Charlatanerie, tromperie.*
CHARLES'S-WAIN, *subst.* (a northern constellation, called by the Astrologers, the great Bear.) *La grande Ourse,* constellation vers le pôle arctique.
CHARLOCK, *sub.* (herb; a species of mittredate mustard.) *Sorte d'herbe.*
CHARM, *f.* (or enchantment.) *Charme, enchantement.*
Charm, (or allurement.) *Charme, agrément, attrait, appas.*
Charm, (or beauty.) *Charme, beauté, attrait, appas.*
To CHARM, *verb. act.* (or bewitch.) *Charmer, enchanter, ensorceler.*
He had charmed his enemy's sword. *Il avoit charmé l'épée de son ennemi.*
To charm, (to please or ravish.) *Charmer, plaire extrêmement, ravir.*
As musick charms the ear, so does beauty the sight. *La musique charme l'oreille, & la beauté la vue.*
To charm one's ear to another man's tongue. *Se laisser gagner aux discours de quelqu'un.*
Charmed, *adj. Charmé, enchanté, ensorcelé.*
CHARMER, *subst. Enchanteur, enchanteresse, celui ou celle qui charme.*
CHARMINGNESS, *sub. L'action de charmer, &c.*
Charming, *adj. Charmant, agréable, qui ravit.*
A charming wit. *Un esprit charmant.*
A charming beauty. *Une beauté charmante.*
CHARNEL-HOUSE, *f.* (a place wherein the sculls and bones of the dead are laid.) *Charnier,* lieu où l'on met en pile les os des morts.
To CHARR. *V.* to Chark.
CHARRE, *subst.* (a charre of lead, that is, 30 pigs.) *Trente saumons de plomb.*
CHARRET, } *f.* (a light kind of coach.)
CHARIOT, } *Un carrosse coupé, une calèche.*
CHART. *f. Carte marine.*
CHARTER, *sub.* (a patent granting some privileges.) *Charte ou chartes, patentes où sont accordés de certains privilèges à une ville par le Souverain.*
A charter of naturalization. *Lettre de naturalité.*
Charter-house. *Chartreuse.*
Charter-land. *V. Freehold.*
Charter-party, (an indenture of covenant, made between merchants and mariners, concerning their affairs.) *Charte partie; acte passé entre des marchands & des gens de marine.*
*‡ CHARTERED, *adj. Privilégié par une chartre.*
CHARVEL, } *V.* Chervil.
CHARVIL, }
CHARY, *V.* Wary or Careful.
CHASE, *f.* (or forest.) *Bois, forêt.*
Chase, (at sea.) *Chasse, poursuite ou vaisseau chassé,* en termes de marine.
Bow-chases, *pi. ir. comp.* (a sea-term.) *Canons de chasse.*
Stern-chases. *Canons de retraite.*
Chase, (at tennis.) *Chasse,* l'endroit où tombe la balle au second bond, dans un jeu de paume.
To win a chase at tennis. *Gagner une chasse au jeu de paume.*

To give a ship the chase. *Donner la chasse à un vaisseau, le poursuivre.*
They followed the chase too eagerly. *Ils poursuivirent l'ennemi avec trop de chaleur.*
The chase (or gutter) of a cross-bow. *Coulisse d'arbalète.*
To CHASE, *v. act.* (or to hunt.) *Chasser, courir,* en termes de chasse.
To chase (or pursue) the enemy. *Chasser, poursuivre l'ennemi, lui donner la chasse,* en termes de mer.
To chase, (as goldsmiths do.) *Enchâsser.*
To chase, (to emboss gold and silver by raising it into several figures.) *Ciseler.*
To chase (or fright) away. *Chasser, faire retirer, faire fuir.*
Chased, *adj. Chassé, poursuivi, enchâssé.*
A ship chased. *Vaisseau sur lequel on chasse.*
CHASER, *f.* (or Hunter.) *Un chasseur.*
Chaser, (an artist that chases.) *Ciseleur.*
CHASM, *sub.* (a gap or empty space.) *Un vide, une ouverture, un abyme de terre, &c.*
CHASSELAS, *subst. Chasselas,* sorte de raisin.
CHASTE, *adj.* (or honest.) *Chaste, pudique, honnête, qui a de la pudeur.*
A chaste woman. *Une femme chaste.*
To have chaste ears, (to hate filthy discourses.) *Avoir les oreilles chastes.*
A chaste flame. *Une flamme pudique.*
Chaste-tree. *Vitex,* arbuste.
To CHASTEN, *v. a.* (a scripture word for to chastise.) *Châtier.*
Chastened, *adj. Châtié.*
CHASTENESS, *f.* (or chastity.) *Chasteté, honnêteté, &c.*
CHASTENING, *f. Châtiment ou l'action de châtier.*
To CHASTISE, *v. act.* (correct or punish.) *Châtier, corriger par quelque punition.*
To chastise a child. *Châtier un enfant.*
Chastised, *adj. Châtié.*
CHASTISEMENT, *f. Châtiment, punition.*
CHASTISER, *f. Celui qui châtie.*
CHASTISING, *sub. L'action de châtier, châtiment, punition.*
CHASTITY, *f.* (from chaste.) *Chasteté, honnêteté, pureté, continence.*
To live in chastity. *Vivre dans la chasteté.*
CHASTLY, *adv.* (or honestly.) *Chastement, avec chasteté, honnêtement, purement.*
CHASUBLE, *f.* (a Priest's cope at Mass.) *Chasuble,* vêtement sans manches qui couvre tout le corps du Prêtre quand il dit la Messe.
CHAT, *f.* (idle talk, prating.) *Babil, caquet.*
To hold chat with one. *Causer avec quelqu'un.*
To CHAT, *v. n.* (or prate.) *Babiller, causer, caqueter, jaser.*
She does nothing but chat. *Elle ne fait que causer, que babiller, que jaser.*
CHATELLANY, *f. Châtellenie.*
CHATTEL, *subst.* (a law-word.) *Les biens d'une personne, ce qu'on a en son propre.*
Chattels are either personal or real. *Les biens d'une personne sont meubles ou immeubles.*
To CHATTER, *verb. neut.* (to chat.) *Babiller, causer, caqueter, jaser.*

I hear a bird chatter. *J'entends un oiseau qui gazouille.*
His teeth chatter with cold. *Les dents lui claquent de froid, il claque des dents.*
CHATTERER, *f. Babillard.*
CHATTERING, } *f.* (or chat.) *Babil,*
CHATTER, } *caquet.*
I do not love so much chattering. *Je n'aime pas tant de babil.*
The chattering of birds. *Le chant, le ramage ou le gazouillement des oiseaux.*
A chattering of teeth. *Claquement des dents.*
CHATTERING, *adject. Ex.* Chattering birds. *Des oiseaux qui gazouillent.*
CHATTER-PIE, *f. Une pie qui parle.*
CHATTING, *f.* (from to chat.) *Babil; caquet.*
Chatting, *adject. Ex.* A chatting house-wife. *Une causeuse ou babillarde, une femme qui a du babil.*
CHATWOOD, *f. Broussailles.*
CHAVENDER, *f.* (the chub, a fish.) *Chabot,* sorte de poisson.
CHAULDRON, *V.* Chaldron.
† CHAW, *f. Bajoue.*
To CHAW, *&c. V.* to Chew, *&c.*
CHAWDRON, *f. Entrailles.*
CHEAP, *adj.* A bon marché.
Meat is now very cheap. *La viande est maintenant à fort bon marché.*
I can buy it cheaper. *Je puis l'acheter à meilleur marché.*
Dog cheap. *A vil prix, qui se donne presque pour rien.*
He makes himself too cheap. *Il se prodigue trop, il se rend trop familier.*
To CHEAPEN, *v. act. Marchander quelque chose, en demander le prix.*
Cheapened, *adj. Dont on a demandé le prix.*
CHEAPENER, *f. Marchandeur, marchandeuse.*
CHEAPENING, *f. L'action de marchander ou de demander le prix.*
CHEAPLY, *adv.* A bon marché.
CHEAPNESS, *f. Bon marché.*
I admire the cheapness of it. *Je suis surpris qu'on le donne à si bon marché.*
CHEAPNING. *V.* Cheapening.
CHEAR. *V.* Cheer.
CHEARLY, *interj. & adv.* Hardi, expression servant à animer les Matelots à travailler promptement.
CHEAT, *f.* (deceit, sham, knavery.) *Fourbe, fourberie, tromperie, fraude, volerie, supercherie, surprise, tricherie.*
This is a notorious cheat. *C'est une insigne fourbe.*
It is a base cheat. *C'est une infame volerie.*
To put a cheat upon one. *Tromper quelqu'un, le duper.*
Cheat, (an impostor, a deceitful man.) *Un fourbe, un trompeur, un imposteur, un fripon, un filou, un malhonnête homme, un homme à deux visages.*
To CHEAT, *verb. act. Tromper, fourber, abuser, décevoir, tricher.*
An honest intention of cheating no body, lays us open to be cheated by others. *L'intention de ne jamais tromper, nous expose à être souvent trompés.*
He has cheated me of ten pounds. *Il m'a trompé de dix livres sterling.*
It is more shameful to cheat, than to be cheated. *Il est plus honteux de tromper que d'être trompé.*
To cheat one's self. *Se tromper, s'abuser.*

To

CHE   CHE   CHE

To cheat at play. *Tromper au jeu, filouter, tricher.*
Cheated, *adj. Trompé, triché, &c. V.* to Cheat.
To keep one's self from being cheated, (abused or imposed upon.) *Se garder de surprise.*
CHEATER, *subst. Trompeur, fourbe, fripon.*
CHEATING, *s. L'action de tromper,* also as cheat in the first sense.
CHEATINGLY, *adv. Par tromperie, par supercherie.*
CHECK, *s.* (restraint.) *Échec, bride, dégoût, empêchement.*
The *British* Parliament is a check to the royal authority. *Le Parlement Britannique tient en échec ou en bride l'autorité royale.*
Those three Officers are a check to one another. *Ces trois Officiers se contrôlent l'un l'autre.*
To keep a check upon one. *Tenir quelqu'un en échec, le tenir de court.*
To give one's passions a check. *Dompter, réprimer ses passions.*
The check (or remorses) of conscience. *Les remords de la conscience.*
Check (or being like to be taken at chess.) *Échec, au jeu des échecs.*
To give check. *Donner échec.*
I am check. *Je suis en échec, je suis en prise.*
Check, (or loss.) *Échec, perte ou malheur.*
This is a great check to him. *C'est un grand échec, c'est un grand malheur pour lui.*
Check, (reproof or reprimand.) *Censure, réprimande, mercuriale.*
To give one a private check. *Faire une réprimande à quelqu'un en particulier.*
To take check at a thing. *Se choquer ou se scandaliser de quelque chose, en être offensé.*
Check, (or flourish, in a bill or other writing, to prevent counterfeits.) *Paraphe, pour empêcher la contrefaction d'un écrit.*
To CHECK, *v. act.* (to overlook, to oversee, to restrain.) *Contrôler, observer, tenir en bride.*
The Officers of the Exchequer check one another. *Les Officiers de l'Échiquier se contrôlent l'un l'autre.*
To check, (to refrain or curb.) *Réprimer, retenir, arrêter, dompter.*
To check one's anger. *Réprimer sa colère.*
To check (or interrupt) one's talk. *Arrêter quelqu'un tout court, lui fermer la bouche.*
To check, (or to taunt.) *Censurer, réprimander, reprendre, faire une mercuriale.*
I checked him for it. *Je l'en ai repris, je l'en ai censuré.*
Checked, *adj. Arrêté, réprimé, &c. repris, censuré, &c. V.* to Check.
CHECKER, *V.* Exchequer.
CHECKER-BOARD. *V.* Chess-board.
Checker-wise. *En échiquier.*
Checker-work. *Marqueterie ou ouvrage en échiquier.*
To CHECKER, *v. act. Marqueter, bigarrer.*
CHECKERED, *adj.* (chockered with colours.) *Bigarré ou marqueté.*
That Prince's reign is checkered with good and evil. *Le regne de ce Prince est mêlé de bien & de mal.*

Checkered or checkie, (a term of heraldry.) *Échiqueté, terme de blason, rangé en forme d'échiquier.*
CHECKMATE, *s. Échec & mat,* terme du jeu des échecs.
CHECKROLL, *subst.* (or chequer-roll.) *L'état de la Maison du Roi ou d'une personne de qualité.*
CHECKT. *V.* Checked.
CHECKY, *adj. V.* Checkered.
CHEEK, *s.* (part of a human body.) *Joue.*
A rosy cheek. *Une joue vermeille.*
A hog's cheek. *Bajoue, partie de la tête du cochon.*
The cheeks of a printer's press. *Les jumelles d'une presse, les grosses pieces de bois qui sont à chaque côté de la presse.*
The cheeks of a door. *Moulure le long des jambages d'une porte.*
Cheeks of the mast. *Jotteraux ou flasques de mât.*
Cheeks or sides of a gun-carriage. *Voy.* Carriage.
Cheeks of the head. *Courbes de jottereaux.*
The cheeks of the balance, (the handle by which one holds it.) *Chasse de balance.*
Cheek by joll. *Tête à tête.*
† To go cheek by joll with one. *Aller de pair à compagnon avec quelqu'un, être camarades.*
The cheek-bone. *La joue ou l'os de la joue.*
The cheek-teeth. *Les dents mâchelieres ou molaires.*
Cheek-varnish. See Paint. *Du fard.*
CHEEKED, *adj. Ex.* Blub-checked. *Joufflu, qui a de grosses joues.*
Hollow-cheeked. *Qui a les joues enfoncées ou avalées.*
CHEER, *s.* (or entertainment.) *Chere, régal, bon repas.*
To make good cheer. *Faire bonne chere, se bien traiter.*
To make pitiful or coarse cheer. *Faire mauvaise chere ou maigre chere.*
Cheer, (or countenance.) *Mine, visage.*
A poor cheer. *Pauvre mine.*
Cheer, (or heart.) *Courage.*
Be of good cheer. *Prenez courage, ayez bon courage.*
Cheer at sea. *Acclamation de gens de mer.*
What cheer? *Comment vous va? comment se porte-t-on? comment va la santé?*
To CHEER,
To CHEER UP, } *verb. act.* (or to make cheerful.) *Réjouir, divertir, égayer, récréer.*
I find this wine cheers me up. *Je trouve que ce vin me réjouit.*
To cheer up, (to encourage.) *Animer, encourager.*
This will cheer him up. *Ceci l'animera ou l'encouragera.*
To cheer up, *verb. neut. Se réjouir, prendre courage.*
I am resolved to cheer up. *Je suis résolu de me réjouir.*
Cheer up. *Prenez courage.*
How cheer you? *Comment vous va? comment va la santé?*
Cheered up, *adj. Réjoui, animé, encouragé, &c.*
CHEERER, *s. Celui qui réjouit.*
CHEERFUL, *adj. Dispos, qui se porte bien, gai, gaillard, joyeux, riant, de bonne humeur, enjoué.*

He looks very cheerful. *Il me paroît bien dispos, il a la mine de se bien porter.*
I never saw him so cheerful as he was then. *Je ne l'ai jamais vu si gai, si joyeux, ou de si bonne humeur qu'il étoit alors.*
A cheerful countenance. *Un visage riant.*
To do a thing with a cheerful mind. *Faire une chose gaiment.*
CHEERFULLY, *adv.* (with willingness, with gaiety.) *Gaiement, avec gaieté, d'une maniere gaie.*
To look cheerfully. *Avoir un visage joyeux ou riant.*
CHEERFULNESS, *s. Gaieté, joie, gaillardise, bonne humeur, enjouement.*
CHEERLESS, *adj. Triste, mélancolique, sans joie.*
CHEERLY. *V.* Cheerfully.
CHEERY. *V.* Cheerful.
CHEESE, *s. Fromage.*
Old or new cheese. *Fromage vieux ou nouveau.*
Cream cheese. *Fromage à la crême.*
Cheese half melted, and spread upon bread. *Ramequin.*
Prov. It is no more like than chalk is like cheese. *Il n'y a point du tout de ressemblance.*
Prov. You would make me believe the moon is made of green cheese. *Vous voudriez bien me faire accroire que les étoiles sont des papillottes ou que le blanc est noir.*
Cheese-curds. *Lait caillé.*
Cheese-vat. *Éclisse,* rond de sapin où l'on fait le fromage.
Cheese-cake. *Talmouse.*
Cheese-monger. *Fromager ou vendeur de fromage.*
CHEESY, *adject. De la nature du fromage.*
CHEKIE. *V.* Checkered.
CHEQUE, *subst.* Clerk of the cheque, *Officier d'administration dans les Arsenaux de marine d'Angleterre, qui fait les revûes des équipages, des Ouvriers & des Matelots employés dans les ports, & en tient un régistre ou matricule.*
To CHERISH, *v. act.* (or make much of.) *Chérir, aimer.*
To cherish one's children, (to love them tenderly.) *Chérir ses enfants, les aimer tendrement.*
To cherish, (or maintain.) *Entretenir, nourrir, cultiver.*
To cherish, (to keep warm.) *Échauffer, tenir chaud.*
To cherish, (to stroke a horse.) *Caresser un cheval.*
To cherish one's memory. *Conserver chérement le souvenir de quelqu'un.*
Cherished, *adj. Chéri, aimé, &c. V.* to Cherish.
CHERISHER, *s. Celui ou celle qui chérit, &c. V.* to Cherish.
CHERISHING, *s. L'action de chérir, &c. V.* to Cherish.
CHERN, &c. *V.* Churn.
CHERRY, *s.* (a sort of fruit.) *Cerise.*
Black-cherries. *Des cerises noires.*
Tart (sour) cherries. *Cerises aigres, des guignes, des griottes.*
A cherry-stone. *Noyau de cerise.*
A cherry-tree. *Un cerisier.*
A cherry-orchard. *Cerisaie,* ou lieu planté de cerisiers.
Cherry cheeks. *Des joues vermeilles.*
Cherry-pit. *Fossette,* petit creux au visage.

CHERSONESE,

CHE CHE CHI CHI

CHERSONESE, *s.* (or peninsula.) *Cherfonese, presqu'île ou peninsule.*
The Tauric Chersonese. *La cherfonese Taurique.*
CHERT, *s. Sorte de caillou.*
CHERUB,
CHERUBIN, } *s. Chérubin, esprit céleste.*
CHERUBICK, *adj. Angélique, de chérubin.*
CHERVIL, *s.* (an herb.) *Cerfeuil, sorte d'herbe.*
To CHERUP. V. Chirp.
CHESIL. V. Chisel.
CHESLIP, *s.* (a vermin commonly lying under stones and tiles.) *Pou de cochon, sorte de vermine qu'on trouve ordinairement sous les pierres & sous les tuiles.*
CHESS, *s.* (a play so called.) *Échecs, sorte de jeu.*
To play at chess. *Jouer aux échecs.*
A chess-man. *Une piece des échecs.*
Chess-men. *Des échecs.*
Chess-board. *L'échiquier, tablier à jouer aux échecs.*
CHEST, *s. Caisse, coffre.*
A chest of sugar. *Une caisse de sucre.*
A chest of drawers. *Un cabinet, une espece de buffet à plusieurs layettes ou tiroirs.*
A man's chest, (or breast.) *La poitrine d'un homme.*
Chest foundered, (a term of horsemanship.) *Courbattu, furmené, qui n'a pas la respiration libre,* parlant d'un cheval en termes de manege.
CHESTED, *adj.*
Hollow chested. *Qui a une grande & large poitrine.*
CHESTNUT, *s.* (a fruit.) *Châtaigne, fruit du châtaignier.*
A great chestnut. *Marron, grosse châtaigne.*
A chestnut-tree. *Châtaignier.*
A chestnut-plot. *Châtaigneraie,* lieu planté de châtaigniers.
Chestnut-colour. *Châtain.*
CHESTREES, *s. plur. comp.* (a sea term.) *Poulies d'amure de grande voile.*
CHITON. V. Plum.
CHEVALIER, *s. Chevalier.*
CHEVAGE, *s.* (a law-term, a sort of tax formerly levied on vassals and aliens.) *Chevage.*
CHEVAUX-DE-FRISE, *s. Chevaux-de-frise, machines de guerre.*
CHEVERIL, *s.* or cheveril-leather. *Peau de chevre.*
† Cheveril conscience, (made of stretching leather.) *Une conscience large, une conscience qui prête.*
CHEVIN, *s.* (a fish.) *Cabilleau.*
* CHEVISANCE, *s.* (a law-term for an unlawful bargain.) *Un marché injuste ou frauduleux;* c'est un vieux terme de pratique.
CHEVRON, *s.* (in architecture and heraldry.) *Chevron,* en termes d'architecture & de blason.
CHEVRONIT, *s.* (half a chevron, in heraldry.) *Ecu sage,* terme de blason.
To CHEW, *v. a.* (to grind with the teeth.) *Mâcher.*
To chew the meat. *Mâcher la viande.*
To chew the cud. *Ruminer, remâcher,* comme font certaines bêtes.
To chew the cud upon a thing, Ruminer (ou rêver à) *quelque chose, la rouler en son esprit, la méditer, y aviser.*

What author is it that you are chewing the cud upon? *Quel auteur lisez-vous là? sur quel auteur est-ce que vous méditez?*
To chew upon a man's ruin. *Méditer ou tramer la ruine de quelqu'un.*
Chewed, *adj. Mâché, ruminé, &c.*
CHEWING, *s. L'action de mâcher.*
A chewing of the cud. *L'action de ruminer.*
CHIBBOT, *s.* (a kind of little onion.) *Ciboule, sorte de petit oignon.*
A little chibbot. *Une cibculette.*
CHICANE, *s.* (or cavil.) *Chicane, chicanerie.*
To CHICANE, *v. neut.* (to cavil.) *Chicaner.*
CHICANER, *s. Chicaneur.*
CHICANERY, *s. chicane, chicanerie.*
CHICH,
CHICH-PEAS, } *s. Pois chiche.*
CHICK,
CHICKEN, } *s. Poulet, jeune poulet.*
CHICKLING, *s.* (or little chick.) *Petit poulet.*
A chick new hatched. *Un poussin.*
Chicken-pox. *Petite vérole volante.*
Chick-pease. *Pois chiches.*
Chick-weed. *Morron.*
CHICKENHEARTED, *adj. Timide, poltron.*
CHID,
CHIDDEN, } *adj. Grondé, querellé, censuré, réprimandé.*
To CHIDE one, *v. act.* (to rebuke him.) *Gronder, quereller, censurer, se fâcher contre quelqu'un, ↑ lui laver la tête, le reprimander, ↑ lui faire une mercuriale.*
CHIDER, *s. Celui ou celle qui gronde, qui se fâche, &c. grondeur, censeur.*
CHIDING, *s. L'action de gronder, &c. V.* to Chide.
CHIEF, *adj. Principal, premier, souverain.*
The chief thing. *La principale chose.*
The chief men of a city. *Les principaux, les plus apparents d'une ville.*
He is the chief man of the town. *Il est le premier de la ville.*
That is our chief happiness. *C'est-là notre souverain bien.*
To be the chief mourner. *Mener le deuil.*
The lord chief justice of England. *Le chef de Justice en Angleterre, le grand Juge de d'Angleterre.*
Chief Clerk. *Maître Clerc.*
Chief, *s.* (or Commander in chief, a General.) *Chef, Commandant en chef, Général.*
Chief, (in heraldry.) *Chef,* piece honorable de blason.
CHIEFEST, *adj. Principal, capital.*
My chiefest care will be to do that. *Je prendrai un soin particulier que cela se fasse, j'en ferai mon affaire propre ou mon capital.*
CHIEFLY, *adj. Sans chef.*
CHIEFLY, *adv. Principalement, sur-tout, sur toutes choses.*
CHIEFTAIN, *s.* (or Captain.) *Capitaine.*
* CHIEVANCE, *s. Trafic injuste & prohibé.*
CHIEVES, (or little threads of flowers.) *Les filets des fleurs.*
CHILBLAIN, *s.* (from chill and blain.) *Engelure,* enflure causée par le froid & qui vient aux doigts des pieds & des mains.
CHILD, *s. Enfant.*

He is a fine or beautiful child. *C'est un bel enfant.*
She is a fine child. *C'est une belle enfant.*
A little child. *Un petit enfant.*
To have many children. *Avoir plusieurs enfants.*
To bring forth (to be brought to bed of) a child. *Accoucher d'un enfant.*
To be past children or child bearing. *Être hors d'âge d'avoir des enfants.*
He had two children by her. *Il en a eu deux enfants.*
A foster-child. *Un nourrisson.*
A child born before the time, *Un avorton, un enfant qui n'est pas venu à terme.*
A god-child. *Un filleul.*
A fatherless child. *Un orphelin ou une orpheline.*
To get a woman with child. *Engrosser une femme, la rendre enceinte, lui faire un enfant.*
To be with child, to be great or big with child. *Être enceinte, être grosse.*
From a child. *Dès l'enfance, dès le bas âge, dès le berceau.*
To be past a child. *Avoir passé sa premiere jeunesse, n'être plus enfant.*
Child-bearing. *Ex. Past child-bearing. Qui est hors d'âge d'avoir des enfants.*
Child-birth. *Enfantement.*
Child-bed. *Les couches d'une femme.*
To be in child-bed. *Faire ses couches, être en couche.*
Child-bed linnen. *Layette de femme en couche.*
CHILDHOOD, *s. Enfance.*
Up from his childhood. *Depuis son enfance.*
CHILDERMASS-DAY. V. Innocents-day.
CHILDISH, *adj. Enfantin, puéril, n'enfant.*
To have a childish look. *Avoir une mine enfantine.*
CHILDISHLY, *adv. Puérilement, d'une maniere puérile, comme un enfant.*
CHILDISHNESS, *s. Humeur, façon ou maniere d'agir enfantine, puérilité, légéreté des enfants.*
CHILDLESS, *adj.* (that has never a child.) *Sans enfant, qui n'a point d'enfant.*
CHILDLIKE, *adj. D'enfant, qui convient aux enfants.*
CHILDREN, c'est le pluriel de Child.
CHILIAD, *s.* (a thousand.) *Un mille.*
CHILIAEDRON, *s. Figure qui a mille côtés.*
CHILIASTS. V. Millenariens.
CHILL, *subst. Froid,* V. Chiness.
CHILL, *adj. Frileux, sensible au froid.*
She is chill. *Elle est frileuse.*
Chill with cold. *Qui tremble de froid.*
To CHILL, *v. act. Rendre frileux, faire trembler de froid, glacer, gêler, transir.*
This cold drink chills me. *Cette boisson froide me rend frileux, me fait trembler de froid.*
It chills my blood when I think of it. *Cela me glace le sang dans les veines toutes les fois que j'y pense.*
The snow chills them. *Les neiges les transissent.*
Have I chilled (have I damped) his spirits? *Ai je glacé son esprit?*
To chill, *verb. neut. Geler, transir de froid.*
Chilled, *adject. Glacé, transi de froid.*
CHILLY, *adj. Froid, frileux.*
CHILNESS, *s. Frisson, tremblement de froid, froid.*

CHIME,

CHIME, *s.* (a chime of bells.) *Carillon, sonnerie harmonieuse de plusieurs cloches.*
To CHIME the bells, *v. act. Carillonner, sonner le carillon.*
† To chime in with one, *v. neut.*, (to say as he says.) *Donner dans le sens de quelqu'un, dire oui à ce qu'il dit, parler comme lui.*
To chime, (to agree.) *Convenir, s'accorder.*
CHIMERA, *s.* (a feigned monster.) *Chimere, sorte de monstre fabuleux.*
Chimera , (a whimsey , an idle fancy or a castle in the air.) *Chimere, chose chimérique, vision.*
To fill one's head with chimeras. *Se mettre des chimeres dans l'esprit.*
All that is but a chimera. *Tout cela n'est qu'une chimere.*
CHIMERICAL, *adject.* (or imaginary.) *Chimérique, imaginaire ou visionnaire.*
CHIMERICALLY , *adv. D'une maniere chimérique.*
Nota. *CH en Chimera, & en tous ses dérivés, se prononce comme K.*
CHIMIST. *V. Chymist.*
CHIMMAR or Simmar , *s.* (a Bishop's black sleeveless vestment , worn between the gown and rochet.) *Simarre d'Évêque.*
CHIMNEY, *s. Cheminée.*
The funnel and the mantle-tree of a chimney. *Le tuyau & le manteau d'une cheminée.*
The back of a chimney. *Le contre-cœur d'une cheminée.*
A chimney-piece. *Tableau de cheminée.*
A chimney-hook, (to hold the tongs and fire-shovel.) *Croissant de cheminée.*
A chimney-sweeper. *Ramoneur de cheminées.*
Chimney-money (or hearth-money.) *Fouage, impôt sur chaque feu.*
A chimney-money man. *Collecteur de fouage.*
Chimney-corner. *Le coin d'une cheminée.*
CHIN, *s. Menton.*
A long chin. *Un menton long.*
A short chin. *Un petit menton.*
To be in the water up to the chin. *Avoir de l'eau jusqu'au menton.*
To hold by the chin one that learns to swim. *Tenir le menton à une personne qui apprend à nager.*
A lady that thrusts the chin into the neck, (or that bridles it up.) *Une dame qui se rengorge.*
Chin-cloth. *Mentonniere, morceau de linge qui sert à blanchir le menton des dames lorsqu'elles se coiffent.*
Chin-cough, (for chine-cough,) *La coqueluche , sorte de toux fort violente.*
CHINA,
CHINA-WARE. } *s. Porcelaine , vases de terre qui viennent de la Chine.*
China-shop. *Boutique de Faïencier , où l'on vend de la porcelaine , de la faïence, &c.*
China-warehouse. *Magasin de porcelaine, magasin de faïence.*
A china-man, (that keeps a china-shop.) *Un faïencier.*
A china-woman. *Une faïenciere.*
China-orange. *Orange de la Chine, orange douce.*
China-root. *Sorte de racine médicinale.*
CHINE, *s.* (or back-bone.) *Échine, l'épine du dos.*
A chine of beef. *Une échine de bœuf.*

A chine of pork. *Échine de porc, partie du dos d'un cochon.*
The chine of a horse's back. *Les reins d'un cheval.*
To CHINE or cut into chines, verb. act. *Échiner; éreinter.*
CHINK, *s.* (or crevice.) *Fente, crevasse, ouverture.*
Full of chinks. *Plein de fentes.*
The chink (or sound) of money. *Le son de l'argent monnoyé.*
† Chink, (or money.) *Petite monnoie.*
To CHINK, *v. n.* (so as to make shake or sound.) *Retentir.*
To chink , (to sound by striking each other, or sound as money does.) *Tinter, rendre un son comme fait l'argent.*
Chinked, *adj. Crevassé, fendu, entr'ouvert.*
CHINKY. *V.* Chinked.
CHINNED , *adject.* (from chin.) *Ex.* Long chinned. *Qui a un grand menton.*
CHINTS, *s. Sorte de toile des Indes.*
CHIOPPINE , *s. Soulier fort haut dont les femmes se servoient autrefois.*
CHIP , *s.* (of wood.) *Copeau , planure, tout ce qu'on ôte du bois avec la plane ou la hache.*
Chips , (of bread.) *Chapelures de pain écroûté.*
Orange-chips. *Orangeats , plusieurs petits morceaux d'orange confits avec du sucre.*
P. It is a chip of the old block. *C'est un échantillon de la piece.*
P. It tastes just like chip in porridge. *Cela n'a aucun goût.*
P. He is like a chip in porridge. *Il ne fait ni bien ni mal.*
P. He sits on horseback as a chip upon a block. *Il monte un cheval de très-mauvaise grace.*
A chip-ax. *Une doloire , une hache de charpentier.*
To CHIP, *verb. act.* (to cut to chips.) *Faire des copeaux, couper menu, aminuiser.*
To chip bread. *Chapeler, écrouter le pain, couper la croûte qui est autour du pain.*
Chipped , *adj. Réduit en copeaux , aminuisé , coupé menu , chapelé, &c.*
CHIPPING, *s. L'action de faire des copeaux , &c.* V. to Chip.
Chipping of bread. *Chapelures, croûtes de pain qu'on a écroûté.*
CHIRAGRICAL, *adj. Qui a la goutte aux mains.*
CHIROGRAPHER , *s.* (or the Chirographer of fines, a law-term.) *Terme de Palais, qui signifie le greffier des amendes pécuniaires. Il signifie aussi Scribe, Écrivain.*
CHIROGRAPHY, *s. L'art d'écrire.*
CHIROMANCER or Palmister , *s.* (a foreteller of future events.) *Chiromancien , qui exerce la chiromancie.*
CHIROMANCY , *s.* (or palmistry.) *Chiromancie , l'art prétendu de prédire par l'inspection de la main.*
CHIROMANTICAL , *adj. De la chiromancie, qui regarde la chiromancie.*
To CHIRP, *v. n. Ramager, gazouiller, chanter, comme font les oiseaux.*
To chirp, (as a sparrow.) *Pépier , comme fait un moineau.*
CHIRP, *s. Ramage.*
CHIRPING, *s. L'action de ramager, &c.*
V. to Chirp. *Ramage , gazouillement, chant d'oiseau.*
Chirping, *adj. Ex.* To taste a chirping cup. *Se réjouir, boire le petit coup.*

CHIRURGEON. *V.* Surgeon.
CHIRURGERY. *V.* Surgery.
CHIRURGICAL,
CHIRURGICK, } *adj.* (belonging to surgery.) *Chirurgique.*
CHISEL, *s. Ciseau à tailler ou à graver.*
Chisel-work. *Ciselure, ouvrage de Ciseleur.*
Cold chisel. *Ciseau à froid.*
To CHISEL, *v. act. Couper, tailler avec un ciseau, graver, ciseler.*
CHIT, (or kitling.) *Un petit chat.*
Chit , (or snotty little boy or girl.) *Morveux , petit morveux, morveuse, petite morveuse.*
Chit , (or freckle in the face.) *Rousseur du visage, tache de rousseur.*
To CHIT, *verb. neut.* (a term of gardening, is said of a plant or seed that begins to shoot or germinate.) *Germer, pousser.*
CHITCHAT, *s. Babil, caquet.*
CHITTERLINGS, *s.* (a pudding or sausage.) *Boudin , andouille , saucisse.*
Chitterlings, (or cleansed guts.) *Tripes vidées & nettoyées.*
CHITTY, *adj. Ex.* Chitty face. *Un petit visage* : *Et dans le figuré, un sot, un niais, un badaud.*
CHIVAGE. *V.* Chevage.
CHIVALRY, *s.* (or knighthood.) *Chevalerie, aventure de Chevalerie.*
Chivalry, (a tenure of land by Knight's service.) *Fief noble, qui releve du Roi ou de quelque Seigneur.*
Court of Chivalry. *V.* Marshal-Court.
CHIVES, *s. Filets , filamens des plantes.*
CHLOROSIS , *s.* (or green sickness.) *Chlorose, terme de médecine.*
CHOCK, *s.* (a sea-term.) *Cale, acore ou piece de bois d'arimage employée à assujétir à sa place un tonneau, une caisse, un coffre & autres objets , pour les empêcher d'aller au roulis, dans un vaisseau.*
Chock of the bowsprit. *Petite piece de bois qu'on fait par-dessus le beaupré, entre les deux apôtres, pour le contenir à l'endroit de l'étrave.*
Cross chocks. *Espece d'acotars ou clés placés entre les deux genoux de fond de chaque couple , en place de demi-varangue.*
CHOCOLATE, *subst. Chocolat, sorte de composition , ou le breuvage qu'on fait de cette composition.*
To drink chocolate. *Boire ou prendre du chocolat.*
A chocolate-pot. *Chocolatiere, vase où l'on prépare le chocolat.*
A chocolate-stick or a chocolate-mill. *Moulinet , sorte de bâton pour remuer le chocolat.*
CHODE. *C'est un vieux prétérit du verbe* to Chide.
CHOICE , *s. Choix , triage , l'élite.*
To make choice of a thing. *Faire choix d'une chose.*
If it were in my choice. *Si j'en avois le choix.*
To give one the choice. *Donner le choix à quelqu'un.*
To make a thing one's choice. *Choisir quelque chose.*
I put it (or I leave it) to your choice. *Je le laisse à votre choix, je vous laisse choisir.*
To make a choice, (or to pick and choose.) *Faire un triage.*

The

Tome II. P

CHO CHO CHO CHR

The choice of his troops. *Ses gens d'élite, l'élite de ses troupes.*
Choice, (a naming or appointing of one.) *Choix, élection, nomination.*
Take your choice, (do what you think fit.) *Prenez votre parti, faites ce que vous voudrez.*
He may take his choice. *Qu'il fasse ce qu'il voudra, il est en pouvoir de le faire ou de le laisser, cela dépend de lui.*
If it were put to my choice. *Si c'étoit à moi à faire.*
I should not be long in the choice of my death. *Je n'hésiterois pas long-temps à choisir le genre de mort.*
Choice, (or variety.) *Variété, abondance.*
He has great choice of commodities in his shop. *Sa boutique est fort bien garnie ou assortie.*
Choice, *adj. Beau, choisi, trié, recherché, rare, excellent, extraordinaire.*
Exemp. Choice commodities. *De belles marchandises.*
Choice expressions. *Des expressions choisies ou recherchées.*
Choice men. *Gens choisis, gens d'élite.*
CHOICELESS, *adject.* Qui n'a pas le choix.
CHOICELY, *adv. Chèrement, précieusement.*
Exemp. To keep a thing choicely. *Garder une chose fort précieusement, avec grand soin, chèrement.*
CHOICENESS, *s. Manière délicate dont on fait quelque chose, adresse, discernement.*
CHOIR, *subst.* (or quare of a church.) *Le chœur d'une église.*
CHOKE, *s.* (the choke of an artichoke.) *Le foin d'un artichaud.*
To CHOKE, *v. act.* (to stop the windpipe, to stifle.) *Étrangler, étouffer, suffoquer, engouer.*
You choke me. *Vous m'étranglez.*
An Emperor choked himself with a kernel. *Un empereur s'étrangla avec un pepin.*
To choke one's self for greediness. *S'engouer, manger si goulument qu'on ait peine à avaler.*
To choke or choke UP a pipe. *Engorger, boucher un tuyau.*
Choked, *adj. Étranglé, suffoqué.*
I am ever choked for want of drink. *Je meurs de soif.*
Choked UP. *Engorgé, bouché.*
A port choked up with sands. *Un port qui est bouché par les sables.*
A pipe that is choked up. *Un tuyau engorgé.*
CHOKE-PEAR, *subst. Poire d'angoisse ou d'étranguillon.*
† He gave him a notable choke-pear. *Il lui a bien fait avaler des poires d'angoisse ou couleuvres.*
Choke-vetch or choke-weed. *Teigne, sorte d'herbe.*
CHOKING, *s. L'action d'étrangler, &c.* V. Choke.
CHOKY, *adj.* Ex. A choky pear. *Poire d'angoisse, poire fort âpre.*
CHOLACOGUES, *s. pl. Remedes contre la bile.*
CHOLER, *s.* (an humour of the body.) *Bile, humeur chaude & seche qui se trouve dans le corps.*
Choler (or anger.) *Bile, colere.*
To be in choler. *Être en colere.*
If I do but see him, he raises my choler. *D'abord que je le vois, ma bile s'échauffe.*

CHOLERA-MORBUS, *subst.* (a kind of distemper.) *Cholera-morbus, sorte de maladie.*
CHOLERICK, *adject. Bilieux, en qui la bile domine, colere, qui s'emporte facilement.*
A cholerick temper. *Un tempérament bilieux.*
CHOLERICKNESS, *s. État d'un homme bilieux, colere.*
CHOLICK, &c. *V.* Colick, &c.
To CHOOSE, &c. *V.* to Chuse, &c.
CHOP, *s. Tranche, morceau.*
A chop of mutton (or mutton-chop.) *Une tranche ou côtelette de mouton.*
Chops, (or jaws.) *La mâchoire.*
His chops are always going. *Sa mâchoire va toujours, il mange incessamment.*
† To set one's chops a watering. *Faire venir l'eau à la bouche.*
His chops are greasy or his chops shine with grease. *La graisse reluit sur ses levres.*
To give one a slap on the chops. *Donner un soufflet à quelqu'un.*
The chops of a vice. *Mâchoires d'étau.*
The chops of the British Channel. *L'embouchure de la Manche Britannique.*
To CHOP, *v. act.* (or to cut.) *Couper, trancher.*
To chop a piece of meat. *Couper de la viande.*
To chop, (to make an exchange.) *Troquer, faire un troc.*
Will you chop with me? *Voulez-vous troquer, voulez-vous faire un troc avec moi?*
† To chop logick with one. *Disputer avec quelqu'un, contester, raisonner.*
† Uneasy appetites chop at every thing that carries the face of pleasure. *Les appétits désordonnés donnent tête baissée dans tout ce qui a l'air ou l'apparence de volupté.*
To chop OFF. *Couper, trancher, emporter la piece, tronquer.*
To chop off one's head. *Couper, trancher la tête à quelqu'un.*
† To chop AT a thing, (or to take hold of it.) *Prendre une chose, † la happer, ou tâcher de prendre ou de happer.*
† To chop IN or INTO, (for to pop in.) *Entrer subitement, & dans le dessein de surprendre.*
As he was digging, he chopt his spade UPON a pot of money. *Comme il bêchoit, il donna ou il rencontra de sa bêche sur un pot d'argent.*
The wind chops ABOUT. *Le vent tourne, change ou saute, en termes de mer.*
To chop, (to bandy.) *Débattre, aisputer.*
CHOP-HOUSE, *s. Petit cabaret, gargotte, il signifie aussi maison de traiteur.*
† CHOP-CHURCH, *s. Permutation de bénéfices.*
CHOPIN, *s. Chopine.*
CHOPPED, *adject.* (or chopped off.) *Coupé, tranché, tronqué.*
CHOPPING, *subst.* (or chopping off.) *L'action de couper, &c.*
Chopping, *adj.* Ex. A chopping-knife. *Couperet, sorte de couteau.*
A chopping-board or block. *Hachoir.*
A chopping (or lusty) boy. *Un gros garçon.*
CHOPS. *V.* Chop.
CHOPT. *V.* Chopped.
CHORAL, *adj. De chœur.* Ex. A Vicar choral. *Vicaire du chœur.*

CHORD, *s. Corde d'instrument de musique.*
To CHORD, *v. act. Mettre des cordes à un instrument.*
CHORION, *subst.* Chorion, terme d'anatomie.
CHORIST, } *s. Choriste.*
CHORISTER, }
CHOROGRAPHER, *s. Celui qui fait la description d'un pays.*
CHOROGRAPHICAL, *adject. Chorographique.*
CHOROGRAPHICALLY, *adv. Selon les regles de la chorographie.*
CHOROGRAPHY, *s.* (the description of a country.) *Chorographie, description de quelque région.*
CHORUS, *subst.* (the singers or dancers in a tragedy or comedy.) *Le chœur, dans une piece dramatique.*
CHOSE, *prétérit du verbe* to Chuse.
CHOSEN, *adject. Participe passé du verbe* to Chuse. *Choisi, élu. V.* to Chuse.
CHOUGH, *subst.* (a bird.) *Sorte de corneille, l'oiseau qui s'appelle choucas en quelques provinces.*
CHOULE, *s. Jabot des oiseaux.*
CHOUSE, *subst.* (a nizy, a bubble.) *Niais, dupe, qui se laisse duper aisément.*
Chouse, (or trick.) *Tour, mauvais tour, fourberie.*
To put a chouse upon one. *Faire un tour à quelqu'un, le duper, le prendre pour dupe.*
To CHOUSE, *v. act.* (to cozen.) *Duper, tromper, fourber, prendre pour dupe.*
CHOUSED, *adj. Dupé, trompé.*
CHOUSING, *subst. L'action de duper, de tromper, de fourber.*
† To CHOWTER, *v. neut. Murmurer, grommeler, gronder.*
That child does nothing but chowter. *Cet enfant ne fait que grommeler.*
CHOWTERING, *s. L'action de murmurer, de grommeler ou de gronder.*
CHRISM, *s.* (a kind of hallowed ointment used by Roman Catholicks.) *Chrisme, huile sacrée dont se servent les Catholiques Romains.*
CHRISMATORY, *s.* (the vessel wherein the holy oil is kept.) *Le vase où l'on tient le chrême ou l'huile sacrée.*
CHRISOM, *s.* (or chrisom cloth.) *Chrémeau, toile dont on enveloppe la tête d'un enfant nouveau baptisé.*
R. In the bills of mortality, those are called chrisoms that die within the month of birth, because during that time they use to wear the chrisom-cloth. *Dans la liste des morts, (qui se publie toutes les semaines,) on appelle* Chrisoms *les enfants qui meurent pendant les couches de leurs meres; c'est-à-dire, avant que le mois soit expiré, parce qu'ils ont accoutumé de porter pendant ce temps-là ce linge blanc qu'on nomme* Chrisom-cloth.
Chrisom-calf, (a word used in some parts of England, to say a calf that is killed before it is a month old.) *C'est un mot dont on se sert en quelques endroits d'Angleterre, pour dire un veau qu'on tue avant qu'il ait un mois.*
CHRIST, *s.* (the Saviour of the world.) *Christ, le Sauveur du monde.*
Christ-cross-row or criss-cross-row. *Croix de par Dieu, l'a b c, l'alphabet.*
Christ-thorn or white-horn. *Aubépine.*
CHRISTAL. *V.* Crystal.
To CHRISTEN, *verb. act.* (or baptize.) *Baptiser.*

To

CHR

To christen a child. *Baptiser un enfant.*
CHRISTENDOM, *s. chrétienté.*
CHRISTENED, *adject. (from to Christen.) Baptisé.*
CHRISTENING, *s. L'action de baptiser, Baptême.*
A private Christening. *Baptême domestique.*
The Christening day. *Jour de baptême.*
To make a great Christening. *Célébrer un Baptême avec de grandes réjouissances.*
CHRISTIAN-NAME *s. Nom de Baptême, le nom que l'on donne à l'enfant dans son baptême.*
CHRISTIAN, *s. Un Chrétien, une Chrétienne.*
To turn, to become a Christian. *Se faire chrétien, je convertir au Christianisme.*
Bon-christian pear. *Poire de bon chrétien.*
Court-Christian. *V. Court.*
Christian, *adj. Chrétien.*
The Christian Religion. *La Religion Chrétienne.*
CHRISTIAN-BURIAL. *V. Burial.*
CHRISTIANISM, } *s. Christianisme ou*
CHRISTIANITY, } *Religion Chrétienne.*
The Christianity of his death. *La manière chrétienne dont il mourut.*
To CHRISTIANIZE, *verb. act. (or convert to Christianity.) Faire chrétien, convertir.*
CHRISTIANLY, *adv. Chrétiennement, en chrétien, d'une manière chrétienne.*
CHRISTMAS, *s. Noël.*
It is but three weeks to Christmas. *Il n'y a plus que trois semaines d'ici à Noël.*
Christmas-day. *Le jour de Noël.*
Christmas-holy days. *Les fêtes de Noël.*
Christmas-box. *Tire-lire de fer blanc; étrennes.*
I gave him ten shillings for his christmas-box. *Je lui ai donné dix schellings pour ses étrennes.*
Christmas-porridge, (or plum-porridge.) *Potage de Noël: c'est un potage que les Anglois font le jour de Noël.*
Christmas-pies, (or Mince-pies.) *Pâtés de Noël: ce sont des pâtés qu'on mange aux fêtes de Noël en Angleterre, & qui se font de viande hachée fort menue, de raisins de Corinthe, de sucre, d'écorce d'orange & de limon candi.*
Christmas-flower. *V. Hellebore.*
CHROMATICK, *adj. Chromatique.*
Exemp. Chromatick musick, (or pleasant musick.) *Musique chromatique ou agréable.*
CHRONICAL, } *adject. Chronique.*
CHRONICK, }
Ex. Chronical diseases, (that come at certain times by fits.) *Maladies chroniques, qui reviennent en certain temps.*
CHRONICLE, *subst. (a sort of history.) Chronique, annales, sorte d'histoire.*
The ancient chronicles of France. *Les vieilles chroniques de France.*
The book of chronicles in the old Testament. *Le livre des chroniques dans le vieux Testament.*
To CHRONICLE, *verb. act. (to record in history.) Mettre dans les chroniques, rapporter.*
Chronicled, *adj. Mis dans les chroniques ou dans les annales, rapporté.*
CHRONICLER, *s. (he that writes chronicles.) Auteur de chroniques, Chroniqueur.*
CHRONOGRAM, *subst. Chronogramme,*

CHR CHU

inscription dans laquelle les lettres numérales font la date d'un événement.
CHRONOGRAMMATIST, *s. Faiseur de chronogrammes.*
CHRONOLOGER, *s. Un Chronologiste, un savant dans la science des temps.*
CHRONOLOGICAL, *adj. Chronologique, qui regarde la chronologie.*
CHRONOLOGIST. *V. Chronologer.*
CHRONOLOGY, *s. (the art of computing the times.) Chronologie, la doctrine des temps.*
CHRONOMETER, *subst. Chronomètre, instrument pour mesurer le temps.*
CHRYSALIS, *s. Chrysalide, nymphe, en parlant des insectes.*
CHRYSOCOL. *V. Borax.*
CHRYSOLITE, *s. (a kind of transparent precious stone, of a golden colour.) Chrysolite, sorte de pierre précieuse de couleur d'eau, & transparente.*
CHRYSOPHRASUS, *s. (a precious stone, that yields a golden lustre.) Chrysophrase, sorte de pierre précieuse de couleur d'or.*
CHRYSTAL. *V. Crystal.*
Nota. CH se prononce K, dans Chrism & dans tous les mots qui le suivent jusqu'ici.
CHUB, *subst. (a sort of fish.) Chabot, sorte de poisson.*
Chub, (or jolt-head.) *Grosse tête.*
Chub, (or a clown.) *Un paysan, un homme grossier, un rustre.*
He is a short thick fat chub, as round as a foot-ball. *C'est un petit ragot graffouillé, rond comme une boule.*
Chub-cheeked, (having full cheeks.) *Joufflu.*
CHUCK, *s. (a stroke under the chin.) Un coup sous le menton.*
To give one a chuck under the chin. *Donner un coup sous le menton à quelqu'un.*
Chuck-farthing, (a boyish play.) *Fossette, jeu d'enfant.*
To CHUCK under the chin, *verb. act. Donner un coup sous le menton.*
To chuck, *v. neut. (as a hen.) Chanter comme une poule.*
To CHUCKLE, *v. neut. (or break out now and then into laughter.) Rire d'un ris interrompu, éclater de rire de temps en temps.*
CHUFF, *subst. (or country-clown.) Un paysan, un villageois, un rustre, un rustaud.*
CHUFFILY, *adv. Rudement, grossièrement.*
CHUFFINESS, *s. Grossièreté.*
CHUFFY, *adj. (or clownish.) Grossier, rustique, paysan.*
† CHUM, *s. Tabac à mâcher.*
† CHUMP, *subst. (a piece of wood.) Une piece de bois.*
CHURCH, *s. (a place for divine service.) Église, lieu destiné au service divin.*
A parochial, cathedral or collegiate Church. *Église paroissiale, cathédrale ou collégiale.*
A Church, (or congregation of Christians.) *Une Église ou assemblée de Chrétiens, sous la conduite des pasteurs légitimes.*
The catholick or universal Church. *L'Église catholique ou universelle.*
The Roman and Greek Churches. *L'Église Romaine & la Grecque.*
The reformed Churches. *Les églises réformées.*
Church is done. *On sort de l'Église.*
Prov. The nearer the church, the further

CHU

from God. *Près de l'Église, loin de Dieu.*
Prov. Where God has a church, the devil will have a chapel. *En quelque lieu que Dieu ait une Église, le diable veut avoir une chapelle.*
A Church-man or Clergy-man. *Un homme d'Église.*
A church-man, (or son of the Church of England.) *Un membre de l'Église Anglicane.*
A Church-woman. *Une femme de l'Église Anglicane.*
Church-ale. *Fête de la dédicace d'une église.*
Church-attire. *Ornement de ceux qui officient.*
Church-authority. *Puissance Ecclésiastique.*
Church-yard. *Cimetière.*
A church-yard cough. *Une toux de renard, qui mène au terrier.*
Church-porch. *Porche ou portique d'église.*
Church-book. *Baptistère.*
Church-time. *Temps d'aller à l'Église.*
Church-lands. *Biens d'Église.*
Church-robber. *Sacrilège, celui qui commet un sacrilège.*
Church-robbing. *Sacrilège, larcin des choses saintes dans un lieu sacré.*
Church-chopper. *Un révolté.*
Church-rat. *Un rat d'église.*
Church-warden, (anciently Church-reeve.) *Un Marguillier, un Ancien du Consistoire, un Ancien.*
Church-wardenship. *L'emploi d'un Marguillier ou d'un Ancien d'église.*
To CHURCH a woman. *v. act. Relever une femme, rendre graces à Dieu pour une femme qui est relevée de couches.*
CHURCHED, *adj. Relevée de couches.*
She his churched. *Elle est relevée de couches.*
She will be churched to-morrow. *Elle relevera demain, elle recevra la bénédiction de l'église après être relevée de ses couches.*
CHURCHING, *s. Relevailles, l'action de rendre graces à Dieu pour une femme qui a fait ses couches.*
* CHURCH-REEVE. *V. Church-warden.*
CHURL, *s. (or country-bumpkin.) Un paysan, un rustaud, un homme rustre, un rustre.*
Prov. To put a churl upon a gentleman, (to drink bad liquor after good.) *Boire de méchante boisson après en avoir bû de bonne.*
A churl, (or covetous hunks.) *Un avare, un taquin, un ladre, un pincemaille, un arabe.*
CHURLISH, *adj. (clownish.) Rustique, incivil, grossier, brutal.*
CHURLISHLY, *adv. Rustiquement, grossièrement, incivilment, brutalement.*
CHURLISHNESS, *sub. Rusticité, incivilité, humeur rustique, incivile ou brutale, brutalité.*
CHURME, *s. Bruit confus, criaillerie.*
CHURN, *subst. Baratte, le baril qu'on remplit de crème pour en faire du beurre.*
Churn-staff. *Batte à beurre.*
To CHURN, *v. act. Battre la crème pour en faire du beurre.*
To CHUSE, } *verb. act. (to make a*
To CHOOSE, } *choice or to take one's choice.) Choisir, faire choix, élire.*

To chuse a magistrate from among the Citizens. *Choisir ou élire un Magistrat d'entre les Bourgeois.*
Chuse which you please. *Choisissez lequel vous voudrez.*
You will always pick and chuse. *Vous voulez toujours choisir.*
Chuse you, whether you had rather have me your friend, than your foe. *Voyez si vous aimez mieux que je sois votre ami que votre ennemi.*
Would I were to chuse. *Plût à Dieu que cela fût à mon choix!*
We may chuse. *C'est à notre choix de le faire ou de le laisser.*
He has chosen to interpret it all to the best advantage. *Il a mieux aimé lui donner un sens favorable.*
Chuse then. *Laissez-le donc.*
Let him chuse whether he will or no. *Qu'il le laisse, s'il veut.*
He cannot chuse but be miserable. *Il ne peut qu'être misérable; quoi qu'il fasse, il sera toujours misérable.*
I cannot chuse but weep. *Je ne puis que pleurer, je ne saurois retenir mes larmes ou m'empêcher de pleurer.*
It could not chuse but be a scandal to the Jews. *Les Juifs ne pouvoient qu'en être scandalisés.*
To chuse King and Queen. *Faire les Rois.*
I will do that to chuse. *Je le ferai exprès.*
To chuse rather. *Aimer mieux prendre le parti de.*
To chuse OUT, (or to call.) *Trier, choisir, prendre.*
CHUSER }
CHOOSER } *subst. Celui ou celle qui choisit.*
Prov. Beggars must not be chusers. *Ne choisit pas qui mendie ou qui emprunte.*
CHUSING, }
CHOOSING, } *s. L'action de choisir, &c.*
V. to Chuse. *Choix.*
This was of your own chusing. *C'étoit votre choix, c'est vous-même qui l'avez choisi.*
CHYLACEOUS, *adject. qui appartient au chyle.*
CHYLE, *s.* (the white juice of digested meat.) *Chyle, le suc auquel se change la viande après la première coction dans l'estomac.*
CHYLIFACTIVE, }
CHYLOPOETICK, } *adj. Qui forme le chyle.*
CHYLIFICATION, *s. Chylification.*
CHYLOUS, *adj. De chyle.*
CHYMICAL, }
CHYMICK, } *adj. Chimique, de chimie, qui appartient à la chimie.*
A chymical Doctor, (a Physician that uses much chymistry.) *Un Médecin chimique.*
A chymical discourse. *Un discours de chimie.*
CHYMIST, *s. Chimiste,* qui sait ou qui exerce la chimie.
CHYMISTRY, *subst. La Chimie.*
To CHYN, *v. act. Fendre.*
Remarque sur CI.
Cette syllabe, étant suivie d'une voyelle, se prononce en anglois à peu près comme chi. Artificial, *artificiel*; Physician, *Médecin*; precious, *précieux*; sociable, *sociable*; ancient, *ancien*, vieux. Il en faut excepter society, *société*, où le c se prononce presque tout de même qu'en françois.

CIBOL, *subst.* (a sort of small onion.) *Ciboule.*
CICATRICE, }
CICATRIX, } *s.* (or scar.) *Cicatrice, la marque d'une plaie.*
CICATRIZATION, *subst. L'action de cicatriser.*
To CICATRIZE, *v. act.* (to close up, speaking of a wound.) *Cicatriser une plaie, réunir de telle sorte les chairs qui en ont été séparées, qu'il y ait une petite peau qui les recouvre.*
Cicatrized, *adj. Cicatrisé.*
CICERONIAN, *adj. Cicéronien.*
A Ciceronian style. *Un style Cicéronien, pur, élégant.*
CICH, *subst.* (or cich-pease.) *Pois chiche.*
Little ciches. *Gesses.*
CICHORACEOUS, *adj.* (having the quality of succory.) *Chicoracée,* terme de botanique.
CICISBEO, *subst. Un galant, celui qui fait sa cour à une femme.*
CICORY, *s. V. Succory.*
To CICURATE, *v. act. Apprivoiser.*
CIDER, *s.* (a drink made of apples.) *Cidre, boisson qui se fait de pommes écrasées sous la meule.*
A cider-house. *Cabaret à cidre, maison où l'on fait & où l'on vend le cidre.*
A cider-man. *Un vendeur de cidre.*
CIDERIST, *s. Faiseur de cidre.*
To CIEL, *v. act. V.* to Ceil.
CIFLING, *s. Plafond, lambris.*
CILERY, *subst.* (or foliage wrought on the heads of pillars.) *Feuillage, ornement d'architecture.*
CILIARY, *adject. Qui appartient aux paupières.*
CILICIOUS, *adj. Fait de crins.*
CIMBAL. *V. Cymbal.*
CIMETER. *V. Simitar.*
CINCTURE, *subst.* (or girdle.) *Ceinture.*
The cincture of a pillar. *La ceinture d'une colonne.*
CINDERS, *s. Fraisil, charbon de terre éteint & à demi-consumé.*
CINDER-WOMEN, *s. C'est ainsi qu'on appelle les femmes qui ramassent le fraisil qu'on jette avant que d'être tout-à-fait consumé.*
† A cinder-woman. *Une femme de néant.*
CINERATION, *s. Cinération,* terme didactique.
CINERITIOUS, *adj. Qui a la forme de cendres,* ou qui est en cendres.
CINGLE, *s.* (a girt for a horse.) *Une sangle.*
CINNABAR, *s. V. Cinoper. Cinabre.*
CINNAMON, *s.* (the inward bark of an Indian tree.) *Seconde écorce d'un certain arbre des Indes. Cinnamome, cannelle.*
Cinnamon-tree. *Cannellier, arbre qui produit la cannelle.*
CINOPER, *s.* (vermillion or red lead.) *Cinabre ou vermillon.*
CINQUE, *s.* (at dice or cards.) *Un cinq,* aux dés ou aux cartes.
Cinque, *adj. Ex.* The cinque-ports. *Les cinq ports d'Angleterre du côté de la France, savoir Hastings, Douvres, Hithe, Rumney & Sandwich.*
CINQUEFOIL, *subst.* (a sort of herb.) *Quinte-feuille, sorte d'herbe dont les feuilles sont blanches, jaunes ou rouges, & attachées cinq à cinq.*
CION, *subst.* (or graft.) *Un scion, un rejeton, une greffe.*

CIPERUS, *subst.* (a sort of bulrush.) *Souchet, espece de jonc.*
CIPHER, *s.* (or number.) *Chiffre, marque d'arithmétique qui vaut un certain nombre.*
Cipher, (a secret character.) *Chiffre, caractère secret.*
Cipher, (or nothing.) *Un zéro.*
To learn ciphers. *Apprendre le chiffre.*
† To stand for a cipher. *Être un zéro en chiffre.*
To CIPHER, *v. act.* (to cast accounts.) *Chiffrer, calculer, supputer.*
Ciphered, *adject. Chiffré, calculé, supputé.*
CIPHERING, *sub. Calcul, supputation, action de chiffrer.*
CIPRESS, *s. Sorte de crêpe de soie.*
CIRCLE, *subst. Cercle, circonférence, rond.*
The circles of a sphere or globe. *Les cercles d'une sphère ou d'un globe.*
A circle of fine ladies. *Un cercle de belles dames.*
The empire of Germany is divided into ten Circles. *L'Empire d'Allemagne est divisé en dix Cercles.*
Circle-wise. *Circulaire, en rond, en forme de cercle.*
To CIRCLE, *v. act. Mouvoir en rond, entourer, enfermer, confiner.*
To circle, *verb. neut. Tourner, se succéder.*
CIRCLET, *subst.* (a ring to put dishes or plates upon.) *Cercle, porte-assiette.*
CIRCUIT, *s.* (or compass.) *Un circuit, contour, un tour.*
Circuit. *Département.*
A Judge in a circuit. *Juge ambulant, qui va de province en province pour administrer la Justice.*
R. Suivant les loix d'Angleterre, les douze Juges de ce royaume vont deux fois l'année dans les provinces pour y administrer la Justice, en vertu de leurs commissions, chacun dans son département; & c'est ce qui s'appelle to go the circuit.
To CIRCUIT, *verb. neut. Se mouvoir circulairement.*
CIRCUITEER, *subst. Qui parcourt un cercle.*
CIRCUITION, *s. Circuit.*
CIRCULAR, *adject.* (or round.) *Circulaire, rond.*
A circular motion. *Un mouvement circulaire.*
CIRCULARLY, *adv. Circulairement.*
To CIRCULATE, *v. neut. Circuler, se mouvoir en rond.*
The blood does always circulate. *Le sang ne soit que circuler.*
Money does not circulate. *L'argent ne circule ou ne roule pas.*
Circulated, *adj. Circulé.*
CIRCULATION, *s. Circulation.*
The circulation of the blood. *La circulation du sang, le mouvement que fait le sang des arteres dans les veines, & des veines dans les arteres.*
CIRCULATORY, *adj. Circulatoire.*
Circulatory letters. *Des lettres circulaires.*
CIRCUMAMBIENT, *subst.* (or encompassing.) *Qui entoure ou environne.*
To CIRCUMAMBULATE, *verb. act. Se promener autour.*
To CIRCUMCISE, *v. act. Circoncire.*
To circumcise a child. *Circoncire un enfant.*
Circumcised.

Circumcised, adj. Circoncis.
The child was circumcised. L'enfant fut circoncis.
CIRCUMCISER, subst. Celui qui circoncit.
CIRCUMCISION, s. Circoncision.
The mystery of circumcision. Le mystere de la Circoncision.
To CIRCUMDUCT, verb. act. Annuller.
CIRCUMDUCTION, sub. L'action d'annuller.
CIRCUMFERENCE, s. (or compass.) Circonférence, ligne ronde qui termine un cercle tout autour. Contour, circuit, périphérie.
To draw a line from the center to the circumference. Tirer une ligne du centre à la circonférence.
CIRCUMFLEX, subst. (a sort of accent.) Un circonflexe, un accent circonflexe (^).
CIRCUMFLUENT,
CIRCUMFLUOUS, adject. Qui coule autour, qui environne d'eau.
To CIRCUMFUSE, v. act. Répandre tout autour.
CIRCUMFUSED, adject. Répandu tout autour.
CIRCUMFUSION, s. L'action de répandre tout autour.
To CIRCUMGYRATE, v. act. Rouler.
CIRCUMGYRATION, subst. (or turning about.) Tournoiement.
CIRCUMJACENT, adj. Situé autour.
CIRCUMITION, subst. L'action d'aller autour.
CIRCUMMURED, adj. Muré autour.
To CIRCUMNAVIGATE, v. act. Naviguer autour.
CIRCUMNAVIGATION, subst. L'action de naviguer autour.
CIRCUMLOCUTION, subst. (as when one word is expressed by many.) Circonlocution, périphrase.
To CIRCUMSCRIBE, v. act. (to limit or bound.) Circonscrire, borner, limiter, déterminer, fixer, régler.
Circumscribed, adj. Circonscrit, borné, limité, déterminé, fixé, réglé.
CIRCONSCRIPTION, subst. Circonscription.
CIRCUMSPECT, adj. (or wary.) Circonspect, sage, prudent, avisé, réservé.
CIRCUMSPECTION, s. (or wariness.) Circonspection, prudence, précaution, retenue, réserve.
He does nothing without a great deal of circumspection. Il fait toutes choses avec beaucoup de circonspection.
CIRCUMSPECTIVE, adject. Voy. Circumspect.
CIRCUMSPECTLY, adv. (or warily.) Avec circonspection, retenue ou précaution ; sagement, prudemment.
CIRCUMSPECTNESS. Voyez Circumspection.
CIRCUMSTANCE, subst. Circonstance, partie claire du temps, du lieu, &c.
A sad circumstance. Une circonstance fâcheuse.
To mind the circumstances of the time. S'arrêter aux circonstances du temps.
A fact set out in all its circumstances. Un fait bien circonstancié.
One's circumstances, (state or condition.) L'état ou la condition d'une personne.
Being under those circumstances. Étant dans cet état.
CIRCUMSTANCED, adj. Circonstancié.

A fact well circumstanced. Un fait bien circonstancié.
Being thus circumstanced, (or under those circumstances.) Me trouvant dans cet état.
CIRCUMSTANTIAL, adj. Accessoire, qui n'est pas essentiel.
A circumstantial mistake. Une erreur dans les circonstances.
CIRCUMSTANTIALLY, adv. Selon les circonstances, accidentellement, exactement.
To CIRCUMSTANTIATE, v. act. (to describe a thing with its circumstances.) Circonstancier une chose, en expliquer les circonstances & les particularités.
Circumstantiated, adj. Circonstancié.
CIRCUMVALLATION, s. Circonvallation, terme de fortification.
The lines of circumvallation in a siege. Les lignes de circonvallation dans un siège, lignes pour défendre le camp contre les ennemis.
To CIRCUMVENT, v. act. (or deceive.) Circonvenir, surprendre, tromper, abuser, user de supercherie.
Circumvented, adject. Circonvenu, surpris, trompé, abusé.
CIRCUMVENTING,
CIRCUMVENTION, subst. Circonvention, surprise, tromperie, supercherie, l'action de surprendre, &c. Voyez to Circumvent.
To CIRCUMVEST, v. act. Envelopper.
To CIRCUMVOLVE, v. act. Rouler.
CIRCUMVOLUTION, sub. (or turning about.) Circonvolution, tour, circuit.
CIRCUS,
CIRQUE, subst. (a round place or list for publick exercises in old Rome.) Cirque, lieu de figure ovale à Rome, où, du temps des anciens Romains, on faisoit des jeux & des courses, &c.
CISARS,
CISERS, subst. Ciseaux.
A good pair of sisars. Une bonne paire de ciseaux.
CISALPINE, adj. Deçà les Alpes.
CIST, subst. Tégument, terme d'Anatomie.
CISTERCIANS, s. (a sort of monks.) Ordre ou Moines de Citeaux.
CISTERN, s. (a receptacle of rain-water for domestick uses.) Une citerne, un réservoir d'eau de pluie.
Cistern, (a vessel commonly made of lead, to hold a good stock of water for household uses.) Une fontaine.
A cistern, (in a dining-room to put bottles in.) Cavette.
† CIT, subst. (or citizen.) Un bourgeois.
CITADEL, subst. (a castle or fortress of a city, either to awe or defend it.) Citadelle, fort bâti sur le terrain le plus avantageux de l'enceinte d'une ville, pour la tenir en bride ou pour la défendre.
CITAL,
CITATION, sub. (or summons.) Citation, assignation, ajournement.
Citation, (or quoting.) Citation, allégation.
To CITE, v. act. (or summon.) Citer, assigner, ajourner.
To cite, (or quote.) Citer, alléguer, apporter quelques passages d'auteurs pour confirmer ce que l'on avance.
Cited, adj. Cité, assigné, ajourné ; cité, allégué.
CITESS, s. Une Bourgeoise.
CITHERN or Sistrum, (a musical instru-

ment.) Cistre, instrument de musique qui a quelque chose du luth, & qui est fort commun en Italie.
CITING, s. L'action de citer, &c. Voy. to Cite ; citation, ajournement, assignation, citation d'un passage, &c.
CITIZEN, subst. (from city.) Bourgeois, citoyen.
The citizens of London. Les citoyens de Londres.
The citizens of old Rome. Les citoyens de l'ancienne Rome.
A fellow citizen. Concitoyen, citoyen ou bourgeois d'une même Ville.
Citizen like. Qui sent son bourgeois, en bourgeois, comme un bourgeois.
CITRINE, adject. Citrin, de couleur de citron.
Citrine, s. Sorte de cristal.
CITRON, s. Limon, fruit de limonier. Citron.
Citron-tree. Citronnier, limonier, arbre.
Citron-water. Citronelle.
Citron-colour. Couleur de citron.
CITRUL, s. (a kind of cucumber of a citron-colour.) Citrouille, espece de grosse courge.
CITY, s. Ville, Cité, Ville Épiscopale.
A chief (or mother) City. Ville capitale ou Métropolitaine.
The city of London. La ville de Londres.
R. It is observable, that though the word CITY be properly and distinctly used for a Bishop's see, yet we say, the Town of Ely, though an Episcopal see, and the City of Westminster, which is no Bishop's see. On doit remarquer, que, quoiqu'on ne donne en Anglois le nom de CITY qu'aux villes Épiscopales, on ne laisse pourtant pas de dire, the town of Ely, où il y a un Évêque, & au contraire on dit, the City of Westminster, quoique cette dernière n'ait point d'Évêché.
The freedom of a City. Le droit de bourgeoisie.
City-life. Vie qui se passe dans l'embarras des affaires, par opposition à la tranquillité d'une vie champêtre.
To love a city-life. Se plaire dans les grandes villes.
To live a city-life. Vivre comme on fait dans les villes, passer sa vie parmi l'embarras d'une grande ville.
CIVES,
CHIVES, s. (a kind of onions.) Ciboules, herbes potagères.
CIVET, subst. (a sweet powder.) Civette, sorte de bonne odeur.
CIVICK, adj. Civique.
A civick crown made of oaken boughs, which amongst the Romans was bestowed upon him who had saved a citizen's life. Couronne civique, faite de branches de chêne, qu'on donnoit parmi les Romains à celui qui avoit sauvé un citoyen.
CIVIL, adj. (or courteous.) Civil, honnête, obligeant, poli, galant, qui sait son monde.
Civil, (honest or chaste.) Honnête, chaste.
Civil, (or politick.) Civil.
A civil war. Une guerre civile ou intestine.
A civil or military life. Vie civile ou militaire.
CIVILIAN, subst. (a Doctor or a man skilled in the civil Laws.) Un docteur ou un homme savant en Droit civil, un Jurisconsulte, un Avocat.

CIVILITY,

CIVILISATION, f. L'action de rendre civile une cause criminelle.
CIVILITY, f. Civilité, politesse, honnêteté, urbanité : ce dernier mot signifie une raillerie ingénieuse, agréable & polie, une civilité galante.
CIVILIZATION, f. Civilisation, l'action de civiliser, ou état de ce qui est civilisé.
To CIVILIZE, verb. act. (to make civil or to polish.) Civiliser, rendre civil, honnête ou poli, humaniser, cultiver ou polir les mœurs.
Civilized, adject. Civilisé, poli, humanisé, &c.
A civilized nation. Un peuple civilisé, une nation civilisée.
CIVILIZER, f. Celui qui civilise, &c. The Romans, who boasted to be the civilizers, were indeed the corrupters of mankind. Les Romains, qui se vantoient de civiliser les hommes, ne faisoient dans le fond que les corrompre.
CIVILLY, adv. Civilement, honnêtement, galamment, obligeamment, poliment.
CIZARS, Cisars, &c. V. Scissars.
CIZE. V. Size.
CLACK, f. V. Mill-clack.
† To set one's clack (or tongue) a going. Se mettre à parler ou faire parler.
† Will that perpetual clack never lie still? Ne cessera-t-il jamais de parler?
To CLACK, v. n. (to make a noise like a mill-clack.) Cliqueter, claquer.
To clack, (or snap.) Claquer, faire du bruit.
To clack wool, v. a. (to cut off the sheep's mark.) Couper la marque des brebis.
CLACKER, f. Cliquette. V. Clicket.
CLACK-GOOSE. V. Barnacle.
CLACKING, f. Bruit que l'on fait en claquant, cliquetis.
CLAD, adj. (or cloated.) Habillé, vêtu, couvert, mis.
Richly clad. Richement habillé.
CLAIM, subst. (demand, challenge.) Prétention, droit qu'on prétend avoir sur quelque chose.
To lay claim to a thing. Prétendre à quelque chose, former des prétentions sur une chose, la demander en vertu de son droit, prétendre à une chose, ou en termes de Droit, vendiquer une chose ou la revendiquer.
They all laid claim to this one common title of being his disciples. Ils se disoient tous ses disciples.
To CLAIM, verb. act. (or lay claim to.) Prétendre, avoir des prétentions sur quelque chose, la demander, vouloir se l'approprier, la réclamer.
He claims it. Il y prétend.
To claim (or challenge) one's promise. Sommer quelqu'un de sa promesse.
To claim AGAIN. Redemander, réclamer.
Claimed, adj. Sur quoi l'on a formé des prétentions, &c.
CLAIMANT, } subst. Celui ou celle qui
CLAIMER, } prétend à quelque chose, &c.
CLAIMING, subst. Prétention, l'action de prétendre, &c. V. to Claim.
CLAIR-OBSCURE, subst. Clair-obscur, terme de Peinture.
To CLAMBER, v. neut. (or clamber up.) Grimper, monter.
CLAMBERING, subst. L'action de grimper ou de monter.
To CLAM, verb. act. (or starve.) Affamer, faire mourir de faim.
Clammed, adj. Qui meurt de faim, affamé.
To CLAMBER, &c. V. to Clamber, &c.

CLAMMINESS, f. Qualité gluante ou visqueuse.
CLAMMY, adj. Gluant, visqueux, qui s'attache aux doigts, pâteux.
Pitch is clammy. La poix est gluante.
A clammy mouth. Une bouche pâteuse.
CLAMOROUS, adj. (or noisy.) Qui se fait avec bruit ou qui fait beaucoup de bruit.
CLAMOUR, subst. (noise or bruit.) Bruit, clameur, cri.
What is all this clamour for? Que veut dire tout ce bruit?
To CLAMOUR, verb. neut. Crier, faire du bruit, faire des clameurs.
To clamour against a thing. Se récrier contre quelque chose.
To CLAMP, v. act.
To clamp a beam. Jumeler un bau, ou le fortifier à son milieu par une piece en maniere de jumelle, lorsqu'il est foible ou rompu.
CLAMPS, subst. plur. (a ship-building word.) Clamps, terme de construction, banquieres.
Clamps. Ferrures d'affût, plates-bandes d'affût. V. Cap-squares.
Clamps, (to fasten the masts or bowsprits of small vessels, or boats.) Cellier de mât, dans les chaloupes ou petits bâtiments.
Hanging-clamps. Galoches de fer.
CLAN, f. (a family or tribe in Scotland.) Famille Écossoise, Tribu.
Epicurus and all his clan, (or sect.) Épicure & tous ses sectateurs ou toute sa secte.
† To CLAN together, v. neut. (or cabal.) Cabaler, faire un parti.
CLANCULAR, } adject. (secret and
CLANDESTINE, } close.) Clandestin, caché, secret, qui se fait en secret.
A clandestine design. Un dessein clandestin, de sourdes pratiques ou menées.
CLANDESTINELY, adv. Clandestinement, secretement.
To CLANG, v. n. (to sound as a trumpet.) Sonner, en parlant d'une trompette. Faire du bruit, du tapage.
CLANGOUR, f. (sound of a trumpet.) Son d'une trompette.
CLANIACKS, subst. (a sort of monks.) Moines de l'Ordre de Clugny.
CLANK, f. (or noise of fetters and irons.) Cliquetis, le tintement, le bruit des fers qui s'entre-choquent.
To CLANK, v. n. Tinter, faire du bruit.
CLAP, subst. (or crack.) Bruit ou éclat. The door gave a great clap. La porte fit un grand bruit.
A clap of thunder, (or a thunder-clap.) Un éclat de tonnerre.
Clap, (or blow.) † Tape, coup.
To give one a clap on the breech. Donner une tape sur les fesses à quelqu'un.
At one clap, (or at once.) Tout d'un coup, tout d'un train, tout de suite, tout d'une venue.
A clap, (a venereous disease.) Gonorrhée.
To CLAP, v. act. (or strike.) Battre, frapper, † taper ou tapoter.
To clap (or flutter) the wings. Battre des ailes.
To clap one's thighs. Frapper quelqu'un sur la cuisse.
To clap one's hands, (or applaud.) Battre ou frapper des mains, applaudir.
To clap an actor on the stage. Applaudir à un acteur qui joue un rôle dans une piece de théâtre.
To clap at a play. Faire le brouhaha.

They clapt his wit. Ils applaudissoient à son esprit.
He will clap what bias he pleases upon the proposition. Il donnera le tour qu'il voudra à la proposition.
To clap (or join) a thing on or to another. Plaquer une chose à une autre, la mettre, la joindre, l'appliquer à une autre.
To clap a piece on an old suit. Mettre, coudre une piece à un habit vieux.
To clap one's hand upon one's breast. Mettre, porter la main sur la poitrine.
To clap a lock on the door. Mettre une serrure à la porte.
To clap one, (to give him a venereous disease.) Donner la vérole à quelqu'un, † le poivrer.
To clap, v. n. (or clash.) Claquer, faire un bruit.
I shall clap a writ (or action) on his back. Je le ferai arrêter, je le ferai venir en Justice.
To clap on all the sails. Charger toutes les voiles.
To clap IN, v. act. Pousser, faire entrer, cogner.
To clap in, v. neut. Se jetter avec violence ou avec impétuosité.
To clap one's knees close to the horse's sides. Serrer un cheval du genou.
To clap spurs TO one's horse. Piquer ou pousser son cheval.
To clap the door to. Fermer la porte avec quelque violence.
To clap UP a peace. Faire une paix fourrée.
To clap up an agreement. Faire une cotte m. l taillée.
To clap up a bargain. Arrêter un marché, faire un marché.
To clap (or wrap) up together. Empaqueter, lier ensemble.
To clap one up in prison. Emprisonner quelqu'un, le mettre en prison, † le claquemurer.
CLAPBOARD, f. (a board cut in order to make casks or vessels.) Douve, planche préparée pour faire de la futaille.
CLAPPLD. V. Clapt.
CLAPPER, f. (that claps his hands for joy.) Qui applaudit, approbateur.
The clapper or tongue of a bell, or a bell-clapper. Un battant de cloche.
The clapper of a mill. Traquet, claquet de moulin.
The clapper of a door. Marteau de porte.
To CLAPPERCLAW, verb. act. Quereller, dire des sottises.
CLAPPING, subst. L'action de latter, &c. V. to Clap.
A clapping of the wings. Un batement d'ailes.
A clapping for joy. Applaudissement ou battement des mains.
Clapping, (or stroking with the hand.) Caresse, comme quand on frappe l'agrément de la main, maniere de flatter les chevaux.
Clapt, prétérit & participe du verbe to Clap. V. to Clap.
CLARE-OBSCURE, f. (light and shade in painting.) Clair-obscur en peinture.
CLARENCEUX, } f. (a king at arms,
CLARENTIEUX, } in degree second to garter.) Nom affecté à un des Rois d'Armes d'Angleterre.
CLARET, subst. (or claret-wine.) Vin claret, vin rouge, vin de Bordeaux.
CLARICORD, subst. (a musical instrument so called.) Clavecin, sorte d'instrument de musique.

CLARIFICATION,

CLA   CLA   CLA   CLE

CLARIFICATION, *subst.* Clarification, l'action de clarifier une liqueur.
To CLARIFY, *v. act.* Clarifier, éclaircir, rendre clair.
To clarify sirup. *Clarifier du sirop.*
To clarify, *v. n. Se clarifier, s'éclaircir, devenir clair.*
It begins to clarify. *Il commence à se clarifier.*
Clarified, *adj. Clarifié, éclairci.*
CLARIFYING, *s.* L'action de clarifier, &c.
CLARION, *s.* (a sort of shrill trumpet.) *Clairon*, sorte d'instrument à vent qui sonne clair.
CLARITY, *s. Clarté.*
CLARK, &c. *V. Clerk, &c.*
CLARY, *subst.* (a sort of herb.) *Orvale*, sorte d'herbe.
CLASH, *subst.* (or noisy collision of two bodies.) *Choc, froissement, cliquetis, bruit de choses qui se heurtent.*
Clash, (dispute or debate.) *Démêlé, dispute, différent, opposition, contestation.*
To CLASH, *v. neut.* (or to beat against.) *Se choquer, s'entre-choquer, se froisser.*
To clash, (or make a noise.) *Faire un cliquetis ou un bruit*, comme font les choses qui s'entre-choquent, *résonner.*
To clash, (or disagree.) *Contester, disputer, ne pas s'accorder, se quereller, être opposé, s'entre-choquer, se contrecarrer, se contrarier, se choquer.*
Their swords clashed against one another. *Leurs épées s'entre-choquoient ou faisoient un cliquetis.*
These two parties do ever clash one against another. *Ces deux partis se querellent, s'entre-choquent incessamment, ils ne s'accordent jamais, ils se contrarient toujours.*
These two laws clash one with another. *Ces deux loix se choquent ou sont contraires.*
Your undertaking clashes with mine. *Votre entreprise se contrarie, est opposée à la mienne.*
To clash with one's self. *Se couper, se démentir, se contredire.*
CLASHING, *s.* L'action de se choquer, &c. *V. to Clash; choc, froissement.*
Clashing. *Bruit, cliquetis, son de choses qui s'entre-choquent.*
The clashing of arms. *Le cliquetis des armes.*
Clashing. *Contestation, opposition, dispute, démêlé.*
CLASP, *subst.* (a sort of buckle.) *Agraffe, boucle.*
The clasp of a book. *Fermoir de livre.*
A clasp (or tendrel) of a tree. *Un tendron, ce qu'il y a de plus tendre au bout des branches d'arbres au commencement du printemps, sur-tout à la vigne.*
To CLASP, *v. act.* (or buckle.) *Agraffer, attacher avec des agraffes.*
To clasp, (or embrace.) *Embrasser, environner.*
Clasped, *adject. Agraffé, embrassé, environné.*
Two hands joined and clasped together are a symbol of fidelity. *Deux mains jointes sont le symbole de la fidélité.*
CLASPER, *s. V. Tendrel.*
CLASPING, *subst.* L'action d'agraffer, &c. *V. to Clasp.*
Clasping, *adject. Qui embrasse, qui environne.*
CLASS, *s.* (or form in schools.) *Classe.*
Class, (or rank.) *Classe, rang, ordre.*

To CLASS, *verb. act. Ranger par classes selon une certaine méthode.*
CLASSICAL, ⎫
CLASSICK, ⎬ *adj. Classique.*
A classical author, (an author of good credit and authority in the schools.) *Un auteur classique, poli, excellent, qui doit servir de règle & de modèle pour parler ou pour écrire.*
CLASS. S. *V. Class.*
To CLATTER, *v. n.* (or make a noise.) *Faire du bruit, faire du fracas.*
To clatter, (or prattle.) *Causer, babiller, clabauder.*
To clatter, (or dispute.) *Se quereller, se chamailler.*
A clatter-coat. *Un causeur, un babillard, un clabaudeur, un criailleur.*
CLATTER, *s. Bruit, fracas, chamaillis, clabauderie.*
CLATTERING, *adject. Qui fait du bruit.*
To make a clattering motion with the feet. *Trépigner des pieds, battre des pieds.*
CLAVATED, *adj.* (or knobbed.) *Noueux.*
To CLAUDICATE, *v. n.* (halt or limp.) *Boiter.*
CLAUDICATION, *subst. Action de boiter.*
CLAVE, *c'est du prétérit du verbe to Cleave.*
CLAVELLATED *adj.* Fait avec du tartre brûlé.
CLAVER. *V. Clover.*
CLAVICLE, *subst. Clavicule.*
CLAUSE, *subst.* (an article of agreement.) *Une clause ou article d'un contrat contenant quelque condition.*
Clause, (or Sentence.) *Partie d'un discours.*
CLAUSTRAL, *adj.* (of or belonging to a cloister.) *Claustral, qui est de cloître.*
CLAUSURE, *s. Clôture.*
CLAW, *subst. Griffe, ongle crochu de certaines bêtes ou d'un oiseau de proie.*
The claws of a lion. *Les griffes d'un lion.*
The claws of a crab or lobster. *Les bras d'une écrevisse, d'un homard.*
The binder claws of a wild boar. *Les gardes d'un sanglier.*
† A claw back, (a flatterer.) *Un flatteur.*
To CLAW, *v. act.* (or scratch.) *Gratter, égratigner, déchirer.*
To claw, (or flatter.) *Flatter, cajoler, chatouiller.*
Prov. Claw me, claw thee. *Faites-moi un plaisir, & je vous en ferai un autre.*
To claw it OFF or to claw it AWAY, (to fall to it briskly.) *Faire diligence, se dépêcher, d'épêcher, expédier promptement une affaire.*
I clawed it off to day, (I worked very hard.) *J'ai bien travaillé, j'ai bien fait de la besogne aujourd'hui.*
To claw the victuals off. *Manger avidement ou à la hâte ou de bon appétit.*
His book is answered, and the author claws him off. *On a répondu à son livre, & l'auteur le déchire.*
I clawed him off, (I banged him soundly.) *Je l'ai rossé d'importance.*
He had a disease which he could never claw off. *Il avoit une maladie dont il ne put jamais bien guérir.*
I have had an ague, and I have not clawed it off yet. *J'ai eu la fièvre & je n'en suis pas encore quitte.*
Clawed, *adj. Gratté, égratigné, déchiré, &c. Qui a des griffes.*
To Claw off, *verb. act.* (A sea term.)

S'élever, s'éloigner d'une côte sur laquelle on étoit affalé, & gagner dans le vent en courant au plus près.
CLAY, *subst.* (potter's clay.) *Argile, glaise, terre glaise ou terre grasse, propre à faire des pots.*
Clay, (or dirt.) *De la boue, du limon.*
Man is but a lump of clay. *L'homme n'est qu'une masse de terre.*
Clay-marl. *Sorte d'argile.*
Clay-land. *Terre grasse.*
Clay-pit. *Endroit où il y a beaucoup d'argile, creux d'où l'on tire l'argile.*
CLAY-COLD, *adj. Froid comme la terre, sans vie, mort.*
To CLAY, *verb. act.* (to dawb with clay.) *Enduire d'argile, couvrir de boue.*
CLAYES, *subst. Claies.*
CLAYEY, ⎫
CLAYISH, ⎬ *adj. Argileux.*
CLEAN, *adj.* (pure or neat.) *Net, pur, clair, propre, blanc, poli.*
A clean glass. *Un verre net.*
A clean room. *Une chambre nette ou propre.*
Clean corn. *Du blé pur ou sans mélange.*
P. As clean as a penny. *Net comme un sou marqué.*
Clean water. *De l'eau claire ou nette.*
A clean shirt. *Une chemise blanche.*
Clean sheets. *Des draps blancs.*
A clean plate. *Une assiette blanche.*
To sweep clean. *V. to Sweep.*
To make clean. *Nettoyer.*
To wrap up a dirty story in clean linen. *Envelopper un conte, raconter une histoire faite en termes couverts.*
Clean, quite and clean. *Tout-à-fait, absolument.*
The clean contrary way. *A contre-sens, à rebours.*
CLEANLINESS, *s. Netteté, propreté.*
To love cleanliness. *Aimer la netteté ou la propreté.*
CLEANLY, *adject. Propre, qui aime la propreté.*
A cleanly man. *Un homme propre.*
Cleanly, *adv. Proprement, nettement.*
CLEANNESS, *s. Netteté, propreté.*
The cleanness of a glass. *La netteté d'un verre.*
Cleanness, (or neatness.) *Politesse, propreté, délicatesse.*
Cleanness (or pureness) of mind. *Pureté de l'âme, intégrité.*
To CLEANSE, *v. act. Purifier, nettoyer, écurer.*
To cleanse the blood. *Purifier le sang.*
To cleanse a well. *Ecurer un puits.*
Cleansed, *adj. Purifié, nettoyé, écuré.*
CLEANSER, *s. Qui purifie, qui nettoie.*
Purl is a cleanser of the blood. *La bière d'absinthe purifie le sang.*
A cleanser of wells. *Un écureur de puits.*
CLEANSING, *s.* L'action de purifier, &c. *V. to Cleanse.*
CLEAR, *adj. Clair*, dans tous ses sens.
A clear and open weather. *Un temps clair, un beau temps, un temps serein.*
Clear water. *De l'eau claire, eau qui n'est point troublée.*
A clear fire, sound, voice or sight. *Un feu clair, un son clair, une voix claire, une vue claire.*
A clear style. *Un style clair.*
A clear discourse. *Un discours clair, aisé, net, qui n'est point embrouillé.*
It is a clear case, it is clear that it is so, it is as clear as the day. *Cela est clair,*

CLE

clair, il n'est rien de plus clair, cela est auss. clair que le jour.
A clear estate, (an estate that has no clog upon it.) Un bien clair & net, un bien clair & liquide.
Clear, (without mixture.) Pur, sans mélange.
Clea. Net.
A clear conscience. Une conscience nette.
A clear head. Un esprit net.
Clear. Epuré, fin, pénétrant.
A clear reason. Une raison épurée.
A clear judgment. Un juste discernement, un goût fin.
A clear (or fair) complexion. Un beau teint, un teint délicat.
Clear, (or innocent.) Innocent.
I am clear from that crime. Je suis innocent de ce crime, je n'y ai aucune part, je n'en suis aucunement coupable.
A clear reputation. Une réputation qui n'est point tachée, ternie ou flétrie.
A house clear from infection. Une maison qui n'est point infectée.
To be clear in the world, to be clear from debt, (to owe nothing.) Ne devoir rien à personne.
A clear forehead. Un front serein.
A clear countenance. Un visage serain.
A clear coast. Côte saine & nette, en termes de marine, c'est-à-dire, côte sûre, sans aucuns bancs ni brisans.
Clear rope, (at sea, the contrary of foul.) Corde ou manœuvre dégagée, & dont rien n'embarrasse le mouvement.
To make a clear riddance. Se débarrasser tout-à-fait d'une affaire, ou bien mettre tout en ordre.
A clear title. Titre décisif.
It is all clear gain to me. C'est autant de gagné pour moi.
To make the house clear or to clear the house. Vider la maison, faire sortir le monde.
To get clear of the port. Sortir du Port.
Clear, adv. Tout-à-fait, entièrement.
I am clear against it. Je suis tout-à-fait porté contre cela, je m'y oppose.
To be clear out of love with one's self. Se déplaire entièrement.
To come off clear. Se tirer bagues sauves.
He came off clear from all imputations. Il s'est purgé, il s'est justifié des crimes dont on l'accusoit.
To keep clear from (to avoid) danger. Éviter le danger.
He carried it clear. Il l'a emporté de haute lutte.
Make your case clear. Éclaircissez bien votre affaire.
To stand clear. Faire place.
To leap clear over. Franchir le saut.
If the sun sets clear, it is a sign of fair weather. Si le soleil est beau en se couchant, c'est signe qu'il fera beau temps.
To have a revenue of a thousand pounds clear. Avoir un revenu de mille livres sterling, tous frais faits.
Clear-sighted. Clair-voyant, qui voit clair, qui a la vue perçante.
Clear-spirited. Sincere, naïf, candide, integre, franc, ouvert, ingénu.
Clear, s. (in a building.) Le dans-œuvre, dans un bâtiment.
A closet in the clear. Cabinet dans-œuvre.
To CLEAR, v. act. (to make clear.) Éclaircir, nettoyer, purger, purifier, dans le propre & dans le figuré.

A water that clears the sight. Une eau qui éclaircit la vue ou qui la rend claire.
To clear the ranks of an army. Éclaircir les rangs d'une armée.
The sun has cleared the mist. Le soleil a éclairci ou dissipé le brouillard.
To clear a metal. Purger un métal, le purifier, le nettoyer.
To clear the trenches. Nettoyer la tranchée.
To clear the highways of robbers. Nettoyer les grands chemins de voleurs.
To clear the state from a flagitious man. Purger l'état d'un méchant homme.
To clear a passage. Débarrasser un passage.
To clear a business. Éclaircir, débrouiller, démêler une affaire.
To clear up a difficulty. Résoudre, éclaircir, développer, expliquer, démêler, débrouiller une difficulté.
To clear a doubt. Éclaircir un doute.
To clear a prisoner. Absoudre un prisonnier, le renvoyer absous, le déclarer innocent, le décharger.
To clear one's self from a crime. Se purger, se justifier d'un crime.
He cannot clear himself from so many reproaches. Il ne sauroit se défendre, se laver, se justifier ou s'excuser de tant de reproches.
To clear the table. Desservir, ôter les plats, la viande & autres choses de dessus la table après le repas.
To clear the room. Vider la chambre, dans un sens actif & neutre, dans les deux langues.
To clear accounts. Régler des comptes, payer ses dettes, se liquider, se libérer.
To clear one's debt. Liquider, acquitter ses dettes, se libérer, payer ses dettes, s'acquitter.
To clear an estate. Liquider ou acquitter un bien.
To clear a boat at the custom-house. Acquitter une barque à la douane, payer les droits de la douane.
She scolds to clear her lungs. Elle querelle pour se décharger le poumon.
To clear UP, verb. neut. Se découvrir, s'éclaircir, en parlant du temps.
It begins to clear up. Le temps commence à s'éclaircir.
To clear up, v. act. Ex. Come, clear up your brow. Courage, déridez votre front, faites paroitre la joie sur votre visage.
CLEARANCE, s. (or clearing) of a ship at the custom-house. Acquit d'un vaisseau à la douane.
CLEARED, adj. Éclairci, nettoyé. V. to Clear.
CLEARER, c'est le comparatif de clear.
Clearer, s. Qui éclaire, qui éclaircit, qui purifie.
CLEARING, s. L'action d'éclaircir, de nettoyer, &c. V. to Clear. Éclaircissement, justification.
CLEARLY, adv. (or wholly.) Purement, tout-à-fait.
Clearly, (or plainly.) Clairement, nettement, sans obscurité, sans équivoque, évidemment, formellement, en termes exprès.
CLEARNESS, s. (or brightness.) Clarté, brillant, lueur, lumière, en parlant des astres.
The clearness (or serenity) of the air. La sérénité de l'air.

The clearness of the voice. Une voix claire, la netteté de la voix.
The clearness of sight. La clarté de la vue, une vue fine, perçante, claire.
Clearness of sound. La clarté, la netteté du son.
Clearness, (or perspicuity.) Clarté, perspicuité, évidence.
Clearness, (or pureness.) Pureté, netteté.
Clearness from a fault. Innocence, intégrité.
CLEAR-SIGHTED. V. Clear.
To CLEARSTARCH, v. act. Empeser.
CLEATS, subst. pl. (a sea-term from to cleave.) Taquets de manœuvres, & galochs de bois servant aussi à amarrer les manœuvres.
Cleats of the yard arms. Taquets de bout de vergue.
To CLEAVE, v. act. (to cut or divide.) Fendre, diviser, séparer.
To cleave, v. n. (or split.) Se fendre, s'entr'ouvrir, se crever, se crevasser.
To cleave (or stick fast) to. Se coller, se joindre, s'attacher, se prendre, se tenir à ou contre, dans le propre & dans le figuré.
CLEAVER, s. Celui ou celle qui fend.
A wood-cleaver. Un bucheron.
A butcher's cleaver. Un couperet de boucher.
CLEAVING, s. L'action de fendre, &c. V. to Cleave.
A cleaving, (or cleft.) Une fente, une crevasse.
A cleaving to, (adhesion, union.) Union, liaison, attache.
Cleaving, adj. Qui s'attache, qui se colle, qui se joint, qui se prend, gluant, visqueux.
CLEER. V. Clear.
To CLEER, &c. V. to Clear, &c.
CLEF, s. Clef, en musique.
CLEFT, adj. (from to cleave.) Fendu, ouvert, entr'ouvert, crevassé.
Cleft; c'est aussi le prétérit & participe passé du verbe to Cleave.
Cleft, s. Fente, crevasse, ouverture.
The cleft of the breech. La raie du cul.
To CLEFTGRAFT, verb. act. Griffer en fente.
CLEMENCY, subst. Clémence, bonté, douceur, humanité, bénignité, facilité à pardonner.
CLEMENT, adj. (or mild.) Clément, doux, humain.
To CLENCH. V. to Clinch.
To CLENCH, &c. V. to Clinch, &c.
To CLEPE, v. act. Nommer, appeler.
*CLEPED, adj. (an old English word, that signifies called or named.) Nommé, appelé : ce mot est tout-à-fait hors d'usage.
CLEPSYDRA, subst. Clepsydre, horloge d'eau.
CLERGY, s. Le Clergé, les Ecclésiastiques, les gens d'Eglise.
Clergy or the benefit of the Clergy. V. Benefit.
A Clergy-man. Un Ecclésiastique, un homme d'Eglise, un Clerc.
CLERICAL, adject. Clérical, de Clerc, Ecclésiastique, qui concerne les gens d'Eglise.
CLERICORDS. V. Clavicord.
CLERK, s. (or Clergy-man.) Un Clerc, un Ecclésiastique, un homme d'Eglise, un homme qui est dans la cléricature.
The clerk of the parish. Le clerc de la paroisse.

A

A writing-Clerk. *Un Clerc, un Secrétaire, un Greffier.*
An attorney's Clerk. *Un Clerc de Procureur.*
A Captain's Clerk, (at sea.) *Commis ou Sociétaire du Capitaine, chargé de tenir ses comptes & ses écritures.*
Clerk of the cheque. *V. Cheque.*
The Clerk of a Company. *Le Secrétaire d'une Compagnie.*
A Clerk of the kitchen. *Un Clerc d'office ou Clerc Contrôleur d'Office.*
The Clerk of the King's great wardrobe. *Le premier valet de chambre de la garderobe du Roi.*
Clerk Comptroller of the King's house. *Clerc Contrôleur de la Maison du Roi.*
Clerk of the market. *Contrôleur du poids & des mesures.*
Clerk of the Assizes or Criminal Clerk. *Greffier criminel.*
There are in *England* several other Offices under the name of Clerk, which belong, for the most part, to the Court or to the Law, and which may be rendered in *French* by *Clerc, Greffier* or *Commis. Il y a en Angleterre plusieurs autres Emplois sous le nom de Clerk, dont la plupart sont à la Cour ou au Palais, & qu'on peut exprimer en François par le nom de Clerc, de Greffier ou de Commis.*
CLERKSHIP, *subst. La Charge ou l'office de Clerc, de Greffier, de Secrétaire, de Contrôleur, &c. V. Clerk.*
CLEVER, *adj.* (skilful, ingenious, neat-handed, well-shaped.) *Habile, adroit, qui se prend bien à faire une chose, qui s'y prend du bon biais, expéditif.*
He is a clever man. *C'est un habile homme, c'est un homme adroit, un homme d'esprit.*
A clever fellow. *Un drôle bien fait, bien tourné.*
CLEVERLY, *adv. Adroitement, habilement, tout net.*
He does it cleverly. *Il fait cela fort adroitement.*
He cut it off cleverly. *Il l'a coupé tout net.*
CLEVERNESS, *s. Dextérité, adresse, habileté.*
To CLEW, *v. act. Hisser les voiles.*
CLEW, *s. Un peloton, guide.*
A clew of thread. *Un peloton de fil.*
To CLICK, *v. n.* or to go click-clack, (a word used to express the noise of a watch, &c.) *Faire tic-tac ou tac-tac.*
CLICKET, *s. Des cliquettes.*
A lizard's clicket. *Des cliquettes de lézre.*
A boy's clickets. *Des cliqu ttes d'enfant.*
The clicket (or knocke.) of a door. *Un marteau de porte.*
CLIENT, *s. Client ou cliente, partie, celui ou celle dont on défend les intérêts en Justice.*
The clients of a man in power. *Les créatures d'un Grand, ceux qui briguent (ou qui sont sous) sa protection.*
CLIENTELE, } *sub. Clientelle.*
CLIENTSHIP,
CLIFF, } *s.* (the side of a hill.) *Le penchant, la descente, la pente d'une colline ou d'une montagne, une vallée.*
CLIFT,
A cliff, (or rock.) *Un rocher, un rocher escarpé.*
A clif in Musick. *Clef de Musique.*
Clift er clift of wood, (a piece of wood cleft.) *Morceau ou éclat de bois fendu.*

CLIFT, } *s. Une fente, une crevasse, une ouverture.*
CLEFT,
CLIMACTER, *s. Certain nombre d'années qu'on suppose finir par un temps dangereux pour la vie.*
CLIMACTERICAL, } *adj. Climatérique.*
CLIMACTERICK,
A man's climacterical year is every seventh year, but the great climaterical year is the sixty third. *Chaque septième année est l'an climatérique, mais l'année climatérique est particulièrement la soixante & troisième de la vie.*
CLIMATE, *s.* (in Geography.) *Climat, espace de terre entre deux parallèles, en termes de Géographie.*
Climate or clime, (country, land.) *Climat, région, pays, contrée.*
CLIMAX, *s.* (a rhetorical figure, otherwise called gradation.) *Gradation, figure de Rhétorique.*
TO CLIMB, } *v. n.* (or get up.) *Grimper, gravir, monter.*
To CLIMB UP,
To climb up a tree. *Grimper sur un arbre.*
He climbed up to the very top of the hill. *Il grimpa jusqu'au sommet de la montagne.*
To climb up a ladder. *Monter une échelle.*
To climb up a ladder. *Escalader.*
CLIMBER, *s. Celui qui grimpe, qui monte.*
P. Hasty climbers have sudden falls.
P. Plus on se hâte de monter, plus on est sujet à tomber.
CLIMBING, *s. L'action de grimper, &c. V.* to Climb. *Grimpement, montée.*
CLIME, *s. Climat, situation du ciel, &c. V. Climate.*
To CLIME. *V.* to Climb.
CLINCH, *sub.* (or quick repartee.) *Equivoque, repartie, riposte, un bon mot, une pointe d'esprit.*
Clinch. Partie du cable qui est attaché à l'ancre; *étalingure d'un cable.*
To CLINCH, *v. act. Serrer, fermer.*
To clinch the fist. *Serrer ou fermer le poing.*
To clinch a nail. *River un clou.*
To clinch a cable. *Étalinguer un cable.*
To clinch a bolt. *Claveter une cheville sur virole.*
Clinch-bolt. *V.* Bolt.
Clinched, *adj. Serré, fermé, rivé.*
CLINCHER, *subst.* (one good at repartee.) *Un homme prompt à la riposte ou qui a la repartie prête, un discur de bons mots.*
Clincher, (argument.) *Raison après laquelle il faut tirer l'échelle, mot ou parole qui rive les clous.*
Clincher, *s. Crampon.*
Clincher-work, *s.* corrp. (a sea-term.) *A clin, façon particulière de border certains petits bâtimens.*
A vessel built with clincher-work. *Bâtiment bordé à clin.*
CLINCHING, *adject.* Ex. A clinching witticism. *Une pointe, un jeu de mots.*
To CLING to *v. n.* (to stick to.) *Se joindre, s'attacher, se coller, se prendre, se tenir à ou contre, dans le propre & dans le figuré.*
To cling together. *Être joints ensemble, être unis, s'unir, réunir; dans le propre & dans le figuré.*
CLINGY, *adj.* (or clammy.) *Gluant, visqueux, qui s'attache, qui se colle.*

CLINICAL, } *adj. Clinique; qui garde le lit.*
CLINICK,
CLINK, *s. Tintement, son aigu.*
To CLINK, *v. n.* (as metal does.) *Tinter, résonner, en parlant d'un métal qui a un son clair.*
CLINQUANT, *s. Clinquant.*
To CLIP, *verb. act. Rogner, couper tout autour.*
To clip money. *Rogner la monnoie.*
To clip a bird's wings. *Rogner les ailes d'un oiseau.*
† To clip a man's wings, (to lessen his power.) *Rogner les ailes à quelqu'un, diminuer son autorité, l'abaisser.*
To clip (or to shear) sheep. *Tondre les brebis.*
To clip, (or embrace.) *Embrasser, faire des accolades.*
Clipped, *adject. Rogné, tondu. Voy.* to Clip.
CLIPPER, *s. Rogneur.*
A money-clipper. *Un rogneur d'argent.*
A clipper (or sheater) of sheep. *Un tondeur de brebis.*
CLIPPING, *s. L'action de rogner ou de tondre.*
Clipping, (embrace.) *Embrassement, accolade.*
Clipping. *Rognure.*
CLIPT. *V.* Clipped.
CLISTER. *V.* Glister.
CLIVER, *s.* (a sort of herb.) *Melilot, sorte d'herbe.*
CLOAK, *V.* Cloke.
To CLOAK, &c. V. to Clo:ke, &c.
CLOATH, &c. V. Cloth, &c.
CLOCK, *s. Une horloge.*
A good clock. *Une bonne horloge.*
A pendulum clock. *Une horloge à pendule, une pendule.*
What's o' clock? what o' clock is it? *Qu'elle heure est il?*
It is four o' clock. *Il est quatre heures.*
Clock-maker. *Horloger.*
Clock-making. *Horlogerie, le métier d'horloger.*
Clock-work. *Sonnerie ou mouvemens par ressorts.*
The clock of a stocking. *Le coin d'un bas.*
To CLOCK, &c. V. to Cluck, &c.
CLOD, *s. Motte de terre.*
A field full of clods. *Un champ tout plein de mottes.*
To break the clods. *Rompre, briser, fendre les mottes, herser.*
† Clod-pate. *Tête dure, esprit lourd & pesant.*
Clods of blood. *Des grumeaux de sang, des masses de sang figé.*
To CLOD, *v. n.* (or break clods or clots.) *Herser, briser, fendre, rompre les mottes avec une herse.*
To clod, (to curd.) *S'engrumeler, se mettre en grumeaux, se figer, se cailler, se coaguler, se prendre.*
Clodded, *adj. Engrumelé, caillé, figé, coagulé.*
Clodded-blood. *Du sang figé.*
Clodded (or clouted) milk. *Du lait caillé.*
CLODDY, *adj.* (full of clods.) *Plein de mottes de terre, ou caillé, figé, &c.*
CLOG, *subst.* (hinderance.) *Embarras, entraves, obstacles.*
A clog hanging about a dog's neck. *Tronçon qu'on pend au cou de certains chiens,*

chiens, pour les empêcher de faire du mal.

That's a fine estate, but there's a clog upon it. *Ce bien est fort beau, mais il est chargé de dettes ou il est hypothéqué.*

This meat is a clog to one's stomach. *Cette viande charge l'estomac, elle est pesante à l'estomac.*

Clogs or wooden-clogs. *Des patins de bois.*

To CLOG, v. act. (or hinder.) *Embarrasser, empêcher, accabler.*

You clog me. *Vous m'embarrassez.*

To clog, (or load.) *Charger.*

This meat clogs my stomach. *Cette viande me charge l'estomac.*

To clog one's belly with meat. *Se farcir le ventre, se charger l'estomac de viandes.*

I find this ale clogs my stomach. *Je trouve que cette biere me gonfle.*

Clogged, adject. *Embarrassé,* &c. V. to Clog.

Clogged with business. *Empêché, accablé d'affaires.*

CLOGGING, f. *L'action d'embarrasser, de charger ou de gonfler,* &c. Voy. to Clog.

Clogging, adject. *Embarrassant, accablant.*

Ale is clogging. *La biere donne gonfle.*

CLOGGY, adj. *Qui embarrasse,* &c.

CLOIED. V. Cloyed.

CLOISTER, f. (a place in a monastery with piazzas round it.) *Cloître, lieu dans un monastere environné de galeries couvertes.*

Cloister, (or Convent.) *Cloître, couvent, monastere.*

To CLOISTER up, v. act. *Enfermer dans un couvent, au propre; enfermer dans quelque lieu que ce soit, au figuré.*

Cloistered, adj. or cloistered up. *Enfermé dans un couvent,* &c.

CLOISTERAL, adj. *De cloître, monastique.*

A cloisteral life. *Une vie monastique.*

CLOISTRESS, f. *Religieuse, nonne.*

CLOKE, }
CLOAK, } f. *Un manteau.*

A short or a long cloke. *Un manteau court ou long.*

Cloke, (blind or colour.) *Manteau, prétexte, couleur, apparence, voile.*

The cloke of Religion. *Le manteau de la Religion.*

Under that cloke. *Sous ce prétexte.*

To cover one's passions with a cloke of honesty. *Couvrir ses passions d'un voile d'honnêteté.*

He made use of that for a cloke to his villany. *Il se servit de cela pour pallier son crime.*

A riding cloke. *Capuchon, dont quelques femmes se couvrent la tête & les épaules, pour se défendre du mauvais temps.*

Cloke-bag. *Valise.*

Cloke-bearer. *Porte-manteau.*

Cloke-loop. *Tour de cou, pour attacher un manteau.*

To CLOKE, }
To CLOAK, } v. act. (or to palliate.) *Couvrir, cacher, pallier, déguiser.*

He clokes his hatred with a false shew of friendship. *Il couvre sa haine d'une fausse apparence d'amitié.*

This he did only to cloke his crime. *Il ne fit cela que pour pallier son crime.*

To cloke one's ambition or one's perfidiousness. *Déguiser son ambition ou sa perfidie.*

Cloked, adj. *Couvert d'un manteau.*

Cloked. *Couvert, caché, pallié, déguisé.*

To CLOOM, v. act. *Fermer, boucher avec une matiere visqueuse.*

CLOSE, adj. (or thick.) *Serré, pressé.*

They stood so close to one another. *Ils étoient si serrés les uns contre les autres.*

These lines stand mighty close. *Ces lignes sont bien serrées.*

A close piece of cloth. *Une toile serrée.*

Close, (or near, as houses are.) *Serré, joignant, contigu, qui est près à près.*

A close ball, at billiards. *Un bille collée au jeu de billard.* V. Cushion.

He is a close prisoner. *Il est étroitement resserré dans la prison, on le tient serré, on le tient étroitement enfermé.*

A close (or compact) discourse. *Un discours serré, concis, conçu en peu de mots.*

A close room. *Une petite chambre, un bouge,* † *un petit trou,* † *un taudis.*

To keep a close correspondence with one. *Avoir une étroite communication avec quelqu'un.*

Close work. *Ouvrage plein, qui n'est pas à jour.*

Close, (or hidden.) *Caché, secret, qui ne paroît pas.*

A close (or reserved) man. *Un homme réservé sur le secret, qui ne dit mot ou qui parle peu.*

You must be very close. *Il vous faut être bien secret ou obscur.*

A close (or covetous) man. *Un homme serré, avare, attaché, intéressé ;* † *dur à la desserre, ou dans un sens plus doux, un ménager, un bon économe.*

Close and fast. *Ferme, qui tient bien.*

A close jest. *Une raillerie piquante, raillerie qui emporte la pièce.*

This is close sultry weather. *Il fait une chaleur étouffante, il fait un temps lâche ou mou.*

A close fight. *Un combat de près à près, une mêlée.*

A close-stool. *Une chaise percée.*

To go to the close-stool. *Aller à la selle.*

A close coat, (or a close bodied coat, a coat that fits close.) *Un justaucorps.*

P. A close mouth catches no flies. *Faute de parler, on perd souvent l'occasion de se pousser.*

Close-fisted, (or covetous) *Avare, taquin, attaché ;* † *dur à la desserre.*

Close-workt. *Plein ou qui n'est pas à jour, en parlant de quelqu'ouvrage.*

Close-cropt. *Tondu de près.*

Close, subst. (or conclusion.) *Conclusion, fin.*

Close, (a piece of ground hedged about, &c.) *Clos, enclos, clôture, piece de terre fermée de tous côtés.*

Close, adverb. Ex. To live close. *User d'économie, vivre d'épargne, être bon ménager.*

To draw the battallions close. *Serrer les bataillons.*

To write close. *Serrer les lignes, écrire fort serré.*

To pull the bridle close. *Serrer la bride.*

To lie close. *Se tenir bien couvert, en parlant d'une personne qui est au lit.*

To stand, to sit or to lie close together. *Etre pressé, se serrer.*

Close to the ground, (or even with the ground.) *A fleur de terre.*

P. Close fits my shirt, but closer is my skin. *La peau est plus proche que la chemise ; charité bien ordonnée commence par soi-même.*

To follow one close. *Suivre ou poursuivre quelqu'un de près, lui marcher sur les talons.*

To stick close to one. *S'attacher à quelqu'un, lui faire sa cour.*

To follow one's work close. *S'attacher à son ouvrage, être assidu à son travail.*

To study close. *S'attacher à l'étude, être fort studieux, étudier fort & ferme.*

To keep a thing close, (or in huggermugger.) *Tenir une chose secrete.*

To thrust close together. *Presser.*

To shut close. *Fermer bien, joindre bien.*

Close by. *Tout près, tout contre.*

To go close by the wind in sailing. *Tenir le lit du vent, en termes de mer.*

A ship close-hauled. *Vaisseau orienté au plus près.*

Line close-hauled. *Ligne du plus près.*

Haul the sheets close aft! *Borde les écoutes tout plat!*

Close-quarters, subst. comp. *Cloisons fortes établies en travers d'un vaisseau, pour servir de retranchement & de défense en cas d'abordage ; ce qui est pratiqué en temps de guerre par les vaisseaux marchands, pour se défendre des Corsaires.*

To CLOSE, v. act. (or conclude.) *Finir, conclure, terminer.*

To close, (or shut.) *Fermer.*

To close (or heal up) a wound. *Fermer une plaie, la consolider.*

To close IN. *Renfermer, enclore, enfermer.*

To close UP a letter. *Fermer, cacheter, plier une lettre.*

To close, v. neut. (as a wound does.) *Se prendre, se rejoindre, se fermer, se consolider, en parlant d'une plaie.*

To close (or agree) WITH one. *S'accorder avec quelqu'un, tomber ou demeurer d'accord avec lui.*

To close again with one. *Se reprendre, se raccommoder, se rapprocher avec quelqu'un.*

To close with the enemy. *En venir aux mains avec l'ennemi.*

Closed, adject. *Fini, conclu, terminé, fermé, consolidé,* &c.

Closed IN. *Renfermé, enfermé, enclos.*

Closed UP. *Plié, cacheté, parlant d'une lettre.*

CLOSELY, adv. (or secretly.) *Couvertement, secretement, à la dérobée, en cachette, par dissimulation, avec dissimulation.*

CLOSENESS, f. (or thickness.) *Condensation, épaississement.*

Closeness, (or neatness.) *Continuité, liaison, connexion, jonction.*

Closeness, (reservedness or secrecy.) *Réserve, circonspection.*

CLOSER, subst. Ex. *Nestor appears in the whole Iliad a weighty closer of debates, (Pope.) Dans toute l'Iliade, Nestor soutient son caractere & décide toutes les disputes avec beaucoup de poids.*

CLUSES, f. (half a bar in heraldry.) *La moitié d'une barre dans le blason.*

CLOSET, f. *Un cabinet.*

CLOSETING, subst. (private meetings or intrigues of the cabinet Council.) *Intrigues du cabinet, cabale secrete du cabinet du Roi.*

CLOSING,

CLO

CLOSING, f. L'action de finir, de conclure, &c. V. to Close, en tous ses sens.
A closing, (or inclosure.) Une clôture, cloison, ce qui sert à enfermer.
* CLOSURE. V. Inclosure.
To CLOT, v. n. Se coaguler.
CLOT, s. Concrétion, matiere coagulée.
CLOT-BUR, s. (a sort of plant.) Bardane, gloutteron, lappe majeure, herbe aux teigneux, sorte de plante.
† CLOT-HEAD, s. (or clot-pated-fellow.) Un lourdaud, un stupide, un niais, un hébété, un sot.
CLOTH, s. (or linnen-cloth.) Toile.
Cloth. Vêtement, couverture de lit, linge de table.
Cloth or woollen cloth. Drap, drap de laine.
To wear the cloth, (to wear scarlet, to be a military man.) Servir, être dans le service, porter les armes.
To wear the cloth, (the black cloth or the gown, to be in Orders.) Porter la robe, être dans les Ordres sacrés, être dans l'état ecclésiastique.
The cloth or table-cloth. La nappe.
To lay the cloth. Mettre la nappe.
To take away the cloth. Oter la nappe.
Cotton cloth. Toile de coton.
Hair-cloth or sack-cloth. Cilice, haire, tissu de crin.
Tissue-cloth. Brocard, étoffe à fleurs.
Cloth rash. Demi-drap.
Hearse-cloth. Drap mortuaire, poile.
Sear-cloth or cere-cloth. Toile cirée.
A horse-cloth. Une housse.
Scarlet-cloth. Écarlate, drap fin & d'un beau rouge.
Sarp cloth. Serpillière.
Meat, drink and clothes. La vie & le vêtement.
Cloth-worker. Drapier, ouvrier qui fait du drap.
Cloth-weaver. Tisserand, qui fait de la toile.
Cloth-trade. Trafic de drap ou de toile, manufactures de drap ou de toile.
Strained-cloth, (to paint upon.) Table d'attente.
Cloth-beam. Rouet de Tisserand.
A cloth hat. Un chapeau sans apprêt.
To CLOTHE, v. act. Habiller, couvrir, revêtir.
To clothe the soldiers. Habiller les soldats.
'Tis a good work to clothe the poor. C'est une bonne œuvre que de revêtir les pauvres.
Clothed, adject. Habillé, couvert, vêtu, revêtu.
Clothed with majesty and honour. Revêtu de gloire & d'honneur.
CLOTHES, s. Habit, habillement, ajustement, hardes, nippes.
Mens clothes. Habit d'homme.
Womens clothes. Habit de femme.
To wear rich clothes. Porter de beaux habits ou de belles nippes.
A suit of clothes. Un habit complet.
Clothes, (or linnen.) Linge.
Foul clothes. Du linge sale.
To put on one's clothes. S'habiller.
To pull off one's clothes. Se déshabiller.
To wear plain clothes. Être habillé simplement.
Bed-clothes. Couverture.
The clothes a new-married woman brings along with her portion. Trousseau, les nippes que le pere & la mere donnent à leur fille quand ils la marient.

CLO

He has so much a year salary, and his master's old clothes. Il a tant d'appointement par an, & la dépouille de son maitre.
Clothes-line. Corde à tendre le linge pour le sécher.
CLOTHIER, s. Drapier; ouvrier qui fait du drap.
CLOTHING, subst. L'action d'habiller, de couvrir, de revêtir, &c. Voyez to Clothe.
Clothing, (or clothes.) Vêtement, habit.
CLOTTED. V. Clodded.
To CLOTTER, v. n. Se coaguler.
CLOTTY, adject. Plein de grumeaux, coagulé.
CLOUD, s. Nue, nuée, nuage.
The cloud goes on, descends and falls. La nuée marche, descend & tombe.
A thunder-cloud, a storm-threatening cloud. Une nuée grosse de foudres & d'éclairs.
Clouds in painting. Nuages en peinture.
To be under a cloud, (or in trouble.) Être dans l'adversité, être mal dans ses affaires.
Cloud-compelling, (an epithet used in poetry.) Ex. Cloud-compelling Jove. Jupiter foudroyant, Jupiter qui lance la foudre ou le tonnerre.
To CLOUD, v. act. Obscurcir, couvrir de nuages : il se dit au propre & au figuré, en Anglois & en François.
To cloud, v. n. S'obscurcir, se couvrir, se couvrir de nuages.
The sky begins to could. Le ciel commence à se couvrir.
Clouded, adject. Couvert, obscurci de nuages, sombre.
A cane well clouded. Une canne bien ondée.
Her eyes are clouded with melancholy. Un nuage de tristesse offusque l'éclat de ses yeux.
A clouded countenance. Un air sombre ou mélancolique.
CLOUDILY, adv. Obscurément.
CLOUDINESS, s. (the cloudiness of the weather.) Un temps couvert de nuages, un temps sombre.
CLOUDY, adj. Couvert, couvert de nuages, sombre.
Cloudy weather. Un temps couvert.
P. Cloudy mornings turn to fair evenings. Après la pluie, le beau temps.
Cloudy, (sad, melancholy.) Sombre, mélancolique, triste.
CLOVE, s. (a sort of spice.) Clou de girofle, espece d'épice.
A clove of garlick. Une gousse d'ail.
A clove, (or eight pounds of cheese, the 32d. part of a weight of cheese.) Un poids de huit livres de fromage.
Clove-gily-flower. Giroflée musquée.
CLOVEN, adj. (from to cleave.) Fendu, fourchu.
Ex. A cloven-foot. Un pied fourchu ou fendu.
Cloven-footed, (or cloven-hoofed.) Fourchu, qui a le pied fendu, comme les bœufs, les moutons, &c.
CLOVER,
CLAVER,
CLOVER-GRASS, } s. Sorte de trefle, plante.
To live in clover, (or at ease.) Faire bonne chere, être comme le poisson dans l'eau.
CLOUT, s. (a dish-clout or shoe-clout.) Un torchon.

CLO CLU

A thing rumpled like a dish-clout. Un bouchon.
Womens clouts. Drapeaux, linge dont se servent les femmes.
A head-clout. Linge de tête.
Clouts, (for young children.) Braies, linge qu'on met sous la chemise des enfants.
Iron-clouts about cart-wheels. Bandes de fer.
Clout-nail. Clou de soulier, clou à grosse tête.
† To CLOUT, v. act. (to patch.) Raccommoder, rapetasser.
† Clouted, adj. Raccommodé, rapetassé.
Clouted-cream. Crême préparée à l'Angloise, crême réduite en grumeaux & assaisonnée avec du sucre & du vin de Canarie.
CLOUTERLY, adject. Grossier, lourd, pesant, mal-adroit.
A clouterly fellow. Un homme grossier, lourd, pesant, rustre, un malotru.
Clouterly, adverb. Grossièrement, sans adresse, mal-adroitement.
CLOWN, s. Un paysan, un rustre, un rustaud.
He is a very clown. C'est un vrai paysan.
I have got a clown to my husband. J'ai un rustre de mari.
CLOWNERY, s. Rusticité, grossièreté.
CLOWNISH, adject. Grossier, rustique, rustre, mal-poli, incivil, qui sent le paysan, en parlant des personnes & des manieres ; grossier, grossièrement fait ; en parlant des choses.
A clownish fellow. Un homme grossier ou rustique, un rustaud, un rustre, un paysan.
To have clownish and rustical ways with one. Avoir des manieres d'agir grossieres & rustiques.
A clownish thing, a thing that looks clownish. Une chose grossiere ou qui est grossièrement faite.
CLOWNISHLY, adv. Grossièrement, rustiquement, d'une maniere grossiere & incivile.
CLOWNISHNESS, s. Rusticité, grossièreté, maniere d'agir grossiere.
You see nothing in him but clownishness. Vous ne voyez rien que de rustre & de paysan dans toute sa conduite.
A piece of clownishness. Une action de rustre, action grossiere ou incivile, qui sent le rustre & le paysan.
To CLOY, v. act. (or glut.) Rassasier, souler.
To cloy, (to nail up.) Enclouer.
Cloyed, adj. Soûl d'une chose, qui en a tout son soûl, rassasié.
I am cloyed with it. J'en suis soûl, j'en ai tout mon soûl ou j'en suis dégouté.
CLOYLESS, adj. Qui ne rassasie pas.
CLOYMENT, s. Satiété.
CLOYSTER, &c. V. Cloister, &c.
CLUB, s. (a cudgel with a large head.) Une massue, bâton & cours ; † un gourdin.
Hercules's club. La massue d'Hercule.
To strike one with a club. Donner des coups de bâton à quelqu'un ; † lui donner des coups de gourdin.
Club, (at cards.) Trefle, l'une des couleurs noires du jeu de cartes.
Club (or society) of friends. Club, un rendez-vous, une société, une cabale, une cotterie.
To keep a club. Être d'une société ou d'une cotterie, avoir un rendez-vous.

CLU | CLU COA | COA

To go to the club. *Aller au club ou au rendez-vous.*
A club of wits. *Une société, une Académie de beaux esprits.*
A club of seditious people. *Une cabale de gens séditieux.*
It is the way of our club. *C'est la manière de notre société, de notre club.*
Club, (one's share of a reckoning.) *Écot, la part que chacun paye d'un écot.*
To pay one's club. *Payer son écot, payer sa part de l'écot.*
To be every man his club. *Payer chacun sa part, y être chacun pour son écot.*
Club-law, (in company.) *Loi établie dans une société, règlement fait d'un commun accord dans une cotterie.*
Club-footed. *Qui a les pieds tortus.*
Club-fisted. *Qui a un gros poing ou de grosses mains.*
To CLUB, v. neut. (to pay one's share.) *Payer son écot ou sa part ; ou bien, se cottiser, contribuer, aller de moitié ;* † *cracher au bassin.*
Will you club with me? *Voulez-vous aller de moitié avec moi ? voulez-vous vous joindre avec moi ? voulez-vous que nous allions boire, en payant chacun notre écot ?*
I was fain to club as well as others. *Il m'a fallu cracher au bassin comme les autres.*
Two men clubbed (or joined) with Mahomet, in the making of the Alcoran. *Deux hommes se joignirent à Mahomet, ou agirent de concert avec Mahomet, pour faire l'Alcoran.*
CLUB-LAW, s. *La loi du plus fort.*
Club-law, (cudgelling.) *Bastonnade.*
All things are carried by club-law, (that is, by force.) *On vient à bout de tout par la force.*
CLUB-ROOM, s. *Lieu où s'assemble une société, salle de club.*
To CLUCK, v. n. (as a hen does.) *Glousser, comme font les poules.*
† **I will cluck him over to me.** *Je le ferai bien venir.*
CLUCK-CLUCK, subst. (or clucking.) *Gloussement, cri de la poule lorsqu'elle glousse.*
CLUCKING, s. *L'action de glousser, le cri des poules.*
CLUE. *Voyez* Clew.
Clue of a sail, (a sea-term.) *Point d'une voile.*
Clue-garnets. *Cargue-points des basses voiles.*
Clue-lines. *Cargue-points des huniers, & autres voiles quarrées.*
CLUMP, subst. *Pièce informe de bois ou d'autre matière, à peu près égale dans ses dimensions.*
CLUMPS, s. *Un sot, un benêt.*
† **CLUMPERTON**, s. (or clown.) *Un lourdaud, un rustre, un paysan.*
† **CLUMPING**, adj. (lumpish, heavy.) *Pesant, qui marche pesamment.*
† **CLUMPINGLY**, adv. (heavily.) *Pesamment.*
CLUMSILY, adv. *Grossièrement.*
CLUMSINESS, subst. *Grossièreté, rusticité.*
CLUMSY, adject. (thick and short.) *Grossier.*
To have clumsy hands or fists. *Avoir les mains grossières.*
A clumsy great fist. *Un gros poing de paysan.*

A little clumsy fellow. *Un petit ragot.*
Clumsy, (clownish.) *Grossier, rustre, paysan.*
CLUNG, prétérit du verbe to Cling.
Clung, adject. (from to Cling.) *Collé, attaché, pris.*
Clung, adject. (from to Clung, wasted with leanness.) *Ex.* **Clung with hunger.** *Maigre, sec, élancé, comme une personne affamée.*
Fruits clung, (or withered.) *Fruits ratatinés ou ridés.*
To CLUNG, v. neut. (to dry as wood does being laid up after it is cut.) *Sécher, devenir sec, en parlant du bois après qu'il est coupé.*
To CLUSTER, v. act. *S'entasser, se rassembler.*
CLUSTER, subst. (a cluster of grapes.) *Une grappe de raisins dont les grains sont fort serrés.*
Cluster, (a heap of several things.) *Un amas, un peloton, une multitude de choses qui sont fort serrées, plusieurs choses entassées pêle-mêle.*
A cluster of bees. *Un essaim d'abeilles.*
A cluster of islands. *Un amas de plusieurs isles.*
To come in a cluster or by clusters. *Venir en foule, venir près à près ou d'une manière serrée.*
Clustered, adject. (in a cluster.) *Serré, en peloton.*
CLUSTERLY, adj. *Ex.* **A clusterly vine.** *Une vigne chargée de grappes.*
Clusterly, adv. *En peloton.*
To CLUTCH, v. act. *Fermer, serrer, tenir ferme, empoigner.*
To clutch the fist, (or more properly to clinch the fist.) *Fermer ou serrer le poing.*
To clutch a thing, (to hold it fast.) *Empoigner une chose, la tenir ferme.*
CLUTCHES, s. *Les griffes.*
To keep out of one's clutches. *Se garder de tomber entre les pattes, les griffes ou les mains de quelqu'un.*
To fall again into the enemy's clutches. *Retomber en la puissance des ennemis.*
Clutch-fist. *Un gros poing.*
Clutch-fisted, (a hold-fast.) *Taquin, attaché, avare, dur à la desserre.*
CLUTTER, subst. (or crowd.) *Foule, multitude.*
Clutter, (or great noise.) *Bruit, fracas, vacarme, tintamarre.*
To make (or keep) a clutter. *Faire du vacarme.*
To CLUTTER together, v. n. *S'amasser, s'attrouper, venir en foule.*
To CLUTTER.
To CLOTTER. } *Voyez* To Clod.
CLUTTERING, s. *Fracas, vacarme, bruit d'une foule de monde.*
To keep a cluttering. *Faire du bruit ou du fracas.*
CLYSTER, s. (an injection into the anus.) *Clystère.*
To COACERVATE, v. act. (to heap up together.) *Entasser, mettre en un tas, amasser, accumuler, ramasser, rassembler.*
COACERVATION, subst. *Amas, action d'entasser.*
COACH, subst. *Carrosse.*
A coach and six horses, or **a coach and six.** *Un carrosse à six chevaux.*
A stage-coach. *Un carrosse de voiture.*
A gentleman's coach. *Un carrosse de maître.*
A livery coach. *Un carrosse de remise.*

A hackney coach. *Carrosse de louage, un fiacre.*
To keep a coach. *Tenir ou avoir carrosse, faire rouler carrosse.*
Coach-horse. *Cheval de carrosse.*
Coach-box. *Le siège du cocher.*
Coach-man. *Cocher.*
To pay for the coach-hire. *Payer le carrosse.*
Coach-hire. *Louage de carrosse.*
Coach-house. *Remise de carrosse.*
Coach-maker. *Carrossier, faiseur de carrosses.*
Coach or couch, (at sea.) *Chambre de conseil.*
† **To COACH one**, verb. act. (to put him into a coach.) *Mettre quelqu'un en carrosse.*
Coached, adj. *Qui a pris carrosse ou qui est en carrosse.*
I saw her coached. *Je l'ai vu monter en carrosse.*
To COACT, v. neut. *Agir de concert.*
COACTION, subst. (or constraint.) *Contrainte.*
COACTIVE, adj. *Coactif.*
COADJUTOR, subst. (or assistant.) *Coadjuteur.*
Ex. **A Bishop's coadjutor.** *Un coadjuteur d'Évêque.*
COADJUVANCY, subst. *Secours, coopération.*
COADUNION.
COADUNITION. } s. *Union de plusieurs substances en une masse.*
To COAGMENT, verb. act. *Rassembler, réunir, cimenter.*
COAGMENTATION, subst. *Assemblage, union, conjonction.*
COAGULABLE, adject. *Qui peut se coaguler.*
To COAGULATE, verb. act. *Coaguler, épaissir.*
To coagulate, v. neut. (or to curdle.) *Se coaguler, se cailler, se figer, se prendre, s'épaissir.*
Coagulated, adj. *Coagulé, caillé, figé, pris, épaissi.*
COAGULATION, s. *Coagulation, condensation.*
COAGULATIVE, adj.
COAGULATOR, subst. } *Qui a la vertu de coaguler.*
COAKS, subst. pl. (a sea-word.) *Dés de fonte des poulies, & boîtes de roues de charrettes, &c.*
Lignum vitae sheaves with brass coaks. *Rouets de gayac à dés de fonte.*
COAL, s. (a sort of fuel.) *Charbon.*
Pit-coal, (or sea-coal.) *Charbon de terre.*
Scotch-coal. *Charbon d'Écosse.*
Small-coal. *Charbon menu.*
Char-coal. *Charbon de bois.*
Coal-pit or **coal-mine.** *Mine de charbon.*
Coal-merchant. *Marchand de charbon.*
Coal-man. *Charbonnier ou vendeur de charbon.*
Coal-heaver. *Un porte-faix qui décharge les bâtiments de charbon.*
Coal-house, (or coal-hole.) *Charbonnière, lieu où l'on tient le charbon.*
Coal-basket. *Panier à charbon.*
Coal rake, (poker.) *Fourgon, perche à four.*
Coal-dust. *Charbon en poudre.*
Coal-black, (black in the highest degree.) *Noir comme charbon.*
COALED, adj. *Réduit en charbon ; crayonné avec du charbon.*

COALERY,

COA

COALERY, *s.* Mine de charbon.
To COALESCE, *v. n.* S'unir, se joindre.
COALESCENCE, } *s.* (a joining together.) Union, réunion, coalition.
COALITION,
It was debated how to make a coalition of counsels between them and Scotland. *On délibéra de quelle maniere on pourroit agir de concert avec les Ecossois.*
To COALISE, *v. neut.* Former une coalition, se coaliser.
COALY, *adj.* Plein de charbon.
COAMINGS of the hatches, *s. pl.* (a sea-term.) Chambranles ou vassoles des écoutilles.
COAPTATION, *s.* Assemblage ou union des parties.
To COARCT, *v. act.* Contracter, serrer.
COARCTATION, *s.* Contraction, contrainte, gêne.
COARSE, *adject.* Grossier, épais, matériel.
Coarse-meat. *Viande grossiere.*
Coarse, (mean.) *Vil, chétif.*
COARSELY, *adverb.* Grossiérement, sans politesse, sans élégance.
COARSENESS, *s.* Grossiéreté, défaut d'élégance, impolitesse.
COAST, *s.* (or sea-coast.) Côte, rivage de la mer.
† The coast is clear. *Tout est en sûreté, il n'y a point de danger.*
Coast of a country. *Pays, région, contrée, quartier.*
From all coasts. *De toutes parts.*
A coast or rather side of mutton. *Haut-côté de mouton.*
To COAST along, *v. act. & neut.* (to sail along the coast.) *Côtoyer, raser la côte, côtoyer le rivage, ranger la côte, en termes de navigation.*
Coasted along, *adj.* Côtoyé.
COASTER, *s.* Navigateur timide.
COASTING, *subst. & part. act.* Cabotage, navigation le long des côtes.
Coasting-pilot. *Pilote côtier.*
COAT, *s.* (a close coat.) Justaucorps.
Exemp. To put on one's coat. *Mettre son justaucorps, mettre son habit.*
A wide coat. *Une casaque.*
A campaign coat. *Un habit de campagne.*
A child's coat, (or upper coat.) Une robe d'enfant.
A child in coats. *Un enfant à la jaquette.*
Coat-pockets. *Poche de casaque ou de justaucorps.*
A coat or petticoat. *Une jupe,* † *une cotte.*
A waist-coat. *Une chemisette, une veste, un gilet.*
A woman's waist-coat. *Des brassieres.*
A coat of armour. *Un cotte-d'armes.*
A Turkey-cock. *Un coq d'Inde.*
A coat of mail. *Une cotte de mailles, cuirasse faite de mailles.*
A coat of arms. *Cotte d'armes, armure ou armoirie, un écu.*
† To turn coat, (or shift parties.) *Tourner casaque, changer de parti.*
A turn coat. *Une personne qui a tourné casaque ou qui a changé de parti.*
To cast his coat. *Quitter sa vieille peau, muer.*
P. You must cut your coat according to your cloth. *Selon ta bourse gouverne ta bouche.*
To disgrace one's coat, (or gown.) *Faire honte à sa robe ou à sa dignité.*
† To beat one's coat. *Battre, rosser quelqu'un,* † *lui repasser le buffle.*

COA COC

A hawk of the first coat. *Un faucon ou un oiseau de deux ans.*
Coat, (or cot.) Cabane.
A sheeps coat (or cot.) *Bergerie, bercail.*
Coat, *s.* Braye.
On appelle aussi de ce nom le suif ou couroy dont on enduit la partie submergée du bâtiment; & l'enduit de goudron ou de résine, &c. dont on couvre les bordages, les mâts & les vergues pour les conserver.
To COAT a child, *v. act.* Habiller un enfant en robe.
Coated, *adj.* Qui porte une robe.
A soft-coated fish. *Poisson sans écailles.*
A rough-coated fish. *Poisson à écailles rudes.*
† To COAX, *v. act.* (flatter or wheedle.) *Flatter, enjôler.*
COAXER, *s.* Flatteur, enjôleur.
COB, *subst.* (a sea-cob.) Mouette, sorte d'oiseau de mer.
A rich cob, (or miser.) *Un riche taquin.*
Cob, (a Spanish coin.) *Une piastre.*
Cob-nut. *Sorte de noix.*
COBIRON, *subst.* (an iron whereon the spit turns.) *Chenet, sur quoi tourne la broche.*
COBBING, *part. act.* Sorte de punition pour les matelots, qui consiste à les frapper sur le derriere avec un morceau de bois plat, appellé *cobbing-board.*
To COBBLE shoes, *v. act.* Rhabiller, raccommoder des souliers.
COBBLER, *s.* Un savetier.
Prov. The cobbler is not to go beyond his last. *Il faut que chacun se mêle de son métier.*
COBOOSE, *subst.* Couverture des cheminées des cuisines dans les vaisseaux marchands.
COBISHOP, *s.* Évêque suffragant.
COBWEB, *subst.* Toile d'araignée.
Their laws are mere cobwebs. *Leurs loix ne sont que des toiles d'araignée, elles ne sont faites que pour retenir les simples.*
COCOA-NUT, *s.* (Indian-nut, whereof chocolate is made.) *Noix de cacao, noix d'Inde dont on fait le chocolat.*
COCCIFEROUS, *adj.* (that bears berries.) Qui porte des baies.
COCHINEAL, *s.* Cochenille.
COCHLEARY, } *adject.* Fait en forme de vis.
COCHLEATED,
COCK, *s.* (a well-known fowl.) Coq, oiseau domestique.
The cock crows. *Le coq chante.*
A cock's comb. *Crête de coq.*
A game cock. *Un coq de combat.*
A Turkey-cock. *Un coq d'Inde.*
The cock (or gnomon) of a sundial. *Style d'un cadran.*
The cock of a hat. *Le retroussis d'un chapeau.*
The cock of a gun. *Serpentin de mousquet.*
The cock (or the needle) of a ballance. *Aiguille de balance.*
The cock of a water-pipe. *Robinet de conduit d'eau.*
A cock of hay. *Une meule de foin.*
† To tell a story of a cock and a bull. *Faire un conte de vieille ou de ma mere l'oie.*
† To be cock-a-hoop or cock on hoop. *Devenir gai à force de boire, faire le fier, faire l'entendu, s'en faire accroire.*

COC

A pea-cock. *Un paon,* pron. pan.
A wood-cock. *Une bécasse.*
A weather-cock. *Une girouette, un coq de clocher.*
Cock-pit. *Un lieu de combat pour les coqs.*
Cock-pit, (at sea.) *Poste des malades sur le faux-pont.*
Cock-fighting or cock-match. *Combat de coqs.*
Cock-horse, (or children riding upon a stick.) *Jeu d'enfant, qui consiste à aller à cheval sur un bâton.*
Cock-crowing. *Chant de coq.*
Cock-throwing, (at Shrovetide.) *La tuerie des coqs, divertissement Anglois.*
Cock-loft, (or garret.) *Grenier, galetas.*
Cock-brained, (or giddy-brained.) *Sans cervelle, étourdi, écervelé.*
Cocks-tread or cocks-treadle, (the sperm of an egg.) *Germe d'œuf.*
Cock-stride. *Enjambée de coq.*
Cock-boat. *Coquet, sorte de bateau.*
Cock-swain. *Le conducteur du coquet.*
Cock-swain, (prononcez coxen.) *Patron de chaloupe ou de canot, dans un vaisseau de guerre.*
Cock-shut or cock-shut-time. *Le crépuscule, l'entre chien & loup.*
† Cock-sure, *adj.* Sûr, qui est assuré de son fait.
R. COCK. *Ce mot étant composé avec quelques noms d'oiseaux, sert à marquer le mâle.*
Ex. A cock-sparrow. *Un moineau mâle.*
To COCK, *v. act.* Bander.
To cock a gun. *Bander un fusil.*
To cock or to cock UP one's hat. *Retrousser son chapeau.*
To cock the match. *Mettre la meche sur le serpentin.*
To cock up hay. *Entasser du foin, faire des meules de foin.*
To cock, *v. n.* (to strut.) *Se redresser, se pavaner, marcher fiérement.*
COCKADE, *s.* (a knot of ribbons like a rose.) *Cocarde.*
COCKAL, *s.* (a sort of play.) *Osselets, le jeu des osselets.*
To play at cockal. *Jouer aux osselets.*
COCKATRICE, *s.* (or basilisk, a sort of serpent.) *Basilic, sorte de serpent.*
COCKED, *adj.* (from to cock.) *Bandé, retroussé, &c. V.* to Cock.
COCKER, *sub.* (one that loves cock-fighting.) *Celui qui aime les combats de coqs, qui s'y plaît, qui élève des coqs pour les faire combattre.*
† To COCKER, *v. act.* (to be fond of or indulgent to.) *Mignarder, caresser, être doux & indulgent, traiter trop délicatement, accorder ou permettre tout.*
You cocker your child too much. *Vous avez trop d'indulgence pour votre enfant, vous le mignardez trop, vous le gâtez à force de le rendre mignard.*
Cockered, *adj.* Mignardé, traité trop délicatement, mignard.
COCKERING, *s.* L'action de mignarder, &c. *V.* to Cocker. Indulgence, mignardise.
COCKET, *s.* (a seal pertaining to the custom-house.) *Sceau ou cachet de la douane.*
Cocket, (an acquittance of the custom-house.) *Un acquit de douane.*
Cocket, *adject.* (brisk or malapert.) *Eveillé ou pétulant, insolent.*
Cocket-bread. *Pain de ménage.*
COCKING,

COCKING, *f.* (or cock-fighting.) Combat de coqs.
COCKISH, *adj.* (or lecherous.) *Lascif, chaud.*
COCKLE, *sub.* (a fort of shell-fish.) *Pétoncle*, espece de poisson à coquille.
Cockle-shell. *Coquille de pétoncle.*
Cockle-weed, (or cornrose.) *Coquelicot.*
Cockle-stairs, (or winding-stairs.) *Un escalier à vis.*
Hot-cockles, (a kind of sport.) *Main-chaude ou un jeu de frappe-main.*
To COCKLE, *v. n.* (or wrinkle as camlet does.) *Se rider*, en parlant du camelot ou de quelque autre étoffe.
To cockle , (a sea-term, speaking of the sea.) *Blanchir, moutonner*, en parlant de la mer.
Cockling, *adj. Ex.* A cockling sea. *Mer qui blanchit ou qui moutonne.*
COCKNEY, *f.* (a nick-name for Londoners.) C'est un fobriquet qu'on donne à ceux qui font natifs de Londres, & qui répond à notre Badaud de Paris ; ainsi on peut l'exprimer par *Badaud de Londres*.
† Cockney, (a child cockered and tenderly brought up.) *Un mignard, un enfant élevé délicatement.*
COCKREL, *f.* (a young cock.) *Un cochet, un jeune coq.*
COCK'SHEAD, *f. Sainfoin*, herbe.
COCKSWAIN. *V.* Cock.
COCOA-NUT, *f. Cacao.*
COCQUET, *adj.* (or wanton.) *Coquet.* A cocquet air, much tongue, and three fuits, is all the portion of his miſtreſs *Un air coquet, beaucoup de langue & trois habits font toute la dot de fa maitreſſe.*
Coquet , *f. Une coquette.*
COCQUET
COQUETTÉ } *adj. & f.* Coquet.
COCQUETRY
COQUETRY } *fubft.* Coquetterie.
COCTION, *f.* (or digestion of meat.) *Coction, concoction, digestion.*
A flow or imperfect coction. *Coction tardive ou imparfaite.*
COD, *f.* (or husk.) *Coffe, gouffe.*
Peaſe-cod. *Coffe de pois.*
A man's cods, *Les teſticules d'un homme.*
A cod , (a sea-fiſh.) *Sorte de poiſſon de mer.*
The cod (or the bottom) of a bay. *Le fond d'une baie.*
Cod , (or pillow.) *Un oreiller.*
Cod-piece, *Brayette , fente de haut de chauſſe, pont de culotte.*
To tie one's cod-piece. *Nouer l'aiguillatte à quelqu'un.*
Codded, *adj.* (as peaſe.) *Qui est venu en coffes ou qui a pouſſé des coſſes*, en parlant de certains légumes.
CODDER, *f.* (a gatherer of peaſe or beans.) *Celui ou celle qui amaſſe des pois, des feves , &c.*
CODE, *f.* (a volume of the civil Law.) *Code , volume de Droit civil.*
CODEBECK, *f.* (a French hat.) *Caudebec , forte de chapeau de France.*
CODICIL, *f.* (a supplement to a will.) *Codicille*, terme de droit.
CODILL, *f. Codille*, terme de jeu.
CODINIACK, *V.* Quiddany.
To CODLE, *v. act. Cuire, bouillir.*
Ex. To codle apples. *Cuire, faire bouillir des pommes.*
CODLING, *f. Sorte de pomme bonne à cuire.*
COEFFICACY,
COEFFICIENCY, } *f.* Coopération.

COEFFICIENT, *f. Coefficient*, terme d'algebre.
CŒLIACK, *adject. Céliaque*, terme de Médecine.
COEMPTION, *sub. Accaparement , monopole.*
COEQUAL, *adj.* (equal to another.) *Egal, pareil, coégal* ; ce dernier ne se dit que du Fils de Dieu à l'égard du Pere.
To COERCE, *verb. act. Retenir , réprimer , reſtreindre.*
COERCION, *f.* (or reſtraint.) *Action de retenir , de reſtreindre, de brider ; contrainte , violence, coercition.*
COERCIVE, *adj.* Qui bride , qui tient en bride, qui retient , qui reſtraint , qui dompte, qui aſſujettit, *coercitif*.
A coercive power. *Pouvoir coercitif.*
COESSENTIAL, *adject.* (of the same ſence.) *De même eſſence ou ſubſtance.*
COETANEOUS,
COEVOUS, } *adject.* (of the same age.) *De même âge, contemporain.*
COETERNAL, *adj. Coéternel*, qui est de toute éternité avec un autre.
COEVAL, *adj.* (contemporary , that is of the same standing.) *Contemporain , de même âge.*
To COEXIST, *v. neut. Exister en même temps.*
COEXISTENCE, *fubst. L'état de ce qui existe en même temps.*
COEXISTENT, *adj.* Qui existe en même temps.
To COEXTEND, *v. neut. S'étendre dans le même espace.* Ce mot ſert également pour l'étendue du temps comme pour celle du lieu.
COFFEE,
COFFEE-BERRY, } *f.* Café ou grains de café, dont on fait un breuvage.
Coffee-tree. *Cafier*, arbre qui porte le café.
Coffee, (a fort of drink made with coffee-berries.) *Café*, breuvage qui se fait de café.
Coffee-house. *Un café.*
Coffee-man. *Celui qui tient un café.*
Coffee-pot. *Cafetiere.*
COFFER, *f. Coffre.*
Ex. The King's coffers, (where his treaſure is kept.) *Les coffres du Roi, l'épargne.*
* To COFFER, *verb. act. Amaſſer de l'argent.*
COFFERER, *fubst.* (or cofferer of the King's Houſehold.) *Garde des coffres ou le Trésorier de l'épargne*, Officier dans la Cour du Roi d'Angleterre.
COFFIN, *f. Biere ou cercueil , ſépulcre , coffres.*
A coffin-man or coffin-maker. *Un faiſeur de bieres.*
To COFFIN, *verb. act. Mettre dans la biere.*
COG, *fubft.* (a cog of a mill-wheel.) *Dent de roue de moulin.*
The cog-wheel. *La roue en couteau.*
To COG, *v. act.* (or flatter.) *Flatter, cajoler.*
To cog the dice. *Flatter ou piper les dés.*
COGENCY, *fubst. Force, évidence, conviction.*
COGENT, *adj.* (or forcible.) *Puiſſant, urgent , fort.*
A cogent motive. *Un puiſſant motif.*
Cogent reaſons. *De puiſſantes raiſons, des raiſons fortes.*

COGENTLY, *adverb. D'une maniere qui force.*
COGGED, *adj.* (from the verb to Cog.) *Flatté, cajolé, &c.*
COGGER, *f. Flatteur, cajoleur.*
COGGING, *f. Flatterie, cajolerie.*
Cogging, *adj. Ex.* A cogging gameſter. *Un pipeur, un filou.*
COGGLE-STONE, *f. Petit caillou.*
To COGITATE, *v. act. Penſer.*
COGITATION, *f.* (or thought.) *La penſée, la réflexion.*
COGITATIVE, *adj.* Qui penſe.
* COGMEN. *V.* Cog-ware.
COGNATION, *f.* (or kindred.) *Parenté, consanguinité , proximité du sang.*
Cognation , (or affinity.) *Rapport, affinité.*
COGNITION, *fubst. Connoiſſance, conviction.*
COGNITIVE, *adj.* Qui à la faculté de connoître.
COGNIZABLE, *adj.* Qui peut être connu & examiné en justice.
COGNIZANCE, *f. Connoiſſance*, en termes de Droit.
To take cognizance of a thing. *Prendre connoiſſance d'une choſe.*
This falls under the cognizance of philoſophy. *C'est du reſſort de la philoſophie, c'est à la philoſophie à en connoître.*
Cognizance , (or badge.) *Marque, enſeigne , indice.*
Cognizance , (or creſt , in heraldry.) *Cimier*, terme de blaſon.
COGNOMINAL, *adj.* Qui porte le même nom.
COGNOMINATION, *f. Cognom*, ſurnom qu'on prend à l'occaſion de quelque événement ou qualité.
COGNOSCENCE, *f.* (a philoſophical word for knowledge.) *Connoiſſance.*
COGNOSCIBLE, *adject.* Qui peut être connu.
COGNOSCITIVE, *adj.* (a word uſed by philoſophers.) The cognoſcitive faculty. *La faculté de connoître.*
To COHABIT, *v. n.* (or dwell together.) *Habiter enſemble.*
To cohabit with a woman. *Habiter avec une femme , vivre avec elle comme mari.*
COHABITATION, *f. Cohabitation.*
COHEIR, *f.* (or joint-heir with another.) *Cohéritier*, qui est héritier avec un autre.
COHEIRESS, *f. Cohéritière.*
To COHERE, *verb. neut.* (or hang well together.) *Convenir , être bien aſſorti , s'accorder, se ſuivre.*
COHERENCE,
COHERENCY, } *sub. Suite , rapport , convenance , liaiſon , conformité.*
There is no coherence in that diſcourſe. *Il n'y a point de ſuite dans ce diſcours ; ce diſcours n'est pas uni ou égal.*
There is no coherence betwixt thoſe parts. *Il n'y a point de rapport entre ces parties.*
† There is no coherence at all in his ſcull. *Sa cervelle est tout-à-fait renverſée.*
COHERENT, *adj.* (that hangs or ſticks together.) *Suivi , lié , qui ne ſe dément pas.*
Ex. A very coherent diſcourſe. *Un diſcours ſoutenu ou bien ſuivi ou bien lié.*
Your diſcourſe is not coherent. *Votre diſcours ſe dément ou ne ſe ſoutient pas.*
COHESION, *f. Cohéſion*, terme de phyſique. *V.* Coherence.

To

To COHOBATE, *verb. act. Cohober*, terme de chimie; *renverser une liqueur sur la substance dont elle a été tirée, & la distiller de nouveau.*
COHOBATION, *s. Cohobation, l'action de cohober.*
COHORT, *sub.* (a company of soldiers among the ancients.) *Une cohorte.*
COIF, *s. Une coiffe.*
A night-coif. *Coiffe de nuit.*
COIFED, *adj. Coiffé.*
COIFFURE, *s. Coiffure.*
COIGNE, *s. Coin.*
COIL, *s.* (or clutter.) *Bruit, vacarme, tintamarre, fracas.*
To keep a coil. *Faire du vacarme.*
To COIL, *v. act. Rouer, mettre en rond*, terme de marine.
Ex. To coil a cable. *Rouer un cable, le mettre en rond en forme de cerceau.*
Coiled, *adj. Roué.*
COIN, *s.* (or money.) *Monnoie.*
Counterfeit coin. *Fausse monnoie, billon.*
P. Much coin much care. P. *Les soins s'augmentent avec les richesses.*
Coin. *V.* Coins.
To COIN money, *v. a. Battre ou frapper la monnoie, monnoyer.*
To coin, (or invent.) *Faire, inventer, forger.*
To coin new words. *Faire de nouveaux mots.*
COINAGE. *s.* (or coining.) *Monnoyage.*
To COINCIDE, *v. n. Coincider*, terme de géometrie.
COINCIDENCE, *s.* (or meeting.) *Rencontre.*
The coincidence of two lines. *La rencontre de deux lignes.*
COINCIDENT, *adj.* (or happening together.) *Qui arrive en même temps, qui se trouve ensemble, qui se rencontre.*
COINED, *adj.* (from to coin.) *Battu, frappé, monnoyé, fait, inventé, forgé.*
V. to Coin.
New coined words. *De nouveaux mots.*
COINER, *subst. Monnoyeur, inventeur, faiseur.*
A false coiner. *Un faux monnoyeur.*
COINING, *sub. L'action de battre monnoie, &c. V.* to Coin. *Monnoyage.*
A coining of new words. *Introduction de nouveaux mots.*
COINS or QUINES, *s.* (the corners of walls.) *Les encogneures des murailles.*
Coins, (pieces of wood used in mounting ordnance.) *Coins de mire*, dont on se sert pour pointer le canon.
Coins, (or printer's wedges to fasten letters into the frames.) *Coins d'Imprimeur.*
Rustic coins, (stones that stick out of a wall for new buildings to be added to it.) *Pierres d'attente ou harpes.*
† COISTRIL, *s.* (a young l. d.) *Un jeune garçon; poltron*, en parlant d'un coq de combat.
COIT, *s.* (or quoit.) *Un palet.*
To play at coits. *Jouer au palet.*
COITION, *s. Coit, accouplement.*
To COJOIN, *verb. act. Conjoindre, unir ensemble.*
COKE, *s. Charbon de terre raffiné.*
COKER, *s. Un ouvrier.*
Cokers, (or fishermens boots.) *Bottes de pêcheur.*
COKES. *V.* Notes.
COKET. *V.* Cocket.
COLANDER. *V.* Cullander.

COLATION, } *s. Colature*, terme de
COLATURE, } pharmacie.
COLBERTINE, *s. Sorte de dentelle.*
COLCOTHAR, *s. Colcotar*, terme de chimie.
COLD, *s.* (cold weather.) *Froid, froidure, froideur.*
Cold, (or rheum.) *Rhume, fluxion, froid.*
To have got a great cold. *Avoir un grand rhume, être fort enrhumé.*
To catch cold. *Gagner un rhume, s'enrhumer, prendre froid.*
A cold upon heat. *Morfondure.*
To catch cold upon heat. *Se morfondre.*
COLD, *adj.* (the contrary of hot.) *Froid, gelé, glacé.*
Cold weather. *Un temps froid.*
A cold wind. *Un vent froid.*
To be of a cold constitution. *Être d'un tempérament froid.*
To be cold. *Avoir froid.*
To kill one in cold blood. *Tuer quelqu'un de sang froid.*
Cold, (reserved, indifferent.) *Froid, réservé, indifférent.*
A cold friend. *Un ami froid.*
To grow cold. *Se refroidir.*
We are here in a cold place. *Nous sommes ici froidement.*
A very cold season. *Une grande froidure.*
A cold comfort. *Triste consolation.*
To give one but a cold reception. *Traiter quelqu'un froidement, lui faire méchante chere ou lui faire un accueil froid.*
COLDISH, *adj.* (something cold.) *Un peu froid, tiede.*
COLDLY, *adv. Froidement, avec froideur, d'une maniere froide.*
To receive one coldly, (to give him a cold reception.) *Recevoir quelqu'un froidement, lui faire un accueil froid.*
He spoke it so very coldly. *Il dit cela d'une maniere si froide.*
COLDNESS, *s. Froideur*, dans le propre & dans le figuré.
The coldness of water. *La froideur de l'eau.*
COLE, *s.* (or cabbage.) *Chou.*
Curled garden-cole. *Chou crépu.*
COLET. *V.* Collet.
COLEWORT. *V.* Cabbage.
COLIANDER. *V.* Coriander.
* COLIBERT, *s.* (a villain made free.) *Un affranchi.*
COLICK, *s.* (a kind of violent griping in the guts.) *Colique, tranchées dans le ventre.*
The wind-colick. *La colique venteuse.*
The stone-colick. *La pierre.*
To COLL, *v. act. Accoler, embrasser.*
Ex. To clip and coll. *Accoler, embrasser, faire des accolades.*
To COLLAPSE, *verb. neut. Tomber à la fin.*
Collapsed, *adj.* (or decayed.) *Ruiné.*
A collapsed estate. *Un bien ruiné.*
COLLAR, *s. Collet, collier.*
The collar of a doublet. *Le collet d'un pourpoint*, ou *d'un habit.*
To take one by the collar. *Prendre quelqu'un au collet.*
A dog's collar. *Un collier de chien.*
A horse-collar, (speaking of a cart-horse.) *Collier de cheval de charrette.*
A collar of esses, or collar of SS. *Collier des Chevaliers de l'Ordre de la Jarretiere.*

Collar-days. *Les jours que les Chevaliers de l'Ordre paroissent avec leurs colliers.*
A collar of brawn. *Un rouleau de chair de verrat*, mets à l'Angloise qu'on mange ordinairement pendant les fêtes de Noël.
The collar of a band. *Tour de rabat*, la partie la plus haute du rabat sur laquelle on attache le tour du cou.
An iron collar for offenders. *Un carcan.*
† To slip one's neck out of the collar, (to get out of a bad business.) *Se tirer de la presse, tirer son épingle du jeu, se retirer d'une méchante affaire où l'on étoit comme engagé.*
Collar, (a sea-term.) *Collier d'étai.*
To COLLAR one, *v. act. Colleter quelqu'un, le prendre au collet.*
To COLLATE, *v. a.* (or bestow.) *Conférer, donner.*
Ex. To collate a living. *Conférer, donner un bénéfice.*
To collate, (or compare.) *Comparer.*
To collate a book, (to see by the signature of the sheets, whether it be right or no.) *Collationner un livre.*
Collated, *adj. Conféré, donné, comparé, collationné.*
COLLATERAL, *adject.* (or side-ways.) *Collatéral.*
Ex. The cardinal and collateral winds. *Les vents cardinaux & collatéraux.*
A collateral degree of kindred, (as uncles, cousins, &c.) *Ligne collatérale de parenté.*
COLLATERALLY, *adv. A côté l'un de l'autre, en ligne collatérale.*
COLLATION, *s.* (small repast or entertainment.) *Collation*, repas entre le dîné & le soupé.
Collation, (or bestowing of a living.) *Collation, don gratuit d'un bénéfice vacant.*
Collation, (or comparing.) *Comparaison, parallele.*
COLLATOR, *subst. Collateur; celui qui compare.*
To COLLAUD, *v. act.* (or commend one.) *Louer quelqu'un, lui donner des louanges, faire l'éloge de quelqu'un.*
COLLEAGUE, *subst.* (or partner in an office.) *Collegue, compagnon dans quelque charge publique.*
To COLLEAGUE, *v. act. Joindre ensemble.*
COLLECT, *sub.* (or short prayer.) *Collecte, oraison courte, petite priere.*
To COLLECT, *v. act.* (or gather.) *Lever; faire une levée de deniers, recueillir.*
Collected, *adj. Levé, recueilli.*
COLLECTIBLE, *adj. Qui peut être recueilli.*
COLLECTANEOUS, *adject. Rassemblé, compilé.*
COLLECTER. *V.* Collector.
COLLECTING, *s. L'action de lever ou de recueillir, levée, recueil.*
COLLECTION, *s.* (or gathering.) *Levée de deniers.*
A collection of several Authors. *Un recueil ou une collection de divers Auteurs.*
The sea is a great collection of waters. *La mer est un grand amas d'eaux.*
COLLECTIVE, *adj. Collectif.*
Ex. A collective word. *Un terme collectif.*
COLLECTIVELY, *adv.* (in a collective sense.) *Dans un sens collectif, collectivement.*
COLLECTOR, *subst. Collecteur, compilateur.*

COLLEGATARY,

COLLEGATARY, *f.* Colligataire.
COLLEGE, *f. College*, une assemblée, une société, un corps, une congrégation de plusieurs personnes qui s'appliquent aux mêmes choses.
A College in an University. *Un college, dans une Université.*
The College of Cardinals. *Le College des Cardinaux.*
The College of Physicians in London. *La faculté de Médecine de Londres.*
COLLEGIAL, *adject.* Qui a rapport à un College.
COLLEGIAN, *subst.* (a member of a College.) *Membre d'un College, qui est entretenu par le College.*
COLLEGIATE, *f. Un écolier, un membre d'un College.*
Collegiate, *adj. Collégial.*
Ex. A Collegiate Church. *Église Collégiale.*
COLLEGUE. *Voyez* Colleague.
COLLERY. *Voyez* Colliery.
COLLET, *f.* (or bezel, that part of a ring or jewel, wherein the stone is set.) *Le chaton d'une bague.*
To COLLIDE, *verb. act. Frapper, heurter contre.*
COLLIED. *Voyez* Collyed.
COLLIER, *f.* (one that sells sea-coals.) *Marchand de charbon de terre.*
Collier, (a ship to carry coals.) *Bâtiment charbonnier.*
COLLIERY, *sub.* (coal pits.) *Mines de charbon, charbonnieres.*
Colliery, (or coal-trade.) *Métier de charbonnier ou de marchand de charbon.*
COLLIQUATION, *f. Colliquation*, terme de Médecine.
COLLIQUATIVE, *adj. Dissolvant.*
COLLISION, *f.* (or clashing.) *Froissement, choc, collision.*
* COLLOCK. *Voyez* Pail.
To COLLOCATE, *verb. act. Placer.*
COLLOCATION, *f. Action de placer, état de ce qui est placé.*
To COLLOGUE, *v. act. Flatter, cajoler.*
Collogued, *adj. Flatté, cajolé.*
COLLOP, *f. Tranche, morceau délié.*
Scotch-collops. *Tranches de veau bien battues & fricassées à l'Écossoise.*
A collop (or slice) of bacon. *Riblette, morceau de porc mince & long, qu'on leve sur la fleche du lard.*
† He has lost a good collop. *Il est bien déchu, il a bien perdu de son embonpoint.*
COLLOQUY, *f.* (or dialogue.) *Colloque, dialogue, conférence, un tête-à-tête.*
Erasmus's colloquies. *Les colloques d'Eralme.*
COLLUCTATION, *sub. Combat, contrariété.*
† To COLLUDE, *verb. neut.* (or play booty.) *User de collusion, être d'intelligence ensemble pour tromper quelqu'un, s'entendre.*
COLLUSION, *sub.* (or playing booty.) *Collusion, tromperie, supercherie de deux personnes qui s'entendent ensemble pour tromper quelqu'un.*
COLLUSIVE, } *adj. Collusoire.*
COLLUSORY, }
COLLUSIVELY, *adv. Collusoirement.*
COLLY, *f.* (black footy stuff that sticks to pots, pans, &c.) *Noir ou suie, qui s'attache aux pots, aux poêles, &c.*
To COLLY, *v. a.* (to blacken.) *Noircir, barbouiller de noir.*
Collied, *adj.* (or smutted.) *Noirci, noir, barbouillé.*

You are all collied. *Vous êtes tout noirci, barbouillé.*
COLLY-FLOWER. See Cauli-flower, *f. Chou-fleur.*
COLLYRIUM, *sub.* (liquid medicine to cure diseases in the eyes.) *Collyre, remede externe & liquide pour le mal des yeux.*
COLON, *subst.* (the middle point of distinction, thus [:].) *Deux points, sorte de distinction dont on se sert dans un discours écrit ou imprimé,* (:)
Colon, (or arse-gut.) *L'intestin ou le gros boyau, le boyau culier.*
COLONEL, *subst.* (an Officer that commands a whole Regiment.) *Colonel, Officier qui commande un Régiment.*
A Colonel of horse. *Un colonel de cavalrie, un Mestre de camp.*
COLONELSHIP, *f. Office de Colonel.*
COLONIAL, *adj. Colonial, qui appartient aux Colonies.*
To COLONISE, *verb. act. Établir une Colonie.*
COLONNADE, *f. Colonnade.*
COLONY, *f.* (or plantation.) *Colonie, une peuplade, une troupe de gens qu'on envoie pour peupler un pays.*
COLOPHONY, *f. Colophane, résine.*
COLOQUINTIDA, *f.* (a sort of herb.) *Coloquinte, sorte d'herbe.*
COLORABLY, *adv. Sous un prétexte spécieux.*
COLORATE, *adj. Coloré, teint.*
COLORATION, *subst. L'art de colorer, l'état de ce qui est coloré.*
COLORIFIC, *adj. Qui produit des couleurs.*
COLOSS, }
COLOSSUS, } *subst.* (a large statue.) *Colosse, statue d'une énorme grandeur, un géant.*
COLOSSEAN, *adj. Gigantesque, colossal, énorme.*
COLOUR, *sub. Couleur*, réflexion de la lumiere.
A fine, pleasant and bright colour. *Une couleur belle, agréable, éclatante.*
A lively and gay colour. *Couleur vive, gaie, riante.*
A dull colour. *Couleur triste, morne, sombre, morte.*
A sad or dark colour. *Couleur obscure.*
A deep, changeable colour. *Couleur chargée, changeante.*
Colour, (looks or complexion.) *Couleur, teint du visage, coloris.*
His colour changes. *Il change de couleur.*
She has a fresh colour. *Elle a le teint frais, elle a un beau coloris.*
To have a high colour. *Être haut en couleur.*
To have a good or bad colour. *Avoir bonne ou mauvaise couleur.*
A hawk all of a colour. *Oiseau d'une piece.*
Colour, (at cards.) *Point de cartes.*
A card of a black colour. *Une carte d'un point noir.*
† Colour, (or pretence.) *Couleur, prétexte, excuse, ombre, apparence, couverture.*
To cheat one under the mask or colour of friendship. *Tromper quelqu'un sous couleur d'amitié ou sous ombre d'amitié.*
Rhetorical colours, (flourishes or ornaments.) *Les figures, les ornemens, les embellissemens de la Rhétorique, les beautés ou la délicatesse d'un discours.*

The colours of a Company. *L'enseigne, le drapeau ou l'étendard d'un Compagnie.*
He is run away from his colours. *Il a déserté.*
Colours. *Pavillon distinctif de chaque nation, ce qui s'étend au pavillon de beaupré, aux cornettes, guidons & flammes, particulieres à chaque nation.*
To set one out in his true colours. *Représenter quelqu'un tel qu'il est, le dépeindre, le faire connoître avec tous ses défauts ;* † *le mettre en beaux draps blancs.*
She has a colour (or bloom) in her cheeks, but it is natural. *Elle a un peu de rouge au visage, mais c'est un rouge naturel.*
When I named M. C*** to her, her colour rose presently. *Lorsque je lui parlai de M. C*** le rouge lui monta d'abord au visage.*
To COLOUR, *v. act.* (to give a colour.) *Colorer, donner de la couleur, colorier en peinture.*
You must colour it first. *Il vous faut le colorer premiérement.*
To colour a map. *Enluminer une carte.*
To colour the draught of a town. *Lever le plan d'une Ville.*
To colour the hair. *Peindre les cheveux, les noircir ou les rajeunir quand ils sont blanes.*
To colour, (to palliate or excuse.) *Colorer, excuser, pallier, couvrir de quelque prétexte, déguiser, donner quelque couleur à une chose.*
What can be said to colour such violences ? *Que peut-on dire pour colorer de telles violences ?*
To colour one's cruelty with the name of justice. *Colorer ou déguiser sa cruauté sous le nom de justice.*
To colour a thing, (to daub it, to put the best side outward.) *Pallier une chose, lui donner quelque couleur, en cacher les défauts, la faire voir par le beau côté.*
To colour, *verb. neut.* (or to blush.) *Rougir.*
COLOURABLE, *adj.* Ex. A colourable (or fair) pretence. *Un prétexte spécieux ou plausible.*
COLOURED, *adj. Coloré, à quoi l'on a donné de la couleur, enluminé, lavé, peint. V.* to Colour.
Ill-coloured. *Qui se déteint, qui perd sa couleur ou son vif.*
Party-coloured. *Bigarré, de différentes couleurs.*
Coloured, (or palliated.) *Coloré, excusé, couvert de quelque prétexte, déguisé, pallié.*
COLOURING, *subst. Coloris, action de colorer, &c. V.* to Colour.
COLOURIST, *sub. Coloriste*, terme de peinture.
COLOURLESS, *adject. Transparent, sans couleur.*
COLT, *f.* (a young horse.) *Un poulain, il se dit ordinairement des chevaux jusqu'à trois ans.*
The colt of an ass. *Un ânon.*
Prov. A ragged colt may make a good horse. *Un méchant poulain peut devenir bon cheval.*
Colt's-foot, (an herb.) *Pas d'âne, sorte d'herbe.*
Colt-teeth. *Dents de lait, les premieres dents qui viennent aux animaux.*
Colt-staff. *Un levier.*

COLTER,

COLTER, *subst.* (the sharp iron of a plough that cuts the ground perpendicularly to the share.) *Coutre.*
COLUBRINE, *adj. De serpent.*
† COLUMBARY, *s.* (a dove-house.) *Un colombier.*
COLUMBINE, *s.* (an herb.) *Colombine, sorte d'herbe.*
Columbine, (a kind of violet colour.) *Colombin, sorte de couleur.*
COLUMN, *subst.* (or pillar.) *Colonne, pilier.*
A wreathed column. *Une colonne torse.*
A column of a book. *Colonne de livre.*
COLUMNAR, } *adject.* Formé en
COLUMNARIAN, } *colonne.*
COLURES, *subst.* (two circles of the sphere.) *Colures, cercles de la sphere.*
COLWORT, *subst.* Choux verts, *Voyez* Cole-wort.
COLYSEUM, *subst.* (an amphitheatre in Rome, built by the Emperor Vespasian.) *Le Colisée, amphitéâtre que Vespasien fit bâtir à Rome.*
COMA, *s.* (a lethargy.) *Coma, terme de Médecine, sorte de léthargis.*
COMART, *s. Contrat, marché, accord.*
COMATE, *subst. Compagnon, associé, ami intime.*
COMATOSE, *adj. Comateux.*
COMB, *s.* Peigne.
A horn-comb or tortoise shell comb. *Peigne de corne ou d'écaille de tortue.*
The teeth and the bridge of a comb. *Les dents & le champ d'un peigne.*
Comb-case. *Etui à peigne ou une trousse.*
Comb-brush. *Brosse à nettoyer les peignes.*
Comb-maker. *Peignier, celui qui fait & vend de toutes sortes de peignes.*
A cock's comb. *Une crête de coq.*
A horse-comb or curry-comb. *Une étrille, pour étriller les chevaux.*
A flax-comb. *Un seran, pour passer le chanvre, le lin ou le crin.*
A honey-comb. *Un rayon de miel.*
A comb, (or dale betwixt two hills.) *Un vallon, une vallée.*
To COMB, *v. act.* Peigner.
To comb a child's head. *Peigner un enfant.*
To comb one's own head. *Se peigner.*
To comb a horse. *Etriller un cheval.*
To comb (or card) wool. *Peigner ou carder de la laine.*
To comb flax or hemp. *Seranser du lin ou du chanvre.*
COMBAT, *s.* (or fight.) *Combat.*
A single combat. *Combat singulier, un duel.*
To COMBAT, *v. neut.* (or fight.) *Combattre, se battre.*
To combat, *v. act.* Combattre.
To combat an opinion. *Combattre une opinion.*
COMBATANT, *subst.* (or fighting man.) *Combattant.*
Combatant, *adject.* (in heraldry.) *Affronté.*
COMBED, *adj.* (from to comb.) *Peigné, étrillé, seransé, &c.*
COMBER, *s. Cardeur.*
COMBINATE, *adj. Fiancé, promis.*
COMBINATION, *s.* (or plotting together.) *Complot, cabale, conspiration, une ligue ou une partie secrette.*
Combination, (or conjunction.) *Combinaison, conjonction.*

To COMBINE, *verb. act.* (or to join.) *Combiner, joindre.*
To combine, *v. n.* (to join.) *Se combiner, se joindre.*
To combine, (or plot together.) *Comploter, faire un complot, conjurer, conspirer, se liguer.*
COMBING, *s. L'action de peigner, &c.* V. to Comb.
Combing, *adj. Ex.* A combing cloth, (a night-rail.) *Un peignoir.*
COMBLESS, *adj. Sans crête.*
† COMBURGESS, *s. Concitoyen.*
COMBUSTIBLE, *adj.* (or apt to burn.) *Combustible ou susceptible de prendre feu.*
COMBUSTION, *sub.* (or burning.) *Incendie, embrasement.*
Combustion, (or hurly-burly.) *Combustion, désordre, tumulte, trouble, sédition.*
The whole Kingdom was in a combustion. *Tout le Royaume étoit en combustion.*
To COME, *v. neut.* Venir.
To come to a place. *Venir ou arriver en quelque endroit ou lieu.*
To come from a place. *Venir de quelque endroit.*
To come to one. *Venir ou aller trouver quelqu'un.*
Come to me tomorrow. *Venez me trouver demain.*
I shall come to you. *Je vous irai trouver.*
To come to, (or come near.) *S'approcher.*
Come to me, (or come near me.) *Approchez-vous de moi.*
To come. *Parvenir.*
To come to the crown. *Parvenir à la couronne.*
To come, (to address one's self.) *S'adresser.*
They came to me. *Ils s'adresserent à moi.*
To come, (to accost, to draw near.) *Aborder, s'approcher, accoster, se présenter, venir.*
He came to him in an insolent manner. *Il l'aborda avec insolence.*
To come before one, (or in his way.) *Se présenter devant quelqu'un, venir à sa rencontre.*
To come, (to amount.) *Revenir, se réduire, monter.*
What does the whole come to? *A quoi revient le tout?*
It comes all to one, it comes all to the same thing. *Tout revient à un, c'est tout un.*
All his discourse comes to this. *Tout son discours se réduit à ceci.*
To come to an end, (to have an issue.) *Aboutir, se terminer.*
I will see what these things will come to. *Je veux voir à quoi tout ceci aboutira ou quelle sera l'issue de tout ceci.*
To come, (as a woman with child.) *Etre en travail d'enfant.*
This comes of trusting to the faith of a Philosopher. *Voilà ce qu'on gagne à se fier à la parole d'un Philosophe.*
They swore to observe it, come life, come death. *Ils jurerent de l'observer à la vie & à la mort.*
The sap comes early in a dry year. *Les seves avancent dans une année seche.*
That which comes from me. *Ce qui sort de moi.*
To come to an end. *Etre près de sa fin ou être fini, finir, se terminer, être achevé.*

To come to a shameful end. *Faire une fin honteuse.*
To come to an estate. *Hériter de quelque bien, venir à une succession.*
He comes very well recommended. *Il est très-bien recommandé, il a de très-bonnes recommandations.*
When all comes to all. *Après tout, tout bien compté.*
The general's order does not come to that. *L'ordre du général ne porte pas cela.*
To come to misery. *Etre réduit à la misere, devenir misérable.*
You will come to some mischief or other. *Il vous arrivera quelque malheur.*
To come to good, (to succeed.) *Venir à bien, réussir, prospérer.*
I desire no more than comes to my share. *Je ne demande que ma part ou que ce qui m'appartient.*
The wind comes directly into the street. *Le vent enfile cette rue.*
To come to life, (or to revive.) *Prendre vie.*
To come to life again. *Ressusciter, revenir à vie.*
When it comes to your turn. *Quand votre tour viendra, à votre tour.*
What does all his cunning come to? *A quoi servent toutes ses finesses?*
What does all this come to? *A combien vous revient tout ceci? combien vous coûte tout ceci?*
I am more obliged to you than that comes to. *L'obligation que je vous ai, passe infiniment tout cela, je vous dois plus que tout cela.*
To come to an agreement. *S'accorder, s'accommoder, faire une transaction, transiger.*
When I come to die. *Quand je mourrai.*
I would not have him come to any harm. *Je ne voudrois pas qu'il lui arrivât du mal.*
To come to one's self again. *Revenir à soi, reprendre ses sens, se reconnoître, se remettre, se ravoir, en revenir.*
They did not give the enemy time to come to themselves. *Ils ne donnerent pas le temps à l'ennemi de se reconnoître.*
He came to my terms. *Il se soumit à mes conditions, il fit ce que je voulus.*
To come to a conclusion. *Conclure, tomber ou demeurer d'accord, résoudre.*
To come to reasonable terms. *Se mettre à la raison.*
And come the worst that can come. *Et au pis aller.*
They were very near coming to handy-blows. *Il ne tint presque à rien qu'ils ne se battissent.*
To come to the particular. *Descendre dans un détail.*
To come to preferment. *S'avancer, se pousser, faire fortune.*
He was come to the point of being either the most glorious or the most miserable Prince of the universe. *Il étoit à la veille de se voir le plus glorieux ou le plus misérable Prince de la terre.*
All his hurry comes to nothing. *Tous ses empressements se terminent à rien.*
To come to hand. *Se présenter, se faire voir.*
To come to light. *Se découvrir, se publier, se manifester.*
How should I come to know it? *Comment le saurois-je?*

How

COM

How came you to know him? *Comment avez-vous fait connoissance avec lui?*
How came he to do that? *Comment s'est-il mis dans l'esprit de faire cela?*
If I can but come to speak with him. *Si je puis seulement lui parler ou m'aboucher avec lui.*
To come to pass. *Arriver, avenir.*
No body thought this would have come to pass. *Personne n'eût cru que cela fût arrivé, personne ne s'attendoit à cela.*
To come TO and FRO. *Aller & venir, passer & repasser.*
To come INTO trouble. *S'attirer ou se faire des affaires, s'engager dans quelque malheur, s'intriguer dans une méchante affaire.*
To come into danger. *Se mettre en danger, s'exposer au danger.*
Yesterday the ships came into the downs. *Hier les vaisseaux arriverent aux dunes.*
Your letter never came into my hands. *Je n'ai point reçu votre lettre, votre lettre ne m'est point tombée entre les mains ou ne m'a point été rendue.*
To come into business. *Commencer à faire ses affaires ou avoir la vogue.*
To come AT, (or overtake.) *Atteindre, attraper.*
To come at (or obtain) a thing. *Acquérir, obtenir, emporter, avoir, gagner quelque chose.*
To come BETWEEN. *Survenir.*
To come IN. *Entrer.*
Come in. *Entrez.*
I hope some work will come in. *J'espere qu'il me viendra du travail.*
The tide comes in and goes out. *La marée monte & descend.*
I was loath to come in amongst them. *J'avois de la répugnance à me mettre de la partie ou à m'engager avec eux.*
The letters which are come in to day. *Les lettres qui sont arrivées aujourd'hui.*
It will be yet a good while before dinner comes in. *On ne servira pas encore de long-temps.*
To come in the way. *Se présenter, survenir.*
If any obstacle comes in the way. *S'il survient quelque obstacle ou quelque empêchement.*
To come in, (to yield and submit.) *Se rendre, se soumettre.*
To come in as an heir. *Prétendre à l'héritage, se porter pour héritier.*
Since the King came in, (meaning King Charles the second.) *Depuis le retour ou le rétablissement du Roi, en parlant du Roi Charles II. La restauration.*
Since King William came in. *Depuis que le Roi Guillaume est monté sur le trône. La révolution.*
To come OUT or FORTH. *Sortir.*
He came out just now. *Il ne fait que de sortir.*
Come out here. *Sortez d'ici, qu'on se retire.*
His teeth begin to come out. *Les dents commencent à lui tomber.*
When will your book come out? *Quand est-ce que votre livre verra le jour? quand est-ce que votre livre paroîtra?*
To come out with a dry jest. *Railler d'une maniere seche ou froide, faire le mauvais plaisant.*
To come out, (or appear.) *Se découvrir, paroître, se faire voir.*
To come out. *Monter.*

To come out, (as blossoms do.) *Pousser, en parlant des arbres.*
To come out, (as a star does.) *Naître, paroitre, se lever, se montrer sur l'horizon, en parlant des astres.*
To come UP. *Monter.*
Desire him to come up. *Priez-le de monter.*
The corn begins to come up. *Le blé commence à pousser.*
To come up to one. *Aborder, accoster, joindre quelqu'un, venir à lui.*
To come up to a ship. *Border un vaisseau, le suivre de près pour le reconnoitre.*
Since Christianity came up, (or was established.) *Depuis que la Religion Chrétienne s'est établie, depuis l'établissement du Christianisme.*
Whatever he eats comes up. *Il rend, il vomit tout ce qu'il mange.*
There is a new fashion come up. *Il y a une nouvelle mode.*
He cannot come up to the imitation of that illustrious person. *Il ne sauroit imiter cette illustre personne.*
That comes up (or corresponds) to the meaning of this fable. *Cela répond au sens de cette fable, c'est ce qui est signifié par cette fable.*
To come DOWN. *Descendre.*
I will make his spirit come down, (or I will lower his pride.) *J'abattrai ou je rabattrai son orgueil, je saurai bien l'humilier.*
To come ASUNDER. *Se défaire, se mettre en pieces, se décoller, se déjoindre, se désunir.*
To come BACK. *Revenir.*
To come AGAIN. *S'en revenir.*
To come back again. *S'en retourner.*
To come ABOUT. *Tourner, faire le tour.*
The wind at length came about. *Enfin le vent tourna ou sauta, en termes de mer.*
What do you come about? *(seek or want.) Que cherchez-vous? que demandez-vous?*
To come TOGETHER. *Venir ensemble, s'assembler.*
To come together, (or to marry.) *Se marier, s'unir par le lien du mariage.*
To come together again. *Se rejoindre.*
To come ALONG. *S'en venir, marcher.*
Come along with me. *Venez-vous-en avec moi.*
Come along, (make haste.) *Marchez, marchez, allons donc.*
To come AFTER, *Suivre, venir après.*
To come after (or succeed) one in a place. *Succéder à quelqu'un dans une charge, être son successeur.*
To come NEXT. *Suivre, suivre immédiatement.*
To come AWAY. *S'en venir, se retirer.*
To come ON. *Avancer.*
To come FORWARD. *Avancer.*
Come on, (or away with it.) *Courage.*
To come FORWARD in one's learning. *Profiter, faire des progrès dans ses études.*
To come forward. *S'avancer, aller plus avant.*
To come OFF. *Tomber.*
All my hair comes off. *Tous les cheveux me tombent.*
This begins to come off. *Ceci commence à se défaire ou à se décoller.*
To come off with credit or with flying colours. *Se tirer d'affaire à son honneur,*

sortir ou se débarrasser d'une mauvaise affaire avec honneur.
Do you think to come off so? *Pensez-vous d'en être quitte à si bon marché?*
This will make your skin come off. *Ceci vous enlevera la peau.*
You will come off a loser. *Vous n'y trouverez pas votre compte.*
To come off conqueror. *Remporter la victoire.*
What will come OF IT? *A quoi se terminera cette affaire?*
What will come of thee? *Que deviendras-tu?*
To come BY. *Passer par, passer auprès, passer devant.*
How did you come by it? *Comment l'avez-vous eu? comment l'avez-vous attrapé? comment est-ce que cela vous est tombé entre les mains?*
To come UPON. *Surprendre.*
He came upon me when I least thought of him. *Il me surprit lorsque je ne pensois à rien moins qu'à lui.*
To come upon one with force. *Fondre sur quelqu'un.*
A sudden fear came upon him. *Une crainte subite le saisit.*
When the fit comes upon me. *Lorsque l'accès me prend, lorsque mon accès vient.*
I never came upon the back of a better nag. *Je n'ai jamais monté un meilleur cheval.*
I shall come upon (or sue) you for it. *Je m'en prendrai à vous.*
To come upon another man's market. *Courir sur le marché d'autrui, courir sur ses brisées.*
Before this great evil came upon us. *Avant que ce grand malheur ne vous arrivât.*
A great war is coming upon us, (or breaking out.) *Nous voici à la veille d'une grande guerre.*
To come SHORT of (or miss) a thing. *Manquer de succès, ne pas venir à bout d'une chose.*
To come short of, (to be inferior to.) *Être inférieur à, céder à, n'approcher pas de.*
If liberality and complaisance will do it, I will not come short of any. *S'il ne tient qu'à donner & à être complaisant, je ne ferai pas des derniers.*
COME, *adj. Venu, &c. V. to Come.*
Prov. First come, first served. *Les premiers venus doivent être les premiers servis.*
The butter is come. *Le lait se prend, se caille ou se coagule.*
This day come fortnight. *Dans quinze jours d'ici.*
The linen-trade is come to nothing. *La lingerie ne vaut plus rien.*
He is come (or born) of good friends. *Il est de bonne famille, il est de bon lieu.*
COMEDIAN, *subst.* (an actor or actress of comedies.) *Un comédien ou une comédienne.*
COMEDY, *subst.* (a sort of dramatick poetry.) *Comédie, sorte de pièce de théatre.*
COMELINESS, *subst.* (beauty, good mien.) *La beauté, la bonne mine, la bonne grace, l'agrément, le bon air, le bel extérieur.*
COMELY, *adject.* (or handsome.) *Beau, bien fait, qui a une bonne mine ou un bel extérieur.*

Comely,

Comely, (or seemly.) Convenable, bienséant, qui sied bien, honnête.
Comely, adv. Avec agrément, de bonne grace, du bel air, poliment, galamment.
Comely, (or decently.) Honnêtement, dans les règles de la bienséance, avec honnêteté.
COME-OFF, subst. (shift or pretence.) Défaite, excuse, prétexte, échappatoire, subterfuge, faux-fuyant.
An ingenious come off. Une bonne défaite.
A pitiful come-off. Une pauvre défaite.
COMER, subst. Venant, venu.
To all comers. A tous venants.
A new comer. Nouveau venu.
For comers and goers. Pour ceux qui vont & viennent.
COMET, subst. (a blazing star.) Une comète.
Comet, (a game at cards.) Comete, sorte de jeu de cartes.
COMETARY, COMETICK, } adj. Qui appartient aux comètes.
COMFIT, CONFITURE, } s. (or sweet-meats.) Confiture.
A comfit-maker. Confiseur, confiturier.
COMFORT, subst. (consolation.) Consolation, soulagement, adoucissement.
It is a great comfort to me. Ce m'est une grande consolation.
Comfort, (pleasure, enjoyment.) Plaisir, douceur, aise, contentement, joie, satisfaction.
The comforts (or conveniences) of this life. Les plaisirs, les douceurs, les aises de la vie.
He gets no comfort by his children. Ses enfans ne lui donnent aucun contentement.
That is his greatest comfort. C'est-là sa plus grande joie.
To COMFORT, v. act. (to ease.) Consoler, soulager.
To comfort one in his troubles. Consoler quelqu'un dans sa misère.
To comfort, (or rejoice.) Récréer, rendre gai ou joyeux, réjouir.
The very sight of him does comfort me. Je suis tout réjoui quand je le vois.
To comfort one UP, (to cheer him up.) Encourager quelqu'un, lui donner du courage, le rassurer, relever son courage.
COMFORTABLE, adject. (giving ease.) Consolant, qui console, qui soulage, qui donne du soulagement.
I find nothing more comfortable in my troubles. Je ne trouve rien de plus consolant ou qui me console plus dans mon malheur.
Comfortable, (pleasant, agreeable.) Agréable, bon, réjouissant, qui donne de la joie, du plaisir, du contentement, de la satisfaction; doux.
A confortable piece of news. Une agréable nouvelle.
A comfortable liquor. Une liqueur qui réjouit.
A comfortable wife and children. Une bonne femme & de bons enfans, qui donnent bien de la joie, du plaisir & du contentement.
To live a comfortable (or happy) life. Mener une vie douce ou une vie agréable, vivre agréablement, content ou à son aise.
COMFORTABLENESS, subst. (the being comfortable and pleasant.) Douceur, qualité réjouissante, disposition d'une chose ou d'une personne à donner de la joie, du plaisir, du contentement, du soulagement, de la satisfaction.
COMFORTABLY, adv. Agréablement, d'une manière agréable ou douce.
He lives very comfortably. Il vit fort agréablement, content ou à son aise.
COMFORTED, adj. Consolé, soulagé, &c. réjoui, récréé, &c.
COMFORTER, subst. Consolateur.
God is the great comforter of such as are in trouble. Dieu est le grand consolateur des affligés.
COMFORTING, subst. L'action de consoler, &c. de réjouir, de donner de la joie, &c. V. to Comfort.
COMFORTLESS, adj. Qui est au désespoir, qui n'a aucun plaisir ou contentement, qui est destitué de toute consolation.
Comfortless, (or sad.) Déplaisant, désagréable, accablant, triste.
COMFREY, COMFRY, } subst. (a sort of herb.) Consoude, sorte d'herbe.
COMICAL, COMICK, } adj. (fit for comedy.) Comique, qui est propre à être mis en comédie.
Comical, (or pleasant.) Comique, plaisant, qui fait rire, burlesque.
COMICALLY, adv. Comiquement.
COMICALNESS, subst. Qualité comique.
COMIN. V. Cummin.
COMING, s. (from to Come.) Venue, arrivée, &c. V. to Come, dans tous ses sens.
Ex. Since his coming. Depuis son arrivée.
Comings in, (or incomes.) Revenus, rentes.
His goings out exceed his comings in. Il dépense plus que ses revenus ne portent, il dépense encore plus hors que ses revenus.
Coming, adj. (prone or forward.) Enclin, qui a du penchant ou de la disposition à quelque chose.
A coming stomach. Un bon appétit.
A coming woman, Une femme facile, qui accorde aisément des faveurs.
Coming to, (a sea-word.) Action de venir au vent, ou embardée du côté du vent; en parlant d'un vaisseau qui est à la cape.
COMITIAL, adj. Qui a rapport aux comices des Romains.
COMITY, subst. Politesse, honnêteté, complaisance.
COMMA, s. (a sort of stop.) Virgule, sorte de ponctuation.
COMMAND, s. (or order.) Commandement, ordre.
I come to receive your commands. Je viens pour recevoir vos commandemens ou vos ordres.
I am ready to observe your commands. Je suis prêt à exécuter vos ordres.
Command, (or place of command.) Commandement, gouvernement, conduite.
To take upon one the command of an army. Prendre le commandement d'une armée.
To have the command of the army. Avoir le commandement de l'armée.
To have a command (or office) in the army. Avoir un commandement ou une charge dans l'armée.
The word of command. Les commandemens de l'exercice.
I am at your command. Je suis à votre disposition, vous pouvez me commander.
He has no command of himself. Il n'a point de modération, il ne sauroit se modérer, il ne se possède pas.
He has the command indifferently both of French and English. Il possède également bien le François & l'Anglois.
A dog under good command, (among hunters,) Chien de bonne créance.
A dog at no command. Chien de mauvaise créance.
To have the command (or be perfect master) of one's passions. Être maître de ses passions, se posséder.
To COMMAND, v. act. (or order.) Commander, ordonner, donner ses ordres.
I command you to do it. Je vous commande de le faire.
You have no power (or right) to command me. Vous n'avez point droit de me commander.
To command, (to have the conduct of.) Commander, avoir la conduite ou le commandement, conduire, être chef.
To command an army, a regiment or a company. Commander une armée, un régiment ou une compagnie.
The citadel commands the city. La citadelle commande la ville.
To command one's self, to command one's passions. Commander à ses passions, les modérer, les maîtriser, se modérer, se gouverner, se posséder.
To command a sum of money. Avoir une somme d'argent à sa disposition ou à son commandement.
He came to me with a grave countenance, a faculty which he could command at any time. Il m'aborda avec un air sérieux, qu'il savoit prendre quand il vouloit ou qu'il n'avoit pas beaucoup de peine à se donner.
To command silence. Imposer silence.
Your beauty commands love and respect from every body. Votre beauté inspire l'amour & le respect à tout le monde.
We cannot command our likings. Nous ne sommes pas maîtres de nos inclinations.
Commanded, adject. Commandé, ordonné, &c.
I was commanded so to do. On m'a commandé ou j'ai reçu ordre de le faire.
COMMANDER, s. Commandant, capitaine, général, chef.
Monsieur de Turenne was a good commander. Monsieur de Turenne étoit un bon commandant ou général, il étoit un grand capitaine.
A commander of a squadron, (at sea.) Un chef d'escadre.
Commander, s. Master and commander. Grade subalterne dans la marine royale d'Angleterre; ce sont des officiers auxquels sont affectés les commandemens des corvettes, des flutes, & en général de tous les bâtimens au-dessous de vingt canons: ce grade répond à peu près à celui de lieutenant de vaisseau en France.
Commander, est aussi le nom d'une masse de bois, servant principalement à chasser les épissoirs lorsqu'on épisse un cable.
A commander or governor of a commandry. Un commandeur, un chevalier de

COM

de quelque ordre que ce soit, qui a une commanderie.
A commander, (or paving beetle.) Une hie, un marteau de paveur ou une batte.
COMMANDING, s. L'action de commander, &c. V. to Command.
COMMANDMENT, s. Commandement, loi, précepte.
The ten commandments. Les dix commandements.
COMMANDRESS, s. Femme revêtue d'une autorité suprême.
COMMANDRY
COMMANDERY } s. (a manor belonging to a commander or knight of any order.) Commanderie, bénéfice dont jouit un chevalier de quelque ordre que ce soit.
COMMATERIAL, adj. Qui est de même matière qu'une autre chose.
COMMEMORABLE, adj. Digne de mémoire.
To COMMEMORATE, v. act. (or celebrate the memory.) Célébrer la mémoire de; faire commémoration.
This day commemorates the greatest blessing that was ever poured forth on this nation. Ce jour conserve la mémoire du plus grand bonheur qui soit jamais arrivé à cette nation.
COMMEMORATION, subst. (solemn remembrance.) Commémoration, commémoraison, mémoire.
To make a commemoration of a Saint. Faire commémoration, faire mémoire d'un Saint.
COMMEMORATIVE, adj. Qui tend à conserver la mémoire d'une chose.
To COMMENCE, v. act. (to begin.) Commencer.
To commence an action (or law-suit) against one. Intenter un procès ou une action à quelqu'un, le faire assigner, le faire venir ou le poursuivre en Justice.
To commence, verb. neut. (or take a degree.) Prendre quelque degré dans une Université.
To commence doctor. Passer docteur, être créé docteur.
To commence author. S'ériger en auteur.
To commence philosopher. S'ériger en philosophe.
Commenced, adj. Commencé.
COMMENCEMENT, s. Commencement. Commencement, (the time when they take their degrees in the university of Cambridge.) Le temps auquel on prend les degrés dans l'université de Cambridge.
To COMMEND, verb. act. (or praise.) Louer, vanter, prôner, faire l'éloge, célébrer.
Every body commends him. Tout le monde le loue.
I commend (or applaud) you for it. Je vous loue de cela.
Commend him as much as you will, his name is up for a knave. Vous aurez beau le vanter ou le prôner, il passera toujours pour un fripon.
To commend one's self. Se vanter, se recommander.
A well-bred man never commends nor discommends himself. Un honnête homme ne se vante, ni ne se méprise jamais.
To commend, (to recommend or to commit.) Recommander.
I commend it to your trust. Je vous le recommande.

COM

I commend him heartily to you. Je vous le recommande de tout mon cœur.
To commend one's spirit to God. Recommander son âme à Dieu, la remettre entre ses mains.
Pray, commend me to him. Saluez-le, je vous prie, de ma part; faites-lui, je vous prie, mes baisemains.
But commend me to... who sets up for a wit, (ironically spoken.) Mais que direz-vous de... qui fait le bel esprit?
COMMENDABLE, adject. Louable, recommandable, mémorable, estimable, glorieux.
A commendable (or laudable) action. Une action louable ou digne de louange, une belle action.
Your virtue makes you commendable. Votre vertu vous rend recommandable.
COMMENDABLY, adverb. Avec louange, en honnête-homme, avec honneur, glorieusement.
COMMENDAM, s.
Ex. To have a benefice in commendam, (that is, a benefice that being void is commended to a sufficient clerk to be supplied, until it be otherwise provided for.) Avoir un bénéfice en commenda.
COMMENDATARY, adj. Commendataire, qui a en commende.
COMMENDATION, s. Louange, éloge.
I do not approve your commendation of him. Je n'approuve pas les louanges que vous lui donnez.
Letters of commendation. Des lettres de recommandation.
Commendations, (service or respects conveyed to one.) Baisemains, compliments.
To send one's commendations to one. Faire ses baisemains à quelqu'un.
To do one's commendations. Faire des baisemains à quelqu'un de la part d'un autre.
COMMENDATORY, adject.
Ex. Commendatory letters. Des lettres de recommandation.
COMMENDED, adj. Loué, vanté, prôné, célébré, recommandé.
A thing to be commended. Une chose louable.
COMMENDER, subst. Loueur, loueuse, prôneur, prôneuse.
COMMENDING, s. L'action de louer, &c. V. to Commend.
COMMENSALITY, s. Habitude de manger ensemble.
COMMENSURABILITY,
COMMENSURABLENESS, } sub. Commensurabilité.
COMMENSURABLE, adj. (a term used in geometry.) Commensurable, terme de géométrie.
COMMENSURATE, adject. (or proportioned.) Proportionné.
My expenses must be commensurate with my revenues. Il faut que ma dépense soit proportionnée à mes rentes.
COMMENSURATION, sub. Proportion.
COMMENT, sub. (or gloss.) Commentaire, glose ou explication faite sur le texte.
If you tell him of it, he will make a comment upon it. Si vous le lui dites, il glosera là-dessus.
To COMMENT, v. n. (or write notes upon a thing.) Commenter, faire un commentaire sur quelque chose.
To comment upon, (to find fault with.) Gloser, critiquer.

COM

COMMENTARY, s. (or interpretation.) Commentaire, glose, explication, interprétation de quelque chose de difficile mémoire.
COMMENTER, s. (or maker of commentaries.) Commentateur, glossateur, celui qui explique & qui interprete ce qu'il y a de plus difficile dans un auteur.
COMMENTED upon, adj. Sur quoi l'on fait un commentaire, &c. V. to Comment.
COMMENTITIOUS, adj. (or feigned.) Imaginé, inventé, controuvé, feint, faux.
COMMERCE, sub. (trade or traffick.) Commerce, trafic, négoce.
There is no manner of commerce in that country. Il n'y a aucun commerce dans ce pays-là.
Commerce, (intercourse of society.) Commerce, fréquentation, correspondance, habitude, liaison, société, communication.
I have no manner of commerce with him. Je n'ai aucun commerce, je n'ai aucune habitude avec lui.
COMMERCIAL, adject. (belonging to trade.) Commerçable, qui regarde le commerce.
All commercial effects. Tous les effets commerçables, toutes sortes de denrées & de marchandises.
To COMMIGRATE, v. n. Émigrer.
COMMIGRATION, s. Émigration, passage d'un peuple d'un lieu à un autre.
COMMINATION, s. (or threatening.) Commination, menace.
COMMINATORY, adj. Comminatoire.
To COMMINGLE, v. n. S'unir.
COMMINUIBLE, adj. Qui peut être mis en poussière.
To COMMINUTE, v. act. (a term of physick.) Briser, diviser, concasser.
Comminuted, adject. Divisé, brisé, concassé.
COMMINUTION, s. Division, pulvérisation.
COMMISERABLE, adj. Digne de pitié.
To COMMISERATE, v. act. (or take pity of.) Prendre pitié, avoir pitié ou compassion, être touché, ému de compassion.
Commiserating, adject. Tendre, sensible, plein de compassion.
Commiserating eyes. Des yeux tendres; pleins de compassion.
COMMISERATION, s. (or pity.) Pitié, compassion, commisération, sentiment de miséricorde, tendresse.
COMMISSARISHIP, sub. Office de commissaire.
COMMISSARY, s. Commissaire, sorte de juge, ou sorte d'officier ecclésiastique ou de guerre.
COMMISSION, subst. (or warrant for a place.) Commission, brevet.
To have a commission. Avoir une commission.
To lay down or to give up one's commission. Rendre sa commission, donner sa démission.
To turn one out of commission. Oter à quelqu'un sa commission, le déposer de sa charge ou de son office.
Commission, (charge to buy or do any thing for another.) Commission pour acheter ou pour faire quelque chose pour un autre.
Commission or commissioners in a statute of bankruptcy. Direction, assemblée de créanciers

COM

créanciers pour partager les biens d'une personne qui en fait cession.
His estate is not in the chancery, but in the hands of commissioners in a statute of bankruptcy. *Ses biens ne sont pas en décret, mais en direction.*
To COMMISSION, } v. act. (to
To COMMISSIONATE, } appoint,) *Commettre, établir, autoriser.*
COMMISSIONED, } adj. *Commis,*
COMMISSIONLD, } *établi, qui a reçu commission ou plein pouvoir de faire quelque chose.*
COMMISSIONER, *subst. Commissaire, commis, subdélégué.*
Commissioners appointed to treat with an embassador. *Des commissaires nommés pour traiter avec un ambassadeur, des plénipotentiaires.*
Commissioners of the navy, (a sea-term.) *Commissaires de la marine, dont les fonctions sont à peu près aussi étendues que celles d'un intendant de la marine en France.*
Commissioner resident at Portsmouth, &c. *Commissaire résident dans chaque port, qui fait les fonctions d'intendant de la marine, maintenant appelé Préfet maritime.*
Lords commissioners of the Admiralty. *V. Admiralty.*
Commissioners of the victualling office. *Commissaires nommés par le gouvernement pour veiller aux approvisionnemens de vivres.*
The commissioners of the custom-house. *Les commis de la douane.*
The King's high commissioner in Scotland. *Le grand commissaire du roi en Ecosse. C'est le titre qu'on donne à celui qui représente la personne du roi d'Angleterre dans le royaume d'Écosse.*
COMMISSURE, *s. Jointure, le point de réunion de deux objets.*
To COMMIT, v. act. (or to do.) *Commettre ou faire.*
To commit a sin. *Commettre un péché.*
To commit a fault. *Commettre, faire une faute.*
To commit, (or put.) *Mettre.*
To commit one to the earth, (or to bury him.) *Mettre quelqu'un en terre, l'enterrer.*
To commit a thing to paper. *Mettre une chose par écrit, l'écrire.*
To commit one to custody. *Envoyer ou mettre quelqu'un en prison.*
To commit a business to one, (to leave it to his care or discretion. *Remettre une affaire à quelqu'un, lui en remettre le soin, l'abandonner à ses soins & à sa discrétion, lui en confier la conduite.*
To commit a thing to one, (to trust him with it.) *Donner, confier quelque chose à quelqu'un, la déposer ou la mettre entre ses mains, la lui donner à garder, faire de lui le dépositaire.*
To commit a thing to memory. *Graver une chose dans sa mémoire, l'imprimer dans son esprit.*
To commit one's self to God's care and providence. *Se mettre entre les mains de Dieu, s'abandonner à sa providence, se mettre sous sa protection.*
They commit themselves to be guided. *Ils se laissent mener, conduire ou gouverner, ils se reposent sur la bonne foi d'autrui.*
† To commit matrimony with one. *Se marier avec quelqu'un, l'épouser.*

COM

COMMITMENT, *s. Emprisonnement.*
COMMITTED, *adj. Commis, mis, envoyé, remis,* &c. *V.* to Commit.
The care of him was committed to me. *On me l'avoit donné en charge, on m'en avoit donné le soin.*
COMMITTEE, *s.* (several persons committed to examine into a business.) *Des commissaires nommés pour examiner une affaire; Comité.*
A committee of the house of commons. *Un comité de la chambre basse.*
A committee of the whole house. *Un comité général.*
COMMITTER, *s. Celui qui commet.*
COMMITTIBLE, *adject. Qui peut être commis.*
To COMMIX, *v. act. Mêler, unir.*
COMMIXTION, }
COMMIXTURE, } *s.* (or mingling together.) *Mélange.*
COMMODE, *s.* (a woman's head-dress.) *Parure de tête pour les femmes.*
COMMODIOUS, *adject.* (or convenient.) *Commode, propre, convenable, avantageux, utile.*
COMMODIOUSLY, *adv. Commodément, bien, très-bien, avantageusement.*
You live here very commodiously. *Vous être ici fort commodément ou agréablement.*
COMMODITY, *sub.* (or conveniency.) *Commodité, aise.*
Commodity, (or profit.) *Avantage, utilité, profit, gain.*
Commodity, (or ware.) *Denrée, marchandise.*
To vent one's commodities. *Débiter ou faire débit de ses marchandises.*
COMMODORE, *subst.* (one that commands a squadron at sea.) *Un chef d'escadre.*
On appelle aussi commodore, par similitude & par politesse, un simple capitaine qui a plus d'un vaisseau sous les ordres pour quelque mission particuliere, & même le commandant d'un convoi de vaisseaux marchands, celui qui porte la flamme & fait les signaux.
COMMON, *adj.* (or ordinary.) *Commun, ordinaire, vulgaire, trivial.*
It is a common thing. *C'est une chose commune ou ordinaire.*
Common, (or publick.) *Commun, public, qui appartient à plusieurs.*
He has nothing but what is common with him to many others. *Il n'a rien qui ne lui soit commun avec plusieurs, il n'a rien où les autres n'ayent part aussi bien que lui.*
A common whore, (or common hackney.) *Une prostituée.*
The common prayers. *Les communes prières, les prieres publiques.*
A common soldier. *Un simple soldat.*
The common people. *Le menu peuple, la populace, le peuple.*
At the common rate. *Au prix courant.*
It is the common talk, (or report.) *Tout le monde en parle, c'est le bruit commun.*
The common council. *Conseil de ville, le conseil de la bourgeoisie.*
A common shore. *Un égout, un cloaque, l'endroit d'une rue ou d'un quartier où toutes les eaux se vont rendre.*
The common law. *Le droit coutumier.*
The common-pleas or the court of common-pleas. *La cour des plaidoyers communs; chambre pour les causes civiles, créée par le Roi Henri III.*

COM

A common-wealth, (any state in general.) *Un État.*
A common-wealth, (or republick, in opposition to a principality or monarchy.) *Une république, un état républicain.*
A common-wealth's man, (or a republican.) *Un républicain, un ennemi des monarchies.*
The common-wealth's party. *Le parti républicain ou des républicains.*
COMMON, *subst.* (a common-pasture.) *Communes, pâturage où tous les habitants d'un village ont droit de faire paître leurs troupeaux.*
Common, (water in common.) *Eau, où tous les habitants d'un village,* &c. ont droit de pêcher.
In common. *En commun.*
To COMMON, *verb. n. Avoir droit à des terres communales; manger en commun.*
COMMONABLE, *adj. Qui est tenu en commun.*
COMMONAGE, *s.* (right of commonage or pasture in a royal forest.) *Droit, usage dans une forêt royale.*
COMMONALTY, *s.* (or society.) *Communauté, corps ou société.*
Commonalty, (or the commons.) *Les communes, le peuple, le tiers-état.*
COMMONER, *s. Un membre des communes, un bourgeois, un roturier, toute personne qui est au dessous des pairs du royaume.*
The commoners are tried by commoners, and the peers by their peers. *Les membres des communes sont jugés par des jurés choisis d'entre les communes, & les pairs du royaume sont jugés par les pairs.*
A commoner of a College in an University. *Un membre d'un Collège.*
COMMONING, *s.* (a meeting of country people to settle the commoning of sheep, &c.) *Assemblée de ceux qui ont droit de commune.*
COMMONITION, *s.* (advice, warning) *Avertissement, avis.*
COMMONLY, *adv. Communément, ordinairement, d'ordinaire, le plus souvent, la plupart du temps.*
It is commonly so. *Cela arrive ordinairement.*
COMMONNESS, *subst. L'état d'une chose commune.*
I mean the commonness of the thing. *Je parle de la chose en tant qu'elle est commune.*
To COMMONPLACE, v. act. (to reduce to general heads.) *Ranger ou distribuer en lieux communs.*
COMMONPLACE - BOOK, *subst. Livre où ce qu'on veut se rappeller est rangé en lieux communs.*
COMMONS, *s.* (a proportion of victuals.) *Ordinaire, particulièrement l'ordinaire réglé d'un College, dans une Université.*
To keep but short commons. *Tenir un petit ordinaire.*
The commons of England. *Les Communes, le tiers-état d'Angleterre.*
The house of commons. *La chambre des Communes, la chambre basse du Parlement d'Angleterre.*
COMMONWEALTH. *V.* Common.
COMMORANCE, }
COMMORANCY, } *s. Demeure, habitation.*
COMMORANT, *adj. Habitant, demeurant.*
COMMOTION,

COM

COMMOTION, *subst.* (or hurly-burly.) *Emotion, trouble, tumulte, sédition, soulevement.*

COMMOTIONER, *s. Perturbateur, celui qui cause du trouble.*

To COMMOVE, *v. act. Troubler.*

To COMMUNE, *v. neut.* (to converse or talk together.) *Conférer, parler, avoir conférence ensemble, s'entretenir, converser, communiquer avec quelqu'un.*

COMMUNICABLE, *adv. Qui peut être communiqué.*

COMMUNICANT, *s.* (one that receives the Communion.) *Communiant, qui communie.*

There are at least three thousand Communicants. *Il y a pour le moins trois mille communians.*

To COMMUNICATE, *v. act.* (or impart.) *Communiquer, faire part.*

I did not think fit to communicate it to him. *Je n'ai pas jugé à propos de le lui communiquer.*

To communicate favours. *Faire du bien ou des faveurs, rendre service.*

To communicate, *v. n.* (to receive the Sacrament.) *Communier.*

He communicates every first Sunday of the month. *Il communie tous les premiers Dimanches de chaque mois.*

Communicated *adj. Communiqué.*

COMMUNICATION, *s.* (or imparting.) *Communication.*

Communication, (or intercourse.) *Commerce, entretien, familiarité.*

Communication, (or conference.) *Entretien, discours, pour-parler, conférence.*

P. Evil communication corrupts good manners. *Les mauvaises compagnies corrompent les bonnes mœurs.*

COMMUNICATIVE, *adject.* (free and open.) *Communicatif, qui se communique volontiers, ouvert.*

COMMUNICATIVENESS, *subst. Bonté, qualité qui rend communicatif.*

COMMUNION, *subst.* (or fellowship.) *Communion, société, communauté.*

The Roman Communion. *La communion Romaine, ou la communion de Rome.*

To be cut off from the communion of the faithful. *Être retranché de la communion des fideles.*

To receive the communion, (or the Lord's supper.) *Recevoir la communion ou la sainte cene.*

The Protestants receive the communion in both kinds. *Les protestans reçoivent la communion sous les deux especes.*

The communion-table. *La table de la communion.*

The communion-cloth. *Le linge qui couvre cette table, principalement les jours de communion.*

The communion-cup. *Le calice.*

COMMUNITY, *subst.* (society of men.) *Société, société civile, république.*

Community of goods. *Communauté de biens.*

COMMUTABILITY, *s. Qualité de ce qui peut être échangé.*

COMMUTABLE, *adject. Qui peut être échangé.*

COMMUTATION, *subst.* (or changing.) *Commutation, changement, révolution, échange.*

COMMUTATIVE, *adj.* (by way of exchange.) *Commutatif.*

Commutative Justice. *La justice commutative.*

To COMMUTE, *v. act.* (or change the punishment, as in the spiritual Court.) *Commuer la peine, faire commutation de peine.*

COMMUTUAL, *adj.* (mutual, common, a word only used in Poetry.) *Mutuel, commun.*

Commutual death the fate of war confounds. *Une mort commune confond le destin des combattans.*

COMPACT, *subst.* (mutual agreement.) *Pacte, contrat, accord.*

The English constitution is founded upon an original compact between King and people; which was also the foundation of all Gothick governments. *La constitution du gouvernement d'Angleterre est fondée sur (ou a pour base) un contrat originel entre le Roi & le peuple, & c'étoit là le fondement de tous les gouvernemens Gothiques.*

Compact, (or agreement.) *Complot, intelligence, concert, accord, pacte, contrat.*

That was done by compact. *Cela s'est fait d'intelligence, de concert, unanimement, d'un commun accord.*

The compact of the witches with the devil. *Le pacte des sorciers avec le diable.*

Compact, *adject.* (or close.) *Lié, uni, serré, assemblé, joint; compacte, terme didactique.*

To make a compact discourse. *Lier bien un discours.*

Compact, (or handsome.) *Ajusté, poli, propre, joli, bien fait, mignon.*

To COMPACT, *verb. act.* (or clap close together.) *Assembler, attacher, joindre, lier ensemble.*

Compacted, *adj. Assemblé, ramassé, lié, attaché, joint l'un à l'autre, serré.*

It is all well-compacted together. *Tout cela est bien assemblé.*

A well compacted town. *Une ville bien ramassée.*

A compacted (or close) discourse. *Un discours serré ou concis.*

COMPACTING, *subst.* (or setting things together.) *Assemblage, liaison, l'action de joindre, &c. V. to Compact.*

COMPACTNESS,
COMPACTEDNESS, } *subst. Compacité, terme didactique.*

COMPACTLY, *adj.* (or close.) *En peu de paroles, d'un style serré, sans dire rien de superflu.*

Compactly, (or strongly.) *Fortement ou d'une maniere forte.*

Compactly, (or neatly.) *Avec justesse, proprement, poliment, agréablement.*

COMPACTURE,
COMPAGINATION, } *s. Structure, maniere dont une chose est unie.*

COMPANION, *s.* (or friend.) *Compagnon, camarade.*

He is my companion. *Il est mon compagnon.*

A boon companion, (or a merry fellow.) *Un bon compagnon, un gaillard qui aime à passer le tems & à se divertir.*

A Knight companion of the Garter. *Un chevalier, un compagnon de l'ordre de la Jarretiere.*

A woman companion. *Une compagne.*

Companion, (a sea-term.) *Capot d'échelle dans les bâtimens marchands, dans les yachts, &c.*

COMPANIONABLE, *adject. Sociable, de bonne compagnie.*

COMPANY, *adj.* (meeting or assembly.) *Compagnie, assemblée, cercle, multitude de gens assemblés.*

To bear (or keep) one company. *Faire ou tenir compagnie à quelqu'un, l'accompagner.*

I shall be very glad of your company. *Je serai ravi de votre compagnie.*

To receive company. *Recevoir compagnie.*

To dismiss the company. *Renvoyer la compagnie.*

To keep good or bad company. *Fréquenter de bonnes ou de mauvaises compagnies.*

To have company with one. *Être en compagnie.*

To be good company. *Être de bonne compagnie, être de belle & agréable humeur en compagnie.*

To be bad company. *Être de mauvaise compagnie, être fâcheux, n'être pas agréable en compagnie.*

Company, (or troop.) *Compagnie.*

A company of soldiers. *Une compagnie de soldats.*

A company of horse or foot. *Compagnie de cavalerie ou d'infanterie.*

Company, (body or society.) *Compagnie, corps, société, communauté.*

A company of Merchants. *Une compagnie de Marchands.*

The East-India-Company. *La compagnie des Indes Orientales.*

A company of tradesmen. *Un corps de métier.*

The ship's company. *L'équipage d'un vaisseau.*

A fine company of birds. *Une belle volée d'oiseaux, une belle bande ou troupe d'oiseaux.*

A company (or herd) of wild beasts. *Troupe ou harde de bêtes sauvages.*

By companies. *Par troupes, en troupes, par bandes.*

A company of stage-players. *Une troupe de comédiens.*

The company at a funeral. *Le convoi des funérailles.*

A great company of stars. *Un grand nombre d'étoiles proches les unes des autres.*

He has no company but my brother with him. *Il n'a personne que mon frere avec lui.*

I could not get rid of his company. *Je ne pus me défaire de lui.*

To keep company. *Fréquenter.*

Why do you keep him company? *Pourquoi le fréquentez vous?*

To keep a woman company. *Avoir un commerce amoureux avec une femme.*

To keep company, (or play the goodfellow.) *Se débaucher, faire la débauche, être débauché.*

A company-keeper. *Un débauché, qui est toujours en compagnie.*

* **To COMPANY**, *v. n. Ex. 1. Cor. v. 9.* I wrote to you in an epistle not to company with fornicators. *Je vous ai écrit par lettres, que vous ne vous entremêliez point avec les fornicateurs.*

COMPARABLE, *adj.* (or to be compared.) *Comparable, qu'on peut comparer, semblable, qui a du rapport.*

Is that comparable to this? *Celui-là est il comparable à celui-ci?*

COMPARABLY, *adv. Par comparaison.*

COMPARATIVE, *adject. Relatif, estimé par comparaison; qui a la faculté de comparer.*

COMPARATIVE, *s. Comparatif, terme de grammaire.*

COMPARATIVELY,

COMPARATIVELY, adv. Par comparaison, par rapport.
COMPARE, subst. Comparaison, similitude.
Beyond compare. Sans comparaison, incomparablement.
To COMPARE, v. act. (or liken.) Comparer, conférer, faire comparaison d'une chose avec une autre, l.a mettre en parallele.
To compare Cæsar to Alexander, Comparer César à Alexandre.
To compare small things to great ones. Comparer les petites choses avec les grandes.
To compare notes together. Conférer d'une chose avec quelqu'un.
I am not to compare, v. neut. (or be compared) with him. Il n'y a pas de comparaison entre lui & moi.
Compared. adj. Comparé.
It is not to be compared. Il n'est pas à comparer.
COMPARING, s. L'action de comparer, parallele.
COMPARISON, subst. (or comparing.) Comparaison, similitude, parallele de deux choses.
Comparisons are odious. Les comparaisons sont odieuses.
In comparison of. En comparaison, à l'égal, au prix de.
Beyond or without comparison. Sans comparaison, incomparablement.
Comparison, (proportion or analogy.) Ressemblance, analogie, rapport.
To COMPART, v. act. Diviser.
COMPART, } subst. (an equal
COMPARTMENT, } and proportionable division in
COMPARTIMENT, } building.) Compartiment, terme d'Architecture.
Compartiment in a garden, (a garden-bed or border.) Compartiment de jardin.
COMPARTITION, s. Division.
COMPASS, s. (or circuit.) Circuit, enceinte, tour, contour, circonférence.
To fetch a great compass. Faire un grand circuit, faire un grand tour.
We were carried a vast compass about. On nous fit faire un grand tour, on nous fit prendre un grand détour.
The compass of a town, of a house, &c. L'enceinte, le contour ou la circonférence d'une ville, d'une maison, &c.
In the compass of a year. Dans l'espace d'un an.
A compass or a mariner's compass. Un compas de mer, une boussole.
Hanging compass. Compas renversé.
Compass-timber, (in ship-building.) Bois courbans.
I shall do it within that compass of time. Je le ferai dans ce temps-là ou dans cet espace de temps.
A thing not within the compass of men's memory. Une chose immémoriale ou de temps immémorial.
In the compass of our memories. De notre temps, de nos jours.
I take this house of mine to be within the compass of cleanly and convenient. Je crois que ma maison peut passer pour propre & commode.
Both these are without the compass of any art, to teach an art how to perform. Il n'y a point d'art qui puisse enseigner à un autre, la manière de faire ces deux choses.

And finding himself within the compass of that justice he had so lately frustrated. Se se voyant au pouvoir, entre les mains ou en la puissance de cette justice qu'il avoit éludé depuis si peu de temps.
To draw a thing into a narrow compass. Abréger une chose, la raccourcir, la mettre en petit.
To keep one within compass, (in an active sense.) Tenir quelqu'un de court, le tenir dans les regles du devoir ou de l'obéissance.
To keep within compass, v. neut. Se contenir, demeurer dans son devoir, se ménager, ne point faire d'extravagances, proportionner sa dépense à son bien, ne pas faire de folles dépenses.
To speak within compass. Dire à peu près la chose comme elle est, ne pas exagérer ou amplifier.
To COMPASS, v. act. (or surround.) Environner, entourer, faire le tour de.
The sea compasses (or environs) the land. La mer environne la terre.
To compass (or go about) the walls of a town. Faire le tour des murailles d'une ville.
To compass, (to gain, to bring about.) Venir à bout de, obtenir.
To compass a business. Venir à bout d'une affaire.
To compass one's desire. Obtenir ce qu'on demande ou ce qu'on souhaite.
To compass (or prepare) the death of one. Comploter la mort de quelqu'un.
Compassed, adject. Environné, entouré, dont on a fait le tour, dont on est venu à bout, obtenu, &c. V. to Compass.
COMPASSES or a pair of compasses, s. Un compas, instrument dont on se sert pour tracer les cercles.
To draw a circle with a pair of compasses. Tracer un cercle avec un compas.
COMPASSING, subst. L'action d'environner, &c. de venir about de, &c. Voy. to Compass.
Compassing, adject. (a ship-building word.) Epithete donnée aux pieces de bois de construction qui ont beaucoup d'arc.
COMPASSION, s. (or pity.) Pitié, miséricorde, compassion.
To take or to have compassion of one. Prendre pitié de quelqu'un, en avoir compassion.
To raise one's compassion. Emouvoir quelqu'un à compassion, exciter la compassion de quelqu'un, donner de la compassion à quelqu'un, attirer sa compassion.
COMPASSIONATE, adject. (merciful.) Compatissant, qui a pitié & compassion, qui est ému ou touché de compassion.
To COMPASSIONATE, v. act. (to pity.) Avoir pitié ou compassion, être ému ou touché de compassion.
COMPASSIONATELY, adv. Avec pitié, avec compassion.
COMPATERNITY, s. Compérage.
COMPATIBILITY, } s. (or agreeable-
COMPATIBLENESS, } ness.) Compatibilité.
COMPATIBLE, adj. (or that can agree with.) Compatible, qui peut subsister avec un autre.
Heat is compatible with moisture. Le chaud est compatible à l'humide, ou le chaud peut subsister avec l'humide.
COMPATRIOT, subst. (fellow-subject.) Compatriote.

† COMPEER, s. (or companion.) Compere, compagnon, camerade.
To COMPEL, v. act. (to force or constrain.) Forcer, contraindre, presser, nécessiter, obliger, pousser.
You shall never compel me to it. Vous ne m'y forcerez jamais.
Poverty compels him to beg. La pauvreté le contraint de mendier ou l'oblige à mendier.
To compel one to his duty. Presser quelqu'un de faire son devoir, lui faire faire son devoir par force.
COMPELLABLE, adj. Qu'on peut contraindre, forcer ou obliger.
COMPELLATION, subst. (or calling by name.) Apostrophe, figure de Rhétorique.
Compellation, (or force.) Force, contrainte.
COMPELLED, adject. Forcé, contraint, pressé, nécessité, obligé, poussé.
COMPELLER, s. Celui qui force un autre.
COMPELLING, s. L'action de forcer, &c. V. to Compel.
COMPEND. V. Compendium.
COMPENDIARIOUS, } adj. (short or
COMPENDIOUS, } abridged.) Court, succinct, abrégé, raccourci.
A compendious discourse. Un discours succinct ou abrégé.
A compendious history. Une histoire abrégée, un abrégé d'histoire.
COMPENDIOUSLY, adv. Succinctement, brièvement, en abrégé, en peu de paroles.
COMPENDIOUSNESS, s. Brièveté.
COMPENDIUM, subst. (or abridgment.) Abrégé, un épitome, compendium, un extrait.
To make a compendium, Faire un abrégé ou un extrait, mettre en petit.
COMPENSABLE, adj. Qui peut être compensé.
To COMPENSATE, verb. act. (or make amends for.) Compenser, faire une compensation, récompenser, remplacer, réparer.
COMPENSATION, subst. (or recompence.) Compensation, récompense, ce qu'on accorde pour être équivalent à quelque autre chose; remplacement.
COMPENSATIVE, adj. Equivalent, qui compense.
To COMPENSE, verb. act. Compenser, équivaloir.
COMPERE. V. Compeer.
COMPETENCY, sub. a judge's competency. Compétence, (terme de Palais,) puissance de juger & de connoitre une affaire.
A competency, (or a competent estate.) Le nécessaire, bien suffisant pour s'entretenir.
To have a competency to live on. Avoir honnêtement du bien, avoir honnêtement de quoi vivre, avoir le nécessaire.
To have a competency (or a competent proportion) of learning. Avoir assez de savoir.
COMPETENT, adj. (or sufficient.) Suffisant, convenable, propre pour l'affaire dont il s'agit.
He is not a competent man for that employ. Il n'est pas propre, il n'a pas les qualités requises pour cet emploi.
He has a competent estate. Il a du bien suffisamment, compétemment; ce dernier mot commence à vieillir.

A

COM   COM   COM

A competent Judge. *Un Juge compétent, légitime, capable ou qui a droit de juger.*
COMPETENTLY, *adv.* (or sufficiently.) *Compétemment, suffisamment, avec proportion.*
COMPETIBLE, *adject. Convenable, qui convient, qui se rapporte. Voyez Compatible.*
This is a circumstance not competible (or compatible) to any but him. *C'est une circonstance qui ne peut convenir, qui ne se peut rapporter qu'à lui seul.*
COMPETIBLENESS, *subst.* (or compatibleness, suitableness.) *Convenance.*
COMPETITION, *s.* (as when two persons stand for the same thing.) *Poursuite d'une même chose avec un autre, concurrence, brigue.*
To stand in competition with another. *Poursuivre une même chose avec un autre, être son compétiteur.*
To come in competition, (or in balance.) *Entrer en comparaison, être mis en balance, être opposé ou être mis en parallele.*
COMPETITOR, *s.* (or rival.) *Compétiteur, rival, concurrent, prétendant, qui aspire à la même charge.*
We are three competitors. *Nous sommes trois prétendants.*
COMPILATION, *subst. Compilation, recueil.*
To COMPILE, *verb. act.* (to gather from several Authors.) *Compiler, composer, ramasser, recueillir de plusieurs Auteurs.*
To compile a Dictionary. *Compiler un Dictionnaire.*
Compiled, *adj. Compilé, composé, &c.*
COMPILEMENT, *s. Compilation, composition.*
COMPILER, *s. Compilateur.*
A Dictionary compiler. *Compilateur de Dictionnaire.*
COMPILING, *sub. L'action de compiler, &c. compilation.*
COMPLACENCE, } *subst.* (or delight
COMPLACENCY, } in a thing.) *Plaisir, satisfaction intérieure que l'on prend à quelque chose.*
He had a marvellous complacency in the share he had in your affection. *Il se complaisoit merveilleusement dans la part qu'il avoit dans votre affection.*
COMPLACENT, *adj. Complaisant.*
To COMPLAIN, *v. neut. Se plaindre, faire ses plaintes.*
To complain of one. *Se plaindre de quelqu'un.*
To complain to one. *Se plaindre à quelqu'un, lui porter ses plaintes.*
COMPLAINANT, *subst.* (or plaintiff.) *Demandeur, celui qui poursuit en Justice.*
COMPLAINED of, *adject.* Dont on se plaint, dont on fait des plaintes.
He is very much complained of. *On se plaint fort de lui, on fait de grandes plaintes de lui.*
COMPLAINER, *s.* Celui ou celle qui se plaint.
COMPLAINT, *s. Plainte ou plaintes, mécontentement.*
To put a complaint against one, (or accuse him.) *Faire des plaintes contre une personne, ou l'accuser.*
A bill of complaint. *Plaintes qu'on porte à la Justice, accusation, griefs, en termes de Palais.*

Complaint, (or lamentation.) *Lamentation, plainte.*
He makes a sad complaint. *Il se plaint fort.*
COMPLAISANCE, *s.* (obliging carriage or courteous compliance.) *Complaisance, condescendance aux volontés d'une personne.*
Complaisance, (or complacency.) *Satisfaction intérieure, plaisir intérieur.*
COMPLAISANT, *adj. Complaisant, qui a de la complaisance, condescendant, obligeant, civil, honnête.*
To be complaisant to Ladies. *Etre complaisant aux Dames.*
He is so complaisant, that all men are in love with him. *Il est si complaisant qu'il se fait aimer de tout le monde.*
COMPLAISANTLY, *adv. Complaisamment, poliment.*
To COMPLANATE, } *verb. act. Unir,*
To COMPLANE, } *rendre égal, unir.*
COMPLEAT, &c. *Voyez* Complete, &c.
COMPLEMENT, *s.* (supplement, what is added to make up.) *Complément, supplément.*
The complement of a angle, (in Geometry.) *Le complément d'un angle, en Géométrie.*
Complement, (or accomplishment.) *Accomplissement, achèvement, perfection.*
Content of mind is the complement of human happiness. *Le contentement d'esprit est le comble de la félicité humaine.*
Complement, (or whole number.) *Ce à quoi monte une chose.*
The complement of those Regiments is six hundred men each. *Chacun de ces Régiments est de 600 hommes au complet.*
A complement, (or kind expression.) *V. Compliment.*
Complement, Complet de l'équipage, réglé pour chaque vaisseau suivant son rang.
To COMPLEMENT, &c. *V.* to Compliment.
To COMPLETE, *v. act. Achever, accomplir, rendre parfait, compléter.*
To complete my misery, I heard. *Pour comble de malheur, j'appris.*
COMPLETE, *adject.* (or perfect.) *Complet, achevé, fini, parfait, entier, accompli.*
A complete victory. *Une victoire complete.*
A complete piece of work. *Un ouvrage parfait.*
A complete virtue. *Une vertu accomplie.*
Complete, (fine, and neat.) *Beau, parfaitement beau, bien fait, régulier, poli, bien tourné.*
COMPLETELY, *adv. Parfaitement bien, en perfection, absolument, entièrement, complètement.*
He has done it completely. *Il l'a parfaitement bien fait.*
COMPLETEMENT, *subst. L'action de compléter.*
COMPLETENESS, *subst. Perfection, beauté.*
The completeness of a thing. *La beauté ou la perfection d'une chose.*
COMPLETION, *subst.* (or fulfilling.) *Accomplissement, achèvement, perfection.*
The completion (or accomplishment

of our desires. *L'accomplissement de nos desirs.*
COMPLEX, *adj.* (or compact.) *Ramassé, joint ensemble.*
A complex body of laws. *Un corps de lois.*
Complex ideas, (in logick.) *Idées complexes, ou composées de plusieurs idées simples.*
Complex, *subst. Assemblage, collection.*
COMPLEXEDNESS, *subst. Mélange de choses compliquées.*
COMPLEXION, *sub.* (or colour of the face.) *Teint, la couleur de la peau du visage.*
A fine complexion. *Un beau teint.*
A smooth complexion. *Un teint uni.*
A lively complexion. *Un teint vif.*
Complexion (or temper) of one. *La complexion ou le tempérament de quelqu'un.*
COMPLEXIONAL, *adject. De tempérament.*
COMPLEXIONALLY, *adv. Par tempérament.*
COMPLEXIONED, *adject.* Ex. A body well-complexioned. *Un corps d'un bon tempérament.*
COMPLEXLY, *adv.* (or jointly.) *Conjointement, ensemble, d'une maniere compliquée.*
Whether the thing be separately or complexly considered. *Soit que l'on considere la chose séparément ou conjointement.*
COMPLEXURE, *s.* (or union.) *Jonction, liaison, assemblage.*
COMPLIANCE, *s.* (from to comply.) *Complaisance, condescendance.*
COMPLIANT, *adj. Complaisant, qui a de la complaisance, condescendante, obligeant, commode.*
To COMPLICATE, *verb. act. Compliquer, unir.*
COMPLICATE, *adject. Compliqué, composé d'un grand nombre de parties.*
Complicated, *adj. Compliqué.*
Ex. Complicated diseases. *Des maladies compliquées.*
Fear is complicated with a desire of our own preservation. *La crainte est jointe avec le desir que nous avons de notre conservation.*
COMPLICATENESS, *s.* (or intricacy.) *Embrouillement, embarras, obscurité, complication.*
COMPLICATION, *subst. Complication.*
There is a complication of diseases. *Il y a complication de maladies.*
A complication of miseries. *Un tissu de miseres.*
Complication of figures, (or group.) *Groupe ou amas de plusieurs figures assemblées en peloton.*
COMPLICE, *subst.* (or partner in ill action.) *Complice, qui a part au crime d'un autre.*
COMPLIER. *V. Compliant.*
COMPLIMENT, *s.* (kind obliging words and expressions.) *Compliment, honnêteté de paroles.*
To make a man a compliment. *Faire un compliment à quelqu'un.*
He tires me with his compliments. *Il m'accable de ses compliments.*
He received their compliment in the most obliging manner. *Il reçut leur compliment d'une maniere tout-à-fait obligeante.*
Compliments, (or too much ceremony.) *Compliments, cérémonies, façons.*

T t

COM

To COMPLIMENT, *v. act.* Complimenter, faire des complimens.

I complimented him upon his safe return. *Je l'ai complimenté sur son heureux retour.*

They complimented the general upon his victories. *Ils haranguerent le général sur ses victoires.*

COMPLIMENTAL, *adject.* De compliment, qui renferme des complimens.

COMPLIMENTALLY, *adv.* Par compliment.

COMPLIMENTED, *adj.* Complimenté, harangué.

COMPLIMENTER, *f.* Complimenteur, complimenteuse, celui ou celle qui fait force complimens, un façonnier, une façonniere.

COMPLIMENTING, *subst.* L'action de complimenter ou de haranguer, complimens.

I hate complimenting. *Je hais les complimens.*

COMPLINE, *f.* (the last of the canonical hours amongst the Romanists.) Complies, la derniere des sept heures canoniales.

To COMPLORE, *v. n.* Gémir ensemble, pleurer ensemble.

To COMPLOT, *verb. act. & neut.* (to plot together.) Complotter, faire un complot, machiner, tramer, brasser, conspirer.

COMPLOT, *f.* (plot.) Complot.

COMPLOTTER, *f.* Un conspirateur.

To COMPLY, *verb. neut.* Condescendre, s'accommoder, avoir de la complaisance.

To comply with one. *S'accommoder avec ou à quelqu'un, avoir de la complaisance pour lui, condescendre à ses volontés.*

To comply (or submit) to the will of God. *Se soumettre à la volonté de Dieu.*

To comply with the times. *S'accommoder au temps, temporiser.*

To comply, as the Church requires. *Se conformer aux cérémonies de l'Église.*

Complied with, *adj.* Avec qui ou à qui l'on s'est accommodé, à quoi l'on s'est soumis ; dont on est tombé d'accord, à quoi l'on a acquiescé.

COMPLYING, *f.* L'action de s'accommoder, &c. *V.* to Comply ; complaisance, condescendance.

COMPONENT, *adj.* Qui compose, se dit des parties d'un corps.

To COMPORT, *verb. neut.* (or agree.) S'accorder, convenir.

To comport one's self, *verb. récip.* (to behave or demean one's self.) *Se comporter, se conduire.*

COMPORT, *f.*
COMPORTMENT, *sub.* (carriage or behaviour.) Conduite, maniere d'agir.

COMPORTABLE, *adject.* Convenable, propre.

To COMPOSE, *v. act.* (to make a composure.) Composer, faire un ouvrage d'esprit en vers ou en prose.

To compose a tune. *Composer un air.*

To compose, (a term of a printing-house.) Composer, en termes d'imprimerie.

To compose one's self, (to put on a serious countenance.) *Se composer, prendre un air sérieux.*

To compose one's self to sleep. *Se disposer ou se mettre à dormir.*

COM

To compose (or quiet) a man's passion. Adoucir, appaiser ou calmer la colere de quelqu'un.

To compose (or adjust) a difference. Accommoder, vider, ajuster, décider un différent.

To compose (or settle) one's affairs. Mettre ordre à ses affaires, les régler.

Composed, *adject.* Composé, disposé, appaisé, calmé, accommodé, vidé, terminé, à quoi on a mis ordre. *Voy.* to Compose.

A composed countenance. *Un air composé ou grave & sérieux.*

He is composed (or prepared) for his end. *Il est préparé à la mort.*

COMPOSEDLY, *adv.* Tranquillement, sérieusement.

COMPOSEDNESS, *subst.* Calme, tranquillité.

COMPOSER, *f. Celui ou celle qui compose, compositeur, auteur.*

COMPOSING, *sub.* L'action de composer, &c. *V.* to Compose.

A composing-stick, (a term of a printing-office.) Composteur, terme d'imprimerie, outil avec quoi l'on compose.

COMPOSITE, *adject.* (or compound.) Composite, ordre d'architecture, ainsi nommé, parce qu'il est composé du corinthien & de l'ionique.

COMPOSITION, *subst.* (a mixture of several things.) Composition, mélange de plusieurs choses qui n'en font qu'une.

Composition, (or composure.) Composition, ouvrage d'esprit.

Composition, (or agreement.) Composition, accord, convention, accommodement.

COMPOSITIVE. *V.* Composite.

COMPOSITOR, *subst.* (one that composes in a printing-office.) Compositeur, celui qui compose dans une Imprimerie.

COMPOST, *f.* (soil, manure.) Engrais, fumier.

To COMPOST, *verb. act.* Engraisser, fumer.

COMPOSURE, *f.* Composition, ouvrage d'esprit, arrangement, combinaison, mélange.

To make a good composure. *Faire une bonne composition.*

Composure (or tranquillity) of mind. *Tranquillité d'esprit, égalité d'ame.*

COMPOTATION, *sub.* (or drinking together.) Repas, festin où plusieurs boivent ensemble.

COMPOUND, *adj.* Composé, en termes de Grammaire.

To COMPOUND, *v. act.* Composer, en termes de Grammaire.

To compound, *verb. neut.* (or agree.) Composer, convenir, s'accorder, venir à composition.

To compound with one's creditors. *Composer avec ses créanciers.*

The fox was glad to compound for his neck, by leaving his tail behind him. *Le renard fut bien aise de laisser sa queue pour sauver sa tête.*

He was fain to compound with his estate to save his life. *Il fut obligé de donner son bien pour sauver sa vie.*

You must hang for it, if you cannot compound for beheading. *Vous serez pendu, à moins que par composition vous n'en soyez quitte pour être décapité.*

Compounded, *adj.* Composé.

COM

A verb compounded with a preposition. *Un verbe composé d'une préposition.*

Compounded (or agreed) with. *Avec qui l'on a composé.*

COMPOUNDER, *subst.* Celui qui tâche d'accommoder les différens.

To COMPREHEND, *v. act.* (to contain or include.) Comprendre, contenir, renfermer, embrasser.

That comprehends a great many things. *Cela comprend bien des choses.*

This virtue comprehends all others. *Cette vertu comprend ou renferme toutes les autres.*

Comprehended, *adj.* Compris, contenu, renfermé.

To comprehend, (to apprehend or to understand.) *V.* to apprehend, and to understand.

COMPREHENSIBLE, *adject.* (that may be apprehended.) Compréhensible, qui peut être compris, intelligible, concevable.

COMPREHENSIBLY, *adv.* (or significantly.) Énergiquement, d'une maniere très-expressive.

COMPREHENSION, *subst.* (or apprehension.) Intelligence, conception, imagination, connoissance.

An Act of comprehension, (that takes in all parties.) Arrêt du Parlement qui comprend toutes les parties.

Comprehension (the uniting) of two sects. *La réunion de deux sectes.*

COMPREHENSIVE, *adj.* Qui comprend beaucoup de choses, emphatique ; concis, serré, plein, en parlant d'un discours.

Comprehensive, (short, compendious.) Court, abrégé.

Bribery and corruption is the most comprehensive method of becoming popular. *L'art de gagner & de corrompre par présens, est le plus court moyen de se rendre populaire.*

COMPREHENSIVENESS, *sub.* Brièveté, énergie.

To COMPRESS, *verb. act.* (to embrace.) Embrasser.

COMPRESS, *f.* Une compresse.

COMPRESSED, *adj.* Embrassé, serré, pressé.

COMPRESSIBILITY, *subst.* Compressibilité d'un corps.

COMPRESSIBLE, *adject.* Compressible, terme didactique.

COMPRESSION, *subst.* (thrusting or pressing close.) Compression, l'action de resserrer.
COMPRESSURE,

The compression of the air. *Compression de l'air.*

To COMPRINT, *verb. act.* (fraudulently to print another's copy or book.) Imprimer secretement la copie ou le livre d'un autre, en contrefaire l'impression.

To COMPRISE. *V.* to Comprehend.

Comprised. *V.* Comprehended.

COMPROBATION, *subst.* Preuve, attestation.

COMPROMISE,
COMPROMIZE, *subst.* (the putting a thing to reference.) Compromis, acte par lequel on convient de part & d'autre de remettre à un ou à plusieurs arbitres la décision d'une affaire.

To put a thing in compromise. *Mettre une affaire en compromis.*

To COMPROMISE, *verb. neut.* (or submit to arbitration.) Compromettre, faire ou passer un compromis, convenir d'arbitres pour

Tome II.

COM

pour en passer par leur jugement, sous peine au contrevenant.
COMPROVINCIAL, adj. Qui appartient à la même province.
To COMPT, V. to Count.
COMPTIBLE, adject. Comptable, responsable.
COMPTROLL, subst. (or contradiction.) Contradiction.
Without comptroll. Absolument, arbitrairement.
To COMPTROLL, v. act. (or find fault with.) Contrôler, trouver à redire.
Comptrolled, adj. Contrôlé.
COMPTROLLER, subst. (or Overseer.) Intendant, contrôleur, celui qui voit & examine si ce qu'on fait est bien, & s'il n'y a rien qui manque.
Comptroller (or reformer) of manners. Un censeur, un réformateur.
Comptroller of the navy. Contrôleur de la Marine, qui est à la tête des bureaux de la Marine, & qui préside dans les assemblées.
COMPTROLLERSHIP, subst. Surintendance.
COMPTROLLING, f. L'action de contrôler ou de trouver à redire.
COMPULSATIVELY, adv. (with force.) Par force.
COMPULSATORY, adject. Compulsoire, qui force.
COMPULSION, subst. (or force, from to compel.) Contrainte, sollicitation.
COMPULSIVE,
COMPULSORY, } adj. Qui a le pouvoir de forcer.
COMPULSIVELY,
COMPULSORILY, } adv. (forcibly.) Forcément, par force.
COMPUNCTION, subst. (or remorse.) Regret, componction, douleur de ses péchés, remords.
A compunction of heart. Componction de cœur.
COMPUNCTIOUS,
COMPUNCTIVE, } adject. Qui cause le remords.
COMPURGATION, subst. L'action de justifier un accusé par son témoignage.
COMPURGATOR, subst. (a law-term, one that by oath justifies anothers innocency.) Témoin qui prouve par serment l'innocence d'un autre.
COMPUTABLE, adj. Qui peut être supputé, calculé.
COMPUTATION, subst. (or account.) Supputation, compte, calcul.
To make a computation. Faire une supputation.
I find it so by computation. Par la supputation que j'en ai faite, je trouve que la chose est ainsi.
It is so by computation. Cela est ainsi de compte fait.
COMPUTE, subst. Compte.
This cannot come into compute. Ceci ne peut pas entrer en ligne de compte.
To COMPUTE, verb. act. (or reckon.) Supputer, calculer, compter.
Cannot you compute it ? Ne sauriez-vous le supputer ?
Computed, adject. Supputé, compté, calculé.
All things rightly computed, and just abatements made. Tout bien compté & rabattu.
COMPUTING, f. (or reckoning.) L'action de supputer, de compter, de calculer ; supputation, calcul, &c.

COM CON

COMPUTIST,
COMPUTER, } subst. V. Accomptant.
COMRADE, f. Camarade, compagnon.
CON, adv. Contre. Ex. Pro and con. Pour & contre.
To CON, v. act. Étudier, connoître.
CONARION. V. Pine-kernel.
To CONCAMERATE, v. act. (to vault.) Voûter.
CONCAMERATION, f. Voûte.
To CONCATENATE, v. act. Lier, mettre de suite.
CONCATENATION, subst. (or linking together.) Enchaînement, suite, tissure, tissu, connexion, conséquence.
CONCAVE,
CONCAVOUS, } adj. (or hollow.) Concave, creux, creusé.
CONCAVITY, f. (or hollowness.) Concavité, profondeur, creux.
CONCAVO-CONCAVE, adject. Concave des deux côtés.
CONCAVO-CONVEX, adject. Concave d'un côté & convexe de l'autre.
CONCAVOUSLY, adv. Dans une forme concave.
To CONCEAL, verb. act. (to keep close or secret.) Céler, cacher, taire, tenir secret ou caché.
To conceal one's grief. Cacher son déplaisir.
To conceal a secret. Taire un secret.
Why would you conceal it from me ? Pourquoi me cachiez-vous cela ?
Concealed, adject. Célé, caché, tenu secret.
CONCEALABLE, adj. Qu'on peut cacher.
CONCEALER, subst. Receleur, celui qui cache ou qui tient secret.
Concealers, (that had out King's lands, &c. concealed.) On appelle ainsi, par antiphrase, ceux qui découvrent des biens de terre du domaine du Roi en la possession de quelque particulier.
CONCEALING,
CONCEALMENT, } subst. L'action de céler, de cacher, de taire ou de tenir secret, &c.
To CONCEDE, v. act. (to yield or to grant.) Céder, accorder.
CONCEIT, subst. (or fancy.) Pensée, imagination, fantaisie.
A pretty witty conceit. Une pensée jolie & spirituelle.
That is a pretty conceit. C'est une plaisante imagination, cela est plaisamment imaginé.
Conceit, (or opinion.) Opinion, avis, sentiment, pensée.
This is my conceit of it. C'est-là l'opinion que j'en ai.
He has put me out of conceit with it. Il m'en a ôté l'envie.
I am out of conceit (or disgusted.) with it. J'en suis dégoûté, je ne m'en soucie plus.
To be out of conceit with one's self. Se déplaire.
Idle conceits. Niaiseries, badineries, choses de néant, sottises, bagatelles.
To CONCEIT, verb. act. (to fancy.) S'imaginer, se mettre dans l'esprit, croire.
To conceit a thing. S'imaginer une chose, se la mettre dans l'esprit.
They conceit it sovereign against diseases. Ils croient que c'est un remède souverain pour les maladies.
CONCEITED, adj. (or affected.) Affecté, trop recherché, trop étudié.

CON

A conceited language. Un langage affecté.
Conceited of himself, (proud or puffed up.) Glorieux, qui a bonne opinion de lui-même, qui s'en fait accroire, qui fait l'entendu, suffisant.
Conceited, (or fantastical.) Fantasque, bourru, ridicule, impertinent, entêté.
CONCEITEDLY, adverb. Avec entêtement.
CONCEITEDNESS, subst. Affectation, affèterie, bonne opinion qu'on a de soi-même.
CONCEITLESS, adj. Stupide, qui ne pense point.
CONCEIVABLE, adj. (or to be conceived.) Concevable.
CONCEIVABLY, adv. D'une manière intelligible.
To CONCEIVE, verb. act. (as a woman does.) Concevoir, dans le sens de la génération.
To conceive a child. Concevoir un enfant.
To conceive, (to imagine or apprehend.) Concevoir, penser, croire, imaginer, se représenter une chose, en former une idée dans son esprit.
I cannot conceive it. Je ne le saurois comprendre.
I conceived it to be quite another thing. J'ai cru, j'ai pensé que c'étoit tout autre chose.
I humbly conceive, that— Il me semble, avec soumission à votre jugement, que—
To conceive a jealousy, (to entertain a jealousy.) Prendre de l'ombrage.
He conceived great jealousy of her. Il en devint fort jaloux.
Conceived, adj. Conçu, dans le propre & dans le figuré ; pensé, imaginé.
It is not to be conceived. Il n'est pas concevable, il est inconcevable, on ne sauroit concevoir.
CONCEIVER, subst. Celui qui conçoit.
CONCEIVING, subst. L'action de concevoir, &c. Voyez to Conceive. Conception.
CONCENT, subst. (or concert of voices.) Concert, harmonie, accord, consonance.
To CONCENTRATE, v. act. (or concentre.) Concentrer.
CONCENTRATION, subst. Concentration, terme didactique.
To CONCENTRE, v. neut. (to meet in the same centre.) Avoir un même centre, aboutir, se terminer.
All her cares did altogether concentre on her son. Son fils étoit l'objet de tous ses soins.
Concentred, adject. (having the same centre.) Concentré.
CONCENTRICAL,
CONCENTRICK, } adj. (that has the same centre, speaking of two or more circles.) Concentrique, qui a le même centre, en parlant de deux ou de plusieurs cercles.
CONCEPTACLE, subst. Réceptacle, lieu où plusieurs choses sont rassemblées.
CONCEPTIBLE, adj. (intelligible.) Concevable, intelligible.
CONCEPTION, subst. (from to conceive.) Conception.
The conceptions of the mind. Les conceptions, les pensées, les idées de l'esprit.
A false conception, (or moon-calf.) Faux germe, môle, matière informe qui s'engendre dans la matrice.
CONCEPTIBLE,

CON

CONCEPTIBLE, adject. *Capable de concevoir.*

CONCERN, subst. (business.) *Affaire, intérêt, ce qui nous touche, ce qui nous regarde.*

To mind one's own concerns. *Prendre soin de ses affaires, vaquer à ses affaires.*

To seettle one's concerns. *Mettre ordre à ses affaires ou régler ses affaires.*

It is our common concern, (or interest.) *C'est l'intérêt de nous tous ou notre intérêt commun.*

The wordly concerns. *Les intérêts mondains.*

Concern, (the being concerned and affected.) *Intérêt, chagrin, peine d'esprit.*

To have a great concern for a thing. *Prendre beaucoup d'intérêt à une chose, s'y intéresser beaucoup.*

Concern, (or importance.) *Importance, conséquence.*

A thing of great concern. *Une affaire de grande importance ou de grande conséquence.*

In all the concerns of human life. *Dans toutes les occasions ou dans tous les incidents de la vie humaine.*

He understands all the concerns of the sea very particularly. *Il sait tous les détails de la marine.*

To CONCERN, v. act. (to belong to, to interest.) *Concerner, intéresser, toucher, regarder, importer.*

That does not concern me neither one way or the other. *Cela ne me regarde, cela ne me touche ni en bien ni en mal.*

The publick liberty concerns all the world. *La liberté publique concerne ou intéresse tout le monde.*

It concerns the publick. *Cela regarde le public, cela intéresse le public, c'est l'intérêt du public.*

The thing concerned him very much. *La chose lui importoit extrêmement.*

This does not concern you at all. *Ceci ne vous importe nullement.*

To concern (or trouble) one's self. *Se chagriner, se mettre en peine.*

I will not concern myself which that, (or about that.) *Je ne veux point me mettre en peine, je ne veux point me mêler de cela.*

To concern, used impersonally.

Ex. It concerns you so to do. *Il est de votre intérêt d'en agir de la sorte.*

It concerns me as much as you. *Il m'importe autant qu'à vous.*

Concerned, adject. (or interested.) *Intéressé.*

The parties concerned. *Les parties intéressées.*

Concerned, (or troubled.) *En peine, embarrassé, qui s'intéresse.*

He seems to be much concerned, *Il paroît être fort en peine ou fort embarrassé.*

Concerned, (or affected with.) *Affligé, touché.*

I am very much concerned (or moved) for his affliction. *Je suis sensiblement touché de (je prends beaucoup de part à) son affliction.*

You were a little concerned , (or tipsy.) *Vous paroissez avoir un peu bu.*

What are you concerned therein ? *Que vous importe-t-il ?*

My life and fortune are concerned. *Il s'agit de ma vie & de mes biens.*

I will not be concerned (or have any thing to do) with him. *Je ne veux rien avoir à faire ou à démêler avec lui.*

He is concerned (he has had a hand) in the plot. *Il a trempé dans la conjuration.*

I was never concerned in the business. *Je ne me suis jamais intéressé dans cette affaire, je ne m'en suis jamais mêlé, je n'y ai point du tout trempé.*

My heart is concerned for him. *Mon cœur s'intéresse pour lui.*

He is not at all concerned at it or about it. *Il ne s'en soucie point du tout.*

He appeared not in the least concerned at those imputations. *Il demeura ferme à ces accusations.*

CONCERNING, prép. *Concernant, touchant.*

Concerning efficacious grace. *Touchant la grace efficace.*

As concerning me. *Pour ce qui me regarde, pour moi, pour ce qui est de moi, quant à moi.*

CONCERNMENT, f. (or importance.) *Conséquence, importance, relation, intérêt, affaire.*

A business of great concernment. *Une affaire de grande importance.*

This is a thing of great concernment to us. *C'est une affaire qui nous regarde de fort près.*

He has a tender concernment for the publick good. *Il s'intéresse beaucoup pour le bien public.*

These relations would make no concernment in the audience. *Ces récits n'intéresseroient pas les spectateurs.*

CONCERT, f. (or consort.) *Concert.*

To act in concert with one. *Agir de concert avec quelqu'un.*

To **CONCERT**, verb. act. (to contrive together.) *Concerter, résoudre, délibérer d'un commun accord, prendre des mesures.*

Concerted, adj. *Concerté, délibéré, résolu, &c.*

CONCERTING, subst. *L'action de concerter.* V. to Concert.

CONCESSION, subst. (or grant.) *Concession, permission, privilège.*

By the King's concession. *Par concession du Roi.*

There is but one way to bring it about , and that is the way of concession. *Il n'y a qu'une voie pour en venir à bout, & c'est la voie de relâchement.*

CONCESSIONARY, adject. *Accordé par indulgence.*

CONCESSIVELY, adv. *Par voie de concession.*

CONCH, subst. (or great shell.) *Conque, grande coquille.*

To **CONCILIATE**, v. act. (to gain,) *Concilier, acquérir, gagner, attirer.*

This single action conciliated to him the love of all good men. *Par cette seule action il se concilia , il gagna , il s'acquit ou il s'attira l'amitié de tous les honnêtes gens ou de tous les gens de bien.*

Conciliated , adject. *Acquis , gagné , concilié.*

CONCILIATION, f. *Conciliation , action de concilier, &c.*

CONCILIATOR, subst. *Conciliateur.*

CONCINNITY, f. (or fitness.) *Propreté, politesse, justesse, agrément, beauté.*

CONCINNOUS, adject. *Beau , agréable, propre.*

CONCIONATORY, adj. *Usité dans les discours publics.*

CONCISE, adj. (short or brief.) *Concis, court, succinct, abrégé.*

A concise discourse. *Discours concis.*

CONCISELY, adv. *Brièvement, d'une manière concise.*

CONCISENESS, subst. *Concision , brièveté.*

CONCISION, f. (excision ; a word used for circumcision ; Phil. III. 2.) *Circoncision.*

CONCITATION, subst. *L'action d'exciter.*

CONCLAMATION, subst. *Acclamation, cri, bruit, vacarme.*

CONCLAVE, subst. (the place where Cardinals meet to elect a Pope.) *Conclave, le lieu où se renferment les Cardinaux pour choisir un nouveau Pape.*

Conclave, (the whole assembly of Cardinals.) *Conclave, l'assemblée des Cardinaux.*

The conclave has made such a Cardinal Pope. *Le Conclave a fait Pape un tel Cardinal.*

Conclave, (a close assembly.) *Assemblée, conseil.*

To **CONCLUDE**, verb. act. (or make an end.) *Conclure, achever, finir, terminer, expédier, dépêcher.*

To conclude, (or gather by reason.) *Conclure, inférer, tirer une conséquence, ou une conclusion.*

To conclude, (or determine.) *Conclure, déterminer, fixer, arrêter.*

To conclude a discourse. *Conclure un discours.*

What do you conclude (or infer) from thence ? *Que concluez-vous, qu'inférez-vous de là ?*

Your argument concludes falsely. *Votre argument conclut à faux.*

To conclude a match. *Conclure un mariage.*

To conclude (or resolve) with one's self. *Prendre résolution, se résoudre, résoudre, déterminer, faire état.*

To conclude, (or to make short.) *Pour couper court , pour conclusion , enfin.*

Concluded, adj. *Conclu, achevé, &c.* V. to Conclude, *dans tous ses sens.*

The business is concluded, (or agreed upon.) *L'affaire est conclue.*

Concluded, (or included.) *Renfermé, compris.*

CONCLUDENCY, f. *Conséquence, terme didactique.*

CONCLUDENT, adject. (decisive.) *Concluante.*

CONCLUDING, f. *L'action de conclure, &c.* V. to Conclude.

CONCLUSIBLE, adject. *Déterminable, qui peut être prouvé.*

CONCLUSION, f. (or end.) *Conclusion, fin , terme , issue.*

Conclusion, (or consequence.) *Conséquence, conclusion, suite.*

From whence this conclusion may be made. *D'où l'on peut conclure.*

The conclusion of a discourse. *La conclusion , la fin , la péroraison d'un discours.*

The conclusion of a play. *La fin d'une comédie, le dénouement, la catastrophe.*

This will be the conclusion of it. *Voici quelle en sera l'issue.*

To try conclusions. *Hasarder, risquer.*

In conclusion , (or to conclude.) *Pour couper court , pour abréger.*

In conclusion, (or at last.) *Enfin.*

CONCLUSIVE, adj. (or last.) *Dernier, qui finit, décisif, concluant.*

CONCLUSIVELY,

S 2

CON

CONCLUSIVELY, adv. D'une manière décisive.

To CONCOAGULATE. V. Coagulate.

To CONCOCT, verb. act. (or digest.) Cuire, digérer, faire la digestion.

To concoct the meat in the stomach. Digérer la viande dans l'estomac, en faire la digestion.

Concocted, adj. Cuit, digéré, purifié.

A man of a perfect and concocted malice. Un homme d'une malice consommée.

CONCOCTION, s. Concoction.

Good wine helps the concoction. Le bon vin aide à la digestion.

CONCOLOUR, adj. De même couleur.

CONCOMITANCE,
CONCOMITANCY, } subst. Concomitance.

CONCOMITANT, adj. (or going together.) Concomitant, qui accompagne.

Concomitant, subst. (or companion.) Suivant, qui suit, qui accompagne.

To CONCOMITATE, v. act. Être uni, attaché, lié avec quelque chose.

CONCORD, s. (or agreement.) Concorde, union, paix, bonne intelligence, accord d'humeur. Concordance, en termes de grammaire.

Concord, (in singing.) Concert, harmonie, accord, consonance.

To CONCORD, v. neut. S'accorder, être d'accord, s'entendre, être de bon accord & de bonne intelligence.

CONCORDANCE, s. (a book containing an exact table of the parallel words contained in the Bible.) Concordance, livre contenant une table exacte des mots parallèles de l'Écriture sainte.

Concordance. V. Concord.

CONCORDANT, adj. (or agreeing together.) Qui s'accorde, qui est de bon accord.

CONCORDATE, subst. (a compact.) Convention, concordat.

CONCORPORAL, adject. Du même corps.

To CONCORPORATE, verb. neut. (or grow into one body.) S'incorporer, s'assembler, se joindre, ne former qu'un corps.

Concorporated, adj. Incorporé, assemblé, réuni, réduit en un corps.

CONCOURSE, subst. (or meeting of people in one place.) Concours, abord, affluence, foule, multitude de gens qui accourent.

There was a great concourse of people. Il y avoit un grand concours de peuple.

CONCREMENT, subst. Masse formée par concrétion.

CONCRESCENCE. V. Concretion.

To CONCRETE, verb. act. Rassembler, réunir en masse.

CONCRETE,
CONCRETED, } adj. (or grown together.) Composé de plusieurs choses mises ensemble.

Concreted, (or clotted.) Caillé, figé.

CONCRETION, sub. (or joining together.) Mélange, assemblage, composition. Concrétion, terme didactique.

CONCRETIVE, adj. Qui a le pouvoir de coaguler, de faire des concrétions.

CONCUBINAGE, sub. (the keeping of a whore or concubine.) Concubinage, fornication, état d'une homme & d'une femme qui vivent ensemble comme mari & femme sans être mariés.

CON

CONCUBINE, sub. (one that lives with a man as if he were his wife.) Concubine, celle qui sans être mariée avec un homme, vit avec lui comme si elle étoit sa femme.

To CONCULCATE, verb. act. Marcher sur, fouler aux pieds.

CONCUPISCENCE, s. (or lust.) Concupiscence, convoitise, désir déréglé, appétit de la chair.

CONCUPISCIBLE, adj. (inclining to the pursuit of any thing.) Concupiscible.

The concupiscible appetite. L'appétit concupiscible.

To CONCUR, verb. n. (or help.) Concourir, aider de son concours.

God concurs with the second causes. Dieu concourt aux actions des causes secondes.

To concur (or agree) with one in something. Donner son consentement, donner les mains, donner son approbation à quelque chose, y consentir ; convenir, s'accorder avec quelqu'un.

All impartial criticks concur, that his talent lies more in translation, that in composure. Tous les critiques désintéressés conviennent qu'il a plus de talent pour la traduction que pour la composition.

CONCURRENCE,
CONCURRENCY, } s. (or meeting.) Assemblage, concours, rencontre, rapport.

It is hard to find a concurrence of all this. Il est difficile de concerter tant de rapports.

Concurrence, (or help.) Concours, secours, assistance.

God's concurrence with second causes. Le concours de Dieu avec les causes secondes, le secours qu'il leur donne pour agir.

I want your concurrence (or approbation) therein. J'ai besoin de votre consentement ou de votre approbation dans cette affaire.

CONCURRENT, adj. (or consenting.) Qui a donné son consentement ou son approbation.

Concurrent, subst. (or competitor.) Concurrent, prétendant, qui prétend à quelque chose avec un autre. Compétiteur, rival.

CONCUSSION, sub. (or shaking.) Secousse, mouvement, ébranlement, agitation.

Concussion, (or extortion.) Concussion, extorsion, exaction.

CONCUSSIONARY, adject. (guilty of concussion or extortion.) Concussionnaire.

To COND,
To CUND, } verb. act. (du François CONDUIRE.) Commander au timonier.

To COND,
To CON, } v. act. Recorder, apprendre, apprendre par cœur.

To con one's lesson, (to get it without book.) Recorder sa leçon, apprendre sa leçon par cœur.

To cond, (or strike one.) Frapper quelqu'un.

To cond one thanks, Remercier quelqu'un, lui rendre graces.

To cond a fisher-boat. Faire signe à un bateau de pêcheur, lui faire connoître d'une hauteur par où les harengs passent.

To CONDEMN, verb. act. (or to blame.) Condamner, blâmer, désapprouver.

To condemn (or disapprove) one's con-

CON

duct. Condamner ou désapprouver la conduite de quelqu'un.

To condemn (or sentence) one. Condamner quelqu'un, prononcer, porter ou rendre sentence contre lui.

To condemn one to die, (or to death.) Condamner quelqu'un à la mort.

To condemn him without hearing. Le condamner sans connoissance de cause.

To condemn a thing for impossible. Faire passer quelque chose pour impossible.

CONDEMNABLE, adject. Condamnable, qui mérite d'être condamné.

CONDEMNATION, s. Condamnation, sentence.

CONDEMNED, adj. Condamné.

CONDEMNER, sub. Censeur, celui qui blâme, &c.

CONDEMNING, subst. L'action de condamner, &c. V. to Condemn.

CONDENSABLE, adject. Qui peut être condensé.

CONDENSATE, adject. (or condense.) Condensé, épais.

To CONDENSATE, v. act. (to thicken.) Condenser, épaissir, faire prendre.

To condensate, v. neut. Se condenser ; s'épaissir, se prendre.

Condensated, adj. Condensé, épaissi.

CONDENSATION, s. Condensation.

To CONDENSE, &c. V. to Condensate, &c.

CONDENSITY. V. Condensation.

CONDERS, subst. (viewers or directors ; from to Cond ; those that make signs to the herring-fishers which way the shoal of herrings passes.) Ceux qui étant postés sur une hauteur, montrent aux bateaux de pêcheurs par où les harengs passent.

To CONDESCEND, v. neut. (to yield or submit.) Condescendre, se conformer, s'accommoder aux volontés d'autrui, s'abaisser à.

He will never condescend to it. Il n'y condescendra jamais.

To condescend, (or vouchsafe.) Daigner.

CONDESCENCY,
CONDESCENSION, } subst. Condescendance, complaisance.

CONDESCENDING,
CONDESCENSIVE, } adj. Condescendant.

CONDIGN, adj. Qu'on a mérité, proportionné.

To be brought to condign punishment. Subir le châtiment qu'on a mérité, souffrir une peine proportionnée à son crime.

CONDIGNLY, adverb. Selon ce qu'on a mérité.

Condignly punished. Puni selon ses mérites.

CONDIMENT, s. Assaisonnement.

To CONDITE, v. act. (or to season.) Assaisonner, accommoder, mariner.

CONDITION, subst. (or state.) Condition, état, disposition.

Whatever condition you be in. En quelque état que vous soyez.

Condition, (or covenant.) Condition, clause, article de traité.

Those are the conditions sworn to by both parties. Ce sont-là les conditions qui ont été jurées de part & d'autre.

Upon condition that. A condition que, pourvu que.

I grant it you, upon condition that you perform your part. Je vous l'accorde, à condition que vous fassiez votre devoir.

Condition,

Condition, (rank, quality.) *Condition, rang, qualité.*
Condition, (nature or disposition.) *Naturel, tempérament, humeur.*
Were you in my condition, (or place.) *Si vous étiez en ma place.*
He is in a weak condition. *Il est infirme.*
To be in a dying condition. *Se mourir, s'en aller mourir, être aux abois.*
To CONDITION, verb. neut. (or article with one.) *Faire un pacte, un accord ou un marché avec quelqu'un.*
CONDITIONAL, adj. *Conditionnel, qui renferme quelque condition; hypothétique, en termes de droit.*
A conditional proffer, (or offer.) *Une proposition conditionnelle.*
A conditional licence. *Une permission conditionnelle.*
CONDITIONALITY, sub. *Qualité de ce qui est conditionnel.*
CONDITIONALLY, adv. *Conditionnellement, sous une condition ou avec une clause, en termes de droit.*
That is conditionally set down in the contract. *Cela est couché conditionnellement dans le contrat.*
CONDITIONARY, adject. (stipulated.) *Stipulé, convenu.*
To CONDITIONATE, v. act. *Régler par certaines conditions.*
CONDITIONED, adject. (speaking of goods.) *Conditionné.*
Goods well or ill conditioned. *Des marchandises bien ou mal conditionnées, en bon ou en mauvais état.*
He is an ill natured or ill' conditioned young man. *C'est un jeune homme de mauvais naturel.*
A good or fair conditioned man. *Un homme de bon naturel ou de bonne humeur.*
An ill conditioned (or tempered) woman. *Une femme de mauvais naturel ou de mauvaise humeur.*
CONDOLATORY, adject. (of condolence.) *De condoléance.*
A condolatory epistle. *Lettre de condoléance.*
To CONDOLE with one, v. n. (or to express one's sorrow to him for his grief.) *S'affliger avec quelqu'un, faire compliment à quelqu'un sur sa douleur.*
I condoled with him on the death of his father. *Je lui fis des compliments de condoléance sur la mort de son père.*
CONDOLEMENT, sub. *Chagrin, douleur, tristesse, condoléance.*
CONDOLENCE, s. *Condoléance.*
A compliment of condolence. *Un compliment de condoléance.*
CONDOLER, subst. *Celui ou celle qui s'afflige avec un autre, qui fait des compliments de condoléance, qui vient se condouloir avec quelqu'un.*
CONDOLING, s. *L'action de s'affliger avec quelqu'un, &c. V. to Condole.*
CONDONATION, s. *Pardon, grâce.*
To CONDUCE, verb. neut. (to avail or contribute.) *Servir, être utile, être avantageux, aider, contribuer.*
Do you think that will any ways conduce to your happiness? *Pensez-vous que cela puisse contribuer en quelque chose à votre bonheur?*
CONDUCIBLE, } adj. *Utile, profitable,*
CONDUCING, } *avantageux, qui con-*
CONDUCIVE, } *tribue.*
This will be no way conducive to your happiness. *Ceci ne contribuera point du tout à votre bonheur.*
CONDUCIVENESS, sub. *Rapport, qualité qui contribue à.*
CONDUCT, s. (or management.) *Conduite, direction.*
To be under one's conduct. *Être sous la conduite de quelqu'un.*
To have the whole conduct of an army. *Avoir toute la conduite d'une armée.*
Conduct, (or behaviour.) *Conduite, procédé, manière d'agir, façon de faire.*
His conduct was very much blamed. *On a fort blâmé sa conduite.*
A man that has more courage than conduct. *Un homme qui a plus de cœur que de conduite.*
A safe conduct. *Un sauf-conduit.*
To CONDUCT, v. a. (or bring along.) *Conduire, mener.*
I conducted him thither. *Je le conduisis jusques-là.*
Conducted, adj. *Conduit, mené.*
Being conducted to the place of execution. *Étant conduit au lieu du supplice.*
CONDUCTER, s. *Conducteur, guide.*
He is my conducter, (or guide.) *Il est mon conducteur.*
CONDUCTING, s. *L'action de conduire ou de mener.*
I gave him so much for conducting of me. *Je lui donnai tant pour m'avoir conduit.*
CONDUCTITIOUS, adj. *Loué, à gages.*
CONDUCTOR, subst. *Conducteur, directeur.*
CONDUCTRESS, s. *Conductrice.*
CONDUIT, subst. (or pipe.) *Conduit, canal.*
The loins have a communication with the bladder by two conduits. *Les reins ont communication avec la vessie par deux canaux.*
A conduit or a conduit pipe or water-pipe. *Conduit d'eau, tuyau, canal.*
CONE, subst. (a geometrical figure in the form of a sugar-loaf.) *Cône, figure géométrique.*
To receive cone and key, (in the sense of the law; that is, to take upon her the charge of the house.) *Prendre le soin de la maison, en parlant d'une femme.*
CONEY. V. Cony.
To CONFABULATE, v. n. (or discourse together.) *S'entretenir, causer, parler ensemble.*
CONFABULATION, s. (or colloquy.) *Entretien.*
CONFABULATORY, adj. *Qui a rapport à la conversation.*
CONFARREATION, s. *Mariage dont la célébration consiste à manger du pain ensemble.*
To CONFECT. V. to Comfit.
CONFECTION, s. (or physical composition.) *Confection, composition, médicament composé de diverses drogues, confitures.*
CONFECTIONER, s. (or comfit-maker.) *Confiturier, confiseur.*
CONFEDERACY, subst. (or alliance.) *Confédération, alliance, ligue.*
Confederacy, (in the sense of the law, that is, a combination.) *Cabale, conspiration, complot, conjuration.*
CONFEDERATE, adj. *Confédéré, allié.*
To be confederate (or an accomplice) of a crime. *Avoir part à un crime, être complice d'un crime, y tremper.*
The confederates, (or allies.) *Les confédérés, les alliés.*
To CONFEDERATE, v. n. *Faire une confédération.*
To confederate, (to combine.) *Conjurer, conspirer.*
To confederate themselves, verb. récip. *Se joindre, s'associer, se liguer.*
CONFEDERATION, sub. (confederacy.) *Confédération.*
To CONFER, verb. act. (or compare.) *Conférer, comparer, mettre en parallèle.*
To confer, (or bestow.) *Conférer, donner, revêtir.*
To confer a living upon one. *Conférer, donner un bénéfice à quelqu'un.*
To confer a fine place upon one. *Revêtir quelqu'un d'une belle charge.*
To confer with one, verb. neut. (to discourse with him.) *Conférer, parler, s'entretenir, discourir avec quelqu'un.*
To confer notes, (to advise together.) *Se joindre ensemble pour délibérer, pour prendre conseil, s'aboucher pour concerter quelque chose.*
CONFERENCE, s. (or discourse.) *Conférence, pourparler, entretien qu'on a avec une ou plusieurs personnes.*
CONFERRED, adj. *Conféré, &c. V. to Confer.*
CONFERRER, sub. *Celui qui confère ou qui confère.*
CONFERRING, sub. *L'action de conférer, &c. V. to Confer.*
To CONFESS, v. act. (or own.) *Confesser, avouer, reconnoître, déclarer.*
To confess, (to hear one's confession.) *Confesser, entendre une personne en confession.*
To confess, v. neut. *Se confesser, confesser ses péchés.*
To go to confess, *Aller à confesse.*
Confessed, adj. *Confessé, avoué.*
It is confessed that. *Tous tombent d'accord que, tout le monde sait ou avoue que.*
CONFESSEDLY, adv. *De l'aveu de tout le monde, du consentement de tout le monde.*
CONFESSING, sub. *L'action de confesser ou d'avouer, &c. V. to Confess. Aveu, déclaration, confession.*
CONFESSION, subst. *Confession, aveu, déclaration.*
To make a general (or full) confession. *Faire une confession générale, avouer tout.*
That confession was pumped (or sifted) out of him. *On tira adroitement cette confession de sa bouche.*
The auricular confession. *La confession auriculaire.*
Confession-chair, (or confessionary.) *Confessionnal.*
CONFESSIONARY, s. (or the Confessor's seat.) *Confessionnal, le siège où le Prêtre se met pour entendre le pénitent en confession.*
CONFESSOR, s. (or Father Confessor.) *Confesseur, Prêtre qui a le pouvoir d'ouïr un pénitent en confession, & de l'absoudre.*
A Confessor of the primitive times, (or a Martyr.) *Un Confesseur de la primitive Église, un Martyr.*
CONFEST. V. Confested.
CONFESTLY, adv. *Certainement; sans contredit.*
CONFIDANT, } subst. *Confident, celui*
CONFIDENT, } *à qui l'on confie ses secrets.*

CON

To CONFIDE, v. n. (to trust in or upon.) Se fier, se reposer, faire fond, compter, s'assurer, se fonder, s'appuyer sur quelqu'un ou sur quelque chose.

He confides too much in his strength. Il se fie trop à ses forces.

You may confide in me. Vous pouvez vous reposer, vous pouvez compter ou faire fond sur moi.

CONFIDENCE, f. (or trust.) Assurance, confiance.

I have an entire confidence in him. J'ai une entière confiance en lui.

To commit in confidence a thing to a friend. Confier quelque chose à un ami.

Confidence (or boldness.) Assurance, hardiesse, effronterie, présomption, fierté.

I do admire his confidence. J'admire sa hardiesse ou son effronterie.

CONFIDENT, adj. (or sure.) Certain, sûr, assuré.

Confident, (or bold.) Hardi, effronté, résolu, fier.

You are mighty bold or confident. Vous êtes bien hardi, vous êtes bien effronté ou vous faites bien le résolu.

Confident, f. (a trusty friend) Confident, confidente, celui ou celle à qui on confie ses secrets & pour qui on n'a rien de caché.

I am the confident of her most secret thoughts. Je suis le dépositaire de ses plus secrettes pensées.

The confident and the difident. Les confiants & les défiants.

CONFIDENTIAL, subst. Affidé, en qui l'on a confiance.

CONFIDENTLY, adverb. Confidemment, avec assurance, hardiment, effrontément, résolument.

It is confidently reported. On dit cela pour certain ou pour une chose assurée.

CONFIDING, adj. (or trusty.) Affidé, de confiance.

To send confiding persons. Envoyer des personnes affidées.

CONFIGURATION, f. Ex. A configuration of stars. Une constellation.

Configuration, (a philosophical expression.) Configuration, en termes de Philosophie.

To CONFIGURE, v. act. Façonner, configurer.

To CONFINE, v. act. (to keep in.) Tenir de court, arrêter, réprimer, restreindre, modérer, retenir, dompter.

To confine a wandering lust. Réprimer une convoitise effrénée, en arrêter le cours, la dompter.

To confine, (to banish or emprison.) Confiner, bannir, reléguer ou mettre en prison, enfermer.

You confine me amongst wild beasts. Vous me confinez ou vous me reléguez parmi les bêtes sauvages.

To confine, v. neut. (to border upon.) Confiner, aboutir, avoir des bornes qui aboutissent à quelque terre ou à quelque contrée.

To confine a man to prison. Mettre quelqu'un en prison.

Lorrain confines upon Germany. La Lorraine confine à l'Allemagne.

He confined himself to one small meal a day. Il s'est réduit à un petit repas par jour.

Confined, adj. Tenu de court, réprimé, restreint, confiné, relégué, en prison, &c. V. to Confine.

To be confined to one room. N'avoir qu'une chambre.

CONFINELESS, adject. Illimité, sans bornes.

CONFINEMENT, subst. (or constraint.) Contrainte.

Confinement, (or prison.) Prison, emprisonnement.

Confinement, (or flavery.) Sujétion, assujettissement, esclavage.

Confinement, (or exile.) Exil, bannissement.

CONFINER, f. Voisin, qui habite sur les confins.

CONFINES, f. (borders.) Confins, limites, bornes, frontières.

Being on the confines of death. Étant sur le point de mourir, ayant déjà un pied dans la fosse.

CONFINITY, f. Voisinage, proximité.

To CONFIRM, v. act. (to ratify and make good.) Confirmer, assurer de nouveau, ratifier, autoriser.

To confirm a news. Confirmer une nouvelle.

To confirm one, (or give him the confirmation.) Confirmer quelqu'un, lui donner la confirmation.

CONFIRMABLE, adject. Qui peut être démontré.

CONFIRMATION, subst. (ratification.) Confirmation, nouvelle assurance, ou ratification.

The church confirmation. La confirmation de l'église.

CONFIRMATOR, f. (attester.) Celui qui atteste, qui confirme.

CONFIRMATORY, adj. Qui confirme.

CONFIRMED, adj. Confirmé, ratifié, &c. V. to Confirm.

CONFIRMING, f. L'action de confirmer, &c. V. to Confirm.

CONFISCABLE, adj. Confiscable.

To CONFISCATE one's goods, verb. act. Confisquer le bien de quelqu'un, le saisir & l'acquérir au profit du Prince ou de l'État.

Confiscated, adj. (or forfeited.) Confisqué, &c. V. the verb.

CONFISCATION, f. Confiscation.

CONFITENT, f. Celui qui confesse.

CONFITS. V. Comfit.

CONFITURE, f. Confiture.

To CONFIX, v. act. Ficher, attacher.

CONFLAGRANT, adj. Enveloppé dans un embrasement général.

CONFLAGRATION, f. (a burning or great fire.) Incendie, embrasement.

CONFLATION, subst. Jeu, accord de plusieurs instruments de musique à sons de métaux.

CONFLEXURE, f. Inflexion, courbure, cambrure.

CONFLICT, f. (or fight.) Choc, combat.

To CONFLICT, v. neut. (to contend, to encounter, to struggle or wrestle with.) Lutter, combattre.

A hero ought to conflict with every danger. Un héros doit lutter contre toutes sortes de dangers.

Conflict, (or dispute.) Dispute, débat, chamaillis.

CONFLUENCE, CONFLUX, } subst. (or resort) of people. Concours, affluence de peuple, abord, multitude de gens qui accourent.

The confluence (or meeting) of two rivers. Un confluent, lieu où deux rivières se réunissent.

CON

CONFORM, adj. Conforme.

Conform to that. Conformément à cela.

To CONFORM, v. act. (to make fit.) Conformer, rendre conforme.

To conform, v. n. (or to conform one's self.) v. récip. Se conformer, se rendre conforme, s'accommoder.

CONFORMABLE, adject. Conforme, qui est semblable, qui a du rapport, qui a de la conformité.

Their doctrine is not conformable to that of the Fathers. Leur doctrine n'est pas conforme à celle des Pères.

CONFORMABLY, adv. Conformément, selon l'ordre prescrit.

CONFORMATION, subst. Conformation, figure, arrangement des parties d'un corps.

Conformed, adject. Conforme, rendu conforme.

CONFORMING, f. L'action de conformer ou de se conformer. V. to Conform.

CONFORMIST, f. Conformiste, qui se conforme au gouvernement & à la liturgie de l'Église Anglicane.

CONFORMITY, f. Conformité, rapport, convenance.

There is no conformity. Il n'y a nulle conformité.

In conformity. Conformément.

CONFORTATION, subst. Confortation, corroboration.

To CONFOUND, v. act. (to mix together.) Confondre, mêler ensemble, renverser, brouiller, embrouiller, de telle sorte qu'on ne reconnoisse plus.

To confound, (or put out of order.) Confondre, troubler, déranger, mettre en désordre, jeter dans le trouble, en l'arrasser, déconcerter, dans le propre & dans le figuré.

To confound, (or put out of countenance.) Confondre, mortifier, rendre confus, donner de la confusion.

To confound, (to destroy or waste.) Gâter, détruire, ruiner, désoler, exterminer.

To confound one's estate, (to spend it prodigally.) Prodiguer son bien, le dépenser follement.

CONFOUNDED, adject. Confondu, &c. V. to Confound.

To be confounded. Rougir de honte, être tout déconcerté.

A confounded (or cursed) business. Une maudite affaire.

CONFOUNDEDLY, adv. Horriblement, terriblement, d'une manière horrible ou terrible.

He swears confoundedly, (or terribly.) Il jure terriblement.

CONFOUNDER, f. Qui brouille, qui confond.

CONFOUNDING, f. L'action de confondre, &c. V. to Confound.

CONFRATERNITY, f. (a Brotherhood or Society, chiefly on a religious account.) Confraternité ou société, confrérie.

CONFRICATION, f. Frottement.

To CONFRONT, v. act. (to compare or oppose.) Confronter, confronter une chose avec une autre.

The witnesses confronted the criminal. On confronta les témoins au criminel.

Confronted, adj. (brought face to face.) Confronté.

CONFRONTATION, f. Confrontation de témoins.

CONFRONTING, subst. Confrontation ou l'action de confronter.

The

CON

The confronting of witnesses. *La confrontation des témoins.*
CONFUSED, adj. (or mixed together.) *Confondu, mêlé, brouillé, confus.*
Confused, (perplexed or out of order.) *Confus, mêlé, embarrassé, embrouillé, obscur, qui n'est pas distinct, qui n'est pas net.*
A confused style. *Un style confus ou embrouillé.*
It was a confused and dismal cry. *C'étoit un cri confus & épouvantable.*
CONFUSEDLY, adv. *Confusément, obscurément, peu nettement, avec confusion, pêle-mêle, irrégulièrement, sans ordre.*
To see things confusedly. *Voir les choses confusément.*
CONFUSEDNESS, } sub. (or disorder.)
CONFUSION, }
Confusion, *désordre, mélange confus, renversement, bouleversement, dans le propre & dans le figuré.*
Confusion, (or shame.) *Confusion, honte, trouble, embarras qui paroît sur le visage.*
To bring to confusion. *Confondre, rendre confus.*
Confusion, (or ruin.) *Destruction, ruine.*
CONFUTABLE, adj. *Qui peut être réfuté.*
CONFUTATION, f. *Réfutation.*
To CONFUTE, v. act. (to combat or answer.) *Réfuter.*
To confute an opinion. *Réfuter une opinion.*
To confute, (or to baffle a slander.) *Se purger d'une calomnie, se justifier.*
Confuted, adj. *Réfuté.*
CONFUTING, f. *L'action de réfuter, réfutation.*
CONGAR. V. Conger.
CONGE, } sub. (leave or permission.)
CONGEE, }
Licence, permission.
Congee (or bow.) *Révérence, salutade, action de saluer.*
He made me a great congee. *Il m'a fait une grande révérence ou une grande saluade.*
Conge-d'elire, (a law-term, which signifies the King's permission to a Dean and Chapter to chuse a Bishop.) *Congé d'élire, permission du Roi au Doyen & au chapitre d'élire un Evêque.*
To CONGE, verb. neut. (or bow) to one. *Saluer quelqu'un, lui faire la révérence; prendre congé.*
To CONGEAL, v. act. *Congeler, former en maniere de glace, faire prendre.*
To congeal, v. n. *Se congeler, se prendre, se former en maniere de glace.*
Congealed, adj. *Congelé.*
CONGEALING, f. *L'action de congeler, ou de se congeler; congélation.*
CONGEALABLE, adj. *Susceptible de congélation.*
CONGELATION, f. (from to congeal.) *Congélation.*
CONGEALMENT, f. *Masse formée par la congélation; roideur.*
CONGENIR, } adject. *De même*
CONGENEROUS, } *genre, de même nature.*
CONGENIAL, adj. (of the same kind.) *De même genre ou de même espece, de même nature.*
CONGENIALITY, subst. (likeness of genius.) *Ressemblance ou rapport de génie.*
CONGEON, f. (or dwarf.) *Un nain, un nagoe.*

CON

CONGENITE, adj. *Né avec un autre.*
CONGER, f. (the sea-eel.) *Un congre, sorte de poisson.*
CONGERILS, f. *Masse de petits corps entassés ensemble.*
To CONGEST, verb. act. *Rassembler, entasser.*
CONGESTIBLE, adject. *Qui peut être amassé.*
CONGESTION, subst. (or heap.) *Tas, monceau, amas, assemblage.*
CONGIARY, subst. (or gift.) *Congiaire, terme d'histoire romaine.*
To CONGLACIATE, v. neut. (or freeze together.) *Se geler, se congeler.*
CONGLOBATE, adject. *Conglobé, terme d'anatomie.*
To CONGLOBATE, } v. act. *Ras-*
To CONGLOBE, } *sembler en une*
To CONGLOMERATE, } *masse ronde.*
CONGLOBATION, }
CONGLOMERATION, } f. *Corps rond, amas de matière en rond.*
To CONGLUTINATE, verb. act. (to glue or join together.) *Coller, joindre, unir ensemble, assembler, lier.* Il se dit dans le propre & dans le figuré. *Conglutiner.*
To conglutinate, v. neut. *Se coller, se prendre, se joindre, s'unir ensemble.*
Conglutinated, adj. *Collé, pris, joint, uni ensemble.*
CONGLUTINATION, f. *Conglutination.*
CONGLUTINATIVE, adj. } *Qui a la*
CONGLUTINATOR, subst. } *vertu de conglutiner.*
CONGRATULANT, adject. *Qui félicite, qui partage la joie d'un autre.*
To CONGRATULATE, v. act. (to rejoice with one for his good fortune.) *Congratuler, féliciter, faire compliment à quelqu'un sur un bonheur qui lui est arrivé.*
I come to congratulate you upon your happy marriage. *Je viens vous féliciter de votre heureux mariage.*
Congratulated, adject. *Congratulé, félicité, complimenté.*
CONGRATULATION, subst. *Congratulation, compliment qu'on fait à quelqu'un sur son bonheur.*
CONGRATULATORY, adject. *De congratulation.*
To CONGREET, v. act. *Se saluer mutuellement.*
CONGREGATE, adject. *Rassemblé, uni, compacte.*
To CONGREGATE, v. act. (or gather together.) *Assembler, amasser, convoquer, mener en un même lieu.*
Congregated, adject. *Assemblé, amassé, convoqué.*
CONGREGATION, subst. *Assemblée, congrégation.*
The Tabernacle of the Congregation. *Le tabernacle d'assignation.*
CONGREGATIONAL, adj. *Qui regarde une assemblée ou une congrégation.*
CONGRESS, f. (or meeting.) *Congrès, conférence, pour-parlers, entrevue, aboucement, assemblée.*
Congress, (or encounter.) *Rencontre, combat, choc, mêlée, attaque.*
A congress (or company) of Booksellers. *Une société, une coterie de Libraires.*
CONGRESSIVE, adj. *Qui rencontre, qui se fait par rencontre.*
CONGRUENCE, subst. (or conformity.) *Rapport, conformité.*

CON

CONGRUENT, adject. (or conformable.) *Conforme, qui a du rapport, qui a de la conformité, propre, convenable.*
CONGRUITY. V. Congruence.
CONGRUOUS. V. Congruent.
CONGRUOUSLY, adverb. *Convenablement.*
CONGY. V. Conge.
CONICAL, } adject. (a mathematical
CONICK, } term from cone.) *Conique, qui a la figure d'un cône, terme de mathématique.*
Conick section. *Section conique.*
CONICALLY, adv. *En forme de cône.*
CONICS, } subst. *Science des sections*
CONICKS, } *coniques.*
CONJECTOR, f. *Celui qui devine, qui conjecture.*
CONJECTURABLE, adject. *Qui peut être deviné.*
CONJECTURAL, adj. (all made up of conjectures.) *Conjectural, qui est tout de conjectures, qui n'a que des conjectures.*
Physick is a very conjectural science. *La médecine est une science fort conjecturale.*
CONJECTURALLY, adverb. *Par conjecture.*
CONJECTURE, f. (or guess.) *Conjecture, soupçon, opinion appuyée sur des signes obscurs & douteux.*
A true or false conjecture. *Une conjecture vraie ou fausse.*
To go upon conjectures. *Se fonder sur des conjectures.*
To CONJECTURE, v. act. (or guess.) *Conjecturer, augurer, deviner, prévoir par des conjectures.*
To conjecture one thing from another. *Conjecturer une chose d'une autre.*
What do you conjecture from thence? *Que conjecturez-vous de là?*
Conjectured, adj. *Conjecturé.*
CONJECTURER, f. *Celui ou celle qui conjecture, devin, devineresse.*
CONJECTURING, subst. (or guessing.) *L'action de conjecturer, conjecture, &c.* V. to Conjecture.
CONIFEROUS, adject. (a term among botanists.) *Conifere, terme de Botanique.*
† To CONJOBBLE, v. act. (a cantword for to concert or discuss) *Parler, s'entretenir, discourir.*
What would you think of a prime Minister that should conjobble matters of state with tumblers and buffons? *Que jugement feriez-vous d'un Ministre d'Etat qui s'entretiendroit sur les affaires de politique, avec des baladins & des bouffons?*
To CONJOIN, verb. act. (or join together.) *Conjoindre ou joindre, lier ensemble.*
Conjoined, adj. *Conjoint, joint.*
CONJOINT, adj. *Conjoint, uni.*
CONJOINTLY, adv. *Ensemble, conjointement.*
† CONISANCE. V. Cognisance.
CONJUGAL, adj. (or belonging to man and wife.) *Conjugal, qui est de mari & de femme, qui regarde le mariage.*
To CONJUGATE, verb. act. *Conjuguer, unir, marier.*
To conjugate a verb. *Conjuguer un verbe.*
Conjugated, adj. *Conjugué.*
CONJUGATING, subst. *L'action de conjuguer.*
CONJUGATION, subst. *Conjugaison, la manière*

CON

maniere de conjuger, terme de Grammaire.

Conjugation. Union, assemblage, couple.

CONJUNCTION, f. (or union.) Conjonction, liaison, jonction, union, lien, attache.

Conjunction, (a term of Grammar.) Conjonction, conjonctive, une des parties d'oraison.

CONJUNCTIVE, adj. Conjonctif.
Ex. The conjunctive or subjunctive mood of a verb. Le mode conjonctif, ou subjonctif d'un verbe.

CONJUNCTLY, } adv. Conjointement.
CONJUNCTIVELY, }

CONJUNCTURE, f. (or juncture.) Conjoncture, certaine rencontre bonne ou mauvaise dans les affaires.

In this conjuncture (or state) of affairs. Dans cette conjoncture, dans l'état où sont les choses.

CONJURATION, subst. (or conspiracy.) Conjuration, conspiration, complot, ligue secrete, cabale ; parti de plusieurs personnes unies ensemble.

Conjuration, (or conjuring.) Charme, enchantement.

To raise up Devils by conjuration. Évoquer les Démons par les charmes.

To CONJURE, v. act. (or earnestly intreat.) Cunjurer, prier, supplier humblement.

To conjure or to conjure up spirits. Évoquer les ames des morts, les faire venir.

To conjure down or lay spirits. Chasser les esprits.

To conjure, (as Priests do.) Exorciser.

To conjure, verb. neut. (or conspire together.) Conjurer, conspirer, comploter, cabaler, se liguer.

Conjured, adject. Conjuré, &c. V. to Conjure.

Conjured up. Evoqué.

Conjured down or laid. Chassé.

CONJUREMENT, f. Injonction, commandement exprès.

CONJURER, f. Un sorcier, un enchanteur, un magicien.

CONJURING, f. Sorcellerie, enchantement, charme.

A conjuring up of spirits. Évocation des ames des morts.

A conjuring book. Un grimoire, livre de l'évocation des morts.

CONNASCENCE, f. Naissance commune.

CONNATE, adject. Né, produit avec une autre chose.

CONNATURAL, adj. (natural to many, or natural.) Naturel à plusieurs personnes, ou seulement naturel.

CONNATURALITY, } subst. Participation de la même nature.
CONNATURALNESS, }

CONNATURALLY, adverb. Naturellement.

To CONNECT, verb. act. (to tie or join together.) Lier, joindre.

To connect the several parts of an ingenious composure. Lier, joindre les diverses parties d'un ouvrage d'esprit, en faire la connexion.

Connected, adj. part. Lié, joint, uni, attaché.

Your interests are inseparably connected with mine. Vos intérêts sont inséparablement unis ou attachés aux miens.

CONNECTING, f. Action de lier, &c. connexion.

CON

CONNED, adject. (from to con.) Recordé, appris, &c.

To CONNEX. V. Connect.

CONNEXION, f. (or hanging together.) Connexion, connexité, liaison, suite, conséquence.

There is no manner of connexion. Il n'y a aucune connexion.

CONNEXITY, f. (relation.) Connexité, ce par quoi une chose a rapport à une autre.

CONNEXIVE, adj. Qui unit, qui lie.

To CONNIVE, verb. act. (or wink) at. Tolérer, conniver, fermer les yeux à quelque chose, faire semblant de ne la pas voir.

Connived at, adj. Toléré, à quoi l'on ferme ou l'on a fermé les yeux.

CONNIVANCE, f. (or winking at.) Connivence, tolérance.

CONNIVING, f. L'action de conniver, de tolérer ou de fermer les yeux à quelque chose, connivence.

CONNOISSEUR, subst. Connoisseur, juge éclairé.

To CONNOTATE, } v. a. Désigner, renfermer.
To CONNOTE, }

CONNUBIAL, adj. (or conjugal.) Conjugal, de mariage.

CONOID, sub. Conoïde, terme de géométrie.

CONOIDICAL, adj. Qui approche de la figure du cône.

To CONQUASSATE, v. act. Ébranler, agiter, secouer.

CONQUASSATION, f. Agitation, ébranlement.

To CONQUER, verb. act. (or subdue.) Conquérir, vaincre, subjuguer, assujetir, dompter, soumettre.

Conquered, adj. Conquis, vaincu, subjugué, assujetti, soumis.

CONQUERING, f. Conquête ou l'action de conquérir. V. to Conquer.

CONQUEROR, f. Un conquérant, un vainqueur.

CONQUEST, f. Conquête, victoire, ce qu'on a conquis par les armes sur ses ennemis.

It is or 'tis a great conquest. C'est une grande conquête.

There is no conquest like that of our own selves. La plus grande victoire est celle que nous remportons sur nous-mêmes.

CONSANGUINEOUS, adject. Du même sang.

CONSANGUINITY, f. (or kindred by blood.) Consanguinité, parenté, proximité de sang.

CONSCIENCE, subst. La conscience, témoignage de la raison, intérieur déclaré par les lumieres de la raison qui est notre juge.

Conscience, (or scruple of conscience.) Conscience, scrupule ou difficulté qu'on fait à faire ou à dire quelque chose, parce que la raison & le bon sens y sont contraires.

He makes no conscience of his word. Il ne fait pas conscience de rompre sa promesse, il n'est pas esclave de sa parole.

He makes a conscience to lie or of lying. Il fait conscience, il fait scrupule de mentir.

In conscience. En conscience, en vérité.

Conscience (or inward knowledge) of a thing. La connoissance intérieure, le sentiment secret de quelque chose.

CON

Nothing is more pleasant, than the conscience of any duty faithfully discharged. Il n'y a rien de si agréable que le sentiment intérieur de s'être fidellement acquitté de quelque devoir.

To discharge one's conscience. Agir consciencieusement.

Tender consciences. Les esprits scrupuleux ou foibles, qui sont pleins de scrupules de conscience.

CONSCIENCED, adj.
Ex. Tender conscienced. Un esprit foible ou scrupuleux.

CONSCIENTIOUS, adj. (or just.) Consciencieux, raisonnable, équitable, qui se met à la raison, qui a de la conscience, qui ne voudroit point faire tort à personne.

For a merchant, he is as conscientious as can be. Pour un marchand, il est aussi consciencieux qu'on le peut être.

CONSCIENTIOUSLY, adv. Consciencieusement.

CONSCIENTIOUSNESS, f. Bonne conscience.

A strict conscientiousness. Une conscience scrupuleuse.

Conscientiousness, (justice.) Justice, équité.

CONSCIONABLE, adject. V. Conscientious.

Conscionable, (or reasonable.) Raisonnable, équitable, juste, en parlant des choses.

CONSCIONABLENESS, V. Conscientiousness.

CONSCIONABLY, adv. Consciencieusement, raisonnablement, équitablement.

CONSCIOUS, adj. Qui sait une chose, qui en est intérieurement persuadé, ou bien, témoin de quelque chose.

I am conscious of it. Je le sais bien.

To be conscious of one's guilt. Savoir qu'on fait mal, se sentir coupable d'un crime, être pénétré de son crime.

So many had been made conscious to the design. Le dessein avoit été communiqué à tant de gens.

CONSCIOUSLY, adv. Avec la connoissance de ce qu'on fait.

CONSCIOUSNESS, sub. Sentiment intérieur, connoissance intérieure qu'on a d'une chose.

I shall ever be happy in the consciousness of my virtue. Je serai toujours heureux dans le sentiment intérieur de ma vertu.

CONSCRIPT, adj. Conscrit, en parlant des Sénateurs Romains.

To CONSECRATE, v. act. (to appoint to an holy use.) Consacrer, sacrer, dédier ou dévouer à un usage saint.

To consecrate, (to pronounce the sacramental words.) Consacrer, prononcer les paroles sacramentales.

To consecrate (or offer up) a thing to one. Consacrer, offrir, dédier quelque chose à quelqu'un.

To consecrate, (to give immortality.) Consacrer, immortaliser, rendre immortel.

To consecrate a Church. Consacrer une Église, en faire le divorce.

To consecrate a Bishop. Sacrer un Évêque.

To consecrate the bread and wine in the Eucharist. Consacrer le pain & le vin dans le Sacrement de l'Eucharistie.

To consecrate a man's memory to posterity. Consacrer la mémoire de quelqu'un

CON

à la postérité, rendre son nom immortel.

Consecrated, adj. Consacré, sacré, &c. V. to Consecrate.

CONSECRATER, subst. Celui qui consacre.

CONSECRATION, s. Consécration, dédicace, sacre.
The consecration of a Church. La consécration, la dédicace d'une Église.
The consecration of the bread and wine. La consécration du pain & du vin.
The consecration of a Bishop. Le sacre d'un Évêque.

CONSECTANEOUS, adj. Conséquent.

CONSECTARY, subst. (an additional inference.) Une vérité qui suit d'une autre qu'on a déja prouvée, une conséquence, un corollaire.

CONSECUTION, subst. Suite de conséquences, enchaînement, succession.

CONSECUTIVE, adject. (following or succeeding; it is always said of things, not of persons.) Consécutif, qui suit immédiatement un autre; il se dit des choses & non des personnes.

CONSECUTIVELY, adv. Consécutivement.

To **CONSEMINATE**, v. act. Semer ensemble différentes graines.

CONSENTION, subst. Accord, convenance.

CONSENT, s. (or approbation.) Consentement, approbation, aveu, acquiescement.

To give a man one's consent. Donner son consentement à quelqu'un, acquiescer à ce qu'il demande.

To get (or obtain) a man's consent. Obtenir le consentement de quelqu'un, le faire acquiescer à ce qu'on lui demande.

To **CONSENT** to, v. neut. (or to agree.) Consentir, donner son consentement, donner les mains, acquiescer, approuver.

I consent (or agree) to it. J'y consens, j'en suis content, je le veux bien, j'y donne les mains, je ne m'y oppose pas.

CONSENTANEOUS, adj. (or agreeable.) Conforme, convenable.
This is not at all consentaneous to the word of God. Ceci n'est point du tout conforme à la parole de Dieu.

CONSENTANEOUSLY, adv. Convenablement.

CONSENTED to, adj. (from to consent.) A quoi l'on a consenti ou donné son consentement, approuvé.

CONSENTIENT, V. Consenting, adj.

CONSENTING, subst. Consentement ou l'action de consentir. V. to Consent.
Consenting, adj. Consentant, qui consent, qui le veut bien.

CONSEQUENCE, subst. (or inference.) Conséquence, suite, ce qui résulte de quelque action ou de quelque chose.
Consequence, (or importance.) Conséquence, importance, considération.
To draw a conclusion by a necessary consequence. Tirer une conclusion par une conséquence ou par une suite nécessaire.
A thing of no consequence. Une chose de peu de conséquence, une chose de néant.
A thing of dangerous consequence. Une chose de dangereuse conséquence.
By consequence. Par conséquent, conséquemment, par une suite nécessaire.

CONSEQUENT, subst. (that which follows upon some other thing.) Suite,

CON

conséquence, ce qui suit de quelque chose.
Consequent, adject. Qui suit, qui s'ensuit, qu'on infère, qui est une conséquence ou une suite de quelque autre chose.

CONSEQUENT,
CONSEQUENTIAL, } adj. Conséquent.
Ex. His sentences and observations are all weighty, consequential, and apposite. Toutes ses réflexions & toutes ses observations sont solides, justes, & conséquentes.

CONSEQUENTIALLY,
CONSEQUENTLY, } adv. Par conséquent, conséquemment, par une suite nécessaire.

CONSEQUENTNESS, subst. Justesse, enchaînement de propositions.

CONSERVATION, s. (guard, defence, protection.) Conservation, défense, garde, protection.
The Lord Mayor of London holds once a year his Court of conservation or conservancy for the river Thames. Le Lord Maire de Londres tient une fois l'an sa Cour pour la visite & la conservation de la rivière de la Tamise.

CONSERVATIVE, adj. Qui a le pouvoir de conserver.

CONSERVATOR, s. Conservateur, défenseur, protecteur.

CONSERVE, s. Conserve, sorte de confitures, qui sont faites de sucre, & de pâte de fleurs.
Conserve of roses. Conserve de roses.

To **CONSERVE**, verb. act. (to preserve and keep.) Conserver, garder avec soin, préserver.
To conserve fruits. Faire des conserves de fruits, confire.
Conserved, adject. Conservé, dont on a fait une conserve; confit, &c.

CONSERVER, s. Celui ou celle qui fait des conserves; conservateur.

CONSERVING, s. Conservation ou l'action de conserver, &c.
Conserving. L'action de faire des conserves ou de confire.

CONSESSION, s. Adaptation.

To **CONSIDER**, v. act.
To **CONSIDER OF**, v. n. } (to think upon or to take notice of.) Considérer, examiner, avoir égard, regarder de près, méditer, penser, songer, aviser à quelque chose, en prendre connoissance, y faire réflexion, le contempler.
To consider of a thing thoroughly. Examiner bien une chose, y rêver, la rouler dans son esprit.
To consider every thing leisurely. Considérer chaque chose à loisir.
Consider what you do. Regardez bien ce que vous faites, songez ou pensez-y bien.
Consider my present condition. Ayez égard à l'état où je me trouve.
I must take time to consider of it. Il faut que je prenne du temps pour y aviser, pour y faire réflexion ou pour y songer.
To consider (or remember) a thing. Se représenter quelque chose, la repasser ou la retracer dans son esprit.
To consider, (or acknowledge.) Reconnoître, récompenser, avoir égard.
I shall consider you for it. Je vous reconnoîtrai, je vous en ferai reconnoissant, je vous en témoignerai de la reconnoissance.

CON

I shall consider your pains. J'aurai égard à vos peines.
To consider (or regard) one. Considérer quelqu'un, l'estimer, avoir des égards pour lui, le ménager.

CONSIDERABLE, adj. (or great.) Considérable, qui mérite d'être considéré, remarquable, grand.
The fatigues I underwent soon made a considerable change in my health. Les fatigues que j'essuyois altérèrent beaucoup ma santé.

CONSIDERABLENESS, sub. Importance.

CONSIDERABLY, adv. (or much.) Considérablement, d'une manière considérable, fort, beaucoup, visiblement.

CONSIDERANCE, s. Considération, réflexion, attention.

CONSIDERATE, adj. (or discreet.) Discret, sage, prudent, circonspect, judicieux, bien avisé.
He is a very considerate (or prudent) man. C'est un homme extrêmement sage, qui fait les choses avec poids & mesure.

CONSIDERATELY, adv. (or advisedly.) Avec réflexion, sagement, avec prudence, prudemment, judicieusement, mûrement, avec circonspection.

CONSIDERATENESS, subst. Considération, prudence, discrétion, circonspection, réflexion, attention.

CONSIDERATION, sub. (or bethinking one's self.) Considération, réflexion, attention.
Consideration, (or motive.) Considération, vue, raison, cause, motif, objet.
Consideration, (or regard.) Égard, considération.
Consideration, (or requital.) Présent, récompense, reconnoissance, égard.
The consideration of death. La considération de la mort.
To do a thing without any consideration. Faire une chose sans aucune considération, la faire inconsidérément, sans penser à ce qu'on fait, à la volée.
He did it upon or through a worldly consideration. Il l'a fait par une considération mondaine ou pour des objets mondains.
Have a little consideration of me. Ayez un peu égard à moi.
Is this all your consideration for my pains? Est-ce ici toute la récompense de mes peines?
To take a thing into consideration. Aviser, songer à quelque chose.
While this affair was under consideration. Pendant qu'on délibérait sur cette affaire, pendant qu'on agitait cette affaire.

CONSIDERATIVE. V. Considerate.

CONSIDERED, adj. Considéré, &c. V. to Consider.
This is a thing to be considered of. Ceci mérite bien qu'on y fasse quelque réflexion.
You shall be considered (or rewarded) for your pains. On aura égard à vos peines, on reconnoîtra vos peines.

CONSIDERER, sub. Examinateur, Juge.

CONSIDERING, s. L'action de considérer, &c. V. to Consider.
Considering, adject. (full of thoughts.) Pensif.
Considering, (thinking or judicious.) Judicieux, qui a du jugement, prudent, bien avisé, sage, circonspect.

CON

To have a considering (or clear) head. *Être judicieux, avoir du jugement.*
† To put on one's considering cap. *Considérer quelque chose, y penser attentivement, la rouler dans son esprit, y rêver.*
Considering, adverb. *Vu, attendu, eu égard.*
Considering the present posture of affairs. *Vu l'état présent des affaires.*
Considering that. *Vu que, attendu que.*
To CONSIGN, verb. act. (to make over.) *Consigner, mettre entre les mains de quelqu'un.*
To consign one (or give him over) to punishment. *Faire punir quelqu'un.*
Consigned, adj. *Consigné.*
CONSIGNATION, } subst. *L'action de*
CONSIGNING, } *consigner, &c. V.*
CONSIGNMENT, } *to Consign. Consignation.*
CONSIGNEE, sub. *Celui entre les mains de qui l'on consigne quelque chose.*
CONSIMILAR, adject. *Qui a une ressemblance commune.*
CONSIMILITY, subst. *Ressemblance commune.*
To CONSIST, verb. neut. (to be made up.) *Consister, être, ou être composé.*
To consist, (or hang together.) *S'accorder, être lié.*
Our life consists in the union betwixt the body and the soul. *Notre vie consiste en l'union de l'âme avec le corps.*
The French army consists of an hundred thousand men. *L'armée de France est composée de cent mille hommes.*
A week consists of seven days. *La semaine est composée de sept jours.*
This does not consist (or is incompatible) with what you said before. *Ceci ne s'accorde pas avec ce que vous venez de dire, ceci dément ce que vous avez déjà dit.*
This does not consist with (or is repugnant to) equity. *Ceci répugne ou est contraire à l'équité.*
It consists not with the modesty of a woman, to make presents to a man. *La modestie ne veut ou ne souffre pas que les femmes fassent des présents aux hommes.*
CONSISTENCE, } subst. (or way of
CONSISTENCY, } *being.) Consistance, manière ou état auquel une chose est ou subsiste.*
Consistence, (or thickness of liquid things.) *Consistance, liaison de quelque chose de liquide.*
Consistence, (relation, agreement.) *Liaison, rapport, convenance, conformité.*
These stories have no consistence together. *Ces contes n'ont aucun rapport l'un avec l'autre, ces contes ne s'accordent pas.*
CONSISTENT with, adj. (or agreeable.) *Qui s'accorde, qui a de la liaison ou du rapport, conforme.*
This is not consistent with equity. *Ceci répugne, ceci est contraire ou opposé à l'équité.*
Consistent, (plausible, coherent.) *Suivi, lié, qui ne se dément pas, plausible.*
I made my story as consistent and plausible as I could. *Je fis mon conte aussi bien lié qu'il me fut possible.*
I thought it more consistent with prudence. *Je crus qu'il étoit plus de la prudence.*

Let us be consistent with ourselves. *Ne nous contredisons pas.*
Consistent, (or not fluide.) *Qui a de la consistance, ferme, qui n'est pas fluide.*
CONSISTENTLY, adv. *Conséquemment.*
To reason consistently. *Raisonner conséquemment.*
CONSISTORIAL, adj. (of or belonging to a consistory.) *Consistorial, de consistoire.*
A consistorial decree. *Un décret consistorial.*
CONSISTORY, sub. (or meeting of the Pope and Cardinals.) *Consistoire, assemblée du Pape & des Cardinaux pour les affaires de l'Eglise.*
Consistory, (or meeting of the Ministers and Elders among the French Protestants.) *Consistoire, assemblée des Ministres & des Anciens des Eglises réformées de France.*
To CONSOCIATE, v. a. (or assemble together.) *Associer, agréger, joindre, unir ensemble.*
To consociate, verb. neut. *S'associer, se joindre, s'unir ensemble, faire société.*
Consociated, adject. *Associé, joint, uni ensemble, agrégé.*
CONSOCIATION, s. *Alliance, union, intimité.*
CONSOLABLE, adject. *Consolable.*
To CONSOLATE, v. a. (to comfort.) *Consoler, donner de la consolation, soulager la douleur de quelqu'un.*
CONSOLATION, subst. (or comfort.) *Consolation, soulagement.*
CONSOLATORY, adj. (or comfortable.) *Consolant, qui console, de consolation.*
CONSOLE, subst. *Console, en architecture.*
CONSOLIDANT, adj. *Consolidant, qui ferme les plaies.*
CONSOLER, s. *Consolateur.*
To CONSOLIDATE, v. act. (to close or to make whole.) *Consolider, fermer, réunir.*
To consolidate a wound. *Consolider, fermer une plaie.*
To consolidate two bills, (to make them into one.) *Joindre deux projets d'acte, n'en faire qu'un acte.*
To consolidate, verb. n. *Se consolider, se fermer, se rejoindre.*
Consolidated, adject. *Consolidé, fermé, rejoint.*
The wound is consolidated, (or healed.) *La plaie est consolidée ou fermée.*
Consolidated, (or annexed.) *Consolidé, réuni.*
In such a case, the property and rent are consolidated to one possessor. *En ce cas-là, la propriété & la rente sont consolidées ou réunies entre les mains d'un seul possesseur.*
CONSOLIDATION, s. (or closing up.) *Consolidation.*
Consolidation, (or uniting two benefices into one.) *La conjonction de deux bénéfices.*
A consolidation of the property and fruits. *La consolidation ou la réunion de la propriété & de l'usufruit.*
CONSONANCE, }
CONSONANCY, } s. (or agreeingness.) *Conformité, rapport, convenance.*
Consonance, (in musick.) *Consonance, harmonie, symphonie, accord.*
Consonance of words, (when two words sound much alike at the end.) *Consonance de mots, rime.*

CONSONANT, adj. (or agreeable.) *Conforme, convenable, qui a du rapport.*
CONSONANT, subst. *Consonne, lettre qui n'a nul son d'elle-même sans le secours de quelque voyelle.*
Letters are either vowels or consonants. *Les lettres se divisent en voyelles & en consonnes.*
Consonant, adv. *Selon, suivant, conformément.*
To act consonant (or according) to reason. *Agir selon la raison.*
CONSONANTLY, adv. (or agreeably.) *Conformément, suivant, selon.*
If he speaks consonantly to himself. *S'il parle selon ses principes.*
CONSONOUS, adj. *Harmonieux.*
CONSOPIATION, s. *Assoupissement.*
CONSORT, s. (or companion.) *Qui a une même fortune, compagnon, participant, associé, * consort.*
Consort, (of musick.) *Concert de musique, symphonie, harmonie, accord de voix ou d'instruments. V. Concert.*
Consort, (or great person's wife.) *Épouse d'une personne de haute qualité.*
The King and his Royal consort. *Le Roi & la Reine son épouse.*
A consort ship. *Vaisseau matelot.*
To CONSORT, verb. neut. (or keep company.) *S'associer, vivre ensemble, se fréquenter.*
CONSORTABLE, adj. *Comparable, égal.*
CONSOUND. *V. Comfrey.*
CONSPECTABLE, adj. *Remarquable.*
CONSPECTUITY, s. *Vue.*
CONSPERSION, s. *V. Sprinkling.*
CONSPICUITY, s. *Clarté.*
CONSPICUOUS, adj. (easy to be seen, clear or bright.) *Qui se voit aisément, visible, qui tombe sous la vue.*
Conspicuous, (remarkable, famous.) *Distingué, remarquable, illustre, apparent, considérable.*
CONSPICUOUSLY, adv. *D'une manière distinguée, illustre, remarquable, &c.*
CONSPIRACY, subst. (or plot.) *Conspiration, conjuration, complot.*
CONSPIRATOR, subst. *Qui a eu part à une conjuration. Conspirateur, conjuré.*
To CONSPIRE, verb. neut. (or to plot.) *Conspirer, conjurer, se liguer, se joindre, s'unir de concert pour quelque méchant dessein.*
They conspired against me. *Ils ont conspiré contre moi.*
To conspire, (or agree together.) *Conspirer, s'accorder, concourir, aider à faire réussir, agir de concert pour quelque action louable.*
All things conspire to his advancement. *Tout concourt à son élévation.*
Conspired against, adj. *Contre qui l'on a conspiré, &c. V. to Conspire.*
CONSPIRING, s. *Conspiration ou l'action de conspirer, &c. V. to Conspire.*
CONSPURCATION. *V. Defiling.*
CONSTABLE, sub. (or petty constable in a parish.) *Commissaire de quartier.*
Constable of the tower of London. *Gouverneur de la tour de Londres.*
Constable of Dover castle. *Gouverneur ou Châtelain du château de Douvres.*
† To over-run the constable, (or to spend beyond one's estate.) *Faire une dépense au-delà de ses revenus.*
CONSTABLESHIP, subst. *La charge de Commissaire de quartier, de Gouverneur de la Tour, &c.*

CONSTANCY,

CON

CONSTANCY, *sub.* (*or* perseverance.) *Constance, perseverance.*
Constancy, (*or* resoluteness.) *Constance, fermeté.*
Constancy in acting. *Constance, égalité d'ame ou d'esprit, une conduite égale.*
CONSTANT, *adj.* (steadfast *or* resolute.) *Constant, ferme, inébranlable.*
Constant, (*or* lasting.) *Continuel, durable, permanent, qui continue, qui persévere, qui ne cesse point.*
Constant, (*or* even.) *Constant, uni, égal, qui est toujours le même.*
He is a very constant (*or* faithful) lover. *C'est un amant fort constant.*
To be constant (*or* firm) in one's resolution. *Être constant ou ferme dans sa résolution.*
A constant rain. *Une pluie continuelle, qui ne cesse point.*
A constant report. *Un bruit qui continue.*
Constant age. *Age de constance.*
Constant, (sure *or* certain.) *Constant, sûr, certain, assuré.*
It is constant, (*or* clear.) *Il est constant, c'est une chose constante.*
To be constant (*or* true) to one. *Être fidele à quelqu'un, s'attacher à lui, ne l'abandonner point, soutenir toujours ses intérêts.*
He is a constant customer to me. *C'est une de mes pratiques ou c'est un de mes chalands.*
Let it be our constant (*or* earnest) endeavour to do what he commands us. *Efforçons-nous toujours de faire ce qu'il nous commande.*
CONSTANTLY, *adverb.* (steadily, with constancy, &c.) *Constamment, résolument, fermement, avec une résolution constante.*
Constantly, (*or* continually.) *Constamment, réglement, toujours, continuellement, sans manquer.*
To CONSTELLATE, *v. n. Briller d'un éclat vif & constant.*
CONSTELLATION, *subst.* (a cluster of fixed stars.) *Constellation.*
To CONSTER. V. to Construe.
CONSTERNATION, *s.* (*or* great fright.) *Consternation, terreur, frayeur, épouvante, abattement de courage.*
To CONSTIPATE, *verb. act.* (*or* bind.) *Constiper, resserrer le ventre.*
Constipated, *adj.* (*or* bound.) *Constipé, resserré.*
CONSTIPATION, *sub.* (*or* taking close together.) *L'action de resserrer, de presser, ou bien constipation, en termes de Médecine.*
CONSTITUENT, *s.* (he that appoints an agent to act for him.) *Commettant.*
CONSTITUENT, *adj. Qui constitue, qui compose, qui fait partie d'un tout.*
To CONSTITUTE, *v. act.* (*or* appoint.) *Constituer, établir, mettre, nommer, placer.*
Constituted, *adj. Constitué, établi, mis, nommé, placé.*
CONSTITUTING, *s. Constitution, établissement, &c. L'action de constituer ou d'établir ; &c. V. to Constitute.*
CONSTITUTION, *sub.* (*or* settlement.) *Constitution, loi, réglement, ordonnance, police, institution.*
Constitution (*or* temper) of the body. *Complexion, tempérament, constitution.*
Constitution, (*or* disposition.) *Constitution, état, disposition.*

CON

CONSTITUTIONAL, *adj. Qui est dans la constitution.*
CONSTITUTIVE, *adject. Constitutif, essentiel.*
To CONSTRAIN, *verb. act.* (to force *or* compel.) *Contraindre, forcer, tyranniser, obliger par force ou par nécessité, faire violence.*
To constrain, (*or* keep in.) Voyez to Restrain.
Constrained, *adject. Contraint, forcé, obligé par force ou par nécessité.*
CONSTRAINABLE, *adj. Contraignable,* terme de Palais.
CONSTRAINEDLY, *adv.* (*or* by constraint.) *Par force, par contrainte, à contrecœur.*
CONSTRAINING, *sub. L'action de contraindre, de forcer ou d'obliger.* V. to Constrain.
CONSTRAINT, *subst.* (*or* compulsion.) *Contrainte, violence, nécessité.*
Constraint, (violence.) *Contrainte, gêne, peine qu'on a à faire ou à ne pas faire quelque chose.*
To CONSTRICT, *v. a.* (bind *or* confine.) *Resserrer.*
CONSTRICTION, *s. Constriction,* terme de physique ; *resserrement.*
CONSTRICTOR, *s. Constricteur,* terme d'anatomie.
To CONSTRINGE, *v. a. Resserrer, comprimer, lier.*
CONSTRINGENT, *adj. Constringent, qui resserre.*
To CONSTRUCT, *v. act.* (build *or* compile.) *Construire.*
CONSTRUCTION, *subst.* (in building.) *Construction, bâtiment, édifice.*
Construction, (in Grammar.) *Construction, arrangement des mots selon l'ordre de la syntaxe.*
Construction, (interpretation *or* sense.) *Interprétation, sens, explication, dans le figuré.*
To make the best construction of (to put the best interpretation on) a thing. *Donner un sens favorable à quelque chose.*
Miss Stuart, to obviate the ill construction that might be put on the last night's adventure. *Mademoiselle Stuart, voulant prévenir les mauvais tours qu'on pourroit donner à l'aventure de la nuit précédente.*
CONSTRUCTIVE, *adject. Qui se peut construire.*
CONSTRUCTIVENESS, *s. L'état d'une chose, en tant qu'elle se peut construire.*
CONSTRUCTURE, *s. Édifice, structure.*
To CONSTRUE, *v. a. Construire, faire la construction, placer, arranger selon l'ordre de la syntaxe, expliquer.*
Construed, *adj. Construit, placé, arrangé, expliqué.*
CONSTRUING, *s. Construction ou l'action de construire, explication.*
To CONSTUPRATE, *verb. act. Violer, forcer, déflorer, débaucher.*
CONSTUPRATION, *s. Viol, défloration.*
CONSUBSTANTIAL, *adject.* (a term of Divinity, that is, of the same substance.) *Consubstantiel, qui est de la même substance,* terme de Théologie.
CONSUBSTANTIATION, *s.* (that is the mixture *or* union of two substances.) *Consubstantiation, le mélange ou l'union de deux substances.*
CONSUETUDE, *s. Usage, habitude.*
CONSUL. *subst.* (a sovereign Magistrate in old *Rome*, and in *France* under its

CON

present government.) *Un Consul*, Magistrat souverain de l'ancienne *Rome*, & de la *France* républicaine.
Consul for Merchants, (a resident for affairs relating to commerce and trade.) *Consul pour les Marchands*, résident pour les affaires qui regardent le négoce, maintenant appelé *Commissaire de Commerce*.
CONSULAR, *adj. Consulaire.*
The consular dignity. *La dignité consulaire ou la dignité de Consul.*
CONSULAR, *sub.* (one that has been a Consul.) *Un homme consulaire, qui a été Consul.*
CONSULATE, } *s. Consulat*, dignité
CONSULSHIP, } ou charge de Consul.
CONSULT, *subst. Consultation, délibération, conseil.*
To CONSULT, *verb. act.* (*or* to ask advice.) *Consulter, demander avis, prendre conseil.*
To consult (*or* take care of) one's interest. *Avoir soin de quelqu'un, ménager ses intérêts, procurer ses avantages, regarder ou avoir égard à ses intérêts.*
I have consulted the benefit of the publick. *Je me suis proposé, j'ai considéré, j'ai eu en vue l'utilité publique.*
To consult, *v. n.* (to advise together.) *Consulter, délibérer.*
CONSULTATION, *subst. Consultation, délibération, conseil.*
A consultation of Physicians. *Une consultation de Médecins.*
Consulted of, *adject. Consulté, délibéré.*
CONSULTER, *subst. Qui consulte, qui demande conseil.*
CONSULTING, *sub. L'action de demander conseil, &c.* V. to Consult ; *consultation, délibération, conseil.*
CONSUMABLE, *adj.* (that may be consumed.) *Qui peut être consumé ou consommé.*
To CONSUME, *v. act.* (to waste.) *Consumer, dissiper, user, perdre, ruiner, détruire, anéantir.*
To consume commodities. *Consommer des denrées.*
Time consumes (*or* destroys) all things. *Le temps consume, le temps détruit toutes choses.*
He has consumed (*or* squandered away) his estate. *Il a consumé, il a dissipé son bien.*
Study consumes a man's strength. *L'étude consume ou épuise les forces.*
To consume away, *v. n. Se consumer.*
He consumes (*or* pines) away with grief. *Il se consume de chagrin.*
Consumed, *adj. Consumé, dissipé, ruiné, détruit, anéanti.*
CONSUMER, *s. Qui consume, qui dissipe, destructeur.*
CONSUMING, *subst. L'action de consumer, &c.* V. to Consume ; *consomption, consommation.*
Consuming, *adj. Consumant.*
CONSUMMATE, *adj.* (*or* accomplished.) *Consommé, accompli, parfait, fini, achevé.*
He is a man of a consummate (*or* the highest) prudence. *C'est un homme d'une prudence consommée.*
To CONSUMMATE, *v. act.* (*or* to perfect.) *Consommer, accomplir, achever, perfectionner, mettre dans sa derniere perfection, terminer.*
Consummated, *adj. Consommé, accompli, achevé, fini, terminé.*

The

T 2

CON

The marriage is consummated. *Le mariage est consommé.*
CONSUMMATING,
CONSUMMATION, } *subst. Consommation, accomplissement, achevement, perfection, la derniere main que l'on met à un ouvrage.*
CONSUMPTION, *s.* (from to consume.) *Consomption, consommation, dégât, dissipation.*
A consumption of commodities. *Une consommation de denrées.*
Consumption, (a disease.) *Consomption, maladie de langueur, espece de phthisie ou de pulmonie.*
To be troubled with the consumption, to be in a consumption. *Avoir la consomption ou la pulmonie, être pulmonique.*
CONSUMPTIVE, *adject.* (destructive.) *Qui détruit, qui consume.*
Consumptive, (that is in a consumption.) *Qui a la consomption, pulmonique, maladie du poumon, étique.*
CONSUTILE, *adj. Cousu ensemble.*
To CONTABULATE. *V.* to Floor.
CONTACT, *subst.* (or touch.) *Contact, terme didactique, l'attouchement, le toucher.*
CONTACTION. *s. Le toucher.*
CONTAGION, *subst.* (a catching distemper.) *Infection, contagion, peste, maladie qui se communique.*
CONTAGIOUS, *adj. Contagieux, pestilentiel, pestilent, qui se donne, qui se communique.*
A contagious disease. *Maladie contagieuse.*
CONTAGIOUSNESS, *s. Qualité contagieuse, contagion.*
To CONTAIN, *v. act.* (to hold or comprehend.) *Contenir, tenir, comprendre, renfermer, embrasser.*
That Church contains three thousand souls. *Cette Eglise contient trois mille ames.*
This contains a quart. *Ceci tient une pinte de Paris.*
To contain, (or keep in.) *Contenir, retenir, réprimer, modérer, mettre des bornes.*
To contain (or keep) one's self within bounds. *Se contenir, s'empêcher de faire quelque chose, se modérer, se tempérer, se commander.*
To contain (or keep) the people in their duty. *Contenir le peuple dans le devoir.*
To contain (or bridle) one's anger. *Retenir, réprimer sa colere.*
Contained, *adject. Contenu, &c. V.* to Contain.
CONTAINABLE, *adject. Qui peut être contenu.*
CONTAINING, *subst. L'action de contenir, &c. V.* to Contain.
To CONTAMINATE, *v. a.* (or defile.) *Souiller, * contaminer.*
Contaminated, *adj. Souillé, * contaminé.*
CONTAMINATION, *subst. Souillure, * contamination.*
To CONTEMN, *verb. act.* (or despise.) *Mépriser, se soucier peu, dédaigner, négliger, rejeter, se moquer, en parlant des choses & des personnes.*
Comtemned, *adj. Méprisé, &c.*
CONTEMNER, *subst. Celui ou celle qui méprise, &c. Contempteur.*
CONTEMNING, *subst. Mépris ou l'action de mépriser, &c. V.* to Contemn.

CON

To CONTEMPER,
To CONTEMPERATE, } *v. act. Tempérer, modérer.*
CONTEMPERAMENT, *subst.* (degree of any quality.) *Degré.*
CONTEMPERATION, *subst. L'action de tempérer, mélange, proportion.*
To CONTEMPLATE, *verb. act.* (or behold.) *Contempler, considérer, spéculer, envisager, regarder avec une profonde attention.*
Contemplated, *adject. Contemplé, considéré, &c.*
CONTEMPLATION, *subst.* (or continued attention.) *Contemplation, attachement de l'esprit qui considere quelque chose, réflexion, attention, méditation, considération, vue, regard, spéculation.*
CONTEMPLATIVE, *adj. Contemplatif, spéculatif, adonné à la contemplation, qui est dans la spéculation.*
CONTEMPLATIVELY, *adv. Par contemplation ou par spéculation.*
CONTEMPLATOR, *subst. Contemplateur, spéculatif; celui qui contemple le ciel, les astres, &c.*
CONTEMPORARY,
COTEMPORARY, } *subst.* (of the same time and standing.) *Contemporain, qui a vécu au même temps qu'un autre.*
To CONTEMPORISE, *verb. act. Rendre contemporain.*
CONTEMPT, *subst.* (from to contemn.) *Mépris, dédain.*
To fall under a general contempt. *Devenir l'objet du mépris de tout le monde.*
The contempt of the court. *Contumace, défaut; terme de chicane.*
CONTEMPTIBLE, *adject. Contemptible, vil, méprisable, de nulle valeur, de néant, digne de mépris.*
A contemptible (or vile) fellow. *Un homme vil, méprisable, de néant.*
A contemptible (or slight) business. *Une affaire de rien.*
CONTEMPTIBLY, *adv. Avec mépris ou d'un air méprisant, avec dédain, dédaigneusement.*
To think contemptibly (or meanly) of one. *Avoir méchante opinion de quelqu'un.*
CONTEMPTUOUS, *adj.* (or scornful.) *Méprisant, qui dédaigne, hautain, fier, altier.*
A contemptuous (or over bearing) carriage. *Un air fier, une conduite méprisante.*
A contemptuous word. *Un terme de mépris, un terme offensant.*
CONTEMPTUOUSLY, *adv. Fiérement, d'un air méprisant, d'une maniere méprisante, dédaigneusement, avec dédain.*
To CONTEND, *verb. neut.* (to strive or quarrel.) *Contester, disputer, débattre, être en dispute ou contestation sur quelque chose, combattre contre quelqu'un sur quelque chose ou de quelque chose.*
To contend (or quarrel) for a trifle. *Contester pour une bagatelle.*
He contends with him for the crown. *Il lui conteste, il lui dispute la couronne.*
To contend for beauty. *Disputer la beauté.*
To contend for mastery. *Faire à qui sera le maitre, faire à qui l'emportera, faire au plus fort, tirer au court bâton.*
To contend, (to maintain or face down.) *Soutenir, maintenir, assurer, prétendre, affirmer avec opiniâtreté.*

CON

Contended for, *adject. Contesté, disputé; sur quoi l'on est en dispute ou en contestation.*
Contended for, (or maintained.) *Soutenu, maintenu, affirmé.*
CONTENDENT, *subst. Antagoniste, adversaire.*
CONTENDER, *subst. Combattant, champion, héros.*
CONTENDING, *s. L'action de contester, disputer, &c. V.* to Contend.
Contending, *adj. Contendant.*
Contending parties. *Parties contendantes.*
CONTENT, *adj.* (contented, willing.) *Content, qui veut bien une chose.*
I am content. *J'en suis content, je le veux bien.*
Content, (or satisfied.) *Content, satisfait.*
I am content with it. *J'en suis content, j'en suis satisfait.*
You must be content (or submit) to do that. *Il faut vous résoudre à faire cela.*
CONTENT, *s.* (or contentedness.) *Contentement, plaisir, satisfaction.*
I could give him no content (or satisfaction) in any thing. *Je ne pouvois lui plaire en quoi que ce soit.*
Content, (or compass of a thing.) *Capacité, grandeur, étendue.*
The contents of a book. *V.* Contents, *dans l'ordre alphabétique.*
To CONTENT, *verb. act.* (to please.) *Contenter, agréer, plaire, donner du contentement ou de la satisfaction.*
To content (or please) all men. *Contenter tout le monde, donner satisfaction à tout le monde.*
I will do what I can to content you. *Je ferai mes efforts pour vous plaire, pour vous contenter.*
To content, (to satisfy.) *Contenter, satisfaire, donner contentement ou satisfaction.*
He contents every body. *Il donne satisfaction à tout le monde.*
I shall content you for your pains. *Je vous contenterai, pour la peine que vous avez prise.*
Content yourself (or be easy) with what you have. *Contentez-vous de ce que vous avez.*
CONTENTATION, *s. Satisfaction, contentement.*
CONTENTED, *adject.* (or willing.) *Content, qui veut.*
I am contented to suffer any thing for God's cause. *Je suis content de tout souffrir pour la cause de Dieu.*
Contented, (or satisfied.) *Content, satisfait.*
To be contented with one's small fortune. *Être content de sa petite fortune.*
Prov. A contented mind is a continual feast. *On est heureux, quand on est content.*
Contented with little. *Qui se contente de peu.*
Easily contented. *Aisé à contenter.*
I could be contented to live here. *Je ne serois pas fâché de demeurer ici; je me plairois assez ici.*
He is best contented to die. *Il aime mieux mourir.*
CONTENTEDLY, *adv.* (with content.) *Ex.* To live contentedly. *Vivre content.*
Contentedly, (patiently.) *Patiemment, sans murmurer.*

I bear with it contentedly, (or patiently.) Je le souffre patiemment.
CONTENTEDNESS, subst. Contentement, satisfaction, plaisir.
† CONTENTFUL, adj. (or full of content.) Content, heureux.
A contentful life. Une vie heureuse.
CONTENTING, subst. L'action de contenter, &c. V. to Content.
CONTENTION, subst. (strife or dispute.) Contention, dispute, querelle, contestation, différent, démêlé.
CONTENTIOUS, adj. Contentieux, querelleur.
Contentious jurisdiction. Juridiction contentieuse.
CONTENTIOUSLY, adv. Contentieusement, avec contention, avec aigreur.
CONTENTIOUSNESS, s. (contentious humour.) Humeur contentieuse ou querelleuse.
Contentiousness, (or contention.) Débat, dispute, différent, démêlé.
CONTENTLESS, adj. Mécontent.
CONTENTMENT, subst. (from content.) Contentement, satisfaction, plaisir, gratification.
P. Contentment is the greatest wealth. Contentement passe richesse.
CONTENTS, subst. Le contenu, le précis.
The contents of a letter. Le contenu, le précis d'une lettre, ce qu'une lettre contient.
The contents (or summary) of a chapter. Les chefs, le sommaire d'un chapitre.
The table of the contents of a book. Table des matières d'un livre.
CONTERMINOUS, adj. Voisin, qui touche aux confins.
CONTERRANEOUS, adject. De même pays.
CONTEST, s. (or debate.) Contestation, débat, dispute, différent, démêlé.
To CONTEST, verb. neut. (to debate.) Contester, débattre, disputer, † se chamailler, se quereller.
CONTESTABLE, adj. Contestable.
CONTESTATION, s. Contestation, débat, dispute, démêlé, † chamaillis.
CONTESTED, adject. Contesté, débattu, disputé.
To CONTEX, verb. act. Joindre ensemble, entrelacer.
CONTEXT, subst. (a term of Divinity, that is a series of some passages of Scripture that have a coherence one with another.) Le tissu, la liaison, l'enchainement de certains passages de l'Écriture Sainte entre lesquels il y a une liaison.
To CONTEXT. V. to Weave.
CONTEXTURE, s. (or interweaving.) Contexture, tissu, tissure, entrelacement, assemblage, composition.
The Jews prayers are but a contexture of places of Scripture. Les prières des Juifs ne sont qu'un tissu de passages de l'Écriture.
CONTIGNATION, subst. Charpente d'un édifice.
CONTIGUITY, subst. (nearness or closeness.) Contiguité, voisinage, proximité.
CONTIGUOUS, adj. (touching or close.) Contigu, qui est tout contre, qui touche, joignant, proche, voisin.
My house and his are contiguous, (or join together.) Nos deux maisons sont contiguës ou se touchent.
CONTIGUOUSNESS, subst. (nearness, closeness.) Contiguité, voisinage.

CONTINENCE, } subst. (or chastity.)
CONTINENCY,
Continence, tempérance, retenue dans les plaisirs, chasteté.
CONTINENT, adj. (or chaste.) Continent, chaste, sobre, retenu, modéré dans l'usage des plaisirs, qui s'abstient des voluptés sensuelles.
Continent, subst. (or firm land.) Le continent, la terre ferme, terme de Géographie.
CONTINENTLY, adv. Modérément, avec retenue, avec modération.
CONTINGENCY, subst. (chance or casualty.) Contingence, sort, hasard, casualité.
The contingencies (or contingent uses) of the war. L'extraordinaire des guerres.
CONTINGENT, adj. (or casual.) Contingent, casuel, fortuit, qui dépend du hasard, &c. V. Contingency.
CONTINGENTLY, adject. Casuellement, par accident, par hasard.
CONTINUAL, adj. Continuel, continu, qui n'a point d'interruption ou de relâche.
A continual rain. Une pluie continuelle.
A continual fever. Une fièvre continue, qui ne quitte point.
CONTINUALLY, adv. Continuellement, incessamment, toujours, perpétuellement, sans relâche.
CONTINUANCE, subst. (or lastingness.) Durée, continuation, longueur du temps, perpétuité.
In continuance of time, (or at the long-run.) A la continue, à la longue.
The continuance of a suit at law. Renvoi, remise d'un procès, délai.
Continuance, (abode, stay in a place.) Séjour.
I saw nothing in that country, that could invite me to a longer continuance. Je ne voyois rien dans ce pays qui m'invitât à y faire un plus long séjour ou à y rester plus long-temps.
CONTINUATE, adj. Uni immédiatement, non interrompu.
CONTINUATION, s. Continuation, suite d'une chose commencée.
CONTINUATIVE, adject. Expression qui marque la permanence ou la durée.
CONTINUATOR, subst. Continuateur, celui qui continue un ouvrage qu'un autre a commencé.
To CONTINUE, verb. neut. (or hold on.) Continuer, persister, persévérer.
To continue in a lewd course of life. Continuer dans la débauche ou dans les excès.
To improve and continue the breed. Pour rectifier & perpétuer la race.
To continue, (or to abide.) Demeurer, séjourner, s'arrêter en quelque lieu.
I shall not continue (or stay) long in this house. Je ne demeurerai pas long-temps dans cette maison.
To continue, (or to last.) Continuer, durer, persister, subsister.
This rain has continued very long. Cette pluie a duré long-temps.
The same apprehensions continued and produced the like effects. Les mêmes craintes subsistèrent & produisirent les mêmes effets.
To CONTINUE, verb. act. (to pursue or carry on.) Continuer, poursuivre, pousser.
To continue one's course. Continuer, poursuivre sa course.

To continue, (or prolong.) Continuer prolonger, étendre le temps de quelque Officier en charge, l'élire de nouveau; dans un emploi qu'il possédoit & qu'il devoit quitter.
To continue a Governor in his Government. Continuer un Gouverneur dans son Gouvernement.
I desire you to continue me your friendship. Je vous prie de me conserver votre amitié.
Continued, adject. Continué, &c. V. to Continue.
Continued, (or continual.) Continuel continu, qui dure toujours, qui ne cesse point, où il n'y a point d'intervalle.
A continued care. Un soin continuel.
Atoms that are, as it were a continued body. Des atomes qui sont comme un corps continu.
A continued valley to the very sea. Une vallée qui s'étend jusqu'à la mer.
CONTINUEDLY, adv. Toujours, en tout temps, en toutes choses.
CONTINUITY, s. Continuité, liaison, suite.
Ex. The continuity of scenes in a play. La continuité ou la liaison des scènes dans une pièce de théâtre.
CONTINUOUS, adj. Continu.
To CONTORT, verb. act. Tordre, entortiller.
Contorted, adj. Tordu.
CONTORTION, subst. (a wresting or pulling awry.) Contorsion, mouvement du corps accompagné de postures peu agréables, geste forcé & gêné.
CONTOUR, sub. (a term used in painting for the outward lines of a figure.) Contour, ligne qui termine une figure.
CONTRA, prép. Contre, ci-contre.
CONTRABAND, adj. De contrebande.
Ex. Contraband goods, (goods prohibited.) Des marchandises de contrebande.
To carry on a contraband trade. Faire la contrebande.
† To CONTRABAND, v. act. (or smuggle.) Faire la contrebande.
CONTRACT, s. (or covenant.) Contrat; accord, convention, pacte.
To make a contract. Faire ou passer un contrat.
To CONTRACT, v. neut. (or bargain.) Contracter, passer contrat, traiter, convenir.
To contract, v. act. (to abridge.) Abréger, raccourcir.
To contract, (or draw together.) Resserrer, retirer, rétrécir, plier, raccourcir, assembler, froncer.
To contract one's brow. Froncer le sourcil.
It contracts itself by little and little. Il se resserre peu à peu.
To contract, (or get.) Contracter, gagner, amasser, prendre, attraper.
To contract an ill habit. Contracter, prendre une mauvaise habitude.
To contract a disease. Gagner, contracter, attraper une maladie.
To contract or make debts, (to run in debt.) Contracter des dettes, s'endetter.
Contracted, adject. Passé, contracté, abrégé, &c. V. to Contract.
CONTRACTIBILITY, subst. Qualité qui rend susceptible de contraction.
CONTRACTIBLE, adject. Susceptible de contraction.
CONTRACTILE,

CON

CONTRACTILE, *adj.* Qui se retire, qui se resserre.
CONTRACTING, *subst.* L'action de contracter, &c. *V.* to Contract.
Contracting, *adj.* Contractant.
The contracting parties. *Les parties contractantes.*
CONTRACTION, *subst.* (or shrinking.) Contraction, retirement, rétrécissement.
A contraction of the nerves. *Une contraction, un retirement de nerfs.*
Contraction, (or shortening.) Contraction, abrégement, brièveté.
A contraction of syllables. *Une contraction, un abrégement de syllabes.*
CONTRACTOR, *subst.* (or contracting party.) Contractant, partie contractante.
† **CONTRADICT**, *s. V.* Contradicting & Contradiction.
To **CONTRADICT**, *v. act.* (or gainsay.) Contredire, contrarier, s'opposer à ce qu'un autre dit, répliquer, repartir, répondre, dire des raisons pour le contraire, combattre l'opinion d'un autre.
To contradict (or belie) one's self. *Se contredire, se couper en ses discours, se démentir, dire ou écrire des choses opposées les unes aux autres.*
To contradict (or oppose) an inclination. *Combattre ou s'opposer à une inclination.*
Contradicted, *adj.* Que l'on contredit, combattu, &c.
He will not be contradicted. *Il ne veut pas qu'on le contredise, il ne peut souffrir d'être contredit, il faut dire oui à tout ce qu'il veut.*
That news is now contradicted. *Cette nouvelle se contredit, elle ne se confirme pas.*
CONTRADICTER, *s.* Contradicteur.
CONTRADICTING, *subst.* L'action de contredire ou de contrarier, &c. *V.* to Contradict; contradition, opposition, réplique.
CONTRADICTION, *subst.* Contradiction, contrariété. *V.* Contradicting.
He made a great contradiction of it. *Il a fait passer cela pour une grande contradiction.*
It is a plain (or manifest) contradiction. *C'est une contradiction ou une contrariété manifeste, visible ou grossière.*
He is a very wise man without all contradiction. *C'est un homme fort sage sans contredit.*
In contradiction to all the ties of honour. *Contre toutes les regles où l'honneur nous engage.*
CONTRADICTIOUS, *adj.* (or full of contradiction.) *Contredisant, contrariant, qui contredit, qui aime à contredire ou à contrarier.*
CONTRADICTORILY, *adv.* Contradictoirement.
CONTRADICTORY, *adj.* Contraire, qui se contredit, où il y a contradiction, qui se dément.
To reconcile those places of Scripture which seem contradictory. *Concilier les passages de l'Écriture qui semblent contraires ou qui paroissent se contredire.*
CONTRADISTINCTION, *s.* Distinction par les qualités contraires.
To **CONTRADISTINGUISH**, *v. act.* Distinguer, différencier.
Contradistinguished, *adj.* Distingué, différencié.
CONTRAMURE, *s.* (or out-wall.) Un contre-mur.

CON

CONTRANITENCY, *s.* Réaction, résistance que fait une chose qu'on comprime.
CONTRAPOSITION, *s.* Position d'une chose qui est placée vis-à-vis.
CONTRAREGULARITY, *s.* Opposition aux regles.
CONTRARIANT, *adject.* Contradictoire, contrariant.
CONTRARIES, *s. pl.* Propositions qui se détruisent mutuellement.
CONTRARIETY, *s.* Contrariété, opposition.
CONTRARILY, *adv.* Au contraire, d'une manière opposée, contradictoirement.
CONTRARIOUS, *adject.* Opposé, qui répugne.
CONTRARIOUSLY, } *adv.* Autrement, d'une autre manière, au contraire, d'une manière opposée.
CONTRARIWISE, }
CONTRARY, *adj.* (opposite.) Contraire, opposé.
Contrary (or different) opinions. *Des opinions contraires.*
The wind was contrary to us, (or against us.) *Le vent nous étoit contraire.*
That is contrary to good sense. *Cela répugne au bon sens.*
You take every thing in a contrary or wrong sense. *Vous prenez tout à contresens.*
This is contrary to what ought to be. *Ceci est tout autrement qu'il ne faut.*
CONTRARY, *s.* Contraire.
This proves the contrary of what you said. *Ceci prouve le contraire de ce que vous disiez.*
Contraries are best known by their contraries. *Les contraires se connoissent mieux par leurs contraires.*
I will lay ten pounds to the contrary. *Je parie dix louis avec vous que cela n'est pas.*
To advise to the contrary. *Dissuader.*
I can say (or I know) nothing to the contrary. *Je n'ai rien à dire contre cela.*
On the contrary, *adv. Au contraire.*
It fell out quite contrary. *Il arriva tout au contraire.*
It happens with us quite contrary. *Il nous arrive tout au rebours.*
Contrary, *prép. Ex.* I will do nothing contrary to my honour and reason. *Je ne ferai rien qui soit contraire à mon honneur & à la raison.*
Contrary to my expectations. *Contre mon attente.*
Contrary to the general opinion. *Contre l'opinion commune.*
Contrary to what they promised. *Contre leurs promesses.*
It proved contrary to what you thought. *La chose a réussi tout autrement que vous ne croyiez.*
He has acted contrary to the trust reposed in him. *Il est coupable de malversation.*
To speak contrary to one's thoughts. *Trahir ses sentiments, dire le contraire de ce qu'on pense.*
* To **CONTRARY**. *V.* to Contradict.
CONTRAST, *subst.* (small dispute or difference.) *Un contraste, petit différent, contestation, contrariété.*
Contrast, (in painting, that is a different disposition of the figures in a group.) *Contraste, en termes de peinture, diversité dans la disposition des figures d'un groupe.*

CON

To **CONTRAST**, *v. act.* (to place in contrast, in painting.) *Contraster, varier les attitudes, opposer les actions des figures d'un tableau.*
Contrasted, *adj.* Contrasté.
CONTRAVALLATION, *subst.* Contrevallation.
To **CONTRAVENE**, *v. neut.* (to offend or act against.) *Contrevenir, enfreindre, agir contre ce qui est ordonné, violer.*
CONTRAVENER, *subst.* (or offender.) *Contrevenant, celui ou celle qui contrevient.*
CONTRAVENTION, *subst.* (or offence.) Contravention, infraction.
CONTRECTATION, *s.* (or handling.) Maniement ou l'action de manier, attouchement.
CONTRIBUTARY, *adj.* Tributaire, qui paye contribution, contribuable.
To **CONTRIBUTE**, *v. act.* Contribuer, fournir, donner.
I contributed towards it. *J'y ai contribué.*
CONTRIBUTING, *s.* L'action de contribuer, contribution.
CONTRIBUTION, *s.* Contribution.
To put a town under contribution. *Mettre une ville à contribution.*
CONTRIBUTIVE, } *adject.* Qui contribue, qui concourt à.
CONTRIBUTORY, }
CONTRIBUTOR, *s.* Contribuant, qui contribue, qui concourt à un dessein.
To **CONTRISTATE**, *v. act.* (or afflict.) *Contrister, affliger.*
CONTRISTATION, *s.* L'action de contrister, chagrin, tristesse.
CONTRITE, *adj.* (sorrowful for his sins or penitent.) *Contrit, pénitent, qui a de la douleur de ses fautes.*
A contrite heart. *Un cœur contrit.*
CONTRITION, *subst.* (a true sorrow for one's sins.) *Contrition, douleur sincere de ses péchés.*
CONTRIVABLE, *adj.* Qui peut être trouvé ou inventé.
CONTRIVANCE, *s.* (or device.) Invention, machine.
A pretty contrivance. *Une jolie invention.*
He is full of contrivance, (or invention.) *Il est inventif, il est plein d'invention.*
Contrivance, (or ingenuity in contriving.) *Artifice, invention, adresse.*
To **CONTRIVE**, *v. act.* (to devise.) Inventer, imaginer, pratiquer, trouver.
To contrive, (to design, to plot.) Tramer, machiner, brasser, méditer.
To contrive, (or to manage.) Concerter, ménager.
He contrived (or invented) that machine. *Il inventa cette machine.*
I have contrived a sort of closet in my room, to put things out of the way. *J'ai pratiqué une espece de cabinet dans ma chambre, pour y serrer des hardes.*
To contrive (or work out) a man's ruin. *Tramer la ruine de quelqu'un.*
To contrive a design. *Concerter un dessein.*
To contrive one's retreat. *Ménager sa retraite.*
How shall we contrive it? *Comment ferons-nous? comment nous y prendrons-nous?*
I do what I can to contrive your happiness. *Je fais tout mon possible pour vous rendre heureux.*

Contrived,

CON

Contrived, adj. Inventé, imaginé, pratiqué, tramé, machiné, concerté, ménagé, &c. V. to Contrive.
The thing is very well contrived. La chose est fort bien inventée, imaginée ou entendue.
An ill contrived house. Une maison mal entendue, mal imaginée, mal disposée.
An altar contrived in a wall. Un autel pratiqué dans une muraille.
An ill contrived design. Un dessein mal concerté.
His retreat was well contrived, (or managed.) Sa retraite a été bien ménagée.
An ill contrived man, (or a cross grained fellow.) Un esprit de travers, un esprit mal tourné.
CONTRIVEMENT, s. Invention.
CONTRIVER, s. Inventeur, auteur, celui qui invente, qui imagine, qui trame, qui ménage, &c. V. to Contrive.
He is an excellent contriver, (or inventer.) C'est un homme fort inventif.
CONTRIVING, subst. L'action d'inventer, invention, &c. V. to Contrive.
To CONTROL, &c. Voy. to Comptroll, &c.
CONTROLLABLE, adj. Qui peut être contrôlé.
CONTROLMENT, s. Pouvoir de réformer, de modifier, restriction.
† CONTROVER, s. (a law word, that signifies a forger of false news, from the French Controuver.) Un semeur, un auteur ou un inventeur de faux bruits.
CONTROVERSIAL, adj. (of or belonging to controversy.) De controverse, qui regarde la controverse.
CONTROVERSY, s. (dispute in general.) Dispute, différent, débat, démêlé, controverse.
Controversy, (dispute about religion.) Controverse, dispute sur quelque point de religion.
To put an end to a controversy. Terminer, décider, vider un différent.
Without all controversy. Sans contredit, très-assurément, indubitablement.
To CONTROVERT, v. act. (to dispute of.) Disputer, contester, mettre en controverse.
Controverted, adj. Controversé, disputé, contesté, qui est en dispute.
CONTROVERTIBLE, adj. Qui peut être un sujet de dispute ou de controverse.
CONTROVERTIST, s. Controversiste.
CONTUMACIOUS, adj. (or stubborn.) Obstiné, rétif, rebelle, revêche, désobéissant, opiniâtre, réfractaire, contumace.
CONTUMACIOUSLY, adv. Obstinément, opiniâtrement.
CONTUMACY,
CONTUMACIOUSNESS, subst. (or stubbornness.) Obstination, opiniâtreté, aheurtement, brusquerie.
Contumacy. Refus de comparoître en Justice, contumace.
CONTUMELIOUS, adj. (or affrontive.) Outrageux, injurieux, offensant, choquant, diffamatoire.
A contumelious language. Des paroles injurieuses, des injures, des outrages.
CONTUMELIOUSLY, adv. Avec mépris, avec insulte.
CONTUMELY, s. (or reproach.) Outrage, injure, affront.
To CONTUSE, v. act. Meurtrir, faire une contusion.

CON

CONTUSION, s. (or bruise.) Contusion, meurtrissure.
CONVALESCENCE, s. (or recovery of health.) Convalescence, rétablissement de santé.
CONVALESCENT, s. Convalescent.
To CONVEIGH. V. Convey.
CONVENABLE, adj. (or agreeable.) Convenable, assortissant.
To CONVENE, verb. act. (or assemble.) Assembler, convoquer.
To convene, v. n. S'assembler.
Convened, adj. (or called together.) Assemblé, convoqué.
CONVENIENCE,
CONVENIENCY, s. Commodité.
When it shall suit your own conveniency. A votre commodité.
Convenience, (or agreeableness.) Convenance, rapport, conformité, accord, justesse.
CONVENIENT, adj. (fit and suitable.) Commode, propre, convenable.
A very convenient house. Une maison fort commode.
A convenient doctrine. Une doctrine commode.
Some Princes think it justifiable to enter into a war with their nearest ally, when one of his towns lies convenient for them. Quelques Princes croyent pouvoir, sans injustice, faire la guerre à leur plus proche allié, pour une place qui est à leur bienséance.
Convenient, (or agreeable.) Convenable, conforme, qui a du rapport, assorti, proportionné.
Convenient, (or seasonable.) Qui se fait ou qui arrive à propos, dans la saison propre.
At a convenient time. Lorsqu'il en sera temps, en temps & lieu.
CONVENIENTLY, adv. (with conveniency.) Commodément, proprement, avec les commodités qu'on peut souhaiter.
To be very conveniently (or commodiously) lodged. Être logé très-commodément.
Conveniently, (without trouble.) Commodément, sans peine, sans embarras.
If you can conveniently. Si vous pouvez le faire commodément ou sans vous incommoder.
Conveniently, (or agreeably.) Conformément, convenablement.
Conveniently, (or seasonably.) A propos.
CONVENT, subst. (or Monastery.) Un couvent, un monastère, un cloître.
* To CONVENT, v. act. (or summon to appear.) Citer, assigner, appeler, faire venir en jugement, ajourner.
* Convented, adj. Cité, appelé en jugement, assigné.
CONVENTICLE, s. (an unlawful meeting.) Conventicule, assemblée illicite.
CONVENTICLER, s. Celui qui tolère ou qui fréquente des assemblées illicites.
CONVENTION, s. (or publick meeting.) Assemblée des États, convention.
A convention of witches. Sabbat, assemblée nocturne de sorciers.
Convention, (a covenant or agreement.) Convention, accord, contrat, traité.
CONVENTIONAL, adj. (done with agreement.) Conventionel, dont on est convenu par accord fait.
CONVENTIONARY, adject. Réglé par convention.

CON

CONVENTIONER, subst. Membre d'une Convention ou Assemblée des États.
CONVENTUAL, adj. (belonging to a convent.) Conventuel, qui est de couvent.
A conventual Church. Église conventuelle, l'église d'un couvent.
CONVENTUALS, subst. pl. (or monks.) Religieux conventuels, Moines qui habitent le couvent.
To CONVERGE, v. neut. (a term of Opticks.) Être convergent.
CONVERGENT,
CONVERGING, adject. Convergent, terme de géométrie.
CONVERSABLE,
CONVERSIBLE, adj. De bonne compagnie, propre à la conversation.
CONVERSANT, adj. (that keeps company with.) Qui converse, qui fréquente ou qui est en conversation.
To be conversant with one, (or to converse with him.) Converser, être en conversation avec quelqu'un, s'entretenir avec lui.
Conversant, (or well-versed.) Versé, expérimenté.
Conversant in ancient histories. Versé dans les anciennes histoires.
Conversant about (that treats of) a thing. Qui traite d'une chose, qui a une chose pour objet.
Mathematicks are conversant about greatness. Les Mathématiques traitent de la grandeur, ou ont la grandeur pour objet.
CONVERSATION, subst. (familiar discourse.) Conversation, discours ou entretien familier.
To begin the conversation. Entrer en conversation.
To break off the conversation. Rompre la conversation.
That the may make conversation for those that speak french. Afin qu'elle puisse entretenir ceux qui parlent françois.
A private conversation, (where two persons talk close, and lay their heads together.) Un tête-à-tête.
Conversation, (intercourse, society.) Commerce, fréquentation, société.
Life and conversation. Vie & mœurs.
CONVERSATIVE, adj. Qui a rapport à la vie commune, à la société.
CONVERSE, s. (familiar intercourse.) Habitude, conversation, familiarité, commerce, fréquentation, société.
I have no converse (or acquaintance) with him. Je n'ai aucune habitude avec lui.
Converse, adj. Converse, terme de logique, en parlant d'une proposition.
To CONVERSE with one, v. neut. Converser avec quelqu'un, le hanter, le fréquenter.
I do not like to converse with such people. Je n'aime point à fréquenter ces sortes de gens.
Conversed with, adj. Que l'on fréquente ou que l'on a fréquenté.
CONVERSING, s. L'action de converser, de hanter ou de fréquenter, fréquentation, commerce.
CONVERSELY, adv. Réciproquement.
CONVERSION, subst. (or change, from to Convert.) Conversion, changement.
To endeavour (or work for) a man's conversion. Travailler à la conversion de quelqu'un.
CONVERSIVE. V. Conversable.

CONVERT,

CONVERT, *f. Un converti ou une convertie, un ou une profélite.*
A new convert. *Un nouveau converti.*
To CONVERT, *v. act.* (or to turn.) *Convertir, changer, transmuer, faire changer de nature.*
To convert one substance into another. *Convertir une substance en une autre.*
To convert holy vessels into prophane uses. *Convertir des vases sacrés à des usages profanes.*
To convert one from a bad to a good life. *Convertir quelqu'un, lui faire quitter sa mauvaise vie pour lui en faire prendre une bonne.*
To convert (or bring over) a heathen to the christian Faith. *Convertir un payen à la Foi chrétienne.*
To convert a thing to one's own profit. *Prendre quelque chose, se l'approprier, s'en accommoder.*
Converted, *adj. Converti.*
CONVERTER, *f. Convertisseur.*
CONVERTIBLE, *adj. Convertible.*
Convertible terms. *Des termes convertibles.*
CONVERTIBLY, *adject. Réciproquement, tour à tour.*
CONVERTING, *f. L'action de convertir, &c. V. to Convert. Conversion.*
CONVEX, *adj. Convexe, courbé en dehors ou par-dessus.*
Convex, *f. Convexité.*
The convex of a globe. *La convexité d'un globe.*
CONVEXEDLY, } *adverb. En forme convexe.*
CONVEXLY,
CONVEXO-CONCAVE, *adject. Qui est concave d'un côté & convexe de l'autre.*
CONVEXITY, *subst. (the out-side of a hollow body.) Convexité, partie convexe, le dehors ou la superficie d'un corps concave.*
To CONVEY, *v. act.* (or to carry.) *Porter, transporter, voiturer.*
To convey, (or send.) *Envoyer, faire tenir.*
To convey, (or make over.) *Transporter, faire un transport, en termes de Palais.*
If you give it me, I shall convey (or send) it to him. *Si vous me le donnez, je le lui porterai; ou bien, je le lui enverrai, je le lui ferai tenir.*
To convey a thing over sea. *Faire transporter quelque chose par mer.*
To convey commodities by water. *Voiturer des marchandises par eau.*
How do you convey (or send) your letters to him ? *Comment lui faites-vous tenir vos lettres ?*
To convey (or make over) one's right to another. *Transporter son droit, faire un transport de son droit à un autre.*
He conveys his sense in plain words. *Il s'énonce, il s'exprime clairement ou intelligiblement.*
To convey poison into a thing. *Empoisonner une chose.*
To convey one's love or respects to a man in a letter. *Faire ses amitiés, faire ses baisemains à quelqu'un dans une lettre.*
To convey AWAY. *Emporter, faire emporter.*
To convey a man OUT of danger. *Sauver quelqu'un, le mettre hors de danger, le mettre à couvert ou en lieu de sûreté.*
To convey one's self quickly out of a place. *S'esquiver, s'échapper, s'enfuir, se sauver, décamper au plus vite.*

CONVEYANCE, *f.* (or carrying.) *Transport, voiture, envoi.*
Conveyance, (a law-term.) *Un transport, une cession,* terme de droit.
Jugglers overwhelm us with gibberish to get an opportunity of making a clearer conveyance of their tricks. *Les joueurs de gobelets nous étourdissent de leur baragouin, afin d'avoir occasion de faire leurs tours plus adroitement & sans être apperçus.*
CONVEYANCER, *subst. Un faiseur de transports, un Notaire.*
CONVEYED, *adj.* (sent, carried away.) *Porté, transporté, voituré, envoyé, fait tenir, &c. V. to Convey.*
CONVEYER, *subst. Celui ou celle qui porte, qui transporte, &c. Voyez to Convey.*
CONVEYING, *f. Transport, l'action de porter, &c. V. to Convey.*
CONVICT, *f.* (one that is found guilty of an offence.) *Une personne atteinte & convaincue de quelque crime.*
To CONVICT, *v. act.* (to prove one guilty.) *Convaincre, faire voir clairement que l'accusation est véritable.*
To convict one of high treason. *Convaincre quelqu'un de haute trahison.*
Convicted, *adj. Convaincu, atteint de quelque crime.*
CONVICTION, *f. Conviction.*
CONVICTIVE, *adj. Convaincant.*
CONVICTIVENESS, *f. Evidence.*
To CONVINCE, *verb. act. Convaincre, faire voir, prouver incontestablement, persuader.*
To convince one of his error. *Convaincre quelqu'un d'erreur, lui faire voir qu'il se trompe.*
Convinced, *adj. Convaincu, persuadé.*
I am convinced of it. *J'en suis convaincu.*
CONVINCEMENT, *f. Conviction, satisfaction.*
CONVINCIBLE, *adject. Qui peut être convaincu.*
CONVINCING, *adject. Convaincant, incontestable.*
CONVINCINGLY, *adv. D'une maniere convaincante, invinciblement.*
Convincingly (or evidently) true. *D'une vérité convaincante, évident.*
* To CONVIVE, *verb. act. Régaler, traiter.*
CONVIVIAL, } *adject. Qui a rapport aux festins, jovial, gai, sociable, enjoué.*
CONVIVAL,
† CONUNDRUM, *subst.* (a whim or maggot.) *Une lubie, une fantaisie, jeu de mots.*
CONVOCATION, *subst.* (or general assembly of the Clergy.) *Synode ou assemblée générale du Clergé.* En parlant des affaires séculieres, il faut dire *convocation.*
To CONVOCATE, } *v. act.* (to call together.) *Convoquer, assembler.*
To CONVOKE,
To CONVOLVE, *v. a. Rouler, replier.*
CONVOLVED, } *adject.* (rolled or twisted.) *Roulé, replié.*
CONVOLUTED,
CONVOLUTION, *subst. L'action de rouler, état de ce qui est roulé.*
CONVOY, *subst.* (or guard.) *Convoi, escorte.*
On appelle aussi *Convoi* le vaisseau de guerre qui escorte, qui convoye une flotte.
A great convoy. *Une grande escorte.*
To be a convoy to one. *Escorter quelqu'un.*
To CONVOY, *verb. act. Convoyer, escorter.*
Convoyed, *adj. Convoyé, escorté.*
To CONVULSE, *verb. act. En. To convulse the soul. Transporter, ravir, enlever l'ame.*
Convulsed, *adj. Agité, transporté, qui est dans les convulsions.*
CONVULSION, *f.* (a shrinking up of the sinews.) *Convulsion, rétraction ou mouvement de nerfs vers le cerveau, d'où ils tirent leur origine.*
CONVULSIVE, *adj. Convulsif.*
Convulsive fits. *Des convulsions.*
* CONUSANCE. *V. Cognisance.*
* CONUSEE. *V. Cognisee.*
* CONUSOR. *V. Cognisor.*
CONY, *subst.* (or rabbit.) *Un lapin, un*
* connil *V. Coney.*
A young cony. *Un lapereau, un jeune lapin.*
Cony-skin. *Peau de lapin.*
Cony-burrow. *Trou de lapin.*
Cony-burrows going from one to another. *Clapier, terrier, endroit dans une garenne où il y a plusieurs trous les uns dans les autres.*
A cony-warren. *Garenne de lapins.*
† Cony-catcher, (or cunning cheat.) *Un fourbe, un trompeur, un imposteur.*
To COO, *verb. neut.* (as turtles do.) *Gémir,* comme une tourterelle.
COOING, *subst.* (the noise of turtles.) *Gémissement.*
COOK, *f.* (a man that dresses meat.) *Un cuisinier.*
A cook, (or a woman-cook.) *Une cuisiniere.*
The Master-Cook, to a Prince. *Le Maitre-Queux, chez un Prince.*
The cook in a ship. *Le coq d'un navire.*
A cook, (that keeps a cook's shop.) *Un rôtisseur, un traiteur.*
A cook's shop. *Une rôtisserie.*
A great cook, (a cook that keeps a great great ordinary.) *Un traiteur, cuisinier qui traite à haut prix.*
The cook-room in a ship. *Le foyer ou la cuisine d'un vaisseau, fougon,* en termes de Levant.
Cook-maid. *Servante de cuisine, cuisiniere.*
To COOK, *verb. act. Faire la cuisine, apprêter les viandes.*
COOKERY, *f. Cuisine.*
To understand cookery. *Entendre bien la cuisine.*
COOL, *adj. Frais, qui a de la fraîcheur, qui a un froid agréable, modéré.*
A cool room. *Une chambre fraîche.*
Cool, *f. Le frais, la fraîcheur.*
To COOL, *v. a. Rafraîchir, attiédir.*
To cool, (or to allay.) *Attiédir, ralentir, abattre, relâcher, ramollir, modérer, diminuer.*
To cool wine. *Rafraîchir du vin.*
To cool the cannon. *Rafraîchir le canon lorsqu'il a tiré.*
That cools the lungs. *Cela humecte les poumons.*
This will cool your courage. *Ceci vous ralentira, rabattra ou ramollira le courage.*
It begins to cool. *Il commence à se refroidir.*
The heat of the people cooled on a sudden.

den. *L'ardeur du peuple s'attiédit tout-à-coup.*

His courage begins to cool. *Son courage commence à se ralentir.*

To cool, v. n. (to grow cool.) *Se rafraîchir, se refroidir, s'attiédir.*

To cool, (to slacken, to relent.) *S'attiédir, se refroidir, se ralentir, se relâcher, se diminuer, perdre son ardeur.*

Cooled, adj. *Attiédi, rafraîchi, humecté; ralenti, rabattu, modéré, relâché, diminué.* V. to Cool.

COOLER, sub. *Un réfrigératif ou réfrigérant.*

Verjuice is a cooler. *Le verjus est un réfrigératif.*

A brewer's cooler. *Brassin, sorte de cuve de brasserie.*

COOLING, sub. *Rafraîchissement, ralentissement,* &c. *l'action de rafraîchir,* &c. V. to Cool.

Cooling, adj. *Rafraîchissant, réfrigératif.*

A cooling liquor. *Une liqueur rafraîchissante.*

COOLLY, adv. *De sang froid, fraîchement.*

COOLNESS, f. *Fraîcheur, frais.*

The coolness of the night. *La fraîcheur de la nuit.*

COOM, f. (soot or grease.) *Suie, poussière de charbon ; cambouis.*

COOMB of corn, subst. (a measure containing four bushels.) *Sorte de mesure de blé.*

COOP, subst. *Sorte de poulailler ou de mue ; c'est un couvert mobile où l'on engraisse la volaille, & où l'on fait pondre ordinairement les poules à la campagne.*

To COOP up, verb. neut. *Enfermer, claquemurer.*

Cooped up, adj. *Enfermé, claquemuré.*

COOPEE, adj. (a term in heraldry.) *Coupé, en termes de Blason.*

Coopee, f. (a step in dancing.) *Coupé, sorte de pas dans la danse.*

COOPER, subst. *Tonnelier, qui relie des tonneaux.*

A wine-cooper. *Un marchand de vin.*

COOPERAGE, f. (a place or price for coopers work.) *Tonnellerie, salaire de tonnelier.*

To COOPERATE, v. neut. (or work together.) *Coopérer, aider à faire, aider, agir.*

COOPERATION, f. *Coopération.*

COOPERATIVE, adj. *Qui coopère, qui tend au même but.*

COOPERATOR, f. *Coopérateur.*

COOPTATION, f. *Adoption, choix, élection.*

COORDINATE, adj. (of equal degree.) *De même ordre, de même degré, égal.*

COORDINATION, f. *Etat d'égalité, de même ordre.*

COOT, sub. (or moor-hen.) *Foulque, poule d'eau.*

† A very coot, (or fool.) *Un sot, un benêt, un badaud.*

COP, f. (or top of any thing.) *Haut, sommet, cime.*

Cop, (or tuft on the heads of birds.) *Huppe, touffe de plumes sur la tête de certains oiseaux.*

COPAL, f. (a white and bright rosin brought from the West-Indies.) *Résine blanche & dure qui vient des Indes Occidentales.*

COPARCENARY, f. *Succession en commun.*

COPARCENER, f. *Copartageant, copropriétaire, celui ou celle qui possède avec un autre.*

COPARCENY, }
COPARSENY, } f. *Indivis.*

To hold an estate in coparceny. *Jouir d'un bien par indivis.*

COPARTNER, f. *Collègue, associé.*

COPARTNERSHIP, f. *Partage égal.*

COPAYVA, f. *Baume qu'on tire d'un arbre du Brésil, copahu.*

COPE, subst. (a Priest's cope.) *Chape, vêtement d'Eglise.*

Under the cope of heaven. *Sous la voûte du ciel, sous le ciel, sous le firmament.*

It is the finest thing under the cope of heaven. *Il n'est rien de si beau sous le firmament.* V. Canopy.

To COPE, v. a. (to barter, to truck.) *Changer, troquer.*

† To cope right-hands, (to fight.) *En venir aux mains, se battre, être aux prises.*

We are able to cope with him, (or to make head against him.) *Nous sommes en état de lui faire tête, nous ferons assez forts pour lui.*

To cope, (to cover.) *Couvrir.*

To cope, v. n. (to jut out.) *Avancer, sortir de l'alignement.*

COPEL. V. Coppel.

† COPESMATE, f. *Compagnon de table, ami.*

COPIER, f. *Un copiste.*

COPING, f. (from to cope.) *L'action de changer, de troquer,* &c. V. to Cope.

Coping, (joining together in fight.) *Choc, combat, mêlée.*

Coping (or top) in building. *Le faîte d'un bâtiment.*

The coping of a wall. *Le chaperon ou le larmier d'une muraille.*

COPIOUS, adj. (or plentiful.) *Copieux, abondant, riche.*

A copious (or rich) language. *Une langue copieuse, riche, abondante.*

COPIOUSLY, adv. *Copieusement, abondamment, à foison, en abondance, amplement, largement.*

COPIOUSNESS, subst. *Richesse, abondance.*

The copiousness of a language. *Les richesses d'une langue.*

COPIST, f. *Copiste.* V. Copyist.

COPP. V. Cop.

COPPED, adj. (as a bird.) *Huppé, qui a une huppe.*

Copped, (or sharp-topped.) *Pointu, qui se termine en pointe.*

COPPEL, f. (the pot wherein goldsmiths melt or refine their metal.) *Coupelle, outil d'Affineur, d'Orfèvre.*

COPPER, f. *Cuivre, laiton.*

Red or yellow copper. *Cuivre rouge ou jaune.*

Molten copper. *Rosette.*

A copper, (a great vessel of copper.) *Un chaudière.*

Copper-colour. *Couleur de cuivre, basané.*

Copper-smith. *Ouvrier qui travaille en cuivre.*

Copper-plate. *Planche, feuille de cuivre sur laquelle on grave pour en tirer des estampes.*

Copper-nose. *Nez rouge, boutonné ou couperosé.*

COPPERAS, subst. (a sort of mineral.) *Couperose, sorte de sel minéral.*

COPPERWORM, f. *Sorte de petit ver.*

COPPERY, adj. *De cuivre ou qui contient du cuivre.*

To COPSE, v. a. *Conserver un bois pour faire un taillis.*

COPPICE, }
COPSE, } f. *Taillis, bois qui se coupe de sept en sept ans, de huit en huit ans,* &c.

COPPLED, adj. *Qui s'élève en pointe.*

To COPULATE, v. act. *Unir, joindre.*

To copulate, v. n. *S'accoupler.*

COPULATION, f. (or coupling.) *Copulation, en termes de droit ; accouplement du mâle avec la femelle, coït.*

COPULATIVE, adj. *Copulatif, qui joint, qui lie ensemble.*

A copulative term. *Un terme copulatif.*

A conjunction copulative. *Une copulative.*

COPY, subst. (any writing transcribed.) *Copie, le double de quelque écrit.*

Copy, (or original of a book.) *Copie ou original d'un Auteur, manuscrit.*

Copy, (or pattern to write after.) *Exemple, modèle d'écriture que les écrivains donnent à leurs écoliers.*

Copy, (or printed book.) *Exemplaire de quelque ouvrage.*

To compare the copy with the original. *Collationner, conférer la copie avec l'original.*

That Bookseller has bought his copy. *Ce Libraire a acheté sa copie.*

The writing-master has set me a copy. *Le maître à écrire m'a fait un exemple.*

The Bookseller gives him so much money and so many copies. *Le Libraire lui donne tant d'argent & tant d'exemplaires.*

A copy of verses. *Des vers copiés, des vers.*

Copy-money. *La somme qu'un Libraire paye à un auteur pour sa copie ou son manuscrit.*

Copyright, subst. *Privilège, droit d'imprimer un livre.*

Copy-hold, (a tenure for which the tenant has nothing to shew but the copy of the rolls made by the steward of his lord's court.) *Terre qui relève d'un fief & qu'on possède dans certaines conditions particulières.*

Copy-holder, subst. (one that is possessed of land in copy-hold.) *Tenancier, un vassal, celui qui possède cette sorte de terre qu'on nomme* COPY-HOLD. V. Copy-hold.

To COPY out, v. act. (to write out of another.) *Copier, transcrire.*

To copy out a will. *Copier un testament.*

To copy. *Copier, imiter.*

Copied out, adj. *Copié, transcrit.*

I must get it copied out. *Il faut que je le fasse copier.*

COPYING out, f. *L'action de copier, de transcrire, d'imiter.*

COPYIST, f. (one who copies.) *Copiste.*

To COQUET, v. act. *Coqueter.*

COQUETRY, f. *Coquetterie.*

COQUETTE, f. *Coquette.*

COQUELUCHO, f. (a kind of violent cough.) *Coqueluche, sorte de toux violente.*

CORAL, f. (a sea plant.) *Corail.*

Coral, (which they hang about an infant's neck for a toy.) *Un hochet, qu'on pend au cou d'un enfant au maillot pour lui servir de jouet.*

CORALLINE, adj. *De corail ou qui tient au corail.*

Coralline, f. *Coralline, plante.*

CORALLOID.

COR

CORALLOID, CORALLOIDAL, } *adj. Semblable au corail.*

CORAND, CURRANT, } *s. Groiselle rouge, raisin de Corinthe.*

CORAND-TREE, *s. Un groseillier.*

CORANT. *V.* Courant.

CORBAN, *s. Tronc, boîte pour les aumônes; don, aumône.*

CORBEILS, *s. Gabions*, terme de fortification.

CORBEL, CORBET, CORBIL, } *s.* (a jutting or shouldering piece of Architecture, cut out in walls, to bear up a post, summer or other weight.) *Corbeau ou modillon, grosse console, qui sort de la muraille pour soutenir une poutre, &c. Corbille, en architecture.*

Corbets, (places in walls where images stand.) *Des niches.*

CORD, *s.* (or rope.) *Corde.*

A silken cord with which people are strangled in Turky. *Le cordon de soie avec lequel on étrangle les criminels en Turquie.*

Cord-maker. *Cordier.*

A cord of wood. *Une corde ou deux voies de bois, tas de bois en carré, maintenant à peu près quatre stères.*

To CORD up wood, *v. act. Corder le bois, le mettre en corde.*

CORDAGE, *sub.* (or ropes.) *Cordage, funin, toutes sortes de cordes grosses ou petites de navire.*

Cable-laid-cordage. *Cordage deux fois commis, ou cordage commis à la façon des cables.*

Hawser-laid-cordage. *Cordage à trois ou quatre torons, ou commis en haussiere.*

CORDED up, *adj.* (from to cord.) *Cordé, mis en membrure.*

CORDELIER, *s.* (or Gray-Friar of the Order of S. Francis.) *Cordelier, sorte de Religieux de S. François.*

CORDIAL, *s. Cordial, potion qui conforte le cœur.*

CORDIAL, *adj.* (or strengthening.) *Cordial, qui est bon pour le cœur, qui le fortifie, qui le réjouit.*

Cordial julep. *Un julep cordial.*

Cordial, (hearty or sincere.) *Cordial, de cœur, sincere, fidelle.*

A cordial (or hearty) friend. *Un ami cordial, un ami de cœur.*

CORDIALITY, *s. Cordialité, sincérité.*

CORDIALLY, *adj.* (or heartily.) *Cordialement, sincérement, de bon cœur.*

* CORDINER, *s.* (a shoe-maker.) *Un cordonnier.*

CORDON, *s.* (a term of fortification.) *Cordon,* terme de fortification.

CORDWAIN, *adj. Ex.* Cordwain leather. *Cuir de peau de bouc ou de chevre, passé en tan.*

CORDWAINER, *s. Un cordonnier.*

CORE, *s.* (that part of the fruit wherein the kernel lies.) *Trognon.*

The core of a pear *or* apple. *Trognon de poire ou de pomme.*

To be rotten in the core, (to have no good principles.) *N'avoir pas le fond bon.*

CORIACEOUS, *adj. De cuir; coriace.*

CORIANDER, *subst.* (a kind of plant.) *Coriandre,* sorte de plante.

Coriander-seed. *Graine de coriandre.*

CORINTH, *s.* (a small fruit commonly called currant.) *Petit fruit connu en France sous le nom de raisin de Corinthe.*

CORINTHIAN, *adj.* Corinthian order. *Ordre corinthien, d'architecture.*

CORK, *s.* (or Cork-tree.) *Liège,* sorte d'arbre.

Cork, (the wood *or* bark of that tree.) *Liège, écorce ou bois de liège.*

Cork, (or a stopple.) *Bouchon de liège.*

Cork-shoes. *Des semelles de liège.*

To CORK, *v. act.* (to stop a bottle with a cork.) *Boucher une bouteille avec un bouchon de liège.*

Corked *or* Corkt, *adj. part. Bouché.*

A bottle well *or* ill corked. *Une bouteille bien ou mal bouchée.*

CORMORANT, *subst.* (a kind of sea-raven.) *Cormorant, sorte d'oiseau.*

A greedy cormorant, (or a glutton.) *Un glouton, un gourmand.*

CORMUDGEON, CURMUDGEON, } *s.* (or miser.) *Un avare, un taquin, un ladre, un arabe.*

CORN, *s. Blé, grain, comme froment, orge, avoine.*

Standing corn. *Blé en herbe ou blé qui n'est point encore coupé.*

To give the horses their corn, (or oats.) *Donner l'avoine aux chevaux.*

A corn of salt. *Un grain de sel.*

A corn on the toe. *Un cor au pied.*

A corn-cutter. *Un coupeur de cors.*

Prov. To measure another man's corn by one's own bushel. *Mesurer les autres à son aune.*

A corn-field. *Un champ.*

Corn-loft. *Grenier.*

Corn-trade. *Commerce de blé.*

Corn-merchant. *Marchand de blé.*

A corn-chandler. *Un vendeur de grains, Grainetier.*

Corn-rose, (or wild-poppy.) *Coquelicot.*

Corn-sallet, (a kind of winter-sallet.) *Mâche, doucette,* herbe.

To CORN, *v. act.* (or powder with salt.) *Saupoudrer, répandre sur la viande un peu de sel, la saler un peu.*

To corn powder. *Faire de la poudre grenue, la réduire en grains.*

CORNAGE, *s.* (an imposition upon corn.) *Impôt sur le blé.*

CORNED, *adj. Saupoudré, salé.*

CORNEL, *s.* (or cornel-berry.) *Cornouille.*

Cornel-tree. *Cornouiller,* sorte d'arbre fruitier.

CORNELIAN, *sub.* (a cornelian-stone.) *Cornaline,* sorte de pierre précieuse.

Cornelian-tree *or* Cornelian-cherry. *V.* Cornel.

CORNEOUS, *adj. De la nature de la corne.*

CORNER, *s. Coin, angle, recoin.*

A corner of a street. *Un coin de rue.*

The corner of the eye. *Le coin de l'œil.*

The corner of a wall. *Le coin, l'angle ou l'encoignure d'une muraille.*

A corner-stone. *Une pierre du coin, qui se met dans les encoignures.*

A corner-house. *Maison du coin ou qui fait le coin.*

Made corner-wise. *Fait à angles.*

Corners (or windings) of rivers. *Les coudes, les détours, les replis d'une riviere.*

In a corner, (or privately.) *Dans un coin, en secret, sécretement.*

CORNERED, *adj. Ex.* Two cornered *or* three-cornered. *Qui a deux ou trois angles.*

CORNET, *s.* (or horn.) *Cornet.*

Cornet, (an Officer of horse.) *Cornette,* Officier de Cavalerie.

Cornet, (a woman's head-gear.) *Cornette,* sorte de coiffe.

Cornet, (to let a horse blood.) *Corne à saigner un cheval.*

A cornet (or cap) of paper. *Un cornet de papier.*

Cornet. *Cornet, petit cor.*

CORNETTER, *subst. Celui qui sonne du cornet.*

CORNICE, CORNISH, } *subst.* (in building.) *Corniche,* terme d'Architecture.

The cornice of the roof of a coach. *Gouttiere de carrosse.*

CORNUCOPIÆ, *subst. Corne d'abondance.*

CORNUTE, CORNIGEROUS, } *adject.* (or having horns.) *Qui a des cornes.*

† CORNUTE, *s.* (or cuckold.) *Cornard, cocu.*

† To CORNUTE, *v. act.* (to cuckold.) *Faire cornard, faire porter des cornes.*

Cornuted, *adject. Cornard, qu'on a fait cornard.*

CORNY, *adj. De corne, dur comme la corne.*

CORODY, *s.* (a common-law word, an allowance of meat, &c. due to the King's servants from an Abbey or other house of Religion, whereof he is the founder.) *Sorte de tribut que les maisons religieuses payoient autrefois à la Couronne.*

COROLLARY, *sub.* (or inference.) *Un corollaire, une proposition qui n'est qu'une suite d'une autre qui précede.*

* CORONAL, *subst. Couronne, guirlande.*

Coronal, *adject.* Coronal, terme d'anatomie.

CORONARY, *adject. Fait en forme de Couronne.*

CORONATION, *subst. Couronnement, sacre.*

The coronation of the King of *England. Le couronnement du Roi d'Angleterre.*

The coronation of the King of *France. Le sacre des Rois de France.*

CORONER, *s.* (an Officer who, being assisted by a Jury of twelve men, is appointed to sit upon the bodies of such as have been found dead, to examine whether they died a violent or natural death.) *C'est un Officier qui a charge d'examiner avec douze assistans, si ceux qu'on a trouvé morts ont été tués & assassinés, ou s'ils sont morts naturellement.*

CORONET, *s. Couronne,* en terme de Blason.

A duke's coronet. *Une couronne ducale.*

CORPORAL, *s.* (an officer in a company of foot, below the Sergeant.) *Un caporal, bas-officier d'Infanterie qui est au-dessous du Sergent.*

Corporal of a ship of war, (a sea-term.) *Bas-officier des vaisseaux de guerre; subordonné au capitaine d'armes, & dont la charge est à-peu-près la même qu'on donne au Caporal des troupes dans les vaisseaux de France.*

Corporal, (or communion-cloth in the Church of *Rome.) Corporal, linge béni & carré sur lequel on met le calice & l'hostie parmi les Catholiques.*

Corporal, *adj.* (or bodily.) *Corporel qui concerne le corps, ou qui tient de la nature du corps.*

A corporal punishment. *Une punition corporelle.*

To take a corporal oath, (which is done by touching with one's hand some part of the holy Scripture.) *Prêter serment sur les saints Évangiles.*
CORPORALITY, *f. État de ce qui est corporel.*
CORPORALLY, adv. (bodily.) *Corporellement.*
To punish a man corporally. *Punir quelqu'un corporellement, lui infliger une peine corporelle.*
CORPORATE, adj. *Qui forme une communauté, qui fait un corps.*
A corporate body. *Une communauté, le corps des habitants d'un bourg ou d'un village.*
CORPORATION, *subst.* (or corporate body.) *Communauté.*
A corporation-town. *Une ville municipale.*
CORPORATURE, *f.* (or bulk of body.) *Corsage, corpulence.*
CORPOREAL. V. Corporal.
CORPOREITY, *sub. Qualité corporelle, solidité.*
To CORPORIFY, verb. act. *Corporifier.*
CORPOSANT, *f.* (de l'Italien de Corpo-santo.) *Feu Saint-Elme.*
CORPS,
CORPSE, } *subst.* (or dead body.) *Un corps mort, le corps d'une personne nouvellement décédée, un cadavre.*
You are desired to accompany the corps. *Vous êtes prié d'accompagner le corps.*
A corps-de-guard. *Un corps de garde.*
CORPULENCY, *subst.* (or bigness of body.) *Corpulence, embonpoint, grosseur du corps.*
CORPULENT, adject. (or big-bodied.) *Gros & gras, replet, charnu, de grosse corpulence, dodu.*
CORPUS-CHRISTY-DAY, *sub.* (a holyday among the Catholicks.) *La Fête-Dieu.*
CORPUSCLE, *subst.* (or small body.) *Corpuscule, petit corps, un atome.*
CORPUSCULAR,
CORPUSCULARIAN, } adj.
Corpuscular Philosophy. *Philosophie corpusculaire, ou qui explique les phénomènes de la nature, par le mouvement, la figure & les qualités des atomes.*
Corpuscularian hypothesis. *L'hypothèse des atomes.*
To CORRADE, v. act. *Radier, effacer; ramasser.*
CORRADIATION, *subst. Conjonction des rayons de lumière en un point.*
CORRECT, adj. *Correct, exact, châtié, en parlant d'un ouvrage d'esprit, du style, &c.*
To CORRECT, verb. act. (to mend the faults.) *Corriger, rendre correct, ôter les fautes, châtier, retoucher, en parlant des ouvrages d'esprit.*
To correct, (or to temper.) *Corriger, tempérer, diminuer.*
To correct, (or chastise.) *Corriger, châtier, redresser, punir.*
To correct a book. *Corriger un livre, le châtier, le retoucher.*
To correct a proof. *Corriger une épreuve.*
Cinnamon will correct the coldness of it. *La canelle en corrigera la froideur.*
It is your duty to correct your son. *Il est de votre devoir de corriger, de redresser, de punir ou de châtier votre fils.*
My watch corrects the sun. *Ma montre règle le soleil.*

Corrected, adj. *Corrigé, châtié, &c.*
CORRECTER. V. Corrector.
CORRECTING, *f. L'action de corriger, &c.* V. to Correct. *Correction.*
CORRECTION, *f.* (or amending.) *Correction, amendement, réforme.*
Correction, (or punishment.) *Correction, punition, châtiment.*
A house of correction. *Une maison de correction.*
Under correction. *Sauf correction, sauf le respect de la compagnie.*
Under correction, gentlemen, he lies. *Sauf votre respect, Messieurs, il a menti.*
CORRECTIVE, *f. & adj.* (or having the power of correcting.) *Correctif.*
A corrective medicine or a corrective. *Un médicament correctif, un correctif.*
CORRECTLY, adv. (or without fault.) *Correctement, sans faute, selon les règles.*
He writes correctly. *Il écrit correctement, son style est châtié.*
CORRECTNESS, *f. Exactitude, correction.*
CORRECTOR, *sub. Correcteur, celui qui corrige.*
A Printer's Corrector. *Un Correcteur d'Imprimerie.*
A Corrector of the staple, (a clerk recording all bargains made there.) *Clerc ou Commis d'une étape ou d'un magasin, celui qui tient un registre des ventes & des achats.*
CORREGIDOR, *f. Corregidore, Magistrat en Espagne.*
CORRELATIVE,
CORRELATE, } adj. (relative to one another.) *Corrélatif, qui a un rapport réciproque.*
CORREPTION, *sub.* (chiding.) *Réprimande, reproche.*
To CORRESPOND, v. n. (or answer.) *Correspondre, répondre, s'accorder, convenir.*
CORRESPONDENCE,
CORRESPONDENCY, } *sub.* (or reciprocal intelligence.) *Correspondance, intelligence, communication.*
To keep a private correspondence with one. *Être d'intelligence avec quelqu'un.*
CORRESPONDENT, adj. (or suitable.) *Conforme, convenable.*
I will be correspondent to your commands. *J'obéirai, je me conformerai à vos ordres.*
Correspondent, *subst. Un correspondant, celui ou celle avec qui l'on a correspondance.*
My correspondent in Paris. *Mon correspondant de Paris.*
CORRESPONDING, adject. (suitable.) *Sortable, conforme, convenable.*
CORRESPONSIVE, adj. *Qui correspond, qui est adapté à quelque chose.*
CORKIDOR, *f.* (a covered way in fortification.) *Corridor, chemin couvert, terme de fortification.*
CORRIGIBLE, adject. (that may be corrected.) *Qui se peut corriger, corrigible.*
CORRIVAL, *sub.* (one that courts the same thing with another.) *Rival, compétiteur, concurrent.*
CORROBORANT, adject. (or giving strength.) *Corroboratif.*
To CORROBORATE, v. a. (to strengthen, as a medicine, &c.) *Corroborer, fortifier.*

To corroborate, (to strengthen or make good.) *Fortifier, appuyer, affermir, établir.*
Corroborated, adj. *Corroboré, fortifié, &c.* V. the verb.
CORROBORATIVE, adj. *Corroboratif, qui corrobore, qui fortifie, &c.*
A corroborative argument. *Un puissant argument, un argument qui appuie fortement ce que l'on a avancé.*
To CORRODE, v. act. (or eat up.) *Corroder, ronger, manger.*
Aqua fortis corrodes metals. *L'eau forte corrode les métaux.*
Corroded, adject. *Corrodé, rongé, mangé.*
CORRODENT, adj. *Corrodant.*
CORRODIBLE, adj. *Susceptible de corrosion.*
CORRODING, *f. L'action de corroder, de ronger ou de manger.*
Corroding, adj. *Qui corrode, qui ronge, corrosif.*
Corroding (or anxious) cares. *Des soins rongeants, des soins qui rongent l'esprit.*
CORROSIBILITY, *f. Qualité qui rend susceptible de corrosion.*
CORROSION, *sub. Corrosion, action & effet de ce qui est corrosif.*
CORROSIVE, adj. *Corrosif, qui corrode, qui ronge, qui mange.*
CORROSIVELY, adv. *Comme un corrosif.*
CORROSIVENESS, *subst. Qualité corrosive.*
To CORRUGATE, v. act. (or wrinkle.) *Rider.*
CORRUPT, adj. (or very bad.) *Corrompu, mauvais, gâté, altéré.*
Corrupt blood. *Du sang corrompu.*
Corrupt principles. *De mauvais principes.*
Corrupt, (or depraved.) *Corrompu, dépravé, débauché, abâtardi.*
A corrupt will or reason. *Une volonté ou une raison dépravée.*
Corrupt, (or bribed.) *Corrompu, gagné, suborné.*
A corrupt Judge. *Un Juge corrompu.*
To CORRUPT, v. act. (to spoil, to marr.) *Corrompre, gâter, altérer, &c.*
To corrupt (or bribe) one's judges. *Corrompre ses Juges, les gagner à force d'argent.*
To corrupt (or bring over) a garrison. *Pratiquer une garnison.*
To corrupt the witnesses. *Suborner des témoins.*
To corrupt, (or to infect.) *Corrompre, infecter, empoisonner.*
To corrupt, (or debauch.) *Corrompre, débaucher, dépraver, abâtardir, altérer.*
To corrupt, verb. neut. *Se corrompre, se gâter, se pourrir.*
When the blood begins to corrupt. *Dès que le sang commence à se corrompre.*
Corrupted, adj. *Corrompu, &c.* V. to corrupt.
CORRUPTER, *f. Corrupteur, suborneur, celui qui corrompt, &c.*
CORRUPTIBILITY,
CORRUPTIBLENESS, } *subst. Corruptibilité.*
CORRUPTIBLE, adj. *Corruptible, qui peut être corrompu.*
CORRUPTIBLY, adv. *De manière à être corrompu.*
CORRUPTION, *f. Corruption, altération, désordre, ruine.*

Corruption,

COR COS

Corruption, (or corrupt matter.) Cor-
ruption, pus, matiere.
CORRUPTIVE, adj. (apt to corrupt.)
Propre à corrompre, pestilentiel.
CORRUPTLESS, adject. Inalterable, incorruptible.
CORRUPTLY, adv. Contre la droiture,
de mauvaise foi.
He behaved himself corruptly. Il en a
agi de mauvaise foi ou en mal-honnête
homme.
CORRUPTNESS. V. Corruption.
CORSAIR, subst. (or pirate.) Corsaire,
pirate, écumeur de mer.
CORSE. V. Corps.
CORSE-PRESENT, subst. (or mortuary:
beast or other offering to a Priest, from
a dead man's estate.) Présent mortuaire,
ce qu'on donne à un Prêtre du bien du
défunt.
CORSLET,
CORSELET, } s. (an armour for the
fore part of the body.) Corselet, cui-
rasse pour un piquier.
* Corslets, (or pike-men.) Les Piquiers,
les piques d'un Régiment.
Corslet, (or broad girdle.) Sorte de
ceinture large.
CORTES, s. Assemblée des États d'Es-
pagne, Cortes.
CORTICAL, adject. (barky.) Cortical,
terme d'anatomie.
CORTICATED, adj. Couvert d'une espece
d'écorce.
CORTIN. V. Courtin.
CORVETTO. V. Curvet, &c.
CORVISER. V. Cordiner.
CORUSCANT, adj. (shining, bright.)
Brillant, reluisant, resplendissant, écla-
tant, lumineux.
CORUSCATION, s. (or flash.) Bril-
lant, éclat, lueur, lumiere, coruscation,
terme de Physique.
CORYMBUS, subst. Corymbe, terme de
Botanique.
COSCINOMANCY, sub. Sorte de divi-
nation.
COSECANT, sub. Co-sécante, terme de
Géométrie.
COSINE, s. (a term of geometry, the
sine of the complement of an angle.)
Co-sinus, sinus du complément d'un
angle.
COSMETICK, subst. (a kind of wash
to beautify and improve the skin.)
Eaux pour rendre le teint beau.
Cosmetick, adj. (or beautifying.) Cos-
métique, qui embellit.
COSMICAL, adj. Qui a rapport à l'uni-
vers ; qui se leve & se couche avec le
soleil, en parlant des astres.
COSMICALLY, adv. Avec le soleil.
COSMOGONY, subst. (or creation.)
Cosmogonie.
COSMOGRAPHER, subst. Un Cosmo-
graphe, celui qui fait la description du
Monde.
COSMOGRAPHICAL, adj. Cosmogra-
phique.
COSMOGRAPHY, s. (the description
of the world.) Cosmographie, descrip-
tion du Monde.
COSMOPOLITAN,
COSMOPOLITE, } sub. Cosmopolite,
qui n'adopte point de patrie.
COSSET, s. (a lamb, calf, &c. brought
up without the dam.) Agneau, &c. élevé
sans la mere.
COST, s. (or expence.) Frais, dépens,
dépense.

I shall do it to your cost. Je le ferai à
vos frais, à vos dépens.
To my cost. A mes dépens.
The court has ordered each of you a
shell, without costs. La Cour vous adjuge une écaille à chacun, dépens com-
pensés.
To bestow great cost on something. Faire
bien de la dépense en quelque chose.
Cost, (or price.) Prix, valeur.
He has lost both his labour and cost. Il
a perdu sa peine & son argent.
Prov. It will not quit cost. Le jeu n'en
vaut pas la chandelle, ou vous n'y trouverez pas votre compte.
Prov. Much worship, much cost. Les
honneurs coûtent.
To COST, verb. neut. (to stand in.) Coûter,
revenir.
I will have it let it cost what it will,
(or at all events.) Je veux l'avoir quoi
qu'il m'en coûte, à quelque prix que ce
soit, ou coûte qu'il coûte.
His house cost above ten thousand pounds
the building. Sa maison a coûté plus de
dix mille livres sterling à bâtir, elle
lui revient à plus de dix mille livres
sterling.
COSTAL, adject. (belonging to the ribs.)
Qui appartient aux côtes.
COSTARD, subst. Tête, benêt, le nom
d'une grosse pomme.
COSTER-MONGER, sub. (one that sells
fruit.) Un fruitier.
COSTIVE, adj. (or binding.) Astringent,
qui resserre, qui restreint.
Costive, (or bound in the body.) Consti-
pé, qui n'a pas le ventre libre.
COSTIVENESS, s. (the being binding.)
Vertu astringente.
Costiveness, (the being bound.) Consti-
pation.
COSTLINESS, subst. Somptuosité, grande
dépense.
COSTLY, adj. (or dear, from cost.) Cher,
qui coûte beaucoup.
Costly, (or stately.) Somptueux, splen-
dide, magnifique, qui coûte beaucoup.
Costly, (or expensive.) Qui fait de gran-
des dépenses, † dépensier.
Costly colours. Sorte de jeu de cartes.
Costly, adv. Somptueusement, magnifique-
ment, avec grande dépense.
COSTREL, s. (a kind of bottle.) Sorte
de bouteille ou de flacon.
* COT, s. (an old Saxon word for cot-
tage.) Cabane.
Sheep cot. Une étable à brebis, une ber-
gerie.
Cot, (a kind of refuse wool, so clung
together that it cannot be separated.)
Rebut de laine.
A cot or cotquean, (a man who meddles
too much in womens affairs.) Un jo-
crisse.
Cot. Homme à l'angloise.
To COT, v. neut. (is said of a man who
meddles in a woman's domestick affairs.)
Être un jocrisse ; mettre le nez dans le
ménage.
COTANGENT, s. Cotangente, terme de
géométrie.
COTEMPERARY, subst. (one that lives
in the same age or time with another.)
Contemporain.
COTQUEAN, s. Un jocrisse.
COTTAGE, s. Cabane, chaumiere, mé-
chante petite maison de campagne.
COTTAGER, s. Celui ou celle qui demeure
dans une cabane, † un manant.

COTTON, subst. Coton.
Fine cotton. De beau coton.
The cotton-tree, (which bears a fruit
full of cotton.) Cotonnier, l'arbre qui
porte le coton.
To COTTON, verb. neut. (in a proper
sense, to size, as some stuffs do.) Se
cotonner.
To cotton, (to succeed, to hit.) Réussir,
avoir un bon succès.
Our business will not cotton. Notre af-
faire ne réussira pas.
To cotton, (or agree.) S'accorder ;
s'accommoder, quadrer.
COUCH,
COUCH-BED, } subst. Conche, cou-
chette, lit de repos.
To lie down upon a couch. Se coucher sur
un lit de repos.
To lay one's self down upon a couch. Se
jetter sur un lit de repos.
† To COUCH, verb. act. (or comprise.)
Comprendre, renfermer.
To couch in writing. Coucher ou mettre
par écrit, écrire.
To couch the lance. Mettre la lance en
arrêt.
To couch an eye, (to take off the cata-
ract, &c. as oculists do.) Lever la
cataracte d'un œil.
To couch, verb. neut. (to lie down.)
Se coucher.
COUCHANT, adj. (in heraldry.) Cou-
chant, terme de Blason.
COUCHED, adj. Assemblé, &c. V. to
Couch.
A letter well couched. Une lettre bien
écrite ou bien faite.
COUCHEE, s. (bed-time.) Le coucher.
COUCHENILL. V. Cochineal.
COUCHER, s. (a law-term for a register.)
Un Greffier.
Coucher. Oculiste qui leve la cataracte.
* Coucher, (an obsolete word for a
factor residing in some foreign country
for traffick.) Un facteur : le mot
de COUCHER en ce dernier sens a
vieilli.
COUCH-GRASS,
COUCH-WEED, } subst. (or quick-
grass.) Chiendent, sorte d'herbe.
COVE, subst. (a shelter or cover.) Ex:
A pidgeon cove. Boulin, où les pigeons
couvent leurs œufs.
Cove, (a sort of small harbour.) Crique ou
calangue.
Cove, (du François ALCOVE.) La voûte
de la galerie.
COVENABLE. V. Convenable.
COVENANT, subst. (or agreement.)
Accord, contrat, convention, pacte,
traité.
Covenant, (or alliance.) Alliance, ligue,
cabale.
To make a covenant, or to enter into
a covenant with one. Faire un contrat
avec quelqu'un.
The covenant of grace. L'alliance de
grace.
The covenant, (the presbyterian covenant.) La ligue ou la cabale presbytérienne.
To break the covenant. Rompre, violer
le contrat ou l'alliance.
A covenant-breaker. Un violateur de
contrat ou d'alliance, qui ne tient point
ce qu'il a accordé.
To COVENANT, v. n. (to make a covenant.) Convenir, stipuler, tomber d'accord, traiter.
Covenanted,

Covenanted, adject. Stipulé, dont on est demeuré d'accord.
COVENANTER, subst. (one that took the presbyterian covenant.) Ligueur, membre de la ligue Presbytérienne du temps de Cromwell.
COVENOUS, adj. Frauduleux.
COVER, s. (a cover, for a dish.) Couvre-plat.
The cover of a pot. Le couvercle d'un pot.
The cover of a book. La couverture d'un livre.
The cover of a letter. L'enveloppe ou le couvert d'une lettre.
Cover, (cloak or pretence.) Prétexte, manteau.
A cover, (a plate, napkin, knife, fork and spoon at table.) Un couvert de table.
Here wants a cover. Il manque ici un couvert.
To COVER, v. act. (in its proper signification, to hide.) Couvrir, mettre à couvert, cacher de quelque chose qui couvre.
To cover, (or conceal.) Celer, cacher, tenir secret.
To cover, (to disguise, cloke or palliate.) Couvrir, déguiser, voiler, pallier, colorer.
To cover, (or fill.) Couvrir, remplir, combler.
To cover, (to couple with, speaking of beasts.) Couvrir, s'accoupler avec, en parlant des bêtes.
Cover me well, that I may sweat. Couvrez-moi bien, afin que je sue.
I covered him with a good cover. Je l'ai couvert d'une bonne couverture.
To cover a sin. Pallier un péché.
The army covers the plain. L'armée couvre la plaine.
To cover one with an eternal shame. Couvrir quelqu'un d'un opprobre éternel.
To cover, (or to horse) a mare. Couvrir une jument, s'accoupler avec elle, en parlant d'un cheval.
To cover OVER. Couvrir quelque chose d'une autre.
To cover, (or over-cast.) Couvrir de nuages, obscurcir.
Covered, adject. Couvert, &c. V. to Cover.
Be covered, (or put on your hat.) Couvrez-vous, mettez votre chapeau.
COVERING, s. L'action de couvrir, &c. V. to Cover.
A covering for a bed. Une couverture.
COVERLET, s. Couverture, ouvrage de laine pour couvrir un lit.
COVER-SLUT, s. Une fausse manche.
COVERT, s. (or thicket.) Couvert, lieu couvert d'arbres, de buissons, &c.
Covert, (or hiding-place.) Fort, caverne, tanière, gîte.
Covert, (or shelter.) Abri, lieu de refuge, asyle, retraite.
He advanced under the covert of certain houses. Il avança à couvert de quelques maisons eu il avança à la faveur de quelques maisons qui le couvroient.
Covert or cover at table. V. Cover.
Covert, adj. (or under the power of a husband.) Mariée, sous puissance de mari.
Covert-baron, femme covert, (in the sense of the law.) Une femme mariée.
Cover-way. Chemin couvert, terme de fortification.
COVERTLY, adv. (or privately.) Couvertement, secrettement, en secret, en cachette, à la dérobée.
COVERTURE, subst. (a law term that signifies protection or the condition of a married woman.) Protection ou l'état d'une femme mariée qui est sous la dépendance & sous la protection de son mari.
Coverture. Abri, défense.
To COVET, v. act. (or desire.) Convoiter, désirer, souhaiter, ambitionner.
Prov. All covet, all lose. Qui trop embrasse, mal étreint.
COVETABLE, adj. Désirable, souhaitable, à souhaiter, qui mérite d'être désiré.
COVETED, adj. Convoité, desiré, souhaité.
COVETOUS, adject. (or very desirous.) Avide, desireux, passionné, qui souhaite ou qui aime avec passion.
I am not covetous of praise. Je ne suis point avide de louanges.
Covetous, (or avaricious.) Avare, avaricieux, attaché, intéressé, chiche, tenant, trop ménager, taquin.
A very covetous man. Un homme extrêmement avare, attaché ou intéressé.
COVETOUSLY, adv. Avec avarice, avec épargne, sordidement, en taquin.
COVETOUSNESS, subst. (or desire.) Cupidité, desir, passion, ardeur, empressement.
Covetousness, (avarice.) Avarice, épargne excessive, taquinerie, avidité de richesses.
He is taxed with covetousness. On le taxe d'avarice.
COVEY, s. Volée d'oiseaux.
COUGH, s. La toux.
A dry cough. Une toux seche.
The chin-cough. V. Chin.
The church-yard cough. La toux de renard qui mene au terrier.
To have a cough. Avoir la toux.
To COUGH, v. n. Tousser.
To cough OUT. Tousser fort.
To cough up a great deal of phlegm. Rendre beaucoup de flegme en toussant.
I thought I should cough my heart out. J'ai pensé crever à force de tousser.
COUGHING, s. L'action de tousser.
COVIN, COVINE, } subst. (a deceitful agreement between two or more, to the prejudice of another.) Collusion, fraude.
COUL, subst. (or tub.) Une cuve, une cuvette.
COULD. Ce mot est dérivé du verbe défectif can, & les Anglois s'en servent en divers temps. V. la grammaire.
I could not love her. Je ne pouvois pas l'aimer.
I could not imagine any such thing. Je ne pouvois pas imaginer rien de tel.
He could not do it. Il n'a pu le faire.
I strove all that ever I could. Je m'efforçai tant que je pus, je fis tous mes efforts.
I could love her well enough if she had but money. Je l'aimerois assez, si elle avoit de l'argent.
I could wish he were here. Je souhaiterois qu'il fût ici.
I could have done it. Je l'aurois pu faire.
It happened as well as could be. La chose réussit fort heureusement.
He was as busy as could be about it. Il s'appliquoit entièrement à cela.
I could find in my heart. Il me prend envie.
COULTER, s. (the sharp iron of the plough which cuts the earth.) Coutre.
COUNCELLOR. V. Counsellor.
COUNCIL, s. (a general assembly of the Clergy.) Concile, assemblée générale du Clergé.
To call a council. Assembler, convoquer un Concile.
Council, (an assembly of counsellors to deliberate upon weighty matters.) Conseil.
The King's privy council. Le Conseil privé du Roi.
One of his Majesty's privy council. Conseiller d'État, Conseiller du Roi en son conseil privé.
A common-council. Conseil de la Ville, conseil de la Bourgeoisie.
The council-chamber. La chambre du Conseil, le Conseil.
The council-board. La table du conseil, le tapis.
A great business was debated at the council-board. Une affaire de grande importance a été agitée au conseil ou a été mise sur le tapis.
Council or counsel or counsellor, (one that pleads for another at the bar.) Un Avocat.
The King's learned council at law. L'Avocat ou les Avocats du Roi, les gens du Roi.
COUNSEL, subst. (or advice.) Conseil, avis.
To ask counsel of one. Demander conseil à quelqu'un.
To give one a counsel. Donner conseil à quelqu'un, le conseiller.
To take counsel of a friend. Prendre, suivre l'avis d'un ami.
Take counsel of your pillow. La nuit vous avisera.
To keep counsel. Être secret, garder le secret.
As if our understanding were of counsel for our frailties. Comme si notre jugement favorisoit nos défauts.
A counsel or counsellor, (he that pleads for his client at the bar.) Un Avocat, celui qui plaide au Barreau pour sa partie.
To COUNSEL, verb. act. (to give counsel, to advise.) Conseiller, donner un conseil.
To counsel to the contrary. Dissuader, détourner, divertir.
COUNSELLABLE, adj. Qui prend volontiers conseil.
COUNSELLOR, s. Conseiller.
A privy-counsellor. Conseiller d'État, Conseiller du Roi en son Conseil privé.
A counsellor at law. Un Avocat.
COUNSELLORSHIP, s. Charge de Conseiller d'Etat.
COUNT, s. (a foreign Earl.) Un Comte étranger; on ne donne le titre d'EARL qu'aux Comtes d'Angleterre.
A German Count. Un Comte Allemand.
Count, (a law-term for declaration.) Terme de Palais qui signifie demande.
To COUNT, v. act. (or reckon.) Compter, calculer, supputer.
Have you counted your money ? Avez-vous compté cet argent ?
To count, (or account.). Croire, tenir, estimer.
He counts himself a learned man. Il se croit savant.
A count-book, s. Un livre de compte.

Counted

Counted, *adj. Compté, supputé, calculé ou tenu, estimé, qui passe pour.*
He is counted an honest man. *Il est tenu pour un honnête homme, il passe pour honnête homme.*
He is counted a knave. *Il passe pour un fripon, il a la réputation d'un fripon.*
Then the northern ocean was counted unnavigable. *On croyoit alors que l'océan septentrional n'étoit pas navigable.*
They are counted to be things indifferent. *On tient que ce sont des choses indifférentes, on les met au nombre des choses indifférentes.*
COUNTABLE, *adj. Qui peut être compté.*
COUNTENANCE, *s.* (the looks.) *Contenance, air, mine.*
Countenance, (or face.) *Visage, face.*
Countenance, (or support.) *Appui, soutien, protection.*
A cheerful countenance. *Une contenance gaie, un air enjoué.*
A sober or grave countenance. *Une contenance posée, un air grave, un air sérieux, un sérieux.*
To put out of countenance. *Faire perdre contenance, déconcerter, décontenancer.*
To be put out of countenance. *Perdre contenance, être déconcerté.*
To change or alter one's countenance. *Changer de couleur ou de visage.*
A sour, dogged or sullen countenance. *Un air, une mine sévère, farouche, rechignée, refrognée.*
Man alone has an erect countenance. *L'homme seul a le visage élevé ou va la tête levée.*
A courtier is nothing without the countenance of the Prince. *Un courtisan n'est rien sans l'appui, sans la protection du Prince.*
To COUNTENANCE, *v. act.* (to favour, to encourage, to abet.) *Favoriser, appuyer, soutenir, protéger, supporter.*
To countenance vice. *Appuyer le vice, appuyer le libertinage.*
Why does he countenance such rogues? *Pourquoi favorise-t-il de tels scélérats? Pourquoi les appuie-t-il de sa protection?*
Countenanced, *adj. Favorisé, appuyé, soutenu, protégé.*
He countenanced the Nicene creed. *Il protégea la Foi de Nicée.*
† She is as pretty a countenanced woman as one shall see. *On ne peut pas voir de femme dont la figure & la tournure soient plus agréables.*
COUNTENANCER, *subst. Celui qui favorise, appuie, soutient, protege; fauteur, protecteur, partisan.*
COUNTENANCING, *s. L'action de favoriser, d'appuyer, &c. V.* to Countenance; *appui, soutien, protection.*
COUNTER, *s.* (or counting-board in a shop.) *Comptoir de boutique.*
Counter, (a piece of brass, silver, &c. to count withal.) *Jeton, piece de cuivre, d'argent, &c. dont on se sert pour compter.*
Counters, (two prisons of *London* so called.) *Les comptoirs : il y a dans Londres deux prisons qu'on appelle de ce nom.*
Counter, (in a ship.) *Ex.* Lower or vaulted counter. *La grande voûte d'un vaisseau.*
The upper-counter or second counter. *Écusson, l'espace de la poupe d'un vaisseau qui est entre la grande voûte & les fenêtres de la grande chambre, où est*

placé l'écusson sur lequel est écrit le nom du vaisseau.
COUNTER, (a particle signifying opposition, is generally used in composition, and sometimes by itself.) *Cette particule signifie opposition & contrarieté; on s'en sert le plus souvent dans la composition des mots, & quelquefois séparément.*
To write counter. *Écrire contre.*
To run counter. *S'opposer, être contraire ou opposé.*
To run counter to one's extravagance. *S'opposer à l'extravagance de quelqu'un.*
To COUNTERACT, *v. act. Contrarier, s'opposer à, empêcher.*
COUNTERBALANCE, *s. Contre-poids.*
To COUNTERBALANCE, *v. act. Contre-balancer, contre-peser, égaler, entrer en comparaison.*
That small profit cannot counterbalance the loss I have sustained. *Ce petit profit ne sauroit contre-balancer la perte ou contre-peser la perte que j'ai faite.*
Conterbalanced, *adj. Contre-balancé.*
COUNTERBAND. *V. Contraband.*
COUNTERBATTERY, *subst.* (a battery raised against another.) *Contre-batterie, batterie opposée à une autre.*
COUNTER-BOND, *s. Obligation que la personne pour qui l'on a répondu, donne à sa caution pour son assurance.*
COUNTER-BRACING, *part. act.* (a sea-word.) *Brasser à contre.*
To COUNTERBUFF, *v. a.* (to strike back.) *Repousser, pousser en sens contraire.*
COUNTERBUFF, *subst. Coup en sens contraire.*
COUNTERCHANGE, *s. Contr'échange, change mutuel fait de part & d'autre.*
To COUNTERCHANGE, *v. act. Changer, troquer, faire un échange.*
COUNTERCHARGE, *s.* (recrimination.) *Récrimination.*
COUNTERCHARM, *subst.* Un contre-charme ou charme contraire.
COUNTERCHECK, *subst. Censure réciproque.*
To COUNTERCHECK, *v. act. Reprendre, censurer réciproquement.*
Counterchecked, *adject. Repris, censuré réciproquement.*
COUNTER-COMPONED, *adj.* (a term of heraldry.) *Contra-compond, terme de blason.*
COUNTER-CUNNING, *s. Contre-finesse, contre-ruse.*
COUNTER-CURRENT, *subst. Courant contraire ou opposé à un autre.*
COUNTER-DISTINCTION, *s. Ex.* In counter-distinction to that. *Par opposition à cela.*
To COUNTERDRAW, *v. act. Contretirer, terme de peinture.*
COUNTEREVIDENCE, *s. Témoignage contraire.*
COUNTERFEIT, *adject.* (or imitated.) *Contrefait, imité, bien représenté.*
Counterfeit, (or false.) *Faux, supposé, inventé, forgé, controuvé.*
Counterfeit, (feigned or dissembled.) *Feint, dissimulé.*
A counterfeit writing. *Une écriture contrefaite.*
A counterfeit coin. *Fausse monnoie.*
A counterfeit will. *Un testament supposé.*
A counterfeit friendship. *Une amitié feinte.*
A counterfeit devotion or holiness. *Une* dévotion d'hypocrite, une sainteté feinte & simulée.
Counterfeit, *s.* (a cheat.) *Un dissimulé, une dissimulée, un fourbe, un trompeur, un imposteur.*
All that were in the closet played the counterfeits. *Tout ce qui étoit dans le cabinet jouoit la comédie.*
To COUNTERFEIT, *v. act.* (or imitate.) *Contrefaire, imiter.*
To counterfeit one's hand. *Contrefaire l'écriture de quelqu'un.*
To counterfeit, (or forge.) *Controuver, inventer, imaginer faussement, supposer, forger.*
To counterfeit a will. *Supposer un testament, faire un faux testament.*
To counterfeit coin. *Faire de la fausse monnoie.*
To counterfeit, (to feign or dissemble.) *Feindre, faire semblant.*
He counterfeits being sick. *Il feint ou il fait semblant d'être malade.*
To counterfeit devotion or holiness. *Faire le dévot ou le saint.*
Counterfeited, *adject. Contrefait, imité, supposé, forgé, &c. Voyez* to Counterfeit.
COUNTERFEITER, *s.* (imitator.) *Imitateur, qui imite ou qui contrefait.*
Counterfeiter, (or forger.) *Auteur, inventeur.*
A counterfeiter of hands, of wills, &c. *Un faussaire.*
A counterfeiter of coin. *Un faux monnoyeur.*
COUNTERFEITING, *s. L'action de contrefaire, d'imiter ou de supposer, &c. V.* to Counterfeit.
COUNTERFEITLY, *adj. D'une maniere feinte, avec déguisement, en faisant semblant.*
COUNTER-FESANCE, *subst. L'action de contrefaire.*
COUNTERFOIL
COUNTERSTOCK, } *subst.* (that part of a tally struck in the exchequer, which is kept by an officer of that court.) *Contre-taille, moitié d'une taille, endossée & enregistrée à l'échiquier, qu'un Officier garde. V.* Counter-tally.
COUNTERFORT, *s. Contre-fort, terme d'architecture.*
COUNTER-FUGUE, *subst.* (in musick.) *Contre-fugue, terme de musique.*
COUNTERGUARD, *subst. Contre-garde, terme de fortification.*
COUNTER-LATH, *s. Contre-latte.*
To COUNTER-LATH, *v. act. Contrelatter.*
COUNTER-LIGHT, *s. Contre-jour.*
COUNTERMAND, *s. Contre-ordre, ordre contraire à celui qu'on avoit donné.*
Countermand of a will. *Annullation d'un testament.*
To COUNTERMAND, *v. act.* (or give countrary orders.) *Contremander, donner un contre-ordre.*
To countermand a will. *Invalider un testament, le déclarer nul ou le rendre nul ou invalide.*
Countermanded, *adject. Contremandé, rendu nul ou invalide.*
COUNTERMARCH, *s. Contre-marche, marche contraire à celle qu'on faisoit.*
COUNTERMARK, *s. Contre-marque.*
To COUNTERMARK, *v. act. Contremarquer.*
COUNTERMINE, *s. Contre-mine, mine contraire,*

contraire, qui sert à éventer & à empêcher la mine.

To COUNTERMINE, v. act. Contreminer, faire des contre-mines : il se dit dans le propre & dans le figuré.

Countermined, adj. Contre-miné.

COUNTERMINER, s. Contre-mineur, celui qui fait des contre-mines.

COUNTERMINING, s. Contre-mines ou l'action de contre-miner.

COUNTERMOTION, subst. Mouvement contraire.

COUNTERMURE, s. (a wall set against another.) Un contre-mur.

To COUNTERMURE, v. act. Faire un contre-mur.

COUNTERNATURAL, adject. Contre-nature.

COUNTERPANE, s. (for a bed.) Courtepointe, couverture de lit piquée.

COUNTERPART, s. (the counter-part of a writing.) Double, copie d'un contrat ou d'un acte public.

Counterpart, (in musick.) Contre-partie, en termes de musique.

COUNTERPLEA, s. Déclaration qui tend à forclorre une personne de produire.

COUNTERPLOT, subst. (or sham-plot.) Conspiration supposée à dessein de tourner la réelle en ridicule.

Counterplot, (a fetch or wile against another.) Contre-ruse ou contre-finesse.

To COUNTERPLOT, v. n. Faire une conspiration feinte ou supposée.

COUNTERPOINT, subst. (in musick.) Contre-point, terme de musique.

Counterpoint, (for a bed.) V. Counterpane.

COUNTERPOISE, subst. Contre-poids, équilibre.

To COUNTERPOISE, v. act. Contrebalancer, mettre en équilibre.

Counterpoised, adject. Contre-balancé, en équilibre.

COUNTERPOISON, s. Contre-poison, antidote.

COUNTER-RAIL, subst. Rang de balustres opposé à un autre rang, double balustrade.

COUNTERROL. V. Comptrol.

COUNTER-ROUND, s. (a military term.) Contre-ronde, terme de guerre.

COUNTERSCARP, s. (a piece of fortification.) Contrescarpe, ligne qui termine le fossé du côté de la campagne.

To COUNTERSCARP, v. act. Contrescarper, faire une contrescarpe.

To counterscarp a ditch. Contrescarper un fossé.

Counterscarped, adj. Contrescarpé.

COUNTERSCUFFLE, s. (when by mistake friends fall on friends.) Choc d'amis qui se battent sans se connoître.

COUNTER-SECURITY, s. Assurance ou obligation, que la personne pour qui l'on a répondu, donne à son répondant pour le dédommager.

To COUNTERSIGN, v. act. Contre-signer.

COUNTER-SWALLOWS-TAIL, subst. Contre-queue d'aronde.

COUNTER-TALLY, s. (a tally to confirm or confute to another tally.) Contretaille.

COUNTERTENOR, subst. (in musick.) Haute-contre, une des quatre parties de la musique ou celui qui tient cette partie de la musique.

To COUNTERVAIL, v. act. Valoir autant, être équivalent, égaler, récompenser, équivaloir à.

It countervails the charge. La chose en vaut la peine.

COUNTERTIME, s. Opposition, défense, contre-temps.

COUNTERVIEW, subst. Opposition, contraste.

To COUNTERWORK, verb. act. (or countermine.) Contre-miner, user de contre-mines, de contre-ruse ou de contre-finesse, pour ruiner les desseins de quelqu'un.

COUNTESS, subst. (an Earl's wife or widow.) Comtesse, femme ou veuve de Comte.

COUNTING, s. (from to count.) L'action de compter, &c. V. to Count.

Counting-house of the King's houshold. V. Green-cloth.

COUNTINGHOUSE, s. Comptoir.

COUNTLESS, adject. (innumerable.) Innombrable.

* COUNTOR or SERGEANT-COUNTOR, s. (so were called of old such Sergeants at Law as a man retained to defend his cause for a fee.) Un Avocat.

COUNTRY, s. (land or region.) Contrée, pays, region.

Country, (the fields in opposition to the town.) Les champs, la campagne, la province.

A man's own country, a man's native country. La patrie, le pays natal.

A fruitful or barren country. Un pays fertile ou stérile.

A remote country. Une région éloignée.

He subdued all the countries of the East. Il subjugua toutes les contrées de l'Orient.

Prov. So many countries, so many customs. Chaque pays a ses manieres ou ses coutumes.

What country was you born in ? Quel est le pays de votre naissance ?

To fight for a man's own country. Se battre ou combattre pour sa patrie.

We pass the winter in town, and the summer in the country. Nous passons l'hiver à la ville, & l'été aux champs ou à la campagne.

A man's parts grow rusty in the country. L'esprit se rouille dans la province.

One's country language. La langue maternelle.

A country-word. Un terme de province.

A country-house. Une maison des champs, une maison de campagne.

A country-life. Une vie rustique, une vie champêtre.

A country-man. Un provincial, un campagnard, un villageois, un paysan.

A country-woman. Une provinciale, une campagnarde, une villageoise, une paysanne.

What country-man are you ? De quel pays êtes vous ? d'où venez-vous ?

We are country-men. Nous sommes de même pays, nous sommes compatriotes.

A country-squire. Un Gentilhomme de province ou de campagne, † un hobereau.

A country-clown or country-bumpkin. Un paysan, un gros villageois.

A country-parson. Un Ministre de campagne, un curé de village.

A contry-ballad or country-song. Un vaudeville.

Country-dances. Des danses ou des branles de campagne.

COUNTRIFIED, adj. Rustique, ignorant, lourdaud, simple.

COUNTY, subst. (or shire.) Un comté ou province.

England is divided into forty counties; besides twelve in Wales. L'Angleterre est divisée en quarante Comtés ou Provinces, sans y comprendre les douze du pays de Galles.

A county, (or Earldom.) Un Comté.

The County of Burgundy. Le Comté de Bourgogne, la Franche-Comté.

County, or county-court, (which the Sheriff keeps every month within his charge either by himself or his deputy the under-Sheriff.) Espece de Cour que le Sheriff tient tous les mois dans son département ou qu'il fait tenir par son subdélégué.

COUPEE, } subst. (a step in dancing.)
COOPEE, }
Coupé, sorte de pas de danse.

To make a coupee. Faire un coupé.

COUPED, } adject. (in heraldry that is
COOPEE, } cut off.) Coupé, en termes de blason.

COUPLE, s. (or two of a sort.) Un couple, deux choses de même espece.

A couple of apples, eggs. Une couple de pommes, d'œufs.

A happy couple of lovers. Un heureux couple d'amants.

Couple, (to couple dogs with.) Couple, lien pour coupler deux chiens.

To couple two dogs together with a couple. Coupler deux chiens ensemble avec une couple.

To COUPLE, v. act. (to join.) Accoupler, coupler, attacher, joindre ensemble.

To couple, (for generation.) Accoupler, joindre pour la génération, en parlant des bêtes ; marier, joindre par le mariage, en parlant des personnes.

To couple, v. neut. (or to marry.) Se joindre, se marier ensemble.

To couple, (as beasts do.) S'accoupler, en parlant des bêtes.

Coupled, adj. Accouplé, couplé, &c.

COUPLET, s. (two verses with rhymes.) Deux vers rimés.

To COUPLET, v. neut. Faire des vers.

COUPLING, subst. Accouplement, l'action d'accoupler, &c. V. to Couple.

The couplings of a net, (or the mashes.) Les mailles d'un filet.

COURAGE, subst. (or valour.) Courage, cœur, bravoure, valeur, fermeté dans le péril, résolution, intrépidité.

I do not want courage but strength. J'ai bon courage, mais les forces me manquent.

To put courage into one. Donner du courage à quelqu'un, l'encourager, l'animer, relever son courage.

Be of good courage, take courage. Prenez courage, ayez bon courage.

To take courage again or to take fresh courage. Reprendre courage.

To lose one's courage. Perdre courage.

COURAGEOUS, adj. (or stout.) Courageux, qui a du courage ou du cœur, brave, vaillant, ferme, intrépide.

COURAGEOUSLY, adverb. Courageusement, avec courage, avec fermeté, vaillamment.

COURAGEOUSNESS, subst. Courage, intrépidité.

COURANT, s. (a sort of dance.) Courante, sorte de danse.

To dance a courant. Danser une courante.

A weekly courant of news. Une gazette.

To COURB, v. act. Courber.

COURIER, s. (or express.) Un courier, un exprès.

COURSE, *sub.* (running, race.) *Cours, course, carrière.*
The course of water. *Le cours des eaux.*
The course of the sun, moon and stars. *Le cours ou la carrière du soleil, de la lune & des étoiles.*
The course of a man's life. *Le cours de la vie humaine.*
I have finished my course. *J'ai achevé ma course ou ma carrière.*
Course, (in sailing.) *Route, cours, en termes de marine.*
Steer the course! *En route! Mets le cap en route!*
To appoint a course, to be steered. *Donner la route, prescrire la route aux vaisseaux.*
The main course, (or main sail in a ship.) *La grande voile.*
Courses, *s. pl. Les basses voiles, c'est-à-dire, la grande voile, la misaine & la voile d'artimon.*
On comprend même quelquefois sous cette dénomination générale, la voile d'étai, d'artimon, la grande voile d'étai & la trinquette; & lorsqu'il est question des Brigantins ou goëlettes, la grande voile d'etai fait toujours partie de ce qu'on nomme *courses.*
To go under a pair of courses. *Courir avec les deux basses voiles, c'est-à-dire, la grande voile & la misaine.*
Course, (journey or voyage.) *Chemin, voie, marche, traite, voyage sur mer ou sur terre.*
A continual course of sin. *Une suite continuelle de crimes, une vie tout à-fait criminelle.*
A course, (or order.) *Ordre, cours.*
By the course of nature. *Selon le cours ou l'ordre de la nature.*
I shall take a course for that. *J'y mettrai bon ordre.*
Course, (or turn.) *Tour, rang, suite.*
Every one his course. *Chacun à son tour, chacun selon son rang.*
By course. *Tour à tour, l'un après l'autre, alternativement.*
In the course of this letter. *Dans la suite de cette lettre.*
Course, (or custom.) *Coutume, train.*
It is our common course. *C'est notre coutume.*
According to the course of the world. *Suivre le train de ce monde.*
One is quickly weary of a continued course of life without any very variety. *On est bientôt las ou degoûté d'un même train de vie.*
He takes such courses as are not pleasing. *Il prend un certain train qui ne plait pas trop.*
Course of life. *Genre ou manière de vivre, façon, procédé, conduite.*
To fix upon a course of life. *Choisir un genre de vie.*
A strange course of life. *Une étrange manière de vivre.*
Course, (way or means.) *Manière, voie, moyen, méthode.*
He takes quite another course. *Il s'y prend d'une toute autre manière.*
To take a course to ruin one. *Prendre des voies pour ruiner quelqu'un.*
This is not the course you must take to bring your business about. *Ce n'est pas là le moyen de faire réussir votre affaire.*
Course (or service) of meat. *Un service de table.*

The first, second, and third course. *Le premier, le second & le troisième service.*
We have had three several courses. *Nous avons été servis à trois services.*
A thing of course, (or common.) *Une chose ordinaire, qui se fait ou qui s'observe toujours.*
Words of course. *Manières de parler, complimens.*
In course or of course, (naturally, of one's self, of itself, &c.) *Naturellement, ordinairement, de lui-même, d'elle-même, d'eux-mêmes, d'elles-mêmes, &c.*
That follows in or of course. *Cela suit naturellement, cela suit de soi-même; cela s'en va sans dire.*
Some do of course put an oath into every sentence that comes from them. *Il y a des gens qui ne manquent jamais de mêler des sermens dans tout ce qu'ils disent.*
Womens monthly courses or flowers. *Règles, mois des femmes.*
Course, (or measure.) *Mesure, conduite.*
I know not what course to take. *Je ne sais que faire, je ne sais quelles mesures prendre ou quelle conduite tenir.*
To take a wife course. *Prendre de justes mesures, s'y bien prendre, s'y prendre sagement.*
You do not take a good course for that. *Vous vous y prenez mal, vous ne vous y prenez pas bien.*
To take wrong courses. *Prendre de fausses mesures.*
To take bad (or wicked) courses. *Se debaucher, s'abandonner au vice ou au libertinage.*
You must take another course of life. *Il faut que vous changiez de vie.*
Or else I shall take a course with you. *Autrement je vous entreprendrai, je vous ferai bien sentir à la raison, je vous ferai des affaires ou je m'en prendrai à vous.*
To take a course with one at law. *Poursuivre quelqu'un en justice.*
I do not fear you, take your course. *Je ne vous crains point, faites ce que vous voudrez ou faites comme vous l'entendrez.*
Take your course and I shall take mine. *Prenez votre parti, je prendrai le mien.*
To follow the course of time. *S'accommoder au temps.*
By due course of law. *Juridiquement.*
To leave the world to take its course. *Laisser faire le monde; laisser couler le torrent.*
A course of eggs. *Une couvée d'œufs.*
A course (bed or lay) of stones in building. *Parement de muraille, assise de pierres.*
To be in a course of physick. *Être dans les remèdes.*
A course of humours in the eyes. *Une fluxion aux yeux.*
To put justice into its course. *Faire rendre justice.*
To COURSE, *v. act.* (or to hunt.) *Courre, courir, serrer en chassant.*
To course a hare. *Courre le lievre.*
To course, *verb. neut.* (over a hill.) *Aller par-dessus une montagne.*
To course (or dispute) in the schools. *Disputer dans les écoles.*
COURSER, *s.* (or steed.) *Un coursier.*
A courser of Naples. *Un coursier de Naples.*

A horse-courser, (or jockey.) *Un maquignon, un courtier de chevaux.*
A courser, (or disputant in schools.) *Un disputeur, celui qui dispute dans les écoles.*
COURSEY, *subst.* (a space in a galley about a foot and a half broad, on both sides whereof the seats of the slaves are placed.) *Coursier, intervalle ou passage large d'un pied & demi, qui regne dans une galere de proue à poupe entre les bancs de main droite & ceux de main gauche.*
COURT,
COURT-YARD, } *s.* (a yard before or behind a house.) *Cour ou basse-cour.*
Court, (before the gate of a church.) *Parvis, la place qui est devant le portail d'une Église.*
Court, (or narrow street.) *Ruelle, étroite, soit de passage ou à cul-de-sac.*
Court, (the palace of a Prince.) *Cour, palais du Prince.*
Court, (the Prince and courtiers.) *La Cour, le Prince & ses courtisans.*
Court, (attendance which one pays to a Prince or a great man.) *Cour, devoirs qu'on rend à un Prince ou à une personne de qualité.*
Court, (or hall of justice.) *Cour, palais de Justice.*
Court, (or the judges.) *Cour, les Juges d'une Cour.*
Let him wait in the Court. *Qu'il attende dans la Cour.*
The court of St. Paul's. *Le parvis de l'Église de St. Paul.*
This court goes into St. James's street. *Cette ruelle ou place va dans la rue S. Jacques.*
To go to Court. *Aller à la Cour.*
The Court is gone to Windsor. *La Cour est allée à Windsor.*
Prov. Far from Court, far from care. *Loin de la Cour, loin de souci.*
To make one's court to a Prince. *Faire la cour à un Prince.*
The Chancery-Court. *La Cour de Chancellerie.*
The high Court of Parliament. *La Cour souveraine du Parlement.*
The Court has acquitted him. *La Cour l'a renvoyé absous.*
Court-minion. *Un favori, un mignon.*
The Court-party. *Le parti de la Cour.*
Court-Ladies. *Les Dames de la Cour.*
Court-dresser. *Flatteur, courtisan.*
A Court-visit, (or short visit.) *Visite de Cour, courte visite.*
Court-miss. *Courtisane.*
Court-holy-water, (fair and empty words.) *Eau bénite de Cour ou belles paroles sans effet.*
Court-like. *A la manière, à la mode de Cour.*
A court-day. *Un jour de Palais.*
A court of guard. V. *Corps.*
A tennis-court. *Un tripot, un jeu de paume.*
Court-card. *Carte figurée, figure, tête, comme sont le roi, la dame & le valet.*
Court-rolls. *Terrier, papier qui contient le dénombrement & la nature des héritages situés dans la censive d'un Seigneur.*
Court-Baron. *Cour Foncière, Cour du Seigneur Foncier.*
Court-Leet. *Cour foncière, qui regarde proprement les offenses.*
Court-christian. *Cour qui juge des affaires de la Religion.*

To

To COURT, v. act. (to make love to.) Courtiser, faire la cour ou faire l'amour à, rechercher.
To court the ladies. Faire la Cour aux Dames.
To court a lady in order to marry her. Faire la cour a une Dame dans le dessein de l'épouser, rechercher une Dame en mariage, lui faire l'amour.
To court, (to desire or sollicit.) Rechercher, prier, presser, solliciter.
He courts me to it. Il me recherche pour cela, il me presse, il me sollicite de le faire.
To court (or stand for) a place. Briguer, solliciter, demander un emploi.
Courted, adj. A qui l'on fait la cour ou l'amour, recherché, &c. V. to Court.
She is courted by such a one. Un tel lui fait la cour ou l'amour, elle est recherchée par un tel.
I am every day courted to do it. On me sollicite tous les jours de le faire.
COURTEOUS, adject. (civil, affable.) Courtois, affable, honnête, civil, galant, obligeant.
Courteous, (gentle or kind.) Courtois, doux, benin, humain, bienfaisant, honnête, bon.
Courteous reader. Ami lecteur, † lecteur bénévole.
COURTEOUSLY, adv. Honnêtement, galamment, civilement.
COURTEOUSNESS. V. Courtesy.
COURTESAN. V. Courtezan.
COURTESY, f. (or civility.) Courtoisie, honnêteté, civilité, affabilité.
Courtesy, (or kindness.) Courtoisie, honnêteté, faveur, grace, bienfait, service.
To do one a courtesy. Faire une honnêteté à quelqu'un.
To live with one upon courtesy. Demeurer avec quelqu'un par faveur ou par grace.
Courtesy, (gentleness.) Douceur, honnêteté, bénignité, humanité, bonté.
Courtesy, (or curtsy.) Révérence de femme.
Prov. Full of courtesy, full of craft. Un trop grand respect est suspect.
To COURTESY, v. neut. Faire la révérence.
COURTEZAN, f. (a lady of pleasure.) Courtisane, fille de joie.
COURTIER, f. (a man that has a place at court or that follows the court.) Courtisan, homme de la Cour ou un partisan de la Cour.
Courtier, (a polite man, full of fine speeches and complaisance.) Un courtisan, un homme poli, civil, honnête, complaisant.
Courtier, (a Court-lady.) Dame ou femme de la Cour.
COURTINE, f. (the front of the wall between two bastions, in fortification.) Courtine, le front de la muraille de quelque place forte entre deux bastions.
COURTING, f. (from to court.) L'action de faire la cour, &c. V. to Court, recherche, &c.
COURTLASS, } f. (or short sword.) Un
CUTLASS, } coutelas.
COURTLIKE, adj. Poli, élégant, honnête.
COURTLINESS. V. Courtship.
COURTLY, adj. Galant, qui a l'air galant ou des manieres galantes, poli, civil, complaisant, honnête.

Tome II.

Courtly, adv. Galamment, poliment.
COURTSHIP, f. (courtesy or civility.) Civilité, honnêteté, complaisance, air obligeant, manieres engageantes.
Courtship, (fine amorous speeches.) Galanterie, douceurs, fleurettes.
You are mighty full of courtship. Vous êtes bien galant.
To COUSEN, &c. V. to Cozen, &c.
COUSIN, f. Cousin, cousine.
A cousin german. Cousin germain, cousine germaine.
A second cousin, a cousin once removed. Cousin issu de germain, cousine issue de germaine.
COVY } of partridges, f. Volée, com-
COVEY } pagnie ou bande de perdrix.
COW, f. Vache.
A great cow. Une grosse vache.
A milch-cow. Vache à lait.
† He is as good as a milch-cow to that sharper, (he is his constant bubble.) Il est la vache à lait de ce filou.
A cow with calf. Une vache pleine.
† To a cow's thumb, (exactly.) Exactement.
A cowherd or cowkeeper. Vacher, celui qui garde les vaches.
Cow-leech, f. Celui qui fait profession de guérir les vaches malades.
Cow-house. Étable.
To COW, v. act. Intimider, épouvanter, donner l'épouvante, rendre craintif ou lâche, tenir dans la crainte.
COWARD, f. (a dastard.) Un poltron, un lâche, un homme qui n'a point de cœur ni de courage, † un couard, ou une lâche, une poltronne.
He is a very coward. C'est un franc poltron.
She is a little coward. C'est une petite poltronne.
COWARDICE, } f. Poltronnerie,
COWARDLINESS, } lâcheté, † couardise.
COWARDLY, adj. Poltron, lâche, peu courageux.
Cowardly, adv. Lâchement, en lâche, en poltron.
COWED, adj. (from to cow.) Intimidé, épouvanté, devenu lâche ou craintif, qui n'ose branler.
To COWER, verb. neut. Se baisser, se courber.
COWING, f. L'action d'intimider, &c. V. to Cow.
COWL, f. (that part of a friar's habit which covers his head.) Un capuce, un capuchon.
A Francisan's cowl. Un capuce de Moine de l'ordre de S. François.
A cowl of a friar of S. Benedict. Un capuchon de Bénédictin.
To COWR down, v. n. (or to stoop down.) Se baisser.
COWSLIP, f. (a sort of flower.) Primevere, sorte de fleur.
By COXBONES, (a comical oath.) Ventre-bleu, ventre-saint-gris, juremens burlesques.
COXCOMB, f. (a blockhead or fop.) Un sot, un fat.
A proud coxcomb. Un sot ou un fat, qui fait l'entendu.
An ignorant coxcomb. Un ignorant, une bête, une buse, une âne.
COXCOMICAL, adj. Fat, affecté, suffisant.
By COXNOUNS, (a comical oath.)

Ventre-bleu, ventre-saint-gris, par la mort.
COXSWAIN. V. Cockswain.
COY, adj. (or shy, modest, decent; spoken only of women.) Retenue, modeste, réservée, prude.
Coy, (or finical.) Précieuse, sucrée.
To COY, v. n. Se comporter avec réserve, être modeste.
COYLY, adv. Avec réserve, avec retenue.
COYNESS, f. (or shyness.) Modestie, retenue, réserve.
Coyness, (or finicalness.) Modestie ou réserve affectée, & qui donne dans le précieux ridicule, pruderie.
COZ. V. Cousin.
To COZEN, v. act. (or cheat.) Tromper, fourber, duper.
COZENAGE, } f. (cheating.) Trom-
COZENING, } perie, fourbe, fourberie, supercherie.
Cozened, adj. Trompé, fourbé, dupé.
COZENER, f. Trompeur, fourbe.
COZENING. V. Cozenage.
CRAB, f. (or wild apple.) Pomme sauvage.
A crab, (or crab-fish.) Un cancre.
Crab-tree. Un pommier sauvage.
Crab-louse. Un morpion.
Crab, (in the zodiack.) L'écrevisse.
Crab, (an engine used by Carpenters and Architects.) Chevre, sorte de machine de Charpentier, &c.
Crab, (a sea-word.) Cabestan à l'ancienne façon, dont les barres traversent, & dont les trous sont percés à différentes hauteurs.
CRABBED, adj. (sour, as fruit unripe.) Apre, revêche, rude au goût.
Crabbed, (rough, uneven.) Raboteux, inégal, qui n'est pas uni.
A crabbed style. Un style raboteux, inégal, qui n'est pas uni.
A crabbed look, (a sour countenance.) Un visage chagrin, sévere, rechigné, refrogné.
CRABBEDLY, adv. To look crabbedly. Avoir une mine chagrine ou sévere, avoir un visage rechigné.
CRABBEDNESS, f. (or roughness) of style. Inégalité de style, ce qui le rend raboteux ou inégal.
Crabbedness, (or sourness.) Mine ou air chagrin ou sévere, humeur chagrine ou bourrue.
CRACK, f. (chink.) Fente, crevasse.
Crack, (the noise of a thing that cracks.) Craquement, bruit d'une chose qui se fend ou qui se crevasse.
The crack of a gun. Le pet d'une arme à feu.
Crack, (or whore.) Une garce, une putain, une courtisane.
Crack, (or boaster.) Vantard, bavard, bavarde.
Crack-brained. Fou, qui a le cerveau perclus ou mal timbré, qui a un coup de hache.
† A crack-rope or crack-hemp, (one that grows for the gallows.) Un pendard, un fripon, un coquin, un scélérat, un gibier de potence.
To CRACK, v. act. Fendre, fêler, casser.
To crack a bell. Fendre une cloche.
To crack a glass. Fêler un verre.
To crack a nut. Casser une noix.
To crack a louse. Tuer un pou.
He and I have cracked many a bottle together. Nous avons décoiffé ou vidé bien des bouteilles ensemble.

X

To

CRA   CRA   CRA

To crack, *v. neut.* (to chink and flaw.) *Se fendre, se crevasser, se fêler, s'entr'ouvrir.*

These boards begin to crack. *Ces planches commencent à se fendre, à s'entr'ouvrir, à se crevasser.*

That glass will crack. *Ce verre se fêlera.*

To crack, (as plaistering does.) *Se gercer.*

To crack, (to split, as stones and wood do.) *Éclater.*

To crack, (or make a noise.) *Craquer, faire du bruit.*

I heard it crack. *Je l'ai entendu craquer.*

To crack, (or to boast.) *Se vanter, se glorifier, se louer, bavarder.*

He cracks at a strange rate. *Il se vante d'une étrange manière.*

He cracks much of his kindred. *Il se vante fort de sa parenté, il fait valoir sa parenté.*

He eats till his belly is ready to crack. *Il se creve de manger.*

Does he think to crack me OUT? *Croit-il me faire peur?*

CRACKED. *V.* Crackt.

CRACKER, *s.* (or squib.) *Un pétard.*

Cracker, (to curl hair with.) *Papillote, petit morceau de papier pour envelopper une boucle de cheveux.*

A nut-cracker. *Un casse-noisette.*

A cracker or crack, (a boaster.) *Voyez* Crack.

† CRACKFART, *subst.* Espèce d'injure burlesque.

† He is the crackfart of the nation. *C'est un homme qui tranche hautement sur les affaires d'État ou un homme qui se mêle de régler l'État.*

CRACKING, *s. L'action de fendre, &c. V.* to Crack.

To CRACKLE, *v. neut.* (as laurel, &c. in the fire.) *Craqueter, petiller.*

CRACKLING, *s. Craquement, bruit.*

CRACKNEL, *s. Craquelin, échaudé aux œufs.*

CRACKT, *adj.* Fondu, fêlé, cassé, &c. *V.* to Crack.

Crackt, (or crack-brained.) *Fou, qui a le cerveau perclus ou mal timbré, qui a un coup de hache.*

Crackt (or broken) Merchant. *Marchand qui a fait banqueroute, qui a manqué.*

CRADLE, *subst.* (a bed for a child.) *Berceau, où l'on met un petit enfant au maillot.*

To put a child in a cradle. *Mettre un enfant dans le berceau.*

To rock the cradle. *Bercer, remuer le berceau pour endormir l'enfant.*

Cradle, (for launching a ship.) *Berceau servant à lancer un vaisseau à la mer.*

On appelle aussi cradles, *des lits à essieu, que l'on fournit aux malades dans les vaisseaux Anglois, à cause qu'ils sont à l'épreuve du roulis.*

An iron-cradle, (wherein sea-coal used to be burnt.) *Une grille à feu.*

To CRADLE, *v. act.* Bercer, mettre dans le berceau.

CRAFT, *subst.* (handy-craft or trade.) *Métier, profession, art méchanique.*

Craft, (craftiness or cunning.) *Finesse, ruse, artifice, habileté, adresse.*

Craft, (or trick.) *Finesse, tour d'esprit, intrigue, ruse, tromperie, fourberie.*

Prov. There is a craft in dawbing. *Il y a du mystère en toutes choses.*

A crafts-man. *Un artisan, un homme de métier, un ouvrier.*

A crafts-master. *Un homme habile en son art ou en son métier, un artiste.*

No man is his crafts-master the first-day. *On ne peut pas se rendre habile au premier jour.*

Craft, (merchant ships.) *Vaisseaux marchands.*

Small-craft, (boats.) *Des bateaux, des barques ou allèges.*

CRAFTILY, *adv.* (by craft, cunningly.) *Finement, adroitement, avec finesse, avec ruse.*

Craftily, (or workmanly.) *Artistement, selon les regles de l'art.*

CRAFTINESS, *s. Finesse, adresse, ruse, artifice, habileté.*

CRAFTSMAN, and craftsmaster. *V.* sous Craft.

CRAFTY, *adj.* (or cunning.) *Fin, adroit, rusé, subtil, éclairé, pénétrant, rompu dans les affaires.*

CRAG, *s.* (or neck.) *Le chignon du cou.*

Crag, (or rock.) *Roc ou rocher.*

The crag (or top) of a high rock. *La cime d'un haut rocher.*

CRAGGED, } *adj.* (rough or steep.)
CRAGGY, } *Raboteux, escarpé, sourcilleux,* le dernier est un terme poëtique.

The craggy end of a neck of mutton. *Le bout saigneux d'un collet de mouton.*

CRAGGEDNESS, } *subst.* (the being craggy.) *État de ce qui est raboteux ou escarpé.*
CRAGGINESS, }

To CRAM, *v. act.* (to thrust close.) *Enfoncer, fourrer, pousser.*

He crammed it at last in the trunk. *Il l'a enfin fourré dans le coffre.*

To cram, (or stuff.) *Remplir, garnir quelque chose d'une autre, farcir, remplir de farce.*

To cram one's self with meat. *Se gorger de viandes, se farcir, pour ainsi parler.*

He crams himself with meat and drink. *Il se gorge de boire & de manger.*

To cram poultry. *Engraisser la volaille en lui faisant avaler des boulettes de pâte.*

He crams his belly as much as ever he can. *Il se creve de manger,* † *il rembourre bien son pourpoint.*

A crammed capon. *Un chapon engraissé.*

CRAMBO, *subst.* (a play in which one gives a word and another is to find a rhyme.) *Jeu dans lequel l'un donne un mot, & c'est à l'autre à en trouver un second qui rime avec le premier.*

CRAMMED, *adj.* (from to cram.) *Fourré, poussé, enfoncé, farci, gorgé, engraissé, &c. V.* the verb.

CRAMMING, *s. L'action de fourrer, &c. V.* to Cram.

He soon grew weary of the cramming and eager fondness of the cits. *Il se lassa bientôt de la goinfrerie des festins, & de l'empressement des marchands.*

CRAMP, *subst.* (a contraction, numbedness and convulsion of the nerves.) *La crampe, engourdissement, rétrécissement ou convulsion des nerfs, espece de goutte passagere qui cause une douleur violente.*

Cramp-iron. *Crampon, main de fer, harpon, crochet.*

To fasten with cramp-irons. *Cramponner, sceller, lier, attacher avec des crampons.*

The cramp-fish. *La torpille, poisson qui engourdit la main de ceux qui le manient.*

To CRAMP, *v. act.* (to straiten or restrain.) *Gêner, contraindre, restreindre.*

Despotism cramps both wit and trade. *Le despotisme gêne le bel-esprit & le commerce.*

To cramp, (to hold fast with a cramp-iron.) *Cramponner, accrocher, tirer avec un crampon.*

To cramp IN a piece of iron, (with lead.) *Sceller une piece de fer.*

To cramp OUT. *Arracher, tirer de force, faire sortir.*

CRAMPED. *V.* Cramp.

CRAMPERN. *V.* Cramp-iron.

CRAMPING, *s. Gêne, contrainte, action de gêner, de cramponner, &c.*

CRAMPT, *adj. part.* (or straitened.) *Gêné, contraint.*

Crampt (or fastened) in. *Cramponné, accroché, attaché.*

Crampt, (that has got the cramp.) *Qui a la crampe.*

A crampt (or forced) word. *Un mot forcé, un mot écorché, & qui n'est point autorisé par l'usage.*

A crampt name. *Un nom biscornu.*

CRANAGE, *subst.* (a liberty to use a crane, for drawing up of wares, as also the money taken and paid for the same.) *C'est le privilege d'avoir une grue, ou bien, le droit qu'on paye au maitre de la grue. V.* Crane, *au second sens.*

To CRANCH. *V.* to Craunch.

CRANE, *subst.* (a bird.) *Grue, sorte d'oiseau.*

Crane, (an engine to draw up burdens.) *Grue, machine à lever des fardeaux.*

To draw up wares with a crane. *Lever des marchandises avec une grue.*

A crane, (or siphon.) *Un siphon.*

A sea-crane, (a sort of fish.) *Grue de mer, sorte de poisson.*

To CRANE up, *v. act. Lever ou enlever par le moyen d'une grue.*

CRANIUM, *s.* (the skull.) *Crâne.*

CRANK, *s. Partie de la machine qu'on appelle grue.*

CRANK, *adj.* (or lusty.) *Vigoureux, dispos, qui se porte bien.*

Crank, (or merry.) *Gai, éveillé, gaillard, enjoué.*

A crank-ship. *Vaisseau qui porte mal la voile ou qui a le côté foible.*

To CRANKLE in and out, *verb. neut. Serpenter, aller en tournant & par replis à la manière des serpens.*

CRANKLES, *s. Replis, détours.*

Lantern-crank. *Aiguille de fanal.*

Bell-crank. *Crochet de fer qui sert de levier pour faire aller une cloche de vaisseau.*

CRANIED, *adj.* Fendu, crevassé, plein de crevasses ou de fentes.

CRANNY, *subst.* (or chink.) *Petite fente, petite crevasse.*

CRAPE, *s.* (a sort of stuff.) *Crêpe, sorte d'étoffe.*

* CRAPNEL. *V.* Grapple.

CRASED. *V.* Crazed.

CRASH, *s.* (a great noise.) *Froissement, bruit, fracas, craquement.*

Crash, (or contest.) *Débat, querelle, dispute, contestation, chamaillis.*

To CRASH, *verb. act. Froisser, briser, fracasser.*

To crash, *v. neut.* (or make a noise.) *Craquer, craqueter, faire un bruit semblable*

blable à celui d'une chose qu'on froisse ou qu'on brise.
CRASHING, *subst.* Froissement, l'action de froisser ou de briser, ou bien, le bruit qui se fait en froissant ou brisant de certaines choses, *fracas*, *craquement*.
CRASIS, *f.* Tempérament, *constitution*.
CRASS, *adject.* (or gross.) Grossier, épais.
CRASSITUDE, *f.* (thickness.) Épaisseur, grosseur.
CRATE, *subst.* Espece de panier où l'on met la fayence.
CRATCH. V. Rack.
CRATCHES, *subst.* (a horse's disease.) Crevasse, maladie qui vient au pli des paturons du cheval.
* CRAVANT. V. Craven.
CRAVAT, *f.* Une cravate.
A laced cravat. *Cravate à dentelle.*
A plain cravat. *Cravate simple ou unie.*
To CRAVE, *verb. act.* (to desire or demand.) Demander, faire demande d'une chose, requérir, implorer, desirer avec ardeur.
To crave a man's help. *Demander le secours de quelqu'un, implorer son assistance.*
Shall I crave your name? *Oserai-je vous demander votre nom ?*
Craved, *adj.* Demandé.
* CRAVEN,
* CRAVENT,   } *subst.* (two old words for coward.) Un poltron, un lâche.
† CRAVENED, *adj.* Intimidé.
CRAVER, *subst.* (from to crave.) Demandeur ; un poltron.
CRAVING, *subst.* L'action de demander, demande.
He is never weary of craving. *Il ne se lasse jamais de demander.*
Craving, *adj.* Qui demande toujours, qui n'est jamais content, insatiable, affamé, qui n'a jamais assez.
She is a craving woman. *C'est une femme qui demande toujours, qui n'est jamais contente,* † *qui n'est jamais c'est assez.*
To have a craving stomach. *Être affamé, avoir un appétit insatiable, avoir toujours grand appétit.*
CRAVINGNESS, *f.* Humeur insatiable.
To CRUNCH,
To CRUNCH, } *v. act.* (to break with one's teeth.) Croquer.
CRAW, *f.* (the gorge or crop of a bird.) Jabot, l'endroit du corps de l'oiseau où se reçoit ce qu'il avale.
CRAW-FISH, *f.* (cray-fish.) Écrevisse.
To CRAWL, *v. n.* Ramper, se traîner.
A worm that crawls upon the ground. *Un ver qui rampe sur la terre.*
He crawled along upon his feet and hands. *Il se traînoit en s'aidant des pieds & des mains.*
I am so weak that I can scarce crawl along. *Je suis si foible qu'à peine puis-je me traîner.*
To crawl, (or wriggle.) *Serpenter, aller par plis & replis.*
To crawl up to the top of a tree. *Grimper au haut d'un arbre.*
To crawl with lice. *Être couvert ou plein de poux, grouiller de poux.*
To crawl with ants. *Grouiller de fourmis.*
CRAWL, *f.* Bordigue, ou retranchement de cannes & de roseaux en claies, sur les bords de la mer, pour y tenir du poisson enfermé.
CRAWLER, *subst.* (or crawling creature.) Une créature rampante, un reptile.

CRAWLING, *f.* L'action de ramper ou de se traîner.
CRAYER, *subst.* (a sort of small ship.) Sorte de petit vaisseau Suédois.
CRAY-FISH, *f.* Écrevisse.
CRAYON, *subst.* (or pastel.) Pastel, crayon.
Designed with the crayon. *Dessiné au pastel.*
To CRAZE, *v. act.* (to break and bruise.) Froisser, fracasser, rompre ; étourdir.
Crazed, *adj.* Froissé, fracassé, rompu.
Crazed, (distempered in his brain.) Qui a l'esprit de travers, † qui a un coup de hache, ou dans un sens plus doux, foible, qui a l'esprit foible.
CRAZEDNESS,
CRAZINESS, } *f.* Indisposition, mauvaise santé, caducité.
CRAZY, *adject.* (broken, decrepit.) Maladif, valétudinaire, mal-sain, caduc, infirme, cassé, langoureux.
A crazy and diseased state. *Un état foible & languissant.*
To CREAK, *v. neut.* (or make a noise.) Craquer, faire du bruit comme un soulier neuf ou une porte dont les gonds sont rouillés, &c.
CREAKING, *subst.* Bruit comme celui d'une porte, &c. V. to Creek.
I hate this creaking. *Je ne saurois souffrir ce bruit.*
CREAM, *subst.* (the cream of milk.) La crème, la graisse qui se forme sur le lait, & qui fait une espèce de croûte.
Whipt cream. *Crème fouettée, crème qui a force d'être battue avec un petit fouet, devient tout en écume.*
Cream of tartar. (or purified tartar.) Crème de tartre.
Cream, (the best of a thing.) *La crème, ce qu'une chose a de meilleur, la fleur, le fin, la graisse.*
The cream of a book. *La crème d'un livre.*
The cream (or fat) of the land. *La graisse du pays.*
The cream (or prime) of a country. *La fleur ou les principaux d'un pays.*
That is the cream of the business. *C'est-là le fin de l'affaire.*
The cream of the jest. *Le fin de la raillerie.*
Cream-cheese. *Fromage fait avec de la crème.*
Cream-tart. *Tarte à la crème.*
To CREAM, *v. n.* (or gather into a cream.) Se former en crème.
To cream, *v. act.* Écrémer.
CREAMY, *adj.* Plein de crème.
CREANCE, *subst.* (or trust.) Confiance, créance.
Creance, (in hawking.) V. Criance.
CREACE, *adj.* Un pli, un mauvais pli.
To CREATE, *v. act.* (to make out of nothing.) Créer, faire de rien.
God has created the world. *Dieu a créé le monde.*
To create, (make or appoint.) Créer, faire, établir, &c.
To create Magistrates. *Créer, faire des Magistrats, établir, choisir, élire des magistrats.*
To create, (to cause.) Causer, faire, susciter, exciter, faire venir, donner, faire naître.
To create one sorrow. *Causer ou donner de la tristesse à quelqu'un.*
To create a stomach. *Exciter, réveiller, faire venir l'appétit, donner l'appétit.*
To create an emulation. *Donner de l'émulation.*

To create one's self more trouble than one needs. *Se donner plus de peine qu'il n'est nécessaire, être ingénieux à se tourmenter.*
Created, *adj. Créé*, &c. V. to Create.
CREATING, *f.* L'action de créer, &c. V. to Create. *Création.*
The creating of new officers. *La création de nouveaux Officiers.*
CREATION, *f.* (the making *or* being made out of nothing.) *Création, extraction du néant.*
The creation of the world. *La création du monde.*
Creation of a magistrate. *Création, élection, nomination, choix d'un Magistrat.*
CREATIVE, *adj.* Qui crée, qui a le pouvoir de créer.
CREATOR, *subst. Créateur.*
CREATURE, *subst.* (a created being.) *Créature*, toute chose créée.
A living creature. *Une créature vivante.*
A creature, (or person.) *Une créature, une personne individuelle.*
A great man's creature. *La créature d'un Grand, une personne qui s'attache à un Grand, à qui elle doit sa fortune & son élévation.*
He is one of his creatures. *Il est une de ses créatures.*
A strange creature. *Un monstre.*
To abuse God's creatures. *Abuser des biens de Dieu.*
† To take a cup of the creature. *Boire un verre de vin.*
CREDENCE, *f.* (credit *or* belief.) *Foi, créance.*
To give credence to a thing. *Ajouter foi à quelque chose, la croire.*
Credence, (or name.) *Renom, réputation.*
He thereby gained a credence of being a good Christian. *Par ce moyen-là, il s'acquit le renom d'un bon Chrétien.*
CREDENDA, *subst.* Ce qu'il faut croire, articles de foi.
CREDENTIALS, *f.* (letters of credence.) *Lettres de créance, commission d'un Ambassadeur, d'un Plénipotentiaire,* &c.
CREDIBILITY. V. Credibleness.
CREDIBLE, *adject.* (to be believed.) *Croyable, digne d'être cru, probable, vraisemblable,* en parlant des choses ; *irreprochable, digne de foi,* en parlant des personnes.
It is not credible. *Il n'est pas croyable.*
A credible witness. *Un témoin irréprochable, un témoin digne de foi.*
CREDIBLENESS, *subst.* Probabilité, vraisemblance, ce qui rend une chose probable ou vraisemblable.
CREDIBLY, *adverb.* Vraisemblablement, avec assez de vraisemblance, probablement.
The thing is credibly reported. *On le dit & la chose a assez de vraisemblance.*
CREDIT, *subst.* (reputation, authority, interest.) *Crédit, réputation, pouvoir, autorité.*
To make use of one's credit. *Se servir de son crédit.*
To lose one's credit. *Perdre son crédit.*
Credit, (or honour.) *Gloire, honneur.*
He has got the credit of it. *L'honneur lui en est démeuré, il en a eu la gloire.*
Credit, (credence or belief.) *Créance, foi.*
To give credit to a thing. *Ajouter foi à quelque chose, la croire.*

Credit,

Credit, (or trust.) *Crédit, l'action de prêter.*
To give credit to one or to trust him. *Faire crédit à quelqu'un, lui prêter à crédit.*
Credit is dead. *Crédit est mort, on ne fait plus crédit.*
It will be much for his credit. *Cela lui sera fort glorieux.*
To employ one's credit for the obtaining of something. *S'entremettre pour obtenir quelque chose.*
To CREDIT, *v. act.* (or to believe.) *Ajouter foi, croire, se persuader.*
I am not apt to credit such things. *Je ne suis pas un homme à croire de telles choses.*
To credit, (to grace.) *Faire honneur.*
That will no ways credit you. *Cela ne vous fera aucun honneur.*
CREDITABLE, *adj.* Honorable, *honnête, qui fait honneur.*
A creditable employment. *Un emploi honorable.*
This suit of yours is a creditable suit. *Cet habit est honnête, il vous fera de l'honneur.*
CREDITABLENESS, *f.* *Qualité de ce qui est honorable,* &c.
CREDITABLY, *adv.* *Avec honneur.*
CREDITED, *adj.* *Cru, à quoi l'on ajoute foi.*
He may be credited. *On peut croire ce qu'il dit.*
CREDITOR, *f.* *Créancier, prêteur, celui à qui on doit.*
To pay one's creditors. *Payer ses créanciers.*
CREDULITY, *subst.* (aptness to believe.) *Crédulité, facilité à croire.*
He is guilty of too much credulity. *Il a trop de crédulité, il est trop crédule.*
CREDULOUS, *adject.* (apt to believe.) *Crédule, qui croit trop aisément ou légèrement.*
He is a little too credulous. *Il est un peu trop crédule.*
CREED, *f.* Symbole, *confession de foi.*
The Apostles' creed. *Le Symbole des Apôtres.*
The Nicene creed. *Le Symbole de Nicée.*
To say the creed. *Dire la confession de foi.*
CREEK, *f.* (a little bay.) *Une crique ou calanque,* terme de marine qui signifie, *une petite baie.*
Creek, (crook or nook to unload wares.) *Le quai d'une ville sur le bord d'une rivière ou de la mer, pour y décharger des marchandises.*
CREEK, V. Creak.
To CREEP, *verb. neut.* *Ramper, se traîner.*
A serpent that creeps on the earth. *Serpent qui rampe sur la terre.*
If I cannot go, I will creep. *Si je ne puis marcher, je m'y traînerai.*
To creep IN. *Se couler, se glisser dedans, s'insinuer :* il se dit dans le propre & dans le figuré.
To creep INTO a corner. *Se glisser dans un coin.*
To creep into one's favour. *S'insinuer dans les bonnes graces de quelqu'un, gagner ses bonnes graces.*
You must learn to creep before you go. *Il faut avoir des ailes avant que de voler.*
To creep OUT. *Sortir avec adresse & sans bruit.*

To have always a hole to creep out at. *Avoir toujours quelque subterfuge ou quelque échappatoire.*
Knowledge does insensibly creep UPON those who are desirous of it. *La connoissance s'insinue insensiblement dans l'esprit de ceux qui l'aiment.*
Security creeps upon him. *Il se laisse aller à la sécurité.*
Old age creeps ON, or old age comes creeping on. *La vieillesse s'approche insensiblement.*
To creep and cringe, (or fawn.) *Ramper, complaire bassement, faire le chien couchant.*
† He is ready to creep into his mouth. *Il fait le chien couchant.*
CREEPER, *f.* *Qui rampe, qui se traîne, une créature rampante.*
Creeper, (a low andiron.) *Un chenet.*
Creeper, (a sea-word.) *Croc à quatre branches, ou espèce de grapin servant à draguer le fond de l'eau, pour y chercher quelque chose qu'on a perdu.*
CREEP-HOLE, *subst.* *Trou par où l'on se sauve, dans le propre ; prétexte, subterfuge, échappatoire, fuite,* dans le figuré.
CREEPING, *f.* *L'action de ramper,* &c. V. to Creep.
Creeping and cringing. *Bassesse, lâche complaisance.*
Creeping, *adj.* *Qui rampe, rampant.*
A creeping thing. *Un reptile.*
Creeping thyme. *Du serpolet, sorte d'herbe odoriférante.*
CREEPINGLY, *adv.* *Bassement, en rampant.*
CREMOR, *subst.* *Substance semblable à la crème.*
CRENATED, *adj.* *Entaillé.*
CRENELLID, *adj.* (in heraldry.) *Crenelé,* en termes de blason.
To CREPITATE, *verb. neut.* *Faire un petit bruit.*
CREPITATION, *sub.* *Crépitation, sorte de petit bruit.*
CREPT, *adject.* (or crept in.) *Qui s'est glissé ou coulé.* V. to Creep.
Crept ; c'est aussi le prétérit du verbe to Creep.
CREPUSCULE, *subst.* *Crepuscule.*
CREPUSCULOUS, *adject.* *Dans un état mitoyen entre la lumière & l'obscurité.*
CRESCENT, *subst.* (a term of heraldry, a half-moon.) *Un croissant,* terme de blason.
Crescent, (the arms of the Grand Seignior.) *Le croissant, les armes du Grand-Seigneur.*
Crescent, (or the Turks.) *Le croissant, les Turcs.*
Crescent or crescive, *adject.* *Naissant, qui croît.*
CRESS, *f.* (a sort of herb.) *Cresson, sorte d'herbe.*
CRESSET, *f.* (or cresset-light for a burning beacon.) *Un feu qui sert de signal, un falot.*
A cresset to set a pot on. *Un trépied.*
CREST, *subst.* (of birds.) *Crête, huppe d'oiseau.*
Crest, (in heraldry,) *Crête, cimier, timbre,* en termes de blason.
The crest of an helmet. *La crête ou le cimier d'un casque.*
The crest of a coat of arms. *Timbre d'armoiries.*
The crest (or mane) of a horse. *L'encolure d'un cheval.*

Crest-fallen, *adj.* (or dejected.) *Abattu, découragé.*
CRESTLESS, *adj.* *Sans armoiries, d'une basse naissance.*
CRESTED, *adj.* (a term of heraldry.) *Qui a pour cimier.* Ex.
Pallas had a head - piece crested with the head of a horse. *Pallas avoit pour cimier de son casque une tête de cheval.*
CRETACEOUS, *adj.* V. Chalky.
CREVICE, *sub.* V. Cray-fish.
Crevice, (or a chink.) *Une fente, une crevasse.*
CREW, *f.* (or gang.) *Une bande, une troupe, un tas.*
A crew of rogues. *Une bande ou une troupe de coquins, de scélérats, de gens de sac & de corde.*
The crew of a ship. *L'équipage d'un vaisseau.*
CREWEL, *subst.* *Peloton de laine filée.*
CREWET. V. Cruet.
CRIANCE, } *f.* (a term in hawking.)
CREANCE, }
Créance, terme de fauconnerie.
A hawk's creance. *Créance de faucon.*
CRIB, *subst.* (a manger for cattle and sheep.) *Crèche, mangeoire de bœufs, vaches, ânes, brebis, chevres,* &c.
The crib of a stage or hackney coach, (the leathern pouch under the coachman's seat.) *Poche ou sac qui est sous le siège d'un cocher, d'un fiacre,* &c.
To CRIB, *v. act.* *Dérober, renfermer, encager.*
CRIBAGE, *subst.* (a game at cards.) *Sorte de jeu de cartes particulier aux Anglois.*
CRIBRATION, *subst.* *L'action de cribler.*
CRIBBLE, *f.* (a corn-sieve.) *Van.*
CRICK, *f.* *Le bruit d'une porte.*
A crick in the neck. *Une douleur ou mal de cou causé par le froid, un rétrécissement de nerfs.*
To CRICK. V. to Creak.
CRICKET, *f.* (an insect.) *Grillon, sorte d'insecte.*
Cricket, (a sort of play.) *La crosse, sorte de jeu avec une balle qu'on pousse avec une crosse.*
Cricket, (a low stool) *Un petit tabouret, un estrapontin.*
CRICKING. V. Creaking.
To CRIE. V. to Cry.
CRIED, *prétérit du verbe* to Cry.
CRIED, *adj.* *Crié,* &c. V. to Cry.
Cried UNTO. *Invoqué, réclamé.*
Cried UP. *Exalté, vanté, prôné, en crédit, qui a la vogue.*
Cried DOWN. *Décrié.*
CRIER, *f.* *Un crieur.*
A publick Crier. *Un crieur public, un héraut.*
CRIME, *f.* *Crime, méchante action, faute énorme, péché.*
An heinous crime. *Un crime atroce, horrible, odieux, affreux.*
A capital crime. *Un crime capital.*
To perpetrate or commit a great crime. *Commettre un grand crime.*
CRIMEFUL, *adj.* *Criminel.*
CRIMELESS, *adj.* *Innocent.*
CRIMINAL, *adj.* (or guilty.) *Criminel.*
A criminal life. *Une vie criminelle.*
Criminal, *subst.* (or offender.) *Un criminel.*
CRIMINALLY, } *adv.* *Criminellement.*
CRIMINOUSLY, }
CRIMINALTY, *f.* (or criminal case.) *Cas criminel.*
CRIMINATION,

CRI

CRIMINATION, *f. Accusation.*
CRIMINATORY, *adj. Qui a rapport à l'accusation.*
CRIMINOUS, *adj. Criminel.*
CRIMP, *adj. Fragile, qui n'a point de consistance.*
To CRIMPLE, *verb. act. Rider, faire qu'une chose se rétrécisse.*
CRIMPS, *subst.*
Ex. To be in the crimps, (or to be well set out in cloaths.) *Etre bien paré, bien mis, bien ajusté,* † *être brave.*
CRIMPT, *adj.*
Ex. Crimpt ril bons. *Nompareille frisée.*
CRIMSON, *f.* (a sort of fine red.) *Cramoisi, rouge beau & vif.*
Crimson-velvet. *Velours cramoisi.*
Crimson-silk. *Soie cramoisie.*
Crimson-colour. *Du cramoisi.*
* CRINCUM, *subst. Rétrécissement, bizarrerie.*
CRINGE, *f. Profonde soumission ou révérence.*
To CRINGE, *verb. neut. Ramper, faire de grandes soumissions,* † *faire le chien couchant.*
CRINGING, *subst. L'action de ramper, grandes soumissions, bassesse.*
I hate this cringing. *Je n'aime point ces bassesses.*
Full of cringing. *Plein de soumission.*
Cringing, *adj. Rampant, bas.*
A cringing foul. *Un cœur rampant, une ame basse.*
CRINGLE, *f.* (a sea-term *from* crinkle.) *Herseau de boulines & autres anneaux de corde fixés aux ralingues des voiles.*
Iron-cringles *or* hanks. *Anneaux de voile d'étai dans certains bâtimens.*
To CRINKLE, *verb. neut. Serpenter, aller en tournant, être plein de sinuosités, faire des plis & des replis.*
CRINKLES, *f. Tours, détours, sinuosités, plis & replis.*
Full of crinkles, *Qui a bien des détours, plein de sinuosités.*
CRIPLINGS, *f.* (in architecture.) *Des solives, des pieux.*
CRIPPLE, *adj. Impotent, perclus de ses membres, boiteux.*
To CRIPPLE, *v. act. Estropier.*
Crippled, *adj. Estropié.*
CRIPPLENESS, *subst. L'état d'un impotent ou d'un homme perclus de ses membres,* &c.
CRIPPLING, *adject.*
Ex. To go crippling, (as one that has a disease hanging on him.) *Marcher mal à son aise, se trainer.*
CRIS-CROSS-ROW, } *f. L'Abécé,*
CHRIST'S CROSS ROW, } *croix de par Dieu, l'alphabet.*
CRISIS, *subst.* (a conflict between the patient's nature and his disease.) *Crise, effort de la nature contre la maladie.*
CRISP, *adj.* (or brittle.) *Friable, fragile ou cassant.*
Crisp, (curled.) *Frisé.*
Crisp. *Rissolé ou rôti, en sorte qu'il tire sur le roux.*
The skin of the pig must be crisp. *La peau du cochon de lait doit être bien rissolée.*
Crisp almonds. *Pralines, amandes à la praline.*
To CRISP, *v. act.* (or curl.) *Friser.*
To crisp hair. *Friser des cheveux.*
Crisped, *adj. Frisé.*
CRISPATION, *f. Crispation,* terme didactique.

CRI

CRISPING, *f. L'action de friser.*
A crisping-iron. *Fer ou poinçon à friser les cheveux.*
CRISTAL, *V. Crystal.*
CRITCH. *V. Crib.*
CRITERION, *subst. Marque pour juger d'une chose.*
CRITICAL, *adj.* (censorious.) *Critique, qui reprend, qui trouve à redire.*
A critical wit or humour. *Un esprit ou une humeur critique.*
A critical day, (or a day of crisis.) *Jour de crise, jour critique.*
Critical times. *Des temps dangereux.*
The critical hour or minute, (in love.) *L'heure du berger.*
CRITICALLY, *adv.* (like a critick.) *En critique, en critiquant.*
To CRITICISE upon, *verb. neut. Critiquer.*
CRITICISM, *sub. Critique, jugement d'un critique sur quelque ouvrage d'esprit.*
CRITICK, *f.* (or fault-finder.) *Un critique, un censeur, celui qui juge des fautes d'autrui ou qui les examine.*
He is a great critick. *C'est un grand critique.*
A learned critick. *Un savant critique.*
CRITICKS, *f. Critique.*
To CROAK, *verb. neut. Coasser,* en parlant des grenouilles; *croasser,* en parlant des corbeaux.
The frogs croak in the water. *Les grenouilles coassent dans l'eau.*
The ravens croak. *Les corbeaux croassent.*
CROAKING, *f. Cri de grenouille, de corbeau ou croassement.*
The croaking (or rumbling) of the guts with wind. *Le bruit ou le murmure des boyaux.*
CROCEOUS, *adj. De safran, jaune comme du safran.*
CROCK, *f.* (a kind of earthen pot.) *Pot de terre.*
A crock of butter or of venison. *Un pot de beurre ou de venaison.*
Crock-butter or salt-butter. *Beurre salé.*
CROCKERY, *subst. Faience, porcelaine.*
CROCODILE, *f. Un crocodile, animal aquatique.*
Crocodile's tears, (or treacherous tears.) *Des larmes de crocodile, des larmes traitresses.*
CROCUS, *f. Safran.*
CROE, *subst.* (a leaver of iron.) *Pince, levier de fer.*
Croe, (in the side boards of a tub.) *Jable, petite entaillure ou petit creux à cinq ou six doigts du bout des douves pour mettre les pieces du fond du vaisseau.*
CROFT, *sub.* (a little close adjoining to a house either for pasture or arable.) *Pièce de terre auprès d'une maison, un petit clos.*
CROISADE, *subst. Croisade.*
CROISES, *f.* (or pilgrims.) *Des croisés, des pélerins.*
CRONE, *subst. Une vieille brebis.*
† An old crone. *Une vieille.*
CRONY, *subst.* (an intimate companion.) *Une connoissance, un ami ou une amie.*
An old crony. *Un vieux ami.*
To CROO, *v. neut.* (as pigeons do.) *Roucouler,* comme font les pigeons.
CROOK, *subst.* (or hook.) *Un croc, un crochet.*
A shepherd's crook. *Houlette de berger.*

CRO

† By hook and crook. *A tort & à travers.*
Crook backed or crook shouldered. *Bossu, voûté.*
Crook-footed. *Qui a les pieds tortus.*
Crook legged, (that has crooked legs.) *Qui a les jambes tortues.*
To CROOK, *v. act.* (to make crooked.) *Courber, plier, voûter.*
Crooked, *adject. Courbé, plié, tortu, voûté, bossu.*
Grown crooked with old age. *Tout courbé de vieillesse.*
Crooked legs. *Des jambes tortues.*
A crooked stick. *Un bâton courbé ou tortu.*
A crooked line. *Une ligne courbe.*
A crooked, (or cross mind.) *Un esprit pervers, un méchant esprit, un esprit de travers.*
To grow crooked. *Se voûter, commencer à avoir le dos courbé.*
A crooked nose. *Un nez crochu.*
CROOKEDNESS, *sub. Courbure, l'état d'une chose courbée, bosse,* &c. *Voyez* Crooked.
The crookedness of rivers. *Les plis, les replis, les détours, les sinuosités des rivieres.*
To CROOKLE, *verb. neut.* (or coo, like a dove or pigeon.) *Roucouler,* comme font les pigeons.
To CROOL, *v. neut.* (to growl or mutter.) *Murmurer, grommeler, parler entre les dents, parler comme en grondant.*
CROOP, *f.* (amongst gamesters, is an assistant to the barker.) *Croupier, celui qui sert d'aide au banquier, parmi les joueurs.*
To CROOP, *verb. neut. Servir de croupier.*
CROP, *f.* (the crop of corn.) *Le blé qui n'est pas encore coupé;* ou bien, *la moisson, la récolte.*
A crop of corn or hay. *Recolte de blé ou de foin.*
Prov. A fine shew, and a small crop. *Belle montre, & peu de rapport.*
Crop, (the handle of a coach-man's whip.) *La verge d'un fouet de cocher.*
Crop, (or craw of a bird.) *Le jabot d'un oiseau.*
A bird that has a full crop. *Oiseau qui a le jabot tout plein.*
Crop, (or cropped horse.) *Cheval écourté.*
† Crop-sick. *Malade d'avoir trop bu & mangé, dégoûté.*
Crop-eared. *Ecourté, tondu.*
To CROP, *v. act.* (or cut off.) *Ecourter, tondre, couper.*
To crop a horse. *Ecourter un cheval, couper les extrémités de ses oreilles.*
To crop (or gather) flowers. *Cueillir des fleurs.*
The goat crops the hedge. *La chevre broute la haie.*
Cropped, *adject. Ecourté,* &c. *Voy.* to Crop.
CROPPING, *f. L'action d'écourter,* &c. *V.* to Crop.
CROPT. *V.* Cropped.
CROSIER, *subst.* (a Bishop's staff.) *Crosse d'Evêque ou d'Abbé, bâton pastoral.*
CROSLET, *subst.* (or forehead-cloth.) *Frontal,* ce qui se met sur le front.
Cross-croslets, (in heraldry.) *Croix recroisettées,* dans le blason.

CROSS,

CRO   CRO   CRO

CROSS, *f.* (a figure of two things crossing one another.) *Croix, sorte de figure de deux choses qui se croisent.*

Cross, (a gibbet.) *Croix, gibet en forme de croix.*

Cross, (or affliction.) *Croix, souffrance, affliction, peine, tourment.*

Cross, (or misfortune.) *Traverse, malheur, accident fâcheux, revers de fortune, désastre.*

To make the sign of the Cross. *Faire le signe de la Croix.*

Cross or pile, (a sort of play.) *Croix ou pile, sorte de jeu.*

† It was even come to cross and pile whether I should go or stay. *Il étoit incertain, il étoit douteux ou on ne savoit si je devois partir ou non.*

Our Saviour suffered on the Cross. *Notre Sauveur a souffert sur la Croix.*

Let him bear his cross and follow me. *Qu'il porte sa croix & me suive.*

He has had many crosses in his life. *Il a eu beaucoup de traverses en sa vie.*

Cross-grained. *Fâcheux, choquant, revêche, méchant, têtu, qui a l'esprit de travers, opiniâtre.*

Cross-legged. *Qui a les jambes en croix.*

To sit cross-legged. *Se croiser les jambes, s'asseoir en se mettant les jambes en croix, comme font les tailleurs.*

Cross-bow. *Arbalete.*

To set a cross-bow on the stocks. *Monter une arbalete.*

A cross-bow-maker. *Un faiseur d'arbaletes.*

Cross-wise. *En travers, de travers.*

Cross-staff. *Croix géométrique, arbalestrille ou bâton de Jacob, instrument dont les pilotes se servent pour prendre les hauteurs.*

Cross, *adj.* (or laid cross.) *Mis en travers, qui va de travers, oblique.*

Cross, (peevish, humoursome.) *Fâcheux, qui a l'esprit de travers, fantasque, bourru.*

A cross (or contrary) wind. *Un vent contraire.*

Cross, (or abusive.) *Choquant, dur, rude.*

A cross answer. *Une réponse choquante.*

Cross words. *Des paroles dures, rudes ou choquantes, des duretés.*

Cross, (or troublesome.) *Fâcheux, incommode, méchant.*

A cross business. *Une affaire fâcheuse.*

A cross wife. *Une méchante femme.*

Cross, (or untoward.) *Revêche, méchant, têtu.*

A cross child. *Un enfant revêche ou têtu.*

A cross-day. *Un jour malheureux.*

A cross path or a cross way. *Un chemin fourchu, un carrefour, une traverse, chemins qui se croisent, chemin qui fourche.*

Cross purposes. *Contrariétés, brouilleries, contradictions ou propos interrompus.*

Two cross keys. *Deux clefs en sautoir.*

Cross-lines. *Lignes qui se croisent.*

Cross-row. *Abécé, alphabet.*

The cross-bars of a window. *Les croisées d'une fenêtre.*

A cross-bar-shot. *Une balle ramée.*

Cross-matches. *Mariages entrelacés, comme lorsqu'un frere & une sœur se marient avec deux autres qui sont aussi frere & sœur, ou quand un veuf & une veuve, ayant des enfans, se joignent eux & leurs enfans par le lien du mariage.*

A cross-caper. *Entre-chat, sorte de cabriole ou de saut figuré.* V. Caper.

A cross-piece of timber or a cross-beam. *Une poutre qui traverse, un traversin.*

Cross, *adv.* De travers, en travers, à rebours.

Every thing goes cross (or falls out cross) with us. *Tout va à rebours, rien ne nous réussit, tout nous réussit mal.*

Every thought that we have done amiss lies very cross in our minds. *Le sentiment de nos fautes trouble notre esprit.*

When any thing comes cross betwixt the husband and the wife. *Quand le mari & la femme viennent à se brouiller ou à avoir quelque démêlé.*

Cross, *prép.* A travers, au travers.

Cross the fields. *A travers champs.*

I went cross the Church. *J'ai passé au travers de l'Église.*

To CROSS, *v. act.* (or to go cross.) *Traverser, passer au travers, passer.*

To cross, (to thwart or be contrary.) *Traverser, contrarier, contrequarrer, empêcher, mettre obstacle, venir à la traverse.*

To cross, (to vex, to trouble.) *Fâcher, tourmenter, chagriner, faire enrager.*

To cross, (or hurt.) *Faire mal.*

To cross, (to lay cross.) *Croiser, mettre en forme de croix.*

To cross the street. *Traverser la rue.*

To cross the river. *Traverser, passer la riviere.*

To cross (or thwart) one's designs. *Traverser les desseins d'une personne, venir à la traverse.*

Why do you cross me thus? *Pourquoi me tourmentez-vous de la sorte.*

That meat has crossed my stomach. *Cette viande me fait mal à l'estomac.*

To cross one's legs. *Croiser les jambes, les mettre en forme de croix.*

To cross one's self, (or to make the sign of the cross.) *Faire le signe de la croix.*

To cross the cudgels. V. *Cudgel.*

To cross AGAIN the river. *Repasser la riviere.*

To cross OVER the way. *Traverser la rue.*

To cross or to cross OUT. *Effacer, rayer.*

To CROSS-BITE, *v. act.* *Duper, tromper, fourber.*

Cross-bitten, *adj.* Dupé, trompé, fourbé.

CROSS-BITE, *f.* (or cheat.) *Tromperie, fourberie, duperie.*

A cross-bite, (or disappointment.) *Un traverse, un fâcheux accident, un contretemps.*

CROSS-FORTUNE, *f.* *Un revers de fortune.*

To have a cross-fortune. *Éprouver les revers de la fortune.*

CROSSED, *adject.* Traversé, &c. Voy. to Cross.

CROSS-JACK-YARD, *subst. comp.* (prononcez CROJECK.) *Vergue sêche ou vergue de fougue.*

CROSSET, *subst.* (in heraldry.) *Une petite croix.*

CROSSLY, *adv.* Mal, malicieusement, avec méchanceté, de travers.

You used me very crossly. *Vous m'avez traité fort mal.*

Crossly, (untowardly, the wrong way.) *Mal, mal-à-propos, autrement qu'il ne faut.*

CROSSNESS, *subst.* Malice, méchanceté, mauvaise humeur.

CROSS-PIECES, *sub. pl. comp.* Rateaux ou rateliers à chevillots, placés au-dessus du vindas dans certains bâtimens marchands.

CROSS-TREES, *subst. pl. comp.* Barres traversieres des hunes.

CROSSWIND, *subst.* Vent qui souffle de droite à gauche.

CROTCH, *f.* (hook.) *Hameçon.*

CROTCHES, *subst. plur.* (du François CROCHET.) *Fourcats, pieces de construction.*

Ce sont aussi les *cornes* ou *chandeliers* de bois ou de fer, servant à supporter contre le bord d'un bâtiment les guis, les vergues, les mâts de rechange, &c.

CROTCHET, *subst.* (in Musick.) *Croche de musique, note qui a un petit crochet au bout de la queue; une noire.*

Crotchet, (the mark of a parenthesis in Printing, thus [].) *Crochet, en termes d'Imprimeur.*

Crotchet, (fancy or whim.) *Caprice, fantaisie,* † *lubie.*

He has twenty crotchets and designs in his head. *Il a mille fantaisies dans la tête.*

To be full of crotchets. *Être fantasque ou capricieux.*

Crotchet, (a trick or device.) *Une finesse, une ruse, un tour d'esprit, une fourberie, une tromperie.*

CROTELS, *}*
CROTEYING. *} subst.* (hare's dung.) *Repaire, fiente de lievre.*

To CROUCH, *v. neut.* (or lie squat.) *Se tapir, s'abaisser, ramper.*

Crouched Friars. *Moines qui portent la croix.*

CROUCHING, *f.* L'action de se tapir.

† He got it with much creeping and crouching. *Il l'a obtenu à force de soumissions.*

CROUCHMASS *}*
CROUCHMASS-DAY, *} f. Le jour de la Sainte-Croix.*

To CROUP, *v. act.* (at cards.) *Servir de croupier à quelqu'un, à certains jeux de cartes, & sur-tout à la bassette.*

CROUPADE, *subst.* Croupade, terme de manege.

CROUPER, *subst.* (a second or assistant at cards.) *Un croupier.*

CROW, *f.* (a sort of bird.) *Corneille, oiseau noir plus petit que le corbeau.*

† To give the crow a pudding, (to die.) *Passer le pas, mourir.*

† He has an ill crow to pluck, (or a great difficulty to conquer.) *Il a un vilain os à ronger.*

† I have a crow to pluck with you. *J'ai un reproche à vous faire.*

Crow of iron. V. *Croe.*

Crow's-foot, (a caltrop.) *Une chausse-trape, sorte de plante.*

Crow-foot, (a sort of flower.) *Renoncule, sorte de fleur.*

Crow-toes, (a flower.) *Hyacinthe, fleur.*

Cock-crow. *Le chant du coq, le temps de la nuit où les coqs chantent.*

A scare-crow. *Un épouvantail.*

To CROW, *v. neut.* (as a cock does.) *Chanter,* comme fait un coq.

To crow, (or vapour.) *Triompher, chanter la victoire, se vanter, se glorifier.*

To crow OVER one. *Insulter à quelqu'un, lui faire insulte, le braver;* † *le morguer.*

CROWD,

CROWD, *f.* (or throng.) *Foule , preſſe , multitude de monde.*
To get into the crowd. *Se jeter dans la foule.*
To get through the crowd. *Percer la foule.*
To get out of the crowd. *Se tirer de la foule.*
† A crowd, (or fiddle.) *Un violon.*
To CROWD , *verb. act. Preſſer, fouler, ſerrer.*
You crowd me too much. *Vous me preſſez trop.*
To crowd one to death. *Étouffer quelqu'un à force de le preſſer.*
To crowd all ſails. *Forcer de voiles, mettre toutes les voiles au vent, faire force de voiles, &c. en termes de marine.*
To crowd IN. *Se jeter dans la foule.*
To crowd a thing in. *Mettre une choſe dedans avec peine, l'enfoncer, la faire entrer de force.*
Crowded, *adj. Preſſé, ſerré, &c. V. to Crowd.*
* CROWDER, *ſubſt.* (or fiddler.) *Joueur de violon, ménétrier.*
CROWDING, *ſ. L'action de preſſer, &c. V. to Crowd.*
CROWN, *ſubſt.* (a King's crown.) *Couronne, diadême, ornement pour la tête des Souverains.*
A golden crown. *Une couronne d'or.*
Any thing with a crown is full of charms. *Tout charme avec un diadême.*
To come to the Crown. *Parvenir à la couronne.*
Crown, (Kingdom or Empire.) *Couronne, Empire, Royaume.*
The Northern Crowns. *Les couronnes du Nord.*
The crown of the head. *Le ſommet ou le haut de la tête.*
From the crown of the head to the ſole of the foot. *Depuis la plante des pieds juſqu'au ſommet de la tête.*
† A freak took him in the crown. *Il lui vint une fantaiſie en tête, il lui prit fantaiſie, il ſe mit en tête.*
A Prieſt with a ſhaven crown. *Un Prêtre qui a la couronne ou une place raſée en rond ſur le haut de la tête.*
A crown, (or garland.) *Une couronne, une guirlande.*
The crown of a hat. *La forme d'un p-au.*
The crown of a periwig. *La plaque d'une perruque.*
Crown, (a piece of money.) *Un écu ou un écu blanc.*
A crown-piece. *Écu ou pièce d'un écu.*
I will give you a crown for it. *Je vous en donnerai un écu.*
The crown (or palmer) of a deer's head. *Couronnure du têts de cerf.*
Crown-land. *Domaine de la Couronne.*
Crown-ſcab , (in horſes.) *Peignes, gratelles ſcrineuſes qui viennent aux paturons du cheval.*
Crown-work, (in fortification.) *Ouvrage à couronne, ouvrage couronné ou couronnement.*
Crown of an anchor. *V.* ANCHOR.
Crown knot. *Nœud des boſſes à boutons.*
To CROWN, *v. act. Couronner, mettre une couronne ſur la tête.*
To crown, (or accompliſh with honour.) *Couronner, achever ou finir glorieuſement, mettre la dernière perfection.*
To crown, (or to reward.) *Couronner, récompenſer, faire honneur.*

He crowned his valour. *Il couronna ſa valeur.*
To crown with glory. *Couronner de gloire.*
To crown a man at draughts. *Damer un pion, au jeu de dames.*
CROWNED, *adject. Couronné. Voyez* to Crown.
CROWNGLASS, *ſubſt. Le plus beau verre pour les fenêtres.*
CROWNING, *ſ. Couronnement ou l'action de couronner. V.* to Crown.
Crowning, (a ſea-term.) *Cul-de-porc ou bouton des boſſes.*
To CROYN, *v. neut.* (as a fallow deer.) *Réer : ce mot ſignifie le meuglement que font les cerfs, les daims & les chevreuils, lorſqu'ils ſont en rut.*
CRUCIAL-INCISION, *adj. Inciſion cruciale, terme de Chirurgie.*
To CRUCIATE, *v. act.* (to torment.) *Tourmenter.*
Cruciated, *adj. Tourmenté.*
CRUCIBLE, *ſ.* (a goldſmith's melting-pot.) *Creuſet, vaſe qui ſert aux Orfèvres pour fondre l'or & l'argent.*
CRUCIFEROUS, *adj. Qui porte la croix.*
CRUCIFIER, *ſ. Celui qui crucifie.*
CRUCIFIX, *ſ.* (a figure of our Saviour hanging upon the Croſs.) *Crucifix, la figure de Jeſus-Chriſt en Croix.*
CRUCIFIXION, *ſ. Crucifiement.*
To CRUCIFY, *v. act. Crucifier, mettre en croix, attacher en croix.*
Crucified, *adject. Crucifié, attaché en croix.*
CRUCIFYING, *ſ. Crucifiement, l'action de crucifier.*
CRUDE, *adj.* (or indigeſted.) *Cru, qui n'eſt pas digéré, imparfait.*
A crude matter. *Une matière crue.*
CRUDELY, *adv. Cruement.*
CRUDENESS, } *ſubſt. Crudité, indigeſtion.*
CRUDITY, }
The crudities of the ſtomach. *Les crudités de l'eſtomac.*
To CRUDLE, *v. act. Glacer, coaguler.*
CRUEL, *adj.* (merciless, inhumain.) *Inhumain, cruel, impitoyable, dur, rigoureux, implacable, barbare.*
A cruel tyrant. *Un cruel tyran.*
A cruel death. *Une mort cruelle.*
To put one to a cruel death. *Faire mourir quelqu'un cruellement ou d'une mort cruelle.*
A cruel man. *Un cruel.*
A cruel woman. *Une cruelle.*
A cruel fight. *Un rude combat, un combat acharné.*
It is a cruel thing. *Cela eſt cruel, cela eſt rude, cela eſt bien fâcheux.*
CRUELLY, *adv. Cruellement, avec cruauté, impitoyablement, durement.*
To uſe one cruelly. *Traiter quelqu'un cruellement.*
To be cruelly bent againſt one. *Être acharné contre quelqu'un.*
Cruelly, *furieuſement, terriblement, extrêmement, fort.*
He is cruelly mad. *Il eſt furieuſement en colère, il eſt dans une terrible colère.*
Cruelly fierce. *Terriblement farouche, furieux.*
Cruelly hot. *Extrêmement chaud.*
Cruelly troubleſome. *Extrêmement fâcheux, fort incommode, très-importun.*
CRUELNESS, } *ſ. Cruauté, dureté, inhumanité, barbarie.*
CRUELTY, }

To ſatisfy one's cruelty. *Aſſouvir ſa cruauté.*
A barbarous and unheard of cruelty. *Une cruauté barbare & inouie.*
A great piece of cruelty. *Une grande cruauté.*
CRUENTATE, *adject. Sanglant, enſanglanté.*
CRULT, *ſubſt. Une burette ou un vinaigrier.*
CRUISE, *ſ.* (or cruiſing.) *Cours, courſe, campagne de croiſière.*
The cruiſe of a ſhip. *La croiſière d'un vaiſſeau.*
Cruiſe, (a ſmall cup.) *Petite coupe.*
To CRUISE, *v. act.* (a ſea-term.) *Aller en courſe, croiſer, terme de marine.*
That ſhip is gone to cruiſe. *Ce vaiſſeau eſt allé en courſe ou eſt allé croiſer.*
CRUISER, *ſubſt.* (a ſhip to cruiſe.) *Un vaiſſeau armé en courſe, un garde-côte, vaiſſeau croiſeur.*
CRUISING, *ſub. L'action d'aller en courſe ou de croiſer ; courſe ou cours, croiſière.*
CRUM, *ſ. Mie, miette, petite mie.*
To love the crum. *Aimer la mie.*
A crum of bread. *Une miette de pain.*
† To pick up one's crums, (to recover one's health.) *Se refaire, ſe rétablir, ſe remettre, commencer à reprendre ſes forces ou ſon embonpoint.*
To CRUM, } *v. act.* (to break ſmall
To CRUMBLE, } or into crums.) *Émier.*
To crum bread. *Émier le pain, le mettre en mie.*
CRUMB, &c. *V.* Crum, &c.
To CRUMBLE, *v. act. &c. Voyez* to Crum, &c.
To Crumble, *v. neut. Tomber en pouſſière.*
Crumbled, *adject. Émié, mis en pièces, diviſé.*
CRUMMY, *adj.* (full of crum.) *Plein de mie, qui a beaucoup de mie.*
CRUMP, }
CRUMP-SHOULDERED, } *adj. Boſſu, voûté.*
Crump-footed. *Qui a les pieds tortus.*
CRUMPED, *adj. Courbé en dedans.*
CRUMPLE, *ſ. Bouchon, mauvais pli.*
To CRUMPLE, *v. act. Chiffonner, bouchonner.*
To Crumple, *v. neut. Prendre de mauvais plis.*
Crumpled, *adj. Chiffonné, bouchonné.*
My cravat is all crumpled. *Ma cravate eſt toute chiffonnée.*
Her ſkin is crumpled (or wrinkled) like half-burnt parchment. *Sa peau eſt ridée comme du parchemin à demi-brûlé.*
To CRUNCH, *v. act.* (or to craunch.) *Croquer.*
To CRUNCK, *v. n.* (to cry like a crane.) *Crier, comme une grue.*
CRUPPER, *ſ.* (or rump.) *La croupe d'un cheval.*
The crupper, (that part of the ſaddle which is put under the horſe's tail.) *La crouppière.*
CRURAL, *adject.* (belonging to the leg.) *Crural, terme d'Anatomie.*
CRUSADE, } *ſubſt.* (the expedition of
CRUSADO, } the Chriſtian Princes for the conqueſt of the Holy Land.) *Croiſades, la guerre ſainte des Chrétiens contre les Infidèles, pour la conquête de la Terre Sainte.*
* CRUSE, *ſ. Cruche, pot à l'eau. Voy.* I Sam. xxvj. 16.

To

To CRUSE. *V.* to Cruise.

To CRUSH, *v. act.* Écraser, applatir & briser.

The wheel has crushed him to pieces. *La roue l'a écrasé.*

To crush (*or* oppress) one. *Écraser, opprimer, accabler, fouler quelqu'un, le ruiner.*

To crush a party down. *Ruiner, supprimer un parti.*

A great building, without a good foundation, will but crush it self with its own weight. *Un grand bâtiment, s'il n'est bien fondé, tombe sous son propre poids.*

To crush, *v. neut.* Se condenser.

Crushed, *adject.* Écrasé, &c. Voyez to Crush.

CRUSH, *subst.* Choc.

CRUSHING, *subst.* L'action d'écraser, d'opprimer, de ruiner, &c. Voyez to Crush.

CRUST, *subst.* Croûte, la partie dure & solide qui couvre quelque chose, & en particulier le pain.

A crust of bread. *Une croûte de pain.*

The kissing crust. *Bizeau de pain*, la marque qui est à côté du pain, lorsqu'il a été pressé au four.

To CRUST, *v. neut.* Se former en croûte, se couvrir d'un croûte.

The bread begins to crust. *Le pain commence à se former en croûte.*

CRUSTACEOUS, *adj.* Crustacée ; terme d'Histoire naturelle.

CRUSTED, *adj.* Formée en croûte, ou qui a une croûte.

Crusted with marble. *Revêtu de marbre.*

CRUSTY, *adj.* Qui a une croûte, ou qui a beaucoup de croûte.

Crusty bread. *Du pain qui a beaucoup de croûte.*

† Crusty, (a familiar low word , for captious, snappish.) *Ombrageux , pointilleux , rébarbatif.*

CRUTCH, *s.* Potence, béquille.

To go with crutches. *Marcher avec des potences, ou des béquilles.*

CRY, *s.* (noise of a voice.) *Cri, bruit, maniere de crier.*

Prov. A great cry , and a little wool. *Beaucoup de bruit & peu de besogne, un grand vacarme pour une bagatelle.*

† I know him by his cry. *Je le connois à sa maniere de crier.*

A cry of hounds. *Une meute de chiens.*

To commend one out of cry, out of all cry. *Élever quelqu'un jusqu'aux nues, le prôner.*

Cry, (*or* weeping.) *Pleurs, maniere de pleurer, lamentation.*

To Cry , *v. act.* Crier.

To cry things about the street. *Crier quelque chose dans les rues.*

To cry to heaven for vengeance. *Crier vengeance devant Dieu.*

To cry mercy. *Crier merci , demander pardon.*

Cry mercy. *Je vous crie merci , je vous demande pardon.*

To cry murder. *Crier au meurtre.*

To cry (*or* call) one. *Appeler quelqu'un.*

To Cry, *v. n.* (or weep.) *Pleurer.*

He cries continually, he does nothing but cry. *Il pleure incessamment, il ne fait que pleurer.*

To cry, (or bawl.) *Crier, criailler, clabauder.*

To cry quittance. *Rendre la pareille.*

To cry OUT, *v. n.* Crier, s'écrier, jeter, pousser des cris.

To cry out fire. *Crier au feu.*

To cry out for joy. *S'écrier de joie.*

To cry out desperately , (or with all one's strength.) *Crier comme un perdu, crier à pleine tête.*

To cry out for help. *Crier à l'aide ou au secours.*

To cry out , (as a woman with child.) *Être en travail d'enfant, accoucher.*

She cries out , (she is in labour.) *Elle est en travail d'enfant.*

His wife is ready to cry out. *Sa femme est près d'accoucher.*

To cry out (*or* exclaim) against injustice. *Éclater, s'emporter de colere contre l'injustice, se récrier contre l'injustice.*

To cry one's eyes out. *Fondre en larmes, pleurer à chaudes larmes.*

To cry out upon one. *Faire honte à quelqu'un.*

To cry UNTO God. *Invoquer ou réclamer Dieu.*

To thee all Angels cry aloud. *A toi les Anges élevent leurs voix.*

To cry UP. *Exalter, louer, vanter, élever par des paroles, prôner.*

To cry one up for a saint. *Faire passer quelqu'un pour un saint.*

To cry DOWN money. *Décrier la monnoie, faire publier qu'elle n'aura plus de cours, ou qu'elle baissera de valeur.*

To cry down one's wife. *Faire trompeter sa femme.*

Cryed. *V.* Cried.

CRYING, *s.* L'action de crier ou de pleurer, &c. *V.* to Cry.

I could not forbear crying. *Je n'ai pu m'empêcher de pleurer.*

A crying out. *Cri, acclamation ou exclamation.*

A woman's crying out , (or labour.) *Travail d'enfant.*

A crying down. *Décri, rabais.*

Crying, *adj.* Criant , énorme , atroce.

A crying sin. *Un péché criant.*

CRYPTICAL, } *adj.* Caché , secret.
CRYPTICK, }

CRYPTOGRAPHY, *s.* Chiffre , maniere secrette d'écrire.

CRYPTOLOGY, *s.* Langage énigmatique, chuchoterie.

CRYSTAL, *s.* (a bright and transparent mineral stone.) *Cristal.*

Rock crystal. *Cristal de roche.*

A fine crystal cup. *Une belle tasse de cristal.*

A crystal glass. *Un verre de cristal.*

The crystal of a watch. *Le cristal d'une montre.*

Mineral crystal, (a composition of saltpetre, well purified, and of flower of brimstone.) *Cristal minéral.*

CRYSTALLINE, *adject.* (like crystal in brightness.) *Cristallin , transparent comme du cristal.*

The crystalline humour of the eyes. *L'humeur cristalline de l'œil.*

The crystalline heaven. *Ciel cristallin.*

CRYSTALLIZATION, *s.* Cristallisation.

To CRYSTALLIZE, *v. act.* Cristalliser.

To Crystallize, *v. n.* Se cristalliser, se congeler.

CUB, *s.* (the young of a beast.) Ex. A bear's cub. *Un petit ours , un ourson.*

A fox's cub. *Renardeau, petit renard.*

To CUB, *v. act.* Mettre bas, en parlant des bêtes.

CUBATION, *s.* Repos.

CUBATORY, *adj.* Qui se repose.

CUBATURE, *s.* La solidité d'un corps; ou l'action de trouver cette solidité.

CUBE, *s.* (a figure square on all sides, like a die.) *Un cube, corps dont la longueur , la largeur & la profondeur sont égales.*

CUBICAL, } *adject. Cubique, qui a la
CUBICK, } figure d'un cube.*

Cubick-root *or* Cube-root. *Racine cube, terme d'Arithmétique.*

CUBIFORM, *adj.* De figure cubique.

CUBIT, *sub.* (a sort of measure.) *Coudée, mesure d'un pied & demi.*

CUBITAL, *adject.* De la longueur d'une coudée.

CUCHANEL. *V.* Cochineal.

CUCKING, *adject. Ex.* A cucking-stool, (formerly called tumbrel , an engine invented for the punishment of scolds and unquiet women , by immerging them over head and ears in the water.) *Cage ou selle où l'on baigne les femmes querelleuses.*

† CUCKOLD, *s.* Cocu , cornard, celui qui a une femme qui ne lui garde pas la foi du mariage.

He is a true cuckold. *C'est un franc cornard.*

A cuckold-maker. *Un faiseur de cornards.*

† To CUCKOLD one, *v. a.* Faire quelqu'un cocu, lui faire porter les cornes.

† CUCKOLDING , }
† CUCKOLDOM , } *subst.* L'action de faire cocu ; cocuage.

CUCKOO, *s.* (a sort of bird.) *Coucou ; sorte d'oiseau.*

To sing like a cuckoo, (to harp always upon the same string.) *Chanter comme un coucou, chanter toujours la même chanson, dire toujours la même chose.*

CUCULLATE }
CUCULLATED, } *adject.* Qui porte un capuchon.

CUCUMBER, *s.* Concombre, plante.

CUCURBITACEOUS, *adj. Cucurbitacée ; terme de Botanique.*

CUCURBITE, *s.* Vase chymique.

CUD, *subst.* La nourriture qui est dans le premier estomac des animaux qui ruminent.

To chew the cud, (in a proper sense.) *Ruminer, remâcher.*

A bull that chews the cud. *Un taureau qui rumine.*

To chew the cud, (to think and reflect upon.) *Ruminer, repasser dans son esprit, songer, penser, faire réflexion, méditer, rêver à.*

You must chew the cud upon it. *Songez-y bien, faites-y bien réflexion.*

† CUDDEN, }
† CUDDY, } *s.* (a stupid clown.) *Un sot, un niais, un benêt, une bête, une buse.*

He is a mere cudden. *C'est un sot sieffé ; c'est une bête achevée.*

CUDDEN, *adj.* (silly, foolish.) *Niais, sot.*

To CUDDLE, *v. act. & n.* (a vulgar word signifying to hug, to make much of.) *Dorloter, choyer, mitonner ; tapir, se tapir.*

CUDDY, *s.* (a sea-word.) *Cuisine ou foyer dans certaines barques.*

Cuddy, (in large ships.) *Tambour ou vestibule de la chambre de Conseil.*

CUDGEL, *subst.* Bâton gros & court, propre à rosser une personne , † *un tricot ;*

tricot : c'eſt auſſi un bâton avec une garde d'oſier avec lequel la canaille & les gens de livrée s'eſcriment quelquefois en Angleterre.

To lay down the cudgels or to croſs the cudgels, (to give over fighting.) Mettre bas les armes, poſer les armes.

To croſs the cudgels. Se confeſſer vaincu, mettre bas les armes, céder.

To take up the cudgels. Entrer en lice, ſe mettre ſur les rangs.

To CUDGEL, v. act. Bâtonner, donner des coups de bâton à quelqu'un, le rouer de coups de bâton.

To cudgel one's brains about a thing. Se rompre la tête ſur quelque choſe, y rêver, y méditer profondément.

Cudgeiled, adj. Bâtonné, battu à coups de bâton, † rondiné.

CUDGELLING, ſub. L'action de bâtonner, de donner des coups de bâton, &c. V. to Cudgel.

CUE, ſ. (the word after which a player muſt begin his part.) Le mot après lequel un Comédien doit jouer ſon rôle.

To give one his cue, (to inſtruct him before-hand.) Emboucher quelqu'un, lui donner ſon rôle.

Cue, (humour.) Humeur.

He is not in cue. Il n'eſt pas en humeur.

A merry cue. Belle humeur.

Cue or Kue, (a round ſtick to play at billiards.) Queue, dont on joue au billard.

CUERPO, adj. Ex. In cuerpo. En chemiſe.

To walk in cuerpo. Se promener en chemiſe.

CUFF, ſ. (which men wear.) Une manchette. V. Ruffle.

Laced or plain cuffs. Manchettes à dentelle ou unies.

A cuff or fifty-cuff. Un coup de poing.

A cuff (or box) on the ear. Un ſoufflet.

To go to cuffs. En venir aux mains, ſe battre.

To CUFF, v. act. Souffleter, donner un ſoufflet, donner des coups de poing.

To cuff one another. Se battre à coups de poing.

Cuffed, adj. Souffleté, battu à coups de poing.

CUFFING, ſubſt. L'action de donner des ſoufflets ou des coups de poing.

CUIRASS, ſub. (or armour for the back and breaſt.) Cuiraſſe, armure de fer qui couvre le corps par derrière & par devant.

CUIRASSIER, ſ. Cuiraſſier, ſoldat armé d'une cuiraſſe.

A regiment of Cuiraſſiers. Un régiment de Cuiraſſiers.

CUISH, ſubſt. (armour for the thigh.) Cuiſſart.

† CULDEES, ſubſt. (ſort of Religious people once in Scotland) Sorte de Religieux qu'il y avoit autrefois en Ecoſſe.

CULINARY, adject. (belonging to the kitchen.) De cuiſine.

To CULL, v. act. (to pick and chuſe.) Choiſir, trier.

To cull, (or take out.) Prendre, tirer.

To cull a fine notion out of a book. Tirer une belle penſée de quelque livre.

Where has he culled that? Où a-t-il pris cela?

CULLANDER, ſ. Paſſoire, ſorte de vaſe dont on ſe ſert pour paſſer les bouillons de pois, &c.

CULLED, adj. Choiſi, trié, pris, tiré.

CULLENDER. V. Cullander.

CULLER, ſub. (a ſheep drawn out of a flock, not being good to keep.) Brebis que l'on ſépare du troupeau, n'étant pas bonne à garder.

† CULLION, ſ. Un coquin, un gueux.

CULLIS, ſ. (the ſtrained juice of boiled meat.) Biſque, ſorte de potage ; coulis, conſommé.

CULLY, ſub. (or milk-ſop, one that is apt to be led by the noſe.) Une dupe, un homme dont on fait ce qu'on veut, & qu'on trompe facilement.

To CULLY one, v. act. (to make a fool of him.) Duper quelqu'un, le tromper, ou faire de lui ce que l'on veut, lui en impoſer.

CULM, ſubſt. (a ſort of coals uſed by ſmiths.) Sorte de charbon de terre, dont ſe ſervent les forgerons.

To CULMINATE, v. n. Être au méridien, en parlant d'un aſtre.

CULMINATION, ſ. Culmination, terme d'Aſtronomie.

CULPABLE, adj. (or guilty.) Coupable, qui eſt en faute, digne de blâme.

CULPABLENESS, ſ. Blâme, faute.

CULPABLY, adv. D'une manière blâmable, criminellement.

CULPRIT, ſ. Accuſé, un homme à qui on fait ſon procès.

CULTER. V. Coulter.

CULRAGE, ſ. (or arſe-ſmart, an herb.) Perſicaire, ſorte d'herbe.

CULTCH, ſ. (the bottom of the ſea, to which oyſters ſpat ſticks.) Le fond de la mer où s'engendrent les huitres.

To CULTIVATE, v. act. (or to manure the ground.) Cultiver, labourer la terre.

To cultivate, (or to improve.) Cultiver, faire valoir, perfectionner.

To cultivate one's friendſhip. Cultiver l'amitié de quelqu'un.

To cultivate the mind. Cultiver l'eſprit ou ſe perfectionner.

Cultivated, adj. Cultivé, &c.

CULTIVATING, ſ. L'action de cultiver. V. to Cultivate.

CULTIVATION, } ſ. (or improvement.)
CULTURE, } Culture, l'art de cultiver.

The culture of a plant. La culture d'une plante.

The culture (or polite education) of youth. La culture ou l'éducation de la jeuneſſe.

CULTIVATOR, ſ. Cultivateur.

* CULVER, ſ. (a pigeon.) Un pigeon, une colombe.

A wood-culver. Pigeon ramier.

Culver-tail, (for joining pieces in building.) Queue d'aronde.

CULVERIN, ſ. (a piece of ordnance.) Coulevrine, pièce d'Artillerie.

CUMBER, ſ. Embarras, empêchment.

To CUMBER, v. a. Embarraſſer, incommoder, empêcher.

Cumbered, adj. Embarraſſé, incommodé, empêché.

Cumbered. Diſtrait.

CUMBERSOME, } adj. Embarraſſant,
CUMBROUS, } incommode, fâcheux.

CUMBRANCE, ſ. Embarras, fardeau.

CUMFREY, ſ. Sorte de plante médicinale, conſoude.

CUMIN, ſub. (a ſort of herb.) Cumin, ſorte d'herbe.

Cumin-ſeed. Graine de cumin.

To CUMULATE, v. act. Accumuler, aſſembler.

CUNCTATION, ſ. (or delay.) Délai, remiſe, retardement.

CUNCTATOR, ſ. Temporiſeur.

CUNEAL, } adj. En forme de coin.
CUNEATED, }

CUNEIFORM, adj. Cunéiforme, terme d'Anatomie.

CUNNING, ſ. (or ſkilfulneſs.) Adreſſe, induſtrie, habileté, invention.

Cunning, (or craftineſs.) Ruſe, fineſſe, adreſſe, fourberie, fourbe, manège.

Cunning, adj. Adroit, fin, ſubtil, ruſé.

He is a very cunning man. C'eſt un homme fort adroit, fin ou ruſé.

A cunning fetch. Un tour ſubtil, tour d'adreſſe.

A cunning-man, (or diviner.) Un devin.

A cunning-woman. Une devinereſſe.

A cunning piece of work. Ouvrage fait avec art, où il y a du génie & de l'adreſſe, ouvrage artiſtement fait.

A cunning (or hidden) place. Un endroit caché.

To caſt a cunning look upon one. Regarder quelqu'un plaiſamment.

CUNNINGLY, adv. Adroitement, ſubtilement, finement, avec adreſſe, avec eſprit.

He did it very cunningly. Il l'a fait fort adroitement.

That is cunningly ſaid. Cela eſt dit finement.

Cunningly, (or artfully.) Artificieuſement, artiſtement, ingénieuſement.

A thing cunningly wrought. Une choſe artiſtement faite, faite avec beaucoup d'artifice.

To carry it cunningly. Faire le fin ou finaſſer.

He brought it about cunningly. Il en eſt venu à bout adroitement, † il a pris l'affaire entre bond & volée.

CUNNY. V. Coney.

CUP, ſ. (to drink out of.) Coupe, gobelet, taſſe, godet.

A ſilver-cup. Un gobelet d'argent.

The cup of a flower. Calice de fleur, ce qui contient la fleur.

The cup of a roſe. Le calice d'une roſe.

A cup of a bed. Pomme de lit.

† To take a chirping cup. Boire le petit coup, ſe réjouir.

To take a cup too much. Boire un peu trop.

In one's cups. Dans le vin, dans la débauche, parmi les pots.

He has got a cup too much. Il a un peu bu, il eſt un peu gris.

The parting-cup. Le vin de l'étrier.

P. Many things fall out between the cup and the lip. De la main à la bouche ſe perd ſouvent la ſoupe.

Cup-bearer. Echanſon.

The communion-cup. Le calice.

A cup-board. Un buffet.

Cup-ſhot or Cup-ſhotten. Soûl, plein de vin ou de quelque liqueur qui enivre, qui a trop bu.

To CUP, v. act. (as the ſurgeon does.) Ventouſer, appliquer des ventouſes.

CUPBOARD. V. Cup-board, jous Cup.

CUPIDITY, ſ. (or luſt.) Cupidité, convoitiſe, déſir, paſſion.

CUPOLA, ſubſt. (or dome.) Un dôme, une coupole, couverture ronde & élevée ſur le toit.

CUPPEL, } ſ. Coupelle, vaiſſeau à
COPPEL, } l'épreuve du feu, pour eſſayer & purifier les métaux.

CUPPED,

CUP CUR   CUR   CUR

CUPPED, adj. (from to Cup.) *Ventousé.*
CUPPING, f. *L'action de ventouser.*
A cupping-glass. *Ventouse.*
CUPREOUS. V. Coppery.
CUR. V. Curr.
CURABLE, adj. (from to Cure.) *Qui peut être guéri, qui n'est pas incurable.*
CURACY, subst. *Charge de Curé ou de Vicaire.*
CURATE, f. (or Parson.) *Curé.*
   Curate, (or Vicar.) *Vicaire. Ecclésiastique qui fait les fonctions d'un Ministre dans le bénéfice.*
CURATESHIP. V. Curacy.
CURATIVE, adject. *Curatif, terme de Médecine.*
CURATOR, f. *Un curateur.*
CURB, f. (the curb of a bridle.) *Gourmette de bride.*
To **CURB**, v. act. *Gourmer, attacher la gourmette.*
   To curb, (or to restrain.) *Brider, réfréner, tenir de court, retenir, réprimer, arrêter, donner des bornes.*
   To curb a youth. *Brider un jeune homme, le tenir de court.*
   To curb the licentiousness of the stage-poets. *Réprimer, réfréner la licence du Théâtre.*
   To curb one's ambition. *Arrêter son ambition.*
   Curbed, adject. *Gourmé, bridé, tenu de court, réfréné, réprimé, arrêté, retenu, &c.* V. to Curb.
CURBING, subst. *L'action de gourmer, de brider, &c.* V. to Curb.
CURBS, subst. (a horse's disease.) *Courbe, tumeur dure & calleuse qui vient en longueur au dehors du jarret du cheval.*
CURD,
CURDS, } f. *Lait caillé.*
To **CURD**,
To **CURDLE**, } v. act. *Faire cailler, faire prendre, épaissir; coaguler.*
   To curdle milk. *Faire cailler le lait.*
   Curdled, adj. *Caillé, pris.*
   Curdled. *Pommelé.*
   P. A curdled sky, and a painted woman, are not of long continuance. *Ciel pommelé, femme fardée, ne sont pas de longue durée.*
CURDY, adj. *Caillé, coagulé.*
CURE, subst. (or remedy.) *Remède.*
   An infallible cure for a tertian ague. *Un remède infaillible pour la fièvre tierce.*
   Cure, (the curing of any distemper or wound.) *Cure, traitement ou guérison d'une maladie ou d'une blessure.*
   It was the best cure he ever made. *C'est la plus belle cure qu'il ait jamais faite.*
   Cure, (Benefice with cure of souls.) *Cure, Bénéfice ayant charge d'ames.*
   Cure of souls. *Charge d'ames.*
   A Benefice without cure of souls. *Un Bénéfice sans charge d'ames, un Bénéfice simple.*
   To have a sick body under cure. *Traiter un malade.*
   I was under his cure when I had my fit of sickness. *Je fus traité par lui du temps de ma maladie.*
   Prov. To have a cure for every sore, (or an excuse for every fault.) *Trouver à chaque trou une cheville.*
To **CURE**, verb. act. *Guérir, traiter, remédier.*
   To cure a sick body. *Guérir un malade.*
   To cure a wound. *Guérir une blessure, ou une plaie.*

Her ill usage cured me of my love. *Sa cruauté me guérit de mon amour.*
He cured me of that distemper. *Il m'a guéri de cette maladie.*
To cure that. *Pour remédier à cela.*
To cure fish, (to salt and pickle it.) *Saler du poisson pour le garder.*
Cured, adj. *Gueri, traité, remédié.*
I am cured. *Je suis guéri.*
Prov. What can not be cured, must be endured. *Il faut souffrir patiemment ce qu'on ne peut empêcher.*
CURELESS, adj. *Sans remède, incurable.*
CURER, f. *Médecin.*
CURFEW, subst. (the bell which in *William* the conqueror's time was used to be rung towards eight o'clock at night, to give every body warning to cover their fire, and put out their light.) *Couvre-feu, cloche qu'on sonnait à huit heures du soir, dans le temps de Guillaume le conquérant, pour avertir les gens de couvrir leur feu & d'éteindre la lumière.*
CURIALITY, subst. *Privilege de la Cour.*
CURING, f. *L'action de guérir, &c.* V. to Cure. *Cure, guérison.*
CURIOSITY, subst. (a passion or desire of seeing or knowing.) *Curiosité, empressement ardent de savoir quelque chose.*
   There is a blameable and a laudable curiosity. *Il y a une curiosité blamable, et une curiosité louable.*
   Curiosity, (delicateness or niceness.) *Délicatesse, curiosité, recherche curieuse, affecterie.*
   This is a fine piece of curiosity. *C'est quelque chose de fort curieux.*
CURIOUS, adject. (desirous of seeing or knowing any thing.) *Curieux, qui a de la curiosité, empressé de voir ou de savoir quelque chose.*
   Curious, (fine or exquisite.) *Curieux, qui mérite notre curiosité, délicat, exquis, beau, admirable, excellent.*
   Curious, (nice or delicate.) *Délicat, qui a de la délicatesse, recherché, fin, subtil, adroit, propre, en parlant des choses & des personnes.*
   Curious, (or exact.) *Exact, qui a de l'exactitude.*
   You are a little too curious. *Vous êtes un peu trop curieux, vous avez un peu trop de curiosité.*
   It is a curious thing indeed. *Vraiment, c'est quelque chose d'assez curieux.*
   Curious meat. *Des viandes délicates, des viandes exquises.*
   Curious weather. *Beau temps, temps admirable, ou bien excellent.*
   She has a curious complexion. *Elle a le teint beau, admirable, délicat.*
   To be curious (or nice) in one's diet. *Être délicat dans son manger.*
   To be too curious in one's dress. *Être trop recherché dans son ajustement ou dans sa parure.*
   A curious wit. *Un esprit délicat ou subtil.*
   A curious piece of work. *Une belle piece, une piece faite avec exactitude.*
   A curious Author. *Un auteur exact ou qui écrit avec exactitude.*
   We ought to be as curious of our secret actions, as if we were in an open theatre. *Nous devons régler nos actions les plus secrettes avec autant d'exactitude que si nous les faisions à la vue de tout le monde.*
   Too curious, (hard to please.) *Difficile à contenter.*

CURIOUSLY, adv. *Curieusement, avec curiosité.*
   Curiously, (artfully or exactly.) *Exactement, avec exactitude, artistement, avec adresse, ingénieusement, parfaitement bien, admirablement bien.*
   Curiously wrought. *Artistement fait ou travaillé.*
CURIOUSNESS, f. *Exactitude, délicatesse.*
CURL, f. (or curling.) *Frisure, maniere dont les cheveux sont frisés.*
   A fine curl. *Une belle frisure.*
   A hair-curl, (or buckle.) *Boucle de cheveux.*
To **CURL**, v. act. *Friser, boucler.*
   To curl, v. n. *Se friser, se boucler.*
   Curled, adj. *Frisé, bouclé.*
   Curled, (as the bur of a deer's head.) *Perlé.*
CURLEW, f. (a sort of bird.) *Courlicu ou courlis, sorte d'oiseau.*
CURLING, subst. (from to curl.) *L'action de friser ou de se friser, frisure.*
   A curling iron. *Fer à friser.*
   Curlings, (the little spotted curlings wherewith the bur of a deer's head is powdered.) *Pelures, grumeaux qui sont le long de perches & des muliers de la tête du cerf, du daim ou du chevreuil.*
CURMUDGEON, subst. (a close-fisted fellow.) *Un taquin, un avare taquin & vilain, un ladre.*
   A curmudgeon-way. *Manieres taquines ou de taquin.*
CURNOCK, subst. (four bushels or half a quarter of corn.) *Quatre boisseaux de blé.*
CURR or rather Cur, f. *Chien, chien de village, dogue.*
   Prov. A curst cur must be tied short. *A méchant chien, court lien.*
CURRANT, subst. *Groseille ou raisin de Corinthe.*
   Red-currants. *Des groseilles rouges.*
   A currant-pudding. *Boudin où il y a des raisins de Corinthe.*
CURRENCY, f. *Circulation, cours.*
   The currency of coin. *Le cours des monnoies.*
CURRENT, adject. (that goes.) *Qui a cours, qui est de mise.*
   Current money. *Argent qui a cours ou qui est de mise.*
   The current price. *Le prix courant.*
   Current, (or established.) *Reçu, établi, en parlant d'une opinion, d'un mot, &c.*
   If that part of his history may pass for current. *Si l'on doit ajouter foi à cette partie de son histoire.*
   To take a thing for current payment. *Prendre quelque chose pour argent comptant.*
   I am not very current. *Je ne me porte pas fort bien.*
   Current, subst. (or stream.) *Un courant, une eau qui court.*
   A very strong current. *Un courant fort rapide.*
   But according to the current of most writers. *Mais selon l'opinion la plus générale des Historiens.*
† Current, adv.
Ex. It is done current. *Il a passé.*
CURRENTLY, adv. *Couramment.*
CURRENTNESS, f. *Cours.*
   The currentness of money. *Le cours de la monnoie.*
   Currentness, (easiness of pronunciation.) *Facilité de prononciation.*

CURRICLE,

CURRICLE, *subst. Espece de calèche à deux roues, tirée par deux chevaux.*
CURRIED, *adject. Corroyé, étrillé. V.* to Curry.
CURRIER, *subst.* (from to curry.) *Corroyeur.*
CURRISH, *adj.* (or doggish, *from* cur.) *De chien.*
Currish, (or churlish.) *Brutal, de méchant naturel, de mauvaise humeur.*
A currish fellow. *Un brutal, un homme de méchant naturel ou de mauvaise humeur.*
CURRISHLY, *adv.* (or roughly.) *Brutalement, rudement, d'une maniere rude & severe.*
To CURRY, *v. act.* (or dress leather.) *Corroyer le cuir, le préparer.*
To curry a horse. *Étriller un cheval.*
† To curry one's coat well. *Étriller quelqu'un comme il faut, le bien rosser, le bien battre, le rouer de coups, lui repasser le buffle.*
To curry favour with one. *Captiver la bienveillance, tâcher de gagner les bonnes graces de quelqu'un ou de s'insinuer dans ses bonnes graces.*
To curry with one, *v. n. Faire sa cour à quelqu'un.*
CURRY-COMB, *subst. Étrille,* instrument dont on se sert pour étriller les chevaux.
CURRYING. *f. L'action de corroyer,* &c. *V.* to Curry.
CURSE, *f. Malédiction, imprécation.*
He can hardly speak two words without a curse. *A peine ouvre-t-il la bouche sans faire quelque imprécation.*
To CURSE one, *v. act. Maudire quelqu'un, faire des imprécations ou donner des malédictions, souhaiter du mal à quelqu'un.*
To curse one to hell. *Envoyer quelqu'un au diable.*
To curse, *v. n.* (to swear.) *Jurer, blasphémer, faire des imprécations.*
Cursed, *adject. Maudit, abominable, détestable, exécrable.*
A cursed business. *Une maudite affaire.*
A cursed villain. *Un maudit coquin; un scélérat.*
CURSEDLY, *adv.* (or abominably.) *Abominablement, d'une maniere abominable, horriblement mal.*
It is cursedly done. *Cela est horriblement mal fait.*
CURSHIP. *V.* Currish.
CURSITOR, *subst.* (a Chancery-clerk that makes out original writs.) *Praticien, commis ou clerc de la Chancellerie, qui dresse les originaux.*
CURSORILY, *adv.* (slighly or hastily.) *Légerement, à la hâte, en passant, en courant, avec précipitation.*
CURSORY, *adj.* (slight or hasty.) *Léger, fait à la hâte ou avec précipitation.*
A cursory view. *Un léger examen.*
CURST, *adj* (as cursed.) *Maudit, méchant, exécrable,* &c.
CURSTNESS, *subst. Rigueur, mauvaise humeur, méchanceté, violence.*
Good natures are won rather with entreaty than curstness. *Un bon naturel se laisse plutôt gagner par la douceur que par la violence.*
CURT, *adj.* (short.) *Court.*
† CURTAIL, *subst.* (or drab.) *Une guenipe, une gourgandine.*
To CURTAIL, *v. act.* (to cut off, to dismember or diminish, in a proper and figurative sense.) *Tronçonner, couper, retrancher, gagner, ôter, diminuer, démembrer : il se dit au propre & au figuré.*
To curtail one of a member. *Tronçonner, couper, retrancher un membre à quelqu'un, le mutiler.*
To curtail one's wages. *Retrancher, diminuer les gages de quelqu'un.*
To curtail a Kingdom. *Démembrer, morceler un royaume.*
Custom has curtailed that right. *La coutume a diminué ou restreint ce droit.*
Curtailed, *adj. Tronçoné, coupé,* &c. *V.* to Curtail.
CURTAILING, *f. L'action de tronçonner. V.* to Curtail.
CURTAIN, *f. Rideau.*
Bed-curtains, *Rideaux de lit.*
Window-curtains. *Rideaux de fenêtre.*
To draw the curtain. *Tirer le rideau.*
The curtains before a stage. *Toile de théâtre.*
A curtain, (in fortification.) *Courtine.*
Curtain-rod. *Verge de fer ou tringle, en termes de serrurier.*
† A curtain-lecture. *Censure ou mercuriale que la femme fait à son mari dans le lit.*
To stand behind the curtain, (or to observe privately what is a-doing.) *Être aux écoutes, ou derriere la tapisserie, observer dans un coin tout ce qui se passe.*
CURTANA, *subst.* (a pointless sword carried before the King of England, at his coronation.) *Épée royale & sans pointe; qu'on porte devant le Roi d'Angleterre à son couronnement.*
CURTESY. *V.* Courtesy.
CURTILAGE, *subst.* (a law-term for a piece of ground or garden, belonging to, and lying near a mesuage.) *Piece de terre appparentante & contiguë à une maison.*
CUTLASS,
CURTELAX, } *f.* (a kind of weapon.) *Un coutelas.*
CURVATURE, *f.* (or crookedness.) *Courbure, courbité.*
CURVE, *adj.* (or crooked.) *Courbe.*
A curve line. *Une ligne courbe.*
To CURVE, *v. act. Courber.*
CURVET, *f.* (a certain motion or gait of a horse.) *Courbette, mouvement qu'on fait faire à un cheval.*
To CURVET, *v. neut. Faire des courbettes, aller à corbettes, sauter, frétiller.*
CURVETTING, *f. Courbettes.*
CURVILINEAL, *adject.* (a term of geometry.) *Curviligne,* en termes de géométrie.
CURVITY, *f. Curvité, courbure.*
CURULE, *adj. Curule.*
CUSHION, *f.* (to sit on, &c.) *Coussin, carreau, sur quoi on s'assied.*
† To be beside the cushion, (to be out of the way in discourse.) *S'écarter de son sujet, faire des écarts.*
Cushion of a billard table. *La bande d'un billard.*
A ball close to the cushion. *Une bille collée à la bande.*
My ball is close to the cushion. *Je suis collé ou ma bille est collée.*
CUSHIONED, *adject. Appuyé sur un coussin.*
CUSP, *f. Corne du croissant.*
CUSPIDATE, *adj.* (or pointed.) *Pointu, qui se termine en pointe.*

CUSTARD, *subst. Un flan.*
A little custard. *Une dariole.*
CUSTODY, *f.* (or keeping.) *Garde.*
I have his money in custody. *J'ai son argent en garde.*
They were found in his custody. *On l'en trouva saisi.*
Custody, (or prison.) *Prison.*
CUSTOM, *f.* (habit or use.) *Coutume, habitude, accoutumance.*
A new custom. *Une nouvelle coutume, une innovation.*
Custom, (of a tradesman's shop.) *Chalandise, pratique.*
A Barber that has good custom. *Un barbier qui a de bonnes pratiques ou qui est bien achalandé.*
Custom, (the tax which commodities pay.) *Douane, droit qu'on paye pour les marchandises.*
Custom-house. *La douane, l'endroit où l'on paye la douane.*
Custom-free. *Qui ne paie point de droits.*
CUSTOMABLE, *adject. Ordinaire, usité, commun.*
CUSTOMABLY, *adv.* (usually.) *Ordinairement, communément.*
CUSTOMARILY, *adv. Communément, habituellement.*
CUSTOMARY, *adj.* (usual.) *Ordinaire, commun.*
The customary laws of a nation. *Le droit commun, le droit coutumier d'un pays.*
CUSTOMED, *adj.* (speaking of a shop.) *Achalandé, qui a beaucoup de chalands ou de pratiques.*
CUSTOMER, *subst.* (one that buys any thing.) *Chaland, pratique.*
Customer, (an officer of the custom-house.) *Un commis de la douane.*
* CUSTREL, *subst.* (an armour-bearer.) *Goujat ou valet de soldat.*
Cust.el. *V.* Custrel.
CUT, *adject. Coupé, taillé,* &c. *V.* to Cut.
† Cut and longtail, (that is, every one.) *Tous ensemble, les uns & les autres, pêle-mêle.*
Cut, (or soundly in drink.) *Qui a bien bu, soûl, qui en tient.*
He is cut OUT for a Mathematician. *Il est né pour les Mathématiques, il a de grands talens pour les Mathématiques.*
They are cut so short in their revenues, that. *Leur revenu est si petit, que.*
CUT, *subst.* (or cutting.) *Coupe ou taille.*
Cut, (or slice.) *Tranche.*
A cut, (or wound.) *Une coupure.*
Cut, (or gash in one's face.) *Balafre, estafilade.*
Cut, (or misfortune.) *Malheur, désastre, revers.*
Cut, (or figure.) *Taille douce, figure.*
The first cut of a loaf. *L'entamure d'un pain.*
To draw cuts. *Tirer à la courte-paille.*
He is of the same cut with the rest. *Il est de la même trempe que les autres.*
A cut-throat, (a ruffian, a murderer.) *Un coupe-gorge.*
A cut-throat place, (an inn or tavern where they exact upon people.) *Une écorcherie, cabaret ou hôtellerie où l'on fait payer trop cher.*
A cut-purse. *Un filou, un coupeur de bourse.*
To CUT, *verb. act. Couper, tailler, trancher.*

Cut

Y 2

Cut me a piece of bread. Coupez-moi un morceau de pain.
To cut one's hair. Couper les cheveux à quelqu'un.
To cut in pieces. Couper en morceaux, mettre en pieces, dépecer.
To cut short. Pour couper court, pour abréger.
To cut (or prune) the vine. Tailler la vigne.
To cut a precious stone. Tailler une pierre précieuse.
With one blow of his sword he cut the gordian knot. D'un coup d'épée il trancha le nœud gordien.
To cut a book. Rogner un livre.
To cut a loaf. Entamer un pain.
To cut corn, to cut it down. Couper ou scier le blé, le couper avec la faucille.
Cold weather cuts the lips. Le froid gerce les levres ou les coupe par de petites fentes.
This vinegar cuts my lips. Ce vinaigre est piquant, il me pique les levres.
To cut one short, (to interrupt him when he speaks.) Interrompre qu'lqu'un, lui ôter la parole.
To cut capers. Faire des cabrioles, cabrioler.
To cut a figure. Faire figure, le porter beau.
To cut small. Hacher, couper menu, appetisser.
To cut the veins. Couper ou ouvrir les veines.
To cut (or fell) trees. Abattre ou couper des arbres.
To cut, (or wound.) Blesser, faire une blessure, couper.
To cut (or delve) the ground. Labourer ou bécher la t.rre.
To cut, (or mangle.) Tronquer, estropier, mutiler.
To cut (or lop) a tree. Élaguer, ébrancher un arbre.
To cut, (or hew.) Fendre.
To cut cocks in order to make capons. Chaponner ou châtrer de jeunes coqs.
To cut, (to pare or to clip.) Couper, rogner.
To cut one to the heart. Fâcher quelqu'un, le faire enrager.
To cut lots. Tirer à la courte-paille.
To cut (or shave) the beard. Faire la barbe, raser.
To cut a ball, (at billiards.) Friser une bille.
To cut into flowers. Découper, vider, figurer de telle sorte une étoffe qu'elle soit percée à jour.
To cut a comb smooth. Vider un peigne, faire égaux tous les trous au pied des dents du peigne.
To cut out one work, (or create him trouble.) Faire de la peine à quelqu'un, lui tailler de la besogne ou des croupieres.
To cut (or slash) one over the face. Faire une balasre à quelqu'un sur le visage, le balasrer.
To cut away the boughs here and there. Éclaircir, élaguer un arbre, retrancher de ses branches.
To cut OFF. Couper, trancher, tailler.
To cut off one's head. Couper, trancher la tête à quelqu'un.

To cut off an heir, (to desinherit him.) Désheriter quelqu'un, le priver de l'heredité.
To cut one off from an estate or to cut off the entail. Priver quelqu'un de sa succession, l'exhéréder, le deshériter.
To cut one off from the Church, (or excommunicate.) Retrancher quelqu'un de l'Église, l'anathematiser.
To cut off the provisions. Couper les vivres, empêcher que l'armée ennemie n'ait des vivres.
To cut off the enemy's retreat. Couper l'ennemi, lui couper chemin, empêcher sa retraite.
To cut off their communication. Empêcher leur communication.
To cut off delays. Se dépêcher.
To cut off the ends of hair. Rafraîchir les cheveux, en couper tant soit peu les extrémités.
To cut ASUNDER. Déchirer, mettre en pieces, couper, rompre, briser, séparer.
To cut OUT. Couper, tailler.
To cut out a suit of cloaths. Couper un habit, couper l'étoffe pour en faire un habit.
To cut out work for one. Tailler de la besogne à quelqu'un, dans le propre & dans le figuré; † lui tailler des croupieres, lui donner de la tablature.
To cut UP. Couper, découper.
To cut up (or carve) a capon. Couper ou découper un chapon, le couper par morceaux.
To cut up a d'ed body. Disséquer un corps, en faire la dissection.
To cut DOWN. Couper, scier, couper une chose jusqu'à ce qu'elle tombe par terre.
To cut down the corn. Couper, scier les blés.
To cut an army to pieces. Tailler une armée en pieces.
To cut the cards. Couper, terme de jeu de cartes.
To cut, verb. neut. (as lines do,) Se couper, se croiser.
To cut, (as horses do.) Se couper, s. donner des atteintes, en parlant des chevaux.
CUTANEOUS, adject. (belonging to the skin.) Cutanée.
Cutaneous distempers. Maladies cutanées.
CUTCHENEAL, sub. (an insect dried used to dye scarlet.) Cochenille, graine dont on se sert pour teindre en écarlate. Voyez Cochineal.
CUTE, s. (or unfermented wine.) Du moût.
† Cute, adj. (a low word, used instead of acute, witty.) Fin, spirituel, rusé.
CUTICLE, subst. (a thin skin.) Une petite peau, l'épiderme.
CUTICULAR, adject. Qui appartient à la peau.
CUTLASS, subst. Coutelas, épée courte, large & fort tranchante.
CUTLER, s. Un Coutelier.
A sword-cutler. Un fourbisseur.
CUTPURSE, s. Voleur, filou.
† CUTTED, adj. (or scolding.) Querelleuse, criailleuse, riarde.
A cutted housewife. Une criailleuse.
CUTTER, subst. Coupeur, qui coupe, qui coupe bien.

A corn-cutter. Un coupeur de cors.
A stone-cutter. Un tailleur de pierre ou un sculpteur, un statuaire.
Cutter, (a sort of ship.) Cutter, sorte de petit bâtiment armé en guerre, & bon voilier.
CUT-THROAT, subst. Assassin.
CUT-THROAT, adj. Cruel.
CUTTING, subst. L'action de couper, de tailler, &c. V. to Cut.
The cutting (or loping) of a wood. La coupe d'un bois.
Stone-cutting. Sculpture.
Cuttings, (or parings.) Rognures.
Cutting, adj. (in taste.) Piquant.
Cutting, (or biting.) Piquant, offensant, choquant, satirique.
Cutting words. Des paroles piquantes.
Cutting-down-line, s. comp. (in ship building.) Ligne qui marque dans le plan d'élévation d'un vaisseau le dessus de toutes les varangues au milieu du vaisseau, & de l'avant à l'arriere, & qui détermine l'épaisseur du bois dans toute la longueur du vaisseau au-dessus de la quille.
CUTTLE, subst. (the cuttle-fish.) Seche, sorte de poisson de mer.
The cuttle has no blood. La seche n'a point de sang.
CUT-WATER, subst. comp. (a sea-word.) Taillemer, gorgere & fleche de l'éperon tout ensemble : on dit dans le poncut, la guibre.
CYCLE, subst. (or revolution.) Cycle, course ou révolution.
The cycle of the sun. Le cycle solaire.
The cycle of the moon. Le cycle lunaire.
CYCLOID, subst. Cycloïde, terme de géométrie.
CYCLOIDAL, adject. Qui appartient à la cycloide.
CYCLOPÆDIA, sub. (the whole circle of arts and sciences.) Encyclopédie.
CYGNET, subst. (or young swan.) Un jeune cygne.
CYLINDER, s. (a figure long and round.) Un cylindre, solide rond & long comme une colonne.
CYLINDRICAL, }
CYLINDRICK, } adj. Cylindrique, en maniere de cylindre.
CYMAR. V. Scarf.
CYMATIUM, s. Cymaise, terme d'architecture.
CYMBAL, subst. (a musical instrument.) Cymbale ou vielle.
CYNICAL, adj. (severe or dogged.) Sévere, austere, cynique.
CYNICK, subst. (a severe philosopher.) Cynique, un Philosophe severe.
CYNOSURE, s. (Ursa minor, near the north pole, directing sailors.) La petite Ourse, constellation.
CYPHER. V. Cipher.
CYPRESS-TREE, } subst. Cyprès, arbre.
CYPRUS-TREE, }
Cypress or cyprus-wood. Cyprès ou bois de cyprès.
CYST, } s. Kyste, sac qui contient
CYSTIS, } quelque matiere morbifique.
CZAR, subst. (the Emperor of Moscovy.) Czar, l'Empereur de Moscovie ou de Russie.

D.

D, est la quatrieme lettre de l'Alphabet Anglois; dans le chiffre romain elle signifie 500. Pour ce qui est de sa prononciation, elle ne reçoit aucune difficulté.
Il faut seulement remarquer que le premier D, dans ce mot wednesday, mercredi, est muet, aussi-bien que dans hand-kerchief, mouchoir.

DAB, *s.* (a light blow on the chops.) *Un petit soufflet.*

Dabs, (sorry linen or woollen cloaths.) *Guenilles.*

A dab of dirt. *Éclaboussure.*

A fat dab. *Un morceau gras.*

Dab, (a sort of fish, by some called a sanding.) *Un poisson qui ressemble à la sole.*

Dab-chick, (a sort of fowl.) *Une foulque ou sorte de plongeon.*

To DAB, *v. a.* (to strike gently with something soft or moist.) *Nettoyer, bassiner, se dit en parlant d'un ulcere sur lequel on applique doucement & à diverses reprises, un chiffon ou autre matiere imprégnée de quelque médicament.*

To DABBLE, *v. act. Éclabousser.*

To dabble one or to dabble his cloaths. *Éclabousser quelqu'un, faire rejaillir de l'eau ou autre chose sur lui.*

To dabble one's hands in the water. *Patrouiller, agiter l'eau avec les mains.*

To dabble in the dirt, *v. neut. Patrouiller dans la boue.*

† To dabble or to be dabbling with one, (to tamper with one.) *Solliciter ou pratiquer quelqu'un, tâcher de le porter à quelque chose.*

† To dabble, (to meddle in a thing in which one hath no great skill.) *Se mêler d'une chose où l'on ne s'entend guere.*

He dabbles in Physick. *Il se mêle de la Médecine, il fait la Médecine.*

Dabbled, *adj. Éclaboussé,* &c. V. le Dabble.

DABBLER, *s. Un homme qui se mêle des choses où il n'entend rien.*

DABBLING, *s. L'action d'éclabousser,* &c. V. to Dabble.

You will be always dabbling, see what you have got by it. *Vous voulez mettre le nez par-tout, voilà ce que vous y gagnez.*

DACE, *subst.* (the dace fish.) *Vandoise ou dard, sorte de poisson d'eau douce.*

DACTYL, *s.* (a foot in *Latin* and *Greek* poetry.) *Dactyle, sorte de pied dans la Poésie Grecque & Latine.*

DAD } *subst.* (so infants that begin DADDY } to speak call their fathers.) *Papa.*

DADDOCK, *subst.* (the rotten heart or body of a tree.) *Le tronc pourri d'un arbre.*

DÆDAL, } *adject. Varié, tortueux,* DÆDALIAN, } *embarrassant, ou artistement travaillé.*

DAFFODIL, *subst.* (a sort of plant.) *Asphodele, sorte d'herbe.*

To DAFT, *v. act. Jeter de côté.*

* DAG, *subst.* (a hand-gun.) *Un petit fusil.*

To DAG sheep, *v. a.* (to cut away the skirts of the fleece.) *Tondre ou couper les bords de la toison des brebis.*

Dag-locks, *sub. Ce qu'on a coupé de la toison pour la rafraîchir.*

To DAG. V. To Daggle.

DAGGED. V. Daggled.

DAGGER, *s. Un poignard, une dague.*

He held the dagger to his throat. *Il lui porta le poignard à la gorge.*

A dagger, † (a term of a printing-house, a cross which serves for a mark.) *Une croix.*

† To be at daggers drawing. *Être prêts à se couper la gorge, être toujours prêts à se battre ou à couteaux tirés.*

The potion and the dagger. *Le poison & le fer.*

At daggers-drawing. *Aux couteaux tirés.*

To DAGGLE, *v. act. Crotter, éclabousser, ou traîner à terre.*

Daggled, *adj. Crotté, éclaboussé, traîné à terre.*

Daggletailed, *adject. Tout crotté, tout éclaboussé.*

To DAIGN, *v. neut.* See to Deign, (to vouchsafe.) *Daigner, vouloir bien.*

DAILY, *adj.* (quotidian, which happens every day.) *Journalier, de chaque jour, quotidien.*

Daily experience. *L'expérience journaliere.*

Daily task. *Tâche de chaque jour.*

Daily bread. *Pain quotidien.*

DAILY, *adv. Journellement, chaque jour, tous les jours.*

DAINTILY, *adv. Délicieusement, délicatement, magnifiquement,* &c.

DAINTINESS, *subst. Friandises, mets exquis, viandes délicieuses; ou la magnificence, la somptuosité d'un festin.*

DAINTY, *s. Friandise, mets exquis,* &c. *chose délicate & bonne à manger.*

Dainty, *adject.* (or delicate.) *Délicat, friand, délicieux, ragoûtant, de bon goût,* en parlant des choses; *délicat, friand, qui aime les bons morceaux,* en parlant des personnes.

Dainty-mouthed. *Délicat, friand.*

Dainty, (or costly.) *Grand, splendide, magnifique, somptueux, abondant, su-* perbe; en parlant d'un festin, d'une table, &c.

Dainty, (fine or curious.) *Joli, délicat, beau, curieux, bien-fait.*

DAIRY, } *subst. Laiterie, lieu* DAIRY-HOUSE, } *où l'on tient le lait, & où l'on fait le beurre & le fromage.*

Dairy-woman, dairy-maid. *Laitiere, femme qui a la charge de la laiterie.*

DAISY, *s.* (a sort of flower.) *Marguerite, sorte de fleur.*

DALE, *s.* (or little valley.) *Un vallon.*

DALLIANCE, *subst.* (or wantonness.) *Humeur folâtre ou badine, badinage.*

To be at dalliance. *Badiner, folâtrer.*

DALLIER, *subst.* (or trifler.) *Un folâtre, une folâtre, un badin, une badine, une personne qui s'amuse à la bagatelle,* ou † *un baguenaudier, une personne lente, & qui remet incessamment.*

To DALLY, *verb. neut. Badiner, folâtrer, s'amuser à la bagatelle.*

To dally (or amuse one's self) with a virgin. *Badiner, folâtrer avec une fille.*

To dally with wanton language. *Cajoler, conter fleurettes.*

To dally, (to play the fool with.) *Se moquer, se jouer.*

You do but dally with me, (you are in jest.) *Vous vous moquez de moi, vous n'êtes pas dans le sérieux.*

To dally, (to delay or trifle.) *Tarder, prendre du temps, s'amuser,* † *baguenauder.*

Let us not dally. *Ne perdons point de temps.*

DALMATICK, *subst.* (a kind of holy vestment.) *Dalmatique, espece de chasuble.*

DAM, *s. La mere de certains animaux.*

A foal that sucks his dam. *Un poulain qui tette sa mere.*

Dam, (flood gate or wear, in a river or pond.) *Une écluse, une bonde, un bâtardeau.*

To DAM up, *verb. act.* (to stop up.) *Enfermer, fermer, boucher.*

To dam up the water. *Enfermer l'eau dans une écluse.*

To dam up a window. *Fermer ou condamner une fenêtre.*

To dam up a barrel. *Boucher un tonneau.*

DAMAGE, *subst.* (detriment, loss.) *Dommage, perte, tort, préjudice, désavantage.*

I suffered no damage by it. *Je n'en ai point été endommagé, cela ne m'a fait aucun tort.*

Costs and damages. *Dépens, dommages & intérêts,* en termes de Palais.

Damage

DAM

Damage clear. *Certains droits des clercs ou des commis du Protonotaire.*
To DAMAGE, v. *to Endamage.*
DAMAGED. V. *Endamaged.*
DAMAGEABLE, adject. *Qui peut être endommagé, nuisible, pernicieux.*
DAMASCENE. V. *Damson.*
DAMASK, ſ. (or damask-ſilk.) *Damas, ſorte d'étoffe de ſoie.*
A damask-bed. *Un lit de damas.*
Damask-linen. *Linge damaſſé.*
Damask-napkins. *Serviettes damaſſées.*
Damask-prunes, (or damsons.) *Prunes de Damas.*
A damask-rose. *Roſe incarnate.*
To DAMASK, v. act. (to form flowers upon ſtuff.) *Damaſſer.*
To damask, (to adorn ſteelwork.) *Damaſquiner.*
To DAMASK wine, v. a. (to take off the edge of the cold by putting it before the fire.) *Dégourdir le vin.*
To damask (to cut in pieces) a prohibited book. *Lacérer un livre défendu.*
To DAMASKEEN, v. act. *Damaſquiner.*
DAMASKENING, ſ. *Damaſquinure.*
DAME, ſ. (a word used inſtead of lady in Law buſineſſes.) *Dame ; ce mot Anglois n'eſt guère d'uſage que dans les matières de Droit.*
A ſchool-Dame, (or ſchool-Miſtreſs.) *Une Maîtreſſe d'école.*
My dame or my wife. *Ma femme.*
DAMMAGE. V. *Damage.*
To DAMN, v. act. *Damner.*
To damn one's ſelf. *Se damner.*
To damn, (to explode or cry down.) *Siffler, fronder, condamner.*
His play was damned, *Sa comédie a été ſifflée, on a frondé ſa pièce.*
DAMNABLE, adject. *Damnable, méchant, pernicieux.*
A damnable doctrine. *Une doctrine damnable ou pernicieuſe.*
DAMNABLY, adv. *Extrêmement, horriblement, furieuſement.*
He is damnably angry. *Il eſt horriblement fâché.*
DAMNATION, ſubſt. *Damnation, condamnation aux enfers.*
He ſwore it upon his damnation. *Il l'a juré ſur ſa damnation ou ſur la damnation de ſon ame.*
DAMNED, adj. *Damné, &c.* V. *to Damn.*
Damned, adj. (hated or deteſted.) *Méchant, odieux, haïſſable.*
My damned maſter. *Mon diable de maître.*
He is a damned fellow. *C'eſt un diable d'homme.*
The damned, ſ. *Les damnés, ceux qui ſont aux enfers.*
The wretched condition of the damned. *L'état malheureux des damnés.*
To DAMNIFY, v. act. *Endommager, apporter du dommage, gâter, nuire.*
Damnified, adj. *Endommagé.*
The ſhip was very much damnifyed. *Le navire étoit fort endommagé.*
DAMNIFYING, ſ. *L'action d'endommager, &c.* V. *le verbe.*
DAMP, adj. *Humide, qui a de l'humidité.*
Damp. *Abattu, affligé, conſterné.*
DAMP, ſubſt. *Humidité.*
A great damp. *Une grande humidité.*
To throw a damp upon one's ſpirits. *Abattre, ralentir le courage de quelqu'un, lui cauſer un abattement de courage, le décourager.*
It has been ſuch a damp to him. *Cela l'a ſi fort abattu ou mortifié.*

DAM DAN

The civil wars have put a damp upon trade. *Les guerres civiles ont interrompu le commerce, elles ſont cauſe que le commerce ne va plus.*
To DAMP, v. act. *Rendre humide.*
This will damp it or make it damp. *Ceci le rendra humide.*
To damp (or dishearten) one. *Abattre, ralentir le courage de quelqu'un, le décourager.*
This will damp (or allay) their joy. *Ceci ralentira leur joie, ceci leur ſera un rabat-joie.*
Have I damped (have I chilled) his wit? *Ai-je glacé ſon eſprit.*
DAMPISH, adj. (ſomewhat moiſt.) *Un peu humide, tant ſoit peu humide.*
DAMPISHNESS, ſ. *Commencement d'humidité.*
DAMPNESS, ſubſt. *Humidité.*
DAMPY, adj. V. *Damp.*
† DAMSEL, ſubſt. *Une jeune fille, demoiſelle.*
DAMSON, ſ. (a ſort of plum.) *Prunes de Damas.*
Damson-tree. *Prunier, qui porte des prunes de Damas.*
DAN, ſ. *Ancient mot qu'on peut exprimer par Monſieur.*
DANCE, ſ. *Danſe.* V. *Step.*
To DANCE, v. neut. & act. *Danſer.*
To dance a courant. *Danſer une courante.*
To dance a jig. *Danſer une gigue.*
To dance upon the rope. *Danſer ſur la corde.*
To dance one about. *Faire danſer quelqu'un.*
P. To dance to every man's pipe. *S'accommoder à tout ce qu'on veut, être à tout faire.*
† To dance attendance, (to wait.) *Faire le pied de grue, attendre long-temps en vain.*
DANCER, ſ. *Danſeur, danſeuſe.*
Monſieur Labbé is the beſt dancer in England, *Monſieur Labbé eſt le meilleur danſeur d'Angleterre.*
DANCET. *Voy.* Dancy.
DANCING, ſ. *Danſe ou l'action de danſer.*
To like dancing. *Aimer la danſe.*
The art of dancing. *L'art de danſer.*
A dancing-room. *Salle ou chambre à danſer.*
A dancing-ſchool. *Une école de danſe.*
A dancing-maſter. *Maître à danſer, un maître de danſe.*
Dancing, adj. *Danſant, qui danſe.*
† To have as many tricks as a dancing bear. *Être folâtre, aimer le badinage.*
DANCY, adj. (a term of heraldry.) *Denché, en termes de blaſon.*
DANDELION, ſ. (an herb.) *Dent de lion, ſorte d'herbe, piſſenlit.*
DANDIPRAT, ſ. (a ſmall coin made by K. Henry VII.) *Sorte de petite monnoie qui avoit cours du temps de Henry VII.*
† Dandiprat, (a little man or woman.) *Un petit homme ou une petite femme, un ragot, une ragotte.*
To DANDLE, v. act. *Secouer, agiter entre ſes bras, comme font les nourrices, dorloter, careſſer, flatter.*
Dandled, adj. *Secoué, dorloté, &c.*
DANDLING, ſ. *L'action de ſecouer, &c.* V. *Dandle.*
DANDRUFF,
DANDRIFF, } ſub. (or ſcurf.) *Craſſe, ordure de tête.*

DAN DAR

A dandriff-comb. *Un peigne fin, peigne propre à enlever la craſſe de la tête.*
DANE-GELT, ſ. (a tribute laid by the Danes, when they lorded it in England over the Saxons.) *Impôt que les Danois mirent ſur les Saxons, lorſqu'ils dominoient en Angleterre.*
DANE-WORT, ſubſt. (an herb.) *Hièble, ſorte d'herbe.*
DANGER, ſubſt. *Danger, péril, hasard, riſque.*
To run into danger. *Se mettre en danger, s'expoſer au danger.*
He is in danger of his life. *Il court riſque de la vie, ſa vie eſt en danger.*
You are in no danger for him. *Vous n'avez rien à craindre de lui.*
While the nation is in danger of a foreign war. *Pendant que la Nation eſt menacée d'une guerre étrangère.*
DANGEROUS, adject. *Dangereux, périlleux, hasardeux, où il y a du danger : il ſe dit des perſonnes & des choſes.*
DANGEROUSLY, adv. *Dangereuſement, d'une manière dangereuſe.*
To DANGLE, v. neut. *Pendiller, ſe brandiller.*
† To dangle (to be always running) after a woman. *Être toujours aux trouſſes, être toujours pendu à la ceinture d'une femme.*
DANGLER, ſub. (a man who pretends to admire the ſex, and is fond of their company, but never makes warm love to them.) *Un coquet, qui eſt toujours pendu à la ceinture des femmes, un ſoupirant.*
DANGLING, adj. *Qui pendille.*
To hang dangling. *Pendiller.*
* DANG-WALLET, adv. (or abundantly.) *Abondamment, amplement, en grande quantité.*
DANK, &c. V. *Damp, &c. Humide, &c.*
DAPING, ſ. (angling near the top of the water.) *L'action de pêcher à la ligne près de la ſurface de l'eau.*
DAPPER, adj. (tight or briſk.) *Vigoureux, plein de force & de vigueur, éveillé, égrillard.*
DAPPERLING, ſ. (or tight little fellow.) *Un petit égrillard, un éveillé.*
DAPPLE,
DAPPLED, } adj. *Pommelé.*
Dapple-grey. *Gris pommelé.*
To DARE, v. neut. *Oſer, avoir la hardieſſe.*
Do if you dare. *Faites-le ſi vous oſez.*
If I may dare to ſay ſo. *Si j'oſe parler ainſi.*
He dared to menace the Government. *Il eut la hardieſſe de menacer le Gouvernement.*
I will lay you what you dare of it. *Je parie, je gage avec vous tout ce que vous voudrez.*
I dare be bold to tell him of it. *Je prendrai bien la liberté de lui dire.*
To DARE, v. act. (to challenge.) *Défier, faire un défi, appeller au combat, provoquer.*
To dare dangers. *Braver ou affronter les dangers.*
I dare not for my ears. *La crainte me retient.*
I dare undertake it, (or take it upon myſelf.) *Je me fais fort de cela.*
DARING, adject. *Hardi, qui a de la hardieſſe, téméraire, déterminé.*
He is a daring man. *C'eſt un homme hardi.*
A daring glaſs, (to catch larks with.) *Sorte*

Sorte de miroir, avec quoi on chasse aux alouettes.
DARINGLY, *adv.* Hardiment, fièrement, courageusement.
DARINGNESS, *s.* Hardiesse, audace.
DARK, *adj.* (or obscure.) Obscur, noir, sombre, qui n'est pas clair.
Dark weather. Temps obscur, temps sombre.
A dark room. Une chambre sombre ou obscure.
A dark prison or dungeon. Une prison noire.
Dark, (obscure or hard to be understood.) Obscur, sombre, caché, difficile à entendre.
A dark discourse. Un discours obscur.
A dark matter. Une matiere difficile.
A dark lanthorn. Lanterne sourde.
A dark saying. Une énigme.
It is dark night. Il est nuit close, il est tout-à-fait nuit, il fait noir comme dans un four.
It grows dark, (it draws towards night.) Il se fait nuit ou la nuit s'approche.
Dark or darkness, *s.* Ténèbres, obscurité; dans le propre & dans le figuré.
To be in the dark. Être dans les ténèbres.
To leave one in the dark. Laisser quelqu'un dans les ténèbres ou sans aucune clarté.
To live in the dark. Vivre dans l'obscurité.
Prov. Joan is as good as my lady in the dark. Dans la nuit, tous chats sont gris.
To keep one in the dark, (as to a business.) Cacher une chose à quelqu'un, ne lui en faire aucune part, lui en faire un secret.
Dark-sighted. Qui n'a pas bonne vue ou qui a la vue trouble.
To DARKEN, *v. act.* Obscurcir, rendre obscur.
To darken, *v. neut.* S'obscurcir, devenir obscur.
Darkened, *adj.* Obscurci.
DARKENING, *s.* Obscurcissement, l'action d'obscurcir, de rendre obscur ou de s'obscurcir.
DARKISH, *adj.* Un peu obscur, sombre, brun ou noir.
DARKLING, *adject.* (a poetical word.) Dans l'obscurité.
DARKLY, *adv.* Obscurément, d'une maniere obscure.
DARKNESS, *s.* Obscurité, ténèbres, dans le propre & dans le figuré.
The land of darkness, (or grave.) Le tombeau.
To go to the land of darkness. Mourir, perdre le jour.
DARKSOME, *adj.* Obscur. V. Dark.
DARLING, *s.* Mignon, mignonne, favori, favorite.
She is my darling. C'est ma mignonne, c'est ma favorite.
Darling, *adj.* Favori, mignon, que nous aimons, à qui nous sommes adonnés, qui nous endort.
A darling sin. Un péché favori ou qui nous endort.
DARN, *subst.* Rentraiture.
To DARN, *v. act.* Rentraire, remplir proprement un trou de linge.
Darned, *adj.* Rentrait.
DARNEL, *s.* (or cocklo-weed.) Ivraie.
DARNER, *subst.* (one that darns.) Rentrayeur, rentrayeuse, ravaudeur, ravaudeuse.

DARNING, *subst.* L'action de rentraire, ou rentraiture.
DARNIX, *s.* (a kind of cloth.) Drap de Tournay.
To DARRAIN, *v. act.* Ranger en bataille.
DARREIN, *adj.* (a law-word, that signifies, last.) Dernier.
DART, *subst.* Dard, trait, javelot.
To lance a dart. Lancer un dard.
To DART, *v. act.* Darder, lancer, jeter.
To dart a knife or a dagger. Darder un couteau ou un poignard.
The sun darts his beams upon the earth. Le soleil darde ses rayons sur la terre.
She darts from her eyes a thousand deaths. Elle darde de ses yeux mille trépas. Poetically.
DARTER, *subst.* Celui qui darde ou qui lance.
DARTING, *subst.* L'action de darder, de jeter, de lancer.
DASH, *s.* (or stroke.) Coup, trait.
At one dash, (or stroke.) Tout d'un coup, tout d'un trait.
A dash of a pen. Un trait de plume.
A dash of water or dirt. Éclaboussure de l'eau ou de la boue qui a rejailli sur quelqu'un.
A dash of beer to a quart of ale. Un peu de biere dans une quarte d'aile.
† To give one a dash on the teeth. Donner une mornifle à quelqu'un.
At first dash. D'abord, du premier abord, tout-à-coup, d'entrée.
To DASH, *v. act.* (or to hit.) Frapper, froisser, heurter, donner.
To dash one's head against the wall. Heurter ou donner de la tête contre la muraille, se froisser la tête contre la muraille.
To dash, (or mingle.) Mêler, mixtionner.
To dash one with water or dirt. Éclabousser quelqu'un.
To dash (or frustrate) one's hopes. Frustrer l'attente de quelqu'un, renverser ses espérances.
To dash a thing in pieces. Casser, briser une chose en pieces, la piler, la broyer.
Our ship was like to dash (*v. neut.*) against a rock. Notre vaisseau fut sur le point de se briser ou d'échouer contre un rocher.
To dash one on the chops. Donner une mornifle ou un soufflet à quelqu'un.
To dash one's confidence. Déconcerter quelqu'un, le démonter.
To dash a project or design. Faire avorter un dessein, le faire échouer, le faire tomber à terre, le renverser.
To dash OUT or blot out. Rayer, effacer.
To dash one's brains out. Faire sauter la cervelle à quelqu'un.
To dash one out of countenance. Faire perdre contenance à quelqu'un, déconcerter quelqu'un, le troubler, le mettre en désordre.
Dashed, *adj.* Éclaboussé, frustré, heurté, froissé, rompu, brisé, &c. V. to Dash.
DASHING, *s.* L'action d'éclabousser, &c. V. to Dash. Froissement.
DASHT. *Voyez* Dashed.
DASTARD, *s.* (or coward.) Un poltron, un lâche, qui n'a point de cœur.
To DASTARDIZE, *v. act.* Rendre lâche, efféminer, amollir le courage.
DASTARDLY, *adj.* Lâche ou de lâche, de poltron, d'un homme qui n'a point de cœur.

DASY. *Voyez* Daisy.
DATARY, *subst.* (an officer in Rome, for collation of church-benefices.) Dataire, Chancellier de Rome.
DATE, *subst.* (or mark of the time when any thing is done.) Date, chiffre qui marque l'an, le mois ou le jour qu'une chose a été faite.
What date does the letter bear? De quelle date est cette lettre?
A thing out of date. Une chose qui est hors d'usage ou hors de saison, qui est vieille ou surannée.
A commodity out of date, (or use.) Marchandise qui n'a plus de cours.
To grow out of date. N'être plus en crédit ou en vogue, être hors de saison.
A date book. Un journal.
The date of a coin. Le millésime, le chiffre qui marque le temps de la fabrication des monnoies ou des médailles.
Date, (the fruit of the date-tree.) Datte, fruit du palmier.
To DATE, *v. act.* Dater, mettre la date à quelque écrit.
To date a letter. Dater une lettre, y mettre la date.
Dated, *adject.* Daté.
My letter was dated the eleventh instant. Ma lettre étoit datée du onzieme du courant.
DATING, *s.* L'action de dater.
DATELESS, *adject.* Sans date.
DATIVE, *s.* & *adject.* Datif.
The dative, or the dative case. Le datif, le cas qu'on appelle datif.
To DAUB, &c. *Voy.* to Dawb, &c.
DAUCUS, *subst.* (a kind of wild carrot.) Sorte de carotte sauvage, qui donne le nom à une sorte de boisson qui se fait en Angleterre.
DAUGHTER, *subst.* Fille, par rapport au pere ou à la mere.
A daughter-in-law. Une belle-fille, † une bru.
A grand-daughter. Une petite-fille, la fille de son fils ou de sa fille.
DAVIT, *s.* (a sea-word.)
C'est aussi une piece de bois qu'on place en saillie hors du vaisseau, sur le gaillard d'avant, servant à lever l'ancre, comme dans les vaisseaux François la candelette. *Voyez* Fish.
To DAUNT, *v. act.* (or frighten.) Épouvanter, intimider, décourager.
Daunted, *adject.* Épouvanté, intimidé, qui a peur, qui a perdu courage.
What makes you be so daunted? Qu'est-ce qui vous fait ainsi avoir peur?
DAUNTLESS, *adj.* (intrepid, fearless.) Intrépide.
DAUNTLESSNESS, *s.* Intrépidité.
DAW. *Voyez* Jack-daw.
† To DAW (or brook) a thing, *v. act.* Souffrir, endurer quelque chose, † boire quelque désagrément.
To DAWB, } *v. act.* (or besmear,) Barbouiller, enduire.
To DAUB, }
To dawb, (or cloak.) Déguiser, couvrir, pallier, plâtrer.
To dawb, (or flatter.) Flatter, cajoler, caresser.
To dawb, (or to bribe.) Corrompre, gagner, pratiquer.
Dawbed, *adj.* Barbouillé, enduit; flatté, cajolé, caressé, déguisé, &c. V. to Dawb.
A coat dawbed with gold lace. Un justaucorps chamarré ou couvert de dentelles d'or.

DAWBER,

DAWBER, DAUBER, *s. Barbouilleur*, dans le propre; & dans le figuré, *flatteur, cajoleur, qui déguise, qui pallie, qui plâtre, qui corrompt ou qui gagne*. Voy. *les différents sens du verbe* to Dawb.

DAWBING, DAUBING, *s. L'action de barbouiller*, &c. Voy. to Daub.

To DAWK, *v. act. Marquer en coupant.*

DAWN, *sub.* (the dawn of the day.) *La pointe ou la pointe du jour, l'aube, l'aurore.* Such tender circumstances soften the horrours of a battle, and diffuse a dawn of serenity over the soul of the reader, (Pope's homer.) *Ces traits de tendresse ou ces situations tendres, adoucissent les horreurs d'un combat, & répandent une lueur de sérénité dans l'esprit du lecteur.*

To DAWN, *v. neut. Poindre, commencer à paroître*, en parlant du jour.

DAWNING, *s.* (the dawning of the day.) Voyez Dawn.

DAY, *subst.* (the light, in opposition to night.) *Le jour, la clarté du jour.*
It is broad day. *Il est grand jour.*
Night and day. *Nuit & jour.*
A day, (a space of time.) *Un jour, une journée.*
A holy-day. *Une fête ou un jour de fête.*
A workyday. *Un jour ouvrable.*
A court-day. *Un jour de Palais.*
Day by day. *Chaque jour.*
From day to day. *De jour en jour, de jour à autre.*
The next day. *Le jour suivant, le jour d'après, le lendemain.*
Every day. *Tous les jours.*
Every other day. *De deux jours l'un, de deux en deux jours.*
Every third day. *De trois en trois jours.*
I have been at work all the day long. *J'ai travaillé toute la journée.*
Day, (or battle.) *Journée, bataille.*
To get the day, to carry the day. *Gagner la bataille, vaincre, remporter la victoire.*
To lose the day. *Perdre la bataille, être vaincu.*
Let us make (or let us have) a merry day of it. *Passons le temps agréablement aujourd'hui, divertissons-nous aujourd'hui.*
To day or this day. *Aujourd'hui.*
I never saw him before to-day. *Je ne l'ai jamais vu auparavant.*
It is so called to this day. *On l'appelle encore aujourd'hui de ce nom.*
The day before yesterday. *Avant-hier.*
The next day. *Demain ou le lendemain.*
This many a day. *Il y a long-temps.*
This day se'nnight or seven night, (that is a week ago.) *Il y a aujourd'hui huit jours.*
This day se'nnight, (or a week hence.) *Dans huit jours d'ici.*
They were two days journey off or from this place. *Il étoit à deux journées d'ici.*
Days, (time, age, life.) *Jours, temps, siècle, vie.*
This happened in our day or time. *Ceci s'est passé de nos jours, ceci est arrivé de notre temps.*
In those days. *En ce temps-là, alors.*
I could have wished that his days might have been longer. *J'aurois bien souhaité que sa vie eût été plus longue ou qu'il eût vécu plus long temps.*
What day of the month is it? *Quel quartième du mois tenons-nous aujourd'hui?*
This is the best that ever I saw in my days. *C'est ici le meilleur que j'aie vu de ma vie.*

In the days of old or yore. *Anciennement, jadis, du temps de nos peres, autrefois.*
† To keep off or ward off the evil day, is a dangerous maxim in politicks. *Pousser le temps avec l'épaule, est une maxime dangereuse en politique.*
Day-break. *La pointe ou le point du jour.*
Dog-days. *Les jours caniculaires, la canicule.*
A day-labourer, (or day's-man.) *Un journalier, un ouvrier qui travaille de jour, à la journée.*
A day's-work. *Journée, le travail d'un jour.*
Day's-works, (at sea.) *Le point, ou la route d'un vaisseau d'un midi à l'autre.*
Day-spring. *Naissance de l'aurore.*
Day-light or day-peep. *Jour.*
It is day-light. *Il est jour.*
To burn day-light. *Brûler la chandelle en plein jour.*
Broad day-light. *Grand jour.*
A day-scholar. *Un externe.*
A day-book. *Un journal, un livre qui contient ce qui se passe chaque jour.*
* A days-man (or umpire.) *Un arbitre.*

To DAZE, To DAZZLE, } *v. act. Éblouir.*
Dazzled, *adj. Ébloui.*
DAZZLING, *sub. Éblouissement, l'action d'éblouir.*
Dazzling, *adject. Éblouissante, brillant, éclatant, reluisant, qui éblouit.*
DAZY. V. Daisy.
DEACON, *s. Un Diacre.*
DEACONESS, *s. Diaconesse*, veuve qui avoit reçu l'Ordre de Diacre & qui étoit consacrée au service de l'Eglise & des pauvres.
DEACONRY, DEACONSHIP, } *s. Diaconat.*
DEAD, *adj.* (from to die.) *Mort, qui a perdu la vie.*
He is dead long since. *Il y a long-temps qu'il est mort.*
He is a dead man. *C'est fait de lui, c'est un homme mort.*
Dead flesh. *Chair morte.*
Dead pay. *Morte-paye.*
Dead drink. *Boisson éventée.*
A dead coal. *Un charbon éteint.*
Dead water. *Eau morte, eau croupissante;* *remous du sillage d'un vaisseau.*
The dead time of the year. *Morte-saison, le temps où le commerce cesse, le temps où l'on ne fait rien.*
Stand or you are a dead man. *Arrête, ou je te tue.*
He will be talked of when he is dead. *On parlera de lui après sa mort.*
Dead, (or numbed, as limbs are.) *Mort, engourdi.*
Dead, (heavy and dull.) *Lâche, pesant, languissant.*
Struck dead. *Étonné, frappé d'étonnement.*
Dead pledge or mortgage. *Hypotheque.*
To wish one dead, to long to have him dead. *Souhaiter la mort de (ou à) quelqu'un.*
To fall down dead. *Tomber roide mort.*
He is half dead. *Il est à demi-mort ou plus mort que vif.*
To be in a dead sleep or to be dead asleep. *Dormir d'un profond sommeil, être enseveli dans le sommeil.*
A dead calm. *Un grand calme, un calme plat.*

Dead-eye, (a sea-word.) *Cap-de-mouton.*
Dead-block. *Poulie à moque.*
Dead-lights. *Faux sabords ou faux mantelets pour les fenêtres de la poupe.*
Dead-doors. *Portes de rechange pour la galerie*, en cas que celles qui sont en place fussent enfoncées par un coup de mer.
Dead-reckoning. *Route estimée.*
Dead-rising or rising-line of the floor. *Ligne qui marque dans le plan d'élévation d'un vaisseau, l'extrémité de toutes les varangues; c'est ce que nous appelons* la lisse des façons.
Dead-wood. *Courbis de remplissage ou bois de remplissage*, placés entre la courbe d'étambord & les fourcats qui forment la partie de l'arriere du vaisseau; & de même à l'avant, entre la quille & les fourcats: ces pieces ne sont pas usitées dans notre construction Françoise, où les pieds des fourcats de l'arriere, & les alonges d'écubiers de l'avant viennent aboutir jusque sur la courbe d'étambord, & sur la contre-quille.
Dead-work. *Œuvres mortes.*
Dead sleep. *Léthargie.*
The dead time of the night. *Le silence de la nuit.*
A dead wall. *Une muraille sur laquelle il n'y a rien de bâti ou qui ne sert que de cloison.*
† To help one at a dead-lift. *Tirer quelqu'un d'intrigue ou de peine, le tirer d'un mauvais pas, le remettre sur pied.*
† To work for a dead horse, (or to pay an old debt.) *Travailler pour payer une vieille dette.*
Dead. *s. Les morts.*
The quick and the dead. *Les vivants & les morts.*
A service for the dead. *Office pour les morts.*
Dead, *adv. Extrêmement, tout-à-fait.*
To be dead drunk. *Être extrêmement ivre, être tout-à-fait ivre, ivre mort.*
To DEAD, To DEADEN, } *v. act. Amortir, assoupir.*
A good buff-coat deads a bullet. *Un bon buffle amortit un coup de balle.*
To dead the sound of a musical instrument. *Amortir le son d'un instrument de Musique.*
To dead the spirits. *Assoupir les esprits.*
Deadened, *adj. Amorti, assoupi.*
His whole visage is deadened by a long absence of thought. *Ses traits sont amortis, appesantis par le défaut de penser.*
DEADLY, *adject.* (mortal, dangerous.) *Mortel, qui cause la mort, dangereux, fatal.*
A deadly sin. *Un péché mortel.*
A deadly disease. *Une maladie mortelle ou dangereuse.*
It is a deadly (or fatal) thing. *Cela est fatal, c'est une chose fatale.*
You are a deadly (or strange) man. *Vous êtes un étrange homme ou un terrible homme.*
Deadly, (mortal, violent, terrible, great.) *Mortel, terrible, violent, furieux, grand, extrême, sensible.*
A deadly pain. *Mortelle douleur, une douleur extrême, violente ou sensible.*
A deadly blow. *Un grand coup, un vilain coup.*
A deadly deal. *Une grande quantité.*
A deadly affront. *Un sanglant affront.*

Deadly,

DEA

Deadly, *adjec.* Mortellement, extrêmement, terriblement, furieusemens, horriblement.

I hate him deadly, (or mortally.) *Je le hais mortellement ou à mort.*

He is deadly (or surprizingly) strong. *Il est extrêmement fort.*

I was deadly (or furiously) angry. *J'étois furieusement en colere.*

It rains deadly, (or very hard.) *Il pleut à verse.*

DEADNESS, *subst.* Froid, froideur, foiblesse, langueur.

Deadness (or lowness) of spirits. *Abattement de courage, accablement.*

DEAF, *adj.* Sourd, qui n'entend pas.

To make deaf. *Rendre sourd, assourdir.*

To make as if one were deaf. *Faire le sourd, faire la sourde oreille.*

To DEAF, } *v. act.* (to make deaf.)
To DEAFEN, }
Assourdir, rendre sourd.

DEAFISH, *adj.* Un peu sourd, sourdaud, qui a l'oreille un peu dure, qui est un peu dur d'oreille.

A deafish man. *Un sourdaud.*

DEAFLY, *adv.* Sourdement, d'une maniere sourde, & qu'on a peine à entendre.

DEAFNESS, *s.* Surdité.

Natural or accidental deafness. *Surdité, naturelle ou accidentelle.*

DEAL, *s.* (a good deal, a great deal.) *Beaucoup, quantité, abondance, force.*

To keep a deal of stir, to make a great deal ado about something. *Faire grand bruit pour quelque chose.*

To be in a great deal of trouble, grief or sorrow. *Être fort en peine, être fort affligé.*

Deal, (at cards, way or right of dealing them.) *Donne, maniere ou droit de donner les cartes.*

To lose deal. *Perdre sa donne.*

Deal, (or the elder hand at some games, particularly at piquet.) *Main.*

To give one the deal. *Donner la main à quelqu'un.*

I have the deal, (or I am the elder hand, is said when another is to deal.) *J'ai la main, je suis le premier en carte.*

Deal, (a sort of wood.) *Sapin.*

A deal-tree. *Un sapin.*

A deal-board. *Une planche ou un ais de sapin.*

Deal. *Bordages & planches de sapin.*

To DEAL, *v. n.* (to trade.) *Trafiquer, faire trafic ou faire négoce, négocier.*

He deals in all sorts of commodities. *Il trafique de toutes sortes de marchandises.*

To deal well or ill with (or by) one, (to use him well or ill.) *En agir, en user bien ou mal avec quelqu'un, le traiter bien ou mal.*

To deal honestly with one. *En agir avec quelqu'un honnêtement ou de bonne foi.*

I dealt freely with him. *J'en ai usé franchement ou librement avec lui.*

To deal kindly with one. *Traiter quelqu'un civilement ou obligeamment.*

To deal with him roughly. *Le traiter rudement, le rudoyer, le maltraiter de paroles.*

To deal with one by fair means. *Traiter quelqu'un doucement, le prendre par la douceur ou par les voies de la douceur.*

I know not how to deal with him. *Je ne sais que faire avec lui, je ne sais de quel biais le prendre.*

Crudities hard to deal with. *Des crudités qu'on a de la peine à supporter.*

DEA

You are a wise man, if you can deal with him. *Il faut que vous soyez bien adroit pour le ménager.*

He is a sad man to deal withal. *Il ne fait pas bon avoir affaire à lui.*

I shall deal with him well enough. *Je m'accommoderai avec lui, je ferai assez bien mes affaires avec lui, ou j'en viendrai aisément à bout.*

To deal, *v. act.* (or to deal the cards.) *Distribuer, répandre, répartir, donner les cartes.*

To DEALBATE, *v. act.* (to whiten.) *Blanchir.*

DEALBATION, *s.* (the act of bleaching or whitening.) *Action de blanchir.*

DEALER, *s.* (or merchant.) *Un négociant, un marchand.*

Dealer, (at cards.) *Celui ou celle qui fait ou qui donne les cartes, lorsqu'on joue.*

A plain dealer. *Un homme franc, sincere, naïf, de bonne foi, un honnête homme.*

A false dealer or a double dealer. *Un homme de mauvaise foi, un homme à deux visages, un trompeur, un fourbe.*

DEALING, *s.* L'action de trafiquer, &c. *V. tous les sens de* to Deal.

Dealing, (trade.) *Trafic, négoce, affaire.*

I have no dealings (intercourse or business) with him. *Je n'ai aucune communication avec lui, je n'ai point d'affaire ou de correspondance avec lui.*

An honest or upright dealing. *Procédé sincere, bonne foi.*

A false or treacherous dealing. *Tromperie, mauvaise foi, perfidie, fraude.*

It is not equal dealing to— *C'est être partial que de.—*

DEALT with, *adj.* Traité.

Kindly dealt with. *Bien traité.*

Basely dealt with. *Mal traité.*

An easy man to be dealt withal. *Un homme commode, facile, accommodant.*

Hard to be dealt with. *Difficile, avec qui on a de la peine à s'accommoder.*

DEAMBULATION, *subst.* (or walking about.) *Promenade, tour de promenade.*

DEAN, *subst.* (a church-dignitary.) *Un Doyen.*

The Dean of St. Paul's. *Le Doyen de St. Paul.*

A rural Dean. *Un Doyen rural ou Curé de campagne, commis pour un certain temps pour terminer les différents qui naissent entre les Curés.*

DEANERY, *s.* Un doyenné.

DEANSHIP, *s.* Doyenné, la dignité ou la charge de Doyen.

DEAR, *adj.* (or costly.) *Cher, qui coûte beaucoup, dispendieux.*

Dear-bought experience. *Fâcheuse expérience.*

Dear (or beloved.) *Cher, qu'on aime beaucoup.*

Dear, *s.* Cher, chere.

My dear. *Ma chere, mon cœur, ma mie, en parlant à une femme.*

My dear. *Mon cher, mon cœur, mon bon, en parlant à un mari.*

Dear, *adv.* Cher, beaucoup.

It cost me very dear. *Il m'a coûté bien cher.*

Oh ! dear ! *interj.* Ouais ! ou vous me surprenez.

DEARLING, *V.* Darling.

DEARLY, *adv.* Chérement, tendrement, avec passion, passionnément.

I love dearly to see him hop along. *Je prends un singulier plaisir à le voir sauter lorsqu'il marche.*

DEA DEB

DEARN. *V.* Darn.

To DEARN, &c. *V.* to Darn, &c.

DEARNESS, *s.* (from dear.) Cherté.

The dearness of provisions. *La cherté des vivres.*

Dearness, (fondness.) Tendresse.

To DEARTICULATE, *v. act.* Disjoindre, démembrer.

DEARTH, *s.* (from dear.) Cherté, famine, grande disette de vivres.

DEATH, *subst.* La mort, le trépas, en terme de Poésie : (Remarquez que les Anglois font death masculin.)

Death is the king of terrors. *La mort est le roi des terreurs.*

To be at the point of death. *Être à l'article de la mort, être aux abois, se mourir.*

To be wounded to death. *Être blessé à mort, être mortellement blessé.*

P. After death comes the Physician. *Après la mort le Médecin ; le secours vient souvent trop tard.*

To put one to death. *Mettre à mort quelqu'un ou le faire mourir.*

To be the death of one, (to cause his death.) *Être la cause de la mort de quelqu'un.*

I shall be the death of him. *Il mourra de mes mains.*

To catch one's death. *S'attirer la mort, se tuer.*

It is death, (or a capital crime.) *C'est un crime capital ou digne de mort.*

Death's wound. *Plaie mortelle.*

He has given me my death's wound. *Il m'a mortellement blessé.*

Upon pain of death. *Sur peine de la vie.*

To sit upon life and death. *Juger quelqu'un, lui faire son procès pour un crime capital.*

To threaten one with death. *Menacer quelqu'un de le tuer ou de le faire mourir.*

To grieve one's self to death. *Se tuer de chagrin.*

Death-bed. *Le lit de mort, l'agonie.*

When he was on his death bed. *Quand il étoit dans son lit de mort ou à l'agonie.*

DEATHFUL, *adjec.* (mortal.) *Mortel, meurtrier.*

DEATHLESS, *adjec.* (or immmortal.) *Immortel.*

DEATH-LIKE, *adjec.* Ex. A death-like slumber. *Un sommeil profond, léthargique.*

* DEATH-MAN, *s.* (or executioner.) *Bourreau.*

DEATH-WATCH, *s.* (cricket or spider.) *Grillon ou araignée.*

To DEBAR, *v. a.* (or keep out.) *Exclure, priver.*

His Physician does not debar him of eating any thing. *Son Médecin lui permet de manger & de boire tout ce qu'il veut.*

To DEBARK, *v. act.* & *n.* Débarquer.

Debarked, *adj.* Débarqué.

DEBARRED, *adj.* (or kept out.) *Exclus, privé.*

Debarred of his rights. *Privé de ses droits.*

DEBARRING, *subst.* Exclusion, l'action d'exclure ou de priver.

To DEBASE, *v. act.* Abaisser, avilir.

To debase one's self. *S'abaisser, avilir sa dignité.*

To debase (or disparage) a thing. *Mépriser, ravaler ou avilir une chose.*

To debase coin. *Falsifier la monnoie, faire la fausse monnoie.*

Debased

DEB   DEB DEC   DEC

Debased, adj. Abaissé, méprisé, avili.
DEBASEMENT, } s. Abaissement, abjection, avilissement, mépris.
DEBASING,
DEBATABLE, adj. Disputable.
DEBATE, s. (dispute in words.) Débat, dispute, contestation.
A friendly debate. Une dispute à l'amiable.
Debate, (strife or quarrel.) Dispute, querelle, chamaillis.
To DEBATE, v. act. (to discuss.) Débattre, discuter, examiner, agiter.
To debate a business. Débattre ou discuter une affaire.
To debate a question. Agiter une question.
To debate, v. neut. (or quarrel.) Disputer, contester, se quereller, † se chamailler.
To debate (or advise) with one's self. Délibérer, songer, penser à quelque chose.
Debated, adj. Débattu, discuté, examiné, agité, disputé, contesté.
DEBATING, s. L'action de débattre, &c. V. to Debate.
DEBAUCH, s. (or hard drinking.) Débauche, excès dans le boire.
To DEBAUCH, v. act. (to mar or corrupt, to make one lewd.) Débaucher, corrompre, jeter dans la débauche ou dans le vice.
To debauche youth. Débaucher la jeunesse.
To debauch a maid. Débaucher une fille.
Debauched, adj. Débauché.
A debauched young man. Un jeune débauché.
DEBAUCHEE, s. (a lecher, a drunkard.) Un débauché.
DEBAUCHER, subst. Corrupteur, qui débauche.
DEBAUCHERY, s. (lewdness, intemperance.) Débauche, libertinage, déréglement des mœurs.
To DEBEL,
To DEBELLATE, } v. act. Vaincre, subjuguer.
DEBELLATION, s. L'action de vaincre & de subjuguer par la guerre.
DEBENTURE, sub. (a writing given in the King's house for the payment of arrears, wages, &c.) Billet qu'on donne pour arrérer le payement des gages des Domestiques du Roi, de la solde des Troupes, &c.
To DEBILITATE, verb. act. (or weaken.) Débiliter, affoiblir, rendre foible, énerver.
Debilitated, adj. Débilité, affoibli, &c.
DEBILITATING, subst. Débilitation, affoiblissement, l'action de débiliter d'affoiblir, &c.
DEBILITY, s. (or weakness.) Foiblesse, débilité, langueur.
DEBONAIR, adj. (meek, kind-hearted.) Débonnaire, doux.
Debonair, (or courteous.) Doux, civil, honnête, complaisant.
Debonair, (or merry.) Gai, joyeux, de bonne humeur.
DEBONAIRLY, adv. Galamment, d'un air aimable.
DEBT, subst. Dette.
To contract debts, to run into debt. Faire, contracter des dettes, s'endetter.
To pay one debts, to get out of debt. Payer ses dettes, se libérer, s'acquitter.
To be in debt. Être endetté, devoir.
To be deeply in debt, to be in debt over

head and ears. Être fort endetté, devoir de grandes sommes, être accablé de dettes.
I am still something in your debt. Je vous dois ou je vous suis encore redevable de quelque chose.
Prov. Out of debt, out of danger. Qui ne doit rien, n'a rien à craindre.
I am in your debt (or obliged to you) for this. Je vous suis redevable de ceci, je vous en suis obligé.
DEBTOR, subst. Débiteur, celui qui doit à un autre.
DECADE, subst. (or number of ten.) Décade, nombre de dix.
Livy's Decades. Les Décades de Tite-Live.
DECADENCE, subst. (a word borrowed from the french, to express downfall, decay.) Décadence.
The decadence of the Empire. La décadence de l'Empire.
DECAGON, s. (a figure of ten angles.) Décagone, figure de dix angles.
DECALOGUE, subst. (the ten Commandments of God.) Décalogue, les dix Commandements de la loi de Dieu.
To DECAMP, verb. neut. (to remove the camp.) Décamper, lever le camp.
DECAMPED, adj. Décampé.
DECAMPMENT, s. Décampement.
We made a third decampment. Nous décampâmes pour la troisième fois.
To DECANT, v. act. (to pour out of one vessel into another.) Transvaser.
Decanted, adj. Transvasé.
DECANTER, subst. (a glass-bottle to decant wine or any other liquor.) Un flacon où l'on transvase du vin ou quelque autre liqueur, carafe.
To DECAPITATE, verb. act. (or to behead.) Décapiter, couper la tête.
DECAY, subst. (failance or ruin.) Déclin, décadence, décroissement, diminution, ruine.
The decay of trade. La décadence, la diminution, la ruine du commerce.
A beauty gone to decay. Une beauté flétrie ou ternie.
My memory is gone to decay. Ma mémoire s'est affoiblie ou diminuée.
A general decay of christian piety. Un relâchement universel de la morale chrétienne.
To DECAY, v. neut. (to fail, to fall, to decrease.) Déchoir, diminuer ou se diminuer, aller en décadence.
To decay, (or to wither.) Se flétrir, se ternir, se passer.
To decay, (or grow worse.) S'abâtardir.
To decay, (or wear off.) S'user.
To decay, (to lose one's or its strength.) Se gâter, perdre sa force.
To decay with age. Être cassé de vieillesse, vieillir.
To decay in one's estate. Commencer à devenir pauvre, être mal dans ses affaires.
Decayed, adj. Déchu, diminué, flétri, terni, usé. V. to Decay.
A decayed family. Une famille renversée ou ruinée.
A decayed building. Un bâtiment ruiné ou tombé de vieillesse.
Decayed with age. Cassé de vieillesse, décrépit.
Decayed in strength. Qui a perdu ses forces, énervé.
Decayed wine. Du vin gâté, du vin éventé ou qui a perdu sa force.

Decayed stores. Effets hors de service.
DECEASE, subst. (or death.) Décès, mort.
To DECEASE, verb. neut. Décéder mourir.
Deceased, adj. Décédé, mort.
DECEIT, subst. (cheat.) Tromperie, fourbe, fourberie, supercherie, imposture, fraude, déception, terme de Palais.
DECEITFUL, adjet. Trompeur, fourbe, décevant.
A deceitful man. Un trompeur, un fourbe, un imposteur.
A deceitful hope. Une espérance trompeuse, un espoir décevant.
A deceitful trick. Une fourbe, une fourberie, une supercherie.
DECEITFULLY, adv. Par tromperie, par fourberie, par supercherie.
DECEITFULNESS, subst. Tromperie, &c. V. Deceit.
DECEIVABLE, adj. (that may be deceived.) Qui peut être trompé.
DECEIVABLENESS, subst. Facilité à être trompé.
To DECEIVE, v. act. (or beguile.) Décevoir, tromper, séduire.
To deceive, (or cozen.) Tromper, fourber, attraper.
To deceive, (or mock.) Se moquer, se jouer.
If you do not look to it, he will deceive you by fair words. Si vous n'y prenez garde, il vous endormira en enjôlera.
Deceived, adj. Déçu, trompé, séduit, fourbé, attrapé, &c. V. to Deceive.
He is easily deceived. Il est aisé de le tromper.
You are deceived, (or mistaken.) Vous vous trompez.
DECEIVER, s. Trompeur, fourbe, séducteur, imposteur.
DECEIVING, s. L'action de tromper, &c. V. to Deceive.
DECEMBER, s. (one of the 12 months of the year.) Décembre, un des 12 mois de l'année.
DECEMVIRATE, s. (the Government of old Rome by ten men.) Décemvirat, le Gouvernement de l'ancienne Rome par les Décemvirs.
DECENCE,
DECENCY, } subst. (the being decent.) Décence, bienséance, convenance.
DECENNIAL, subst. (of ten years.) De dix ans.
DECENT, adj. (seemly.) Décent, bienséant, convenable.
I found him in a decent garb. Je le trouvai en habit décent.
That is not all decent. Cela n'est point du tout bienséant.
A decent burial. Une sépulture honorable.
DECENTLY, adv. Décemment, avec bienséance, de bonne grace.
To do things decently. Faire les choses avec bienséance.
Decently buried. Enseveli honorablement.
DECEPTIBLE,
DECEPTIBILITY, } V. Deceivable, &c.
DECEPTIOUS,
DECEPTIVE, } adj. V. Deceitful.
DECEPTION, sub. (deceiving.) Déception, tromperie.
DECERPTION, sub. L'action d'arracher, ou d'ôter.

DECESSION.

DEC

DECESSION, f. *Départ.*
To DECHARM, *verb. act. Rompre le charme.*
To DECIDE, *verb. act.* (or determine.) *Décider, déterminer, terminer, résoudre, vider.*
To decide a busineſs. *Décider une affaire.*
To decide a controverſy. *Décider, terminer, vider un différent.*
Decided, *adj. Décidé, déterminé, vidé, terminé,* &c. V. to Decide.
DECIDENCE, *subst. Chûte.*
DECIDER, *subst. Celui qui décide, arbitre.*
DECIDING, *subst. Décision, l'action de décider, de déterminer, de vider,* &c. V. to Decide.
DECIDUOUS, *adj. Qui tombe, qui ne dure pas.*
DECIMAL, *adj. Décimal,* terme d'Arithmétique.
To DECIMATE a regiment, *verb. act.* (to puniſh every tenth ſoldier by lot.) *Décimer un Régiment, prendre au ſort le dixième ſoldat pour le punir de mort.*
DECIMATION, *f. Décimation, l'action de décimer.*
Decimation, (or tithing.) *Le paiement des décimes.*
To DECIPHER, *v. act. Déchiffrer, expliquer des chiffres.*
To decipher a letter. *Déchiffrer une lettre en chiffres.*
To decipher, (or deſcribe.) *Dépeindre, faire le portrait de quelqu'un ou de quelque choſe.*
Deciphered, *adj. Déchiffré,* &c. V. the verb.
DECIPHERER, *f. Déchiffreur, celui qui explique les chiffres.*
DECIPHERING, *f. L'action de déchiffrer,* &c. V. to Decipher.
DECISION, *subst.* (from to decide.) *Décision.*
DECISIVE, } *adj. Déciſif.*
DECISORY,
A deciſive reaſon. *Une raiſon déciſive.*
DECISIVELY, *adv. Déciſivement.*
DECK, *subst. Tillac, pont.*
A deck of a ſhip. *Tillac ou pont de navire.*
The firſt deck or lowermoſt deck. *Franc tillac, le pont le plus bas.*
Gun-deck. *Le pont dans les frégates, & le premier pont dans les vaiſſeaux.*
Middle-deck. *Le ſecond pont dans les vaiſſeaux à trois ponts.*
Upper-deck. *Le troiſième pont dans les vaiſſeaux à trois ponts, & le ſecond dans ceux à deux ponts.*
Quarter-deck. *Gaillard d'arrière.*
Spar-deck. *Faux pont dans les frégates.*
Half-deck. *Eſpace compris entre le mât d'artimon & le grand mât, ſur le ſecond pont dans les vaiſſeaux Anglois, & qui leur ſert de corps-de-garde.*
Fluſh-deck or deck fluſh fore and aft. *Pont entier, ſans ravalement ni interruption.*
To DECK, *v. act.* (to ſet out or adorn.) *Orner, parer, embellir, enrichir, ajuſter, rehauſſer la beauté de quelque choſe.*
Deck'ed, *adj. Orné, paré, embelli, enrichi,* &c.
DECKING, *f. Ornement, embelliſſement, l'action d'orner, de parer, d'embellir,* &c. V. to Deck.
DECKT. V. Deck'ed.
To DECLAIM, *v. neut.* (or harangue.)

DEC

Déclamer, diſcourir, s'exercer ſur des ſujets feints.
DECLAIMER, *f. Celui qui déclame.*
DECLAMATION, *sub.* (an oration made upon a theme.) *Déclamation, diſcours public, une pièce qu'un déclame.*
DECLAMATOR, *sub. Déclamateur.*
DECLAMATORY, *adj. Déclamatoire, qui regarde la déclamation ou le diſcours public.*
In a declamatory way. *Par manière de déclamation.*
DECLARABLE, *adj. Qui peut être prouvé.*
DECLARATION, *sub. Déclaration, démonſtration.*
A declaration of love. *Une déclaration d'amour, aveu de ſa paſſion, ouverture de ſon cœur à l'objet aimé.*
A declaration of war. *Déclaration de guerre.*
To make one's declaration in law. *Faire ſa demande,* en termes de Palais.
DECLARATIVE, *adject. Déclaratif, qui déclare.*
DECLARATORY, *adject. Déclaratoire,* terme de Palais.
To DECLARE, *verb. act.* (to publiſh, to ſhew or tell.) *Déclarer, ſignifier, faire ſa déclaration, faire ſavoir, faire connoître, publier, annoncer, dire.*
To declare one's mind to a friend. *Déclarer ſa penſée à un ami, lui ouvrir ſon cœur.*
To declare war. *Déclarer la guerre.*
I declare to all miſers, that they are abhorred by all men. *J'apprends, je déclare à tous les avares qu'ils ſont en exécration à tout le monde.*
To declare, (or to make plain.) *Déclarer, expliquer, découvrir, éclaircir, donner du jour, développer, dénouer, montrer évidemment.*
To declare one's ſelf an heir. *Se porter pour héritier.*
To declare, *v. neut. Déclarer, avouer, ſe déclarer, s'ouvrir, faire connoître ſes ſentimens où l'on eſt.*
If he does once declare. *S'il vient une fois à ſe déclarer.*
To declare for or againſt one. *Se déclarer pour quelqu'un ou contre quelqu'un.*
Declared, *adj. Déclaré, ſignifié, expliqué,* &c. V. to Declare.
Declared atheiſm. *Athéiſme ouvert, déclaré, public.*
DECLARER, *subst. Qui déclare ou qui a déclaré.*
DECLARING, *f. Déclaration ou l'action de déclarer,* &c. V. to Declare.
DECLENSION, *f.* (a term of grammar.) *Déclinaiſon,* terme de grammaire.
Declenſion, (or decline.) *Déclin, décadence.*
A declenſion of manners. *La dépravation des mœurs, le relâchement, le libertinage.*
DECLINABLE, *adj. Déclinable,* terme de grammaire.
DECLINATION, *f.* (or decay.) *Déclin, décadence.*
The declination of an Empire. *Le déclin d'un Empire.*
A low declination of the head. *Un profond baiſſement de tête.*
The declination (or declenſion) of Greek and Latin nouns. *La déclinaiſon des noms Grecs & Latins; la manière de les décliner.*
The declination of the ſun. *La déclinaiſon du ſoleil.*

DEC

DECLINE, *subst. Déclin, d'cadence.*
To DECLINE, *v. act. Décliner,* terme de grammaire.
To decline a noun. *Décliner un nom.*
To decline, (to avoid or refuſe.) *Décliner, fuir, éviter, éluder, eſquiver, refuſer, s'excuſer, gauchir.*
To decline, *v. neut.* (or to decay.) *Décliner, être ſur ſon déclin, tomber en décadence, ſe diminuer, baiſſer, déchoir.*
To decline, (or bow downward.) *Baiſſer, décliner, s'abaiſſer, pencher.*
Declined, *adject. Décliné,* &c. Voy. to Decline.
He is declined in his credit. *Son crédit a baiſſé ou diminué.*
DECLINING, *subst. L'action de décliner, déclin, décadence, l'action d'éviter,* &c. V. to Decline.
Declining, *adj. Qui eſt ſur le déclin.*
A declining age. *Un âge avancé, le retour ou le déclin de l'âge.*
DECLIVITY, *f.* (the bending of a hill.) *Pente ou penchant d'une colline.*
DECLIVOUS, *adj. Qui a une pente douce & inſenſible.*
To DECOCT, *v. act. Faire bouillir, faire une décoction.*
DECOCTION, *f.* (or phyſick broth.) *Décoction, eau où l'on a fait bouillir quelques ſimples.*
DECOLLATION, *subst.* (or beheading.) *Coupement de tête, décollation,* en parlant de ſaint Jean-Baptiſte.
DECOMPOSITE, } *subst.* (or double compound.) *Un décompoſé,* mot compoſé d'un autre compoſé.
DECOMPOUND,
DECOMPOSITION, *subst. Décompoſition.*
To DECOMPOUND, *verb. act. Décompoſer.*
Decompounded, *adj. Doublement compoſé.*
To DECORATE, *verb. act.* (to adorn.) *Décorer, orner.*
DECORATOR, *subst. Décorateur.*
DECORATION, *f.* (or ornament.) *Embelliſſement, décoration, ornement.*
The decoration of the ſtage. *Les décorations du théâtre.*
DECOROUS, *adj. Honnête, bienſéant.*
To DECORTICATE, *v. a. Ôter l'écorce, peler.*
DECORTICATION, *f. Décortication.*
DECORUM, *subst.* (or decency.) *Bienſéance, décorum, honnêteté, bonne grâce.*
To keep a decorum. *Garder le décorum ou la bienſéance.*
DECOY for ducks, *f. Lieu diſpoſé pour attraper des canards.*
A decoy-duck. *Canard dont on ſe ſert pour en attirer d'autres.*
Decoy, (lure, wheedle to draw in.) *Leurre, artifice pour attirer.*
Decoy. *Ruſes employées pour tromper un vaiſſeau ennemi dont on veut s'emparer, ou celui à la pourſuite duquel on cherche à ſe dérober.*
To DECOY, *v. act.* (or draw in.) *Attirer, leurrer, attraper finement, gagner, faire donner dans le piège.*
To decoy one into a place. *Attirer quelqu'un dans un endroit.*
He decoys you. *Il vous leurre, il vous tend des pièges.*
Decoyed, *adj. Attiré, leurré, attrapé par fineſſe.*
DECREASE, *f.* (or diminution.) *Décroiſſement, diminution.*

Z 2

I find a great decrease. *J'y trouve un grand décroissement ou une grande diminution.*
The decrease (or wane) of the moon. *Le décours ou le déclin de la lune.*
To DECREASE, *verb. act. Décroître, diminuer.*
My money begins to decrease. *Mon argent commence à diminuer, mon argent s'en va.*
Decreased, *adj. Décrû, diminué.*
DECREE, *subst. (or ordinance.) Ordonnance, décret.*
The Pope's decrees. *Les décrets du Pape.*
A decree in Chancery. *Réglement, décret, ordonnance ou arrêté de la Chancellerie.*
A decree of state. *Une ordonnance, un édit, un statut, une constitution, une loi.*
A degree (or precept) of a wise man. *Une sentence, une opinion d'un Philosophe, un précepte, une maxime, un dogme.*
A decree, (or purpose.) *Résolution, dessein, sentiment, projet.*
To DECREE, *v. neut.* (or resolve.) *Résoudre de, se résoudre ou se déterminer à, arrêter.*
To decree, *v. act.* (to order.) *Décerner, ordonner ou décréter : ce dernier est un terme de Palais.*
To decree one a triumph. *Décerner à quelqu'un l'honneur du triomphe.*
What God has decreed we must submit to. *Il faut nous soumettre à ce que Dieu a ordonné.*
I was almost ruined by a suit in Chancery, though it was decreed for me with costs. *Je fus presque ruiné par un long procès dans la Cour de la Chancellerie, que je gagnai pourtant avec dépens.*
Decreed, *adject. Décerné, &c. V. to Decree.*
DECREEMENT, *s.* (decrease or waste.) *Perte, déchet, diminution.*
DECREPIT, *ad.* (decayed with age.) *Décrépit, cassé de vieillesse.*
DECREPITATION, *sub. Décrépitation,* terme de chimie.
DECREPITNESS,
DECREPITUDE, } *subst.* (decrepit or old age.) *Age décrépit, décrépitude, extrême vieillesse.*
DECRESCENT moon, *adj.* (in the last quarter.) *La lune en son décours ou sur son déclin, le dernier quartier de la lune.*
DECRETAL, *adj.* (from decree.) *Décrétal.*
A decretal epistle. *Décrétale.*
DECRETALS, *s.* (the Pope's decretals.) *Les décrétales, les ordonnances ou constitutions du Pape.*
DECRETORY, *adject. Décisif, définitif, péremptoire,* en parlant d'une sentence, d'un arrêt, &c.
DECRIAL, *s. Décri.*
To DECRY, *v. act.* (to cry down or speak ill of.) *Décrier, médire de.*
To decry (or abolish) a custom. *Abolir une coutume.*
Decryed, *adj. Décrié.*
DECUMBENCE,
DECUMBENCY, } *s. L'action de se coucher.*
DECUPLE, *adj.* (or ten-fold.) *Dix fois autant.*
DECUMBITURE, *s. Le temps où un homme incommodé se met au lit.*

DECURION, *subst. Décurion, celui qui a le commandement de dix hommes.*
DECURTATION, *subst. L'action d'écourter.*
DECURSION, *s. Cours, l'action de se précipiter.*
To DECYPHER, &c. *Voyez* to Decipher, &c.
DEDANS, *s.* (at tennis.) *Le dedans, au jeu de paume.*
To DEDECORATE, *v. act. Déshonorer, couvrir d'opprobre.*
DEDECOROUS, *adject. Déshonorant, honteux, infamant.*
DEDENTITION, *subst. Perte ou chûte des dents.*
To DEDICATE, *v. act.* (to consecrate or address.) *Dédier, faire la dédicace de, consacrer, adresser, offrir, présenter quelque chose à quelqu'un.*
To dedicate a church. *Faire la dédicace d'une église.*
To dedicate it to a Saint. *La dédier, la consacrer à un Saint.*
To dedicate a book to one. *Dédier ou adresser un livre à quelqu'un.*
DEDICATED, *adj. Dédié, adressé, consacré, offert, présenté.*
DEDICATING, *s. L'action de dédier, &c. V.* to Dedicate.
DEDICATION, *s.* (of a church.) *Dédicace d'une église.*
Dedication of a book. *Dédicace, épître dédicatoire d'un livre.*
DEDICATOR, *s.* (a dedicating author.) *Celui qui dédie un livre, l'auteur de l'épître dédicatoire.*
DEDICATORY, *adj. Dédicatoire.*
An epistle dedicatory. *Une épître dédicatoire, une dédicace.*
DEDITION, *V.* Surrender.
To DEDUCE, *v. a.* (to gather one thing from another.) *Déduire, tirer une conséquence, conclure, inférer.*
To deduce (or derive) one word from another. *Faire venir ou faire dériver un mot d'un autre.*
DEDUCED, *adject. Déduit, tiré, conclu, inféré.*
DEDUCEMENT, *s. Conséquence, chose déduite.*
DEDUCIBLE, *adj. Que l'on peut déduire, tirer, conclure, inférer.*
DEDUCING, *s. L'action de déduire, &c. V.* to Deduce.
To DEDUCT, *v. act.* (or substract.) *Déduire, rabattre, retrancher, ôter quelque chose d'une somme, en soustraire quelque chose, défalquer.*
Deducted, *adj. Déduit, rabattu, ôté, retranché, défalqué.*
DEDUCTIBLE, *V.* Deducible.
DEDUCTION, *subst. Déduction, rabais de somme, diminution.*
Without any deduction. *Sans rien rabattre, sans rien défalquer.*
Deduction, (or conclusion.) *Conclusion, conséquence.*
DEED, *subst.* (or action.) *Action, acte, fait.*
A deed, (an instrument or contract.) *Un acte, un instrument, un contrat.*
Deed-poll, (a single deed unindented.) *Acte simple & qui n'est pas dentelé.*
A brave deed. *Une belle action.*
He was taken in the very deed. *Il fut pris sur le fait ou en flagrant délit.*
I am not satisfied with words, I am for deeds. *Je ne me contente pas de paroles, je veux des réalités.*

DEEDLESS, *adj. Lâche, languissant, sans action.*
To DEEM, *v. neut. & act.* (to judge or think.) *Croire, estimer, penser.*
Deemed, *adj. Crû, estimé.*
DEEMSTER, *s.* (a kind of judge or arbitrator in the isle of Man.) *Sorte de Juge ou d'Arbitre dans l'île de Man.*
DEEP, *adj. Profond, creux, qui a de la profondeur.*
A very deep well. *Un puits fort profond.*
Deep, (great or extraordinary.) *Profond, grand, extraordinaire.*
To be in a deep sleep. *Être dans un profond sommeil.*
To be in a deep study. *Être dans de profondes méditations.*
A deep scholar. *Un homme de profonde érudition, un savant homme.*
A deep philosopher. *Un grand philosophe, qui entend la philosophie à fond.*
Most Princes seem to have this maxim pretty deep in them. *La plupart des Princes sont fort imbus de cette maxime.*
A deep sorrow. *Une grande affliction.*
A deep mourning. *Une grand deuil.*
A deep coat. *Un grand justaucorps.*
A deep-mouthed hound or dog. *Chien de grand aboi.*
Deep. *Haut, d'une certaine hauteur.*
A cravat with lace a quarter of a yard deep. *Une cravatte à dentelle d'un quart d'aune de hauteur.*
A deep blue. *Un bleu chargé.*
Deep (or full bodied) wine. *Vin chargé ou couvert.*
Deep, (or cunning.) *Rusé, fin.*
Deep, (or secret.) *Secret, caché, sourd.*
Deep fetches. *Menées secrettes, sourdes pratiques.*
A deep conspiracy. *Secrette conspiration.*
A deep notion. *Une pensée abstruse.*
A deep way. *Un chemin rompu par les eaux.*
To be deep in debt. *Être endetté jusqu'aux oreilles.*
That made a deep impression on my thoughts. *Cela fit beaucoup d'impression sur mon esprit.*
Deep-waisted, (speaking of a ship.) *Haut accastillé.*
Deep, (or the sea.) *La mer.*
To DEEPEN, *v. act. Enfoncer.*
DEEPLY, *adv. Profondément.*
Deeply (or over head and ears) indebted or in debt. *Fort endetté, ou chargé de dettes.*
He is deeply embroiled with the Divan. *Il s'est furieusement brouillé avec le Divan.*
DEEPNESS, *s. Profondeur.*
DEEPING, *subst.* The deepings of a picture. *Les lointains ou les enfoncements d'un tableau.*
DEER, *s. Bête fauve.*
A fallow-deer. *Un daim ou une daine.*
A red-deer. *Un cerf ou une biche.*
A rein-deer. *Une renne.*
To DEFACE, *v. act.* (or spoil.) *Gâter, ruiner, détruire, abolir.*
To deface a church. *Gâter une église.*
To deface a town. *Ruiner une ville.*
To deface, (or disfigure.) *Défigurer, enlaidir, rendre difforme, dévisager.*
To deface (or blot out) the memory. *Effacer le souvenir, faire oublier.*
Defaced, *adj. Gâté, ruiné, détruit, &c. V.* to Deface.

DEFACING,

DEF

DEFACING, *f.* L'action de gâter, de ruiner, &c. *V.* to Deface.
DEFAILLANCE, *f.* (or default.) Défaut, en termes de Pratique.
To DEFALCATE, *v. act.* Défalquer, déduire.
DEFALCATION, *subst.* (or diminution.) Déduction.
To DEFALK, *v. act. V.* to Defalcate.
Defalked, *adject.* Défalqué, rabattu, déduit.
DEFAMATION, *subst.* (or flander.) Diffamation, calomnie, décri d'une personne.
DEFAMATORY, *adj.* (or flandering.) Diffamatoire, qui déshonore.
To DEFAME, *v. act.* (or flander.) Diffamer, déshonorer, décrier, perdre de réputation.
Defamed, *adject.* Diffamé, déshonoré, décrié.
DEFAMER, *subst.* Diffamateur, calomniateur.
DEFAMING, *f.* L'action de diffamer, de déshonorer, de décrier, &c.
To DEFATIGATE, *v. act.* Accabler de fatigue.
DEFATIGATION, *f.* Fatigue.
DEFAULT, *subst.* (or defect.) Défaut, vice.
In default whereof. *Faute de quoi.*
Default, (or non appearance in court at a day assigned.) *Défaut*, en termes de Palais.
Default, (in hunting.) *Défaut*, en termes de chasse.
The dogs are at a default. *Les chiens sont en défaut.*
DEFEASANCE, *f.* (a secret agreement or deed, that superfedes another more publick or folemn.) *Contre-lettre*, acte qui rend un contrat nul, moyennant la satisfaction requise par le contrat.
DEFEASIBLE, *adj.* Qui peut être annulé.
DEFEAT, *subst.* (or overthrow.) Défaite, déroute.
The defeat of an army. *La défaite ou la déroute d'une armée.*
To DEFEAT, *v. act.* (or rout.) Défaire, mettre en déroute, tailler en pieces.
To defeat an army. *Défaire une armée, mettre une armée en déroute.*
To defeat (or frustrate) one's design. *Ruiner, renverser le dessein de quelqu'un, frustrer son attente.*
To defeat (or make void) a thing. *Casser, annuler, abolir.*
To defeat one's will. *Annuller le testament de quelqu'un, agir contre l'intention du testateur.*
Defeated, *adj.* Défait, mis en déroute, taillé en pieces, ruiné, frustré, renversé, annullé, cassé, aboli.
DEFECATE, *adject.* (clear from dregs.) Raffiné, épuré, clair, détaché de la lie.
To DEFECATE, *v. act.* (to take off the lees.) Rafiner, purifier.
DEFECATED, *adj.* Raffiné, purifié.
DEFECATION, *subst.* Raffinement, raffinage, purification.
DEFECT, *subst.* Défaut, manquement, vice.
DEFECTION, *f.* (or revolt.) Défection, révolte d'une armée, qui abandonne un Prince, un Général, &c.
The defection of King *James's* army. *La défection de l'armée du Roi Jacques.*
Defection, (from the church.) Révolte, apostasie, abandon de la Religion qu'on

DEF

avoit embrassée pour en prendre une autre.
A general defection. *Apostasie générale.*
They made a defection to the church of *Rome. Ils se jetterent dans le parti de l'église Romaine, ils embrasserent la Religion Romaine.*
DEFECTIBILITY, *f.* (or imperfection.) *Défectuosité.*
DEFECTIVE, *adj.* (full of defects.) *Défectueux, plein de défauts, imparfait.*
A verb defective, (that has not all its tenses.) *Un verbe défectif, qui n'a pas tous ses temps.*
DEFECTIVENESS, *f.* Défaut, défectuosité.
DEFEIZANCE. *V.* Defeasance.
DEFENCE, *subst.* (guard or protection.) *Défense, garde, soutien, protection, appui, secours.*
To stand in one's own defence, (to stand upon one's guard.) *Se mettre en défense.*
A place of defence. *Place capable de défense, place qui se peut défendre.*
To undertake one's defence. *Entreprendre la défense d'une personne.*
What did he say in his own defence ? *Qu'a-t-il dit pour sa défense ?*
Defence, (or answer at law.) *Défenses, ce qu'on répond en Justice à la demande de sa partie.*
The defences (or fortifications) of a place. *Défenses ou fortifications d'une place.*
He has made a very good defence in his trial. *Il s'est fort bien défendu dans son procès.*
To stand in the defence of one's life and fortune. *Défendre son bien & sa vie.*
To speak in defence of one, *Prendre le parti de quelqu'un, parler en sa faveur, plaider pour lui, prendre sa cause en main.*
That place makes a very obstinate defence. *Cette place se défend vigoureusement.*
To fight, (or do any thing, in one's own defence.) *Se battre ou faire quelque chose à son corps défendant.*
Defence, (or prohibition, though seldom used in that sense.) *Défense, interdiction.*
DEFENCELESS, *adj.* Sans défense, qui ne peut se défendre.
To DEFEND, *v. act.* (to protect or maintain.) *Appuyer, défendre, soutenir, protéger, garder, conserver, préserver.*
To defend one's self. *Se défendre.*
To defend the truth. *Défendre la vérité.*
To defend an opinion. *Défendre, soutenir une opinion, appuyer un sentiment.*
To defend one's cause. *Défendre, plaider la cause de quelqu'un, plaider pour lui.*
DEFENDANT, *f.* (a law-term; he that defends a decree, and opposes an appeal.) *Intimé, défendeur.*
A she-defendant. *Intimée, défenderesse.*
DEFENDED, *adj.* Défendu, appuyé, &c. *V.* to Defend.
DEFENDER, *subst.* Protecteur, défenseur.
DEFENDING, *f.* L'action de défendre, &c. *V.* to Defend.
DEFENDRESS, *subst.* Patrone, protectrice.
DEFENSATIVE, *subst.* Garde, défense; en chirurgie, bandage, emplâtre.
DEFENSIBLE, *adj.* Tenable, qui se peut défendre, capable de défense, en parlant d'une place de guerre.

DEF

A strong and defensible place. *Une place forte & tenable.*
DEFENSIVE, *adj.* Défensive.
To put one's self in a defensive posture. *Se mettre sur la défensive ou en état de se défendre.*
A defensive league. *Une ligue défensive.*
Defensive arms. *Armes défensives.*
DEFENSIVELY, *adv. Ex.* To act defensively. *Se tenir sur la défensive.*
To DEFER, *v. act.* (to put off.) *Différer, remettre, renvoyer, user de remises.*
To defer, *v. neut.* (to pay a deference to, to regard.) *Déférer, avoir de la déférence.*
Whose judgment I defer much to. *Au jugement desquels je défere beaucoup.*
And by seeming to defer in all things to Pignoranda, governed him. *Et en faisant semblant de déférer en toutes choses aux sentimens de Pignoranda, il le gouvernoit.*
I know not how far the Prince will defer to my opinion *Je ne sais jusqu'où le Prince s'en rapportera ou s'en remettra à mon opinion.*
Defered, *adj.* Différé, remis, renvoyé.
DEFERENCE, *subst.* (respect or complaisance.) *Déférence, respect, soumission, complaisance, égard.*
DEFERENT, *adj.* Déférent, terme didactique.
DEFERING, *f.* L'action de remettre, de différer, &c. *V.* to Defer; remise, délai, renvoi, ajournement.
DEFIANCE, *subst.* (or challenge.) *Appel, défi, l'action de provoquer quelqu'un au combat.*
To bid defiance. *Défier, faire un défi ou braver, morguer.*
To bid defiance to the oracles of divine revelation. *Donner le démenti aux oracles de la révélation divine.*
To live in open defiance with one. *Être ennemi déclaré de quelqu'un.*
He lives in open defiance to (or against) nature and reason. *Il agit contre les regles de la nature & de la raison; il a renoncé à la nature & à la raison.*
DEFICIENCE,
DEFICIENCY, } *subst.* (or defect.) Manquement, manque, défaut.
Deficiency of a fund. *Manquement d'un fonds, non-valeur.*
Deficiency, (inability to pay.) *Défaut, mauvais état des affaires d'un homme, insolvabilité.*
DEFICIENT, *adj.* (or wanting.) *Défectueux, imparfait.*
I shall not be deficient in any thing that may be useful to you. *Je n'ommettrai ou je n'oublierai rien de tout ce qui pourra vous être utile ou avantageux.*
Deficient, (unable to pay.) *Insolvable, qui n'a pas de quoi payer.*
To DEFIE, &c. *V.* to Defy, &c.
DEFIER, *f.* Celui qui défie.
DEFILE, *f.* (a word borrowed from the French for a narrow passage for an army.) *Un défilé, un chemin étroit.*
To DEFILE, *v. act.* (to pollute.) *Souiller, salir, tacher.*
To defile (or deflour) a virgin. *Corrompre une vierge, la déshonorer, lui ravir son honneur ou sa pudicité, déflorer.*
Defiled, *adj.* Souillé, sali, taché, corrompu, déshonoré.
DEFILEMENT, *subst.* Tache, souillure; corruption.

DEFILER,

DEFILER, *f. Celui ou celle qui souille*, &c. V. to Defile.
DEFILING, *f. L'action de souiller*, &c. V. les divers sens de to Defile.
DEFINABLE, *adj. Qui se peut définir*.
To DEFINE, *v. act.* (to give the definition of.) *Définir, donner la définition d'une chose, en faire le caractère, en marquer la nature & les propriétés*.
To define (or determine) a controversy. V. to Determine.
Defined, *adj. Défini*.
DEFINER, *f. Celui qui définit, qui explique*.
DEFINITE, *adj.* (certain, limited.) *Défini, déterminé, certain, limité*.
DEFINITION, *f. La définition, le caractère, la description de la nature d'une chose ou de ses propriétés*.
DEFINITIVE, *adjec. Définitif, décisif, péremptoire*, en parlant d'une sentence, &c.
DEFINITIVELY, *adv.* (or positively.) *Définitivement, positivement, expressément, précisément, en termes formels*.
DEFLAGRABILITY, *f. Facilité à prendre feu, à s'enflammer*.
DEFLAGRABLE, *adj. Combustible*.
DEFLAGRATION, *subst. Déflagration*, terme de chimie.
To DEFLECT, *v. act. Détourner, tourner de côté*.
DEFLECTION, *f.* (a bending or turning aside.) *Courbure, écart, deflexion*.
Deflection of a ship from her true course, by reason of currents. *Dérive d'un vaisseau, qui est détourné de sa route par la force des courants*.
DEFLEXURE, *f. Courbure, déflexion*.
DEFLORATION. V. Deflouring.
To DEFLOUR a virgin, *v. act.* (to get her maidenhead.) *Dépuceler une fille, lui ravir son pucelage ou sa virginité, la corrompre, la déshonorer, la déflorer*; ce dernier est un terme de Palais.
Defloured, *adj. Dépucelée, corrompue, déshonorée, déflorée*.
DEFLOURER, *subst.* (or ravisher.) *Celui qui ravit l'honneur à une fille*.
DEFLOURING, *f. L'action de dépuceler*, &c. V. to Deflour; *défloration*, en termes de Palais.
DEFLUOUS, *adj. Qui découle*.
DEFLUXION, *subst. Fluxion, écoulement d'humeurs malignes sur quelque partie du corps*.
To DEFORCE, *v. act. Retenir ou usurper le bien d'autrui*.
DEFORCEMENT, *f.* (a law-term, for a with-holding of lands by force from the right owner.) *Détention du bien d'autrui, usurpation*.
DEFORCER, *subst.* (a law-term.) *Celui qui détient le bien d'autrui, un usurpateur*.
To DEFORM, *verb. act.* (to make ugly.) *Disfigurer, enlaidir, rendre laid ou difforme*.
To deform one's face. *Se disfigurer le visage, se défigurer*.
Deformed, *adject. Défiguré, difforme, laid*.
DEFORMEDLY, *adv. D'une manière difforme*.
DEFORMING, *f. L'action de disfigurer*, &c. V. to Deform.
DEFORMITY, *subst.* (or ugliness.) *Laideur, difformité, ridicule, déshonneur, honte*.
DEFORSOR, *f. Celui qui chasse ou qui met dehors*.

To DEFRAUD, *v. act.* (to cheat or rob of.) *Frauder, frustrer par quelque fraude, tromper, fourber, affronter, priver quelqu'un de quelque chose, la lui faire perdre injustement*.
Defrauded, *adj. Fraudé, trompé, fourbé, privé de son droit*, &c.
DEFRAUDER, *f. Trompeur*.
DEFRAUDING, *f. L'action de frauder*, &c. V. to Defraud; *tromperie, fraude, fourberie, fourbe*.
To DEFRAY one, *v. act.* (to bear the charges.) *Défrayer, payer les frais ou la dépense, décharger*.
Defrayed, *adj. Défrayé, déchargé*.
DEFRAYING, *f. L'action de défrayer*, &c.
* DEFT, *adject.* (or neat.) *Beau, joli, adroit*.
Deft, (or merry.) *Gai, joyeux*.
* DEFTLY, *adv. Bien, avec art, avec adresse*.
DEFUNCT, *adject.* (or dead.) *Défunt, mort, décédé*.
DEFUNCTION, *f. Mort, fin, extinction*.
DEFY, *subst. Défi*.
To DEFY, *v. act.* (to challenge.) *Défier, faire un défi, braver*.
I defy you to do it. *Je vous défie de le faire*.
He defied the winds in the midst of the Ocean. *Il défioit les vents au milieu de l'Océan*.
Defyed, *adject. Défié, bravé*.
DEFYER, *subst. Celui qui défie*.
DEFYING, *subst. L'action de défier ou de braver*.
DEGENERACY, *f. Abâtardissement, dépravation, déréglement, corruption*.
DEGENERATE, Voy. Degenerated.
To DEGENERATE, *v. neut.* (or grow worse.) *Dégénérer, ne ressembler pas à son principe, se gâter, s'abâtardir, se corrompre, se relâcher*.
Degenerated, *adj. Dégénéré, abâtardi, corrompu, qui s'est relâché*.
DEGENERATING, DEGENERATION, } *subst. L'action de dégénérer*, &c. *dégénération, abâtardissement, corruption, dépravation*.
DEGENEROUS, *adj. Qui dégénère, qui ne répond pas à sa naissance, qui fait honte à ses ancêtres*.
Degenerous (or base) practices. *Des actions basses, lâches, infâmes*.
DEGENEROUSLY, *adv. Indignement, bassement*.
To DEGLUTINATE, *v. act.* (or to unglue.) *Dégluer, décoller, débarrasser, dans le propre & dans le figuré*.
DEGLUTINATION, *f. L'action de dégluer*, &c.
DEGLUTITION, *f. Déglutition, l'action d'avaler*.
DEGRADATION, *f. Dégradation*.
To DEGRADE, *v. act.* (to put one from his degree or out of his office.) *Dégrader, démettre de quelque grade*.
To degrade a Gentleman. *Dégrader un gentilhomme, le dégrader de noblesse, le priver de sa qualité*.
To degrade a priest. *Dégrader un Prêtre, lui ôter son caractère, & le priver de l'exercice de son ordre*.
To degrade one's self. *Déroger*.
Degraded, *adject. Dégradé*.
DEGRADING, *f. Dégradation ou l'action de dégrader*.
To DEGRAVATE, *v. act. Rendre lourd, appesantir, aggraver*.

DEGREE, *subst.* (a term of Geometry; which signifies the 360th part of a circle.) *Degré, terme de Géométrie, c'est la 360 partie du cercle*.
A degree of longitude or of latitude. *Un degré de longitude ou de latitude*.
A degree of kindred, of consanguinity. *Degré de parenté, de consanguinité*.
Degree, (step.) *Degré, pas*.
By degrees. *Par degrés, pas-à-pas, successivement, insensiblement, peu-à-peu*.
He rose by degrees. *Il s'est élevé de degré en degré*.
The highest degree, (or summit.) *Le plus haut degré, le faîte, le comble*.
A degree of heat or cold. *Un degré de chaleur ou de froidure*.
To take one's degrees in the University. *Prendre ses degrés dans l'Université*.
To DEHORT, *v. act.* (or dissuade.) *Déconseiller, dissuader, détourner, divertir d'une chose*.
DEHORTATION, *subst. Dissuasion*.
DEHORTATORY, *adject. Qui tend à dissuader*.
DEHORTER, *f. Celui qui dissuade*.
DEHORTED, *adj. Déconseillé, dissuadé, détourné d'une chose*.
DEICIDE, *f. Déicide*.
The Jews that put to death our Saviour GOD and Man, are called Deicides. *Nous appellons Déicides, les Juifs qui ont mis à mort notre Sauveur DIEU & homme*.
To DEJECT, *v. act.* (or cast down.) *Abattre, accabler, affliger*.
To deject one's self. *S'affliger, se laisser abattre à la douleur*.
To deject, (to discourage, to sink the spirits.) *Décourager, abattre le cœur ou le courage*.
Dejected, *adj.* (or cast down.) *Abattu, accablé, affligé*.
DEJECTEDLY, *adv. Avec découragement*.
To look dejectedly or dejected. *Paroître affligé, paroître fort abattu*.
DEJECTION, *subst. Abattement de cœur, affliction, consternation*.
Dejection, (a term of Physick: evacuation of excrements.) *Déjection*.
There is a great dejection amongst them. *Il y a une grande consternation parmi eux*.
DEJECTURE, *f. Les excréments*.
DEIFICATION, *f. Apothéose*.
DEJERATION, *f. L'action de faire un serment solennel*.
To DEIFY one, *v. act.* (to make him a God or adore him as a God.) *Déifier quelqu'un, le mettre au rang des Dieux, en faire un Dieu, l'estimer comme un Dieu*.
The Ancients deified many of these great men. *Les Anciens ont déifié plusieurs de leurs grands hommes*.
Deified, *adject. Déifié, mis au rang des Dieux*.
DEIFYING, *f. L'action de déifier*, &c. V. to Deify.
To DEIGN, *v. neut.* (to vouchsafe.) *Daigner*.
DEISM, *f.* (the acknowledging but one God.) *Déisme, la Religion de ceux qui ne croient qu'un Dieu, & qui rejettent la révélation*.
DEIST, *subst. Déiste*.
DEISTICAL, *adj. De déiste, qui appartient au déisme*.
DEITY, *f.* (or Godhead.) *La Divinité, l'Essence divine*.

A

DEL

A Deity, (a fabulous God.) *Une Divinité, un faux Dieu ou fausse Déesse.*
DELACERATION, *f. Délacération.*
DELAPSED, *adject. Qui tombe, qui est tombé.*
To DELATE. Voy. to Carry.
DELATION, *subst. Dilation, accusation; voiture, chariage.*
DELATOR, *subst.* (or informer.) *Délateur.*
DELAY, *f.* (or put-off.) *Remise, délai, renvoi, retardement.*
To use delays. *User de remise.*
Make no delay. *Ne différez plus, ne tardez pas.*
These are unsufferable delays. *Ce sont des longueurs insupportables.*
To DELAY, *v. act.* (or put off from day to day.) *Différer, prolonger, remettre, retarder, tirer en longueur, renvoyer.*
To delay a thing to the last. *Remettre une chose jusqu'à l'extrémité.*
To delay in judgment. *Donner délai, ordonner qu'il sera plus amplement informé avant que de juger définitivement.*
I will not delay myself in that matter. *Je ne veux point négliger cette affaire.*
To delay or dilute. V. to Dilute.
Delayed, *adj. Différé, prolongé, remis, retardé, tiré en longueur, renvoyé.*
DELAYER, *subst.* (or shuffler.) *Celui ou celle qui diffère, qui prolonge, remet, retarde ou tire en longueur, un temporiseur.*
DELAYING, *f. L'action de différer, &c.* V. to Delay. *Délai, remise, longueur.*
DELECTABLE, *adj.* (or pleasant.) *Délectable, agréable, charmant, qui donne du plaisir, délicieux.*
DELECTABLENESS, *f. Qualité agréable ou charmante, agrément.*
DELECTABLY, *adv. Délicieusement, plaisamment, agréablement.*
DELECTATION, *subst.* (or delight.) *Délectation, plaisir, contentement, volupté.*
DELEGACY. V. Delegation.
DELEGATE, *adj. Délégué, député.*
A Judge delegate. *Un Juge délégué, pour prendre connoissance de quelque affaire.*
Delegate, *f. Un délégué, un député.*
To DELEGATE, *v. act. Déléguer, députer, envoyer, commettre une personne pour quelque affaire, la charger d'une affaire.*
Delegated, *adj. Délégué, député envoyé, commis pour quelque affaire, &c.*
DELEGATION, *subst. Délégation, commission de délégué, députation, précaution.*
DELETERIOUS, } *adject. Mortel, destructif, qui a les qualités du poison.*
DELETERY, }
DELETION, *subst. Destruction, l'action d'effacer.*
* DELF } *subst.* (an obsolete word for a mine or a quarry.) *Une mine, une carrière; ou fabrique.*
* DELFE }
DELIBERATE, *adj.* (or wary.) *Prudent, sage, avisé, circonspect, qui fait les choses avec délibération.*
To DELIBERATE, *v. neut.* upon a thing, (to consider.) *Délibérer, mettre en délibération, aviser à ce qu'on doit faire, consulter, examiner, voir, penser, considérer.*
Deliberated, *adject. Déliberé, mis en délibération, &c.*
Deliberated, (or premeditated.) *Prémédité, fait de propos délibéré, après y avoir pensé, à dessein, exprès.*
DELIBERATELY, *adv.* (or advisedly.) *Sagement, mûrement, après mûre délibération.*
Deliberately, (or on purpose.) *A dessein, de propos délibéré.*
DELIBERATION, *f. Délibération, consultation.*
To take a thing into deliberation. *Mettre une chose en délibération ou en balance, délibérer de quelque affaire.*
The next matter that came under deliberation. *La première chose qu'on mit ensuite sur le Tapis ou qu'on proposa.*
DELIBERATIVE, *adj. Délibératif.*
DELICACY, *f.* (or daintiness.) *Délicatesse, friandise.*
Delicacy, (or beauty.) *Délicatesse, beauté, propreté, politesse.*
DELICATE, *adj.* (or dainty.) *Délicat, délicieux, exquis, de bon goût, en parlant du manger & du boire.*
Delicate, (or fine.) *Beau, joli, agréable, charmant, propre, bon.*
Delicate weather. *Un temps beau.*
A delicate bird. *Un bel oiseau.*
A delicate place to live in. *Un beau séjour, un agréable ou charmant séjour.*
A delicate feather-bed. *Un bon lit de plumes.*
Delicate, (or effeminate.) *Délicat, mou, efféminé, voluptueux.*
DELICATELY, *adv.* (or curiously.) *Délicatement, ingénieusement.*
Delicately, (or deliciously.) *Délicatement, délicieusement, voluptueusement, mollement.*
I slept delicately. *J'ai bien dormi, j'ai dormi d'un fort bon sommeil.*
DELICATENESS. Voy. Delicacy.
* DELICATES, *subst. Choses rares ou délicates.*
DELICIOUS, *adject. Délicieux, agréable, charmant, exquis.*
DELICIOUSLY, *adv. Délicieusement, voluptueusement.*
DELICIOUSNESS, *sub. Délices, plaisirs, volupté, douceur, charme.*
DELIGHT, *f.* (pleasure, joy, content.) *Délices, fém. pl. ou délice, masc. plaisir, joie, contentement, satisfaction, volupté, douceur, charme, divertissement, passetems.*
That is his delight. *Ce sont ses délices, c'est son délice.*
To take delight in a thing. *Prendre plaisir à quelque chose, se plaire à quelque chose.*
To DELIGHT, *v. act. Réjouir, délecter, divertir, donner de la joie, donner du plaisir, récréer.*
To delight, *v. neut. Prendre plaisir, se plaire, se divertir, se délecter en quelque chose, y trouver sa satisfaction, l'aimer.*
I delight very much in it. *J'y prends un singulier plaisir.*
To delight in hunting. *Aimer la chasse.*
The orange-tree delights in hot and sunny places. *L'oranger aime les lieux chauds & exposés au soleil.*
Delighted, *adj. Réjoui, délecté, qui prend du plaisir, &c.* V. to Delight.
I was much delighted with it. *J'y ai pris grand plaisir.*
DELIGHTFUL, *adj. Délectable, délicieux, plaisant, agréable, charmant, divertissant.*
DELIGHTFULLY, *adv. Plaisamment, agréablement, délicieusement.*
DELIGHTFULNESS, *f. Plaisirs, délices, agrément, charme, ce qu'une chose a de plaisant, d'agréable, de charmant, de divertissant.*
DELIGHTSOME. Voy. Delightful.
† DELIGHTSOMELY. V. Delightfully.
DELIGHTSOMENESS. V. Delightfulness.
To DELINEATE, *v. act.* (or describe.) *Ébaucher, crayonner, tracer avec des lignes, dessiner, former les premiers traits de quelque chose.*
Delineated, *adj. Ébauché, crayonné, &c.*
DELINEATION, *f.* (or rude draught.) *Esquisse, délinéation, premier dessein, ébauché.*
DELINQUENCY, *f.* (or offence.) *Délit, offense, faute, crime.*
DELINQUENT, *f.* (or offender.) *Délinquant, criminel.*
To DELIQUATE, *v. neut.* (or melt.) *Se dissoudre.*
DELIQUATION, *f. Dissolution.*
DELIQUIUM, *subst. Distillation par la force du feu.*
To DELIRATE, *v. neut.* (or be light-headed.) *Être en délire, rêver, extravaguer, radoter.*
DELIRATION, *subst. Délire, rêverie, folie, extravagance, égarement d'esprit, vision.*
DELIRIUM, *f.* (or inflammation of the brain.) *Délire, rêverie, transport au cerveau.*
DELIRIOUS, *adject.* (light-headed, or foolish.) *Rêveur, radoteur, extravagant, visionnaire, insensé, fou, qui a perdu le sens.*
To DELIVER, *v. act.* (or to give.) *Délivrer, livrer, donner, rendre, mettre entre les mains.*
To deliver something to one. *Délivrer une chose à quelqu'un.*
Deliver, (the word used by highwaymen.) *Donnez la bourse; rendez la bourse.*
To deliver one into bondage. *Faire quelqu'un esclave, le mettre dans un état d'esclavage.*
To deliver one's message. *Rendre ou dire son message.*
He will deliver us into the hands of our enemies. *Il nous mettra entre les mains de nos ennemis.*
To deliver, (or speak out in discourse.) *Dire, prononcer, débiter, énoncer, exprimer, expliquer.*
To deliver a sermon handsomely. *Prononcer un sermon de bonne grace.*
He delivers himself very well. *Il débite agréablement son fait, il s'énonce, il s'explique de fort bonne grace.*
To deliver, (or to free.) *Délivrer, exempter, débarrasser.*
To deliver one from bondage. *Délivrer quelqu'un de servitude, l'affranchir, le mettre en liberté.*
To deliver one from an imminent danger. *Délivrer quelqu'un d'un danger éminent.*
To deliver one's name to posterity. *Faire passer ou transmettre son nom à la postérité.*
To deliver a woman in labour. *Accoucher une femme qui est en travail d'enfant.*
To deliver IN. *Délivrer, livrer, donner.*
To deliver in trust. *Confier, mettre entre les mains de quelqu'un.*
To deliver UP. *Livrer, remettre, rendre, abandonner.*

To

To deliver up a strong place. *Livrer une place forte.*
To deliver up one to the mercy of his enemies. *Remettre ou abandonner quelqu'un à la merci de ses ennemis.*
DELIVERANCE, *s. Délivrance, affranchissement, liberté.*
Delivrance, (of a woman with child.) *Accouchement.*
To wage deliverance, (that is, to give security that a thing shall be delivered.) *Donner des assurances pour la reddition d'une chose.*
DELIVERED, *adj. Délivré, &c. Voy.* to Deliver.
DELIVERER, *s. Libérateur, libératrice, celui ou celle qui délivre, &c.*
DELIVERY, *s.* (giving or delivering.) *L'action de délivrer, de rendre ou de donner, de livrer.*
Delivery or deliverance. *Voyez* Deliverance.
Delivery, (in speaking.) *Voyez* Deliverance.
To have a good or handsome delivery. *Avoir le débit agréable, avoir un beau débit.*
He has not a good way of delivery. *Il n'a pas le débit agréable.*
The delivery of a litigious thing, into the hands of a third person. *Séquestre.*
DE-LUCE. *De lis.*
A flower-de-luce. *Une fleur de lis.*
† DELL, *s. Vallée, creux, fosse.*
DELUDABLE, *adj. Facile à tromper.*
To DELUDE, *v. act.* (to decieve.) *Jouer, se moquer, abuser, tromper, duper, attraper.*
He has deluded me. *Il m'a joué, il m'a abusé, trompé ou dupé.*
Deluded, *adj. Joué, abusé, trompé, dupé, attrapé.*
DELUDER, *s. Abuseur, trompeur, fourbe.*
DELUDING, *s. L'action de jouer, d'abuser, tromper, duper, &c.*
DELVE, *subst. Ex.* A delve of coals. *La quantité de charbon qu'on a creusé dans une mine.*
To DELVE, *v. act.* (to dig and delve.) *Creuser, fouir.*
Delved, *adj. Creusé, foui.*
DELVER, *subst.* Celui qui creuse ou qui a creusé.
DELUGE, *subst.* (or general flood.) *Un déluge, une grande inondation.*
The deluge drowned all the earth. *Le déluge inonda toute la terre.*
To DELUGE, *v. act.* (to drown.) *Noyer, inonder.*
Deluged, *adj. Noyé, inondé.*
Deluged in tears. *Noyé de larmes.*
DELVING, *s.* (from to delve.) *L'action de creuser, &c. Voyez* to Delve.
DELUSION, *s.* (from to delude.) *Illusion, tromperie, fourbe.*
DELUSIVE, } *adject.* (that deludes.)
DELUSORY, } *Illusoire, trompeur.*
DEMAGOGUE, *s. Le chef d'une faction, démagogue.*
DEMAIN, } *s. Domaine, patrimoine,*
DEMESNE, } *le bien d'une personne.*
The King's demain. *Le domaine du Roi.*
DEMAND, *s.* (petition or claim.) *Demande, requête, ce qu'on demande, prétention.*
To yield one his demands. *Accorder à quelqu'un sa demande.*
What is your demand? *Que demandez-vous?*

Which I promise to pay upon demand. *Que je promets payer à sa volonté.*
In full of all demands. *Pour fin de toutes parties, pour solde de tous comptes.*
Demand , (or question.) *Interrogation, question, demande.*
The demand of British manufactures is very great. *Les manufactures de la Grande-Bretagne sont d'un grand débit ; elles sont fort recherchées , tout le monde en demande.*
To DEMAND , *v. act.* (or to ask.) *Demander , faire demande d'une chose.*
To demand bail. *Demander caution.*
To demand a debt. *Demander une dette, exig.r , poursuivre une dette.*
To demand one to wife. *Demander une fille en mariage.*
To demand a question. *Demander , interroger , questionner.*
To demand , (or lay claim to.) *Réclamer, demander.*
To demand a prisoner of war. *Réclamer un prisonnier de guerre.*
DEMANDABLE , *adj. Qui peut être de mandé.*
DEMANDANT , *subst.* (in real actions, the same as plaintiff in personal ones.) *Demandeur, demanderesse, celui ou celle qui demande à un autre quelque chose en justice.*
Demanded , *adj. Demandé, exigé, interrogé, &c. V.* to Demand.
DEMANDER , *s. Demandeur.*
DEMANDING. *s. L'action de demander, &c. V.* to Demand.
To DEMEAN (or behave) one's self, *v. réc. Se conduire, se comporter, se gouverner, agir bien ou mal.*
If you demean yourself well. *Si vous vous conduisez bien.*
DEMEANOUR, *subst. Conduite, maniere dont on se conduit.*
DEMEANS. *V.* Demain.
To DEMENTATE , *v. neut.* (to grow mad.) *Devenir fou, perdre le sens ou l'esprit.*
Dementated , *adj. Devenu ou rendu fou, qui a perdu le sens ou l'esprit.*
DEMENTATION , *s. Folie.*
DEMERIT , *s.* (what makes one or a thing worthy of blame or punishment.) *Démérite, ce qui rend digne de blâme ou de punition.*
He shall be punished according to his demerit. *On le punira selon ses démérites.*
DEMERSION, *s. L'action de plonger dans l'eau, de noyer.*
DEMESNE. *V.* Demain.
DEMI, (a word used in composition for half.) *Demi.*
A demi-God. *Un demi-Dieu.*
A demi-castor. *Un demi-castor.*
A demi-island. *Une péninsule.*
A demi-cannon or a demi-culverin. *Une bâtarde, sorte de piece d'artillerie.*
DEMIGRATION , *subst.* (or shifting of quarters.) *Changement de demeure, départ.*
DEMIREP , *s. Femme d'une vertu équivoque.*
DEMISE , *s.* (a law-term for the death or decease of a King.) *Mort, décès ; c'est un terme de Palais affecté à la mort des Rois.*
To DEMISE , *v. act.* (a law-term.)
Ex. To demise by lease. *Faire un bail ou bailler à ferme , louer , donner à louage, pour un certain nombre d'années.*

To demise (or bequeath) by will. *Léguer, laisser par testament, donner par testament.*
Demised , *adj. Loué ou légué.*
DEMISSION , *s. Relâchement.*
To DEMIT , *v. act. Dégrader, rabaisser , déprimer.*
DEMOCRACY , *s.* (or popular government.) *Démocratie, gouvernement populaire.*
DEMOCRATICAL , *adj.* (or popular.) *Démocratique, populaire.*
To DEMOLISH , *v. act. Démolir, abattre , renverser , détruire , ruiner , raser , en parlant d'un édifice, &c.*
† To demolish , (to ruin.) *Ruiner au jeu, dévaliser.*
He has demolished me, (he has won all my money.) *Il m'a dévalisé.*
Demolished , *adj. Démoli, abattu, renversé, &c.*
DEMOLISHER , *s.* (or destroyer.) *Celui qui démolit , qui abat, &c.*
DEMOLISHING , *s.*
DEMOLITION , } *s. L'action de démolir, &c. V.* to Demolish. *Démolition, destruction, ruine.*
DEMON , *s.* (or spirit.) *Un démon, un esprit, & en particulier , le malin esprit, le Diable.*
DEMONIACK , *subst.* (one that is possessed with an evil spirit.) *Un démoniaque ou une démoniaque, un possédé, une possédée.*
DEMONSTRABLE , *adj.* (that may be demonstrated.) *Démontrable, capable de démonstration.*
DEMONSTRABLY , *adv. Démonstrativement , clairement, évidemment.*
To DEMONSTRATE , *v. act.* (to shew plainly.) *Démontrer, faire une démonstration de quelque chose, prouver, faire voir clairement, convaincre de ou sur quelque chose, expliquer, représenter.*
Demonstrated , *adj. Demontré, dont on a fait la démonstration, prouvé, &c.*
DEMONSTRATION , *s. Démonstration, preuve évidente.*
DEMONSTRATIVE , *adj. Démonstratif, évident, convaincant.*
DEMONSTRATIVELY , *adv. Démonstrativement, clairement, visiblement.*
DEMONSTRATOR , *s.* Celui qui démontre ou qui fait la démonstration de quelque chose.
DEMPSTER. } *V.* Deemster.
DEMSTER. }
DEMULCENT , *adj. Adoucissant, soulageant, amollissant.*
DEMUR , *s.* (doubt.) *Doute.*
To DEMUR , *v. n. Douter, hésiter.*
To demur , (a law-term, which signifies to put in or make doubts and objections.) *Alléguer quelque exception par laquelle on prétend se défendre d'une demande, en termes de Palais.*
To demur upon a thing , (or to delay.) *Suspendre une chose, différer, retarder.*
DEMURE , *adj.* (bashful or reserved.) *Froid, qui a une mine froide, sérieux, réservé, grave.*
† He is as demure as if butter would not melt in his mouth. *Il a la mine si froide, qu'on diroit qu'il n'y touche pas, ou qu'on le pr.ndroit pour un Saint.*
DEMURELY , *adv. Froidement, d'une maniere froide, grave, réservée.*
DEMURENESS , *s. Froid, mine froide, gravité, sérieux, air grave, air sérieux.*
DEMURRAGE , *s.* (a sea-word.) Starie, temps

DEM DEN   DEN DEP   DEP

temps de retard occasionné dans un port à un vaisseau marchand, au-delà de la convention qui a été faite.
DEMURRER, *f.* (a pause upon a difficult point in any action.) *Exception dilatoire, surséance,* † *anicroche, retardement, longueur.*
DEN, *f.* (or cave.) *Une caverne, un antre.*
DENDROLOGY, *f. Histoire naturelle des arbres.*
DENIABLE, *adj. Qui peut être nié.*
DENIAL, *f.* (from to deny.) *Un refus, rebuffade.*
A handsome denial, (or refusal.) *Un refus honnête ou civil.*
To take a denial. *Essuyer un refus ou une rebuffade.*
Self-denial. V. Self.
* To DENAY, &c. V. to Deny, &c.
DENIER, *subst.* (a French copper-coin, twelve whereof make a French penny.) *Denier,* la douzième partie d'un sou.
Denier, (from to deny.) *Celui qui nie ou qui refuse une chose.*
To DENIGRATE, *v. act. Noircir.*
DENIGRATION, *f. L'action de noircir.*
DENISON, }
DENIZEN, } *f.* (a law-word, for an alien infranchised in England by the King's charter.) *Regnicole, Aubain affranchi par les lettres du Roi*; c'est un degré de naturalisation en usage en *Angleterre.*
DENIZATION, *f. L'action d'affranchir, affranchissement.*
To DENOMINATE, *v. act.* (or to give a name.) *Nommer, dénommer, donner un nom.*
Denominated, *adj. Nommé, dénommé.*
DENOMINATION, *sub. Dénomination, nom.*
The dissenters of all denominations. *Les non-conformistes de toute espèce.*
DENOMINATIVE, *adj. Dénominatif.*
DENOMINATOR, *subst. Dénominateur,* terme d'Arithmétique.
DENOTATION, *f.* (mark.) *Marque, indice, signe.*
To DENOTE, *v. act.* (to mark or signify.) *Dénoter, marquer, signifier, être une marque de.*
To DENOUNCE, *v. act.* (or declare.) *Dénoncer, déclarer, signifier, faire savoir.*
To denounce war. *Dénoncer, déclarer la guerre.*
Denounced, *adj. Dénoncé, déclaré, signifié.*
DENOUNCING, *f. Dénonciation, déclaration, signification, l'action de dénoncer,* &c.
DENOUNCEMENT, *f. Dénonciation.*
DENOUNCER, *f. Dénonciateur.*
DENSE, *adj.* (or thick and compact.) *Dense, épais.*
DENSITY, *f.* (or thickness, a word used by Philosophers.) *Densité, épaisseur.*
DENT, *f.* (or notch about the edges.) *Dent, l'entre deux d'une entaillure ou d'une coche.*
To DENT, *v. act. Denteler, façonner en forme de dents.*
Dented, *adj. Dentelé ou denté, façonné en forme de dents.*
Dented-work. *Ouvrage dentelé, dentelure.*
DENTAL, *adj. Qui appartient aux dents.*
DENTELLI, }
DENTICLES, } *f.* (that part of the chapter of a pillar which is cut and gra-

ven like teeth.) *Denticule, membre de la corniche ionique, qui est carré & recoupé par plusieurs entailles qui donnent la forme d'un ratelier de dents.*
DENTICULATED, } *adj. Dentelé.*
DENTATED, }
DENTICULATION, *f. L'action de denteler.*
DENTIFRICE, *sub.* (a powder to cleanse the teeth.) *Poudre à frotter ou à nettoyer les dents.*
DENTITION, *f. Dentition, la sortie naturelle des dents.*
To DENUDATE, } *v. a. Dépouiller.*
To DENUDE, }
DENUNCIATION, *subst. Dénonciation.* V. Denouncing.
DENUNCIATOR, *f. Celui qui dénonce.*
To DENY, *v. act.* (or not to own.) *Nier, assurer que non, ne convenir point.*
He denies it. *Il le nie.*
He denied the crime. *Il nia le crime.*
To deny, (to refuse or not grant.) *Dénier, refuser, ne pas accorder, éconduire.*
Do not deny me that favour. *Ne me déniez pas cette faveur, ne me refusez pas cette grace.*
Do not think to deny me, (or to shift me off.) *Ne pensez pas m'éconduire.*
To deny, (or renounce.) *Renier, renoncer, abjurer.*
To deny one's self, (when any body comes to speak to or see one.) *Faire dire qu'on n'est pas au logis.*
Why should one deny himself that satisfaction? *Pourquoi ne pas se donner cette satisfaction?*
Denyed, *adj. Nié, refusé,* &c. V. to Deny.
DENYING, *subst. L'action de nier ou de refuser,* &c. V. to Deny; refus.
To DEOBSTRUCT, *v. act.* (or to open, speaking of the pores of the body.) *Ouvrir, déboucher.*
Deobstructed, *adj. Ouvert, débouché.*
DEOBSTRUENT, *f. Remède contre les obstructions.*
DEODAND, *subst.* (a law-term.) *On appelle ainsi dans le droit d'Angleterre, un cheval, un chariot ou chose semblable qui a tué quelqu'un, & qui étant adjugé au Roi, est vendu au profit des pauvres.*
To DEOPPILATE, *v. act. Désopiler,* terme de Médecine.
DEOPPILATION, *f. Désopilation.*
DEOPPILATIVE, *adj. Désopilatif.*
DEOSCULATION, *f. L'action d'embrasser, de baiser.*
To DEPAINT, *v. act.* (or represent.) *Peindre, dépeindre, représenter.*
He depainted Cupid in a net. *Il représenta Cupidon dans un filet.*
Depainted, *adj. Dépeint, peint, représenté.*
To DEPART, *v. n.* (to go away.) *Partir, s'en aller.*
To depart, (or go out.) *Sortir.*
Depart the house. *Videz la maison, sortez d'ici.*
To depart, (or to depart this life.) *Mourir, expirer.*
To depart FROM other men's opinions. *S'écarter des sentimens des autres.*
To depart from (or change) one's resolution. *Changer de résolution.*
To depart from one's religion. *Abandonner, quitter sa religion, y renoncer.*
I am loath to depart from you. *Il me fâche de vous quitter.*

To depart WITH a thing. *Se départir d'une affaire, s'en désister.*
Departed, *adject. Parti, sorti.* V. to Depart.
He is departed this life. *Il est mort.*
† DEPARTER, *f.* (a finer of gold and silver.) *Un affineur, qui fait le départ de l'or & de l'argent.*
DEPARTMENT, *f. Département.*
DEPARTING, } *f.* (or going away.)
DEPARTURE, } *Départ.*
Departure, (or death.) *La mort, le trépas.* The last is poetical.
Departure in despite of the Court. *Défaut, en termes de Palais.*
Departure. *Différence en longitude, en* navigation.
To DEPASTURE, *v. n. Paître.*
To DEPAUPERATE, *v. act.* (or make poor.) *Appauvrir, consumer.*
† To DEPEACH, &c. V. to Acquit.
DEPECTIBLE, *adject.* (or clammy.) *Visqueux.*
† DEPECULATION, *sub.* (a robbing of the Prince or common-wealth.) *Péculat, vol qu'on fait des deniers du Roi & du fisc.*
To DEPEND upon, *v. n.* (to have a dependance upon.) *Dépendre, être dépendant.*
To depend (or rely) upon a man. *Se reposer, faire fond, compter sur quelqu'un, s'y fier.*
I depend upon you. *Je me repose, je fais fond sur vous, je compte sur vous, je me fie à vous.*
They depend on the French for every little fashion of cloaths. *Ils se reglent sur les François dans tout ce qui regarde l'ajustement.*
The whole affair depends on his sincerity or unsincerity. *Toute l'affaire roule sur sa bonne ou sa mauvaise foi.*
He has little to depend upon. *Il a peu de bien.*
To depend OF. *Consister.*
To depend, (speaking of a suit at law.) *Etre pendant,* en parlant d'un procès.
DEPENDANCE, } *f. Dépendance.*
DEPENDANCY, }
This is one of its dependencies. *C'est une de ses dépendances.*
Every moment we feel our dependance upon him. *Nous sentons à tous moments que nous dépendons de lui.*
The sooner we know our dependance, the better. *Ce que nous pouvons souhaiter de mieux, est de savoir à quoi nous devons nous en tenir.*
The Lords had too great a dependance upon their vassals. *Les Seigneurs avoient trop d'autorité sur leurs vassaux.*
My whole dependance is upon him. *C'est lui seul sur qui je fais fond.*
His army is his whole dependance. *Il ne compte que sur son armée, il ne se confie qu'en son armée.*
DEPENDANT, *f. Celui qui dépend d'un autre ou qui est dans son parti; un partisan.*
DEPENDENCE, } V. Dependance.
DEPENDENCY, }
DEPENDENT, *adj. Dépendant.*
DEPENDING, *adj.* (as a suit at law.) *Pendant, indécis,* en parlant d'un procès.
It has been long depending. *Il y a long-temps que cela traîne.*
While the great action of the drama is still

still depending. *Pendant que l'action principale de la piece est encore en suspens.*

DEPEDITION, *s. Perte.*

To DEPHLEGM,
To DEPHLEGMATE, } *v. act. Déphlegmer, terme de chimie.*

DEPHLEGMATION, *s. Déphlegmation, terme de chimie.*

To DEPICT, *v. a. Peindre, représenter.*

DEPICTED, *adj.* (represented.) *Dépeint, représenté.*

DEPILATION, *s.* (or pulling off of hair.) *Dépilation, l'action d'ôter le poil.*

DEPILATORY, *adj.* (that makes the hair fall.) *Dépilatoire, qui ôte le poil.* Depilatory, *s. Un dépilatoire.*

DEPILOUS, *adj. Chauve, sans poil.*

DEPLETION, *s. L'action de vider.*

DEPLORABLE, *adj.* (to be lamented.) *Déplorable, lamentable, qui est à plaindre.*

His condition is deplorable. *Il est dans un état déplorable.*

DEPLORABLY, *adv. D'une manière déplorable.*

DEPLORATE, *adj. Lamentable.*

DEPLORATION, *s.* (a lamenting or bewailing.) *Lamentation.*

To DEPLORE, *v. act.* (or bewail.) *Déplorer, plaindre.*

I deplore your condition. *Je déplore l'état où vous êtes.*

Deplored, *adject. Déploré, plaint, lamenté.*

DEPLORING, *s. L'action de déplorer, &c. lamentation.*

DEPLUMATION, *s.* (in surgery.) *Enflure des paupières, accompagnée de la chûte des poils des sourcils.*

To DEPLUME, *v. act. Déplumer.*

To DEPONE, (or give evidence.) *V. to Depose.*

DEPONENT, *s.* (or witness.) *Déposant, déposeur, témoin, celui ou celle qui dépose en justice.*

Deponent, *adj.* (term of latin grammar.) *Déponent, terme de la grammaire latine.*

A verb deponent. *Un verbe déponent.*

To DEPOPULATE, *v. act.* (to unpeople) a country, *Dépeupler un pays, le dégarnir d'habitants.*

To depopulate, (to spoil or lay waste.) *Désoler, ravager, ruiner, dévaster.*

Depopulated, *adj. Dépeuplé, &c. V. the verb.*

DEPOPULATING, *s. L'action de dépeupler, &c.*

DEPOPULATION, *s.* (or laying waste.) *Ravage, dégât, saccagement, pillage, désolation, déprédation.*

DEPOPULATOR, *s. Celui qui dépeuple, qui dévaste.*

To DEPORT, *v. récip.* (or demean one's self.) *Se conduire, se comporter, se gouverner.*

DEPORT, *s. Conduite, attitude, manières.*

DEPORTATION, *V. Transportation.*

DEPORTMENT, *s.* (from to deport.) *Déportement, conduite, manière d'agir.*

To DEPOSE, *v. n.* (to give evidence, as a witness.) *Déposer, rendre sa déposition, rendre témoignage.*

To depose, *v. act.* (to turn out of one's office.) *Déposer, priver quelqu'un de sa charge ou de sa dignité, le dégrader.*

To depose a King. *Déposer un Roi, le détrôner, le dépouiller de sa couronne.*

Deposed, *adj. Déposé, dégradé.*

DEPOSING, *s. L'action de déposer, &c. V. to Depose; déposition.*

DEPOSITARY, *s.* (the trustee or keeper of a thing in trust.) *Dépositaire, celui ou celle a qui on confie un dépôt.*

DEPOSITE, *s.* (or pledge.) *Dépôt, gage.*

To DEPOSITE, *v. act.* (to trust a thing with one.) *Déposer, mettre en dépôt, mettre une chose entre les mains de quelqu'un pour la garder; la lui confier, la consigner entre ses mains.*

Deposited, *adj. Mis en dépôt, consigné, déposé.*

DEPOSITION, *sub.* (from to depose.) *Déposition, témoignage.*

DEPOSITORY, *s.* (the place wherein a thing is deposited.) *Lieu où une chose est déposée.*

DEPOSITUM, *s.* (a thing deposited.) *Un dépôt.*

DEPRAVATION, *s.* (or corruption.) *Dépravation, corruption, altération, dans le propre & dans le figuré.*

Depravation of manners. *Dépravation, corruption des mœurs, libertinage, débauche.*

To DEPRAVE, *v. act.* (to spoil or corrupt.) *Dépraver, gâter, corrompre, altérer.*

Depraved, *adj. Dépravé, gâté, corrompu, altéré.*

DEPRAVEDNESS,
DEPRAVEMENT, } *sub. Dépravation, corruption.*
DEPRAVITY,

DEPRAVER, *s. Celui ou celle qui gâte, qui corrompt, &c.*

DEPRAVING, *s. L'action de dépraver, &c. V. to Deprave. Dépravation, corruption, altération.*

To DEPRECATE, *v. act.* (to pray earnestly against.) *Demander avec instance qu'une chose ne se fasse pas, se garantir d'un malheur par ses prières; l'éviter, le détourner.*

To deprecate God's judgments. *Tâcher de détourner les jugements de Dieu par des prières.*

DEPRECATION, *sub.* (praying against.) *Prière, requête, demande, supplication.*

DEPRECATORY, } *adject. Qui sert à demander, &c.*

To DEPRECIATE, *verb. act.* (to run down the price.) *Dépriser, avilir, rendre vil.*

Depreciated, *adj. Déprisé, avili.*

To DEPREDATE, *v. act. Piller, ravager, ruiner.*

DEPREDATION, *subst.* (a robbing or spoiling.) *Déprédation, pillage, volerie, brigandage, saccagement, ravage, dégât.*

Depredation, (in a publick employment.) *Volerie, grivèlerie, rapine, concussion, vol public.*

DEPREDATOR, *s. Voleur, déprédateur, celui qui pille, &c.*

To DEPREHEND, *v. act. Surprendre, prendre sur le fait.*

DEPREHENSIBLE, *adj. Dont on s'apperçoit, dont on peut s'appercevoir.*

To DEPRESS, *v. act.* (or thrust down.) *Coucher par terre, abaisser, enfoncer.*

To depress, (or to humble.) *Abaisser, humilier, abattre, mortifier.*

Depressed, *adj. Couché par terre, abaissé, enfoncé.*

Depressed. *Abaissé, humilié, abattu, mortifié.*

DEPRESSION, *subst. Enfoncement, abaissement, dépression, en termes de Physique.*

The depression of a planet. *La déjection d'une planète.*

DEPRESSIVE, *adj. Fort, qui humilie, qui abaisse.*

To DEPRETIATE. *V. to Depreciate.*

DEPRIVATION, *subst.* (a bereaving or taking away of one's present cure.) *Privation, destitution d'une charge ou d'une dignité, déposition.*

To DEPRIVE, *verb. act.* (to bereave.) *Priver quelqu'un d'une chose, ôter quelque chose à quelqu'un, l'en dépouiller.*

To deprive one's self of one's pleasures. *Se priver de ses plaisirs.*

Deprived, *adject. Privé, à qui on a ôté quelque chose, dépouillé.*

DEPRIVING, *subst. L'action de priver, d'ôter ou de dépouiller.*

DEPTH, *s.* (from deep.) *Profondeur.*

The depth of the sea. *La profondeur de la mer.*

The briny depths. *La mer.*

The depth of a battalion. *Hauteur de bataillon, la longueur depuis la tête jusqu'à la queue.*

The depth of a lace, &c. *La hauteur d'une dentelle, &c.*

In the depth of winter. *Au cœur, au milieu de l'hiver.*

To swim beyond one's depth. *Perdre pied dans l'eau.*

Depth of a sail. *Chute d'une voile.*

To DEPTHEN, *verb. act.* (deepen, or make deeper.) *Creuser, donner plus de creux à d'enfoncement.*

To depthen an harbour. *Creuser un port.*

Depthened, *adj. Creusé.*

DEPTHENING,
DEPTHNING, } *s. L'action de creuser.*

DEEPENING,

DEPULSORY, *adject. Expulsif, qui détourne, qui éloigne.*

To DEPURATE, *verb. act.* (or purify.) *Dépurer, terme de chimie.*

Depurate, *adj.* (or cleansed.) *Dépuré, pur.*

DEPURATION, *s.* (or clearing.) *Dépuration, terme de chimie.*

DEPURATORY, *adj. Épuratoire.*

To DEPURE, *verb. act.* (or purge.) *Purifier.*

DEPUTATION, *s. Députation.*

To DEPUTE, *v. act.* (to send or appoint.) *Députer, envoyer, déléguer.*

Deputed, *adj. Député, envoyé, délégué.*

DEPUTY, *subst. Un député, un délégué, un commis.*

The Deputies of the town went to him. *Les députés de la ville le vinrent trouver.*

He is my deputy. *Il est mon commis, c'est lui qui fait les devoirs de ma charge.*

A midwife deputy. *Une accoucheuse, une sage-femme qui est employée par une autre.*

Lord-Deputy, (or Vice-Roi.) *Un Vice-Roi.*

A Deputy-Governor. *Un Lieutenant-Gouverneur.*

To DEQUANTITATE, *verb. act. Diminuer.*

To DERACINATE, *verb. act. Déraciner.*

To DERAIGN,
To DERAIN, } *verb. act.* (a law word that signifies to prove.) *Prouver, montrer, faire voir.*

DERAIGNMENT.

DERAIGNMENT, ⎫ *subst. Preuve, apost-*
DERAINMENT, ⎭ *tasie.*
DELAY, *subst. Bruit, tumulte, désordre.*
DERELICT, *adj. (or forsaken.) Délaissé, abandonné, quitté, méprisé.*
Derelict lands. *Terres abandonnées & incultes.*
DERELICTION, *subst. (a leaving or forsaking.) Délaissement, abandonnement, abandon, mépris.*
To DERIDE, *v. act. (or mock.) Rire, se rire, se moquer, se railler, méprifer, jouer.*
To deride religion. *Rire, se moquer de la religion.*
Derided, *adj. Moqué, raillé, méprisé.*
DERIDER, *f. Un moqueur, un railleur, un rieur.*
DER.DING, *s. Dérision, l'action de rire, de se rire, de se moquer, &c. Voy. to Deride.*
DIRISION, *s. (or mocking.) Dérision, moquerie, raillerie, mépris.*
DERISIVE, ⎫ *adject. Qui tend à la dé-*
DERISORY, ⎭ *rision.*
DERIVATION, *subst. Dérivation.*
The derivation of a word. *La dérivation d'un mot, l'étymologie d'un mot.*
DERIVATIVE, *adject. (that is derived from another.) Dérivé, qui dérive d'un autre.*
DERIVATIVELY, *adv. Ex.* All is originally from God, and derivatively to us by his means. *Tout vient de Dieu, comme de sa source, & cette source vient à nous par des canaux.*
To DERIVE, *v. act. Dériver ou faire dériver, faire venir.*
From whence do you derive that word? *D'où dérivez-vous ce mot-là?*
To derive one thing from another. *Faire dériver une chose d'une autre.*
The blood he derives from his noble ancestors. *Le sang de ses nobles ancêtres qui coule dans ses veines.*
To derive, *v. neut. Dériver, venir, tirer son origine, naître.*
Derived, *adj. Dérivé.*
A word derived from a noun. *Un mot dérivé d'un nom.*
DERNIER, *adj. Dernier.*
To DEROGATE, *v. n. (to go against, to lessen or take from the worth of any thing.) Déroger, diminuer.*
To derogate from one's self. *Déroger à soi-même, s'avilir.*
To derogate from a man's honour or credit. *Décréditer quelqu'un, diminuer sa réputation, déroger à son nom.*
His blasted credit derogates from the strength of his deposition. *Sa mauvaise réputation diminue la force de sa déposition.*
DEROGATING, *adj. Dérogeant.*
DEROGATION, *sub. Dérogation, diminution.*
DEROGATORY, *adj. Dérogatoire, qui déroge, qui diminue.*
A derogatory clause. *Une clause dérogatoire.*
It it not a jot derogatory to his honour. *Ceci ne déroge en aucune manière à sa réputation, ceci ne dirminue point sa gloire, ceci ne fait aucun tort à son mérite.*
DEROGATIVE, ⎫ *adj. Dérogatoire.*
DEROGATOR, ⎭
DERVIS, *subst. Dervis, Religieux Turc.*

DESART. *V.* Desert.
DESCANT, *subst. Fredon, terme de musique.*
To sing descant. *Fredonner, faire des fredons avec la voix.*
Descant, *(or long discourse.) Long discours, sermon.*
He made a long descant upon it. *Il a fait un grand discours là-dessus, il s'est fort étendu là-dessus.*
He must expect no very mild descant on himself. *Il ne doit pas s'imaginer qu'on l'épargnera.*
A descant (or comment) upon a thing. *Une paraphrase, un commentaire.*
To DESCANT, *v. neut.* upon a thing, (to make it more plain by discourse.) *Discourir ou s'étendre sur une chose, la paraphraser, la commenter, l'expliquer par de longs discours.*
To descant (or discourse at large) upon one's destiny. *Décider du sort de quelqu'un.*
To DESCEND, *v. neut. Descendre, venir ou aller de haut en bas.*
To descend to particulars. *Descendre dans le détail d'une chose.*
To descend (or come) of an ancient family. *Descendre ou tirer son origine d'une ancienne famille.*
To descend into one's self. *Rentrer en soi-même.*
I would not descend (or stoop) to speak with him. *Je ne voudrois pas m'abaisser jusqu'au point de parler avec lui.*
Can we, who are the deliverers of the common-wealth, descend to ask what no man ought to have in his power to give? *Nous qui sommes les libérateurs de la République, pouvons-nous nous ravaler jusqu'à demander ce qu'aucun homme ne devroit avoir le pouvoir de donner?*
DESCENDABLE, *adject. (that can descend) Qui peut descendre.*
DESCENDANT, ⎫ *adj. Descendant, qui*
DESCENDENT, ⎭ *tire son origine de—.*
DESCENDED, *adj. Descendu.*
DESCENT, *subst. (or going down.) Descente.*
To make a descent upon the enemy's country. *Faire une descente dans le pays ennemi.*
A descend of ground. *Une pente, un penchant de terre.*
Descent, *(birth, extraction.) Naissance, extraction.*
To be of a noble descent. *Être de noble extraction ou de grande naissance.*
He is of a mean descent. *Il est de basse naissance ou de bas lieu.*
He is noble by four descents. *Il est noble de quatre quartiers.*
He came to the crown by a lineal course of descent. *Il est parvenu à la couronne par le droit de succession.*
To DESCIPHER, *v. act. Figurer. V.* to Decipher.
To DESCRIBE, *v. act. Décrire, représenter, dépeindre, expliquer.*
To describe the troubles of the state. *Décrire les malheurs de l'État.*
I will describe my misery to him. *Je veux lui représenter ma misère.*
Pray, do you describe him to me. *Je vous prie de me dépeindre le personnage ou de me faire son portrait.*
Described, *adj. Décrit, représenté, dépeint, expliqué.*

DESCRIBER, *s. Celui qui décrit, qui représente ou qui dépeint, &c.*
DESCRIBING, *s. L'action de décrire, &c. V.* to Describe.
DESCRIPTION, *s. Description, peinture, tableau, portrait, caractère.*
To make an exact description of a country. *Faire une exacte description d'un pays.*
The description of a person. *La description, la peinture, le caractère de quelqu'un.*
DESCRIPTIVE, *adj. Qui décrit, qui dépeint.*
To DESCRY, *v. act. (to spy out or discover.) Découvrir, faire la découverte, voir, appercevoir.*
Descryed, *adv. Découvert, dont on a fait la découverte, vu, apperçu.*
DESCRYING, *s. Découverte ou l'action de découvrir. V.* to Descry.
To DESECRATE, *verb. act. Profaner, souiller les choses sacrées.*
DESECRATION, *subst. Profanation des choses sacrées.*
DESERT, *s. (a spacious and wild part of a country.) Désert, solitude, étendue de pays non habité.*
To live in a desert. *Vivre dans un désert.*
Desert, (worth or merit.) *Mérite.*
Desert. *V.* Deffert.
To DESERT, *verb. neut. (*to run away from one's colours.) *Déserter, en partant des soldats.*
A great many soldiers deserted. *Il y eut un grand nombre de soldats qui désertèrent.*
To desert, *verb. act. (to forsake.) Déserter, quitter, laisser, abandonner, délaisser.*
He deserted me in my greatest extremity. *Il m'a abandonné au plus fort de ma misère.*
Deserted, *adject. Déserté, abandonné, délaissé, quitté.*
DESERTER, *s. (a run-away.) Un déserteur, un transfuge.*
DESERTING, *s. L'action de déserter, &c. V.* to Desert.
DESERTION, *s. Désertion, abandonnement, abandon.*
DESERTLESS, *adj. Sans mérite, vil, indigne.*
DESERTOR. *V.* Deserter.
To DESERVE, *v. neut. & act. Mériter, être ou se rendre digne.*
He deserves to be whipt. *Il mérite le fouet ou d'être fouetté.*
To deserve well of one, (to do him a good turn.) *Bien mériter de quelqu'un, obliger quelqu'un, lui rendre de bons offices, le servir.*
As every one deserves. *Selon le mérite de chacun.*
Deserved, *adj. Mérité, dû.*
DESERVEDLY, *adj. (or justly.) Justement, avec justice, à bon droit, avec raison.*
DESERVER, *sub. Celui qui mérite récompense.*
DESERVING, *s. L'action de mériter, &c. V.* to Deserve.
Deserving, *adject. De mérite, qui a du mérite.*
DESERVINGLY. *V.* Deservedly.
DESICCANT, *subst. Dessicatif.*
To DESICCATE, *v. act. Dessécher.*
DESICCATION, *s. Dessèchement.*
DESICCATIVE, *adject. (or apt to dry.) Dessicatif, qui dessèche.*

DESIGN,

2 A 2

DES   DES   DES

* To DESIDERATE, *v. act.* Manquer, avoir besoin.

DESIDERATUM, *s.* Ce qui manque, ce qu'on n'a pu encore déterminer ou découvrir.

DESIGN, *s.* (purpose or project.) Dessein, intention, volonté, plan, projet, entreprise, vue.

To do a thing through design (on purpose.) *Faire une chose à dessein ou exprès.*

To have a design (or project) in one's head. *Avoir quelque dessein en tête, rouler quelque dessein dans son esprit.*

To have a design upon one. *Avoir quelque dessein sur quelqu'un, tâcher de le surprendre ou de l'attraper.*

If the poor girl knew what designs you have upon her. *Si la pauvre fille savoit ce que vous lui voulez.*

He has done it with a design (or in order) to prejudice me. *Il a fait cela à dessein de me nuire.*

Design, (or draught.) *Dessin, en termes de peinture.*

To DESIGN, *verb. act.* (or to appoint.) Destiner, marquer, désigner.

To design, (or to plot.) *Machiner, tramer, brasser, comploter.*

To design, (or draw.) *Dessiner.*

To design, *verb. neut.* (or to purpose.) *Résoudre, faire dessein, prendre la résolution, se déterminer, se proposer, projetter.*

DESIGNABLE. *adj.* Qui peut être désigné ou distingué.

DESIGNATION, *subst.* Désignation, rapport.

DESIGNED, *adj.* Destiné, machiné, dessiné, résolu, &c. V. to Design.

DESIGNEDLY, *adv.* (with a design or on purpose.) A dessein, de dessein formé, de propos délibéré, exprès.

DESIGNER, *s.* Dessinateur.

DESIGNING, *adj.* (that has ill designs.) Mal intentionné.

Designing, (or crafty.) *Rusé, fin.*

Designing, *s.* L'action de dessiner, &c. V. tous les sens de to Design.

DESIGNLESS. *adj.* Sans dessein.

DESIGNMENT. *s.* Dessein, intention, projet, vue. V. Design.

DESIRABLE, *adj.* Désirable, à souhaiter, souhaitable.

DESIRE, *s.* (wish, longing, passion.) *Désir, souhait, envie, passion.*

I have a great desire to see him. *J'ai grande envie de le voir, je souhaite avec passion de le voir.*

He has all things to his heart's desire. *Il a tout à souhait, il a tout ce qu'il desire.*

Desire, (or request.) *Prière, requête, demande.*

It is my desire that you forbear the use of those things. *Je vous prie, je vous demande de vous abstenir de ces choses.*

My only desire is, that you will do that. *Tout ce que je vous demande ou que je souhaite de vous, c'est que vous fassiez cela.*

To DESIRE, *v. act.* (to covet or wish.) Désirer, souhaiter, avoir envie.

I desire to have the honour of seeing you. *Je desire avoir l'honneur de vous voir.*

To desire a thing earnestly or passionately. *Désirer quelque chose ardemment ou avec passion.*

To desire, (to pray or request.) *Prier, demander, requérir, exiger.*

I desire you by all means to come. *Je vous prie, ne manquez pas de venir.*

I desire that kindness of you. *Je vous demande cette grace.*

I do not desire (or care for) it. *Je ne m'en soucie pas.*

To desire, (or to bid.) *Ordonner, donner ordre.*

Did not I desire you to go thither ? *Ne vous ai-je pas ordonné d'y aller ?*

Desired, *adject.* Désiré, souhaité, &c. V. to Desire.

DESIREDLY, *adv.* A souhait.

DESIRING, *s.* L'action de désirer, de souhaiter, de prier, &c. V. to Desire.

DESIROUS, *adj.* Désireux, (ce terme n'est guere usité.) Qui desire, qui souhaite, passionné, qui a de la passion pour quelque chose.

To be desirous of honours, riches or learning. *Être désireux d'honneurs, de richesses ou de science ; être passionné, avoir de la passion pour les honneurs, pour les richesses ou pour les sciences.*

To be desirous of nothing so much as peace and quietness. *Ne souhaiter rien tant que la paix & le repos.*

DESIROUSLY, *adv.* Avec passion, avec ardeur, passionnément, ardemment.

To DESIST, *v. neut.* (or leave off.) *Se désister, se déporter, cesser, interrompre, s'arrêter.*

DESISTANCE, *s.* Cessation.

DESISTING, *s.* Désistement, action de se désister, action de celui qui se déporte d'une chose qu'il a commencée.

DESISTIVE, *adj.* Qui finit, qui conclut.

DESK, *s.* Un pupitre.

A chorister's desk. *Un lutrin, un pupitre sur lequel on met les livres dont on se sert au chœur.*

The desk of a table-looking-glass. *Valet de miroir, morceau de bois attaché derriere le fond d'un miroir de toilette, & qui soutient le miroir quand on le pose sur la table.*

DESOLATE, *adj.* (or laid waste.) *Désolé, ruiné, perdu, ravagé.*

A desolate country. *Un pays désolé, ruiné.*

To make a country desolate. *Désoler, ruiner un pays, le ravager, le saccager.*

Desolate, (or solitary.) *Solitaire, désert.*

Desolate, (or uninhabited.) *Désert, abandonné.*

Desolate, (or full of grief.) *Désolé, affligé, triste.*

To be in a desolate condition. *Être tout désolé, être dans la désolation.*

In this desolate condition. *Dans cette détresse, dans cet état d'abandonnement.*

To DESOLATE, *v. act.* Dévaster, dépeupler.

DESOLATION, *s.* (or ruin.) Désolation, dégât, ruine, saccagement.

Desolation, (or grief.) *Désolation, affliction, tristesse.*

DESPAIR, *subst.* (or desperation.) Désespoir.

To fall into despair. *Tomber dans le désespoir.*

To DESPAIR, *v. neut.* Désespérer, perdre l'espérance, être au désespoir.

I despair of it. *J'en désespere.*

Despaired of, *adj.* Désespéré, dont on désespere, qui ne donne nulle espérance, que l'on n'attend plus.

DESPAIRINGLY, *adv.* D'une maniere désespérée, désespérément.

DESPATCH, *s.* Célérité, prompte exécution ; un exprès.

To DESPATCH, *v. act.* Dépêcher.

DESPERADO, *subst.* (a desperate man.) *Désespéré, un déterminé, un enragé, un emporté.*

DESPERATE, *adj.* (who is in despair.) *Désespéré, qui est au désespoir, qui n'a nulle espérance, en parlant des personnes.*

Desperate, (despaired of.) *Désespéré, perdu sans ressource, qu'on n'espere plus, en parlant des choses.*

To be in a desperate condition. *Être au désespoir, être en très-mauvais état.*

Desperate, (dangerous, violent, fierce.) *Désespéré, méchant, dangereux, violent, furieux, terrible.*

A desperate disease. *Une méchante ou dangereuse maladie.*

Desperate diseases require desperate cures. *Pour les maladies violentes il faut des remedes violens.*

A desperate business. *Une méchante affaire, une affaire désespérée.*

A desperate (or furious) man. *Un désespéré, un homme dangereux, furieux ou terrible ; un violent, un enragé, un déterminé.*

To look desperate. *Avoir l'air d'un déterminé.*

A desperate attempt. *Un coup de désespoir.*

A desperate (a great) smoker. *Un grand fumeur.*

DESPERATELY, *adv.* (or in despair.) *Par désespoir, en désespéré.*

Desperately, (or dangerously.) *Désespérément, dangereusement.*

Desperately, (or madly.) *Terriblement ; furieusement.*

He did it desperately. *Il le fit par désespoir, en désespéré.*

To be desperately sick. *Être dangereusement malade, être en grand danger de mourir.*

He drinks desperately. *Il boit terriblement ou d'une terrible maniere.*

To be desperately in love with a virgin. *Être passionnément ou éperdument amoureux d'une fille.*

He is desperately in debt. *Il est si fort endetté, qu'il ne s'en relevera jamais.*

DESPERATENESS, *s.* (or fury.) *Furie ; violence, ardeur.*

DESPERATION, *subst.* (hopelessness or despair.) *Désespoir.*

DESPICABLE, *adj.* (contemptible.) *Méprisable, digne de mépris, sordide, vil.*

A despicable (or vile) fellow. *Un homme méprisable ou de néant.*

DESPICABLENESS, *s.* Bassesse.

DESPICABLY, *adv.* Avec mépris, dédaigneusement.

DESPIGHT, &c. V. Despite, &c.

DESPISABLE, *adject.* (or despicable.) *Méprisable, digne de mépris.*

To DESPISE, *v. act.* (or slight.) *Mépriser, avoir du mépris, regarder d'un œil dédaigneux, regarder du haut en bas, dédaigner, ne faire aucun cas.*

Despised, *adj.* Méprisé, dédaigné, négligé, rebuté.

DESPISER, *subst.* Celui, ou celle qui méprise, &c.

DESPISING, *subst.* Mépris, l'action de mépriser, dédain, rebut.

DESPITE, *subst.* (or contempt.) *Mépris, dédain.*

Despite,

Despite, (or spite.) Dépit, facherie, déplaisir.
In despite of me. En dépit de moi, malgré moi.
To DESPITE, v. act. Vexer, tourmenter.
DESPITEFUL, adj. Méchant, malin.
DESPITEFULLY, adv. Par dépit, malicieusement, avec malice.
DESPITEFULNESS, subst. (or malice.) Méchanceté, malice.
To DESPOIL, v. act. Dépouiller, priver, ôter.
To despoil one of his substance. Dépouiller quelqu'un de tous ses biens.
Despoiled, adj. Dépouillé, privé.
DESPOLIATION, subst. Spoliation.
To DESPOND, v. neut. (or despair.) Se décourager, perdre courage, désespérer, tomber dans le désespoir, se laisser abattre.
He begins to despond. Il commence à perdre courage.
DESPONDENCE, }
DESPONDENCY, } s. Manquement ou abattement de courage, découragement, désespoir.
DESPONDENT, adj. Décourageant, qui fait perdre courage, qui met au désespoir, qui abat.
DESPONDENTLY, adv. Désespérément.
To DESPONSATE, verb. act. Fiancer, épouser.
DESPOT, subst. (a Prince or Governor in the Ottoman Empire.) Despote, Prince ou Gouverneur dans l'Empire Ottoman. Despot. Prince absolu.
DESPOTICAL, }
DESPOTICK, } adj. (or absolute.) Despotique, absolu, arbitraire.
A despotical government. Un gouvernement despotique ou arbitraire.
DESPOTICALLY, adv. Despotiquement, arbitrairement.
To rule despotically. Gouverner despotiquement.
DESPOTISM, s. Despotisme.
DESPUMATION, s. Despumation, terme de chimie.
DESSERT, subst. (a banquet of fruit or sweetmeats.) Dessert, dernier service de table.
To DESTINATE, }
To DESTINE, } v. act. (to appoint or design) Destiner, déterminer, désigner, marquer.
Destinated or destined, adj. Destiné, déterminé, désigné, marqué.
DESTINATION, s. Destination.
DESTINY, subst. (or fate.) Le destin, la destinée, la fatalité, le sort.
To bewail one's destiny. Plaindre sa destinée.
He had a cruel destiny. Il a eu un cruel destin ou un cruel sort.
The three destinies. Les trois Parques, Déesses qui président à la vie selon les Poëtes.
Destiny readers or fortune-tellers. Diseurs de bonne aventure.
DESTITUTE, adj. (or bereft.) Destitué, privé, dépourvu, dénué.
Destitute, (or forsaken.) Délaissé, abandonné.
To leave one destitute. Abandonner quelqu'un, le délaisser.
DESTITUTION, subst. (or want.) Destitution ou manque de quelque chose.
To DESTROY, v. act. (to overthrow or to raze.) Détruire, abattre, ruiner, renverser, démolir, raser.

To destroy a city. Détruire, ruiner une ville, la raser.
To destroy, (or lay waste.) Désoler, ruiner, ravager, détruire, saccager.
To destroy one's health. Ruiner, altérer sa santé.
To destroy one's clothes. Gâter, user ses habits.
To destroy (or kill) one's self. Se défaire, se tuer, se donner la mort.
Destroyed, adject. Détruit, ruiné, &c. défait, &c. usé, gâté, tué, &c. V. to Destroy.
DESTROYER, s. Destructeur.
Destroyer of clothes. Qui gâte ou qui use quantité d'habits.
DESTROYING, subst. L'action de détruire, &c. V. to Destroy ; Destruction, ruine, renversement.
Destroying, adj. Destructeur.
The destroying Angel. L'Ange destructeur.
DESTRUCTIBLE, adj. Destructible, qui peut être détruit.
DESTRUCTION, s. Destruction, ruine, désolation, renversement.
Destruction, (or slaughter.) Carnage, tuerie.
DESTRUCTIVE, adj. Qui détruit, qui ruine, fatal, funeste, pernicieux.
DESTRUCTIVELY, adv. D'une manière destructive.
DESTRUCTIVENESS, subst. Qualité destructive.
DESUDATION, s. Sueur immodérée.
DESUETUDE, s. (or disuse.) Désaccoutumance, désuétude.
DESULTORIOUS, }
DESULTORY, } adj. (mutable, inconstant, volatile.) Passager, léger, inconstant, variable, volage.
To DESUME, v. act. Tirer, emprunter.
To DETACH, v. act. (a term of war.) Détacher, faire un détachement.
Detached, adj. Détaché.
DETACHMENT, s. Un détachement.
Detachment of a fleet or squadron. Division d'une flotte ou escadre détachée pour quelque mission particulière.
DETAIL, s. (or particulars.) Détail.
In detail. En détail.
To DETAIL, v. act. (or display minutely.) Détailler, particulariser.
To DETAIN, v. act. (or keep.) Détenir, retenir.
To detain one a prisoner. Détenir quelqu'un prisonnier.
To detain, (or make stay.) Retenir, arrêter, amuser, retarder.
What has detained you so long here ? Qu'est-ce qui vous a retenu si long-temps ?
To detain, (to let or hinder.) Empêcher, retenir.
You detained me from proceeding any further. Vous m'avez retenu & empêché de passer plus avant.
Detained, adj. Détenu, retenu, &c. V. to Detain.
DETAINER, s. (a writ to detain one in custody.) Détention, ou ordre de retenir quelqu'un en prison.
DETAINER, s. Celui qui retient.
DETAINING, s. L'action de détenir, &c. V. to Detain ; retardement, empêchement.
To DETECT, v. act. (to discover.) Découvrir, manifester, révéler, déclarer.
Detected, adj. Découvert, manifesté.
DETECTER, s. Celui qui découvre.
DETECTING, subst. L'action de découvrir, &c. V. to Detect.

DETECTION, subst. (discovery.) Découverte.
DETENTION, subst. (from to detain.) Détention.
To DETER, v. act. (to keep or fright one from a thing) Détourner quelqu'un d'une chose, lui en donner de l'horreur, l'empêcher, l'éloigner de quelque chose, par la crainte ou par menaces.
To DETERGE, verb. act. (or rub off.) Déterger.
DETERGENT, adj. Qui déterge.
DETERIORATION, subst. (or growing worse.) Détérioration.
DETERMINABLE, adj. Qui se peut déterminer, juger, décider, &c.
To DETERMINATE, V. to Determine.
Determinate or determinated, adj. Déterminé.
DETERMINATELY, adv. Déterminément, positivement, affirmativement.
DETERMINATION, s. Détermination, décision, conclusion.
DETERMINATIVE, adj. Qui détermine.
DETERMINATOR, subst. Celui qui détermine ou décide.
To DETERMINE, v. act. (to judge.) Déterminer, juger, décider.
To determine (to end) a business. Terminer une affaire.
To determine a law-suit. Vider un procès.
To determine, (or to design.) Résoudre, faire état, faire dessein, projeter, arrêter.
Determined, adj. Déterminé, jugé, décidé, terminé, vidé, résolu, arrêté.
He asked me, what time is usually spent in determining between right and wrong, and what degree of expence ? It me demanda, combien de temps dure un procès où il s'agit d'une question de droit, & à combien les frais peuvent se monter ?
To DETERR, V. to Deter.
Deterred, adj. Détourné, diverti, empêché, &c. V. to Deter.
DETERRING, subst. L'action de détourner, &c. V. to Deter.
DETERRATION, subst. (or unburying.) L'action de déterrer.
DETERSION, s. L'action de déterger.
DETERSIVE, adj. (or cleansing.) Détersif, qui nettoie.
A detersive medicine. Un remède détersif.
DETERSIVE, s. Un détersif.
To DETEST, v. act. (or abhor.) Détester, avoir en horreur, abhorrer.
To detest vice. Détester le vice.
DETESTABLE, adj. Détestable, horrible, exécrable, abominable, qui mérite d'être détesté.
DETESTABLY, adv. Horriblement, abominablement, d'une manière détestable, horrible ou abominable.
DETESTATION, s. Détestation, exécration, abomination, horreur.
DETESTING, s. Détestation, l'action de détester, &c. V. to Detest.
To DETHRONE, v. act. Détrôner, ôter du trône, dépouiller de la royauté.
To dethrone a Prince. Détrôner un Prince, lui ravir la couronne.
Dethroned, adj. Détrôné.
DETHRONING, subst. L'action de détrôner.
DETINUE, s. (a Law-term.)
Ex. An action of detinue, (when one is sued to deliver up his trust.) Action que l'on intente contre un dépositaire, pour lui faire rendre un dépôt.

DETONATION,

DETONATION, *f. Détonation*, terme de chimie.
To DETONIZE, *v. act. Détonner*, terme de chimie & de musique.
To DETORT, *V.* to Wrest.
To DETRACT, *v. act.* (or slander.) *Détracter, médire, parler mal de quelqu'un.*
To detract one's neighbours. *Médire de son prochain, noircir sa réputation, en parler mal.*
To detract, (or to take off.) *Diminuer, retrancher, rabattre.*
A lady takes all you detract from the rest of her sex, to be a gift to her. *Une femme croit que toutes les médisances que vous faites des personnes de son sexe, sont autant de louanges que vous lui donnez.*
To detract from one's right. *Déroger au droit de quelqu'un.*
Detracted, *adj. Dont on médit, &c. V.* to Detract.
DETRACTING, *f. Détraction, l'action de détracter, &c. V.* to Detract.
DETRACTION, *f.* (or slander.) *Détraction, médisance, calomnie.*
DETRACTER, *f.* (or slanderer.) *Un détracteur, un médisant.*
DETRACTORY, *adj. Médisant.*
DETRACTRESS, *f. Une femme médisante.*
DETRIMENT, *f.* (or damage.) *Détriment, perte, dommage, désavantage, tort, préjudice.*
DETRIMENTAL, *adj.* (hurtful.) *Préjudiciable.*
To DETRUDE, *v. act.* (to thrust out.) *Mettre dehors, chasser, abaisser.*
Detruded, *adj. Mis dehors, chassé.*
To DETRUNCATE, *v. act. Tailler, couper, tronquer, émonder.*
DETRUNCATION, *subst. L'action de tailler, &c.*
DETRUSION, *f. L'action d'abaisser, &c. de quelqu'un.*
DEVASTATION, *subst.* (spoil.) *Dégât, ravage, pillage, saccagement, désolation, désordre que font les troupes, &c.*
DEUCE, *f. Deux*, terme de jeu.
To DEVELOPE, *v. act. Développer.*
DEVERGENCE, *f. Divergence, pente.*
To DEVEST, *v. act.* (to dispossess or strip one.) *Dépouiller, déposséder.*
To devest one's self ot one's right. *Se dépouiller de ses droits.*
To devest one's self of one's carnal affections. *Se dépouiller, se défaire de ses affections charnelles.*
Devested, *adj. Dépouillé, dépossédé.*
DEVEX, *adj. Penchant, incliné.*
DEVEXITY, *f. Inclination, devexité.*
DEVIATE, *adj.* (or varying from the sense of its primitive.) *Écarté ou qui s'écarte du sens de son primitif.*
To DEVIATE, *v. neut.* (to go from.) *S'égarer, s'éloigner, s'écarter, se détourner.*
This word deviates from the sense of its primitive. *Ce mot s'écarte du sens de son primitif.*
To deviate from truth. *S'éloigner de la vérité.*
DEVIATION, *subst. Égarement, éloignement.*
DEVIATORY, *adj. Ex.* The deviatory motion of the atoms. *Le mouvement de déclinaison des atomes.*
DEVICE, *f.* (invention or contrivance.) *Invention, moyen, expédient.*
Device, (or feigned story.) *Feinte, invention d'esprit, conte fait à plaisir, une fable.*

Device, (or cunning trick.) *Adresse, invention, subtilité, artifice, finesse, ruse.*
A man full of devices. *Un homme fort inventif, un esprit inventif, rusé.*
A device. *V.* Devise.
DEVIL, *subst.* (or evil spirit.) *Diable ou esprit malin, satan, le démon.*
A devil incarnate. *Un diable incarné.*
A devil broke loose. *Un diable déchainé.*
Who the devil would have thought? *Qui diable auroit cru?*
To give one's self to the devil. *Se donner au diable.*
To swear by the devil. *Jurer le diable.*
The devil is in him. *Il a le diable au corps.*
The devil, (a low proverbial expression: a doubt whether a thing will be done.) † *Du diable; attendez-nous sous l'orme.*
He will do it? the devil he will. *Il le fera? du diable.*
P. Seldom lies the devil dead in a ditch. *Le diable ne dort pas.*
P. The devil rebukes sin. *Le renard prêche aux poules.*
P. One must needs go, when the devil drives. *Il faut marcher quand le diable est aux trousses.*
† The devil's bones, (dice.) *Les dés.*
Prov. We must give the devil his due. *Il ne faut pas faire le diable plus noir qu'il n'est.*
He is a devil, he is a devil of a man. *C'est un diable, c'est un enragé ou un déterminé.*
She is a devil or a devil in petticoats. *C'est une diablesse, c'est un aspic qui cette femme là, c'est une furie infernale.*
DEVILISH, *adj.* (of the devil.) *Diabolique, du diable, de démon.*
Devilish, (ill, wicked.) *Diabolique, méchant, enragé, déterminé.*
A devilish device. *Une invention diabolique.*
A devilish humour. *Une méchante humeur.*
A devilish wit. *Un méchant esprit.*
A devilish man. *Un diable, un enragé, un déterminé, un fin diable.*
A devilish woman. *Une diablesse, une enragée, une déterminée, une fine diablesse.*
A devilish rogue. *Un méchant coquin.*
A devilish scold. *Une querelleuse, une méchante femme, une femme acariâtre, une méchante langue.*
There is some devilish trick or other. *Il y a quelque diablerie.*
Devilish, *adv. Diablement, en diable fort, extrêmement.*
He is devilish proud. *Il est diablement fier.*
Devilish cunning. *Diablement fin, fin en diable.*
DEVILISHLY, *adv. Diablement, en diable, comme un diable.*
He lies devilishly. *Il ment comme un diable.*
DEVILISHNESS, *subst. Humeur ou action diabolique, une méchante humeur ou action.*
DEVILKIN, *subst. Un petit diable, diablotin.*
† DEVILSHIP, *subst. Ex.* His devilship. (speaking of the devil.) *Sa majesté diabolique, le diable.*
DEVIOUS, *adj.* (or wandering.) *Égaré, écarté.*

DEVISE, *f.* (a compound of a picture and of the motto.) *Devise, un composé de figures & de paroles.*
Devise, (or legacy.) *Legs, ce qui est laissé par testament à une personne.*
To DEVISE, *verb. act.* (or to invent.) *Inventer, imaginer.*
He devised it. *C'est lui qui l'a inventé.*
Cannot you devise something to that purpose? *Ne sauriez-vous imaginer quelque chose de cette nature?*
To devise, (to fancy or imagine.) *Conjecturer, deviner quelque chose, s'imaginer.*
To devise, (or to feign.) *Feindre, imaginer, controuver, inventer, forger, trouver.*
To devise, (to plot or to contrive.) *Machiner, tramer, concerter, méditer, former un dessein.*
To devise, (to frame and fashion.) *Former, donner la forme.*
To devise, (or consult.) *Méditer, consulter, délibérer.*
To devise to one by will all one's lands and tenements. *Léguer à quelqu'un, lui laisser par testament toutes ses terres & ses tenemens.*
Devised, *adj. Inventé, imaginé, trouvé, &c. Voy.* to Devise.
DEVISEE, *f.* (he or she to whom a thing is devised or bequeathed by will.) *Un légataire, une légataire, celui ou celle à qui on legue.*
DEVISER, *f. Inventeur, auteur.*
DEVISING, *f. L'action d'inventer, d'imaginer, &c. V.* to Devise.
DEVISOR, *f.* (he that has bequeathed his lands to another by will.) *Testateur, celui qui a légué ses terres par testament à un autre.*
DEVOID, *V.* Void or Empty.
DEVOIR, *f.* (or duty.) *Devoir.*
To pay one's devoirs to one. *Rendre ses devoirs à quelqu'un.*
To DEVOLVE, *v. neut.* (to fall or come from one to another.) *Échoir, tomber, revenir.*
That estate devolves to him. *Ce bien lui tombe en partage.*
To devolve, *v. act.* Et. To devolve a trust upon one. *Confier quelque chose à quelqu'un, la lui mettre entre les mains, l'en faire dépositaire, la lui donner à garder.*
Devolved, *adject. Dévolu, échu, tombé, &c. Voy.* to Devolve.
DEVOLUTARY, *subst.* (one that claims a benefice fallen to lapse.) *Dévolutaire, celui qui jette un dévolu sur un bénéfice.*
DEVOLUTION, *f. Dévolution, dévolu.*
To DEVOTE, *v. act.* (to vow or consecrate.) *Dévouer, vouer, dédier, consacrer, sacrifier.*
To devote one's youth to the exercise of arms. *Dévouer sa jeunesse aux armes.*
To devote one's self to the service of God. *Se vouer, se dévouer, se consacrer au service de Dieu.*
Devoted, *adj.* (vowed, &c.) *Dévoué, dédié, voué, consacré, sacrifié.*
Devoted, (or accursed.) *Maudit.*
DEVOTEDNESS, *f. Dévouement.*
DEVOTEE, *f.* (a bigot.) *Un bigot, une bigotte, un faux dévot, une fausse dévote. V.* Devout.
DEVOTION, *f.* (or religious zeal.) *Dévotion, zèle, piété.*
Devotion, (or disposal.) *Dévotion, disposition.*

He

He is at my devotion. *Il est à ma dévotion ou à ma disposition, j'en fais ce que je veux.*
DEVOTIONAL, adj. *Plein de dévotion.*
DEVOTIONALIST, f. (or superstitious zealot) *Faux dévot.*
To DEVOUR, v. act. (to eat greedily.) *Dévorer, manger goulument ou avec avidité, gober, avaler.*
To devour, (to absorb or consume.) *Dévorer, consumer, manger, dissiper, dépenser, engloutir, absorber.*
To devour (or oppress) the people. *Dévorer ou opprimer le peuple.*
To devour books. *Dévorer les livres, lire avec avidité, étudier avec beaucoup d'empressement.*
Devoured, adj. *Dévoré, mangé, consumé, &c. V.* to Devour.
DEVOURER, subst. *Qui dévore, gourmand.*
Devourer, (or spendthrift.) *Un prodigue.*
DEVOURING, f. *L'action de dévorer, &c. Voy.* to Devour.
Devouring, adj. *Dévorant.*
DEVOURINGLY, adv. *Goulument, avec avidité.*
DEVOUT, adj. (or godly.) *Dévot, qui a de la dévotion, religieux, pieux, plein de dévotion.*
Devout, (or bigotted.) *Bigot, faux dévot.*
DEVOUTLY, adv. *Dévotement, avec dévotion.*
DEVOUTNESS, subst. *Dévotion, zèle, piété.*
† DEUSE, ⎱ f. (or devil.) *Le diable, diantre.*
† DEUCE, ⎰
Deuse take you. *Le diable vous emporte, diantre soit de vous.*
Deuse take him for a rogue. *Diantre ou peste soit du coquin.*
DEUTEROGAMY, subst. *Un second mariage.*
DEUTERONOMY, subst. (one of the five books of Moses.) *Le Deuteronome, un des cinq livres de Moyse.*
DEW, subst. *La rosée.*
A dew-snail. *Un limaçon.*
Dew-berry. *Mûre de ronce.*
To DEW, v. act. *Mouiller, couvrir de rosée.*
DEWBESPRENT, adj. *Parsemé de rosée.*
DEUCE, f. (the two at dice and cards.) *Un deux, au jeu de dés & de cartes.*
DEWDROP, f. *Goutte de rosée.*
DEWLAP, subst. (the dew-lap of an ox.) *Fanon, la peau d'un bœuf qui est le long du cou & qui lui pend par-devant.*
DEWY, adject. (from dew.) *Couvert de rosée.*
It is dewy. *La rosée tombe, il y a de la rosée.*
DEXTER, adj. *Voyez* Dextral.
DEXTERITY, f. (address or cunning.) *Dextérité, habileté, adresse, finesse.*
DEXTEROUS, ⎱ adject. (handy, cunning, skilful) *Adroit, habile, fin.*
DEXTROUS, ⎰
DEXTEROUSLY, ⎱ adv. *Adroitement ou avec adresse, ingénieusement, habilement, finement.*
DEXTROUSLY, ⎰
DEXTRAL, adj. (the right.) *Qui est à droite.*
DEXTRALITY, f. *Position d'une chose qui est à droite.*
DEY, subst. *Day, gouverneur ou prince Maure.*

DIABETES, subst. (a disease when one cannot hold one's water.) *Diabétés, flux d'urine.*
DIABOLICAL, ⎱ adject. (or devilish.) *Diabolique ou de diable.*
DIABOLICK, ⎰
A diabolical action. *Une action diabolique.*
DIABOLICALLY, adverb. (devilishly.) *Diaboliquement, d'une manière diabolique.*
DIACODIUM, f. *Diacode, sirop de pavots.*
DIACOUSTICS, subst. (or doctrine of sounds.) *Diacoustique, théorie des sons.*
DIADEM, subst. (or crown.) *Diadême, bandeau royal, ornement de tête dont se servoient anciennement les Rois, au lieu de couronne.*
A rich diadem. *Un riche diadême.*
DIADEMED, adj. *Couronné.*
DIADROM, subst. (the time of a pendulum's vibration.) *Le temps des vibrations d'un pendule.*
DIÆRESIS, subst. (a term used amongst Printers.) *Tréma, terme d'Imprimeur.*
An i, or ü diæresis, (such as you see sometimes marked with two titles, in the french tongue, as in the word, hair.) *Un i, un e ou un u tréma, ou marqué de deux points, comme dans ce mot, hair.*
DIAGNOSTICK, f. *Diagnostique.*
DIAGONAL, adj. (that goes from corner to corner.) *Diagonal.*
Diagonal, subst. *Diagonale, ligne diagonale.*
DIAGONALLY, adv. *Diagonalement.*
DIAGRAM, f. (or draught of lines made mathematically.) *Plan, dessin, figure mathématique.*
DIAL, f. (a sun dial.) *Cadran, horloge solaire.*
The needle of a dial. *L'aiguille ou le style d'un cadran.*
A dial maker. *Un faiseur de cadrans.*
The dial or dial-plate of a watch. *Le cadran d'une montre.*
The dial-wheel of a watch or clock. *Roue de compte d'une montre ou d'une horloge.*
DIALECT, f. (a way of speaking.) *Dialecte, langage particulier d'un pays.*
DIALECTICAL, f. *De dialectique.*
DIALECTICALLY, adv. *Dialectiquement.*
DIALECTICIAN, subst. *Dialecticien, Logicien.*
DIALECTICK, f. (or Logick.) *Dialectique, Logique, art de raisonner.*
DIALING, f. (the art of making dials.) *Gnomonique. La science qui enseigne la manière de faire des cadrans solaires.*
DIALIST, f. *Faiseur de cadrans.*
DIALOGIST, f. *Auteur de dialogues; interlocuteur.*
DIALOGUE, subst. (a discourse between two or more.) *Dialogue, conversation, entretien.*
Lucian's Dialogues. *Les dialogues de Lucien.*
† To DIALOGUE, v. neut. (or make dialogues.) *Faire des dialogues, dialoguer.*
DIALOGUING, subst. (or making of dialogues.) *L'action de dialoguer ou de faire des dialogues.*
DIAMETER, subst. (a right line that goes through the center of any figure.) *Diamètre, ligne droite qui coupe une figure par le centre.*
A tree that is six foot in diameter, *Un arbre qui a six pieds de diamètre.*

DIAMETRAL, ⎱ adv. *Diamétral.*
DIAMETRICAL, ⎰
DIAMETRALLY, ⎱ adv. *Diamétralement.*
DIAMETRICALLY, ⎰
Diametrically opposite. *Diamétralement opposé.*
DIAMOND, f. (a precious stone.) *Diamant, sorte de pierre précieuse.*
A true or counterfeit diamond. *Un diamant vrai ou faux.*
Prov. It must be a diamond that cuts a diamond. *Fin contre fin, ou à fin, fin & demi.*
Diamond at cards. *Carreau, point de carte rouge.*
To throw or play a diamond. *Jetter ou jouer du carreau.*
Diamond-cut. *Taillé en diamant.*
A diamond-cutter. *Diamantaire, ouvrier qui taille les diamans.*
DIAPASM, subst. (a perfumed powder.) *Diapasme, poudre de senteur.*
DIAPASON, subst. (an eighth in musick.) *Diapason ou octave en musique.*
DIAPENTE, f. (a fifth in musick.) *Quinte en musique.*
DIAPER, adj. (woven in flowers.) *Ouvré.*
Diaper linen. *Linge ouvré.*
Diaper-napkins. *Serviettes ouvrées.*
DIAPHANEITY, f. (clearness, transparency.) *Diaphanéité, transparence.*
DIAPHANICK, ⎱ adj. (or transparent.)
DIAPHANOUS, ⎰
Diaphane ou transparent.
A diaphanous body. *Un corps diaphane.*
DIAPHORETICK, adj. (or causing sweat.) *Diaphorétique, sudorifique ou qui fait suer.*
DIAPHRAGM, subst. (or midriff.) *Diaphragme, membrane, qui sépare la poitrine d'avec le bas ventre.*
DIARRHŒA, f. (or flux of the belly.) *Diarrhée, sorte de flux de ventre.*
DIARY, f. (or journal.) *Journal, papier journal.*
DIASTOLE, f. *Diastole, terme d'anatomie.*
DIATESSERON, f. (or fourth in musick.) *Quarte, en musique.*
DIATONICK, adj. Ex. Diatonick musick. *Musique diatonique.*
DIBBLE, f. (a setting tool.) *Plantoir, outil dont les Jardiniers se servent pour planter des choux, &c.*
DIBSTONE, subst. *Petit caillou dont les enfans se servent pour jouer.*
DICACITY, f. (or talkativeness.) *Babil, caquet.*
DICE, f. *Dés: c'est le pluriel de* DIE.
A dice-box. *Un cornet.*
To set the dice upon one. *Duper, tromper, attraper quelqu'un, lui faire payer plus que la chose ne vaut.*
DICER, f. (or dice-player.) *Un joueur aux dés.*
DICHER, subst. Ex. A dicher of leather, (or a quantity of ten hides.) *Une dixaine de cuirs.*
DICING, subst. *Jeu de dés.*
A dicing-house. *Maison où l'on joue aux dés, une Académie.*
To DICTATE, v. act. (or tell one what he shall write.) *Dicter.*
To dictate a letter. *Dicter une lettre.*
Dictated, adj. *Dicté.*
DICTATE, f. (precept.) *Précepte, règle; enseignement, suggestion, mouvement, qui provient de la raison, de la conscience, &c.*
To follow the dictates of reason. *Suivre les préceptes de la raison.*

To

To go contrary to the dictates of one's own conscience. *Agir contre les mouvements de sa conscience.*
DICTATOR, *s.* (a chief ruler among the ancient Romans.) *Dictateur, souverain magistrat de l'ancienne Rome.*
DICTATORIAL, *adj.* (of or belonging to a Dictator.) *De dictateur.*
He thinks his dictatorial voice should always be uncontradicted and definitive. *Il croit que son ton de dictateur doit être toujours sans replique & décisif.*
DICTATORSHIP, *s. Dictature, dignité de dictateur.*
DICTION, *s. Diction, style.*
DICTIONARY, *subst.* (a book containing a collection of the words in a language.) *Dictionnaire.*
DID, c'est le *prétérit du verbe* to do, *faire.*
Did, *sert aussi de signe pour l'imparfait & pour les prétérits des verbes Anglois.*
Ex. I did love. *J'aimois, j'aimai, ou j'ai aimé,* &c. *Voyez la Grammaire.*
DIDACTICAL, }
DIDACTICK,   } *adject.* (preceptive, doctrinal or instructive.) *Didactique, instructif.*
DIDAPPER, *subst. Foulque,* sorte d'oiseau.
DIDASCALICK. *V. Didactical.*
DIE, *s.* (to play with.) *Dé,* dont on se sert pour jouer a diverses sortes de jeux.
To play at dice. *Jouer aux dés.*
A throw at dice. *Un coup de dés.*
To cog the dice. *Piper les dés.*
It was within a turn of a die. *Il n'a tenu qu'à un cheveu.*
A dice-box. *Cornet,* cornet a jouer aux dés.
Die, (or colour.) *Teinture,* la couleur que prend l'étoffe ou la laine, lorsqu'elle est dans le teint.
Die-house. *Teinturerie.*
A crime of a deeper die. *Un crime plus noir, plus énorme, plus atroce.*
To DIE, *v. n. Mourir, perdre la vie.*
Like to die. *Qui court risque de mourir.*
To die a natural death. *Mourir d'une mort naturelle.*
To die for love. *Mourir d'amour.*
Let me die if it be not true. *Que je meure, ou je veux mourir si cela n'est pas vrai.*
When is he to die? (speaking of a malefactor that is to be executed?) *Quand doit-on le faire mourir? quand sera-t-il exécuté?*
† I am afraid he will make a die of it. *J'apprehende qu'il n'en meure.*
If I was to die for it. *M'en dût-il coûter la vie.*
He dies away. *Il va mourir, † il va passer le pas.*
To die, (speaking of liquors.) *S'éventer.*
Do not let your wine die. *Ne laissez pas éventer votre vin.*
To die, *v. act.* (to give a colour.) *Teindre, donner la teinture a quelque étoffe, laine ou soie,* &c.
To die black, blue, &c. *Teindre en noir, en bleu,* &c.
Died, *adject. Teint.*
Died black. *Teint en noir.*
DIEGO, *subst.* (a long sword.) *Une flamberge.*
DIER, *subst. Teinturier.*
A woollen-dier. *Teinturier en laine ou Lainier.*
A silk-dier. *Un teinturier en soie.*
A dier's wife or widow. *Une teinturiere.*

DIET, *s.* (or food.) *Nourriture, manger, le boire & le manger.*
Diet, (or strict way of living.) *Diete, régime de vivre.*
Diet, (meeting of the States in Germany.) *Diete, assemblée des Etats en Allemagne.*
Diet-drink, (medicinal liquor.) *Sorte de tisane, liqueur médicinale.*
To DIET one, *v. act.* (to keep one to a strict diet.) *Faire faire diete à quelqu'un, lui faire garder un régime de vivre, le traiter par régime.*
To diet one, (to give one his diet.) *Nourrir quelqu'un, lui donner sa nourriture.*
Where do you diet every day? *Où mangez-vous chaque jour?*
Dieted, *adject. Traité par régime,* à qui l'on fait faire diete; *nourri.*
DIETETICAL, *adj. Diététique,* terme de médecine.
DIETING, *s. L'action de traiter quelqu'un par régime,* &c. *Voy.* to Diet.
To DIFFER, *v. neut.* (to be unlike.) *Différer, être différencié, être différent, avoir de la différence, être en dispute.*
This differs very much from that. *Celui-ci differe beaucoup de celui-là.*
He often differs from himself. *Il se souvent différent de lui-même, il se contredit, il se dément fort souvent.*
They differ a little. *Il y a tant soit peu de différence entre eux.*
We differ about this. *Voici de quoi nous sommes en différent.*
We shall not differ, (or quarrel.) *Nous nous accorderons assez.*
DIFFERENCE, *s.* (or disparity.) *Différence, distinction, dissemblance, disparité inégalité,* ce qui fait distinguer une chose d'une autre.
What is the difference in that bargain? *A quoi ce marché tient-il? quel est le différent?*
Difference, (or falling out.) *Différent, querelle, dispute.*
Difference of latitude. *Différence en latitude,* en navigation.
To DIFFERENCE, *v. act. Différencier, distinguer, mettre de la différence.*
DIFFERENT, *adject. Différent, divers, dissemblable,* qui n'est pas semblable, *inégal.*
This is very different from that. *Celui-ci est bien différent de celui-là.*
So many different opinions. *Tant de sentiments divers.*
That is quite different. *Cela est tout dissemblable.*
Different nations have different customs. *Chaque pays a ses coutumes.*
DIFFERENTIAL, *adj. Différentiel,* terme de Mathématique.
DIFFERENTLY,   } *adv. Différemment,*
DIFFERINGLY,   } *diversement.*
DIFFERING, *adj. Différent, dissemblable.*
DIFFICIL, *adj. Voy.* Difficult.
DIFFICULT, *adj.* (hard or uneasy.) *Difficile, mal-aisé, plein de difficultés, pénible, fatigant.*
Difficult, (hard to be understood.) *Difficile, obscur, embarrassé,* qu'on n'entend qu'avec peine.
DIFFICULTLY, *adv.* (hardly.) *Difficilement, avec difficulté, avec peine, mal-aisément.*
DIFFICULTY,   } *subst. Difficulté,*
DIFFICILNESS,   }

peine, embarras, fatigue, travail, empêchement, obstacle.
Difficulty, (or doubt.) *Une difficulté; objection difficile à résoudre, doute.*
To propose a difficulty, (or a difficult point.) *Proposer une difficulté.*
To DIFFIDE *v. n.* (to distrust.) *Se défier de quelqu'un ou de quelque chose.*
DIFFIDENCE, *s.* (or distrust.) *Défiance, méfiance.*
Diffidence, (or timidity.) *Défiance, timidité.*
DIFFIDENT, *adj.* (or distrustful.) *Défiant, méfiant,* qui se défie.
Diffident, (or fearful.) *Défiant, timide.*
DIFFIDENTLY, *adverb. Avec défiance ou timidement.*
To DIFFIND, *v. act. Fendre.*
DIFFLATION, *sub. L'action de disperser par un coup de vent.*
DIFFLUENCE,   } *s. Qualité des fluides.*
DIFFLUENCY,   }
DIFFORM, *adj. Irrégulier.*
DIFFORMITY, *s. Irrégularité.*
DIFFRANCHISEMENT, *s.* of a city. *La perte qu'une ville fait de ses franchises ou de ses immunités.*
To DIFFUSE, *verb. act.* (to pour out or spread here and there.) *Répandre, étendre.*
The blood diffuses itself from those parts all over the body, through the veins. *Le sang se répand de ces parties dans tout le corps par les veines.*
DIFFUSE, *adj. Répandu, étendu.*
A diffuse style. *Un style diffus, trop étendu.*
DIFFUSIVELY,   } *adv.* (extensively or
DIFFUSEDLY,   } every way.) *Diffusément, amplement, d'une maniere diffuse ou étendue, fort au long.*
DIFFUSION, *s. Diffusion.*
DIFFUSIVE, *adj. Grand,* qui est d'une grande étendue, *répandu, étendu.*
A diffusive charity. *Une grande charité,* charité qui est d'une grande étendue.
DIFFUSIVENESS, *sub. Diffusion, étendue, manque de précision.*
To DIG, *v. act.* (or to delve.) *Creuser, faire un creux, fouir, bécher.*
To dig the ground. *Creuser la terre, bécher la terre.*
To dig a hole in the ground. *Faire un creux en terre.*
To dig OUT. *Déterrer quelque chose, la tirer de terre.*
To dig (or pull) out. *Arracher.*
DIGEST, *s. Le Digeste,* recueil de jurisprudence.
To DIGEST, *v. act.* (to concoct what one eats.) *Digérer, faire la digestion, cuire.*
To digest one's meat or victuals. *Digérer ce qu'on mange.*
To digest, (or set in order.) *Digérer, mettre en ordre, rédiger, ordonner, disposer, ranger, arranger, distribuer.*
To digest (or range) one's matter well. *Digérer bien sa matiere, la réduire dans l'ordre convenable.*
Digest that into better order. *Rédigez cela en meilleur ordre.*
To digest (or put up) an affront. *Digérer, souffrir patiemment,* ou † *boire un affront.*
Digested, *adject. Digéré,* &c. *Voyez* to Digest.
DIGESTER, *s. Digestif,* qui aide à la digestion.
DIGESTIBLE,

DIG

DIGESTIBLE, adject. (that is easily digested.) *De facile digestion, aisé à digérer.*
DIGESTING, f. *L'action de digérer*, &c. V. to Digest.
DIGESTION, sub. *Digestion, coction des viandes par le moyen de la chaleur de l'estomac.*
Ill-digestion, *Indigestion, crudités.*
DIGESTIVE, adject. (that helps the digestion.) *Digestif, qui aide à la digestion.*
DIGESTIVE, subst. (in surgery, that which prepares the matter for mundification or cleansing.) *Un digestif, remede suppuratif, qui aide à faire suppurer.*
DIGESTS. V. Digest.
DIGGED, adj. (from to dig.) *Creusé, foui, béché.*
DIGGER, f. *Un fossoyeur, celui qui creuse, qui bêche,* &c.
DIGGING, f. *L'action de creuser,* &c. V. to Dig.
DIGIT, f. (a sort of character in Arithmetick.) *Figure d'Arithmétique.*
V is a digit for five, X for ten, L for fifty. *V est une figure qui signifie cinq, X dix, L cinquante.*
DIGIT, sub. *Doigt*, terme d'*Astronomie, la douzième partie du diamètre du soleil ou de la lune.*
This eclipse of the moon was but four digits. *Cette éclipse de lune ne fut que de quatre doigts.*
Digit, (a measure.) *Trois quarts d'un pouce.*
DIGITAL, adj. *Qui a rapport aux doigts.*
DIGITATED, adj. *Divisé comme les doigts.*
DIGLADATION, sub. (or fighting with naked swords.) *Combats à coups d'épée, chamaillis.*
To DIGNIFY, v. act. (or promote to a dignity.) *Élever à quelque dignité, surtout dans l'Église. Honorer de quelque charge.*
Dignified or dignifyed, adj. *Élevé à, ou honoré de quelque dignité.*
By what title soever dignified or distinguished. *De quelque qualité & condition qu'ils soient.*
DIGNIFYING, subst. *L'action d'élever quelqu'un à une dignité,* &c. *Voyez* to Dignify.
DIGNITARY, f. (one that is promoted to any Ecclesiastical promotion, a Dean, Arch-deacon, Prebendary, &c.) *Un Prélat, celui qui possède une dignité dans l'Église, comme un Doyen, Archidiacre, Chanoine,* &c.
DIGNITY, f. (merit, importance.) *Dignité, mérite, importance.*
Much below the dignity of the subject. *Beaucoup au-dessous de la dignité du sujet.*
Dignity, (greatness, nobleness.) *Dignité, grandeur, noblesse, majesté.*
Dignity, (degree of honour, quality.) *Dignité, degré d'honneur, qualité, éminence, élévation, charge considérable.*
DIGNOTION, sub. *Distinction, marque distinctive.*
To DIGRESS, verb. neut. (to go from one's subject in hand.) *Faire une digression, s'écarter de son sujet, s'en éloigner.*
DIGRESSION, f. *Digression, changement de propos.*
To make a digression. *Faire une digression.*

DIJ DIL

To DIJUDICATE, verb. act. *Juger entre deux parties, décider.*
To dijudicate, (or to distinguish.) *Discerner, distinguer, démêler, développer.*
DIKE, f. (or ditch.) *Un fossé.*
Dike, (or causey.) *Digue, chaussée, jetée.*
Dike-grave or dike-reeve, (an officer who has the oversight of the dikes and banks.) *Inspecteur des fossés & des digues.*
To DILACERATE, verb. act. (or tear in pieces.) *Déchirer, mettre en pieces.*
Dilacerated, adj. *Déchiré, mis en pieces.*
DILACERATION, f. *Déchirement.*
To DILANIATE, verb. act. *Déchirer, détruire.*
To DILAPIDATE, v. act. (a law-term.) *Ruiner, laisser dépérir.*
Dilapidated, adj. *Ruiné.*
DILAPIDATION, subst. (a wasteful destroying or neglect of building for want of reparation.) *Dépérissement, ruine.*
A parson guilty of dilapidation. *Un Ministre qui laisse dépérir sa cure faute de réparations.*
DILATABILITY, f. *Dilatabilité.*
DILATABLE, adj. *Qui se peut dilater.*
DILATATORY, f. (a surgeon's instrument.) V. Dilater.
To DILATE, v. a. (to widen.) *Dilater, étendre, élargir, ouvrir.*
To dilate, verb. neut. *Se dilater, s'étendre, s'élargir, s'ouvrir, prêter.*
These are the two topicks he has made choice of to dilate upon. *Ce sont les deux sujets qu'il a choisis pour faire la matière de son discours, ou sur lesquels il se propose de s'étendre.*
DILATER, f. (a surgeon's dilating instrument.) *Dilatoire.*
DILATING, f. *L'action de dilater,* &c. V. to Dilate; *dilatation.*
DILATORY, adj. (full of delays.) *Qui retarde, qui remet, dilatoire,* terme de Palais.
Dilatory pleas or exceptions, *Exceptions dilatoires, chicanes.*
A dilatory man. *Un temporiseur, qui use de remises, qui diffère.*
DILECTION, f. *Dilection, bienveillance.*
DILEMMA, subst. (a term of logick; that is, an argument that concludes both ways.) *Dilemme,* espèce d'argument.
Dilemma, (difficulty, intricacy.) *Embarras, difficulté, mauvais pas.*
They discovered the dilemma into which they had precipitated themselves. *Ils virent l'embarras où ils s'étoient jetés.*
DILIGENCE, sub. *Diligence, promptitude à faire quelque chose, exactitude, soin, attachement.*
Diligence, (a stagecoach.) *Diligence.*
Ex. The York diligence. *La diligence d'York.*
DILIGENT, adject. *Diligent, exact, soigneux, assidu.*
DILIGENTLY, adv. *Diligemment, promptement, avec diligence, exactement, soigneusement.*
DILL, f. (a kind of herb.) *Anet,* sorte d'herbe.
* DILLING, f. (a childborn when his father is old.) *Un enfant né sur les vieux jours de son père.*
* Dilling, (or darling.) *Mignon, favori, l'enfant q'on aime le plus.*
DILUCID, adj. *Clair, transparent.*
To DILUCIDATE, verb. act. (to make plain or clear.) *Éclaircir, expliquer ce*

DIL

qui est obscur, développer, débrouiller.
Dilucidated, adject. *Éclairci, expliqué, développé, débrouillé.*
DILUCIDATION, subst. *Éclaircissement, explication.*
DILUENT, adject. *Qui atténue, qui dissout.*
DILUTE, adj. *Détrempé, trempé, mêlé, délayé.*
To DILUTE, verb. act. (to mingle with water.) *Détremper, délayer, mouiller, mêler avec de l'eau.*
To dilute wine. *Tremper le vin, y mettre de l'eau.*
Diluted, adj. *Détrempé, mêlé, délayé,* &c. V. to Dilute.
DILUTER. V. Diluent.
DILUTION, f. *L'action de dissoudre.*
DILUVIAN, adj. *Qui a rapport au déluge.*
DIM, adj. (or dark.) *Obscur, qui n'est pas clair.*
A dim colour. *Une couleur obscure.*
Dim, (not clear.) *Trouble, qui n'est pas clair, qui ne voit pas nettement,* en parlant de la vue, des yeux.
Dim-sighted. *Qui a la vue trouble, qui ne voit pas nettement.*
To burn faint and dim. *Donner peu de clarté ou de lumière,* en parlant d'une chandelle, d'une lampe, &c.
To DIM, verb. act. (to make dim.) *Offusquer, obscurcir, rendre obscur.*
That dims my sight. *Cela m'offusque la vue.*
DIMENSION, subst. (the measure of any thing.) *La dimension, la mesure d'une chose.*
DIMENSIVE, adj. *Qui marque les bornes ou limites.*
DIMICATION, subst. (or skirmishing.) *Combat, escarmouche, choc.*
DIMIDIATION, subst. *L'action de partager en deux.*
To DIMINISH, v. act. (to lessen.) *Diminuer, amoindrir, retrancher, rabattre.*
To diminish, verb. neut. (or grow less) *Diminuer, décroître.*
Diminished, adj. *Diminué.*
DIMINISHING, subst. *L'action de diminuer,* &c. V. to Diminish; *diminution, décroissement.*
DIMINISHINGLY, adverb. *Avec mépris, pour avilir.*
DIMINISHMENT, } subst. *Diminution,*
DIMINUTION, } *décroissement, rabais.*
That is no diminution to you. *Cela ne vous fait aucun tort.*
DIMINUTIVE, subst. *Un diminutif, un nom qui marque la diminution de la signification du nom dont il est dérivé.*
DIMINUTIVE, adj. (small, poor, pitiful.) *Petit, chétif, pauvre.*
She was surprized at the wit she found in so diminutive an animal. *Elle fut surprise de trouver tant d'esprit dans une si chétive créature.*
DIMISH, adj. *Un peu obscur.*
DIMISSORY, adj. Ex. Letters dimissory, (from one Bishop to another, about conferring the orders upon the party mentioned in the letter.) *Un dimissoire,* terme de Droit de canon.
DIMITY, subst. (a fine sort of fustian.) *Basin.*
DIMLY, adv. *Obscurément.*
DIMMED, adj. (from to dim.) *Obscurci, rendu obscur, offusqué.*
DIMNESS, subst. (from dim.) *Obscurcissement, obscurité.*

DIMPLE,

DIMPLE, *f. Fossette*, petit creux aux joues ou au bas du menton.
To DIMPLE, *verb. neut. Former* ou *faire une fossette*, *un petit creux*.
Dimpled, *adj. Qui a une ou plusieurs fossettes*.
DIN, *subst.* (or noise.) *Son*, *son de choses qui résonnent ou retentissent*, *bruit*.
What a din is there? *Quel bruit fait-on là?*
To make a din. *Faire du bruit*.
† I shall still your din, (I shall make you hold your tongue.) *Je vous ferai bien taire*.
To DINE, *verb. neut.* (to eat one's dinner.) *Dîner*.
I have dined. *J'ai dîné*.
DINETICAL. V. Vertiginous.
To DING, *verb. act.* (to dash against or bruise.) *Bossuer*, *froisser*, *heurter*, *briser contre*.
To ding plate. *Bossuer de la vaisselle d'argent*.
To ding one's ears with a thing perpetually. *Répéter toujours une chose à quelqu'un*, *lui en rompre la tête ou lui en rebattre les oreilles*.
DING-DONG, *subst.* (a word expressing the sound or tolling of bells.) *Tintement* ou *le son des cloches*.
Ding-dong, *adv. D'une manière serrée*, *près à près*.
DINGLE. V. Dale.
DINING, *subst.* (from to dine.) *L'action de dîner*.
A dining-room. *Salle à manger*, *l'endroit de la maison où l'on dîne & où l'on soupe*.
DINNER, *subst. Dîné* ou *dîner*.
Prov. After dinner sit a while, after supper walk a mile. *Après dîné reposetoi*, *après soupé promène-toi*.
To eat one's dinner. *Dîner*.
To eat a full dinner. *Manger tout son saoul à dîner*.
Dinner-time. *L'heure de dîner*.
DINT, *f. Impression*, *coup*.
The dint of a sword. *L'impression d'une épée*.
Dint, (or force.) *Force*, *violence*, *effort*.
To get a thing by dint of sword. *Gagner une chose par la force des armes* ou *à la pointe de l'épée*.
I carried it by dint of sword. *Je l'ai emporté à la pointe de l'épée*.
This controversy must needs be decided by dint of sword. *Il faut que ce différent se vide à coups d'épée*.
The dint of a discourse. *La force* ou *le fort d'un discours*.
Our right, from being indisputable, is, by dint of negotiation and wrangling, come to be called in question. *Notre droit qui étoit incontestable*, *est à force de négociations & de disputes*, *devenu litigieux*.
The dint of his discourse strikes that way. *Son discours porte sur cela*.
Dint, (or mark.) *Marque*, *trace*, *vestige*.
DINUMERATION, *subst. Énumération*, *dénombrement*.
DIOCESAN, *subst.* (the Bishop of the Diocess.) *Évêque diocésain*, *l'Évêque du Diocèse*.
Diocesan, (he that inhabits within a Diocess.) *Diocésain*, qui est d'un Diocèse.
DIOCESS, *f.* (the extent of a Bishop's spiritual jurisdiction.) *Diocèse*, étendue de pays sur laquelle l'Évêque exerce une juridiction ecclésiastique.
DIOPTRICKS, *subst.* (a part of opticks.) *Dioptrique*, partie de l'optique.
DIORTHROSIS, *subst. Diorthrose*, terme de Chirurgie.
To DIP, *verb. act. Tremper*, *mouiller*.
To dip in salt water. *Plonger dans l'eau salée* ou *dans la mer*.
To dip (or mortgage) an estate. *Engager* ou *hypothéquer un bien*.
To dip one's bread in the sauce. *Tremper son pain dans la sauce*.
To DIP, *v. rb. neut. Entrer*, *percer*, *effleurer*.
To dip into a book. *Jeter les yeux sur un livre*, *le parcourir*, *le lire légèrement*.
DIPHTHONG, *f.* (two vowels sounding together.) *Diphtongue*, deux voyelles qui ne font qu'un son, ae, ai, &c.
DIPLOMA, *subst. Diplome*.
DIPPED. V. Dipt.
DIPPER, *subst.* (a nick-name for an Anabaptist.) *Un Anabaptiste*.
DIPPING, *subst.* (from to dip.) *L'action de tremper* ou *de mouiller*.
DIPSAS, *sub. Sorte de serpent*.
DIPT, *adj. Trempé*, *mouillé*.
To be dipt in salt water. *Être plongé dans l'eau salée* ou *dans la mer*.
Dipt, (or mortgaged.) *Engagé*, *hypothéqué*.
DIPTOTE, *subst. Substantif qui n'a que deux cas*.
DIRE. V. Direful.
DIRECT, *adj.* (or straight.) *Direct*, *droit*, *ouvert*, *net*, *positif*.
A direct line. *Ligne directe*.
In a direct line. *En droite ligne*.
A direct answer. *Une réponse nette*, *positive*, ou *précise*.
To DIRECT, *v. act.* (to order or to rule.) *Diriger*, *ordonner*, *gouverner*, *conduire*, *régler*.
To direct (or to rectify) the intention. *Diriger* ou *rectifier l'intention*.
To direct, (to turn or refer.) *Diriger*, *dresser*, *porter*, *rapporter*.
To direct one's intention to the profit and not to the sin. *Diriger*, *porter son intention au gain & non pas au péché*.
To direct all one's actions to God's glory. *Rapporter toutes ses actions à la gloire de Dieu*.
To direct, (or to send.) *Adresser*, *envoyer*.
To direct a letter to one. *Adresser une lettre à quelqu'un*.
To direct, (or shew one how to do a thing.) *Montrer*, *enseigner*, *instruire*, *donner des instructions*.
Pray direct or instruct me how to do it. *Montrez-moi*, *je vous prie*, *comment il faut faire*.
To direct (or to bend) one's course toward a place. *Aller droit ou prendre sa route vers quelque lieu*.
To direct (or to steer) one's course at sea. *Faire route*, *gouverner*, *courir*, *porter*, *faire voile*, *en termes de mer*.
I pray 'o God to direct you for the best. *Je prie Dieu qu'il vous conduise ou vous assiste dans votre entreprise*.
Directed, *adject. Ordonné*, *gouverné*, *dirigé*, &c. V. to Direct.
DIRECTER, *sub. Qui conduit*, *qui règle*.
DIRECTING, *f. L'action de diriger*, *diriger*, &c. V. to Direct.
The directing of one's intention. *Direction d'intention*.

DIRECTION, *subst.* (conduct or management.) *Direction*, *conduite*.
He has the direction of that affair. *Il a la direction de cette affaire*.
Direction, (to find one or send any thing to him.) *Adresse*.
The direction of a letter. *L'adresse d'une lettre*.
The direction of Mars, Jupiter and Saturn. *La direction de Mars*, *de Jupiter & de Saturne*.
To follow one's directions, (instructions or orders.) *Suivre les instructions de quelqu'un*, *ou observer ses ordres*.
Pray give me directions how to do it. *Montrez-moi*, *je vous prie*, *comment il faut s'y prendre*.
The direction word, in Printing, *Réclame*, en termes d'Imprimeur.
DIRECTIVE, *adj. Qui dirige*.
DIRECTLY, *adv. Directement*, *expressément*.
Directly nor indirectly. *Directement ni indirectement*.
Directly, (or straight.) *Directement*, *droit*, *à plomb*.
He came directly to me. *Il s'en vint droit à moi*.
The sun shines directly upon their heads. *Le soleil donne à plomb ou droit sur leurs têtes*.
Directly against. *Vis-à-vis*, *tout opposé*, *tout contre*.
DIRECTNESS, *f. Rectitude*.
The directness of the sight. *La rectitude de la vue*.
DIRECTOR, *f. Directeur*.
He was our director. *Il étoit notre directeur*.
DIRECTOR. V. Conder.
DIRECTORY, *f.* (the directory set forth by the assembly.) *La liturgie ou formule presbytérienne*, qui fut établie du temps de l'usurpation de Cromwel, mais qui ne dura que deux ans.
DIREFUL, *adj.* (fierce, cruel, hideous.) *Cruel*, *inhumain*, *sauvage*, *barbare*, *affreux*, *terrible*, *hideux*, *horrible*.
DIRENESS, *f. Horreur*, *épouvante*.
DIREPTION, *f.* (or robbing.) *Pillage*, *saccagement*.
DIRGE, *f.* (office for the dead.) *Obit*, service qu'on fait pour une personne morte, quelque temps après sa mort.
Dirge, (or lamentation sung at a funeral.) *Chanson funèbre*.
DIRK, *f. Sorte de poignard*.
DIRT, *f.* (or mud.) *Boue*, *crotte*, *fange*.
Dirt, (filth, nastiness.) *Ordure*, *saleté*, *vilenie*.
To get the dirt off one's face. *Se décrasser le visage*.
† To throw dirt upon one, (to speak slightingly of him.) *Mépriser quelqu'un*, *en parler avec mépris*.
† His dirt will not stick, (or his slanders will not take.) *Ses injures retomberont sur lui*.
To DIRT, *v. act. Tacher*, *souiller*, *crotter*.
DIRTILY, *adv.* (or basely.) *Indignement*, *d'une manière indigne*, *sordidement*.
DIRTINESS, *f.* (or dirt.) *Saleté*, *ordure*, *vilenie*.
Dirtiness, (or baseness.) *Bassesse*, *lâcheté*.
DIRTY, *adject.* (full of dirt.) *Crotté*, *couvert de boue*.
Dirty, (or foul.) *Sale*, *qui n'est pas blanc*.

Dirty.

Dirty, (or nasty.) *Sale, vilain.*
Dirty, (or base.) *Bas, lâche, honteux, indigne, infame, malhonnête, sordide.*
To do one's dirty work, (to be his tool.) *Être l'ame damnée de quelqu'un, se prêter à ses mauvaises pratiques, à ses bassesses, à ses infamies.*
To DIRTY, v. act. *Salir, crotter.*
You dirty my linen. *Vous salissez mon linge.*
You dirty your petticoat. *Vous crottez votre jupe.*
DIRUPTION, f. *L'action de crever, où l'état d'une chose qui se creve.*
DISABILITY, subst. *Incapacité, impuissance.*
To DISABLE, v. act. *Rendre incapable, ôter la force ou le pouvoir de faire quelque chose, mettre hors de pouvoir.*
To disable a ship. *Désemparer, désagréer un vaisseau, le mettre hors de service.*
To disable the guns of a battery. *Ruiner une batterie.*
Disabled, adj. *Incapable, hors de pouvoir, &c. V.* to Disable.
A disabled ship. *Un vaisseau désemparé, désagréé, mis hors de service.*
A disabled creature. *Un impotent ou perclus de ses membres.*
To DISABUSE, V. n. *Undeceive, avec les autres mots qui en dérivent.*
DISACCOMODATION, f. *Disconvenance, l'état de n'être pas préparé.*
To DISACCUSTOM, v. a. *Désaccoutumer.*
To DISACKNOWLEDGE, v. act. (or *Disown.*) *Désavouer, nier.*
DISADVANTAGE, subst. *Désavantage, perte, préjudice, dommage, tort.*
To DISADVANTAGE, v. act. *Nuire, préjudicier.*
Disadvantaged, adj. *Qui a eu quelque désavantage, à qui on a fait tort.*
DISADVANTAGEOUS, adj. *Désavantageux, qui n'est pas avantageux.*
DISADVANTAGEOUSLY, adv. *Désavantageusement, avec désavantage.*
DISADVENTURE. *V. Mischance.*
To DISAFFECT, v. act. (to fill with discontent.) *Indisposer, aliéner, rendre mécontent.*
Nothing ought to disaffect us against, &c. *Rien ne doit nous indisposer contre, &c.*
Disaffected, adj. *Mécontent, qui n'est pas satisfait, mal-intentionné.*
The disaffected to the government. *Les mécontens, les mal-intentionnes.*
DISAFFECTION, f. *Mauvaise intention, mécontentement, indisposition.*
D'SAFFECTIONATE, adj. *Mal-intentionné, mécontent, qui n'est pas satisfait.*
DISAFFIRMANCE, f. *Réfutation.*
DISAFFORESTED, adj. (a law-term,) *Qui n'a plus les privilèges d'une forêt royale.*
To DISAGREE, v. n. *Disconvenir, ne pas s'accorder, se brouiller, différer, être en dispute.*
He won't disagree about that. *Il ne disconviendra pas de cela.*
They begin to disagree. *Ils commencent à ne pas s'accorder ou à se brouiller.*
To disagree with one. *Disconvenir, être d'un sentiment différent de celui d'un autre.*
DISAGREEABLE, adj. (contrary.) *Contraire, opposé, qui ne convient point.*

Disagreeable, (or unpleasant.) *Désagréable.*
DISAGREEABLENESS, f. *Disconvenance, contrariété, qualité désagréable.*
DISAGREED, adj. *Qui est en différent, qui ne s'accorde pas, brouillé.*
DISAGREEING, }
DISAGREEMENT, } f. *Discorde, division, désunion, antipathie, contrariété.*
To DISALLOW, v. act. (or dislike.) *Désapprouver, blâmer, condamner.*
Disallowed, adj. *Désapprouvé, blâmé, condamné.*
DISALLOWANCE, f. *Défense, prohibition.*
DISALLOWING, f. *L'action de désapprouver, de blâmer ou de condamner.*
To DISANCHOR, v. act. *Priver un vaisseau de son ancre.*
To DISANIMATE, v. act. (or dishearten.) *Décourager.*
DISANIMATION, f. *L'action d'ôter la vie, mort.*
To DISANNUL, v. act. (or make void.) *Annuller, casser, révoquer, abroger, abolir.*
Disannulled, adject. *Annullé, révoqué, cassé, abrogé, aboli.*
DISANNULLING, f. *L'action d'annuller, &c. V.* to Disannul.
To DISAPPEAR, v. n. (or vanish away.) *Disparoître, s'évanouir, s'éclipser, ne paroître plus.*
Disappeared, adj. *Disparu, évanoui, qui ne paroit plus, éclipsé.*
To DISAPPOINT, v. act. (to break one's word.) *Manquer de parole, ne pas faire ce qu'on avoit promis, manquer à un rendez-vous.*
Pray, do not disappoint me. *Je vous prie, ne me manquez pas de parole.*
To disappoint (or frustrate) one's design. *Déranger, ruiner, faire échouer, faire avorter le dessein de quelqu'un, frustrer son attente, désappointer.*
Disappointed, adj. *A qui l'on a manqué de parole, renversé, ruiné, dérangé, &c. V.* to Disappoint.
He will be disappointed. *Il en aura le démenti, il ne viendra pas à bout de son dessein.*
To be disappointed, (to miss of one's aim.) *Manquer son coup, échouer.*
DISAPPOINTING, f. *L'action de manquer de parole, &c. V.* to Disappoint.
DISAPPOINTMENT, f. *Manquement de parole.*
Disappointment, (or cross.) *Traverse, contre-temps, dérangement.*
This world is full of disappointments. *Le monde est plein de traverses ou de contre-temps.*
His enemy was stark mad at the disappointment. *Son ennemi enragea d'avoir manqué son coup.*
DISAPPROBATION, f. *Désaveu.*
To DISAPPROVE, v. act. (or dislike.) *Désapprouver, condamner, blâmer.*
Disapproved, adj. *Désapprouvé, condamné, blâmé.*
DISAPPROVING, f. *L'action de désapprouver, &c. V.* to Disapprove.
DISARD. *V. Dizard.*
To DISARM, v. act. *Désarmer, ôter les armes.*
To disarm the citizens. *Désarmer les Bourgeois.*
Disarmed, adject. *Désarmé.*
DISARMING, f. *L'action de désarmer.*

DISARRAY, f. *Désordre, confusion.*
† DISARRAYED, adj. *En désordre, mis en désordre.*
DISASTER, f. (or misfortune.) *Un désastre, un malheur, une traverse, un revers.*
DISASTROUS, adj. (or unfortunate.) *Fatal, funeste, malheureux.*
DISASTROUSLY, adv. *Malheureusement.*
To DISAVOW, v. act. (or disapprove.) *Désavouer, désapprouver.*
To disavow, (or deny.) *Désavouer, nier, soutenir le contraire.*
Disavowed, adj. *Désavoué, &c. V.* to Disavow.
DISAVOWAL, }
DISAVOWMENT, } f. *Désaveu.*
To DISAUTHORIZE, v. a. *Décréditer, ôter de pouvoir.*
To DISBAND, v. act. (or dismiss out of service.) *Licencier, congédier, donner permission de se retirer, casser, en parlant des gens de guerre.*
To disband the troops. *Licencier les troupes, les casser.*
To disband, v. n. *Se séparer, se rompre.*
Disbanded, adj. *Licencié, congédié, cassé.*
DISBANDING, f. *L'action de licencier ou de congédier.*
To DISBARK, v. act. (or land.) *Débarquer.*
DISBELIEF, f. (or denial of belief.) *Défiance, incrédulité.*
To DISBELIEVE, v. act. (not to credit.) *Se défier, entrer en défiance, douter de quelque chose.*
To disbelieve, (not to believe.) *Décroire, cesser de croire.*
I neither believe or disbelieve it. *Je ne le crois ni ne le décrois.*
Disbelieved, adj. *Dont on doute, dont on se défie.*
DISBELIEVER, f. *Incrédule.*
DISBELIEVING, f. *L'action de douter ou de se défier, doute, défiance.*
To DISBENCH, v. act. *Chasser d'un banc ou d'un siège.*
To DISBRANCH, v. act. *Ébrancher.*
To DISBURDEN, v. act. (to unload.) *Décharger.*
To disburden, (to ease of a burden.) *Décharger, soulager.*
To disburden, v. n. (or ease the mind.) *Soulager l'esprit.*
Disburdened, adj. *Déchargé.*
DISBURDENING, f. *L'action de décharger.*
To DISBURSE, v. act. (or lay out.) *Débourser, dépenser.*
I have already disbursed a great deal of money. *J'ai déjà déboursé beaucoup d'argent.*
DISBURSEMENT, f. (or laying out.) *Déboursement, mise, dépense, frais.*
The disbursements exceed the receipt. *La mise monte plus haut que la recette.*
DISCALCEATED, adj. (or wearing no shoes.) *Déchaussé.*
The discalceated Friers. *Les Moines déchaussés.*
DISCALENDARED, adj. (put out of the calendar.) *Effacé du calendrier.*
To DISCAMP. *V.* to Decamp, &c.
To DISCANDY, v. n. *Se dissoudre, fondre.*
To DISCARD, v. act. (or turn off.) *Congédier, démettre, chasser.*
To discard a servant. *Congédier un domestique.*
To discard, (or lay out, at cards.) *Écarter, terme de jeu des cartes.*
Discarded,

Discerded, adject. Congédié, démis, chassé, &c. V. to Discard.
DISCARDING, s. L'action de congédier, de remettre, de chasser, &c. V. to Discard.
DISCARNATE, adj. Décharné.
To DISCASE, v. act. Dépouiller, déshabiller, écorcher, ôter.
To DISCERN, v. act. one thing from another, (to distinguish betwixt one and the other.) Discerner, démêler, distinguer, faire la différence d'une chose d'avec une autre.
To discern, (or perceive.) Voir, appercevoir, discerner.
Discerned, adj. Discerné, démêlé, vu, &c. V. to Discern.
DISCERNER, s. Celui ou celle qui discerne, juge.
DISCERNIBLE, adject. Visible, facile à voir.
DISCERNIBLY, adv. Visiblement, sensiblement.
DISCERNING, s. Discernement ou l'action de discerner, &c. V. to Discern.
Discerning, adj. Clairvoyant, éclairé, pénétrant.
To have a discerning (or penetrating) wit. Avoir un esprit clairvoyant, être éclairé.
DISCERNINGLY, adv. Adroitement, judicieusement, avec discernement.
DISCERNMENT, s. (or the discerning faculty.) Le discernement, le goût, la pénétration.
To DISCERP, v. act. (to disjoin or to rend.) Séparer ou déchirer.
DISCERPTIBLE, adj. Qui se peut séparer ou déchirer.
DISCERPTION, s. Séparation, division.
DISCHARGE, subst. (for money paid.) Décharge, quittance, acte par lequel le créancier console avoir payé.
Discharge, (or leave.) Congé, renvoi.
Discharge, (or release.) Délivrance, affranchissement, élargissement.
Discharge, (or absolution.) Absolution, justification, abolition.
A discharge (or firing) of guns. Décharge d'armes à feu.
To DISCHARGE, v. act. (or to acquit.) Décharger, acquitter.
To discharge one that is accused of a crime. Acquitter quelqu'un, le décharger du crime dont il étoit accusé, le déclarer innocent.
To discharge one's conscience. Décharger sa conscience, agir conscienciensement.
To discharge one's self from a great obligation. Se décharger d'une grande obligation.
To discharge a servant or a soldier. Congédier un domestique ou un soldat.
To discharge (or release) a prisoner. Relâcher, élargir un prisonnier, le laisser aller, le mettre en liberté.
He has obtained judgment, and is discharged the Court. Il a été mis hors de Cour & de procés.
To discharge (or exempt) one from duty Exempter ou dispenser une personne de quelque devoir.
To discharge (or fire) a great gun. Décharger, tirer un canon.
To discharge (or pay) a debt. Payer ou acquitter une dette.
To discharge the house. Payer ce qu'on doit au logis ou au cabaret.
To discharge one's duty. Faire son devoir, s'en acquitter.

To discharge a business. Expédier une affaire.
A river that discharges (or empties) itself into the sea. Une rivière qui se décharge ou qui se jette dans la mer.
To discharge a ship. Décharger un vaisseau; aussi le désarmer.
To discharge the Officers and crew. Désarmer, congédier l'équipage.
Discharged, adj. Déchargé, &c. V. to Discharge.
DISCHARGER, subst. Celui qui décharge.
DISCHARGING, s. L'action de décharger, &c. V. to Discharge.
DISCINCT, adj. Négligemment habillé.
To DISCIND, v. act. Diviser, mettre en pieces.
DISCIPLE, s. (or scholar.) Un disciple, un écolier, un élève.
Our Saviour's Disciples. Les Disciples de notre Sauveur.
DISCIPLESHIP, s. État ou fonction de disciple.
DISCIPLINABLE, adj. (capable of discipline.) Disciplinable, docile.
DISCIPLINARIANS, s. (or Puritans.) Les Puritains, les Presbyériens.
DISCIPLINARY, adj. Qui regarde la discipline, l'éducation.
DISCIPLINE, s. (or strict order.) Discipline, ordre, regle, conduite.
The discipline of war. La discipline militaire.
The Church discipline. La discipline ecclésiastique.
Discipline, (instruction or education.) Discipline, instruction, éducation, institution.
You are under the discipline of a good master. Vous êtes sous la discipline d'un bon maitre.
He has brought his house into good discipline. Il a bien discipliné sa maison.
To DISCIPLINE, v. act. (to instruct.) Discipliner, instruire, dresser, former, régler, élever.
To discipline an army. Discipliner une armée.
To discipline (or scourge one, as they do in Monastaries.) Donner la discipline à quelqu'un, en termes de Religieux.
Disciplined, adject. Discipliné, instruit, dressé, formé, réglé, élevé.
Our soldiers are well disciplined. Nos soldats sont bien disciplinés.
To be disciplined, (or scourged.) Avoir la discipline.
DISCIPLINING, s. Discipline, l'action de discipliner, &c. V. to Discipline.
To DISCLAIM, v. act. Renoncer à, désavouer.
Disclaimed, adj. A quoi l'on renonce, que l'on désavoue.
DISCLAIMER, subst. Qui renonce, qui désavoue.
DISCLAIMING, s. Désaveu, renonciation, renoncement.
To DISCLOSE, v. a. (to open, to discover.) Ouvrir, découvrir, révéler, divulguer, déclarer, publier.
To disclose (or open) one's heart to one. Ouvrir son cœur à quelqu'un.
To disclose a secret. Découvrir un secret.
To disclose, v. neut. (or to bud.) Bourgeonner.
Disclosed, adj. Ouvert, découvert, révélé, éclaté, divulgué, publié, éclos.
DISCLOSER, s. Celui ou celle qui ouvre, qui découvre, &c. V. to Disclose.
DISCLOSING, s. L'action d'ouvrir, &c. V. to Disclose.

DISCLOSURE, s. Découverte, l'action de découvrir.
To DISCOLOUR, v. act. (to deface the colour.) Décolorer, ôter ou faire perdre la couleur, ternir, déteindre.
Discoloured, adj. Décoloré, qui a perdu sa couleur, terni, déteint.
DISCOLOURING, s. L'action de décolorer, &c. V. to Discolour.
DISCOLORATION, s. L'action de décolorer, changement de couleur.
To DISCOMFIT, v. act. (to defeat, to rout.) Défaire, mettre en déroute, tailler en pieces, * déconfire.
Discomfited, adj. Défait, mis en déroute, taillé en pieces, * déconfit.
DISCOMFITURE, s. Défaite, déroute, * déconfiture.
DISCOMFORT, s. (or trouble.) Affliction, chagrin, † rabat-joie, déconfort.
To DISCOMFORT, v. act. (to trouble.) Affliger, chagriner, abattre, * déconforter.
Discomforted, adject. Affligé, abattu, * déconforté.
DISCOMFORTABLE, adject. Attristant, inconsolable.
To DISCOMMEND, v. act. (to blame.) Blâmer, condamner.
DISCOMMENDABLE, adj. Blâmable, condamnable.
DISCOMMENDATION, s. Blâme. Discommendation, (shame.) Honte ; déshonneur, confusion.
DISCOMMENDED, adj. Blâmé, condamné.
DISCOMMENDING, subst. L'action de blâmer ou de condamner.
To DISCOMMODE, v. a. Incommoder. Discommoded, adj. Incommodé.
DISCOMMODING, s. L'action d'incommoder.
DISCOMMODITY, subst. (or inconveniency.) Incommodité, inconvénient.
To DISCOMPOSE, v. act. (to disorder, to trouble.) Déranger, déconcerter, mettre en désordre, troubler, faire de la peine, fâcher, inquieter.
The least thing discomposes him. La moindre chose le dérange.
That news has quite discomposed me. Cette nouvelle m'a fait de la peine, me fâche, m'inquiete fort.
Discomposed, adject. Dérangé, inquiet, troublé, déconcerté, qui est dans quelque désordre.
Discomposed, (or indisposed.) Indisposé, malade, mal à son aise.
DISCOMPOSING, s. Dérangement, action de déranger, de déconcerter, &c. V. to Discompose.
DISCOMPOSURE, s. (trouble, anxiety.) Dérangement, désordre, trouble, confusion, émotion, inquiétude.
To DISCONCERT, v. act. Déconcerter, déranger, troubler.
Disconcerted, adj. Déconcerté, dérangé, troublé.
DISCONFORMITY, } subst. Disconvenance.
DISCONGRUITY,
DISCONSOLATE, adj. (or comfortless.) Désolé, inconsolable, affligé, abattu.
DISCONSOLATELY, adv. Inconsolablement.
DISCONSOLATENESS, subst. Tristesse ; état d'être inconsolable.
DISCONTENT, s. (dissatisfaction.) Mécontentement.

Discontent

DIS

Discontent, (or sorrow.) *Chagrin, déplaisir, tristesse, afflidion.*
A discontent, (or discontented person.) *Un mécontent.*
To DISCONTENT, v. act. *Mécontenter, déplaire, choquer, chagriner.*
Discontented, adj. *Mécontent, mal-content, mal-satisfait, qui n'est pas content.*
The discontented people or party. *Les mécontens.*
To have a discontented look. *Paroître chagrin, mal-content, mal-satisfait.*
To bear a thing with a discontented mind. *Souffrir quelque chose à contre-cœur, à regret.*
To live a discontented life. *Vivre dans un chagrin perpétuel.*
DISCONTENTEDLY, adv. *Avec chagrin, avec ennui, avec peine.*
To look discontentedly. *Paroître chagrin ou mal-content.*
DISCONTENTMENT, } Voy. Dis-
DISCONTENTEDNESS, } content.
DISCONTINUANCE, s. (breaking off.) *Discontinuation, interruption, cessation, relâche.*
DISCONTINUATION, subst. *Séparation, division, cessation.*
To DISCONTINUE, v. act. (to leave off.) *Discontinuer, interrompre une chose commencée, séparer, désunir.*
Discontinued, adj. *Discontinué, interrompu.*
DISCONTINUING, s. *Discontinuation, l'action de discontinuer, &c.*
DISCONTINUOUS, adject. *Discontinué, interrompu, séparé.*
DISCONTINUANCE, } V. Disconti-
DISCONTINUITY, } nuation.
DISCONVENIENCE, s. *Disconvenance.*
DISCORD, s. (or disagreement.) *Discorde, différent, dissention, désunion, mésintelligence, division, brouillerie.*
To be at discord. *Être en désunion.*
A discord in tunes or voices. *Un défaut d'accord.*
DISCORDANCE, subst. *Discordance, incompatibilité.*
DISCORDANT, adject. (jarring or untunable.) *Discordant, qui n'est pas d'accord, qui détonne.*
A discordant voice. *Une voix discordante, voix qui détonne.*
DISCORDANTLY, adv. *D'une manière discordante.*
To DISCOVER, v. act. (to disclose, reveal or manifest.) *Découvrir, manifester, révéler, divulguer, publier, déclarer, faire voir, faire connoître.*
To discover a secret or conspiracy, (to make a discovery of it.) *Découvrir un secret ou une conspiration.*
To discover one's self (to make one's self known) to one. *Se découvrir, se faire connoître à quelqu'un.*
And the thing discovered itself. *Et la chose paroît d'elle-même.*
To discover, (to find out or spy.) *Découvrir, faire la découverte, appercevoir, voir, connoître.*
Christopher Columbus was the first who discovered the new world. *Christophe Colomb a été le premier découvert le nouveau monde, c'est lui qui en a fait le premier la découverte.*
To discover the enemies design. *Découvrir le dessein des ennemis.*

DIS

DISCOVERABLE, adj. *Facile à découvrir ou qu'on peut découvrir.*
DISCOVERED, adj. *Découvert, révélé, &c. V. to Discover.*
DISCOVERER, s. (informer or spy.) *Délateur, délateur, dénonciateur.*
I am the discoverer. *C'est moi qui l'ai découvert.*
DISCOVERY, subst. (or finding out.) *Découverte.*
To make the discovery of a country or of a conspiracy. *Faire la découverte d'un pays ou d'une conjuration.*
You shall not fare the worse for the discovery you have made me of yourself. *La connoissance que vous me donnez de ce que vous êtes, ne rendra pas votre condition pire.*
He made a full discovery of himself to me. *Il s'est fait connoître tout-à-fait à moi.*
To DISCOUNSEL, v. act. *Déconseiller, dissuader.*
To DISCOUNT, v. act. (to deduct or abate.) *Escompter ou décompter, déduire, rabattre quelque chose d'une somme.*
DISCOUNT, s. (or deduction.) *Escompte, rabais.*
DISCOUNTED, adj. *Décompté, déduit, rabattu.*
DISCOUNTENANCE, subst. *Froideur, mauvais accueil.*
To DISCOUNTENANCE, v. act. (or discourage.) *Empêcher, défendre, ne pas souffrir.*
To discountenance luxury. *Empêcher le luxe, le défendre, ne le pas souffrir.*
Discountenanced, adj. *Défendu, qu'on ne souffre pas.*
To DISCOURAGE, v. act. *Décourager, ôter le courage, intimider, abattre le courage, rebuter.*
To discourage an undertaking, (to oppose it.) *Détourner une entreprise, s'y opposer.*
DISCOURAGEMENT, s. *Découragement, abattement de courage.*
That is a great discouragement. *C'est un grand découragement.*
Discouragement, (difficulty, rub, loss.) *Désavantage, obstacle, difficulté, perte.*
DISCOURAGER, s. *Celui ou celle qui décourage, &c.*
DISCOURAGING, s. *L'action de décourager, &c. V. to Discourage.*
Discouraging, adj. (that discourages.) *Qui décourage, qui abat le courage, rebutant.*
DISCOURSE, subst. (talk.) *Discours, propos.*
To begin a discourse. *Commencer un discours.*
To turn or change one's discourse. *Changer de discours.*
Discourse, (or reasoning.) *Raisonnement.*
A discourse (or treatise) of Divinity. *Un traité de Théologie.*
A very learned discourse. *Un traité fort savant.*
A familiar discourse, (or conversation.) *Discours familier, entretien, conversation.*
In our familiar discourses. *Dans nos entretiens.*
To DISCOURSE, v. neut. (to speak, reason or debate.) *Discourir, parler, faire quelque discours sur une matière, en traiter, en disputer.*
To discourse on a subject, *Discourir sur quelque sujet.*

DIS

To discourse (or talk) with one. *Discourir, s'entretenir, conférer, parler avec quelqu'un.*
I mean to discourse with you about it. *J'ai envie de vous en parler, de vous en entretenir.*
To discourse of a thing, v. act. (to debate it.) *Débattre une affaire.*
To discourse with a man. *S'entretenir avec quelqu'un, le faire parler, pour savoir quelque chose de lui.*
Discoursed of, adj. *Dont on a parlé ou discouru, &c. V. to Discourse.*
DISCOURSER, subst. *Discoureur, dissertateur.*
DISCOURSIVE, adj. *Qui appartient au discours, au raisonnement ou au dialogue.*
DISCOURTEOUS, adj. (or unkind.) *Désobligeant, incivil.*
DISCOURTEOUSLY, adv. *D'un air désobligeant, d'une manière désobligeante, incivilement.*
DISCOURTESY, subst. *Déplaisir, injure, tort, défaveur.*
You have done me a great discourtesy therein. *Vous m'avez fait-là un grand déplaisir.*
DISCOUS, adj. *Large, plat, en forme de disque,* terme de Botanique.
DISCREDIT, subst. (or disgrace,) *Déshonneur, honte, confusion, flétrissure, infamie.*
It will be much to your discredit. *Cela tournera à votre confusion.*
Discredit, (want or loss of credit.) *Discrédit.*
To DISCREDIT, v. act. (to make one lose his credit or to disgrace him.) *Décréditer, ôter le crédit ou l'autorité à quelqu'un, le perdre de réputation, le déshonorer.*
He does what he can to discredit me. *Il fait tout ce qu'il peut pour me décréditer, pour me perdre de réputation.*
Discredited, adj. *Décrédité, qui a perdu son crédit, perdu de réputation, &c. V. to Discredit.*
Discredited, (not believed.) *Qu'on ne croit plus, à quoi l'on n'ajoute plus foi.*
DISCREDITING, s. *L'action de décréditer, &c. V. to Discredit.*
DISCREET, s. (wife, sober.) *Discret, sage, prudent, retenu, circonspect, avisé, mûr.*
DISCREETLY, adv. *Discrètement, avec prudence, avec discrétion, avec circonspection.*
DISCREETNESS, s. *V. Discretion.*
DISCREPANCE, subst. *Différence, contrariété.*
DISCREPANT, adject. (or repugnant.) *Différent, contraire, opposé.*
DISCRETE, adject. (or distinct.) *Désuni, discret,* terme didactique, terme de Grammaire.
DISCRETION, } s. (from discreet.)
DISCRETENESS, } *Discrétion, prudence, retenue, circonspection, conduite discrète.*
The years of discretion. *L'âge de discrétion.*
Discretion, (or will.) *Discrétion, volonté.*
I leave that to your discretion. *Je laisse cela à votre discrétion.*
To yield one's self to one's discretion. *Se mettre à la discrétion de quelqu'un.*
To surrender at discretion. *Se rendre à discrétion.*

To

DIS   DIS   DIS

To play at discretion. *Jouer une discrétion.*

Use your own discretion in it. *Faites comme vous le jugerez à propos ou comme vous l'entendrez.*

It is at your discretion. *Vous en ferez ce que bon vous semblera, vous en êtes le maître.*

DISCRETIONARY, *adject.* (unlimited.) *Illimité.*

A discretionary power. *Un pouvoir illimité, absolu & sans bornes.*

DISCRETIVE, *adj.* (a term of Grammar.) *Disrétif,* terme de Grammaire.

A conjonction discretive. *Une conjonction discretive.*

To DISCRIMINATE, *v. act.* (or distinguish.) *Distinguer, diviser, séparer.*

To discriminate one's self from others. *Se distinguer des autres.*

Discriminated, *adject. Distingué, divisé, séparé.*

DISCRIMINATING, *adj. Éclairé, sage, qui sait faire les distinctions nécessaires.*

DISCRIMINATION, *subst. Distinction, différence.*

The times of discrimination. *Les troubles de l'État, dans lesquels on se distingue en différents partis.*

DISCRIMINATIVE, *adj. Qui distingue, distinctif.*

DISCRIMINOUS, *adj. Dangereux.*

To DISCUMBER, *v. act. Dégager, débarrasser.*

DISCURSION, *f. L'action d'aller çà & là.*

DISCURSIVE, *adject.* (running to and fro.) *Qui court ou qui va d'un côté & d'autre.*

Discursive, (argumentative.) *Qui raisonne, qui se fait par raisonnement.*

DISCURSIVELY, *adv. Par une suite de raisonnements.*

DISCURSORY, *adject. Argumentatif.*

DISCUS, *f.* (a quoit.) *Disque.*

To DISCUSS, *v. act.* (or examine.) *Discuter, éplucher, examiner, considérer avec attention, agiter.*

To discuss a business. *Discuter une affaire, la bien éplucher.*

Discussed, *adj. Discuté, épluché, examiné, considéré avec attention, agité.*

DISCUSSION, *subst. Discussion, examen, recherche.*

DISCUSSIVE, ?
DISCUTIENT, ? *adj. Résolutif, qui résout, qui dissout,* terme de Médecine.

A discussive remedy, (a remedy that dissolves humours.) *Un médicament résolutif, qui résout, qui dissipe les humeurs.*

DISDAIN, *f.* (or scorn.) *Dédain, mépris, rebut, fierté.*

To DISDAIN, *v. act.* (to scorn or despise.) *Dédaigner, mépriser, avoir du dédain pour.*

Disdained, *adj. Dédaigné, méprisé.*

DISDAINFUL, *adj.* (or scornful.) *Dédaigneux, fier, méprisant.*

DISDAINFULLY, *adv.* (or scornfully.) *Dédaigneusement, fièrement, avec mépris.*

DISDAINFULNESS, *subst. Humeur dédaigneuse, dédain, mépris, fierté, rebut, air méprisant.*

DISDAINING, *subst. L'action de dédaigner, &c. Voy.* to Disdain, *mépris.*

DISEASE, *f.* (or distemper.) *Maladie, mal, incommodité, indisposition.*

The foul disease. *Le mal de Naples, la vérole.*

To DISEASE, *v. act.* (or to trouble.) *Incommoder, troubler, inquiéter.*

Diseased, *adj. Malade, incommodé, indisposé, qui se porte mal; il se dit de l'esprit & du corps.*

DISEASEDNESS, *subst. Maladie, indisposition.*

DISEDGED, *adj. Émoussé.*

To DISEMBARK, *&c. V.* to Land, to Disimbark.

To DISEMBITTER, *v. act. Adoucir.*

DISEMBODIED, *adj. Spiritualisé, dépouillé de son corps.*

To DISEMBOGUE itself, *v. récip. Se décharger.*

The river *Volga* disembogues itself into the *Caspian* Sea. *Le fleuve Volga se décharge dans la mer Caspienne.*

To disembogue, *v. n.* (to sail out of a streight at sea.) *Débouquer.*

DISEMBOWELLED, *adj. Tiré des entrailles.*

To DISEMBROIL, *v. act. Débrouiller.*

To DISENABLE, *v. act. Affoiblir, ôter le pouvoir.*

To DISENCHANT, *v. act. Désenchanter, délivrer de l'enchantement, rompre un charme.*

Disenchanted, *adj. Désenchanté.*

To DISENCUMBER, *v. act. Débarrasser, décharger.*

DISENCUMBRANCE, *subst. L'action de débarrasser.*

To DISENGAGE, *&c. V.* to Disingage, *&c.*

To DISENTANGLE, *&c. V.* to Disintangle, *&c.*

To DISENTERRE, *v. act. Déterrer.*

To DISENTHRAL, *verb. act. Mettre en liberté.*

To DISENTHRONE, *v. act. Détrôner.*

To DISENTRANCE, *v. act. Éveiller, tirer d'un sommeil léthargique.*

To DISESPOUSE, *verb. act. Divorcer, séparer.*

DISESTEEM, *f. Mépris, dédain.*

To bring one into disesteem. *Rendre quelqu'un méprisable, le faire mépriser.*

To DISESTEEM, *v. act. Mépriser, avoir du mépris pour.*

Disesteemed, *adj. Méprisé, pour qui l'on a du mépris.*

DISFAVOUR, *f.* (the being out of favour.) *Disgrace, défaveur.*

Disfavour, (discourtesy.) *Déplaisir.*

Disfavour, (disfiguring.) *Enlaidissement, difformité.*

To DISFAVOUR, ?
To DISFIGURE, ? *v. act.* (to spoil the figure, to make ugly.) *Défigurer, dévisager, rendre difforme, enlaidir, gâter.*

To disfigure one's face. *Défigurer le visage de quelqu'un, le dévisager.*

Disfigured, *adject. Défiguré, dévisagé, enlaidi, gâté.*

He is quite disfigured with the small pox. *Il est tout défiguré de la petite vérole.*

DISFIGUREMENT, *subst. Enlaidissement.*

This will be no disfigurement to her face. *Ceci ne défigurera ou ne gâtera point son visage, ceci ne fera point de tort à sa beauté.*

DISFIGURING, *subst. L'action de défigurer, &c. V.* to Disfigure.

To DISFOREST, *v. act.* (to pull down or displant the trees of a forest.) *Abattre, arracher les arbres d'une forêt.*

To DISFRANCHISE, *v. act. Oter la franchise, ôter les droits de franchise ou les privilèges.*

Disfranchised, *adj. Qui a perdu sa franchise.*

DISFRANCHISEMENT, *f. Privation de franchise ou de privilèges.*

To DISFURNISH, *&c. Voyez* to Unfurnish, &c.

To DISGARNISH, *v. act. Dégarnir.*

Disgarnished, *adj. Dégarni.*

DISGARNISHING, *subst. L'action de dégarnir.*

To DISGLORIFY, *v. act. Humilier; flétrir la gloire de quelqu'un.*

To DISGORGE, *v. act.* (to cast up.) *Rendre gorge, vomir, rejetter, rendre ce qu'on a mangé,* † *dégobiller.*

To disgorge itself into the sea, (as some rivers do.) *Se décharger dans la mer, en parlant d'une rivière.*

DISGRACE, *subst.* (discredit, dishonour or reproach.) *Déshonneur, honte, infamie, ignominie, tache, flétrissure, opprobre.*

How came he to bring such a disgrace upon himself? *Comment s'est-il attiré cette infamie ?*

To conceal the disgrace of one's family. *Cacher l'opprobre de sa famille.*

He is a disgrace to his friends. *Il est la honte de sa parenté.*

Disgrace, (or disfavour.) *Disgrace.*

To be in disgrace at court. *Être en disgrace, être disgracié, n'être plus en faveur, avoir perdu la faveur de son Prince.*

To DISGRACE, *v. act.* (or to shame.) *Déshonorer, faire honte ou déshonneur.*

You disgrace your relations. *Vous faites honte à vos parents, vous les déshonorez.*

To disgrace one's self. *Se faire honte.*

To disgrace, (or to brand with infamy.) *Noter d'infamie, flétrir.*

Disgraced, *adj. Déshonoré, perdu de réputation.*

Disgraced at court. *Disgracié.*

DISGRACEFUL, *adj. Honteux, infame; qui fait honte, qui déshonore, qui flétrit.*

A disgraceful suit of clothes. *Un habit qui fait honte.*

Nothing can be more disgraceful. *Il ne se peut rien voir de plus honteux ou de plus infame.*

DISGRACEFULLY, *adv. Honteusement, d'une manière honteuse ou infame, avec opprobre.*

DISGRACEFULNESS, *V.* Disgrace.

DISGRACER, *subst. Celui ou celle qui déshonore ou qui fait honte.*

DISGRACING, *subst. L'action de déshonorer ou de faire honte, &c. Voy.* to Disgrace.

DISGRACIOUS, *adj. Désavorable, désagréable.*

To DISGRADE, *&c. V.* to Degrade.

† To DISGRUNTLE, *v. act.* (to anger.) *Fâcher, piquer, choquer, mettre de mauvaise humeur.*

Disgruntled, *adj. Fâché, piqué, choqué, de mauvaise humeur.*

DISGUISE, *subst.* (or counterfeit habit.) *Déguisement, masque.*

Disguise, (or pretence.) *Déguisement, prétexte, couleur, voile, feinte, masque.*

To DISGUISE, *v. act.* (to put in a disguise.) *Déguiser, travestir, masquer.*

To disguise one's self, to put one's self in a disguise. *Se déguiser, se travestir.*

To

To deguise (or alter) a thing. *Déguiser une chose, lui donner une autre forme ou figure, la métamorphoser, la changer, la rendre méconnoissable.*
To disguise (or conceal) one's intentions. *Déguiser, feindre, dissimuler, cacher son dessein.*
Disguised, adject. *Déguisé*, &c. Voy. to Disguise.
DISGUISEMENT. V. Disguise.
DISGUISER, f. *Qui déguise.*
DISGUISING, subst. *L'action de déguiser,* &c. Voy. to Disguise.
DISGUST, f. (or dislike.) *Dégoût, mécontentement, aversion.*
There is some disgust in the case. *Il y a quelque mécontentement.*
He took a disgust to me. *Il m'a pris en aversion.*
To take some disgust. *Être mal satisfait de quelqu'un ou de quelque chose, en être choqué.*
To DISGUST, v. act. (raise or produce an aversion.) *Prendre en aversion, désapprouver, mépriser.*
Disgusted, adject. *Qu'on a pris en aversion, désaprouvé, méprisé.*
Disgusted at a thing. *Choqué, mal satisfait de quelque chose.*
DISGUSTFUL, adject. *Dégoûtant.*
DISH, f. *Plat,* sorte de vaisselle.
A silver, pewter or earthen dish. *Un plat d'argent, d'étain ou de terre.*
A dish of meat or fish. *Un plat de viande ou de poisson.*
A large dish. *Un grand plat, un bassin.*
Dish (or course) of meat. *Un plat, un service, des mets, des viandes.*
A dainty dish. *Des friandises, des mets exquis, de bons morceaux, des ragoûts.*
A dish, (or porringer.) *Une écuelle.*
A dish of coffee or chocolate. *Une tasse de café ou de chocolat.*
† You have done it in a dish, (or neatly.) *Vous l'avez fort bien fait, vous y avez bien réussi.*
P. The dish wears its own cover. *P. Tel maître, tel valet.*
To eat a dish of meat with one. *Manger chez quelqu'un, prendre un repas chez lui.*
‡ Fools which each man meets in his dish each day. *Les sots qu'on trouve tous les jours sous ses pas.*
†† To lay or throw in one's dish, (to twit him with it.) *Reprocher quelque chose à quelqu'un, lui en faire des reproches,* † *la lui jetter au nez.*
A chafing-dish. *Un réchaud.*
Dish-butter. *Du beurre frais, qu'on vend dans une espèce d'écuelle de bois.*
A dish-clout. *Torchon,* dont on se sert pour nettoyer la vaisselle.
Dish wash or dish-water. *Lavure d'écuelles,* l'eau qui a servi à laver les plats & les écuelles.
To DISH up, v. act. (to serve in a dish.) *Dresser, mettre dans un plat.*
To dish up the pottage. *Dresser le potage, le mettre dans un plat.*
† To dish sweet meat with sour sauce. *Assaisonner de bonne viande avec une sauce aigre; & dans le figuré, accompagner ses bienfaits de quelque chose de fâcheux.*
DISHABILLE, subst. *Déshabillé.*
To DISHABIT, v. act. *Faire sortir,* chasser d'une demeure.
DISHABITED, adject. *Chassé d'une demeure.*

DISHARMONY, f. (or jarring.) *Manque d'harmonie.*
DISHED up, adject. *Dressé, mis dans un plat.*
To DISHEARTEN, v. act. (or to discourage.) *Décourager, faire perdre le courage, abattre le courage, intimider,* † *mettre la peur au ventre.*
Why are you so disheartened? (or dismayed.) *Pourquoi perdez-vous courage?*
DISHEARTENING, f. *L'action de décourager,* &c. V. to Dishearten.
* **DISHERISON**, subst. (or disheriting.) *Exhérédation, l'action de déshériter ou d'exhéréder.*
To DISHERIT. Voy. to Disinherit.
DISHERITOR, f. (one that disinherits, or puts another out of his inheritance.) *Celui qui déshérite un autre ou qui le prive de sa succession.*
To DISHEVEL, v. act. *Écheveler.*
DISHEVELLED, adj. (whose hair hangs loose.) *Échevelé, qui a les cheveux épars.*
DISHONEST, adj. (base, knavish.) *Malhonnête, de mauvaise foi, qui n'est pas honnête, indigne d'un honnête homme, vilain, honteux, indigne.*
A dishonest man. *Un mal-honnête homme.*
Dishonest dealings. *Actions ou pratiques indignes d'un honnête homme, des actions infames.*
Dishonest, (or unchaste.) *Déshonnête, lascif, impudique, qui n'est pas chaste.*
DISHONESTLY, adv. *Malhonnêtement, en mal-honnête homme, en mal-honnête femme,* ou *déshonnêtement, contre la pudeur.*
DISHONESTY, f. (or knavery.) *Malhonnêteté, friponnerie.*
A great piece of dishonesty. *Une action tout-à-fait lâche, basse ou mal-honnête, qui est tout-à-fait indigne d'un honnête homme.*
Dishonesty, (lewdness, impurity.) *Déshonnêteté, impureté, impudicité.*
DISHONOUR, f. (or disgrace.) *Déshonneur, honte, infamie, ignominie, tache, opprobre, flétrissure.*
To DISHONOUR, v. act. (or disgrace.) *Déshonorer, faire déshonneur, flétrir.*
DISHONOURABLE, adj. *Déshonorable, honteux, infame.*
DISHONOURABLY, adv. *Mal-honnêtement, en mal-honnête homme, vilainement.*
DISHONOURED, adject. *Déshonoré, flétri.*
To DISHORN, v. act. *Oter les cornes.*
DISHUMOUR, f. *Mauvaise humeur.*
DISIMPROVEMENT, subst. *Décadence, détérioration.*
To DISIMBARK, } v. neut. *Débarquer,*
To DISEMBARK, } *descendre d'un navire.*
To disembark, (or go off) from an undertaking. *Quitter quelque entreprise, s'en déporter.*
Disembarked, adj. *Débarqué.*
DISIMBARKING, f. *Débarquement.*
To DISINCARCERATE, v. act. *Mettre en liberté.*
DISINCLINATION, subst. *Éloignement, mauvaise volonté.*
To DISINCLINE, v. act. *Indisposer, éloigner.*
DISINCLINED, adj. (estranged.) *Indisposé, éloigné.*
They are disinclined one to the other. *Ils sont indisposés l'un contre l'autre.*

To DISINCORPORATE, v. act. *Séparer.*
To DISINCOURAGE, } v. act. *Ne pas*
To DISCOURAGE, } *encourager, rebuter, empêcher, défendre, réprimer.*
DISINCOURAGEMENT, subst. *Ce qui rebute, ce qui décourage,* &c.
To DISINGAGE, } v. act. *Dégager,*
To DISENGAGE, } *détacher, débarrasser.*
Disingaged, adject. *Dégagé, détaché, débarrassé.*
DISINGAGEMENT, subst. *Dégagement, détachement.*
DISINGAGING, f. *L'action de dégager,* &c. Voy. to Disingage.
DISINGENUITY, f. *Mauvaise foi, peu de sincérité, dissimulation.*
DISINGENUOUS, adject. *Qui n'est pas ingénu, qui n'est pas sincère, dissimulé.*
DISINGENUOUSLY, adv. *D'une manière peu ingénue ou peu sincère, avec dissimulation.*
DISINHABITED, adject. *Dépeuplé, désert, désolé.*
DISINHERISON, f. *Exhérédation.*
To DISINHERIT, v. act. *Déshériter,* priver de sa succession; & en termes de Palais, *exhéréder.*
Disinherited, adject. *Déshérité, exhérédé.*
DISINHERITING, f. *L'action de déshériter ou d'exhéréder, exhérédation.*
To DISINTANGLE, } v. act. *Démêler,*
To DISENTANGLE, } *dégager, débrouiller, débarrasser, dans le propre & dans le figuré.*
To disintangle the hair. *Démêler les cheveux.*
To disintangle one's self from a scurvy business. *Se démêler, se tirer, se débarrasser d'une méchante affaire.*
Disintangled, adject. *Démêlé, dégagé, débrouillé, débarrassé.*
DISINTANGLING, f. *L'action de démêler,* &c. V. to Disintangle.
To DISINTER, v. act. *Déterrer.*
DISINTERESSED, } adj. (void of self
DISINTERESTED, } interest.) *Désintéressé.*
DISINTERESTEDNESS, subst. *Désintéressement.*
DISINTERESTEDLY, adv. *Avec désintéressement, sans préjugé, sans passion.*
To DISINTHRONE, &c. V. to Unthrone, &c.
To DISINTRICATE, &c. V. to Disintangle, &c.
To DISINVITE, v. act. *Désinviter, déprier, contremander.*
Disinvited, adj. *Désinvité, déprié.*
DISINVITATION, } subst. *L'action de*
DISINVITING, } *désinviter ou de déprier.*
To DISJOIN, v. act. *Déjoindre, désunir, séparer, détacher.*
Disjoined, adj. *Déjoint, désuni, séparé, divisé, détaché.*
DISJOINING, f. *L'action de déjoindre,* &c. V. to Disjoin.
To DISJOINT, v. act. (to put out of joint.) *Démettre, disloquer.*
To disjoint (to divide) an estate. *Morceler, démembrer un bien.*
Disjointed, adj. *Démis, disloqué,* &c. Voy. to Disjoin.
DISJUNCT. Voy. Disjoined.
DISJUNCTION, f. *Disjonction, séparation, division.*
DISJUNCTIVE, adj. *Disjonctif.*

A

A disjunctive particle. *Une particule disjonctive.*
DISJUNCTIVELY, adv. *Dans un sens disjonctif.*
DISK, f. (in astronomy, the body of the sun or moon.) *Le disque ou le corps apparent du Soleil ou de la Lune.*
DISKINDNESS, f. *Mauvais office, mauvais tour, préjudice.*
To do one a diskindness. *Rendre un mauvais office à quelqu'un.*
DISLIKE, subst. *Dégoût, répugnance, aversion.*
To DISLIKE, v. act. (or disallow.) *Désapprouver, ne pas approuver, ne pas agréer, avoir de l'aversion ou du dégoût pour quelque chose, blâmer.*
The chief thing that I dislike in him. *La principale chose qui me déplaît en lui.*
Disliked, adject. *Désapprouvé, &c.*
His proceeding is very much disliked. *On blâme fort son procédé.*
To DISLIKEN, v. act. *Rendre dissemblable, différencier.*
DISLIKENESS, subst. *Différence, dissemblance.*
DISLIKER, subst. *Censeur, qui désapprouve.*
DISLIKING, f. *L'action de désapprouver, dégoût. Voy.* to Dislike.
To DISLIMB, v. act. *Arracher les membres.*
DISLIMBED, adj. *A qui on a arraché les membres.*
To DISLOCATE, v. act. (or put out of joint.) *Disloquer, démettre.*
Dislocated, adject. *Disloqué, démis.*
DISLOCATION, subst. *Dislocation.*
To DISLODGE, v. act. *Faire déloger, chasser, mettre dehors.*
To dislodge one, (to turn him out of his lodging.) *Faire déloger quelqu'un, le mettre dehors.*
To dislodge a stag. *Lancer un cerf.*
To dislodge a camp. *Décamper.*
To dislodge, v. neut. *Déloger.*
Dislodged, adject. *Qu'on fait déloger, chassé, &c. V.* to Dislodge.
DISLODGING, subst. *L'action de faire déloger. Voy.* to Dislodge.
DISLOYAL, adject. *Déloyal, infidèle, perfide, traître.*
A subject disloyal to his Prince, a wife to her husband. *Un sujet déloyal à son Prince, une femme infidèle à son mari.*
DISLOYALLY, adv. *Infidellement, perfidement, avec perfidie, en traître.*
DISLOYALTY, f. *Déloyauté, perfidie, infidélité; trahison.*
DISMAL, adject. (terrible hideous.) *Terrible, affreux, horrible, hideux, sinistre, funeste.*
A dismal sight. *Un spectacle affreux ou hideux.*
† Dismal, (a vulgar name for an under-taker's or upholder's man employed in burials.) *Un corbeau.*
DISMALLY, adv. *Terriblement, affreusement, horriblement, hideusement.*
DISMALNESS, subst. *Horreur.*
To DISMANTLE a city, v. act. (to pull down its walls.) *Démanteler une ville, abattre les murailles d'une ville.*
Dismantled, adject. *Démantelé.*
DISMANTLING, subst. *L'action de démanteler.*
To DISMASK, v. act. *Démasquer.*
DISMASTED, adject. (speaking of a ship.) *Démâté par la tempête ou dans un combat.*

DISMAY, subst. (affright, fear.) *Étonnement, crainte, épouvante.*
To DISMAY, v. act. *Épouvanter, étonner, intimider, surprendre, déconcerter.*
Dismayed, adject. *Épouvanté, étonné, intimidé, surpris, tout éperdu, déconcerté.*
They fled all dismayed. *Ils prirent la fuite tout éperdus.*
DISMAYEDNESS, subst. *Abattement, frayeur.*
DISME, subst. *Dîme.*
To DISMEMBER, v. act. (or pull in pieces.) *Démembrer, déchirer, mettre en pièces: il se dit dans le propre & dans le figuré.*
Dismembered, adject. *Démembré, &c.*
DISMEMBERING, f. *L'action de démembrer, &c.*
To DISMISS, v. act. (or send away.) *Renvoyer, congédier, donner congé.*
It is time to dismiss him. *Il est temps de le renvoyer.*
To dismiss one from his employ. *Congédier quelqu'un, lui donner congé.*
To dismiss (or repudiate) one's wife. *Répudier sa femme, faire divorce avec elle.*
To dismiss a cause in Chancery. *Mettre les parties hors de Cour & de procès.*
To dismiss a thing without any reflections upon it. *Passer par-dessus une chose, n'y faire aucune réflexion.*
Dismissed, adject. *Renvoyé, congédié, &c. Voy.* to Dismiss.
He was dismissed the Court. *On l'a chassé de la Cour, il a été banni de la Cour.*
DISMISSING, subst. *L'action de renvoyer, de congédier, de répudier, &c. Voy.* to Dismiss.
DISMISSION, subst. *Renvoi, congé.*
DISMIST. *Voy.* Dismissed.
To DISMORTGAGE, v. act. *Dégager un bien hypothéqué.*
To DISMOUNT, v. act. (or to unhorse another.) *Démonter, désarçonner.*
To dismount a cannon, (to make it unfit for service.) *Démonter un canon, le rendre incapable de servir.*
To dismount one's prejudices. *Ôter à quelqu'un ses préjugés, faire en sorte qu'il se défasse de ses préjugés.*
To Dismount, v. neut. (or alight.) *Descendre de cheval, mettre pied à terre.*
Dismounted, adject. *Démonté.*
DISMOUNTING, f. *L'action de démonter. Voy.* to Dismount.
To DISNATURALIZE, v. act. (to deprive of the right of naturalization.) *Ôter ou faire perdre le droit de naturalité.*
DISNATURED, adj. *Dénaturé.*
DISOBEDIENCE, f. *Désobéissance.*
DISOBEDIENT, adject. (or undutiful.) *Désobéissant, revêche, réfractaire.*
A disobedient child. *Un enfant désobéissant ou revêche.*
DISOBEDIENTLY, adv. Ex. To carry one's self disobediently, (or undutifully.) *Être désobéissant, ne pas obéir.*
To DISOBEY, v. act. *Désobéir, être rebelle, contrevenir.*
To disobey one's father. *Désobéir à son père.*
Disobeyed, adject. *Désobéi.*
I will not be disobeyed. *Je ne veux pas qu'on me désobéisse.*
DISOBEYING, f. *L'action de désobéir, désobéissance.*
DISOBLIGATION, f. *Déplaisir, action désobligeante, mauvais office.*

To DISOBLIGE, v. act. *Désobliger, rendre un mauvais office, desservir.*
Disobliged, adj. *Désobligé, desservi.*
DISOBLIGING, adject. *Désobligeant, incivil.*
Disobliging ways. *Des manières désobligeantes.*
DISOBLIGINGLY, adv. *D'une manière désobligeante.*
DISORBED, adj. *Dérégle, déplacé.*
DISORDER, f. (confusion.) *Désordre, confusion, trouble, dérèglement, renversement, dérangement.*
I see here nothing but disorder and confusion of things. *Je ne vois ici que désordre & que confusion.*
Disorder, (trouble or wandering of the mind.) *Désordre, trouble, embarras, égarement d'esprit.*
She laid her hand upon her eyes, to hide her disorder from her lover. *Elle porta la main sur ses yeux, pour cacher son désordre à son amant.*
Disorder of drink, (a disorder contracted by over-much drinking.) *Crapule; ivresse.*
To DISORDER, v. act. (to put out of order, to confound.) *Dérégler, détraquer, déranger, mettre en désordre, causer du désordre, confondre, apporter de la confusion, troubler.*
To disorder a watch. *Détraquer une montre, la dérégler.*
That disorders the stomach. *Cela détraque, incommode, dévoie ou dérègle l'estomac.*
He disorders the whole society. *Il trouble toute la société.*
It disorders the blood. *Cela altère le sang.*
To disorder, (to confound or discompose.) *Déranger, déconcerter, jeter dans le désordre ou dans l'embarras.*
To disorder, (or vex.) *Fâcher, inquiéter, incommoder.*
To disorder one's self with drinking. *Se rendre malade à force de boire.*
Disordered, adject. *Désordonné, déréglé, confus, en désordre, en confusion, &c. Voy.* to Disorder.
DISORDERING, subst. *L'action de confondre, &c. Voy.* to Disorder.
DISORDERLY, adject. (or without rule.) *Déréglé, confus, changé, où tout est en désordre & en confusion, où il n'y a point d'ordre, en parlant des choses; qui n'a point d'ordre, qui se plaît dans la confusion, irrégulier, en parlant des personnes ou de l'esprit.*
A disorderly house. *Une maison où il n'y a point d'ordre, qui n'est pas bien réglée.*
A disorderly man. *Un homme déréglé ou qui n'a point d'ordre, qui se plaît dans la confusion.*
A disorderly man, (a man that lives a disorderly life.) *Un homme déréglé dans sa manière de vivre, qui vit désordonnément, qui mène une vie déréglée.*
I found her in a very disorderly situation. *Je l'ai trouvée dans un grand désordre.*
Disorderly doings. *Des désordres, des dérèglements.*
Disorderly, adv. (or irrmethodically.) *Confusément, sans garder aucun ordre, en désordre, irrégulièrement.*
DISORDINATE, adj. *Désordonné, déréglé, déraisonné, excessif.*
DISORDINATELY, adv. *Désordonnément, excessivement.*
DISORIENTATED,

DISORIENTATED, adj. Désorienté.
To DISOWN, v. act. (to deny.) Nier, désavouer.
I do not disown my doing of it. Je ne nie point que je ne l'aie fait.
To disown one for his son. Désavouer quelqu'un pour son fils, déclarer qu'on ne le reconnoit point pour tel.
Disowned, adj. Nié, désavoué.
DISOWNING, f. L'action de nier, l'action de désavouer, désaveu.
To DISPAND, v. act. Répandre, étendre, déployer.
DISPANSION, subst. L'action de répandre, &c.
To DISPARAGE, v. act. (to flight or speak ill of.) Déprifer, méprifer, parler mal de, parler avec mépris, ravaler, décrier, avilir.
To disparage one's commodities. Déprifer, décrier les marchandises de quelqu'un.
To disparage one. Parler mal de quelqu'un, en parler avec mépris.
Disparaged, adj. Méprifé, décrié, &c.
DISPARAGEMENT, f. Mépris, déshonneur, honte, tort, avilissement.
It is no disparagement for you to do it. Il n'est point au-dessous de vous de le faire, vous ne vous ravalerez point si vous le faites.
A disparagement in marriage. Inégalité de condition dans le mariage, mariage qui n'est pas sortable.
DISPARAGER, subst. Celui ou celle qui méprise, &c. V. to Disparage.
DISPARAGING, subst. L'action de méprifer, &c. V. to Disparage.
DISPARITY, subst. (or inequality.) Disparité, disproportion, irrégularité, différence.
To DISPARK, verb. act. (or throw open.) Rompre, ôter les palissades, &c. qui environnent un parc.
DISPARPLED, adject. (in heraldry.) Eployé, terme de blason.
To DISPART, verb. act. a piece of ordnance, (to take or settle the dimension of its bore.) Calibrer une pièce d'artillerie.
To dispart. Diviser, partager.
DISPASSION, subst. Flegme ou phlegme, tranquilité, égalité d'ame.
DISPASSIONATE, adject. Posé, exempt de passion ou de colere, qui n'est pas emporté.
Dispassionate simplicity. Une simplicité indolente.
DISPATCH, f. (or quick dispatch.) Expédition.
He is a man of quick dispatch. C'est un homme d'expédition ; † c'est un grand abatteur de bois.
To make a quick dispatch. Dépécher, expédier.
Dispatches, (or letters.) Dépéches, lettres.
To DISPATCH, verb. act. (a business.) Dépécher, expédier une affaire.
To dispatch (to send) a courier. Dépécher ou envoyer un courier.
† To dispatch, (to kill a man or to dispatch him out of the way.) Tuer quelqu'un, le faire mourir, † l'expédier.
To dispatch, v. neut. (to make haste.) Se dépécher, se hâter, faire vite.
Dispatched, adject. Dépéché, &c. V. to Dispatch.
DISPATCHER, subst. Celui ou celle qui dépéche, &c. V. to Dispatch.
A dispatcher of business. Un homme d'expédition, un homme expéditif.

DISPATCHING, subst. L'action de dépécher, &c. V. to Dispatch ; expédition.
DISPAUPERED, adject. (a law-word for being deprived of the privilege of suing in forma pauperis.) Privé du privilège qu'ont les pauvres de plaider gratis.
To DISPEL, v. act. (or dissipate.) Chasser, dissiper.
* To DISPEND, &c. V. to Spend, &c.
DISPENSABLE, adject. (that may be dispensed with.) Dont on peut dispenser.
DISPENSARY, f. Endroit où l'on prépare des médecines.
DISPENSATION, subst. (or exemption.) Dispense, exemption.
The dispensation of the Law. La dispensation ou l'économie de la Loi.
DISPENSATOR, subst. Dispensateur, distributeur.
DISPENSATORY, subst. (a book that teaches how to make all physical compositions.) Pharmacopée, livre qui enseigne la composition des remedes.
To DISPENSE with, verb. act. Dispenser, exempter, excuser.
Pray, dispense me with it. Je vous prie de m'en dispenser.
He shall dispense with me for not believing what he says. Il me permettra de ne rien croire de ce qu'il dit.
To dispense, (to distribute.) Dispenser, administrer, distribuer, donner.
Dispensed with, adj. Dispensé, exempté, excusé.
The degrees of kindred may be dispensed with, in the business of marriage. On peut donner des dispenses de parenté, lorsqu'il s'agit de mariage.
Dispensed, (distributed.) Dispensé, distribué, donné.
DISPENSE, subst. V. Dispensation.
DISPENSER, subst. Dispensateur, dispensatrice, celui ou celle qui dispense, qui distribue, &c.
* DISPENSES, subst. (or expences.) Dépense, dépens, frais.
DISPENSING, subst. L'action de dispenser, &c. V. to Dispense.
Dispensing, adj. Ex. Dispensing power. Le pouvoir de dispenser.
To DISPEOPLE, verb. act. (or depopulate.) Dépeupler, défoler.
Dispeopled, adj. Dépeuplé, défolé.
DISPEOPLER, subst. Qui dépeuple.
To DISPERGE, v. act. Asperger, arroser, répandre, jetter çà & là.
To DISPERSE, verb. act. (to spread.) Disperser, répandre, dissiper, semer çà & là.
To disperse a rumour. Semer, répandre, faire courir un bruit.
To disperse, vab. neut. Se disperser, se répandre.
Dispersed, adject. Dispersé, répandu, dissipé, semé de tous côtés.
DISPERSEDLY, adv. Çà & là, séparément, en divers endroits.
DISPERSER, subst. Celui ou celle qui disperse ou qui répand.
A disperser (or spreader) of false news. Un semeur de faux bruits.
DISPERSING, subst. Dispersion, l'action de disperser ou de répandre, &c. V. to Disperse.
DISPERSION, subst. Dispersion.
The dispersion of the Jews. La dispersion des Juifs.
To DISPIRIT, verb. act. (to discourage.) Décourager, abattre.
Dispirited. Découragé, abattu.

Dispirited blood. Sang qui manque d'esprits.
To DISPLACE, verb. act. (or put out of one's or its place.) Déplacer, ôter de sa place, déranger.
To displace, (or turn out of an office.) Ôter à quelqu'un sa place ou son emploi, l'en débusquer, l'en démettre.
Displaced, adj. Déplacé, ôté de sa place, dérangé, &c.
DISPLACENCY, f. Impolitesse, dégoût, chose qui déplait.
DISPLACING, f. Déplacement, l'action de déplacer, &c. V. to Displace.
To DISPLANT, v. act. (or to pluck up.) Arracher.
* DISPLANTATION, f. Extirpation.
DISPLAY, subst. (or explication.) Explication, exposition.
A display of heraldry. Explication du blason ou de l'art de blasonner.
To DISPLAY, verb. act. (or spread wide.) Déployer, élargir, étendre, déplier, détendre, développer.
To display one's colours. Déployer son drapeau.
To display, (or declare,) Expliquer, exposer, découvrir, développer, déclarer, démêler.
To display an intrigue. Découvrir, développer, démêler une intrigue.
To display (or make a shew of) one's wit. Étaler son esprit, en faire parade.
Displayed, adj. Déployé, étendu, &c. expliqué, déclaré, découvert, &c.
DISPLAYING, sub. L'action de déployer, d'étendre, &c. V. to Display.
DISPLEASANT, &c. Voyez Unpleasant, &c.
To DISPLEASE, }
To DISPLEASURE, } verb. act. (or to discontent.) Déplaire, ne plaire pas, fâcher.
To displease one. Déplaire à quelqu'un.
To displease God and the world. Déplaire à Dieu & au monde.
Displeased, adj. (discontented.) Fâché, qui n'est pas content, mécontent.
Displeased, (or angry.) Fâché, en colere.
I am displeased with him. Je suis fâché contre lui.
To be displeased with one's self. Se déplaire.
I am utterly displeased with his carriage. Sa conduite me déplait tout-à-fait.
DISPLEASINGNESS, subst. Qualité déplaisante.
DISPLEASURE, subst. (or discontent.) Déplaisir, chagrin, mécontentement.
To do a displeasure to one. Faire un déplaisir à quelqu'un.
I promise you, that you shall receive no displeasure thereby. Je vous promets que vous n'en recevrez aucun mécontentement.
To incur the King's displeasure, (or indignation.) Encourir la disgrace ou l'indignation du Roi.
To DISPLODE, verb. act. Pousser, disperser avec grand bruit.
DISPLOSION, subst. Explosion.
DISPORT, subst. (or pastime.) Passetemps, divertissement, récréation, jeu.
To DISPORT, verb. neut. } Se divertir ou passer le temps.
To DISPORT ONE'S SELF, v. réc. }
DISPOSAL, }
DISPOSE, } subst. Disposition, pouvoir, maniement.

DIS

I left it at his disposal or dispose. *Je l'ai laissé à sa disposition.*
I am not at your disposal. *Vous n'avez rien à me commander, je ne dépends pas de vous.*
To DISPOSE, verb. act. (or prepare.) *Disposer, préparer.*
To dispose, (or set in order.) *Disposer, ranger, arranger, poser, ordonner, mettre par ordre.*
To dispose of, verb. neut. (to do what one pleases with.) *Disposer de, faire ce qu'on veut de.*
To dispose of one's estate by will. *Disposer de son bien par testament.*
Pr. Man proposes and God disposes. *L'homme propose & Dieu dispose.*
I know not how to dispose of it. *Je ne sais comment en disposer, je ne sais qu'en faire, je ne sais à quoi l'employer.*
To dispose of another man's money. *Se servir de l'argent d'autrui, en disposer.*
To dispose of a thing, (or to give it away.) *Disposer d'une chose, donner une chose, en faire présent à quelqu'un.*
To dispose of a daughter in marriage. *Donner sa fille en mariage, la marier.*
How will you dispose of yourself? *Qu'avez-vous envie de faire? Que ferez-vous de votre personne?*
To dispose of one's time. *Employer son temps.*
To dispose of a house, (or to let it.) *Louer une maison.*
To dispose of one's son to a school or a trade. *Mettre son fils à l'école ou en apprentissage.*
To dispose of one, (or to send him away.) *Se défaire de quelqu'un, lui donner son congé.*
I am yours to dispose of. *Je suis tout à vous.*
Disposed, adject, (or inclined to.) *Disposé, qui est d'humeur, en train, prêt à faire ou dans la disposition de faire quelque chose.*
Disposed to be merry. *D'humeur à rire ou à se divertir.*
Disposed to laugh. *En train de rire.*
Disposed to cry or to vomit. *D'humeur à pleurer, dans la disposition de vomir.*
Piously disposed. *Qui a des inclinations pieuses, qui est porté à la piété.*
Well or ill disposed (in health.) *Qui est en bonne ou en mauvaise santé.*
Against your being disposed (to drink.) *A vous, en attendant que vous soyez d'humeur à boire.*
Disposed, adject. part. (or prepared.) *Disposé, préparé.*
Disposed, (or set in order.) *Disposé, rangé, arrangé, posté, mis en ordre.*
Disposed OF. *Dont on a disposé, dont on s'est servi, que l'on a employé, donné, vendu, &c.* V. to Dispose.
DISPOSE, subst. V. Disposal.
DISPOSER, subst. *Celui ou celle qui dispose, &c. dispensateur, arbitre.*
God is the wise disposer of all things. *Dieu dispose sagement de toutes choses.*
DISPOSING, subst. *L'action de disposer, &c.* V. to Dispose.
DISPOSITION, sub. (or order.) *Disposition, arrangement, ordre.*
Having made these dispositions, the directors turned their thoughts towards a dividend. *Après avoir fait ces arrangements, les directeurs ont songé à un dividende.*
Disposition, (or inclination.) *Inclination, penchant.*

DIS

Disposition of body. *Disposition, état de la santé.*
Disposition of mind. *Disposition, talent.*
The sweetness of his disposition gains him abundance of friends. *La douceur de son caractère lui attire beaucoup d'amis.*
DISPOSITIVE, subst. *Dispositif.*
To DISPOSSESS, v. act. *Dessaisir, déposséder.*
To dispossess of an error. *Détromper, faire revenir d'une erreur, désabuser.*
Dispossessed, adj. *Dessaisi, dépossédé,* V. to Dispossess.
DISPOSSESSING, subst. *L'action de dessaisir, de déposséder, &c. Voyez* to Dispossess.
DISPOSURE,
DISPOSAL, } sub. (from to dispose.) *Disposition, pouvoir, conduite, maniement, administration.*
DISPRAISE, subst. *Blâme, reproche.*
I have seen as fine faces, no dispraise to yours. *J'ai vu d'aussi beaux visages, sans faire tort au vôtre.*
To DISPRAISE, v. act. (or discommend.) *Blâmer, condamner, trouver à redire, critiquer.*
Dispraised, adject. *Blâmé, condamné, critiqué.*
DISPRAISER, subst. *Critique, censeur.*
DISPRAISING, subst. *L'action de blâmer, de condamner, &c.*
To DISPREAD, verb. act. *Disperser.*
DISPROFIT, sub. (or loss.) *Perte, dommage, préjudice, désavantage.*
To DISPROFIT, verb. act. *Nuire, préjudicier, porter dommage.*
DISPROOF, subst. *Réfutation.*
DISPROPORTION, s. (or inequality.) *Disproportion, inégalité, disparité.*
DISPROPORTIONABLE, adj. *Disproportionné, inégal.*
DISPROPORTIONABLY, adv. *Inégalement.*
DISPROPORTIONATE, adject. *Disproportionné.*
DISPROPORTIONED, adj. *Disproportionné.*
To DISPROVE, v. act. (or prove contrary to.) *Réfuter, prouver le contraire.*
To disprove an argument. *Réfuter un argument.*
Disproved, adj. *Réfuté.*
DISPROVER, s. *Celui qui réfute ou qui blâme.*
DISPROVING, subst. *L'action de réfuter, réfutation.*
DISPUNISHABLE, adj. *Qui ne peut être puni.*
To DISPURSE, v. a. *Débourser.*
DISPUTABLE, adj. (that may be disputed.) *Disputable, de quoi l'on peut disputer, problématique.*
DISPUTANT, subst. *Disputeur, celui qui dispute.*
DISPUTATION, subst. *Dispute, thèse, combat d'esprit entre des Savants.*
To hold a disputation in Divinity. *Soutenir une dispute, soutenir une thèse en Théologie, disputer en Théologie.*
DISPUTATIOUS,
DISPUTATIVE, } adj. (troublesome, quarrelsome, contending) *Disputeur, qui aime à disputer, à contester.*
DISPUTE, subst. (or debate.) *Dispute, débat, querelle, contestation.*
Beyond all dispute. *Sans doute, sans contredit.*
To DISPUTE, v. neut. (to quarrel.) *Disputer, être en débat ou en contestation.*

DIS

To dispute, (to agitate or maintain a question.) *Disputer, débattre, agiter des questions, défendre une opinion.*
To dispute, v. a. (to contend for.) *Disputer, contester.*
DISPUTER, s. *Disputeur.*
DISPUTING, subst. *Disputif. L'action de disputer, &c.* V. to Dispute.
DISPUTELESS, adject. *Sans dispute, évident.*
DISQUALIFICATION, subst. *Incapacité, qualité qui rend incapable.*
To DISQUALIFY, verb. act. (to render unqualified or incapable.) *Rendre inhabile ou incapable, dégrader.*
Disqualified, adject. *Rendu incapable ou inhabile, dégradé.*
DISQUALIFYING, s. *L'action de rendre incapable, dégradation.*
DISQUIET, s. (trouble or unquietness.) *Inquiétude, chagrin, trouble, peine, tourment, tristesse.*
To DISQUIET, v. act. (or to trouble.) *Inquiéter, donner de l'inquiétude, chagriner, tourmenter, troubler.*
Disquieted, adject. *Inquiété, chagriné, tourmenté, inquiet, chagrin, fâché, troublé.*
DISQUIETER, subst. *Celui ou celle qui inquiète, &c. Voyez* to Disquiet; perturbateur.
DISQUIETLY, adv. *Sans repos.*
DISQUIETNESS,
DISQUIETUDE, } s. *Inquiétude, trouble.*
DISQUISITION, sub. (or strict inquiry.) *Disquisition, recherche exacte, enquête ou perquisition en termes de Palais.*
To DISRANK, verb. act. (to put out of order.) *Déranger, ôter de sa place.*
Disranked, adj. *Dérangé.*
To DISREGARD, v. act. (to slight.) *Négliger, mépriser, ne faire aucun cas, n'avoir point d'égard pour.*
Disregarded, adj. *Méprisé, négligé, &c.*
DISREGARDFUL, adj. *Négligent, indifférent, nonchalant.*
DISREGARDING, subst. *L'action de négliger, &c.* V. to Disregard.
To DISRELISH, v. act. (or dislike.) *Désapprouver, ne trouver pas à son goût, n'aimer pas.*
I disrelish that. *Je désapprouve cela, je ne le trouve point à mon goût, cela ne me plaît ou ne me revient point.*
Disrelished, adj. *Désapprouvé, qu'on ne trouve pas à son goût.*
DISRELISHING, subst. *L'action de désapprouver, &c.* V. to Disrelish.
DISREPUTABLE, adj. *Qui fait tort à la réputation, honteux.*
DISREPUTATION,
DISREPUTE, } subst. (reproach, shame.) *Honte, reproche, mauvaise réputation, mauvaise odeur.*
To bring one's self into disrepute. *Se mettre en mauvaise odeur.*
To bring a disrepute upon a thing. *Décréditer quelque chose.*
DISRESPECT, subst. *Incivilité, dédain, mépris.*
To DISRESPECT, verb. act. *Mépriser, traiter incivilement.*
DISRESPECTFUL, adject. *Méprisant, peu respectueux, incivil, peu soumis, insolent.*
A disrespectful answer. *Une réponse méprisante, qui manque de respect.*
DISRESPECTFULLY, adv. *D'une manière peu respectueuse.*

To

DIS

To DISROBE, v. act. *Oter la robe.*
To disrobe one's self or to disrobe, v. n. *Se déshabiller, quitter la robe.*
Disrobed, adj. *Sans robe.*
Disrobed, (naked,) *Nu.*
DISRUPTION, f. *Fente, crevasse.*
DISSATISFACTION, f. (or discontent.) *Mécontentement, déplaisir, chagrin, dégoût.*
DISSATISFACTORY, adj. *Déplaisant, fâcheux, chagrinant.*
To DISSATISFY, verb. a. (or displease.) *Mécontenter, déplaire, fâcher.*
Dissatisfied or dissatisfyed, adject. *Malsatisfait, mécontent.*
To DISSECT, verb. act. (or anatomize, to cut in pieces.) *Disséquer, anatomiser, faire la dissection ou l'anatomie d'un corps.*
Dissected, adj. *Disséqué.*
DISSECTING, sub. *L'action de disséquer, dissection,* &c.
DISSECTION, f. *Dissection, anatomie.*
DISSECTOR, subst. *Dissecteur, celui qui dissèque.*
To DISSEIZE, verb. act. *Déposséder, priver.*
Disseized, adj. *Dépossédé, privé.*
DISSEIZEE, f. (he that is put out of his land.) *Celui qui est dépossédé.*
DISSEIZING, f. (an unlawful dispossessing.) *Dessaisissement, usurpation des biens d'une personne.*
DISSEIZOR, f. (he or she that dispossesses.) *Celui ou celle qui d'prés de un autre, un usurpateur, une usurpatrice.*
To DISSEMBLE, verb. act. or neut. (to feign or pretend.) *Dissimuler, feindre.*
To dissemble, (or to conceal.) *Dissimuler, cacher, couvrir, pallier.*
To dissemble sin was never the way to have it pardoned. *Dissimuler un péché, ne fut jamais le moyen d'en obtenir le pardon.*
DISSEMBLER, f. (a dissembling man or woman.) *Un dissimulé, une dissimulée, un comédien, une comédienne, celui ou celle qui use de dissimulation.*
He is a great dissembler, (or hypocrite.) *C'est un grand dissimulé, c'est un vrai fourbe, c'est un homme à deux visages, c'est un grand comédien.*
DISSEMBLING, f. *Dissimulation, feinte, déguisement, l'action de dissimuler,* &c. V. to Dissemble.
I hate dissembling. *Je hais la dissimulation.*
Dissembling, adject. *Qui dissimule, dissimulé.*
A dissembling woman. *Une dissimulée.*
DISSEMBLINGLY, adv. *En dissimulant, en faisant semblant de quelque chose.*
To DISSEMINATE, v. act. (or spread about.) *Semer, répandre.*
To disseminate errors. *Semer des erreurs.*
Disseminated, adj. *Semé, répandu.*
DISSEMINATION, f. *L'action de semer, de répandre.*
DISSENSION, f. (or discord.) *Dissension, division, querelle.*
To sow dissensions amongst friends. *Mettre la dissension entre des amis, les mettre mal ensemble.*
DISSENSIOUS, adj. (or quarrelsome.) *Querelleur.*
DISSENT, sub. (or contrariety of opinion.) *Contrariété d'opinions, opposition de sentimens.*
To DISSENT, v. n. (or disagree in opinion.) *Etre d'un sentiment contraire, ne*

DIS

s'accorder pas, avoir un sentiment opposé, être divisé.
DISSENTANEOUS, adj. (or contrary.) *Contraire, opposé, différent, dissemblable.*
DISSENTER, f. *Qui est d'un sentiment contraire.*
R. On appelle ordinairement dissenters *les Presbytériens & autres non-conformistes, qui refusent de se ranger sous la discipline de l'Eglise Anglicane.*
DISSERTATION, f. (or discourse upon a subject.) *Dissertation, une dispute, un traité.*
To DISSERVE one, v. act. (or do him a prejudice.) *Desservir quelqu'un, lui rendre un mauvais office, lui porter préjudice, lui nuire, lui préjudicier.*
Disserved, adject. *Desservi,* &c. V. to Disserve.
DISSERVICE, f. (ill-turn, injury.) *Tort, préjudice, mauvais office.*
That does great disservice to me. *Cela me fait grand tort.*
DISSERVICEABLE, adj. (or hurtful.) *Qui fait tort, nuisible, préjudiciable.*
D'SSERVICEABLENESS. Voyez Disservice.
To DISSETTLE, v. act. (or disorder.) *Mettre en désordre, déréghr, déranger.*
Dissettled, adj. *En désordre, en confusion, déréglé, dérangé.*
To DISSEVER, v. act. (or part.) *Séparer, disler, déjunir, détacher.*
Dissevered, adj. *Séparé, divisé, désuni, détaché.*
Two provinces dissevered by a river. *Deux provinces qui sont séparées par une rivière.*
DISSILITION, f. (or bursting in two.) *L'action d'éclater, de se fendre en deux.*
DISSIMILAR, adj. (of a different kind or nature.) *Dissimilaire, qui n'est pas de même nature ou de même espèce.*
DISSIMILARITY,
DISSIMILITUDE, } f. (or unlikeness.) *Différence, diversité, ce qui rend des choses dissemblables.*
DISSIMULATION, f. (or dissembling.) *Dissimulation, déguisement, feinte.*
To use dissimulation. *User de dissimulation.*
DISSIPABLE, adj. *Qui peut être dissipé.*
To DISSIPATE, v. act. (or scatter.) *Dissiper, chasser, disperser, répandre, éloigner, écarter, dans le propre & dans le figuré.*
This will dissipate (or remove) your fear. *Ceci dissipera votre crainte.*
To dissipate the humours. *Dissiper, faire résoudre les humeurs.*
Dissipated, adj. *Dissipé, chassé, répandu, dispersé, éloigné, écarté, semé.*
DISSIPATING, subst. *L'action de dissiper,* &c.
DISSIPATION, subst. *Dissipation, dégât, consomption.*
To DISSOCIATE, v. a. *Séparer, déjunir.*
DISSOLVABLE, adj. *Qui peut se dissoudre.*
DISSOLUBLE, adj. (apt to be dissolved.) *Qui se peut dissoudre.*
To DISSOLVE, v. act. (to penetrate a solid body, and divide its parts.) *Dissoudre, séparer, détacher, délier, déjunir les parties d'un corps solide.*
Fire dissolves all bodies. *Le feu dissout tous les corps.*
To dissolve (or melt) a metal. *Dissoudre, fondre ou liquéfier un métal.*

DIS

To dissolve (or dissipate) a swelling. *Résoudre, amollir ou dissiper une tumeur.*
To dissolve, (or to break off.) *Dissoudre, casser, rompre, séparer, défaire, dans le figuré.*
To dissolve the Parliament. *Casser ou dissoudre le Parlement.*
To dissolve a spell. *Rompre un charme.*
To dissolve, v. n. (or to be melted.) *Se dissoudre, se fondre.*
A metal that dissolves. *Métal qui se dissout.*
A swelling that dissolves. *Tumeur qui se résout.*
To dissolve in pleasures. *S'abandonner aux voluptés, vivre dans la dissolution.*
Dissolved, adject. *Dissous, fondu,* &c. *cassé, rompu,* &c. V. to Dissolve.
The dissolved snow does drench and soak the ground. *La neige fondue abreuve & détrempe la terre.*
A thing that cannot be dissolved. *Une chose indissoluble, qu'on ne peut dissoudre.*
To be dissolved in luxury. *S'abandonner au luxe ou à la débauche, être dissolu, débauché, déréglé.*
DISSOLVENT,
DISSOLVER, } f. *Un dissolvant, tout ce qui dissout.*
DISSOLVIBLE, adj. *Qui peut se dissoudre, ou être dissous.*
DISSOLVING, f. *L'action de dissoudre,* &c. V. to Dissolve.
Dissolving, adj. *Résolutif, qui peut résoudre ou dissoudre.*
DISSOLUTE, adj. (or lewd.) *Dissolu, déshonnête, impudique, débauché, libertin, déréglé, abandonné.*
A dissolute life. *Une vie dissolue.*
DISSOLUTELY, adv. *Dissolument, d'une manière dissolue & licencieuse, en débauché.*
DISSOLUTENESS, f. (lewdness.) *Dissolution, dérèglement, débauche.*
DISSOLUTION, sub. (or separation of parts.) *Dissolution, séparation, division.*
Dissolution, (or breaking off.) *Dissolution, rupture, cassation, abolition.*
A dissolution of marriage. *Dissolution de mariage.*
The dissolution of the Parliament. *La cassation du Parlement.*
The dissolution of Abbies. *L'abolition des Abbayes qui se fit sous le regne de Henri VIII.*
Dissolution, (lewdness.) *Dissolution, dérèglement de mœurs, luxure, débauche.*
DISSONANCE, f. (or disagreement in sound.) *Dissonance, faux accord, manque d'harmonie.*
Dissonance, (or contrariety.) *Contrariété, différence.*
DISSONANT, adj. (or jarring.) *Dissonant, discordant, qui détonne.*
Dissonant, (contrary.) *Contraire, opposé, différent, dissemblable.*
My opinion is dissonant from yours. *Mon opinion est contraire à la vôtre.*
To DISSUADE, v. act. (or dehort.) *Dissuader, détourner de quelque dessein, déconseiller.*
Dissuaded, adj. *Dissuadé, détourné, déconseillé.*
DISSUADER, f. *Celui ou celle qui dissuade, qui détourne,* &c.
DISSUADING, f. *Dissuasion, l'action de dissuader ou de détourner.*

DISSUASION,

DIS

DISSUASION, *sub.* (dehortation.) *Dissuasion.*
DISSUASIVE, *adj.* (tending to divert from.) *Propre à dissuader.*
A dissuasive, *sub. Une raison propre à dissuader.*
DISSYLLABLE, *s.* (a word of two syllables.) *Un mot dissyllabe ou composé de deux syllabes.*
DISTAFF, *s.* (the staff from which the flax is drawn in spinning.) *Quenouille à filer.*
A distaff-full. *Quenouille garnie.*
To spin from a distaff. *Filer avec une quenouille.*
The Kingdom of France never fell to the distaff, (or to women.) *Le royaume de France ne tomboit point en quenouille ; c'est-à-dire, qu'en France les femmes ne succedoient point à la couronne.*
To DISTAIN. V. to Stain, *avec les mots qui en derivent.*
DISTANCE, *s.* (space between.) *Distance, éloignement d'un lieu à un autre : intervalle.*
He was at a great distance from thence. *Il étoit fort loin ou fort éloigné de là.*
At a distance. *De loin.*
To keep one at a distance. *Ne pas se rendre familier avec quelqu'un, garder son rang.*
To keep one's distance. *Se tenir dans le respect, se connoitre.*
As ceremony is the invention of wise men to keep fools at a distance, so good breeding is an expedient to make fools and wife men equals. *Les cérémonies, les formalités ont été inventées par les gens sages, pour tenir les simples dans le respect ; & la civilité ou la politesse, est un expédient qui met les simples au niveau des sages.*
Out of distance. *A perte de vue.*
To DISTANCE, *v. a.* (or throw behind.) *Espacer.*
Distanced, *adj. Espacé.*
Distanced (or out-strip) in a race. *Devancé, laissé derriere dans une course.*
DISTANCING, *s. Espacement.*
DISTANT, *adj. Distant, loin, éloigné.*
Equally distant. *Dans une égale distance.*
DISTASTE, *sub.* (or dislike.) *Dégoût, déplaisir, mécontentement, chagrin.*
To give distaste. *Offenser, choquer, déplaire, fâcher, mécontenter.*
To take a distaste 'o something. *Se choquer, s'offenser de quelque chose.*
To DISTASTE, *v. act.* (or give distaste.) *Déplaire, n'être pas au goût de quelqu'un, fâcher, mécontenter.*
To distaste (or take distaste.) *Se choquer, s'offenser de quelque chose.*
DISTASTEFUL, *adj. Dégoutant, offensant, choquant, désagréable, qui déplait, odieux.*
A distasteful (or bitter) expression. *Une expression choquante.*
A distasteful piece of news. *Une nouvelle désagréable.*
DISTEMPER, *s.* (or disease.) *Mal, maladie, indisposition, incommodité.*
Distemper (or trouble) of the state. *Les troubles, la confusion, le désordre d'un Etat.*
Distemper, (or ill humour of mind.) *Mauvaise humeur.*
To DISTEMPER, *v. act.* (or put out of temper.) *Faire mal, rendre malade.*
To distemper, (or trouble.) *Troubler,*

DIS

causer du désordre, apporter de la confusion, dérégler.
DISTEMPERATE, *adj. Excessif.*
DISTEMPERATURE, *s. Intempérie.*
DISTEMPERED, *adj.* (or sick.) *Malade, indisposé.*
Distempered, (troubled or besides himself.) *Qui a l'esprit malade, qui a l'esprit troublé ou en désordre.*
To have a distempered stomach. *Avoir l'estomac dérangé.*
Distempered, (immoderate.) *Immodéré, déréglé.*
To DISTEND, *v. act.* (to stretch out.) *Elargir, étendre, enfler.*
To distend a bladder with wind. *Enfler une vessie.*
Distended, *adj. Elargi, étendu, enflé.*
DISTENT, *s. Etendue.*
DISTENTION, *s.* (or stretching.) *Distension.*
* To DISTERMINATE, *v. act.* (or separate.) *Séparer, borner, terminer, être entre-deux.*
* Disterminated, *adj. Séparé, borné, terminé.*
† To DISTHRONIZE, *v. act. Détrôner.* V. to Unthrone, &c.
DISTICH, *s.* (two verses that make a complete sense, a couple of lines in verse.) *Un distique, deux vers qui font un sens parfait.*
To DISTIL or STILL, *v. a.* (to extract the juice by an alembick.) *Distiller, tirer par l'alembic le suc de quelque chose.*
To distil, *verb. neut.* (to drop.) *Distiller, dégoutter, couler, sortir goutte à goutte.*
DISTILLABLE, *adj. Qui se peut distiller.*
DISTILLATION, *s. Distillation.*
A distillation of humours. *Une fluxion qui tombe du cerveau.*
DISTILLED, *adj. Distillé.*
DISTILLER, *s. Distillateur.*
DISTILMENT, *subst. Distillation. Le suc qu'on tire par la distillation.*
DISTILLING, *s. Distillation, l'action de distiller.*
DISTINCT, *adj.* (or clear.) *Distinct, net, clair.*
A distinct pronunciation. *Une prononciation distincte.*
Distinct from, (or different.) *Distingué, différent.*
Distinct (or separate.) *Distinct, séparé, divisé.*
DISTINCTION, *s.* (or difference.) *Distinction, différence, diversité.*
A man of great distinction, (or note.) *Un homme d'une grande distinction.*
Distinction, (or separation.) *Division, séparation.*
Distinction by points. *Ponctuation.*
DISTINCTIVE, *adject.* (distinguishing.) *Distinctif, qui distingue, de distinction.*
A distinctive character. *Un caractère distinctif.*
A distinctive mark. *Une marque de distinction.*
DISTINCTIVELY, *adv. Par distinction.*
DISTINCTLY, *adj.* (or clearly.) *Distinctement, nettement, clairement.*
Distinctly, (or by itself.) *Séparément, à part.*
DISTINCTNESS, *s. Ex.* The distinctness of pronunciation. *Prononciation distincte.*
To DISTINGUISH, *v. act.* (or to discern.) *Distinguer, discerner, démêler,*

DIS

faire la distinction d'une chose d'avec une autre.
To distinguish one thing from another. *Distinguer une chose d'une autre, y mettre de la différence.*
DISTINGUISHABLE, *adj. Que l'on peut discerner ou distinguer.*
DISTINGUISHABLENESS, *s. Différence, distinction.*
DISTINGUISHED, *adj. Distingué, discerné, démêlé.*
DISTINGUISHER, *s. Qui distingue, qui discerne.*
DISTINGUISHINGLY, *adv.* (with distinction.) *Avec distinction, d'une manière distinguée.*
To DISTORT, *v. act.* (to writhe, twist, wrest or pull awry.) *Tordre, tourner, par exemple la bouche, les yeux, faire des grimaces.*
Distorted, *adject. Tordu, tourné, gêné, difforme.*
He was strangely distorted by the devil. *Le démon lui donnoit d'étranges contorsions.*
DISTORTION, *s. Contorsion, grimace, figure désagréable, geste hideux.*
To DISTRACT, *v. act.* (to interrupt or trouble one.) *Distraire, détourner, divertir, interrompre.*
To distract, (or to make one mad.) *Faire enrager, mettre hors du sens, faire devenir fou.*
To distract (or divide) the Church. *Séparer, diviser, déchirer l'Eglise.*
Distracted, *adj.* (or troubled.) *Distrait, détourné,* &c.
Distracted, (or mad.) *Enragé, fou, hors de son bon sens.*
Distracted (or divided.) *Séparé, divisé, déchiré.*
To run distracted. *Courir les rues.*
He is ready to run distracted. *Il est fou à courir les rues.*
A distracted house. *Une maison divisée ou qui est en désunion.*
Distracted times, (troubles.) *Troubles, temps auquel les affaires de l'Etat sont en trouble.*
DISTRACTEDLY, *adv. Follement, extravagamment.*
DISTRACTIBLE, *adject. Qui peut être distrait, séparé.*
DISTRACTEDNESS, } *s. Distraction ;*
DISTRACTION, inapplication d'esprit.
Distraction, (or disorder.) *Désordre, trouble, confusion.*
To DISTRAIN, *v. act.* (or to seize.) *Faire une saisie, saisir, arrêter.*
To distrain, (or to extract.) *Extraire.*
Distrained, *adj. Dont on a fait saisie,* &c. V. to Distrain.
DISTRAINER, *s. Celui qui fait la saisie.*
DISTRAINING, *s. L'action de faire une saisie,* &c. V. to Distrain.
* DISTRAUGHT. V. Distracted.
DISTRESS, *s.* (or attachment.) *Saisie, arrêt.*
Distress, (streight or adversity.) *Misère, calamité, malheur, nécessité, extrémité, adversité, détresse.*
Distress, (danger a ship is in at sea by any accident.) *Détresse, danger où se trouve un vaisseau.*
Signal of distress, (which a ship at sea hangs out when in danger.) *Signal de danger.*
To make the signal of distress. *Faire le signal de détresse.*

To

DIS DIS DIT DIT DIV

To DISTRESS, v. act. Réduire à la misère, réduire à l'étroit ou à l'extrémité.
Distressed, adj. Réduit à la misère ou à l'étroit, qui est dans l'adversité ou la nécessité.
They were distressed for forage. Le fourrage leur manquait.
To be in a distressed condition. Être réduit à la misère, être malheureux ou misérable.
DISTRESSFUL, adj. Malheureux, misérable.
To DISTRIBUTE, v. act. (or divide.) Distribuer, partager, donner à plusieurs, départir, diviser.
To distribute alms. Distribuer les aumônes.
It was there he distributed the bread-offering in so solemn a manner. Ce fut-là qu'il rendit le pain bénit d'une manière si solennelle.
Distributed, adject. Distribué, partagé, donné, départi, divisé, assigné à plusieurs.
DISTRIBUTER, s. Distributeur, celui qui distribue.
DISTRIBUTING, s. L'action de distribuer, de partager, &c. V. to Distribute.
DISTRIBUTION, s. Distribution, partage, division.
DISTRIBUTIVE, adj. Distributif.
The distributive justice. La justice distributive.
DISTRIBUTIVELY, adv. Par distribution, en particulier.
DISTRICT, s. (or extent of a jurisdiction.) District, étendue de juridiction, département, ressort d'une Cour, d'un Juge, &c.
The pages and lackies of chief Ministers, by imitating their masters become Ministers of State in their several districts. Les pages & les laquais des premiers Ministres, en imitant leurs maîtres, deviennent autant de Ministres d'Etat dans leurs divers départements.
DISTRUST, s. (or diffidence.) Défiance ou méfiance, soupçon.
To DISTRUST, v. act. Se défier, se méfier, soupçonner, avoir de la méfiance ou de la méfiance.
I distrust him. Je me défie de lui.
Distrusted, adj. Dont on se défie ou dont on se méfie, que l'on soupçonne.
DISTRUSTFUL, adj. Défiant, méfiant, qui se défie, soupçonneux.
She is a distrustful woman. Elle est défiante.
DISTRUSTFULNESS, s. Défiance.
DISTRUSTFULLY, adv. Avec défiance, avec soupçon.
DISTRUSTING, s. Défiance, méfiance, soupçon, l'action de se défier, &c.
To DISTURB, v. b. act. (to trouble or cross.) Troubler, traverser, empêcher, embarrasser.
To disturb, (or interrupt.) Divertir, interrompre, détourner.
To disturb, (to trouble or vex.) Troubler, fâcher, inquiéter, faire de la peine.
To disturb, (or to disorder.) Troubler, causer du désordre, apporter de la confusion, brouiller, confondre, dérégler.
To disturb (or interrupt) one's joy. Troubler la joie de quelqu'un.
To disturb one that speaks. Interrompre quelqu'un quand il parle.
To disturb one at work. Détourner quelqu'un de son travail, l'en divertir.

That disturbs (or troubles) me. Cela me fâche, m'inquiète, me fait de la peine.
Why will you disturb your mind about such things? Pourquoi vous troublez-vous l'esprit de ces choses-là?
To disturb the peace of the Kingdom. Troubler la paix du Royaume, y causer du désordre, y apporter de la confusion.
DISTURBANCE, subst. (trouble or disorder.) Désordre, embarras, bruit, trouble, émotion, tumulte, déréglement.
There is a great disturbance. Il y a un grand tumulte.
A disturbance of the mind. Trouble de l'ame.
Diseases are contracted by a disturbance of the humours. Les maladies se forment du déréglement des humeurs.
Disturbed, adj. Troublé, &c. V. to Disturb.
DISTURBER, subst. Celui ou celle qui trouble, &c. V. to Disturb; perturbateur, perturbatrice.
A disturber of the publick peace and quiet. Un perturbateur du repos public.
DISTURBING, s. L'action de troubler, &c. V. to Disturb.
DISVALUATION, s. Discrédit, déshonneur.
To DISVALUE, v. act. Déprécier, décréditer.
DISUNION, s. (discord or disagreement.) Désunion, division, dissension, brouillerie, discorde.
To DISUNITE, v. act. (or separate.) Désunir, diviser, séparer, dans le propre; désunir, mettre mal ensemble, dans le figuré.
To disunite, v. n. (or fall asunder or separate.) Se désunir.
Disunited, adj. Déjuni, divisé, séparé, brouillé, &c.
DISUNITING, s. L'action de désunir, &c. V. to Disunite.
DISUNITY, subst. État d'une séparation réelle.
To DISVOUCH, v. act. Décrier.
DISUSAGE, } s. Désaccoutumance.
DISUSE, }
To DISUSE, v. act. Se désaccoutumer, perdre une coutume.
To disuse wine. Se désaccoutumer du vin.
Disused, adj. Dont on s'est désaccoutumé.
DITCH, s. Un fossé.
P. He will die in a ditch. Il mourra sur un fumier.
To DITCH, v. neut. (to make ditches.) Faire des fossés.
To ditch IN or ABOUT, v. act. (to surround with a ditch.) Environner d'un fossé, fossoyer.
Ditched in or about, adj. Environné d'un fossé, fossoyé.
DITCHER, s. Un fossoyeur.
DITCHING, subst. L'action de faire des fossés.
DITHYRAMB, } subst. (a song in
DITHYRAMBICK, } honour of Bacchus and wine.) Dythyrambe, hymne en l'honneur de Bacchus & du vin.
DITION, subst. (or dominion.) Empire, domination, puissance.
DITTANDER, s. (an herb.) Passerage, plante.
DITTANY, s. (a sort of herb.) Dictame, sorte d'herbe.
DITTIED, adj. Chanté, mis en musique.

DITTO. Particule qu'on employe pour éviter de répéter ce qui vient d'être dit ou écrit; idem, dito.
DITTY, s. (a song.) Chanson.
DIVAN, subst. (the Grand-Seignior's Council.) Le Divan, le Conseil du Grand-Turc.
To DIVARICATE, verb. neut. Se partager en deux; étendre, écarter, ouvrir les jambes.
DIVARICATION, s. Division, l'action d'écarter les jambes.
To DIVE, v. neut. (to go under water.) Plonger, se plonger, se cacher dans l'eau.
To dive into a business. Pénétrer une affaire, l'approfondir, l'examiner à fond, la développer, la démêler.
To dive into one's purpose. Sonder quelqu'un sur quelque chose, savoir ou tirer de lui quelque chose, pénétrer sa pensée ou son dessein, lui tirer les vers du nez.
DIVER, s. (from to dive.) Plongeur, celui qui plonge dans l'eau.
Diver or didapper, (a sort of bird.) Un plongeon, sorte d'oiseau.
To DIVERGE, v. neut. (or tend many ways from one point. Être divergent, terme de Physique.
DIVERGENT, adj. Divergent.
DIVERS, adj. (different, sundry.) Divers, différent, plusieurs.
In divers places. En divers lieux.
Of divers colours. De différentes ou de diverses couleurs, bigarré.
Of divers kinds. De différentes espèces.
Of divers humours. Fâcheux, incommode, bourru, fantasque.
DIVERSE, adject. Différent, contraire, opposé.
DIVERSIFICATION, s. Changement.
To DIVERSIFY, v. a. Diversifier, varier, apporter de la diversité.
Diversified, adj. Diversifié, varié.
DIVERSIFYING, s. L'action de diversifier, &c. V. to Diversify.
DIVERSION, subst. (or recreation.) Divertissement, plaisir, passe-temps, récréation.
Diversion. Diversion, en termes de guerre.
To give the enemy a diversion. Faire faire diversion à l'ennemi.
DIVERSITY, subst. (variety, difference.) Diversité, variété, différence, opposition.
DIVERSLY, adv. Diversement, différemment, de diverses manières.
To DIVERT, v. act. (to entertain.) Divertir, réjouir, récréer.
To divert, (to take off.) Divertir, détourner, distraire.
To divert, verb. neut. to other studies. Porter ou tourner son esprit à d'autres études.
Diverted, adj. Diverti, réjoui.
Diverted, (or taken off.) Diverti, détourné.
DIVERTING, adj. (pleasant.) Divertissant, plaisant, agréable.
DIVERTINGNESS, s. Qualité divertissante, divertissement, agrément.
To DIVERTISE, verb. act. Divertir, réjouir.
DIVERTISEMENT, subst. (or pastime.) Divertissement, passe-temps, récréation.
DIVERTISING, } adject. Divertissant,
DIVERTIVE, } agréable.
To DIVEST, &c. V. to Devest, &c.
DIVESTURE, s. L'action de dépouiller.

To

To DIVIDE, v. act. (to share or distribute.) Diviser, partager, répartir, départir, distibuer.
To divide a thing into four parts. Diviser une chose en quatre parties.
To divide it amongst several people. La partager entre plusieurs personnes.
To divide, (to disunite, to put asunder.) Diviser, partager, séparer, déjoindre, dans le propre & dans le figuré.
They have divided themselves into two bodies. Ils se sont séparés en deux corps.
To divide the citizens. Désunir les bourgeois, mettre la division parmi eux.
To divide, v. n. Se diviser, se désunir.
Divided, adj. Divisé, séparé, partagé, départi, distribué, &c. V. to Divide.
DIVIDEND, s. (a term of arithmetick, a number to be divided.) Le dividende, le nombre à diviser.
Dividend, (or share.) Part, portion.
DIVIDER, s. Celui ou cella qui divise, &c. V. to Divide.
Divider, (a mathematical instrument, being a circle divided into several parts, to divide others by.) Diviseur.
DIVIDING, s. L'action de diviser, de séparer, &c. V. to Divide.
D'VIDUAL. V. Divided.
DIVINATION, subst. (or foretelling of things to come.) Divination, prédiction, prophétie.
DIVINE, s. (or godly.) Divin, de Dieu, qui regarde Dieu, céleste.
Divine, (or excellent.) Divin, excellent en son genre, extraordinaire, merveilleux, admirable, sublime.
The divine virtues are faith, hope and charity. Les vertus théologales sont la foi, l'espérance, la charité.
Divine, (a Theologian or Professor of Divinity.) Théologien, qui sait la Théologie, Ecclésiastique.
To DIVINE, v. act. (or foretell.) Deviner, présager, prévoir.
To divine, (or to guess.) Deviner, conjecturer, présumer, soupçonner.
Divined, adj. Deviné, prédit, prévu ou deviné, conjecturé, présumé, soupçonné.
DIV.NELY, adv. Divinement, d'une manière divine, merveilleusement, excellemment.
DIVINENESS. V. Divinity.
DIVINER, subst. (or revealer of occult things.) Un devin, celui qui devine, qui prédit & découvre les choses à venir.
DIVINING, subst. Divination, l'action de deviner, de prédire ou de conjecturer, &c. V. to Divine.
DIVINITY, s. (or deity.) Divinité ou essence divine.
Divinity, (or divine science.) Théologie.
To study Divinity. Étudier en Théologie.
DIVISIBILITY, s. (the being divisible.) Divisibilité.
DIVISIBLE, adj. (that may be divided.) Divisible, qui se peut diviser.
DIVISION, sub. (or dividing.) Division, partage d'un tout en ses parties, distribution.
A division betwixt two words, (as in pocket-book, &c.) Une division, un tiret entre deux mots.
Division of soldiers. Division ou brigade.
I am not of that division. Je ne suis pas de cette division.
Division of a squadron. Division d'une escadre.
Division, (in Musick.) Fredon.

To run divisions. Fredonner, faire des fredons.
Division, (or quarrel.) Division, discorde, brouillerie, différent, divorce.
Division, (or going into parties.) Division, troubles, faction, sédition.
DIVISOR, s. (the number whereby the dividend is divided.) Diviseur, nombre par lequel on divise un nombre total en autant de parties qu'il y a d'unités dans le diviseur.
DIVORCE, s. (or separation of man and wife.) Divorce, séparation, dissolution de mariage.
A bill of divorce. Une lettre de divorce.
To DIVORCE, v. act. (or separate husband and wife.) Répudier, faire divorce avec, se séparer de.
To divorce one's wife. Répudier sa femme, faire divorce avec sa femme, rompre le mariage.
To divorce one's self from one's beloved sin. Faire divorce avec un péché favori, l'abandonner, renoncer à, se détacher d'un péché favori.
Divorced, adj. Répudié, séparé.
She is divorced from her husband. Elle est répudiée.
They are divorced. Ils sont séparés.
DIVORCEMENT, s. Répudiation, divorce, dissolution de mariage.
DIVORCER, s. Qui répudie ou qui fait divorce.
DIVORCING, s. Répudiation, l'action de répudier, &c. V. to Divorce.
DIURETICAL,
DIURETICK, } adj. Diurétique, terme de Médecine.
DIURNAL, adj. V. (or daily.) Diurne, journalier, de jour, qui se fait ou qui paroit le jour.
The diurnal motion of the heavens. Le mouvement diurne ou journalier du Ciel.
Diurnal, s. (a day-book.) Journal, mémoire, détail de ce qui se passe chaque jour.
DIURNALLY, adv. (or daily.) Journellement, chaque jour.
DIUTURNITY, s. Diuturnité, longue durée.
To DIVULGE, v. act. (to publish or reveal.) Divulguer, publier, découvrir, réveler, manifester, rendre public.
Divulged, adj. Divulgué, publié, découvert, rendu public.
DIVULGER, s. Celui ou celle qui divulgue, &c. V. to Divulge.
DIVULGING, s. L'action de divulguer, de publier, &c. V. to Divulge.
DIVULSION, s. L'action d'arracher.
DIZZARD, s. (a silly fellow.) Un sot, un benêt.
To DIZEN, v. act. Orner, parer avec affecterion.
DIZZINESS, subst. (or swimming of the head.) Vertige, tournoiement de tête.
I was taken with a dizziness. Il me prit un vertige.
DIZZY, adj. (giddy or vertiginous.) Qui a des vertiges, sujet à des vertiges, étourdi.
To DIZZY, verb. act. (to make giddy.) Etourdir, faire tourner, &c.
To DO, v. a. (to perform.) Faire.
To do one's work. Faire sa besogne.
To do one's best. (or to endeavour.) Faire tout ce qui est possible, tâcher.
To have to do with one. Avoir à faire à quelqu'un.
P. Do well, and have well. P. Qui bien fera, bien trouvera.

P. Self do, self have. P. Celui qui fait la folie, la doit boire.
To do by others as we would be done by. Faire à autrui ce que nous voudrions qu'on nous fit.
To do (or dispatch) a business. Faire, expédier, dépêcher une affaire.
To do (or deal) well by one. En agir ou en user bien avec quelqu'un.
He has done very ill by me. Il en a très mal agi avec moi.
How d'ye? how d'ye do? how do you do? Comment vous portez-vous? comment vous va? comment va la santé?
How does he do? Comment se porte-t-il?
How does she do? Comment se porte-t-elle?
To do one a good turn or a kindness. Rendre un bon office à quelqu'un, lui faire un plaisir.
To do like for like. Rendre la pareille.
This will not do, this won't do your work, (or serve your turn.) Ceci ne suffit pas, ceci ne fera pas l'affaire, vous n'y réussirez pas.
It would not do. La chose n'a pas réussi.
Your letter will do much with him. Votre lettre fera un grand effet sur lui.
You will do no good in it. Vous n'y réussirez pas, vous n'avancerez rien.
It is but as you used to do. C'est votre ordinaire ou c'est votre coutume.
Do so no more. N'y retournez plus.
If ever you do so again. Si jamais vous y retournez, si jamais vous retombez dans de rien faute.
Do but come. Venez seulement.
Pray do. Je vous en prie.
I wish he may do well. Je souhaite qu'il réussisse, je lui souhaite toute sorte de succès & de prospérité.
That suit does very well upon you. Cet habit fait fort bien sur vous ou vous sied fort bien.
Will you do as we do? C'est le compliment dont les Anglois se servent d'ordinaire pour inviter ceux qui les viennent voir lorsqu'ils mangent; c'est-à-dire: Voulez-vous faire comme nous?
What is here to do? Quel bruit, quel vacarme est ceci?
I had much to do to get him to come. J'ai bien eu de la peine à le faire venir.
But whatever you do, put a good face on it or on't. Mais surtout ayez un visage assuré.
To have something to do with one. Avoir quelque chose à faire ou à démêler avec quelqu'un.
What have you to do with it? Que vous importe-t-il? De quoi vous mêlez-vous? Qu'y avez-vous à voir?
I have nothing to do with it. Cela ne m'importe ou ne me regarde point, je ne me mêle point de cela, je n'y ai rien à voir.
What had we best do? Que faut-il faire? Quelles mesures, quel parti faut-il prendre?
To do as one is bid. Obéir.
To let one to do. Donner quelque ordre, quelque commission à quelqu'un.
To have (carnally) to do with a woman. Avoir un commerce charnel avec une femme, la connaître charnellement.
Do what you may as you think fit. Disposez de moi comme bon vous semblera ou comme vous voudrez.
To do meat, (to boil, roast, fry or bake.) Cuire la viande.
To do AGAIN or to do over again. Refaire, faire une seconde fois.

To

To do AWAY, (or rub off.) Oter, emporter, effacer.
To do away the ruſt. Oter la rouille, dérouiller.
To do OPEN. Ouvrir.
To do ON, (or put on.) Mettre.
To do OFF. Défaire, tirer, ôter.
To do UP, (to fold up.) Plier ou empaquetter.
To do OVER, (or dawb over.) Enduire, couvrir d'un enduit.
To do over with gold, ſilver or lead. Dorer, argenter, plomber, couvrir d'or, d'argent ou de plomb.
To do AMISS. V. Amiſs.
R. On ſe ſert de ce verbe comme d'un auxiliaire, ſur-tout lorſqu'on veut dire les choſes avec emphaſe.
Ex. I do love you. Je vous aime.
I do hate her. Je la hais.
DO, ſubſt. (or acto.) Bruit, vacarme, tintamarre.
To keep a heavy do. Faire un grand bruit ou un grand vacarme ou un grand tintamarre.
I have done my do, (or my endeavour.) J'ai fait mes efforts, j'ai fait mon poſſible.
† DO-ALL, ſ. Factotum.
He was the do-all in that buſineſs. C'eſt lui qui a tout fait, il n'y a perſonne qui s'en ſoit mêlé que lui, † il a été le factotum.
To DOAT. V. to Dote, avec ſes dérivatifs.
DOB-CHICK. V. Dab-chick.
DOCIBLE,
DOCILE, } adject. (apt to learn.) Docile, ſouple, qui apprend aiſément ce qu'on lui enſeigne.
DOCIBLENESS,
DOCILITY, } ſ. Docilité, aptitude à apprendre, facilité d'eſprit pour apprendre.
DOCK, ſ. (or tail.) Queue, ou plutôt le tronc de la queue.
Dock, (or breech.) Les feſſes, la croupe.
Dock, (leather for a horſe's tail.) Trouſſe-queue, cuir qui enveloppe la queue d'un cheval.
Dock, (an herb.) Sorte d'oſeille ou de patience.
Bur-dock. Bardane, glouteron.
Dock or wet-dock, (for ſhips to ride in.) Baſſin, retraite pour les vaiſſeaux, davec.
Dock or dry-dock, (to build and repair ſhips.) Forme, chantier, lieu pour la conſtruction ou le carénage des vaiſſeaux.
Dock-yard. Arſenal de marine.
† To DOCK, v. act. (to cut off the tail.) Couper la queue.
To dock a ſhip. Caréner un vaiſſeau dans le baſſin, donner une carène de baſſin à un vaiſſeau.
† Docked, adj. Voy. to Dock.
Strong-docked. Fort, robuſte, qui a les reins forts.
DOCKET, ſubſt. (a piece of paper or parchment, containing the effect of a large writing.) Billet qui contient le ſens de quelque écrit en abrégé, un extrait, adreſſe.
DOCTOR, ſ. Un docteur.
Doctor of Divinity, Law or Phyſick. Docteur en Théologie, en Droit ou en Médecine.
To take one's Doctor's degree. Prendre les degrés de Docteur, prendre le Doctorat, paſſer Docteur.

Remarquez qu'on ſe ſert de Doctor tout ſeul, pour dire un Médecin.
† To DOCTOR, v. act. Médicamenter.
DOCTORAL, adject. (belonging to the degrees of Doctor.) Doctoral, qui appartient au Doctorat.
DOCTORALLY, adv. (in manner of a Doctor.) En docteur.
DOCTORED, adject. Médicamenté.
DOCTORING, ſubſt. L'action de Médicamenter, &c.
DOCTORSHIP, ſubſt. Doctorat, degré de Docteur.
† DOCTORESS, ſ. (a woman that practiſes Phyſick.) Une femme qui exerce la Médecine.
DOCTRINAL, adj. (or inſtructive.) Inſtructif, qui contient une doctrine.
DOCTRINE, ſ. (or learning.) Doctrine, ſavoir, érudition, ſcience.
Doctrine, (precepts, ſentiments.) Doctrine, enſeignement, préceptes, maximes, ſentiments.
DOCUMENT, ſubſt. (or precept.) Document, précepte, inſtruction, enſeignement, maxime.
To DOCUMENTISE, v. act. (to inſtruct.) Inſtruire, enſeigner.
DODDER, ſub. (a ſort of herb.) Épithyme, ſorte d'herbe.
To DODDLE along, v. neut. or to doddle about. Se traîner, aller ou marcher comme un petit enfant qui commence à marcher.
DODECAGON, ſubſt. Figure qui a douze côtés.
To DODGE, v. neut. (to be off and on.) Biaiſer, tergiverſer, chicaner.
DODGER, ſ. Celui ou celle qui biaiſe, amuſeur, amuſeuſe, chicaneur, chicaneuſe.
DODGERY,
DODGING, } ſubſt. Amuſement, chicane, chicanerie.
DODKIN. Voy. Doitkin.
DOE, ſ. (the female of a buck.) Dahie, femelle du daim.
A doe-rabit. Lapine, femelle du lapin.
DOER, ſubſt. (from to Do.) Qui fait.
An evil-doer. Un malfaiteur.
† To DOFF, v. act. (or to put off.) Oter, tirer.
DOG, ſubſt. Un chien.
A great or little dog. Un grand ou un petit chien.
A maſtiff-dog or band-dog. Un mâtin ou un dogue d'Angleterre.
A houſe-dog. Chien domeſtique.
A bear-dog. Chien de combat avec les ours.
A bull-dog. Chien de combat avec les taureaux.
A ſetting-dog. Un chien couchant, un chien d'arrêt.
A lap-dog. Un babichon ou un barbichon, ſorte de petit chien de chambre.
To be uſed like a dog. Etre traité comme un chien ou en chien.
A dog-collar. Un collier de chien.
Dog-cheap, (a very good penny-worth,) A fort bon marché, à vil prix, à donner.
P. To play the dog in the manger. Faire comme le chien de la fable, qui ne vouloit ni manger, ni ſouffrir qu'un autre mangeât.
P. Love me, love my dog. P. Qui m'aime, aime mon chien.
P. What! keep a dog, and bark my ſelf? Quoi? faut-il que j'entretienne des ſerviteurs, & que je faſſe moi-même mes affaires.

P. A hungry dog will eat dirty puddings. P. A un affamé tout eſt bon.
A dog, (or andiron.) Un chenet.
A dog of iron or an iron-dog, (for wall.) Crampon de fer.
Dog, (a fire-engine.) Renard à embarquer ou débarquer des bois.
† To have a dog in one's belly, (or to be dogged.) Etre chagrin ou de mauvaiſe humeur.
† A mere dog in a doublet, (a ſordid fellow.) Une ame baſſe ou rampante, un lâche, un coquin.
P. An old dog will learn no tricks. On n'eſt en état d'apprendre quand on eſt vieux, la vieilleſſe n'eſt pas un âge propre à ſe réformer.
Dog-tricks. Ruſe, tromperie, fourbe.
To ſleep a dog-ſleep. Faire ſemblant de dormir.
† He is an old dog at it. C'eſt un vieux renard ou un vieux routier, qui entend cela à merveille ou qui en fait long.
A dog-louſe. Tique, vermine qui tourmente les chiens.
Dog-berry. Cornouille.
Dog-berry-tree. Cornouiller.
Dog-briar, (ſweet-briar.) Eglantier.
A dog-fiſh or ſea-dog, Chien de mer.
Dogs-graſs. Chiendent.
Dogs-weed. Ciboulette.
Dogs-tongue. Langue de chien.
Dog-kennel. Chenil.
Dogs-ear. Oreille de lievre.
Dog-weary. Las comme un chien.
Dog-ſtar. La canicule, ſigne céleſte.
Dog-days or canicular-days. La canicule, les jours caniculaires.
To DOG one, v. act. (to follow him in order to know where he goes.) Suivre quelqu'un, épier l'endroit où il va, le guetter.
DOG-DRAW, ſ. (a law-term.) Découverte d'un homme qui viole les droits de la foreſt.
DOGE, ſubſt. Doge.
The Doge of Venice, or the Doge of Genoa. Le Doge de Veniſe, ou le Doge de Genes.
DOGGED, adj. (from to Dog.) Suivi, épié, guetté.
Dogged, (or ſullen.) Chagrin, de mauvaiſe humeur, rechigné, refrogné, fantaſque, bourru, bizarre, capricieux.
DOGGEDLY, adv. (or ſullenly.) D'un air chagrin ou refrogné.
Doggedly dealt with. Maltraité, mal-accommodé.
DOGGEDNESS, ſubſt. Chagrin, humeur chagrine ou bourrue, caprice.
DOGGER, ſubſt. (a kind of little ſhip.) Sorte de bâtiment de pêche hollandois.
DOGGEREL, ſubſt. rhyme-doggerel. Rimaille, méchante rime, méchante poéſie.
DOGGET. Voy. Docket.
DOGGISH, adj. (or curriſh.) De chien, dans le propre; brutal, dans le figuré.
DOGMA, ſ. (or tenet.) Un dogme.
DOGMATICAL,
DOGMATICK, } adject. (or inſtructive.) Dogmatique, inſtructif.
A dogmatical ſtyle. Un ſtyle dogmatique.
Dogmatical, (or poſitive.) Abſolu, poſitif.
DOGMATICALNESS, ſ. Airs ou ton de maître.
DOGMATIST, ſubſt. Dogmatiſeur, celui qui dogmatiſe.

To DOGMATISE, v. act. (or assert positively.) *Dogmatiser.*
DOLY, s. *Espece d'étoffe.*
DOING, s. (from to Do.) *L'action de faire, &c.* V. to Do. *Fait, action.*
I do not like these doings. *Je n'approuve point ces façons de faire.*
I blame you for doing of that. *Je vous blâme d'avoir fait cela.*
You make fine doings! *Vous faites de belles affaires!*
To be taken in the deed doing. *Etre pris sur le fait ou en flagrant acte.*
It was your doing that I had such a husband. *Vous êtes cause que j'ai un tel mari.*
Doing, adj. Ex. To be always doing. *Etre toujours en action, avoir toujours quelque chose à faire.*
It is a doing. *On y travaille, on y est après.*
It has been long a doing. *Il y a long-tems que l'on y travaille.*
To keep one doing. *Tenir quelqu'un en haleine, lui donner toujours de l'occupation.*
DOIT,
DOITKIN, } subst. (a small coin in the low Countries, of less value than our farthing, and called in dutch, *suyt.*) *Monnoie de bas aloi dans les Pays-Bas, dont les deux valent un liard.*
He is not worth a doit or a doitkin. *Il n'a pas un sou vaillant.*
DOLE, s. (a share or portion.) *Part ou portion.*
A dole-meadow, (wherein divers persons have a share.) *Un pré qui appartient à diverses personnes.*
Dole, (grief.) *Chagrin, misère.*
Dole, (donative or largess.) *Présent que les Empereurs faisoient distribuer au peuple, &c.*
Dole-fish, (that share of the fish, which the fisher-men yearly employed in the north seas, do of custom receive for their allowance.) *La part de poisson qui revient à chacun des matelots.*
To DOLE, v. act. & neut. *Donner, faire des largesses.*
DOLEFUL, adj. (sad.) *Triste, dolent, déplorable, lugubre.*
A doleful story. *Une triste histoire.*
A doleful voice. *Une voix triste & dolente.*
DOLEFULNESS, subst. *Tristesse, mélancolie.*
DOLEFULLY, adv. *Tristement.*
DOLESOME. Voy. Doleful.
DOLL, subst. (or baby.) *Une poupée.*
DOLLAR or RIX-DOLLAR, s. (a dutch coin worth about four shillings and four pence English.) *Une risdale ou un écu d'Allemagne.*
DOLORIFICK, adject. *Qui cause de la douleur.*
DOLOROUS, adject. (or painful.) *Douleur eux, qui cause de la douleur.*
DOLOUR, s. *Douleur, peine, plainte.*
DOLPHIN, s. ts. (a sea fish.) *Dauphin, poisson de mer.*
The Dolphin or Dauphin of France. Le *Dauphin de France, titre qu'on donnoit au premier fils du Roi de France.*
Dolphin of the mast. *Bad rne des mâts majeurs.*
DOLPISH. Voy. Doltish.
DOLT, s. (or blockhead.) *Un sot, une bête, un benêt, un âne, une buse.*
DOLTISH, adj. *Pesant, stupide.*

DOLTISHLY, adv. *Pesamment, d'une manière stupide.*
DOLTISHNESS, s. *Stupidité, bêtise.*
DOMAIN, s. *Demaine, empire.*
DOME, s. (or cupola, a term of architecture.) *Dôme.*
DOMESDAY. Voy. Doomsday.
* DOMESMAN, s. (an obsolete word for a Confessor.) *Un Confesseur ou Prêtre qui confesse.*
DOMESTICK,
DOMESTICAL, } adject. (of or belonging to the house.) *Domestique, de la maison, qui regarde la maison, de la famille, privé.*
A domestick animal. *Un animal domestique.*
Domestick news. *Des nouvelles du pays, par opposition aux nouvelles étrangères.*
Domestick, (family, family affairs.) *Domestique.* It may, perhaps, divert the reader to give some account of my domestick. *Le Lecteur sera peut-être bien aise d'apprendre quelques particularités de mon domestique.*
To DOMESTICATE, v. act. *Apprivoiser, rendre plus sédentaire.*
DOMICIL, s. (mansion-house.) *Domicile, habitation, demeure.*
To DOMINATE, v. act. *Prévaloir, avoir de l'ascendant.*
DOMINATION, subst. (empire, government.) *Domination, empire, gouvernement.*
To DOMINEER, v. neut. (or lord it.) *Dominer, régenter, maîtriser, commander, avoir de l'autorité.*
He domineers wherever he is. *Il domine par-tout où il est.*
You shall not domineer over me. *Vous ne domineren point sur moi, vous ne me maîtriserez pas.*
To domineer, (or rule with insolence.) *Faire l'entendu ou l'homme d'importance, s'en faire accroire, devenir insolent.*
Domineered over, adject. *Maîtrisé, su qui l'en domine.*
DOMINEERING, subst. (or blustering.) *L'action de dominer, de maîtriser, &c.* Voy. to Domineer.
Domineering, adj. *Insolent, impérieux, fier, altier.*
DOMINICAL, adj. *Dominical.*
The dominical letter. *Lettre dominicale.*
DOMINICAN, subst. (a Dominican or black friar.) *Un Dominicain ou un Jacobin, Religieux de l'Ordre de saint Dominique.*
DOMINION, s. (government, authority.) *Empire, gouvernement, domination, puissance, autorité.*
Dominion, (State.) *Etat, ou l'étendue des Etats d'un Prince.*
The King's Dominions. *Les Etats du Roi, les pays ou les terres de son obéissance.*
The Dominion (or Principality) of Wales. *La Principauté de Gales.*
DOMING, subst. *Domino, sorte d'habit de bal.*
DON, s. (a Spanish title for a gentleman.) *Don, titre Espagnol.*
DONARY, s. *Don consacré à des usages pieux.*
DONATION. Voy. Donative.
DONATISTS, s. (a sort of hereticks.)

Donatistes, *hérétiques de la secte de Donat.*
DONATIVE, subst. (or gift.) *Donation, ce qu'on donne par contrat à une personne.*
Donative, (dole, present.) *Don, largesse, présent.*
DONE, adject. (from to Do.) *Fait, &c.* Voy. to Do.
Is it done? *Est-ce fait?*
The business is done. *L'affaire est faite.*
Done, I yield or agree to it. *C'est fait, j'y consens, tope.*
When he found that there was no good to be done. *Lorsqu'il vit qu'il n'y avoit rien à faire, ou qu'il n'avançoit rien.*
When all is done. *Après tout, tout bien compté, tout bien considéré.*
It will or 'twill be wisely done of you. *Vous ferez sagement.*
I have e'en done with you. *Je ne veux avoir rien à faire ou à démêler avec vous.*
Why, what is to be done? it is a thing they are used to. *Que feriez-vous à cela? c'est leur coutume.*
Easy to be done. *Facile à faire.*
That may be done. *Faisable.*
It was or 'twas kindly done of him. *Cela est fort obligeant, il vous a rendu en cela un service d'ami.*
It shall be done. *Cela se fera.*
I shall get it done. *Je le ferai faire.*
Church is done. *On sort ou l'on est sorti de l'Eglise.*
Done, (speaking of meat boiled, roasted, fryed or baked.) *Cuit.*
Meat underdone. *De la viande qui n'est pas assez cuite.*
Meat overdone. *De la viande trop cuite.*
This meat is not done enough. *Cette viande n'est pas assez cuite.*
DONEE, s. (he or the to whom lands or tenements are given.) *Donetaire, celui ou celle à qui on a fait une donation.*
DONOR, s. *Donateur, celui qui fait une donation.* Voy. Feoffer.
DON'T, *c'est une abreviation de do not.*
I don't love it. *Je ne l'aime pas.*
I don't care for it. *Je ne m'en soucie pas.*
DOODLE, subst. *Baguenaudier, niais, nigaud.*
DOOM, s. (judicial sentence or judgment.) *Sentence, condamnation, arrêt.*
A heavy doom. *Une terrible sentence.*
Dooms-man. *Juge ou arbitre.*
Dooms-day. Le *jour du jugement.*
† Doom's-day in the afternoon. *Aux calendes grecques*, † *la semaine des trois dimanches, jamais.*
Doomsday-book, (the King of England's tax-book.) *Le grand cadastre ou le grand terrier d'Angleterre, où registre de tous les biens de terres du Royaume, avec leur valeur. Ce livre fut fait du temps de Guillaume le Conquérant, & on le garde dans l'Echiquier en Trésor royal.*
To DOOM, v. act. (or sentence.) *Condamner, juger.*
Doomed, adj. *Condamné, jugé.*
DOOR, subst. (or gate.) *Porte.*
A street-door. *Porte de la rue ou de devant.*
A back-door. *Porte de derrière, fausse porte.*
A folding-door or two-leaved-door. *Porte brisée, que les menuisiers appellent porte à deux manteaux.*
To knock at the door. *Heurter ou frapper à la porte.*
Lock

DOR

Lock the door. *Fermez la porte à la clef.*
He lives next door to me. *Il est logé à ma porte, sa maison touche à la mienne, il est mon proche voisin.*
This is next door to it. *Il n'y a qu'un pas à faire d'ici-là.*
This is next door to it. *Ceci en approche fort ou n'en est pas fort éloigné.*
The difficulty of teaching the one is next door to the impossibility of teaching the other. *La difficulté qu'il y a à enseigner l'un, fait qu'il est comme impossible d'enseigner l'autre.*
To get within doors. *Entrer dans la maison.*
To keep within doors. *Se tenir au logis, ne sortir point ou ne sortir que fort rarement.*
To go out of doors. *Sortir du logis.*
To turn one out of doors. *Chasser quelqu'un, le faire sortir du logis.*
To kick him out of doors. *Le chasser du logis à coups de pied.*
A thing out of doors, (or out of date.) *Une chose qui est hors d'usage, qui a vieilli.*
Within doors, (in Parliament.) *Dans le Parlement, dans le Sénat.*
Without doors, (out of Parliament.) *Hors du Parlement.*
A door-keeper. *Portier ou Suisse.*
The door-keeper in a prison. *Le guichetier*, celui qui a soin de la porte d'une prison.
A door-bar. *Penture ou barre de porte.*
The door-sill. *Le seuil de la porte.*
Door-case, (the frame in which a door is inclosed.) *Encadrement autour d'une porte.*
Door-posts. *Jambages ou pied-droits d'une porte.*
DORADO, *subst.* (a sea-fish.) *Dorade, poisson de mer.*
† Dorado, (a man that has a fair outside, but no good qualities within.) *Un homme qui n'a que l'extérieur*, † *une pilule dorée.*
DORICK, *adj. Dorique.*
Dorick order, (one of the five orders of architecture.) *Ordre dorique, en Architecture.*
Dorick or Dorian-Musick, (a kind of grave and solemn musick.) *Musique dorique, ou grave.*
DORMANT, *adject. Mort, qu'on ne fait point valoir, secret, caché, qui dort.*
Money that lies dormant, (or concealed, that is not put to use or improved by trade.) *De l'argent mort, qu'on ne fait point valoir, dont on ne tire aucun profit, qui ne rapporte rien.*
DORMER, *subst. Lxmp.* A dormer-window. *Lucarne, ouverture qu'on fait au-dessus de l'entablement des logis, pour donner jour aux chambres en galetas ou aux greniers.*
DORMITORY. *V. Dorture.*
DORMOUSE, *s. Un loir*, sorte de petit animal.
He sleeps like a dormouse. *Il dort comme un loir ou une marmotte.*
DORP, *s. Un village, un hameau.*
DORR, *V. Drone & Breese.*
A dorr, (at Westminster-school.) *Congé de dormir.*
To DORR (or stun) one. *v. act. Étourdir, alourdir quelqu'un.*
DORSER, } *subst.* Hotte, sorte de panier qu'on porte sur le dos.
DOSSER,
DOSSIL,

DOR DOU

DORTURE, *subst.* (dortor or dortoir; that part of the monastery in which the religious sleep.) *Dortoir, le lieu du couvent où sont les cellules, & où les Religieux couchent.*
DOSE, *s.* (a certain quantity of physick.) *Dose, prise*, la quantité de quelque drogue ou autre chose.
A dose of physick. *Une dose de médecine.*
A dose of julep. *Une prise de julep.*
To DOSE, *v. act.* (to proportion a medicine properly.) *Doser.*
DOSSER. *V. Dorser.*
DOSSIL. *V. Dorser.*
DOT, *s. Petit point pour marquer quelque chose dans un écrit.*
DOTAGE, *subst. Rêverie, folie, extravagance, imaginations sottes, visions ridicules, sottise, impertinence, radotage.*
DOTAL, *adj. Qui concerne la dot.*
DOTARD, *subst.* (an old dotard.) *Un vieux rêveur, un vieux radoteur, un vieux penard.*
To DOTE, *v. neut.* (or rave.) *Rêver, radoter, être fou, extravaguer.*
He begins to dote. *Il commence à radoter.*
To dote UPON one, (to be extremely fond of him.) *Aimer passionnément quelqu'un, en être coiffé, l'aimer à la folie.*
Doted upon, *adj. Dont on est coiffé, que l'on aime passionnément.*
DOTER. *V. Dotard.*
DOTH, (or does.) *Troisième personne sing. prés. du verbe* to do, *faire.*
DOTING, *s. V. Dotage.*
A doting upon one. *Amour passionné qu'on a pour quelqu'un.*
Doting, *adj. Ex.* An old doting man. *Un vieux radoteur ou rêveur.*
A doting woman. *Vieux radoteuse.*
DOTINGLY, *adv. En radoteur, en radoteuse.*
DOTISH, *adj.* (that dotes.) *Radoteur, qui radote.*
DOTKIN. *V. Doitkin.*
DOTTARD, *subst. Arbre qu'on étête de temps en temps.*
DOUBLE, *adj.* (which contains, is worth, weighs, &c. as much again.) *Double, qui contient, qui vaut, qui pèse, &c. une fois autant.*
A double sole. *Une double semelle.*
Double beer. *Double bière.*
A double pistole, (or gold Spanish piece of gold.) *Une double pistole.*
A double share. *Une double portion.*
This linen is double. *Ce linge est double ou mis en double.*
A double house. *Une maison double ou qui a deux chambres de plain-pied.*
A double chetry. *Cerise jumelle.*
† To be double, (or to be married.) *Être marié.*
† A double man, (or a married man.) *Un homme marié.*
Double, (dissembling, treacherous.) *Double, dissimulé, traître.*
A double-dealer, (a cheat.) *Un esprit double, un homme à deux visages, un fourbe, un trompeur, un dissimulé.*
Double-hearted. *Trompeur, fourbe, dissimulé, qui fait autrement qu'il ne dit.*
Double-edged. *Qui coupe, qui tranche des deux côtés, à deux tranchans.*
Double-tongued. *Trompeur, menteur, fourbe, dissimulé, affronteur.*
Double-chin. *Menton double, menton à double étage.*

DOU

Double-chinned. *Qui a un menton à double étage.*
Double quarrel, (a law-term for a complaint made to the Archbishop of the province against an inferior ordinary.) *Sorte de plainte qu'on porte à l'Archevêque pour avoir raison d'un Évêque suffragant.*
A double, (a mistake of a compositor in a Printing-office that sets the same thing twice.) *Doublon.*
To see double. *Avoir la berlue.*
Double, *adv. Ex.* A horse that carries double. *Un cheval qui porte en croupe.*
I gave double the price. *J'en ai payé le double.*
To lie double. *Coucher deux ensemble.*
To fold double. *Mettre en double, plier en deux.*
To DOUBLE, *verb. act. Doubler, mettre une fois autant, mettre en double ou plier en deux.*
To double the ranks. *Doubler les rangs.*
To double a piece of linen. *Mettre un linge en double.*
To double the soldiers pay. *Doubler la paye aux soldats, leur donner une fois autant.*
To double a cape. *Doubler un cap, le parer, passer au-delà.*
To double, or double upon a fleet, (in a naval engagement.) *Doubler.*
To double the guard. *Redoubler la garde.*
To double AGAIN. *Redoubler.*
To double, *v. n.* (as a hare does.) *Ruser*, en parlant d'un lièvre.
To double with one. *Ruser, biaiser, dissimuler.*
Doubled, *adj. Doublé, mis en double, redoublé*, &c. *V.* to Double.
Doubled again. *Redoublé.*
To DOUBLE-LOCK, *v. act. Fermer une serrure à double tour.*
Double-locked, *adject. Fermé à double tour.*
DOUBLER, *s.* (or large platter.) *Un grand plat de bois.*
DOUBLES, *subst.* (duplicate writing.) *Double copie d'un écrit.*
Doubles, (or folds.) *Plis dans le propre; pris, replis, équivoques, dans le figuré.*
DOUBLET, *s.* (at dice.) *Doublet, deux dés de même point.*
Doublet, (a sort of old garment.) *Un pourpoint.*
† To put one in a stone doublet, (to cast him into a jail.) *Mettre quelqu'un en prison,* † *le mettre entre quatre murailles, le claquemurer.*
† A dog in a doublet. *V. Dog.*
DOUBLING, *s. L'action de doubler*, &c. *V.* to Double, dans tous ses sens.
The doublings of a hare. *Les ruses d'un lièvre.*
Doubling-nails, (in ship-building.) *Clous de différentes dimensions, servant à clouer les planches & bordages; un les distingue d'ailleurs par leurs longueurs & leurs prix. Voyez à l'article* Nails.
Doubling or fir-lining of the bits. *Coussin des bittes.*
DOUBLON, *subst. Doublon*, monnoie d'Espagne.
DOUBLY, *adv. Doublement.*
DOUBT, *s.* (uncertainty.) *Doute, incertitude qu'on a sur quelque chose.*
Without doubt, without all doubt. *Sans doute, indubitablement.*
No doubt but—. *Sans doute que—.*
Doubt,

Doubt, (difficulty, scruple.) *Doute, difficulté, scrupule.*
I make no doubt on't or of it. *Je n'en doute aucunement.*
Do you make a doubt of it? *En doutez-vous?*
There is no doubt to be made of it. *Il n'en faut pas douter, il n'y a pas lieu d'en douter.*
To DOUBT, *v. act.* (to make a doubt.) *Douter, être en doute, révoquer en doute.*
I doubt it very much. *J'en doute fort.*
To doubt, (or to suspect.) *Soupçonner, douter de, n'être pas sûr de, appréhender.*
Doubted. *Dont on doute, &c.*
'Tis or it is very much doubted. *On en doute fort.*
It is not to be doubted. *On n'en doit pas douter, cela est indubitable.*
DOUBTFUL, *adj.* (dubious, uncertain.) *Douteux, incertain, sur quoi l'on ne doit point s'assurer, en parlant des choses.*
Doubtful, (who is in doubt, or suspence.) *Douteux, qui est en doute d'une chose, qui en doute, qui est en suspens, incertain, indéterminé, irrésolu, indécis, en parlant des personnes.*
DOUBTFULLY, *adv. En doutant, avec doute, dans l'incertitude.*
DOUBTFULNESS *subst. Incertitude, doute.*
DOUBTING, *f. Doute, l'action de douter, &c. V.* to Doubt.
DOUBTINGLY, *adv. D'une manière douteuse.*
DOUBTLESS, *adj. Certain, indubitable, sûr, dont on ne doit pas douter.*
Doubtless, *adv.* (or without doubt.) *Sans doute, indubitablement, certainement.*
DOUCET, *f.* (a kind of custard.) *Sorte de flan.*
Doucets, (the testicles of deer.) *Daintiers.*
DOUCKER. *V.* Duck.
DOVE, *f. Colombe, pigeon.*
A ring-dove or stock-dove. *Un ramier, pigeon sauvage.*
A turtle-dove. *Une tourterelle.*
A dove-house, or dove cote. *Un pigeonnier, un colombier.*
The dove-tail-joint, (used by joiners.) *Queue d'aronde,* terme de menuisier, *c'est une espece de tenon.*
DOUGH, *f. Pâte, farine détrempée dont on fait le pain.*
Dough-baked. *A demi-cuit.*
† DOUGHTY, *adj.* (or stout.) *Vaillant, intrépide, courageux.*
DOVER, the name of a town, used in this proverbial expression.
Dover court, all speakers, none hearers. *Cour du Roi Petaut; petaudiere.*
DOUSE. *V.* Dowse.
To DOUSE, *v. act. Larguer ou mollir.*
DOWAGER, *f.* (from dower.) *Douairiere, veuve qui jouit du douaire.*
The Queen dowager. *La Reine douairiere.*
A Countess dowager. *Une Comtesse douairiere.*
DOWCET. *V.* Doucet.
DOWDY, *subst.* A very dowdy, (a thick aukward woman.) *Une grosse gagui.*
DOWER,
DOWERY, } *subst.* (or jointure that which a wife has of her husband for her life, after his death.) *Douaire, pension viagere, que le mari donne à sa femme après sa mort.*

Dower or marriage-goods, (in which sense it is used in the common law.) *Dot, ce qu'on donne en mariage à une fille.*
DOWERLESS, *adj. Sans fortune.*
DOWLAS, *f. Sorte de toile grossiere.*
DOWN, *subst.* (soft-feathers.) *Duvet, plumes douces & molles.*
Down, (or soft-hair.) *Duvet, coton.*
Down, (a plain or barren plain.) *Une pelade.*
Down, (or hill of sand.) *Dunes, colline de sable.*
Down, *adv. Cet adverbe se met souvent après un verbe, & fait partie de sa signification.*
Ex. To go down. *Aller en bas, descendre.*
To lie down. *Se coucher.*
To sit down. *S'asseoir.*
To set down. *Écrire, mettre en écrit.*
To fall down. *Tomber.*
He fell down stairs. *Il tomba en descendant la montée.*
R. Quelquefois il s'exprime en cette maniere.
To pay the money down. *Payer argent bas ou comptant.*
To drink one down. *Enivrer quelqu'un le soûler, le faire boire jusqu'à ce qu'il ne puisse plus se tenir debout.*
The wind is down. *Le vent s'est abattu, le vent est tombé.*
Down, *prép. Bas, en bas.*
To go down the wind. *Etre mal dans ses affaires, aller en décadence.*
He is a little down the wind. *Ses affaires vont en décadence,* † *il est un peu grêlé.*
Down with your breeches. *Bas les chausses.*
Down with him. *Jetez ou jetons-le à terre.*
Down with him, (let us fall outright upon him, let us not spare him.) *Jettons-nous sur lui, ne l'épargnons point, abattons son insolence, ou qu'on se défasse de lui, qu'on l'assomme.*
† Down in the mouth. *Qui ne dit mot, qui n'a pas le mot à dire, qui a la bouche morte.*
To have the uvula of the mouth down. *Avoir la luette abattue.*
Up and down. *D'un côté & d'autre, çà & là.*
Upside down. *Sans dessus dessous.*
To turn upside down. *Renverser.*
Down upon the nail. *Argent comptant, argent bas.*
Down the stream. *A la faveur du courant.*
This will never down with him. *Il ne s'accommodera jamais de cela.*
A down-look. *Un regard morne, triste.*
A down-looking man. *Un homme morne ou qui a le regard morne, qui va la tête baissée.*
Down-hill. *Qui penche ou qui va en baissant, qui baisse.*
Down-lying. *V.* Lying-in.
DOWNCAST, *adj. Morne, abattu, incliné vers la terre.*
DOWNFALL, *subst. Trébuchement, chute, ruine.*
Phaeton's downfall. *La chute de Phaëton.*
They expect the downfall of popery *Ils attendent la chute ou la ruine du Papisme.*
To have a great downfall. *Déchoir d'une haute fortune, tomber de fort haut.*
DOWN-HALL, *f. comp.* (a sea-term.) *Calebas ou amure des voiles d'étai.*

Down-hall-tackle. *Cargue-bas des basses vergues.*
DOWNRIGHT, *adj.* (plain and clear.) *Manifeste, palpable, évident.*
Downright, (plain or open.) *Franc, sans façon, ouvert, sincere, sans déguisement, sans fourberie, en parlant des personnes.*
A downright contradiction. *Une contradiction manifeste.*
He is a downright (or open, plain) man. *C'est un homme franc ou sans façon, qui ne cherche point de détours.*
A downright thaw. *Un entier dégel.*
Downright, *adv. Droit en bas.*
DOWNWARD,
DOWNWARDS, } *adv.* (from down.) *En bas.*
Look downwards. *Regardez en bas.*
DOWNY, *adj.* (from down.) *Cotonneux, plein de duvet.*
A downy fruit. *Un fruit cotonneux ou plein de duvet.*
Downy beard. *Poil folet,* † *duvet, coton, barbe de jeune homme.*
DOWRY, or DOWRE, *comme* Dower, *sur-tout au premier sens. V.* Dower.
DOXOLOGY, *subst. Doxologie, sorte de priere.*
DOXY, *subst.* (a whore.) *Femme de mauvaise vie.*
To DOZE, *v. act. Assoupir, appesantir.*
Dozed, *adj. Assoupi, appesanti.*
DOZEL,
DOSIL, } *subst.* (a tent for a wound, without a head.) *Un bourdonnet, sorte de tente pour une plaie.*
DOZEN, *subst.* (the number of twelve.) *Douzaine.*
A dozen of eggs. *Une douzaine d'œufs.*
A baker's dozen. *Treize à la douzaine.*
DOZINESS, *f. Assoupissement.*
DOZY, *a. f. Assoupi.*
DRAB, *subst.* (a common strumpet.) *Une fille publique, une prostituée.*
To DRAB, *v. n. Faire le métier de prostituée.*
DRABBLER, *subst.* (an addition to a sail.) *Bonnette, petite voile qu'on ajoute à une plus grande voile, dans les sloops & goelettes.*
DRACHM, *subst.* (an old roman coin.) *Drachme.*
DRAFF, *subst.* (or hog-wash.) *Lavure qu'on donne à manger aux cochons.*
DRAFFY, *adject.* (or filthy.) *Vilain, sale.*
DRAG, *subst.* (or hook.) *Harpon, croc, crochet.*
A drag-net, (tramil or sweep-net.) *Tramail ou traineau,* sorte de filet.
Drags, (pieces of wood joined to carry wood down a river.) *Un radeau.*
Drag, *instrument pour curer les rivieres & les puits.*
To DRAG, *v. act.* (or draw by force.) *Tirer de force, trainer.*
To drag one to prison. *Trainer quelqu'un en prison.*
To drag, *v. n. Trainer.*
That Lady's grown drags after her. *La robe de cette Dame traine par derriere.*
To drag (to fish) for oysters. *Pécher des huitres.*
To drag the anchor. *Labourer avec son ancre, ou chasser.*
DRAGANT, *adj. Adraganthe.*
DRAGGED, *adj.* (from to drag.) *Trainé; tiré de force.*
Dragging, (from to drag.) *L'action de trainer, &c. V.* to Drag.

To

DRA

To DRAGGLE, v. act. *Traîner.*
A woman that draggles her tail. *Femme qui traîne sa queue.*
Dragged, adj. *Traîné.*
DRAGGLE-TAIL, subst. *Une femme malpropre, qui laisse traîner ses habits.*
DRAGON, subst. (or winged serpent.) *Dragon*, sorte de serpent monstrueux.
Sea-dragon. *Vive*, sorte de poisson de mer.
Dragon-wort. *Serpentaire*, sorte d'herbe.
DRAGONET, s. (little dragon.) *Petit dragon.*
DRAGONISH,
DRAGONLIKE, } adj. *Furieux, feroce, fougueux.*
DRAGOON,
DRAGOONER, } subst. *Un dragon, un mousquetaire à cheval.*
To DRAGOON, v. act. *Dragonner.*
DRAIN, subst. (or channel to draw away water.) *Tranchée, conduit pour l'écoulement des eaux,* ou *saignée.*
To DRAIN, v. act. *Saigner, faire une saignée, faire écouler.*
To drain a ditch. *Saigner un fossé, en faire écouler l'eau.*
To drain a fen. *Sécher un marais.*
To drain pewter newly scoured. *Égoutter de la vaisselle d'étain qui vient d'être écurée.*
To drain one's purse. *Saigner quelqu'un, lui vider les poches, lui épuiser la bourse.*
DRAINABLE, adj. *Qu'on peut saigner, égoutter,* &c. *V.* to Drain.
DRAINED, adj. *Saigné, écoulé, séché égoutté, épuisé;* il se dit dans le propre & dans le figuré.
DRAINER, s. *Un égouttoir.*
DRAINING, s. *Saignée, l'action de saigner,* &c. *V.* to Drain.
DRAKE, subst. *Un canard*, le mâle de la cane.
† To make ducks and drakes with one's money, (or play the prodigal.) *Prodiguer son argent,* † *jeter son argent par les fenêtres.*
A drake, (or gun.) *Sorte d'arme à feu.*
DRAM
DRACHM } s. (the eighth part of an ounce.) *Une drachme.*
A dram of any liquor. *Un petit coup, un petit trait de quelque boisson.*
Not a dram. *Pas une goutte, point du tout.*
He is not a dram the better. *Il n'en est point devenu meilleur.*
DRAMA, s. *Drame*, sorte de poëme.
DRAMATICK, adj. (or belonging to the stage.) *Dramatique, représentatif.*
Dramatick poetry (such as a comedy and a tragedy.) *Poésie dramatique, poëme représentatif.*
A dramatick or dramatical poet. *Un Poëte dramatique.*
DRAMATIST, s. *Poëte dramatique.*
DRANK, prétérit du verbe to Drink.
To DRAPE, v. act. *Draper.*
DRAPER, s. (a woollen draper.) *Un drapier, un marchand de draps.*
A linen draper, *Un marchand de toiles.*
DRAPERY, s. (a term of painting.) *Draperie*, terme de peinture.
Drapery, (a sort of carver's work.) *Feuillage*, en terme d'architecture.
Drapery. *Draps, draperie.*
† DRAVE, c'est un vieux prétérit du verbe to Drive.
DRAFT,
DRAUGHT, } subst. *Traite, lettre de change.*

DRAUGHT, s. (of drink.) *Coup, trait de quelque boisson.*
All at one draught. *Tout d'un trait.*
The draught (or strokes) of letters. *Les traits des lettres.*
The draught, (of a building, a fortress, &c.) *Le plan d'un bâtiment, d'une forteresse,* &c.
The draught, draught house, (or jakes.) *Un privé, les lieux, le retrait, les commodités.*
The draught, (of a ship.) *Le tirant de l'eau d'un navire, la quantité de pieds d'eau qui font nécessaires pour le mettre à flot.*
A ship of small draught. *Un vaisseau qui tire peu d'eau.*
A draught, (or abstract of a writing.) *Un extrait, une copie de quelque écrit.*
A draught of fishes. *Prise de poissons*, ce qu'on enleve tout ensemble dans des filets.
Mend your draught. *Encore un coup, buvez encore un coup.*
To drink one's morning draught. *Déjeûner, boire un petit coup le matin.*
To have a quick draught, (to sell much wine, beer, &c.) *Avoir un prompt débit de la liqueur qu'on vend.*
To take a rough draught of a contract. *Lever la grosse d'un contrat.*
A draught, (or pull.) *Trait, effort qu'on fait en tirant.*
A draught (or detachment) of soldiers. *Un détachement de soldats.*
Draughts, (harness for horses to draw with.) *Trait, avec quoi les chevaux tirent.*
A draught-horse. *Cheval de trait.*
Draughts, (a sort of play.) *Dames, le jeu de dames.*
To play at draughts. *Jouer aux dames.*
Draught-board. *Damier, pour jouer aux dames.*
To DRAW, v. a. (or to pull along) *Tirer, mener, traîner, faire aller & rouler quelque chose avec force.*
The horse draws the cart. *Le cheval tire ou traîne la charrette.*
To draw, (or to pull out.) *Tirer, faire sortir, faire paroître dehors, arracher.*
To draw out the tongue. *Tirer la langue.*
To draw one's sword. *Tirer l'épée.*
He drew sighs and tears from the beholders. *Il arrachoit des soupirs & des larmes des spectateurs.*
To draw cuts or lots. *Tirer au sort, tirer à la courte-paille.*
To draw water out of a well. *Tirer de l'eau d'un puits, puiser de l'eau.*
To draw wine or beer. *Tirer du vin ou de la bière.*
To draw blood. *Tirer du sang, saigner.*
To draw (or fetch) blood out of a stone. *Tirer de l'huile d'un mur.*
To draw, (or to allure.) *Attirer, gagner.*
To draw, (or to lead on.) *Porter, persuader quelqu'un à faire quelque chose.*
To draw a bow. *Courber ou plier un arc.*
To draw one dry. *Épuiser quelqu'un.*
It will or 'twill be hard to draw (or reduce) this subject into method. *Il sera difficile de réduire ce sujet à une méthode,* ou *de le traiter méthodiquement.*
To draw a fowl. *Vider un oiseau, en vider les entrailles.*

To draw pond. *Pêcher un étang.*
To draw a woman's breast. *Tirer ou sucer la mamelle, teter.*
A plaister that draws. *Un emplâtre qui attire.*
The sun draws the vapours. *Le soleil attire les vapeurs.*
To draw to a head, v. neut. (as an imposthume.) *Venir à suppuration, aboutir, en parlant d'un apostème.*
To draw to a head, (to come together.) *S'assembler, faire un corps.*
To draw to an issue. *Terminer, finir, mettre fin, décider, vider.*
A ship that draws ten foot of water. *Un navire qui tire ou qui prend dix pieds d'eau.*
To draw, (speaking of sails.) *Porter, en parlant des voiles.*
To draw the ships of a squadron in a line of battle. *Ranger les vaisseaux d'une armée en ordre de combat.*
To draw a picture. *Faire, tirer un portrait.*
He drew me. *C'est lui qui a fait mon portrait ou qui m'a tiré.*
To draw a sheet at the printing-press. *Tirer, imprimer une feuille.*
To draw or draw up a writing. *Dresser un écrit.*
To draw the breviate of the case. *Instruire un procès.*
To draw a circle with a pair of compasses. *Tirer ou tracer un cercle avec un compas.*
To draw the bit. *Débrider, ôter la bride.*
† To draw blood of one, (or jeer him out of his skin.) *Railler quelqu'un d'une manière sanglante,* † *emporter la piece.*
It is time now to draw towards a conclusion of this debate. *Il est temps maintenant de finir cette dispute.*
To draw a bridge. *Lever un pont.*
To draw breath. *Respirer, prendre haleine.*
To draw near to an end. *Finir, se terminer.*
To draw BACK, v. act. *Retirer, reculer.*
To draw back, v. neut. (to retire.) *Se retirer, reculer,* dans le propre & dans le figuré.
To draw AGAIN. *Retirer, retracer,* &c.
To draw FORWARD. *Attirer.*
To draw IN. *Attirer, gagner.*
He has done his utmost to draw me in. *Il a fait tout son possible pour me gagner ou pour m'attirer.*
To draw AWAY. *Ôter, enlever, ravir.*
To draw away. *Détourner, divertir, distraire.*
To draw ASUNDER. *Séparer, diviser.*
To draw TOGETHER. *Assembler, ramasser, resserrer.*
To draw ON. *Conduire, attirer.*
To draw on, v. neut. (or draw near.) *S'approcher.*
To draw on, (to be dying.) *Être aux abois.*
The night draws on. *La nuit s'approche, il se fait tard.*
These things draw on belief to those enthusiasts. *Ces choses font que l'on ajoute foi à ces visionnaires.*
To draw UP. *Tirer en haut.*
To draw up water. *Puiser de l'eau.*
To draw up one's mouth. *Faire la moue, faire des grimaces.*
To draw up a petition. *Dresser une requête.*

To

To draw up the articles. *Dresser les articles.*
To draw up an army in battalia. *Ranger une armée en bataille.*
To draw ALONG. *Traîner.*
To draw FORTH or to draw OUT. *Tirer dehors, faire sortir.*
To draw out a thing in length. *Étendre une chose.*
To draw out (or prolong) the time. *Différer, tirer en longueur.*
To draw out a party. *Faire un détachment.*
To draw out a regiment, a garrison or an army. *Mettre un régiment, une garnison ou une armée sous les armes, leur faire prendre les armes.*
DRAW-BACK, *s.* (among traders, an allowance for ready money.) *Rabais, escompte.*
The draw-back of a cannon. *Le recul d'un canon.*
DRAWBACK, *s.* *L'argent qu'on rend à celui qui exporte des marchandises, dont les droits d'entrée ont déjà été payés.*
DRAW-BEAM. *subst.* *Singe ou pincés, sorte de machine.*
DRAW-BRIDGE, *s.* *Un pont-levis, pont qui se leve & se baisse.*
DRAW-GAME, *subst.* *Refait, partie à refaire.*
DRAWER, *s.* (or waiter.) *Tireur, qui tire; en particulier, le garçon qui tire le vin dans un cabaret.*
A gold-drawer. *Un tireur d'or.*
A drawer, (one that makes draughts.) *Un dessinateur.*
A tooth-drawer. *Un arracheur de dents.*
A pair of drawers, (to wear under the the breeches.) *Des caleçons.*
Drawer, (a sort of box in a chest, table, &c.) *Un tiroir.*
DRAWING, *sub.* *L'action de tirer, &c.* V. to Draw.
The art of drawing. *La peinture ou l'art de peindre, le dessin.*
The drawing (or draught) of a ship. *Le tirant de l'eau d'un navire.* V. Draught.
Drawing (or with-drawing) room. *L'antichambre.*
Drawing-room, (or assembly in the drawing-room, &c. at Court.) *Appartement, assemblée à la Cour.*
Drawing, *adj.* *Attractif.*
A drawing plaister. *Un emplâtre qui tire.*
To DRAWL out, *v. act.* *Traîner.*
To drawl out one's words, (or to speak dreamingly.) *Traîner ses paroles.*
DRAW-LATCH, *s.* *Loquet, qui se tire avec une ficelle.*
† A draw-latch, (one that draws along his words.) *Une personne qui traine ses paroles.*
DRAWN, *adj.* *Tiré, attiré, &c. V.* to Draw.
Accidents are not to be drawn into consequence. *Les accidents ne doivent pas tirer à conséquence.*
A drawn sword. *Une épée nue.*
A drawn game. *Un refait.*
A drawn battle. *Une bataille où l'avantage a été égal de part & d'autre.*
To be hanged, drawn and quartered. *Être pendu & écartelé, les entrailles étant arrachées.*
DRAW-NET, *V.* Drag net.
DRAY, *sub.* *Charrette ou haquet de brasseur.*
A dray. *Un traîneau.*
A dray-man. *Charretier de brasseur.*

Dray-horse. *Cheval de charrette.*
Dray-plough. *Sorte de charrue.*
DREAD, *subst.* (awe, fright.) *Frayeur, peur, crainte, effroi, terreur, consternation.*
To have a dread upon one's spirits. *Avoir l'esprit saisi d'effroi, avoir une terreur panique.*
Dread, *adj.* *Redoutable, terrible.*
Dread Sovereign. *Auguste Monarque.*
To DREAD, *v. act.* *Redouter, appréhender, craindre extrêmement.*
I dread his power. *Je redoute sa puissance.*
He dreads me. *Il me craint.*
Dreaded, *adject.* *Craint, redouté, appréhendé.*
DREADER, *s.* *Celui qui craint.*
DREADFUL, *adj.* *Terrible, affreux, horrible, redoutable, épouvantable.*
The dreadful judgments of God. *Les terribles jugements de Dieu.*
A dreadful fight. *Un spectacle affreux, horrible ou hideux.*
To look dreadful. *Paroitre affreux.*
DREADFULLY, *adv.* *Terriblement, horriblement, affreusement.*
He looked dreadfully. *Il avoit un regard affreux, il faisoit peur.*
DREADFULNESS, *s.* *Horreur.*
DREADLESS, *adject.* *Intrépide, qui ne craint rien.*
DREAM, *s.* *Songe, rêverie.*
My dream is out. *Mon songe est accompli ou s'est trouvé véritable.*
Dream, (or idle fancy.) *Rêverie, sottise, impertinence, folie.*
What have I to do with such dreams? *J'ai bien affaire de ces rêveries?*
To DREAM, *v. n.* *Songer, rêver, faire des songes pendant le sommeil.*
He dreams all night long. *Il rêve toute la nuit.*
To dream a dream. *Faire un songe.*
I dreamt a pleasant thing last night. *J'ai fait un plaisant songe, j'ai rêvé une plaisante chose cette nuit.*
To dream, (to rave.) *Rêver, extravaguer.*
DREAMER, *s.* *Rêveur, rêveuse, dans le propre & dans le figuré.*
DREAMING, *s.* *L'action de songer ou de rêver.*
Dreaming, *adj.* *Lent, sombre, pesant.*
A dreaming fellow. *Un sot, un benêt, un stupide.*
DREAMINGLY, *adv.* *Lentement, avec lenteur, nonchalamment.*
To speak dreamingly. *Parler lentement ou d'un ton languissant, trainer ses paroles.*
DREAMLESS, *adject.* *Éveillé, qui ne rêve pas.*
DREAR. *V.* Dreary.
DREARINESS, *s.* *Horreur.*
* DREARY, *adj.* (sad or dismal.) *Terrible, horrible, effroyable, affreux.*
To DREDGE, *v. a.* *Saupoudrer.*
DREDGE, *s.* *Sorte de filet.*
DREGGY, *adj.* (full of dregs.) *Plein de lie, chargé de lie.*
DREGS, *s.* (or lees of any thing.) *La lie, la matiere la plus grossiere qui demeure au fond de quelque liqueur.*
To draw off the dregs. *Purifier, raffiner, ôter la lie ou les ordures.*
The dregs of the fever. *Les restes de la fievre.*
The dregs of the people. *La lie du peuple.*

DRENCH, *s.* *Breuvage ou médecine pour un cheval.*
To DRENCH, *v. act.* *Abreuver.*
To drench, (or bathe.) *Baigner, arroser, mouiller, tremper.*
Drenched or Drench'd, *adj.* *Abreuvé, &c. V.* to Drench.
Drench'd in tears. *Baigné de larmes.*
DRESS, *s.* (or garb.) *Habit, habillement, parure, ajustement, équipage.*
A woman's head-dress. *Coiffure de femme.*
A night dress. *Coiffure de nuit.*
To DRESS, *verb. act.* (to put on one's clothes.) *Habiller.*
To dress a lady's head. *Coiffer une dame.*
To dress one's head. *Se coiffer.*
To dress, (or trim.) *Ajuster, accommoder, parer.*
To dress a dead body. *Envelopper un mort dans un drap.*
To dress fish. *Habiller du poisson, l'accommoder l'apprêter.*
To dress victuals. *Apprêter, accommoder les viandes.*
To dress a wound or a horse. *Panser une plaie ou un cheval.*
To dress a child, (as nurses do.) *Remuer un enfant, comme font les nourrices.*
To dress a garden. *Cultiver un jardin.*
To dress a vine. *Tailler une vigne.*
To dress leather. *Apprêter ou travailler du cuir.*
To dress flax. *Serancer du lin.*
To dress, (speaking of a ship.) *Pavoiser un vaisseau avec des pavillons de toutes couleurs, des flammes, &c. un jour de réjouissance.*
Dressed, *adj.* *Habillé, apprêté, accommodé, pansé, &c. V.* to Dress.
DRESSER, *s.* (a dresser of meat.) *Un cuisinier, une cuisiniere, celui ou celle qui apprête les viandes.*
A dresser or dresser-board. *Tablette de cuisine.*
DRESSING, *sub.* *L'action d'habiller, &c. V.* to Dress.
A dressing-cloth. *Une toilette.*
Dressing-room. *Chambre où l'on s'habille.*
DREST. *V.* Dressed.
DREW : c'est un prétérit du verbe to Draw.
To DRIBBLE, *v. n.* *Dégoutter, baver.*
DRIBLET, *subst.* (a little sum owing.) *Petite dette.*
To pay a great debt by driblets. *Payer de grosses dettes par petites sommes.*
DRIBLING, *adject.* *Ex.* A dribling debt. *V.* Driblet.
DRIED : *prétérit du verbe to Dry.*
DRIED, *adj.* *Séché, sec.*
Dried to powder. *Réduit en poudre, pulvérisé.*
Dried UP. *Sec, à sec, séché, desséché, tari.*
It is all dried up. *Il est tout sec.*
The well is dried up. *Le puits est à sec ou tari.*
DRIFT, *subst.* (or purpose.) *Dessein, manege, intrigue, menées, pratiques, but.*
I understand the whole drift of the business. *Je sais toute l'intrigue.*
I know the drift (or aim) of your discourse. *Je sais où tend votre discours.*
Drift, (a sea term for any thing floating upon the water.) *Ce mot signifie en général*

DRI

néral tout ce qui flotte sur l'eau au gré du vent, de la marée ou d'un courant.
Drifts of ice. *Des glaces flottantes.*
Drifts of sand. *Des sables mouvants.*
To go a drift. *Aller au gré du vent ou de la marée.*
Drift. *Dérive d'un vaisseau à la cape, ou qui ne gouverne pas.*
A-drift. *V.* Adrift.
Drifts. *Rabattues des gaillards & de la dunette.*
Drift of the forest, (an exact view or examination of what cattle are in the forest.) *Revue des bestiaux qui paissent dans une forêt.*
To DRIFT, } *v. act.* Pousser, chasser,
To DRIVE, } mettre en tas.
DRILL, *subst.* (a sort of boring-tool.) *Fraise ou touret, espece de poinçon.*
Drill, (or baboon, an overgrown ape.) *Magot, gros singe.*
To DRILL, *v. act.* (to make a hole.) *Fraiser, forer, percer, faire un trou.*
To drill a key. *Forer ou fraiser une clef.*
To drill (or entice) one. *Pousser, porter quelqu'un à quelque chose.*
† To drill a company of soldiers , (to marshal or to discipline it.) *Discipliner une compagnie de soldats, les dresser, leur faire faire l'exercice.*
To drill one ON , (to amuse him.) *Amuser quelqu'un , † lui tenir le bec dans l'eau.*
To drill one's time away. *Passer ou employer son temps mal à propos.*
Drilled, *adj.* Fraisé, foré, percé , &c. *V.* to Drill.
DRILLING, *subst. L'action de forer, percer, &c. V.* to Drill.
DRILY } *adv. Séchement, d'une ma-*
DRYLY } *niere séche, sans ornement.*
DRINK, *s. Boisson, boire.*
Good or bad drink. *De bonne ou de méchante boisson.*
To be a little in drink. *Avoir un peu bu.*
Give me some drink. *Donnez - moi à boire.*
Without meat or drink. *Sans boire & sans manger, sans boire ni manger.*
Physical drink. *Breuvage , potion médicinale.*
Drink offering. *Aspersion.*
To DRINK, *v. act. Boire.*
To drink soberly or within bounds. *Boire avec modération , boire sans excès.*
To drink a good draught. *Boire un grand coup.*
To drink hand to fist or to drink hard or deep. *Faire la débauche , boire d'une grande force, † boire à tire-larigot ; † lamper, boire comme un Templier.*
To drink one's health. *Boire à la santé de quelqu'un.*
To drink a health. *Boire une santé.*
I drink to you *C'est à vous que je bois, je vous la porte.*
To drink round or drink about. *Boire à la ronde.*
This wine drinks flat , *v. neut. Ce vin a un goût plat, ce vin est éventé.*
This beer drinks well. *Cette biere a un bon goût.*
To drink OFF or drink UP, (to drink every drop.) *Boire tout.*
To drink one DOWN. *Enivrer, souler*

DRI

quelqu'un , le faire boire jusqu'à ce qu'il ne puisse plus se tenir debout.
To drink down sorrow. *Noyer ses chagrins ou ses ennuis dans le vin.*
To drink OUT. *Boire , vider à force de boire.*
We drunk out a barrel of beer in two days. *Nous avons bu , nous avons vidé une barrique de biere dans deux jours.*
To drink out of a glass. *Boire dans un verre.*
To drink IN. *Boire, prendre, recevoir , imbiber.*
To drink in an error. *Imbiber , sucer une erreur, s'en abreuver.*
To drink AWAY one's time. *Perdre son temps ou s'amuser à boire.*
DRINKABLE, *adj.* (or good to drink.) *Bon à boire, potable.*
Drinkable wine. *Vin qui est bon à boire.*
DRINKER, *subst. Buveur.*
A water-drinker. *Un buveur d'eau.*
A wine-drinker. *Un buveur de vin, un biberon.*
DRINKHAM, *subst.* (it is a contribution of tenants to entertain the lord or his steward.) *Sorte de contribution que les vassaux payent pour régaler leur Seigneur ou son homme d'affaires.*
DRINKING, *subst. L'action de boire.*
Hard drinking , (a drinking bout.) *Débauche de vin , &c.*
A drinking glass. *Verre à boire.*
A drinking cup. *Vase à boire , coupe , tasse ou gobelet.*
A drinking companion. *Compagnon de débauche ou de bouteille.*
A drinking gossip. *Une femme qui aime à boire , une commere.*
A drinking match. *Compagnie de débauchés ou de gens qui font la débauche.*
DRINKING SONG. *V.* Drunken.
To DRIP, *v. n.* (from drop ; to fall in drops, as fat in roasting.) *Dégoutter, comme la graisse du rôti.*
To DRIP, *v. act. Faire dégoutter.*
DRIPPING, *s. La graisse , qui tombe du rôti.*
A dripping-pan. *Léchefrite.*
To DRIVE, *v. act.* (to make go.) *Conduire, mener, chasser.*
To drive a cart. *Conduire ou mener un chariot.*
To drive beasts to pasture. *Mener paître le bétail.*
To drive an ass. *Conduire un âne.*
To drive bees. *Chasser des abeilles.*
To drive the country. *Piller le pays , faire du dégât.*
He drives all before him. *Il ne trouve aucun obstacle ou aucune résistance, tout plie devant lui, rien ne lui résiste.*
The wind drove us ashore. *Le vent nous jetta à terre.*
To drive, (to put upon or to force.) *Pousser , forcer , obliger , contraindre , réduire.*
He drove me to that necessity. *Il me réduisit à cette nécessité.*
To drive a great trade. *Faire un grand négoce.*
To drive a nail. *Cogner, pousser de force , enfoncer un clou.*
To drive to despair. *Porter au désespoir.*
Prov. He must needs go whom the devil drives. *V.* Devil.
He went as fast as he could drive. *Il fit toute la diligence possible.*
A wheel of a cart drove over me. *Une*

DRI

roue de charrette me passa par-dessus le corps.
To drive AT something. *Buter, viser, tendre ou aboutir à une chose.*
To drive AWAY the flies. *Chasser les mouches.*
To drive away the time. *Passer le temps , pousser le temps avec l'épaule.*
To drive away sorrow. *Bannir les chagrins ou la tristesse.*
To drive BACK. *Repousser.*
To drive ON. *Toucher , pousser.*
Drive on, coachman. *Touche , cocher.*
To drive on a design. *Pousser un dessein.*
To drive OFF. *Chasser.*
To drive (or hiss) a player off the stage. *Siffler un acteur.*
To drive off, (to delay.) *Remettre, renvoyer, différer.*
He drives it off from day to day. *Il le renvoie , il le remet de jour à autre.*
To drive OUT. *Chasser, faire sortir.*
Prov. One nail drives out another. *Un clou chasse l'autre.*
To drive a nail out by force. *Faire sortir un clou de force.*
To drive out , *v. neut.* (in Printing.) *Chasser ,* en termes d'Imprimeur, *prendre bien de la place.*
To drive IN or INTO. *Enfoncer , faire entrer dedans , cogner, pousser de force.*
To drive stakes into the ground. *Enfoncer des pieux dans la terre.*
To drive a nail in. *Faire entrer un clou , le cogner, l'enfoncer.*
To drive, *verb. neut.* (a sea term , is said of a ship , when the anchor will not hold her.) *Arer , chasser , ou chasser sur ses ancres , dériver , aller en dérive , en parlant d'un vaisseau.*
A ship that drives (or deflects from her course) by the force of currents. *Un vaisseau qui dérive par la force des courants.*
To drive bodily, upon a coast. *Voyez* Bodily.
To drive with the tide. *Cajoler la marée.*
DRIVEL, *s. Bave, écume , salive qui sort de la bouche.*
To DRIVEL, *verb. neut.* (to slabber or foam.) *Baver, jeter de la bave, écumer.*
Driveling, *adj. Qui bave.*
DRIVELLER , *s.* (or a driveling fool.) *Un nigaud , un niais, un sot , un tenet , un idiot , une buse.*
DRIVEN , *adj.* (from to drive.) *Conduit , mené , chassé, &c. V.* to Drive, *dans tous ses sens.*
As white as the driven snow. *Aussi blanc que la neige qui voltige dans l'air.*
DRIVER , *s.* (one that drives.) *Conducteur , meneur , celui qui conduit ou qui mene.*
A coachman who is a skilful driver. *Un cocher qui est un bon meneur ou qui mene bien.*
An ass-driver. *Un ânier.*
Driver, (a cooper's tool.) *Un chassoir, outil de tonnelier.*
Driver, (a sort of sail.) *Paille-en-cul.*
Driver-boom. *Boute-hors de paille-en-cul.*
DRIVING, *s. L'action de conduire, &c. V.* to Drive.
The driving (or deflection) of a ship in her course. *La dérive d'un vaisseau dans sa route.*
To DRIZZLE, *v. neut.* (or fall in small slow drops.) *Bruiner, faire de la bruine.*
Drizzling ,

Drizzling, *adject. Ex.* A drizzling rain. *Bruine, petite pluie.*
Drizzling weather. *Temps de bruine.*
DRIZZLY, *adj. Couvert de bruine.*
DROIL. *V.* Drudge.
DROIT, *f.* (duty or tax.) *Droit, taxe, impôt.*
The droits and perquifites of the Admiralty. *Les droits & les profits de l'Amirauté.*
DROLL, *f.* (a merry companion.) *Un gaillard, un éveillé, un plaifant, ↑ un drôle.*
A droll, (or libertine.) *Un libertin.*
A droll, (or farce.) *Une farce.*
To DROLL, *verb. neut.* (to joke) upon a thing. *Railler, plaifanter fur quelque chofe, fe railler fur quelque chofe.*
DROLLERY, *fub.* (or joke.) *Raillerie, plaifanterie.*
To turn a thing into drollery and ridicule. *Tourner quelque chofe en ridicule.*
DROMEDARY, *fubft.* (a kind of swift camel.) *Dromadaire, efpece de chameau très-vite à la courfe, fém. & mafc.*
DRONE, *fubft.* (a bee which makes no honey.) *Bourdon, groffe mouche ennemie des abeilles.*
A drone, (a hum-drum fellow.) *Un efprit pefant ou ftupide, un lambin.*
DRONISH. *V.* Drone.
To DROOP, *v. act.* (to fade, as flowers do.) *Se faner, fe flétrir, fe ternir.*
To droop, (or to be afflicted.) *S'affliger, s'attrifter, être abattu ou accablé de triftefe.*
To droop, (to languifh or grow faint.) *Languir.*
DROOPING, *f. Accablement, abattement d'efprit, triftefe, langueur.*
Drooping, *adj. Ex.* To be in a drooping condition. *Etre foible, abattu ou languiffant, avoir une fanté languiffante.*
DROP, *fubft.* (a globule of moifture.) *Une goutte, de quelque liqueur que ce foit.*
By drops, (drop after drop.) *Goutte à goutte.*
Drops, (or fpirits whereof a few make a dofe.) *Efprit, dont on prend un certain nombre de gouttes pour une dofe.*
Drop, (a fea-term.) *Chute, en parlant des principales voiles carrées.*
Drop-wort. *Filipendule, forte d'herbe.*
To DROP, *v. act.* (or let fall.) *Laiffer tomber.*
To drop anchor. *Laiffer tomber l'ancre, jeter l'ancre, mouiller l'ancre, mouiller.*
I dropt my watch. *J'ai laiffé tomber ma montre.*
To drop a word. *Lâcher une parole.*
You dropt a word. *Vous avez lâché une parole, ce mot vous eft échappé.*
To drop one's argument, (or to let it fall.) *Laiffer tomber fon argument, ne le pouffer pas.*
She dropt him a curtefy. *Elle lui fit une révérence.*
† To drop, (or fall, as an employment.) *Vaquer.*
He is promifed the firft employment that drops. *On lui a promis le premier emploi qui vaquera ou qui fera vacant.*
To drop IN. *Jeter, fourrer dedans.*
To drop, *verb. neut. Dégoutter, tomber goutte à goutte, diftiller, couler.*
The eaves drop. *Les toits dégouttent.*

He was like to drop down dead. *Il penfa s'évanouir ou tomber de fon haut.*
His nofe drops continually. *Il a toujours la roupie au nez.*
To drop with fweat. *Suer à groffes gouttes.*
To drop, (fpeaking of a word.) *Echapper.*
The caftle will drop (or furrender) of courfe. *Le château tombera de lui-même ou fera obligé de fe rendre.*
To drop IN. *Entrer, fe fourrer dedans.*
To drop OUT, (to fteal out.) *Se dérober, s'échapper, s'éclipfer.*
To drop OFF, (to lofe one's employ.) *Perdre fa charge.*
To drop or to drop off, (to die.) *Mangeur, mourir, paffer le pas.*
To drop, (a fea-term.) *Ex.* Her maintop-fail drops feventeen yards. *Son grand hunier a dix-fept verges de chute.*
To drop aftern. *Refter de l'arriere.*
DROPLET, *fubft. Petite goutte.*
DROPPED. *V.* Dropt.
DROPPING *fubft. L'action de laiffer tomber, &c. Voyez* to Drop, *dans tous fes fens.*
The droppings of a veffel. *Ce qui dégoutte d'un tonneau.*
The dropping of one's nofe. *La roupie.*
Droppings of wine or beer, (that drop into the tap-tub.) *Baquetures de vin ou de biere, qui dégouttent d'un tonneau dans le baquet.*
Prov. To fave the very dropping of one's nofe, (to be extraordinarily faving and covetous.) *† Trouver à tondre fur un œuf, † écorcher un pou pour en avoir la peau, être ladre ou avare.*
DROPSICAL, *adject.* (troubled with the dropfy.) *Hydropique, qui a une hydropifie.*
A dropfical man. *Un hydropique.*
A dropfical woman. *Une hydropique.*
DROPSIED. *Voyez* Dropfical.
DROPSY, *fubft.* (a fort of difeafe.) *Hydropifie.*
The tympany dropfy. *L'hydropifie tympanite.*
DROPT, *adject.* (from to drop.) *Dégoutté, &c. V.* the verb.
Dropt from the clouds. *Tombé des nues.*
That bufinefs is dropt (or fallen) to the ground. *Cette affaire eft affoupie ou tombée à terre, on n'en parle plus.*
The difpute is dropt at laft. *La difpute eft mal foutenue.*
DROSS, *f. Ecume, ordure de métal.*
The drofs of lead. *L'écume du plomb.*
DROSSINESS, *f. Ecume, ordure.*
DROSSY, *adject.* (full of drofs.) *Plein d'écume ou d'ordure.*
DROVE, *f.* (from to drive; a herd.) *Troupeau.*
A drove of cattle. *Troupeau de gros bétail.*
Drove, *prétérit du verbe to* Drive.
DROVER, *fubft.* (one that drives cattle, hogs or fheep to or from market.) *Piquebœuf.*
DROUGHT, *f.* (from dry.) *Sécherefle, aridité.*
We have had a great drought. *Nous avons eu une grande fécherefle.*
Drought, (or thirft.) *Altération, foif.*
I have a great drought upon me. *J'ai grand foif.*
DROUGHTY, *adj. See, brûlant.*
To DROWN, *verb. act.* (or fuffocate in water.) *Noyer, inonder, fubmerger.*
To drown one's felf. *Se noyer.*

To drown one's cares in wine. *Noyer fes ennuis dans le vin.*
To drown (or to overflow) a country. *Inonder un pays.*
The light of the fun drowns the light of the ftars. *La lumiere du foleil efface ou fait éclipfer celle des étoiles.*
To drown a noife. *Etouffer quelque bruit, empêcher qu'on ne l'entende.*
This is fo great a piece of news that it has drowned all other reports. *Cette nouvelle eft de fi grande importance, qu'on n'entend parler d'autre chofe.*
A quart drowns a tierce at picket. *La quatrieme efface la tierce au piquet.*
To drown, (eclipfe or furpafs.) *Effacer, défaire, obfcurcir, offufquer, porter ombre.*
Drowned, *adj. Noyé, inondé, fubmergé, étouffé, &c.*
A vowel, the found whereof is drowned before another vowel. *Voyelle qui fe mange ou qui fe perd devant une autre voyelle.*
DROWNING, *f. L'action de noyer, &c. V.* to Drown; *inondation.*
To DROWSE, *v. neut.* (or grow heavy.) *Etre affoupi, fommeiller.*
DROWSED, *adj. Affoupi.*
DROWSILY, *adverb. Lentement, négligemment, nonchalamment, & comme en dormant.*
He goes fo drowfily to work. *Il va fi lentement en befogne.*
DROWSINESS, *fub.* (fleepinefs.) *Affoupiffement, léthargie.*
I have a great drowfinefs (or heavinefs) upon me. *Je fuis dans un grand affoupiffement, je fuis fort affoupi.*
Drowfinefs. *Pareffe, nonchalance.*
DROWSY, *adject.* (or fleepy.) *Affoupi, endormi.*
To be very drowfy. *Etre fort affoupi.*
To make drowfy. *Affoupir, rendre affoupi.*
The drowfy difeafe, (or lethargy.) *La léthargie, maladie qui fait dormir continuellement.*
DRUB, *f. Coup.*
To DRUB, *v. act.* (or beat the foles of the feet with a ftick.) *Battre la plante des pieds avec un bâton ; c'eft une efpece de fupplice en ufage parmi les Turcs.*
To drub, (or to cudgel.) *Donner des coups de bâton, bâtonner.*
DRUBBING, *fubft. Baftonnade, coups de bâton.*
DRUDGE, *f.* (one that is appointed to do all mean offices.) *Valet qu'on employe aux ouvrages les plus bas & les plus pénibles, un efclave.*
He is a very drudge, he is made a drudge of. *On en fait un efclave.*
A drudge in a kirchen. *Un marmiton.*
A drudge in a fhip. *Un page, un mouffe ou valet de navire.*
To DRUDGE, *v. act. Faire le valet, travailler comme un efclave.*
To drudge on a thing. *Peiner un ouvrage, y prendre beaucoup de peine.*
To drudge up and down for one. *Courir, trotter de côté & d'autre pour quelqu'un.*
To drudge (or fifh) for oyfters. *Pêcher des huîtres.*
DRUDGER, *fubft.* (one that fifhes for oyfters.) *Un pêcheur d'huîtres.*
DRUDGERY, *f. Baffeffe, occupation baffe & fervile.*
To do one's drudgery. *Rendre à quelqu'un des fervices fort bas.*

While

While he was put to the drudgery of fweating. *Pendant qu'on je fervoit de lui pour un fauffaire.*
DRUDGINGLY, adverb. *Laborieufement, avec peine.*
DRUG, f. *Drogue.*
To use good drugs. *Se fervir de bonnes drogues.*
Drug, (or forry commodity.) *Drogue, méchante marchandife, marchandife de rebut.*
Where knavery is in credit, honefty is fure to be a drug. *Lorfque la mauvaife foi eft en vogue, la probité n'eft plus de mife.*
It grows a very drug. *On le donne prefque pour rien, & dans le figuré, cela s'avilit, devient méprifable, ou n'eft plus en crédit.*
DRUGGED, adject. *Mêlé de quelque chofe de mauvais, drogué.*
DRUGGET, fub. (a fort of ftuff.) *Droguet.*
DAUGGIST, } fubft. *Un droguifte.*
DRUGSTER,
DRUID, fubft. (a prieft and Philofopher among the ancient *Britons* and *Gauls*.) *Druide, Sacrificateur & Philofophe des anciens Bretons & Gaulois.*
DRUM, fubft. (a warlike inftrument.) *Tambour, caiffe, inftrument de guerre.*
To beat the drum. *Battre le tambour ou la caiffe.*
The beats of a drum. *Les fons du tambour.* V. Beat.
The drum of the ear. *Le tambour ou le tympan de l'oreille.*
A kettle-drum. *Timbale.*
Drum, (or drummer.) *Tambour.*
The drum-major. *Le tambour major.*
Drum-fticks. *Baguettes de tambour.*
Drum-ftrings. *Timbre, les deux cordes de boyau qui font fur la derniere peau d'une caiffe.*
To DRUM. v. neut. (or beat the drum,) *Battre le tambour ou la caiffe.*
To DRUMBLE. verb. neut. *Être lent, pareffeux, être affoupi.*
DRUMMER, fubft. (he that beats the drum.) *Tambour, celui qui bat de la caiffe.*
DRUMMING, f. *L'action de battre le tambour, bruit du tambour.*
DRUMSTER. V. Drummer.
DRUNK, adject. (or fuddled, from to drink.) *Ivre, foûl, plein de boiffon.*
Half drunk. *A demi foûl.*
Dead drunk. *Tout-à-fait foûl, mort-ivre.*
To make drunk. *Enivrer, foûler.*
Prov. Ever drunk, ever dry. *Plus on boit, plus on veut boire.*
Drunk with the hopes of fuccefs. *Enivré de l'efpérance du fuccès.*
Drunk, adj. part. (from Drink.) *Bu.*
Drunk OUT. *Tour bu.*
All is drunk out. *Tout eft bu, il n'y a plus rien à boire.*
DRUNKARD, fub. (a man addicted to continual ebriety.) *Un ivrogne, un biberon, un grand buveur.*
A drunkard, (fpeaking of a woman.) *Une ivrogneffe.*
DRUNKEN, adj. (intoxicated with liquor.) *Ivrogne, ivre.*
A drunken man. *Un ivrogne.*
A drunken woman. *Une ivrogneffe.*
Prov. Drunken folks feldom take harm. *Il y a un Dieu pour les ivrognes.*
A drunken (or drinking) fong. *Une chanfon à boire ou bachique.*

DRUNKENLY, adverb. (like a drunken man.) *En ivrogne.*
DRUNKENNESS, fub. (intoxication with liquor.) *Ivrognerie, ivreffe.*
DRY, adj. *See, aride, féché, defféché, tari.*
A dry (or empty) difcourfe. *Un difcours fec, maigre, foible, aride, infipide.*
A dry fountain. *Une fontaine à fec.*
Dry goods. *Marchandifes fines.*
Your hands are not dry enough. *Vos mains ne font pas affez effuyées.*
Dry, (or thirfty.) *Altéré, qui a foif.*
I am very dry. *Je fuis fort altéré, j'ai grand foif, je meurs de foif.*
The dry land. *La terre, la terre habitable ou la terre ferme.*
He went over dry. *Il traverfa ou il paffa à pieds fecs, fans fe mouiller les pieds.*
A dry nurfe, (a nurfe that has loft her milk.) *Une nourrice qui a perdu fon lait.*
A dry nurfe, (a nurfe that tends a woman that lies in.) *Une garde, celle qui garde une femme en couche.*
A dry (or cunning) jeft or pun. *Une raillerie fine, une plaifanterie délicate, un bon mot, un lardon.*
† He got nothing but dry blows. *Il n'y a gagné que des coups.*
Dry, (or penurious.) *Avare, mefquin, épargnant, taquin.*
Dry, (or referved.) *See, aride, taciturne, réfervé.*
Dry-fhod. *A fec ou à pieds fecs.*
To DRY, v. act. *Sécher, rendre fec.*
To dry UP. *Sécher, deffécher, tarir.*
Dry up your tears. *Effuyez vos larmes, ceffez de pleurer.*
To dry, verb. neut. *Sécher, devenir fec ou aride.*
† To DRY-SHAVE, v. a. (to cheat, to trick.) *Avoir du poil, tromper, duper.*
DRYADES, f. (or wood-nymphs.) *Les dryades, les nymphes des bois.*
DRIED. V. Dried.
DRYER, f. *Deffïcatif, qui feche.*
DRY-EYED, adject. *Qui ne pleure point, qui a les yeux fecs.*
DRYING, f. *L'action de fécher.*
A drying-yard. *Cour propre à fécher le linge, &c.*
DRYLY, adv. *Séchement.*
DRYNESS, f. *Sécherefse, aridité.*
DUAL, f. (a term of the *Greek* Grammar fignifying two.) *Le duel, terme de Grammaire Grecque.*
To DUB, v. act. *Faire, créer, armer.*
To dub (or make) Knight. *Faire, créer ou armer Chevalier.*
DUBIOUS, adj. (or doubtful.) *Douteux, incertain, indéterminé, indécis.*
DUBIOUSLY, adv. *D'une maniere douteufe, avec incertitude.*
DUBIOUSNESS, fubft. *Incertitude, doute.*
DUBITABLE, adj. *Dont on peut douter.*
DUBITATION, f. (or doubt.) *Doute, incertitude.*
DUCAL, adject. (of or belonging to a Duke.) *Ducal, qui eft de Duc.*
DUCAT, f. *Ducat, forte de monnoie.*
DUCE. V. Deuce.
EUCHESS. V. Dutchefs.
DUCHY. V. Dutchy.
DUCK, fub. *Canard, ou proprement une cane.*
A wild duck. *Un canard fauvage.*
A tame duck. *Un canard privé.*
A young wild duck. *Jeune canard, halbran.*

Duck-hunting. *Chaffe aux canards.*
My duck, (a word of kindnefs.) *Mon cœur, mon cher, ma chere.*
A duck and a drake. V. Drake.
Duck-weed or ducks-weed. *Lentille fauvage.*
Duck. *Toile à voile.*
To DUCK, verb. act. & neut. (or dive.) *Plonger, cacher ou fe cacher dans l'eau.*
To duck one in the fea. *Plonger quelqu'un dans la mer, lui donner la cale.*
To duck, (or ftoop.) *Se baiffer.*
To duck with the head. *Baiffer la tête.*
To duck, (or congee.) *Faire la révérence.*
DUCKATOON, f. (a foreign coin worth about five fhillings and fix pence.) *Ducaton, forte de monnoie étrangere qui vaut cinq fchelings & demi d'Angleterre.*
DUCKER, f. (a diver or cringer.) *Plongeur, celui qui plonge.*
DUCKED. V. to Duck.
DUCKING, f. (from to duck.) *L'action de plonger ou de fe plonger dans l'eau.*
Ducking, (a fea-punifhment.) *Cale, fupplice pour les gens de mer ; c'eft auffi le baptême de la ligne, des tropiques, &c.*
A ducking-ftool. *Une cage, pour plonger quelqu'un.*
DUCKLING, fub. (a young duck.) *Un jeune canard.*
To DUCKOY, verb. act. *Amorcer, attirer dans le piège.* V. to Decoy.
DUCKT, adj. (from to duck.) *Plongé, plongé dans l'eau.*
DUCT, f. (or paffage.) *Conduite, direction ; paffage, conduit.*
DUCTILE, adject. (that can eafily be beaten into thin pieces with a hammer.) *Ductile, qui s'étend aifément à coups de marteau.*
DUCTILITY, } fubft. *Ductilité.*
DUCTILENESS,
DUDGEON, f. a dudgeon dagger, (a little dagger.) *Un petit poignard, une petite dague.*
† To take a thing in dudgeon, (or ill part.) *Prendre une chofe en mauvaife part, s'en choquer, s'en offenfer.*
* A dudgeon-haft. *Un manche de poignard.*
DUE, adject. (or owing.) *Dû, qu'on doit.*
Money due. *Argent dû, dette.*
There is fo much due to me. *On me doit tant.*
Due, (requifite.) *Requis, convenable, néceffaire, propre.*
To do a thing with due reverence. *Faire une chofe avec toute la révérence requife ou convenable.*
To afk for a fum before it is due. *Demander une fomme avant le terme.*
To do a thing in due time, in due feafon. *Faire une chofe à point nommé, dans le temps qu'il faut, à propos.*
He will do it in due time. *Il le fera quand il en fera temps.*
Done in due form. *Fait dans les formes ou en bonne & due forme, valide.*
DUE, fubft. *To give every one his due. Donner à chacun ce qui lui appartient ou faire juftice à tout le monde.*
To remit fomewhat of one's due. *Relâcher ou céder une partie de fon droit.*
Prov. We muft give the devil his due. *Il ne faut pas faire le diable plus noir qu'il n'eft.*

DUEL.

DUEL, *s.* (or single fight.) *Duel, combat singulier.*
To fight a duel. *Se battre en duel.*
DUELLING, *s. Duel, l'action de se battre en duel.*
To forbid duelling. *Défendre les duels.*
DUELLIST, DUELLER, } *sub. Duelliste, qui se bat souvent en duel.*
He is a famous duellist. *C'est un fameux duelliste.*
DUENNA, *sub.* (or governess.) *Duegne, mot tiré de l'espagnol.*
DUET, DUETTO, } *sub. Duo, morceau de musique à deux parties.*
DUG, *sub.* (teat of animals.) *Mamelle, trayon, bout du pis qu'on tire pour faire venir le lait d'une vache, d'une chevre, &c.*
To suck a dug. *Sucer la mamelle.*
DUG, *adject.* (or digged, from to dig.) *Creusé, foui, bêché.*
DUKE, *s. Un Duc.*
A sovereign Duke, as the great Duke of Tuscany, the Duke of Savoy, &c. *Un Duc souverain, comme le grand Duc de Toscane, le Duc de Savoye, &c.*
DUKEDOM, *s. Duché.*
*DULCARNON, *sub.* (an old word for any hard question or point.) *Difficulté, chose difficile à résoudre.*
I am at dulcarnon, (or at my wit's end.) *Je suis embarrassé,* † *je suis au bout de mon latin.*
† DULCET, *adj. Doux, agréable.*
DULCIFICATION, *sub. L'action de dulcifier, d'adoucir.*
To DULCIFY, *v. act.* (or make sweet.) *Dulcifier, adoucir, rendre doux, agréable, &c.*
To dulcify mercury. *Dulcifier le mercure.*
Dulcified, *adj. Dulcifié, adouci.*
DULCIFYING, *subst. L'action de dulcifier, &c.*
DULCIMER, *s.* (a kind of musical instrument.) *Tympanon, sorte d'instrument de musique à cordes.*
To DULCORATE. *V.* to Dulcify.
DULIA, *s. Dulie, culte des Saints.*
DULL, *adj.* (or blunt.) *Emoussé, rebouché, qui ne coupe pas.*
A dull razor or pen-knife. *Un rasoir ou un canif émoussé.*
Dull, (or heavy.) *Hébété, pesant, lourd, dur, étourdi, stupide, sans esprit, qui n'a point de feu, de brillant ou de vivacité.*
A dull wit. *Un esprit pesant, qui a peu de brillant ou de vivacité.*
A dull speech. *Une harangue sans esprit.*
A dull style. *Un style dur.*
Dull, (lumpish, insensible.) *Languissant, lourd, pesant, mort, endormi, insensible, dur, émoussé.*
Age and sickness will make a body dull. *L'âge & les maladies rendent le corps pesant ou languissant.*
The sensibility of the soul is but dull, by reason of the flesh which is between. *Le sentiment de l'ame est émoussé, à cause de la chair qui est entre deux.*
Dull, (lazy or slow.) *Lâche, paresseux, pesant, lent, engourdi.*
Dull, (or flat.) *Fade, qui n'a pas de pointe, qui n'a rien de piquant, en parlant du goût, des plaisirs, &c.*
Dull, (or melancholy.) *Triste, morne, pensif, chagrin, mélancolique.*

A dull piece of work. *Un ouvrage ennuyant, fatiguant, qui fatigue l'esprit.*
To sing in a dull tone. *Chanter d'un ton cassé ou d'une voix cassée.*
A dull noise. *Un bruit sourd.*
To make but a dull sound. *Rendre un son sourd.*
A glass that begins to grow dull. *Glace de miroir qui commence à se ternir.*
Dull sight. *Une vue foible, des yeux éteints, battus, languissants.*
A candle that burns dull. *Une chandelle qui ne rend qu'une foible lueur.*
A dull colour. *Une couleur triste, chargée, qui n'est point vive.*
There is now but a dull trade. *Le négoce ne va pas maintenant comme autrefois, il y a très-peu de négoce présentement.*
Dull of hearing. *Qui entend dur, qui a une dureté d'oreille, qui est presque sourd, qui n'entend qu'avec peine.*
Dull of apprehension. *Pesant, qui a l'esprit pesant & bouché, qui a peine à comprendre.*
Dull-witted. *Qui a l'esprit pesant.*
Dull-pated, (that has a dull pate of his own.) *Qui a la tête dure, pesant, stupide, hébété.*
To DULL, *v. act.* (to make one's wit dull, to hebetate.) *Hébéter, rendre pesant ou stupide, émousser l'esprit, lui faire perdre cette pointe qui le rend subtil.*
The school has so dulled his brains, that he can hardly say bo to a goose. *L'école l'a si fort hébété, qu'à peine a-t-il le mot à dire.*
To dull, (or to dazzle with over much light.) *Eblouir, diminuer la vue.*
To dull a looking-glass. *Ternir, effacer le poli d'un miroir.*
To dull the hearing, (or to deafen.) *Faire devenir ou rendre sourd, causer la surdité ou une dureté d'oreille.*
DULLED, *adject.* (or stupified.) *Hébété, émoussé,* &c. *V.* to Dull.
DULLING, *s. L'action d'hébéter,* &c. *V.* to Dull.
DULLNESS, *s. L'état d'une chose émoussée,* &c. *V.* Dull.
Dullness of wit. *Pesanteur d'esprit, stupidité.*
Dullness, (or slowness.) *Paresse, négligence, lâcheté.*
Dullness, (or lumpishness.) *Engourdissement.*
DULLY, *adv. Pesamment, avec peu d'esprit, de brillant ou de vivacité, avec paresse, durement.*
To walk but dully. *Marcher pesamment.*
He writes but dully. *Il écrit durement.*
DULY, *adv.* (from due.) *Duement, en bonne & due forme.*
He was duly convicted. *Il a été duement convaincu.*
Duly, (or exactly.) *Exactement, précisément.*
He goes duly to school at six o' clock. *Il va précisément à l'école à six heures.*
DUMB, *adj.* (speechless.) *Muet, qui ne sauroit parler.*
Dumb-shew. *Signe.*
A dumb creature. *Une bête ou un oiseau.*
To silence one dumb. *Fermer la bouche à quelqu'un.*
To DUMBFOUND, *v. act. Confondre, rendre muet.*
DUMBLY, *adv. D'une maniere muette.*

DUMBNESS, *sub. L'état d'une personne muette.*
DUMP, *sub.* (or sudden astonishment.) *Etonnement, surprise.*
To be in a dump. *Etre tout étonné ou tout surpris.*
A melancholy dump. *Chagrin, peine d'esprit, inquiétude.*
To put one in the dumps, (or make him sad.) *Chagriner quelqu'un, le rendre chagrin, lui mettre martel en tête.*
DUMPISH, *adject. Stupide, mélancolique, morne.*
DUMPISHNESS, *subst. Mélancolie, stupidité.*
DUMPLING, *subst.* (a heavy sort of pudding.) *Sorte de boudin à l'Angloise.*
DUN, *adj.* (a colour between brown and black.) *Brun, obscur, d'une couleur sombre & tannée.*
Dun-neck, (a sort of bird.) *Verdon, sorte d'oiseau.*
Dun-fly or dun-bee, *Un taon.*
† Dun in the mire, (for down in the mire.) *Embarrassé, mal dans ses affaires, réduit à l'étroit, embourbé, dans les broussailles.*
Dun, *sub.* (a troublesome and clamorous creditor.) *Un demandeur, un créancier qui presse & qui fatigue ses débiteurs, un créancier importun.*
To Dun, *v. act.* (to press a man to pay his debts.) *Solliciter le payement d'une dette, presser, fatiguer, harceler, importuner ses débiteurs, être toujours à leurs trousses.*
DUNCE, *s.* (or stupid, indocile animal.) *Un lourdaud, un benêt, un sot, une bête, un âne.*
DUNCERY, *subst.* (the being a dunce.) *Sottise, bêtise.*
DUNG, *s.* (to dung land.) *Fumier, pour fumer la terre.*
A cart-load of dung. *Une charretée du fumier.*
Horse-dung, bird-dung. *Fiente, ou ordure de cheval ou d'oiseau.*
The dung of goats, rats, mice, and silk-worms. *Crotte de chevre, de rat, de souris, & de ver à soie.*
Cow-dung. *Bouse de vache.*
Dung-hill. *Un fumier, un tas de fumier.*
A man raised (or sprung) from a dung-hill. *Un homme qui s'est élevé du néant.*
Dung-yard. *Lieu où l'on tient le fumier.*
Dung-hill fowl. *Volaille domestique.*
A dung-farmer, (or tom-turd man.) *Un cureur de privés, le maître des basses-œuvres.*
A dung-fly. *Mouche de fumier.*
A dung-cart. *Un tombereau.*
To DUNG a field, *v. act. Fumer un champ, l'engraisser avec du fumier.*
Dung, (excrement of several animals.) *Fiente, de divers animaux.*
Dunged, *adject. Fumé, engraissé avec du fumier.*
DUNGEON, *subst.* (or dark prison.) *Cachot, prison noire & obscure, basse-fosse.*
DUNGHILL. *Voyez* Dung-hill, *sous* dung.
DUNGING, *s.* (from to dung.) *L'action de fumer.*
DUNGY, *adj. Plein de fumier, sale, bas, vil.*
DUNNACE, *subst.* (a sea-term.) *Fardage.*
DUNNED, *adj.* (from to dun.) *Que l'on presse de payer, fatigué, sollicité, harcelé,*

telé, importuné par ses créanciers, qui a ses créanciers à ses trousses.
DUNNER, s. V. Dun, subst.
DUNNING, sub. L'action de solliciter ses débiteurs, &c. V. to Dun.
† DUNSICAL, adj. (from dunce.) Lourdaud, sot, rustre.
He is a dunsical fellow. C'est un lourdaud, un benêt, une bête, un sot.
DUODECIMO, mot emprunté du Latin.
Ex. A book in duodecimo. Un livre in-douze, un in-douze.
To DUPE, verb. act. (to cheat or cozen.) Duper, tromper.
DUPLICATE, subst. (a copy or transcript of a writing.) Double, copie d'un écrit.
To DUPLICATE, v. act. Doubler.
DUPLICATION, s. Duplication.
DUPLICATURE, subst. Pli.
DUPLICITY, subst. Duplicité.
DURABLE, adject. (or lasting.) Durable, qui dure, ou qui est de durée, permanent.
A durable peace. Une paix qui dure, une longue paix, une paix de longue durée.
DURABLY, adverb. D'une manière durable.
DURABLENESS, } subst. Durée.
DURABILITY, }
DURANCE, subst. (or imprisonment.) Prison ou emprisonnement.
To be in durance. Être en prison.
DURATION, s. Durée.
A thing of long duration. Une chose de longue durée.
To DURE, verb. neut. (for to endure.) Durer.
DURELESS, adj. Court, passager.
DURING, prép. Durant, pendant.
During that eclipse. Durant cette éclipse.
During my stay there. Pendant le séjour que j'y fis, pendant que je demurai-là.
DURITY, s. Dureté, émauté.
DURST, prétérit du verbe to dare.
Ex. I durst not go. Je n'osai y aller.
You durst not do it. Vous n'oseriez le faire.
DUSK, s. (the close of the evening.) Crépuscule, l'entre chien & loup, le soir, la brune.
Pray come in the dusk of the evening. Je vous prie de venir sur le soir ou sur la brune.
Dusk, adj. V. Duskish.
To DUSK, v. act. (or make duskish.) Rendre obscur.
† To Dusk, v. neut. Se faire tard, se faire obscur.
It begins to dusk. Il commence à se faire tard.
DUSKINESS, s. Obscurité.
DUSKISH, } adject. Obscur, brun, qui
DUSKY, } tire sur le noir.
It begins to be duskish. Il commence à faire obscur, comme quand la nuit approche.
DUSKISHLY, adv. Obscurément.
DUST, s. Poussière, poudre.
To make a dust, to raise a dust. Faire, exciter de la poussière.
To gather dust. Amasser la poussière, se couvrir de poussière.
To lay the dust. Abattre la poussière.
The wind blows the dust about. Le vent fait voler la poussière.

We are but dust and ashes. Nous ne sommes que poudre & cendre.
Saw-dust. Sciure, ce qui tombe en poudre lorsqu'on scie.
Pin-dust or file-dust. Limaille, limure.
The dust (or sweepings) of a house. Les ordures, les balayures d'une maison.
A dust-man. Un boueur, celui qui ôte les boues des rues, & les ordures des maisons.
A dust-basket. Panier où l'on met les ordures, en attendant que le boueur passe pour les prendre.
A dust-box or sand-box. Un poudrier.
To DUST, v. act. (or cast dust upon.) Couvrir ou remplir de poussière.
You dust my hat all over. Vous couvrez mon chapeau de poussière.
To dust, (to free from dust.) Oter la poussière.
DUSTER, s. Torchon.
DUSTINESS, s. Quantité de poussière ou de poudre.
DUSTY, adj. Plein ou couvert de poussière, poudreux.
A dusty room. Une chambre pleine de poussière.
A dusty road. Un chemin poudreux.
To grow dusty. Se remplir, se couvrir de poussière.
DUTCH, s. Hollandois, la Langue Hollandoise ou Flamande.
To speak Dutch. Parler Hollandois.
High-Dutch or german. Haut-Allemand.
He speaks high-Dutch. Il parle haut-Allemand.
Dutch, adj. Hollandois, qui est de Hollande.
A Dutch-man. Un Hollandois.
A Dutch-woman. Une Hollandoise.
Dutch cloth. Drap de Hollande.
A Dutch quill. Plume hollandée.
DUTCHESS, s. (from Duke.) Duchesse.
DUTCHY, s. Duché.
The Dutchy of Lancaster. Le Duché de Lancastre.
DUTEOUS, } adj. Obéissant, qui fait
DUTIFUL, } son devoir, soumis.
A dutiful child. Un enfant obéissant.
Dutiful to his parents. Obéissant à son pere & à sa mere.
A dutiful carriage. Une conduite pleine de soumission.
Dutiful towards God. Pieux, religieux, devot.
DUTIFULLY, adv. Avec soumission, avec obéissance.
To carry one's self dutifully. Faire son devoir.
DUTIFULNESS, s. Soumission, obéissance.
DUTY, s. (from due, any thing incumbent upon one to do.) Devoir, ce à quoi on est obligé, fonction.
To do, to perform one's duty. Faire son devoir, s'acquitter de son devoir.
To pay one's duty to one. Rendre ses devoirs à quelqu'un.
The duty of one's place. Les fonctions de sa charge.
To present one's duty (or respects) to one. Assurer quelqu'un de ses respects.
My duty to you. C'est l'expression dont se sert un enfant qui boit à son pere ou à sa mere, à son parrain ou à sa matraine.
A soldier upon duty. Un soldat qui est en faction.

Hard duty. Fatigue.
She did it out of duty, (or to obey) Elle le fit pour obéir.
That is the whole duty of man. C'est là le tout de l'homme.
DWARF, s. (a thrimp.) Un nain, une naine, un nabot, une nabotte.
A dwarf-tree. Arbre nain, un petit arbre.
A dwarf-elder. Hieble, sorte de plante.
To DWARF, v. act. (or hinder from growing.) Rendre petit, empêcher de croître.
DWARFISH, adj. Petit, misérable.
DWARFISHNESS, s. Petitesse.
To DWELL, v. act. (to live in a place.) Demeurer, faire sa demeure, vivre, habiter, se tenir en quelque lieu.
Where does he dwell? Où demeure-t-il? où tient-il?
I dwelt (or lived) three years in that house. J'ai demeuré trois ans dans cette maison.
To dwell (or to insist) upon a thing. S'arrêter, insister sur une chose, s'y amuser, s'y attacher, appuyer sur une chose.
I would not have you dwell long upon that subject. N'insistez pas long-temps sur ce sujet.
To dwell upon a syllable, (in pronouncing a word.) Peser sur une syllabe.
DWELLER, s. (or inhabitant.) Habitant, celui qui demeure en quelque lieu.
DWELLING, s. L'action de demeurer ou de faire sa demeure en quelque lieu.
Dwelling-house or dwelling-place. Demeure, habitation, domicile, séjour.
DWELT. V. to Dwell.
A house that may be dwelt in, (or that is inhabitable.) Une maison où l'on peut demeurer.
To DWINDLE away, v. neut. (or to decay.) Aller en décadence, déchoir, dépérir, diminuer.
It dwindles away to nothing. Cela vient à rien, on s'en va en fumée.
Dwindled away, adj. Déchu, diminué, qui est venu à rien.
DYAL. V. Dial.
To DYE, &c. V. to Die.
DYING, subst. L'action de teindre, la teinture.
The art of dying. L'art de teindre, la teinturerie.
Dying. L'action de mourir.
Dying, adj. Mourant, moribond, qui est à l'article de la mort, qui se meurt.
A dying man. Un homme mourant.
To be in a dying condition. Se mourir, être mourant ou moribond.
The dying words of one. Les dernieres paroles de quelqu'un.
Dying (or languishing) eyes. Des yeux mourants ou languissants.
DYKE, & ses dérivatifs. V. Dike.
DYNASTY, s. (or principality.) Dynastie, principauté.
DYSCRASY, s. Maladie dans le sang, terme de médecine.
DYSENTERY, subst. (or bloody-flux.) Dyssenterie ou flux de sang.
DYSPEPSY, subst. (or difficulty of digestion.) Dyspepsie, terme de médecine.
DYSPNŒA, subst. Dyspnée, terme de médecine.
DYSURY, sub. Dysurie, terme de médecine.

Tome II. 2 E

E.

E *subst. C'est la cinquième lettre de l'Alphabet, & la seconde des cinq voyelles.*

E se prononce de trois manières différentes en Anglois.

1. *Comme l'e françois; Ex.* Bet, *pari, se prononce* Bet.
2. *Comme la diphtongue* ai ; *Ex.* Bear, *ours ; se prononce* Baire.
3. *Comme l'i françois ; Ex.* Beer, *bière ; se prononce* Bire.

A la fin des mots il se prononce ordinairement comme l'e féminin du françois, ou pour mieux dire il est muet; Ex. Pale, *face,* care, *&c.*

A la fin de ces mots : Be, *tee,* fee, *&c. il se prononce d'après la troisième manière, aussi bien que dans la préposition* re, *lorsqu'elle se compose; Ex.* To re-print, to re-engage, *&c. Mais dans ces mots,* Epitome, Jubilee, Jesso, Penelope, Antipodes *& quelques autres, l'e se prononce comme l'e masculin du françois.*

Remarque sur EA.

Cette diphtongue se prononce comme l'i françois, toutes les fois que la syllabe est terminée par une seule consonne, excepté dans les mots suivants terminés en d, *comme* dead, head, lead, (plomb) read, (prétérit de* to read) bread, dread, stead, tread, spread ; *ils ont tous le son du premier* e. *Les autres en* d, *comme* to read, *lire, suivent la règle générale.*

Pear, to tear, wear, swear, *ont le son du deuxième* e. *Le reste en* r, *comme* dear, near, *suivent la règle générale.*

Sweat, threat, great, *sont des exceptions : les deux premiers ont le son du premier* e, *& le dernier celui du deuxième* e.

Tous les autres en t *ont le troisième son. Ceux terminés en* k *ont le son du troisième* e, *excepté* streak, break (vide) *qui ont le son du deuxième* e. *Mais toutes les fois qu'ea est suivi par deux consonnes, cette double voyelle a toujours le son du premier* e, *sinon la règle qui prescrit que dans ce cas l'accent se place ordinairement sur la consonne, comme dans* realm, search, *&c.* Heart, hearth *ont le son de l'*a. *Cette règle a les exceptions suivantes :*

1. *Les mots terminés en* ch, *comme* preach, teach;
2. *En* st, *comme* beast, feast, *excepté* breast;
3. *En* th, *comme* heath, theath, wreath; & *avec un* e *final,* breathe.

Tous ces mots se conforment à la règle générale.

EACH, *adj. & pron. Chacun, chaque.*
On each side. *De chaque côté.*
Each of us. *Chacun de nous.*
Each one. *Chacun.*

Each other. *L'un l'autre.*
To love each other, (or one another.) *S'aimer l'un l'autre, s'entraimer.*
EAGER, *adj.* (or sharp of taste.) *Aigre, qui a de l'aigreur, par rapport au goût.*
Eager or brittle, (as metals.) *Aigre, en parlant des métaux.*
Eager, (earnest or vehement.) *Ardent, violent, empressé, vif, attaché, qui fait quelque chose avec chaleur, empressement ou attachement.*
He was too eager upon it. *Il s'y portoit avec trop de chaleur.*
An eager desire. *Une passion forte, vive, ardente, violente.*
Eager, (sharp-set or hungry.) *affamé, qui a grand faim.*
Eager or Eagre, *s. Ex.* The eager of a river. *La rapidité d'un fleuve.*
EAGERLY, *adv. Ardemment, avec ardeur, chaleur ou passion ; vivement, passionnément, avec empressement ou attachement, fort & ferme.*
To dispute eagerly. *Disputer avec chaleur.*
To work eagerly. *Travailler fort & ferme.*
Eagerly bent on a thing. *Appliqué, adonné à quelque chose.*
EAGERNESS, *s.* (or sourness.) *Aigreur, acidité.*
Eagerness, (or earnestness.) *Ardeur, chaleur, violence, véhémence, passion, fureur, empressement, attachement.*
The eagerness of amassing (or hoarding up) riches, has ruined abundance of people. *La fureur d'amasser des richesses a ruiné une infinité de gens.*
EAGLE, *s.* (the king of birds.) *Un aigle ou une aigle, le roi des oiseaux.*
The Roman Eagle. *L'aigle Romaine, l'enseigne des légions des anciens Romains.*
The Imperial Eagle. *L'Aigle Impériale, les enseignes ou les troupes de l'Empereur.*
Eagle-eyed. *Qui a les yeux perçans, comme un aigle.*
Eagle-speed. *Vitesse de l'aigle.*
Eagle-stone. *Sorte de pierre à laquelle on attribuoit beaucoup de vertu.*
EAGLET, *s.* (a young eagle.) *Aiglon, le petit de l'aigle.*
To **EAN**, *v. n.* (or bring forth lambs.) *Agneler, faire des agneaux, en parlant de la brebis. V.* to Yern.
The ews begin to ean. *Les brebis commencent à agneler.*
EAR, *sub.* (the organ of hearing.) *L'oreille, l'organe de l'ouïe.*
A good or quick ear. *Oreille bonne, fine, délicate, subtile.*
A dull ear. *Oreille dure.*

To have god ears. *Avoir l'oreille bonne.*
To give one a box (or cuff) on the ear. *Donner sur les oreilles à quelqu'un, ou lui donner un soufflet.*
To whisper a thing in one's ear, (or speak softly.) *Dire ou souffler quelque chose à l'oreille.*
To give ear, (or attend.) *Prêter l'oreille, écouter, être attentif.*
I am undone, if that comes to his ear. *C'est fait de moi, si cela vient à ses oreilles ou s'il vient à le savoir.*
To have the Prince's ear. *Avoir l'oreille du Prince, en être écouté favorablement.*
† He is deaf of that ear. *Il n'entend pas de ce côté-là, il fait la sourde oreille.*
P. A hungry belly has no ears. P. *Ventre affamé n'a point d'oreilles.*
P. Wide ears and a short tongue is best. P. *Il faut parler peu, & écouter beaucoup.*
P. He has a flea in his ear. P. *Il a la puce à l'oreille.*
P. In at one ear, and out at the other. P. *Ce qui entre par une oreille sort par l'autre.*
Dog's ears in a book. *Oreille de lièvre, petite partie du haut ou du bas du feuillet d'un livre qu'on a plié.*
† To fall together by the ears. *Être aux prises, se battre.*
† To set together by the ears. *Commettre, semer la discorde, mettre aux prises.*
To set all the kingdom together by the ears, (or in an uproar.) *Mettre tout le Royaume en désordre ou en combustion, y semer la discorde & la division.*
† He was like to have the whole Kingdom about his ears. *Peu s'en fallut que tout le Royaume ne se soulevât contre lui.*
He has brought all the criticks about his ears. *Il s'est mis à dos tous les critiques.*
† To be in love up to the ears or over head and ears. *Être éperdument amoureux, être coiffé d'une personne.*
† To be in debt over head and ears. *Devoir jusqu'aux oreilles, être fort endetté ou accablé de dettes.*
† To have one's house burnt about one's ears. *Voir brûler sa maison, sans avoir presque le temps de se sauver.*
† Look to your hits, I shall be presently about your ears. *Prenez garde à vous, je vous gourmerai tout-à-l'heure, ou je vous frotterai les oreilles.*
You are mistaken, your ears are not your own. *Vous vous trompez, vous n'avez pas bien entendu.*

† I

† I dare not for my ears. *La crainte me retient.*
The ear of a porringer. *L'anse d'une écuelle.*
An ear of corn. *Un épi de blé.*
Ear-lap. *L'oreille extérieure.*
Ear-wax. *Cire ou ordure d'oreille.*
Ear-ring. *Boucle d'oreille.*
Ear-knot. *Bouffette, touffe de petits rubans que les Dames mettoient autrefois aux oreilles.*
Ear-picker. *Cure-oreille.*
Ear-wig, (an insect.) *Perce-oreille, sorte d'insecte.*
Ear-witness. *Témoin qui dépose sur un oui-dire, par opposition à un témoin oculaire.*
To EAR, v. n. (as corn does.) *Épier, monter en épi, se former en épi, en parlant du blé.*
To ear, v. act. (or till ground.) *Labourer, cultiver la terre.*
EARED, adj. (or tilled.) *Labouré, cultivé.*
Eared. *Épié, formé en épi.*
Ed ed, (from ear.) Ex. Lap-eared. *Qui a les oreilles pendantes.*
EARINGS, sub. plur. (a sea-word.) *Rabans de pointure ou de têtière, ceux qui tiennent contre la vergue, les deux extrémités de chaque voile.*
EARL, subst. *Un Comte, Comte d'Angleterre.*
An Earl's Lady or a Countess. *Une Comtesse.*
EARLDOM, sub. (or Seigniory or title of an earl.) *Un Comté.*
EARLES, adj. *Sans oreilles.*
EARLINESS, s. *Diligence, action qui se fait tôt en comparaison d'une autre.*
EARL MARSHAL, s. *Celui qui a la direction des cérémonies militaires.*
EARLY, adj. *Matineux, matinal, qui se lève matin.*
He is an early man or an early riser. *Il est fort matineux, c'est un homme qui se lève matin.*
In those early times. *Dans ces commencemens.*
Early, (or forward.) *Avancé, qui commence de bonne heure.*
An early spring. *Un printemps avancé ou qui commence de bonne heure.*
Early, adv. (or betimes in the morning.) *De bonne heure, de bon matin.*
Early, (or soon.) *De bonne heure, bientôt.*
To go early to bed. *Se coucher de bonne heure.*
Early in the spring. *Au commencement du printemps.*
To EARN, v. act. (or gain by labour.) *Gagner, mériter.*
To earn one's bread. *Gagner son pain.*
You earned it very well. *Vous l'avez bien mérité.*
Earned, *is. Gagné, qu'on a mérité.*
EARNEST, adj. (or diligent.) *Diligent, en train de faire quelque chose, attaché, appliqué.*
I am very earnest in it. *J'y suis tout à fait d'...si.*
To be earnest in one's work. *Être occupé de faire une chose, être attaché à son ouvrage.*
Earnest, (eager or vehement.) *Ardent, empressé, vif, passionné.*
An earnest business, (a business of consequence.) *Une affaire d'importance ou de conséquence.*

He was very earnest with me. *Il m'a fort pressé, il m'a fort sollicité.*
I was not very earnest with him to stay. *Je ne l'ai pas fort pressé de demeurer.*
An earnest suit or entreaty. *Instance ou pressante poursuite de ce qu'on désire.*
To make earnest suit to one for a thing. *Prier quelqu'un d'une chose instamment ou avec instance.*
EARNEST, s. Ex. In good earnest. *Sérieusement, dans le sérieux, tout de bon, raillerie à part.*
To be in good earnest. *Parler sérieusement ou tout de bon, être dans le sérieux.*
Earnest, earnest money or earnest penny. *Arrhes, l'argent qu'on donne pour arrêter un marché.*
EARNESTLY, adv. (or vehemently.) *Vivement, passionnément, ardemment.*
Earnestly to intreat one. *Prier quelqu'un instamment, avec instance.*
Earnestly, (or diligently.) *Diligemment, avec ardeur, avec attachement.*
To speak a thing earnestly, (or seriously.) *Dire une chose sérieusement, tout de bon, d'un air sérieux.*
To look earnestly upon something. *Regarder fixement quelque chose.*
Earnestly to strive against. *Se roidir contre, faire des efforts contre.*
EARNESTNESS, subst. (or vehemence.) *Ardeur, chaleur, véhémence, zèle.*
He spoke it with so much earnestness. *Il dit cela d'un air si sérieux.*
EARNING, s. (from to earn.) *L'action de gagner, &c. V. to Earn.*
EARSH, s. *Champ labouré.*
EARSHOT, sub. *L'space que le son peut parcourir.*
EARTH, s. *La terre.*
The heaven and earth. *Le ciel & la terre.*
To commit one to the earth, (to bury him.) *Mettre quelqu'un en terre, l'enterrer, l'ensevelir.*
Fuller's earth. *Terre à dégraisser les habits.*
Potter's-earth, (or clay.) *Argile, terre grasse à faire des pots.*
Earth-worm. *Ver de terre, un misérable.*
Earth-quake. *Tremblement de terre.*
Earth-apple. *Mandragore.*
Earth-bred. *Né de la terre.*
EARTHBORN, adj. *De basse naissance, né de la terre.*
To EARTH, v. neut. (as a fox doth.) *Se terrer, entrer dans sa tanière ou dans son terrier, comme fait le renard.*
EARTHEN, adj. (made of earth.) *De terre.*
Earthen-ware. *Vaisselle de terre.*
An earthen dish. *Un plat de terre.*
An earthen pan. *Une terrine.*
To EARTHEN, v. act. *Enterrer, couvrir de terre.*
Earthened, adj. *Enterré.*
EARTHING, subst. (speaking of herbs, trees or vines.) *L'action de couvrir de terre ou de poussière.*
EARTHINESS, s. *Qualité terrestre.*
EARTHLING, s. *Habitant de la terre, mortel.*
EARTHLY, } adj. *Terrestre, de la terre, ce que la terre produit.*
Earthly things. *Les choses terrestres.*
An earthly man, an earthly minded man. *Un homme mondain ou du monde, un mondain.*
Earthly mindedness. *Mondanité, attachement à la terre.*

To smell earthy, (as a dying person.) *Sentir la terre comme fait une personne qui se meurt.*
EASE, s. (rest or pleasure.) *Aise, plaisir, repos, indolence.*
To love one's ease. *Aimer ses aises.*
To live at ease. *Vivre à son aise, prendre ses aises, avoir toutes ses commodités, † vivre à gogo.*
Ease. *Soulagement, adoucissement.*
To give one some ease. *Donner du soulagement à quelqu'un.*
Ease, (or comfort.) *Soulagement, consolation.*
To do a thing with ease. *Faire une chose aisément, facilement, sans peine.*
To have a writ of ease. *Être mis en liberté, être élargi.*
Little-ease, (a narrow sort of prison.) *Une étroite prison.*
At heart's-ease. *A souhait.*
A chapel of ease. *Une aide, une annexe.*
To EASE, v. act. *Soulager, apporter du soulagement, adoucir, alléger, délivrer, décharger.*
To ease (or mitigate) one's grief. *Soulager, alléger, adoucir la douleur de quelqu'un.*
This will ease you. *Ceci vous soulagera, ceci vous apportera du soulagement.*
To ease one of his burden. *Soulager, décharger quelqu'un, le délivrer de son fardeau.*
To ease a wall, (of its weight.) *Décharger une muraille.*
To ease one of all his troubles. *Délivrer quelqu'un de tous ses maux.*
To ease one of his cares. *Décharger quelqu'un de ses soins.*
To ease one's self or to ease the belly. *Se décharger le ventre.*
To ease OFF, (or ease away; a sea-expression.) *Filer en douceur, mollir ou larguer peu à peu un cordage.*
Ease the ship! *laf a la tame!— laf à la risée!*
Ease the helm! *Redresse la barre!— arrive! fais porter!— ne viens pas au vent! ces expressions sont à peu près synonymes.*
Eased, adject. *Soulagé, allégé, adouci, délivré, déchargé.*
I find myself very much eased. *Je me sens fort soulagé.*
EASEMENT, s. (or easing.) *Soulagement, allégement, adoucissement, décharge.*
It was a great easement to him. *Ce lui étoit un grand soulagement.*
The easement of a wall. *Décharge d'une muraille.*
Easement, (or house of office.) *Les aisances, les lieux, la garderobe.*
To go to the easements. *Aller aux lieux, à la garderobe.*
To do one's easement. *Se décharger le ventre.*
EASILY. *V. Easy.*
EASILY, adv. (from easy.) *Aisément, facilement, sans peine.*
Words and promises went very easily from him. *Les paroles & les promesses ne lui coûtoient guère.*
EASINESS, s. *Facilité à faire ou à défaire quelque chose.*
Easiness of belief. *Crédulité.*
Easiness of style or expression. *Facilité, style aisé, tour naturel, manières de s'exprimer qui n'a rien de forcé.*
The easiness (or gentle temper) of a man. *La facilité d'un homme, la douceur,*

'eur, la complaisance, la condescendance, l'humeur commode de quelqu'un.

EASING, *subst.* Action de soulager, &c. V. to Ease.

EAST, *s.* L'Est, l'Orient, le Levant.
The sun rises in the East. *Le soleil se leve à l'Orient.*
East-wind, *Vent d'Orient, vent d'Est.*
P. Wind from the east is good neither for man nor beast. *Le vent d'Est est nuisible aux hommes & aux bêtes.*
A house well set towards the east. *Une maison bien orientée.*
The east country. *Les navigateurs Anglois entendent sous cette dénomination la Russie, & les autres pays voisins de la mer Baltique; ce que nous nommons souvent le Nord ou les pays du Nord.*

EASTER, *s.* Pâque, ou plutôt Pâques, fete où l'on celebre la Résurrection de Jesus-Christ.
Easter next. *Pâques prochain.*
Easter-day. *Jour de Pâques.*
Easter-eve. *La veille de Pâques.*
Easter-week. *La semaine de Pâques.*

EASTERLING, *s.* (one that lives in the east of *England*, merchant of the hanse-towns in *Germany*.) *Un ostrelin.*
Easterling. *V.* Sterling.
Easterlings, (a people so called in *Saxony*.) *Les Osterlings, Ostrelings ou Ostphaliens, peuple de l'ancienne Saxe.*

EASTERLY, EASTERN, } *adject.* D'est, oriental, d'orient.
An easterly or eastern wind. *Un vent d'est ou d'orient, vent oriental.*
The Eastern countries. *Les pays Orientaux, l'Orient.*
The Eastern Empire. *L'Empire d'Orient.*

EASTWARD, *adv.* (or towards the east.) *Du côté de l'est, du côté d'orient, vers l'orient.*

EASY, *adj.* (from ease.) *Aisé, facile.*
A thing easy to be done. *Une chose aisée à faire, une chose facile, qui se fait sans peine.*
Easy, (or free.) *Libre, aisé, sociable.*
Easy, (or gentle.) *Facile, doux, traitable, commode, complaisant, obligeant, accommodant.*
An easy man to deal withal. *Un homme facile, un homme accommodant.*
A man in easy circumstances. *Un homme aisé ou dans l'aisance.*
An easy man. *Un homme foible ou insouciant.*
He has made himself easy. *Il s'est accommodé, il a gagné du bien.*
Easy to be intreated. *Facile, qui accorde aisément, qui se laisse toucher.*
Easy to be spoken to. *Abordable, qu'on peut aborder facilement, auprès de qui on a un accès facile.*
Easy to be born. *Supportable, tolérable.*
Easy of belief. *Crédule.*
An easy (or clear) style. *Un style aisé, coulant, clair, naturel, qui n'a rien de forcé.*
An easy rent. *Une petite rente, une rente qui n'est pas onéreuse.*
An easy labour. *Un bon ou heureux accouchement.*
To cause an easy labour. *Faciliter l'accouchement d'une femme.*
This horse has an easy go, (or goes very easily.) *Ce cheval ne tracasse point du tout, ou ce cheval porte à l'aise.*
You will never live at your ease in that family. *Vous ne serez jamais agréablement dans cette maison.*
As easy as kiss my hand. *Facilement, sans peine, sans difficulté.*

To EAT, *v. act.* Manger, mâcher & avaler quelque aliment.
P. He could eat my heart with garlick. *Il me mangeroit volontiers le cœur avec de l'ail.* Ce proverbe vient de la coutume qu'ont les sauvages de manger les corps morts de leurs ennemis avec de l'ail.
To eat well, (to keep a good table.) *Se bien traiter, faire bonne chere, tenir bonne table.*
To eat well, *v. neut.* (to be well tasted.) *Avoir bon gout, être bon à manger.*
To eat a good meal. *Faire un bon repas.*
To eat one's dinner, supper, &c. *Diner, souper.*
† To eat one's words, (to disown what one has said.) *Se rétracter, se dédire.*
† I will make him eat his words. *Je lui serai rentrer les paroles dans la bouche.*
To eat, (or feed, as cattle do.) *Manger, paître.*
To eat IN or INTO, *v. neut.* Ronger, manger.
Rust eats into iron. *La rouille mange le fer.*
To eat UP, to eat all up. *Manger tout, dévorer.*
To eat up, (or eat into.) *Manger, ronger.*
The ammoniak salt eats up the white spot of an horse's eye. *Le sel ammoniac mange la blancheur qui vient dans l'œil d'un cheval.*
To eat up a country. *Ruiner, dévorer un pays.*

EATABLE, *adj.* (or good to eat.) *Bon à manger.*
EATABLES, *s.* Viandes, vivres, tout ce qui est bon à manger, † *mangeaille.*

EAT-BEE, *s.* (a small sort of bird that eats bees.) *Petit oiseau ennemi des mouches à miel.*

EATEN, *adj.* Mangé, &c. *V.* to Eat.
EATER, *s.* Mangeur, mangeuse.
A great eater. *Un grand mangeur, une grande mangeuse.*

EATING, *s.* L'action de manger, &c. *V.* to Eat.
To forbear eating. *S'abstenir de manger.*
Eating and drinking. *Le manger & le boire.*
To love good eating and drinking. *Aimer à faire bonne chere ou bonne vie; aimer à se bien traiter.*
An eating-house. *Un ordinaire, un cabaret, un lieu où l'on donne à manger.*

EAVES, *s.* (the edges of the roof which over-hangs the house.) *Le bord du toit d'une maison.*
The eaves drop. *Les toits dégouttent.*
The dropping of the eaves. *Gouttière.*

To EAVES-DROP, *v. neut.* (or hearken at the window or door.) *Écouter, être aux écoutes, tâcher d'entendre ce que les autres disent.*
EAVES-DROPPER, *subst.* (or listener.) *Une personne qui tâche d'écouter ou qui est aux écoutes.*

EBB, *s.* (the going out of the tide.) *Reflux, le retour des flots de la mer, ebbe ou jusant, en termes de marine.*
† To be at a low ebb, (or in a low condition,) *Être mal dans ses affaires; être bas percé.*
The crown was then reduced to the lowest ebb of its authority. *La Couronne ne conservoit alors qu'une petite partie de son autorité.*

To EBB, *v. neut.* (or flow back towards the sea.) *Descendre, en parlant de la marée; refouler, en termes de mer.*
My soul has never ebbed from its constant principles. *Mon ame ne s'est jamais relâchée de ses principes ou de ses maximes.*

EBB, EBBING, } *subst.* Reflux ou ebbe, jusant, en termes de mer.
Ebbing, *adj.* It is or 'tis ebbing water. *la mer descend, la mer refoule.*
Money is ebbing and flowing. *L'argent va & vient comme la marée.*

EBONIST, *s.* (one that works in ebony.) *Ébéniste*, ouvrier qui travaille en ébene.

EBONY, EBON, } *s.* (a black sort of wood.) *Ébene, bois d'ébene.*
Black and shining ebony. *Ébene noire & luisante.*
Ebony-tree. *Ébénir*, sorte d'arbre.

EBRIETY, *s.* (drunkenness.) *Ivrognerie, ivresse.*

EBULLITION, *s.* (boiling or rising up in bubbles.) *Ébullition, bouillonnement.*
A great ebullition of the blood. *Une grande ébullition de sang.*
The ebullitions (or transports) of an unruly appetite. *Les transports d'un appétit dérégle.*
Ebullition of wrath. *Transport de colere.*

ECCENTRICAL. *V.* Excentrical.
ECCENTRICK. *V.* Excentrick.
ECCENTRICITY, *s.* Excentricité.
ECCLESIASTICAL, ECCLESIASTICK, } *adj.* (of or belonging to the Church.) *Ecclésiastique; qui regarde ou qui appartient à l'Église.*
ECCLESIASTICK, *s.* (or Church-man.) *Un Ecclésiastique.*
ECCLESIASTICUS, *subst.* (book of the Bible.) *L'Ecclésiastique, un des livres de la Bible.*

ECHINATE, ECHINATED, } *adj.* (pointed.) *Hérissé, pointu.*
ECHINUS, *subst.* (or hedge-hog.) *Hérisson.*

ECHO, *s.* (the reflection of a noise or voice.) *Echo*, son redouble.
A good echo. *Un bon écho.*
To ECHO, *v. n.* Retentir, résonner.
To echo, *v. act.* Répéter, rendre les sons ou les paroles.
Echoed, *adj.* Répété.
ECHOING, *subst.* Écho ou l'action de retentir, &c. *V.* to Echo.

ECLAIRCISSEMENT, *subst.* (a word borrowed from the *French*, for expostulation.) *Eclaircissement.*

ECLAT, *s.* (or splendour.) Ex. He was a man of eclat. *C'étoit un homme d'éclat.*
An action of eclat. *Une action d'éclat.*

ECLECTICK, *adj.* Ex. Eclectick sect. *Les Eclectiques, secte de Philosophes.*

ECLIPSE, *s.* Eclipse.
An eclipse of the sun or moon. *Une éclipse du soleil ou de la lune.*
To be in an eclipse. *S'éclipser.*
During the eclipse of this monarchy. *Durant l'éclipse de cette monarchie.*
To ECLIPSE, *v. act.* (or to obscure.) *Faire*

Faire éclipser ou *disparoître*, dans le propre & dans le figuré; *obscurcir*.
To eclipse, (to drown or surpass.) *Effacer*, *défaire*, *obscurcir*, *porter ombre*.
ECLIPSED, *adj*. *Eclipsé*, *obscurci*, *qui a disparu*. *V*. to Eclipse.
The sun will be eclipsed. *Le soleil s'éclipsera*, *il y aura une éclipse de soleil*.
The moon causes the sun to be eclipsed. *La lune fait éclipser le soleil*.
ECLIPTICK, *f.* or *adj*. *Ecliptique*.
The ecliptick line or the ecliptick. *La ligne écliptique*, *l'écliptique*.
ECLOGUE, *f.* (a pastoral poem.) *Une églogue*, poeme où l'on fait parler les Bergers.
ECONOMY, *f*. *V*. Œconomy, &c.
ECSTACY, &c. *V*. Extasy, &c.
ECSTATIC, } *adj*. *Ravi en extase*.
ECSTATICAL,
ECTYPE, *f.* (a copy.) *Copie*.
EDACITY, *f*. (or greediness of eating.) *Gourmandise*, *gloutonnerie*.
EDDY, *f*. (the running back of the water in some place, contrary to the tide or stream.) *Mascaret* ou *barre*, *remous*, *rejaillissement* ou *reflux de l'eau contre la marée* ou *contre le courant*, *causé par quelque pointe de terre*. *Un tournant*.
Eddy; *adj*. *Ex*. An eddy-wind, (a wind that recoils from any thing.) *Un revolin*, vent dont la direction est changée par le voisinage d'un cap, d'une montagne, d'un grand édifice, &c.
EDGE, *f*. (of any weapon, knife, &c.) *Tranchant*, *taillant*.
The edge of a knife. *Le tranchant d'un couteau*, *le taillant*, en termes de coutelier.
Shall justice turn her edge within your hand ? *La justice perdra-t-elle sa force ou sa vigueur entre vos mains* ?
The edge (or brink) of any thing, *Le bord de quelque chose*.
A battery near or on the edge of the water. *Une batterie à fleur d'eau*.
The edge (hem or skirt) of a garment. *Le bord* ou *l'extrémité d'un habit*.
The edge, (or corner of a stone, a table, &c.) *La carne*.
The sharp edges of the foot of a wild-boar, *Coupans de sanglier*.
The rough edge, wire edge, (or thread of a knife, razor, &c.) *Morfil*.
The edge (or out-standing ridge) of a vault. *Vive-arête de voûte*.
The edge of a book. *La tranche d'un livre*.
That fruit blunts the edge of the choler. *Ce fruit émousse la pointe de la bile*.
To take off the edge of wit. *Emousser l'esprit*.
I warm my drink to take off the edge of the cold. *Je chauffe ma boisson pour l'étourdir* ou pour lui ôter cette âpreté qu'elle a quand elle est tout-à-fait froide.
I must eat a bit to take off the edge of the stomach. *Il faut que je mange un morceau pour étourdir la grosse faim*.
To put a whole army to the edge of the sword. *Faire passer toute une armée au fil de l'épée*.
To set on edge. *Agacer*, *affiler*.
To set the teeth on edge. *Agacer les dents*.
Edge-wise or edge-long, *De côté*, *de champ*.
An edge-tool, (or any cutting tool.) *Tout ce qui a un tranchant*.
P. There is no fooling with edged-tools.

On ne doit pas se jouer avec des instrumens qui coupent.
To EDGE, *v. a*. *Border*, *couvrir le bord*; *aiguiser*.
To edge the pockets with lace or galloon. *Border les poches d'un gallon*.
To edge IN. *Faire entrer*.
To edge AWAY, *v. n*. *S'éloigner* ou *s'écarter en dépendant d'une côte*, ou de la route qu'on faisoit auparavant, ou enfin d'un autre vaisseau.
To edge in with a ship. *Joindre un vaisseau en dépendant*.
Edged, *adj*. *Bordé*.
Edged. *Aigu*, *pointu*, *affilé*.
A two-edged sword. *Une épée à deux tranchans*.
EDGING, *subst*. *L'action de border*, &c. *V*. to Edge.
Edging or edging-lace. *Un bord* ou *un passe-poil*.
EDGELESS, *adj*. (or blunt.) *Qui n'a point de tranchant*, *émoussé*, *rebouché*.
EDIBLE, *adj*. (or eatable.) *Bon à manger*.
EDICT, *f*. (a decree or proclamation.) *Un édit*, *un arrêt*, *une ordonnance*, *une déclaration*.
EDIFICATION, *f*. (or improvement in faith,) *Edification*, *instruction*.
EDIFICE, *subst*. (or building.) *Edifice*, *bâtiment*.
EDIFIER, *f*. *Celui qui instruit* ou *édifie les autres*.
To EDIFY, *v. act*. (or to build.) *Edifier*, *bâtir*, *construire*.
To edify, (to set examples of piety.) *Edifier*, *donner de l'édification*, *instruire*, *porter à la piété*.
Edified, *adj*. *Edifié*, *bâti*, &c. *V*. to Edify.
EDIFYING, *subst*. *L'action d'édifier*, &c. *V*. to Edify, *édification*.
Edifying, *adj*. *Edifiant*, *d'une grande édification*.
EDILE, *f*. (magistrate in old Rome.) *Edile*.
* EDISH. *V*. After-math.
EDITION, *f*. (or impression.) *Edition*, *impression*.
The first edition of a book. *La premiere édition d'un livre*.
EDITOR, *f*. (or publisher.) *Editeur*.
The editor of a book. *Celui qui met un livre au jour* ou *qui le mis au jour*; *Editeur*.
To EDUCATE, *verb. act*. (or bring up.) *Elever*, *instruire*, *donner l'éducation nécessaire*, *former*.
Educated, *adj*. (or brought up.) *Elevé*, *instruit*, *formé*.
A child well educated. *Un enfant bien élevé*.
EDUCATING, *subst*. (or breeding.) *Education*, *instruction* qu'on donne aux enfants.
To EDUCE, *v. act*. *Tirer*.
EDUCTION, *subst*. *L'action de faire sortir* ou *de tirer*.
To EDULCORATE, *verb. act*. (or sweeten.) *Edulcorer*, terme de Pharmacie. Remarque sur EE.
La diphthongue EE *prend le son d'un* I *long*, *comme* bee, fee, thee, beech, need, bleed, &c.
Il en faut excepter BEEN, *qui se prononce* bine.
EEK. *V*. Eke.
To EEK. *V*. to Eke.
EEL. *subst*. (a sort of serpentine fish.) *Anguille*, sorte de poisson d'eau douce.

P. There is as much hold of his word as of an eel's tail. *Celui qui se fie à sa parole*, *prend une anguille par la queue*.
An eel-pie. *Un pâté d'anguille*.
A eel-powt. *Barbotte*, *lotte*, *motelle*, poisson de lac & de riviere.
An eel-spear. *Un trident*.
E'EN, *adv*. (for even.) *Presque*, *quasi*, *à demi*.
I was e'en dead when he came. *J'étois presque mort*, *j'étois à demi-mort lorsqu'il vint*.
E'en now. *Tout à l'heure*, *il n'y a qu'un moment*.
He went out e'en now. *Il ne fait que de sortir*.
E'en a little before she died. *Un peu avant qu'elle mourût*.
You must e'en work for your living. *Il vous faut travailler pour gagner votre vie*.
We are e'en forward enough of ourselves to wrangle. *Nous ne sommes que trop portés*, ou *nous sommes assez portés de nous-mêmes à la dispute*.
'Tis e'en so. *C'est ainsi tout de bon*.
EFFABLE, *adj*. (which may be uttered.) *Qui se peut exprimer*.
To EFFACE, *verb. act*. (or blot out.) *Effacer*.
Effaced, *adj*. *Effacé*.
EFFACING, *f*. *L'action d'effacer*.
EFFECT, *f*. (any thing brought to pass.) *Effet*, *production*, *tout ce qui est produit par quelque cause*.
Effect, (or reality.) *Effet*, *vérité*, *réalité*.
It is or 'tis the same thing in effect. *C'est en effet*, *c'est effectivement la même chose*.
Effect, (or execution.) *Effet*, *execution*.
A thing of no effect. *Une chose vaine*, *inutile*, *qui ne sert à rien*, *qui est sans effet*.
'Tis to no effect, (or to no purpose.) *C'est en vain ou inutilement*.
In words to this effect. *A peu près en ces mots* ou *en ces termes*.
The effect or chief point of the matter. *Le point principal d'une affaire*, *sur lequel elle roule & d'où dépend tout le reste*.
To take effect. *Réussir*, *avoir son effet*.
Your counsel has taken good effect, (or has had a good success.) *Votre conseil a eu son effet*.
The effects (goods) of a merchant. *Les effets d'un marchand*, *ses biens meubles & ses papiers*.
To EFFECT, *v. act*. (to bring to pass or accomplish.) *Effectuer*, *exécuter*, *mettre en exécution*, *accomplir*.
Effected, *adj*. *Effectué*, *exécuté*, *mis en exécution*, *accompli*.
EFFECTING, *subst*. *Exécution*, *l'action d'effectuer*, *d'exécuter*.
EFFECTFUL, *adj*. *Faisable*.
EFFECTIVE, *adj*. (or efficacious.) *Efficace*, *puissant*, *qui a de la vertu pour quelque effet*.
Effective, (or real.) *Effectif*, *réel*, *qui est effet*.
An army of fifty thousand men effective. *Une armée de cinquante mille hommes effectifs*.
Effective, *f*. *Ex*. The garrison consists of a thousand effectives, (or effective men.) *La garnison est de mille hommes effectifs*.

EFFECTIVELY,

EFFECTIVELY, adv. (or effectually.) Efficacement, avec succès.
Effectively, (in effect or really.) Effectivement, vraiment, en effet.
EFFECTLESS, adject. Inefficace, sans effet, qui n'a point d'effet, qui n'a aucun effet.
Effectless words. Paroles qui n'ont aucun effet ou qui ne portent pas coup.
EFFECTOR, s. (the author of any thing.) Auteur, celui ou celle qui fait ou qui est cause de quelque chose.
EFFECTUAL, adj. (or efficacious.) Efficace, puissant.
An effectual virtue. Une vertu efficace.
The effectual grace. La grace efficace.
EFFECTUALLY, adv. Efficacement, avec succès, avec efficace.
To EFFECTUATE, &c. V. to Effect, &c.
EFFEMINACY, s. (womanish softness.) Mollesse, lâcheté efféminée.
EFFEMINATE, adj. (softened through voluptuousness.) Efféminé, amolli par les plaisirs, énervé, plein de mollesse, lâche.
To EFFEMINATE, verb. act. (or soften through voluptuousness.) Efféminer, énerver, amollir.
Effeminated, adject. Efféminé, énervé, lâche, plein de mollesse.
EFFEMINATELY, adv. Mollement, lâchement, avec un air efféminé.
To EFFERVESCE, verb. n. Être en effervescence.
EFFERVESCENCE, subst. Effervescence, terme de physique.
EFFETE, adject. (worn out or past bearing.) Cassé, usé, qui ne porte plus, stérile.
EFFICACIOUS, adj. (or effectual.) Efficace, qui produit nécessairement son effet, puissant.
The efficacious grace. La grace efficace ou victorieuse.
An efficacious remedy. Un remede efficace, salutaire, souverain.
EFFICACIOUSLY, adv. Efficacement, avec efficace, avec succès.
EFFICACY, subst. Efficace, force, vertu, propriété.
EFFICIENCE, } subst. La vertu, l'action, la force, l'influence d'une cause qui produit quelque effet.
EFFICIENCY,
EFFICIENT, adject. (or causing effects. a logical term.) Efficient, qui produit son effet.
An efficient cause. Une cause efficiente.
EFFIGIES, } sub. (a picture.) Portrait, effigie, représentation.
EFFIGY,
To be hanged in effigy. Être pendu en effigie.
EFFLORESCENCE, } subst. Production de fleurs, ou ce qui croit en forme de fleurs.
EFFLORESCENCY,
Efflorescency of a disease. Signe d'une maladie.
EFFLUENCE, } sub. (a flowing out.) Écoulement, effusion, épanchement.
EFFLUVIUM,
EFFLUX,
EFFLUVIA, s. Particules qui s'échappent des différents corps.
EFFLUX, subst. L'action de découler.
To EFFLUX, v. n. Découler.
EFFLUXION, subst. Épanchement, émanation.
To EFFORM, v. act. Former.
EFFORMATION, subst. Formation, maniere dont une chose est formée ou façonnée.

Efformed, adject. Formé, façonné.
EFFORT, subst. (or strong endeavour.) Effort.
EFFOSSION, s. L'action de tirer de terre.
EFFRONTERY, subst. (or impudence.) Effronterie, impudence.
EFFULGENCE, sub. (or resplendency.) Splendeur, éclat.
EFFULGENT, adject. Brillant, resplendissant.
EFFUMABILITY, subst. État de ce qui s'évanouit en fumée.
To EFFUSE, v. act. Répandre.
EFFUSION, subst. (or spilling.) Effusion, épanchement, écoulement.
A great effusion of blood. Une grande effusion de sang.
EFFUSIVE, adj. Qui répand.
EFT, s. Sorte de lézard.
* EFTSOONS, adv. (or soon afterwards.) De temps en temps.
Eftsoons, (or often.) Souvent, plusieurs fois.
Eftsoons, (or presently.) D'abord, incontinent, tout-à-l'heure.
To EGEST, verb. act. Rejetter, vomir.
EGESTION, s. L'action de décharger les nourritures dans les digestions.
EGG, subst. Un œuf.
The white, the yolk, and the shell of an egg. Le blanc, le jaune & la coque d'un œuf.
To lay an egg. Pondre un œuf.
A hen that sits upon eggs. Une poule qui couve.
A new-laid egg. Un œuf frais.
A stale egg. Un œuf qui n'est pas frais.
An addle egg. Un œuf sans germe.
A wind egg. Un œuf qui n'a rien dedans.
A rear egg. Œuf mollet, propre à avaler.
A poched egg. Un œuf poché.
An egg-shell. La coque d'un œuf.
Egg-sauce. Sauce aux œufs.
To EGG on, v. act. (to set on.) Attirer, amorcer, inciter, encourager, porter, pousser, aiguillonner.
I egged him on with such fair promises. Je l'incitai, je l'encourageai par tant de belles promesses.
Egged on, adj. Attiré, amorcé, incité, encouragé, porté, poussé.
EGGER, s. (or inciter to mischief.) Celui ou celle qui incite, qui pousse, &c. instigateur.
EGGING on, s. L'action d'attirer, &c. V. to Egg.
EGLANTINE, subst. (or sweet-briar.) Églantier, sorte de ronce.
EGLOGUE. V. Eclogue.
EGOTISM, subst. Égoïsme, vice de celui qui rapporte tout à soi, l'amour-propre.
EGOTIST, s. Égoïste.
To EGOTIZE, v. n. Rapporter tout à soi, parler toujours de soi.
EGREGIOUS, adj. (rare, excellent.) Illustre, rare, excellent, exquis, extraordinaire, insigne, achevé.
Eg-egious, (signal, taken in an ill sense.) Insigne.
An egregious neglect. Une négligence insigne.
An egregious knave. Un insigne fripon.
EGREGIOUSLY, adv. Admirablement, excellemment, fort bien, parfaitement.
Men egregiously disaffected to the government. Gens insignes par leur haine contre le gouvernement.

EGRESS, } subst. (going forth.) Sortie, issue.
EGRESSION,
To have free egress and regress. Pouvoir aller & venir, avoir le passage libre.
EGRET, s. (a kind of heron.) Aigrette, espece de petit héron blanc.
EGRIOT, s. Cerise aigre.
EGYPTIAN. V. Gipsy.
Remarque sur EI.
La diphthongue EI se prononce en Anglois comme en François.
Ex. Vein, Une veine.
Weight, Un poids.
Exceptez, I. Les mots suivants, où elle a le son de l'i, savoir; To conceive, to deceive, to receive, to seize, & les mots qui en dérivent.
II. Les mots où cette diphthongue prend le son de notre e féminin, savoir; forfeit, foreign, surfeit, heifer, either, neither.
III. Le mot height a un son particulier qu'on doit apprendre de vive voix.
EJACULATION, subst. (a short and fervent prayer.) Élancement, élan de dévotion.
A prayer full of pious ejaculations. Une oraison jaculatoire, priere où l'esprit s'élance vers Dieu.
EJACULATORY, adj. Jaculatoire.
Ejaculatory vessels, (a term of anatomy.) Vaisseaux éjaculatoires, en termes d'anatomie.
To EJECT, v. act. (to cast out.) Jeter, chasser, pousser dehors, faire émission d'une chose.
Ejected, adj. Jeté, chassé, poussé dehors, dont on a fait émission.
EJECTION, subst. Émission, évacuation.
EJECTMENT, subst. Ordre par écrit, de remettre un bien usurpé aux mains du propriétaire.
EIGHT, adj. Huit.
Eight times. Huit fois.
Eight hundred. Huit cents.
Eight-fold. Huit fois un certain nombre ou un certain quantité.
Eighteen, adj. Dix-huit.
Eighteenth, adj. Dix-huitième.
Eighth, adj. Huitième.
Eightieth, adj. Quatre-vingtième.
Eight score, (or 8 times 20.) Huit fois vingt.
Eighthly, adv. En huitième lieu.
Eighty, adj. (or four score.) Quatre-vingts, huitante ou octante; ces deux derniers ne se disent presque plus.
EIKING, subst. (a ship building-word.) C'est une piece de bordage qui joint la courbe de bossoir avec la troisieme lisse de herpes, dans l'éperon des gros vaisseaux Anglois.
EILET-HOLE, } s. Un œillet, un petit trou entouré de fil ou de soie.
EYLLET-HOLE,
EIRE. V. Ire.
* EISEL, s. (an old english word for vinegar.) Vinaigre.
EITHER, adj. or pron. Un, l'un, chaque.
I am not so strong as either of you. Je ne suis pas si fort qu'aucun de vous deux.
If either of them will. Si l'un d'eux le veut.
In either of the jaws there are two sharp eye-teeth. Dans chaque mâchoire il y a deux dents œillères.
On either side. Des deux côtés, de côté & d'autre.
Either,

Either, *conj. Soit , ou.*
Ex. An exercise either of the body or of the mind. *Un exercice , soit du corps, sois de l'esprit.*
Either he is a wise man or a fool. *Ou il est sage , ou il est fou.*
R. *Cette particule est quelquefois explétive, & ne s'exprime pas en François.*
Ex. These things will either profit or delight. *Ces choses seront utiles ou agréables.*
I will have either two or none. *J'en veux avoir deux ou point.*
'Tis more than either you or I could have done. *C'est plus que vous & moi ne pouvions faire, ou c'est plus que nous ne pouvions faire.*
EJULATION , *sub.* (or hewailing.) *Cri, lamentation , clameur, plainte.*
† EKE , *conj.* (also.) *Même , aussi.*
To EKE , *v. act.* (or to augment.) *Augmenter , agrandir.*
To eke OUT , (or make bigger by the addition of another piece.) *Joindre , coudre quelque piece pour rendre plus long & plus large ; alonger , élargir.*
All ekes , (or helps.) *Tout sert.*
ELABORATE , *adj.* (or accurately done.) *Achevé , travaillé , fait avec soin , poli , limé , bien tourné , parfait , qui a toutes ses perfections.*
An elaborate piece of work. *Un ouvrage achevé.*
An elaborate discourse. *Un discours travaillé.*
An elaborate period. *Une période bien tournée.*
ELABORATELY , *adv. Avec soin , avec exactitude , avec application.*
ELABORATION , *subst. Travail soigné.*
To ELANCE , *v. act. Lancer , darder.*
To ELAPSE , *verb. neut.* (pass away.) *S'écouler.*
ELAPSED , *adj.* (gone or past.) *Passé, écoulé , en parlant du temps.*
ELASTICITY , *subst. Elasticité , vertu élastique ou de ressort.*
ELASTICK ;
ELASTICAL , } *adject. Elastique ou qui fait ressort.*
ELATE , *adj.*
ELATED , *adj. part.* } lifted up , pufft up , transported, lofty , proud , haughty.) *Enflé d'orgueil , enorgueilli, fier, altier.*
To ELATE , *v. act.* (to puff up , to transport.) *Enorgueillir , enfler , ou enfler le cœur , rendre fier & altier.*
To elate one's self, *verb. récip.* (to be elated.) *S'élever , s'énorgueillir , s'enfler.*
A man of elate mind. *Un homme altier, ou qui a une grande élévation de cœur & d'esprit.*
ELATION , *subst. Enflure , orgueil.*
ELBOW , *subst. Coude.*
To lean on one's elbow. *S'appuyer sur son coude.*
My coat is out at the elbow. *Mon habit est percé au coude.*
To be always at one's elbow , (or to keep close to one for some end or other.) *Être assidu auprès de quelqu'un , s'attacher à lui , lui faire sa cour.*
Elbow of land , of a wall , &c. *Coude de terre , de muraille , &c.*
Elbow-room. *Coudées franches ; dans le propre & dans le figuré.*
To have elbow-room. *Avoir ses coudées franches.*

Elbow-chair. *Chaise à bras , fauteuil.*
† Elbow-grease , (or pains.) *Rude travail.*
Elbow in the hause , *sub.* (a sea-word.) *Tour des cables.*
To ELBOW , *v. act. Coudoyer , pousser avec le coude.*
To elbow out , (to drive out.) *Chasser.*
Ex. The Phœnicians, who were the old inhabitants of Canaan , were elbowed out by the Hebrews , into a small slip of land on the sea-coast. *Les Phéniciens, qui étoient les anciens habitants de Canaan, en furent chassés par les Hébreux, dans une petite langue de terre sur la côte de la mer.*
* ELD , *subst. Vieillesse.*
ELDER , *adj.* (from old.) *Plus âgé , aîné.*
An elder brother. *Un frere aîné.*
In elder times (or ancient) times. *Dans ces vieux temps.*
In elder years. *Dans un âge plus avancé.*
Lider , *sub.* (an elder of the Church.) *Un ancien de l'Eglise.*
The elders , (or fathers.) *Les anciens, nos peres , nos prédécesseurs.*
Elder or eldest at play. *V.* Eldest.
Elder or elder-tree. *Sureau, espece d'arbre.*
Elder berry. *Graine de sureau.*
Elder-vinegar. *Vinaigre de sureau.*
Elder-syrup. *Sirop de sureau.*
* ELDER. *V.* Udder.
ELDERLY , *adj. Qui n'est plus jeune.*
ELDERSHIP, *subst.* (in age.) *Aînesse.*
Eldership , (or office of elder of a Church.) *Charge d'ancien.*
ELDEST , *adj.* (the superlative of older.)
Ex. The eldest brother. *Le frere aîné de tous , le plus âgé de tous.*
Eldest at play. *Le premier en carte , celui qui a la main.*
ELECAMPANE, *f.* (or star-wort, an herb.) *Enula campane , sorte d'herbe.*
ELECT , *adj. Elu, choisi , nommé.*
The lord mayor elect. *Le Maire élu , le Maire choisi pour l'année suivante.*
ELECT , *sub.* (or faithful.) *Les élus, les fidelles.*
To ELECT , *v. act.* (or to chuse.) *Elire , choisir , faire choix de , nommer.*
Elected, *adj. Elu , choisi , nommé.*
ELECTION , *subst. Election , choix , nomination.*
ELECTIVE , *adj. Electif.*
An elective kingdom. *Un royaume électif.*
ELECTIVELY , *adv. Par choix.*
ELECTOR , *sub. Electeur, qui élit ou qui a droit d'élire.*
The Electors of the Empire, (those nine Princes by whom the Emperor is elected.) *Les Electeurs de l'Empire.*
ELECTORAL , *adj. Electoral , qui appartient à un Electeur.*
Their Electoral Highnesses. *Leurs Altesses Electorales.*
The Electoral College. *La Collega Electoral.*
ELECTORATE , *f.* (the dignity or dominions of an Elector of the Empire.) *Electorat , dignité ou Etat d'un Prince Electeur de l'Empire.*
ELECTORESS , *f.* (an Elector's wife.) *Electrice, femme d'Electeur.*
ELECTORSHIP , *subst. Electorat, dignité d'Electeur.*
ELECTRE. *V.* Amber.
ELECTRICAL ,
ELECTRICK , } *adj. Electrique , terme de physique.*

ELECTRICITY , *f. Electricité , terme de physique.*
To ELECTRIFY , *v. act. Electriser.*
ELECTUARY , *f.* (a medicinal composition.) *Un electuaire ou opiat , sorte de composition médicinale.*
ELEEMOSINARY , *adj.* (which is given as an alms.) *Qu'on donne pour rien ou comme une aumône, charitable.*
Eleemosinary , (living upon alms.) *Qui vit d'aumônes.*
ELEGANCE ,
ELEGANCY , } *f.* (fineness of speech.) *Elégance , justesse , politesse de langage ou d'expression.*
Elegance , (delicacy , fineness , good taste.) *Délicatesse , agrément , bon goût , bon air , politesse.*
ELEGANT , *adj.* (fine , speaking of the style.) *Elégant , juste, poli , exact.*
Elegant , (nice , fine , agreeable.) *Beau, delicat, poli , agréable , gracieux , joli, mignon , de bon goût.*
ELEGANTLY , *adv.* (or neatly.) *Elégamment , avec élégance , poliment , juste , avec justesse , avec grace.*
To write elegantly. *Ecrire élégamment.*
ELEGIACK , *adj. Elégiaque , qui appartient à l'élégie.*
ELEGY , *f.* (a mournful poem.) *Elégie , poeme dont le sujet est triste.*
ELEMENT , *subst.* (or simple body.) *Elément , corps simple dont les mixtes sont composés.*
The philosophers admit of four elements , *viz.* fire , air , water , and earth. *Les philosophes admettent quatre élements , le feu , l'air , l'eau & la terre.*
Element , (or ground of a science.) *Elément , rudiments , principe , fondement d'une science.*
Element , (what one delights in.) *Elément , plaisir.*
He is in his element. *Il est dans son élément.*
Hunting is his element. *La chasse est son élément, il se plaît tant , qu'il est à la chasse.*
ELEMENTAL , *adj. Pro ui par quelqu'un des élémens.*
ELEMENTARINESS,
ELEMENTARITY , } *f. La simplicité de la nature , qualité de ce qui n'est pas composé.*
ELEMENTARY , *adj.* (uncompounded, simple , pure.) *Elémentaire, qui est d'élément.*
The elementary fire. *Le feu élémentaire.*
ELEMI , *sub. Elemi , sorte de résine.*
ELENCH or proof. *V.* Proof.
ELENCHICAL. *V.* Convictive.
ELEPHANT , *f.* (the largest of all quadrupeds.) *L'Eléphant , le plus gros de tous les animaux.*
P. To make of a fly an elephant. P. *Faire d'une mouche un éléphant.*
ELEPHANTIASIS , *f. Sorte de lepre.*
ELEPHANTINE , *adj. Qui appartient à l'éléphant.*
To ELEVATE , *v. act.* (to raise.) *Elever , lever en haut , hausser.*
To elevate , (to make merry , as wine does.) *Egayer , rendre gai , réjouir ou échauffer , en parlant du vin , &c.*
Elevated , *adj. Elevé , haut , grand.*
High elevated thoughts. *Des sentiments élevés.*
He is elevated in his own conceit. *Il a une grande opinion de lui même , il est plein de lui-même.*
He is a little elevated , (or he has taken

a chearful glass.) *Il est un peu gai, la boisson l'a rendu gai.*
ELEVATION, *s. Elévation.*
ELEVATOR, *subst.* (a Surgeon's instrument.) *Elévatoire,* sorte d'instrument de Chirurgien.
ELEVEN, *adj. Onze,* nombre cardinal.
V. Possession is eleven points of the law.
P. *Celui qui est en possession a un grand avantage.*
ELEVENTH, *adj. Onzième.*
ELF, *s.* (fairy or hobgoblin.) *Lutin, Fée, esprit follet ;* ce mot fait au pluriel, *Elves.*
An elf, (or dwarf.) *Un nain, un nabot.*
To ELICIT, *v. act.* (or to extract.) *Extraire, tirer, faire sortir.*
ELICIT, *adj.* (brought into act.) *Produit, formé.*
To ELIDE, *v. act. Mettre en pieces.*
ELIGIBILITY, *s. Qualité qui rend digne de choix.*
ELIGIBLE, *adj.* (fit to be chosen.) *Que l'on doit choisir, qui est à choisir.*
ELIMINATION, *s. Bannissement, exil,* l'action de mettre dehors.
ELISION, *s.* (or striking of.) *Division, élision.*
The elision of a vowel. *L'élision d'une voyelle.*
ELIXATION, *subst. L'action de faire bouillir.*
ELIXIR, *subst.* (the quintessence of some things.) *Elixir,* la quintessence, l'extrait de certaines choses.
ELK, *s.* (a sort of wild stag.) *Elan,* sorte de bête sauvage.
ELL, *subst.* (a measure containing three feet and nine inches, or a yard and a quarter.) *Aune,* la grande aune d'Angleterre, qui est de trois pied, neuf pouces.
ELLIPSIS, *s.* (a figure.) *Ellipse,* sorte de figure.
ELLIPTICAL, } *adj. Elliptique,* qui
ELLIPTICK, } tient de l'ellipse.
ELM, *s. Orme,* sorte d'arbre.
ELM-TREE, }
A young elm, *Un ormeau, petit orme.*
SAINT-ELMES fire (or Jack with a lanthorn.) *Feu Saint-Elme.*
ELOCUTION, *s.* (or speech.) *Elocution, expression, manière de s'exprimer.*
ELOGY, *subst.* (or panegyrick.) *Eloge, panégirique.*
To ELONGATE, *verb. act. Alonger, étendre.*
ELONGATION, *s. L'action d'alonger, d'étendre ; espace, distance.*
To ELOPE, *v. n.* (a Law-term, which signifies to leave her husband to follow an adulterer.) *Quitter son mari pour suivre un adultère, s'échapper.*
ELOPEMENT, *s. L'action d'une femme mariée qui quitte son mari pour vivre avec un adultère, fuite, enlèvement.*
ELOPS, *subst. Espèce de poisson que Milton met au nombre des serpens.*
ELOQUENCE, *s.* (the art of speaking well and of persuading.) *Eloquence,* l'art de bien dire & de persuader.
True eloquence consists in speaking what is fitting, and no more than what is fit. *La véritable éloquence consiste à dire tout ce qu'il faut, & à ne dire que ce qu'il faut.*
A Master of eloquence, (or Rhetor.) *Un Rhéteur.*
A Master of eloquence, (a well spoken man.) *Un beau parleur, un homme fort éloquent, qui parle bien, qui s'exprime en beaux termes.*
ELOQUENT, *adj. Eloquent, qui a de l'éloquence, qui s'exprime en beaux termes,* en parlant des personnes ; *éloquent, châtié* y a beaucoup d'éloquence, en parlant d'un discours, &c.
ELOQUENTLY, *adv. Eloquemment, avec éloquence.*
ELSE, *adj. Autre.*
No man else, no body else. *Nul autre.*
Somewhere else. *Quelqu'autre part.*
No where else. *Nulle autre part.*
They meant nothing else but my ruin. *Ils ne songeoient qu'à me perdre.*
Else, *conj. Autrement, ou.*
Go your ways, or else I shall fall upon you. *Allez vous-en, autrement je me jetterai sur vous.*
Either drink, or else be gone. *Buvez, ou allez-vous-en.*
ELSEWHERE, *adv. Ailleurs, quelque autre part, en quelqu'autre endroit.*
To ELUCIDATE, *v. act.* (or make clear.) *Eclaircir, expliquer, développer.*
Elucidated, *adj. Eclairci, expliqué, développé.*
ELUCIDATION, *s. Eclaircissement, explication, jour.*
ELUCIDATOR, *s. Qui explique, commentateur.*
ELUCUBRATE, *adject.* (or elaborate.) *Poli, travaillé, limé.*
To ELUDE, *v. act.* (to avoid by artifice or ware.) *Eluder, éviter, esquiver.*
Eluded, *adj. Eludé, évité, esquivé.*
ELUDABLE, *adj. Qu'on peut éluder.*
ELVELOCK, *s. Nœud de crins qu'on suppose formé par un esprit follet.*
ELVES, c'est le pluriel d'Elf.
ELUMBATED, *adject. Qui a les reins affoiblis.*
ELUSION, *s. Artifice, fraude.*
ELUSIVE, *adj. Qui élude, qui s'échappe par artifice.*
ELUSORY, *adj.* (from to elude.) *Trompeur.*
To ELUTE. *V. Wash.*
To ELUTRIATE. *V. to Decant.*
ELYSIAN, *adj. Elysée.*
The Elysian fields. *Les champs Elysées.*
ELYSIUM, *s. L'élysée.*
'EM, c'est une abreviation de them, *Les, eux, elles.*
I love 'em. *Je les aime.*
I am above 'em. *Je suis au-dessus d'eux.*
EMACIATION, *s.* (or a growing lean.) *Amaigrissement, diminution d'embonpoint.*
To EMACIATE, *v. act.* (or make lean.) *Amaigrir, rendre maigre, desséchér.*
Emaciated, *adj. Amaigri, devenu maigre, desséché.*
EMANATION, *subst.* (or flowing out.) *Emanation, écoulement.*
These are the emanations of the royal justice. *Ce sont des émanations de la Justice royale.*
EMANATIVE, *adject. Emané, venu, sorti, écoulé, produit par quelqu'autre chose.*
To EMANCIPATE, *v. act.* (or set free.) *Emanciper, mettre hors de tutelle.*
Emancipated, *adj. Emancipé, hors de tutelle.*
EMANCIPATION, *s.* (or setting free.) *Emancipation,* acte par lequel on émancipe un jeune garçon ou une jeune fille.
To EMASCULATE, *v. act.* (to castrate or geld.) *Chátrer, ôter ou couper les testicules.*
To emasculate, (or to enervate.) *Enerver, affoiblir.*
Rhyme does but emasculate heroick verse. *La rime ne fait qu'énerver la poesie héroique.*
Emasculated, *adj. Chátré ou énervé, affoibli. V.* the verb.
EMASCULATING,
EMASCULATION, } *s. Castration ou l'action de chátrer.*
To EMBALM, *v. act. Embaumer,* remplir de baume & d'autres drogues pour empêcher la corruption.
To embalm, (or perfume.) *Embaumer, parfumer, remplir de bonne odeur.*
Embalmed, *adj. Embaumé, &c. V.* to Embalm.
EMBALMER, *s. Celui qui fait profession d'embaumer.*
EMBALMING, *subst. L'action d'embaumer, &c. V.* le verbe.
To EMBAR, *v. act. Fermer, arrêter.*
EMBARGO, *s.* (a stopping of the ships by publick autority.) *Fermeture des ports, arrêt qu'on met sur les vaisseaux, défense aux vaisseaux de sortir de leur port, embargo.*
To lay an embargo upon ships. *Fermer les ports, ordonner la fermeture des ports, mettre un embargo sur les vaisseaux.*
To take away the embargo. *Permettre l'ouverture des ports après la fermeture, lever l'embargo.*
To EMBARGO, *v. act.* (or stop.) *Arrêter, empêcher, mettre un embargo.*
To embargo all traffick by sea. *Empêcher tout négoce par mer,* en fermant les ports.
To EMBARK, *v. neut.* (or take shipping.) *S'embarquer, se mettre dans un navire pour aller sur mer.*
We embarked such a day. *Nous nous embarquâmes un tel jour.*
To embark (or engage) in a business. *S'embarquer, s'engager dans quelque affaire.*
To embark, *v. act. Embarquer.*
EMBARKATION, *s. Embarquement.*
EMBARKED, } *adj. Embarqué,* dans le
EMBARKT, } propre & dans le figuré.
EMBARKING, *s. Embarquement,* l'action de s'embarquer, &c. *V.* to Embark.
To EMBARQUE. *V.* to Embark.
EMBARRASSMENT, *s.* (or trouble.) *Embarras, tracas, affaire embarrassante.*
To EMBARRASS, *v. act.* (or trouble.) *Embarrasser, incommoder.*
Embarrassed, *adj. Embarrassé, incommodé.*
To EMBASE, *v. act. Altérer, falsifier.*
To embase gold or silver, (to mix it with more in price metal than it ought to be.) *Faire de la monnoie de mauvais aloi, altérer ou falsifier la monnoie.*
Embased, *adj. Altéré, falsifié, de mauvais aloi.*
EMBASSADOR,
EMBASSADOUR, } *s. Ambassadeur.*
An Embassador extraordinary. *Un Ambassadeur extraordinaire.*
EMBASSADRESS, *s.* (an Embassador's wife or lady.) *Une Ambassadrice, la femme d'un Ambassadeur.*
EMBASSAGE,
EMBASSY, } *s. Ambassade.*
To go upon an embassy. *Aller en ambassade.*

To

To EMBATTLE, verb. act. *Ranger en bataille.*
To EMBAY, v. act. *Renfermer dans une baie, baigner, mouiller, laver.*
EMBAYED, adj. (a sea-word.) *Affalé sur la côte.*
To EMBELLISH, v. a. (set out or adorn.) *Embellir, orner, parer.*
Embellished, adj. *Embelli, orné, part.*
EMBELLISHING, f. *Embellissement ou l'action d'embellir.*
EMBELLISHMENT, f. (a set-off or ornament.) *Embellissement, ornement.*
EMBERS, subst. (hot cinders.) *Cendres chaudes.*
The ember-weeks. *Les quatre-temps.*
To EMBEZZLE, v. act. (to waste or spoil.) *Altérer, gâter, dissiper.*
To embezzle the goods (to waste and diminish goods) we are instructed with. *Gâter ou dissiper les meubles d'une personne qui nous les a donnés en garde.*
To embezzle the coin. *Altérer la monnoie, l'affoiblir de poids & d'aloi.*
To embezzle, (or purloin.)
Ex. To embezzle the public treasure. *Epuiser l'épargne par les voleries, voler, enlever l'argent de l'épargne, dissiper ou divertir les deniers publics.*
Embezzled, adj. *Gâté, dissipé, &c. V. le verbe.*
EMBEZZLING, f. *L'action de gâter ou de dissiper, &c. V. to Embezzle.*
EMBEZZLEMENT, f. *Dégât, dissipation ou altération. V. to Embezzle.*
The embezzlement of the publick treasure. *Le divertissement ou la dissipation du trésor public.*
To EMBLAZE,
To EMBLAZON, } v. act. *Orner avec des armoiries.*
EMBLEM, f. (a moral symbol, consisting of pictures and words.) *Emblème, symbole qui, par des figures soutenues de quelques paroles, représente une pensée morale.*
To EMBLEM, v. act. *Représenter, figurer.*
EMBLEMATICAL,
EMBLEMATICK, } adj. *Emblématique, qui tient de l'emblême.*
EMBLEMATIST, f. *Auteur d'emblêmes.*
EMBLEMENTS, f. (a law-term for the profits of land which has been sowed.) *Les revenus ou le rapport d'une terre qu'on a ensemencée.*
EMBOLISM, f. *Intercallation.*
To EMBOSS, v. act. *Relever en bosse.*
Embossed, adj. *De relief, relevé en bosse.*
Embossed work. *Ouvrage de relief ou relevé en bosse.*
EMBOSSMENT, f. *Relief, saillie, en termes d'art.*
EMBOSSER, f. *Celui qui fait des ouvrages de relief.*
EMBOSSING, f. *L'action de relever en bosse ou de travailler en relief.*
To EMBOTTLE, v. act. *Mettre en bouteilles.*
To EMBOWEL, v. act. *Arracher les entrailles.*
EMBRACE,
EMBRACEMENT, } subst. *Embrassade, embrassement.*
To EMBRACE, v. act. (or hold fondly in the arms.) *Embrasser, prendre avec les deux bras.*
To embrace (or receive) an opinion. *Embrasser une opinion, donner ou entrer dans une opinion.*

To embrace (or take hold of) an opportunity. *Embrasser une occasion, se servir d'une occasion.*
Embraced, adj. *Embrassé. V. to Embrace.*
EMBRACEOUR,
EMBRASOUR, } f. (a law-term.) *Un particulier qui tâche de prévenir les Jurés par ses instructions en faveur d'une des parties, & qui est gagné pour cela.*
EMBRACER, f. *Celui ou celle qui embrasse. V. the verb.*
EMBRACING, f. *Embrassement ou l'action d'embrasser, &c. V. to Embrace.*
EMBRASURE, f. *Embrasure, ouverture dans une muraille.*
To EMBROCATE, v. act. *Fomenter ou bassiner une partie malade.*
EMBROCATION, f. *Fomentation.*
To EMBROIDER, v. act. *Broder, faire de la broderie.*
Embroidered, adj. *Brodé.*
EMBROIDERER, f. *Un brodeur, une brodeuse.*
EMBROIDERING, f. *Broderie ou l'action de broder.*
EMBROIDERY, f. *Broderie, ouvrage de brodeur ou de brodeuse.*
To EMBROIL, v. act. *Brouiller, causer des brouilleries, embarrasser, diviser, mettre en désunion, causer des divisions.*
To embroil a nation. *Brouiller une nation, la diviser, y causer des brouilleries & des divisions.*
Embroiled, adj. *Brouillé, divisé.*
EMBROILING, f. *L'action de brouiller, &c. V. to Embroil.*
To EMBROTHEL, v. act. *Renfermer dans un bordel.*
To EMBRUE, &c. V. to Imbrue, &c.
EMBRUED, adj. *Abruti.*
EMBRYO,
EMBRYON, } f. (a child in the mother's womb, before it has its perfect shape.) *Embryon, fœtus qui est au ventre de la mere.*
A work in embryo. *Un ouvrage qui n'est qu'ébauché, une ébauche.*
To EMBUE, &c. V. to Imbue, &c.
* To EMBURSE. V. to Reimburse, &c.
EMENDABLE, adj. (from the Latin.) *Corrigible.*
EMENDATION, f. (or amendment.) *Correction, amendement, réforme.*
The last emendation of a thing. *La derniere main qu'on met à une chose.*
EMERALD, f. (a sort of precious stone of a green colour.) *Emeraude, sorte de pierre précieuse.*
To EMERGE, v. n. (a word borrowed from the Latin, to get out.) *Sortir, se tirer.*
The nation can hardly emerge from that abyss of debt, into which it is at present so deeply plunged. *La nation ne peut qu'avec peine se tirer du profond gouffre des dettes où elle est à présent plongée.*
To emerge, (to happen.) *Arriver.*
EMERGENCE,
EMERGENCY, } f. (casual event, incident, occasion.) *Occurrence, incident, rencontre, occasion, cas ou événement fortuit, conjoncture; l'action de paroître, ou de sortir d'un fluide.*
EMERGENT, adj. (not foreseen.) *Imprévu, inopiné.*
An emergent occasion or business. *Une affaire imprévue.*
Emergent, (rising.) *Qui sort, qui paroît.*

EMEROD. V. Emerald.
EMFROIDS or HEMORRHOIDS, f. (the piles, a painful swelling of the hemorrhoidal veins.) *Hémorrhoïdes.*
EMERSION, f. *Emersion,* terme d'astronomie.
EMERY, f. *Emeri,* sorte de pierre.
EMETICAL,
EMETICK, } adj. & f. (having the quality of provoking vomit.) *Emétique, sorte de vomitif.*
EMICATION, f. *L'action de pétiller, de s'échapper en étincelles.*
EMICTION, f. *Urine, l'action de pisser.*
EMIGRANT, adj. *Emigré, qui abandonne son pays.*
To EMIGRATE, v. n. *Emigrer.*
EMIGRATION, f. *Changement d'habitation ou de pays.*
EMINENCE,
EMINENCY, } sub. *Hauteur, élévation, rang fort distingué, éminence.*
A person of eminency. *Une personne de haute qualité ou d'un rang fort distingué.*
Judges and Lawyers of eminency. *Des Juges & des Avocats de distinction ou distingués.*
Eminency, (a title peculiar to Cardinals.) *Eminence,* titre affecté aux Cardinaux.
EMINENT, adject. (or high.) *Eminent, haut, élevé.*
Eminent, (great, illustrious.) *Eminent, distingué, considérable, fameux, illustre, éclatant.*
An eminent quality. *Une qualité éminente.*
An eminent man in learning and wisdom. *Un homme éminent en doctrine & en sagesse.*
A town eminent for loyalty. *Une ville qui s'est signalée par sa fidélité.*
Most eminent. *Eminentissime,* en parlant des Cardinaux.
EMINENTLY, adv. *Eminemment, excellemment, par excellence.*
EMISSARY, f. (one sent abroad to give intelligence.) *Un émissaire, un surveillant, un espion, une personne qui a des ordres secrets pour voir ce qui se passe.*
The Roman emissaries. *Les émissaires de Rome.*
EMISSION, f. *Emission, l'action de pousser dehors.*
To EMIT, v. act. (or send forth.) *Jeter, pousser dehors, envoyer, darder.*
Emitted, adject. *Jeté, poussé dehors, envoyé, dardé.*
EMMET, sub. (an ant or pismire.) *Une fourmi.*
To EMMEW, v. act. *Renfermer, cloîtrer.*
EMOLLIENT, adj. (or lenitive.) *Emollient, lénitif, ramollissant, qui ramollit ou qui adoucit.*
An emollient decoction. *Une décoction émolliente.*
Emollient, f. *Un lénitif.*
EMOLLITION, f. *L'action d'amollir, d'adoucir.*
EMOLUMENT, f. (or profit.) *Emolument, profit, gain, intérêt, avantage.*
EMOTION, f. *Emotion, secousse, élancement.*
To EMPALE, v. a. (to put to death by spitting on a stake fixed upright.) *Empaler.*
EMPANNEL, sub. (the writing the names of a Jury into a parchment schedule.)

Tome II.   2 F *dule.*) *L'action d'écrire sur un morceau de papier ou de parchemin le nom des Jurés choisis.*

To EMPANNEL, *v. act.* (to name or summon to serve on a jury.) *Nommer, choisir, constituer les Jurés pour le Jugement d'un procès civil ou criminel.*

Empannelled, *adjet. Ex.* An empannelled Jury. *Un corps de Jurés choisis par le Shérif de la province pour la décision d'une affaire civile ou criminelle.*

EMPARLANCE, *s.* (a law-term.) *Interlocutoire.*

EMPASM, *s. Empasme*, *poudre pour corriger la mauvaise odeur du corps.*

To EMPASSION, *v. act. Affecter vivement.*

EMPASSIONED, *adj. Passionné, ému.*

To EMPEACH, &c. *V.* to Impeach, &c.

To EMPEOPLE, *v. act. Peupler, réunir en communauté.*

EMPERESS, *s. Impératrice.*

EMPEROR, *subst.* (the Sovereign of an empire.) *Un Empereur.*

The Eastern and Western Emperors. *Les Empereurs d'Orient & d'Occident.*

EMPHASIS, *s.* (or strength of expression, *Emphase, force, énergie d'expression.*

To speak with an emphasis. *Parler avec emphase.*

EMPHATICK, } *adj.* (strong or significant.) *Emphatique, qui a de l'emphase, énergique.*
EMPHATICAL,

An emphatical expression. *Une expression emphatique.*

EMPHATICALLY, *adv.* (strongly, forcibly.) *Emphatiquement, avec emphase, d'une maniere emphatique.*

EMPHYSEMATOUS. *V.* Swollen.

EMPIERCE, *v. act. Entrer par force, pénétrer.*

EMPIRE, *s.* (the dominions of an Emperor.) *Empire, étendue des États d'un Empereur.*

The Eastern Empire. *L'Empire d'Orient.*

Empire, (power or authority.) *Empire, puissance, pouvoir, domination, autorité.*

EMPIRICAL, } *adj. Empirique.*
EMPIRICK,

An empirical Doctor. *Un empirique, un Médecin empirique, un charlatan.*

Empirick, *subst.* (or quack.) *Un empirique, un charlatan, un vendeur d'orviétan.*

EMPIRICISM, *subst. Le corps des empiriques, le métier d'empirique.*

EMPLASTER, *subst. Un emplâtre. Voy.* Plaster.

EMPLASTIC, *adj. Visqueux, glutineux, coriace.*

To EMPLEAD, *v. act.* (to indict or accuse.) *Poursuivre en Justice, faire ou intenter un procès à quelqu'un.*

EMPLOY, *subst.* (or office.) *Emploi, charge.*

To EMPLOY, *v. act. Employer, occuper, se servir de.*

To employ one about a business. *Employer quelqu'un dans une affaire.*

I do not know what to employ myself about. *Je ne sais à quoi m'occuper.*

Employed, *adj. Employé, occupé, qui a de l'emploi.*

To keep one employed. *Donner de l'occupation à quelqu'un, le tenir en haleine.*

EMPLOYING, *s. L'action d'employer, d'occuper, &c.*

This is a thing worth your employing your best care and pains about. *C'est une chose qui mérite vos soins & vos peines.*

EMPLOYMENT, *s. Emploi, charge, place.*

To have a good employment. *Avoir un bon emploi ou une bonne charge.*

Employment, (or business.) *Occupation, emploi.*

To EMPOISON. *V.* to Poison.

EMPORIUM, *s. Entrepôt, place de commerce.*

To EMPOVERISH, *v. act.* (or make poor.) *Appauvrir, rendre pauvre, mettre à la besace.*

Empoverished, *adj. Appauvri, rendu ou devenu pauvre.*

EMPOVERISHING, } *sub. L'action d'appauvrir, &c. V.* le verbe.
EMPOVERISHMENT,

To EMPOWER, *v. act. Autoriser.*

EMPRESS. *V.* Empereſs.

EMPRISE, *s.* (dangerous undertaking.) *Entreprise dangereuse.*

To EMPRISON, &c. *V.* to Imprison, &c.

To EMPROVE, &c. *V.* to Improve, &c.

EMPTIED. *V.* Emptyed.

EMPTINESS, *subst. Vide, vanité, légéreté, inutilité, l'état d'une chose qui n'a rien en soi de solide,* dans le figuré.

EMPTION, *s.* (or buying.) *Achat, l'action d'acheter.*

EMPTY, *adj.* (or void.) *Vide.*

An empty glass. *Un verre vide.*

An empty vessel. *Un tonneau vide.*

Prov. Empty vessels make the greatest noise. *Les tonneaux vides sont le plus de bruit.*

Empty, (vain, unprofitable.) *Vain, léger, creux, qui n'a rien de solide, inutile, frivole, stérile.*

An empty (or vain) hope. *Une vaine espérance.*

The empty pleasures of this world. *Les plaisirs vains & légers de ce monde.*

An empty (or a shallow) man. *Un homme qui n'a pas grand fond.*

An empty wit. *Un esprit creux ou stérile.*

His letters are empty, there is but little in them. *Ses lettres sont stériles, il n'y a aucune affaire de conséquence.*

To have but the empty title of a King. *N'avoir rien d'un Roi que le titre, être un Roi titulaire ou en peinture, n'avoir que l'ombre de la royauté.*

Fame is but a dream and an empty vapour. *La renommée n'est que songe & que fumée.*

The town is very empty. *Il y a fort peu de monde en ville, la ville est fort dépeuplée.*

To EMPTY, *v. act. Vider.*

To empty out of one vessel into another. *Transvaser.*

Emptyed, *adj. Vidé.*

EMPTYING, *s. L'action de vider.*

EMPURPLED, *adj. Empourpré.*

To EMPUZZLE, *v. act. Embarrasser.*

EMPYEMA, *subst. Empyeme,* terme de *médecine.*

EMPYREAL, *adj. Empyrée.*

The empyreal sky. *Le ciel empyrée.*

EMPYREAN, *s.* (the highest heaven.) *L'Empyrée,* le plus haut de tous les cieux.

EMPYRESIS, *s. Conflagration, incendie universel.*

EMPYREUMA, *subst. Empyreume,* huile d'une odeur désagréable.

EMROD, *subst.* (a glazier's diamond.) *Emeril.*

* EMRODS, *s.* (or piles.) *Les hémorrhoides V.* Emeroids.

To EMULATE, *v. a.* (to vie with one.) *Imiter quelqu'un avec émulation, s'étudier à le surpasser;* ou bien, *tâcher de faire aussi bien qu'un autre, faire à l'envi ou par émulation.*

To emulate, (or envy.) *Envier.*

EMULATION, *s. Emulation, désir d'imiter & de faire aussi bien qu'un autre, passion d'égaler ou de surpasser un autre.*

EMULATIVE, *s. Qui a de l'émulation.*

EMULATOR, *s. Emule, rival, imitateur, qui tâche d'imiter & de faire aussi bien qu'un autre ou de le surpasser.*

To EMULGE. *v. act. Traire, vider.*

EMULGENT, *adj.* (a term used in anatomy.) *Ex.* Emulgent vein. *Veine émulgente,* terme d'anatomie.

EMULOUS, *adj.* (who strives to out-do.) *Qui a de l'émulation, jaloux.*

EMULOUSLY, *adverb.* (with desire of excelling.) *Avec émulation.*

EMULSION, *s.* (a potion made of sweet-almonds, and the four cold seeds.) *Emulsion,* potion faite avec des amandes douces & les quatre semences froides.

EMUNCTORIES, *s.* (kernelly parts of the body for the voiding of humours.) *Emonctoire, glande spongieuse pour la décharge des humeurs.*

To ENABLE, *v. a. Rendre capable, donner la force, mettre en état de faire quelque chose.*

Enabled, *adj. Rendu capable,* à qui l'on a donné la force ou les moyens d'agir.

ENABLEMENT, } *s. L'action de rendre capable,* ou de donner la force ou les moyens d'agir.
ENABLING,

To ENACT, *v. act.* (to enact a law.) *Faire, passer, établir une loi, porter un arrêt, arrêter, ordonner.*

Enacted, *adj. Fait, passé, établi, arrêté, ordonné.*

ENACTING, *subst. L'action de faire, de passer, d'établir; établissement, ordonnance.*

ENACTOR, *subst. Celui qui établit une loi.*

ENALLAGE, *s. Enallage,* terme de grammaire.

To ENAMBUSH, *v. act. Dresser une embuscade.*

ENAMEL, *sub.* (a composition used by painters.) *Email,* sorte de composition dont se servent les peintres.

To ENAMEL, *v. act. Emailler, couvrir d'émail, travailler en émail.*

Enamelled, *adj. Emaillé, couvert d'émail, travaillé en émail.*

ENAMELLER, *s. Emailleur,* ouvrier qui travaille en émail.

ENAMELLING, *subst. L'action d'émailler, &c. émail.*

To ENAMOUR, *v. a. Enflammer d'amour.*

ENAMOURED, *adj.* (in love.) *Amoureux,* † *féru,* † *amouraché.*

ENARRATION, *s.* (or recital.) *Narration, récit, rapport, exposition.*

ENARTHROSIS, *subst. Enarthrose,* terme d'anatomie.

ENATATION, *s. L'action de sortir à la nage.*

To ENCAGE, *v. act. Encager, mettre en cage.*

To ENCAMP, *v. n. Camper, se camper.*

To

ENC

To Encamp, v. act. Camper, faire camper.
Encamped, adj. Campé.
ENCAMPING, } ſ. Campement, l'action de camper.
ENCAMPMENT,
To ENCAVE, v. act. Renfermer ou cacher dans une cave.
To ENCHAFE, v. act. Irriter, mettre en colere.
To ENCHAIN, v. act. (to put in chains.) Enchaîner.
Enchained, adj. Enchaîné.
To ENCHANT, v. act. (or to bewitch.) Enchanter, enforceler, charmer.
Enchanted, adject. Enchanté, charmé, enforcelé.
ENCHANTER, ſ. Enchanteur, magicien, forcier.
ENCHANTING, ſ. L'action d'enchanter, de charmer, d'enforceler.
ENCHANTMENT, ſ. (or charm.) Enchantement, charme.
ENCHANTRESS, ſ. Enchantereſſe, magicienne, forciere.
To ENCHASE, v. act. (to set in gold, silver, &c.) Enchâſſer.
Enchaſed, adj. Enchâſſé.
ENCHASING, ſub. L'action d'enchâſſer.
To ENCIRCLE, v. act. (to encompaſs.) Environner, entourer.
Encircled, adj. Environné.
ENCIRCLET, ſ. Cercle, anneau.
To ENCLINE, &c. V. to Incline, &c.
ENCLITICK, ſub. Enclitique, terme de grammaire grecque.
To ENCLOSE, v. a. (to ſurround with an encloſure.) Clorre ou enclorre, faire un enclos, entourer ou fermer d'une clôture.
To encloſe, (or contain.) Renfermer, contenir, comprendre.
To encloſe a letter within another. Mettre une lettre dans une autre.
Encloſed, adj. Clos, enclos, entouré ou fermé d'une clôture.
The encloſed, (ſpeaking of a letter encloſed within another.) L'incluſe.
ENCLOSURE, ſ. Enclos, clôture.
ENCOMIAST, ſubſt. (a maker of encomiums.) Panégyriſte, un faiſeur d'éloges ou de panégyriques.
ENCOMIUM, ſubſt. (or praiſe.) Eloge, panégyrique, louanga.
To make one's encomium. Faire l'éloge de quelqu'un, faire ſon panégyrique.
To ENCOMPASS, v. act. (to ſurround.) Environner, entourer, aſſiéger.
To encompaſs a thicket in hunting. Faire les enceintes d'un buiſſon.
Encompaſſed, adj. Environné, entouré, aſſiégé.
ENCOMPASSMENT, ſ. Circonlocution, périphraſe.
ENCORE, adv. Bis, de rechef.
ENCOUNTER, ſubſt. (or fight.) Choc, combat, mêlée, attaque.
They had a very ſharp encounter. Ils eurent un fort rude choc.
Encounter, (or meeting.) Rencontre, l'action de rencontrer.
A good opportunity for an encounter. Une occaſion favorable pour ſe battre.
Encounter, (or carnal copulation.) Embraſſement, copulation pour la génération.
To ENCOUNTER, v. act. (or fight.) Combattre l'ennemi, lui donner bataille.
To Encounter, v. neut. S'attaquer, ſe choquer, en venir aux mains.

ENC

The two armies encountered in the morning, and fought till the evening. Les deux armées s'attaquerent le matin, & ſe battirent juſqu'au ſoir.
To encounter, (or to meet.) Rencontrer.
Encountered, adj. Rencontré.
Encountered. Avec qui l'on ſe bat. V. to Encounter.
Which way ſoever we turn our ſelves, we are encountered with ſenſible demonſtrations of a Deity. De quelque côté que nous jetions les yeux, nous rencontrons des preuves ſenſibles d'une Divinité.
ENCOUNTERER, ſubſt. Adverſaire, ennemi.
To ENCOURAGE, v. act. (to incite.) Encourager, animer, exciter, inciter, porter, pouſſer.
To encourage, (or to countenance.) Appuyer, favoriſer.
To encourage (or to promote) trade. Faire aller, faire fleurir le commerce, faire valoir le négoce.
To encourage (or prefer) learned men. Faire du bien aux gens de lettres, les protéger, les récompenſer, les gratifier, les avancer, leur fournir les moyens de rendre des ſervices au public.
Encouraged, adject. Encouragé, animé, excité, incité, &c. Voy. to Encourage.
ENCOURAGEMENT, ſ. (or incentive.) Motif, aiguillon.
Encouragement, (gift or recompenſe.) Récompenſe, préſent, gratification.
A book that meets with encouragement. Un livre de bon débit.
ENCOURAGER, ſ. Celui ou celle qui encourage, &c. V. to Encourage.
He is a great encourager (or patron) of learning. C'eſt un grand protecteur des lettres, il favoriſe beaucoup les gens de lettres, c'eſt le Mécenes de nos jours.
He is the encourager of perfection. Il eſt l'inſtigateur de la perfection.
ENCOURAGING, ſ. L'action d'encourager, &c. V. to Encourage.
To ENCROACH upon, v. a. (to uſurp or to intrench upon.) Empiéter, uſurper, prendre quelque choſe d'autrui, entreprendre.
To encroach upon, (or to abuſe.) Abuſer, uſer mal.
To encroach upon one's kindneſs. Abuſer de la bonté de quelqu'un.
Encroached upon, adj. Sur quoi l'on a empiété, que l'on uſurpe, &c. Voyez le verbe.
ENCROACHER, ſub. Uſurpateur, celui qui empiete ou uſurpe, &c.
ENCROACHING, ſ. L'action d'empiéter, d'uſurper, &c. V. to Encroach.
ENCROACHINGNESS, ſubſt. (inclination to encroach.) Démangeaiſon d'empieter, penchant à empiéter ſur ſes voiſins.
ENCROACHMENT, ſ. Uſurpation.
To ENCUMBER, v. act. Embarraſſer.
Encumbered, adj. Embarraſſé.
An eſtate encumbered, (that has a clog upon it.) Un bien chargé de dettes.
ENCUMBRANCE, ſ. Embarras, obſtacle, empêchement.
ENCUMBRANCER, ſub. (a creditor or encumbrancer upon an eſtate.) Un créancier & hypothéquaire d'un bien.
ENCYCLICAL, adject. Circulaire, encyclique, en parlant d'une lettre.

ENC END

ENCYCLOPEDIA, } ſubſt. the whole
ENCYCLOPEDY, compaſs of learning.) L'Encyclopédie, le cercle des ſciences, l'enchaînement qu'elles ont les unes avec les autres, ſcience univerſelle.
ENCYSTED, adject. Renfermé dans une veſſie ou bourſe.
END, ſ. (or extremity of ſome things.) Fin, terme, extrémité, bout de certaines choſes.
End, (aim or deſign.) Fin, but, deſſein, vue, motif pour lequel on fait quelque choſe.
End, (iſſue or come off.) Fin, iſſue, ſuccès, événement.
The end of the world. La fin du monde.
To make both ends meet. Faire rencontrer les deux bouts.
The further end of a ſtreet. Le bout d'une rue, le bout qui eſt le plus éloigné de nous.
To go to the furtheſt end of the world. Aller juſqu'au bout du monde, aller juſqu'aux parties les plus reculées de la terre.
I have it at my tongue's end. Je l'ai ſur le bout de la langue.
To put an end to a thing, to make an end of it. Mettre fin à une choſe, la terminer, la finir.
To come to a ſhameful end. Faire une fin honteuſe.
The end of an orator is to perſuade. La fin de l'Orateur eſt de perſuader.
To compaſs one's end. Venir à bout de ſes deſſeins.
To what end was man created? A quelle fin l'homme a-t-il été créé?
To the end that. Afin que.
Who knows what will be the end of all this? Qui ſait quelle ſera la fin de tout ceci?
The war is at an end. La guerre eſt finie, il n'y a plus de guerre.
My conſulſhip is almoſt at an end. Mon conſulat eſt preſque expiré.
The ſummer is almoſt at an end. L'été eſt preſque paſſé.
He will hardly live a day to an end. A peine vivra-t-il un jour, à peine a-t-il pour un jour de vie.
To make an end of eating or drinking. Ceſſer de manger ou de boire.
To make an end of one, (to kill him.) Tuer quelqu'un, lui ôter la vie, l'aſſaſſiner.
He will be made an end of. On le tuera, on l'aſſaſſinera.
So there will be an end of him. Ce ſera fait de lui.
He went on an end in that work, (he made great progreſs in it.) Il a fait de grands progrès dans cet ouvrage, il a fort avancé cet ouvrage.
To make an end with one, (to agree with him.) S'accorder avec quelqu'un, faire un accord avec lui, ſortir d'affaires avec lui.
† To have the better end of the ſtaff. Avoir l'avantage.
To no end, (to no purpoſe.) En vain, inutilement.
To be at one's wits end. Ne ſavoir où l'on en eſt, ne ſavoir de quel côté ſe tourner, † être déſorienté, † être au bout de ſon latin.
† He is there moſt an end. Il y eſt la plupart du temps.
Come (get you) an end. Allons, dépêchez-vous, ou hât.z le pas.

He

2F 2

He cares not which end goes forward. *Il ne se met en peine de rien, il laisse tout au hasard.*
It made my hair stand on end. *Cela me fit dresser les cheveux.*
Mark the end of it. *Remarquez jusqu'où cela va, ou voyez ce qui vous en arrivera.*
He that denies his senses is at an end of certainty. *Celui qui doute du témoignage de ses sens, ne sauroit jamais être assuré de quoi que ce soit.*
There is no end of it. *Cela va à l'infini, cela n'est jamais fait.*
He knows no end of his means. *Il ne sait pas même ce qu'il a.*
World without end. *A jamais, aux siècles des siècles :* cette expression n'est d'usage que dans la liturgie.
Folks have got it by the end. *On en parle, on le dit.*
He has got it by the end, that I have a treasure. *Il a ouï dire que j'avois un trésor.*
What comes on't (or of it) in the end? *A quoi sert tout cela? ou quelle est la fin de tout cela?*
To be all for one's own ends. *Être attaché à ses intérêts, être intéressé.*
An ends-man or woman, (a broker that goes about the streets to buy old cloaths.) *Un revendeur, une revendeuse.*
End-for-end, *adv. comp.* (a sea-expression.) *Bout-pour-bout.*
To END; *verb. act.* (or make an end of.) *Finir, mettre fin, achever, conclure, terminer, vider.*
To end (or finish) a discourse. *Finir, achever, conclure un discours.*
To end a business. *Conclure, terminer une affaire.*
To end a quarrel. *Mettre fin à une querelle, terminer un différent.*
To end a cause by trial. *Vider un procès.*
To end, *v. n. Finir, prendre fin.*
When will our troubles end? *Quand finiront nos troubles?*
P. All is well, that ends well. *P. La fin couronne l'œuvre.*
To ENDAMAGE, *v. act. Endommager, faire quelque dommage, nuire.*
Endamaged, *adj. Endommagé.*
ENDAMAGING, *subst. L'action d'endommager* ou *de nuire.*
To ENDANGER, *verb. act.* (or expose to danger.) *Mettre en danger, exposer, hasarder.*
That would have endangered (or caused) a tumult. *Cela auroit causé quelque tumulte.*
Endangered, *adj. Hasardé, exposé, qui est en danger, &c.*
ENDANGERING, *subst. L'action de mettre en danger, d'exposer ou de hasarder, &c.*
To ENDEAR, *v. act.* (to make dear and beloved.) *Rendre agréable ou recommandable, faire gagner l'amitié ou les bonnes graces de quelqu'un.*
A genteel and civil carriage will endear you to all men. *Une conduite honnête & civile vous fera gagner l'amitié de tout le monde.*
ENDEARING, } *subst.* (a great cause
ENDEARMENT, } of affection.) *Agrément, qualité qui rend agréable, tout ce qui contribue à nous faire gagner l'amitié de quelqu'un.*
ENDEAVOUR, *subst. Effort.*

To do one's endeavour. *Faire ses efforts, faire de son mieux, tâcher.*
To ENDEAVOUR, *v. n.* S'efforcer, faire ses efforts, tâcher ou se mettre en devoir de faire quelque chose.*
Endeavour to do that. *Efforcez-vous de faire cela.*
To endeavour after a thing. *Tâcher de faire quelque chose.*
He endeavours what he can to undo me. *Il fait tout ce qu'il peut pour me perdre.*
ENDEAVOURER, *s. Celui qui tâche, &c.*
ENDEAVOURING, *s. L'action de tâcher, de s'efforcer ou de faire ses efforts.*
ENDED, *adj.* (from to End.) *Fini, achevé, conclu, terminé.*
ENDEMIAL, } *adj. Propre à un cer-
ENDEMICAL, } tain pays, en parlant
ENDEMICK, } de maladies.*
To ENDENIZE, *v. a. Affranchir, rendre libre, naturaliser.*
ENDING, *sub. Fin, conclusion, l'action de finir, &c. V.* to End.
The ending of a controversy. *La décision d'une controverse.*
The ending (or termination) of a word. *La terminaison d'un mot.*
ENDITABLE, *adj. Qu'on peut ou qu'on doit poursuivre en Justice.*
To ENDITE, } *verb. act.* (in the sense
To ENDICT, } of the law, to accuse.) *Accuser, déférer, dénoncer, poursuivre en Justice.*
To endite (or pen) a letter. *Écrire, composer, dicter une letre.*
Endited, *adject.* (or accused.) *Accusé, déféré, dénoncé, poursuivi en Justice.*
Endited, (or composed.) *Écrit, composé, dicté.*
ENDITED, *s. L'accusé, l'accusée, celui qui est accusé, &c.*
ENDITEMENT, } *subst. Accusation,
ENDICTMENT, } plainte qu'on fait du crime ou de la faute d'une personne.*
ENDITER, *subst.* (he that endites one.) *Accusateur, délateur, dénonciateur.*
ENDITING, *sub. L'action d'accuser, &c. V.* to Endite.
ENDIVE, *sub.* white-endive, (a plant.) *Endive ou chicorée blanche.*
ENDLESS, *adj.* (from End.) *Infini, qui va à l'infini, sans fin, continuel, perpétuel.*
An endless number. *Un nombre infini.*
Endless torments. *Une peine infinie ou sans fin.*
An endless man, (one that has never done what he goes about.) *Un homme qui n'a jamais fait.*
It would be an endless task, to relate all his pranks. *On n'auroit jamais fait, si l'on vouloit raconter toutes ses fredaines.*
ENDLESSLY, *adv. Continuellement, sans fin.*
ENDLESSNESS, *sub. Continuité, perpétuité.*
ENDLONG, *adv. En ligne droite.*
To ENDORSE, *v. act.* (or write on the back.) *Endosser, écrire sur le dos.*
Endorsed, *adject. Endossé, écrit sur le dos.*
ENDORSEMENT, *subst. Endossement.*
ENDORSER, *s. Endosseur.*
ENDORSING, *s. L'action d'endosser.*
To ENDOW, *v. act. Renter, fonder, doter, constituer ou assigner une rente ou un revenu, douer.*

To endow an hospital. *Fonder ou renter un hôpital.*
Endowed, *adj. Renté, fondé, doté.*
An hospital well endowed. *Un hôpital bien renté ou qui a de bonnes fondations.*
Endowed with land. *Doté, la rente est constituée sur des fonds de terre.*
A young man endowed with excellent qualities. *Un jeune homme doué de belles qualités.*
ENDOWMENT, *subst.* (or natural gift.) *Talent, don de nature.*
To ENDUE, *verb. act. Donner, revêtir, douer.*
Endue thy ministers with righteousness. *Revêts de justice tes ministres.*
Endued, *adj. Revêtu, doué, qui a.*
Endued with excellent natural gifts. *Doué ou qui a de beaux dons de nature.*
To ENDURE, *verb. act.* (or to suffer.) *Endurer, souffrir, supporter.*
I can not endure to live with him. *Je ne saurois demeurer avec lui.*
To Endure, *v. n.* (or last.) *Durer, subsister, être long-temps en état.*
Endured, *adject. Enduré, souffert, supporté.*
Not to be endured. *Insupportable.*
ENDURING, *s. L'action d'endurer, &c. V.* to Endure, *dans tous ses sens.*
ENDWISE, *adv. Debout.*
ENEMY, *sub.* (or foe.) *Ennemi, ennemie.*
A professed enemy. *Un ennemi déclaré ou juré.*
He is an enemy to himself or he is his own enemy. *Il est ennemi de lui-même.*
ENERGETICK, *adj.* (strong or forcible.) *Energique, qui a de l'énergie, fort, en parlant d'un mot, d'une expression, &c.*
ENERGY, *sub.* (or force.) *Energie, force, efficace, en parlant d'un discours, d'une expression, &c.*
To ENERVATE, *v. act.* (to take away one's strength and vigour.) *Enerver, afoiblir beaucoup, amollir les forces :* il se dit dans le propre & dans le figuré.
Enervated, *adject. Enervé, affoibli, qui a perdu sa force & sa vigueur.*
ENERVATING, } *sub. L'action d'éner-
ENERVATION, } ver* ou *d'affoiblir.*
To ENFEEBLE, *verb. act.* (or weaken.) *Affoiblir, rendre foible.*
Enfeebled, *adj. Affoibli.*
To ENFEOFF, *verb. act.* (or unite to the fee.) *Inféoder, unir, incorporer au fief.*
ENFEOFFMENT, *s.* (the act of uniting to the fee.) *Inféodation.*
To ENFETTER, *v. a. Enchaîner, mettre dans les fers.*
ENFILADE, *subst. Passage étroit, enfilade.*
To ENFILADE, *v. a. Enfiler.*
To ENFLAME, *&c. V.* to Inflame, *&c.*
To ENFORCE, *v. a.* (to force or oblige.) *Obliger, contraindre, presser.*
Reason cannot enforce me to believe any such thing. *La raison ne sauroit me faire croire rien de tel.*
Enforced, *adj. Obligé, contraint.*
ENFORCEMENT, *subst.* (or constraint.) *Contrainte.*
Lycurgus owed, in some degree, the enforcement or sanction of his laws to the works of *Homer. Ce fut en partie aux ouvrages d'Homère que Lycurgue fut redevable de la confirmation ou de l'établissement de ses loix.*
ENFORCING,

ENFORCING, *f. L'action d'obliger ou de contraindre.*

To ENFRANCHISE, *v. a.* (a law-word, to give one his liberty.) *Affranchir ou donner la liberté.*

To enfranchise, (or to aggregate one to a company.) *Agréger, recevoir quelqu'un dans un corps.*

To enfranchise, (or make a freeman.) *Passer bourgeois ou donner le droit de bourgeoisie.*

To enfranchise, (or to make a free denizen.) *Naturaliser, donner des lettres de naturalité dans le degré qui rend un homme free denizen.*

Enfranchifed, *adj. Affranchi, &c. V. le verbe.*

ENFRANCHISEMENT, *fubst. Affranchissement.*

To ENGAGE, *verb. act.* (or to pawn.) *Engager, mettre ou donner en gage.*

To engage , (or bind.) *Engager , obliger.*

To engage one's word. *Engager sa parole.*

This practice can hardly be touched upon, without engaging all nations in the reproach. *Il est difficile de blâmer cette manière d'agir, sans intéresser toutes les nations.*

To engage one's self (or embark) in a business. *S'engager, s'embarquer dans une affaire.*

To engage one's self to do a thing. *S'obliger de fair. une chose , entreprendre une chose.*

To engage a thing from one. *Obtenir quelque chose de quelqu'un , la lui faire promettre.*

To engage, (or fight with the enemy.) *Se battre avec l'ennemi, lui livrer le combat.*

To engage, *verb. neut.* (or pass one's word.) *Promettre, répondre d'une chose, s'engager, s'obliger, engager sa parole.*

I will engage he shall not or tha'n't do it. *Je vous promets, je vous répondrai qu'il ne le fera pas.*

To engage, (as armies do.) *Engager le combat, en venir aux mains ou aux prises, se battre.*

Engaged, *adj. Engagé, obligé, qui se bat, qui est aux prises, &c. Voyez le verbe.*

The two armies are engaged, (are fighting.) *Les deux armées se battent ou sont aux prises.*

ENGAGEMENT, *fubst.* (or obligation.) *Engagement, attachement, promesse, obligation, qui est cause qu'on n'est plus en liberté de faire ce qu'on veut.*

I am under such engagements that I cannot recede. *Je suis lié de telle sorte, que je ne saurois m'en dédire.*

Engagement, (or fight.) *Combat, mêlée, action sur terre ou sur mer.*

ENGAGING, *f. L'action d'engager, &c. V. to Engage.*

Engaging, *adj. Engageant.*

To ENGAOL, *verb. act. Emprisonner, renfermer.*

To ENGARRISON, *v. act. Mettre une garnison.*

To ENGENDER, *v. act.* (or beget between two different sexes.) *Engendrer, produire.*

R. The verb to Engender is only said of animals, reptiles, &c. and instead of it when we speak of men, we say, to beget or to get a child.

To Engender. *v. n.* (to be caused or produced,) *Être produit, engendré.*

Engendered, *adject. Engendré, produit, fait.*

ENGENDERING, *fubst. L'action d'engendrer ou de produire ; génération, production.*

ENGINE, *fubst.* (machine, instrument.) *Engin, machine, instrument.*

An engine to make sea-water fresh. *Une machine à dessaler l'eau de la mer.*

Engine, (to put out the fire with.) *Une pompe, pour éteindre le feu.*

An engine, (or device.) *Un artifice, une ruse.*

ENGINEER, *fubst.* (one that practises military Architecture.) *Ingénieur, Mathématicien qui exerce l'Architecture militaire.*

ENGINERY, *fubst. Artillerie, machines de guerre.*

To ENGIRD, *verb. act. Ceindre, entourer.*

ENGLE, *fub. Duperie, artifice, tromperie, illusion.*

ENGLISH, *fubst.* (the English Tongue.) *L'Anglois, la langue Angloise.*

To speak English. *Parler Anglois.*

English, *adj. Anglois.*

An English-man. *Un Anglois.*

An English-woman. *Une Angloise.*

English-cloth. *Drap d'Angleterre.*

English , (a printing-letter so called.) *Saint-Augustin, caractère d'Imprimerie.*

To ENGLUT, &c. V. to Glut, &c.

To ENGORGE, *v. act. Dévorer, manger avidement.*

To ENGRAFT, &c. V. to Ingraft, &c.

To ENGRAIL, *verb. act.* (to batter or bruise as with hail.) *Denteler.*

Engrailed, *adj. Dentelé, chiqueté.*

Engrailed, (in heraldry.) *Engrelé, terme de blason.*

To ENGRAIN, *v. act.* (to die in grain.) *Teindre d'une couleur solide.*

To ENGRAPPLE, *v. n. En venir aux mains, battre l'un contre l'autre.*

To ENGRAVE, *v. act. Graver.*

Engraved or Engraven, *adj. Gravé.*

ENGRAVER, *f. Un Graveur.*

The engraver of the mint. *Le tailleur de la monnoie.*

ENGRAVING, *fubst. L'action de graver, gravure.*

To ENGROSS, *v. act.* (or write fair and in great letters.) *Grossoyer, faire l'expédition en parchemin d'un acte, d'une obligation, &c. mettre au net.*

To engross (or forestall) a commodity. *Enlever une marchandise à dessein de la vendre seul , faire un monopole , accaparer.*

They engross all the trade to themselves. *Ils se rendent maîtres de tout le négoce, ils font venir tout le négoce entre leurs mains, ils ont tout le négoce.*

To engross all the talk to one's self. *Parler toujours, vouloir toujours parler, vouloir toujours tenir les dés dans la conversation.*

Engrossed, *adject. Grossoyé, dont on fait monopole, &c. V. to Engross.*

ENGROSSMENT, V. Engrossing.

ENGROSSER, *f. Celui qui grossoye, qui met au net ou en parchemin.*

An engrosser of a commodity. *Un monopoleur.*

ENGROSSING, *fub. L'action de mettre au net, &c. V. to Engross.*

To ENGUARD, *v. act. Protéger, défendre, garder.*

To ENHANCE, *v. a.* (or raise the price.) *Enchérir, hausser le prix.*

He enhanced all the learning to himself. *Il a enchéri sur tous les autres en savoir.*

Enhanced, *adj. Enchéri.*

ENHANCER, *f. Enchérisseur.*

ENHANCING, *fubst. Enchere ou l'action d'enchérir.*

ENHANCEMENT, *sub. Augmentation de prix, aggravation de mal.*

To ENHERIT, &c. V. to Inherit.

ENIGMA, *f.* (or riddle.) *Une énigme ; un discours obscur, inintelligible, une sentence qu'il faut deviner.*

ENIGMATICAL, *adj.* (or dark.) *Énigmatique, obscur, qu'on a de la peine à entendre, qui tient de l'énigme.*

ENIGMATICALLY, *adv. Énigmatiquement.*

ENIGMATIST, *f. Faiseur d'énigmes.*

To ENJOIN, *verb. act.* (to command.) *Enjoindre, commander, ordonner, prescrire.*

Enjoined, *adj. Enjoint, commandé, ordonné, prescrit.*

ENJOINING, *f. L'action d'enjoindre, &c. V. to Enjoin.*

To ENJOY, *v. act. Jouir, être en possession, avoir la jouissance, posséder.*

To enjoy the comforts of this life. *Jouir des plaisirs de la vie.*

To enjoy a woman. *Jouir d'une femme.*

To enjoy one's self. *Se divertir, se donner du bon temps, † vivre à gogo, † se donner au cœur joie.*

Enjoyed, *adj. Dont on jouit, &c.*

ENJOYING, *f. L'action de jouir, jouissance.*

ENJOYMENT, *f. Jouissance.*

He has no enjoyment of himself. *Il n'est pas à lui, il est dissipé.*

Enjoyment , (or pleasure.) *Plaisir , joie.*

To ENKINDLE, *v. act. Enflammer, embraser, exciter, allumer.*

To ENLARGE, *v. act. Amplifier, étendre, agrandir, augmenter.*

To enlarge a discourse. *Amplifier, étendre son discours.*

To enlarge one's dominions. *Étendre les bornes de son Empire, agrandir ses Etats.*

To enlarge a close prisoner, (to allow him some liberty.) *Donner quelque liberté à un prisonnier, lui donner quelque liberté qu'il n'avoit pas auparavant.*

Let us enlarge our minds. *Donnons quelque liberté à notre esprit, donnons-nous un peu carrière.*

To enlarge upon a subject, *verb. neut. S'étendre sur un sujet.*

To enlarge one's self, *v. récip. or rather to enlarge, v. n.* upon a subject. *S'étendre sur un sujet.*

Enlarged , *adj. Amplifié, étendu, agrandi, augmenté, &c. V. to Enlarge.*

ENLARGEMENT, *fubst. Accroissement, agrandissement , augmentation : ou bien, plus de liberté qu'on n'avoit auparavant, élargissement.*

ENLARGING, *fubst. L'action d'amplifier, &c. V. to Enlarge.*

To ENLIGHTEN, *verb. act. Éclairer, illuminer, dans le propre & dans le figuré.*

Enlightened, *adject. Éclairé, illuminé.*

ENLIGHTENER, *f. Celui qui éclaire ou qui illumine.*

ENLIGHTENING, *f. L'action d'éclairer ou d'illuminer, illumination.*

To

To ENLINK, verb. act. Enchaîner, attacher, lier.
To ENLIVEN, v. a. (to make brisk, gay, or to animate.) Animer.
Enlivened, adj. Animé.
To ENMESH, verb. act. Attraper dans un filet.
ENMITY, sub. (from enemy.) Inimitié, haine, brouillerie.
A great enmity. Une grande inimitié.
To ENNOBLE, verb. act. Anoblir, faire noble ou ennoblir, rendre plus illustre.
Ennobled, adj. Anobli, ennobli.
ENNOBLEMENT, s. Anoblissement.
ENODATION, subst. (or unknotting.) L'action d'ôter ou de couper les nœuds; solution d'une difficulté.
ENORMITY, ENORMOUSNESS, } sub. (or heinousness.) Enormité, atrocité, grandeur de faute ou de crime.
Enormity, (or high misdemeanour.) Faute, crime énorme ou atroce.
ENORMOUS, adj. (heinous.) Enorme, atroce, grand.
An enormous crime. Un crime énorme.
ENORMOUSLY, adv. Excessivement, étrangement.
ENOUGH, adv. Assez, suffisamment.
I have enough. J'ai assez de quoi ou on't. J'en ai assez.
This will be enough to live on. Ceci suffira pour vivre.
More than enough, or enough and to spare. De reste, surabondamment.
Sure enough. Assurément.
It is or 'tis true enough. Cela est bien vrai.
I know it well enough. Je le sai bien, je ne l'ignore pas.
P. Enough is as good as a feast. On est assez riche quand on a le nécessaire.
ENOW, pluriel d'Enough.
ENQUEST or INQUEST, s. (perquisition, search.) Enquête, enquête juridique, perquisition faite par des Jurés à la manière d'Angleterre.
Enquest, (or those of the enquest.) Les Commissaires députés pour faire enquête.
To ENQUIRE or INQUIRE, v. act. & neut. (to ask or demand.) S'enquérir, s'informer, demander.
To enquire OF one or ABOUT one. S'enquérir de quelqu'un, demander des nouvelles de quelqu'un, &c.
Enquire about it. Informez-vous-en.
To enquire AFTER one. Demander des nouvelles de quelqu'un.
To enquire for news. Demander des nouvelles.
To enquire or search into a thing. Examiner une chose, en faire la recherche.
Enquired of, about, for or after, adj. Dont on s'est enquis, &c. Voy. le verbe.
Enquired into. Examiné, que l'on a examiné, dont on a fait la recherche.
ENQUIRER or INQUIRER, s. Celui ou celle qui s'enquiert, &c.
ENQUIRING, subst. L'action de s'enquérir, &c.
To ENRAGE, v. act. (or make mad.) Faire enrager, transporter de fureur & de rage, irriter.
Enraged, adject. Qui est en une grande colère, qui a un sensible déplaisir, enragé, irrité.
To ENRANGE, To ENRANK, } v. a. Arranger, mettre en ordre.

To ENRAPT,
To ENRAPTURE, } verb. act. Ravir, transporter de joie.
To ENRAVISH, v. act. Ravir.
Enravished, adj. Ravi.
ENRAVISHING, adj. Ravissant.
ENRAVISHINGLY, adv. D'une manière ravissante.
ENRAVISHMENT, s. Ravissement.
To ENRICH, verb. act. Enrichir, rendre riche.
To enrich (or set out) a book with fine figures. Enrichir ou embellir un livre de belles figures.
To enrich (enlarge or amplify) a dictionary. Enrichir un dictionnaire, l'étendre, l'amplifier, l'augmenter.
Enriched, adject. Enrichi, &c. V. to Enrich.
ENRICHING, s. L'action d'enrichir, &c. V. le verbe.
ENRICHMENT, s. Enrichissement, augmentation de fortune.
To ENRIDGE, v. act. Canneler, sillonner.
To ENRING, v. act. Ceindre, entourer.
To ENRIPEN, v. act. Mûrir.
To ENROBE, v. act. Habiller, orner, parer.
To ENROL (or to record or register.) Enregistrer ou enregistrer, registrer, mettre sur le registre, mettre en rôle.
To enrol one's self a soldier. S'enrôler, prendre parti.
Enrolled, adj. Enregistré ou enregistré, registré, mis sur le registre.
ENROLLER, subst. (he that enrols.) Enrôleur.
ENROLLING, subst. L'action d'enregistrer ou de mettre sur le registre, &c. V. le verbe.
ENROLMENT, subst. Enregistrement ou enregistrement.
To ENROOT, v. act. (to fix by the root.) Enraciner.
ENS, subst. Un être ou l'existence.
* ENSAMPLE, s. (model or pattern.) Exemple, patron, modele.
ENSANGUINED, adj. Ensanglanté.
To ENSCHEDULE, v. act. Enregistrer, inventorier.
To ENSCONCE, v. act. Défendre, couvrir d'une fortification.
To ENSEAM, v. act. Coudre ensemble.
To ENSEAR, v. act. Arrêter le sang par le moyen d'un fer chaud.
To ENSHIELD, v. act. Couvrir, défendre, protéger.
To ENSHRINE, v. act. Enfermer comme une chose sacrée; enchâsser.
ENSIFEROUS, adj. Qui porte une épée.
ENSIFORM, adj. Qui a la forme d'une épée.
ENSIGN, s. (an Officer of a foot company.) Enseigne, l'officier qui porte le drapeau.
Ensign, (or colours.) L'enseigne ou le drapeau d'une compagnie d'infanterie.
Remarquez que les Anglois s'en servent rarement dans ce dernier sens; colours étant le mot d'usage.
Ensign, (upon sea.) Enseigne ou pavillon de poupe.
Ensign, (or mark.) Marque.
ENSIGNBEARER, subst. Enseigne, porte-drapeau.
To ENSLAVE, v. act. (or make a slave of.) Rendre esclave, priver de la liberté.
Enslaved, adj. Rendu esclave.
ENSLAVER, s. Celui qui rend esclave.

ENSLAVING, subst. L'action de rendre esclave.
ENSLAVEMENT, s. Esclavage.
To ENSNARE, &c. V. to Insnare, &c.
To ENSTALL, &c. V. to Install, &c.
To ENSUE, verb. neut. (to follow.) S'ensuivre.
ENSUING, adj. (from to ensue.) Suivant, qui suit.
In the times ensuing. Dans la suite du temps.
ENSURANCE, subst. (the sum paid for security.) Assurance, terme de commerce.
ENSURANCER, s. (one who undertakes to exempt from hasard.) Assureur.
To ENSURE, v. act. (to secure or make certain.) Assurer.
ENTABLATURE,
ENTABLEMENT, } s. Entablement, terme d'architecture.
ENTAIL, s. (a fee-tail or a fee entailled.) Substitution.
To cut off the entail. Annuller, casser la substitution.
To ENTAIL, v. act. (an estate.) Substituer un bien, faire une substitution.
To entail, (to cut or grave.) Tailler, graver, buriner.
Entailled, adject. Substitué, &c. V. to Entail.
ENTAILER, s. Celui qui a substitué son bien.
ENTAILING, s. L'action de substituer.
To ENTAME, v. act. Apprivoiser, subjuguer, dompter.
To ENTANGLE, v. act. Embrouiller, mêler, entortiller, embarrasser; dans le propre & dans le figuré.
To entangle a skain of thread. Embrouiller, mêler un écheveau de fil.
To entangle one's self in a business. S'embrouiller, s'embarrasser dans une affaire.
Entangled, adj. Embrouillé, mêlé, entortillé, embarrassé.
ENTANGLEMENT, s. Embarras, confusion.
ENTANGLER, subst. Celui ou celle qui embrouille, qui entortille, qui embarrasse, &c.
ENTANGLING, s. L'action de brouiller, &c. V. to Entangle.
ENTER: c'est une proposition inséparable dans la Langue Angloise, c'est-à-dire qui n'est en usage qu'en certains composés, comme enterprise, to entertain.
To ENTER, v. neut. & act. (to go into.) Entrer, aller dedans.
To enter upon action. Entrer en action.
To enter an action, (in law.) Intenter une action.
To enter a room. Entrer dans une chambre.
To enter a gulf. Entrer dans un golfe.
To enter upon an estate. Prendre possession d'un bien, entrer dans un bien.
To enter into a league. Entrer dans une ligue, s'engager dans une ligue.
To enter, v. act. (to write down in a register-book, to record.) Coucher sur le registre, enregistrer.
To enter a scholar in the University. Immatriculer un écolier, recevoir ou admettre un écolier dans l'Université.
To enter (or list) one's self a soldier. S'enrôler.
To enter an action against one. Intenter une action contre quelqu'un, lui faire un procès.
To enter one in learning. Donner à quelqu'un

qu'un les principes des sciences, l'initier dans les sciences.

As they were entering upon the dividend, Quand il fut question de partage.

It never entered into my mind. Cela ne m'est jamais venu dans l'esprit, je n'y ai jamais pensé ou fait réflexion.

To enter into orders. Prendre les ordres.

To enter into bond. Passer une obligation, faire une obligation à quelqu'un.

To enter goods at the custom house. Passer des marchandises à la douane, les déclarer à la douane & en payer les droits.

To enter the lists. Se mettre sur les rangs.

To enter one's appearance. Prendre acte de sa comparution.

To enter upon a design. Entreprendre, commencer une affaire.

ENTERABLE, adj. Ex. Goods enterable at the custom-house, (that is, unprohibited goods.) Marchandises qui ne sont pas de contrebande.

ENTERED, adj. (from to enter.) Entré, où l'on a entré; ou qui est entré; couché par écrit, enrégistré; immatriculé, admis; intimé, &c. V. to Enter.

ENTERING, subst. Entrée, l'action d'entrer, &c. V. to Enter.

ENTERING-ROPES, subst. comp. Tireveilles de l'échelle hors le bord.

Entering-port. Porte d'entrée des vaisseaux à trois ponts, percée au niveau du second pont.

To ENTERLACE, v. a. (or put amongst.) Entrelacer, mêler l'un dans l'autre, entrelarder.

Entrelaced, adject. Entrelacé, entremêlé, &c.

ENTERLACING, subst. L'action d'entrelacer, &c.

ENTEROCELE, s. Sorte de hernie.

ENTEROLOGY, subst. Traité des intestins.

To ENTERPLEAD, v. act. (to try who is the right heir.) Terme de droit, qui se dit de deux prétendants à un héritage, qui tâchent chacun de son côté de faire valoir leurs preuves en justice.

ENTERPLEADER, subst. Compétiteur d'un héritage.

ENTERPLEADING, subst. (a law-term.) Interlocutoire.

ENTERPRISE, subst. (design or attempt.) Entreprise, dessein, projet.

To ENTERPRISE, v. act. (to undertake.) Entreprendre, commencer.

Enterprised, adject. Entrepris.

ENTERPRISER, s. Entrepreneur, entrepreneuse.

ENTERPRISING, subst. L'action d'entreprendre, entreprise.

Enterprising, adj. Entreprenant.

To ENTERR, or rather, to Inter, v. a. (to lay in the ground, to bury.) Enterrer, mettre en terre, inhumer, ensevelir.

Enterred, adject. Enterré, inhumé, enseveli.

To ENTERTAIN, v. act. (to lodge.) Recevoir, recevoir chez soi.

* To entertain (or keep) good servants. Tenir ou avoir de bons domestiques.

* From this moment I entertain (or hire) you. Dès ce moment je te retiens ou je te prends à mon service.

To entertain (receive or believe) a principle, an opinion, &c. Recevoir, admettre ou croire un principe, une opinion, &c.

To entertain, (to accept of, to receive.) Recevoir, accepter, agréer.

To entertain (or have) ill thoughts or an ill opinion of one. Avoir ou concevoir une mauvaise opinion de quelqu'un.

He was not apt to entertain any suspicion of his friends. Il n'étoit point sujet à prendre des soupçons de ses amis.

If you still entertain those hard sentiments or hard thoughts. Si vous êtes encore dans la dureté de ces sentiments.

They entertained the time with toying. Ils passoient ou ils tuoient le temps en badinant.

It is or 'tis below you to entertain contest with him. Il est au-dessous de vous de contester, de vous commettre ou d'avoir rien à démêler avec lui.

To entertain, (to please, to amuse, to divert) Plaire, amuser, divertir.

Entertained, adj. Reçu, traité, régalé, &c. V. to Entertain.

ENTERTAINER, s. Celui qui tient quelqu'un à son service ou qui donne à manger.

ENTERTAINING, subst. L'action de recevoir, &c. V. to Entertain.

Entertaining, adj. (pleasant.) Agréable.

ENTERTAININGLY, adv. Agréablement.

ENTERTAINMENT, subst. (welcome, treament.) Réception, accueil, traitement.

There we met with very good entertainment. On nous y fit un grand accueil, nous y fûmes fort bien reçus.

His writing is only the entertainment of his pleasure. Il n'écrit que pour son plaisir, ou que pour se divertir.

The studies of nature met with little entertainment. L'étude de la nature ne fut guer bien reçue.

He gave me entertainment. Il me reçut chez lui, il me donna le couvert.

Entertainment, (treat, feast.) Rigal, repas, festin.

He gave us a noble entertainment. Il nous donna un magnifique régal ou repas; il nous régala magnifiquement.

A house of entertainment. Un cabaret, une guinguette.

ENTERTISSUED, adj. Entrelacé, tissu, broché, entremêlé.

To ENTHRONE, v. act. (to set upon the throne.) Mettre sur le trône.

Enthroned, adj. Mis sur le trône.

ENTHRONING, s. Intronisation.

ENTHUSIASM, s. (pretended inspiration, or fanaticism.) Enthousiasme, inspiration.

ENTHUSIAST, s. (one that pretends to be inspired.) Enthousiaste, fanatique qui prétend être inspiré.

ENTHUSIASTICAL, } adj. Fanatique,
ENTHUSIASTICK, } d'enthousiasme ou d'enthousiaste.

ENTHUSIASTICALLY, adv. En enthousiaste.

ENTHYMEME, s. (a term in logick, an imperfect syllogism.) Enthymème, syllogisme imparfait.

To ENTICE, v. act. (to allure or set on.) Inciter, solliciter, porter, pousser, attirer ou gagner adroitement.

To entice AWAY. Débaucher, soustraire.

Enticed, adj. Incité, sollicité, porté, poussé, attiré ou gagné adroitement.

Enticed AWAY. Débauché, &c.

ENTICEMENT, s. (or instigation.) Instigation, incitation, suggestion, sollicitation, motif, aiguillon.

Enticement, (or allurement.) Attraits, charmes, appas.

ENTICER, subst. Instigateur, celui qui incite, qui sollicite, qui gagne quelqu'un adroitement.

ENTICING, s. L'action d'inciter, de solliciter, &c. V. to Entice.

ENTICINGLY, adv. D'une manière séduisante.

ENTIRE, adj. (whole, undivided.) Entier.

ENTIRELY, adv. Entièrement.

ENTIRENESS, s. Plénitude.

To ENTITLE, v. act. (or give a title.) Intituler, donner un titre.

To entitle a book. Intituler un livre.

To entitle, (to give a title or claim.) Mettre en droit de prétendre.

Your valour entitles you to the admiration of mankind. Votre valeur vous rend digne de l'admiration de tout le monde.

Entitled, adject. Intitulé, qui porte un titre, &c.

The book is thus entitled. Le livre porte ce titre.

ENTITLING, subst. L'action d'intituler, &c. V. the verb.

ENTITY, s. (a philosophical term, a real being.) Entité, être.

To ENTOIL, v. act. Attraper dans un filet, attirer dans un piège, embarrasser.

To ENTOMB, v. act. (or bury.) Enterrer, mettre au tombeau.

ENTOYRE, adj. (a term in heraldry.) Entouré.

ENTRAILS, subst. Entrailles, boyaux & autres parties intérieures du corps.

ENTRANCE, s. (from to enter, an entry.) Entrée.

He made a solemn entrance. Il fit une entrée solemnelle.

At the entrance into the port. A l'entrée du port.

Entrance-money. L'entrée, ce que l'on paye d'entrée à un maître de qui l'on veut apprendre quelque chose.

Entrance upon a new life. Changement de vie.

Entrance or beginning. Commencement, naissance.

At the entrance of Christianity. Au commencement ou à la naissance du Christianisme.

Entrance, (a sea-word.) Avant, coltis.

This ship has a fine entrance. Ce vaisseau a un bel avant ou un beau coltis.

To ENTRANCE, v. act. Ravir en extase.

To ENTRAP, v. act. (to entangle.) Attraper, enlacer.

Entrapped, adj. Attrapé, enlacé.

To ENTREAT, v. act. (to be earnest or sollicit.) Prier, supplier.

To entreat, v. neut. (or discourse of a thing.) Traiter, discourir, parler d'une chose.

Entreated, adj. Prié, supplié.

Not to be entreated. Inexorable, dont on ne peut rien obtenir.

ENTREATING, s. L'action de prier ou de supplier.

There is no entreating of him. Il est inexorable, on ne peut rien obtenir de lui.

A little entreating made him stay. Il ne se fit pas beaucoup prier ou presser pour demeurer.

ENTREATY, s. Prière, requête, demande, supplication.

Good natures are rather won by entreaty

treaty than roughness. *Un bon naturel est plutôt gagné par la douceur que par la rigueur.*

ENTREATANCE. *V.* Entreaty.

ENTREMETS, *s.* (little dishes.) *Entremets.*

To ENTRENCH, &c. *V.* to intrench, &c.

ENTRY, *s.* (of a house.) *Entrée, vestibule d'une maison.*

He went along the entry. *Il passa tout le long de l'entrée.*

Entry, (or entrance.) *Entrée, l'action d'entrer.*

He made his entry in great pomp and splendor. *Il fit son entrée avec beaucoup de pompe & de splendeur.*

An entry upon an estate. *Possession que l'on prend d'un bien de terre.*

The entry of the Mass. *L'introit de la Messe.*

Entry, (in a book of accounts or register.) *Enregistrement, article couché sur un livre de comptes ou sur un registre.*

To ENTWINE, *v. act.* (or wind about.) *Entortiller.*

To ENUBILATE, *v. act.* (or clear from clouds.) *Eclaircir, dissiper les nuages.*

ENUBILOUS. *adj.* Sans nuage.

To ENUCLEATE, *v. act.* (or make plain.) *Expliquer, éclaircir, développer, donner du jour.*

Enucleated, *adj.* Expliqué, éclairci, développé, net, clair, évident.

To ENVELOP, *v. act.* (or cover.) *Envelopper, couvrir.*

Enveloped, *adj.* Enveloppé, couvert.

ENVELOPE, *s.* (a wrapper, an outward case.) *Enveloppe.*

To ENVENOM, *verb. act.* (or poison.) *Envenimer, communiquer son poison, empoisonner, dans le propre & dans le figuré.*

Envenomed, *adj.* Envenimé, empoisonné.

ENVIABLE, *adj.* Digne d'envie.

ENVIER, *subst.* Un envieux.

ENVIOUS, *adv.* (from envy.) *Envieux, qui porte envie à quelqu'un, fâché du bonheur d'autrui, jaloux.*

An envious man. *Un envieux.*
An envious woman. *Une envieuse.*

ENVIOUSLY, *adv.* Par envie, avec jalousie.

ENVIOUSNESS, *s.* Envie, jalousie, humeur envieuse ou jalouse.

To ENVIRON, *v. act.* (surround or compass about.) *Environner, entourer.*

Environed, *adj.* Environné, entouré.

ENVIRONS, *subst.* (or adjacent places.) *Environs.*

To ENUMERATE, *v. act.* (or reckon up.) *Compter, faire l'énumération, le dénombrement ou le détail, raconter en détail.*

ENUMERATING, *sub.* Enumération.
ENUMERATION, *dénombrement, détail, l'action de compter ou de faire le dénombrement, l'énumération ou le détail.*

To ENUNCIATE, *v. act.* Enoncer, déclarer.

ENUNCIATION, *s.* Enonciation, déclaration.

ENVOICE. *V.* Envoyce.

ENVOY, *sub.* (a foreign Minister of an inferior degree to an Ambassador.) *Un Envoyé.*

The envoy or conclusion of a ballad or sonnet. *Envoi, terme de poésie.*

ENVOYCE, *sub.* (a term used among merchants.) *Facture, terme de marchand.*

ENVY, *subst.* (jealousy or sorrow for anothers prosperity.) *Envie, jalousie,* le dépit ou le chagrin que l'on a de la prospérité d'autrui.

His merit has brought envy upon him. *Son mérite lui a attiré l'envie, ou lui a fait des envieux.*

To ENVY, *v. act.* Envier, porter envie, être envieux.

To envy one's happiness. *Envier le bonheur de quelqu'un.*

I neither envy his wit nor his fortune. *Je n'envie ni son esprit, ni sa fortune.*

Envied, *adject.* Envié, à qui l'on porte envie.

P. Better be envied than pitied. *P. Il vaut mieux faire envie que pitié.*

ENVYING, *subst.* L'action d'envier ou de porter envie.

To ENWHEEL, *v. act.* Entourer, environner.

To ENWOMB, *v. act.* Rendre fertile, enfouir, cacher.

EOLIPILE, *subst.* *Eolipyle, boule de cuivre, de fer, &c. qui a une petite ouverture, & qui étant remplie d'eau & approchée du feu, fait du vent jusqu'à ce que l'eau soit entièrement évaporée.*

EPACT, *s.* (the eleven days which the common solar year hath above the common lunar year.) *Epact, les onze jours que l'année solaire commune a par-dessus l'année lunaire commune.*

EPAULETTE, *subst.* (a shoulder knot.) *Epaulette.*

EPAULEMENT, *s.* *Epaulement, terme de fortification.*

EPHA, *s.* (a kind of measure amongst the ancient Jews, containing about a bushel.) *Epha, mesure parmi les anciens Juifs, laquelle contenoit environ un boisseau.*

EPHEMERAL, } *adj.* Ephémère, qui
EPHEMERICK, } *ne dure qu'un jour.*

EPHEMERIS, *s.* Journal, éphémérides.

EPHEMERIST, *subst.* Un faiseur d'almanachs ou un journaliste.

EPHOD, *subst.* (a garment used by the Jewish Priests.) *Ephod, sorte d'habillement parmi les Prêtres Juifs.*

EPICENE, *adj.* the epicene gender, (a gender which contains both sexes under one.) *Genre épicene, qui sous une terminaison comprend le mâle & la femelle.*

EPICK, *adject.* (or heroick.) *Epique, héroïque.*

An epick poem or poet. *Un poëme ou Poëte épique.*

EPICKS, *s.* (epick poetry.) *Poésie ou poëme épique.*

EPICURE, *s.* (a sensual man, one that gives himself wholly up to pleasure.) *Un épicurien, un homme voluptueux, adonné aux plaisirs des sens, un débauché.*

EPICUREAN, *s.* (one that followed the sect of the philosopher *Epicurus*.) *Un épicurien ou un disciple d'Epicure.*

EPICURISM, *subst.* (the doctrine of *Epicurus*.) *Epicurisme, la doctrine d'Epicure.*

Epicurism, (or an epicure's life.) *Epicurisme, la vie d'un épicurien ou d'une personne abandonnée aux plaisirs.*

To EPICURIZE, *verb. act.* Vivre en épicurien.

EPICYCLE, *s.* (a term of mathematicks.) *Epicycle, terme de mathématiques.*

EPIDEMICAL, } *adj.* (popular.) *Epi-*
EPIDEMICK, } *démique ou populaire.*

An epidemical disease. *Une maladie épidémique.*

EPIDERMIS, *subst.* (the scarf-skin.) *L'épiderme.*

EPIGLOTTIS, *subst.* (the cover or flap of the weasand-pipe.) *Epiglotte, cartilage qui ferme le conduit qui va aux poumons.*

EPIGRAM, *s.* (a short and witty poem.) *Epigramme, sorte de petit poëme qui finit ordinairement par une pointe ingénieuse.*

EPIGRAMMATICAL, } *adj.* D'épigram-
EPIGRAMMATICK, } *me.*

EPIGRAMMATIST, *subst.* (a maker of epigrams.) *Epigrammatiste ou faiseur d'épigrammes.*

EPIGRAPHE, *sub.* *Epigraphe, sorte d'inscription.*

EPILEPSY, *subst.* (the falling-sickness.) *Epilepsie, le haut mal, le mal caduc, le mal de S. Jean.*

EPILEPTICK, *adj.* Epileptique, qui est d'épilepsie.

EPILOGUE, *s.* (or conclusion.) *Epilogue, conclusion de quelque livre ou de quelque ouvrage entier.*

EPIPHANY, *s.* (or twelfth-day.) *L'Epiphanie, le jour ou la fête des Rois.*

EPIPHONEMA, *s.* *Epiphonème, figure de Rhétorique.*

EPISCOPACY, *s.* Episcopat.

EPISCOPAL, *adject.* (of or belonging to a Bishop.) *Episcopal, d'Evêque.*

An episcopal habit. *Habit d'Evêque, habit épiscopal.*

The episcopal court. *La cour de l'Evêque, l'Officialité.*

EPISCOPALIANS, *sub.* Les Episcopaux, ceux qui tiennent pour les Evêques.

EPISODE, *sub.* (a term of poetry.) *Un épisode, terme de poésie, chose étrangère au sujet du poëme, que l'on y joint pour l'embellir.*

EPISODICAL, } *adj.* Episodique.
EPISODICK, }

EPISTLE, *s.* (or letter.) *Epître ou lettre.*

The epistles of the Apostles. *Les Epîtres des Apôtres.*

An epistle dedicatory. *Une Epître dédicatoire.*

EPISTLER, *s.* (he that reads the epistles in a Church; a scribler of letters.) *Celui qui lit une Epître dans une Eglise cathédrale ou collégiale, celui qui aime à écrire des lettres.*

EPISTOLAR, } *adj.* Epistolaire, d'E-
EPISTOLARY, } *pître, de lettre, qui convient à des Epîtres ou à des lettres.*

EPISTROPHE, *s.* Epistrophe.

EPITAPH, *s.* (an inscription set upon a tomb.) *Une épitaphe.*

EPITHALAMIUM, *subst.* (or wedding song.) *Epithalame, chant nuptial.*

EPITHEM, *s.* (a liquid medicine, applied to an outward part of the body, to cool and comfort the inward.) *Epithème, médicament liquide, que l'on applique à quelque partie extérieure du corps, afin de rafraîchir & de soulager une partie interne.*

EPITHET, *s.* Une épithete.
A fine epithet. *Une belle épithete.*

EPITOME, *subst.* (or abridgment.) *Epitome, abrégé, raccourci.*

Florus has made an epitome of the Roman history. *Florus a fait un épitome de l'histoire Romaine.*

To

To EPITOMISE, v. act. (or abridge.) Abréger, raccourcir, faire un épitome ou un abrégé ; mettre en petit.

Epitomised, adj. (or abridged.) Abrégé, raccourci, dont on fait un épitome ou abrégé ; mis en petit.

EPITOMISING, f. L'action d'abréger, de raccourcir, de réduire en abrégé, &c.

EPOCH,
EPOCHA, } subst. (or date of years.) Epoque, ère, certain point fixe & remarquable dont les Chronologistes se servent pour compter les années.

EPODE, f. Une épode.

EPOPEE, f. Epopée, poëme héroïque.

EPULARY, adj. Qui appartient à un banquet ou un festin, jovial, joyeux.

EPULATION, subst. Banquet, festin, repas.

EPULOTICK, adj. Epulotique ; il se dit des médicamens topiques propres à cicatriser les plaies & les ulceres.

EQUABILITY, sub. Egalité, uniformité.

EQUABLE, adj. Egal, uniforme.

EQUABLY, adv. Egalement.

EQUAL, adj. (or like.) Egal, pareil, semblable, ressemblant.

They are not equal. Ils ne sont pas égaux.

Pompey is equal to Cæsar. Pompée est égal à César.

Equal, (or just.) Juste, équitable, raisonnable.

To be equal to one. Faire ou rendre justice à quelqu'un.

EQUAL, f. Egal, semblable, pareil.

He has not his equal. Il n'a pas son égal ou son semblable ou son pareil.

To EQUAL, v. act. (or make equal.) Egaler, rendre ou faire égal.

To equal, (or to answer.) Egaler, répondre.

His strength equaled his courage. Ses forces répondoient à son courage.

To EQUALISE, verb. act. (to equal, Egaler, rendre ou faire égal, partager également.

Equalised, adj. Egalé.

EQUALISING,
EQUALLING, } subst. L'action d'égaler, &c. V. le verbe.

EQUALITY, f. (or likeness.) Egalité, uniformité, parfaite ressemblance.

EQUALLY, adv. Egalement, avec égalité, pareillement, uniformément, autant que.

Ex. He prizes it equally with the other. Il l'estime autant que l'autre.

EQUANGULAR, adj. Equiangle, terme de Géométrie.

EQUANIMITY, f. (or serenity of mind.) Egalité d'ame, sérénité ou tranquillité d'esprit.

EQUANIMOUS, adj. Qui a un caractere égal, qui ne se laisse pas abatre par les revers.

EQUATION, f. (a term used, in Algebra.) Equation, terme d'Algebre.

EQUATOR, f. Equateur.

EQUATORIAL, adj. Qui appartient à l'Equateur.

EQUERRY, f. (or master of the horse.) Ecuyer.

EQUESTRIAN, adj. Equestre.

An equestrian figure, (a figure on horseback.) Une figure équestre.

The equestrian order, amongst the Romans. L'ordre des Chevaliers parmi les Romains.

EQUIDISTANT, adj. (of an equal distance.) Egalement éloigné, qui est à même distance.

EQUIFORMITY, f. Uniformité, égalité.

EQUILATERAL, adj. (whose sides are all equal.) Equilatéral, qui a tous les côtés égaux.

An equilateral triangle. Un triangle équilatéral.

To EQUILIBRATE, v. act. Mettre en équilibre.

EQUILIBRIOUS, adj. Qui est en équilibre ; dans le propre & dans le figuré.

EQUILIBRIUM, subst. (or equality of weight.) Equilibre, ou égalité de poids.

EQUINECESSARY ; adj. Egalement nécessaire.

EQUINOCTIAL, adj. Equinoxial.

The equinoctial line. La ligne équinoxiale.

EQUINOX, f. (when day and night are of even length.) Equinoxe, égalité du jour & de la nuit.

EQUINUMERANT, adj. Qui a le même nombre.

To EQUIP, v. act. (or to furnish.) Equiper, munir de tout ce qui est nécessaire.

To equip one with money. Fournir de l'argent à quelqu'un.

To equip a ship. Armer un vaisseau.

EQUIPAGE, sub. (or furniture.) Equipage.

To be in a good or bad equipage. Être en bon ou mauvais équipage.

Tea-equipage. Cabaret, table à prendre du thé avec tout son attirail.

EQUIPMENT,
EQUIPPING, } f. (the fitting out of a fleet.) Equipement, armement d'une flotte.

EQUIPOISE, f. (or equal weight.) Poids égal, équilibre.

To EQUIPOISE, v. act. Mettre en équilibre, contrebalancer.

EQUIPOLLENCE, f. Equipollence, égalité de valeur.

EQUIPOLLENT, adj. Equipollent, équivalent, qui vaut autant.

EQUIPONDERANT,
EQUIPONDIOUS, } adj. (of equal weight.) De même poids.

To EQUIPONDERATE, v. a. Être d'un poids égal.

EQUIPPED, adject. (from to equip.) Equipé.

EQUIPPING, f. L'action d'équiper.

EQUITABLE, adj. (or just.) Equitable, juste, raisonnable ; il se dit des choses & des personnes.

To pass an equitable judgment upon a thing. Porter un jugement équitable sur une chose, en juger équitablement.

EQUITABLENESS, f. Equité, justice.

EQUITABLY, adv. Equitablement, avec équité, justement.

EQUITY, f. Equité, justice, droit.

To do things according to equity. Faire les choses équitablement ou avec équité.

The court of equity, (or the court of chancery.) La cour d'équité ou la cour de chancellerie, qui juge non selon la loi écrite, mais selon l'équité, ou qui adoucit ou augmente la rigueur de la loi écrite.

In equity of construction. A la rigueur.

EQUIVALENCE,
EQUIVALENCY, } f. (or equal value.) L'équivalent, l'équipollent.

EQUIVALENT, adject. (of an equal worth.) Equivalent, équipollent, qui vaut autant.

An equivalent distinction. Une distinction virtuelle.

Equivalent, subst. L'équivalent, l'équipollent.

To give an equivalent. Donner un équivalent ou l'équipollent, donner autant ou à peu près autant.

EQUIVOCAL, adj. (ambiguous or of a double meaning.) Equivoque, ambigu, qui a un double sens.

EQUIVOCALLY, adv. Par équivoque, ambigument.

To EQUIVOCATE, verb. neut. (to use equivocations.) Equivoquer, user d'équivoque, faire des équivoques, parler à double entente.

EQUIVOCATION,
EQUIVOCALNESS, } f. Une équivoque, une ambiguité de paroles, un double sens, une double entente.

EQUIVOCATOR, f. Celui qui parle avec équivoques.

ERA, f. Ere, terme de Chronologie.

ERADIATION, sub. Irradiation, éclat, rayonnement.

To ERADICATE, v. act. (to root up.) Déraciner, extirper, anéantir.

To eradicate a disease. Déraciner une maladie.

To eradicate a vice. Extirper un vice.

Eradicated, adject. Extirpé, déraciné, anéanti.

ERADICATING, f. L'action d'extirper, de déraciner, &c.

ERADICATION, f. Extirpation.

ERADICATIVE, adj. Qui guérit radicalement.

To ERASE, v. act. (to blot out.) Raturer, effacer.

Erased, adj. part. Raturé, effacé.

Erased, (in heraldry.) Rasé.

ERASEMENT,
ERASING, } sub. Rature, effaçure, action de raturer.

Erasement. Destruction, dévastation.

ERE, adv. (hitherto.) Avant que, plutôt que.

Ere I could go. Avant que je pusse aller.

Ere I should do it. Plutôt que de faire cela.

Ere-long, ere it be long. Dans peu, bientôt.

Ere-now. Auparavant.

Ere-while. Il y a quelque-temps ou depuis peu.

ERECT, adj. Droit, dressé, levé, qui se tient debout, qui ne se couche point.

To ERECT, v. act. (or set up.) Eriger, dresser, lever, élever.

To erect a statue to or for one. Eriger, dresser une statue à quelqu'un.

To erect, (or to build.) Elever, bâtir, construire.

Erected, adj. Erigé, dressé, levé, &c. V. to Erect.

ERECTER, f. Celui qui érige.

ERECTING, subst. L'action d'ériger, &c. V. to Erect.

ERECTOR, sub. Erecteur, terme d'anatomie.

ERECTION, f. (or standing upright.) L'action de dresser quelque chose ou de la mettre droite ; érection, terme didactique.

Erection, (or building.) Edifice, structure.

FREMITE. V. Hermit.

ERINGO, f. (or sea holly, a plant.) Panicaut, sorte d'herbe.

ERMINE, f. (a sort of beast.) Hermine, sorte d'animal.

Ermine,

Ermine, (a fur.) *Hermine ou peau d'hermine.*

Ermine, (in heraldry, sometimes signifies white spotted with black, and sometimes black spotted with white.) *Dans le blason, l'hermine signifie tantôt du blanc moucheté de noir, tantôt du noir moucheté de blanc.*

Lined with ermine. *Fourré d'hermine.*

To ERODE, v. act. *Ronger.*

EROGATION, f. *L'action de donner, présent.*

EROSION, subst. *Erosion,* terme didactique.

To ERR, v. neut. (or mistake.) *Errer, se tromper, être dans l'erreur, se méprendre, s'égarer, s'abuser, équivoquer.*

ERRAND, f. (or message.) *Message.*

To go on or upon (to do) an errand. *Faire un message.*

To sent one on an errand. *Envoyer quelqu'un faire un message.*

A sleeveless (or a fool's) errand. *Un message impertinent.*

To go on a sleeveless errand. *S'en revenir sans rien faire.*

† I will do your errand to your master. *Je me plaindrai de vous à votre maître.*

ERRANT, adj. (or wandering.) *Errant, vagabond, qui va çà & là, qui va de tous côtés.*

A knight-errant. *Un chevalier errant.*

Errant justices. *Juges ambulans.*

Errant, for errant. V. *Arrant.*

ERRANTRY, f. *L'état d'un vagabond.*

ERRATA, f. (the faults of the Printers in a book.) *Errata d'un livre, les fautes d'impression.*

ERRATICK, adj. (or wandering.) *Errant, vagabond.*

ERRED, prétérit & participe du verbe to Err.

A thing erred in. *Une chose en quoi l'on erre, où l'on se trompe.*

ERRHINE, adj. *Qui fait éternuer.*

ERRING, subst. *L'action d'errer,* &c. V. to Err.

ERRONEOUS, adj. (or false.) *Errond, faux, qui tient de l'erreur, trompeur.*

An erroneous opinion. *Une opinion erronée.*

ERRONEOUSLY, adv. *D'une maniere erronée, en se trompant.*

ERROUR, f. (mistake.) *Erreur, méprise, bévue, égarement.*

To lie under a great errour. *Être dans une grande erreur, se tromper grossièrement.*

To fall in an errour. *Tomber dans quelque surprise.*

Errour in an indictment. *Nullité dans une accusation ou une information.*

* ERST.
* ERST-WHILE, } adj. (or heretofote.) *Anciennement, autrefois, jadis.*

ERUBESCENCE, f. *Rougeur, l'action de rougir.*

To ERUCT. V. to Belch.

ERUDITION, f. (or learning.) *Erudition, savoir, doctrine, science, littérature.*

Places of erudition. *Universités, écoles, académies.*

ERUGINOUS, adj. *Qui tient de la nature du cuivre.*

ERUPTION, f. (a violent breaking out.) *Saillie, impétuosité, effort qu'on fait pour sortir.*

ERUPTIVE, adj. *Qui fait une éruption.*

ERYSYPELAS, f. *Erysipèle.*

ESCALADE, f. *Escalade.*

ESCALOP, f. *Sorte de testacée.*

ESCAPE, f. *Fuite.*

To make an escape or one's escape. *S'évader, s'enfuir, se dérober, s'échapper, se retirer, se sauver.*

An escape, (or fault.) *Faute qu'on fait par mégarde, méprise, bévue.*

He committed a great escape. *Il a fait une grande faute.*

To make an escape, (or to let a fart.) *Lâcher ou faire un pet.*

To ESCAPE, verb. neut. (or make one's escape.) *S'échapper, se dérober, se retirer, s'évader, se sauver, s'enfuir, † gagner au pied.*

You shall not escape. *Vous n'en échaperez pas.*

If he can escape. *S'il peut se sauver.*

To escape, v. a. (or avoid) a mischief. *Echapper, éviter quelque mal, se débarrasser, se dégager, se sauver, sortir de quelque péril.*

To escape one's sight. *Se dérober à la vue de quelqu'un, s'échaper à sa vue.*

The faults that have escaped the press. *Les fautes qui se sont glissées dans l'impression ou qui ont échappé à l'Imprimeur.*

Escaped, adj. *Qui s'est sauvé, qui s'est évadé,* &c.

He is escaped. *Il s'est sauvé.*

ESCARGATOIRE, f. *Lieu où l'on nourrit des escargots.*

ESCHALOT, f. *Echalote.*

ESCHAR, subst. (or crust of a sore.) *Escarre, croûte que la nature fait sur quelque plaie ou sur quelque ulcere.*

ESCHAROTICK, adj. *Caustique.*

ESCHEAT, f. (any lands or other profits that casually fall to a lord within his mannor, by way of forfeiture, or by the death of his tenant, leaving no heir.) *Aubaine, biens dévolus au Seigneur du fief par droit de confiscation ou par la mort de son vassal sans laisser aucun héritier.*

ESCHEATED, adj. (escheated goods, an escheat.) *Aubaine.*

ESCHEATOR, f. *Officier qui rapporte à la trésorerie les biens qui sont échus au Gouvernement par droit d'aubaine, de confiscation ou autrement.* V. Escheat.

To ESCHEW, v. act. (or avoid.) *Eviter, fuir.*

Eschewed evil and do good. *Fuis le mal, fais le bien.*

Eschewed, adj. *Evité, fui.*

ESCHEWING, f. *L'action d'éviter ou de fuir.*

To ESCORT, v. act. *Escorter.*

ESCORT, f. *Escorte.*

ESCOT, f. *Impôt, écot.*

To ESCOT, v. act. *Payer l'écot.*

ESCRITOIR, f. *Ecritoire.*

ESCOUT, f. *Espion.*

ESCUAGE, f. (a kind of knight's service, called service of the shield; the tenant holding thereby was bound to follow his Lord into the *Scottish* or *Welsh* wars, at his own charge, &c.) *Sorte de service qui oblige le vassal de suivre le Seigneur du fief à la guerre à ses frais & dépens.*

ESCULENT, f. (food.) *Aliment.*

Esculent, adject. (eatable.) *Bon à manger.*

ESCUTCHEON. V. Scutcheon.

The banishment of *Ovid* was a blot in the Emperor *Augustus's* escutcheon. *L'exil d'Ovide fut une tache à la réputation de l'Empereur Auguste.*

Escutcheon. *Ecusson, cartouche au milieu de la poupe, où est écrit le nom du vaisseau.*

ESNECY, f. (a law-term, the privilege of the eldest co-partner to chuse first.) *La prérogative qu'à l'aîné des copartageants, de choisir le premier quand le partage se fait.*

ESPALIER, f. *Espalier.*

ESPECIAL, adj. *Spécial, singulier, particulier.*

ESPECIALLY, adv. *Spécialement, singulièrement, particulièrement, sur-tout.*

ESPIAL. V. Spy.

ESPIED. V. the verb.

ESPLANADE, sub. *Esplanade,* terme de fortification.

ESPLEES, subst. (a law-term, which signifies the full profits that the ground yields.) *Le revenu ou le rapport d'une terre.*

ESPOUSALS, f. *Epousailles.*

To ESPOUSE, v. act. *Epouser.*

To espouse one. *Se marier avec quelqu'un, l'épouser.*

To espouse a man's cause or quarrel. *Epouser le parti de quelqu'un, prendre ses intérêts.*

Espoused, adj. *Epousé.*

ESPOUSING, f. *L'action d'épouser.*

To ESPY, v. act. (to perceive.) *Découvrir, appercevoir, voir.*

To espy, (to observe.) *Epier, observer, considérer.*

Espyed adj. *Découvert, apperçu,* &c. V. to Espy.

ESPYING, f. *L'action de découvrir,* &c. V. to Espy.

ESQUIRE, f. (a title of dignity next to and below a knight.) *Ecuyer, titre de noblesse.*

ESSAY. V. Assay.

To ESSAY, v. act. *Essayer.*

Essay, sub. (or trial.) *Essai ou épreuve, essai ou coup d'essai.*

ESSENCE, f. (the substance or being of any thing.) *L'essence, l'être ou la nature d'une chose.*

Essence, (or spirit chimically extracted.) *Essence, esprit, tiré de certaines substances.*

Essence of orange flowers. *Essence de fleurs d'orange.*

To ESSENCE, v. act. *Parfumer.*

ESSENTIAL, adject. (belonging to the essence.) *Essentiel, qui est de l'essence.*

An essential property. *Une propriété essentielle.*

The essential part of a thing. *L'essentiel d'une chose.*

Essential, f. *L'essentiel.*

The essential of Religion. *L'essentiel de la Religion.*

ESSENTIALITY, f. *Essence, nature.*

ESSENTIALLY, adv. *Essentiellement.*

ESSOIN, f. (a law-term, that is, an excuse or discharge for absence upon a lawful case alledged.) *Exoine, excuse légitime pour l'absence d'une personne ajournée en Justice.*

To ESSOIN, v. act. (to excuse the person.) *Excuser une personne qui ne comparoît pas en Justice.*

Essoined, adj. *Excusé.* V. Essoin.

To ESTABLISH, v. act. (or settle.) *Etablir, affermir, confirmer, rendre ferme & solide.*

Tq

To establish, (to make, to appoint, to set.) *Établir, instituer.*
Established, *adj.* (or settled.) *Établi, affermi, confirmé, stable, ferme.*
Established, (or decreed.) *Arrêté, réglé, résolu.*
ESTABLISHER, *s. Celui qui établit, qui confirme, qui affermit.*
ESTABLISHING, *subst. Établissement ou l'action d'établir,* &c. *V* to Establish.
ESTABLISHMENT, *s.* (or establishing.) *Établissement, affermissement.*
Establishment, (a settlement concerning a Prince's troops, or the account of them.) *État, établissement.*
To ESTAL, *v. act.* (a law-term, to seize.) *Saisir, faire une saisie juridique.*
Estalled *adj. Saisi.*
ESTALMENT, *s. Saisie.*
ESTATE, *s.* (or condition.) *État, condition.*
Estate, (or means.) *Bien, biens fonds.*
Estate, (degree or rank.) *État, rang & ordre politiques;* entre les sujets du Royaume.
To be in a low estate, (or condition.) *Être dans un pauvre état.*
A real and personal estate. *Biens meubles & immeubles.*
The three Estates of a Kingdom. *Les trois Etats d'un Royaume.*
To have a great estate. *Avoir de grands biens, être riche en biens-fonds.*
An estate left one. *Un héritage.*
Man's estate. *L'âge viril.*
ESTEEM, *s.* (value or respect one has for a man or his merit,* &c.*) *Estime, cas, état, qu'on fait d'une personne ou de son mérite.*
I have a great esteem for his brother. *J'ai beaucoup d'estime pour son frère, ou je l'ai bien en estime.*
To be in a great esteem. *Être en grande estime, être fort estimé.*
He gained there much honour and esteem. *Il y acquit beaucoup de gloire & d'estime.*
A man of no esteem. *Un homme qui n'est point estimé, qui n'a point de réputation.*
To raise a man's esteem of a thing. *Donner une bonne opinion à quelqu'un de quelque chose.*
To ESTEEM, *v. act.* (or value.) *Estimer, honorer, avoir de l'estime pour quelqu'un, en faire cas.*
I esteem honour above life. *J'estime plus l'honneur que la vie.*
To esteem, (or to think.) *Estimer, croire, penser, juger, se persuader, présumer.*
Esteemed, *adject.* (or valued.) *Estimé, honoré.*
Esteemed, (or accounted.) *Qui passe, qui est cru ou réputé.*
ESTEEMER, *subst. Estimateur, juge qui taxe le prix, qui règle la valeur des choses.*
ESTIMABLE, *adj.* (worthy of esteem.) *Estimable.*
ESTIMATE, *subst.* (value, esteem.) *Estime, valeur.*
Estimate, (or estimation.) *Estimation, prisée.*
To make or take an estimation of a thing by its effects. *Juger du prix ou de la valeur d'une chose par ses effets.*
To ESTIMATE, *verb. act.* (or value.) *Estimer, faire l'estimation d'une chose, la priser, y mettre le prix, l'apprécier, l'évaluer.*

Estimated, *adject. Estimé, prisé, dont on a fait l'estimation, évalué, prisé, apprécié.*
ESTIMATION, *subst.* (a valuing or appraising.) *Estimation, prisée, appréciation.*
Estimation, (a sea-term.) *Estime,* terme de navigation.
ESTIMATIVE, *adject. Qui a le pouvoir d'estimer, de juger par comparaison.*
ESTIMATOR, *s. Priseur.*
ESTIVAL, *adject.* (belonging to the summer.) *D'été, qui est d'été.*
ESTOPEL, *sub.* (a law-word.) *Empêchement, opposition, exception.*
ESTOVER, *subst.* (a law - word, that signifies nourishment or maintenance.) *Provision alimentaire, entretien, nourriture d'un criminel & de sa famille.*
To ESTRANGE, *v. act. Aliéner, empêcher, détourner, éloigner.*
To estrange (or alienate) one from another. *Indisposer quelqu'un pour un autre, éloigner quelqu'un d'un autre, lui faire perdre l'affection qu'il avoit pour lui, le changer à son égard.*
To estrange one from an agreement. *Empêcher quelqu'un d'en venir à un accommodement, l'en détourner.*
Estranged, *adject. Aliéné, empêché, détourné, éloigné.*
ESTRANGEMENT, *subst. Indisposition, aliénation, éloignement.*
ESTRANGERS, *subst.* (a law-word, sometimes taken for those that are not privies or parties to the levying of a fine or making of a deed; sometimes for those that are born beyond sea.) *Ce mot en termes de Palais signifie, ceux qui n'ont point eu de part à quelque chose ou qui sont étrangers ou aubains.*
ESTREAT, *sub.* (the true copy or duplicate of an original writing.) *Double, copie ou extrait d'un écrit.*
ESTREPEMENT, *sub.* (a law word, signifying the spoil or waste made by the tenant for life upon any lands or woods, to the prejudice of the reversioner.) *Dégât, ruine.*
ESTUARY, *s. Un bras de mer, embouchure d'une rivière qui se jette dans la mer & où la marée monte.*
ESTUATION, } *s. Bouillonnement, agitation, commotion.*
ESTURE, }
To ESTUATE, *verb. neut. Bouillonner, jaillir.*
ESURINE, *adj. Rongeant, corrosif, caustique.*
ETC. *or* &c. Contraction des mots Latins, & cætera.
To ETCH, *verb. act.* (or to grave with aqua forts.) *Graver à l'eau-forte.*
Etched, *adj. Gravé à l'eau-forte.*
ETCHING, *s. Gravure à l'eau-forte.*
ETERNAL, *adj.* (or everlasting.) *Éternel, perpétuel, infini en durée.*
An eternal happiness. *Un bonheur éternel.*
ETERNALIST, *sub. Celui qui soutient que le monde a toujours existé.*
ETERNALLY, *adv.* (without end.) *Éternellement, toujours, perpétuellement, à jamais, à perpétuité.*
ETERNITY, *s. Éternité, durée éternelle, perpétuité.*
God is from all eternity. *Dieu est de toute éternité.*
I am fooled to eternity. *On se moque éternellement ou toujours de moi.*
To ETERNIZE, *verb. act.* (or make eter-

nal.) *Éterniser, immortaliser, perpétuer.*
To eternize one's memory. *Éterniser sa mémoire.*
Eternized, *adj. Éternisé, immortalisé, perpétué.*
ETHER, *subst. Éther,* terme de Physique.
ETHEREAL, *adj. Éthéré, de la substance de l'éther.*
ETHEREOUS, *adj. Éthéré, céleste.*
ETHICAL, } *adj. Moral.*
ETHICK, }
ETHICKS, *s.* (or morals.) *La Morale, partie de la Philosophie qui traite des vertus, des vices,* &c.
ETHNICK, *adj.* (or heathen.) *Païen.*
ETYMOLOGICAL, *adj. Étymologique.*
To ETYMOLOGISE, *verb. n.* (to give an account of the derivation of words.) *Trouver l'étymologie ou l'origine des mots, dériver un mot de son origine.*
ETYMOLOGIST, *subst.* (one that is skilled in etymologies.) *Étymologiste, qui entend bien l'étymologie des mots.*
ETYMOLOGY, *subst.* (the true origin of a word.) *Étymologie, l'origine d'un mot.*
EVACUANT, *sub. Évacuatif, évacuant,* terme de Médecine.
To EVACUATE, *v. act.* (to empty or void.) *Évacuer, vider, désemplir.*
To evacuate (or purge) the humours. *Évacuer les humeurs, purger les humeurs.*
To evacuate a place. *Évacuer ou vider une place, sortir d'une place, la quitter, en déloger.*
Evacuated, *adject. Évacué, vidé, désempli.*
EVACUATION, *s. Évacuation.*
A great evacuation of humours. *Une grande évacuation d'humeurs.*
To EVADE, *verb. neut.* (or run away.) *S'évader, s'enfuir, se sauver, se retirer, s'échapper, se dérober.*
To EVADE, *v. act.* (or elude) an argument. *Éviter ou éluder un argument.*
Evaded, *adj. Évadé, enfui.*
EVADING, *subst. L'action de s'évader,* &c. *V.* to Evade.
EVAGATION, *subst. Divagation, l'action d'errer.*
EVANESCENT, *adj. Qui s'évanouit, imperceptible.*
EVANGELICAL, *adj.* (of or belonging to the gospel.) *Évangélique.*
An evangelical truth. *Une vérité évangélique.*
EVANGELIST, *subst. Évangéliste.*
The four Evangelists. *Les quatre Évangélistes.*
To EVANGELIZE, *v. act. Évangéliser.*
EVANID, *adj. Foible, défaillant, languissant.*
To EVAPORATE, *verb. neut.* (or steam out.) *S'évaporer, aller en vapeurs, s'exhaler.*
A liquor that evaporates. *Liqueur qui s'évapore.*
To EVAPORATE, *verb. act. Faire évaporer.*
Evaporated, *adj. Évaporé, exhalé.*
EVAPORATION, *sub. Évaporation, exhalaison.*
EVASION, *subst.* (from to evade, an escape.) *Évasion, fuite secrète.*
Evasion, (or shift.) *Fuite, défaite, subterfuge, prétexte, échappatoire.*
EVASIVE, *adj. Qui élude.*
EUCHARIST,

EUCHARIST, *subst.* (the blessed sacrament of the Lord's supper.) *L'Eucharistie, le sacrement de l'Eucharistie.*

EUCHARISTICAL, *adject. Eucharistique.*

EUCRASY, *subst. Eucrasie,* terme didactique.

EVE, *s.* (the day before a holy-day.) *Vigile ou veille, le jour qui précede quelque fête.*
Christmas-eve. *Vigile de Noel.*

EVEN, *adj.* (like or equal.) *Egal, pareil, uni, semblable.*
An even weight. *Un poids égal.*
These two are even. *Ces deux sont égaux.*
An even number. *Un nombre pair.*
P. Even reckonings make long friends.
P. *Les bons comptes font les bons amis.*
Even, (level or smooth.) *Uni, plain, égal, applani, ras.*
Now we are even, now we are upon even accounts, now the accounts are even betwixt us. *Nous voilà quittes.*
To be upon even terms. *Avoir les mêmes avantages, n'avoir aucun avantage l'un sur l'autre.*
To come off upon even terms or to part even hands. *S'accorder sur des conditions raisonnables de part & d'autre, se tirer d'affaire d'une maniere équitable pour les deux parties :* ou bien, en parlant de deux armées, *se retirer avec un pareil avantage, avoir un succès égal de part & d'autre.*
An even temper. *Une égalité d'ame, sérénité ou tranquillité d'esprit.*
To bear a thing with an even mind. *Supporter patiemment une chose, la souffrir avec égalité d'ame.*
His discourse is not altogether even, (or of an equal strength.) *Son discours n'est pas égal ou n'est pas également juste par tout, il se dément, il ne se soutient pas.*
To be even with one. *Rendre la pareille à quelqu'un, se venger de quelqu'un.*
To make even with one's creditors. *Payer ses dettes, acquitter ses dettes, satisfaire ses créanciers, se liberer.*
To make even at the year's end. *S'acquitter au bout de l'année ou nouer les deux bouts.*
Even with the ground. *A fleur de terre, terre-à-terre.*
To lay a house even with the ground. *Raser une maison, la démolir, la détruire entièrement, l'abattre jusqu'au fondement ou de fond en comble.*
To make a horse go an even gallop. *Unir un cheval, le faire galoper juste.*
Even, *subst. Pair.*
To play at even or odd. *Jouer à pair ou non.*
Even, (or evening.) *Le soir.*
At even. *Sur le soir.*
Even-song. *Prieres qu'on chante aux Vêpres.*
Even or e'en, *adv. Même, mêmes.*
It were a shame even to speak of it. *Ce seroit même une chose honteuse que d'en parler.*
Even AS. *Comme.*
Even as it. *Comme si.*
Even ON, (straight on.) *Tout droit.*
Even DOWN, (straight down.) *Tout droit en bas.*
Even SO. *De même.*
Is it even so? *Est-ce ainsi tout de bon?*

Even NOW or e'en now. *Tout à l'heure.*
V. E'en.

To **EVEN**, *verb. act.* (to make even or level.) *Egaler, unir, applanir.*
To even (or balance) accounts. *Régler des comptes, égaler les mises & la recette, ajuster ou solder des comptes.*
To even (or to lay even) with the ground. *Raser rez pied rez genou ; détruire, ruiner, abattre jusqu'aux fondemens.*
Evened, *adj. Egalé, uni, applani,* &c.
V. to Even.

EVENING, *subst. Le soir, la soirée.*
To walk in the evening. *Se promener sur le soir.*
P. The evening crowns the day. P. *La fin couronne l'œuvre.*
The evening-star. *L'étoile du soir.*
Evening-tide. *La soirée.*
Evening-work. *Travail de la soirée.*
Morning and evening-prayers. *Les prieres du matin & du soir.*

EVENLY, *adverb.* (from even.) *Egalement, uniformément, uniment, pareillement.*

EVENNESS, *subst.* (or likeness.) *Egalité, uniformité.*
Evenness, (or smoothness.) *Le poliment ; une surface unie, polie, égale.*
Evenness of temper. *Egalité, sérénité, tranquillité d'esprit, constance, fermeté.*

EVENT, *subst.* (or accident.) *Evénement, incident.*
Event, (or success.) *Evénement, issue, fin, succès, réussite.*
She carefully kept measures, at all events, with the court. *Elle se ménageoit soigneusement, à toutes fins, avec la Cour.*

To **EVENTERATE**, *verb. act. Eventrer.*

EVENTFUL, *adj. Rempli d'événemens.*

To **EVENTILATE**, *v. act.* (to sift out.) *Ventiler, discuter, examiner soigneusement.*

EVENTUAL, *adj.* (accidental.) *Accidentel, qui peut arriver, éventuel.*

EVENTUALLY, *adv.* (at all events.) *A tout événement, quoi qu'il arrive.*

EVER, *adv. Toujours, jamais, à jamais.*
It will ever be so. *Il sera toujours le même.*
If ever I chance to speak to him. *Si jamais je trouve l'occasion de lui parler.*
As much as ever. *Autant que jamais.*
For ever, for ever and ever, (or eternally.) *A jamais, éternellement, à perpétuité.*
Cette particule se met quelquefois au lieu de Any, comme :
* Ex. Is there ever a room to let? *Y a-t-il quelque chambre à louer?*
R. Ever est quelquefois une particule explétive qu'on n'exprime point en François.
Ex. As soon as ever I can. *Aussi-tôt que je pourrai.*
Of ever blessed memory. *D'heureuse mémoire.*
This was ever before. *Ceci a été de tout temps.*
Ever since, ever after. *Depuis, depuis lors, depuis ce temps-là.*
Ever and anon. *De temps en temps, souvent, de fois à autre, à tout propos, à tout bout de champ.*
* Or ever, (before.) *Avant que.*
Or ever the earth was. *Avant que la terre fût.*

EVER-GREEN, *adj. Ex.* An ever-green tree. *Un arbre toujours vert.*

An evergreen, *s.* (a tree always green.) *Un arbre toujours vert.*

EVERLASTING, *adj. Eternel, perpétuel, qui dure éternellement.*
The everlasting life or death. *La vie ou la mort éternelle.*

EVERLASTINGLY, *adv. Eternellement, à perpétuité.*

EVERLASTINGNESS, *s. Eternité, perpétuité.*

EVERLIVING, *adject.* (immortal.) *Immortel.*

EVERMORE, *adv. Eternellement, sans fin.*

EVERSION, *s.* (or over-turning.) *Renversement.*

To **EVERT**,
To **EVERSE**, } *v. act. Renverser, détruire, subvertir.*

EVERY, *adv. Chaque, tout.*
It is free for every citizen to to do. *Chaque Citoyen est en droit de le faire.*
Every thing by itself. *Chaque chose à part.*
Every man is apt to fail. *Tout homme est sujet à faillir.*
Every way, on every side. *De tous côtés.*
Every day. *Tous les jours.*
Every thing that may be an hinderance. *Tout ce qui peut servir d'obstacle.*
Every one, every body. *Chacun, tout le monde.*
Every one ought to contribute towards it. *Chacun doit y contribuer.*
Prov. Every man for himself and God for us all. *Chacun pour soi & Dieu pour tous.*
Every other day. *De deux jours l'un.*
He drank every drop. *Il a tout bu, il a bu jusqu'à la derniere goutte.*
Every whit, every bit, every thing. *Tout, tout-à-fait, entièrement.*
That is every whit as good. *Cela est tout aussi bon.*
Every where. *Par-tout.*
I cannot be every where. *Je ne puis pas être par-tout.*
His folly is known every where. *Sa folie est connue de tout le monde.*

To **EVESTIGATE**, *V.* to investigate.

To **EVICT**, *v. act.* (to prove against.) *Prouver une chose contre quelqu'un, l'en convaincre.*
To evict, (a law word.) *Evincer.*
Evicted, *adj. Evincé.*
He will hold his estate till he is evicted out of it by law. *Il conservera son bien jusqu'à ce qu'il en soit évincé.*

EVICTION, *s. Preuve, conviction ; éviction,* terme de Palais.

EVIDENCE, *s.* (clearness, the being evident.) *Evidence.*
The evidence of a fact. *L'évidence d'un fait.*
Evidence, (mark, proof or deposition.) *Marque, preuve, indice, témoignage, déposition.*
To give singular evidences of one's gratitude. *Donner d'éclatans témoignages de sa reconnoissance.*
There are strong evidences against you. *Il y a de fortes preuves contre vous.*
A true or false evidence. *Un temoignage vrai ou faux.*
To give in false evidence. *Rendre un faux témoignage.*
There was likewise a paper given in evidence. *On produisit aussi un papier pour servir de preuve.*

Evidence,

Evidence, (or witness in Court.) Un témoin.
He is my best evidence. C'est le meilleur témoin que j'aie.
Evidences, (or deeds.) Papiers, actes, instruments.
To EVIDENCE, v. act. (or to prove.) Prouver, faire voir, démontrer.
Evidenced, adj. Prouvé, démontré.
EVIDENT, adj. (clear or plain.) Evident, clair, visible, manifeste, incontestable.
EVIDENTLY, adv. (clearly or plainly.) Evidemment, clairement, manifestement, visiblement, incontestablement, nettement.
To EVIGILATE, v. n. Veiller, s'appliquer beaucoup à l'étude.
EVIL, adj. (or bad.) Mauvais, méchant.
P. Evil communication corrupts good manners. P. Les mauvaises compagnies corrompent les bonnes mœurs.
Evil, subst. Mal, méchanceté.
What evil have I done? Quel mal ai-je fait?
It is or 'tis a great evil. C'est un grand mal.
The evil or the King's evil, (a disease so called.) Les écrouelles.
Drowsy-evil. V. Drowsy.
Evil, adv. Mal.
P. Evil got, evil spent. P. Ce qui vient par la flûte, s'en retourne par le tambour.
* EVILLY, adv. Mal.
* He was evilly treated. Il fut maltraité.
EVILNESS, f. (badness.) Méchanceté.
To EVINCE, v. act. (to prove.) Convaincre, prouver, faire voir.
To evince, (to convict, and recover by law.) Evincer, recouvrer en Justice une chose qu'un autre avoit acheté ou reçue d'un mauvais garant.
Evinced, adj. Convaincu, prouvé, évincé. V. to Evince.
EVINCIBLE, adj. Qui peut être démontré.
EVINCIBLY, adv. Démonstrativement, incontestablement.
To EVISCERATE, v. act. (to unbowel or draw out the bowels.) Eventrer, ôter, arracher les entrailles.
EVITABLE, adj. Qui peut être évité.
EULOGY. V. Elogy.
EUNUCH, f. (one that is gelt.) Un eunuque, un homme châtré.
To EUNUCHATE, v. act. (or castrate.) Châtrer, faire eunuque.
EVOCATION, subst. (or conjuring up) of spirits. Evocation d'esprits, de spectres, &c.
To EVOKE, v. act. Evoquer.
EVOLUTION, f. (a military term, signifying part of the exercise.) Evolution, mouvement qu'on fait faire à un régiment pour le mettre en bataille, &c.
To EVOLVE, v. act. Développer, ouvrir, dérouler.
EUPHONY, f. (an agreeable sound.) Euphonie ou agréable douceur qui naît de la rencontre de certaines syllabes.
EUPHRASY, f. (an herb.) Euphraise.
EUROCLYDON, f. Vent de Nord-Est très-dangereux dans la Méditerranée.
EUROPEAN, adj. Européen.
EUTHANASY, subst. Mort douce & tranquille.
EVULSION, subst. (or pulling.) L'action d'arracher.
EWE, f. se prononce yau, (a female sheep.) Brebis.
A ewe-lamb. Une jeune brebis.

To EWE, or rather to lamb. v. neut. (to bring forth lambs.) Agneler.
EWER, f. Aiguière, pot à l'eau.
A silver ewer. Une Aiguière d'argent.
EWRY, f. (the place where the King's plate is kept.) Le lieu où l'on garde la vaisselle du Roi.
To EXACERBATE, v. act. Irriter, exaspérer, remplir d'amertume.
EXACERBATION, f. Augmentation de mal.
EXACT, adj. (strict or punctual.) Exact, ponctuel.
Exact, (or accurate.) Exact, juste, régulier, proportionné.
An exact allegory. Une allégorie juste, qui se soutient bien.
To EXACT, v. act. (or demand.) Exiger, demander, requérir.
Why should you exact such things. Pourquoi exigez-vous de telles choses?
To exact upon one or to exact in the price. Demander trop, surfaire ses marchandises.
Exacted, adj. Exigé, demandé.
Moral comparisons are not to be exacted to a mathematical strictness. On ne doit pas demander une précision mathématique dans les comparaisons morales.
Exacted upon. A qui l'on demande trop, à qui l'on surfait une denrée.
EXACTER, f. Exacteur, celui qui exige, qui extorque.
EXACTING, subst. Exaction, action d'exiger, &c.
Exacting, adj. Qui exige, qui surfait, &c.
EXACTION, f. (a taking of an unlawful fee.) Exaction, extorsion.
To exercise exaction upon the people. Fouler le peuple.
EXACTLY, adv. Exactement, avec soin, avec exactitude, soigneusement, avec application, juste.
To write exactly. Ecrire exactement, écrire juste.
I found him exactly where I had posted him. Je le trouvai exactement dans l'endroit où je l'avois posté.
EXACTNESS, f. Exactitude, soin, application, justesse.
To EXAGGERATE, v. act. (or amplify.) Exagérer, agrandir, amplifier, accroître, grossir.
Exaggerated, adj. (or amplified.) Exagéré, agrandi, &c.
EXAGGERATION, f. (or amplifying.) Exagération.
To EXAGITATE, v. act. (or to vex.) Harceler, inquiéter, tourmenter, agiter.
To EXALT, v. act. (or lift up.) Elever, hausser, exhausser.
To exalt one, (to praise or extol him.) Exalter quelqu'un, le louer, le prôner, l'élever jusqu'aux nues.
To exalt a mineral, (in chymistry, to refine it, and increase its strength.) Exalter un minéral, en élever ou redoubler la vertu.
EXALTATION, f. (or lifting up.) Exaltation, exhaussement, élévation.
The exaltation of the Cross. L'exaltation de la Croix.
The exaltation of a planet. L'exaltation d'une planète.
EXALTED, adj. Exhaussé, haussé, élevé, exalté.
Exalted, (sublime or excellent.) Excellent, sublime, haut, grand, illustre.
EXALTING, f. Exaltation ou l'action d'exalter, &c. V. to Exalt.

EXAMEN, } f. Examen, recherche, perquisition, discussion.
EXAMINATION, }
A strict examination. Un examen rigoureux.
Examination of conscience. Examen de conscience.
To EXAMINE, v. act. (or to ask questions.) Examiner, interroger.
To examine, (or to weigh.) Examiner, considérer, peser attentivement, éplucher.
To examine a scholar. Examiner un écolier.
To examine the witnesses. Examiner les témoins.
To examine a business. Examiner une affaire, l'éplucher.
Examined, adj. Examiné, pesé, considéré, épluché.
He was strictly examined. Il a été bien examiné, il a subi un examen rigoureux.
EXAMINER, f. Examinateur.
† Who made you an examiner? (speaking to an inquisite impertinent fellow.) Suis-je obligé de vous le dire, ou de vous en rendre compte?
EXAMINING, subst. L'action d'examiner, &c. V. to Examine; examen, recherche, &c.
An examining of witnesses. Examen de témoins.
EXAMPLARY, adj. Exemplaire, qui sert d'exemple.
EXAMPLE, subst. (a pattern or model.) Exemple, exemplaire, modèle, patron, règle.
To set (or give) a good or bad example. Donner un bon ou un mauvais exemple, servir d'exemple ou de modèle.
Take example by him. Prenez exemple sur lui, réglez ou formez-vous sur lui; imitez-le.
Their virtues ought to be proposed to our example. Nous devons prendre leurs vertus pour modèle, nous devons tâcher d'imiter leurs vertus.
Example, (instance to prove any thing.) Exemple, preuve, raisonnement par lequel on prouve un fait particulier, par un autre qui lui est semblable.
As for example. Par exemple.
Example, (or exemplary punishment.) Un exemple, une punition exemplaire, un châtiment public.
To make one a publick example. Faire un exemple de quelqu'un, le punir exemplairement.
EXAMPLED, adj. Dont on a exemple, comparé.
EXANGUIOUS, adj. (or bloodless.) Qui n'a point de sang, défait, pâle, blême.
EXANIMATE, adject. (or exanimous.) Mort, sans vie, abattu.
To EXANIMATE, v. a. (to discourage.) Epouvanter, troubler, consterner, effrayer, décourager.
Exanimated, adject. Tué, qui a perdu la vie, mort, ou épouvanté, découragé, consterné, troublé, effrayé.
EXANIMATION, f. Privation de la vie ou du sentiment.
To EXANTLATE, v. act. Epuiser.
EXARCH, subst. (a sort of Magistrate.) Exarque, sorte de Magistrat.
EXARCHATE, } f. Exarcat ou exarchat,
EXARCHY, } la charge d'un Exarque.
EXARTICULATION, f. Dislocation.

To

EXA EXC

To EXASPERATE, v. act. (to provoke.) Aigrir, irriter, provoquer, fâcher, ulcérer, envenimer.

He has exasperated him. Il l'a irrité, il l'a aigri, il lui a ulceré l'esprit.

Exasperated, adj. Aigri, irrité, fâché, provoqué, ulcéré.

EXASPERATING, f. L'action d'aigrir. V. to Exasperate.

EXASPERATION, subst. Aigreur, provocation.

To EXAUCTORATE, v. act. Dépouiller d'un bénéfice, renvoyer.

EXAUCTORATION, f. Privation d'un bénéfice ou d'une place.

EXCANDESCENCE, f. Chaleur, colère, l'action de se chauffer.

EXCANTATION, f. Désenchantement.

To EXCARNATE, verb. act. Enlever la chair.

To EXCAVATE, v. act. Creuser.

EXCAVATION, f. (or making hollow.) Action de creuser, excavation.

To EXCECATE, v. act. (to blind.) Aveugler, rendre aveugle.

Excecated, adj. Aveuglé.

EXCECATION, subst. (or blindness.) Aveuglement.

To EXCEED, v. act. (to go beyond.) Excéder, passer, surpasser, aller au-delà.

I will not exceed that sum. Je ne veux point excéder ou passer cette somme.

Tully has exceeded all the Orators of his time. Cicéron a surpassé tous les Orateurs de son temps.

Our liberality must not exceed our ability. Notre libéralité doit être proportionnée à nos revenus.

Exceeded, adj. Passé, surpassé.

EXCEEDING, adj. (or excessive.) Excessif, qui va à l'excès, où il y a de l'excès, trop grand, énorme.

EXCEEDING, } adv. (or too much.)
EXCEEDINGLY, }

Excessivement, extrêmement, avec excès, trop.

Exceeding or exceedingly, (extremely.) Très-fort, parfaitement.

I am exceedingly tired. Je suis fort fatigué.

He writes exceedingly well. Il écrit fort bien, il écrit parfaitement bien.

To be exceedingly desirous of praise. Être avide de gloire ou de louanges.

So exceedingly proud he is. Tant il est.

To EXCEL, v. act. (to outdo.) Exceller, surpasser.

He excels every body. Il surpasse tout le monde, il excelle par-dessus tous les autres.

To excel, v. n. Exceller, être éminent, être singulier en quelque chose.

He excels in every thing. Il excelle en toutes choses.

EXCELLENCE, } subst. Excellence,
EXCELLENCY, }

grandeur, avantage singulier, prééminence.

Excellency, (a title given to Embassadors.) Excellence, titre affecté aux Ambassadeurs.

In a degree of excellency. Par excellence.

EXCELLENT, adj. Excellent, qui excelle, admirable, fort beau, fort bon, rare, exquis, éminent, singulier, distingué, accompli.

Excellent fruit or wine. Du fruit ou du vin excellent.

An excellent speech. Une très-belle harangue, une harangue admirable.

EXCELLENTLY, adv. Excellemment, éminemment, d'une manière rare & extraordinaire.

It is or 'tis excellently well done. Cela est parfaitement bien fait.

EXCENTRICAL, } adj. (that moves in
EXCENTRICK, } a different centre.) Excentrique, qui a un autre centre.

The sun runs its course in an excentrick circle. Le soleil fait son cours dans un cercle excentrique.

EXCEPT, prép. (or saving.) Excepté, hormis, à la réserve de, à quelqu'un ou à quelque chose près.

Every one has done his part, except you alone. Chacun s'est acquitté de sa charge, excepté vous seul.

Except, conj. (or unless.) A moins, à moins que.

To EXCEPT, v. act. (or to exclude.) Excepter, exclure, ôter du nombre.

I except nobody. Je n'excepte personne.

To except against the witnesses. Récuser les témoins.

To except against a jurisdiction. Décliner une juridiction.

This he excepts against. Voici ce qu'il allègue contre cela, voici l'objection qu'il y fait.

Excepted, adject. Excepté, exclus ou d'un certain nombre.

Excepted against. Récusé, à quoi l'on trouve à redire, contre quoi l'on fait quelque objection.

Such a one excepted. A l'exception d'un tel, à un tel près.

EXCEPTION, f. (deviation from a rule, an irregularity.) Exception, ce qui n'est pas conforme à la règle.

In exception to the general rule. Contre la règle générale.

Exception against a witness. Reproche, blâme objecté pour rendre nulle une déposition de témoins.

An exception, (in a contract.) Exception, limitation, restriction, clause dans un contrat.

An exception, (in law.) Exception ou fin de non-recevoir, en termes de Droit.

To bring in an exception, in law. Alléguer quelque exception ou ses fins de non-recevoir, former une opposition, faire son opposition en Justice.

To make an exception against a thing. Trouver à redire à quelque chose, y former une objection.

There was great exception taken TO the latter definition. On se récria fort contre cette dernière définition.

To take exception AT a thing. Se fâcher, se choquer, s'offenser de quelque chose.

EXCEPTIONABLE, adj. (which may be excepted against.) A quoi l'on peut trouver à redire, contre quoi l'on peut faire des objections ou des reproches. V. y. Exception.

EXCEPTIOUS, adj. Qui se choque, qui s'offense de la moindre chose, délicat.

EXCEPTIVE, adject. Que l'on peut récuser.

EXCEPTLESS, adj. Sans exception.

EXCEPTOR, subst. Celui qui contredit, qui fait des objections.

To EXCERN, v. act. Couler, passer.

To EXCERP, v. act. (or pick out.) Prendre, tirer, cueillir, choisir, extraire.

To excerp fine notions out of a book. Cueillir, choisir, tirer de belles pensées d'un livre.

EXCERPTION, f. Recueil, choix.

EXCESS, f. Excès, ce qui est superflu dans quelque chose que ce soit.

An excess of love or goodness. Excès d'amour ou de bonté.

To run out into excess. Aller à l'excès.

He rather sins in excess than defect. Il pèche plutôt par excès que par défaut.

Excess, (intempérance.) Excès, déréglement, désordre, en quelque sorte de chose que ce soit.

EXCESSIVE, adj. (or exceeding.) Excessif, qui va à l'excès, où il y a de l'excès, trop grand.

An excessive pain. Une peine excessive.

An excessive love. Un amour excessif ou un excès d'amour.

EXCESSIVELY, adv. Excessivement, avec excès.

EXCESSIVENESS, subst. Excès, superfluité.

EXCHANGE, f. (or trucking.) Change, échange ou troc.

Exchange, (a place where merchants meet.) Le change ou la Bourse, lieu où s'assemblent les Marchands.

You lose nothing by the exchange. Vous ne perdez rien au change.

To make an exchange. Faire un échange.

P. An exchange is no robbery. Troc n'est point vol, ou qui troque ne fait point de tort.

A bill of exchange. Une lettre de change.

The royal exchange of the city of London. La Bourse royale de Londres.

To EXCHANGE, v. a. (to truck or barter.) Faire un échange, troquer, changer.

To exchange words. Se dire quelques paroles.

To exchange kisses. S'entre-baiser.

They exchanged some guns, (they shot at one another.) Ils se canonnèrent, ils se tirèrent quelques coups de canon de part & d'autre.

Exchanged, adj. Troqué, changé.

EXCHANGER, f. (or banker.) Changeur, banquier.

EXCHANGING, f. L'action de troquer, &c. V. the verb.

EXCHEQUER, f. (the place or court of all receipts belonging to the crown.) L'Echiquier, la cour de l'Echiquier ou des finances, l'épargne, le trésor du Roi, le lieu où l'on reçoit tout l'argent qui revient au Roi d'Angleterre.

Exchequer, (the prerogative court of the Archbishop of York.) L'Echiquier ou la cour de prérogative de l'Archevêque d'York, où l'on vérifie tous les testaments faits dans cet Archevêché.

EXCISABLE, adj. Qui paye l'accise.

EXCISE, f. (a tax upon commodities.) Accise, sorte d'impôt.

To EXCISE, v. act. Lever un impôt sur quelqu'un, &c.

EXCISE-MEN, f. Collecteurs de l'accise.

EXCISION, f. (or destroying.) Destruction, ruine, démolition, renversement.

EXCITATION, f. Instigation.

To EXCITE, v. act. (stir up or encourage.) Exciter, réveiller, animer, porter, pousser, encourager.

Excited, adject. Excité, &c. Voyez to Excite.

EXCITEMENT, f. Instigation.

EXCITER, sub. celui ou celle qui excite, &c. V. to Excite.

EXCITING,

EXC   EXC   EXC   EXE

EXCITING, *sub. L'action d'exciter* &c. *V.* le verbe.

To EXCLAIM, *v. neut.* (or cry out.) *Déclamer, éclater, se récrier.*

To exclaim against injustice. *Déclamer, éclater, se récrier contre l'injustice.*

Exclaimed against, *adject.* Contre quoi, contre qui l'on se récrie.

EXCLAIMER, *subst.* Celui qui déclame ou qui se récrie.

EXCLAIMING, *s. L'action de déclamer ou de se récrier*, &c. *V.* the verb.

EXCLAMATION, *s.* Exclamation, cri.

EXCLAMATORY, *adj.* Exclamatoire.

To EXCLUDE, *v. a.* (to except or shut out.) *Exclure, excepter, rejeter, mettre hors du nombre.*

To exclude an heir. *Exclure un héritier, le débouter d'un héritage, l'empêcher d'y avoir part.*

To exclude one from the government. *Exclure ou éloigner quelqu'un du gouvernement.*

Excluded, *adj.* (or shut out.) *Exclus, rejeté*, &c. *V.* to Exclude.

EXCLUSION, *s. L'action d'exclure, de rejeter*, *exclusion.*

EXCLUSIONERS, *subst.* C'est ainsi qu'on appeloit, sous le regne de Charles II, les Membres du Parlement qui vouloient exclure son frere de la couronne.

EXCLUSIVE, *adj.* Exclusif.

An exclusive vote. *Un suffrage exclusif ou une voix exclusive.*

An exclusive particle. *Une particule exclusive.*

EXCLUSIVELY, *adv.* Exclusivement.

Till sunday exclusively. *Jusqu'à dimanche exclusivement, c'est-à-dire, le dimanche n'étant pas compris.*

To EXCOCT. *V.* to Boil.

To EXCOGITATE, *v. act.* (to devise.) *Trouver, imaginer, inventer.*

Excogitated, *adject.* *Trouvé, inventé, imaginé.*

* EXCOMMENCEMENT, *s.* (an old law-term for excommunication.) *Excommunication.*

To EXCOMMUNICATE, *v. act.* *Excommunier, séparer de la communion des fideles, frapper d'anathême, anathématiser.*

Excommunicated, *adject.* *Excommunié, anathématisé.*

EXCOMMUNICATION, *subst.* *Excommunication, anathême.*

To take off the excommunication. *Lever l'excommunication.*

To EXCORIATE, *v. a.* (or pull off the skin.) *Ecorcher.*

EXCORIATION, *subst.* (or fretting of the skin.) *Excoriation, terme de chirurgie.*

EXCORTICATION, *s. L'action d'enlever l'écorce.*

EXCREMENT, *subst.* (dregs, ordure.) *Excrémens, ordure, saleté.*

The excrements of the body, (properly so called,) *Les excrémens du corps, ce qu'on appelle déjection, en termes de médecine.*

EXCREMENTAL, *adj. Qui tient de l'excrément, excrémentitiel, excrémenteux.*

EXCREMENTITIOUS, *adj. Qui tient de l'excrément.*

EXCRESCENCE, } *subst.* (as a wart
EXCRESCENCY, } or wen.) *Excrescence, ce qui vient sur le corps contre nature.*

He has no faults but what are excrescencies from virtues. *Tous ses défauts ne sont que des excès de vertus.*

EXCRETION, *s. Excrétion, terme de médecine.*

EXCRETIVE, } *adj. Qui sépare & qui*
EXCRETORY, } *fait sortir les excrémens*, &c.

To EXCRUCIATE, *v. act.* (to torment.) *Tourmenter, gêner cruellement, faire souffrir beaucoup de tourmens, mettre à la torture.*

Excruciated, *adject.* *Tourmenté cruellement*, &c. *V.* to Excruciate.

EXCRUCIATING, *adject.* Ex. Excruciating pains. *Des tourmens horribles, les tourmens les plus violents, les douleurs les plus vives & les plus aigues.*

EXCUBATION, *sub. L'action de veiller toute la nuit.*

To EXCULPATE, *v. act.* (to excuse.) *Disculper, excuser, purger d'une faute qu'on impute, justifier.*

Exculpated, *adject.* *Disculpé, excusé, lavé d'une faute qu'on impute.*

EXCURSION, *s.* (or digression.) *Digression dans un discours.*

Excursion. *Saillie, écart.*

EXCURSIVE, *adj. Qui erre, qui s'égare.*

EXCUSABLE, *adj.* (or to be excused.) *Excusable, qu'on doit excuser.*

EXCUSATORY, *adj. Qui sert à excuser, pour excuser ou pour s'excuser.*

EXCUSE, } *s. Excuse, couleur,*
EXCUSATION, } *prétexte, justification.*

A bad excuse is better than none. *Il vaut mieux se servir d'une méchante excuse, que de n'en point avoir du tout.*

He alledged for his excuse. *Il allégua pour sa justification.*

This makes something for his excuse. *Ceci peut servir à l'excuser.*

She made some faint excuses on account of her indisposition. *Elle fit quelques petites façons sur son indisposition.*

To EXCUSE, *v. act.* *Excuser, alléguer ou apporter une excuse, apporter quelque raison pour justifier quelques fautes, disculper, justifier.*

He excuses himself upon account of his age. *Il s'excuse sur son âge.*

They sent deputies to excuse their error. *Ils envoyèrent des députés pour s'excuser de leur faute, pour se justifier, pour se disculper.*

To excuse one. *Excuser quelqu'un, recevoir son excuse, le tenir pour excusé.*

To excuse, (to dispense with.) *Exempter, dispenser, excuser.*

I wish he would excuse me from writing. *Je souhaiterois qu'il voulût me dispenser d'écrire.*

Your indisposition excuses you from fasting. *Votre indisposition vous exempte du jeûne.*

He had rather excuse himself from that employment. *Il a mieux aimé s'excuser de cet emploi.*

I can hardly excuse those from being guilty of a mortal sin, who detract from their neighbours. *Je ne saurois m'empêcher de condamner la médisance comme un péché mortel.*

Excused, *adj.* *Excusé, justifié, disculpé.*

Excused, (or dispensed with.) *Exempté, dispensé, excusé.*

I desire to be excused. *Je vous prie de m'excuser.*

EXCUSELESS, *adject.* (or inexcusable.) *Inexcusable.*

EXCUSER, *s.* Celui ou celle qui excuse.

EXCUSING, *s. L'action d'excuser*, &c. *V.* to Excuse.

To EXCUSS, *v. act.* (to soize and detain by law.) *Entrer légalement en propriété d'un bien dont un autre est dépossédé.*

EXECRABLE, *adj.* (abominable.) *Exécrable, abominable, horrible, détestable.*

An execrable crime or action. *Un crime ou une action exécrable.*

EXECRABLY, *adv.* Exécrablement.

To EXECRATE, *v. act.* (or to detest.) *Détester, abhorrer, avoir en exécration.*

EXECRATION, *s.* (or curse.) *Exécration, malédiction, anathême.*

To be the execration of one's own country. *Etre en exécration à sa patrie.*

To aver a thing with horrible execrations, (or oaths.) *Affirmer une chose avec des sermens ou des imprécations horribles.*

To EXECUTE, *v. act.* (or to perform.) *Exécuter, mettre à exécution, effectuer, accomplir, faire.*

To execute one's design. *Exécuter son dessein.*

To execute one's orders. *Exécuter les ordres de quelqu'un.*

To execute an office. *Exercer une charge, en faire les fonctions.*

To execute a will, (speaking of the testator, that is, to make and deliver it in due form, before witnesses.) *Faire un testament en bonne & due forme.*

To execute a will, (as an executor, to perform the intention of the testator.) *Exécuter ou mettre en exécution un testament.*

To execute (or put to death) a malefactor. *Exécuter un criminel, le faire mourir, faire justice d'un criminel.*

Executed, *adj. Exécuté, mis à exécution, fait, accompli*, &c.

EXECUTING, *sub. L'action d'exécuter*, &c. *V.* to Execute.

EXECUTION, *subst.* *Exécution, achevement & accomplissement d'une chose qu'on doit faire.*

Execution, (of a malefactor.) *Exécution, justice, punition d'un criminel par la main du bourreau.*

Execution, (the seizing of one's person and goods.) *Exécution, prise de corps & de biens.*

To put a thing in execution. *Mettre une chose à exécution, l'exécuter.*

The cannon did great execution. *Le canon fit une grande exécution.*

The execution of a malefactor. *L'exécution d'un criminel.*

The execution was declared illegal. *L'exécution a été déclarée injuste.*

A writ of execution. *Un exécutoire.*

The place of execution. *Le lieu du supplice.*

The execution-day. *Le jour d'exécution, le jour auquel on fait justice ou qu'on fait mourir un criminel.*

EXECUTIONER, *subst.* (the hang-man or finisher of the law.) *Bourreau, exécuteur de la haute-justice.*

EXECUTIVE, *adj.* Ex. Executive power. *Pouvoir exécutif.*

EXECUTOR, *s.* (he that is appointed to execute one's will.) *Exécuteur testamentaire, exécuteur du testament; celui qui est nommé par le testateur pour faire exécuter son testament.*

EXECUTORSHIP, *s. Charge ou qualité d'exécuteur testamentaire.*

EXECUTORY,

EXECUTORY, *f.* Exécutoire.
EXECUTRIX, *f.* Exécutrice.
She is the sole executrix of his will. *Elle est seule exécutrice de son testament.*
EXEGESIS, *f.* Explication.
EXEGETICAL, *adj.* (or explanatory.) *Exégétique, qui expose, qui explique.*
EXEMPLAR, *f.* (or pattern.) *Exemplaire, exemple, patron, modele, regle.*
EXEMPLARILY, *adv.* Exemplairement, *d'une maniere exemplaire.*
EXEMPLARINESS, *subst.* Ex. Exemplariness of life. *Vie exemplaire.*
EXEMPLARY, *adj.* Exemplaire, *qui sert d'exemple, de regle, de modele.*
To live an exemplary life. *Mener une vie exemplaire.*
An exemplary punishment. *Une punition exemplaire.*
EXEMPLIFICATION, *f.* (a demonstration of a thing by an example.) *Similitude, exemple, preuve ou illustration par des exemples.*
An exemplification of letters patent. *Un double ou une copie de lettres patentes.*
EXEMPLIFIER, *subst.* Celui qui prouve *une chose par des exemples.*
To EXEMPLIFY, *v. act.* Prouver par des *exemples, apporter des exemples.*
To exemplify, (or to write out.) *Transcrire, copier, décrire.*
Exemplified, *adj.* Prouvé par des exemples, copié, transcrit.
EXEMPLIFYING, *subst.* V. Exemplification.
EXEMPT, *adj.* (or free.) *Exempt, quitte.*
Exempt from all charges. *Exempt de toutes charges.*
Exempt, *subst.* (an officer in the life-guards.) *Un Exempt.*
To EXEMPT, *v. act* (or free.) *Exempter, délivrer, affranchir.*
Pray exempt me from it. *Je vous prie de m'en exempter.*
Exempted, *adj.* Exempté, exempt.
EXEMPTING, *f.* L'action d'exempter.
EXEMPTION. *subst.* Exemption, immunité.
EXEMPTITIOUS, *adj.* Que l'on peut détacher, séparer d'une autre chose.
To EXENTERATE, *v. act.* (to embowel or deprive of the entrails.) *Eventrer, vider, arracher les entrailles.*
EXENTERATION, *f.* L'action d'éventrer, &c.
EXEQUIAL, *adj.* Funéraire.
EXEQUIES, *f.* (funeral rites.) *Obseques, funérailles.*
EXERCENT, *subst.* (or practising.) Ex. A Doctor of law exercent. *Un Docteur en Droit ou un Avocat postulant.*
EXERCISE, *f.* (labour or fatigue , the keeping one's body or mind employed.) *Exercice, travail, fatigue, l'action ou la maniere d'exercer l'esprit ou le corps.*
To make or use some exercise. *Faire ou prendre de l'exercice.*
The military exercise. *L'exercice des armes.*
Exercise se dit aussi de l'exercice de la manœuvre, & des évolutions navales.
To learn one's exercises, as fencing, riding, dancing, &c. *Apprendre ou faire ses exercices, apprendre a faire des armes, à monter à cheval, à danser, &c.*
The exercise (or function) of an office. *L'exercice ou la fonction d'une charge.*
A latin exercise. *Un thême latin, une composition latine.*

To EXERCISE, *v. a.* (or train up.) *Exercer, former, dresser, accoutumer.*
To exercise soldiers. *Exercer des soldats, les dresser.*
To exercise, (or practise.) *Exercer, faire, professer.*
To exercise an office. *Exercer une charge.*
To exercise one's wit or memory , (to keep them in use.) *Exercer l'esprit ou la mémoire.*
They used to exercise trials of skill in the putting and resolving of riddles. *Ils avoient accoutumé d'exercer leur esprit, (ou de faire assaut d'esprit) en proposant & en expliquant des énigmes.*
To exercise one's self with hunting. *S'exercer à la chasse.*
To exercise, *v. n.* Faire l'exercice.
The soldiers exercise. *Les soldats font l'exercice.*
Exercised, *adj.* Exercé, formé, dressé, accoutumé, fait à quelque chose.
EXERCISING, *subst.* L'action d'exercer, &c. V. to Exercise. Exercice, travail, fatigue.
EXERCISER, *f.* Qui exerce, qui dresse, qui forme, &c.
EXERCITATION, *f.* (use or practice.) *Exercice, usage, accoutumance, habitude, coutume, pratique.*
To EXERT, *verb. act.* (to put forth.) *Montrer, faire voir, découvrir, faire éclater.*
Now exert your strength and courage. *Faites voir à présent vos forces & votre courage, donnez des marques de votre valeur.*
To exert one's self. *S'évertuer, faire des efforts, tâcher de se surpasser, montrer ce qu'on sait faire.*
When the almighty power is pleased to exert itself. *Quand il plait a Dieu de déployer ou de faire éclater sa toute-puissance.*
To exert (or stir up) one's self in devotion. *S'animer dans la dévotion.*
Exerted, *adject.* Montré, decouvert, &c. V. to Exert.
EXERTION, *subst.* (production or operation.) *Production, opération.*
EXESION, *f.* L'action de transpercer à force de ronger.
EXESTUATION, *subst.* Effervescence , *ébullition.*
To EXFOLIATE, *verb. neut.* (to shell off, as a bone does , a term of surgery.) *S'exfolier, s'élever par feuilles.*
EXFOLIATION, *f.* Exfoliation.
EXFOLIATIVE, *adject.* Qui produit des exfoliations.
EXHALABLE, *adj.* Qui peut s'exhaler.
EXHALATION, *f.* Exhalaison, vapeur.
To EXHALL, *v. act.* (to draw or send forth.) *Exhaler, pousser, jeter une exhalaison, une vapeur.*
To exhale a sweet smell. *Exhaler une bonne odeur.*
Exhaled, *adj.* Exhalé.
EXHALEMENT, *f.* V. Exhalation.
To EXHAUST, *verb. act.* (to empty.) *Epuiser.*
To exhaust the public treasure. *Epuiser l'épargne, de *m er, conjurer les deniers publics.*
He has exhausted his father's estate. *Il a épuisé le bien de son pere, il a ruiné, il a mangé, il a absorbé le bien de son pere.*
Exhausted, *adject.* Epuisé, &c. Voy. to Exhaust.

EXHAUSTING, } *f.* L'action d'épuiser,
EXHAUSTION, } &c. V. to Exhaust. Epuisement.
EXHAUSTLESS, *adj.* Inépuisable.
EXHIBIT, *subst.* (a law-term, used in a Chancery suit.) *Exhibition , production , la représentation d'une piece , en termes de pratique.*
To EXHIBIT, *verb. act.* (to produce.) *Exhiber, faire exhibition, produire, montrer, faire voir, représenter.*
To exhibit to God a religious worship. *Rendre a Dieu un culte religieux.*
Exhibited, *adj.* Exhibé, produit, montré, &c. V. to Exhibit.
EXHIBITING, *subst.* L'action d'exhiber, de produire, &c. V. to Exhibit. Exhibition, production.
EXHIBITION, *subst.* Exhibition, production. V. to Exhibit.
Exhibition , (or allowance given.) *Entretien, aliment, pension.*
To EXHILARATE, *v. act.* (to cheer up.) *Rejouir, divertir, égayer, récréer.*
Exhilarated, *adject.* Réjoui, diverti, égayé, récréé, gai, joyeux.
EXHILARATION, *subst.* Réjouissance, gaieté.
To EXHORT, *v. act.* (to encourage or incite.) *Exhorter, presser encourager, animer, solliciter, inciter, porter à faire quelque chose.*
EXHORTATION, *f.* Exhortation, sollicitation.
EXHORTATIVE, } *adject.* Qui sert à
EXHORTATORY, } exhorter.
EXHORTER, *subst.* Celui ou celle qui exhorte, solliciteur.
EXHORTING, *subst.* L'action d'exhorter, &c. V. to Exhort. Exhortation, sollicitation.
EXIGENCE, } *subst.* (necessity or occasion.) *Exigence, nécessité, besoin, occasion.*
EXIGENCY, }
According to the exigency of affairs. *Selon l'exigence du cas, suivant l'état des choses ou suivant que les affaires le requierront.*
Exigency or exigence, (a pinch or strait.) *Mauvais pas , une méchante affaire, embarras, perplexité.*
To bring one to an exigence. *Faire de la peine a quelqu'un, lui susciter des affaires, le mettre dans l'embarras.*
EXIGENT, *f.* (or occasion.) Exigence, *occasion.* V. Exigence.
Upon such an exigent. *Dans une telle occasion.*
Exigent, (or expedient.) *Expédient.*
Exigent, (a law-word , a writ lying where the defendant in an action cannot be found.) *Sommation, ou plutôt un exploit signifié au Sherif d'une province, pour représenter en Justice un accusé qui ne se trouve pas.*
EXIGENTER, *f.* (an officer of the court of common-pleas , who makes all exigents and proclamations.) *Sorte d'Huissier ou de Serjent.*
EXIGUITY, *f.* (smallness, slenderness.) *Petitesse.*
EXIGUOUS, *adj.* (small , little , narrow , of little space or room.) *Petit.*
EXILE, *adject.* (thin or subtile.) *Mince, subtil.*
EXILE, *f.* (or banishment.) *Exil, bannissement.*
During his exile. *Pendant son exil.*

An

An exile, (one in exile.) *Un exilé, un banni.*
To EXILE, v. act. (or banish.) *Exiler, bannir, envoyer en exil, réléguer.*
Exiled, adject. *Exilé, banni, envoyé en exil, rélégué.*
EXILEMENT, sub. (exile, banishment.) *Exil, bannissement.*
EXILING, s. *L'action d'exiler, de bannir ou d'envoyer en exil.*
EXILITION, } subst. (slenderness.) *Qualité de ce qui est mince ou délié.*
EXILITY, }
EXIMIOUS, adj. (choice or rare.) *Excellent, extraordinaire, rare, exquis, singulier, distingué, considérable.*
EXINANITION, sub. (a bringing to nothing.) *Anéantissement.*
To EXIST, v. neut. (or to be.) *Exister, être, dans la nature des choses; subsister, vivre.*
EXISTENCE, s. (or being.) *Existence.*
The existence of natural beings. *L'existence des êtres naturels.*
EXISTENT, adj. *Existant, qui existe.*
EXIT, subst. *Congé, exéat*, en termes de collège de *Paris*.
They will have their exit. *On leur donnera leur congé.*
Exit, (in a play.) *Sortie.*
He has made his exit. *Il s'en est allé, il s'est retiré.*
† He has made his exit, (he is dead.) *Il a p'ié bagage, il est mort.*
EXITIAL, } adject. (destructive.) *Ruineux, nuisible.*
EXITIOUS, }
EXODUS, } subst. (the second book of *Moses.*) *Exode*, le second livre de *Moyse*; il signifie aussi *sortie d'un pays, départ.*
EXODY, }
To EXONERATE, verb. act. (unload or discharge.) *Décharger, dégager, soulager.*
To exonerate one's belly. *Se décharger le ventre.*
Exonerated, adject. *Déchargé, dégagé, soulagé.*
EXONERATING, } sub. *L'action de décharger, &c. V.* to Exonerate.
EXONERATION, }
EXOPTABLE, adj. *Désirable.*
EXOPTATION, s. *Désir ardent.*
EXORABLE, adj. (easy to be intreated.) *Exorable, qui se laisse fléchir ou gagner par les prieres.*
EXORBITANCY, subst. *Énormité, extravagance.*
EXORBITANT, adj. (extravagant, excessive.) *Exorbitant, énorme; excessif.*
An exorbitant price. *Un prix exorbitant.*
EXORBITANTLY, adv. *Exorbitamment.*
EXORCISM, subst. (or casting out of devils.) *Exorcisme ou l'action de chasser les diables.*
EXORCIST, subst. (one that casts out devils.) *Un exorciste*, qui chasse les diables des corps des possédés.
To EXORCISE, verb. act. (or cast out devils.) *Exorciser, conjurer, user d'exorcisme* pour chasser le diable du corps d'un possédé.
To exorcise a demoniack. *Exorciser un possédé.*
Exorcised, adject. *Exorcisé.*
EXORCISING, s. *L'action d'exorciser.*
EXORDIUM, subst. (the first part of a speech.) *Un exorde*, la premiere partie d'un discours oratoire.

EXORNATION, subst. (or setting off.) *Ornement, embellissement.*
EXOSSEOUS, adj. *Sans os.*
EXOSTOSIS, subst. *Exostose*, terme de chirurgie.
EXOTICK, adject. (or foreign.) *Qui est d'un pays étranger, étranger, exotique.*
To EXPAND, v. act. (to stretch out, open or spread.) *Étendre, developper, déployer, dans le propre & dans le figuré.*
To expand itself. *S'étendre.*
Expanded, adject. *Étendu, développé, déployé, dans le propre & dans le figuré.*
EXPANSE, s. (or extent.) *Étendue.*
The expanse of heaven. *L'étendue du ciel.*
EXPANSIBILITY, s. *Expansibilité.*
EXPANSIBLE, adj. *Expansible.*
EXPANSION, subst. *Dilatation, étendue, expansion*, terme de physique.
An expansion of heart. *Dilatation de cœur.*
Heaven is an expansion of fluid matter, that surrounds the air and the earth. *Le ciel est une étendue de matiere fluide qui environne l'air & la terre.*
EXPANSIVE, adject. *Expansif*, terme didactique, *qui peut s'étendre.*
To EXPATIATE, v. neut. (to dwell upon a subject.) *S'étendre sur un sujet, donner carriere à son esprit.*
To EXPECT, verb. act. (to stay for.) *Attendre, espérer*, ou *s'attendre à quelque chose, se la promettre.*
I have expected you these two hours. *Je vous attends depuis deux heures.*
I do not expect it. *Je ne m'y attends pas.*
I expected you would write to me. *Je m'attendois que vous m'écririez.*
I did not expect you so soon. *Je ne vous attendois pas si-tôt.*
Things will fall out better than you expect. *Les affaires iront mieux que vous ne croyez.*
EXPECTABLE, adject. *Que l'on peut attendre.*
EXPECTANCE, } V. Expectation.
EXPECTANCY, }
EXPECTANT, adj. & s. *Expectant ou expectatif.*
EXPECTATION, sub. *Attente, expectation, espérance.*
To be in expectation of something. *Être dans l'attente de quelque chose.*
Contrary to all mens expectation. *Contre l'attente de tout le monde, inopinément, au-delà de ce que l'on attendoit.*
To answer one's expectation. *Répondre à l'attente de quelqu'un.*
He has a greedy expectation of all my treasures. *Il dévore en espérance tous mes trésors.*
I find my expectation was greater than the enjoyment. *Je ne trouve pas le plaisir si grand que je croyois, ou que je me l'étois figuré.*
In expectation of the day of judgment. *En attendant le jour du jugement.*
An assembly which begins with such great expectations. *Une assemblée, qui, dans son commencement, donne de si belles espérances, ou qui promet tant dans le principe.*
EXPECTED, adject. *Attendu, espéré, à quoi l'on s'attend.*
He is expected today. *On l'attend aujourd'hui.*

Great things are expected from you. *On attend de grandes choses de vous.*
It is not a thing to be expected. *On ne peut se promettre rien de tel.*
EXPECTER, subst. *Celui qui attend, qui espere.*
To EXPECTORATE, verb. act. *Expectorer.*
EXPECTORATION, subst. *Expectoration.*
EXPECTORATIVE, adj. *Expectorant.*
EXPEDIENCE, } subst. (fitness.) *Convenance, utilité.*
EXPEDIENCY, }
EXPEDIENT, adj. (needful to be done.) *Qu'il faut faire, ce qu'il est à propos de faire.*
It is expedient, (or proper.) *Il est expédient, il est à propos.*
He knows best what is most expedient for us. *Il sait mieux que nous ce qui nous est expédient ou avantageux.*
Expedient, s. (means or way.) *Un expédient, un moyen ou une voie* pour faire quelque chose.
To find out any expedient. *Trouver un expédient.*
To EXPEDITATE, v. act. (a word used in the forest-laws: to cut out the balls of the great dogs feet or the three claws of the fore-foot, on the right side, otherwise called lawing of dogs.) *Ce verbe n'est en usage que dans les loix forestieres; il signifie, l'action de couper la plante des pieds des chiens, ou les trois ongles des pieds de devant.*
EXPEDITE, adj. (quick or easy.) *Prompt, abrégé, court, facile, aisé*, en parlant d'un moyen, &c.
To EXPEDITE, verb. act. (or dispatch.) *Expédier, dépêcher, faire promptement, faciliter.*
EXPEDITELY, adv. *Promptement.*
EXPEDITION, s. (or dispatch.) *Expédition, dépêche.*
A military expedition. *Expédition, exploit de guerre, entreprise militaire.*
A famous expedition. *Une fameuse expédition.*
EXPEDITIOUS, adj. (or quick.) *Expéditif, qui expédie, qui fait vîte ce qu'il fait*, en parlant des personnes; *prompt, court*, en parlant des choses.
EXPEDITIOUSLY, adv. (or quickly.) *Vîtement, promptement, avec expédition.*
To EXPEL, v. act. (or drive out.) *Chasser, faire sortir, pousser ou mettre dehors, expulser*: ce dernier mot est un terme de pratique.
To expel the wind out of the stomach. *Chasser les vents de l'estomac.*
Expelled, adj. *Chassé, poussé ou mis dehors, qu'on a fait sortir.*
He was expelled Rome. *Il fut chassé de Rome.*
EXPELLER, s. *Celui ou celle qui chasse, qui fait sortir ou qui met dehors.*
EXPELLING, s. *L'action de chasser, de faire sortir, de pousser ou de mettre dehors, expulsion.*
To EXPEND, v. act. (or lay out.) *Dépenser, débourser.*
Expended, adj. *Dépensé, déboursé.*
EXPENDITURE of stores, subst. *Consommation de munitions & marchandises.*
EXPENSE, s. *Dépense, frais, mise.*
Idle expenses. *Faux frais, folles dépenses.*

EXPENSEFUL,

EXP

EXPENSEFUL, ⎱ adj. (or chargeable.)
EXPENSIVE, ⎰ Qui coûte beaucoup, cher, où l'on fait de grands frais.
Expensive, (or extravagant.) Prodigue, dépensier.
EXPENSIVENESS, f. Prodigalité, profusion, dépense.
EXPENSIVELY, adv. Chèrement, à grands frais.
EXPERIENCE, f. (use or trial.) Expérience, épreuve, essai, usage.
He is a man of great experience. C'est un homme d'une grande expérience, c'est un homme fort expert ou expérimenté.
P. Experience is the mistress of fools. L'expérience est la maîtresse des sots.
To EXPERIENCE, v. act. (to try by experience.) Expérimenter, éprouver, essayer quelque chose, faire l'expérience, l'épreuve ou l'essai de quelque chose.
Experienced, adj. (tried.) Expérimenté, éprouvé, essayé, dont on a fait l'expérience, l'épreuve ou l'essai.
Experienced, (or skilled.) Expérimenté, versé, exercé en quelque chose.
EXPERIMENT, subst. Expérience, essai épreuve.
To EXPERIMENT. Voyez to Experience.
EXPERIMENTAL, adject. Expérimental, d'expérience, qu'on a acquis par l'expérience, ou fondé sur l'expérience.
Experimental philosophy. Philosophie expérimentale.
An experimental knowledge. Une connoissance acquise par l'expérience.
EXPERIMENTALLY, adverb. (by experience.) Par l'expérience.
EXPERIMENTED, adj. (from to Experiment.) Expérimenté, éprouvé, &c. V. to Experience.
EXPERIMENTER, f. (a maker of experiments.) Un faiseur d'expériences.
EXPERT, adj. (or skilful.) Expert, versé, expérimenté, habile, consommé, accompli en quelque chose.
EXPERTLY, adv. (or skilfully.) En homme expert, en habile homme.
EXPERTNESS, subst. (or skill.) Adresse, habileté.
EXPIABLE, adj. (that may be atoned for.) Que l'on peut expier.
To EXPIATE, v. act. (to atone or make satisfaction for.) Expier, réparer, donner satisfaction pour.
To expiate a crime or for a crime. Expier un crime, donner satisfaction pour un crime, réparer, effacer un crime.
Expiated, adj. Expié, réparé, effacé.
EXPIATION, f. Expiation, satisfaction qu'on fait pour quelque faute.
EXPIATORY, adj. Expiatoire.
EXPILATION, subst. Brigandage, pillage.
EXPIRATION, f. (or end.) Expiration, fin, échéance d'un terme convenu.
To EXPIRE, v. neut. (to end.) Expirer, échoir, finir, prendre fin.
To expire, (to die.) Expirer, mourir, rendre l'ame, rendre l'esprit.
Expired, adj. (or ended.) Expiré, échu, fini.
Expired, (or dead.) Expiré, qui a rendu l'esprit, mort.
To EXPLAIN, v. act. (to make plain.) Expliquer, exposer, développer, démêler, éclaircir, rendre intelligible.
To explain an author. Expliquer, interpréter un auteur.
Explained, adj. Expliqué, exposé, développé, démêlé, éclairci, débrouillé, interprété, clair, net, intelligible.
EXPLAINABLE, adj. Explicable.
EXPLAINER, subst. Celui ou celle qui explique quelque chose, un interprete.
EXPLAINING, ⎱ subst. Explication,
EXPLANATION, ⎰ interprétation, exposition de quelque chose de difficile à entendre, le jour qu'on donne à un discours, à une pensée.
EXPLANATORY, adj. Qui explique, qui éclaircit, qui répand du jour sur quelque difficulté.
EXPLETIVE, adj. Ex. An expletive particle. Une particule explétive.
EXPLICABLE, adj. Explicable.
To EXPLICATE, v. act. (to unfold or to explain.) Expliquer, exposer, développer, démêler.
To explicate, (or disintangle.) Démêler, débarrasser, débrouiller.
Explicated, adj. Expliqué, &c.
EXPLICATING, subst. L'action d'expliquer, &c.
EXPLICATION. V. Explanation.
EXPLICATIVE, adj. Explicatif.
EXPLICIT, adj. (or express.) Exprès, formel, précis, net, clair.
In explicit terms. En termes exprès, en termes formels, explicitement.
EXPLICITLY, adv. Explicitement, en termes exprès ou formels, sans difficulté, clairement.
To EXPLODE, v. act. (to reject.) Rejetter, désapprouver, rebuter avec mépris, siffler, fronder, condamner.
To explode a vice upon the stage. Fronder un vice sur le théâtre.
Exploded, adj. Rejeté, &c. V. to Explode.
EXPLODER, f. Celui qui siffle, qui fronde, un frondeur.
EXPLOIT, subst. (a brave warlike action.) Exploit, action de guerre éclatante.
To EXPLOIT, verb. act. (or do any business or service.) Faire, exécuter, accomplir.
EXPLORATION, f. (search.) Recherche, examen, visite.
To EXPLORE, ⎱ v. act. (to search.)
To EXPLORATE, ⎰ Rechercher, tâcher de découvrir, sonder, reconnoître, visiter, observer, examiner.
Explored, adj. part. Recherché, sondé, examiné, observé, &c.
EXPLORATORY, adject. Qui recherche, qui examine.
EXPLOREMENT, ⎱ subst. L'action de
EXPLORING, ⎰ rechercher, &c., recherche, examen.
EXPLOSION, f. L'action de rejeter, de désapprouver, &c. Explosion, terme de physique.
EXPLOSIVE, adject. Qui sort avec violence.
To EXPORT, v. a. (or carry out.) Transporter, faire sortir.
To export commodities, (to convey them out of one country into another.) Transporter des marchandises d'un pays à un autre.
EXPORTATION, subst. Transport, sortie, exportation, terme de commerce.
An exportation of commodities. Transport de marchandises.
To pay for the importation and exportation. Payer l'entrée & la sortie.
Exported, adject. Transporté, envoyé en pays étranger.
EXPORTER, sub. Celui qui fait des exportations de denrées.
EXPORTING, f. Transport, l'action de transporter.
To EXPOSE, v. act. (to lay open to publick view.) Exposer, faire voir, montrer, découvrir, produire.
To expose a thing to the view of all the world. Exposer quelque chose aux yeux de tout le monde.
To expose a thing to sale. Mettre ou exposer une chose en vente.
To expose the host. Exposer le Saint Sacrement.
To expose (or turn) a building to the north. Exposer un bâtiment au nord.
To expose (or bring) one to shame or reproach. Exposer quelqu'un à la honte ou à l'infamie.
To expose, (to defame, to run down, to blacken.) Tourner en ridicule, flétrir, diffamer, dénigrer.
To expose (or venture) one's life. Exposer, risquer, hasarder sa vie.
To expose one's self to danger or death. S'exposer à quelque danger, ou à la mort.
To expose a child. Exposer un enfant, l'abandonner.
Exposed, adj. Exposé, découvert.
EXPOSER, f. Celui ou celle qui expose, qui montre ou qui fait voir, &c.
EXPOSING, f. (to expose, &c. V. to Expose.
EXPOSITION, f. (or explication.) Exposition, explication, déclaration.
EXPOSITOR, f. (or expounder.) Interprete, qui explique.
To EXPOSTULATE, v. a. & n. (to complain gently.) Se plaindre, faire des plaintes ou des reproches fort doux.
Did you never expostulate the matter with him? Ne lui en avez-vous jamais fait des plaintes ou des reproches.
He began to expostulate with him about it. Il commença de se plaindre envers lui sur cette affaire.
EXPOSTULATING, ⎱ subst. (or com-
EXPOSTULATION, ⎰ plaint.) Plainte, reproche, éclaircissement, querelle, procès.
EXPOSTULATORY, adj. Qui consiste en plaintes, qui est plein de reproches.
EXPOSURE, f. (exposition.) Exposition, situation.
To EXPOUND, v. act. & n. (or explain.) Exposer, expliquer, débrouiller, interpréter, développer quelque chose.
To expound the Scripture. Exposer, expliquer l'Ecriture.
To expound UPON an augury. Expliquer un présage.
Expounded, adj. Exposé, expliqué, interprété, développé, débrouillé.
A text well expounded. Un texte bien expliqué.
EXPOUNDER, subst. Interprete, celui qui explique.
EXPOUNDING, f. Exposition, explication, l'action d'exposer ou d'expliquer, &c. V. to Expound.
EXPRESSLY, adv. (or plainly.) Expressément, en termes exprès, explicitement, nettement, intelligiblement.
It is expressly said. Il est dit expressément ou en termes exprès ou formels.
EXPRESS, adject. (or explicit.) Exprès, formel, précis, clair, intelligible.

In

EXP

In express terms. *En termes exprès, expressément, explicitement.*
Express, *s.* (or courier.) *Un exprès, un courier envoyé à dessein.*
He sent an express to the King. *Il envoya un exprès au Roi.*
To EXPRESS, *v. act.* (or declare.) *Exprimer, exposer, représenter, témoigner, dire, déclarer.*
To express something by word of mouth or in writing. *Exprimer quelque chose de bouche ou par écrit.*
To express one's self, or to express one's mind. *S'exprimer, expliquer sa pensée.*
I shall so express to you what has passed, that you will fancy yourself an eye-witness of it. *Je vous représenterai si bien ce qui s'est passé, qu'il vous semblera le voir.*
To express love to one. *Témoigner de l'amour à quelqu'un.*
To express, (as by portraiture or such like.) *Représenter, peindre, faire le portrait ou le caractère.*
To express, (or squeeze out.) *Exprimer, extraire, faire sortir en pressant.*
Expressed, *adj. Exprimé, représenté, témoigné,* &c. *V.* to Express.
It cannot be expressed. *Cela ne se peut exprimer, cela est inexprimable.*
EXPRESSIBLE, *adj. Exprimable, qui peut s'exprimer.*
EXPRESSING, *subst. L'action d'exprimer, de représenter, de témoigner,* &c. *V.* the verb.
EXPRESSION, *s.* (word or phrase.) *Expression, parole ou manière d'exprimer une phrase.*
A fine expression. *Une belle expression.*
My blood chilled at that expression. *Le sang se glaça dans mes veines quand j'entendis cela.*
Expression, (the act of squeezing.) *Expression.*
EXPRESSIVE, *adj. Expressif, qui exprime bien, qui représente bien.*
To use expressive terms. *Se servir de termes expressifs ou emphatiques.*
An expressive image. *Une image expressive.*
EXPRESSIVELY, *adv. D'une manière expressive.*
EXPRESSIVENESS, *s. Force d'expression, énergie, emphase.*
EXPREST. *V.* Expressed.
EXPRESSURE, *s. Expression, forme, impression.*
To EXPROBRATE, *v. act.* (or upbraid.) *Reprocher, faire des reproches.*
EXPROBRATION, *s.* (or upbraiding.) *Reproche, blâme.*
To EXPROPRIATE, *v. act. Céder, abandonner son droit ou sa propriété.*
To EXPUGN, *v. act. Conquérir, emporter d'assaut.*
EXPUGNATION, *s.* (or conquest.) *Prise ou conquête.*
To EXPULSE, *verb. act. Chasser, faire sortir.*
EXPULSION, *s.* (from to expel.) *Expulsion.*
EXPULSIVE, *adj. Expulsif,* terme de médecine.
An expulsive medicine. *Un remède expulsif.*
EXPUNCTION, *subst. Effaçure, rature; absolution.*
To EXPUNGE, *v. act.* (or put out.) *Effacer, rayer.*

EXP

Expunged, *adj. Effacé, rayé.*
EXPURGATION, *s. Épuration, purification.*
EXPURGATORY, *adj. Expurgatoire.*
The expurgatory index. *L'index expurgatoire.*
Expurgatory (or purging) medicines. *Remèdes purgatifs.*
EXQUISITE, *adj.* (rare or excellent.) *Exquis, excellent, rare, extraordinaire, choisi, qui est d'un grand prix, recherché.*
Exquisite meats. *Des viandes exquises.*
The most exquisite torments. *Les tourmens les plus rudes qu'on peut inventer.*
EXQUISITELY, *adv.* (or rarely well.) *Parfaitement bien, avec choix, avec politesse.*
EXQUISITENESS, *s.* (rarity or excellence.) *Excellence, rareté, bonté, délicatesse.*
The exquisiteness of the work. *L'excellence ou la rareté de l'ouvrage.*
EXSCRIPT, *s. Copie.*
To EXSICCATE, *v. act.* (or dry.) *Sécher, dessécher, rendre sec.*
Exsiccated, *adj.* (or dried.) *Séché, desséché, sec.*
EXSICCATIVE,
EXSICCANT, } *adj. Dessicatif,* terme de médecine.
EXSICCATION, *s. Dessèchement, l'action de dessécher.*
EXTANCY, *s. Enflure, élévation.*
EXTANT, *adj.* (in being.) *Qui reste, qui existe, qui est, qui subsiste,* extant : ce dernier est un terme de pratique.
That is the best piece extant. *C'est la meilleure pièce qui nous reste ou qu'il y ait présentement.*
The works of Xenophon now extant. *Les œuvres de Xénophon, qui nous restent, ce qui nous reste des œuvres de Xénophon.*
EXTASY, *s.* (trance or rapture.) *Extase, transport, ravissement de l'esprit hors de son assiette naturelle.*
To be ravished (to fall) into an extasy. *Être ravi en extase.*
To be in an extasy. *Être extasié ou ravi en extase.*
EXTATICAL,
EXTATICK, } *adj. Extatique, qui est ravi en extase.*
EXTEMPORAL,
EXTEMPORARY, } *adj. Qui se fait sur le champ, qui n'est point prémédité, sans préparation, sans avoir eu le loisir d'y penser, sans y avoir pensé auparavant.*
An extemporary composure. *Un impromptu.*
EXTEMPORARY, *s.* (verses, &c. made extempore.) *Un impromptu.*
EXTEMPORE, *adv. D'abord, sur le champ, tout juste champ.*
He made that speech extempore. *Il fit cette harangue toute sur le champ.*
To EXTEMPORIZE, *v. n. Improviser.*
To EXTEND, *v. act.* (to stretch out or enlarge.) *Étendre, déployer, élargir, augmenter, accroître.*
To extend one's conquest. *Étendre ou porter plus loin ses conquêtes.*
The Russian Monarchy extends itself southerly as far as the Caspian sea. *L'empire de Moscovie s'étend vers le midi jusqu'à la mer Caspienne.*
To extend (a law-term for to value) lands

EXT

or tenements. *Estimer, apprécier des terres, en faire l'estimation.*
To extend, *v. n. S'étendre, s'élargir.*
Extended, *adject. Étendu,* &c. *V.* to Extend.
Extended, (or valued.) *Estimé, apprécié.*
EXTENDING, *s. L'action d'étendre,* &c. *V.* to Extend, *dans tous ses sens.*
EXTENDIBLE,
EXTENSIBLE, } *adj.* (which may be extended.) *Qui se peut étendre, capable d'extension.*
EXTENDLESSNESS, *subst. Étendue illimitée.*
EXTENSIBILITY, *s. Qualité de ce qui peut s'étendre.*
EXTENSION, *s.* (or stretching.) *Extension.*
EXTENSIONAL. *V.* Extensible.
EXTENSIVE, *adj. Grand, vaste, d'une grande étendue.*
EXTENSIVELY, *adv. Largement, avec étendue.*
EXTENSIVENESS, *subst. Largeur, extension.*
EXTENSOR, *subst. Extenseur,* terme d'anatomie.
EXTENT, *subst. Étendue.*
To see the extent of the Embassador's power. *Examiner la teneur du pouvoir de l'Ambassadeur.*
Extent, (a law-word for the valuing of lands and tenements.) *Appréciation, estimation des terres.*
To EXTENUATE, *v. act.* (to lessen.) *Exténuer, diminuer, amoindrir quelque chose.*
To extenuate a fault. *Exténuer un crime, l'adoucir.*
Extenuated, *adj.* (or diminished.) *Exténué, diminué, amoindri.*
EXTENUATING, *s. L'action d'exténuer,* &c. *V.* to Extenuate.
Extenuating, Extenuation, diminution.
EXTENUATION, *s. Atténuation, l'action de pallier.*
EXTERIOR, *adj.* (or outward.) *Extérieur, externe, qui est en dehors.*
To EXTERMINATE,
To EXTERMINE, } *verb. act.* (to destroy.) *Exterminer, détruire, anéantir, perdre entièrement.*
Exterminated, *adj. Exterminé, détruit, anéanti.*
EXTERMINATING,
EXTERMINATION, } *s. Extermination, l'action d'exterminer,* &c. *V.* to Exterminate.
EXTERMINATOR, *s. Exterminateur, destructeur.*
EXTERN,
EXTERNAL, } *adj.* (outward.) *Extérieur, externe, qui est en dehors.*
EXTERNALLY, *adv.* (or outwardly.) *Extérieurement, à l'extérieur.*
To EXTIL, *v. n. Distiller.*
EXTILLATION, *s. Distillation.*
To EXTIMULATE. *V.* to Prick.
EXTINCT, *adject.* (or dead.) *Éteint, mort.*
That family is extinct. *Cette famille est éteinte.*
EXTINCTION, *s. Extinction, amortissement, anéantissement.*
The extinction of natural heat. *L'extinction de la chaleur naturelle.*
To EXTINGUISH the fire, *v. act.* (to quench or put it out.) *Éteindre, faire mourir le feu, l'étouffer.*

To

To extinguish the natural heat. *Eteindre, amortir la chaleur naturelle.*
To extinguish a rent, (to redeem it.) *Eteindre & amortir une rente, la racheter.*
To extinguish, (or destroy.) *Eteindre, abolir, anéantir, détruire, supprimer.*
To extinguish (to quench) a passion. *Eteindre, étouffer, amortir une passion.*
EXTINGUISHABLE, adj. *Qui se peut éteindre, ou amortir.*
Extinguished, adject. *Eteint, étouffé, amorti,* &c. V. to Extinguish.
EXTINGUISHER, s. (a hollow cone to put out a candle.) *Un éteignoir, ce avec quoi on éteint les chandelles.*
EXTINGUISHING, subst. *Extinction, l'action d'éteindre,* &c. Voy. to Extinguish.
EXTINGUISHMENT, subst. *Extinction, anéantissement.*
Extinguishment of a rent. *L'extinction & amortissement d'une rente, quand l'usufruit est réuni à la propriété.*
To EXTIRP }
To EXTIRPATE } v. a. (or root out.) *Extirper, déraciner, arracher, détruire, exterminer.*
To extirpate an heresy. *Extirper une hérésie.*
Extirpated, adj. *Extirpé, déraciné, arraché, détruit, exterminé.*
EXTIRPATING, }
EXTIRPATION, } subst. *Extirpation, l'action d'extirper, de déraciner,* &c. V. le verbe.
EXTIRPATOR, s. *Extirpateur.*
An extirpator of heresies. *Un extirpateur d'hérésies.*
To EXTOL, v. act. (or praise.) *Exalter, louer, prôner, vanter, élever par des paroles, faire valoir.*
To extol one, (to praise him up to the sky.) *Exalter quelqu'un, le prôner, le louer, l'élever jusqu'aux nues ou jusqu'au ciel.*
Extolled, adj. *Exalté, loué, prôné, vanté, élevé.*
EXTOLLER, subst. (one who praises.) *Prôneur.*
EXTOLLING, s. *L'action d'exalter, de louer, de prôner,* &c. V. le verbe.
EXTORSIVE, adj. (got by extorsion.) *Tortionnaire, inique.*
Extorsive gains. *Profits tortionnaires & iniques.*
To EXTORT, v. act. (or get by force.) *Extorquer, ôter de force, arracher, enlever, tirer avec violence.*
To extort a thing from one. *Extorquer quelque chose d'une personne.*
Extorted, adj. *Extorqué, arraché, enlevé,* &c.
EXTORTER, s. *Oppresseur.*
EXTORTION, s. (the act of getting by violence and rapacity.) *Extorsion, exaction illicite, concussion.*
EXTORTIONER, s. V. Extorter.
EXTRACT, s. V. Abstract.
A chymical extract. *Extrait chimique.*
Extract, (extraction or birth.) *Extraction, naissance.*
A man of a noble extract. *Un homme de grande extraction.*
To EXTRACT, v. act. (to abstract or take out a writing.) *Extraire, prendre ou tirer quelque chose d'un écrit.*
To extract, (as chymists do.) *Extraire*

séparer les parties pures des mixtes d'avec les impures.
To extract a root in arithmetick. *Extraire une racine en Arithmétique.*
Extracted, adj. *Extrait.* V. to Extract.
Nobly extracted. *De noble extraction, noble.*
EXTRACTION, s. (a chymical or arithmetical operation.) *Extraction, opération de chimie ou d'arithmétique.*
Extraction, (or birth.) *Extraction, naissance.*
A man of noble extraction. *Un homme de noble extraction.*
EXTRAGENOUS, adj. (a term used in anatomy and surgery.) *Etranger.*
An extragenous body. *Un corps étranger.*
EXTRAJUDICIAL, adj. (done out of the ordinary course of law.) *Fait contre le cours ordinaire de la Justice, qui n'est pas juridique.*
EXTRAJUDICIALLY, adv. *Contre les formes juridiques.*
EXTRAMISSION, subst. *L'action de faire sortir.*
EXTRAMUNDANE, adj. Ex. Extramundane spaces. *Les espaces imaginaires.*
EXTRANEOUS, adj. (from abroad or foreign.) *Etranger, de dehors, des pays étrangers.*
Extraneous, (outward.) *Extérieur, externe.*
EXTRAORDINARIES. V. Extraordinary.
EXTRAORDINARILY, adv. *Extraordinairement, d'une manière extraordinaire.*
EXTRAORDINARINESS, s. (extraordinary case or occasion.) *Cas ou occasion extraordinaire.*
EXTRAORDINARY, adj. (uncommon.) *Extraordinaire, qui n'est pas commun, qui n'est pas ordinaire.*
An extraordinary beauty. *Une beauté extraordinaire.*
An Embassador extraordinary. *Un Ambassadeur extraordinaire.*
Extraordinary, s. (or extraordinary expences.) *Les extraordinaires, les frais qu'on fait outre les ordinaires.*
Extraordinary, adv. *Extrêmement, extraordinairement, fort.*
It is extraordinary cold. *Il fait extrêmement froid.*
The style of the Evangelists is extraordinary plain. *Le style des Evangélistes est extraordinairement simple.*
EXTRAPAROCHIAL, adj. (that belongs to no parish.) *Qui n'est d'aucune Paroisse, comme une terre que la mer a nouvellement laissée à découvert.*
EXTRAREGULAR, adj. *Qui n'a pas de règle fixe.*
EXTRAVAGANCE, }
EXTRAVAGANCY, } s. (folly, impertinence.) *Extravagance, folie, impertinence, sottise, bizarrerie.*
EXTRAVAGANT, adj. (foolish, impertinent.) *Extravagant, fou, bizarre, impertinent.*
An extravagant man. *Un homme extravagant, un extravagant.*
An extravagant woman. *Une femme extravagante, une extravagante.*
To do extravagant things. *Faire des extravagances.*
Extravagant (or rambling) thoughts. *Des pensées vagues.*
Extravagant, (or excessive.) *Exorbitant, excessif, déraisonnable.*
An extravagant rate. *Un prix excessif ou exorbitant.*

Extravagant, (prodigal, expensive.) *Dépensier, prodigue.*
Extravagant, (disorderly.) *Désordonné.*
EXTRAVAGANTLY, adv. *Extravagamment, d'une manière extravagante.*
To EXTRAVAGATE, v. n. (to rave or talk idly.) *Extravaguer, ne savoir ce qu'on dit lorsqu'on parle, dire des impertinences.*
To EXTRAVASATE, v. n. (or go out of its proper vessels.) *S'extravaser, sortir des vaisseaux qui le contiennent, en parlant du sang.*
As soon as the blood begins to extravasate. *Dès que le sang commence à s'extravaser.*
Extravasated, adj. *Extravasé.*
EXTRAVASATION, s. *Etat de ce qui est extravasé.*
EXTRAVENATE, adj. *Sorti des veines.*
EXTRAVERSION, s. *L'action de jeter dehors.*
EXTREME, adj. (or very great.) *Extrême, grand.*
Extreme, (or last.) *Extrême, dernier.*
The Extreme Unction, (one of the seven Sacrements of the Roman Church.) *L'Extrême-Onction.*
EXTREME, s. *Extrême, extrémité, la fin ou le bout d'une chose.*
Prodigality and avarice are the two extremes. *La prodigalité & l'avarice sont les deux extrêmes.*
To go from one extreme to another, or to run upon extremes. *Passer ou aller d'une extrémité à l'autre.*
EXTREMELY, adv. (very or mighty.) *Extrêmement, fort, au dernier point, souverainement, furieusement.*
A man extremely miserable. *Un homme fort malheureux, qui est réduit à la dernière misère.*
I am extremely concerned about it. *J'en suis extrêmement fâché, j'en suis dans le dernier chagrin.*
I love it extremely. *Je l'aime souverainement.*
I suffer extremely. *Je pâtis furieusement.*
Extremely. *Extrêmement, fort, à l'extrémité.*
He is extremely sick. *Il est extrêmement malade, il est fort malade, il est malade à l'extrémité.*
An extremely soft skin. *Une peau extrêmement douce.*
An extremely sharp winter. *Un hiver extrêmement rude ou fort rude.*
EXTREMITY, s. (or end.) *Extrémité, bout, fin.*
The extremities of the body. *Les extrémités du corps.*
Extremity, (extreme or excess.) *Extrémité, excès, violence.*
To bring things to sad extremities. *En venir à de fâcheuses extrémités.*
Extremity, (or sad condition.) *Extrémité, état fâcheux.*
I am reduced to this extremity, that I must make my escape. *Je suis réduit à cette extrémité, qu'il faut que je me sauve.*
To EXTRICATE, v. act. (to disintangle.) *Développer, débrouiller, débarrasser, dégager, démêler, dépêtrer.*
Extricated, adj. *Développé, débrouillé, dégagé, débarrassé, démêlé, dépêtré.*
EXTRICATION, s. *L'action de débarrasser, développement.*
EXTRINSICAL, }
EXTRINSICK, } adj. (or outward.) *Extérieur, externe, extrinsèque, terme didactique.*

Extrinsically,

Extrinsically, *adverb.* Extérieurement, à l'extérieur.
To EXTRUCT, *v. act.* Construire, bâtir, édifier.
To EXTRUDE, *v. act.* Pousser dehors, faire sortir.
EXTRUSION, *subst.* (or thrusting out.) Expulsion.
EXUBERANCE, *f.* (or swelling.) Bosse, enflure, tumeur.
EXTUMESCENCE, *f.* (or swelling.) Enflure.
EXUBERANCE, *f.* (or plenty.) Abondance, surabondance, exubérance: ce dernier ne se dit qu'au Palais.
EXUBERANT, *adj.* (or plentiful.) Abondant, qui abonde.
EXUBERANTLY, *adv.* Abondamment.
EXUDATION, *subst.* Sueur, l'action de suer.
To EXUDATE, } *v. neut.* Suer, sortir
To EXUDE, } par la sueur.
To EXULCERATE, *v. act.* (to fret or make sore.) Ulcérer, causer ou faire venir un ulcere.
Exulcerated, *adj.* Ulcéré, formé en ulcere, plein d'ulceres.
EXULCERATION, *subst.* Exulcération, l'état d'une partie du corps qui est ulcérée, ulcere qui se forme.
To EXULT, *v. neut.* (to leap for joy.) Sauter ou tressaillir de joie, triompher, ne se sentir pas de joie & de plaisir, exulter.
EXULTANCE, } *f.* (or leaping for
EXULTATION, } joy.) Exultation, tressaillement de joie, allégresse, excès de joie, transport, saillie.
EXUNDATION, *f.* Inondation, surabondance.
EXUPERABLE, *adj.* Qu'on peut surpasser, vaincre.
EXUPERANCE, *f.* Redondance, prépondérance.
EXUVIÆ, *f.* Dépouilles.
EYAS, *f.* Jeune épervier.
EYE, *f.* (the organ of vision.) L'œil.
A fine eye. *Un œil fin, un bel œil.*
At the least twinkling of an eye. *Au moindre clin d'œil.*
A cast of the eye. *Une œillade, un coup d'œil,* ou bien *un regard louche.*
To look upon one or to see one with a good eye. *Voir ou regarder quelqu'un de bon œil, faire bon visage à quelqu'un.*
To look upon one with an evil eye. *Voir ou regarder quelqu'un de mauvais œil, d'un œil ennemi, lui faire mauvais visage, le regarder de travers.*
To have an eye or to keep a strict eye upon one, (to watch him, † to watch his water.) *Avoir l'œil sur les actions de quelqu'un, observer ses actions, veiller sur ses actions, l'éclairer.*
I have an eye to what he does. *Je prends garde à ce qu'il fait, je l'observe.*
An eye (or regard) must be had to the laws of civility. *On doit avoir égard aux regles de la civilité.*
You must have an eye to (or mind) your family. *Il vous faut songer à votre famille.*

To have a thing in one's eye. *Viser à quelque chose, avoir quelque chose en vue.*
† You may put it all in your eye. *Il n'y a rien du tout à espérer.*
The eye of a needle. *Le trou d'une aiguille.*
Eye, (or loop.) *Maille,* la maille d'un crochet.
An eye (or rather an nide) of pheasants. *Une couvée de faisans.*
The pope's eye, (the fat b't in a leg of mutton.) *Le morceau gras d'une éclanche de mouton.*
The eye of a plant. *L'œil, le bourgeon ou le bouton d'une plante.*
Eyes, *au pluriel. Les yeux.*
To open or to shut one's eyes. *Ouvrir ou fermer les yeux.*
To open one's eyes, (to discover an error or a cheat.) *Ouvrir les yeux, découvrir une erreur ou une tromperie.*
To shut one's eyes, (to wink at a thing.) *Fermer les yeux, conniver, faire semblant de ne pas voir.*
Eyes, (looks or sight.) *Yeux, regards, vue.*
To cast one's eyes upon a thing. *Jeter les yeux sur quelque chose.*
To take off one's eyes from a thing. *Détourner les yeux d'une chose.*
To have good eyes. *Avoir de bons yeux, avoir bonne vue.*
Every body's eyes are upon you. *Tout le monde a les yeux arrêtés sur vous, vous attirez les regards de tout le monde.*
That was done before the King's eyes, (or in the King's presence.) *Cela s'est fait sous les yeux du Roi ou devant le Roi.*
Courtiers have as good eyes as others. *Les Courtisans ont d'aussi bons yeux, ou sont aussi clairvoyans que d'autres.*
P. A man may see it with half an eye. *Un aveugle y mordroit.*
P. Two eyes see better than one. *Deux yeux voient mieux qu'un.*
P. His eyes are bigger than his belly. *Il mange plus des yeux que de la bouche; il a les yeux plus grands que la panse.*
Eyes in bread or cheese. *Yeux de pain ou de fromage,* les petits trous qu'il y a quelquefois dans le pain & dans le fromage.
† Eyes, (or spectacles.) *Yeux* ou *lunettes.*
If I will read, I must take my eyes. *Si je veux lire, il faut que je prenne mes yeux.*
To be wise in one's own eyes, (in one's own conceit.) *Avoir bonne opinion de soi-même, être plein de soi-même.*
Dead mens-eyes, (a sea-term.) *Yeux de bœuf,* terme de mer.
Eye of a block-strop. *Œillet ou boucle de l'estrop d'une poulie.*
Eye of a stay. *Collet d'étai.*
Eye-bolt. *Cheville à œillet.*
Eye-let holes. *Œillets des voiles.*
Eyes of a ship. *Parties du vaisseau qui sont voisines des écubiers.*

Eye splice. *V.* SPLICE.
† To cast sheep's eyes at one. *Jeter des œillades sur quelqu'un, le lorgner.*
Eye-shot. *Coup d'œil.*
Eye-glass. *Lunettes.*
Eye-sight. *La vue, les yeux.*
Within eye-sight. *A vue d'œil.*
If my eye-sight fails me not. *Si mes yeux ne me trompent.*
The eye ball. *La prunelle de l'œil.*
The eye-lids. *Les paupieres.*
The eye-brows. *Les sourcils.*
Eye-hole. *Le trou de l'œil.*
The eye-strings. *Les fibres de l'œil.*
Eye-water. *Eau bonne pour les yeux, eau qui éclaircit la vue.*
Eye-salve. *Collyre,* médicament propre aux maladies des yeux.
Eye-sore. *Mal des yeux.*
A man of conscience is an eye-sore to an atheist. *Un athée ne peut supporter la vue d'un homme de bien.*
The eye-teeth. *Les dents œilleres.*
An eye-flap. *Une œillere,* petit morceau de cuir qui couvre l'œil d'un cheval de carrosse.
Eye-witness. *Témoin oculaire,* témoin qui a vu la chose de ses propres yeux.
Eye-service. *Service qu'on rend par maniere d'acquit.*
Eye bright, (a sort of herb.) *Eufraise,* sorte d'herbe.
To EYE one, *v. act.* (or look on him earnestly.) *Envisager quelqu'un, le regarder fixement; avoir l'œil sur lui, le lorgner.*
To eye a thing, (to mind it.) *Jeter les yeux sur une chose, la bien considérer.*
He eyed it very narrowly. *Il le regarda de fort près.*
† To EYE-BITE, *v. act.* (to bewitch with the eyes.) *Fasciner, charmer, ensorceler.*
Eyed, *adj. Envisagé, regardé, considéré.*
Eyed, *Qui a des yeux.*
Black-eyed. *Qui a les yeux noirs.*
Gray-eyed. *Qui a les yeux gris.*
One-eyed, (that has but one eye.) *Borgne, qui n'a qu'un œil.*
Pink-eyed, (that has but little eyes.) *Qui a de petits yeux.*
Goggle-eyed. *Qui a des yeux de bœuf, ou louche.*
Blear-eyed. *Chassieux,* qui a de la chassie aux yeux.
EYELESS, *adj.* (blind.) *Aveugle, sans yeux.*
EYELET, *f.* (a small hole for a lacet.) *Œillet,* trou d'un lacet.
EYRE, *f.* (the Court of Justices itinerant.) *Gruerie,* Cour de Justice ambulante.
Justices in eyre, (that take care of the King's forests.) *Gruyers* ou *Juges ambulans,* établis pour la conservation des forêts royales.
The chief Justice in eyre. *Grand-Maitre des eaux & forêts.*
The eyre (or Justice-seat) of the forest. *Gruerie, l'endroit où se tient la Cour forestiere.*
EYRY, *f.* (the nest where birds of prey sit and hatch their young.) *Aire,* nid d'oiseau de proie.

F.

F, c'est la sixieme lettre de l'alphabet Anglois.
Cette lettre conserve toujours son véritable son, excepté dans la particule of, où elle a le son d'un v; & cette particule est prononcée ov, pour la distinguer du mot off.
FA, *s.* A musical note. *Fa*, une des principales notes de la musique.
FABACEOUS, *adj.* Qui tient de la nature de la fève.
FABLE, *subst.* (a feigned story.) *Fable, histoire fabuleuse, conte fait à plaisir, une fiction.*
Æsop's fables. *Les fables d'Esope.*
The fable, or fabulous history. *La Fable ou l'histoire fabuleuse.*
To FABLE, *v. act. Dire, conter, supposer, feindre, inventer des fables.*
The poets fable a great many stories about Jupiter. *Les poetes ont feint ou inventé plusieurs contes fabuleux touchant Jupiter.*
To FABRICATE, *v. act.* (to make a fabrick or building.) *Construire, bâtir.*
FABRICATION, *subst.* Fabrication, construction.
FABRICK, *subst.* (or building.) *Un bâtiment, un édifice.*
A stately fabrick. *Un superbe édifice.*
Fabrick-lands. *Biens de terre destinés pour la réparation des Eglises.*
To FABRICK. *V.* to Fabricate.
FABULIST, *subst.* (writer of fables.) *Fabuliste.*
FABULOUS, *adj.* (or feigned.) *Fabuleux, qui tient de la fable, feint, inventé, fait à plaisir.*
A fabulous story. *Une histoire fabuleuse.*
FABULOUSLY, *adv.* D'une maniere fabuleuse.
FACE, *s.* (or visage.) *Visage, face.*
To have a good face. *Avoir le visage bien fait.*
To fly in one's face. *Sauter au visage de quelqu'un.*
The Face of our Lord. *La Face de Notre-Seigneur.*
To look one in the face. *Regarder quelqu'un en face, l'envisager.*
I will justify it to his face. *Je le lui soutiendrai en face.*
He looked her full in the face in spite of her. *Il la regarda sous le nez, malgré qu'elle en eût.*
The Spartans thought it base and unworthy of a Grecian people to cut men in pieces who durst not look them in the face. *Les Lacédémoniens croyoient qu'il étoit lâche & indigne des Grecs de tailler en pieces des gens qui n'osoient pas les regarder entre deux yeux.*

Face, (looks or countenance.) *Visage, mine, air, contenance, physionomie.*
To put on a new face. *Changer de visage, changer de contenance.*
P. To set a good face on a bad game. P. *Faire bonne mine à mauvais jeu.*
† To carry two faces under a hood. *Avoir deux visages, être un fourbe.*
Face, (presence or sight.) *Face, présence, vue.*
Before the face of God. *Devant la face de Dieu.*
That was done in the face of the whole town. *Cela s'est fait à la face de toute la ville, ou devant toute la ville.*
In the face of the sun, (that is publickly.) *A la face du soleil, publiquement, devant tout le monde.*
Before my face. *En ma présence.*
A letter that has a good face, (among printers.) *Un caractere qui a un bel œil.*
Face (or state) of affairs. *Face, état ou disposition des affaires.*
The face of affairs is very much altered. *Les affaires ont bien changé de face.*
That business has two faces. *Cette affaire a deux faces.*
Face, (the front or exterior part of a great building.) *La face ou façade d'un édifice.*
Face, (or appearance.) *Apparence, dehors.*
To have a face of religion. *Avoir quelque apparence de religion.*
Face, (or confidence.) *Audace, hardiesse, effronterie.*
A brazen face or bold face. *Un effronté, une effrontée.*
I shall see your face no more. *Je ne vous verrai plus.*
Unless you do what I desire of you, I will never see your face more. *Si vous ne faites ce que je souhaite de vous, je ne vous regarderai jamais.*
He dares not shew his face. *Il n'ose se montrer, il se cache de peur des sergens.*
They drink together face to face in the tavern. *Ils boivent tête à tête au cabaret.*
I speak well of him before his face and behind his back. *Je dis du bien de lui présent ou absent.*
To lay with the face upward. *Être couché ou renversé sur le dos.*
To lay with the face downward. *Être couché sur le ventre ou sur le visage.*
It carries a face of horror. *Cela a quelque chose d'horrible, c'est un objet ou un spectacle affreux, hideux.*
One saw never so wretched a face of things. *On n'a jamais rien vu de si pitoyable.*

Face or wry face. *Une grimace.*
To make faces. *Faire des grimaces.*
Face-painter. *Peintre en portraits.*
Face-painting. *Portrait ou l'art de faire des portraits.*
To FACE, *v. act.* (to stare or look in the face.) *Envisager, regarder fixement ou en face.*
To face a pair of sleeves. *Mettre des parements aux manches.*
To face, (or to look.) *Faire face ou faire front, regarder sur, en parlant d'un bâtiment, &c.*
To face ev'ry way. *Faire face ou front de tous côtés.*
To face the enemy. *Faire face à l'ennemi.*
To face a card, (to turn it.) *Tourner une carte.*
To face ABOUT. *Se retourner, tourner les yeux d'un autre côté.*
To face one OUT or DOWN, (or to out-face him.) *Soutenir quelque chose en face à quelqu'un, la lui soutenir fermement.*
To face out a lie. *Soutenir un mensonge, mentir impudemment.*
Faced, *adj. Ex.* A pair of sleeves faced with silk. *Des manches avec des parements d'une étoffe de soie.*
A card faced. *Une carte tournée.*
Fair-faced. *Beau de visage.*
Ugly-faced. *Laid, laid de visage.*
Bold-faced or brazen faced. *Effronté, impudent.*
Two-faced. *Qui a deux visages.*
Bare-faced. *Démasqué, à découvert, la tête levée.*
FACETIOUS, *adj.* (or pleasant.) *Facétieux, plaisant, divertissant, bouffon, goguenard, enjoué.*
FACETIOUSLY, *adv.* (or pleasantly.) *Facétieusement, plaisamment, d'une maniere plaisante, divertissante ou enjouée.*
FACETIOUSNESS *subst. Plaisanterie, raillerie, gaillardise.*
FACILE, *adj.* (or easy to be done.) *Aisé, facile, facile à faire.*
Facile, (or easy of belief.) *Crédule.*
Facile, (or easy of address.) *Facile, doux, traitable, commode, affable.*
To FACILITATE, *v. act.* (or to make easy.) *Faciliter, rendre facile ou aisé.*
I shall endeavour to facilitate the means to it. *Je tâcherai d'en faciliter le moyen.*
Facilitated, *adj.* (made easy.) *Facilité, rendu facile ou aisé.*
FACILITATING, } *subst. L'action de faciliter.*
FACILITATION,
For the greater facilitation. *Pour le rendre plus facile, pour le faire plus facilement.*

FACILITY,

FACILITY, *subst.* (or easiness.) *Facilité, manière aisée, dont on fait quelque chose.*
FACING, *sub.* (from to face.) *L'action d'envisager*, &c. V. to Face.
The facing of sleeves. *Les parements des manches.*
The facing of a building. *La façade ou le frontispice d'un bâtiment.*
FACINOROUS, *adj.* (or wicked.) *Méchant, scélérat, criminel.*
FACT, *s.* (or deed.) *Fait, action.*
A matter of fact. *Une matiere de fait.*
A heinous fact. *Une action odieuse, une méchante action, un attentat.*
FACTION, *s.* (a seditious party.) *Faction, parti, ligue, cabale, complot.*
'Tis a dangerous faction. *C'est une faction dangereuse.*
To keep up a faction. *Entretenir ou fomenter une faction.*
FACTIONARY, *s.* *Factieux, partisan d'une faction.*
FACTIOUS, *adj.* (or seditious.) *Factieux, séditieux, mutin.*
A factious spirit. *Un esprit factieux, mutin ou remuant.*
A factious man. *Un factieux.*
A factious woman. *Une factieuse.*
FACTIOUSLY, *adv.* *En factieux.*
FACTIOUSNESS, *s.* (inclination to publick dissension.) *Esprit factieux, humeur séditieuse, penchant à la sédition.*
FACTITIOUS, *adv.* (or artificial.) *Artificiel, qui n'est pas naturel, inventé, factice.*
FACTOR, *subst.* (a merchant's factor.) *Facteur, un facteur de marchand, commis qui sert un marchand grossier.*
Factor. *Facteur, agent dans une place de commerce.*
FACTORSHIP, *s.* (the office of a factor.) *La place de facteur.*
FACTORY, *s.* (a house or district inhabited by traders in a distant country.) *Factorerie, comptoir, bureau dans les pays étrangers, où les marchands ont leurs facteurs.*
Most of the trading nations in Europe have factories at Surat. *La plupart des nations commerçantes de l'Europe ont des factoreries à Surate.*
* Factory, (or manufactory.) *Manufacture.*
* A factory of cloth. *Une manufacture de draps.*
FACTOTUM, *sub.* (a printing letter.) *Passe-volant, caractère d'Imprimerie.*
† Factotum. *Un factoton, qui se mêle de tout.*
FACULTY, *s.* (power or virtue.) *Faculté, puissance, pouvoir, vertu, force, propriété.*
Faculty, (or talent.) *Faculté, talent.*
Faculty, (leave or privilege.) *Faculté, privilege, licence.*
Faculty of Doctors. *Faculté, corps de Docteurs.*
The faculties of the soul. *Les facultés ou les puissances de l'ame.*
The animal, vital and natural faculty. *La faculté animale, la vitale & la naturelle.*
His faculty lies notably that way. *Il a un grand talent pour cela.*
The Court of the Faculties. *La Cour des Facultés ; c'est une Cour établie sous l'Archevêque de Cantorbery, pour donner des dispenses ; & le premier Officier de cette Cour s'appelle, Master of the Faculties, le Maître des Facultés.*

The Faculties of Divinity and Physick. *Les Facultés de Théologie & de Médecine.*
† **FADDLE**, *subst.* Ex. Fiddle-faddle. *Fadaises, bagatelles, niaiseries, sottises.*
To **FADDLE**, *v. act.* *Caresser, dorloter.*
To faddle a child. *Caresser un enfant, le dorloter.*
Faddled, *adj.* *Caressé, dorloté.*
FADDLER, *subst.* *Qui caresse, qui dorlote.*
She is great faddler of children. *Elle aime fort les enfants, elle prend un singulier plaisir à les caresser.*
FADDLING, *s.* *L'action de caresser ou de dorloter.*
To **FADE**,
To **FADE AWAY**, } *verb. neut.* (to wither.) *Se faner, se flétrir, se passer, se ternir, en parlant des fleurs, de la beauté*, &c.
This flower begins to fade. *Cette fleur commence à se flétrir.*
† Her beauty fades away. *Sa beauté se passe.*
To fade, (or to decay.) *S'affoiblir, languir, perdre sa force.*
Faded, or faded away, *adj.* *Flétri, passé, fané, terni, affoibli*, &c.
A faded flower. *Une fleur flétrie.*
A faded colour. *Une couleur passée ou ternie.*
† To **FADGE**, *verb. neut.* (or agree.) *S'accorder, être de bonne intelligence, cadrer.*
They begin to fadge. *Ils commencent à s'accorder.*
He cannot fadge with his wife. *Il ne sauroit s'accorder avec sa femme ; ils font un mauvais ménage.*
FADING, *subst.* *Etat de ce qui se flétrit.*
Ex. An excessive heat causes the fading of flowers. *Une trop grande chaleur flétrit les fleurs.*
Fading, *adj.* *Mourant, qui se passe, languissant, qui se flétris, qui se fane.*
A fading colour. *Une couleur mourante, ou qui se passe.*
FÆCES, *s.* *Excréments, lie.*
† To **FAG**, *verb. act.* (a low, vulgar word for to beat.) *Étriller, frotter, bourrer, rosser.*
FAGEND, *subst.* Ex. The fagend of cloth. *La tête ou la queue d'une piece de drap ou de toile.*
Fagend, (the first or last of a piece of linen or woollen-cloth.) *Chef d'une piece de toile ou de drap.*
Fagend of a rope, (a sea-term.) *Le bout d'un cordage ou d'une manœuvre courante, auquel on fait une sur-liure, pour empêcher les torons de se détordre par le frottement.*
The fagend of the week. *La fin de la semaine.*
FAGOT, *subst.* *Cotret, fagot.*
A good thumping fagot. *Un bon cotret.*
A fagot-stick. *Un cotret.*
Fagot-band. *Hard, lien de fagot.*
A fagot-man. *Un vendeur ou crieur de fagots.*
To **FAGOT**, *verb. act.* *Faire des fagots.*
To **FAGOT** one, *v. act.* (an expression proper to robbers; that is, to bind him hand and foot.) *Attacher, lier les mains & les pieds à quelqu'un, le garrotter.*
FAIL, *sub.* (want, omission.) *Faute, méprise, défaut, manque.*
Without fail. *Sans faute.*

To **FAIL**, *verb. neut.* *Faillir, manquer, défaillir, périr.*
To fail (or sin) through ignorance. *Faillir par ignorance.*
To fail in one's duty. *Manquer à son devoir.*
To fail of one's word or promise. *Manquer de parole.*
To **FAIL** one, *verb. act.* (to disappoint him.) *Manquer de parole à quelqu'un.*
My heart fails me. *Le cœur me manque.*
My strength fails me. *Les forces me manquent ou m'abandonnent.*
I shall fail you. *Vous ne m'attraperez pas.*
To fail in one's judgment. *Se tromper, être dans l'erreur.*
To fail in one's hope or expectation. *Etre frustré de son attente.*
To fail, (or break, as a merchant.) *Faire faillite ou faire banqueroute.*
Failed, *prétérit du verbe* to Fail.
FAILING, *subst.* *Défaut, manquement, vice.*
To bear with one another's failings. *Supporter les défauts les uns des autres.*
FAILURE, *subst.* *Faute, manque.*
Upon failure of which. *A faute de quoi.*
FAIN, *adj.* (obliged or forced.) *Obligé, contraint.*
I was fain to do it. *J'ai été contraint ou obligé de le faire.*
P. He has ill neighbours that is fain to praise himself. *Celui-là a de méchants voisins, qui est réduit à se vanter lui-même.*
FAIN, *adv.* (or willingly.) *Bien volontiers.*
I would fain travel. *Je voudrois bien voyager.*
If I would never so fain. *Quelque envie que j'en aie.*
To **FAIN**, *avec ses dérivés.* Voyez to With.
FAINT, *adject.* (or weak.) *Languissant, débile, foible, à qui les forces manquent.*
Faint, (or weary.) *Las, fatigué, lassé, recru, harrassé.*
Faint, (or slack.) *Languissant, foible, lâche, mou.*
A faint blue. *Un bleu mourant ou pâle.*
Faint (or fainting) weather. *Temps lâche, lourd.*
To burn faint and dim. *Donner peu de clarté, en parlant d'une lampe, d'une chandelle*, &c.
P. Faint heart never won fair lady. *P. Un homme timide ne réussit jamais auprès des belles.*
Faint-hearted, *adj.* *Timide, craintif, qui manque de courage.*
Faint-heartedly, *adv.* *Mollement, lâchement, d'une maniere peu courageuse.*
Faint-heartedness, *s.* *Timidité, crainte, manque de courage, abattement de courage.*
To **FAINT**,
To **FAINT AWAY**, } *verb. neut.* (as in a swoon.) *Tomber en foiblesse, tomber en pâmoison, en défaillance ou en syncope, défaillir, s'évanouir.*
To faint or grow faint. *Languir, s'affoiblir, manquer de forces.*
Fainted or fainted away, *adj.* *Tombé en foiblesse, en pâmoison, en défaillance ou en syncope, évanoui.*
FAINTING,
FAINTING FIT, } *s.* *Foiblesse, pâmoison, défaillance, syncope.*

FAINTISHNESS,

FAINTISHNESS, *f.* (incipient debility.) *Défaillance, foiblesse.*
FAINTLING, *adj. Timide, qui a l'ame foible.*
FAINTLY, *adv. Mollement, froidement, d'un air languissant, lâchement, négligemment.*
FAINTNESS, *subst.* (or weakness.) *Foiblesse, défaillance, langueur, abattement.*
FAINTY. *V.* Faint.
FAIR, *adj.* (or fine.) *Beau, bel, belle.*
A fair room. *Une belle chambre.*
Fair weather. *Beau temps.*
Fair words. *De belles paroles.*
P. Fair words butter no parsnips. P. *Les belles paroles ne donnent pas à manger.*
P. A fair face is half a portion. P. *Un beau visage vaut la moitié d'une dot.*
To be in a fair way. *Etre en belle passe.*
Fair-way, (at sea.) *Passe ou milieu d'un chenal.*
That ship lies in the fair way. *Ce vaisseau est mouillé en travers de la passe, ou dans le milieu du passage.*
Fair (or light) hair. *Des cheveux blonds.*
A fair periwig. *Une perruque blonde.*
A fair beauty. *Une beauté blonde.*
A fair (or specious) pretence. *Un beau prétexte, un prétexte spécieux ou plausible.*
Fair (or clear) water. *De l'eau claire & nette.*
Fair (or reasonable) terms. *Des conditions raisonnables ou honnêtes.*
A fair proposal. *Une proposition raisonnable.*
Fair, (or honest.) *Franc, sincere, candide.*
To play fair play. *Jouer franc jeu ou beau jeu.*
Fair, (good or reasonable.) *Bon, favorable.*
A fair wind. *Un bon vent, un vent favorable.*
To give one a fair hearing. *Donner à quelqu'un une audience favorable, l'écouter favorablement.*
A fair (or flattering) tongue. *Une langue flatteuse.*
Fair-spoken. *Doucereux, flatteur, qui a des paroles emmiellées.*
To use fair means. *Se servir de la douceur, prendre quelqu'un par les voies de douceur.*
He took by foul means what was refused him by fair. *Il prit de force ce qu'on lui refusoit d'amitié.*
A fair man. *Un blondin.*
A fair woman. *Une blondine.*
To give one a fair warning. *Avertir quelqu'un avant le temps, afin qu'il n'en prétende cause d'ignorance.*
To give one a fair fall. *Jeter quelqu'un par terre de haute lutte.*
Fair dealing. *Probité, bonne foi, sincérité, franchise, ingénuité.*
I shall be very fair (or sincere) with you. *J'en agirai honnêtement, de bonne foi ou sincèrement avec vous.*
Fair, *subst.* Le beau, l'honnête; *une belle.*
To join together the fair and the foul. *Joindre ensemble le beau & l'effroyable.*
Fair, *adj.* To write a thing fair. *Ecrire une chose au net.*
To keep fair with one. *Faire bonne mine à quelqu'un, ménager quelqu'un, avoir des égards ou des ménagements pour lui.*
To speak fair to one. *Donner de bonnes paroles à quelqu'un.*
To play fair. *Jouer beau jeu, ne pas tricher au jeu.*
To drink fair. *Boire comme les autres.*
To stand fair for a great fortune. *Etre en passe de faire une haute fortune.*
His brother being dead, he stands fair for his employment. *Son frere étant mort, son emploi le regarde.*
To put fair to be a great man. *Se pousser dans les charges, être en belle passe.*
P. Fair and softly goes far. *Pas-à-pas on va bien loin.*
Fair-conditioned. *De bon naturel.*
Does the boat lie fair? (a sea-expression.) *Le canot est-il accosté?*
FAIR, *subst.* (a famous market.) *Une foire, un marché fameux.*
To keep a fair. *Tenir une foire.*
P. To come a day after the fair, (or to come too late.) P. *Venir trop tard.*
A fair-day. *Un jour de foire.*
A fair-town. *Une ville où il y a foire.*
FAIRIES, *c'est le pluriel de* fairy.
FAIRING, *subst.* (from fair.) *Un présent de foire.*
Pray bring me a fairing. *Apportez-moi, je vous prie, un présent de foire.*
A bride's fairings. *Le trousseau, les nippes, les ajustements, les bijoux d'une nouvelle épousée.*
FAIRLY, *adv.* (or honestly, from fair, *adj.*) *Honnêtement, de bonne foi, sincèrement, ingénument, avec candeur.*
To deal fairly with all men. *En agir de bonne foi avec tout le monde.*
This will fairly (or abundantly) supply the want of the other. *Celui-ci suffira pour suppléer au défaut de l'autre.*
FAIRNESS, *subst. Beauté, probité, candeur.* *V.* Fair, *adj.*
FAIRY, *subst. Une fée, nymphe enchanteresse.*
The fairies of the water, (or naiades.) *Les nymphes des eaux, les natades.*
FAITH, *f.* (or belief.) *Foi, croyance.*
Faith, (or doctrine.) *Foi, doctrine, religion.*
Faith, (or fidelity.) *Foi, fidélité.*
Faith, (a sort of oath.) *Foi, sorte de jurement.*
I have not faith enough to believe that. *Je n'ai pas assez de foi pour croire cela.*
He has no faith in miracles. *Il n'ajoute pas foi aux miracles, il ne croit pas les miracles.*
The Christian Faith. *La Foi, la doctrine Chrétienne.*
Without faith, good works are dead. *Sans la foi, les œuvres sont mortes.*
The publick faith. *La foi publique.*
Faith, upon my faith. *Ma foi, sur ma foi, sorte de jurement.*
FAITHFUL, *adj.* (or trusty.) *Fidelle, qui a de la fidélité, sûr, assuré.*
A faithful servant is a treasure. *Un fidelle serviteur est un trésor.*
To give a good and faithful account. *Rendre un bon & fidelle compte.*
Faithful (or constant) in love. *Fidelle, constant en amour.*
Feithful, *f.* (the elect people of God.) *Les fidelles, les élus de Dieu.*
FAITHFULLY, *adv. Fidellement, avec fidélité, sincèrement.*
A book faithfully translated. *Un livre fidellement traduit.*
FAITHFULNESS, *subst. Fidélité, bonne foi, probité, sincérité.*
I am very well satisfied with his faithfulness, (or fidelity.) *Je suis fortement persuadé de sa fidélité.*
Faithfulness in love. *Fidélité, constance, persévérance.*
FAITHLESS, *adj.* (or unbelieving.) *Incrédule.*
Faithless, (or perfidious.) *Perfide ou infidelle.*
FAITHLESSNESS, *subst. Infidélité, perfidie, incrédulité.*
FAKE, *sub.* (a sea-word.) *Pli ou cercle d'un cordage, ou cable plié ou roué.*
FALCATED. *V.* Hooked.
FALCATION, *subst. Courbure, cambrure.*
FALCHION, *f.* (a kind of short sword, turning up somewhat like a hook.) *Sorte de coutelas recourbé.*
FALCON, &c. *V.* Faulcon, &c.
FALCONET, *sub. Fauconneau, piece d'artillerie.*
FALDAGE, *subst.* (this was a privilege of old, which several Lords reserved to themselves, of setting up folds for sheep in any fields, within their mannors, the better to manure them; this faldage, in some places they call a fold-courfe or free-fold.) *Droit que les Seigneurs des fiefs avoient autrefois de faire parquer leurs brebis ou ecllies de leurs vassaux, dans les champs qu'ils choisissoient pour cet effet.*
FALDSTOOL, *subst.* (a stool placed on the south side of the altar, at which the Kings of *England* kneel at their coronation.) *Marchepied sur lequel les Rois s'agenouillent à leur couronnement.*
FALL, *subst.* (or falling.) *Chute, l'action de la personne ou de la chose qui tombe.*
Fall, (or ruin.) *Chute, ruine, perte; malheur, disgrace.*
Fall, (or fin.) *Chute, péché.*
He is dead of his fall. *Il est mort de sa chute.*
A fall of water. *Chute d'eau, cascade.*
Since the fall of the Empire. *Depuis la ruine de l'Empire.*
The whole nation is grieved at his fall. *L'Etat plaint son malheur ou est fâché de sa perte.*
Adam's fall. *La chute d'Adam.*
Fall, (a sort of land measure.) *Sorte de mesure de terre.*
The autumn is commonly called the fall or the fall of the leaf, because at that time of the year, the leaves fall from the trees. *L'automne est communément appelée la chute des feuilles, parce qu'en cette saison les feuilles tombent des arbres.*
To get a fall. *Tomber, se laisser choeir.*
You will get a fall. *Vous tomberez.*
To give one a fall. *Faire tomber quelqu'un, le jeter par terre.*
To wrestle a fall with one. *Lutter avec quelqu'un, se battre à la lutte,* (and in a figurative sense.) *Disputer, contester, se mesurer avec quelqu'un.*
A fall of wood. *Une coupe ou grand abattis de bois.*
Fall of a tackle, (at sea.) *Bout du garant d'un palan.*
Cat-fall or cat-rope. *V.* Cat.
Falls of a ship's deck. *Ravalement du pont d'un vaisseau.*
Downfall, (loss of greatness, plunge from

from happiness into misery.) *Décadence, ruine.*
A pit-fall. *Un trébuchet, un piege, † un traquet, une trape, un traquenard.*
To FALL, *v. n. Tomber.*
To fall forward, backward, all along, headlong, upon one's back, upon one's feet. *Tomber en devant, en arriere, de son long, la tête la premiere, à la renverse, sur les pieds.*
To fall one's full height. *Tomber de sa hauteur.*
To fall sick. *Tomber malade, devenir malade.*
To fall, (abate or decrease.) *Diminuer, tomber.*
Rents of land and houses fall. *Les rentes des fonds de terre & des maisons diminuent.*
The waters fall. *Les eaux s'abaissent, se diminuent.*
The ship is fallen to Gravesend. *Le vaisseau a baissé jusqu'à Gravesend.*
To fall a doing of something. *Se mettre à faire quelque chose, commencer à faire quelque chose.*
To fall a fighting. *Commencer à se battre.*
You may easily perceive where the application is like to fall. *Il vous est facile d'en faire l'application, ou de voir sur quoi cela porte.*
The motion fell. *La proposition tomba à terre, on n'en parla plus.*
No indecent expressions ever fell from him. *Il ne lui echappa jamais aucune expression indécente.*
To fall a note in musick. *Baisser d'un ton en musique.*
To fall (or to come) to one's share. *Echeoir.*
To fall, (to be cheaper.) *Amender, baisser de prix, être à meilleur marché.*
The corn falls in its price or the corn falls. *Le bled amende, ou diminue.*
My horse fell under me. *Mon cheval s'abattit.*
† Fall back, fall edge. *Quoi qu'il arrive, à quel prix que ce soit, vaille que vaille.*
To fall asleep. *S'endormir.*
P. One may sooner fall than rise. P. *Il est aisé de tomber, mais il n'est pas si aisé de se relever.*
P. If a man once falls, every one will tread upon him. P. *Quand l'arbre est à terre, tout le monde court aux branches.*
To fall, (or to become.) *Devenir.*
To fall poor. *Devenir pauvre.*
To fall a sacrifice. *Etre sacrifié.*
He let fall some expressions to her relations. *Il lui échappa quelques paroles devant ses parents.*
To let fall the desire of a thing. *Perdre l'envie de quelque chose, ne la plus souhaiter.*
His fears fall upon him. *Ce qu'il craignoit lui arrive.*
To fall a board of a ship, (at sea.) *Aborder un vaisseau, en chevant ou en dérivant sur lui; ou dériver sur un vaisseau.*
To fall astern. *Culer, aller par la poupe.*
To fall AGAIN. *Retomber, tomber encore une fois.*
To fall back, (or to fall in one's flesh.) *Déchoir, diminuer, s'amegrir, devenir maigre, perdre son embonpoint, s'affoiblir.*
To fall away from one's religion, (or apostatize.) *Apostasier, changer de religion, se pervertir, renoncer à sa religion.*
To fall calm, (at sea.) *Calmer,* en parlant du temps.
To fall BACK. *S'acculer ou reculer.*
To fall DOWN. *Tomber.*
To fall down stairs. *Tomber des degrés en bas.*
He fell down upon his face. *Il tomba sur son visage.*
To fall down at one's feet. *Se jetter aux pieds de quelqu'un.*
The rampart begins to fall down. *Le rampart commence à s'ébouler.*
We fell down with the tide. *Nous descendîmes ou nous baissâmes avec la marée.*
To fall down a river. *Descendre une riviere.*
To fall IN. *Tomber dedans.*
To fall in love with one. *Devenir ou se rendre amoureux de quelqu'un.*
To fall in with one. *Se ranger du côté de quelqu'un, se jetter dans son parti.*
We fell in with Cyprus. *Nous vinmes à Cypre, nous y abordâmes.*
To fall in with the enemies. *En venir aux prises ou aux mains avec les ennemis, se battre, donner bataille.*
To fall in with a ship. *Rencontrer un vaisseau en mer.*
To fall in hand with a thing. *Entreprendre quelque chose.*
To fall in, (as a building, to sink.) *S'enfoncer, fondre, s'affaisser.*
His cheeks fall in. *Ses joues s'enfoncent ou s'avalent.*
If any living falls in his gift, he has promised to confer it upon me. *Si quelque bénéfice lui tombe entre les mains, il a promis de me le conférer; ou bien, il a promis de me conférer le premier bénéfice qui sera à sa collation.*
To fall in, (to tally or agree with, to be conformed to.) *S'rapporter, cadrer, s'accorder.*
This circumstance falls in with his deposition. *Cette circonstance s'accorde avec sa déposition.*
To fall INTO. *Tomber.*
To fall into a precipice. *Tomber dans un précipice.*
To fall into one's hands. *Tomber entre les mains de quelqu'un.*
To fall into a swoon. *Tomber en défaillance, s'évanouir.*
To fall into discourse. *Tomber sur quelque discours.*
We fell into their camp. *Nous nous jetâmes dans leur camp.*
To fall into a sweat. *Commencer à suer.*
To fall into foul weather. *Etre surpris, être accueilli d'une tempête.*
To fall into a sleep. *S'endormir.*
Our broken forces fell again into order. *Nos troupes se rallierent, le débris de notre armée se rallia.*
He falls blindly into the measures of the prime Minister. *Il se prête aveuglément à toutes les mesures du premier Ministre, ou il donne aveuglément ou tête baissée dans toutes les mesures du premier Ministre.*
To fall into a passion. *S'emporter, se mettre en colere.*
To fall into a gallop. *Prendre le galop.*
To fall into discontent. *S'affliger.*
To fall into a trade. *S'achalander.*
To fall into a way of doing something. *Se mettre en état de faire quelque chose.*
They fell FROM their first heat. *Leur premiere ardeur se ralentit, se diminua.*
To fall OFF. *Tomber de.*
To fall off a horse. *Tomber de cheval.*
To fall off (or quit) a business. *Abandonner, quitter une affaire, s'en déporter.*
To fall off from one's bargain. *Se dédire de son marché, ne s'en tenir pas aux conditions arrêtées.*
To fall off from a discourse. *Tourner son discours, changer de discours.*
To fall off, (a sea-expression.) *Abattre, faire son abattée.*
Falling off, part. act. *Abattée.*
On entend aussi par ce terme, *les écarts ou embardées,* ou l'angle contenu entre les plus écarts ou embardées que fait la proue d'un vaisseau qui est à la cape, & qui tantôt abat sous le vent, & tantôt revient au vent.
To fall OUT. *Tomber de.*
He fell out at the window. *Il tomba de la fenêtre en bas.*
My sword fell out of my hand. *L'épée me tomba de la main.*
To fall out, (or come to pass.) *Arriver, venir, se rencontrer.*
It fell out unluckily. *Il arriva par malheur, il arriva ou il se rencontra malheureusement.*
It will fall out better than you expect. *La chose réussira ou ira mieux que vous ne croyez.*
If things fall out to our minds. *Si les affaires réussissent selon nos desirs.*
To fall out with a friend. *Rompre, se brouiller ou se quereller avec un ami.*
I am resolved to fall out with him. *Je suis résolu, j'ai pris la résolution de rompre avec lui.*
To fall out with one abruptly. *Rompre en visiere à quelqu'un, l'offenser sottement & mal-à-propos.*
They fell out most grievously. *Ils se font querellés d'une terrible maniere.*
To fall TO, to fall to it. *Se mettre, commencer à faire quelque chose.*
To fall to work. *Se mettre à travailler.*
My horse fell to capering. *Mon cheval commença à se cabrer.*
They fell to it and eat heartily. *Ils se jetterent dessus, & mangerent de bon appetit.*
To fall into pieces. *Tomber en pieces, se défaire, se démonter.*
† To fall to pieces, (or to be delivered.) *Accoucher.*
To fall to one's share. *Echeoir, tomber en partage.*
To fall to one's business. *Faire ses affaires, se mettre à travailler.*
To fall to the leeward. *Tomber sous le vent.*
To fall UPON. *Tomber sur ou dessus, dans le propre; se ruer, se jetter, donner dessus, attaquer, fondre sur,* dans le figuré.
I fell up on the table. *Je tombai sur la table.*
We fell upon the rear. *Nous nous jetâmes, nous donnâmes sur l'arriere-garde, nous attaquâmes l'arriere-garde.*
They fell upon us desperately. *Ils vinrent nous attaquer tête baissée, ils fondirent sur nous in désespérés.*
He fell foul upon me. *Il se jeta sur moi, il s'emporta, il se déchaîna ou il invectiva contre moi.*
To fall foul upon one another, (as ships do in a storm.) *Se froisser, se briser, s'entre-choquer.*

FAL

Before sickness fell upon him. *Avant qu'il tombât malade.*
It will fall heavy upon me. *Cela m'accablera, cela me sera grand tort.*
To fall upon an expedient. *Trouver un expédient, s'aviser d'un expédient.*
To fall upon one's knees. *S'agenouiller, se mettre à genoux.*
I fell under him. *Je tombai sous lui.*
A thing that falls under our senses. *Une chose qui tombe sous les sens.*
This falls under our consideration. *Ceci se présente à notre considération.*
To fall (or sink) under a burden. *S'affaisser, être accablé d'un fardeau.*
To fall under one's displeasure. *Encourir l'indignation de quelqu'un, tomber en disgrace.*
To fall under an accusation. *Être accusé, soupçonné.*
To fall TOGETHER by the ears. *Être aux prises, se battre, en venir aux mains.*
To fall SHORT. *Être frustré ou trompé.*
We fell short of our expectations. *Nous fumes frustrés de notre attente.*
The enjoyment falls short of my expectation. *La jouissance ne répond pas à l'idée que j'en avois, je n'y trouve pas tant de plaisir que j'en espérois.*
We fell short of provisions or our provisions fell short. *Les vivres nous manquerent.*
Whatever I can say in your favour, will fall short of your merit. *Quelque chose que je dise en votre faveur, ce sera toujours beaucoup au dessous de votre mérite.*
This practice may be said to fall little short of what is necessary. *On peut dire que cette pratique est presque nécessaire.*
FALLACIOUS, *adj.* (or deceitful.) *Trompeur, captieux, artificieux.*
A fallacious expression. *Une expression trompeuse.*
FALLACIOUSLY, *adv. En sophiste, pour tromper.*
FALLACIOUSNESS, *subst. Fourberie, tromperie.*
FALLACY, *f.* (cheat or deceit.) *Tromperie, surprise, déguisement, illusion.*
To put a fallacy upon one. *Éblouir quelqu'un par une illusion,* † *lui jeter de la poudre aux yeux.*
FALLEN, *adj. Tombé.*
FALLIBILITY, *f. Qualité qui rend susceptible d'erreur, incertitude.*
FALLIBLE, *adj.* (that may fail or err.) *Qui peut faillir ou errer, qui n'est pas infaillible.*
FALLING, *f. L'action de tomber,* &c. *V.* to Fall; *chute,* &c.
The falling of one river into another. *Le confluent d'une rivière et une autre.*
A falling out. *Une querelle, une brouillerie.*
Falling, *adject. Qui tombe, prêt à tomber.*
The falling-sickness. *Le haut mal, le mal caduc.*
FALLOW, *adject. Fauve, qui tire sur le roux.*
A fallow deer. *Une bête fauve, comme sont les cerfs,* &c.
A fallow field or fallow ground, (a field that lies fallow.) *Jachere, terre labourable qu'on laisse reposer un an pour y semer du blé l'année suivante.*
Fallow (or uncultivated.) *En friche.*
FALLOW, *f. Une friche, une jachere.*
FALLOWNESS, *f. Stérilité.*

FAL

FALN, } *adj.* (from to fall.) *Tombé,* &c. *V.* to Fall.
FALLEN, }
The price of corn is fallen. *Le blé est à meilleur marché ou est amendé.*
Fallen cheeks. *Joues enfoncées ou avalées.*
FALOUQUE. *V. Felucca.*
FALSE, *adj.* (not true.) *Faux, qui n'est pas vrai, qui n'est pas réel.*
False, (or counterfeit.) *Faux, supposé, contrefait, falsifié.*
False, (or treacherous.) *Perfide, traître, infidéle, déloyal, trompeur.*
A false report. *Un faux bruit.*
A false witness. *Un faux témoin.*
A false Prophet. *Un faux Prophète.*
A false (or erroneous) opinion. *Une opinion fausse ou erronée.*
False coin. *Fausse monnoie.*
A false coiner. *Un faux monnoyeur.*
A false will. *Un faux testament, un testament supposé.*
A false heart. *Un cœur traître.*
A woman false to her husband. *Une femme qui n'est pas fidèle à son mari, qui le trahit.*
False latin. *Du latin plein de fautes, qui ne veut rien.*
A false conception. *Un faux germe ou mole, chair sans forme, ou matiere informe qui s'engendre dans la matrice.*
A false muster. *Passe-volant, un homme qui passe en revue & qui n'est pas enrôlé.*
A false imprisonment. *Un emprisonnement à faux.*
False claim. *Un titre à faux.*
False bray, (a piece of fortification.) *Fausse-braie, ouvrage de fortification.*
False-hearted, (not to be trusted to.) *Fourbe, traître, perfide, à qui on ne doit pas se fier.*
False, *adv. Faussement.*
To speak false. *Parler faussement.*
To swear false. *Se parjurer.*
To play false. *Tromper au jeu, tricher.*
FALSELY, *adv. De mauvaise foi, faussement.*
To deal falsely with one, (to be false to him.) *Fausser sa foi à quelqu'un, en agir de mauvaise foi avec lui, lui être infidelle.*
FALSENESS, } *f. Fausseté.*
FALSEHOOD, }
It is or 'tis a palpable falsehood. *C'est une fausseté palpable.*
FALSIFIABLE, *adj.* (which may be falsified.) *Que l'on peut falsifier, sujet à être falsifié.*
FALSIFICATION, *f. Falsification, l'action de falsifier.*
FALSIFIER, *f. Faussaire, celui ou celle qui falsifie.*
To FALSIFY, *v. act. Falsifier.*
To falsify a writing. *Falsifier un écrit.*
To falsify wares. *Mêler la bonne avec la mauvaise marchandise, la déguiser.*
To falsify a thrust. *Faire une feinte, en termes d'escrime.*
To falsify (is used sometimes among lawyers instead of, to disprove, to shew or evince the falsity of) a deed. *Prouver la fausseté d'un acte, l'invalider, le décréditer.*
Falsified, *adj. Felsifié,* &c.
FALSIFYING, *f. L'action de falsifier,* &c. *V.* to Falsify; *falsification.*
FALSITY, *f. Fausseté, chose fausse & opposée à la vérité; mensonge.*

FAL FAM

To FALTER, *v. n.* (or stammer in one's speech.) *Bredouiller, parler avec peine, bégayer.*
He falters in his speech. *Il bredouille, la langue lui vacille.*
To falter in one's legs, (or to stumble.) *Broncher, chanceler, vaciller.*
To falter (or fall) in one's design. *Ne pas réussir dans son dessein, manquer son coup.*
To falter in one's answers. *Vaciller, se couper, se troubler.*
To falter, (or to mistake.) *Se tromper, se méprendre.*
To falter, (or give over.) *Se désister, se déporter, cesser.*
FALTERING, *f. Bredouillement ou bégayement, sorte de vice de langue; bronchement, l'action de bredouiller,* &c. *V.* to Falter.
The faltering of the senses. *L'erreur des sens.*
FALTERINGLY, *adv.*
Ex. He speaks falteringly. *Il parle en bredouillant, il bredouille, il bégaye, la langue lui vacille.*
To FAMBLE in one's speech, *v. n.* (or hesitate.) *Bégayer, hésiter en parlant, avoir la langue empêchée.*
FAME, *subst.* (or report.) *La renommée, le bruit que fait une chose dans le monde.*
Fame, (or reputation.) *Renommée, renom, réputation, gloire.*
To acquire fame. *Acquérir de la réputation, faire parler de soi.*
FAMED, *adj. Renommé, fameux.*
FAMELESS, *adj. Inconnu, ignoré.*
FAMILIAR, *adj.* (or free.) *Familier, qui se communique aisément avec les gens.*
He is a very familiar man. *C'est un homme fort familier.*
To make one's self familiar. *Se rendre familier, se familiariser.*
To grow too familiar. *Devenir trop familier, prendre un peu trop de familiarités.*
Familiar, (or common.) *Familier, commun, ordinaire.*
Familiar, (plain, easy or natural.) *Familier, aisé, facile, naturel, qui n'est point élevé, en parlant du style, d'une expression,* &c.
FAMILIAR, *f.* (or a familiar spirit.) *Un esprit familier, un lutin.*
FAMILIARITY, *f.* (or familiar way.) *Familiarité, maniere familiere de converser avec quelqu'un, ouverture de cœur qui est entre les amis.*
P. Too much familiarity breeds contempt. *Trop de familiarité engendre le mépris.*
To FAMILIARIZE, *verb. act. Rendre familier.*
FAMILIARLY, *adv. Familièrement, avec familiarité librement, sans façon.*
To write familiarly. *Écrire familièrement, d'un style simple, aisé & facile.*
FAMILIST, *f. C'est un nom qu'on donne à certains hérétiques. V.* Family of love, *après* Family.
FAMILLE, *adv. En famille.*
FAMILY, *subst.* (father, mother, children and servants.) *Famille, le domestique, le pere, la mere, les enfants & les serviteurs.*
I dine at home with my family. *Je dine chez moi avec ma famille ou en famille.*
Family, (house or parentage.) *Famille, maison, parentage.*

The

The Royal Family. *La Famille ou la Maison Royale.*
He is of a good family. *Il est de bonne famille.*
The family of love, *c'est ainsi qu'on appelle une espece d'hérésie, qui s'éleva vers l'an 1506, & dont Nicolas d'Amsterdam fut l'auteur.*
FAMINE, *subst.* (a general want of provisions.) *Famine, grande disette de vivres.*
To take a town by famine. *Prendre une ville par famine.*
To FAMISH, v. act. (or starve.) *Affamer, faire souffrir la faim, réduire à la famine.*
To famish a town. *Affamer une ville, la réduire à la famine.*
To famish, v. n. *Être affamé, mourir de faim.*
I am ready to famish. *Je suis presque affamé.*
Famished, *adj. Affamé, pressé de la faim, réduit à la famine.*
FAMISHING, *s. L'action d'affamer ou de réduire à la famine.*
FAMISHMENT, *s. Famine.*
FAMOUS, *adj.* (renowned.) *Fameux, illustre, renommé, célèbre, éclatant, glorieux, qui fait grand éclat dans le monde, admirable.*
A famous writer. *Un fameux écrivain.*
A famous inn. *Une fameuse hôtellerie.*
FAMOUSLY, *adv. Parfaitement bien, avec une approbation générale, avec éclat.*
FAMOUSNESS, *s. Excellence, grandeur, renommée, réputation.*
FAN, *s. Eventail, van.*
To cool one's face with a fan. *Se rafraîchir le visage avec un éventail.*
To winnow corn with a fan. *Vanner du grain avec un van.*
To keep off the heat of the fire with a fan. *Se garantir de l'ardeur du feu par le moyen d'un écran.*
To FAN, v. act. (or winnow) corn. *Vanner le blé.*
To fan. *Rafraîchir en agitant l'air.*
FANATICAL, *adj. Fanatique, de fanatique ou de visionnaire.*
A fanatical conception. *Une pensée de fanatique ou de visionnaire.*
FANATICISM, *s. Enthousiasme, fanatisme, prétendue inspiration, ou bien, la secte des fanatiques.*
FANATICK, *subst. & adj.* (or enthusiast.) *Fanatique.*
A fanatick, (or dissenter from the Church of England.) *Un schismatique, un nonconformiste.*
FANCIED, *V.* to Fancy.
FANCIES, *c'est le pluriel de Fancy, & la troisième personne singulière du temps présent de l'indicatif du verbe* to Fancy.
FANCIFUL, *adj. Fantasque, bizarre, capricieux, bourru.*
FANCIFULLY, *adj. Bizarrement, capricieusement.*
FANCIFULNESS, *subst. Bizarrerie, caprice, boutade.*
FANCY, *subst.* (a faculty of the soul.) *L'imagination, une des facultés de l'ame.*
Fancy, (or notion.) *Pensée ou idée qu'on se forme d'une chose.*
Fancy, (or foolish conceit.) *Imagination, rêverie, chimère, vision, illusion.*
Fancy, (humour or disposition.) *Fantaisie, humeur, goût, envie, volonté.*

Fancy, (caprice or whim.) *Fantaisie, caprice, boutade, folie.*
Fancy, (pleasure or inclination.) *Plaisir, amitié, inclination, affection.*
Fancy is a faculty of the soul, whereby we apprehend sensible things. *L'imagination est une faculté de l'ame, par laquelle nous concevons les choses sensibles.*
To have a quick fancy. *Avoir l'imagination vive.*
It is or 'tis but a mere fancy. *C'est une pure imagination, c'est une pure illusion.*
That were an idle fancy. *Ce seroit une pure vision que cela.*
To live according to one's own fancy. *Vivre à sa fantaisie, vivre à sa guise.*
'Tis my fancy. *C'est mon humeur.*
I had a fancy to go thither. *Il me prit envie ou fantaisie d'y aller.*
You have strange fancies in your head. *Vous avez d'étranges fantaisies dans l'esprit.*
To take (to have) a fancy to a thing. *Prendre plaisir à quelque chose.*
I have a great fancy to it. *J'ai une forte inclination à cela.*
His fancy lies extremely for travelling. *Il a une forte inclination pour les voyages, Il se plait extrêmement à voyager.*
If he takes a fancy to you, your business is done. *S'il vous prend en amitié, votre affaire est faite.*
His cloaths are extremely rich and of the best fancy. *Son habit est de la dernière magnificence & du meilleur goût.*
To FANCY, v. act. *S'imaginer, se figurer, se mettre dans l'esprit, croire.*
To fancy (or to like) a thing. *Aimer une chose, l'affectionner.*
To fancy a thing or take it into one's head. *Se représenter, se figurer une chose, se la mettre dans l'esprit.*
He fancies himself a great man. *Il s'imagine être un grand homme.*
That is or that's the thing I fancy. *C'est ce que j'aime.*
I fancy her above all other women. *Je l'aime par-dessus tous son sexe.*
I fancy you are in the wrong. *Il me semble que vous avez tort.*
Fancied, *adj. Imaginé, &c. aimé, &c.*
FANE, *s.* (from the Latin, *fanum*, a temple.) *Un temple; une girouette.*
FANFARONADE, *s.* (from the french.) *Fanfaronade.*
FANG, *s.* (or claw.) *Griffe.*
Fangs, (or fore-teeth.) *Les dents incisives, les premieres dents, les dents de devant.*
To FANG, *verb. act. Empoigner, prendre avec la main.*
FANGED, *adj.* (armed.) *Armé.*
The old Britons, in chariots fanged with scythes, did scower the field. *Les anciens Bretons, avec des chariots armés de faux, couroient la plaine.*
FANGLED, *adject.* new-fangled. *D'une nouvelle invention.*
FANGLES, *sub.* new-fangles. *Des nouveautés ou de nouveaux dogmes.*
FANGLESS, *adj. Sans dents.*
To FANN. *V.* to Fan.
Fanned, *adj.* (from to fan.) *Vanné.*
FANNEL, *subst.* (or maniple, a scarf-like ornament worn about the left arm of a sacrificing Priest.) *Fanon, manipule de Prêtre.*
FANNER, *s.* (from to Fan.) *Vanneur.*
FANNING, *s. L'action de vanner.*

FANTASIED, *adj. Plein de fantaisies, de caprices.*
FANTASM or PHANTASM, *s.* (apparition.) *Fantôme, spectre, apparition, vision.*
A dreadful fantaim. *Un spectre affreux.*
FANTASTICAL, } *adj.* (or conceited.)
FENTASTICK, } *Fantasque, capricieux, bourru, visionnaire.*
A fantatical fellow. *Un fantasque.*
FANTASTICALLY, *adv. D'une maniere fantasque ou capricieuse; en visionnaire.*
FANTASTICALNESS, }
FANTASTICKNESS, } *subst.* (or conceitedness.) *Humeur fantasque ou bourrue, bizarrerie.*
FANTASY, *s.* (or fancy.) *L'imagination.*
FAP, *adj. Ivre.*
FAR, *adj.* (or distant.) *Eloigné, reculé.*
To travel into far countries. *Voyager dans des pays éloignés.*
Far, (or averse.) *Eloigné, contraire, opposé.*
Far, (or late.) *Tard.*
It is far in the day. *Il est tard, la nuit s'approche.*
FAR, *adv. Loin.*
That is very far. *Cela est bien loin.*
Far from sea. *Loin de la mer.*
Far from home. *Loin de la maison.*
To keep far from each other. *Se tenir loin l'un de l'autre.*
So far. *Si loin.*
As far as. *Aussi loin que.*
I am so far from being in love with her, that I almost hate her. *Bien loin de l'aimer, j'ai de l'aversion pour elle.*
This is far better. *Celui-ci est beaucoup meilleur.*
By far. *De beaucoup.*
Far distant. *Fort éloigné.*
How far is it thither ? *Combien y a-t-il d'ici là ?*
The winter season is so far advanced. *L'hiver est fort avancé.*
So far is my pain from being lessened, that it is increased. *Tant s'en faut que ma douleur soit diminuée, qu'au contraire elle est augmentée.*
This way is not so far about by a great deal. *Ce chemin n'est pas si long de beaucoup ou à beaucoup près.*
So far as it is possible. *Autant qu'il est possible.*
So far as I can guess. *Autant que je puis deviner ou conjecturer.*
The pleasure of deceit goes sometimes so far! *Il y a quelquefois tant de plaisir à être trompé !*
You must learn so far. *Il vous faut apprendre jusques-là.*
As far as I can see. *A ce que je puis voir.*
I will or I'll go as far as any man in it. *J'y contribuerai autant que qui que ce soit.*
In the question of the immortality of the soul, what goes very far with me is a general consent to the opinion of future rewards and punishments. *La croyance générale des peines & des récompenses futures sert beaucoup à me persuader l'immortalité de l'ame.*
I will help you as far as I can or as far as in me lies. *Je vous aiderai de tout mon possible ou en tout ce qui dépendra de moi.*
As far as it shall be needful. *Autant qu'il sera nécessaire.*
As far as I hear. *A ce que j'apprends.*
Far be it from me. *A Dieu ne plaise, Dieu me garde.*

As far as may stand with your convenience. *Si cela se peut faire sans vous incommoder.*

This came as far as from the Indies. *Ceci vient des Indes.*

This is far above expression. *Ceci passe toute expression.*

It fell out far otherwise. *Il arriva tout autrement.*

Far and near or far and wide. *Par-tout, de tous côtés.*

Do you know how far he will speak? *Savez-vous jusqu'à quel point il portera son discours?*

This will go far (or a great way) with him. *Ceci fera un grand effet sur lui.*

Thus far we agree together. *Jusqu'ici ou en ceci nous sommes d'accord.*

Thus far of these things. *C'est assez parlé de ces choses.*

Far-sought. *Recherché.*

Far-fetched, adject. Ex. A far-fetched commodity. *Une marchandise qui vient de loin.*

A far-fetched discourse. *Un discours tiré de loin.*

A far-fetched expression. *Une expression affectée ou trop recherchée, une expression forcée.*

FARCE, *s.* (or mock-comedy.) *Farce, comédie burlesque, dont le but est de faire rire & d'instruire agréablement.*

Farce, (a sort of pudding.) *Farce, sorte de boudin.*

Farce, (or hodge-podge.) *Fatras, mélange de diverses choses.*

FARCED, adj. (or stuffed.) *Farci.*

FARCICAL, adj. *Burlesque, qui tient de la farce.*

FARCIN,
FARCY, } *s.* (a horse-disease.) *Farcin, maladie de cheval.*

FARD, *s. Fard.*

To FARD, *v. a. Farder.*

FARDEL, *s.* (or bundle.) *Paquet.*

A fardel of land, (the fourth part of a yard-land.) *La quatrieme partie d'un yard-land. V. Yard-land.*

FARDING. *V.* Farthing.

FARDING-DEAL, *subst.* (or farundel of land, the fourth part of an acre.) *La quatrieme partie d'un acre de terre.*

FARE, *s.* (cheer.) *Chere.*

A good or slender fare. *Bonne ou mauvaise chere.*

A bill of fare. *La liste des plats qu'on doit apprêter.*

To be reduced to hard fare. *Être réduit à une maniere de vivre fort dure.*

Fare, (or watch-tower at sea.) *Phare, fanal.*

The fare of Messina. *Le phare de Messine.*

Fare, (money paid for being carried by a water-man, hackney-coachman, &c.) *Voiture, passage ou le prix du passage.*

The fare of six people in the coach. *La voiture de six personnes par le coche.*

To pay the waterman his fare. *Payer le passage au batelier.*

Fare, (people that are carried.) *Voiture, les gens qui sont portés, menés, &c.*

A waterman that has got never a fare. *Un batelier qui n'a point encore de passager.*

A coachman that has got a fare. *Un cocher qui a sa voiture.*

To FARE, *v. neut.* (to live.) *Vivre, se nourrir, se traiter.*

To fare deliciously. *Vivre délicieusement.*

He fares like a Prince, (he keeps a very good table.) *Il vit comme un Prince, il vit splendidement, il se traite bien, il tient bonne table, il fait bonne chere.*

He fares very ill or very hard. *Il vit mal, il se traite mal.*

To fare, (in point of health.) *Se porter.*

How fare you, (or how do ye?) *Comment vous portez-vous? comment vous va?*

Fare you well. *Portez-vous bien, adieu.*

To fare better than another, (to be in a better pass.) *Être en meilleur passe qu'un autre.*

I would not have you fare better than myself. *Je ne prétends pas que vous ayez aucun avantage sur moi.*

It fared with him as with me. *Il lui en prit comme à moi.*

It fares with pleasures, as —. *Il en est des plaisirs, comme —.*

FAREWELL, adv. *Adieu, portez-vous bien.*

Farewell, *s. Un adieu.*

To bid one farewell. *Dire adieu à quelqu'un.*

I shall bid him an eternal farewell. *Je lui dirai adieu pour jamais.*

This wine has a sad farewell with it. *Ce vin a un déboire affreux.*

Farewell the laws, unless both sharp tools and caustiscks be employed to stop this gangreen. *C'est fait des lois, ou † servitur aux lois, si pour arrêter cette gangrene, on n'emploie le fer & le feu.*

FARINACEOUS, adj *Farineux.*

FARM, *s. Une ferme, une métairie.*

A great farm. *Une grande ferme.*

To FARM, *v. act.* (or take to farm.) *Prendre à ferme.*

To farm the King's revenues. *Prendre à ferme les revenus du Roi.*

To farm OUT, give to farm, (or to let out.) *Affermer, donner ou bailler à ferme.*

To farm out land. *Affermer une terre.*

Farmed, adj. *Pris à ferme.*

Farmed out. *Affermé, donné ou baillé à ferme.*

FARMER, *s. Fermier, celui qui tient une ferme.*

A farmer's wife. *Fermiere, femme de fermier.*

A Farmer of the King's revenues. *Fermier des revenus du Roi, celui qui les a pris à ferme; un traitant, celui qui a traité avec le Roi pour les fermes.*

FARMOST, adj. *Le plus éloigné.*

FARNESS, *subst. Distance, éloignement.*

FARRAGINOUS, adj. *Formé de diverses matieres.*

FARRAGO, *s. Assemblage confus, mélange bizarre.*

FARRIER, *s.* (a horse doctor.) *Un maréchal expert.*

To FARRIER, *v. neut. Traiter les chevaux, faire le métier de maréchal expert.*

FARROW, *s. Un petit cochon.*

A sow with farrow. *Une truie pleine.*

To FARROW, *v. neut.* (or bring forth pigs.) *Cochonner, faire de petits cochons.*

The sow has farrowed. *La truie a cochonné.*

FARSANG, *subst.* (a Persian league.) *Parasange, mesure de chemin en Perse, contenant trente stades.*

FARSET, *s. Une cassette.*

FART, *subst. Un pet, vent qui sort avec impétuosité du derriere.*

To let a fart. *Peter, faire un pet, † lâcher un prisonnier.*

To FART, *v. neut.* (or let a fart.) *Peter, faire un pet.*

He farts perpetually. *Il ne fait que peter.*

FARTER, *s. Peteur, peteuse.*

A stinking farter. *Un vilain peteur, une vilaine peteuse.*

To FARTHEL, *v. act.* (a sea-term.) Ex. To farthel a sail. *Carguer ou heurter la voile, terme de mer.*

FARTHER. *V. Further.*

FARTHEST. *V. Furthest.*

FARTHING, *subst.* (the fourth part of a penny.) *La quatrieme partie du sou d'Angleterre, liard d'Angleterre.*

A brass farthing. *Un liard de cuivre.*

A tin farthing. *Un liard d'étain.*

He has not left me a farthing. *Il ne m'a pas laissé un sou ou un liard.*

Farthing satin. *Nompareille de satin à un liard la verge.*

A farthing deal of land. *C'est une grande étendue de terre.*

FARTHINGALE, *s.* (a hoop or circles of whale-bone used to spread the petticoat to a wide circumference.) *Panier.*

FARTING, *s.* (from to fart.) *L'action de peter, pet.*

FARTLE-BERRY, *s. Gringuenaude.*

FARUNDEL of land. *V. Farthing-deal.*

FASCES, *subst. Faisceaux des Consuls Romains.*

FASCIA, *s.* (a range of stones to divide the stories in a building.) *Cordon pour marquer les divisions d'un bâtiment.*

FASCIATION. *V. Dandage.*

To FASCINATE, *v. act.* (to bewitch.) *Fasciner, enchanter, ensorceler, charmer.*

Fascinated, adj. (or bewitched.) *Fasciné, enchanté, ensorcelé, charmé.*

FASCINATION, *subst.* (or bewitching.) *Fascination, enchantement, sorcellerie, charme.*

FASCINE, *s.* (or faggot.) *Fascine.*

FASCINOUS, adj. *Causé par enchantement ou par sortilege.*

FASHION, *s.* (way or manner.) *Façon, maniere, sorte.*

In this fashion. *De cette façon ou de cette maniere.*

Fashion, (or custom.) *Coutume, maniere de faire ou de vivre.*

This is our fashion. *C'est notre coutume; c'est notre maniere de faire.*

Fashion, (or mode.) *Mode.*

An old fashion. *Une vieille mode.*

A new fashion. *Une nouvelle mode.*

After the French fashion. *A la mode de France.*

To follow fashions, to follow the fashion. *Suivre la mode.*

It is quite out of fashion. *La mode en est passée, la mode n'en est plus.*

Fashion, (looks, mien, behaviour.) *Mine, air, façon, extérieur d'une personne.*

People of fashion, people of good fashion. *Des gens qui ont bonne façon, qui ont l'air d'honnêtes gens, qui marquent être quelque chose.*

Fashion, (form or shape.) *Forme, figure.*

Fashions, (a horse disease.) *Farcin.*

Fashion-pieces, (a sea-term.) *Corniere & estains.*

A cant fashion-piece. *Estain dévoyé.*

To FASHION, *v. a.* (to shape.) *Former, donner la forme ou la figure.*

FASHIONABLE,

FASHIONABLE, adj. A la mode, qui est à la mode.
A fashionable suit of clothes. Un habit à la mode.
A fashionable man. Un homme qui suit la mode.
FASHIONABLY, adv. A la mode.
FASHIONED, adj. Formé, fait.
The youth is well fashioned. Le jeune homme est bien tourné ou bien fait de sa personne, il est bien formé pour le monde.
A new fashioned suit of clothes. Un habit à la mode.
FASHIONER, s. Celui qui façonne, qui fait la mode.
FASHIONING, s. L'action de former ou de donner la forme à quelque chose.
FASHIONIST, s. (or fashion-monger.) Un faiseur de modes; un homme à la mode.
FAST, adj. (close or tight.) Serré.
Fast, (or swift.) Habile, prompt, vite.
Fast, (or firm.) Ferme, qui tient bien.
Fast, (or shut.) Fermé.
A fast knot. Un nœud serré.
A fast (or quick) writer. Un habile écrivain, un homme qui écrit d'une grande vitesse.
Is it fast ? Est-il fermé ?
Is the door fast ? La porte est-elle fermée ?
To make the door fast. Fermer la porte.
FAST, adv. Ferme.
Tye it fast. Attachez-le ferme.
To hold fast. Tenir ferme.
To boil fast. Bouiller fort & ferme, bouillir à gros bouillons.
Fast, (or swiftly.) Vite, promptement.
Do not write so fast. N'écrivez pas si vite.
I will do it as fast as I can. Je le ferai aussi promptement qu'il me sera possible.
To stand fast. Tenir bon, tenir ferme.
To stick fast. S'attacher, s'attenir fort & ferme.
He is fast asleep. Il est dans un profond sommeil, il est fort endormi.
To play fast and loose, (to be false in a business.) N'aller pas droit, biaiser.
Some men make nothing of playing fast and loose with oaths. Il y a des gens qui comptent pour rien de se parjurer, ou à qui le parjure ne coûte rien.
I ran away as fast as I could. Je m'enfuis de toutes mes forces.
FAST, s. Le jeûne.
To keep a fast. Célébrer un jeûne.
To break one's fast. Déjeûner.
Fast, (a sea-term, a rope to fasten a boat or ship.) Une amarre, terme de mer.
A hold-fast in a wall, (a crampiron.) Une main de fer, un crampon.
To FAST, verb. neut. Jeûner, s'abstenir de manger.
I fasted all this day. J'ai jeûné tout le jour.
We must fast and pray. Il nous faut jeûner & prier.
To fast by the Church's order. Jeûner, garder le jeûne ordonné par l'Église.
To fast one's self, verb. récip. to death. Se laisser mourir de faim.
To fast one's self sharp and hungry. Jeûner pour gagner de l'appétit.
To fast away a disease. Se guérir d'une maladie à force de jeûner ou par l'abstinence.
To FASTEN, v. act. (or make fast.) Attacher, lier.
To fasten a thing with a nail. Attacher quelque chose avec un clou.
To fasten a stake in the ground. Ficher ou enfoncer un pieu en terre.

To fasten cramp-irons, &c. with lead. Sceller des crampons de fer.
To fasten one's eyes upon a thing. Arrêter ou attacher, fixer les yeux sur quelque chose, la regarder fixement.
To fasten a door, (or to make it fast.) Fermer une porte.
To fasten (or seize) upon a thing. S'emparer, se saisir d'une chose, la prendre.
To fasten (or fix) a crime upon one. Imputer un crime à quelqu'un, le charger ou l'accuser de quelque crime.
To fasten an obligation upon one. Obliger quelqu'un, lui rendre service.
To fasten an advice upon one. Donner un avis à quelqu'un.
To Fasten, verb. neut. S'attacher, se coller.
He went to Torrington, where he designed to fasten (or remain) till his provisions could be brought up. Il alla à Torrington, où il avoit dessein de rester jusqu'à ce qu'on lui eût amené ses vivres.
Fastened, adject. Attaché, &c. Voy. to Fasten, dans tous ses sens.
To be fastened with strong nails. Tenir à de bons clous.
FASTENING, s. L'action d'attacher, &c. V. to Fasten.
FASTER, subst. (from to Fast.) Jeûneur, celui qui jeûne.
Faster, c'est aussi le comparatif de l'adverbe Fast.
FASTHANDED, adj. Avaricieux, avare.
FASTIDIOSITY, s. Dédain, mépris.
FASTIDIOUS, adj. (or scornful.) Dédaigneux, méprisant, rebutant.
Fastidious, (or nauseous.) Dégoûtant.
A squeamish fastidious niceness in meats, must be cured as we cure agues, by starving them. Une trop grande délicatesse des viandes se doit guérir, comme la fièvre, par la diète.
FASTIDIOUSLY, adv. Fastidieusement.
FASTING, s. (from to Fast.) L'action de jeûner, jeûne.
Fasting, adj. A jeun.
To go out fasting. Sortir à jeun.
FASTING-DAY s. Un jour de jeûne.
FASTLY, adv. V. Fast.
FASTNED, V. Fastened.
FASTNESS, subst. Fermeté.
Fastness, (or strong-hold.) Fort.
Fastness, (a place not to be come at for bogs.) Lieu inaccessible à cause des marais qui l'environnent.
FAT, adject. Gras, qui a de la graisse, moelleux.
A fat woman. Une femme grasse.
To make fat. Rendre gras, engraisser.
To grow fat. Devenir gras, engraisser ou s'engraisser.
Fat guts. Un pansu, une grosse panse.
A fat living. Un bon bénéfice.
FAT, s. Le gras, la graisse.
† If I do not do it, all the fat will be in the fire. Si je ne le fais, la guerre sera déclarée.
A fat, (a vat or vessel.) Une cuve, un cuvier.
Fat, adv. Grassement.
Fat-fed. Grassement nourri.
To FAT, verb. act. & neut. Engraisser, s'engraisser.
FATAL, adj. (from fate.) Fatal, funeste, fâcheux.
The fatal Sisters. Les Parques.
FATALIST, s. Celui qui donne tout à la fatalité, fataliste.

Homer was so great a fatalist, as not so much as to name the word fortune, in all his works. Homere donnoit si fort à la fatalité, qu'il ne nomme pas même la fortune dans tous ses ouvrages.
FATALITY, s. (fate, destiny, invincible necessity.) Fatalité, destinée, destin, cas fortuit ou imprévu.
FATALLY, adv. Fatalement, par fatalité.
FATE, s. (or destiny.) Destin, destinée, fatalité.
The Fates, (or fatal Sisters.) Les Parques.
FATED, adject. Destiné, ordonné par le destin.
FATHER, subst. Pere.
A father-in-law. Un beau-pere.
P. To teach one's father to get children. P. Apprendre à son pere à faire des enfants, prétendre enseigner à un autre ce qu'il sait mieux que nous.
P. Such a father, such a son. P. Le fils est l'image du Pere.
The Fathers of the Church. Les Peres de l'Eglise, grands Saints de l'Eglise qui ont écrit sur diverses matieres de piété.
Reverend father in God. Révérend pere en Dieu : c'est le titre qu'on donne aux Evêques d'Angleterre.
A father Confessor. Un pere Confesseur.
A god-father. Un parrain.
A foster-father. Un pere nourricier.
A grand-father. Un grand-pere ou aïeul.
Our fore-fathers. Nos peres, nos aïeux, nos ancêtres.
Father-like, adv. & adj. En pere, avec une affection de pere ; paternel.
To FATHER, v. act. (or to own.) Adopter, reconnoître pour sien.
He was willing to father that child. Il vouloit bien prendre cette grossesse sur son compte.
To father a thing UPON one. Imputer une chose à quelqu'un, la lui attribuer.
He fathered his crime upon me. Il m'a imputé son crime, il m'a voulu faire passer pour l'auteur de son crime.
She fathers her child upon another man. Elle donne l'enfant à un autre.
FATHERHOOD, s. Paternité.
FATHERLESS, adj. Orphelin, orphelins, qui a perdu son pere.
FATHERLINESS, s. Amour paternel, tendresse paternelle.
FATHERLY, adj. De pere, paternel.
A fatherly care. Un soin paternel.
Fatherly, adv. En pere, avec une affection de pere.
FATHOM, subst. (a measure of six feet.) Brasse, c'est une mesure de marine dont la longueur est d'environ six pieds.
To FATHOM, verb. act. Sonder, approfondir, examiner à fond, tâcher de pénétrer dans la connoissance d'une chose.
To fathom one's design. Sonder le dessein de quelqu'un.
Fathomed, adject. Sondé, approfondi, examiné à fond.
FATHOMING, subst. L'action de sonder, d'approfondir, d'examiner à fond.
FATHOMLESS, adj. Impénétrable, sans fond.
FATIDICAL, adj. (or foretelling.) Qui prédit, qui prophétise l'avenir.
FATIGABLE, adj. Qui se fatigue aisément.
To FATIGATE, v. act. (or tire.) Fatiguer, lasser, peiner.
Fatigated, adj. (or tired.) Fatigué, lassé, las, recru.

FATIGUE.

FATIGUE, s. (or toil.) Fatigue, peine, travail.
The fatigues of a long voyage. Les fatigues d'un long voyage.
FATLING, sub. Un jeune animal qu'on engraisse pour tuer.
FATNED. V. Fatted.
FATNESS, subst. (from fat.) Graisse ou l'état d'un corps gras.
FATTED }
FATTENED } adject. Gras, engraissé.
To kill the fatted calf. Tuer le veau gras.
To FATTEN, v. act. (or make fat.) Engraisser.
To fatten cattle. Engraisser du bétail.
Fattened, adj. Engraissé.
FATTENING, subst. L'action d'engraisser, engrais.
FATTY, adj. (or unctuous.) Gras, onctueux.
A fatty substance. Une substance graisse ou onctueuse.
FATUITY, s. Stupidité, imbécillité.
FATUOUS, adj. Stupide, imbécille.
Fatuous fire. Feu follet.
FAUCET, s. (or tap.) Fausset, robinet de bois.
Faucet, (or peg.) Un fausset.
FAUCHION. V. Falchion.
FAUGH, (an interjection expressing a dislike.) Sorte d'interjection dont on se sert pour marquer qu'une chose est fort dégoûtante : Fy.
FAULCON, subst. (a great hawk.) Un faucon, oiseau de chasse. V. Falcon.
Faulcon, (a piece of ordnance.) Fauconneau, piece d'artillerie.
FAULCONER, }
FAULKNER, } sub. Un fauconnier.
FALCONER, }
The King's chief Faulconer. Le grand Fauconnier du Roi.
FAULCONRY, subst. (or hawking.) Fauconnerie.
FAVILLOUS, adj. De cendres.
FAULT, s. (from to fail, an offence.) Faute.
A fault committed thro' ignorance. Une faute d'ignorance.
Fault, (or mistake.) Faute, erreur, bévue.
A fault of the printer. Faute d'impression.
It is your fault, you are in the fault. Vous êtes en faute, c'est votre faute.
That is a great fault in point of discourse. C'est un grand vice en matière de discours.
It shall not or shan't be my fault if you are not contented. Il ne tiendra pas à moi que vous ne soyez contents.
Fault, (or defect.) Défaut, vice.
You bear him a grudge only because he tells you of your faults. Vous ne lui voulez mal qu'à cause qu'il vous dit vos vérités.
To find fault. Trouver à redire, reprendre, critiquer.
A fault-finder. Un censeur, un critique, une personne qui trouve par-tout à redire.
To FAULT, verb. act. (or to find fault.) Trouver à redire.
If you fault any thing. Si vous trouvez à redire à quelque chose.
† FAULTILY, adv. Avec bien des fautes, mal, d'une manière peu correcte.
FAULTINESS, sub. Méchanceté, défaut, vice, délit, crime.

FAULTLESS, adject. Qui n'a point fait de faute, en parlant des personnes; correct, sans faute, où il n'y a rien à redire, en parlant des choses.
FAULTY, adject. (that is in the fault.) Coupable, qui est en faute, qui a fait une faute, en parlant des personnes.
He is never faulty. Il n'est jamais en faute.
Faulty, (full of faults or defects.) Plein de fautes ou de défauts, vicieux.
FAUN. V. Fawn.
To FAUN. V. to Fawn.
FAVOUR, subst. (courtesy or service.) Faveur, grace, plaisir, bon office, service.
Favour, (or credit.) Faveur, crédit.
Favour (or affection.) Faveur, affection, bonnes graces.
Favour, (or help.) Faveur, aide.
Favour, (or knot of ribbands.) Livrée, nœud de ruban qu'on donne dans une cérémonie.
To do one a favour. Faire une faveur à quelqu'un, l'obliger.
I shall take or esteem it as a great favour. Je tiendrai cela à grande faveur, je vous en serai fort obligé.
To obtain the last favours from his mistress. Avoir les dernières faveurs de sa maîtresse, c'est-à-dire, en jouir.
To be in favour. Être en faveur ou en crédit.
Pray, Sir, favour me with your name. Monsieur, je vous prie d'avoir la bonté de me dire votre nom.
I em in his favour, I am in favour with him. Je suis en faveur auprès de lui, j'ai ses bonnes graces, je suis dans ses bonnes graces.
To curry favour with one, to creep or get into his favour. Faire la cour à quelqu'un, ou s'insinuer dans ses bonnes graces.
By the favour of the wind or of the night. A la faveur, à l'aide du vent ou des ténèbres.
By your favour, (or leave.) Avec votre permission.
To wear a favour. Porter une livrée ou un ruban en cérémonie.
Under favour or with favour. Sous correction, sauf votre respect, ne vous en déplaise, avec votre permission.
With or under your favour, it is not so. Avec votre permission, cela n'est pas.
With favour of the ancients. N'en déplaise aux anciens, sauf ou avec le respect que l'on doit aux anciens.
To appear in favour of an opinion. Favoriser, soutenir, appuyer une opinion.
The Gods have a favour for us. Les Dieux nous favorisent.
Favour, (or countenance.) La mine ou l'air du visage.
To speak in favour or in the favour of one, (to speak for him.) Parler en faveur de quelqu'un.
To FAVOUR, v. act. (to be favourable.) Favoriser, être favorable.
To favour, (to assist or countenance.) Assister, aider, favoriser, appuyer, soutenir.
To favour (or to be like) one. Tenir de, ressembler à, avoir l'air de quelqu'un.
You favour him too much. Vous le favorisez trop, vous lui êtes trop favorable.
Favour me with your advice. Assistez-moi, aidez-moi de votre conseil.

To favour (or sustain) an opinion. Favoriser, soutenir une opinion, approuver, embrasser, suivre une opinion.
He favours his father, (he is like him.) Il tient, il a de l'air de son pere, il ressemble à son pere.
Favour me with that. Faites-moi ce plaisir, cette faveur ou cette grace.
To favour a disease. Flatter un mal.
To favour the masts, (a sea-expression.) Ménager les mâts.
FAVOURABLE, adj. (or good.) Favorable, bon.
A favourable wind. Un vent favorable.
A favourable opportunity. Une occasion favorable.
Favourable, (or kind.) Favorable, bénin, doux, honnête, obligeant.
FAVOURABLENESS, s. Bonté, faveur, douceur, bénignité, honnêteté.
FAVOURABLY, adv. (or kindly.) Favorablement, obligeamment, honnêtement, civilement.
FAVOURED, adj. Favorisé, traité favorablement.
Favoured, (or countenanced.) Assisté, aidé, appuyé, soutenu.
Well-favoured. Beau, agréable, bien fait, qui a bon air.
She is a well-favoured woman. C'est une belle femme, c'est une femme bien faite, agréable ou qui a bon air.
Ill-favoured. Laid, mal-fait, qui a mauvaise grace.
FAVOUREDLY, adv. Ex. Well-favouredly. Bien, comme il faut.
Ill-favouredly. Mal, de mauvaise grace.
FAVOURER, subst. Celui ou celle qui favorise ou qui est favorable, partisan, fauteur, fautrice; protecteur, protectrice.
FAVOURITE, subst. Un favori, une favorite.
FAUSEN, s. (a sort of large eel.) Grosse anguille.
FAUSSEBRAYE, sub. Fausse-braie, terme de fortification.
FAUSTITY, s. (Happiness, good luck, prosperity.) Félicité, bonheur, prospérité.
I wish you length and faustity of days. Je vous souhaite des jours longs & heureux.
FAUTOR, subst. (abettor or favourer.) Fauteur, patron, protecteur, défenseur.
FAUTRESS, s. Fautrice.
FAWCET. V. Faucet.
FAWN, subst. (a young deer.) Faon, le petit d'une biche ou d'une daine.
To FAWN, v. n. (speaking of the females of deer.) Faonner.
To fawn upon one, verb. neut. (to flatter him.) Flatter, caresser, cajoler quelqu'un.
Fawned upon, adject. Flatté, caressé, cajolé.
FAWNER, s. Flatteur, cajoleur.
FAWNING, subst. (speaking of deer.) L'action de faonner.
Fawning, (or flattery.) Flatterie, caresse, cajolerie.
Fawning, adj. Flatteur.
A fawning man. Un flatteur.
FAWNINGLY, adverb. (or in a servile manner.) D'une manière servile.
FAY, sub. (a word sometimes used instead of faith.) Ex. By my fay. Par ma foi.
Fay, (fairy.) Fée.
To FAY, v. neut. (a term of ship-building.)

ding.) *Toucher de par-tout, ajuster ou joindre parfaitement, en parlant des bordages contres les couples, &c, on dit, affleurer.*
To FEAGUE one, *verb. act.* (to lash him.) *Foutter quelqu'un, lui donner le fouet.*
FEALTY, *f.* (or fee and hommage, an oath taken at the admittance of every tenant, to be true to the Lord of whom he holdeth his land.) *Fei & hommage, le serment de fidelité que le vassal prête à son Seigneur.*
Fealty, (or loyalty.) *Fidelité.*
FEAR, *subst. Peur, crainte, appréhension, frayeur, terreur.*
To be in fear. *Avoir peur, être en crainte.*
A panick fear. *Une terreur panique.*
To stand in fear of one. *Craindre quelqu'un.*
To put one into a great fear. *Effrayer quelqu'un ou lui faire grand'peur.*
There's fear. *Il est à craindre.*
There's no fear of it. *Il n'y a rien à craindre.*
When the patient is rich, there's no fear but he will have Physicians about him, as thick as wasps round a honey-pot. *Quand le malade est riche, on ne manque jamais de voir autant de Médecins auprès de lui, que de guêpes à l'entour d'un pot à miel.*
There's no fear of war yet. *Il n'y a point encore apparence de guerre.*
For fear, *adv.* (or lest.) *De peur que, de crainte que.*
To FEAR, *v. act.* (or to be in fear of.) *Craindre, avoir peur, appréhender.*
He fears neither God nor devil. *Il ne craint ni Dieu ni diable.*
I fear it is too true. *Je crains, j'appréhende que la chose ne soit trop véritable.*
The Physician fears his life. *Le Médecin craint pour sa vie.*
To fear, (to doubt or question.) *Douter.*
I don't fear but that he will come. *Je ne doute pas qu'il ne vienne.*
'Tis good to fear the worst. *Il est bon de prendre les choses au pis aller.*
To fear, (or make afraid.) *Faire peur, étonner, effrayer, épouvanter.*
Feared, *adj.* (or had in fear.) *Craint, redouté.*
To make himself feared. *Se faire craindre.*
Feared, (or made afraid.) *Effrayé, étonné, épouvanté.*
FEARFUL, *adj.* (or timorous.) *Peureux, craintif, timide.*
He is a most fearful man. *C'est un homme extrêmement timide.*
Fearful, (or frightful.) *Terrible, affreux, épouvantable.*
A fearful thing. *Une chose terrible.*
A fearful sight. *Un spectacle affreux, terrible, épouvantable.*
To have a fearful look. *Avoir un regard affreux.*
FEARFULLY, *adv.* (terribly, dreadfully.) *Effroyablement, terriblement, épouvantablement.*
She is fearfully ugly. *Elle est effrayablement laide.*
Fearfully, (or dreadfully.) *Horriblement, affreusement.*
To look fearfully. *Avoir un regard affreux, faire peur.*
Fearfully, (or cowardly.) *Avec timidité, avec crainte.*

FEARFULNESS, *f. Crainte, timidité.*
FEARING, *f. Crainte ou l'action de craindre, &c. V.* to Fear.
FEARLESLY, *adv.* Hardiment, d'une manière intrépide, sans crainte.
FEARLESNESS, *f. Intrépidité, hardiesse, assurance mâle & vigoureuse, courage, fermeté.*
A wonderful fearlesness. *Une intrépidité surprenante.*
FEARLESS, *adj.* (or intrepid.) *Intrépide, qui ne craint rien, qui n'a point de peur, hardi, courageux.*
He is a fearless man. *C'est un homme intrépide.*
FEASIBILITY, *f. Possibilité, la possibilité qu'une chose soit faite.*
FEASIBLE, *adj. est.* (or practicable, which may be done.) *Faisable, qui se peut faire.*
The thing is feasible. *C'est une chose faisable.*
FEASIBLENESS, *subst. Possibilité, la possibilité d'une chose, l'état d'une chose faisable.*
I do not question in the least the feasibleness of the thing. *Je ne doute aucunement que la chose ne se puisse faire.*
FEAST, *subst.* (or banquet.) *Festin, fête ou rigal, bonne chère qu'on fait à quelqu'un.*
To keep a feast upon one's birth-day. *Célébrer le jour de sa naissance par un festin.*
A sumptuous and magnificent feast. *Un festin somptueux, magnifique, splendide, superbe.*
P. Enough is as good as a feast. *Assez vaut un festin.*
Feast, (or holy-day.) *Fête, jour de fête.*
The feast of Christ's Nativity. *La fête de Noël.*
A smell-feast. *Un écornifleur, un parasite.*
To FEAST, *v. act.* (or treat one.) *Régaler, traiter magnifiquement.*
To feast one splendidly. *Régaler quelqu'un, lui faire grande chère, le traiter splendidement.*
To feast, *verb. neut.* (to banquet or to revel.) *Être en festin, faire bonne chère, se régaler, se divertir,* † *faire des bombances.*
He feasts every day. *Il est tous les jours en festin.*
To feast like an Emperor. *Se traiter ou être traité en Prince.*
Feasted, *adj. Régalé, traité.*
We were highly feasted. *Nous fumes bien régalés, nous fumes splendidement traités.*
FEASTER, *f. Celui ou celle qui fait un festin; une personne qui se plaît dans les festins.*
FEASTFUL, *adj. Joyeux, voluptueux.*
FEASTING, *f. Festin, régal.*
To love feasting. *Aimer les festins.*
† FEASTING-PENNY, *f. Arrhes,* les arrhes qu'on donne à un serviteur lorsqu'on le prend à gages.
FEASTRITE, *f. Usage observé dans les festins.*
FEAT, *adj.* (fine, spruce.) *Propre, gentil, bien mis, leste.*
* A feat (or odd kind of) man. *Un étrange homme, un homme bizarre ou d'une étrange humeur.*
Feat, *subst.* (or exploit.) *Fait, action, exploit.*

Famous feats of war. *Faits d'armes glorieux, actions glorieuses, exploits fameux.*
Feats of activity. *Tours de souplesse.*
To do feats. *Faire des merveilles.*
FEATHER, *f. Plume, plume d'oiseau.*
To pluck a bird's feathers off. *Plumer un oiseau; en arracher les plumes.*
P. Birds of a feather flock together. P. *Chacun aime son semblable.*
P. To cut one's throat with a feather (that is, to do it smoothly.) P. *Nuire à quelqu'un en lui faisant bien semblant, ou sous les apparences de l'amitié.*
P. Fine feathers make fine birds. P. *La belle plume fait le bel oiseau, les beaux habits parent bien une personne.*
The feather of a jest makes the arrow pierce the deeper, and leave some useful correction behind it. *La légéreté & la délicatesse d'un trait d'esprit, fait qu'il pénètre plus avant, & qu'il imprime quelque leçon utile.*
† To laugh at a feather, (to laugh at the least thing in the world.) *Rire de tout, rire de la moindre bagatelle.*
† That is but a feather in one's cap, (speaking of a title or a place that brings honour without profit.) *Ce n'est qu'une bague au doigt.*
The feathers, (about a horse's neck.) *Epi, qui vient à l'encolure du cheval.*
A plume of feathers. *Un plumet.*
A feather-bed. *Un lit de plume.*
Down-feathers. *Duvet.*
A feather-driver or feather-seller. *Un Plumassier.*
Feather-footed. *Pattu, qui a des plumes aux pieds comme certains pigeons.*
† To FEATHER one's nest, *v. act.* (or to heap up riches.) *Se faire riche, se remplumer.*
He feathers his nest with it. † *Il en fait ses choux gras.*
Feathered, *adj. Garni de plumes, qui a des plumes.*
† He is well feathered again. † *Il s'est bien remplumé.*
FEATHEREDGE, FEATHEREDGED, } *adject. Coupé en pente ou en talus, terme de Menuiserie.*
FEATHERLESS, *adj.* (without feathers.) *Qui n'a point de plumes.*
FEATHERY, *adj. Couvert de plumes.*
FEATLY, *adv.* (from feat.) *Proprement, adroitement.*
He has done it featly. *Il l'a fait fort proprement.*
FEATNESS, *f.* (or neatness.) *Propreté, gentillesse.*
FEATURE, *subst. Trait, trait de visage, linéament.*
She has got excellent features. *Elle a les traits du visage fort bien faits.*
FEATURED, *adj.* (well-featured.) *Qui a de beaux traits de visage.*
† To FEAZE, *v. act. Voyez* to Feague.
To FEAZE, *v. n.* (a sea-term that signifies to ravel out.) *S'éfiler.*
FEAZING, *f. L'action de s'éfiler.*
To keep the cable from feazing. *Empêcher le cable de s'éfiler.*
To FEBRICITATE, *v. n. Avoir la fièvre, être attaqué de la fièvre.*
FEBRIFUGE, *f. & adj. Fébrifuge.*
FEBRILE, *adj. Qui a rapport à la fièvre.*
FEBRUARY, *f.* (one of the twelve months of the year.) *Février, un des douze mois de l'année.*

FECES.

FECES, s. (or dregs.) Lie.
FECULENCY, s. (or dregs.) Lie.
FECULENT, adj. Fécal, bourbeux, qui est d'excrément.
A feculent matter. Une matiere fécale, terme de médecine.
Feculent, (or loathsome.) Dégoûtant.
FECUND, adj. Fécond, fertile.
FECUNDATION, s. Fecondation, l'action de rendre fertile.
FECUNDITY, s. (plenty or fruitfulness.) Fécondité, abondance, fertilité.
FED, adj. (from to feed.) Nourri.
P. He is better fed than taught. Il est mieux nourri qu'instruit.
To be full fed. Avoir le ventre bien plein.
Fed, prétérit du verbe to Feed.
FEDERAL, adj. Qui a rapport à une ligue ou à un traité.
FEDARY, s. Confédéré, complice.
FEDERARY, s. Confédéré, complice.
FEDERATE, adjec. Confédéré, fédéré, ligué.
FEE, s. Droit, taxation, ce qu'on est obligé de payer pour obtenir quelque chose.
A physician's fee. Ce qu'on paye ordinairement à un Médecin par visite.
To give a doctor his fee. Payer le Médecin.
A lawyer's fees. Honoraires, ce que l'on donne à un avocat.
Fees, (or vails.) Tour du bâton, étrennes.
Fee, (or feodal tenure.) Fief servant, héritage qu'on tient a foi & hommage.
Fee-simple, (or fee-absolute.) Fief absolu, fief de condition feodale.
Fee-tail, (or fee-conditional.) Fief qui n'appartient qu'à nous & à nos propres enfans, fief mouvant.
Fee-farm. Fief dont on jouit à perpétuité en payant une certaine rente, censé.
Fee, (or demain.) Fief, seigneurie ou terre seigneuriale.
To FEE, verb. act. (to pay the fees.) Payer.
To fee the physician or lawyer. Payer le Médecin ou l'Avocat.
To fee (or to bribe) one. Corrompre quelqu'un, le gagner par présents ou à force d'argent, Y lui graisser la patte.
FEEBLE, adject. vel a. Foible, languissant, qui n'a point ou qui a peu de forces.
To grow feeble. Devenir foible, s'affoiblir.
The feeble-minded. Les foibles, les esprits foibles.
FEEBLE, s. (every man has his feeble.) Chacun a son foible.
FEEBLENESS, s. (or weakness.) Foiblesse, peu de force, peu de vigueur, langueur.
FEEBLY, adv. Foiblement.
FEED, adj. (from to fee.) Payé, en parlant d'un Médecin ou d'un Avocat.
Feed, (or bribed.) Corrompu, gagné par présents ou à force d'argent.
FEED, s. V. Feud.
FEUD, s. V. Feud.
To FEED, v. act. (from food.) Nourrir, donner à manger, paître, repaître, dans le propre & dans le figuré.
He feeds him with nothing but milk. Il ne le nourrit que de lait, il ne lui donne que du lait à manger.
He feeds him with vain or empty words. Il le repait de vent & de fumée.

To feed the cattle. Paître le bétail, donner à manger au bétail.
To feed, (to keep or preserve.) Entretenir, conserver.
Water that feeds a pond. De l'eau qui entretient un étang.
To feed the fire. Entretenir, conserver le feu.
To feed, v. n. Se nourrir, vivre, se traiter, s'entretenir, manger, paître.
They feed upon nothing but herbs and roots. Ils ne vivent que d'herbes & de racines.
He feeds like a farmer, that is, he eats with a good stomach. Il mange comme un fermier, ou de bon appétit.
I see the cattle feed. Je vois le bétail qui paît.
To feed high. Se bien traiter, faire bonne chere.
It is cheaper to feed one's belly than one's eye. Il est plus aisé de contenter son ventre que ses yeux.
To feed, (as deer do.) Viander, terme de chasse.
FEEDER, s. Un mangeur, celui qui mange ou celui qui donne à manger.
A dainty feeder. Un délicat, une délitate, une personne qui aime les friandises.
A high feeder. Un homme de grand appétit, un grand mangeur.
A greedy feeder. Un goulu, glouton ou gourmand.
A feeder or Cock-feeder. Celui qui soigne & dresse les Coqs de combat.
FEEDING, s. L'action de nourrir, de paître, &c. V. to Feed.
High feeding. Grand'chere.
Feeding. Pature, pâturage.
The feeding of deer. Le viandis, la paisson des bêtes fauves.
The feeding-place of deer. Le viandis.
The feeding of a wild boar. Mangeure de sanglier.
FEELING, s. (from to fee.) L'action de payer, &c. V. to Fee.
To FEEL, v. act. Sentir, ressentir.
I feel a great pain in my side. Je sens une grande douleur de côté.
I feel it from time to time. Je la ressens de temps en temps.
How do you feel yourself? (how do you do?) Comment vous trouvez-vous? comment vous va?
To feel a sick body's pulse. Tâter le pouls à un malade.
To feel one before hand, to feel his pulse about a business, (to try him.) Tâter quelqu'un sur une affaire, tâcher de découvrir sa pensée, le pressentir.
A blind man that feels his way with a stick. Un aveugle qui tâte le chemin avec son bâton ou qui va à tâtons.
To feel, (or to fumble.) Patiner, manier indifféremment.
To feel, v. n. Ex. To feel soft. Être doux au toucher.
To feel limber. Être souple, plier sous la main.
To feel cold. Être froid.
FEELER, s. Celui qui tâte; la corne ou la trompe des insectes.
FEELING, s. (the sense of feeling.) Le sentiment, le toucher ou le tact, en termes de Philosophie.
Feeling, (or touching.) L'action de toucher, le sentiment qu'on éprouve par le tact.
† Feeling, (profit, advantage.) Profit, avantage.
The feeling he had in those law-suits. Les profits qu'il faisoit dans ces procès.

The pulpit may be made to have a feeling in the case, as well as the bar. On peut gagner ou corrompre les Ecclésiastiques aussi bien que les Avocats.
Those that will not mend by instructions, must be reclaimed by feeling. Quand les instructions ne servent de rien pour corriger quelqu'un, il faut le réduire par les châtiments.
Fellow-feeling. Compassion, part que l'on prend à ce qui touche un autre.
FEELINGLY, adv. Sensiblement.
FEET, s. Pieds, c'est le pluriel de Foot.
FEETLESS, adj. Sans pieds.
To FEIGN, v. act. (or pretend.) Feindre, dissimuler, faire semblant.
To feign, (or devise.) Imaginer, trouver, inventer.
Feigned, adj. Feint, dissimulé ou imaginé, trouvé, inventé, supposé.
A feigned (or counterfeit) hatred. Une haine dissimulée.
A feigned name. Un nom supposé.
A feigned treble, (in musick.) Un fausset.
A feigned matter. Une fiction, une fable, un conte fait à plaisir.
Feigned holiness. Hypocrisie.
FEIGNEDLY, adv. Avec feinte, avec déguisement, avec dissimulation.
FEIGNER, s. Auteur d'une fiction.
FEIGNING, s. L'action de feindre, de dissimuler, &c. V. to Feign.
FEILD. V. Field.
FEINT, s. (a fencing term.) Une feinte, terme de maitre en fait d'armes.
Feint, adj. V. Feigned.
FELANDERS. V. Filanders.
To FELICITATE, v. a. (or make happy.) Rendre heureux, combler de bonheur.
Felicitated, adj. Rendu heureux, comblé de bonheur.
His reign was felicitated by the subduing of his enemies. Il rendit son règne fameux en subjugant ses ennemis.
FELICITATION, s. Felicitation, congratulation.
FELICITY, s. (or happiness.) Bonheur, félicité, plaisir.
FELINE, adj. De chat.
FELL: c'est le prétérit du verbe to Fall.
FELL, adj. (or cruel.) Cruel, barbare, farouche.
FELL, s. (or skin.) Peau.
Fell-monger. Pelletier.
Fell-wort. Gentiane, sorte d'herbe.
The fells (or streaks) of a cart. Les rais d'une charrette.
To FELL, v. act. (to cut or strike down.) Couper, abattre, assommer, jeter par terre.
To fell a tree. Couper ou abattre un arbre.
I shall fell you down. Je vous assommerai.
Felled, adj. Coupé, abattu, assommé, jeté par terre.
FELLABLE, adj. Ex. A fellable tree. Arbre qui est assez grand pour être coupé.
FELLER, s. (a feller of wood.) Un abatteur de bois ou un bucheron.
FELLING, s. L'action de couper, &c. V. the verb.
The felling of wood is over. La coupe du bois est faite.
FELLNESS, s. (or cruelty.) Cruauté, barbarie.
FELLOE, s. (or circumference of a wheel.) Jantes.
FELLOW, s. (or companion.) Compagnon, camarade.

A

FEL

A fellow-servant. *Compagnon de service.*
A fellow-soldier. *Camarade, compagnon d. guerre.*
He has been my fellow-soldier, and afterwards my fellow-sufferer. *Il a été mon frere d'armes, & puis mon frere de malheurs.*
A good-fellow. *Un bon compagnon, un gaillard, qui aime à passer le temps & à se divertir, un goinfre, † un frippe-sauce.*
A school-fellow. *Camarade ou compagnon d'école.*
A bed-fellow. *Compagnon de lit, un coucheur ou une coucheuse.*
A good or bad bed-fellow. *Un bon ou un mauvais coucheur.*
A fellow, (or colleague in office.) *Collegue.*
A fellow, (or partner.) *Un associé.*
Fellow of a college, (in the university.) *Boursier, agrégé d'un college, qui y jouit d'une bourse.*
Fellow-subjects. *Sujets d'un même Prince.*
To play the good-fellow. *Faire la débauche, se divertir à manger & à boire en compagnie, † faire des bombances.*
He has not his fellow. *Il n'a pas son semblable.*
I lost the fellow to this glove. *J'ai perdu l'autre gant, j'ai perdu le gant qui assortit celui-ci.*
R. Fellow *est aussi un terme de mépris, comme quand on dit :*
What fellow is that ? *Quel drôle est-ce là ?*
What ails the fellow ? *Quelle mouche a piqué ce sot ? que veut dire ce sot ?*
Meddle with your own fellows. *Allez avec vos égaux.*
A young fellow. *Un jeune éveillé.*
An old fellow. *Un vieux pénard, un vieux bon homme.*
A forry fellow. *Un pauvre homme, un homme qui n'est point distingué.*
A base fellow. *Un infame, un lâche.*
A saucy fellow. *Un impudent, un insolent, un effronté.*
A covetous fellow. *Un ladre, un taquin, un avare.*
A wrangling fellow. *Un querelleur, un criailleur.*
A naughty fellow. *Un méchant garnement.*
FELLOWFEELING, *f. Sympathie, intérêt mutuel.*
To FELLOW. *V. to Match.*
FELLOWED. *V. Matched.*
FELLOWSHIP, *f. Société, compagnie.*
To join in fellowship with one. *Entrer en société avec quelqu'un, s'associer avec lui.*
The fellowship of the Holy Ghost. *La Communion du Saint-Esprit.*
Fellowship of a college, (in an university.) *Bourse de college.*
To love good fellowship. *Aimer la goinfrerie, aimer à se divertir.*
FELLOE,
FELLY, } *f. Jante.*
The felloes, fallies or fellies of a wheel. *Les jantes d'une roue.*
FELLY-MINDED, *adj. (or cruel.) Cruel, félon, farouche.*
† FELNESS, *f. V.* FELLNESS.
FELO DE SE, *f. (a law-term : self murderer.) Celui qui se tue lui-même.*
FELON, *f. Une personne qui est coupable d'un crime digne ou punissable de mort. V.* Felony.
A felon (or whitlow) on the finger. *Pa-*

FEL FEN

naris, paronychie, ulcere qui vient à la racine des ongles.
FELON, *adj. Cruel, traitre, inhumain.*
FELONIOUS, *adj. (villainous.) De félon, méchant.*
FELONIOUSLY, *adv. En félon, méchamment.*
FELONY, *f. Félonie, crime punissable de mort, tout crime capital au-dessous de celui que les Anglois appellent larceny.*
FELT, *c'est le prétérit du verbe* to Feel.
Felt, *f. Feutre, sorte de bourre dont les Selliers se servent pour garnir les selles ; feutre dont on fait des chapeaux.*
A felt, (or hat.) *Un chapeau de laine.*
Felt-maker. *Chapelier, qui ne fait que des chapeaux de laine.*
FELUCCA, *f. (an open boat with oars.) Felouque, sorte de petit bâtiment de bas bord & à rames.*
FEMALE, *f. La femelle.*
The male and female. *Le mâle & la femelle.*
Female, *adj. Ex.* The female sex. *Le sexe feminin, les femmes & les filles, le sexe.*
FEME-COVERT, *f. (a law-term for a married woman.) Une femme mariée.*
Feme sole. *Femme libre, qui n'est pas sous puissance de mari.*
FEMININE, *adj. (of the female kind.) Féminin.*
The feminine gender. *Le genre féminin.*
FEMINALITY, *f. Nature féminine.*
FEMORAL, *adject. Qui appartient à la cuisse.*
FEN, *f. Marais, marécage, pays marécageux.*
Fen-men, (those that live in the fens.) *Habitants des marécages.*
FENCE, *f. (hedge or enclosure.) Clôture, haie.*
Fence. *Rampart, boulevard, retranchement, ou propre là où l'on est à figuré.*
There is or there's no fence against slander. *Il n'y a point de rempart contre la médisance.*
A fence of pales. *Une palissade.*
A coat of fence, (or a coat of mail.) *Une cotte de maille.*
This is a good fence for your head. *Ceci est bon pour vous défendre la tête.*
P. There's no fence against a flail. P. *Le fléau est un arme contre laquelle on ne peut se défendre.*
To FENCE, *v. act. (to inclose, to hedge about.) Clorre de haies, enfermer, enclorre.*
To fence, (to fortify.) *Munir, fortifier de remparts ou de retranchements, retrancher.*
He has fenced himself with so many evasions. *Il s'est mis à couvert par tant d'échappatoires.*
To fence, (or defend.) *Défendre, protéger.*
To fence, *v. n. Faire des armes, s'exercer avec des fleurets pour apprendre à faire un coup d'épée.*
Fenced, *adj. (enclosed or hedged about.) Eaclos, enfermé de haies.*
Fenced, (fortified or defended.) *Muni, rempart, fortifié, retranché, défendu.*
Fence-month, (the month wherein it is unlawful to hunt in the forest, because in that time the female deer fawn : it begins 14 days before Midsummer, and ends 15 days after.) *Le temps auquel il est défendu de chasser dans la forêt, qui*

FEN FER

est de 31 jours, la moitié dans Juin, & l'autre dans Juillet.
FENCER, *f. Ex.* A good fencer. *Une personne qui fait bien des armes.*
Fencer, (or gladiator among the ancient Romans,) *Gladiateur.*
FENCIBLE, *adj. Capable de défense.*
FENCING, *subst. L'action de clorre de haies, &c. V.* to Fence, *dans tous ses sens.*
A fencing-school. *Une salle d'armes.*
A fencing-master. *Un maitre d'armes ou en fait d'armes.*
To FEND off, *v. act. (to keep off.) Parer, détourner.*
Do not or don't stand fending and proving, (or justifying yourself.) *Ne raisonnez pas tant, ne faites pas tant le raisonneur.*
FENDER, *f. (an iron put before a firegrate.) Machine de fer qu'on met devant une grille à feu pour retenir les cendres, & les charbons qui tombent de la grille.*
FENDERS, *subst. plur. (from the French* DÉFENDRE.) *Défenses, cordes de défense, &c. terme de mer.*
Fender-bolt. *V.* Bolt.
FENERATION, *f. Usure.*
FENDING. *V.* sous to Fend.
FENNEL, *f. (a sort of sweet-smelling herb.) Fenouil, sorte d'herbe odoriférante.*
FENNISH, *adj. (of or belonging to fens.) De marais.*
FENNY, *adj. (or full of fens.) Marécageux ou plein de marais.*
FENUGREEK, *f. (an herb.) Fenu-grec, sorte d'herbe.*
FEODAL, *adj. (of or belonging to the fee.) Féodal, qui est de fief, qui regarde le fief.*
FEODARY, *f. Vassal feudataire.*
Feodary, (otherwise called feudary and feudatary.) *C'est ainsi qu'on appelloit un Officier de la Cour nommée* Court of wards, *qui tenoit registre de la valeur & de l'étendue des fiefs du Roi ; cette Cour fut abolie sous le regne de Charles II.*
To FEOFF. *V.* to inseoff.
FEOFFED. *V.* Infeoffed.
FEOFFEE, *f. (he that receives a feoffment.) Qui a reçu une donation pour lui & ses héritiers.*
Feoffee in trust. *Fidéicommissaire, celui à qui on a confié un legs, en se chargeant de le remettre entre les mains d'un autre.*
FEOFFER, *f. (the giver of a feoffment.) Donateur.*
FEOFFMENT, *f. (any gift or grant in fee-simple, that is, to a man and his heirs for ever.) Donation faite à quelqu'un pour lui & ses héritiers à jamais ; inféodation.*
Feoffment in trust. *Un fidéicommis, terme de Droit.*
FERACIOUS, *adj. Fertile, fécond.*
FERACITY, *f. Fertilité, abondance.*
FERAL, *adj. Morne, sombre, funebre, triste.*
FERIATION, *f. L'action de fêter.*
FERINE, *adj. Féroce, sauvage ; vil, bas.*
FERINENESS,
FERITY, } *subst. (fierceness or cruelty.) Férocité, cruauté, humeur farouche ou sauvage.*
FERKIN. *V.* Firkin.
FIRMENT, *f. Fermentation, ferment.*
To FIRMENT, *verb. neut. (or work.) Fermenter.*

FERMENTATION,

FERMENTATION, *f. Fermentation.*
A fermentation of the blood. *Fermentation du sang.*
The whole Kingdom is in a great fermentation. *Tout le Royaume est dans une grande fermentation.*
FERMENTATIVE, *adj. Qui cause une fermentation.*
FERMENTED, *adj. Fermenté.*
FERN, *f.* (a wild fort of plant.) *Fougere, plante sauvage.*
FERNY, *adj. Couvert, plein de fougere.*
A ferny ground. *Une fougeraie, lieu couvert ou plein de fougere.*
FEROCIOUS, *adj. Féroce, sauvage.*
FEROCITY, *Férocité, naturel féroce & cruel.*
FERREL, } *f. Fer, bout.*
FERRULE, }
The ferrel of a cane. *Bout ou le fer d'une canne.*
FERREOUS, *adj. De fer.*
FERRET, *f.* (an animal so called.) *Furet, sorte d'animal.*
Ferret or ferret ribband, (or flurt.) *Du fleuret, sorte de ruban ou de passement, qui est entre le fil & la soie.*
To FERRET, *v. a. Fureter, chercher partout comme un furet.*
To ferret (or vex) one. *Molester, tourmenter, chagriner quelqu'un.*
Ferreted, *adj. Fureté ou molesté, tourmenté, chagriné.*
FERRETING, *subst. L'action de fureter, l'action de molester, tourmenter ou chagriner.*
FERRIAGE, *f. Passage, le passage d'une riviere dans un bac.*
FERRUGINOUS, *adj. Ferrugineux.*
FERRULE, *f. Cercle de fer.*
FERRY, *f. Lieu où l'on passe les hommes, les chevaux, carrosses & charrettes, dans un bac.*
A ferry-boat. *Un bac.*
A small ferry-boat. *Bachot, ou petit bac pour passer & mener du monde.*
A ferry-man. *Batelier qui passe dans un bac les hommes, les chevaux, &c.*
To FERRY over, *v. a. Passer dans un bac.*
To ferry over a horse. *Passer un cheval dans un bac.*
Ferried over, *adj. Passé dans un bac.*
FERRYING over, *f. L'action de passer hommes, chevaux, carrosses ou chariots dans un bac.*
FERTILE, *adject.* (or fruitful.) *Fertile, abondant, fécond, qui produit des fruits en abondance.*
A fertile country. *Un pays fertile, un pays abondant.*
FERTILENESS, } *f. Fertilité, abondance, fécondité.*
FERTILITY, }
To FERTILIZE, *v. act.* (or make fruitful.) *Rendre fertile ou fécond.*
FERTILY, *adv. Fertilement.*
FERVENCY, *f.* (or ardour.) *Ferveur, ardeur, zele, feu.*
FERVENT, *adj. Fervent, ardent, qui a de la ferveur.*
A fervent prayer. *Priere fervente ou ardente.*
FERVENTLY, *adv. Fervemment, ardemment, avec ferveur, avec ardeur, avec zele.*
FERVID, *adj.* (or hot.) *Chaud, ardent.*
FERVIDITY, } *V. Fervency.*
FERVIDNESS, }
FERULA, *f. Férule.*
To FERULE, *verb. act. Châtier avec la férule.*

FERVOUR, *f.* (fervency or ardour.) *Ferveur, ardeur, zele, feu.*
FESCUE, *sub.* (wherewith young children are taught to spell.) *Touche, ce que le maitre d'école tient à la main pour montrer les lettres & apprendre à épeler.*
FESSE, *f.* (a term of heraldry.) *Face, en termes de blason: piece qui traverse le milieu de l'écu depuis un des flancs jusqu'à l'autre.*
To FESTER, *v. neut. Se former en apostême, se corrompre.*
It festers. *Il s'y forme un apostême.*
Festered, *adj. Où il s'est fait un apostême.*
FESTERING, *f. Suppuration.*
FESTINATE, *adj. Empressé, précipité.*
FESTINATLY, *adv. A la hâte, avec empressement, promptement.*
FESTINATION, *subst.* (or haste.) *Hâte, précipitation, diligence.*
FESTIVAL, *adj.* (from feast.) *De fête.*
Festival, *f.* (or a festival-day.) *Un jour de fête, une fête.*
FESTIVITY, *subst.* (a word borrowed from the Latin: gayety, jollity, good humour.) *Alégresse, joie, gaieté, réjouissance, enjouement, air agréable.*
FESTIVOUS, } *adj.* (or merry.) *Enjoué, plaisant, joyeux, agréable.*
FESTIVE, }
FESTOON, *f.* (a garland or border of fruits and flowers, especially in graven or imbossed works.) *Feston, fleurs & fruits liés ensemble pour servir d'ornement.*
FETCH, *subst.* (or cunning trick.) *Tour d'adresse, ruse, intrigue, détour, artifice, menée, souplesse, subtilité.*
This was one of his fetches. *C'étoit un de ses tours d'adresse.*
A cunning fetch. *Un tour subtil.*
A deep fetch. *Une profonde intrigue.*
Fetch, (for fitch.) *V. Fitch.*
To FETCH or to go fetch, *v. act. Aller querir, faire venir, apporter.*
Fetch me my hat. *Allez querir, ou apportez-moi mon chapeau.*
To fetch a compass or circuit. *Prendre un détour, faire un tour.*
† To fetch (or take) a walk. *Faire une promenade ou un tour de promenade.*
To fetch one's breath. *Prendre haleine, respirer.*
To fetch a blow. *Porter un coup.*
To fetch a sigh. *Pousser un soupir, soupirer.*
To fetch a leap. *Sauter, faire un saut.*
This plate will fetch us some money. *Nous pourrons avoir de l'argent sur cette vaisselle.*
To fetch AWAY. *Amener, apporter, emmener, emporter.*
To fetch UP. *Amener, apporter en haut ou bien, regagner, rattraper.*
To fetch DOWN. *Amener, apporter en bas, abaisser, faire descendre, au propre; affoiblir, humilier, abattre, au figuré.*
To fetch IN. *Amener, apporter en quelque lieu, faire entrer.*
To fetch OVER, (to cheat.) *Tromper, duper, attraper.*
To fetch OUT. *Amener, apporter hors de quelque lieu, faire sortir, aller querir.*
To fetch OFF. *Oter, tirer, arracher, enlever.*
To fetch off the filth. *Oter la saleté.*

You must fetch him off from that place. *Il faut que vous le tiriez de là.*
Death does fetch men off very often in the midst of their jollity. *La mort nous arrache souvent de nos plaisirs, elle nous enleve souvent lorsque nous sommes dans des excès de joie.*
To fetch one out of his opinion. *Faire changer de sentiment à quelqu'un.*
To fetch way, (speaking of masts.) *Jouer dans son étambrai, en parlant d'un mât.*
To fetch way, (speaking of a cask, box, &c.) *Aller au roulis.*
To fetch the pump. *Engrêner la pompe.*
Fetched, *adj. Qu'on est allé querir, &c.*
V. to Fetch, & ses composés.
Far-fetched. *V. Far.*
FETCHER, *f. Celui qui va chercher.*
FETCHING, *f. L'action d'aller querir, &c.*
V. to Fetch.
FETID, *adj.* (stinking.) *Puant.*
FETIDNESS, } *f. Puanteur.*
FETOR, }
FETLOCK, *f. Fanon, toupet de poil qui vient au derriere du boulet de plusieurs chevaux.*
To FETTER, *v. act.* (to put in fetters.) *Mettre dans les fers, mettre les fers aux pieds, enchainer.*
Fettered, *adject. Qui est dans les fers, chargé de fers, enchainé.*
FETTERS, *subst. Fers que l'on met aux pieds.*
Fetters for horses. *Entraves.*
Fetters, (slavery.) *Fers, esclavage.*
To FETTLE, *v. n. S'amuser à des bagatelles, tarder, agir avec lenteur.*
FETUS. *V. Fœtus.*
FEUD, *subst.* (or mortel hatred.) *Haine mortelle ou irreconciliable, inimitié, querelle domestique ou de famille, qui va à s'égorger les uns les autres.*
To create feuds in a state. *Causer la désunion dans un Etat, y semer la discorde, y causer des aigreurs ou des animosités.*
Feud-bote. *La récompense qu'on donne à ceux qui s'engagent dans une querelle de famille.*
FEUDAL. *V. Feodal.*
FEUDARY. *V. Feodary.*
FEUDATARY. *V. Feodary.*
FEVER, *f. Fievre, fievre chaude, chaleur contre nature.*
To be sick of a fever. *Avoir la fievre chaude.*
He died of a fever. *Il est mort d'une fievre.*
A burning fever. *Une fievre ardente.*
A continual fever. *Fievre continue, qui ne donne point de relâche.*
An intermitting fever. *Fievre intermittente.*
FEVERFEW, *f.* (a sort of herb.) *Matricaire, sorte d'herbe.*
FEVERISH, } *adject. Fiévreux, qui cause la fievre.*
FEVEROUS, }
A feverish distemper. *Une maladie accompagnée de fievre.*
FEUILLAGE, *sub. Feston, en termes de sculpture.*
FEUILLEMORT, *f. Feuille-morte, sorte de couleur.*
FEW, *adj.* or *pron.* (not many.) *Peu.*
In few words. *En peu de mots.*
In few days. *En peu de jours.*
Few, *f. Un peu, un petit nombre.*
FEWEL, *f. Tout ce qui sert à nourrir le feu.*

feu, *chauffage*, *bois ou charbon*; *provisions pour le feu*.
To add fewel to the fire. *Verser de l'huile sur le feu*.
* To FEWEL, *v. act*. *Entretenir, nourrir le feu*.
FEWER, *comparatif de few. Moins*.
I have fewer than you. *J'en ai moins que vous*.
FEWMETS, } *f*. (the dung of deer.)
FUMETS,   }
Fumées, plateaux, fiente de bête fauve.
FEWNESS, *f*. (from few.) *Petit nombre*.
To FEY, *v. act*. (or clean a ditch of mud,) *Nétoyer un fossé*.
FIANTS, *f*. (the dung of a fox or badger.) *Fiente de renard ou de bléreau*.
FIB, *f*. (sham or lie.) *Mensonge*, † *caſſade, bourde*.
To FIB, *v. neut*. (to tell a fib.) *Dire un mensonge*.
FIBBER, *f. Bourdeur, bourdeuſe, menteur, menteuſe*.
FIBRE, *f*. (a thread or hair, like strings of roots, veins, muscles, &c.) *Fibre, filet de racines, de veines & de muscles*.
FIBROUS, *adj*. (or full of fibres.) *Fibreux, qui a beaucoup de fibres*.
FIBULA, *f*. *L'un des os de la jambe*.
FICKLE, *adj. Volage, léger, inconſtant, changeant*.
FICKLENESS, *f. Inconſtance, légéreté, humeur changeante, humeur volage*.
FICKLY, *adv. D'une maniere inconſtante*.
FICTILE, *adj. D'argile*.
FICTION, *f*. (a feigned thing.) *Fiction, invention, imagination*.
FICTIOUS, } *adj*. (feigned or fabulous,) *Fabuleux, imaginé, ſongé, controuvé, qui tient de la fable*.
FICTITIOUS, }
FICTITIOUSLY, *adv. Fauſſement*.
FID, *f. ou Meſt-fid*. (a ſea-term.) *Clef des mâts de hune ou de perroquet*.
Fid or splicing-fid. *Epiſſoir*.
Fid-hammer. *V*. HAMMER.
FIDDLE, *f*. (or violin.) *Un violon*, sorte d'inſtrument de muſique.
To play upon a fiddle. *Jouer du violon*.
Fiddle-ſtring. *Corde de violon*.
Fiddle-ſtick. *Archet*.
† I care not a fiddle-ſtick (or a ſtraw) for it. *Je ne m'en ſoucie non plus que de rien, je ne m'en mets nullement en peine*.
† A fiddle-ſtick, (ſpoken by way of contempt.) *Bagatelle, tarare*.
† fiddle-faddle. *Bagatelle, fadaiſe, niaiſerie, ſottiſe*.
To FIDDLE, *v. n. Jouer du violon*.
To fiddle all the day long. *Jouer du violon depuis le matin jusqu'au ſoir*.
FIDDLER, *f. Un joueur de violon, un violon*, † *un ménétrier*.
FIDDLING, *f. L'action de jouer du violon, le ſon du violon*.
Fiddling, *adj. Ex*. A fiddling man, (a man that has fiddling ways with him.) † *Un baguenaudier, un homme qui s'amuſe à des bagatelles*.
A fiddling buſineſs, (a buſineſs of nothing.) *Une affaire de néant, une bagatelle, ſottiſe ou niaiſerie*.
To be fiddling up and down. *Aller & venir, être toujours en action & ne rien faire*.
FIDELITY, *ſubſt*. (or faithfulneſs.) *Fidélité*.

To FIDGE,   } *v. neut*. (to ſtir up and down, and never ſit ſtill.) *Frétiller, ſe démener, s'agiter, être toujours en action, aller de côté & d'autre*.
To FIDGET, }
FIDGING, *adj. Ex*. To ſit fidging. *Se démener, ſe remuer, frétiller*.
FIDUCIAL, *adj. Ferme, aſſuré*.
FIDUCIARY. *V. Truſtee*.
FIE. *V*. Fy.
FIEF, *f*. (a manor, a fee.) *Fief*.
FIELD, *f*. (piece of ground for tillage.) *Champ*.
A fruitful field, a fruitful corn-field. *Un champ fertile, un champ de grand rapport*.
A field, (or meadow.) *Un pré, une prairie*.
Fields in a city. *Une grande place dans une ville*.
Fields of ice. *Bancs de glace*.
Field, (for armies.) *Campagne*.
To take the field. *Se mettre en campagne*.
Our army is in the field. *Notre armée eſt en campagne*.
A field piece, (or canon.) *Une piece de campagne*.
We won the field, we remained maſters of the field. *Nous demenrames les maitres du champ de bataille*.
To challenge one in the field. *Défier quelqu'un au combat*.
Field, (or fight.) *Combat, bataille rangée*.
A field was fought. *On en vint à un combat en bataille rangée*.
Lincolns-inn-fields. *La place de Lincolns-inn*, une des plus grandes places de Londres.
A field-fight or field-battle. *Un combat en raſe campagne ou une bataille rangée*.
Field-Officer in an army. *Un Officier de l'État-major*.
Field-day. *Jour de revue ou de montre*.
Field-victory. *Victoire gagnée ſur un champ de bataille*.
FIELDED, *adj. Campé*.
FIELDFARE, *f*. (a bird.) *Eſpece de grive*.
FIELD-MOUSE, *ſub. Mulot*, ſouris champêtre.
FIEND, *f. Une furie, un eſprit malin*.
The devil is a foul fiend. *Le diable eſt un eſprit malin*.
A fiend, (or foe.) *Un ennemi*.
FIERCE, *adject*. (cruel or wild.) *Farouche, cruel, ſauvage, féroce, furieux*.
A tiger is a fierce creature. *Le tigre eſt une bête feroce, eſt un animal cruel ou furieux*.
He is a fierce man. *C'eſt un furieux homme, ou bien, c'eſt un brutal*.
A fierce fight. *Un rude combat*.
A fierce (or boiſterous) wind. *Un vent impétueux ou violent*.
Fierce, (or immoderate.) *Immodéré, exceſſif, furieux*.
FIERCELY, *adv. Fierement, furieuſement, avec violence*.
FIERCENESS, *ſubſt. Férocité, cruauté, fureur*.
The fierceneſs of a tiger. *La férocité d'un tigre*.
Fierceneſs. *Fierté*.
FIERINESS, *ſubſt. Chaleur, vivacité, fougue*.
FIERY, *adj*. (from fire.) *De feu, igné, enflammé, ardent, qui brûle*.
The fiery meteors. *Les météores ignées*.

The fiery darts of the devil. *Les traits enflammés du malin eſprit*.
The fiery buſh. *Le buiſſon ardent*.
A fiery (or haſty) man. *Un homme ardent, violent, fougueux, prompt*.
Fiery nature. *Ardeur naturelle*.
A fiery red face. *Un viſage rouge*, † *une rouge trogne, une trogne enluminée*.
FIEST. *V*. Fizzle.
To FIEST. *V*. to Fizzle.
FIFE, *ſub*. (a ſort of wind inſtrument.) *Un fifre*, ſorte d'inſtrument de muſique à vent.
He that plays upon a fife. *Fifre, celui qui joue du fifre*.
FIFTEEN, *adj. Quinze*.
FIFTEENTH, *adj. Quinzieme*.
Fifteenth, *ſubſt*. (the fifteenth part of that which a city or town hath been valued at of old.) *Le quinzieme denier, la quinzieme partie du revenu d'une ville*.
FIFTH, *adj. Cinquieme*.
A fifth-monarchy-man. *Millenaire*.
Fifth, *ſubſt*. (in muſick, a note between the tenor and baſe.) *Quinte*, en muſique.
A fifth, (or fifth part.) *Un cinquieme*.
FIFTHLY, *adv. Cinquiémement*.
FIFTIETH, *adj. Cinquantieme*.
FIFTY, *adj. Cinquante*.
Fifty years old. *Qui a cinquante ans*.
FIG, *ſub*. (a ſort of fruit.) *Figue, fruit de figuier*.
Fig, (a diſeaſe in horſes.) *Fic*, eſpece de porreau ou de verrue qui vient à la fourchette, & quelquefois par tout le corps du cheval.
A horſe that has got the fig. *Cheval qui a le fic*.
† I don't care a fig for him. *Je me moque de lui, nargue de lui, je ne me ſoucie aucunement de lui*.
A fig-tree. *Un figuier*.
A wild fig-tree. *Un figuier ſauvage*.
Fig-pecker, (a ſort of bird.) *Becfigue*, petit oiſeau qui ſe nourrit de figues dans le temps qu'elles ſont mûres.
Fig-wort. *Scrofulaire*, ſorte d'herbe.
To FIG up and down, *v. neut. Aller çà & là, roder, aller & venir, courir d'un côté & d'autre*.
To fig, *verb. act. Ex*. † To fig one in the crown with a ſtory. *Mettre quelque choſe en tête à quelqu'un, ou lui mettre martel en tête*.
FIGHT, *ſubſt. Combat, bataille, mêlée, action*.
A ſea-fight. *Un combat de mer, un combat naval*.
A land-fight. *Un combat ſur terre, une bataille*.
A cock-fight. *Un combat de coqs*.
They betook themſelves to a running fight. *Ils commencerent à ſe battre en retraite*.
To FIGHT, *verb. act. & neut. Se battre, combattre*.
To fight a duel. *Se battre en duel*.
To fight the enemy. *Combattre l'ennemi, lui livrer bataille*.
To fight hand to hand, (one man againſt another.) *Se battre main-à-main ou en combat ſingulier, combattre homme à homme ou corps-à-corps, en venir aux priſes*.
To prepare (or make ready) to fight. *Se préparer au combat*.
To draw the enemy to fight. *Attirer l'ennemi au combat*.

P. Fight

2K 2

v. Fight dog, fight bear. *Qu'ils s'abîment s'ils veulent, je ne m'en mets guere en peine.*

To fight one's way to the crown. *Se faire jour à la couronne par les armes.*

He was about to fight his last battle. *Il se pr. paroit à son dernier combat.*

To fight several battles with good success. *Sortir avec succès ou heureusement de plusieurs combats.*

To fight it OUT. *Vider un différent par le combat, ou bien se battre à outrance, à toute extrémité, à corps perdu.*

FIGHTER, *sub. Ex.* He is a great fighter. *C'est un homme qui se bat souvent ou qui aime à se battre.*

FIGHTING, *s.* L'action de se battre ou de combattre, combat.

He hates fighting. *Il n'aime point à se battre.*

Fighting, *adject. Ex.* A hundred thousand fighting men. *Cent mille combattans.*

FIGMENT, *s.* (or fiction.) *Fiction, invention, imagination.*

FIGMENTAL, *adject. Imaginaire, qui n'est pas réel.*

FIGULATE, *adj. De terre, d'argile.*

FIGURABLE, *adject. Qui peut prendre une certaine forme.*

FIGURATE, *adject. Figuré, qui a une certaine forme.*

FIGURATION, *s. L'action de donner une certaine forme.*

FIGURATIVE, *adj.* (typical, not literal, metaphorical.) *Figuré, figuratif.*

Figurative expressions. *Des expressions figurées.*

FIGURATIVELY, *adverb.* (in a figurative sense.) *Dans un sens figuré, figurément.*

FIGURE, *s.* (or representation.) *Figure, représentation d'une chose.*

Figure, (or fashion of a thing.) *La figure, la forme d'une chose.*

Figure, (a space circumscribed by lines.) *Figure, surface plane, terminée de tous côtés par des lignes, comme tont les figures de géométrie & d'astronomie.*

Figure, (or cut.) *Figure, taille-douce.*

Figure, (or statue.) *Une figure ou statue.*

A suit of hangings with figures. *Tenture de tapisserie à personnages.*

Figure, (aukward or disagreeable person.) *Ex.* An odd figure of a man. *Une étrange ou bizarre figure.*

A figure of grammar or rhetorick. *Figure de grammaire ou de rhétorique.*

A figure, (in arithmetick.) *Un chifre, marque d'arithmétique.*

Figure, (or appearance.) *Figure.*

To make some figure in the world. *Faire quelque figure dans le monde, y paroitre avec honneur.*

She desired the King to lend her that fine coach, that she might make a figure in it, the first fair day in Hyde Park. *Elle pria le Roi de lui prêter ce beau carrosse, pour y représenter le premier beau jour de Hyde-Park.*

To FIGURE, *verb. act.* (to draw figures upon.) *Figurer, façonner.*

To figure velvet. *Figurer du velours.*

The ancients figured love in the form of a boy. *Les anciens représentoient l'amour sous la figure d'un enfant.*

Our mind does commonly figure itself into those conceptions. *Notre esprit se plaît d'ordinaire dans ces idées.*

Figured, *adj. Figuré, façonné.*

Figured velvet. *Velours figuré.*
A figured dance. *Danse figurée.*

FIGURING, *s. L'action de figurer ou de façonner.*

FILACEOUS, *adj. Composé de fils ou de filamens.*

FILACER, *s.* (an officer in the common pleas, so called, because he files those writs wherein he makes process.) *Sorte d'officier dans la cour des plaidoyers communs, qui met certains actes dans un fil d'arch. l. V.* to File.

FILAMENT, *s. Filament.*

FILANDERS, *sub.* (a disease in hawks.) *Filandres, petits filets aigus qui s'engendrent dans le corps du faucon.*

FILAZER. *V.* Filacer.

FILBERT, *subst.* (the best sort of small nuts.) *Aveline, espece de grosse noisette.*

Filbert-tree, *subst. Un noisetier, & particuliérement celui qui porte les avelines.*

To FILCH, *verb. act.* (or steal cunningly.) *Filouter, dérober finement,* † *escamoter.*

FILCHER, *s.* (a petty robber, a thief.) *Un filou, un voleur.*

FILCHING, *s. Filouterie, vol, l'action de filouter, &c. V.* to Filch.

FILE, *s.* (a line of soldiers.) *File, file de soldats.*

File, (smith's tool.) *Lime, instrument d'acier fait pour polir le fer, &c.*

A soft or a smooth file. *Lime douce ou lime sourde.*

File, (in a register.) *Fil de chanvre ou d'archal, où l'on enfile les actes d'une Cour de justice.*

A file-leader, (the head man of a file.) *Chef de file.*

The last man of a file, (the bringer up.) *Serre-file.*

File after-file. *A la file.*

The baggage came last in the file. *Le bagage filoit derrière.*

File, (or rank.) *File, rang, ordre.*

A file (or rope) of pearls. *Fil de perles.*

File. *Filière.*

File-dust. *Limaille.*

To FILE, *v. act. Limer, travailler, polir avec la lime.*

To file a thing to one's account. *Mettre une chose sur le compte de quelqu'un.*

To file UP writings. *Enfiler un acte, garder un acte dans la Cour de justice, le mettre dans le fil d'archal.*

To file OFF, *v. neut. Se fondre avec la lime.*

The troops begin to file off, *v. neut. Les troupes commencent à défiler.*

Filed, *adj. Travaillé, limé, poli, avec la lime, &c.*

FILEMOT, *s.* (a brown or yellow colour.) *Couleur de feuille morte V.* Filemot

FILER, *subst. Limeur.*

FILIAL, *adj.* (belonging to a son.) *Filial, de fils.*

FILIALLY, *adverb.* (like a son.) *Filialement.*

FILIATION, *sub.* (correlative to paternity.) *Filiation.*

FILIGREE, *s. Filigrane, ouvrage d'orfévrerie fait à jour.*

FILING, *s.* (from to file.) *L'action de limer, &c. V.* to File.

FILIPENDULA, *s.* (or drop-wort.) *Filipendule, sorte d'herbe.*

FILL, *s.* (as much as fills one's stomach.) *Suffisance, soûl.*

Take your fill of it. *Prenez-en votre suffisance, prenez-en autant que le cœur vous en dira.*

Beasts do eat but their fill, *Les bêtes ne mangent que leur soûl.*

To FILL, *verb. act. Emplir, remplir; farcir.*

To fill a bottle. *Emplir une bouteille.*

To fill a tobacco pipe. *Charger une pipe.*

To fill one's trunks with gold and silver. *Remplir ses coffres d'or & d'argent.*

To fill, (speaking of sails.) *Faire servir, enfanter des voiles.*

Fill me some drink. *Versez-moi, donnez-moi à boire.*

To fill, *v. n. S'emplir, se remplir.*

The cask fills. *Le tonneau s'emplit.*

The town begins to fill. *La ville commence à se remplir de monde.*

To fill one's belly. *Manger son soûl, se rassasier.*

To fill one's belly full of meat. *Se gorger, se remplir de viandes,* † *se farcir la panse.*

I filled my belly with wine. *J'ai bu tout mon soûl de vin.*

To fill UP. *Emplir, remplir, emplir bien, emplir tout-à-fait, combler.*

To fill up the number. *Remplir le nombre.*

To fill up a place with honour. *Remplir dignement une place, l'occuper avec honneur.*

To fill up with admiration. *Remplir, combler d'admiration.*

Filled or filled up, *adj. Empli, plein, rempli, tout plein, comblé.*

Masonry filled up in the middle. *Maçonnerie garnie.*

FILLEMOT,
FILEMOT, } *subst. & adj.* (the colour of a dead leaf.) *Feuille morte, sorte de couleur.*

Fine filemot ribbon. *De beau ruban feuille-morte.*

FILLER, *subst.* (any thing that fills up an useless place.) *Cheville, remplissage.*

Filler, *Ce qui remplit ou celui qui charge, qui remplit.*

FILLET, *subst.* (hair-lace.) *Tresse de cheveux.*

Fillet, (or band of cloth.) *Bande ou surbande, serre-tête.*

Fillet, (in architecture.) *Filet, en termes d'architecture; ce mot signifie encore, un astragale, une fusée ou un chapelet.*

A fillet of veal. *Rouelle de veau.*

Fillet, (a book-binder's ornament on a book.) *Filet d'or, sur la couverture d'un livre.*

FILLETED, *adject. Ex.* A filleted pilar. *Colonne ornée d'une fusée ou d'un filet.*

FILLING,
FILLING UP, } *subst.* (from to fill.) *L'action d'emplir ou de remplir, &c. V. le verbe.*

Filling, *adject. Rassasiant, qui remplit ou rassasie bientôt une personne, en parlant des viandes.*

A filling sort of drink. *Une boisson qui gonfle.*

FILLIP, *s. Une chiquenaude.*

A fillip on the nose. *Nasarde ou chiquenaude sur le nez.*

To FILLIP, *verb. act. Donner une chiquenaude ou une nasarde à quelqu'un.*

Fillipped, *adject. Qui a reçu une chiquenaude ou une nasarde.*

FILLY,

FIL FIN FIN FIN

FILLY,
FILLY FOAL, } *sub.* (a young mare.) *Une pouliche, une jeune jument.*

FILM, *s.* (a thin skin within the body, dividing the flesh or any near member, one from another.) *Tunique, membrane, peau deliée.*

The film of the brain. *Pericrane, la membrane qui environne le crâne.*

FILMY, *s.* *Membraneux.*

FILOSELLA, *subst.* (a kind of coarse silk.) *Filoselle, sorte de grosse soie.*

To FILTER, *verb. act.* (or strain through a bag.) *Filtrer, passer par le papier gris dans un entonnoir de verre.*

FILTER, *s.* (drainer.) *Couloir, chausse.*

FILTH, *sub.* (*from foul*) *Saleté, ordure, vilenie.*

Take away all this filth. *Otez toutes ces saletés.*

Filth swept out of a room. *Balayures.*

FILTHILY, *adverb. Salement, vilainement.*

To speak very filthily. *Tenir des discours sales.*

FILTHINESS, *subst. Saleté, impureté, vilenie,* dans le propre & dans le figuré.

The filthiness of a room. *Les saletés d'une chambre.*

Filthiness of a discourse. *Saletés de discours.*

FILTHY, *adject. Sale, impur, infâme, vilain.*

A filthy (or obscene) discourse. *Un discours sale, des saletés, des ordures.*

Filthy lucre. *Gain déshonnête.*

A filthy deal of ugly stuff. *Beaucoup de saletés.*

To FILTRATE, *verb. act. Filtrer, couler.*

FILTRATION,
FILTRING, } *subst. Filtration, l'action de filtrer.*

FILTRED, *adject. Filtré,* passé par le papier gris dans un entonnoir de verre, &c.

FILTRING, *V. Filtration.*

FIN, *subst.* (of a fish.) *Nageoire de poisson.*

The fishes swim by the help of their fins. *Les poissons nagent par le moyen de leurs nageoires.*

FINABLE, *adject.* (that deserves to be fined.) *Amendable.*

FINAL, *adj. Final, qui finit, qui termine, ou qui a pour fin.*

A final vowel or consonant, (a letter that ends the word.) *Une voyelle ou consone finale.*

A final cause. *Une cause finale.*

FINALLY, *adv. Enfin,* † *finalement, entièrement.*

FINANCES, *s.* (the King's or other reveries.) *Les finances, le trésor du Roi il se dit aussi en général de toute sorte de revenus.*

FINANCER,
FINANCIER, } *subst.* (an Officer in the finance.) *Financier, officier de finance.*

FINARY, *subst.* (so they call that part of an iron-mill where the pigs are wrought into gross iron, and prepared for the chasery.) *Fonderie, partie d'une forge ou d'un moulin à fer.*

FINCH, *s.* *Ce mot signifie plusieurs sortes d'oiseaux, comme :*

A gold-finch. *Un chardoneret.*

A green-finch. *Un verdier.*

A bull-finch. *Un rouge-queue.*

A chaff-finch. *Un pinson.*

To FIND, *v. act. Trouver.*

To find what one looks for. *Trouver ce qu'on cherche.*

To find one guilty. *Trouver quelqu'un coupable, le condamner, conclure criminellement contre lui.*

To find one's self well or ill. *Se trouver bien ou mal.*

To find fault or to find amiss. *Trouver à redire, reprendre, critiquer.*

To find, (to give or allow.) *Donner, fournir.*

His trade does not find him bread. *Son métier ne lui donne pas du pain ou de quoi vivre.*

To find (or allow) one what he wants. *Fournir à quelqu'un ce dont il a besoin.*

I bad the taylor find the lining and buttons. *J'ai dit au Tailleur de fournir la doublure & les boutons.*

To find one business. *Donner de l'occupation à quelqu'un.*

To find the bill, (a law-term.) *Recevoir l'accusation.*

To find talk (or discourse) in company. *Entretenir la compagnie, fournir à la conversation.*

Lycas studying to please me, found me every day some new diversion. *Lycas n'oubliant rien pour me plaire, inventoit tous les jours de nouveaux plaisirs.*

In the time of Agis, gold and silver found their way into Sparta. *Sous le regne d'Agis, l'or & l'argent s'introduisirent dans Sparte.*

To find, (to see, to perceive.) *Voir, sentir, conjecturer, s'appercevoir.*

I find that Phœbus transports me further than I was aware. *Je vois, je sens, je m'apperçois que Phœbus m'emporte plus loin que je n'avois pensé.*

I find by him or by his discourse, that —. *Je vois ou je conjecture, par le discours qu'il m'a tenu que—.*

He found by me, that I was no fool. *Je lui fis voir, je lui fis connoître que je n'étois pas un sot ou une bête.*

He finds himself in a condition to undertake it. *Il se voit en état de l'entreprendre.*

You shall find by me, upon all occasions, that I am your most humble servant. *Je vous témoignerai, en toutes rencontres, que je suis votre très-humble serviteur.*

I will make you find your tongue. *Je vous ferai bien parler.*

† I shall make you find your legs. *Je vous ferai bien marcher.*

To find in one's heart, (to have a mind.) Ex. I cannot or can't find in my heart to go thither. *Je ne puis me résoudre d'y aller.*

Could you find in your heart to debar me from all society ? *Voudriez-vous bien me priver de toute société ? Seriez-vous bien assez cruel que de m'enterrer tout vif ?*

I could find in my heart to go abroad. *J'ai presque envie de sortir, je suis presque d'humeur à sortir.*

To find OUT. *Trouver, découvrir, imaginer, inventer.*

To find out an expedient. *Trouver ou imaginer un expédient.*

To find out (or discover) a truth. *Découvrir une vérité.*

I found out his design. *J'ai découvert son dessein.*

He thought she had wit enough, to find out the delicacy of his. *Il crut qu'elle avoit assez d'esprit, pour démêler la délicatesse du sien.*

To find out one's way. *Se conduire.*

FINDER, *s.* (or finder out.) *Celui ou celle qui trouve.*

A fault finder. *Un critique, un censeur.*

Finders, (a Law-term for searchers.) *Visiteurs.*

FINDFAULT. *V. Finder.*

FINDING, *s.* *L'action de trouver, &c V. to find.*

FINE, *adj.* (or handsome.) *Beau, belle, bien fait.*

Fine, (neat or spruce in clothes.) *Propre, bien mis, qui se porte beau, leste, brave.*

Fine, (the contrary of coarse.) *Beau, fin,* par opposition à *grossier.*

Fine, (or excellent.) *Beau, brave, excellent.*

A fine man. *Un bel homme.*

A fine woman. *Une belle femme.*

Fine weather. *Beau temps.*

Fine clothes. *De beaux habits.*

He goes very fine. *Il est propre, il est leste ou bien mis.*

He told me that I went too fine. *Il me dit que j'étois trop brave ou que je le portois trop beau.*

These are fine doings. *Voilà qui est beau, voilà une belle conduite !* dans un sens ironique.

You are a fine man to forget me thus. *Vous êtes un bel homme, vous êtes un joli homme de me négliger de la sorte.*

Fine cloth. *De beau drap, du drap fin, ou de belle toile, de la toile fine.*

Fine, (or refined.) *Clair, raffiné, épuré.*

Fine and soft. *Doux au toucher.*

Fine bran, (that has some meal amongst it.) *Son gras, du son où il y a encore de la farine.*

A fine breathing sweat. *Une sueur modérée.*

To have a fine time on't or of it. *N'avoir pas grand'chose à faire, avoir du bon temps.*

To have a fine way of jesting. *Railler finement.*

A fine spun gentleman. *Un homme bien fait pour le monde, un homme poli, un galant homme.*

A fine spoken gentleman. *Un homme qui parle bien, qui s'exprime bien, qui a la langue bien pendue.*

FINE, *s.* (or amercement.) *Amende.*

To let a fine upon one. *Mettre quelqu'un à l'amende, lui imposer une amende.*

To pay the fine. *Payer l'amende.*

Fine, (what a man pays when he takes a lease.) *Relief, ce que l'on paye pour le bail.*

To take a house and pay fifty pounds fine. *Prendre une maison & payer cinquante livres de relief.*

Fine, (a form of conveyance of land.) *Acte d'aliénation, transport.*

In FINE, *adv.* (lastly.) *Enfin.*

To FINE, *v. act.* (or purge from dregs.) *Eclaircir, ôter la lie, raffiner, épurer, purger.*

To fine a liquor. *Eclaircir une liqueur.*

To fine a metal. *Affiner un métal, le rendre plus fin.*

To fine one, (to amerce him.) *Condamner quelqu'un à l'amende, le mettre à l'amende.*

To

FIN

To fine, *v. n.* (or to pay a fine.) *Payer une amende ou une taxe, financer.*

He fined for sheriff. *Il a payé l'amende imposée sur ceux qui renoncent à l'election de Sheriff.*

Fined, *adj. Éclairci, affiné, mis ou condamné à l'amende.* V. to Fine.

To FINE-DRAW, *v. act. Rentraire,* joindre deux morceaux d'étoffe, & les coudre proprement ensemble.

FINE-DRAWER, *s. Rentrayeur.*

FINE-DRAWING, *s. Rentraiture.*

FINELY, *adv. Bien, fort bien, parfaitement bien, agréablement, de la belle manière.*

Indeed it is very finely done. *En vérité cela est parfaitement bien fait.*

A beast finely spotted. *Une bête joliment tachetée.*

I saw him finely drunk. *Je l'ai vu ivre de la belle manière.*

† He is finely brought to bed. † *Le voilà en beaux draps brane.*

FINENESS, *s. Finesse, beauté.*

FINER, comparatif of fine. *Plus beau, &c.* V. Fine, adj.

FINER, *s. Affineur.*

FINERY, *subst. Ornement, ajustement, parure.*

FINESSE, *subst.* (subtlety.) *Finesse, subtilité.*

No man is safe against the finesses and subtleties of the Lawyers. *Personne n'est à couvert des finesses & des subtilités des Avocats.*

FINEWED, *adj. Moisi.*

FINGER, *s. Doigt.*

The fore-finger, (the finger next to the thumb.) *Le doigt après le pouce, l'index.*

The ring-finger. *Le doigt après celui du milieu, le doigt où l'on met l'anneau.*

A finger's breadth. *Un travers de doigt.*

The finger (or doing) of God. *Le doigt de Dieu.*

† He has more in his little finger than thou hast in thy whole body. *Son petit doigt vaut plus que tout ton corps.*

† To have a thing at one's fingers ends, (to have it perfectly.) *Savoir une chose sur le bout du doigt, la bien posséder.*

† You will do it with a wet finger. *Vous le ferez facilement, d'un tour de main.*

† My fingers itch to be at it. *Les mains commencent fort à me demanger, je m'impatiente de donner dessus.*

P. To have a finger in the pye, (to be concerned in any crime.) *Tremper dans quelque crime ou autres pareilles choses, en être participant, en être complice.*

P. His fingers are lime-twigs. *Il a les doigts crochus, il est un peu larron.*

† I will make you feel my fingers. *Je vous ferai sentir la force de mon bras, je vous battrai.*

† I'll make you find your fingers. *Je vous ferai bien travailler.*

Finger-stall, (or hood, a cover for the finger.) *Une poupée.*

To FINGER, *v. act.* (or handle.) *Toucher, manier.*

They finger none of the King's money. *Ils ne manient point l'argent du Roi, les deniers du Roi ne passent point par leurs mains.*

† How would I finger him! *Que je le battrois fort & ferme! que je le frotterois ou que je l'accommoderois comme il faut!*

Fingered, *adj. Touché, manié souvent, saisi, dont on s'est saisi.*

FIN FIR

Light-fingered. *Enclin à dérober.*

FINGERING, *s. L'action de toucher ou de manier, maniment.* V. to Finger.

FINGLEFANGLE, *s. Bagatelle.*

FINICAL, *adj.* (nice or conceited.) *Affété, qui a de l'affèterie, précieux.*

FINICALLY, *adv.* (foppishly.) *Avec affèterie, en petit-maître.*

FINICALNESS, *subst. Affèterie, air précieux.*

FINIS, *s. C'est un mot Latin dont on se sert à la fin d'un livre, pour dire que c'en est la fin.*

To FINISH, *v. act.* (or end.) *Finir, achever, mettre fin, terminer.*

To finish a picture, (to put the last hand to it.) *Finir un portrait, y mettre la dernière main.*

To finish DOWN a wall. *Regratter une muraille.*

Finished, *adj. Fini, achevé, terminé.*

FINISHER, *s. Celui qui finit, &c.*

The finisher of the law, (the hangman.) *L'exécuteur de la haute Justice.*

FINISHING, *s. L'action de finir ou d'achever.* V. to Finish.

He could not resolve upon the finishing of it. *Il n'a pu se résoudre à le finir.*

The finishing of a picture. *Le finiment d'un tableau.*

FINITE, *adj.* (that has an end.) *Fini, terminé.*

A finite being. *Un être fini.*

FINITELESS, *adj. Illimité, sans bornes.*

FINITELY, *adv. Jusqu'à un certain point.*

FINITENESS, FINITUDE, } *subst. Bornes, limites.*

FINLESS, *adj. Sans nageoires.*

FINLIKE, *adj. En forme de nageoires.*

FINN. V. Fin.

FINNED, *adj. Qui a des nageoires.*

FINNY, *adj. Qui a des nageoires.*

The silver finny race, (a poetical expression.) *Les poissons, la troupe écaillée.*

FIR, *s. Sapin, bois de sapin.*

FIR-TREE,

A forest of fir-trees. *Une forêt de sapins.*

FIRE, *subst.* (one of the four elements.) *Feu.*

The elementary fire. *Le feu élémentaire.*

A wood-fire or a coal-fire. *Un feu de bois ou de charbon.*

A bonfire. *Un feu de joie.*

To make a fire. *Faire du feu.*

To set a house on fire. *Mettre le feu à une maison.*

To be on fire. *Brûler, être en feu.*

A great fire, (or conflagration.) *Un grand feu, un incendie, un embrasement.*

A house all of a fire or all on fire. *Une maison toute en feu.*

He threatened them with fire and sword. *Il les menaça de mettre tout à feu & à sang.*

St. Anthony's fire, (a kind of swelling full of heat and redness.) *Le feu Saint-Antoine, l'érysipèle.*

St. Helen's, (or Hermes) fire. *Feu Saint-Elme, sorte de météore.*

Fire, (heat, ardour.) *Feu, ardeur.*

The fire of the persecution. *Le feu, la rage, la violence de la persécution.*

Give fire or fire, (a military expression.) *Tirez, feu.*

† If I do not or don't do it, all the fat will be in the fire. *Si je ne le fais, la guerre sera déclarée.*

A fire fan. *Un écran.*

A fire-room. *Une chambre où il y a du feu.*

FIR

A fire arm. *Une arme à feu.*

A fire-ship. *Un brulot.*

Fire-arrow, *subst. comp. Dard-à-feu.*

Fire-boom. V. Boom.

A fire-lock. *Un rouet d'arquebuse.*

The fire-pan. *Le bassinet, la partie de l'arme à feu où l'on met l'amorce.*

A fire-brand. *Un tison.*

A fire-brand of sedition. *Un boute-feu, un auteur de sédition.*

The fire-tongs. *Les pincettes.*

A fire-shovel. *Une pelle à feu.*

A fire-fork, (for an oven.) *Un fourgon.*

A fire-fork. *Un fer pour remuer le feu.*

Fire-new, (or brand-new.) *Batteau-neuf.*

Fire-work. *Feu d'artifice.*

Fire-wood. *Bois de chauffage.*

Fire-drake, (a fire sometimes flying in the night like a dragon.) *Dragon volant, sorte de météore.*

Fire-drake, (a fire-work.) *Dragon volant, espèce de feu d'artifice.*

A fire-ball, *Boule à feu, dont se servent les boute-feux; une grenade.*

† Fire-bare, (an obsolete word for a beacon.) V. Beacon.

Fire-boot or fire-bote, (an allowance of wood, to maintain competent firing for the use of the tenant) *Le bois qu'on donne à un fermier pour son chauffage.*

Fire-cross. *Sorte de signal autrefois en usage dans le Royaume d'Ecosse, en cas d'une invasion; c'étoient deux tisons en croix attachés au bout d'une lance.*

Fire-kiln. *Un fourneau.*

Wild fire. *Feu volage.*

To FIRE, *v. act.* (or to set on fire.) *Mettre le feu.*

To fire a house. *Mettre le feu à une maison.*

To fire, (or to shoot.) *Tirer, faire feu.*

To fire a gun. *Tirer une arme à feu.*

Fire, (or give fire.) *Tirez, feu.*

To fire upon the enemy. *Faire feu sur l'ennemi.*

Fired, *adj. Qui est en feu, à quoi l'on a mis le feu.*

Fired upon. *Sur quoi l'on fait feu, sur qui l'on a fait feu.*

FIRER, *s. Ex.* A firer of houses. *Un boute-feu, un incendiaire.*

FIRING, *s. L'action de mettre le feu, &c.* V. to Fire.

Firing, (or fewel.) *Chauffage.*

To FIRK, *v. act. Frapper, battre, frotter.*

FIRKIN, *s.* (the fourth part of a barrel.) *Mesure contenant la quatrième partie d'une barrique de bière.* V. Barrel.

Firkin-man, (one that trades in small beer with a brewer.) *Celui qui achète de la petite bière chez le brasseur pour la revendre à ses chalands.*

FIRM, *adj.* (strong, hard.) *Ferme.*

Firm flesh, (flesh that is not flabby.) *Chair ferme.*

A firm breast. *Un teton ferme.*

The firm land, (the continent.) *La terre ferme, le continent.*

To FIRM, V. to Confirm.

FIRMAMENT, *s.* (or sky.) *Le Firmament, le Ciel.*

FIRMAMENTAL, *adj. Qui appartient au Firmament, Céleste.*

FIRMLY, *adv. Fermement, avec fermeté, constamment.*

FIRMNESS, *s. Fermeté.*

FIRST, *adj. Premier en ordre ou en dignité.*

FIR — FIS

In the first place. *En premier lieu, premièrement.*
The first time I saw him. *La premiere fois que je le vis.*
At the first sight. *D'abord, au premier abord, tout-à-coup.*
Prov. First come, first served. P. *Les premiers venus doivent être les premiers servis.*
He is the first (or head) man of the town. *Il est le premier homme de la ville.*
With the first opportunity, with the first. *A la premiere occasion.*
First-fruits, (in general.) *Prémices.*
The first-fruits of a benefice. *Annate*, le revenu d'un an d'un bénéfice.
First-born. *Premi r-né.*
First-begotten. *L'aîné ou premier-né.*
First-cousin. *Cousin germain.*
At first, at the first. *D'abord ; au commencement.*
First, *adv.* (first of all, first and foremost.) *Premièrement, avant toutes choses.*
First or last. *Tôt ou tard.*
He will come to it first or last. *Il y viendra tôt ou tard.*
Vengeance comes sure at last, tho' it may be long first. *La vengeance ne manque jamais d'arriver, quoiqu'elle soit long-temps en chemin.*
FIRSTLING, *s. Premier-né.*
FIRY. *V. Fiery.*
FISCAL, *adj.* (of or belonging to the Exchequer.) *Fiscal, qui regarde le Fisc.*
FISGIG, *s.* (a sort of top.) *Sorte de toupie ou de sabot.*
FISH, *s. Poisson.*
The scales, gills, and fins of a fish. *Les écailles, les ouies & les nageoires d'un poisson.*
The soft and the hard roe. *La laite & les œufs.*
Fresh-water fish. *Poisson d'eau douce ou de riviere.*
Sea fish. *Poisson de mer.*
A shell-fish. *Poisson à coquille.*
A cray-fish. *Une écrevisse.*
A fish-pond. *Vivier ou étang, réservoir de poisson.*
Fish-range. *Lieu propre pour la pêche.*
A fish-hook. *Un hameçon.*
Fish-day. *Jour maigre.*
Fish-dinner. *Diner de poisson.*
Fish-kettle. *Poissonniere.*
Fish-tub. *Cuvier.*
Fish-bone. *Arête.*
Fish-market. *Poissonnerie.*
Fish-monger. *Poissonnier, marchand de poisson.*
Fish-garth, ('tis a dam or wear in a river, made for the taking of fish.) *Ecluse ou bonde, pour prendre du poisson.*
P. The fish follows the bait. P. *Le poisson suit l'amorce.*
P. The best fish swim near the bottom. P. *Les meilleurs poissons nagent près du fond.*
P. Fresh fish and new-come guests smell when they are three days old. *L'hôte & le poisson, passé trois jours, puent.*
P. I have other fish to fry. *J'ai bien d'autres affaires en tête.*
Fish. Machine employée sur les vaisseaux Anglois à lever l'ancre par les pattes, & à la traverser, ou achever de la ranger contre le bord.
Fish, est aussi le nom d'une jumelle de mât ou de vergue.
Fish-gig, *subst. comp. Foëne*, instrument de pêche.

To FISH, *v. act.* (to search water in quest of fish, or any thing else.) *Pêcher.*
To fish a carp. *Pêcher une carpe.*
To fish pearls. *Pêcher des perles.*
† To fish in troubled waters. † *Pêcher en eau trouble.*
To fish out a thing. *Pêcher, déterrer une chose, la trouver.*
Where has he fished that out ? *Où a-t-il déterré cela ?*
To fish the anchor. *Traverser l'ancre, ou la hisser contre le bord à son poste, par le moyen de la machine expliquée ci-dessus, au mot Fish.*
To fish a mast or yard. *Jumeler un mât ou une vergue.*
Fishing gear. *Ustensiles de pêche.*
Fished, *adj. Pêché.*
FISHER, *s.* (or fisher-man.) *Pêcheur.*
A fisher's boat. *Bateau de pêcheur.*
The king's fisher, (a bird.) *Martin pêcheur*, sorte d'oiseau.
FISHERY, *s.* (the art or trade of fishing.) *La pêche.*
Fishery, (place prepared for fishing.) *Pêcherie*, lieu préparé pour pêcher.
FISHING, *s. Pêche ou l'action de pêcher.*
To go a fishing. *Aller à la pêche.*
Here's good fishing. *La pêche est bonne ici.*
Fishing-boat. *Barque de pêcheur.*
Fishing-line. *Ligne de pêcheur.*
FISH-MONGER. *V. Fish-monger, sous le mot Fish.*
FISHY, *adj. Poissonneux, plein de poissons, qui contient force poissons ; de poisson.*
A fishy lake. *Un lac poissonneux.*
FISSILE, *adject.* (that may be cleft.) *Susceptible de s'écailler, de se fendre.*
FISSURE, *s.* (or cleft.) *Une fente, une ouverture.*
FIST, *s. Le poing, la main fermée.*
To strike one with the fist. *Donner des coups de poing à quelqu'un.*
† To grease one's fist. † *Graisser la patte à quelqu'un.*
To drink a bottle with one hand to fist. † *Boire bouteille avec quelqu'un à tire-larigot.*
To FIST, *v. act. Frapper avec le poing.*
Fisted, *adj.* (from to fist.)
Ex. Club-fisted. *Qui a de gros poings ou de grosses mains.*
Close-fisted. *V. Close.*
FISTINUT, *subst. Pistache*, fruit de pistachier.
The fistinut-tree. *Pistachier.*
FISTICUFF. *V. Fisty.*
FISTULA, *subst.* (a deep sort of ulcer.) *Fistule*, sorte d'ulcere creux & profond.
FISTULOUS, *adject. Fistuleux*, terme de Médecine.
FISTY, *adj.* (from fist.)
Ex. To fight at fisty-cuffs. *Se battre à coups de poing.*
A good fisty-cuffsman. *Un homme qui sa bat bien à coups de poing.*
FIT, *adj. Propre, commode, proportionné, juste.*
These shoes are very fit for me. *Ces souliers me vont fort bien.*
Fit, (or capable.) *Propre, capable.*
He is fit for that employment. *Il est propre pour cet emploi, il en est capable.*
Fit, (convenient or pat.) *A propos, propre, convenable, commode.*
If you think fit. *Si vous le jugez à propos.*
Is this, think you, fit to be spoken ? *Croyez-vous qu'il soit à propos de parler de ces choses ?*
To fix upon a fit subject. *Choisir un sujet propre.*
Fit, (or ready.) *Prêt, préparé, qui est en état.*
A virgin fit for a husband. *Une vierge prête à marier ou en âge de se marier.*
Fit to die. *Préparé à mourir, en état de mourir.*
I am not fit to go out. *Je ne suis pas en état de sortir.*
Every thing is fit. *Tout est prêt.*
Fit, (reasonable.) *Juste, raisonnable.*
It is fit for you so to do. *Il est juste que vous le fassiez.*
Fit, (or becoming.) *Décent, bienséant, convenable.*
That was not fit to be said. *Ce n'étoit pas une chose qu'il fallût dire.*
A thing not fit to be named. *Une chose que la bienséance ne permet pas de nommer.*
More than was fit. *Plus qu'il ne falloit.*
To make one's self fit for fighting. *Se préparer, se disposer au combat.*
FIT, *s.* (or paroxysm.) *Accès.*
A fit of an ague. *Accès de fievre.*
To do a thing by fits and girds. *Faire une chose à diverses reprises ou à bâtons rompus.*
Fit, (freak or whim.) *Caprice, boutade, fantaisie.*
If the fit takes me, if the fit comes upon me. *Si la fantaisie m'en prend.*
To be in a drinking fit, (or humour.) *Etre en train de boire.*
A fit of very hot weather. *Une grande chaleur.*
A fit of love. *Un transport d'amour.*
Fits of indifferency. *Moments de froideur.*
A fit of desperation. *Un désespoir.*
A fit of disease. *Une attaque, une atteinte d'une maladie, une maladie.*
To be taken with a fit of the gout. *Etre saisi de la goutte, avoir une attaque de goutte, avoir la goutte.*
A mad fit, a fit of madness. *Extravagance, folie.*
A fit of the mother. *Mal de mere.*
A melancholy fit. *Mélancolie.*
A drunken fit. *Débauche, en boisson.*
A banging fit. *Une bastonade.*
A scolding fit. *Humeur à gronder ou à se fâcher.*
To FIT, *v. act.* (or make fit.) *Préparer, disposer, accommoder, ajuster, adapter.*
To fit every thing for a journey. *Préparer toutes choses nécessaires pour un voyage.*
You must fit your humour to it. *Il faut vous y accommoder.*
This does not fit my turn. *Ceci ne fait pas pour moi.*
To fit, (speaking of clothes, shoes, &c.) *Etre propre, accommoder, convenir.*
These shoes fit my feet. *Ces souliers me vont bien.*
That suit fits you very well. *Cet habit vous sied fort bien.*
† To fit one, (to give him as good as he brings.) *Relancer quelqu'un, river les clous à quelqu'un, le rembarrer, lui rendre la pareille.*
I fitted him. *Je lui ai rendu la pareille, je l'ai relancé, je l'ai rembarré comme il faut.*
Pray, fit me with that. *Je vous prie, accommodez-moi de cela.*
To fit, (or match.) *Assortir.*

To fit OUT, (a ship or a fleet.) Equiper, armer un vaisseau ou une flotte.
To fit UP. Ajuster, accommoder, mettre en état de rendre service.
To fit up a house. Ajuster, accommoder une maison, la meubler, la rendre logeable ou commode.
FITCH, *subst.* (a sort of pulse.) Vesce, sorte de légume.
Wild fitch. Vesceron, sorte d'herbe qui vient dans les blés.
FITCHAT,
FITCHEW, } or pole-cat. *Un chafouin.*
FITLY, *adv.* (from fit.) A propos, pertinemment, convenablement, proprement, justement, juste.
FITMENT, *s.* Préparatif, ce qu'on destine à quelque usage particulier.
FITNESS, *subst.* L'état d'une chose propre, propriété, justesse, convenance.
Fitness of time. Opportunité.
FITTED, *adj.* Préparé, disposé, ajusté, accommodé, adapté, &c. V. Fit and to Fit.
A discourse fitted to the meanest capacity. *Un discours accommodé à la capacité ou à la portée des esprits les plus médiocres.*
FITTER, *s.* Morceau, petite piece.
To cut to fitters. *Couper menu.*
Fitter. Celui qui prépare, &c. Vey. to Fit.
FITTING, *subst.* L'action de préparer, d'ajuster. V. to Fit.
Fitting, *adj.* (or accommodated.) Convenable, à propos, pertinent, juste.
Fitting, (or just.) Juste, raisonnable.
Fitting, (on becoming.) Bienséant, convenable.
FIVE, *adj.* Cinq.
Five hundred. *Cinq cents.*
Five-foot. (the star-fish.) Etoile, espece d'insecte de mer qui a la figure d'une étoile avec cinq branches, au milieu desquelles est la bouche qui a cinq dents.
To FIX, *v. act.* (to make fast.) *Fixer.*
To fix a gun. *Fixer un canon.*
To fix the miner. *Attacher le mineur.*
To fix a business. *Arrêter, conclure, déterminer une affaire, en convenir.*
To fix a day for business. *Prendre, nommer ou arrêter un jour pour quelque affaire.*
To fix one's self somewhere. *S'établir quelque part, établir sa demeure en quelque lieu.*
To fix upon a subject. *Choisir un sujet propre.*
To fix upon a resolution. *Prendre résolution, se déterminer, se résoudre.*
To fix an ill report upon one. *Mettre une personne en mauvaise odeur, faire un méchant rapport de quelqu'un.*
FIXATION, *subst.* Fixation, état de ce qui est fixe.
FIXED, *adj.* Fixe, attaché, arrêté, conclu, déterminé, pris, établi, &c.
The fixed stars. *Les étoiles fixes.*
Fixed upon, (or made choice of.) *Dont on a fait choix, choisi.*
Fixed, (or intent.) *Appliqué, attaché à quelque chose.*
FIXEDLY, *adv.* D'une maniere fixe, certaine.
FIXEDNESS, *subst.* Solidité, stabilité, fermeté.
Fixedness (application) of mind. Application, attachement.

FIXIDITY,
FIXITY, } *subst.* Fixité, terme de chimie, qualité de ce qui est fixe.
FIXING, *subst.* L'action d'attacher, &c. V. to Fix.
FIXTURE, *s.* Immeubles, état fixe.
FIXT. V. Fixed.
FIZZLE, *s.* Vesse, vent puant qui sort du fondement sans bruit.
To FIZZLE, *v. n.* Vesser, faire une vesse.
FIZZLER, *subst.* Vesseur, vesseuse, celui ou celle qui vesse.
FIZZLING, *s.* Vesse ou l'action de vesser.
FLABBY, *adj.* (or soft.) Mou, molasse.
Flabby fat. De la graisse molle.
FLABBLE, *s.* (or fan.) *Un éventail.*
FLACCID, *adj.* (withering and flaggy.) Languissant, foible, flasque.
FLACCIDITY, *s.* Qualité de ce qui est flasque, foiblesse, défaut de tension.
FLAG, *subst.* Pavillon, drapeau de vaisseau de mer, pavillon de commandement.
Flag, (a sort of rush.) Glaieul, flambe, sorte de jonc.
To set up the flag. *Arborer le pavillon.*
A flag-broom. *Un balai de jonc.*
A flag-ship. Amiral, vaisseau qui est commandé par quelqu'un des Officiers généraux qui ont droit de porter pavillon.
Flag-Officer. Officier général de la marine.
Flag of truce. Pavillon blanc.
Flag-staff. Bâton de pavillon.
To FLAG, *v. act.* Abattre, accabler.
It flags the spirits and disorders the blood. *Il abat les esprits & altere le sang.*
To flag, *v. neut.* (to wither and decay, in a proper and figurative sense.) *Baisser, s'abattre & se flétrir, devenir flasque, foible, languissant.*
To flag, (not to hold.) *Baisser, tomber, ne pas se soutenir.*
His style flags. *Son style ne se soutient pas, son style tombe.*
FLAGELET, *subst.* (a kind of wind-instrument.) Flageolet, sorte d'instrument de musique à vent.
FLAGELLATION, *subst.* (use of the scourge.) Flagellation.
FLAGGING,
FLAGGY, } *adject.* (from to flag.) Abattu, pendant, qui pend, foible, languissant, flasque.
Flagging ears. Des oreilles pendantes.
FLAGITIOUS, *adj.* (or wicked.) Méchant, abominable, vicieux, corrompu.
FLAGITIOUSNESS, *subst.* Méchanceté, scélératesse.
FLAGON,
FLACON, } *subst.* Un flacon, un pot de verre.
A flagon of beer. *Un pot de biere.*
FLAGRANCY, *subst.* (ardour.) Ardeur, désir ardent.
FLAGRANT, *adj.* (or mighty hot.) Ardent, qui est en feu.
Flagrant, (or notorious.) Insigne, grand.
FLAGRATION, *s.* Embrasement.
FLAIL, *s.* (an instrument to thresh corn with.) Fleau, instrument avec quoi on bat le grain.
To thresh corn with a flail. *Battre le grain avec un fleau.*
FLAKE, *s.* Etincelle, bluette qui sort du feu ou des choses dures qui se choquent.
See what a deal of flakes are hammered out of that hot iron. *Voyez combien d'é-*

tincelles sortent de ce fer chaud qu'on bat sur l'enclume.
A flake of snow. *Un flocon de neige.*
The snow falls in flakes. *La neige tombe par flocons.*
A flake of ice. Glaçon, gros morceau de glace.
Flake. Chaffaud ou échafaud à sécher la morue, dans les lieux où se fait cette pêche, comme à Terre-neuve, &c.
To FLAKE, *v. n.* (to peel off.) *Se peler.*
FLAKY, *adject.* Foible, qui n'a point de consistance.
FLAM, *subst.* (or idle story.) Conte, fiction, fable, sornette.
Flam, (sham or put off.) Prétexte, moquerie, bourde, cassade, défaite.
To FLAM, *v. act.* Tromper par un mensonge, duper.
FLAMBEAU, *subst.* (a lighted torch.) Flambeau, torche.
To light one with a flambeau. *Eclairer quelqu'un avec un flambeau.*
FLAME, *s.* Flamme.
To die in the flames. *Mourir dans les flammes.*
The flames of love. *Les flammes d'amour.*
He is the universal flame of all the fair sex. *Toutes les belles brûlent d'amour pour lui, ou sont folles de lui.*
To set all in a flame. *Embraser, mettre tout en feu, ou mettre tout en combustion.*
A flame or rather steam, (to bleed horses.) Flamme, instrument d'acier pour saigner un cheval.
To FLAME, *v. n.* Flamber, s'embraser, jeter une flamme.
The fire begins to flame. *Le feu commence à flamber.*
A foolish zeal that flames out into rebellion. *Un zele indiscret qui met l'Etat en combustion.*
FLAMCOLOURED, *adject.* Couleur de feu.
FLAMEN, *s.* (Priest.) Prêtre chez les payens.
FLAMEOUS, *adj.* (consisting of or resembling flame.) Enflammé, ou qui paroît être.
FLAMMABILITY, *sub.* Qualité inflammable.
FLAMMATION, *s.* L'action d'enflammer.
FLAMING,
FLAMY, } *adj.* (burning.) Ardent, qui est en flamme ou en feu.
FLAMINGLY, *adv.*
Ex. Flamingly impious. Impie à brûler.
FLANCONADE, *sub.* (a pass in fencing.) Flanconade.
FLANK, *s.* (or side.) Flanc, côté.
To set upon the enemy in the flank. *Attaquer, prendre l'ennemi en flanc.*
The flank of a bastion. Flanc de bastion.
To FLANK, *v. act.* (or strengthen with flanks.) Flanquer.
Flanked, *adj.* Flanqué.
FLANKER, *subst.* Flanc, terme de fortification.
To FLANKER, *v. act.* Flanquer.
FLANNEL, *s.* (a kind of soft wollen stuff or cloth.) Flanelle, sorte d'étoffe de laine qui ressemble à notre molleton.
A flannel shirt. *Une chemise de flanelle ou molleton.*
FLAP, *subst.* (or stroke.) Coup, coup de main, † tape.

To

FLA   FLA   FLA

To give one a flap. *Donner un coup à quelqu'un.*
I gave him a good flap. *Je lui ai donné une bonne tape.*
The flaps of a shoe. *Les oreilles d'un soulier.*
The flap of the ear. *L'oreille extérieure.*
The flap that covers the whistle of the throat. *L'épiglotte.*
† To give one a flap with a fox's tail, (to gull him.) *Duper quelqu'un, lui jouer un mauvais tour.*
The fore-flap of a shirt. *Le devant d'une chemise.*
The hind-flap. *Le derrière.*
A fly flap. *Emouchoir*, instrument qui sert à chasser les mouches.
To FLAP, v. act. (or strike.) *Frapper,* † *taper.*
What do you flap me for? *Pourquoi me frappez-vous?*
To flap or to flap down, v. n. (as some hats do.) *Baisser, s'abattre.*
Flapped, adj. *Frappé,* † *tapé.*
FLAPPING, f. *L'action de frapper, &c.* V. to Flap.
FLAPDRAGON, or rather SNAPDRAGON, subst. *Sorte de jeu qui consiste à tirer des raisins secs du milieu d'eau-de-vie enflammée.*
To FLARE, v. neut. (as a candle does with the wind.) *Se consumer vîte, comme fait une chandelle qui est exposée au vent.*
To flare in one's eyes. *Eblouir la vue par un excès de clarté.*
Flaring, adj. *Eblouissant, éclatant.*
A flaring fop. *Un damoiseau pimpant.*
A flaring (or open breasted) rake. *Un petit-maître débraillé.*
Flaring, adjeft. & subst. (a sea-term.) *Elancé* ou *dévoyé; élancement* ou *dévoiement.*
Flaring of the fashion piece. *Dévoiement de l'estain.*
A flaring bow. *Avant fort élancé.*
FLASH, subst. (or sudden spurt.) *Impétuosité, effort prompt* ou *violent.*
A flash of fire. *Flamme qui n'est pas de durée, qui se dérobe aux yeux dès qu'elle a paru, lueur.*
A flash of lightening. *Un éclair.*
A flash of water. *Un rejaillissement d'eau, une éclaboussure.*
A flash of the eye. *Un coup d'œil, un regard, une œillade.*
A flash of wit. *Saillie, trait, tour, pointe d'esprit.*
He has fine flashes of wit. *Il a de belles, d'ingénieuses, d'admirables saillies.*
A man that is but a flash, (an empty man.) *Un homme qui n'a rien de solide.*
To FLASH, v. neut. (as fire.) *Reluire, éclater, briller tout d'un coup comme un éclair.*
To flash, (as water.) *Rejaillir.*
FLASHING, f. (of fire.) *Clarté, éclair, éclat, lueur.*
Flashing of water. *Rejaillissement, éclaboussure.*
FLASHY, adj. (sudden, not lasting.) *Subit, prompt, qui s'évanouit d'abord, qui ne fait que paroître, qui n'a que l'extérieur.*
Flashy, (or waterish.) *Qui a trempé dans l'eau.*
Flashy, (or fresh-tasted.) *Fade, insipide.*
Flashy, (in one's discourse.) *Qui n'a rien de solide dans ses discours, étourdi, qui ne considère pas ce qu'il dit.*

FLASK, f. (or powder horn.) *Un fourniment, flasque ou poire à mettre de la poudre à canon ou à giboyer.*
Flask, (or a bed for ordnance.) *Flasque, partie de l'affût du canon.*
Flask, (for wine.) *Bouteille de la façon de celles où se vend le vin de Florence.*
FLASKET, f. (a great sort of basket.) *Corbeille, grande corbeille, manne, grand plat.*
FLAT, adj. (or even and level.) *Plat, uni, qui n'est pas plus élevé en un endroit qu'en un autre.*
A flat nose. *Un nez plat, un nez camus.*
The flat country. *Le plat pays.*
Flat painting. *Plate peinture.*
A flat discourse. *Un discours plat ou rampant, qui n'a rien de vif.*
A flat kind of pleasure, (that does not quicken the affections.) *Un plaisir fade, qui n'a rien de piquant, qui n'a rien qui émeuve l'ame.*
A flat taste. *Un goût plat, fade, insipide.*
Flat (or dead) drink, that tastes flat, (that has lost its spirits.) *Boisson éventée, boisson qui a perdu sa force.*
I told him flat and plain. *Je lui dis franc & net.*
To give one a flat denial. *Refuser tout net,* † *refuser tout à plat.*
A flat voice. *Une voix grave, un ton de basse.*
To take one in a flat (or plain) lie. *Attraper un menteur dans un mensonge manifeste.*
The flat side of the sword. *Plat d'épée.*
R. *L'on se sert souvent de cet adjectif dans un sens adverbial.*
Ex. To lay a thing flat on the ground. *Coucher ou renverser quelque chose par terre.*
To lie flat upon the ground. *Être étendu tout de son long sur terre.*
He lay flat upon his belly. *Il étoit couché sur son ventre.*
A style that falls flat here and there, (an uneven style.) *Un style qui ne se soutient pas, qui n'est pas uni.*
To sound flat. *Rendre un son plat.*
A flat arched vault. *Voûte à anse de panier.*
Flat-nosed. *Qui a le nez plat ou camus.*
Flat-bottomed. *Fait à fond de cuve, fait à fûte.*
A flat-bottomed ferry boat. *Un bac bâti à sole.*
Flat-footed. *Qui a les pieds plats.*
FLAT, f. (or flat country.) *Etendue de plat pays, plaine, plan, pial.*
Flats, (or shallows at sea.) *Bas-fond, un fond où il y a peu d'eau.*
A flat, (or shelf.) *Bancs de sable, écueils, basse ou batture.*
Flat, (in musick.) *Feinte ou dièze, en termes de musique.*
To FLAT, } v. act. (or to make
To FLATTEN, } flat.) *Aplatir, rendre plat.*
To flat pieces for coining. *Aplatir les flans pour faire de la monnoie, les flâtir :* ce dernier est un terme d'art.
To flat or flatten, verb. n. *S'aplatir :* devenir fade.
To flat in the sails, (a sea-expression.) *Traverser les voiles.*
Flat in forward! *Traverse la misaine & les focs!*
FLATLY, adv. (or downright.) *Tout net, tout à plat.*

He flatly denied it me. *Il me refusa tout net.*
FLATNESS, subst. (of ground.) *Egalité, en parlant du terrain.*
Flatness of drink. *Goût de boisson éventée.*
Flatness of discourse. *La qualité rampante d'un discours, la bassesse d'un discours.*
FLATTED, } adject. (from to flat.)
FLATTENED, } *Aplati.*
His spirits are sunk and flattened to the lowest degree imaginable. *Ses esprits sont abattus & amortis au dernier degré.*
To FLATTEN. V. to Flat.
FLATTER, *c'est le comparatif de l'adjectif* flat.
To FLATTER, v. act. *Flatter, cajoler, louer trop.*
Flattered, adj. *Flatté, cajolé.*
FLATTERER, subst. *Un flatteur, une flatteuse.*
FLATTERING, f. *L'action de flatter, de cajoler, de louer trop.*
Flattering, adj. *Flatteur, qui flatte.*
A flattering discourse. *Un discours flatteur.*
A flattering man. *Un flatteur.*
FLATTERINGLY, adv. *D'une manière flatteuse.*
FLATTERY, f. *Flatterie, cajolerie.*
FLATTISH, adj. (somewhat flat.) *Qui est un peu plat, &c.* V. Flat.
FLATULENT, adject. (or windy.) *Venteux, qui cause ou qui engendre des vents.*
Pease and beans are flatulent food. *Les pois & les fèves engendrent des vents.*
FLATUOSITY, subst. (windiness.) *Flatuosité.*
FLATUOUS, adj. (windy or full of wind.) *Flatueux.*
FLATUS, f. (wind in human bodies.) *Flatuosité.*
FLATWISE, adj. *A plat.*
To FLAUNT, verb. neut. (to spread.) *Bouffer, s'étendre, s'élargir, comme une cravate trop empesée.*
† To flaunt it. *Le porter beau,* † *piaffer, se pavaner.*
FLAUNTING, adj. *Pimpant.*
A flaunting woman. *Une femme pimpante,* † *qui se porte beau ou qui se fait distinguer par ses habits.*
A flaunting suit of clothes. *Un habit pimpant, bel habit;* ou plutôt, *un habit où il y a de l'excès ou du ridicule, un habit de comédien.*
FLAVOUR, sub. (pleasant smell or taste of wine, meats, &c.) *Fumet, bonne odeur, bon goût.*
Flavour of some meats. *Fumet de certaines viandes.*
A zest (or a piece of orange-peel) squeezed into some liquors, give them an agreeable flavour. *Un zeste ou un petit morceau d'écorce d'orange exprimé dans une boisson, lui donne un fumet agréable.*
FLAVOUROUS, adj. *Qui flatte le palais.*
FLAW, f. (in a precious stone.) *Paille, petit défaut dans quelque pierre précieuse.*
Flaw, (or fault.) *Faute, défaut, erreur.*
Flaw in a deed. *Nullité dans un acte.*
Flaw, (or chink.) *Fente, crevasse.*
Flaw, (a little skin that grows sometimes at the root of one's nails.) *Envie,*

Tome II.   2 L

vie, petite peau qui vient de la racine des ongles.

A skin that has no flaw. *Une peau unie, égale.*

A flaw of wind. *Une bouffée de vent, risée de vent.*

To FLAW, *verb. act.* Rompre, briser, fendre.

FLAWLESS, *adj.* Sans défaut.

FLAWN, *subst.* (a kind of custard.) *Un flan.*

To FLAWTER, *v. act. Ex.* To flawter a sheep's skin. *Taillader, couper une peau de brebis.*

FLAWY, *adject.* Qui a des pailles, qui a quelque défaut, défectueux.

FLAX, *subst.* Lin.

To dress flax. *Serancer du lin.*

Flax made ready to spin. *Filace, lin prêt à filer.*

Smoking flax. *Le lumignon qui fume.*

A flax-comb. *Un seran, avec quoi on serance le chanvre ou le lin.*

Flax-man. *Un serancier.*

FLAXEN, *adj.* De lin.

Flaxen sheets. *Des draps de lin.*

Flaxen (or fair) hair. *Des cheveux blonds.*

To FLAY, *v. act.* (or pull the skin off.) *Ecorcher.*

To flay one alive. *Ecorcher quelqu'un tout vif.*

Flayed, *adj.* Ecorché.

FLAYER, *just.* Ecorcheur.

P. Every fox must pay his own skin to the flayer. P. *Enfin l'on trouve le renard chez le pelletier, & le voleur à la potence.*

FLAYING, *sub. L'action d'écorcher, écorchure.*

A flaying house. *Ecorcherie.*

FLEA, *s.* Puce, sorte d'insecte.

To catch a flea. *Prendre une puce.*

P. To have a flea in one's ear. P. *Avoir la puce à l'oreille, avoir quelque chose dans l'esprit qui nous donne de l'inquiétude.*

He went away with a flea in his ear. *Il se retira fort en peine.*

Flea, (or fat of swine.) *Panne de porc.*

Flea-wort or flea-bane. *Herbe aux puces.*

Flea-bite. *Morsure de puces.*

Flea-bitten. *Mordu de puces.*

That was but a flea-bite to you. *Cela ne vous a pas fait grand mal, à peine vous en sentez-vous.*

Flea-bitten. *Moucheté.*

A flea-bitten horse. *Un cheval moucheté, cheval poil d'étourneau.*

To flea or clean from fleas, *verb. act. Epucer, attraper les puces.*

FLEAK. *V.* Hurdle.

FLEAM, *s.* or rather Phlegm. *Flegme.*

Full of fleam. *Flegmatique.*

Fleam, (a surgeon's instrument.) *Déchaussoir, instrument pour séparer les gencives afin de tirer plus aisément les dents.*

Fleam, (a farrier's instrument to let a horse blood.) *Flamme, instrument pour saigner les chevaux.*

To FLECK, To FLECKER, } *verb. act.* Moucheter, tacheter.

FLECKED, *adj.* (spotted.) Plein de taches, tacheté, moucheté.

FLED, *adj.* (from to fly.) Qui s'est sauvé, qui s'est enfui. *V.* to Fly.

He is fled. *Il s'est sauvé.*

FLEDGE, FLEDGED, } *adj.* (fit to fly out of the nest.) *Qui a des ailes, qui est en état de voler, en parlant des oiseaux.*

To FLEDGE, *v. act.* Donner des ailes.

To FLIE, *verb. neut.* (to make one's escape or to go away.) *S'échapper, s'en aller.*

FLEECE, *s.* (the wool that is shorn from one sheep.) *Toison.*

The fleece or the golden fleece. *La toison d'or.*

At the sign of the golden fleece. *A l'enseigne de la toison d'or.*

To FLEECE one, *verb. act.* † *Plumer quelqu'un, tirer de lui tout ce que l'on peut,* † *le tondre, lui avoir du poil.*

Fleeced, *adj.* Plumé, tondu.

FLEECY, *adj.* Laineux, qui porte de la laine. Ex. A fleecy flock. *Un troupeau de brebis.*

To FLEER, *v. n.* (or cast a saucy look.) *Avoir un regard effronté, se moquer.*

FLEERING, *subst.* (scorn, contempt.) *Regard méprisant ou dédaigneux, dédain, mépris.*

A fleering, *adject.* (or impudent) fellow. *Un effronté.*

FLEERER, *subst.* Un moqueur.

FLEET, *subst.* Flotte, nombre de navires qui naviguent ensemble.

A fleet of men of war. *Flotte de vaisseaux de guerre, escadre, armée navale.*

A fleet of merchant-men. *Flotte de vaisseaux marchands.*

To fit out a fleet. *Equiper une flotte.*

To beat the enemy's fleet. *Battre la flotte des ennemis.*

His Majesty's fleet. *Les forces maritimes du Roi ou l'armée navale d'Angleterre.*

Admiral of the fleet. *V.* Admiral.

Fleet est aussi le nom d'une prison de Londres, située près du pont devant elle communique son nom.

Fleet, *adject.* (or swift.) *Vite, qui va vite.*

Fleet dogs. *Des chiens qui courent bien, ou légers à la course.*

Fleet milk. *Lait écrémé.*

To FLEET, *v. act.* Ecrémer.

To fleet milk. *Ecrémer le lait.*

† To fleet, *verb. neut.* (for to float) upon the water. *Flotter sur l'eau, surnager.*

To fleet or flit, (to remove from place to place.) *Changer de place.*

FLEETING, *subst. L'action d'écrémer ou de flotter.*

Fleeting, (at sea.) *Action d'affaler ou de reprendre un palan dont les poulies se touchent ou se baisent.*

Fleeting, *adject.* Passager, qui ne fait que passer, qui ne dure pas long-temps.

Our fleeting days, (our transitory life.) *Notre vie passagere.*

FLEETLY, *adv.* Avec vitesse.

FLEETNESS, *subst.* Vitesse, célérité, rapidité.

FLEGM. *V.* Phlegm.

FLESH, *subst.* Chair.

Soft flesh. *Une chair molle.*

Tough flesh. *Une chair dure, coriace.*

Raw flesh. *Chair vive, la viande crue.*

Dead flesh. *Chair morte.*

Flesh-fly. *Mouche qui s'attache à la chair.*

The flesh, (the carnal part of man.) *La chair ou la partie sensuelle de l'homme.*

The pleasures of the flesh, (carnal pleasures.) *Les plaisirs de la chair.*

To gather flesh, (or grow plump.) *Devenir gras, se remplir, se ravoir.*

To take flesh. *S'incarner.*

God made flesh. *Dieu incarné.*

To go the way of all flesh, (or to die.) *Mourir,* † *passer le pas.*

Flesh-colour. *Couleur de chair.*

Flesh-day. *Jour gras.*

Flesh-hook. *Croc à pendre de la chair.*

To FLESH, *v. act.* (or encourage.) *Animer, encourager, inciter, exciter.*

To flesh one to a thing. *Encourager quelqu'un à faire une chose, le porter à cela.*

Fleshed, *adj.* (or encouraged.) *Animé, encouragé, incité, excité.*

Fleshed in roguery. *Porté au mal.*

FLESHINESS, *subst.* Charnure, embonpoint.

FLESHLINESS, *sub.* Passions charnelles.

FLESHLESS, *adj.* Maigre, qui n'a que la peau & les os.

FLESHLY, *adject.* (or carnal.) *Charnel, sensuel, de la chair.*

Fleshly pleasures. *Les plaisirs de la chair.*

Fleshly given, (or given to the flesh.) *Adonné aux plaisirs de la chair, charnel.*

FLESHY, (or full of flesh.) *Charnu, qui a beaucoup de chair.*

The fleshy parts. *Les parties charnues.*

The fleshy part of fish. *Chair de poisson.*

FLETCHER, *subst.* (a maker of arrows.) *Un faiseur de flèches.*

FLEW, prétérit du verbe to Fly.

FLEW, *s.* Gueule d'un chien courant.

FLEWED, *adject.* Qui pousse des aboiements sonores.

FLEX.B.LITY, *s.* (or aptness to bend.) *Flexibilité, disposition à se plier ou courber.*

Flexibility is the most necessary of all qualifications for the management of affairs of great importance. *La flexibilité est la plus nécessaire de toutes les qualités pour les grandes affaires.*

FLEXIBLE, *adj.* (or limber.) *Flexible, souple, pliant, qu'on peut aisément plier ou courber.*

Flexible, (apt to be persuaded or entreated.) *Flexible, souple, qui se laisse fléchir.*

Flexible, (or docile.) *Flexible, souple, docile, facile à gouverner.*

FLEXIBLENESS. *V.* Flexibility.

FLEXILE. *V.* Flexible.

FLEXION, *subst. L'action de plier ou de courber une chose.*

FLEXOR, *subst.* Fléchisseur, nom que l'on donne à certains muscles.

FLEXUOUS, *adject.* Tortueux, courbe, changeant.

FLEXURE, *s.* (a crooking or bending.) *Courbure.*

To FLICKER. *V.* to Flutter.

FLIE. *V.* Fly.

To FLIE. *V.* to Fly.

FLIER, *s.* (from to fly.) Balancier.

The flier of a jack. *Le balancier d'un tournebroche.*

He is a high flier at all games. *Il donne sur toutes sortes de gibier; il est au poil & à la plume.*

FLIGHT, *subst. Vol, l'action de l'oiseau qui vole.*

Swift of flight. *Qui vole fort vite.*

A flight (or company) of birds. *Une volée, une bande ou troupe d'oiseaux.*

A

FLI

A flight of stairs, (all the steps from one landing place to another in a staircase.) *Rampe d'escalier.*
Flight, (or running away.) *Fuite.*
To save one's self by flight. *Se sauver par la fuite.*
Flights, (of fancy or imagination in poetry, &c.) *Essor, vol d'imagination.*
Flight-shot. *Coup de fleche.*
FLIGHTY, *adj. Volage.*
FLIM-FLAM, *subst. Bagatelle, niaiserie.*
FLIMSY, *adject. Mollasse, foible, sans force.*
Flimsy stuff. *Une étoffe mollasse.*
To FLINCH, *verb. act. & neut.* (or quit.) *Se désister, cesser, se déporter d'une chose.*
To flinch and quit an undertaking. *Se désister d'une affaire qu'on a entreprise.*
To flinch (or quit) the fight. *Quitter le combat, fuir la lice, s'enfuir, prendre la fuite, † gagner au pied.*
To flinch, (to play fast and loose.) *Tergiverser, biaiser, ne pas tenir une conduite sincere.*
To flinch back. *Se retirer, se dérober.*
FLINCHER, *s. Celui ou celle qui se désiste ou se déporte d'une chose, celui qui se désiste d'une accusation.*
A flincher, (one that slips away in a drinking-bout.) *Une personne qui se dérobe de la compagnie dans la chaleur de la débauche.*
FLINCHING, *s. L'action de se désister, &c. V.* to Flinch.
Without flinching, (or fear.) *Sans s'épouvanter, sans s'émouvoir.*
FLING, *s.* (or stroke.) *Un coup.*
† I must have a fling at him. *Il faut que je l'entreprenne.*
A fling of satire. *Un trait satirique ou de satire, un lardon.*
† In every word he speaks he has a fling at somebody or others. *Il ne sauroit dire une parole sans pincer ou mordre quelqu'un.*
Fling of a horse. *Escapade de cheval.*
To FLING, *verb. act. Jeter, lancer, darder.*
To fling a stone at one. *Jeter une pierre à quelqu'un.*
To fling a dart. *Lancer un trait, darder un javelot.*
To fling, *v. n.* (to kick, as horses do.) *Ruer, détacher des ruades ou faire une escapade.*
To fling AWAY, *verb. act. Jeter par mépris ou de dépit.*
To fling away (or misspend) one's money. *Prodiguer son argent, être mauvais ménager.*
To fling away one's life. *Exposer follement sa vie.*
To fling away, *v. n. Se retirer.*
He rudely flung away from the company. *Il quitta la compagnie ou il se retira brusquement ou de mauvaise grace.*
To fling OFF, (in a chase.) *Manquer le gibier.*
To fling OUT. *Jeter dehors;* IN, *dedans;* UP, *en haut;* DOWN, *en bas.*
To fling out a paper to the publick. *Hasarder un écrit, l'exposer en public.*
He flung UP at it all at once. *Il abandonna tout.*
FLINGER, *s. Celui ou celle qui jette, &c. V.* to Fling.
FLINGING, *subst. L'action de jetter, &c. V.* to Fling.

FLI

FLINT, } *subst. Une pierre à feu, un caillou.*
FLINT-STONE, }
† He could get oil out of a flint. † *Il tireroit de l'huile d'un mur, il arracheroit de l'argent de l'homme le plus avare.*
A flint-glass. *Un verre de roche.*
FLINTY, *adj. Pierreux, de pierre, dur, cruel.*
FLIP, } *s. Liqueur en usage parmi les matelots anglois ; elle est composée de bierre, sucre & eau-de-vie, ou autre liqueur.*
FLIPP, }
FLIPPANT, *adj.* (or brisk.) *Vif, plein de feu, éveillé.*
A flippant woman. *Une femme vive ou pleine de feu.*
A flippant tongue, (a tongue full of talk.) *Une langue bien pendue.*
A flippant discourse. *Un discours coulant.*
FLIPPANTLY, *adv. Avec beaucoup de bavantage.*
FLIRT, *s.* (or spurt.) *Boutade.*
Flirt, (or banter.) *Raillerie,* † *gausserie.*
Flirt, (a sort of silk.) *Fleuret, sorte de soie.*
Flirt. *Une coquette.*
To FLIRT, *verb. act. Ex.* To flirt a fan, (to play with it.) *Jouer de son éventail, l'ouvrir & le refermer avec violence.*
To flirt, *verb. neut.* (to flirt at one.) *Railler quelqu'un, le pincer.*
Flirted at, *adj. Raillé, pincé.*
FLIRTATION, *s. Coquetterie, mouvement vif.*
To FLIT. *V.* to Fleet.
FLITCH, *subst. Fleche.*
A flitch of bacon. *Une fleche de lard.*
FLIT-MILK. *V.* Fleet-milk.
FLITTER, *s.* (rag.) *Lambeau, guenille.*
A suit worn all to flitters. *Un habit tout usé, qui s'en va en lambeaux.*
A flitter-mouse, (or bat.) *Une chauvesouris.*
FLIX, *s. Duvet, poil fin, soit de lievre, soit de lapin, &c.*
FLOAT, *subst. Train, radeau de mâts ou de bois de construction.*
A float of wood going up or down the river. *Un train de bois montant ou avalant.*
Float-boat. *Un radeau.*
A float to a fishing-line, (the cork, or quill that swims above water.) *Le liege d'une ligne de pêcheur.*
To put a float to a line. *Liéger une ligne.*
A ship that is a-float. *Un navire qui est à flot.*
To FLOAT, *verb. neut.* (upon the water.) *Flutter, être soulevé par l'eau, être à flot.*
To float, (or be in suspence.) *Flotter, être irrésolu, être en suspens, être balancé entre plusieurs passions.*
To float betwixt hope and fear. *Flotter entre l'espérance & la crainte.*
To float, *verb. act.* (to put under water.) *Submerger, inonder.*
Floated, *adj. part.* (under water.) *Inondé, submergé.*
All the meadows are floated. *Tous les prés sont inondés.*
FLOATING, *s. L'action de flotter.*
Floating or floatages. *Tout ce qui flotte sur l'eau.*

FLO

Floating, *adj. Ex.* A floating bridge. *Pont flottant ou pont de bateaux qu'on joint ensemble pour passer une riviere.*
FLOATY, *adj. Léger, flottant.*
FLOCK, *s. Troupeau.*
A flock of sheep. *Un troupeau de brebis.*
A flock of geese. *Un troupeau d'oies.*
A flock (or multitude) of people. *Une foule de monde, une multitude.*
Flock of wool. *Flocon de laine.*
A flock-bed. *Un lit de bourre, un matelas.*
To FLOCK together, *v. n. S'assembler, aller en troupe.*
To flock to one. *Aller à quelqu'un en foule, venir ou se rendre auprès de lui en foule.*
They flock to him from all parts. *On va à lui en foule de tous côtés.*
FLOCKING, *s.* (a flocking of people.) *Concours, affluence de monde.*
To FLOG, *v. act.* (lash.) *Fouetter, châtier.*
FLOOD, *s.* (deluge of water.) *Déluge, inondation, eaux débordées.*
The floods are out. *Il y a des inondations, les eaux sont débordées.*
The flood, (or tide.) *Flux de mer, le flot ou montant de la marée.*
It is almost flood. *La marée va remonter.*
At new flood. *Au montant de la marée.*
Flood of women. *Evacuation des femmes immédiatement après leurs couches.*
Noah's flood. *Le déluge de Noé.*
There is a flood or a land-flood. *Les eaux sont débordées ou les eaux couvrent la campagne.*
To roll on a flood of wealth. *Nager dans les richesses.*
To pour out a flood of tears. *Verser un torrent de larmes.*
Flood, (torrent, &c.) *Torrent, ravine.*
A flood-gate. *Une écluse, une bonde, une vanne.*
FLOOK. *V.* Flukes.
FLOOR, *s. Un plancher.*
An even floor. *Un plancher uni.*
An inlaid floor. *Un parquet.*
House that has two rooms of a floor. *Une maison qui a deux chambres de plain-pied.*
The ground floors being floated, we took to the upper rooms. *Les appartements du rez-de-chaussée étant remplis d'eau, nous montâmes à ceux d'en-haut.*
A floor or a barn-floor. *Une aire, place dans la grange où l'on bat le grain.*
Floor, (in a ship.) *Le fond ou plat-fond d'un vaisseau.*
A narrow floor. *Fond étroit.*
A sharp floor. *Fond fin.*
A flat floor. *Fond plat.*
A long floor. *Fond alongé.*
A rising-floor. *Fond fort acculé ou façonné.*
Floor timbers. *Varangues.*
Floor heads. *Têtes des varangues ou fleurs du vaisseau.*
To FLOOR, *v. act.* (with boards.) *Planchéier.*
FLOORING, *s. Planchér.*
FLOREE, *s.* (so is cel'ed the blue scum of wood boiling in the dyer's lead.) *Ecume de bois chez les teinturiers.*
FLOREN. *V.* Florin.
FLORENCE, *s.* (or Florence wine.) *Vin de Florence.*
FLORENCES, *s.* (a kind of cloth so called.) *Drap de Florence.*
FLORET-silk. *V.* Ferret.
FLORAL, *adj. Qui a rapport aux fleurs.*
FLORID, *adj.* (full of rhetorical flowers.) *Fleuri, rempli de fleurs d'éloquence.*
A florid style. *Un style fleuri.*

A low pulse, a florid tongue. *Un pouls profond, une langue vermeille.*
FLORIDITY,
FLORIDNESS, } *s. Fraicheur du teint; ornement elegance.*
FLORIFEROUS, *adject. Qui porte des fleurs.*
FLORIN, *s.* (a German coin of different worth.) *Florin, monnoie d'Allemagne de diverse valeur.*
Florin is also a gold coin, first coined by the Florentines with a flower upon it. *Le florin est aussi une piece de monnoie d'or, que les Florentins firent battre les premiers & marquer d'une fleur.*
FLORIST, *s.* (one that delights and has skill in flowers.) *Fleuriste, celui qui est curieux de fleurs.*
FLORY, *s.* (flourish, shew.) *Parade, ostentation, florès.*
Publick rejoicings upon a dubious event of war, are but a political flory to amuse the vulgar. *Les réjouissances qui se font à l'occasion de quelque événement douteux pendant la guerre, ne sont qu'une parade politique pour amuser le peuple.*
FLORULENT, *adject. Fleuri, couvert de fleurs.*
FLOSCULOUS, *adject.* (having many flowers.) *Flosculeux, terme de botanique.*
FLOTTAGES. V. Floating.
FLOTE. V. Float.
To FLOTE. V. to Float.
FLOTING. V. Floating.
FLOTSON, *s. Tout ce qui s'est perdu par un naufrage.*
FLOTTEN, *adj.* (from to fleet.) *Ecrémé.*
Flotten (or fleet) milk. *Lait écrémé.*
FLOUNCE, *s.* (a sort of loose furbellow, formerly put to a petticoat.) *Falbala volant.*
To FLOUNCE, *v. n. Se plonger.*
To flounce into the water. *Se plonger dans l'eau.*
To flounce. *S'agiter, se mouvoir avec passion.*
To flounce, (to make a noise with a fall.) *Faire du bruit en tombant.*
To flounce, *v. act. Orner de falbalas.*
Flounced, *adj. Ex. A flounced petticoat. Une jupe à falbala volant.*
Flouncing, *adj. Qui tombe, qui fait du bruit en tombant.*
To FLOUNDER, *v. n. V.* to Flounce.
FLOUNDER, *subst.* (a sort of flat seafish.) *Flondre, sorte de poisson de mer plat.*
FLOUNDERING, *adj.* (making a noise with its fall.) *Qui fait du fracas, qui fait un grand bruit en tombant.*
FLOUR, *s. Farine. V.* Flower.
FLOURISH, *s.* (ornament in writing.) *Cadeau, trait de plume figuré.*
Flourish, (in architecture.) *Fleuron, en termes d'architecture.*
Flourish, (in musick.) *Prélude, en fait de musique.*
Flourish, (with a sword,) *Moulinet, sorte de tour d'escrime.*
Flourish, (or boast.) *Parade, ostentation, † florès.*
Flourish, (or rhetorical flowers.) *Fleurs de rhétorique, ornement d'éloquence.*
A trumpet's flourish. *Fanfare de trompette.*
A flourish, (or flower, an ornament in books.) *Fleuron ou vignette.*
Flourish, (amorous nonsense.) *Fleurettes, cajolerie.*

An idle flourish of words, (fustian.) *Un discours ampoulé.*
This is a handsome flourish, but where is the man yet that does not act the contrary? *Voilà qui est bien dit, mais cependant où est l'homme qui ne fait pas le contraire?*
To FLOURISH, *verb. neut. Fleurir, être florissant.*
He flourished under such a reign. *Il florissoit sous un tel regne.*
To flourish in discourse. *Amplifier, user de figures de rhétorique.*
To flourish in musick. *Faire un prélude.*
To flourish, *verb. act.*
Ex. To flourish a writing. *Faire des cadeaux, orner un papier de quelques beaux traits de plume.*
To flourish a sword. *Faire le moulinet.*
P. It is or 'tis one thing to flourish and another to fight. *Tel fait bien des armes qui n'est pas toujours le plus fort dans le combat.*
To flourish a trumpet. *Sonner des fanfares.*
Flourished, *adj.*
Ex. A flourished letter, (amongst printers.) *Une lettre grise, en termes d'imprimeur.*
FLOURISHER, *s. Celui qui est dans un état florissant.*
FLOURISHING, *s. L'action de faire des cadeaux, &c. V.* to Flourish; *discours ampoulé.*
Flourishing, *adj. Florissant.*
A flourishing state. *Un état florissant.*
FLOUT, *s.* (or jeer.) *Raillerie, moquerie, † gausserie.*
To FLOUT and jeer at one, *verb. act. & neut, Railler, (se moquer de) quelqu'un, † le gausser.*
Flouted, *adj. Raillé, moqué.*
FLOUTER, *subst. Railleur, moqueur, † gausseur.*
FLOUTING, *subst. Raillerie, moquerie, † gausserie.*
FLOW, *s.* (or tide.) *Flux.*
P. A flow will have an ebb. *Tout flux a son reflux.*
I admire the languishing flow of that verse. *J'admire la langueur de ces vers.*
To FLOW, *v. n. Couler, découler, venir, dans le propre & dans le figuré.*
The tears which flow from his eyes. *Les larmes qui coulent de ses yeux.*
His mouth flows with a torrent of eloquence. *Il coule de sa bouche un torrent d'éloquence.*
All these blessings flow from God. *Toutes ces bénédictions viennent ou découlent du Ciel.*
The tide flows and ebbs. *La marée monte & descend.*
FLOWER, *s. Une fleur, soit naturelle, soit artificielle.*
A fine (or delicate) flower. *Une belle fleur.*
A sweet-smelling flower. *Une fleur qui sent bon.*
A meadow enamelled with flowers. *Un pré émaillé de fleurs.*
A flower of luce. *Fleur de lis, fleur blanche ou orangée.*
An embroidered flower. *Fleur de broderie.*
Flowers of rhetorick. *Des fleurs de rhétorique.*
The flower (or prime) of the Nobility. *La fleur de la noblesse.*

In the flower of his age, (or in his prime.) *Dans la fleur de son âge.*
That is or that's one of the best flowers of his crown. *C'est un des plus beaux fleurons de sa couronne.*
Flower, (used by Printers to set off a book.) *Vignette, fleuron, terme d'Imprimeur.*
Flower or flour, (finest meal.) *Fleur de farine.*
Flowers, (or womens monthly courses.) *Fleurs, ordinaires, mois, purgations, le sang dont les femmes se purgent tous les mois.*
Flower-gentle or velvet-flower. *Amaranthe, sorte de fleur.*
Our ladies flower. *Hyacinthe.*
Flower-garden. *Parterre.*
A flower-pot. *Un pot à fleurs, un bouquetier.*
Flower-work. *Ouvrage à fleurs ou bien fleuron, en Architecture.*
To FLOWER, *v. n.* (or blossom.) *Fleurir, pousser des fleurs.*
The ale is ripe when it flowers. *L'aile est bonne à boire quand elle commence à crémer.*
To flower, *v. act. Figurer.*
To flower a combing-cloth. *Figurer un peignoir.*
FLOWERED, *adj.* (made into flowers.) *Figuré à fleurs, qui est à fleurs.*
A flowered silk. *Une soie à fleurs.*
FLOWERY, *adj. Fleuri, plein de fleurs.*
FLOWERET, *s. Petite fleur.*
FLOWING, *adj. Coulant.*
Flowing-sheets. *Ecoutes largues, comme celles d'un vaisseau qui court vent arriere ou grand largue.*
Flowing, *s.* (from to flow.) *Flux.*
Ebbing and flowing. *Flux & reflux.*
Flowing. *L'action de couler. V.* to Flow.
FLOWINGLY, *adj. Avec volubilité, coulamment.*
FLOWK, (fish.) *V.* Flounder.
FLOWN, *adj.* (from to fly.) *Qui s'est envolé.*
The bird is flown. *L'oiseau s'est envolé.*
High-flown. *Hautain, arrogant, altier, fier. V.* High.
FLOWT, to Flowt, *avec leurs dérivatifs. V.* Flout, to Flout.
FLUCTUANT, *adj. Flottant, incertain.*
To FLUCTUATE, *v. n.* (to waver, to be in suspence.) *Être en suspens, ne savoir à quoi se résoudre, balancer, être dans le doute ou dans l'incertitude, flotter.*
FLUCTUATION, *subst.* (or wavering.) *Agitation, incertitude, doute, irrésolution.*
FLUE, *subst.* The flue of a rabbit. *Le poil d'un lapin.*
Flue that sticks to one's clothes. *Petites plumes, ou autres choses semblables qui s'attachent aux habits.*
FLUELLIN, *s.* (a sort of flower.) *Véronique, sorte de fleur.*
FLUENCY. *V.* Fluentness.
FLUENT, *adj.* (free, easy, speaking of a discourse.) *Coulant, aisé, naturel, en parlant d'un discours.*
FLUENTLY, *adv.* (or easily.) *Coulamment.*
To speak fluently. *Parler coulamment, avoir un langage coulant ou une grande facilité d'expression.*
FLUENTNESS,
FLUENCY, } *subst. Fluidité, facilité, volubilité.*

FLUID.

FLU

FLUID, *f. Fluide.*
FLUID, *adj.* (that flows easily.) *Fluide, qui coule aisément.*
The water is fluid. *L'eau est fluide.*
FLUIDITY, } *subst.* (or flowingness.)
FLUIDNESS, } *Fluidité, disposition à couler.*
The fluidity of water, of the air, &c. *La fluidité de l'eau, de l'air,* &c.
FLUKES, *f.* (of the anchor,) or flooks. *Pattes de l'ancre.*
FLUMMERY, *subst.* (a welsh jelly of oats.) *Avoine cuite en consistance, bouillis.*
FLUNG, *adj. Jeté,* &c. *V.* to Fling.
Flung, *est aussi le prétérit de* to fling.
FLUOR. *V. Fluidity.*
FLURRY, *f.* a flurry (or sudden gust) of wind. *Un coup de vent, rifle ou raffale, grain de vent.*
Flurry. *Empressement. V. Hurry.*
FLUSH, *f.* (at cards.) *Flux ou fredon, en termes de jeu de cartes.*
Flush, (in musick.) *Fredon,* terme de joueur de violon.
To be flush of money. *Avoir beaucoup d'argent.*
In the flush of his extravagancies for a dead wife. *Dans le fort de ses transports pour la perte de sa femme.*
Flush, (or red colour.) *Rouge qui vient au visage.*
FLUSH-DECK. *V.* Deck.
To FLUSH, *v. act. Colorer, rougir, enfler.*
To flush, *v. n. Couler rapidement, rougir.*
He made the very ground flush with fire. *Il faisoit sortir du feu de dessous ses pieds.*
I flushed into a flame. *Je devins rouge comme l'écarlate, le feu me monta au visage.*
The blood begins to flush UP into his face. *Le rouge lui monte au visage.*
FLUSHED. *V.* Flusht.
FLUSHING, *f. Rougeur, rouge qui vient tout-à-coup au visage.*
FLUSHT, *adj.* (or flushed.) *Animé, encouragé, excité.*
He was flusht with his late successes. *Il étoit animé par ses derniers succès.*
Flusht with ambition. *Plein, enflé, bouffi d'ambition.*
He is flusht enough (or vain enough) to think so. *Il a assez de vanité pour présumer cela.*
FLUSTER, *f.* (passion.) *Transport, emportement, dérangement.*
To FLUSTER, *v. act.* (to heat with drinking.) *Echauffer quelqu'un par la boisson.*
FLUSTERED, *adj.* flustered in drink. *Qui a un peu bu, qui a fait une petite débauche.*
FLUTE, *f.* (or pipe.) *Une flûte,* instrument de musique.
To play upon the flute. *Jouer de la flûte.*
A german flute. *Flûte traversière.*
To FLUTE, *v. act.* (to channel.) *Canneler,* terme d'architecture.
Fluted, *adj.* (or channeled.) *Cannelé.*
FLUTINGS, *f.* (in architecture.) *Cannelures,* en termes d'architecture.
To FLUTTER, *v. n. Trémousser des ailes, voltiger, commencer un peu à voler, aller çà & là en volant un peu.*
F. The butter-fly flutters so often about the candle, that at last it burns itself in it. *Le papillon vole si souvent autour de la chandelle, qu'à la fin il s'y brûle.*
To flutter, (or make a fluttering.) *Se r..... , tracasser, être en action, aller & venir.*
To ...... , *v. act. Mettre en désordre, troubler, déranger.*

FLU

FLUTTER, *f. Ondulation, mouvement rapide, désordre, confusion.*
FLUTTERING, *subst. Trémoussement, tracas, l'action de trémousser,* &c. *V.* to Flutter.
FLUX, *f.* (the act of flowing.) *Flux.*
The flux and reflux. *Le flux & le reflux.*
The bloody-flux. *La dyssenterie, le flux de sang,* flux de ventre mêlé de sang pur.
The flux of women. *V.* Flowers.
To FLUX one, *v. act. Donner le flux de bouche à quelqu'un, lui provoquer la salivation, pour le guérir de la maladie vénérienne.*
Fluxed, *adj. Qui a ou qui a eu le flux de bouche.*
He was soundly fluxed. *Il a eu le flux de bouche de la belle manière.*
FLUXING, *subst. Flux de bouche, salivation.*
FLUXILITY, *f. Facilité à séparer ou à se disjoindre.*
FLUXION, *f. L'action de couler ou ce qui coule;* fluxion, terme d'algèbre.
FLY, *f.* (an insect.) *Une mouche.*
A great fly. *Une grosse mouche.*
To drive away the flies. *Chasser les mouches.*
A Spanish-fly. *Une cantharide.*
A gad-fly. *Un taon.*
Fly of an ensign. *Battant d'un pavillon.*
Fly-flap. *Un émouchoir,* avec quoi on chasse les mouches.
To FLY, *v. n.* (as a bird.) *Voler, fendre l'air avec les ailes.*
A bird that flies well. *Un oiseau qui vole bien.*
A bird that flies very high. *Un oiseau qui vole fort haut.*
To fly, (or run away.) *S'en aller, s'enfuir, prendre la fuite, se sauver.*
He must fly, he must fly for't. *Il faut qu'il se sauve, il faut qu'il prenne la fuite.*
To fly, (or escape by flight.) *Fuir, éviter, échapper, se sauver.*
To fly in battle. *Tourner le dos à l'ennemi.*
To fly from justice. *Se soustraire à la justice.*
To fly one's country. *Quitter ou abandonner son pays.*
To fly to one for refuge. *Se réfugier chez quelqu'un, se jeter entre ses bras.*
He was fain to fly the Kingdom. *Il fut obligé de vider le Royaume.*
To fly, (to break in pieces.) *Eclater, s'éclater, se rompre, se briser.*
To fly into a passion. *Eclater de colère, s'emporter.*
A bottle that flies. *Bouteille dont le bouchon saute en l'air, & dont la boisson se répand par l'effort qu'elle fait pour sortir.*
To let fly, (or to shoot.) *Tirer.*
Let fly the sheets ! *Largue les écoutes !*
† To let fly some shot in the air. *Dire quelque chose à l'aventure, jeter quelques paroles.*
To fly top over tail. *Faire la culbute.*
To fly OUT into expences. *Prodiguer son bien, le dépenser follement.*
To fly BACK. *Faire un saut en arriere; il a aussi la signification de* to fly off. *Voyez plus bas.*
To fly back or start, (as a horse.) *Ruer, détacher des ruades.*
To fly AT one, (as a dog does.) *Se jeter sur quelqu'un, sauter, s'élancer sur lui.*
The saker flies at the heron. *Le sacre vole sur le héron.*

FLY

To fly in one's face. *Sauter au visage de quelqu'un.*
His conscience will fly in his face for it one day. *Sa conscience lui en fera un jour de sanglans reproches.*
To fly in pieces. *Briser, se défaire, se déchirer, se rompre.*
To fly into a passion. *Se mettre en colère.*
To fly ABROAD or to fly ABOUT. *Se répandre.*
This news flies about every where. *Cette nouvelle se répand par-tout.*
To fly AWAY. *S'envoler.*
To fly OFF. *Reculer, biaiser, ne pas tenir un procédé ni une conduite sincere à l'égard d'une personne.*
Far from coming on, he flies off. *Au lieu d'avancer, il recule;* ou † *il tire le cul en arriere.*
To FLY, *v. act. Fuir, éviter, attaquer.*
The hawk flies the bird to the mark. *L'oiseau enfonce.*
The door flies open. *La porte s'ouvre d'elle-même.*
FLYBLOW, *f. Mouche, endroit de la viande gâté par les mouches.*
To FLYBLOW, *ver. act. Gâter, corrompre.*
Flyblown, *adj. Gâté, corrompu,* où il y a eu une mouche.
FLYBOAT, } *sub.* (a sort of swift seavessel.)
FLIGHT, } *Flibot,* petite flûte qui porte environ cent tonneaux.
FLYER, *f. Fuyard.* On donne aussi ce nom à une sorte d'escalier.
FLYING, *f. L'action de voler,* &c. *V.* to Fly.
The flying out or spreading of a vault. *Poussée de voûte.*
Flying, *adj. Volant.*
A flying camp. *Un camp volant.*
A flying horse. *Un cheval ailé.*
We went out drums beating, colours flying. *Nous sortîmes tambour battant, enseignes déployées.*
A flying report. *Un bruit qui se répand, un bruit qui court.*
A flying-coach. *Diligence,* coche qui va plus vite que les autres.
To come off with flying colours. *Se tirer d'une affaire begues sauves, se tirer d'intrigue avec honneur.*
FOAL, *f.* (or colt.) *Un poulain.*
A mare with foal. *Une jument poulinière.*
The foal of an ass. *Un ânon.*
To FOAL, *verb. neut.* (to bring forth a colt.) *Pouliner, faire un poulain ou un ânon.*
FOAM, *f.* (froth, spume.) *Ecume.*
The foam of a horse or dog, of an angry sea, of a man in anger. *Ecume de cheval ou de chien, d'une mer irritée ou d'un homme en colère.*
The foam (or froth) of melted lead. *Ecume de plomb fondu.*
To FOAM, *v. neut. Ecumer, jeter ou rendre de l'écume.*
A horse or dog that foams. *Un cheval ou un chien qui écume.*
The sea foams. *La mer écume.*
He foams at the mouth when he speaks. *Il écume quand il parle.*
FOAMY, *adj. Ecumeux, couvert d'écume.*
FOB, *f.* (a little pocket.) *Gousset,* petite poche.
† Fob-doddle. *Une dupe, celui ou celle qu'on trompe aisément ou que l'on fait donner dans le panneau.*

1

FOB FOI

I won't or will not be fob-doddle, (or be made an ass of.) *Je ne veux point passer pour dupe.*
Fob, adj. Ex. A fob (or sham) action in law. *Un procès sans fondement.*
To FOB one off, v. act. *Se moquer de quelqu'un, le remettre perpetuellement, l'amuser,* † *lui tenir le bec dans l'eau.*
Fobbed off, adj. *Moqué, &c.*
FOCAL. V. Focus.
FOCIL, s. Focile.
The focil-bones. *Le grand & le petit focile, deux os du bras.*
FOCUS, s. Foyer, terme de géométrie & d'optique.
FODDER, s. (any kind of meat for horses and other cattle.) *Fourrage, pâture, nourriture pour les animaux, la paille, le foin, ou autre pareille chose qu'on donne l'hiver au bétail.* V. Fother.
To FODDER, } v. neut. (or forage.)
To FEED, } *Fourrager.*
To fodder cattle. *Donner du fourrage au bétail.*
FODDERER, s. *Fourrageur.*
FODDERING, subst. *L'action de donner du fourrage au bétail.*
Foddering, subst. Fourrage, ou *l'action d'aller au fourrage.*
FOE, s. (or enemy.) *Ennemi.*
To love both one's friends and foes. *Aimer ses amis & ses ennemis.*
FOETUS, sub. (the child in the womb.) *Fœtus.*
FOG, s. (or mist.) *Brouillard.*
See what a fog there is abroad. *Voyez quel brouillard il fait.*
FOGGILY, adv. *Dans l'obscurité.*
FOGGINESS, s. *Grossièreté, épaisseur.*
The fogginess of this country air. *La grossièreté de l'air de ce pays-là.*
FOGGY, adj. *Plein de brouillards, grossier, épais.*
A foggy air. *Un air grossier ou épais.*
A foggy drink. *Une boisson grossière ou épaisse.*
A foggy man. *Un gros homme, un homme pesant, ou qui est chargé de graisse.*
FOH or Fy. *Fi,* interjection qui marque du dédain.
FOIBLE, s. (blind or weak side.) *Foible.*
FOIL, s. (to learn to fence.) *Fleuret, avec quoi on apprend à faire des armes.*
To play at foils. *Faire un coup de fleuret, se battre à coups de fleuret.*
Foil, (for a stone.) *Feuille, qu'on met sous une pierre pour en relever l'éclat.*
Foil, (or set-off.) *Un ornement.*
She is a foil to you. *Elle vous sert de mouche.*
Foil, (defeat.) *Défaite.*
To give one a foil, (to make him fall, but not cleverly.) *Faire tomber son antagoniste à la lutte, mais d'une manière qui n'est pas assez dégagée.*
To give a foil. *Econduire.*
To take foil. *Essuyer un refus.*
To FOIL, v. act. (or set off.) *Orner, parer.*
To foil, (or overthrow.) *Jetter par terre, renverser.*
To foil, (or overcome.) *Surmonter, vaincre, battre, défaire.*
Foiled, adj. *Orné; jeté par terre, renversé, surmonté, vaincu.*
FOILING, s. *L'action d'orner, &c.* V. to Foil. V. Foyling.
FOIN, s. (or pass.) *Botte, coup.*
To FOIN, v. n. (or make a pass at one.) *Porter ou alonger une botte.*

FOI FOL

† FOISON, s. (or plenty.) *Foison, abondance.*
FOIST, subst. A galley-foist. *Fuste, sorte de vaisseau de bas-bord à voiles & à rames.*
Foist, (or fizzle.) *Une vesse.*
To FOIST, v. neut. *Vesser.*
To foist IN, v. act. (to forge.) *Supposer, mettre par surprise, forger.*
To foist (or stuff) in. *Faire entrer, fourrer.*
Foisted in, adj. *Supposé, subreptice, fait par surprise, forgé, fourré.*
FOISTING, } adject. *Puant, qui sent*
FOISTY, } *mauvais.* V. Fusty.
* FOLCMOTE }
* FOLKMOTE } sub. (an old Saxon word, which signifies, 1st, two kinds of Courts, viz, the one now called the county court, and the sheriff's turn; 2dly, it signifies a general assembly of the people of the city of London, to complain of the Mayor and Aldermen, for misgovernment within the city.) *Ce mot étoit autrefois en usage pour signifier,* 1. *deux sortes de juridiction, savoir, celle qu'on appelle aujourd'hui la Cour du Comté, & celle qu'on nomme, la tournée du Sheriff;* 2. *l'assemblée du peuple de Londres, pour se plaindre du Maire & des Echevins.*
FOLD, s. (or plait.) *Un pli.*
The folds of a serpent's tail. *Les plis de la queue d'un serpent.*
Fold, ce mot se compose souvent avec les adjectifs numéraux.
Ex. Two-fold. *Deux fois autant,* double : three-fold, *triple, trois fois autant, &c.*
Fold or sheep-fold. *Parc, lieu où parquent les moutons.*
To go to the fold. *Parquer.*
Fold-course or free-fold. V. Faldage.
To FOLD, }
To FOLD UP, } v. act. *Plier.*
To fold up a letter or a napkin. *Plier une lettre ou une serviette.*
To fold sheep, (to put sheep into their fold.) *Faire parquer les brebis ou moutons.*
Folded or folded up, adj. *Plié.*
Folded, (shut in a fold.) *Parqué.*
FOLDER, s. (a folder of books.) *Un plieur, une plieuse de livres, celui ou celle qui plie les livres en blanc avant que de les coudre.*
Folding, subst. Ex. A folding stick. *Un plioir, ce dont on se sert pour plier les feuilles d'un livre.*
A folding chair. *Chaise pliante, perroquet.*
A folding screen. *Paravent, dont on se sert dans une chambre pour se garantir du vent qui vient de la porte, &c.*
A folding door. *Porte brisée.*
FOLIACEOUS, adj. *Composé de feuilles ou de lames.*
FOLIAGE, s. (a kind of branched work.) *Feuillage.*
To FOLIATE, verb. act. Ex. To foliate looking-glasses. *Couvrir les miroirs d'une feuille d'étain ou les étamer.*
FOLIO, s. (folio book or a book in folio.) *Un livre in-folio, un in-folio.*
FOLKMOTE. V. Folcmote.
FOLK, s. (or people.) *Gens, personnes, monde.*
I never saw such folks. *Je n'ai jamais vu de telles gens.*

FOL

Twelve folks. *Douze personnes.*
There is or there's abundance of folks. *Il y a beaucoup de monde.*
FOLKLAND, (or copy-hold land.) V. Copyhold.
FOLLICLE, s. *Follicule,* terme de botanique.
To FOLLOW, v. a. & n. (to go after.) *Suivre, aller après.*
To follow one close. *Suivre quelqu'un de près, le suivre pas-à-pas.*
It is the usual benefit that follows upon tempests in the state. *C'est l'avantage qui suit d'ordinaire les tempêtes qui s'élèvent dans l'Etat.*
To follow, (or wait upon.) *Suivre, accompagner, être à la suite.*
To follow one's ear. *Aller du côté d'où l'on entend une voix ou un bruit, suivre une voix.*
To follow one's nose. *Aller où notre odorat nous conduit.*
To follow (to imitate) one's example. *Suivre ou imiter l'exemple de quelqu'un.*
To follow, (to addict one's self, to give one's self over.) *Suivre, s'adonner, s'appliquer, s'attacher.*
To follow one's own humour. *Suivre ses inclinations ou son caprice.*
To follow one's book. *S'adonner, s'attacher à l'étude.*
To follow one's pleasures. *S'abandonner à ses plaisirs.*
To follow (or to study) the law. *Etudier en droit, s'appliquer à l'étude du droit.*
To follow the law, (to go to law.) *Poursuivre son droit, plaider.*
To follow one's business. *Songer à ses affaires.*
I followed him very hard. *Je l'ai fort pressé ou sollicité, je l'ai tenu de près.*
Having thus spoke, there followed a great silence. *Après qu'il eut ainsi parlé, il se fit un grand silence.*
That does not follow. *Cela ne s'ensuit pas, cela ne tire point à conséquence, cela ne conclut rien.*
If you will do so, you must take what follows. *Si vous voulez le faire, il faut vous résoudre à en souffrir les suites.*
It FOLLOWS, v. imp. *Il suit, il s'ensuit, il résulte.*
Hence it follows that he is a dishonest man. *De-là il s'ensuit qu'il est un malhonnête homme.*
Followed, adject. *Suivi, &c.* Voyez to Follow.
He is very much followed. *Il est fort suivi.*
FOLLOWER, s. (attendant.) *Qui suit quelqu'un, qui est de sa suite.*
Follower, (of an opinion.) *Sectateur, celui qui suit les sentiments de quelqu'un particulier.*
He had a great many followers. *Il avoit beaucoup de monde à sa suite, il avoit une belle suite ou un beau cortege.*
Epictetus and his followers. *Epictete & ses sectateurs.*
FOLLOWING, s. *L'action de suivre, &c.* V. to Follow.
Following, adj. *Suivant.*
The following chapter. *Le chapitre suivant.*
The year following. *L'année suivante.*
FOLLY, s. (from fool.) *Folie, extravagance, sottise, imprudence.*
It is the greatest piece of folly in the world. *Il est de la dernière folie.*
P. Short

FOM FON

P. Short follies are the best. *Les plus coutes folies sont les meilleures.*
Folly, (vice, excess, imperfection.) *Défaut, vice, imperfection, dérèglement.*
To FOMENT, v. act. *Fomenter, étuver, appliquer une fomentation, au propre; fomenter, nourrir, entretenir,* au figuré.
To foment a distempered part of the body, (to warm or cherish it.) *Fomenter ou étuver une partie malade.*
To foment a sedition. *Fomenter, entretenir une sédition.*
FOMENTATION, *s. Fomentation.*
To apply a fomentation. *Appliquer une fomentation.*
Fomented, adject. *Fomenté, étuvé;* ou *fomenté, nourri, entretenu.*
FOMENTER, *s. Fauteur, celui ou celle qui fomente.*
FOMENTING, subst. *L'action de fomenter,* &c. V. to Foment.
FOND, adj. (that loves tenderly or passionately.) *Passionné, fou, entêté, qui aime passionnément ou à la folie.*
To be fond of a thing. *Être passionné pour une chose, l'aimer passionnément.*
They are both fond of their own way. *Ils sont tous deux entêtés de leur méthode.*
I never saw a man more fond of his wife and children. *Je n'ai jamais vu d'homme qui aimât plus tendrement sa femme & ses enfants.*
He is not fond of it, (he cares not much for it.) *Il n'en fait pas beaucoup de cas; il ne l'estime guere, il ne s'en soucie guere.*
Fond, (kind or indulgent.) *Indulgent, bon, doux, qui a de la douceur & de l'indulgence.*
To be too fond of one's children. *Avoir trop d'indulgence pour ses enfants, leur être trop indulgent, leur donner trop de liberté.*
Fond, (or idle.) *Fou, vain, impertinent.*
A fond conceit. *Une folle imagination.*
A fond (or foolish) humour. *Une humeur badine, ou folâtre.*
Fond tricks. *De petites folies, des badineries.*
He has done it in a fond imitation of him. *Il ne l'a fait que pour le flatter par son imitation, ou que pour lui faire sa cour en l'imitant.*
FONDERY, subst. *Fonderie, lieu où l'on fond les métaux, ou l'art de les fondre.*
To FONDLE, v. act. *Mignarder, choyer, dorloter.*
FONDLING, *s. s.* (one that we are fond of.) *Un mignon, une mignonne, un favori, une favorite.*
FONDLY, adv. *Tendrement, avec tendresse, passionnément, avec passion, follement, à la folie.*
I fondly dreamt of it, (that is, I mistook the matter.) *Je me suis trompé ou mépris.*
FONDNESS, subst. *Tendresse, affection extraordinaire, folie, passion.*
His fondness of esteem with the factious people. *L'ardeur qu'il témoignoit à gagner l'estime des factieux.*
Fondness, (or indulgence.) *Indulgence, bonté, douceur, facilité qu'on a à permettre ou à tolérer une chose.*
FONT, *s. Fonts, fonts de baptême.*
To christen a child at the font. *Baptiser un enfant sur les fonts de baptême.*
FONTANEL, *s.* (or issue.) *Un cautere.*

FOO

FOOD, sub. *Aliment, nourriture, mangeaille.*
Food and raiment. *La nourriture & le vêtement.*
FOODFUL, adj. (or fruitful.) *Nourrissant, fertile.*
FOODY, adj. *Bon à manger.*
FOOL, *s. Un fou, sot, niais, impertinent, mal-avisé, un homme simple ou crédule.*
To play the fool. *Faire le fou.*
She is a fool. *C'est une folle.*
I should be a great fool to believe it. *Je serois bien fou de le croire.*
P. One fool makes an hundred. P. *Un fou en fait bien d'autres.*
P. Play with a fool at home, and he will play the fool with you in the market. P. *Si vous donnez trop de liberté à un fou en particulier, il vous rendra ridicule en public.*
P. Every man has a fool in his sleeve. *Personne n'est exempt de folie,* P. *chacun a sa marotte.*
P. Fools will be meddling. P. *Les fous se mêlent de tout.*
P. A fool's bolt is soon shot. P, *Un fou a bientôt dit sa pensée ou fait son coup.*
P. Fools set stools for wise men to stumble at. P. *Les sages sont quelquefois la dupe des fous.*
P. Fools have fortune. P. *A fous fortune.*
To make a fool of one. *Se jouer de quelqu'un, se moquer de lui.*
To play the fool. *Badiner, folâtrer.*
To play the fool with one's self. *Faire une folie.*
† It is or 'tis but a fool to it. *Ce n'est qu'une bagatelle en comparaison.*
I am not such a fool to go thither. *Je n'ai garde d'y aller.*
Fool-hardy, &c. V. Foolhardy, &c.
Fool's-cap, *s.* (a sort of paper.) *Voyez* Cap.
To FOOL one, verb. act. (to make a fool of him.) *Se moquer, se jouer de quelqu'un.*
To fool one out of his money. *Duper quelqu'un, lui attraper son argent, le plumer.*
To fool, (to cheat.) *Attraper, duper.*
To fool away. *Prodiguer.*
To fool, v. neut. (to play the fool.) *Badiner, se jouer, se moquer, railler.*
Fooled, adj. (made a fool of.) *Moqué, joué.*
FOOLERY, *s. Folie, sottise, impertinence, niaiserie, bagatelle.*
FOOLHARDINESS, sub. *Témérité, folle audace.*
FOOLHARDY, adj. *Téméraire, follement hardi.*
FOOLING, *s. L'action de se moquer,* &c. V. to Fool. *Folie.*
FOOLISH, adject. *Fou, sot, crédule, simple, impertinent, indiscret, imprudent, mal-avisé.*
Foolish (or idle) talk. *Discours fou ou impertinent.*
A foolish talker. *Un sot parleur, un homme qui tient des discours sots & impertinens, un homme indiscret, imprudent.*
FOOLISHLY, adv. *Follement, sottement, imprudemment.*
You have done very foolishly. *Vous avez agi fort imprudemment, vous avez fait une grande folie.*
FOOLISHNESS, subst. *Folie, sottise, crédulité, simplicité, impertinence, imprudence.*
FOOT, subst. *Le pied,* la partie sur la-

FOO

quelle les hommes & les animaux marchent.
The right and left foot. *Le pied droit & le pied gauche.*
To go on foot. *Aller à pied.*
To tread under foot. *Fouler aux pieds.*
Bind him hand and foot. *Liez-lui les pieds & les mains, garrottez-le pieds & mains.*
The foot of a hill, wall, rock or tree. *Le pied d'une montagne, d'une muraille, d'un rocher, d'un arbre,* la partie la plus basse de ces choses.
The bed's-feet. *Les pieds du lit.*
At the foot of the reckoning. *Au bout du compte.*
Foot, (a measure of twelve inches.) *Pied,* mesure de douze pouces.
Foot, (or foot soldiers.) *L'infanterie, fantassins, hommes de pied.*
To set a thing on foot, (or begin it.) *Mettre une chose sur pied, la commencer.*
Foot or footing, (pass, condition terms.) *Pied, termes, état.*
Upon what footing are you with him? *Sur quel pied ou en quels termes êtes-vous avec lui?*
Things are settled upon that foot. *Les choses sont sur ce pied.*
The foot (or paw) of some beasts. *La patte de certaines bêtes.*
The foot of a glass or stand. *La patte d'un verre ou d'un guéridon.*
The foot of a pair of compasses. *La jambe d'un compas.*
The foot (or basis) of a pillar. *Le soubassement ou la base d'une colonne.*
Foot by foot, (by degrees.) *Pied à pied, petit à petit.*
† Do not stir a foot from hence. *Ne bougez pas d'ici.*
I have the length of his foot to an hair. *Je sais à quel point il se chausse, je connois son foible, je connois son humeur parfaitement bien, je sais par où ou de quel biais il faut le prendre.*
Colt's-foot, (a sort of plant.) *Pas-d'âne,* sorte de plante.
He has every foot of my land. *Il a tous mes biens, il ne m'est pas resté un pied de terre.*
Every foot (or every minute) and anon. *A tout heure, à tout moment, à tout bout de champ.*
A foot-ball. *Un ballon.*
To play at foot-ball. *Jouer au ballon.*
A foot-man or foot-soldier. *Un fantassin, un homme de pied.*
A foot-company. *Compagnie d'infanterie.*
A foot-man, (or lackey.) *Un valet de pied, un laquais.*
Foot-man, (runner or walker.) *Coureur, marcheur.*
Footmanship, (swiftness in running.) *Vitesse à la course.*
A foot-boy. *Un jeune ou un petit laquais.*
A foot-post. *Messager à pied.*
A foot pad. *Un voleur à pied.*
Foot-pace, (softly.) *Pas à pas, tout doucement, à petits pas.*
To go a foot-pace. *Aller pas à pas.*
Foot-cloth, (a cloth, mat, &c. spread round, before or on the side of a bed, a chair of state, &c.) *Estrade.*
Foot-step. *Trace, démarche.*
To follow one's foot-steps. *Suivre les traces de quelqu'un.*
A foot-race. *Course de gens à pied.*
To run a foot-race. *Faire une course à pied.*

The

The foot-stall of a pillar. *La base ou le soubassement d'une colonne.*
The foot-board of a coach-box, *Le marchepied d'un carrosse.*
Foot-room. *La place que prend le pied, ou la place pour mettre le pied.*
Foot of a sail, (at sea.) *Fond d'une voile.*
Foot-hook. *V.* Futtock.
Foot-rope. *Ralingue de fond.*
Foot-ropes or horses of the yards. *Marchepieds des vergues.*
Foot-waleing. *Vaigrage.*
To FOOT it , *v. n. Marcher* ou *aller à pied, faire le chemin ou voyager à pied.*
It is or 'tis but ten miles thither , I am resolved to foot it. *Il n'y a que dix milles d'ici là , je suis résolu de les faire ou d'y aller à pied.*
To I OOT , verb. act. a pair of stockings. *Ressemeler une paire de bas , y mettre des semelles neuves.*
FOOT - BALL. *Voy.* Foot - ball *sous* Foot.
FOOTED , adj. (or new-footed.) *Ressemelé.*
Broad-footed. *Qui a le pied large.*
Flat-footed. *Pied-plat.*
Cloven-footed. *Qui a le pied fourchu.*
Four-footed, *Qui a quatre pieds.*
A four-footed beast. *Une bête à quatre pieds.*
FOOT-GELD , *s.* ('tis an amerciament for not cutting the balls out of great dogs feet in the forest.) *C'est une amende qu'on est obligé de payer pour n'avoir pas coupé la plante des pieds des chiens dans la forêt. V.* to Expeditate.
FOOTING , *s.* (the action of to foot.) *L'action de faire un chemin à pied ; l'action de ressemeler des bas.*
Footing , (print of the foot in treading.) *Trace , piste.*
To get footing in a place. *S'établir en quelque endroit.*
If we love ourselves, we shall look to our footing. *Si nous consultons nos propres intérêts , nous ne manquerons point de prendre garde à nos démarches.*
Footing , (situation , manner.) *Pied, situation.*
Upon what footing is he at Court ? *Sur quel pied ou en quels termes est-il à la Cour ?*
FOOTLICKER , *s.* Flatteur , adulateur , un esclave.
FOOTLING , *s.* Peton , petit pied.
FOOT-MAN , foot-step , and foot-stall ; *cherchez tous ces mots sous* Foot.
FOOTSTOOL , *s. Marchepied.*
FOP , *subst. Un fat , un sot , un ridicule. On se sert proprement de ce mot en parlant d'un jeune ridicule qui est recherché dans sa parure ou dans ses manières.*
A fop-doodle , (a fool.) *Un sot , un niais , un nigaud.*
FOPPERY , *subst.* (or foolishness.) *Sottise , niaiserie , impertinence , moquerie , badinerie.*
I hate all those fopperies. *Je hais toutes ces sottises.*
It is or 'tis a mere foppery. *C'est une pure moquerie.*
FOPPISH , adj. *Fat, sot , ridicule , impertinent , affecté , recherché.*
A foppish man. *Un fat , un sot , un ridicule.*
Foppish doings. *Des actions sottes ou ridicules , des sottises , des niaiseries.*

FOPPISHLY , adj. *Avec ostentation , avec vanité.*
FOPPISHNESS , *s. Fadaise , ridicule , effectation ridicule , impertinence.*
FOR , *conj.* (because.) *Car.*
Do not or don't meddle with him , for he is a very cheat. *N'ayez rien à faire avec lui , car c'est un franc fripon.*
For , *prép. Pour , à cause de.*
For God's sake. *Pour l'amour de Dieu.*
For my sake. *Pour l'amour de moi , à ma considération.*
For God-a-mercy. *Pour rien , gratis , gratuitement , sans aucun profit.*
He was angry with me for doing it. *Il se fâcha contre moi pour l'avoir fait.*
She could not do it for her age. *Elle ne pouvoit pas le faire à cause de son âge , ou son âge ne lui permettoit pas de le faire.*
For custom's sake. *Parce que c'est la coutume.*
For. *Par.*
For conveniency. *Par commodité.*
For example, as for example. *Par exemple.*
He went away for fear. *Il se retira de peur, la peur le fit retirer.*
For. *De.*
To accuse one for a thing. *Accuser quelqu'un de quelque chose.*
Take you no care for that. *Ne vous mettez pas en peine de cela , que cela ne vous embarrasse pas.*
I am sorry for you. *Je prends pitié de vous.*
You are a fool for believing him. *Vous êtes un fou de le croire.*
I am resolved for France. *Je suis résolu de m'en aller en France.*
For. *A.*
For the present. *A présent, présentement, maintenant.*
For the time to come. *A l'avenir.*
For ever, for ever and ever. *A jamais, éternellement , pour toujours.*
For the nonce , (or on purpose.) *A dessein, exprès , de propos délibéré , de gaieté de cœur.*
For. *Pendant.*
For a week's time. *Pendant une semaine.*
For. *Malgré, nonobstant.*
He will do it for all you. *Il le fera malgré vous.*
I will not trust him for all his swearing. *Je ne veux pas me fier à lui , nonobstant tous ses sermens.*
I will or I'll do it yet for all that. *Je le ferai nonobstant cela , je ne laisserai pas pour cela de le faire.*
For the bigness of it. *Eu égard à sa grandeur.*
I cannot or I can't speak for grief. *Le chagrin où je suis m'empêche de parler.*
I cannot write for tears. *Les larmes m'empêchent d'écrire.*
You may sleep for all me. *Je ne vous empêche pas de dormir.*
For all you are his father. *Quoique vous soyez son père.*
For all I have been so often deceived by him. *Quoiqu'il m'ait trompé si souvent.*
She is a maid for all me , &c. *Elle est vierge de ma part.*
For all that ever she could do. *Quelque effort qu'elle ait pu faire.*
Were it not for you. *Si ce n'étoit à votre occasion ou à votre considération.*
Were it not for that. *Si ce n'étoit cela.*
It is or 'tis necessary for you to know. *Il est nécessaire que vous sachiez.*

What are you for ? *Que voulez-vous ?*
There is or there's no travelling upon the road for robbing. *On ne peut voyager sur le grand chemin à cause des voleurs.*
It is or 'tis not for you to undertake it. *Ce n'est pas là votre affaire , vous ne devez pas y songer, cela n'est pas une entreprise pour vous.*
It is impossible for me to do it. *Il m'est impossible , il n'est pas en mon pouvoir de le faire.*
It is not handsome for you to say so. *Il ne vous sied pas bien de parler de la sorte ou de tenir ce langage.*
'Tis a shame for well-born people to do such base acts. *C'est une honte que des gens bien nés fassent des actions si basses.*
It is not lawful for any man so to do. *Il n'est permis à qui que ce soit de le faire.*
Is that what she cries for ? *Est-ce là le sujet de ses larmes ?*
For the most part. *La plupart du temps , ordinairement.*
It is not for nothing. *Ce n'est pas pour rien ou sans raison.*
What is he for a man ? *Qu'est-il ? quelle espèce d'homme est-il ?*
For shame. *Fi , fi.*
They gave sentence for us. *Ils prononcèrent en notre faveur.*
I dare not for my life or for my ears. *Je n'ose pas , la crainte me retient.*
I would , but for hurting him. *Je le ferois , si je ne craignois de lui faire mal.*
To take for granted. *Poser en fait , supposer.*
For how much ? *Combien ?*
How much did you sell it for ? *Combien l'avez-vous vendu ?*
For so much. *Tant.*
For ten pounds. *Dix livres.*
For want of. *Faute de.*
For as much. *Eu égard , attendu que , d'autant que.*
As for me. *Quant à moi , quant à ce qui est de moi, pour moi , en mon particulier, pour ce qui me regarde.*
As for that. *Quant à cela.*
R. Enfin remarquez que cette particule venant après un verbe , fait partie de sa signification.
Ex. To look for. *Chercher.*
To stay or to wait for. *Attendre.*
FORAGE , *subst.* (provision for horses and cattle in the wars.) *Fourrage , paille , foin ou herbe pour les chevaux , pour le bétail , &c. sur-tout à la guerre.*
To FORAGE , *v. n.* (to go a foraging.) *Fourrager, aller au fourrage.*
FORAGER , *s. Fourrageur, celui qui va au fourrage lorsqu'il est à l'armée.*
FORAGING , *subst. L'action de fourrager ou d'aller au fourrage.*
FORAMINOUS , adj. *Rempli de trous.*
FOR AS MUCH as , *conj. D'autant que , parce que.*
FORBAD , *c'est un prétérit de* to Forbid.
To FORBEAR , *v. act.* (or spare.) *Epargner.*
Pray , forbear him a little. *Epargnez-le un peu , je vous prie.*
To forbear (or suffer) one. *Supporter quelqu'un , avoir de la tolérance pour lui.*
To forbear , (or let alone.) *Cesser.*
Forbear such expressions. *Cessez de tenir ce langage.*
To forbear, (or shun.) *Eviter, fuir.*
Forbear or shun such as a man's company. *Evitez sa compagnie , gardez-vous bien de fréquenter un tel homme.*

To

To forbear, v. n. (or to keep one's self from.) S'abstenir, se défendre, s'empêcher, se garder, se retenir.

You must forbear drinking of wine. Il faut vous abstenir de boire du vin.

I could hardly forbear striking him. A peine puis-je m'empêcher de le frapper.

I cannot forbear telling you. Je ne saurois m'empêcher de vous dire.

Forbear laughing. Gardez-vous bien de rire.

I shall forbear as long as I can. Je me retiendrai autant que je pourrai.

Forbear. Laissez cela, ne faites point cela.

Forbear doing of that (or let that alone) till I come again. Ne faites pas cela, ou remettez à faire cela jusqu'à ce que je sois de retour.

To forbear, (or take patience.) Avoir ou prendre patience.

And if I cannot prevail with you to forbear calling in your money. Et si je ne puis vous persuader de pas exiger votre argent.

FORBEARANCE, s. (lenity.) Patience, indulgence, tolérance.

P. Forbearance is no acquittance. On n'est pas quitte pour avoir été longtemps supporté. P. Ce qui est différé n'est pas perdu.

FORBEARING, s. L'action d'épargner, &c. de s'abstenir, &c. V. to Forbear, dans tous les sens.

To FORBID, v. act. Défendre, faire défense, interdire.

Did not I forbid you to do it ? Ne vous ai-je pas défendu de le faire ?

I shall forbid him my house. Je lui interdirai ma maison, je lui défendrai d'entrer chez moi.

God forbid. A Dieu ne plaise, Dieu m'en préserve.

FORBIDDANCE, s. Défense, l'action de restreindre.

FORBIDDEN, adj. Défendu.

Forbidden fruit. Fruit défendu.

He was forbidden the use of fire and water. On lui a défendu ou on lui interdit l'usage du feu & de l'eau.

FORBIDDENLY, adv. Illégitimement, illégalement.

FORBIDDER, subst. Celui ou celle qui défend.

FORBIDDING, s. L'action de défendre, défense, prohibition.

Forbidding, adj. Rebutant, qui rebute.

A forbidding face, air or look. Un visage, un air ou un regard rebutant.

FORBORE, c'est le prétérit de to Forbear.

FORBORN, adj. (from to forbear.) Epargné, supporté, toléré.

FORCE, subst. (or violence.) Force, violence.

Force, (necessity.) Force, nécessité, contrainte.

Force, (or weight.) Force, poids, considération.

Force, (vigour or strength.) Force, vigueur.

To repel force by force. Repousser la force par la force.

The city was under the force of arms. La ville étoit opprimée par la force, la ville étoit tenue en bride par la force des armes.

But not without some force to the natural bias of the fable. Non sans faire violence au sens naturel de la fable.

He ravished her by force. Il l'enleva, il la prit de force.

Tome II.

Meddle not with any wine, but upon force or by force. Ne buvez point de vin, sinon par nécessité, à moins que la nécessité ne vous y oblige.

An argument of great force. Un argument de grand poids, un puissant argument.

A law still in force. Une loi qui subsiste, qui est encore dans sa force ou dans sa vigueur.

To assault one by open force. Attaquer quelqu'un de vive force ou ouvertement.

Forces, (in the plural.) Forces, troupes, armées.

Land-forces. Troupes de débarquement.

To raise forces, to get forces together. Lever des troupes, des soldats, des gens de guerre.

To raise new forces. Mettre sur pied de nouvelles forces.

He got (or assembled) all his forces together. Il ramassa toutes ses forces.

R. On se sert aussi quelquefois du singulier en ce même sens.

With a force much superior to theirs. Avec des forces bien plus nombreuses que les leurs.

To FORCE, v. act. Forcer, contraindre, réduire, obliger par force, imposer.

To force one to do a thing or to force a thing upon him. Forcer quelqu'un à une chose.

He forced me to do it. Il m'a contraint, il m'a obligé de le faire.

To force the people to take up arms. Réduire ou obliger le peuple à prendre les armes.

To force errors upon the people. Forcer le peuple à recevoir des erreurs.

It is easy to abuse any expression, by forcing a ridiculous sense upon it. Il est aisé de rendre une expression ridicule en détournant le sens que l'auteur lui a donné.

To force (or take by force) a post. Forcer un poste, le prendre par force.

To force (violate or ravish) a virgin. Forcer une fille, la violer, en jouir malgré elle & par force.

To force a trade. S'attirer de la chalandise, faire valoir son négoce par son industrie ou son crédit.

To force a word. Forger un mot & tâcher de le mettre en usage.

To force wool, (to clip off the upper and more hairy part of it,) Décharger la laine d'une brebis, rafraîchir sa toison, n'en couper que les extrémités.

To force BACK. Repousser, faire reculer par force.

To force IN. Faire entrer par force, enfoncer, cogner, pousser par force.

To force OUT. Faire sortir par force, chasser de force.

Forced, adj Force!, contraint, &c.

I was forced to do it. J'ai été contraint de la faire.

To be forced upon a thing. Être obligé ou contraint de faire quelque chose, la faire par nécessité.

A forced word. Un mot forcé ou peu naturel, qui n'est pas du bel usage.

A forced put. Un cas de nécessité.

FORCEDLY, } adv. Par force, par
FORCEFULLY, } contrainte.

FORCEFUL, adj. (strong, vigorous.) Fort, vigoureux.

FORCELESS, adj. Foible, qui n'a nulle force, qui est sans force.

FORCEPS, sub. Forceps, instrument de Chirurgie.

FORCIBLE, adj. (strong or prevailing.) Fort, puissant, efficace.

A forcible argument. Un puissant argument.

Forcible, (or violent.) Qui se fait par la force.

A forcible detaining (or holding) of a possession. Résistance qu'on fait à ceux qui viennent avec autorité prendre possession d'un bien, d'une terre ou d'une maison.

FORCIBLENESS, subst. Force, violence.

FORCIBLY, adv. Puissamment, efficacement, par la force.

FORCING, subst. L'action de forcer, de contraindre, &c. V. to Force.

FORCIPATED, adject. Fait en forme de pinces, de tenailles.

FORD, s. (a shallow place in a river where one may go over without swimming.) Gué, endroit de la rivière où l'on passe sans bac ni bateau.

P. Never praise a ford, 'till you get over. Il faut attendre de louer le gué jusqu'à ce qu'on l'ait passé.

To FORD, v. a. Passer à gué.

FORDABLE, adject. Guéable, qu'on peut passer à gué.

A fordable river. Une rivière guéable.

FORDED, adj. Qu'on a passé à gué.

FORDING, s. L'action de passer à gué.

FORE, (a preposition used in composition for BEFORE.) C'est une préposition dont on se sert dans la composition, au lieu de before.

Fore, adv. (used at sea.) Avant.

Fore-and-aft. De l'avant & à l'arrière ou de long en long.

Fore-bowline. Bouline de misaine.

Fore-caille. Gaillard d'avant.

Fore-cat-harpings. Trélingage des haubans de misaine.

Fore-foot. Brion.

Fore-hooks or breast-hooks. Guirlandes.

Fore-gears. Drisses de la misaine.

Fore-mast. Mât de misaine.

Fore-sail. Misaine ou voile de misaine.

Fore-shrouds. Haubans de misaine.

Fore-stay. Etai de misaine.

Fore-top. Hune de misaine.

Fore-top-mast. Petit mât de hune.

Fore-top-sail. Petit hunier ou voile de petit hunier.

Fore-top-gallant-mast. Mât de petit perroquet.

Fore-top-gallant-sail. Petit perroquet.

Fore-top-gallant-yard. Vergue de petit perroquet.

Fore-tye. Itague de la drisse de misaine.

Fore-yard. Vergue de misaine.

To FORE-APPOINT. verb. act. Fixer, déterminer auparavant.

To FORE-ARM, v. act. Armer ou munir par avance.

P. Fore-warned, fore-armed. P. Qui dit averti, die muni.

To FOREBODE, v. act. Présager ou indiquer, marquer une chose à venir.

Foreboded, adj. Présagé.

FOREBODER, subst. Devin.

FOREBODING, s. Présage ou l'action de présager.

FORECAST, subst. Prévoyance.

A man of great forecast. Un homme fort prévoyant, qui a bien de la prévoyance, qui prévoit ce qui peut arriver.

P. Forecast sometimes is better than working hard. Il règne plus par prévoyance, qu'un autre à force de travail.

To

FOR — FOR — FOR

To FORECAST, v. act. Prévoir, voir & considérer ce qui peut arriver.
FORECASTING, f. Prévoyance, l'action de prévoir.
FORECASTINGLY, adverb. Avec prévoyance, prudemment, sagement.
FORECASTLE, sub. (the forecastle of a ship, or the fore-part of her above the decks.) Château d'avant, château sur l'avant, château de proue, gaillard d'avant, théâtre; c'est l'exhaussement qui est à la proue des grands vaisseaux, au-dessus du dernier pont, vers la misaine.
FORECHOSEN, adj. Elu auparavant.
FORECITED, adject. Précité, cité auparavant.
To FORECLOSE, verb. act. (to bar and exclude for ever.) Forclore, terme de Palais.
To foreclose. Prévenir.
Foreclosed, adj. (that is barred, and utterly excluded for ever.) Forclos, terme de Palais.
FORECONCLIVED, adj. Qu'on a conçu auparavant.
A foreconceived opinion. Un préjugé.
To FOREDEEM, v. act. Deviner, conjecturer.
Foredeemed, adj. Deviné, conj. Turé.
FOREDEEMING, f. Conjecture.
To FOREDESIGN, verb. act. Projeter d'avance.
† To FOREDO, v. act. Déroger.
FOREDOING, sub. Dérogation.
To FOREDOOM, v. act. Prédestiner.
FOREDOOR, f. La porte de devant.
FOREEND, f. La partie de devant.
FOREFATHERS, f. P. es, ancêtres, aïeux.
FOREFEET, sub. Pieds de devant, les pieds de devant d'une bête à quatre pieds.
To FOREFEND, verb. act. Défendre, empêcher, détourner.
FOREFINGER, f.sub. L'index, le doigt le plus près du pouce.
FOREFLAP, f. Devant.
The foreflap of a shirt. Le devant d'une chemise.
FOREFRONT, sub. Frontispice, face ou façade.
The forefront of a house. Le frontispice, la face d'une maison.
To FOREGO, verb. act. (or part with.) Céder.
To forego one's right. Céder de son droit, relâcher de son droit.
To forego a thing, (to quit it.) Abandonner, ne chose ou la laisser à l'abandon.
To forego a thing, (not to meddle with it.) Se déporter d'une chose, ne s'en pas mêler.
FOREGOER, f. Ancêtre, prédécesseur.
* Foregoers, (or purveyors of the King and Queen.) Pourvoyeurs du Roi ou de la Reine.
FOREGOING, adj. Précédent.
The foregoing chapter. Le chapitre précédent.
FOREGROUND, subst. Le premier plan d'un tableau.
To FOREGUESS, v. act. Deviner, conjecturer.
Foreguessed, adj. Deviné, conjecturé.
FOREHAND. V. Hand.
FOREHAND, f. (of a horse.) L'avantmain d'un cheval.
FOREHEAD, f. Front.
A high forehead. Un grand front, front découvert.
A low forehead. Un petit front.

P. In the forehead and the eye, the lecture of the mind does lie. Le front & les yeux sont comme le miroir de l'ame ou sont les interprêtes de l'ame.
One may read his mind in his forehead. On lit ses sentiments sur son visage.
FOREHEAD-CLOTH, f. Fronteau.
FOREHOLDING, f. Prédiction, pressentiment.
FOREIGN, adject. Etranger, qui vient de dehors.
Foreign commodities. Des marchandises étrangeres.
Foreign news. Nouvelles des pays étrangers.
This is foreign to our business. Ceci n'est pas de notre sujet.
FOREIGNER, f. Un étranger, une étrangere, homme ou femme qui n'est pas du pays, un aubain, une aubaine, en termes de Palais.
FOREIGNESS, f. Eloignement, défaut de rapport.
FOREHORSE, sub. (the horse that goes first.) Le cheval de devant.
To FOREIMAGINE, verb. act. Préjuger, conjecturer.
To FOREJUDGE, verb. act. Juger par avance, forclore, en termes de Palais.
Forejudged, adj. Jugé par avance.
Forejudging of the court, (or expelled the court.) Forclos, terme de Droit.
FOREJUDGING, sub. (a judgment whereby a man is deprived of the thing in question.) Forclusion, terme de chicane.
To FOREKNOW, v. act. Savoir, connaître par avance.
FOREKNOWLEDGE, f. Prescience.
Foreknown, adject. Su ou connu par avance.
FORELAND, subst. Pointe, pointe de terre qui avance dans la mer, cap, promontoire.
FORELOCKS, f. Les cheveux de devant.
Forelock. Goupille.
Forelock bolt. V. Bolt.
To FORELAY, verb. act. Surprendre dans une embuscade.
FOREMAN, f. Celui qui marche le premier; contre-maître dans un atelier.
The foreman of the Jury. Le chef des Jurés, celui qui porte la parole & qui recueille les voix.
FOREMAST of a ship. V. Fore.
FOREMENTIONED. V. Forenamed.
FOREMOST, adject. Le premier, le plus avancé de tous.
I went foremost. Je marchois le premier ou à la tête.
First and foremost, adv. Premièrement, en premier lieu.
To FORENAME, v. act. Nommer auparavant.
Forenamed, adj. Nommé auparavant.
FORENOON, subst. L'avant midi, le matin.
FORENSICK, adj. (or belonging to the Bar.) Qui tient au barreau.
To FOREORDAIN, verb. act. Prédestiner.
FOREPART, f. Le devant.
FOREPOSSESSED, adj. Préoccupé.
To FOREREACH, v. act. (to forereach upon a ship.) épasser un vaisseau, gagner sur un vaisseau lorsqu'on fait même route.
To FORERUN, verb. act. Devancer, annoncer.

FORERUNNER, f. Avant-coureur, précurseur.
Shivering is the forerunner of an ague. Le frisson est l'avant-coureur de la sievre.
St. John the Baptist was our Saviour's forerunner. Saint Jean Baptiste étoit le précurseur de notre Sauveur.
A forerunner of troubles. Un prélude de troubles ou de brouilleries.
Forerunner of the log line. Marque de la ligne de loc, à une certaine distance du loc, d'où on commence à mesurer les nœuds; c'est ordinairement un petit morceau de drap rouge.
FORESAIL. V. Fore.
* To FORESAY. V. to Foretell.
To FORESEE, v. act. Prévoir.
To foresee things to come. Prévoir l'avenir, pénétrer avant dans l'avenir, percer dans l'avenir.
FORESEEING, sub. L'action de prévoir, &c. V. to Foresee. Prévoyance.
To FORESHAME, v. act. Faire rougir, accabler de reproches.
FORESHIP, sub. f. (or anterior part of the ship.) L'avant d'un vaisseau.
To FORESHOW, verb. act. Montrer ou faire voir par avance, présager.
To FORESHORTEN, verb. act. (a term used in painting.) Raccourcir, en termes de peinture.
Foreshortened, adj. Raccourci.
FORESIGHT, f. Prévoyance, pénétration.
To have a foresight of something. Prévoir quelque chose.
FORESIGHTFUL, adj. Prévoyant, qui prévoit.
FORESKIN, sub. (or prepuce.) Le prépuce, la peau qui couvre l'extrémité des parties naturelles de l'homme.
To FORESLACK, v. act. (or enervate.) Affoiblir, retarder l'effet de quelque chose.
To FORESLOW, verb. neut. Tarder, s'amuser.
To foreslow, verb. act. (or hinder.) Empêcher, retarder.
To FORESPEAK, v. act. (or bespeak.) Commander, faire faire.
To forespeak, (or to bewitch.) Enchanter, charmer, ensorceler.
FORESPEECH, sub. Avant-propos, prologue.
FORESPENT, adj. Fatigué, épuisé.
To FORESPY. V. to Foresee.
FOREST, f. (a great or vast wood) Forêt, grande étendue de pays couvert de bois de haute tige.
A fine forest. Une belle forêt.
A forest of tall or lofty trees. Forêt de haute futaie.
Forest-work, (a sort of tapestry-work.) Verdure, sorte de tapisserie de hautelice, où il y a des prés, des bois, &c.
To FORESTAIL, verb. act. Surprendre, ôter, ravoir, enlever par avance, accaparer.
To forestall the market. Acheter le premier ou par avance quelque marchandise, l'acheter ou l'enlever, avant qu'elle arrive au marché, pour la vendre seul.
To forestall, (or prepossess.) Préoccuper, prévenir, anticiper.
Forestalled, a part. Surpris, ôté, enlevé par avance ou préoccupé, anticipé, prévenu, accaparé.
FORESTALLER, f. (he that forestalls a market.) Celui qui achete ou enlève quelque marchandise, afin de la vendre seul, accapareur.

FORESTALLING,

FORESTALLING, s. L'action de surprendre, &c. V. to Forestall.
FORESTER, s. (from forest.) Forestier, garde de forêt.
FORETASTE, s. Avant-goût.
To FORETASTE, verb. act. Goûter par avance, avoir des avant-goûts de quelque chose.
Foretasted, adj. Dont on a des avant-goûts, goûté par avance.
FORETASTER, subst. Celui qui goûte les viandes par avance ou qui en fait l'essai.
FORETEETH, s. Les dents de devant.
To FORETELL, v. act. Prédire, prophétiser, présager.
To foretell things to come. Prédire l'avenir.
FORETELLER, subst. Celui ou celle qui prédit; prophète.
FORETELLING, subst. Prédiction, prophétie, l'action de prédire ou de prophétiser.
To FORETHINK, v. act. (or think before-hand.) Songer, penser auparavant, préméditer.
FORETHOUGHT, s. Préméditation.
FORETOKEN, s. Présage, signe.
FORETOLD, adj. act. (from to foretell.) Prédit, prophétisé.
FORETOP, s. Devant.
The foretop of a periwig. Le devant d'une perruque.
A woman's foretop. Un tour de cheveux.
FOREWARD, adv. V. Forward.
To FOREWARN, verb. act. Avertir par avance.
I forewarn you of it. Je vous en avertis par avance.
To forewarn one of his house. Défendre à quelqu'un l'entrée de sa maison.
I forewarn you never to set foot within my doors. Je vous défends de jamais mettre le pied dans ma maison.
Forewarned, adj. Averti par avance.
Forewarned, forearmed. V. Forearm.
FOREWARNING, s. Avertissement, action d'avertir par avance.
FOREWHEEL, s. Roue de devant.
The fore-wheels of a coach. Le train de devant d'un carrosse, l'avant-train.
FOREWIND, sub. Vent en poupe, vent en arrière.
FOREWORN, adj. Usé, gâté par le temps.
FORFEIT, s. (or default.) Foi, sit, faute ou forfaiture, en termes de pratique.
Forfeit, (fine or penalty.) Amende ou chose confisquée.
Forfeit, (a certain sum to be lost or paid by one of the parties that does not stand to a bargain or wager.) Dédit, dans un marché.
He has matched his horse to run with mine or against mine, for five hundred pounds, and one hundred pounds forfeit. Il a gagé de courir son cheval contre le mien pour cinq cents livres sterling & cent livres de dédit.
To pay forfeit. Payer l'amende ou le dédit.
To FORFEIT, v. act. Forfaire, terme de droit, rendre confiscable, perdre par confiscation.
To forfeit one's farm. Forfaire un fief.
To forfeit one's estate. Avoir son bien confisqué.
To forfeit one's word. Manquer de parole.
To forfeit one's judgment in a thing. Manquer de jugement en quelque chose.
To forfeit one's credit or one's life. Perdre son crédit ou la vie.

FORFEITABLE, adj. Confiscable.
His estate is forfeitable to the King. Ses biens sont confiscables au Roi.
FORFEITED, adj. Confisqué, perdu.
His estate is forfeited to the King. Ses biens sont confisqués au Roi.
FORFEITING, sub. L'action de forfaire, ou de perdre, &c. V. to Forfeit.
FORFEITURE, s. (the effect of transgressing a penal law.) Confiscation, amende.
To FORFEND, v. act. (or prevent.)
Ex. Heaven forfend that. A Dieu ne plaise que, Dieu me garde que.
FORGE, s. (a smith's work-house, &c.) Forge, lieu où les forgerons travaillent, &c.
To FORGE, verb. act. Forger, donner la forme au fer ou autre métal, par le moyen du feu & du marteau.
To forge an iron bar. Forger une barre de fer.
To forge, (to invent, to devise or counterfeit.) Forger, inventer, imaginer, supposer, controuver, en parlant d'un mensonge, de fausses nouvelles, &c.
To forge (or counterfeit) a will. Contrefaire ou supposer un testament, faire un testament faux.
To forge over, (a sea-word.) Passer en faisant force de voiles sur un banc de sable ou à travers les glaces; on dit aussi en François, forcer.
Forged, adj. Forcé.
Forged, Forgé, inventé, imaginé, contrefait, &c.
FORGER, s. Inventeur, forgeur.
A forger of tales. Un inventeur de contes, forgeur de contes.
A forger of false deeds. Un faussaire, un faiseur de faux contrats.
FORGERY, s. Un faux, action de faussaire.
To FORGET, verb. act. Oublier, ne se pas souvenir, perdre le souvenir d'une chose.
To forget (or to neglect) one. Oublier ou négliger quelqu'un.
FORGETFUL, adject. Oublieux, qui oublie aisément, à qui la mémoire manque.
Forgetful, (or negligent.) Négligent, qui a de la négligence, qui néglige.
Pray be not forgetful of that business. Je vous prie, ne négligez pas cette affaire, ayez-en soin.
FORGETFULNESS, s. Oubli, manque ou défaut de mémoire, négligence.
FORGETTING, s. L'action d'oublier, &c. V. to Forget.
FORGING, s. (from to forge.) L'action de forger, &c. V. to Forge, dans tous ses sens.
To FORGIVE, v. act. Pardonner, remettre.
To forgive one's enemies. Pardonner à ses ennemis.
Forgive me this fault. Pardonnez-moi cette faute.
To forgive a debt. Remettre une dette à quelqu'un.
To forgive, (or remit.) Tenir quitte, pardonner.
Pay me the principal, and I forgive you the interest. Payez-moi le capital ou le principal, & je vous tiens quitte des intérêts.
Forgive the Gods the rest, and stand confined to health of body and content of mind. Ne demandez autre chose aux Dieux, que la santé du corps & le contentement de l'esprit.

Forgiven, adj. Pardonné.
A fault not to be forgiven. Une faute qui n'est pas pardonnable.
FORGIVENESS, s. Pardon, rémission.
To ask God forgiveness of or for our sins. Demander à Dieu le pardon ou la rémission de nos péchés.
FORGIVING, s. L'action de pardonner ou de remettre, pardon.
FORGOT, prétérit de to forget.
FORGOTTEN, adject. Oublié, qui est en oubli.
These things are easily forgotten. On oublie aisément ces choses.
FORK, s. Une fourche.
A fork, (to eat withal.) Une fourchette.
The point of a fork. Un fourchon.
A pitch-fork. Fourche de fer.
An oven-fork. Un fourgon.
A fire-fork. Un fer à remuer le feu.
To FORK, v. neut. Se fourcher, se terminer en forme de fourche.
Forked, adj. Fourchu, fait en fourche.
FORKEDNESS, s. Fourche ou la forme d'une chose fourchue.
FORKY, adj. Fourchu.
* FORLET, } adj. (desperate, cast
* FORLORN, } down by some disappointment.) Démonté, déconcerté, qui est au désespoir, qui n'a plus d'espérance.
Forlorn or Forlore, (forsaken.) Abandonné, laissé à l'abandon.
The forlorn hope of an army, (soldiers that are put upon desperate service.) Les enfans perdus d'une armée.
FORLORNNESS, subst. Misère, détresse, abandon.
To FORLYE, v. n. (to lie across.) Croiser, et s'mis en forme de croix.
FORM, s. (fashion, figure.) Forme, figure.
Form, (or manner.) Forme, certaine manière réglée, façon de faire, formalité.
A set form. Formule, formulaire, modèle.
To give a thing its form. Donner la forme à une chose.
To take a new form. Prendre une nouvelle forme.
A form of government. Une forme de gouvernement.
To do things in due form. Faire les choses dans les formes.
To argue in form (or with method.) Argumenter en forme.
For form sake. Par formalité.
A form of prayer. Une formule de prières.
A form of oath. Une formule de serment.
Remarquez que dans tous ces sens se mot se prononce farm, au lieu que dans les suivants il se prononce form.
Form of a hare. Forme ou gîte de lièvre.
Form, (or bench.) Un banc, une forme.
He is of the first form, (or the first.) Il est de la première classe.
Form in a school. Classe dans une école.
To set a form, (in the art of Printing.) Composer une forme.
To take off a form. Lever une forme.
To FORM, v. act. (or fashion.) Former, fabriquer, façonner.
To form, (or frame.) Former, faire.
To form a design. Former un dessein.
To form a commonwealth. Former une république.
To form the tenses of a verb. Former les temps d'un verbe, en faire la formation.
FORMAL, adj. Formel, exprès, précis, ce qui fait qu'une chose est telle.
A formal cause. Une cause formelle.
A formal man, (one that is too punctual

2 M 2

tual or precise in his actions or words.) *Un formaliste, un homme façonnier ou vetilleux dans les moindres choses qui regardent les devoirs de la vie civile.*

A formal woman. *Une formaliste, une femme façonniere.*

A formal set speech. *Un discours affecté, étudié, guindé; un discours d'apparat.*

FORMALIST, *s.* (a formal man.) *Un formaliste.*

FORMALITY, *s.* Formalité, forme.

All the formalities of justice were duly observed. *Toutes les formalités de justice ont été exactement observées.*

To go through all the formalities. *Passer par les formes.*

Formality, (or ceremony.) *Formalité, cérémonie; façon d'agir dans la vie civile, dans les négociations, &c.*

Formality, (or affectation.) *Affectation, façons recherchées ou étudiées.*

The mayor and alderman appeared in their formalities. *Le Maire & les Echevins y furent en robe de cérémonie.*

To FORMALIZE, *v. neut.* (or take offense.) *Se formaliser, se fâcher, se choquer, s'offenser.*

FORMALLY, *adv.* Avec formalité, avec des formalités, ou avec affectation.

He does things so formally. *Il fait les choses avec tant de formalité.*

Formally, (or perfunctorily.) *Par forme, par maniere d'acquit.*

FORMATION, *s.* Formation.

FORMATIVE, *adj.* Qui a le pouvoir de former.

FORMED, *adject.* Formé, fabriqué, façonné, &c.

FORMER, *adject.* Premier, précédent, passé.

Let us try to recover our former liberty. *Tâchons de recouvrer notre premiere ou notre ancienne liberté.*

You will find it in the former chapter. *Vous le trouverez au chapitre precedent.*

To remember one's former trespasses. *Se souvenir de ses fautes passées.*

FORMERLY, *adv.* (in former days.) *Autrefois, au temps passé, jadis.*

FORMIDABLE, *adj.* (very fearful.) *Formidable, redoutable, terrible, qui est à craindre ou à redouter.*

A formidable army. *Une armée formidable.*

A formidable Prince. *Un Prince redoutable.*

FORMIDABLENESS, *sub.* Qualité de ce qui est formidable.

FORMIDABLY, *adv.* (or in a formidable manner.) *D'une maniere formidable, redoutable, terrible.*

FORMING, *sub.* (from to form.) *L'action de former,* &c. V. to Form.

FORMLESS, *adj.* (without form.) *Informe, sans forme.*

FORMULARY, *s.* (a model for doing any thing.) *Un formulaire ou une formule.*

FORMULE, *s.* Formule.

To FORNICATE, *v. n.* Avoir commerce avec une femme non mariée.

FORNICATION, *s.* Fornication, péché de la chair entre deux personnes non mariées.

To commit fornication. *Commettre fornication.*

FORNICATOR, *s.* (or whoremaster.) *Fornicateur, celui qui est dans la débauche des femmes.*

In FORO conscientiæ. (three words borrowed from the Latin, to say, in one's conscience.) *Au for intérieur.*

To FORSAKE, *verb. act.* (to leave or to abandon.) *Abandonner, quitter, délaisser, renoncer à.*

To forsake one's friends. *Abandonner ses amis.*

To forsake one's wife. *Quitter, abandonner sa femme, la répudier.*

To forsake sensual pleasures. *Renoncer aux plaisirs des sens.*

To forsake one's religion. *Renoncer à sa religion, changer de religion, apostasier, se révolter.*

To forsake a vice. *Se défaire de quelque vice, s'en corriger.*

To forsake the respect which is due to one. *Oublier ou blesser le respect qu'on doit à quelqu'un.*

To forsake one's colours, (to run away from one's colours.) *Déserter.*

Forsaken, *adj.* Abandonné, quitté, délaissé, &c.

He is utterly forsaken by his friends. *Il est tout-à-fait abandonné de ses amis.*

FORSAKER, *s.* Celui ou celle qui abandonne, qui quitte ou qui délaisse.

FORSAKING, *subst.* L'action d'abandonner, &c. V. to Forsake, Abandon, abandonnement.

The forsaking of one's religion. *Apostasie, révolte.*

FORSOOK, c'est le prétérit du verbe to Forsake.

FO SOOTH, *adv.* (yes forsooth.) *Assurément, en vérité.*

He would not do it, because forsooth he thought it below him *Il ne l'a pas voulu faire, parce qu'en vérité il a cru que c'étoit au-dessous de lui.*

R. Dans cet exemple, forsooth a un feu rolin & qui se prend en maniere de raillerie il y a une autre maniere de s'en servir permi les petites gens, & alors c'est une marque de respect, comme quand un maitre interroge sa servante, & qu'elle répond; yes forsooth.

To FORSWEAR one's self, *v. recip.* (to swear false.) *Se parjurer, faire un parjure, faire un faux serment, jurer à faux.*

He must be a wretched man that forswears himself. *Il faut être un miserable pour se parjurer.*

I will or I'll forswear it to him. *Je lui jurerai le contraire.*

And as she was about to forswear the thing. *Et comme elle alloit jurer qu'elle n'en avoit jamais rien.*

To forswear (or renounce) one's religion. *Renoncer à sa religion, se révolter, apostasier.*

FORSWEARER, *s.* (or perjurer.) *Un perjure, une parjure, celui ou celle qui fait un faux serment.*

FORSWEARING, *s.* L'action de se parjurer, &c. V. to Forswear. Parjure.

FORSWORN, *adj.* Qui s'est parjuré.

A forsworn wretch. *Un malheureux parjure.*

Forsworn to. A quoi l'on a renoncé.

FORT, *s.* (a strong hold.) *Un fort, un lieu fortifié.*

A little fort. *Un fortin.*

FORTED, *adj.* Défendu par des forts.

FORTH, *adv.* (forward, onward in time.)

Ex. From this time forth. *Désormais, à l'avenir.*

And so forth, *Et ainsi du reste, ou &c.*

R. Forth vient souvent après un verbe; & fait partie de sa signification.

Ex. To go forth or to come forth. *Sortir.*

To set forth a book. *Publier un livre, le mettre au jour.*

To set forth on a journey. *Partir, se mettre en chemin.*

To set forth (or to describe) a thing. *Décrire une chose, en faire la description ou le portrait.*

FORTHCOMING, *s.* (or appearance in Court.) *Comparution ou représentation en Justice.*

Forthcoming, *adj.* (ready to appear.)

Ex. To be forthcoming, (in Court.) *Comparoître, se représenter en Justice.*

FORTHISSUING, *adject.* Sortant, s'avançant.

FORTHRIGHT, *adv.* Droit en avant.

FORTHWITH, *adv.* Incontinent, d'abord, aussi-tôt, incessamment, sur le champ.

FORTIETH, *adj.* (from forty.) Quarantieme.

FORTIFIABLE, *adj.* (which may be fortified.) *Capable d'une fortification; qui se peut fortifier.*

FORTIFICATION, *s.* Fortification, l'art de fortifier.

A fortification. *Une fortification, un ouvrage de fortification.*

FORTIFIER, *subst.* Celui qui fortifie, qui soutient.

* FORTIFY, *subst.* (a fort or fortified place.) *Une forteresse, un fort; ce mot Anglois est tout-à-fait hors d'usage.*

To FORTIFY, *v. act.* (to make strong.) *Fortifier, munir; il se dit au propre & au figuré.*

To fortify a town. *Fortifier une place, y faire des ouvrages de fortification.*

To fortify one's mind against all temptations. *Se munir, se fortifier contre toutes sortes de tentations.*

FORTIFIED, *adj.* Fortifié, muni, fort.

FORTIFYING, *subst.* L'action de fortifier ou de se munir, fortification.

FORTITUDE, *s.* Force, petit fort.

FORTIN, *s.* Fortin, petit fort.

FORTITUDE, *subst.* Une des quatre vertus cardinales; la force, l'une de quatre vertus cardinales, le courage.

FORTLET, *s.* (a small fort.) *La fortin, un petit fort.*

FORTNIGHT, *sub.* Quinze jours, quinzaine.

This day fortnight or a fortnight hence. *Dans quinze jours, dans la quinzaine.*

This day fortnight or a fortnight since. *Il y a quinze jours.*

R. Encore que fortnight se dit pour fourteen nights. Cependant, quatorze nuits, c'est une expression contraire, pour dire deux semaines.

FORTLESS, *s.* (a strong hold.) *Forteresse ou place forte.*

An impregnable fortress. *Une forteresse imprenable.*

FORTUITOUS, *adj.* (or casual.) *Fortuit, casuel, accidentel, qui se fait par hasard, par accident.*

FORTUITOUSLY, *adj.* Fortuitement, par hasard, par accident.

FORTUNATE, *adj.* (lucky, happy.) *Heureux, qui a du bonheur, fortuné.*

He is a fortunate man. *Il a du bonheur.*

The fortunate islands, now called the Canaries. *Les isles Fortunées, qu'on nomme maintenant les Canaries.*

To

To be less fortunate than deserving. *Avoir moins de fortune que de mérite.*
FORTUNATELY, *adv.* *Heureusement, par bonheur, avec succès.*
FORTUNATENESS, *s.* *Bonheur.*
FORTUNE, *subst.* (an heathenish Goddess.) *Fortune, Déesse parmi les Païens.*
P. Fortune favours fools. *A fou fortune.*
The wheel of fortune. *La roue de la fortune.*
To fear the changes of fortune. *Craindre les caprices ou les revers de la fortune.*
P. When once fortune begins to frown, friends will be packing. *Dès que la fortune ne nous rit plus, nos amis commencent à plier bagage ou à disparoître.*
Fortune, (or hazard.) *Fortune, cas fortuit, hasard.*
To commit a thing to fortune. *Mettre une chose au hasard.*
Fortune, (or preferment.) *Fortune, avancement, agrandissement, établissement dans les biens, dans les charges, dans les honneurs.*
To make one's fortune. *Faire sa fortune, s'avancer, se pousser.*
To make a great fortune, (to make one's self for ever.) *Faire une grande ou une haute fortune.*
Fortune, (goods, estate.) *Fortune, biens, moyens, richesses.*
To sacrifice one's life and fortune for one's native country, *Sacrifier ses biens & sa vie à sa patrie.*
We shall serve our country with our lives and fortunes. *Nous sacrifierons nos biens & nos vies au service de notre patrie.*
We will stand by you with our lives and fortune. *Nous vous assisterons au péril de nos biens & de nos vies.*
He had a good fortune by his wife. *Sa femme lui a apporté de grands biens.*
I never was yet master of my fortune. *Je n'ai jamais eu de grands biens.*
Fortune, (or fate.) *Fortune, destinée.*
To take one's fortune. *S'abandonner à la fortune, suivre sa destinée.*
She is a great fortune, (or rich match.) *C'est un riche parti, c'est une femme qui a de grands biens, qui est capable de faire la fortune d'un homme.*
To marry a fortune (or a great or rich fortune, pour se rendre riche, faire un bon mariage, se mettre richement.*
Good fortune. *Bonheur.*
Ill fortune. *Malheur, infortune, désastre.*
The fortune of war is uncertain. *Les armes sont journalières.*
Fortune, (or condition of one.) *Fortune, état, condition.*
He is still in his former fortune. *Il est dans sa première fortune, il n'a point changé de fortune.*
A private fortune. *L'état d'un particulier.*
A fortune hunter. *Un homme qui cherche à se marier avec quelque fortune riche.*
A fortune-teller. *Un diseur de bonne aventure.*
To FORTUNE, *v. n.* *Arriver, doter.*
FORTUNED, *adj.* *Fortuné, doté.*
FORTY, *adj.* *Quarante.*
FORUM, *s.* *Place publique.*
FORWARD, *adj.* *Avancé, qui commence bientôt.*
A forward spring. *Un printemps avancé, ou qui commence bientôt.*
A forward fruit. *Un fruit précoce, qui mûrit bientôt, ou qui est bientôt mûr.*

A forward (or thriving) child. *Un enfant qui croît beaucoup, qui profite.*
A child that is forward in learning or forward at his book. *Un enfant qui profite beaucoup, ou qui est fort avancé dans ses études, qui fait de grands progrès.*
A forward piece of work. *Un ouvrage fort avancé, qui est presque fini.*
Forward, (or free.) *Libre, hardi à dire ce qu'il pense.*
You are a little too forward to speak or in speaking your mind. *Vous êtes un peu trop libre à dire vos sentiments.*
Forward, (ready or well inclined.) *Prêt, disposé, porté, enclin, empressé, qui témoigne de l'empressement pour quelque chose.*
You will always find me very forward to serve you. *Vous me trouverez toujours prêt à vous rendre service.*
He seems to be forward enough in it. *Il témoigne assez d'empressement pour cela.*
He is not very forward to pay. *Il ne se presse guère de payer.*
A forward man in the world. *Un homme riche, qui est bien dans ses affaires, qui est en belle passe.*
Forward, (or in the fore-part.) *Qui est sur le devant.*
FORWARD,
FORWARDS, } *adv. En avant, sur le devant.*
R. *On se sert ordinairement de cette particule après un verbe.*
Ex. To go (or to move) forward. *Avancer, pousser.*
The enemy's army moves forward. *L'armée ennemie avance.*
He goes backward instead of going forward. *Il recule au lieu d'avancer.*
Not to go forward, is to go backward. *Celui qui n'avance pas recule.*
To go forward in learning. *Profiter, faire des progrès dans les sciences.*
To go backwards and forwards. *Aller & venir.*
I walked about two hours backwards and forwards. *Je me suis promené plus de deux heures.*
To talk backwards and forwards, (or contradict one's self.) *Se couper, se contredire.*
To put forwards. *Pousser, avancer.*
To put one's self forward. *Se pousser, s'avancer, faire sa fortune.*
To put one's self forward for the gaining of a Lady. *Pousser sa fortune auprès d'une Dame.*
To get or come forward. *Avancer, approcher, profiter.*
Is he very forward in his work? *A-t-il beaucoup avancé dans son ouvrage? son ouvrage est-il fort avancé?*
To set one's self forwards. *Avancer le pas.*
To set the clock forward. *Avancer l'horloge.*
To stretch one's hand forward. *Avancer la main.*
From this time forward. *Désormais, à l'avenir.*
From that time forward. *Dès-lors, depuis ce temps-là.*
To FORWARD, *v. a.* *Avancer, pousser.*
This will forward your work very much. *Ceci avancera fort votre ouvrage.*
FORWARDNESS, *s.* *Empressement.*
You cannot blame my forwardness in it. *Vous ne sauriez condamner mon empressement en cela.*

I much admire the boy's forwardness, (or progress.) *J'admire les progrès que ce jeune homme a faits.*
A thing which is in good forwardness. *Une chose qui est fort avancée ou presque finie.*
FOSSE, *s.* (or ditch.) *Un fossé, une fosse.*
FOSSEWAY, *subst.* (so was called of old one of the four grand highways of England, because it was ditched on either side.) *C'est ainsi qu'on appelloit autrefois un des quatre grands chemins d'Angleterre, parce qu'il y avoit des fossés de chaque côté.*
FOSSET, *Fosset, &c.* V. *Faucet.*
FOSSIL, *adj. subst.* (that is dug out of the ground.) *Fossile, qu'on tire de terre.*
A fossil salt. *Sel fossile.*
FOSTER, *adj.* *Nourricier.*
A fosterfather. *Père nourricier.*
Fosterson. *Nourrisson, enfant qu'on nourrit.*
Fosterbrother. *Frère de lait.*
P. No longer foster, no longer friend. *Quand on a plus rien à donner, on ne trouve plus d'amis.*
Fosterland, (is land given, assigned or set forth for the finding of food or victuals for any person, as in monasteries for the Monks, &c.) *Terre assignée pour l'entretien de quelqu'un.*
To FOSTER, *v. act.* (or bring up.) *Nourrir, élever.*
Fostered, *adj.* *Nourri, élevé.*
FOSTERAGE, *subst.* *La commission de nourrir.*
FOSTERDAM, *s.* (or nurse.) *Nourrice.*
FOSTERER, *subst.* *Nourricier, père nourricier.*
FOTHERING,
FODDERING, } *s.* (a sea-term.) *Action d'aveugler une voie d'eau.*
FOUGADE, *s.* (a sort of mine like a well to blow up a lodgement.) *Fougade ou fougasse, sorte de mine.*
FOUGHT, *prétérit & participe passé de to Fight.* V. *the verb.*
FOUL, *adj.* (filthy or full of dirt.) *Vilain, sale, plein de vilenies.*
A foul shirt. *Une chemise sale.*
Foul water. *De l'eau sale ou de l'eau trouble.*
Foul water. *Eau salie ou troublée par le vaisseau qui a touché le fond.*
The ship makes foul water. *Le vaisseau touche le fond & trouble l'eau.*
Foul wind. *Vent contraire.*
Foul bottom. Fond d'un vaisseau qui est chargé de mousse & de coquillage, *fond plein de mousse.*
Foul ground. *Fond de mauvaise tenue.*
Foul coast. *Côte mal-saine.*
Foul hause. *Tour des cables.*
Foul rope. *Corde embarrassée ou engagée.*
A foul stomach. *Un estomac impur.*
A foul copy, (a copy full of insertions and effacements.) *Une copie ou un manuscrit qui n'est pas net, qui n'est pas écrit au net, où il y a quantité de corrections ou de ratures.*
P. It is or 'tis good fishing in foul water.
P. *Il fait bon pêcher en eau trouble.*
A foul page, (in the art of Printing.) *Une page pleine de fautes.*
A foul (or base) action. *Une vilaine action, une action mal-honnête.*
The foul disease, (or the French pox.) *La vérole, le mal de Naples.*
Foul weather, (at sea.) *Gros temps, tempête.*

To play foul play. *Ne pas jouer franc jeu, tricher, tromper, piper.*
A foul chimney. *Une cheminée pleine de fuie.*
Foul papers. *Un brouillon, écrit plein de ratures, fait à la hâte pour etre mis au net.*
To give one foul language or foul words. *Dire des injures à quelqu'un, l'injurier, lui dire des paroles injurieuses.*
Foul dealing or practices. *Mauvaise foi, tricherie, supercherie, fraude,* † *manigance.*
Foul means. *Rigueur, force, sévérité.*
P. Never seek that by foul means which thou canst get by fair. *P. Ne cherche point par force ce que tu peux avoir de gré.*
Foul doings or foul work. *Bruit, tintamarre.*
A foul house, (an uproar.) *Bruit, vacarme.*
A foul shame. *Une infamie, une grande honte.*
Foul, (ill favoured or ugly.) *Vilain, laid.*
P. Foul in the cradle and fair in the saddle. *P. Un laid enfant devient quelquefois un bel homme.*
Foul-mouthed, (apt to give one foul language.) *Qui a une méchante langue.*
Foul, *adv. Ex.* To fall foul upon one. *Se jetter sur quelqu'un, le maltraiter de coups ou de paroles.*
A ship ran foul of us in the river. *Un vaisseau nous aborda ou dériva sur nous dans la rivière.*
To FOUL, *v. act.* (to make foul.) *Salir.*
To foul, (or bemit.) *Embrener.*
To foul the water. *Troubler l'eau.*
Fouled, *adj. Sali, embrené, troublé.*
FOULING, *subst.* L'action de salir, &c *V.* to foul.
FOULLY, *adv. Vilainement, salement.*
FOULNESS, *f.* (or filthiness.) *Saleté, ordure.*
The foulness of the stomach. *L'impureté de l'estomac.*
Foulness, (or ugliness.) *Laideur.*
The foulness of a man's action. *La malhonnêteté d'un homme, le turpitude, l'infamie de ses actions.*
FOUND, *adj.* (from to find.) *Trouvé, &c. V.* to find.
Found fault with. *A quoi ou à qui l'on a trouvé à redire, critiqué, blâmé.*
To FOUND, *v. act.* (or settle.) *Fonder, établir.*
To found a college. *Fonder un college.*
On this reason I found my opinion. *Voici sur quoi je fonde mon sentiment.*
To found (or cast) a bell. *Fondre une cloche, la jetter au moule.*
FOUNDATION, *f. Fondement ou fondation.*
To lay the foundation. *Jetter ou poser les fondements.*
The foundation is not yet finished. *La fondation n'est pas encore achevée.*
FOUNDED, *adj. Fondé, établi.*
This hospital was founded by such a one. *Cet hôpital a été fondé par un tel.*
A bell new founded, (or cast.) *Une cloche nouvelle ment faite, fondue ou jetée au moule.*
FOUNDER, *f. Fondateur.*
He is the founder of it. *Il en est le fondateur.*

He is the founder of his own fortune. *Il est l'artisan de sa fortune.*
A founder o. bell-founder. *Un fondeur de cloches.*
The founder of the feast. *Celui ou celle qui régale la compagnie.*
To drink a health to the founder. *Boire la santé de celui qui régale la compagnie.*
To FOUNDER a horse, *v. act. Surmener un cheval, le forcer, l'outrer d'un travail excessif.*
To founder, *v. n.* (or sink at sea, as a ship does that is leaky.) *Couler bas, ou couler à fond.*
To founder. *Etre surmené, forcé, courbattu.*
Foundered, *adj. Surmené, fatigué, forcé, courbattu.*
A horse foundered in the feet. *Cheval fourbu, dont les jambes sont roides, & qui ne sauroit non plus reculer que s'il avoit les reins rompus.*
FOUNDERY, *f. Fonderie.*
FOUNDING, *f.* (from to found.) *Fondation, établissement de revenu pour l'entretien d'un college, d'une église ou d'un hôpital, &c.*
The founding of a Church or college. *La fondation d'une église ou d'un college, &c.*
The founding (or casting) of a bell. *L'action de fondre ou de jetter en moule une cloche.*
FOUNDLING, *f.* (from to find.) *Un enfant trouvé ou abandonné.*
FOUNDRESS, *f. Fondatrice.*
FOUNT, *f.* (a poetical word fountain.) *Fontaine.*
FOUNTAIN, *f.* (spring or source.) *Fontaine, source.*
The fountain of a river. *La source d'une rivière.*
Fountain-head. *Source.*
A fountain with a water-spout. *Fontaine à jet d'eau ou fontaine à bassin.*
FOURBE, *f. Fourbe, trompeur, fourberie.*
FOUR, *adj. Quatre.*
Four a breast. *Quatre de rang.*
Four manner of ways. *De quatre différentes manières.*
To go upon all four. *Marcher à quatre pattes.*
† This allusion runs upon all four in the resemblance of the multitude. *Cette allusion est un véritable portrait ou un portrait achevé de la populace.*
Four-score. *Quatre-vingts.*
Four-fold. *Quatre fois autant.*
Four-square. *Carré.*
Four-double. *Plié en quatre.*
Four-cornered. *Quadrangulaire.*
Four-handed. *Qui a quatre mains.*
Four-footed. *Qui a quatre pieds, quadrupède.*
A four-footed beast. *Bête à quatre pieds, quadrupède.*
Four-wheeled, (running upon four wheels.) *A quatre roues.*
FOURTEEN, *adj.* (from four.) *Quatorze.*
A book divided into fourteen chapters. *Un livre divisé en quatorze chapitres.*
FOURTEENTH, *adj. Quatorzième.*
FOURTH, *adj. Quatrième.*
I am the fourth. *Je suis le quatrième.*
The fourth part of a thing. *Le quart, ou la quatre me partie de quelque chose.*
FOURTHLY, *adv. En quatrième lieu, quatrièmement.*
FOWL, *subst.* (a winged animal, a bird.) *Oiseau.*

The fowls of the air. *Les oiseaux de l'air.*
A great or little fowl. *Un grand ou un petit oiseau.*
A water-fowl. *Un oiseau aquatique.*
Fowl, (as hens, geese, &c.) *Volaille, poule, chapon, coq d'Inde, &c. &c.*
To play for a bottle and fowl. *Jouer bouteille cuisse.*
To FOWL, *v. n.* (or to go a fowling.) *Chasser aux oiseaux, aller à la chasse aux oiseaux.*
FOWLER, *f.* (that goes a fowling.) *Un oiseleur, celui qui chasse aux oiseaux.*
A fowler, (or paterero, a piece of ship-artillery.) *Un pierrier.*
FOWLING, *f. La chasse aux oiseaux.*
To delight in fowling. *Aimer la chasse aux oiseaux.*
To go a fowling. *Aller à la chasse.*
A fowling-piece. *Un fusil de chasse, arquebuse à giboyer.*
FOX, *f. Un renard.*
† He is an old fox. *C'est un vieux renard, c'est un homme très-fin, un fourbe achevé.*
A cunning fox. *Un fin renard.*
P. When the fox preaches the geese beware. *P. Quand le renard prêche, prenez garde à vos poules.*
P. The fox preys furthest from his hole. *P. Le renard cherche loin sa proie.*
P. When the fox cannot reach the grapes, he says they are not ripe. *P. Quand le renard ne peut pas atteindre les raisins, il dit qu'ils ne sont pas mûrs.*
P. Every fox must pay his own skin to the flayer. *P. Enfin on trouve le renard chez le pelletier, & le voleur à la potence.*
A fox tail. *Queue de renard.*
Fox-case. *Peau de renard.*
Fox-chase. *Chasse du renard.*
Fox-trap. *Trappe pour prendre les renards.*
Fox. *Tresse de vieux cordages.*
Fox-tail, (a sort of herb.) *Herbe semblable à une queue de renard.*
Fox-gloves, (our ladies gloves.) *Gantelés, sorte de plantes.*
A fox's brush. *Queue de renard,* en termes de chasse.
FOXHUNTER, *f. Celui qui aime la chasse au renard.*
† To FOX, *v. act.* (or fuddle.) *Enivrer, faire boire quelqu'un jusqu'à ce qu'il soit soûl.*
FOXED, *adj. Enivré, ivre, soûl.*
FOXING, *f. L'action d'enivrer.*
FOYLING, *f.* (a term of hunting.) *Abatures ou foulures, terme de chasse; traces d'un cerf, &c. sur l'herbe ou sur des feuilles.*
To FRACT, *v. act. Briser, enfreindre, violer.*
FRACTION, *f.* (or breaking.) *Fraction, l'action de rompre.*
Fraction, (in arithmetick.) *Fraction, terme d'arithmétique.*
† Fraction, (or quarrel.) *Querelle, broussaillerie, attisée.*
† FRACTIOUS, *adj.* (quarrelsome, captious.) *Querelleur, brouillon, tracassier.*
FRACTIONAL, *adj. Ex.* Fractional parts, (in arithmetick.) *Fractions, en arithmétique.*
Fractional numbers. *Nombres fractionnaires.*
FRACTURE, *f.* (a term of surgery.) *Fracture, solution de continuité.*
There's a fracture in the bone. *Il y a fracture à l'os.*
Fracture. *Rupture,* dans le figuré.

To

FRA — FRA — FRA — FRE

To FRACTURE, v. act. (or break a bone.) *Rompre, casser un os.*
FRACTURED, adj. *Où il y a fracture, fracturé.*
FRAGILE, adj. (brittle.) *Fragile, frêle, cassant, qui se peut rompre ou casser facilement.*
Glass is very fragile. *Le verre est fort fragile.*
Fragile, (weak.) *Fragile, foible.*
FRAGILITY, subst. (or brittleness.) *Fragilité, facilité à se rompre ou à se casser.*
Fragility. V. frailty.
FRAGMENT, s. (or piece of a thing.) *Fragment, particule, morceau de quelque chose qui a été cassé, brisé.*
To take up the fragments of the host. *Ramasser les particules de l'hostie.*
Fragments of meat. *Les restes de viandes, reliefs de tables.*
The fragment of a book. *Fragment d'un livre.*
FRAGMENTARY, s. *Composé de fragmens, petit.*
FRAGOR, s. *Bruit, fracas.*
FRAGRANCE, } s. (or sweet smell.)
FRAGRANCY, } *Bonne odeur.*
FRAGRANT, adj. *Qui sent bon, odoriférant.*
FRAGRANTLY, adv. *Avec une odeur agréable.*
FRAIL, adj. (or weak.) *Fragile, frêle, foible.*
FRAIL, s. *Cabas, sorte de panier.*
A frail of raisins. *Un cabas de raisins secs.*
FRAILNESS, } s. *Fragilité, foiblesse.*
FRAILTY, }
The frailty of our nature. *La fragilité ou la foiblesse de notre nature.*
FRAME, s. (form, structure, composition.) *Forme, structure, fabrique, composition.*
Frame, (or figure.) *Forme, figure.*
A frame, (an engine to put about any thing.) *Un châssis.*
The frame of a piece of ordnance. *Affût d'artillerie.*
Frame. *Couple d'un vaisseau.*
Midship-frame. *Maître-couple.*
Loof-frame. *Couple de lof.*
The frame of a picture. *La bordure ou le cadre d'un tableau.*
The frame of a looking glass. *Le cadre d'un miroir.*
A straining frame of a picture. *Châssis de tableau.*
The frame, (which some artists, as embroiderers, periwig-makers, &c. work upon.) *Le métier dont se servent certains artisans, comme brodeurs, perruquiers, &c.*
A frame knitter, (one that knits stockings in frames.) *Faiseur de bas au métier.*
The frame of a table. *Les pièces d'une table, ce qui soutient le dessus de la table.*
The frame, (where in fa riers put unruly horses when they shoe or droft 'em.) *Travail, petit endroit devant la boutique d'un maréchal.*
The frame of one's life. *Le cours ou la conduite de la vie.*
The frame of the mind. *La disposition de l'ame, l'assiette de l'esprit.*
To FRAME, v. act. (to form.) *Former, faire, façonner.*
To frame a design. *Former un dessein.*
When God framed this universe. *Quand Dieu forma ou fit cet univers.*
To frame, (or build.) *Fabriquer, construire.*
To frame (or square) one's life according

to God's word. *Former ou régler sa vie sur la parole de Dieu.*
To frame (or contrive) a story. *Inventer une histoire, forger ou controuver un conte.*
To frame one's thoughts into words. *Exprimer ou représenter ses pensées par des paroles.*
Framed, adj. *Formé, &c.* V. to Frame.
FRAMER, s. *Celui ou celle qui forme, &c.* V. to Frame.
FRAMING, s. *L'action de former, &c.* V. to Frame.
FRAMPOLD, adj. *Bourru.*
FRANCHISE, subst. (privilege or exemption.) *Franchise, privilège, exemption, immunité.*
To FRANCHISE, v. a. (or enfranchise.) *Affranchir, exempter.*
Franchised, adj. (manumitted or freed.)
A franchised bond-man or slave. *Un affranchi.*
FRANCISCAN, s. (a Franciscan Friar.) *Un Religieux de l'Ordre de S. François.*
FRANGIBLE, adj. (that may be broken.) *Fragile, qui se peut rompre ou casser.*
FRANK, adj. (free, open.) *Franc, ouvert, honnête, sincère, candide.*
Frank, (or liberal.) *Libéral.*
R. Frank, *ce mot est souvent en usage dans le Droit, comme dans les exemples suivans.*
Frank-almoin, *cela signifie proprement, Aumône-franche: c'est une donation d'un fief ou d'une terre à l'église, sur laquelle le donateur n'a plus aucun droit.*
Frank-bank, (or free-bench.) *Ce sont les terres assignées à une femme pour son douaire après la mort de son mari.*
Frankchase. *Étendue de pays où l'on peut chasser.*
Frank-fee. *Franc-fief.*
Frank-farm. *Terre ou fief affranchi de tous droits seigneuriaux, terres en franc-alleu ou allodiales.*
Frank-fold. *C'est le droit qu'a le seigneur de faire passer les brebis de ses vassaux dans ses terres.*
Frank-law. *Le droit qu'un sujet a par les loix de l'État, qu'il perd par certains crimes, comme celui de Lèze-Majesté, &c.*
Frank-marriage. *Espèce de substitution d'un bien par contrat de mariage.*
Frank-pledge, (in the Saxons time called, friborg, fridburgh or frithlurg signifies a pledge or surety for freemen.) *Caution ou cautionnement pour un bourgeois.*
Frank-tenement. V. Free-hold.
FRANK, s. (to feed hogs in.) *Lieu où l'on engraisse des cochons.*
A frank. *Lettre que ne paye point de port.*
A frank, (or French ivre) *Un franc ou une livre, vingt sous de France.*
To FRANK, v. act. (or exempt from postage.) *Affranchir.*
FRANKINCENSE, s. *Encens.*
FRANKLY, adv. (or freely.) *Franchement, librement, sincèrement.*
FRANKNESS, s. (openness.) *Franchise, liberté, sincérité.*
FRANTICK. V. Frenticк.
FRANTICKLY, adv. *Follement, avec fureur.*
FRAPING a tackle, &c. part. act. *Action d'équiller un palan, &c.*
Fraping, *subst. Action de ce nœur un vaisseau, ou de l'entourer de plusieurs tours d'un cable ou grelin pour le lier, lorsqu'il est assez vieux pour faire craindre qu'il ne s'ouvre par une grosse mer.*
FRATERNAL, adj. (or brotherly.) *Fraternel, de frère.*
A fraternal love. *Un amour fraternel.*

FRATERNALLY, adv. (or brother-like.) *Fraternellement, en frère.*
FRATERNITY, subst. (or brotherhood.) *Fraternité, liaison de frère. Fraternité, confrérie.*
FRATRICIDE, subst. *Meurtre ou meurtrier d'un frère.*
FRAUD, } subst. (deceit.)
FRAUDULENCY, } *Fraude, tromperie, supercherie, fourbe.*
FRAUDULENT, } adj. (or deceitful.)
FRAUDFUL, } *Trompeur, frauduleux, enclin à la fraude, fait avec fraude: ou mauvaise foi.*
A fraudulent contract. *Un contrat frauduleux.*
Fraudulent ways. *Supercheries.*
FRAUDULENTLY, adv. *Frauduleusement.*
FRAUGHT, adj. (from to freight; well stored.) *Bien chargé.*
FRAY, subst. (or fight.) *Combat entre des particuliers, chamaillis.*
To begin the fray. *Commencer le combat.*
P. Better come at the latter end of a feast than the beginning of a fray. *Il vaut mieux venir sur la fin d'un festin qu'au commencement d'un combat.*
To part the fray. *Mettre le hola, séparer des gens qui se battent.*
Fray, (or quarrel.) *Querelle, dispute.*
To FRAY, verb. neut. (as cloth does.) *S'érailler.*
To fray, (or make afraid.) V. Afraid.
FREAK, s. (or whimsy.) *Boutade, caprice, fantaisie.*
To be full of freaks, to be troubled with freaks. *Être plein de boutades.*
A freak (or frolick) took him. *Il lui prit une fantaisie.*
Freak, (or idle conceit.) *Rêverie, vision, extravagance.*
FREAKED, adj. *Bizarre.*
FREAKISH, adj. *Plein de boutades, fantasque, capricieux; ou bien, visionnaire, extravagant.*
FREAKISHNESS. V. Freak.
FRECKLE, s. *Tache de rousseur, rousseur.*
FRECKLED, } adj. (full of freckles.)
FRECKLY, } *Plein de rousseurs.*
FREE, adj. *Libre, qui n'est pas esclave, qui jouit de la liberté, qui est en liberté.*
A free nation. *Un peuple libre.*
The free will. *Le libre ou le franc arbitre.*
Now I am free. *Me voilà libre maintenant.*
You are free to do what you please. *Vous êtes libre de faire, ou vous êtes en liberté de faire ce qu'il vous plaît.*
I am free (I am at leisure) after dinner. *Je suis libre, ou je suis de loisir l'après-dîner.*
Free from, (exempt.) *Franc, quitte, exempt, libre.*
Free from all debts. *Franc & quitte de toutes dettes.*
Free from all vices. *Exempt de tous vices.*
My heart is free from passion. *Mon cœur est libre de passion.*
Free, (privileged or publick.) *Franc, public, privilégié, affranchi.*
A free town. *Une ville franche.*
A free chapel. *Une chapelle franche.*
A free school. *Une école publique ou privilégiée.*
Free, (frank or open.) *Franc, sincère, ouvert, candide.*
A free heart, a free temper or a free hearted

FRE

hearted man. *Cœur franc ou sincere, un homme qui est de tout cœur.*

Free, (liberal or generous.) *Libéral, honnête, généreux, qui donne avec franchise.*

A free gift. *Un don gratuit, une libéralité gratuite.*

Free, (easy.) *Libre, dégagé, aisé, naturel, qui n'a rien de forcé ou d'affecté.*

She has a free way of dancing. *Elle danse d'un air dégagé, d'un air libre.*

A free style. *Un style libre, un style cavalier.*

A free easy shape. *Une taille libre & dégagée.*

To have a free way of delivery. *S'énoncer d'une manière aisée ou de bonne grace, parler couramment.*

A piece of painting not free, (that is not done by a free hand.) *Ouvrage de peinture peigné, mais cui ne paroit point travaillé d'une main libre.*

To have free leave to speak. *Avoir la liberté de dire ce qu'on veut.*

It is not free for me to do it. *Il ne m'est pas permis de le faire.*

It is free for me to do it or to let it alone. *Je suis en liberté de le faire ou de le laisser.*

He is a little too free of or with his tongue. *Il parle un peu trop librement, il se donne trop de liberté, il dit trop librement ce qu'il pense.*

To have free quarters, to be upon free cost. *Vivre à discrétion.*

To make one free, (to release him from slavery.) *Affranchir quelqu'un, le mettre en liberté, lui donner la liberté.*

To make one free of a city. *Donner à quelqu'un le droit de bourgeoisie; le faire bourgeois d'une ville.*

To make one free of a company, (to make him a freeman of it.) *Passer quelqu'un maitre, le recevoir, l'agreger à un corps de métier.*

To make free, to be somewhat free, (or too familiar with one.) *Prendre des libertés avec quelqu'un, le traiter cavalièrement.*

To be too free. *S'émanciper.*

To be free from business. *N'avoir rien à faire, être de loisir.*

A free room. *Une chambre vide.*

His house is free to or for every body. *Sa maison est ouverte à tout le monde, tout le monde a entrée chez lui.*

P. To ride a free horse to death, (to abuse one's good nature.) *Abuser de la bonté ou de la patience de quelqu'un.*

Free-stone. *Pierre de taille.*

Free-born. *Né libre, libre.*

Free-hold, free-tenure or free-tenement. *Franc-fief, franc-alleu.*

Free-bench. V. *Frank-bank.*

Free-holder, (he or she that hath a free-hold.) *Celui ou celle qui a un franc-fief.*

Free-booter. *Qui va à la petite guerre, * un picoreur.*

A free-booter, (or pirate.) *Un flibustier, un forban.*

Scot-free. V. *Scot.*

FREETHINKER, *sub.* (one that thinks freely, and judges for himself, in matters of religion.) *Celui ou celle qui pense librement, en matière de religion. Il se prend d'ordinaire en mauvaise part, & alors il signifie, un esprit fort, un libertin.*

FREETHINKING, *subst. Libertinage d'esprit, esprit-fort.*

M. Toland pretends that freethinking was the great principle of the reformation. *M. Toland prétend que la liberté de penser étoit le grand principe de la réformation.*

To FREE, v. act. (or deliver.) *Délivrer, libérer.*

Free me from this fear. *Délivrez-moi de cette crainte.*

To free one's self from the tyranny of a father. *S'affranchir de la tyrannie d'un pere.*

To free, (or to enfranchise.) *Affranchir, donner la liberté, mettre liberté.*

To free, (or exempt.) *Affranchir, exempter, dispenser.*

To free, (at sea.) *Affranchir, en parlant de l'action de la pompe.*

Freed, *adj. Délivré, libéré, affranchi, mis en liberté, exempt, dispensé.*

FREEDSTOOL, *s. Asyle, refuge.*

FREEDOM, *s. Liberté, pouvoir de faire ce qu'on veut.*

Every one shall have a freedom to speak his mind. *Chacun aura la liberté de dire son sentiment.*

Pardon me if I take this freedom. *Pardonnez-moi si je prends cette liberté.*

Freedom, (easiness of doing any thing.) *Liberté, facilité.*

The freedom of a pencil. *Liberté du pinceau.*

Freedom from. *Exemption, immunité.*

To take one's freedom of a company. *Être reçu dans la maitrise, se faire passer maitre.*

FREEHOLD, and freeholder. V. *Freehold, and free-holder, yous free.*

FREEING, *s.* (from to free.) *L'action de délivrer, de libérer.*

FREELY, *adv. Librement, franchement, avec liberté, avec hardiesse, sans crainte.*

To tell one's mind freely. *Dire librement sa pensée.*

Take it as I give it you freely. *Prenez le librement, prenez-le avec la même franchise que je vous la donne.*

FREEMAN, *sub.* (one that is free of a company of tradesmen.) *Bourgeois, celui qui s'est fait passer maitre, qui a droit de franchise ou de bourgeoisie.*

FREENESS, *s.* (or frankness.) *Sincérité, franchise, candeur.*

Freeness, (or liberality.) *Honnêteté, libéralité.*

FREEZE, *sub.* (a term in architecture.) *Frise, la partie de l'entablement qui est entre l'architrave & la corniche.*

Freeze, (a kind of stuff.) *Frise, étoffe d'étoffe de laine frisée.*

Freeze or freezing, (a sea-term.) *Frise, sorte d'ornement en peinture ou en sculpture, au haut de la poupe ou à l'avant d'un vaisseau.*

To FREEZE, v. act. *Geler, glacer, endurcir par le froid.*

To freeze, v. neut. *Geler, se geler, se glacer.*

It begins to freeze. *Il commence à geler.*

It freezes very hard. *Il gele bien fort.*

The water freezes as it falls. *L'eau se gele ou se glace en tombant.*

FREIGHT, *s.* (or hire.) *Fret, louage.*

Freight, (or burthen.) *Cargaison.*

The freight of a ship. *Le fret d'un navire, ou la cargaison d'un navire.*

To FREIGHT, v. a. (or hire.) *Fréter, louer.*

To freight, (or burthen.) *Charger.*

To freight a ship. *Fréter un navire, le louer pour porter de la marchandise; ou bien, charger un navire.*

Freighted, *adj. Frété, loué, chargé.*

FREIGHTING, *subst. L'action de fréter ou de charger un vaisseau; fret ou cargaison.*

FREIGHTER, *s. Afréteur.*

FRENCH, *adj. François, de France.*

The French tongue. *Le François, la langue françoise.*

To speak French. *Parler françois.*

The French fashion. *La mode de France.*

A french dish. *Un plat à la françoise.*

French beans. *Haricots.*

French wheat. *Millet.*

The french pox, the French disease. *La vérole, le mal de Naples.*

Pedlars French. *Jargon, patois, baragouin.*

A French man. *Un François.*

A French woman. *Une Françoise.*

To FRENCHIFY, v. act. (to make French a word or expression.) *Franciser un mot ou une expression.*

To frenchify. *Donner les manieres de France; rendre petit-maitre.*

Frenchified, *adj. part. Ex.* An English word Frenchified. *Un mot Anglois Francisé.*

Frenchified, (brought over to the French interest.) *Qui est dans les intérêts de la France.*

† Frenchified, (that has the French disease.) *Qui a la vérole.*

FRENTICK, FRENETICK, *adj.* (or mad.) *Frénétique, fou, furieux.*

FRENZY, *s. Frénésie, folie, égarement ou alienation d'esprit.*

It is or 'tis a mere frenzy. *C'est une pure frénésie.*

FREQUENCE, FREQUENCY, *sub. Multitude, grand nombre.*

By frequency of acts a thing grows into a habit. *Par plusieurs actes réitérés une chose passe en habitude.*

FREQUENT, *adj.* (or common.) *Fréquent, ordinaire, qui arrive souvent.*

Frequent visits are troublesome. *Les fréquentes visites sont incommodes.*

To FREQUENT, v. act. (or haunt.) *Fréquenter, hanter, converser fréquemment avec une personne, &c.*

To frequent good company. *Fréquenter de bonnes compagnies.*

Frequented, *adj. Fréquenté, hanté.*

This part of the town is much frequented, (or much resorted to.) *Ce quartier de la ville est fort fréquenté.*

FREQUENTABLE, *adj. Abordable, assable.*

FREQUENTATIVE, *adj. Fréquentatif, terme de Grammaire.*

FREQUENTING, *s. Fréquentation, hantise ou l'action de fréquenter, &c. V. to Frequent.*

FREQUENTLY, *adj.* (or often.) *Fréquemment, souvent.*

That happens very frequently. *Cela arrive très-fréquemment, sort souvent.*

FRESCADE, *subst.* (shades, towers.) *Lieux frais ou qui donnent de la fraicheur.*

FRESCO, *s.* (a word borrowed from the Italian.) *Frais, fraicheur.*

To walk in fresco, (or in the cool.) *Se promener au frais.*

To

To drink in fresco. *Boire frais.*
To paint in fresco. *Peindre à fresque.*
FRESH, *adj.* (or cool.) *Frais, qui a de la fraîcheur, médiocrement froid.*
Fresh, (or new.) *Récent, frais, fait depuis peu, nouvellement fait.*
Fresh, (or unsalted.) *Frais, par opposition à salé.*
Fresh, (fine or lively.) *Frais, beau, agréablement coloré & sans rides, vif.*
Fresh, (or not tired.) *Frais, qui n'a pas encore travaillé ou combattu.*
A fresh air. *Un air frais.*
The wind blows fresh. *Il fait un vent frais.*
Fresh wind. *Vent frais.*
Fresh shot. *Courant d'eau douce à l'embouchure d'une grande riviere ou d'un fleuve.*
Fresh water. *De l'eau fraîche; de l'eau douce.*
Fresh beer. *De la bière fraîche.*
Fresh date. *Date fraîche.*
While the thing is fresh. *Pendant que la chose est récente.*
The thing is fresh in my memory, I have it fresh in my memory. *Je suis tout frais de cela, j'en ai la mémoire fraîche ou récente, je m'en souviens parfaitement bien.*
That story is fresh in all our memories. *Nous avons tous la mémoire fraîche de cette histoire.*
Fresh meat. *De la viande fraîche.*
A fresh complexion. *Un teint frais.*
Fresh men supplied their place or came in their stead. *On envoya des gens frais à leur place.*
To take fresh courage. *Se ranimer, reprendre courage.*
To take fresh air. *Être à la fraîcheur, prendre le frais.*
This beef eats too fresh. *Ce bœuf n'est pas assez salé.*
He is fresh in my memory *Il est présent à ma mémoire.*
A fresh-water fish. *Poisson d'eau douce ou de riviere.*
Fresh horses. *Chevaux de relais.*
† A fresh-water soldier, (a raw-soldier.) *Un soldat d'eau douce, qui n'est point encore aguerri.*
Fresh suit, (a present and earnest following of an offender that never ceaseth from the time of the offence committed or discovered until he be apprehended.) *Continuation de poursuite en matiere criminelle.*
Fresh, *s.* (a sea term.) *Courant d'eau douce.*
To FRESHEN, *v. act.* (or unsalt.) *Dessaler, rendre frais.*
To freshen salt meats. *Dessaler de la viande salée.*
Freshened, *adj. Dessalé.*
To FRESHEN, *v. n. Fraîchir.*
Ex. The wind freshens. *Le vent fraîchit.*
To freshen the hause. *Soulager le cable.*
FRESHES, *subst.* (land-floods.) *Torrent, inondation.*
Freshes. *Eaux sauvages*, c'est-à-dire les eaux de pluie & de torrent , qui viennent accidentellement augmenter le volume d'eau & la marée dans un port de riviere , ou en dehors de son embouchure.
FRESHET, *s. Etang d'eau douce.*
FRESHLY, *adv.* (newly.) *Fraîchement, récemment, depuis peu.*

FRESHNESS, *s. Fraîcheur.*
Freshness, (or novelty.) *Nouveauté.*
FRET, *subst.* (a fret or stop in a musical instrument.) *Touche d'instrument de musique.*
Fret, (ferment, agitation.) *Agitation des liqueurs ou de l'ame.*
† To put one in a fret. *Fâcher ou chagriner quelqu'un.*
To be in a fret. *Se fâcher, se chagriner.*
Wine that is upon the fret. *Du vin qui bout ou qui travaille, du vin qui n'est pas clair, qui n'a pas encore achevé sa fermentation.*
Fret-work. *Ciselure.*
To FRET, *v. a.* (to rub off the skin.) *Écorcher, enlever la peau.*
To fret (or vex) one. *Fâcher quelqu'un, l'irriter, le mettre en colere.*
To fret, *v. neut.* Ex. My skin frets. *Ma peau s'écorche, je suis tout écorché.*
Silk that is apt to fret. *Soie sujette à se couper ou à s'érailler.*
To fret, (as wine doth.) *Travailler, bouillir , en parlant du vin.*
To fret, (or to itch.) *Démanger.*
To fret one's self, *verb. réc.* ou bien , to fret, *v. n. Être inquiet, s'inquiéter, se dépiter, se piquer, se chagriner, se ronger le cœur.*
To fret at play. *Se piquer au jeu, se chagriner.*
FRETFUL, *adj. Chagrin, de mauvaise humeur, qui se met facilement en colere.*
FRETFULNESS, *s. Chagrin, mauvaise humeur.*
FRETTED, *adj. Écorché, coupé, &c. V.* to Fret.
FRETTING, *s. L'action d'écorcher, &c.* V. to Fret.
FRET-WORK. *V.* Fret.
FRIABILITY, *s. Qualité de ce qui est friable.*
FRIABLE, *adj.* (or mouldering.) *Friable.*
FRIAR, *s.* (or Religious of some regular Order.) *Un Moine, un Religieux.*
A friar , (a term of printing-office, a page so ill printed, that is can hardly be read.) *Un moine, en termes d'Imprimeur, c'est-à-dire, une page si mal imprimée qu'à peine peut-on la lire.*
FRIARLY, *adv. En Religieux.*
FRIARY, *s. Couvent.*
To FRIBBLE, *verb. neut.* (to trifle with one, to baffle him.) *Amuser quelqu'un, se jouer, se moquer de lui.*
FRIBBLE, *s. Petit-maître, fat.*
FRIBBLER, *s. Celui qui se joue, qui se moque ; moqueur.*
FRIBBLING, *adj.* (or captious.) *Captieux, qui surprend.*
A fribbling question. *Une question captieuse.*
FRIBORGH. } *V.* Frankpledge.
FRIDBURG. }
FRICASSEE, *s.* (meat fried in a pan.) *Une fricassée.*
FRICATION. *V. Friction.*
FRICTION, *s.* (or rubbing.) *Friction ou frottement.*
FRIDAY, *s. Vendredi*, un des sept jours de la semaine.
Good friday. *Vendredi saint. V.* Friga.
* FRIDBURG. *V.* Frankpledge.
FRIDSTOL. *V.* Freed-stool.
To FRIE, &c. *V.* to Fry, &c.
FRIED. *V.* to Fry.
FRIEND, *s. Un ami, une amie.*
He is a friend to scholars. *Il est ami des savants.*

She is a good friend of mine. *C'est ma bonne amie.*
P. Many kindred few friends. *Tel a bien des parents qui n'a que peu d'amis.*
P. All are not friends that carry it fair with us. *Tel nous fait beau semblant qui n'est pas notre ami.*
P. A friend is not so soon gotten as lost. *Il n'est pas si aisé de se faire un ami, qu'il est aisé de le perdre.*
P. Prove thy friend ere thou hast need. *Éprouve ton ami avant que d'en avoir besoin.*
P. A friend is never known till one hath need of him. *On ne connoît l'ami qu'au besoin.*
P. Whoever may be your friend , trust yourself. *Quelque ami que tu ayes, fie-toi plutôt à toi-même qu'à lui.*
P. Friends may meet, but mountains never greet. *Deux hommes se rencontrent plutôt que deux montagnes.*
Friends, (or relations.) *Des parents.*
He has very good friends. *Il a de fort bons parents, il est bien allié.*
To make friends with one , (or be reconciled.) *Faire la paix avec quelqu'un, se réconcilier, renouer l'amitié avec lui.*
I will or I'll make you friends together. *Je veux vous réconcilier ou vous remettre bien ensemble, je veux vous accorder.*
FRIENDLESS, *adj. Sans amis, qui n'a point d'ami, qui n'a aucun appui, destitué de tout secours.*
Friendless-man, *sub.* (this was the *Saxon* word for him that we call out-law. *Voy.* Out-law.) *Un proscrit.*
FRIENDLINESS, *subst. Amitié, bonté, humanité.*
FRIENDLY, *adj. D'ami, favorable; ami, bon, doux, humain, propice.*
To do one a friendly turn. *Rendre un service d'ami à quelqu'un.*
FRIENDLY, *adv. En ami, avec amitié, avec affection.*
To live friendly with one. *Vivre en ami avec quelqu'un.*
The small-pox comes out friendly with him. *La petite vérole lui est fort favorable.*
FRIENDSHIP, *sub. Amitié, affection mutuelle.*
To make friendship, to get into friendship with one. *Faire, nouer, contracter amitié avec quelqu'un, faire société avec lui.*
To screw himself into one's friendship. *S'insinuer dans l'amitié de quelqu'un, gagner son amitié.*
To cultivate (to keep or improve) his friendship. *Cultiver, entretenir, ménager son amitié.*
To break off friendship. *Rompre amitié, ou rompre.*
FRIEZE,   } *Voyez* Freeze, terme d'architecture.
FREIZE,   }
FRIGA, *subst.* (of old called *Frigeleag,* was an hermaphroditical idol, adored by the old *Saxons*, on the day now called *Friday*, which thence took its denomination.) *Sorte d'idole hermaphrodite que les anciens Saxons adoroient le vendredi, qui à cause de cela a été nommé* Friday.
FRIGATE, *subst.* (a small ship of war.) *Frégate, petit vaisseau de guerre.*
A light frigate. *Frégate légere ou petit vaisseau de guerre, bon voilier.*
Frigate-built.

Tome II. 2N

Frigate-built. *Frégaté*, construit à la maniere des frégates.

FRIGHT, *subst. Peur, crainte, épouvante, frayeur, consternation.*

You put me in a great fright. *Vous m'avez fait grand'peur, vous m'avez fort effrayé.*

To be in a terrible fright. *Avoir grand' peur, être dans la derniere consternation.*

To FRIGHT, *v. act. Epouvanter, intimider, faire peur, effrayer, donner de la frayeur.*

You will fright him. *Vous lui ferez peur.*

He does what he can to fright us. *Il fait tout ce qu'il peut pour nous épouvanter ou pour nous intimider.*

To fright one out of his wits. *Déconcerter quelqu'un, l'effrayer en sorte qu'il en soit hors de lui-même.*

It frighted me to the very heart. *Mon cœur en fut saisi de frayeur ou d'effroi.*

To fright one out of his duty. *Détourner quelqu'un de son devoir par la crainte.*

To fright one away. *Faire fuir quelqu'un.*

To fright the hiccough away. *Faire passer le hoquet à quelqu'un en lui faisant peur.*

FRIGHTED, *adj. Qui a peur ou qui a eu peur, épouvanté, effrayé, intimidé, saisi de frayeur.*

To be frighted out of one's duty. *Être détourné de son devoir par la crainte de quelque malheur.*

They were frighted from the very use of lawful things. *Ils n'osoient pas même se servir des choses licites.*

To FRIGHTEN. *V.* to Fright.

FRIGHTENED. *V.* Frighted.

FRIGHTFUL, *adj. Terrible, affreux, horrible, effroyable, épouvantable.*

A frightful sight. *Un spectacle affreux.*

FRIGHTFULLY, *adv.* (in a frightful manner.) *D'une maniere terrible, affreuse, horrible, effroyable ou épouvantable, terriblement, effroyablement.*

FRIGHTFULNESS, *s. Horreur, frayeur.*

The frightfulness (or the horror) of death. *Les horreurs de la mort.*

FRIGHTING, *s. L'action d'épouvanter, d'effrayer, d'intimider, &c.*

FRIGID, *adj.* (or cold.) *Froid.*

The two frigid zones. *Les deux zones glaciales.*

Frigid, (weak, impotent, not able to get children.) *Impuissant.*

Frigid, (jejune or flight.) *Froid, fec, maigre, en parlant d'un discours, &c.*

FRIGIDITY, } *s.* (or coldness.) *Froideur.*
FRIGIDNESS, }

Frigidity, (impotence, imbecillity.) *Impuissance.*

FRIGIDLY, *adv. Froidement.*

FRIGORIFICK, *adj. Frigorifique,* terme didactique.

To FRILL, *verb. neut. Trembler de froid.*

FRILL, *subst. Espece de Jabot, ou manchette.*

FRINGE, *s. Frange.*

A fine fringe. *Une belle frange.*

A fringe for a bed, (or canopy.) *Crépine pour un lit ou un dais.*

A fringe-maker. *Franger*, faiseur de franges ou de crépines.

To FRINGE, *v. act.* Garnir de franges.

To fringe the valences of a bed. *Garnir de franges une pente de lit.*

Fringed, *adject.* Garni de franges, à franges.

FRIPPERER, *s.* (a broker that sells old cloaths.) *Un fripier.*

FRIPPERY, *subst.* (a street of brokers.) *Friperie.*

Frippery, (a thing of small value.) *Une friperie, une chose de néant, une marchandise de rebut.*

FRISK, *subst. Gambade, saut, fretillement.*

To FRISK, *v. n.* (to leap up and down.) *Bondir, sauter, gambader, faire des gambades, fretiller.*

FRISKY, *adj.* (frolicksome.) *Fretillant, semillant, gai.*

FRIT, *s.* (salt or ashes fried or baked together with sand.) *Du sel ou des cendres frites ensemble, ou cuites au four avec du sable.*

FRITH, *subst.* (a word most used in Scotland, for an arm of the sea.) *Un détroit, un bras de mer.*

† Frith, (an old word for a plain between woods, or a wood.) *Ce mot signifioit autrefois un bois ou une plaine entre des bois.*

FRITILLARY, *subst.* (a flower.) *Sorte de fleur.*

FRITTER, *subst. Un beignet ; un petit morceau.*

To FRITTER, *verb. act.* Couper en petits morceaux.

FRIVOLOUS, *adj. Frivole, inutile, vain, qui ne sert de rien, ridicule.*

FRIVOLOUSNESS, *subst. Frivolité.*

FRIVOLOUSLY, *adverb. D'une maniere frivole.*

To FRIZZLE, *v. act.* (or to curl.) *Friser, taper.*

To frizzle the hair. *Friser ou taper les cheveux.*

Frizzled, *adj. Frisé, tapé.*

FRIZZLER, *s. Friseur, friseuse.*

FRIZZLING, *sub. Frisure ou l'action de friser, de taper les cheveux.*

FRO, *adv. Ex.* To go to and fro. *Aller d'un côté & d'autre, aller & venir.*

FROCK, *subst. Ex.* A child's frock. *Un surreau de robe d'enfant*, vêtement qu'on met aux enfants par-dessus l'habit pour le conserver.

A groom's or a coach-man's frock. *Une souquenille que les palfreniers & les cochers mettent pour conserver leurs habits.*

A woman's frock. *Une garde-robe.*

FROG, *sub.* (a sort of creeping creature.) *Une grenouille*, espece de reptile.

The frog (or frush) of a horse's foot. *La fourchette du pied d'un cheval.*

FROIZE, *subst.* (a pancake with bacon.) *Sorte d'omelette avec des tranches de lard.*

FROLICK, *subst.* (or whim.) *Boutade, caprice, fantaisie.*

Frolick, (or merry prank.) *Gaillardise, raillerie.*

FROLICK, *adj. V.* Frolicksome.

FROLICKLY, } *adv. Gaiement,*
FROLICKSOMELY, } *joyeusement, dans la joie.*

He carried himself very frolickly. *Il paroit plein de gaieté.*

FROLICKSOME, *adj.* (frolick or full of whims.) *Fantasque, capricieux.*

Frolicksome, (or merry.) *Gai, gaillard.*

Frolicksome, (or done out of frolick.) *Que l'on fait par boutades.*

FROM, *prép.* (out of.) *De.*

I come from France. *Je viens de France.*

From the Indies. *Des Indes.*

A ship of and for London from Hambourg. *Un vaisseau de Londres, & qui y retourne venant de Hambourg.*

From my heart. *Du fond du cœur.*

From top to toe. *De pied en cap.*

From abroad, from without. *De dehors.*

From hence. *D'ici.*

From whence? *D'où?*

The fleet came into this harbour from Cadiz. *La flotte entra dans ce port venant de Cadix.*

He kept me from coming. *Il m'a empêché de venir.*

He hindered me from writing. *Il m'a empêché d'écrire.*

From, (by order of.) *De par.*

From the King. *De par le Roi.*

From. *De la part de.*

I come from him to tell you. *Je viens de sa part pour vous dire.*

From, (since, ever since.) *Depuis.*

From the creation of the world. *Depuis la création du monde.*

From that time. *Depuis ce temps-là.*

From three o'clock to six. *Depuis trois heures jusqu'à six.*

From. *Des.*

From my youth up. *Dès mon enfance.*

From henceforth, from this time forward. *Dès à présent, désormais.*

From, *A, au, à la.*

To hide a thing from one. *Cacher quelque chose à quelqu'un.*

Tierce from the king, (at picket.) *Tierce au roi*, terme de piquet.

Tierce from the queen. *Tierce à la dame.*

To lie from one another. *Faire lit à part.*

From, (by, according to.) *Par.*

Ex. It is plain from scripture. *Il est clair par l'Ecriture.*

R. Il faut observer que cette particule, lorsqu'elle est précédée d'un verbe, fait souvent partie de sa signification.

To go from one. *Quitter quelqu'un.*

FROMWARD. *Du côté opposé.*

FRONDIFEROUS, *adject.* Couvert de feuilles.

FRONT, *s.* (or forepart.) *Front, façade, face ou devant.*

The front of a battalion. *Le front d'un bataillon.*

The horse made a large front. *La cavalerie faisoit un grand front.*

To charge the enemy in the front. *Attaquer l'ennemi de front.*

The front of a building. *La façade ou face d'un bâtiment.*

The front of a room. *Le devant d'une chambre*, ce qui se présente d'abord à nos yeux en y entrant.

The front (or forehead) of a calf. *Le front d'un veau.*

Front, (or impudence.) *Face, front, impudence.*

To FRONT, *v. neut. Faire face.*

His house fronts with ours. *Sa maison fait face à la nôtre.*

To front, *verb. act. Faire face* ou *faire tête.*

To front the foe. *Faire face* ou *faire tête à l'ennemi.*

FRONTAL, *subst. Frontal,* terme didactique.

FRONTING, *adject. Qui fait face, qui regarde.*

FRONTIER,

FRONTIER, *f.* (or borders.) *Frontiere, confins, limites, bornes.*
The frontiers of a Kingdom. *Les frontieres d'un Royaume.*
A frontier town, (a bordering town.) *Une ville frontiere.*
FRONTIGNAN, *sub.* (a luscious kind of rich wine made at *Frontignan*, near *Montpellier*, in France.) *Frontignan, vin fort délicat qui vient de Frontignan, près de Montpellier.*
FRONTISPIECE, *subst.* (of a building.) *Frontispice, façade, ou face d'un bâtiment.*
The frontispiece of a book. *Le frontispice, le devant ou la tête d'un livre.*
FRONTLESS, *adj. Sans front, sans pudeur, impudent.*
FRONTLET, *subst.* (or forehead-cloth, formerly used by women.) *Un fronteau.*
FRONTON, *f. Fronton*, ornement d'architecture.
FRONTROOM, *sub. Appartement sur le devant d'une maison.*
FROST, *f. Gelée.*
A hard frost. *Une grande gelée.*
Hoar-frost or white-frost. *Gelée blanche*, sorte de gelée qui blanchit les arbres & les herbes.
Glazed frost. *Verglas*, pluie qui est gelée sur la terre, sur les pierres & les pavés, & qui les rend glissans & reluisans.
Frost-nail. *Fer à glace.*
Frost-nailed. *Ferré à glace.*
Frost-bitten. *Atteint de la gelée.*
FROSTED, *adject.* (said of a brocade.) *Glacé.*
FROSTILY, *adv. Avec beaucoup de froid ou de froideur.*
FROSTINESS, *f. Grand froid.*
FROSTY, *adj. Ex.* Frosty weather. *Un temps de gelée.*
FROTH, *f. Ecume*, une écume de choses liquides.
The froth of beer. *L'écume de la biere.*
The froth of melted lead. *Ecume de plomb fondu.*
His discourse is nothing but froth. *Tout son discours n'est que de la crème fouettée, ce ne sont que des paroles en l'air.*
To FROTH, *v. neut. Ecumer, jeter, rendre de l'écume.*
FROTHY, *adj. Ecumeux*, plein d'écume.
To FROUNCE. *V. to* Frizzle.
FROUZY, *adj.* (greasy, stinking.) *Vilain, sale, gras, puant.*
Frouzy hair. *Teignasse, cheveux gras & mal-peignés.*
FROW, *f. Ex.* A dutch frow. *Une Hollandoise, une Flamande.*
PROWARD, *adj.* (or peevish.) *Chagrin, fâcheux, incommode, de mauvaise humeur, fantasque, bourru.*
A froward master. *Un maître chagrin, incommode, de mauvaise humeur.*
To have a froward look. *Avoir l'air chagrin.*
Froward, (sullen or stubborn.) *Opiniâtre, revêche, obstiné, pervers, rebelle, déjobéissant.*
Froward, (or malapert.) *Insolent, fier, suffisant, petulant.*
A froward (or a cross) child, that does nothing but cry. *Un enfant incommode qui ne fait que pleurer.*
FROWARDLY, *adv. D'un air chagrin, opiniâtrément, férvement, insolemment, arrogamment.*

To speak frowardly to one. *Parler d'un air chagrin à quelqu'un.*
To carry one's self frowardly to one's father. *Se comporter insolemment envers son pere.*
FROWARDNESS, *subst.* (or peevishness.) *Mauvaise humeur, humeur incommode.*
Frowardness, (or stubbornness.) *Désobéissance ou conduite perverse, opiniâtreté, obstination, humeur revêche.*
Frowardness, (or malapertness.) *Insolence, suffisance, fierté, petulance.*
FROWN, *subst. Sourcils froncés, mine rechignée, mine froide.*
Frown. *Dédain, mépris, froideur.*
Frowns of fortune. *Revers de fortune, disgrace.*
To FROWN, *v. neut. Se renfrogner, froncer le sourcil, faire une mine rechignée, rechigner.*
An old woman that frowns all the day long. *Une vieille qui ne fait que rechigner.*
To frown (or look sourly) upon one. *Regarder quelqu'un de mauvais œil.*
The world frowns upon him. *La fortune lui est contraire, il est dans l'adversité, il est mal dans ses affaires.*
FROWNING, *f. Sourcils froncés*, mine rechignée, l'action de rechigner, &c.
V. to Frown.
Frowning, *adj. Ex.* A frowning countenance. *Un air chagrin ou rechigné, un front ridé.*
FROWNINGLY, *adv. D'un air chagrin, d'un air rechigné, avec des sourcils froncés, avec un front ridé.*
FROZEN, *adj.* (from to freeze.) *Gelé, glacé, pris par la gelée.*
Frozen-water. *De l'eau gelée.*
My hands are frozen. *J'ai les mains gelées.*
Frozen up. *Tout à fait gelé ou glacé.*
The river is frozen up. *La riviere est tout-à-fait gelée, elle est toute couverte de glaces, la riviere est prise.*
The frozen sea. *La mer glaciale.*
FRUCTIFEROUS, *adj.* (or bearing fruit.) *Fruitier*, qui porte du fruit.
Some trees are fructiferous, some not. *Il y a des arbres qui portent du fruit, & d'autres qui n'en portent point.*
To FRUCTIFY, *v. neut.* (or bear fruit, in a figurative sense.) *Fructifier*, produire un effet avantageux.
To fructify, *v. act.* (or make fruitful.) *Rendre fécond, faire fructifier.*
FRUCTIFICATION, *subst. Fécondation, fertilité.*
FRUCTUOUS, *adj. Fertile.*
FRUGAL, *adj.* (or thrifty.) *Frugal, menager, qui a de la frugalité, qui use d'économie.*
He is a frugal man. *C'est un homme frugal.*
Frugal, (or temperate.) *Temperant, moderé, frugal, sobre.*
FRUGALITY, *subst.* (thriftiness or good husbandry.) *Frugalité, bon ménage, épargne, économie.*
To live with great frugality. *Vivre dans une grande frugalité.*
Frugality, (or temperance.) *Frugalité, sobriété, tempérance, modération.*
FRUGALLY, *adv.* (or thriftily.) *Frugalement, avec frugalité ou économie.*
To live frugally. *Vivre frugalement.*
Frugally, (or temperately.) *Frugalement, sobrement, avec tempérance.*

FRUGIFEROUS, *adj.* (or bearing fruit.) *Qui porte du fruit.*
FRUIT, *f. Fruit*, ce que produisent les arbres, les plantes & la terre pour la nourriture ou pour le plaisir de l'homme.
The fruits of the earth, (all manner of corn or grain.) *Les fruits de la terre*, tout ce que la terre produit pour la nourriture des hommes & des animaux.
The fruit of a tree. *Le fruit d'un arbre.*
Fruit. *Fruit ou portée de femelle.*
The fruit of the womb. *Le fruit de la matrice.*
Fruit, (or desert at table.) *Fruit, déssert.*
To bring the fruit in. *Servir le fruit.*
Fruit, (all manner of eatable fruits.) *Fruitages, toutes sortes de fruits.*
To live upon fruit. *Vivre de fruit.*
Fruit, (or profit.) *Fruit, profit, utilité, avantage qu'on retire de quelque chose.*
These are the fruits (or effects) of your rashness. *Ce sont-là les fruits ou les effets de votre témérité.*
Fruit, (or profit taken of goods or cattle.) *Usufruit.*
The fruits of a living. *Les revenus d'un bénéfice.*
The first-fruits. *Les prémices ou les premiers fruits* que porte tous les ans la terre, & que l'on offroit anciennement à Dieu; *les annates*, le revenu d'un an des bénéfices vacans.
To offer the first-fruits to God. *Offrir à Dieu les prémices.*
The King has the first-fruits. *Le Roi a les annates.*
A fruit-tree or fruit-bearing tree. *Arbre fruitier*, un arbre qui porte du fruit.
A fruit-market. *Un marché aux fruits.*
A fruit-house or fruit-loft. *Fruiterie*, lieu où l'on garde le fruit.
Fruit-groves. *Vergers.*
FRUITAGE, *f. Fruitages.*
FRUITERER, *f.* (a seller of fruit.) *Fruitier ou fruitiere*, homme ou femme qui vend des fruits.
FRUITERY, *f.* (a fruit-house or fruit-loft.) *Fruiterie*, lieu où l'on garde le fruit.
FRUITFUL, *adj.* (or plentiful.) *Fertile, abondant, fécond.*
Fruitful, (or profitable.) *Fructueux, profitable, avantageux.*
FRUITFULLY, *adv.* (or plentifully.) *Fertilement, abondamment, avec fertilité.*
FRUITFULNESS, *f.* (or plenty.) *Fertilité, abondance, fécondité.*
The fruitfulness of a country. *La fertilité d'un pays.*
FRUITION, *f.* (or enjoyment.) *Jouissance.*
FRUITIVE, *adj. Qui possede, qui jouit de.*
FRUITLESS, *adj.* (or barren.) *Sterile, infructueux, qui n'apporte aucun fruit.*
A fruitless country. *Un pays sterile, qui ne produit rien.*
Fruitless, (or vain.) *Infructueux, vain, inutile, qui ne sert à rien.*
FRUITLESSLY, *adv. Vainement, sans fruit.*
FRUMENTACIOUS, *adj. Fait de grain.*
FRUMP, *adj.* (or plump.) *Replet, gros & gras, potelé.*
FRUMP, *f.* (or jeer.) *Moquerie, raillerie, gausserie.*
To FRUMP, *v. act.* (or jeer.) *Se moquer, se rire, railler, † gausser.*
Frumped, *adj. Moqué, raillé, † gaussé.*

2 N 2

FRUMPER, *subst.* Moqueur, railleur, † gausseur.

†FRUSH, *s.* (or frog, a part of a horse's foot.) Fourchette, endroit du pied du cheval qui aboutit au talon.

FRUSTRANEOUS, *adj.* (or vain.) Vain, inutile.

FRUSTRANEOUSLY, *adv.* En vain, vainement, inutilement.

FRUSTRATE, *adj.* (or frustrated.) *Ex.* The frustrate dart falls on the ground. Le dard inutile ou qui n'a pas porté coup, tombe par terre.

To FRUSTRATE, *v. act.* (or disappoint,) Frustrer, privcr, tromper.

To frustrate one of his hopes. Frustrer l'attente de quelqu'un, le frustrer de son attente, tromper son attente.

To frustrate (or make void) what was done before. Casser ce qui est déjà fait, le rendre nul.

To frustrate one's designs, (to make 'em miscarry.) Renverser, dissiper, faire avorter les desseins de quelqu'un.

Frustrated, *adj.* Frustré, privé, cassé annullé, renversé, dissipé, V. to Frustrate.

FRUSTRATION, *subst.* Privation, tromperie.

FRUSTRATIVE, *adj.* Trompeur.

FRUSTRATORY, *adj.* Frustratoire, terme de pratique.

FRY, *s.* (or spawn of fishes.) Le frai des poissons.

Fry, (or young fish.) Fretin, petit poisson.

A goodly fry, (or company.) Une bonne compagnie.

A fry (or cluster) of little islands. Un nombre infini de petites îles.

To FRY, *v. act.* Frire, fricasser.

P. I have other fish to fry. *J'ai bien d'autres affaires en tête.*

To fry, *verb. neut.* Être frit, être sur le feu.

Fryed, *adj.* Frit, fricassé.

FRYING, *s.* L'action de frire ou de fricasser; friture.

A frying-pan. Une poêle à frire.

P. To fall out of the frying-pan into the fire, P. Tomber de la poêle dans la braise, ou tomber de fievre en chaud mal.

FRYTH. V. Frith.

*FUAGE, *s.* (or hearth-money.) Fouage, impôt sur chaque feu.

FUB, *s. Ex.* A fat fub, (a little fat child.) Un petit enfant qui se porte bien, qui est gros & gras.

FUCATED, *adj.* Fardé, déguisé.

FUCUS, *subst.* (paint, varnish.) Fard, vernis.

To FUDDLE, *v. act.* Enivrer, souler.

† There they fuddle their noses. C'est là qu'ils s'en donnent ou qu'ils boivent à tire-larigot.

To fuddle one's self or to fuddle, *verb. n.* S'enivrer, se souler.

† A fuddle-cap, *subst.* (or drunkard.) Un bon biberon, un ivrogne.

Fuddled, *adj.* Soûl, ivre, plein de boisson, qui a bu avec excès.

FUDDLER, *s.* Un ivrogne, un débauché, un homme qui aime à boire.

FUDDLING, *subst.* L'action de souler ou d'enivrer.

A fuddling bout. Débauche à boire.

FUEL. V. Fewel.

FUGACIOUSNESS, } V. Volatility.
FUGACITY,

FUGITIVE, *subst.* (that flies out of his country.) Un fugitif, une fugitive, homme ou femme qui est en fuite, qui est errant ou errante.

Fugitive, (or refugee.) Refugié, réfugiée.

Fugitive, (or deserter.) Un fugitif, un déserteur, un transfuge.

FUGITIVENESS, *s.* Inconstance, instabilité, étourderie, frivolité.

FULCIMENT, *s.* Appui, support, étai.

FUGUE, *s.* (or chace in musick.) Fugue, imitation de chant qui se fait lorsque les parties s'entre-suivent & chantent les unes après les autres, par le moyen de quelque pause.

To maintain a fugue. Faire une fugue.

To FULFIL, *v. a.* (or perform.) Accomplir, faire entièrement, achever.

To fulfil one's promise or one's vow. Accomplir sa promesse ou le vœu qu'on a fait.

Fulfilled, *adj.* Accompli, exécuté.

My desires are fulfilled. Mes desirs sont accomplis.

FULFILLING, *s.* Accomplissement, achevement, exécution entière, l'action d'accomplir ou d'exécuter.

The fulfilling of the prophecies. L'accomplissement des prophéties.

FULGENT, } *adject.* Brillant, luisant,
FULGID,   } resplendissant.

FULGENCY, *s.* Éclat, splendeur.

FULGOUR, *s.* Splendeur, éclat.

FULGURATION, *subst.* (or lightning.) L'éclair ou l'action d'éclairer.

FULIGINOUS, *adj.* (or sooty.) Fuligineux, qui porte avec soi une espece de crasse ou de suie.

FULL, *adj.* Plein, rempli.

A bottle full of some liquor. Une bouteille pleine de quelque liqueur.

A town full of soldiers. Une ville pleine de soldats.

A full house, (in parliament.) Une pleine assemblée, en parlant du Parlement.

Full of joy. Rempli de joie.

I am full, (or satisfied.) Je suis rassasié, j'ai mangé tout mon soûl.

Full (or crammed) with meat. Plein ou gorgé de viande.

Of full age. Adulte, qui n'est pas mineur, qui est hors de tutelle.

A head full of lice. Une tête pleine de poux ou toute couverte de poux.

You have a fall (or a whole) year to stay yet. Vous avez encore un an entier à passer ici.

He is full of himself, (he is a self-conceited man.) Il est plein de lui-même, il a une trop bonne opinion de lui-même, il est bousti d'orgueil.

A full power. Plein pouvoir.

He hath a full power. Il a plein pouvoir, pleine puissence ou pleine autorité.

A very full (or wide) gown. Une robe fort ample ou fort large.

This coat is too full. Cette casaque est trop large.

To give one a full answer. Faire une ample réponse à quelqu'un.

To make a full (or perfect) description of a country. Faire une ample ou parfaite description d'un pays, faire une description étendue ou exacte d'un pays.

To eat one's belly full or to eat a full meal. Manger tout son soûl.

Is not your belly full yet? N'avez-vous pas encore assez mangé? n'êtes vous pas encore rassasié?

His belly is never full. Il n'en a jamais assez, on ne peut le rassasier.

Before she had a belly full of it or on't. Avant qu'elle eût pris sa suffisance.

† You will soon have your belly full of her. Vous en aurez bientôt tout votre soûl, vous en serez bientôt las.

His face is full of the small pox. Son visage est tout picoté.

Full of sorrow. Affligé, accablé de tristesse ou d'affliction, tout triste.

A child full of play. Un enfant badin, folâtre, qui aime à badiner.

To have one's hands full, to be full of business. Avoir bien des affaires sur les bras, avoir des affaires par dessus la tête, avoir quantité d'affaires, être accablé d'affaires.

To be full of cares. Être accablé de soins.

After a full perusal of your papers. Dès que j'aurai bien examiné vos papiers.

He is too full of words, (he talks too much.) Il parle trop.

To die in one's full strength. Mourir dans la vigueur ou à la fleur de son âge.

To pay the full worth of a thing. Payer bien une chose, payer ce qu'elle vaut.

To run with full speed. Courir de toute sa force, courir à toute bride ou à bride abatue.

A full stop. Un point, en termes de Grammaire.

Full eyes. De gros yeux.

A full (or plump) face. Visage potelé, un visage plein.

A full (or high) sea. Marée haute.

FULL, *s.* (the full of the moon.) Le plein de la lune.

The moon is in the full. La lune est dans son plein, la lune est pleine.

In full of all demands. Pour fin de toutes parties.

To pay one to the full. Donner à quelqu'un un pleine ou entière satisfaction.

He is satisfied to the full. Il est pleinement satisfait.

To require one to the full. Récompenser quelqu'un comme il faut.

A tree that has shot forth its full. Un arbre qui a poussé sa fougue, en termes de jardinier.

FULL, *adv.* Ex. To be full a hundred years old. Avoir cent ans accomplis.

It is full ten days since. Il y a dix jours entiers.

In the unity of the place they are full as scrupulous. Ils ne sont pas moins scrupuleux dans l'unité de lieu.

He maintained the siege full six months. Il soutint le siège pendant six mois entiers.

My time is not yet full spent. Mon temps n'est pas encore venu.

I understand you full well, (or very well.) Je vous entends fort bien.

Full sore against my will. Fort malgré moi.

Full enough. Assez, autant qu'il faut.

A coat that fits too full. Un justaucorps trop ample.

Full and by ! Près & plein !

Keep her full ! Fais porter ! Défie du vent !

Composés de Full.

Full-faced. Potelé, qui a le visage potelé.

Full-moon. Pleine lune.

Full-bodied. Replet, gros & gras.

Full bottomed. Large.

Full-summed. Complet.

A mouth-full. *Une bouchée.*
A hand-full. *Une poignée.*
Full-nigh. *Presque, à quelque chose près, quasi.*
A pack of dogs came full-cry towards us. *Une meute de chiens s'en vint à nous gueule béante.*
Full bodied wine. *Du vin couvert, du vin gros, du vin fort.*
To FULL, *v. act. Fouler.*
To full cloth. *Fouler du drap.*
FULLAGE, *s. Ce qu'on paye pour fouler les draps, &c.*
FULLER, *s. Un foulon.*
Fuller's earth. *Terre à dégraisser, terre à foulon.*
Fuller's-weed, fuller's-thistle. *Chardon à carder.*
Fuller est aussi un comparatif de Full. V. Full, *adj.*
FULLERY, *s. Foulerie, lieu où l'on foule les étoffes.*
FULLEST, *c'est le superlatif de* Full.
FULLING, *s. L'action de fouler.*
A fulling-mill. *Moulin à foulon.*
FULLY, *adverb. (from* Full.*) Pleinement, tout-à-fait, entièrement.*
I am fully satisfied. *Je suis pleinement satisfait.*
FULMINANT, *adj. Qui fait grand bruit ; fulminant, terme de chimie.*
To FULMINATE, *verb. act. & neut. Fulminer des censures ecclésiastiques ; faire grand bruit.*
FULMINATION, *s. Fulmination, terme de droit canonique.*
FULNESS, *s. Abondance, plénitude.*
FULSOME, *adj. Qui rassasie d'abord, dégoûtant, désagréable, dans le propre & dans le figuré.*
Fulsome meat. *Une viande qui rassasie d'abord.*
A fulsome favour. *Un goût désagréable.*
A fulsome man. *Un homme dégoûtant ou désagréable.*
FULSOMELY, *adv. Ex.* To be fulsomely fat. *Être chargé de graisse.*
FULSOMENESS, *s. Qualité qui rend une chose dégoûtante ou désagréable.*
FUMADO, *s. (smoked fish.) Poisson séché à la fumée.*
FUMATORY. V. Fumitory.
To FUMBLE, *v. act. Tâtonner, patiner, chifonner, froisser.*
To fumble along. *Tâtonner, aller en tâtant ou à tâtons.*
To fumble a band or a cravat. *Chiffonner un rabat ou une cravate.*
To fumble a woman. *Chiffonner une femme, user de familiarité, ou avoir des manieres libres avec elle.*
To fumble (or faulter) in one's speech, (not to speak plain.) *Bégayer, manger ses mots, parler avec peine & de mauvaise grace.*
To fumble up a letter, (to make it up unskilfully) *Plier mal une lettre, la plier en mal adroit, la fagotter.*
Fumbled, *adj. Chiffonné, patiné, &c.* V. to Fumble.
FUMBLER, *subst. (or aukward fellow.) Un mal-adroit.*
Fumbler-like. *En mal-adroit.*
Fumbler, (that fumbles women.) *Un patineur.*
FUMBLING, *s. L'action de tâtonner, &c.* V. to Fumble, *dans tous ses sens.*
FUMBLINGLY, *adv. Gauchement, mal-adroitement.*
FUME, *s. Fumée, vapeur, rapport.*

The fumes of wine. *Les vapeurs ou les fumées du vin.*
The glory of mortals is but a fume or a vapour. *La gloire des mortels n'est que fumée.*
To be in a fume, (to be angry.) *Être en colere, être fâché.*
To FUME, *v. n. (or to smoke.) Fumer, jeter de la fumée.*
† To fume, (or be angry.) *Fumer de colere, être tout en colere.*
To fume UP. *Monter, envoyer des rapports, en parlant des vapeurs, des viandes, &c.*
To Fume, *v. act. Fumer, sécher des viandes à la fumée, parfumer.*
FUMETTE, *s. Fumet, odeur de la viande quand elle commence à puer.*
To FUMIGATE, *v. act. Fumiger, terme didactique.*
FUMIGATION, *s. (or raising of smoke.) Fumigation ou parfum.*
FUMITORY, *subst. (a plant.) Fumeterre, sorte de plante.*
FUMOUS, } *adj. (apt to fume up.)*
FUMY, } *Furieux, qui envoie des fumées ou des vapeurs.*
† FUN, *s. (a joke, bam, sham or fib.) Une bourde, une cassade, une fourberie, un mensonge.*
* To FUN, *v. act. & n. Bourder, donner des cassades, se moquer de.*
† To fun one up. *Emboiser quelqu'un.*
FUNCTION, *s. (or calling.) Fonction, emploi, faculté.*
FUND, *s. (stock.) Fonds.*
Fund, (or bottom.) *Le fonds de que'que chose.*
FUNDAMENT, *s. (the back-side.) Le fondement, le siege, en termes de médecine.*
FUNDAMENTAL, *adj. Fondamental, qui sert de fondement, qui est comme la base & le soutien.*
Fundamental, *s. Le fondement, la base.* He shakes the very fundamentals of government. *Il ébranle la base même du gouvernement.*
FUNDAMENTALLY, *adv. Essentiellement, fondamentalement.*
FUNERAL, *s. (or burial.) Funérailles, enterrement, obseques, convoi funebre.*
Funeral, *adj. Funebre, d'enterrement, qui regarde les funérailles.*
A funeral sermon. *Une oraison funebre.*
A funeral ticket. *Un billet d'enterrement.*
Funeral torches. *Le luminaire.*
FUNERAL, *adj. Funebre.*
FUNGOUS, *adj. (or spungy.) Spongieux, léger & plein de pores, comme les champignons.*
FUNGUS, *s. Excroissance de chair ; champignon.*
FUNICLE, *s. Petite corde ou ligature.*
FUNK, *s. (or strong smell.) Faguenas, odeur mauvaise.*
To FUNK, *v. neut. (to smoke tobacco.) Fumer, pétuner.*
To funk one, *v. act. (to poison him with tobacco.) Empester, empoisonner avec la fumée du tabac.*
FUNNEL, *s. Entonnoir, instrument avec quoi l'entonne.*
The funnel of a chimney. *Le tuyau d'une cheminée, d'un poële.*
FUR, *s. Fourrure.*
A good warm fur. *Une fourrure chaude.*
To FUR a coat, *v. act. (or to line a coat with fur.) Fourrer un justancorps, le doubler ou garnir de quelque fourrure.*
To fur a ship, (a sea-term.) *Souffler un vaisseau, terme de marine, lui donner un second bordage par un revêtement de planches.*
Furred, *adj. Fourré ; ou souffié, en termes de mer.*
A furred gown. *Une robe fourrée.*
A furred ship. *Un vaisseau souffié.*
FURACITY, *sub. (or aptness to steal.) Penchant à dérober, inclination à voler.*
FURBELOW, *s. (a gathered plait in a garment.) Falbala.*
To FURBELOW, *v. a. Faire en falbalas, garnir de falbalas.*
Furbelowed, *adj. Qui est en falbalas ou garni de falbalas.*
To FURBISH, *verb. act. (or brighten.) Fourbir, polir & éclaircir avec de l'émeri.*
Furbished, *adj. Fourbi.*
FURBISHER, *subst. (or sword-cutler.) Fourbisseur, artisan qui garnit, monte & vend toutes sortes d'épées.*
FURBISHING, *s. L'action de fourbir.*
FURCATION, *s. Fourche.*
FURCHEE, *adj. (in heraldry.) Fourché, terme de blason.*
FURFUR. V. Husk.
FURIES, V. Fury.
FURING, *subst. Soufflage ou l'action de souffler un vaisseau.* V. to Fur.
FURIOUS, *adj. (from* Fury.*) Furieux, furibond, plein de furie, violent, frénétique, insensé, en parlant des personnes ; furieux, violent, en parlant des choses.*
A furious storm. *Une furieuse tempête.*
FURIOUSLY, *adv. Avec furie, en furieux, avec fureur, violemment, tête baissée.*
To fall furiously (or desperately) upon the enemy. *Donner tête baissée sur l'ennemi.*
To FURL, *v. act. (a sea-term.) Ferler les voiles, terme de marine.*
To furl the sails, (to fold or wrap them together.) *Ferler les voiles, les plier & trousser en maniere de fagot.*
Furled, *adj. Ferlé.*
FURLING, *s. L'action de ferler.*
FURLING-LINE, *subst. comp. Raban de ferlage, ou garcette à ferler les voiles.*
FURLOE. V. Furlough.
FURLONG, *s. Stade, mesure de chemin dont huit font un mille.*
FURLOUGH, *s. (a leave granted by a superior officer in war, to an inferior officer or soldier, to be absent some time from his charge.) Congé pour un temps.*
FURNACE, *s. Une fournaise, un fourneau.*
A fiery furnace. *Une fournaise de feu.*
A brewing furnace. *Fourneau sous une chaudiere de brasseur de biere.*
FURNAGE, *subst. (the fee paid to the lord of the mannor by his tenants, for baking their bread, which in some places they must do, in his common oven.) Fournage, droit de four que l'on paye au Seigneur du fief.*
To FURNISH, *verb. act. (or supply.) Fournir, pourvoir.*
I am willing to furnish him with necessaries. *Je veux bien le fournir de ce qui lui est nécessaire.*
To furnish a house. *Garnir, meubler une maison.*
Furnished, *adj. Fourni, pourvu, garni, meublé.*
I am furnished with every thing. *Je suis fourni de toutes choses ou de toutes pieces.*

FUR

A house finely furnished. *Une maison bien garnie ou bien meublée.*
FURNISHING, *subst.* *L'action de fournir ou de pourvoir, de garnir ou de meubler.*
FURNITURE, *s.* *Appareil, équipage.*
Furniture of a house. *Meubles, garniture, ameublement.*
A costly furniture. *Un somptueux équipage ou appareil, de riches meubles, une riche garniture, un riche ameublement.*
FURR, } *s.* (a ship-building word.)
FURRING, }
Termes de construction & de charpentage. *Fourrure dans une piece de bois.*
FURRED. *V.* Fur.
FURRIER, *s.* *Fourreur, pelletier.*
FURROW, *s.* *Sillon dans un champ; fossé dans une vigne.*
A furrow, (or trench to drain a field.) *Fontaine, rigole, fossé, conduit qu'on creuse dans les champs pour conduire l'eau dehors.*
To FURROW, *v. act.* *Sillonner.*
FURRY. *V.* Furred.
FURTHER, *adj.* (from Far.) *Ultérieur, qui est au-delà.*
It is or 'tis in the further Spain. *C'est dans l'Espagne ultérieure, ou dans cette partie de l'Espagne qui est la plus éloignée.*
On the further side of the Tyber. *Au-delà du Tibre.*
There is nothing on the further side of those hills. *Il n'y a rien au-delà de ces montagnes.*
You must go to the farther end of the street. *Il faut que vous alliez jusqu'au bout de la rue.*
The further end of a shop. *Le fond d'une boutique.*
This will be a further obligation. *Ce sera un surcroît d'obligation ou une nouvelle obligation.*
Take no further care of it. *Ne vous mettez plus en peine de cela.*
Till further order. *Jusqu'à nouvel ordre.*
FURTHER, *adv.* *Plus loin, plus avant, au-delà.*
I went a little further. *J'allai un peu plus loin.*
I could go no further. *Je ne pus aller plus avant ou avancer plus loin.*
It is or 'tis further than your father's house, ('tis beyond it.) *C'est au-delà de chez votre pere.*
Further, (or besides that.) *Davantage, encore, de plus, outre cela.*
This he said further to me. *Il me dit encore ceci.*
I am never the further off for that. *Je n'en suis pas plus éloigné pour cela, cela ne fait aucun tort à mon dessein.*
To FURTHER, *v. act.* *Aider, assister, servir, appuyer, pousser.*
You must further him in it. *Il faut que vous l'assistiez, il faut que vous le serviez dans cette affaire.*
To further (or promote) a thing. *Pousser une chose.*
FURTHERANCE, *s.* (or help.) *Secours, appui.*
Furtherance, (or progress.) *Progrès, avancement.*
FURTHERER, *s.* *l'auteur, qui assiste, qui appuie, patron, protecteur.*
FURTHERING, *subst.* *L'action d'aider, d'assister, &c. V.* to Further.
† FURTHERMORE, *conj.* (or moreover.) *De plus, outre cela, davantage.*
FURTHEST, (the superlative of Far.) *Le plus loin, le plus éloigné, le plus long, le plus reculé.*
I am the furthest off. *Je suis le plus loin, je suis le plus éloigné de tous.*
I will go to the furthest part of the world. *Je m'en irai dans les parties de la terre les plus reculées.*
This is the furthest way about. *C'est ici le plus long chemin.*
P. The furthest way about is the nearest way home. *Les plus courts chemins ne sont pas toujours les meilleurs; on arrive souvent à ses fins par des détours.*
To morrow at the furthest. *Demain pour le plus tard.*
FURTIVE, *adj.* (done by stealth, secret.) *Furtif, dérobé, secret, fait en cachette.*
FURTIVELY, *adv.* *Furtivement, à la dérobée.*
FURUNCLE, *s.* *Furoncle.*
FURY, *s.* (or rage.) *Fureur, furie, violence, rage, manie, frénésie.*
To be transported with fury. *Être transporté de fureur.*
They fought with great fury. *Ils combattirent d'une grande furie.*
A poetical fury. *Verve de poëte, ardeur, saillie de poëte, feu d'esprit qui échauffe son imagination lorsqu'il compose.*
I stopt the young man's fury. *J'ai arrêté les saillies & la fougue de ce jeune évent.*
The furies of hell. *Les furies d'enfer.*
FURZ, } *sub.* *Sorte de genêt épineux, jonc marin.*
FURZE, }
Furze. *Menus bois pour le chauffage des vaisseaux. V.* Breaming-furze.
To FUSE, *v. act.* (from the latin *fundere*, used in chymistry, for to melt.) *Fondre.*
FUSEE, *s.* (or hand-gun.) *Fusil, sorte d'arme à feu.*
The fusee of a watch. *La fusée d'une montre, piece qui sert à monter le grand ressort.*
The fusee of a bomb or granado shell. *La fusée d'une bombe ou d'une grenade.*
Fusee, (or fusil, in heraldry.) *Fusée, terme de blason, figure en forme de fusée, que quelques-uns portent dans leur écu.*
FUSELIER, } *s.* *Fusilier,* fantassin armé
FUSILIER, } d'un fusil.

FUS

FUSIBILITY, *s.* *Aptitude ou disposition à se fondre par la violence du feu.*
FUSIBLE, } *adj.* *Fusible ou qui peut se fondre*
FUSILE, } *par le moyen du feu comme les métaux.*
FUSIL. *V.* Fusee.
FUSILIER, *s.* *Un fusilier.*
FUSION, *subst.* (or melting of metals.) *Fusion ou fonte des métaux.*
FUST, *s.* (the shaft of a pillar, a term in architecture.) *Fût de colonne, terme d'architecture, c'est le vif, le tronc & le corps de la colonne.*
To FUST, *v. n.* *Sentir le remugle.*
FUSTIAN, *s.* (a sort of stuff.) *Futaine, espece d'étoffe de coton.*
Fustian, (words and thoughts ill sorted together.) *Du galimatias.*
Fustian, (or bombast.) *Style ampoulé ou enflé, du phébus.*
FUSTIARIAN, *s.* *Scélérat, mauvais garnement.*
† FUSTILUGS, *sub.* (a woman noisomely fat.) *Une gagui, qui put de graisse, une grosse femme qui sent le faguenas.*
FUSTINESS, *s.* *Puanteur.*
FUSTY, *adj.* *Puant, couvé, qui sent ou qui put le couvé.*
To have a fusty smell. *Sentir mauvais, sentir le couvé.*
Fusty close air. *Un air couvé.*
FUTILE, *adj.* *Futile, babillard.*
FUTILITY, *s.* (or emptiness.) *Vanité, légéreté, inutilité, futilité.*
The futility of women. *La légéreté, le babil des femmes.*
FUTTOCKS, *s.* (those compassing timbers which make the breadth of the ship.) *Courbes ou côtes de navire, genoux & alonges.*
First futtock. *Genou.*
Second futtock. *Premiere alonge.*
Third futtock. *Seconde alonge.*
Fourth futtock. *Troisieme alonge.*
Fifth futtock. *Quatrieme alonge.*
Riders futtocks. *Alonges & genoux de poques.*
Futtock-plates or foot-hoot plates. *Landes de hune.*
Futtock or foot-hook-shrouds. *Gambes de hune ou haubans de revers.*
FUTURE, *adject.* (to come.) *Futur, à venir.*
Future, *s.* *Avenir.*
FUTURITION, } *s.* *L'état d'une chose,*
FUTURITY, } *en tant qu'elle est à venir ou future.*
FUZZ, *sub.* (or way-thorn.) *Genêt épineux.*
Fuzz-ball, *subst.* (or puck-fist.) *Vesse de loup.*
To FUZZE, *v. n. Ex.* A stuff that fuzzes. *Une étoffe qui s'effile.*
FY, *interj.* *Fi.*
Fy upon't! fy for shame. *Fi! c'est une honte.*
FYST, &c. *V.* Foist. &c.

G.

G, *est la septième lettre de l'alphabet* anglois.
Le g *se prononce en Anglois comme en François devant les voyelles* a, o & u. Ex. Ga, go, gu. *Mais devant* e & y, *il a un son particulier, & qui semble être composé des sons du* d & *du* g.
Ex. College, *se prononce* colledge; priviledge, *se prononce* priviledge; elegy, *se prononce* elegy, &c.
Cependant il y a des mots où le g, *étant suivi des voyelles* e *ou* i, *retient sa premiere prononciation, c'est-à-dire, se prononce comme* gu *en françois*.
Tels sont, I. *Tous les noms & participes qui dérivent des verbes dont l'infinitif se termine en* g. *Ex.* Singer & singing, *qui derivent du verbe to* Sing; hanged, hanger & hanging, *du verbe to* Hang.
II. *Les comparatifs & superlatifs des adjectifs finissant en* g; *comme de* big, bigger, biggest; *de* strong, stronger, strongest.
III. *Les mots suivans*, goar, geese, geld, gelding, gelt, get, to beget, to forget, gewgaw, anger, dagger, hugger-mugger, hunger, monger, tiger, finger, gibberish, gibbous, giddy, gig, giggle, gild, gills, gird, girl, gizard, give, forgive, druggist & *leurs dérivatifs*.
IV. *Enfin, le* g *retient sa premiere prononciation lorsqu'il finit la syllabe, comme en* leg, &c. *Il en faut excepter les syllabes qui finissent par* dg *ou* dge.
G *est muet devant* n. *Ex.* sovereign, foreign, reign, feign & deign.
A peine se fait-il entendre à la fin des participes & des substantifs finissant en ing.
Ex. Loving, understanding, shilling: *non plus que dans les mots qui en dérivent, comme* lovingness.
Pour ce qui est du gh, *nous en parlerons sous l'article de* gh.
GABARDINE, *subst.* (an old fashioned coarse garment.) *Sorte de manteau qu'on portoit autrefois contre la pluie*.
GABBLE. *V.* Gibble-gabble.
To GABBLE, *v. n. Babiller, avoir du babil, causer, caqueter*.
Do you ord yehear how they gabble french? Entendez-vous comme ils bredouillent en françois?
GABBLER, *s. Bavard, babillard*.
GABBLING, *s. Babil, caquet*.
A confused gabbling. *Un bourdonnement de voix*.
GABEL, *s.* (an excise in France upon falt.) *Gabelle, impôt sur le sel*.
GABION, *subst.* (a great and deep kind of basket used in sieges.) *Gabion, panier haut & large en forme de tonneau, qu'on remplit de terre, & dont on se sert pour couvrir les batteries de canon dans les sieges de places*.
GABLE-END, *s. Ex.* the gable-end of a house. *Le bord d'un toit, le pignon*.
GAD, *s.* (or bar of steel.) *Un morceau d'acier*.
A gad-fly or gad-bee. Taon, *espece de mouche*: *cette mouche a un aiguillon, dont elle pique particulièrement les chevaux, les bœufs, les vaches*.
To GAD up and down, *v. neut. Roder, courir çà & là, faire le vagabond, errer de part & d'autre*.
To gad abroad. *Courir la pretentaine*.
GADDER, *subst.* (a gadder abroad.) *Un coureur, une coureuse*.
GADDING, *subst.* (or gadding abroad.) *L'action de roder*, &c. *V.* to Gad.
Gadding, *adj.* (a gadding gossip.) *Une coureuse, une bonne commere, une bonne gaillarde, qui aime la compagnie, & qui ne peut pas se tenir chez elle*.
GAFF, *subst.* (an iron-hook wherewith seamen pull great fishes into their ships.) *Sorte de croc ou de harpon*.
Gaff. Pb., vergue superieure des voiles auriques, comme de la grande voile d'un sloop ou d'un brigantin, &c.
Gaff-hallard. *Drisse du pic*.
GAFFLE, *s. Clef d'arbalète; sorte d'éperons pour les coqs*.
GAG, *s. Un baillon*.
Gag-teeth. Surdents, *dents qui croissent en dehors ou en dedans*.
Gag-toothed. *Qui a des surdents*.
To GAG, *v. act. Baillonner*.
To gag one. *Baillonner quelqu'un, lui mettre un baillon dans la bouche pour l'empêcher de crier*.
GAGE, *sub.* (gauge, to measure with.) *Jauge, avec quoi on mesure un tonneau*.
To measure a beer-vessel with a gage. *Mesurer un tonneau de biere avec une jauge*.
Gages. *Calibres dont les forgerons se servent pour mesurer les diametres des chevilles*.
Gage. (or pledge.) *Gage, assurance*.
To GAGE, *v. act.* (to measure with a gage.) *Jauger, mesurer avec la jauge. V.* Gauge.
To gage a hogshead of wine. *Jauger un muid de vin*.
To gage a ship a-float, (amongst mariners, is to stick a nail into a pole, and put it down by the rudder, till it catches hold under it; and this they do to know how much water a ship draws.) *Mesurer le tirant d'un navire*.
Gaged, *adj. Jaugé*.
GAGER, *s.* (or gauger.) *Jaugeur*.
A skilful gager, *Un habile jaugeur*.
GAGGED, *adj.* (from to Gag.) *Baillonné*.
GAGGING, *s. L'action de baillonner*.
To GAGGLE, *v. neut.* (to cry as geese do.) *Crier, comme font les oies*.
GAGGLING, *s. Cri d'oie*.
GAGING, *s.* (from to gage.) *L'action de jauger, l'action de mesurer avec la jauge*.
GAIETY, *s.* (from gay.) *Gaieté, joie, allégresse, belle humeur, enjouement*.
Gaiety of humour. *Gaieté, humeur gaie*.
To do a thing out of gaiety. *Faire une chose de gaieté de cœur*.
Gaiety of clothes. *Eclat d'habits, beauté d'ajustement, habit voyant*.
GAILLAC,
GAILLAC WINE, } *subst.* (a sort of French wine, so called from Gaillac, a town of Languedoc, whence it comes.) *Vin de Gaillac*.
GAILY, *adv. Gaiement, pompeusement*.
GAIN, *s.* (or profit.) *Gain, profit, lucre*.
A great or a small gain. *Un grand ou un petit gain*.
To make great gains. *Gagner beaucoup*.
It is or 'tis all clear gain to me. *C'est autant de gagné pour moi*.
To GAIN, *v. act.* & *n.*, (or get.) *Gagner, acquérir, obtenir*.
To gain one's love. *Gagner l'amitié de quelqu'un*.
He has gained a great reputation by it. *Il s'est acquis par-là une grande réputation*.
This opinion has gained a considerable ground in the world. *Ce sentiment est assez bien établi*.
This persuasion has gained an universal possession of the mind of men. *Tout le monde est persuadé de cette doctrine, cette doctrine s'est emparée de l'esprit de tout le monde*.
To gain, (or to carry.) *Gagner, emporter, se rendre maitre, prendre*.
We gained the breach. *Nous gagnâmes la brêche*.
To gain the wind of a ship. *Gagner le vent d'un vaisseau*.
To gain a battle. *Gagner une bataille*.
They gained them OVER to their religion. *Ils les ont attirés à leur religion, ils les ont convertis à leur religion*.
To gain one's end. *Venir à son but*.
They gained upon us apace. *Ils avoient de plus en plus l'avantage sur nous*.
I gained the advantage of time upon him. *J'ai pris les devants, je l'ai prevenu ou devancé, je l'ai gagné de vitesse*.

* GAINAGE,

* GAINAGE, ⎱
* GAINERY, ⎰ *subst.* (these two law words signify, the profit that comes by the tillage of land, held by the basest kind of tokemen or villains.) *Vieux mots, qui signifioient autrefois le rapport des terres cultivées par les vassaux.*

GAINED, *adject. Gagné, acquis, obtenu,* &c. *V.* to Gain.

GAINER, *s. Celui ou celle qui gagne ou qui a quelque avantage.*

GAINFUL, *adject. Lucratif, avantageux, qui apporte du profit.*

A gainful employment. *Un emploi lucratif.*

GAINFULLY, *adv. Avantageusement.*

GAINFULNESS, *s. Avantage, profit.*

GAINING, *sub. L'action de gagner,* &c. *V.* to Gain.

For the gaining of idolaters over to the christian faith. *Pour la conversion des idolâtres à la foi chrétienne.*

GAINLESS, *adj. Inutile, qui ne produit aucun avantage.*

GAINLY, *adv. Facilement.*

To GAINSAY, *verb. act.* (to say against.) *Contredire, contrarier, s'opposer à ce qu'un autre dit, combattre ce que dit une personne.*

To gainsay (or contradict) a truth. *Contredire une vérité.*

GAINSAYER, *subst. Contredisant, celui ou celle qui contredit, qui est d'une humeur contrariante.*

GAINSAYING, *subst.* Contradiction ou l'action de contredire, &c. *Voyez* to Gainsay.

† To GAINSTAND, *v. a.* (to with-stand or resist.) *Résister, s'opposer, faire résistance.*

* GAINURE. *V.* Gainage.

GAIRISH. *V.* Gay.

GAIT, *s. Chemin; démarche, air.*

GALANGAL, *s. Galanga,* racine médicinale.

GALAXY, *subst.* (or the milky way.) *La voie lactée,* certaine plage du ciel.

GALBANUM, *s.* (a gum or liquor of a mighty strong rang scent.) *Galbanum,* sorte de gomme.

GALE, *subst.* (wind not tempestuous.) *Un vent frais,* ou *brise.*

A hard gale, strong or stiff gale. *Vent grand frais ou brise carabinée.*

A fresh gale. *Vent frais ou bon frais.*

A loom gale. *Petit vent frais ou petit frais.*

To GALE away, *v. neut. S'en aller avec la pointe du vent.*

GALEASS, *s.* (a kind of sea-vessel chiefly used on the Mediterranean.) *Galéace,* sorte de vaisseau de mer.

GALEATED, *adj. Couvert d'un casque, fait en forme de casque.*

GALEON. *V.* Galleon.

GALIOT. *V.* Galliot.

GALL, *subst.* (the bile.) *Fiel.*

Bitter as gall. *Amer comme fiel.*

The gall-bladder. *La vessie du fiel.*

Gall-nut, (a fruit of an oak used in dying, and to make ink withal.) *Noix de galle,* sorte de fruit de chêne dont on se sert pour teindre & pour faire de l'encre.

To GALL, *v. act.* (or to fret.) *Ecorcher, enlever la peau.*

To gall the enemy with a continual fire. *Incommoder les ennemis, en faisant feu sur eux incessamment.*

To gall, (or vex.) *Fâcher, faire enrager, railler d'une manière piquante, emporter la pièce, piquer.*

To gall, *verb. act.* & *neut. Erailler &* *s'erailler.*

GALLANT, *adject.* (or civil.) *Galant, honnête, civil.*

Gallant, (or brave.) *Brave, courageux.*

Gallant, (or fine.) *Beau, propre, ajusté, galant, bien mis.*

Gallant, *subst.* (or lover.) *Un galant, un amoureux, un soupirant.*

Gallant, (a spark or a beau.) *Un homme du bel air, un homme de la cour, un damoiret,* † *un damoiseau.*

A gallant of a married woman. *Un galant ou un ami.*

To GALLANT, *v. act.* (to court a woman in the way of a gallant.) *Faire la cour aux dames, faire le galant auprès d'une femme.*

To GALLANTISE, *v. neut.* (to play the gallant.) *Faire le galant.*

GALLANTLY, *adverb. Galamment, de bel air, de bonne grace, d'une façon galante.*

Gallantly, (or courageously.) *Courageusement.*

GALLANTNESS, ⎱
GALLANTRY, ⎰ *s. Galanterie,* manière galante de faire les choses, gentillesse.

Gallantry, (or bravery.) *Bravoure, valeur, courage.*

GALLEASS, *s. Galere.*

GALLED, *adj.* (from to gall.) *Ecorché. V.* to Gall.

P. To touch a galled horse upon the back. *Irriter une personne qui se sent déjà offensée.*

We were grievously galled with shot. *Nous fûmes fort incommodés par le feu des ennemis.*

Galled, *adject. Eraillé, usé par le frottement.*

GALLEHALPENS, *sub.* (an ancient coin.) *Sorte d'ancienne monnoie.*

GALLION, *s. Galion,* sorte de grand vaisseau espagnol.

GALLERY, *subst. Galerie.*

The galleries of a man of war. *Les galeries d'un vaisseau de guerre.*

Gallery. *Galerie de poupe,* & plus souvent les *bouteilles du vaisseau.*

Stern-gallery. *La partie de la galerie qui est tout-à-fait à l'arriere du vaisseau, & le long des fenêtres de la chambre du Conseil; ce que nous nommons simplement la galerie.*

Quarter-gallery. *La partie de la galerie qui s'étend aux deux côtés du vaisseau au-dessus des bouteilles,* & que nous nommons à cause de sa forme, *les claveçins de la galerie.*

Gallery-rim. *Moulures des bouteilles.*

The gallery of a tennis-court. *La galerie d'un tripot ou d'un jeu de paume.*

A covered gallery, (in a siege.) *Une galerie couverte,* dans un siège.

GALLEY, *s.b.* (a kind of vessel much used in the Mediterranean.) *Galere, vaisseau à rames fort en usage dans la mer Méditerranée.*

The admiral galley. *La galere capitainesse.*

To be condemned to the galleys, (or to be a galley-slave.) *Être condamné aux galeres.*

A galley-slave. *Un galérien, un forçat.*

Galley, (or cook-room of a ship.) *Cuisine.*

Galley, (a sort of light merchant-ship, with great guns and oars.) *Espèce de frigate légere,* qui va à voiles & à rames.

Half-galley. *Une demi-galere ou galiote,* qui a depuis seize jusqu'à vingt bancs à chaque bande, & un seul homme sur chacun, & ne porte qu'un mât avec de petits canons. *V.* Galliot.

Quarter-galley. *Galiote barbaresque.*

GALLIAC. *V.* Gaillac.

GALLIARD, *s.* (a kind of merry dance.) *Gaillarde,* sorte de danse gaie.

GALLIARDISE, *sub. Gaillardise, gaieté.*

GALLICAN, *adj. s.* (or French.) *Gallicane.*

The Gallican Church. *L'Eglise gallicane.*

GALLICISM, *subst.* (or French idiotism.) *Gallicisme,* expression purement françoise.

GALLIGASKINS, *subst.* (a sort of wide breeches or slops, so called from the Gascoons, who first brought them in use.) *Brayes, chausses larges à l'antique.*

† A galligaskin, (or old fashion taylor.) *Un tailleur à l'antique, un ravaudeur.*

† GALLIMAWFRY. *V.* Hotchpotch.

GALLING, *subst.* (from to gall.) *L'action d'écorcher ou d'incommoder. V.* to Gall.

GALLION, *s.* (a large ship with four decks.) *V.* Galleon.

GALLIOT, *s.* (a sort of a ship.) *Galiote,* bâtiment à deux mâts, avec une vergue à corne.

GALLIPOT, *s. Pot de faience.*

GALLOCHES. *V.* Galloshes.

GALLON, *subst.* (a measure containing four quarts.) *C'est une mesure liquide qui contient quatre quartes, mesure d'Angleterre, qui sont environ quatre pintes de Paris.*

Gallon-pot. *Un pot qui tient quatre quartes.*

GALLOON, *s. Galon,* tissu d'or, d'argent, de soie, &c.

To bind the pockets with galloon. *Border les poches d'un galon.*

Bound with galloon. *Bordé d'un galon.*

GALLOP, *s. Galop,* allure d'un cheval qui court.

A full gallop. *Le grand galop.*

A hand-gallop, an easy gallop. *Galopade, le petit galop.*

To bring a horse to gallop or to put him upon the gallop. *Mettre un cheval au galop.*

To fall into a gallop. *Prendre le galop.*

To go a gallop. *Aller au galop, galoper.*

To run a full gallop. *Courir au grand galop, courir à toute bride ou à bride abattue.*

To go an even gallop. *S'unir,* en termes de manege, *galoper uni.*

To GALLOP, *v. neut. Galoper, aller le galop.*

GALLOPING, *s. L'action de galoper ou d'aller le galop.*

Galloping or galloper, *adj.* (a galloping horse.) *Un cheval qui galope ou qui va le galop.*

GALLOSHES, *subst.* (such as some people wear in winter over the shoes to keep them clean, and their feet from the wet.) *Galoches,* espece de mules de cuir que l'on porte par-dessus les souliers.

GALLOWS.

GALLOWS, *subst.* (or gibbet.) *Gibet, potence.*
To carry one to the gallows. *Mener quelqu'un au gibet ou à la potence.*
P. Better be here than at the gallows.
P. *Encore vaut-il mieux être ici qu'à la potence.*
He will go to the gallows. *Il sera pendu quelque jour.*
The gallows groans for him. *Il mérite ou il sent la corde.*
A gallows, (or wicked rascal.) *Un pendard, un gibier de potence.*
The gallows of a press. *Chevalet de presse.*
Gallows-bits, (in a ship.) *Potence, pour soutenir les mâts de hunes & les vergues de rechange.*
GAMBADO, *sub.* (a leathern instrument affixed instead of stirrups to the saddle.) *Guêtre ou gamache.*
GAMBOL, *subst.* Gambades, *saut, soubresaut.*
To play (or shew) gambols. *Gambader, faire des gambades, faire des soubresauts.*
To GAMBOL, *verb. neut.* Gambader, *sauter.*
GAMBOLING, *f.* Gambades, *l'action de gambader, soubresaut.*
GAMBRIL, *f. La jambe du cheval.*
GAME, *f.* (or pastime.) *Jeu ou réjouissance.*
The publick games of the ancient Greeks and Romans. *Les jeux publics des anciens Grecs & Romains.*
Game, (or play.) *Jeu, à quoi l'on se divertit en jouant.*
The game at cards called picket. *Le jeu de piquet.*
Game, (a part of a set.) *Jeu, dont plusieurs font la partie.*
Five games shall make up the set. *La partie sera de cinq jeux.*
I am already three games of the set. *J'ai déjà trois jeux de la partie.*
I want but two games of up. *Il ne me faut plus que deux jeux.*
You have a great game to play. *Vous avez ici une grande intrigue à démêler, vous avez de grandes affaires sur les bras.*
He played his game well. *Il s'est bien tiré d'intrigue, il a bien réussi, il s'est bien conduit, il a bien joué son jeu.*
† He is good at all kind of games. *Il est au poil & à la plume, il est bon à plusieurs choses.*
A game-cock. *Un coq de combat.*
Game, (beast for hunting or fowl to shoot at.) *Chasse, gibier.*
A game-keeper. *Un garde-chasse.*
The King's game. *Les plaisirs du Roi.*
To GAME, *verb. neut.* Jouer.
GAMESOME, *adj. Folâtre, badin, d'humeur à folâtrer ou à badiner.*
I never saw him so gamesome. *Je ne l'ai jamais vu d'une humeur si badine.*
A gamesome girl. *Une fille folâtrante ou fringante, qui est toujours en mouvement, qui aime à badiner.*
GAMESOMENESS, *subst. Badinage, ébats.*
GAMESTER, *subst.* Joueur.
GAMING, *f. Jeu ou l'action de jouer.*
To love gaming, (to be given to it.) *Aimer le jeu, être adonné au jeu.*
A gaming-house or gaming-ordinary. *Académie, brelan, maison où l'on tient jeu.*

GAMMON, *sub.* (a gammon of bacon.) *Un jambon.*
An excellent gammon of bacon. *Un excellent jambon.*
GAMMON or BACKGAMMON. *Espèce de jeu, comme le trictrac.*
GAMMONING, *f.* (a sea-word.) *Liûre de beaupré.*
GAMUT, *f.* (a certain number of notes including all the principles of musick.) *La gamme, certain nombre de notes où sont renfermés tous les principes de la musique.*
To GANCH, *v. act.* (or throw one upon hooks, a way of putting offenders to death in Turkey.) *Jeter quelqu'un de haut en bas sur des crochets ou des pieux pointus, supplice qui est en usage parmi les Turcs.*
To ganch, (or tear open one's guts.) *Crever.*
GANCHING, *f.* (a sort of punishment used among the Turks.) *Sorte de supplice en usage parmi les Turcs, & expliqué dans le mot to ganch.*
GANDER, *f.* (or the male-goose.) *Jar, le mâle de l'oie.*
† GANDERING. Ex. To go a gandering whilst his wife lies in. *Chercher à se divertir ailleurs pendant que sa femme est en couche.*
GANG, *sub.* (or company.) *Société, cabale, coterie, clique.* Gang *se prend en mauvaise part.*
He is one of the gang. *Il est de la cabale.*
Gang. *Détachement de matelots ou escouade d'ouvriers.*
Gang-board, *sub. comp. Planche à débarquer.*
On appelle aussi quelquefois de ce nom les passavants d'un vaisseau marchand.
† To GANG, *verb. neut.* (or go.) *S'en aller,* † *tirer ses guêtres.*
GANGLION, *subst.* Ganglion, *sorte de tumeur.*
† GANGREL, *sub.* (a tall ill-shaped man.) *Un grand corps mal-bâti,* † *une grande perche.*
GANGRENE, *sub.* (an eating ulcer, that will quickly infect all the body.) *Gangrene, extrême corruption qui se fait en quelque partie du corps, & qui gagne incessamment les parties voisines.*
Gangrene, (or infection.) *Gangrene, dans le figuré.*
To GANGRENE, *v. neut.* (to fall into a gangrene.) *Se gangrener.*
Gangrened, *adj.* Gangrené, *atteint de la gangrene.*
GANGRENOUS, *adject. Qui produit la gangrene.*
GANG-WAY, *f. comp. Passe-avant.* C'est aussi *l'échelle hors le bord, la galerie du faux-pont, & en général un passage étroit quelconque.*
GANTLET, } *subst.* (a military punishment in which the criminal running between the ranks receives a lath from each man.) *Baguettes; boulines, sur mer.*
GANTLOPE, }
To run the gantlope. *Passer par les baguettes, courir la bouline.*
Gantlet, (false spur put to the spurs of game-cocks.) *Espèce d'éperon dont on arme les ergots des coqs de combat.*
GANZA, *subst. Espèce d'oie sauvage.*
GAOL, *f.* (by corruption goal and jail.) *Une prison.*
Gaol-delivery, (a law-term.) *Terme de pratique, qui signifie l'action de vider*

les prisons, en exécutant les coupables & élargissant les innocents.
GAOLER. V. Jailer.
GAP, *subst. Ouverture, fente, crevasse; breche.*
A gap in a hedge. *Une ouverture dans une haie.*
A gap in a wall. *Une fente, une crevasse, une breche dans une muraille.*
A gap in a book, (lines left out, because they are lost.) *Lacune de livre.*
He knows not how to fill the gap of his time. *Il ne sait comment remplir le vide de son temps.*
What a gap was there opened to all sorts of carnal appetites? *Quelle porte n'ouvroit-on pas par-là à toutes sortes de convoitises charnelles?*
There was but the King to stand in the gap. *Il n'y avoit que le Roi pour défendre la breche.*
To GAPE, *v. neut.* (or yawn.) *Bâiller, ouvrir la bouche.*
He always gapes (or bawls) when he speaks. *Il crie ou criaille toujours quand il parle.*
To gape AFTER or FOR a thing. *Bayer après quelque chose, la souhaiter avec ardeur ou avec passion.*
He gapes only for lucre. *Il ne respire que le lucre.*
To gape AT. *Badauder, bayer aux corneilles.*
To gape, (to open in fissures as the ground does.) *Bâiller, s'ouvrir, se fendre, s'entr'ouvrir, se crevasser.*
GAPER, *subst. Celui qui bâille, qui désire, &c.*
GAPING, *subst. L'action de bâiller, bâillement, &c.* V. to Gape, *dans tous ses sens.*
P. Gaping is catching. P. *Un bon bâilleur en fait bâiller deux.*
Gaping after or for a thing. *Passion, desir, ardeur qu'on a pour quelque chose.*
† To stand gaping into the air. *Bayer aux corneilles.*
A gaping, (or chink.) *Une fente, une ouverture.*
GARB, *f.* (or dress.) *Habit, habillement, ajustement.*
To go in a genteel garb. *Être leste, être bien mis.*
Garb, (or carriage.) *Air, façon.*
He has a good garb with him. *Il a bon air, il a bonne façon.*
Garb, (in heraldry, or sheaf of corn.) *Une gerbe de blé.*
Wine that has a good garb, (that has a quick or pungent taste.) *Du vin piquant.*
GARBAGE, *sub.* (or bowels and guts.) *Abattis ou tripailles, toutes les tripes de quelque animal.*
Garbage, (that hunters give their hounds.) *La curée.*
Garbage or garbles. V. Garbles.
To GARBAGE, *v. act. Vider les entrailles, éventrer.*
GARBIDGE, } Voy. Garbage.
GARBISH, }
To GARBLE, *verb. act.* (or cleanse, as grocers do their spices.) *Cribler, nettoyer, c'est un terme propre aux épiciers.*
To garble, (or cull out.) *Trier, choisir.*
Garbled, *adj. Criblé, trié, choisi.*
GARBLER, *subst.* A garbler of spices, (an officer that may enter into any shop or ware-house,*

ware-house, to view and fearch after drugs, fpices, &c.) *Vifiteur des drogues & des épices.*
GARBLES, *f.* (the duft or uncleannefs that is fevered from fpices, drugs, &c.) *Les immondices qu'on a tiré des épices, des drogues, &c.*
GARBLING, *f. L'action de cribler les épices, a'en ôter les immondices qui s'y trouvent,* &c. *Voy.* to Garble.
GARBOARD-STALAK, *fubft. comp.* (a fea-word.) *Gabord.*
† GARBOIL, *f.* (or trouble.) *Trouble, défordre, tumulte, querelle,* † *bagarre.*
GARDEN, *fubft. Jardin.*
A garden of pleafure. *Un jardin de plaifir.*
A kitchen-garden. *Jardin potager.*
A flower-garden. *Un jardin à fleurs.*
A nurfery-garden. *Une p'tinière.*
To GARDEN a hawk, *v. act.* (a term of hawking, to put him on a turf of grafs to chear him.) *Jardiner l'oifeau.*
To garden, (to cultivate a garden.) *Cultiver un jardin.*
GARDENER, *fubft. Jardinier.*
Head or mafter gardener. *Directeur de jardin.*
GARDENING, *fubft. Jardinage.*
To underftand (to have fkill in) gardening. *Entendre le jardinage.*
GARDEVIANT, *fubft.* (or wallet for a foldier to put his meat in.) *Biffac ou havrefac, où le foldat porte fes provifions.*
GARE, *fubft.* ('tis a coarfe fort of wool, full of hairs, fuch as grows about the fhanks of fheep.) *Laine groffiere & velue, comme celle qui croit autour des jambes des brebis.*
GARGARISM, *f.* (a liquor to wafh the mouth.) *Gargarifme, liqueur pour gargarifer la gorge.*
To GARGARIZE. *Voy.* to Gargle.
GARGLE, *fubft. Gargarifme.*
To GARGLE, *verb. act. Gargarifer.*
To gargle one's mouth. *Se gargarifer la gorge, la laver, la netoyer.*
To gargle, *v. neut.* (as a purling ftream does.) *Gazouiller, comme fait un ruiffeau.*
Gargled, *adj. Gargarifé, lavé, nettoyé.*
GARGLING, *f. L'action de gargarifer, de laver ou de nettoyer; gargarifme.*
The gargling (or purling) of a ftream. *Le murmure d'un ruiffeau.*
Gargling, *adject. Ex.* A gargling (or warbling) brook. *Un ruiffeau qui gazouille, qui fait un doux murmure.*
GARLAND, *fubft.* (a garland of flowers.) *Guirlande ou couronne de fleurs.*
To wear a garland. *Porter une guirlande.*
Garland, (a fea-word) *Sorte de filet tendu contre le bord du vaiffeau, & fervant à tenir les effets & provifions, comme les équipets dans nos vaiffeaux.*
Shot-garland. *Petit parquet pour les boulets, placé dans les entre-deux des fabords.*
GARLICK, *f.* (a fort of bulbous plant.) *Ail, forte de plante bulbeufe.*
To fmell of garlick. *Sentir l'ail.*
A clove of garlick. *Une gouffe d'ail.*
A garlick-fauce. *Sauce à l'ail.*
GARLICKEATER, *f. Un mangeur d'ail, ou un homme vil.*
GARMENT, *fubft. Vêtement, habillement.*
A good garment. *Un bon vêtement.*

The wedding garment. *La robe nuptiale ou de nôces.*
GARNER. *Voy.* Granary.
To GARNER, *v. act. Emmagafiner.*
GARNET, *fubft. Grenat, pierre précieufe.*
Garnet, (a fea-word.) *Bredindin, forte de palan.*
Clue-garnet. *Voy.* Clue.
GARNISH, *fubft.* (a prifoner's fee at his firft coming in, to make his fellows drink.) *La bien-venue d'un nouveau prifonnier, ce qu'il paye à fon entrée pour faire boire les autres prifonniers.*
Garnifhes of doors, gates or porches. *Les ornements, les embelliffements, les fleurons d'une porte ou d'un portique.*
To GARNISH, *verb. act.* (or to furnifh.) *Garnir, pourvoir.*
To garnifh a table with fweet meats. *Garnir une table de confitures.*
To garnifh, (or fet off.) *Orner, embellir, parer, enjoliver.*
To garnifh the heir, (or to warn the heir.) *Affigner l'héritier, le citer, l'ajourner.*
Garnifhed, *adject. Garni, pourvu, orné, paré, embelli, affigné, ajourné, cité.*
GARNISHEE, *f.* (a law-word, the party in whofe hands money is attached.) *Un fequeftre, terme de Pratique.*
GARNISHER, *fubft. Celui qui garnit, &c. Voy.* to Garnifh.
GARNISHING, *f. L'action de garnir, &c. Voy.* to Garnifh.
GARNISHMENT, *f.* (a law-term fignifying a warning given to one for his appearance, for the better furnifhing of the caufe and Court.) *Ajournement, affignation, en termes de Palais.*
Garnifhment. *Ornement, embelliffement.*
GARNITURE, *f. Garniture, ornement.*
GARRAN, *fubft. Cheval de petite race, bidet.*
GARRANTEE. *Voy.* Guarantee.
GARRANTY. *Voy.* Warranty.
GARRET, *fubft. Le galetas, le grenier, le dernier étage d'une maifon.*
Garret. *Bois pourri.*
GARRETEER, *fubft. Celui qui habite un galetas.*
GARRISON, *fubft.* (a certain number of foldiers in a ftrong place for the defence of it.) *Garnifon, foldats commandés pour garder quelque place ou quelque fortereffe.*
A garrifon-town. *Ville ou place où il y a garnifon.*
To GARRISON, *verb. act. Mettre garnifon.*
To garrifon a place. *Mettre garnifon dans une place.*
Garrifoned, *adj. Où il y a garnifon.*
A place well garrifoned. *Une place où il y a bonne garnifon.*
GARRULITY, *fubft.* (or vain babbling.) *Caquet, babil.*
GARRULOUS, *adject.* (chattering, babbling, prattling.) *Babillard, babillarde, caufeur, caufeufe.*
GARTER, *fubft. Jarretiere.*
To tie one's ftockings with garters. *Attacher fes bas avec des jarretieres.*
The noble order of the garter. *L'ordre illuftre de la Jarretiere.*
A Knight of the garter. *Chevalier de la Jarretiere.*
Garter, (the chief of the three kings at arms.) *Le premier hérault d'armes en Angleterre.*

To GARTER, *verb. neut.* (to tie one's garters.) *Attacher les jarretieres.*
To garter, *v. act. Attacher les jarretieres à quelqu'un.*
Gartered, *adject. Dont on a attaché les jarretieres.*
† GARTH, *fubft.* (a north-country word for a yard or back-fide of a houfe.) *Une cour ou un derriere de maifon.*
Garth or fifh-garth, (a wear in a river for the catching of fifh.) *Une bonde.*
† A garthman or fifherman. *Un pêcheur.*
GAS, *fubft. Gaz, vapeur raréfiée.*
GASCONADE, *fubft.* (great boafting.) *Gafconnade, vanterie, fanfaronnade.*
To GASCONADE, *v. neut. Faire des gafconnades, faire le fanfaron, hâbler.*
GASCOYNS, *f.* (the hinder thighs of a horfe.) *Cuiffes de derriere, les cuiffes de derriere d'un cheval.*
GASH, *fubft.* (or deep cut.) *Balafre, eftafilade.*
He has a great gafh in his face. *Il a une grande eftafilade au vifage.*
To GASH, *v. act.* (or cut.) *Balafrer, faire une balafre ou une eftafilade.*
Gafhed, *adj. Balafré.*
GASKET, *f.* (a fea-term.) *Garcette ou raban de ferlage.*
GASKINS, *f. Grandes culottes.*
GASP, *f. Abois, foupir d'une perfonne mourante.*
To the laft gafp. *Jufqu'au dernier foupir.*
To be at the laft gafp, (to give up the ghoft.) *Rendre le dernier foupir, expirer, être aux abois.*
To GASP, *v. neut.* (or gape for breath.) *Pouffer fon haleine, refpirer avec peine.*
To gafp for life. *Être aux abois, aller rendre l'ame, expirer.*
GASPING, *f. Refpiration qui fe fait avec peine.*
To GAST, *v. act. Effrayer, épouvanter.*
GASTLINESS, } *f. Qualité affreufe;*
GHASTLINESS, } *horreur, ce qu'une chofe a d'effroyable en foi.*
Gaftlinefs, (or palenefs.) *Pâleur.*
GASTLY, } *adj.* (or dreadful.) *Horrible,*
GHASTLY, } *hideux, effroyable, affreux, terrible, épouvantable.*
A gaftly countenance. *Un regard affreux, ou une mine affrenée.*
Gaftly animals. *Des animaux effreux ou effroyables.*
Gaftly, (or pale.) *Pâle, blême.*
GASTRICK, *adj. Gaftrique, terme d'anatomie.*
GASTROTOMY, *f. Gaftrotomie, terme de chirurgie.*
* GAT, c'eft un vieux prétérit du verbe to Get.
GATE, *fubft.* (or great door.) *Porte, grande porte.*
He ftands at the gate. *Il eft, il fe tient à la porte.*
To keep the gate. *Garder la porte.*
The gates of a city. *Les portes d'une ville.*
A flood or water-gate. *Une vanne, une bonde.*
Gate, gates of a dock. *Portes d'un baffin.*
A tide gate. *Un ras de marée, endroit de la mer où la marée fe porte avec violence, étant refferrée dans un paffage étroit.*

The

The sea gates. *L'ouvert de la pleine mer.*
To have the sea gates open. *Être à l'ouvert de la pleine mer.*
Gate or rather gait, (or manner of going.) *Démarche.*
To have a portly or majestick gate. *Avoir l'air, démarche majestueuse ou pleine de majesté.*
* Gate, (or presence.) *Port, air, mine.*
Her gate shewed her to be a Goddess. *Elle avoit l'air d'une Déesse.*
GATHER, *subst.* (or plait.) *Pli.*
The gathers (or plaits) of a gown. *Le froncis ou les plis d'une robe.*
A calf's gathers or pluck. *Fressure de veau.*
To GATHER, *verb. act.* (or to pick.) *Cueillir, amasser.*
To gather a flower, an apple, &c. *Cueillir une fleur, une pomme, &c.*
To gather, (or get together.) *Amasser, assembler.*
To gather wealth. *Amasser des richesses.*
To gather rust (or to grow rusty) as steel and iron do. *Amasser de la rouille, se rouiller, comme font l'acier & le fer.*
To gather an army. *Assembler une armée.*
To gather, (or conclude by discourse.) *Conclure, inferer, tirer une conséquence.*
He gathered (or drew) his lights from the most impartial authorities. *Il a tiré ou pris ses lumieres des auteurs les plus désintéressés.*
To gather a wrist-band. *Froncer ou plisser le poignet d'une chemise, en faire plusieurs plis de suite & de rang avec l'aiguille.*
To gather the corn. *Moissonner.*
To gather the grapes. *Vendanger, faire la vendange.*
To gather dust. *Se couvrir de poussiere.*
Do but see how it gathers dust. *Voyez comment la poussiere s'y met.*
To gather strength. *Se renforcer, reprendre ses forces, se remettre, se rétablir.*
To gather flesh. *Grossir, devenir gros.*
To gather TOGETHER, *v. neut.* *S'assembler.*
To gather swell matter, (or come to a head.) *Venir à suppuration, être prêt à suppurer, aboutir, en parlant d'un apostème.*
Now my designs are gathering to a head. *Mes desseins commencent à mûrir.*
To gather one's self UP. *Se ramasser.*
To gather up one's cloak. *Relever son manteau.*
Gathered, *adject.* *Cueilli, amassé, assemblé, tiré, conclu, inféré, froncé, &c. V.* to Gather.
GATHERER, *s.* *Celui ou celle qui cueille, &c. Voy.* to Gather.
Gatherer of corn. *Un moissonneur.*
Gatherer of grapes. *Un vendangeur.*
Gatherer of taxes. *Un collecteur d'impôts.*
Gatherers, (the foreteeth of a horse.) *Pinces, quatre dents de devant de la bouche du cheval.*
GATHERING, *s.* *L'action de cueillir, &c. Voy.* to Gather. *Q ête, collecte.*
To go a gathering for one. *Aller à la quête ou quêter pour quelqu'un.*
To make a gathering. *Faire une collecte.*

Gathering, (a term used by printers and book-sellers, for a certain number of printed sheets of a book, put one within another.) *Un pli, en termes d'imprimeur & de Libraire.*
To GAUDE, *v. neut.* *Se réjouir, tressaillir de joie.*
GAUDERY. *Voy.* Finery.
† GAUDIES, *s.* (or double commons, such as they have on gaudy days in colleges.) *Double portion de viande qu'on donne en certains jours de fête dans les colleges.*
GAUDILY, *adv.* *Avec affectation, avec un faste ridicule.*
GAUDINESS, *s.* *Faste ou parure ridicule.*
GAUDY, *adject.* *Affecté, ridicule, extravagant, trop voyant.*
A gaudy suit of clothes. *Un habit riche & ridicule, un habit trop voyant, un habit de comédien.*
Gaudy days, (or grand days in colleges and inns of court.) *Jours de fête, jours de réjouissances.*
GAVE, *prétérit du verbe* to Give.
GAVEL, *s.* (a law-word for tribute, toll, yearly rent, &c.) *Sorte de tribut, d'impôt, de cens ou de rente.*
Gavel. *Voy.* Ground.
GAVELET, *subst.* *Défaut de payement de rente, &c. au Seigneur du fief dans la province de Kent.*
GAVELKIND, *subst.* (an equal division amongst children.) *C'est une loi ou coutume établi en quelques endroits d'Angleterre, & principalement dans la province de Kent, par laquelle les biens du pere sont, après sa mort, également divisés entre ses fils.*
GAUGE, avec les mots qui en dérivent. V. Gage.
* GAUNT, *adj.* (or lean.) *Maigre, qui n'a que la peau & les os.*
GAUNTLET, *subst.* (or iron glove for defence and thrown down in challenges.) *Gantelet.*
GAVOT, *s.* (a sort of dance.) *Gavotte, danse gaie & de mesure simple.*
GAUZE, *subst.* (a thin sort of silk stuff.) *Gaze, étoffe de soie fort claire.*
* GAWD, *s.* *Des bagatelles, des fornettes, des niaiseries.*
GAY, *adject.* (or brisk.) *Gai, joyeux, enjoué.*
A gay (or spruce) suit of clothes. *Un bel habit, un habit leste, galant, magnifique ou voyant.*
Gay colours. *Des couleurs voyantes.*
GAYLY, *adv.* *Gaîment.*
GAZE, *s.* *Attente, étonnement.*
To be at a gaze or upon the gaze. *Être dans l'attente ou dans l'étonnement.*
To GAZE, *v. neut.* (or stare) upon a thing. *Regarder fixement quelque chose, l'observer, la contempler fixement.*
Gazed upon, *adject.* *Que l'on regarde fixement, &c.*
Gaze-hound, (a hound that hunts by sight.) *Levrier ou levrette.*
GAZEL, *subst.* or ANTILOPE, (an arabian deer.) *Gazelle, animal de la grandeur & de la couleur d'un daim.*
GAZER, *s.* *Celui qui regarde fixement.*
GAZETTE, *s.* (or news paper.) *Gazette, feuille volante imprimée qui contient les nouvelles.*
GAZETTEER, *s.* *Gazetier, nouvelliste.*
GAZING, *subst.* (from to gaze.) *L'action de regarder fixement quelque chose ou d'y arrêter sa vue, &c. Voy.* to Gaze.

GAZING-STOCK, *s.* *Une personne qu'on regarde fixement avec mépris.*
GEAR, *s.* (stuff or commodity.) *Étoffe, marchandise.*
Gear, (or bawble.) *Une babiole, un colifichet.*
A woman's night-gear. *Habillement de nuit d'une femme.*
A woman's head-gear. *La coiffure d'une femme.*
A horse's gears, (or trappings.) *Le harnois d'un cheval.*
Gear, (or putrid matter.) *Matiere, pus, corruption.*
† To be in one's gears, (or to be ready.) *Être prêt.*
† He is scarce well fixed in his gears. *Il n'est pas encore bien en train.*
Gears, (at sea.) *Drisses de la grande vergue & de la misaine.*
Nota. Les autres drisses se nomment haliards.
Main gears. *Drisses de la grande vergue.*
Fore gears. *Drisses de la misaine.*
* GEASON, *adj.* (or rare.) *Rare.*
GEESE, c'est le pluriel de Goose. *Oies.*
* GEIR, *s.* (or vulture.) *Un vautour.*
GELATINE, }
GELATINOUS, } *adj. Visqueux, qui est en forme de gélée.*
* GELD, *s.* (a saxon word for money.) *De l'argent.*
To GELD, *verb. act.* *Châtrer, couper les testicules.*
To geld (or cut) a horse. *Couper un cheval, le rendre impuissant.*
Gelded, *adj.* *Voy.* Gelt.
GELDER, *subst.* *Celui qui châtre.*
GELDING, *subst.* *L'action de châtrer ou de couper.*
A gelding, (or cut horse.) *Un hongre, un cheval coupé.*
GELID. *Voy.* Cold.
GELLY, *subst.* (the juice of meat or fruit congealed.) *Gelée, suc de viande ou de fruit congelé.*
A gelly of calves feet. *Une gelée de pieds de veau.*
A gelly of raspberries. *Gelée de framboises.*
† To beat one to a gelly or to mummy. † *Accommoder le visage de quelqu'un à la compote, lui mettre la tête en compote.*
Gelly broth. *Gelée, consommé.*
GELT, *adject.* (from to geld.) *Châtré, coupé.*
GEM, *subst.* (or precious stone.) *Pierre précieuse.*
It is or 'tis the brightest gem in his diadem. *C'est le plus beau fleuron de sa couronne.*
GEMINATION, *subst.* *Répétition.*
GEMINI, *s.* (or twins, one of the twelve celestial signs.) *Gémeaux, un des douze signes du Zodiaque.*
Gemini! O Gemini! interj. *Ouais! sorte d'interjection burlesque, qui exprime la passion de l'âme dans une surprise.*
GIMMOW, }
GIMMAL, } *subst.* *Une alliance, sorte de bague.*
GLMMILOUS, *adj.* *De diamant, semblable au diamant.*
* GEMOTTE, *subst.* (an old saxon word, signifying a court or an assembly.) *Une cour.*
GENDER, *s.* (or kind.) *Genre.*
The masculine and feminine gender. *Le genre masculin & le féminin.*

*To

GEN

*To GENDER, v. act. (for to engender.) Engendrer.
GENEALOGICAL, adj. Généalogique.
GENEALOGIST, f. (a describer of pedigrees.) Généalogiste, faiseur de généalogies.
GENEALOGY, f. (a description of one's pedigree.) Généalogie, suite & dénombrement d'aieux.
GENERAL, adj. (or universal.) Général, universel.
A general principle. Un principe général.
A general (or universal) maxim. Une maxime générale.
To promise a thing in general terms. Promettre une chose en des termes généraux.
A general calamity. Une calamité generale ou universelle.
A general Council. Un concile général ou œcuménique.
To beat a general march. Battre la générale, c'est-à-dire, battre le tambour pour avertir que toutes les troupes d'infanterie aient à marcher.
GENERAL, f. (or chief.) Un général, un chef, celui qui commande en chef.
The general of an army, (he that commands an army in chief.) Le général d'une armée.
A General of horse or foot. Un général de cavalerie ou d'infanterie.
The General of a religious Order. Le général d'un ordre religieux.
A general, (a general point.) Un point général.
In general, adv. En général, généralement, en gros.
GENERALISSIMO, subst. Généralissime, Général qui commande aux autres Généraux.
GENERALITY, f. (in a French sense.) Généralité, étendue de la juridiction d'un bureau des Trésoriers de France.
The generality of the people. Le peuple en général.
The generality of men. La plûpart des gens, presque tout le monde.
Generality or Generalness. La totalité.
GENERALLY, adv. (or universally.) Généralement, universellement.
Generally, (or in general.) Généralement, en général, en gros.
Generally, (or commonly.) Ordinairement, le plus souvent, la plupart du temps, pour l'ordinaire.
GENERALSHIP, f. (the dignity or office of a General.) Généralat, dignité ou charge de Général d'armée.
GENERANT GENERATOR, } f. Celui qui produit, qui engendre.
To GENERATE, v. act. (or beget.) Engendrer, produire.
The sun generates all things. Le soleil produit toutes choses.
Generated, adj. (or begot.) Engendré, produit.
GENERATION, subst. (or begetting.) Génération, production, l'action d'engendrer, &c.
Generation, (or lineage.) Génération, race, lignée, postérité, descendants.
The act of generation. L'acte de la génération.
From generation to generation. De génération en génération.
He lived to see four generations from him. Il se vit, avant que de mourir, le pere de quatre générations.

GEN

Generation, (or a great many,) Multitude, grand nombre.
There is a whole generation of them. Il y en a un fort grand nombre.
GENERATIVE, adj. Génératif, terme de Philosophie.
The generative faculty. La faculté générative.
GENERICAL, GENERICK, } adj. Générique ou qui appartient au genre.
GENEROSITY, subst. (or greatness of soul.) Générosité, grandeur d'ame, magnanimité.
A great piece of generosity. Une grande générosité.
Generosity, (or liberality.) Générosité, libéralité.
GENEROUS, adj. (or noble.) Généreux, qui a de la générosité, magnanime, qui a l'ame noble.
He is too generous, he has too generous a soul to forget so much love. Il est trop généreux, il a l'ame trop généreuse pour oublier tant d'amitié.
Generous, (free or liberal.) Généreux, liberal.
GENEROUSLY, adv. (or nobly.) Généreusement, d'une maniere noble & généreuse.
Generously, (or courageously.) Généreusement, courageusement.
Generously, (or liberally.) Généreusement, liberalement.
GENEROUSNESS, Voy. Generosity.
GENESIS, f. (the first book of Moses.) La Genèse, le premier livre de Moïse.
GENET, subst. (a Spanish genet-horse.) Genet, cheval d'Espagne.
To ride upon a Spanish genet. Être monté sur un genet d'Espagne.
Genet, (the Spanish genet, which the King of Spain presented yearly in ceremony to the Pope, as a tribute for the kingdom of Naples, which he held of the Pope.) Haquenée, la haquenée que le Roi d'Espagne présentoit tous les ans au Pape comme un tribut pour le royaume de Naples.
There is also a sort of cat in Spain, called genet, and so is the skin of it. Il y a aussi en Espagne une espece de chat qu'on nomme genet.
GENETHLIACAL, adj. Qui a rapport au genéthliaque.
GENETHLIACK, f. Généthliaque.
GENEVA, f. Geniévre, sorte de liqueur.
GENIAL, adj. (or full of mirth.) Joyeux, agréable, divertissant ; fait pour le plaisir & le divertissement.
Genial. Qui vivifie, ou qui soutient la vie.
Genial (or festival) days. Des jours de fête, de réjouissance, de plaisir.
The genial bed, (for the marriage-bed.) Le lit nuptial, la couche nuptiale.
Genial, (natural.) Ex. The genial heat. La chaleur naturelle.
GENIALLY, adv. Naturellement, gaiement.
GENICULATED, adj. Noueux, noud.
GENIO, f. Un original, un homme d'une tournure d'esprit singuliere.
GENITAL, adj. (or serving to generation.) Génital, qui sert à la génération.
The genital member. La partie génitale.
GENITALS, f. (privy parts.) Les parties de l'homme & des animaux qui servent à la génération.
GENITIVE, f. (or the genitive case, one of the six cases in latin nouns.) Géni-

GEN

tif, terme de grammaire ; c'est un des six cas des noms latins.
GENITOR, f. (a father or begetter.) Le pere, celui qui a engendré.
GENIUS, f. (good or bad angel.) Génie ; ange.
The good and bad genius. Le bon & le mauvais génie.
Genius, (one's temper, talent or disposition.) Génie, esprit naturel, talent, disposition naturelle ou inclination.
He has a good genius. Il a bien du génie.
He had a fine genius for poetry. Il avoit un beau talent pour la poésie.
His genius does not run that way. Son génie ne le porte pas à cela, il n'y a pas de penchant ou d'inclination, il n'y est pas propre, il n'est pas né pour cela.
Do but observe the genius of the age. Remarquez bien le génie du siecle.
GENNET. V. Genet.
* GENT, adj. (handsomely clad.) Propre, bien mis, leste, propre en habits.
R. Gent est une abréviation de gentleman, dont on se sert le plus souvent aux titres des livres.
Ex. Writen by M. C. Gent. Fait par le sieur M. C.
GENTEEL, adj. (or fine.) Beau, joli, propre.
A genteel suit of cloaths. Un joli habit, un habit propre.
Genteel, (or handsomely clad.) Leste, propre, bien mis.
He goes very genteel. Il est fort propre, il est toujours leste ou bien mis.
Genteel, (or gallant.) Galant, enjoué, agréable, qui dit les choses d'un air plein d'agrément.
Genteel, (that has a genteel carriage.) Qui a bon air, qui fait les choses galament.
Genteel, (or like a gentleman.) Noble, généreux, magnifique.
GENTEELNESS, f. (in cloaths.) Propreté d'un habit.
Genteelness, (gallantry or agreeableness.) Gentillesse, grace, qualité agréable, agrément, enjouement, air plein d'agrément.
GENTEELY, adv. Galamment, d'un air galant ou enjoué, d'une maniere pleine d'agrément, de bonne grace.
Genteely, (or nobly.) Noblement, magnifiquement, généreusement.
GENTIAN, f. (or fell-wort.) Gentiane ; sorte d'herbe.
GENTIL, f. (or maggot.) Ver qui s'engendre dans le bois & dans la viande.
GENTILE, subst. (or heathen.) Payen, gentil.
The gentiles. Les gentils, les payens, la gentilité.
GENTILE, adj. (or like a gentleman.) V. Genteel.
GENTILISM, subst. (or paganism.) Le paganisme, la religion payenne, la religion des payens.
GENTILIOUS, adj. Qui est propre à une nation, à une famille.
GENTILITY, f. (a gentleman's degree.) Noblesse, qualité de gentilhomme, † gentilhommerie. V. Gentilism.
GENTLE, adj. (mild or moderate.) Modéré, doux, tempéré, léger.
A gentle fit of an ague. Un accès de fievre modéré.
He is very gentle. Il est fort doux, il n'est point emporté.
A gentle fall. Une chute légere.

Gentle,

Gentle, (or tame.) *Doux, apprivoisé, loyal, gentil.*
A lion very gentle. *Un lion fort apprivoisé.*
A gentle horse, (a horse that gives exact obedience to the rider.) *Un cheval docile, qui obéit à son cavalier.*
A tercel gentle. *Faucon gentil & propre à dresser.*
Gentle reader, (an expression formerly used in prefaces.) *Ami Lecteur.*
A gentle river. *Fleuve qui coule doucement, dont le coulant n'est point rapide.*
GENTLEMAN, *s.* (or gentleman born.) *Gentilhomme, qui est noble de race & de naissance.*
Gentleman. *Gentilhomme par sa charge ou par son emploi.*
Gentleman, (or gallant man.) *Un galant homme, un honnête homme, un brave homme.*
A Gentleman of the King's bed-Chamber. *Gentilhomme de la Chambre du Roi.*
A Gentleman pensioner. *Gentilhomme au bec de corbin.*
A Lord's Gentleman. *Gentilhomme de quelque Seigneur: c'est la plupart du temps un bon valet de chambre.*
Gentleman-like, *adv. En gentilhomme, en honnête homme, en galant homme, cavalièrement.*
GENTLEMANLIKE, }
GENTLEMANLY, } *adj. Civil, honnête, cavalier.*
GENTLENESS, *s.* (from gentle, or mildness,) *Douceur, humanité, bénignité, humeur paisible, traitable.*
I do admire the gentleness of his temper. *J'admire la douceur de son tempérament.*
GENTLEWOMAN, *s. Demoiselle,* qui a quelque air de demoiselle.
Gentlewoman. *Demoiselle ou fille noble d'extraction.*
Gentlewoman. *Demoiselle par sa charge ou par son emploi.*
She is a gentlewoman born. *Elle est bien demoiselle, elle est née demoiselle.*
She is a fine gentlewoman indeed. *En vérité, c'est une belle demoiselle.*
You must speak to my Lady's gentlewoman. *Il faut que vous parliez à la demoiselle de Madame.*
GENTLY, *adv.* (from gentle, or mildly.) *Doucement, avec douceur, avec modération, humainement.*
Gently, (or softly.) *Doucement, tout doucement, sans bruit.*
To rub one's skin gently. *Se frotter doucement la peau.*
Be sure to go up gently. *N'oubliez pas de monter tout doucement.*
GENTRY, *s. La petite Noblesse, les Gentilshommes.*
The nobility and gentry. *La grande & la petite Noblesse, les Seigneurs, les Gentilshommes.*
The nobility contains all the degrees from Knight-baronets upward, viz, Barons, Viscounts, Earls, Marquises and Dukes; and the Gentry, all from Barons, downward, to wit, Baronets, Knights, Squires and Gentlemen. *La grande Noblesse comprend tous les degrés, depuis les Chevaliers jusqu'aux Ducs inclusivement, savoir, les Barons, Vicomtes, Comtes, Marquis & Ducs; & la petite Noblesse, tous les degrés inférieurs à celui de Baron, savoir, les Chevaliers-baronets, les Chevaliers, les Ecuyers & les simples Gentilshommes.*

GENUFLECTION, *subst.* (a kneeling or bowing of the knee.) *Genuflexion, l'action de fléchir le genou.*
To make a genuflection before the altar. *Faire une génuflexion en passant devant l'autel.*
GENUINE, *adj.* (proper, true or natural.) *Propre, naturel, vrai.*
That is or that's the genuine sense of the Apostle's words. *C'est le vrai sens des paroles de l'Apôtre.*
GENUINELY, *adv. Purement, naturellement, sans altération.*
GENUINENESS, *s. Etat naturel & sans altération.*
GENUS, *s.* (in science.) *Genre.*
GEOCENTRIC, *adject. Géocentrique,* qui appartient à une planète, vue de la terre.
GEODÆSIA, *subst. Géodésie,* partie de la Géométrie.
GEOGRAPHER, *s.* (one that writes of or has skill in geography.) *Un géographe,* qui fait la géographie, ou qui a écrit quelque traité de géographie.
GEOGRAPHICAL, *adj. Géographique,* qui regarde la géographie.
GEOGRAPHY, *s.* (or description of the earth.) *Géographie,* science qui enseigne la position de toutes les régions de la terre.
To learn or to understand geography. *Apprendre ou entendre la géographie.*
GEOLOGY, *s. Dissertation sur la terre.*
GEOMANCER, *s. Géomancien.*
GEOMANCY, *subst.* (a divination by points and circles made on the earth or upon a paper.) *Géomance,* art de deviner par des points que l'on marque au hasard sur la terre ou sur du papier.
GEOMANTIC, *adj.* Qui appartient à la Géomance.
GEOMETER, *s. Géomètre.*
GEOMETRAL, *adj. Géométral.*
A geometral draught. *Un plan géométral.*
GEOMETRICAL, }
GEOMETRICK, } *adj.* (of or belonging to geometry.) *Géométrique,* qui est de Géométrie.
A geometrical foot or pace. *Un pied ou pas géométrique.*
A geometrical proportion. *Une proportion géométrique.*
GEOMETRICALLY, *adv. Géométriquement,* d'une manière géométrique.
GEOMETRICIAN, *subst.* (one skilled in geometry.) *Un géomètre,* qui fait la géométrie.
GEOMETRY, *s.* (a science conversant about the measuring of all lines, figures, bodies, &c.) *Géométrie,* science qui a pour objet tout ce qui est mesurable.
GEOPONICAL, *adj.* Qui appartient à l'agriculture.
GEOPONICKS, *s. L'agriculture.*
GEORGICKS, *s.* (Virgil's books of husbandry.) *Les géorgiques,* poème de Virgile, qui traite de l'agriculture.
GERAH, *s.* (the least silver coin among the Hebrews.) *Une obole,* l'obole des Juifs.
GERBE, *s.* (a terme of heraldry.) *Gerbe,* en termes de blason.
GERFALCON, *subst. Gerfaut,* sorte d'oiseau de proie dont on se sert en fauconnerie.
GERME, *s. Germe.*
GERMAN, *adj. & subst.* (of Germany.) *Allemand.*

German, *s.* (the German tongue.) *L'Allemand, la langue Allemande.*
German, *adject. Germain. Ex.* A cousin german. *Un cousin germain.*
GERMANDER, *subst.* (a sort of herb.) *Germandrée,* sorte d'herbe.
Water-germander. *Germandrée aquatique.*
To GERMINATE, *v. n.* (or bud.) *Germer, pousser, jeter.*
GERMINATION, *s.* (or growing.) *Germination,* ou l'action par laquelle les plantes germent dans la terre.
GERUND, *subst.* (a part of a latin verb.) *Gérondif,* terme de grammaire latine.
GESTATION, *s. Grossesse,* l'action de porter un enfant.
GESTS, *s. pl.* (or noble acts.) *Exploits de guerre; belles, grandes, mémorables actions.*
The gests of the Romans. *Les hauts faits des Romains.*
To GESTICULATE, *verb. neut.* (to be too full of action.) *Gesticuler, faire trop de gestes.*
GESTICULATION, *subst. Gesticulation,* trop de gestes.
GESTURE, *s.* (the action of the body in speaking.) *Geste, action, mouvement du corps, sur tout quand on parle.*
A comely gesture. *Un beau geste.*
To GET, *v. a.* (to gain or attain.) *Gagner, acquérir, obtenir, remporter.*
To get money. *Gagner de l'argent.*
To get an estate. *Acquérir du bien, amasser du bien.*
To get one's pardon. *Obtenir sa grace.*
What have you got by it? *Qu'y avez-vous gagné?*
To get the victory. *Gagner, remporter la victoire.*
I shall get (or profit) by this loss. *Je profiterai de cette perte.*
To get (or beget) children. *Faire ou engendrer des enfants.*
To get a thing (to cause it to be) transported to another place. *Faire transporter quelque chose dans un autre endroit.*
To get a thing done. *Faire faire une chose.*
To get (or find out) a device. *Trouver une invention.*
To get a good servant. *Trouver un bon serviteur.*
To get money of one. *Tirer de l'argent de quelqu'un.*
One must get what he can of a bad paymaster. *On tire ce qu'on peut d'un mauvais payeur.*
Women get good fortunes now-a-days by losing their honour. *Dans le siècle où nous vivons, les femmes s'enrichissent par la perte de leur honneur.*
But finding he got nothing by it. *Mais voyant qu'il n'en était pas bon marchand.*
If he thinks to get any thing by it or by that bargain. *S'il croit en être bon marchand, s'il croit y gagner quelque chose.*
To get a place or employment. *Trouver, attraper de l'emploi.*
To get. *S'attirer, contracter, prendre.*
To get the praise of all the world. *S'attirer la louange de tout le monde.*
To get an ill habit. *Contracter, prendre une mauvaise habitude, prendre un mauvais pli.*
To get a wife. *Prendre femme, se marier.*
To get upon a ladder, *v. n. Monter sur une échelle.*

To

To get one's lesson. *Apprendre sa leçon.*
Get it without book. *Apprenez-le par cœur.*
I got (or I have) one. *J'en ai un.*
I got it. *Je l'ai.*
We must be contented with such as we can get. *Il faut se contenter de ce qu'on peut avoir.*
He has got an ague. *Il a la fievre.*
He has got away many children. *Il a débauché beaucoup d'enfants, il est chargé d'une grande famille.*
Socrates got a shrew to his wife. *Socrate avoit une méchante femme.*
You got it very cheap. *Vous l'avez eu à bon marché.*
To get the better of it. *Avoir l'avantage, l'emporter.*
I shall get the better of you. *J'aurai l'avantage sur vous.*
To get a woman with child. *Engrosser une femme, lui faire un enfant.*
To get friends. *Se faire des amis, s'intriguer.*
To get the love of one's hearers. *Se concilier la bienveillance de son auditoire.*
I get nothing by it. *Il ne m'en revient aucun profit.*
Shall I get you to do this for me? *Oserai-je vous prier de faire ceci pour moi.*
I will get one made for you. *Je vous en ferai faire un.*
To get a dinner at a friend's house. *Dîner chez un ami.*
I shall get it done by night. *Je mettrai ordre qu'il soit fait ce soir, vous l'aurez ce soir.*
I cannot get him to do it. *Je ne saurois le lui faire faire ou le disposer à le faire.*
I could never get (or compass) to see him. *Il n'est jamais pu le voir.*
To get a fall, (or a tumble.) *Tomber, se laisser tomber.*
To get a thing ready. *Préparer, apprêter une chose, la tenir prête.*
Get you ready, (dress yourself.) *Habillez-vous.*
Get you gone, get you hence. *Allez vous-en, retirez-vous.*
To get home. *Venir ou arriver au logis.*
By the time I got home, *etc*. *Quand je fus venu à moitié chemin.*
Let you that way a little. *Mettez-vous là un peu à côté.*
As far as you can get. *Aussi loin que vous pourrez.*
To get a name. *Se faire un nom, se mettre en réputation, s'accréditer, se rendre fameux.*
We got the wind of them. *Nous nous mîmes sur leur vent.*
He ever comes and gets money from me. *Il vient toujours m'escroquer de l'argent.*
To get one's money. *Se faire payer, lever ses dettes.*
To get TOGETHER, *v. act. Amasser, rassembler, assembler.*
To get together, *verb. neut.* (or meet.) *S'amasser, se rassembler, s'assembler, se joindre, se rencontrer.*
To get CLEAR or to get clear off. *Se tirer, se démêler d'une affaire, se tirer d'intrigue.*
To get well again. *Se remettre, recouvrer sa santé, se rétablir.*
To get ABROAD, *v. act. Faire sortir.*
To get abroad, (or publish.) *Publier, rendre public, divulguer.*

To get abroad, *verb. neut. Devenir public, être su de tout le monde.*
To get ABOVE one. *Surpasser quelqu'un.*
To get BEFORE one. *Prévenir quelqu'un, le devancer.*
To get AWAY, *v. act. Faire en aller, faire retirer.*
To get (or take) away. *Emporter, faire ôter, soustraire.*
He has got away my customers. *Il m'a débauché mes chalands ou mes pratiques.*
To get away, *v. neut. S'en aller, échapper, s'échapper, se retirer, s'évader.*
He got but badly away with it. *Il a eu bien de la peine à s'en remettre.*
To get IN, *v. n. Entrer.*
To get in with one, (to screw one's self into his friendship.) *S'insinuer dans l'esprit de quelqu'un, gagner son amitié.*
To get in, *v. act. Faire entrer.*
I shall get you in. *Je vous ferai entrer.*
To get (or draw) in one. *Engager, gagner, attirer quelqu'un.*
To get in one's debts. *Se faire payer, lever ses dettes.*
To get the harvest in. *Serrer la moisson.*
To get in the corn, to get it in the barn. *Mettre le blé dans la grange.*
To get in one's note. *Retirer sa promesse.*
To get OUT, *v. n. Sortir, se tirer.*
To get out, *v. act. Faire sortir, tirer, arracher.*
Get ye out. *Sortez d'ici.*
To get out of trouble. *Se tirer d'affaire ou d'intrigue.*
I cannot get him out. *Je ne saurois le faire sortir.*
To get out of prison. *Tirer quelqu'un de prison, l'en faire sortir.*
To get a nail out. *Arracher un clou.*
To get out of one's sight. *S'éloigner de quelqu'un, s'ôter de devant lui.*
To get (or to pump) a thing out of one. *Tirer les vers du nez à quelqu'un, le faire causer pour découvrir quelque chose.*
To get ON one's feet. *Se lever.*
To get TO a place. *Gagner quelque lieu, y arriver, s'y porter.*
We get to the very top of the hill. *Nous gagnons le haut de la montagne.*
To get to shore. *Aller à terre, prendre terre, aborder.*
To get to heaven. *Aller au ciel.*
To get INTO a place. *Se jetter dans quelque lieu.*
They got into a shaloop. *Ils se jetterent dans une chaloupe.*
He got into a coach. *Il monta dans un carrosse.*
As soon as I got into Holland. *D'abord que je fus arrivé en Hollande.*
The story was got into every body's mouth. *Tout le monde ne parloit de cela.*
To get into a new fashion. *Suivre une nouvelle mode.*
To get into one's favour. *S'insinuer dans l'esprit de quelqu'un, s'insinuer dans ses bonnes graces, gagner son amitié.*
To get (or put) ON. *Mettre.*
To get one's coat on. *Mettre son habit.*
To get OFF, *v. act. Tirer.*
To get one's coat off. *Tirer son habit.*
To get off, *v. act. & neut,* (to get out of trouble.) *Tirer d'affaire ou d'intrigue, débarrasser, dans un sens actif; se tirer d'affaire ou d'intrigue, se débarrasser, dans un sens neutre.*

I will do what I can to get him off. *Je ferai tout mon possible pour le tirer d'affaires.*
To get off from one's horse, (to alight.) *Descendre de cheval, mettre pied à terre.*
To get FROM, *v. act. Arracher.*
To get a woman from her lover. *Arracher une femme d'entre les bras d'un amant.*
I had much ado to get from him, *v. n. J'ai eu bien de la peine à me défaire de lui ou à me débarrasser de lui.*
To get THROUGH, *verb. neut. Percer, passer à travers.*
To get through the crowd. *Percer la foule, passer à travers la foule.*
I must get it through, *v. act. Il faut que je le fasse passer à travers.*
To get OVER. *Passer, traverser, passer par dessus.*
To get over the river. *Passer, traverser la rivière.*
To get over a bridge. *Passer par dessus un pont.*
They cannot get over (or conquer) the prejudice of education. *Ils ne sauroient quitter les préjuges de leur éducation, ils ne sauroient s'en défaire.*
To get UP, *v. act. Lever, faire lever.*
Get it up if you can. *Levez-le, si vous pouvez.*
I cannot or can't get it up. *Je ne saurois le lever.*
Let me alone, I will get him up. *Laissez-moi faire, je le ferai bien lever.*
It is time to get up, (out of bed,) *v. n. Il est temps de se lever du lit.*
To get up after a fall. *Se lever après une chute.*
To get on horse-back or upon the saddle. *Monter à cheval.*
To get up a ladder. *Monter une échelle.*
To get up stairs. *Monter les degrés.*
To get up to preferment. *S'avancer dans les charges ou dans les honneurs, se pousser.*
I am so much a loser, I must get it up another way. *J'ai perdu tant, il faut que je trouve le moyen de me rembourser ou de réparer cette perte.*
To get up again. *Relever, lever de rechef, se relever, remonter, se remettre, se rétablir.*
To get DOWN. *Descendre.*
To get down the stairs. *Descendre les degrés.*
I got down as fast as I could. *Je descendis aussi vite que je pus.*
This meat is too coarse, I cannot get it down. *Cette viande est trop grossière, je ne saurois l'avaler.*
GETTER, *s.* (a getter of children.) *Un homme qui fait beaucoup d'enfants.*
GETTING, *s. L'action de gagner,* &c. *V.* to Get.
This is not of your getting. *Ce n'est pas vous qui avez gagné ceci.*
This child is not of his getting. *Cet enfant ne vient pas de lui, ce n'est pas lui qui en est le père.*
One's getting, (that which one has got by his labour or industry.) *Ce qu'une personne a gagné, par son travail ou par son industrie.*
GEWGAW, *s.* (toy.) *Babiole, colifichet.*

Remarque sur GH.

Les Anglois ont recours le gh en plusieurs mots, où il ne se prononce point: tels sont tous les mots qui finissent en gh ou ghi; comme nigh, nigh, to neigh, to inveigh, eight, weight, though, although, borough,

borough, thorough, ought, nought, bought, fought.
A quoi ajoutez flaughter, daughter, naughty, *& ses dérivatifs.*
Mais il faut remarquer qu'il y a certains mots, où le GH *donne le son d'une* F, *à la diphthongue qui le précede.*
Exemple, Laugh, draught, rough, tough, enough, *& dans leurs dérivatifs, qui se prononcent,* laff, draft, roff, toff, enoff.
GHASTFUL.
GHASTLY. } *V.* GASTLY.
GHERKIN, *f.* (or pickled cucumber.) *Cornichon, jeune concombre confit au sel & au vinaigre.*
GHOST, *sub.* (or spirit.) *Ame, esprit, ame d'une personne qui se meurt ou qui est morte.*
To give up the ghost. *Rendre l'ame.*
To see a ghost. *Voir un esprit.*
The Holy Ghost. *Le Saint-Esprit.*
The ghosts, (among poets.) *Les manes, les ombres*, en termes poétiques.
GHOSTLINESS, *f.* Spiritualité.
GHOSTLY, *adj. Spirituel, de l'esprit.*
Ghostly comforts. *Consolations spirituelles.*
A ghostly father. *Un confesseur ou un directeur de conscience.*
GIANT, *f.* (a man of prodigious stature and bigness.) *Géant, un homme beaucoup plus gros & plus grand que les hommes ordinaires.*
There is or there's a giant to be seen at the fair. *On montre un géant à la foire.*
GIANTLIKE,
GIANTLY, } *adj. De géant, semblable à un géant, gigantesque.*
GIANTESS, *f. Une géante.*
GIBCAT, *subst. Un chat.*
GIBBERISH, *f. Jargon, baragouin.*
I cannot or I can't speak their gibberish. *Je ne sçaurois parler leur jargon.*
GIBBET, *f.* (or gallows.) *Gibet, potence.*
To go to the gibbet. *Aller à la potence.*
GIBBIER, *f.* (game.) *Gibier.*
GIBBOSITY,
GIBBOUSNESS, } *f.* (or crookedness.) *Bosse ou l'état d'une chose bossue.*
GIBBOUS, *adj.* (or bunched on the back.) *Bossu.*
GIBE, *f.* (or jeer.) *Raillerie,* † *gausserie,* † *lardon.*
To GIBE, *v. n. Railler,* † *gausser.*
GIBER, *f. Railleur,* † *gausseur.*
GIBING, *subst. Raillerie ou l'action de railler,* &c.
GIBLETS, *f. pl.* Goose giblets. *La petite oie, abattis d'oie.*
A giblet-pye. *Un pâté fait de petite oie ou d'abattis, c'est-à-dire, du cou, des ailes, du foie, &c. d'une oie.*
GIDDINESS, *f.* (or dizziness of the head.) *Vertige, tournoiement de tête.*
To be troubled with a giddiness. *Avoir des vertiges.*
GIDDY, *adj.* (or dizzy.) *Qui a des vertiges, sujet à des vertiges; ce qui fait tourner la tête.*
He is apt to be giddy. *Il est sujet à avoir des vertiges.*
Giddy-headed or giddy-brained. *Ecervelé, volage, étourdi.*
A giddy-pate. *Un étourdi, un écervelé.*
GIDDILY, *adv. Nonchalamment, négligemment.*
GIFT, *f.* (from to give.) *Don, présent.*
A free gift. *Un don gratuit, une libéralité gratuite.*

A deed of gift. *Contrat de donation.*
New-year's gift. *Etrennes du nouvel an.*
I have not or han't got a new-year's gift. *Personne ne m'a donné d'étrennes.*
Gift, (or talent.) *Don, talent, avantage, graces.*
To have the gift of speaking well. *Avoir le don de bien parler.*
He has an admirable gift that way. *Il a un talent admirable pour cela.*
Infused gifts. *Des graces infuses.*
These gifts come from above. *Ce sont des graces qui viennent d'en-haut.*
This living is in the King's gift. *Ce bénéfice est à la nomination ou à la collation du Roi.*
One that has a living in his gift. *Collateur, celui qui a droit & pouvoir de conférer un bénéfice vacant.*
P. You must not look a gift horse in the mouth, P. *A cheval donné on ne regarde pas les dents.*
GIFTED, *adj. Qui a de beaux dons ou des talents, doué de quelque avantage.*
The gifted men and women of our age, (the enthusiasts.) *Ceux qui prétendent à l'inspiration, les enthousiastes.*
GIG, *f.* (or turning top.) *Toupie, sorte de sabot.*
Gig, (or whiry.) *Petite voiture.*
GIGANTICK, *adj. De géant, gigantesque.*
To GIGGLE, *v. n.* (to laugh out.) *Rire, éclater de rire, ricaner.*
He does nothing but laugh and giggle. *Il rit incessamment, la moindre chose le fait rire.*
GIGGLER, *f. Un rieur.*
GIGG-MILL, *f.* (a sort of fullingmill.) *Moulin à fouler le drap.*
GIGOT, *f.* (a loin and a leg of mutton.) *Un gigot, une éclanche de mouton.*
To GILD, *verb. act.* (or cover over with gold, silver, &c.) *Dorer, revêtir d'or ou de dorure.*
To gild a picture-frame. *Dorer une bordure.*
Gilded or gilt, *adj. Doré.*
GILDER, *f. Doreur.*
GILDING, *f. L'action de dorer, dorure.*
GILL, *f.* (the gills of fishes.) *Les ouies des poissons.*
Gill, (measure.) *Roquille.*
GILLIFLOWER, *f.* or clove-gilli-flower. *Girofle*, sorte de fleur.
GILT, *adj.* (from to gild.) *Doré.*
GILTHEAD, *f.* (a sort of sea-fish.) *Dorade*, sorte de poisson de mer.
† GIM, *adj.* (or pretty.) *Joli, gentil.*
GIMCRACK, *f. Mauvais méchanisme.*
GIMLET, *f.* (a piercer to broach a vessel with.) *Un foret, un gibelet.*
GIMLETING, *f. Action de l'ancre qui se déplante en tournant sur sa vergue ; ce qui arrive par le trop de tors du cable.*
GIMMAL,
GIMMER, } *f. Machine, mouvement.*
Gimmals, *f. plur. Balanciers de boussole, &c.*
Gimmal, (ring.) *Alliance.*
GIMP. *V.* Gim.
GIN, (or trap.) *Trébuchet, trape.*
Gin. *Machine à battre les pilotis ou machine à sonnette.*
GINGER, *f.* (a sort of spice.) *Gingembre*, sorte d'épice.
Gingerbread. *Pain d'épices.*
A gingerbread-maker or gingerbread seller. *Celui qui fait & vend des pains d'épices.*

GINGERLY, *adv.* (or softly.) *Tout doucement.*
To tread gingerly. *Marcher tout doucement.*
GINGIVAL, *adj. Qui appartient aux gencives.*
GINGLE, *f. Tintement.*
Idle gingle of words. *Vaine cadence de mots.*
To GINGLE, *verb. neut. Tinter, faire un bruit semblable à celui des cloches.*
He loves to hear his money gingle in his pocket. *Il aime à entendre tinter son argent dans sa poche.*
To gingle in words, to use gingling words, (that is, to use the words that have at affected sound.) *Se servir de termes cadencés.*
GINGLING, *f. Tintement, bruit semblable à celui des cloches, &c.*
The gingling of glasses. *Le tintin des verres.*
GINGLYMUS, *f. Ging'lme*, terme d'anatomie, jointure de deux os.
GINNET, *f.* (by corruption gennet.) *Un bidet, une mule.*
GINSENG, *f.* (a root brought lately into Europe.) *Gen-seng.*
GIPSY, *f.* (a rambling woman that tells people's fortunes.) *Egyptienne, Bohémienne, femme ou fille qui court le monde & se mêle de dire l'horoscope.*
† A cunning gipsy. *Une fine matoise.*
The little gipsy routed. *La petite matine bouditi.*
A little black gipsy. *Une petite mauricaude.*
GIRASOLE, *f.* (a precious stone.) *Girasol*, sorte de pierre précieuse.
GIRD, *subst.* (or taunt.) *Raillerie, sarcasme.*
A shrewd gird, (or biting nip.) *Une raillerie piquante ou mordante.*
By fits and girds. *A diverses reprises, à bâtons rompus.*
By girds and snatches. *A la dérobée, par échappées.*
To GIRD, *v. act. Ceindre.*
To gird, (or twinge.) *Pincer.*
To gird, (or taunt.) *Pincer, railler.*
GIRDED. *V.* Girt.
GIRDER, *f.* (a piece of timber, the main bean.) *Une solive.*
GIRDING, *f. L'action de ceindre, l'action de pincer ou de railler.*
GIRDLE, *f. Ceinture.*
To tie a girdle about one's waist. *Se ceindre.*
To have one's head under one's girdle, (or at a great advantage.) *Avoir l'avantage sur quelqu'un, être plus fort que lui, lui tenir le pied sur la gorge.*
GIRDLER, *f.* (or girdle-maker.) *Ceinturier, faiseur de ceintures.*
GIRKIN, *subst.* (a small cucumber to pickle.) *Cornichon, petit concombre propre à confire.*
GIRL, *subst. Fille.*
A pretty girl. *Une jolie fille.*
A pretty plump girl. *Fille qui a beaucoup d'embonpoint,* † *une gaguî, une dondon.*
Girl, (a roe-buck of two years old.) *Un chevreuil de deux ans.*
GIRLISH, *adj. De fille, de jeune fille.*
GIRLISHLY, *adverb. En fille, en jeune fille.*
To GIRN. *V.* to Grin.
GIRT, *adj.* (from to gird.) *Ceint,* &c. *V.* to Gird.

Girt

Girt, *adj.* Se dit d'un *vaisseau roidi sur ses amarres*, de façon à ne pouvoir éviter au vent à la marée.

Girt-line, *s. comp.* Cartahou.

GIRTH, *subst.* Sangle.
GIRT,

A horse's girth. *Sangle de cheval.*

The girths are too strait. *Les sangles sont trop serrées.*

Girth-leather. *Contre-sanglons, petites courroies clouées aux arçons, pour arrêter les sangles avec la selle.*

To GIRTH, *verb. act.* Sangler, serrer les sangles.

To girth a horse. *Sangler un cheval ou lui serrer les sangles.*

You girth him too hard. *Vous lui serrez trop les sangles.*

GISARD,
GIZZARD, *s.* Gésier, *petit sachet sous la gorge de l'oiseau où s'arrête d'abord ce qu'il mange.*

† To have a grumbling in the gizzard. *Se plaindre, n'être pas content, n'être pas satisfait,* † geindre.

† That doctrine lies cursedly hard upon his gizzard. *Cette doctrine est de fort dure digestion pour lui.*

GIST, *sub.* (a law-term, the stress.) *Ex.* The gist of this indictment entire; depends upon this word. *Le fort de cette accusation roule sur ce mot.*

GITH, *subst.* (an herb so called.) *Nielle, sorte d'herbe.*

GITTAR. *V.* Guitar.

GITTERN, *s.* (a kind of cithern.) *Sorte d'instrument de musique.*

To GIVE, *v. act.* (to bestow.) *Donner, bailler, ce dernier vieillit.*

To give one a thing. *Donner une chose à quelqu'un.*

Give me some drink. *Donnez-moi à boire.*

To give every one his due. *Donner à chacun ce qui lui appartient, faire justice à tout le monde.*

To give the law to one. *Faire ou donner la loi à quelqu'un.*

To give the orders. *Donner les ordres.*

To give light to a thing. *Donner jour à une chose.*

To give battle. *Donner ou livrer bataille.*

To give a town to be plundered. *Donner ou abandonner une ville au pillage.*

To give, (to tender or return.) *Rendre.*

To give one thanks. *Rendre grace à quelqu'un, le remercier.*

I give God thanks for it. *J'en rends graces à Dieu.*

To give an answer. *Rendre réponse, répondre.*

To give like for like. *Rendre la pareille.*

To give evidence. *Rendre témoignage.*

To give a good and faithful account. *Rendre un bon & fidelle compte.*

To give to one or convey to one one's love and respects. *Faire ses amitiés ou se baiser mains à quelqu'un, le saluer.*

All our house give their service to you. *Toute la maison vous salue.*

To give one a push or thrust. *Pousser quelqu'un.*

To give ground. *Reculer, lâcher le pied.*

To give way. *Céder, plier, lâcher le pied.*

To give way to one. *Céder à quelqu'un.*

To give way to fortune. *Céder à la fortune.*

Being overpowered, they were forced to give way. *Etant les plus foibles, ils furent contraints de plier & de lâcher le pied.*

The ground gives way under my feet. *La terre s'enfonce sous mes pieds.*

To give way to melancholy. *Se laisser aller, s'abandonner à la tristesse.*

The least favour a mistress gives way to, is enough to regain her lover. *La moindre bonté à quoi une maîtresse se relâche, regagne un amant.*

To give one a visit. *Faire une visite à quelqu'un.*

God give me grace so to do. *Dieu m'en fasse la grace.*

He never did give your book the reading. *Il ne vous a pas fait l'honneur de lire votre livre.*

They gave us forty guns. *Ils nous firent une salve de quarante canons.*

To give alms. *Faire ou donner l'aumône.*

To give joy. *Féliciter.*

To give one satisfaction. *Contenter quelqu'un, le satisfaire.*

To give or credit. *Ajouter foi à quelqu'un, croire ce qu'il dit; ou bien, lui faire crédit, lui prêter.*

To give ear. *Etre attentif, écouter, prêter l'oreille.*

To give one leave. *Permettre, souffrir, donner congé.*

Give me leave to do it. *Souffrez que je le fasse.*

To give one the go-by. *V.* to Go-by.

To give a guess. *Deviner.*

To give fire. *Tirer, en parlant d'une arme à feu.*

To give one a call. *Appeler quelqu'un.*

To give place. *Céder, faire place.*

He gave not a word. *Il ne dit pas un mot.*

To give judgment. *Porter jugement, prononcer la sentence.*

To give it for one, to give it on his side. *Décider en faveur de quelqu'un.*

My mind gives me. *Je prévois, je conjecture, le cœur me dit.*

To give one the oath. *Déférer le serment à quelqu'un.*

To give a good price for a thing. *Payer une chose bien cher.*

To give one trouble. *Incommoder quelqu'un, l'embarrasser, lui faire des affaires.*

To give one the slip. *Se dérober de quelqu'un, le planter-là, gagner au pied.*

To give warning or notice. *Avertir.*

To give suck. *Allaiter, nourrir de son lait.*

To give one a fall. *Faire tomber quelqu'un.*

The door gave a great clap. *La porte fit un grand bruit.*

I gave him as good as he brought or gave me. *Je l'ai bien relancé ou rembarré,* † *je lui ai bien rivé ses clous.*

To give one's mind or one's self to a thing. *S'adonner à quelque chose, s'y attacher.*

They gave one another the story of their adventures. *Ils se dirent leurs aventures.*

To give one the hearing. *Ecouter quelqu'un.*

To give one a look. *Regarder quelqu'un.*

I gave him a description of the man. *Je lui fis la description ou le portrait du personnage.*

I give no heed to what he says. *Je ne prends pas garde à ce qu'il dit, je ne m'y arrête pas.*

To give AGAIN. *Rendre.*

To give AWAY. *Donner.*

He gives all away. *Il donne tout ce qu'il a.*

To give away for lost. *Tenir pour perdu.*

We all gave you over for dead. *Nous vous croyions tous morts.*

To give BACK, *verb. neut.* (or give ground.) *Se reculer, se retirer en arriere.*

To give back again, *v. act.* Rendre.

To give IN one's accounts. *Rendre ses comptes.*

To give in one's name. *Donner son nom.*

To give in one's verdict. *Donner son suffrage, opiner.*

To give in an information. *Faire une information, accuser quelqu'un dans les formes.*

To give in command. *Commander.*

To give in charge. *Charger.*

To give INTO (or to applaud) one's taste; liking or sentiments. *Donner ou entrer dans les goûts & dans les sentimens de quelqu'un.*

To give into (to approve or follow) a project. *Donner dans un projet.*

To give OUT. *Donner, distribuer.*

To give out commissions. *Donner ou distribuer des commissions.*

To give out, (to report or to pretend.) *Dire, rapporter, faire courir le bruit de quelque chose.*

He gave himself out to be Philip. *Il se disoit être Philippe.*

To give out a play, (to give notice what play is to be acted and when.) *Annoncer une comédie, en faire l'annonce.*

To give out or to give OFF. *Cesser, se désister.*

To give OVER. *Cesser, laisser, quitter, abandonner, discontinuer, en parlant d'un ouvrage, d'une entreprise, &c.*

The Physicians have given him over. *Les Médecins l'ont abandonné.*

To give over one's right. *Céder ou abandonner son droit.*

To give a thing over or away for lost. *Tenir une chose pour perdue.*

To give one's self over to all manner of vices. *S'abandonner à toutes sortes de vices.*

To give UP. *Rendre.*

To give up one's accounts. *Rendre ses comptes.*

To give up one's commission. *Rendre sa commission.*

To give up the ghost. *Rendre l'ame ou l'esprit, expirer.*

To give up or over one's right. *Céder, abandonner son droit.*

He was forced to give it up. *Il a été contraint d'en vider ses mains, en terme de Pratique, c'est-à-dire, de s'en dessaisir.*

To give up the question. *Accorder sans exception tout ce qu'on demande.*

To give, *verb. neut.* (to sweat, to run out, as moisture does out of stones, &c.) *Suinter.*

The weather gives, (it thaws.) *Le temps se radoucit, il dégele.*

Given, *ad.* Donné, rendu, &c. *V.* to Give.

GIVER.

GIVER, *subst. Donneur.*
Law-giver. *Législateur.*
GIVES. *V.* Fetters.
GIVING, *subst. L'action de donner, de rendre,* &c. *V. to* Give.
P. Giving is dead now-a-days, and restoring very sick. *La libéralité est une vertu morte, & la restitution est bien malade.*
The giving out a play. *L'annonce d'une comédie.*
GIZZARD. *V.* Gisard, Gésier.
GLACIAL, *adj. (or frozen.) Glacial.*
To GLACIATE, *verb. neut. Geler, se congeler ; ce verbe se prend aussi activement.*
GLACIATION, *subst. Congélation.*
GLACIS, *subst. (or sloping bank in fortification.) Glacis, pente douce & unie, talus.*
The glacis of a counterscarp. *Le glacis d'une contrescarpe.*
GLAD, *adject. Aise, joyeux, réjoui, ravi, plein ou rempli de joie, en parlant des personnes ; joyeux, réjouissant, qui donne de la joie, en parlant des choses.*
I am very glad of it. *J'en suis bien aise, j'en suis joyeux ou ravi, j'en ai bien de la joie.*
I am very glad to see you in good health. *Je suis tout réjoui de vous voir en bonne santé.*
To make one glad. *Réjouir quelqu'un, le remplir de joie, le rendre tout joyeux.*
This makes me glad at heart. *Ceci me remplit de joie.*
Glad tidings. *De joyeuses nouvelles, des nouvelles qui nous réjouissent ou qui nous donnent de la joie.*
To GLAD,
To GLADDEN, } *verb. act. (to rejoice.) Réjouir, donner de la joie, recréer.*
Wine glads or gladdens the heart of man. *Le vin réjouit le cœur de l'homme.*
GLADE, *subst. (an open place in a wood.) Clairière, place découverte dans un bois.*
To make a glade in a wood. *Défricher quelque partie d'un bois, y faire une clairière.*
GLADER,
GLADEN, } *subst. (or swordgrass.) Glaïeul.*
GLADIATOR, *s. Un gladiateur, esclave qui se battoit pour divertir le peuple Romain.*
GLADLY,
GLADSOMELY, } *adv. (from glad.) Volontiers, avec joie, bien.*
GLADNESS,
GLADSOMENESS, } *subst. Joie, allégresse.*
GLADSOME, *adj. (or joyful.) Joyeux, réjouissant.*
GLAIRE, *subst. (the white of an egg.) Glaire ou blanc d'œuf.*
To GLAIRE, *verb. act. Glairer, terme de relieur.*
GLANCE of the eye, *subst. Coup d'œil, œillade.*
A witty glance, (or allusion.) *Une allusion ingénieuse.*
Our Saviour gives here some glances and reflections upon the Pharisees. *Notre Sauveur fait ici quelque allusion aux Pharisiens.*
At the first glance. *D'abord.*
To GLANCE upon, *v. neut. (to graze.) Effleurer, raser, aller à fleur, friser.*

The bullet did but glance upon the skin. *Le boulet n'a fait que lui effleurer ou raser la peau.*
To glance upon a thing, (to give a hint of it.) *Insinuer quelque chose, la donner à entendre.*
To glance, (to censure.) *Critiquer, relever.*
To glance at one with the eye. *Jeter des coups d'œil ou des œillades à ou sur quelqu'un.*
To glance (or run) over a page. *Parcourir une page, passer légèrement dessus.*
GLANCING, *s. L'action d'effleurer,* &c. *V. to* Glance.
GLANCINGLY, *adverb. Légèrement, en passant.*
GLAND, *s. (or fleshly kernel.) Glande.*
GLANDERS, *s. (a horse's disease.) Morve, maladie de cheval.*
GLANDULE, *sub. (or kernel.) Glandule, petite glande, partie du corps, molle, & spongieuse.*
GLANDIFEROUS, *adject. Qui produit des glands.*
GLANDULOSITY, *s. Masse ou assemblage de glandes.*
GLANDULOUS, *adj. (or kernelly.) Plein de glandes, glanduleux.*
GLARE, *subst. Ex.* A glare of light. *Un éclat de lumière, lueur ou brillant de peu de durée.*
Clare. *Coup d'œil perçant.*
To CLARE, *verb. neut. (or over-blaze.) Jeter une grande clarté, éblouir.*
To glare. *Regarder d'un œil terrible.*
GLARING, *adject.* A glaring (or a dazzling) light. *Clarté éblouissante ou qui éblouit.*
Glaring, (shocking.) *Ex.* A glaring crime. *Crime atroce ou énorme.*
GLASIER. *V.* Glazier.
GLASS, *s. Verre,* matière fragile, claire & transparente.
A clear glass. *Un verre bien clair & bien ne.*
To drink out of a glass. *Boire dans un verre.*
A flint-glass. *Un verre de roche.*
A Venice-glass. *Verre de Venise.*
Glasses, *sub. plur.* Ampoulettes ou horloges de sable.
On employe aussi quelquefois ce terme pour la mesure du temps.
Ex. We fought six glasses. *Notre combat dura trois heures.*
A fine glass, a fine looking-glass. *Un beau miroir.*
To look in a glass. *Regarder dans un miroir.*
The glass of a coach or of a looking-glass. *La glace d'un carrosse ou d'un miroir.*
A prospective-glass. *Lunette d'approche, lunette de longue vue.*
Glass, (or varnish.) *Vernis, apprêt.*
To paint upon glass. *Peindre en apprêt ou sur le verre.*
The art of painting upon glass. *Apprêt ou l'art de peindre sur le verre.*
A printer upon glass. *Apprêteur, Peintre qui peint sur le verre.*
A glass-bottle. *Bouteille de verre.*
A glass-window. *Une vitre.*
To break the glass-window. *Casser les vitres.*
A room well set out with glass-windows. *Une chambre bien vitrée.*
A glass-coach. *Carrosse vitré.*
A glass-maker or glass-man. *Vitrier ou faiseur de verres.*

Glass-house. *Verrerie.*
Glass-shop. *Boutique de Verrier ou de Vitrier.*
To GLASS. *V. to* Glaze.
GLASSY, *adj. (or like glass.) De verre, transparent comme du verre.*
A glassy humour. *Humeur vitrée.*
GLAVE. *V.* Falchion.
† To GLAVER, *v. neut. (to fawn and glaver.) Flatter, caresser, cajoler.*
† GLAVERING, *s. (or fawning.) Flatteries, caresses, cajolerie.*
Glavering, *adject. (or fawning.) Ex.* A glavering fellow. *Un flatteur, un cajoleur.*
Glavering words. *Des paroles flatteuses.*
To GLAZE, *verb. act. Vitrer, garnir de vitres.*
To glaze a room. *Vitrer une chambre.*
To glaze earthen vessels. *Vernir des vaisseaux de terre.*
To glaze gloves. *Glacer les gants.*
Glazed, *adj. Vitré, verni, glacé.*
A room well glazed. *Chambre bien vitrée.*
A vessel well glazed. *Un vaisseau bien verni.*
Glazed gloves. *Gants glacés.*
Glazed frost. *Verglas, pluie, gelée qui rend la terre, les pierres & les pavés glissans & reluisans.*
GLAZIER, *subst. Vitrier, verrier.*
GLAZING, *subst. L'action de vernir.*
The glazing of my room cost me so much. *Le vernis de ma chambre me coûte tant.*
† GLEAD. *V.* Clede.
GLEAM, *subst. (or beam.) Rayon ou sillon de lumière.*
To GLEAM, *v. neut. (to be bright, to cast beams of light.) Briller, étinceler, rayonner.*
GLEAMING,
GLEAMY, } *adj. (bright.) Brillant, étincelant.*
To GLEAN, *verb. act. (to pick up ears of corn after harvest.) Glaner, ramasser les épis après les moissonneurs.*
This I gleaned to day. *Voici ce que j'ai glané aujourd'hui.*
To glean grapes after vintage. *Grapiller.*
Gleaned, *adj. Glané, grapillé.*
GLEANER, *subst. Glaneur, glaneuse.*
A gleaner of grapes. *Grapilleur, grapilleuse.*
GLEANING, *subst. L'action de glaner ou de grapiller.*
To go a gleaning. *Aller glaner, aller grapiller.*
Gleaning, *sub. (what is gleaned.) Glane.*
While I pursue the rout, the gleanings of the battle. *Pendant que je poursuis les fuyards qui ont échappé au combat.*
GLEBE, *s. (the land belonging to a parsonage, beside the tithe.) La glebe ou terre qui dépend d'une cure.*
Glebe, (ground.) *Sol, terre.*
GLEBOUS,
GLEBY, } *Voy.* Turfy.
GLEDE, *subst. (or kite.) Un milan.*
* GLEE, *subst. (or mirth.) Joie, allégresse.*
GLEEFUL, *adject. Joyeux.*
GLEEK, *s. (a game of cards.) Brelan, forte de jeu de cartes.*
A gleek of kings, queens or knaves. *Un tricon ou frédon de rois, de dames ou de valets.*
To GLEEN, *v. n. Briller comme des armes.*
GLEET,

GLEET. *Voy.* Glit.
GLEETY. *Voy.* Ichory.
GLEN, *subst. Vallée, vallon.*
GLEW, &c. *Voy.* Glue, &c.
GLIB, *adject. Coulant.*
To run glib. *Être fort coulant.*
His tongue runs very glib. *Il a la langue bien pendue, il a une grande volubilité de langue.*
Any thing goes down glib with them. *Ils avalent tout.*
GLIBLY, *adv. Coulamment.*
He went on glibly in his discourse. *Il continua son discours avec une grande facilité d'expression.*
GLIBNESS, *subst. Volubilité, fluidité, facilité d'expression.*
The glibness of the tongue. *Volubilité de langue.*
To GLIDE,
To GLIDE ALONG, } *v. neut. Couler.*
A river that glides smoothly along. *Fleuve ou rivière qui coule doucement.*
GLIDE,
GLIDING, } *s. L'action de couler.*
GLIKE, *s. Ris moqueur, raillerie.*
To GLIMMER, *v. neut. Reluire, briller, en parlant d'une petite lueur.*
The day-light begins to glimmer. *Le jour commence à poindre ou à paroître.*
Glimmering, *adject. A glimmering light,* (such as peep of day.) *Une clarté qui commence à paroître, comme la pointe du jour.*
GLIMMERING, *subst. Brillant, éclat, lueur.*
GLIMPSE, *subst.* (a sudden flash of light.) *Lueur ou sillon de lumière, qui disparoît en un moment.*
To have but a glimpse of a thing. *Entrevoir une chose.*
To GLISTEN. *Voy.* to Glister.
GLISTER,
GLYSTER, } *subst. Un lavement, un clistere.*
To give or to take a glister. *Donner ou prendre un lavement.*
Glister-pipe. *Seringue, sorte d'instrument pour donner un lavement.*
To GLISTER, *v. neut. Briller, reluire, éclater.*
P. All is not gold that glisters. *P. Tout ce qui reluit n'est pas or.*
GLISTERING, *s. L'action de briller,* &c. V. to Glister. *Lueur, éclat, feu, brillant.*
Glistering, *adj. Luisant, reluisant, brillant, éclatant.*
GLISTERINGLY, *adverb. D'une manière brillante, avec éclat.*
GLIT
GLEET } *subst. Sanie, sang corrompu, qui sort des plaies & des ulceres.*
To GLITTER. *Voy.* to Glister.
GLITTERING. *Voy.* Glistering.
GLOAR, *adject. Exemp.* Gloar-fat, (or fulsomely fat.) *Excessivement gras, jusqu'à donner du dégoût.*
To GLOAR, *verb. act. Regarder de travers.*
To GLOAT, *verb. neut. Regarder furtivement, jeter un coup d'œil à la dérobée.*
GLOBATED. *Voy.* Globose.
GLOBE, *subst.* (a round and solid body.) *Globe, corps rond & solide, une boule.*
GLOBOSE,
GLOBOUS, } *adject.* (round like a globe.) *Rond, formé*
GLOBULAR, } *en rond, comme un globe.*

GLOBOSITY, *s.* (or roundness.) *Rondeur.*
GLOBULE, *subst.* (or little globe.) *Globule.*
To GLOMERATE, *v. act. Former en peloton.*
GLOMERATION, *subst. L'action de former en peloton.*
GLOOM,
GLOOMINESS, } *subst.* (or darkness.) *Obscurité.*
To GLOOM, *verb. neut. Être de mauvaise humeur, être triste.*
GLOOMILY, *adverb.* (obscurely.) *Obscurément.*
GLOOMY, *adj.* (dark or cloudy.) *Sombre, obscur, couvert de nuages.*
Gloomy weather. *Un temps couvert ou obscur.*
GLORIFICATION, *subst. L'action de glorifier.*
To GLORIFY, *v. act. Glorifier.*
To glorify (or give glory) to God. *Glorifier Dieu, rendre gloire à Dieu.*
To glorify one's self. *Se glorifier.*
Glorifyed, *adject. Glorifié.*
GLORIFYING, *sub. L'action de glorifier, glorification.*
GLORIOUS, *adject.* (excellent or honourable.) *Glorieux, illustre, éclatant, fameux, plein de gloire, honorable.*
A bright and glorious day. *Un beau jour.*
Vain-glorious. *Vain, fier, glorieux, superbe, suffisant, orgueilleux, plein d'ostentation.*
A vain-glorious fellow. *Un glorieux, un fanfaron, un suffisant.*
GLORIOUSLY, *adverb.* (or honourably.) *Glorieusement, avec honneur, avec gloire, honorablement.*
GLORY, *subst.* (or honour.) *La gloire, l'honneur, l'éclat.*
To be greedy of glory. *Être passionné pour la gloire ou avide de gloire.*
This will get you an immortal glory. *Ceci vous acquerra une gloire immortelle.*
Vain-glory. *Vaine gloire, vanité, orgueil, suffisance, fierté.*
Glory, (a circle of rays round the head of the picture of a saint, &c.) *Gloire.*
To GLORY, *v. neut.* (or brag.) *Se glorifier, faire gloire.*
To glory of a thing. *Se glorifier d'une chose, en faire gloire.*
GLORYING, *subst. L'action de se glorifier,* &c.
GLOSS, *subst.* (or exposition of a text.) *Glose, explication faite mot à mot & fidellement sur le texte.*
To write a gloss upon a text. *Gloser, faire la glose d'un texte.*
Gloss, (lustre or brightness set upon cloth, silk, &c.) *Lustre, vernis, brillant que l'on donne à certaines choses.*
To set a gloss upon a thing. *Donner du lustre à quelque chose, la lustrer.*
A silk with a fine gloss upon it. *Un taffetas glacé, bien lustré.*
This cloth hath a fine gloss. *Ce drap a un bel œil, c'est-à-dire, un beau lustre ou une couleur vive.*
To set a gloss upon a thing, (to colour it, to varnish it over.) *Colorer quelque chose, lui donner un vernis ou un tour favorable.*
To GLOSS, *v. act.* (to varnish over.) *Colorer, donner un vernis, donner un tour favorable, expliquer, commenter.*

To gloss upon a thing, *v. neut. Gloser, interpréter quelque chose.*
GLOSSARY, *subst.* (short notes upon a thing.) *Notes sur quelque sujet.*
Glossary, (or dictionary.) *Glossaire, dictionaire des mots les plus obscurs d'une langue.*
GLOSSATOR, *s.* (or interpreter.) *Glossateur, celui qui fait une explication du texte.*
GLOSSOGRAPHER, *sub.* (one that writes a glossary.) *Celui qui compose un glossaire.*
GLOSSY, *adj. Lustré, éclatant.*
GLOVE, *subst. Gant.*
A pair of gloves. *Une paire de gants.*
Sweet or perfumed gloves. *Des gants parfumés.*
Plain gloves. *Des gants unis.*
Fringed gloves. *Des gants à frange.*
A pair of gloves, (or present.) *Une paraguante, un présent, des étrennes.*
Here is a crown to buy you a pair of gloves. *Voici un écu pour votre paraguante.*
Fox gloves, our ladies gloves, (a sort of herb.) *Gantelée, sorte d'herbe.*
Glove-stick. *Bâton à gants, pour élargir les doigts d'un gant.*
GLOVER, *subst. Gantier.*
To GLOW, *v. neut.* (or burn like a coal.) *Être ardent, être embrasé ou allumé, être tout en feu.*
My ears glow, (or tingle.) *Les oreilles me tintent.*
GLOW, *subst. Ardeur, passion, vivacité de couleurs.*
GLOWING, *adject. Ardent, embrasé.*
A glowing coal. *Un charbon ardent.*
A glowing (or raging) envy. *Une envie furieuse.*
Glowing, *subst. Exemp.* A glowing (or tingling) of the ears. *Un tintouin d'oreilles.*
To GLOUT, *verb. neut.* (or look doggedly.) *Avoir un air rechigné ou refrogné, regarder de mauvais œil ou de travers.*
GLOUTING, *subst.* (a glouting look.) *Air rechigné, air refrogné d'une personne chagrine & qui est de mauvaise humeur.*
GLOW-WORM, *sub. Ver luisant, insecte qui jette la nuit une sorte de lueur.*
To GLOZE, *v. act.* (or flatter.) *Flatter, cajoler.*
Glozed, *adj. Flatté, cajolé.*
GLOZER, *s. Flatteur, flatteuse, cajoleur, cajoleuse.*
GLOZING, *subst. Flatterie ou cajolerie, l'action de flatter ou de cajoler.*
Glozing, *adj. Flatteur.*
A glozing (or flattering) tongue. *Une langue flatteuse.*
GLUE, *subst. Colle, colle forte.*
Glue, made of fish-skins. *Colle de poisson.*
To GLUE, *v. act. Coller, faire tenir avec de la colle.*
You must glue it together. *Il vous le faut coller ensemble.*
The passions glue us to these low and inferior things. *Les passions nous attachent à ces choses basses & terrestres.*
Glued, *adject. Collé.*
GLUER, *subst. Celui qui colle.*
GLUING, *subst. L'action de coller.*
GLUISH, *adj. Gluant, qui s'attache comme de la colle.*
GLUM, *adject. Morne, triste, sombre.*

GLUT.

GLU GO

GLUT, *f.* (or great quantity.) *Abondance, grande quantité.*

A great glut of rain. *Une abondance de pluie.*

Glut, (or satiety.) *Satiété, dégoût.*

To GLUT, *v. act.* *Gorger, remplir, soûler, rassasier.*

To glut one with meat. *Gorger quelqu'un, le remplir de viandes.*

To glut one's self with any thing. *Se rassasier, se soûler de quelque chose, en manger tout son soûl.*

To glut one's self with sensual pleasures. *Assouvir ses convoitises.*

GLUTINOUS, *adj.* *Glutineux.*

GLUTTED, *adj.* (from to glut.) *Gorgé, assouvi, plein, rempli, soûl, rassasié.*

Glutted with meat. *Soûl ou dégoûté de viandes.*

Glutted with news. *Soûl de nouvelles.*

Glutted with sensual pleasures. *Qui a assouvi ses convoitises.*

GLUTTING, *f.* *L'action de gorger, d'assouvir, &c.* *Voy.* to Glut.

GLUTTON, *subst.* (a greedy eater.) *Un glouton, un gourmand, un goulu; une gloutonne, goulue ou gourmande.*

He is a mere glutton. *C'est un franc glouton.*

To GLUTTONIZE, *v. neut.* *Être adonné à la gourmandise.*

GLUTTONOUS, *adj.* (or greedy.) *Glouton, gourmand.*

GLUTTONOUSLY, *adv.* *Gloutonnement, en gourmand, goulu ou glouton.*

GLUTTONY, *subst.* *Gourmandise, gloutonnerie.*

GLUY, *adject.* *Gluant, visqueux, glutineux.*

* GLYNN, *subst.* (or hollow between two mountains.) *Une vallée.*

GLYSTER. *Voy.* Glister.

GNAR, *subst.* (or knot in wood.) *Næud de bois.*

† To GNAR, } *Voy.* to Snarl.
† To GNARL,

To GNASH with the teeth, *v. neut.* *Grincer, faire craquer les dents.*

GNASHING with the teeth, *subst.* *Grincement ou craquement de dents.*

GNAT, *f.* (a sort of insect.) *Moucheron, cousin, sorte de petite mouche.*

GNAT-SNAPPER, *subst.* (a sort of bird.) *Pivoine, sorte d'oiseau.*

To GNAW, *v. act.* *Ronger.*

To gnaw a bone. *Ronger un os.*

Gnawed, *adject.* *Rongé.*

GNAWER, *subst.* *Rongeur.*

GNAWING, *f.* *Rongement ou l'action de ronger.*

GNOMON, *f.* (the hand or pin of a dial.) *Style d'un cadran, gnomon.*

GNOMONICK, *subst.* (or dialling art.) *Gnomonique, la science qui enseigne la manière de faire des cadrans solaires.*

GNOSTICKS, *sub.* (a sort of hereticks.) *Gnostiques, sorte d'hérétiques.*

To GO, *v. n.* (to walk, to move.) *Aller, s'en aller, marcher, passer, partir.*

To go a foot. *Aller à pied.*

You go too fast. *Vous allez, vous marchez trop vite.*

How goes your health? *Comment va la santé? comment vous va?*

How go your concerns? How goes the world with you? *Comment vont vos affaires? Que faites-vous?*

Thing go very ill (or very hard) with him. *Ses affaires vont fort mal, il est en très-mauvaise passe.*

GO

Go that way. *Passez par-là.*

When do you go? *Quand partez-vous? quand vous en allez-vous?*

To go, (speaking of money.) *Passer, être de mise, avoir cours.*

This coin will not or won't go here. *Cette monnoie n'est pas de mise ici.*

This half crown will never go, it is or 'tis false. *Ce demi-écu ne passera jamais, il est faux.*

That goes (or is counted) for nothing. *Cela est ou n'est compté pour rien.*

To go (to be accounted or pass) for a wit. *Passer pour un bel esprit, être en réputation de bel esprit.*

A mare goes eleven months with foal. *La jument porte onze mois.*

The bitch goes to heat. *La chienne est en chaleur.*

As those times of ignorance went. *Selon l'ignorance de ces temps-là.*

To go a journey or to go a voyage. *Faire un voyage.*

To go four miles in an hour. *Faire quatre milles dans une heure.*

You should go snacks, said the lion, if —. *Vous en aurez votre part, dit le lion, si —.*

To go halves with one. *Faire de moitié ou être de moitié avec quelqu'un.*

They were to go equal shares in the booty. *Ils devoient partager également le butin.*

The bell goes. *La cloche sonne.*

As things go now, as the world goes. *A considérer l'état présent des choses ou la conjecture où nous sommes.*

How went matters in your chamber? *Que faisiez-vous dans votre chambre?*

To go ashore. *Débarquer, prendre terre, aborder.*

So far I go with you. *Jusques-là je suis de votre avis.*

She goes (or is big) with twins. *Elle est grosse de deux enfants.*

She has three months yet to go. *Elle a encore pour trois mois de grossesse.*

So the report goes, such a report goes abroad. *On le dit, c'est un bruit qui court.*

He has gone a great while under an ill report. *Il y a long-temps qu'il est en mauvaise réputation.*

This lane goes into the broad street. *Cette ruelle va, mene, aboutit ou répond à la grand'rue.*

To go upon the highway, (to be a highwayman.) *Voler sur le grand chemin.*

To go to service. *Se mettre à service.*

To go to the shade. *Se mettre à l'ombre.*

Which way do you go? *De quel côté allez-vous ou tirez-vous.*

I know not which way to go. *Je ne sais de quel côté tirer.*

We will go another way to work. *Nous nous y prendrons d'une autre manière ou d'un autre biais, nous tente ons une autre voie.*

As he goes to work, (as he manages matters.) *De la manière dont il s'y prend.*

You go the wrong way to work. *Vous vous y prenez mal.*

He went upon the place. *Il se transporta ou s'en alla sur les lieux.*

The Lord of heaven go with you. *Dieu vous accompagne.*

To go unpunished. *Demeurer impuni.*

To go according to the times. *Aller selon le temps, s'accommoder au temps.*

GO

To let go the anchor. *Laisser tomber l'ancre, mouiller l'ancre.*

To let go one's hold. *Lâcher prise.*

That goes for nothing. *Cela n'est compté pour rien ou cela est compté pour rien.*

To go (or rob) upon the highway. *Voler sur le grand chemin.*

To go ABOUT. *Faire le tour.*

To go about the world. *Faire le tour du monde.*

You went a mile about. *Vous vous êtes détourné d'un mile.*

To go about a thing, (to undertake it.) *Entreprendre une chose, se mettre à faire quelque chose.*

† To go about the bush. † *Tourner autour du pot, se servir de détours, biaiser.*

He goes lazily about it. *Il s'y prend lâchement ou en paresseux.*

Go about your business. (or meddle with your own business.) *Mêlez-vous de vos affaires.*

To go about, (or endeavour.) *Tâcher, faire ses efforts.*

To go ABROAD. *Sortir.*

Such a report goes abroad. *On fait courir ce bruit.*

To go AGAINST. *S'opposer, être contraire ou opposé.*

It goes against me or against the grain. *J'y ai de la répugnance.*

The choice went against him. *Il ne fut pas choisi ou élu.*

To go ALONG. *Pousser, poursuivre son chemin.*

I will call upon him as I go along. *J'irai l'appeler en passant.*

To go smoothly along. *Marcher uniment, dans le propre; faire les choses doucement ou sans bruit, dans le figuré.*

To go along with one. *Aller avec quelqu'un, l'accompagner, le suivre.*

I pray God go along with you. *Je prie Dieu qu'il vous accompagne.*

To meditate as one goes along. *Méditer en marchant, en faisant chemin.*

I go so far along with you, (I am so far of your opinion.) *Je suis en cela de votre avis ou de votre opinion.*

To go ASIDE. *Se mettre à côté ou à l'écart.*

To go ASTRAY. *S'égarer.*

To go ASUNDER. *Aller séparément, aller l'un d'un côté, l'autre d'un autre.*

To go AWAY. *S'en aller, partir.*

He is gone away. *Il s'en est allé, il est parti.*

To go away with a thing. *Emporter une chose.*

† They shall not go away with it so. † *Ils me le payeront, ou je m'en vengerai.*

A great deal of money goes away in the furnishing of a house. *Il en coûte beaucoup de meubles une maison.*

To go BACK, (or retire.) *Reculer, se retirer en arrière.*

To go back, (or return.) *S'en retourner, retourner sur ses pas, rebrousser chemin.*

To go back from one's word. *Se dédire.*

To go BACKWARD. *Marcher à reculons ou en arrière.*

To go backward in a business instead of going forward. *Reculer au lieu d'avancer.*

To go BEFORE. *Aller ou marcher devant.*

To go BETWEEN. *Aller entre-deux.*

To go BEHIND or AFTER one. *Suivre quelqu'un.*

To go BEYOND. *Aller au delà, passer.*

GO

To go beyond, (or excel.) *Surpasser, surmonter.*
To go beyond, (or defraud.) *Surprendre, tromper.*
To go BY. *Aller ou passer auprès.*
To see the prisoners go by. *Voir passer les prisonniers.*
To go by the loss of a thing. *Souffrir patiemment une perte, ne la prendre pas à cœur.*
He goes by that name. *On l'appelle ainsi, il est connu sous ce nom-là.*
That is or that's it we go by. *Voilà sur quoi nous nous réglons, sur quoi nous prenons nos mesures.*
To go by the worst. *Avoir du pire.*
To go by a thing, (to take it for a rule.) *Se régler ou prendre pied sur quelque chose.*
To give one the go-by. *V. Go-by.*
He goes quite contrary to the dictates of his conscience. *Il fait tout le contraire de ce que sa conscience lui dicte, il s'oppose directement aux mouvements de sa conscience.*
To go DOWN. *Descendre, aller en bas.*
To go down stairs. *Descendre la montée.*
To go down the stream. *Descendre la rivière, baisser.*
The sun goes down. *Le soleil se couche.*
To go down, (or into the country.) *Aller aux champs ou à la campagne.*
No meat will go down with him. *Il ne sauroit rien manger, il ne sauroit rien avaler.*
Give him something to make it go down. *Donnez-lui quelque chose pour le faire passer.*
That will never go down with him, (or he will never relish it.) *Il n'approuvera jamais cela, il n'y consentira jamais.*
Any thing will go down with him. *Il n'est rien qu'il ne passe, on lui fera tout faire.*
To go down the wind. *Aller en décadence, être sur son déclin, rétrograder, faire mal ses affaires.*
To go FOR, (or to fetch.) *Aller quérir, aller chercher.*
To go (or pass) for a virgin. *Passer pour pucelle.*
The verdict went for the bees. *Les abeilles gagnèrent leur procès ou eurent gain de cause.*
And they think it goes for nothing if they do not name the place. *Et ils croient que cela n'est rien, s'ils ne nomment pas l'endroit.*
To go FORTH. *Sortir, se produire.*
To go FORWARD. *Avancer, pousser.*
To go forward with a thing. *Poursuivre une chose, poursuivre sa pointe, continuer ce qu'on a commencé, ou de la même manière qu'on a commencé.*
To go forward in learning. *Faire des progrès dans les sciences.*
To go FROM. *Quitter.*
To go from the company. *Quitter la compagnie.*
I went from thence for Paris. *Je partis de là pour Paris, je m'en allai de là à Paris.*
To go from place to place. *Aller de place en place.*
To go from one's word, (or retract.) *Se dédire, manquer de parole, fausser sa parole.*
To go from the matter in hand. *S'écarter du sujet.*
To go IN. *Entrer.*
Go in boldly. *Entrez hardiment.*

To go in pattens. *Porter des patins.*
He always goes in very good clothes. *Il porte toujours de beaux habits, il est toujours bien mis.*
To go NEAR. *Approcher.*
He went very near the matter, (that is he almost hit the nail on the head.) *Il a été sur le point d'en venir à bout.*
He will go near to lose it. *Il courra risque de la perdre.*
Nothing went so near the heart of him in his distress. *Rien ne le chagrina, ne le fâcha ou ne l'affligea tant dans son malheur.*
To go as near (or to sell as cheap) as one can. *Vendre à peu de profit.*
To go OFF. *Quitter.*
To go off the stage. *Quitter le théâtre.*
He is gone off. *Il a tout quitté, il a quitté sa charge ou son emploi.*
He is gone off, (he is broke.) *Il a fait banqueroute.*
He is gone off, he is gone off the stage, (or he is dead.) *Il est mort ou † il a plié bagage.*
This commodity will never go off. *Cette marchandise ne se vendra jamais, ne se débitera jamais.*
Did you hear the great guns go off? *Avez-vous ouï le bruit des canons? les avez-vous entendu tirer?*
To go UNDER, (to undergo.) *Subir.*
To go ON. *Avancer, pousser, poursuivre, continuer.*
Go on, or go on your way. *Avancez, poussez, poursuivez votre chemin.*
Go on as you began. *Continuez comme vous avez commencé.*
To go on an embassy. *Faire une ambassade, aller en ambassade.*
To go on a pilgrimage. *Aller en pèlerinage.*
To go on ship-board. *Aller à bord, s'embarquer.*
How does your business go on? *Comment va votre affaire?*
To go OVER. *Passer, traverser.*
To go over sea. *Passer, traverser la mer.*
If this argument be of any force, the greater number never go wrong. *Si cette raison a lieu, le plus grand nombre n'a jamais tort ou ne se trompe jamais.*
To go OUT. *Sortir.*
He is gone out. *Il est sorti.*
To go out of tune. *Sortir de ton, détonner.*
To go out of one's way, (or to go astray.) *S'égarer, s'écarter du chemin, se détourner de son chemin.*
To go out of the way. *S'écarter de la raison.*
The fleet went out. *La flotte a mis à la voile.*
If any thing happens to him, out it goes to the next comer. *S'il lui arrive quelque chose, il le dit au premier venu.*
The fire goes out. *Le feu s'éteint.*
To go out her time. *Achever sa grossesse.*
To go out Doctor, Batchelor or Master of Arts. *Passer Docteur ou prendre le degré de Docteur, de Bachelier ou de Maître ès Arts.*
To go UP. *Monter, s'élever.*
To go THROUGH. *Passer, ou passer au travers, enfiler, percer, fendre.*
To go through bridge. *Passer le pont.*
To go through a street. *Enfiler une rue.*
To go through a crowd. *Fendre, percer la foule, passer, se faire jour à travers une foule de monde.*

† To go through stitch with a business. *Pousser une chose à bout.*
To go through all the formalities. *Faire toutes les formalités.*
To go through many dangers. *Essuyer beaucoup de dangers.*
To go TO. *Ex.* To go to it, (or to go a fighting.) *Aller se battre.*
To go to God or to go without day, (that is, to be dismissed the Court.) *Être renvoyé par la Cour.*
There is a difference betwixt reverence and affection, the one goes to the character, the other to the person. *Il y a de la différence entre le respect & l'affection, l'un se rapporte à la qualité, & l'autre à la personne.*
Few people can go to the price of it. *Il y a peu de gens capables d'acheter une chose si chère ou qui puissent faire cette dépense.*
It goes to the very heart of me to consider. *J'ai le cœur percé de douleur quand je pense.*
I will not or won't go to the price of it. *Je n'y veux pas mettre tant d'argent.*
Go to, (an old sort of interj.) *Or sus, courage.*
To go UP. *Monter.*
To go up and down, (or to ramble about.) *Courir d'un côté & d'autre, battre le pavé, roder.*
To go UPON a business. *Entreprendre une affaire.*
To go upon an ill design. *Entreprendre un mauvais dessein, ourdir une mauvaise trame.*
To go upon sure grounds. *Être sûr de son fait, être bien fondé, ne faire rien à la légère.*
He goes upon that. *C'est sur quoi il se fonde.*
To go upon tick, (or to run a score.) *Prendre à crédit.*
When we do any wicked thing, we go contrary to our reason. *Lorsque nous faisons quelque méchante action, nous agissons contre notre raison.*
To go WITH child. *Être enceinte, être grosse.*
To go with the tide. *Descendre avec la marée.*
To go with the wind. *Obéir au vent, aller au gré du vent.*
He was so loud, and went over and over with his tale so often that—. *Il parla si haut, & rebattit si souvent la même chose, ou & chanta si souvent la même chanson, que—.*
To go WITHOUT a thing, (not to obtain what one has demanded or put in for.) *Ne pas obtenir une chose qu'on a demandée; en être frustré.*
To go without a thing, (to make shift without it.) *Se passer d'une chose.*
GO, *subst. Ex.* This horse has a good go with him, (he goes well.) *Ce cheval a une bonne allure, il va bien, il a un bon pas.*
GOAD, *s.* (a pointed stick to prick oxen forward.) *Un aiguillon de bouvier.*
To GOAD, *v. act.* Aiguillonner, piquer.
GOAL, *subst.* Le bout de la lice ou de la carrière.
Goal, (at the game of the mall.) *Passe, de jeu de mail.*
Goal, (jail.) *Prison, geole.*
GOAT, *s. Une chèvre.*
A he-goat. *Un bouc.*
A wild he-goat. *Bouquetin, bouc sauvage.*

A

GOA GOD

A wild she-goat. *Une chevrette, chevre sauvage.*
A goat-milker, (a sort of owl.) *Tettechevre.*
Goat-bread. *Salsifis, racine bonne à manger.*
A goat herd. *Un berger qui garde les chevres, un chevrier.*
A goat-chafer. *Sorte d'insecte.*
A goat-skin, *s. Une outre.*
GOATISH, *adj.* (or lecherous.) *Lascif,* † *paillard.*
GOB,
GOBBET, *s. Un morceau.*
To swallow a great gob of meat. *Avaler un gros morceau de viande.*
To GOBBLE up one's meat, *verb. act.* (to eat great gobs.) *Avaler de gros morceaux.*
† To gobble a thing up, (to do it but coarsely.) *Faire une chose grossiérement ou imparfaitement,* † *la fagoter.*
Gobbled up, *adject. Grossiérement fait, fagoté.*
GOBBLER, *s. Un glouton.*
GOBBLINGLY, *adv. Grossiérement.*
GOBLET, *s.* (or standing-cup.) *Gobelet, vase pour boire.*
GOBLIN. *V.* Hob-goblin.
GO-BY, *subst.* (to give one the go-by in a race.) *Devancer quelqu'un dans une course.*
† To give one the go-by in a business, (to overreach him.) *Surprendre quelqu'un, l'attraper, le duper.*
Go-by. *Artifice, tromperie.*
GO-CART, *subst. Machine dans laquelle on enferme les enfants pour leur apprendre à marcher.*
GOD, *s.* (the supreme being.) *Dieu, l'Être suprême, l'Être indépendant, le Créateur & le Maître de toutes choses.*
God be thanked or thanks be to God, *Dieu merci, grace à Dieu.*
God save you. *Dieu vous garde, Dieu vous conserve.*
God be with you. *Dieu vous accompagne.*
God speed you. *Dieu vous donne bon succès.*
God forbid. *A Dieu ne plaise, Dieu m'en garde.*
As God would have. *Par bonheur, par un effet de la providence divine.*
God save the nation. *Vive la Nation.*
Godfather. *Parrain.*
Godmother. *Marraine.*
To be Godfather or Godmother to a child. *Tenir un enfant sur les fonts de Baptême.*
Godchild. *Filleul ou filleule.*
Godson. *Filleul.*
Goddaughter. *Filleule.*
God-a-mercy. *Dieu vous le rende.*
For God-a-mercy. *Pour un, Dieu vous le rende ; pour rien.*
GODBOTE, *subst.* (a fine or amerciament for crimes and offences against God, an ecclesiastical or Church fine.) *Amende ecclésiastique.*
GODDESS, *s. Déesse.*
GODFATHER. *V. sons* God.
GODHEAD, *s. Divinité.*
The godhead of Christ. *La divinité du Christ.*
GODLESS, *adj. Athée, impie.*
A godless man. *Un athée, un impie.*
GODLIKE, *adj. Divin, semblable à la divinité.*
GODLINESS, *s. Piété, dévotion.*

GOD GOL

GODLY, *adj. Pieux, dévot, religieux.*
He is a godly man. *C'est un homme pieux.*
Godly, *adv. Pieusement, dévotement, religieusement.*
GO-DOWN, *s. Un trait.*
He drank a whole pot of beer at two godowns. *Il a avalé un pot de biere en deux traits, il n'en a fait que deux traits.*
To drink a quart of wine at three go-downs. *Boire une quarte de vin en trois coups ou en trois traits.*
GODMOTHER, &c. *s. V. après* God.
GODWARD, *adv. Envers Dieu.*
GODSHIP, *s. Divinité.*
GODWIT, *s.* (a delicate sort of bird.) *Francolin, sorte d'oiseau.*
GOER, *s.* (from to go.) *Allant.*
Comers and goers. *Allans & venans, ceux qui vont & viennent.*
GOFF, *s. Longue paume.*
Goff-stick. *Crosse ou battoir, pour jouer à la longue paume.*
GOG, *s. or* AGOG. Lx. To be agog for a thing, (to desire it earnestly.) *Désirer une chose avec passion, mourir d'envie d'une chose.*
To set agog. *Faire naître ou exciter l'envie ou le désir d'une chose, remplir l'esprit de quelque chose.*
Set his head agog once upon sprights, and he will be ready to squirt his wits at his own shadow. *On n'a qu'à lui remplir l'esprit de visions & de fantômes, pour le faire mourir de peur à la vue de son ombre.*
To GOGGLE, *v. n. Regarder de travers.*
Gogg'e-eyed. *Qui regarde de travers.*
GOING, *s.* (from to go.) *L'action d'aller, &c. V. to* Go.
The going down of the sun. *Le coucher du soleil.*
R. Going, est aussi le participe du verbe to go. Ex. I am a going. *Je m'en vais.*
I was just a going to give it you. *Je m'en allois justement vous le donner.*
I am a going on my four score and four. *J'entre dans ma quatre-vingt-quatrieme année.*
It is now going on four months since I came hither. *Il y a maintenant près de quatre mois que je suis ici.*
Going, (or gait.) *Démarche.*
The going of a horse. *L'allure d'un cheval.*
GOLA, *subst.* (or throat, a sort of cymatium in architecture.) *Doucine, grande cymaise, en architecture.*
GOLD, *s. Or, de l'or.*
Pure gold. *Or pur, or fin, or raffiné.*
Beaten gold. *Or battu.*
Leaf gold or gold foil. *Or en feuille.*
Gold-beater. *Batteur d'or.*
A gold-wire-drawer. *Un tireur d'or.*
Gold mine. *Mine d'or.*
Gold ore. *Mine d'or, non travaillée.*
A gold ring. *Une bague d'or.*
The devil's gold ring, (a sort of worm.) *Petit ver qui ronge la vigne, chenille de vigne, qui s'enveloppe dans les feuilles.*
Goldfinch, (a singing bird.) *Chardonneret, oiseau de chant.*
Gold-hammer, (a sort of bird.) *Loriot, oiseau de couleur jaune.*
The gold-flower. *Capillus veneris.*
A gold-finder, (or tom-turd-man.) *Vidangeur, écureur, maître des basses œuvres.*
A gold-finer. *Un affineur d'or.*
Gold-weight. *Poids de l'or.*
That prejudice is sufficient to turn the

GOL GOO

scale, where it was gold-weight before. *Ce préjugé suffit pour faire pencher la balance, qui auparavant étoit comme en équilibre.*
GOLDEN, *adj. D'or.*
A golden-cup. *Une coupe d'or.*
Golden-rod, (a sort of herb.) *La verge d'or, herbe.*
The golden number. *Le nombre d'or.*
The golden fleece. *La toison d'or.*
GOLDENLY, *adv. Splendidement, agréablement.*
GOLDING, *adj.* A golding apple. *Pomme qui a la chair rougeâtre, entée sur un mûrier.*
GOLDNEY, *s.* (or gilt-head.) *Dorade, sorte de poisson.*
GOLDSMITH, *s. Orfevre.*
A goldsmith's shop. *Boutique d'Orfevre.*
A goldsmith's trade. *L'Orfevrerie, commerce ou trafic d'Orfevre.*
Goldsmith's ware. *Orfevrerie, marchandise d'Orfevre.*
† GOLLS, *subst.* (or hands.) *Les mains.*
See what dirty golls he has. *Voyez ses mains sales.*
GOME, *s.* (a sort of black grease.) *Cambouis, graisse noire qui sort du moyeu de la roue.*
GONDOLA, *subst.* (a Venetian boat.) *Gondole, petite barque dont on se sert sur les canaux de Venise.*
GONDOLIER, *s.* (a Venetian waterman that steers a gondola.) *Gondolier.*
GONE, *adj.* (from to go.) *Allé, &c. V. to* Go.
He is gone. *Il est parti, il s'en est allé.*
He is gone a journey. *Il est allé faire un voyage.*
Get you gone. *Allez-vous en, retirez-vous.*
If you will not be gone presently. *Si vous ne vous en allez tout-à-l'heure.*
Gone with child. *Enceinte.*
He is gone, (or undone.) *Il est perdu ou ruiné de fond en comble, c'est fait de lui.*
I give it all for gone. *Je tiens tout cela pour perdu.*
He is gone, he is dead and gone. *Il est mort,* † *il a plié bagage.*
Gone in drink. *Qui a bu.*
Far gone in years. *Fort âgé, avancé en âge.*
Things are gone so far that there is no remedy. *Les choses sont reduites à ce point qu'il n'y a aucune ressource.*
Before a year was gone about. *Avant la fin de l'année.*
As soon as the soul is gone from the body. *Aussi-tôt que l'ame est séparée du corps.*
GONFALON,
GONFANON, *s. Gonfalon, sorte d'étendard.*
GONORRHŒA, *s.* (or running of the reins.) *Gonorrhée, perte de semence.*
GOOD, *adj. Bon, dans tous les sens.*
Good meat and good drink. *De bonne viande & de bonne boisson.*
A good (or honest) man. *Un homme de bien, un honnête homme.*
I pray God make you good. *Je prie Dieu qu'il vous fasse honnête homme ou homme de bien.*
A good (or sober) boy. *Un garçon sage.*
A good (or kind) nature. *Un bon naturel.*
A good (or gracious) Prince. *Un bon Prince, un Prince doux, qui a de la clémence.*

GOO GOO GOO

A good (or laudable) action. *Une bonne action, une action louable.*
A good (or convenient) room. *Une bonne chambre, une chambre commode.*
A good (or sufficient) excuse. *Une bonne excuse, une excuse valable.*
A good (or well-made) hat. *Un bon chapeau, un chapeau bien fabriqué.*
P. To set a good face on a bad game. P. *Faire bonne mine à mauvais jeu.*
Good-will. *Bonne volonté, bienveillance.*
To think good. *Trouver bon, approuver.*
It is good, (or profitable.) *Il est bon, il est utile ou avantageux.*
Good, (or wholesome.) *Bon, salutaire.*
A good advice. *Un bon conseil, un conseil salutaire.*
Good for one's health. *Bon ou salutaire pour la santé, salubre.*
Good for the lungs. *Bon des poumons.*
He knows what's good for him. *Il fait ce qui lui est propre.*
He is very good at it, (or skilled in it.) *Il est fort habile ou expert en cela, il s'y entend parfaitement bien.*
At some things I am as good as he. *Il y a des choses où je crois pouvoir réussir aussi bien que lui.*
A good (or handsome) face. *Un bon visage, un visage bien fait.*
Tho' he is reckoned to be as good as the best. *Quoiqu'on l'estime autant que qui que ce soit.*
I count myself as good as he. *Je m'estime autant que lui, je suis autant que lui, il n'a aucun avantage sur moi.*
He is as good a man as you. *Il vous vaut bien.*
We call the most wicked of things by good (or fair) names. *Nous donnons de beaux noms aux choses les plus criminelles.*
I left him as good as I found him. *Je l'ai laissé dans le même état où je l'ai trouvé.*
I gave him as good as he gave me or as he brought. *Je l'ai bien relancé ou rembarré, † je lui ai bien rivé ses clous.*
It is as good as done. *La chose est comme faite.*
I reckon it as good as done. *Je tiens cela pour fait.*
He has as good as married her. *Il l'a comme épousée, c'est un mariage fait.*
He was as good as all the helps they had beside. *Il leur a rendu autant de services que tous les secours qu'ils ont eu d'ailleurs.*
It will or 'twill be as good as rest to me. *Cela me tiendra lieu de repos.*
Good for nothing. *Qui ne vaut rien, qui n'est bon à rien.*
A thing good in law. *Une chose valide.*
All in good time. *Quand il en sera temps, toutes choses dans leur saison.*
She is or she's so big, that the looks for the good hour every moment. *Elle est si grosse, qu'elle attend à tout moment l'heure de sa délivrance.*
To come in good time. *Venir fort à propos ou à point nommé.*
I met him in very good time. *Je l'ai rencontré fort à propos.*
And reason good. *Et avec raison.*
He is come to town for good and all. *Il est venu en ville pour y rester, ou pour toujours.*
A good while. *Long-temps.*
A good while ago, a good while since. *Il y a long-temps.*

It is a good way thither. *Il y a loin d'ici là, il y a bien du chemin.*
A good deal. *Beaucoup, quantité, force.*
A good many things. *Plusieurs choses, bien des choses.*
We were a good many men and women. *Nous étions plusieurs tant hommes que femmes.*
A good (or able) scholar. *Un savant homme.*
A man of good parts. *Un homme d'esprit.*
A good understanding man. *Un homme de bon sens, qui sait bien juger des choses.*
He is as good a man as lives. *C'est le meilleur homme du monde.*
A good long speech. *Un bien long discours, une longue harangue.*
I have a good mind to do it. *J'ai bien envie, j'ai grande envie de le faire.*
To bear good will to one. *Avoir de la bonté pour quelqu'un.*
To do a thing with a good-will. *Faire une chose franchement, de son gré ou de plein gré.*
By his good will I should have nothing left. *Si la chose dépendoit de lui, il ne me resteroit rien.*
To be as good as one's word. *Tenir sa parole.*
To make good. *Prouver, justifier, tenir compte, réparer.*
I make good the proverb. *J'ai bien justifié le proverbe.*
To make good what one says. *Prouver ce que l'on dit.*
To make one's word good. *Tenir sa parole ou sa promesse.*
He made his words good. *Ce qui fut dit fut fait.*
I will or I'll make it good. *Je vous en tiendrai compte, je m'en charge, j'en réponds.*
To make good a loss. *Réparer une perte.*
To make good one thing with another. *Réparer une chose avec une autre.*
I hope I made my excuse good to you. *Je crois vous avoir fait trouver mon excuse valable.*
I charged him to make good the door. *Je le chargeai de s'assurer de la porte.*
There is or there's no good to be done upon him by persuasion. *Les remontrances ne font aucun effet sur son esprit.*
If you think good. *Si vous le jugez, si vous le jugez à propos.*
Good liking. *Approbation.*
You made a good day's work on't or of it. *Vous avez bien avancé aujourd'hui dans votre ouvrage.*
A good turn. *Une faveur, un bienfait, un tour d'ami, un service.*
Good-luck. *Bonheur.*
Good-friday. *Vendredi saint.*
In good earnest. *Sérieusement, tout de bon.*
The good man (or master) of the house. *Le maître de céans, le maître de la maison.*
The good woman, (or mistress.) *La maîtresse.*
A good sufficient man. *Un homme qui a de quoi.*
Good-nature. *Bonté de cœur, humeur bienfaisante, douceur, bon naturel.*
Good natured, good conditioned or good humoured. *De bon naturel, de bonne humeur.*
Good, interj. Ex. Nay, good, no compliments, I cannot stay. *Eh! de grace,*

trève de compliments, je ne saurois m'arrêter.
Good, *subst.* *Bien, avantage, profit; utilité.*
I did it for your good. *Je l'ai fait pour votre bien.*
Much good may it do you. *Grand bien vous fasse.*
I contrive all things for your good. *Je tâche de faire réussir toutes choses à votre avantage.*
I can do no good on't or in it. *Je n'y avance rien.*
I shall do no good with him. *Je n'avancerai rien avec lui.*
I found much good by it. *Je m'en suis bien trouvé.*
What good will it do you? *A quoi vous servira cela? quel avantage en tirerez-vous?*
It does me good to think on't or of it. *J'en suis tout réjoui quand j'y pense.*
To work for one's neighbour's good. *Travailler salutairement pour le prochain.*
I can hope for no good from it. *Je n'en ai point bonne opinion, je n'en espère rien de bon.*
Very good. *Fort bien.*
GOODS, *s. pl.* *Biens, meubles, bagage, marchandises, effets.*
P. Ill-gotten goods seldom thrive. P. *Les biens mal acquis ne profitent presque jamais.*
The goods (or furniture) of a house. *Les meubles d'une maison.*
Are his goods gone away? *Son bagage est-il parti?*
These goods are all spoiled. *Ces marchandises sont toutes gâtées.*
GOODLINESS, *s.* *Beauté.*
GOODLY, *adj.* *Beau, joli.*
A goodly building. *Un beau bâtiment.*
GOODMAN, *subst.* (a title usually given to country-men, house-keepers.) *Bon homme, c'est ainsi qu'on appelle ordinairement les fermiers & autres paysans, qui ont famille.*
GOODNESS, *subst.* (the being good.) *Bonté, qualité de ce qui est bon.*
Goodness, (beneficence, mercy.) *Bonté, humeur bienfaisante, clémence, miséricorde.*
Goodness, (piety, religion.) *Piété, religion.*
Goodness, (sap or juice of plants and trees.) *Sève, suc des plantes & des arbres.*
Goodness, (or gravy of meats.) *Jus ou suc des viandes.*
GOODY, *s.* (a title usually given to a country-woman.) *Bonne femme, c'est ainsi qu'on appelle ordinairement les paysannes mariées ou veuves, dame.*
GOOGINGS, *sub. pl.* *Femelots de gouvernail.*
GOOSE, *subst.* (a passage worked by the sea.) *Brèche faite par les flots de la mer.*
GOOSE, *subst.* (a known fowl.) *Une oie.*
A tame or wild goose. *Une oie privée ou sauvage.*
A stubble-goose. *Une oie d'automne.*
Goose-foot, (an herb.) *Pied-d'oie, herbe.*
Goose, (the play of the goose.) *Oie, sorte de jeu.*
To play at the goose. *Jouer à l'oie.*
† He is a goose. *C'est un fat, c'est un sot.*
A green goose. *Un oison.*
A Taylor's goose. *Carreau de Tailleur, fer pour presser les coutures.*

A

A goose-pen, (wherein geese are fatted.) *Lieu où l'on engraisse les oies.*
Goose giblets. *La petite-oie, abattis ou issues d'oies.*
† A goose-cap. *Un sot, un badaud.*
† A winchester goose, (or swelling in the groin.) *Un poulain, sorte de mal vénérien.*
GOOSE-NECK, *s. comp.* Crochet de fer fixé au bout intérieur d'un gui, & par le moyen duquel le gui tient à son mât.
GOOSE-WINGS, *s. comp. pl.* Points ou angles d'une voile dont le fond est cargué.
GOOSEBERRY, *s.* Groseille qui ne vient pas par grappes.
A gooseberry-tart. *Une tarte aux groseilles.*
Gooseberry-bush. *Groseillier, arbrisseau plein de piquants.*
GORBELLIED, *adj.* (that has a great belly.) *Ventru, qui a un gros ventre.*
GORBELLY, *s.* (or great belly.) *Gros ventre, grosse panse.*
GORD, *s.* Instrument de jeu.
GORDIAN, *adj.* Gordien.
GORDIANKNOT, *subst.* Nœud-gordien, obstacle difficile à surmonter.
GORE, *s.* Pointe.
A gore of a woman's shift. *Pointe de chemise de femme.*
Gore or gore-blood. *Sang caillé ou corrompu.*
To GORE, *v. act.* (or prick.) *Piquer.*
To gore an ox. *Piquer un bœuf.*
A bull that gores with his horn. *Un taureau qui donne des coups de cornes, qui frappe ou qui heurte des cornes.*
GORE-BLOOD, *s.* Sang caillé ou sang corrompu.
He is all of a gore-blood. *Il est tout couvert de sang.*
GORED, *adj.* (from to gore.) *Piqué.*
Gored with a horn. *Qui a reçu un coup de corne, qui a été frappé d'un coup de corne.*
GORGE, *s.* (or crop of a bird.) *Le jabot d'un oiseau.*
To cast the gorge, (as a hawk does.) *Rendre gorge, vomir.*
Gorge, (or gullet.) *Le gosier.*
To GORGE, *v. act.* (to feed and fill.) *Gorger, remplir, souler, donner à manger avec excès.*
To gorge one's self with meat. *Se gorger de viandes, se remplir jusqu'à la gorge.*
Gorged, *adj.* Gorgé, rempli, soulé.
Full gorged with iniquity. *Rempli, ou plein d'iniquité.*
GORGEOUS, *adject.* (costly, stately.) *Somptueux, magnifique, splendide.*
GORGEOUSLY, *adv.* Magnifiquement, somptueusement, splendidement.
GORGEOUSNESS, *s.* Pompe, magnificence d'habits.
GORGET, *s.* (or stomacher.) *Une gorgerette, espece de collerette servant à couvrir la gorge des femmes.*
A soldier's gorget, (or neck piece.) *Un hausse-col, ornement d'Officier d'infanterie.*
GORGON, *subst.* Gorgone, monstre fabuleux.
GORING,
GORING-CLOTH, } *part. & s.* Pointe ou toile de pointe, lesés des deux côtés des voiles carrées qui sont faites en pointe, afin de rendre la voile plus large par en bas que par en haut.
A sail cut goring. *Voile qui a beaucoup de toiles de pointe.*

To GORMANDIZE, *v. n.* (to be given to one's belly.) *Être adonné à son ventre, manger avec gloutonnerie.*
GORMANDISER, *subst.* (or gormand.) *Un homme adonné à son ventre, un glouton, un gourmand.*
GORMANDIZING, *subst.* Gourmandise, gloutonnerie, intempérance dans le manger.
GORSE, *s.* (Furze.) *Romarin, genêt.*
GORY, *adject.* (full of gore.) *Plein de sanie ou de sang corrompu.*
GOSHAWK, *s.* Un autour, sorte d'oiseau de proie.
GOSLING, *subst.* (a young goose.) *Un oison.*
Gosling upon a nut-tree. *Chaton, fleur de noyer.*
GOSPEL, *s.* L'Evangile.
P. It is or 'tis not all gospel which he says. *Tout ce qu'il dit n'est pas parole d'Evangile; c'est-a-dire, tout ce qu'il dit n'est pas vrai.*
A gospel-truth. *Une vérité évangélique.*
He regards neither law nor gospel, *Il ne respecte ni foi ni loi.*
GOSPELLER, *subst.* (he that reads the gospel in a cathedral or collegiate Church.) *Celui qui lit l'Evangile dans une Eglise cathédrale ou collégiale.*
GOSSAMER, *s.* Duvet des plantes; sorte de toile d'araignée qu'on voit dans l'air.
GOSSIP, *s.* Un compere, une commere.
A gadding gossip. *Une coureuse.*
A drinking gossip. *Une bonne commere, une ivrognesse.*
A pratting gossip. *Une causeuse, une caqueteuse, fille ou femme qui a du babil.*
To GOSSIP, *v. neut.* (to be gossiping abroad.) *Se réjouir comme une bonne commere.*
GOSSIPING, *subst.* Réjouissance de femmes qui mangent & boivent ensemble.
GOSSIPRED, *s.* Comperage.
GOT,
GOTTEN, } *adject.* (from to get.) *Gagné, acquis, obtenu, &c. V.* to Get dans tous ses sens.
A ship that runs a ground and is got off again. *Un vaisseau qui échoue & est remis à flot.*
Gotten or begotten. *Engendré.*
GOTHAM. Ex. A man of Gotham or a wife man of Gotham. *Un fou, un insensé, un sot, une bête.*
GOTHICK, *adj.* Gothique, qui est fait à la maniere des Goths.
GOUD or WOAD, *s.* (a plant.) *Guede ou gaude.*
To GOVERN, *v. act.* (or rule.) *Gouverner, conduire, administrer, régir.*
To govern the State. *Gouverner l'Etat, en avoir le gouvernement, l'administrer.*
To govern a case, (a Grammatical phrase.) *Gouverner ou régir un cas, en termes de Grammaire.*
GOVERNABLE, *adj.* (that may be governed.) *Qui peut être gouverné.*
GOVERNANCE, *s.* Gouvernement, conduite, administration.
GOVERNANTE, *subst.* (or governess.)
GOVERNED, *adject.* Gouverné, conduit, policé, réglé, régi.
A people ill governed. *Un peuple mal gouverné.*
A common-wealth well governed, (or ordered.) *Un Etat bien policé, bien réglé, où il y a une bonne police.*

A well-governed man. *Un homme sage, modéré, retenu.*
GOVERNESS, *subst.* (or governante.) *Gouvernante; celle qui a soin de l'éducation des enfants.*
She is or she's governess to his Highness the Duke of *Glocester*. *Elle est gouvernante de son Altesse Monseigneur le Duc de Glocester.*
GOVERNING, *subst.* L'action de gouverner, &c. V.* to Govern. *Gouvernement, conduite.*
GOVERNMENT, *subst.* Gouvernement, administration, maniment, domination, pouvoir ou maniere de gouverner.
Government. *Gouvernement, ville ou province, &c. sous un Gouverneur, nommé par le Prince.*
To take upon one's self the government of the State. *Prendre le gouvernement de l'Etat, ou prendre l'administration ou le maniment des affaires.*
To be under one's government. *Être sous le gouvernement de quelqu'un.*
To shake off the yoke of government. *Secouer le joug de la domination.*
To have the government (or to be governour) of a Province. *Avoir le gouvernement d'une Province.*
One that has no government of himself. *Une personne qui ne sait pas se conduire ou se gouverner; une personne qui n'est pas maitresse de ses passions ou qui s'abandonne à la débauche.*
He has not the government of his tongue. *Il n'est pas maitre de sa langue.*
A man of government. (a sober man.) *Un homme sage, modéré, retenu.*
GOVERNOUR, *subst.* (or ruler.) *Gouverneur.*
The Governour of a Province, town or fort. *Le Gouverneur d'une Province, d'une ville, d'une forteresse.*
A governour (or tutor) of a young Prince or Gentleman. *Gouverneur d'un jeune Prince ou d'un jeune Gentilhomme, celui à qui on a commis son éducation.*
GOUGE, *s.* (a round edged chissel.) *Gouge, outil de menuisier.*
GOURD, *subst.* (a kind of plant of the nature of melons or cucumbers.) *Une citrouille, une courge.*
GOURDINESS, *s.* Enflure à la jambe d'un cheval.
GOURDY, *adj.* (clumsy.) *Gros.*
GOURNET, *subst.* (a bird.) *Ex.* A red gournet. *Un coucou.*
A grey gournet. *Une hirondelle.*
GOUT, *pron.* Goo. *subst.* (taste, skill in painting, poetry, &c.) *Goût.*
Gout, (inclination.) *Goût, inclination, penchant.*
GOUT, *subst.* (a painful disease in the joints.) *La goutte, humeur âcre & douloureuse qui tombe ordinairement sur les jointures.*
The gout in the hips. *La goutte sciatique.*
GOUTINESS, *subst.* L'état d'un goutteux, l'état d'une personne qui a la goutte.
GOUTY, *adj.* (that has the gout.) *Goutteux, qui a la goutte.*
The gouty disease. *La goutte.*
GOWN, *subst.* Une robe.
A night-gown. *Une robe de chambre.*
The gown-men. *Les gens de robe ou de robe longue.*
GOWNED, *adject.* (that wears a gown.) *Qui porte une robe, qui est en robe.*

GRA

To GRABBLE, verb. act. (to handle un-towardly.) Manier de mauvaise grace, patiner.
Grabbled, adj. Manié de mauvaise grace, patiné.
To GRABBLE, v. n. Se prosterner sur la terre.
GRABBLING, subst. L'action de manier quelque chose de mauvaise grace ou de patiner.
GRACE, subst. (favour, mercy.) Grace, bonté, faveur, miséricorde.
I am very well through God's grace. Je me porte bien par la grace de Dieu.
If God gives me grace. Si Dieu m'en fait la grace.
The state of grace. L'état de grace.
The stroke of grace. Le coup de grace.
Grace, (or agreeableness.) Grace, bonne grace, agrément, bon air, air galant, air enjoué.
To have a good grace. Avoir bonne grace, as oir l'air enjoué.
Grace, (before or after meals.) Ex. To say grace before meals. Bénir la table ou dire son bénédicité.
To say grace after meals. Rendre graces après le repas.
The three Graces, feigned by poets to be the daughters of Jupiter and Venus. Les trois Graces, que les Poetes feignoient être filles de Jupiter & de Vénus.
Grace, c'est aussi un titre affecté aux Ducs & aux Archevêques d'Angleterre.
To GRACE, v. act. (or set out.) Donner de la grace, orner, embellir.
This will grace it very much. Ceci l'embellira beaucoup.
To grace, (or favour.) Favoriser, gratifier.
Graced, adj. Orné, embelli.
To be graced with admirable eloquence. Avoir le don d'être fort eloquent, être doué d'une fort grande eloquence.
GRACEFUL, adject. Beau, agréable, charmant, bienfait, orjoué, plein d'agrément.
GRACEFULLY, adv. De bonne grace, avec agrément.
GRACEFULNESS, s. Bonne grace, agrément, enjouement, air enjoué.
GRACELESS, adject. Qui n'a point bonne grace, qui n'est point agréable, qui n'a aucun agrément.
Graceless, (or brazen-faced.) Impudent, effronté.
GRACILITY, sub. (shrillness.) Gracilité, en parlant de la voix.
GRACIOUS, adj. (or courteous.) Gracieux, bon, bienfaisant, bénin, humain, doux, honnête, obligeant, civil.
He is a most gracious Prince. C'est un très-bon Prince.
To be under the King's gracious protection. Etre sous la protection favorable du Roi.
Gracious, (that has a good grace.) Gracieux, poli, qui a bonne grace, agréable.
To be gracious with a Lady. Etre dans les bonnes graces d'une Dame, en être aimé.
Our most gracious Sovereign. Notre Sérénissime Roi.
Most gracious Lord, (title given to God in our prayers.) Lien très-bon.
GRACIOUSLY, adverb. Gracieusement, obligeamment, humainement, favorablement.
He received me very graciously. Il me reçut fort obligeamment ou favorablement.
The King was graciously pleased to grant it, Le Roi a eu la bonté de l'accorder.
GRACIOUSNESS, subst. Bonté, douceur, benignité, conduite obligeante d'un supérieur envers ses inférieurs.
GRADATION, subst. (a figure of Rhetorick.) Gradation, figure de Rhétorique.
GRADIENT. V. Willing.
GRADUAL, adj. Graduel, qui se fait ou qui se sent par degrés.
A gradual knowledge. Une connoissance qui vient ou qui s'acquiert par degrés.
A gradual fire. Feu gradué, en termes de chimie, c'est-à-dire, un feu réglé.
Gradual, s. (that part of the mass which is said or sung, between the epistle and the gospel.) Graduel, certain verset qui se chante à la messe.
Gradual, (a book containing certain offices and ceremonies of the roman Church.) Graduel, livre qui contient certaines cérémonies de l'Eglise romaine.
GRADUALLY, adverb. (or by degrees.) Par degrés, petit-à-petit, pied-à-pied, peu-à-peu, pas-à-pas, successivement.
GRADUATE, subst. (one that has taken his degrees in the University.) Gradué, celui qui a pris ses degrés dans quelque Université.
To GRADUATE, v. a. Graduer.
GRADUATION, sub. Graduation, terme didactique.
GRAFF, &c. V. Graft, &c.
* GRAFFER, subst. (an obsolete word for Scrivener.) Un Greffier, un Notaire; ce mot est hors d'usage.
GRAFT, subst. Greffe, ente, ce qu'on ente & qu'on met dans un arbre.
To GRAFT, verb. act. Greffer, mettre une greffe, enter.
GRAFTER, subst. Celui qui ente ou qui a enté.
GRAFTING, subst. L'action de greffer ou d'enter.
GRAIL, subst. Petite partie de quelque chose.
GRAIN, subst. (or corn.) Grain, graine.
A grain of mustard-seed. Un grain de moutarde.
A grain of salt. Un grain de sel.
All manner of grain. Toute sorte de grain, comme froment, seigle, &c.
Grain of Paradise, (a sort of fruit.) Graine de Paradis, sorte de fruit.
Grain, (the 24th part of a penny-weight.) Grain, la pesanteur d'un grain d'orge ou de blé.
Grain of leather. Grain de cuir, perfection que le Tanneur donne au cuir.
Leather of a fine grain. Cuir beau de grain.
To work neat's leather into a grain. Faire venir le grain sur le cuir de vache.
Grain of wood. Veine de bois, par où il se fend.
Grain, (wherewith scarlet, &c. is dyed.) Cramoisi.
Dyed in grain, (or in the wool.) Teint en laine.
† A rogue in grain. Un franc coquin, un coquin en cramoisi.
† A knave in grain. Un fripon fieffé, un vrai fripon.
Against the grain, (in a proper sense.) A contre-poil.
Against the grain. A contre-cœur, avec répugnance, malgré soi.

God commands us nothing that is against the grain of our nature. Dieu ne nous commande rien qui soit contraire ou qui répugne à notre nature.
It goes against the grain, (he is loth to do it.) Il le fait à contre-cœur ou avec répugnance.
Nothing is so ungrateful as story-telling against the grain. Il n'est rien de si désagréable que de faire un conte de mauvaise grace ou que de conter mal.
A grain of allowance. Une petite connivence. V. Allowance.
GRAINY, adj. Grenu, plein de grains.
GRAMERCY, interj. (or I thank you.) Je vous remercie, je vous rends graces, Gramercy, subst. Grand-merci.
GRAMINEOUS. V. Grassy.
GRAMINIVOROUS, adj. Qui se nourrit d'herbe.
GRAMMAR, s. La grammaire, l'art de la grammaire ou le livre qui enseigne les préceptes de cet art.
A grammar-school. Une école latine, où l'on enseigne la grammaire.
GRAMMARIAN, subst. Un Grammairien, celui qui entend ou qui enseigne la grammaire.
GRAMMATICAL, adject. (of or belonging to grammar.) Grammatical, qui est de grammaire, de grammairien.
A grammatical word. Un terme grammatical ou de grammairien.
GRAMMATICALLY, adv. Grammaticalement.
GRAMMATICASTER, sub. (bad grammarian.) Méchant grammairien.
GRAMPUS, subst. Un baleineau, jeune baleine.
GRANADO. V. Grenado.
GRANARY, subst. (the place where corn is kept.) Un grenier, une grange à mettre le grain, un magasin où l'on serre le blé.
GRANATE, adject. Ex. Granate marble. Marbre qui a un beau grain.
GRAND, adj. (or great.) Grand, illustre, éclatant.
Grand, (or chief.) Grand, principal.
This was their grand design. C'étoit-là leur grand dessein.
The grand assizes. Les grandes assises.
The grand jury. Les grands jurés. Voy. Jury.
The grand committee. Le grand comité; lorsqu'il y a deux assemblées établies pour le réglement de quelque affaire d'importance, la principale de ces deux assemblées s'appelle the grand, & l'autre, the petty committee.
The grand or gaudy days. V. Gaudy.
Grand distress. Sorte de saisie ou d'arrêt qu'on fait par ordre de justice sur les biens d'une personne.
Grandsire or Grandfather. Aieul, grand-pere.
Grandmother. Grand'mere, aieule.
Grandson. Petit-fils.
Granddaughter. Petite-fille.
Grandchild. Petit-fils ou petite-fille.
Great grandfather. Bisaieul.
Great grandmother. Bisaieule.
Great grandson. Arriere-petit-fils.
Great granddaughter. Arriere-petite-fille.
GRANDAM, ⎫ subst. (or grandmother.)
GRANNUM, ⎭ Grand'mere, aieule.
P. To teach one's grandam to suck eggs. P. Apprendre à son pere à faire des enfants.

GRANDEE.

GRA

GRANDEE, *subst. Grand.*
A Grandee of Spain or Portugal. *Un Grand d'Espagne ou de Portugal.*
The Grandees of the realm. *Les Grands, les principaux du Royaume.*
GRANDFATHER, *f. Grand-pere, aïeul, pere du pere ou de la mere.*
Great grandfather. *Bisaïeul.*
Great greatgrandfather. *Trisaïeul.*
GRANDSIRE, *subst.* (or grandfather.) *Grand-pere, aïeul.*
GRANDEUR, *sub.* (or state.) *Grandeur, pompe, magnificence.*
GRANGE, *f.* (or farm-house.) *Ferme.*
GRANITE, *f. Granit*, forte de pierre.
GRANIVOROUS, *adject. Qui vit de grains.*
GRANT, *f. Octroi, concession, permission, privilege, pruvision.*
To get a grant. *Obtenir un octroi.*
None but the King can give grants for offices. *Il n'y a que le Roi qui puisse donner les provisions de charges.*
To GRANT, *v. act.* (to give or allow.) *Accorder, octroyer, donner, céder.*
To grant, (to acknowledge.) *Accorder; avouer, tomber d'accord.*
Grant it be so. *Posez le cas que cela soit, supposez que cela soit.*
Granted, *adject. Accordé, &c. Voyez to Grant.*
I take it for granted. *Je pose en fait, je présuppose.*
GRANTABLE, *adject. Ce qui peut être octroyé.*
GRANTEE, *sub.* (he or she to whom the grant is made.) *Celui ou celle qui a obtenu un octroi, une permission ou un privilege de faire quelque chose.*
GRANTING, *f. L'action d'accorder*, &c. *V.* to Grant.
The granting of that is of a dangerous consequence. *Il y a du danger à accorder une chose de cette nature.*
GRANTOR, *f.* (he or she that makes or has made a grant.) *Celui ou celle qui a fait un octroi ou une concession, qui a donné permission ou privilege de faire quelque chose.*
GRANULARY, *adject. Qui ressemble à de petits grains.*
To GRANULATE, *v. act. & neut. Mettre en grains, ou se réduire en grains.*
GRANULE. *f. Petit grain.*
GRAPE, *f. Raisin.*
A bunch of grapes. *Une grape de raisin.*
To gather the grapes in order to make wine. *Faire vendange, vendanger.*
To glean grapes. *Grapiller.*
A grape-stone, (or kernel in the grape.) *Pepin, pepin de raisin.*
GRAPHICAL, *adj.* (or exact.) *Parfait, achevé.*
A graphical description. *Une description exacte.*
GRAPHICALLY, *adv. Bien, exactement.*
GRAPLING, } *subst. Grapin.*
GRAPNEL, }
Boat grapling. *Grapin de chaloupe.*
Fire grapling. *Grapin d'abordage.*
Hand grapling. *Grapin à main.*
To GRAPPLE, *v. act. Accrocher.*
To grapple a ship. *Accrocher un navire.*
To grapple WITH the enemy. *En venir aux mains ou aux prises avec l'ennemi.*
To grapple with a person's stubborness. *Combattre l'opiniâtreté de quelqu'un.*
Grappled, *adj. Accroché.*
Grappled with. *Combattu.*
GRAPPLING, *f. V.* Grapling.

GRA

GRAPPLING-IRON. *V.* Grapple.
GRASED. *V.* Grazed.
GRASHOPPER, *sub.* (a fort of insect.) *Sauterelle,* forte d'insecte.
GRASIER. *V.* Grazier.
GRASING. *V.* Grazing.
GRASP, *f.* (the gripe or seizure of the hand.) *Poignée.*
To have a large grasp of a thing. *Avoir une bonne poignée de quelque chose.*
To GRASP, *verb. act. Empoigner, saisir, Prendre avec la main.*
To grasp AT. *Tâcher d'attraper, saisir, s'emparer.*
P. All grasp, all lose. P. *Qui trop embrasse, mal étreint.*
Grasped, *adj. Empoigné, saisi, pris avec la main.*
GRASPER, *subst. Celui qui saisit, qui empoigne.*
GRASPING, *f. L'action d'empoigner*, &c. *V.* to Grasp.
GRASS, *subst. Herbe,* herbe de prairie, de champ, &c. *Gazon, verdure, foin.*
To tread upon the grass. *Marcher sur l'herbe.*
To turn or put a horse to grass. *Mettre un cheval à l'herbe, lui faire manger le verd.*
Grass-plantain, (an herb.) *Serpentine.*
Grass-week. *Les Rogations.*
GRASSY, *adj.* (or full of grass.) *Herbu, abondant en herbe, plein d'herbe.*
GRATE, *f.* (to make a sea-coal fire in.) *Grille de fer,* où l'on fait le feu de charbon de terre.
A grate, (or lattice.) *Une grille, une jalousie, un treillis.*
She looked through the grate of a window. *Elle regardoit à travers une grille.*
To GRATE, *v. act. Râper, gratter avec la râpe, frotter contre la râpe; fermer avec une grille, grillet.*
To grate a nutmeg. *Râper de la muscade.*
To grate (to offend or vex) one. *Choquer quelqu'un, l'offenser.*
That grates my ear. *Cela me choque l'oreille.*
To grate the teeth. *Grincer les dents.*
To grate up a place. *Fermer quelque endroit avec un treillis ou avec une grille.*
To grate UPON. *Choquer.*
To grate upon one another. *S'entrechoquer.*
Grated, *adj. Râpé, choqué, offensé*; &c.
GRATEFUL, *adj.* (or pleasant.) *Agréable, qui plaît, qui agrée, gracieux.*
A grateful sight. *Un objet agréable ou gracieux.*
It will or 'twill be a grateful or 'twill be no ungrateful office to let him know. *Ce sera lui faire plaisir que de lui apprendre.*
Grateful, (or thankful.) *Reconnoissant, qui n'est pas ingrat, qui est sensible aux graces qu'il a reçues, qui a de la gratitude.*
A thing of this nature will be most grateful to him. *Une chose de cette nature lui sera très-agréable.*
I shall be very grateful to him for his kindness. *Je lui témoignerai ma reconnoissance des faveurs qu'il m'a faites.*
GRATEFULLY, *adv.* (or kindly.) *Agréablement, avec plaisir, avec joie.*
Gratefully, (or thankfully.) *Avec reconnoissance, avec gratitude.*
GRATEFULNESS, *f.* (or thankfulness.)

GRA

Reconnoissance, gratitude, ressentiment de quelque faveur.
Gratefulness, (pleasantness.) *Agrément.*
GRATER, *subst.* (from to grate.) *Râpe,* instrument à râper.
GRATIFICATION, *f.* (free gift.) *Gratification, don gratuit, présent.*
Gratification, (the act of pleasing.) *Plaisir, faveur,* qu'on fait à quelqu'un.
Gratification, (enjoyment, pleasure.) *Plaisir, volupté.*
He indulges himself in all the gratifications of his senses. *Il se permet tous les plaisirs des sens.*
To GRATIFY, *v. act.* (or to oblige one.) *Gratifier, obliger quelqu'un, lui faire quelque gratification ou quelque plaisir, rendre un bon office à quelqu'un.*
To gratify a man's importunity. *Accorder quelque chose à l'importunité de quelqu'un, se rendre à ses instances.*
I shall gratify your desires. *Je vous accorderai ce que vous souhaitez.*
To gratify (or indulge) one's passions. *S'abandonner, se laisser aller à ses passions, leur lâcher la bride.*
I gratify (or indulge) him in nothing but what is reasonable. *Je ne lui permets rien que de raisonnable.*
To gratify one's resentment. *Satisfaire, assouvir son ressentiment.*
Gratified, *adj. Gratifié*, &c. *V.* to Gratify, *dans tous ses sens.*
GRATIFYING, *f. L'action de gratifier*, &c. *V.* to Gratify.
GRATING, *sub.* (from to grate.) *L'action de râper, l'action de choquer*, &c. *V.* to Grate.
Grating, *adj. Qui choque l'oreille.*
The grating remembrance of a thing. *Le souvenir fâcheux de quelque chose.*
GRATINGLY, *adv. D'une manière rude choquante.*
An oath founds gratingly. *Un jurement choque l'oreille.*
GRATINGS, *f. plur.* (part of a ship.) *Caillebotis ou treillis,* tillac à jour dans un vaisseau.
GRATIS, *adv.* (or freely.) *Gratuitement, gratis, sans intérêt, sans récompense, pour rien.*
GRATITUDE, *subst.* (or thankfulness.) *Gratitude, reconnoissance, sentiment de reconnoissance, ressentiment d'un bienfait.*
GRATUITOUS, *adject.* (or freely done.) *Gratuit, désintéressé, donné ou fait sans récompense.*
GRATUITOUSLY, *adv. Gratuitement.*
GRATUITY, *subst.* (or free gift.) *Don gratuit, libéralité gratuite, don, présent, largesse, gratification, † gracieuseté.*
To GRATULATE, &c. *V.* to Congratulate, &c.
GRATULATION, *sub.* (or wishing joy.) *Congratulation, félicitation.*
GRATULATORY, *adject. De congratulation, de compliment.*
A gratulatory letter. *Une lettre de congratulation ou de compliment sur quelque heureux succès.*
GRAVE, *adject.* (sober, serious.) *Grave, sérieux, mûr, majestueux, qui a de la gravité, retenu, réservé, qui ne parle qu'à propos,* en parlant des personnes.
A grave look or countenance. *Une mine grave, un air sévère.*
A grave (or serious) discourse. *Un discours grave ou sérieux.*

Tome II.

2Q

A grave suit of clothes. *Un habit modeste.*
A grave accent, (a term of Grammar.) *Accent grave*, terme de Grammaire.
A grave sound. *Un ton grave, un ton de basse.*
GRAVE, *subst. Un tombeau, une fosse,* où l'on enterre un mort.
Prov. To have one foot in the grave. *P. Avoir un pied dans la fosse, être sur le bord de la fosse.*
To wish one in the grave. *Souhaiter la mort à quelqu'un, P. l'aimer mieux en terre qu'en pré.*
To lay one in one's grave. *Enterrer, ensevelir quelqu'un, le mettre au tombeau.*
Grave-maker. *Fossoyeur, celui qui fait les fosses pour enterrer les morts.*
A grave-stone. *Pierre de tombeau.*
To GRAVE, v. act. (or engrave.) *Tailler, graver, ciseler.*
To grave an image. *Tailler une image.*
To grave a seal. *Graver un cachet.*
To grave a ship. *Suiver un vaisseau, lui donner la courée.*
To grave a galley. *Espalmer une galere.*
Graved, adj. *Taillé, gravé, ciselé, suivé, espalmé.*
This is very well graved. *Ceci est fort bien gravé.*
A ship newly graved. *Un vaisseau nouvellement suivé.*
GRAVEL, *s. Gravier, gravois, gros sable.*
A place full of gravel. *Un lieu plein de gravier.*
Gravel, (a sort of disease.) *La gravelle, la pierre*, maladie causée par du sable qui fait obstruction dans les reins ou dans la vessie.
To be troubled with the gravel. *Avoir la gravelle, être graveleux.*
He died of the gravel. *Il est mort de la gravelle.*
A gravel-pit. *Sablonniere, lieu d'où l'on tire le sable.*
A gravel-walk. *Allée de jardin couverte de gravier*, &c.
To GRAVEL, v. act. *Couvrir de gravier.*
To gravel a walk. *Couvrir de gravier une allée.*
To gravel (or to perplex) one. *Embarrasser quelqu'un, le mettre en peine, lui donner du scrupule.*
Gravelled, adject. *Couvert de gravier.*
He is very much gravelled (or perplexed.) *Il est fort embarrassé ou en peine, il a un scrupule.*
GRAVELESS, adject. *Sans sépulture.*
GRAVELLING, *subst. L'action de couvrir de gravier, l'action d'embarrasser,* &c. *Voy.* to Gravel.
GRAVELLY, adj. *Sablonneux, graveleux, plein de sable ou de gravier.*
A gravelly urine. *Urine gravelense.*
GRAVELY, adv. (from grave.) *Gravement, avec gravité.*
To march gravely, (or with a deal of gravity.) *Marcher gravement.*
GRAVEN, adj. (from to grave.) *Taillé, gravé.*
GRAVER, *f.* (or engraver.) *Un graveur,* celui qui fait l'art de graver.
A graver, (a tool to engrave.) *Un burin.*
A sharp grave. *Un onglet.*
A round or flat graver. *Une échoppe.*
GRAVIDITY, *s. Grossesse, pesanteur.*
GRAVING, *sub. Gravure, l'art ou l'action de graver.*
He had so much for the graving. *Il a eu tant pour la gravure.*

A graving-tool. *Un burin.*
Graving, *subst.* Action d'échouer un bâtiment à marée basse, pour le carener ou l'espalmer : on dit en François, *Œuvres de marée.*
To GRAVITATE, v. neut. (to weigh.) *Peser, graviter*, terme de physique.
GRAVITATION, *s.* (or weighing.) *L'action de peser, poids, gravitation*, terme de physique.
GRAVITY, *subst.* (or weight.) *Gravité, poids.*
The centre of gravity. *Le centre de gravité.*
Gravity, (the being grave.) *Gravité, sérieux, grave.*
A stoical gravity. *Une gravité stoïque.*
The gravity of a discourse. *Gravité de discours.*
I am weary of gravity. *Je suis dégoûté du grave & du sérieux.*
GRAVY of meat, *f. Jus, suc*, ce qu'il y a de plus succulent dans la viande.
Gravy of beef or mutton. *Jus de bœuf ou de mouton.*
Meat full of gravy. *Viande fort succulente.*
GRAY, adj. *Gris*, de couleur grise.
Gray cloth. *Du drap gris.*
To wear gray clothes. *Etre habillé de gris.*
Gray eyes. *Des yeux gris.*
A gray horse. *Un cheval gris.*
He rid a fine gray horse. *Il étoit monté sur un bon cheval gris.*
Gray hair. *Poil gris.*
He is all gray. *Il est tout grison.*
To grow gray. *Grisonner, devenir grison*, il ne se dit que des personnes.
GRAY, *s. Gris*, sorte de couleur.
Dark gray, darkish gray. *Gris brun.*
Dapple gray. *Gris pommelé.*
Gray-brock (or badger.) *Blereau, taisson*, sorte d'animal.
A gray-hound or grey-hound. *Un levrier, un chien levrier.*
Gray-hound bitch. *Levrette.*
Gray-eyed. *Qui a les yeux gris.*
Gray-haired. *Grison*, qui a les cheveux gris.
GRAYISH, adj. *Grisâtre*, qui tire sur le gris.
A grayish colour. *Une couleur grisâtre.*
A grayish stuff. *Une étoffe grisâtre.*
GRAYLING, *f.* (a fish.) *Ombre*, sorte de poisson.
GRAYNESS, *f. Couleur grise, gris.*
To GRAZE, v. n. (or feed.) *Paitre.*
The flocks grazed on the hills. *Les troupeaux paissoient sur les collines.*
To graze (or glance) as a bullet does. *Effleurer, raser, friser,* passer tout contre & avec vitesse.
A horse that slightly grazes upon the ground. *Cheval qui rase le tapis ou qui galoppe près de terre.*
The bullet grazed upon the ground. *Le boulet effleura la terre.*
GRAZIER, *f. Un homme qui trafique en bétail,* ou *qui engraisse le bétail pour le vendre.*
GRAZING, *f. L'action de paitre, l'action de raser ou d'effleurer, de friser.*
The art of grazing. *L'art d'engraisser le bétail pour le vendre.*
† To turn one to grazing, to send one a grazing. *Congédier quelqu'un, s'en défaire,* † *lui donner le sac & les quilles, l'envoyer paitre ou promener.*
GREASE, *subst. Graisse, graisse à graisser quelque chose.*

A spot of grease. *Une tache de graisse.*
Grease for cart-wheels. *Oing,* avec quoi l'on graisse les roues d'un charlot, d'un carrosse, &c.
To GREASE, verb. act. *Graisser, oindre, frotter avec de la graisse ou tacher avec de la graisse.*
To grease a wheel. *Graisser une roue.*
To grease one's clothes. *Tacher l'habit de quelqu'un, le tacher avec de la graisse.*
To grease one in the fist. † *Graisser la patte à quelqu'un*, lui donner de l'argent pour le corrompre.
Prov. To grease a fat sow on the arse, (that is , to give to those that do not want it.) *Donner à ceux qui n'en ont pas besoin.*
Greased, adj. *Graissé,* &c. *V.* le verbe.
GREASILY, adv. *Salement,* avec des mains couvertes de graisse.
GREASINESS, *subst. Graisse, saleté, crasse.*
GREASING, *sub. L'action de graisser,* &c. *Voy.* to Grease.
GREASY, adj. *Couvert de graisse ou taché de graisse.*
This table is greasy all over. *Cette table est toute couverte de graisse.*
A greasy suit of clothes. *Un habit gras ou tout taché de graisse.*
A greasy taste. *Un goût de graisse.*
Greasy, (or sluttish.) *Sale, vilain, crasseux.*
GREAT, adject. (big, large or huge.) *Grand,* qui a une grandeur physique & réelle.
A great house. *Une grande maison.*
A great hat. *Un grand chapeau.*
A great city. *Une grande ville.*
A great congregation. *Une grande assemblée.*
A great (or violent) wind. *Un grand vent, un vent violent:* ou *impétueux.*
A great hurricane. *Un grand ouragan.*
A great earthquake. *Un grand tremblement de terre.*
A great (or intimate) friend. *Un grand ami, un ami intime.*
A great (or deep) silence. *Un grand ou un profond silence.*
A great estate. *De grands biens, des biens considérables.*
Great, (noble.) *Grand, illustre, élevé, noble, généreux.*
A great soul. *Une grande ame, une ame noble ou généreuse.*
A great captain. *Un grand ou un illustre capitaine.*
A great (or long) while. *Long-temps.*
A woman great with child. *Une femme grosse ou enceinte.*
To be great with one. *Etre lié d'une grande amitié avec quelqu'un, être dans ses bonnes graces ou son ami intime.*
It is no great matter. *Il n'importe pas beaucoup.*
A great deal. *Beaucoup, quantité.*
It is or 'tis a great way thither. *Il y a bien d'ici là.*
His recommendation goes a great way with such a one. *Sa recommendation est puissante auprès d'un tel.*
A great many. *Plusieurs.*
In a great measure. *Beaucoup, fort, grandement, en grande partie.*
To ride the great horse. *Monter un cheval de manage.*
You were a great fool to go thither. *Vous étiez bien fou d'y aller.*
Great belly. *Voy.* Belly.

Great

GRE

Great grandfather, &c. *Voy.* Grandfather, &c.
GREAT, *subst. Gros.*
To fell by the great. *Vendre en gros.*
To undertake work by the great. *Entreprendre un ouvrage, prendre un ouvrage à l'entreprise.*
To GREATEN, v. act. (to make greater.) *Agrandir, accroître, rendre plus grand.*
GREATER, c'*est le comparatif de* Great. *Exemp.* A greater man than Cæsar. *Un plus grand homme que César.*
GREATEST, c'*est le superlatif de* Great. *Ex.* A business of the greatest consequence. *Une affaire de la derniere conséquence ou importance.*
GREATLY, *adv. Grandement, fort, beaucoup, extrêmement.*
GREATNESS, *subst. Grandeur, élévation, grand éclat, excellence, sublimité.*
A greatness of soul. *Une grandeur d'ame.*
The greatness of an enterprise. *La grandeur d'une entreprise.*
The greatness (or enormity) of sin. *La grandeur ou l'énormité du péché.*
GREAVES, *subst.* (an armour for the legs.) *Sorte d'armure dont on se couvre les jambes.*
GRECIAN, *s. Un Grec, une Grecque.*
A good (an able) grecian. *Un homme savant en grec.*
GRECISM, *s.* (an idiom of the greek tongue.) *Hellénisme, ou idiome de la langue grecque.*
GREE, *s.* (a law-word, for satisfaction.) *Satisfaction, réparation.*
GREEDILY, *adv. Avidement, avec avidité, goulument.*
Greedily. *Avec avidité, avec ardeur, avec empressement, avec passion.*
GREEDINESS, *s. Gourmandise, intempérance, gloutonnerie.*
Greediness. *Avidité, ardeur, empressement, grand désir d'avoir, passion de venir à bout de quelque chose.*
GREEDY, *adj.* (hungry or ravenous.) *Goulu, glouton, gourmand.*
A greedy man or a greedy gut. *Un goulu, un gourmand, un glouton.*
Greedy, (or covetous.) *Avide, qui désire avec passion, passionné pour quelque chose.*
Greedy of praise. *Avide de gloire, avide de louange.*
Greedy of money. *Avare.*
Greedy of honours. *Ambitieux.*
GREEK, *adj. Grec, de Grece.*
Greek wine. *Du vin grec, du vin de Grece.*
A greek book. *Un livre grec.*
GREEK, *s. Le grec, la langue grecque.*
A greek, (or rather a grecian.) *Un grec, un homme de la grece.*
A merry greek or merry grig. *V.* Grig.
GREEKLING, *subst. Mot de mépris, pour dire un grec:* c'est le *græculus des Latins.*
GREEN, *adj.* (as grass.) *Vert,* qui a de la verdure, qui a une couleur verte.
Green, (not ripe.) *Vert, qui n'est pas mûr.*
Green, (or fresh.) *Frais, nouvellement fait.*
Green, (not dry.) *Vert, qui n'est pas sec.*
Green, (or raw.) *Novice,* qui n'est pas encore bien versé en quelque chose.
Green as grass. *Vert comme l'herbe des prés.*

A green ribbon. *Un ruban vert.*
A green cloth. *Un drap vert.*
The Court of green cloth. *La Cour du Tapis vert,* pour le réglement de la Maison du Roi d'*Angleterre :* c'est ce qu'on appelloit en *France, les Requêtes de l'Hôtel.*
Green fruit, (that is not ripe.) *Fruit vert,* qui n'est pas mûr.
Green fish. *Morue fraîche.*
A green (or raw) wound. *Une plaie toute fraîche.*
Green wood, (in opposition to dry wood.) *Du bois vert.*
To be green (or raw) in a business. *N'être qu'un novice ou un apprenti en quelque chose,* n'y être pas bien versé.
The green sickness. *Les pâles couleurs.*
Green cheese, (with herbs in it.) *Fromage persillé.*
A green goose. *Un oison.*
Green-finch, (a sort of bird.) *Verdier,* sorte d'oiseau qui a le plumage vert.
Green corn. *Blé en herbe.*
A green square. *Un carré de verdure ou de gazon, ou un boulingrin.*
To grow green. *Verdir, reverdir.*
P. You would make me believe the moon is made of green cheese. *Vous voudriez bien me faire accroire que les étoiles sont des papillottes, ou que le blanc est noir.*
GREEN, *subst.* (or green colour.) *Vert, couleur verte.*
Sea-green. *Vert de mer.*
A bowling-green. *Boulingrin où l'on joue à la boule, tels que sont ceux d'Angleterre, où l'on joue comme sur un tapis vert.*
A green, or a green-plot. *Un boulingrin, un terrein couvert de verdure ou de gazon.*
Greens, *plur.* (herbs, cabbage, sallettings, &c.) *Légumes, salades, herbes potagères, comme choux, laitues, chicorée, pourpier, artichauts, &c.* enfin tout ce qui croit dans le jardin potager, excepté les racines, qu'on appelle *roots,* & les *légumes* proprement dits, comme *pois, fèves, &c.* qu'on nomme *pulse :* c'est ce qu'il faut bien distinguer pour parler correctement en anglois.
GREENGAGE, *subst. Vert-bonne, reine-claude,* espece de prune.
GREENISH, *adj. Verdâtre,* qui tire sur le vert.
GREENNESS, *subst. Verdure.*
GREENSICKNESS. *Voy.* Green.
GREENSWARD, GREENSWORD, } *adj. Ex.* A greensward-way. *Chemin velouté, une pelouse. V. Sward.*
To GREET, *verb. act.* (or salute.) *Saluer.*
GREETER, *subst. Qui salue.*
† GREETING, *subst. Salut.*
GREEZE, GRICE, GRISE, } *subst. Perron,* espece d'escalier.
GREGARIOUS, *adject. Qui va par troupeaux.*
GREMIL, *s.* (a sort of herb.) *Herbe aux perles.*
GRENADE, *subst. Grenade,* dont on se sert à la guerre.
To throw grenades. *Jeter des grenades.*
GRENADIER, *s. Grenadier,* soldat dont on se servoit dans les armées pour jeter des grenades.
GRENADO. *Voy.* Grenade.

GRE

GRENAT, GRENET, } *subst.* (sort of precious stone.) *Grenat,* sorte de pierre précieuse.
GREW, *prétérit de* to Grow.
GREY. *Voy.* Gray.
GREYHOUND, *subst. Levrier. V.* Gray.
GRICE, *s.* (a young wild-boar.) *Marcassin, petit sanglier.*
To GRIDE. *Voy.* to Cut.
GRIDELIN, *subst. Gris de lin,* sorte de couleur.
GRIDIRON, *subst. Gril,* ustencile de cuisine.
To broil something upon a gridiron. *Griller quelque chose sur un gril.*
GRIEF, *subst.* (sorrow or affliction.) *Déplaisir, regret, douleur, chagrin, fâcherie, affliction, ennui.*
It is a great grief to me. *J'en ai un déplaisir sensible.*
I did it to my great grief. *Je l'ai fait à mon grand regret.*
To fall sick, to pine away with grief. *Tomber malade, languir de chagrin.*
To be full of grief. *Être fort affligé, être accablé d'ennui.*
GRIEVANCE, *subst.* (wrong, injury.) *Grief, tort, lésion* que l'on souffre en quelque chose, *abus.*
The grievances of the nation. *Les griefs de la nation.*
To redress the grievances. *Réparer les griefs, réformer les abus.*
To GRIEVE, *v. act. Chagriner, attrister, fâcher, désoler, affliger, tourmenter.*
To Grieve, *v. réc.* (or to grieve one's self.) *Se chagriner, s'affliger, se tourmenter, s'attrister.*
She does nothing but grieve, she grieves herself to death. *Elle est dans un chagrin perpétuel, elle se tue à force de s'attrister.*
This grieves my heart. *Cela me perce ou fend le cœur.*
That grieves me to the very heart. *J'en ai le cœur tout pénétré ou percé ou outré de douleur.*
It grieves me exceedingly that I am forced so to do. *J'ai tous les regrets du monde d'être obligé d'en user ainsi.*
Grieved, *adj. Chagriné, fâché, attristé, affligé, tourmenté.*
I am grieved to see him so abused. *Il me fâche de le voir ainsi maltraité.*
I have been extremely grieved for his death. *J'ai ressenti un très-sensible déplaisir de sa mort ; j'en ai été fort affligé.*
GRIEVING, *subst. L'action de chagriner, d'attrister, de fâcher, de désoler, d'affliger, de tourmenter. Voy.* to Grieve.
Effectual ways and means of raising money, without grieving the subject. *Moyens efficaces de lever de l'argent ou des deniers, sans fouler le peuple ou sans le faire crier.*
GRIEVINGLY, *adv. Avec chagrin, avec douleur.*
To sigh grievingly. *Exprimer sa douleur par des soupirs.*
GRIEVOUS, *adj. Grief, cruel, sensible, touchant, affligeant, fâcheux, insupportable.*
Under grievous penalties. *Sous de grieves peines.*
It is or 'tis a grievous thing. *Cela est cruel, sensible, touchant, fâcheux.*
A grievous (or unsufferable) child. *Un enfant insupportable ou pervers.*
This is grievous weather. *Il fait un temps*

temps cruel ou *un vilain temps, il fait vilain.*
A grievous (or an odious) crime. *Un crime énorme ou atroce, une faute grieve.*
A grievous error. *Une erreur énorme ou grossiere.*
To be in a grievous fright. *Avoir grand'peur.*
GRIEVOUSLY, adv. (painfully.) *Grièvement, durement, sévérement, aigrement, rigoureusement.*
He will be grievously punished. *On le punira grièvement.*
Grievously, (or very much.) *Bien, beaucoup, fort, extrèmement, fort & ferme, excessivement, grièvement.*
We suffered grievously in that voyage. *Nous souffrimes beaucoup dans ce voyage.*
I am grievously concerned for him. *Je suis fort en peine pour lui.*
To beat one grievously. *Battre quelqu'un fort & ferme.*
To be grievously sick, angry or wounded. *Etre grièvement malade, chagrin ou blessé.*
To swear grievously or to swear grievous oaths. *Faire des juremens exécrables.*
To be grievously griped. *Avoir de terribles tranchées.*
To take a thing grievously. *Souffrir impatiemment quelque chose.*
GRIEVOUSNESS, *f. Enormité, atrocité.*
The grievousness of a crime. *L'énormité, l'atrocité d'un crime.*
The grievousness of one's condition. *Le malheureux état d'une personne.*
† GRIFF-GRAFF, adv. (by hook and by crook.) *A tort & à travers.*
GRIFFIN,
GRIFFON, } *subst. Griffon,* oiseau de proie : il signifie aussi un animal fabuleux à quatre pieds, qu'on dit qui a des ailes & un bec d'oiseau.
GRIG, *f. Une petite anguille.*
A merry grig, (or a merry greek.) *Un bon compagnon, un bon drôle, un gaillard, un goinfre.*
To GRILL, v. act. *Griller, faire cuire sur le gril.*
GRILLADE, *subst.* (or broiled meat.) *Grillade, viande grillée.*
GRIM, adj. (or sour and austere in countenance.) *Chagrin, rechigné, refrogné, sévere.*
A grim look. *Un air refrogné, chagrin, rechigné; un front sévere.*
The grim ferry-man, (a poetical expression.) *Le pâle nocher, Caron.*
To make grim (or wry) faces. *Faire des grimaces.*
Grim-faced. *Qui a un air chagrin ou rechigné.*
A grim-faced fellow. *Un rechigné.*
GRIMACE, *f.* (or wry mouth.) *Grimace,* contorsion de visage.
Grimace, (dissimulation and hypocrisy.) *Grimace, apparence trompeuse & hypocrite, feinte, dissimulation.*
To GRIME, v. act. (or dirty.) *Salir, crotter, tacher.*
Grime, *subst. Saleté, ordure, crasse.*
GRIMLY, adv. (from grim.) *D'un air chagrin, refrogné ou rechigné, de travers.*
GRIMALKIN, *f. Vieux chat;* terme de mépris pour une femme vieille & petite, *vieille sorciere.*
GRIMNESS, *subst. Air chagrin, refrogné ou rechigné, sévérité, mine ou regard sévere.*

To GRIN, v. n. (to set the teeth together.) *Faire des grimaces, grimacer.*
To GRIND corn, v. act. *Moudre du blé.*
To grind with the teeth. *Mâcher.*
To grind the teeth. *Grincer les dents.*
To grind colours. *Broyer des couleurs.*
To grind a knife, &c. *Emoudre un couteau, le passer sur la meule.*
To grind the poor, (to oppress them.) *Opprimer les pauvres.*
Grinded or rather ground, adj. *Foulé, opprimé.*
The city of Palmyra being placed in the confines of two potent Empires, the Partians on the east, and the Romans on the west, it happened often that, in times of war, they grinded between both. *La ville de Palmyre étant située sur les confins de deux grands Empires, les Parthes au levant & les Romains à l'Occident, il arrivoit souvent, en temps de guerre, qu'elle étoit foulée par les deux partis.*
To be grinded with pain. *Souffrir une grande douleur.*
GRINDER, *subst.* (from to Grind.) *Un émouleur* ou *un gagne-petit.*
Grinders, (the teeth so called.) *Les dents mâchelieres.*
GRINDING, *f. L'action de moudre,* &c. V. to Grind.
GRINDSTONE, *f.* (rather than grindlestone.) *Meule, meule à aiguiser.*
GRINNER, *f. Grimacier.*
GRINNING, *f.* (from to Grin.) *L'action de faire des grimaces.* V. to Grin. *Grimace.*
GRINNINGLY, adv. *Avec des grimaces, en grimaçant.*
GRIPE, *f.* (or handful.) *Une poignée.*
Gripes, (the griping in the guts.) *Tranchées, tranchées de ventre, la colique.*
The gripes of avarice and the twinges of ambition. *Les soins rongeurs de l'avarice, & les tourmens de l'ambition.*
A gripe penny, (or extortioner.) *Un taquin, un avare, un vilain, un chiche, un ladre, un pince-maille, un grippe-sou.*
Gripe, (a sea-word.) *La piece inférieure du taillement, que les constructeurs Anglois font très-large, pour soutenir le vaisseau contre la dérive.*
GRIPES, *f. pl.* (a sea-term.) *Risses de courloupe.*
To GRIPE, v. act. (to seize.) *Empoigner, saisir, se saisir de, prendre.*
{To gripe, (or cause a griping of the guts.) *Causer* ou *donner des tranchées de ventre* ou *la colique.*
Griped, adject. (or seized.) *Empoigné, saisi, pris.*
Griped, (troubled with the gripes.) *Qui a des tranchées, qui a la colique.*
GRIPER, *f. Un usurier, un oppresseur.*
GRIPING, *f. L'action d'empoigner,* &c. V. to Gripe, *dans tous les sens.*
The griping of the guts. *Tranchées, tranchées de ventre, colique.*
Griping, adj. Ex. A griping (or covetous) man. *Un avare, un taquin, un avare faquin, un ladre.*
Griping, (speaking of a ship.) A griping ship. *Vaisseau ardent,* ou qui a disposition à venir au vent.
The ship gripes. *Le vaisseau est ardent.*
GRIPINGLY, adv. *Avec peine* ou *douleur de ventre.*
GRIPLE, *Voy. Griper.*
GRISAMBER, V. Ambergris.
GRISLY, adject. (or hideous.) *Affreux, hideux, terrible, effroyable.*

A grisly hue, (or aspect.) *Un regard affreux* ou *hideux.*
GRIST, *f. Mouture, farine moulue.*
† It will hinder no grist to your mill. *Cela ne vous fera aucun tort, vous n'y perdrez rien.*
P. To bring grist to the mill. P. *Faire venir l'eau au moulin.*
GRISTLE, *subst. Cartilage,* partie du corps qui tient un milieu entre la chair & l'os.
GRISTLY, adject. (or full of gristles.) *Cartilagineux.*
GRIT, *subst.* (dust of stones or metals.) *Poussiere de pierre, limure* ou *limaille de métal.*
* GRITH, *subst.* (an old *saxon* word, that signifies peace.) *Paix.*
GRITTY, adj. (from Grit.) *Graveleux, mêlé de gravier, plein de sable.*
Gritty bread, gritty fruits. *Du pain* ou *des fruits graveleux.*
GRIZZLED, adj. (or hoary.) *Grison, qui grisonne, qui commence à avoir les cheveux gris.*
GRIZZLY, adj. *Grisâtre.*
GROAN, *f. Gémissement,* soupir accompagné de pleurs & de cris.
To GROAN, verb. neut. (or to fetch groans.) *Gémir, soupirer, pleurer & se plaindre.*
The gallows groans for him. *Le gibet l'attend avec impatience, c'est un coquin qui mérite la corde depuis long-temps.*
To groan for a thing. *Soupirer après, souhaiter passionnément quelque chose.*
GROANING, *f. Gémissement* ou *l'action de gémir.*
GROAT, *f. Quatre sous, piece de quatre sous.*
A groat's-worth. *La valeur de quatre sous.*
He is not worth a groat. *Il n'a pas quatre* ou *cinq sous vaillant.*
Groats, (oats that have the hulls taken off.) *Gruau, avoine mondée.*
GROCER, *f. Un épicier.*
A grocer's-shop. *Boutique d'épicier.*
† A grocer, (or wholesale-man.) *Un marchand grossier.*
GROCERY, *f. Le métier d'épicier.*
Grocery-ware. *Epicerie.*
GROGERAM,
GROGRAM, } *subst.* (a stuff of silk and hair.) *Sorte d'étoffe de poil mêlé avec de la soie.*
GROGRAN,
Grogram-yarn. *De la filoselle.*
GROIN, *f.* (the part next the thigh.) *Aine,* partie du corps où la cuisse & la hanche s'assemblent.
A swelling in the groin. *Poulain,* tumeur vénérienne & maligne qui vient à l'aine.
GROMMET, *f. Anneau de corde pour les voiles d'étai.*
Grommet of an oar. *Estrop de corde d'un aviron.*
GROOM, *f. Valet,* domestique.
A groom of the King's bed-chamber. *Valet de chambre du Roi.*
A groom of the stole to the King. *Premier Gentilhomme de la Chambre du Roi,* en parlant de la Cour d'Angleterre.
A groom of the stables. *Un palefrenier.*
A groom of the King's wardrobe. *Un garçon de la garderobe du Roi.*
A groom of the confectionary. *Un garçon confiseur.*
A groom of the great-chamber. *Un valet de la grand'chambre.*
The groom porter. *Le premier portier de la Cour.*

GROOVE,

GRO

GROOVE, *subst.* (a channel or gutter in iron or wood.) *Rainure.*
Groove. *Caverne, creux profond.*
To GROOVE, *verb. act.* (to make a groove.) *Evider, faire une rainure.*
To GROPE, *verb. act.* (or feel.) *Tâter, chercher en tâtonnant.*
To grope a hen. *Tâter si la poule a un œuf.*
Groped, *adj. Tâté, tâtonné, manié.*
GROPER, *s. Celui ou celle qui tâte, qui tâtonne ou manie,* &c. † *un patineur.*
GROPING, *subst.* L'action de tâter, de tâtonner, &c. V. to Grope.
To go groping along. *Aller ou marcher à tâton.*
GROSS, *adj.* (or thick.) *Grossier, épais.*
A grofs air. *Un air grossier ou épais.*
A grofs error, (or cheat.) *Une erreur, une tromperie grossiere, palpable, lourde.*
To give one grofs language. *Parler incivilement à quelqu'un, lui dire des injures, le choquer.*
GROSS, *s. Gros.*
The grofs (or body) of an army. *Le gros d'une armée.*
This we hear in the grofs. *Nous apprenons ceci en gros ou en général.*
Grofs, (the number of twelve dozen.) *Ex. A grofs of buttons, Une grosse de boutons.*
GROSSLY, *adv.* (or rudely.) *Grossiérement, peu délicatement, sans politesse.*
To tell things grossly or in a grofs manner *Dire grossiérement les choses.*
To speak grossly to one. *Parler incivilement à quelqu'un.*
You grofsly mistake my meaning. *Vous entrez mal dans ma pensée.*
He is grofsly mistaken. *Il se trompe lourdement.*
GROSSNESS, *sub. Grossiéreté, grosseur, épaisseur.*
GROT,
GROTTO, } *subst.* (a cave.) *Grotte, antre, caverne ou naturelle ou faite par art.*
A fine grotto. *Une belle grotte.*
A grot maker. *Un rocailleur, celui qui fait des grottes & des rochers pour embellir un jardin.*
GROTESQUE, *adj. Grotesque.*
Grotefque-work *Grotefques, figures grotefques*, inventées par le caprice du Peintre.
GROVE, *s. Bocage, petit bois.*
To GROVEL, *v. n. Ramper.*
GROVELING, *adj.* (or lying upon his face.) *Rampant, couché sur le ventre.*
* Weak groveling eyes. *Des yeux foibles ou languissans.*
GROUND, *s.* (or earth.) *La terre.*
To throw one to the ground. *Jeter, renverfer quelqu'un par terre.*
To lay in the ground, (to bury.) *Mettre en terre, enterrer, ensevelir.*
Even with the ground. *A fleur de terre, terre à terre.*
Ground, (or land belonging to one.) *Fonds, bien fonds, terre, champ, héritage.*
What have you to do upon my ground? *Qu'avez-vous à faire fur ma terre?*
Thefe are his grounds or poffeffions. *Ce font ses terres ou ses possessions, ses héritages.*
To gain ground. *Gagner du terrain, faire des progrès.*
To difpute every foot of ground. *Disputer le terrain pied à pied.*

GRO

To give or lofe ground. *Plier, lâcher le pied, reculer.*
To ftand or keep one's ground. *Tenir bon, tenir ferme.*
To quit one's ground. *Se retirer.*
The ground of a flowered filk or of a lace. *Fond d'une étoffe de foie à fleurs, ou d'une dentelle.*
The ground of a picture. *Fond d'un tableau.*
The grounds or principles of an art. *Les principes d'un art.*
The grounds of the French tongue. *Les principes de la langue françoise.*
Ground, (or reafon.) *Fondement, raifon, fujet.*
What ground have you to believe it? *Quelle raifon avez-vous pour le croire? fur quoi fondé croyez-vous cela?*
It is without ground. *Ce n'eft pas fans fondement.*
What ground have you to hope for this favour? *Quel fujet avez-vous d'efpérer cette grace?*
He can live upon any ground in the world. *C'eft un homme à gagner fa vie par-tout.*
If he be above ground. *V. Above.*
To lie upon the ground. *Coucher fur la dure.*
A fine plot of ground. *Un bel endroit, une belle place.*
Marfhy grounds. *Lieux marécageux.*
To run a ground. *V. A ground,* in the letter. A.
To break ground, (to open the trenches.) *Ouvrir la tranchée.*
To go upon fure ground. *Être affuré ou fûr de fon fait, être bien fondé, jouer à jeu fûr.*
To overthrow a city to the ground. *Rafer une ville ret pied ret terre, la ruiner, la renverfer, la détruire de fond en comble, l'abattre jufqu'aux fondemens.*
| This evil gets ground more and more. *Ce mal va toujours en croiffant.*
This is the ground he went upon. *Voici fur quoi il fe régloit, fur quoi il prenoit fes mefures.*
The grounds (or dregs)) of a liquor. *La lie ou les baiffieres de quelque liqueur.*
Ground work. *Fond, plan.*
The ground-work (or foundation) of a thing, *Le fond ou le plan d'une affaire.*
The ground-work of a lace. *Le fond de la dentelle, le toilé.*
Grounp-plot. *Le fol de terre, le plan d'un bâtiment.*
Ground-plot, (principle.) *Principe, bafe, fondement.*
Ground-ivy. *Lierre terreftre.*
Ground-worm. *Ver de terre.*
A ground-room. *Une chambre baffe.*
Ground-rent. *Rente foncière.*
Ground-pine, (an herb.) *Encens de terre.*
Ground-tackle. *Garniture des ancres, comme cables, grelins, erins, amarres,* &c.
Ground-toes. *Second brin du chanvre.*
GROUND, *adj.* (from to grind.) *Moulu, mâché, broyé, émoulu, paffé fur la meule. V.* to Grind.
To GROUND upon, *v. act. Fonder, appuyer.*
To ground one's opinion upon reafon and authority. *Fonder, établir, appuyer fon opinion fur la raifon & fur l'autorité.*
To ground a young man in a fcience. *Enfeigner à un jeune homme les prin-*

GRO

cipes ou les rudimens d'une fcience, l'initier dans une fcience.
To ground a lace. *Faire le toilé ou le fond d'une dentelle.*
To ground a fhip, (a fea-term.) *Mettre au vaiffeau à fec, pour le caréner.*
Grounded, *adj. Fondé, établi, appuyé.*
Well grounded in any art. *Qui a bien appris, qui fait parfaitement bien les principes d'une fcience.*
The lace is grounded. *Le toilé de la dentelle eft fait.*
GROUNDEDLY,
GROUNDLY, } *adv. Sur une bafe folide; fur des principes fixes.*
GROUNDFLOOR, *fub. Le rez de chauffée.*
GROUNDING, *s.* L'action de fonder, &c. *V.* to Ground, *dans tous fes fens.*
GROUNDLESS, *adj. Mal fondé, qui n'a aucun fondement.*
A groundlefs imputation. *Un reproche mal fondé.*
GROUNDLESSLY, *adverb. Sans fondement.*
GROUNDLESSNESS, *s. Foibleffe, futilité d'une raifon, d'un argument,* &c.
GROUNDLING, *s.* (a fifh; one of the vulgar.) *Sorte de poiffon; un homme du peuple.*
GROUNDSEL, *subst.* (the threfhold of a door.) *Le feuil, la partie inférieure d'une porte.*
Groundfel, (an herb.) *Seneçon, forte d'herbe.*
To GROUNDSEL a houfe, *v. act. Bâtir les fondemens ou faire la fondation d'une maifon.*
GROUNDSELLING, *s. Fondation, fondement d'un édifice.*
GROUNDWORK. *V.* Ground.
GROUP, *s.* (a term of painting.) *Groupe;* terme de peinture.
To GROUP, *v. act. Grouper,* terme de peinture.
GROUPADE, *subst.* (a term of horfemanfhip, a kind of lofty manage.) *Croupade,* forte de faut de cheval de manege.
GROUSE, *sub. Coq de bruyere, espece de gibier.*
GROUT, *s. Groffe farine, gruau.*
To GROW, *v. n. Croître.*
To grow, (to become, to prove.) *Devenir, fe faire.*
To grow, (to take root, as plants and treus new fet.) *Prendre racine.*
I fhall grow here, if I ftay any longer. *Je prendrai racine ici, fi j'y refte plus long-temps.*
To grow apace. *Croître fort.*
To grow tall, to grow up. *Croître en hauteur, devenir ou fe faire grand.*
To grow thick. *Devenir épais, s'épaiffir.*
To grow big. *Devenir gros, groffir.*
To grow fat. *Devenir ou fe faire gras, engraiffer.*
To grow thin. *Devenir mince ou délié.*
To grow lean. *Devenir maigre, maigrir.*
To grow ftrong. *Devenir fort, fe renforcer.*
To grow old or to grow in years. *Devenir ou fe faire vieux, vieillir.*
To grow little. *S'appetiffer.*
To grow heavy. *Devenir pefante, s'appefantir.*
To grow rich. *Devenir riche, s'enrichir.*
To grow poor. *Devenir pauvre, s'appauvrir.*

To

GRO

To grow handsome. *Devenir beau, s'embellir.*
To grow ugly. *Devenir laid, enlaidir.*
To grow proud or insolent. *Devenir orgueilleux, insolent.*
To grow humble or lowly. *Devenir humble, s'humilier.*
It grows late. *Il se fait tard, il se fait nuit.*
To grow little or lesser, to grow short. *Décroître, diminuer, aller en diminuant.*
The days begin to grow short. *Les jours commencent à décroître.*
To grow stronger and stronger, after a fit of sickness. *Se remettre, reprendre ses forces, se rétablir, se fortifier.*
To grow young again. *Rajeunir.*
To grow weary. *Se lasser.*
To grow dear. *Enchérir.*
To grow weary of a thing. *S'ennuyer d'une chose.*
To grow a scholar. *Se rendre savant.*
To grow tame. *S'apprivoiser.*
There grew a quarrel upon it. *Ils eurent du bruit là-dessus.*
To grow. *On s'en sert en parlant du cable d'une ancre.*
Ex. The cable grows on the starboard side. *Le cable est tendu à tribord du vaisseau.*
To grow INTO fashion. *Venir à la mode.*
To grow into a proverb. *Passer en proverbe.*
To grow into favour with one. *S'insinuer dans les bonnes graces de quelqu'un.*
To grow out of favour with one. *Perdre ses bonnes graces, se mettre mal dans son esprit.*
To grow UP. *Croître.*
This rain will make the oats grow up. *Cette pluie fera lever les avoines.*
A tree that grows up finely. *Un arbre d'une belle venue.*
To grow up again. *Revenir.*
To grow up into one's acquaintance. *Faire connoissance avec quelqu'un.*
To grow UPON one. *Devenir trop fort pour quelqu'un, ou avoir trop d'ascendant sur l'esprit de quelqu'un.*
This age grows TO an immoderate excess. *Ce siecle est fort corrompu ou s'abandonne à de grands déréglemens.*
It grows near harvest. *Le temps de la moisson approche.*
The night grows on apace. *La nuit approche.*
Things are not grown to that extremity. *Les choses ne sont pas réduites à cette extrémité.*
It grows OUT of fashion. *Cela commence à n'être plus à la mode.*
To grow out of use. *Passer, vieillir.*
To grow out of kind. *Dégénérer, s'abâtardir.*
To grow out of esteem. *Perdre son crédit, baisser.*
To grow towards an end. *S'achever, tendre à sa fin.*
It grows towards morning. *Il commence à faire jour.*
GROWER, *subst.* Ex. A slow grower, (a tree that does not grow fast.) *Un arbre qui est long-temps à venir.*
GROWING, *s. L'action de croître, &c. V.* to Grow.
It hinders his growing. *Cela l'empêche de croître.*

Growing, *adj. Naissant.*
A growing inflammation. *Une inflammation naissante.*
Fine growing weather. *Un bon temps pour les fruits de la terre.*
To GROWL, *verb. neut.* (or mutter.) *Gronder, murmurer, se fâcher,* † *rognonner.*
He does nothing but growl all the day long. *Il ne fait que gronder ou rognonner tout le jour.*
GROWLING, *s. L'action de gronder.*
GROWN, *adj.* (from to grow.) *Cru, devenu, &c. V.* to Grow.
He is grown rich. *Il est devenu riche.*
A young man grown to that pass, that no body can rule him. *Un jeune homme devenu si libertin, qu'on ne sauroit le réduire.*
Grown into a proverb. *Passé en proverbe.*
A full grown man, (or a youth grown up a man or to man's estate.) *Un homme fait.*
Grown folks. *Des gens parvenus à la maturité de l'âge.*
It is or 'tis grown a common talk. *On en parle par-tout.*
Grown weary of all things. *A qui rien ne plaît.*
The grass is not grown enough for the horse to forage. *L'herbe n'est pas assez haute pour aller au fourrage.*
A grown sea. *Une grosse mer.*
The sea is much grown. *Il y a très-grosse mer, ou la mer est très-haute.*
GROWTH, *s. Crû.*
This is of our own growth. *C'est de notre crû, dans le propre & dans le figuré.*
Growth, (or increase.) *Accroissement ou l'action de croître, agrandissement.*
This will hinder his growth. *Ceci empêchera de croître.*
To contribute to the growth of a Monarchy. *Contribuer à l'agrandissement d'une Monarchie.*
He is not come to his full growth. *Il croîtra bien davantage.*
Growth-half-penny, (a rate paid in some places for tithe of every fat beast.) *Droit qu'on paye en certains endroits pour la dîme des bêtes grasses.*
GROWT-HEAD, *s. Grosse-tête,* terme de mépris, en parlant d'une personne.
GRUB, *subst. Vercoquin; nain.*
He is a mere grub, (or dwarf.) *C'est un nain ou un petit bout d'homme.*
Grub, (whim or maggot.) *Caprice, fantaisie.*
To have one's head full of grubs. *Avoir la tête pleine de caprices, c'est-à-dire, avoir bien des folies, des caprices ou des fantaisies dans l'esprit.*
† To be in his grubs or mulligrubs. *Être chagrin, sombre, rêveur, mélancolique.*
GRUB-STREET, *s.* (a street in London so called, where idle romances, ballads, and such paltry stuff are printed or sold.) *C'est le nom d'une rue de Londres, où l'on imprime & où l'on vend des vaudevilles & autres sottises, pour amuser les enfants & les badauds.*
Grub-street news. *Des nouvelles du Pontneuf ou de la place Maubert.*
A grub-street writer. *Un misérable écrivain.*
To GRUB UP, *v. act. Essarter, défricher, arracher jusqu'aux racines.*

GRU

To grub up the bushes. *Essarter les buissons.*
To grub up a wood, (or to clear it of trees.) *Défricher un bois.*
To grub up weeds. *Arracher les mauvaises herbes.*
Grubbed up, *adj. Essarté, défriché, arraché jusqu'aux racines.*
GRUBBING, *adj. Ex.* A grubbing-ax. *Instrument propre à essarter ou à défricher.*
Grubbing UP, *s. L'action d'essarter, de défricher, d'arracher jusqu'aux racines.*
To GRUBBLE, *v. n.* (or feel in the dark.) *tâter, tâtonner.*
GRUDGE, *s. Haine couverte, inimitié cachée, rancune, animosité.*
An old grudge. *Une vieille rancune.*
To bear a secret grudge. *Avoir une haine couverte, avoir des inimitiés secretes avec quelqu'un, lui porter rancune, lui en vouloir.*
A grudge of conscience. *Un remords ou reproche de conscience.*
To GRUDGE, *v. act.*
To GRUDGE AT, *v. n.* } (to envy.) *Envier, porter envie.*
I do not grudge him his happiness at all. *Je ne lui envie aucunement son bonheur.*
To grudge. *Plaindre, faire avec répugnance, être fâché.*
I do not or don't grudge my pains. *Je ne plains pas ma peine.*
You would grudge to do it. *Vous seriez bien fâché de le faire.*
He grudges his men their victuals. *Il plaint le pain à ses gens.*
Grudged, *adj. Envié.*
GRUDGING, *subst. Envie ou l'action d'envier.*
To have a grudging to a thing. *Avoir envie de quelque chose.*
The grudging of a disease. *Le ressentiment d'un mal qu'on a eu.*
GRUDGINGLY, *adv.* (or with an ill-will.) *à contre-cœur, avec peine, avec chagrin, à regret, contre son gré.*
He did it so grudgingly. *Il le fit avec tant de peine.*
GRUEL, *subst.* (or water-gruel.) *Gruau,* sorte de potage dont on se sert, sur-tout pour les malades.
Barley-gruel. *C'est un potage restauratif qui se fait avec du gruau d'orge, des œufs, du sucre & du vin d'Espagne.*
GRUFF, *adj.* (grim-faced, sour-looked.) *Rechigné, refrogné.*
GRUFFLY, *adv. Durement, sévèrement rudement.*
GRUFFNESS, *s. Dureté, rigidité.*
GRUM, *V.* Grim.
To GRUMBLE, *verb. neut. Murmurer, gronder, grommeler, se plaindre, se fâcher,* † *grogner.*
To grumble at one. *Murmurer, se fâcher, se plaindre contre quelqu'un, témoigner qu'on n'est pas content.*
To grumble at a thing. *Murmurer, se fâcher, se plaindre d'une chose.*
Grumbled at, *adj. Contre qui l'on murmure ou gronde, dont on se plaint.*
GRUMBLER, *s. Grondeur.*
GRUMBLING, *s. Plainte, murmure, l'action de murmurer, de gronder, de se plaindre ou de se fâcher.*
† To have a grumbling in the gizzard. *Se plaindre, n'être pas content, n'être pas satisfait,* † *grogner.*

A

A grumbling of the abdomen. *Bourdonnement de l'abdomen.*
GRUME, *f. Grumeau.*
GRUMEL, *f.* (an herb.) *Grémil.*
GRUMOUS, *adj.* (thick, clotted.) *Grumeux.*
GRUNSEL. V. Groundsel.
To GRUNT, *v. n.* (like a hog.) *Grogner comme un cochon.*
GRUNTING, *subst. L'action de grogner, grognement.*
Prov. A grunting horse and a groaning wife seldom deceive their master. P. *Les pots fêlés sont ceux qui durent le plus, les plus maladifs vivent d'ordinaire le plus long-temps.*
† To GRUNTLE, *verb. n.* † *Grogner, se plaindre, gronder,* † *rognonner.*
She does nothing but gruntle. *Elle grogne ou se plaint sans cesse.*
GRUNTLING, *subst. Grogne, plainte ou l'action de grogner.*
To GRUTCH. V. to Grudge.
GRYFFIN. V. Griffin.
GUAIACUM, *subst.* (a physical wood.) *Gaiac.*
GUARANTEE, *f.* (or surety.) *Garant, pleige, caution.*
The King of England is guarantee of the treaty of Nimeguen. *Le Roi d'Angleterre est garant du traité de Nimegue.*
To GUARANTY, *v. act. Garantir, être garant.*
GUARD, *subst.* (or defence.) *Garde, défense, protection.*
To stand upon one's guard. *Se tenir ou être sur ses gardes, veiller.*
To lie well upon one's guard. *Se tenir ou être bien en garde,* en termes d'escrime.
Guard of soldiers. *Garde, corps de soldats qui font la garde.*
To be upon the guard. *Faire la garde ou être de garde.*
To make a strong guard. *Faire bonne garde.*
I left him with a good guard upon him. *Je l'ai laissé sous bonne garde.*
The King's guard. *La garde du Roi.*
The horse-guards. *Les gardes à cheval.*
The foot-guards. *Les gardes à pied.*
A regiment of the guards. *Un régiment de gardes.*
To mount the guard. *Monter la garde.*
To relieve the guard. *Relever la garde.*
To come off from the guard. *Descendre la garde.*
† A black-guard. *Un polisson.*
The guard, (or hilt of a sword.) *La garde d'une épée.*
The guard of a gun. *Sougarde de fusil, morceau de fer plié en forme de demi-cercle, au-dessous de la détente de l'arme.*
Guard-boat, (at sea.) *Canot de ronde.*
Guard irons. *Barres de fer courbes qui entourent la figure de la poulaine en différens sens, pour lui servir de défense.*
Guard-ship. *Vaisseau de garde, ou vaisseau amiral dans un port.*
Guard, (or guardianship.) V. *Guardianship.*
Guard, (or hem of a garment.) *Le bord ou l'extrémité d'un vêtement.*
Guard, (amongst bookbinders.) *Onglet, garde,* terme de relieur.
To GUARD, *v. act.* (or keep.) *Garder, conserver.*
To guard, (or protect.) *Défendre, protéger, garder.*

He guards himself against all neglects in the discharge of his duty. *Il est fort attentif à faire toutes les fonctions de sa charge.*
Guarded, *adj. Gardé, conservé, défendu, protégé.*
GUARDIAN, *f.* (from Guard.) *Tuteur, curateur, tutrice, curatrice,* celui qui est chargé *ou* celle qui est chargée de quelque tutelle.
Guardian, (or Warden of the Cinque-Ports.) *Gouverneur des Cinq-Ports.* V. Cinque-Ports.
Guardian, *adj.* Ex. A guardian Angel. *Un Ange gardien ou tutélaire.*
GUARDIANSHIP, *subst.* (the office of a guardian.) *Tutelle, curatelle,* charge de tuteur ou de curateur, de tutrice ou de curatrice.
During my guardianship. *Pendant ma curatelle.*
GUDDS-BOBS, (a comical oath.) *Vertu de ma vie,* ou *ventre-saint-gris.*
GUBERNATION, *f. Gouvernement, surintendance, soin.*
GUDGEON, *f.* (a sort of fish.) *Goujon,* sorte de poisson.
† To swallow a gudgeon, (or to bear an affront.) *Avaler une couleuvre, souffrir un affront.*
GUERDON, *subst.* (or reward.) *Récompense,* * *guerdon.*
GUESS, *f.* (or conjecture.) *Conjecture, l'action de deviner.*
'Twas more by guess than cunning. *C'est par hasard qu'il l'a deviné.*
To read by guess. *Aider à la lettre, deviner ce qu'on lit.*
Guess, (a particle used with the pronoun another, in a familiar style, instead of guise.) V. *Guise.*
Elections are now carried on after another guess manner than formerly. *Les élections se font aujourd'hui d'une manière différente de celle d'autrefois.*
Another guess sort of man, another guess sort of woman. *Une autre espèce d'homme ou de femme.*
To GUESS, *v. act.* (or to guess at.) *Deviner, conjecturer.*
Guessed at, *adj. Deviné, conjecturé.*
GUESSER, *f.* Celui ou celle qui devine ou qui conjecture une chose.
GUESSING, *f. L'action de deviner ou de conjecturer.*
Guessing, *adj. Conjectural.*
Physick is but a guessing science. *La médecine est une science fort conjecturale.*
GUESSINGLY, *adv. Par conjecture.*
GUESS-WORK, *f.* (conjecture.) *Divination, conjecture, supposition.*
These are the circumstances whereby the Bishop is to be guessed into treason, but I hope your Lordships will be very cautious how you make precedents of such dangerous guess-work. *Ce sont-là les circonstances dont on prétend appuyer la supposition, que l'Évêque est criminel de haute trahison ; mais j'espère que vos Grandeurs se donneront bien de garde de faire une planche pour de si dangereuses conjectures.*
GUEST, *f. Hôte,* celui qui est reçu dans une maison ; *un convié,* celui qui est prié à quelque repas.
A troublesome guest. *Un fâcheux, un homme ou une femme incommode.*
P. There is a guest in your candle. P. *Il y a des nouvelles à votre chandelle.*
To GUGGLE, *v. n.* (as a small mouthed

bottle that is emptying.) *Faire du bruit, comme une bouteille qu'on vide,* † *faire glouglou.*
† GUGGLING, *subst. Glouglou,* bruit de bouteille que l'on vide.
GUIDAGE, *f. Le salaire d'un guide.*
GUIDANCE, *f. Conduite, auspices.*
Under your guidance. *Sous votre conduite ; sous vos auspices.*
GUIDE, *subst.* (or leader.) *Guide, conducteur.*
To GUIDE, *verb. act. Guider, conduire, mener.*
Guided, *adj. Guidé, conduit, mené.*
GUIDELESS, *adj.* (or without a guide.) *Sans guide, sans conducteur.*
GUIDER, *f. Guide, directeur.*
GUIDING, *f. L'action de guider, de conduire, de mener.*
GUIDON, *subst.* (or standard.) *Guidon, étendard de gendarmerie.*
Guidon, (an officer of the lifeguards.) *Guidon,* Officier des gardes du corps qui porte le guidon *ou* l'étendard.
GUILD, *f.* (or tribute.) *Un tribut.*
Guild, (or amerciament.) *Une amende.*
Guild, (a fraternity or company.) *Une compagnie ou société.*
Guild-hall, (the chief hall of a city.) *La maison de ville, la maison commune.*
GUILDER, *f.* (a dutch coin worth twenty dutch pence.) *Un florin ou vingt sous de Hollande.*
GUILE, *subst.* (fraud or deceit.) *Fraude, tromperie, fourbe, fourberie, supercherie,* † *tricherie.*
Full of guile. *Trompeur, fourbe.*
GUILEFUL, *adj.* (or deceitful.) *Trompeur, fourbe.*
GUILEFULLY, *adv. D'une manière trompeuse.*
GUILEFULNESS, *f. Fraude, tromperie, fourbe, supercherie.*
GUILELESS, *adj. Innocent, franc, loyal, ingénu.*
GUILT, *f. Crime, faute.*
To avouch one's guilt. *Confesser sa faute ou son crime.*
GUILTINESS, *f. Ce qui rend une personne coupable, crime.*
GUILTLESS, *adj. Innocent, exempt de crime.*
He is found guiltless. *Il est déclaré innocent, il est absous.*
GUILTLESSLY, *adv. Innocemment.*
GUILTLESSNESS, *f. Innocence.*
GUILTY, *adj. Coupable, qui est en faute ; condamnable.*
He is guilty of that crime. *Il est coupable de ce crime.*
He looks guilty, he looks as if he were guilty. *Il a la mine d'être coupable, son visage le trahit,* on lit *son crime sur son visage.*
To find one guilty. *Conclure criminellement contre quelqu'un.*
GUIMP,
GUIMP-PLACE, } *f. Guipure,* ouvrage guipé, sorte de dentelle de soie.
To GUIMP, *v. act. Guiper.*
Guimped, *adj. Guipé.*
GUINEA, *sub. Une guinée,* monnoie d'or d'Angleterre, qui vaut un peu plus qu'un louis d'or de vingt-quatre livres de France.
A guinea-pig. *Cochon d'Inde, cochon de Guinée.*
Guinea-pepper. *Poivre de Guinée.*
GUISARMS, *subst.* (a kind of handaxe.) *Sorte de hache.*
GUISE.

GUISE, *subst.* (or fashion.) *Guise, manière, façon.*
Another guise (by corruption, another guess) sort of man. *Une autre sorte ou espece d'homme.*
Another guise thing. *Une autre chose, une chose d'une autre espece ou nature.*
GUITAR, *sub.* (a kind of musical instrument.) *Guitarre, sorte d'instrument de musique.*
To play upon the guitar. *Jouer de la guitare.*
GULCH, } *subst. Un petit glouton, un petit gourmand.*
GULCHIN, }
GULES, *s.* (or red in heraldry.) *Gueules, en termes de blason, c'est-à-dire rouge.*
To bear gules. *Porter de gueules.*
GULF, *subst.* (or bay.) *Golfe, baie.*
The gulf of *Venice. Le golfe de Venise.*
Gulf, (or abyss.) *Abyme, gouffre.*
There is a great gulf between you and me. *Il y a un grand gouffre entre vous & moi.*
GULFY, *adject. Plein de gouffres.*
GULL, *subst.* (a sort of bird.) *Mouette, oiseau de mer.*
A gull or gullicatcher, (a cheat.) *Un fourbe, un trompeur.*
To GULL, *v. act. Duper, tromper, fourber, attraper.*
You look as if you had a mind to gull me. *Vous avez bien la mine de me vouloir duper.*
Gulled, *adject. Dupé, trompé, fourbé, attrappé.*
GULLERY, *s. Fourberie, imposture.*
GULLET, *subst. Goulot par où coule la liqueur de quelque vase.*
Gullet, (or weasand.) *Gosier, canal par lequel ce qu'on boit & ce qu'on mange descend dans le ventricule.*
GULLING, *s.* (from to gull.) *L'action de duper, &c. Voy.* to Gull.
GULLISHNESS, *s.* (sottishness.) *Sottise, bétise.*
GULLY-GUT, *s.* (or glutton.) *Un gourmand, un glouton, un homme adonné à son ventre.*
GULLYHOLE, *subst. Endroit où les gouttieres vont se vider dans un canal souterrain.*
GULOSITY, *subst. Gloutonnerie, gourmandise.*
GULP, *subst. Gorgée ou goulée, plein la gorge, trait.*
To take a gulp of wine. *Prendre une gorgée de vin.*
To swallow a glass of wine at one gulp, (or go-down.) *Boire un verre de vin tout d'un trait.*
To GULP down, *v. neut. Avaler, boire avidement, humer, gober.*
To gulp down a glass of wine. *Avaler un verre de vin.*
To gulp, (or pant.) *Palpiter.*
GUM, *subst. Gomme, humeur visqueuse qui sort de certains arbres.*
Gum of the eyes. *Chassie, ordure qui sort des yeux.*
The gum. *Gencive.*
Gum arabick. *Gomme arabique.*
A stinking gum of the eyes. *Chassie puante.*
To have sore gums. *Avoir mal aux gencives.*
The red gum, (or certain red spots to which new born infants are subject.) *Rougeurs, qui viennent au visage des enfans nouvellement nés.*

To GUM, *v. act.* (to stiffen or thicken with gum.) *Gommer.*
To gum water. *Gommer de l'eau.*
Gummed, *adj. Gommé.*
GUMMINESS, }
GUMMOSITY, } *s. Gomme, état de ce qui est gommeux.*
GUMMOUS, }
GUMMY, } *adj.* (or full of gum.) *Gommeux, rempli de gomme.*
GUN, *s. Arme à feu, comme fusil, mousquet, mousqueton, &c.*
To let off (or shoot off) a gun. *Tirer une arme à feu.*
A great gun. *Un canon, une piece d'artillerie.*
I heard some great guns go off. *J'ai entendu des coups de canon.*
† As sure as a gun. *Rien de plus sûr, immanquablement.*
Gun-powder. *Poudre à canon ou à giboyer.*
The gun-powder-treason. *La fameuse conspiration des poudres du temps du Roi Jacques premier, contre l'État & l'Église d'Angleterre.*
The gun-powder-treason-day. *Le jour des poudres, qui s'observe solennellement tous les ans en Angleterre le 5 de Novembre.*
A gun-stick. *Une baguette.*
Gun-shot. *Une portee de fusil ou de mousquet.*
Within gun-shot. *A la portée du mousquet.*
A gun-smith. *Armurier ou un arquebusier.*
Gun-room, (in a ship.) *La sainte-barbe ou la chambre des canonniers, sur un vaisseau.*
GUNNEL, }
GUNWALE, } *s.* (a sea-term.) *Platbord.*
GUNNER, *subst.* (from gun.) *Un canonnier.*
The gunner that fires the guns. *Le boute-feu.*
Gunner, (of a ship of war.) *Maitre canonnier.*
Gunner's mate. *Second canonnier.*
Quarter-gunner. *Voy. Quarter.*
Gunner's yeoman. *Voy. Yeoman.*
GUNNERY, *s. L'art de tirer le canon & les bombes, l'art d'un canonnier.*
† GUNSTER, *s.* (a cracker or a bouncing fellow.) *Un bavard.*
GURGION, *s.* (or coarse meal.) *De la farine grossiere.*
GURCE, *subst. Gouffre, abyme, tournant.*
To GURGLE. *Voy.* to Gargle.
To GUSH out, *verb. neut. Se déborder, ruisseler, couler avec violence, sourdre, jaillir.*
With that her eyes gushed out in tears. *A ces mots elle fondit en larmes, ou répandit un torrent de larmes.*
The blood did gush out of his wound. *Le sang ruisseloit de sa plaie.*
We found many springs gushing out in great spouts. *Nous trouvâmes plusieurs fontaines qui jaillissoient à gros bouillons.*
GUSHING out, *subst. L'action de ruisseler, &c. Voy.* to Gush.
GUSSET, *subst. Gousset.*
The gusset of a shirt. *Le gousset d'une chemise.*
GUST, *subst.* (or taste.) *Goût.*
To have a good gust. *Avoir le goût fin, avoir bon goût.*

Gust, (or desire.) *Desir, envie, inclination, passion.*
A sudden gust of wind. *Un coup de vent, un tourbillon subit, un revolin, une risée, en termes de mer.*
A gust of passion. *Le sort ou le transport d'une passion.*
GUSTABLE, *adj.* (pleasant to the taste.) *Agréable, agréable au goût.*
GUSTATION, *s. L'action de goûter.*
GUSTFUL, *s. Agréable au goût.*
GUSTO. *Voy.* Gust.
GUSTY, *adj.* (stormy.) *Orageux.*
GUT, *s. Boyau, intestin.*
The great gut. *Le gros boyau.*
A greedy-gut, (one that loves or that is given to his guts.) *Un homme adonné à son ventre, un glouton, goulu ou gourmand.*
To mind nothing but one's guts. *Ne songer qu'à sa panse.*
A fat-guts. *Une grosse panse.*
The griping in the guts. *Tranchées de ventre, la colique.*
The twisting of the guts, (or miserere colick.) *Le miserére.*
Gut-strings. *Cordes de boyau.*
† Gut-tide, (for shrove tide.) *Mardi gras.*
To GUT, *v. act. Éventrer, vider.*
† To gut a house. *Vider une maison, emporter ou enlever tout ce qu'il y a, n'y laisser que les quatre murailles.*
† To gut a purse or a strong box. *Vider une bourse ou un coffre-fort.*
GUTLING, *subst. Voy.* greedy-gut, *sous* gut.
GUTTED, *adj. Éventré, vidé.*
GUTTER, *s. Gouttiere, canal par où coule l'eau de dessus les toits.*
Gutter of lead. *Un cheneau.*
A gutter tile. *Une faitiere, une tuile creuse.*
The gutter (or the chase) of a crossbow. *Coulisse d'arbalete.*
Gutter-ledge, (a sea-word.) *Traversier d'écoutille ou traversin.*
To GUTTER, *verb. neut.* (as a candle does.) *Couler, en parlant d'une chandelle.*
Guttered, *adj. Plein de cavités.*
GUTTING, *subst. L'action d'éventrer ou de vider.*
To GUTTLE, *v. n.* (to feed heartily.) *Manger avec avidité, se gorger de quelque chose,* † *se rembourrer le ventre ou le pourpoint, baffrer.*
GUTTLER, *s. Gourmand, glouton.*
GUTTULOUS, *adj. En forme d'une goutte d'eau.*
GUTTURAL, *adj. Guttural.*
A guttural letter, (that fills the throat in the pronunciation.) *Lettre gutturale, qui se prononce du gosier.*
GUY, *subst.* (a sea-word.) *Corde de retenue, ou cordage qui sert a tenir en respect & à conduire un fardeau que l'on hisse.*
C'est aussi une *serpente ou grosse corde tendue du grand mât au mât de misaine, pour servir d'appui à divers palans, pour embarquer ou débarquer les marchandises.*
To GUZZLE, *verb. neut.* (or drink to excess.) *Boire, ivrogner,* † *lamper,* † *grenouiller,* † *gargoter, siffler la linote.*
To guzzle all the day long. *Boire toute la journée.*
GUZZLER, *s. Un buveur, un ivrogne.*
GUZZLING.

GUZZLING, *subst.* L'action de boire ou d'ivrogner, &c. *Voy.* to Guzzle.
GYBE. *Voy.* Sneer.
To GYBE, *v. neut.* (a sea-expression.) Muder, trelucher ou changer, en parlant des voiles auriques.
† GYMNASIARCH, *f.* (master of a college.) *Le principal* ou *le chef d'un college.*
GYMNASTICK, } *adject.* Gymnique.
GYMNICK,
GYMNOSOPHIST, *sub.* (an Indian Philosopher.) *Gymnosophiste*, *Philosophe Indien.*
GYNECOCRACY, *f.* *Gynécocratie*, gouvernement de femmes.
GYPSIE. *Voy.* Gipsy.

GYRATION, *f.* *Mouvement circulaire.*
GYRE, } *subst.* Cercle.
GIRE,
GYRONEE, *adj.* (a term of heraldry.) *Gironné*, terme de blason.
GYVES, } *Voy.* Fetters.
GIVES,
To GYVE. *Voy.* to Fetter.

H.

H, *subst.* est la huitieme lettre de l'alphabet anglois.
L'H n'a d'autre usage dans la langue Angloise, que de donner un son aspiré à la voyelle qui la suit. Exceptez de cette regle les mots suivants : heir, honest, honour, hospital, hostler, hour, humour, humble, humbles, & leurs derivés.
HABERDASHER, *subst.* (or Hatter.) *Un Chapelier.*
A Haberdasher of small wares. *Un Quincailler*, *un mercier.*
HABERDINE, *subst.* (a sort of salt-fish.) *Merlus salé.*
HABERGEON, *f.* (a little coat of mail or only sleeves and gorget of mail.) *Un corselet*, sorte d'armure.
HABILEMENT, } *subst.* (apparel or attire.) *Habillement*, *ajustement.*
HABILIMENT,
Habilements of war. *Apprêts* ou *équipage de guerre.*
To HABILITATE, *v. act.* *Habiliter*, terme de jurisprudence.
HABILITATION, *subst.* *L'action d'habiliter.*
HABILITY, *f.* *Faculté*, *habilité*, terme de pratique.
HABIT, *subst.* (or garb of clothes.) *Habillement*, *habit*, *vêtement* ou *vêtures en termes de Religieux.*
Habit, (or custom.) *Habitude*, *coutume*, *accoutumance.*
Habit of body. *Complexion*, *constitution du corps*, *disposition du corps.*
HABITABLE, *adj.* (which may be inhabited.) *Habitable*, *où l'on peut demeurer.*
HABITABLENESS, *subst.* *L'état d'une chose habitable.*
HABITANT, *subst.* (dweller.) *Habitant.*
HABITATION, *subst.* (or dwelling.) *Habitation*, *demeure*, *séjour*, *domicile.*
HABITED, *adj.* (or cloth'd.) *Habillé*, *vêtu.*
Well habited. *Bien vêtu*, *bien mis.*
HABITUAL, *adject.* *Habituel.*
The habitual grace. *La grace habituelle.*
HABITUALLY, *adv.* *Habituellement.*
To HABITUATE, *verb. neut.* *S'habituer*, *s'accoutumer.*

Habituated, *adj.* (used or accustomed to a thing.) *Habitué*, *accoutumé à quelque chose.*
To be habituated in a sin. *Être habitué à quelque péché.*
HABITUDE, *subst.* (or habit.) *Habitude*, *coutume*, *accoutumance.*
† HABLES. *Voy.* Hambles.
HABNAB, *subst.* *Hasard.*
It is *or* 'tis mere habnab whether it succeeds or not. *C'est par un grand hasard si la chose réussit.*
Habnab, *adv.* *Témérairement*, *à la volée*, *au hasard.*
HACK, *f.* (a cratch for hay, a word used in *Lincolnshire*.) *Ratelier* ou *creche.*
Hack *Voy.* Hackney.
Hack, *subst.* (or hackney coach.) *Un fiacre.*
To HACK, *v. act.* (or cut small.) *Couper*, *tailler*, *trancher*, *hacher.*
To hack in pieces. *Couper en pieces.*
Hacked, *adject.* *Coupé*, *taillé*, *tranché*, *haché.*
HACKING, *subst.* *L'action de couper*, &c. *Voy.* to Hack.
To HACKLE, *v. act.* (or to cut small.) *Couper menu*, *hacher.*
Hackled, *adject.* (or cut small.) *Coupé menu*, *haché.*
HACKLING, *f.* *L'action de couper menu* ou *de hacher.*
HACKNEY, *adject.* (hired, much used, common.) *De louage* ou *qui est d'un usage commun.*
A hackney-horse. *Un cheval de louage.*
Hackney-coach. *Carrosse de louage*, *fiacre.*
* A hackney-man, (one that lets horses.) *Un homme qui tient des chevaux de louage :*
A hackney-whore. *Une prostituée.*
A hackney-writer. *Un écrivain mercénaire.*
P. To make a hackney of one. *Se servir de quelqu'un*, *comme d'un esclave.*
To HACKNEY out, *v. act.* *Louer.*
† HACKSTER, *f.* *Un assassin*, *un coupe-jarret.*
HACKT. *Voy.* Hacked.
HAD, prétérit & participe du verbe to Have.

Ex. We had very unfavourable weather. *Nous eumes très-mauvais temps.*
Had we but money enough. *Si nous avions seulement assez d'argent.*
After I had it. *Après que je l'eus.*
Before I had it. *Avant que je l'eusse.*
I had had it. *Je l'aurois eu.*
He had like to have been lost. *Peu s'en fallut qu'il ne pérît.*
He had me with him. *Il me prit avec lui.*
If I had him but here now. *Si je le tenois maintenant.*
Had I not been a fool. *Si je n'eusse été un fou.*
Had it not been for you. *Si ce n'eût été pour vous* ou *à votre occasion.*
It must be had. *Il faut l'avoir.*
I had rather. *J'aime mieux*, *j'aimerois mieux*, *je préfere.* *Voy.* to Have.
HADDOCK, *subst.* (a sort of fish.) *Sorte de merlus.*
HAFT, *sub.* (or handle.) *Manche*, partie par où l'on empoigne certains instruments.*
The haft of a knife. *Le manche d'un couteau.*
To HAFT, *v. act.* (or set a haft on.) *Emmancher*, *mettre un manche à quelque instrument*, *garnir d'un manche.*
To haft a knife. *Emmancher un couteau.*
Hafted, *adject.* *Emmanché*, *garni d'un manche.*
HAFTER, *subst.* *Un chicaneur.*
HAFTING, *subst.* *L'action d'emmancher*, *de mettre un manche* ou *de garnir d'un manche.*
HAG, *subst.* An old hag, (a witch.) *Une vieille sorciere.*
Hag. *Une furie*, *un monstre*, en parlant d'une femme.
Hag's-teeth or hake's-teeth, *f.* comp (a sea-word.) *Défauts & inégalités dans une tresse*, *fourrure*, *baderne* ou autre ouvrage de cette espece.
To HAG, *v. n.* (or to torment.) *Tourmenter*, *travailler.*
HAGGARD, *adj.* *Hagard*, en termes de fauconnerie ; *sauvage*, *difforme.*
A haggard hawk, (that for some time preyed for herself before she was taken.) *Un*

Tome II.

2R

HAG HAI   HAI HAL   HAL

Un faucon hagard, qui a été pris après plus d'une mue & qui ne s'apprivoise pas aisément.
Haggard, s. Quelque chose difficile à apprivoiser.
HAGGAS, } subst. (a sort of pudding made of liver, lights and the like.) Sorte de boudin.
HAGGESS,
HAGGISH, adj. Semblable à une vieille sorcière, difforme.
To HAGGLE, v. n. (or stand haggling.) Marchander, barguigner, tracasser, contester pour le prix de quelque chose qu'on veut acheter.
To haggle. Marchander, hésiter, balancer, barguigner.
HAGGLER, subst. Un barguigneur, une barguigneuse, celui ou celle qui barguigne, &c.
He is a great haggler. C'est un grand barguigneur.
HAGGLING, s. L'action de barguigner, de marchander, &c. Voy. to Haggle.
To what purpose is all this haggling? A quoi sert-il de tant marchander?
HAGIOGRAPHER, s. Écrivain sacré.
HAH! interject. Ah!
HAIL, s. (drops of rain frozen.) Grêle.
Hail stone. Grain de grêle.
Hail-shot. Peste, balle de plomb dont on charge quelques armes à feu.
To charge a gun with five big hail-shots. Charger un fusil de cinq grosses postes.
Hail, all hail, (an old way of saluting which is the same as all health to you.) Dieu vous garde, salut.
† To be hail fellow well met. Vivre de pair à compagnon, être familiers ensemble, en agir sans façon l'un avec l'autre.
HAIL, adj. (or healthful,) Sain, qui se porte bien, plein de santé.
To HAIL, verb. neut. Grêler.
It begins to hail. Il commence à grêler.
It hails very hard. Il grêle fort & ferme.
To hail, v. act. Saluer.
To hail, (at sea.) v. act. Héler un vaisseau.
HAILY, adject. De grêle.
HAIR, s. Cheveu, poil.
The hair of the head. Les cheveux de la tête.
It was or 'twas within a hair's breadth. Il ne tint qu'à un cheveu, il ne tint presque à rien, peu s'en fallut.
The hair of the privy parts, of the eyelids, under the arm-holes, and within the nostrils, &c. Le poil des parties honteuses, des paupières, des aisselles, des narines, &c.
Soft downy hair. Poil folet, le premier poil qui vient aux joues d'un jeune homme.
The hair of a dog or any other beast. Le poil d'un chien ou des autres bêtes à poil.
† To take a hair of the same dog, (to fall to drinking again.) Prendre du poil de la bête, faire une seconde débauche du même vin qu'en a bu la nuit précédente.
Against the hair, (or grain.) A contrepoil.
The hair of a horse. Le crin d'un cheval.
The hair of a boar or wild-boar. Les soies d'un cochon ou d'un sanglier.
The long hair of some lap-dogs. Les soies de certains petits chiens, c'est-à-dire, leurs grands poils.
Against the hair, (or against the grain.) A contre-cœur, à regret, contre son gré.

A fine head of hair. Une belle tête.
To a hair. Exactement, parfaitement bien.
I understand him to a hair. Je le connois parfaitement bien.
He tells it to a hair. Il dit tout, il ne cache rien, il n'en fait pas la petite bouche.
I shall not value myself a hair the worse. Je ne m'en estimerai pas moins.
Hair-shirt, (or hair-cloth.) Haire, cilice.
Hair-lace or hair-fillet to tie up hair with. Ruban ou bandelette pour entortiller les cheveux.
Hair-broom. Houssoir, avec quoi l'on housse ou nettoie une tapisserie.
To sweep off the dust from hangings with a hair-broom. Housser une tapisserie, la nettoyer avec un houssoir.
Hair-buttons. Boutons de crin.
Hair-brained. Étourdi, écervelé.
A hair-brained youth. Un jeune étourdi, un jeune écervelé, un jeune homme qui a la tête verte. La raison voudroit qu'on écrivît ce mot har-brained, mais l'usage l'a emporté sur la raison.
HAIRED, adj. Ex. Red-haired. Roussau, qui a les cheveux ou le poil roux ou rougeâtre.
Curl-haired. Qui a les cheveux frisés.
Thin-haired. Qui a les cheveux clairs, qui a peu de cheveux.
Rough-haired. Qui a le poil rude.
HAIRINESS, s. Quantité de poil.
HAIRLESS, adj. (or without hair.) Qui n'a point de cheveux, chauve, qui n'a point de poil.
HAIRY, adj. Velu, couvert de poil, qui a les cheveux épais.
A hairy comet. Une comete chevelue.
HALBERD, s. (a sort of weapon.) Hallebarde, sorte d'arme.
HALBERDEER, } subst. Hallebardier, soldat qui porte la hallebarde.
HALBERDIER,
HALCYON, s. (a sea-fowl.) Halcyon, sorte d'oiseau de mer.
Halcyon-days. Jours ou temps heureux, tranquilles, paisibles.
To HALE, v. act. (or drag.) Tirer, haler, en termes de marine.
To hale a ship at sea. Hâler ou héler un vaisseau, comme font des vaisseaux qui se rencontrent sur mer, & qui se parlent l'un à l'autre.
Haled, adj. Tiré, traîné, &c.
HALE, adject. Sain, plein de vigueur & de santé.
HALF, adj. Moitié, demi, à demi.
Lesser by half. Plus petit de la moitié.
Half man, half woman. Moitié homme, moitié femme.
Half an hour. Demi-heure.
Half-moon. Demi-lune.
A pound and a half. Une livre & demie.
Half-dead. A demi-mort, plus mort que vif.
Half asleep, and half awake. A demi-endormi.
We went half way. Nous allâmes à mi-chemin.
Half-verse. Hémistiche, terme de poésie.
Half-moon, (in fortification.) Demi-lune, ouvrage de fortification.
Half-brother or half-blood. Frere du côté du pere ou de la mere seulement.
Half communion. Communion sous une seule espèce, comme de l'Église Romaine.

Half-witted man. Un petit esprit, un demi-savant.
A half-faced Christian. Un demi-Chrétien.
Half-tongue, (or party-jury, empannelled upon any cause wherein a stranger is party.) Cour mi-partie ou Jurés mi-partis, pour connoître des affaires des étrangers.
HALF, s. (or moiety.) La moitié.
Take one half. Prenez-en la moitié.
To divide a thing in halves. Partager une chose par moitié.
To go halves with one. Être ou faire de moitié avec quelqu'un.
To do things by halves. Faire les choses à demi, négligemment, par manière d'acquit.
To get half in half. Doubler son argent.
HALIARDS, subst. plur. (a sea-word.) Drisses des huniers & autres voiles supérieures.
Nota. Les drisses de la grande voile & de la misaine sont appelées GEARS. V. ce mot.
Gass-haliard. V. GAFF.
HALIBUT, s. (a kind of fish.) Sorte de plie, poisson.
HALIMASS, s. La fête des morts.
HALIMOT. V. Halymote.
HALING, s. (from to hale.) L'action de tirer ou traîner, l'action de héler, en termes de marine.
HALITUOUS, adj. Vaporeux, épais.
HALL, s. (or great room.) Salle.
Westminster-hall. La salle de Westminster, le Palais où le lieu où l'on rend justice à Londres.
A hall, (or place of pleading.) Le Palais, le Barreau, le lieu où l'on plaide.
Hall days. Jours de Palais.
A market hall or common-hall, (where things are bought and sold.) La halle d'une ville.
Magdalen's-hall in Oxford. Le Collège de Magdelaine à Oxford.
Guild-hall at London. La maison de ville de Londres.
A hall, (for tradesmen.) Fondique.
Grocer's hall. La fondique des Épiciers, la maison où cette compagnie s'assemble.
The great hall. Le grand salon.
A hall, (or room wherein all the servants of a great family dine and sup.) Salle-basse, le lieu où mangent les domestiques d'un grand Seigneur.
HALLAGE, s. Droit de halle.
HALLELUJAH, s. Alleluia.
To HALLOO, v. act. V. to Loo.
To HALLOW, verb. act. (from holy.) Sanctifier, consacrer, dédier à un usage divin.
Hallowed, adj. Sanctifié, consacré.
HALLOWING, s. L'action de sanctifier ou de consacrer. V. to Hallow.
HALLUCINATION, sub. (or mistake.) Faute, bévue, méprise, erreur.
HALM, s. (the stem or stalk of the corn, from the foot to the ear.) Tuyau, le tuyau du blé, la paille.
HALO, sub. Cercle rouge autour du soleil ou de la lune.
HALSER, } sub. (from to hale.) Hansière, la corde avec laquelle on hale un bateau.
HAWSER,
HALSONG, s. (or pillory.) Le pilori ou le carcan.
HALSTER, subst. (he that halves or draws
a.

a ſhip or barge along the rivers by a halter.) Celui qui hale un bateau avec une hanſiere.

HALT, ſubſt. (or ſtand.) Halte, terme militaire.

To make a halt. Faire halte, s'arrêter, ne pas avancer.

To HALT, verb. neut. (or to ſtop.) Faire halte, s'arrêter.

To halt, (or to go lame.) Boiter, clocher, être boiteux.

P. You halt before you are lame. P. Vous criez avant qu'on vous écorche.

P. Do not or don't halt before a cripple. P. Gardez-vous bien de clocher devant un boiteux.

HALTER, ſ. (or rope.) Corde, licou.
A halter to hang one with. Corde, dont on étrangle les criminels; hart, en termes de pratique; tourtouſs, en termes de bourreau; mariage, en termes de cordier de Paris.

To fight for a halter. Se battre pour la corde, c'eſt-à-dire, ſe battre pour ſe faire pendre.

A horſe with a halter on. Un cheval avec un licou.

The halter is broke. Le licou eſt rompu.
Halter-ſick, (that deſerves to be hanged.) Un pendard, un ſcélérat.

To HALTER, v. act. Enchevêtrer. Il ne ſe dit guere qu'au figuré.

Haltered, adj. Enchevêtré.

HALTING, ſubſt. (from to halt.) L'action de faire halte; l'action de boiter ou de clocher.

HALVES. V. Half.

† HALYMOTE, ſub. (or Court-Baron.) Cour Fonciere, Cour du Seigneur Foncier.

HAM, ſub. (the part behind the knee.) Le jarret; jambon.
A Weſtphalia ham. Un jambon de Weſtphalie ou de Mayence.
* Ham or borough. Hameau.
R. C'eſt de ce mot que ſont compoſés pluſieurs noms de villes d'Angleterre, comme Nottingham, Buckingham, &c. qui de hameaux qu'elles étoient au commencement, ſont devenues conſidérables dans la ſuite.

* HAMBLESS, ſ. (a port or haven.) Un havre, un port.

To HAMBLE. V. to Hamſtring.

HAME, ſ. (the name of a horſe's collar.) Atèle, ſorte de petit ais ou de latte courbée, qui s'éleve au-deſſus du collier d'un cheval de harnois.

† HAMEL, ſ. Hamlet.

HAMKIN, ſ. Sorte de boudin.

HAMLET, ſubſt. (a ſmall village.) Hameau, un petit nombre de maiſons champêtres, écartées les unes des autres.

HAMMER, ſubſt. Marteau.
To drive in a nail with a hammer. Faire entrer ou enfoncer un clou à coups de marteau.
A ſhoeing hammer, a farrier's ſhoeing hammer. Brochoir, marteau avec quoi le maréchal cogne les clous dans la corne du pied du cheval.
Fid-hammer. Marteau à dent.
To HAMMER, verb. act. Forger, battre à coups de marteau.
To hammer a diſh. Forger un plat, en termes de potier d'etain, c. battre à coups de marteau.
To hammer (or ſtammer) in one's ſpeech, v. n. Begayer, héſiter en parlant.

To hammer upon a thing, (or to be in a quandary.) Héſiter, balancer, être irréſolu, ne ſavoir à quoi ſe réſoudre, être dans le doute ou dans l'incertitude.

To hammer out a thing, (to compaſs it with much trouble and ſtudy.) Venir à bout d'une choſe avec bien de la peine, la trouver à force d'y ſonger.

To hammer out one's own fortune. Se pouſſer, s'avancer, faire ſa fortune par ſon adreſſe, être l'artiſan de ſa fortune.

To hammer a thing INTO one's head. Mettre quelque choſe dans l'eſprit de quelqu'un, la lui inculquer.

Hammered, adj. Forgé, battu à coups de marteau, &c. V. to Hammer.

Hammered money. Argent frappé au marteau.

HAMMERING, ſubſt. L'action de forger ou de battre à coups de marteau, &c. V. le verbe.

I hear a great hammering. J'entends un grand bruit de marteau.

A hammering upon a thing. Irréſolution, doute, incertitude.

HAMMOCK, ſubſt. (a little ſea bed.) Un hamac ou un branle, lit de vaiſſeau, ſuſpendu ſous le pont par des cordes qui tiennent aux quatre côtés.

HAMPER, ſubſt. Panier, ſorte de hotte ou de gros panier fort.

To HAMPER, verb. act. (or entangle.) Embarraſſer, prendre, empêtrer, engager.

He hampered his horns in the boughs. Il engagea ſes cornes parmi les branches.

Hampered, adject. Embarraſſé, pris, empêtré, engagé.

Hampered with a bad wife. Embarraſſé ou empêtré d'une méchante femme.

HAMPERING, ſ. l'action d'embarraſſer, &c. V. to Hamper.

* HAMPSEL. V. Hamlet.

* HAMPSOKEN or burglary. Voy. Burglary.

To HAMSTRING, verb. act. Couper les jarrets.

To hamſtring (or to hough) a dog. Couper les jarrets à un chien, lui faire une inciſion pour le rendre boiteux.

Hamſtrung, adj. A qui l'on a coupé les jarrets.

HANAPER, ſ. (a treaſury.) Tréſor.

HANCH, ſubſt. Hanche, partie du corps humain dans laquelle le haut de la cuiſſe eſt emboité.

A hanch of veniſon. Une cuiſſe de veniſon. V. Haunch.

HAND, ſubſt. La main, partie du corps humain : on ſe ſert de ce mot en divers ſens.

The right hand. La main droite.

Lend me your hand a little, I pray. Tendez, donnez ou prétez-moi la main, aidez-moi un peu, je vous prie.

To fall into one's hands. Tomber entre les mains de quelqu'un.

I have a note under his hand. J'ai un écrit de ſa main.

To have a buſineſs in hand or to be in hand with a buſineſs. Avoir une affaire en main.

A man of his hand. Un homme de main ou d'exécution.

In the turning of a hand. Dans un tour de main ou en un tourne-main.

To take the upper hand or right-hand of one. Prendre la main ou le pas ſur quelqu'un.

To give the upper hand. Donner la main à quelqu'un, lui céder le pas.

To take what comes next to hand. Prendre tout ce qui vient en main.

To fight hand to hand. En venir aux mains, combattre de pied ferme & main à main.

Under-hand. Sous-main, ſecrettement.

To go hand in hand. Se tenir par la main, ſe donner la main l'un à l'autre, aller de compagnie.

He is my right hand, (or my beſt help.) C'eſt mon bras droit.

To have one's hands full, to have work enough upon one's hand, (to have enough to do.) Avoir beaucoup d'affaires ſur les bras, avoir aſſez de beſogne, être bien en peine ou embarraſſé.

Hand, (or writing.) Ecriture, main, caracteres formés par la main d'une perſonne.

Short-hand, (a ſhort way of writing.) Notes, maniere abrégée d'écrire, maniere d'écrire par abréviations.

I know his hand. Je connois ſa main ou ſon écriture.

Hand, (or ſignature.) Seing, ſignature.

Hand, (a meaſure of four inches.) Paume.

A horſe fifteen hands high. Un cheval qui a quinze paumes.

On the one hand. D'un côté. On the other hand. D'un autre côté.

I have it from very good hands. Je le tiens ou je le ſais de fort bonne part.

We have it from ſeveral hands. Nous en avons eu avis de pluſieurs endroits.

To have a thing from the beſt hand. Savoir une choſe de la premiere main.

It is believed at every hand, that — Tout le monde croit, que —

It is or 'tis on all hands agreed on. Tout le monde en tombe d'accord.

A hand-in-hand ring. Une alliance, bague.

The favours I have received at your hands. Les faveurs que vous m'avez faites.

I will or I'll never take this injury at your hands. Je ne ſouffrirai jamais le tort que vous me faites.

And he laid ſuch hard on me, that — Et il me ſaiſit, ou & il me battit de telle maniere, que —

It lies very much in your hands to ſave him. Il dépend de vous ou il eſt en votre pouvoir de le ſauver, ſa vie eſt entre vos mains.

Near at hand. Tout près ou tout proche d'ici.

To pay money in hand. Donner de l'argent par avance, donner des arrhes.

To buy things at the beſt hand or at the firſt hand. Acheter les choſes à bon marché ou de la premiere main.

You always buy at the worſt hand. Vous achetez toujours de ceux qui ſentent le plus cher ou de ceux qui vendent en détail.

Before-hand, behind-hand. V. Before and Behind.

To take in hand. Entreprendre, ſe charger de faire quelque choſe.

That is or that's the buſineſs now in hand. C'eſt de quoi il s'agit ou dont il eſt queſtion préſentement.

To go from the buſineſs in hand. S'écarter du ſujet.

To be in hand with a buſineſs. Faire une choſe,

2 R 2

chose, y travailler, y être après, avoir la main à l'œuvre.

I have been long in hand with it. J'y travaille depuis long-temps.

To go or fall in hand with a thing. Commencer quelque chose.

To be in hand (or in dealings) with one. Être en traité avec quelqu'un, negocier avec lui.

To have a good hand at cards. Avoir beau jeu.

To bear one in hand, (to make fair pretences that a thing shall be done.) Faire espérer une chose, tenir le bec dans l'eau.

To come cap in hand to one. S'adresser à quelqu'un en suppliant, s'adresser à lui chapeau bas, tête nue.

To make a hand of a thing, (to make a lingering business of it, in order to get the more.) Faire durer une chose à dessein d'en profiter, la faire traîner ou tirer en longueur.

To have a hand in a business. Tremper dans quelque affaire, y avoir part.

He has had a hand in the plot. Il a trempé dans la conjuration.

To get the upper hand (or the better) of it. Avoir l'avantage, avoir du bon, l'emporter.

Keep off your hands. N'y touchez pas, gardez-vous bien d'y toucher.

To lay violent hands on one's self. Se tuer, se défaire, se donner la mort.

To live from hand to mouth. Vivre au jour la journée, vivre de ce qu'on gagne chaque jour.

To bring up a child by hand, (or dry nurse it.) Élever un enfant à la cuiller.

If you get a young wife, you may bring her up to your hand. Si vous prenez une jeune femme, vous pourrez la former à votre fantaisie.

It is or 'tis done to my hand. La chose est faite, je l'ai trouvé tout fait ; j'ai trouvé le morceau mâché.

A man of quick hands. Un homme qui a la main bonne, qui est habile, qui fait vite ce qu'il fait ; † un grand abatteur de bois.

† They are hand and glove one with another. Ils s'entendent comme larrons en foire.

To drink hand-to-fist. Boire à tire-larigot.

My hand is in. Je suis en train ou je suis dans mon jeu.

My hand is out. Je ne suis pas en train, je suis détraqué, je ne suis pas dans mon jeu.

Nay, said the husband, and while your hand is in — Vraiment, dit le mari, puisque vous y êtes, ou † tandis que vous avez la main à la pâte, ou tandis que vous êtes en train.

Hand in and hand out, (the name of an unlawful game.) Sorte de jeu défendu.

To go hand in hand in a business. Agir de concert, faire une chose de concert.

To write what comes next to hand. Écrire d'abord tout ce qui vient dans l'esprit ou dans la pensée.

To do what comes next to hand. Faire la premiere chose qui se présente.

To be under the Physician's hands. Être dans les remedes, être entre les mains des médecins.

To be on the mending hand. Se porter mieux, commencer à se remettre ou à se rétablir.

To part even hand. Se séparer sans aucun avantage de part & d'autre.

He has shaken hands with all honesty. Il a renoncé à toute sorte de probité ou de bonne foi. V. to Shake.

You have made a good hand of it to day. Vous avez bien avancé aujourd'hui, ou vous avez eu bien du bonheur aujourd'hui.

† These are as fine as hands can make them or 'em. Il ne peut se rien faire de plus beau, ni de plus fin, c'est aussi bien fait qu'il se puisse.

Out of hand. L'abord, au plus vîte, aussi-tôt, incontinent, sur le champ.

Be sure to do it out of hand. Ne manquez pas de le faire d'abord.

Hand over head. Brusquement, étourdiment, à l'étourdie, à la volée, sans aucun égard, sans aucune considération.

It is or 'tis his way to do things hand over head. Il fait toujours brusquement ce qu'il fait, c'est sa manière.

We want more hands to do this. Nous ne sommes pas assez de gens pour faire ceci.

Call for more hands. Appelez quelque autre, faites venir plus de gens pour nous aider.

† To be heart and hand for a thing. Être entierement porté pour une chose, † s'y porter de cul & de tête.

The hand of a watch. L'aiguille d'une montre.

Hand over hand ! adverb. Main avant ou main sur main, commandement aux matelots qui halent sur une manœuvre, pour qu'ils passent alternativement une main sur l'autre sans interruption, & pour que le travail se fasse plus promptement.

A sailor goes aloft hand over hand. Cette expression signifie la façon dont les matelots montent aux hunes, aux perroquets, par un simple cordage, comme galhauban ou étai, en se tenant par les mains à ce cordage.

Under-hand dealing. Sourdes pratiques ou menées.

Hand-basket. Panier à anse.

A hand-bell. Clochette, petite cloche.

Hand-breadth. La largeur ou la paume de la main.

Hand-writing. Écriture.

All this is my hand-writing. J'ai écrit tout ceci, c'est tout de mon écriture.

Hand-fast. Qui a les mains liées, qui a les menottes aux mains.

Hand-fetters, (or manacles.) Menottes ; fers qu'on met aux mains des prisonniers & des criminels.

Hand-leather, (to work with.) Manique, morceau de cuir que quelques artisans se mettent dans la main pour travailler plus commodément.

Hand-gun. Un fusil.

Hand gallop. Le petit galop.

Hand-mill. Moulinet, moulin à bras.

Hand-stroke. Coup de main.

To come to hand-strokes. En venir aux mains, se battre.

Hand-saw. Petite scie.

Hand-screw. Cric.

Handspike or Hand-spike, s. comp. Anspec & barre de sineas.

Gunner's handspike. Anspec ou pince pour le canonnage.

A hand-grenado. Une grenade, dont on se sert à la guerre.

* Hand-cloth, (a handkerchief.) Mouchoir.

To HAND, v. act. Donner de main en main.

To hand a thing to one, to convey it to him from hand to hand. Donner une chose à quelqu'un de main en main, la faire passer jusqu'à lui de main en main.

† The precepts handed down to us from all antiquity. Les préceptes des anciens qui ont passé jusqu'à nous, ou qui nous ont été transmis.

To hand a Lady into a coach. Conduire une Dame, la menur par la main dans un carrosse.

To hand the sails. Ferler ou serrer les voiles.

Handed, adj. Donné de main en main, mené par la main. V. to Hand.

A two-handed fellow, (a huge strong fellow.) Un homme fort & vigoureux, un gros lourdaud, un homme fort & maladroit.

Right-handed. Droitier, droitiere, qui se sert ordinairement de la main droite.

Left handed. Gaucher, gauchere, homme ou femme qui se sert ordinairement de la main gauche.

HANDFUL, s. Une poignée.

A double handful. Une jointée.

HANDICRAFT, s. Métier.

HANDICRAFTSMAN, s. Artisan.

HANDKERCHIEF, s. Mouchoir.

To blow one's nose with a handkerchief. Se moucher avec un mouchoir.

A neck handkerchief. Un mouchoir de cou.

The Holy Handkerchief. Le Saint Suaire.

HANDLE, subst. Anse, manche, queue, poignée.

The handle of a pot, pail or basket. L'anse d'un pot, d'un seau ou d'un panier.

The handle of a balance. Anse de balance.

The handle of a knife, spoon or fork. Le manche d'un couteau, d'une cuiller ou d'une fourchette.

The handle of a sword. La poignée d'une épée.

The handle of a chair or trunk. Ce qui sert à porter une chaise, un coffre.

The handle of a wheel-barrow. Le bras d'une brouette.

He took the proposal by the right handle. Il prit la proposition du bon côté.

You take it by the wrong handle. Vous le prenez du méchant côté, vous le prenez mal.

To HANDLE, v. act. Manier, toucher, tâter, tenir avec la main.

To handle a thing. Manier une chose.

To handle (or manage) a business with prudence. Manier, conduire, ménager une affaire avec prudence.

To handle (or treat of) a subject. Traiter, toucher une matiere, raisonner, discourir sur un sujet, parler de quelque chose.

Handled, adj. Manié, traité, &c. V. to Handle.

Very ill handled, (ill used.) Fort maltraité.

HANDLING, s. L'action de manier, &c ; V. to Handle, dans tous ses sens.

The handling of a business. Maniment d'une affaire, l'administration des affaires.

HANDMAID, } s. Une servante.
HANDMAIDEN,

HANDSEL, subst. Étrenne, en termes de marchand.

To

HAN

To take handsel. *Etrenner, commencer à vendre.*

I took handsel before my shop was quite open. *J'ai étrenné avant que ma boutique fût tout-à-fait ouverte.*

To HANDSEL, *verb. act.* (or to give handsel.) *Etrenner, acheter le premier.*

No body has handsel'ed me yet. *Personne ne m'a encore étrenné.*

To handsel a thing, (to use it the first time.) *Etrenner une chose, se servir d'une chose pour la première fois.*

I will handsel this cup. *Je veux étrenner cette coupe, je veux boire le premier dans cette coupe.*

Handselled, *adj. Etrenné, &c. Voy.* le verbe.

HANDSELLING, *subst. L'action d'étrenner, &c. V.* to Handsel.

HANDSOME, *adj.* (or beautiful.) *Beau, belle, bien fait, bien faite.*

Handsome (fine, genteel.) *Honnête, beau.*

A handsome present. *Un présent honnête, un beau présent.*

A handsome treat. *Un régal ou un repas honnête.*

A handsome compliment. *Un compliment galant, un compliment bien tourné.*

It is not handsome (or fitting for you) to say so. *Il ne vous sied pas bien de parler de la sorte.*

A handsome wipe. *Une raillerie fine ou adroite.*

HANDSOMELY, *adv.* (or well.) *Bien, joliment.*

He writes very handsomely. *Il écrit fort joliment, il écrit fort bien.*

He speaks French handsomely, (or pretty well.) *Il parle joliment François.*

Handsomely, (or gallantly.) *Galamment, honnêtement, de bel air, de bonne grace.*

If I can handsomely avoid it. *Si je puis m'en empêcher de bonne grace, sans qu'il y aille de mon honneur.*

HANDSOMENESS, *f. Beauté.*

HANDY, *adj. Adroit, propre pour les ouvrages de main, habile.*

Handy-blows or handy-strokes. *Des coups de main.*

Handy-craft. *Métier, art mécanique.*

A handy-craft man or rather Handicraftsman. *Un homme de métier, un artisan.*

Handy-work. *Ouvrage de main.*

Handy-dandy, (a kind of a play with the hands.) *Sorte de jeu de main.*

To HANG, *verb. act.* Pendre, attacher en haut.

To hang a bell. *Pendre une cloche.*

To hang a malefactor. *Pendre un criminel, l'étrangler à une potence.*

Go hang yourself. *Allez vous faire pendre.*

To hang a room. *Tapisser ou tendre une chambre, tendre de la tapisserie tout autour d'une chambre.*

To hang it with tapestry. *La tendre de tapisserie de haute-lice.*

To hang the rudder, (at sea.) *Monter le gouvernail ou mettre en place le gouvernail.*

To hang the ports. *Mettre en place les sabords.*

To hang, *verb. neut. Pendre, être pendu ou suspendu.*

To hang in the air. *Être suspendu en l'air.*

The dreadful judgments of God that hang over our heads. *Les terribles jugements de Dieu qui pendent sur nos têtes, qui nous menacent ou dont nous sommes menacés.*

These things do not or don't hang well together. *Ces choses ne s'accordent pas bien ensemble ou ne se soutiennent pas, ces choses se démentent.*

Those things seem to hang one upon another. *Ces choses semblent se tenir, ou être enchaînées les unes avec les autres.*

A tapestry that hangs a room. *Tapisserie dont une chambre est tendue.*

The main top mast hangs abaft. *Le grand mât de hune penche en arriere.*

To hang UP, *verb. act.* Pendre, attacher en haut.

To hang up, *verb. neut.* Pendre ou être pendu.

To hang DOWN, *v. a. & n. Baisser, pendre en bas.*

To hang down one's head. *Baisser la tête, aller la tête baissée.*

To hang down one's ears. *Baisser les oreilles.*

To hang By. *Appendre.*

To hang LOOSE, (or to hang dandling.) *Pendiller.*

To hang ABOUT one's neck. *S'attacher au cou de quelqu'un.*

To hang BACK, or to hang an arse, (to lag in a thing.) *Remettre toujours une chose, reculer au lieu d'avancer, † tirer le cul en arriere.*

To hang OUT. *Pendre.*

Ex. Hang it out of the window. *Pendez-le hors de la fenêtre.*

They hung out (or set up) a white flag. *Ils arborerent le pavillon blanc.*

Hanged, *adj. Pendu, &c.* according to the verb.

He will be hanged. *Il sera pendu.*

He deserves to be hanged. *Il mérite la corde.*

Go and be hanged, go and be hanged to ye. *Allez vous faire pendre.*

HANGER, *sub.* (a short crooked sword.) *Un coutelas, sorte de sabre épais, large, & de fin acier.*

The hangers of a belt. *Les pendans d'un baudrier ou d'un ceinturon, les parties qui pendent au bas du baudrier & au travers desquelles on passe l'épée.*

† A hanger on, (or spunger.) *Ecornifleur ou écornifleuse, parasite.*

Pot-hanger. *Crémaillere, le fer dont on se sert pour mettre le pot sur le feu.*

HANGING, *subst. L'action de pendre, &c. V.* to Hang.

Here is frequent hanging. *On pend ici bien souvent.*

Hanging is too good for him. *Il mérite plus que la corde.*

P. Mariage and hanging go by destiny. *C'est le destin qui fait les mariages.* Mariage a ici un double sens, savoir le propre, & le figuré qui signifie, en termes de cordier, la corde dont on étrangle les criminels.

A suit of hangings. *Une tenture de tapisserie.*

Hanging, *adj. Pendable, pendant, qui pend.*

This is a hanging business. *C'est un cas pendable.*

Hanging (or roguish) look. *Une mine patibulaire ou bien un visage consterné.*

Hanging pauls. *Elinguets perpendiculaires ou cliquets de fer pour retenir un cabestan, &c.*

HANGMAN, *subst.* (or executioner.) *Le bourreau, l'exécuteur de la haute Justice.*

HANK of thread, *subst. Un écheveau de fil.*

Hank, (fondness or great inclination.) *Penchant, pente, passion, inclination.*

I have him at a hank. *Je le tiens par son foible.*

To have a great hank upon one. *Avoir un grand pouvoir ou un grand ascendant sur l'esprit de quelqu'un.*

Hank-for-hank, (a sea-expression) *Travers par travers, situation de deux vaisseaux qui courent le même bord, & font par le travers l'un de l'autre : Ex.* The Dolphin and Cerberus turned up the river hank-for-hank without being able to get to windward of each other. *Les vaisseaux le Dauphin & le Cerbere remonterent la riviere courant tou,ours par le travers l'un de l'autre, sans qu'aucun d'eux gagnât l'avantage du vent.*

Hanks, *s. pl. Anneaux de bois pour les voiles d'étai.*

To HANKER, after a thing, *verb. neut. Souhaiter passionnément une chose, la désirer avec passion ou avec ardeur.*

HANKERING, *f. Penchant, pente, passion, ardeur.*

He has a great hankering after it. *Il a une forte passion pour cela.*

HANSE, *adj. Anséatique.*

The hanse-towns. *Les villes anséatiques.*

Hanse, *subst.* (the hanse over the lintel of a door.) *Moulure faisant saillie & front au-dessus du linteau d'une porte.*

† HANS-EN-KELDER, *f.* (or jack in a cellar.) *L'enfant dont une femme est grosse.*

This is properly a *Dutch* expression, grown into use among the *English*, when they drink to a woman big with child. *C'est une expression pur ment Hollandoise, dont les Anglois se servent en buvant à une femme grosse, comme* Here is or Here's Madam, a health to the hansen-kelder. *Madame, c'st à la santé de l'enfant dont vous êtes grosse.*

HANSEATICK, *adj.* (belonging to the hanse towns.) *Anséatique.*

HAN'T, *abreviation* pour have not.

We han't money enough. *Nous n'avons pas assez d'argent.*

HAP

HAP, *s.* (or chance.) *Hasard, accident.*

By good hap. *Par un coup de bonheur.*

To HAP, *v. neut.* (or happen.) *Arriver, venir par hasard ou par accident.*

Hap what hap can. *Arrive ce qu'il voudra ou ce qu'il pourra.*

If he should hap (or happen) to come. *Si par hasard il alloit venir ou il venoit.*

Had I hap to meet him. *Si j'avois le bonheur de le rencontrer.*

Should I hap to discourse of it. *Si par hasard je venois à parler de cela.*

HAP-HAZARD, *sub. Chance, accident, hasard.*

It is or 'tis hap-hazard. *Cela est incertain, cela dépend du hasard.*

HAPLESS, *adj. Malheureux.*

HAPLY, *adv. Peut-être, par hasard.*

*HAPPARLET, *f.* (or close coverlet.) *Une grosse couverture de lit.*

To HAPPEN, *v. neut. Arriver, avenir, se passer.*

Whatever happens. *Quoi qu'il arrive, à tout hasard, veille que vaille.*

All these things happened in our days. *Tout*

Tout ceci est arrivé ou s'est passé de nos jours.
I happened to fall upon other things. *Je tombai sur d'autres matieres.*
It happens or happeneth, *imp. Il arrive.*
It happened unfortunately that I was out of the way. *Il arriva malheureusement que j'étois pour lors absent.*
It happened well for you. *Ce fut un bonheur pour vous.*
As it happens. *A tout hasard ou par hasard.*
Happened, *adj. Arrivé.*
A thing happened in the way. *Une occurrence.*
HAPPIER & HAPPIEST, *ce sont le comparatif & le superlatif de* Happy.
HAPPILY, *adv. Heureusement, par bonheur.*
Happily he died in time. *Heureusement il mourut à propos.*
HAPPINESS, *s. Bonheur, félicité, état heureux où l'on a tout à souhait.*
HAPPY, *adj.* (or blessed.) *Heureux, qui jouit du bonheur, qui a tout à souhait.*
To lead a happy life. *Mener une vie heureuse, vivre heureusement, avoir tout à souhait.*
To be happy in one's expressions. *S'exprimer heureusement, avoir le don de se bien exprimer.*
To have a happy fancy. *Imaginer heureusement les choses.*
To be happy in a wife. *Rencontrer bien en femme.*
He has been very happy in his collections. *Il a fait de fort bons recueils, il a parfaitement bien réussi ou rencontré dans les recueils qu'ils a faits.*
Happy had it been for me if he had died. *C'eût été un grand bonheur pour moi s'il fût mort.*
Happy, (or lucky.) *Heureux, fortuné.*
P. Happy be lucky, (or let it go how it will.) *P. Vogue la galere, arrive ce qu'il voudra.*
HAPSE,
HASP, *s.* (or catch.) *Espece de crochet.*
To HAPSE,
To HASP, *v. act. Retenir, arrêter ou fermer au crochet.*
Hapsed or rather Hasped, *adj. Fermé au crochet.*
* HAQUEBUT. *V.* Harquebuss.
HARANGUE, *s.* (a speech.) *Harangue, discours oratoire.*
To make an harangue to one. *Haranguer quelqu'un, lui faire une harangue.*
To HARANGUE, *v. act. Haranguer, réciter une harangue.*
To harangue up the people into a fury. *Haranguer le peuple, & lui inspirer la fureur.*
Harangued to, *adj. Harangué.*
When he was harangued to. *Quand il fut harangué.*
HARANGUER, *s. Harangueur.*
To HARASS, *v. act.* (tire or weary out.) *Harasser, lasser, fatiguer.*
To harass an army. *Harasser, fatiguer une armée.*
Harassed, *adj. Harassé, lassé, fatigué, recru.*
HARASSING, *s. L'action de harasser, de lasser ou de fatiguer.*
HARBINGER, *s. Fourier, Maréchal de logis, Officier qui marque les logis.*
It is or 'tis a harbinger of death. *C'est un avant-coureur de la mort.*
HARBOUR, *s.* (for ships.) *Havre, port.*

To get into the harbour. *Entrer dans le havre.*
Harbour, (shelter, sanctuary or place of safety.) *Retraite, refuge, lieu de retraite ou de refuge.*
We found there a very good harbour, (or there we were kindly entertained.) *Ce fut pour nous un bon lieu de retraite.*
To HARBOUR, *v. act. Retirer, recevoir, loger chez soi, accueillir.*
No body would harbour us. *Personne ne voulut nous recevoir.*
To harbour profane thoughts. *Avoir des pensées profanes.*
Harboured, *adj. Reçu, logé, &c. V. to* Harbour.
HARBOURER, *s. Celui ou celle qui reçoit chez soi, receleur, recéleuse.*
HARBOURING, *subst. L'action de retirer, de recevoir, de loger ou d'accueillir chez soi.*
HARBOURLESS, *adj.* (that has no harbour.) *Qui n'a point de havre, sans port, qui n'a point de retraite.*
An harbourless coast. *Une côte qui n'a point de havre.*
HARD, *adject.* (not soft.) *Dur, ferme, solide.*
A hard and solid body. *Un corps dur & solide.*
A hard (or tough) capon. *Un chapon dur, qui n'est pas tendre.*
Hard, (or sad.) *Dur, fâcheux, triste, déplaisant.*
It is or 'tis a hard case. *Cela est fâcheux.*
In this hard extremity. *Dans cette dure extrémité.*
Hard, (or ill.) *Mauvais, méchant.*
Hard fare. *Mauvaise chere.*
To entertain very hard (or bad) thoughts of one. *Concevoir une très-mauvaise opinion de quelqu'un.*
Hard, (or rigorous.) *Rude, rigoureux, cruel, aur, severe, impitoyable, barbare.*
A hard master. *Un rude maitre.*
A hard battle. *Un rude combat, un combat opiniâtre.*
A hard winter. *Un rude hiver.*
Hard of taste. *Rude, grossier, âpre.*
Hard wine. *Du vin rude ou grossier.*
Hard beer. *De la biere qui a le goût rude.*
The times are hard, these are hard times. *Le siecle est dur, c'est un miserable temps que celui-ci, le temps est fâcheux ou rigoureux.*
A hard (or uncouth) style. *Un style dur, qui n'est pas aisé.*
He will be too hard (or strong) for you. *Il sera trop fort pour vous, il l'emportera sur vous, il en sait plus que vous.*
It is or 'tis too hard an expression. *Cette expression est trop forte.*
Hard (or difficult.) *Difficile, mal-aisé.*
A hard lesson. *Une leçon mal-aisée ou difficile.*
'Tis a very hard task. *C'est une tâche fort difficile à faire.*
Hard to be understood. *Difficile à entendre, à comprendre.*
Hard to be pleased. *Difficile à contenter, fâcheux, incommode, rude, bizarre.*
Hard to come at. *De difficile accès.*
A hard word. *Un terme dur, rude, difficile à prononcer.*
He is a very hard (or covetous) man. *C'est un homme extrêmement avare, attaché ou intéressé.*

You are too hard (you ask too much) for your commodities. *Vous êtes trop cher, vous demandez un prix déraisonnable.*
You are too hard, (or you bid too little.) *Vous êtes déraisonnable, vous offrez trop peu ou beaucoup moins que la chose ne vaut.*
These are hard conditions. *Ces conditions sont onéreuses.*
As cunning as he is, I was too hard for him. *Tout fin qu'il est, je l'ai attrapé.*
To lie upon a hard bed. *Coucher sur la dure.*
A hard head, a hard (or penurious) man. *Un homme dur à la desserre, qui ne donne pas volontiers, qui n'ouvre pas aisément sa bourse.*
A thing hard to come at, hard to get. *Une chose rare, qu'on a de la peine à trouver.*
It is hard for me to conceive. *J'ai peine à comprendre.*
Hard of hearing. *Qui est un peu sourd, qui est dur d'oreille, qui a l'oreille dure, qui entend dur.*
Hard of belief. *Incrédule.*
A hard student. *Une personne qui étudie fort & ferme ou qui est toujours sur les livres.*
Hard cherries. *Guignes, sortes de cerises grosses & douces.*
Hard drinking. *Debauche, excès.*
Hard service. *V. to* Put.
To entertain hard thoughts of one. *Avoir une mauvaise opinion de quelqu'un.*
Hard to deal withal. *Intraitable, farouche.*
He has had hard conditions. *Il a été fort maltraité ou en lui a fait grand tort.*
The fever is hard upon him. *La fievre le presse fort, il a un accès de fievre fort violent.*
Hard-working men have hard skins. *Les hommes de travail sont ceux qui ont des duretés ou des durillons dans les mains.*
There passed some hard words betwixt them. *Ils se dirent quelques duretés, ils eurent quelques paroles.*
Hard frost. *Grande gelée.*
To make hard. *Durcir, faire devenir dur, endurcir.*
To grow hard. *Durcir, s'endurcir, devenir dur.*
Hard, *adv. Fort, fort & ferme.*
Strike hard. *Frappez fort.*
The wind blows hard. *Le vent souffle fort, il fait grand vent.*
It freezes hard. *Il gele fort & ferme, il gele à pierre fendre.*
Hard, (or roughly.) *Rudement, d'une maniere rude & severe.*
To speak hard to one. *Parler rudement à quelqu'un, lui parler d'un ton rude.*
To follow one hard, to be hard at his heels. *Suivre quelqu'un de près, être à ses trousses.*
It will go hard but I'll have it. *Il y aura bien du malheur si je ne l'ai pas.*
To be hard put to it for a livelihood. *Avoir bien de la peine à vivre,* † *tirer le diable par la queue.*
To be hard at work. *Etre en train de travailler, être ardent à l'ouvrage.*
He is a man that works hard. *Il prend beaucoup de peine, c'est un homme laborieux.*
It rains very hard. *Il pleut à verse.*
To sound a letter hard, (to give it a full sound.)

HAR

found.) *Poser sur une lettre, le prononcer fort.*
To drink hard. *Faire débauche, boire avec excès.*
It goes hard with him, he is hard put to it. *Il est mal dans ses affaires, il est fort embarrassé.*
He struck me as hard as ever he could. *Il m'a frappé de toute sa force.*
Hard by. *Tout près.*
He lodges hard by us. *Il loge tout près de chez nous ou dans notre voisinage.*
Hard, (used at sea.) *adv.*
Hard-a-lee! *Barre toute sous le vent! lof tout!*
Hard-a-weather or hard up! *Arrive tout! Ordre de mettre la barre toute au vent.*
Hard-a-starboard! *Tribord tout!*
Hard-a-port! *Babord tout!*
Composés de Hard.
Hard-bound. *Constipé.*
Hard-hearted. *Dur, qui a le cœur dur ou l'ame dure, insensible, cruel, impitoyable, barbare, inhumain.*
Hard-heartedness. *Dureté, dureté de cœur, insensibilité, inhumanité.*
Hard-skinned. *Qui a la peau dure.*
A hard-mouthed horse. *Un cheval pesant à la main, qui s'abandonne sur la bride.*
A hard feeding horse. *Un cheval qui a bonne bouche.*
A hering with a hard-roe. *Hareng œuvé, qui a des œufs.*
Hard-witted, (or dull witted.) *Pesant, lourd, qui a l'esprit pesant, hébété, stupide.*
To HARDEN, *verb. act. (or make hard.) Durcir, faire devenir dur, endurcir, rendre dur.*
To harden one's self, (to use or inure one's self to hardship.) *S'endurcir, s'accoutumer à quelque chose de difficile, se faire un cœur dur, & insensible.*
The Stoicks endeavoured to harden themselves against all sense of pain. *Les Stoiciens tâchoient de se rendre insensibles à la douleur.*
Hardened, *adj. Durci, endurci.*
HARDENING, *subst. L'action de durcir ou d'endurcir, endurcissement.*
HARDILY, *adv. (from hardy.) Hardiment, avec hardiesse, courageusement.*
HARDIHOOD. *V. Hardness.*
HARDINESS, *f. (from hardy.) Hardiesse, courage, fermeté.*
Hardiness of constitution. *Tempérament ou complexion robuste.*
HARDISH, *adj. Un peu dur.*
HARDLY, *adv. (or with much ado.) Difficilement, à peine.*
He will hardly compass it. *Il en viendra difficilement à bout.*
Hardly, (or severely.) *Rudement, durement, sévèrement, rigoureusement.*
To live hardly, (or poorly.) *Vivre chétivement, pauvrement, misérablement.*
I can hardly (or scarce) believe it. *J'ai peine à le croire.*
To be hardly dealt with. *Être maltraité.*
P. Things hardly attained are long retained. *P. On ratient facilement ce qu'on a bien de la peine à apprendre.*
HARDNESS, *f. Dureté, solidité, fermeté, ce qui rend un corps dur.*
Hardness, (cruelty.) *Dureté, sévérité, cruauté, barbarie, inhumanité, rigueur.*

HAR

Hardness of heart, (insensibility.) *Endurcissement de cœur, insensibilité.*
Hardness, (or difficulty.) *Difficulté.*
Hardness, (or covetousness.) *Avarice, taquinerie, humeur avare ou intéressée.*
HARDS, *f. (hards of flax or tow.) Etoupes, ce qui sort du chanvre lorsqu'on l'habille ou qu'on le passe par le seran.*
HARDSHIP, *f. Dureté, fatigue, peine, travail, oppression.*
Inured to hardship. *Fait à la fatigue, endurci au travail.*
HARDWARE, *f. Quincaillerie.*
HARDWAREMAN, *f. Quincailler.*
HARDY, *adject. (or inured to hardship.) Endurci ou fait à la fatigue, robuste.*
Hardy, (or bold.) *Hardi, vaillant, courageux, assuré.*
A cock of the game that will die hardy. *Un coq de combat, qui se bat bien, qui vend bien cher sa vie, ou qui a peine à mourir.*
No man before him was ever so hardy as to maintain that. *Personne avant lui n'a jamais eu l'effronterie de soutenir que.*
Fool hardy. *Fou téméraire.*
HARE, *f. Un lievre.*
To start a hare. *Lancer ou faire lever un lievre, le faire partir du gite.*
A young hare, (a leveret.) *Levraut, petit lievre.*
Harefoot, (an herb.) *Pied-de-lievre, herbe.*
Harefoot, (a bird.) *Pied-de-lievre, oiseau.*
Harelip. *Bec-de-lievre, fente qui se voit aux levres de certaines personnes.*
Harelipped. *Qui a un bec-de-lievre.*
Harebrained. *Presque tout le monde écrit hairbrained par corruption. V. Hairbrained, sous Hair.*
Harehearted. *Timide, poltron.*
To HARE, *verb. act. (or to hurry.) Etourdir, déconcerter, comme quand on presse trop une personne de faire une chose.*
You hare me so, that I do not or don't know what I do. *Vous m'étourdissez si fort, ou vous me mettez dans un si grand désordre, que je ne sais où j'en suis.*
Hared, *adject. Troublé, démonté, déconcerté.*
HARIER, *subst. (a kind of dog.) Sorte de chien courant pour chasser le lievre.*
HARING, *subst. L'action d'étourdir, &c. V. to Hare.*
HARIOT. *V. Heriot.*
HARK! *Interj. Ecoutez!*
To HARK, *verb. neut. Ecouter.*
HARL, *f. Filament du chanvre, &c.*
HARLEQUIN, *f. Arlequin.*
HARLOT, *f. Une putain, une prostituée.*
HARLOTRY, *subst. (whoring.) Métier de prostituée.*
Harlotry, (harlots.) *Des putains, des prostituées.*
HARM, *subst. (prejudice or mischief.) Mal, dommage, préjudice, tort.*
He means no harm. *Il ne songe pas à mal.*
Harm, (or hurt.) *Mal, blessure.*
To do one harm, (to hurt him.) *Blesser quelqu'un, lui faire mal.*
Harm, (or disaster.) *Malheur, désastre, accident fâcheux.*
To keep out of harm's way. *Se tenir à couvert ou hors de danger.*
P. Harm watch, harm catch. *P. Qui mal pense, mal lui vient: ou bien les gens les plus précautionnés sont quelquefois pris les premiers.*

HAR

† To HARM, *v. act. (to hurt.) Faire du mal.*
HARMFUL, *adj. Mal-faisant, dangereux.*
HARMFULLY, *adv. Dangereusement, avec préjudice.*
HARMFULNESS. *V. Harm.*
HARMLESSLY, *adv. Sans aucun danger.*
Harmlessly, (or innocently.) *Innocemment.*
HARMLESSNESS, *f. Qualité de ce qui n'est point mal-faisant.*
Harmlessness, (or innocence.) *Innocence.*
HARMLESS, *adj. (that does no harm.) Innocent, qui ne peut faire aucun mal.*
It is or 'tis a harmless thing. *Il ne sauroit faire de mal.*
A harmless (or peaceful) sword. *Une épée qui n'a fait de mal à personne, † une épée vierge.*
Harmless, (that takes no harm.) *Qui ne reçoit point de mal, qui n'est point endommagé.*
He came off harmless. *Il s'en est tiré bagues sauves, ou sans avoir reçu aucun mal.*
To save one harmless. *Dédommager, indemniser quelqu'un.*
A good harmless man. *Un bon homme, un homme qui n'y entend pas finesse.*
HARMONICAL,
HARMONICK, } *adj. Harmonique.*
HARMONIOUS, *adj. (full of harmony.) Harmonieux, plein d'harmonie, qui a de l'harmonie, mélodieux.*
HARMONIOUSLY, *adv. Harmonieusement, avec harmonie, mélodieusement, agréablement.*
HARMONIOUSNESS,
HARMONY, } *f. (or melody.) Harmonie, concert & accord de divers sons, mélodie.*
Harmony, (or agreement of several things.) *Harmonie, accord, proportion, justesse de plusieurs parties ensemble, de quelques parties qui elles sollent.*
To HARMONIZE, *verb. act. Accorder, rendre harmonieux.*
HARNESS, *f. Harnois.*
A horse-harness, (or trappings.) *Harnois de cheval, tout l'équipage d'un cheval de selle.*
A soldier's harness. *Harnois, armure complette d'un homme d'armes; il vieillit en ce dernier sens.*
To put on the harness. *Endosser le harnois.*
A harness-maker. *Faiseur de harnois.*
Leg-harness. *Chaussure.*
To HARNESS, *v. act. Enharnacher, harnacher, mettre le harnois.*
Harnessed, *adj. Enharnaché, harnaché.*
HARNESSING, *f. L'action d'enharnacher ou de harnacher.*
HARP, *f. (a musical instrument.) Harpe, instrument de musique.*
To play upon the harp. *Pincer la harpe, jouer de la harpe.*
The Jew-harp. *V. Jew.*
To HARP, *v. n. Jouer de la harpe.*
P. To harp always on the same string. *Toucher toujours la même corde, chanter toujours la même chanson, être toujours sur un même sujet, rebattre la même chose.*
What do you harp at? (what do you mean or drive to?) *Que voulez-vous dire? Qu'entendez-vous par-là?*
HARPER, *f. Un joueur de harpe, celui qui joue de la harpe.*

HARPIES.

HAR

HARPIES, s. C'est le pluriel de harpy.
HARPING IRON, } s. (a kind of dart fastened to the end of a rope to catch whales.) Harpon.
HARPOON,
HARPINGS, subst. plur. La partie de l'avant des préceintes d'un vaisseau, ou ce que les François nomment pieces de quartier.
Cat-harpings. V. Cat-harpings.
Gun-harpoon. Harpon de nouvelle invention pour la pêche des baleines, qui se darde dans un mousqueton.
HARPONEER, subst. (a man employed to dart whales with a harping iron.) Harponneur.
HARPSICORD, s. Un clavecin, instrument de musique.
HARPY, s. (a fabulous monster.) Harpie, monstre fabuleux.
A harpy, (or griping woman.) Harpie, femme avare.
HARRIDAN, s. Une vieille prostituée.
HARQUEBUSS, s. (a sort of gun.) Arquebuse, arme a feu.
HARQUEBUSSIER, s. Arquebusier.
HARROW, s. Herse.
To HARROW, v. act. Herser.
To harrow a field. Herser un champ, en rompre & briser les mottes avec la herse.
To Harrow. Déchirer, piller, ravager.
But thou wilt know what harrows up my heart. Mais tu verras, avois ce qui me déchire le cœur.
Harrowed, adj. Hersé.
HARROWER, subst. Herseur, celui qui herse.
HARROWING, s. L'action de herser.
To HARRY, v. act. (or tire out.) Herasser, harceler, fatiguer, tourmenter.
Harried, adj. Harcelé, harassé, fatigué, tourmenté.
HARRYING, s. L'action de harceler, de fatiguer ou de tourmenter.
HARSH, adj. (of taste.) Âpre, rude au goût, piquant, désagréable.
This is a harsh (or rough) sort of wine. Ce vin est âpre.
A harsh (or uncouth) word. Un mot dur, un mot rude, qui choque l'oreille, qui n'est point poli.
A harsh (or rough) master. Un maître rude, sévère, austère, rigide, rigoureux, rude.
HARSHLY, adv. Rudement, avec rigueur, d'une manière rude & sévère, rigoureusement, aigrement, durement.
HARSHNESS, subst. (of taste.) Apreté, aigreur.
The harshness of some liquors. L'âpreté de certaines liqueurs.
Harshness, (of sound.) Rudesse, dureté, ce qui choque l'oreille.
The harshness of a verse. La rudesse d'un vers.
Harshness, (or severity.) Rudesse, dureté, sévérité, rigidité, austérité, mauvaise humeur.
HARSLETS, subst. A hog's harslets, (or entrails.) Fressure de cochon.
HART, s. (a stag of five years complete.) Cerf.
A hart royal. Un cerf qui a été chassé par le Roi, & qui s'est sauvé.
Hart's-horn. Corne de cerf.
Hart's-tongue, (an herb.) Langue de cerf, scolopendre, herbe.
Hart's-trefoir, (a plant.) Falouf, herbe.
Hart-wort. Aristoloche, sorte d'herbe.
HARVEST, subst. Moisson, récolte.

To make harvest. Faire la moisson, moissonner.
P. Good harvests make men prodigal, bad ones make them provident. P. L'abordance rend les gens prodigues, & la disette les rend bons ménagers.
He sows for a harvest, (he spends in order to get.) Il sème pour moissonner.
Harvest-time. Moisson, le temps de la moisson.
Harvest-man. Moissonneur.
Harvest-woman. Moissonneuse.
To HARVEST, v. n. Moissonner.
HARVESTER, subst. Moissonneur.
HASH, subst. Galimafrée, hachis à l'angloise.
To HASH, v. act. Hacher, couper menu ou en petits morceaux.
Hashed, adj. Haché.
HASP, subst. (a sort of buckle or hook.) Un crochet, une agraffe.
A hasp, (or button to draw or shut a door.) Un bouton.
To HASP, v. act. Accrocher, agraffer.
Hasped, adj. Accroché, agraffé.
HASSOCK, s. (a thing to kneel upon.) Sorte de natte de paille sur quoi l'on s'agenouille en Angleterre dans les Eglises; paillasson.
Hassock, (soft sand-stone.) Tuf, pierre de tuf.
HAST, seconde personne du singulier du verbe to Have, avoir.
HASTE, subst. Hâte, vitesse, diligence, promptitude, précipitation, empressement.
To do a thing in haste. Faire une chose à la hâte ou précipitamment.
To withdraw in haste. Se retirer en hâte ou diligence.
With all the haste that may be, in all haste, in post haste. Avec toute la diligence possible.
Make all the haste you can. Faites toute la diligence possible, hâtez-vous tant que vous pourrez.
To make haste. Se hâter, se dépêcher, faire diligence.
Make haste thither. Allez-y promptement.
What a haste you are in. Vous voilà bien pressé.
Make what haste you can to come back. Revenez-vous-en au plutôt.
For all your haste. Ne vous en déplaise.
P. To make more haste than good speed. P. Se hâter trop, se précipiter, faire les choses avec précipitation.
P. The more haste the worse speed. P. Plus on se hâte, moins on avance.
To HASTE, v. neut. (to make haste.) Se dépêcher, se hâter.
To HASTE, } verb. act. Hâter, précipiter, faire hâter, presser.
To HASTEN,
To hasten a messenger. Faire hâter un messager, le presser de partir.
To hasten one's death. Hâter ou précipiter la mort de quelqu'un.
To HASTEN, verb. neut. Se hâter, se presser, avancer à grands pas, à grandes journées.
He hastened to the army. Il alla ou il se transporta promptement à l'armée.
Hastened, adj. Hâté, pressé, précipité.
HASTENING, s. L'action de heter, &c.
V. to Haste dans tous ses sens.
HASTILY, adv. (in haste.) A la hâte, en grande hâte.

HAS

Hastily, (in a passion.) En colere, avec emportement.
HASTINESS, sub. Promptitude, emportement, facilité qu'on a à se fâcher.
HASTINGS, subst. pl. Fruits avancés ou précoces, fruits hâtifs.
Green hastings. Pois hâtifs.
A hasting or hasty pear. Hâtiveau.
HASTY, adj. (done in haste.) Hâté, précipité, qui se fait à la hâte.
Hasty, (or impatient.) Impatient, prompt, pétulant.
Hasty, (or soon angry.) Prompt, violent, emporté, qui se met aisément en colere, qui a la tête chaude.
A hasty fool. Un emporté, un brutal.
Hasty-pudding. Sorte de bouillie.
HAT, subst. Un chapeau.
A narrow-brimmed hat. Un chapeau à petit bord.
A broad-brimmed hat. Un chapeau à grand bord.
A beaver-hat. Un castor.
A hat-band. Une tresse ou cordon de chapeau.
To put (or pull) off one's hat. Se découvrir, mettre bas le chapeau.
To put on one's hat. Mettre son chapeau; se couvrir.
Hat-string. Ficelle qu'on met au bas de la forme du chapeau.
Hat-maker. Chapelier.
HATCH, sub. (a kind of door commonly fenced with iron spikes at the top.) Sorte de demi-porte dont le dessus est ordinairement garni de pointes de fer.
Hatch, (or brood of young.) Couvée de petits.
Hatch or hatch-way, (a sea term.) Écoutille.
Main-hatch-way. La grande écoutille.
Fore-hatch-way. L'écoutille de la fosse aux cables.
Hatch-bars. Barres d'écoutille.
To HATCH, verb. act. Faire éclorre des œufs, en parlant des oiseaux.
To hatch, (or devise.) Machiner, couver, brasser, tramer, former, projeter quelque mauvais dessein.
To hatch some mischief. Couver ou tramer quelque méchanceté.
To hatch the hilt of a sword. Hacher la garde d'une épée.
Hatched, adj. Eclos, machiné, tramé, brassé, &c. haché.
P. You count your chickens before they are hatched. P. Vous comptez sans l'hôte.
HATCHEL, subst. (an instrument to hatchel flax withal.) Seran, peigne de chanvre.
To HATCHEL, v. act. Serancer, passer par le seran.
Hatchelled, adject. Serancé.
HATCHELLER, subst. Seranceur.
HATCHELLING, s. L'action de serancer.
HATCHES, sub. (the hatches of a ship.) Ecoutilles, ouverture dans le tillac d'un vaisseau, pour descendre sous le pont.
Hatches. Les Matelots appellent aussi de ce nom, mais improprement, les panneaux ou couvercles des écoutilles.
† To be under the hatches, (or in a low condition.) Etre en mauvais état ou en mauvaise passe, être mal dans ses affaires.
HATCHET, subst. Hache, cognée.
Hatchet-helve. Manche de cognée.
Hatchet-faced. Défiguré, qui a le visage tout défiguré, tout décharné.
HATCHMENT.

HATCHMENT, *subst.* Ecusson armorié qu'on met au-dessus d'une porte à la mort d'une personne.
HATCHING, *s.* L'action d'éclorre, &c. *V.* to Hatch.
HATE, *subst. V.* Hatred.
To HATE, *v. act.* Haïr, avoir de la haine ou de l'aversion, détester, abhorrer, être ennemi de.
He hates me mortally. *Il me hait mortellement.*
I hate a lie. *Je suis ennemi du mensonge, j'abhorre le mensonge.*
Hated, *adject.* Haï, détesté, abhorré.
This will make you be hated. *Ceci vous fera haïr, ceci vous rendra odieux.*
You will be hated for it. *Cela vous attirera la haine de tout le monde.*
HATEFUL, *adject.* Haïssable, odieux, qui mérite d'être haï, digne de haine, horrible, abominable, détestable.
HATEFULLY, *adv.* D'une manière haïssable ou odieuse.
HATEFULNESS, *subst.* Qualité haïssable ou odieuse.
HATER, *subst.* Celui ou celle qui hait, ennemi, ennemie.
A hater of women. *Un ennemi du sexe.*
A man-hater or a hater of men. *Un misantrope, un ennemi du genre humain.*
HATH, c'est une troisième personne du singulier du verbe to have.
Ex. He hath a great deal of money. *Il a beaucoup d'argent.*
HATING, *subst.* L'action de haïr, haine, aversion.
HATRED, *subst.* Haine, aversion.
To bear an hatred against one. *Avoir de la haine contre quelqu'un, lui en vouloir.*
HATTER, *subst.* (from hat.) Chapelier, qui fait & qui vend des chapeaux.
To HATTER, *verb. act.* Harasser, fatiguer.
HAUBERK. *V.* Habergeon.
To HAVE, *v. act.* (to possess.) Avoir.
I have it at my tongue's end. *Je l'ai sur le bout de la langue.*
He has a great estate. *Il a de grands biens.*
Sylvius, a man who had nothing of a Roman but the name he had assumed. *Sylvius, cet homme qui n'avoit d'un romain que le nom qu'il avoit pris ou usurpé.*
To have, (or hold.) Tenir.
I have him at a hank. *Je le tiens par son foible.*
I have it from a good author. *Je le tiens d'un bon auteur, je le sais de bonne part.*
I have it from him. *Je l'ai appris de lui, c'est de lui que je le tiens.*
To have a thing by heart. *Savoir une chose par cœur.*
You have it only by hear say. *Vous ne le savez que par oui-dire.*
Have a care of it. *Prenez-en bien du soin.*
I must have him with me. *Il faut que je le prenne avec moi.*
To have a foresight. *Prévoir.*
You will make me have anger. *Vous serez cause qu'on me grondera.*
You may have my word, that — *Je vous ai donné ma parole, que—*
God have you in his keeping. *Dieu vous garde.*
What would you have? *Que voulez-vous? que demandez-vous? que souhaitez-vous?*

The thing fell out as I would have it. *La chose a réussi à souhait, selon mes vœux, selon mes désirs.*
Have me excused. *Excusez-moi, pardonnez-moi.*
You have it right. *Vous y êtes, vous l'entendez.*
I have not law enough to state the question. *Je n'entends pas assez le Droit pour établir cette question.*
He will not *or* won't do as I would have him. *Il ne veut rien faire de tout ce que je lui dis, il ne veut point suivre mon avis ou mes ordres.*
I would not have it done by any means. *Je ne suis point du tout d'avis qu'on fasse cela.*
I would not have you write. *Je ne voudrois pas ou je ne serois pas d'avis que vous écrivissiez.*
I will have it, I will have it so. *Je le veux, je veux que cela soit.*
I must have him up. *Il faut que je le fasse monter.*
I would have you know, that I am an honest man. *Sachez que je suis honnête homme.*
As fortune would have it. *Par hasard, par bonheur ou par malheur.*
Let him have his desert. *Qu'on le traite comme il l'a mérité.*
P. Do well and h ve well. P. *Qui bien fera, bien trouvera.*
To let one have a thing. *Donner une chose à quelqu'un.*
Have at you, Sir. *A vous, Monsieur, c'est à vous que j'en veux.*
Have him (or carry him) away. *Emmenez-le.*
HAVEN, *subst.* (or harbour.) Havre, port.
The haven's mouth. *L'entrée du havre, l'entrée du port.*
HAVENER, *s.* Intendant ou Inspecteur de port.
HAUGHTILY, *adverb.* Fièrement, présomptueusement, arrogamment, d'un air fier ou arrogant, d'une hauteur insupportable.
HAUGHTINESS, *sub.* Fierté, arrogance, humeur hautaine, présomption.
HAUGHTY, *adj.* Fier, arrogant, orgueilleux, hautain, présomptueux.
HAVING, *subst.* Biens, fortune, possessions.
To HAUL, *verb. act.* (to draw, pull or drag.) Tirer, tirailler.
To haul, (a sea-term.) Haler, tirer un simple cordage à force de bras.
To haul the wind. *Serrer le vent, bouliner les voiles, les orienter plus près du vent qu'elles n'étoient.*
Hauled, *adj.* Tiré, tiraillé.
HAUL, HAULING, *subst.* Action de tirer, tiraillement.
HAUM, *subst.* (straw.) Chaume, paille.
HAUNCH, *subst.* Hanche.
HAUNT, *subst.* (hold of some beasts.) Repaire.
Haunt, (or habit.) Habitude, coutume.
To HAUNT, *v. act.* (or frequent.) Hanter, fréquenter, visiter souvent.
To haunt one, (to trouble him often with one's company.) *Incommoder quelqu'un, se rendre incommode à force de visites, le presser, le suivre, être incessamment à ses côtés ou à ses trousses.*
Haunted, *adj.* Hanté, fréquenté, incommodé, &c. *V.* to Haunt.

A house haunted with spirits. *Une maison hantée par des esprits.*
HAUNTER, *subst.* Celui ou celle qui hante, qui fréquente.
HAUNTING, *subst.* L'action de hanter ou de fréquenter; fréquentation, hantise.
HAVOCK, *s.* Dégât, ravage, désordre.
To make havock of an estate. *Dissiper, dépenser follement son bien.*
To HAVOCK, *verb. act.* Ravager, détruire.
HAUSE, HAWSE, *subst.* Situation des cables au sortir des écubiers, lorsqu'un vaisseau est affourché.
A foul hause. *Situation du cable qui a pris un tour. Tour dans les cables.*
A clear hause. *C'est lorsque les deux cables se dirigent chacun vers leur ancre sans se croiser.*
She has anchored in our hause. *Ce vaisseau a mouillé à notre avant.*
Athwart hause. *V.* Athwart.
Hause-bags. *Sacs de toile remplis d'étoupe, pour faire l'office de tampons d'écubier. V.* Plugs.
Hause-holes. *Ecubiers.*
Hause-pieces. *Alonges d'écubiers.*
Hause-pipes. *Plomb des écubiers.*
HAUTBOY, *sub.* (a wind instrument.) Hautbois.
HAW, *s.* (the fruit of the haw-thorn.) Fruit d'aubépine.
Haw-thorn. *Aubépine*, arbrisseau.
Haw in the eye. *Maille ou tache dans l'œil.*
Haw, (a close near a house.) *Pièce de terre auprès d'une maison.*
To HAW, *v. n. Ex.* To hum and haw. *Hésiter.*
HAWARD. *V.* Hay-ward.
HAWK, *subst.* Faucon, oiseau de proie.
A hawk's nose. *Un nez aquilin.*
P. To be betwixt hawk and buzzard. *P. N'être ni chair ni poisson.*
To HAWK, *v. act.* (or spit.) Cracher.
To hawk, = Voler, chasser avec les oiseaux de proie.
Hawked, *adject. Ex.* A hawked (*or* Roman) nose. *Un nez aquilin.*
HAWKER, *subst.* (one that cries news books in the streets.) Colporteur ou gazetier, crieur de gazettes ou d'imprimés, &c.
Hawkers and pedlars, (those that go up and down buying and selling brass, pewter and other merchandise.) Colporteurs, ramonneurs, petits merciers.
HAWKING, *s.* Fauconnerie, chasse avec les oiseaux de proie.
A hawking-pouch. *Une gibecière.*
Hawking, (or spitting.) Action de cracher.
HAWSER, *subst.* (a sea-term.) Haussière ou cordage une fois commis, signifie quelquefois un grelin ou cablot, servant à touer.
HAY, *subst.* Foin.
To make hay. *Faner l'herbe pour faire le foin.*
P. Make hay while the sun shines. *P. Il faut battre le fer pendant qu'il est chaud, il faut profiter de l'occasion.*
Haymaker. *Faneur.*
Haymaking. *L'action de faner l'herbe.*
Hay-harvest. *Fenaison.*
Haycock. *Meule de foin.*
Rowing-hay or latter math. *Le regain.*
Hay-stack or hay-rick. *Un grand tas de foin bien serré.*
Hayloft.

HAY HEA

Hayloft. *Fenil, grange ou grenier à foin.*
Hay, (a net to take conies with.) *Panneau, filet pour prendre des lapins.*
Hay, (a sort of dance.) *Olivettes, sorte de danse.*
Hay or hedge. *V.* Hedge.
HAY-BOOT, *s.* (a law-word.) *Privilège de prendre les ronces & les broussailles pour raccommoder les haies.*
HAY-WARD, *subst.* (one that guards the commons of the town.) *Le Berger commun d'une ville.*
HAZARD, *sub.* (chance or danger.) *Hasard, péril, fortune, risque, incertitude, danger.*
Hazard, (a game at dice.) *Chance, jeu de dés.*
Hazard, (in a tennis-court.) *Grille, grille de tripot.*
Hazard, (at billiards.) *Blouse de billard, le trou où l'on pousse la bille.*
To run the hasard of a battle. *Hasarder le combat.*
To stand all hazards. *Hasarder le tout pour le tout.*
To HAZARD, *verb. act.* (or venture.) *Hasarder, risquer, mettre au hasard.*
To hazard one's life. *Risquer sa vie, mettre sa vie au hasard.*
Hazarded, *adj.* (or ventured.) *Hasardé, risqué, mis au hasard.*
† HAZARDER, *sub.* (one that hazards.) *Qui hasarde.*
HAZARDOUS, } *adject. Hasardeux,*
HAZARDABLE, } *dangereux, périlleux, douteux, incertain.*
HAZARDOUSLY, *adv. Dangereusement.*
HAZE, *subst.* (or mist.) *Brouillard.*
To HAZE } one, *verb. act. Etourdir*
To HAWZE } *quelqu'un.*
HAZEL, *s.* (hazel-nut.) *Noisette, fruit du noisetier, fruit du coudrier.*
Hazel-tree. *Noisetier, coudrier.*
Hazel-hen. *Sorte de poule.*
Hazel-colour. *Couleur de noisette.*
HAZELLY, *adject. De couleur de noisette.*
HAZINESS, *sub.* (fogginess of the weather.) *Temps de brume, brume.*
HAZY, *adv. Ex.* Hazy (rimy, thick or foggy) weather. *Temps gris.*
Hazy weather, (at sea.) *Brume, temps de brume.*
HE, *pron. masc.* Il, celui, qui.
He loves me dearly. *Il m'aime tendrement.*
He that gives all away is a prodigal. *Celui qui donne tout est un prodigue.*
It is or 'tis he whom I love. *C'est lui que j'aime.*
R. The same is sometimes used for a distinction of the male from the female, before nouns that imply both genders. *On se sert de ce pronom pour distinguer le mâle de la femelle, dans les noms qui comprennent les deux genres.*
Ex. A he-cousin. *Un cousin.*
A he-goat. *Un bouc.*
This pronoun is also thus rendered into French.
Ex. Here he comes. *Le voici qui vient.*
He is an honest man. *C'est un honnête homme.*
If I were he. *Si j'étois en sa place.*
I am he. *C'est moi.*
HEAD, *subst. Tête, dans ses divers sens.*
The head of a man, horse, dog, &c.

La tête d'un homme, d'un cheval, d'un chien, &c.
He lost his head. (or he was beheaded.) *Il a eu la tête tranchée, il a été décapité.*
A crowned head, (a King or an Emperor.) *Tête couronnée, un Roi ou un Empereur.*
To put a thing into one's head. *Mettre une chose en tête de quelqu'un, lui suggérer quelque chose.*
To put a thing into one's head, (to fancy a thing.) *Se mettre quelque chose en tête ou dans l'esprit.*
One cannot or can't beat it out of his head. *On ne sauroit lui ôter cela de la tête ou de l'esprit.*
The head of a bone, nail, pin, onion, cabbage, leek, violin, &c. *Tête d'os, de clou, d'épingle, d'oignon, de chou, de porreau, de violon, &c.*
The bed's head. *La tête du lit.*
The head (or front) of an army. *La tête ou le front d'une armée.*
The head of the camp or trenches. *La tête du camp ou de la tranchée.*
To do a thing of one's own head. *Faire quelque chose de sa tête ou de son chef.*
To give so much a head. *Donner tant par tête.*
To make head against one, (to withstand him.) *Faire tête à quelqu'un.*
Head to head. *Tête à tête.*
To lay their heads together. *Conférer tête à tête.*
To have a hot head of one's own, (to be hasty.) *Avoir la tête chaude ou la tête près du bonnet, être prompt, être colère.*
A fine head of hair. *Une belle tête, une belle chevelure.*
To be out of one's head. *Perdre la tête, devenir fou.*
To be busy over head and ears. *Avoir des affaires par dessus la tête, avoir beaucoup d'affaires.*
Head. *Chef.*
The husband is the head of the house. *Le mari est le chef de la maison.*
The Pope stiles himself the head of the Church. *Le Pape se dit le chef de l'église.*
The heads of a discourse. *Les chefs ou principaux point d'un discours.*
The head of a wild boar. *La hure d'un sanglier.*
The running at the head. *La course au faquin.*
The head (or spring) of a river. *La source d'une rivière.*
The head of a college. *Le chef ou principal d'un collège.*
The head of a book. *Le titre de la première page d'un livre.*
The stairs head. *Le haut de la montée.*
The head of the shaft of a chimney. *Larmier de cheminée.*
The head of a lute. *Le manche d'un luth.*
The head of a ship. *Le cap d'un vaisseau, l'éperon, la poulaine, l'avant d'un vaisseau.*
Head-sails. *Voiles de l'avant.*
Head-way. *Voy.* Way.
Head sea. *Mer de l'avant.*
By the head. *Sur l'avant.*
The ship is too much by the head. *Le vaisseau est trop sur l'avant ou trop sur le nez.*
Head-fast. *Amarre qui tient le vaisseau par l'avant.*
Head-land. *Cap.*
Head most. *Le plus en avant.*

Head rope. *Ralingue de tetiere.*
Head to wind. *Debout au vent.*
The head of a boat. *Le bec d'un bateau.*
The head of a cane. *La pomme d'une canne.*
The two heads of a cask. *Les deux fonds d'un tonneau.*
The head of an arrow, or an arrow-head. *La pointe d'une flèche.*
A hard-head. *Voy.* Hard.
Scarce a day goes over his head but he is drunk. *A peine se passe-t'il un jour sans qu'il soit soûl.*
Before they get a head. *Avant qu'ils soient un corps, avant qu'ils soient joints ensemble ou qu'ils puissent faire tête.*
Where sins once get a head, they know no master. *Dès que le péché a pris racine, il ne reconnoît plus de maître.*
To draw to a head, (as an imposthume.) *Aboutir, suppurer, venir à suppuration.*
To draw to a head, (to sum up.) *Ramasser sommairement les choses dont on a parlé, en faire la récapitulation.*
To bring a business to a head. *Conclure une affaire, en venir à bout, en venir à une conclusion.*
To see the land a-head or right a-head. *Voir la terre par proue, en termes de marine.*
To take head. *Se cabrer, en parlant d'un cheval.*
You have hit the nail on the head. *Vous y êtes, vous avez bien rencontré, vous avez touché le point de l'affaire.*
To be dipt over head and ears in water. *Etre plongé dans l'eau par-dessus les oreilles.*
† To be in love over head and ears. *Etre éperdument amoureux, être coiffé d'une personne,* † *en être féru.*
† To be in debt over head and ears. *Etre accablé de dettes, devoir jusqu'aux oreilles.*
A thing brought in by head and ears or by head and shoulders. *Une chose forcée ou tirée par les cheveux.*
They haled him by head and shoulders. *Ils le trainoient à toute force.*
To have one's head under his girdle, (to have over him a great advantage.) *Dompter quelqu'un, le rendre soumis, le mettre à la raison, lui tenir le pied sur la gorge.*
The mischief will light upon your own head. *Le mal tombera sur vous.*
'Tis quite out of my head. *Je ne m'en souviens plus.*
It was then out of my head. *Je n'y songeois point alors.*
Hand over head. *Brusquement, étourdiment, à l'étourdie, sans aucun égard, sans aucune considération, témérairement.*
To give a horse the head. *Lâcher la bride à un cheval, courir ou pousser à toute bride.*
To comb one's head. *Peigner quelqu'un.*
To comb one's own head. *Se peigner.*
A hundred head of cattle. *Cent bestiaux, cent pièces de bétail.*
Composés de Head.
Head-ake or head-ach. *Mal de tête.*
Head-band. *Bandeau, bande.*
Head-board of a book. *Tranchefile de livre.*
Head-board of a bed. *Dossier de lit.*
Head-dress. *Coiffe, coiffure de femme.*
Head-piece, (or helmet.) *Casque.*

Head-dog,

HEA

Head-dag, (or head-piece of a bridle.) Le frontal, piece de la bride sur le front du cheval.
The head-piece of a door. Linteau de porte.
The head-pieces of a cask. Les douves qui servent à faire les fonds d'un tonneau.
A good head-piece, (a man of great sense.) Une bonne tête, un homme de grand sens.
The head-stall of a bridle. La têtière de la bride du cheval.
Head-strong, (obstinate.) Têtu, opiniâtre, qui ne veut pas démordre de ce qu'il s'est mis dans la tête, en parlant des personnes.
A head-strong horse. Un cheval vicieux.
Head-quarter, (in an army.) Le quartier du Roi, le quartier du General dans une armée.
The head-curtain of a bed. Bonne-grace.
The head-master of a school. Le chef d'une école.
The head-men of a city. Les principaux ou les chefs d'une ville.
The heads man, (or jack-ketch.) L'exécuteur, le bourreau.
Head-borough or borough-head, (now called constable.) Espece de commissaire de quartier.
Head-land. Cap, promontoire, pointe.
Head landlord. Propriétaire en chef.
Head-pence or head-silver. Sorte de tribut que le Shérif de Northumberland avoit autrefois sur le peuple de cette Province.
Head cloth. Linge de tête.
Head-roll, (for a child's head.) Un bourlet.
Head-long. Voy. Headlong, dans l'ordre alphabetique.
A head sea, (a great billow coming right a-head of a ship in her course.) Houle qui vient donner sur l'avant du vaisseau.
The head-sails. Les voiles d'avant.
To HEAD, v. act. (to command or be at the head.) Commander en chef, être le chef, être à la tête.
Headed, adj. &. (or commanded.) Commandé, qui a un chef, &c.
Headed with iron. Qui a une pointe de fer.
Hot-headed. Qui a la tête chaude, prompt, brutal, qui se met en colère pour la moindre chose.
Giddy headed. Étourdi, imprudent, téméraire.
HEADILY, adv. Brusquement, étourdiment, à l'étourdie, inconsidérément, témérairement, avec précipitation.
HEADINESS, subst. Brusquerie, humeur ou façon d'agir brusque.
The headiness of some wines. La qualité de certains vins fumeux ou qui montent d'abord au cerveau.
HEADING, s. (from to head.) L'action de commander en chef.
HEADLESS, adj. Sans tête, qui n'a point de tête, ou sans chef, qui n'a point de chef.
HEADLONG, adv. (with the head foremost.) La tête la premiere, tête baissée, à corps perdu.
To cast down headlong. Précipiter en bas.
To run headlong to ruin. Se perdre, se ruiner de gaieté de cœur, courir à sa perte.
Headlong, adj. Ex. The headlong (or desperate) inclinations of man. Les inclinations dangereuses de l'homme.

HEA

HEADSHIP, s. Primauté.
The Pope's headship. La primauté du Pape.
HEADSTRONG. Voy. Head strong, sous Head.
HEADY, adj. (head-strong or obstinate.) Têtu, entêté, opiniâtre, obstiné.
Heady wine, (that flies up quickly into one's head.) Du vin fumeux, qui monte d'abord à la tête.
To HEAL, v. act. (or cure.) Guérir.
To heal a wound. Guérir une blessure.
To heal UP a wound. Consolider une blessure.
To heal, v. neut. Guérir, se guérir.
Healed, adj. Guéri.
Healed up. Consolidé.
* HEAL-FANG, sub. (an old saxon word that signifies a pillory.) Un pilori ou un carcan.
HEALING, s. (from to heal.) Guérison ou l'action de guérir.
Healing, adject. Consolidant, qui consolide.
A healing plaster. Un emplâtre consolidant.
A healing Parliament. Un Parlement salutaire, qui répare les brêches & qui remet toutes choses en bon état.
HEALTH, subst. Santé, bonne disposition du corps.
To be in health, to have one's health. Être en santé, se porter bien.
A decayed health. Une santé ruinée.
To recover one's health. Recouvrer sa santé, se remettre, se rétablir.
The soul's health is as uncertain as that of the body. La santé de l'ame n'est pas plus assurée que celle du corps.
Health, Santé, marque d'amitié en buvant les uns aux autres.
To drink a health. Boire une santé.
The health went about. Les santés couroient à la ronde.
We left the island in very good health. Nous laissâmes l'isle en très-bon état.
HEALTHFUL, adj. (or wholesome.) Sain, qui est en bonne santé, qui se porte bien, en parlant des personnes; salubre, salutaire, sain, en parlant des choses.
A healthful body. Un corps sain, qui se porte bien.
A healthful place. Un lieu sain, qui jouit d'un bon air.
HEALTHFULLY, adv. En bonne santé.
HEALTHFULNESS, } s. Santé.
HEALTHINESS,
The healthfulness of the air. La bonté de l'air.
HEALTHY. Voy. Healthful.
HEAP, subst. Monceau, tas, amas.
To put in a heap. Mettre en un tas ou en un monceau, amonceler, entasser.
By heaps. Par monceaux.
He was struck all on a heap, (or he was struck with wonder and astonishment,) when he learnt his design. Il pensa tomber de son haut, en apprenant son dessein.
To HEAP, verb. act. (or to heap UP.) Amasser, entasser, mettre en un monceau, amonceler.
Heaped or heaped up, adj. Amassé, entassé, mis en un monceau, amoncelé.
HEAPER, subst. Celui ou celle qui amasse, entasse, amoncelle ou met en un monceau.
HEAPING, } subst. L'action d'amasser, d'entasser, d'amonceler, de mettre en monceau.
HEAPING UP,

HEA

HEAPY, adject. Amoncelé, qui est en monceau, abondant.
To HEAR, v. act. (to give one the hearing.) Écouter, prêter l'oreille, donner audience, être attentif.
To hear one patiently. Écouter quelqu'un patiemment.
I cannot hear you now. Je ne saurois maintenant vous donner audience.
To hear a voice or one that speaks. Ouir, entendre une voix, entendre parler.
To hear, (as God does the prayers of the faithful.) Écouter favorablement, exaucer.
To hear a cause, (as a judge does.) Connoitre ou prendre connoissance d'une affaire, en être le juge, l'examiner, donner audience.
To hear ill of one's self, (to have a bad name.) Être en mauvaise réputation ou odeur, faire parler de soi en mauvaise part.
Most men fear to hear ill that fear not to do ill. La plupart des gens ne se soucient pas tant d'être vertueux que de le paroitre.
To hear, (to be informed, to have advice.) Apprendre, avoir avis, être informé, être averti, entendre dire, avoir des nouvelles.
I hear that he is married. J'apprends, j'entends dire qu'il est marié.
How came he to hear of it? Comment est-ce qu'il l'a appris ou qu'il l'a su ou qu'il en a été informé?
I hear from every body that he speaks ill of me. Il me revient de toutes parts qu'il parle mal de moi.
To hear from one. Avoir des nouvelles de quelqu'un.
You will hear from me. Vous aurez de mes nouvelles.
When did you hear from your brother? Quand est-ce que vous avez reçu des nouvelles de votre frere?
Pray, let me hear from you now and then. Je vous prie de me donner ou de me faire savoir de vos nouvelles de temps en temps.
I hear of your carriage or behaviour. Je sais de vos nouvelles, je sais quelle vie vous menez, je sais votre maniere de vivre.
HEARD, adj. Écouté, exaucé, &c. V. to Hear dans tous ses sens.
He was favourably heard. On lui a donné une audience favorable.
His cause was heard in a full court. Sa cause a été plaidée en pleine audience.
He made way for himself to be heard. Il se fit écouter, il se fit donner audience.
HEARER, subst. Auditeur.
A crowd of hearers. Une foule d'auditeurs, un grand auditoire, un auditoire nombreux.
HEARING, subst. L'action d'écouter, &c. Voy. to Hear. Donner audience.
He would not give me the hearing. Il n'a pas voulu m'écouter ou m'entendre.
To have a fair hearing. Avoir une audience favorable.
To condemn one without hearing. Condamner quelqu'un sans connoissance de cause, sans l'entendre.
To be within hearing. Entendre.
Hearing, (one of the five senses.) L'ouie, un des cinq sens.
To be hard or thick of hearing. Avoir l'ouie un peu dure, être un peu sourd, entendre dur.
To HEARKEN, v. act. (or give ear to.) Écouter, prêter l'oreille, ouir, ouvrir les oreilles.
Hearken or hearken ye. Écoutez.

HEA — HEA — HEA

To hearken to an accommodation. *Ouvrir les oreilles à un accommodement.*
Hearkened to, adj. *Que l'on écoute, à quoi l'on prête ou à quoi l'on ouvre les oreilles.*
HEARKENER, *s.* (a listener.) *Un écouteur, une écouteuse.*
HEARKENING, *s. L'action d'écouter,* &c. *Voy.* to Hearken.
HEARSAY, *s.* (report.) *Ouï-dire, un on dit.*
To know a thing by hearsay. *Savoir une chose par ouï-dire.*
HEARSE, *subst. Char funebre, voiture pour transporter un mort.*
HEART, *s. Cœur, dans le propre & dans le figuré.*
Sick at heart. *Qui a mal au cœur, qui a un mal de cœur.*
It makes my heart ake. *Cela me fend le cœur.*
Those expressions break my heart, they grieve or strike me to the very heart. *Ces paroles me fendent le cœur.*
With an open heart. *A cœur ouvert, avec franchise.*
Something lies upon my heart which I dare not reveal. *J'ai quelque chose sur le cœur que je n'ose dire.*
He knows the bottom of my heart. *Il connoit le fond de mon cœur.*
To have a sincere or upright heart. *Avoir le cœur droit & sincere, avoir l'ame bonne, être candide, franc, sincere.*
To learn a thing by heart, (or without book.) *Apprendre une chose par cœur.*
To say it by heart. *La dire par cœur.*
My dear heart. *Mon cœur, mon cher cœur, ma joie, la joie de mon cœur,* expressions de tendresse.
With all my heart. *De tout mon cœur, avec plaisir, très-volontiers.*
P. What the heart thinketh, the mouth speaketh. P. *De l'abondance du cœur la bouche parle.*
To have a good heart, to be of good heart or to pluck up a good heart. *Prendre cœur, prendre courage, se rassurer.*
The heart (or middle) of France. *Le cœur, le milieu de la France.*
To take a thing to heart. *Avoir ou prendre quelque chose à cœur.*
I am vexed at the heart, I am sorry at my very heart. *J'enrage de bon cœur.*
That sticks to my heart. *Cela me tient au cœur.*
That went more to the heart of him than any thing else. *Cela le fâcha plus ou lui fut plus sensible que tout le reste.*
Few things ever went near his heart. *Il n'est jamais beaucoup de sensibilité pour quoi que ce soit; il ne prit jamais quoi que ce soit fort à cœur.*
The head (or substance) of coals. *La substance du charbon, ce qu'il y a proprement de combustible.*
That piece of land is in good heart. *Cette piece de terre est en valeur ou en bon état, elle est bien entretenue.*
To keep a field in good heart. *Entretenir bien un champ, le bien cultiver.*
A piece of ground out of heart. *Une terre épuisée.*
He is very much out of heart. *Il est fort abattu, il perd courage.*
To put one quite out of heart. *Décourager quelqu'un, l'abattre.*
To put one in good heart. *L'encourager, l'animer, le rassurer.*
His heart is ready to leap into his mouth. *Son cœur est transporté de joie.*

To have one's heart in one's mouth, (to be frighted.) *Avoir l'épouvante, être effrayé, avoir la peur au ventre.*
† His heart went down to his heels, (he was so afraid that he fled.) *Il a pris la fuite de peur, la peur lui fit prendre la fuite.*
My heart was at my heels. *Je pris l'épouvante, je pris la fuite en toute diligence.*
My heart always begins to ake when I hear him speak an angry word. *Je tremble de peur, j'appréhende, je suis tout troublé dès qu'il commence à se fâcher.*
My heart is set upon him. *Je l'aime passionnément.*
Heart and hand. *V.* Hand.
To break one's heart. *Désoler quelqu'un, l'affliger, l'attrister, ou bien, lui causer la mort.*
To tire or tease one's heart out for a thing. *Harceler, persécuter quelqu'un, ne point le laisser en repos jusqu'à ce qu'il ait accordé ce qu'on lui demande.*
To rejoice one to the heart. *Réjouir quelqu'un, le combler de joie, lui ouvrir les cieux.*
I could find in my heart to play him a trick. *J'ai bien envie de lui jouer un tour.*
I did it much against my heart. *Je l'ai fait à contre cœur ou avec répugnance.*
I could not find in my heart to go. *Je n'eus pas le cœur d'y aller.*
To have what one's heart can wish, to have all things to one's own heart's desire. *Avoir tout à souhait, avoir tout ce qu'on desire ou l'accomplissement de ses souhaits.*
To win the hearts of one's auditory. *Se concilier la bienvaillance de son auditoire.*
To be heart and hand for a thing. *Être entièrement pour quelque chose; † s'y porter de cul & de tête.*
To take a thing next to one's heart, (or fasting.) *Prendre une chose à jeun.*
A man's sweet-heart, (or mistress.) *Maitresse, fille ou femme à qui on fait l'amour.*
A woman's sweet-heart. *Un amant, un galant.*
Sweet heart, (speaking to a woman.) *Mon amie, ma mie.*
Sweet heart, (or friend.) *Mon ami.*
Heart, *s. Grosse moque à un trou; la meche ou l'ame d'un cordage.*
Heart's-blood. Ex, I cannot get him to do it for my heart's blood. *Je ne saurois obtenir cela de lui à quel prix que ce soit ou pour ma vie.*
I will have his heart's blood. *Il faut que je le tue, que je lui ôte la vie.*
Heart-breaking. *Creve-cœur, chagrin cuisant.*
Heart-burning. *Ardeur de cœur, dans le propre; aigreur, haine, animosité, dans le figuré.*
Heart-burnt. *Qui a des ardeurs de cœur.*
Heart-sinking. *Mortification, chagrin qui nous mortifie.*
Heart-sick, (or sick at heart.) *Qui a un mal de cœur, qui a eu mal au cœur.*
Heart's ease, (a sort of strong water.) *Sorte d'eau distillée qui fortifie le cœur.*
Hearts-ease, (or herb trinity.) *Jacée, sorte de plante.*
Heart-easing. *Qui calme le cœur.*
Heart-felt. *Qu'on éprouve dans le cœur ou dans la conscience.*

The heart-strings. *Les fibres du cœur.*
HEARTED, adject. Ex. Stout-hearted. *Vaillant, qui a du cœur.*
Faint-hearted. *Abattu, qui manque de cœur, ou qui tremble de peur.*
Light-hearted. *Gai, joyeux, éveillé, gaillard.*
Hard-hearted. *Dur, cruel, impitoyable, barbare, inhumain.*
Publick-hearted, (or publick-spirited.) *Qui est zélé pour le bien public.*
HEARTEDNESS, *subst.* Ex. Publick-heartedness, (or publick-spiritedness.) *Amour du bien public, zele pour le bien public.*
To HEARTEN, *v. act.* (to encourage, to animate.) *Animer, encourager.*
To hearten UP. *Fortifier, donner de nouvelles forces.*
Heartened, adj. *Animé, encouragé.*
Heartened up. *Fortifié, qui a pris de nouvelles forces.*
HEARTENING, *s. L'action d'animer ou d'encourager.*
Heartening up. *L'action de fortifier.*
Heartening, adj. *Nourrissant.*
Heartening meat. *Viande nourrissante.*
HEARTH,
HEARTH-PLACE, } *sub.* (the paving before the chimney.) *Atre, foyer.*
Hearth-money. *Fouage, impôt sur chaque feu.*
HEARTILY, adv. (from heart.) *De bon cœur, du fond du cœur, ou bien, sincérement, tendrement.*
I thank you heartily. *Je vous remercie de bon cœur.*
I love you heartily. *Je vous aime de tout mon cœur, je vous aime sincérement ou du fond du cœur.*
To cry heartily. *Pleurer tendrement.*
He made me laugh heartily. *Il ma fait rire tout mon soul.*
HEARTINESS, *subst.* (or sincerity.) *Sincérité, amitié sincere, cordialité, affection cordiale.*
HEARTLESS, adj. (that has no heart.) *Sans cœur, qui n'a point de cœur.*
Heartless, (or cowardly.) *Qui n'a point de cœur, qui n'a point de courage, poltron, lâche.*
Heartless, (or cast down.) *Fort abattu à qui le cœur manque.*
HEARTLESSNESS, *sub. Manque de courage, abattement de courage, poltronnerie, lâcheté.*
HEARTY, adj. (well in health.) *Qui se porte bien, gaillard.*
Hearty, (or chearful.) *Gai, enjoué, joyeux.*
Hearty, (or sincere.) *Sincere, cordial, qui n'est point dissimulé, à qui l'on peut se fier.*
To eat a hearty meal. *Manger de bon appétit.*
To drink a hearty glass. *Boire un grand ou un bon coup; boire largement.*
HEAT, *s. La chaleur, le chaud, qualité chaude, ardent,* dans le propre.
Heat, (ardour or vehemence.) *Chaleur, ardeur, feu, force, véhemence, activité.*
In the heat of the fight. *Dans la chaleur ou dans le fort du combat.*
In the heat of my business. *Au plus fort de mes affaires.*
Heat, (or passion.) *Chaleur, passion, colere, emportement, transport.*
He went off in a heat. *Il sortit brusquement.*

The

MEA — HEA HEB — HEB HED

The heat of youth. *Le feu, les saillies, les fougues de la jeunesse.*
Heats, (or passionate proceedings.) *Aigreurs, animosités, disputes.*
Heat, (or pimple.) *Bouton, pustule, élevure, bourgeon qui vient au visage.*
Heat, (a course at a race.) *Une course, une carriere.*
A race-horse that has run a heat. *Un cheval qui a fait une course ou qui a couru une carriere.*
To be in a great heat. *Avoir bien chaud, brûler, dans le propre ; être fort en colere, s'emporter, dans le figuré.*
To put one into a great heat. *Mettre quelqu'un en colere, exciter ou provoquer sa colere.*
To HEAT, v. act. *Chauffer, échauffer, réchauffer.*
To heat the oven. *Chauffer le four.*
To heat one's brains. *S'échauffer le cerveau.*
To heat one's blood. *S'échauffer le sang, prendre quelque échauffaison.*
To heat cold meat or to heat it again. *Réchauffer de la viande froide.*
To heat, v. neut. *S'échauffer, devenir chaud.*
Heated, adj. *Chauffé, réchauffé, échauffé.*
HEATER, sub. (to iron linen.) *Fer qui sert à chauffer un autre fer, pour repasser du linge.*
HEATH, subst. (a sort of wild shrub.) *Bruyere, sorte de plante sauvage.*
Heath, (a plain covered with heath.) *Bruyere, plaine couverte de bruyere.*
Heath-cock or heath-pout. *Coq de bruyere ou francolin.*
Heath-pease, (or wood-pease.) *Pois sauvage.*
HEATHEN, s. *Paiens, adorateurs de faux Dieux.*
The heathens. *Les paiens, les gentils.*
To live like a heathen. *Vivre en paien ou en athée.*
HEATHEN, HEATHENISH, } adj. *Paien, de paien.*
The heathen Gods. *Les Dieux des paiens, les faux Dieux.*
HEATHENISHLY, adverb. Ex. Heathenishly inclined. *Qui a des inclinations de paien.*
HEATHENISM, s. *Paganisme, religion paienne, religion des paiens.*
HEATING, sub. (from to heat.) *L'action de chauffer.* V. to Heat.
HEATHY, adj. *Plein de bruyere.*
HEAVE, s. *Heave-offering. Offrande des premiers fruits.*
Heave-shoulder. *L'épaule d'élévation.*
To HEAVE, To HEAVE UP, } v. act, (to lift up.) *Lever, élever, enlever.*
To heave a thing over board. *Jeter quelqui chose en mer.*
To heave, v. neut. (or swell as dough,) *Lever, fermenter, travailler, s'agiter, palpiter.*
A ship that heaves and sets, (which being at anchor rises and falls by the force of the billows.) *Un vaisseau qui s'éleve & qui s'abaisse par l'agitation des vagues, lorsqu'il est à l'ancre.*
To heave at the capstern, (to turn it about.) *Virer ou pousser au cabestan, le faire jouer.*
To heave a-head. *Courir en avant sur son ancre, en virant au cabestan.*
To heave a-stern. *Aller par l'arriere sur son ancre, lorsqu'on a mouillé une ancre par l'arriere.*

To heave down a ship. *Virer un vaisseau en carene.*
To heave out the stay sails. *Hisser les voiles d'étai.*
To heave short. *Virer à pic.*
To heave taught. *Roidir le cable, en virant au cabestan.*
To heave and set. *Tangage d'un vaisseau à l'ancre par une grosse mer.*
Heaved up, adject. *Levé, élevé, enlevé, &c.*
HEAVEN, subst. (the sky.) *Le ciel, le firmament.*
Heaven, (or Paradise.) *Le ciel, le Paradis.*
Heaven, (or God.) *Le ciel ou Dieu.*
The Lord of heaven. *Dieu.*
Heaven-born. *Céleste, qui tire son origine du ciel.*
HEAVENLY, adject. *Céleste, du ciel, du Paradis.*
The heavenly spirits. *Les esprits célestes.*
Heavenly blessings. *Bénédictions du ciel.*
The heavenly joys. *Les joies du Paradis.*
The heavenly mansion of the blessed. *Le séjour des bienheureux.*
HEAVER, s. *Levier de bois, ou anspec.*
HEAVILY, adv. (from heavy.) *Pesamment, lentement, avec lenteur.*
To go on heavily. *Marcher ou avancer lentement, marcher pesamment.*
To take on heavily, (or to heart,) *Prendre une chose fort à cœur.*
To complain heavily. *Se plaindre fort, faire de grandes plaintes.*
To go on heavily with a business. *Tirer une chose en longueur, la faire fort lentement.*
HEAVINESS, s. (or weight.) *Pesanteur, poids.*
Heaviness, (or drowsiness.) *Pesanteur, assoupissement.*
A heaviness of the head. *Pesanteur de tête.*
† Heaviness, (or dullness.) *Stupidité, pesanteur d'esprit.*
Heaviness, (or sadness.) *Tristesse, ennui, mélancolie.*
Full of heaviness. *Accablé de tristesse.*
HEAVY, adject. (or weighty.) *Pesant, lourd, qui pese, qui a du poids.*
A heavy burden. *Un pesant fardeau.*
Heavy, (or dull.) *Pesant, lourd, stupide, grossier, hébété.*
A heavy man or woman, (a dull wit.) *Un esprit pesant.*
A heavy way. *Un chemin rude ou boueux, dont on a peine à se retirer.*
Heavy, (or drowsy.) *Pesant, assoupi.*
Heavy, (or sad.) *Triste, accablé de tristesse, accablé d'ennui ou mélancolique.*
If I must pay his debts, it will fall heavy upon me. *S'il faut que je paye ses dettes, cela m'incommodera fort.*
I shall fall heavy upon him. *Je me jetterai sur lui, ou je ne lui ferai point de grace ou de quartier.*
My distemper lies heavy upon me. *Mon mal me tyrannise.*
† To keep a heavy do, a heavy work or heavy life. *Faire un grand bruit, faire du fracas, tempêter.*
A heavy piece of work, (that goes on heavily.) *Un ouvrage pénible, laborieux, qui n'avance que peu à peu.*
A heavy book, (that does not go off well.) *Un livre dur à la vente, qui n'est pas de bon débit.*
HEBBERMAN, s. (one that fishes below London bridge, commonly at ebbing water.) *Sorte de pêcheur.*

HEBDOMAD, sub. *Une semaine, espace de sept jours.*
HEBDOMADAL, HEBDOMADARY, } adject. *Hebdomadaire.*
To HEBETATE. *V.* To dull.
HEBETUDE, subst. *Stupidité, pesanteur, grossiéreté.*
HEBRAISM, subst. (an Hebrew idiom.) *Un Hébraïsme, façon de parler hébraïque.*
HEBREW, adj. *Hébraïque.*
The hebrew tongue. *La langue hébraïque, l'hébreu.*
Hebrew, s. (the hebrew tongue.) *L'hébreu ou la langue hébraïque.*
An Hebrew, (an Hebrew man.) *Un Hébreu.*
HECATOMB, s. (a sacrifice of an hundred oxen.) *Hécatombe, sacrifice de cent bœufs.*
HECK, s. (an engine to take fish, in the river Ouse by York.) *Sorte de machine dont on se sert près d'York pour prendre le poisson.*
HECTICAL, HECTICK, } adj. *Etique, qui consume, qui rend étique.*
A hectick fever. *Une fievre étique.*
HECTOR, s. (a bully or braggadochio.) *Un fanfaron, un faux brave, † un bravache, † un avaleur de charrettes ferrées.*
To HECTOR, v. act. *Braver, insulter, gourmander, faire le faux brave, faire le fanfaron.*
To hector one into a party. *Forcer quelqu'un de s'engager dans un parti.*
I hectored him out of his money. *Je l'ai obligé à force de menaces de me donner son argent.*
Hectored, adject. *Bravé, insulté, gourmandé, &c. V.* to Hector.
HECTORING, s. *L'action de braver, d'insulter, &c. V.* to Hector. *Fanfaronnade, rodomontade.*
HEDERACEOUS, HEDERAL, } adj. *Qui produit le lierre ; en forme de lierre.*
HEDGE, s. *Une haie.*
A quick-set hedge. *Une haie vive.*
A hedge-row of fruit-trees set close together. *Palissade d'arbres, espalier ou contrespalier.*
A hedge-hog. *Un hérisson.*
A hedge-sparrow. *Un verdon, sorte d'oiseau.*
A hedge-creeper. *Un caimand, un vagabond.*
Hedge-marriage. *Un mariage secret ou clandestin.*
The hedge-plant. *Viorne.*
† To be on the wrong-side of the hedge, (to mistake.) *Se tromper, † donner à gauche.*
Over hedge and ditch. *A travers champs, par monts & par vaux.*
To HEDGE, To HEDGE IN, } verb. act. *Fermer ou entourer de haies.*
To hedge a way with trees. *Border un chemin d'arbres.*
† To hedge in a debt, (to secure it.) *Se payer adroitement, se payer en marchandises, meubles, &c.*
To hedge, (to be set on both sides.) *Parier des deux côtés, parier pour & contre.*
Hedged or hedged in, adj. *Fermé, fermé de haies, &c. V.* to Hedge.

HEDGER,

HEDGER, *s.* (one that makes hedges.) Un faiseur de haies.

HEDGING, *subst.* (or hedge-making.) L'action de faire des haies.

A hedging-bill, (a cutting-hook used in making hedges.) Un serpe.

HEED, *s.* (care, caution) Garde, précaution.

Take heed what you do. Prenez-garde à ce que vous faites.

To HEED, *v. act.* (or to mind.) Prendre garde, remarquer, observer.

HEEDFUL, *adj.* (attentive.) Attentif, qui a de l'attention.

Heedful, (or cautious.) Circonspect, sage, prudent, prévoyant, qui prend bien garde à ce qu'il fait.

HEEDFULLY, *adv.* Avec soin, avec attention, avec application, attentivement, prudemment, avec circonspection.

HEEDFULNESS, *sub.* Attention, application.

HEEDILY, V. Heedfully.

HEEDINESS. V. Heedfulness.

HEEDLESS, *adj.* Négligent, qui fait les choses sans attention ou application, qui ne prend point de tout garde à ce qu'il fait, qui fait des fautes d'inadvertance.

HEEDLESSLY, *adv.* (or negligently.) Négligemment, avec négligence.

Heedlessly, (or inconsiderately.) Inconsidérément, par mégarde.

HEEDLESSNESS, *sub.* Négligence, manière de faire, les choses négligemment ou inconsidérément, inadvertance, inapplication.

HEEL, *s.* Talon.

The heel of the foot. Le talon du pied.

The heel of a shoe or boot. Le talon d'un soulier ou d'une botte.

To kick up one's heels. Donner des coups de talon ou se cabrer, en parlant d'un cheval.

† To betake one's self to one's heels, to take to one's heels. Montrer les talons, jouer des talons, gagner au pied, enfiler la venelle, s'enfuir.

He is always at his heels. Il est toujours à ses talons ou à ses trousses, il le suit toujours.

To trip up one's heels. Faire tomber quelqu'un, donner le croc en jambe à quelqu'un, le jeter net par terre & lui faire montrer les talons.

To trip up one's heels, (to supplant him.) Supplanter quelqu'un, lui couper l'herbe sous les pieds.

Judgment treads upon the heels of wickedness. Le jugement suit de près le crime.

He is at the heels of us with his army. Il est à nos trousses ou il nous poursuit avec son armée.

To have one's heart at one's heels. Prendre la fuite, montrer les talons, jouer des talons.

To lay one by the heels, (to send one to prison.) Faire mettre quelqu'un en prison, † le loger.

To set a thing at one's heels, (to slight it.) Mépriser une chose, n'en faire aucun compte, la fouler aux pieds.

From head to heel, (or cap-a-pee.) De pied en cap.

Heel, (a sea-term.) Talon de la quille; pied ou tenon de l'étambord.

Heel of a mast. Pied d'un mât.

Heel-maker. Talonnier.

To HEEL, *v. neut.* (a sea term.) Plier ou donner à la bande, en termes de mer.

A ship that heels a-port. Vaisseau qui donne à la bande sur bâbord.

To make a ladder heel. Donner du pied à une échelle.

To heel, *verb. act.* (a ship.) Mettre un vaisseau à la bande pour le radouber ou le nettoyer.

To HEELPIECE, *v. act.* Mettre un talon à un soulier.

† HEFT, *subst.* (from heavy.) Poids, pesanteur.

HEGIRA, *subst.* (the epoch of the Turks and Arabians.) L'hégire, l'époque dont se servent les Turcs & les Arabes.

HEELER, } *subst.* (on. that brings out HIGLER, } of the country to London, HUCKSTER, } eggs, butter and fowls,) Un coquetier.

HEIFER, *s.* Génisse, jeune vache.

HEIGH! *interj.* (used to call any body.) Holà! ho!

HEIGH-HO! *interj.* Hélas!

HEIGHT, *sunst.* Hauteur.

A tower of a prodigious height. Tour d'une hauteur prodigieuse.

Height (or greatness) of courage. Grandeur de courage.

Height, (or highest pitch.) Comble, le plus haut point ou degré de quelque chose.

In the height of his pride. Au plus haut point de son orgueil.

In the height of his distemper. Au fort de sa maladie.

The differences continue to such a height. Les différens continuent avec tant de chaleur.

To HEIGHTEN, *verb. act.* (or increase.) Relever, rehausser, augmenter.

To heighten the soldier's courage. Relever le courage des soldats, animer les soldats.

To heighten a tapestry with gold and silk. Rehausser d'or & de soie une tapisserie.

The wine having heightened their spirits. Le vin leur ayant échauffé le cerveau ou l'imagination.

Heightened, *adj.* Élevé, rehaussé, augmenté.

Being heightened with that victory. Étant enflé ou animé par cette victoire.

HEIGHTENING, *s.* L'action de relever, de rehausser ou d'augmenter.

HEINOUS, *adj.* Énorme, atroce.

HEINOUSLY, *adv.* Cruellement, méchamment.

HEINOUSNESS, *subst.* Atrocité, scélératesse, atrocement.

HEIR, *s.* Héritier, celui qui hérite d'une personne.

He is next heir to the crown. Il est le plus proche héritier de la couronne ou l'héritier présomptif de la couronne.

Joint-heir. Co-héritier.

Heir-loom, *subst.* Meubles, biens meubles.

HEIRDOM, } *subst.* Qualité d'héritier, HEIRSHIP, } succession ou hoirie, en termes de Pratique.

HEIRESS, *subst.* Héritière.

HELL, *v.* c'est une abréviation de he will. Ex. He'll do it. Il le fera.

HELD, *adj.* (from to hold.) Tenu, &c. Voy. to Hold.

A motion (in dancing) well held out. Un mouvement bien nourri.

HELIACAL, *adjet.* Héliaque, terme d'astronomie.

HELICAL line, *subst.* Hélice, terme de géométrie, spirale.

HELIOCENTRIC, *adject.* Héliocentrique, terme d'astronomie.

HELIOSCOPE, *s.* Télescope pour observer le soleil.

HELIOTROPE, *s.* (the plant turnsol or sun-flower.) Héliotrope ou tournesol.

Heliotrope, (a precious stone.) Héliotrope, sorte de pierre précieuse.

HELIX, *subst.* Hélice, spirale.

HELL, *subst.* Enfer.

That place is a hell to me. C'est mon enfer que ce lieu-là.

Hell-fire. Le feu de l'enfer.

Hell-hound. Un homme cruel, sanguinaire, qui a un esprit infernal.

Hell-black, *adj.* Noir comme l'enfer.

Hell-bred. Né dans l'enfer.

Hell-doomed. Destiné à l'enfer, damné.

HELLEBORE, *subst.* (a physical plant.) Ellébore, plante médicinale.

White or black hellebore. Ellébore blanc ou noir.

HELLENISM, *subst.* Hellénisme.

HELLISH, *adject.* (from hell.) Infernal, d'enfer.

A hellish crew. Une bande infernale.

There is a hellish noise at his house. Il a l'enfer chez lui.

HELLWARD, *adv.* Du côté de l'enfer.

HELM of a ship. *s.* Timon ou gouvernail de navire.

Port the helm! Bâbord la barre!

Starboard the helm! Tribord la barre!

Helm amidship! Rets la barre!

Bear up the helm! or bear up! Arrive!

Ease the helm. Voy. Ease, &c.

To sit at the helm, (to govern) Tenir le gouvernail de l'État, tenir les rênes de l'Empire, gouverner l'État.

Helm or rather helmet, *subst.* (a head-piece.) Casque.

HELP, *s.* (or assistance.) Aide, secours, soulagement, assistance, support, appui.

To call one's neighbours for help. Appeler ses voisins à son aide.

To call (to cry out) for help. Crier à l'aide.

To find help. Trouver du support.

To bring help to one. Donner du secours à quelqu'un, venir à son secours.

Help, (or means.) Aide, moyen.

All that he did by the help of a rug. Il fit tout cela par le moyen d'une bague.

Help, (or remedy.) Remède, ressource.

There is or there's no help for it or for't, (it's past help, (it cannot be helped.) Il n'y a point de remède, c'est un mal sans ressource.

We must declare one way or other, pro or con, there is no help for it. Il faut se déclarer pour ou contre, il n'y a point de milieu.

He was a great help to me. Il me soulageoit beaucoup, il m'aidoit beaucoup.

To HELP, *v. act.* (to assist, to relieve.) Aider, secourir, venir au secours, assister, soulager, favoriser, servir, rendre service.

To help one another. S'aider l'un l'autre, s'entr'aider.

I cannot help myself with my right hand. Je ne saurois m'aider ou me servir de la main droite.

The Lieutenant helps the Captain. Le Lieutenant soulage le Capitaine.

So God help me. Ainsi Dieu m'assiste, ainsi Dieu me soit propice.

To help the matter in telling a story. Aider à la lettre, ajuter quelque chose à un conte, lui donner un tour favorable.

To help every thing by a fair interpretation.

tation. *Donner un sens favorable à toutes choses.*

To help one (at table) to a thing. *Servir quelque chose à quelqu'un, lorsqu'on est à table.*

Shall I help you to a wing of that partridge? *Vous plaît-il que je vous serve une aile de cette perdrix?*

To help one to money. *Procurer, faire avoir, faire toucher ou prêter de l'argent à quelqu'un.*

To help one to an employment. *Procurer de l'emploi à quelqu'un.*

Who helped you to him? *Qui vous a procuré cet homme-là?*

We have not a penny to help ourselves withal. *Nous n'avons point d'argent pour vivre.*

I cannot or can't help it. *Je ne saurois que faire à cela; je n'y saurois que faire ou ce n'est pas ma faute.*

Who can help it, how can one forbear it? *Le moyen de s'en empêcher ou de ne le pas faire.*

God help me, I meant no harm by it. *Sur mon Dieu, je ne l'ai point fait à mauvais dessein.*

To help one to the knowledge of a thing. *Donner à quelqu'un la connoissance d'une chose.*

He helped me at a dead lift. *Il m'a remis sur pied.*

To help a Lady into a coach. *Donner la main à une Dame qui entre dans un carrosse.*

To help one IN, (or to get him in.) *Faire entrer quelqu'un, lui donner entrée en quelque lieu.*

To help one OUT. *Faire sortir quelqu'un ou l'aider à sortir.*

To help one out of trouble. *Tirer quelqu'un d'affaire.*

All this helps (or sets) off her beauty. *Tout ceci sert à relever sa beauté.*

To help one UP. *Aider quelqu'un à monter ou à se lever, lui donner la main.*

To help one DOWN. *L'aider à descendre, en lui donnant la main.*

To help a business FORWARD. *Avancer, pousser une affaire, la conduire à sa fin.*

And one of the guests to help forward his evil humour.... *Et un des conviés pour augmenter sa mauvaise humeur....*

Every thing helps ON towards his ruin. *Tout conspire à sa perte, tout concourt à sa ruine.*

Helped, *adject. Aidé, secouru, assisté, &c. Voy. le verbe.*

It could not be helped. *Il n'y avoit pas de remède.*

HELPER, *s.* (or assistant.) *Aide, celui qui aide à quelqu'un.*

He is my helper. *C'est mon aide.*

HELPFUL, *adject. Utile, nécessaire, secourable.*

HELPING, *s. L'action d'aider, &c. Voy. to Help.*

HELPLESS, *adj.* (that cannot help himself.) *Qui ne sait aider ni autrui, ni soi-même, qui n'est d'aucun secours.*

Helpless, (who has no use of his limbs.) *Perclus de ses membres.*

To be helpless, (or left without help.) *Être destitué de tout secours, être abandonné.*

HELTER-SKELTER, *adv.* (confusedly.) *Confusément, pêle-mêle.*

HELVE, *subst. Un manche.*

P. To throw the helve after the hatchet.
P. *Jeter le manche après la cognée.*

To HELVE, *v. act. Emmancher.*
To helve an ax. *Emmancher une cognée.*
Helved, *adj. Emmanché.*
HEM, *subst. Ourlet, bord.*
A broad or narrow hem. *Un ourlet large, ou un petit ourlet.*
Hem, *interject. Hem,* interjection pour appeler.
To HEM, *v. act.* (or make a hem.) *Ourler, faire des ourlets.*
To hem, (or call.) *Appeler.*
To hem, (or to spit with a hem.) *Tousser ou cracher d'une grande force.*
To hem IN. *Enfermer, investir, environner, assiéger.*
HEMICYCLE, *sub.* (or half-circle.) *Un hémicycle ou demi-cercle.*
HEMINA, *s. Hémine,* ancienne mesure.
HEMISPHERE, *s.* (half the compass of the visible heavens.) *Hémisphère.*
The upper and lower hemisphere. *L'hémisphère supérieur & inférieur.*
HEMISPHERICAL,
HEMISPHERICK, } *adj. A demi-rond, hémispherique.*
HEMISTICH, *subst.* (or half verse.) *Un hémistiche ou demi-vers.*
HEMLOCK, *subst.* (a venomous plant.) *Ciguë,* plante vénéneuse.
HEMMED, *adj.* (from to hem.) *Ourlé; appelé.*
Hemmed IN on every side. *Enfermé, investi, environné, resserré de toutes parts.*
HEMMING, *s. L'action d'ourler, &c. V. to Hem.*
HEMORRHAGE,
HEMORRHAGY, } *s.* (loss of blood.) *Hémorrhagie.*
HEMORRHOIDAL, *adj. Hémorrhoïdal,* terme de médecine.
HEMORRHOIDS, *s.* (emrods or piles.) *Hémorrhoïdes.*
HEMP, *subst.* (a plant.) *Chanvre.*
To peel hemp. *Tailler le chanvre.*
Hemp-seed. *Chenevi.*
Hemp-stalk. *Tuyau de chanvre.*
A piece of hemp-stalk. *Chenevotte.*
A hemp close. *Chenevière.*
HEMPEN, *adject. De chanvre.*
† A hempen rogue. *Un scélérat qui mérite la corde, un pendard.*
HEN, *subst. Poule.*
A Turkey-hen. *Poule d'Inde.*
A Guinea-hen. *Poule d'Afrique.*
A pea-hen. *La femelle du paon, une paonne.*
A moor-hen. *Foulque, poule d'eau.*
Hen-house. *Poulailler.*
Hen-roost. *Juchoir.*
Hen-bit, (an herb.) *Mort aux poules,* herbe.
Hen-bane, (an herb.) *Jusquiame ou hanebane,* sorte d'herbe.
Hen-hearted, (cowardly.) *Lâche, poltron.*
Hen-peckt or hen-trod, (governed by the wife.) *Qui se laisse gouverner par sa femme.*
R. Les Anglois se servent quelquefois de HEN avec le nom des oiseaux pour exprimer la f. melle, comme:
A hen-sparrow. *Un moineau femelle.*
HENCE, *adv.* (from this place to another.) *D'ici ou de là.*
He went hence (he went from hence) but just now. *Il ne fait que de sortir d'ici.*
Ten years hence, (or ten years from this time.) *Dans dix ans d'ici.*
Hence you may gather. *De là vous pouvez conclure.*

Hence it came to pass that —. *De là vient que —.*
Not many days hence. *Dans peu de jours.*
HENCEFORTH,
HENCEFORWARD, } *adv. Désormais, à l'avenir, dorénavant.*
* HENCHMAN, *subst.* (or heinsman, much the same as a footman.) *Un valet de pied.*
HENDECAGON, *subst.* Figure qui a onze côtés.
† To HEN-PECK, *verb. act.* (to master.) *Maitriser, maltraiter, gourmander.*
She hen-pecks her husband. *Elle maitrise son mari.*
Hen-peckt, *adject. Maitrisé, maltraité, gourmandé.*
* HENT, *adject.* (for caught.) *Attrapé, pris.*
HEP, HIP, } *subst.* (the fruit of the brier.) *Gratte-cu,* fruit rouge de grand églantier.
Hep-tree- *Églantier, le grand églantier,* sorte de ronce qui porte le gratte-cu.
HEPATICAL,
HEPATICK, } *adj.* (of or belonging to the liver.) *Hépatique, du foie,* qui appartient au foie.
HEPTARCHY, *subst.* (the former state of Great-Britain, when divided into seven petty Kingdoms.) *L'heptarchie,* ou *l'État de la Grande-Bretagne,* lorsqu'elle étoit autrefois divisée en sept petits Royaumes.
HEPTAGON, *s.* (a figure of seven angles.) *Un eptagone.*
HER, c'est un cas du pronom démonstratif She, *elle,* ou bien le féminin du pronom possessif His, *son, sa, ses.*
Dans le premier de ces sens, Her *se rend en François par* la, lui, elle; *& dans le second par* son, sa, ses.

Exemples.

He vexes her. *Il la tourmente.*
He will give her a good portion. *Il lui fera une dot avantageuse.*
I have been with her. *J'ai été avec elle.*
It is or 'tis like her. *Voy. plus bas,* 'tis like herself.
R. En François, le genre des pronoms possessifs suit celui des noms avec lesquels ils sont joints, mais en Anglois le genre des possessifs suit celui de la personne à laquelle ils se rapportent, comme:
She loves her son. *Elle aime son fils.*
She has married her daughter. *Elle a marié sa fille.*
She is very kind to her sons. *Elle aime tendrement ses fils.*
Quand Self vient après Her, *on le rend en François, tantôt par le mot* d'elle, *tantôt par celui* d'elle-même, *comme:*
'Tis she herself. *C'est elle-même.*
She killed herself. *Elle se tua elle-même,* ou simplement, *elle se tua.*
She must look to herself. *Il faut qu'elle prenne garde à elle.*
She is by herself. *Elle est seule ou toute seule.*
She did it of herself, (or of her own accord.) *Elle fit cela d'elle-même ou de son propre mouvement.*
She knows what is good for herself. *Elle sait ce qui lui est propre, elle sait s'accommoder.*
She lives like herself. *Elle vit selon sa qualité.*
'Tis like herself. *C'est son humeur, c'est sa manière d'agir, elle ne se dément pas.*

HERALD,

HERALD, *subst.* (an Officer at arms.) Héraut.
HERALDRY, *s.* (the art of blasoning.) Blason, la science des armoiries.
HERALDSHIP, *s.* L'office ou la charge d'un héraut.
HERB, *subst.* Herbe.
Pot-herbs. *Herbes potageres.*
Sweet-herbs. *Herbes odoriferantes.*
Physical herbs. *Herbes médicinales, simples.*
Herb of grace. *Rue, sorte d'herbe.*
Herb-market. *Marché aux herbes.*
An herb-woman. *Herbière, vendeuse d'herbes.*
Herb-porridge. *De la soupe aux herbes.*
HERBACIOUS, *adj.* Qui appartient aux herbes; qui se nourrit d'herbes.
HERBAGE, *subst.* (or pasture.) *Herbage ou pâture.*
Herbage, (or tithes for herbs.) *Dîmes des herbes.*
HERBAL, *s.* (a book treating of herbs.) *Traité de botanique ou des herbes.*
HERBALIST, } *subst.* (one that has
HERBARIST, } skill in physical herbs.)
HERBORIST, } *Un Herboriste.*
HERBOUS, *adj.* (full of herbs.) *Herbu.*
HERBY, *adj.* De la nature des herbes.
HERCULEAN, *adject.* D'Hercule.
An herculean labour, (a work of great difficulty or impossible.) *Un des travaux d'Hercule, une difficulté presque insurmontable.*
HERD, *subst.* (or great company.) *Troupeau, toups.*
A herd of cattle. *Un troupeau de bétail.*
Herd of deer. *Harde de bêtes fauves.*
Herds-man, (one that looks after droves of cattle.) *Un pâtre.*
R. Herd, at the end of a word signifies the same as keeper: Herd *à la fin des mots signifie, celui qui garde.*
Exemp. A cowherd. *Un bouvier ; a swineherd, un porcher ; a shepherd, un berger.*
To HERD together, *verb. neut.* Aller en troupes.
Wolves herd together. *Les loups vont en troupe.*
HERDSMAN, *subst.* Un pâtre, celui qui garde le bétail.
HERE, *adv.* Ici, y, voici, ça.
He is here. *Il est ici.* I find myself well here, *je m'y trouve bien.* Here he comes, *le voici qui vient.*
Here and there. *Çà & là, par-ci, par-là.*
Here, (or take it.) *Prenez-le.*
Here's to ye. *A vous, je vous le porte;* c'est l'expression dont les petites gens se servent ordinairement quand ils boivent les uns aux autres.
His being here is uneasy to me. *Sa présence m'est incommode.*
Here above, *adv.* Ci-dessus.
HEREABOUTS, *adv.* Par ici, ici autour.
HEREAFTER, *adv.* Désormais, à l'avenir, dorénavant.
HEREAT, *adverb.* (at this.) *Exemp.* He is offended hereat. *Il s'en ennuie ou il s'en fâche, il le prend en mauvaise part.*
HERE-BELOW, *adv.* Ci-dessous.
HEREBY, *adv.* Par ce moyen, ainsi.
Hereby, *prép.* Par.
You are hereby required. *Vous êtes requis par celle-ci ou par ces présentes.*
HEREDITAMENT, *subst.* (a Law-term.) *Héritage ou hoirie,* terme de Palais.
HEREDITARY, *adj.* (that comes by inheritance.) *Héréditaire,* qui vient par droit de succession.
HEREFROM, *adverb.* (or from hence.) *D'ici.*
HEREIN, *adv.* (in this.) *En ceci, ici.*
HEREOF, *adv.* (of this.) *De ceci, de celui-ci, de celle-ci, &c.*
HEREMITICAL, *adj.* Erémitique, d'ermite.
HERESIARCH, *subst.* (or arch-heretick.) *Hérésiarque, le chef, l'auteur, l'inventeur d'une hérésie.*
HERESY, *s.* Hérésie, erreur condamnée par l'Eglise.
A damnable herefy. *Une hérésie damnable.*
HERETICAL, *adj.* (infected with herefy,) *Hérétique,* qui appartient à l'hérésie.
HERETICK, *subst.* Un hérétique, une hérétique, celui ou celle qui est dans l'hérésie.
He is a rank heretick. *C'est un hérétique outré ou obstiné.*
HERETO, *adv.* (to this.) *A ceci.*
What can a man say hereto ? *Que peut-on répondre à ceci ?*
HERETOFORE, *adv.* Autrefois, auparavant, jadis.
HEREUNTO, *adv.* (to this.) *A ceci.*
Hereunto I shall add. *J'ajouterai à ceci.*
HEREUPON, *adv.* (upon this.) *Sur ces entrefaites, là-dessus.*
HEREWITH, *adv.* (with this.) *Avec ceci.*
HERIOT, } *s.* (a law-term for the best
HERRIOT, } chattel that the tenant has at the hour of death, due to the Lord by custom, be it his horse, ox or any such like ; this was called by the ancient Saxons heregate.) *Ce mot signifie le meilleur meuble, cheval, boeuf, &c. que le Vassal a à sa mort, & que la coutume adjuge en certains endroits au Seigneur du fief.*
HERITABLE, *adj.* Qui peut hériter.
HERITAGE, *s.* Héritage, succession.
HERMAPHRODITE, *subst.* (that is of both sexes,) *Hermaphrodite,* qui réunit les deux sexes.
HERMETICAL, } *adj.* Hermétique.
HERMETICK, }
The hermetick science. *La science hermétique, la Chimie,* qu'on appelle ainsi à cause d'Hermès ou de Mercure Trismégiste, qui y excelloit.
HERMETICALLY, *adverb.* (a term of Chymistry.) *Hermétiquement,* terme de Chimie.
HERMIT, *s.* (or Anachorite.) *Un ermite, un anachorete.*
HERMITAGE, *subst.* (that place where an hermit lives.) *Ermitage.*
HERMITE, *V.* Hermit.
HERMITESS, *subst.* (a woman-hermit.) *Une femme qui vit en ermite.*
HERN, *s.* Un héron. *V.* Heron.
HERNIA, *subst.* (or broken-belly.) *Hernie, descente des boyaux dans les bourses.*
HERN-SHAW, *subst.* Héronnière, un lieu plein de hérons.
HERO, *s.* (a man eminent for bravery.) *Un héros.*
A hero of the quill, (or famous Author.) *Un auteur fameux.*
HERODIAN, *adj.*
Ex. The Herodian disease, (which is to be eaten to death with lice, as Herod was.) *La maladie pédiculaire ou d'Hérode,* qui consiste à être mangé des poux comme Hérode.

HEROESS, *s.* (a heroine or female hero.) *Une héroïne.*
HEROICAL, *V.* Heroick.
HEROICALLY, *adv.* D'une manière héroïque, héroïquement.
HEROICK, *adj.* (of or belonging to a heroe.) *Héroïque, de héros,* qui appartient au héros.
Heroick, (great, sublime, illustrious,) *Héroïque, grand, sublime, élevé, illustre,* en parlant d'une action, d'un poëme, &c.
HEROINE, *s.* Héroïne.
HEROISM, *s.* Héroïsme.
HERON, *s.* (a sort of bird.) *Un héron, forte d'oiseau.*
A young heron. *Héronneau, petit héron.*
HERPES, *s.* Inflammation à la peau.
HERRING, *s.* Hareng.
Fresh, salt and red herreings. *Harengs frais, salés & saurets.*
Herring-time, (the time for fishing of herrings.) *Harengeaison.*
Herring-busses. *Vaisseaux destinés pour la pêche des harengs.*
A herring-woman, (a woman that sells herrings.) *Harengere.*
HERS, from her, (one of the pronouns possessive that are only used at the end of a sentence.) *A elle, le sien, la sienne.*
I have no money of hers. *Je n'ai point d'argent à elle.*
This is hers. *Ceci est à elle ou c'est le sien.*
This is a book of hers. *C'est un de ses livres.*
I must punish this treachery of hers. *Il faut que je punisse sa perfidie.*
HERSE, *s.* Voiture pour porter les morts au lieu de la sépulture.
HERSELF, *V. sous* Her.
HERSELIKE, *adj.* Funebre.
HESITANCY, *s.* (or uncertainty.) *Incertitude, doute, suspens, irrésolution.*
To HESITATE, *verb. neut.* (or be at a loss in speaking.) *Hésiter, s'arrêter, demeurer court.*
To hesitate, (or be in suspence.) *Hésiter, balancer, être en suspens.*
HESITATION, *subst.* Manière de parler en hésitant.
* HESTS, *s. Ex.* Hests and behests (orders or commands.) *Ordres, commandemens.*
HETEROCLITE, *adj.* (a term of Grammar, irregular.) *Hétéroclite, irrégulier,* qui ne suit pas les regles générales & ordinaires.
HETERODOX, *subst. & adj.* (of different judgment from the Church.) *Hétérodoxe,* contraire aux sentimens reçus dans la véritable religion.
HETEROGENEAL, } *adj.* (of a diffe-
HETEROGENEOUS, } rent kind.) *Hétérogene.*
HETEROSCIANS, } *subst.* (a term of
HETEROSCII, } geography.) *Hétérosciens,* terme de géographie.
To HEW, *verb. act.* Tailler, couper.
To hew a stone. *Tailler une pierre.*
To hew timber. *Aviver le bois de charpente, le couper à vive arrête.*
To hew DOWN. *Couper, abattre.*
To rough-hew. *Ebaucher.*
Hewed or hewn, *adj.* Taillé, coupé, &c.
Hewed down. *Coupé, abattu.*
HEWER, *subst.* Tailleur.
A hewer of stones. *Tailleur de pierres.*
HEWERS, *V.* Conders.
HEWING, *s.* L'action de tailler, de creuser, &c. *V.* to Hew.

HEWN.

HEWN, *adj.* V. Hewed.
Rough-hewn. *Ebauché; grossier, malpoli, inégal, raboteux, dans le propre & dans le figuré.*
HEXAGON, *s. Hixagone.*
HEXAGONAL, *adj.* (that has six angles or corners.) *Hexagone, qui a six angles.*
HEXAMETER, *s.* (a verse of six feet.) *Un hexametre, un vers de six pieds.*
HEXANGULAR, *adj. Qui a six angles.*
HEY. *Interjection qui marque la joie.*
HEYDAY, *interj.* (of admiration.) *Ouais! c'est une interjection dont on se sert quand quelque chose arrive à quoi l'on ne s'attendoit pas.*
HEYDAY, *s. Gaillardise; étourderie.*
HEY ho, (an interjection of bewailing &c.) *C'est une interjection qui marque du chagrin ou du plaisir. Ho!*
HEY-NET, *s. Filet de chasseur.*
HEYWARD. V. Hayward.
HIATION, *s. Ouverture de la bouche, bâillement.*
HIATUS, *s. Fente, crevasse; Hiatus,* sorte de bâillement, qui fait un méchant effet en poésie. *L'hiatus est proprement entre une voyelle qui finit un mot, & celle qui en commence un autre, lorsqu'il ne se fait point d'élision.*
HIBERNAL, *adj. Qui appartient à l'hiver.*
HICCOUGH, *subst. Hoquet.*
To HICCOUGH, } *verb. n. Avoir le hoquet.*
To HICKUP,
To fright one's hiccough away. *Faire passer le hoquet à quelqu'un, en lui faisant peur.*
HICKUP, V. Hiccough.
HICKWALL, V. Wood-pecker.
HID, *adj.* (from to hide.) *Caché, &c.* V. to Hide.
HIDAGE, *s.* (an extraordinary tax to be paid for every hide of land.) *Subside extraordinaire qu'un levoit sur chaque portion de terre qu'on nommoit* hide.
HIDDEN, *adj.* (from to hide.) *Caché,* V. to Hide.
HIDE, *s.* (or skin.) *Peau, cuir.*
To dress a hide. *Travailler le cuir, le corroyer.*
† To warm one's hide for him or to give his hide a warming, (to bang or maul him.) *Repasser le buffle à quelqu'un, battre quelqu'un comme il faut,* † *le rosser dos & ventris, le bien sangler, l'accommoder de toutes pièces.*
A hide of land, (a certain measure of land.) *C'est environ quarante arpents de terre, mesure de France.*
Hide-bound, *adj.* (sick of the hide-bound.) *Roide, dont la peau s'attache aux côtes.*
† Hide-hound, (or niggardly.) *Attaché, interessé, taquin, dur à la desserre.*
The hide-bound, *subst.* (a sickness of cattle.) *Sorte de maladie des bestiaux dont la peau s'attache à leurs côtés, en sorte qu'ils ne se peuvent remuer.*
Hide-geld, *comme* Hidage.
To HIDE, *v. a.* (to cover or conceal.) *Cacher, couvrir.*
To hide one's self somewhere. *Se cacher en quelque endroit, se tapir.*
To hide, (or keep secret.) *Cacher, celer.*
Hide and seek, (a sort of play.) *Clignemussette,* sorte de jeu d'enfant.
To Hide, *v. n. Se cacher.*
HIDEBOUND. Voy. Hide-bound, *sous* hide.

HIDEOUS, *adject.* (frightful or ghastly.) *Hideux, affreux, terrible, horrible, épouvantable, effroyable.*
HIDEOUSLY, *adv. Hideusement, d'une maniere terrible, affreuse ou épouvantable, horriblement, affreusement.*
HIDEOUSNESS, *subst. Qualité qui rend une chose hideuse, affreuse, terrible, horrible ou épouvantable.*
HIER, *s. Celui qui cache.*
* HIDESS, *subst.* (an obsolete word for a sanctuary or a place of protection.) *Un asile, un lieu de refuge.*
HIDING, *subst.* (from to hide.) *L'action de cacher, &c.* V. to Hide,
A hiding-place. *Lieu où l'on se cache.*
* To HIE, *v. neut.* (to hasten.) *Se hâter, se presser.*
HIENA. V. Hyena.
HIERARCHICAL, *adj.* (of or belonging to a holy Order.) *Hiérarchique, qui appartient à l'ordre Ecclésiastique.*
HIERARCHY, *subst.* (or Holy Order.) *Hiérarchie.*
The hierarchy of Angels. *La hiérarchie céleste.*
Hierarchy, (or Church-government.) *Hiérarchie Ecclésiastique.*
HIEROGLYPHICAL, *adject.* V. Hieroglyphick.
HIEROGLYPHICK, *subst.* (an emblem, or mystical figure.) *Un hiéroglyphe, un symbole qui consiste en quelques figures d'animaux.*
Hieroglyphick, *adj.* (of or belonging to hieroglyphicks.) *Hiéroglyphique, qui tient de l'hiéroglyphe ou qui appartient à l'hiéroglyphe.*
HIEROPHANT, *s. Hiérophante.*
To HIGGLE, } *v. n. or* to go higgling about, (to sell fowl or meat from door to door.) *Revendre de la volaille, du gibier ou de la viande, faire le métier de revendeur; marchander, barguigner.*
To HAGGLE,
† HIGGLEDY-PIGGLEDY, *adv.* (confusedly, in a confusion.) *Confusément, pêle-mêle.*
HIGGLER, *subst.* (one that goes higgling about.) *Coquetier, revendeur de volaille, de gibier &c. barguigneur, barguigneuse.*
HIGGLING, *subst. L'action du verbe* to Higgle.
HIGH, *adj. Haut, élevé;* en divers sens.
Ex. A very high steeple. *Un clocher fort haut.*
A forest of high trees. *Bois de haute futaie.*
High-water or high-sea. *Haute marée, la haute eau d'une marée, grosse mer.*
It is or 'tis high-water. *La mer est haute.*
The high-dutch. *Le haut allemand,* l'allemand que l'on parle dans la haute Allemagne.
The sun is very high. *Le soleil est fort haut ou fort élevé au-dessus de l'horizon.*
To have a high colour. *Etre haut en couleur, avoir beaucoup de couleurs.*
The most high, (God.) *Le Très-Haut, Dieu.*
A high and mighty Lord. *Haut & puissant Seigneur.*
High-treason. *Haute trahison, crime de lèse-Majesté.* V. Treason.
A high-place. *Un lieu élevé.*
High, (tall or great.) *Grand.*
A high tree. *Un grand arbre.*
The high-way. *Le grand chemin.*
A high forehead. *Un grand front.*
A high day. *Un grand jour de fête.*

High Mass. *Grand'Messe.*
A high wind. *Un grand vent, un vent furieux.*
A high compliment. *Un grand compliment.*
To aim at high things or great matters. *Aspirer à de grandes choses.*
A high notion or expression. *Une pensée ou une expression sublime ou relevée.*
A high spirit. *Un esprit fier, altier, qui a le cœur haut.*
The high-Priest. *Le souverain Sacrificateur.*
High-Altar. *Maitre-Autel.*
Verses that run in a high strain. *Des vers ampoulés ou guindés.*
She laughs at his high speculations. *Elle se moque de la hauteur de ses spéculations.*
A surveyor of the high-ways. *Voyer,* celui qui a soin de la police des chemins.
† To go high in the instep, (to be proud.) *Etre fier, le porter haut, avoir le cœur haut.*
At high noon. *En plein midi.*
It is or 'tis high time. *Il est temps, il en est bien temps.*
High-born. *De haute naissance.*
High-minded. *Ambitieux.*
High-swoln. *Enflé.*
High-flown. *Orgueilleux, fier, altier; présomptueux, superbe, qui le porte haut.*
A high-flown style. *Un style élevé, style enflé, guindé, ampoulé.*
A high-flown hyperbole. *Une hyperbole outrée.*
High-spirited. *Fier, qui a l'esprit fier.*
A high-mounted nose. *Un nez à triple étage.*
A high-crowned hat. *Chapeau haut de forme.*
High-scented snuff. *Tabac en poudre dont l'odeur est forte.*
A highway-man or robber. *Un voleur de grand chemin.*
High-lands. *Pays montagneux.*
High-lander. *Montagnard,* qui habite les montagnes.
HIGH, *adv. Haut.*
You go too high. *Vous allez trop haut.*
On high. *En haut.*
From on high. *D'en haut.*
To aim too high. *Viser trop haut.*
To carry it high. *Le porter haut.*
To spend high. *Faire une grande, grosse ou belle dépense.*
To feed high. *Se bien traiter, vivre grassement ou délicatement, faire bonne chere.*
His pulse beats high. *Son pouls est ému ou élevé.*
To preach too high. *Prêcher trop en homme savant, approfondir trop les matieres.*
To play too high, (or deep.) *Jouer trop gros jeu.*
The wind blows or is very high. *Il fait grand vent, il fait un vent furieux.*
High-and-dry, (speaking of a ship.) *Vaisseau à sec sur le rivage.*
HIGHER, *c'est le comparatif de* high.
HIGHEST, *c'est le superlatif de* high.
The highest Office of the Kingdom. *Les premieres charges de l'État.*
HIGHLANDER. Voy. High-lander, *sous* High.
HIGHLY, *adv. Sensiblement, fort, beaucoup, infiniment.*
He has highly obliged me. *Il m'a sensiblement obligé.*

Highly

HIG HIM

Highly commendable. *Fort louable, qui mérite beaucoup de louanges.*
I am highly obliged to you. *Je vous suis infiniment obligé.*
HIGHNESS, *f. Alteſſe, Hauteſſe.*
His Royal Highneſs. *Son Alteſſe Royale.*
His Highneſs, (speaking of the Grand Seignior.) *Sa Hauteſſe, en parlant du Grand Turc.*
* HIGHT, *adj.* (or called.) *Nommé, qui s'appelloit.*
† HIGHTY-TIGHTY, *adv.* (hand over head.) *Bruſquement, inconſidérément, à l'étourdie. V.* Hoity-toity.
HILARITY, *f.* (gaiety, good-humour.) *Gaîté, belle humeur, enjouement, joie, air gai, air enjoué.*
HILDING, *ſubſt. Un poltron, un lâche, un homme vil, une femme vile.*
HILL, *ſubſt.* (either a mountain or a little riſing ground.) *Montagne, mont, tertre, colline, petite hauteur, éminence.*
The top, the cliff, the foot of a hill. *Le ſommet, la pente, le pied d'une montagne.*
A houſe seated on a little hill. *Maiſon bâtie ſur une colline, ſur une éminence ou ſur une hauteur.*
To write up hill, *Écrire de travers, ne pas écrire droit.*
Mole-hill. *Taupinière.*
P. To make a mountain of a mole-hill. *P. Faire d'une mouche un éléphant.*
An ant-hill. *Fourmilière.*
HILLOCK, *ſubſt.* (a little hill.) *Un petit tertre, une petite hauteur, une éminence.*
HILLY, *adj.* (full of hills.) *Montagneux, plein de montagnes, montueux.*
HILT, *ſubſt.* (part of a ſword.) *La garde & la poignée d'une épée, la partie de l'épée qui eſt au-deſſus de la lame.*
A ſilver hilt. *Une garde & une poignée d'argent.*
† He is all politicks up to the hilts. *Il eſt tout plein de politique.*
HIM; *c'eſt un cas du pronom perſonnel* HE. *Le, lui.*
I will or I'll puniſh him. *Je le punirai.*
Give it him, (for give it to him.) *Donnez-le lui.*
I walked before him. *Je marchois devant lui.*
It is or 'tis like him or like himſelf. *V.* Himſelf.
† To HIMPLE, *v. neut.* (a north country Word, ſignifying to halt.) *Clocher, boiter, être boiteux.*
HIMSELF, *pron. Même, lui-même, ſoi-même, ſe, ſoi.*
He will go himſelf. *Il veut y aller lui-même.*
He did that for himſelf. *Il a fait cela pour lui-même.*
He killed himſelf with a dagger. *Il s'eſt poignardé lui-même.*
He waſhes himſelf. *Il ſe lave.* He makes much of himſelf. *Il ſe dorlote.*
When he is in a paſſion, he is not himſelf. *Quand il eſt dans la paſſion il ne ſe poſſede point, il n'eſt pas maître de lui-même.*
He is gone away by himſelf. *Il s'eſt retiré tout ſeul.*
He did it himſelf, (or of his own accord.) *Il a fait cela de lui-même, de ſon chef ou de ſon propre mouvement.*
He knows what is good for himſelf. *Il fait ce qui lui eſt propre, il fait bien s'accommoder.*
'Tis like himſelf. *C'eſt ſon humeur, c'eſt ſa maniere d'agir, il ne ſe dément point, c'eſt bien de lui.*

HIN

HIN, *ſubſt.* (a meaſure for liquid things among the ancient Jews.) *Hin, meſure de choſes liquides parmi les anciens Juifs.*
HIND, *ſ.* (the female of a ſtag.) *Biche, la femelle du cerf.*
Hind-calf, (or fawn.) *Le faon d'une biche.* Pron. *Fan.*
Hind, (or ſervant.) *V.* Hine.
HIND, HINDER, } *adj. Poſtérieur, qui eſt après, qui eſt derriere, de derriere.*
The hind-part of the brain. *La partie poſtérieure du cerveau.*
The hind-feet. *Les pieds de derriere.*
The hinder part of the head. *Le derriere de la tête.*
The hind locks of a periwig, *Le derriere d'une perruque.*
The hind-flap of a ſhirt. *Le derriere d'une chemiſe.*
The hind-wheels of a coach. *Le train de derriere d'un carroſſe.*
The hind part of a ſhip. *L'arriere d'un vaiſſeau, la poupe.*
HINDER, *adj. V.* Hind, *adj.*
To HINDER, *verb. act.* (to keep from.) *Empêcher, détourner, interrompre.*
You hinder me from working. *Vous m'empêchez de travailler, vous me détournez de mon travail, vous m'interrompez.*
To hinder one, (to make one loſe one's time.) *Faire perdre le temps à quelqu'un.*
To hinder the digeſtion. *Troubler la digeſtion.*
What hinders me from beating of him? *A quoi tient-il que je ne le batte?*
Do not hinder the houſe. *Ne vous oppoſez pas au profit de la maiſon.*
HINDERANCE, *ſubſt.* (or let.) *Empêchement, obſtacle.*
Hirderance, (or prejudice.) *Tort, préjudice, dommage.*
I will be no hinderance to him. *Je ne l'empêcherai point, il ne tiendra pas à moi qu'il ne le faſſe ou je ne veux point lui nuire.*
Hindered, *adj. Empêché, détourné, interrompu, &c. V.* to Hinder.
HINDERER, *ſub. Celui ou celle qui empêche.*
HINDERING, *ſubſt. L'action d'empêcher, &c. V.* to Hinder.
HINDMOST, HINDERMOST, } *adj.* (from hind, *adj.*) *Le dernier.*
He is the hindermoſt of all. *Il eſt le dernier de tous.*
HINDRED. *V.* Hindered.
HINE, HIND, } *ſubſt.* A country hine. *Un valet de campagne, dont on ſe ſert ſur-tout pour l'agriculture.*
* Hine fare. *Congé, ordre ou permiſſion de ſe retirer & de quitter le ſervice auquel on étoit engagé.*
HINGE, *ſubſt. Un gond; penture ou couplet.*
The hinges of a door. *Les gonds d'une porte.*
Theſe are the two hinges of the controverſy. *Ce ſont là les points ſur leſquels roule le ſujet de la controverſe.*
Theſe are the main hinges on which an Opera muſt move. *Ce ſont les principaux pivots ſur leſquels un Opéra doit tourner.*

HIN HIS

† To be off the hinges, (to be out of humour.) *Être de mauvaiſe humeur, être fâché.*
Butt-hinges, and dove-tail hinges. *Couplets de chaloupe, & autres.*
Port-hinges. *Pentures de ſabords.*
Scuttle-hinges. *Pentures en fer à cheval, pour des écoutillons & petits ſabords.*
HINT, *ſubſt.* (or intimation.) *Vent, avis, jour, ouverture, penſée qui en fait naître d'autres.*
I had a hint of it. *J'en ai eu le vent.*
To give one a hint of a thing. *Donner avis d'une choſe à quelqu'un, l'en avertir, ou bien lui donner des notions ou des ouvertures.*
A hint, (or notion.) *Une idée.*
This gives me a fair hint to paſs to my ſecond point. *Ceci me donne une entrée commode dans mon ſecond point.*
To HINT, *v. a. Donner à entendre, faire venir dans l'eſprit, ſuggérer, faire alluſion.*
Hinted, *adj. Qu'on a donné à entendre, à quoi on a fait penſer, ſuggéré.*
HIP, *ſ.* (or huckle-bone, the upper part of the thigh.) *La hanche, la partie ſupérieure de la cuiſſe.*
The hip-gout. *La ſciatique, goutte qui vient aux hanches.*
HIPPED, *adj.* (whoſe hip is out of joint.) *Déhanché, qui a la hanche rompue.*
Great hipped. *Qui a de groſſes hanches.*
HIPPISH, *adj.* (or hypochondriack.) *Hypocondre, mélancolique, hargneux, rateſteux.*
HIPPO, *ſ.* (ſpleen, melancholy.) *Maladie hypocondriaque, mélancolie.*
HIPPOCENTAUR, *ſub. Hippocentaure, monſtre fabuleux.*
HIPPOCRAS, *ſubſt.* (a rich ſort of liquor made of wine, cinnamon and ſugar.) *Hippocras, ſorte de liqueur délicieuſe.*
HIPPOGRIFF, *ſ. Hippogriffe, cheval ailé fabuleux.*
HIPPOPOTAMUS, *ſ. Hippopotame.*
HIRE, *ſ.* (or wages.) *Salaire, gages.*
The hire of a houſe or lodging. *Le louage d'une maiſon, d'un appartement.*
Coach-hire. *Louage de carroſſe, ce que l'on paye pour le louage d'un carroſſe.*
To HIRE, *verb. act.* (or take to hire.) *Arrêter, retenir, engager pour ſervir, louer, prendre à louage.*
To hire a ſervant. *Arrêter un valet, l'engager pour ſervir.*
To hire, (or let to hire.) *Louer, donner à louage.*
To hire out one's ſelf. *S'engager pour ſervir, ſe louer, travailler pour quelqu'un pour une certaine ſomme.*
Hired, *adj. Arrêté, retenu, engagé pour ſervir, loué, pris ou donné à louage.*
HIRELING, *ſub. & adj. Mercenaire, celui qui fert pour de l'argent, ou une ame mercenaire ou vénale.*
HIRING, *ſubſt. L'action d'arrêter, de retenir, &c. V.* to Hire.
HIRSE, *ſub.* (or millet.) *Millet, ſorte de grain.*
HIRSUTE, *adj. Apre, velu, rude.*
HIS, *pronom poſſeſſif,* (belonging to him.) *Son, ſa, ſes, à lui.*
His father, *ſon pere;* his mother, *ſa mere;* his children, *ſes enfants.*
This is his book or this is a book of his. *Ce livre eſt à lui, ce livre lui appartient ou c'eſt un de ſes livres.*

I

I must punish this treachery of his. *Il faut que je punisse sa perfidie.*
This is Peter's book. *C'est ici le livre de Pierre.*

HISS, *subst. V.* Hissing.

To HISS, *verb. neut.* (to make a hissing noise.) *Siffler, comme font les serpents & les vents, &c.*

To hiss one *or* AT one. *Siffler quelqu'un, se railler ou se moquer de lui.*

To hiss OFF, *verb. act.* Ex. To hiss a player off the stage. *Chasser un comédien du théatre à force de le siffler.*

To hiss OUT of the house. *V.* to Hiss off.

Hissed at, *adj. Sifflé, &c.*

HISSING, *subst. Sifflement ou l'action de siffler.*

HIST, *interj.* (of silence.) *St, chut, interjection de silence.*

HISTORIAN, *subst.* (or writer of histories.) *Un historien, celui qui écrit l'histoire.*

HISTORICAL, } *adj. Historique, qui est*
HISTORICK, } *d'histoire, qui regarde l'histoire.*

HISTORICALLY, *adv. Historiquement, d'un style historique.*

To HISTORIFY, *v. act. Raconter, narrer, insérer dans l'histoire.*

HISTORIOGRAPHER, *subst.* (a writer of histories.) *Historiographe, celui qui écrit l'histoire.*

The King's historiographer. *L'historiographe du Roi.*

HISTORY, *f.* (or story, an account of actions and things past.) *Histoire, narration des actions & des choses dignes de mémoire.*

To understand history, (to be a good historian.) *Savoir l'histoire.*

Truth is the life of history. *La vérité est l'ame de l'histoire.*

A history-book. *Un livre d'histoire.*

HISTRIONICAL, } *adject.* (or player-
HISTRIONICK, } like.) *De comédien, de bateleur, de bouffon.*

HISTRIONICALLY, *adv.* (theatrically.) *D'une maniere théatrale, en bouffon.*

HIT, *subst. Coup, atteinte.*

He has given me a deadly hit. *Il m'a donné un méchant coup ou une rude atteinte.*

A lucky hit. *Bon coup, un beau coup, un coup de bonheur, un coup de maitre, un grand coup, un coup heureux, un coup de partie, un coup avantageux.*

A lucky hit, (or ingenious jest.) *Un bon mot, une plaisante raillerie, une bonne rencontre.*

He has had a lucky hit. *Il a bien rencontré.*

He had a lucky hit at him. *Il l'a raillé fort adroitement.*

Look to your hits. *Prenez garde à vous, prenez bien vos mesures.*

HIT, *adject.* (from to hit.) *Frappé, &c. V. le verbe.*

To HIT, *verb. act.* (or strike.) *Frapper, donner un coup ou une atteinte.*

To hit one with a stick. *Frapper quelqu'un avec un bâton, lui donner un coup de bâton.*

To hit one a box on the ear. *Donner un soufflet à quelqu'un.*

He has hit the mark, (or the white.) *Il a donné dans le blanc, il a donné droit au blanc, il a bien assené son coup, il a visé juste.*

To hit the ring once or twice with the point of the lance. *Avoir une ou deux atteintes, en courant la bague.*

I could not hit the door for my life. *Il me fut impossible de trouver la porte.*

You hit it right, you hit the nail on the head. *Vous avez bien rencontré, vous avez bien deviné, vous y êtes.*

If I can but hit right. *Pourvu que je puisse réussir.*

To hit, *verb. neut.* (to succeed or happen.) *Arriver, réussir, rencontrer.*

It hit pretty luckily. *La chose a réussi assez bien.*

We cannot or can't hit (or agree) about it. *Nous ne pouvons pas nous accorder là-dessus.*

I think you and I shall never hit it right. *Je pense que vous & moi ne tomberons jamais d'accord sur ce point.*

To hit one in the teeth with a thing. *Reprocher une chose à quelqu'un, lui en faire des reproches, la lui jeter au nez.*

To hit one home, (to do the business.) *Porter coup.*

To hit one home, (to be sharp with him.) *Ne point épargner quelqu'un, le désoler, le pousser à bout.*

To hit one's head against a wall. *Donner de la tête contre la muraille.*

A ship that hits against a rock. *Un vaisseau qui échoue ou qui se brise contre un écueil.*

Hit or miss, (right or wrong.) *Quoi qu'il arrive, à tout hasard.*

To hit TOGETHER. *Se rencontrer.*

To hit UPON. *Trouver, rencontrer.*

I chanced to hit upon him. *Je l'ai rencontré par hasard.*

I cannot hit OF or on his name. *Je ne puis me ressouvenir de son nom.*

To HITCH, *verb. neut.* (or riggle.) *Se démener.*

To hitch a little further. *Avancer peu à peu, gagner du terrain.*

To hitch, (as a horse does.) *Se couper, s'entretailler, en parlant d'un cheval.*

HITCH, *f.* (a sea word.) *Clé, sorte de nœud.*

Half-hitch. *Demi-clé.*

Hitch! (impératif tiré du mot précédent.) *Ordre de faire un amarrage ou de saisir quelque chose.*

HITCH-BUTTOCK. *V.* Level-coil.

HITCHEL. *V.* Hatchel.

HITHE, *f.* (a place to lade and unlade wares.) *Port de riviere, quai.*

HITHER, *adv. Ici, çà, y.*

Come hither. *Venez çà, venez ici.*

Call him hither. *Dites-lui qu'il vienne ici.*

If you come hither, you will be welcome. *Si vous y venez, vous serez le bien venu.*

HITHER, *adject.* Ex. You will find it at the hither end of the shelf. *Vous le trouverez à ce bout de la tablette ou au bout de la tablette qui est le plus proche de nous.*

When Pompey fled into the hither Spain. *Quand Pompée s'enfuit dans l'Espagne cléricure.*

HITHERMOST, *adj. Le plus proche, qui est le plus proche de nous, qui est de ce côté.*

HITHERTO, *adv. Jusqu'ici, jusqu'à présent, jusques à présent.*

HITHERWARD, *adv. De ce côté, de ce côté-ci.*

HITTING, *f.* (from to hit.) *L'action de frapper, &c. V.* to Hit.

† HITTY-MISSY, *V.* Hit or Miss, sous to Hit.

HIVE *or* BEE-HIVE, *subst. Ruche, ouvrage de vannier enduit de terre, propre à loger les abeilles.*

Hive-dross, (or bee-glew.) *Cire qui n'est qu'à demi-formée.*

To HIVE, *v. act. & n. Enfermer dans les ruches ; se retirer ensemble dans quelque endroit.*

HIVER, *sub. Celui qui met les abeilles dans les ruches.*

† HO, *f.* Ex. There is no ho with him. *Il n'a point de retenue.*

Out of all ho. *Avec excès, excessivement.*

HO ! *interj. Hé ! ho !*

HOAN. *V.* Hone.

HOAR, *adj. Blanc.*

HOAR-FROST, *f. Gelée blanche.*

HOARD, *f.* (or heap.) *Amas, tas, monceau, trésor.*

A hoard of money. *Un magot.*

To HOARD, } *verb. act. Amasser,*
To HOARD UP, } *entasser, accumuler.*

To hoard up money. *Amasser de l'argent, amasser des écus, faire un magot.*

Hoarded up. *Amassé, entassé, accumulé.*

HOARDER, *f. Celui ou celle qui amasse, qui entasse.*

HOARDING, } *f. L'action d'amasser*
HOARDING UP, } *ou d'accumuler.*

HOARINESS, *subst.* (whiteness thro' age.) *Les cheveux blancs ou gris d'un vieillard.*

Hoariness, (or mouldiness.) *Moisissure.*

HOARSE, *adj. Enroué, rauque.*

To grow hoarse. *S'enrouer.*

To speak hoarse. *Parler d'une voix enrouée ou rauque.*

HOARSELY, *adverb.* (or with a hoarse voice.) *D'une voix enrouée ou rauque.*

HOARSENESS, *f. Enrouement, raucité.*

HOARY, *adj.* (or gray, as old men commonly are) *Chenu, qui a les cheveux tout blancs, qui est tout blanc de vieillesse, grison.*

Hoary, (or covered with hoar frost.) *Blanc, couvert de gelée blanche.*

Hoary, (or mouldy.) *Moisi.*

To grow hoary with age. *Grisonner, devenir chenu ou blanc, vieillir.*

To grow hoary, (or mouldy.) *Se moisir, devenir moisi.*

† HOB, *f.* (a country fellow or clown.) *Un paysan.*

Hob-nail, (a country clownish fellow.) *Un rustre, un paysan, qui porte des souliers garnis de clous : il signifie aussi un clou à grosse tête.*

HOBBLE, *f.* Ex. He has a hobble in his gait. *Il boite ou cloche un peu en marchant.*

To HOBBLE, } *v. n.* (to go
To HOBBLE ALONG, } *lamely.) Être boiteux ou cagneux, ne marcher pas bien, clocher.*

A verse that hobbles or a hobbling verse. *Un vers qui cloche.*

† To hobble over something, (to do it carelesly.) *Faire une chose légèrement, avec négligence, sans application, par manière d'acquit.*

HOBBLINGLY, *adv.* (a school word.) *Mal, imparfaitement.*

He has said his lesson but hobblingly. *Il a fort mal récité sa leçon.*

HOBBY, *f.* (a little Irish or scotch horse.) *Petit cheval d'Irlande ou d'Écosse.*

Hobby,

Hobby, (a sort of hawk.) *Hobereau*, sorte d'oiseau de leurre.
Hobby-horse, (for a child.) *Bâton enjolivé, sur quoi les enfant vont à cheval*.
Hobby-horse, *signifie aussi l'amusement favori d'une personne*.
HOBGOBLIN, *s.* (spirit or ghost.) *Esprit, spectre, fantôme*.
HOBLERS, *s. Sorte de soldats légérement armés ; il se dit aussi de certaines gens demeurant sur les côtes, qui sont obligés de tenir un cheval prêt en cas de quelque invasion, afin d'en donner avis.*
HOBNAIL. *V.* H.b-nail, *sous* Hob.
HOBOY. *V.* Hautboy.
HOCA, *s.* (a play at cards.) *Hoca, sorte de jeu de cartes.*
HOCK, *s.* (a German wine.) *Sorte de vin d'Allemagne*.
A hoc'k of bacon, (or a little gammon.) *Un petit jambon, jarret de cochon*.
HOCK-DAY, } *subst.* (a feast formerly kept the second *tuesday* after Easter-week, in memory of the Danes being turned out.) *Fête qu'on célébroit autrefois en Angleterre le second mardi après Pâques, en mémoire de l'expulsion des Danois hors d'Angleterre ; ce mot signifie aussi en général, un jour de fête*.
HOCK-TIDE,
HOCK-TUESDAY,
† HOCKER, *adj.* (or angry.) *Fâché, qui est en colere*.
To HOCKLE, *v. act.* (or to hamstring) cattle. *Couper le jarret des bœufs, &c.*
HOCKLING, *subst. L'action de couper le jarret*.
* HOCKLER, *subst. Celui qui court à cheval après les taureaux, pour leur couper le jarret*.
HOCUS-POCUS, *subst.* (or juggler.) *Bateleur, un joueur de passe-passe ou de gobelets, qui fait des tours de giboeciere*.
To do a thing by virtue of hocus-pocus. *Faire quelque chose par des tours de passe-passe.*
HOD, *s.* (a thing to carry mortar in.) *Oiseau, pour porter le mortier sur l'épaule*.
Hod-man. *Celui qui porte le mortier aux maçons*.
R. *On appelle aussi* Hod-men, *dans le college de Christ à Oxford, les écoliers qu'on y reçoit de l'école royale de Westminster*.
HODGE-PODGE, *s. Mélange de plusieurs choses, salmigondis*.
HODIERNAL, *adj.* (of to day.) *D'aujourd'hui*.
HOE, *subst.* Houe, *instrument de labourage*.
To HOE, *v. act.* Houer.
HOG, *s.* Cochon*, pourceau, porc*.
A barrow-hog. *Un verrat*.
A hog-badger. *Un blaireau, un taisson.*
A sea-hog. *Marsouin*.
A hedge-hog. *Hérisson*.
† I brought my hogs to a fine market. *Vraiment, j'ai fait de belles affaires, dans un sens ironique, me voilà bien attrapé*.
Hog's-flesh. *Chair de pourceau*.
Hog's-herd. *Porcher*.
Hog's-skin. *Peau de cochon*.
Hog's-harslets. *Fressure de cochon*.
Hog-wash. *Lavure*.
Hog's-cheek. *Groin de cochon*.
Hog's-grease. *Graisse de cochon*.
Hog-louse. *Pou de cochon*.

Hog-sty. *Etable à cochons*.
Hog-market. *Marché aux cochons*.
Hog, (at sea.) *Goret*.
HOGGISH, *adj. De cochon*.
To lead a hoggish kind of life. *Mener une vie de cochon, vivre en cochon*.
HOGGISHLY, *adverb.* (like a hog.) *En cochon ; goulument*.
HOGGISHNESS, *s. Grossiéreté, brutalité, gloutonnerie*.
HOGSHEAD, *s.* (a measure of liquids.) *Muid*.
A hogshead of wine. *Un muid de vin*.
HOIDEN, *sub.* (a clownish rustical woman.) *Une paysanne, une femme ou fille rustre & grossiere, † un gendarme.*
To HOISE, } *verb. act.* Lever, *hausser, guinder, hisser*.
To HOIST UP,
To HOIST, } *faire servir* ; ces trois derniers font des termes de marine.
Ex. To hoise sail. *Hisser les voiles, mettre à la voile*.
We hoised up the fore-mast sail. *Nous fimes servir la misaine*.
To hoist up (or raise) the price of a thing. *Enchérir quelque chose*.
Hoised or hoisted up, *adj. Levé, haussé, guindé, hissé, enchéri*.
HOISING, } *subst. L'action de lever, &c. V.* to Hoise.
HOISING UP,
To HOIST, *&c. V.* to Hoise, *&c.*
HOIST of a flag, *s. Guindant d'un pavillon*.
* HOITY-TOITY, *adjec.* (gamesome.) *Folâtre, fringant, pétulant, remuant, fougueux*.
A hoity-toity girl. *Une fille folâtre ou fringante, une garçonniere*.
Hoity-toity, *adv.* En folâtrant, *d'une maniere fringante, avec fougue, pétulamment*.
Hoity-toity, *interj.* (of admiration.) *Ouais ! vraiment ! jour-de-Dieu*.
Hoity-toity ! what's here do to ? *Ouais ! qu'est-ce que tout ceci ?*
HOLD, *s.* (the place by which one holds a thing.) *Prise, endroit pour prendre une chose*.
To let go one's hold. *Lâcher prise*.
The law will take hold of ye. *La loi aura prise sur vous*.
The hold of a ship. *Le fond de cale d'un vaisseau*.
To trim or to stow the hold. *Arrimer*.
To rummage the hold. *Changer l'arrimage*.
After-hold. *Partie de la cale qui est en arriere du grand mât*.
Fore-hold. *Partie de la cale qui est en avant de la grande écoutille*.
Depth of the hold, (terme d'architecture navale.) *Creux des vaisseaux*.
Hold, (in navigation.) *Ex.* Keep a good hold of the land, or keep the land well aboard. *Tenez-vous à portée de la terre ou près de terre*.
To be kept in ho'd, (or prison.) *Etre tenu en lieu de sureté*.
To lay (to take or get) hold of a thing. *Prendre, se saisir d'une chose, l'empoigner*.
To lay hold of the King's pardon. *Embrasser le pardon du Roi*.
To lay hold of a favourable opportunity. *Saisir une occasion favorable*.
He thinks no law can lay hold of him. *Il se croit à couvert de toutes les loix*.
They could not take hold of his words.

Ils ne purent trouver à redire à ses paroles.
A strong hold. *Une forteresse, un fort, une place forte*.
Hold-fast, a hold-fast in a wall. *Une main ou un crampon de fer, une esse, un crampon en forme d'S*.
A joiner's hold-fast. *Valet d'établi de menuisier*.
† A hold-fast, (or penurious man.) *Un avare, un attaché, un intéressé, un homme dur à la desserre*.
To HOLD, *v. act.* (to have or keep in one's hands.) *Tenir, serrer avec la main*.
Hold him fast. *Tenez-le ferme*.
To hold, *v. neut.* (or stick fast.) *Tenir, être attaché*.
It holds very fast. *Il tient ferme*.
To hold one's opinion, *v. act.* or to hold in one's opinion, *v. neut.* (to continue in it.) *Persister, demeurer ferme, persévérer, continuer dans le même sentiment, n'en démordre aucunement*.
To hold, (or stop.) *Arrêter, s'arrêter, demeurer, n'aller pas plus loin*.
Hold, coachman. *Arrête, cocher*.
Whoever has a foot in the grave, is sure to hold back the other as strongly as he can. *Quiconque a un pied dans la fosse, ne manque pas de faire tous ses efforts pour empêcher l'autre d'y entrer*.
To hold, (or contain.) *Tenir, contenir*.
To hold, (or believe.) *Tenir, croire, être d'opinion*.
To hold, (or maintain.) *Soutenir*.
To hold a thing to be true. *Soutenir qu'une chose est vraie*.
To hold (or lay) a wager. *Gager, parier*.
What will you hold on it or on't ? *Combien voulez-vous parier ?*
To hold, *v. neut.* (or last.) *Continuer, durer*.
To hold (or keep) people in suspence. *Tenir les esprits en suspens*.
To hold (or keep) one's eyes upon. *Tenir les yeux ouverts*.
To hold one in discourse. *Entretenir quelqu'un, lui parler*.
To hold, (or call.) *Tenir, assembler, convoquer*.
To hold a council of war. *Tenir un conseil de guerre*.
To hold a Senate. *Assembler ou convoquer un Sénat*.
To hold a consultation. *Faire une consultation*.
To hold an honour during life. *Jouir de quelque honneur, posséder une dignité pendant sa vie*.
To hold of one, (as a tenant does of his landlord.) *Relever de quelqu'un, comme le vassal du Seigneur du fief*.
He holds his land of the Emperor. *Il releve de l'Empereur*.
To hold a thing at a great rate, (to make much of it or on't.) *Faire grands cas de quelque chose, l'estimer beaucoup*.
He held the dagger to his throat. *Il lui porta le poignard à la gorge*.
There was no ground could hold him, (speaking of a man or beast that runs.) *Il voloit, il ne touchoit pas à terre, il étoit toujours en l'àir, en parlant d'un homme ou d'un animal qui court*.
He walks as proudly as if no ground would hold him. *Il marche si fierement qu'il semble que la terre ne soit pas digne de le porter*.

To

HOL

To hold one's tongue or to hold one's peace. *Se taire.*
P. A man may hold his tongue in an ill time. *On se fait tort quelquefois en se taisant.*
To hold one's breath. *Retenir son haleine.*
To hold one's laughing, (to forbear laughing.) *S'empêcher, s'abstenir de rire.*
Hold your laughing. *Gardez-vous bien de rire.*
I am scarce able to hold my legs. *A peine puis-je me tenir debout.*
To give reasons for what a man holds. *Rendre raison de sa foi ou de son opinion, prouver son opinion.*
This argument holds good on the Protestants side. *Cet argument fait pour les Protestans, cet argument est fort du côté des Protestans.*
This rule holds yet more strongly in politicks. *Cette regle est encore plus véritable en fait de politique.*
To hold true. *Se trouver véritable, être confirmé.*
To hold WITH one, (to be of his opinion.) *Tenir pour quelqu'un, être de l'avis ou de l'opinion de quelqu'un, être de son côté.*
There I hold with you. *En cela je suis de votre avis.*
To hold ON. *Continuer, persister.*
To hold on one's design. *Continuer son dessein, y persister, demeurer ferme.*
To hold OFF. Ex. Hold (or keep) off your hands. *N'y touchez pas, n'y mettez pas la main, gardez-vous bien d'y toucher.*
To hold on or to hold off, (a sea-expression.) *Retenir le tournevire ou tel autre cordage qu'on manœuvre au cabestan, pour qu'il soit toujours tendu, & pour l'empêcher de dériver.*
To hold water. *Scier, tenir les avirons dans l'eau en sens contraire, pour arrêter la marche d'un canot.*
Hold water with your larboard oars ! *Scie babord !*
To hold FORTH, (a word used among fanaticks for to preach.) *Prêcher.*
To hold (or keep) IN. *Tenir de court, retenir, tenir en bride.*
To hold in the reins. *Tenir bride en main.*
To hold in one's breath. *Retenir son haleine.*
To hold one in hand. *Amuser quelqu'un, le tenir en suspens,* † *lui tenir le bec dans l'eau.*
To hold OUT, *verb. neut. Tenir, tenir bon, tenir ferme, soutenir ou durer, traîner.*
That place cannot hold out if it be besieged. *Cette place ne sauroit tenir si elle est assiégée.*
I held out against them all. *Je tins bon, je tins ferme moi seul contre eux tous.*
To hold out a long siege. *Soutenir un long siege.*
To make the war hold out, (or protract it.) *Faire durer la guerre, la prolonger.*
This law-suit holds out too long. *Ce procès traine trop long-temps.*
To hold out, (at back-gammon.) *Ne pas entrer, en terme d'une espece de jeu de trictrac.*
He gave the less to every one, lest what he intended to give should not hold out. *Il en donna moins à chacun, de*

HOL

peur que ce qu'il avoit envie de donner ne suffît pas.
To hold out, *v. act. Etendre.*
To hold UP, (or to lift up.) *Lever.*
To hold up one's hands to heaven. *Lever les mains au ciel.*
To hold up, (or to bear up.) *Appuyer, soutenir, protéger.*
He held me up (or amused me) several months. *Il m'a tenu plusieurs mois en suspens, il m'a amusé plusieurs mois ;* † *il m'a tenu long-temps le bec dans l'eau.*
I will go out, if it does but hold up from raining. *Je sortirai, dès qu'il cessera de pleuvoir.*
To hold BACK, (to stop.) *Retenir.*
HOLDEN, *adj. Tenu, &c.* According to the verb.
HOLDER, *subst.* (a tenant.) *Locataire, tenancier, fermier d'une terre.*
Free-holder. V. Free.
HOLDFAST. V. Hold-fast, *sous* hold.
HOLDING, *s. L'action de tenir, &c,* V. to Hold.
HOLE. *s.* (or hollow place.) *Un trou, un creux, une ouverture.*
The hole of a bottle. *Le trou d'une bouteille.*
The arse-hole. *Le trou du cul.*
To make a hole. *Faire un trou, trouer.*
To dig a hole. *Faire un creux, creuser.*
The arm-hole, (or arm-pit.) *L'aisselle.*
The touch-hole of a gun, *La lumiere d'une arme à feu.*
A hole, (or vent, out of which air, smoke, &c. come.) *Un soupirail.*
A lurking-hole. *Caverne, taniere, antre, lieu où l'on se cache.*
A hole in the pavement. *Flache, pavé enfoncé ou brisé par quelque roue.*
To grow full of holes. *Se trouer.*
† To pick a hole in one's coat. *Faire des affaires à quelqu'un, le chagriner ou le tourner en ridicule.*
† To have a hole to creep out at. *Se sauver par quelque endroit, avoir une excuse, un prétexte, une fuite, une évasion, une défaite, une échappatoire, un subterfuge.*
HOLIDAM, *s. Bienheureuse vierge.*
HOLILY, *adv.* (from holy.) *Saintement, religieusement, pieusement.*
HOLINESS, *s.* (sanctity.) *Sainteté.*
His holiness, (a title given to the Pope.) *Sa Sainteté,* titre affecté au Pape.
To pretend to much holiness. *Vouloir passer pour un Saint.*
HOLY-OAK. V. Holy.
HOLLAND, *s.* (or Holland-cloth.) *Hollande ou toile d'Hollande.*
To wear Holland shirts. *Porter des chemises de toile d'Hollande.*
HOLLOA ! *interj.* Ho ! *ou* commande ! *Réponse faite à un vaisseau par lequel on est hélé, ou à un commandement du Maître d'équipage, pour marquer qu'on a entendu.*
HOLLOW, *adj.* (from hole.) *Creux, vide, enfoncé.*
The cane is hollow. *La canne est creuse.*
Hollow plate-buttons. *Des boutons d'argent vidés.*
Hollow eyes. *Des yeux enfoncés.*
A hollow voice, *Une voix sourde ou cassée.*
A hollow noise. *Un bruit sourd.*
A hollow heart. *Un cœur ou une ame hypocrite ou dissimulée.*

HOL HOM

A hollow square, (in military exercise.) *Un bataillon quarré.*
Hollow-hearted. *Dissimulé, fourbe, hypocrite.*
Hollow-eyed. *Qui a les yeux enfoncés.*
Hollow-cheeked. *Qui a les joues enfoncées ou avalées.*
Hollow, *subst.* (a hollow place.) *Un creux.*
Hollow, (or crying out.) *Cri.*
To give a hollow. *Faire un cri, crier.*
To HOLLOW, *v. act.* (or make hollow.) *Creuser, faire creux, vider, échancrer.*
To hollow a piece of plate. *Vider une piece d'orfèvrerie.*
To hollow an apron. *Echancrer un tablier.*
To hollow, *v. neut. Crier ,* comme on fait à la chasse.
HOLLOWNESS, *sub. Creux, concavité, cavité.*
HOLLY,
HOLLY-OAK. } *subst. Houx,* sorte d'arbuste.
Holly-wand. *Houssine ou verge de bois de houx.*
HOLME, *s.* (or holm-oak.) *Yeuse,* sorte de chêne.
Holme was also anciently used for an isle or fenny ground. Holme *signifioit autrefois une île ou un lieu marécageux.*
HOLOCAUST, *s.* (or burnt offering.) *Holocauste.*
HOLOGRAPH, *subst. Testament olographe.*
HOLP up, *adj.* (the old preterite and participle from to help.) *Aidé, assisté, secouru.*
* I'll holp up. *En mauvais état ou en mauvaise passe.*
HOLPED,
HOLP'D, } *adj. part.* (from the verb to help, it is seldom used but by way of irony, and in a low style.) *Ex.* I am well holped with servants. *Me voilà bien en domestique.*
HOLSTER, *s. Fourreau de pistolet.*
Holster-cap. *Chaperon.*
HOLT, *s.* (a small wood.) *Un bocage.*
HOLY, *adj. Saint, sacré, pieux.*
The Holy Writ. *La Sainte Ecriture.*
A holy place. *Un lieu saint ou sacré.*
The Holy Ghost or Holy Spirit. *Le Saint-Esprit.*
Holy-week. *La semaine sainte.*
Holy-water. *De l'eau-benite.*
Court holy-water, (fair empty words.) *Eau-bénite de Cour.*
Holy-thistle. *Chardon-bénit.*
To make holy. *Sanctifier.*
A holy-day. *Fête, jour de fête.*
A holy-day. *Congé pour les écoliers.*
Set holy-days. *Fêtes non mobiles.*
Moveable holy-days. *Fêtes mobiles.*
Holy-Thursday, (or Ascension day.) *Le jour de l'Ascension.*
A holy water-pot or stock. *Bénitier.*
A holy water-sprinkle. *Aspersoir, asperges, goupillon, avec quoi on jette l'eau-bénite.*
Holy-rood day. *Exaltation de la Sainte Croix.*
HOLY, *subst. Ex.* The holy of holies. *Le Saint des Saints, le lieu très-saint, le sanctuaire.*
HOMAGE, *s. Hommage.*
To do homage to one's Lord. *Rendre ou faire hommage à son Seigneur.*
HOMAGER, *subst.* (one that does or is bound to do homage.) *Vassal,* qui est obligé

HOM

obligé de faire hommage à son Seigneur. *Homme lige.*

HOME, *s.* Maison, logis, demeure, un chez soi, le lieu où l'on demeure; & dans un sens plus étendu, la patrie, le lieu où l'on a pris naissance.

To go home. *S'en aller à la maison, s'en aller chez soi, s'en aller au logis.*

To return home, (or into one's own country.) *S'en retourner dans sa patrie ou dans son pays.*

To be famous at home and abroad. *Être fameux ou faire parler de soi & dans sa patrie & dans les pays étrangers.*

Prov. Charity begins at home. *Prov. Charité bien ordonnée commence par soi-même.*

P. Home is home, let it be never so homely. *P. Il n'est rien de tel qu'un chez soi.*

Make haste home again. *Hâtez-vous de revenir.*

To go to one's long home, (that is, to die.) *S'en aller dans l'autre monde, mourir;* † *s'en aller au pays des taupes.*

When he found he was drawing home. *Lorsqu'il vit qu'il approchoit de sa fin.*

We got between them and home. *Nous leur coupâmes le chemin.*

As well our good deeds as our evil come home to us as last. *Nous ressentons enfin les effets de nos actions bonnes ou mauvaises.*

HOME, *adj.* Qui porte coup, bon.

A home thrust. *Une bonne botte.*

I am sorry to give him such home thrusts. *Je suis fâché de le presser si vivement.*

Home-bred, *Du pays.*

Home-bred commodities. *Des marchandises du pays.*

Home-bred (or civil) wars. *Guerres civiles, intestines ou domestiques.*

A home-bred man. *Un homme qui n'a point voyagé, qui n'a vu que son pays.*

Home reason, home argument. *Une raison efficace ou convaincante.*

A home jest. *Une raillerie ou médisance sanglante.*

Home-stall, (or mansion-house.) *Voy.* Home.

Home-spun. *De ménage,* dans le propre; *grossier, mal-poli,* dans le figuré.

Home-spun cloth. *Toile de ménage.*

A home-spun woman. *Une femme grossière ou mal-polie.*

Home news. *Des nouvelles de sa patrie, des nouvelles du pays où l'on est ou d'où l'on est, nouvelles de l'intérieur.*

Home examples. *Des exemples tirés de sa patrie,* ou dans le figuré, *des exemples qui portent coup.*

Home expression. *Expression forte ou qui porte coup.*

Home proofs. *Des preuves fortes, des preuves convaincantes.*

Home, *adv.* Ex. To speak home, (or to the purpose.) *Parler hardiment ou franchement, ne rien cacher ou dissimuler.*

What can be said more home? *Que peut-on dire de plus fort?*

To hit home. *Porter coup.*

To hit or to strike one home, (to be sharp with him.) *Pousser quelqu'un à bout, lui donner son fait, le désoler, ne le point épargner.*

To come home from my digression. *Pour revenir à mon sujet, pour reprendre le fil de mon discours.*

My other instance comes nearer home.

HOM

Mon autre exemple est encore plus formel.

Your crimes are come home to you. *Vos crimes sont retombés sur vous.*

That comes home to you. *Cela s'adresse directement à vous, cela va directement à vous.*

It will come home to him. *Cela retombera sur lui, il s'en trouvera mal, il s'en repentira.*

Home, (at sea.) Ex. Haul home the top sail sheets. *Borde les écoutes du grand hunier à toucher.*

The anchor comes home. *L'ancre vient à bord;* c'est-à-dire, qu'elle chasse ou laboure le fond.

The cask is home. *Le tonneau est bien accoré.*

A home-bound ship. *Vaisseau sur son retour.*

HOMELINESS, *subst.* (or coarseness.) *Grossiéreté.*

Homeliness, (or ugliness.) *Laideur, désagrément.*

HOMELY, *adj.* (or ugly.) *Laid, désagréable, mal-fait, qui n'est pas beau ou belle.*

R. Remarquez ici, que homely est un terme moins rude & moins choquant qu'ugly.

Homely, (or coarse.) *Grossier, mal-poli.*

A homely style. *Un style sans élévation, sans ornement, naïf, naturel.*

Homely, *adv.* (or plainly.) *Simplement, sans ornement, sans élévation.*

Homely, (or unlearnedly.) *En ignorant, sans ordre, sans politesse, grossiérement.*

HOMER, *subst.* (a measure among the ancient Jews.) *Mesure parmi les anciens Juifs.*

HOMEWARD, *adv. Chez soi.*

To go homeward. *S'en retourner chez soi.*

A ship homeward bound. *Un navire qui s'en retourne à son port ou au port d'où il est venu.*

HOMICIDAL, *adj.* Homicide.

HOMICIDE, *s.* (or man-slayer.) *Homicide, meurtrier,* qui tue un homme contre les lois.

Homicide, (or man-slaughter.) *Homicide, meurtre, assassinat.*

HOMILETICAL, *adj. Sociable, d'un commerce agréable, affable.*

HOMILIST, *s.* (a writer of homilies.) *Un auteur d'homélies.*

HOMILY, *s. Homélie.*

The homilies of the fathers of the Church. *Les homélies des Pères de l'Église.*

HOMMOC, *subst. Mamelon, tertre, éminence détachée sur les côtes de la mer.*

HOMOGENEAL, } *adj.* (of the same
HOMOGENEOUS, } kind.) *Homogène, similaire, semblable, de même nature,* terme didactique.

HOMOGENEITY, *subst. Ressemblance de nature.*

HOMOLOGOUS, *adj. Homologue,* terme de Géométrie.

HOMONYMOUS, *adj. Équivoque,* qui se prend en différens sens.

HOMONYMY, *subst.* (as when divers things are signified by one word.) *Homonymie.*

HOMOTONOUS, *adject. Égal, uniforme.*

HON

HONE, *subst.* (a kind of whetstone.) *Pierre à aiguiser;* † *une queue de huile.*

HONEST, *adj.* (from honour.) *Honnête, plein d'honneur, qui a de l'honneur, vertueux, conforme à la vertu, sincère, de bonne foi.*

A downright honest man. *Un bien honnête homme, un homme d'honneur, sincère, de bonne foi.*

As I am an honest man. *Sur mon honneur.*

Honest, (or chaste.) *Vertueux, honnête, chaste, pudique, sage, retenu, fidelle.*

She is an honest woman. *Elle est honnête femme, c'est une femme d'honneur, ou une femme vertueuse.*

She kept herself honest. *Elle conserva son honneur.*

Honest, (frank, open, upright.) *Honnête, sincère, candide, franc, plein de franchise, fidelle, de bonne foi.*

An honest soul. *Un homme franc, un cœur plein de franchise, un bon cœur d'homme.*

He cannot keep his fingers honest. *Il ne sauroit s'empêcher de voler ou d'escamoter quelque chose.*

He has been soundly drubbed with a good honest cudgel. *On lui a donné de bons coups de bâton.*

HONESTLY, *adverb. Honnêtement, avec honneur, en homme d'honneur, de bonne foi.*

I mean honestly. *Je n'y entends pas finesse.*

HONESTY, *s. Honneur, probité, intégrité, bonne foi.*

I do not or don't question his honesty. *Je ne doute point de sa probité.*

To have no honesty. *N'avoir point d'honneur, être sans honneur.*

Honesty, (or chastity.) *Honnêteté, honneur, chasteté, pudicité.*

P. Honesty is the best policy. *Il n'est rien de tel que d'être honnête homme.*

HONEY, *s.* (the work of bees.) *Miel, ouvrage d'abeille.*

As sweet as honey. *Doux comme miel.*

R. Honey, c'est un terme de mignardise entre mari & femme qui répond à notre Mon bon, ma bonne ou mon doux cœur.

P. Honey is sweet, but the bee stings. *Le miel est doux, mais l'abeille pique.*

P. A honey tongue, a heart of gall. *P. Langue de miel & cœur de fiel.*

Honey-comb. *Rayon de miel.*

Honey-dew. *Manne, sorte de rosée épaisse qu'on ramasse en petits grains ronds.*

Honey-apple. *Pomme Saint-Jean.*

Honey-suckle, (or woodbine, a kind of shrub.) *Chevre-feuille, arbrisseau.*

Honey-moon, (the first month after marriage.) *Le premier mois du mariage, le mois où tout est miel dans le mariage.*

HONORARY, *adj. Qui est accordé pour l'honneur;* honoraire.

HONOUR, *subst.* (respect or reverence paid to one.) *Honneur, marque par laquelle on fait connoître le respect, la vénération, l'estime qu'on a pour quelqu'un.*

To pay or give one the honour due to him. *Rendre à quelqu'un l'honneur qui lui est dû.*

I take it as a great honour. *Je tiens cela à grand honneur.*

I

I have a great honour for him. *J'ai beaucoup de respect ou d'estime pour lui.*
Those who have an honour for that excellent Poet. *Ceux qui respectent ou ceux qui ont de la vénération pour cet excellent Poete.*
Honour, (or honesty.) *Honneur, probité, intégrité, bonne-foi.*
A man of honour. *Un homme d'honneur, un honnête-homme.*
The point of honour. *Le point d'honneur.*
You are bound in honour to do it. *Il est de votre honneur de faire cela, vous êtes obligé en honneur de le faire.*
Honour, (glory, reputation.) *Honneur, gloire, réputation, estime.*
To take care of one's honour. *Prendre soin de son honneur.*
To come off with honour and credit. *Se tirer d'affaire avec honneur, en sortir à son honneur.*
Honour, (or chastity.) *Honneur, chasteté, honnêteté, pudicité.*
A woman that has lost her honour. *Une femme qui a perdu son honneur.*
Honours, (dignities, preferments.) *Honneurs, dignités, charges.*
P. Honours change manners. P. *Les honneurs changent les mœurs.*
To be raised to great honours. *Être élevé à de grands honneurs, à de grandes dignités.*
A lady of honour to the Queen. *Une Dame d'honneur de la Reine.*
Your honour. *Votre Grandeur.*
R. *C'est un titre qu'on donne en Angleterre aux Seigneurs & aux Dames de qualité, quand on leur parle ou qu'on leur écrit; on le donne même à la noblesse, lorsqu'elle est distinguée par quelque charge d'importance ou par l'avantage d'une naissance illustre.*
Honour, (the most noble sort of seignories, on which other inferior lordships or manors depend.) *Seigneurie ou terre seigneuriale.*
Honour, (or coat card.) *Figure, carte figurée, tête.*
Honours, (or woman's courtesy.) *Révérence de femme.*
To pay honour to (or to honour) a bill of exchange. *Faire honneur à une lettre de change.*
To HONOUR, *verb. act. Honorer, respecter, révérer, avoir du respect pour quelqu'un ou pour quelque chose, estimer, faire cas.*
I love and honour him. *Je l'aime, & je l'honore.*
Honour me with your commands. *Honorez-moi de vos commandemens.*
Alexander honoured valour and true glory. *Alexandre révéroit la valeur & la véritable gloire.*
To honour a bill of exchange, (an expression used amongst bankers.) *Faire honneur à une lettre de change.*
HONOURABLE, *adj.* Honorable, *digne d'honneur ou d'être honoré.*
An honourable person. *Une personne honorable.*
Honourable, (or glorious.) *Honorable, glorieux, honnête, qui fait de l'honneur, en parlant d'une action, d'une charge, &c.*
R. Honourable, *titre d'honneur qu'on donne aux fils des Pairs, aux Gentilshommes, & même aux roturiers lorsqu'ils sont revêtus de quelque charges d'importance; & par excellence, on appelle* Right honourable, *les Seigneurs temporels, Pairs du Royaume, les membres du Conseil du Roi, & plusieurs considérables Officiers de la Couronne.*
HONOURABLY, *adv.* Honorablement, *d'une maniere honorable.*
HONOURED, *adj.* Honoré, respecté.
R. Honoured Sir: *c'est ainsi qu'on commence d'ordinaire une lettre en écrivant à des Écuyers, mais aux Chevaliers on écrit* Right honourable Sir.
HONOURER, *subst.* Celui ou celle qui honore.
HONOURS. V. Honour.
HONOURING, *s.* L'action d'honorer, &c. V. to Honour.
HOOD, *s.* Chaperon, capuchon.
A Doctor's hood. *Chaperon de Docteur.*
A hawk's hood. *Chaperon d'oiseau de proie, l'étoffe qui lui couvre la tête.*
A monk's hood. *Capuchon de moine.*
A woman's riding-hood. *Espece de capote dont quelque femmes se couvrent la tête & les épaules pour se garantir du mauvais temps.*
A woman's hood. *Une coiffe de femme.*
A fine lutestring hood. *Une belle coiffe de taffetas.*
Hood, (a sea-word.) *Capot d'échelle; aussi le tuyau des cheminées des cuisines.*
Fore hood and after hood or wood or wooden ends. *On distingue par ce nom, les extrémités des bordages du vaisseau qui entrent dans les rablures de l'étrave & de l'étambord.*
Navel hood. V. Navel.
Hood of a pump. V. Pump.
HOODED, *adj. Ex.* She went out hooded and scarfed. *Elle est sortie avec sa coiffe & son écharpe.*
A friar hooded. *Un moine en capuchon.*
To HOOD-WINK one, *verb. act.* (to blindfold one.) *Bander les yeux à quelqu'un, lui mettre un bandeau sur les yeux.*
To hood-wink the mind. *Aveugler l'esprit.*
Hood-winked or hood-winkt, *adj. Qui a les yeux bandés,* &c.
HOODMAN'S BLIND, *s.* Colin-Maillard, *sorte de jeu.*
HOOF, *s.* Sabot, *la corne du pied d'un cheval.*
† To beat the hoof, (to travel a-foot.) *Battre la semelle, voyager à pied.*
Hoof-bound. *Encastelé, qui a l'encastelure, mal de cheval.*
HOOFED, *adj. Qui a de la corne au pied, comme le cheval, &c.*
HOOK. *s.* Crochet, croc, *morceau de fer recourbé où l'on attache ou pend quelque chose.*
Hang it upon that hook. *Pendez-le à ce crochet.*
A tenter-hook. *Un clou à crochet.*
A fishing-hook. *Un hameçon.*
P. To fish with a golden hook, (to venture more than the return can possibly come to.) *Pêcher avec un hameçon d'or, risquer plus que la chose ne vaut.*
A grappeling-hook. *Croc, harpon, main de fer, grapin à la main.*
A chimney-hook, (to hold the tongs and fire-shovel.) *Croissant.*
A sheep-hook. *Une houlette.*
A pot-hook. *Crémaillere.*
A flesh-hook. *Une fourchette.*
† To get a thing by hook or by crook. *Attraper une chose de quelque maniere que ce soit, bien ou mal, à droit ou à tort.*
† To be off the hooks, (or out of humour.) *Être de mauvaise humeur.*
To put one off the hooks. *Fâcher quelqu'un.*
Boat-hook. *Gaffe.*
Cann-hooks. *Elingues à pattes.*
Laying-hooks. *Manivelle de corderie.*
Hook and butt. *Écart double, employé pour les pieces de précinte dans les vaisseaux Anglois.*
To HOOK, } *verb. act.* Attirer,
To HOOK IN, } *faire entrer, faire venir, accrocher, attraper, il ne se dit guere que dans le figuré.*
To hook a thing OUT of one. *Tirer les vers du nez à quelqu'un, le faire causer pour découvrir quelque chose.*
Hooked, *adj.* (or made like a hook.) *Crochu, un peu recourbé.*
Hooked stick. *Bâton fourchu.*
Hooked in, hooked out. V. le verbe to Hook.
Hooking in or hooking out. *Voy.* to Hook.
HOOKEDNESS, *s.* Courbure.
HOOKNOSED, *adject.* Qui a le nez aquilin.
HOOP, *subst.* (a wooden or iron circle to bind casks, and other vessels.) *Cerceau.*
To drive the hoop with the driver. *Chasser le cerceau avec le chassoir.*
Hoop, (or hoop-petticoat.) *Panier, ou jupe à panier.*
Hoop or houp, (a sort of bird.) V. Puet.
Hoop-ring. *Bague simple ou sans pierre.*
Anchor stock hoops. *Cercles de jat d'ancre.*
Capstern hoops. *Cercles ou bandes de cabestan.*
Mast hoops. *Cercles de mât.*
Wooden hoops. *Cercles de bois des roustures des mâts.*
Top hoops. *Cercles des hunes.*
To HOOP, *v. act.* (to bind with hoops.) *Lier, relier, mettre des cerceaux autour de quelque futaille.*
To hoop a tub. *Lier, relier une cuve, y mettre des cerceaux.*
To hoop or whoop, *v. n.* Crier, pousser des cris.
HOOPER, *s.* (or Cooper.) *Tonnelier.*
A hooper, (or wild swan.) *Un cygne sauvage.*
HOOPING-COUGH, *s.* (a sort of distemper to which young children are subject.) *Coqueluche.*
HOORD, } *subst.* Horde *ou tribu de certains peuples errans, comme sont les*
HORDE, } *Arabes & les Tartares.*
To HOORD, &c. V. to Hord.
To HOOT, *verb. neut.* Faire une huée, huer.
To hoot (or hiss) at one. *Siffler ou huer quelqu'un, faire une huée pour le tourner en ridicule.*
Hooted, *adj.* Hué, sifflé.
HOOTING AT, *subst.* Huée, *cri de moquerie.*
HOP, *subst.* (a sort of plant.) *Houblon, sorte de plante.*
A hop-ground. *Houblonniere.*
Hop, (or hopping.) *Saut.*
Hop, (a dancing-room, where men and women of the town meet.) *Salle à danser, salle de danse.*

To

HOP

To HOP, v. n. *Sauter ou sautiller.*
To hop, v. act. *Mettre du houblon.*
HOPE, } subst. *Espérance, espoir, attente d'un bien qu'on désire, & qu'on croit pouvoir arriver.*
HOPES,
God is my only hope, my hopes in God alone. *Dieu seul est mon espérance, je n'espere qu'en Dieu seul.*
To have good hopes, to be in great hopes. *Avoir bonne espérance.*
To answer one's hopes. *Remplir les espérances de quelqu'un, répondre à ses espérances.*
There is no hopes of his cure. *Il n'y a aucune espérance de guérison.*
To be out of hopes, without hopes or without all hopes. *Être hors d'espérances, être sans espérances.*
He was without hopes of living. *Il n'espéroit plus de vivre.*
There is no hopes of his life, he is past hope of recovery. *On désespere de sa guérison, on ne croit pas qu'il en revienne, c'est un homme désespéré ou abandonné.*
There is no hopes of his life, (or of his being alive.) *Il n'y a pas lieu d'espérer qu'il soit en vie.*
It is or 'tis past hopes, there is no hope. *C'en est fait, il n'y a plus de remede ou de ressource.*
I had great hope of him. *Je me promettois beaucoup de lui.*
The forlorn hope of an army. *Les enfans perdus d'une armée.*
To HOPE, v. act. & neut. *Espérer.*
I hope he will come. *J'espere qu'il viendra.*
To hope to come to everlasting life. *Espérer la vie eternelle.*
To hope FOR a thing. *Espérer une chose, s'attendre à quelque chose.*
To hope (or trust) in God. *Espérer en Dieu, se confier en Dieu.*
I have good reason to hope (or to believe) it was a mistake. *J'ai grand sujet de croire que c'étoit une méprise.*
I can hope for no good from it. *Je n'en ai point bonne opinion.*
To hope well of one. *Juger charitablement de quelqu'un.*
I hope, (I flatter myself, I am apt to believe.) *J'espere, je me flatte, je veux croire, j'ose espérer ou j'ose croire.*
Hoped for, adj. *Que l'on espere, à quoi l'on s'attend.*
A thing not to be hoped for. *Une chose que l'on ne doit pas espérer, à quoi l'on ne doit pas s'attendre.*
HOPEFUL, adj. *De grande ou de belle espérance, qui donne de grandes espérances, dont on se promet beaucoup.*
Hopeful weather. *Un temps qui semble se remettre au beau.*
HOPEFULLY, adv. *D'une maniere qui donne de grandes espérances.*
HOPEFULNESS, s. *Belles dispositions.*
The hopefulness of a child. *Les belles dispositions d'un enfant dont on conçoit de grandes espérances.*
HOPELESS, adj. (without hope.) *Qui est sans espérance, hors d'espérance.*
HOPING, subst. *L'action d'espérer ou de croire.* V. to Hope.
HOPINGLY, adv. *Avec espérance, dans une bonne attente.*
To HOPPLE, verb. act. *Entraver.*
To hopple a horse. *Entraver un cheval.*
HOPPLES, subst. *Entraves.*

HOP HOR

HOPPER, s. (from to hop.) *Sauteur, celui qui saute, qui sautille.*
A mill-hopper. *Trémie de moulin, vaisseau de bois où l'on jette le grain qu'on veut moudre.*
† Hopper-arsed. *Qui marche comme s'il avoit une fesse plus haute que l'autre.*
† He went off hopper-arsed in that business, (he was disappointed.) *Il a mal réussi dans cette affaire ou il a eu du pire.*
HOPPET. V. Moppet.
HOARY, adj. *Horaire.*
An horary circle. *Un cercle horaire.*
To say one's horary prayers. *Dire son bréviaire.*
HORDE, s. (a clan.) *Horde.*
HOREHOUND, subst. (a sort of herb.) *Marrube, sorte d'herbe.*
HORIZON, s. (one of the four great circles of the sphere.) *L'horison, un des quatre grands cercles de la sphere.*
HORIZONTAL, adj. *Horizontal.*
HORIZONTALLY, adverb. *Horizontalement.*
HORN, subst. *Une corne.*
The horn of an ox. *La corne d'un bœuf.*
The horns of a snail. *Les cornes d'un escargot ou d'un limaçon.*
Hart's horn. *Corne de cerf.*
The horns of the moon in her increase or of the rain-bow. *Les cornes du croissant de la lune ou de l'arc-en-ciel.*
† A cuckold's horns. *Cornes de cocu ou de cornard.*
† To bestow a pair of horns upon one's husband. *Faire porter les cornes à son mari, le faire cornard.*
† Horn-mad, (jealous.) *Jaloux.*
Bugle-horn or a hunter's horn. *Un cor ou un cornet de chasseur, une trompe.*
To wind or blow a horn. *Donner ou sonner du cor, sonner de la trompette, corner, faire du bruit avec un cornet.*
A horn used by painters to take up the colours. *Une amassette.*
Horn-geld, (a tax within the bounds of a forest to be paid for horned beasts.) *Sorte de taxe qu'on paye dans un forêt pour chaque bête a cornes.*
The horns of a stag or a buck. *Le bois d'un cerf ou les cornes d'un daim.*
A horn-book. *Un a b c, pour un enfant qui apprend à lire.*
Horn-old, (a bird of prey.) *Duc, le grand Duc, oiseau de proie.*
Horn-work, (a piece of fortification.) *Ouvrage à corne, ou simplement une corne, en termes de fortification.*
An ink-horn. *Une écritoire.*
A pocket ink-horn. *Une écritoire de poche.*
A shoe-horn. *Un chausse-pied.*
Horn-beck, (a fish.) *Aiguille, sorte de poisson.*
HORNED, adj. *Cornu, à corne.*
† The horned moon. *La lune cornue.*
HORNER, s. *Ouvrier qui travaille en corne.*
HORNET, subst. (a huge kind of fly.) *Frelon, espece de grosse mouche.*
HORNY, adject. *Qui tient de la nature de la corne.*
HOROLOGE, s. (a clock, hour-glass, dial, &c.) *Une horloge, tout ce qui marque les heures.*
HOROSCOPE, s. (or nativity.) *Horoscope, observation de l'état du Ciel au point de la naissance de quelqu'un.*
HORRIBLE, adj. (or frightful.) *Horrible, effroyable, terrible, qui fait horreur, affreux.*

HOR

Horrible, (or excessive.) *Horrible, grand ; excessif.*
HORRIBLENESS, sub. *Qualité horrible, horreur.*
HORRIBLY, adv. *Horriblement, effroyablement, excessivement, furieusement.*
He looks horribly. *Il a un mauvais visage, il a un visage à faire peur.*
I mistook horribly. *Je me suis lourdement mépris.*
HORRID, adj. (or dreadful.) *Horrible, terrible, épouvantable, effroyable, qui fait horreur.*
A horrid monster. *Un monstre horrible, un monstre épouvantable.*
A horrid crime. *Un crime horrible, atroce, énorme.*
HORRIDNESS, subst. *Enormité, horreur.*
HORRIFICK, adject. *Horrible.*
HORROUR, s. (or trembling for fear.) *Horreur, frémissement de crainte.*
HORSE, subst. *Cheval, animal domestique.*
The head, neck, mane, tail, and feet of a horse. *La tête, l'encolure, le crin, la queue & les pieds d'un cheval.*
A saddle, pack, post, race, and cart-horse. *Cheval de selle, de bât, de poste, de course, de carrosse & de charrette.*
The fore-horse of a coach. *Le cheval qui est sous la main du cocher.*
The near horse. *Le cheval qui est à la gauche du cocher.*
A war horse. *Cheval de bataille.*
A hackney horse. *Cheval de louage.*
A stage horse. *Cheval de relais.*
A double horse. *Cheval qui porte en croupe.*
A winged or flying horse. *Un cheval ailé.*
A pacing or a trotting horse. *Cheval de pas ou de trot.*
A fine (or well-made) horse. *Un cheval fin, un beau cheval.*
A horse of state. *Un cheval de parade.*
A stately horse. *Cheval fier ou superbe.*
The great horse. *Grand cheval de manege.*
A race-horse. *Cheval de course.*
A Barb-horse or a Barbary horse. *Un Barbe.*
A Spanish horse. *Un cheval d'Espagne, un genet.*
An English horse. *Un cheval Anglois, un guilledin.*
A sea horse. *Un cheval marin.*
A wooden horse. *Un cheval de bois.*
To get upon a horse, to take horse. *Monter à cheval.*
To ride a horse. *Monter un cheval.*
Clap spurs to your horse, spur your horse. *Piquez votre cheval.*
To give a horse the head. *Lâcher la bride à un cheval.*
To light off one's horse. *Descendre de cheval ou mettre pied à terre.*
P. It is or 'tis a good horse that never stumbles. P. *Il n'est si bon cheval qui ne bronche.*
P. I will win the horse or lose the saddle. P. *Je veux risquer le tout pour le tout, je veux tout gagner ou tout perdre.*
A Gentleman of the horse to a nobleman or a master of the horse to a Prince. *Un Ecuyer.*
Horse, (or horsemen.) *Chevaux, cavalerie.*
A troop of horse. *Une compagnie de cavalerie.*

Light

Light horse. *Chevaux légers.*
Horse, (or stand to put barrels of beer or wine upon.) *Chantier.*
To horse, (a military command.) *A cheval.*
To sound to horse. *Sonner le boutefelle.*
A horse, (for school-boys to be whipt upon.) *Montoir où l'on fouette les écoliers.*
A stalking-horse, (such as is used in fowling.) *Cheval dressé pour la chasse.*
He made me a stalking-horse (a property) to his design. *Il s'est servi de moi pour faire ses propres affaires, j'ai été sa dupe.*
† They cannot set their horses together, (they cannot agree.) *Ils ne sauroient accorder leurs flûtes.*
Horse-back. *A cheval.*
To get on horse-back. *Monter à cheval.*
To ride on horse-back. *Monter un cheval.*
A horse-block. *Un montoir, pour monter à cheval.*
A horse-collar. *Collier de cheval.*
A horse-boy. *Un valet d'écurie.*
Horse-trappings. *Harnois de cheval.*
A horse-lock. *Une entrave de cheval.*
Horse-guard. *Garde à cheval.*
Horse-litter. *Litiere.*
Horse-dung. *Fiente de cheval.*
Horse-foal (or colt.) *Un poulain.*
Horse-meat. *Ce qu'on donne à manger aux chevaux, foin & avoine, fourrage.*
Horse-nail. *Clou de maréchal.*
Horse-shoe. *Fer de cheval.*
Horse-picker. *Cure-pied.*
Horse-comb. *Etrille.*
Horse-tail. *Queue de cheval.*
Small horse tail, (or shave-grass.) *Prêle, queue de cheval, sorte de plante.*
Horse-mint. *Mente sauvage.*
Horse-pond. *Abreuvoir, un étang, pour faire boire & baigner les chevaux.*
Horse-load. *La charge d'un cheval.*
Horse-stealer. *Un voleur de chevaux.*
Horse-race or horse-match. *Course de chevaux.*
A horse-courser. *Un maquignon ou courtier de chevaux.*
Horse-leech or a horse-doctor, (a farrier.) *Un maréchal expert.*
Horse-radish. *Raisfore ou rave sauvage.*
Horse-physicks. *Médecine pour un cheval, breuvage pour un cheval.*
Horse-leech, (a sort of reptile.) *Sang-sue, reptile.*
Horse-fly. *Taon, pron. tan.*
Wooden-horse. *Chevalet.*
Horse, (used at sea.) *Marche-pied des vergues.*
C'est aussi le nom d'un gros cordage, servant de mât ou de draille à une vergue quarrée, placée perpendiculairement en avant du grand mât ou du mât de misaine de certains bâtimens.
C'est encore un cordage placé de même en arriere du grand mât de certains bâtimens, pour tenir la voile de seneau.
Iron-horse. *Porte-vergues ou batayoles de la poulaine, que les Anglois font de fer.*
To HORSE, v. act. To horse a mare, (as a stallion does.) *Couvrir ou saillir une cavale, s'accoupler avec elle pour la génération, en parlant d'un cheval.*
To horse. *Monter un cheval.*
To horse one at school, (to hold him up while he is whipt.) *Monter ou tenir quelqu'un pendant qu'on le fouette.*
HORSEBACK. *Voy.* Horse-back, *après* Horse.
HORSED, adject. *Monté.*
To be well horsed. *Être bien monté, être monté sur un bon cheval.*
HORSEMAN, subst. *Cavalier.*
To be a good horseman. *Être bon cavalier, être bien à cheval.*
HORSEMANSHIP, f. (the art of managing a horse.) *Le manege, l'art de monter à cheval.*
HORSEWOMAN, subst. *Femme qui va à cheval.*
HORSING, adj. Ex. A mare that is horsing, (that wants to go to horse.) *Une cavale qui est en chaleur.*
Horsing-irons, subst. plur. comp. (a sea-word.) *Fers de calfat avec un long manche ; coins à manche ou patarasses.*
HORTATION, }
HORTATIVE, } f. *Exhortation.*
HORTATORY, adj. *Qui encourage, qui conseille.*
HORTULAN, adj. *Qui appartient au jardinage.*
HOSANNA, f. (an exclamation of praise to the most high, borrowed from the Hebrews.) *Hosanna, mot Hébreu.*
HOSE, f. (or stocking.) *Bas, chaussure de jambe ; mais en ce sens* Hose *ne se dit presque plus.*
The hose of a Printer's press. *Boite de presse d'Imprimerie.*
Hose, (a sea-term.) *Manche à eau.*
Canvass hose. *Manche de toile.*
Leather hose. *Manche de cuir.*
HOSED, adj. *Chaussé.*
HOSIER, f. (one that sells stockings.) *Un bonnetier, un marchand de bas.*
HOSPITABLE, adj. (that uses hospitality.) *Hospitalier, qui aime l'hospitalité, qui reçoit volontiers les étrangers.*
HOSPITABLY, adverb. (with kindness to strangers.) *En exerçant l'hospitalité.*
HOSPITAL, subst. (a house of charity, erected for the entertainment and relief of poor, sick, and impotent people.) *Hôpital, hôtel-dieu.*
Hospital or hospital-ship. *Hôpital, vaisseau d'une flotte où l'on met les malades.*
HOSPITALERS, f. (a sort of knights of a religious order.) *Hospitaliers, sorte d'ordre de Chevaliers religieux.*
HOSPITALITY, subst. (the receiving and entertaining of strangers.) *Hospitalité.*
To keep hospitality. *Être charitable, recevoir les étrangers.*
HOST, subst. (or consecrated wafer.) *Hostie.*
Host, (he that receives strangers.) *Hôte, hôtelier.*
Prov. To reckon without one's host. *P. Compter sans son hôte.*
Host (or army) of soldiers. *Une armée.*
The Lord of hosts, (an expression much used in the old Testament.) *Le Dieu des armées.*
HOSTAGE, subst. (or pledge of war.) *Otage.*
HOSTEL, }
HOSTELLERY, } subst. *Hôtellerie.*
HOSTESS, f. (or landlady.) *Hôtesse, hôtelicre, femme de l'hôte, femme qui loge quelqu'un.*
Prov. The fairer the hostess the fouler the reckoning. *La belle hôtesse augmente l'écot.*
HOSTILE, adj. (or enemy-like.) *D'ennemi, comme ennemi.*
They set upon us in an hostile manner. *Ils nous firent des hostilités.*
HOSTILITY, subst. *Hostilité, acte d'hostilité, acte d'ennemi.*
HOSTING, subst. *Bataille, choc.*
HOSTLER, subst. (he that looks to the stables in an inn.) *Valet d'écurie, dans une hôtellerie.*
HOSTRY, subst. (the stables of an inn.) *Etable, écurie, les écuries d'un grand logis ou d'une hôtellerie.*
HOT, adj. (from heat.) *Chaud, brûlant, ardent.*
The fire is hot. *Le feu est chaud.*
A very hot fire. *Un feu ardent.*
Hot weather. *Un temps chaud, une chaleur brûlante.*
To be of a hot constitution. *Être d'un tempérament chaud.*
Hot in love. *Chaud en amour.*
A hot man or hot-headed man, (that goes rashly to work.) *Un homme chaud, bouillant, violent, qui a la tête chaude, un étourdi, qui fait les choses brusquement.*
The plague is hot in that place. *La peste y est fort violente, elle y fait un grand ravage.*
Hot, (or heated.) *Chaud, échauffé, brûlé.*
Hot-bed, (in a garden, a bed of horse-dung, covered with sifted mould.) *Couche ou planche de terre couverte de fumier, propre à élever des concombres, des melons, & autres plantes potageres.*
Hot meat. *Viande chaude.*
Hot water. *De l'eau chaude.*
Blood very hot. *Sang fort échauffé.*
Hot urine. *Urine brûlée.*
To be hot. *Avoir chaud.*
To grow hot. *S'échauffer.*
To be burning hot. *Brûler de chaud.*
There is hot work. *Il y fait chaud.*
To drink hot. *Boire chaud, boire une liqueur qui est chaude.*
To eat one's meat hot or while it is hot. *Manger de la viande pendant qu'elle est chaude.*
Hot cockles, (a play used at sea.) *La main chaude, jeu en usage sur mer.*
To make a thing hot. *Chauffer quelque chose.*
Hot tobacco, tobacco hot in the mouth. *Du tabac fort, du tabac qui brûle la langue.*
A hot-house, (or bath.) *Etuves, bains d'eau chaude, thermes.*
To be hot upon a thing. *S'empresser de faire une chose, la faire avec bien de l'attachement ou de l'application, s'y porter avec ardeur.*
He is hot upon it. *Il est en train, il y travaille fort & ferme.*
Hot-headed, *Etourdi, bouillant, qui a la tête chaude.*
Hot-spurred. *Chaud en amour. Il signifie aussi ardent à se battre.*
Hot-shot. Ex. He is a mere hot-shot, (a pitiful or impotent fellow.) *C'est un chétif homme ou un malingre.*
HOTCH-POT, }
HOTCH-POTCH, } f. *Hochepot, sorte de ragoût.*
HOTLY, adv. *Chaudement, avec chaleur, ardemment.*
HOTNESS, subst. *Chaleur, violence, fureur.*

HOVEL,

HOVEL, *s.* (a shelter for beasts.) *Cabane, chaumiere, couvert pour le bétail.*
HOVEN, *partic. de* Heave. *V.* to Heave.
HOVEN, }
HOVE, } *adj. Enflé, gonflé, élevé.*
To HOVER, *v. n. Pencher, prendre sa pente d'un certain côté.*
To hover (or to hang) over a fire. *Pencher sa tête sur le feu.*
The dangers that hover over our heads. *Les dangers qui nous menacent ou qui sont prêts à fondre sur nous.*
To hover (or flutter) over. *Voler par-dessus, planer.*
HOVERING, *s. L'action de pencher, &c. Voy.* to Hover *dans tous ses sens.*
HOUGH, *subst.* (the joint of the hinder leg of a beast.) *Le jarret, l'endroit où se plie la jambe de derriere des bêtes à quatre pieds.*
To HOUGH, *v. act.* (or to hamstring.) *Couper les jarrets.*
To hough, (to cut or dig with a hoe.) *Houer, labourer une terre avec la houe.*
Houghed, *adject. A qui l'on a coupé les jarrets ; houé.*
To HOULE, &c. *Voy.* to Howl, &c.
HOULET. *Voy.* Owl.
HOUND, *subst. Chien de chasse, & proprement un chien courant.*
A blood-hound. *Chien limier, chien de haut nez.*
A grey-hound. *Un levrier.*
A grey-hound bitch. *Une levrette.*
A hound bitch, *Une lice, femelle de chien de chasse.*
Hound's tongue, (an herb.) *Langue de chien, sorte d'herbe.*
Hound-tree. *Un cornouiller, arbre.*
Hound's, *subst. plur.* (at sea.) *Jotteraux ou flasques des mâts.*
To HOUND, *v. act. Ex.* To hound a stag, (to cast off the dogs at him.) *Laisser courre les chiens, les découpler après le cerf ; chasser.*
HOUP, a sort of bird. *Voy.* Puet.
HOUR, *subst.* Heure. *Voy.* Clock.
Half an hour. *Demi-heure.*
A quarter of an hour. *Un quart d'heure.*
Half a quarter of an hour. *Demi-quart d'heure.*
An hour and a half. *Une heure & demie.*
About the ninth hour. *Sur les neuf heures.*
An hour ago or an hour since. *Il y a une heure.*
Within an hour or an hour hence. *Dans une heure.*
Within two hours. *Dans deux heures, &c.*
To the last hour. *Jusqu'à l'extrémité.*
To wish a woman with child a good hour. *Souhaiter à une femme grosse un heureux accouchement.*
At an hour appointed. *A l'heure assignée.*
To keep good hours. *Se retirer la nuit de bonne heure.*
To keep bad hours. *Se retirer fort tard, se retirer à une heure indue.*
Hour-glass. *Un sable, sorte d'horloge.*
Hour-plate. *Platine ou cadran de montre.*
Hour-wheel. *Roue de cadran.*
HOURLY, *adv. A tout moment, d'heure en heure.*
HOUSE, *subst.* Maison, *logis*, bâtiment où l'on fait sa demeure.
A single house. *Maison qui n'a qu'une chambre de plain-pied.*
A double house. *Maison qui a deux chambres de plain-pied.*
A town house. *Hôtel ou maison de ville.*

A country house. *Une maison de campagne, une maison des champs.*
A nobleman's house in town. *Un hôtel.*
To keep house, (to be a house-keeper.) *Tenir maison.*
To keep house, (to keep within doors.) *Demeurer au logis, ne pas sortir.*
P. To throw the house out of the windows, (to be transported with joy.) *Jeter la maison par les fenêtres, s'abandonner à des excès de joie.*
House, (or family.) *Maison, famille, domestique.*
A well-ordered house. *Une maison bien réglée.*
House, (or kindred.) *Maison, famille, race.*
The house of Austria. *La maison d'Autriche.*
A house in the University. *Un college dans une université.*
The two houses of Parliament. *Les deux Chambres du parlement en Angleterre.*
The house of Lords, the house of Peers or the upper-house. *La chambre des Seigneurs, la chambre des Pairs ou la chambre haute.*
The house of commons or the lower house. *La Chambre des Communes ou la Chambre basse.*
A victualling house. *Cabaret, auberge.*
An ale-house. *Cabaret à biere.*
A cider-house. *Cabaret à cidre.*
To keep a good house, (or a good table.) *Tenir bonne table, se bien traiter, faire bonne chere.*
To keep house both in town and country. *Faire deux ménages, l'un à la ville, l'autre aux champs.*
To keep open house. *Tenir table ouverte.*
A house of office or a convenient house. *Les lieux, le privé, la garde-robe.*
A coffee-house. *Un café, lieu où l'on prend du café.*
A brew-house. *Une brasserie.*
A milk house, (or dairy.) *Laiterie.*
A pigeon-house. *Un colombier, un pigeonnier.*
A wood-house. *Un bûcher.*
A wash-house. *Un lavoir, l'endroit où on lave le linge.*
A work-house. *Le lieu où l'artisan travaille de son métier, un attelier.*
A store-house. *Un magasin.*
An ice-house. *Une glaciere.*
House-room. *Place, espace.*
Here is house-room enough. *Cette maison est assez spacieuse.*
To give one house-room. *Loger quelqu'un chez soi.*
House-eaves. *Gouttieres par où l'eau coule des toits.*
House-top. *Faite, toit.*
House-holder. *Homme ou femme qui tient maison, chef de famille.*
House-keeper, (or master of the house.) *Maître de maison.*
House-keeper, (a woman who superintends the family.) *Femme de charge.*
House-keeping. *Ménage, l'action de tenir ménage.*
Good house-keeping, (good table.) *Bonne table.*
Household bread. *Pain bis, pain de ménage.*
A summer-house. *Un cabinet ou vide-bouteille dans un jardin.*
House-warming. *Régal d'entrée, qui se fait entre amis lorsqu'une personne s'établit dans une maison.*

Hot-house. *V.* Hot.
House-leek, (an herb.) *Joubarbe, sorte d'herbe.*
House-rent. *Le loyer d'une maison.*
A house-maid. *Servante qui fait les lits & qui nettoie les chambres dans une grande maison.*
A house-wife. *Mere de famille, ménagere, gouvernante.*
A good house-dog. *Un chien de bonne garde.*
House-boot or house-bot. *Voyez* Estovers.
House-robbing or house-breaking. *Vol de maison.*
To HOUSE one, *verb. act. Recevoir quelqu'un chez soi, lui donner le couvert.*
To house cattle. *Etabler le bétail, le mettre dans l'étable, le mettre à couvert.*
To house corn. *Serrer, engranger le blé, le mettre dans la grange.*
Housed, *adj. A qui on a donné le couvert, étable, engrangé, serré.*
Housed, (speaking of guns.) En serre, *en parlant des canons.*
A gun housed athwart. *Canon en serre en travers du vaisseau, à la maniere ordinaire, la bouche du canon contre le haut du sabord.*
A gun housed fore and aft. *Canon en serre alongé contre le bord.*
Housed in. *Qui a beaucoup de rentrée.*
HOUSEHOLD, *subst.* Famille, ménage, maison, domestique.
To take care of one's household. *Prendre soin de sa famille ou de son domestique.*
Household government. *Economie, soin & conduite d'une famille ou d'un ménage.*
Household stuff. *Meubles, ustensiles.*
The household or the troops of the houshold of the King of France. *La Maison du Roi, les troupes de la maison du Roi de France.*
HOUSEHOLDER. *V.* House-keeper, *sous* House.
HOUSEL. *V.* Hussel.
HOUSEWIFE, &c. *V.* Huswife, &c.
HOUSING, *s.* (from to House.) *L'action de donner le couvert, logement dans un endroit. V.* to House.
Housing, *sub.* (a cloth to be laid on the buttocks of a horse.) *Une housse.*
Housing or house-line, *subst.* (a sea-word.) *Luzin.*
*To HOW UP, } *v. act.* (to dig up.)
To HOE, }
Houer, donner une façon aux terres.
HOW, *adv.* Comment.
How do you or d'ye do? *Comment vous portez-vous ?*
How goes the world about? *Comment va le monde ?*
I do not or don't know how to do it. *Je ne sais comment ou de quelle maniere m'y prendre.*
How beautiful is virtue! *Que la vertu est belle !*
You see how tall he is. *Vous voyez combien il est grand.*
How much, how many. *Combien, que.*
How much time. *Combien de temps.*
How many fools there are in the world! *Qu'il y a de fous dans le monde !*
How long. *Combien, combien de temps, que.*
How long have you been come? *Combien y a-t-il que vous êtes venu?*
How long will you stay there? *Combien de temps y demeurerez-vous ?*

How

How long you are doing of the least thing ! *Que vous êtes long à faire la moindre chose !*
How far. *Combien.*
How far is it thither? *Combien y a-t-il d'ici-là?*
How old is he? *Quel âge a-t-il?*
How does he stand affected? *En quelle disposition est-il.*
You cannot think how acceptable this present will be. *Vous ne sauriez croire avec quelle joie on recevra ce présent.*
They say so, how truly I cannot tell. *On le dit, mais je ne sais s'il est vrai.*
How boldly, how impudently. *Avec quelle hardiesse, avec quelle effronterie.*
He cannot apprehend how great a revenue thrift is. *Il ne peut pas comprendre que l'épargne vaut un revenu.*
Mark how great a thing that is. *Remarquez bien la grandeur de la chose.*
I care not how much he gets by it. *Je ne suis pas fâché du profit qu'il y fait.*
Remember how short a time you have to live. *Souvenez-vous du peu de temps qui vous reste à vivre.*
How fain would I be at home! *O! que je voudrois bien être au logis, qu'il me tarde d'être au logis!*
How can that possibly be? *Le moyen que cela soit?*
Tell me how I may speak to him. *Dites-moi le moyen de lui parler.*
Alas! you know not how I grieve. *Hélas! vous ne savez pas mon affliction.*
You see how the case stands. *Vous voyez l'état de la chose.*
He gave us an account how it was. *Il nous dit de quelle manière la chose s'étoit passée.*
He told us how he travelled from one country to another. *Il nous fit l'histoire de ses voyages d'un pays à un autre.*
How does corn sell? *À quel prix le blé se vend-il? que vaut le blé?*
I would have you study how to please him. *Je voudrois que vous vous appliquassiez à lui plaire.*
How now? *Que veut dire ceci?*
God knows how to deliver us. *Dieu saura bien nous délivrer.*
You see how much handsomer she looks now. *Vous voyez combien elle est maintenant plus belle.*
How much (or by how much) greater a man's estate is, so much the more care does it require to keep it. *Plus on a de bien, plus on a de soins & d'inquiétudes pour les conserver; les soins s'augmentent avec les richesses.*
How long will you abuse my patience? *Jusques à quand abuserez-vous de ma patience?*
How soon will you come? *Quand viendrez vous? viendrez vous bientôt?*
I cannot or can't tell you how soon precisely. *Je ne puis pas vous dire précisément le temps.*
How soon you were overtaken! *Vous avez été bientôt atteint ou attrapé!*
How near is it? *Est-il bien près?*
When I consider how near I was being killed. *Quand je considère combien peu il s'en fallut que je ne fusse tué.*
He knows not how short his time will be, therefore he makes the best of it. *Il ne sait pas combien il lui reste de temps à vivre, & ainsi il en profite.*

Who knows how far he will speak? *Qui sait jusqu'où il étendra son discours?*
How is it that —? *D'où vient que —?*
How now? *Que veut dire ceci?*
How reasonable soever. *Quelque raisonnable qu'il fût.*
How great soever. *Quelque grand qu'il fût, qu'il soit ou qu'il pût être.*
How small soever. *Quelque petit qu'il soit, qu'il fût ou qu'il puisse être.*
How many soever. *Quelque nombre qu'il y en ait ou qu'il y en eût.*
HOWBEIT, *V.* However or nevertheless.
HOWD'YE, *subst.* (for how do you do.) *Formule de civilité, compliment.*
HOWKER, *f.* (a sort of ship.) *Hourque ou houcre, sorte de bâtiment.*
HOWEVER, ⎱
HOWEVER IT BE, ⎰ *conj. Quoi qu'il en soit, néanmoins, toutefois, cependant.*
However you mean to do it. *De quelque manière que vous prétendiez le faire.*
However you mean to do, I will not conceal this. *Faites ce que vous voudrez, je déclarerai ceci.*
However the matter stands. *En quelque état que l'affaire soit.*
However desirous I was to go thither. *Quelque envie que j'eusse d'y aller.*
But let us have the story however. *Mais ne laissez pas de nous en faire le récit.*
To HOWL, *verb. neut.* Hurler, faire des hurlements.
HOWLET, *f.* (a night bird.) *Hulote ou huette, oiseau de nuit.*
HOWLING, ⎱
HOWL, ⎰ *f.* Hurlement.
HOWP, a sort of bird. *V.* Puet.
HOWSEL. *V.* Hussel.
HOWSOEVER. *V.* However.
Remarquez seulement que ce mot se divise quelquefois en deux, en recevant un adjectif entre deux: vous en avez des exemples ci-dessus sur la fin du mot How.
To HOX, *v. act. V.* to hough.
HOY, *f.* (a dutch hoy.) *Heu, bâtiment de mer.*
HUBBUB, *subst.* (great noise.) *Bruit, désordre, tumulte, vacarme.*
HUCKABACK, *subst. Espèce de linge de table.*
HUCKLE-BONE, *f.* L'os *de la cuisse, la hanche.*
Huckle-bones. *Osselets dont les enfants se servent pour jouer.*
Huckle-shouldered, *adj.* Bossu, voûté, courbé, qui baisse le dos.
HUCKSTER, *subst.* (one that sells things by retail.) *Un revendeur, une revendeuse, un regrattier, une regrattière.*
† To fall into the huckster's hands. *Être attrapé, être dupé.*
HUDDLE, *f. Confusion, mélange confus, désordre.*
All in a huddle. *Confusément, avec confusion, sans ordre, en désordre, pêle-mêle.*
To HUDDLE, *v. act.* Brouiller, mêler ensemble, confondre.
To huddle things together. *Confondre plusieurs choses ensemble.*
Huddled, *adj.* Brouillé, mêlé, confus.
HUDDLING, *subst.* L'action de brouiller, de mêler ou de confondre, mélange, confusion.
HUE, *subst.* (or colour.) *Couleur.*
A black hue. *Noir, couleur noire.*

Hue and cry. *Huée, cri de plusieurs personnes.*
To make a hue and cry after one. *Huer quelqu'un, poursuivre quelqu'un à cor & à cri,* † *crier ou faire haro sur quelqu'un.*
HUERS. *V.* Conders.
HUFF, *subst.* (a huffing fellow.) *Un fanfaron, un bravache, un faux brave, un suffisant, un orgueilleux.*
To be upon the huff about a thing. *Se vanter, faire le fier, se glorifier de quelque chose, braver.*
To be in a huff. *Être fâché, parler fièrement.*
To HUFF, *v. act.* (or to hector.) *Braver, insulter, gourmander.*
To huff and puff, *v. n. Être essoufflé, pousser son haleine avec force, respirer avec peine.*
To huff a man at draughts. *Souffler un pion au jeu de dames.*
HUFFER. *V.* Huff.
HUFFING, *sub.* L'action de braver, d'insulter ou de gourmander.
HUFFISH, *adject.* (arrogant, insolent.) *D'une humeur fière & insolente, fier, insolent, arrogant, suffisant.*
HUFFISHNESS, *subst. Pétulance, arrogance.*
HUG, *sub.* (or embracing.) *Embrassade, embrassement.*
Cornish hug, (the tripping up one's heels.) *Saut de Breton.*
To give one the cornish hug, (both in a proper and figurative sense.) *Donner le croc-en-jambe à quelqu'un.*
To HUG, *v. act. Embrasser, prendre avec les deux bras, serrer entre ses bras.*
To hug a beloved sin. *Chérir un péché favori, s'y abandonner.*
To hug (or admire) one's self. *S'admirer, s'applaudir.*
He hugged himself with the project he had contrived to part her from his rival. *Il se savoit bon gré du conseil qu'il avoit imaginé pour la séparer de son rival.*
HUGE, *subst.* (or great.) *Grand, fort grand, énorme, vaste.*
A huge house. *Une grande maison.*
A huge man. *Un homme d'une grande taille.*
Huge, *adv. Ex.* Huge strong. *Extrêmement fort.*
HUGELY, *adv.* Fort, extrêmement.
HUGENESS, *subst. Grandeur, grandeur démesurée.*
HUGGED, *adject.* (from to hug.) *Embrassé, &c. V.* le verbe.
HUGGER-MUGGER, *subst. Ex.* To do a thing in hugger-mugger. *Faire une chose secrètement, en secret, sous main, à la dérobée,* † *sous la cheminée ou* † *en tapinois.*
HUGGING, *f.* (from to hug.) *L'action d'embrasser, embrassade, embrassement.*
HUGUENOT, *f.* (a nick-name given to the protestants of France.) *Huguenot, huguenotte, sobriquet que l'on donne aux protestants de France.*
HUGUENOTISM, *subst.* (the faith or profession of a huguenot.) *Huguenotisme.*
HULK, *subst.* (the body of a ship.) *La carène, le corps d'un vaisseau.*
HULL, *subst.* (the body or hulk of a ship without rigging.) *Le corps d'un navire sans ses agrès ou équipage.*
Hull, (shell or cod.) *Cosse, pellicule.*
Hull-to, (a sea-term.) *À la cape.*

To HULL, or to lie a hull, *v. n.* (as a ship does.) *Être à sec, être à mâts & à cordes, ne porter aucune voile, avoir toutes ses voiles dedans*, en parlant d'un navire.

To hull, (or float.) *Flotter.*

To hull a ship, *verb. act. Canonner un vaisseau dans son bois.*

HULLING, *s. Ex.* The hulling (or lying a-hull) of a ship. *L'état d'un vaisseau à sec ou qui est à mâts & à cordes*, &c. *Voyez* to Hull.

Hulling, *adject. Flottant.*

HULLY, *adj. Cossu.*

HULM. *V.* Holm.

To HUM, *verb. act.* (as bees do.) *Bourdonner, faire un certain bourdonnement.*

To hum and haw. *Hésiter, ne parler pas hardiment.*

To hum, *v. act. Ex.* To hum a tune over to one's self. *Chanter un air entre ses dents.*

* To hum one, (to applaud him.) *Applaudir à quelqu'un, l'approuver par quelques marques extérieures.*

HUM, *subst. Bourdonnement, bruit confus.*

HUMAN, *adj.* (of or belonging to man.) *Humain, de l'homme, qui regarde l'homme ou convient à l'homme.*

Human nature. *La nature humaine.*

Human-kind. *Le genre humain.*

Human learning. *Les humanités, les belles lettres, la connoissance des Poetes & des Orateurs Grecs & Latins.*

HUMANE, *adject.* (gentle or kind.) *Humain, bon, doux, honnête, bénin, débonnaire.*

HUMANELY, *adv.* (or kindly.) *Humainement, doucement, honnêtement, avec humanité, obligeamment.*

HUMANLY, *adv.* (or after the manner of men.) *Humainement, selon le cours des choses humaines.*

HUMANIST, *sub.* (a philologer or grammarian.) *Humaniste, qui sait les humanités.*

HUMANITY, *subst.* (or human nature.) *L'humanité, la nature humaine.*

Humanity, (or kindness.) *Humanité, tendresse, douceur, honnêteté.*

To HUMANIZE, *v. act.* (to make humane and kind.) *Humaniser.*

Humanized, *adject. Humanisé.*

HUMBLE, *adj.* (or lowly.) *Humble, respectueux, soumis, qui a de l'humilité ou de la soumission.*

An humble-bee. *Sorte de grosse abeille.*

To HUMBLE, *v. act.* (or make humble.) *Humilier, rendre humble, abaisser, abattre, mortifier.*

To humble one's self. *S'humilier, s'abaisser.*

Humbled, *adj. Humilié, rendu humble, abaissé, abattu, mortifié.*

HUMBLENESS, *subst.* (or humility.) *Humilité, abaissement, soumission, déférence.*

HUMBLING, *s. L'action d'humilier*, &c. *V.* to Humble.

HUMBLY, *adv. Humblement, avec soumission, avec humilité.*

I most humbly thank you. *Je vous remercie très-humblement.*

† A HUMDRUM, *subst.* (or stupid fellow.) *Un lambin, un tendore, un niais, un nigaud.*

To HUMECT,
To HUMECTATE, } *v. act.* (to moisten.) *Humecter.*

HUMECTATION, *s.* (or making moist.) *L'action d'humecter, humectation.*

HUMID, *adject.* (or damp.) *Humide, moite, qui a de l'humidité.*

HUMIDITY, *sub.* (or dampness.) *Humidité, qualité de ce qui est humide.*

HUMILIATION, *subst. Humiliation, état d'abaissement, d'abjection.*

HUMILITY, *subst. Humilité, soumission, abaissement.*

HUMMER, *subst.* (applauder.) *Celui qui applaudit.*

HUMMING, *sub.* (from to hum.) *Bourdonnement, un bruit sourd.*

The humming of bees. *Le bourdonnement des abeilles.*

A humming of several people together. *Bruit sourd,* ou *bourdonnement de plusieurs personnes.*

Hold your humming, (or hold your tongue.) *Taisez-vous.*

The humming bird. *Sorte d'oiseau.*

HUMMUMS, *s.* (a bagnio.) *Bain, maison de baigneur.*

HUMOR. *V.* Humour.

HUMORAL, *adject. Qui vient des humeurs.*

HUMORIST, *subst.* (one that is full of humours.) *Un capricieux, un fantasque, un bourru, un bizarre, un homme qui a des caprices.*

HUMOROUS, *adject. Capricieux, plein d'idées bizarres.*

Humorous, (pleasant, jocular.) *Plaisant.*

HUMOROUSLY, *adverb. Plaisamment, d'une maniere pleine de caprice.*

HUMOUR, *s.* (or moisture.) *Humeur, chose humide, substance fluide.*

The humours of the body. *Les humeurs du corps.*

Humour, (or disposition of the mind.) *Humeur, disposition de l'esprit, naturel.*

A man of good humour. *Un homme de bonne humeur, de bon naturel.*

To put one into good humour. *Mettre quelqu'un en belle ou bonne humeur.*

Take him in the humour. *Prenez-le dans sa bonne humeur.*

To be out of humour, to be in an ill humour. *Être de mauvaise humeur.*

He begins to be out of humour. *Il entre en mauvaise humeur.*

Humour, (fancy.) *Humeur, envie, fantaisie, caprice.*

If the humour takes me. *Si l'envie m'en prend.*

This is a mere humour. *C'est une pure fantaisie.*

The humour (or caprice) of a Prince. *Le caprice d'un Prince.*

A thing done (or made) for humour. *Une chose faite à plaisir.*

He is in a drinking humour. *Il est en train de boire.*

To please one's own humour. *Se divertir, contenter ou suivre ses inclinations.*

What is the humour (or meaning) of this? *Que veut dire ceci?*

To HUMOUR, *v. a. Plaire, complaire, s'accommoder à l'humeur de quelqu'un, avoir de la complaisance pour lui.*

I will do what I can to humour (or please) him. *Je ferai tout mon possible pour lui plaire, je ferai tous mes efforts pour lui complaire.*

You humour him too much. *Vous avez trop de complaisance ou d'indulgence pour lui.*

To humour the tune that one sings. *Passionner ou animer l'air qu'on chante.*

A player that humours his part. *Un comédien qui passionne son rôle ou qui entre dans son rôle.*

He has humoured it very well. *Il lui a donné un fort joli tour.*

Humoured, *adj. Pour qui l'on a de la complaisance, de la condescendance, de l'indulgence, animé, passionné,* &c. *V.* to Humour.

HUMOURING, *s. L'action de plaire*, &c. *V.* to Humour.

HUMOUROUSLY. *V.* Humorously.

HUMOURSOME, *adj. Bourru, fantasque, pétulant, bizarre.*

HUMP, *s. Bosse.*

Hump-back or hump-backed. *Bossu.*

HUNCH, *s. Coup de coude,* qu'on donne en passant.

He gave me a deadly hunch. *Il m'a donné un grand coup de coude.*

Hunch-backed, (or crook-shouldered.) *Bossu, voûté.*

To HUNCH, *verb. act. Coudoyer, pousser, donner des coups de coude.*

To hunch one another in the crowd. *Se coudoyer, se pousser l'un l'autre dans la foule, se donner des coups de coude.*

Hunched, *adj. Poussé, coudoyé.*

HUNCHING, *s. L'action de coudoyer, de pousser* ou *de donner des coups de coude.*

HUNDRED, *adj. Cent.*

Hundred, *subst. Un cent, une centaine, nombre de cent.*

A hundred of nails. *Un cent de clous.*

A hundred of people. *Une centaine de personnes.*

Hundred, (a part of a shire.) *Canton* ou *partie d'une province.*

HUNDREDER, *subst.* (he that has the jurisdiction of an hundred, and holdeth the hundred-court.) *Le Gouverneur* ou *le Chef d'un hundred. V.* Hundred, *s.*

Hundreders, (men empannelled or fit to be empannelled of a jury upon a controversy, dwelling in the hundred where the land in question lies.) *Les habitans d'un hundred qui peuvent être choisis pour Jurés.*

HUNDRED-WEIGHT, *s. Le quintal, le poids de cent livres.*

Hundred-headed. *Qui a cent têtes, à cent têtes.*

HUNDREDFOLD, *adj. Centuple, cent fois autant.*

HUNDREDTH, *adj. Centieme.*

HUNG, *adject.* (from to hang.) *Pendu; tendu. V.* to Hang.

His tongue is well hung. *Il a la langue bien pendue.*

A room hung with rich tapestry. *Une chambre tendue de riches tapisseries.*

HUNGER, *s. Faim, grand appétit, grande envie de manger.*

Pinched with hunger. *Affamé, pressé de la faim.*

P. Hunger is the best sauce. *P. Il n'est sauce que d'appétit.*

P. Hunger makes hard bones sweet beans. *P. L'appétit fait trouver tout bon.*

To HUNGER, *v. n.* (to suffer hunger.) *Souffrir la faim.*

P. They must hunger in frost that will not work in heat. *P. Celui qui ne veut pas travailler l'été, ne mérite pas d'avoir du pain l'hiver.*

HUNGERLY. *V.* Hungrily.

To HUNGER-STARVE, *v. a. Affamer, faire mourir de faim.*

Hunger-starved,

Hunger-ſtarved, (or ſtarved with hunger.) *Mort de faim ou affamé.*
HUNGRED. *V.* Hungry.
HUNGRILY, *adv.* (or greedily.) *Avidement, goulument, d'une maniere goulue ou affamée.*
HUNGRY, *adj. Affamé, preſſé de la faim.*
To be hungry. *Avoir faim.*
To be deadly hungry. *Mourir de faim.*
P. An hungry man, an angry man. P. *La faim rend un homme de mauvaiſe humeur.*
A hungry horſe makes a clean manger. *Quand le cheval a faim, il a bientôt nétoyé la mangeoire.*
A hungry ſtomach. *Un grand appétit, faim.*
The hungry evil, (the canine appetite.) *La faim canine, une faim inſatiable.*
A hungry table, (a table that does not afford wherewithal to fill one's belly.) *Table famélique, table où l'on meurt de faim, où il n'y a pas de quoi ſe raſſaſier.*
HUNKS, *ſ.* A mere hunks, (a ſordid miſer.) *Un vilain fieſſé, un avare ſordide, un taquin, un ladre, un arabe.*
To HUNT, *v. a. Chaſſer, courre ou courir, être à la chaſſe.*
To hunt a hare or fox. *Chaſſer ou courre un lievre ou un renard.*
Hunt the fox to the hole, (a children's play.) *Sorte de jeu d'enfant.*
To hunt AFTER one, (to look for him up and down.) *Chercher quelqu'un, l'aller chercher de tous côtés.*
To hunt after riches. *Etre avide de richeſſes, être paſſionné pour les richeſſes, les rechercher avec empreſſement.*
To hunt (or find) OUT. *Découvrir, trouver, déterrer.*
Hunted, *adj. Chaſſé, couru,* &c. *V.* to Hunt, *dans tous ſes ſens.*
HUNTER, *ſ. Chaſſeur.*
A hunter, (a horſe for hunting,) *Un coureur, un cheval de chaſſé.*
HUNTING, *ſ. Chaſſe, chaſſe aux bêtes courantes.*
To go a hunting. *Aller à la chaſſe.*
A hunting nag. *Un cheval de chaſſé, un cheval propre pour la chaſſe, un coureur.*
A hunting match. *Une partie de chaſſe.*
HUNTRESS, *ſ. Chaſſeuſe.*
HUNTSMAN, *ſubſt. Veneur, piqueur, homme à cheval qui fait chaſſer les chiens.*
HURDLE, *ſubſt. Claie, ouvrage de vannier.*
To HURDLE, *v. act. Fermer de claies.*
Hurdled, *adj. Fermé de claies.*
HURDS, *ſ.* (the refuſe of hemp or flax.) *Etoupes, rebut de chanvre ou de lin après avoir paſſé par le ſeran.*
To HURL, *verb. act.* (to fling or caſt.) *Lancer, darder, jetter avec force.*
To hurl a dart. *Lancer un dard.*
To hurl one's ſelf into inevitable ruin. *Se perdre ſans reſſource, ſe précipiter dans un malheur, courir à ſa perte.*
Hurled, *adject. Lancé, dardé, jeté avec effort.*
HURLER, *ſub. Celui qui lance, darde ou jette.*
HURLBAT, *ſubſt.* (or whirlbat, a kind of weapon with plummets of lead, uſed in games for exercice by the ancient Romans.) *Ceſte à pluſieurs doubles, garni de plomb, dont les athletes ſe ſervoient autrefois dans les jeux publics.*
HURLING, *ſ. L'action de lancer, darder ou jeter avec effort.*

HURLYBURLY, *ſubſt.* (or confuſion of folks.) *Concours, preſſe ou foule de peuple, ou bien, déſordre, tumulte, trouble, ſédition.*
HURRICANE, *ſ.* (a moſt violent ſtorm.) *Ouragan.*
HURRIED. *V.* to Hurry.
HURRY. *ſ.* (or confuſion.) *Embarras, tracas, déſordre, confuſion.*
Hurry, (or great haſte.) *Hâte, précipitation, empreſſemen*.
To do things in a hurry. *Faire les choſes à la hâte ou avec précipitation.*
All his hurry will come to nothing. *Toutes ſes tracaſſeries ſe termineront à rien.*
To HURRY, *v. act.* (or to precipitate.) *Précipiter, faire avec précipitation.*
To hurry a buſineſs. *Précipiter une affaire, la faire avec précipitation.*
To hurry one along to deſtruction. *Précipiter quelqu'un dans un dernier malheur.*
Softly, let us not hurry on the buſineſs at this rate. *Tout beau, n'allons pas ſi vîte en beſogne.*
To hurry one ON. *Preſſer quelqu'un, lui faire faire diligence, ou l'animer.*
To hurry one AWAY. *Enlever, emporter, emmener quelqu'un de force.*
Hurried or hurryed, *adj. Précipité,* &c. *V.* to Hurry.
Hurryed ON. *Preſſé ou animé.*
Hurryed AWAY. *Enlevé, emporté, emmené de force.*
HURRYING, *ſ. L'action de précipiter,* &c. *V.* to Hurry.
HURST, *ſ.* (a grove.) *Boſquet.*
HURT, *ſ.* (prejudice, loſs or damage.) *Mal, dommage, tort, préjudice.*
To do one a great deal of hurt. *Faire bien du mal à quelqu'un.*
To my hurt. *A mon préjudice.*
Hurt, (or fore.) *Mal, bleſſure, contuſion.*
Take heed, you will do him ſome hurt. *Prenez-garde, vous lui ferez mal.*
Hurt, (or miſchief.) *Mal, crime.*
What hurt is there in that? *Quel mal y a-t-il en cela?*
To receive a hurt in any part of the body. *Etre bleſſé en quelque partie du corps.*
Hurt. *adj.* (from to Hurt.) *Bleſſé, qui s'eſt fait mal ou à qui l'on a fait mal,* &c. *V.* le verbe.
I am ſadly hurt. *Je ſuis fort bleſſé.*
You are more afraid than hurt. *Vous avez plus de peur que de mal, votre mal n'eſt pas ſi grand que vous croyez.*
To HURT, *verb. act.* (or wound.) *Faire mal, bleſſer.*
You hurt me. *Vous me faites mal.*
You hurt or have hurt my thigh. *Vous m'avez bleſſé à la cuiſſe.*
To hurt, (or endamage.) *Nuire, apporter du préjudice.*
To hurt, (or mar.) *Gâter, altérer, abâtardir.*
HURTFUL, *adj.* (or miſchievous.) *Méchant, nuiſible, pernicieux, mal-faiſant, dangereux.*
HURTFULLY, *adv. Pernicieuſement, dangereuſement, d'une maniere pernicieuſe ou dangereuſe.*
HURTFULNESS, *ſubſt. Qualité nuiſible, pernicieuſe, mal-faiſante, dangereuſe.*
HURTING, *ſubſt. L'action de faire mal, l'action de bleſſer,* &c. *V.* to Hurt.
To HURTLE, *verb. act.* Faire des eſcarmouches; heurter.

HURTLE-BERRY, *ſ. Vaciet.*
HURTLESS, *adj.* (that does no hurt.) *Innocent, qui n'eſt point mal-faiſant.*
Hurtleſs, (or not hurt.) *Qui n'a point reçu de mal.*
HURTLESSLY, *adv. Sans faire de mal.*
HUSBAND, *ſ. Mari, homme marié.*
They live together like huſband and wife. *Ils vivent enſemble comme mari & femme.*
A virgin ready (or fit) for a huſband. *Une fille prête à marier.*
A good huſband, (or ſaving man.) *Un bon ménager, un bon économe.*
An ill huſband. *Un mauvais ménager.*
Huſband, (a tiller.) *Fermier, laboureur.*
To HUSBAND, *v. act.* (to manage in the ſpending.) *Ménager.*
To huſband one's purſe. *Ménager ſa bourſe, épargner, uſer d'économie.*
To huſband one's time well, (to be a good huſband of it.) *Ménager bien ſon temps, l'employer bien.*
To huſband (or till) the ground. *Labourer, cultiver la terre.*
Huſbanded, *adj. Ménagé, cultivé, Voy.* Huſband.
Ill huſbanded. *Mal-ménagé.*
HUSBANDING, *ſubſt. L'action de ménager,* &c.
HUSBANDLY, *adj. Frugal, ſobre.*
Huſbandly ſervices. *Corvées, que les vaſſaux doivent au Seigneur du fief.*
HUSBANDMAN, *ſubſt. Tout homme qui s'entend en agriculture, qui s'y plait ou qui s'y occupe; & en particulier, un laboureur.*
A huſband-man, (that huſbands a vineyard.) *Un vigneron.*
HUSBANDRY, *ſubſt.* (or managing of one's expences.) *Ménage, épargne, économie.*
Huſbandry, (or agriculture.) *Agriculture, l'art de cultiver la terre, labourage.*
To have ſkill in huſbandry. *Entendre l'agriculture, être expert dans le labourage.*
* HUSCARLE, *ſ.* (an old ſaxon word, that ſignifies a menial ſervant.) *Un domeſtique.*
HUSH, (interjection of ſilence.) *Chut, ſt, paix, ſilence, qu'on ne faſſe point de bruit.*
Huſh, he is a coming. *Chut, le voici qui vient.*
Huſh there. *Paix-là.*
Huſh-money. *Argent qu'on donne pour faire taire quelqu'un, pour lui fermer la bouche.*
To HUSH, *v. neut.* (or keep ſilence.) *Se taire, faire ſilence.*
To huſh, *verb. act.* (to ſilence.) *Faire taire, étouffer.*
To huſh a child. *Faire taire un enfant qui crie.*
To huſh a report. *Etouffer un bruit.*
To huſh, (to calm.) *Calmer, tranquilliſer.*
Huſhed or huſht, *adj. Qui ſe tait ou qui fait ſilence.*
A thing huſht up. *Une choſe dont on ne dit mot ou qu'on a étouffée.*
HUSK, *ſ. Coſſe, gouſſe, ce qui enveloppe le grain.*
The huſk of peaſes or beans. *La coſſe des pois ou des feves.*
The huſk of corn. *La pouſſe ou la petite peau qui enveloppe le grain de l'épi.*
The

The husk of a walnut. *Coquille de noix.*
HUSKED, ⎱ *adj. Cossu.*
HUSKY, ⎰
HUSSEL, *s.* (and old *Saxon* word, for the Holy-Sacrament.) *La Cène, le Sacrement de la sainte Cène.*
* Husseling people, (or communicants.) *Communians.*
HUSSY, *s.* V. Huswife and Housewife.
A hussy or huswife, (a woman's case for needles, thread, &c.) *Une ménagere, petite trousse où les femmes mettent des aiguilles, du fil, &c.*
Hussy. *Salope.*
To HUSSY a woman, *verb. act.* (to call her hussy.) *Traiter une femme de petite salope ou d'impertinente.*
HUSTINGS, *subst.* (a principal Court in *London* held before the lord mayor & Aldermen.) *C'est le nom d'une des principales Cours de la ville de Londres.*
To HUSTLE, *v. a.* (to hunch, to push rudely.) *Pousser rudement, coudoyer presser.*
To Hustle. *Mêler en secouant.*
HUSWIFE ⎱ *s.* (from House.) *Une*
HOUSEWIFE, ⎰ *ménagere.*
She is an excellent huswife. *C'est une très-bonne ménagere.*
† Huswife. *On se sert quelquefois de ce mot avec mépris, & alors c'est une espece d'injure, qui veut dire petite salope ou petite impertinente; mais dans ce sens, on peut dire* Hussy.
HUSWIFELY, *adj. Ménagere,* en parlant d'une femme.
HUSWIFERY, *subst. Ménage, épargne, économie de femme.*
HUT, *s. Hutte, cabane.*
A soldier's hut, (or barrack.) *Hutte ou barraque de soldat.*
HUTCH, *subst.* (corn chest.) *Une huche, grand coffre où l'on pétrit, & où l'on met le pain; coffre pour y mettre de l'avoine, &c.*
HUTT, V. Hut.
To HUZZ, *v. neut.* (or keep a noise.) *Faire du bruit, faire un bruit sourd, comme quand les gens se parlent à l'oreille.*
To huzz, (as bees do.) *Bourdonner, comme font les abeilles.*
HUZZA, *interj. Acclamation,* cri de joie en usage parmi le peuple en *Angleterre.*
Huzza men, (or tories.) *C'est ainsi que le parti opposé aux intérêts de la Cour appelloit autrefois les Royalistes.*
To HUZZA, *v. n. Faire des acclamations, pousser des cris de joie.*
To HUZZLE, V. to Huzz.
HY, V. Hie.
* To HY, *v. neut.* (an old word used in poetry, for to Go.) *Aller.*
HYACINTH, *s.* (crow-toes or purple lily.) *Hyacinthe, fleur.*
Hyacinth, (a precious stone.) *Hyacinthe, pierre précieuse.*
HYADES, ⎱ *s. Hyades.*
HYADS, ⎰

HYALINE. V. Glassy.
HYDRA, *s.* (a fabulous serpent.) *Hydre, gros serpent aquatique & fabuleux.*
HYDRAGOGUES, *s. pl. Médecines qui précipitent les humeurs.*
HYDRAULICAL, ⎱ *adj.* (relating to the
HYDRAULICK, ⎰ conveyance of water thro' pipes.) *Hydraulique.*
HYDRAULICKS, *subst. L'hydraulique, science.*
HYDROCELE, *s. Hydrocele,* terme de médecine.
HYDROCEPHALUS, *s. Hydrocéphale,* terme de médecine.
HYDROGRAPHER, *s.* (or maker of sea-maps.) *Hydrographe.*
HYDROGRAPHICAL, *adject. Hydrographique.*
HYDROGRAPHY, *s.* (or the description of the waters.) *Hydrographie ou description des eaux.*
HYDROMANCY, *s.* (a kind of divination by the observation of water.) *L'hydromancie, art de deviner par l'inspection de l'eau.*
HYDROMANTICK, *s. D'hydromancie.*
HYDROMEL, *s. Hydromel,* breuvage composé d'eau & de miel.
HYDROPHOBIA, *s. Hydrophobie,* aversion pour l'eau; rage.
HYDROPICAL. V. Dropsical.
HYDROSTATICAL, *adj.* Qui appartient à l'hydrostatique.
HYDROSTATICKS, *s. L'hydrostatique science.*
HYEMAL, *adj.* (or winterly.) *D'hiver.*
The hyemal (or brumal) solstice. *Le solstice d'hiver.*
HYENA, *subst.* (a sort of beast.) *Hyene,* sorte de bête.
HYEROGLYPHICK. V. Hieroglyphick.
HYGROMETER, *s. Hygrometre,* instrument pour mesurer l'humidité de l'air.
HYM, *s. Espece de chien.*
HYMEN, *s.* (a thin skin in the natural parts of women.) *Hymen,* petite membrane aux parties naturelles des filles.
Hymen, (the God of wedlock.) *Hymen, le Dieu du mariage.*
Hymen, (or marriage.) *Hymen, le mariage.*
HYMENEAL, ⎱ *adj.* Qui appartient à
HYMENEAN, ⎰ l'hymen, nuptial.
HYMN, *s.* (a spiritual song.) *Hymne ou chanson spirituelle.*
To HYMN, *v. n. Chanter des hymnes.*
To HYP, *verb. act. Rendre triste, mélancolique.*
HYPERBOLA, *subst. Hyperbole,* terme de géométrie.
HYPERBOLE, *subst.* (a rhetorical figure.) which consists in speaking a great deal more or less, than is precisely true.) *L'hyperbole, figure de rhétorique.*
HYPERBOLICAL, *adj. Hyperbolique,* qui exagere ou diminue.
HYPERBOLICALLY, *adv. Hyperboliquement,* d'une maniere hyperbolique.

To HYPERBOLIZE, *verb. neut.* (to use hyperboles.) *Parler hyperboliquement, exagérer.*
HYPERBOREAN, *adject.* (northern.) *Hyperborée,* qui est situé fort avant au septentrion.
HYPERCRITICK, *adject.* (a master critick.) *Un censeur outré.*
HYPERMETER, *s.* Ce qui est plus grand que sa nature ne le comporte.
HYPHEN, *s.* (note of conjunction.) *Tiret.*
HYPNOTICK, *adj. & subst. Hypnotique,* terme de médecine.
HYPOCHONDRIA, *subst.* (the two regions of the liver and spleen,) *Hypocondres.*
HYPOCHONDRIACAL, ⎱ *adj.* (of or
HYPOCHONDRIACK, ⎰ belonging to the hypochondria.) *Hypocondriaque,* ou *des hypocondres.*
An hypochondriack disease or malady. *Maladie ou mélancolie hypocondriaque.*
HYPOCHONDRIACK, *subst.* (troubled with the hypochondria or a windy melancholy in those parts.) *Hypocondre ou hypocondriaque,* atteint d'une maladie hypocondriaque; *bizarre, capricieux, fou.*
HYPOCIST, *subst.* Sorte de gomme médicinale & astringente.
HYPOCRISY, *subst. Hypocrisie,* piété ou probité feinte.
A man full of hypocrify. *Un homme plein d'hypocrisie.*
HYPOCRITE, *subst.* (a false pretender to honesty or holiness.) *Un hypocrite, faux dévot.*
HYPOCRITICAL, ⎱ *adj. Hypocrite.*
HYPOCRITICK, ⎰
HYPOCRITICALLY, *adv. En hypocrite.*
HYPOGASTRICK, *adj. Hypogastrique,* terme de médecine.
HYPOSTASIS, *s.* (person.) *Hypostase, suppôt, personne,* terme de théologie.
HYPOSTATICAL, *adject.* (a divinity word.) *Hypostatique,* terme de théologie.
The hypostatical union of the two natures in the person of Christ. *L'union hypostatique des deux natures en Jesus-Christ.*
HYPOTHENUSE, *subst. Hypothenuse,* terme de géométrie.
HYPOTHESIS, *subst.* (or supposition.) *Hypothese ou supposition.*
HYPOTHETICAL, *adj.* (or supposed.) *Supposé.*
HYPOTHETICALLY, *adv.* (or by supposition.) *Par supposition, suivant l'hypothese.*
HYSSOP, *s.* (a sort of herb.) *Hysope,* sorte d'herbe.
HYSTERICAL, ⎱ *adj.* (of or belong-
HYSTERICK, ⎰ ing to the womb.) *Hystérique,* de la matrice.
The hysterical passion. *La passion hystérique, la suffocation de la matrice.*
HYTH, ⎱ V. Hithe.
HYTHE, ⎰

I.

I, *C'est la neuvieme lettre de l'alphabet anglois, & la troisieme des cinq voyelles.*
1, *se prononce de trois manieres différentes en anglois.*
1. *Dans le mot* fit, *il se prononce comme* fit *en françois.*
2. *Dans le mot* fight, *il se prononce comme* fait *en françois.*
3. *Dans le mot* field, *il se prononce comme* fild *en françois.*
Cette voyelle, devant deux ou plusieurs consonnes finales, a quelquefois le premier & le second son. Elle a le premier devant toutes les terminaisons excepté* ld, nd, ght; comme sirg, ink, dith, mist, witch, hint, *excepté* pint *où elle a le son du deuxieme* i. *Elle a son second son devant* 'd, nd & ght, *comme* mild, mind, might, gh *est muet dans ce dernier cas.*
Quand cette voyelle précede r, *elle n'a jamais son véritable son, mais il est toujours changé en celui de* e, *ou du premier* u *anglois, qui se prononce presque comme l'o françois: en* e, *dans les mots suivants*, birth, firth, girt, girth, gird, girl, skirt, squirt, quirk, chirp, firm, irk, smirk, dirge, whirl, twirl; *enfin en* u, *dans* dirt, shirt, spirt, first, third, bird.
*Quand l'*i *est initial & forme une syllabe de lui-même, il a presque toujours le son du second* i. *Ex.* I, idle, idea, idol, item, &c., *excepté quand il est suivi de* m, *comme* image, &c., *alors il a le son du premier* i, *& de même dans les mots* child, christ, *quoique dans les mots* children, christian, christianity, &c., *il se prononce comme le premier* i.
Dans les monosyllabes qui finissent en in, *l'*i *a un son clair, tel que nous lui donnons dans nos noms terminés en* ine; *comme* fin, pin, tin.
*Il y a des mots où l'*i *se prononce à peu près comme notre* e *ouvert, principalement quand il est suivi d'un* r. *Ex.* Sir, firm, virtue, mirth.
*Dans quelques autres il approche du son de l'*a. *Ex.* Sirrah, &c.
A peine se fait-il entendre dans carriage, marriage, Parliament, venison, ordinary, evil, devil, & *devant le* c *dans le mot* Medicine.
NOTA. *On a jugé à propos de mettre séparément les mots qui commencent par la voyelle* I, *& ceux qui commencent par la consonne* J.

I, (pronom de la premiere personne.) *Je, moi.*
I speak, *je parle.* I eat, *je mange.*

Who did it ? I. *Qui l'a fait ? Moi.*
I, (for yes.) *V.* Ay.
IAMBICK, *adj. Ex.* Iambick verses, *or* Iambicks, *subst. Vers iambiques.*
IBIS, *s.* (a great Egyptian bird.) *Ibis, oiseau d'Egypte.*
ICE, *subst. Glace, dans le propre & dans le figuré.*
To break the ice. *Fendre ou rompre la glace.*
To drink with ice. *Boire à la glace.*
She is all ice to me. *Elle est pour moi toute de glace.*
To break the ice, (to make way for a business.) *Rompre la glace, frayer le chemin, franchir les premiers obstacles.*
To turn water into ice. *Glacer de l'eau, faire glacer de l'eau.*
Ice house. *Glaciere.*
Ice-bound, (speaking of a ship.) *Environné de glace, arrêté par les glaces, en parlant d'un navire.*
Ice-spurs. *Patins, pour aller sur la glace.*
Fields of ice, (at sea.) *Bancs de glace.*
Body of the ice *or* fast ice. *La glace continue, qui ne laisse aucun passage aux vaisseaux.*
Floating ice. *Glace flottante ou glaçons détachés.*
Blink of the ice. *Blancheur à l'horizon, occasionnée par la glace dans les mers du Nord.*
To force thro' the ice. *Forcer à travers la glace ou se faire passage à force de voiles, à travers les glaçons flottants.*
To be ice-bound. *Être enfermé par les glaces, dans un port.*
To ICE, *v. act.* (or to ice over.) *Glacer, en termes de confiseur.*
To ice a cake, to ice rasberries or gooseberries. *Glacer un gâteau, glacer des framboises ou des groseilles.*
Iced, *adj. Glacé.*
ICHNEUMON, *subst. Ichneumon*, forte d'animal.
ICHNOGRAPHY, *s.* (a term of mathematicks, the draught of the plot of a building, a rampart, &c.) *Ichnographie, description du plan géométral d'un bâtiment, d'un rempart, &c.*
ICHOROUS, *adj. Ichoreux*, terme de médecine.
ICHTHYOLOGY, *s.* (or science of the nature of fish.) *Ichtyologie.*
ICHTHYOPHAGI, *s. Ichtyophages.*
ICICLE, *s.* (from Ice.) *Glace qui pend aux gouttieres.*
ICING, *subst.* (from Ice.) *L'action de glacer.*
ICON, *s.* (a picture or representation.) *Image, représentation.*

ICONOCLASTS, *s. pl.* (or image-breakers, a sect so called.) *Iconoclastes, sorte de secte.*
ICTERICAL, *adj.* (sick of the jaundice.) *Qui a la jaunisse.*
ICY, *adj.* (from Ice.) *Glacé, couvert de glace.*
I'D, *c'est une contraction de* I would.
I'd have them all hanged. *Je voudrois qu'on les pendît tous.*
IDEA, *subst.* (a mental notion of a thing.) *Idée, l'image, la notion d'une chose qui se forme dans notre esprit. Tableau.*
To form to one's self an idea of a thing. *Se former une idée de quelque chose.*
I have an idea of her in my mind. *J'en ai le tableau dans l'esprit.*
IDEAL, *adj.* (belonging to an idea, imaginary.) *Idéal, qui n'est qu'en idée.*
IDEALLY, *adv.* (or mentally.) *Mentalement.*
IDENTICAL, } *adj.* (or the same.) *Identique, qui est le même.*
IDENTICK,
IDENTITY, *subst.* (a word used in philosophy for sameness.) *Identité*, terme didactique.
IDEOCY, *subst.* (natural folly.) *V.* Idiotism, *au premier sens.*
IDEOT. *V.* Idiot.
IDES, *s.* (the ides of a month amongst the ancient Romans.) *Ides: c'étoit chez les Romains le treizieme de quelques mois, & le quinzieme des autres.*
IDIOCRACY, *subst. Particularité de tempérament.*
IDIOCY, *subst. Imbécillité, stupidité.*
IDIOM, *subst.* (dialect or propriety of a speech.) *Idiome ou dialecte, le langage d'un pays, dérivé de la langue générale de la nation.*
The french idioms. *Les idiomes de la langue française.*
IDIOMATICK, *adj. Qui tient de l'idiome.*
IDIOSYNCRASY, *subst. Caractere ou humeur particuliere.*
IDIOT, *s.* (a natural fool.) *Un idiot, un innocent, un niais, un imbécile, un ignorant, un benêt.*
IDIOTISM, *subst.* (natural folly or simplicity.) *Simplicité, imbécillité, parlant d'un homme qui est simple ou qui n'a pas le sens commun.*
Idiotism, (the being an idiot.) *Bétise, sottise, fatuité.*
Idiotism, (or propriety of speech.) *Idiotisme, propriété, maniere de parler qui a quelque chose d'irrégulier, mais qui est particuliere à une langue.*
IDLE, *adj.* (or at leisure.) *Oisif, qui est dans l'oisiveté, qui n'a rien à faire.*

An

An idle life. *Une vie oisive.*
To be idle. *Être oisif.*
Idle, (lazy or careless.) *Paresseux, négligent, nonchalant, fainéant, sujet à la paresse.*
Idle, (simple or impertinent.) *Sot, vain, inutile, frivole, impertinent, fou.*
An idle (or slothful) man. *Un paresseux, un négligent, un fainéant.*
He is an idle boy. *C'est un petit fainéant, un truant ou un petit vaurien, c'est un petit fripon qui ne veut rien faire.*
She is an idle slut. *C'est une sotte, ou bien, c'est une fainéante ou une paresseuse.*
An idle week, (wherein no work is done.) *Une semaine qui se passe à ne rien faire.*
An idle (or silly) story. *Un conte à dormir debout, un conte bleu, un conte de ma mere l'oie ou de la cigogne.*
Idle (or foolish) expences. *Folles dépenses, faux frais, dépenses que l'on fait pour ses menus plaisirs.*
An idle (or trifling) thing. *Une bagatelle ou chose de néant, une niaiserie, une sottise.*
Idle, (or unprofitable.) *Vain, inutile.*
Idle tricks. *Sottises, impertinences, niaiseries.*
IDLENESS, *subst.* (or sluggishness.) *Oisiveté, paresse, fainéantise, négligence, nonchalance.*
P. Idleness is the mother of beggary. P. *L'oisiveté nous mene à la mendicité, ou bien, l'oisiveté est le chemin de l'hôpital.*
IDLER, *s. Un fainéant.*
IDLY, *adv. Dans l'oisiveté, avec paresse, nonchalamment.*
Idly, (simply or sillily.) *Sottement, impertinemment, comme un sot, mal-à-propos.*
To talk idly. *Parler impertinemment, parler comme un sot ou comme un impertinent.*
You talk idly, (you do not know what you say.) *Vous ne savez ce que vous dites, vous rêvez.*
He talks idly, (he is light-headed, or he is in a delirium.) *Il rêve, il est en délire, il extravague.*
Idly, (in vain.) *Vainement, en vain, inutilement.*
IDOL, *subst.* (a representation of a false deity.) *Idole ou représentation d'une fausse divinité que l'on a faite pour l'adorer.*
Gold is the idol of covetous men. *L'or est l'idole des avares.*
Idol-worship. *Idolâtrie.*
IDOLATER, *subst.* (one that worships idols.) *Un idolâtre, celui qui adore une idole.*
To IDOLATRIZE, *v. n.* (or commit idolatry.) *Idolâtrer, adorer des idoles.*
IDOLATROUS, *adj.* (guilty of idolatry.) *Idolâtre, coupable d'idolâtrie.*
IDOLATROUSLY, *adv. Avec idolâtrie.*
IDOLATRY, *s.* (a giving divine worship to that which is not god.) *Idolâtrie, culte ou adoration d'un faux dieu.*
To IDOLIZE one, *v. act.* (or make an idol of him.) *Idolâtrer quelqu'un, se faire une idole de quelqu'un, l'aimer avec trop de passion.*
Idolized, *adj. Idolâtré, dont on fait une idole.*

IDONEOUS. *V.* Fit.
IDYL, *subst.* (sort of poem.) *Une idylle, poëme court sur des matieres ordinairement champêtres.*
IF, *conj. Si.*
If please God. *S'il plait à Dieu.*
If I can. *Si je puis.*
I will bear it, if not contentedly, yet courageously. *Je le supporterai, sinon avec plaisir, du moins avec résolution.*
R. Remarquez qu'on omet souvent if avec beaucoup d'élégance.
Ex. Had you come sooner. *Si vous fussiez venu plutôt.*
If, (or provided.) *Pourvu que.*
If you do but take my part. *Pourvu seulement que vous preniez mon parti.*
If so be that he will consent to it. *Pourvu qu'il y consente ou qu'il veuille y consentir.*
If, (tho' or altho'.) *Quand, quandmême, quoique.*
I will do it, if I should die for it. *Je veux le faire, quand il m'en coûteroit la vie.*
I must have it, if it cost never so much. *Il faut que je l'aie, quoi qu'il m'en coute, ou à quelque prix que ce soit.*
He is a great orator, if not the greatest. *C'est un grand orateur, pour ne pas dire le plus grand.*
He made as if he were mad. *Il faisoit semblant d'être fou.*
As if one should say. *Comme qui diroit.*
They look as if they had deserted. *Ils ont la mine d'avoir déserté.*
If it had not been for you. *Si ce n'eût été à votre considération.*
These things do not look as if they would be of any continuance. *Ces choses n'ont pas la mine de durer long-temps.*
If, *subst.* Ex. Without ifs or ands. *Sans barguigner, sans tant marchander.*
IGNEOUS, *adj. Ignée,* terme didactique.
IGNIPOTENT, *adject. Qui préside au feu.*
IGNIS-FATUUS, *f. Feu follet, feu Saint-Elme.*
To IGNITE, } *verb. act. Allumer, enflammer.*
To IGNIFY, }
IGNITIBLE, *adj. Inflammable.*
IGNITION, *subst. Ignition,* terme de chimie.
IGNITIVE, *adj. Inflammable.*
IGNIVOMOUS, *adject. Qui vomit des flammes.*
IGNOBLE, *adj.* (of mean birth.) *Ignoble, bas, roturier, qui n'est pas noble.*
An ignoble (or base) action. *Un procédé ignoble, une action basse, lâche, malhonnête ou indigne d'un honnête homme.*
IGNOBLY, *adv. rb.* (or basely.) *D'une maniere ignoble, basse, lâche ou malhonnête.*
IGNOMINIOUS, *adj.* (disgraceful or dishonourable.) *Ignominieux, infâme, honteux, déshonorant.*
IGNOMINIOUSLY, *adv. Ignominieusement, avec ignominie, honteusement.*
IGNOMINY, *subst.* (disgrace or infamy.) *Ignominie, déshonneur, infamie, grande honte.*
To lie under great igominy. *Être couvert d'ignominie, être perdu de réputation.*
† IGNORAMUS, *subst.* (a fool or dolt.) *Un ignorant, un sot, un niais, † une buse.*
Ignoramus, (a law-term.) *Terme de Palais, dont on se sert en Angleterre lorsque les Jurés ne veulent pas recevoir les chefs d'accusation.*
IGNORANCE, *subst. Ignorance, défaut de connoissance.*
To do a thing through ignorance. *Faire une chose par ignorance.*
IGNORANT, *adj.* (or unlearned.) *Ignorant, qui ne sait rien.*
An ignorant man. *Un ignorant.*
An ignorant woman. *Une ignorante.*
An ignorant coxcomb. *Un sot ignorant.*
To be ignorant of a thing, (to know nothing of it.) *Ignorer une chose.*
You cannot be ignorant of it. *Vous ne sauriez ignorer cela.*
I am not ignorant how these things came to pass. *Je sais ou je n'ignore pas comment cela s'est fait.*
IGNORANTLY, *adv.* (through ignorance.) *Par ignorance, ignoramment, par mégarde, sans le savoir.*
To IGNORE, *v. n. Ignorer.*
ILE, *subst. Aile d'une église.*
ILEX, *s. Sorte de chêne.*
ILIACK, *adj. Iliaque,* terme didactique.
Ex. The iliack passion, (a painful wringing of the small guts obstructed or full of wind or troubled with sharp humours.) *La passion iliaque, le miséréré.*
ILIAD, *subst.* (Homer's poem concerning the destruction of Troy.) *Iliade, poeme d'Homere sur la destruction de Troye.*
I'LL. *Contraction de* I will.
Exemp. I'll do it. *Je le ferai.*
ILL, *subst.* (or harm.) *Mal.*
To return ill for good. *Rendre le mal pour le bien.*
Ill, (woe, misery, misfortune.) *Mal, malheur, misere, infortune.*
Ill, *adj.* (or bad.) *Mauvais, méchant.*
An ill taste. *Un mauvais goût.*
An ill smell. *Mauvaise odeur, puanteur.*
An ill peice of news. *Une méchante nouvelle.*
P. Ill weeds grow apace. *Les méchantes herbes croissent à vue d'œil.*
He is no ill natured man. *C'est un assez bon homme.*
Ill-will. *Mauvaise volonté que l'on a contre quelqu'un, aversion, haine.*
To bear an ill-will to one. *Vouloir mal à quelqu'un, le hair, avoir de l'aversion pour lui, lui en vouloir.*
To do a thing with an ill-will, (or against the grain.) *Faire une chose à contre-cœur, avec répugnance, malgré soi, ou † cahincaha.*
Ill-luck. *Malheur.*
Ill, *adv. Mal.*
A suit ill made. *Un habit mal-fait.*
You have done very ill. *Vous avez fort mal fait.*
He speaks french very ill. *Il parle fort mal françois.*
To speak ill of one. *Parler mal, dire du mal de quelqu'un, médire de quelqu'un.*
I am ill. *Je me porte mal, je suis malade, je suis indisposé.*
He is fallen very ill. *Il est tombé malade.*
Ill of the gout. *Malade de la goutte.*
It fell out ill. *La chose ne réussit pas.*
I take it ill. *Je le prends en mauvaise part; je suis fâché, je suis mauvais gré.*
To think ill of one. *Avoir mauvaise opinion de quelqu'un.*
They can ill away with those things. *Ils ne sauroient digérer ces choses-là.*

Ill-contrived.

Ill contrived. *Mal-imaginé.*
An ill-contrived, ill-natured or ill-conditioned man. *Un homme de méchant naturel, un esprit de travers ou mal-tourné, un homme de mauvaise humeur.*
Ill-principled. *Qui n'a point de bons principes, qui n'a pas le fond bon.*
Ill-minded. (or ill-affected.) *Mal-intentionné.*
Ill-grounded. *Mal-fondé.*
Ill-boding. *De mauvaise augure, sinistre.*
Ill-fated. *Infortuné, fatal.*
Ill-favoured. *Laid, mal-fait, qui n'a ni bon air, ni bonne grace, désagréable.*
Ill-favouredly, *adv. De mauvaise grace.*
Ill-shaped. *Mal-bâti, mal-fait.*
An ill-shaped leg. *Une jambe mal-faite.*
Ill-looking. *Qui a un mauvais regard, qui a une mauvaise physionomie.*
Ill looked to. *Negligé, dont on ne prend aucun soin.*
Ill-patched lie. *Mensonge mal-cousu.*
Ill-pleased. *Mal-content, mal-satisfait.*
Ill-spoken of. *Qui est en mauvaise réputation ou en mauvaise odeur, qui s'est fait une mauvaise réputation.*
Ill-gotten. *Mal-acquis.*
Prov. Ill-gotten goods seldom prosper. P. *Les biens mal-acquis ne prosperent jamais.*
ILLAPSE, *f.* (efflux.) *Ecoulement, émanation.*
To ILLAQUEATE, *verb. act. Embrasser, attraper, attirer dans un piege.*
Illaqueated, *adject.* (ensnared.) *Embarrassé, attrapé.*
ILLATION, *f.* (or inference.) *Conclusion, conséquence de quelque raisonnement.*
ILLATIVE, *adject. D'où on peut tirer des conséquences.*
ILLAUDABLE, *adject.* (not to be praised.) *Qui n'est pas louable, indigne de louange.*
ILLAUDABLY, *adv. D'une maniere indigne de louange.*
ILLEGAL, *adj.* (contrary to law.) *Contre les loix, contraire aux loix, illégitime, tortionnaire, illégal.*
This is an illegal proceeding. *Cette procédure est contre les lois.*
The execution was declared illegal. *L'exécution a été déclarée tortionnaire.*
ILLEGALITY, *f. Injustice, le défaut d'une procédure en justice.*
ILLEGALLY, *adv. Illégitimement, d'une maniere illégitime, contre les lois, illégalement.*
ILLEGIBLE, *adj. Indéchiffrable, qu'on ne peut pas lire.*
ILLEGITIMATE, *adject.* (or unlawfuly begotten.) *Illégitime, bâtard.*
An illegitimate son or daughter. *Un fils ou une fille illégitime, un bâtard, une bâtarde.*
ILLEGITIMATION, } *sub. L'état d'un*
ILLEGITIMACY, } *enfant illégitime.*
ILLEVIABLE, *adject. Qui ne peut être levé ou exigé.*
ILLIBERAL, *adj.* (or niggardly.) *Chiche, avare, mesquin, taquin.*
ILLIBERALITY, *f. Avarice, mesquinerie, taquinerie.*
ILLIBERALLY, *adv. Chichement, mesquinement, en avare.*
ILLICIT, *adj.* (or unlawful.) *Illicite, qui n'est pas permis.*
To ILLIGHTEN, *v. act. V.* to Enlighten.
ILLIMITABLE, *adj.* (that cannot be limited.) *Qu'on ne sauroit limiter.*

ILLIMITED, *adj. Illimité, immense.*
ILLIMITEDNESS, *f. Etendue illimitée, immensité.*
The illimitedness of his commission. *Le plein pouvoir de sa commission.*
ILLITERATE, *adject.* (or unlearned.) *Qui n'a point d'étude, qui n'est point lettré, grossier, ignorant, sans lettres.*
ILLITERATENESS, } *f. Ignorance.*
ILLITERATURE, }
ILLNESS, *f.* (the being sick.) *Mal, maladie, indisposition.*
ILLOGICAL, *adj. Qui n'est pas en forme, ou selon les regles de la logique.*
To ILLUDE, *v. act.* (a poetical word, for to Deceive.) *Décevoir, tromper, faire illusion.*
To ILLUMINATE, *v. act.* (or to enlighten.) *Illuminer, éclairer.*
Illuminated, *adj. Illuminé, éclairé.*
ILLUMINATION, *f. Illumination, dans le propre & dans le figuré.*
To ILLUMINE, *verb. act.* (a poetical word, for to Lighten.) *Illuminer, éclairer, orner.*
ILLUMINATIVE, *adject. Qui éclaire.*
ILLUSION, *f.* (deceit or false representation.) *Illusion, erreur des sens, fausse représentation.*
ILLUSIVE, } *adj.* (fallacious.) *Trom-*
ILLUSORY, } *peur, éblouissant, captieux, illusoire, en termes de Palais.*
Illusory arguments. *Des arguments captieux.*
To ILLUSTRATE, *v. act.* (to explain.) *Expliquer ou éclaircir les choses obscures.*
Illustrated, *adj. Eclairci, expliqué, rendu clair & évident.*
A book illustrated with cuts. *Un livre enrichi ou embelli de figures.*
ILLUSTRATIVE, *f. Illustration, clarté, évidence de quelque chose.*
ILLUSTRATION, *adj. Qui a la qualité d'éclaircir ou d'expliquer.*
ILLUSTRIOUS, *adj.* (eminent for excellence.) *Illustre, grand, fameux, considérable, célebre.*
ILLUSTRIOUSLY, *adverb. D'une maniere illustre.*
ILLUSTRIOUSNESS, *subst. Qualité illustre.*
I'M, contraction de I am.
IMAGE, *f.* (or representation.) *Image, représentation, portrait de quelqu'un ou de quelque chose.*
The son is the image of the father. *Le fils est l'image du pere.*
An image-maker. *Un imager ou faiseur d'images.*
Image-worship. *Le culte des images.*
To IMAGE, *v. act.* (to represent.) *Représenter, imaginer.*
IMAGERY, *f.* (painted or carved work of images.) *Images, personnages.*
Imagery, (tapestry with figures.) *Tapisserie à personnages.*
Imagery Appearance, *fantôme.*
IMAGINABLE, *adj.* (that may be imagined.) *Imaginable, concevable, qui se put imaginer.*
IMAGINANT, *adj. Qui imagine.*
IMAGINARY, *adject.* (not real.) *Imaginaire, qui n'est que dans l'imagination, qui n'est point réel.*
IMAGINATION, *f.* (or fancy.) *Imagination, faculté de l'ame pour concevoir les choses sensibles.*
Imagination, (or thought.) *Imagination, pensée, conception.*

IMAGINATIVE, *adj. Imaginatif.*
The imaginative faculty. *La faculté imaginative.*
An imaginative notion. *Une imagination, une pensée, idée ou conception.*
To IMAGINE, *v. act.* (or fancy.) *Imaginer ou s'imaginer, concevoir, se former l'image ou l'idée.*
What greater thing can one imagine? *Que peut on imaginer de plus grand?*
I cannot imagine any such thing. *Je ne sçavois m'imaginer rien de tel.*
To imagine, (or invent.) *Imaginer, inventer, trouver.*
To imagine, *v. n.* (to think.) *S'imaginer, se représenter dans son esprit, se persuader, concevoir, croire.*
Imagined, *adj. Imaginé, conçu, &c. Voy.* to Imagine.
It is not to be imagined. *Il n'est pas concevable, c'est une chose qui ne se peut imaginer.*
IMAGING, *subst.* (or image.) *Image.*
IMAGINING, *f. L'action d'imaginer ou de s'imaginer, &c. Voy.* le verbe.
To IMBANK, *v. act. Ex.* To imbank land near the sea. *Faire des atterrissements ou des levées près de la mer.*
IMBECILE, *adject. Imbécile.*
IMBECILLITY, *subst.* (weakness.) *Imbécillité, foiblesse.*
Imbecility, (or frigidity in men.) *Impuissance, foiblesse qui rend un homme incapable d'engendrer.*
IMBERS. *Voy.* Embers.
To IMBIBE, *v. act.* (or soak in.) *S'imbiber, prendre, recevoir, s'abreuver.*
The powder imbibes the water. *La poudre s'imbibe d'eau.*
To imbibe good principles. *Recevoir de bonnes instructions.*
Imbibed, *adject. Imbibé, &c. Voy.* le verbe.
IMBIBITION, *subst. L'action de sucer ou de boire.*
To IMBITTER, *v. act.* (or make bitter.) *Assaisonner d'amertume, rendre amer.*
The fear of death imbitters all the sweets of life. *La crainte de la mort assaisonne d'amertume toutes les douceurs de la vie.*
To imbitter (or exasperate) one. *Aigrir quelqu'un, le fâcher, l'irriter.*
Imbittered, *adj. Rendu amer, rempli d'amertume.*
Imbittered, (or exasperated.) *Aigri, fâché, irrité.*
Imbittered with envy against one. *Ulcéré d'envie contre quelqu'un.*
IMBODIED, *adj. Incorporé.*
To IMBODY, *v. act.* (to incorporate.) *Incorporer.*
To imbody (or thicken) a colour. *Donner du corps à une couleur.*
To IMBOLDEN, *v. act.* (or encourage.) *Animer, encourager, enhardir.*
Imboldened, *adject. Animé, encouragé, enhardi.*
To IMBOSOM, *v. act. Embrasser, tenir dans son sein.*
To IMBOSS, &c. *Voy.* to Emboss.
To IMBOUND, *verb. act. Renfermer, entourer.*
To IMBOW, *v. act.* (to arch.) *Construire en forme de voûte.*
Imbowed, *adject. Fait en voûte, courbé en forme de voûte.*
* IMBOWELLED, *adj.* (or impregnated.) *Rempli, qui renferme dans ses entrailles.*
Mountains imbowelled with rich mines.
Des

Des montagnes qui renferment de riches mines dans leurs entrailles.
To IMBOWER, v. act. (or shelter with trees.) *Abriter par des arbres qui forment une voûte.*
IMBOWMENT, subst. *Voûte.*
IMBRICATION, s. *Enfoncement.*
To IMBROWN, v. act. *Obscurcir.*
To IMBRUE, v. act. *Tremper.*
They have imbrued their hands in the blood of their fellow citizens. *Ils ont trempé leurs mains dans le sang de leurs concitoyens.*
Imbrued, adject. *Trempé.*
Imbrued with blood. *Trempé de sang, ensanglanté.*
IMBRUING, subst. *L'action de tremper.*
To IMBRUTE, verb. act. *Abrutir, dégrader.*
To IMBUE, v. act. (or soak.) *Imbiber, tremper, abreuver.*
To imbue, (to instil or learn.) *Apprendre, enseigner, inspirer.*
To imbue one with learning. *Apprendre ou enseigner les sciences à quelqu'un; ou bien, lui en donner quelque teinture.*
To imbue one with virtue. *Former quelqu'un à la vertu, lui inspirer la vertu.*
To imbue a child with good principles. *Faire sucer ou inspirer de bons sentimens à un enfant, lui donner une éducation honnête.*
Imbued, adject. *Trempé, abreuvé,* &c. *Voy.* to Imbue.
Imbued with a notion. *Imbu d'une notion.*
To IMBURSE, v. act. (or supply with money.) *Rembourser.*
IMITABLE, adj. (that may be imitated.) *Imitable, qu'on peut imiter.*
To IMITATE a person, verb. act. *Imiter quelqu'un, suivre son exemple, le prendre pour modèle.*
To imitate a thing. *Imiter, copier ou contrefaire quelque chose.*
Imitated, adj. *Imité,* &c.
Not to be imitated. *Inimitable.*
IMITATING, subst. *L'action d'imiter,* &c. *Voy.* to Imitate.
IMITATION, subst. *Imitation.*
In imitation we must propose the noblest pattern to our thoughts, for so we may be sure to be above the common level, tho' we come infinitely short of what we aim at. *Quand on travaille d'après quelqu'un, on doit choisir les plus grands modèles; car, quoiqu'on n'approche que de fort loin de ses originaux, du moins on s'élève au-dessus du commun.*
IMITATIVE, adj. *Qui imite.*
IMITATOR, subst. *Imitateur, imitatrice, celui ou celle qui imite.*
IMMACULATE, adject. (or unspotted.) *Immaculé, sans tache, sans souillure de péché originel.*
R. *On ne se sert guère de ce mot qu'en parlant de la conception de la sainte* Vierge.
To IMMANACLE. *Voy.* to Fetter.
IMMANENT, adj. *Inhérent.*
IMMANIFEST, adj. *Qui n'est pas clair & évident, obscur.*
IMMANITY, s. (or hugeness.) *Enormité, grandeur, excès de quelque chose.*
IMMARCESSIBLE, adject. (or never fading.) *Qui ne se peut flétrir, incorruptible, immarcessible.*
To IMMASK, v. act. *Masquer, déguiser.*
IMMATERIAL, adject. (without matter.) *Immatériel, exempt de matière, spirituel.*

Immaterial, (of no consequence.) Ex. It is very immaterial whether it be so or no. *Il n'importe guère ou c'est une chose indifférente que cela soit ou non.*
IMMATERIALITY, s. *Qualité ou nature immatérielle.*
IMMATERIALLY, adv. *D'une manière indépendante de la matière.*
IMMATERIATE. *Voy.* Immaterial.
IMMATURE, adj. (unripe.) *Qui n'est pas mûr, en parlant des fruits; mais il ne se dit guère dans le propre.*
Immature, (hasty, done before its time.) *Prématuré, précipité, qui arrive trop tôt ou avant le temps, hors de saison.*
IMMATURITY, s. (unripeness.) *L'état d'un fruit qui n'est pas mûr, dans le propre; précipitation, hâte trop grande, dans le figuré.*
IMMEABILITY, subst. *Qualité de ce qui ne peut point pénétrer.*
IMMEASURABLE, adject. *Immense, sans mesure, incommensurable.*
IMMEASURABLY, adverb. *Immensément, sans mesure.*
IMMECHANICAL, adj. *Contre les loix de la méchanique.*
IMMEDIATE, adj. *Immédiat.*
This was an immediate providence of God. *Ceci est un pur effet de la providence de Dieu.*
IMMEDIATELY, adv. *Immédiatement.*
That comes from the King immediately. *Cela vient du Roi immédiatement.*
Immediately, (or presently.) *Incessamment, tout incontinent.*
IMMEDICABLE, adject. (that cannot be cured.) *Incurable, irrémédiable, qu'on ne peut guérir.*
IMMEMORABLE, adj. (not worth remembering.) *Indigne du souvenir ou de la mémoire des hommes.*
IMMEMORIAL, adject. (out of mind.) *Immémorial, dont aucun homme ne se peut souvenir.*
IMMENSE, adject. (or vast.) *Immense, grand, vaste, énorme.*
IMMENSELY, adverb. *D'une manière immense, infiniment.*
IMMENSITY, subst. (one of the divine attributes.) *Immensité, un des attributs de Dieu.*
IMMENSURABLE. *V.* Immeasurable.
IMMERGED, } adj. (dipt in.) *Plongé,*
IMMERSED, } *enfoncé dans l'eau.*
To IMMERSE, v. act. (or to plunge.) *Plonger, enfoncer: il ne se dit guère qu'au figuré.*
To immerse one's-self in all manner of vice. *Se plonger dans toutes sortes de vices.*
Immersed, adject. *Plongé, enfoncé.*
When our mind is once immersed in the body. *Dès que notre âme s'est plongée dans les plaisirs de la chair, ou s'est abandonnée aux plaisirs de la chair.*
IMMERSION, s. (a dipping in.) *Immersion, action par laquelle on plonge dans l'eau.*
IMMETHODICAL, adj. *Confus, où il n'y a point d'ordre ou de méthode, qui n'est pas méthodique.*
IMMETHODICALLY, adv. *Confusément, sans méthode, sans ordre.*
IMMINENCE, s. *Danger pressant.*
IMMINENT, adject. (or hanging over our head.) *Imminent ou éminent, qui nous menace, qui est prêt à tomber.*
An imminent danger. *Un danger éminent, un péril imminent.*

Imminent, (or at hand.) *Proche, qui doit bientôt arriver.*
IMMINUTION, subst. *Diminution.*
IMMISCIBLE, adject. *Qui ne peut être mêlé.*
IMMISSION, subst. *Injection.*
Immission of seed. *Injection de semence.*
To IMMIX, } verb. act. *Mêler;*
To IMMINGLE, } *réunir.*
IMMIXABLE, adj. *Qu'on ne peut mêler.*
To IMMIT, v. act. *Faire une injection.*
IMMOBILITY, subst. (unmoveableness, stedfastness.) *Immobilité ou qualité de ce qui est immobile.*
IMMODERATE, adject. (excessif.) *Immodéré, excessif, qui n'a point de bornes, déréglé.*
Immoderate desires. *Les désirs immodérés.*
Immoderate expences. *Une dépense excessive, folle dépense.*
IMMODERATELY, adv. *Immodérément, excessivement, sans aucune modération, avec excès.*
IMMODERATION, s. (want of moderation.) *Excès, faute de modération, dérèglement.*
IMMODEST, adj (that has no modesty.) *Immodeste, qui n'a point de modestie.*
IMMODESTLY, adverb. *Immodestement, sans aucune modestie, contre les règles de la modestie.*
IMMODESTY, s. *Immodestie, désordre; licence trop grande.*
To IMMOLATE, v. act. (or sacrifice.) *Immoler, sacrifier.*
Immolated, adj. *Immolé, sacrifié.*
IMMOLATING, } s. *Immolation, l'ac-*
IMMOLATION, } *tion d'immoler, sacrifice.*
IMMORAL, adj. (debauched.) *Déréglé, débauché, corrompu, contraire aux bonnes mœurs, criminel, gâté, vicieux, scélérat, immoral.*
IMMORALITY, subst. (lewdness, debauchery.) *Action criminelle, débauche, corruption de mœurs, désordre, dérèglement, licence, scélératesse, immoralité.*
IMMORTAL, adj. (never-dying.) *Immortel, qui ne meurt jamais, qui n'a point de fin, éternel.*
The soul is immortal. *L'âme est immortelle.*
Immortal, Immortel, éternel, qui durera toujours, qui ne finira jamais, en parlant de la gloire, de la mémoire des grands hommes, &c.
An immortal glory. *Une gloire immortelle.*
IMMORTALITY, s. *Immortalité.*
To IMMORTALIZE, v. act. (or make immortal.) *Immortaliser ou rendre immortel dans la mémoire des hommes.*
To immortalize one's self. *S'immortaliser.*
Immortalized, adj. *Immortalisé.*
IMMORTALLY, adverb. (or eternally.) *Eternellement, sans fin, à jamais.*
IMMOVABLE. *V.* Unmovable.
IMMOVABLE, s. (a real estate.) *Biens immeubles.*
IMMOVABLY. *V.* Unmovably.
IMMUNITY, s. (or freedom.) *Immunité, liberté, exemption, privilège.*
To IMMURE, v. act. (or shut up with walls.) *Murer, fermer de murailles.*
Immured, adject. *Muré, fermé de murailles.*
IMMUSICAL, adject. *Discordant. Voyez* Inharmonious.
IMMUTABILITY,

IMMUTABILITY, f. (or unchangeableness.) Immutabilité, qualité qui rend incapable de changement.
IMMUTABLE, adj. (or unchangeable.) Immuable, qui n'est point sujet au changement.
IMMUTABLY, adv. Sans aucun changement, d'une maniere qui ne peut changer, constamment.
IMMUTATION, f. (or change.) Changement, altération.
IMP, subst. (Hobgoblin.) Un esprit familier, un diablotin, un lutin.
† An imp, (or graft.) Une greffe, une ente, ce qu'on ente dans un arbre.
To IMP, verb. act. (or graft.) Enter, greffer, mettre une greffe.
R. This verb is much more used in the following sense. Ce verbe est beaucoup plus d'usage dans le sens qui suit.
Ex. To imp a feather in a hawk's wing. Mettre une plume aux pennes de l'oiseau.
To imp the wings of one's fame, (to lessen his fame.) Ternir, flétrir la réputation de quelqu'un.
To imp the feathers of time with several recreations. Se divertir, passer le temps agréablement, † tuer le temps.
To IMPACT. V. to Drive.
To IMPAIR, verb. act. Diminuer, affoiblir, ruiner, altérer.
To impair one's estate. Diminuer ou ruiner son bien.
To impair one's health. Altérer ou affoiblir sa santé.
Impaired, adject. Diminué, affoibli, ruiné, altéré.
IMPAIRING, IMPAIRMENT, subst. Diminution, affoiblissement, altération, l'action de diminuer, d'affoiblir, &c. V. le verbe.
To IMPALE or rather EMPALE, v. act. (to set pales about.) Palissader, entourer de palissades.
To impale a piece of ground. Palissader une piece de terre.
To impale one or empale, (a kind of punishment used in Turkey.) Empaler quelqu'un, supplice en usage parmi les Turcs.
To impale, (a term in heraldry, signifying to cut a coat of arms in two.) Partager ou couper en deux, en termes de blason.
Impaled, adj. Palissadé; empalé; parti ou coupé.
IMPALING, f. L'action de palissader, d'empaler, &c. V. to Impale.
IMPALPABLE, adject. Impalpable, extrêmement délié.
IMPANATION, f. (a term used among controvertists.) Impanation, terme usité en controverse.
To IMPANNEL or EMPANNEL, v. act. Ex. To impannel a Jury, Ecrire sur un morceau de papier ou de parchemin les noms des Jurés choisis, & dans un sens plus étendu, nommer, choisir, constituer les Jurés pour le jugement d'un procès civil ou criminel.
Impannelled, adj. Ex. An impannelled Jury. Un corps de Jurés choisis, nommés ou constitués par le Shérif de la province, pour la décision d'une affaire civile ou criminelle.
To IMPARADISE, verb. act. Rendre heureux, mettre en paradis.
IMPARITY, f. (or inequality.) Disproportion, inégalité, disparité.

To IMPARK, v. act. Enclorre, enfermer, palissader, environner de haies, de palissades ou de murailles.
Imparked, adj. Enclos, enfermé, &c.
IMPARLANCE, subst. (a common law-term.) Interlocutoire, terme de palais.
IMPARSONEE, subst. (a law word, that is, one inducted and in possession of a benefice.) Un Bénéficier.
To IMPART, verb. act. (or communicate a thing to one.) Communiquer quelque chose à quelqu'un, lui en faire part.
To impart one's mind to a friend. Dire sa pensée ou son sentiment à un ami, lui ouvrir son cœur.
Imparted, adj. Communiqué, dont on a fait part.
IMPARTIAL, adj. (void of partiality.) Exempt de partialité, naif, fidelle, juste, désintéressé, en parlant des choses & des personnes.
IMPARTIALITY, subst. Désintéressement, conduite exempte de partialité.
IMPARTIALLY, adv. Sans aucune partialité, d'une maniere désintéressée, fidellement.
IMPARTIALNESS. V. Impartiality.
IMPARTIBLE, adj. Communicable.
IMPARTING, subst. (from to Impart.) L'action de communiquer ou de faire part.
Without imparting it to his brother. A l'insu de son frere, sans la participation de son frere.
IMPASSABLE, adj. Ex. Impassable ways, (ways not to be passed through.) Des chemins impraticables ou par où l'on ne peut passer.
IMPASSIBILITY, IMPASSIBLENESS, sub. (a term used by divines.) Impassibilité, terme de théologie.
IMPASSIBLE, IMPASSIVE, adj. (incapable of suffering.) Impassible.
IMPASSIONED, adj. Passionné.
IMPATIENCE, f. (uneasiness of mind.) Impatience.
Impatience, (uneasiness to suffer.) Difficulté, peine à souffrir, trop grande sensibilité.
To exclaim against one with great impatience. Déclamer contre quelqu'un avec beaucoup d'emportement.
IMPATIENT, adject. (that has no patience.) Impatient, qui n'a point de patience.
Impatient of a thing, (that cannot bear it.) Qui ne peut souffrir une chose.
IMPATIENTLY, adverb. Impatiemment, avec impatience, avec empressement.
Impatiently, (or hardly.) Avec chagrin, avec peine.
IMPATRONISATION, f. Pleine possession, action de s'impatroniser.
To IMPAWN, v. act. Mettre en gage, donner pour gage.
To IMPEACH, verb. act. (to accuse.) Accuser, déférer, dénoncer.
To impeach one of high-treason. Accuser quelqu'un de haute trahison.
To impeach (or oppose) the truth of a thing. Détruire ou faire contre la vérité d'une chose, s'y opposer.
IMPEACHABLE, adj. Qui mérite d'être accusé.
Impeached, adj. Accusé, &c. V. to Impeach.
IMPEACHER, f. Accusateur, délateur, dénonciateur.

IMPEACHING, f. L'action d'accuser, &c. V. to Impeach.
IMPEACHMENT, f. Accusation, information, dénonciation.
An impeachment of waste, (a restraint of committing waste upon land and tenements.) Article ou clause d'un contrat, par laquelle celui qui prend un bien à ferme s'oblige à le rendre sans aucun dépérissement.
To IMPEARL, v. act. Garnir ou orner de perles.
IMPECCABILITY, subst. (or impossibility of sinning.) Impeccabilité, terme dogmatique.
IMPECCABLE, adj. (that cannot sin.) Impeccable, qui ne peut pécher.
IMPED, adj. Enté, greffé. V. to Imp.
To IMPEDE, v. act. (or hinder.) Empêcher, retarder.
Impeded, adj. Empêché, retardé.
IMPEDIMENT, subst. (or hinderance.) Empêchement, obstacle, retardement.
To have an impediment in one's speech. Avoir un défaut de langue, n'avoir pas la langue libre, bredouiller, bégayer.
To IMPEL, verb. act. (or force on.) Pousser, porter, obliger, contraindre, forcer.
Impelled, adject. Poussé, porté, obligé, contraint, forcé.
IMPELLENT, sub. Mobile, ce qui excite ou pousse en avant.
To IMPEND, verb. neut. (or hang over.) Pencher, être menacé.
IMPENDENT, IMPENDING, adj. Qui penche, dont on est menacé, imminent ou éminent.
A danger impending over us. Un danger qui est sur nos têtes ou qui nous menace, un péril imminent ou éminent.
Impending judgments. Des jugements dont nous sommes menacés.
IMPENETRABILITY, subst. Impénétrabilité, terme de philosophie.
IMPENETRABLE, adj. (that cannot be penetrated into.) Impénétrable, qui ne peut être pénétré.
An impenetrable secret, (not to be discovered.) Un secret impénétrable.
IMPENETRABLY, adverb. Impénétrablement.
IMPENITENCE, IMPENITENCY, f. (hardness of heart.) Impénitence, dureté de cœur, endurcissement dans le péché.
IMPENITENT, adject. (that does not repent.) Impénitent, qui n'est point pénitent; endurci dans le péché.
IMPENNOUS, adj. Sans ailes.
IMPERATE, adject. Que l'on fait de son propre mouvement.
IMPERATIVE, adj. (or commanding, a term of grammar.) Impératif, terme de grammaire.
The imperative mood. Le mode impératif.
IMPERCEPTIBLE, adj. (not to be perceived.) Imperceptible, qu'on ne peut appercevoir.
IMPERCEPTIBLENESS, f. Qualité imperceptible.
IMPERCEPTIBLY, adverb. Imperceptiblement, d'une maniere imperceptible, peu à peu, insensiblement.
IMPERFECT, adject. (not perfect or finished.) Imparfait, qui n'est pas achevé.
An imperfect piece of work. Un ouvrage imparfait.
A book imperfect, (that wants a sheet or more,

IMP   IMP   IMP

more, to make it perfect.) *Livre imparfait, livre où il manque quelque f ville.*

I sent to him for perfect books and he sends me imperfect ones. *Je lui ai demandé des livres entiers, & il m'en envoie d'imparfaits.*

IMPERFECTION, *s.* (or defect.) *Imperfection, défaut.*

Imperfection, (or book imperfect, waste, among Printers and Booksellers.) *Imperfection, exemplaire imparfaite.*

IMPERFECTLY, adverb. *Imparfaitement, d'une maniere imparfaite, à demi.*

IMPERFORATE, adject. *Qui n'est pas percé.*

IMPERIAL, *adj.* (belonging to an Emperor or Empire.) *Impérial, qui est d'Empereur, qui appartient à l'Empereur.*

The imperial Crown. *La Couronne impériale.*

The imperial army. *L'armée impériale, les Impériaux.*

The imperial-lily, (a flower.) *Impériale, sorte de fleur.*

IMPERIALISTS, *subst.* *Les Impériaux.*

IMPERIOUS, adject. (or domineering.) *Impérieux, arrogant, fier, despotique, qui commande avec hauteur.*

To speak with an imperious tone. *Parler d'un ton impérieux ou avec hauteur.*

IMPERIOUSLY, adverb. *Impérieusement, d'un ton impérieux, fierement, avec hauteur, avec orgueil.*

IMPERIOUSNESS, *subst.* *Humeur impérieuse, hauteur, fierté.*

IMPERISHABLE, adject. *Qui ne peut périr, imperissable.*

IMPERSONAL, adject. (a term of grammar; that is conjugated only by the third person singular.) *Impersonnel, qui ne se conjugue que par la troisieme personne du singulier.*

A verb impersonal. *Un verbe impersonnel.*

IMPERSONALLY, adverb. *Impersonnellement.*

IMPERSUASIBLE, adj. *Que l'on ne peut persuader, opiniâtre.*

IMPERTINENCE, }
IMPERTINENCY, } *subst.* (nonsense, foolery.) *Impertinence, extravagance, sottise, absurdité, folie.*

IMPERTINENT, *adj.* (idle, absurd or silly.) *Impertinent, sot, extravagant, absurde.*

Impertinent, (not to the purpose.) *Qui est hors de propos.*

It would not be impertinent here to speak something of that. *Il ne seroit pas hors de propos de dire ici quelque chose touchant cela.*

Impertinent, *s.* (a troublesome man.) *Un fâcheux, un impertinent*

IMPERTINENTLY, adv. (idly or sillily.) *Impertinemment, avec impertinence, avec extravagance.*

IMPERTRANSIBLE, adj. *Imperméable, qu'on ne peut traverser.*

IMPERVIOUS, adject. (or impassable.) *Impraticable, impénétrable, par où l'on ne peut passer.*

IMPETRABLE, adj. (that may be obtained by desire or prayer.) *Impétrable, que l'on peut obtenir.*

To IMPETRATE, verb. act. (or obtain by intreaty.) *Impétrer, obtenir.*

Impetrated, adj. *Impétré, obtenu.*

IMPETRATION, *subst. Impétration, obtention.*

IMPETUOSITY, }
IMPETUOUSNESS, } *sub. Impétuosité, violence, effort de ce qui est impétueux.*

IMPETUOUS, adject. (boisterous or violent.) *Impétueux, violent, plein d'impétuosité, véhément, rapide.*

An impetuous motion. *Mouvement impétueux ou violent.*

An impetuous river. *Un fleuve impétueux ou rapide.*

An impetuous person. *Un esprit impétueux, turbulent, violent.*

IMPETUOUSLY, adv. *Impétueusement, avec impétuosité, rapidement.*

IMPETUOUSNESS, *subst. Impétuosité, violence, effort, mouvement violent.*

IMPETUS, *s. Effort violent.*

IMPIETY *s.* (or ungodliness.) *Impiété, irréligion, mépris de la Religion.*

To IMPIGNORATE, verb. act. *Mettre en gage.*

To IMPINGE, v. n. *Heurter contre.*

To IMPINGUATE, v. act. *Engraisser.*

IMPIOUS, adj. (or ungodly.) *Impie, qui n'a pas de pieté.*

An impious man. *Un impie.*

An impious woman. *Une impie.*

IMPIOUSLY, adv. *Avec impiété, en impie.*

IMPLACABILITY. *V.* Implacableness.

IMPLACABLE, adj. (not to be appeased.) *Implacable, qui ne peut être appaisé.*

An implacable hatred. *Une haine implacable.*

IMPLACABLENESS, *subst. Haine implacable.*

IMPLACABLY, adv. *Inexorablement.*

To IMPLANT, verb. act. (or ingraft.) *Faire naître, graver, imprimer, dans un sens figuré.*

Implanted, adj. *Gravé, imprimé.*

IMPLANTATION, *s. L'action de graver ou d'imprimer dans le cœur.*

IMPLAUSIBLE, adj. *Qui n'est pas plausible.*

To IMPLEAD, v. act. (to sue at law.) *Poursuivre en justice, faire ou intenter un procès à quelqu'un, le rechercher.*

Impleadable, adj. *Qu'on peut poursuivre en justice, à qui on peut faire le procès.*

IMPLEMENT, *subst.* (or tool.) *Outil, instrument.*

The implements (or furniture) of a house. *L'ameublement, les meubles d'une maison.*

Implements of husbandry. *Instruments d'agriculture.*

He went to the rendez-vous with all his love implements. *Il se trouva au rendez-vous avec tout son équipage d'amour.*

IMPLETION, *s. L'action de remplir ou l'état de ce qui est plein.*

IMPLEX, adj. *Implexe,* terme didactique.

To IMPLICATE, &c. *V.* to Imply, &c.

IMPLICATION, *s. Implication,* terme de pratique.

IMPLICIT, adject. (or obscure.) *Implicite, couvert, qui n'est pas exprès, mais seulement contenu par induction.*

Implicit terms. *Des termes implicites.*

An implicit faith. *Une foi implicite.*

IMPLICITLY, adv. (in implicit terms.) *Implicitement, d'une maniere implicite.*

IMPLIED. *V.* Imply.

To IMPLORE, v. act. (to beg earnestly.) *Implorer, demander avec instance, prier, supplier.*

IMPLORING, *sub. L'action d'implorer ou de demander, &c.*

To IMPLY, v. act. (or contain.) *Impliquer, envelopper, renfermer.*

That implies contradiction. *Cela implique contradiction.*

A word that implies two genders. *Un mot qui renferme deux genres.*

To imply (or gather) one thing from another. *Inférer ou conclure une chose d'une autre.*

To imply, verb. neut. (or to imply contradiction.) *Impliquer, s'impliquer ou impliquer contradiction.*

Implied, adject. *Impliqué, renfermé, inféré, conclu.*

To IMPOISON, v. act. *Empoisonner.*

IMPOLITE, adj. (or unpolished.) *Impoli, mal-poli, grossier, qui n'a point de grace, qui est sans politesse.*

IMPOLITICK, adj. (or unwise.) *Imprudent, qui n'est pas politique.*

IMPOLITICKLY, adv. *Imprudemment, impolitiquement, contre les regles de la politique.*

IMPONDEROUS, adj. *Qui n'a point de pesanteur sensible, léger.*

IMPOROUS, adject. *Qui n'a point de pores.*

IMPORT, *subst.* (sense or meaning.) *Le sens, la signification d'une chose.*

Import, (or use.) *Usage, utilité.*

To IMPORT, verb. act. (or signify.) *Signifier.*

To import, (or bring in.) *Porter, faire entrer ou venir, transporter, voiturer.*

To import commodities into a country. *Porter des marchandises dans un pays, les faire venir dans un pays, importer.*

IMPORTANCE, }
IMPORTANCY, } *s.* (or consequence.) *Importance, conséquence.*

Importance, (import or meaning.) *Le sens, la signification d'une chose.*

IMPORTANT, adj. (or considerable.) *Important, qui est d'importance, considérable.*

IMPORTATION, *subst. Entrée des marchandises qui viennent de dehors; importation.*

To prohibit the importation and exportation. *Défendre l'entrée & la sortie.*

IMPORTED, adj. *Porté, transporté dans un pays, importé.*

IMPORTER, *subst. Celui qui apporte du dehors.*

IMPORTING, *subst. Entrée ou l'action de porter,* &c. *V.* le verbe.

IMPORTUNATE, adj. (or troublesome.) *Importun, qui cause de l'importunité, fâcheux, incommode, fatiguant.*

To be very importunate (or pressing) with one about a thing. *Solliciter quelqu'un avec importunité, le presser de faire une chose, l'importuner d'une chose.*

IMPORTUNATELY, adverb. *Importunément, d'une maniere importune, instamment, avec instance, avec empressement.*

IMPORTUNATENESS, *s. Importunité, action de la personne qui importune.*

To prevail with importunateness. *Obtenir par importunité.*

To IMPORTUNE, v. act. (or trouble.) *Importuner, incommoder, causer de l'importunité, fatiguer, presser.*

Importuned, adj. *Importuné, incommodé, fatigué, pressé.*

IMPORTUNELY, adverb. *Avec importunité.*

IMPORTUNING, *s. L'action d'importuner ou d'incommoder.*

IMPORTUNITY.

IMP

IMPORTUNITY, *f.* Importunité, maniere d'agir importune.
To IMPOSE, *v. act.* (or to give.) Imposer, donner.
To impose a name. Imposer ou donner un nom.
To impose (or to lay) taxes. Imposer ou mettre des impôts.
To impose a form, (in the way of Printing.) Imposer une forme, en termes d'imprimerie.
To impose UPON, (to cheat.) Imposer, tromper, faire accroire, duper, en donner à garder.
Hypocrify imposes upon all the world. *L'hypocrifie impose à tout le monde.*
Imposed, *adj.* Imposé, &c. *Voy.* to Impose.
Imposed upon. Trompé, à qui l'on en fait accroire, &c. *V.* le verbe.
IMPOSEABLE, *adject.* Qui peut être imposé.
IMPOSER, *f.* Celui qui impose une charge.
IMPOSING, *f.* Imposition ou l'action d'imposer, &c. *V.* to Impose.
IMPOSITION, *f.* (or laying on.) Imposition.
This action left upon his memory an imposition of hardship and cruelty. *Cette action a laissé sur sa mémoire une tache de rigueur & de cruauté.*
An imposition of ceremonies. *Une injonction de cérémonies.*
Imposition, (or cheat.) Tromperie, supercherie.
IMPOSSIBILITY, *f.* Impossibilité, chose impossible.
IMPOSSIBLE, *adj.* (that cannot be done.) Impossible, qui n'est pas possible, qui ne se peut faire.
It is or 'tis impossible for you to do it. *Vous ne sauriez le faire.*
Impossible, *f.* Impossibilité.
IMPOSSIBLY, *adv.* D'une maniere impossible.
IMPOST, *f.* (or custom.) Impôt, droit, particulierement sur les marchandises qui viennent du dehors.
To IMPOSTHUMATE, *v. n.* (or grow into an impossthume.) Apostumer, se former en aposteme.
Impossthumated, *adj.* Formé en aposteme.
IMPOSTHUMATION, *f.* (the growing into an impossthume.) Action d'apostumer ou de se former en aposteme.
IMPOSTHUME, *f.* (an unnatural swelling of any corrupt matter in the body.) Apostéme, abcès.
† IMPOSTHUMED. *V.* Imposthumated.
IMPOSTOR, *f.* (or cheat.) Un imposteur, un fourbe, un trompeur.
IMPOSTS, *f.* Imposte, terme d'architecture.
IMPOSTURE, *subst.* (or cheat, from to impose.) Imposture, tromperie, fourberie, supercherie.
IMPOTENCE, } *f.* (or weakness.) Impuissance, foiblesse, foible, incapacité.
IMPOTENCY, }
Her husband's impotency. *L'impuissance de son mari.*
A woman's impotency. *Le foible d'une femme.*
IMPOTENT, *adj.* (or weak.) Impuissant, foible, infirme.
Impotent, (or lame.) Perclus, impotent.
A baffled and impotent cause. *Une cause mal-soutenue.*
Impotent (or unruly) affections. *Des*

IMP

passions déréglées, déréglées, immodérées.
IMPOTENTLY, *adv.* (or weakly.) Foiblement, avec peu de force ou de vigueur.
To IMPOVERISH. *V.* to Empoverish.
To IMPOUND or confine cattle. *V.* to Pound.
To IMPOWER, *v. a.* (or give full power.) Donner pouvoir. *V.* Empower.
Impowered, *adj.* Qui a pouvoir, qui est en pouvoir.
IMPOWERING, *sub.* L'action de donner pouvoir.
IMPRACTICABLE, *adj.* (which cannot be done.) Qui ne se pratique pas, qui ne se peut pas faire.
To IMPRECATE, *v. act.* (or curse.) Maudire, faire des imprécations, donner des maledictions.
IMPRECATION, *subst.* (or curse.) Imprécation, malediction.
To use imprecations. *Faire des imprécations.*
IMPRECATORY, *adject.* Qui contient des imprecations.
IMPREGNABLE, *adj.* (not to be taken.) Imprenable, qu'on ne peut prendre.
IMPREGNABLY, *adv.* D'une maniere imprenable.
IMPREGNATE, *adj.* Enceinte.
To IMPREGNATE, *v. act.* (or get with child.) Engrosser, rendre enceinte.
To impregnate, (to imbibe or incorporate.) S'impregner, s'incorporer, s'imbiber.
Whilst the powder imbibes the water the water impregnates the powder. *Au même temps que la poudre s'imbibe d'eau, l'eau s'impregne dans la poudre.*
IMPREGNATED, *adj. V.* Impregnate.
Impregnated, (or incorporated.) Impregné, rempli.
A soul impregnated with the fumes of carnality. *Une ame enivrée des plaisirs de la chair.*
IMPREGNATION, *f.* Impregnation, terme didactique.
IMPREJUDICATE, *adj.* Qui est sans préjugés.
IMPREPARATION, *f.* Manque de préparation.
IMPRESS, *f.* Empreinte, impression.
The impresses of a material object. *Les impressions d'un objet matériel.*
Impress, (device.) Devise.
To IMPRESS, *verb. act.* (or to print, to stamp.) Imprimer, faire quelque impression, graver, au figuré.
Objects impress their own images upon the organs. *Les objets impriment ou gravent leurs images sur les organes.*
Impressed, *adj. V.* Impress.
IMPRESSIBLE, *adj.* Qui peut être imprimé.
IMPRESSION, *f.* Impression, empreinte.
The impression of a seal. *L'empreinte d'un cachet.*
The impression of a book. *L'impression d'un livre.*
The impression of an object upon the mind. *L'impression d'un objet sur l'esprit.*
IMPRESSURE, *f.* Empreinte.
IMPREST, *adj.* Imprimé, gravé.
Imprest money. *V.* Prest.
To IMPRIME, *v. a.* (a term of hunting.) Relancer.
Imprimed, *adj.* Relancé.
IMPRIMERY, *subst.* (a law-word for a printing-office or the printing art.) *L'Im-*

IMP

primerie, l'art d'imprimer, ou le lieu où l'on imprime.
To IMPRINT, *v. act.* (or stamp.) Imprimer, graver, au figuré.
To imprint a thing in one's mind. *Graver, imprimer quelque chose dans son esprit.*
Imprinted, *adj.* Imprimé, gravé.
R. Autrefois on se servoit de imprinted, en parlant d'un livre imprimé; mais aujourd'hui on ne se sert que du simple printed.
IMPRINTING, *f.* L'action d'imprimer ou de graver.
To IMPRISON, *v. act.* (to cast into prison.) Emprisonner, mettre en prison.
Imprisoned, *adject.* Emprisonné, mis en prison.
IMPRISONMENT, *sub.* Emprisonnement, prison.
During his imprisonment. *Pendant son emprisonnement.*
To be condemned to perpetual imprisonment. *Etre condamné à une prison perpetuelle.*
IMPROBABILITY, *sub.* Peu ou point de vraisemblance.
IMPROBABLE, *adj.* (or unlikely.) Qui n'est pas vraisemblable ou probable.
To IMPROBATE, *v. act.* (or to dislike.) Improuver, désapprouver, rejeter.
IMPROBATION, *subst.* (or dislike.) Désaveu, l'action de désapprouver, d'improuver, &c.
IMPROBITY, *f.* (or wickedness.) Méchanceté, malignité, mal-honnêteté.
A man of great improbity. *Un très-méchant homme, un mal-honnête homme.*
To IMPROLIFICATE, *v. act.* Féconder.
IMPROPER, *adj.* (or unfit.) Impropre, qui n'est pas propre.
Improper words. *Termes impropres.*
Improper, (unseasonable, preposterous.) *Hors de propos.*
IMPROPERLY, *adv.* Improprement, d'une maniere impropre.
To IMPROPRIATE, *v. act.* Inféoder, unir, incorporer au fief.
Impropriated, *adj.* Inféodé, &c.
IMPROPRIATION, *f.* (a parsonage or ecclesiastical living, coming to one by inheritance.) *Un bénéfice inféodé. V.* Appropriation.
Impropriation of tithes. *Dîmes inféodées.*
IMPROPRIATOR, *f.* Celui qui jouit d'un bénéfice inféodé.
IMPROPRIETY, *f.* (of speech.) Impropriété, maniere impropre de s'exprimer.
IMPROSPEROUS, *adj.* Malheureux.
IMPROSPEROUSLY, *adv.* Malheureusement.
IMPROVABLE, *adj.* Que l'on peut améliorer, qu'on peut faire profiter.
To IMPROVE, *v. act.* (to better, to make the best of, to cultivate or perfect.) *Améliorer, faire valoir, cultiver, faire profiter, profiter de, raffiner sur, augmenter, perfectionner.*
To improve one's estate. *Améliorer son bien, le faire valoir, le faire profiter.*
To improve arts and sciences. *Cultiver ou perfectionner les arts & les sciences.*
To improve misfortunes into blessings. *Tirer le bien du mal.*
To improve one's mind. *Cultiver l'esprit de quelqu'un.*
To improve a victory. *Profiter d'une victoire, la pousser plus loin.*
Did you hear how he improved that circumstance?

cumstance ? *L'avez-vous entendu relever ou embellir cette circonstance ?*
To improve, *v. n. Profiter, faire quelques progrès, se perfectionner.*
Improved, *adj. Amélioré, cultivé, augmenté, qu'on a fait valoir, qui a profité, qui a fait quelque progrès,* &c. *V.* to Improve.
He is much improved in every respect. *Il est tout autre qu'il n'étoit, il a plusieurs bonnes qualités qu'il n'avoit pas auparavant.*
Improved in knowledge. *Qui a plus de savoir qu'il n'avoit auparavant.*
Improved in health. *Qui se porte mieux.*
Improved in manners. *Qui s'est bien formé, qui s'est poli.*
Improved in sincerity. *Devenu plus sincere.*
This will be improved to his condemnation. *Ceci servira a le faire condamner.*
IMPROVEMENT, *sub.* (or bettering of land.) *Amélioration d'une terre.*
Improvement, (progress, advancement.) *Progrès, avancement.*
Improvement, (or cultivating.) *Culture.*
The improvement of arts and sciences or of one's mind. *La culture des arts & des sciences ou de son esprit.*
Capable of improvement. *Qu'on peut perfectionner ou porter à une haute perfection.*
IMPROVER, *s. Celui ou celle qui fait valoir,* &c. *V.* to Improve.
IMPROVIDENCE,
IMPROVISION, } *sub.* (or want of forecast.) *Faute de prévoyance; imprudence ou inconsidération.*
IMPROVIDENT, *adj.* (that has no forecast.) *Imprudent, qui n'est point prévoyant, qui n'a aucune prévoyance, inconsidéré.*
IMPROVIDENTLY, *adv. Imprudemment, sans aucune prévoyance, inconsidérément.*
IMPROVING, *sub.* (from to improve.) *L'action d'améliorer ou de faire valoir,* &c. *V.* to Improve.
IMPRUDENCE, *subst.* (or want of prudence.) *Imprudence, faute de prudence, inconsidération, manque de réflexion.*
IMPRUDENT, *adj.* (or unwise.) *Imprudent, qui n'est pas prudent, inconsidéré.*
IMPRUDENTLY, *adv. Imprudemment, avec imprudence, inconsidérément.*
IMPUDENCE, *subst.* (or shamelessness.) *Impudence, effronterie.*
Thou impudence! *Impudent que tu es!*
IMPUDENT, *adj.* (or shameless.) *Impudent, effronté.*
IMPUDENTLY, *adv. Impudemment, effrontément.*
To IMPUGN, *v. act.* (to oppose or withstand.) *Combattre, disputer contre, attaquer, s'opposer à, impugner.*
Impugned, *adj. Combattu,* &c. *V.* le verbe.
IMPUGNER, *s. Celui qui combat ou qui s'oppose.*
IMPUGNING, *s. L'action d'impugner, de combattre,* &c. *V.* to Impugn.
IMPULSE, *s.* (or motion, from to impel.) *Mouvement, impulsion, induction, persuasion, instigation.*
The impulses of the spirit. *Les mouvements de l'esprit.*
That gave the last impulse to my writing. *C'est la derniere chose qui m'a poussé ou porté à écrire.*
IMPULSION, *s. Impulsion, mouvement qu'un corps donne à un autre.*

Impulsion, (or impulse.) *Impulsion, instigation, persuasion.*
IMPULSIVE, *adject. Impulsif, qui nous porte à faire quelque chose.*
IMPUNELY, *adv. Impunément.*
IMPUNITY, *s.* (freedom from punishment.) *Impunité, indulgence.*
IMPURE, *adj.* (unclean or filthy.) *Impur, sale, déshonnête ou impudique.*
IMPURELY, *adv. Avec impureté.*
IMPURENESS, } *s. Impureté, saleté.*
IMPURITY,
To IMPURPLE, *v. act. Empourprer.*
IMPURPLED, *adject.* (a word used in poetry.) *Empourpré, terme poétique, d'un rouge qui tire sur le noir.*
IMPUTABLE, *adject. Qui peut être imputé.*
IMPUTATION, *s.* (or charge.) *Imputation, faute ou mauvaise action qu'on attribue à une personne, reproche, accusation.*
IMPUTATIVE, *adject. Qui nous est imputé.*
To IMPUTE, *verb. act.* (or attribute.) *Imputer, attribuer quelque chose a quelqu'un.*
Imputed, *adj. Imputé, attribué.*
IMPUTER, *s. Celui qui impute.*
IMPUTING, *s. Imputation, l'action d'imputer ou d'attribuer.*
IN, *prép. En, dans, dedans.*
He is in France. *Il est en France.*
He is in his chamber. *Il est dans sa chambre.*
I came in eight days. *Je suis venu en huit jours.*
To go in. *Aller dedans, entrer.*
To look in. *Regarder dedans.*
In, *A, au.*
In my mind, in my opinion. *A mon avis, selon moi.*
In haste. *A la hâte.*
In respect to him. *A sa considération.*
He could not do it in time. *Il n'a pu le faire à temps ou assez tôt.*
This will stand you in some stead. *Ceci vous servira à quelque chose.*
Instead of. *Au lieu de.*
In comparison. *Au prix.*
In, *Par.*
In times past, (or formerly.) *Par le passé.*
In writing. *Par écrit.*
In order. *Par ordre.*
In contempt. *Par mépris.*
In, *Pour.*
In obedience to you or your commands. *Pour vous obéir.*
In token of benediction. *Pour une marque de bénédiction.*
In short. *Pour couper court.*
In, *De.*
In the day-time. *De jour.*
Not one in ten will do it. *De dix vous n'en trouverez pas un qui le fasse.*
In, *Sur.*
He was taken in the fact or in the deed. *Il a été pris sur le fait ou en flagrant délit.*
They differ in two points. *Ils different sur deux points.*
In (or under) the reign of Augustus. *Sous le regne d'Auguste.*
A book in the press. *Un livre sous la presse.*
In the year 1802. *L'an 1802.*
In the fore-noon. *L'avant-matin, le matin.*
In the after-noon. *L'après-midi.*

In the night. *De nuit, pendant la nuit.*
In the day-time. *De jour, pendant le jour.*
In the evening. *Au soir, le soir, sur le soir.*
To be in an humour to—. *Être d'humeur ou en humeur de—.*
He is the best writer in England. *Il est le meilleur écrivain d'Angleterre.*
While your hand is in. † *Tandis que vous avez la main à la pâte, ou que vous êtes en train.*
My hand is in. *Je suis en train, je suis en jeu.*
In, (at sea.) *Dedans, c'est-à-dire serré ou ferlé, en parlant des voiles.*
You are obliged in reason and humanity to do it. *La raison & l'humanité vous obligent à le faire.*
In (or during) all the time that ever you served me. *Pendant ou durant tout le temps que vous avez été à mon service.*
This happens seldom in him. *Cela lui arrive rarement.*
To be in, (or engaged.) *Être engagé, être du nombre.*
To be well in body but sick in mind. *Avoir la santé du corps & être malade d'esprit.*
To be in great trouble. *Être fort affligé.*
To be troubled in mind. *Avoir l'esprit troublé.*
This stands me in six-pence. *Ceci m'a coûté six sous.*
He is a little in drink, (or elevated.) *Il a un peu bu,* † *il a un peu haussé le coude.*
To be in great expectation of a thing. *S'attendre fermement à quelque chose.*
In his sleep. *Comme, il dormoit.*
In the mean time, in the mean while. *Cependant.*
In former (or old) times. *Autrefois, anciennement.*
It will be most lasting in its satisfaction and innocent in its remembrance. *La satisfaction en sera de très-longue durée, & le souvenir très-innocent.*
To be in great hopes. *Avoir bonne espérance, s'attendre fermement à quelque chose.*
To be in and out with one in a quarter of an hour. *Se quereller, & être bons amis au bout d'un quart d'heure.*
P. One mischief comes on the neck of an other. P. *Un malheur ne vient jamais seul.*
R. *Cette préposition venant après un verbe, fait partie de sa signification.*
Ex. To come in. *Entrer.*
To keep in with one. *Menager quelqu'un, se conserver dans son esprit.*
INABILITY, *subst. Incapacité, insuffisance.*
INABSTINENCE, *subst. Intempérance.* See Intemperance.
To INABLE, &c. *V.* to Enable, &c.
INACCESSIBLE, *adject.* (not to be approached.) *Inaccessible, qu'on ne peut approcher.*
INACCURACY, *subst. Manque d'exactitude.*
INACCURATE, *adj. Inexact.*
INACTION, *s. Inaction.*
INACTIVE, *adj. Qui est dans l'inaction, indolent.*
INACTIVELY, *adv. Nonchalamment.*
INACTIVITY, *s. Inaction, indolence.*
INADEQUATE, *adject.* (or imperfect.) *Imparfait.*

INADEQUATELY.

INADEQUATELY, adv. Difcluetufement, imparfaitement.
INADVERTENCE, } f. (heedleſſneſs.)
INADVERTENCY, } Inadvertance, imprudence, mégarde.
INADVERTENTLY, adv. Par inadvertence, par mégarde, imprudemment.
INALIENABLE, adject. (that cannot be alienated.) Inaliénable.
INALIMENTAL, adj. Qui n'eſt ſubſtantiel ou nourriſſant.
INAMISSIBLE, adj. (that can never be loſt.) Inamiſſible, terme de Théologie, qui ne ſe peut perdre.
INAMOURED. V. Enamoured.
INANE. V. Empty.
INANIMATE, } adj. (without life or
INANIMATED, } ſoul.) Inanimé, qui n'a point de vie ou d'ame.
INANITION, ſubſt. (a term uſed in phyſick.) Inanition, terme oppoſé à réplétion, foibleſſe, manque de force cauſé par défaut de nourriture.
INANITY, ſubſt. (or emptineſs.) Vanité, inutilité ; vide.
INAPPETENCY, ſubſt. Froideur qu'on a pour quelque choſe, qui fait qu'on ne la déſire pas.
INAPPLICABLE, adj. Inapplicable, qu'on ne peut appliquer.
INAPPLICATION, f. Inapplication.
To INARCH, v. act. (or ingraft.) Greffer en approche.
INARTICULATE, adj. (indiſtinct, confuſed, not articulate.) Inarticulé, confus, obſcur, qui n'eſt pas articulé.
INARTICULATELY, adv. Confuſément, d'une maniere inarticulée.
INARTICULATENESS, ſubſt. Confuſion de ſons.
INARTIFICIAL, adj. Qui eſt ſans art ou ſans artifice, naturel.
INARTIFICIALLY, adv. Sans art, ſans artifices.
IN AS MUCH AS, adverb. D'autant que, parce que, puiſque, vu que.
INATTENTION, f. Inattention.
INATTENTIVE, adj. Qui n'eſt pas attentif.
INAUDIBLE, adj. Qui ne ſe fait pas entendre.
To INAUGURATE, v. act. (or inſtall.) Inſtaller, mettre en poſſeſſion.
Inaugurated, adj. Inſtallé.
INAUGURATION, ſubſt. Inauguration ou inſtallation.
INAURATION. V. Gilding.
INAUSPICIOUS, adject. (or unlucky.) Malheureux.
INAUSPICIOUSLY, adv. Malheureuſement, ſous de malheureux auſpices.
INBEING, ſubſt. Identité, inhérence.
INBORN, } adj. (innate or natural.)
INBRED, } Naturel, qui naît avec nous.
An inborn or inbred vice. Un vice qui naît avec nous, vice qui nous eſt naturel.
Inbred commodities. Des marchandiſes ou des denrées du pays.
INCALESCENCE } f. Chaleur, com-
INCALESCENCY } mencement de chaleur.
INCANTATION, f. (or charm.) Incantation, enchantement, charme.
INCANTATOR, f. (or wizard.) Enchanteur, ſorcier, magicien.
To INCANTON, verb. act. Unir à un canton.
INCAPABILITY, ſubſt. Impuiſſance, incapacité.

INCAPABLE, adj. (or unfit.) Incapable, qui n'eſt pas capable.
INCAPACIOUS. V. Narrow.
To INCAPACITATE, verb. act. (or render incapable.) Rendre incapable, affoiblir.
INCAPACITY, f. (or inability.) Incapacité, inſuffiſance.
To INCARCERATE. V. to Impriſon.
INCARCERATION, ſubſt. Incarcération, empriſonnement.
INCARNADINE, ſubſt. or adj. (of a fleſhy colour.) Incarnadin, incarnat, qui tire ſur la couleur de chair.
To INCARNATE, } verb. act. Incarner,
To INCARN, } revêtir de chair.
To INCARNADINE, verb. act. Teindre en rouge.
INCARNATE, adject. (that has taken fleſh.) Incarné, revêtu d'un corps de chair.
God incarnate. Dieu incarné.
INCARNATION, ſubſt. (an aſſuming of fleſh.) Incarnation.
Incarnation, (a certain ſalve that cauſes fleſh to grow.) Onguent qui fait croître la chair.
Incarnation, (a deep, rich or bright carnation colour.) Belle couleur incarnate.
INCARNATIVE, adj. Incarnatif, terme de chirurgie.
To INCASE, v. act. Enfermer, couvrir.
INCASTELLED, adj. (or narrow heeled.) Ex. An incaſtelled horſe, Cheval encaſtelé, qui a le talon étroit.
INCAUTIOUS, adj. Négligent, qui ne prend pas garde.
INCAUTIOUSLY, adv. Négligemment.
INCENDIARY, ſubſt. (a firer of houſes.) Incendiaire, boute-feu, l'auteur d'un incendie.
An incendiary, (or ſower of diviſion.) Un boute-feu, qui met la diviſion partout, qui cherche à mettre tout en combuſtion.
INCENSE, f. (or frankincenſe.) Encens.
To INCENSE, v. act. (urge or provoke.) Fâcher, mettre en colere, irriter, aigrir, provoquer.
Incenſed, adj. Fâché, en colere, irrité, provoqué.
INCENSEMENT, ſubſt. Rage, fureur, colere violente.
INCENSING, f. L'action de fâcher, &c. V. to Incenſe.
INCENSION, ſubſt. L'action de mettre en feu, embraſement.
INCENSOR, ſubſt. Celui qui provoque, qui excite la colere.
INCENSORY, f. (a cenſer or a perfuming-pan.) Encenſoir.
INCENTIVE, f. (or motive.) Un motif, ce qui nous porte à faire quelque choſe, un aiguillon.
A powerful incentive to luſt. Un puiſſant aiguillon pour exciter la convoitiſe.
INCEPTION, f. Commencement.
INCEPTIVE, adj. Qui marque le commencement.
INCERTITUDE, f. Incertitude.
INCESSANT, adj. (continual or uninterrupted.) Continuel, conſtant.
INCESSANTLY, adverb. (without interruption.) Inceſſamment, ſans ceſſe, continuellement.
INCEST, f. (or carnal copulation with one that is too near a-kin.) Inceſte.
INCESTUOUS, adj. (guilty of inceſt.) Inceſtueux.

INCESTUOUSLY, adv. D'une maniere inceſtueuſe.
INCH, ſubſt. (the twelfth part of a foot.) Pouce, la douzieme partie d'un pied.
† An inch breaks no ſquares. Il ne faut pas regarder de ſi près, il ſi peu de choſe, il ne faut pas rompre amitié pour ſi peu de choſe.
† Give him an inch, and he will take an ell. Plus on lui donne, plus il veut avoir.
To ſell a thing by inch of candle. Vendre quelque choſe à l'extinction de la chandelle ou à l'encan.
He is noble and great every inch of him. Il n'a rien que de noble & qui ne ſente la grandeur.
I will not bate an inch (or a jot) of it. Je n'en veux point démordre.
To INCH out, v. act. (to make the beſt of a thing.) Faire ſervir une choſe, la faire valoir autant qu'il ſe peut.
To inch a thing out, (to add to it.) Faire une petite addition à une choſe.
To inch (or thout) out. Pouſſer dehors, faire ſortir petit à petit.
To inch out, (to meaſure by inches.) Meſurer par pouces.
God does not inch out his bleſſings. Dieu ne répand pas ſes bénédictions par meſure.
To INCHOATE. V. to Begin.
INCHOATION, f. Commencement.
To INCIDE. V. to Cut.
INCIDENCE, f. Incidence ; terme de géometrie ; chute d'une ligne, d'un rayon ou d'un corps ſur un autre.
INCIDENT, adject. (that happens commonly.) Ordinaire, qui arrive ordinairement.
Theſe things are incident to mankind. Ce ſont des choſes ordinaires à l'homme, ou auxquelles les hommes ſont ſujets.
Incident, (or annexed.) Attaché, annexé, dépendant.
Incident, (caſual.) Accidentel, qui arrive par occaſion.
Incident, ſubſt. (a circumſtance, a by-matter.) Un incident, une circonſtance, un acceſſoire.
Incident, (or even.) Incident, accident, événement.
INCIDENTAL, adject. Qui arrive par incident.
INCIDENTALLY, adv. Incidemment, par incident.
To INCINERATE, verb. act. Réduire en cendres.
INCINERATION, f. E'tat d'un corps qui ſe réduit en cendres ; incinération.
INCIRCUMSPECTION, f. Imprudence.
INCISION, f. (or cutting.) Une inciſion, une coupure.
INCISIVE, adj. Inciſif, terme de médecine.
INCISOR, f. Dent inciſive.
INCITATION, f. Incitation, inſtigation ; V. Inciting.
To INCITE, v. act. (to ſtir up.) Inciter, exciter, animer, pouſſer, émouvoir, porter, ſolliciter, encourager.
Incited, adj. Excité, incité, animé, pouſſé, ému, porté, ſollicité, encouragé.
INCITEMENT, f. Motif, aiguillon, ſollicitation.
INCITER, f. Celui ou celle qui excite, &c. V. to Incite ; inſtigateur.
INCITING, ſubſt. L'action d'exciter d'inciter, &c. V. to Incite ; motif, aiguillon.

Inciting

Inciting, adj. Attirant, attrayant, engageant.
INCIVIL, adj. (or unmannerly.) Incivil, mal-honnête, désobligeant. V. Uncivil.
INCIVILITY, f. Incivilité.
INCIVILLY, adv. Incivilement, peu civilement, d'une manière peu civile.
INCLE, f. (or tape.) Ruban de fil.
INCLEMENCY, f. (or severity.) Inclémence, en parlant de l'air, &c. rigueur, sévérité.
INCLEMENT, adj. Dur, impitoyable.
INCLINABLE, adj. (or inclined.) Enclin, porté, qui a du penchant ou de la disposition à quelque chose.
INCLINATION, subst. (proneness or aptness.) Inclination, pente ou penchant.
Of one's own inclination, (or accord.) De son propre mouvement.
Inclination, (or love.) Inclination, amitié, amour.
Inclination, (in geometry, &c.) Inclinaison.
To INCLINE, v. act. Incliner, pencher, donner un penchant, porter.
To incline, v. n. Incliner, pencher, avoir du penchant, être porté.
Victory inclined sometimes to one side and sometimes to another. La victoire penchoit tantôt d'un côté, tantôt d'un autre, la victoire balançoit.
The weather inclines to fair. Le temps se tourne ou se met au beau.
This stuff inclines to red. Cette étoffe tire sur le rouge.
Inclined, adj. Enclin, porté, qui a du penchant ou de la disposition à quelque chose.
To be inclined to evil. Être enclin ou porté au mal.
I shall push him on where I shall see him most inclined. Je le pousserai du côté que je le verrai pencher.
INCLINING, subst. L'action d'incliner, de pencher ou de donner un penchant, &c. penchant, pente, inclination.
Inclining, adj. Penchant, qui penche.
Fortune inclining to his side. La fortune penchant de son côté.
The day inclining towards the evening. Le jour se retirant pour faire place à la nuit, ou la nuit approchant.
To INCLIP, v. act. Empoigner, entourer, environner.
To INCLOISTER, v. act. Cloîtrer, mettre ou enfermer dans un couvent ou dans un cloître.
Incloistered, adj. Cloîtré, enfermé dans un couvent ou dans un cloître.
To INCLOSE, &c. V. to Enclose, &c.
To INCLOUD, v. act. Obscurcir.
To INCLUDE, v. act. (or comprehend.) Comprendre, embrasser, renfermer, contenir.
Included, adj. Compris, renfermé, contenu.
INCLUSION, f. Ex. They will make no peace, but with the inclusion of the King of Poland. Ils ne feront point la paix, à moins que le Roi de Pologne n'y soit compris.
INCLUSIVE, adj. Qui renferme, comprend ou renferme.
Justice is inclusive of all other virtues. La justice renferme toutes les autres vertus.
INCLUSIVELY, adv. Inclusivement.
INCOGITANCY, subst. (or heedlessness.) Imprudence, manque de réflexion, mégarde.

A man of great incogitancy. Un homme qui fait les choses inconsidérément, sans réflexion.
INCOGITATIVE, adj. Qui n'a pas la faculté de penser.
INCOGNITO, } adv. (or unknown.)
INCOG, } Incognito, sans être connu.
He travelled incognito. Il voyageoit incognito.
INCOHERENCE } subst. (want of
INCOHERENCY, } connexion, inconsequence.) Incohérence.
INCOHERENT, adj. Qui ne se rapporte pas, qui se démènt, incohérent.
INCOHERENTLY, adv. Sans liaison, sans connexion.
INCOLUMITY, subst. Sûreté, sécurité.
INCOMBUSTIBLE, adj. (that cannot take fire.) Incombustible, qui n'est point susceptible de prendre feu.
INCOMBUSTIBLENESS, } f. Qualité
INCOMBUSTIBILITY, } incombustible.
INCOME, subst. (or revenue.) Revenu, rente.
He has the best income of them all. Il est le mieux renté de tous.
INCOMMENSURABLE, adj. (a term of Geometry, that has not an equal proportion or measure.) Incommensurable, terme de Géométrie, qui n'a point d'aliquote commune avec une autre quantité.
INCOMMENSURABILITY, f. Incommensurabilité.
INCOMMENSURATE, adj. Qui n'admet pas une mesure commune.
To INCOMMODATE, } verb. act. (to
To INCOMMODE, } trouble.) Incommoder, importuner, embarrasser, gêner.
Incommoded, adj. Incommodé, importuné, embarrassé, gêné.
INCOMMODIOUS, adj. (troublesome.) Incommode, importun, fâcheux, qui donne de l'incommodité, gênant.
INCOMMODIOUSLY, adv. Avec incommodité.
INCOMMODIOUSNESS, } subst. (or
INCOMMODITY, } trouble.) Incommodité, chose qui incommode.
INCOMMUNICABLE, adject. (not to be communicated.) Incommunicable, qui ne se communique point.
INCOMMUNICABLY, adv. D'une manière incommunicable.
INCOMMUNICATING, adj. Qui ne communique pas, qui n'a point de correspondance.
INCOMPACT, adject. Qui n'est pas bien ajusté ou dégagé, qui n'est pas serré, impasfait.
INCOMPARABLE, adject. (matchless.) Incomparable, qui ne peut être comparé, sans égal.
INCOMPARABLY, adv. (without comparison.) Incomparablement, sans comparaison.
Incomparably well. Parfaitement bien, à merveille.
To INCOMPASS. V. to Encompass.
INCOMPASSIONATE, adj. (that has no compassion.) Cruel, impitoyable.
INCOMPATIBILITY, f. Incompatibilité.
INCOMPATIBLE, adject. (that cannot stand or agree together.) Incompatible, qui ne peut subsister avec un autre.

INCOMPATIBLY, adverb. Incompatiblement.
INCOMPETENCY, subst. Imcompétence; défaut de pouvoir connoître d'une chose, en parlant d'un Juge.
Incompetency, (or inability.) Incapacité; insuffisance.
INCOMPETENT, adj. (to whom it does not belong to take cognizance of a thing, speaking of a Judge.) Incompétent, qui n'est pas compétent, en parlant d'un Juge.
Incompetent, (or incapable of an employ.) Incapable, qui n'est pas capable d'un emploi.
INCOMPETENTLY, adv. Avec peu de jugement ou de capacité.
* INCOMPETIBILITY, f. L'état d'une chose qui ne peut convenir à une autre.
* INCOMPETIBLE, adj. (unsuitable, not agreable.) Qui ne convient pas, qui ne se rapporte pas.
INCOMPLETE, adject. (not complete.) Qui n'est pas complet, imparfait, incomplet.
INCOMPLETENESS, subst. Imperfection; état de ce qui n'est pas complet.
INCOMPLIANCE, f. Ex. Incompliance of humour. Humeur peu complaisante.
INCOMPOSED, adj. (or uncouth.) Négligé, mal en ordre, désagréable, qui a mauvaise grace.
INCOMPOSEDLY, adv. (or uncouthly.) De mauvaise grace, mal en ordre, sans justesse, sans politesse.
INCOMPOSEDNESS, f. Désordre, mauvaise grace.
INCOMPOSSIBILITY, subst. État d'une chose qui ne peut devenir possible sans l'éloignement ou la destruction d'une autre.
INCOMPOSURE, subst. Désordre, confusion.
INCOMPREHENSIBLE, adj. (not to be comprehended.) Incompréhensible, qu'on ne peut comprendre.
INCOMPREHENSIBLENESS, f. Incompréhensibilité, qualité incompréhensible.
INCOMPREHENSIBLY, adv. D'une manière incompréhensible.
INCOMPRESSIBLE, adj. Incompressible, qui ne peut être comprimé.
INCONCEIVABLE, adj. (not to be conceived.) Inconcevable ou qui ne se peut concevoir.
INCONCLUDENT, } adject. Qui ne
INCONCLUSIVE, } prouve pas.
INCONCLUSIVENESS, subst. Défaut d'évidence.
INCONCOCT, } adj. Cru, qui n'est
INCONCOCTED, } pas cuit.
INCONCOCTION, f. Crudité.
INCONCURRING, adj. Qui ne s'accorde pas.
INCONDITE, adj. Irrégulier, informe.
INCONDITIONAL, } adj. Sans res-
INCONDITIONATE, } triction, illimité.
INCONFORMITY, f. Indocilité, refus de se conformer.
INCONFUSION, subst. Ordre, clarté; netteté.
INCONGRUENCE, subst. Défaut de convenance.
INCONGRUITY, subst. (or disagreeableness.) Incongruité, disconvenance, qualité d'une chose qui n'a point de rapport à celle dont il s'agit.
An incongruity of speech, Une incongruité

INC

de discours, *un solécisme ou un barbarisme.*

INCONGRUOUS, adject. (improper.) *Hors de propos, qui n'est pas à propos, incongru.*

An incongruous expression. *Une expression incongrue, qui est impropre, qui n'est pas propre.*

It is very incongruous for a man that dedicates himself to letters. *Il sied fort mal à un homme qui se consacre à l'étude.*

INCONGRUOUSLY, adverb. *Improprement, d'une manière impropre, contre les regles.*

INCONNEXEDLY, adv. *Sans connexion, sans suite.*

INCONSCIONABLE, adj. *Déraisonnable, qui n'a pas le sentiment intérieur du bien & du mal, irraisonnable.*

INCONSEQUENCE, subst. (or weakness in argumentation.) *Mauvais raisonnement, foiblesse d'un raisonnement, inconséquence.*

INCONSEQUENT, adj. *Foible, impertinent, dont le raisonnement est faux, dont la conséquence n'est pas juste; inconséquent.*

INCONSEQUENTLY, adv. *Foiblement, contre les regles du raisonnement.*

INCONSIDERABLE, adj. *Qui n'est pas considérable, petit ou qui n'est pas de grande considération.*

He is an inconsiderable fellow. *C'est un homme de nulle considération ou de néant, un homme qui ne fait aucune figure, qui n'est point distingué de la lie du peuple.*

INCONSIDERABLENESS, s. *Foible importance.*

INCONSIDERANCY. *Voy.* Inconsideratenes.

INCONSIDERATE, adj. (rash, foolish, or unwise.) *Inconsidéré, indiscret, brusque, peu sage, étourdi, imprudent, peu judicieux.*

INCONSIDERATELY, adv. *Inconsidérément, à l'étourdi, imprudemment, brusquement, indiscrètement, sans aucune considération, sans réflexion.*

INCONSIDERATENESS, } subst. *Inconsidération, imprudence, manque de circonspection, manque de réflexion ou de jugement, brusquerie, indiscrétion.*
INCONSIDERATION, }

INCONSISTENCE, } subst. *Incompatibilité.*
INCONSISTENCY, }

An inconsistency upon the point of chronology. *Un anachronisme.*

INCONSISTENT, adj. *Incompatible, contraire, contradictoire.*

This is inconsistent with God's power. *C'est une chose incompatible avec la puissance de Dieu.*

It is utterly inconsistent with the rules of society. *Cela est tout-à-fait contraire aux regles de la société.*

His arguments are weak, fallacious and inconsistent. *Ses arguments sont foibles, captieux & contradictoires.*

That clause is inconsistent with the other parts of the act. *Cette clause est en contradiction avec les autres parties de l'acte.*

He is inconsistent with himself. *Il se contredit, il se dément.*

INCONSOLABLE, adject. (that will receive no comfort.) *Inconsolable, qu'on ne sauroit consoler.*

INCONSONANCY, s. *Inconséquence.*

INCONSPICUOUS, adj. *Invisible.*

INCONSTANCY, subst. (or fickleness.) *Inconstance, légéreté.*

INCONSTANT, adj. (or fickle.) *Inconstant, léger, incertain, volage, changeant.*

INCONSTANTLY, adv. *Avec inconstance, avec légéreté, légérement.*

INCONSUMABLE, } adject. *Inépuisable, qui ne peut être consumé.*
INCONSUMPTIBLE, }

INCONTESTABLE, adj. (indisputable.) *Incontestable.*

INCONTESTABLY, adv. *Incontestablement.*

INCONTIGUOUS, adj. *Séparé, qui n'est pas contigu.*

INCONTINENCE, } subst. (or lustful affection.) *Incontinence, déréglement de vie.*
INCONTINENCY, }

INCONTINENT, adj. (or unchaste.) *Incontinent, qui n'est pas chaste ou qui n'a pas le don de chasteté, impudique, lascif, voluptueux, adonné à ses plaisirs.*

INCONTINENTLY, adv. *Avec incontinence, impudiquement.* Incontinently, (or presently.) *Incontinent, aussi-tôt.*

INCONTROVERTIBLE, adject. *Certain, qu'on ne peut contester.*

INCONTROVERTIBLY, adj. *Certainement, évidemment.*

INCONVENIENCE, } s. *Inconvénient, incommodité.*
INCONVENIENCY, }

Inconvenience, (trouble.) *Embarras, difficulté, peine.*

INCONVENIENT, adj. *Incommode, qui incommode, embarrassant.*

INCONVENIENTLY, adverb. (unseasonably.) *Mal-à-propos ou hors de saison.*

INCONVERSABLE, adj. (or unsociable.) *Insociable, qui n'est pas sociable.*

INCONVERTIBLE, adject. (a term used in Philosophy.) *Inconvertible, terme didactique.*

Inconvertible terms. *Des termes inconvertibles.*

INCONVINCIBLE, adj. *Entêté, qu'on ne sauroit convaincre.*

INCONVINCIBLY, adverb. *Obstinément, avec un entêtement qui ne cede pas à la conviction.*

INCORPORAL, &c. V. Incorporeal.

INCORPORATE, adject. (or imbodied.) *Incorporé.*

A body incorporate, (a corporation.) *Une communauté ou une société.*

To **INCORPORATE**, v. act. (to imbody.) *Incorporer, de plusieurs choses n'en faire qu'un corps.*

To incorporate, (to unite into a corporation.) *Ériger ou former en corps ou en communauté.*

To incorporate, v. neut. *S'incorporer, se mêler pour ne faire qu'un corps.*

Incorporated, adj. *Incorporé.*

INCORPORATING, } subst. *Incorporation ou l'action d'incorporer.*
INCORPORATION, }

INCORPOREAL, adj. (unbodied.) *Incorporel, qui n'a point de corps.*

INCORPOREALLY, adv. *Immatériellement.*

INCORPOREITY, subst. *Etat incorporel, qualité incorporelle, spiritualité.*

To **INCORPSE**, v. act. *Incorporer.*

INCORRECT, adject. (or full of faults.) *Plein de fautes, qui n'est pas correct ou châtié.*

INCORRECTLY, adv. *D'une maniere peu correcte.*

INCORRECTNESS, s. *Qualité de ce qui n'est pas correct ou châtié.*

Incorrectness of style. *Négligence de style.*

INCORRIGIBLE, adject. *Incorrigible, qu'on ne peut corriger, incapable de correction.*

INCORRIGIBLENESS, sub. *Dépravation invétérée, incorrigibilité.*

INCORRIGIBLY, adv. *Incorrigiblement.*

INCORRUPT, }
INCORRUPTED, } adj. *Qui n'est pas corrompu.*

INCORRUPTIBLE, adj. (not to be corrupted.) *Incorruptible, qui ne peut être corrompu.*

INCORRUPTIBLENESS, s. *Incorruptibilité, qualité incorruptible.*

INCORRUPTIBILITY, subst. *Incorruptibilité.*

INCORRUPTIBLY, adv. *D'une maniere incorruptible.*

INCORRUPTION, s. *Incorruption.*

INCORRUPTNESS, subst. *Intégrité, pureté.*

To **INCRASSATE**, verb. act. (or make thick.) *Épaissir, rendre épais.*

INCRASSATION, s. *L'action d'épaissir, épaississement.*

INCRASSATIVE, adj. *Qui a le pouvoir d'épaissir, incrassant.*

INCREASE, s. *Accroissement, augmentation, agrandissement, plus grand nombre, surcroit.*

An increase of family. *Un accroissement ou une augmentation de famille.*

An increase of children. *Un plus grand nombre d'enfants.*

An increase of taxes. *Un surcroit, une augmentation ou surcharge d'impôts.*

The increase of trade. *L'avancement du négoce.*

The increase of the year. *La récolte de l'année.*

The increase of cattle. *La portée des bêtes.*

To **INCREASE**, v. act. *Accroître, augmenter, agrandir.*

To increase, v. neut. *Croître, prendre de l'accroissement, s'augmenter, s'agrandir.*

Increased, adj. *Accru, augmenté.*

His estate is much increased. *Son bien s'est fort accru.*

INCREASER, s. *Celui ou celle qui accroit ou augmente.*

INCREASING, s. *L'action d'accroître ou d'augmenter,* &c. *Voy.* to Increase.

INCREDIBILITY. *Voy.* Incredibleness.

INCREDIBLE, adj. (past all belief.) *Incroyable, qui ne peut être cru, à quoi l'on ne peut ajouter foi.*

INCREDIBLENESS, subst. *Ce qui rend une chose incroyable, ce qu'une chose à d'incroyable.*

INCREDIBLY, adv. *D'une maniere incroyable, au-delà de ce qu'on peut croire.* Incredibly big. *D'une grandeur incroyable.*

INCREDULITY, s. (hardness of belief.) *Incrédulité.*

INCREDULOUS, adj. (hard of belief.) *Incrédule, qui ne croit pas aisément.*

An incredulous man. *Un incrédule.*

An incredulous woman. *Une incrédule.*

INCREMENT, subst. *Accroissement, augmentation.*

To **INCREPATE**. *Voy.* to Chide.

INCREPATION.

INCREPATION. *Voy.* Ch'ding.
To INCRUST } *v. act.* Incruster.
To INCRUSTATE }
Incrustated, *adj.* Incrusté.
INCRUSTATION, *f.* Incrustation.
INCUBATION, *f.* (a word used amongst philosophers, for sitting upon eggs.) Incubation, l'action de couver des œufs.
INCUBUS, *f.* (the night-mare.) Incube, le cochemare.
To INCULCATE, *v. act.* (or beat into one's head.) Inculquer, répéter, redire, rebattre une chose à quelqu'un, afin de la lui imprimer dans l'esprit.
Inculcated, *adj.* Inculqué.
INCULCATION, }
INCULCATING, } *subst.* L'action d'inculquer, &c. *Voy.* le verbe.
INCULPABLE, *adj.* (or blameless.) Innocent, sans reproche, irrépréhensible.
INCULPABLY, *adv.* D'une maniere irréprochable, bien.
INCULT, *adj.* (untilled.) Inculte.
INCUMBENT, *f.* (a clergyman in possession of a benefice with a cure.) Un bénéficier, un pourvu, celui qui est pourvu d'un bénéfice.
INCUMBENT, *adject.* Ex. I have a great business incumbent upon me. J'ai une grande affaire sur les bras.
This is a duty now incumbent upon me. C'est un devoir dont il faut que je m'acquitte.
To INCUR, *v. act.* (or run into.) Encourir, subir.
To incur a penalty. Encourir, subir une amende.
To incur, (or expose one's self to.) Se jetter, s'exposer, tomber.
(A) To incure a mischief. S'exposer à quelque malheur.
Perhaps this task which I have proposed to myself will incur the censure of judicious persons. Peut-être que la tâche que je me suis imposée sera blâmée des personnes judicieuses.
INCURABLE, *adject.* (not to be cured.) Incurable, qu'on ne peut guérir.
INCURABLENESS, } *f.* Qualité incurable, impossibilité de la guérison.
INCURABILITY, }
INCURABLY, *adv.* D'une maniere incurable.
To be incurably sick. Etre malade à mourir, être malade d'un mal incurable, être désespéré.
INCURIOUS, *adj.* Négligent, qui n'est pas attentif.
INCURRED, *adject.* Subi, &c. V. to Incur.
INCURRING, *f.* L'action d'encourir, &c. *Voy.* to Incur.
INCURSION, *f.* (or inroad.) Incursion, course de gens de guerre.
To INCURVATE, *v. act.* Courber.
INCURVATION. *f.* Courbure ou l'action de courber.
INCURVITY, *f.* Courbure, cambrure.
To INDAGATE, *v. act.* Chercher avec soin, ex- miner.
INDAGATION, *f.* (a deep searching into things.) Perquisition, exacte recherche.
To INDART, *v. act.* Darder.
INDEBTED, *adj.* (or in debt.) Endetté, qui a des dettes.
He is very much indebted, he is deeply indebted. Il est fort endetté, il doit beaucoup.
To be indebted (or obliged) to one for a thing. Etre obligé ou redevable à quelqu'un d'une chose.

INDECENCY, *sub.* Indécence, ce qui est opposé à la bienséance.
INDECENT, *adject.* (or unseemly.) Indécent, messéant, mal-honnête, qui n'est pas dans la bienséance.
INDECENTLY, *adv.* Indécemment, avec indécence, mal-honnêtement, d'une façon messéante.
INDECIDUOUS, *adj.* Qui n'est pas sujet à tomber.
INDECIMABLE, *adj.* (not tithable, that ought not to pay tithes.) Qui n'est pas sujet aux dîmes.
INDECLINABLE, *adj.* (a term of Grammar.) Indéclinable, terme de Grammaire.
INDECOROUS, *adj.* Indécent, messéant.
INDECORUM, *subst.* (or indecency.) Indécence.
INDEED, *adv.* (in reality, in truth.) En vérité, certainement, vraiment, tout de bon, sans mentir.
And indeed, *conj.* En effet, & de fait.
INDEFATIGABLE, *adject.* (not to be wearied.) Infatigable, qui ne se lasse point.
Indefatigable labours. Des travaux sans relâche ou continuels.
INDEFATIGABLY, *adv.* Infatigablement.
A man indefatigably laborious. Un homme infatigable, un homme qui travaille sans relâche.
INDEFECTIBILITY, *subst.* Indéfectibilité, terme dogmatique.
INDEFECTIBLE, *adj.* Indéfectible, terme dogmatique.
INDEFENSIBLE, *adject.* (that cannot be defended.) Hors d'état d'être défendu.
INDEFEISIBLE, *adj.* (that cannot be revoked.) Inviolable, irrévocable, qui ne se peut révoquer, casser ou annuller.
INDEFINITE, *adj.* (a term of Grammar.) Indéfini, qui n'est pas défini, terme de Grammaire.
INDEFINITELY, *adv.* Indéfiniment, d'une maniere indéfinie.
INDEFINITUDE, *subst.* Quantité ou état illimité.
INDELIBERATE, } *adj.* (unpremeditated.) Indélibéré.
INDELIBERATED, }
INDELIBLE, *adj.* (not to be blotted out.) Indélébile, qui ne se peut effacer.
The indelible character of Baptism. Le caractere indélébile du baptême.
INDELICACY, *subst.* Manque de délicatesse.
INDELICATE, *adject.* Qui manque de délicatesse.
To INDEMNIFY, *v. act.* (to save harmless.) Dédommager, indemniser, terme de Palais.
To indemnify one's self. Se dédommager, s'indemniser.
Indemnified, *adject.* Dédommagé, indemnisé.
INDEMNITY, }
INDEMNIFICATION, } *subst.* (saving harmless, recompense.) Indemnité, dédommagement.
Act of indemnity, (an act of oblivion, amnesty, pardon.) Amnistie, grace, pardon, abolition.
INDEMONSTRABLE, *adject.* Qu'on ne sauroit démontrer.
INDENT, } *f.* Dentelure, inégalité.
To INDENT, *v. act.* Denteler, façonner en forme de dents.

To indent articles of agreement. Denteler un contrat entre deux parties. *Voy.* Indenture.
To indent, *v. neut.* (to go into.) S'enclaver.
The crocodile's teeth indent or ate indented within one another. Les dents du crocodile s'enclavent l'une dans l'autre.
† To indent, (to reel or to make the figure of S, as a drunken man.) Chanceler, marcher de guingois, † faire des esses.
Indented, *adject.* Dentelé.
Indented servant, (a servant bound for a term of years by an indenture.) Un engagé.
INDENTURE, *subst.* (a contract or articles between two parties, indented at the top, and answerable to one another, that likewise contains the same contract.) Un contrat ou un acte public dentelé.
An apprentice's indenture. Un brevet d'apprentissage.
† To make indentures, (to reel like a drunken man.) Chanceler, n'être pas assuré sur ses pieds, † faire des esses.
INDEPENDENCE, }
INDEPENDENCY, } *subst.* (freedom, exemption from reliance.) Indépendance.
INDEPENDENT, *adject.* (that has no dependency upon another.) Indépendant, qui ne dépend, qui ne releve de personne.
An independent company, (of soldiers.) Une compagnie franche.
INDEPENDENTS, *sub.* (otherwise called congregationalists, a sort of dissenters.) Les Indépendants, ancienne secte d'Angleterre.
INDEPENDENTLY, *adverb.* Indépendamment, d'une maniere indépendante, souverainement.
To act independently from other men's motives. Agir de son chef ou sans dépendre des conseils d'autrui.
INDESERT, *subst.* Indignité, manque de mérite.
INDESINENTLY, *adv.* Continuellement, sans cesse, toujours.
INDESTRUCTIBLE, *adj.* Indestructible.
INDETERMINABLE, *adj.* Indéterminable, qui ne peut être déterminé.
INDETERMINATE, }
INDETERMINED, } *adj.* Indécis, indéterminé, qui n'est pas décidé, vuide ou déterminé.
INDETERMINATELY, *adv.* Indéterminement, d'une maniere indéterminée.
INDETERMINATION, *subst.* Indétermination, irrésolution.
INDEVOTION, *subst.* (or want of devotion.) Indévotion.
INDEVOUT, *adject.* Indévot.
INDEX, *subst.* (or table to find out the heads of a book.) Table, index, indice; ce dernier vieillit.
To look for a thing in the index. Chercher quelque chose dans l'index.
INDEXTERITY, *subst.* Mal-adresse.
INDICANT, *adj.* Qui indique, qui dirige, qui fait voir.
To INDICATE, *verb. act.* (or shew.) Indiquer, montrer, faire voir, être une marque de.
INDICATION, *subst.* (sign or proof.) Indication, indice, signe, marque ou preuve.
INDICATIVE, *f.* (a term of Grammar.) Indicatif, terme de Grammaire.

The

The indicative mood of a verb. *Le mode indicatif d'un verbe.*
INDICATIVE. *Voy.* Indicant.
INDICATIVELY, *adv. D'une maniere à faire remarquer ou indiquer.*
To INDICT, &c. *Voy.* to Endite, &c.
INDICTION, *f.* (a term of chronology.) *Indiction, terme de chronologie.*
INDICTMENT. *Voy.* Enditement.
INDIFFERENCE,
INDIFFERENCY, } *subst. Indifférence, tiédeur, froideur.*
INDIFFERENT, *adj.* (not material.) *Indifférent, qui n'est pas nécessaire, qui importe peu.*
Indifferent, (cold, that has no feeling.) *Indifférent, qui a de l'indifférence, tiede, froid.*
It is indifferent ('tis all one) to me. *Cela m'est indifférent.*
To be very indifferent. *Être fort indifférent.*
Indifferent, (pretty good.) *Passable, raisonnable.*
An indifferent beauty. *Une beauté passable.*
An indifferent face. *Un visage passable.*
Indifferent, (common or ordinary.) *Commun, ordinaire, où il n'y a rien d'extraordinaire.*
I am indifferent whether he does it or not. *Il ne m'importe guere qu'il le fasse ou qu'il ne le fasse pas.*
I shall shew myself indifferent in the choice of either. *Je me porterai indifféremment au choix de l'un ou de l'autre.*
To put a thing into the hands of an indifferent person. *Mettre une chose en main tierce, la mettre entre les mains d'une personne désintéressée.*
Indifferent, *employé comme adv. Assez, passablement, raisonnablement.*
He is indifferent well. *Il se porte passablement bien ou assez bien.*
To write indifferent well. *Ecrire assez bien ou tellement quellement.*
INDIFFERENTLY, *adv.* (or with indifference.) *Indifféremment, avec indifférence, avec froideur.*
Indifferently, (without distinction.) *Indifféremment, sans distinction.*
Indifferently, (or never so little.) *Tant soit peu.*
Indifferently, (or tolerably.) *Passablement, raisonnablement.*
INDIGENCE, *f.* (or want.) *Indigence, pauvreté, nécessité, défaut des choses nécessaires.*
INDIGENOUS, *adj. Indigene, naturel ou originaire d'un pays.*
INDIGENT, *adject.* (or needy.) *Indigent, pauvre, qui est dans l'indigence, nécessiteux.*
INDIGESTED, *adj.* (or undigested.) *Indigeste, non-digeré.*
INDIGESTIBLE, *adject.* (that cannot be digested.) *Qui ne se peut digérer.*
INDIGESTION, *f.* (want of digestion.) *Indigestion, coction imparfaite.*
To INDIGITATE, *v. act.* (to shew plainly; to point at, in a figurative sense.) *Démontrer, faire voir clairement,* † *faire toucher au doigt.*
INDIGITATION, *f.* (or demonstration.) *Démonstration, preuve convaincante.*
INDIGN, *adj. Indigne, qui ne mérite pas.*
INDIGNANT, *adj.* (angry.) *Plein d'indignation, indigné.*
INDIGNATION, *subst.* (or anger.) *Indignation, colere.*

INDIGNITY, *f.* (or affront.) *Une indignité, un affront.*
INDIGO, *f.* (a stone with which dyers dye blue.) *Indigo.*
INDIRECT, *adj.* (not straight, not fair, not honest.) *Indirect.*
Indirect means. *Des voies indirectes.*
INDIRECTION,
INDIRECTNESS, } *f. Injustice, conduite artificieuse; obliquité.*
INDIRECTLY, *adv. Indirectement, d'une maniere indirecte.*
Directly not indirectly. *Directement ni indirectement.*
INDISCERNIBLE, *adject. Qu'on ne sauroit discerner, imperceptible.*
INDISCERPTIBILITY, *subst.* (or unity, a word used in philosophy.) *Qualité indivisible ou inséparable.*
INDISCERPTIBLE, *adject.* (that cannot be rent or divided.) *Indivisible, inséparable, qui ne se peut diviser ou séparer.*
INDISCOVERY, *f. L'état d'être caché, d'être ignoré.*
INDISCREET, *adject.* (or unwise.) *Indiscret, imprudent, peu sage, peu judicieux, inconsidéré.*
INDISCREETLY, *adverb.* (or unwisely.) *Indiscrétement, imprudemment, d'une maniere indiscrette, sans jugement.*
INDISCRETION, *subst.* (or unadvisedness.) *Indiscrétion, imprudence, conduite peu sage, manque de jugement ou de circonspection.*
INDISCRIMINATE, *adject.* (undistinguished.) *Qui n'est point distingué des autres, sans distinction.*
INDISCRIMINATELY, *adv. Indifféremment, sans distinction.*
INDISPENSABLE, *adj.* (not to be dispensed with.) *Indispensable, dont on ne se peut dispenser.*
An indispensable duty. *Un devoir indispensable.*
INDISPENSABLENESS, *f. Ce qui rend une chose indispensable, nécessité.*
INDISPENSABLY, *adv.* (or unavoidably.) *Indispensablement, d'une maniere indispensable.*
To INDISPOSE, *v. act.* (to make unfit.) *Rendre incapable.*
Debauchery indisposed them for war. *La débauche les rendit incapables du métier de la guerre.*
The sickness of my wife and other domestick cares indispose me for business. *La maladie de ma femme & d'autres soins domestiques, font que je ne saurois m'appliquer à aucune affaire.*
Indisposed, *adj.* (not willing to do any thing.) *Indisposé, qui n'est point disposé à quelque chose, qui y a de la répugnance.*
Indisposed, (sick or out of order.) *Indisposé, qui ne se porte pas bien, qui n'est pas en bonne santé.*
INDISPOSEDNESS, *sub. Aversion, répugnance.*
INDISPOSITION, *f.* (or illness.) *Indisposition, mauvaise santé.*
INDISPUTABLE, *adject.* (not to be disputed.) *Incontestable, qu'on ne peut contester.*
INDISPUTABLY, *adv. Incontestablement.*
INDISPUTED, *adj. Qui n'est pas disputé ou contesté.*
INDISSOLVABLE, *adject.* (that cannot be dissolved.) *Qu'on ne peut dissoudre, indissoluble.*

INDISSOLUBILITY, *f. Indissolubilité.*
INDISSOLUBLE, *adject.* (that cannot be loosed.) *Indissoluble, qu'on ne peut ni rompre ni défaire.*
INDISSOLUBLY, *adv. Indissolublement, d'une maniere indissoluble.*
INDISTINCT, *adject.* (or confused.) *Indistinct, confus, qui est sans ordre, mis confusément.*
INDISTINCTION,
INDISTINCTNESS, } *subst. Confusion; obscurité.*
INDISTINCTLY, *adverb. Indistinctement, indéterminément, sans distinction, confusément, sans ordre.*
INDISTINGUISHABLE, *adj.* (not to be distinguished.) *Qu'on ne peut distinguer, général.*
INDISTURBANCE, *subst. Calme, tranquillité.*
To INDITE, &c. *V.* to Endite, &c.
INDIVIDUAL, *adj.* (numerically one.) *Individual, qui regarde un individu.*
Every individual man. *Chaque individu.*
An individual, *subst.* (an individual thing or person.) *Un individu, terme de Philosophie, qui se dit seulement d'un seul.*
INDIVIDUALITY, *f. Qualité de l'individu, individualité.*
INDIVIDUALLY, *adv. Individuellement.*
To INDIVIDUATE, *verb. act.* (to make single.) *Faire ou constituer un individu. V.* Individual.
To individuate, (to particularize.) *Particulariser.*
Individuated, *adj. Particularisé.*
INDIVIDUATION, *f. Isolément.*
INDIVIDUITY, *subst.* (or inseparableness.) *Qualité inséparable.*
INDIVIDUUM. *V.* Individual.
INDIVISIBILITY, *f.* (indivisibleness.) *Indivisibilité.*
INDIVISIBLE, *adject.* (that cannot be divided.) *Indivisible, qui ne se peut diviser.*
INDIVISIBLENESS, *subst. Indivisibilité, qualité indivisible.*
INDIVISIBLY, *adv. Indivisiblement, d'une maniere indivisible.*
INDOCIBLE,
INDOCILE, } *adj.* (unapt to learn.) *Indocile, qui n'est pas docile, qui n'est pas traitable.*
INDOCILITY, *f. Indocilité, naturel indocile.*
To INDOCTRINATE, *v. a.* (or teach.) *Enseigner, instruire,* † *endoctriner.*
Indoctrinated, *adj.* (or taught.) *Enseigné, instruit,* † *endoctriné.*
INDOCTRINATION, *f. Instruction, enseignement.*
INDOLENCE,
INDOLENCY, } *f.* (insensibility.) *Indolence, insensibilité.*
INDOLENT, *adj.* (or insensible.) *Indolent, qui a de l'indolence, insensible.*
INDOLENTLY, *adverb. Avec indolence, nonchalamment.*
To INDORSE, &c. *V.* to Endorse, &c.
To INDOW, &c. *V.* to Endow, &c.
INDRAUGHT, *f. Ex.* An indraught of the sea. *Une baie, un golfe, un bras de mer qui se jette entre deux terres.*
To INDRENCH, *v. a. Tremper, noyer, inonder.*
INDUBIOUS, *adj. Certain, assuré.*
INDUBITABLE, *adj. Indubitable.*
INDUBITABLY, *adv.* (or undoubtedly.) *Indubitablement.*

INDUBITATE,

INDUBITATE, *adj.* (or undoubted.) *Indubitable, certain, sûr, assuré, incontestable, dont on ne doute aucunement.*
To INDUCE, *v. act.* (to draw or persuade.) *Persuader, porter, disposer, exciter, pousser, solliciter, † induire.*
To induce, (to introduce, to bring in, to occasion, to cause.) *Introduire, amener, apporter, traîner après soi, causer.*
War induces many disorders in a state. *La guerre introduit, traîne après soi, ou cause de grands désordres dans un Etat.*
Induced, *adject.* Persuadé, &c. Voy. le verbe.
I am induced to believe it upon this account. *J'ai du penchant à le croire pour cette raison.*
INDUCEMENT, *s.* Motif, raison qui nous porte à faire quelque chose.
INDUCER, *sub.* Celui ou celle qui persuade, qui porte, qui sollicite, &c. instigateur.
* **INDUCIATE**, *adj.* (or next, speaking of an heir.) *Présomptif, proche.*
The induciate heir of the crown of England. *L'héritier présomptif ou le proche héritier de la couronne d'Angleterre.*
INDUCING, *s.* L'action de persuader, &c. V. to Induce.
To INDUCT, *v. a.* (or give induction.) *Mettre en possession.*
Inducted, *adj.* Mis en possession.
INDUCTING, *sub.* L'action de mettre en possession.
INDUCTION, *s.* (in the sense of the law.) *Prise de possession, possession qu'un Curé prend de sa cure.*
To receive induction (or to take possession) of a living. *Prendre possession d'un bénéfice.*
To give induction. *Mettre en possession.*
Induction, (or consequence.) *Induction, conséquence.*
INDUCTIVE, *adject.* Qui excite, qui persuade.
To INDUE, *v. act.* (invest.) *Revêtir.*
To INDULGE, *v. act.* (to be indulgent to, to humour.) *Être indulgent à, avoir de la complaisance, traiter doucement, favoriser, tolérer.*
To indulge (or gratify) one's passions. *Suivre ses passions, s'abandonner, se laisser aller à ses passions.*
I never indulge myself in such liberties. *Je ne me permets ou je ne prends jamais de telles libertés.*
When lovers indulge provocations. *Quand les amans se permettent des agaceries.*
To indulge (or give) one more than is fitting. *Donner ou accorder à quelqu'un plus qu'il ne lui faut.*
Indulged, *adj.* A qui l'on est indulgent, pour qui l'on a de l'indulgence ou de la complaisance, &c. V. to Indulge.
INDULGENCE, *s.* Indulgence, douceur, complaisance, bonté, facilité qu'on a à permettre ou à tolérer une chose.
Indulgence, (or pardon.) *Indulgence ou pardon, rémission des peines que méritent les péchés.*
A plenary indulgence. *Indulgence plénière.*
INDULGENT, *adj.* (good or mild.) *Indulgent, complaisant, facile, bon, doux, qui a de la douceur & de l'indulgence.*
INDULGENTLY, *adv.* Avec indulgence, d'une manière douce & pleine de bonté, avec douceur.

To use one indulgently. *Traiter quelqu'un avec indulgence.*
INDULT,
INDULTO, } *s.* (a grant made by a Prince or Pope.) *Un indult, octroi d'un Prince ou du Pape.*
He who has got an indult. *Indultaire, celui qui a un indult.*
* **INDUMENTS**, *s.* (or properties.) *Propriétés.*
INDURABLE, *adj.* (that may be indured.) *Supportable, tolérable, qu'on peut endurer ou souffrir.*
To INDURATE, *verb. act.* (or harden.) *Durcir, endurcir, rendre dur, au propre & au figuré.*
Indurate or indurated, *adject.* Durci, endurci.
INDURATION, *s.* Endurcissement, l'action d'endurcir.
INDUSTRIOUS, *adject.* (or ingenious.) *Industrieux, qui a de l'industrie, adroit, habile, qui a de l'adresse, de l'habileté.*
INDUSTRIOUSLY, *adv.* (or ingeniously.) *Industrieusement, avec industrie, avec adresse, avec esprit, adroitement.*
INDUSTRY, *s.* (or ingenuity.) *Industrie, adresse, habileté, esprit de faire quelque chose.*
To INEBRIATE, *v. act.* (to infatuate or intoxicate.) *Enivrer, dans un sens figuré; infatuer.*
Inebriated, *adject.* Enivré, infatué.
INEBRIATION, *s.* Ivresse.
INEFFABLE, *adj.* (unspeakable.) *Ineffable, qu'on ne peut dire, qu'on ne peut exprimer.*
INEFFABLY, *adverb.* D'une manière ineffable.
INEFFECTIVE. V. Ineffectual.
INEFFECTIVELY. V. Ineffectually.
INEFFECTUAL, *adj.* (without effect, vain.) *Inefficace, qui ne produit point d'effet, inutile, vain.*
INEFFECTUALLY, *adverb.* Sans succès, inutilement.
INEFFICACIOUS, *adj.* (or ineffectual.) *Inefficace, inutile, vain.*
INEFFICACY, *s.* Inefficacité, défaut de pouvoir.
INELEGANCE,
INELEGANCY, } *s.* Gaucherie, défaut d'élégance, mauvaise grâce.
INELEGANT, *adj.* Qui n'est pas élégant, grossier, en parlant du langage, &c.
INELOQUENT, *adj.* Qui n'a pas d'éloquence.
INEPT, *adj.* (or unfit.) *Qui n'est pas propre, qui n'est pas capable, inepte.*
An inept (or weak) passion. *Une passion foible, impuissante, ou qui ne peut rien.*
An understanding inept and sottish in its operations. *Un esprit lourd, inepte, grossier & mal-adroit dans ses opérations.*
Inepte (or idle) controversies. *Des controverses ineptes, impertinentes, ridicules, hors de propos.*
INEPTLY, *adv.* Follement, sans raison.
INEPTITUDE, *s.* (or incapacity.) *Impuissance, incapacité.*
Ineptitude, (or defect.) *Imperfection.*
INEQUALITY, *s.* Inégalité, disparité.
INERRABILITY,
INERRABLENESS, } *s.* Infaillibilité.
INERRABLE, *adj.* Infaillible, ou qui ne peut errer.
INERRABLY, *adv.* Infailliblement.

INERT, *adj.* (or incapable of action.) *Lourd, pesant, grossier.*
An inert matter. *Une manière lourde & incapable d'action.*
INERTLY, *adverb.* Lourdement, pesamment.
INESCATION, *s.* Amorce, appas, fourberie.
INESTIMABLE, *adj.* (not to be valued.) *Inestimable, qu'on ne peut assez estimer.*
INEVIDENT, *adj.* Obscur, incertain, qui n'est pas évident.
INEVITABILITY,
INEVITABLENESS, } *s.* Certitude, impossibilité d'être évité.
INEVITABLE, *adj.* (not to be avoided.) *Inévitable, qu'on ne sauroit éviter.*
INEVITABLY, *adv.* (or infallibly.) *Inévitablement, infailliblement, assurément.*
INEXCUSABLE, *adj.* (not to be excused.) *Inexcusable.*
INEXCUSABLY, *adv.* Inexcusablement.
INEXHALABLE, *adj.* Qui ne peut pas s'évaporer.
INEXHAUSTED, *adj.* Qu'on ne peut vider ou épuiser.
INEXHAUSTIBLE, *adject.* (not to be exhausted.) *Inépuisable, qu'on ne peut épuiser.*
INEXISTENT, *adj.* Qui n'existe point.
INEXORABLE, *adj.* (not to be prevailed upon by prayers.) *Inexorable, qu'on ne peut fléchir par prieres.*
INEXPEDIENCE,
INEXPEDIENCY, } *s.* Inconvénient.
INEXPEDIENT, *adj.* Qui n'est pas expédient ou à propos.
INEXPERIENCE, *s.* Inexpérience, faute ou manque d'expérience.
INEXPERIENCED, *adj.* Inexpérimenté, qui n'est pas expert ou expérimenté, novice en quelque chose.
INEXPERT, *adj.* Mal-adroit, ignorant, inexpérimenté.
INEXPIABLE, *adj.* (that cannot be expiated.) *Qui ne se peut expier, inexpiable.*
INEXPIABLY, *adv.* De manière à ne pouvoir s'expier.
INEXPLICABLE, *adj.* (that cannot be explained.) *Inexplicable, qu'on ne peut expliquer, fort embarrassé.*
INEXPRESSIBLE, *adj.* (not to be expressed.) *Inexprimable, qu'on ne peut exprimer.*
INEXPRESSIBLY, *adv.* Au dessus de toute expression.
INEXPUGNABLE, *adj.* (or impregnable.) *Imprenable.*
INEXTINGUISHABLE, *adj.* (not to be quenched.) *Inextinguible, qu'on ne peut éteindre, ou qui ne s'éteint point.*
INEXTIRPABLE, *adj.* (not to be rooted out.) *Qu'on ne sauroit extirper, détruire ou déraciner.*
INEXTRICABLE, *adj.* (which one cannot rid himself or get out of.) *Dont on ne peut sortir, dont on ne peut se défaire, ou se débarrasser.*
An inextricable case. *Une affaire mal-aisée à démêler, un point fort embarrassé, fort embrouillé.*
* **INEXUPERABLE**, *adj.* (or insuperable.) *Insurmontable, qui ne se peut surmonter.*
To INEYE, V. to Inoculate.
INFALLIBILITY, *subst.* (a gift of never erring.) *Infaillibilité.*
The Pope's maintained infallibility. *L'infaillibilité prétendue du Pape.*
INFALLIBLE, *adj.* (that must come to*

INF

to pafs.) Infaillible, immanquable, qui ne peut manquer.
Infaillible, (that cannot err.) Infaillible, qui ne peut errer.
INFALLIBLY, adv. (certainly or without fail.) Infailliblement, fûrement, affurément, indubitablement, fans manquer.
To INFAME, v. act. Diffamer, perdre de réputation.
INFAMED. adj. Diffamé.
INFAMOUS, adj. (bafe, villainous, fhameful.) Infame, honteux, en parlant des actions, &c. Infame, marqué d'infamie, qui a perdu l'honneur, décrié, en parlant des perfonnes.
An infamous death. Une mort infame, une mort honteufe.
A place infamous for a thoufand mifcarriages. Un lieu célebre en naufrages.
INFAMOUSLY, adverb. D'une maniere infame.
INFAMOUSNESS, } f. (or difgrace.)
INFAMY, } Infamie, déshonneur, opprobre, ignominie.
INFANCY, f. (the firft period of one's life.) L'enfance, l'âge tendre, le premier âge de la vie.
From my infancy, (from a child.) Dès mon enfance.
INFANT, f. (a young child.) Un enfant, un jeune enfant.
Infant, fubft. (a fon of the King of Spain or Portugal.) Infant, fils du Roi d'Efpagne, ou du Roi de Portugal.
INFANTA, f. (a daughter of the King of Spain or Portugal.) Infante, fille du Roi d'Efpagne ou du Roi de Portugal.
INFANTICIDE, f. Infanticide.
INFANTILE, adj. Enfantin, d'enfant.
INFANTRY, f. (the foot foldiers of an army.) L'infanterie, foldats, fantaffins d'une armée.
To INFATUATE, v. act. (to bewitch.) Infatuer, entêter, prévenir, préoccuper.
To infatuate one with an opinion. Infatuer quelqu'un d'une opinion.
Infatuated, adj. Infatué, entêté, prévenu, préoccupé, embéguiné.
INFATUATING, f. L'action d'infatuer, &c. V. le verbe.
INFATUATION, f. Entêtement.
A fpirit of infatuation. Un efprit de vertige.
INFEASIBLE, adj. Impraticable, impoffible à faire.
To INFECT, v. act. (or poifon.) Infecter, rendre infect, gâter, corrompre par communication de quelque chofe de puant, de contagieux, dans le propre & dans le figuré.
Infected, adject. Infecté, &c. Voyez le verbe.
INFECTING, f. L'action d'infecter.
INFECTION, f. (a contagious ftink.) Infection, grande puanteur, corruption contagieufe.
INFECTIOUS, adject. (noifome or catching.) Infect, contagieux, peftilentiel, qui fe communique.
An infectious breath. Une haleine infecte, puante.
An infectious or catching difeafe. Maladie contagieufe, peftilentielle, qui fe communique.
INFECTIOUSLY, adverb. D'une maniere infecte.
INFECTIOUSNESS, fubft. (or contagioufnefs.) Infection, contagion.
INFECTIVE, adj. V. Infectious.

INF

INFECUND, adj. Infécond, ftérile.
INFECUNDITY, f. Stérilité.
INFELICITY, fubft. (or unhappinefs.) Malheur, infortune.
To INFEOFF, v. act. (to unite to the fee.) Inféoder, faire une inféodation, unir, incorporer au fief.
Infeoffed, adj. Inféodé, &c.
INFEOFFING, } f. Inféodation, acte
INFEOFFMENT, } par lequel on unit, on incorpore à un fief.
To INFER, v. act. (to gather or conclude.) Inférer, conclure, tirer une conféquence.
INFERENCE, fubft. (or confequence.) Conféquence, conclufion, induction de quelque raifonnement.
INFERIBLE, adj. Qu'on peut inférer ou induire.
INFERIOR, } adj. (of a lower degree.)
INFERIOUR, } Inférieur, fubalterne, qui eft au-deffous d'un autre en rang, en dignité, en mérite, en force, &c.
An inferiour Judge. Un Juge inférieur.
An inferiour officer. Un officier fubalterne, un fubalterne.
He is inferior to none. Il ne le cede à perfonne.
A town of inferiour note. Une ville de moindre confidération.
Inferiour ou inferior, f. Un inférieur.
INFERIORITY, fub. (or lower degree.) Infériorité, rang inférieur.
INFERNAL, adj. (or hellifh.) Infernal, qui eft d'enfer.
The infernal gods. Les dieux infernaux, ou les dieux de l'enfer.
INFERRED, adj. Inféré, conclu.
INFERTILE, adj. (unfruitful or barren.) Infertile, ftérile.
INFERTILENESS, } fubft. Infertilité
INFERTILITY, } ftérilité.
To INFEST, verb. act. (or annoy.) Infefter, faire du dégat, incommoder, faire des courfes.
To infeft the feas. Infefter les mers, faire des courfes fur mer.
Infefted, adj. Infefté, incommodé, &c. V. to Infeft.
His reign was infefted by many new troubles. Son regne fut troublé par divers foulevemens.
INFEUDATION, f. Inféodation.
INFIDEL, f. Un infidelle.
By the infidels we ufually mean the Turks. Par les infidelles nous entendons ordinairement les Turcs.
INFIDELITY, fubft. Infidélité, trahifon, perfidie.
INFINITE, adj. (or endlefs.) Infini.
God is an infinite being. Dieu eft un Être infini.
An infinite number of people. Une infinité de gens.
INFINITELY, adverb. (or exceedingly.) Infiniment, fort, beaucoup, fouverainement, fans mefures, fans bornes.
I am infinitely obliged to you. Je vous fuis infiniment obligé.
God is infinitely good. Dieu eft fouverainement bon.
INFINITENESS, fubft. Infinité.
INFINITIVE, adj. Infinitif.
Ex. The infinitive mood of a verb. Le mode infinitif d'un verbe, ou fimplement l'infinitif.
INFINITUDE, } fubft. Infinité.
INFINITY, }

INF

INFIRM, adject. (or weak.) Infirme; foible.
INFIRMARY, fubft. (that part of a monaftery where the fick are lodged.) Infirmerie.
The overfeer of an Infirmary. Infirmier ou infirmiere.
INFIRMNESS, f. Foibleffe.
INFIRMITY, fubft. (or weaknefs.) Infirmité, foibleffe, faute.
To INFIX, verb. act. (to fix in the mind.) Graver, imprimer, inculquer, mettre dans l'efprit.
Infixed or infixt, adj. Gravé, imprimé, inculqué.
To INFLAME, verb. act. (or fet on fire.) Enflammer, allumer, embrafer, dans un fens figuré.
To inflame one's anger. Enflammer la colere de quelqu'un, aigrir l'efprit de quelqu'un.
To inflame (or increafe) a reckoning. Augmenter, groffir un écot.
Inflamed, adj. Enflammé, embrafé, allumé.
INFLAMER, f. Celui qui enflamme.
INFLAMING, f. L'action d'enflammer, &c. V. to Inflame.
INFLAMMABILITY, } fubft. Qualité
INFLAMMABLENESS, } inflammable.
INFLAMMABLE, adj. Inflammable, qui fe peut enflammer.
INFLAMMATION, fubft. Inflammation, chaleur contre nature.
INFLAMMATORY, adj. Qui a le pouvoir d'enflammer.
To INFLATE, verb. act. (to puff up, to fwell.) Enfler.
INFLATION, fubft. (a windy fwelling.) Enflure caufée par des vents.
To INFLECT. V. to Bend.
INFLECTION, fubft. Inflexion de la voix.
INFLECTIVE, adj. Pliant, flexible.
INFLEXIBILITY, } fubft. Inflexibi-
INFLEXIBLENESS, } lité, humeur ou naturel inflexible.
INFLEXIBLE, adject. (not to be prevailed upon.) Inflexible, qu'on ne peut flechir.
INFLEXIBLY, adv. Inflexiblement, d'une maniere inflexible ou implacable.
To be inflexibly angry. Être dans une colere implacable.
To INFLICT, v. act. Ex. To inflict a punifhment upon one. Infliger une peine à quelqu'un, punir, châtier quelqu'un.
Inflicted, adj. Infligé.
He deferves to have a punifhment inflicted upon him. Il mérite d'être châtié.
INFLICTION, fubft. Inflixion, l'action d'infliger.
INFLICTIVE, adject. Inflictive, terme de Palais.
INFLUENCE, f. (or power.) Influence, pouvoir.
The influence of the ftars. L'influence des aftres.
To have a great influence over one's mind. Avoir beaucoup d'influence, d'afcendant ou de pouvoir fur l'efprit de quelqu'un.
To INFLUENCE, verb. act. (or have influence upon.) Influer, porter fon effet.
The caufe influences the whole deed. La caufe influe fur tout l'acte.
To influence, (or produce.) Caufer, produire.

Influenced,

Influenced, *adj. Causé, produit.* V. the verb.
INFLUENCING, *subst. L'action d'influer, l'action de causer ou de produire.*
INFLUENT, *acj. Qui coule dedans.*
INFLUENTIAL, *adj.* Ex. An influential operation. *Une opération qui se fait par influence ou qui a de l'influence.*
INFLUX, *subst.* (a flowing or running of a river into another.) *Confluent, la jonction de deux rivieres.*
To INFOLD, *verb. act.* (or fold in.) *Envelopper.*
Infolded, *adj. Enveloppé.*
To INFOLIATE, *verb. act. Couvrir de feuilles.*
To INFORCE, &c. V. to Enforce, &c.
To INFORM, *verb. act.* (to notify or give information.) *Informer, instruire, découvrir.*
To inform, (to teach and instruct,) *Former, instruire, dresser, enseigner.*
One soul informs them. *Ils n'ont qu'une même ame, le même esprit les anime.*
To inform AGAINST one, *verb. neut. Informer, faire une information contre quelqu'un, dénoncer quelqu'un.*
INFORMALITY, *sub.* (want of formality in law.) *Manque ou defaut de formalité dans une procédure juridique, nullité.*
INFORMANT, V. Informer.
INFORMATION, *s.* (or advice.) *Avis, instruction d'un fait.*
This is the best information I can have. *C'est-là tout ce que j'ai pu apprendre sur cette matiere.*
Information, (or accusation.) *Information, accusation, plainte qu'on porte à la justice.*
To give in an information. *Faire une information, accuser quelqu'un dans les formes de justice.*
Information, (or instruction.) *Instruction, précepte, enseignement.*
Informed, *adj. Informé, instruit,* &c. V. to Inform.
If you have the curiosity to be better informed. *Si vous voulez en savoir davantage.*
I am informed so. *On me l'a dit, je me le suis laissé dire.*
Nor is he to be informed, how much more glorious it is, &c. *Et il n'ignore pas qu'il est beaucoup plus glorieux*, &c.
Informed AGAINST. *Contre qui l'on a informé ou fait information.*
INFORMER, *subst. Accusateur, délateur, dénonciateur.*
INFORMIDABLE, *adject. Qui n'est pas formidable ou redoutable.*
INFORMING, *subst. L'action d'informer,* &c. V. to Inform.
INFORMITY, *s. Difformité, irrégularité.*
INFORMOUS, *adj.* (or without form.) *Informe, qui n'a ni forme ni figure, grossier, qui n'est qu'ébauché.*
INFORTUNATE, &c. *Voyez* Unfortunate, &c.
To INFRACT. V. to Break.
INFRACTION, *subst. Infraction, transgression.*
INFRANGIBLE, *adj. Qu'on ne peut rompre ou briser.*
INFREQUENCY, *s. Rareté.*
INFREQUENT, *adj.* (or rare.) *Rare ou qui arrive rarement.*
To INFRIGIDATE, *verb. act. Refroidir, glacer.*
To INFRINGE, *verb. act.* (to break.)

Enfreindre, *transgresser, violer, rompre, contrevenir a.*
To infringe the laws. *Enfreindre, transgresser, violer les loix.*
Infringed, *adject. Enfreint, transgressé, violé.*
INFRINGEMENT, *sub. Infraction, transgression, violement, violation.*
INFRINGER, *subst. Infracteur, transgresseur, violateur.*
INFURIATE, *adj. Furieux, en fureur.*
To INFUSCATE, *verb. act. Noircir, obscurcir.*
To INFUSE, *verb. act.* (or steep.) *Infuser, mettre tremper.*
To infuse, (to suggest or inspire.) *Donner, inspirer.*
To infuse good principles into one. *Donner de bons principes à quelqu'un.*
Infused, *adj. Infusé, infus.*
Infused gifts. *Des graces infusées.*
INFUSIBLE, *adject. Qui peut être infusé.*
Infusible, (not fusible.) *Qui ne peut être dissous ou liquéfié.*
INFUSING, *subst. L'action d'infuser, l'action de donner ou d'inspirer.* Voyez to Infuse.
INFUSION, *sub. Infusion,* dans le propre & dans le figuré. *Suggestion.*
INFUSIVE, *adject. Qui a la vertu d'infuser, qui peut être infusé.*
INGANNATION, *subst. Tromperie, fourberie.*
INGATE, *s. Entrée, passage.*
INGATHERING, *subst. Récolte.*
To INGEMINATE, *verb. act.* (or repeat often,) *Redoubler, doubler.*
Ingeminated, *adj. Redoublé.*
INGEMINATION, *subst. Répétition, réitération.*
INGENERABLE, *adj. Qui ne peut être engendré.*
INGENERATE, } *adject.* (not produced by generation.) *Qui n'a pas été engendré.*
INGENERATED, }
Ingenerate, (inborn.) *Inné, naturel.*
INGENIO, *subst.* (a word used in Barbadoes for the house or mill where they make sugar.) *Une sucrerie, un moulin à sucre.*
INGENIOUS, *adj.* (or witty.) *Ingénieux, spirituel, qui a de l'esprit, où il y a de l'esprit,* en parlant des personnes, d'un discours, &c.
Ingenious, (or industrious.) *Ingénieux, inventif, industrieux, adroit.*
An ingenious (or exquisite) piece of work. *Un ouvrage exquis ou excellent.*
INGENIOUSLY, *adv.* (or wittily.) *Ingénieusement, avec esprit, spirituellement.*
Ingeniously, (or industriously.) *Adroitement, avec adresse, avec industrie.*
INGENIOUSNESS, *sub.* (or wit.) *Génie.*
INGENITE, *adject.* (inbred or innate.) *Naturel, qui naît avec nous.*
INGENUITY, *sub.* (wit.) *Esprit, adresse, industrie.*
Ingenuity, (candour or frankness.) *Ingénuité, candeur, naiveté, franchise, sincérité.*
INGENUOUS, *adject.* (frank, open.) *Ingénu, naïf, franc, sans déguisement.*
INGENUOUSLY, *adv. Ingénûment, franchement, sans déguisement.*
INGENUOUSNESS, *subst.* (ingenuity, candour or frankness.) *Ingénuité, candeur, naiveté, franchise.*

INGENY, *subst.* (genious or humour.) *Génie, humeur,* certain esprit naturel qui nous donne un penchant à quelque chose.
To INGEST, *verb. act.* (to put in.) *Mettre, verser,* dans quelque chose.
Ingested, *adj. Mis ou versé dans quelque chose.*
INGESTION, *subst. L'action de faire passer dans l'estomac; injection.*
INGLORIOUS, *adject.* (base or mean.) *Bas, honteux, mal-honnête.*
INGLORIOUSLY, *adverb. Honteusement, d'une maniere honteuse, sans aucun honneur.*
To INGORGE, &c. V. to Gorge, &c.
INGOT, *subst. Lingot.*
An ingot (or little wedge) of silver or gold. *Un lingot d'argent ou d'or.*
To INGRAFT, *v. act.* (to graft.) *Enter, greffer.*
To ingraft, (to imprint or inculcate.) *Graver, imprimer, inculquer.*
Ingrafted, *adj.* (or grafted.) *Enté, greffé.*
INGRAFTING, *s. L'action d'enter,* &c. V. to Ingraft, *dans tous ses sens.*
INGRAFTMENT, *subst. L'action d'enter, ente.*
Ingraftment on the stock of a bank. *Augmentation du fonds d'une banque.*
INGRATE, } &c. *Voyez* Ungrateful, &c.
INGRATEFUL, }
To INGRATIATE one's self, *verb. récip.* Ex. To ingratiate one's self into the affections of one. *Gagner l'affection de quelqu'un, s'insinuer dans ses bonnes graces.*
INGRATITUDE, *s.* (or ungratefulness.) *Ingratitude.*
INGREDIENT, *subst. Ingrédient,* quelque chose que ce soit qui entre dans une sauce, dans une médecine, &c.
INGRESS, *subst.* (or entrance.) *Entrée.*
Ingress and egress. *L'entrée & la sortie.*
INGRESSION, *sub. Entrée, l'action d'entrer.*
To INGULF, *v. act.* (or swallow down, properly said of a gulf.) *Engloutir,* dans le propre & dans le figuré.
To INGURGITATE, *verb. neut.* (to eat and drink ravenously.) *Se crever de manger ou de boire, manger avec excès, se gorger.*
INGURGITATION, *s.* (or beastly feeding.) *Gloutonnerie, maniere gloutonne de manger.*
INGUSTABLE, *adj. Fade, qui n'a point de goût.*
To INHABIT, *verb. act.* (to live or dwell in.) *Habiter, demeurer.*
INHABITABLE, *adject.* (habitable, that may be inhabited.) *Habitable, où l'on peut habiter.*
Inhabitable, (in opposition to habitable.) *Inhabitable, où l'on ne peut habiter.*
INHABITANT, *subst. Habitant.*
A country without inhabitants. *Un pays sans habitants, désert, qui n'est point habité.*
INHABITATION, *subst. Habitation.*
INHABITED, *adj. Habité.*
A place much inhabited. *Un lieu fort habité, fort peuplé.*
INHABITER, *subst. Habitant.*
INHABITING, *s. L'action d'habiter.*
To INHALE, *verb. act. Respirer.*
INHARMONIOUS, *adj. Qui n'est point harmonieux.*

To

To INHERE, *v. n. Être attaché à quelque chose, en tirer son existence.*
INHERENCE, } *s.* Inhérence.
INHESION, }
INHERENT, *adject.* (cleaving in.) *Inhérent.*
An inherent quality. *Une qualité inhérente.*
To INHERIT, *v. act. Hériter, recueillir un héritage.*
To inherit a great estate. *Hériter de grands biens.*
INHERITABLE, *adject. Dont on peut hériter.*
INHERITANCE, *subst.* (or land of inheritance.) *Héritage ou patrimoine.*
INHERITED, *adj.* (enjoyed by inheritance.) *Hérité.*
INHERITOR, *subst. Héritier, celui qui hérite.*
INHERITING, *subst. L'action d'hériter.*
INHERITRESS, } *subst.* (an heiress.)
INHERITRIX, } *Héritiere.*
To INHERSE, *v. act. Déposer dans un monument funéraire.*
INHESION. *V.* Inherence.
To INHIBIT, *verb. act.* (or forbid.) *Défendre, faire défense, inhiber ou prohiber, en termes de pratique.*
Inhibited, *adject. Défendu, inhibé, prohibé.*
INHIBITION, *subst.* (or prohibition.) *Inhibition, défense, prohibition.*
To INHOLD, *v. a.* (or contain in itself.) *Contenir.*
INHOSPITABLE, *adject. Barbare, qui n'a point d'hospitalité, sans hospitalité.*
INHOSPITABLY, *adverb. Barbarement, contre les droits de l'hospitalité.*
INHOSPITABLENESS, }
INHOSPITALITY, } *subst. Manque d'hospitalité, barbarie, humeur ou conduite barbare à l'égard des étrangers.*
INHUMAN, *adj.* (or cruel.) *Inhumain, barbare, cruel, impitoyable, qui n'a point d'humanité.*
INHUMANITY, *subst.* (or cruelty.) *Inhumanité, cruauté, barbarie.*
INHUMANLY, *adverb. Inhumainement, cruellement, d'une maniere inhumaine ou barbare.*
To INHUME, } *v. act.* (to inter or
To INHUMATE, } bury.) *Inhumer, enterrer, ensevelir.*
Inhumed, *adject. Inhumé, enterré, enseveli.*
INHUMING, *s. L'action d'inhumer, d'enterrer, d'ensevelir.*
To INJECT, *verb. act.* (or cast in.) *Jeter dedans, injecter.*
Injected, *adj. Jeté dedans, injecté.*
INJECTING, }
INJECTION, } *s. Injection, l'action de jeter dedans.*
Injection (a sort of remedy.) *Injection, sorte de remede.*
INIMITABILITY, *s. État ou qualité de ce qui est inimitable.*
INIMITABLE, *adj. Inimitable, qui ne se peut imiter ou copier.*
INIMITABLY, *adverb. Inimitablement.*
To INJOIN. *V.* to Enjoin.
INIQUITOUS, *adj.* (contrary to equity.) *Inique, injuste.*
Under the name of precedents, the lawyers often produce authorities, by which they endeavour to justify the most iniquitous opinions. *Sous le nom de préjugés,* les Avocats apportent souvent des autorités, dont ils tâchent d'appuyer les opinions les plus iniques.
INIQUITY, *subst.* (or wickedness.) *Méchanceté, injustice, iniquité, sur-tout dans les matieres de religion.*
INITIAL, *adject. Ex.* An initial letter. *Une lettre initiale ou qui commence le mot.*
To INITIATE, *verb. act. Initier ; donner les élémens ou les premieres instructions d'un art, d'une science ; introduire.*
Initiated, *adject. Initié ; à qui l'on a donné les élémens ou les premieres instructions d'un art, &c.*
INITIATION, *subst. Initiation, admission.*
INJUDICIAL, *adj. Illégal, qui ne remplit point les formes prescrites par la loi.*
INJUDICIOUS, *adject.* (without judgment.) *Peu judicieux, imprudent, sans jugement.*
INJUDICIOUSLY, *adv. Sans jugement.*
INJUNCTION, *subst.* (or command, precept.) *Injonction, ordonnance, commandement.*
To INJURE, *verb. act.* (to wrong or abuse.) *Faire tort, faire injure ou faire outrage, faire affront, offenser, injurier, outrager.*
Injured, *adj. Offensé, à qui l'on a fait tort ou injure, &c.*
The injured party. *L'offensé ou l'offensée ou celui qui est lésé, &c.*
INJURER, *sub.* (one who wrongs another.) *Celui qui offense.*
INJURIOUS, *adj.* (unjust or wrongful.) *Injuste, qui fait tort, qui cause du dommage.*
Injurious, (or abusive.) *Injurieux, offensant, choquant, outrageant.*
INJURIOUSLY, *adv.* (or unjustly.) *Injustement.*
Injuriously, (or abusively.) *Injurieusement, d'une maniere offensante, choquante ou injurieuse.*
INJURY, *s.* (or wrong.) *Injustice, tort, préjudice, dommage.*
Injury, (abuse or affront.) *Injure, offense, affront, outrage.*
INJURIOUSNESS, *s. Qualité de ce qui est injuste ou préjudiciable.*
INJUSTICE, *subst. Injustice.*
INK, *subst.* (a liquor to write withal.) *Encre.*
Shining ink. *Encre luisante.*
Ink-horn. *Une écritoire.*
To INKINDLE, *v. neut. S'allumer, s'enflammer, prendre feu. See* to Enkindle.
His zeal inkindled. *Son zele s'alluma.*
Inkindled, *adj. Allumé, enflammé.*
INKLING, *s.* (or hint.) *Vent, avis.*
To have an inkling of a business. *Avoir vent de quelque chose, en avoir avis.*
INKY, *adj. D'encre.*
INLAGARY, *subst.* (a law word; a restitution of one outlawed from the King's protection, and to the benefit or estate of a subject.) *Le rétablissement d'un proscrit, ou d'une personne condamnée par contumace, dans ses biens & sous la protection du Roi.*
INLAID, }
INLAYED, } *adj. part.* (from the verb to Inlay.) *Parqueté, marqueté, fait de pieces de rapport.*
An inlaid floor. *Parquet, parquetage.*
Inlaid work, (mosaick work, made up of several pieces, of divers colours and figures.) *Marqueterie, ouvrage de pieces de rapport.*

INLAND, *adj. Qui est dans le pays ou dans le cœur du pays, éloigné de la mer, intérieur.*
An inland province. *Une province éloignée de la mer.*
INLANDER, *sub. Celui qui habite avant dans les terres.*
To INLAPIDATE, *verb. act. Rendre pierreux, pétrifier.*
To INLAW, *v. a. Lever le décret qui met une personne hors la loi.*
To INLAY, *verb. act.* (to work with several pieces of divers colours and figures.) *Travailler en marqueterie, faire un ouvrage de pieces rapportées ou de pieces de rapport ou à la mosaïque.*
To inlay a floor. *Parqueter un plancher.*
Inlayed. *V.* Inlaid.
INLAYING, *subst. L'action de travailler en marqueterie ou à la mosaïque ; marqueterie, parquetage, &c.*
INLEASED, *adj.* (a word used in the champion's oath, for ensnared or entangled.) *Embarrassé.*
INLET, *subst. Entrée, passage.*
An inlet into the sea. *Une entrée dans la mer.*
Such a connivance is an inlet into all manner of vices. *Une si grande connivence va donner l'entrée ou ouvrir la porte à toutes sortes de vices.*
To INLIST, *v. a.* (to list, to enroll.) *Enrôler.*
Inlisted, *adj. Enrôlé.*
INLISTING, *subst. Enrôlement, l'action d'enrôler.*
INLY, *adv.* (poetically for inwardly.) *En dedans, intérieurement.*
INMATE, *s.* (one who lives in the same house with another, a lodger.) *Locataire, celui ou celle qui tient à prix d'argent quelque appartement ou quelque chambre d'un particulier.*
INMOST, *adject. Très-intérieur, le plus avancé.*
Inmost, (or secret.) *Secret, qu'on ne découvre pas facilement, caché.*
God knows our inmost thoughts. *Dieu connoit nos plus secretes pensées.*
INN, *s. Logis, hôtellerie, auberge.*
To keep an inn. *Tenir hôtellerie.*
Inn and inn. *Jeu de dés, qui se joue avec quatre dés.*
The inns of court. *Les colleges des Jurisconsultes ou des Avocats.*
An inn-keeper, (or inn-holder.) *Un hôtelier, un hôte, celui qui tient hôtellerie.*
An inn-keeper's wife. *Hôteliere, hôtesse, la maitresse de l'hôtellerie.*
To INN, *v. n.* (to lodge at an inn.) *Loger, loger dans une hôtellerie.*
To inn corn, *v. act.* (to lay it up.) *Serrer, engranger le blé.*
INNATE, *adj.* (or inbred.) *Naturel, qui nait avec nous.*
An innate faculty. *Une faculté naturelle.*
INNAVIGABLE, *adj.* (that cannot be sailed in.) *Qui n'est pas navigable.*
An innavigable river. *Riviere qui n'est pas navigable, qui n'est pas marchande.*
INNED, *adject.* (from to Inn.) *Serré, engrangé.*
INNER, *adj. Intérieur, avancé, qui est au dedans.*
The inner part of a thing. *Le dedans d'une chose.*
An inner room in a great house. *Une chambre avancée ou qui est au milieu de plusieurs autres chambres.*

The

The inner temple. *C'est ainsi qu'on appelle un des principaux collèges de Jurisconsultes à Londres, par opposition à un autre college, tout auprès de celui-là, qu'on appele middle-temple.*
Inner, (or secret.) *Caché, secret.*
God knows all the inner thoughts of our hearts. *Dieu connoit les plus secrètes pensées de nos cœurs.*
INNERMOST. *V.* Immost.
INN-HOLDER, *s.* Hôtelier, cabaretier.
INNINGS, *subst. plur.* (lands recovered from the sea.) *Alluvions.*
INNOCENCE, ⎫
INNOCENCY ⎭ *s.* Innocence, pureté de mœurs, état de celui qui est exempt de crime.
State of innocency. *État d'innocence.*
INNOCENT, *adj.* (or harmless.) Innocent, qui ne fait point de mal, qui n'a point de malice.
Innocent, (or guiltless.) Innocent, qui n'est point coupable.
Innocent, *s. Un innocent, une créature innocente.*
The innocents day, (or childermass-day.) *Les innocents, le jour ou la fête des Innocents.*
An innocent, (idiot or ninny.) *Un innocent, un niais, un homme qui est bon & simple.*
INNOCENTLY, *adv.* Innocemment, avec innocence, sans dessein de mal faire, sans fraude ni tromperie.
INNOCUOUS, *adj.* Qui ne fait point de mal, qui n'est pas mal-faisant, qui ne nuit point.
INNOCUOUSLY, *adv.* Sans être malfaisant ou nuisible.
INNOCUOUSNESS, *s.* Qualité de ce qui n'est pas nuisible.
To INNOVATE, *verb. act.* (to change or alter.) Innover, introduire des nouveautés, faire des innovations.
Innovated, *adj.* Innové.
INNOVATION, *subst.* (change or alteration.) *Innovation, nouveauté, chose nouvelle qu'on veut introduire.*
INNOVATOR, *subst.* Qui innove, novateur.
INNOXIOUS, *adj.* (or harmless.) Innocent, qui n'est point mal-faisant.
INNOXIOUSLY, *adv.* Sans effet malfaisant.
INNUENDO, *subst.* (a latin word used in writs, declarations and pleadings at law, to declare a person or thing, that was mentionned before obscurely or left doubtful.) *Ex.* He was brought in innuendo. *Il a été impliqué dans l'accusation sur des indices ou sur des propositions.*
Upright Judges will not admit of innuendoes. *Les Juges integres n'admettent point des explications forcées ou indirectes.*
Innuendo. *V.* Hint.
INNUMERABLE, *adj.* (not to be numbered.) *Innombrable, infini.*
INNUMERABLENESS, *subst.* Une infinité, un nombre infini ou innombrable.
INNUMERABLY, *adv.* Infiniment, sans nombre, à l'infini, une infinité de fois.
INNUMEROUS. *V.* Innumerable.
To INOCULATE, *verb. act.* (a term of husbandry, that is, to graft in the bud.) Enter en bouton ou en écusson, terme d'agriculture.
To inoculate the small-pox, (any operation which has long been much in use in some eastern countries and of late practised in *England* and many parts of *Europe.*) *Inférer la petite vérole, la donner par insertion, inoculer.*
Inoculated, *adj.* Enté en bouton ou en écusson ; inoculé.
INOCULATION. *subst.* L'action d'enter en bouton ou en écusson.
Inoculation of the small-pox. *Insertion de la petite vérole, inoculation.*
INOCULATOR, *s.* Inoculateur.
INODORATE, ⎫
INODOROUS, ⎭ *adject.* Sans odeur, qui ne sent rien.
INOFFENSIVE, *adject.* (or harmless.) Innocent, qui ne fait aucun mal, qui n'est point mal-faisant, où il n'y a point de mal.
He has a graceful way of speaking, enlivened with a touch of inoffensive raillery. *Il a une manière de parler agréable, animée par des traits de raillerie fine & innocente.*
INOFFENSIVELY, *adv.* Innocemment, sans offenser, sans faire aucun mal.
INOFFENSIVENESS, *s.* Innocence, qualité de ce qui n'est point mal-faisant.
INOFFICIOUS, *adj.* (backward in doing one any good office.) Désobligeant, qui n'est point officieux ou obligeant.
INOFFICIOUSNESS, *s.* Humeur ou conduite désobligeante.
INOPINATE, *adj.* (or unexpected.) Inopiné, qui arrive à l'impromptu, à quoi l'on ne s'attendoit pas.
INORDINACY, *subst.* Déréglement, intempérance.
INORDINATE, *adj.* (or unruly.) Désordonné, dérégié, démésuré, qui n'a point de bornes.
INORDINATELY, *adv.* Désordonnément, sans ordre ou sans regle.
INORDINATENESS, ⎫
INORDINATION, ⎭ *s.* Excès, déréglement, intempérance, désordre, irrégularité.
Inordinateness in eating or drinking. *Excès dans le manger ou le boire.*
INORGANICAL, *adj.* Sans organes.
An inorganical body. *Un corps sans organes ou, qui n'est pas organisé.*
INORGANITY, *s.* Privation d'organes.
To INOSCULATE, *verb. act,* Embrasser, réunir.
INOSCULATION, *subst.* Embrassement, réunion.
INQUIETUDE, *subst.* (or uneasiness.) Inquiétude.
To INQUINATE, *verb. act.* Souiller, corrompre.
INQUINATION, *s.* Souillure.
INQUIRABLE, *adj.* Dont on peut faire enquête, qu'on peut examiner.
To INQUIRE. *V.* to Enquire.
INQUIRY, *subst.* (or search.) Recherche, enquête, perquisition, inquisition : ce dernier n'est guere en usage en ce sens-là.
To make a strict inquiry. *Faire une exacte recherche ou perquisition.*
INQUISITION, *s.* (or inquiry.) Enquête, perquisition, inquisition, recherche.
The Spanish Inquisition, (a Court of judicature for matters of Religion.) *L'Inquisition d'Espagne, tribunal établi pour rechercher & punir ceux qui ont des sentiments contraires à la foi de l'église Romaine.*
INQUISITIVE, *adj.* (that will know every thing.) *Curieux, qui s'informe de tout, qui veut savoir tout ce qui se passe.*
An inquisitive body, an inquisitive mind. *Un esprit curieux, un curieux.*
INQUISITIVELY, *adv.* Avec curiosité.
INQUISITIVENESS, *subst.* Curiosité, recherche.
INQUISITOR, *subst.* (a Sheriff or Coroner, &c. having power to enquire into certain cases.) *Inquisiteur, qui a droit de faire enquête.*
An Inquisitor, (one of the Inquisition Judges.) *Inquisiteur, un des Juges de l'Inquisition.*
To INRAIL, *v. act.* (or inclose with rails.) Enfermer par une barriere.
INROAD, *s.* Incursion, invasion, course des ennemis dans un pays.
INSANE, *adj.* Fou, qui rend fou.
INSANITY, *subst.* (phrensy or madness.) Manie, frénésie, maladie de l'ame.
INSATIABLE, *adj.* (that cannot be satisfied.) *Insatiable, qu'on ne peut rassasier ou contenter.*
INSATIABLENESS, *s.* Qualité ou humeur insatiable.
INSATIABLY, *adv.* D'une maniere insatiable, sans pouvoir être assouvi, sans dégoût.
INSATIATE, ⎫
INSATURABLE, ⎭ *Voy.* Insatiable.
To INSCRIBE, *v. act.* (to make an inscription.) *Faire une inscription.*
To inscribe a lesser circle in a greater. *Inférer un petit cercle dans un plus grand.*
Inscribed, *adj.* Qui a une inscription, inscrit.
INSCRIPTION, *s.* Inscription.
INSCRUTABLE, *adj.* (or unsearchable.) Impénétrable.
To INSCULP, *v. act.* (or ingrave upon.) Graver, tailler.
Insculped, *adj.* Gravé, taillé.
INSEAMED, *adj.* Imprimé.
INSECT, *subst.* (any creeping or fluttering thing.) *Un insecte, toute sorte de petits animaux, comme vers, mouches, papillons, &c.*
A creeping or flying insect. *Un insecte rampant ou volant.*
A sea-insect. *Insecte marin.*
INSECTILE, *adject.* De la nature des insectes.
INSECURE, *adj.* Qui n'est pas assuré.
He is continually insecure of life. *Il est à tout moment en danger de perdre la vie.*
INSECURITY, *subst.* Danger, incertitude.
INSENSATE, *adject.* (void of sense.) Insensé, qui n'a point de sens, hors de sens, fou.
INSENSIBILITY. *V.* Insensibleness.
INSENSIBLE, *adj.* (that has no feeling.) Insensible, qui n'a aucun sentiment.
Insensible of pain. *Insensible à la douleur.*
Insensible, (or indifferent.) Insensible, qui ne sent rien, qui a le cœur dur, indifférent, qui ne se laisse toucher de rien.
Insensible, (not to be perceived.) Insensible, imperceptible, qu'on ne sent point.
INSENSIBLENESS, *s.* Insensibilité, dans le propre & dans le figuré.
The insensibleness of stones. *L'insensibilité des pierres.*
An insensibleness (or hardness) of heart. *Insensibilité ou dureté de cœur.*
INSENSIBLY, *adv.* (by degrees.) Insensiblement, peu à peu, petit à petit, imperceptiblement.

INSEPARABLE.

INSEPARABLE, adj. (not to be parted.) Inséparable, qu'on ne peut séparer.
INSEPARABLENESS,
INSEPARABILITY, } s. Qualité ou état inséparable.
INSEPARABLY, adv. Inséparablement, d'une maniere inséparable.
INSEPARATELY, adv. (jointly.) Conjointement.
To INSERT, verb. act. Insérer, mettre parmi ou dans, entremêler, ajouter, faire entrer.
To insert one's self. S'insérer, se mettre dans, se fourrer.
To insert a day in february, in the leapyear. Intercaler un jour au mois de Février de l'an bissextil.
Inserted, adject. Inséré, ajouté, mis parmi, &c.
INSERTING, s. L'action d'insérer, &c. V. to Insert.
INSERTION, s. Addition, insertion.
A page full of insertions. Une page pleine d'additions.
To INSERVE, v. neut. (or bear a part.) Avoir part.
He had inserved to that villany, to please the tyrant. Il avoit eu part à cette méchante action pour complaire au tyran.
INSERVICEABLE, &c. Voy. Unserviceable.
INSERVIENT, adj. Qui conduit à un but, utile.
To INSHELL, v. act. Renfermer dans une écaille ou coquille.
To INSHIP, verb. act. Embarquer, charger sur un vaisseau.
To INSHRINE, v. act. Enchâsser, mettre dans une châsse ou un reliquaire.
INSIDE, subst. Le dedans, l'intérieur, le fond.
The inside of a house. Le dedans d'une maison.
To look into the inside of a thing. Pénétrer le fond d'une chose.
INSIDIOUS, adj. (or insnaring.) Trompeur, dangereux, plein d'embuches ou de pièges, insidieux.
INSIDIOUSLY, adv. Insidieusement.
INSIGHT, s. (or light.) Connoissance, jour, ouverture, éclaircissement.
To give one an insight into a thing. Donner à quelqu'un des jours, des ouvertures, des éclaircissements dans une chose.
INSIGNIFICANCE,
INSIGNIFICANCY, } subst. Inutilité, ce qui fait qu'une chose ou une personne n'est d'aucune considération.
INSIGNIFICANT, adj. (or useless.) Inutile, vain, qui ne sert à rien.
Insignificant, (or inconsiderable.) De néant, qui n'est d'aucune considération, qui ne peut rien, dont on ne fait point de cas.
He is a pitiful insignificant fellow. C'est un homme de néant, qui ne peut rien, qui n'est d'aucune considération,] c'est un zéro en chiffres.
INSIGNIFICANTLY, adv. (in vain or to little purpose.) Inutilement, en vain, sans aucun succès.
INSINCERE, adj. Qui n'est pas sincère.
INSINCERITY, s. Dissimulation.
To INSINEW, verb. act. Fortifier, affermir.
INSINUANT, adv. Insinuant. Voy. Insinuative.
To INSINUATE, v. act. (to give a hint of.) Insinuer, donner à entendre, faire entrer dans l'esprit.

To insinuate some overtures towards a peace. Faire quelques ouvertures pour une paix.
To insinuate one's self, v. réc. into one's favour. S'insinuer dans l'amitié de quelqu'un, gagner adroitement ses bonnes graces, se mettre bien dans son esprit.
Insinuated, adj. Insinué.
INSINUATING, s. L'action d'insinuer, &c. V. le verbe.
INSINUATION, s. Insinuation.
The insinuation of a will. L'insinuation ou l'enregistrement d'un testament.
INSINUATIVE, adj. (or engaging.) Insinuant, engageant, qui attire ou qui gagne avec adresse.
INSIPID, adject. (or unsavoury.) Fade, insipide.
An insipid food. Des aliments fades ou insipides.
An insipid (flat or dry) discourse. Un discours insipide, plat, qui n'a rien de touchant.
INSIPIDITY, s. (or unfavourableness.) Insipidité, qualité de ce qui est fade & insipide.
INSIPIDLY, adv. D'une maniere insipide.
INSIPIENCE, subst. Imbécillité, défaut d'intelligence.
To INSIST, v. act. (or stand upon.) Insister, presser, persister, faire instance, persévérer à demander.
You must chiefly insist upon that. Il vous faut sur-tout insister là-dessus ou presser ce point-là.
He insists for peace. Il insiste pour la paix ou à demander la paix.
To insist upon trifles. S'attacher à des vétilles.
To insist upon particulars. Apporter ou produire des exemples.
Insisted upon, adj. Sur quoi l'on insiste, que l'on presse, &c.
This is the thing most insisted upon. C'est la chose sur quoi l'on insiste le plus.
That should have been further insisted upon. Il falloit faire sentir cela davantage, il falloit le faire connoître & le dénéler davantage.
INSISTENT, adj. Placé sur, qui repose sur.
INSISTING, subst. L'action d'insister, &c. V. to Insist.
INSISTURE, subst. Ce mot semble signifier en Shakespear, constance, régularité ou fermeté.
INSITION. V. Ingraftment.
INSITIENCY, s. L'état de n'être point sujet à la soif.
To INSNARE, verb. act. Attraper, attraper par adresse, surprendre, faire donner dans le piège ou dans le panneau.
To insnare one's self. Donner dans le piège, s'enferrer.
Insnared, adj. Attrapé, qui a donné dans le piège.
INSNARER, subst. Celui ou celle qui tend des pièges.
INSNARING, s. L'action d'attraper, &c. V. to Insnare.
INSOBRIETY, subst. Intempérance, ivrognerie.
INSOCIABLE, adj. (not sociable.) Insociable, qui n'est pas sociable, peu sociable, qui n'aime pas la société, farouche.
INSOCIABLENESS, subst. Qualité qui rend un homme insociable, humeur farouche.
To INSOLATE, v. a. (or dry in the sun.) Exposer au soleil.

INSOLATION, subst. L'action d'exposer au soleil.
INSOLENCE,
INSOLENCY, } subst. (sauciness.) Insolence, trop grande hardiesse, effronterie, manque de respect.
The insolence of his carriage. L'insolence de sa conduite, sa maniere d'agir insolente.
INSOLENT, adject. (or saucy.) Insolent, qui a de l'insolence, trop hardi, effronté, qui perd le respect.
Insolent, (or proud.) Insolent, arrogant, orgueilleux.
INSOLENTLY, adv. (or saucily.) Insolemment, avec insolence, avec peu de respect.
INSOLVABLE,
INSOLUBLE, } V. Indissoluble.
INSOLVENCY, subst. (not being able to pay one's creditors.) Insolvabilité, impuissance de payer.
INSOLVENT, adj. (not able to pay.) Insolvable, qui n'a point de quoi payer.
INSOMUCH as or that, adv. Tellement que, si bien ou de sorte que.
Insomuch that I know not what to do with it. De sorte que je ne sais qu'en faire.
To INSPECT, verb. act. (or look into.) Avoir l'inspection ou avoir l'œil sur, veiller à, examiner.
Inspected, adject. Sur quoi on a inspection, &c. V. to Inspect.
INSPECTION, subst. (or insight.) Inspection, la vue, la consideration, la contemplation, la connoissance de quelque chose.
Inspection, (or looking over.) Inspection, la charge & le soin de veiller à quelque chose.
INSPECTOR, s. (or overseer.) Inspecteur ou surveillant, celui qui a l'inspection d'une chose.
INSPERSION, subst. (or sprinkling in.) L'action d'arroser une chose par dedans.
To make an inspersion. Arroser le dedans d'une chose.
To INSPHERE, verb. act. Placer dans un globe ou dans une sphere.
INSPIRABLE, adj. Qui peut être inspiré.
INSPIRATION, s. Inspiration.
To pretend to inspiration. Se croire inspiré.
To INSPIRE, verb. act. (or suggest.) Inspirer, mettre une chose dans la volonté, faire naître dans le cœur ou dans l'esprit quelque mouvement, quelque pensée.
Ambition inspired him with rebellion. L'ambition lui inspira la révolte.
God inspired into his heart this holy resolution. Dieu lui inspira cette sainte résolution.
Inspired, adj. Inspiré.
INSPIRING, s. L'action d'inspirer, &c.
To INSPIRIT, verb. act. (to put life and spirit into one.) Inspirer du courage, animer, encourager.
To inspirit one with boldness. Donner du courage ou de la hardiesse à quelqu'un, l'animer, l'encourager.
Inspired, adj. Animé, encouragé.
INSPIRITING, subst. L'action d'inspirer du courage, d'animer ou d'encourager.
To INSPISSATE, V. a. Thicken.
INSTABILITY, s. (unsteadiness.) Instabilité, inconstance.
INSTABLE, adj. (or unsteady.) Instable, inconstant, qui n'est pas stable.

A man of an instable temper. *Un inconstant.*
To INSTALL, v. act. (or put into possession.) *Installer, mettre en possession d'un office, d'un bénéfice.*
To install a Bishop. *Installer ou introniser un Evêque.*
INSTALLATION, f. *Installation,* action par laquelle on installe.
Installation of a Bishop. *Installation, intronisation d'un Evêque.*
Installed, adj. *Installé.*
INSTALLING,
INSTALMENT, } subst. *Installation, l'action d'installer.*
INSTANCE,
INSTANCY, } f. (example or proof.) *Preuve, exemple, instance.*
Instance, (or sollicitation.) *Instance, sollicitation, poursuite, demande.*
A great instance (or model) of continency. *Un grand modele de continence.*
To INSTANCE, in, v. act. (to bring some instances.) *Citer, produire, apporter des exemples ou des preuves.*
And to instance ones for all, *Et pour comprendre tout sous un seul exemple.*
Instanced, adject. *Dont on a produit des exemples ou des preuves; cité, apporté comme une preuve ou comme un exemple.*
INSTANCING, subst. *L'action de citer des exemples, &c. Voy. to Instance.*
INSTANT, adj. (or eager upon a thing,) *qui insiste sur une chose, qui la poursuit avec ardeur, qui persiste avec empressement & avec chaleur,* en parlant des personnes.
An instant (or earnest) business. *Une affaire pressante, & qui demande de la diligence.*
Instant, (or present.) *Courant, présent.*
The letter is dated the tenth instant. *La lettre est datée du dixieme du courant ou présent.*
At this very instant of time. *Au moment que je vous parle.*
Instant, subst. (a moment of time.) *Un instant, un moment.*
INSTANTANEOUS, adj. *Momentané, instantané.*
INSTANTANEOUSLY, adverb. *En un moment.*
INSTANTLY, adverb. (or earnestly.) *Instamment, avec instance, avec empressement.*
Instantly, (or presently.) *Dans un instant, tout maintenant, tout à l'heure.*
To INSTATE, v. act. *Placer, mettre.*
We are by providence instated in a condition of happiness. *La providence nous a mis dans un état de bonheur.*
INSTAURATION, f. (or restauration.) *Restauration, rétablissement, renouvellement.*
INSTEAD, adv. (for in stead.) *Au lieu.*
He gave me gold instead of silver. *Il m'a donné de l'or au lieu d'argent.*
To INSTEEP, v. act. *Tremper.*
INSTEP, subst. *Le coude-pied.*
† To be high in the instep, (to be proud.) *Etre fier ou orgueilleux, le porter haut.*
To INSTIGATE, v. act. (to induce or intice.) *Pousser, inciter, exciter, solliciter, animer, encourager.*
Instigated, adj. *Poussé, excité, incité, sollicité, animé, encouragé.*
INSTIGATING, subst. *L'action de pousser, &c. Voy. to Instigate. Instigation, sollicitation.*

INSTIGATION, subst. *Instigation, sollicitation, suscitation, suggestion.*
Such a thing was a great instigation to him. *Cela fut un puissant motif.*
INSTIGATOR, subst. *Instigateur,* celui qui pousse ou qui incite un autre à quelque chose.
To INSTIL, verb. act. (to pour in by little and little.) *Verser peu à peu, faire tomber goutte à goutte une liqueur, la faire distiller.*
To instil good principles into one's mind. *Inspirer de bons principes à quelqu'un, instruire quelqu'un, lui donner de bons principes.*
Instilled, adj. *Instillé, versé peu à peu, distillé.*
INSTILLATION, f. *L'action d'instiller ou de verser peu à peu, &c. V. to Instill.*
INSTILLING. V. *Instillation.*
INSTINCT, f. (the natural inclination of animals.) *Instinct, inclination naturelle des animaux.*
* Instinct, adject. *Animé, poussé.*
INSTINCTIVE, adj. *Qui agit par instinct ou sans réflexion.*
Switter than thought the wheels instinctive fly. *Les roues, par une espece d'instinct, roulent d'elles-mêmes plus vite que le vent.*
INSTINCTIVELY, adv. *Par instinct.*
To INSTITUTE, verb. act. (to found, to appoint.) *Instituer, établir, fonder, ordonner.*
Loyola instituted the Order of the Jesuits. *Loyola a institué l'Ordre des Jésuites, c'est Loyola qui a fondé cet Ordre ou qui en est le fondateur.*
Instituted, adj. *Institué, établi, fondé.*
INSTITUTE, f. (or principles.) *Principes, préceptes, instruction.*
Institute, (or order.) *Ordre, loi, institut.*
Institutes, (the Emperor Justinian's book of institutes, teaching the civil law.) *Les institutes, l'abrégé du Droit Romain fait par ordre de l'Empereur Justinien.*
INSTITUTION, subst. (or foundation.) *Institution, établissement.*
Institution, (or education.) *Institution, éducation, instruction, conduite.*
To receive institution by a Bishop. *Etre reçu par l'Evêque & établi Grand-Vicaire en vertu de son approbation.*
INSTITUTIONARY, adj. *Elémentaire.*
INSTITUTIST, subst. *Celui qui compose des livres élémentaires.*
To INSTOP, v. act. *Boucher, clore, fermer, arrêter.*
To INSTRUCT, v. act. (or teach,) *Instruire, enseigner, donner des instructions, former, dresser.*
To instruct, or prepare one that is to speak. *Instruire de ce qu'il faut dire ou qu'il faut taire; préparer,* † *emboucher.*
Instructed, adject. *Instruit, &c. Voy. le verbe.*
He is very well instructed in his lesson. *Il sait fort bien sa leçon, on lui a bien appris sa leçon.*
INSTRUCTER, sub. (or teacher.) *Celui ou celle qui instruit.*
INSTRUCTING, f. *L'action d'instruire, &c. Voy. le verbe.*
Instructing, adj. *Voy. Instructive.*
INSTRUCTION, sub. (education or precept.) *Instruction, éducation, institution, enseignement, précepte.*

Instructions, (or directions in a business of importance.) *Instructions, mémoires instructifs.*
INSTRUCTIVE, adject. (full of instruction,) *Instructif.*
INSTRUCTIVENESS, sub. *Qualité instructive.*
INSTRUMENT, sub. (or tool to do any thing withal.) *Instrument, outil,* ce qui sert à faire manuellement quelque chose.
Mathematical or musical instrument. *Instrument de Mathématique ou de Musique.*
Subaltern Instrument, (tool or understrapper.) *Ame-damnée, agent, homme à tout faire, suppôt.*
They were the instruments of his cruelty. *Ils étoient les instruments de sa cruauté.*
An instrument, (or publick act.) *Un instrument ou acte public.*
A mathematical instrument-maker. *Un faiseur d'instruments de mathématique.*
A musical instrument-maker. *Un lutier.*
INSTRUMENTAL, adj. *Instrumental.*
I was no ways instrumental in it. *Je n'y ai point du tout contribué.*
INSTRUMENTALLY, adverb. *Comme un instrument.*
INSUCCESSFUL, &c. *Voy. Unsuccessful, &c.*
To INSUE. *Voy. to Ensue.*
INSUFFERABLE, adj. *Insupportable, détestable.*
INSUFFERABLY, adv. *D'une maniere insupportable.*
INSUFFICIENCY, f. (or inability.) *Insuffisance, impuissance, incapacité.*
INSUFFICIENT, adj. (not sufficient or unable.) *Insuffisant, incapable, impuissant, qui n'est pas suffisant ou capable.*
INSUFFICIENTLY, adv. *D'une maniere insuffisante, insuffisamment.*
INSUFFLATION, subst. *L'action de souffler.*
INSULAR, adj. (of or belonging to an island.) *Insulaire, d'île.*
INSULT, f. (abuse or affront.) *Insulte, action injurieuse & insolente qu'on fait a quelqu'un. Injure, avanie.*
To INSULT, v. act. (or abuse.) *Insulter, faire insulte, maltraiter de fait ou de paroles.*
To insult one over one. *Insulter, faire insulte à quelqu'un.*
To insult (or crow) over one's calamity. *Insulter à la misere de quelqu'un.*
Insulted, adj. *Insulté. V. to Insulte.*
INSULTER, f. *Qui insulte.*
INSULTING, f. *L'action d'insulter, &c. Voy. to Insult.*
INSULTINGLY, adv. *Avec insulte.*
INSUPERABLE, adj. (not to be overcome,) *Invincible, insurmontable.*
INSUPERABLENESS, f. *Qualité invincible ou insurmontable.*
INSUPERABLY, adv. *Invinciblement.*
INSUPPORTABLE, adj. (not to be endured.) *Insupportable, intolérable, qui ne peut être souffert.*
INSUPPORTABLY, adv. *Insupportablement.*
INSURANCE, f. *Assurance, l'action d'assurer des choses qui sont en danger.*
An insurance-office. *Un bureau d'assurance.*
Insurance-money. *Assurance, l'argent qu'on paye pour assurer des marchandises ou autres choses en danger.*

To

To INSURE, verb. act. (to engage to make good any thing that is in danger of being lost.) Assurer, s'obliger à quelqu'un, moyennant une certaine somme, de réparer la perte qu'il pourroit faire, &c.

Insured, adj. Assuré. Voy. to Insure.

INSURER, s. Assureur, un des entrepreneurs du bureau des Assurances.

INSURING, s. L'action d'assurer. Voy. to Insure.

INSURMOUNTABLE. V. Insuperable.

INSURRECTION, s. (or rising.) Soulèvement, sédition, révolte, rébellion.

INSUSURRATION, subst. Chuchotement, bourdonnement, l'action de parler à l'oreille.

INTACTIBLE, adj. Insensible au toucher.

INTAGLIO, s. Tout objet sur lequel il y a des figures gravées.

INTAIL, &c. Voy. Entail, &c.

To INTANGLE, &c. V. Entangle, &c.

INTASTABLE, adj. Qui n'a point de goût.

INTEGER, subst. (whole.) Integre, dans son état d'intégrité.

INTEGRAL,
INTEGRAL PARTS, } adject. (the parts that constitute the whole.) Parties intégrantes, terme de Philosophie : ce sont les parties qui composent l'intégrité d'un tout.

INTEGRITY, s. (or honesty.) Intégrité, probité, candeur, honneur.

Integrity, (entireness.) Intégrité, état d'un tout.

The integrity of an epick poem. L'intégrité de l'épopée ou du poème épique.

INTEGUMENT, subst. Tégument.

INTELLECT, s. L'intellect, te me didactique, l'entendement, la raison.

INTELLECTION, s. Conception, acte de l'entendement.

INTELLECTIVE, adject. Doué d'intelligence.

INTELLECTUAL, adj. (belonging to the unde standing.) Intellectuel, qui est de l'entendement.

To have good intellectual parts. Avoir un bon sens naturel.

INTELLECTUALS, s. L'intellect, l'entendement, le sens, le jugement.

INTELLIGENCE,
INTELLIGENCY, } subst. (or correspondence.) Intelligence, correspondance, communication entre des personnes qui s'entendent.

Intelligence, (advice or news.) Avis, nouvelles.

To send out a party for intelligence. Envoyer un parti à la découverte.

This holds no intelligence with the government of our passions. Ceci n'a aucun rapport avec l'empire que nous devons avoir sur nos passions.

Intelligence, (spirits or Angels.) Intelligences, Anges, Esprits célestes.

INTELLIGENCER, s. Un nouvelliste, un gazetier, celui qui mande des avis ou des nouvelles à un autre.

INTELLIGENT, adj. Intelligent.

INTELLIGENTIAL, adj. Spirituel, doué d'intelligence.

INTELLIGIBILITY,
INTELLIGIBLENESS, } subst. Intelligibilité.

INTELLIGIBLE, adj. (plain, easy to be understood.) Intelligible, clair, facile à entendre.

INTELLIGIBLY, adv. Intelligiblement, d'une manière intelligible.

INTEMERATE, adj. (pure or uncorrupted.) Pur, entier, exempt de corruption.

In the more pure and intemerate ages of the Church. Dans les siècles de l'Église les plus purs & les plus exempts de corruption.

INTEMPERAMENT, s. Mauvais tempérament.

INTEMPERANCE,
INTEMPERANCY, } sub. (or excess.) Intempérance, excès, déréglement, débauche.

INTEMPERATE, adj. (that has no command of himself.) Intempérant, déréglé, débauché, qui vit dans l'excès & dans la dissolution.

An intemperate (or disorderly) course of life. Une vie déréglée, dissolue ou désordonnée.

Intemperate weather, (either too hot or too cold.) Un temps qui n'est point tempéré, qui est ou trop chaud ou trop froid.

INTEMPERATELY, adverb. Dissolument, désordonnément, immodérément, avec excès.

To live intemperately. Vivre dissolument, vivre dans l'excès & dans la dissolution, mener une vie déréglée & dissolue.

INTEMPERATENESS,
INTEMPERATURE, } s. Intempérie.

The intemperature of the air. L'intempérie de l'air.

INTEMPESTIVE, &c. Voyez Unseasonable, &c.

INTENABLE, adj. Qui n'est pas tenable, qu'on ne peut tenir.

To INTEND, verb. neut. & act. (or to purpose.) Vouloir, se proposer, avoir envie ou dessein, être dans le dessein ou dans la résolution, être dans la volonté, faire état.

What do you intend to do? Que voulez-vous faire? que vous proposez vous de faire?

I intend to go to see you. J'ai dessein de vous aller voir.

Men will not judge of what you do by what you intend. On ne jugera pas de vos actions par votre intention.

You shall know what I intend. Vous saurez mon intention, mon dessein ou ce que j'ai envie de faire.

I did not intend it. Ce n'étoit pas mon dessein.

What do you intend (or what d'ye mean) by that? Que voulez-vous dire, ou qu'entendez-vous par-là?

It is easy to guess whom you intend. Il est aisé de voir à qui vous en voulez ou à qui s'adresse ce que vous dites.

To intend (or mind) a business. S'appliquer à quelque chose. V. to Attend.

INTENDANCY, s. (the office or dignity of an intendant.) Intendance, la charge ou la dignité d'un Intendant.

INTENDANT, subst. (the chief Governor of a French Province.) Intendant, Gouverneur en chef d'une Province de France avant la révolution.

The Intendant's wife. L'Intendante ou la femme de l'Intendant.

INTENDED, adject. Qu'on s'est proposé de faire, qu'on a envie ou dessein de faire, &c. Voy. to Intend.

It was so intended by me. C'étoit ma pensée, mon dessein, mon intention.

'Tis all intended for the publick good. Tout cela est concerté pour le bien public.

INTENDMENT, s. (or intention.) Intention, dessein.

Intendment, (in a legal sense signifies the true meaning or signification of a word or sentence.) Le sens ou la signification d'un mot ou d'une phrase.

To INTENERATE, v. act. (a word used in Philosophy, for to make tender.) Attendrir, faire devenir tendre.

Intenerated, adj. Attendri.

INTENERATION, s. Attendrissement.

INTENIBLE, adject. Qui ne peut se soutenir, foible.

INTENSE, adject. (or great.) Grand, excessif.

An intense heat. Une grande chaleur, un chaud excessif.

INTENSELY. Voy. Intensively.

INTENSENESS, s. Intensité, excès.

INTENSION, subst. Intensité, terme de Physique, qui se dit de la force ou de la violence des qualités, des humeurs & des corps naturels.

INTENSIVE, adj. Voy. Intent.

INTENSIVELY, adv. Infiniment, excessivement, dans le dernier degré.

INTENT, adject. (fixed or bent upon.) Attaché, appliqué, ou qui a l'esprit attaché, bandé, appliqué.

His eyes were intent upon the fight. Ses yeux étoient attachés au combat.

To be intent upon a thing. Avoir l'esprit attaché, bandé ou appliqué à quelque chose.

To be intent at prayer. Prier avec attention.

INTENT,
INTENTION, } subst. (meaning, design.) Intention, volonté, dessein, vue, but, mouvement de l'âme par lequel on vise à quelque chose.

That was their intent or their intention. C'étoit-là leur dessein, leur intention.

To the intent that he should not speak. Afin qu'il ne dit mot.

To all intents and purposes. A tous égards, de toutes les manières, entièrement, de fond en comble.

INTENTIONAL, adject. Intentionnel, qui regarde l'intention, qui n'est que dans l'intention.

INTENTIONALLY, adv. Par intention.

INTENTIVE, adj. (or intent.) Appliqué, attaché, attentif, qui s'applique à quelque chose ou qui la fait avec grande application.

INTENTIVELY,
INTENTLY, } adv. Avec grande application, avec attention, avec réflexion ou attachement.

To INTER, v. act. (to bury.) Enterrer.

INTERCALAR,
INTERCALARY, } adj. Intercalaire.

Ex. The intercalar day, (the odd day of the leap-year inserted in February.) Le jour intercalaire.

To INTERCALATE, v. act. Intercaler.

INTERCALATION, subst. (the inserting a day in February every fourth year.) Intercalation, l'addition d'un jour au mois de Février chaque quatrième année.

To INTERCEDE, verb. n. (or mediate in one's behalf.) Interceder, solliciter, prier pour quelqu'un afin de lui procurer quelque bien ou de le garantir de quelque mal.

I remembered the kindness that had ever interceded (or passed) between him and

INT

and me. *Je me souviens de la grande amitié qu'il y avoit toujours eue entre lui & moi.*

Interceded for, *adject. Pour qui on interceede, ou pour qui l'on a intercedé, &c.*

INTERCEDER, *subst. Intercesseur, médiateur, médiatrice, celui ou celle qui intercede.*

INTERCEDING, *s. Intercession, l'action d'intercéder, &c.*

To INTERCEPT, *v. act.* (to stop and seize by the way.) *Intercepter, surprendre, prendre par surprise.*

To intercept letters. *Intercepter des lettres.*

To intercept one's return. *Couper chemin à quelqu'un à son retour.*

To intercept the trade of a company. *Faire le métier de celui qu'on nomme en Anglois interloper; empiéter sur les priviléges d'une compagnie de Marchands, trafiquer par mer au préjudice de ses droits & privileges.*

Intercepted, *adj. Intercepté.*

INTERCEPTION, *sub. Interception, l'action d'intercepter, &c. V. to Intercept.*

INTERCESSION, *subst.* (from to intercede.) *Intercession, action, piere par laquelle on intercede.*

INTERCESSOR, *subst.* (or mediator.) *Intercesseur, médiateur.*

To INTERCHAIN, *v. a. Enchainer, lier ensemble.*

To INTERCHANGE, *verb. act. Changer, échanger, se donner réciproquement.*

To interchange some compliments. *Se faire quelques complimens de part & d'autre.*

To interchange writings. *Se délivrer un acte public, par lequel chaque partie intéressée s'engage aux articles convenus dans le contrat.*

INTERCHANGE,
INTERCHANGEMENT, } *s. Echange, troc.*

INTERCHANGEABLE, *adject. Mutuel, réciproque, qui se suit alternativement.*

INTERCHANGEABLY, *adv. Mutuellement, réciproquement.*

They have interchangeably set their hands and seals. *Chacune des parties y a apposé son seing & son seau.*

INTERCHANGED, *adj. Changé, échangé, donné réciproquement.*

An interchanged thrust or blow. *Un coup fourré.*

INTERCIPIENT, *s. act. Qui intercepte.*

To INTERCLUDE, *v. act. Fermer le passage, arrêter, interdire l'entrée ou la sortie.*

INTERCLUSION, *subst. Obstacle, empêchement.*

INTERCOLUMNIATION, *subst. Espace entre des colonnes.*

To INTERCOMMON, *v. neut.* (a law-word: intercommoning is, when the commons of two manors lie together, and the inhabitants of both have, time out of mind, depastured their cattle promiscuously on each.) *Ce verbe se dit en parlant de deux Seigneuries, dont les habitans ont un droit immémorial de faire paître ensemble leurs troupeaux dans les communes.*

INTERCOMMONING, *sub. Droit commun aux habitans de deux terres seigneuriales de faire paître ensemble leurs troupeaux dans les communes.*

INTERCOMMUNICATE, *verb. act. Se communiquer mutuellement ou l'un à l'autre, s'entre-communiquer.*

INT

INTERCOSTAL, *adj.* (a term of anatomy; that is, that lies between the ribs.) *Intercostal, qui est entre les côtes.*

INTERCOURSE,
INTERDEAL, } *sub.* (commerce or correspondence.) *Commerce, correspondance, communication.*

INTERCURRENCE, *s. Passage.*

INTERCURRENT, *adj.* (or running between.) *Qui passe entre deux terres.*

To INTERDICT, *verb. act.* (to forbid.) *Interdire, défendre.*

Interdicted, *adj. Interdit, défendu.*

INTERDICT, *s. Défense; interdit.*

INTERDICTION, *s.* (prohibition.) *Interdiction, défense, prohibition.*

INTERDICTORY, *adj. Interdictoire.*

To INTERESS,
To INTEREST, } *verb. act.* (or to concern.) *Intéresser.*

To interess one's self in something. *S'intéresser dans quelque chose, y prendre part.*

Interessed, *adj. Intéressé.*

INTEREST, *subst.* (lawful use-money.) *Intérêt, rente légitime d'argent prêté.*

Interest upon interest. *Arriere-change, l'intérêt des intérêts.*

Interest, (concern or advantage.) *Intérêts, avantage, utilité.*

It is your interest to do it. *Il est de votre intérêt de le faire.*

Interest, (pretension, claim, concern.) *Prétention, droit.*

I have an interest (or a right) in it. *J'ai droit à cela, j'y ai part, j'y suis intéressé.*

Interest, (credit or power.) *Crédit, pouvoir.*

To make use of one's interest. *Se servir du pouvoir ou du crédit de quelqu'un.*

His business gives him interest among all sorts of people. *Son emploi lui donne beaucoup de crédit parmi toutes sortes de gens.*

To get or to make interest with one. *Gagner quelqu'un, l'attirer dans son parti, ou le mettre dans ses intérêts.*

To make an interest. *S'accréditer, ou bien briguer.*

There is great interest made for that place. *Cette place est fort briguée, on brigue puissamment pour cette place.*

Self-interest. *Intérêt propre, amour propre.*

To INTEREST, *v. act. Intéresser.*

Interested, *adj. Intéressé.*

To INTERFERE, *verb. act.* (to rub or knock one heel against the other in going, as some horses do.) *S'entreheurter les jambes en marchant, se donner une atteinte, en parlant d'un cheval.*

To interfere, (or to clash.) *S'entrechoquer, être opposé, incompatible ou contraire.*

Christian duties interfere not one with another. *Les devoirs d'un Chrétien ne sont point incompatibles entr'eux.*

To interfere with one. *Courir sur le marché ou sur les brisées de quelqu'un.*

INTERFERING, *subst. Atteinte de cheval, au propre; contrariété, opposition, au figure.*

INTERFLUENT, *adject. Qui coule entredeux.*

INTERFULGENT, *adj. Qui brille entre.*

INTERFUSED, *adj. Répandu ou versé entre.*

INTERGAPING, *s. Hiatus, bâillement.*

Ex. An intergaping of vowels, (as

INT

when two vowels meet together, making an uncouth sound.) *Hiatus des voyelles.*

INTERJACENCY, *s. Situation de ce qui est entre-deux.*

INTERJACENT,
INTERJECTED, } *adj.* (lying betwixt.) *Qui est au milieu ou entre-deux.*

INTERJECTION, *subst.* (one of the parts of speech.) *Interjection, une des parties d'oraison.*

INTERIM, *s.* (a word borrowed from the Latin for mean-while.) *Intérim, mot emprunté du Latin, pour dire l'entre-temps, entrefaites.*

In the interim. *Dans l'intérim, cependant, dans ces entrefaites.*

To INTERJOIN, *v. act. Joindre, unir ensemble.*

INTERIOUR, *adj. Interne, intérieur, qui est au dedans.*

INTERKNOWLEDGE, *s. Connoissance mutuelle.*

To INTERLACE. *V. to Enterlace.*

INTERLAPSE, *s. L'espace de temps qui s'écoule entre deux événemens, intérim.*

To INTERLARD, *v. act.* (to lard lean with fat.) *Entrelarder, mêler du gras avec du maigre.*

To interlard, (to enterlace or insert.) † *Entrelarder, inférer, entre-mêler.*

Interlarded, *adj. Entrelardé, au propre & au figuré.*

INTERLARDING, *subst. L'action d'entrelarder, &c.*

To INTERLEAVE, *verb. act. Mettre du papier blanc entre les feuilles d'un livre imprimé.*

Interleaved, *adj. Où il y a des feuilles blanches entre-deux.*

To INTERLINE, *v. act.* (to write between two lines by way of insertion.) *Ecrire dans l'interligne, inférer entre deux lignes.*

Interlined, *adj. Ecrit dans l'interligne, inféré.*

INTERLINING, *s. L'action d'écrire dans l'interligne.*

INTERLINEATION, *s. Correction que l'on fait entre les lignes.*

To INTERLINK. *V. to Enterlace.*

INTERLOCUTION, *subst. Dialogue; Interlocution, sentence par laquelle on interloque.*

INTERLOCUTOR, *s. Interlocuteur.*

INTERLOCUTORY, *adj. Interlocutoire; terme de pratique; il se dit d'un arrêt, ou d'une sentence qui interloque.*

An interlocutory order. *Un arrêt interlocutoire ou un interlocutoire.*

To INTERLOPE, *verb. act.* (to intercept the trade of a company.) *Faire le métier d'interlope, trafiquer par mer au préjudice des droits & des privileges d'une compagnie.*

INTERLOPER, *subst. Celui qui empiète sur les privileges d'une compagnie de marchands, un interlope.*

INTERLUCENT, *adj. Qui brille à travers.*

INTERLUDE, *subst.* (a farce or droll.) *Une farce.*

INTERLUENCY, *s. L'eau qui coule entre, inondation.*

INTERLUNAR,
INTERLUNARY, } *adject. Entre deux lunes.*

INTERMARRIAGE, *s. Mariages par lesquels deux familles s'unissent.*

INTERMARRY, *verb. n. Unir deux familles par plusieurs mariages.*

To

To INTERMEDDLE, verb. neut. S'entremettre, se mêler, s'employer pour faire réussir quelque chose.
INTERMEDDLER, s. Un entremetteur, une entremetteuse, tracassier, brouillon.
INTERMEDIACY, s. Interposition, intervention.
INTERMEDIAL,
INTERMEDIATE, } adject. (that lies between.) Intermédiaire, entre-deux.
An intermediate space. Intervalle, espace ou distance entre deux choses.
An intermediate state between death and judgment. Un état intermédiaire pour les âmes en attendant le jour du jugement.
INTERMEDIUM, s. (space or distance between.) Entre-deux, intervalle, espace ou distance.
INTERMENT, sub. (from to inter.) Enterrement, sépulture, funérailles.
INTERMIGRATION, s. Emigration réciproque.
INTERMINABLE, adj. (or boundless.) Sans fin, qui n'a point de bornes.
INTERMINATION, s. Menace, injonction.
To INTERMINGLE, &c. V. to Intermix.
INTERMISSION, s. (or discontinuance.) Intermission, interruption, discontinuation, relâche.
Without intermission. Sans intermission, sans interruption, sans relâche, sans discontinuer.
INTERMISSIVE, adj. Qui vient par reprises, qui n'est pas continuel.
To INTERMIT, verb. act. (to forbear or put off for a time.) Cesser, discontinuer, interrompre.
To Intermit, verb. n. Avoir de l'intermission, discontinuer, cesser.
Intermitted, adject. Discontinué, interrompu, &c.
INTERMITTENT,
INTERMITTING, } adj. (coming by fits.) Intermittent qui donne quelque relâche, qui a de l'intermission.
An intermittent fever. Une fievre intermittente.
An intermitting pulse. Un pouls intermittent ou qui cesse de battre de temps en temps.
To INTERMIX, verb. act. (or mingle amongst.) Entre-mêler, mêler parmi.
INTERMIXED,
INTERMIXT, } adj. Entre-mêlé.
INTERMIXTURE, s. Mélange.
INTERMURAL, adject. Situé entre deux murailles.
INTERMUTUAL, adj. Mutuel.
INTERN,
INTERNAL, } adj. (or inward.) Interne, intérieur.
INTERNALLY, adv. Intérieurement, en dedans.
INTERNECINE, adj. Qui cherche mutuellement à se détruire.
INTERNECION, s. Massacre, carnage.
INTERNUNCIO, subst. (an agent of the Pope in another Prince's Court, where there is no nuncio.) Un internonce.
INTERPELLATION, s. Interpellation, terme de Palais.
To INTERPLEAD, &. V. to Enterplead.
To INTERPOLATE, v. act. (to alter or falsify.) Falsifier, corrompre, altérer, interpoler un écrit, un ouvrage.
To interpolate an original. Falsifier, altérer un original.
Some commentators on Homer have had the presumption to alter some of his lines and to interpolate others. Quelques commentateurs d'Homere ont eu la présomption de changer quelques-uns de ses vers & d'en interpoler d'autres.
Interpolated, adj. Falsifié, altéré.
INTERPOLATION, s. Interpolation.
INTERPOLATOR, s. Un faussaire, celui qui falsifie ou qui a falsifié, interpolateur.
INTERPOSAL, s. Intervention.
To INTERPOSE, verb. act. Interposer, employer.
Ex. To interpose one's authority. Interposer son autorité.
To interpose, v. neut. S'interposer, se mêler, s'entremettre, s'employer.
If he offers to interpose, nothing will be done in it. S'il s'interpose, s'il s'entremet dans cette affaire, elle ne réussira pas.
To interpose, (or intrude.) V. to Intrude.
Interposed, adj. Interposé.
INTERPOSING, s. L'action d'interposer, l'action de s'entremettre, &c. Voyez le verbe.
INTERPOSITION, subst. Interposition, entremise.
To INTERPRET, verb. act. (explain or expound.) Interpréter, expliquer.
To interpret an author, Interpréter ou expliquer un auteur.
INTERPRETATION, s. Interprétation, explication, sens que l'on donne à quelque chose.
INTERPRETATIVE, adj. Qui s'acquiert par interprétation.
INTERPRETATIVELY, adv. Ex. Interpretatively spoken. Qui est dit pour servir d'interprétation.
INTERPRETED, adj. Interprété, expliqué.
INTERPRETER, subst. Un interprete, un truchement, un traducteur.
INTERPRETING, subst. Interprétation ou l'action d'interpréter.
INTERPUNCTION, s. (a pointing or distinction by points.) Ponctuation, distinction qu'on fait par le moyen des points.
INTERREIGN,
INTERREGNUM, } s. (the time that passes from the death of a King, till such a time as his successor is chosen.) Interregne.
To INTERROGATE, verb. act. (to ask a question.) Interroger, questionner, faire une demande, demander.
Interrogated, adj. Interrogé, questionné.
INTERROGATION, subst. (or question.) Interrogation, demande, question.
An interrogation, (or a note of interrogation.) Un point d'interrogation (?).
INTERROGATIVE, s. Interrogatif.
INTERROGATIVELY, adv. Interrogativement.
INTERROGATORY, s. Interrogatoire, question.
Interrogatory, adj. Interrogatoire.
To INTERRUPT, v. act. (to disturb.) Interrompre, détourner.
To interrupt one when he speaks, Interrompre quelqu'un quand il parle, lui couper la parole.
To interrupt one's proceedings. Détourner quelqu'un, le faire désister de sa poursuite.
Interrupted, adj. Interrompu, détourné.
INTERRUPTER, subst. Celui ou celle qui interrompt ou qui détourne.

INTERRUPTING, s. L'action d'interrompre ou de détourner.
INTERRUPTION, s. Interruption.
INTERSCAPULAR, adj. Placé entre les épaules.
INTERSECANT, adject. Qui coupe, qui rencontre; terme de géométrie.
To INTERSECT, v. act. & n. Couper, se couper.
INTERSECTION, subst. (mutual cutting off.) Intersection.
To INTERSERT, V. to Insert.
INTERSPERSED, adject. (mingled here and there.) Entremêlé.
INTERSTICE, subst. (space between.) Interstice, intervalle.
INTERTEXTURE, s. Tissure, tissu.
INTERTWINED,
INTERTWISTED, } adject. (or intert oven.) Entrelacé.
INTERVAL, sub. (or space.) Intervalle ou espace.
To INTERVENE, v. n. Arriver, survenir, intervenir.
And nothing to intervene, (an expression used in the votes of Parliament.) Toute autre affaire cessante.
If the grace of God does not intervene. Si l'on n'est assisté par la grace de Dieu, ou si la grace de Dieu ne vient à notre secours.
INTERVENIENT, adj. Qui est entre-deux, qui intervient.
An intervenient business. Une affaire qui survient, un incident.
INTERVENTION, s. Intervention.
To INTERVERT, v. act. Changer l'ordre, intervertir.
INTERVIEW, s. (or meeting.) Entrevue, conversation, conférence.
To INTERVOLVE, v. act. Envelopper l'un dans l'autre.
To INTERWEAVE, verb. act. Entrelacer, brocher, entremêler.
INTERWOVEN, adject. Entrelacé, tissu, broché, entremêlé.
It was interwoven with silk and silver. Il y avoit un tissu ou un mélange de soie & d'argent.
INTESTABLE, adj. (incapable by law to make any will or to be taken for a witness.) Incapable de tester ou de servir de témoin, suivant les Lois.
INTESTATE, adj. (that has made no will.) Mort ab-intestat, qui n'a point fait de testament.
He died intestate. Il est mort ab-intestat, ou sans tester.
INTESTINAL, adj. Qui appartient aux intestins.
INTESTINE, adject. (or civil.) Intestin, civil.
An intestine war. Une guerre intestine.
INTESTINES, s. (or entrails.) Intestins, entrailles ou boyaux.
To INTHRALL, v. act. (or bring into thraldom.) Assujettir, asservir, rendre esclave.
Inthralled, adject. Assujetti ou asservi; rendu esclave.
INTHRALMENT, s. Servitude.
To INTHRONE, verb. act. Elever au trône.
INTIMACY, s. (or intimate friendship.) Intimité, étroite liaison ou amitié, une étroite société.
I was one of his intimacy. J'étois dans sa confidence, j'étois un de ses intimes.
INTIMATE, adject. (or hearty.) Intime, cordial, particulier.
Intimate,

INT

Intimate, *subst.* (an intimate or bosom friend.) *Un ami intime ou particulier, un ami de cœur, un confident.*
To INTIMATE, *verb. act.* (or give to understand,) *Donner à entendre, signifier.*
Intimated, *adj.* (or given to understand.) *Qu'on a donné à entendre.*
INTIMATELY, *adv. Intimement.*
INTIMATING, *subst.* L'action de donner à entendre.
INTIMATION, *f.* (or hint.) *Vent, avis.* I have had some intimation of it. *J'en ai eu le vent.*
Intimation, (in law.) *Intimation, signification, terme de Palais.*
I could not discover the least intimation to the contrary. *Je n'ai pu découvrir la moindre chose qui me donne lieu d'en douter.*
To INTIMIDATE, *verb. act.* (or fright.) *Intimider, épouvanter.*
Intimidated, *intimidé, épouvanté.*
INTIRE, or rather ENTIRE, *adj. a.* (or whole.) *Entier, qui a toutes les parties qu'il doit avoir.*
Intire, (or perfect.) *Parfait, sincere, sans réserve.*
I have an intire love for him. *Je l'aime sincerement, parfaitement, sans réserve.*
INTIRELY, *adv. Entièrement, parfaitement, uniquement, sans réserve.*
INTIRENESS, *subst.* L'état d'une chose entière.
Intireness, (or perfection.) *Intégrité, perfection.*
INTO, (a preposition used instead of *in*, after a verb that signifies a local motion.) *Dans ou en.*
His house looks into my garden. *Sa maison a vue sur mon jardin.*
I went into the town. *Je m'en allai dans la ville.*
The money was at last repaid into their hands. *La somme fut enfin remise entre leurs mains.*
I had that into the bargain. *J'ai eu cela sur ou par-dessus le marché.*
R. This preposition is often used in a very emphatical manner, not to be expressed in French, but by way of periphrasis.
Ex. To reason one into the belief of a thing. *Persuader quelque chose à quelqu'un à force de raisonnemens.*
To whip a boy into better manners. *Réformer un jeune garçon à force de le fouetter.*
INTOLERABLE, *adject.* (or insufferable.) *Intolérable, insupportable, qu'on ne peut tolérer ou souffrir.*
INTOLERABLENESS, *f.* Qualité intolérable ou insupportable.
INTOLERABLY, *adv.* D'une manière intolérable ou insupportable.
INTOLERANCE, *f. Intolérance.*
INTOLERANT, *adj. Intolérant.*
To INTOMB, *v. a.* (or put into a tomb.) *Mettre dans le tombeau, ensevelir.*
Intombed, *adj.* Mis dans le tombeau, enseveli.
INTONATION, *subst. Intonation, action par laquelle un chœur commence à entonner un pseaume ou un motet.*
To INTONE, *v. neut. Rendre un son lent & profond.*
To INTORT, *v. act. Tordre, entortiller.*
Intorted, *adj. Tordu, entortillé.*
To INTOXICATE, *v. act.* (to inebriate, in a figurative sense.) *Enchanter, charmer, ensorceler, enivrer, entêter.*

Intoxicated, *adject. Enchanté, charmé, ensorcelé, enivré, entêté.*
To be intoxicated with one. *Se coiffer de quelqu'un, en être fou.*
INTOXICATING, *f.* L'action d'enchanter, &c. V. to Intoxicate.
INTOXICATION, *subst. Transport, enthousiasme, entêtement.*
INTRACTABLE, *adj.* (or unruly.) *Intraitable, indomptable, qu'on ne peut ménager.*
INTRACTABLENESS, *subst. Humeur ou qualité intraitable.*
INTRADO, *subst.* (a Spanish word for a solemn entry.) *Entrée, entrée publique.*
INTRANQUILLITY, *f. Inquiétude.*
INTRANSMUTABLE, *adj.* Qu'on ne peut changer.
To INTREASURE, *v. act. Amasser, accumuler, conserver comme un trésor.*
To INTRENCH, *v. act.* (or fortify with intrenchments.) *Retrancher, fortifier de quelque retranchement.*
To intrench (or incroach) upon another man's right, *verb. neut. Empiéter ou entreprendre sur le droit d'un autre, usurper son droit.*
Intrenched, *adj. Retranché, fortifié de retranchements.*
Intrenched upon. *Sur quoi l'on a empiété ou entrepris, usurpé.*
INTRENCHANT, *adj. Indivisible, Invulnérable.*
INTRENCHMENT, *sub. Retranchement.*
To cast up an intrenchment. *Faire un retranchement.*
INTREPID, *adj.* (or fearless.) *Intrépide, hardi, courageux.*
INTREPIDITY, *f. Intrépidité, courage, fermeté.*
INTREPIDLY, *adv.* (or boldly.) *Avec intrépidité.*
INTRICACY, *subst. Embarras, difficulté, embrouillement, l'état d'une chose embrouillée.*
A business of great intricacy. *Une affaire fort embarrassée ou embrouillée, une affaire pleine de difficultés.*
INTRICATE, *adject.* (or perplexed.) *Embarrassé, embrouillé, difficile à comprendre, plein de difficultés, mal-aisé à démêler.*
An intricate business. *Une affaire embarrassée, embrouillée, épineuse, pleine de difficultés.*
An intricate accident. *Un accident étrange, une aventure pleine de choses surprenantes.*
INTRICATELY, *adverb. D'une manière embarrassée, embrouillée, pleine de difficultés.*
INTRICATENESS, *subst.* (perplexity or obscurity) *Obscurité.*
INTRIGUE, *sub.* (a secret design carried on with privacy.) *Intrigue, manège, pratique, dessein couvert & conduit avec adresse.*
An intrigue (or amour.) *Une intrigue, une galanterie.*
INTRINSECAL. V. Intrinsick.
INTRINSECALLY, *adv.* (or inwardly.) *Intérieurement, au-dedans ou intrinsèquement.*
INTRINSICK, *adv.* (or inward.) *Intérieur ou intrinsèque, en terme de Philosophie.*
To INTRODUCE, *v. act.* (or bring in.) *Introduire, mener dans un lieu, faire entrer, donner entrée.*

To introduce a new opinion. *Introduire une nouvelle opinion, commencer à l'établir, donner cours à une opinion, en être l'auteur.*
Introduced, *adj. Introduit, &c.*
INTRODUCER, *subst. Introducteur.*
INTRODUCING, *subst.* L'action d'introduire.
INTRODUCTION, *subst. Introduction.* The introduction of Embassadors. *L'introduction des Ambassadeurs.*
An introduction to history. *Une introduction à l'histoire.*
INTRODUCTOR, } *subst. Introducteur;*
INTRODUCER, } *qui introduit.*
INTRODUCTORY, } *adject.* Qui sert
INTRODUCTIVE, } *d'introduction.*
INTROIT, *f. Introit, le commencement de la Messe.*
INTROMISSION, *f.* L'action d'admettre, de faire entrer, intromission.
To INTROMIT, *v. act. Admettre, introduire.*
To INTROSPECT, *v. act. Examiner intérieurement.*
INTROSPECTION, *f. Considération de l'intérieur.*
INTROVENIENT, *adj.* Qui s'introduit.
To INTRUDE one's self, *verb. récip.* (or intermeddle.) *S'ingérer, se mêler.*
To intrude one's self into a business. *S'ingérer dans quelque affaire.*
To intrude one's self into a company. *Se fourrer dans une compagnie, se mêler dans quelque conversation, y entrer sans permission ou invitation.*
To intrude into an estate, *verb. neut. Se mettre en possession d'un bien sans aucun droit, usurper un bien.*
Intruded, *adj. Intrus.*
INTRUDER, *subst.* Celui ou celle qui se fourre par-tout, ou celui qui a pris possession d'un bien sans aucun droit, un usurpateur, un intrus.
INTRUDING, *f.* An intruding of one's self. L'action de s'ingérer, &c. V. to Intrude.
INTRUSION, *f.* (a violent or unlawful entrance into lands being void of a possessor, by him that has no right to them.) *Intrusion, usurpation, possession d'un bien mal fondée.*
Intrusion into a company. L'action de se fourrer dans une compagnie où l'on ne nous souhaite pas.
To INTRUST, *v. act. Confier, mettre en dépôt, donner en garde.*
To intrust one with a thing. *Confier une chose à quelqu'un, la mettre en dépôt entre ses mains.*
Intrusted, *adj.* A qui l'on a confié, &c.
To be intrusted with a thing. *Avoir une chose en dépôt ou en garde, en être chargé.*
He is intrusted to take care of that business. *On lui a confié le soin de cette affaire, on l'en a chargé.*
The power with which God alone has intrusted him. *La puissance qu'il tient de Dieu seul.*
INTRUSTING, *subst.* L'action de confier une chose à quelqu'un.
INTUITION, *sub.* (or inspection.) *Inspection, examen.*
Intuition, (penetration, insight.) *Pénétration, connoissance intérieure, idée.*
He made an intuition into that business. *Il examina cette affaire.*

INTUITIVE,

INTUITIVE, adject. (or contemplative.) Intuitif, spéculatif, contemplatif.
INTUITIVELY, adv. Intuitivement, terme didactique.
INTUMESCENCE, ⎫ f. (swell, swel-
INTUMESCENCY, ⎬ ling.) Enflure,
INTURGESCENCE, ⎭ intumescence.
To INTWINE. V. to Twist.
INTUNABLE, adject. (that cannot be tuned.) Que l'on ne peut accorder, en parlant d'un instrument de musique à cordes.
To INVADE, v. act. (to seize violently, to usurp.) Envahir, faire une invasion, usurper, saisir, se saisir, s'emparer, entreprendre sur, prendre par force, violer, faire violence.
Ex. To invade a Kingdom. Envahir un Royaume, s'en emparer.
To invade one's right. Usurper les droits d'autrui.
To invade the privileges of a city. Violer les priviléges d'une ville.
To invade the rights and privileges of a free nation. Violer, fouler aux pieds les droits & les immunités d'un peuple libre.
To invade the province of another. Entreprendre sur la charge d'un autre.
To invade the government, (to be a fierce opposer of it.) Se déchaîner contre le gouvernement.
This opinion invades (or derogates from) the office and mediatorship of Christ. Cette opinion déroge à l'office du Christ, comme médiateur.
This attempt invades the liberties of Europe. Cet attentat donne atteinte aux libertés de l'Europe.
What sudden noise invades my rest ? Quel bruit subit trouble mon repos ?
Invaded, adj. Envahi, usurpé, dont on s'est saisi, &c. V. to Invade.
To be invaded with fear. Être saisi de crainte ou de frayeur.
INVADER, f. Usurpateur, usurpatrice, celui ou celle qui usurpe, &c. V. to Invade.
INVADING, sub. Envahissement, l'action d'envahir, &c. V. to Invade.
INVALID, adj. (of no force, not good in law.) Invalide, nul, qui a des défauts qui le rendent nul.
Invalid (weak,) Invalide, infirme, foible.
INVALID, sub. (a disabled soldier,) Un invalide.
To INVALIDATE, v. act. (or annul.) Invalider, annuller, rendre invalide, rendre nul.
Invalidated, adj. Invalidé, annullé, rendu nul.
INVALIDATING, f. L'action d'invalider, d'annuller ou de rendre nul.
INVALIDITY, f. Invalidité, manque de validité, nullité, foiblesse.
INVALUABLE, adject. Inestimable, inappréciable.
INVARIABLE, adj. Invariable.
INVARIABLENESS, f. Constance, immutabilité.
INVARIABLY, adv. (or constantly.) Invariablement.
INVASION, f. (from to Invade.) Invasion, usurpation.
Invasion of a man's property. Usurpation, attentat sur le bien d'autrui.
INVASIVE, adj. Ex. An invasive war. Une guerre d'invasion.
INVECTIVE, adject. (or abusive.) Plein d'invectives, piquant, mordant, satyrique.
An invective speech. Un discours plein d'invectives.
Invective, f. Une invective.
To INVEIGH against, verb. neut. (or to rail at.) Invectiver, déclamer, dire des invectives, s'emporter de paroles.
He inveighed more bitterly than all the rest against that piece of tyranny. Il parut plus déchaîné contre cette tyrannie, que tous les autres.
Inveighed against, adject. Contre qui l'on a invective, déclamé ou dit des invectives.
INVEICHER, subst. Qui invective.
INVEIGHING, f. L'action d'invectiver, de dire des invectives, &c.
To INVEIGLE, v. act. (or deceive by fair words.) Enjôler, duper, tromper, attraper ou engager par de belles paroles, surprendre, attirer.
Inveigled, adj. Enjôlé, dupé, trompé, attrapé, engagé, surpris, attiré.
INVEIGLER, subst. Un trompeur, un enjôleur.
INVEIGLING, f. L'action de duper, &c. V. the verb.
To INVELOPE. V. to Envelope.
To INVENOM. V. to Envenom.
To INVENT, verb. act. (to find out or devise.) Inventer, trouver par la force de son esprit.
To Invent, (to forge.) Inventer, forger, controuver, supposer.
To invent (or forge) news. Forger des nouvelles.
Invented, adject. Inventé, &c. V. the verb.
INVENTER, f. Inventeur, inventrice.
INVENTING, f. L'action d'inventer, &c. V. to Invent.
INVENTION, subst. (or finding out of things,) Invention, l'action d'inventer ou de trouver quelque chose le premier.
The invention of the Holy Cross. L'invention de la Sainte Croix : on prétend que Sainte Helene, femme de l'Empereur Constantin, trouva la Sainte Croix ; & c'est ce qu'on appelle Invention de la Sainte Croix.
Invention, (or thing found out.) Invention, chose trouvée.
Invention, (trick or device.) Invention d'esprit, feinte, artifice, conte fait à plaisir.
Invention, (or device, one of the five parts of rhetorick.) L'invention, une des cinq parties de la rhétorique.
INVENTIVE, adj. (ingenious or apt to invent.) Inventif, propre à inventer.
INVENTOR, f. Inventeur.
INVENTORIED, V. to Inventory.
INVENTORY, f. (a list of a dead man's goods.) Inventaire.
To INVENTORY, v. act. Inventorier, mettre dans un inventaire.
Inventoried, adj. Inventorié, dont on a fait un inventaire.
INVENTRESS, f. (a woman that invents.) Inventrice.
INVERSE, adj. Inverse, terme didactique.
INVERSION, subst. Inversion, terme de Grammaire ; changement, renversement.
To make an inversion. Tourner, renverser, faire une inversion.
To INVERT, verb. act. (to turn the contrary way.) Tourner, renverser, changer.

Inverted, adject. Tourné, renversé ; changé.
INVERTING, f. L'action de tourner, de renverser, de changer.
INVERTEDLY, adv. En sens inverse.
To INVEST, v. act. (to surround.) Investir, entourer.
Ex. To invest a place, in order to besiege it. Investir une place, dans le dessein de l'assiéger.
To invest one in an employment. Installer quelqu'un dans une charge.
To invest one with an estate. Investir quelqu'un d'un bien, donner à quelqu'un l'investiture d'un bien, le mettre en possession d'un bien.
Invested, adj. Investi, entouré ; installé, mis en possession ou à qui on a donné l'investiture.
INVESTIGABLE, adj. Qui peut être découvert.
To INVESTIGATE, v. act. (to search out.) Chercher avec soin, faire une exacte recherche ou perquisition.
Investigated, adject. Cherché avec soin, dont on a fait une exacte recherche ou perquisition.
INVESTIGATION, f. (or strict search.) Exacte recherche ou perquisition.
INVESTING, f. (from to invest.) L'action d'investir, &c. V. to Invest.
INVESTITURE, f. (a livery of seisin, possession.) Investiture, cession de possession.
INVESTMENT, sub. Vêtemens, habillement.
INVETERACY, subst. État de ce qui est invétéré.
INVETERATE, adject. (settled by long continuance.) Invétéré, enraciné, qui a duré long-temps.
To be inveterate against one. Avoir une haine invétérée contre quelqu'un, être acharné contre lui.
An inveterate hatred. Une haine invétérée.
An inveterate disease. Une maladie invétérée ou enracinée.
INVETERATION, ⎫ f. Longue durée
INVETERATENESS, ⎬ de quelque mal, opiniâtreté.
INVIDIOUS, adj. (or odious.) Odieux ou qui excite l'envie.
INVIDIOUSLY, adv. Avec envie, odieusement, malignement.
INVIDIOUSNESS, f. Qualité odieuse.
INVIGILANCY, sub. (or carelessness.) Défaut de vigilance, négligence, manque de soin.
To INVIGORATE, verb. act. (or to give vigour.) Donner de la vigueur, fortifier.
To invigorate the laws. Donner de la vigueur aux loix, les faire exécuter.
INVINCIBLE, adject. (not to be overcome.) Invincible, qu'on ne peut vaincre, indomptable, insurmontable.
An invincible army. Une armée invincible ou indomptable.
An invincible proof. Une preuve invincible.
He gives invincible proofs of it. Il le prouve invinciblement.
An invincible ignorance. Une ignorance crasse ou invincible.
INVINCIBLENESS, sub. Qualité invincible.
INVINCIBLY, adv. Invinciblement, d'une maniere invincible.
INVIOLABLE, adject. (not to be violated.)

ted.) *Inviolable, qu'on ne doit pas violer.*
INVIOLABLY, *adv. Inviolablement, d'une manière inviolable.*
INVIOLATE,
INVIOLATED, } *adj.* (not violated.) *Entier ou qui demeure inviolable, qui n'a pas été violé.*
INVIOUS, *adj. Impraticable, inaccessible.*
To INVISCATE, *verb. act. Enduire d'une matière visqueuse, engluer.*
INVISIBLE, *adject.* (not to be seen.) *Invisible, qu'on ne peut voir, imperceptible.*
INVISIBLENESS,
INVISIBILITY, } *subst. Qualité de ce qui est invisible.*
INVISIBLY, adverb. *Invisiblement, d'une manière invisible, imperceptiblement.*
INVITATION, *subst. Invitation, action d'inviter.*
INVITATORY, *adj.* An invitatory verse, (in the Roman Church, that stirs us up to praise and glorify God.) *Un invitatoire, terme de l'Eglise Romaine.*
To INVITE, *verb. act. Inviter, prier, convier à une cérémonie, à un festin, &c.*
He has invited me to dinner. *Il m'a invité à dîner.*
To invite, (to excite.) *Inviter, exciter, porter, donner envie, tenter.*
This weather invites me to walk abroad. *Le temps m'invite à la promenade.*
He invited me to be godfather to his child. *Il me pria de tenir son enfant sur les fonts de baptême.*
Invited, *adj. Invité, prié, convié, excité, porté, &c. V.* to Invite.
INVITER, *s.* Celui ou celle *qui invite.*
INVITING, *subst. Invitation, action d'inviter, &c. V.* to Invite.
Inviting, *adj. Attrayant, charmant, qui invite.*
INVITINGLY, *adv. Ex.* To look invitingly upon one. *Regarder quelqu'un d'un air engageant ou attrayant.*
To INUMBRATE, *v. act. Ombrer, couvrir d'ombre.*
INUNCTION, *f. L'action d'oindre.*
INUNDATION, *f.* (or flood.) *Inondation, débordement d'eaux qui couvrent la campagne.*
An inundation of armies. *Une inondation d'armées.*
To INVOCATE, *v. act.* (to pray to, to call upon.) *Invoquer.*
Invocated, *adj. Invoqué.*
INVOCATION, *f. Invocation, l'action d'invoquer.*
INVOICE, *subst.* (an account of goods sent by a merchant or factor to another.) *Facture, mémoire des marchandises qu'un commissionnaire envoie à un marchand.*
To INVOKE. *V.* to Invocate.
To INVOLVE, *v. act. Envelopper, engager.*
To involve one's self in troubles. *S'engager dans quelque malheur, s'attirer des affaires ou quelque disgrace.*
Involved, *adj. Enveloppé, engagé.*
INVOLUNTARILY, *adv.* (against one's will.) *Involontairement, contre son gré.*
INVOLUNTARY, *adj.* (contrary to one's own will.) *Involontaire, qui n'est pas volontaire, forcé.*
INVOLUTION, *f. Entortillement.*

To INURE, *v. act.* (or accustom.) *Accoutumer, faire, endurcir.*
To inure one's self to hardship. *S'accoutumer, se faire à la fatigue, s'endurcir au travail.*
To inure, *verb. neut.* (in law, that is, to take place or be of force.) *Etre valable, être recevable, sortir son plein & entier effet, en termes de pratique.*
Inured, *adject. Accoutumé, endurci, fait.*
INUREMENT, *f. Habitude.*
To INURN, *verb. act. Mettre dans une urne.*
*INUSITATE, *adj.* (not in use.) *Inusité, qui n'est pas usité ou qui est hors d'usage.*
INUTILITY, *subst.* (or unprofitableness.) *Inutilité.*
INVULNERABLE, *adj.* (that cannot be wounded.) *Invulnérable, qui ne peut être blessé.*
To INWALL, *verb. act. Enfermer de murs.*
INWARD, *adj. Intérieur, qui est au-dedans, interne.*
An inward evil. *Un mal intérieur, un mal interne.*
An inward friend. *Un intime ami, un ami de cœur.*
INWARDLY, *adv. Intérieurement.*
To fret inwardly. *Etre triste & chagrin, repasser son ennui dans son esprit, † ronger son frein.*
INWARDNESS, *f. Intimité, familiarité.*
INWARDS, *subst.* (or entrails.) *Entrailles.*
The inwards of beasts. *Les entrailles des bêtes.*
Inwards, *adv. En dedans.*
To INWEAVE, INWOVEN, *V.* to Weave.
To INWRAP, *v. act. Envelopper.*
Inwrapped, *adj. Enveloppé.*
To INWREATHE, *verb. act. Ceindre, couronner.*
INWROUGHT, *adject. Ouvré, orné de ciselure.*
IONIAN,
IONICK, } *adject. Ionien, ionique, d'ionie, en grèce.*
The Ionian dialect. *Le dialecte Ionien ou Ionique.*
Pillars of the Ionick order. *Piliers ou colonnes d'ordre Ionique.*
IPECACUANHA, *s. Ipecacuanha, racine d'une plante médicinale.*
IRASCIBLE, *adj.* (a term of philosophy, for apt to be angry.) *Irascible, terme de philosophy, sujet à la colère.*
IRE, *f.* (or wrath.) *Colère, * ire.*
IREFUL, *adj. Colère, furieux.*
IREFULLY, (angrily.) *En colère, avec emportement.*
IRIS, *f.* (rainbow.) *Iris, arc-en-ciel.*
It IRKS or IRKETH, *v. imp. Il ennuie.*
IRKSOME, *adj.* (or displeasing.) *Fâcheux, chagrin, incommode, chagrinant, accablant, important, ennuyeux.*
Irksome old age. *La vieillesse chagrine.*
IRKSOMELY, *adv. Ennuyeusement, tristement.*
IRKSOMENESS, *f. Ennui.*
IRON, *f.* (a sort of metal.) *Fer, sorte de métal.*
P. To strike whilst the iron is hot. *P. Livrer le fer pendant qu'il est chaud.*
White iron, (or tin.) *Du fer-blanc.*
A smoothing-iron. *Un fer à passer le linge.*
A taylor's pressing-iron. *Un carreau, fer pour pater les coutures.*

Old iron. *Ferraille.*
Iron-gray. *Gris-de-fer.*
Iron-ware. *Quincaille.*
Iron-tool. *Ferrement, outil de fer.*
Iron-bar. *Barre-de-fer.*
Iron-wire. *Fil d'archal.*
Iron-pin. *Une clavette.*
A cramp-iron. *Un fer de moulin, fait en queue d'aronde des deux côtés, un crampon de fer.*
Iron-wort. *Crapaudine, sorte d'herbe.*
Iron-plate. *Tôle, fer en feuilles.*
An iron-mine. *Une mine de fer.*
Iron-mill. *Moulin où l'on forge le fer, Martinet.*
Iron-monger. *Taillandier, Ferronnier, Quincaillier.*
Iron-work, *subst. comp. Ferrures.*
Iron, *adj. De fer, semblable au fer, dur.*
The iron-age. *L'âge ou le siècle de fer.*
Iron-sick, (speaking of a ship or boat.) *Dont les clous sont mangés ou rongés par la rouille, en parlant d'un navire ou d'un bateau.*
To IRON, *v. act. Passer le linge, avec un fer chaud.*
Ironed, *adj. Passé.*
IRONICAL, *adj.* (spoken in jest.) *Ironique, qui tient de l'ironie.*
IRONICALLY, *adv.* (in an ironical sense.) *Par ironie, dans un sens ironique.*
IRONING, *f.* (du verbe to iron.) *L'action de passer le linge avec un fer chaud.*
IRON-SIDE, *adj.* (a surname given to several Princes of old.) *Bras-de-fer.*
IRONY, *subst.* (a figure of Rhetorick.) *Ironie, figure de rhétorique.*
IRRADIANCE,
IRRADIANCY, } *f. Clarté, lumière.*
To IRRADIATE, *v. act.* (or shine upon.) *Rayonner sur, jetter ou darder des rayons sur quelque chose.*
The sun irradiated that place. with its beams. *Le soleil dardoit ses rayons sur cette place.*
To irradiate, *v. n.* (to cast forth beams.) *Rayonner, briller, éclater.*
IRRADIATION, *f. Rayonnement, éclat, splendeur, lustre, clarté.*
IRRATIONAL, *adject.* (void of reason.) *Irraisonable, qui n'a point de raison.*
Irrational, (absurd.) *Absurde.*
IRRATIONALITY, *f. Folie, défaut de raison, absurdité.*
IRRATIONALLY, *adv. D'une manière absurde, sans raison.*
IRRECLAIMABLE, *adject. Incorrigible, obstiné.*
IRRECONCILABLE, *adj.* (not to be reconciled.) *Irréconciliable, qu'on ne peut réconcilier, implacable.*
IRRECONCILABLY, *adv. D'une manière irréconciliable.*
IRRECONCILED, *adject.* Qui n'est pas expié.
IRRECOVERABLE, *adj.* (wholly lost, not to be recovered.) *Irréparable, tout à fait perdu, qui ne se peut recouvrer.*
IRRECOVERABLY, *adverb. Sans ressource.*
IRRECUPERABLE, *adj.* (irrecoverable.) *Irréparable, ou qui ne peut se recouvrer.*
IRREDUCIBLE, *adject.* Qui ne peut être réduit.
IRREFRAGABLE, *adj.* (or undeniable.) *Irréfragable, incontestable, qu'on ne peut contredire.*
IRREFRAGABLY, *adv.* (or undeniably.) *D'une manière irréfragable ou incontestable, incontestablement.*

A

A thing irrefragably evident. *Une chose claire comme le jour.*
IRREFUTABLE, *adj.* (not to be refuted.) *Qui l'on ne sauroit réfuter.*
IRREGULAR, *adj.* (or without rule.) *Irrégulier, qui n'est pas selon les regles.*
An irregular verb. *Un verbe irrégulier.*
An irregular building. *Un batiment irrégulier.*
Irregular (*or* unruly) appetites. *Des appétits déréglés, désordonnés.*
IRREGULARITY, *s.* (or going out of rule.) *Irrégularité ou déréglement.*
Irregularity, (a canonical impediment, which hinders a man from taking holy orders.) *Irrégularité, empêchement canonique pour recevoir ou exercer les SS. Ordres.*
IRREGURARLY, *adv. Irrégulièrement.*
To IRREGULATE, *verb. act. Mettre en désordre, rendre irrégulier.*
IRRELATIVE, *adject. Qui n'a point de rapport, isolé sans liaison.*
IRRELIGION, *subst.* (or ungodliness.) *Irréligion, impiété, mépris de la Religion, libertinage.*
IRRELIGIOUS, *adj. Irréligieux, qui n'a point de religion ou qui en a très-peu, profane, libertin.*
IRRELIGIOUSLY, *adv. Irréligieusement, d'une maniere irréligieuse ou impie.*
IRREMEABLE, *adj. Qui n'admet point de retour.*
IRREMEDIABLE, *adj.* (that cannot be remedied.) *Sans ressource, irrémédiable, à quoi l'on ne peut apporter du remede.*
IRREMEDIABLY, *adv. Sans remede.*
IRREMISSIBLE, *adj.* (not to be forgiven.) *Irrémissible, qui n'est point pardonnable.*
IRREMISSIBLENESS, *s. Qualité qui rend irrémissible.*
IRREMISSIBLY, *adv. Irrémissiblement, sans rémission.*
IRREMOVABLE, *adj. Inamovible, que l'on ne peut changer de place.*
IRRENOWNED, *adj. Sans honneur.*
IRREPARABLE, *adject.* (that cannot be repaired or recovered.) *irréparable, qu'on ne peut réparer, sans ressource.*
IRREPARABLY, *adv. Irréparablement, d'une maniere irréparable, sans ressource.*
IRREPREHENSIBLE, *adj.* (or blameless.) *Irrépréhensible, qu'on ne peut reprendre d'aucune faute, irréprochable.*
IRREPREHENSIBLY, *adv. D'une maniere irrépréhensible ou irréprochable.*
IRREPRESENTABLE, *adj. Qu'on ne peut représenter.*
IRREPROACHABLE, *adj.* (blameless.) *Irréprochable.*
IRREPROACHABLY, *adv. D'une maniere irréprochable.*
IRREPROVABLE, *adj.* (or blameless.) *Irréprochable.*
IRRESISTIBILITY, *subst. Force irrésistible.*
IRRESISTIBLE, *adj.* (not to be resisted against.) *A quoi l'on ne peut résister.*
An irresistible power. *Une puissance à laquelle on ne peut résister.*
IRRESISTIBLY, *adv. D'une maniere que l'on ne sauroit empêcher.*
IRRESOLUBLE, *adj.* (not to be broken.) *Qui ne peut se résoudre ou être décomposé.*
IRRESOLUBLENESS, *subst.* (resistance

to a separation of parts.) *État de ce qui ne peut se résoudre ou être décomposé.*
IRRESOLVEDLY, *adv.* (without settled determination.) *D'une maniere irrésolue.*
IRRESOLUTE, *adject.* (or wavering.) *Irrésolu, qui ne sait à quoi se résoudre, incertain, inconstant, qui est en suspens ou en balance.*
IRRESOLUTELY, *adv. Irrésolument, avec irrésolution.*
IRRESOLUTION, *s. Irrésolution, doute, incertitude d'esprit.*
IRRESPECTIVE, *adject. Sans égard à certaines choses.*
IRRESPECTIVELY, *adv.* (without any relation to.) *Ex.* Virtue is desirable irrespectively and for itself. *La vertu est aimable sans égard à autre chose & par elle-même.*
IRRETRIEVABLE, *adj.* (not to be retrieved.) *Irréparable.*
IRRETRIEVABLY, *adv. D'une maniere irréparable.*
IRREVERENCE, *s.* (or want of respect.) *Irrévérence, manque de respect ou de vénération.*
IRREVERENT, *adj. Irrévérent, peu respectueux, qui manque de respect.*
IRREVERENTLY, *adv.* (or without due reverence.) *D'une maniere peu respectueuse.*
IRREVERSIBLE, *adj.* (not to be reversed.) *Irrévocable.*
IRREVERSIBLY, *adv. Sans retour.*
IRREVOCABLE, *adj.* (not to be revoked.) *Irrévocable, qui n'est pas révocable.*
IRREVOCABLY, *adv. Irrévocablement, d'une maniere irrévocable.*
To IRRIGATE, *verb. act.* (or water.) *Arroser, couler, passer par quelque endroit.*
This river irrigates the whole Province. *Cette riviere arrose toute la Province.*
Irrigated, *adj. Arrosé.*
IRRIGATION, *subst. Irrigation, l'action d'arroser.*
IRRIGUOUS, *subst.* (or moist.) *Arrosé, humide.*
IRRISION, *subst.* (or laughing to scorn.) *Dérision, moquerie, mépris.*
To IRRITATE, *verb. act.* (or provoke.) *Irriter, provoquer, exciter la colere d'une personne, la fâcher, l'offenser.*
To irritate (or stir up) the humours. *Irriter les humeurs.*
Irritated, *adj. Irrité, provoqué, &c.*
IRRITATING, *s. L'action d'irriter ou de provoquer, &c.*
IRRITATION, *s. Irritation.*
An irritation of humours. *Une irritation d'humeurs.*
IRRUPTION, *s.* (an inroad, a breaking in or into.) *Irruption, course qu'on fait dans le pays ennemi pour le ravager.*
IS, (the third person of the present tense of the verb to Be.)
Ex. He is come, *il est venu.* She is gone, *elle est allée.* It is good, *il est bon.*
ISABELLA, *subst.* (a sort of colour.) *Isabelle, couleur qui participe du blanc & du jaune.*
Isabella, *adj. Isabelle, qui est de couleur isabelle.*
ISCHURY, *s. Rétention d'urine.*
ISICLE. *V. Icicle.*
ISINGLASS, *s. Colle de poisson.*
ISLAND, *subst.* (a land surrounded with water.) *Une île, terre environnée d'eau.*

Island of ice, (a sea term.) *Banc de glace.*
ISLANDER, *subst. Insulaire, qui habite dans une île.*
ISLE, *s.* (or island.) *Une île.*
The isles of a Church. *Les ailes de la nef, l'entre-deux des bancs dans une Eglise.*
ISLET, *s. Petite île.*
ISOPERIMETRICAL, *adj. Isopérimetres, se dit des figures dont les circonférences sont égales.*
ISOSCELES, *subst. Isocele, terme de Géométrie.*
ISSUE, *subst.* (end or event.) *Issue, fin, événement, succès.*
Who knows what will be the issue of all this? *Qui sait qu'elle sera l'issue ou la fin de tout ceci?*
A good issue. *Un heureux succès.*
The issues of war are uncertain. *Le succès des armes est douteux ou les armes sont journalieres.*
An issue, (in one's arm, leg, &c.) *Un cautere, au bras, à la jambe, &c.*
Issue-paper. *Papier pour les cauteres.*
Issue of blood. *Une perte de sang.*
Issue, (or offspring.) *Enfans, lignée.*
To die without issue. *Mourir sans enfans.*
Issue-male. *Enfant mâle.*
The issues (or profits) growing from amerciaments or fines. *Les profits qui reviennent des amendes, le casuel des amendes.*
Issues, (or expences.) *Déboursements, mise, frais, dépense.*
The income and issues. *La recette & la mise.*
The matter in issue is this. *C'est ici la question dont il s'agit.*
To join issue with one, (to put the cause to the trial of the Jury.) *S'en rapporter à la justice, s'en rapporter à la décision d'un Juge ou des Jurés.*
A cause or law-suit at issue. *Un procès instruit & prêt à juger.*
Will you put it to that issue? (will you stand to the determination of that question?) *Voulez-vous vous en tenir-là?*
To ISSUE out, *v. act. Publier.*
The King has issued out a proclamation. *Le Roi a publié un edit.*
The money must not be issued out without order. *On ne doit débourser aucun argent sans ordre.*
To issue or to issue out, *verb. neut. Sortir, venir.*
The sun seems to issue from the sea. *Le soleil semble sortir de la mer.*
The veins that issue from the heart. *Les veines qui viennent du cœur.*
To issue, (or end.) *Aboutir, se terminer.*
Issued, *adj. Publié, sorti.*
ISSUELESS, *adject.* (that has no issue, without issue.) *Qui n'a point d'enfans, sans enfans.*
ISTHMUS, *s.* (a neck of land between two seas.) *Isthme, langue de terre entre deux mers.*
IT, (pronoun.) *Ce, il, elle, le, la.*
R. *Les Anglois se servent ordinairement de ce pronom, au lieu des pronoms personnels, en parlant des choses inanimées, & des bêtes mêmes dont le différence du sexe n'est pas bien determinée.*
Ex. It is what I fear; *c'est ce que je crains.* It is the custom; *c'est la coutume.* Is it done? *est-ce fait? est-il fait? est-elle faite?*

faite? It rains; *il pleut*. It snows; *il neige*. Give it him; *donnez-le lui, donnez-la lui*. I take it; *je le prends; je la prends*.
R. On se sert souvent d'it en parlant d'un petit enfant.
Ex. Do not wake the child, it is fast asleep. *N'éveillez pas l'enfant, il est fort endormi*.
Le verbe impersonnel It is se dit indifféremment des hommes & des femmes.
Ex. It was my father who did it; *c'est mon pere qui l'a fait*. It is my mother; *c'est ma mere*.
Les Anglois font souvent une élision de l'i.
Ex. 'Tis high time; *il est bien temps*. 'Twould be very strange; *cela seroit fort étrange*.
Ce mot étant accompagné d'une préposition, se rend souvent par les particules en ou y.
Ex. I got six pence for it. *J'en ai eu six sous*.
I got nothing by it. *Je n'y ai rien gagné*.
Let him look to it. *Qu'il y prenne garde*.
I must go without it. *Il faut que je m'en passe*.
I went so far with it. *Je portrai la chose si avant*.
The splendour of it, (for its splendour.) *Sa splendeur*.
It is nothing to me. *Cela ne m'importe en rien*.
The mischief of it is. *Le malheur est*.
It-self. *Soi-même, elle-même, lui-même*.

The thing speaks of itself. *La chose parle d'elle-même*.
It moves of itself. *Cela se meut de soi-même, de lui-même*.
By itself. *A part*.
ITALIAN, *s*. (one born in Italy.) *Un Italien, une Italienne*.
Italian, (the Italian language.) *L'Italien, la langue Italienne*.
ITALICK, *adj. Italique*.
The italick letter. *La lettre italique*.
ITCH, *s. Gratelle, gale ou rogne*.
Itch, (or itching desire.) *Démangeaison, envie, désir*.
To ITCH, *verb. neut. Démanger, sentir des démangeaisons*.
My arm itches. *Le bras me démange*.
† My fingers itch to be at him. *Il me tarde que je ne le batte, je m'impatiente d'être aux prises avec lui*.
Itching, *adj*. (an itching humour.) *Démangeaison, sentiment inquiet de la peau causé par une humeur âcre & salée*.
An itching powder. *Poudre qui cause une démangeaison*.
Itching desire. *Démangeaison, envie*.
ITCHY, *adject*. (troubled with the itch.) *Qui a la gratelle, la galle ou la rogne*.
ITEM, *adv. Item, de plus*.
Item, I bequeath to such a one. *Item ou de plus, je legue à un tel*.
Item, *s*. (an article in an account.) *Article d'un compte*.
To examine the several items of disbursements. *Examiner chaque article de ce qu'on a déboursé*.
Item, (or hint.) *Avis, avertissement*.

This is a fair item for you. *C'est un bel avertissement pour vous*.
To ITERATE, &c. V. to Reiterate, &c.
ITINERANT, *adj*. (travelling or taking a journey.) *Qui voyage, qui est en voyage, errant*.
An itinerant Gentleman. *Un Gentilhomme qui voyage ou qui est en voyage*.
Justices itinerant, (who were sent with commissions into divers countries, to hear such causes specially as were termed pleas of the crown.) *Juges ambulans, députés pour administrer la justice dans les provinces*.
ITINERARY, *s*. (a book that describes the road to some places.) *Itinéraire, description de la route*.
ITS, *pron.* (from it.) *Son, sa, ses*.
To put a sword into its scabbard. *Mettre l'épée dans son fourreau*.
Children love sugar because of its sweetness. *Les enfans aiment le sucre à cause de sa douceur*.
Its inhabitants. *Ses habitants*.
A primitive with all its derivatives. *Un primitif avec tous ses dérivatifs*.
R. *Les Anglois se servent de ce pronom possessif, au lieu de his & her, quand on parle de choses inanimées & irraisonnables*.
IVORY, *s*. (or the elephant's tooth.) *Ivoire*.
Very fine ivory. *Ivoire fort beau*.
Ivory teeth. *Des dents d'ivoire*.
An ivory comb. *Un peigne d'ivoire*.
IVY, *s*. (a plant.) *Lierre*.
Ground ivy. *Lierre rampant ou terrestre*.
The tree ivy. *Lierre grimpant*.

J.

J, *subst. est la dixieme lettre de l'alphabet anglois*.
Pour la bien prononcer, il faut d'abord former la lettre d, précédée d'une voyelle, comme ed; garder la langue dans la position qu'elle a en formant ce son, & essayer de prononcer le J françois, qui est le même que z aspiré ou ezh, & le son composé edzha sera produit. Prononcez joy, djoy; joke, djoke. *Cette lettre n'est jamais muette, & elle a toujours le même son*.
To JABBER, *verb. neut. Parler vite ou avec rapidité; bredouiller*.
JABBERING, *subst. Maniere de parler rapide, bredouillement*.
JACENT, *adj. Etendu par terre*.
JACINTH. V. Hyacinth.
JACK, *subst*. (or turn-spit.) *Un tournebroche*.
Jack, (to pull off boots.) *Tire-bottes,* machine de bois fendue par un bout, dont on se sert pour se débotter.
Jack, (in bowling.) *Le but au jeu de boule, la boule qui sert de but; quelques-uns le nomment cochonnet*.
Jack, (or vessel to draw beer in.) *Broc, grand vase de cuir pour mettre de la biere*.
Jack, (the male of birds of sport.) *Le mâle des oiseaux de volière*.
A jack-rabbit. *Un lapin*.
Jack, (a coat used formerly in war.) *Jaque de mailles*.
Jack, (a diminutive of John.) *Jannot, petit Jean*.
Jack (a pendant or streamer.) V. Pendant.
Jack with a lanthorn. *Feu follet, feu Saint-Elme*, sorte de météore.
The jacks of a virginal. *Sautereau d'une épinette*.

Jack, (a sea-word.) *Pavillon de beaupré; le jack ou yack du pavillon anglois*.
Jack. *Petit cri*.
A sawyer's jack. *Chevalet de scieur de long*.
Jack-tar. Voy. Tar.
† To be jack of all trades. *Faire métier de tout, faire fleche de tout bois*.
† To be jack of all sides, (or to be a turn-coat.) *Etre tantôt d'un parti, tantôt d'un autre*.
Prov. There is not so bad a Jack, but there's as bad a Jill. P. *Monsieur vaut bien Madame*.
Poor Jack, (a sort of sea-fish.) *Sorte de merlus*.
† Jack-an-apes. *Un singe; un fat, un impertinent*.
† Jack-a-dandy or jack sprat; *ce sont aussi deux termes d'injures, qui veulent dire, un jeune fou, un étourdi*.
P. Jack-sprat

P. Jack-sprat would teach his grandam. *Ce jeune fou prétend instruire sa grand'mere.*
Jack-sauce. *Un insolent, un impertinent, un maroufle.*
Jack-catch. *Le bourreau.*
Jack in the box. *Un godenot.*
Jack-pudding. *Un fou, un facétieux, un bouffon de théatre.*
P. More know jack-pudding, than jack-pudding knows. *Plus de gens connoissent un fou, qu'un fou ne connoît de gens.*
Jack-line. *Corde de tourne-broche.*
Jack-boots. *De grosses bottes.*
JACKAL, *subst. Jacqual, sorte de renard qui, a ce qu'on rapporte, lance & chasse la proie pour le lion.*
JACKDAW, *s. (a bird.) Un choucas, sorte de corneille.*
JACKET, *subst. (a sort of garment.) Jacquette, sorte de justaucorps.*
Jacket (or jack) of mail. *Jaque de maille.*
JACTITATION, *subst. Balottement, agitation continuelle.*
JACULATION, *s. L'action de lancer.*
JACOBIN, *s. (a Jacobin Friar.) Jacobin, Dominicain, sorte de Religieux.*
JACOBINE, *s. Sorte de pigeon.*
JACOBITES, *subst. (or followers of king James.) Jacobites.*
Jacobites. *Les Anglois qui sont dans le parti du Roi Jacques.*
JACOB'S-STAFF, *subst. (or astrolabe.) Bâton de Jacob, astrolabe.*
JACOBUS, *s. (a broad piece of gold.) Un jacobus, piece d'or d'Angleterre.*
JADE, *s. (a sorry horse or mare.) Rosse, haridelle, chétif cheval ou méchante cavalle.*
Jade, *terme d'injure qui est affecté aux femmes.*
Ex. A saucy jade. *Une insolente, une coquine ou impertinente.*
To JADE, *v. act. Lasser, surmener, faire du mal casser à force de travail.*
To JADE, *v. neut. Perdre courage.*
Jaded, *adj. Lassé, surmené.*
JADISH, *adj. Exemp.* A jadish trick. *Un tour de haridelle ou de rosse.*
Jadish, (incontinent.) *Débauché.*
JAGG, *subst. (or notch.) Dentelure.*
To JAGG, *v. act. Denteler, façonner en forme de dents, découper tout autour.*
Jagged, *adj. Dentelé, découpé tout autour.*
JAGGING, *s. L'action de denteler, &c. Voy.* to Jagg.
A jagging-iron, (used by pastry-cooks.) *Videlle, instrument de pâtissier.*
JAIL, *subst. (or goal.) Prison, geole.*
To go to jail, *Aller en prison.*
A jail-keeper. *Voy.* Jailer.
JAILER, *s. Geolier, celui qui a la garde de la prison & des prisonniers.*
The jailers fees. *Geolage.*
JAKES, *subst. (or house of office.) Les lieux, le privé, la garde-robe.*
A jakes-farmer. *Vidangeur, maitre des basses œuvres.*
JALAP, *s. Jalap, plante médicinale.*
JAMB, *subst. (the side-post of a door.) Jambage de porte.*
JAM, (marmalet.) *Marmelade de fruits.*
To JAM, *verb. act. (a sea-term which is become a common expression.) Gêner, assujettir, acorer.*
A jamed rope. *Cordage gêné ou embarrassé.*
To jam a cask or trunk. *Gêner ou acorer un tonneau, un coffre, &c. afin qu'il n'aille pas au roulis du vaisseau.*

To JANGLE, *v. neut. (or quarrel.) Disputer, contester, se quereller.*
To jangle or jingle. *Voy.* to Jingle.
JANGLER, *s. Un querelleur, un chicaneur, une querelleuse, une chicaneuse.*
JANGLING, *subst. Querelle, débat, dispute, chicane, l'action de disputer, &c. Voy.* to Jangle.
Jangling or jingling. *Voy.* Jingling.
JANISSARY, } *subst. (a Turkish foot-*
JANIZARY, } *soldier.) Janissaire, fantassin Turc.*
† JANNOCK, *subst. (or loaf made of oats.) Pain d'avoine.*
JANSENISM, *subst. (the Doctrine of Jansenius concerning Grace.) Jansénisme, la Doctrine de Jansenius touchant la Grace.*
JANSENIST, *s. Un Janséniste, celui qui suit les sentimens de Jansénius.*
JANTY, *adject. (comical.) Drôle.*
Janty, (or genteel.) *Gentil.*
JANUARY, *subst. (the first month of the year.) Janvier, le premier mois de l'année.*
To JAPAN, *v. act. (to varnish like Japan-work.) Vernir au vernir avec du vernis du Japon.*
JAPAN, *subst. Ouvrage en vernis.*
JAPANNER, *s. Vernisseur, celui qui vernit à la maniere du Japon.*
* JAPE, *s. (jest or tale.) Conte, aventures plaisante, bon mot.*
Chaucer's japes. *Les contes ou les bons mots de* Chaucer.
* To JAPE, *v. neut. (or jest.) Faire des contes ou dire des bons mots.*
JAR, *s. (or dispute.) Différent, querelle, brouillerie, dispute, débat, contestation.*
To make a jar. *Faire une querelle.*
The door is a-jar or upon the jar, (that is not well shut, not wide open.) *La porte est entr'ouverte, elle n'est pas bien fermée.*
A jar of oil, (an earthen vessel containing twenty gallons.) *Une jarre d'huile, vaisseau de terre contenant quatre-vingt pintes.*
To JAR, *v. n. (or to quarrel.) Contester, se quereller, disputer, ne s'accorder pas.*
To jar, (in musick.) *Être discordant, n'être pas de bon accord, détonner en musique, &c.*
JARGON, *subst. (or gibberish.) Jargon, baragouin.*
JARR. *Voy.* Jar.
JARRING, *s. L'action de se quereller ou de disputer, discorde, différent, querelle, dispute, débat.*
Jarring, *adj. Discordante, qui n'est pas d'accord, qui détonne.*
A jarring voice. *Une voix discordante ou qui détonne.*
JAS. *Voy.* Jass-hawk.
JASMINE, *s. (a thrub.) Jasmin, arbrisseau.*
Jasmine or jasmine flower. *Jasmin, fleur de jasmin.*
Jasmine gloves. *Des gants parfumés de jasmin.*
JASPER, }
JASPER-STONE, } *subst. (a green sort of marble.) Jaspe, marbre vert.*
JASS-HAWK, *s. Un faucon niais, qui n'a pas encore volé ou qu'on a pris au nid.*
JAVEL, *subst. Vagabond.*
JAVELIN, *subst. (a sort of weapon.) Javeline, espece de dard.*
JAUMBS. *Voy.* Jambs.
JAUNDICE, *s. (the yellow-jaundice.)*

La jaunisse, maladie causée par une bile répandue qui jaunit le corps.
JAUNDICED, *adj. Qui a la jaunisse.*
JAUNT, *s. (part of a wheel.) Jante de roue.*
Jaunt, (or ramble.) *Course, allée & venue, traite.*
I made many a jaunt. *J'ai bien fait des courses, j'ai bien couru ou j'ai bien trotté.*
To JAUNT, *v. act. (or go up and down.) Courir, trotter, aller & venir, roder.*
JAUNTINESS, *s. Gaité.*
JAW, }
JAW-BONE, } *subst. (the chops, the bones wherein the teeth are set.) La machoire, la mandibule.*
Jaw-teeth. *Les dents machelieres.*
† Jaw-work, (eating, guttling; gabble.) *Baffre; bavardage.*
He loves jaw-work. *Il aime la baffre, il aime à baffrer.*
The jaws of hell. *La gueule de l'enfer.*
The jaws of death. *Les bras de la mort.*
He delivered us from the jaws of ruin and destruction. *Il nous a délivrés, lorsque nous étions au bord du précipice.*
JAY, *s. (a sort of bird.) Un geai, sorte d'oiseau.*
JEALOUS, *adj. (afraid of a rival.) Jaloux, qui a de la jalousie.*
He is jealous of his wife and she of her husband. *Il est jaloux de sa femme & elle de son mari.*
To make one jealous. *Rendre quelqu'un jaloux, lui donner de la jalousie.*
Jealous, (nice or tender.) *Jaloux, délicat.*
He is jealous of his honour or reputation. *Il est jaloux de son honneur ou de sa réputation.*
A young man ought to be jealous of publick censure. *Un jeune homme doit craindre la censure publique.*
A jealous man. *Un jaloux.*
A jealous woman. *Une jalouse.*
JEALOUSY, }
JEALOUSNESS, } *subst. (the fear of a rival.) Jalousie.*
The jealousy of married people. *La jalousie des gens mariés.*
Jealousy, (or suspicion.) *Jalousie, ombrage, soupçon.*
To conceive a jealousy of something. *Prendre jalousie de quelque chose, en prendre de l'ombrage.*
Full of jealousies. *Qui a des soupçons, ombrageux.*
JEARS. *Voy.* Gears.
JEAT, }
JET, } *s. (a black, light and brittle stone.) Jais, pierre noire, légere & fragile.*
JEER, *s. (or banter.) Raillerie, moquerie.*
To be full of jeers. *Être un railleur ou une railleuse, avoir l'esprit tourné à la raillerie.*
To pass a jeer upon one, (to rally him.) *Railler quelqu'un, se railler, se moquer de quelqu'un.*
To JEER, *v. act. (to rally, to banter.) Railler, plaisanter, faire des railleries, se divertir par des railleries, se jouer, se moquer, faire la guerre.*
Jeered, *adj. (or played upon.) Raillé, moqué, joué.*
JEERER, *subst. Railleur, moqueur.*
JEERING, *subst. L'action de railler, &c. Voy.* to Jeer. *Railleries, plaisanteries, moqueries.*
Jeering, *adject. Qui raille, railleur.*

A jeering man. *Un railleur.*
A jeering woman. *Une railleuse.*
JEGGET, *f. Sorte de saucisse.*
JEHOVAH, *subst.* (the proper and most sacred name of God.) *Jehova, le nom propre & très-saint de Dieu.*
JEJUNE, *adj.* (or empty.) *Ex.* A jejune style. *Un style froid, un style sec, foible, insipide.*
A jejune (or barren) employment. *Un emploi stérile, qui ne produit ou qui ne rapporte rien.*
JEJUNENESS, *subst. Pauvreté, stérilité.*
JELLIED, *adject. Gelé, gélatineux, visqueux.*
JELLY. *Voy.* Gelly.
JENNET. *Voy.* Gennet.
JEOFAILE,
JEOFAYLE, *f.* (a law-word.) *Erreur qu'on commet dans un plaidoyer.*
† To JEOPARD, *verb. act.* (or hazard.) *Hasarder, risquer, mettre au hasard.*
Jeoparded, *adj. Hasardé, risqué.*
‡ JEOPARDOUS, *adj.* (or dangerous.) *Dangereux, où il y a du danger, périlleux.*
JEOPARDY, *f.* (or danger.) *Danger, péril, hasard, risque.*
JERFALCON. *Voy.* Gerfalcon.
JERGUER, *f.* (an officer at the custom-house, who inspects the actions and accounts of the waiters.) *Sorte d'inspecteur de la douane.*
JERK, *subst.* (or pull.) *Secousse.*
To give one a jerk. *Donner une secousse à quelqu'un.*
Jerk of a horse-man. *Saccade*, en termes de manege.
To give a jerk, (or a start.) *Faire un élan, s'élancer.*
† He did it with a jerk. *Il l'a fait de plein saut, promptement, dans un tourne-main, ou d'un air dégagé.*
To JERK, *v. act.* (or whip.) *Fouetter, fesser, donner des coups de fouet,* † *sangler.*
To jerk, *v. neut. Exemp.* A horse that jerks horribly, (that winces or throws up his hind-legs.) *Un cheval qui fait de furieux élans, qui s'élance, qui rue, qui détache de terribles ruades.*
Jerked, *adj. Fouetté, fessé,* † *sanglé.*
JERKEN. *Voy.* Jacket.
A jerken of leather. *Un colletin.*
JERKING, *f.* (from to jerk.) *L'action de fouetter, de fesser, &c. V.* to Jerk.
JERSEY, *subst. Fil de laine fin.*
JESS, *f. Sorte de lien pour un faucon.*
JEST, *subst.* (joke or banter.) *Raillerie, jeu, mot pour rire, bouffonnerie, plaisanterie, bon mot, pointe.*
A quaint, ingenious, witty jest. *Raillerie fine, délicate, subtile, ingénieuse ou spirituelle.*
A deadly, shrewd, biting or nipping jest. *Raillerie méchante, maligne, piquante, forte, sanglante, mot piquant,* ou † *lardon.*
An insipid, bald or ridiculous jest. *Raillerie froide, fade, grossière ou ridicule.*
To be full of jests. *Avoir le mot pour rire.*
I spoke it in jest. *Je l'ai dit en raillant ou par raillerie, ou je l'ai dit pour rire.*
To take a thing in jest. *Prendre une chose en raillerie.*
A man that cannot take a jest. *Un homme qui n'entend point raillerie, qui ne veut point souffrir qu'on le raille.*

To put a jest upon one. *Se railler, se moquer, se rire, se jouer de quelqu'un.*
To speak a thing betwixt jest and earnest. *Dire une chose d'un air un peu sérieux.*
They who were unacquainted with the jest. *Ceux qui n'y entendoient point de finesse.*
That is or that's a jest. *Bagatelle, ou vous vous moquez.*
To JEST, *v. neut. Se moquer, se jouer, se rire, bouffonner, plaisanter.*
You jest. *Vous vous moquez.*
He loves to jest. *Il aime à plaisanter, il aime la raillerie.*
JESTER, *f. Un railleur, un bouffon, un plaisant, un fou.*
The King's jester. *Le bouffon ou le fou du Roi.*
A saucy jester. *Un mauvais plaisant.*
JESTING, *f. Jeu, raillerie, bouffonnerie, plaisanterie, l'action de railler, de bouffonner, de plaisanter, &c.*
Without jesting. *Raillerie à part, sciensemens.*
This jesting does not take with me. *Ce jeu ne me plaît pas.*
To have a fine way of jesting. *Railler finement.*
P. There is no jesting with edged tools. *Il ne faut jamais badiner ou se jouer avec des instrumens qui coupent.*
Jesting, *adj. Railleur, qui raille.*
A jesting man. *Un railleur, un rieur, qui se divertit de tout.*
A jesting woman. *Une railleuse, une rieuse.*
These are no jesting matters. *Ce ne sont pas des choses dont il faille railler.*
JESTINGLY, *adverb. En plaisantant, en raillant, en riant, pour rire.*
JESUATI, *f.* (a monkly order.) *Jésuates,* Ordre religieux.
JESUITS, *f.* (a religious order.) *Jésuites,* Clercs réguliers de l'Ordre de Loyola.
Jesuits powder, (bark or quinquina.) *Le quinquina.*
JESUITED, *adj. Devenu Jésuite, qui donne dans les maximes des Jésuites.*
JESUITICAL, *adj. De Jésuite.*
JESUS, *subst.* (the Saviour of mankind.) *JESUS, le sauveur du genre humain.*
JET, *subst. Jais,* sorte de fossile ; *jet d'eau.*
To JET, *v. neut.* (to run up and down.) *Courir d'un côté & d'autre, courir çà & là, roder.*
To jet it along, (to go like a proud fop.) *Marcher fièrement ou d'un air fier.*
To jet or jut out. *Voy.* to Jut.
JETSAM,
JETSON, *f.* (a sea-term.) *V.* Flotson.
JETTING. *Voy.* to Jet out.
JETTY, *adj.* (of jet colour.) *Noir, de couleur de jais.*
Jetty-head, *subst. comp. Jettée d'un port,* ou *meule.*
JEW, *subst. Un Juif.*
The Jewish doctrine or religion. *La doctrine ou la religion des Juifs, le Judaïsme.*
Jew's-ears, (called in *Latin fungus sambuci*.) *Excroissance qui vient à la racine du sureau.*
Jew's-trump or Jew's-harp, *f. Epinette.*
JEWEL, *f. Joyau, bijou, chose précieuse,* soit *bague, collier, perle, &c.*
Jewel (a term of kindness given especially to children.) *Terme de tendresse, dont on appelle sur-tout les petits enfants : mon petit mignon, ma petite mignonne, mon bel ou mon cher enfant, mon poupon, ma pouponne.*

Jewel-blocks, *f. pl. Poulies frappées aux bouts des vergues basses, pour les drisses des bonnettes.*
JEWELLER, *f. Joaillier*, marchand qui trafique en pierreries.
A Jeweller's wife. *Joaillière ou femme de Joaillier.*
Jeweller's ware or trade. *Joaillerie,* marchandise ou métier de Joaillier.
JEWESS, *subst.* (a woman Jew.) *Une Juive.*
JEWISH, *adject.* (from Jew.) *Judaïque, a la manière des Juifs.*
JIB, *subst.* (a sea-term.) *Grand foc.*
Jib-boom. *Voy.* Boom.
JIG, *f.* (a sort of dance.) *Gigue,* sorte d'air ou de danse.
To sit jig by jowl. *Voy.* Cheek by jowl.
To JIG, *v. neut. Danser mal.*
JIGGER,
JIGGER-TACKLE, *f.* (a sea-term.) *Palan servant à retenir ou tirer en arrière le tournevire ou tel autre cordage qu'on manœuvre au cabestan.*
JIGGUMBOB, *subst. Colifichet.*
JILL, *f.* (Jill-flurt or an idle slut.) *Une salope, une fainéante, une guenipe.*
Prov. There is not so bad a jack, but there's as bad a jill. *Il y a de méchantes gens de tout sexe. P. Monsieur vaut bien madame.*
Jill, or rather Gill, *f.* (a small sort of measure of wine.) *Roquille,* sorte de mesure contenant la moitié d'un demi-setier.
A jill of sack. *Roquille de vin d'Espagne.*
JILT, *f.* (a woman that cheats or disappoints one.) *Une femme coquette qui trompe, qui attrape ses galants ou qui leur manque de parole.*
To JILT, *v. act.* (to cheat or disappoint.) *Tromper, attraper, duper, fourber, manquer de parole.*
JILTING, *f. L'action de tromper ou d'attraper, &c.*
To JINGLE, &c. *Tinter. V.* to Gingle, &c.
JIPPO. *V.* Jump.
JOB, *subst.* (or little piece of work.) *Ouvrage, travail qu'on fait ou que l'on a fait pour quelqu'un.*
I did a job for him once. *Je fis une fois quelque chose pour lui, je travaillai une fois pour lui.*
He has done many a good job for me. *Il a souvent travaillé pour moi, je lui ai fait bien souvent gagner de l'argent.*
A profitable job. *Un bon coup, une bonne affaire, un coup à s'enrichir, une aubaine.*
It was the saying of a great man, that without such jobs the publick was not worth serving. *Un grand homme avoit accoutumé de dire, que sans de tels coups ou de telles aubaines personne ne voudroit servir le public.*
An unprofitable job. *Une corvée.*
† To have a job with a woman, (to lie with her once.) *Coucher avec une femme.*
'Tis a good job when it is well over. *On est heureux quand on en est quitte.*
Job, (or blow.) *Un coup.*
To JOB or stock-job, &c. *V.* Stock.
To JOBE, *v. act. Gronder, réprimander.*
JOBBER, *f. Agioteur.*
Stock-jobber, stock-jobbing, &c. *Voy.* Stock.
To JOBBER,
To JABBER, *v. neut.* (to gabble, to speak gibberish *or* so as not to be understood.)

understood.) *Baragouiner, parler une langue étrangère ou inconnue.*
JOBBERNOWL, *subst.* (a great head.) *Une grosse tête.*
JOCKEY, *f.* (dealer in horses; a rider.) *Un maquignon, un courtier de chevaux; palfrenier en chef pour les chevaux de course.*
To JOCKEY, *v. act. Tromper, duper.*
JOCOSE, *adj.* (or full of jokes.) *Plaisant, burlesque, divertissant, jovial, agréable, enjoué, qui a le mot pour rire, en parlant des personnes.*
A jocose man. *Un homme divertissant, qui a toujours le mot pour rire.*
A jocose humour. *Une agréable humeur, une humeur divertissante & enjouée.*
In a jocose sense. *Dans un sens burlesque.*
JOCOSELY, *adv.* (in a jocose sense.) *Dans un sens burlesque.*
JOCOSITY, } *subst. Plaisanterie,*
JOCULARITY, } *amusement.*
JOCULAR, *adj.* (or sportful.) *Plaisant, divertissant, agréable, burlesque.*
JOCUND. *V. Jocose.*
JOCUNDLY, *adv.* (merrily.) *Gaiement, joyeusement.*
JOG, *f. Secousse, agitation, ébranlement.*
A jog of a cart or coach. *Cahot, saut de charrette ou de carrosse.*
To JOG, *verb. act.* (to push or shake.) *Pousser, secouer, donner des secousses, agiter, ébranler.*
This coach jogs or jolts horribly. *Ce carrosse cahote furieusement.*
To jog one's arse. *Se trémousser, s'agiter, se remuer, se démener.*
To jog on ON. *Pousser quelqu'un en avant, le faire avancer.*
To jog (or march) on, *v. neut. Avancer ou marcher doucement en avant, quelquefois avec peine ou avec effort.*
Jogged, *adj. Poussé, &c. V.* to Jog.
JOGGING, *subst. L'action de pousser, de secouer, &c. V.* le verbe: *secousse, ébranlement, agitation.*
Jogging, *adj.* Ex. Will you be jogging? (or going?) *Voulez-vous vous en aller?*
To JOGGLE, *verb. neut. Se trémousser, se démener, se remuer, s'agiter.*
JOGGLING, *sub. Trémoussement ou l'action de se trémousser, de se remuer, de s'agiter.*
To JOIN, *verb. act.* (or put together.) *Joindre, unir.*
To join one thing with another. *Joindre une chose à une autre.*
To join two things well together. *Unir deux choses bien ensemble.*
To join, *v. neut.* (to come together.) *Se joindre, s'unir.*
The armies are ready to join. *Les armées sont prêtes à se joindre.*
To join with one, (or to bear half the charges.) *Se joindre à quelqu'un, faire de moitié avec lui.*
He joined with him in that wickedness. *Il eut part à son crime, il étoit son complice.*
To join issue with one. *V.* Issue.
To join interest with one. *S'allier, s'associer avec quelqu'un.*
There I join (or agree) with you. *J'en demeure d'accord avec vous.*
To join battle, (or to engage.) *Commencer le combat, donner ou livrer bataille, en venir aux mains.*
JOINDER, *subst.* (the joining of two in a suit or action against another.) *L'association de deux personnes en procès contre une autre.*
JOINED, *adj. Joint, uni.*
When the battle was joined. *Le combat étant commencé.*
I was joined in commission with him. *Je fus joint en commission avec lui, je fus son adjoint.*
JOINER, *f. Un menuisier.*
A joiner's wife. *Femme de menuisier.*
The joiner's trade or work. *Menuiserie, métier de menuisier, ouvrage de menuisier.*
JOINERY, *f. Menuiserie.*
JOINING, *f. L'action de joindre, &c. V.* to Join. *Jonction, union.*
JOINT, *f.* (articulation.) *Jointure, article, nœud dans le corps des hommes & des animaux.*
The joint-gout. *La maladie articulaire, la goutte dans les jointures.*
A joint of veal or mutton. *Membre de veau ou de mouton.*
To put one's arm out of joint. *Se démettre ou se disloquer le bras.*
A bone out of joint. *Un os démis.*
To set a bone or put it into joint again. *Remboîter un os en termes de Chirurgien, remettre un os en sa place.*
† To put one's nose out of joint, (to supplant him.) *Supplanter quelqu'un, lui couper l'herbe sous les pieds.*
A turning joint. *Vertèbre, os de l'épine du dos.*
The joints, (or seams of stones in walling.) *Les joints ou entre-deux des pierres, en maçonnerie.*
The joint (or hinge) of a snuff-box. *La charnière d'une tabatière.*
JOINT, *adj.* Ex. All your relations present their joint love and service to you. *Tous vos parens vous font conjointement leurs baise-mains.*
Joint-heir, (or co-heir.) *Cohéritier ou cohéritière.*
Joint-tenants. *Plusieurs tenanciers qui tiennent des terres ou des maisons d'un Seigneur par indivis.*
With joint consent. *D'un commun accord, unanimement.*
To JOINT, *v. act.* Ex. To joint a piece of meat, (to part it by cutting the joints.) *Couper une pièce de viande par les jointures.*
Jointed, *adj. Coupé par les jointures.*
JOINTLY, *adv. Conjointement.*
JOINTURE, *subst.* (a covenant whereby the husband or some other friend in his behalf, assures his wife in respect of marriage some lands or tenements, for term of life or otherwise.) *Douaire, préciput ou augment, pension viagère que le mari donne après sa mort à sa femme par contrat de mariage.*
To make a woman a jointure. *Assigner le douaire à une femme, la douer.*
To JOINTURE a wife, *v. act.* (to make her a settlement or jointure.) *Douer sa femme.*
JOIST, *subst.* (a piece of timber used in building.) *Solive, pièce de bois qui sert à soutenir les planches.*
A little joist. *Un soliveau, une petite solive, une tambourde.*
JOKE, *f.* (or jest.) *Raillerie, plaisanterie, bon mot, mot pour rire.*
To put a joke upon one. *Se railler de, ou railler quelqu'un.*
To JOKE, *v. neut. Railler, plaisanter, dire le mot pour rire, dire les choses* d'un air goguenard ou d'une manière enjouée.
Joked upon, *adj. Raillé.*
JOKER, *f. Railleur.*
JOKING, *subst. L'action de railler ou de plaisanter, raillerie, plaisanterie.*
JOLE, *f.* Hure. *V.* Jowl.
JOLLILY, *adv. Avec gaieté, gaiement, agréablement, plaisamment.*
JOLLINESS, } *sub.* (gaiety, festivity.)
JOLLITY, } *Gaieté, joie, enjouement, air gai, bonne humeur, réjouissance, allégresse.*
JOLLY, *adj.* (merry, in good humour.) *Gai, enjoué, joyeux, agréable, divertissant, gaillard, de bonne humeur.*
† A jolly blade. *Un bon compagnon, † un gaillard.*
JOLT, *f. Cahot, secousse.*
This coach has given me deadly jolts. *Ce carrosse m'a donné de terribles secousses.*
A jolt-head, (a clumsey-pate.) *Une grosse tête.*
To JOLT, *verb. act. Cahoter, secouer, donner des secousses.*
A coach that jolts very much. *Un carrosse qui cahote beaucoup.*
Jolted, *adj. Secoué, cahoté.*
JOLTING, *subst. L'action de secouer ou de cahoter; secousses, cahotage, cahot.*
Jolting, *adj.* (a jolting coach.) *Un carrosse qui cahote.*
JONQUIL, *f.* (a sort of flower.) *Jonquille, sorte de fleur.*
JORDEN, *f. Pot de chambre.*
JOSSING-BLOCK, *f.* (a block to get on horse-back.) *Un montoir.*
To JOSTLE. *V.* to Justle.
JOT, *f. Rien, point, goutte.*
He will not part with a jot of his right. *Il ne veut rien céder de son droit; il ne veut pas en démordre.*
Not a jot. *Rien du tout, point du tout.*
He won't or will not stir a jot. *Il ne veut point bouger.*
There is not one jot of good sense. *Il n'y a pas une étincelle de bon sens.*
Every jot. *Tout, tout-à-fait.*
To JOUDER. *V.* to Chowter.
The boor joudered a welcome to me. *Le paysan me dit d'un ton grossier que j'étois le bien-venu.*
JOUDERING. *V.* Chowtering.
JOVIAL, *adj.* (pleasant or jocose.) *Jovial, gai, enjoué, agréable, divertissant gaillard, de belle humeur.*
JOVIALLY, *adv. Gaîment, joyeusement.*
JOVIALNESS, *f. Gaieté.*
JOUL. *V.* Jowl.
JOURNAL, *f.* (or diary, an account of what has passed daily.) *Journal, relation de ce qui s'est passé chaque jour; journal de navigation ou journal nautique.*
JOURNALIST, *f. Un journaliste.*
JOURNEY, *subst.* (a travel by land.) *Voyage, un voyage par terre.*
To take a journey. *Faire un voyage.*
To go a long journey. *Faire un long voyage.*
Journey, (or day's march.) *Journée, jour de marche.*
To come long or short journeys. *Venir à grandes ou petites journées.*
Journey, (way, march.) *Traite, étendue de chemin.*
To go long journeys. *Faire de grandes traites.*
A journey-man, (one that works by the

the day.) *Un journalier, un ouvrier, compagnon ou garçon*, tout homme qui travaille à la journée.

JOURNEYWORK, *s. Ouvrage fait par journée.*

To JOURNEY, *verb. neut.* (or travel by land.) *Voyager, voyager par terre.*

* JOURNEYINGS, *s. Voyages.*

JOUST, *s. Joûte, tournois.*

To JOUST, *v. n. Joûter.*

JOWL, } *s. Hure, tête.*
JOLE, }

A jowl of salmon. *Une tête ou hure de saumon.*

JOY, *subst. Joie, plaisir, contentement, allégresse, satisfaction.*

To leap for joy. *Tressaillir de joie.*

To cry out for joy. *Crier de joie.*

I wish you or I give you joy. *Je vous félicite.*

† A Dear-joy, (an *Irish* man.) *Un Irlandais.*

To JOY, *v. act.* (or rejoice.) *Réjouir, donner de la joie.*

It joys (or rejoices) my heart to see you so well. *Je suis tout réjoui, j'ai une joie extrême de vous voir en bonne santé.*

JOYFUL, *adject.* (or joyous.) *Joyeux, content, gai, bien-aise, réjoui, qui a bien de la joie.*

To make one joyful. *Réjouir quelqu'un, lui donner de la joie, le rendre joyeux.*

JOYFULLY, *adv. Joyeusement, avec joie, avec bien de la joie.*

JOYFULNESS, *s. Joie, plaisir, contentement, allégresse.*

JOYLESS, *adject.* (melancholy.) *Triste, lugubre.*

JOYOUS, *adject.* (or merry.) *Joyeux, réjoui, plein de joie, agréable.*

JUBILANT, *adj. Chantant.*

JUBILATION, *s.* (or solemn rejoicing.) *Jubilation, réjouissance solennelle ou publique.*

JUBILEE, *subst.* (a year of rejoicing or remission.) *Un jubilé.*

The year of jubilee. *L'an du jubilé.*

JUCUNDITY, *subst.* (or pleasantness.) *Douceur, plaisir, agrément.*

JUDAICK, *adj.* (of or belonging to the Jews.) *Judaïque.*

JUDAISM, *s.* (the custom, Religion or rites of the *Jews.*) *Judaïsme, ou la Religion des Juifs.*

To JUDAIZE, *verb. neut.* (to follow the Doctrine of the *Jews.*) *Judaïser, tenir quelque chose de la Religion des Juifs.*

JUDGE, *s. Juge.*

A Judge civil or in criminal causes. *Juge civil ou criminel.*

An inferior Judge. *Un Juge subalterne.*

The ordinary Judge of the King's houshold in *France. C'étoit le grand Prévôt de l'Hôtel.*

Let any body be judge. *Je m'en rapporte à qui l'on voudra.*

To be judge of a controversy. *Juger d'un différent.*

A Judge lateral. *Un Assesseur.*

To JUDGE, *verb. act.* (or tell one's opinion.) *Juger, dire son avis.*

To judge of colours. *Juger des couleurs.*

To judge of an action by the event. *Juger d'une action par le succès ou par l'évènement.*

To judge, (or suppose.) *Juger, estimer, penser.*

I leave you to judge what consequences will attend such a proceeding. *Je vous laisse à penser quelles suites aura un tel procédé.*

To judge (or hear) causes. *Juger les procès, déterminer, décider par arrêt ou par sentence.*

Judged, *adj. Jugé, &c. V.* the verb.

JUDGER. *V. Judge.*

JUDGMENT, *s.* (or discerning faculty.) *Jugement, discernement, goût, faculté de l'ame par laquelle on juge des choses.*

Judgment, (prudence, discretion.) *Jugement, prudence, conduite, discrétion.*

Judgment, (opinion.) *Jugement, avis, sentiment, pensée, opinion, sens.*

Judgment, (or sentence.) *Jugement, arrêt, sentence, décision*, prononcée par une puissance supérieure.

Judgment, (or punishment.) *Jugement, châtiment ou punition, qui vient de la main de Dieu, fatalité.*

A man of great judgment. *Un homme d'un grand jugement ou discernement, de bon goût, &c.*

In my judgment he is greatly mistaken. *A mon avis, il se trompe fort.*

It is every body's judgment upon *Cæsar*, that if he had lived...... *Tout le monde croit, ou est dans l'opinion, que si César eût vécu......*

There is no judgment to be given upon accidents. *On ne peut asseoir ou fonder un jugement sur des accidents.*

To stand to the judgment of the Court. *S'en tenir, s'en rapporter au jugement de la Cour.*

To prevent God's judgments. *Prévenir les jugements de Dieu.*

This judgment upon us is just. *Nous avons mérité cette punition ou ce châtiment.*

The great day of judgment, (or the last day.) *Le grand jour du jugement, le dernier jour.*

A judgment upon a bond. *Un acte ou un arrêt, pour faire exécuter ses débiteurs, faute de payement dans le temps préfixe.*

To give (or pass) one's judgment upon a thing. *Juger de quelque chose, porter son jugement sur quelque chose.*

To give judgment, (at play.) *Condamner ou juger sur un incident de jeu.*

Judgment-seat, (a tribunal.) *Tribunal, siège de Juge.*

JUDGING, *s. L'action de juger, &c. V.* to Judge.

JUDICATORY, } *sub. Justice, judicature.*
JUDICATURE, }

A court of Judicature. *Une cour de Justice.*

An office of judicature. *Une charge de judicature ou de Magistrat.*

JUDICIAL, *adject. Judiciai e, juridique*, qui est selon les règles de la justice.

To do a thing in a judicial manner. *Faire une chose selon les règles ou dans les formes de la Justice, la faire judiciairement ou juridiquement.*

Judicial astrology. *L'astrologie judiciaire*, ou qui juge des choses à venir.

JUDICIALLY, *adv. Judiciairement, juridiquement.*

JUDICIARY, *adj. Judiciaire, juridique*, qui appartient à la Justice.

JUDICIOUS, *adj.* (or rational.) *Judicieux, de bon sens, qui a beaucoup de jugement, qui fait les choses avec jugement, avisé*, en parlant des personnes, ou fait avec jugement, prudent, sage, en parlant des choses.

JUDICIOUSLY, *adv. Judicieusement, avec jugement, avec esprit, en homme de bon sens, sagement, prudemment.*

JUG, *s.* (a sort of earthen drinking pot.) *Un pot, un bocal*, sorte de pot de terre pour boire.

Jug, (or pitcher for water, beer, &c.) *Une cruche.*

* Jug, (an obsolete word for a watery place.) *Un lieu plein d'eau ou aquatique.*

Jug, (or nightingale.) *Un rossignol*, oiseau.

JUGGLE, *subst.* (a juggling trick or legerdemain.) *Tour d'adresse, tour de passe-passe, charlatanerie, tromperie, fourberie, illusion.*

To JUGGLE, *v. neut.* (or play legerdemain.) *Jouer des gobelets, faire des tours d'adresse ou de passe-passe.*

To juggle, (to play fast and loose, to cheat.) *Se servir d'illusions, de détours ou de fourberies, en agir de mauvaise foi.*

JUGGLER, *s. Un joueur ou une joueuse de gobelets, un charlatan.*

A juggler's box. *Gobelet de joueur de gobelets.*

Juggler, (or cheat.) *Un charlatan, un fourbe, un trompeur, un homme qui n'agit pas de bonne foi.*

JUGGLING, *s. L'action de jouer des gobelets, tours d'adresse ou de passe-passe.*

Juggling or juggling trick. *L'action de tromper, de fourber; tromperie, illusion, fourberie, charlatanerie.*

JUGGLINGLY, *adv.* (or deceitfully.) *De mauvaise foi, mal-honnêtement, en mal-honnête homme, en fourbe.*

JUGULAR, *adj.* (of the throat.) *Jugulaire, du gosier.*

The jugular vein. *La veine jugulaire.*

JUICE, *s.* (or moisture.) *Suc ou jus, substance liquide.*

The juice (or gravy) of meat. *Le suc de la viande.*

The juice of an orange. *Jus d'orange.*

The juice of liquorish. *Jus de réglisse.*

JUICELESS, *adj. Sans jus, sans suc*, qui n'a point de jus ou de suc.

A juiceless fruit. *Un fruit qui n'a point de jus ou qui n'a point d'eau.*

JUICINESS, *subst. Abondance de jus ou de suc.*

JUICY, *adject. Plein de jus ou de suc, succulent.*

A juicy fruit. *Un fruit plein de jus ou plein d'eau.*

JUJUBE, *s.* (a sort of fruit.) *Jujube ou gingeole*, sorte de fruit.

To JUKE, *v. neut.* (to perch as birds do.) *Jucher, se percher en quelque endroit pour dormir*, en parlant des oiseaux.

To juke, (or toss the head as a horse does when he is frightened.) *Secouer la tête.*

JULAP, *subst.* (a physical drink.) *Julep.*

JULIAN, *adj. Julien.*

Julian account. *L'année Julienne, le calendrier Julien ou de Jules César qui réforma l'ancien calendrier.*

Julian law, *la Loi Julienne*, chez les *Romains*, qui condamnoit l'adultère à la mort.

JULIO, *subst.* (an *Italian* coin worth about five-pence.) *Un Jules, monnoie d'Italie.*

JULY, *subst.* (one of the twelve months of

of the year.) *Juillet*, un des douze mois de l'année.

JUMART, *s. Jumart*, sorte d'animal.

JUMBLE, *subst. Mélange, confusion.*

To JUMBLE, v. act. *Confondre, mêler ensemble*, † *fagotter*, dans un sens burlesque.

Jumbled, adj. *Confondu, mêlé ensemble*, † *fagotté.*

† He was jumbled into that place. *On le transporta, à peine sait-on comment, dans cette place.*

JUMBLER, *subst. Un brouillon.*

JUMBLING, *subst. L'action de confondre ou de mêler ensemble, mélange, confusion.*

Jumbling, (or lumbering, a noise of people stirring in a room.) *Tapage, tracas, bruit, tintamarre.*

JUMENT, *subst.* (a labouring beast.) *Bête de somme, de charge, de voiture.*

JUMP, *subst.* (or leap.) *Un saut.*

To give a jump. *Faire un saut.*

Jumps, (a sort of light bodice and stomacher for women.) *Un corset de femme ouvert par devant.*

To JUMP, *verb. neut.* (or leap.) *Sauter, faire un saut.*

To jump over. *Sauter par-dessus, franchir d'un saut.*

To jump, (as a coach does in a rugged way.) *Cahoter.*

To jump, (to agree.) *S'accorder, se rencontrer.*

Their opinions jump much with ours. *Leurs opinions s'accordent assez bien avec les nôtres.*

Wits always jump together. *Les beaux esprits se rencontrent toujours.*

JUMPER, *subst. Sauteur.*

JUMPING, *s.* L'action *de sauter*, l'action *de s'accorder.*

JUNCATE, *s. Talmouse. V.* Junket.

JUNCOUS, *adj. Plein de joncs.*

JUNCTION, *s.* (or union.) *Jonction.*

JUNCTO, *subst.* (a private faction.)
JUNTO,

Une cabale, faction, ligue secrette.

JUNCTURE, *s.* (joint.) *Jointure, articulation.*

Juncture, (or juncture of time or juncture of affairs, circumstances.) *Conjoncture, situation.*

JUNE, *s.* (one of the twelve months of the year.) *Juin, le mois de Juin.*

JUNIOR, *subst.* (a latin word frequently used to express the younger of two.) *Le jeune, comme quand on parle de deux personnes qui portent le même nom, dont l'une est plus jeune que l'autre.*

Junior, (of a later standing than another.) *Qui a été reçu après un autre, qui n'est pas de si vieille date que lui.*

He is my junior. *Il a été reçu après moi, je suis son ancien.*

R. *Ce mot est fort usité dans ce sens, principalement dans les Universités: le contraire s'appelle* Senior.

JUNIPER,
JUNIPER-BERRY, } *s. Genievre, baie ou grain de genevrier.*

The juniper-tree. *Genevrier.*

† A juniper lecture. *Leçon, réprimande, mercuriale.*

To give one a juniper lecture. *Faire une réprimande ou une mercuriale à quelqu'un, lui faire leçon.*

JUNK, *sub.* (a sea-term.) *Bouts de cables, ou vieux cordages servant à faire du* bittord, *des fourrures, des garcettes, des baderries, &c.*

Junks, *s. pl. Jonques*, sorte de bâtiments Chinois.

To JUNKET, v. neut. (or go a junketing.) *Chercher les bons morceaux ou la bonne chere, aller de maison en maison pour contenter sa friandise, se régaler.*

JUNKET, *subst.* (or fine entertainment.) *Friandises, choses délicates & bonnes à manger.*

Junkets of wickers, (wherein eels are taken.) *Panier de jonc pour prendre des anguilles.*

JUNKETING, *subst. Bonne chere, bombance, bons morceaux.*

In the midst of these nocturnal junketings. *Au milieu de ces bombances nocturnes.*

JUNTO, *s. Cabale.*

Junto, (a meeting of men to sit in council.) *Assemblée des Conseillers, conseil.*

JUPPON, *subst. Jupon.*

JURAT, *subst.* (a Magistrate in some corporations.) *Jurat*, sorte de Magistrat.

JURATORY caution. *Caution juratoire*, terme de Droit.

JURDEN,
JURDON, } *s. Un grand pot de chambre.*

JURIDICAL, a. *adj. Juridique, de Palais.*

A juridical-day, (or Court-day.) *Jour de Palais.*

JURIDICALLY, adv. *Juridiquement.*

JURIES. V. *Jury.*

JURISCONSULT, *s. Jurisconsulte.*

JURISDICTION, *s.* (power and authority to minister Justice.) *Juridiction, puissance de juger.*

Jurisdiction, (Court of Judicature.) *Juridiction, Justice, tribunal.*

The extent of his jurisdiction. *L'étendue de sa juridiction.*

To have high, mean and low jurisdiction. *Avoir haute, moyenne & basse justice.*

To set up a jurisdiction. *Ériger un Tribunal de Justice.*

Jurisdiction, (or the extent of one's jurisdiction.) *Territoire ou étendue de juridiction, département.*

JURISPRUDENCE, *sub.* (the knowledge of the law.) *Jurisprudence, science du Droit.*

JURIST, *s.* (a civilian, a lawyer.) *Juriste, jurisconsulte.*

JUROR, *subst.* (one of the jury sworn.) *Un des douze ou des vingt-quatre Jurés.*

JURY, *subst.* (a company of men, as twenty four or twelve, sworn to deliver a truth upon such evidence as shall be delivered them, touching the matter in question.) *Jurés, douze ou vingtquatre hommes choisis pour juger d'un fait sur la déposition des témoins, & à qui l'on fait prêter serment pour cet effet.*

JURYMAN, *subst. Un juré.*

JURY-MAST, *subst. comp.* Mât de fortune, *ou mât de rechange mis pour un temps en place d'un mât qui est venu à bas par la tempête ou autrement, en attendant qu'on puisse regréer & remâter le vaisseau dans un port.*

JUSSEL, *subst.* (meat made with divers things chopped together.) *Un salmigondis ou un hachis.*

JUST, *adj.* (or righteous.) *Juste, équitable.*

A just man. *Un homme juste, équitable.*

A just cause. *Une bonne cause.*

I have just cause to complain. *J'ai sujet de me plaindre.*

Just dealing. *Bonne foi, probité, sincérité.*

JUST, *subst. Le juste.*

The just shall live by faith. *Le juste vivra de la foi.*

JUST, *adv. Justement, précisément, à point nommé.*

To come just at the time appointed. *Venir justement à l'heure qu'il faut.*

He will be just such another. *Il sera tout de même.*

Just as. *Tout de même que.*

Just so. *Tout de même.*

Just now. *Maintenant, tout maintenant, tout à l'heure.*

He is just now come in. *Il vient d'entrer, il ne fait qu'entrer.*

He is but just gone. *Il ne fait que de sortir, il vient de sortir.*

I come from him but just now. *Je viens de le quitter tout à l'heure.*

Just, *s. V.* Justs.

To JUST, *verb. neut.* (or make tournaments.) *Jouter, faire des joûtes, courir avec des lances l'un contre l'autre.*

JUSTICE, *subst.* (or equity.) *Justice, équité.*

To administer justice, (to put the laws in execution.) *Administrer la justice, mettre les loix en exécution.*

To do justice, (to see that every one has justice done him.) *Faire bonne justice, rendre justice à tout le monde.*

To do justice upon one. *Punir quelqu'un.*

A justice *or* justicer. *Un juge ou justicier.*

A justice of the peace. *Juge de paix.*

The Lord chief justice. *Le Lord chef de justice ou le juge-mage.*

The Lords justices of a Kingdom during the King's absence. *Les Lords Justiciers ou les Régens du Royaume pendant l'absence du Roi.*

A justice errant or in eyre. *Un juge ambulant.*

JUSTICESHIP, *s. Le titre ou l'office d'un Juge de paix.*

JUSTICIABLE, *adj. Justiciable*, qui doit répondre devant certains juges.

JUSTICIARY, *s. Justicier*, celui qui rend justice, ou *le Seigneur d'un lieu qui a droit de justice.*

JUSTIFIABLE, *adj. Que l'on peut justifier.*

JUSTIFIABLENESS, *s. Rectitude, droiture.*

JUSTIFIABLY, *adv. Avec raison, avec justice.*

JUSTIFICATION, *subst.* (or apology.) *Justification, apologie, défense qui fait voir l'innocence d'une personne.*

Justification, (delivrance by pardon from past sins.) *La justification*, terme de Théologie.

JUSTIFICATOR,
JUSTIFIER, } *subst. Celui qui justifie.*

To JUSTIFY, v. act. (to make appear one's innocency.) *Justifier, montrer qu'une personne n'est pas coupable, faire voir son innocence, l'absoudre.*

To justify, (a term of divinity, to make or to declare innocent.) *Justifier*, en termes de Théologie, *déclarer innocent ou mettre au nombre des innocens.*

To justify, (to prove or to make good.) *Justifier,*

Justifier, prouver, vérifier, faire voir, faire paroître, montrer, soutenir.
To justify the lines, (amongst printers.) Justifier les lignes, en termes d'Imprimeur.
Justified, adj. Justifié, prouvé, &c. Voy. to Justify.
JUSTIFYING, s. L'action de justifier, &c. V. to Justify.
Justifying, adj. Justifiant, justificatif.
The justifying grace. La grace justifiante.
JUSTING, subst. (from to just.) L'action de jouter, joute.
Justing-place. Une lice, une carriere.

To JUSTLE, v. act. (or push.) Pousser.
To justle one another. S'entre-pousser.
To justle, v. n. (or just.) V. to Just.
Justled, adj. Poussé.
JUSTLER, s. Celui ou celle qui pousse.
JUSTLING, s. L'action de pousser ou de jouter. V. Justing.
JUSTLY, adverb. (from just.) Justement, avec justice, avec raison, à bon droit.
JUSTNESS, subst. (or justice.) Justice.
JUSTS, subst. (or tournaments.) Joûte, tournois.
To JUT } out, verb. neut. Se déjeter,
To JET } avancer, sortir de l'alignement.

JUTTY, subst. (or building jetting out.) Soupente ou saillie, en termes d'architecture.
JUVENILE, adj. (or youthful.) De jeunesse, de jeune homme, qui convient à un jeune homme.
Juvenile actions. Actions de jeune homme.
Juvenile years. Jeunes ans.
JUVENILITY, sub. (heat of youth.) Feu ou ardeur de jeunesse.
JUXTA-POSITION, s. (a term used in Philosophy.) Juxta-position.
The juxta-position of parts. La contiguité des parties.

K.

K, subst. onzieme lettre de l'alphabet anglois.
Le grand usage de cette lettre en Anglois est sur-tout à la fin des mots, comme weak, seek, look, & alors elle est souvent précédée d'un C, comme crack, pick, lock, suck, &c.
Il y a certains mots où le K est suivi d'une N; & alors il se prononce si légèrement qu'à peine se fait-il entendre, comme en ces mots, knee, knife, known, unknown.
† KA. Ex. P. Ka me, ka thee, (for claw me, claw thee, that is, one good turn for another.) P. Une main lave l'autre, un tour d'ami en demande un autre.
† KALE, subst. (for cole-wort.) Jeunes choux, rejetons de choux.
KALENDAR. V. Calendar.
To KAW or CAW, verb. neut. (to cry as a jack-daw.) Crier, comme fait un choucas.
† To kaw for breath, (to fetch one's breath with much ado.) Respirer avec peine, haleter.
KAY. V. Wharf.
KAYLE, subst. Quille. V. Keals.
KEALS, } sub. (or ninepins.) Quilles,
KAYLES, } jeu de quilles.
To KECK, verb. neut. (as one does when something sticks in the throat.) Faire des efforts pour jeter par la bouche ce qui s'attache à notre gosier, & qui nous fait de la peine.
KECKING, s. Efforts que l'on fait pour jeter par la bouche ce qui s'attache à notre gosier.
To KECKLE, verb. act. (speaking of the cable.) Fourrer le cable avec de vieux cordages.
KECKLING, s. Fourrure de cable, faite de vieux cordages.

KECKS, subst. (dry stalks and sticks.) Menu bois sec, tiges de plantes seches.
KEDGE,
KEDGE ANCHOR, } subst. Petite ancre de touée ou ancre à empenneller.
To KEDGE, v. act. (a sea-term.) Touer, terme de marine.
KEEL, sub. (the piece of timber which lies lowest in the hull of a ship.) Quille de navire.
Upon an even keel. Sans aucune différence de tirant d'eau.
C'est aussi le nom d'une sorte de bateau à fond plat, servant à transporter les charbons.
Keel, sorte de mesure égale à vingt tonneaux, employé sur-tout en parlant des vaisseaux qui font le commerce du charbon: Ex.
This vessel carries fifteen keels of coals. Ce bâtiment porte trois cents tonneaux de charbon.
Keel, (a vessel for liquor to stand and cool in.) Bassin ou cuvette pour y rafraichir une liqueur.
KEELES. V. Keals.
To KEELHALE, verb. act. Donner la cale, sorte de châtiment usité sur mer.
KEELSON, sub. (a piece of timber which lies right over the keel.) Carlingue, contra-quille.
KEEN, adject. (sharp, that cuts well.) Affilé, pointu, aigu, aiguisé, qui coupe bien.
Keen, (sharp or subtle.) Perçant, subtil, vif, aigu, pénétrant.
A keen air. Un air pur, subtil ou serein.
He was very keen (or eager) upon the business. Il étoit tout-à-fait ardent, âpre ou déchaîné dans cette affaire.
A keen (or pungent) style Un style mordant, piquant ou satyrique.

A keen appetite. Bon appétit, appétit aiguisé.
Keen-sighted. Clair-voyant, qui a les yeux perçans, qui a la vue subtile.
KEENLY, adv. (or sharply.) Subtilement, finement, avec esprit.
Keenly, (or eagerly.) Ardemment, avec ardeur, âprement.
KEENNESS, subst. (sharpness.) Subtilité.
The keenness of the air or sight. Subtilité de l'air ou de la vue.
Keenness of style. Aigreur ou acrimonie de style. V. Keen.
KEEP, subst. (in a castle.) Donjon.
To KEEP, v. act. (to preserve, defend, maintain, &c.) Garder dans tous les sens.
To keep a place. Garder une place.
To keep one's rank. Garder son rang.
To keep one's own, to keep one's estate. Garder son bien.
To keep (to look to) the cattle. Garder le bétail.
To keep (or to stay) in one's chamber. Garder la chambre.
To keep one's bed. Garder le lit.
To keep (or lay up) one's money. Garder son argent, le mettre en réserve.
To keep, (or observe.) Garder, observer.
To keep one's promise. Garder sa promesse.
To keep God's commandments. Garder les commandemens de Dieu.
To keep holy-days. Garder les fêtes.
Keep (or refrain) thy lips from telling of lies. Garde tes lèvres de mentir.
To keep silence. Garder le silence.
To keep. Tenir.
To keep house. Tenir maison.
To keep shop. Tenir boutique.
To keep a school. Tenir école.

To

KEE

To keep a good table. *Tenir bonne table, se bien traiter, faire bonne chere.*
To keep the assizes. *Tenir les assises.*
To keep one's ground. *Tenir bon, tenir ferme, garder son terrain.*
To keep the books. *Tenir les livres.*
To keep a great retinue. *Tenir un grand train.*
To keep one's word or promise. *Tenir parole.*
He did not keep his word with me. *Il ne m'a pas tenu parole.*
To keep in suspence. *Tenir en suspens.*
But he did not keep his resolution. *Mais il perdit tout son courage, il ne tint pas sa résolution.*
To keep one in awe or in subjection. *Tenir quelqu'un en crainte ou en sujétion.*
Keep that way. *Tenez ce chemin.*
To keep land in one's own hands. *Faire valoir une terre, la cultiver soi-même avec des valets.*
To keep, (or maintain.) *Entretenir.*
To keep the peace. *Entretenir la paix.*
To keep a child, a family, an army. *Entretenir un enfant, une famille, une armée.*
To keep a mistress. *Entretenir une fille.*
To keep a building in repair. *Entretenir un bâtiment.*
To keep fair together. *Vivre en (ou être de) bonne intelligence.*
To keep fair with one. *Faire beau semblant à quelqu'un, avoir des égards pour lui, le ménager, cultiver son amitié.*
To keep from her, v. n. (to forbear it.) *Se garder, s'empêcher de faire quelque chose, s'en abstenir.*
To keep one from the rain. *Mettre quelqu'un à couvert de la pluie.*
To keep from (or to shun) ill company. *Éviter ou fuir les mauvaises compagnies.*
To keep (or hold) a person's estate from him. *Retenir le bien de quelqu'un, en jouir.*
He has left her nothing that he could keep from her. *Il ne lui a laissé que ce qu'il ne pouvoit pas lui ôter.*
To keep a thing from one, (to conceal it from him.) *Cacher une chose à quelqu'un, la lui celer.*
To keep one from ill company. *Empêcher quelqu'un de fréquenter les mauvaises compagnies.*
He shall not keep (or hinder) me from it. *Il ne m'en empêchera pas.*
I know not what keeps me from it. *Je ne sais ce qui me retient.*
To keep, (or celebrate.) *Célébrer.*
To keep a feast. *Célébrer une fête.*
To keep one's birth-day. *Célébrer le jour de sa naissance.*
To keep, v. n. (to continue or to live.) *Se tenir, demeurer, être.*
Keep where you are. *Demeurez ou tenez-vous où vous êtes.*
To keep at home or within doors. *Demeurer ou loger, ne pas sortir.*
So long as I keep in my tight wits. *Pendant que je serai dans mon bon sens.*
To keep (or be master of) the field after a fight. *Demeurer maître du champ de bataille.*
To keep (or be in) the field. *Être en campagne.*
To keep counsel. *Être secret, garder le secret, ne dire mot de ce qu'on fait.*
To keep company with one. *Hanter, ou fréquenter quelqu'un.*

To keep bad company. *Fréquenter de mauvaises compagnies.*
To keep company, (absolutely said.) *Être fort répandu dans le monde.*
To keep an eye upon a thing. *Observer quelque chose.*
Keep your countenance. *Ne vous troublez pas, ne vous déconcertez pas.*
To keep a strict guard. *Faire bonne garde.*
To keep at bay. *V. Bay.*
To keep one doing, employed or at work. *Trouver ou donner de l'occupation à quelqu'un, le tenir en haleine, l'occuper, l'employer.*
To keep a thing to one's self. *Tenir une chose secrette, n'en dire mot à personne.*
To keep lent. *Faire carême, faire le carême, observer le carême.*
† I have just enough to keep life and soul together. *J'ai justement ce qu'il me faut pour vivre ou peur m'empêcher de mourir de faim, j'ai seulement de quoi vivoter.*
To keep one short of money. *Donner à quelqu'un peu d'argent à dépenser.*
To keep one hungry or thirsty. *Faire endurer la faim ou la soif à quelqu'un.*
To keep a great noise or pudder or stir. *Faire un grand bruit, un grand fracas, un grand tintamarre.*
These bees have a great humming. *Il y a ici un grand bourdonnement d'abeilles.*
To keep watch and ward. *Faire le guet.*
To keep one's self or one's cloaths dry. *S'empêcher d'être mouillé.*
To keep one's self unspotted. *Se conserver sans tache.*
To keep, verb. neut. to a diet. *Vivre de régime.*
To keep going, (in a neutral sense.) *Avancer, marcher toujours.*
To be bound to keep a house in repair. *Être obligé de faire toutes les réparations d'une maison.*
To keep good hours. *Se retirer de bonne heure.*
To keep bad or untimely hours. *Se retirer fort tard ou à des heures indues.*
To keep time, (a phrase used amongst musicians.) *Observer la mesure, en termes de musique.*
Their troubles kept time together. *Leurs malheurs se sont rencontrés & ont fini en même temps.*
To keep one to a thing, to keep him close to it. *Occuper ou employer entièrement quelqu'un à quelque chose.*
To keep him to his work. *Le faire travailler.*
To keep him to it, (or give him nothing else.) *Ne lui donner rien que cela.*
To keep a thing, (in a neutral sense.) *S'attacher à une chose, ou se contenter d'une chose, s'y tenir.*
To keep (or stand) to a bargain. *Se tenir à un marché.*
To keep the land aboard. *Se tenir près de terre.*
To keep the luff or to keep the wind. *Tenir le vent ou tenir le plus près.*
Keep your luff! *Commandement au timonier, N'arrive pas!*
Keep her to! Command. *ment au timonier, qui signifie la même chose que le précédent. Défie du vent!*
Keep her as near as she will lie! *Gouverne au plus près du vent!*

To keep AWAY or to keep out of the way, v. act. *Tenir éloigné. Verb. neut. S'absenter, se tenir éloigné.*
To keep ASUNDER, verb. act. *Tenir séparé. Verb. neut. Vivre séparément ou dans la disjonction.*
To keep BACK, v. act. *Retenir, empêcher qu'un n'avance. Verb. neut. Ne pas avancer, se tenir en arrière.*
To keep IN, v. act. *Tenir dedans, réprimer, modérer, tenir en bride, retenir.*
To keep one's grief in, (or stifle it.) *Cacher son chagrin, son déplaisir ou son ressentiment.*
To keep (or confine) one in a room. *Tenir quelqu'un enfermé dans une chambre.*
To keep one in or close. *Tenir quelqu'un de court, lui tenir la bride haute.*
To keep in, v. n. *Demeurer au lieu où l'on est, n'en pas sortir.*
To keep OFF, v. act. *Retarder, empêcher d'avancer, dans le propre ; rebuter ou décourager, dans le figuré.*
To keep off, verb. neut. *N'avancer pas, se tenir en arrière, se tenir éloigné ou à l'écart.*
To keep off, (at sea.) *Tenir le large.*
To keep OUT, v. act. *Empêcher d'entrer. Verb. neut. Ne pas entrer.*
To keep one out of sight or out of the way. *Escher quelqu'un, le tenir caché.*
To keep out of sight, verb. neut. *Se tenir caché.*
To keep one out of jail, v. act. *Garantir quelqu'un de la prison.*
To keep out of jail, verb. neut. *Se mettre hors de danger d'être enfermé dans une prison.*
To keep one out of or from his estate. *Détenir le bien de quelqu'un.*
To keep UP, verb. act. (or support.) *Maintenir, soutenir, conserver, entretenir.*
To keep up, v. n. (or maintain himself.) *Se maintenir, se tenir nir, se conserver ou s'entretenir.*
To keep up a parade in town. *Faire grande figure, faire du faças.*
To keep up the price of a commodity. *Ne point rabaisser le prix d'une marchandise.*
To keep DOWN. *Empêcher de se lever, dans le propre ; abaisser, humilier, dans le figuré.*
To keep down the price of a commodity. *Prévenir l'enchérissement d'une denrée, l'empêcher d'enchérir.*
To keep FROM, v. act. (to restrain or hinder.) *Retenir, empêcher.*
To keep from, (or conceal.) *Cacher, celer.*
To keep, (or secure from.) *Mettre à couvert.*
To keep from, v. neut. (to forbear.) *Se garder, s'empêcher.*
To keep from, (or avoid.) *Fuir éviter.*
To keep UNDER, (or in subjection.) *Tenir de court, tenir en sujétion, tenir en bride.*

KEEPER, s. *Garde, celui qui garde.*
The keeper of a park. *Le garde d'un parc.*
The Lord keeper or the keeper of the great Seal. *Le garde du grand Sceau.*
The keeper of the privy-Seal. *Le garde du petit Sceau.*
The keeper of the touch, (an Officer of the mint, now called master of the

the essay.) *Essayeur*, Officier de la monnoie.

Boat-keeper. *Canotier qui garde un cannot, &c.*

The keeper of a woman of pleasure. *Celui qui entretient une fille de joie.*

A company-keeper. *Un homme de société.*

KEEPERSHIP, *s. Office de garde.*

KEEPING, *s. Garde ou l'action de garder, &c.* V. to Keep.

Upon occasion of some dangerous papers taken in his keeping. *A l'occasion de quelques papiers dont il fut trouvé saisi.*

The keeping (or harmony) of parts in a picture. *L'accord ou l'harmonie des parties dans un tableau.*

KEG, *s. Caque.*

KELDER. V. Hans-en-kelder.

KELL, *subst.* (or caul, a membrane that covers the bowels.) *La coiffe, membrane qui couvre les boyaux.*

Kell. *Sorte de potage.*

KELP, *subst. Sel extrait de l'algue calcinée.*

KELSON, *s.* (a sea-word.) *Carlingue du fond du vaisseau.*

†KELTER, *s. Ex.* To be in kelter, (or ready.) *Être prêt, être ajusté.*

To be in kelter, (or in good health.) *Se bien porter.*

KEMB. V. Comb.

KEN, *subst.* (or sight.) *Vue.*

A thing within ken. *Une chose, qui est en vue, qui peut être apperçue, à quoi l'on ne peut atteindre.*

This is quite out of the ken of my faculties, (or beyond my capacity.) *C'est une chose au-delà de ma portée ou de ma capacité.*

To KEN, *v. act.* (or spy out at some distance.) *Découvrir, voir de loin.*

To ken, (or know.) *Reconnoître.*

Kenned, *adj. Découvert, que l'on voit de loin, reconnu.*

KENNEL, *subst.* (in a street.) *Ruisseau d'une rue.*

A dog-kennel. *Chenil, logement de chiens.*

A kennel (or cry) of hounds. *Meute de chiens.*

KENNETS, *subst.* (a sort of coarse welsh cloth.) *Sorte de drap grossier du pays de Galles.*

KENTLEDGE, *subst. Saumons de fer pour lest.*

Limber kentledge. *Saumons de fer faits pour entrer dans les vides des anguillières, afin de profiter de cet espace.*

KEPT, *adj.* (from to keep.) *Gardé, &c.* V. to Keep.

KERB-STONE, *s.* (a stone round the brim of a well.) *Margelle, pierre qui fait le bord d'un puits.*

KERCHIEF, *subst.* (a linen cloth that old women wear on their heads.) *Un couvre-chef.*

Handkerchief. *Un mouchoir.*

KERF, *subst.* (or notch in wood.) *Entaillure, coche, trait de scie dans une pièce de bois.*

KERMES, *s. Kermès, sorte de graine.*

KERN, *subst.* (a country bumpkin.) *Un paysan, un villageois, un rustre.*

Kern, (an Irish foot-soldier lightly armed with a dart or skene.) *Sorte de fantassin Irlandois légèrement armé.*

A kern, (or vagrant fellow.) *Un vagabond, un bandit.*

To KERN. V. to Kernel.

KERNEL, *subst.* (properly in nuts and almonds.) *Amande, ce qui est bon à manger dans une noix, dans une amande, &c. Cerneau.*

The kernel of a fir-apple. *Un pignon.*

The kernels of a pear, apple or grape. *Les pepins d'une poire, d'une pomme ou d'un raisin.*

A kernel of the body, (a fleshy and porous substance.) *Glande du corps.*

To KERNEL, *v. neut.* (as corn does.) *Se former en grains, en parlant du blé.*

KERNELY, *adj. Glanduleux, plein de glandes ou de pepins.*

KERSEY, *s. Kenryk kersey*, (a coarse sort of cloth.) *Sorte de drap grossier qui se fait dans la Province de Kent.*

KESTREL, *s.* (a kestrel hawk.) *Crécerelle*, sorte d'oiseau de proie.

KETCH, *subst.* (a sort of ship.) *Caique, quaiche*, sorte de navire.

Bomb ketch. *Galiote à bombes.*

Ketch dolt. *Sorte de jeu qui se joue dans un tridrac.*

KETTLE, *subst.* (a great kettle.) *Chaudière.*

A little or small kettle. *Un chaudron.*

Kettle-drum. *Timbale.*

A kettle-drummer. *Un timbalier.*

KEVELS, *s. plur.* (a sea-word.) *Taquets à cœur, pour amarrer les manœuvres contre le Lord.*

Kevel heads. *Bittons ou taquets formés des bouts des alonges de revers du vaisseau, pour amarrer les manœuvres.*

KEW or rather Cue, *subst.* (humour.) *Humeur.*

I found him in a good kew. *Je l'ai trouvé de bonne humeur.*

This wine is in a good kew. *Ce vin est bien conditionné.*

That player was out of his kew or part. *Ce comédien a manqué dans son rôle.* V. Cue.

KEY, *subst. Clé ou clef.*

To be under lock and key. *Être fermé à la clef.*

A key, (in musick.) *Clef de musique.*

The key (or the middle stone) of an arch. *Clef de voûte*, la pierre du milieu.

The key of a press. *Clef de pressoir.*

Calais is one of the keys of France. *Calais est une des clefs de la France.*

The keys of organs or virginals. *Clavier d'orgues ou d'épinettes.*

Key or kaye or rather quay. *Quai.* V. Warf.

A key, (or pin to run into the eye of another pin.) *Une clavette.*

A key-chain. *Un clavier.*

Key-bit. *Paneton.*

Key-hole. *Forure*, le trou de la clef.

KEYS, *subst. plur. Cayes*, roches sous l'eau.

KEYLE, *subst.* (a kind of long boat of great antiquity.) *Grande chaloupe*, dont on se servoit autrefois pour les troupes de débarquement.

KIBE, *s.* (a sore in the heel.) *Mule, engelures*, mal qui vient au talon.

KIBED, *adj.* (having kibes or chilblains.) *Qui a des engelures.*

Kibed heels. *Engelures aux talons.*

KICK, *subst.* (a blow with the foot.) *Coup de pied.*

To give one a good kick on the breech. *Donner un grand coup de pied au cul à quelqu'un.*

To KICK, *verb. act. & neut. Donner un coup ou des coups de pied, regimber; ruer, détacher des ruades*, en parlant des bêtes.

Why did you kick him? *Pourquoi lui donnez-vous des coups de pied?*

To kick a foot-ball. *Escoser le balon.*

A horse that kicks. *Un cheval qui rue ou qui détache des ruades.*

To kick at or against a thing. *Regimber contre quelque chose.*

To kick one down stairs. *Faire sauter les degrés à quelqu'un à coups de pied.*

†To kick one up stairs. *Faire sortir quelqu'un par la belle porte.*

To kick or drive one out of the house. *Chasser quelqu'un de la maison à coups de pied.*

To kick up one's heels. *Se cabrer.*

† To kick up one's heels, (to die.) † *Passer le pas, mourir.*

To kick AGAIN. *Regimber.*

Kicked or kickt, *adj. A qui l'on a donné des coups de pied, &c.*

Kicked down stairs. *A qui l'on a fait sauter les degrés.*

Kicked out of the house. *Chassé de la maison à coup de pied.*

Kicked up and down. *Baloté d'un côté & d'autre.*

KICKER, *s. Qui donne des coups de pied.*

KICKING, *s. L'action de donner des coups de pied, &c.* V. to Kick.

KICKSHAW, *s.* (a french ragoo.) *Ragoût à la françoise.*

† Kickshaw, (something fantastical or a slight business.) *Un bagatelle.*

KID, *s.* (the young of a goat.) *Chevreau, cabri*, le petit de la chevre.

Kid-leather. *Cabron*, cuir de cabri.

Kid-gloves. *Gants de cabron.*

To Kid, *v. neut.* (or bring forth kids.) *Biquer ou plutôt chevroter, faire de petits chevreaux.*

To kid, (as pease do.) *Se former en cosse.*

KIDDER, *subst.* (one that carries corn, dead victuals or other merchandise up and down to sell.) *Un regratier ou vendeur de denrées.*

KIDDLE, *s.* V. Wear.

KIDEL, *s.* V. Wear.

To KIDNAP, *v. act.* (or inveigle away a child. *Enlever un enfant pour l'envoyer aux Indes.*

KIDNAPPER, *subst.* (one that drives a trade of children or entices them away from their parents, in order to beg with them, to sell them, or to transport them.) *Un voleur d'enfants*, ceux qui enlèvent des enfants pour mendier ou les envoyer aux Indes.

KIDNAPPING, *subst. L'action ou le métier d'enlever des enfants.* V. Kidnapper.

KIDNEY, *subst. Rognon.*

He knows my kidney, (or humours.) *Il connoit mon humeur, il fait de quel bois je me chauffe.*

Kidney-beans, (or french-beans.) *Haricots, fasèoles.*

KILDERKIN, *subst.* (half a barrel.) *Tonneau qui contient la moitié d'un baril.* V. Barrel.

To KILL, *v. act.* (or slay.) *Tuer, faire mourir.*

To kill one in cold blood. *Tuer quelqu'un de sang froid.*

To kill one's self, (to take too much pains.) *Se tuer, prendre trop de peine.*

To

To kill one with kindness. *Tuer ou perdre quelqu'un à force d'amitié.*
† A kill-cow, (a braggadochio.) *Un fanfaron, un faux brave, un bravache.*
Kill-cloth, *f.* (made of hair.) *Haire, cilice.*
Killed, *adj. Tué.*
To suffer one's self to be killed. *Se laisser tuer.*
KILLER, *subst. Celui qui a tué quelqu'un, un assassin ou homicide.*
KILLING, *f. L'action de tuer.*
Killing, *adj. Tuant, qui tue, mortel, qui cause la mort.*
KILN, *f.* (a lime-kiln.) *Four à chaux, fourneau à faire de la chaux.*
Brick-kiln. *Briqueterie.*
To KILNDRY, *verb. act.* (to dry by means of a kiln.) *Sécher ou faire sécher au four.*
KIMBO, *subst.* (to set one's arms a-kimbo.) *Se carrer, marcher les bras aux côtés,* † *faire le pot à deux anses.*
KIN, *adject. Parent, allié.*
Next of kin. *Proche parent.*
Are you any kin to him ? *Êtes-vous son parent?*
He is no kin to me. *Il ne m'est point allié.*
They could hardly believe, that so beautiful a body was a kin or belonged to Mrs. Churchill. *Ils ne pouvoient croire qu'une personne de cette beauté fût alliée à Madame Churchill.*
Kin, (or like.) *Qui se ressemble, qui a beaucoup de rapport ou d'affinité.*
R. Kin is also an ancient diminutive termination derived from the Saxon.
Ex. Lamb-kin. *Un petit agneau.*
Pe-kin, (or little Peter.) *Pierrot.*
KIND, *adj.* (good, loving, courteous, obliging.) *Doux, bon, plein de bonté, obligeant, bienfaisant, porté à faire du bien, courtois, favorable, civil, honnête, affable, gracieux.*
A kind master. *Un maître doux.*
A kind husband. *Un bon mari.*
She is very kind to me. *Elle a beaucoup de bonté pour moi, elle me témoigne beaucoup de bonté ou beaucoup d'amitié.*
He is as kind a man as lives. *C'est le plus obligeant, le plus civil ou le plus honnête homme du monde.*
A kind reception. *Un accueil favorable.*
Will you be so kind as to do it for me ? *Voulez-vous bien faire cela pour moi?*
Be so kind as to acquaint me with it. *Ayez la bonté ou faites-moi la grace de me la faire savoir.*
Kind, *subst.* (or sort.) *Genre, espece, sorte.*
A thing admirable in its kind. *Une chose qui est admirable en son genre ou en son espece.*
To receive the Sacrament in both kinds. *Recevoir le Sacrement sous les deux especes.*
I received it in kind. *Je l'ai reçu en essence.*
Fruits of this kind. *Des fruits de cette sorte.*
Kind, (or sex.) *Sexe.*
The female kind. *Le sexe féminin.*
Kind, (or manner.) *Sorte, manière, façon.*
I took him to be another kind of man. *Je le croyois tout autre.*
She is a kind of covetous fellow to her husband. *Son mari est un vrai taquin.*

To grow out of kind, (to degenerate.) *Dégénérer, s'abâtardir.*
KINDER, the comparative of kind. *Plus doux, &c. Voy.* Kind, *adject.*
KINDEST, the superlative of kind. *Le plus doux, &c. Voy.* Kind, *adject.*
To KINDLE, *verb. act.* (or set on fire.) *Allumer, au propre & au figuré.*
To kindle, *verb. neut.* (or take fire.) *S'allumer.*
To kindle, (as a hare.) *Faire des petits, en parlant d'un lievre.*
To kindle, (as a doe-rabbit.) *Porter.*
Kindled, *adj. Allumé.*
KINDLER, *subst. Qui allume.*
KINDLING, *f. L'action d'allumer.*
KINDLY, *adv.* (lovingly, courteously.) *Doucement, avec douceur, obligeamment, honnêtement, avec beaucoup de bonté, civilement, d'une manière civile.*
To take a thing kindly, (or in good part.) *Prendre une chose en bonne part, en savoir bon gré.*
I thank you kindly, (or heartily.) *Je vous remercie de bon cœur.*
The small-pox comes out kindly. *La petite vérole sort fort bien.*
Kindly, *adject. Ex.* The kindly fruits of the earth. *Les fruits de la terre chacun selon son espece.*
KINDNESS, *subst.* (love or affection.) *Amitié, affection, bonté.*
Remember my kindness to him. *Faites-lui mes amitiés ou mes baise-mains.*
Kindness, (or courteousness.) *Bonté, douceur, humanité, bénignité, honnêteté.*
Kindness, (courtesy or favour.) *Amitié, plaisir, faveur, grace, bon office, service.*
KINDRED, *f.* (or relations, from kin.) *Parents, alliés, parentage, parenté.*
He has many good kindred. *Il a beaucoup de bons parents, il est bien allié.*
Prov. Great many kindred and scarce a friend. *P. Plusieurs parents & peu d'amis.*
KINE, *subst.* (pl. of cows.) *Des vaches.*
KING, *f. Un Roi.*
The King of England. *Le Roi d'Angleterre.*
The king of the bean. *Le roi de la féve.*
The king of the minstrels. *Le roi des violons.*
King at arms or King of Heralds. *Le Roi d'armes, le premier Hérault.*
The king at chess or cards. *Le Roi au jeu des échecs ou au jeu des cartes.*
A king at draughts. *Une dame damée, au jeu de dames.*
The King's bench. *La cour du banc du Roi, juridiction d'Angleterre.*
The King's evil. *Les écrouelles, sorte de mal.*
King's-fisher, (a sort of sea-fowl.) *Martin pêcheur un Alcion.*
King-craft. *Art de regner, politique.*
The greatest piece of King-craft is to teach subjects obedience. *Le plus grand art de regner est d'apprendre aux sujets à obéir.*
To KING, *v. act. Elever à la royauté.*
To king a man at chess. *Damer un pion.*
KINGDOM, *f. Un Royaume.*
† He is in his Kingdom, (now he enjoys himself.) *Il est dans son élément, il a ce qu'il lui faut.*
KINGLIKE, } *adject. Royal, souverain, monarchique.*
Kingly, *adv. Royalement, en Roi.*
KINGSHIP, *subst. Royauté.*

KINK, *subst.* (a sea-word.) *Coque, dans les cordages.*
KINSFOLK. *Voy.* Kindred.
KINSMAN, *subst. Parent, allié.*
KINSWOMAN, *subst. Parente, alliée.*
KINTAL or rather Quintal, *f.* (a hundred pound weight.) *Un quintal, le poid de cent livres.*
* KIRK, *f.* (or Church.) *Eglise d'Ecosse.*
KIRTLE, *subst.* (a short kind of jacket.) *Sorte d'habillement d'autrefois.*
KISS, *subst. Un baiser.*
A treacherous kiss. *Un baiser de traitre ou de Judas.*
To KISS, *verb. act. Baiser.*
To kiss one another. *Se baiser l'un l'autre, s'entre-baiser.*
To kiss often. *Baisotter.*
† To kiss a woman, (or to lie with her.) *Baiser une femme, en avoir la dernière faveur.*
P. Many do kiss the hands they wish to see cut off. *P. Souvent on caresse celui qu'on voudroit étrangler.*
Kissed, *adject. Baisé.*
KISSER, *subst. Baiseur, baiseuse, celui ou celle qui aime à baiser.*
KISSING, *f. L'action de baiser.*
A kissing, (or kiss.) *Un baiser.*
Kissing, *adj.* A kissing man. *Un baiseur.*
A kissing woman. *Une baiseuse.*
Kissing-crust. *Baisure du pain, biseau.*
KIT, *subst.* (or pocket-violin.) *Poche, violon de poche.*
Kit, (a pail.) *Un seau.*
One that has neither kit nor kin. *Une personne qui n'a point de parents.*
He is neither kit nor kin to me. *Il ne m'est point allié du tout.*
Kit-keys, (the fruit of the ash tree. (*Châtons de frêne.*
KITCHEN, *subst. Cuisine.*
Kitchen-furniture. *Batterie ou ustensiles de cuisine.*
Kitchen-stuff. *Graisse de cuisine, graisse de rôt ou de bouilli.*
A kitchen-maid or a kitchen-wench. *Servante de cuisine.*
A kitchen-boy. *Un marmiton.*
Kitchen-garden. *Un potager, jardin qui sert à la cuisine.*
KITE, *f.* (a bird of prey.) *Milan, oiseau de proie.*
A kit or paper-kit. *Cerf-volant, jouet d'enfant fait de papier qu'on fait voler.*
KITTEN, *f.* (or little cat.) *Un petit chat.*
To KITTLN, *verb. neut. Chatter, faire de petits chats.*
To KLICK, *v. act. Cliquetter.*
KLICKING, *f. L'action de cliquetter.*
To KNAB, *v. neut. Ex.* To knab upon grass. *Brouter l'herbe. V. to* Knap.
KNACK, *subst* (or toy.) *Jouet d'enfant, babiole, colifichet.*
Knack, (or skill.) *Adresse, tour d'adresse, habileté, industrie, bon biais.*
He has got a peculiar knack that way. *Il a une adresse singuliere en cela, il s'entend fort bien en cela, il y est fort adroit.*
He has got the knack of preaching. *C'est un Prédicateur agréable, il prêche agréablement.*
To KNACK, *verb. act.* (or crack) a nut. *Casser une noix.*
To knack with one's fingers, *v. n. Faire craquer ses doigts.*
KNACKER, *f. Faiseur de colifichets; un cordier.*
KNAG, *subst.* (or knot in wood.) *Nœud d'arbre.*

Knag

KNA KNE

Knags (that grow out in the hart's horns, near the forehead.) *Meules de la tête du cerf.*
KNAGGY, *adj. Noueux, plein de nœuds.*
KNAP, *s.* (or top.) *Sommet, cime.*
The knap of a Hill. *Le sommet ou le haut d'une montagne.*
To KNAP AT, *v. act.* (or pick at.) *Prendre, attraper, croquer.*
There is nothing to knap at. *Il n'y a rien à prendre ou à croquer.*
To knap. *Voy.* to Snap.
KNAPSACK, *subst. Havresac.*
KNAVE, *subst.* (a rogue or cheat.) *Un fripon, un fourbe, un mal-honnête homme, un coquin.*
An arrant knave. *Fripon fieffé ou un maître fripon.*
To play the knave. *Friponner, faire quelque friponnerie ou un tour de fripon.*
A crafty or cheating knave. *Un fourbe ou un trompeur achevé, un imposteur.*
An idle knave. *Un fainéant, un paresseux, un vaurien.*
A base knave. *Un coquin, un pendard, une ame de boue, un homme de sac & de corde.*
A saucy knave. *Un insolent, un impertinent.*
A paltry knave. *Un fripon, un maraud.*
Beggarly knave. *Un gueux, un misérable, un homme de néant.*
A bold knave. *Un impudent, un effronté.*
P. When knaves fall out, honest men retrieve their own. *Quand les larrons se battent, les larcins se découvrent.*
Knave, (at cards.) *Le valet, au jeu de cartes.*
The knave out of doors, (a kind of play.) *Boutehors,* sorte de jeu.
KNAVERY, *subst. Friponnerie, fourberie, méchanceté.*
KNAVISH, *adj. Fripon, de fripon, malhonnête, méchant.*
A knavish boy. *Un méchant garçon, un fripon, un garnement.*
To have a knavish look. *Avoir la mine ou l'air d'un fripon.*
A knavish trick. *Un tour de fripon, une friponnerie.*
KNAVISHLY, *adv. En fripon, en fourbe, en mal-honnête homme.*
It was knavishly done. *C'est une action de fripon ou de mal-honnête homme, c'est une friponnerie.*
To look knavishly. *Avoir la mine ou l'air d'un fripon.*
KNAVISHNESS, *s.* (or knavish disposition) *Inclination à la friponnerie.*
To KNEAD, *v. act. Pétrir.*
To knead the dough. *Pétrir la pâte.*
If both armies had been kneaded into one. *Si les deux armies eussent été jointes.*
Kneaded, *adj. Pétri.*
KNEADER, *s. Qui pétrit.*
KNEADING, *s. L'action de pétrir.*
A kneading-trough. *Huche où l'on pétrit la pâte, pétrin.*
KNEE, *subst. Le genou.*
To fall upon one's knees. *Se mettre à genoux, s'agenouiller.*
To ask pardon upon one's knees. *Demander pardon à genoux.*
Knee-pan. *Rotule.*
Kneestring. *Attache, jarretiere.*
Kneegrass. *Sorte de plante.*

KNE KNI

KNEES, *subst.* plur. (in a ship.) *Courbes des ponts, & en général toutes sortes de courbes.*
Hanging knees. *Courbes verticales ou obliques.*
Iron knees. *Courbes de fer.*
Lodging knees. *Courbes horizontales.*
Dagger knees. *Courbes un peu obliques, qui s'adaptent sous la courbe voisine, dans les endroits où les baux sont trop rapprochés, & où il n'y a pas assez d'espace pour les branches de deux courbes horizontales.*
Standard knees. *Voy. Standard.*
Transom knees. *Courbes d'arcasse.*
Wing transom knees. *Courbes d'arcasse de la Sainte-Barbe, placées au niveau de la lisse d'hourdi.*
Helm port transom knees. *Courbes d'arcasse de la Sainte-Barbe, placées au niveau de la barre au bout de l'étambot.*
Deck transom knees. *Courbes d'arcasse du premier pont.*
Knee of the head or cut water. *La guibre d'un vaisseau, comprenant la gorgere, la niche & le taillemer.*
KNEEDEEP, *adj.* (or up to the knees.) *A la hauteur du genou.*
KNEED, *adj.* (or knotty.) *Noueux.*
A kneed plant. *Une plante pleine de nœuds, genouilleuse.*
To KNEEL,
To KNEEL DOWN, } *verb. n. S'agenouiller, se mettre à genoux.*
KNEELING, *s. L'action de s'agenouiller, ou de se mettre à genoux.*
Kneeling, (or melwell, a kind of small cod whereof stock fish is made.) *Sorte de morus, ou poisson de haute mer, dont on fait le stockfiche.*
Kneeling, *adj. Qui est à genoux.*
I found him kneeling or upon his knees. *Je le trouvai à genoux.*
KNELL, *s.* (the sound of a bell at the departure of a dying person.) *Glas, son d'une cloche qu'on sonne quand quelqu'un se meurt.*
KNEW, *prétérit du verbe* to Know.
KNICK, }
KNICKING, } *subst.* Knick of the fingers or nails. *Croquement ou craquettement des doigts ou des ongles.*
KNICK-KNACK, *s.* (or children's toy.) *Jouet d'enfant, babiole.*
KNIFE, *s.* Couteau ; au pluriel, KNIVES.
A table-knife. *Couteau de table.*
A butcher's chopping-knife. *Couteau de boucher, un couperet.*
A pruning-knife. *Une serpe.*
A shoemaker's paring-knife. *Tranchet de cordonnier.*
A shoemaker's cutting-knife. *Un couteau à pied.*
A pen-knife. *Un canif.*
KNIGHT, *s.* (a degree of honour.) *Un Chevalier.*
A Knight of the Garter. *Un chevalier de la Jaretière.*
Knight Baronet. *Chevalier Baronnet.*
A knight Banneret. *Chevalier Banneret.*
Knight Bachelor, (a simple knight.) *Chevalier Bachelier.*
Knights of the chamber. *Chevaliers de la chambre.*
Knight of the bath. *Chevalier du bain.*
Knight of the shire. *Député ou représentant d'une Province dans la Chambre des Communes du Parlement d'Angleterre.*

KNI

Knight Marshal. *Maréchal du Palais du Roi.*
Knights of the Temple, Knights Templars or Templers. *Templiers.*
A Knight errant. *Un Chevalier errant.*
Knight of the round-Table. *Paladin ; Chevalier errant de la Table ronde.*
A knight of the post, (or a false witness.) *Un faux témoin, un témoin aposté ou à gages.*
Knight, (a sea-term for a piece of timber commonly shaped to the form and likeness of a head.) *Tête de more, bloc, en termes de mer.*
Knight's fee, (a Law-term, so much inheritance as is sufficient yearly to maintain a Knight.) *Le bien d'un Chevalier, bien de terre qui peuvent suffire à l'entretien annuel d'un Chevalier.*
Knight's fee, (the rent that a knight pays for his fee, to the Lord of whom he holdeth.) *La rente que pays un Chevalier au Seigneur dont il relève.*
Knight-service, (a tenure, whereby a man was bound to bear arms in war.) *Sorte de fief avec redevance de servir le Roi dans ses guerres.*
Land held by Knight's service. *Fief tenu noblement, fief de haubert.*
To KNIGHT, *v. act.* (or to dub a Knight.) *Faire ou créer un Chevalier.*
Knighted, *adj. Fait ou créé Chevalier.*
KNIGHTEN-GUILD, *subst.* (an ancient guild in London, consisting of 19 Knights,) *Ancienne société composée de dix-neuf Chevaliers.*
KNIGHT-HEADS, *s. pl. comp.* (or Bollard-Timbers.) *Les Apôtres.*
Knight-heads. *Ce sont aussi des bittes du milieu du windas ou cabestan horizontal. Voy. Paul-Bits.*
Knight-heads. *C'est aussi le nom des seps des drisses qui ne sont plus en usage.*
KNIGHTHOOD, *s. Chevalerie, l'ordre ou la dignité de Chevalier.*
KNIGHTING, *s.* (from to Knight.) *L'action de faire ou de créer un Chevalier.*
KNIGHTLY, *adv. En Chevalier.*
KNIT, *adject.* (or tied.) *Noué, lié, attaché.*
He is knit to his master's interest. *Il est lié, attaché ou dévoué aux intérêts de son maitre.*
Knit-stockings. *Des bas à l'aiguille ou brochés.*
Knit-work. *Ouvrage fait à l'aiguille.*
Knit, *s. Voy. Texture.*
To Knit, *verb. act.* (to tie.) *Lier, nouer, attacher.*
To knit a thing into a fast knot. *Nouer quelque chose bien serré.*
To knit friendship with one. *Nouer amitié avec quelqu'un.*
To knit stockings. *Tricoter ou brocher des bas, faire des bas à l'aiguille.*
To knit fast a horse's vein. *Barrer la veine d'un cheval.*
To knit the brows. *Froncer le sourcil, se rider, se refrogner.*
To knit, *verb. neut.* (to tie.) *Se rassembler, se ramasser, en parlant d'un cheval.*
To knit, (as bees do.) *Se former en essaims, faire des essaims, en parlant des abeilles.*
KNITTER, *s. Tricoteur, tricoteuse.*
Frame-work knitter. *Faiseur de bas au métier.*
KNITTING, *s. L'action de lier ou nouer, l'action de tricoter,* &c.
Knitting-needle.

Knitting-needle. *Aiguille à tricoter.*
KNITTLES, *s. pl.* (a sea-term.) *Rubans, éguillettes & garcettes.*
KNOB, *s.* (or tuft.) *Une houpe.*
A knob on the top of a cap. *Une houpe sur un bonnet.*
Knob, (or protuberance.) *Protubérance.*
A knob of wood. *Un nœud ou une bosse, qui est dans du bois.*
The knobs of the candlestick. *Les pommeaux du chandelier.*
To KNOB, *verb. neut.* (or to grow into knobs.) *Se nouer, se former en nœuds ou en bosses.*
KNOBBINESS, *subst.* *Etat de ce qui est noueux.*
KNOBBY, *adj. Noueux, plein de nœuds ou de bosses.*
KNOCK, *s. Un coup.*
A good knock on the pate. *Un grand coup sur la tête.*
Knock, (or way of knocking at a door.) *Manière de frapper à une porte.*
† He had a knock in his cradle. *Il a un coup de marteau, il a le cerveau blessé ou mal-timbré.*
To KNOCK, *v. a. Heurter, frapper.*
To knock at the door. *Heurter ou frapper à la porte.*
To knock (or to hit) one's head against a post. *Donner de la tête contre un poteau.*
To knock (or strike) one upon the pate. *Donner un coup sur la tête à quelqu'un.*
To knock (or throw) one down. *Terrasser quelqu'un, le jeter ou le renverser par terre.*
To knock one down, (to fell him by a blow.) *Assommer quelqu'un.*
To knock IN. *Cogner, enfoncer, faire entrer à force de coups.*
To knock OUT. *Faire sortir à force de coups, pousser dehors.*
† To knock a fine word out of joint. *Estropier un beau mot, ne savoir pas le dire comme il faut.*
To knock OFF. *Faire sauter, casser.*
Here we will knock (or break) off. *Nous briserons ici.*
‡ To knock UNDER or to knock under the table. *Se rendre, † être à quia, n'avoir rien à répliquer, † souffler dans la manche.*
Knocked, *adj. V.* to Knock.
KNOCKER, *subst. Marteau ou anneau de porte : celui qui frappe.*
KNOCKING, *s. L'action de heurter ou de frapper, &c. V.* to Knock.
Knocking, (or noise.) *Bruit.*
KNOCKT, *adj. Frappé, &c. Voyez* to Knock.
KNOLL, *s.* (or top of a hill.) *Le sommet, la cime, le haut ou la pointe d'une montagne.*
Knoll, (little hill.) *Monticule.*
To KNOLL, *v. a. & n. Sonner le glas, sonner pour un mort.*
KNOP. *V.* Knob.
A knop of a flower. *Un bouton de fleur.*
KNOT, *s.* (from to knit.) *Un nœud.*
To make or to tie a knot. *Faire un nœud.*
A running knot. *Un nœud coulant.*
A knot, (or difficulty.) *Nœud, difficulté, embarras.*
The knots of a tree. *Les nœuds ou bosses d'un arbre.*
A knot, (or leaf-bud.) *Nœud ou bouton à feuille.*
A love-knot. *Lacs d'amour, sorte d'entrelacs.*

Knot, (band, troop, company or crew.) *Bande, troupe, compagnie, peloton.*
Knots of scions. *Bouquets de scions d'arbres.*
A garden with knots or figures. *Un parterre en broderie ou en compartimens.*
Knot, (at sea.) *Nœud & bouton fait au bout d'un cordage.*
Bowline-knot. *Nœud de bouline.*
Wall knot. *Cul-de-porc.*
Double wall knot. *Cul-de-porc double.*
Single wall knot. *Cul-de-porc simple.*
Knots. *Ce sont aussi les nœuds de la ligne de loc : Ex.*
We run ten knots an hour. *Nous filons dix nœuds.*
Knot-grass, (a plant.) *Sanguinaire.*
To KNOT, *v. neut. Se former en nœuds, se nouer.*
To knot, (or to bud as trees do.) *Bourgeonner, boutonner, pousser, jeter des boutons,* en parlant des arbres.
Knotted, *adj. Noué.*
Knotted-work. *Ouvrage à nœuds, nœuds.*
Knotted-work, (on wristbands, &c.) *Pommettes.*
KNOTTINESS, *s. Abondance de nœuds.*
KNOTTY, *adj. Noueux, plein de nœuds.*
To KNOW, *verb. act.* (to be acquainted with.) *Savoir, connoître.*
To know a piece of news. *Savoir une nouvelle.*
I know nothing of it or on't. *Je n'en sais rien.*
R. To know, is rendered by *savoir*, when it signifies a knowledge residing in the mind only; and by *connoître*, when it imports a knowledge that has some dependance upon the senses.
I know not what to do. *Je ne sais que faire.*
To let one know. *Faire savoir, apprendre, donner avis à quelqu'un, dire à quelqu'un.*
Let me know first. *Dites-moi premièrement.*
To know a man. *Connoître un homme.*
I shall make him know who I am. *Je lui ferai connoître, je lui montrerai ou je lui apprendrai qui je suis.*
To know one by sight. *Connoître quelqu'un de vue.*
I know him very well. *Je le connois fort bien.*
To know one's self. *Se connoître soi-même.*
To know a plant. *Connoître une plante.*
I know better things. *Je ne suis pas si fou ou si fou.*
To learn of those who know better. *Apprendre de ceux qui sont mieux instruits.*
I have more than I know what to do withal. *J'en ai plus qu'il ne m'en faut, j'en ai de reste.*
He knows not a woman from a weather-cock. *Il ne sait pas discerner ou distinguer une femme d'une girouette.*
You cannot but know it. *Vous ne pouvez pas l'ignorer.*
He begins already to know himself. *Il commence déjà à se sentir.*
A virgin knows herself at sixteen years or never. *Une fille se sent à seize ans ou jamais.*
KNOWABLE, *adj. Que l'on peut savoir.*
KNOWER, *s. Un homme qui sait, qui connoît.*
KNOWING, *s. L'action de savoir.*
A thing worth knowing. *Une chose qui mérite d'être sue ou qui mérite qu'on l'apprenne.*

Knowing, *adj. Savant, éclairé, intelligent, habile, entendu, qui a bien des lumières.*
Knowing, faithful and frugal Ministers. *Des Ministres éclairés, fidelles & économes.*
KNOWINGLY, *adverb.* (on purpose.) *A dessein, de dessein formé ou prémédité, exprès.*
He is knowingly forsworn. *Il s'est parjuré contre sa conscience.*
KNOWLEDGE, *s. Connoissance, science, qu'on a des choses.*
The knowledge of things to come. *La connoissance des choses futures.*
As soon as that came to his knowledge. *D'abord que cela vint à sa connoissance.*
He has some knowledge of the Latin tongue. *Il a quelque connoissance ou quelque teinture du Latin.*
Knowledge, (or learning.) *Science, savoir, érudition.*
A man of deep knowledge. *Un homme d'une profonde science ou érudition, un très-savant homme.*
He is a man without or of no knowledge. *C'est un homme qui n'a point de savoir, c'est un homme qui ne sait rien, c'est un ignorant.*
Knowledge, (or skill.) *Habileté, science, savoir.*
He did it without my knowledge. *Il l'a fait à mon insu.*
No body is gone in, to my knowledge. *Il n'y a entré personne qui je sache.*
How came you to the knowledge of it? *Comment l'avez-vous appris ou su?*
To have a carnal knowledge of a woman. *Cohabiter avec une femme, avoir un commerce charnel avec elle, la connoître charnellement.*
KNOWN, *adj. Connu, que l'on sait ou que l'on connoît.*
He is known by every body. *Il est connu de tout le monde.*
P. He is better known than trusted. *P. Il est si connu qu'on ne s'y fie point.*
A thing well known. *Une chose connue de tout le monde, une chose que chacun sait ou que personne n'ignore.*
It is well known. *On sait assez.*
A thing easy to be known. *Une chose aisée à savoir.*
To make a thing known. *Faire savoir une chose, la publier, la divulguer ou la découvrir.*
To make one's self known. *Se faire connoître, faire parler de soi.*
This like was never known. *On n'a jamais rien vu de tel.*
He is known by that name. *Il est connu ou il passe sous ce nom.*
† To KNOBBLE, *verb. act. Fr.* I shall knubble your chops. *Je vous donnerai sur les oreilles, je vous frotterai les oreilles.*
KNUCKLE, *s.* (knot or joint.) *Nœud, jointure.*
The knuckles of the fingers. *Les nœuds ou les jointures des doigts.*
The knuckle of a leg of veal. *Un jarret de veau.*
To KNUCKLE, *v. n. Se soumettre.*
KNURLE, *s.* (knot in wood.) *Nœud de bois.*
Knurled, *adj. Noué, qui a des nœuds.*
KORAN, *s. L'Alcoran, livre qui contient les préceptes & la doctrine de Mahomet.*
KUE. *V.* KEW, or CUE.

L.

L, s. est la onzième lettre de l'alphabet anglois : dans le chiffre Romain, elle signifie cinquante. Cette consonne est muette :
1. Quand elle est suivie d'une m dans la même syllabe, comme balm, psalm, &c. & quand elle est suivie d'f ou d'k, comme en calf, half, talk, walk, &c.
II. En ces mots, salve, falconer, maulkin, &c.
On ne doit pas non plus la prononcer dans ces trois mots, could, would, should.

LA ! interj. *Voyez !*
LABDANUM, *s.* Sorte de résine.
LABEL ; *subst.* (a flip or scrip of parchment, &c. hanging on a writing.) Queue de parchemin qui pend à un écrit, &c. Ecriteau.
Label, (a term in heraldry.) Lambel, terme de blason.
LABIAL, *adj.* Labial, en parlant de certaines lettres.
LABIODENTAL, *adj.* Prononcé par la co-opération des levres & des dents.
LABORATORY, *s.* (a chymist's workshop.) Laboratoire.
LABORIOUS, *adj.* (that takes pains.) Laborieux, qui prend beaucoup de peine, qui travaille beaucoup.
Laborious, (or painful, that pains must be taken about.) Laborieux, pénible, fatigant, difficile, qui se fait avec beaucoup de peine & de travail, qui donne de la peine.
LABORIOUSLY, *adv.* Laborieusement, avec beaucoup de peine & de travail.
LABORIOUSNESS, *s.* (or pains-taking.) Diligence, application.
Laboriousness, (or difficulty.) Difficulté.
LABOUR, *s.* (or pains.) Labeur, peine, travail.
To enjoy the fruits of one's labours. Jouir du fruit de ses labeurs.
You will lose your labour. Vous y perdrez vos peines.
He lives upon his labour. Il vit de son travail.
Hercules's twelve labours. Les douze travaux d'Hercule.
A woman's labour. Travail d'enfant.
To be in labour, (to cry out.) Être en travail d'enfant.
The labour (or difficulty) of a cause. La difficulté ou le nœud d'une cause.
Do it all with one labour, (or at one bout.) Faites-le tout ensemble, tout d'une venue, n'en faites pas à deux fois.
If you go thither you will lose your labour. Si vous y allez vous y perdrez vos pas.
To LABOUR, *v. neut.* (to take pains,

to endeavour.) Travailler, prendre de la peine, faire ses efforts, tâcher, s'appliquer, s'attacher.
To labour in vain. Travailler en vain, faire de vains efforts.
He laboured very hard for it. Il y a bien pris de la peine, il y a employé le vert & le sec.
They laboured not to be adorned in their speech. Ils ne s'attachoient pas aux (ils ne recherchoient pas les) ornements du discours.
A ship that labours much at sea, (that rolls, tumbles and is very unsteady.) Navire qui roule ou qui ne fait que rouler, qui se renverse incessamment sur l'un ou l'autre de ses côtés.
To labour under great difficulties. Avoir de grandes difficultés à combattre ou à surmonter.
To labour for an office. Briguer une charge, la rechercher avec empressement.
He labours with mighty projects. Il a de grands projets en tête.
To labour a thing, *verb. act.* (to do it with labour.) Travailler avec soin à quelque chose ou sur quelque chose, la polir, la perfectionner.
To labour one, (to practise upon him.) Gagner, suborner, pratiquer quelqu'un.
Laboured, *adj.* Fait avec soin, travaillé, poli, &c. *V.* to Labour, *v. act.*
A laboured period. Une période bien arrondie.
LABOURER, *subst.* (one that lives by hard labour.) Un ouvrier ou un travailleur.
LABOURING, *s.* L'action de travailler, &c. *V.* to Labour ; travail, effort, &c.
Labouring, *adj.* Ex. A labouring beast. Une bête de somme, de charge ou de voiture.
Laboursome, *adj.* (or troublesome.) Incommode, pénible, difficile.
LABRA, *s.* Levre.
LABYRINTH, *subst.* (or maze.) Un labyrinthe.
To be in a labyrinth of troubles. Être dans un grand labyrinthe ou embarras.
LAC, *s.* (a kind of gum.) Laque, sorte de gomme.
LACE, *s.* Dentelle.
Gold lace. Dentelle d'or ; galon.
A lace cravat. Cravate à dentelle.
A lace, (to lace a suit.) Un passement, un galon.
A twisted lace. Un cordon.
A lace, (to lace a woman's stays withal.) Lacet, cordon à lacer.
A lace-man. Un passementier.
A lace maker, (a woman that makes lace.) Une faiseuse de dentelle.

Bone-lace. Dentelle faite au fuseau.
Tape-lace. Dentelle dont le fond est un ruban de fil.
A hair-lace. Bandelette ou ruban avec quoi on entortille les cheveux.
A neck-lace. Un collier.
To LACE, *v. act.* (or set off with lace.) Garnir de dentelle, mettre une dentelle, ou chamarrer, passementer, galonner, couvrir d'un galon.
To lace a petticoat with gold lace. Garnir une jupe d'une dentelle d'or.
To lace a cravat. Mettre une dentelle à une cravate.
To lace a livery suit. Galonner ou passementer un habit de livrée.
To lace a coat with gold-lace. Chamarrer un justaucorps de galon d'or.
† To lace one, (to lace his coat or jaket.) Battre quelqu'un, † lui repasser son buffle.
To lace, (or tie.) Attacher.
To lace a woman's stays. Lacer un corps de jupe, le serrer avec un lacet.
To lace coffee. Mettre du sucre dans une tasse de café, ou l'assaisonner avec un peu de sucre.
Laced, *adj.* A dentelle, garni de dentelle ; chamarré, passementé, galonné, couvert d'un galon ; laced, assaisonné avec un peu de sucre.
LACERABLE, *adj.* Qui peut être déchiré.
To LACERATE, *v. act.* (a term of surgery, &c. to tear in pieces.) Lacérer, déchirer. *V.* to Dilacerate.
Lacerated, *adj. part.* Lacéré, déchiré.
LACERATION, *subst.* Lacération, déchirure.
LACERATIVE, *adj.* Qui déchire.
LACHES, *s.* (a Law-term for slackness or negligence.) Négligence.
LACHRYMAL, *adj.* Lacrymal.
A lachrymal fistula. Une fistule lacrymale.
LACHRYMATION, *s.* L'action de répandre des larmes.
LACHRYMATORY, *subst.* Lacrymatoire, terme d'antiquité.
LACING, *s.* (from to lace.) L'action de garnir de dentelle, &c. *V.* to Lace.
† LACK, *sub.* (or want.) Besoin, manque.
Lack of money. Manque d'argent.
A lack-wit, (a Blockhead.) Un sot.
Lack. *V.* Lac.
To LACK, *v. act.* (or to want.) Manquer, avoir besoin ou affaire.
What d'ye lack ? (or what do you want ?) Que vous manque-t-il ? De quoi avez-vous besoin ?
To lack (or to long) to see one. Souhaiter ou avoir envie de voir quelqu'un.
LACKBRAIN, *s.* Un sot.

LACKER

LACKER, f. (a sort of varnish used in imitation of gilding, over a ground of leaf-silver.) *Sorte de vernis.*
A lacker-hat, (without stiffening.) *Chapeau sans apprêt.*
LACKEY, f. (or footman.) *Un laquais, un valet de pied.*
To LACKEY, v. n. *Valeter, accompagner servilement.*
† LACKING, adj. (from to lack.) *Qui manque.*
Here is something lacking. *Il manque ici quelque chose.*
Lacking but little. *A peu près.*
LACONICK, adj. (close or pithy; speaking of a stylo or discourse.) *Laconique, serré, vif & preffé, en parlant d'un style, d'un discours, &c.*
After a laconick way. *D'une manière laconique, laconiquement.*
LACONICALLY, adv. *Laconiquement.*
LACONISM, subst. (a short, but pithy way of speaking.) *Laconisme, manière de s'exprimer courte & énergique.*
LACTARY, f. *Laiterie.*
LACTARY, adj. *Laiteux, doux comme du lait.*
LACTEAL, adj. (or milky.) *Lacté.*
The lacteal veins. *Les veines lactées.*
LACTEOUS, adj. *De lait.*
LACTESCENT, adj. (a word used in Philosophy for milk.) *Qui engendre du lait.*
LAD, f. *Un garçon.*
A young lad. *Un jeune garçon.*
LADDER, f. *Une échelle.*
Scaling ladders. *Echelles de siege pour donner l'escalade.*
The round of a ladder or a ladder-step. *Echellon.*
Accommodation-ladder, (at sea.) *Echelle de commandement.*
Quarter ladders. *Echelles de poupe de corde.*
To LADE, verb. act. (or to load.) *Charger.*
To lade a ship. *Charger un navire.*
To lade water. *V. to Lave.*
Laden, adj. *Chargé.*
Laden with honours and rewards. *Comblé d'honneurs & de récompenses.*
Laden in bulk, (speaking of a ship.) *Chargé en grenier.*
LADING, f. *L'action de charger.*
Lading, (or cargo.) *Cargaison, charge de navire.*
A bill of lading. *Connoissement, brevet.*
LADLE, subst. *Cuiller à pot.*
A basting-ladle. *V. Basting.*
The ladles of a water-mill-wheel. *Aubes de roues de moulin à eau.*
Ladle-full. *Cuillerée.*
Pitch ladle. *Cuillere à brai, &c.*
Paying ladle. *Cuillere à bec pour goudronner les coutures des ponts, &c.*
LADY, subst. (a man of quality's wife or daughter.) *Dame, Demoiselle, la femme ou la fille d'un homme de qualité.*
My Lady. *Madame.*
I met the Gentleman and his Lady, (or wife.) *J'ai rencontré Monsieur & Madame sa femme.*
Lady-Day. *Notre-Dame, fête.*
Lady-like, adject. *Délicat, élégant.*
LADYSHIP, f. *Titre d'une Dame de qualité.*
If your Ladyship pleases, I shall do it. *Je le ferai, Madame, s'il vous plait.*
I am very glad to see your Ladyship so well. *J'ai bien de la joie, Madame, de vous voir en si parfaite santé.*

LAG, adj. (a school-word that signifies the last.) *Le dernier.*
The lag of a form. *Le dernier d'une classe.*
To LAG, verb. neut. (or stay behind.) *Demeurer derriere, s'arrêter, s'amuser.*
LAGAN, } subst. (a sea-term.) *Jet, marchandise qu'on jette en mer dans les cas de tempête ou de gros temps.*
LAGON, }
LAGGER, subst. (one that lags.) *Celui qui s'amuse, qui s'arrête.*
LAICAL, adject. (or secular.) *Laique ou séculier.*
LAID, adj. (from to lay.) *Mis. V. to Lay.*
A design ill laid. *Un dessein mal concerté.*
Laid up, (speaking of a ship.) *Désarmé.*
Land laid up or lain or lay-land. *Une jachere.*
Those things are quite laid down. *On ne voit plus ou on n'entend plus parler de cela.*
LAIN, *prétérit du verbe to Lye. V. le verbe.*
I have lain in this bed. *J'ai couché dans ce lit.*
Lain, subst. *V. Lay land or Laid.*
LAIR, f. (the place where deer harbour by day.) *Repose, l'endroit où la bête fauve se repose le jour.*
LAIRD, f. (Lord.) *Seigneur d'un fief, ou mannoir en Ecosse.*
LAITY, subst. (or the people.) *Les Laiques, le peuple, par opposition au Clergé.*
LAKE, sub. (a great collection of standing waters.) *Un lac.*
Lake, (or Lacca.) *Laque.*
LAMB, subst. *Agneau, le petit d'une brebis.*
Lamb or lamb's-flesh. *Agneau, chair d'agneau.*
Lamb's-wool. *Laine d'agneau.*
† Lamb's-wool, (ale and sugar with roasted pippins in it.) *Ite Puisa avec du sucre & des pommes rôties ou cuites auprès du feu.*
LAMBENT, adject. Ex. A lambent flame. *Une flamme légere, errante, fugitive, qui ne s'attache pas, comme celle de l'esprit-de-vin, &c.*
A lambent medicine, (that must be licked up.) *Medicine, remede qu'on prend en léchant au bout d'un brin de réglisse.*
LAMBKIN, f. (a young or little lamb.) *Un jeune ou un petit agneau, * agnelet.*
LAMDOIDAL, adject. *Qui a la forme de la lettre lambda dans l'alphabet grec.*
LAME, adj. *Estropié, boiteux, qui a perdu l'usage de quelque bras ou jambe.*
To go lame. *Boiter, clocher.*
Lame of one leg. *Estropié d'une jambe, boiteux.*
Lame of one hand. *Manchot.*
Lame, (imperfect, faulty.) *Estropié, imparfait, défectueux, qui n'est pas juste, qui cloche.*
A lame expression. *Une expression estropiée.*
A lame account. *Une relation imparfaite.*
A lame comparison. *Une comparaison qui n'est pas juste ou qui cloche.*
To LAME, verb. act. (or make lame.) *Estropier.*
Lamed, adject. *Estropié, qu'on a estropié.*
LAMELY, adv. (or against the grain.) *A contre-cœur, avec répugnance, † cahin-caha.*

Lamely, (or imperfectly.) *Imparfaitement, à demi, d'une maniere imparfaite.*
LAMENESS, subst. *L'état d'une personne estropiée ou boiteuse, l'action de boiter, de clocher.*
To LAMENT, v. act. (to mourn or bewail.) *Lamenter, plaindre, pleurer, déplorer, regretter.*
LAMENT, subst. (or lamentation.) *Lamentation, plainte, complainte, doléance.*
LAMENTABLE, adject. (or to be lamented.) *Lamentable, déplorable, pitoyable, qui fait pitié, triste, digne de compassion.*
LAMENTABLY, adverb. *Pitoyablement, d'une maniere triste, pitoyable ou à faire pitié.*
He cries out lamentably. *Il fait des cris pitoyables.*
LAMENTATION, sub. (or complaint.) *Lamentation, plainte, cris & gémissements, deuil, tristesse.*
LAMENTED, adj. *Lamenté, regretté, déploré, plaint.*
LAMENTER, f. *Faiseur de lamentations.*
LAMENTING, f. *Lamentation, plainte, doléance.*
LAMIERS, sub. (a sort of ship ropes.) *Rides, en termes de mer.*
LAMINA, subst. (or thin plate.) *Une lame ou feuille de quelque métal.*
LAMING, f. (from to lame.) *L'action d'estropier, &c.*
To LAMM, v. a. *Battre, rosser.*
LAMMAS, } subst. (the first day of August.) *La Saint-Pierre ou le premier d'Août.*
LAMMAS-DAY, }
P. At latter lammas, (never.) *P. Aux calendes grecques, jamais.*
LAMP, subst. *Une lampe.*
LAMPASS, f. subst. (a disease in the mouth of a horse.) *Lampas, tumeur au palais d'un cheval.*
LAMPBLACK, subst. (black made with smoke.) *Noir de fumée.*
LAMPOON, subst. (a libel in verse.) *Satyre, vers ou couplets satyriques.*
To LAMPOON one, v. act. (or attack his person, not vices as a satyre does.) *Satyriser quelqu'un, faire une satyre contre quelqu'un, dans le dessein de le vexer, plutôt que de le corriger.*
Lampooned, adject. *Satyrisé, contre qui l'on a fait une satyre.*
LAMPOONER, f. *Un satyrique.*
LAMPREY, subst. (a sort of fish.) *Lamproie, sorte de poisson.*
LAMPRON, subst. *Sorte de poisson.*
LANCE, subst. (a kind of weapon much used of old.) *Une lance.*
To couch the lance. *Mettre la lance en arrêt.*
Lance, lanceman or lancier, (a soldier armed with a lance.) *Laucier, soldat armé d'une lance.*
To LANCE, v. act. *Donner un coup de lancette, percer.*
To lance an imposthume. *Percer un apostume.*
Lanced, adject. *A qui l'on a donné un coup de lancette, percé.*
LANCER, } subst. *Lancier.*
LANCIER, }
LANCEPESADE, f. (he that commands over ten soldiers, the lowest officer in a foot company.) *Anspessade, aide de caporal.*

LANCET,

LANCET, *subst.* (a surgeon's instrument.) *Une lancette.*

To LANCH, *v. act.* (properly to dart or let fly, but by corruption too often us'd for launch.) *V.* to Launch.

To lanch the boat. *Mettre la chaloupe à la mer.*

Lanch ho! *imperf. Ne hissez plus!* Ordre de faire cesser une manœuvre; par exemple, c'est l'ordre de laisser aller la guinderesse, lorsque le mât de hune est guindé à son poste, & qu'on a passé la clef dans son pied.

To lanch, *verb. neut. S'élancer, se jeter.*

He lanched into the water. *Il s'élança dans l'eau.*

We should think of that vast eternity we are ready to lanch into. *Nous devrions penser à cette vaste eternité dans laquelle nous allons entrer.*

To lanch out into the recital or history of something. *Entrer dans le détail, ou entreprendre l'histoire de quelque chose.*

Lanched, *adj.* Lancé, mis à l'eau. *V.* to lanch.

To be lanched into the world by marriage. *Entrer dans le monde, s'établir par le mariage.*

LANCH, *f.* (a sort of small vessel.) *Chaloupe ou cave des bâtimens de la Méditerranée.*

A lanch into the sea, (or into a river.) *Plan incliné, & espece de cale pour l'embarquement des bois & autres marchandises.*

LANCHING, *f. L'action de lancer,* &c. *V.* to Lanch.

To LANCINATE, *V.* to Tear.

LAND, *subst.* (in opposition to sea.) *Terre, par opposition à la mer.*

To travel by sea and land. *Voyager par mer & par terre.*

Land, (or country.) *Terre, pays, contrée, région.*

A fruitful land. *Un pays fertile.*

Land, (or ground.) *Terre, terroir.*

Arable land. *Terre labourable.*

Land, (or possession.) *Terre, possession, bien-fonds.*

To buy lands. *Acheter des terres.*

Land of inheritance. *Patrimoine, bien de patrimoine.*

Land-breeze. *Brise de terre.* V. Breeze.

To make the land. *Atterrer.*

Land-to, *adv. A la vue de terre.*

Land-laid. *Se dit d'un vaisseau qui vient de perdre la terre de vue.* V. yez to Lay.

Land-locked. *Fermé entre les terres, en parlant d'un vaisseau.*

Land-forces or land-men. *Troupes de terre.*

A land-Captain. *Capitaine qui sert sur terre.*

Land-flood. *Inondation, torrent.*

Land-mark. *Borne, limite, qui sépare une terre d'une autre.*

Land-cape. *Un cap, un promontoire.*

Land-tax. *Subside, taille, impôt qu'on leve sur les terres.*

Land-loper, (a vagabond.) *Un vagabond, un bandit.*

Land-cheap, (an ancient customary fine paid at every alienation of land.) *Lods & ventes.*

A Land steward. *Un receveur de rentes, un homme d'affaires.*

Lay-land. *Jachere, champ qu'on laisse reposer d'année en année.*

Land-lord, land-lady. *V.* plus bas.

To LAND, *v. act.* (or let on shore.) *Mettre à terre, débarquer.*

To land, *v. neut.* (or come to shore.) *Aborder, prendre terre, débarquer, terrir: ce dernier ne se dit qu'en termes de mer.*

To land, (or make a descent.) *Faire une descente.*

Landed, *adj. Mis à terre, débarqué,* &c. V. to Land.

A landed man, (a man rich in land.) *Un grand terrien, un homme riche en fonds ou en biens de terre.*

To LAND-FALL, *v. neut.* (a sea-term.) *Atterrir.*

LANDGRAVE, *sub.* (an Earl or Count in Germany.) *Landgrave, Comte d'Allemagne.*

LANDGRAVIATE, *f. Landgraviat.*

LANDING, *sub. L'action de prendre terre, endroit où l'on peut prendre terre, atterrage,* &c. V. to Land. *Descente.*

A good landing-place. *Un bon endroit pour prendre terre, ou pour faire une descente.*

LANDJOBBER, *f. Celui qui achete & revend des terres.*

LAND-LADY, *subst. La propriétaire d'un fonds de terre ou d'une maison.*

Landlady, (or hostess.) *Hôtesse, la femme de l'hôte ou celle qui nous loge.*

LANDLORD, *subst. Le propriétaire d'un fonds de terre ou d'une maison.*

Landlord, (or host.) *Hôte, celui qui nous loge.*

The riend landlord. *Le Seigneur foncier.*

LAND-CAPE, *f.* (a picture representing an extend of country with the trees, hills, &c. the prospect of a country.) *Paysage.*

LANDWATER, *subst. Commis de la Douane.*

LANDWARD, *adv. Du côté de la terre.*

LANE, *f.* (or street.) *Une rue, une rue étroite.*

A lane, (or way hedged about.) *Un chemin fermé de haies.*

A lane, (or defile.) *Un défilé.*

Soldiers making a lane. *Des soldats rangés en haie.*

To march thro' a lane of soldiers. *Marcher au milieu d'une double haie de soldats.*

LANERET, *f. Petit faucon.*

LANGREL, LANCRAGE, } *subst. Mitraille.*

LANGUAGE, *subst.* (or speech.) *Langage, ou langue.*

Language, (style, way of speaking.) *Diction, langage, style, maniere de s'exprimer.*

To give one good language, (or to speak civilly to one.) *Parler civilement à quelqu'un.*

To give one ill (or rude) language. *Maltraiter quelqu'un de paroles, l'outrager en paroles, lui dire des injures ou des paroles outrageantes.*

This is not language, cries he in a rage, for an honest man to hear. *Ce sont des discours ou des paroles, disoit-tout en furie, qu'un honnête homme ne sçauroit souffrir.*

LANGUAGE-MASTER, *subst. Maître de langue.*

LANGUAGED, *adj.* Ex. Well languaged. *Qui a un beau style.*

LANGUED, *adj.* (a term of heraldry.) *Lampassé, terme de Blason.*

LANGUID, *adj.* (or faint.) *Languissant, foible, froid.*

To LANGUISH, *verb. neut.* (to consume or pine away.) *Languir, être dans un état languissant, perdre ses forces.*

To languish in misery. *Languir dans la misere.*

To languish with imperfect health. *Avoir une santé languissante.*

To languish one's days in sorrow. *Mener une vie languissante, mourir de langueur, traîner sa vie en langueur.*

LANGUISHING, *f. Langueur, foiblesse.*

Languishing, *adj.* (faint.) *Languissant, plein de langueur.*

A languishing lover. *Un amoureux transi.*

LANGUISHINGLY, *adv. D'une maniere languissante.*

LANGUISHMENT, LANGUOR, } *subst. Langueur; foiblesse, abatement.*

LANIARDS, *subst. plur. Rides, & autres menus cordages de diverses especes.*

Laniards of the gun-ports. *Garans des palanquins de sabords.*

Laniard of the buoy. *Petite corde attachée à bouée, pour la saisir lorsqu'on veut la porter.*

Laniard of the cat-hook. *Garant d'un palan appelé en Anglois fish tackle, servant à traverser l'ancre.*

Laniards of the shrouds. *Rides de hau-bans.*

Laniards of the stays. *Rides d'étais.*

Laniards of the back stays. *Rides des galhaubans.*

Laniards of the stoppers. *Éguillettes des bosses.*

To LANIATE, *v. act. Lacérer, déchirer, mettre en pieces.*

LANIFEROUS, LANIGEROUS, } *adj. Couvert de laine.*

LANIFICE, *f. Manufacture de laine.*

LANK, *adj.* (or slender.) *Mince, grêle, délié.*

Lank, (or limber.) *Flasque, languissant, lâche.*

Lank hair, (that hangs flat down.) *Des cheveux tous droits ou qui ne sont point frisés.*

Lank, *f.* Ex. P. A lank makes a bank. *Ce proverbe s'applique aux femmes qui maigrissent dès le moment qu'elles sont enceintes, jusqu'à ce que leur ventre commence à s'élever.*

LANKNESS, *subst. Qualité de ce qui est maigre, menuver,* &c. V. Lank, adj.

LANNER, *f.* (or lanner hawk.) *Lanier, oiseau de proie.*

LANSQUINET, *f.* (a German foot-soldier, or a game at cards.) *Lansquenet, fantassin allemand; sorte de jeu.*

* To LANT, *v. ait.* (to mix with urine.) *Mêler avec de l'urine.*

Lanted, *adj. Mêlé avec de l'urine.*

LANTERN, LANTHORN, } *f. Une lanterne.*

A dark-lantern. *Une lanterne sourde.*

A lantern-maker. *Un lanternier, un faiseur de lanternes, un vétillandier en fer-blanc ou vrai fer.*

A lantern-bearer. *Un porte-lanterne.*

A lantern, (in a ship.) *Un fanal.*

Poop lantern. *Fanal de poupe.*

Top-lantern. *Fanal de hune.*

Quarter Lantern. *Fanaux latéraux de la poupe, dans les vaisseaux commandans.*

Lantern

Lantern braces. *Aiguilles de fanal.*
Lantern girdles. *Cercles de fer qui tiennent & entourent le fanal de poupe.*
Store-room lantern. *Fanal de soute.*
A lantern turret in a building. *Une lanterne, une guérite, un belveder.*
LANTERN-JAWS, *sub.* Se dit d'un visage maigre & décharné.
LAP, *s.* Giron.
To hold a child upon one's lap. *Tenir un enfant sur son giron ou sur ses genoux.*
Every thing fell into his lap as he desired. *Tout lui réussit à souhait.*
The lap (or tip) of the ear. *Le bout ou le tendron de l'oreille.*
The lap (plait or fold) of a garment. *Le pli ou repli d'un habit.*
A lap-dog. *Un petit chien, un bichon.*
Lap-eared. *Qui a les oreilles pendantes.*
To LAP, *v. act.* (or lick, as dogs, foxes and some other creatures do when they drink.) *Laper, lécher, comme font les chiens, les renards, &c. quand ils boivent.*
To lap up, (or fold up.) *Envelopper, empaqueter.*
To lap, (or cover.) *Couvrir, cacher.*
To lap something about a commodity. *Envelopper la marchandise.*
LAPFUL, *subst.* Tant que le giron peut tenir.
LAPIDARY, *subst.* (a cutter of precious stones.) *Un lapidaire.*
Lapidary, *adject.* Ex. Lapidary verses. *Vers d'épitaphe, qui tiennent un milieu entre la prose & les vers.*
To LAPIDATE, *v. act.* (to stone.) *Lapider, tuer à coups de pierres.*
LAPIDATION, *s.* (or stoning.) *Lapidation, action de lapider.*
LAPIDEOUS, *adj.* Pierreux, de la nature de la pierre.
LAPIDESCENCE, *s.* Pétrification.
LAPIDESCENT, *adject.* Qui se change en pierre.
LAPIDIFICATION, *sub.* Lapidification, terme didactique.
LAPIDIFICK, *adject.* (forming stones.) *Lapidifique.*
LAPIDIST, *s.* Lapidaire.
LAPIS, *s.* Lapis, pierre précieuse.
LAPIS LAZULI, *s.* Sorte de pierre, couleur d'azur.
LAPPER, *s.* Qui enveloppe.
LAPPET, *s.* (the part of a head-dress that hangs loose.) *Barbe.*
The lappet of a gown. *Le pan d'une robe.*
LAPPING, *s.* (from to lap.) *L'action de laper, &c.* V. to Lap.
LAPSE, *s.* (or omission.) *Une faute, un manquement, une bévue.*
Lapse, *sub.* (a term of canon law : the forfeiture of the presentation to a benefice or living, which not being collated within six months after the death of the incumbent, devolves to the diocesan or Bithop, then, upon the same account, to the Metropolitan or Archbishop, and, at last, to the crown.) *Dévolu, terme de droit canon.*
To LAPSE, *verb. neut.* (to elapse or pass away.) *S'écouler, passer.*
The time is lapsed. *Le temps est écoulé ou passé.*
Lapsed, *adj.* (or forfeited by a lapse.) *Dévolu, par défaut de titre.*
The right of election to that dignity is lapsed (or fallen) to the Crown. *Le droit d'élire à cette dignité est dévolu à la Couronne.*
Lapsed, (or fallen.) *Laps, tombé.*
The lapsed condition of man. *L'état de l'homme après sa chûte.*
LAP-SIDED, *adject.* Qui a un côté plus lourd que l'autre.
A lap-sided ship. *Vaisseau qui a un faux côté.*
LAPT, *adj.* (or lapsed.) *Enveloppé.* V. to Lap.
P. He was lapt (or wrapt) up in his mother's smock. *Il a l'avantage d'être ainé du sexe.*
LAPWING, *s.* (a sord of bird.) *Vanneau, espece d'oiseau.*
LARBOARD, *s.* (a sea-term, the left side of a ship.) *Bâbord ou côté gauche du vaisseau.*
The larboard watch. *Le quart de bâbord ou les bâbordais.*
LARCENY, *s.* (a law-word for theft.) *Un larcin, un vol.*
LARCH-TREE, *s.* (a kind of lofty tree.) *Larix, arbre.*
LARD, *subst.* (the fat of pork beaten and melted, and used for fritters, pancakes.) &c. *Sain-doux.*
Lard, (the grease of swine.) *Lard.*
To LARD, *verb. act.* (to stuff with bacon.) *Larder.*
To lard a capon. *Larder un chapon.*
Larded, *adj.* Lardé.
LARDER, (the room where meat is kept.) *Office, dépense ou garde-manger d'une grande maison.*
LARDERER, *s.* Celui qui larde.
LARDING, *s.* L'action de larder.
A larding pin. *Lardoire.*
LARDON, *subst.* Lardon, petit morceau de lard.
LARGE, *adj.* (great or ample.) *Grand, étendu, d'une grande étendue, spacieux, ample, vaste.*
A large house. *Une grande maison.*
A large (or wide) conscience. *Une conscience large.*
You have been too large (or prolix) in that point. *Vous vous êtes trop étendu sur ce point, vous avez été trop long ou trop prolixe.*
Large, (speaking of the wind.) *Largue, en parlant du vent.*
A large wind. *Vent largue.*
To sail large. *Aller vent largue, avoir vent largue, courir vent largue.*
Large, (or bountiful.) *Libéral.*
At large, *adv.* (fully.) *Au long, amplement.*
LARGELY, *adv.* (at large or amply.) *Amplement, beaucoup, sort, diffusément.*
He spoke largely upon that subject. *Il s'est fort étendu sur ce sujet.*
Largely, (or abundantly.) *Largement, abondamment.*
LARGENESS, *s.* Grandeur, étendue.
LARGESS, *s.* (gift, liberality.) *Largesse, libéralité.*
LARGIFLUOUS, *adj.* Qui coule en abondance.
LARGITION, *subst.* L'action de donner.
LARINCH-TREE, *subst.* Larix, sorte d'arbre.
LARK, *s.* (a bird.) *Alouette, oiseau.*
A sea-lark. *Alouette de mer.*
LARKER, *s.* Un preneur d'alouettes.
Like a skilful larker, he plays the dazzling glass in your eyes, that the net which lies beneath may be concealed. *Semblable à un habile oiseleur qui veut prendre des alouettes, Il éblouit les yeux avec un miroir qui réfléchit les rayons du soleil, & qui cache le filet qui est dessous.*
LARVATED, *adj.* Masqué.
LARUM, *subst.* (or alarum watch.) *Un réveille-matin.*
LARYNX, *s.* (the top of the wind-pipe.) *Le larynx.*
LASCIVIENT, *adj.* Folâtre, badin.
LASCIVIOUS, *adj.* (or lustful.) *Lascif, impudique, lubrique.*
LASCIVIOUSLY, *adverb.* Lascivement, d'une maniere lascive ou impudique, sans pudeur.
LASCIVIOUSNESS, *s.* Lasciveté, impudicité, lubricité.
LASER-WORT, } *s.* Herbe qui porte le
LAZAR-WORT, } benjoin.
LASH, *s.* Coup de verge ou de fouet.
To be under the lash, (or under a master.) *Etre sous la férule.*
News-writers are under the lash of the government. *Les gazetiers ou les nouvellistes sont sous la férule du gouvernement ou de ceux qui gouvernent.*
I shall bring him under the lash. *Je le ferai châtier, je le châtierai.*
To be under the lash of an evil tongue. *Etre exposé à une mauvaise langue.*
This fiction is a lash upon the follies of those —. *Cette fiction est une censure des extravagances de ceux qui —.*
To LASH, *verb. act.* (or whip.) *Fouetter, donner des coups de fouet, † fesser, † sangler.*
To lash one with one's pen or tongue. *Mortifier quelqu'un, lui faire sentir le venin de sa plume ou lui donner des coups de langue.*
To lath, (a sea-term : to tie.) *Amarrer, lier, terme de mer.*
To lath or rush OUT one's expences, *verb. neut.* (to be lavish.) *Faire une dépense excessive, faire de folles dépenses, prodiguer son bien.*
To lash out into expression, (to speak more than one should.) *Parler trop, causer.*
To lash out into sensuality. *S'abandonner à ou se plonger dans la sensualité.*
Lashed, *adj.* Fouetté, fessé, &c. V. to Lash.
LASHER, *subst.* Fouetteur, fouetteuse.
Lashers, (a sea-term) *Suisse.*
LASHING, *s.* L'action de fouetter, &c.
Lashing, *subst.* (at sea.) *Eguilletes ou lignes d'amarrage.*
LASK, *subst.* (looseness.) *Flux de ventre, soire.* V. Lax.
LASKETS, *subst.* (a sea-term.) *Lacets de bonnettes.*
LASS, *s.* (the feminine of lad.) *Une fille, une jeune fille.*
A pretty lass. *Une jolie fille.*
LASSITUDE, *subst.* (or weariness.) *Lassitude, ennui.*
LASSLORN, *adj.* Abandonné par sa maitresse.
LAST, *adj.* Dernier, le dernier de tous.
The last but one. *Le pénultieme, l'avant-dernier.*
The last but two. *L'antépénultieme.*
The last week. *La semaine derniere ou passée.*
They were brought upon their last legs. *Ils ne savoient plus que devenir, ils n'en pouvoient plus, ils ne savoient plus*

plus où donner de la tête ou * de quel bois faire fleche.
Religion is upon its last legs. *La religion est aux abois.*
Last night. *Cette nuit.*
At a last, adv. *Enfin.*
Last of all. *La derniere fois, dernierement.*
Last, adv. Ex. How long is it since you saw him last ? *Combien y a-t-il que vous ne l'avez vu ?*
When I had last the honour to see him. *La derniere fois que j'eus l'honneur de le voir.*
Last, *s.* Ex. He has breathed his last. *Il a rendu le dernier soupir.*
To the last. *Jusqu'à la fin, jusqu'au bout.*
They are resolved to hold out to the last. *Ils sont résolus de tenir bon jusqu'à l'extrémité.*
Last, *s.* Ex. A shoemaker's last. *Forme de cordonnier.*
To put a shoe upon the last. *Monter un soulier sur forme.*
A last-master, (one that makes lasts for shoemakers.) *Formier.*
Last, (a weight or measure so called,) *Lest ou Laste, sorte de poids ou de mesure.*
Last or lastage. V. Ballast.
To LAST, *v. neut.* (to endure.) *Durer, subsister.*
LASTAGE, *subst.* (a custom paid for wares sold by the last.) *Droit qu'on paye pour les marchandises qui se vendent au lest.*
Lastage or ballast. V. Ballast.
LASTING, *adj.* (durable or permanent.) *Durable, de longue durée, permanent.*
A lasting cloth, (good cloth that wears well.) *Un bon drap, un drap d'un bon usé, ou qui rend bon service.*
LASTINGLY, *adv.* Perpétuellement.
LASTINGNESS, *s.* Durée.
LASTLY, *adv.* Enfin, finalement.
LATCH, *s.* Un loquet.
LATCHET, *subst.* Courroie, lien de cuir.
The latchet of a shoe. *La courroie d'un soulier.*
LATE, *adj.* Dernier, qui s'est fait ou qui s'est passé depuis peu.
In late times. *Dans les derniers temps.*
In the late storm. *Dans la derniere tourmente ou le dernier orage.*
Late, (or deceased.) *Feu, défunt.*
The late King. *Le feu Roi, le Roi défunt.*
The late King James. *Le feu Roi Jacques.*
A late Author. *Un Auteur de ces derniers temps ou qui a écris depuis peu.*
Of late years. *Depuis quelques années.*
LATE, *adv. Tard.*
P. Better late than never. *Il vaut mieux tard que jamais.*
Late in the year. *Sur la fin de l'année.*
It was late in the night. *La nuit étoit fort avancée.*
Of late, (not long since.) *Depuis peu, naguères, dernierement.*
Late ripe. *Tardif, qui mûrit tard, qui vient dans l'arriere-saison.*
LATED, *adj.* Surpris par la nuit.
LATEEN, *adj.* Ex. Lateen sails. *Voiles latines.*
Lateen yard. *Antenne.*
LATELY, *adv.* Depuis peu, dernièrement, naguère ou naguères.
LATENESS, *subst.* (time far advanced.) *Temps ou âge avancé.*

LATENT, *adj.* (or hid.) *Caché, intérieur, secret.*
His malice was latent in his breast. *Sa malice étoit cachée dans son cœur.*
LATER, *adj.* (the comparative of late.) *Postérieur, de plus fraiche date.*
Later, *adv.* Plus tard.
We came later than you. *Nous arrivâmes plus tard que vous.*
LATERAL, *adj.* De côté, latéral.
A lateral motion. *Un mouvement de côté.*
A Judge lateral. *Un Assesseur.*
LATERALLY, *adv.* Latéralement.
LATEST, the superlative of late, adject. or of late, adv. *Le dernier, le plus nouveau, le plus récent, ou bien, le plus tard.*
He came the latest of all. *Il vint le dernier, ou le plus tard de tous.*
You begin of the latest. *Vous vous avisez trop tard.*
LATEWARD, *adject.* D'arriere-saison, d'automne.
Lateward hay. *Foin d'arriere-saison, regain.*
Lateward. *Tardif.*
LATH, *s.* (a thin piece of cleft wood.) *Latte.*
A counter-lath. *Contre-latte.*
† A lath-back, (a slim long fellow.) *Un homme long comme une perche, † un grand flandrin.*
Lath of a bed. *Tringle de lit.*
A lath, (a part of a country.) *Un canton.*
To LATH, *v. act.* Latter, couvrir de lattes.
LATHE, *s.* (the tool of a turner.) *Tour.*
LATHED, *adj.* (from to lath.) *Latté, couvert de lattes.*
LATHER, *s.* Mousse ou écume de savon.
To LATHER, *v. n.* Mousser, jeter une écume blanche, en parlant de l'eau où il y a du savon.
To lather, *v. act.* Savonner, laver avec de la mousse.
LATIN, *adj.* Latin.
The latin tongue. *La langue latine, le latin, la langue des anciens Romains.*
Latin, *subst.* (latin tongue.) *Le latin, la langue latine.*
To make a piece of latin. *Composer quelque chose en latin, faire un thème latin.*
The Latins, (the Latin people.) *Les Latins.*
LATINED, *adj.* (or made Latin.) *Rendu en latin.*
LATINISM, *subst.* (a latin expression.) *Latinisme, expression latine.*
LATINIST, *subst.* Latiniste, qui entend le latin.
A pedantick latinist. *Un pédant qui ne sait que du latin.*
LATINITY, *s.* Latinité, langue latine.
To LATINIZE, *v. act.* Latiniser.
I atinized, *adj.* Latinisé.
LATION, *subst.* Mouvement en ligne droite.
LATISH, *adj.* (somewhat late.) *Un peu tard.*
It is latish. *Il commence à se faire tard.*
LATIROSTROUS, *adj.* Qui a un large bec.
LATITANCY, LATITATION, *subst.* L'action de se cacher.
LATITANT. V. Latent.
LATITUDE, *s.* (or breadth.) *Largeur.*
The length, latitude and depth of a thing. *La longueur, la largeur, la profondeur d'une chose.*

The northern and southern latitude, (in astronomy and geography.) *La latitude septentrionale & méridionale.*
The latitude of a town, (or the distance of it from the equator.) *La hauteur d'une place.*
A language in its greatest latitude, (or extent.) *Une langue dans toute son étendue.*
Too great a latitude, (too much liberty.) *Trop de liberté ou trop grande liberté, licence.*
To take a great latitude. *Prendre une grande liberté, se donner carriere, prendre des licences.*
Too great a latitude of time. *Trop de temps, un trop long temps.*
LATITUDINARIAN, *subst.* (one that takes too great a liberty in point of religion.) *Un libertin, une personne qui se donne trop de liberté en fait de religion.*
Latitudinarian, *adj.* Qui ne reconnoît point de bornes, illimité.
LATRANT, *adject.* A latrant or barking writer, (an author who does nothing but bark.) *Un auteur qui ne sait qu'aboyer ou que clabauder.*
LATRIA, *subst.* Latrie, culte de la Divinité.
LATROCINATION, *subst.* (a practice of robbing.) *Pillage, volerie.*
LATTEN, *subst.* (iron tinned over.) *Du fer-blanc.*
Latten, (brass plate.) *Du laiton.*
LATTER, *adj.* Ex. The latter end of a book. *La fin d'un livre.*
To think of one's latter end. *Songer à la mort, songer à la fin de la vie.*
Latter part. *Conclusion.*
A latter spring. *Un printemps tardif ou qui commence tard.*
The latter math or after-pasture. *Foin d'arriere-saison, le regain.*
P. At latter lamas, (never.) *P. Aux calendes grecques, jamais.*
LATTICE, *subst.* Treillis, barreaux de bois qui se croisent.
A lattice-window. *Une jalousie.*
To LATTICE up, *verb. act.* Treillisser, fermer de treillis, de barreaux, de jalousie.
Latticed, *adj.* Treillissé, fait, garni de treillis ou d'une jalousie.
LAVATION, *s.* L'action de laver.
LAVATORY, *subst.* Liquide dont on se sert pour laver une partie malade.
LAUD, *s.* (or praise.) *Louange.*
To LAUD, *verb. act.* (or to praise.) *Louer.*
LAUDABLE, *adj.* (or praise-worthy.) *Louable, digne de louange, estimable.*
LAUDABLY, *adv.* D'une maniere louable, avec louange, avec honneur.
LAUDANUM, *subst.* (a sort of gum.) *Laudanum, sorte de gomme.*
LAUDES, *s.* LAUDS, *subst.* (a thanksgiving used among the prayers of the Roman Church.) *Laudes, terme d'usage dans l'Eglise Romaine.*
To LAVE water, *verb. act.* (to throw it out.) *Vider, épuiser, tirer toute l'eau d'un lieu.*
To lave, (or water a country, speaking of a river.) *Laver, arroser un pays.*
To lave a design, (as painters do.) *Laver un dessin, faire un dessin au lavis.*

To

To lave, v. n. Se baigner.
To LAVEER, v. n. Changer souvent de direction.
LAVENDER, s. (a sweet-smelling herb.) La lavande, herbe odoriférante.
Lavender-spike. Lavande-ospic.
† To lay up a thing in lavender, (to lay it up till one has occasion for it.) Serrer une chose jusqu'à ce qu'on en ait besoin.
† To lay up in lavender, (or to pawn.) Engager, mettre en gage.
LAVER, s. (a vessel to wash in.) Lavoir, cuve, bassin.
To LAUGH, v. n. Rire, faire un ris.
He laughs at a feather. Il rit de tout, la moindre chose le fait rire.
To laugh OUTRIGHT, (to laugh out.) Eclater de rire, rire à gorge déployée.
P. Let him laugh that wins. V. Marchand qui perd ne peut rire.
To laugh from the teeth outward. Ne rire que du bout des levres, avoir un ris forcé.
To laugh AT, (to jeer.) Rire, railler, se railler, se jouer, se moquer, siffler.
He laughs at you. Il se moque de vous.
To laugh at one to his face. Rire au nez à quelqu'un.
To laugh one to scorn. Se jouer de quelqu'un, en faire un sujet de raillerie ou de moquerie.
I laugh at your conceit. Votre pensée me fait rire.
If you propose such a thing, you'll be laughed at. Si vous faites cette proposition, on vous sifflera.
He laughs in his sleeve. Il en rit sous le bon et ou jous cape.
To laugh a thing OUT, v. act. Tourner une chose en risée ou en moquerie, la siffler.
Laughed at, adj. Dont on se moque, dont on s'est moqué, &c. V. to Laugh.
LAUGH, s. V. Laughter.
LAUGHABLE, adj. Ridicule, risible.
LAUGHER, s. Rieur, rieuse.
LAUGHING, subst. Ris ou rire; l'action ou la faculté de rire.
He fell a laughing. Il se mit à rire.
Laughing, adj. Ex. A laughing-stock, (a thing to be laughed at.) Jouet, risée, sujet ou objet de risée.
To make one's self a laughing-stock. S'exposer à la risée, se rendre ridicule.
LAUGHINGLY, adv. En riant, en s'amusant.
LAUGHTER, subst. (laugh or laughing.) Ris, rire.
To break or burst out into laughter. Eclater de rire, rire à gorge déployée.
P. The way to the house of laughter, is through the house of mourning. P. Pour aller dans la maison de joie, il faut passer par la maison de douil.
LAVISH, adj. (prodigal.) Prodigue, qui dépense excessivement & follement.
Lavish (extravagant) expences. Une dépense excessive ou démesurée, folles dépenses.
For having been too lavish with his tongue. Pour avoir trop parlé, pour avoir eu trop de langue.
To LAVISH,
To LAVISH AWAY, } verb. act. (to squander away.) Prodiguer, dépenser follement.
LAVISHER, s. Un prodigue.
LAVISHING, subst. L'action de prodiguer ou de dépenser follement.

LAVISHLY, adv. Prodigalement, mal-à-propos, follement.
LAVISHMENT, subst. Ex. He suffers for the lavishment of his tongue. Il souffre pour avoir trop parlé ou pour avoir eu trop de langue.
LAVISHNESS, s. Prodigalité, dépense excessive.
LAUNCE, &c. V. Lance, &c.
To LAUNCH, verb. n. (or drive a ship into water or force her into the sea.) Lancer un vaisseau, le mettre à l'eau.
LAUND. V. Lawn.
LAUNDRESS, subst. Blanchisseuse, lavandière.
LAUNDRY, subst. (the room where after washing, linen is ironed and got up.) La chambre de la lavandière, la chambre où l'on repasse le linge.
LAUREATE,
LAURELED, } adject. (crowned with laurel.) Couronné de laurier.
A Poet laureate. Un Poete lauréat.
LAUREL, s. (a tree.) Laurier.
A crown of laurel. Une couronne de laurier.
A laurel-tree. Un laurier, le Laurier mâle.
LAURIFEROUS, adj. Qui produit ou qui porte le laurier.
LAW, s. (or statute.) Loi.
The law of nature. La loi de la nature, la loi naturelle.
The divine and human laws. Les lois divines & humaines.
To give laws. Donner ou faire la loi.
The law of arms. Les lois de la guerre.
The law of merchants or the staple law. Les lois du commerce.
The law or common right of nations. Le droit des gens.
Law, (or jurisprudence.) Le droit, la jurisprudence.
The common law. Le droit coutumier, la coutume.
The civil law. Le droit civil ou le droit Romain.
The Canon Law, the Law Spiritual or the Ecclesiastical Law. Le droit Canon.
To follow the law. Etudier en droit, exercer le droit.
The law of mark, (the law of reprisals) Le droit de représailles.
The statute law. Les Ordonnances, les Actes du Parlement.
Law, (the being at law.) Procès.
To be at law. Etre en procès, plaider.
He was ruined by law. Il s'est ruiné en procès, les procès l'ont ruiné.
He made some objections in point of law. Il fit quelques objections sur la forme de la procédure.
To go to law. Etre en procès, plaider.
To go to law with one. Faire un procès à quelqu'un, plaider contre lui, se porter partie contre lui, le prendre à partie.
A great many grow rich by the law. Le Palais ou le barreau enrichit beaucoup de gens.
A thing good in law. Une chose valide.
And there was he laying out the law to him, about the lewdness of his life and conversation. Et il lui représentoit les fâcheuses suites de ses débauches & de ses dérèglements.
A man learned in the law. Un savant jurisconsulte.
A father-in-law. Un beau-pere.
A mother-in-law. Une belle-mere, une marâtre.

A son-in-law. Un beau-fils.
A daughter-in-law. Une belle-fille.
A brother-in-law. Un beau-frere.
A sister-in-law. Une belle-sœur.
A law-give or law-maker. Un législateur.
A law-suit or suit of law. Un procès.
Law-days. Jours de Palais.
To LAW-DOGS. V. to Expeditate.
LAWFUL, adj. Permis, légitime, licite, juste.
'Tis lawful. Cela est permis ou licite.
A lawful match. Un mariage légitime.
Lawful issue. Enfants légitimes.
A good and lawful excuse. Une bonne excuse, une excuse valable.
A lawful contract cannot be made, but at a certain age. On ne peut contracter validement que dans un certain âge.
LAWFULLY, adv. Légitimement, selon les loix, justement, avec raison.
Lawfully, (agreeable to law.) Validement, avec validité.
A child lawfully begotten. Un enfant légitime.
LAWFULNESS, s. Equité, justice, ce qui rend une chose juste, licite, &c.
LAWGIVER, s. Législateur, législatrice.
LAWLESS, adj. (without law.) Qui n'a point de loi, qui est sans loi, qui ne suit point à loi, déréglé.
The lawless Court. Sorte de Cour qui dépend du Comte de Warwick, & qui se tient le mercredi d'après le jour de la Saint-Michel, avant jour & sans chandelle.
Lawless, (not protected by the laws.) Qui n'est plus sous la protection des loix.
LAWLESSLY, adv. illégitimement, illégalement.
LAWN, s. (a sort of fine linen.) Linon, sorte de toile fine.
Lawn-sleeves, (such as Bishops wear in their episcopal dress.) Manches de linon qui font partie des habits épiscopaux.
Lawn, (a great plain in a wood.) Une grande plaine dans un bois; clairiere.
LAWYER, sub. (from Law.) Un homme de Palais, un Avocat, un homme de robe.
Lawyers. Les gens de loi, les Avocats.
LAX, s. (looseness.) Flux de ventre.
Lax, adject. Lâche, qui n'est pas tendu, foible.
LAXATIVE, adj. (or loosening.) Laxatif, qui lâche le ventre.
LAXITY,
LAXATION, } s. (flackness.) Défaut de tension.
LAXNESS,
LAY, adj. (secular, not religious.) Lai, laique, séculier, qui n'est ni ecclesiastique ni religieux.
A lay-Brother, (in a Monastery.) Frere-lai ou Moine-laique.
A lay Prince. Un Prince séculier.
A lay-Priest. Prêtre séculier.
A lay-habit. Un habit séculier.
A lay-man. Un laique.
Lay-Elder. Ancien, Directeur du temporel & du spirituel de la Religion.
Lay, prétérit du verbe to Lie. Voy. to Lie.
Lay, s. (a row.) Couche. V. Layer.
A lay of mortar. Une couche de mortier.
A lay, (or wager.) Gageure, pari.
It is or 'tis an even lay whether it be so or no. Il est douteux si cela est ou non, le pari est égal.
A lay, (or song.) Chanson.
To LAY, v. n. V. to Lie.
To lay, v. act. (put or place.) Mettre, poser,

LAY

poser, placer, disposer, ranger, poster, asseoir, imposer.

To lay in order. *Mettre en ordre.*

To lay every thing in its place. *Mettre, ranger ou disposer chaque chose en sa place.*

To lay siege to a place. *Mettre le siege devant une place, l'assieger.*

To lay taxes. *Mettre des impôts, asseoir des impositions, imposer une taxe.*

To lay the cloth. *Mettre le couvert ou la nappe.*

To lay (or deliver) a woman. *Accoucher une femme.*

To lay the foundations. *Jeter, poser les fondemens.*

To lay, (or to lay a wager.) *Gager, parier, faire un pari ou une gageure.*

To lay the stomach for a while. *Étourdir la grosse faim.*

To lay a net. *Tendre des filets.*

To lay snares. *Tendre des pieges.*

To lay an ambush. *Dresser une embuscade.*

To lay a plot. *Faire, concerter, tramer un complot ou une conspiration.*

To lay the ground-work, (as of a lace or point.) *Tisser, coucher le tissu.*

To lay eggs. *Pondre ou faire des œufs.*

To lay the dust. *Abattre la poussiere.*

To lay the vapours of the spleen. *Abattre les vapeurs de la rate.*

The rain has laid the corn. *La pluie a couché les blés.*

To lay (or allay) the heat. *Abattre ou diminuer la chaleur.*

To lay one's self at his mercy. *Se mettre à la merci ou entre les mains de quelqu'un.*

To lay the land, *v. act. Noyer la terre ;* c'est-à-dire, s'éloigner des côtes, perdre la terre de vue.

To lay the decks. *Border les ponts.*

To lay HOLD of one. *Se saisir de quelqu'un, prendre quelqu'un.*

To lay hold of the King's pardon. *Embrasser le pardon du roi.*

He thinks no law can lay hold of him. *Il se croit à couvert de toutes les lois.*

To lay an heinous charge AGAINST one. *Accuser quelqu'un de plusieurs choses odieuses ou de crimes atroces.*

He laid that against me. *Il m'a objecté cela, il m'a accusé de cela.*

To lay the fault at another man's door. *Rejeter la faute sur un autre.*

To lay asleep, (or to sleep.) *Faire dormir, endormir.*

To lay WASTE. *Ravager, désoler, piller, ruiner, saccager.*

To lay a thing BEFORE one, (to shew him, to let him know.) *Mettre quelque chose devant les yeux de quelqu'un, lui montrer, lui faire voir, lui représenter quelque chose.*

To lay OPEN. *Découvrir, expliquer, déclarer, dire, révéler, manifester.*

To lay hands ON one. *Mettre la main sur quelqu'un, s'en saisir ou le saisir au collet.*

To lay LEVEL, (or make even.) *Egaler, applanir, unir.*

To lay level or even with the ground, (to raze.) *Raser, détruire, ruiner, abattre jusqu'aux fondemens.*

To lay BY. *Serrer, garder, conserver.*

To lay OVER or to overlay. *Couvrir.*

To lay a plot deep. *Concerter bien un dessein ou une conspiration.*

To lay the colour in painting. *Empâter,* terme de peinture.

LAY

To lay ABOUT one's self, (to use one's endeavours.) *Faire tous ses efforts, remuer ciel & terre,* † *employer le vert & le sec.*

To lay about, (in order to get an office.) *Briguer, rechercher un emploi.*

To lay about one, (to beat him.) *Battre quelqu'un, le frotter.*

To lay ALONG upon the ground, *v. a. Coucher ou étendre par terre ;* & dans un sens neutre, *être couché ou étendu par terre.*

To lay ASIDE, (to set apart.) *Mettre à part ou de côté.*

To lay aside, (to neglect, not to mind.) *Omettre, négliger.*

To lay aside, (or depose.) *Démettre, déposer.*

To lay aside, (or renounce.) *Quitter, renoncer à, abandonner.*

To lay a thing BEFORE one. *Représenter une chose à quelqu'un.*

To lay IN provisions. *Faire ses provisions.*

To lay wine in a cellar. *Encaver du vin, le mettre en cave.*

† To lay or rather throw a thing in one's dish. *Reprocher une chose à quelqu'un, la lui jeter au nez.*

To lay OUT money. *Débourser, employer, dépenser de l'argent.*

To lay out in expenses, (to be lavish.) *Prodiguer, dépenser follement son bien.*

What can my life be better laid out in, than in repeated efforts for the liberty of my country? *A quoi puis-je mieux employer ma vie, qu'à faire des efforts réitérés pour la liberté de ma patrie?*

To lay out a street. *Aligner une rue.*

To lay out for a thing, (to endeavour to get it.) *Remuer ciel & terre, faire tous ses efforts pour venir à bout d'une chose ;* † *employer le vert & le sec, être ou se mettre en campagne pour arriver à ses fins.*

To lay out for a man, (in order to take him.) *Être en campagne pour prendre quelqu'un, le chercher de tous côtés pour le prendre.*

To lay out one's cards, (at piquet, &c.) *Faire son écart, écarter, en termes du jeu de piquet, &c.*

To lay tax upon tax ON or UPON the people. *Charger ou accabler le peuple d'impôts.*

To lay one's hand upon the fore place. *Porter la main sur la partie malade.*

To lay a great load upon one. *Charger quelqu'un, lui mettre un grand fardeau sur les épaules.*

She says, she is with child, and lays it to you, (or and fathers it upon you.) *Elle dit qu'elle est grosse & vous impute le fait.*

To lay a great stress upon a thing, (to exaggerate it.) *Exagérer quelque chose.*

If God should lay sickness upon us. *Si Dieu nous visitoit de quelque maladie.*

The principal of the conspirators laid violent hands on or upon themselves. *Les chefs de la conspiration se défirent eux-mêmes.*

I had a good fortune and laid on to some tune as long as it lasted. *J'avois beaucoup de bien, & je m'en suis diverti pendant qu'il a duré.*

To lay a command or charge upon one. *Donner un ordre à quelqu'un, lui commander quelque chose, le charger de quelque chose.*

LAY

To lay one's excuse upon a thing. *S'excuser sur quelque chose.*

To lay a wager. *Gager, parier.*

To lay on heaps. *Entasser, mettre en tas, amonceler.*

To lay an obligation on or upon one. *Obliger quelqu'un.*

To lay on upon the face. *Donner un soufflet à quelqu'un.*

Lay on, (beat him soundly.) *Frappez, donnez dessus, battez-le fort & ferme.*

To lay a punishment upon one. *Punir quelqu'un, lui infliger quelque peine.*

To lay (or apply) TO. *Appliquer, approcher, avancer.*

To lay a thing to one's charge. *Charger, accuser quelqu'un d'une chose.*

He did not lay OUT his learning with the diligence with which he laid it IN. *Il s'appliquoit moins à faire valoir son savoir, qu'il ne faisoit à l'acquérir.*

Lord, lay not this sin to their charge. *Seigneur, ne leur imputez point ce péché.*

To lay a thing to heart. *Prendre une chose à cœur.*

To lay an injury to heart. *Ressentir une injure, en avoir du ressentiment.*

To lay claim to a thing. *Réclamer une chose,* † *prétendre, former des prétentions sur une chose.*

To lay UP. *Amasser, serrer, resserrer.*

To lay up money. *Amasser de l'argent.*

To lay (or lock) it up. *Le serrer.*

Lay it up again. *Resserrez-le.*

To lay up the corn. *Serrer le blé.*

Lay that up for another time. *Réservez cela pour une autre fois.*

To lay up provisions for the whole year. *Faire sa provision pour toute l'année.*

Has he laid up much? *A-t-il beaucoup épargné?*

To lay one up, (to make him fall sick, so as to keep his bed.) *Faire tomber quelqu'un malade.*

To lay one up, to lay him up by the heels. *Faire mettre quelqu'un en prison, le jeter dans une prison,* † *le loger.*

To lay up land. *Laisser reposer une terre.*

To lay DOWN one's commission. *Rendre sa commission.*

To lay down one's life. *Laisser ou perdre la vie, mourir.*

He laid his head down upon the pillow. *Il reposoit sa tête sur l'oreiller.*

I laid him down (or paid him) ready money for his sword. *Je lui payai son épée argent comptant.*

I laid down my club. *Je payai mon écot.*

To lay down money, (to deposite it.) *Consigner de l'argent.*

To lay one's self down upon the bed. *Se jeter, se coucher sur le lit.*

To lay TOGETHER. *Amasser, ramasser, assembler, mettre ensemble.*

To lay heads (or brains) together. *Consulter ensemble.*

They laid their heads (or wits) together. *Ils consulterent ensemble.*

Lay his words and deeds together. *Comparez ses paroles avec ses actions.*

LAY-ELDER. *V. Lay, adj.*

LAYER, *subst.* (or young sprout.) *Rejeton.*

Layer, (a row.) *Une couche.* V. Lay.

Layer, (a hen.) *Une poule qui pond.*

LAYING, *subst. L'action de mettre, &c.* V. to Lay.

A hen past laying. *Une poule qui ne fait plus d'œufs, ou qui ne pond plus.*

A

LAY LEA

A laying on of hands. *L'imposition des mains.*
LAYLAND, *subst.* (or fallow ground.) *Jachere, terre qu'on laisse reposer.*
LAYMAN, *subst.* *Un Laique.* V. Lay, *adj.*
LAYSTALL, *s.* *Tas de fumier.*
LAZAR, *s.* (or leper.) *Un lépreux.*
LAZARETTO,
LAZAR-HOUSE, } *s.* (or hospital.) *Lazaret, sorte d'hôpital.*
LAZERWORT, *s.* *sorte de plante.*
LAZILY, *adv.* *Lentement, négligemment, en paresseux, en fainéant, avec paresse.*
LAZINESS, *s.* (from lazy.) *Paresse, négligence, lâcheté, lenteur, fainéantise.*
LAZING, *adj.* Ex. To lie lazing at one's length. *Être couché tout de son long comme un paresseux.*
LAZULI or lapis lazuli, *subst.* (a bluish stone, of which they make the colour azure.) *Lapis ou lapis lazuli, la pierre d'azur.*
LAZY, *adj.* *Paresseux, négligent, fainéant, lâche.*
A lazy man. *Un paresseux.*
A lazy woman. *Une paresseuse.*
† He is a lazy-bones. *C'est un gros fainéant, un grand paresseux.*
LEA, }
LEE, } *subst.* *Espèce de clos ou de mazure.*
LEY, }
† LEACH. V. Leech.
LEAD, *s.* (a sort of metal.) *Plomb.*
The leads of a house. *Le plomb d'une maison.*
Lead-mine. *Mine de plomb.*
Red lead. *Mine, minium, ou rouge de plomb.*
White lead. *Blanc de plomb.*
Lead, (at sea.) *Plomb de sonde.*
To heave the lead. *Sonder.*
Deep-sea-lead. *Grand plomb de sonde.*
Hand-lead. *Petit plomb de sonde.*
Lead nails. *Clous à plomb.*
Lead, (the being elder hand at cards.) *La main.*
I have the lead. *J'ai la main, je suis premier en carte.*
The lead or playing first at billiards. *L'acquis, le devant au jeu de billard.*
The lead at bowls. *Le début, au jeu de boule.*
R. Lorsque LEAD signifie le métal appellé plomb, il se prononce comme laid, ou led en françois; mais dans les autres sens il se prononce d'une manière qui approche de leid.
To LEAD, *verb. act.* (to do over with lead.) *Plomber, enduire de plomb, couvrir de plomb.*
To lead, (to guide.) *Mener, conduire, guider, faire aller.*
To lead one by the hand. *Mener quelqu'un par la main.*
To lead the dance. *Mener la danse.*
This way leads to the town. *Ce chemin mène, conduit ou va à la ville.*
To lead one by a good life. *Mener une bonne vie, vivre en homme de bien.*
† To lead one by the nose. † *Mener quelqu'un par le nez, lui faire faire ce qu'on veut.*
To lead a party. *Être chef de parti.*
To lead the way, (to be the guide.) *Montrer le chemin, marcher le premier, servir de guide.*
To lead the way or the dance, (to begin.) *Montrer le chemin, mener la danse, commencer, être le premier.*

To lead, (to be chief, to command.) *Mener, conduire, commander, être le chef.*
To lead ALONG. *Conduire.*
To lead OFF. *Détourner.*
To lead AWAY. *Emmener.*
To lead OUT. *Emmener dehors.*
To lead one out of the way. *Égarer quelqu'un, le détourner de son chemin.*
To lead BACK. *Ramener, reconduire.*
To lead IN or INTO. *Introduire.*
Leaded, *adject.* *Plombé, enduit ou couvert de plomb, à quoi l'on a mis le plomb.*
LEADEN, *adject.* (made of lead.) *De plomb.*
LEADER, *subst.* (or guide.) *Conducteur, guide, celui qui mène.*
The leader of a dance. *Celui qui mene la danse.*
A leader, (or commander.) *Un chef, un général, un commandant.*
The leader, (at cards.) *Celui qui a la main ou qui joue le premier.*
Leader, (at bowls.) *Celui qui débute au jeu de boule.*
A ring-leader. *Un chef de parti.*
LEADING, *subst.* *L'action de mener, de conduire, &c.* V. to Lead.
Leading, *adject.* Ex. A leading man. *Un chef.*
The leading men of the town. *Les principaux de la ville.*
A leading word. *Le premier mot, le mot dont dépendent les autres.*
The leading card. *La première carte, la carte de celui qui a joué le premier.*
To have the leading hand at cards. *Être premier en carte.*
LEADING-STRINGS, *s.* *Lisières, bandes de cuir ou d'étoffe qu'on attache à la robe d'un petit enfant, & qui servent à le tenir lorsqu'il commence à marcher.*
To be in leading-strings, (as very young.) *Être à la bavette.*
LEAF, *subst.* *Feuille. au pluriel, LEAVES.*
The leaves of a tree or flower. *Les feuilles d'un arbre ou d'une fleur.*
The fall of the leaf. *La chute des feuilles, l'automne.*
A leaf of gold or silver. *Feuille d'or ou d'argent.*
Leaf gold. *Or en feuille.*
The leaves of a screen. *Les feuilles d'un paravent.*
A leaf of a book. *Un feuillet, deux pages d'un livre.*
To turn over the leaves of a book. *Feuilleter un livre.*
P. I shall make him turn over a new leaf. *Je lui ferai chanter une autre chanson.*
To LEAF, *verb. neut.* *Boutonner.*
LEAFLESS, *adj.* *Sans feuilles.*
LEAFY, *adject.* *Feuillu, couvert de feuilles.*
LEAGUE, *subst.* (or alliance.) *Ligue, confédération.*
To enter into a league, or to join in a league. *Se liguer, faire une ligue.*
League, (a certain measure of way both by sea and land.) *Lieue, mesure de chemin.*
To LEAGUE, *v. n.* *Se liguer.*
LEAGUER, *subst.* *Ligueur, celui qui est de la ligue.*
Leaguer, (or siege.) *Un siège.*
† A leaguer Ambassador, (one that makes a continuance.) *Un Ambassadeur ordinaire.*

LEAK, *subst.* *Voie d'eau, ouverture ou débris du bordage d'un vaisseau.*
The ship has sprung a leak. *Le vaisseau a fait une voie d'eau.*
To stop a leak. *Boucher une voie d'eau.*
To LEAK, *v. n.* or SPRING A LEAK, (so as to take in water.) *Faire eau.*
Our ship leaks. *Notre navire fait eau.*
This vessel leaks (or runs) every where. *Ce vaisseau coule, ou suinte de tous côtés.*
† To leak, (or piss.) *Faire de l'eau, pisser.*
LEAKAGE,
LEAKING, } *subst.* (or leak.) *Voie d'eau.*
Leakage, (waste of any liquor thro' a leaky vessel.) *Coulage.*
LEAKING,
LEAKY, } *adj.* *Qui fait eau, percé à l'eau, en parlant d'un navire, qui coule, qui suinte, plein de fentes & de crevasses.*
A leaky tub. *Une cuve qui coule.*
LEAN, *adject.* *Maigre, qui n'est point gras.*
Lean meat. *De la viande maigre.*
He is as lean as a rake or envy. *Il est extrêmement maigre, il n'a que la peau & les os.*
A lean (or barren) soil. *Un terroir maigre ou stérile.*
Lean, (slender) *Maigre, pauvre, chétif.*
Lean-visaged, (or lantern-jawed.) *Maigre de visage.*
To make lean. *Amaigrir, faire devenir maigre.*
To grow lean. *Maigrir, devenir maigre.*
LEAN, *subst.* *Du maigre.*
I love lean. *J'aime le maigre.*
To LEAN (or rest) upon, *v. neut.* *S'appuyer sur ou contre, être soutenu, porter ou poser sur.*
To lean upon a stick. *S'appuyer sur un bâton.*
To lean upon a wall. *S'appuyer contre une muraille.*
A beam that leans upon a column. *Une poutre qui porte ou qui pose sur une colonne.*
A thing to lean upon. *Un appui, chose sur quoi l'on s'appuie.*
To lean, (or incline.) *Pencher, avoir du penchant.*
A wall that leans on one side. *Une muraille qui penche.*
To lean one's head backwards. *Pencher la tête en arrière.*
To lean to an opinion. *Avoir du penchant pour une opinion, pencher vers une opinion.*
To lean OVER, (or stand out.) *Avancer.*
LEANING, *subst.* *L'action de s'appuyer ou de pencher.*
A leaning-staff. *Bâton pour s'appuyer.*
A leaning-stock. *Un appui.*
LEANNESS, *subst.* (from lean.) *Maigreur.*
LEAP, *subst.* (or jump.) *Un saut.*
To take a leap. *Faire un saut.*
A leap, (sudden transition.) *Saut, transition brusque.*
The leap-year, (that has a day more than any other), which falls out every fourth year.) *L'an de bissexte, l'an bissextil, l'année bissextile.*
Leap-frog, (a boyish play, where one boy

LEA

boy leaps over another.) *La poste, la sauterelle, sorte de jeu ou d'exercice parmi la jeunesse.*
To LEAP, *verb. neut. Sauter.*
To leap forward. *Sauter en avant.*
To leap over. *Sauter par-dessus, franchir.*
To leap for joy. *Sauter ou tressaillir de joie.*
He is ready to leap out of his skin. *Il est tout transporté de joie, il ne se sent pas de joie.*
If he could get an estate upon those terms, he would leap out of his skin at it. *S'il pouvoit se faire riche à ces conditons, il le seroit de tout son cœur.*
To leap, (as the hart does.) *Palpiter.*
To leap, *verb. act.* (as the horse does the mare.) *Saillir, couvrir,* en parlant d'un cheval qui couvre une cavale.
Leaped, *adj. Sauté, &c.*
LEAPER, *subst. Un sauteur, une sauteuse.*
LEAPING, *subst. L'action de sauter.*
To LEARN, *verb. act.* (to get the knowledge of.) *Apprendre, acquérir la connoissance d'une chose.*
To learn without book. *Apprendre par cœur.*
To learn wit, (to grow cunning.) *Se déniaiser.*
To learn, (or to hear.) *Apprendre, être informé d'une chose.*
To learn news. *Apprendre des nouvelles.*
To learn, (or to teach.) *Apprendre, enseigner, montrer.*
The truth of it we are as yet to learn. *Nous n'en savons pas encore la vérité, nous l'ignorons.*
I am not to learn the difference between a private man and a Prince. *Je n'ignore pas, je sais bien la différence qu'il y a d'un Prince à un particulier.*
LEARNED, *adj. Savant, docte, habile, capable, intelligent.*
A very learned man. *Un très-savant homme, un homme d'une grande érudition.*
A learned discourse. *Un discours savant.*
Learned, *subst.* (or scholars.) *Les Savants, les gens de lettres, les personnes lettrées.*
LEARNEDLY, *adv. Savamment, doctement, en habile homme, en homme savant, avec capacité.*
LEARNER, *s.* Celui ou celle qui apprend, un écolier.
A young learner. *Un jeune écolier, un novice ou apprenti.*
LEARNING, *sub.* (from to learn.) *L'action d'apprendre.*
Learning, (or scholarship,) *Savoir, science, érudition, doctrine, belles-lettres, littérature.*
A man of great learning. *Un homme de grand savoir ou d'une grande érudition.*
The treasure of learning. *Le trésor des sciences.*
The common-wealth of learning. *La république des lettres.*
LEARNT, *c'est un prétérit du verbe* to learn.
LEASE, *subst. Un bail à ferme.*
To take a lease of a house. *Prendre un bail d'une maison.*
Lease-parole, (or by word of mouth.) *Un bail de vive voix.*

To LEASE, *verb. act.* (or let a lease.) *Bailler à ferme, louer.*
To lease, (or glean.) *Glaner.*
LEASER, *subst.* (or gleaner.) *Glaneur, glaneuse.*
LEASH, *subst.* (a thing wherewith beasts are tied.) *Laisse, attache, à mener des chiens de chasse ou des chevaux.*
A leash. *Trois,* en termes de chasse. Ex.
A leash of grey-hounds. *Une lesse de trois levriers.*
A leash of hares. *Trois lievres.*
LEASING, *s. L'action de bailler à ferme ou de glaner. V.* to Lease.
Leasing, (or lie.) *Mensonge.*
LEASOUR, *subst.* (or letter of a lease.) *Bailleur ou bailleresse; celui ou celle qui baille à ferme. V. Lessor.*
LEAST, *adj.* (the superlative of little.) *Le moindre, de plus petit.*
I am the least of all. *Je suis le plus petit de tous.*
I have not the least cause to complain. *Je n'ai aucun sujet de me plaindre.*
There is not the least difference. *Il n'y a point du tout de différence.*
He makes the least account of his own courtesies. *Il fait moins de cas de ses faveurs que qui que ce soit.*
I do not or don't fear him in the least, (or at all.) *Je ne le crains point, je ne le crains point du tout ou aucunement.*
I have not wronged him in the least. *Je ne lui ai fait aucun tort.*
That I may say the least. *Pour ne rien dire de trop.*
He obliged me the least of any. *Il m'a obligé le moins de tous.*
LEAST, *adv. Moins.*
I love him least of all. *Je l'aime moins que tous les autres.*
At least, at the least. *Du moins, au moins, pour le moins.*
* Least, (for fear.) *De peur que. Voyez* Lest.
Least, *s.* (an atom.) *Un atome.*
LEASY. *V.* Flimsy.
LEATHER, *subst. Cuir.*
A leather-gilder. *Un doreur sur cuir.*
Leather bag. *Sachet de cuir.*
A leather-dresser, *Un corroyeur ou Tanneur.*
A leather-seller. *Un Pelletier, vendeur de cuir ou Peaussier.*
Leather-seller. *Un Mégissier, un Pelletier.*
The upper leather of a shoe. *L'empeigne d'un soulier.*
Waxed-leather shoes. *Des souliers de cuir ciré.*
P. His shoes are made of running leather. *Il va toujours le grand galop.*
To lose leather. *S'écorcher, s'enlever un peu de la peau.*
A leather-bottle. *Une outre, peau de bouc ou de chevre à mettre du vin.*
LEATHERN, *adject.* (made of leather.) *De cuir.*
LEAVE, *subst.* (permission or licence.) *Congé, permission, liberté.*
To give one leave to depart or be gone. *Donner à quelqu'un congé de s'en aller.*
By your leave. *Par votre permission.*
To have free leave to do a thing. *Avoir la liberté de faire quelque chose.*
With leave of the moralists. *Avec la permission des Philosophes,* ou *n'en déplaise à Messieurs les Philosophes.*

Give me leave to answer you. *Permettez-moi de vous répondre, souffrez que je vous réponde.*
I shall beg leave or I humbly beg leave to consider a little. *Qu'il me soit permis de considérer ou d'examiner un peu.*
If you give me leave, (if you please.) *S'il vous plait.*
Leave, (adieu or farewell.) *Congé, adieu.*
To take leave of one. *Prendre congé de quelqu'un, lui dire adieu.*
To LEAVE, *verb. act. Laisser,* dans tous ses sens.
I left him at home. *Je l'ai laissé au logis.*
I leave you to think, *Je vous laisse à penser.*
To leave the door open. *Laisser la porte ouverte.*
I left word with the maid, that she should tell him on't or of it. *J'ai laissé ordre à la servante de le lui dire.*
To leave, (forsake or abandon.) *Laisser, quitter, abandonner, délaisser.*
Why will you leave me? *Pourquoi voulez-vous me laisser ou me quitter?*
To leave one's work. *Quitter son travail, le discontinuer.*
To leave morning. *Quitter le deuil.*
To leave or abandon one to the wide world. *Abandonner quelqu'un.*
To leave (or put away) one's wife. *Répudier sa femme, se séparer d'avec elle.*
To leave (or cease) crying. *Cesser de pleurer.*
I never leave exhorting them to peace. *Je ne cesse jamais de les exhorter à la paix.*
I leave (or put) it to the judgment of your uncle. *Je m'en rapporte ou je m'en remets au jugement de votre oncle.*
Leave that to me. *Laissez-moi faire, reposez-vous sur moi.*
To leave OFF or OVER. *Quitter, discontinuer, cesser, finir.*
To leave off trade. *Quitter le négoce.*
Leave off this wrangling. *Cessez de vous quereller.*
To leave off a garment. *Quitter un habit.*
To leave off an ill habit. *Quitter une méchante habitude, s'en défaire.*
He has left off all his former pranks. *Il est revenu de toutes ses folies.*
To leave (or take) OUT. *Oter, effacer.*
To leave out, (omit or forget.) *Omettre, oublier.*
To leave out, (not to admit.) *Exclure, ne point admettre.*
LEAVED, *adv.* (from leaf.) *Ex.* Broad-leaved. *Qui a des feuilles larges.*
Narrow-leaved. *Qui a les feuilles étroites.*
LEAVEN, *subst.* (ferment.) *Levain.*
To LEAVEN the dough, *v. act. Faire lever la pâte.*
Their ancestors have leavened them with a hatred of us. *Ils tiennent de leurs ancêtres un levain de haine contre nous, leurs ancêtres leur ont inspiré la haine qu'ils ont pour nous.*
Leavened, *adject. Levé,* en parlant du pain, de la pâte, &c.
LEAVER, *subst.* (an iron or wooden bar to heave up things.) *Un levier. Voyez* Lever.

LEAVES,

LEAVES, c'est le pluriel de leaf.
The leaves are green. Les feuilles sont vertes.
LEAVING, f. (from to leave.) L'action de laisser, &c. V. to Leave.
Leavings. Restes, reliefs.
I will not or won't eat your leavings. Je ne veux pas manger vos restes.
LEAVY, adj. (or full of leaves.) Feuillu, plein de feuilles.
LECHER, subst. (or a lecherous man.) Un débauché, un homme lascif, un impudique.
An old lecher. Un vieux débauché, un vieux pécheur.
LECHEROUS, adj. Lascif, impudique.
LECHEROUSLY, adv. Lascivement, d'une maniere lascive.
LECHERY,
LECHEROUSNESS, } subst. Lasciveté, impudicité.
LECTION, subst. (a variety in copies.) Leçon ; lecture.
LECTURE, subst. Leçon.
A lecture of Divinity. Une leçon de Théologie.
A reader of lectures. Un Professeur.
P. In the forehead and in the eye the lecture of the mind does lie. Le front & les yeux sont les interpretes de l'ame.
A lecture, (or reprimand.) Un sermon, une harangue, † une mercuriale, une réprimande.
To read a lecture. Faire des sermons, sermonner, haranguer, réprimander.
† A curtain lecture. Une réprimande, une mercuriale d'une femme qui gronde son mari.
To LECTURE, verb. act. Sermonner, pédanter.
LECTURER, subst. C'est proprement un aide de ministre dans une grande Paroisse, & celui qui prêche ordinairement en sa place l'après-midi.
LECTURERSHIP, subst. Office de Curé, de Ministre, &c. V. Lecturer.
LED, adj. (from to lead.) Mené, &c. V. to Lead.
A led horse. Un cheval de main.
LEDGE, subst. Bord, rebord.
Gutter ledge. V. Gutter.
Ledge. Récif, chaîne de rochers à fleur d'eau.
LEDGES, subst. plur. (a sea-term.) Sorte de traversins placés entre les baux, dans le sens de la largeur du vaisseau d'un bord à l'autre, dans les vaisseaux Anglois.
LEDGER, subst. Grand livre de compte.
LEE, subst. (that part which the wind blows upon.) Endroit opposé au vent, endroit où le vent donne, côté sous le vent.
Under the lee. Sous le vent.
Under the lee of the shore. Sous le vent de la côte, ou à l'abri de la côte.
A lee shore. Terre ou côte sous le vent du vaisseau.
Lee side. Côté de dessous le vent.
Lee lurches. Embardées d'un vaisseau vers le côté sous le vent, ou arrivées.
Have a care of the lee lurches ! N'arrive pas ! Avertissement au timonnier de prendre garde à ne pas faire des embardées.
Lee way. Dérive ; angle de la dérive.
† To go by the lee, (to come of a loser.) Ne pas trouver son compte en quelque chose.

LEECH,
LEECH-WORM, } subst. Une sangsue, sorte d'insecte.
Leech, (an old word for a Physician.) Un Médecin.
A horse-leech, (or horse-Doctor.) Un Maréchal expert qui sait traiter les chevaux malades.
LEECHES of a sail, subst. plur. Côtés perpendiculaires, ou bords des voiles.
LEECHCRAFT, f. L'art de guérir.
Leech-lines. Cargue-boulines.
Leech-rope. Ralingue de chute.
LEE-FANGE, subst. Barre de fer fixée par ses extrémités au pont d'un bâtiment, & sur laquelle coule le palan d'écoute d'une voile aurique, d'une trinquette, &c. lorsqu'on vire de bord.
To LEE-FALL, v. n. Tomber à la bande, mater à la bande, terme de mer.
LEEK, subst. (a plant.) Poireau ou porreau.
A leek-bed. Couche de porreaux.
Leek-pottage. De la soupe aux porreaux.
LEER, subst. (or lair of a deer, where he lies to dry himself.) Ressui d'une bête fauve, terme de chasse.
Leer, (or leering look.) Regard, œillade, coup-d'œil.
To LEER upon, v. n. Lorgner, regarder fixement & de travers.
LEERING, f. L'action de regarder fixement & de travers, l'action de lorgner.
Leering, adj. Ex. A leering look. Un regard fixe & de travers.
LEERO, f. (a lectro-viol.) Lyre, instrument de musique.
LEES, subst. (or dregs of wine.) Lie de vin.
LEET, f. (or Court-leet.) Cour foncière. V. Court.
Leet days. Les jours auxquels cette Cour se tient.
LEEWARD, adj. & subst. comp. Sous le vent du vaisseau, & en général le côté de dessous le vent.
The leeward islands. Les îles sous le vent.
A leeward ship. Vaisseau mauvais boulinier ; vaisseau qui tient mal le vent ; vaisseau qui dérive beaucoup, & qui tombe sous le vent en courant au plus près.
A leeward tide. Marée qui porte du même côté que le vent.
To leeward, adv. Sous le vent.
LEFT, adj. (the contrary to right.) Gauche, par opposition à droit.
The left foot or hand. Le pied ou la main gauche.
Turn upon the left hand. Tournez à main gauche, tournez à gauche.
A left-handed man. Un gaucher.
A left-handed woman. Une gauchere, qui se sert de la main gauche.
Left, adj. part. (from to leave.) Laissé, &c. V. to Leave.
There is nothing left. Il n'y a rien de reste.
If there be yet any hope left. S'il reste encore quelque espérance.
That is left to me, 'tis left to my discretion. C'est à mon choix, c'est à moi à en disposer, j'en suis le maître.
LEG, f. La jambe.
To have good legs, (to be a good walker.) Avoir bonnes jambes, marcher bien.
The leg of a fowl. La cuisse d'un oiseau.

A leg of mutton. Une éclanche, un gigot de mouton.
A leg of beef. Un trumeau de bœuf.
† To make a leg, (or a bow.) Faire la révérence.
† To scrape a leg. Faire mal la révérence, la faire de mauvaise grace, faire le pied de veau.
To be brought upon one's last legs. V. Last.
A leg of wood to put in a stocking. Forme pour les bas.
Leg-harness. Armure de jambes.
LEGACY, f. (a particular thing given by a last will and testament.) Donation, legs, en termes de Palais.
A pious legacy. Un legs pieux.
LEGAL, adj. (which is according to law.) Juridique, judiciaire, conforme aux lois, légitime, qui est selon les lois.
Legal, (belonging to the jewish law.) Légal, de la loi.
Legal ceremonies. Cérémonies légales.
LEGALITY, subst. (or lawfulness.) Conformité aux lois.
To LEGALIZE, v. act. Autoriser, rendre légal, légaliser.
LEGALLY, adv. (according to law.) Selon les lois, juridiquement, légitimement, validement, d'une maniere juridique, légalement.
LEGATARY, subst. (he or she to whom any thing is bequeathed.) Légataire.
LEGATE, f. (the Pope's Ambassador.) Légat, Ambassadeur du Pape.
LEGATEE. V. Legatary.
LEGATESHIP,
LEGATION, } subst. (the place or function of a legate.) Légation, charge ou fonction de Légat.
LEGATINE, adj. Du Légat.
The legatine power. Le pouvoir du Légat.
LEGATION. V. Legateship.
LEGATOR, f. Celui qui fait un legs.
LEGEND, f. (the story of a Saint's life.) Legende, la vie des Saints.
Legend, (or fabulous story.) Légende, fable.
Legend, (the writing round a piece of money.) Légende, écriture gravée autour d'une piece de monnoie ou d'une médaille.
LEGENDARY, adj. De légende.
Legendary stories. Des contes de légende, des fables.
LEGER. V. Ledger.
LEGERDEMAIN, f. (or flight of hand.) Tours de main, tours de passe-passe, tours de souplesse.
LEGERITY, f. Légéreté.
LEGGED, adj. Ex. Strong-legged. Qui a les jambes fortes.
LEGIBLE, adj. (easy to be read.) Lisible, qui se peut aisément lire.
LEGIBLY, adv. Lisiblement.
LEGION, subst. (a body of foot-soldiers amongst the Romans consisting of about 5000.) Une légion.
LEGIONARY, adject. (of or belonging to a roman legion.) Légionnaire, de légion.
LEGISLATION, f. Législation.
LEGISLATIVE, adj. A legislative power. Le pouvoir de faire des lois.
LEGISLATOR, subst. (a law-giver or law-maker.) Législateur, celui qui fait des lois.
LEGISLATURE, f. Législature.
LEGITIMACY, subst. (the being a lawful child.) Légitimité.

LEGITIMATE,

LEG LEN

LEGITIMATE, *f.* (lawful child.) *Un enfant légitime.*
To LEGITIMATE, *verb. act. Légitimer, déclarer ou faire légitimer.*
To legitimate a bastard. *Légitimer un bâtard, &c.*
Legitimated, *adj. Légitimé.*
LEGITIMATION, *f. Légitimation.*
Letters of legitimation. *Lettres de légitimation.*
LEGUME, } *f. Légume.*
LEGUMEN, }
LEGUMINOUS, *adj. Qui appartient aux légumes.*
LEISURABLE, *adj.* (made at leisure.) *Fait à loisir.*
LEISURE, *f.* (or time to spare.) *Loisir ou commodité.*
To be at leisure. *Être de loisir, avoir le loisir.*
When they were at leisure from publick affairs. *Lorsqu'ils étoient débarrassés du soin des affaires publiques.*
LEISURABLY, } *adv.* (at leisure.)
LEISURELY,   } *A loisir.*
Do it leisurely. *Faites-le à loisir, prenez votre temps pour cela.*
Leisurely, (softly, by little and little.) *Lentement, peu à peu, petit à petit, doucement.*
Leisurely, *adj. Qui se fait peu à peu, par degrés ou lentement, imperceptible.*
LEMAN, *subst.* (or concubine.) *Une concubine.*
LEMBECK. *V.* Alembick.
LEMMA, *subst. Lemme,* terme de Géométrie.
LEMON, *subst. Citron,* fruit de citronnier.
Lemon-tree. *Citronnier.*
Lemon-colour. *Couleur de citron.*
LEMONADE, *f. Limonade.*
To LEND, *v. act. Prêter.*
To lend one money. *Prêter de l'argent à quelqu'un.*
To lend OUT. *Prêter.*
Lend me your hand. *Tendez-moi la main, donnez-moi votre main, aidez-moi.*
Lended or lent, *adj. Prêté.*
LENDER, *f. Prêteur, prêteuse, celui ou celle qui prête.*
LENDING, *fubft.* Prêt ou l'action de prêter.
LENGTH, *f.* (one of the three dimensions of bodies.) *Longueur.*
A body is extended in length, breadth and depth. *Un corps est étendu en longueur, en largeur & en profondeur.*
The length (or duration) of time. *La longueur ou la durée du temps.*
In length of time. *A la longue.*
Length of time will not waste it away. *Le temps ou l'âge ne le consumera pas.*
To lie at one's length. *Être couché tout de son long.*
† To have the length of one's foot, (to know his ways and humour.) *Connoître l'humeur de quelqu'un, savoir de quel biais le prendre ou de quel bois il se chauffe.*
† A man may come now within a pole's length of him, (he is not so proud as he used to be.) *Il n'est pas maintenant si fier qu'il a été.*
A good mien in a Court will carry a man greater lengths, than a good understanding in any other place. *La bonne mine fait faire plus de chemin à la Cour, que le bon esprit par-tout ailleurs.*

LEN LEP

To run all the lengths of a corrupt Ministry. *Donner dans toutes les mesures ou se prêter à toutes les mesures d'un Ministère corrompu.*
I cannot go that length with you. *Je ne saurois donner dans votre sens ou dans votre opinion.*
At length , (at last.) *Enfin.*
A picture in full length. *Un portrait en grand.*
To draw half-length. *Peindre à mi-corps.*
Length-wise. *En longueur.*
To LENGTHEN, *v. act. Allonger, rallonger, ragrandir, faire plus long.*
To lengthen a petticoat. *Allonger, rallonger ou agrandir une jupe.*
To lengthen a discourse. *Étendre un discours.*
Lengthened, *adj. Allongé, rallongé étendu.*
LENGTHENING, *subst. L'action d'allonger, &c. V.* to Lengthen.
LENIENT, *adj. Doux, qui adoucit.*
Lenient, *f. V.* Lenitive.
To LENIFY, *v. act.* (to allay , to soften, to give ease to.) *Adoucir, soulager.*
Lenifyed, *adj. Adouci, soulagé.*
LENIFYING, *subst. Adoucissement,* l'action d'adoucir.
LENITIVE, *adj.* (assusive.) *Lénitif qui adoucit.*
Lenitive, *subst. Un lénitif, un remède anodin ou qui adoucit.*
LENITY, *subst.* (or gentleness.) *Douceur, procédé doux & modéré.*
LENS, *f.* (or lenticular glass.) *Lentille, verre lenticulaire.*
LENT, *subst.* (a time of fasting for forty days next before Easter.) *Le carême.*
To keep lent. *Observer le carême, faire carême, faire maigre.*
Lent, *adj.* (from to lend.) *Prêté.*
Lent money. *Argent prêté.*
LENTEN, *adj.* (of or belonging to lent.) *De carême.*
To make a lenten feast. *Faire un festin de carême ou de poisson, traiter en maigre ou manger maigre.*
LENTICULAR, *adj. Lenticulaire.*
LENTIL, *f.* (a kind of pulse.) *Lentille,* sorte de légume.
LENTISK, *subst.* (the lentisk or masticktree.) *Lentisque,* sorte d'arbre d'où sort le mastic.
LENTITUDE, *subst. Lenteur, lourdeur.*
LENTOR, *subst. Visçosité,* partie visqueuse.
LENTOUS, *adj. Visqueux.*
LENVOY, *subst.* (the conclusion of a sonnet or ballad.) *Envoi du chant-royal ou de la ballade.*
LEO, *subst.* (one of the twelve celestial signs.) *Lion,* un des douze signes célestes.
LEONINE, *adj. Léonin.*
Leonine verses. *Des vers léonins,* vers latins qui ont une même consonance au milieu, & à la fin.
LEOPARD, *subst.* (a wild fierce beast.) *Léopard,* sorte de bête féroce.
LEPER, *f.* (a leprous man or woman.) *Un lépreux, une lépreuse.*
* LEPID, *adj.* (pleasant and witty.) *Joli, agréable, enjoué, qui a de l'agrément.*
* LEPIDITY, *subst. Agrément,* qualité agréable.
LEPOREAN,   } *adj. Qui appartient au lièvre.*
LEPORINE,   }

LEP LET

LEPROSY, *subst.* (a sort of scab.) *Lepre, sorte de gale.*
LEPROUS, *adj.* (afflicted with the leprosy.) *Lépreux, malade de la lepre.*
The leprous disease. *La lepre.*
LEPROUSNESS, *subst. Lepre.*
LERRY, *subst.* (or bustle.) *Bruit, vacarme.*
Lerry or curtain lecture. *V.* Lecture.
LESK. *V.* Groin.
LESS, *adj. Plus petit, moindre.*
He is less than I. *Il est plus petit que moi.*
To make less. *Appetisser, faire plus petit.*
To grow less. *Appetisser, devenir plus petit, diminuer, décroître.*
LESS, *adv. Moins.*
Much less. *Beaucoup moins.*
More or less. *Plus ou moins.*
In less than an hour. *En moins d'une heure.*
To make less of one friend than another. *Faire moins d'état d'un ami que d'un autre.*
He spoke with no less eloquence than freedom. *Il s'énonça avec autant d'éloquence que de liberté.*
LESSEE, *subst.* (he that takes a lease.) *Preneur, celui qui prend à ferme ou à louage, amodiateur.*
To LESSEN, *verb. act.* (or make less.) *Amoindrir, diminuer, rendre moindre, appetisser.*
To lessen (or extenuate) a fault. *Amoindrir ou exténuer une faute.*
To lessen (or derogate to) one's self. *Déroger à sa qualité, se faire tort, s'abatsier.*
To lessen, *verb. neut. Amoindrir, s'amoindrir, diminuer, devenir moindre, appetisser.*
Lessened, *adj. Amoindri, diminué. V.* to Lessen.
LESSENING, *subst. Amoindrissement, diminution* ou *l'action de diminuer. V.* to Lessen.
LESSER, *adj.* (a barbarous corruption from less.) *Plus petit, moindre.*
This is the lesser of the two. *Celui-ci est le plus petit des deux.*
LESSES, *subst.* (the dung of a ravenous beast, such as a boar, bear or wolf.) *Laissées,* la fiente du loup & des bêtes noires.
LESSON, *subst.* (a task for one to learn.) *Leçon, chose prescrite pour apprendre.*
Lesson , (of scripture read in churches.) *Leçon qu'on lit dans les églises.*
Lesson , (or instruction.) *Leçon, instruction, précepte.*
† To give one's his lesson , (to scold at him.) *Faire la mercuriale à quelqu'un,*
† *parler à sa barrette.*
To LESSON, *verb. act.* (or instruct.) *Instruire, donner des leçons ou des préceptes.*
LESSOR, *f. Celui qui donne à ferme.*
LEST, *conj. De peur que.*
Lest he go away. *De peur qu'il ne s'en aille.*
LET, *adject.* Loud, afferm'd, &c. *Voy.* to Let.
Let, *subst.* (or hindrance.) *Obstacle, empêchement, retardement.*
To LET, *v. act.* (to suffer or give leave.) *Laisser, permettre, souffrir.*
Let me go out. *Laissez-moi sortir.*
Let me alone. *Laissez-moi en repos, laissez-moi là.*

Let

Let me alone, (or leave it to me.) Laissez-moi faire.
Why do you let him use me thus ? Pourquoi permettez-vous ou pourquoi souffrez-vous qu'il me traite de la sorte ?
To let or let out, (to leafe.) Louer, donner a louage ou à ferme, affermer.
To let , (or caufe to.) Faire.
To let know. Faire favoir, faire connoître, représenter.
To let fee. Faire voir, montrer.
To let a fart. Faire ou lâcher un pet.
To let (or draw) blood. Tirer du sang, faigner.
To let , (or hinder.) Empêcher, retarder.
He let fall a word or two. Il lâcha ou il lui échappa quelques paroles.
We ordered the watermen to let fall their oars more gently. Nous commandâmes aux bateliers de ramer plus doucement.
Let fall the main fail ! Laisse tomber les fonds de la grande voile !
Let her fall ! Laisse abattre !
To let in. Entrer les bouts des cordages dans les rablures de la quille , de l'étrave, &c.
To let OFF. Tirer.
To let off a piftol or fire-work. Tirer un piftolet ou un feu d'artifice.
To let LOOSE. Lâcher, déchaîner.
He let him loose upon me. Il l'a déchaîné contre moi.
To let DOWN. Defcendre, abattre, lâcher.
To let wine down into the cellar. Defcendre du vin dans la cave.
To let down the portcullis. Abattre ou lâcher la herfe.
To let down the ftrings of a lute. Lâcher les cordes d'un luth.
To let IN or INTO. Laiffer entrer, faire entrer, donner entrée , introduire.
To let one in , (to open the door to let him enter.) Ouvrir la porte à quelqu'un.
To let (or turn) OUT. Louer, affermer.
To let out , (to let go out.) Faire fortir, laiffer fortir
To let out a prifoner , (to releafe him.) Relâcher un prifonnier, l'élargir.
To let out to ufe. Mettre à intérêt , placer de l'argent.
R. Let eft auffi une espèce de verbe auxiliaire , dont on fe fert aux troifièmes perfonnes de l'impératif.
Ex. Let him fpeak. Qu'il parle.
Let them fpeak. Qu'ils parlent.
On s'en fert auffi de cette manière.
Let him come in. Qu'il entre.
Let him or let him do it. Qu'il le fasse.
Let me die if i be not true. Que je meure si cela n'eft vrai.
Let blood , adj. Saigné , à qui on a tiré du fang.
LETHARGICK , adj. (fiuk of the lethargy.) Léthargique , attaqué de léthargie.
LETHARGY , fubst. (the drowfy evil.) Léthargie.
LETHE , f. Léthé , fleuve d'oubli.
LETTER , fubst. (or character , fuch as compofe the alphabet.) Lettre ou caractère de l'alphabet.
A capital letter. Une lettre capitale.
Letter , (missive or epiftle.) Lettre, épitre, dépêche , † missive.
To write , feal and direct a letter. Ecrire , cacheter & adreffer une lettre.

Tome II.

Letters patent. Patentes, lettres patentes.
A letter-cate. Un porte-lettre.
Letter of mark. Lettre de marque ou de repréfailles , batiment autorifé par l'Amiral , ou autrement, pour faire la courfe contre les ennemis de l'Etat ; & proprement , c'eft la lettre ou patente fervant à l'autoriter.
Letter of attorney. Une procuration.
Letter , (from to let.) Qui permet, &c.
To LETTER a book , verb. act. (to write the title of it on the back with golden letters.) Mettre le titre au dos d'un livre.
LETTERED, adj. Ex. A lettered-book. Un livre qui a un titre au dos.
Lettered , (learned.) Lettré , favant , de lettres.
A well-lettered man. Un homme lettré , un homme de lettres.
A man flenderly lettered. Un homme qui n'a pas grand favoir.
LETTICE. V. Lettuce.
LETTING , f. (from to let.) L'action de laiffer , &c. V. to Let.
Letting of blood. Saignée ou l'action de faigner.
LETTUCE , f. (a fallet-herb.) Laitue , plante.
Garden-lettuce. Laitue cultivée.
Headed lettuce or cabbage lettuce. Laitue pommée.
LEVANT , fubst. (or east.) Le Levant, l'Orient.
The Levant fleet. La flotte du Levant.
LEVANTINE , adj. Du levant.
A levantine wind. Vent du levant.
LEVANTINES , f. (the eastern people.) Les Levantins , les nations du Levant.
LEVEE , fubst. (a word lately borrowed from the French, the time when one rifes.) Lever.
He was at the King's levee. Il étoit au lever du Roi.
A lady's levee. La toilette.
He daily attends her levee. Il ne manque pas de fe rendre tous les matins à fa toilette.
LEVEL , adj. (or even.) Uni , qui eft de niveau , applani , plain , égal.
A level ground. Une terre unie.
To be level, (or even.) Être de niveau.
To make level. Unir , applanir , mettre de niveau , mettre au niveau.
This knowledge lies level to human underftanding. Cette connoiffance eft proportionnée ou accommodée à la portée de l'efprit humain.
It is the greateft skill in a man of fuperior underftanding, to know how to be on a level with his companions. La plus grande habileté d'un homme d'un génie fuperieur confifte à favoir fe mettre au niveau de la portée de ceux qu'il fréquente.
This example lies level to all mankind. Cet exemple comprend (ou fe rapporte à) toutes fortes de perfonnes.
Level , f. (a carpenter's inftrument.) Niveau, inftrument dont les maçons ou les charpentiers fe fervent.
Level , (or even ground.) Niveau , fituation de terrain toute plate.
To be upon the level. Être de niveau ; & dans le figuré, être égal, être à deux ne jeu.
The conteft fets the mafter and the man on the fame level. La difpute égale le valet au maître ; lorfqu'un maître difpute avec fon valet, il le rend fon égal.

Level-coil or hitch-buttock , (a term of gaming.) Cu levé, terme de joueur.
To LEVEL , v. act. (or to make level.) Unir , applanir, niveler , mettre de niveau.
To level the house with the ground. Rafer une maifon , la rafer de fond en comble , la détruire , la ruiner , l'abattre jufqu'aux fondemens.
To level (or aim) at. Vifer , porter un coup.
To level , (or compare.) Egaler, comparer.
He levels all the difcourfes of heaven with the poetical defcriptions of the Fairy-land. Il compare les difcours du paradis aux defcriptions poétiques du pays des Fées.
The Atheift levels his blafphemies immediately againft the Majefty of Heaven. L'Athée par fes blafphêmes attaque directement la Majefté du Ciel, ou s'en prend à la Majefté du Ciel.
To level a cannon. Pointer un canon, le mettre en mire ou en état de tirer.
Levelled, adj. Egalé, applani, nivelé, mis de niveau, &c. V. to Level.
He fancies every bolt that is levelled at his vices to be pointed at his perfon. Il croit que toutes les fois qu'on attaque fes vices , on en veut à fa perfonne.
LEVELLER , fubst. Applaniffeur, celui qui applanit , &c. V. to Level.
Levellers , (a fort of factious people that rofe up out of Cromwell's army.) Niveleurs , parti factieux & républic in de l'armée de Cromwell, qui demandoit une égalité dans l'adminiftration du Gouvernement.
LEVELLING , fubst. Applaniffement, l'action d'unir, d'applanir &c. V. to Level.
LEVELNESS , fubst. Egalité de furface, niveau.
LEVEN. V. Leaven.
LEVER , fubst. (a ftrong pole or bar to raife up timber, &c.) Levier.
LEVERET , fubst. (a young hare.) Levraut.
LEVIABLE , adj. (that may be levied.) Exemp. Any tax leviable by Parliament. Toutes les taxes ou impofitions qui fe levent par l'autorité du Parlement.
LEVIATHAN , f. (an hebrew word that fignifies a great water-ferpent or kind of whale ; taken figuratively for the devil.) Léviathan.
LEVIED. V. to Levy.
To LEVIGATE , v. act. Pulvérifer, léviger, réduire un mixte en poudre impalpable fur le porphyre.
LEVIGATION , f. Lévigation , l'action de léviger.
LEVITE , f. (one of the tribe of Levi in the old law.) Un Lévite.
LEVITICAL , adj. (of or belonging to the Levites.) Lévitique, de Lévites.
LEVITICUS , f. (one of the five books of Mofes.) Le Lévitique, un des cinq livres de Moïfe.
LEVITY , fubst. (or ticklenefs.) Légèreté, inconftance, humeur volage.
LEVY , f. (or raifing.) Une levée.
A levy of taxes. Une levée d'impôts.
Levy of foldiers. Levée de foldats.
To LEVY , v. act. (to raife.) Lever, faire une levée.
To levy a tax. Lever un impôt.
To levy foldiers. Lever des foldats , faire des levées.
Levyed, adj. Levé, &c. V. to Levy.
LEVYING ,

LEVYING, subst. L'action de lever, &c. V. to Levy.
LEWD, adject. (wicked, wanton, riotous.) Dissolu, débauché, infâme, libertin, perdu, abandonné, impudique.
A lewd life. Une vie dissolue ou débauchée.
A lewd discourse. Un discours infâme.
A lewd (or debauched) man. Un débauché, un dissolu, un abandonné.
A lewd woman. Une débauchée, une abandonnée, une dissolue.
LEWDLY, adv. Dissolument, d'une manière dissolue ou licentieuse; en débauché, en libertin.
LEWDNESS, s. Dissolution, libertinage, débauche, abandonnement, ordure.
LEXICOGRAPHER, s. Auteur de Dictionnaire.
LEXICON, subst. (or dictionary.) Un lexique ou dictionnaire.
LIABLE, adj. (subject.) Sujet, exposé.
To make one liable to a tax. Assujétir quelqu'un à un impôt.
This expression is liable to misconstruction. Cette expression peut être prise en un mauvais sens.
To make one's self liable to an inconveniency. S'exposer à quelque inconvénient.
LIAR, s. (from to lie.) Un menteur, une menteuse.
P. Shew me a liar and I will shew you a thief. P. Qui dit menteur dit larron.
LIBATION, subst. (a light tasting of a drink-offering.) Libation.
LIBBARD. V. Leopard.
Libbard's-bane, (a venomous plant.) Aconit.
LIBEL, s. (or abusive pamphlet.) Libelle, écrit injurieux, satire.
A libel, (in the civil law, the original declaration of any action.) Un memoire ou une déclaration.
To LIBEL one, v. act. Faire des libelles, diffamer, décrier par des libelles.
Libelled, adj. Diffamé, décrié par des libelles.
LIBELLER, s. Un auteur de libelles ou d'écrits diffamatoires; diffamateur.
LIBELLING, subst. L'action de faire des libelles.
LIBELLOUS, adj. (or defamatory.) Diffamatoire.
LIBERAL, adj. (free or generous.) Libéral, honnête, généreux, qui donne volontiers, qui fait des libéralités, magnifique.
Liberal, (or honourable.) Libéral, honorable.
The liberal arts and sciences. Les arts libéraux.
A liberal (or genteel) education. Une honnête, belle ou bonne éducation.
LIBERALITY, subst. (munificence, generosity, bounty.) Libéralité, générosité, largesse.
LIBERALLY, adverb. Libéralement, avec libéralité.
To LIBERATE, v. act. Délivrer, mettre en liberté.
LIBERTIES. V. Liberty.
LIBERTINE, s. (a lewd liver.) Un libertin, une libertine.
Libertine, adj. Libertin, débauché.
LIBERTINISM, s. (or licentiousness.) Libertinage, déréglement de vie, licence.
LIBERTY, subst. (or freedom.) Liberté, pouvoir de faire ce qu'on veut.

To give a slave his liberty. Donner la liberté à un esclave, l'affranchir.
To set at liberty. Mettre en liberté.
The liberties of a city. Les libertés, franchises & immunités d'une ville.
Within the liberties of the University. Dans toute l'étendue ou dans tout le district de l'Université.
Liberty, (or leave.) Liberté, congé, permission.
Liberty of will. Franc ou libre arbitre.
LIBIDINOUS, adject. (or voluptuous.) Sensuel, voluptueux, impudique, lascif, libidineux.
LIBIDINOUSLY, adv. Voluptueusement, en libertin.
LIBRA, subst. (one of the XII celestial signs.) La balance, un des XII signes celestes.
LIBRARIAN, s. Bibliothécaire.
LIBRARY, s. Une bibliothèque.
A library-keeper. Un bibliothécaire.
To LIBRATE, v. act. Peser.
LIBRATION, s. (or poising.) Balancement, l'action de donner le contrepoids ou de mettre en équilibre.
LICE, s. (the plural of louse.) Poux.
LICENCE, subst. (or liberty.) Licence, liberté.
A poetical licence. Licence poétique.
A licence to print or publish a book. Pouvoir, permission, privilege d'imprimer ou de publier un livre.
A licence to preach. Permission de prêcher.
Licence, (licentiousness.) Licence, libertinage.
To LICENSE, v. act. Autoriser, donner permission.
To licence a book. Donner permission d'imprimer ou de publier un livre.
Licensed, adj. Autorisé.
A book licensed. Un livre imprimé ou publié avec privilege ou permission.
LICENSER, subst. (of books.) Celui qui est établi pour examiner les manuscrits qu'on veut faire imprimer, & qui en donne la permission, s'il le trouve à propos.
LICENSING, s. L'action d'autoriser ou de donner permission.
LICENTIATE, subst. (one that hath a licence in any faculty, but chiefly in divinity.) Un licencié, celui qui a fait sa licence.
To LICENTIATE, v. act. Permettre, donner permission.
LICENTIOUS, adject. (lewd, disorderly, unruly.) Licentieux, libertin, dissolu, qui se donne trop de liberté, débauché, déréglé, trop libre.
In these licentious times. Dans ce temps de dissolution ou de libertinage.
Licentious talking. Discours licentieux, trop grande liberté de parler; des paroles trop libres.
Licentious pamphlets. Des écrits ou libelles trop libres.
LICENTIOUSLY, adv. Licentieusement, d'une manière licentieuse, en libertin.
LICENTIOUSNESS, subst. (lewdness.) Licence, libertinage, dissolution, déréglement de vie, abandonnement.
The licentiousness of this age. La dissolution de ce siècle.
Licentiousness, (too great a liberty.) Licence, trop grande licence.
The licentiousness of the press. La liberté de la presse.
† LICK, subst. (or gentle stroke.) Un petit coup.

He gave him a lick over the shoulders. Il lui donna un petit coup sur les épaules.
A lick-trencher. Un leche-plat, un gourmand.
To LICK, } v. act. Lécher.
To LICK UP, }
To lick one's fingers. Se lécher les doigts.
To lick up into some form. Lécher, polir, donner sa forme à.
To lick up a piece of work, to lick over again. Limer, retoucher un ouvrage, le revisiter, le polir, le revoir, le corriger, le perfectionner.
LICKED, adj. Léché, &c.
LICKERISH, } adj. (that loves titbits or sweet things.) Friand, qui aime les friandises ou les bons morceaux.
LICKEROUS, }
A lickerish boy. Un petit friand.
P. Lickerish tongue, lickerish tail. Qui dit friand, dit lascif.
LICKERISHNESS, s. Friandise, avidité qu'on a pour les viandes les plus délicates.
LICKING, s. (from to lick.) L'action de lécher.
LICKT, adj. Léché, &c. V. Lick.
LICORICE, s. (a plant that has a sweet root.) Réglisse.
LICTOR, s. Un licteur.
LID, s. (or cover.) Couvercle.
The lid of a pot or box. Couvercle de pot ou de boite.
The eye-lid. La paupiere.
LIDFORD-LAW, s. (is to hang one first; and judge him afterwards.) La Loi de Lidford, (ville dans la Province de Cornouaille,) qui est, à ce qu'on suppose, de commencer par pendre un homme, & de lui faire ensuite son procès.
LIE, s. (or untruth.) Mensonge, menterie.
To tell lies. Dire des menteries ou des mensonges, mentir.
Lie, (or story.) Mensonge, bourde; feinte, conte fait à plaisir, fable.
I tell you no lie. Je ne vous mens point; je vous dis la vérité.
Take me in a lie and hang me. Qu'on me pende, si je mens.
He makes nothing of a lie. Il ne fait aucun scrupule de mentir.
To give one the lie. Démentir quelqu'un, lui donner un démenti.
Lie, made of ashes. V. Lye.
To LIE, v. n. (to tell a lie.) Mentir; dire un mensonge.
To lie, v. n. (to be.) Être.
To lie open. Être à découvert.
To lie sick or ill of a fever. Être malade de la fièvre, avoir la fièvre.
To lie sick a-bed. Être alité.
His talent does not lie that way. Ce n'est pas là son talent.
To lie, (to be extended in or on a bed or any thing else.) Coucher, giter, reposer, être couché.
What makes you lie in bed so long? Que faites-vous si long-temps au lit? que à-t-vous levez-vous?
They lay together. Ils ont couché ensemble.
To lie in state, (as a dead body does.) Reposer sur un lit de parade.
To lie, (or lodge.) Loger, demeurer, résider.
Where does he lie? Où loge-t-il? où demeure-t-il?
The supreme power lies (or is lodged) in the King's person. La souveraine puissance réside en la personne du Roi.
To

LIE

To lie (or be) situate. *Être situé.*
To lie lurking. *Se tenir caché, se tapir, se cacher.*
To lie idle. *Demeurer sans rien faire, croupir dans l'oisiveté.*
It lies (or sticks) in my stomach. *Cela s'attache à mon estomac.*
Herein lies our happiness. *C'est en ceci que consiste notre bonheur.*
You may dissemble as much as you please, but the lies in the bottom of your heart. *Dissimulez tant qu'il vous plaira, mais elle vous tient au cœur.*
This argument lies strong upon them. *Cet argument les presse.*
It lies in your breast or power or it lies all upon you. *Cela dépend uniquement de vous.*
The sin shall lie at your door. *Vous en porterez le péché.*
Here lies, (as it is used in epitaphs.) *Ci git, formule d'épitaphe.*
These commodities will lie a great while upon your hands. *Vous serez long-temps à vous défaire de ces marchandises.*
To lie UNDER a great ignominy. *Être couvert d'ignominie.*
To lie under a scandal. *Être soupçonné de quelque crime, être en mauvaise odeur.*
To lie under an imputation. *Être noirci ou accusé de quelque chose.*
To lie under a mistake. *Se tromper, être dans l'erreur.*
To lie under a distemper. *Être malade, avoir une maladie.*
To lie under a great affliction. *Être fort affligé.*
Religion has always lain under some prejudices. *On a toujours eu des préjugés désavantageux touchant la Religion.*
She lay under mortifications in abundance. *Elle a eu beaucoup de mortifications.*
To lie under an obligation. *Être obligé à quelque chose ou à quelqu'un.*
My honour lies AT STAKE. *Il y va ou il s'agit de mon honneur, mon honneur en dépend ou y est intéressé.*
To lie DOWN. *Se coucher.*
To lie ABOUT or to lie UP and DOWN. *Être dispersé çà & là, être tout en désordre.*
Her clothes lie all about the room. *Elle jette ses habits partout dans la chambre.*
To lie IN. *Faire ses couches, être accouchée, être en couche.*
It lies me in a great deal. *Il me coûte bien de l'argent.*
If it ever lies in my way (or power) to serve you. *Si jamais je trouve le moyen ou l'occasion de vous servir.*
That lies in my way, (or is a hinderance to me.) *Cela m'est un grand obstacle.*
One of the greatest difficulties that lies in the atheist's way is— *La plus grande difficulté que l'athée rencontre ou qu'il a à combatre, est—*
I should come to a great estate, but that he lies in my way. *Il n'y a que lui qui m'empêche d'avoir un si grand bien.*
To lie in wait for one. *Dresser des embûches à quelqu'un, tâcher de l'attraper.*
I will do what in me lies or what lies in my power. *Je ferai tout mon possible ou tout ce qui dépend de moi.*
To lie OUT in length. *S'étendre en longueur.*
To lie out, (to lie out of one's bed or out of doors.) *Découcher.*

To lie TO or to lie BY, (a sea-term.) *Être en panne.*
A ship lying to. *Vaisseau en panne.*
To lie to in a storm. *Être à la cape.*
To lie under the sea. *Situation d'un vaisseau qui reçoit des coups de mer fréquens par son avant, étant à la cape ou au plus près, par une grosse mer.*
LIEF or Lieve, adv. To have lief. *Aimer.*
I had as lief go as stay. *J'aime autant aller que rester, ce m'est tout un; il m'est indifférent d'aller ou de demeurer.*
I had as lieve die as do any such thing. *J'aimerois autant mourir que faire cela, je mourrai plutôt que de le faire.*
LIEGE, adj. *Lige.*
A liege Lord, (a sovereign Lord.) *Un Seigneur lige, Seigneur immédiat dont on releve a ligence.*
A liege Lord, (or sovereign Prince.) *Un Prince souverain.*
A liege man, (he that owes allegiance.) *Homme lige, vassal.*
Liege, s. (a Liege-Lord.) *Un souverain, un Prince souverain, un Seigneur, un maitre.*
Lieges, (or liege people, a people that owes allegiance to a liege-Lord.) *Un peuple sujet à un Prince, des vassaux, des sujets.*
LIEGEANCY. V. *Ligeance.*
LIEGER, subst. *Un Ambassadeur.*
LIENTERICK, adj. *Qui appartient à la lienterie.*
LIENTERY, subst. (a kind of flux of the stomack or belly, which can keep nothing in.) *Lienterie, espèce de dévoiement.*
LIEU, s. (or stead.) *Lieu.*
In lieu of. *Au lieu de.*
LIEUTENANCY, subst. (a Lieutenant's place.) *Lieutenance ou charge de Lieutenant.*
The Lieutenancy of London, (the Officers of the Artillery-men.) *Les Officiers qui commandent la milice de Londres, qu'on appelle Artillery-men.*
LIEUTENANT, s. *Un Lieutenant.*
The Lieutenant of a company of foot or troop of horse. *Le Lieutenant d'une compagnie d'infanterie ou de cavalerie.*
Lieutenant of a ship of war. *Lieutenant d'un vaisseau de guerre: C'est l'Officier qui suit immédiatement le Capitaine, & qui commande en son absence.*
Lieutenant at arms. *C'est le dernier Lieutenant, qui est chargé des menues armes, & dont les fonctions sont d'exercer les matelots à leur usage.*
A Lieutenant-Colonel. *Un Lieutenant-Colonel.*
A Lieutenant-General. *Un Lieutenant-Général.*
A Lord-Lieutenant of a County. *Un Gouverneur d'une Province.*
The Lord-Lieutenant of Ireland. *Le Vice-Roi d'Irlande.*
LIEUTENANTSHIP. V. *Lieutenancy.*
LIEVE. V. *Lief.*
LIFE, subst. (the union of the soul with the body or the time of life or the manner of living or the history of what a man has done during his life.) *Vie, l'union de l'ame avec le corps ou le temps qu'on a à vivre ou la maniere de vivre ou l'histoire de la vie de quelqu'un.*
To have life, (to be alive.) *Avoir vie, être en vie.*
To lose one's life, (to die.) *Perdre la vie, mourir.*

To spend one's life in pleasures. *Passer sa vie dans les plaisirs.*
The lives of the Fathers. *Les vies des Peres, leurs histoires en particulier.*
Life, (mettle, sprightliness.) *Feu, vivacité, vigueur.*
To be full of life. *Être plein de feu ou de vivacité.*
† Life, (noise, scolding.) *Vie, crierie, bruit.*
† What a life is here? *Quelle vie, quel bruit est ceci? quel vacarme?*
† He kept a heavy life with me. *Il m'a furieusement grondé.*
I love noise, there is life in it or in't. *J'aime le bruit, il réveille l'esprit.*
To give life. *Animer, vivifier.*
To put life into a discourse. *Animer ou égayer un discours, lui donner de l'enjouement.*
That gave life to this great solemnity. *Cela rehaussa ou releva l'éclat de cette grande solemnité.*
If God gives me life. *Si Dieu me fait la grace de vivre, si Dieu me prête vie.*
To draw one's picture to the life. *Faire le portrait de quelqu'un au naturel.*
To imitate the life. *Imiter le naturel.*
I will beg his life. *Je demanderai sa grace.*
To put his life in any one's hands. *Mettre sa vie ou son salut entre les mains de quelqu'un.*
I would lay my life upon it or on't. *Je gagerois ma tête à couper, j'en mettrois la main au feu.*
To fly for one's life. *Prendre la fuite, se sauver, chercher son salut par la fuite.*
I cannot or can't find it for my life. *Il m'est impossible de le trouver.*
As you tender your life, be gone. *Si votre salut vous est cher, éloignez-vous.*
To depart this life, (to die.) *Mourir.*
To be weary of one's life. *Être las de vivre.*
There is life in him still. *Il respire, il n'est pas encore mort.*
To keep life and soul together. *Vivoter, s'empêcher de mourir de faim.*
To call one into question for his life. *Accuser quelqu'un d'un crime capital.*
To sit upon life and death, to try one for his life. *Faire le procès à quelqu'un, le juger.*
To settle a pension for life upon one, (to settle an annuity upon him.) *Assigner une pension viagere à quelqu'un.*
A Life-guard or a Life-guard-man. *Un Garde du Corps, un Garde à cheval.*
† Life-likins, (a comical oath.) *Vertu de ma vie.*
Life-time. *Vie ou le temps de la vie.*
To pass all one's life-time in debauchery. *Passer toute sa vie dans la débauche.*
In his life-time. *De son vivant.*
Life-rent. *Pension viagere.*
LIFEBLOOD, subst. *Sang vital.*
LIFELESS, adj. *Qui n'a point de vie, qui n'est point animé.*
LIFELESSLY, adv. *Sans vigueur, sans énergie.*
LIFT, s. *Effort que l'on fait pour lever une chose pesante.*
Give it a lift. *Soulevez-le.*
To give one a lift, (to help him.) *Aider quelqu'un, l'assister.*
To give one a lift, (to supplant him.) *Supplanter quelqu'un, lui couper l'herbe sous le pied.*
At one lift, (or at once.) *Tout d'un coup, tout d'une venue.*
† We gave him many lifts of wine. *Nous la*

3 D 2

le fîmes bien boire, † nous lui fîmes hausser le coude.
To help one at a dead lift. Tirer quelqu'un d'un mauvais pas, le remettre sur pied.
Shop-lift. V. Shop.
Lifts, (sea-term, ropes which belong to the yard-arms of all the yards.) Balancines, sorte de cordage.
Standing lifts of the sprit-sail-yard. Moustaches de la civadiere.
Running lifts of the sprit-sail-yard. Balancines de la civadiere.
To LIFT, verb. act. (or to lift up.) Enlever ou lever en haut, soulever, hausser, élever.
To lift up a piece of timber. Enlever une piece de bois.
To lift up (or to raise) one's voice. Hausser, élever la voix.
To lift up one's hands to heaven. Lever les mains au ciel.
To lift (or to cut) for a deal at cards. Voir à qui sera les cartes.
Lifted up, adj. Enlevé. hauffé, élevé, levé ou levé en haut, soulevé.
Lifted up with pride. Enflé d'orgueil.
LIFTER up, subst. Celui qui leve ou qui enleve.
A shop-lifter. Un filou, un voleur ou une voleuse.
LIFTING, s. (or lifting up.) L'action d'enlever, &c. V. to Lift.
LIGAMENT, subst. (a term of anatomy, a string or tie-band, between a cartilage and membrane.) Ligament, terme d'anatomie.
To be bound together with ligaments (or ties) of blood and affection. Etre unis par les liens de la nature & de l'amitié.
LIGAMENTAL,
LIGAMENTOUS, } adj. Qui forme un ligament.
LIGATION, s. L'action de lier, ou l'état de ce qui est lié.
LIGATURE, s. Ligature.
The ligatures of the nerves. Les ligatures des nerfs.
LIEGANCE,
LIEGENCY, } subst. (the domination of a liege-Lord.) Redevance.
Born out of the ligeance of the King. Né hors des terres de l'obéissance du Roi.
Ligeance, (or allegiance.) Voy. Allegiance.
LIGHT, adj. (the contrary of heavy.) Léger, qui n'est pas pesant.
A light burden. Un fardeau léger.
Have you no more wit than to trudge it a foot, and let your ass go light. Etesvous assez sot pour aller à pied, tandis que votre âne ne porte rien?
Light, (that is not full weight.) Léger, qui n'a pas le poids qu'il doit avoir.
This guinea is light. Cette guinée est légere.
Light, (or nimble.) Léger, agile, dispos.
Light, (small or trifling.) Léger, petit, frivole, médiocre, qui n'est pas considérable.
A light wound. Une légere blessure.
A light (or easy) penance. Une légere pénitence.
P. Light gains make a heavy purse. Les gains médiocres, les petits gains remplissent la bourse.

A light meal. Un léger repas, un repas frugal.
Light, (or light-armed.) Léger, légerement armé ou armé à la légere.
Light-horse. Cavalerie legere, Chevauxlégers.
Light, (or inconstant.) Léger, volage, inconstant.
Light bread. Du pain mollet, pain qui n'est pas dur, pain léger.
Light (or superficial) knowledge. Une connoiffance légere ou superficielle, qui n'est pas profonde.
Light, (or bright.) Clair, brillant, éclatant, lumineux.
The heavens are all of a light fire. Le ciel est tout en feu.
Light, (of a flaxen colour.) Blond, d'une couleur blonde, clair.
Light of belief. Credule, qui croit trop aisement, de la gere croyance.
Light of foot. Vite, léger à la course.
My heart is light, (or merry.) Je suis gai, je suis joyeux.
Prov. A heavy purse makes a light heart. Une bourse pleine remplit le cœur de joie.
To take a light taste of a thing. Goûter une chose comme du bout des levres.
To make light of a thing, to make light account of it, to set light by it. Mépriser une chose, ne s'en soucier point, n'en faire aucun cas, ne s'en mettre point en peine.
If you do not think light of it. Si vous le jugez à propos.
Light, (a sea-term.) Lège.
Light-armed. Légerement armé ou armé à la légere.
Light-fingered. Enclin à dérober, † qui a les doigts crochus.
Light-heeled or light-footed. Vite, qui a de la vitesse, léger à la course.
A light-bearing horse. Un cheval léger à la main.
Light-coloured. Clair.
Light-hearted. Gai, joyeux.
Light-headed. Qui est en délire, qui rêve, qui est tombé en rêverie.
Light headedness. Délire.
LIGHT, s. (or brightness.) Lumiere, clarté, lueur, clair.
The light of the sun. La lumiere du soleil.
The light of a candle. La lueur ou la clarté d'une chandelle.
Moon-light. Clair de lune.
Light or day-light. Jour.
It begins to be light. Il commence à faire jour.
To burn day-light, to burn a candle while it is light. Brûler une chandelle en plein jour.
To stand in one's light. Oter le jour à quelqu'un, lui faire ombre, au propre; & dans le figuré, lui faire tort, lui nuire.
To stand in one's own light, (to prejudice one's self.) Se faire tort à soi-même.
To set a thing in the worst light. Mettre une chose dans un faux jour.
Light, (candle or torch.) Lumiere, clarté, lampe, chandelle ou flambeau.
Bring a light hither. Apportez ici de la lumiere.
The lights for a Church. Le luminaire d'une Église, les cierges, les lampes.
A wax-light. Une bougie, un cierge, une chandelle de cire.
A watch-light, (in a ship or on land.) Un fanal.

To carry the light at sea. Faire fanal.
Light-room, subst. comp. (in a ship.) Soute vitrée, où l'on tient des fanaux pour donner du jour aux canonniers dans la soute aux poudres.
A light-house. Un fanal, un phare.
Light, (knowledge.) Lumiere, lumieres, penétration, intelligence, connoissance, clarté d'esprit.
The light of nature. La lumiere de la nature, la lumiere naturelle.
Light, (a person of great knowledge and worth.) Lumiere, personne illustre par ses propres connoissances & par son mérite.
Light, (insight hint.) Lumiere, éclaircissement, vue, indice, ouverture sur quelque sujet.
The lights of a picture. Les lumieres, les clairs ou les endroits éclairés d'un tableau.
The lights of a house. Les vues d'une maison.
The lights (or lungs) of a beast. Les poumons d'une bête.
To carry a light before one. Éclairer quelqu'un.
To throw light upon things which are obscure. Éclaircir des choses obscures, leur donner du jour, les développer.
To bring to light, (or discover.) Découvrir, mettre en lumiere.
To LIGHT, verb. act. (or give light.) Éclairer.
To light, (or kindle.) Allumer.
To light a fire. Allumer ou faire du feu.
To light a candle. Allumer une chandelle.
You lighted (or shewed) him the way to it. Vous lui en avez montré le chemin.
To light ON or UPON, verb. neut. (to meet by chance.) Trouver, rencontrer.
They killed all the Hottentots they could light upon, les traitans tous les Hottes qu'ils trouvoient ou qu'ils rencontroient.
To light, (or happen.) Arriver, venir par accident.
Some mischief or other will light on him. Il lui arrivera quelque malheur.
The mischief will light (or fall) upon your own head. Le malheur tombera sur vous.
To light (or alight) off one's horse or from one's house. Descendre de cheval, mettre pied à terre.
To light, (or settle, as birds do.) Se percher, se poser, s'arrêter, en parlant des oiseaux.
Lighted, adj. Éclairé, &c. V. to Light.
Lighted, (or set out with glass-windows.) Vitré.
To LIGHTEN, verb. act. (to make light or ease of a weight.) Rendre léger, alléger, décharger d'une partie d'un fardeau.
To lighten one's burden. Rendre sa fardeau léger.
To ligthen a ship. Alléger un vaisseau, lui ôter une partie de sa charge.
To lighten a ship in a storm. Faire le jet en gros temps.
To lighten, (to give light to or enlighten.) Éclairer, illuminer.
Lightened, adj. Allégé. V. the verb.
To lighten, verb. neut. imp. Éclairer, faire des éclairs.
Il lightens. Il éclaire.
LIGHTENING, s. L'action d'alléger, &c. V. to Lighten.

LIGHTER.

LIGHTER, *f.* (a kind of boat.) *Gabare ou allege*, forte de bateau.
A lighter-man. *Gabarier, batelier de gabare ou d'allege.*
LIGHTHOUSE, *Un phare.* V. light, *fubft.*
LIGHTLESS, *adj. ct.* (or without light.) *Qui n'a point de clarté, fans aucune clarté, obfcur.*
LIGHTLY, *adv.* (inconfiderably, flenderly.) *Légèrement, un peu.*
Lightly, (or inconfiderately.) *A la légere, légèrement, imprudemment, inconfidérement.*
Lightly, (or eafily.) *Facilement, aifément, à la légere.*
P. Lightly come, lightly go. P. *Ce qui vient par la flûte s'en retourne par le tambour.*
To believe lightly. *Croire à la légere ou légèrement.*
To talk lightly. *Rêver.*
Lightly, (or fwiftly.) *Vitement, avec viteffe.*
LIGHTNED. V. Lightened.
LIGHTNESS, *fubft.* (the contrary of being heavy.) *Légèreté, par oppofition à pefanteur.*
Lightnefs (or giddinefs) of the head. *Délire, rêverie.*
Lightnefs, (or ficklenefs.) *Légèreté, inconftance, humeur volage.*
Lightnefs, (or nimblenefs.) *Légèreté, agilité, viteffe.*
Lightenefs of belief. *Crédulité.*
LIGHTNING or flafh of lightning. *Eclair, foudre.*
Dreadful lightning. *Un terrible éclair.*
The lightning burnt his hair. *La foudre brûla fes cheveux.*
A lightning before death. *Préludes ou avant-coureur de la mort.*
LIGHTS, V. Light, *fubft.*
LIGHTSOME, *adj. Eclairé, clair, qui a beaucoup de jour.*
A lightfome ftair-cafe. *Efcalier bien éclairé ou percé.*
Lightfome, (or cheerful.) *Gai, joyeux, de bonne humeur.*
LIGHTSOMENESS, *fubft. Clarté.*
LIGNEOUS, *adject.* (woody.) *Ligneux, boifeux, de bois.*
LIGNUM-ALOES, *f.* (an apothecary's drug, of great price.) *Bois d'aloes.*
LIGNUM-VITÆ, *fubft.* Sorte de bois des Indes fort dur.
LIGURE, *fubft.* Sorte de pierre précieufe.
LIKE, *adj.* (or refembling.) *Semblable, pareil, tel.*
The end is like the beginning. *La fin eft femblable au commencement.*
He is like his father. *Il eft femblable à fon pere, il reffemble à fon pere, il tient ou il a l'air de fon pere.*
P. Like will to like or like loves like. P. *Chacun aime fon femblable.*
I never faw the like. *Je n'ai jamais rien vu de pareil.*
If ever the like thing falls out. *S'il arrive jamais rien de tel.*
Prov. Like mafter, like man. P. *Tel maître, tel valet.*
Like, (or the fame.) *Même.*
To be of like force. *Etre de même force.*
In like manner. *De même, femblablement, pareillement.*
Like, (or likely.) *Vraifemblable, probable, croyable.*
'Tis like or likely enough. *Il eft affez croyable ou vraifemblable.*

Such like things. *Des chofes de cette nature.*
The like death. *Ce genre de mort.*
Had you had the like fkill. *Si vous aviez eu autant d'adreffe.*
He grows like his grand-father. *Il prend l'air de fon grand-pere.*
P. He is as like his father, as if he had been fpit out of his mouth. † *C'eft le pere tout craché.*
To make a man's picture like him. *Faire reffembler le portrait à l'original.*
Is it any thing like? *Eft-il paffablement bien fait?*
This is fomething like. *Celui-ci eft paffable.*
It is fomething like it. *C'eft quelque chofe d'approchant.*
No, nothing like it. *Non, rien qui en approche.*
We are like to have (or 'tis likely we fhall have) a great crop. *Il y a apparence que nous aurons une grande récolte.*
'Tis very like fo. *Il y a bien de l'apparence.*
It is like to rain. *Il y a apparence de pluie.*
He is like (or likely) to do well. *Il eft en belle paffe, il y a apparence qu'il fera bien fes affaires.*
He is like to do well, (to live or to recover.) *Il y a apparence qu'il en reviendra ou qu'il n'en mourra pas.*
You are not like to fee me any more. *Apparemment vous ne me verrez plus.*
He was like to die. *Il étoit fur le point de mourir, il a penfé mourir, il s'en eft peu fallu qu'il ne foit mort.*
I was like to be killed. *J'ai penfé être tué.*
He is like to lofe his credit. *Il court rifque de perdre fa réputation.*
I had like to have forgot it. *J'ai penfé l'oublier.*
We are like to have war. *Nous fommes menacés de la guerre, Il y a bien de l'apparence que nous aurons la guerre.*
You are like to ftay till I come back. *Il faut vous réfoudre à attendre, ou il faut bien que vous attendiez jufqu'à ce que je revienne.*
He has played the fool, but I am like to pay for his follies. *Il a fait des folies, mais j'ai bien la mine de les payer.*
The left wing had like to have been routed. *Peu s'en fallut que l'aile gauche ne fût mife en déroute.*
Like, *f. La pareille, la même chofe.*
To give like for like. *Rendre la pareille.*
They had fuffered the like the year before. *Ils avoient fouffert la même chofe l'année précédente.*
Thou feeft I deal freely with thee, but thou knoweft thou mayeft do the like with me. *Tu vois que j'en ufe librement, mais c'eft, comme tu fais, à charge d'autant.*
The like was never known. *C'eft une chofe inouïe ou fans exemple, on n'a jamais rien vu de tel.*
The like they do when they are abroad. *Ils en font de même quand ils font dehors.*
He has not his like, (equal or match.) *Il n'a pas fon femblable ou fon égal, il eft incomparable.*
LIKE, *adv. Comme, en.*
To do like another. *Faire comme un autre.*
Like as if. *Comme fi.*
Like one mad. *Comme un enragé.*
He carried himfelf like a man. *Il s'eft conduit en brave homme, en galant homme.*

They looked like dead men. *Ils paroiffoient, ils fembloient être morts.*
It looks like rain. *Il y a apparence de pluie.*
He did like himfelf. *C'eft une action digne de lui, il ne s'eft point démenti.*
To live like one's felf. *Vivre felon fa qualité ou felon fes revenus.*
To LIKE, *v. act.* (to love, to be pleafed with, to approve.) *Aimer, trouver bon, goûter, agréer, approuver.*
Do you like it? *Le trouvez-vous bon?*
I like him very well. *Je l'aime fort, il m'agrée fort, il me revient fort.*
To like one's advice. *Goûter, approuver l'avis de quelqu'un.*
I like your excufe. *J'agrée votre excufe, je la trouve bonne.*
How do you like it? *Comment le trouvez-vous?*
I like her well enough. *Elle eft affez à mon gré, elle me revient affez.*
As you like yourfelf. *Tout comme il vous plaira.*
Liked, *adj. Aimé,* &c. V. to Like.
That is not well liked of. *On n'approuve point cela.*
LIKELINESS, } *f. Apparence, vraifemblance, probabilité.*
LIKELYHOOD,
LIKELY, *adjcct.* (probably.) *Vraifemblable, probable, croyable, apparent.*
Is your bufinefs likely to take effect? *Y a-t-il apparence que vous réuffiffiez dans cette affaire? votre deffein a-t-il quelque apparence de fuccès?*
A good likely man. *Un homme de bonne mine ou façon, un homme bien fait.*
LIKELY, *adv.* (or probably.) *Probablement, apparemment, vraifemblablement, d'une maniere probable.*
Very likely it might be fo. *Il y a bien de l'apparence que cela eft.*
To LIKEN, *v. act.* (of compare.) *Comparer, faire comparaifon.*
Likened, *adj. Comparé.*
LIKENESS, *fubft.* (or reffemblance.) *Reffemblance, rapport, conformité.*
LIKEWISE, *adv. Semblablement, pareillement, de même, auffi.*
LIKING, *f.* (from to liken.) *L'action d'aimer,* &c. V. to Like.
Get me a fervant to my liking. *Procurez-moi un ferviteur qui foit à mon gré.*
To take a fervant upon liking. *Prendre un domeftique à l'effai.*
He applauds your likings. *Il entre dans vos goûts.*
To create a liking. *Se rendre aimable ou aimable.*
Good liking, (or approbation.) *Approbation, agrément.*
He is not enough confirmed in the good liking of the world. *Il n'eft pas affez affuré de l'approbation du public.*
He has the King's good liking for that place. *Il a l'agrément du Roi pour cette place.*
Good liking (or good plight) of the body. *Bon état, embonpoint.*
LILACH, *f.* (tree.) *Lilas*, arbre.
LILY. *f.* (a fort of flower.) *Lis*, forte de fleur.
The wild or mountain lily or the lily-convally or the lirlconfancy. *Lis des vallées*, forte de muguet.
The many-flowered lily. *Le martogon.*
She looked all rofes and lilies. *Elle avoit un teint de lis & de rofe.*
Lily-livered, *adj. Poltron, qui a l'ame baffe, lâche.*

LILLIED,

LILLIED, *adj.* Orné de lis.
LIMATURE, *f.* (filings of any metal.) Limure.
LIMB, *f.* (or member.) Membre, partie du corps.
* Limb-meal. *Par membres, par pieces, par morceaux.*
To LIMB, *v. act.* (or to tear limb from limb, to dismember.) Déchirer, mettre en pieces.
To limb, *Donner ou fournir des membres.*
LIMBECK, *f. Alambic.*
LIMBER, *adj.* Simple, maniable.
A limber glove. *Un gant souple.*
Limber-holes, *f. pl.* (a sea-term, little square holes cut in the ground timbers, &c. to let the water pass to the well of the pump.) *Anguilleres, canal des anguilleres.*
Limber boards. *Bordages des anguilleres.*
Limber kentledge. *V. Kentledge.*
Limber rope. *Corde ou chaîne qui traverse le canal des anguilleres pour le nettoyer. Corde ou chaîne des anguilleres.*
Limber-irons. *Fers crochus qui servent quelquefois pour le même usage.*
LIMBERNESS, *f.* Qualité de ce qui est souple & maniable.
LIMBO, *f.* (so the Roman Catholicks call that place, where the deceased Patriarchs and other good men remained waiting for Christ's coming, and where those lie who die without baptism.) *Les limbes.*
† To be in limbo, (to be in prison or arrested.) *Etre en prison, être arrêté.*
† To be in limbo, (or in pawn, speaking of goods.) *Etre en gage, être engagé, en parlant des choses.*
LIME, *f.* (to make mortar with.) *Chaux.*
Quick-lime. *Chaux vive.*
Lime-stone. *Pierre à chaux.*
Lime-kiln. *Chaufour, fourneau à faire de la chaux, four à chaux.*
Lime, (mud or clay.) *Limon, boue.*
Lime or bird-lime. *Glu.*
Lime-twig. *Gluau, petite verge enduite de glu.*
To set-lime-twigs. *Tendre des gluaux.*
† His fingers are lime-twigs, (he is apt to filch.) *Il est un peu larron, † il a les doigts crochus.*
A lime-hound or limer, (a blood-hound.) *Limier, gros chien de chasse.*
LIME or Lime-tree, *f. Tilleul. V. Linden-tree.*
To LIME, *verb. act. Couvrir de chaux, engraisser la terre avec de la chaux. Voy.* to Ensnare.
LIMER or Limier. *V.* Lime-hound.
LIMIT, *f.* (or bound.) *Limite, borne.*
Within the limits of the trade of the East-Indian company. *Dans le ressort du commerce de la Compagnie des Indes Orientales.*
To LIMIT, *v. act.* (to set bounds to.) *Limiter, borner, donner des limites ou des bornes.*
To limit, (or appoint.) *Limiter, marquer, assigner, déterminer, arrêter, fixer.*
Limited, *adj. Limité, borné.*
Limited, (or appointed.) *Limité, marqué, assigné, déterminé, arrêté, fixé.*
LIMITARY, *adject. Placé aux limites, limitrophe.*
LIMITATION, *f.* (or stinting.) *Limitation, restriction, détermination, réserve.*
LIMITING, *subst. L'action de limiter ou borner,* &c. *V.* to Limit.
To LIMN, *v. act.* (to paint in water-colours or miniature.) *Peindre en détrempe ou en miniature.*
Limned, *adj. Point en détrempe ou en miniature.*
LIMNER, *subst.* (or painter.) *Peintre en miniature, ou un Peintre en général.*
LIMNING, *f. L'action de peindre en détrempe ou en miniature.*
LIMOSITY, *subst.* (the being muddy.) *Etat de ce qui est limonneux, bourbeux, plein de limon.*
LIMOUS, *adject.* (muddy, full of slime or mud.) *Limonneux, bourbeux, plein de limon.*
LIMP. *V.* Limber or Weak.
To LIMP, *v. neut.* (to halt.) *Clocher, boiter, être boiteux.*
LIMPET, *f.* (a shell-fish.) *Moule.*
LIMPID, *adj.* (clear or fair.) *Limpide, clair, pur, net.*
Limpid water. *De l'eau claire, pure, nette, limpide.*
LIMPIDNESS, *f.* (clearness.) *Limpidité, clarté, telle qu'est celle d'une riviere, de l'eau,* &c.
LIMPING, *f.* (the muscle fish.) *Moule, poisson enfermé entre deux coquilles.*
Limping, *f.* (from to limp.) *L'action de boiter ou de clocher.*
Limping, *adj. Ex.* A limping man. *Un boiteux.*
A limping woman. *Une boiteuse.*
LIMPNESS, *comme* Limberness, *V.* Limberness.
LIMY, *adj. Visqueux ou qui contient de la chaux.*
To LIN, *v. neut.* (to cease.) *Cesser, désister.*
He never linned doing so. *Il a toujours fait cela.*
LINAGE. *V.* Lineage.
LINAMENT, *f.* (or thread.) *Filament.*
Linament, (or lint for a wound or a tent.) *Charpie ou tente.*
LINCH-PIN, *subst.* (the pin that keeps the wheel on the axle-tree.) *Essieu, cheville de roue.*
LINCTUS, *f. Espèce de syrop médicinal.*
LINDEN-TREE, *subst.* (or lime-tree.) *Tilleul, sorte d'arbre. V.* Lime.
LINE, *subst. Une ligne, dans tous ses sens.*
A page that contains so many lines. *Une page qui contient tant de lignes.*
To draw a straight and parallel line. *Tirer une ligne droite & parallèle.*
A line of circumvallation. *Une ligne de circonvallation.*
He drew up his army into two lines. *Il rangea son armée sur deux lignes.*
A fair line of life. *Une belle ligne de vie.*
The equinoctial line. *La ligne équinoxiale, ou simplement;*
The line. *La ligne.*
Line, (or descent.) *Ligne.*
He is descended from such a King in a direct line. *Il est descendu d'un tel Roi en droite ligne.*
White-line, (or blank.) *Un blanc, une ligne en blanc ou sans mâture.*
To write a few lines to one. *Ecrire deux lignes ou deux mots à quelqu'un.*
Your lines have given me a great deal of satisfaction. *Votre lettre m'a donné beaucoup de satisfaction.*
These are very good lines (or verses.) *Ce sont de fort beaux vers.*
A line, (or small cord.) *Ligne, cordeau, corde.*
A clothes-line. *Corde pour sécher du linge.*
Line, (speaking of a naval army.) *Ligne, en termes d'évolutions navales.*
Line. *Sorte de petits cordages. Ligne.*
Tarred line. *Ligne noire ou ligne goudronnée.*
White line or untarred line. *Ligne blanche.*
Deep-sea-line. *Ligne de sonde.*
Log-line. *Ligne de loc,* &c.
Line, (a ship-building term.) *Ligne.*
Water-lines. *Lignes d'eau,* &c.
Concluding line. *Les échelles de corde qui pendent en arriere des vaisseaux.*
To LINE, *v. act.* (to put a lining to.) *Doubler, mettre en doublure.*
To line a coat. *Doubler un habit.*
To line with fur. *Fourrer, garnir de quelque fourrure.*
To line a hedge with soldiers, *Border une haie de soldats.*
To line a brick-wall with free-stone. *Revêtir de pierres de taille une muraille de brique.*
To line a bitch, (as a dog does.) *Couvrir une chienne.*
LINEAGE, *f.* (race, progeny.) *Lignée, race.*
LINEAL, *adj. Ex.* A succession in lineal descent. *Une succession en droite ligne.*
LINEALLY, *adv. En droite ligne.*
LINEAMENT, *f.* (or feature.) *Linéament, trait de visage.*
LINED, *ad. act.* (from to line.) *Doublé, fourré,* &c. *V.* to Line.
† A man well lined, (well stocked with money.) *Un homme qui a de quoi, qui est à son aise,* † *qui a les pieds chauds, qui a des écus.*
LINEN, *f.* (or linen-cloth.) *Linge.*
Clean or foul linen. *Du linge blanc ou sale.*
Linen-cloth. *Toile.*
Linen-draper. *Marchand de toiles.*
LING, *f.* (a sort of salt-fish.) *Sorte de poisson salé, morue seche.*
Ling, (or heath.) *Bruyere.*
Ling-wort, (an herb.) *Angélique, herbe médicinale.*
To LINGER, *v. neut.* (or languish.) *Trainer, languir, mener une vie languissante, être en langueur.*
To linger, (to be long in doing.) *Trainer, n'avancer pas, tirer de long.*
To linger about a business, (to be long about it.) *Demeurer long-temps à faire une chose, la trainer, la faire trainer.*
To linger after a thing. *V.* to Hanker.
LINGERER, *f. Un homme lent, tardif, qui ne se presse pas,* † *un longis.*
LINGERING, *adject.* (long, tedious.) *Long, qui traine long-temps, qui n'avance pas.*
Lingering, (languishing.) *Languissant, plein de langueur.*
Lingering, (or slow.) *Lent, tardif.*
To go a lingering pace. *Marcher d'un pas lent, marcher lentement.*
LINGERING, *f.* (or delay.) *Retardement, delai, remise.*
LINGERINGLY, *adv.* (or slowly.) *Lentement, avec lenteur.*
LINGOT, *sub.* (a small mass of metal.) *Lingot.*
LINGUACITY, *subst.* (talkativeness.) *Babil.*
LINGUACIOUS, *adj. Qui parle beaucoup.*
LINGUADENTAL, *adject. Formé par le concours*

LIN — LIP

concours de la langue & des dents, en parlant de la prononciation.
LINGUIST, *subst.* (one skilled in languages.) *Savant dans les langues, qui entend plusieurs langues.*
LINIMENT, *f.* (or thin ointment.) *Liniment, sorte de médicament externe.*
LINING, *f.* (from to line.) *L'action de doubler*, &c. V. to Line.
The lining of a coat. *La doublure d'un habit.*
The lining of a hat. *La coiffe d'un chapeau.*
The lining of a ditch. *Le revêtement d'un fossé.*
LINK, *f.* (or ring) of a chain. *Chainon de chaine, anneau de chaine.*
A link of sausages. *Bande de saucisses.*
A link, (or torch.) *Un flambeau de poix.*
A link-boy. *Un garçon qui porte un flambeau pour éclairer ceux qui veulent s'en servir dans une nuit obscure.*
Link, (a thin plate of metal to solder with.) *Lame de métal pour souder.*
To LINK, *verb. act.* (to join or tie together.) *Enchainer, lier, attacher ou joindre ensemble*, au propre & au figuré.
To link one thing with another. *Enchainer une chose avec une autre.*
God has linked together our duty and our interest. *Dieu a attaché notre devoir à notre intérêt.*
To link reason with rhyme. *Enchainer la raison avec la rime.*
To link together in the bond of amity. *Joindre, unir par le lien de l'amitié.*
Linked, *adj*, Enchainé, &c.
To be linked in consanguinity with one. *Être allié, avoir de l'affinité avec quelqu'un, être son parent.*
LINKING, *f. L'action d'enchainer*, &c. V. to Link.
LINNED, V. to Lin.
LINNET, *f.* (a singing bird.) *Linotte, oiseau de chant.*
LIN-PIN. V. Linch-pin.
LIN-SEED, *f. Graine de lin.*
Lin-seed oil. *Huile de lin.*
LINSEY WOOLSEY, *subst.* (a sort of coarse stuff made of thread and wool.) *Tiretaine ou brocatelle.*
LINSTOCK, *subst.* (a carved stick with a cock at one end to hold the gunner's match.) *Boutefeu de canonnier, bâton à meche.*
LINT, *subst.* (linen-threads or filaments to put in a wound.) *Charpie.*
Lint, (flax.) *Lin.*
LINTEL, *f.* (the head piece or uppermost part of the frame of a door.) *Linteau d'une porte ou d'une fenêtre.*
LION, *f.* (a wild animal.) *Lion, animal féroce.*
A the-lion or a lionness. *Une lionne.*
A young lion or a lion's whelp. *Lionceau ou jeune lion.*
P. To patch a fox's-tail to a lion's skin, (to use flight and might.) P. *Coudre la peau du renard à celle du lion, joindre la ruse à la force.*
LIONCEL, *subst.* (a young lion.) *Lionceau.*
LIONESS, *subst.* (a she-lion.) *Lionne, la femelle du lion.*
LIP, *f. La levre.*
A great lip, a blubber lip. *Une grosse levre, un lippe.*
Fresh or red lips. *Des levres fraiches, rouges ou vermeilles.*

LIP — LIS

They depend or hang in all things on the lips of the clergy. *Ils s'en remettent ou s'en rapportent en toutes choses à ce que le clergé leur dit, ils reçoivent en toutes choses les décisions du clergé.*
To part with dry lips, (or without drinking.) *Se séparer sans boire.*
While these words were between his lips. *Comme il achevoit ces paroles, ou en achevant ces paroles.*
The lip of a beast. *La babine d'une bête.*
The lips of a wound. *Les levres d'une plaie.*
The lip of a vinegar-bottle. *Biberon de vinaigrier.*
Hare-lip. *Bec-de-lievre.*
Lip-salve. *Pommade pour les levres.*
LIPLABOUR, *f. Bavardage.*
LIPWISDOM, *f. Sagesse parliere, philosophie parliere.*
LIPOTHYMOUS, *adj.* Languissant, débile, foible, défaillant.
LIPOTHYMY, *sub.* (a fainting or swooning.) *Lipothymie, défaillance des esprits.*
LIPPED, *adj.* Ex. Hare-lipped. *Qui a un bec-de-lievre.*
Blubber-lipped. *Lippu, qui a de grosses levres.*
LIPPITUDE, *subst.* (or bleatedness.) *Lippitude, chassie.*
LIQUATION, *subst.* (melting or dissolving.) *Liquefaction, l'action de liquéfier.*
LIQUEFACTION,
To LIQUEFY, *v. act.* (to melt.) *Liquéfier, fondre.*
To LIQUATE,
To liquefy, *v. neut. Se liquéfier, fondre ou se fondre.*
LIQUESCENCY, *f.* (a melting or growing soft.) *Liquéfaction.*
LIQUID, *adject. Liquide, qui a de la liquidité.*
A liquid body. *Un corps liquide.*
The liquid letters, (five letters so called, viz, l, m, n, r, s.) *Les lettres liquides.*
Liquid, *sub.* (liquor or drink.) *Liqueur, boisson.*
What liquids have you at home? *Quelles liqueurs avez-vous chez vous?*
To LIQUIDATE, *v. act.* (to make liquid.) *Rendre liquide.*
LIQUIDITY, *sub. Liquidité*, terme de Philosophie.
LIQUEDNESS,
To LIQUIFY or rather Liquefy, *v. act.* (melt or dissolve.) *Liquéfier, fondre, dissoudre.*
LIQUOR, *subst.* (any liquid thing.) *Liqueur, tout ce qui est liquide.*
P. To preach over one's liquor. P. *Prêcher sur la vendange.*
To love a cup of good liquor. *Aimer à boire le petit coup.*
A thing full of liquor, (or juice.) *Une chose fort succulente.*
To LIQUOR, *v. act. Graisser, humecter.*
To liquor boots. *Graisser des bottes.*
Liquored, *adject. Graissé, humecté.*
LIQUORING, *subst. L'action de graisser*, ou *d'humecter.*
LIRICONFANCY, *subst.* (a sort of flower.) *Lis des vallées ou muguet, sorte de fleur.*
LISNE. V. Cavity.
To LISP, *v. neut. Grasseyer, prononcer mal de certaines lettres.*
To lisp one's thoughts, *v. act. Bégayer ses pensées.*

LIS — LIT

LISPER, *subst.* (a lisping man or woman.) *Grasseyeur, grasseyeuse, une personne qui grasseye.*
Lisping, *adject.* (a lisping man.) *Un grasseyeur.*
LIST, *subst.* (or catalogue.) *Liste, rôle, état, sorte de catalogue.*
To make a list. *Faire une liste.*
The list (or edge) of cloth. *Lisiere du drap.*
List or lists, (to fight, wrestle, or to run races in, &c.) *Lice, lieu fermé de barrieres.*
To enter the list or lists. *Entrer en lice.*
They entered the list for the common preservation of the place. *Ils s'engagerent à défendre la place.*
To enter the lists, (to engage in a dispute.) *Entrer en lice ou dans la lice, se mettre sur les rangs, s'engager dans quelque dispute.*
List, (speaking of a ship.) *Faux côté à un faux côté sur bâbord.*
List, (or will.) *Envie, volonté.*
To LIST, *v. act. Enrôler.*
To list soldiers. *Enrôler des soldats.*
To list one's self a soldier. *S'enrôler, prendre parti.*
To List, *verb. neut.* (or to be willing.) *Vouloir.*
Let him do what he lists. *Qu'il fasse ce qu'il voudra.*
When I list. *Quand il me plaira.*
Let him live as he lists. *Qu'il vive à sa fantaisie.*
Listed, *adj.* Enrôlé. V. Striped.
To LISTEN, *verb. neut.* (or hearken.) *Écouter, être aux écoutes.*
He listened to what they were talking of. *Il écoutoit tout ce qu'ils disoient.*
LISTENER, *f. Qui écoute, celui ou celle qui est aux écoutes.*
LISTENING, *f. L'action d'écouter.*
LISTING, *subst.* (from to list.) *L'action d'enrôler, enrôlement.*
LISTLESS, *adject.* (from list, in the last sense.) *Qui ne se soucie de rien, indifférent, nonchalant, négligent.*
LISTLESSLY, *adject. Négligemment, sans attention.*
LISTLESSNESS, *subst.* Inattention, indifférence.
LITANY, *f.* (a sort of prayer.) *Litanie, sorte de priere.*
LITERAL, *adject. Littéral, qui est à la lettre.*
A literal sense. *Un sens littéral.*
To take a thing in a literal sense. *Prendre une chose à la lettre, ou au pied de la lettre.*
A literal fault, (in printing.) *Une petite faute d'impression.*
LITERALITY, *subst. Le sens littéral.*
LITERALLY, *adject.* (in a literal sense.) *Littéralement, en un sens littéral, à la lettre.*
LITERATE, *adj.* (or learned.) *Lettré, savant, docte, habile, qui sait les belles lettres.*
A literate man. *Un homme lettré, un homme de lettres.*
LITTRATI, *f. pl. Les hommes de lettres, les savans.*
LITERATURE, *subst.* (learning.) *Littérature, érudition, science, les belles lettres.*
LITHARGE, *sub.* (the foam that arises in the trying of silver or lead.) *Litharge.*

Litharge

Litharge of gold, (or of a golden colour.) *Litharge d'or.*
LITHE, *adj.* (or limber.) *Souple, maniable.*
LITHENESS, *f.* (or limberness.) *Qualité souple ou maniable.*
LITHER, *adj.* (or lazy.) *Parefseux, mou, nonchalant, lâche.*
Lither. *Mou, molle, pliant.*
LITHERLY, *adv.* *En parefseux, mollement, non-chalamment, lâchement.*
LITHERNESS, *subst.* *Parefse, molefse, nonchalance.*
LITHOGRAPHY, *f.* *L'art de graver sur la pierre.*
LITHONTRIPTICK, *f.* (a remedy that difolves the stone.) *Lithontriptique, remede qui brise la pierre.*
LITHOTOMY, *f.* *Lithotomie*, terme de chirurgie.
LITHOTOMIST, *subst.* *Lithotomiste, chirurgien qui fait l'opération de la taille.*
LITHY, *adj.* *Souple. V. Lithe.*
LITIGANT, *f.* *Plaideur, plaideuse.*
Litigant, *adj.* *Engagé dans un procès.*
To LITIGATE, *verb. act.* (to dispute or contend for, at law.) *Plaider, être en procès, contester, disputer.*
Litigated, *adj. act.* *Qui est en litige, qu'on difpute, contesté, difputé, litigieux.*
LITIGATING, *f.* *Procès, dispute, contestation.*
LITIGATION, *f.* (a strife or wrangling, a suit or pleading.) *Litige, contestation, procès.*
LITIGIOUS, *adject.* (that loves going to law.) *Chicaneur, qui aime les procès.*
A litigious man. *Un chicaneur, un plaideur.*
A litigious thing, (a thing contended for.) *Une chose litigieuse ou qui est en litige.*
LITIGIOUSLY, *adv.* (or contentiously.) *Contentieusement, en chicaneur.*
LITIGIOUSNESS, *sub.* (or contentious humour.) *Humeur chicaneuse ou contentieuse, chicane.*
LITISPENDENCE, *subst.* (the depending of a suit till it be ended.) *Litispendence.*
LITTEN, *sub.* a Church-litten, (a word used in *Wiltshire* for a Church-yard.) *Un cimetiere.*
LITTER, *sub.* (a sedan carried by two horses or mules.) *Litière, sorte de voiture.*
Litter, (straw laid under beasts.) *Litière, paille qu'on jette sous les bestiaux.*
Litter, (the brood of a beast at once.) *Portée, ventrée, tous les petits que la femelle des bêtes fait & met au monde.*
A litter of pigs. *Cochonnée, tous les cochons de la portée d'une truie.*
A cat's litter. *Tous les chats de la portée d'une chatte.*
† I have a litter at home by every one of my wifes. *J'ai chez moi des enfans de toutes mes femmes.*
To make a litter in a room. *Mettre tout en désordre dans une chambre, déranger toute une chambre, la salir.*
To LITTER, *verb. neut.* (or to whelp, as a bitch.) *Chienner.*
To litter, (as a lioness and other beasts.) *Faire ses petits, mettre bas.*

To LITTER, *v. act. Mettre en désordre.*
LITTERING, *f.* (little sticks that keep the web stretched on a weaver's loom.) *Templets de tisserand.*
LITTLE, *adj. Petit.*
A little house. *Une petite maison.*
A little fire. *Un petit feu.*
A little (or short) man. *Un petit homme.*
For so little a matter. *Pour si peu de chose.*
It is or 'tis but a little way thither. *Il n'y a pas loin d'ici là.*
LITTLE, *f. Un peu.*
A little more. *Un peu davantage.*
A little less. *Un peu moins.*
A little one, (or child.) *Un enfant, un petit enfant.*
How many little - ones have ye? *Combien avez-vous d'enfants?*
Little-one, my dear. *Ma mignonne, ma chère.*
P. Many a little makes a mickle. P. *Les petits ruisseaux font les grandes rivieres.*
LITTLE, *adv. Peu, un peu, pas beaucoup.*
To have but little money. *Avoir peu d'argent.*
He has but little wit. *Il n'a pas beaucoup d'esprit.*
Too little. *Trop peu.*
As little as may be. *Si peu que rien.*
By little and little, (or by degrees.) *Peu a peu, petit à petit, pied à pied.*
Never so little. *Tant soit peu.*
If you fail never so little. *Si vous manquez dans la moindre chose.*
Had I had but ever so little time. *Si j'avois eu le moindre loisir.*
LITTLENESS, *subst. Petitesse.*
LITTORAL, *adj. Qui est situé sur le bord de la mer.*
LITURGY, *sub.* (a form of ceremonies or common-prayers.) *Liturgie, formulaire de prieres & de cérémonies dans le service divin.*
LIVE, *adj.* (alive.) *Vif, en vie.*
A live pike. *Un brochet vif.*
Live cattle. *Bestiaux en vie.*
Live hair. *Des cheveux vifs.*
To LIVE, *verb. neut.* (to be alive.) *Vivre, être en vie.*
In God we live & move and have our being. *En Dieu nous avons la vie, le mouvement & l'être.*
To live, (or enjoy life.) *Vivre, jouir de la vie.*
As long as I live. *Tant que je vivrai.*
To live, (or pass away one's life.) *Vivre, passer la vie.*
To live in solitude. *Vivre dans la solitude.*
They live (or agree) well together. *Ils vivent bien ensemble, ils sont de bon accord.*
To live, (to feed or subsist.) *Vivre, se nourrir, subsister.*
To live upon one's revenues. *Vivre de ses rentes.*
To live by one's work or labour. *Vivre de ses bras, vivre du travail de ses bras.*
To live upon herbs and roots. *Vivre d'herbes & de racines.*
To live, (endure or subsist.) *Vivre, durer, subsister.*
I can live no longer at this rate. *Je ne saurois vivre plus long-temps de cette manière.*
The latin torgue will live for ever. *La langue Latine vivra toujours.*

That ship is so old, she cannot live long at sea. *Ce vaisseau est si vieux, qu'il ne sauroit durer, ou résister long-temps à la mer.*
To live, (to dwell.) *Demeurer, faire sa demeure.*
Where does he live? *Où demeure-t-il?*
He lives in London. *Il demeure à Londres.*
He said that certainly we must be quarrelsome people, or live among very bad neighbours. *Il dit qu'il falloit assurément que nous fussions des gens fort querelleux, ou que nous eussions de très-méchants voisins.*
He is as good a man as lives, (or the best man in the world.) *C'est le meilleur homme du monde.*
He is as good a man as ever lived. *C'est le meilleur homme qui ait jamais été.*
You will live to repent it. *Vous aurez le loisir de vous en repentir, vous vous en repentirez un jour.*
If ever you live to come back again. *Si vous revenez jamais, si Dieu vous fait la grace de revenir.*
As I live and breathe. *Sur ma vie.*
To live (or lead) a country life. *Mener une vie champêtre.*
Would I might never live if it be so. *Que je meure, si cela est.*
I shall never live to see it. *Je ne verrai jamais cela, je serai mort avant ce temps-là.*
This will be enough for us to live on or upon. *Ceci suffira pour notre entretien, ou pour notre nourriture.*
To live up to the height of Religion. *Conformer sa vie aux regles les plus sévères de la Religion, vivre conformément aux regles de la Religion.*
No man can live up to the law. *Il n'y a personne qui puisse accomplir la loi.*
To live up to one's estate. *Manger tout son revenu.*
Lived, *adj.* long-lived. *Qui est de longue vie, long, qui dure long-temps, de longue durée.*
Short-lived. *Dont la vie est courte, qui ne vit pas long-temps; court, passager, qui ne dure pas long-temps.*
LIVELESS, *adj.* (or dead.) *Qui n'a point de vie, sans vie, mort.*
Liveless, (without strength.) *A qui les forces manquent, qui est épuisé de forces, languissant, foible.*
LIVELINESS, *subst. Feu, vigueur, vivacité.*
LIVE-LONG, *adj.* Long, *ennuyeux.*
The whole live-long day. *Tout le long du jour, du matin jusqu'au soir.*
LIVELIHOOD, *subst.* (or maintenance.) *Vie, entretien, nourriture.*
Livelihood, (or trade.) *Gagne-pain, métier, ce qui nous donne de quoi vivre.*
To get one's livelihood. *Gagner sa vie, gagner de quoi vivre.*
Livelihood, (or estate.) *Bien, ce qu'on a pour vivre.*
LIVELY, *adj.* (brisk, sprightly.) *Vif, qui a beaucoup de feu.*
A lively faith. *Une foi vive.*
Lively, (or lusty.) *Vigoureux.*
A lively complexion. *Un teint vif, beau, & animé, une couleur vive.*
A lively resentment. *Un ressentiment vif ou violent.*
He is a lively image of his father. *C'est la vivante image de son pere, c'est le vrai portrait du pere.*

A

a lively red. *Un rouge vermeil.*
LIVELILY, ⎫ adv. *Vivement.*
LIVELY, ⎭
To be lively possessed of God's grace. *Être vivement pénétré de la grace de Dieu.*
LIVER, *f.* (from to live.) *Ex.* A good liver. *Un homme de bonne vie, un homme de bien.*
A bad liver. *Un homme de mauvaise vie, un débauché.*
The longest liver, (or surviver.) *Le survivant, la survivante, celui ou celle qui survit.*
Liver, *f.* (one of the noblest parts of the body.) *Le foie, une des parties nobles.*
Liver-coloured. *Couleur de foie, brun, obscur.*
Liver-grown. *Qui a le foie excessivement grand.*
Liver-wort. *Hépatique*, sorte d'herbe bonne pour le foie.
Liver or rather Livre, *f.* (a french livre, which is about ten pence sterling.) *Livre, franc, vingt sous.*
LIVERED, *adject. Ex.* A white-livered fellow. *Un stupide, un insensible, qui n'est touché de rien*, ou bien, *un lâche, un poltron, qui pâlit aux moindres dangers ; un homme faux, un fourbe.*
LIVERY, *subst. Livrée, couleurs.*
To wear a livery. *Porter la livrée, porter les couleurs.*
Livery-men. *La livrée, les gens de livrée.*
LIVERYMAN, *subst. Celui qui exerce à Londres le droit de Citoyen.*
Livery-lace. *Galon de livrée, passement.*
To keep horses at livery. *Tenir des chevaux de louage*, ou *loger des chevaux.*
Livery of seisin. (a Law-term, or delivery of possession of lands or tenements, or other things, to one that has a right, or a probability of right to them.) *L'action de mettre quelqu'un en possession.*
To receive livery. *Être mis en possession.*
LIVES, *c'est le pluriel de* life. *Vie. V.* Life.
LIVID, *adj.* (black and blue.) *Livide.*
LIVIDITY, *f.* (a being livid.) *Couleur livide.*
LIVING, *f.* (from to live.) *Vie, l'action de vivre.*
Good living. *Bonne vie.*
To be weary of living. *Être las de vivre.*
By living thus. *En vivant de la sorte.*
Living, (food or livelihood.) *Vie, nourriture, entretien.*
Living, (substance or estate.) *Bien, biens, substance*, tout ce qu'on possede.
A living, (or Church-benefice.) *Bénéfice, cure ou charge ecclésiastique.*
Living, (one alive.) *Vivant.*
The living and the dead. *Les vivants & les morts.*
The land of the living. *La terre des vivants.*
Living, *adj.* (or alive.) *Vivant, qui a-it, qui est en vie.*
He is yet living. *Il vit encore.*
A living creature. *Une créature vivante, un animal.*
I defy any man living to do it. *Je défie tout homme de le faire.*
LIVINGLY, *adv. En vie, en bonne santé.*
LIVRE, *f. Livre*, monnoie de compte.
LIXIVIAL, *adject. Lixiviel, imprégné de sels.*

LIXIVIUM, *f. Eau imprégnée de sels.*
LIZARD, *subst.* (a sort of reptile.) *Lézard.*
Lizard-point. *Le cap Lézard*, ou cap Saint-Michel, la pointe la plus méridionale du pays de *Cornouaille* en Angleterre.
LO, *interj. Voici, voilà.*
LOACH, *f.* (a fresh-water fish.) *Loche*, poisson de riviere.
LOAD, *f.* (or burden.) *Charge, fardeau.*
† He has his load, or he has taken his load, (he is drunk.) *Il a bu plus que de raison, il en tient.*
She seemed to have a great load on her spirits. *Elle me parut avoir un grand accablement d'esprit.*
A cart load. *Charretée, charrette pleine.*
Loads, (trenches to drain fenny places.) *Tranchées, pour dessécher des marais.*
To LOAD, *v. act. Charger.*
To load a cart, a gun, &c. *Charger un chariot, une arme à feu,* &c.
Loaded, *adj. Chargé.*
LOADING, *subst. L'action de charger, charge, chargement en parlant d'un vaisseau.*
LOADMANAGE, *subst.* (the hire of a pilot for conducting a ship.) *Lamanage, ce que l'on paye à un pilote côtier ou pilote de havre, pour conduire un vaisseau.*
LOADSMAN, *f.* (or pilot.) *Lamaneur, pilote côtier*, ou *pilote de havre.*
LOAD-STONE, *subst.* (the magnet.) *L'aimant.*
Rubbed with a load-stone. *Aimanté, touché avec l'aimant.*
Load-star, (the north star, that guides mariners.) *La petite Ourse.*
LOAF, *f. Un pain* ; au pluriel, LOAVES.
A penny-loaf. *Un pain d'un sou.*
A sugar-loaf. *Un pain de sucre.*
LOAM, *f.* (or clay, to graft withal.) *Terre grasse*, qu'on met autour des greffes.
Loam, (mortar made of clay and straw.) *Torchis.*
Loam, (as it is used in Chymistry.) *Lut*, en termes de Chimie.
LOAMY. *V. Marly.*
LOAN, *subst.* (a thing lent.) *Un prêt, une chose prêtée, un emprunt.*
To put out to loan. *Prêter.*
LOATH, *adj.* (or unwilling.) *Qui ne se soucie pas de faire quelque chose, qui n'est point d'humeur à la faire, qui y a de la répugnance.*
I am loath to do it. *J'y ai de la répugnance, il me fâche de le faire, je ne saurois le faire qu'à regret ou qu'à contre-cœur.*
He is very loath (or unwilling) to fight. *Il n'est point d'humeur à se battre.*
I was loath to tell you of it before him. *Je ne voulois point vous le dire en sa présence.*
To LOATHE, *v. act.* &c n. (to nauseate or abhor.) *Avoir du dégoût, être dégoûté de, avoir de l'aversion pour, détester, abhorrer.*
My fever makes me loathe my meat. *La fièvre me cause un grand dégoût.*
Loathed, *adj.* Dont on est dégoûté, *détesté, abhorré,* &c.
LOATHFUL, *adj. Odieux, dégoûtant.*
LOATHING, *f. Dégoût, aversion.*
LOATHSOME, *adject. Dégoûtant, qui*

donne du dégoût, *qui fait soulever le cœur.*
LOATHSOMENESS, *subst. Qualité dégoûtante.*
LOAVES, plur. de Loaf.
LOB, ⎫ *f.* (a country clown.)
LOBCOCK, ⎭
Un rustre, un paysan, un homme malfait & mal bâti, qui sent le village, † *un pitaud.*
Lob, (a great kind of northern sea-fish.) *Sorte de grand poisson dans les mers du Nord.*
Lob-lolly, (a hotch-potch or minglemangle.) *Mélange de plusieurs sortes de viandes, un salmigondis.*
Lob-worm. *Sorte de ver, avec quoi l'on pêche la truite.*
To LOB, *verb. act. Se laisser tomber dans une attitude nonchalante.*
LOBBY, *f.* (a kind of passage, or place where servants wait for their masters, at the bottom of the stairs.) *Chambre de passage, sorte d'antichambre ou de galerie.*
The lobby of the house of Commons. *Le portique de la chambre des Communes.*
A lobby in a Church. *Tribune ou lanterne d'Eglise.*
LOBE, *f.* (a term of Anatomy.) *Lobe*, terme d'Anatomie.
The lobe of the liver or lungs. *Lobe du foie ou du poumon.*
LOBSTER, *f. Ecrevisse de mer.*
LOCAL, *adj.* (of or belonging to a place.) *Local, qui regarde le lieu.*
A local motion. *Un mouvement local.*
A thing local, (in the sense of the law, that is, a thing annexed to place.) *Une annexe.*
Local medicaments. *Remedes externes, comme emplâtres, onguents,* &c.
Local problem. *Problème capable d'une infinité de solutions.*
LOCALITY, *subst.* (the being of a thing in a place.) *Présence, existence locale.*
LOCALLY, *adv. Localement.*
LOCATION, *f.* (a letting out to hire.) *Louage.*
LOCH. *V. Lake.*
LOCH ⎫ *subst.* (a sort of sirup.)
LOHOCK, ⎭
Lok, sorte d'électuaire.
LOCK, *f. Serrure.*
To pick a lock. *Crocheter une serrure.*
A spring-lock. *Serrure à ressort.*
The locks of a pistol or musket. *La platine d'un pistolet ou d'un mousquet.*
The lock or fire-lock of an arquebuss. *Rouet d'arquebuse.*
The locks, (for horses legs.) *Entraves.*
The lock of a pond. *La bonde d'un étang.*
A lock of hair. *Touffe ou toupet de cheveux.*
A lock of wool. *Un flocon de laine.*
To be under lock and key. *Être fermé à la clef.*
† I have him at a lock. *Je le tiens où je l'ai pris par son foible.*
† Are you upon that lock? *En êtes-vous-là ?*
Lock-smith. *Un serrurier.*
He imagined that he was upon the same lock with *Balbinus* as he had been elsewhere. *Il s'imaginoit d'être en mêmes termes avec* Balbin, ou d'être aussi familier avec Balbin *qu'il l'avoit été avec d'autres.*

A pad-lock. *Un cadenas.*
To LOCK, *verb. act. Fermer, fermer à la clef.*
Lock the door. *Fermez la porte à la clef.*
Lock your trunk. *Fermez votre coffre.*
To lock IN. *Enfermer.*
To lock a woman in one's arms. *Embrasser une femme.*
To lock one OUT. *Fermer la porte à quelqu'un, l'empêcher d'entrer.*
To lock UP. *Serrer, enfermer.*
To lock up money. *Serrer de l'argent.*
To lock up the form, (as printers do.) *Serrer la forme.*
Locked, *adj. Fermé à la clef, &c. V. to Lock.*
LOCKER, *subst.* (kind of chest.) *Sorte de boîte ou tiroir qui ferme à clef.*
LOCKER, *subst.* (or pigeon-hole.) *Boulin, trou où le pigeon fait son nid.*
LOCKET, *subst.* (a jewel or bracelet.) *Un joyau, une rose de diamans, un bracelet.*
The locket where the hock of the sword is fastened. *L'endroit du fourreau où le crochet d'une épée est attaché.*
LOCKING, *f.* (from to lock.) *L'action de fermer, &c. V. to Lock.*
LOCKRAM, *f.* (a coarse sort of linencloth.) *Sorte de toile grossière.*
LOCK. *V. Locked.*
LOCOMOTIVE, *adj.* (a term used in Philosophy.) *Locomotive, fém.*
Ex. The locomotive faculty. *La faculté motrice.*
LOCUST, *f.* (a sort of fruit.) *Carouge, sorte de fruit.*
Locust-tree. *Le carougier,* arbre.
Locust, (a sort of grashopper.) *Une sauterelle.*
LOCUTION, *subst.* (way of speaking.) *Locution, phrase.*
LODE-SHIP, *f.* (a sort of fishing-vessel of old.) *Sorte de bateau pêcheur.*
LODE-WORKS. *V. Stream-works.*
LODESTAR,
LODESTONE, } *V. Loadstar or loadstone under load.*
LODGE, *subst.* (or little room.) *Loge ou petite chambre, * taudis.*
The lodge of a stag. *La reposée du cerf.*
Lodge (or house) of a keeper in a forest. *Maison du garde-chasse.*
To LODGE, *v. act.* (to give lodging.) *Loger, recevoir dans son logis, donner le couvert; placer, planter.*
The rain lodges (or lays) the corn. *La pluie couche les blés.*
To LODGE, *verb. neut.* (or to live.) *Loger, demeurer en quelque logis.*
To lodge one's self, *verb. récip.* (in a siege.) *Se loger, faire un logement, en termes de guerre.*
Lodged, *adj. Logé, &c. V. to Lodge.*
The supreme power is lodged (or placed) in the King. *Le pouvoir souverain réside dans la personne du Roi.*
LODGMENT, *f. Logement.*
To make a lodgment upon the counterscarp. *Faire un logement sur la contrescarpe.*
LODGER, *subst.* (one that lodges in a house.) *Un qui une locataire, celui qui loge.*
LODGING, *f. L'action de loger.*
Lodging, (room, appartment,) *Logement, appartement, chambre; lieu où on loge.*

Where is your lodging? *Où logez-vous?*
Have you any lodgings to let? *Avez-vous des chambres à louer?*
To give one a night's lodging. *Loger quelqu'un pendant la nuit, lui permettre de coucher chez soi, lui donner le couvert.*
He begged of him a night's lodging. *Il l'a prié de le laisser coucher une nuit chez lui.*
Lodging, (residence.) *Séjour.*
LOFT, *subst. Ex.* A corn loft. *Grenier, grange à serrer le grain.*
An apple-loft. *Fruiterie.*
A hay-loft. *Fenil, grenier à foin.*
LOFTILY, *adv. Magnifiquement, majestueusement, avec majesté, fièrement, avec fierté, &c. V. Lofty.*
To carry it loftily. *Le porter haut.*
LOFTINESS, *f.* (or height.) *Grandeur, hauteur.*
The loftiness of a tree. *La grandeur d'un arbre.*
The loftiness of a hill. *La hauteur d'une montagne.*
Loftiness, (sublimity, majesty,) *Elévation, sublimité, majesté.*
A loftiness of style. *Sublimité ou majesté de style.*
Loftiness, (haughtiness.) *Fierté, orgueil.*
His loftiness, (the title of the grand Seignior.) *Sa hautesse.*
LOFTY, *adj.* (tall, high.) *Grand, haut.*
A lofty tree. *Un grand arbre.*
Lofty, (great, majestick.) *Grand, noble, majestueux.*
Lofty (or sublime) style. *Un style sublime, le style le plus élevé, le plus haut & le plus pompeux.*
Lofty, (haughty.) *Fier, orgueilleux, altier, arrogant, qui ne porte haut.*
LOG, *subst.* (the trunk of a tree designed for fewel.) *Souche, tronc d'arbre, grosse bûche propre à brûler.*
Log, (a measure for liquids among the ancient Jews.) *Log, mesure de liquides parmi les anciens Juifs.*
Log, (a sea-term.) *Loc.*
To heave the log. *Jeter le loc.*
Log-board. *Table de loc.*
Log-book. *Livre de loc ou journal de navigation.*
Log-line. *Ligne de loc.*
Log-reel. *Tour pour loc.*
Log-wood or block-wood, (campechiowood used in dying.) *Campèche, sorte de bois de teinture.*
To LOG, *verb. act. Couper du bois de campèche & le mettre en bûches.*
LOGARITHMS, *subst.* (numbers which being fitted to proportional numbers always retain equal differences.) *Les logarithmes.*
LOGGATS, *subst.* (a sort of unlawful game, now disused.) *Sorte de jeu défendu & hors d'usage.*
LOGGERHEAD, *subst.* (or blockhead.) *Un sot, un lourdaud, une bête, † un gros butor.*
† To fall to loggerheads. (to go together by the ears, to fight.) *En venir aux mains ou aux prises, se battre, † se bourrer.*
† For otherwise I must have been at loggerheads with my rival. *Car autrement il eût fallu m'égorger avec mon rival.*
Loggerhead, *subst. comp. Boulet de fer avec un manche, qu'on fait rougir au feu pour le tremper dans le goudron, lorsqu'on veut le fondre & le chauffer.*

LOGICAL, *adj. De logique ou dans les règles de la logique.*
LOGICALLY, *adv. Selon les règles de la logique, en Logicien.*
LOGICIAN, *subst.* (one that studies or that understands Logicks.) *Un Logicien.*
Logician-like. *En Logicien.*
LOGICK, *subst.* (the art of reasoning.) *Logique, l'art de raisonner.*
Logick, (a book treating of that art.) *Logique, livre qui traite de la logique.*
LOGISTICK, *subst.* or logistick art, (the art of reckoning.) *Supputation algébrique.*
LOGOMACHY, *f. Dispute de mots.*
LOG-WOOD. *V. Log-wood under Log.*
LOHOCK, *subst.* (a sort of medicine.) *Lok, sorte d'électuaire.*
LOIN, *subst. Ex.* A loin of veal. *Une longe de veau.*
A loin of mutton. *Une queue de mouton.*
Loins, (the lower part of one's back.) *Les lombes,* en terme d'Anatomie, *les reins ou le bas du dos.*
To LOITER, *verb. neut.* (to tarry or stand trifling.) *S'amuser, s'arrêter, tarder ou retarder; demeurer trop long-temps.*
LOITERER, *subst. Un paresseux, un fainéant, un négligent, qui s'amuse, qui ne fait pas les choses avec attachement.*
LOITERING, *subst. Négligence, paresse, fainéantise.*
Loitering, *adject. Ex.* A loitering boy. *Un petit paresseux ou fainéant qui s'amuse par-tout.*
LOLL, *subst.* (or lolling.) *Air penché.*
To LOLL, *verb. neut.* (to lean.) *Se pencher, s'appuyer.*
Do not loll upon me. *Ne vous appuyez pas sur moi.*
To loll in a coach. *Se pencher ou se donner des airs penchés dans un carrosse.*
To loll, (or stretch) upon a bed. *S'étendre sur un lit.*
To loll, *verb. act. Ex.* To loll out one's tongue. *Tirer la langue.*
† Loll-eared, *adj. Qui a des oreilles pendantes.*
LOLLARDS, *subst.* (hereticks abounding under *Edward* III and *Henri* V.) *Lollards, sorte de secte qui étoit fort nombreuse du temps d'Edouard III & de Henri V.*
LOLLARDY,
LOLLERY } *subst.* (the doctrine and opinion of the Lollards.) *La doctrine des Lollards.*
LOLLING, *subst.* (from to loll.) *L'action de s'appuyer, &c. air penché. Voyez to Loll.*
LOMP, *subst. Sorte de poisson.*
LONE,
LONELY, } *adj.* (solitary.) *Solitaire.*
LONESOME,
A lonesome life. *Vie solitaire.*
A lone house. *Une maison écartée des autres, une maison isolée.*
LONENESS, *subst. Solitude.*
LONG, *adject.* (extended from one end to another, speaking of bodies.) *Long, qui a de la longueur,* en parlant d'un corps.
Long hair. *Des cheveux longs.*
A long sword. *Une épée longue.*
Long, (much extended in continuance of time.) *Long, qui dure beaucoup.*
A long reign. *Un long règne.*
The days are long. *Les jours sont longs.*
Long,

Long, (speaking of the quantity of fyllables.) *Long, qui fe prononce avec quelque longueur.*
A long fyllable. *Une fyllabe longue.*
Long-boat. *Barque longue ou chaloupe d'un vaiſſeau de guerre.*
Long, (or tedious.) *Long, ennuyant.*
Long, (that lingers about a thing.) *Long, lent, tardif, qui eſt long-temps à faire quelque choſe, qui tarde beaucoup.*
A long mile. *Un grand mille.*
A long neck. *Un grand cou,* † *un cou de grue.*
A diſeaſe of long continuance. *Une maladie qui dure long-temps.*
It is or 'tis a long way thither. *Il y a loin d'ici là.*
To go to one's long home. *Mourir, s'en aller dans l'autre monde.*
It is as broad as 'tis long, (it is all one.) *C'eſt tout un, cela revient au même, il n'y a point de différence.*
'Tis as broad as 'tis long whether he will come or no. *Il eſt incertain s'il viendra ou non, il y a à parier pour & contre; qu'il vienne ou non, c'eſt la même choſe.*
A long way about. *Un grand détour, un chemin écarté.*
Long thanks or ſpindled-ſhanks. *Longues jambes, jambes de fuſeau.*
Long-legged. *Qui a de longues jambes.*
Long-necked. *Qui a un grand cou,* † *qui a un cou de grue.*
A long-necked horſe. *Un cheval d'une encolure effilée ou trop mince.*
Long-jointed. *Long-jointé.*
A long-jointed horſe. *Un cheval long-jointé.*
Long waiſted. *Qui a la taille longue.*
Long-winded. *Qui a bonne haleine.*
To be long-winded in one's ſpeech. *Traîner ſes paroles.*
A long-winded diſcourſe. *Un diſcours long & ennuyant ou trop diffus.*
A long-winded ſtory. *Un conte de vieille, un conte à dormir debout.*
A long-winded buſineſs or piece of work. *Une affaire ou un ouvrage de longue haleine.*
A long winded (or delaying) man. *Un homme qui traîne toujours en longueur,* † *un longis.*
Long-lived. *Qui eſt de longue vie ou de longue durée.*
Long-wort, (or angelica.) *Angélique, forte de plante.*
Long ſufferance or long-ſuffering. *Patience ou longue attente, en termes ſacrés.*
He knows the long and the ſhort of that buſineſs. † *Il ſait les longues & les brèves, ou il ſait le court & le long de cette affaire.*
LONG, *adv.* *Faute de.*
It is long of you not of me. *C'eſt votre faute & non pas la mienne; Il tient à vous & non pas à moi.*
It was long of you (or thro' your fault) that he was condemned. *Vous avez été la cauſe de ſa condamnation.*
Long. *Long-temps.*
Long-after. *Long-temps après.*
Long ſince, long ago. *Il y a long-temps.*
Not long before. *Peu auparavant.*
Not long before day. *Un peu avant le jour.*
How long is it ſince? *Combien y a-t-il de cela?*
It is or 'tis ſo long ſince. *Il y a tant de temps.*

So long, as long as I live. *Tant que je vivrai.*
I have offered him ſatisfaction, and ſo long my conſcience is at eaſe. *Je lui ai offert de lui faire ſatisfaction, & ainſi ma conſcience eſt en repos.*
As long as he does his duty, I ſhall be kind to him. *Tant qu'il fera ſon devoir, j'aurai de l'amitié pour lui.*
Ere long. *Bientôt, dans peu de temps.*
It will or 'twill not be long ere he comes. *Il viendra bientôt ou dans peu de temps, il ne tardera pas à venir.*
To think it long. *S'impatienter.*
I think it long till he comes. *Il me tarde de le voir venir.*
All my life long. *Toute ma vie.*
All this day long. *Tout aujourd'hui.*
To LONG, *verb. neut.* *Avoir envie comme les femmes groſſes, s'impatienter, avoir une forte paſſion pour quelque choſe, en avoir grande envie.*
She longs for a piece of veniſon. *Elle a envie de manger de la venaiſon.*
I long to ſee it. *Je m'impatiente de le voir, il me tarde de le voir.*
I longed mightily to ſee you. *Je mourois d'envie de vous voir.*
LONGANIMITY, *ſ.* (long-ſuffering or forbearance.) *Longanimité, patience, longue attente.*
LONGED for, *adjectif.* (from to long.) *Dont on a grande envie, que l'on s'impatiente d'avoir.*
LONGER, *adject.* (the comparative of long.) *Plus long,* &c. *V.* Long.
Longer, *adv.* *Plus long-temps.*
LONGEST, *adverb.* (the ſuperlative of long.) *Le plus long,* &c. *V.* Long.
The longeſt liver. *Le ſurvivant.*
LONGEVITY, *ſub.* (or long life.) *Longue vie.*
LONGIMETRY, *ſ.* *L'art de meſurer les diſtances.*
LONGING, *ſ.* (from to long.) *Envie de femme groſſe; & en général, envie, ſouhait, paſſion.*
You ſhall not or ſhan't loſe your longing. *On vous fera paſſer votre envie, vous aurez ce que vous ſouhaitez d'avoir.*
To ſave one's longing. *Donner à quelqu'un ce qu'il ſouhaite avec paſſion.*
I have loſt my longing. *Je ſuis fruſtré de mes déſirs.*
Longing, *adj.* Ex. The longing expectation we are in. *L'impatience où nous ſommes.*
LONGINGLY, *adv.* Ex. To fall longingly in love. *Devenir paſſionnément ou éperdument amoureux.*
* LONGINQUITY, *ſ.* (or diſtance.) *Eloignement, diſtance.*
Longinquity, (length of time.) *Longue durée, long eſpace de temps.*
LONGISH, *adverb.* (pretty long.) *Longuet.*
LONGITUDE, *ſub.* (or length.) *Longueur.*
Longitude, (a term of geography and aſtronomy.) *Longitude, terme de géographie & d'aſtronomie.*
LONGITUDINAL, *adj.* *En longueur.*
LONGSOME, *adj.* *Long, ennuyeux.*
LONGWAYS, } *adj. En long.*
LONGWISE, }
LOO, *ſ.* *Sorte de jeu de cartes.*
LOOBILY, *adject.* Ex. A loobily fellow, (or a looby.) *Un ſot, un lourdaud,* &c. *V.* Looby.

† LOOBY, *ſ.* (or loggerhead.) *Un ſot, un lourdaud, un animal, une bête, un butor, un cheval de carroſſe.*
Never did two country loobies play as they did. *Jamais deux chevaux de caroſſe n'ont joué comme ils faiſoient.*
LOOF, *ſ.* (that part of the ſhip aloft, which lies juſt before the cheſs-trees as far as the bulk-head of the caſtle.) *Lof d'un vaiſſeau.*
Loof up or keep up your loof, (that is, keep the ſhip cloſe to the wind.) *Au lof, tenez le lof, c'eſt-à-dire, gardez ou ſerrez le vent.*
To ſpring the loof, (to bring the ſhip cloſe by the wind.) *Tenir le lof, aller au lof ou à la bouline, aller au plus près du vent.*
Loof-frame or loof timbers. *Couple de lof.*
To LOOF up, *v. neut.* (to keep cloſe to the wind.) *Tenir le lof, ſerrer le vent, prendre le vent de côté, loſer, venir au lof.*
LOOK, *ſ.* (a glance of the eye.) *Regard, coup d'œil, œillade.*
Look or looks, (aſpect, mien, countenance.) *Regard, aſpect, maintien, air, mine.*
A ſweet or modeſt look. *Un regard doux ou modeſte.*
To have an honeſt look. *Avoir l'air ou la mine d'un honnête homme.*
By his looks you would take him to be an honeſt man. *A ſa mine ou à le voir, vous le prendriez pour un honnête homme.*
He has a hanging look. *Il a le viſage patibulaire.*
One may ſee it by his looks. *Cela ſe voit ſur ſon viſage.*
To LOOK, *verb. act.* (to ſee.) *Voir, regarder.*
Go look. *Allez voir.*
Look there. *Regardez-là.*
To look aſkew or awry. *Regarder de travers, loucher.*
To look one in the face, ⟨to ſtare upon him,⟩ *R. garder quelqu'un entre les deux yeux, l'enviſager, le regarder en face.*
To look, ⟨or take heed.⟩ *Regarder, prendre garde, conſidérer.*
To look, (or ſeek.) *Chercher.*
To look, *verb. neut.* (to be ſituated.) *Regarder, être ſitué.*
The front looks into (or faces) the garden. *La façade regarde le jardin.*
To look, (to have the look or looks of.) *Avoir l'air, la mine ou le viſage; paroître.*
He looks like an honeſt man. *Il a l'air, il a la mine d'un honnête homme.*
To look great. *Avoir l'air grand & noble.*
This does not look like a wedding. *Ceci n'a point l'air d'une noce.*
This cloth looks very fine. *Ce drap paroît très-fin.*
She looks very ugly. *Elle paroît fort laide.*
To look merrily, to look chearfully on it or on't. *Avoir l'air enjoué.*
To look well, (in point of health,) *Avoir bon viſage, avoir un viſage de ſanté.*
I am glad to ſee you look ſo well. *Je ſuis ravi de voir que vous portez ſi bien.*
See how I look. *Voyez mon viſage.*
You look very ill. *Vous avez mauvais viſage ou un viſage de malade.*

This

3E 2

LOO   LOO   LOO LOP

This looks as if he had no kindness at all for me. *Il semble ou il paroit par sa maniere d'agir qu'il n'a aucune amitié pour moi.*
These things look ill or do not look well. *Tout ceci ne présage rien de bon, je ne me promets rien de bon de tout ceci.*
It will look very ill on your side. *Cela réfléchira sur vous.*
My thoughts do not look that way. *Je n'ai pas cela en vue, je ne songe pas à cela.*
And that passage of Job peradventure looks that way. *Et peut-être que ce passage de Job se rapporte à ceci.*
To look LIKE. *Ressembler, se ressembler, être semblable.*
This looks like him. *C'est une chose digne de lui.*
She made him look like himself again. *Elle l'a fait revenir dans son premier état.*
It looks like rain. *Il y a apparence de pluie.*
This, I confess, looks some thing like. *Celui-ci, je l'avoue, a assez bonne façon ou est assez bien fait.*
To look DOWN upon one with scorn or contempt. *Regarder quelqu'un de haut en bas, le regarder avec mépris ou avec dédain, le mépriser.*
To look big. *Faire le fier.*
To look young again. *Rajeunir.*
To look TO one, (to take care of him.) *Avoir l'œil sur quelqu'un ; en avoir, en prendre soin.*
To look to one, (to watch or observe him.) *Veiller sur quelqu'un, l'observer, avoir l'œil sur lui, l'éclairer.*
Look to it. *Ayez l'œil à cela, prenez-y garde, tenez-y la main, ayez-en soin, soignez cela.*
It behoves Philosophers to look to it. *C'est aux Philosophes à y pourvoir.*
To look ON or UPON. *Regarder, voir, considérer, jeter les yeux ou la vue sur.*
To look upon or on, (to esteem.) *Regarder, estimer, considérer.*
I look [...] it as a great honour. *Je le [...] d honneur.*
[...] ok upon me [...] ur equal. *Ne me traitez pas d'ég[...]*
To look ABOUT one, (or to mind one's business.) *Songer à ses affaires, prendre garde à soi.*
To look after a thing, (to take care of it.) *Prendre soin d'une chose, y veiller, avoir l'œil à ou sur quelque chose.*
Be sure to look after him. *Ne manquez pas d'en prendre soin ou de le soigner.*
To look after (to seek) a thing. *Chercher quelque chose.*
To look BACK (or reflect) upon a thing. *Faire réflexion sur quelque chose, la repasser dans son esprit, se la remettre dans l'esprit.*
To look FOR, (to seek.) *Chercher.*
To look, to look for, (or to expect.) *Attendre ou s'attendre.*
When do you look for him? *Quand l'attendez-vous?*
Those who have lived wickedly, must look to meet with punishment in the other world. *Ceux qui ont mal vécu, doivent s'attendre à être punis dans l'autre monde.*
To look INTO a thing, (to examine it.) *Prendre connoissance d'une chose, l'examiner, la considérer, la regarder.*
To look OUT, verb. comp. Ex.
Look out afore there! *Bon quart d'avant !*

To look out, (to seek.) *Chercher.*
LOOKED, adj. *Regardé,* &c. *V.* to Look.
Well looked to, well looked after. *Bien soigné.*
Ill looked to, ill looked after. *Négligé, mal-soigné, dont on prend peu de soin.*
Looked for. *A quoi l'on s'attend.*
Not looked for. *Inespéré, à quoi l'on ne s'attend pas.*
A well-looked man, (a man of good aspect.) *Un homme qui a bon air ou bonne physionomie.*
An ill-looked-man. *Un homme mal-fait ou qui a mauvaise physionomie, qui a un visage d'excommunié.*
He is looked upon as an honest man. *Il passe pour honnête homme, il est tenu pour honnête homme.*
It will be ill looked upon. *On le prendra en mauvaise part.*
LOOKER on, *sub.* (a spectator.) *Un regardant, un spectateur.*
LOOKING, *subst.* L'action de voir ou de regarder, &c. *V.* to Look.
A looking-glass. *Un miroir.*
A looking-glass-maker. *Un miroitier.*
Looking, adj. Ex. A good looking man. *Un homme de bonne mine.*
LOOK-OUT, *s. comp.* (the being upon one's guard.) *Garde, guet.*
To keep a hood look-out. *Être bien sur ses gardes, avoir l'œil au guet.*
A good look-out being kept, they prevented a surprize. *Étant bien sur leurs gardes, ils évitèrent la surprise.*
Look-out, *s. comp.* Ex. (at sea.) *Découverte ou vigie.*
To keep a good look-out. *Faire la découverte ou la vigie.*
LOOM, *s.* (the frame a weaver works upon.) *Métier de tisserand.*
Loom gale, (a fresh or a stiff-gale at sea.) *Un vent frais ou forcé.*
Loom of an oar. *Bras, manche ou partie intérieure d'un aviron.*
To LOOM, verb. neut. (a sea-term for to appear.) *Paroître.*
That ship looms a great sail. *Ce vaisseau paroit fort grand.*
She looms large afore the wind. *Ce vaisseau paroit courir grand largue.*
The looming of the land is high above water. *Cette terre paroit fort élevée.*
LOOMING, *s.* Ex. The looming of a ship, (that is, her shew or prospective.) *Le dehors d'un navire, sa grandeur & sa forme.*
LOON, *s.* Un misérable, un scélérat.
LOOP, *s.* Bride, gance.
Ex. A loop at each end of a button-ture. *Une bride de boutonniere.*
A loop, (or little iron ring in the barrel of a gun.) *Tenon du canon d'une arme à feu.*
Loop-lace. *Agrément de boutonnieres.*
Loop-holes, (in architecture.) *Larmier, terme d'architecture.*
A loop-hole, (that one can peep through.) *Trou par où l'on regarde.*
Loop-holes, (for muskets to shoot out at.) *Barbacanes.*
Loop-holes, *s. comp. plur.* (in a ship.) *Meurtrieres.*
Loop-hole, (or evasion.) *Fuite, échappatoire, défaite.*
LOOSE, adj. (not fast.) *Qui branle, qui ne tient pas ferme.*
Loose, (untied.) *Délié, détaché.*
A loose bundle. *Un paquet délié.*

Loose, (or slack.) *Lâche, qui n'est pas assez serré ou tendu.*
This cord is too loose. *Cette corde est trop lâche.*
Loose, (neglectful, careless.) *Nonchalant, négligent.*
Loose, (lax of body.) *Qui a le ventre lâche ou libre, qui a le flux de ventre.*
To make the belly loose. *Rendre le ventre lâche, lâcher le ventre, donner un flux de ventre.*
Loose, (lewd or debauched.) *Débauché, dissolu, libertin, abandonné.*
Loose (or wanton) verses. *Des vers libres, gaillards ou lascifs.*
A loose gown. *Une robe de chambre.*
To be in a loose (or unsettled) condition. *N'avoir point d'établissement.*
To be in a loose condition, (or as a man pleases himself) *Vivre à sa fantaisie, être libre, être à soi.*
A loose liver. *Un libertin, une libertine, un débauché, une débauchée.*
To hang loose. *Être détaché, trainer à terre, en parlant d'une robe,* &c.
To grow loose. *Lâcher, se lâcher, se détacher, se déclirer.*
A loose discourse, (that does not hang together.) *Un discours qui n'est pas bien lié, qui ne se soutient pas,* † *un discours décousu.*
Something he said, but in loose words. *Il dit quelque chose, mais ce n'étoit qu'en passant ou en général.*
To get or break loose. *Se déchainer, en propre.*
To get loose from one. *Se débarrasser de quelqu'un.*
To let loose. *Déchainer.*
LOOSE, *s.* Liberté.
To LOOSE, verb. neut. (a sea-term; to get away.) *Partir, sortir du havre, démarrer en termes de mer.*
Before we loose from ourselves. *Avant que nous sortions de nous-mêmes ou que nous mourions.*
To loose, v. act. (a sea-term.) To loose a sail, *Déployer ou larguer une voile.*
To loose or loosen a rope. *Larguer une manœuvre.*
To loose, (or make loose.) *V.* to Loosen.
Loosed or loosened, adject. *Délié, détaché, V.* to Loosen.
LOOSELY, adv. *Lâchement, négligemment, dissolument.*
To LOOSEN, verb. act. (or make loose,) *Lâcher, desserrer.*
To loosen one's girdle. *Lâcher sa ceinture.*
To loosen the belly. *Lâcher le ventre.*
To loosen, (or untie.) *Détacher, délier, déjaire.*
Loosened, adj. *Lâché, V.* to Loosen.
LOOSINESS, *subst.* (the being loose.) *Relâchement, état de ce qui n'est pas tendu.*
Looseness, (or lax.) *Flux ou cours de ventre,* † *foire.*
Looseness and vomiting together. *Dévoiement par haut & par bas.*
LOOSENING, *subst. L'action de lâcher,* &c. *V.* to Loosen.
Loosening, adj. (apt to make one loose.) *Laxatif, qui lâche le ventre.*
To LOP, verb. act. (to prune or cut off the branches of trees.) *Ébrancher, émonder, élaguer, tailler, couper les branches inutiles des arbres.*

Lopped,

Lopped, adj. Ebranché, émondé, élagué, taillé.
LOP, s. Branches coupées d'un arbre.
LOPPER of trees, s. Celui qui ébranche, émonde, élague ou taille les arbres.
LOPPING, s. L'action d'ébrancher, d'émonder, d'élaguer ou de tailler.
The loppings of a tree. Les branches taillées d'un arbre.
LOQUACIOUS, adject. (or talkative.) Causeur, causeuse, qui a du babil, babillard.
LOQUACITY, s. (talkativeness.) Babil, caquet.
LORD, s. Un Seigneur, un Lord ou un Milord.
A great Lord. Un grand Seigneur, un Seigneur de marque.
An English Lord. Un Lord ou un Milord Anglois.
The House of Lords. V. House.
The Lord Président. Le Président du Conseil.
The Lord Chancellor, the Lord Treasurer, the Lord Steward of the King's Household, the Lord Chamberlain, the Lord Marshal, the Lord privy Seal, and the two Lord Chief Justices. Le grand Chancelier, le grand Tréforier, le grand Maitre, le grand Chambellan, le grand Maréchal, le Garde du petit Sceau, & les deux Chefs de Justice. Ce sont des charges auxquelles le titre de Lord est affecté.
The Lord of a manor. Seigneur foncier.
My Lord. Monseigneur ou Milord, en parlant à un Seigneur Anglois.
Lord-like. En grand Seigneur.
In the year of our Lord. L'an de Notre-Seigneur, l'an de grace.
To **LORD** it, v. neut. (or to domineer.) Faire le Seigneur, dominer.
LORDING,
LORDLING, } s. (in contempt.) Grand Seigneur, par ironie.
LORDLINESS, sub. Grandeur, dignité ; hauteur, arrogance.
LORDLY, adj. (or stately.) Qui le porte haut, qui fait le grand Seigneur ; magnifique.
The lordly lion. Le fier lion, le roi des animaux.
LORDSHIP, s. (the dominion of a lord.) Seigneurie, Seigneurie directe ou immédiate, terre noble ou terre seigneuriale.
Lordship, (a title given to Lords.) Grandeur, titre qu'on donne aux Seigneurs Anglois.
Ex. If your Lordship pleases. S'il vous plait, Monseigneur, ou s'il plaît à Votre grandeur.
To have the Lordship (or the dominion) of the sea. Tenir l'empire de la mer, être maitre de la mer.
LORE, s. Leçon, doctrine.
To **LORICATE**, v. act Plaquer, cuirasser.
LORIMERS,
LORINERS, } s. (those that make bits for bridles, spurs, &c.) Titres que les éperonniers prennent dans leurs lettres de maîtrise.
LORIOT, subst. (or wit-wall, a singing bird.) Loriot.
LORN. V. Lost, Forsaken.
To **LOSE**, verb. act. (to be at the loss of.) Perdre, faire perte de.
To lose one's estate, money, time, friends and reputation, &c. Perdre son bien, son argent, son temps, ses amis, sa réputation, &c.

I lost him or I lost sight of him. Je le perdis ou je le perdis de vue, il échappa à ma vue.
To lose, (or forget.) Oublier.
To lose ground, (or give way in a battle.) Plier, lâcher le pied.
He lost his life in the wars. Il est mort à la guerre, il a été tué à la guerre.
He lost his head. Il a eu la tête tranchée.
To lose one's reputation. Se perdre de réputation.
To lose one's way. S'égarer, se détourner de son chemin, se perdre.
To lose one's longing. N'avoir pas ce qu'on souhaite. V. Longing.
To lose leather, (or gall one's self.) S'écorcher les fesses.
That horse has lost his hoof. Le sabot est tombé à ce cheval.
LOSEABLE, adj. Que l'on peut perdre.
LOSEL. V. Lozel.
* **LOSENG**,
* **LOSENGER**, } s. (a flatterer or liar.) Un flatteur.
LOSER, subst. (from to lose.) Perdant, celui qui perd ou qui a perdu.
You shall be no loser by it. Vous n'y perdrez rien.
I have been a loser by him. J'ai perdu avec lui.
LOSING, s. L'action de perdre.
It is or 'tis but losing a little with her to get her favour. On n'a qu'à perdre au jeu avec elle pour gagner ses bonnes graces.
Losing, adj. Ex. A losing bargain. Un méchant marché, un marché où l'on ne trouve pas son compte.
Losings, (in the plural.) Perte.
LOSS, s. Perte, dommage.
To suffer, to sustain or to receive a great loss. Faire une grande perte.
That happened to my loss. Cela s'est fait à mon préjudice.
It was a great loss to posterity. La postérité y a beaucoup perdu.
He has had a great loss in his wife. Il a beaucoup perdu en perdant sa femme.
I am content to go by the loss. Je veux bien y perdre.
You will come by the loss. Vous n'y trouverez pas votre compte.
Loss, (or fault in hunting.) Défaut.
The dogs are at a loss. Les chiens sont en défaut.
I am at a loss, (or at my wit's end.) Je ne sais où j'en suis ; je ne sais ce que je dois faire ou de quel côté me tourner, je suis fort embarrassé.
They are at a loss what to think of it. Ils ne savent qu'en croire.
LOST, adj. Perdu.
P. All is not lost that is delayed. P. Ce qui est différé, n'est pas perdu.
F. Better lost than found, (a proverbial and vulgar expression, said of a thing or person not worth having or keeping.) On s'en passera bien.
P. That is not lost which comes at last. P. Il vaut mieux tard que jamais.
All was like to be lost. Tout étoit en grand danger.
He stood like one that had lost his soul. Il étoit à demi-mort.
She is lost to all sense of shame and modesty. Elle a perdu tous les sentimens de honte & de modestie.
There is no love lost betwixt us. Je vous aime autant que vous m'aimez.

Credit is so low, that it is lost even among near relations. Le discrédit est si grand, qu'il s'étend même de proche en proche.
LOT, subst. (chance, fortune.) Sort.
To draw lots. Jeter le sort, tirer au sort, tirer aux billets.
By lots. Par sort, au sort.
It fell to my lot. Cela m'est échu par le sort.
A lot, (or portion of a thing.) Lot, portion d'un tout qui se partage entre plusieurs personnes.
The best lot is fallen to him. Le meilleur lot lui est échu.
To pay scot and lot, (to pay such charges as housekeepers are liable to.) Payer les charges de la Paroisse.
It is not every one's lot to be learned. Il n'appartient pas à tout le monde d'être savant.
LOT,
LOTH, } subst. (the thirteenth dish of lead in the Derbyshire mines, which belongs to the King.) La portion que le Roi tire des mines de plomb, dans la Province de Darby, savoir, un treizième.
LOTE-TREE, **NETTLE-TREE** or **LOTOS**, subst. Alisier, sorte d'arbre.
The fruit of the lote-tree. Alise.
LOTH. V. Loath.
LOTHERWIT,
LOCHERWIT, } subst. Droit d'amende qu'on faisoit payer à
LOGERWIT, } celui qui abusoit d'un esclave.
LOTION, subst. (a washing or taking away the superfluous quality of a medicament.) Lotion, terme de Pharmacie.
LOTOPHAGI, subst. (Africans feeding much on the lote-tree.) Lotophages.
LOTTERY, subst. (a sharing of several lots by chance.) Loterie, espece de banque.
LOVAGE, subst. (an herb.) Livêche, herbe.
LOUD, adj. Haut, fort, en ... du son de la voix.
A loud voice. Une voix haute.
A loud (or ... fame. Un grand renom, une grande reputation.
Loud, adv. Ex. Speak loud. Parlez haut ou à haute voix, élevez votre voix.
LOUDER, adject. (the comparative of loud.) Ex. To speak louder. Hausser la voix.
LOUDLY, adv. Haut-ment, à haute voix.
LOUDNESS, subst. Force, bruit.
The loudness (or vehemence) of the voice. La force de la voix.
LOVE, subst. (affection or friendship.) Amour, amitié, affection, bienveillance.
Paternal love. Amour paternel.
To entertain a love for one. Prendre quelqu'un en affection.
Love, (an affection or passion for any thing in general.) Amour, sentiment de celui qui aime, passion.
The love of God. L'amour de Dieu.
The love of riches. L'amour ou la passion des richesses.
Conjugal, fatherly and filial love. Amour conjugal, paternel & filial.
Self-love. Amour propre, amour de soi-même.
Love, (the passion which a person of one sex has for another of a different sex.) Amour, passion pour une personne d'un sexe différent.

To

To languish or die with love. *Languir ou mourir d'amour.*
To make love, (or to court.) *Faire l'amour.*
To marry for love. *Se marier par amour ou par amourette.*
Love, (or Cupid, the God of love.) *L'amour, Cupidon, le Dieu d'amour.*
Love, (the object beloved.) *Amour ou amours ; objet aimé ; amant, galant, ou amante, maitresse.*
You have been to see your love. *Vous venez de voir vos amours.*
Love, (a fond word for a husband or wife.) *Mes amours, mon bon, ma bonne, mon ami, ma mie, entre mari & femme.*
P. Love will creep where it cannot go. *L'amour se fourre par-tout.*
To be in love with one. *Être amoureux de quelqu'un, avoir de l'amour pour quelqu'un.*
To be deeply in love, to be in love up to the ears or over head and ears. *Être éperdument ou passionnément amoureux, être épris ou transporté d'amour, être passionné pour quelqu'un.*
To fall in love. *S'amouracher, devenir amoureux ; prendre de l'amour.*
To get every body's love. *Se faire aimer de tout le monde, gagner l'amitié de tout le monde.*
I desired of him of all loves, not to fail. *Je l'ai prié, par tout ce qu'il y a de plus tendre, de ne pas manquer.*
That makes me in love with him. *C'est ce qui m'oblige à l'aimer ou qui me donne de l'amour pour lui.*
Nothing can make me more in love with the place. *Il n'y a rien qui soit plus capable de me faire aimer cet endroit.*
I did it out of love or for love. *Je l'ai fait à bon dessein.*
He did it merely out of love to me. *Il l'a fait purement pour m'obliger ou pour me faire plaisir.*
To [be] out of love with a thing. *Avoir du [dé]goût pour quelque chose, en être dé[goûté].*
[To] be out of love with one's self. *Se déplaire, s'attrister, se chagriner.*
For the love of God or for God's sake. *Pour l'amour de Dieu.*
I cannot get it for love nor money. *Je ne puis l'avoir à quelque prix que ce soit ou ni par argent, ni par prieres.*
Love, (used adverbially in reckoning and gaming.) *Ex.* I am five love. *J'en ai cinq à rien.* Six love, *six à rien*, &c.
Love-flames. *Les flammes de l'amour, les flammes amoureuses.*
A love-fit. *Un transport d'amour.*
To put a woman in a love-fit. *Mettre une femme en amour.*
Love-sick. *Malade d'amour, qui a le mal d'amour.*
A love-wound. *Une blessure amoureuse.*
A love-knot. *Lacs d'amour, sorte d'entrelacs.*
A love-letter. *Un billet doux, un poulet.*
A love-potion. *Un filtre ou breuvage d'amour.*
Love-powder. *Poudre enchantée pour donner de l'amour.*
Love-tricks. *Amourettes, jeux d'amour.*
Love-days, (thus were anciently called those days whereon arbitrements were made.) *Jours d'arbitrage.*
To LOVE, verb. act. *Aimer, chérir, avoir de l'amitié ou de l'amour pour quelque personne, l'aimer ; avoir du penchant, ou de l'inclination pour quelque chose, se plaire à quelque chose.*
To love one passionately or desperately. *Aimer quelqu'un ard.mm.nt, passionnément, éperdument, à la folie, à la fureur.*
I love you with all my heart. *Je vous aime de tout mon cœur.*
He loves to poison what a man says. *Il se plait à envenimer ce qu'on dit.*
P. Love me, love my dog. P. *Qui m'aime, aime mon chien.*
P. Love me little and love me long. P. *Il faut faire amour qui dure.*
P. To love one as the devil loves holy water, or as the cat loves mustard. P. *Aimer quelqu'un comme le diable aime l'eau bénite, ou le chat la moutarde.*
Loved, adj. *Aimé, chéri.*
LOVELILY, adverb. *D'une maniere aimable.*
LOVELINESS, subst. *Beauté, agrément, amabilité.*
LOVELORN, adj. *Trahi dans son amour, abandonné.*
LOVELY, adj. *Aimable, beau, bien fait, charmant.*
A lovely woman. *Une femme aimable ou charmante.*
LOVER, s. *Amateur, celui qui est amoureux ou qui aime.*
Lover, (gallant or spark.) *Un amant, galant ou amoureux.*
Lovers, (a lover and a mistress.) *Amans, personnes qui s'aiment.*
LOVETALE, s. *Histoire galante.*
LOU,H, s. (an Irish word for a lake.) *Un lac.*
LOVING, s. *L'action d'aimer.*
Loving, adj. (good or kind.) *Bon, de bon naturel.*
Our loving subjects. *Nos bons sujets.*
A loving wife. *Une bonne femme.*
Loving, (or affectionate.) *Affectionné.*
LOVINGLY, adv. (or kindly.) *Bien, d'une maniere honnête & paisible, avec bien de l'amitié, affectueusement.*
LOUIS D'OR, subst. (a golden coin of France.) *Louis d'or.*
To LOUNGE, verb. neut. *Vivre dans la fainéantise.*
LOUNGER, s. *Fainéant.*
To LOUR. V. to Lowr.
LOURGULARY, s. (a casting any corrupt thing into the water, the poisoning the water.) *L'action de corrompre ou d'empoisonner l'eau.*
LOUSE, s. (a sort of vermin.) *Pou, sorte de vermine ; au pluriel*, Lice.
Full of lice. *Plein de poux, plein de vermine.*
Louse-wort. *Herbe aux poux.*
A crab-louse. *Un morpion.*
A wood-louse. *Un cloporte.*
To LOUSE, verb. act. *Epouiller, éplucher.*
To louse one's self, v. récip. *S'épouiller ou s'éplu her.*
LOUSILY, adv. *Passement, chétivement, d'une maniere vile.*
LOUSINESS, subst. *Abondance de poux, l'état d'un pouilleux ou d'une pouilleuse.*
LOUSY, adj. *Pouilleux, plein ou couvert de poux.*
The lousy disease. *Maladie pédiculaire.*
A lousy rascal. *Un gueux, un coquin, un belitre.*

LOUT, s. *Un rustre.*
LOUTISH, adj. *Rustique, grossier, maladroit.*
LOUTISHLY, adverb. *En lourdaud, en rustre.*
LOW, adj. (the contrary of high.) *Bas, petit, qui n'est pas haut.*
A low house. *Une maison basse.*
A low forehead. *Un petit front.*
Low, (or at bottom.) *Bas, qui est au fond.*
It is or 'tis low water. *La marée est basse.*
Low, (mean.) *Bas, abject, vil, méprisable.*
Low extraction. *Naissance basse, abjecte ou obscure.*
A low rate. *Bas prix ou vil prix.*
Low, (or humble.) *Bas, humble.*
Low, (under or inferior.) *Bas, inférieur.*
A low Officer. *Un bas Officier.*
Low style, (opposed to sublime.) *Style bas, opposé au sublime.*
Low, (the contrary of loud.) *Bas, sourd, qu'on n'entend qu'avec peine.*
A low sound. *Un son bas.*
A low voice. *Une voix basse.*
A low pulse. *Un pouls profond.*
To bring low. *Abattre.*
My fit of sickness has brought me very low. *Ma maladie m'a fort abattu.*
To bring low, (or humble.) *Abattre, humilier.*
To be low or in a low condition, (in point of health.) *Être bas, se porter fort mal, être fort foible ou abattu.*
To be in a low condition, to be low in the world. *Être en mauvais état, être mal dans ses affaires, être bas, être bas percé.*
LOW, adv. *Bas.*
To speak low. *Parler bas.*
To bow very low. *Saluer profondément ; faire une profonde révérence.*
His house stands low, (or in a bottom.) *Sa maison est dans un fond.*
I cannot find him high nor low, (up nor down.) *Je ne le puis trouver nulle part.*
His reputation begins to run low. *Sa réputation commence à baisser.*
A low-built ship. *Un vaisseau de bas bord.*
Low-Sunday, s. (the next Sunday after Easter.) *Quasimodo.*
To LOW, v. neut. (or bellow.) *Meugler, beugler ou mugir.*
LOWBELL, subst. (a light hand bell to catch birds with.) *Cloche pour chasser au feu, cloche avec quoi l'on chasse aux oiseaux en Angleterre. V.* Luff.
LOWBELLER, s. (he that fowls with a lowbell.) *Celui qui chasse au feu avec une cloche.*
LOWE. V. Hill.
LOWER, adj. (the comparative of low.) *Plus bas.*
The lower shelf. *La tablette d'enbas.*
The lower house or the house of Commons. *La Chambre basse, la Chambre des Communes du Parlement d'Angleterre.*
The lower parts of the belly. *Le bas du ventre.*
To LOWER, v. act. (to bring down.) *Abaisser. V.* to Lowr.
To lower, (a sea-expression.) *Amener.*
Lower handsomely! *Amène en douceur !*

Lower

Lower cheerly! *Amene tout plat! ou en bande, ou lâche tout!*
LOWEST,
LOWERMOST, } *adj.* (the superlative of low.) *Le plus bas.*
'Tis the lowest price or 'tis the lowest I can sell it for. *C'est-là le plus bas ou le plus juste prix, c'est là le meilleur marché, je ne puis pas le vendre à moins, je n'en saurois rien rabattre.*
LOWING, *f.* (from to low.) *Meuglement, beuglement, mugissement.*
LOWLILY, *adverb.* *Bassement, humblement.*
LOWLINESS, *f.* (or humbleness.) *Humilité, bassesse.*
LOWLY,
LOWLY-MINDED, } *adject.* (humble.) *Humble, soumis, qui a de l'humilité.*
LOWN. *V.* Rascal.
LOWNESS, *sub.* *Petitesse, bassesse, condition basse.*
To LOWR,
To LOWER, } *verb. neut.* (or frown.) *Se refrogner, avoir un air refrogné, faire la mine.*
The Heavens lower, (or begin to be overcast.) *Le ciel se couvre.*
Lowring, *adject.* Ex. A lowring countenance. *Un air refrogné.*
Lowering weather. *Un temps sombre ou couvert.*
LOWRINGLY or rather Loweringly, *adv.* *D'un air refrogné.*
LOWSPIRITED, *adj.* *Abattu.*
LOWTHOUGHTED, *adj.* *Qui a l'esprit rampant ou l'ame basse.*
LOXODROMICK, *f.* (the art of sailing by the rhumb.) *L'art de naviguer en spirale.*
LOYAL, *adject.* (or faithful.) *Fidelle, loyal.*
The loyal party, (the party that stands for the King.) *Les Royalistes, le parti de la Cour.*
LOYALLY, *adv.* (or faithfully.) *Fidellement, loyalement.*
LOYALTY, *subst.* (or fidelity.) *Fidélité, loyauté.*
LOZEL,
LUBBER, } *subst.* (a lazy body.) *Un gros fainéant, un ventre paresseux.*
LOZENGE, *f.* (a mathematical figure.) *Losange, figure mathématique.*
Lozenge, *subst.* (a little square cake of preserved flowers, &c.) *Losange ou tablette.*
LU, *subst.* (loo.) *Sorte de jeu de cartes.*
LUBBARD, *subst.* (a lazy fellow.) *Un fainéant.*
LUBBER, *subst.* (a mean servant, a drudge.) *Gros valet, valet qu'on emploie aux ouvrages les plus bas & les plus pénibles.*
A long lubber. *Un grand corps mal-bâti, mal-proportionné.*
An idle lubber. *Un gros fainéant.*
An abbey-lubber. *V.* Abbey.
LUBBERLY, *adj.* Ex. A great lubberly fellow. *Un gros pitaud.*
Lubberly, *adv.* *De mauvaise grace.*
LUBRICAL. *V.* Lubrick.
To LUBRICATE. *V.* to Smooth.
LUBRICATION,
LUBRIFICATION, } *V.* Smoothing.
LUBRICITY, *subst.* (fickleness, uncertainty.) *Légéreté, inconstance, incertitude.*
Lubricity, (wantonness.) *Lubricité, lascivité.*

LUBRICK,
LUBRICOUS, } *adj.* (slipppery, uncertain.) *Incertain, trompeur, vain.*
A lubricous hope. *Espérance vaine, &c.*
Lubricous, (fickle, inconstant.) *Léger, inconstant.*
Lubricous (or unconclusive) argument. *Un foible argument, un argument qui ne prouve rien.*
Lubrick, (or wanton.) *Lubrique, lascif.*
LUCE, *f.* Ex. A flower-de-luce. *Une fleur de lys.*
LUCENT, *adj.* (bright or shining.) *Brillant, luisant, éclatant.*
LUCERN,
LUSERN, } *sub.* (a sort of Russian beast near the bigness of a wolf.) *Sorte de loup cervier.*
LUCERNE, *f.* (a kind of strong grass.) *Luzerne, sorte d'herbe.*
LUCID, *adj.* (shining, bright.) *Lucide, qui luit de soi-même.*
He is mad, but he has some lucid intervals. *Il est fou, mais il a de temps en temps des intervalles lucides.*
LUCIDITY,
LUCIDNESS, } *subst.* *Eclat, splendeur.*
LUCIFER, *subst.* (the devil.) *Lucifer, le diable, le démon.*
Lucifer, (the morning-star.) *Lucifer, l'étoile matiniere.*
LUCIFEROUS,
LUCIFICK, } *adject.* *Qui éclaire.*
LUCK, *f.* (or good luck.) *Bonheur, succès, hasard.*
By good luck. *Par bonheur, par hasard.*
I wish you good luck. *Je vous souhaite bon succès.*
He has the luck on't. *Il a du bonheur, il est heureux.*
Ill luck. *Malheur,* † *guignon.*
To bring one ill luck. *Porter malheur à quelqu'un, lui porter guignon.*
I'. Luck for the fools, and chance for the ugly. P. *A sou fortune.*
LUCKILY, *adv.* (by good luck.) *Heureusement, par bonheur.*
LUCKNESS, *f.* *Bonheur.*
LUCKLESS, *adj.* *Malheureux.*
LUCKY, *adject.* *Heureux, qui a du bonheur.*
A lucky hit. *Un coup de bonheur, une heureuse rencontre.*
LUCRATIVE, *adj.* (gainful.) *Lucratif, qui apporte du profit.*
LUCRE, *subst.* (or gain.) *Lucre, gain, profit.*
LUCRIFEROUS. *V.* Lucrative.
LUCUBRATION, *subst.* (ingenious composition.) *Ouvrage d'esprit, production, veille.*
LUCUBRATORY, *adj.* *Fait à la chandelle.*
LUCULENT, *adj.* (or clear.) *Clair.*
Luculent proof. *Preuve claire.*
LUDICROUS, *adj.* (done or said by way of drollery, play, pastime or banter; comical.) *Badin, moqueur, drôle, plaisant, goguenard, comique, burlesque, bouffon, fait ou dit en plaisantant.*
LUDICROUSLY, *adv.* *Burlesquement, plaisamment, en badin, drôlement, en bouffon.*
LUDIFICATION, *subst.* (a mocking.) *Moquerie, action de se moquer ou de rendre ridicule.*
Ludification, (illusion.) *Illusion.*
LUFF, *subst.* (light or flame to fowl

with a lowbell.) *Feu ou lumiere pour chasser aux oiseaux.*
Luff. *La paume de la main.*
Luff, (at sea.) *impér. & subst.* *Lof! ordre au timonnier.*
Luff round! or luff all! *Lof tout!*
To spring a luff. *Faire une aulofée.*
Keep the luff or keep your luff! *Tiens le vent! n'arrive pas! commandement au timonnier.*
LUFF-TACKLE, *subst. comp.* *Palan qui, sans avoir de place ni de destination particuliere dans le vaisseau, peut être porté à différents endroits, & servir à divers usages.*
LUG, *subst.* The lug of the ear. *Le tendron ou le bout de l'oreille.*
To give one a lug. *Tirer l'oreille à quelqu'un tout d'un coup.*
A lug, (pole to measure land with.) *Perche pour mesurer la terre.*
Lug-sail, *subst. comp.* *Voile de fortune ou tréou.*
To LUG, *v. act.* (to pull.) *Tirer.*
To lug one by the ear. *Tirer l'oreille à qu.lqu'un.*
To lug, (hale or tug.) *Tirer, trainer.*
LUGGAGE, *f.* *Attirail, hardes, baggage, suite.*
LUGGED, *adj.* *Trainé.*
LUGGING, *f.* *L'action de tirer ou de trainer.*
LUGUBRIOUS, *adj.* (mournful.) *Lugubre, triste.*
LUKEWARM, *adj.* (between hot and cold.) *Tiede, qui est entre le froid & le chaud.*
Lukewarm, (cold, indifferent.) *Tiede, froid, indifférent, en parlant des personnes.*
LUKEWARMNESS, *f.* *Tiédeur.*
Lukewarmness, (indifference.) *Tiédeur; froideur, indifférence.*
To LULL, *verb. act.* (as a nurse does her child.) *Bercer, caresser, chanter pour endormir un enfant, en parlant d'une nourrice.*
To lull asleep. *Endormir.*
When the devil lulls us asleep in sin. *Quand le diable nous berce ou nous endort dans le péché.*
LULLABY, *f.* (a song to still babes.) *Chanson pour endormir un enfant.*
LULLED, *adj.* *Bercé, caressé.*
Lulled asleep. *Endormi.*
LUMBAGO, *f.* *Douleur de reins.*
LUMBAR,
LUMBARY, } *adject.* (belonging to the reins.) *Qui appartient aux reins ou aux lombes, lombaire.*
LUMBER, *subst.* (the biggest and worst sort of household-stuff.) *Gros meubles, choses inutiles; différents objets de commerce, tels que bois, &c. dont le trafic se fait entre les antilles & le continent d'Amérique.*
Lumber. *Fatras.*
To LUMBER, *verb. act.* *Entasser sans ordre, se mouvoir lourdement.*
LUMINARY, *f.* (or light.) *Luminaire, corps lumineux qui éclaire.*
The sun and moon are the two great luminaries. *Le soleil & la lune sont les deux grands luminaires.*
LUMINOUS, *adj.* (or bright.) *Lumineux, plein de clarté.*
LUMP, *f.* (or mass.) *Masse, bloc.*
A lump of flesh. *Une masse de chair.*
To sell by the lump. *Vendre en bloc.*
A lump, (or heap.) *Un monceau, tas.*

LUMPISH,

LUMPISH, adj. (or heavy.) Pesant, lourd, qui pese.
Lumpish, (heavy, dull.) † Pesant, lourd, grossier.
LUMPISHLY, adv. Stupidement.
LUMPISHNESS, s. (or frenzy.) Phrénésie, folie, stupidité, bêtise.
LUMPY, adj. Qui est en plusieurs masses.
LUNACY, subst. (the being a lunatick.) Phrénésie, folie, maladie de lunatique.
To be troubled with lunacy. Être lunatique, être fou, tenir de la lune.
To be smitten with lunacy. Être lunatique, être fou, tenir de la lune.
LUNAR, } adj. (of or belonging to
LUNARY, } the moon.) Lunaire.
LUNARY, s. (or moon-wort.) Lunaire, sorte d'herbe.
LUNATICK, adj. (smitten with lunacy.) Lunatique, fou, qui tient de la lune.
Lunatick, s. Un lunatique.
LUNATION, subst. (the space of time from one moon to another.) Lunaison.
LUNCH, } s. Morceau.
LUNCHEON, }
A great lunch of bread. Un grand morceau de pain.
The afternoon's luncheon. Le goûté.
LUNES, subst. (or leathes or long lines to call in hawks.) Filiers ou créance, en terme de fauconnerie.
LUNETTE, subst. (small half-moon.) Lunette, terme de fortification.
* LUNGIS, subst. (a slim slow-back, a dreaming lusk.) † Un longis, un grand lendore, un lambin.
LUNGS, s. Le poumon.
To clear one's lungs. Se dégager le poumon.
The pipe of the lungs. Sifflet, la trachée artere, en termes d'anatomie.
Lung-wort, (white hellebore.) Pulmonaire, l'herbe au poumon.
LUNT, s. (or match to fire guns with.) Meche, avec quoi l'on tire un mousquet ou un canon.
LUPINE, s. (a sort of pulse.) Lupin, sorte de légume.
LURCH, s. (double game.) Bredouille, partie double au jeu.
Fortune has left him in the lurch. La fortune lui a tourné le dos.
† To leave one in the lurch, (or forsake one.) Abandonner quelqu'un, † le planter là, † le laisser là pour reverdir.
† To lie upon the lurch, (or upon the catch.) Être aux aguets, dresser des embûches à quelqu'un, tâcher de le surprendre ou de l'attraper.
Lurch, (a sea-word.) Embardée ou coup de gouvernail.
To LURCH one at play, verb. act. Gagner bredouille, gagner la partie double à quelqu'un.
To lurch or lie upon lurch. V. Lurch.
Lurched, adj. A qui l'on a gagné bredouille, qui a perdu la partie double.
LURCHER, s. (that lies upon the lurch.) Celui qui dresse des embûches à quelqu'un, &c. V. Lurch.
Lurcher, (a kind of mongrel greyhound.) Un espèce de levrier bâtard.
LURCHING, subst. L'action de gagner bredouille ou la partie double.
A lurching or lying upon the lurch. Embûches qu'on dresse à quelqu'un.
LURE, subst. A hawk's lure, (a device of leather stuck with feathers and baited with flesh,) Un leurre pour rappeller le faucon.

Lure, (or decoy.) Leurre, amorce.
To LURE, v. act. Leurrer.
To lure a hawk. Leurrer le faucon, l'accoutumer à venir sur le leurre, le dresser au leurre.
To lure (allure or decoy) one. Leurrer quelqu'un, l'attirer, le gagner.
Lured, adj. Leurré. V. to Lure.
LURID, adj. (pale, wan.) Livide, pâle, blême.
To LURK, verb. neut, (or lie hid.) Se cacher, se tapir.
LURKER, s. Celui on celle qui se cache.
LURKING, subst. L'action de se cacher, de se tapir.
Lurking, adj. Ex. A lurking-place or lurking-hole. Cachette, lieu où l'on se cache.
To lie lurking. Se cacher, se tenir caché.
A lurking fellow. Un homme qui se cache.
LUSBOROW, } subst. (a base coin
LUSHBURG, } brought from beyond sea and forbidden in the days of King Édouard the third.) Monnoie de bas aloi, qui fut décriée sous le regne d'Édouard III.
LUSCIOUS, adject. (or over sweet.) Doucereux, doux, fade, qui affadit l'estomac, qui n'a rien qui réveille le goût, mielleux, sucré.
Luscious wine. Vin doucereux, vin doux ou mielleux.
Luscious meat. Viande qui affadit l'estomac.
A luscious melon. Un melon sucré.
† A luscious (or flattering) stile. Style flatteur, des paroles emmiellées.
LUSCIOUSLY, adverb. Avec douceur ou fadeur.
LUSCIOUSNESS, subst. Douceur, qualité fade.
LUSERN, s. Loup-cervier.
LUSK, subst. (a slug or slothful fellow.) Un paresseux, un lambin.
LUSKISHNESS, s. Paresse, lenteur.
LUSORIOUS, } adj. Usité au jeu.
LUSORY, }
LUST, subst. (or concupiscence.) Concupiscence, convoitise, incontinence, impudicité, brutalité.
To LUST, verb. act. Convoiter, désirer avec passion.
To lust after a woman. Convoiter une femme, souhaiter d'en jouir.
Lusted after, adj. Convoité, désiré, souhaité avec passion.
LUSTFUL, adj. (from lust.) Impudique, brutal, lascif.
Such a thing will make one lustful. Cela est propre à échauffer la nature ou à réveiller la concupiscence.
LUSTFULLY, adv. (to look lustfully upon one. Regarder quelqu'un d'un œil lascif ou impudique, ou d'un ail de convoitise.
LUSTFULNESS, s. Convoitise, impudicité, lasciveté, concupiscence.
LUSTILY, adv. (stoutly.) Vigoureusement, fort & ferme.
To eat and drink lustily. Manger & boire avec grand appetit.
To drink lustily. Boire copieusement, † boire à tire-larigot.
LUSTINESS, s. Vigueur, force.
LUSTLESS, adject. Qui est sans convoitise.
LUSTRAL, adj. Lustrale, ne se dit que de l'eau.
LUSTRATION, s. (a purging by sacrifice among the Ancients.) Lustration,

espece de sacrifice en usage chez les Anciens.
LUSTRE, s. (brightness.) Lustre, éclat, splendeur.
Lustre, (the space of fifty months.) Espace de cinq ans, ou plutôt de cinquante mois.
LUSTRIFICAL, } adject. (purging or
LUSTRAL, } making holy.) Lustral.
Lustrifical water. Eau lustrale.
LUSTRING }
LUTESTRING } subst. (a sort of silk.) Lustré ou taffetas lustré, ou taffetas doublé.
LUSTY, adj. (strong, stout.) Robuste, fort, vigoureux, puissant, gras.
LUTANIST, s. (a prayer on the lute.) Joueur de luth.
LUTARIOUS, adj. Qui vit dans la boue, de couleur de boue.
LUTE, s. (a musical instrument.) Luth, instrument de musique.
To play on the lute. Jouer du luth, toucher du luth.
Lute-string. Corde de luth.
A lute-player. Un joueur de luth.
To LUTE, verb. act. (a term of chymistry, to cover with loam.) Luter, terme de chimie, enduire de lut.
Luted, adj. (clayed.) Luté, enduit de lut.
LUTESTRING. V. Lustring.
LUTHERANISM, subst. (the sect or religion of the Lutherans.) Le Luthéranisme.
LUTHERANS, subst. (those who follow the tenets of Luther, one of the reformers.) Les Luthériens.
LUTING, subst. (from to lute.) L'action de luter.
LUTULENT, adj. (miry, dirty.) Bourbeux, boueux, plain de boue.
To LUX, } verb. act. (to disjoint.)
To LUXATE, }
Luxer, disloquer, déboiter, démettre.
To luxate, verb. neut. Se luxer, se disloquer, se déboiter, se démettre.
Luxated or Luxed, adj. Luxé, disloqué, déboité, démis.
LUXATION, s. Luxation, dislocation.
Luxation, (or putting out of joint, a term used in surgery.) Luxation, déboutement des os.
LUXURIANCE, } subst. Abondance ou
LUXURIANCY, } trop grande abondance.
LUXURIANT, adj. (growing to excess, growing rank.) Ex. Luxuriant plants. Des plantes qui poussent des feuilles & du bois en trop grande abondance.
Luxuriant health. Excès de santé.
A luxuriant way of speaking. Une éloquence pompeuse.
A luxuriant writer. Un écrivain fertile.
Luxuriant flesh. Chair épaisse.
Luxuriant or luxurious. V. Luxurious.
To LUXURIATE, verb. neut. (to abound, to exceed or grow rank.) Être trop fertile ou trop abondant.
LUXURIOUS, adj. (that lives in luxury, wanton.) Luxurieux, qui vit dans la luxure, lubrique, incontinent.
Luxurious (extravagant in one's diet or garb, &c.) Qui vit dans le luxe, adonné au luxe.
LUXURY }
LUXURIOUSNESS } subst. (excess, riot, riotousness.) Luxe, excès, dépense superflue.
Luxury,

Luxury, (lust, incontinence.) *Luxure, incontinence, lubricité.*
The luxury (or rankness) of some plants. *La grande abondance de feuilles & de bois que poussent certaines plantes.*
LUZARN. *V.* Lusern.
LY. *V.* LYE.
LYCANTHROPY, *subst.* (the frenzy or madness of a wolf-man.) *Lycanthropie, frénésie de loup-garou.*
LYCEUM, *subst.* (a famous school of *Aristotle* near *Athens.*) *Lycée*, fameuse école où *Aristote* enseignoit la Philosophie.
LYCIUM, *subst.* (the box-thorn or the decoction of it.) *Lycium*, arbre épineux, ou le jus de cet arbre.
LYE, *subst.* (to wash with it.) *Lessive.*
To wash with lye. *Faire la lessive.*

Lye-washed. *Blanc de lessive.*
Lye, &c. *V.* Lie.
To LYE, (to be.) *V.* to Lie.
LYGURE, *s.* (a sort of precious stone.) *Ligure*, sorte de pierre précieuse.
LYING, *s.* (from to lye.) *L'action d'être couché*, &c. *V.* to Lie.
A woman's lying in. *Les couches d'une femme.*
Lying, (from to lie.) *L'action de mentir, mensonge, menterie. V.* to Lie.
LYMPH, *subst.* *Lymphe.*
LYMPHATICK, *adj.* Ex. The lymphatick veins. *Les veines lymphatiques.*
Lymphatick, (or distracted.) *Furieux, insensé, visionnaire.*
LYNCEAN, }
LYNCEOUS, } *adj.* (quick, speaking

of the sight.) *De lynx, perçant, aigu, en parlant des yeux ou de la vue.*
LYNX, *subst.* (a spotted beast remarkable for quickness of sight and speed.) *Lynx, loup-cervier.*
To have a lynx-like eye. *Avoir des yeux de lynx ou fort perçants.*
LYRE, *subst.* (or harp, a musical instrument.) *Lyre ou harpe*, instrument de musique.
LYRICAL, }
LYRICK, } *adj.* (belonging to the lyre.) *Lyrique.*
Lyrick Poet. *Poète lyrique.*
LYRIST, *s.* (he that plays on or sings to the harp.) *Joueur de lyre*, ou *celui qui chante sur la lyre.*

M.

M, *s.* douzième lettre de l'alphabet anglois, *se prononce comme en françois, excepté à la fin d'une syllabe, où elle se prononce d'une manière plus forte, & cela en joignant les lèvres. En* Buttom, fond; damnable, &c.
A great *M. Une grande M.*
M is a numeral letter, which in the roman way of cyphering stands for a thousand. *M est une lettre numérale, qui dans le chiffre romain signifie* mille.
MAC, *s.* (in *Irish*, a son.) *Mot irlandois, qui veut dire* fils.
Ex. Mac-Williams. *Le fils de Guillaume.*
MACARONI, *s. Petit-maître, un élégant; macaroni.*
MACARONICK, *adj.* (only used in this expression.) A macaronick poem, (a mockpoem.) *Un poëme macaronique.*
MACAROON, *subst.* (a kind of sweet biscuit.) *Macaron.*
MACE, *subst.* (a spice so called.) *Macis*, fleur de muscade.
Mace or mace-royal, (a mark of honour.) *Masse d'armes.*
Mace, (in an University.) *Masse de bedeau*, dans une Université.
MACEBEARER, *subst. Massier*, officier ou bedeau qui porte la masse.
To MACERATE, *v. act.* (to make lean or wear away.) *Macérer.*
To macerate, (to mortify or weaken.) *Macérer, mortifier, affliger, atténuer, affoiblir.*
Macerated, *adj. V.* to Macerate.
MACERATING, *subst. L'action de macérer*, &c. *V.* to Macerate.
MACERATION, *s.* (or soaking.) *Macération, infusion.*
Maceration, (mortification.) *Macération, mortification.*

MACHINAL, *adj. Machinal.*
To MACHINATE, *verb. act.* (to contrive or plot.) *Machiner, tramer, brasser, former quelque mauvais dessein, le rouler dans son esprit.*
MACHINATION, *s.* (device or plot.) *Machination, trame, invention, artifice.*
MACHINATOR, *s.* (a plotter or contriver.) *Machinateur, inventeur, auteur de crime.*
MACHINE, *s.* (an engine or instrument.) *Machine, instrument.*
MACHINERY, *s.* (a word used in poetry, for the use of machines.) *Usage des machines*, manière de les employer dans la grande poésie.
MACHINIST, *s.* (a maker of machines.) *Machiniste.*
MACILENT, *adj.* (lean, thin.) *Maigre, décharné, qui n'a que la peau & les os, atténué, défait.*
MACKEREL, *s.* (a sea-fish.) *Maquereau*, poisson de mer.
A mackerel-boat. *Maquilleur.*
MACROCOSM, *s. L'univers.*
MACTATION, *s. L'action d'immoler une victime.*
MACULA, }
MACULATION, } *s. Tache,* * *macule.*
To MACULATE, *verb. act. & neut.* (to stain or spot.) *Tacher, faire des taches; maculer*; ce dernier ne se dit que des feuilles & des estampes qu'on imprime.
Maculated, *adj. Taché, maculé.*
MACULATURES, *subst.* (waste and blotted papers.) *Maculatures.*
MAD, *adj.* (out of his senses.) *Enragé, fou, insensé, hors du sens, emporté, furieux.*
A mad dog. *Un chien enragé.*

He is stark staring mad. *Il est fou à lier; il est fou à courir les rues.*
To make one mad. *Faire enrager quelqu'un,* † *le faire endêver, le faire pester.*
He is mad at me. *Il enrage contre moi, il peste, il est en grande colère contre moi,* † *il fait rage contre moi.*
I am mad at it. *Cela me fait enrager, cela me fait pester ou perdre patience.*
Mad, (fond of, that has a great passion for a thing.) *Fou, passionné.*
To be mad for or upon a thing. *Être passionné pour quelque chose, la désirer passionnément ou avec fureur, en être fou.*
All maids are mad for husbands. *Toutes les filles ont la folie de vouloir se marier.*
Mad, (full of play.) *Folâtre, badin, volage.*
Mad fit. *Humeur folâtre, humeur badine.*
P. He is as mad as a march hare. *Il est extrêmement badin, il n'aime qu'à folâtrer.*
Mad fit, (whimsey, caprice, crotchet.) *Verve, caprice, quinte, fantaisie.*
Mad, (hare-brained, giddy-brained.) *Fou, étourdi, écervelé.*
A mad thing, (or a mad trick.) *Une grande folie.*
† The butter is mad, (that is, it is so hardened with cold, that it won't spread.) *Le beurre est si fort durci par le froid, qu'on ne le sauroit étendre.*
He eats like a mad man. *Il mange comme un enragé; il ne mange pas, il dévore; il mange fort & ferme.*
He joked him almost mad. *Il l'a poussé fort vivement par ses railleries, il a raillé cruellement,*

Tome II. 3F

MAD MAF MAF MAG MAG MAI

cruellement, il l'a raillé d'une maniere piquante ou sanglante.
A mad-apple, (or raging-apple.) *Pomme d'amour.*
A mad-cap, (one full of play.) *Un badin, un soldrin.*
A mad-cap, (giddy-brained.) *Un ecervelé, un étourdi.*
A mad-house, (or bedlam.) *Les petites-maisons.*
To MAD, v. act. & n. (to make mad.) *Faire enrager, faire pester, † faire endiver, faire perdre patience.*
It mads me to see how he is wronged. *J'enrage de voir le tort qu'on lui fait.*
MADAM, *f.* (a title of honour given to women.) *Madame ou Mademoiselle.*
MADDED, adj. *Qu'on a fait enrager ou pester.* V. to Mad.
To MADDEN, v. act. & n. *Rendre fou, devenir fou ou furieux.*
MADDER, *subst.* (an herb.) *Garance, herbe.*
R. Madder est aussi le degré comparatif de Mad; & Maddest en est le superlatif.
MADDING, *f.* Ex. To run a madding after a thing. *Rechercher quelque chose avec des empressemens furieux.*
He runs a madding after that woman. *Il est fou de cette femme, il l'aime à la fureur.*
The world runs strangely a madding after news. *Le monde s'empresse fort d'apprendre des nouvelles, le monde est affamé de nouvelles.*
He runs a madding after the philosopher's stone. *Il est entêté de la pierre philosophale.*
MADDISH, adject. *Un peu fou, folâtre, badin.*
MADE, *prét. & part. du verbe to* Make. *Fait,* &c. V. to Make.
He has made a perfect cure of me. *Il m'a parfaitement bien guéri, il m'a entierement remis sur pied.*
A made word. *Un mot factice, imaginé, inventé ou fait à plaisir.*
This word is commonly made thus. *C'est ainsi qu'on rend ou qu'on explique d'ordinaire ce mot.*
MADEFACTION, *f.* (a moistening.) *Action de mouiller.*
MADGE-HOWLET, *f.* (a bird.) *Hulotte, sorte d'oiseau.*
MADID, adj. (wet.) *Mouillé, moite.*
MADIDITY,
MADOUR, } *f.* (moisture.) *Moiteur, humidité.*
To MADIFY,
To MADEFY, } v. a. (to wet.) *Mouiller.*
MADLY, adv. (like a mad-man.) *Follement, en fou; comme un enragé, un fou ou un furieux; avec fureur, avec rage.*
Madly, (or rathly.) *Follement, en fou, à l'étourdie, comme un étourdi.*
MADNESS, *f.* (the being mad or out of one's wits.) *Rage, manie, folie.*
Madness, (fury, passion.) *Fureur, extravagance, emportement, colere.*
MADNING-MONEY, *f. C'est ainsi que les paysans nomment une ancienne monnoie de* Rome, *qu'on trouve quelquefois aux environs de* Dunstable.
MADRIER, *f.* (a thick plank or board.) *Madrier, terme de fortification.*
MADRIGAL, *f.* (a sort of poem.) *Un madrigal.*
To MAFFLE, v. n. & act. (or stammer, not to speak plain.) *Bredouiller, parler en bredouillant, bégayer.*

MAFFLER, *subst.* (or stutterer.) *Un bredouilleur, une bredouilleuse.*
MAFFLING, *subst. Bredouillement, bégaiement, l'action de bredouiller ou de bégayer.*
MAGAZINE, *f.* (or store-house.) *Magasin.*
A magazine of salt, *Un grenier à sel.*
Magazine, (in a man of war.) *Soute aux poudres.*
MAGBOTE, *f.* (a recompense formerly given for the slaying of another man's relation.) *Amende pécuniaire qu'on payoit autrefois aux proches parens de celui qu'on avoit tué, pour s'exempter d'une peine corporelle.*
MAGE. V. Magician.
MAGGOT, *subst.* (a worm.) *Ver qui s'engendre dans la chair, le fromage, les fruits.*
† Maggot, (or whimsey.) *Caprice, fantaisie, quinte, lubie.*
† I shall do it when the maggot bites, (or when I have a mind to it.) *Je le ferai quand il m'en prendra envie.*
Maggot-headed, adj. *maggot-pated or maggotty,* adj. (full of whims, whimsical.) *Capricieux, bourru, fantasque, visionnaire, quinteux.*
MAGGOTTY, adject. *Plein de vers; plein de caprices.*
MAGICAL, adj. *Magique, qui concerne la magie.*
MAGICALLY, adv. *Par magie, par sortilege, par enchantement.*
MAGICIAN, *f.* (a sorcerer or sorceress, a conjurer.) *Un magicien, une magicienne, un sorcier, une sorciere.*
MAGICK, *f.* (the black art.) *Magie ou magie noire, enchantement.*
Natural magick, (the science of nature.) *La magie naturelle, ou la magie blanche.*
Magick, adj. *Magique, de magie.*
MAGISTERIAL, adject. (like a master, imperious.) *Magistral, de maître, impérieux, fier.*
MAGISTERIALLY, adv. *Magistralement, en maître, d'un ton de maître, impérieusement, fierement.*
To command magisterially. *Commander en maître, commander à la baguette.*
MAGISTERIALNESS, *f. Hauteur, airs de maître.*
MAGISTERY, *f.* (or mastership.) *Qualité de maître, pouvoir, autorité.*
Magistery, (a term used in chymistry.) *Magistere, terme de chimie.*
MAGISTRACY, *sub.* (the dignity of a Magistrate.) *Magistrature.*
MAGISTRALLY, v. Magisterially.
MAGISTRATE, *f.* (an Officer of Justice or City-Governor.) *Magistrat.*
MAGNA-CHARTA, *subst.* (the great Charter granted by King *John.*) *La grande Chartre que Jean, Roi d'Angleterre, accorda à ses sujets, & qui contient les grands privileges de la Nation Angloise.*
MAGNANIMITY, *subst.* (a great spirit, greatness of courage.) *Magnanimité, grandeur de courage.*
MAGNANIMOUS, adject. *Magnanime, courageux, qui a l'ame grande, qui a le cœur bien placé.*
MAGNANIMOUSLY, adv. *Avec grandeur de courage, courageusement.*
MAGNET, *f.* (or loadstone.) *L'aimant.*
MAGNETICAL,
MAGNETICK, } adj. *Magnétique, qui appartient à l'aimant.*

Magnetick, (which partakes of the virtue of the loadstone.) *Magnétique.*
A magnetick-stone. *Un aimant.*
MAGNETISM, *f. Magnétisme.*
MAGNIFIABLE, adj. *Qui peut être exalté ou loué.*
MAGNIFICAT, *f.* (the canticle of the blessed Virgin.) *Le Magnificat, le cantique de la bienheureuse Vierge.*
P. To correct the magnificat, (to endeavour to mend what is perfect.) *P. Corriger le magnificat, tâcher de corriger ce qui est parfait.*
MAGNIFICENCE, *f.* (stateliness, sumptuousness.) *Magnificence, pompe, splendeur, grandeur, éclat.*
MAGNIFICENT, adject. (stately, sumptuous.) *Magnifique, superbe, pompeux, grand, éclatant, splendide.*
Magnificent (lofty) words. *Paroles magnifiques.*
MAGNIFICENTLY, adverb. *Magnificemment, splendidement, superbement, avec magnificence, d'une maniere magnifique ou splendide.*
To speak magnificently of one's self. *Faire son panégyrique, se louer en termes magnifiques.*
MAGNIFICK,
MAGNIFICAL, } adj. *Illustre, grand.* V. Magnificent.
MAGNIFICO, *f.* (a nobleman in *Venice,*) *Un magnifique, un noble Vénitien.*
He is a magnifico, (or great man.) *C'est un homme d'importance, c'est un des grands de l'Etat.*
MAGNIFIER, *subst.* (encomiast.) *Panégyriste; verre qui grossit les objets.*
To MAGNIFY, verb. act. (to commend, praise or cry up.) *Exalter, louer, priser, vanter.*
To magnify an object, (to make it look greater.) *Grossir un objet.*
To magnify, (or exaggerate.) *Exagérer.*
Magnified, adj. *Exalté, loué,* &c. V. to Magnify.
MAGNIFYING, *subst. L'action de louer.* V. to Magnify.
Magnifying, adj. *Qui grossit.*
A magnifying-glass. *Un microscope, instrument de Dioptrique qui grossit les objets.*
MAGNITUDE, *f.* (bigness.) *Grandeur.*
A star of the first magnitude. *Une étoile de la premiere grandeur.*
MAGPIE, *f.* (a bird.) *Pie.*
A speckled magpie. *Une pie grieche.*
MAHIM, *f.* (a law-word, that signifies a corporal hurt, by which a man loses the use of any member, that is or might be any defence to him in battle.) *Terme de Palais qui signifie en général toute sorte de mutilation ou de blessure par laquelle un homme perd l'usage d'un membre, qui pourroit lui servir dans un combat.*
MAHOMETAN, *f.* (one that follows the doctrine of *Mahomet.*) *Un Mahométan.*
MAHOMETISM, *subst. Mahométisme, la religion du faux prophete Mahomet.*
MAHONE, *f.* (a turkish ship.) *Mahonne, galéase turque.*
MAID,
MAIDEN, } *f.* (a virgin.) *Vierge, pucelle, fille.*
A young maid. *Une jeune fille, une jeune vierge ou pucelle.*
A maid or serving-maid. *Une servante, fille de service.*

A

A chamber-maid. *Une femme de chambre, une soubrette.*
A house-maid. *V. House.*
The Queen's maids of honour. *Les filles d'honneur de la Reine.*
A maid servant. *Une servante.*
Maid, (a sort of fish.) *Ange de mer, espece de poisson.*
MAIDEN, *s.* (a maid or virgin.) *Fille, vierge, pucelle. V. Maid.*
MAIDENHEAD, *s.* (virginity.) *Virginité, pucelage.*
MAIDENHOOD,
To get or take away a virgin's maidenhead. *Dépuceler une fille.*
MAIDENHAIR, *s.* (a plant.) *Capillaire ou capillus veneris,* sorte d'herbe.
MAIDENLY,
MAIDENLIKE, *adj. De vierge, virginal; modeste, pudique.*
Maidenly, *adv. Modestement, avec modestie, avec retenue, avec pudeur.*
MAIDEN-RENTS, *s.* (a fine paid to the lords of some manors, for the licence of marrying daughters.) *Certain droit qu'un vassal paye au Seigneur du fief quand il marie sa fille.*
MAIDHOOD, *sub.* (virginity.) *Voyez* Maidenhead.
MAIDMARIAN, *subst.* (a boy dressed in girl's cloaths, in a morris-dance.) *Baladin habillé en fille dans une danse moresque.*
MAID-SERVANT. *V.* Maid.
MAJESTICAL,
MAJESTICK, *adj.* (great, stately.) *Majestueux, qui a de la majesté, plein de majesté.*
MAJESTICALLY, *adv. Majestueusement, avec majesté, avec élévation.*
MAJESTICK, *adj.* (great, lofty, sublime.) *Majestueux, grand, sublime, relevé,* en parlant d'un discours.
MAJESTY, *s.* (stateliness, greatness.) *Majesté, air grand, air vénérable & plein d'autorité.*
The majesty (the sublimity or loftiness) of his expression. *La majesté, l'élévation, la sublimité de ses expressions.*
Majesty, (a title given to Emperors and Kings only.) *Majesté, titre affecté aux Empereurs & aux Rois.*
MAIL, *s.* (a little iron ring.) *Maille, petit anneau de fer.*
A coat of mail. *Une cotte de mailles.*
A mail (or coffer) to travel with. *Une malle ou un coffre pour le voyage, valise.*
The mail. *La malle, le courrier.*
We want two mails from Holland. *Il nous manque deux postes de Hollande.*
MAILE, *subst.* (a sort of base coin.) *Maille,* sorte de monnoie.
MAILED, *adj.* (that is speckled, as hawk's feathers.) *Maillé, plein de mailles.*
MAIM, *s.* (wound.) *Blessure, atteinte.*
A cruel maim in the sinews of the war. *Vive atteinte aux nerfs de la guerre.*
Maim, *adj.* (curtailed of any member.) *Manchot, estropié.*
To MAIM, *verb. act. Mutiler, tronquer, estropier.*
Maimed, *adject. Mutilé, tronqué, estropié.*
They are maimed in their interest among their neighbours. *Ils ont perdu une partie de leur crédit parmi leurs voisins.*
MAIMING, *s. Mutilation, l'action de mutiler, de tronquer ou d'estropier.*
MAIN, *adj.* (or chief.) *Principal.*

The main point of a business. *Le principal point d'une affaire.*
The main-mast. *Le grand mât.*
The main-top-mast. *Le grand mât de hune.*
The main-top-gallant-mast. *Le grand perroquet.*
The main-yard. *La grande vergue.*
The main guard or grand guard. *La grande garde,* en termes de guerre.
A main or full gallop. *Un grand galop.*
The main land. *La terre ferme, le continent.*
The main sea. *La haute mer.*
The main body of an army. *Le gros d'une armée.*
A river that runs with a main stream. *Une riviere fort rapide, ou qui a le courant fort rapide.*
To look to the main chance. *Prendre garde à ses affaires, aller au solide. Voy.* Chance.
For the main substance of it. *Quant à l'essentiel de la chose.*
I did it by main strength. *J'y ai employé toutes mes forces.*
Main, *s.* (or the main sea.) *La haute mer.*
The main, (or main land.) *Le continent.*
With might and main. *De toute sa force,* † *de cul & de tête.*
He is honest in the main. *Il est honnête homme au fond.*
Upon the main, (after all.) *Après tout, au bout du compte.*
MAINLY, *adv.* (chiefly.) *Principalement, sur-tout.*
It mainly (or nearly) concerns me. *Cela me touche ou me regarde de fort près.*
MAINOUR, (a law-word which signifies a thing stolen.) *Vol, larcin.*
MAINPERNABLE, *adj.* (or bailable.) *Qui peut être élargi moyennant caution.*
MAINPERNOR, *s.* (or surety.) *Caution.*
MAIN-PORT, *s.* (a small duty which in some places the parishioners pay to the rector of their Church, in recompence of certain tithes.) *Compensation que les paroissiens font, en certains lieux d'Angleterre, à leur Ministre.*
MAINPRISE,
MAINPRIZE, *s.* (a law-word for the bailing of a man.) *Cautionnement.*
To MAINPRISE, *v. act. Cautionner.*
Mainprised, *adj. Cautionné, élargi sous caution.*
MAIN-SHEET, *s. Grande voile.*
To MAINTAIN, *verb. act.* (to defend or preserve.) *Maintenir, soutenir, défendre, conserver, faire subsister.*
To maintain (or plead) a cause. *Défendre, plaider une cause.*
To maintain, (or to keep.) *Entretenir, fournir ce qu'il faut pour subsister.*
To maintain, (or affirm.) *Maintenir, affirmer, soutenir.*
I will maintain it, (or I'll prove it.) *Je le prouverai.*
Maintained, *adject. Maintenu, soutenu,* &c. *V.* to Maintain.
MAINTAINABLE, *adj. Soutenable.*
MAINTAINER, *s.* (defender, preserver.) *Défenseur, celui qui maintient,* &c. *V.* to Maintain.
Maintainer, (he that supports or seconds a cause.) *Le patron d'une cause.*
MAINTENANCE, *subst.* (upholding, defence.) *Maintien, défense, protection, conservation, soutien.*

Maintenance, (food, living, things necessary to live.) *Entretien, entretenement.*
Maintenance, (among lawyers.) *Maintenue ou manutention.*
MAIN-YARD. *V.* Main.
MAJOR, *adj.* The major (or the greatest) part. *La plus grande partie.*
Major, *s.* (or the major proposition) of a syllogism. *La majeure d'un syllogisme.*
A tierce-major, (at piquet.) *Une tierce major.*
A Major, (an Officer in the army.) *Un Major,* sorte d'Officier d'armée.
Major-domo, (or steward.) *Major-dome, intendant, maître-d'hôtel.*
MAJORATION, *s. Accroissement, augmentation.*
MAJORITY, *s.* (or the greater part.) *La plus grande partie, pluralité.*
The majority of votes. *La pluralité des voix.*
Majority, (a man's being at age; end of minority.) *Majorité,* état de celui qui est majeur.
Majority, (the office of a major.) *Majorité,* charge de major.
MAIZE, *sub.* (west-indian corn.) *Maïs, blé d'Inde ou blé de Turquie.*
MAKE, *s.* (or shape.)
Make, (or shape.) *Forme, figure.*
To MAKE, *v. act.* (to do.) *Faire,* en plusieurs sens.
What make you here? *Que faites-vous ici?*
To make a suit of cloaths. *Faire un habit.*
To make a law. *Faire une loi.*
To make a speech. *Faire une harangue.*
To make, (or create.) *Faire, créer.*
To make war. *Faire la guerre.*
To make water, (to piss.) *Faire de l'eau, pisser.*
To make way or to make room. *Faire place.*
To make, (or force.) *Faire, obliger, forcer, contraindre.*
To make one acquainted with a thing. *Faire savoir une chose à quelqu'un, lui en faire part, lui en donner avis, l'en avertir.*
To make one mad. *Faire enrager quelqu'un.*
To make account, (to intend.) *Faire état, se proposer ou compter.*
To make as if or as though one were sick. *Faire semblant d'être malade, faire le malade.*
This makes for me or to my purpose. *Ceci fait pour moi, ceci fait mon affaire.*
I make conscience of it. *J'en fais conscience.*
It makes (or is) nothing to me, (that does not concern me.) *Cela ne me fait rien ou ne me regarde point.*
To make, (or render.) *Rendre, faire devenir.*
To make one happy. *Rendre quelqu'un heureux.*
To make one's self miserable. *Se rendre malheureux.*
To make sweet, (or sweeten.) *Rendre doux.*
To make bitter, (or embitter.) *Rendre amer.*
To make haste. *Se hâter, se dépêcher.*
To make ready. *Préparer ou se préparer.*

MAK — MAK — MAK

To make one's escape. *Se sauver, s'enfuir, s'évader.*
To make angry. *Fâcher.*
To make hot. *Chauffer, échauffer.*
To make clean. *Nettoyer.*
To make a request. *Demander, supplier, prier.*
To make a doubt or question. *Douter.*
To make known. *Notifier.*
To make answer. *Répondre.*
To make a stand. *Faire une pause, s'arrêter.*
To make trial. *Faire l'épreuve, l'essai, ou expérimenter, éprouver, essayer.*
To make free. *Délivrer, affranchir.*
To make free with one. *Prendre des libertés avec quelqu'un.*
To make an excuse. *S'excuser.*
To make a fool of one. *Se jouer, se moquer de quelqu'un.*
I made a very good dinner. *J'ai fort bien dîné.*
To make use of a thing, (to use it.) *Se servir d'une chose.*
To make a wonder of a thing. *Admirer une chose.*
R. L'usage de ce verbe est d'une fort grande étendue, & se rend diversement en François, selon les noms auxquels il est joint; voyez les mots suivants dans leur ordre alphabétique. *Account, amends, bold, end, even, fool, friend, merry, nothing, show, shift, sport, sure, way, work, &c.*
To make one, (to make his fortune.) *Faire la fortune à quelqu'un, l'enrichir.*
To make (or get) friends. *Se faire des amis.*
To make two, that were fallen out, friends, (to reconcile them.) *Réconcilier deux personnes qui s'étoient brouillées, les raccommoder, les remettre d'accord.*
To make gain of. *Gagner.*
To make much of. *Témoigner de l'amitié à quelqu'un, lui faire des caresses, le bien traiter.*
To make much of one's self. *Se choyer.* V. *Much.*
To make a pen. *Tailler une plume.*
How long does he think to make it before he dies? *Combien de temps pense-t-il vivre?*
To make the best of a bad game or market. *Se tirer le mieux qu'on peut d'une mauvaise affaire.*
They make sometimes ten fathom deep at one leap. *Ils sautent quelquefois de la hauteur de dix brasses.*
I cannot tell what to make of it. *Je n'entends pas cela, je ne sais ce que cela veut dire, je ne sais quelle explication lui donner.*
To make one, (to be one among the rest.) *Être du nombre ou de la partie.*
To make a blow at one. *Porter un coup à quelqu'un.*
To make a shoot at one. *Tirer sur quelqu'un.*
To make money of a thing, (to sell it.) *Faire de l'argent de quelque chose, la vendre.*
He makes a thousand pounds a year of his lands. *Il tire mille livres sterling par an de ses fonds.*
To make many words. *Chicaner, barguigner, contester.*
To make many words about a trifle. *S'étendre fort, faire un long discours sur une bagatelle.*

I will not or won't make many words with you. *Je veux couper court, je ne veux point de façon avec vous.*
He will make nothing on't at last. *Il n'en sera pas plus riche au bout du compte; il ne réussira pas après tout.*
I will not meddle or make (or meddle) with it. *Je ne veux point m'en mêler.*
No money can be better bestowed than that which makes Christ himself a debtor. *Il n'y a point d'argent mieux employé que celui qu'on prête à J. C.*
To make hay. *Faner l'herbe.*
To make a pass at one. *Porter une botte à quelqu'un.*
To make a hawk thoroughly. *Assurer l'oiseau, en termes de fauconnerie.*
To make it one's boast, (or to vaunt.) *Se vanter.*
To make a thing another man's. *Aliéner une chose.*
To make, (to prove or become.) *Devenir, être.*
He will never make a good scholar. *Ce ne sera jamais un savant homme.*
They might make good soldiers. *On en pourroit faire de bons soldats.*
I make (or warrant) it good. *Je le garantis bon.*
I will make it good to you, (I'll be bound for it.) *Je vous en tiendrai compte, j'en réponds.*
To make good (or maintain) one's ground. *Défendre ou garder son poste, tenir ferme.*
To make good a siege. *Soutenir un siège.*
To make good, (or prove.) *Prouver, justifier.*
To make (or give) an assignation. *Donner un rendez-vous.*
To make (or aim) at one. *Porter un coup à quelqu'un.*
To make (or run) AFTER one. *Poursuivre ou suivre quelqu'un.*
To make AGAIN. *Refaire.*
To make (or run) AWAY, verb. neut. *Se sauver, s'enfuir, gagner au pied, enfiler la venelle.*
To make one away, (to kill him.) *Tuer, assassiner quelqu'un, s'en défaire.*
To make one's self away, (or to make away with one's self.) *Se défaire, se tuer.*
To make away, (or to make away with one's estate, (to squander it away.) *Dépenser follement son bien, le prodiguer.*
His papers he tried to make away privately. *Il tâcha de se défaire secrètement de ses papiers.*
To make FOR a place, (to go towards it.) *Aller vers quelque endroit, s'en approcher.*
The storm forced him to make what port he could. *La tempête l'obligea de relâcher ou d'entrer au premier port.*
I have made the port. *J'ai gagné le port ou je suis entré dans le port.*
To make OFF, v. neut. (to go away.) *S'en aller, se retirer, se sauver, s'enfuir.*
To make TOWARDS one. *S'approcher de quelqu'un, aller vers quelqu'un.*
As I drew near the town, I perceived a great many soldiers making towards me. *Comme j'approchois de la ville, je vis venir grand nombre de soldats ou voici un grand nombre de soldats qui venoient à moi.*

To make OVER one's right or estate to another. *Transférer ou céder son droit ou son bien à un autre; lui en faire un transport ou une cession.*
To make OUT a thing, (to prove or justify it.) *Prouver une chose; la faire voir par des preuves, la justifier.*
To make out, (to explain, to understand.) *Expliquer, comprendre.*
To make (or go) out of a harbour, v. n. *Sortir d'un havre.*
This will never make me out of love with him. *Tout ceci ne m'empêchera pas de l'aimer.*
To make one out of his wits. *Faire perdre patience à quelqu'un, le faire enrager.*
To make UP, (to finish or conclude.) *Faire, achever, conclure, clorre, terminer.*
To make up an account. *Clorre un compte.*
To make up the measure of iniquity. *Combler la mesure d'iniquité.*
To make up a shirt. *Monter une chemise.*
To make (or fold) up a letter. *Plier une lettre.*
To make up (to repair) a breach. *Réparer une brèche.*
To make up one's losses. *Réparer ses pertes.*
To make up one's want of parts by diligence. *Suppléer aux défauts de son esprit par sa diligence.*
To make up, (to make amends.) *Récompenser.*
To make up a quarrel, (or difference.) *Accommoder une querelle ou un différent.*
To make up to one, (to draw near him.) *S'approcher de quelqu'un, l'aborder, l'accoster.*
See how she makes up her mouth, (or how she prims.) *Voyez comme elle minaude, voyez les mines qu'elle fait.*
† To make up one's mouth with a thing. *Profiter d'une chose, gagner, faire ses affaires,* † *faire bien ses orges, faire sa main dans une affaire.*
To make a good hoard, (at sea.) *Faire un bon bord ou une bonne bordée.*
To make the land. *Découvrir la terre.*
To make sail. *Mettre à la voile ou augmenter la voilure.*
To make stern-way. *Culer.*
To make water, (or to leak.) *Faire eau.*
To make foul water. *Toucher avec la quille sur un fond vaseux, ce qui trouble l'eau.*
To make five games up. *Jouer à cinq jeux la partie.*

MAKEBATE, *s.* (or breeder of quarrels.) *Un brouillon, un semeur de querelles, un rapporteur.*

MAKER, *s.* Faiseur, faiseuse.
A belt-maker. *Un frisieur de baudriers.*
R. *Maker se compose souvent avec d'autres substantifs que nous exprimons ordinairement en un seul mot François.*
Ex. shoe-maker. *Un cordonnier.*
A watch-maker. *Un Horloger, &c.* V. *Shoe, Watch, &c.*
Maker. *Créateur*, en parlant de Dieu.
God is the maker (or creator) of heaven and earth. *Dieu est le créateur du ciel & de la terre.*

MAKING, *subst.* L'action de faire, de rendre, &c. Voyez to make dans tous ses sens.
Making, (or make.) *La façon.*

Is this of your making? *Ceci est-il de votre façon.*
I have a new suit of cloaths a making. *Je me fais faire un habit neuf.*
It is now a making. *On y travaille maintenant, on y est après.*
That was the making of him. *C'est ce qui a fait sa fortune ou qui l'a enrichi.*
Making-iron, *subst. comp. Ciseau de calfat double ou cannelé, pour enfoncer l'étoupe dans les coutures.*
MALACHITE, *subst.* (a precious stone.) *Malachite, pierre précieuse.*
MALADY, *s.* (or disease.) *Maladie, mal.*
MALAGA,
MALAGA-WINE, } *s. Vin de Malaga,* sorte de vin d'*Espagne*.
MALANDERS, *subst.* (a horse-disease.) *Malandres.*
MALAPERT, *adject.* (or saucy.) *Impudent, impertinent, insolent, effronté.*
MALAPERTLY, *adv. Impudemment, insolemment, avec insolence, avec effronterie.*
MALAPERTNESS, *s. Insolence, impertinence, impudence, effronterie.*
To MALAXATE. *V.* to Soften.
MALE, *subst.* (the he of any kind.) *Le mâle.*
Male and female, *Le mâle & la femelle.*
Male, *adj. Mâle.*
Issue male. *Enfans mâles.*
MALE-ADMINISTRATION, *subst.* (misdemeanour in a publick employment.) *Malversation, mauvaise conduite dans une charge publique.*
MALECONTENT,
MALECONTENTED, } *subst.* (one that is discontented.) *Mécontent.*
MALECONTENTEDLY, *adv. Avec mécontentement.*
MALECONTENTEDNESS, *subst. Mécontentement.*
MALEDICTION, *subst.* (curse.) *Malédiction, imprécation.*
MALEFACTION, *subst. Crime, délit, mauvaise action.*
MALEFACTOR, *sub.* (or offender.) *Un malfaiteur, un criminel.*
MALEFICE, *subst.* (an evil deed, displeasure or shrewd turn.) *Méchante action, tort, injure.*
MALEFICENCE, *subst.* (mischievousness.) *Qualité mal-faisante ou nuisible, malignité.*
MALEFICK,
MALEFIQUE, } *adject.* (mischievous.) *Méchant, mal-faisant, nuisible.*
MALPRACTICE, *s. Malversation.*
MALEVOLENCE, *subst.* (spite or ill-will.) *Malveillance, haine, malice, mauvaise volonté qu'on a pour quelqu'un.*
MALEVOLENT, *adj.* (that has an ill-will or spite against one.) *Qui veut mal à quelqu'un, qui lui en veut; mal-intentionné, envieux.*
MALICE, *sub.* (malignity.) *Malice, méchanceté.*
Malice, (grudge or spite.) *Malice, animosité, haine, malveillance.*
To bear malice (or ill-will) to one. *Vouloir mal à quelqu'un, le haïr.*
* To MALICE, *v. act. Donner un tour malin à quelque chose.*
This counsel is applauded abroad, while it is maliced by some at home. *Ce conseil est applaudi au-dehors, pendant que quelques-uns y donnent un tour malin ou un tour sinistre au-dedans.*

MALICIOUS, *adject.* (mischievous, unlucky.) *Malicieux, méchant, malin.*
Malicious, (malevolent.) *Qui veut du mal, qui hait; envieux.*
MALICIOUSLY, *adv. Malicieusement, par ou avec malice.*
MALICIOUSNESS, *sub. Malice, méchanceté.*
MALIGN, *adj.* (or mischievous.) *Malin, mal-faisant, nuisible.*
To MALIGN, *verb. act.* (or envy.) *Envier, porter envie, regarder avec un œil d'envie.*
MALIGNANCY, *s. Malignité, qualité ou nature maligne.*
MALIGNANT, *adv. Malin.*
A malignant distemper. *Une maladie maligne.*
Malignant, *subst.* (or ill-affected person.) *Médisant, envieux; une personne mal-intentionnée, un mal-intentionné.*
MALIGNED, *adj. Envié.*
MALIGNER, *subst. V. Malignant.*
MALIGNITY, *s.* (or malignancy.) *Malignité.*
Malignity, (ill-will, grudge.) *Malignité, malice, mauvaise volonté, malveillance, haine, envie.*
MALIGNLY, *adverb. Malignement, avec envie.*
MALKIN, *s.* (or slut.) *Salope.*
MALL, *s.* (a sort of play.) *Mail, jeu de mail.*
A mall-stick. *Mail, avec quoi on pousse la boule.*
Mall, (an iron instrument, a large hammer.) *Maillet.*
MALLARD, *s.* (a wild drake.) *Un canard sauvage.*
MALLEABILITY,
MALLEABLENESS, } *sub. Qualité malléable.*
MALLEABLE, *adj.* (that may be wrought with the hammer.) *Malléable, qui se peut forger & étendre avec le marteau.*
Malleable, (flexible, supple, pliant.) *Souple, doux, docile, traitable, flexible.*
MALLEABLENESS, *s. Qualité de ce qui est malléable.*
To MALLEATE, *verb. act.* (to shape by the hammer.) *Forger à coups de marteau.*
MALLET, *s.* (a two-headed hammer.) *Maillet, marteau à deux têtes.*
The mallet, (used by those that play at mall.) *Mail ou la leve, dont on se sert pour pousser quand on joue au mail.*
Calking mallet. *Maillet de calfat.*
Serving mallet. *Maillet à fourrer.*
MALLOWS, *subst.* (an herb.) *Mauve, herbe.*
MALMSEY, *sub.* (a sort of luscious wine.) *Malvoisie.*
MALOCOTOON. *V. Melicotony.*
MALT, *subst. Dreche, grain préparé pour faire de la biere.*
A malt-mill. *Moulin à dreche.*
A malt-kiln. *Four à dreche.*
Malt-long or malt-worm. *Crevasse, maladie de cheval.*
Malt-drink. *Boisson où il entre de la dreche.*
MALSTER,
MALT-MAN, } *s. Marchand de dreche.*
MAMMA, *s.* (or mother.) *Maman, terme mignard pour dire mere.*
MAMMET, *subst. Poupée, marionnette.*

MAMMIFORM, *adject. Qui a la forme d'une mamelle.*
MAMMILLARY,
MAMMARY, } *adj. Mammaire.*
MAMMOCK, *subst.* (a piece or fragment.) *Fragment, piece ou morceau, lambeau.*
Mammocks, (or scraps.) *Bribes.*
To MAMMOCK, *v. act. Briser, mettre en pieces.*
MAMMON, *s. Richesses.*
MAN, *subst.* (a rational creature, as opposed to brutes.) *L'homme, créature raisonnable, par opposition à une bête.*
A plain honest man, *Un bon homme, un bon chrétien.*
An old man. *Un vieux homme, un vieillard.*
Man, (as opposed to woman.) *Un homme,* par opposition à une femme.
Man (or husband) and wife. *Homme & femme, mari & femme.*
Man, (as opposed to child.) *Un homme fait.*
He is grown a man. *C'est un homme fait.*
To shew one's self a man, (or a man of courage.) *Faire voir qu'on a du cœur, montrer qu'on est homme de cœur, se montrer courageux, montrer du courage.*
To live like a man, (or like a gentleman.) *Vivre en honnête homme.*
A man, (one, somebody.) *Quelqu'un.*
To do a man a courtesy or service. *Rendre un bon office à quelqu'un.*
Where is my man? (or servant.) *Où est mon valet ou mon serviteur?*
R. Man signifie quelquefois un vendeur.
Ex. A coal-man. *Un vendeur de charbon, un charbonnier.*
An oyster-man. *Un vendeur d'écailles, un vendeur d'huitres à écaille.*
Man, (or ship.) *Un vaisseau ou navire.*
A man of war. *Un vaisseau de guerre, un vaisseau de ligne.*
A merchant-man. *Un vaisseau marchand.*
A man, (at draughts.) *Dame ou pion au jeu des dames.*
A man, (at chess.) *Une piece, au jeu des échecs.*
An ill contrived man, (or genius.) *Un esprit mal-tourné ou de travers.*
To come to man's state. *Parvenir à l'âge viril.*
To be one's own man, (to depend upon no body.) *Être à soi, ne dépendre de personne.*
To be one's own man, (to have no body to wait upon.) *Se servir soi-même.*
So much a man, (or head.) *Tant par tête.*
R. Man, *répond quelquefois à notre particule* on.
Ex. So as a man might easily perceive. *Si bien qu'on pouvoit aisément s'appercevoir.*
If a man may ask you, what had you to do with her? *Avec votre permission, qu'aviez-vous à faire avec elle?*
But what should a man do in such a case? *Mais que faire en ce cas?*
This is the manner of the man. *C'est ainsi qu'il est fait.*
This was never heard of by man. *C'est une chose inouie ou dont on n'avoit jamais ouï parler.*
The booty was divided man by man. *Chacun eut sa part du butin.*

To

MAN

To make one a man. *Faire la fortune de quelqu'un, le rendre heureux, le mettre à son aise.*
P. A man or a mouse. *Tout ou rien.*
If any man come. *Si quelqu'un vient.*
I love him beyond any man. *Je l'aime plus que qui que ce soit, je l'aime par dessus tout le reste des hommes.*
There is no man alive that will undertake it. *Il n'y a personne qui veuille l'entreprendre.*
I am the man that did it. *C'est moi qui l'ai fait.*
Had he any thing of a man in him. *S'il avoit tant soit peu de courage ou de résolution.*
I like the man well enough. *Il me plaît assez, il me revient assez.*
He is the chief man. *Il est le chef.*
The good man, (or master of the house.) *Le maître du logis, le père de famille.*
To study men. *Etudier le monde.*
They are strange men. *Ce sont d'étranges gens.*
The men (or rather crew) of a ship. *L'équipage d'un vaisseau ou les gens de l'équipage.*
Fine men, (troops or soldiers.) *De belles troupes, de beaux hommes.*
R. Man étant joint avec quelque épithete, se rend fort souvent en François par un seul mot.
Ex. An ungrateful man. *Un ingrat.*
A perfidious man. *Un perfide.*
The wise man. *Le sage.*
A man servant. *Un valet, un serviteur.*
A man-child. *Un garçon, un enfant mâle.*
A man-eater. *Un antropophage.*
A man-hater. *Un misantrope.*
Man-slaughter. *Homicide. V. Slaughter.*
To MAN, verb. act. (to man a ship.) *Armer ou équiper un vaisseau, faire l'équipage d'un navire.*
To man a prize. *Amariner une prise.*
To man the capstern. *Mettre du monde au cabestan.*
Man the yards! *Ordre aux matelots de monter sur les vergues, soit pour prendre un ris, soit pour ferler ou déferler les voiles.*
To man the shrouds. *Garnir les haubans de monde, lorsqu'on veut saluer de la voix.*
Man the side! *Passe du monde sur le bord!*
Man well the top! *Ordre de garnir les hunes de monde: Du monde sur la hune!*
To man (or to garrison) a town. *Mettre une garnison dans une place, la garnir de soldats.*
To man a hawk. *Dresser un faucon, affaiter ou apprivoiser l'oiseau.*
To MANACLE, verb. act. (a malefactor.) *Mettre des menottes ou des fers aux mains d'un criminel.*
Manacled, adj. *Qui a les menottes aux mains, emmenotté.*
MANACLES, subst. (or hand-fetters.) *Menottes, fers qu'on met aux mains d'un prisonnier.*
MANAGE, s. (or place for riding the great horse.) *Un manège.*
The manage (or conduct) of a concern. *Le maniement d'une affaire.*
To MANAGE, verb. neut. (to order or handle.) *Ménager, conduire, manier.*
To manage a business. *Ménager, manier, conduire une affaire.*

We manage affairs of this kind as if we had a mind to be overcome. *Nous traitons ces sortes de disputes comme si nous avions envie d'être vaincus.*
To manage (or govern) one. *Ménager, gouverner quelqu'un.*
To manage a horse, *Manier un cheval, le dresser.*
Managed, adj. *Ménagé, conduit, manié.*
A horse well menaged. *Cheval qui fait bien le manège, qui est bien dressé, qui manie bien.*
MANAGEABLENESS, subst. *Flexibilité, douceur.*
MANAGEMENT, s. (ordering or conduct.) *Maniement, conduite.*
Management (administration) of publick affairs. *Le maniement, la conduite, le gouvernement, l'administration des affaires publiques.*
The management of a revenue. *La régie, la direction, le maniement d'un revenu.*
MANAGER, subst. *Directeur, directrice, celui ou celle qui ménage, manie ou conduit quelque affaire.*
To appoint managers for a conference. *Nommer des commissaires pour ménager une conférence.*
MANAGERY, subst. (or management.) *Conduite, maniement.*
For the managery of his trade. *Pour faire son négoce.*
Managery. *V. Husbandry.*
MANAGING, s. *L'action de ménager, &c. V. to Manage.*
MANATION, subst. *L'action d'émaner, émanation.*
MANCA, subst. (a square piece of gold, commonly valued at thirty pence.) *Sorte de vieille monnoie d'or, qui valoit environ demi-écu.*
MANCHE, subst. (a sleeve in heraldry.) *Une manche.*
MANCHET, subst. or manchet-bread (the smallest and finest sort of bread.) *Pain blanc, du pain le plus blanc qu'il y ait.*
A manchet-loaf. *Un pain blanc, une miche.*
MANCHILD. *V. Man-child, sous Man.*
To MANCIPATE, verb. act. (or bind.) *Asservir, lier.*
To mancipate, (to enslave.) *Rendre esclave, asservir.*
MANCIPATION. *V. Slavery.*
MANCIPLE, subst. (a carterer in colleges in the universities.) *Le dépensier ou pourvoyeur d'un collège, celui qui fait la provision.*
MANCUSA, } subst. (an old coin worth
MARK, } 13 s. 4 d.) *Ancienne monnoie, qui valoit environ treize schellings huit sols.*
MANDAMUS, subst. (a sort of writ.) *Un mandement, un ordre, une ordonnance.*
A mandamus of the King to the heads of a college. *Des lettres du Roi aux gouverneurs d'un collège.*
A mardamus, (or mandate.) *Voy. Mandate.*
MANDARIN, s. (a chinese nobleman or magistrate.) *Un Mandarin, chez les Chinois.*
MANDATARY, s. (one that obtains a benefice by a mandate.) *Mandataire.*
MANDATE, subst. (a commandment or writ.) *Un mandement, un ordre, une ordonnance.*

A Pope's mandate. *Un mandat ou rescrit du Pape.*
MANDATOR. *V. Director.*
MANDATORY, adj. *Impératif.*
MANDIBLE, s. (or jaw.) *La mandibule, ou mâchoire.*
MANDILION, subst. (a loose cassock, such as soldiers used to wear.) *Mandille, sorte de casaque.*
MANDRAKE, subst. (a sort of plant.) *Mandragore, plante.*
MANDUCABLE, adject. (eatable.) *Qui peut être mangé.*
MANDUCATION, s. (or eating.) *Manducation, action de manger.*
MANDY or MAUNDY THURSDAY, s. (from the latin, mandati dies.) *Le jeudi Saint, le jeudi avant Pâques.*
MANE, subst. (of a horse.) *Crinière de cheval.*
MANEATER or cannibal, subst. *Cannibale, antropophage.*
MANES, subst. plur. (ghost; shade.) *L'ombre, les manes, l'ame d'un mort.*
MANFUL, adj. (from man, stout.) *Brave, digne d'un homme de cœur, courageux, vaillant, généreux, hardi.*
MANFULLY, adv. *En brave, en homme de cœur, courageusement, vaillamment.*
To look manfully. *Avoir l'air ou la mine d'un brave.*
MANFULNESS, s. (courage, stoutness.) *Bravoure, courage, valeur.*
MANGANESE, subst. (a sort of stone like to the magnet or loadstone, and used in making glass.) *Manganèse, pierre.*
MANGE, subst. *Gale de chien.*
MANGER, subst. *Mangeoire ou crèche où mangent les animaux.*
† To leave all at rack and manger, (or at random.) *Laisser tout à l'abandon.*
† To live at rack and manger. *Vivre prodigalement, faire des profusions.*
MANGINESS, subst. (from mange.) *Démangeaison causée par la gale de chien.*
To MANGLE, verb. act. (to rend, tear or hack in pieces.) *Déchirer, mettre en pièces, déchiqueter.*
To mangle, (or maim.) *Tronquer, estropier, mutiler.*
To mangle a joint of meat. *Charcuter, charpenter une pièce de viande.*
Mangled, adj. *Déchiré, mis en pièces, &c. V. to mangle.*
MANGLER, subst. *Celui ou celle qui déchire, qui met en pièces, &c. Voy. to Mangle.*
MANGLING, s. *L'action de déchirer, &c. V. to Mangle.*
MANGO, subst. (an East-indian fruit.) *Sorte de fruit des Indes Orientales.*
MANGON } s. (an old warlike
MANGONEL } engine to cast stones.) *Mangoneau.*
MANGY, adj. (from mange.) *Galeux, qui a la gale comme un chien.*
MANHATER, subst. *Misantrope.*
MANHOOD, s. (man's estate.) *Virilité, l'âge viril.*
Manhood, (or human nature.) *Membre viril.*
Manhood, (or courage.) *Valeur, courage, bravoure.*
MANIAC, subst. *Un maniaque, un fou.*
MANIAC } adj. (or frantick.) *Ma-
MANIACAL } niaque, furieux.*
MANIFEST, adj. (or plain.) *Manifeste, notoire, clair & connu, évident, certain.*

To

MAN

To make manifest. Manifester.
To MANIFEST, verb. act. (to make manifest.) Manifester, faire voir, découvrir.
MANIFESTATION, subst. Manifestation.
MANIFESTED, adj. Manifesté, découvert.
MANIFESTIBLE, adj. Facile à prouver ou à découvrir, évident.
MANIFESTLY, adv. (or clearly.) Manifestement, clairement, évidemment.
MANIFESTO, s. (a publick declaration of a prince or state about a state business.) Un manifeste.
MANIFOLD, adj. (from many.) De plusieurs sortes, de plusieurs façons, plusieurs, beaucoup.
Your manifold favours. Tous vos bienfaits.
MANIPLE, subst. (or fannel, a scarf-like ornament worn about the left wrist of Roman Priests.) Manipule de Prêtre.
A Roman maniple, (or company of foot soldiers.) Manipule, ou compagnie d'infanterie Romaine.
A maniple, (or handful.) Une poignée.
MANKILLER, subst. (murderer.) Un meurtrier.
MANKIND, subst. (from man.) Le genre humain, les hommes.
MANLINESS, subst. (or manly look.) Mine ou air mâle, fermeté de contenance.
MANLY, } adj. (of a man.) Mâle,
MANLIKE, } d'homme, viril.
A manly woman. Une femme hommasse.
Manly, (stout.) Mâle, courageux, vaillant.
MANNA, s. (or honey-dew.) Manne, sorte de rosée.
MANNED, adj. (from to man.) Armé, équipé, &c. V. to Man.
MANNER, s. (fashion or way.) Maniere, sorte, façon.
In or after this manner. De cette maniere ou façon, de cette sorte.
Manner, (sort, kind.) Maniere, sorte, espece.
We were in a manner lost. Nous étions comme perdus.
In like manner, (likewise.) Pareillement, semblablement, de même.
Manner, (custom.) Coutume.
According to our accustomed manner. Selon notre coutume, à notre ordinaire, comme nous avons accoutumé de faire.
Manners, (in the plural.) Mœurs, maniere de vivre.
To corrupt or reform manners. Corrompre ou réformer les mœurs.
Manners or good manners, (civility, good seeding.) Civilité.
He has no manners. Il n'a point de civilité.
I shall teach you better manners. Je vous a prendrai à vivre.
† To leave no manners in the dish. Manger le morceau honteux.
MANNERED. V. Mannerly.
Ill-mannered. Incivil.
MANNERLINESS, subst. (civility, ceremonious complaisance.) Civilité.
MANNERLY, adj. (civil, well-bred.) Civil, honnête, bien morigéné.
MANNIKIN, s. (dwarf.) Un nain.
MANNING, s. (from to Man.) L'action du verbe to man. V. to man.
The manning of a ship. Équipement d'un vaisseau.

MAN

* Manning, (or day's-work.) Journée, le travail d'un jour.
MANNISH, adj. Mâle, hardi; impudent.
MANŒUVRE, subst. Manœuvre.
MANOR, subst. (a lordship.) Fief ou terre seigneuriale, seigneurie.
The manor-house. Manoir seigneurial, la maison seigneuriale.
Manor, (or house without the city.) Une métairie, une maison de campagne.
A manor, (or farm by heritage.) Un héritage, un manoir, en termes de Palais.
MANSION, s. (or manor-house, or capital messuage.) Manoir seigneurial, maison seigneuriale.
Mansion, (an abiding or dwelling-place.) Séjour, demeure.
The mansion of the blessed in heaven. Le séjour des bienheureux dans le ciel.
MANSLAUGHTER, subst. (the unlawful killing a man without premeditated malice.) Meurtre, homicide, un meurtre qui n'est pas fait de guet à pens ou de dessein prémédité.
MANSUETE, adj. (gentle, tractable.) Doux, traitable.
MANSUETUDE, subst. (the being mansuete.) Mansuétude, douceur, bonté.
MANTEL, subst. (or work raised before a chimney to conceal it.) Manteau de cheminée.
MANTELET, subst. (small cloak.) Mantelet.
Mantlet, (in fortification.) Mantelet.
MANTLE, subst. (a cloak or long robe.) Manteau.
A royal mantle. Un manteau royal.
A lady's mantle. Mante de femme.
A child's mantle, (used at a christening.) Tavayole.
The mantle-tree of a chimney. Manteau de cheminée.
Mantles, (in heraldry.) Lambrequins, en termes de blason.
To MANTLE, v. neut. (flower or smile.) Faire une petite écume, mousser.
Ale that mantles. Aile qui fait une petite écume, qui mousse.
To mantle, (revel.) Se réjouir.
To mantle, (to spread the wings as a hawk does.) Allonger ses pennes, étendre ses ailes, terme de fauconnerie.
MANTLET, } subst. (a pent-house to
MANTELET, } shroud soldiers under.) Mantelet, dont on se sert dans un siege.
MANTUA, s. (sort of woman's gown.) Un manteau de femme.
Mantua-maker. Faiseuse de manteau, tailleuse pour femme, couturiere.
MANUAL, adj. (of the hand.) Manuel, de la main.
Manual distribution. Distribution manuelle.
A sign manual. Seing, signature.
A thing in the manual occupation of one. Une chose qui est entre les mains de quelqu'un qui en profite, qui la fait valoir.
MANUAL, subst. (a book portable in the hand.) Manuel, un petit livre.
MANUALIST, subst. (or handicraftsman.) Un ouvrier, un artisan.
MANUBRIUM. V. Handle.
M-NUDUCTION, subst. (a guiding or leading by the hand, an help.) Guide, aide, secours.
MANUFACTURE, } subst. (the making
MANUFACTORY, } of some handy-works.) Manufacture, fabrique.

MAN MAP

Manufacture, (a work-house.) Une manufacture, lieu où l'on travaille.
Manufacture of silks. Soierie.
To MANUFACTURE, verb. act. (to work or make.) Manufacturer, fabriquer.
Manufactured, adject. Manufacturé, fabriqué.
MANUFACTURER, subst. Un manufacturier, un fabricant.
MANUFACTURING, s. Manufacture, fabrique, action de manufacturer, &c.
To MANUMISE. V. to Manumit.
MANUMISSION, subst. (the freeing of a villain or slave out of his bondage.) Manumission, affranchissement.
To MANUMIT, } verb. act. (to set
To MANUMISE, } free.) Affranchir, mettre en liberté.
Manumited or manumised, adj. Affranchi, mis en liberté.
MANURABLE, adj. Qu'on peut cultiver, labourable.
Manurable land. Terre labourable.
MANURE, s. (dung, marl, &c.) Tout ce qui sert à engraisser la terre, comme le fumier, la marne, &c.
To MANURE, verb. act. (to fatten the ground.) Engraisser la terre, la fumer ou la marner.
To manure (or till) the ground. Cultiver, labourer la terre.
Manured, adj. Engraissé, fumé, &c. V. to Manure.
MANUREMENT, subst. Culture.
MANURER, s. (he who manures land.) Un laboureur.
MANURING, s. L'action d'engraisser la terre, &c. V. to Manure.
MANUSCRIPT, s. (or written book.) Un manuscrit, livre écrit à la main.
MANWORTH, subst. (the price or value of a man's life or head, which was paid of old to the lord, in satisfaction for killing of one.) Le prix qu'on mettoit sur un homme, & qu'on étoit obligé de payer au seigneur lorsqu'on tuoit quelqu'un.
MANY, good many, great many, very many, adj. Plusieurs, grand nombre, grande quantité, beaucoup.
R. Quoique Many soit du pluriel, on met pourtant quelquefois après lui un substantif au nombre singulier, avec l'article A ou An.
Ex. Many a man. Plusieurs hommes.
Many a time. Plusieurs fois.
To make many words. V. to Make.
How many. Combien.
So many. Tant, autant, tout autant, As many as. Autant que.
Too many. Trop.
We are too many by half. Nous sommes trop de la moitié.
He is too many (or too strong) for me. Il est trop fort pour moi.
Be they never so many. Quelque nombre qu'il y en ait.
Twice as many. Deux fois davantage.
P. So many men, so many minds. Autans d'hommes, autant d'avis.
Many-feet, (a fish.) Polype, sorte de poisson.
MANYCOLOURED, adj. De plusieurs couleurs.
MANYCORNERED, adj. (or polygonal.) Polygone, qui a plusieurs angles.
MANYTIMES, adj. Souvent, plusieurs fois.
MAP, s. Carte de géographie.
A general map or a map of the whole world. Carte générale du monde, une mappemonde.

MAPPERT,

MAPPERY, *f. L'art de faire les cartes géographiques.*
MAPLE,
MAPLE-TREE, } *f. Erable, forte d'arbre.*
To MAR, *verb. act. (or spoil.) Gâter, corrompre.*
To mar a ftory by ill-telling. *Gâter une hiftoire faute de la bien raconter, la narrer mal.*
To mar (corrupt or deprave) manners. *Gâter, corrompre, dépraver les mœurs, les abâtardir.*
† MARA, *fubft. (a ftanding water.) Mare.*
MARANATHA, *f. Formule d'anathême en ufage parmi les Juifs.*
MARASMUS, *f. Marafme, confomption.*
MARAUDER, *f. (a foldier that ftraggles for booty.) Un maraudeur, foldat qui va en maraude.*
MARAUDING, *f. Maraude.*
MARAVEDIS, *f. (a little Spanifh coin whereof 34 go to a fix-pence fterling.) Maravedis, petite monnoie de cuivre d'Efpagne.*
MARBLE, *f. (a hard and fine ftone.) Marbre, pierre très-dure.*
A marble-cutter. *Marbrier, ouvrier qui travaille en marbre.*
Marbles, (round fine clay nickers for children to play withal.) *Petites boules avec quoi les enfants jouent.*
To MARBLE, *verb. act. (to variegate, or vien like marble.) Marbrer.*
To marble paper. *Marbrer du papier.*
Marbled, *adj. Marbré.*
MARCASITE, *f. (the marcafite ftone.) Marcaffite, pierre minérale.*
MARCH, *fubft. (marching or going.) Marche, les pas qu'on fait en marchant.*
To begin one's march. *Se mettre en marche.*
To be upon the march. *Être en marche.*
March, (one of the twelve months of the year.) *Mars, un des douze mois de l'année.*
† He is as mad as a march hare. *Il eft extrêmement badin ou folâtre.*
March-fun. *Le foleil de Mars.*
March-beer. *Biere de mars, biere qu'on braffe au mois de Mars.*
March many weathers. *Le temps variable de Mars.*
To MARCH, *verb. neut. (to walk or go.) Marcher, aller, être en marche.*
To march IN. *Entrer.*
To march in the rear. *Suivre en queue.*
To march OUT. *Sortir.*
To march ON. *Marcher, pouffer, avancer.*
To march OFF. *S'en aller, fe retirer, faire fa retraite, déloger, plier bagage.*
To march off with great filence. *Se retirer à la fourdine, doucement & fans bruit.*
To march, *verb. act. Ex.* To march an army. *Faire marcher une armée, la conduire.*
† To march off, (or to die.) † *Plier bagage, mourir, † paffer le pas.*
MARCHERS, *f. Lords marchers, (noblemen inhabiting and fecuring the marches of Wales and Scotland.) C'eft ainfi qu'on appeloit autrefois la nobleffe qui demeuroit aux frontieres de Galles ou d'Ecoffe.*
MARCHES, *f. (borders, limits.) Marches, frontieres, bornes d'un Etat.*
MARCHET, *f. (the fame as maiden-rents.) V. Maiden-rents.*

MARCHING, *fubft. (from to march.) Marche ou l'action de marcher, &c. Voy.* to March.
MARCHIONESS, *fubft. (the wife of a marquis,) Une Marquife.*
MARCHPANE, *f. (a fort of macaroon.) Maffe-pain, forte de macaron.*
MARCIONISTS, *f. (a fort of hereticks.) Marcionites, hérétiques.*
MARCID. *V.* Lean.
MARE, *f. Cavale, jument.*
A mare with foal. *Jument pouliniere.*
The night-mare. *V.* Night.
A mare-faced horfe. *Un cheval qui a le front plat.*
MARESCHAL, *f. (Commandant en chef d'une armée.) Maréchal.*
MARGARITE, *f. Pierre précieufe.*
MARGE,
MARGENT, } *f. (the edge or brim of a thing.) Bord, extrémité de quelque chofe.*
MARGIN,
The margent or margin of a book. *La marge d'un livre.*
MARGINAL, *adj. Marginal, qui eft à la marge.*
Marginal notes. *Des notes marginales.*
MARGRAVE, *f. (title of a Prince.) Margrave.*
MARIGOLD, *fubft. (a flower.) Souci, fleur.*
To MARINATE, *v. act. Ex.* To marinate eels, (to boil them gently and then to pickle them in oil and vinegar.) *Mariner des anguilles.*
Marinated, *adj. Mariné.*
MARINE, *f. (or navy.) La marine.*
The Officers of the Marine or navy. *Les Officiers de marine.*
Marine, *adj. Marin, de mer.*
A trump marine. *Une trompette marine.*
MARINER, *f. (or fea-man.) Marinier, matelot.*
MARJORAM or SWEET-MARJORAM, *f. (a plant.) Marjolaine, herbe odoriférante.*
Baftard or wild marjoram. *Marjolaine fauvage ou origan.*
MARISH, *f. V.* Marfh.
Marifh, *adj. V.* Fenny.
MARITAL, *adj. (of the hufband.) Marital, qui appartient au mari.*
MARITIMAL,
MARITIME, } *adj. (or near the fea.) Maritime, qui eft auprès de la mer.*
MARK, *fubft. (fign or token.) Marque, figne, indice.*
Mark, (proof.) *Marque, preuve, témoignage.*
A mark, (or print.) *Marque, veftige, trace.*
A mark, (or boundary of land.) *Limite, borne.*
A mark with the nail. *Un coup d'ongle.*
The mark of the town where the money is coined, (as they ufe in France.) *La marque d'une ville pour la monnoie.*
Mark, (a weight of 8 ounces.) *Marc, poids de 8 onces.*
Mark, (a piece of coin worth thirteen fhillings and four pence.) *Marc, piece de monnoie valant treize fchellings quatre fous fterling.*
Mark, (white or aim to fhoot at.) *Blanc, but, ce à quoi l'on vife.*
To fhoot above the mark. *Tirer trop haut.*
To fhoot below the mark. *Tirer trop bas.*
To mifs one's mark. *Manquer fon coup.*

A good or bad markfman, (one that fhoots well or ill.) *Un bon ou mauvais tireur.*
The mark in the horfe's mouth. *Germe de feve.*
Mark. *Permiffion d'ufer de repréfailles.*
To MARK, *verb. act. (to put a mark to a thing in order to know it again.) Marquer, faire une marque pour reconnoître quelque chofe.*
To mark, (to take notice, to mind.) *Remarquer, prendre garde, regarder.*
To mark OUT, (to fhew.) *Marquer, montrer, faire voir.*
Marked, *adj. Marqué, &c. V.* to Mark.
MARKER, *f. Marqueur.*
The marker at tennis. *Le marqueur d'un jeu de paume.*
MARKET,
MARKET-PLACE, } *f. Marché, place publique où l'on vend & où l'on achete.*
An herb-market. *Un marché aux herbes.*
Hay-market. *Marché au foin.*
Fifh-market. *Poiffonnerie.*
A clerk of the market. *Juge ou Officier de police qui a l'infpection fur les denrées qu'on vend au marché.*
To make one's market (or gain) of a thing. *Vendre une chofe à profit, y gagner quelque chofe, en profiter.*
I will make the beft market I can. *Je vendrai ma marchandife le plus cher que je pourrai.*
This commodity will fuit the London markets. *Cette marchandife fera de débit à Londres.*
To drive the market with one as low as may be, (to bring him to a low price.) *Marchander avec quelqu'un, lui faire rabattre du prix.*
P. Good wares make quick markets. P. *Marchandife qui plait eft à demi vendue.*
† You have brought your hogs to a fine market. † *Vous avez fait là de belles affaires, dans un fens ironique.*
A market-town. *Ville où il y a marché.*
The price of the market. *Le Cours ou courant du marché, le prix courant.*
A market-man or market-woman. *Un homme ou une femme qui fréquente les marchés.*
A good market-woman. *Une femme qui fait bien acheter, qui ne fe laiffe pas tromper facilement.*
Market-geld, (toll of the market.) *Etalage.*
MARKETABLE, *adj. Marchand, loyal, bien conditionné.*
Marketable wine. *Vin loyal & marchand.*
MARKETTING, *f. (or going to market.) Action d'aller au marché pour y vendre ou acheter.*
A maid's markettings. † *L'anfe du panier d'une fervante.*
MARKING, *f. (from to mark.) L'action de marquer, de remarquer, &c. V.* to Mark.
MARKING YARN. *Voy.* Rogues yarn, *au mot* Rogue.
Marking-iron. *Marque, fer à marquer.*
MARKMAN,
MARKSMAN } *fub. (a good fhooter.) Bon tireur. V.* Mark.
MARKT. *V.* Marked.
MARL, *f. (chalky clay to manure the ground.) Marne.*
A marl-pit. *Marniere, lieu d'où l'on tire la marne.*
To MARL, *verb. act. (to manure with marl.)*

marl.) *Marner, fumer ou couvrir de marne.*
Marled, adj. *Marné.*
MARLINE, *f. Fil de carret, merlin.*
MARLING, part. act. *Action d'embromer ou merliner une manœuvre, ou le point des voiles.*
MARLING-SPIKE, *subst. comp. Epiſſoir.*
MARLY, adj. *Plein de marne.*
MARMALADE, *f. (or conſerve of quinces.) Marmelade, eſpece de confiture.*
MARMOSET, *f. (a kind of grotesk.) Marmouſet, figure grotesque.*
Marmoſet, (or monkey.) *Marmot, ſorte de ſinge.*
MARMOTTO, *sub. (or mountain-rat.) Marmotte, rat de montagne.*
† MAROW, *subst. (a knave or beggarly rascal.) Un maraud, un coquin, un fripon, un belitre.*
MARK, } *f. Pouvoir d'uſer de repré-*
MARQUE, } *ſailles.*
Letters of marque. *Lettres de marque.*
MARQUEE, *f. (officer's tent.) Marquiſe, tente d'officier.*
MARQUESS. V. Marquis.
MARQUETRY, *subst. (or inlaid work.) Marqueterie, eſpece de moſaique & d'ouvrage de rapport.*
MARQUIS, *f. (title of honour next before an Earl, and next after a Duke.) Un marquis.*
MARQUISATE, *f. Marquiſat, terres de Marquis.*
MARQUISHIP, *subst. Titre, qualité de Marquis.*
To MARR. V. to Mar.
Marred, adj. *Gâté, &c. V. to Mar.*
MARRER, *f. Qui gâte.*
MARRIAGE, *f. (or wedlock, from to marry.) Mariage, union d'un homme & d'une femme.*
P. Marriages are made in heaven. *Le deſtin fait les mariages.*
Marriage, (wedding.) *Mariage, noce ou noces.*
He married my ſiſter in ſecond marriage. *Il a épouſé ma ſœur en ſeconde noce.*
The marriage-day. *Le jour du mariage.*
The marriage-goods. *Acceſſoire de mariage.*
Marriage-ſong. *Chanſon nuptiale, épithalame.*
MARRIAGEABLE, adj. *(of age to marry.) Mariable, en état ou en âge d'être marié, nubile.*
MARRIAGEABLENESS, *sub. Age d'être marié, âge nubile.*
MARRIED. V. to Marry.
MARRING, *f. (from to mar.) L'action de gâter, &c. V. to Mar.*
To MARRON, v. act. *(de l'Eſp. Cimarron, Sauvage.) Abandonner des Matelots malfaiſiteurs ſur une terre étrangere ou déſerte ce qui eſt pratiqué quelquefois par abus parmi les capitaines marchands Anglois.*
MARROW, *f. Moelle.*
The marrow of a bone. *La moëlle d'un os.*
Marrow, (the quinteſſence.) *La moelle ou ce qu'il y a de meilleur.*
A marrow-bone, (a bone full of marrow.) *Un os moelleux ou qui eſt plein de moelle.*
† Quickly, down upon your marrow-bones. *Vite à genoux.*
To MARRY, verb. act. *(to beſtow in marriage.) Marier, donner en mariage.*

To marry one's daughter. *Marier ſa fille, en diſpoſer.*
To marry, (to take a woman to wife or a man to huſband.) *Epouſer, prendre pour femme ou prendre pour mari.*
He has married a handſome woman. *Il a épouſé une belle femme.*
To marry, (to join in wedlock, as a Prieſt does.) *Epouſer, donner la bénédiction nuptiale.*
To marry, v. neut. *(to take a wife or huſband.) Se marier.*
P. Marry in haſte, and repent at leiſure. *Tel ſe marie à la hâte qui s'en repent à loiſir.*
To marry below one's ſelf. *Se méſallier, s'allier mal, faire une alliance indigne de ſoi.*
To marry AGAIN. *Se remarier.*
Married, adj. *Marié.*
A married (or conjugal) life. *Le mariage ou l'état du mariage.*
MARRYING, *f. L'action de marier, de ſe marier, d'épouſer.*
MARS, *f. (one of the ſeven planets, alſo the god of war.) Mars, une des ſept planetes, le Dieu de la guerre.*
MARSH, *subst. (or fen.) Un marais, un lieu marécageux.*
A marſh of ſalt water. *Marais ſalant, ou ſaline.*
Marſh-mallow, *f. Mauve, plante.*
MARSHAL, *subst. (the name of ſeveral officers.) Maréchal.*
The Lord or Earl-marſhal of England. *Le grand Maréchal d'Angleterre.*
The Marſhal of the King's houſe or the Knight-marſhal. *Le Maréchal de la Maiſon du Roi.*
A Camp-Marſhal. *Un Maréchal des Camps.*
A Marſhal of France. *Un maréchal de France.*
The marſhal of the King's bench. *Le maréchal ou le géolier de la priſon du banc du Roi.*
To MARSHAL, v. act. *(to put in order.) Ranger, ordonner, régler.*
To marſhal an army. *Ranger une armée en bataille.*
Marſhalled, adj. *Rangé, ordonné, réglé.*
MARSHALLER, *subst. Qui range, qui arrange.*
MARSHALSEA, *f. (the court or ſeat of the marſhal allowed for the priſon in Southwark.) La maréchauſſée.*
MARSHALSHIP, *f. La charge ou l'office de Maréchal.*
MARSHY, adj. *(from marſh.) Marécageux.*
MART, *f. (or great fair.) Foire.*
Mart, (bargain.) *Marché, vente ou achat.*
Letters of mart or mark, (letters of repriſal.) *Pouvoir d'uſer de repréſailles. Voy. Mark ou Marque.*
MARTEN, } *f. (a wild beaſt.) Martre,*
MARTERN, } *eſpece de fouine.*
MARTIAL, adj. *(warlike, from Mars the God of war.) Martial, guerrier, militaire, qui regarde la guerre.*
A court martial. *Un conſeil de guerre.*
The martial law. *Le droit des armes, la loi martiale, en Angleterre.*
To try by martial law. *Juger prévotalement ou par la loi martiale.*
MARTIALLY, adv. *Aguerri.*
MARTIALIST, *f. (or warrior.) Un guerrier, un homme de guerre.*

MARTINET, } *f. (a bird.) Martinet,*
MARTLET, } *eſpece d'hirondelle.*
MARTINGAL, *f. (a thong of leather uſed to curb a horſe.) Martingale, ſorte de courroie pour un cheval.*
MARTINMAS, } *f. La Saint-Martin,*
MARTLEMAS, } *le temps de la Saint-Martin.*
Martlemas-day. *Le jour de la Saint-Martin.*
Martlemas-beef. *Bœuf ſalé & fumé de la Saint-Martin.*
Martlet, (in heraldry.) *Merlette, en termes de blaſon.*
MARTNETS, *subst. (ſmall lines faſtened to the leetch of the ſail.) Cargues, cordes de la voile d'un navire.*
MARTYR, *subst. (one that ſuffers death for the truth.) Un Martyr.*
The book of Martyrs. *Le livre des Martyrs ou le Martyrologe.*
To MARTYR, verb. act. *(to make one ſuffer martyrdom.) Martyriſer, faire ſouffrir le martyre.*
Martyred, adj. *Martyriſé.*
MARTYRDOM, *f. Martyre, mort ſoufferte pour la Foi.*
A martyrdom or torment of love. *Un martyre ou tourment amoureux.*
MARTYROLOGIST, *sub. Auteur de martyrologe.*
MARTYROLOGY, *f. (a book of Martyrs.) Martyrologe, catalogue ou hiſtoire des Martyrs.*
MARVEL, *f. (or wonder.) Merveille, choſe merveilleuſe, étonnante ou ſurprenante, qui mérite l'admiration.*
The marvel of Peru, (a flower.) *Sorte de fleur qui croit dans le Pérou.*
To MARVEL, v. n. *(or wonder.) S'émerveiller, s'étonner, être étonné, admirer, être ſurpris d'admiration.*
Marvelled at, adj. *Dont on eſt ſurpris ou étonné.*
MARVELLOUS, adject. *(or wonderful.) Merveilleux, admirable, étonnant, ſurprenant, digne d'admiration.*
MARVELLOUSLY, adv. *(wonderfully.) Admirablement, merveilleuſement, avec admiration.*
Marvellouſly, (extremely.) *Merveilleuſement, à merveille, extrémement.*
MASCLE, *subst. (a figure in heraldry.) Mâcle, figure de blaſon.*
MASCULINE, adj. *(of the male kind or manly.) Maſculin, mâle.*
The maſculine gender. *Le genre maſculin.*
A maſculine courage. *Un courage mâle.*
MASH, *sub. (or mixture.) Mélange, tripotage.*
The maſhes of a net. *Les mailles d'un filet.*
A maſh (or drench) for a horſe. *Breuvage pour un cheval.*
To MASH, v. act. *(or mingle.) Mêler, faire un mélange ou un tripotage, † tripoter.*
† To maſh, (to grind or cruſh to pieces.) *Ecraſer, mettre en capilotade.*
Maſhed, adject. *Mêlé enſemble, † tripoté.*
To MASH, verb. act. *Mêler la dreche avec l'eau chaude pour faire la biere.*
MASHING-TUB, } *f. Cuve dans laquelle*
MASH-TUB, } *on fait la biere.*
MASK, *subst. (or vizor.) Un maſque, un loup.*

To put on or wear a mask. *Mettre un masque, se masquer.*
She had a mask on. *Elle étoit masquée.*
Mask, (pretence or cloak.) *Masque, prétexte, manteau.*
To take off the mask. *Lever le masque, se découvrir, ne dissimuler plus.*
To MASK, verb. act. *Masquer.*
To mask one's self. verb. récip. *Masquer, se masquer.*
Masked, adj. *Masqué.*
MASKER, *subst. Un masque, personne masquée.*
MASKING, adj. Ex. Masking habit. *Un habit de mascarade.*
MASLIN. V. Meslin.
MASON, *subst.* (or bricklayer.) *Maçon.*
A Master-mason. *Un architecte.*
To do mason's work. *Maçonner, faire de la maçonnerie.*
MASONED, adj. (a term used in heraldry.) *Maçonné.*
MASONRY, *subst.* (or mason's work.) *Maçonnerie, ouvrage de maçon.*
MASQUERADE, *subst.* (a mask or mummery.) *Mascarade, momerie.*
Let us go and see the masquerade. *Allons voir les masques.*
To go in a masquerade. *Se masquer, ou masquer.*
A masquerade papist, (that pretends to be a protestant.) *Un papiste masqué ou qui se dit protestant.*
MASQUERADING, *subst.* Ex. To go a masquerading. *Masquer, aller en masque.*
MASS, *subst.* (or lump.) *Masse.*
The mass of blood. *La masse du sang.*
The mass (or greatest part) of the people. *Le gros ou la plus grande partie du peuple.*
Mass, (or stock.) *Masse, fonds.*
Mass, (or heap.) *Masse, monceau.*
Mass, (or billiard-stick.) *Masse, billard.*
Mass, (or stake, at play.) *Masse, aux jeux de hasard.*
The MASS, (or Church service.) *La Messe.*
To say or sing Mass. *Dire ou chanter la Messe.*
By the mass, (a sort of oath.) *C'est un jurement burlesque.*
A Mass-book. *Missel, le livre de la Messe.*
To MASS, v. a. *Dire la Messe.*
MASSACRE, *subst.* (a general slaughter.) *Massacre, tuerie générale, carnage, boucherie.*
To MASSACRE, v. act. (to slaughter.) *Massacrer, tuer, assommer des gens qui ne se défendent point.*
Massacred, adj. *Massacré.*
MASSACRING, *sub. Massacre, l'action de massacrer.*
MASSICOT, *s. Massicot, drogue dont on se sert pour la peinture.*
MASSINESS, } *sub.* (weight, bulk.)
MASSIVENESS, } *Solidité d'un corps qui est gros, massif & solide.*
MASSIVE, } adj. (from mass in the first
MASSY } sense.) *Massif, gros & solide.*
MAST, *subst.* (the beam or post raised above the vessel, to which the sail is fixed.) *Mât.*
Lower masts or standing masts. *Mâts majeurs.*
Top masts. *Mâts de hune.*
Top-gallant masts. *Mâts de perroquet.*

Main mast. *Grand mât.*
Fore mast. *Mât de misaine.*
Mizen mast. *Mât d'artimon.*
Made mast. *Mât composé ou mât de plusieurs pieces.*
Jury mast. V. Jury.
Rough masts. *Mâts bruts.*
A wrung mast. V. To wring, &c.
Mast, (in a forest, the fruit of oak, beach-tree, &c.) *Glandée.*
MASTER, *subst.* (the governor or head.) *Maître.*
The master of the house. *Le maître de la maison.*
Master, (teacher.) *Maître, qui enseigne quelque chose.*
A master of arts. *Maître ès arts.*
The master of a school or a schoolmaster. *Un maître d'école, un régent.*
A dancing-master. *Un maître de danse.*
A writing-master. *Maître à écrire, un écrivain.*
Master, (a title belonging to some places.) *Maître, titre affecté à certaines charges.*
The master of the post. *Le maître des postes.*
The master of the ordnance. *Le Grand-Maître de l'Artillerie.*
The master of the wardrobe. *Le Maître de la garde-robe.*
Master, (one well skilled in a thing.) *Maître, savant en quelque chose.*
The master of a ship. *Le maître du navire ou le patron.*
Master of a ship of war. *Officier des vaisseaux de guerre Anglois, qui a rang de Lieutenant de vaisseau, & qui a tout ensemble les fonctions attribuées chez nous au Lieutenant en pied & au Maître d'équipage.* V. Commander.
Master of a merchant ship. *Maître de vaisseau marchand, appelé aussi Capitaine marchand ou Patron.*
Master at arms. *Officier des vaisseaux de guerre Anglois, qui a tout ensemble les fonctions du Capitaine d'armes & de l'Officier des troupes dans la Marine Françoise.*
Master-attendant. *Officier employé dans les arsenaux de Marine d'Angleterre, & auquel sont attribuées des fonctions à peu près semblables à celles de Capitaine de port en France.*
Master sail maker. *Maître voilier.*
Master, (a title given by a servant to any one he serves.) *Monsieur.*
A Master of the horse. *Un Écuyer, Écuyer cavalcadour.*
The King's Master of the horse. *Le grand Écuyer du Roi.*
The great Master of the-wolf-dogs, (in France.) *Le grand Louvetier.*
The Master or grand Master of the King's household, now called the Lord Steward. *Le Grand-Maître.*
The Master of the Rolls, (formerly called clerk of the pettybag, or clerk of the Rolls.) *Le Garde-rôle ou le Garde des Archives.*
The Masters of Chancery. *Les Rapporteurs de la Cour de Chancellerie.*
The Master-warden of the Mint. *Le général Maître ou l'Intendant des Monnoies.*
Master (or keeper) of the jewel house. *Le garde-vaisselle, le Garde de la vaisselle & des joyaux du Roi.*
To be master of a thing, (to possess it, to have it at one's command or disposal.) *Posséder une chose, en être en possession; l'avoir, en être le maître.*
To be master of a language. *Posséder une langue, la savoir à fond.*
To be master of one's self, (to be one's own master.) *Être à soi, ne dépendre de personne.*
The master-spring. *Le grand ressort.*
A master-piece. *Un chef-d'œuvre.*
Master-like. *En maître.*
Master-stroke. *Coup de maître.*
Master-wort. *Impératoire, sorte d'herbe.*
To MASTER, verb. act. (or get the better of) one. *Vaincre, surmonter quelqu'un.*
To master (or make one's self master of) a thing. *Se rendre maître de quelque chose, en venir à bout.*
Principles master at last the most rebellious (or stubborn) opinions. *Les principes se rendent enfin maîtres des opinions les plus rebelles.*
When there is no greater employment than they can master. *Lorsqu'ils n'ont pas plus de besogne qu'ils n'en peuvent faire.*
You will soon master (or learn) this language. *Vous viendrez bientôt à bout de cette langue, vous la saurez bientôt.*
To master, (or govern.) *Être le maître, gouverner.*
To master, (or keep under.) *Arrêter, réprimer, dompter, soumettre.*
A distemper difficult to be mastered. *Un mal difficile à guérir.*
To master, (to compass, to attain.) *Venir à bout.*
MASTERLESS, adj. (without a master.) *Qui n'a point de maître.*
Masterless, (froward, obstinate, headstrong.) *Opiniâtre, têtu, revêche, qui ne veut point se soumettre.*
MASTERLINESS, *s. Supériorité, grande habileté.*
MASTERLY, adject. Ex. He is a masterly companion. *Il fait le maître ou l'entendu, il veut dominer.*
Masterly or master-like, adv. *En maître, adroitement, avec adresse.*
MASTERSHIP, } *subst.* (power, authority)
MASTERY, } *Pouvoir, autorité, puissance, domination.*
To try masteries with one. *Faire au plus fort avec quelqu'un, tirer au court bâton avec lui.*
To get the mastery of a thing, (to master it.) *Venir à bout d'une chose.*
He has a perfect mastery (or command) of the English tongue. *Il possède l'Anglois en perfection.*
He did it with a great deal of mastery, (or art.) *Il l'a fait en maître.*
The mastership, (the dignity of a master.) *Dignité ou qualité de maître.*
MASTICATION, *s.* (or chewing.) *Mastication, action de mâcher.*
MASTICATORY, *subst.* (a chewing medicine.) *Masticatoire, médicament qu'on mâche.*
MASTICINE, adj. (belonging to mastick.) *De mastic.*
MASTICK, *sub.* (a gum.) *Mastic, sorte de résine.*
The mastick-tree, (or lentisk-tree.) *Le lentisque, arbre qui produit le mastic.*
MASTIFF, *s.* (a large dog.) *Un mâtin, un gros chien.*
MASTLIN. V. Meslin.
MAT, *subst. Une natte.*
A mat for a bed, a bed-mat. *Natte de lit.*

A

MAT

A mat (or flock) bed. *Un matelas.*
A mat-maker. *Un nattier ou faiseur de nattes.*
A mat-seller. *Un vendeur de nattes.*
Mat-weed, (a sort of rush.) *Sorte de jonc dont on fait les meilleures nattes.*
Mat, (at sea.) *Sangle, paillet, baderne, tissu de vieux cordages servant à fourrer des manœuvres, &c.*
To MAT, v. act. (or cover with a mat.) *Natter, couvrir de nattes.*
MATACHIN, *subst.* (a matachin-dance.) *Les matassins,* sorte de danse folâtre.
MATADORE, *s.* Matador, terme de jeu.
MATCH, *subst.* (a small stick dipped in sulphur.) *Meche,* pour mettre le feu a un mousquet, &c.
The match of a lamp. *La meche d'une lampe.*
A match, (a piece of wood, card, &c. tinged in brimstone.) *Allumette.*
Match, (an agreement for several persons, to meet, &c.) *Une partie.*
To make a match for hunting. *Faire une partie de chasse.*
A match for playing. *Une partie de jeu.*
An equal match. *Une partie égale.*
A match, (or marriage.) *Un mariage.*
To make a match, (or to marry.) *Faire un mariage, marier.*
It will be a match. *Ce sera un mariage, ils se marieront.*
A match-maker. *Un marieur, une marieuse.*
Match, (or party to be married.) *Parti.*
A rich match, (a fortune.) *Un riche parti, un parti fort avantageux.*
Match, (or equal.) *Pareil, semblable, égal.*
He has not his match. *Il n'a pas son semblable ou son pareil, il est incomparable.*
You have met with your match. *Vous avez trouvé à qui parler, vous avez trouvé chaussure à votre pied.*
The wolf goes to match or to mate, (he desires copulation.) *Le loup est en rut.*
To MATCH, verb. act. (to be like.) *Assortir, se rapporter, être semblable, convenir.*
To match, (or pair.) *Apparier, appareiller, assortir.*
To match a glove. *Apparier un gant.*
Such was the delicacy of the face, that there was no hopes of matching it with a suitable body. *La beauté du visage étoit telle qu'on désespéroit d'y pouvoir joindre un corps qui pût l'assortir ou qui convint.*
To match, (or couple.) *Apparier, accoupler, joindre.*
To match, (or marry.) *Marier.*
You cannot match him, (you cannot find his like.) *Vous ne sauriez trouver son semblable.*
He alone is able to match them all *Il est capable lui seul de leur faire tête.*
MATCHABLE, *adj.* (that may be matched.) *Qu'on peut assortir.*
MATCHED, *adj.* Assorti, apparié, &c. *V.* to Match.
Not to be matched. *Qui n'a pas son semblable, incomparable.*
MATCHING, *s.* *L'action d'assortir,* &c. *V.* to Match.
MATCHLESS, *adj.* Incomparable, qui n'a pas son pareil, sans pareil.
MATE, *s.* (or companion.) *Compagnon, compagne.*

Mate of a ship of war. *Officier subalterne des vaisseaux de guerre Anglois, qui rassemble les fonctions données chez nous au Pilote & au Maître d'équipage. Les vaisseaux du premier rang ont six mates, & les corvettes n'en ont qu'un.*
Mate of a merchant ship. *Second ou Lieutenant d'un vaisseau marchand.*
Mate, *répond aussi à la qualité de second ou d'aide, lorsqu'il est joint à un autre titre. Ex.*
Quarter-master's mate. *Bosseman.*
Boatswain's mate. *Contre-maître ou second maître d'équipage.*
Sail maker's mate. *Second voilier.*
Armourer's mate. *Second armurier.*
Carpenters mate. *Second charpentier.*
Steward's mate. *Maître-valet.*
Surgeon's first mate. *Second Chirurgien.*
Surgeon's second, third, fourth and fifth mates. *Aides Chirurgiens.*
She is my mate or wife. *C'est ma femme.*
Mate or check-mate, (when at chess there is no way left for the King to escape, and the game is ended.) *Mat ou échec mat,* coup au jeu des échecs qui fait gagner la partie.
To give check-mate or to check-mate, (at chess.) *Donner échec & mat, matter, faire mat.*
To MATE, v. act. (to amaze or astonish.) *Étonner, étourdir.*
To mate, (to dash or mortify.) *Mater, mortifier, accabler de déplaisir.*
To mate, (or match.) *Apparier, assortir.*
To mate, (or equal.) *Égaler.*
Mated, *adj.* *Étonné, étourdi,* &c. *V.* to Mate.
MATERIAL, *adj.* (consisting of matter.) *Matériel, composé de matière.*
Material, (principal or main.) *Principal, essentiel.*
Material, (or important.) *Important, d'importance ou de conséquence.*
To aim at that which is most material, (to look to the main chance.) *Aller au solide, viser à ce qui est le plus important.*
MATERIALISM, *s.* *Matérialisme.*
MATERIALIST, *s.* *Matérialiste.*
MATERIALITY, *sub.* *Matérialité,* terme didactique.
MATERIALS, *subst. plur.* *Matériaux.*
MATERIATE, } *adj. V.* Material.
MATERIATED, }
MATERNAL, *adj.* (of a mother.) *Maternel, de mere.*
MATERNITY, *s.* (motherhood.) *Maternité,* qualité de mere.
MATH, *s. Ex.* After-math. *Foin d'arrière-saison, le regain.*
MATHEMATICAL, } *adject.* *Mathématique.*
MATHEMATICK, }
To make a mathematical demonstration of a thing. *Faire la démonstration d'une chose, la démontrer, la prouver incontestablement.*
MATHEMATICALLY, *adj.* *Mathématiquement.*
MATHEMATICIAN, *subst.* *Un Mathématicien.*
MATHEMATICKS, } *sub.* (science that contemplates the quantity, and taught by true demonstration.) *Les mathématiques ou la mathématique.*
MATHESIS, }
MATHURINS, *subst.* (a sort of Friars.) *Mathurins,* sorte de Religieux.

MATIN, *adj.* *Matinal, dont on se sert le matin.*
Matin, *subst.* (morning.) *Matin.*
MATINS, *subst.* (one of the canonical hours for prayer in the *Roman* Church.) *Matines,* une des heures canoniales.
Matins, (or morning prayers.) *Prieres du matin.*
MATRASS, *subst.* *Matras,* instrument de chimie.
MATRICE, *s.* (the womb.) *La matrice, la mere.*
Matrices, (or moulds wherein printing letters are cast.) *Matrices ou moules de lettres.*
MATRICIDE, *subst.* (a killer or the killing of one's mother.) *Celui que tue sa mere, ou le crime de celui qui tue sa mere.*
MATRICIOUS, *adject.* (belonging to the matrice.) *De la matrice.*
MATRICULAR, *adject. Ex.* A matricular book. *Une matricule.*
To MATRICULATE, *verb. act.* (to set down in the matricular book.) *Immatriculer.*
Matriculated, *adj.* *Immatriculé.*
MATRICULATION, *subst.* (the being matriculated.) *Action d'immatriculer.*
MATRIMONIAL, *adj.* (of matrimony.) *Matrimonial, de mariage.*
Matrimonial articles agreed on. *Des conventions matrimoniales, un contrat de mariage.*
To break the matrimonial bond. *Rompre la communauté du mariage, se séparer.*
MATRIMONIALLY, *adv.* *Conformément aux loix du mariage.*
MATRIMONY, *subst.* (or wedlock.) *Le mariage.*
† To commit matrimony. *Se marier.*
MATRIX, *V.* Matrice.
MATRON, *subst.* (a grave and motherly woman.) *Une matrone, femme grave, sage & un peu âgée.*
A matron, (or midwife.) *Matrone, sage-femme.*
MATRONAL, *adj.* *De matrone.*
MATRONLY, *adject.* *Agée, sage, prudente.*
MATROSS, *s.* *Soldat dans l'artillerie.*
MATTED, *adject.* (from to mat.) *Natté, couvert de nattes.*
Matted (entangled) hair. *Des cheveux fort mêlés.*
MATTER, *subst.* (the stuff any thing is made or consists of.) *Matière,* ce dont chaque chose est composée.
Matter (or substance.) *Matiere, substance.*
Matter or subject-matter, (theme.) *Matiere, sujet sur lequel on écrit ou on parle.*
To enter upon the matter. *Entrer en matiere.*
To go from the matter in hand. *S'écarter de son sujet, faire une digression.*
Matter, (cause or occasion.) *Matiere, raison, cause, sujet, occasion.*
There is no matter of complaint. *Il n'y a pas là matiere de se plaindre.*
Matter, (thing or business.) *Chose, affaire, matiere, fait.*
It is no great matter. *Ce n'est pas là une affaire, ce n'est pas une affaire de grande conséquence.*
In matter (in point) of law. *En matiere de droit, en fait de droit.*
In matters of religion. *En fait de religion, sur le chapitre de la religion.*

MAT   MAT MAY   MAY MAZ

He confessed the matter of fact. *Il a avoué le fait.*
Matter, (such as runs out of a sore.) *Matiere, corruption, pus, sanie.*
To resolve or gather into matter. *Se résoudre en pus, suppurer, venir à suppuration, aboutir.*
What is the matter? *Qu'y a-t-il? que veut dire ceci?*
What's the matter that you are so sad? *D'où vient que vous êtes si triste?*
What's the matter with him, (what ails him?) *Qu'est-ce qu'il a? ou à qui en veut-il?*
What is the matter with him? (or what has he done?) *Qu'a-t-il fait?*
Something is the matter that he is not come yet. *Il est survenu quelque chose qui l'a retardé.*
I will tell you what the matter was. *Je vous dirai ce que c'étoit.*
It is not a likely matter. *Il n'est pas vraisemblable.*
It is a matter of no great importance in itself, but the consequence may be dangerous. *Ce n'est pas une affaire de grande conséquence en elle-même, mais les suites en sont à craindre.*
I make no matter of it, (I do not trouble my head about it.) *Je ne m'en mets point en peine, je ne m'en embarrasse guere.*
He spoke much to the matter, (or to the purpose.) *Il a parlé fort à propos.*
It is no matter. *N'importe.*
'Tis no great matter. *Il n'importe pas beaucoup.*
We have got a habit of it, and custom, you know, is a great matter. *Nous nous en sommes fait une habitude, & vous savez que la coutume y fait beaucoup.*
A matter, (about.) *Environ, la valeur.*
I spent a matter of twenty pounds. *J'ai dépensé environ vingt livres sterling.*
I walked a matter of ten miles. *J'ai fait la valeur de dix milles.*
No such matter. *Point du tout, cela n'est pas.*
Upon the whole matter. *Après tout.*
To MATTER, verb. act. (to care.) *Se soucier, se mettre en peine.*
I matter it not. *Je ne m'en soucie pas, je ne m'en mets point en peine, je ne m'en embarrasse guere.*
He matters not his dying, (he does not repine at death.) *Il n'a point fâché de mourir, il n'a point de regret à la vie.*
To matter, verb. imperf. Ex. What matters it? *Qu'importe?*
It matters not. *N'importe.*
It matters much. *Il importe beaucoup, il est d'une grande conséquence.*
To matter, verb. neut. (or to run with matter, as an imposthume.) *Suppurer, jetter du pus.*
MATTERY, adj. Plein de pus ou de matiere, qui suppure, purulent.
MATTING, subst. (from to mat.) *L'action de natter ou de couvrir de nattes.*
MATTOCK, subst. (a tool of husbandry.) *Beche ou hoyau, instrument d'agriculture.*
MATTRESS, subst. (mat or flock-bed.) *Un matelas.*
MATURATION, subst. (or ripening.) *Maturité ou action de mûrir.*
MATURE, }
MATURATIVE, } adject. (or ripe.)
Mûr, au propre & au figuré.
To grow mature. *Mûrir, devenir mûr.*
Upon mature deliberation. *Après mûre délibération, après y avoir mûrement pensé.*

To MATURE, verb. act. (or bring to maturity.) *Mûrir, faire mûrir.*
MATURELY, adv. (with deliberation.) *Mûrement, avec beaucoup de réflexion ou d'attention.*
MATURING, adj. *Qui mûrit.*
MATURITY, subst. (or ripeness.) *Maturité, au propre & au figuré.*
To come to maturity of age, (or ripeness of years.) *Parvenir à la maturité de l'âge, mûrir, devenir sage & posé.*
To MAUDLE, verb. act. (to besot or put out of order, as drinking does in the morning.) *Hébêter, assoupir.*
Maudled, adj. *Hébêté, assoupi.*
MAUDLIN, subst. *Une personne qui dans la boisson est toute pleine d'amitié & de tendresse ou de piété ; un homme ivre.*
Maudlin, sweet-maudlin, (an herb.) *Eupatoire, sorte d'herbe.*
Maudlin, adj. Voy. Maudled.
MAUGRE, prép. (in spite of.) *Malgré, en dépit de.*
Maugre the husband. *En dépit du mari.*
MAVIS, subst. (a kind of thrush.) *Mauvis, sorte de grive.*
To MAUL, verb. act. (to beat soundly.) *Battre, rosser, assommer, rouer de coups.*
Mauled, adj. *Rossé, battu, roué de coups, assommé.*
MAUL, s. V. Hammer.
MAULS, subst. plur. (at sea.) *Masses de fer.*
MAULKIN, subst. (an oven-mop.) *Écouvillon de four. V. Malkin.*
Maulkin, (a scarecrow, to frighten birds.) *Épouvantail.*
MAUL-STICK, subst. (the stick upon which a painter leans his hand while he paints.) *Appuie-main, baguette de peintre.*
MAUND, s. (a great flasket or open basket.) *Un manequin.*
To MAUNDER, verb. neut. (or grumble.) *Gronder, murmurer, † marmonner, grommeler.*
MAUNDERER, subst. *Un grondeur.*
MAUNDERING, subst. *L'action de gronder. V. to Maunder.*
MAUNDY-THURSDAY, subst. (the last thursday in lent.) *Le jeudi Saint, le jeudi devant Pâques.*
MAUSOLEUM, subst. (a fine tomb or sepulchre.) *Un mausolée, tombeau magnifique.*
† MAUTHER, s. (a word in Norfolk for a little girl.) *Une jeune fille.*
MAW, subst. *Mulette.*
The maw of a calf. *Une mulette de veau.*
MAWKISH, adj. *Fade, qui affadit l'estomac.*
Mawkish, (or nauseous.) *Fade, dégoûtant, dans le figuré.*
MAWKISHNESS, subst. *Qualité fade, fadeur.*
† MAWKS, subst. *A great mawks, (or flut.) Une grosse salope ou maussade, une halebreda.*
MAWMET, s. (a little puppet.) *Une petite marionette.*
MAWMISH, adj. *Sot, vain.*
MAW-WORM, s. *Ver du corps humain.*
MAXILLAR, }
MAXILLARY, } adj. (belonging to the jaw-bone.) *Qui appartient à la mâchoire.*
MAXIM, s. (a principle or general rule.) *Maxime, regle, principe.*
MAY, subst. (one of the twelve months

of the year.) *Mai, un des douze mois de l'année.*
May-day. *Le premier jour de Mai.*
May-games. *Jeux de Flore.*
† To make a may-game, (a mock or a fool of one.) *Se jouer, se moquer ou se railler de quelqu'un, l'exposer à la risée.*
May-pole. *Perche autour de laquelle on danse.*
† He is grown so high, that a man dares not come near him by the length of a may-pole. *Il est devenu si hautain qu'on n'oseroit l'approcher.*
A may-bug. *Un hanneton.*
May-lily, (or liriconfancy.) *Muguet.*
MAYING, s. Ex. To go a maying. *Cueillir des fleurs le premier de Mai.*
MAY, (a defective verb, used only in a few tenses.) *C'est un verbe défectueux, qui signifie pouvoir.*
Ex. You may, if you will. *Vous le pouvez faire, si vous voulez.*
That you may do it. *Afin que vous le puissiez faire.*
If I may say so. *S'il m'est permis de le dire.*
If it may be. *Si cela te peut.*
You may for all me. *Je ne vous empêche pas de le faire.*
It may be, (or perhaps.) *Peut-être.*
As fast as may be. *Au plus vîte.*
As much as may be. *Autant qu'il se peut.*
As little as may be. *Extrêmement petit, fort petit ou bien tant soit peu, fort peu.*
As like as may be. *Fort semblable, tout-à-fait semblable.*
Do it as fast as may be. *Faites-le au plus vîte ou le plutôt que vous pourrez.*
That I may not say his malice. *Pour ne pas dire sa malice.*
R. May it please your Majesty. *C'est une expression fort respectueuse, mais toute-à-fait particuliere aux Anglois. On s'en sert ordinairement, quand on parle au Roi ou à la Reine, soit de bouche, soit par écrit, elle signifie : Que votre Majesté agrée ce que je vais lui dire.*
Aux Pais du Royaume, on dit aussi fréquemment, May it please your Lordship, &c. surtout quand la personne qui leur écrit est beaucoup au dessous d'eux.
MAYOR, subst. (the chief magistrate of a town or city.) *Maire, le premier Magistrat de police d'une ville ou communauté.*
The Lord Mayor of London or York. *Le Lord Maire de Londres ou d'York. Il n'y a que ces deux Maires en Angleterre, qui portent le titre de Lord.*
MAYORALTY, subst. *Mairie, la charge & la dignité de maire.*
MAYORESS, subst. (the Mayor's Lady.) *La femme du Maire.*
MAYWEED, subst. *Sorte de plante.*
MAZARD, subst. *Mâchoire, au propre & au figuré.*
He is a mazard. *C'est une mâchoire ou une mazette.*
MAZE, subst. (or labyrinth.) *Labyrinthe.*
Maze, (astonishment.) *Étonnement, surprise.*
To be in a maze. *Être dans l'étonnement, être tout étonné, ne savoir où l'on en est.*
This news put me in a great maze, (or perplexity.) *Cette nouvelle m'inquiete fort, elle met mon esprit en grande perplexité, elle me met fort en peine.*
MAZER, subst. (a broad drinking-cup.) *Sorte de tasse ou de coupe à boire.*

MAZY

MAZY, *adj.* Embarraſſé, plein de détours.
ME, (a pronoun uſed inſtead of I in all its oblique caſes.) *Me, moi.*
He told me. *Il me dit.*
Love me. *Aimez-moi.*
She ſcolds me or at me. *Elle me gronde.*
He met me in the ſtreet and ordered me to go home. *Il me rencontra dans la rue & me dit de retourner chez moi.*
† MEACOCK, *ſ.* (an effeminate fellow.) *Un efféminé, un homme plein de molleſſe, un délicat.*
A meacock, (or uxorious man.) *Un homme qui aime trop ſa femme, qui a une lâche complaiſance pour elle.*
MEAD, *ſubſt.* (a drink made of honey.) *Hydromel.*
Mead, (a meadow.) *Un pré, une prairie.*
Mead-ſweet, (an herb.) *Reine des prés, ſorte d'herbe.*
MEADOW, *ſubſt.* (or meadow-ground.) *un pré, une prairie.*
MEAGER, *adj.* (or lean.) *Maigre, atténué, défait.*
To MEAGER, *verb. act.* (or make lean.) *Amaigrir, rendre maigre.*
Meagered, *adj. Maigri, exténué.*
MEAGERLY, *adv.* (to look meagerly.) *Paroitre maigre, avoir le viſage maigre.*
MEAGERNESS *ſubſt. Maigreur.*
MEAK, *ſubſt. Sorte de Faulx.*
MEAL, *ſubſt.* (or repaſt.) *Repas.*
To eat a full meal, to eat a good meal. *Faire un bon repas, manger tout ſon ſoûl.*
A meal's-meat. *Un repas.*
A free meal. *Repue franche.*
Meal, (any corn ground.) *Farine.*
A meal-man. *Un vendeur de farine.*
A meal-ſieve. *Un ſac à paſſer la farine.*
A meal-tub. *Un fariniers.*
Meal-rents. *Rente qu'on payoit autrefois en farine au Seigneur du Fief.*
MEALY, *adj. Farineux.*
Mealy mouthed, (baſhful.) *Penteux, honteux, qui par un excès de modeſtie n'oſe pas dire ſa penſée.*
MEAN, *adj.* (middle, between two extremes.) *Moyen, médiocre.*
High, mean and low. *Haut, moyen & bas.*
Mean, (poor, pitiful.) *Pauvre, chétif.*
A very mean (or indifferent) ſcholar. *Un homme qui n'a pas grand ſavoir, dont le ſavoir eſt médiocre.*
Mean, (low, poor, pitiful.) *Bas, vil, pauvre, chétif, mépriſable.*
He is of a mean deſcent. *Il eſt de baſſe naiſſance.*
Mean ſpirited. *Qui a l'ame baſſe.*
He is no mean Orator. (he is a great Orator.) *C'eſt un grand Orateur ou un Orateur célèbre.*
Mean, (middle.) *Moyen.*
Mean-time, mean-while, in the mean-time, in the mean-while, (are uſed adverbially for while theſe things are a doing.) *Cependant, ſur ces entrefaites.*
Mean, mean part, (or tenor, in muſick.) *V. Tenor.*
Mean, *ſubſt. Maniere, intervalle.*
Mean or rather means, in the plural, (way to do a thing.) *Moyen, voie, maniere.*
By that means. *Par ce moyen, ainſi.*
By ſome means or other. *D'une maniere ou d'autre.*
By lawful or unlawful means. *Par des voies honnêtes ou illicites.*
By all means. *Néceſſairement, à quelque prix que ce ſoit, abſolument, d'une néceſſité abſolue.*
I deſire you by all means to come. *Ne manquez pas, je vous prie, de venir.*
By no means. *Nullement, point du tout, en nulle façon.*
By fair means. *Par la douceur.*
By foul means. *De force, par la rigueur.*
R. Means is alſo uſed in the ſingular number.
R. He was a means (or inſtrument) of my ruin. *Il a été la cauſe de ma perte.*
That was the only means, (way or expedient.) *C'étoit-là le ſeul moyen ou expédient.*
Means, (eſtate or riches.) *Biens, richeſſes, moyens.*
To MEAN, *verb. neut. & act.* (to intend or reſolve, to deſign or purpoſe.) *Se réſoudre, ſe propoſer, être réſolu, prétendre, faire état, faire deſſein.*
He means to go by break of day. *Il fait état, il eſt réſolu de partir au point du jour.*
They meant no harm to one another. *Leur deſſein n'étoit pas de ſe faire aucun mal.*
I do not mean to do it. *Je ne prétends pas le faire.*
To mean, (or ſignify.) *Signifier, vouloir dire.*
What does this word mean ? *Que veut dire ce mot ? Que ſignifie ce mot ?*
To mean, (to underſtand.) *Vouloir dire, entendre, ſonger, penſer.*
You know what I mean. *Vous ſavez ce que je veux dire.*
I mean ſo. *Je l'entends ainſi, c'eſt-là ma penſée.*
I mean honeſtly. *Je n'y entends pas fineſſe.*
What do you mean by doing ſo? *A quoi ſongez-vous d'en agir de la ſorte?*
To mean one ill. *Vouloir du mal à quelqu'un.*
MEANDER, *ſubſt.* (inwinate turnings and windings.) *Labyrinthe, tours, détours, embarras.*
To MEANDER, *verb. act. Serpenter, faire des détours.*
MEANDERING, *adject. Qui ſerpente ſinueux.*
MEANDROUS, *adj.* (full of meanders.) *Plein de tours & de détours, embarraſſé, embrouillé.*
MEANER, *adject.* (the comparative of mean.) *Moindre, plus pauvre, plus chétif.*
The meaner ſort of people. *Le commun du peuple, le menu peuple, le vulgaire, la populace.*
To think the meaner of one. *Eſtimer moins une perſonne.*
MEANEST, *adj.* (the ſuperlative of mean.) *Le plus bas, le plus chétif, le plus pauvre. V. Mean.*
That is only fit for the meaneſt citizens to do. *Cela eſt du dernier bourgeois.*
MEANING, *ſubſt.* (intention, ſentiment.) *Intention, volonté, penſée, ſentiment, deſſein.*
With an ill meaning. *A mauvaiſe intention, à mauvais deſſein, par malice, malicieuſement.*
Meaning, (ſenſe or ſignification.) *Sens, ſignification.*
Meaning, *adj.* Ex. A well meaning man. *Un honnête homme, un homme de bonne foi, ſincere, plein de candeur.*
Thoſe well meaning people have not pénétration enough to diſcover above one interpretation in their laws. *Ces bonnes gens n'ont pas aſſez de vivacité ou de pénétration pour trouver plus d'un ſens à leurs loix.*
MEANLY, *adv. Médiocrement, lâchement, ſans dignité.*
Meanly, (or poorly.) *Pauvrement, chétivement.*
Meanly born or extracted. *Iſſu de bas lieu, de baſſe naiſſance.*
MEANNESS, *ſubſt.* (mediocrity.) *Médiocrité.*
Meanneſs, (or low condition.) *Baſſeſſe*
MEANS. *V. Mean.*
MEANT, *prétérit du verbe* to Mean.
Meant, *adj. Signifié.*
This is meant by it. *Voici ce que cela ſignifie ou en voici le ſens. V. to Mean.*
MEARL, *ſubſt.* (or rather black-bird.) *Un merle.*
MEASE, *ſubſt.* (a meaſure of herrings, containing 500.) *Meſure de harengs qui en contient 500.*
Meaſe or meſſuage. *V. Meſſuage.*
MEASLED, *adj.* Ex. A meaſled hog. *Un cochon ladre.*
MEASLES, *ſ.* (a diſeaſe.) *La rougeole.*
Meaſles. *Sorte de maladie de cochon.*
MEASURABLE, *adj.* (that can be meaſured.) *Meſurable.*
Meaſurable, (or moderate.) *Modéré.*
MEASURABLY, *adv. Modérément.*
MEASURE, *ſubſt.* (that which ſerves to determine the extent of any quantity.) *Meſure, tout ce qui ſert à meſurer.*
Meaſure, (a quantity proportioned to the meaſure.) *Meſure, quantité proportionnée à la meſure établie.*
Meaſure (or dimenſion) of a body. *La meſure, la dimenſion d'un corps.*
To take a man's meaſure for a ſuit of clothes. *Prendre la meſure d'un habit ou prendre la groſſeur d'un homme, en termes de tailleur.*
Meaſure, (or cadence in verſes.) *Meſure, cadence dans les vers.*
Meaſure, (or time in muſick.) *Meſure en Muſique.*
Meaſures, (way, deſign.) *Meſures.*
He has broke all my meaſures. *Il a rompu toutes mes meſures.*
In ſome meaſure, (in a manner.) *En quelque maniere.*
In a great meaſure, (very much.) *Fort, grandement, beaucoup.*
He has had hard meaſure, (or uſage.) *Il a été fort maltraité ou on lui a fait grand tort.*
Meaſure, (or mean.) *Meſure, médiocrité.*
Beyond meaſure. *Outre meſure, avec excès, exceſſivement.*
Out of meaſure, out of all meaſure. *Outre meſure, trop, exceſſivement.*
To MEASURE, *verb. act. Meſurer.*
To meaſure corn. *Meſurer du blé.*
To meaſure (to ſurvey) land. *Meſurer, arpenter des terres.*
P. To meaſure other people's corn by one's own buſhel. P. *Meſurer les autres à ſon aune.*
To meaſure a thing by one's own profit. *N'eſtimer une choſe que par le profit qui nous en revient.*
To meaſure, *v. neut.* (to have a certain meaſure.) *Avoir une certaine meſure.*
Some of the hail-ſtones meaſured four inches about. *Quelques grains de grêle avoient quatre pouces de circonférence.*
Meaſured, *adj. Meſuré.*

MEA MED

A measured mile. *Un mille juste, un mille géométrique.*
MEASURELESS, *adj. Immense, sans mesure.*
MEASUREMENT, *subst.* (or measuring.) *Mesurage.*
MEASURER, *s. Mesureur.*
A measurer of lands. *Un arpenteur.*
MEASURING, *s. L'action de mesurer, mesurage.*
Measuring of lands. *Arpentage.*
† It is a measuring cast whether it be so or no. *Il y a du pour & du contre, il est incertain, il est douteux si cela est ou non.*
MEAT, *sub.* (any thing that we eat for nourishment, food.) *Aliment, nourriture, viande, manger.*
This is very good meat. *C'est un très-bon aliment ou un fort bon manger.*
A dish of meat. *Un plat de viande, un plat.*
Meat, (or flesh.) *Viande, chair.*
To forbear meat. *S'abstenir de viande, faire maigre.*
Horse-meat (provender.) *Tout ce que mangent les chevaux, comme foin, avoine, &c.*
Meat, (wherewith any thing is fatted.) *Mangeaille.*
An egg full of meat. *Un œuf fort plein.*
Roast meat. *Du rôti, le rôt.*
Boiled meat. *Du bouilli.*
Minced meat. *Un hachis.*
Spoon-meat. *Tout ce qu'on mange à la cuiller.*
Sweet-meats. *Confitures.*
White-meats. *Laitages.*
To sit down at meat. *Se mettre à table.*
To shake after meat. *Trembler quand on est soûl,* † *avoir une fievre de veau.*
Without meat or drink. *Sans boire & sans manger, sans boire ni manger.*
There is neither good meat nor good drink. *Il n'y a rien de bon à manger ni à boire.*
P. After meat comes mustard. P. *Moutarde après dîner.*
† This is meat and drink to him. *C'est son souverain bien, il s'en fait un plaisir extrême.*
Meat-offerings. *Du gâteau.*
MEATHE, *adj.* (drink.) *Boisson.*
MECHANICAL. *V.* Mechanick.
MECHANICALLY, *adv. Méchaniquement.*
MECHANICIAN, *s. Mécanicien.*
MECHANICK, *adj. Méchanique, qui est opposé à libéral.*
Mechanick, (mean, sordid.) *Mécanique, bas, vilain, sordide, mal-honnête.*
Mechanick, *subst.* (a tradesman.) *Un homme de métier, un artisan.*
MECHANICKS, *subst.* (that part of the mathematicks which is conversant about machines.) *Mécanique, la science des machines.*
MECHANISM, *s. Mécanisme.*
MECHOACAN, *s.* (a root.) *Méchoacan, racine.*
MECONIUM, *s. Méconium, terme de médecine.*
MEDAL, *s.* (or coin.) *Une médaille.*
MEDALLICK, *adject. Qui appartient aux médailles.*
MEDALLION, *s.* (a large medal.) *Médaillon.*
MEDALLIST, *s. Médaillite.*
To MEDDLE with, *v. act.* (to intermeddle.) *Se mêler, s'entremettre.*
Meddle with your own business. *Mêlez-vous de vos affaires.*

MED

To meddle with, (to touch or handle.) *Toucher ou toucher à, manier, mettre la main dessus.*
To meddle with one, (to have to do with him.) *Se prendre, s'attaquer, se jouer,* † *se frotter à quelqu'un, avoir à faire avec lui.*
I will not meddle nor make with him. *Je ne veux rien avoir à faire ou à démêler avec lui.*
Do not meddle with him. *Laissez-le en repos.*
I neither meddle nor make. *Je n'y prends ni n'y mets, je ne m'en embarrasse pas.*
Meddle not with any wine, (or drink no wine.) *Ne buvez point de vin.*
Meddled with, *adject. Dont on s'est mêlé,* &c *V.* to Meddle with.
This is not to be meddled with. *Il faut bien se garder d'y toucher, il ne faut point du tout s'en mêler.*
MEDDLER, *subst.* (or busy-body.) *Une personne qui se mêle des affaires d'autrui, un homme intrigant, un entremetteur ou une entremetteuse.*
MEDDLESOME, *adj. Intrigant.*
MEDDLING, *s. L'action de se mêler ou de s'entremettre,* &c. *V.* to Meddle.
It is not good meddling with it. *Il ne fait pas bon s'y frotter.*
Meddling, *adj. part.* Ex. You will be always meddling. *Vous voulez toujours vous mêler ou mettre le nez où vous n'avez que faire.*
MEDIAN, *adj.* Ex. The median (middle or black) vein. *La médiane ou la veine médiane.*
MEDIASTINE, *s.* (the skin dividing the whole breast, from the throat to the midriff, into two hollow bosoms.) *Médiastin, terme d'anatomie.*
To MEDIATE, *v. act.* (or procure by one's means.) *Moyenner, procurer par son entremise.*
To mediate the peace. *Moyenner la paix.*
MEDIATE, *adj. Moyen, médiat.*
MEDIATELY, *adv. Médiatement.*
MEDIATION, *s.* (interposition.) *Médiation, entremise.*
MEDIATOR, *s. Médiateur, entremetteur.*
MEDIATORIAL, } *adj. Qui appartient au médiateur.*
MEDIATORY, }
MEDIATRIX, *subst. Médiatrice, entremetteuse.*
MEDICAL, *adj.* (physical.) *Médicinal.*
MEDICAMENT, *s.* (a medicinal composition.) *Médicament, remede.*
MEDICAMENTAL, *adj. Médicinal, qui a une vertu médicinale, qui sert de remede.*
MEDICASTER, *s.* (a peddling physician, a quack.) *Un médecin d'eau douce.*
MEDICATED, *adj.* (mixed with medicinal ingredients.) *Mixtionné, mêlé de quelque drogue.*
MEDICATION, *s.* (a curing.) *Action de traiter des malades ou de médicamenter.*
MEDICINABLE, *adj.* (curable.) *Qui se peut guérir.*
MEDICINAL, *adj.* (or medicamental, able to heal) *Médicinal.*
MEDICINALLY, *adv.* Suivant les regles de la médecine.
MEDICINE, *s.* (or physick, an art and science.) *Médecine, science & art.*
Medicine, (or physical composition.) *Médecine, remede, médicament.*
To MEDICINE, *v. act.* (to give physick, in order to cure.) *Médicamenter.*

MED MEE

MEDICK-FODDER, *subst.* (or Spanish trefoil.) *Luserne, sorte d'herbe.*
MEDIETY, *s.* (or half.) *La moitié.*
MEDIOCRITY, *s.* (a mean or moderation.) *Médiocrité, un milieu.*
To MEDITATE, *verb. neut.* (to think, muse or reflect) upon a thing. *Méditer quelque chose ou sur quelque chose, faire quelque méditation, songer profondément à quelque chose, la repasser dans son esprit.*
To meditate, *v. act.* (or devise beforehand.) *Méditer, préméditer.*
Meditated upon, *adj. Médité, sur quoi l'on a médité,* &c.
MEDITATING, *subst. L'action de méditer,* &c. *V.* to Meditate. *Méditation.*
MEDITATION, *s. Méditation, profonde considération.*
MEDITATIVE, *adject. Méditatif, de méditation.*
A meditative posture. *La posture d'un homme qui médite ou qui rêve.*
MEDITERRANEAN, } *adj.* (or midland.) *Méditerranée.*
MEDITERRANEOUS, }
Mediterranean, *s. La Méditerranée, la mer Méditerranée.*
MEDIUM, *s.* (or mean.) *Milieu.*
Medium, (the just temperature or expedient.) *Milieu, tempérament, expédient.*
MEDLAR, *sub.* (a sort of fruit.) *Nefle, sorte de fruit.*
A medlar-tree. *Un neflier.*
MEDLEY, *subst.* (or mixture.) *Mélange.*
A confused medley. *Mélange, fatras, confusion.*
Medley (or mixt) colour, *adject. Une couleur mêlée.*
A medley government. *Un gouvernement mêlé ou mixte.*
MEDULLAR, } *adj.* (of the marrow.) *Moelleux, plein de moëlle.*
MEDULLARY, }
* MEED, *s.* (or reward.) *Récompense,* † *guerdon.*
* Meed, (or merit.) *Mérite.*
MEEK, *adject.* (or mild.) *Doux, plein de douceur, paisible, modéré, traitable, débonnaire.*
Meek, (or humble.) *Humble, soumis.*
To MEEKEN. *V.* to Soften.
MEEKLY, *adv.* (or mildly.) *D'une maniere douce, avec douceur.*
Meekly, (or humbly.) *Humblement, avec humilité.*
MEEKNESS, *subst.* (or gentleness.) *Douceur.*
Meekness, (humility.) *Humilité.*
MEER, *s. V.* Mere.
MEERED, *adj. V.* Mered.
MEET, *adj.* (fit or convenient.) *Convenable, à propos.*
It is very meet. *Cela est fort à propos.*
Thus it is meet to do with citizens. *C'est ainsi qu'il en faut agir avec les bourgeois.*
To MEET, *v. act.* }
To MEET WITH, *v. n.* } (to find.) *Rencontrer, trouver, faire rencontre de.*
I met him, or I met with him, by chance. *Je l'ai rencontré par hasard.*
The King intends to meet his Parliament. *Le Roi a résolu d'assembler son Parlement.*
To meet with one, (to be even with him.) *Se venger de quelqu'un, lui rendre la pareille.*
I shall meet with him. *Je l'attrapperai bien.*

Tq

To go to meet one. *Aller au devant de quelqu'un.*
He appointed to meet me to-day. *Il a promis de me venir trouver ou voir aujourd'hui.*
I will meet him (I defy him) on any ground in England. *Je le défie en quelque lieu d'Angleterre que ce soit.*
He met with a very fine reception. *On lui fit une fort belle réception ou un grand accueil.*
To meet with a storm. *Etre accueilli d'une tempête.*
To meet with a repulfe. *Être repouffé ou être refufé, souffrir un rejus.*
His project met with no fuccefs. *Son projet n'a eu aucun fuccès.*
Have you not met with ftrange news at your landing ? *N'avez-vous pas appris d'étranges nouvelles en abordant ?*
To meet, *verb. neut.* (to affemble or come together.) *Se rencontrer, s'affembler, fe trouver.*
† To make both ends meet, († to keep life and foul together.) *Lier les deux bouts, gagner juftement de quoi vivre, ou dépenfer juftement fon revenu.*
MEETER, *fubft.* Celui qui accofte quelqu'un.
MEETING, *fubft.* (a coming together or interview.) *Rencontre, entrevue.*
A great meeting (concourfe or refort) of people. *Une grande foule ou affluence de peuple, un grand concours de peuple ou de monde.*
A meeting, (or affembly.) *Affemblée.*
A meeting of fectaries. *Une affemblée ou un conventicale de Sectaires.*
A meeting-houfe. *Lieu où s'affemblent les Sectaires, églifes de non-conjormiftes en Angleterre.*
A meeting of two ftreams. *Confluant, la jonction de deux fleuves.*
MEETLY, *adv.* (fitly, properly, duly.) *Convenablement, proprement, dûment.*
MEETNESS, *f. Convenance, propriété.*
MEG, *f.* A long meg, (a tail, ungainly woman.) *Une femme grande comme une perche.*
MEGRIM, *f.* (a dizzinefs in the head coming by fits.) *Migraine, douleur de tête, mal de tête.*
MELANCHOLICK, *adj.* (troubled with melancholy.) *Mélancolique, trifte, chagrin, qui a de la mélancolie.*
MELANCHOLILY, *adv. Mélancoliquement, d'une maniere mélancolique.*
* MELANCHOLIST, *f. Un mélancolique, une mélancolique.*
An infpired melancholift, (or deep fanatick.) *Un mélancolique infpiré, un enthoufiafte, un vifionnaire, un fanatique.*
MELANCHOLY, *f.* (black choler.) *Mélancolie ou bile noire.*
Melancholy, (penfivenefs, fadnefs.) *Mélancolie, triftesse ou chagrin.*
Melancholy, *adj.* (fad, penfive.) *Mélancolique, trifte, chagrin, rêveur.*
A melancholy man or woman. *Un melancolique, une mélancolique.*
Melancholy, (fad, that caufes melancholy.) *Trifte, chagrinant, fâcheux.*
MELICERIS, *f.* (a tumour.) *Mélicéris, forte de tumeur.*
MELILOT, *fubft.* (an herb and flower.) *Mélilot, herbe & fleur.*
To MELIORATE, *verb. act.* (to make better or improve.) *Améliorer, rendre meilleur.*

Meliorated, *adject. Amélioré, devenu meilleur.*
MELIORATION, *f.* (improvement, the act of bettering.) *Amélioration, l'action de rendre meilleur.*
MELIORITY, *f.* (or betternefs.) *Etat de ce qui eft meilleur.*
To MELL, *v. n.* (to mix, to meddle.) *Mêler, fe mêler.*
MELLIFEROUS, *adj.* (bringing honey.) *Qui fait ou qui produit du miel.*
MELLIFICATION, *f. Production de miel.*
MELLIFLUENCE, *fubft. Abondance de miel.*
MELLIFLUENT, } *adj.* (flowing with
MELLIFLUOUS, } honey.) *Découlant de miel ou qui abonde en miel.*
MELLITISM, *fubft.* (honeyed wine.) *Vin mielleux.*
MELLOW, *adj.* (ripe, foft.) *Mûr, mou, tendre.*
Mellow (or foft) ftrokes in painting. *Des traits moelleux, doux & bien nourris, en termes de peinture.*
† Mellow, (pretty well in drink.) *Qui eft en pointe de vin, qui a un peu bû.*
To MELLOW, *v. act.* (to ripen.) *Mûrir ou faire mûrir.*
MELLOWNESS, *f. Maturité.*
MELOCOTON, *f.* Sorte de pêche.
MELODIOUS, *adject.* (harmonious.) *Mélodieux, harmonieux, rempli de mélodie.*
MELODIOUSLY, *adv. Mélodieufement, harmonieufement, avec mélodie.*
MELODY, } *f.* (or harmony.)
MELODIOUSNESS, } *Mélodie, harmonie, douceur de chant ou de fon.*
MELON, *f.* (a fort of fruit.) *Melon, forte de fruit.*
A mufk-melon. *Un melon mufqué.*
A fmooth melon. *Melon uni.*
A ftreaked melon. *Melon brodé.*
A bed of melons. *Melonniere.*
MELPOMENE, *f.* (the tragic-mufe.) *Melpomene, la mufe qui préfide à la tragédie.*
To MELT, *v. act.* (to liquefy.) *Fondre, faire fondre, liquefier.*
To melt gold. *Fondre de l'or.*
To melt God's anger into mercy. *Fléchir la colere de Dieu, fe le rendre propice.*
To melt one down, (to make his heart relent.) *Attendrir quelqu'un.*
To melt, *v. act. Fondre, fe fondre, liquefier.*
To melt into tears. *Fondre, diftiler en larmes.*
P. Money melts away like butter againft the fun. *L'argent s'en va comme de l'eau.*
Melted, *adj. Fondu, liquefié.*
MELTER, *f. Fondeur, celui qui fond.*
MELTING, *fubft. Fonte ou liquefaction, l'action de fondre, &c.*
A melting-houfe. *Fonderie.*
Melting, *adj. Fondant.*
A melting pear. *Une poire fondante.*
A melting (or pathetical) difcourfe. *Un difcours pathétique, touchant, qui émeut, qui excite les paffions.*
Melting (or fweet) language. *Careffes, douceurs, flatteries.*
MELWELL, *fubft.* (a fort of cod fifh.) *Merlus.*
MEMBER, *f.* (part of a body natural or politick, &c.) *Membre, partie d'un corps naturel, politique, &c.*

The privy member. *Le membre viril, les parties naturelles de l'homme.*
A member of Parliament. *Un membre du Parlement, un Parlement.*
MEMBERED, *adj.* (in blazonry.) *Membré, terme de blason.*
MEMBRANACEOUS, } *adject.* (full of
MEMBRANOUS, } membranes.) *Membraneux, plein de membranes.*
MEMBRANE, *f.* (the uppermoft thin fkin in any part of the body.) *Membrane, tunique.*
MEMENTO, *f. Mémento.*
MEMOIR, *fubft.* (account.) *Un mémoire.*
Memoirs, (a plain hiftory of tranfactions during the writer's life.) *Mémoires.*
MEMORABLE, *adject.* (worthy to be remembered.) *Mémorable, digne de mémoire.*
MEMORABLY, *adv. D'une maniere mémorable.*
MEMORANDUM, *fubft.* (or note.) *Un mémoire, écrit pour faire reffouvenir.*
MEMORATIVE, *adj. Ex.* The memorative power. *La faculté ou la puiffance de fe fouvenir, la mémoire.*
MEMORIAL, *f.* (that which puts one in mind.) *Mémorial.*
Memorial, (a note of fomething to be remembered.) *Un mémoire.*
An Embaffador's memorial. *Un mémoire d'Ambaffadeur.*
MEMORIALIST, *fubft. Auteur de mémoires.*
To MEMORIZE, *verb. act. Rappeller, configner dans l'hiftoire, noter.*
MEMORIZED, *adject.* (or recorded in hiftory.) *Dont l'hiftoire nous a confervé la mémoire.*
MEMORY, *f.* (the faculty of remembering.) *Mémoire, fouvenir, faculté de l'ame par laquelle on fe fouvient.*
That is out of my memory. *Cela eft hors de ma mémoire ou de mon fouvenir, je ne m'en fouviens plus, je l'ai oublié.*
Memory, (or remembrance.) *Mémoire, fouvenir, reffouvenir.*
To call to memory. *Rappeller en fa mémoire, fe remettre en mémoire.*
To have or keep a thing in memory, (to remember it.) *Garder, conferver la mémoire ou le fouvenir de quelque chofe, s'en fouvenir.*
Within the memory of man. *De mémoire d'homme.*
The memory (or fame) of great men. *La mémoire, la réputation des grands hommes.*
MEN, (the plural of man.) *Les hommes, &c. V. Man.*
To MENACE, *v. act.* (or threaten.) *Menacer.*
Menaced, *adj. Menacé.*
MENACES, *f. pl.* (or threats.) *Menaces.*
MENACER, *fub. Celui ou celle qui menace.*
MENACING, *fubft. Menaces, action de menacer.*
Menacing, *adj. Menaçant.*
MENAGE, *f.* (a collection of animals.) *Ménagerie.*
To MEND, *v. act.* (to vamp or patch.) *Raccommoder, rhabiller, rajuster.*
To mend point or lace. *Remplir du point ou de la dentelle.*
To mend (or correct) a fault. *Corriger une faute.*

To mend (or reform) one's life. *S'amender, se reformer, se corriger.*
To mend (or repair) a structure. *Rétablir, réparer un bâtiment.*
To mend one's pace, (to go faster.) *Hâter le pas.*
To mend one's draught. *Boire encore un coup.*
I will try if I can mend your cheer. *J'essaierai de vous faire meilleure chere ou de vous mieux régaler.*
To mend one's market. *Acheter à meilleur marché ou vendre plus cher.*
Where will you mend (or better) yourself? *Où amenderez-vous votre marché, où trouverez-vous mieux?*
To mend, v. neut. (to grow better, to reform.) *S'amender ou amender, se corriger, se reformer.*
Tell me your hour, and all shall be mended another time. *Dites-moi votre heure, & tout ira mieux une autre fois.*
To mend, (or be on the mending hand, after a sickness.) *Se remettre, se rétablir, guérir de quelque maladie, en revenir, reprendre ses forces.*
Mended, adj. *Raccommodé, &c.* V. to Mend.
MENDER, s. *Celui ou celle qui raccommode, &c.*
Mender of old cloaths. *Un ravaudeur, une ravaudeuse.*
MENDICANT, adj. (or begging.) *Mendiant.*
A mendicant friar. *Un Moine mendiant.*
Mendicant, subst. (a beggar or begging Friar.) *Un Moine mendiant, un mendiant.*
To MENDICATE, v. act. *Mendier.*
MENDICITY, s. (want, beggary.) *Mendicité, indigence ou pauvreté.*
MENDING, subst. (from to Mend.) *L'action de raccommoder, &c.* V. to Mend.
But so far was he from mending upon those lessons. *Mais lui, bien loin de profiter de ces instructions.*
Mending, adj. Ex. To be on the mending hand or in a mending condition. *Se remettre, se rétablir.*
MENIAL, adj. (or domestick.) *Domestique, qui demeure avec son maitre.*
A menial servant. *Un serviteur domestique, un domestique.*
MENIALS, s. pl. (or menial servants.) *Domestiques.*
MENINGES, s. (the two membranes that envelope the brain, the one called the pia mater, the other dura mater.) *Les méninges, terme d'anatomie.*
MENOLOGY, subst. *Ménologie.*
MENOW, subst. (small froth-water-fish.) *Véron, petit poisson de riviere.*
MENSAL, adject. *De table.*
MENSTRUAL, adj. (or monthly.) *Qui arrive chaque mois.*
The menstrual blood of women. *Sang menstruel des femmes.*
MENSTRUUM, sub. (a chymical dissolvent.) *Menstrue.*
MENSURABILITY, sub. (capableness of being measured.) *Qualité de ce qui se peut mesurer.*
MENSURABLE, adject. *Mesurable.*
To MENSURATE, v. act. (to measure.) *Mesurer.*
MENSURATION, subst. (a measuring.) *Mesurage, action de mesurer.*
MENTAL, adj. (of the mind.) *Mental, qui se fait en esprit.*
A mental reservation. *Une restriction mentale.*

To pray to God with a mental devotion. *Prier Dieu mentalement.*
MENTALLY, adv. *Mentalement.*
MENTION, subst. (or commemoration.) *Mention, mémoire.*
To make mention of a thing. *Faire mention d'une chose, en parler.*
To MENTION, v. act. (or make mention of.) *Faire mention de, mentionner, parler de.*
To mention the receipt of a letter. *Accuser la réception d'une lettre.*
Mentioned, adject. *Mentionné, &c.* V. to Mention.
Fit to be mentioned. *Dont on doit faire mention, ou qu'on ne doit pas oublier.*
MENTIONING, sub. *Mention ou l'action de faire mention.*
MEPHITICAL, ad. (stinking.) *Méphitique.*
MERACIOUS, adj. *Pur, spiritueux, fort, clair.*
MERACITY, subst. *Pureté, force, clarté.*
MERCANTILE, }
MERCATIVE, } adject. (belonging to mercature.) *Mercantile, commerçant, marchand, de marchand.*
A mercantile town. *Ville marchande, ville de négoce.*
MERCATURE, sub. (trade or merchandise.) *La marchandise, le négoce, le trafic, le commerce.*
MERCENARY, adj. (greedy of gain.) *Mercenaire, interessé, qui fait tout pour de l'argent.*
Mercenary, subst. (a hireling.) *Un mercenaire, un homme intéressé ou à gages.*
MERCER, subst. (a haberdesher of small wares.) *Un petit mercier, marchand qui fait commerce de petites marchandises.*
A mercer, (a silk-mercer.) *Un mercier, un marchand de soieries, &c.*
MERCERY, subst. (or mercery ware.) *Mercerie, marchandise de mercier.*
MERCHANDISE, subst. (mercature or trade.) *Marchandise, trafic, commerce, négoce.*
Merchandise, (or commodities to trade with.) *Marchandise, tout ce dont on trafique.*
To MERCHANDISE, v. neut. (to trade.) *Trafiquer, négocier, faire la marchandise.*
MERCHANDISING, subst. (or traffick.) *La marchandise, le trafic, le négoce, le commerce.*
MERCHANT, s. (a trader.) *Marchand, négociant.*
A timber-merchant. *Un marchand de bois.*
A merchant-man, (or ship of trade.) *Un vaisseau marchand.*
MERCHANTABLE, adject. *Bien conditionné, marchand.*
MERCHINLAEG, }
MERCHENLAGE, } subst. *La loi des Merciens qui occupoient autrefois une partie de l'Angleterre.*
MERCIFUL, adject. (full of mercy.) *Miséricordieux, pitoyable, qui a de la pitié & de la compassion.*
To be merciful to one. *Avoir pitié ou compassion de quelqu'un.*
Merciful, (humane or kind.) *Bon, doux, humain, clément, qui pardonne aisément.*
MERCIFULLY, adv. *Avec compassion, avec clémence.*
MERCIFULNESS, sub. (or compassion.) *Miséricorde, pitié, compassion.*

Mercifulness, (humanity or clemency.) *Humanité, bonté, douceur, clémence.*
MERCILESS, adject. *Impitoyable, cruel, qui n'a point de compassion, qui ne pardonne point.*
MERCILESSLY, adv. *Impitoyablement.*
MERCURIAL, adj. æ. (full of mercury; brisk.) *Vif, qui a de la vivacité.*
A mercurial man. *Un homme vif.*
MERCURY, subst. (a heathenish God.) *Mercure, dieu fabuleux.*
Mercury, (one of the planets.) *Mercure, une des planetes.*
Mercury, (or quick-silver.) *Mercure ou vif-argent.*
The London Mercury, (a news-paper.) *Le Mercure de Londres, sorte de gazette.*
Mercury, (a purging plant.) *Mercuriale, plante purgative.*
Mercury-women, (women that sell news-books, &c. to the hawkers by whole-sale from the press.) *Certaines femmes qui exposent en vente les nouvelles & autres petits imprimés, par le moyen des colporteurs qui les vendent en détail dans les rues.*
MERCY, s. (compassion.) *Miséricorde, pitié, compassion.*
Mercy, (or pardon.) *Merci, grace, pardon.*
To cry mercy, (or ask forgiveness.) *Crier merci, demander pardon.*
Cry mercy or cry your mercy. *Je vous crie merci.*
To deliver one up to the mercy (or power) of his enemies. *Abandonner quelqu'un à la merci ou au pouvoir de ses ennemis.*
Mercy-seat. *Propitiatoire.*
We cast ourselves down before thy mercy-seat. *Nous nous prosternons devant le trône de ta grace.*
MERE, adj. (downright, arrant.) *Pur, vrai, franc, achevé, fieffé.*
A mere ignoramus. *Un franc ignorant.*
MERE, subst. (a boundary.) *Borne, limite.*
A mere-stone. *Borne, pierre qui sert de limite.*
A mere, (a large pool or lake.) *Mare, lac, amas d'eau qui n'est pas courante.*
Mere-sauce, (or brine.) *Saumure.*
MERED, adject. (or bounded.) *Borné, limité.*
MERELY, adverb. (or purely.) *Purement.*
MERETRICIOUS, adj. (or whorish.) *De courtisane.*
Meretricious arts. *Artifices ou tours de courtisane.*
MERETRICIOUSLY, adverb. *En courtisane.*
MERIDIAN, s. (a circle of the sphere.) *Méridien, cercle de la sphere.*
This is not calculated to our meridian, (this is not suitable to our customs or manners.) *Ceci n'est point conforme à nos manieres.*
Meridian, adj. *Méridional.*
Meridian distance. *Différence de longitude prise d'un cap ou d'un endroit remarquable, voisin de l'endroit d'où un vaisseau est parti, qui se compte en degrés, soit à l'Est ou à l'Ouest, dans l'usage des Navigateurs Anglais.*
MERIDIONAL, adj. (southern.) *Méridional, qui est au midi.*
MERILS, subst. (or five-penny morris, a boyish play.) *La mérelle ou marelle, jeu d'enfant.*

MERIT,

MERIT, *subst.* (desert, worth, excellency.) *Mérite, prix.*
A man of merit. *Un homme de mérite.*
The merits of our Saviour. *Les mérites de notre Sauveur, le prix de ses souffrances.*
The merit (or reasons) of a cause. *Le mérite, les raisons ou le bon droit d'une cause.*
To MERIT, *verb. act.* (or deserve.) *Mériter.*
He merited much of the commonwealth of learning. *Il a bien mérité de la République des Lettres, la République des Lettres lui a de l'obligation.*
He merited (or deserved) ill of his country. *Il n'a pas bien servi sa patrie, sa patrie n'a pas sujet de se louer de lui.*
Merited, *adj. Mérité.*
MERITORIOUS, *adject. Méritoire, qui mérite une récompense.*
MERITORIOUSLY, *adverb. Méritoirement.*
MERITORIOUSNESS, *subst. Mérite.*
MERITOT, *subst.* (a swinging in bell-ropes and such-like.) *Jeu qui consiste à se balancer sur des cordes.*
MERLIN, *f.* (a sort of hawk.) *Émerillon, le plus petit de tous les oiseaux de proie.*
MERMAID, *subst.* (or syren.) *Sirene, monstre marin & fabuleux.*
MERRILY, *adv. Agréablement, plaisamment, bien, joyeusement.*
To MERRIMAKE, *verb. neut. Se divertir, se réjouir.*
MERRIMENT, *sub.* (or merry-making.) *Réjouissance, † frairie, régal & bonne chere qu'on fait avec ses amis.*
MERRY, *adject.* (gay, frolick, jocund.) *Joyeux, gai, plein de gaicté, divertissant, de bonne humeur, gaillard, goguenard, enjoué, en parlant des personnes.*
Merry, (pleasant, diverting.) *Plaisant, agréable, divertissant, en parlant des choses.*
A merry conceit. *Une plaisante pensée ou un mot pour rire, une gaillardise.*
We have been extremely merry, (we passed our time very merrily.) *Nous nous sommes fort bien divertis ou réjouis, nous avons bien passé le temps.*
Be merry. *Réjouissez-vous, † faites la vie, † donnez-vous au cœur joie.*
P. It is good to be merry and wife. *Il est bon de se réjouir, mais non pas dans l'excès.*
To live a merry life. *Passer sa vie dans la joie ou dans les divertissemens, la passer agréablement ou vivre joyeusement.*
To make one merry. *Divertir quelqu'un, le réjouir ou le faire rire.*
He makes himself merry. *Il se chatouille pour se faire rire.*
To make merry, (in a neutral sense.) *Se réjouir, se divertir, † faire la vie, † faire gogaille, † se donner au cœur joie.*
To make merry with one, (to banter him.) *Se divertir ou se jouer de quelqu'un.*
A merry grig. *Un goguenard, un homme divertissant, un plaisant.*
To take a merry cup. *Se réjouir à force de boire, † faire la vie, boire copieusement.*
He is a little merry (or elevated) with the juice of the grape. *Il est en pointe de vin.*
† He has many things to sell a merry penny-worth. *Il a plusieurs choses qu'il veut vendre à bon marché.*
A merry tale. *Un conte fait à plaisir.*
To be set on the merry pin. *Être de bonne humeur, être gai, † être en ses goguettes.*
The merry-thought of a fowl. *La lunette d'une volaille.*
MERRY-ANDREW, *s. Un bouffon.*
MERSION, *subst.* (plunging.) *Action de plonger dans l'eau.*
MESARAICK, *adject. Mésaraïque.*
The mesaraick veins. *Les veines mésaraïques.*
MESE. V. Mease.
MESEEMS, *verb. imp. Il me semble.*
MESENTERICK, *adj.* (belonging to the mesentery.) *Mésentérique, qui appartient au mésentere.*
MESENTERY, *subst.* (the double skin fastening the bowels to the back and to one another.) *Le mésentere.*
MESH. V. Mash.
MESLIN, *s.* (or meslin-corn.) *Méteil, du froment & du seigle mêlés ensemble.*
Meslin-bread. *Pain de méteil.*
MESNALTY, *s.* (the right of a mesne.) *Droit seigneurial, mais qui dépend d'un autre Seigneur.*
MESNE,
MESNE-LORD, *subst.* a Lord of a manour that holds of a superior Lord.) *Seigneur d'un fief servant, celui qui tient un fief d'un autre Seigneur.*
MESS, *s.* (a dish of any thing served up at table.) *Mets, plat.*
A good mess. *Un bon mets.*
A mess of meat. *Un plat de viande.*
Mess, *subst.* (at sea.) *Plat des gens de l'équipage ou Officiers ; gamelle.*
Mess-mate. *Compagnons de plat ou de gamelle.*
Mess, (or share of meat.) *Portion de viande.*
We are four of a mess. *Nous sommes quatre qui mangeons ensemble, on nous donne à manger pour quatre.*
To MESS with one, *verb. neut.* (to eat with him.) *Manger avec quelqu'un, faire chambrée avec lui.*
To mess together, *v. neut. Faire gamelle ensemble, être du même plat.*
MESSAGE, *subst.* (or errand.) *Message, commission.*
To deliver one's message. *Faire son message, dire sa commission.*
MESSENGER, *subst.* (one that goes on an errand.) *Messager, celui qui fait un message.*
Messenger, (or pursuivant.) *Messager, sorte de Sergent dont on se sert dans la Cour d'Angleterre.*
Messenger, (a sea-term.) *To clap a messenger on the cable. Faire Marguerite pour aider à lever l'ancre.*
MESSIAH, *subst.* (our Saviour Christ.) *Le Messie, le Christ, le Sauveur.*
MESSIEURS, *s. pl.* (Gentlemen, partners.) *Messieurs.*
MESSMATE, *s.* (companion to a sailor in a ship.) *Compagnon matelot.*
To MESSMATE, *v. act.* (to couple two sailors.) *Amateloter.*
Messmated, *adj. Amateloté.*
MESSUAGE, *sub.* (a law-term; a dwelling-house, with some adjacent land assigned to the use thereof.) *Une maison avec quelques pieces de terre qui en dépendent.*
MET, *prétérit du verbe* to Meet. V. *to Meet.*
Met, *adject. part.* (from to meet.) *Rencontré.*
He is not to be met withal. *On ne le peut trouver nulle part.*
Well-met. *Je suis ravi de cette rencontre, voilà une heureuse rencontre, je suis ravi de vous avoir rencontré, en parlant à un ami que l'on rencontre inopinément.*
They are well met, (or well matched.) *Ils sont parfaitement bien assortis.*
You will be met with. *Vous trouverez à qui parler, † vous trouverez chaussure à votre pied.*
He is met with. *Il en tient, † il en a dans l'aile.* V. *to Meet.*
METACARPUS, *subst. Métacarpe.*
METAGE, *s. L'action de mesurer.*
METAL, *subst. Métal.*
Metal, (or spirit.) V. Mettle.
METALLICAL,
METALLICK, *adj. Métallique.*
Metallick history. *Histoire métallique ou par médailles.*
METALLINE, *adj. Métallique, de métal.*
METALLIST, *subst. Qui travaille sur les métaux.*
METELLOGRAPHY, *s. Description des métaux.*
METALLURGIST, *s. Métallurgiste.*
METALLURGY, *sub. Métallurgie, partie de la chimie.*
To METAMORPHOSE, *verb. act.* (to transform.) *Métamorphoser, transformer.*
Metamorphosed, *adject. Métamorphosé, transformé.*
METAMORPHOSIS, *subst.* (transformation.) *Métamorphose, transformation.*
METAPHOR, *sub.* (a rhetorical figure.) *Métaphore, figure de rhétorique.*
METAPHORICAL,
METAPHORICK, *adj.* (figurative.) *Métaphorique, figuré.*
METAPHORICALLY, *adv. Métaphoriquement, figurément, au figuré, dans le figuré.*
METAPHRASE, *subst.* (a mere verbal translation.) *Traduction mot pour mot.*
METAPHRAST, *subst.* (or literal translator.) *Métaphraste, traducteur littéral.*
METAPHYSICAL,
METAPHYSICK, *adj. Métaphysique, qui appartient à la métaphysique.*
METAPHYSICKS, *s.* (a part of philosophy.) *La métaphysique.*
METASTASIS, *sub. Métastase, terme de médecine.*
METATARSUS, *subst. Métatarse.*
To METE, *verb. act.* (or measure.) *Mesurer.*
Meted, *adj. Mesuré.*
METEGAVEL, *s.* (a rent of old paid in victuals.) *Rente qu'on payoit autrefois en provisions de bouche.*
To METEMPSYCHOSE, V. *To transmigrate.*
METEMPSYCHOSED, *adj.* (passed by metempsychosis.) *Qui a passé dans un autre corps.*
METEMPSYCHOSIS, *subst.* (the transmigration or passing of the soul from one body into another.) *La métempsycose.*
METEOR, *subst.* (a body imperfectly mixed

mixed of vapours drawn up into the air.) *Météore.*
METEOROLOGICAL, *adj. Météorologique.*
METEOROLOGY, *subst.* Traité des météores.
METEOROUS, *adject.* De la nature des météores.
METER, *sub.* (or measurer.) *Ex.* Meter of coals, or coal-meter. *Mesureur de charbon.*
* METE-WAND
* METE-YARD } *subst. Une mesure, une aune, un metre.*
METHEGLIN, *s.* (a sort of mead.) Sorte d'hydromel.
METHINKS, *verb. imp.* (I think.) *Il me semble, ce me semble, je pense, je crois.*
METHOD, *subst.* (a ready way or manner, an orderly disposing of things.) *Méthode, ordre, maniere de dire ou de faire avec ordre.*
To put things in a right method. *Mettre les choses dans un bon ordre, ou dans une bonne méthode.*
Method, (or way.) *Maniere, voie.*
Methods of cruelty. *Des vois cruelles.*
METHODICAL, *adj.* (orderly.) *Méthodique, qui a de l'ordre.*
METHODICALLY, *adv. Méthodiquement, avec méthode.*
METHODIST, *s. Un esprit ou un auteur méthodique.* On donne aussi ce nom a une secte de *Puritains.*
METHODISTICAL, *adj. Qui appartient aux puritains.*
To METHODISE, *verb. act. Ranger méthodiquement, mettre en ordre.*
Methodised, *adj. Rangé méthodiquement, mis en ordre.*
METHOUGHT, (the preter tense of the verb impersonnal methinks.) *Il me sembloit, je pensois, je croyois.*
METONIMICAL, *adject. Métonymique.*
METONIMY, *s.* (a figure in rhetorick.) *Métonymie, figure de rhétorique.*
METOPE, *s.* (a term of architecture, it is the distance or space in a pillar between the denticles and triglyphs.) *Métope, terme d'architecture.*
METOPOSCOPY, *s.* (a divination by one's face.) *Métoposcopie, physionomie.*
METRE, *s.* (measure, verse.) *Cadence, mesure, vers, metre.*
METRICAL, *adj.* (belonging to metre or verse.) *De vers, qui appartient aux vers, au metre, métrique.*
METROPOLIS, *s.* (a capital or archiepiscopal city.) *Métropole, ville capitale ou archiépiscopale.*
METROPOLITAN, *adject.* (belonging to a metropolis.) *Qui est de métropole, capital, métropolitain, archiépiscopal.*
A metropolitan city. *Ville capitale, une métropole.*
A metropolitan Church. *Église métropolitaine.*
Metropolitan, *subst.* (an Archbishop.) *Un Métropolitain, un Archevêque.*
METROPOLITANSHIP, *subst.* (a Metropolitan's dignity.) *Dignité de Métropolitain, Archevêché.*
METTLE, *subst.* (fire, briskness, life.) *Feu, vigueur, vivacité, fougue* : il se dit des hommes & des animaux.
The mettle of youth. *Le feu ou la fougue de la jeunesse.*
That horse has too much mettle. *Ce cheval a trop de faugue, il est trop vif ou fougueux.*

Mettle, (stoutness, courage.) *Courage, vigueur, cœur, fermeté.*
METTLED,
METTLESOME, } *adj. Vif, vigoureux, plein de feu, fougueux.*
Mettled or mettlesome, (stout.) *Vigoureux, courageux, ferme.*
MEW, *s.* (or sea-mew, a sort of bird.) *Mouette, oiseau de mer.*
A hawk's mew, (where hawks are kept.) *Mue, où l'on renferme l'oiseau de proie.*
To MEW, *v. n.* (as a cat does.) *Miauler.*
To mew, (to cast the skin or feathers, to shed the horns.) *Muer, entrer en mue, changer de poil, de plumes ou de cornes.*
Ex. The hawks mew. *Les oiseaux sont en mue, les oiseaux muent.*
The stag mews. *Le cerf mue.*
To mew UP, *verb. act.* (to shut up.) *Enfermer, cloîtrer.*
To mew up one's self from the world. *Se cloîtrer, se retirer du monde.*
Mewed up. *adj. Mué, &c. V.* to Mew.
Mewed up. *Enfermé, cloîtré.*
MEWING UP, *s. Mue, changement de poil, de plumes ou de cornes, &c. V.* to Mew.
The mewing of a cat. *Le miaulement d'un chat.*
Mewing up. *L'action d'enfermer.*
MEZEREON, *s. Mézéréon, lauréole, bois gentil* ; sorte d'arbuste.
MEZZOTINTO, *subst. Demi-teinte,* sorte de gravure.
MIASM, *subst. Miasme,* particules qui s'échappent des corps lorsqu'ils se réduisent en putréfaction.
MICE, *subst. Souris,* c'est le pluriel de *Mouse.*
MICHAELMASS, *s. La Saint-Michel,* la fête de Saint-Michel, qu'on célèbre le 29 de Septembre.
To MICHE, *verb. neut.* (to hide or absent one's self, as truants do from school.) *S'absenter, faire l'école buissonniere, se cacher.*
MICHER, *subst.* (a lazy loiterer.) *Un fainéant, un gueux qui se cache, Voy.* Miching.
MICHING, *adj.* from to Miche.
Ex. A miching fellow, (that lives privately to avoid expences.) *Un homme qui se cache pour éviter la dépense.*
† MICKLE, *adj. & s.* (much ; it is only used as a substantive in this proverbial expression.) P. Many a little makes a mickle. P. *Les petits ruisseaux font les grandes rivieres.*
MICROCOSM, *s.* (a little world.) *Microcosme ou petit monde.*
MICROCOSMICAL, *adj. Qui appartient au microcosme.*
MICROMETER, *s. Micrometre,* instrument d'astronomie.
MICROSCOPE, *s.* (a magnifying glass.) *Microscope.*
MID. *V.* Middle.
MID-DAY, *subst.* (or noon.) *Midi, plein jour.*
MIDDLE, *adj. Moyen, mitoyen.*
In the middle way betwixt *Corinth* and *Athens. A mi-chemin* ou *à moitié chemin entre Corinthe & Athenes.*
Middle, *subst. Milieu.*
The middle of a town, of a discourse, &c. *Le milieu d'une ville, d'un discours, &c.*
The middle (or waist) of one's body. *Le milieu du corps.*
The middle of *August, June* or *March. La mi-Août, mi-Juin* ou *mi-Mars.*

To be in the middle, (at omber.) *Être en cheville, au jeu de l'ombre.*
Middle-sixed. *Moyen, de médiocre taille.*
A middle-aged man. *Un homme de moyen âge.*
MIDDLEMOST, *adj. Qui est au milieu, du milieu.*
MIDDLING, *adject. Moyen, de moyenne grandeur, de médiocre taille.*
MIDGE, *subst.* (or gnat.) *Un cousin* ; insecte volant.
MIDLAND, *adj. Méditerrannée, qui est entre plusieurs terres.*
The midland circuit. *Le voyage que font quelques Juges ambulans dans les provinces méditerrannées de leur département.*
MIDLEG, *subst. Mi-jambe.*
MID-LENT, *subst. La mi-carême, le milieu du carême.*
MIDMOST, *adj. Qui est au milieu.*
MID-NIGHT, *s. Le minuit, le milieu de la nuit.*
MIDRIFF, *s.* (or diaphragm.) *Le diaphragme.*
MID-SEA. *V.* Mediteranean.
MIDSHIP, *adv. comp. Milieu du vaisseau* : ce mot est employé dans les expressions suivantes :
Midship beam. *Maître bau.*
Midship frame. *Maître couple.*
Midship-man, *subst. comp.* Cadet ou Volontaire destiné a être Officier de la marine, comme les Gardes de la marine dans le service de *France* ; *un aspirant.*
MIDST, *subst. Milieu.*
In the midst of the crowd. *Au milieu de la foule.*
In the midst of his pretentions. *Au plus fort de ses prétentions.*
Midst, *prép.* (a contradiction of amidst.) *Au milieu, parmi.*
MIDSUMMER, *subst. La mi-été, le milieu de l'été.*
Midsummer-day. *La S. Jean.*
MID-COURSE. *V.* Mid-way.
MID-WAY, *subst. Mi-chemin.*
MIDWIFE, *subst. Une sage-femme, une accoucheuse.*
A man-midwife. *Un accoucheur.*
† To MIDWIFE, *verb. act.* (to help to bring forth, to introduce to the publick) an ingenious composure. *Faire paroître, publier, mettre au jour, donner au public un ouvrage d'esprit.*
MIDWIFERY, *subst. L'art ou le métier d'une sage-femme, l'art d'accoucher les femmes.*
MIDWINTER, *s. Le cœur ou le milieu de l'hiver.*
MIEN, *subst.* (look or manner.) *Air, mine.*
MIGHT, *subst.* (or power.) *Puissance, pouvoir, force.*
He cried out with all his might. *Il cria de toute sa force ou à gorge déployée.*
With might and main. *De toute sa force,* † *de cul & de tête.*
He did it with might and main. *Il y employa toutes ses forces, il fit tout son possible.*
To fight with might and main. *Combattre vigoureusement.*
Might ; c'est un temps du verbe défectif May.
Ex. She might possibly love him. *Peut-être qu'elle l'aimoit.*
If it might be. *S'il étoit possible, si cela se pouvoit.*
I might do it with ease. *Je le ferois facilement.*

You

You might have gone thither. *Vous auriez bien pu y aller.*
MIGHTILY, adv. (very much.) *Fort, extrêmement, beaucoup.*
MIGHTINESS, s. (or power.) *Puissance, pouvoir.*
MIGHTY, adj. (powerful.) *Puissant.*
Mighty, adv. (or very.) *Fort, très extrêmement, furieusement,* only used in low language.
Mighty little. *Fort, très ou extrêmement petit.*
Mighty stubborn. *Furieusement têtu.*
To MIGRATE, v. act. *Changer d'habitation ou de pays.*
MIGRATION, subst. *Migration, changement de pays.*
MILCH. V. Milk.
MILD, adj. (or gentle.) *Doux, paisible, modéré.*
Mild, (indulgent.) *Doux, indulgent, qui a de l'indulgence.*
Mild, (to the taste.) *Doux, qui n'est pas fort, qui n'a rien de rude au goût.*
Mild weather. *Temps doux.*
To grow mild. *S'adoucir.*
MILDERNAX, s. (a kind of sail-cloth.) *Sorte de canevas ou grosse toile dont on fait les voiles.*
MILDEW, s. (a sort of dew.) *Nielle.*
MILDEWED, adject. (or blasted.) *Gâté par la nielle.*
MILDLY, adv. (from mild.) *Doucement, avec douceur.*
MILDNESS, subst. (the being mild.) *Douceur.*
MILE, subst. (a measure of the way.) *Un mille, mesure de chemin.*
A measured mile, (one thousand seven hundred and sixty yards.) *Un mille géométrique, mille sept cents soixante pas de trois pieds anglois.*
A long mile. *Un grand mille.*
A short mile. *Un petit mille.*
MILFOIL, subst. (an herb.) *Millefeuille, herbe.*
MILIARY, adject. *Miliaire,* terme de médecine.
MILITANT, adj. (fighting, combatting.) *Militant.*
The Church militant. *L'Eglise militante.*
MILITAR, } adj. (warlike.) *Militaire, qui regarde la guerre.*
MILITARY,
The Military or Civil Officer. *L'Officier d'Epée ou de Robe.*
MILITIA, subst. (troops of citizens and country people.) *Milices, troupes de bourgeois & de paysans.*
Militia, (or implements of war.) *Appareil de guerre.*
MILK, subst. *Lait.*
A woman's or cow's milk. *Lait de femme ou de vache.*
Butter-milk. *Lait de beurre, babeurre.*
Thick-milk. *Bouillie.*
A milk or milch-cow. *Vache à lait.*
He is as good as a milk cow to him. *C'est sa vache à lait.*
† A milk-cow, (or bailiff that plays booty.) *Un sergent qui trahit sa partie ou qui tire de l'argent des deux parties intéressées.*
A milk-maid or milk-woman. *Une laitiere.*
A milk-pail. *Un seau à lait.*
A milk-house, (or dairy.) *Une laiterie.*
Milk-pottage. *Soupe au lait.*
A milk-sop, (a man that is ruled by his wife.) *Un homme qui se laisse gouverner par sa femme.*

A milk-sop, (or coward.) *Un lâche, un poltron, un homme foible & efféminé.*
Milk-weed or wolves milk. *Herbe au lait.*
Milk-white, adj. *Blanc comme du lait.*
Milk-thistle. *Thytimali,* sorte d'herbe.
To MILK, verb. act. *Traire.*
To milk a cow. *Traire une vache.*
Milked, adj. *Trait.*
MILKEN, adj. *Fait avec du lait.*
MILKINESS, s. *Qualité qui tient de la nature du lait.*
MILKING, s. *L'action de traire.*
MILKY, adject. *Laiteux, de lait, blanc comme lait.*
A milky substance. *Substance laiteuse.*
The milky way, (or galaxy, in heaven.) *La voie lactée.*
MILL, subst. *Moulin.*
A water or wind mill. *Un moulin à eau ou à vent.*
A hand-mill. *Moulin à bras ou un moulinet.*
A paper-mill. *Moulin à papier.*
A mill to coin money. *Un moulinet.*
P. To bring grist to the mill, P. *Faire venir l'eau au moulin.*
A mill-stone. *Meule de moulin.*
† An old cunning fellow that saw further into a mill-stone than his neighbour. *Un vieux matois qui en savoit plus long que son voisin ou que les autres.*
Mill-dust. *Folle farine.*
Mill-clack or mill-clapper. *Traquet ou cliquet de moulin.*
Mill-dam. *Ecluse de moulin ou la palle, ou le sançoir qui arrête l'eau du moulin.*
Mill-let. *Canal qui conduit l'eau au moulin.*
Mill-handle. *Queue de moulin à vent.*
A mill-horse. *Cheval de moulin.*
To MILL, verb. act. (to grind.) *Moudre.*
To mill, (to stamp coin.) *Battre monnoie.*
MILL-TEETH, s. *Dents molaires.*
MILLENARIAN, s. *Un millénaire,* sorte d'hérétique.
MILLENARY, adj. (thousand.) *Millénaire, de mille.*
MILLENNIUM, subst. *Millennium,* espace de mille ans que les millénaires croient que les élus demeureront sur la terre après le jugement dernier.
MILLEPEDES, s. *Mille-pieds,* insecte.
MILLER, subst. (from mill.) *Un meunier.*
P. Every miller draws water to his mill. *Chacun tire de son côté.*
A miller's wife. *Meuniere.*
Miller's-thumb, (or gull, a fish.) *Chabot,* sorte de poisson.
MILLESIMAL, adj. *Millieme.*
MILLET, subst. (a plant.) *Millet.*
MILLIARY, subst. (a mile-mark.) *La pierre miliaire.*
MILLINER, s. *Marchand ou marchande de modes ; mercier.*
MILLINERY, subst. *Marchandise que vend un marchand de modes.*
MILLION, s. (ten hundred thousand.) *Un million.*
MILT, s. (or spleen.) *La rate.*
The milt, (or soft roe of fishes.) *Laite des poissons.*
MILTER, s. *Le mâle entre les poissons.*
To MIME. V. to Mimick.
MIMICAL, adj. (or apish.) *Bouffon, de comédien.*
MIMICALLY, adv. *D'une maniere bouffonne, en bouffon.*
MIMICK, } subst. (buffoon that imitates and ridicules other people.) *Un mime, un bâteleur, un bouffon.*
MIME,

A mimick, (or farce.) *Mimes, farce, comédie libre.*
To MIMICK, verb. act. (to imitate, as a buffoon.) *Imiter, contrefaire, faire.*
MIMICKRY, s. *Bouffonnerie, imitation burlesque.*
MINATORY, } V. Threatening.
MINACIOUS,
To MINCE, verb. act. (or cut small.) *Hacher, couper menu.*
† To mince it. *Faire la petite bouche, minauder, faire l'agréable.*
To mince the matter. *Pallier la chose, l'extênuer.*
Minced, adj. *Haché, coupé menu, &c.* V. to Mince.
Minced-meat. *Hachis.*
A minced-pie. *Sorte de rissole ou de pâtisserie à l'Angloise que l'on mange principalement aux fêtes de Noel.*
MINCING, s. *L'action de hacher, &c.* V. to Mince.
Mincing, adj. (or affected.) *Affecté.*
MINCINGLY, adv. *A la légere, légerement.*
Ex. He mincingly passed it over. *Il ne fit qu'effleurer la matiere, il en parla en peu de mots, il passa légerement là-dessus.*
MIND, s. (the soul or the understanding.) *L'esprit, l'ame, l'entendement.*
To give one's mind to a thing. *Appliquer son esprit à quelque chose, s'y adonner, s'y attacher.*
Mind, (or memory.) *Esprit, mémoire.*
To call to mind. *Rappeler en son esprit ou en sa mémoire.*
Mind, (or affection.) *Esprit, passion, affection.*
To exasperate the minds of people. *Aigrir les esprits.*
Mind, (sentiment or opinion.) *Sentiment, pensée, avis, opinion.*
To speak one's mind. *Dire sa pensée, dire son sentiment, dire ce que l'on pense.*
I am of your mind. *Je suis de votre avis, de votre sentiment, &c.*
P. So many men so many minds. P. *Autant de têtes autant d'opinions.*
Mind, (will or desire.) *Volonté, envie, desir, gré, inclination.*
I have a great mind to see him. *J'ai grande envie de le voir.*
To fulfil a man's mind. *Faire la volonté de quelqu'un, accomplir ses desirs.*
To have a woman to one's mind. *Avoir une femme à son gré.*
Mind, (or resolution.) *Résolution, dessein.*
My mind is altered. *J'ai changé de résolution ou de dessein.*
It comes now into my mind. *Je me le remets, je m'en souviens présentement.*
A thing out of mind. *Une chose dont on ne se souvient point.*
Time out of mind. *De temps immémorial.*
To put in mind. *Faire souvenir.*
It is now out of my mind. *Je ne m'en souviens plus, cela est hors de mon souvenir.*
It will or 'twill not out of my mind. *Je ne saurois l'oublier.*
To do a thing of one's own mind, (or accord.) *Faire une chose de soi-même ou de son propre mouvement.*
It was my mind to have it so. *C'est ainsi que je l'ai voulu.*
To be all of one mind. *Être d'accord, s'entendre.*

My

MIN

My mind gives me, that—. *Le cœur me dit, je prévois, j'ai un pressentiment que—.*

Every thing falls out to his mind. *Tout lui réussit ou tout lui vient à souhait.*

Is there any thing that is not to your mind? *Y a-t-il quelque chose qui vous déplaise ou qui ne soit pas à votre gré?*

To be of a great many minds. *Etre irrésolu ou incertain, ne savoir ce que l'on veut.*

He has his mind. *Il a ce qu'il souhaitoit.*

As they had a mind. *Comme ils voulurent.*

It was or 'twas much against my mind. *C'étoit bien à contre-cœur.*

I never had a great mind to it. *Je ne m'en suis jamais guère soucié.*

To MIND, v. act. (to mark or consider, to take notice of, to heed.) *Remarquer, regarder, considérer, prendre garde, avoir égard, songer, penser, faire réflexion, faire attention, veiller.*

Mind well what I say. *Remarquez ce que je dis.*

To mind one's business well. *Pendre bien garde, veiller, songer à ses affaires.*

He minds me no more than if— *Il n'a non plus d'égard à moi que si—*

To mind, (to look after.) *Prendre ou avoir soin de, soigner.*

To mind or take care of one's health. *Prendre soin de sa santé.*

To mind, (or put in mind.) *Faire souvenir, remettre dans l'esprit, rafraîchir la mémoire, avertir.*

Mind or remind me of it. *Faites-m'en souvenir.*

He minds the accessories and slights the main business. *Il s'amuse à l'accessoire & néglige le principal.*

This is all he minds, he minds nothing else but this. *C'est toute son occupation, il ne s'occupe qu'à cela.*

Mind your own business. *Mélez-vous de vos affaires.*

To mind one's book. *Etudier, s'attacher à l'étude.*

To mind one's work. *Travailler, s'attacher à son travail.*

To mind, v. n. (or purpose.) *V. to be minded, sous Minded.*

Minded, adj. *A qui l'on prend garde, à quoi ou à qui l'on songe ou l'on a égard, à quoi ou à qui l'on fait attention, &c. V. to Mind.*

I was minded thus. *Je l'ai voulu ainsi.*

As every one is minded. *Au gré de chacun, selon que chacun voudra.*

To be minded, (to purpose or design.) *Se proposer, avoir ou former le dessein, être résolu.*

High-minded, (ambitious or proud.) *Ambitieux, fier, hautain, qui le porte haut.*

Well-minded, (or affected.) *Bien intentionné.*

Ill-minded. *Mal-intentionné.*

MINDFUL, adj. (or careful.) *Soigneux, qui prend soin, diligent, vigilant.*

Mindful, (that remembers.) *Qui se souvient, qui se ressouvient, † memoratif.*

MINDFULLY, adv. *Attentivement.*

MINDFULNESS, f. (care, diligence.) *Soin, diligence, attention.*

MINDING, f. *L'action de remarquer, de considérer, &c. V. to Mind.*

MINDLESS, adj. *Inattentif, nonchalant, sans souci.*

MINDSTRICKEN, adj. *Frappé, violemment ému.*

MINE, pronom possessif. *Mon, ma, mes; mien, mienne; qui est à moi. V. My.*

Ex. This book is mine. *Ce livre est le mien, c'est mon livre, ce livre est à moi.*

Your danger shall be mine. *Je partagerai le danger avec vous.*

Mine, (my friends or relations.) *Les miens.*

Mine, f. (the place whence metals are digged.) *Mine, d'où l'on tire les métaux.*

A mine, (such as they make in sieges.) *Mine, qu'on fait dans les sieges.*

MINER, f. *Mineur.*

MINERAL, adj. *Minéral, qui est de mine.*

Mineral, f. (a metallick substance dug out of a mine.) *Un minéral.*

MINERALIST, f. (one skilled in minerals.) *Une personne qui s'entend en minéraux.*

MINERALOGY, f. *Minéralogie.*

MINEVER, subst. (a sort of fur.) *Menu vair, petit gris.*

MINGLE, subst. (or mixture.) *Mélange, mixtion.*

To MINGLE, v. act. (to mix.) *Mêler, mélanger.*

Mingled, adj. *Mêlé, mélangé.*

MINGLE-MANGLE, subst. (a confused mixture.) *Mélange confus, † tripotage, fatras, salmigondis.*

In mingle-mangle wise. *Confusément.*

MINGLER, subst. *Qui mêle, &c. V. to Mingle.*

MINGLING, f. *L'action de mêler ou de mélanger, mélange.*

MINIATURE, f. (pictures drawn in a small compass and mostly in water-colours.) *Miniature, on prononce mignature.*

MINIKIN, f. *Petite épingle, camion.*

MINIM, adj. (a sort of colour.) *Minime, sorte de couleur.*

Minim, f. (a dwarf.) *Un nain.*

MINIMES, f. (a Religious order.) *Minimes, ordre de Religieux.*

MINION, f. (darling or favourite.) *Un mignon ou une mignonne, un favori ou une favorite.*

To MINISH. *V. to Diminish.*

MINISTER, f. (or parson.) *Ministre, Pasteur, celui qui prêche la parole de Dieu.*

A Minister of State. *Ministre ou Conseiller d'Etat.*

He was the principal minister (or instrument) of his revenge. *Il étoit son grand instrument de vengeance.*

Minister, (agent.) *Agent.*

To MINISTER, verb. neut. (to serve.) *Servir.*

To minister, v. a. (to give.) *Donner, présenter, fournir.*

MINISTERIAL, } adj. *Qui appartient au ministère, sacerdotal.*
MINISTRAL,

MINISTRANT, adject. *Subordonné, subalterne.*

MINISTRATION, f. (or ministry.) *Ministère.*

MINISTRY, f. (the office of a Minister.) *Ministère, charge ou fonction de Ministre.*

MINIOUS, adj. *Couleur de vermillon.*

MINIUM, f. (red lead.) *Minium, vermillon.*

MINNOW, f. *Sorte de petit poisson.*

MIN

MINOR, adj. (or lesser.) *Mineur, moindre, plus petit.*

The minor Poets. *Les petits Poètes.*

Asia minor. *L'Asie mineure.*

Minor, (or younger.) *Plus jeune, cadet.*

Minor, f. (one under age.) *Mineur, mineure, qui est dans sa minorité.*

Minor, (the second proposition of a syllogism.) *Mineure, seconde proposition d'un syllogisme.*

Minors or friars minors. *Mineurs ou Freres Mineurs.*

To MINORATE. *V. to Lessen.*

MINORATION, f. *Diminution.*

MINORITY, f. (or non-age.) *Minorité, âge de mineur.*

Minority, (small number.) *Petit nombre.*

MINOTAUR, f. (a poetical monster, half-man and half-bull.) *Le minotaure.*

MINSTER, subst. (or Church.) *Eglise, * Moutier.*

The Minster at York. *L'Eglise Cathédrale d'York.*

MINSTREL, f. (or fiddler.) *Joueur de violon, † Ménétrier.*

MINSTRELSEY, f. (instrumental harmony.) *Musique, concert.*

MINT, f. (an herb.) *Menthe, herbe.*

Wild-mint, (or horse-mint.) *Menthe sauvage, origan.*

Pepper-mint. *Menthe poivrée.*

Spear-mint. *Menthe aiguë.*

Mint, (the place where money is coined.) *La monnoie.*

A man had need have a mint of money to supply all his wants. *Il faudroit un trésor pour suppléer à tous ses besoins.*

To MINT, verb. act. (to coin money.) *Monnoyer ou faire la monnoie.*

Minted, adj. *Monnoyé.*

Money ready minted. *Argent monnoyé.*

MINTAGE, } f. *Monnoyage.*
MINTING,

MINTER, f. *Monnoyeur.*

MINTMAN, } sub. *Monnoyeur, fabricateur, qui forge.*
MINTMASTER,

MINUET, subst. *Menuet, sorte de danse grave.*

MINUM, f. (with Printers, a small printing letter; with musicians, a slow note.) *Mignonnette.*

MINUTE, adj. (small.) *Petit, menu.*

He told me the very minute particulars of it. *Il m'en a fait tout le détail, il m'en a dit toutes les particularités.*

Minute tithes. *Les petites dimes.*

MINUTE, subst. (the sixtieth part of an hour.) *Minute, soixantième partie d'une heure.*

A minute, (or moment.) *Minute, moment.*

The critical or happy minute in love. *L'heure du berger.*

The minutes (or rough draught) of an agreement. *Minute d'un contrat.*

A minute-watch. *Montre qui marque les minutes.*

A minute-glass. *Sablier de minute qui n'a de sable que pour une minute.*

Minute, (the sixtieth part of a degree.) *Minute, la soixantième partie d'un degré.*

A minute-line, (or log-line used at sea.) *Ligne de minute.*

A minute-book, (a memorandum-book, for a secretary of state, or at war, a treasurer, &c.) *Feuille, mémoire-plumitif.*

To

To MINUTE, } verb. act. (to
To MINUTE DOWN, write down in a book of memorandums.) Mettre sur la feuille.
Minuted or minuted down, adject. Mis sur la feuille, qui est sur la feuille.
MINUTELY, adject. Qui arrive à chaque minute.
Minutely, adv. Par le menu, en détail.
MINUTENESS, s. Petitesse, qualité menue ou mince.
MINX, subst. (a pert, wanton girl.) Une mijaurée, une minaudière, une précieuse.
MIRABOLAN. V. Mirobolan.
MIRACLE, subst. (a wonder.) Miracle, merveille, chose surprenante.
MIRACULOUS, adj. (done by a miracle.) Miraculeux, qui s'est fait par miracle.
Miraculous, (wonderful, surprizing, admirable.) Miraculeux, surprenant, merveilleux, admirable.
MIRACULOUSLY, adverb. Miraculeusement, par miracle, d'une manière miraculeuse.
MIRACULOUSNESS, subst. Miracle ou qualité miraculeuse.
MIRADOR, s. Balcon.
MIRE, subst. (or dirt.) Bourbe, fange, boue, vase.
A mire, (or quagmire.) Bourbier, lieu plein de bourbe.
To fall into a mire. Tomber dans un bourbier, s'embourber.
To be deep in the mire, (to be put to hard shifts.) Etre mal dans ses affaires, être fort embarrassé.
He is deep in the mire, (or very much in debt.) Il est fort endetté.
Mired, adj. Embourbé.
† His faculties are mired within him. Il a l'ame enfoncée dans la matière.
MIRIFICAL, adj. (wonderful.) Admirable, merveilleux, miraculeux.
MIRKSOME, adj. Obscur, ténébreux.
MIRROR, s. (a looking-glass.) Un miroir. The face is the mirror of the soul. Le visage est le miroir de l'ame.
Mirror, (or pattern.) Modèle, exemple, ou exemplaire.
MIRTH, s. (from merry.) Joie, gaieté, air gai, enjouement, bonne humeur, allégresse.
Full of mirth. Gai ou joyeux. V. Merry.
MIRY, adj. (from mire.) Bourbeux, fangeux, plein de bourbe ou de fange.
MIS : c'est une de ces prépositions inséparables qui ont tant d'emphase & de force en Anglois : elle marque en général le mal, l'erreur ou le défaut qu'il y a dans une chose ou dans une action.
MISACCEPTATION, s. Mauvais sens.
MISADVENTURE, s. Un malheur, un accident fâcheux, un revers.
Misadventure, (a law-term for the killing of a man, partly by negligence and partly by chance.) Homicide qui se fait par un cas fortuit.
MISADVENTURED, adj. Infortuné.
To MISADVISE, v. act. Mal-conseiller, donner de mauvais conseils.
Misadvised, adj. Mal-conseillé.
MISANTHROPE, } subst. (or man-hater.) Un misanthrope.
MISANTHROPOS,
MISANTHROPY, subst. (the hating of men.) Misanthropie, humeur bourrue.
MISAPPLICATION, subst. Mauvaise application.

To MISAPPLY, v. act. Appliquer mal, appliquer mal à propos, faire une méchante ou mauvaise application de.
Misapplied, adj. Mal-appliqué.
MISAPPLYING, s. L'action d'appliquer mal, méchante application.
To MISAPPREHEND, v. act. Entendre mal ou n'entendre pas.
Misapprehended, adj. Mal-entendu.
MISAPPREHENSION, s. L'action de mal-entendre, mal-entendu.
To MISBECOME, v. n. Etre mal-séant, n'être pas séant, ne convenir pas, n'avoir pas bonne grace.
It greatly misbecomes him. Cela lui sied fort mal.
MISBECOMING, adj. Mal-séant, mes-séant, qui sied mal, qui a mauvaise grace.
MISBEGOT, } adj. Né d'une femme
MISBEGOTTEN, abandonnée, bâtard.
To MISBEHAVE one's self, v. réc. Se comporter ou se conduire mal.
MISBEHAVIOUR, subst. Mauvaise conduite, folie, faute.
MISBELIEF, subst. Mauvaise ou fausse croyance, opinion erronée, erreur.
To MISBELIEVE, verb. neut. Etre dans l'erreur.
MISBELIEVER, s. Celui ou celle qui est dans l'erreur, qui n'est pas orthodoxe.
To MISCALL one, v. a. (to give him a wrong name.) Se méprendre, n'appeler pas quelqu'un par son nom, lui donner un nom qui ne lui convient pas.
Miscalled, adj. Qu'on n'appelle pas par son nom, à qui l'on donne un autre nom que le sien propre.
To MISCALCULATE, v. a. (or reckon wrong.) Se tromper dans le calcul.
MISCALLING, s. Méprise, comme quand on n'appelle pas quelqu'un ou une chose par son nom.
MISCARRIAGE, subst. (misbehaviour, folly.) Faute, folie, ou mauvaise conduite.
The miscarriage of a business, (the ill success of it.) Le mauvais succès d'une affaire.
A woman's miscarriage, (or untimely bringing forth of a child.) Fausse couche ou avortement.
To MISCARRY, verb. neut. (to bring forth a child before the time.) Avorter, accoucher avant le terme, faire une fausse couche.
To miscarry, v. neut. (not to succeed.) Ne pas réussir, avoir un mauvais succès, échouer, avorter.
To miscarry, (or be lost.) S'égarer, se perdre.
The letter miscarried. La lettre se perdit.
To miscarry, (as a ship at sea.) Périr, échouer, faire naufrage.
MISCARRYING, s. (disappointment in any undertaking.) Mauvais succès.
Miscarrying, (speaking of a woman.) Fausse couche, avortement.
MISCELLANEOUS, } adj. (or mixt.)
MISCELLANY, Mêlé.
MISCELLANIES, s. pl. (collections upon several subjects.) Œuvres mêlées, œuvres diverses, mélanges, livres sur divers sujets.
MISCHANCE, s. (a disaster or cross accident.) Malheur, infortune, désastre, revers de fortune.

MISCHIEF, s. Mal que l'on fait ou que l'on reçoit : malice.
To delight in mischief, to be full of mischief. Se plaire à faire du mal, être méchant ou malin.
Mischief, (or misfortune.) Malheur.
Mischief, (or scurvy trick.) Mauvais coup, un tour, une pièce.
A mischief (a curse) on these old lovers. Au diantre soient ces vieux amans.
To MISCHIEF one, v. a. (to do one mischief.) Faire du mal à quelqu'un.
MISCHIEVOUS, adj. (or hurtful.) Malin, mal-faisant, méchant, dangereux, pernicieux.
Mischievous, (unlucky, full of malice.) Malicieux, malin, méchant, qui a de la malice.
MISCHIEVOUSLY, adv. Méchamment, malicieusement, malignement, avec méchanceté, par malice, à mauvais dessein.
MISCHIEVOUSNESS, s. (or malice.) Méchanceté, malice.
Mischievousness, (mischievous quality.) Malignité.
MISCIBLE, adj. Miscible, qui a la propriété de se mêler.
To MISCITE, v. act. Citer à faux.
MISCOMPUTATION, s. Mécompte.
MISCONCEIVED, adj. Mal-conçu, faux.
MISCONCEIT, } sub. Fausse opi-
MISCONCEPTION, nion ou notion.
MISCONDUCT, s. Mauvaise conduite.
MISCONJECTURE, s. Une fausse conjecture.
To MISCONJECTURE, v. act. Faire de fausses conjectures.
MISCONSTRUCTION, s. Mauvaise interprétation, mauvais sens, mauvais tour qu'on donne à quelque chose.
To MISCONSTRUE, v. act. Interpréter mal, donner un mauvais sens à.
Misconstrued, adj. Mal-interprêté, &c.
MISCONSTRUING, s. L'action d'interpréter mal.
To MISCOUNSEL, &c. V. to Misadvise.
To MISCOUNT, v. act. Mécompter.
Miscounted, adject. Où il y a du mécompte, mal-compté.
MISCOUNTING, s. Mécompte.
MISCREANCE, } s. L'état d'un mécréant
MISCREANCY, ou d'un infidèle.
MISCREANT, s. (or infidel.) Un mécréant, un infidèle.
MISDEED, s. (or trespass.) Transgression, iniquité, faute, crime.
To MISDEEM, v. act. Faire tort, faire avoir mauvaise opinion.
To MISDEMEAN one's self, v. réc. Se mal comporter, se conduire ou se gouverner mal.
MISDEMEANOR, subst. (fault, crime.) Faute, crime.
Misdemeanor, (in a publick employment.) Malversation, mauvaise conduite dans un emploi public.
R. High misdemeanor, marque un crime plus atroce que ce que nous appellons malversation ; une conduite criminelle.
To MISDO, v. n. Commettre un crime, une faute.
MISDOER, subst. (or offender.) Malfaiteur.
MISDOING, comme Misdeed. V. Misdeed.
To MISDOUBT, verb. act. Douter mal-à-propos.
Misdoubted,

Misdoubted, *adj.* Dont on doute (ou que l'on conteste) mal-à-propos.

MISE, *s.* (a law-term, expence or charges.) *Mise, dépense.*

Mise, (a tribute or customary present, which the people in *Wales* give to every new King or Prince at his entrance into that Principality.) *Tribut ou présent que les habitans du pays de Galles ont accoutumé de faire à chaque nouveau Prince qui entre dans les droits de cette Principauté.*

Mise, (or tax.) *Taxe.*

Mise, mease or messuage. V. Messuage.

To MISEMPLOY, *v. a.* Employer mal, se servir mal, faire un méchant ou un mauvais usage de.

Misemployed, *adj.* Mal-employé, dont on s'est mal servi, &c.

MISER, *s.* (a covetous wretch.) *Un taquin, un avare taquin & vilain, un avare ladre, un arabe.*

MISERABLE, *adj.* (wretched, unfortunate, poor.) *Misérable, pauvre, malheureux, digne de compassion.*

Miserable, (niggardly, sordid.) *Taquin, avare, mesquin, vilain, chiche.*

It is miserable (or hard) living without money. *Il est dur de vivre sans argent.*

'Tis a miserable (or sad) thing. *C'est une misère.*

Miserable, (pitiful, wretched.) *Misérable, pitoyable, méchant, qui fait pitié.*

MISERABLENESS, *subst.* Calamité ; taquinerie, mesquinerie, chicheté, avarice.

MISERABLY, *adverb.* (poorly, unfortunately, pitifully.) *Misérablement, dans la misère, pitoyablement, fort mal.*

Miserably, (like a miser.) *Mesquinement, en taquin, en mesquin.*

MISERERE, *s.* (one of the penitential psalms.) *Le pseaume 51 qui commence en latin par le mot Miserere.*

Miserere mei, (a disease so called.) *Le miséréré.*

MISERY, *subst.* (or calamity.) *Misère, état malheureux, malheur, calamité, infortune.*

To live in great misery. *Vivre dans la misère, être accablé de misère, être fort misérable ou malheureux, souffrir beaucoup.*

Misery, (poverty.) *Misère, pauvreté, indigence.*

Misery, (or sad condition.) *Misère, peine, difficulté, incommodité.*

To MISFASHION, *verb. act.* Faire de travers.

MISFASHIONED, *adject.* Fait de travers.

MISFORTUNE, *sub.* Malheur, infortune, calamité, disgrace, désastre.

It was my misfortune to do it. *Je l'ai fait malheureusement, le malheur a voulu que je le fisse.*

To MISGIVE, *verb. act.* Ex. My mind misgives me, that.... *Le cœur me dit que, ou je crains que....*

MISGIVING, *subst.* (or doubt.) *Doute, crainte, pressentiment.*

To MISGOVERN, *verb. act.* Gouverner mal.

Misgoverned, *adj.* Mal gouverné.

MISGOVERNMENT, *sub.* Mauvais gouvernement.

Misgovernment of the tongue. *Déréglement de la langue.*

MISGUIDANCE, *subst.* Fausse direction.

To MISGUIDE, *v. act.* Diriger mal.

MISHAP, *subst.* (mischance.) Malheur, fâcheux accident, désastre.

To MISHAPPEN, *v. neut.* Arriver malheureusement.

To MISHEAR, *v. act.* Entendre mal.

† MISHMASH, *subst.* (or hotch-potch.) *Mélange, confusion, fatras, tripotage.*

To MISINFER, *v. act.* (to infer wrong.) *Tirer une fausse induction.*

To MISINFORM, *v. act.* Informer mal, donner de faux avis.

MISINFORMATION, *s.* Mauvaise information, faux avis.

MISINFORMED, *adj.* Mal-informé.

MISINFORMING, *subst.* L'action de mal informer ou de donner de faux avis.

To MISINTERPRET, *v. act.* Interpréter mal, donner un mauvais sens à.

Misinterpreted, *adj.* Mal-interprété.

MISINTERPRETATION, *s.* Mauvaise ou fausse interprétation.

MISINTERPRETING, *s.* L'action de mal-interpréter.

To MISJOIN, *v. act.* Joindre mal.

To MISJUDGE, *v. act.* Juger mal.

MISKLNNING, } *subst.* (a law-term, varying one's speech in court.) *Vacillation, action de vaciller, de se couper, de se contredire devant le juge.*

To MISKONNING, }

To MISLAY, *verb. act.* Déplacer, placer mal.

MISLAYER, *s.* Celui qui déplace.

To MISLE, } *v. n.* (to rain or fall in very small drops.) *Bruiner.*

To MISTLE, }

To MISLEAD, *v. act.* (or seduce.) *Egarer, séduire, jeter dans l'erreur.*

MISLEADER, *s.* Séducteur.

MISLEADING, *subst.* L'action d'égarer ou de séduire.

MISLED, *adj.* Egaré, séduit.

MISLEN, *sub.* (or mixed corn.) *Méteil, du froment & du seigle mêlés.*

To MISLIKE, &c. V. to Dislike, &c.

To MISMANAGE, *verb. act.* Ménager mal.

Mismanaged, *adj.* Mal-ménagé.

MISMANAGEMENT, } *subst.* Mauvaise conduite.

MISMANAGING, }

To MISMATCH, *v. act.* Mal-assortir.

Mismatched, *adj.* Mal-assorti.

To MISNAME, &c. V. to Miscall, &c.

MISNOMER, *s.* Sommation ou tout autre acte fait sous un faux nom.

To MISOBSERVE, *verb. act.* Observer mal.

MISOGAMY, *s.* Haine du mariage.

MISOGYNY, *s.* Haine des femmes.

To MISORDER, *v. act.* Conduire mal.

MISORDER, *subst.* Irrégularité, désordre.

MISORDERLY, *adv.* Irrégulièrement.

To MISPELL, *v. act.* Epeler, orthographier ou écrire mal.

MISPELLED, *adj.* Mal-épelé, &c.

MISPELLING, *subst.* L'action de mal-épeler, de mal-orthographier ou d'écrire mal.

To MISPEND, *v. act.* Dépenser mal-à-propos, dépenser follement, faire un mauvais emploi de.

Mispent, *adject.* Dépensé mal-à-propos, &c.

MISPERSUASION, *s.* Erreur.

To MISPLACE, *verb. act.* Mettre hors de sa place.

Misplaced, *adj.* Mis hors de sa place.

MISPLACEMENT, } *subst.* L'action de mettre une chose hors de sa place.

MISPLACING, }

MISPOINTING, *s.* Faute dans la ponctuation.

To MISPRINT, *v. act.* Faire une faute ou des fautes d'impression.

To misprint one word for another. *Imprimer un mot pour un autre.*

Misprinted, *adj.* Où l'on a fait une faute d'impression.

MISPRISION, *s.* (oversight or neglect.) *Méprise ou négligence.*

Misprision, (scorn, contempt.) *Mépris, dédain.*

A misprision of treason, (the not revealing treason, when we know it to be committed.) *Le crime d'une personne qui sait qu'on trame quelque dessein contre le Roi ou contre l'État, sans en donner avis.*

To MISPROPORTION, *v. act.* Proportionner mal.

Misproportioned, *adject.* Mal-proportionné.

MISQUOTATION, *s.* Fausse citation.

To MISQUOTE, *v. act.* Citer à faux.

Misquoted, *adj.* Cité à faux.

To MISRECKON, *v. act.* Compter mal, se mécompter.

Misreckoned, *adj.* Mal-compté.

MISRECKONING, *s.* Mécompte.

To MISRELATE, *v. act.* Raconter mal.

MISRELATION, *s.* Faux rapport.

To MISREMEMBER, *v. neut. & act.* Se souvenir mal, ne se pas souvenir bien d'une chose, se tromper.

If I misremember not. *Si je ne me trompe ou si je m'en souviens bien.*

To MISREPORT, *verb. act.* Faire un faux rapport.

To MISREPRESENT, *verb. act.* Représenter mal, déguiser, donner un faux caractère de quelqu'un ou de quelque chose.

To misrepresent a thing. *Rapporter mal une chose, en faire un faux rapport, lui donner un mauvais tour, la mettre dans un faux jour.*

He fancied his friend misrepresented the matter to him. *Il s'imagina que son ami lui déguisoit la vérité.*

MISREPRESENTATION, *s.* Déguisement, faux caractère.

Misrepresentation of facts. *Faux jour jeté sur certains faits, faux exposé.*

MISREPRESENTED, *adj.* Déguisé, dont on donne un faux exposé.

MISREPRESENTER, *subst.* Celui ou celle qui donne un faux exposé d'une chose.

MISRULE, *subst.* Tumulte, confusion, trouble.

The lord of misrule, (the leading person in a disturbance.) *Le chef de quelque tumulte ou de quelque désordre.*

MISS, *subst.* (a young lady.) *Une jeune demoiselle, mademoiselle.*

Miss, (or kept mistress.) *Courtisane ou maîtresse entretenue.*

To MISS, *verb. act. & neut.* (to fail.) *Manquer, faillir, faire une faute.*

To Miss, *v. act.* (not to hit.) *Manquer, ne pas toucher ou frapper.*

To miss the mark, (in shooting.) *Manquer son coup en tirant.*

To miss one's aim, (in an undertaking.) *Manquer son coup, être frustré, ne pas réussir.*

To miss fire, (as a gun.) *Manquer, en parlant d'une arme à feu.*

To

To miss, (to skip over or omit.) *Sauter, omettre.*
To miss, (to want or not to find.) *Manquer, n'avoir pas, avoir perdu ou ne pas trouver, trouver à dire.*
I miss a book. *Je ne trouve pas ou il me manque un livre, j'ai perdu ou livre.*
I missed him, he is gone out. *Je l'ai manqué, il est sorti.*
To miss one, (to want one's company.) *Être privé de quelqu'un, le regretter.*
MISSAL, *subst.* (or mass-book.) *Missel.*
MISSED, *adj.* (from to miss.) *Manqué, &c. V.* to Miss.
It will never be missed. *On ne s'en appercevra jamais, on ne le trouvera jamais à dire.*
To MISSHAPE, *v. act. Défigurer, rendre difforme.*
Misshaped or misshapen, *adj. Défiguré, difforme.*
MISSHAPING, *subst. L'action de défigurer ou de rendre difforme.*
MISSING, *adject.* (from to miss.) *Ex.* Something is missing here. *Il manque ici quelque chose, il y a quelque chose à dire.*
He has been missing these two days. *Il y a deux jours qu'on ne l'a vu.*
MISSILE, *adj. Qu'on peut lancer.*
MISSION, *f.* (a sending.) *Mission, envoi.*
The mission of the Apostles. *La mission des Apôtres.*
MISSIONARY, *subst.* (one that is sent to preach the gospel.) *Missionnaire.*
MISSIVE, *subst.* (or letter.) *Une lettre, une missive.*
Missive, *adject. Ex.* Missive weapons, (such as darts, arrows, &c.) *Armes de trait, armes à darder, comme, dards, traits, fleches, &c.*
MIST, *subst.* (or fog.) *Brouillard.*
To go away in a mist, (to steal away.) *Se dérober, s'échapper, s'enfuir secretement & sans être apperçu, s'enfuir à la dérobée.*
To be in a mist. *Être tout déconcerté, ne savoir où l'on en est.*
The mists (or clouds) which darken our understanding *Les nuages qui offusquent notre entendement.*
To cast a mist before one's eyes. *Jeter de la poudre aux yeux de quelqu'un.*
Why all this mist of words? *A quoi bon tout ce fatras de paroles?*
Breathing casts a mist upon the looking-glass. *L'haleine ternit la glace du miroir.*
P. A Scotch mist, (a good shower.) P. *Un brouillard d'Ecosse ou un brouillard de monsieur de Vendôme, une bonne pluie, une ondée.*
MISTAKABLE, *adj. Qu'on peut aisément prendre en mauvais sens.*
MISTAKE, *subst.* (an oversight, a blunder.) *Erreur, bévut, pas de clerc, méprise, faute d'ignorance, un égarement.*
To be or to lie under a mistake. *Être dans l'erreur, se tromper.*
That is your mistake. *C'est ce qui vous trompe ou en quoi vous vous trompez.*
She shews her love by small mistakes. *Elle découvre son amour par de petites choses qui lui échappent.*
A mistake, (in reckoning.) *Erreur de calcul, un mécompte.*
To MISTAKE, *v. neut.* (to be out.) *Se tromper, se méprendre, s'abuser, faire une bevue.*

To mistake, *v. act.* (to take one thing for another.) *Prendre une chose pour une autre, prendre le change.*
You mistake me, (or you do not know me.) *Vous me prenez pour un autre, vous ne me connoissez pas.*
He mistook me, (he did not understand me.) *Il ne m'a pas bien entendu ou compris.*
To mistake, (to go out of one's way.) *S'égarer, s'écarter du droit chemin.*
MISTAKEN, *adject. Qui se trompe.*
He is greatly mistaken. *Il se trompe fort.*
If I be not mistaken. *Si je ne me trompe.*
In a mistaken sense. *Dans un sens erroné.*
MISTAKING, *f. L'action de se tromper, &c. V.* to Mistake.
MISTAKINGLY, *adject. Faussement, à contre sens, improprement.*
To MISTATE, *v. act. Etablir mal.*
To MISTEACH, *v. act. Instruire mal.*
To MISTEMPER, *v. act. Mal-tremper.*
To MISTERM, *v. act. Nommer mal.*
To MISTIME, *verb. act. Prendre mal son temps, faire à contre-temps, mal-à-propos ou hors de saison.*
Mistimed, *adj.* (preposterous.) *Déplacé, fait ou dit à contre-temps ou hors de saison.*
Liberality mistimed is little better than avarice. *La libéralité déplacée ne vaut guere mieux que l'avarice.*
MISTLETOE, *subst.* (a sort of shrub that grows in an oak, apple tree, &c.) *Gui, arbrisseau qui croit sur quelque arbre.*
MISTOOK, prétérit du verbe to Mistake.
MISTRESS, *subst. Maîtresse,* dans tous ses sens.
The mistress of the house. *La maîtresse du logis.*
A school-mistress. *La maîtresse d'école.*
He has a mistress or sweet-heart. *Il a une maîtresse ou une amante.*
Mistress, (a title given to gentlewomen and others.) *Madame* ou *mademoiselle.*
She is mistress of all the sublime characters that enter in the composition of an extraordinary person. *Elle possede toutes les hautes qualités qui servent à former une personne extraordinaire.*
Mistress, (an essay at tennis.) *Dames, coup d'essay au jeu de paume.*
MISTRUST. *V. Distrust. Défiance.*
To MISTRUST, *&c. V.* to Distrust, &c.
Mistrusted, *adject. Soupçonné.*
MISTRUSTFUL, *adj. Méfiant, défiant, soupçonneux.*
MISTRUSTFULNESS, *subst. Défiance, soupçon.*
MISTRUSTFULLY, *adverb. Avec défiance.*
MISTRUSTING, *f. Méfiance, défiance, soupçon.*
MISTRUSTLESS, *adject. Confiant, pas soupçonneux, crédule.*
MISTY, *adj.* (from mist.) *De brouillards, plein de brouillards ou de bruine.*
To MISUNDERSTAND, *verb. act.* (to mistake.) *Entendre mal, n'entendre pas, ne pas comprendre.*
MISUNDERSTANDING, *sub. Mésintelligence, mauvaise intelligence, refroidissement, froideur, erreur.*
MISUNDERSTOOD. *adj. Mal-entendu, qu'on n'a pas bien compris.*
MISUSAGE, *subst.* (abuse or ill usage.) *Abus, mauvais usage.*

Misusage, (abuse or ill treatment.) *Mauvais traitement.*
To MISUSE, *verb. act.* (to make an ill use of.) *Abuser de, faire un mauvais usage de.*
To misuse, (to abuse or treat ill.) *Maltraiter.*
MISUSE, *subst. V. Misusage.*
MISUSED, *adject. Dont on fait un mauvais usage, &c. V.* to Misuse.
MISUSING, *sub. Mauvais usage ou traitement, l'action d'abuser, de faire un mauvais usage ou de maltraiter.*
MISY, *subst. Sorte de minéral, misy.*
MITE, *subst.* (an ancient small coin.) *Une pite; rien.*
A mite, (a worm breeding in cheese.) *Ver qui nait dans le fromage.*
Mite, (a worm eating corn, a weevil.) *Calendre.*
MITELLA, *subst. Metelle,* plante.
MITHRIDATE, *subst.* (a preservative against poison.) *Mithridate.*
To MITIGATE, *verb. act.* (to soften or allay.) *Appaiser, adoucir, alléger, mitiger.*
To mitigate God's anger. *Appaiser, adoucir la colere de Dieu.*
To mitigate the severity of the laws. *Mitiger la sévérité des loix.*
Mitigated, *adj. Appaisé, adouci, allégé, mitigé.*
MITIGATING, } *subst. Adoucissement, mitigation, l'action d'appaiser, &c. V.* to Mitigate.
MITIGATION,
MITRAL, *adj.* (belonging to a mitre.) *Qui est de mitre, qui appartient à la mitre.*
MITRE, *subst.* (bishop's crown.) *Mitre.*
MITRED, *adj.* (wearing a mitre.) *Mitré, qui a une mitre.*
MITTENS, *f.* (gloves without fingers.) *Mitaines.*
† To handle one without mittens, (to use him roughly.) *Maltraiter quelqu'un, le traiter cruellement.*
MITTIMUS, *subst.* (a warrant made to send an offender to prison.) *Un ordre en vertu duquel on mene un criminel en prison.*
To MIX, *verb. act.* (or mingle.) *Mêler, mélanger, mixtionner.*
To mix the colours together. *Mêler, mélanger les couleurs.*
To mix wine with drugs. *Mixtionner du vin.*
To mix mortar well. *Corroyer le mortier.*
To mix, *v. neut. Se mêler.*
MIXED. *V. Mixt.*
MIXEN, *subst.* (or dunghill.) *Tas de fumier.*
MIXING, *subst. Mélange, mixtion, l'action de mêler, de mélanger ou de mixtionner.*
MIXT, *adject. Mélangé, mixtionné.*
A mixt body, (in philosophy.) *Un mixte* ou *un corps mixte.*
A mixt tense, (in grammar.) *Un temps mixte.*
A flower mixt (or diversified) with several colours. *Une fleur panachée, qui est de diverses couleurs.*
MIXTION, } *subst. Mélange, mixtion.*
MIXTURE,
MIXTLY, *adverb. Confusément, pêle-mêle.*
MIZMAZE, *f. Labyrinthe.*
MIZEN, *subst.* (a sea term, from the Italian Mezzana.) *Artimon.*

Mizen

MIZ MOC

Mizen mast. *Mât d'artimon.*
Mizen yard. *Vergue d'artimon.*
Mizen shrouds. *Haubans d'artimon.*
Mizen-top-sail. *Perroquet d'artimon*, &c.
Mizen brails. *Cargues d'artimon.*
Mizen bowlines. *Ourses d'artimon.*
Change the mizen ! *Change l'artimon !*
Balance the mizen ! *Prends un ris à l'artimon !*
Haul the mizen up in the brails ! *Cargue l'artimon !*
Haul the mizen sheets close aft ! *Borde l'artimon*, &c.
To MIZZLE, *v. neut. Bruiner ou pleuvoir à petites gouttes.*
MIZZLING, *adject. Ex.* Mizzling rain. *Bruine, petite pluie.*
MIZZY. *V.* Bog.
† MO, *adverb.* (for more.) *Plus. Voy.* More.
MOAN, *f. Plainte, gémissement, regret.*
To MOAN, *v. n.* (or to make lamentation.) *Gémir, pousser des gémissements, se plaindre.*
MOANFUL, *adject. Plaintif, lugubre, triste.*
MOANFULLY, *adv. D'un ton plaintif.*
MOAT. *V.* Mote.
Moat, (in fortification.) *Fossé.*
To MOAT, *verb. act. Entourer de fossés.*
MOB, *sub.* (the mobile or rabble.) *La populace, la canaille, la racaille.*
Mob, (*cap.*) *Sorte de bonnet de femme.*
To MOB, *verb. act. Faire houspiller ou mettre en pieces par la populace, exposer à la fureur du peuple.*
Mobbed, *adj. Houspillé, mis en pieces par la populace.*
MOBBING, *f. Action de houspiller*, &c.
MOBBY, *f.* (a drink in the *West-Indies* made of potato-roots.) *Boisson qu'on fait dans les Indes Occidentales avec des patates.*
MOBILE, *f.*
MOBILITY, } *f.* (the giddy multitude.) *La populace, le vulgaire, le peuple, la multitude, le menu peuple.*
MOBILITY, *f.* (or aptness to move.) *Mobilité, facilité à se mouvoir, activité de mouvement.*
Mobility, (or changeableness.) *Inconstance, légéreté.*
MOCK, *f.* (or laughing stock.) *Jouet, risée.*
To make a mock of one. *Se jouer de quelqu'un, l'exposer à la risée, se moquer ou se railler de lui.*
A mock or burlesque style. *Un style comique ou burlesque.*
A mock-poem. *Un poëme burlesque.*
A mock-rain. *Une pluie qui cesse dans le temps qu'on espéroit une bonne pluie.*
A mock-thaw. *Un dégel qui ne dure pas ou qui cesse d'abord.*
A mock-praise. *Contre-vérités.*
A mock-king. *Un fantôme ou une ombre de roi, un roi en peinture, un roi de théâtre, un roi de carte.*
A mock-prophet. *Un faux prophete.*
Mock-shade. *Le déclin du jour.*
Mock-velvet. *Tripe de velours.*
To MOCK one, *v. act.* (to laugh at one.) *Se moquer ou se jouer de quelqu'un, le jouer, le railler, le contrefaire.*
To mock, (or deceive.) *Tromper, abuser, se jouer de.*
MOCKABLE. *adj. Ridicule.*
MOCKADOES, *subst.* (a kind of stuff.) *Moquette, sorte d'étoffe.*

MOC MOD

MOCKAGE. *V.* Mockery.
MOCKED, *adject.* (*from to* mock.) *Dont on se moque, dont on s'est moqué*, &c. *V.* to Mock.
MOCKER, *subst. Moqueur, railleur, moqueuse, railleuse.*
MOCKERY, *f. Moquerie.*
He made a mockery of me. *Il s'est moqué de moi, il s'est joué de moi, il m'a tourné en ridicule.*
MOCKING, *subst. Moquerie ou l'action de se moquer.*
Mocking-stock. *Jouet.*
MOCKINGLY, *adv. Par moquerie, en se moquant.*
MODAL, *adj. Qui regarde la forme ou la modification.*
MODALITY, *f. Modification.*
MODE, *subst.* (fashion of cloaths, &c.) *Mode, maniere de s'habiller.*
A-la-mode of *France. A la mode de France.*
To bring up a mode , (or fashion.) *Amener une mode.*
Mode, (or way.) *Maniere, façon.*
And those modes of worship the government thought fit to encourage. *Et le gouvernement trouva à propos de favoriser cette maniere de servir Dieu, ou cette espece de culte.*
A mode of speech. *Façon de parler.*
He is well skilled in the common modes of life. *Il sait les manieres de vivre, il fait bien son monde.*
MODEL, *sub.* (pattern.) *Modele, plan, exemple, patron.*
To MODEL, *v. act. Modeler, faire un modele ou faire sur un modele.*
To model OUT (to dispose the parts of) a building. *Faire l'ordonnance d'un bâtiment.*
Modelled, *adj. Modelé*, &c.
MODELLER, *f. Dessinateur.*
MODELLING, *f. L'action de modeler.*
MODERATE, *adj.* (or temperate.) *Modéré, tempéré, adouci.*
Moderate, (sober.) *Modéré, sage, réglé, retenu, posé, qui fait tout avec modération.*
Moderate, (that exceeds not.) *Modique, médiocre.*
Moderate sums. *Des sommes modiques.*
To MODERATE, *v. act.* (or to temper.) *Modérer, tempérer, adoucir.*
To moderate, (or diminish.) *Modérer, diminuer, retrancher.*
To moderate, (or govern.) *Gouverner, régler.*
MODERATELY, *adv.* (with moderation or without excess.) *Modérément, avec retenue, avec modération, modiquement.*
MODERATION, *f. Modération, retenue.*
MODERATOR, *f. Modérateur, qui préside, qui calme.*
The King is our supreme moderator and governour. *Le Roi est notre Souverain & gouverneur en chef.*
MODERATRIX, *f. Modératrice.*
MODERN, *adject.* (of this time.) *Moderne, nouveau, qui est de notre temps ou des derniers temps.*
To MODERNIZE, *verb. act.* (to make modern.) *Rendre moderne, donner un air de nouveauté.*
MODERNS, *subst.* (in opposition to the ancients.) *Les modernes.*
MODEST, *adject.* (or sober.) *Modeste, retenu, modéré.*
Modest, (or honest.) *Modeste, qui a de la pudeur, honnête, chaste.*

MOD MOL

MODESTLY, *adverb. Modestement, avec modestie.*
MODESTY, *f.* (soberness.) *Modération, réserve.*
People that want sense do always in an egregious manner want modesty. *Ceux qui manquent de sens sont toujours fort indiscrets.*
Modesty, (honesty.) *Modestie, pudeur, honnêteté.*
Modesty or modesty piece or bosom bit. *Collerette. V.* Tucker.
MODICUM, *subst.* (small pittance, a mouthful.) *Un morceau, tant soit peu.*
MODIFIABLE,
MODIFICABLE, } *adject.* (capable of modification.) *Qui peut être modifié.*
MODIFICATION, *subst.* (or restriction.) *Modification, restriction, limitation.*
To MODIFY, *v. act.* (to limit or qualify.) *Modifier, limiter, restreindre, régler.*
Modifyed, *adject. Modifié, limité, restreint, réglé.*
MODIFYING, *f. Modification ou l'action de modifier*, &c.
MODILLON, *subst.* (a piece in architecture.) *Modillon, petite console qui sert à soutenir la corniche.*
MODISH, *adj.* (from mode , fashionable.) *A la mode, qui est à la mode ou qui suit la mode.*
MODISHLY, *adv. A la mode.*
MODISHNESS, *f. Affectation de suivre la mode.*
To MODULATE, *v. act. Moduler.*
MODULATION, *f.* (or exact singing.) *Chant ou l'action de chanter avec mesure, modulation.*
MODULATOR, *f. Celui qui forme des sons suivant un certain mode.*
MODULE, *subst.* (a measure in Architecture.) *Modele, mesure en Architecture. V.* Model.
MODUS, *f. Ce qu'on paie pour compenser les dimes.*
MODWALL. *V.* Wood-pecker.
MOHAIR, *f.* (a sort of stuff.) *Moire, étoffe.*
MOHOCK, *f.* (ruffian.) *Un scellerat.*
MOIDERED, *adject.* (crazed.) *Distrait.*
MOIDORE, *f. Monnoie de Portugal, qui vaut à peu près 32 livres tournois.*
MOIETY, *f.* (or half.) *La moitié.*
† MOIL. *V.* Mule.
To MOIL, *v. neut. Ex.* To toil and moil. *Se fatiguer, prendre beaucoup de peine, tracasser, se tourmenter.*
To moil in the dirt. *Etre embourbé.*
MOIST, *adj* (damp.) *Humide, moite.*
To MOISTEN, *v. act. Humecter, rendre humide ou moite.*
Moistened, *adj. Humecté.*
MOISTENING, *f.* (from to moisten.) *L'action d'humecter.*
MOISTNESS,
MOISTURE, } *f. Moiteur, qualité de ce qui est moite, humidité.*
The radical moisture. *L'humide radical.*
The moisture of plants. *Le suc des plantes.*
MOKES, *f. pl.* (or meshes of a net.) *Les mailles d'un filet.*
† MOKY, *adject.* (or cloudy.) *Couvert, sombre, obscur.*
Moky weather. *Un temps couvert.*
MOLAR, *adject. Ex.* The molar teeth , (the grinders.) *Les dents mâchelieres ou molaires.*
MOLASSES. *V.* Molosses.

MOLD.

MOLD. V. Mould.
MOLE, s. (a dyke or fence against the sea.) Môle, jetée de pierres à l'entrée d'un port, ou port fermé par un môle.
Mole, (or spot on the body.) Tache, marque, qu'on apporte en naissant.
Mole, (fleshy substance.) Môle.
Mole, (a living creature.) Taupe, sorte d'animal.
A mole-hill, or mole-cast. Taupinière.
P. To make mountains of mole-hills. P. Faire d'une mouche un éléphant.
A mole-trap. Taupière.
A mole-catcher. Un preneur de taupes.
To MOLEST, v. act. (or vex.) Faire de la peine, chagriner, tourmenter, persécuter, inquiéter, molester, vexer : ces deux derniers sont des termes de Palais.
MOLESTATION, s. Fâcherie, chagrin, qu'on donne à quelqu'un; vexation, en termes de Palais.
Molested, adj. Chagriné, tourmenté, inquiété, molesté, vexé.
MOLESTER, s. Celui qui tourmente, &c.
MOLESTING, subst. L'action de chagriner, &c. V. to Molest.
MOLEWARP, subst. (or mole.) Une taupe.
MOLLIENT, adject. (softening.) Emollient.
MOLLIER, s. Emollient, qui adoucit.
MOLLIFIABLE, adj. Qu'on peut amollir.
MOLLIFICATION, s. L'action d'amollir ou de rendre mou.
Mollification, (alleviation.) Adoucissement.
To MOLLIFY, v. act. (to soften.) Amollir, rendre mou, au propre ; adoucir, attendrir, appaiser, émouvoir, au figuré; mollifier, terme de médecine.
Mollified, adj. Amolli, rendu mou, &c. V. to Mollify.
MOLLIFYING, s. L'action d'amollir, &c. V. to Mollify. Adoucissement.
MOLOSSES, } s. (the dregs of sugar.)
MOLASSES, La melasse, la lie du sucre.
To MOLT. V. to Moult.
MOLTEN, adj. (from to melt.) Fondu, de fonte.
The Molten-calf. Le veau d'or.
Molten-grease, (a disease in horses.) Gras-fondure.
MOME, s. Un sot, un stupide.
MOMENT, s. (or instant of time.) Un moment, un instant.
Moment, (importance.) Conséquence, importance de quelque affaire.
MOMENTALLY, adv. Momentanément, pour un moment.
MOMENTANEOUS, } adject. Momentané, passager, de peu de durée.
MOMENTANY,
MOMENTARY, adject. (lasting for or done in a moment.) Momentané.
MOMENTOUS, adj. Important.
MOMMERY, s. Momerie.
MONACHAL, adj. (belonging to monachism.) Monacal, de Moine.
MONACHISM, subst. (the condition of a Monk, or monastick life.) Etat de Moine.
MONAD, } s. (an indivisible thing.)
MONADE, Monade.
MONARCH, s. (a Prince ruling alone.) Monarque, celui qui est seul souverain.
Monarch-like, (as a monarch.) En monarque, monarchiquement, d'une façon monarchique.

Tome II.

MONARCHAL, adj. (suiting a monarch, princely.) De Roi, digne d'un Monarque, qui convient à un Monarque; en Monarque, en Prince.
MONARCHICAL, adj. (vested in a single ruler.) Monarchique.
A monarchical government. Un gouvernement monarchique.
To MONARCHISE, v. n. Trancher du monarque.
MONARCHY, s. (or government of a Prince alone.) Monarchie.
MONASTERIAL, adject. De monastère, monastique, monacal.
MONASTERY, s. (or convent.) Monastère, couvent.
MONASTICAL, } adj. Monastique, qui
MONASTICK, regarde les Moines, monacal.
A monastick life. Une vie monastique ou monacale.
MONASTICALLY, adv. (in the manner of a monk.) En Moine.
MONDAY, s. Lundi.
MONEY, s. (gold, silver, brass, &c. ready coined.) Argent, monnoie.
I have no money about me. Je n'ai point d'argent sur moi.
P. Money governs the world. P. Monnoie fait tout.
Brass-money. Monnoie de cuivre, ou bien, fausse monnoie.
To make money of a thing, (to sell it for money.) Faire de l'argent d'une chose, la vendre, en tirer de l'argent.
Ready money. Argent comptant.
Good current money. Bonne monnoie ayant cours.
He has a great deal of money. Il a bien de l'argent.
Money coined. Argent monnoyé.
It is not every man's money. Tout le monde ne peut pas y mettre tant d'argent ou tout le monde n'a pas de quoi faire cette dépense.
Money-changer. Changeur.
Money-bill. Projet d'acte du Parlement pour accorder des subsides au Roi.
Moneybag. Un sac à mettre de l'argent.
Moneysworth, (or something valuable.) Qui vaut de l'argent.
MONEYED, adject. (or full of money.) Pécunieux, qui a beaucoup d'argent, riche en argent.
MONEYER, s. (or coiner,) Un monnoyeur. V. Monier.
MONEYLESS, adj. Sans argent, qui n'a point d'argent.
MONGER, subst. (this was the ancient name for a merchant, and now it is only used as an addition to divers mercantile trades.) Ex. A fish-monger. Un poissonnier ou marchand de poisson.
A cheese-monger. Un vendeur de fromage.
A wood-monger. Un marchand de bois.
An icon-monger. Un ferronier, un quincaillier.
A fell-monger. Un pelletier.
A news-monger. Un nouvelliste.
A whore-monger. Un homme adonné aux femmes, un débauché.
A mutton-monger. Un grand mangeur de mouton.
A dialogue-monger. Un faiseur de dialogues.
Monger, (a fisher-boat.) Bateau de pêcheur.
MONGREL, adj. (of a mixed breed.) Métis, engendré de diverses espèces.

A mongrel-dog. Un chien métis.
MONGREL, s. (one that is born of parents of several countries, as an European and an Indian.) Métis, qui est né de parens de différens pays, comme d'un Européen & d'une Indienne, &c.
* MONIMENT, s. Inscription.
To MONISH, v. act. Avertir.
MONISHER, s. Celui qui avertit.
MONITION, s. (exhortation or warning.) Monition, avertissement, exhortation, avis, remontrance.
MONITOR, s. Celui qui avertit, qui donne conseil, conseiller.
MONITORY, s. Avertissement, monitoire.
MONITORY, adj. Monitorial, qui nous avertit de faire quelque chose.
Monitory letters. Des lettres monitoriales, un monitoire.
MONK, s. Un Moine, un Religieux.
Monks-hood, (an herb.) Capucine ou aconit, sorte d'herbe.
A monk, (a blot in printing.) Un moine, en termes d'imprimerie.
MONKERY, s. Moinerie.
MONKEY, s. Singe.
MONKHOOD, s. Etat de moine.
MONKISH, adj. Monacal, monastique, de Moine.
A monkish (or religious) habit. Habit monacal, habit de religion.
The taking of a monkish habit. Vêture.
MONKSHOOD. V. Monk's hood, sous Monk.
* MONKY, } s. Un singe ou une guenon.
MONKEY,
To play the monkey. Faire des singeries.
MONOCHORD, s. (a musical instrument.) Monocorde, instrument de musique.
MONOCULAR, } adj. (one-eyed.)
MONOCULOUS, Borgne, qui n'a qu'un œil.
MONOGAMY, subst. (the marrying of one wife or husband only.) Monogamie.
MONOGRAM, sub. (a sentence in one line or an epigram in one verse.) Un monograme.
MONOLOGUE, s. (a soliloquy.) Un monologue.
MONOME, subst. Monome, terme d'algèbre.
MONOPETALOUS, adject. Monopétale.
MONOPOLIST, } sub. (one that ingrosses all the trade to himself.) Un
MONOPOLIZER, monopoleur.
To MONOPOLIZE, verb. neut. User de monopole.
MONOPOLY, s. (en ingrossing a whole commodity to one's self.) Monopole.
MONOSYLLABICAL, adj. Monosyllabique.
MONOSYLLABLE, s. (a word of one syllable.) Un monosyllabe.
MONO TONY, subst. (the same sound.) Monotonie.
MONOYER. V. Moneyer.
MONSOON, sub. (or trade-wind.) Moussons, vent réglé ou de saison.
MONSTER, s. (a mis-shapen animal.) Monstre.
A sea-monster. Un monstre marin.
A monster, (fig. atrocity.) Monstre, chose monstrueuse.
He is a very monster. C'est un vrai monstre.
A monster of pride. Un monstre d'orgueil.

MONSTROSITY,

MONSTROSITY, MONSTRUOSITY, *s.* (or monstrousness.) *Qualité monstrueuse, monstruosité.*
MONSTROUS, *adject. Monstrueux, qui tient du monstre.*
Monstrous, (prodigious.) *Monstrueux, prodigieux.*
Monstrous, *adv. Monstrueusement, prodigieusement.*
MONSTROUSLY, *adv. Monstrueusement, prodigieusement.*
MONSTROUSNESS, *s. Qualité monstrueuse.*
MONTANISTS, *s.* (a sort of heretiks.) *Montanistes, sorte d'héretiques.*
MONTEFIASCO, *s.* (an Italian sort of delicious wine.) *Montefiasco, vin délicieux d'Italie.*
MONTERO, *s.* (a hunter's or horseman's cap.) *Sorte de bonnet de chasseur ou de cavalier.*
MONTETH, *s.* (a scolloped bason to cool glasses in.) *Sorte de bassin ou cuvette dont on se sert pour faire rafraîchir les verres.*
MONTH, *subst.* (a part of the year.) *Un mois.*
A twelve-month, (a whole year.) *Un an, une année.*
† To have a month's mind to a thing. *Désirer passionnément une chose, en avoir grande envie.*
Women's months, (or monthly flowers.) *Mois des femmes, leurs purgations ou ordinaires.*
MONTHLY, *adj. Qui arrive ou qui se fait chaque mois.*
The monthly flowers. *Les mois ou les ordinaires des femmes.*
Monthly, *adv. De mois en mois, tous les mois.*
MONUMENT, *s.* (a remembrance or memorial.) *Monument, marque de souvenir.*
The monument in the city of London. *Le monument, dans la ville de Londres : c'est ainsi qu'on appelle cette belle colonne qui fut érigée à la mémoire de l'incendie qui arriva le 2 de Septembre 1666.*
A monument, (or tomb.) *Monument, tombeau.*
MONUMENTAL, *adject. Qui sert de monument.*
MOOD, *s.* (humour.) *Humeur.*
To be in a good mood. *Être de bonne humeur.*
To be in a drinking mood. *Être en humeur ou en train de boire.*
A mood of a verb, (in grammar.) *Un mœuf ou mode d'un verbe.*
Mood, (a term in musick.) *Mode, terme de musique.*
MOODY, *adj.* (humoursome.) *Fantasque, bourru, capricieux, bisarre.*
MOON, *s.* (one of the seven planets.) *La Lune, une des sept planetes.*
Full moon. *Pleine lune.*
New moon. *Nouvelle lune.*
Half-moon. *Demi lune, croissant.*
P. He would make me believe that the moon is made of green cheese. *P. Il voudroit me faire accroire que le blanc est noir ou que les étoiles sont des papillottes.*
Moon-shine. *Clair de lune.*
MOONSHINY, *adj. Eclairé par la lune.*
A moon-shiny night. *Une belle nuit, une nuit où il fait clair de lune.*
A moon-eyed horse. *Un cheval lunatique.*
Moon-calf, (or false conception.)

Môle ou faux germe, masse de chair informe qui se fait dans le ventre d'une femme.
MOONLESS, *adj.* Qui n'est pas éclairé de la lune.
MOONSTRUCK, *adj. Lunatique.*
MOOR, *s.* (or fen.) *Marais, marécage.*
Moor or black-moor. *Un more.*
Moor-hen. *Foulque, poule d'eau.*
To MOOR, *verb. act. & neut.* (a sea-term.) *Amarrer, affourcher.*
To moor a ship. *Amarrer un vaisseau.*
To moor by the head. *S'affourcher par l'avant.*
To moor a cross or athwart. *Affourcher, terme de mer.*
Moored, *adj. Amarré.*
MOORING, *s. Amarrage, corps morts, terme de mer.*
A ship come to her moorings. *Vaisseau qui vient désarmer, vaisseau qui rend le bord.*
MOORISH, MOORY, *adj.* (marshy, fenny.) *Marécageux, de marais.*
MOORLAND, *s. Pays inculte & marécageux, marais, landes.*
MOUSE, *s. Renne, animal.*
MOOT, *subst.* (a disputation in law.) *Dispute de droit.*
Moot-hall. *La salle où se font les disputes de droit.*
Moot-case. *Question de droit.*
Moot-man. *Disputeur de droit.*
To MOOT, *verb. neut.* (as lawyers do.) *Disputer de quelque matiere de droit.*
MOOTER, *subst. Qui dispute.*
Mooter or tree-nail mooter. *Ouvrier qui travaille les gournables ou chevilles de bois : Chevilleur ou maitre chevilleur.*
MOP, *subst.* (to rub a room with.) *Vadrouille ou torchon à laver les chambres, à la manière d'Angleterre.*
Mops and mows, (wry faces.) *Grimaces.*
To MOP, *verb. act.* a room. *Laver une chambre.*
To mop, *verb. neut. Ex.* To mop and mow. *Faire la moue, faire des grimaces.*
MOPE, *subst.* (a stupid man or woman.) *Un homme ou une femme stupide ou hébété, un sot, un rêveur.*
To MOPE, *verb. neut.* (to be stupid or full of melancholy thoughts.) *Rêver, être rêveur & mélancolique, † être triste comme un bonnet de nuit.*
Moped or Moping, *adj. Triste, rêveur.*
To sit moping. *Être triste ou rêveur.*
MOPE-EYED, *adj.* (dim sighted.) *Qui a la vue courte.*
† MOPPET, *s. Un enfant, une poupée.*
MOPUS. *V.* Mope.
MORA, *subst.* (a sort of Italian play with the fingers.) *La mourre.*
MORAL, *adj.* (belonging to manners.) *Moral, qui concerne les mœurs.*
Moral philosophy. *La morale.*
A good moral man. *Un homme qui vit moralement bien.*
MORAL, *s.* The moral of a fable. *Le sens moral ou la moralité d'une fable.*
Moral, (morality). *La morale, moralité.*
MORALIST, *subst.* Celui qui donne ou qui explique les préceptes de morale, moraliste.
MORALITY, *s.* (or moral philosophy.) *La morale.*
A man of morality or good morals. *Un homme de bien ou de probité.*
Morality, (or moral sense.) *Moralité, sens moral.*

To MORALIZE, *verb. act. Moraliser sur quelque chose, en donner ou en expliquer le sens moral.*
To moralize a fable. *Moraliser sur une fable.*
To moralize, *verb. neut.* (or discourse of morality.) *Moraliser, parler de morale, faire des réflexions morales.*
MORALIZER, *s. Moraliseur.*
MORALIZING, *subst. L'action de moraliser.*
MORALLY, *adj.* (in a moral sense.) *Moralement, dans un sens moral.*
Morally, (or likely.) *Moralement, vraisemblablement.*
Morally speaking. *Moralement parlant.*
Morally, (according to the dictates of natural reason.) *Moralement, suivant les lumieres de la droite raison naturelle.*
MORALS, *s. pl.* (or moral philosophy.) *La morale.*
A man of good morals, (or principles.) *Un homme de probité, un honnête-homme, un homme de bien ou qui a le fond bon.*
MORASS, *subst. Un marais ou un lieu marécageux.*
MORBID, *s.* (diseased.) *Malade.*
MORBIDNESS, *s. Maladie.*
MORBIFICAL, MORRIFICK, *adj.* (that causes diseases.) *Qui cause ou qui engendre des maladies.*
MORBOSE, *adj. Qui vient de maladie.*
MORDACIOUS, *adj. Mordant.*
MORDACITY, *s. Mordacité, terme de médecine.*
MORDICANT, *subst. Ce qui est mordicant.*
To MORDICATE, *verb. act.* (to bite in speech.) *Mordre, médire, censurer, critiquer avec malignité.*
MORDICATIVE, *adj.* (biting or stinging.) *Mordant, mordicant, piquant.*
MORE, *adj.* (the comparative of much, and of many.) *Plus, davantage.*
Much more, a great deal more. *Beaucoup plus, bien plus.*
More and more. *De plus en plus.*
More than enough. *Plus qu'il ne faut, de reste.*
More wine than water. *Plus de vin que d'eau.*
No more than. *Non plus que.*
Give me some more. *Donnez-m'en un peu davantage.*
A great deal more. *Beaucoup plus ou davantage.*
If you provoke me any more. *Si vous me fâchez davantage.*
I attribute it more (or rather) to his good luck than his wisdom. *Je l'attribue plutôt à son bonheur qu'à sa sagesse.*
I saw no more than five. *Je n'en ai vu que cinq.*
So great as nothing can be more. *Si grand qu'il ne se peut rien dire au-delà.*
There is nothing that I love more. *Il n'y a rien que j'aime tant.*
You are not like to see me any more. *Il n'y a pas apparence que vous me revoyiez jamais.*
Being never to see him more, he embraced him with tears in his eyes. *Il l'embrassa pour la derniere fois, les yeux fondant en larmes.*
It is more than I know. *C'est ce que je ne sais pas.*
'Tis more than I looked for. *C'est à quoi je ne m'attendois pas.*

This

This is more than every one will believe. *C'est ce que tout le monde ne croira pas facilement, c'est ce qu'on aura de la peine à croire.*

He robbed him, and, more than that, he killed him. *Il le vola, & non content de cela ou & outre cela il lui ôta la vie.*

And a world more. *Et une infinité d'autres.*

He made no more of it, (he proceeded no further.) *Il en demeura là.*

But the courage of Harold was more than his conscience. *Mais le courage de Harold l'emporta sur sa conscience.*

A little more and he had been killed. *Peu s'en fallut qu'il ne fût tué, il pensa être tué.*

To make more of a thing, (or esteem it at a greater rate than it is.) *Exagérer une chose.*

Once more. *Encore une fois, une autre fois.*

R. *On se sert quelquefois de cet adverbe avec l'article the.*

So much the more. *D'autant plus.*

Ex. The more haste, the less speed. *Plus on se presse & moins on avance.*

MOREL, *s.* (a sort of plant.) *Morelle, sorte de plante.*

Morel, (a kind of cherry.) *Espece de cerise.*

MOREOVER, *conj.* (from more.) *De plus, davantage, outre cela.*

MORESK, *adj.* (moresk work, antique painting or carving.) *Moresque, sorte de peinture ou de sculpture.*

MORGLAY, *subst.* (a deadly weapon.) *Sorte d'épée.*

MORIAM. V. Morion.

MORIGEROUS, *adj.* (obedient, dutiful.) *Obéissant, soumis, complaisant.*

MORIL, *subst.* (a sort of mushroom.) *Morille.*

MORION, *s.* (a steel cap.) *Morion, pot en tête, casque.*

MORISCO, (or morris dance.) *Voyez Morris.*

† MORISH, *adj.* (from more.) *Ex.* It tastes morish. *Il est si bon (au goût) qu'il fait naître l'envie d'en avoir davantage.*

MORKIN, *s.* (a wild beast that dies by mischance or sickness.) *Bête sauvage morte de maladie ou par accident.*

MORLING, *subst.* (the wool of a dead sheep.) *La laine d'une brebis morte.*

MORN, } *subst. Le matin, la matinée.*
MORNING,

Come in the morning. *Venez le matin.*

To rise early (or betimes) in the morning. *Se lever de bon matin ou de grand matin.*

I spent the whole morning about it. *J'y ai employé toute la matinée.*

It is or 'tis something cold now in the morning. *Les matinées sont présentement un peu fraîches.*

The morning-star. *L'étoile matinière.*

The morning-prayers. *Les prières du matin.*

Morning's draught. *Ce qu'on boit le matin à jeu, le déjeuné.*

To give one his morning's draught. *Donner à déjeuner à quelqu'un, lui donner à boire pour son déjeuné.*

To wish one a good morning. *Souhaiter le bon jour à quelqu'un.*

A morning-gown, (a night-gown.) *Une robe de chambre.*

MOROSE, *adject.* (or sullen.) *Chagrin, bourru, bizarre, fantasque, capricieux.*

MOROSELY, *adv. D'une manière chagrine, &c.*

MOROSENESS, } *subst. Humeur chagrine ou bourrue, caprice.*
MOROSITY,

MORPHEW, *s.* (a white scurf upon the body.) *Taches blanches & rudes sur la peau, dartres farineuses.*

MORRIS-DANCE, *subst.* (or morisco.) *Moresque, danse moresque.*

To MORROW, *adv. Demain.*

After to-morrow. *Après demain.*

The morrow. *Le lendemain.*

Good morrow. *Bon jour, je vous souhaite le bon jour.*

MORSE, *s.* (a sea-horse.) *Cheval marin.*

MORSEL, *s.* (or bit.) *Morceau.*

To be brought or reduced to a morsel of bread. *Être réduit à la mendicité ou à la besace.*

MORT, *s. L'air qu'on sonne sur le cor à la mort du gibier.*

MORTAL, *adj.* (liable to death.) *Mortel, sujet à la mort.*

Mortal, (deadly, dangerous.) *Mortel, dangereux, qui cause la mort.*

Mortal, (great.) *Mortel, grand, extrême.*

A mortal hatred. *Une haine mortelle.*

MORTALLY, *adv.* (to death or deadly.) *Mortellement, à mort.*

Mortally, (grievously.) *Mortellement, grièvement, beaucoup, extrêmement.*

MORTALITY, *s.* (mortal condition or nature.) *Mortalité, état mortel, nature mortelle.*

Mortality, (or great sickness.) *Mortalité, maladie contagieuse.*

Mortality, (or death.) *Mort, mort subite.*

Bill of mortality. V. Bill.

MORTALS, *s.* (or men.) *Les mortels, les hommes.*

MORTAR, *s.* (a vessel wherein things are pounded.) *Mortier, vaisseau où l'on pile quelque chose.*

Mortar, (lime and sand mixt together.) *Mortier, chaux détrempée avec du sable ou du ciment.*

Mortar mixed with hay or straw. *Torchis.*

Mortar or mortar piece, (to shoot off bombs.) *Mortier, pièce d'artillerie.*

Carriage of a mortar. *Affût de mortier.*

MORTGAGE, *subst.* (a pawn of land or other moveable.) *Hypothèque, l'engagement d'un bien meuble ou immeuble.*

To MORTGAGE, *verb. act. Hypothéquer, engager.*

Mortgaged, *adject. Hypothéqué, engagé.*

MORTGAGEE, *s.* (he or the one to whom any thing is mortgaged.) *Celui ou celle qui a une hypothèque.*

MORTGAGER, *s. Celui ou celle qui a hypothéqué.*

MORTGAGING, *s. L'action d'hypothéquer ou d'engager.*

MORTIFEROUS, *adj.* (deadly.) *Mortel, qui donne la mort.*

MORTIFICATION, *s. Mortification.*

To MORTIFY flesh, *verb. act.* (to keep it till it has a hogoo, or to make it grow tender.) *Mortifier de la viande.*

To mortify, (to afflict.) *Mortifier, affliger.*

To mortify (or subdue) one's affections. *Mortifier, dompter, réprimer ses passions.*

To mortify, (to vex or humble.) *Mortifier, causer du chagrin, humilier.*

To mortify, *verb. neut. Se gangrener, se corrompre.*

Mortified, *adject. Mortifié, &c.* V. to Mortify.

MORTIFYING, *subst. Mortification, l'action de mortifier, &c.*

MORTISE, *s.* (a hole in a piece of timber.) *Une mortaise ou mortoise.*

To MORTISE, *verb. act.* (to put in, or join by, a mortise.) *Emmortaiser.*

Mortised, *adj. Emmortaisé.*

MORTLING, *subst.* (or rather morling.) *Laine de brebis morte.*

MORTMAIN, *subst.* (an alienation of lands and tenements to any guild, corporation or fraternity.) *Amortissement, aliénation d'un bien en faveur des gens de main-morte.*

MORTPAY, *s. Morte-paye.*

MORTUARY, *s.* (a gift left by a man at his death to the Church.) *Legs ou donation qu'on fait à l'église en mourant.*

MORTUUM Caput, *subst.* (the gross relicks of any things distilled.) *Caput mortuum, en termes de chimie.*

MOSAICAL, } *adject. Mosaïque, de Moïse.*
MOSAICK,

The mosaical law. *La loi mosaïque ou de Moïse.*

Mosaick work. *Mosaïque, ouvrage à la mosaïque ou de marqueterie.*

MOSCHATEL, *s. Sorte de plante.*

MOSCHETTO, *s.* (a kind of gnat.) *Sorte de moucheron, mosquite.*

MOSQUE, *s.* (a turkish Church.) *Mosquée, église turque.*

MOSS, *subst.* (thin and small grass, that grows very thick.) *Mousse, sorte d'herbe forte, épaisse & fort menue.*

P. A rolling-stone gathers no moss. *P. Pierre qui roule n'amasse point de mousse.*

Moss-troopers. *Des bandes de voleurs dans l'Écosse septentrionale, qui sont comme les bandits en Italie.*

Mosses, (moorish or boggy places in Lancashire.) *Marais ou pays marécageux.*

MOSSED, *adj. Couvert de mousse.*

MOSSINESS, *s.* (in fruits and herbs.) *Le coton qui vient à certains fruits & à certains herbes.*

Mossiness, (downy hair.) *Coton ou poil follet.*

MOSSY, *adj.* (full of moss.) *Moussu, plein de mousse, couvert de mousse.*

Mossy ground. *Pelouse.*

MOST, *adv.* (the superlative of much.) *Le plus, la plus, les plus, fort, très, tout-à-fait, extrêmement.*

The most eloquent. *Le plus éloquent.*

Most an end, most commonly, most usually. *Le plus souvent, ordinairement, la plupart du temps.*

The most beautiful woman. *La plus belle femme.*

The most perfidious people in the world. *Les gens les plus perfides du monde.*

Most delicate hands. *De très-belles mains.*

A most learned man. *Un fort habile homme; un homme fort (ou tout-à-fait) savant.*

England is a most populous country. *L'Angleterre est un pays extrêmement peuplé.*

When the most part of the night was spent. *La nuit étant fort avancée.*

Most

Most are of that opinion. *La plupart sont de ce sentiment.*
Most or the most part. *La plupart.*
Most of us. *La plupart de nous.*
I use it the most of any. *Je m'en sers plus que d'aucun autre.*
He studies the most of any scholar. *Il étudie plus qu'aucun autre écolier.*
I made most of him. *J'ai eu pour lui des égards tout particuliers.*
At the most. *Tout au plus.*
To live most upon bread. *Vivre de pain, ou ne manger que du pain la plupart du temps.*
Most all. *Principalement.*
MOSTICK, *s. Appui-main de Peintre.*
MOSTLY, *adv.* (generally.) *Ordinairement, la plupart du temps, le plus souvent.*
MOTE, *subst. Un atome.*
MOTH, *s.* (a vermin that eats clothes.) *Teigne.*
Moth-eaten. *Rongé de la teigne.*
Moth-mullen, (an herb.) *Bouillon blanc, herbe.*
MOTHER, *s.* (she that has brought forth a child.) *Mere.*
A mother in law. *Une belle-mere.*
A grand-mother. *Une grand'mere.*
The mother of pearl. *Mere-perle, nacre de perle.*
P. Diffidence is the mother of safety. *P. La défiance est la mere de sureté.*
Every mother's child of us. *Tous tant que nous sommes.*
A mother-city. *Une ville capitale ou Metropole.*
Mother-tongue. *Langue maternelle, ou une langue mere.*
Good mother-wit, (or natural parts.) *De l'esprit ou du jugement, bon sens, sens commun.*
Mother, (or womb.) *La matrice.*
A fit of the mother. *Une suffocation de matrice.*
Mother-wort. *Matricaire, herbe.*
Mother of beer or ink. *L'écume de la biere ou de l'encre, &c.*
Mother of thyme. *Serpolet, plante.*
To MOTHER, *v. n.* (or gather concretion.) *Se congeler, se moisir, se coaguler.*
MOTHERHOOD, *subst. Qualité de mere, maternité.*
MOTHERLESS, *adject. Qui n'a point de mere, sans mere.*
MOTHERLY, *adj.* (of a mother.) *Maternel, de mere.*
A motherly (a grave or sober) woman. *Une matrone, une femme grave, sage & sur le retour.*
MOTHERLY, *adv. En mere, comme une mere, avec la tendresse d'une mere.*
MOTHERY. *V. Dreggy & Mouldy.*
MOTHY, *adj. Plein de teignes.*
MOTION, *subst.* (the act of moving.) *Mouvement, l'action de mouvoir ou de se mouvoir.*
The motion (or march) of an army. *Le mouvement ou la marche d'une armée.*
The motion of a watch. *La quadrature d'une montre, en termes d'Horloger.*
Motion, (will or accord.) *Mouvement, volonté, gré.*
He did it of his own motion. *Il le fit de son propre mouvement.*
Motion, (overture or proposal.) *Proposition, ouverture, avis.*
To make a motion. *Proposer une chose, en faire l'ouverture ou la proposition, faire une motion.*

I made the motion which was unanimously agreed to. *J'ouvris l'avis & il fut suivi de toutes les voix.*
Motion, (or request.) *Sollicitation, instance, poursuite.*
Motion, (or disposition.) *Mouvement, envie, disposition.*
To have good or godly motions. *Avoir de bons mouvements de pieté.*
To have a motion to stool. *Avoir envie d'aller à la selle.*
To MOTION a thing, *v. act.* (to propose it.) *Proposer une chose, en faire l'ouverture ou la proposition, la mettre sur le tapis, faire une motion.*
Motioned, *adject. Proposé, &c. V.* to Motion.
MOTIONER, *sub. Celui qui propose une chose.*
MOTIONLESS, *adj. Immobile, sans mouvement, qui n'a aucun mouvement.*
MOTIVE, *adject.* (or moving.) *Motrice.*
The motive faculty. *La faculté motrice.*
MOTIVE, *s.* (inducement, reason moving.) *Un motif, raison qui nous porte à faire quelque chose.*
MOTLEY, *adject.* (of various colours.) *Mêlé ou bigarré.*
A motley colour. *Une couleur mêlée ou bigarrée.*
MOTOR, *subst. Moteur.*
MOTORY, *adject. Qui donne le mouvement.*
MOTTO, *s.* (the words of a device.) *Mot, paroles qui accompagnent le corps d'une devise.*
† To MOUCH, *v. neut.* (to eat up all.) *Manger tout.*
MOVE, *s.* (a move at chess or draughts.) *Un coup au jeu des échecs ou des dames.*
The move or first move at chess. *Le trait.*
To MOVE, *v. act.* (stir or shake.) *Mouvoir, remuer, agiter, branler.*
To move a thing, (to purpole it, or to speak for it.) *Proposer une chose, en faire la proposition ou l'ouverture, la mettre sur le tapis, la mettre en avant.*
To move, (to stir up, to egg on, to sollicit or persuade.) *Mouvoir, émouvoir, exciter, inciter, pousser, porter, exhorter, solliciter.*
To move to sedition. *Émouvoir, exciter à sédition.*
Who could move him to abuse him thus? *Qui l'a pu porter à lui faire cette insulte.*
To move one to good. *Inciter quelqu'un, le porter, le solliciter au bien.*
To move, (or affect.) *Émouvoir, attendrir.*
To move to compassion. *Émouvoir à compassion, attendrir.*
To move (or provoke) one to anger. *Fâcher quelqu'un, l'irriter, le provoquer, le faire mettre en colere.*
To move (or cause) laughter. *Faire rire.*
To move, *verb. neut.* (to stir, to be in motion.) *Se mouvoir, faire un mouvement, être en mouvement.*
MOVEABLE, *adj.* (that may be moved.) *Mobile, qui peut se mouvoir.*
Moveable, (that varies in time.) *Mobile, qui change de temps.*
A moveable feast. *Une fête mobile.*

Moveable goods. *Des biens meubles ou mobiliers.*
MOVEABLES, *s. pl. Biens meubles ou mobiliers.*
MOVEABLENESS, *s.* (aptness to move.) *Mobilité.*
MOVED, *adject. Remué, &c. Voyez* to Move.
MOVELESS, *adject. Immobile, sans mouvement.*
MOVEMENT, *s.* (or motion.) *Mouvement.*
The movement of a watch. *Le mouvement d'une montre.*
MOVENT,
MOVER, } *s. Moteur, celui qui meut ou qui donne le mouvement.*
MOVING, *s. L'action de mouvoir, &c. V.* to Move.
Moving, *adject.* (affecting or touching.) *Touchant, pathétique, qui émeut, qui excite.*
Moving, (forcible or powerful.) *Fort, puissant, persuasif.*
MOVINGLY, *adverb. D'une maniere touchante, pathétique.*
† MOUGHT. *V.* Might.
MOULD, *sub.* (a form wherein any thing is cast.) *Un moule.*
Mould, (earth mixed with dung.) *Terrean; terre.*
The mould (suture of the upper part) of the head. *La suture des os de la tête.*
A mould for making brass money. *Jument, en termes de faux-monnoyeur.*
Mould, *subst.* (in ship-building.) *Gabarit ou modele servant à tracer les pieces de bois dans la construction des vaisseaux.*
Mould-loft. *Salle des gabarits.*
To lay down the moulds of a ship. *Tracer les gabarits d'un vaisseau.*
To MOULD, *verb. act.* (to cast into a mould.) *Mouler, jeter en moule, former, faire.*
To mould a figure. *Mouler une figure, le jeter en moule.*
To mould bread. *Faire du pain.*
To mould, (to fashion.) *Former, faire, dresser.*
To Mould, *verb. neut.* (to grow mouldy.) *Se moisir, devenir moisi, chancir.*
MOULDABLE, *adject.* A thing mouldable into any shape or form. *Une chose capable de toute sorte de forme.*
MOULDED, *adj. Moulé, fait.*
To be moulded into a right form. *Être bien moulé ou formé, avoir pris une bonne forme.*
MOULDER, *sub. Qui moule, &c. V.* to Mould.
To MOULDER,
To MOULDER AWAY, } *verb. neut.* (to fall to dust.) *Se réduire, s'en aller en poudre.*
To moulder, (to be consumed or wasted.) *Fondre, se consumer, se dissiper.*
Mouldered, *adject. Réduit en poudre, &c. V.* to Moulder.
MOULDINESS, *s.* (from mouldy.) *Moisissure, chancissure.*
MOULDING, *sub.* (an ornament in Architecture, either of wood or stone.) *Une moulure.*
Moulding, (that which bears an arch.) *Imposte.*
MOULDWARP, *s.* (mole.) *Taupe.*
MOULDY, *adj.* (from to mould.) *Moisi, chanci.*

Mouldy

MOU

Mouldy bread. *Du pain moisi ou chanci.*
To MOULT, *verb. neut.* (to caſt the feathers, as birds do.) *Muer, changer de plumes.*
MOULTER, *subst.* (a young moulting-duck.) *Jeune canard en mue.*
MOUND, *s.* (a hedge or bank.) *Une haie ou une levée de terre.*
A mound, (fence or rampier.) *Rempart, boulevart, retranchement.*
To MOUND, *v. act.* (to fence.) *Munir, remparer, retrancher.*
MOUNT, *subst.* (or hill.) *Mont, montagne.*
Mount Ætna. *Le mont Ætna.*
To MOUNT, *v. act. & neut.* (to go or get up.) *Monter, en divers sens.*
To mount a horseback. *Monter à cheval.*
To mount the breach. *Monter sur la breche.*
To mount the guard. *Monter la garde.*
To mount a trooper, (to give him a horse.) *Monter un cavalier.*
To mount a cannon, (to lay it on a carriage.) *Monter un canon.*
To mount a fan, (or to make it up.) *Monter un éventail.*
† He mounted upon his great horse. † *Il monta sur ses grands chevaux, il le prit sur un ton fort haut.*
MOUNTAIN, *sub.* (or hill.) *Montagne, mont.*
P. To make mountains of mole-hills. P. *Faire d'une mouche un éléphant.*
MOUNTAINEER, *sub. Un montagnard.*
MOUNTAINOUS, *adject.* (hilly.) *Montagneux, de montagnes.*
MOUNTANT, *adj. Qui s'éleve, montant, ascendent.*
MOUNTEBANK, *subst.* (a wandering and juggling physician, a quack.) *Un charlatan, un saltimbanque, un triacleur, un vendeur de thériaque.*
MOUNTED, *adject.* (from to mount.) *Monté. V.* to Mount.
Our ship had seventy guns mounted. *Notre navire étoit monté de 70 canons.*
MOUNTER, *subst. Qui monte.*
MOUNTING, *s. L'action de monter,* &c. *V.* to Mount.
MOUNTY, *subst. Montée,* terme de fauconnerie.
To MOURN, *verb. act.*
To MOURN FOR, *v. neut.* } *Pleurer, mener le deuil, porter le deuil.*
To mourn for a dead friend. *Pleurer la mort ou la perte d'un ami, pleurer un ami.*
To mourn for one. *Porter le deuil de quelqu'un.*
To mourn for one's sins. *Pleurer ses péchés.*
Mourned or mourned for, *adject. Pleuré, qui fait le sujet de nos pleurs, de qui l'on porte le deuil.*
MOURNER, *s. Qui porte le deuil ou un pleureur, une pleureuse.*
Chief mourner. *Celui ou celle qui mene le deuil.*
MOURNFUL, *adj. De deuil, lugubre, triste, qui marque de la tristesse.*
MOURNFULLY, *adv. D'un air ou d'une maniere lugubre.*
MOURNING, *s.* (or affliction.) *Deuil, affliction, tristesse.*
Mourning, (black cloaths.) *Deuil, habit noir.*
First or second mourning. *Le grand ou le petit deuil.*

MOU

A mourning suit. *Un habit de deuil.*
A deep mourning veil. *Une mante.*
A mourning cloak. *Un manteau de deuil.*
A mourning hatband. *Un cordon de deuil, un crêpe.*
A mourning song, (or funeral dirge.) *Une chanson lugubre, un obit.*
MOURNINGLY. *V.* Mournfully.
MOUSE, *s. Une souris.*
R. Remarquez que Mouse fait MICE au pluriel.
P. As poor as a Church-mouse. P. *Pauvre comme un rat d'Église.*
A little (or a young) mouse. *Un souriceau, une petite souris.*
A mouse-hole. *Un trou de souris.*
A mouse-trap. *Une souricière.*
Mouse-dung. *Crotte de souris.*
Mouse-ear, (a sort of herb.) *Filoselle, herbe.*
A field-mouse. *Mulot, souris champêtre.*
A dor-mouse. *Un loir.*
A flitter-mouse. *Une chauve-souris.*
Mouse, *subst.* (at sea.) *Bouton ou pomme d'étai & de tournevire.*
To MOUSE, *verb. neut.* (to catch mice.) *Prendre des souris.*
MOUSER, *sub. Ex.* This rat is a good mouser. *Ce chat prend beaucoup de souris.*
MOUSING a hook, *part. act.* formé par analogie. (at sea.) Action d'éguilleter un croc de palan, &c. pour l'empêcher de se décrocher dans les mouvements du vaisseau.
MOUTH, *s.* (a part of the body.) *La bouche.*
A wide mouth. *Une grande bouche, une bouche fendue.*
The mouth of some fishes. *Le bec ou la bouche de certains poissons.*
The mouth of the stomach, of an oven, &c. *La bouche de l'estomac, d'un four,* &c.
The mouth of a cannon. *La bouche d'un canon.*
To stop one's mouth, (to make one hold one's tongue.) *Fermer la bouche à quelqu'un, le faire taire.*
To be down in the mouth. *N'avoir pas le mot en bouche, avoir la bouche morte.*
To tell a thing by word of mouth. *Dire quelque chose de bouche ou de vive voix.*
Mouth, (of certain animals.) *La gueule.*
The mouth of a lion. *La gueule d'un lion.*
The mouth of a bottle. *Le trou d'une bouteille.*
The mouth of a haven. *L'entrée d'un port.*
The mouth of a river. *L'embouchure d'une rivière.*
The mouth, (of some wind musical instruments.) *Embouchure.*
To live from hand to mouth. *Vivre au jour la journée.*
† They take our bread out of our mouths. *Ils nous ôtent le pain de la main.*
P. He that sends mouth sends meat. *Dieu pourvoit à ses créatures; s'il nous envoie grand nombre d'enfants, il nous fournit de quoi les nourrir.*
† He is ready to creep into my mouth. *Il m'aime passionnément.*
To have one's mouth out of taste. *Avoir le goût dépravé.*
Open mouth, *adv. Gueule béante.*
† To make up one's mouth with a thing. *Profiter d'une chose.*

MOU MUC

† He has made up his mouth. *Il a bien fait ses affaires,* † *il a bien fait ses orges, il a fait sa main.*
† To have one's heart in one's mouth, (to be possessed with a sudden fear.) *Être saisi de peur ou de frayeur.*
It is in every body's mouth. *Tout le monde en parle.*
A mouth, (or wry-mouth.) *Grimace, moue.*
To make mouths. *Faire la moue, faire des grimaces.*
Mouth-expences. *Dépenses de bouche.*
A mouthful. *Une bouchée.*
Mouthfriend. *Faux ami.*
To MOUTH, *v. act.* (to catch with the mouth, as a dog, &c.) *Happer.*
Mouthed, *adj. Happé.*
To mouth IT, *v. neut. Gueuler, crier fort, parler d'un ton rustique ou paysan, en ouvrant trop la bouche.*
Mouthed, *adject. Ex.* Wide-mouthed. *Qui a une grande bouche, qui a une bouche bien fendue.*
Wry-mouthed. *Qui a la bouche de travers.*
Foul mouthed. *Qui a une mauvaise langue, qui a une langue de serpent.*
MOUTHING, *s. Maniere de parler rustique,* &c. *V.* to Mouth.
Mouthing, *adj. Ex.* A mouthing fellow. *Un homme qui a une maniere de parler rustique ou paysanne; un brailleur.*
MOUTHLESS, *adject. Qui n'a point de bouche, sans bouche.*
MOW, *s.* (or heap.) *Monceau, tas.*
A mow of hay. *Un monceau de foin, une meule de foin.*
Mows, (wry faces.) *V.* Mouth.
To MOW, *v. neut.* (to cut down with a scythe.) *Faucher, couper avec une faux.*
To mow, (to make mouths.) *Faire la moue, faire des grimaces.*
To mow at one. *Faire la moue à quelqu'un, se moquer de lui en lui faisant quelque grimace,* † *lui faire la figue.*
Mowed, *adj. Fauché.*
MOWER, *s. Faucheur.*
MOWING, *subst. L'action de faucher, fauchage.*
The mowing time, (or season.) *Le temps de la fenaison ou de faucher les prés.*
Mowing, (or making wry mouths.) *Grimaces, moue.*
MOXA, } *subst. Moxa,* terme de médecine.
MOXO, }
MOYLE, *s. Mulet.*
MUCH, *adv. Beaucoup, grand, beaucoup de, bien de, fort.*
He is much older than I. *Il est beaucoup plus vieux que moi.*
By much. *De beaucoup.*
Much more. *Beaucoup plus.*
Much good may it do you. *Grand bien vous fasse.*
With much ado. *A grand-peine, avec bien de la peine.*
He is much mistaken. *Il se trompe fort.*
He is much of a man. *C'est un homme bien fort.*
This is much the same thing. *C'est à peu près, c'est presque la même chose.*
It was much about that time. *C'étoit environ ce temps-là.*
To make much of one. *Faire mille caresses à quelqu'un, le recevoir de la maniere la plus obligeante, avoir de grands égards pour lui.*

To

MUC   MUC MUD   MUD MUL

To make much of (to cocker) one's self. Se délicater, se choyer, se dorloter, avoir un grand soin de soi, se bien traiter, vivre à son aise, † se goberger.

To make much of one another. S'entr'aimer, se témoigner l'un à l'autre bien de l'amitié.

To make much of one's time. Employer bien son temps, le bien ménager, en faire bon usage.

Here is all you are like to have, make much of it. C'est-là tout ce que vous aurez, vous n'avez qu'à le ménager.

She can do much with him. Elle a beaucoup de pouvoir sur son esprit.

To grow fat with much eating, drinking and sleeping. S'engraisser à force de manger, de boire & de dormir.

He thinks much to write to me. Il fait difficulté, il fait scrupule, il dédaigne de m'écrire.

How much. Combien.

As much. Tant, autant, tout autant.

As much as you will. Tant que vous voudrez.

As much as you. Autant que vous.

As much more. Une fois autant.

I had as much more for it. J'en ai eu le double.

He did as much as lay in him. Il a fait tout son possible, il a fait tout ce qu'il a pu.

Which is as much as any rational man can desire. Et c'est tout ce qu'on peut raisonnablement souhaiter.

I understand (or I am told) as much. On me l'a dit, on m'a dit la même chose.

Had I known as much. Si j'avois su cela, si je l'avois su.

I will do as much for you. Je vous rendrai la pareille.

You are as much to blame. Vous n'êtes pas moins à blâmer.

As much again or as much more. Le double, une fois autant.

It is much, if men were from eternity, that they should not find out, &c. Il est étrange que si les hommes sont de toute éternité, ils n'aient pas trouvé, &c.

So much. Tout autant.

He is so much the richer for it. Il en est d'autant plus riche.

It was not so much as in use. On ne s'en servoit seulement pas.

We looked to much as in the oven. Nous ci croûtons jusques dans le four.

If she be never so much a kin. Quelque proche parente qu'elle soit.

He has not spared so much as his own son. Il n'a pas même épargné son propre fils.

If you should desire it never so much. Quelque instance que vous fassiez.

Will you do so much as step thither? Voulez-vous bien prendre la peine d'y aller ? voulez-vous avoir la bonté d'y aller ?

You cannot so much as name one. Vous n'en sauriez nommer un seul.

So much for this time. En voilà assez, on en a assez pour le présent.

Thus much. V. So much.

But thus much of these things. Mais c'est assez parlé de ces choses.

Very much. Beaucoup, fort, extrêmement.

P. Too much of one thing is good for nothing. On s'ennuie d'une même chose, l'excès ne vaut rien en quoi que ce soit.

Much at one. La même chose, d'une égale valeur.

MUCID. V. Slimy.

MUCILAGE, s. Mucilage.

MUCILAGINOUS, adj. (slimy.) Mucilagineux.

Mucilaginous matter. Mucilage, matiere crasse & pituiteuse.

MUCK, s. (or dung.) Fumier, fiente, ordure.

The muck and dirt of the world. La boue & les ordures du monde.

Muck and pelf, (what an usurer scrapes up.) Des biens qu'on amasse d'une maniere sordide.

A muck-hill, (or dung-hill.) Fumier, tas de fumier.

A muck-worm. Un ver de fumier.

† His is a mere muck-worm, (or a miser.) C'est un chiche, un taquin ou un ladre.

† Muck, adj. (a Lincolnshire word for moist.) Moite, humide.

To be in a muck sweat. Etre tout en sueur, être tout en eau.

To MUCK, verb. act. (to dung.) Fumer.

Mucked, adj. Fumé.

MUCKENDER, s. (a child's handkerchief.) Mouchoir d'enfant.

† To MUCKER, v. neut. Thésauriser, amasser.

MUCKLE. V. Much.

MUCOSITY, s. (mucous matter.) Mucosité, mucilage.

MUCOUS, adj. (or mucilaginous.) Mucilagineux.

Mucous matter. Matiere mucilagineuse, mucilage, mucosité.

We found in the rectum five or six pellets, like dried fragments, matted together with a mucous matter. Nous trouvâmes dans le rectum cinq ou six boulettes collées ensemble par une matiere mucilagineuse ou par une mucosité.

MUCULENT. V. Mucous.

MUCUS, s. Morve, mucosité.

MUD, s. (slime or slimy dirt.) Vase, limon, boue, fange ou bourbe.

To fall in the mud. S'embourber, tomber dans la bourbe.

To stick in the mud. Etre embourbé ; (and in the figurative sense.) Etre dans un mauvais pas, être embarrassé, être en peine.

Mud, (to make a mud-wall.) Torchis.

A mud-wall. Muraille de terre ou de torchis, torsillage.

To make a mud-wall. Bousiller.

A bricklayer that makes mud-walls, († a toad-waller.) Un bousilleur.

MUDDILY, adv. To look muddily, (not to look clear.) Avoir un air sombre.

MUDDINESS, s. Saleté.

The muddiness of the water. La saleté de l'eau lorsqu'elle est troublée.

To MUDDLE, v. neut. (as geese and ducks do,) Barbotter.

To muddle, v. act. (to intoxicate one's head, as strong liquors do in a morning.) Etourdir, hébéter.

Muddled, adj. Etourdi, &c.

MUDDLING, s. L'action de barbotter.

MUDDY, adj. Bourbeux, plein de boue ou de bourbe, fangeux.

Muddy wine or water. Du vin ou de l'eau trouble.

A muddy look. Un air sombre.

A muddy (or confused) idea. Une idée confuse.

To MUDDY, verb. act. Troubler, rendre trouble.

To muddy water. Troubler l'eau.

MUDWALL. V. Mud.

MUE. V. Mew.

To MUE. V. to Moult.

MUFF, s. Un manchon.

MUFFIN, s. Sorte de gâteau.

To MUFFLE,   } verb. act. Emmitoufler, affubler, envelopper.
To MUFFLE UP,

Muffled or muffled up, adj. Emmitouflé, affublé, enveloppé.

MUFFLER, s. Bande de toile qu'on attache autour du menton.

MUFFLING up, &c. T. to Muffle.

MUFTY, s. (the chief priest among the Turks.) Mupthti, le chef de la loi dans tout l'Empire Ottoman.

MUG, s. Un pot, un petit pot de terre, un godet, pour boire la biere.

MUGGISH,   } s. Humide, moite, moisi.
MUGGY,

MUG-HOUSE. V. Ale-house.

MUG-WORT, subst. Armoise, sorte d'herbe.

MUGIENT, adj. Mugissant.

MUGGLETONIANS, s. (a new blasphemous sect, which began in England about 1657 and is now, in a manner, extinguished.) Nouvelle secte qui s'éleva en Angleterre en 1657, & qui est presque éteinte.

MULATTO, s. (the son of a man or woman black-more, and of a white man or woman.) Mulâtre.

MULBERRY, s. Mûre.

Mulberry-tree. Un mûrier.

MULCT, subst. (or penalty.) Amende, mulcte, en termes de Palais.

A pecuniary mulct. Amende pécuniaire.

To MULCT, v. act. (to fine.) Mettre à l'amende.

To Mulct, (or punish.) Punir.

Mulcted, adj. Mis à l'amende, puni.

MULCTING, subst. L'action de mettre à l'amende.

MULCTUARY, adj. Ex. A mulctuary punishment. Une amende.

MULE, s. (a beast of burden.) Mulet ou mule, animal de somme.

A he-mule. Un mulet.

A she-mule. Une mule.

MULETIER,   } s. Un muletier.
MULE-DRIVER,

MULIEBRITY, s. L'état de femme, le contraire de virilité.

To MULL, v. act. Brûler.

To mull sack. Brûler du vin d'Espagne avec du sucre, &c.

MULLAR, improperly called muller, s. (Stone to grind colours.) Molette.

MULLED, adj. (from to mull.) Brûlé.

Mulled sack. Du vin d'Espagne brûlé avec du sucre, &c.

MULLEIN, subst. (an herb.) Bouillon, herbe.

Petty mullein. Bouillon-blanc.

MULLET, s. (a sort of fish.) Mulet, poisson de mer.

Mullet, (in heraldry, a star-like spot divided into five points; it being the distinction of a third brother) Molette, terme de blason, étoile ouverte ou la rosette d'un éperon.

MULLIGRUBS, s. Ex. To be in one's mulligrubs.

mulligrubs or in a pouting ill humour. *Etre de mauvaise humeur, avoir la mine rechignée, faire la mine.*
MULLOCK. *V.* Rubbish.
MULSE, *f.* (honeyed wine.) *Vin ou eau chargée de miel, hydromel.*
MULTANGULAR, *adj.* *Qui a plusieurs angles.*
MULTIFARIOUS, *adj.* (various.) *Divers, différent, fréquent.*
MULTIFARIOUSLY, *adv.* *Diversement, différemment.*
MULTIFARIOUSNESS, *f.* (variety.) *Diversité, variété.*
The multifariousness of the matters of which the accusation consist. *La diversité des matieres qui composent l'accusation.*
MULTIFORM, *adj.* *Qui a diverses formes.*
MULTIPLE, *adj.* *Multiple, terme d'arithmétique.*
MULTIPLIABLE,
MULTIPLICABLE, } *adj.* *Multipliable, qui peut être multiplié.*
MULTIPLICAND, *adj.* (a term of arithmetick, a number to be multiplied.) *Le multiplicande, le nombre à multiplier.*
MULTIPLICATION, *subst.* (one of the four principal rules of arithmetick.) *La multiplication.*
MULTIPLICATOR, *sub.* *Multiplicateur, terme d'arithmétique.*
MULTIPLICITY, *f.* (multitude or great deal.) *Multiplicité, multitude, quantité, grand nombre de choses, beaucoup.*
MULTIPLIER, *f.* *Multiplicateur, le nombre par lequel on multiplie.*
To MULTIPLY, *v. act & neut.* (or increase.) *Multiplier, augmenter, dans un sens actif & neutre.*
To multiply one number by another. *Multiplier un nombre par un autre.*
That multiplies ad infinitum. *Cela multiplie, cela double à l'infini.*
Multiplyed, *adj.* *Multiplié, augmenté.*
MULTIPLYING, *subst.* *Multiplication, augmentation, l'action de multiplier ou d'augmenter.*
Multiplying, *adj.* Ex. A multiplying-glass. *Lunette à facettes.*
MULTITUDE, *f.* (or great number.) *Multitude, grand nombre.*
The multitude, (the vulgar or mobile.) *La multitude, le peuple, la populace, le vulgaire.*
* MULTITUDINOUS, *adj.* *Nombreux.*
MULTURE, *subst.* (a law-word for the miller's fee for grinding.) *Mouture.*
MUM, *f.* (Brunswick mum, a sort of thick beer.) *Certaine biere de Brunswick en Allemagne.*
Mum-glass. *Flûte, verre long.*
Mum, *interj.* (huth; silence.) *St, paix, bouche close ou bouche cousue, chut.*
To be mum, (or silent.) *N'avoir pas le mot à dire, avoir la bouche morte ou fermée.*
† MUM-CHANCE, *f.* (when no body speaks in company.) *Silence.*
To MUMBLE, *v. act.* *Marmotter.*
To mumble one's prayers over. *Marmotter ses prieres, prier vite & à voix basse.*
To mumble, *verb. neut.* (to grumble.) *Marmotter, gronder, murmurer,* † *marmonner.*
To mumble, (or chew.) *v. a.* *Mâcher à bouche close.*

Mumbled, *adj.* *Marmotté, &c. V.* to Mumble.
MUMBLER, *sub.* *Celui ou celle qui marmotte.*
MUMBLING, *f.* *L'action de marmotter, &c. V.* to Mumble.
MUMBLINGLY, *adv.* *En marmottant entre ses dents.*
MUMMER, *subst.* (or a masker.) *Un masque, une personne masquée ou déguisée.*
MUMMERY, *f.* *Mascarade; momerie.*
MUMMING, *adj.* Ex. To go a mumming to a ball. *Aller à un bal en masque, se masquer.*
MUMMY, *subst.* (a pitchy substance to preserve dead bodies.) *Composition de poix & d'asphalte qui rend les cadavres incorruptibles.*
Mummy, (an embalmed corpse.) *Momie, corps embaumé.*
† To beat one to mummy, (to bruise him all over.) *Meurtrir le visage de quelqu'un à force de coups,* † *accommoder son visage, ou lui mettre la tête en compote, le battre comme plâtre.*
To MUMP; *v. act.* (or mumble.) *Marmotter.*
To mump, (to sponge.) *Ecornifler.*
I shall mump ye. *Je vous attraperai bien.*
To mump, *v. neut.* (or beg.) *Gueuser, caimander.*
Mumped, *adj.* *V.* to Mump.
MUMPER, *sub.* (or spunger.) *Un écornifleur.*
Mumper, (or beggar.) *Un gueux, un caimand, un truand.*
MUMPING, *f.* *L'action d'écornifler, &c. V.* to Mump, *v. n.*
MUMPS, *f.* (a squinancy.) *Esquinancie, mal de gosier.*
† To be troubled with the mumps, (to be out of humour.) *Etre de mauvaise humeur.*
To MUNCH, *v. act.* (or chew.) *Mâcher.*
Munched, *adj.* *Mâché.*
MUNCHER, *f.* *Celui ou celle qui mâche.*
MUNCHING, *f.* *L'action de mâcher.*
MUNDANE, *adj.* (worldly.) *Du monde, mondain.*
MUNDANITY, *f.* (or wordliness.) *Mondanité.*
MUNDATORY, *adject.* (or cleansing.) *Mondificatif, terme de médecine.*
MUNDAY, *subst.* (one of the seven days of the week.) *Lundi. V. Monday.*
MUNDIFICATION, *subst.* *Action de mondifier.*
MUNDIFICATIVE, *adj.* *Mondificatif.*
To MUNDIFY, *verb. act.* (or cleanse.) *Nettoyer, mondifier, terme de médecine.*
Mundifyed, *adj.* *Mondifié, nettoyé.*
MUNDUNGUS, *f.* (any thing stinking, particularly tobacco.) *Ce qui sent mauvais, mauvais tabac.*
MUNERARY, *adj.* *Libéral, qui tient du présent.*
MUNGREL, *adj.* *V.* Mongrel.
MUNICIPAL, *adj.* (of or belonging to a corporation.) *Municipal, qui regarde quelque communauté.*
Municipal laws. *Loix municipales.*
MUNIFICENCE, *f.* (liberality.) *Munificence, libéralité, largesse.*
MUNIFICENT, *adj.* (or liberal.) *Libéral, qui fait des libéralités, qui donne avec magnificence.*
MUNIFICENTLY, *adverb.* *Libéralement, avec munificence.*

MUNIMENT, *f.* *Fortification, rempart; défense.*
Chamber of muniments in a corporation. *La chambre des titres ou les archives d'une communauté.*
MUNITION. *V.* Ammunition.
MURAGE, *sub.* (a toll for the building or repairing of publick walls.) *Argent qu'on leve pour la construction ou la réparation des murailles d'une ville.*
Murage, (a liberty granted to a town by the King, for the collecting money towards the wallings of the same.) *Pouvoir que le Roi donne à une ville de lever de l'argent pour la construction ou l'entretien des murailles.*
MURAL, *adject.* (belonging to a wall.) *Mural.*
A mural crown. *Une couronne murale.*
MURDER,
MURTHER, } *f.* (a wilful and felonious killing of one.) *Meurtre, homicide, assassinat.*
To MURDER, *verb. act.* (or to kill feloniously.) *Tuer, faire un meurtre, assassiner.*
To murder a thing, (to do it awkwardly.) *Estropier une chose, la faire mal.*
To murder a name, (to spell it wrong.) *Estropier un nom.*
They give you a look as if they would murder you. *Ils vous regardent comme s'ils vouloient vous manger.*
Murdered, *adj.* *Assassiné.*
MURDERER, *subst.* *Meurtrier, homicide, assassin.*
A murderer, (a small cannon.) *Petit canon qu'on charge à mitrailles.*
MURDERESS, *f.* *Meurtriere.*
MURDERING, *f.* *Meurtre ou l'action de tuer.*
Murdering, *adj.* A murdering piece. *Une bombe.*
Murdering shot, (to clear the decks when men enter.) *Mitraille.*
MURDEROUS, *adj.* *Cruel, sanguinaire.*
To MURL up, *verb. act.* (to wall up.) *Murer, maçonner, boucher par le moyen de quelque maçonnerie.*
Mured up, *adj.* *Muré, maçonné.*
MURENGERS, *f.* (two yearly Officers in Chester, who keep the walls in repair.) *Deux Officiers de la ville de Chester, qui sont établis pour prendre soin des réparations de ses murailles.*
MURIATICK, *adj.* *Qui tient de la saumure.*
MURING,
MURING UP, } *f.* *L'action de murer ou de maçonner, maçonnerie.*
MURK, *subst.* (or husks of fruit.) *Peau, gousse, enveloppe, fatigue, en parlant des fruits ou des graines.*
MURKY, *adj.* (cloudy.) *Nébuleux.*
MURMUR, *f.* *Murmure.*
To MURMUR, *v. neut.* (or to grumble.) *Murmurer, gronder, marmotter,* † *marmonner.*
Murmured against, *adj.* *Contre qui l'on murmure ou l'en a murmuré.*
MURMURER, *subst.* *Murmurateur, celui qui murmure.*
MURMURING, *f.* *Murmure,* ou *l'action de murmurer.*
MURMURINGLY, *adv.* *En grondant, en murmurant.*
MURNIVAL, *f.* (four of a sort at cards, but especially at the game called gleek.) *Quatre cartes de même point.*
A murnival of aces. *Quatre as.*

MURRAIN,

MURRAIN, *subst.* (or rot among cattle.) *Mortalité parmi le bétail.*
With a murrain to you, (a sort of curse.) *Que la fievre te serre.*
MURREY, *sub.* (a dark brown colour.) *Brun obscur, couleur de châtaigne, brun tirant sur le noir.*
MURRION. *V.* Morion.
MURTH. *V.* Plenty.
MURTHER, &c. *V.* Murder, &c.
MUSCADEL,
MUSCADINE, } *s.* (a sort of sweet and rich wine.) *Vin muscat.*
Muscadine grapes. *Muscat, raisin muscat.*
Muscadine, (a sort of sugar-plum.) *Un muscadin.*
MUSCHETO. *V.* Moscheto.
MUSCLE, *s.* (an instrument of voluntary motion made of fibres and flesh.) *Muscle.*
Muscle, (a shell-fish.) *Moule, petit poisson à coquille.*
MUSCOSITY, *s. Mucosité.*
MUSCULAR, *adject.* (belonging to the muscles.) *Musculaire.*
MUSCULOUS, *adj.* (or full of muscles.) *Musculeux, plein de muscles.*
MUSE, *s.* (a goddess of poetry.) *Muse, déesse de la poésie.*
To be in a muse, (or a melancholy fit.) *Etre mélancolique, pensif, ou rêveur.*
To MUSE upon, *v. n. Méditer, ruminer, songer, penser, faire réflexion.*
Mused upon, *adj. Que l'on a médité, &c. V.* to Muse.
MUSEFUL, *adj. Pensif, rêveur.*
MUSER, *s. Rêveur, distrait.*
MUSEUM, *subst. Cabinet de curiosités, Muséum.*
MUSING, *subst.* L'action de méditer, &c. *V.* to Muse.
MUSHROOM, *s. Un champignon, un mousseron.*
MUSICAL, *adj.* (of Musick.) *Qui appartient à la Musique, de Musique, harmonieux.*
MUSICALLY, *ad verb. Musicalement en Musicien, suivant les règles de la Musique.*
MUSICIAN, *sub. Un Musicien, une Musicienne, homme ou femme qui fait la Musique ou qui en fait profession.*
MUSICK, *subst.* (the art of singing or playing on instruments.) *Musique, l'art de chanter ou de jouer des instruments de Musique.*
Musick, (or harmony.) *Musique, harmonie, mélodie.*
Paltry musick. *Une méchante musique, une musique enragée, musique de chiens & de chats.*
A concert of musick. *Un concert de musique.*
Musick-house. *Une maison où il y a musique de temps en temps.*
A musick-room. *Concert, chambre où l'on fait de la musique.*
MUSING, *subst.* (from to muse.) *L'action de méditer,* &c. *V.* to Muse.
MUSK, *subst.* (a sort of perfume.) *Musc, forte de parfum.*
To perfume with musk. *Musquer, parfumer avec du musc.*
A musk-cat. *Musc, forte d'animal.*
A musk-pear. *Poire muscade.*
Musk-apple. *Pomme muscade.*
Musk-rose. *Rose muscade.*
Musk-melon. *Melon musqué ou muscat.*
A musk paste-pellet. *Un muscadin.*

MUSKED, *adject. Musqué, qui sent le musc.*
MUSKET, *s.* (a sort of gun.) *Mousquet, arme à feu.*
Musket-proof. *A l'épreuve du mousquet.*
A volley of musket shot. *Volée de mousquetades, mousqueterie, décharge de mousquets.*
Musket, (the male of a sparrow-hawk.) *Mouchet, le mâle de l'épervier.*
MUSKET-BASKET, *subst. Gabion.*
MUSKETEER, *s. Un mousquetaire.*
MUSKETOON, *s.* (a blunderbuss.) *Un mousqueton.*
MUSKIN, *s.* (or tit-mouse.) *Mésange, petit oiseau.*
MUSKINESS, *subst. Odeur de musc.*
MUSKY, *adj. Musqué, de musc.*
MUSLIN, *s.* (a fine stuff made of cotton.) *Mousseline.*
MUSROL, *s.* (the nose-band of a horse's-bridle.) *Muserole.*
MUSS, *s.* (or scramble.) Ex. To make a muss, (to throw things up and down to make people scramble.) *Jeter quelque chose parmi la foule.*
MUSSITATION, *subst.* L'action de marmotter entre ses dents.
MUSSULMAN, *s.* (or Mahometan.) *Un Musulman, un Mahometan.*
MUST, *s.* (new or sweet wine.) *Moût, du vin doux.*
Must, *verb. imperf. Il faut.*
I must do it. *Il faut que je le fasse.*
You must do it. *Il faut que tu le fasses,* &c.
You must fight. *Il vous faut ou faudra battre, il faut que vous vous battiez.*
I must have done it. *Il me l'auroit fallu faire.*
If you must needs have done it. *S'il vous eût fallu le faire.*
If it must needs have been done. *S'il eût fallu le faire.*
It must be so. *Il faut que cela soit.*
An Orator must consider. *Un Orateur doit considérer.*
Must it be said, that I was the cause of it? *Sera-t-il dit que j'en fuis la cause?*
To MUST, *verb. neut. Se moisir.*
MUSTACHES, *subst.* (or whiskers.) *Moustaches.*
MUSTARD, *subst. Moutarde.*
Mustard-seed. *Graine de moutarde.*
A mustard-pot. *Moutardier.*
MUSTER, *subst.* (or review.) *Montre, revue.*
To pass muster. *Faire montre ou passer à la montre, passer en revue.*
He may pass muster perhaps for a man of sense. *Peut-être passera-t-il pour un homme de bon sens.*
A false muster, (or faggot.) *Un passe-volant.*
A muster of peacocks, (a flock of them.) *Une bande ou troupe de paons.*
Muster, (at sea.) *Revue des équipages, ou des Ouvriers & Matelots.*
Muster-master. *Commissaire général, celui qui fait passer les troupes en revue.*
Muster-rolls. *Registre de la revue, où le Commissaire général marque le nombre des soldats dans chaque compagnie d'un régiment.*
To MUSTER, *verb. act.* (to review or take a review.) *Faire passer à la montre, faire la revue, passer en revue.*
To muster, (at sea.) *Passer la revue des équipages,* &c. *ou les passer en revue.*
* To muster, (or to shew.) *Montrer, faire voir, étaler.*

To muster, (or gather together.) *Ramasser.*
MUSTERING, *subst. L'action de passer en revue.*
MUSTINESS, *subst. Relent ou goût de relent, mauvais goût.*
MUSTY, *adj.* (fetid.) *Relent, qui sent le relent ou le renfermé, qui sent mauvais, qui a un mauvais goût.*
To have a musty smell. *Sentir le relent ou le renfermé.*
† Musty, (or out of humour.) *Chagrin, de mauvaise humeur.*
MUTABILITY, *subst.* (changeableness.) *Mutabilité, qualité de ce qui est muable, inconstance.*
MUTABLE, *adject.* (or apt to change.) *Muable, sujet au changement, chagrin, inconstant.*
MUTABLENESS. *V.* Mutability.
MUTATION, *s.* (or change.) *Mutation, changement.*
R. Of old they called mutations what we call now stages, and the French *Relais.*
MUTE, *adj.* (or speechless.) *Muet, qui ne parle point.*
As mute as a fish. *Muet comme un poisson.*
Mute, (not pronounced.) *Muet, qu'on ne prononce pas.*
A mute letter. *Une lettre muette, que l'on ne prononce pas.*
MUTE, *subst. Un muet.*
Mute, (or dung.) *Fiente.*
To MUTE, *verb. neut.* (as a hawk.) *Fienter.*
MUTELY, *adv. En silence.*
To MUTILATE, *verb. act.* (or maim.) *Mutiler, tronquer, estropier.*
Mutilated, *adject. Mutilé, tronqué, estropié.*
MUTILATION, *subst. Mutilation.*
MUTINEER, *subst. Un mutin.*
MUTINOUS, *adj.* (or factious.) *Mutin, séditieux.*
MUTINOUSLY, *adv. Séditieusement, en mutin, en séditieux.*
MUTINY,
MUTINOUSNESS, } *subst.* (commotion or sedition.) *Mutinerie, révolte, sédition, trouble, mouvement.*
To MUTINY, *verb. neut.* (or raise a mutiny.) *Se mutiner, se soulever, se révolter.*
To MUTTER, *verb. act.* & *neut. Marmotter, grommeler, murmurer,* † *marmonner, parler entre ses dents.*
What do you mutter? *Que marmottez-vous là?*
To mutter (or rather murmur) at heaven. *Murmurer contre le ciel.*
MUTTERER, *subst. Celui ou celle qui marmotte ou qui parle entre ses dents.*
MUTTERING, *s. L'action de marmotter ou de parler entre ses dents,* &c. *V.* to Mutter.
MUTTERINGLY, *adv. En grommelant, entre ses dents.*
MUTTON, *subst. Mouton, chair de mouton.*
† Mutton-monger. *Un grand amateur ou mangeur de mouton.*
MUTTONIST, *s. Main large & rouge.*
MUTUAL, *adject.* (or reciprocal.) *Mutuel, réciproque.*
To give mutual aid to one another. *S'entr'aider, se servir mutuellement.*
MUTUALITY, *subst. Réciprocité.*
MUTUALLY, *adv. Mutuellement, réciproquement.*

MUZZLE,

MUZZLE, *subst.* (of an ox or a bull.) *Le muſle, le muſeau d'un bœuf ou d'un taureau.*
Muzzle. *Muſeliere qu'on met autour du muſeau de certains animaux.*
The muzzle of a gun. *La bouche d'un fuſil.*
To MUZZLE, *verb. act. Emmuſeler, mettre une muſeliere autour du muſeau de quelque animal.*
Muzzled, *adj. Emmuſelé.*
MUZZLING, *ſ. L'action d'emmuſeler.*
MY, pronom poſſeſſif. *Mon, ma, mes.*
My father. *Mon pere.*
My wife. *Ma femme.*
My children. *Mes enfans.*
This is my book. *C'eſt mon livre.*
MYOLOGIE, *ſ. Myologie, partie de l'anatomie.*
MYOPY, *subst. Vue baſſe, myopie.*
MYRIAD, *ſ. Myriade, dix mille.*
MYRMIDON, *subst. Un ſcélérat déterminé.*
MYROBALAN, } *subst. Mirobolan, fruit des Indes.*
MIROBOLAN, }
MYRRH, *subst.* (a ſweet gum.) *Myrrhe, gomme odoriférante.*
MYRTLE, } *subst. Myrte, arbriſſeau.*
MYRTLE-TREE, }
MYSELF, pron. *Moi-même, moi.*
MYSTAGOGUE, *subst. Myſtagogue.*
MYSTERIES. V. Myſtery.
MYSTERIOUS, *adj.* (perplexed, obſcure.) *Myſtérieux, plein de myſtere, difficile à comprendre, ſecret, obſcur.*
Myſterious, (or affected.) *Myſtérieux, affecté, plein de façons.*
MYSTERIOUSLY, *adv. Myſtérieuſement.*
To MYSTERIZE, *verb. act. Expliquer des myſteres ;* il veut dire auſſi, *donner l'air du myſtere.*
MYSTERY, *subst.* (a thing hard to apprehend.) *Myſtere, choſe cachée & difficile à comprendre.*
The myſteries of religion. *Les myſteres de la religion.*
Myſteries, (or ſecret.) *Myſtere, ſecret.*
The myſteries of trade. *Les ſecrets du négoce.*
The myſteries of ſtate. *Les intrigues d'Etat.*
* Myſtery or rather, Miſtery, (trade.) *Métier, négoce.*
MYSTICAL, } *adj.* (or ſecret.) *Myſtique, figuré & myſtérieux.*
MYSTICK, }
MYSTICALLY, *adv. Myſtiquement, dans un ſens myſtique.*
MYSTICALNESS, *subst. Myſticité.*
MYTHOLOGICAL, *adv.* (belonging to mythology.) *Mythologique.*
MYTHOLOGIST, *subst.* (an expounder of fables.) *Mythologiſte, celui qui fait la mythologie.*
To MYTHOLOGIZE, *verb. act.* (or expound fables.) *Expliquer les fables.*
MYTHOLOGY, *subst.* (an expoſition of fables or poetical fictions.) *Mythologie, expoſition des fables.*

N.

N, eſt la quatorzieme lettre de l'alphabet anglois, & la dixieme lettre des conſonnes.
Il en eſt de cette conſonne comme de l'm, à la fin d'une ſyllabe ; je veux dire qu'elle ſe prononce d'une maniere plus forte en anglois qu'en français, comme en ces mots *content, condition.*
Elle eſt toujours muette, dans la même ſyllabe, après une m, comme dans *autumn, damn, column, condemn, hymn, &c.*
To NAB, *v. act.* (to catch unexpectedly.) *Attraper, gripper, prendre.*
NABOB, *subst.* (a rich indian prince or governor.) *Nabob.*
NADIR, *subst.* (a term of Aſtronomy, the point of heaven directly oppoſite to the Zenith.) *Nadir, point du Ciel oppoſé au Zenith.*
NAFF, *ſ. Sorte d'oiſeau de mer.*
NAG, *ſ. Un cheval, un petit cheval, un coureur.*
A hunting nag. *Un cheval de chaſſe.*
A little nag. *Un bidet, un petit cheval.*
NAIADES, *ſ.* (nymphs or fairies of the rivers and fountains.) *Naiades.*
NAIF, *adj.* (natural.) *Naturel.*
A naif ſtone, (among jewellers, a ſtone perfect in its properties.) *Une pierre naturelle.*
NAIL, *ſ.* (an iron pin, &c.) *Un clou.*
The head of a nail. *La tête d'un clou.*
Claſp nails or claſp-headed nails. *Clous à tête piquée.*
Weight nails or ſpikes. *Clous au poids,*
depuis huit pouces de longueur, en deſſus.
Double deck nails. *Clous de ſept pouces de longueur.*
Deck nails. *Clous de ſix pouces.*
Single deck nails. *Clous de cinq pouces & de quatre pouces & demi.*
Two ſhilling nails. *Clous de trois pouces & demi.*
Twenty-penny drawing nails. *Clous de deux pouces trois quarts.*
Sheathing-nails. *Clous de deux pouces un quart, ſervant à clouer le doublage.*
Filing nails. *Clous d'un pouce de longueur.*
Ten-penny nails. *Clous de deux pouces un quart.*
Six-penny nails. *Clous d'un pouce & demi.*
Tree-nails. Voy. Tree.
The nails, (of the fingers or toes.) *Les ongles des doigts de la main ou du pied.*
Nail, (the eight part of an ell.) *La huitieme partie d'une aune.*
P. One nail drives out another. P. *Un clou chaſſe l'autre.*
† You hit the nail on the head, (you gueſſed it right.) *Vous avez trouvé la feve au gâteau, vous avez bien rencontré, vous avez deviné, vous y êtes.*
To pay down money upon the nail, (or ready money.) *Payer argent comptant, ou argent bas, ou argent ſec.*
To labour tooth and nail, (to uſe one's utmoſt endeavours.) *Faire tous les efforts imaginables, s'employer de toutes ſes forces,* † *y aller de cul & de tête.*
A nail-ſmith. *Un cloutier.*
The nail trade. *Clouterie, commerce de clous.*
To NAIL, *v. act.* (to faſten with nails.) *Clouer, attacher avec des clous.*
To nail a piece of wood. *Clouer une piece de bois.*
To nail a picture to a wall. *Attacher, pendre un portrait à une muraille.*
To nail up, (to nail.) *Clouer, attacher.*
To nail up a cannon, (to make it uſeleſs.) *Enclouer un canon.*
Nailed, *adject. Cloué, attaché avec des clous.*
Nailed UP. *Encloué.*
NAILER, *ſ. Un cloutier.*
NAILING, *sub. L'action de clouer ou d'enclouer.*
NAKED, *adj.* (that has no cloaths on.) *Nu, dépouillé, qui n'eſt couvert d'aucune choſe.*
To ſtrip a man ſtark naked. *Mettre un homme tout nud, le mettre nud comme la main ou comme un ver, le dépouiller.*
† We are naked, (or diſarmed.) *Nous ne ſommes pas en état de nous défendre, nous n'avons aucune arme.*
A naked ſword, (or out of its ſcabbard.) *Une épée nue ou hors du fourreau.*
The naked truth. *La pure, la franche vérité, la vérité toute nue.*
NAKEDLY, *adv.* (openly.) *A découvert, ouvertement.*
NAKEDNESS, *ſ. Nudité.*
NAKER or rather NACRE *ſ.* (mother of pearl.)

Tome II.

3 K.

pearl.) *Nacre de perle*, *coquille où l'on trouve les perles*.
NAME, *s. Nom*, ce qui sert à nommer une chose.
A proper name. *Un nom propre*.
A christian-name. *Un nom de baptême*.
A feigned or counterfeit name. *Un nom supposé, un faux nom, un nom emprunté*.
In God's name, (or for God's sake.) *Au nom de Dieu, pour l'amour de Dieu*.
Salute him in my name, (or from me.) *Saluez-le en mon nom ou de ma part*.
Name, (pretence, colour.) *Nom, prétexte, apparence, ombre*.
Name, (reputation, renown.) *Nom, réputation, renommée, crédit, odeur*.
To have a name. *Avoir quelque nom, être en crédit ou réputation*.
To get a great name. *Se mettre en réputation, acquérir, s'acquérir ou se faire un grand nom*.
To get a good or an ill name. *Se mettre en bonne ou en mauvaise odeur*.
P. If one's name be up, one may lie abed. *Dès qu'on a la vogue, on n'a qu'à se tenir couché, ou les biens viennent en dormant à celui qui est en réputation*.
P. One had as good be hanged as have an ill name. *Il vaudroit autant être mort que d'avoir un mauvais renom*.
What is your name? *Comment vous appellez-vous? quel est votre nom? comment vous nommez-vous?*
My name is Lewis. *Je m'appelle Louis, je porte le nom de Louis, je me nomme Louis*.
A rich man, Codrus, by name. *Un homme riche, nommé Codrus*.
His name is up for a dishonest man. *Il passera toujours pour un mal-honnête homme*.
I fear he will bring my name among the conspirators. *Je crains qu'il ne me nomme parmi les conjurés*.
To call one names, (to abuse him.) *Dire des injures à quelqu'un, l'injurier, lui chanter pouilles*.
One's name-sake. *Une personne qui a un même nom qu'un autre*.
He is my name-sake. *Il porte le même nom que moi*.
To NAME, *verb. act*. *Nommer*, dans tous ses sens.
To name one, (to give him a name.) *Nommer quelqu'un, lui donner ou imposer un nom*.
The King has named him for that office. *Le Roi l'a nommé, choisi ou désigné pour cette charge*.
How do you name him? *Comment le nommez ou l'appellez-vous?*
Named, *adj. Nommé* dans tous ses sens.
NAMELESS, *adj*. Qui n'a point de nom, sans nom.
A nameless author. *Un auteur anonyme, dont on ne sait pas le nom*.
By a servant of yours, who shall be nameless. *Par un de vos serviteurs, dont je tairai le nom*.
NAMELY, *adv. Nommément, savoir*.
NAMING, *subst. L'action de nommer, nomination*.
NAP, *sub*. (tufted or hairy superficies of cloth.) *Poil*.
The nap of cloth or a hat. *Poil de drap ou d'un chapeau*.
Nap, (or short sleep.) *Léger somme*.
To take a nap after dinner or at noon. *Dormir après qu'on a dîné*, † *faire la méridienne*.

To NAP, *v. act. Ex*. To nap cloth. *Chardonner du drap, le friser, le cotonner, en tirer le poil avec des chardons*.
I will nap (or catch) him. *Je l'attraperai bien*.
To nap, *v. n*. (or sleep.) *Dormir, sommeiller*.
NAPE, *s*. (the hinder part of the neck.) *La nuque du cou*.
† NAPERY, *sub*. (table-linen.) *Linge de table*.
NAPHEW, *subst*. (a French turnep.) *Un navet*.
NAPHTHA, *subst*. (a Median oil, Babylonish bitumen, a kind of marle, which being fired, is more incensed by water.) *Naphte*.
NAPKIN, *s. Une serviette*.
NAPLESS, *adj*. Qui n'a point de poil, ras.
NAPPED, *adj*. (from to nap.) *Frisé, chardonné, cotonné*.
NAPPING, *s. L'action de cotonner, de chardonner, de friser*, &c. *V.* to Nap.
To take one napping, (to surprise him.) *Surprendre quelqu'un, le prendre à l'improviste ou au dépourvu*, † *le prendre sans vert*.
NAPPY, *adj. Frisé, cotonné; écumeux*.
Cloth that wears nappy. *Du drap qui se cotonne en le portant*.
Nappy ale, (very strong ale.) *De l'aile forte*.
NARCISSUS, *s*. (or daffodil, a flower.) *Narcisse, fleur*.
NARCOTICAL,
NARCOTICK,
} *adj*. (making senseless, stupifying.) *Narcotique, qui endort, qui assoupit, qui stupéfie le sentiment*.
NARCOTICK, *subst*. (a stupifying medicine.) *Un narcotique*.
NARD or SPIKENARD, *subst*. (an Indian plant.) *Nard, plante qui croît aux Indes*.
NARRATION, *subst*. (report or relation.) *Narration, narré récit, rapport*.
Narration, (part of an oratory discourse.) *Narration, partie d'un discours oratoire*.
NARRATIVE, *sub*. (narration, relation.) *Narration, narré, récit*.
A narrative well made. *Un narré bien fait*.
Narrative, (or way of relating..) *Narration*.
Narrative, *adject*. (declarative, expressing.) *Narratif*, *qui narre*.
NARRATIVELY, *adv*. *En forme de narré*.
NARRATOR, *subst. Narrateur, celui qui narre, qui raconte une chose*.
To NARRIFY, *verb. act*. (to relate.) *Narrer, raconter*.
NARROW, *adject*. (strait or not wide.) *Étroit, qui n'est pas large*.
Narrow cloth. *Du drap étroit ou de la toile étroite*.
A narrow passage. *Un passage étroit, un défilé, un détroit*.
To make narrow. *Rendre étroit, étrécir ou rétrécir*.
† To bring into a narrow compass. *Abréger*.
To be lodged in a narrow compass, (to have but little room.) *Être logé à l'étroit*.
We made a narrow escape out of that danger. *Peu s'en fallut que nous ne tombassions dans ce danger, nous l'échapâmes belle*.

A narrow soul. *Une ame basse*.
Narrow-souled. *Qui a l'ame basse, qui n'a pas l'ame noble*.
Narrow-heeled. *Qui a le talon fort étroit*.
A narrow-heeled horse. *Un cheval encastelé*.
Narrow-breasted. *Qui a la poitrine étroite*.
To NARROW, *v. act*. (or make narrow.) *Étrécir, rétrécir, rendre étroit*.
Narrowed, *adj. Étréci, rétréci*.
NARROWING, *subst. L'action d'étrécir ou de rétrécir*.
NARROWLY, *adv. De près*.
He looks too narrowly into things. *Il regarde trop près aux choses*.
We escaped it narrowly. *Nous l'échapâmes belle*.
We narrowly escaped being drowned. *Peu s'en fallut que nous ne fussions noyés, nous pensâmes être noyés*.
NARROWNESS, *subst. L'état d'une chose étroite*.
NASAL, *adj. Nasal*, terme de grammaire & d'anatomie.
NASTILY, *adv. Salement, d'une manière sale*.
NASTINESS, *sub. Saleté, vilenie, saloperie*.
It is or 'tis all full of nastiness. *Les saletés y crèvent les yeux*.
NASTY, *adj*. (filthy, slovenly or sluttish.) *Sale, vilain, salope, mal-propre, maussade*.
Nasty (obscene) discourses. *Des discours sales, déshonnêtes, obscènes*.
A nasty man or woman. *Un homme ou une femme sale, un vilain, une vilaine, un ou une salope*.
NATAL, *adject*. (belonging to nativity.) *Natal, qui regarde la naissance*.
NATATION, *subst. Natation, l'action de nager*.
NATHLESS, *adj. Néanmoins, cependant*.
NATION, *subst*. (the people of a country.) *Nation, tous les gens d'un certain pays*.
NATIONAL, *adj*. (of a whole nation.) *National*.
A national synod. *Un synode national*.
NATIONALLY, *adverb. Relativement à la nation*.
NATIVE, *adj*. (belonging to nativity.) *Natal*.
My native country. *Mon pays natal, ma patrie*.
Native, (natural.) *Naturel*.
Native, *subst*. (born in a place.) *Natif, qui a pris naissance en quelque endroit*.
He is a native of Rome. *Il est natif de Rome, il est né à Rome*.
A native, (an inhabitant in the country wherein he was born.) *Un naturel, un originaire*.
NATIVITY, *subst*. (or birth.) *Nativité, naissance*.
Nativity, (the disposition of the heavens at the time of one's birth.) *Nativité, horoscope*.
To calculate (to cast) one's nativity. *Dresser une nativité ou un horoscope*.
NATURAL, *adject*. (that flows or comes from nature.) *Naturel, qui vient de nature, qui est conforme à la nature*.
Natural, (not counterfeit, such as nature made it.) *Naturel, qui n'est point artificiel*.
The natural and artificial day. *Le jour naturel & l'artificiel*.

A natural fon, (a bafe-born fon.) Un fils naturel, un enfant illégitime, un bâtard.

The natural (proper or genuine) fenfe of a paffage. Le fens naturel, propre ou véritable d'un paffage.

Natural Philofophy. La Phyfique.

A natural Philofopher. Un Phyficien, un Naturalifte.

To have good natural parts. Avoir de beaux dons de nature, avoir de l'efprit.

Natural, (free, eafy.) Naturel, aifé, facile, fans contrainte.

To have an eafy natural way of writing. Ecrire naturellement ou facilement, avoir un ftyle naturel.

Natural, fubft. (a fool.) Un idiot, une idiote, un fou, une folle, un homme ou une femme qui n'a pas le fens commun.

Natural, (nature.) Naturel, nature.

NATURALIST, fubft. (a natural philofopher.) Un naturalifte, un phyficien, qui s'applique à étudier la nature.

NATURALITY, f. Etat naturel.

NATURALIZATION, fub. Action de naturalifer ou de donner le droit de naturalité, naturalifation.

A charter of naturalization. Lettres de naturalité.

To NATURALIZE, v. act. (to admit into the number of natural fubjects.) Naturalifer, donner des lettres de naturalité, rendre jouiffant des mêmes droits que les naturels d'un pays.

To naturalize a foreign word. Naturalifer, adopter ou recevoir un mot étranger.

Naturalized, adj. Naturalifé. V. to Naturalize.

NATURALLY, adv. (by nature.) Naturellement, felon la pente ou l'inclination naturelle.

He is naturally fearful. Il eft naturellement timide, il eft timide de fon naturel.

Naturally, (without art.) Naturellement, fans art.

NATURALNESS, f. (or natural affection.) Affection naturelle, naturel.

NATURE, f. (the world, the univerfe.) La nature, le monde, l'univers.

God is the author and mafter of nature. Dieu eft l'auteur & le maître de la nature.

Nature teaches us to honour our parents. La nature nous enfeigne d'honorer pere & mere.

There is no fuch thing in nature. Il n'y a rien de tel dans la nature.

Nature, (the principle of all created beings.) La nature, le principe de toutes les chofes créées.

An inftinct of nature, (a natural inftinct.) Un inftinct de nature, inftinct naturel.

Nature, (natural propriety.) Nature, propriété, difpofition naturelle.

The nature of fire. La nature du feu.

Nature or human nature, (the human body.) La nature humaine, le corps humain.

A little matter fatisfies nature. La nature fe contente de peu.

Nature, (natural difpofition, humour or temper.) Nature, naturel, humeur, inclination, tempérament, complexion.

A good or bad nature. Une bonne ou une mauvaife nature, un bon ou mauvais naturel.

A very fweet nature. Un naturel fort doux, une humeur fort douce.

Good nature, (good natural difpofition, humanity.) Bonté de cœur, naturel ou bon naturel, humeur bienfaifante, douceur, humanité.

Nature, (fort or manner.) Nature, forte, efpece, maniere.

NATURED, adject. Ex. Good-natured. De bon naturel, bon, doux, humain.

Ill-natured. De méchant naturel, malin, malicieux.

NAVAL, adject. (of or belonging to the fea.) Naval, qui appartient à la mer, de mer.

Naval Officers. Officiers de la Marine.

Naval ftores. Munitions pour la Marine.

NAVE, f. Le moyen. Ex. The nave (or ftock) of a wheel. Le moyeu d'une roue.

The nave (or body) of a Church. La nef d'une Églife.

NAVE-LINE, fub. comp. (a fea-word.) Manœuvre fervant de cargue-haut & de cargue-bas des baffes vergues, lorfqu'elles font gréées à itague : un des bouts de cette manœuvre fait dormant fur la vergue, & l'autre fur la poulie d'itague.

NAVEL, f. Le nombril.

The navel of a horfe. Les rognons d'un cheval. Ex.

Navel gall, (a horfe's difeafe.) Maladie de cheval, favoir, quand il eft bleffé fur les rognons.

Navel-ftring. Boyau du nombril.

Navel-wort. Nombril-de-vénus, herbe.

The navel timber (the ribs or futtocks) of a fhip. Courbes ou côtes de navire.

Navel, (middle, interieur part.) Le centre.

Navel-woods, fubft. pl. comp. Pieces de bois larges & épaiffes, dans lefquelles font percés les écubiers, & qui les entourent en entier : elles n'ont point de bordages fur elles, & on y applique les couffins des écubiers.

NAVEW, f. Navet, plante.

NAUGHT, adject. (or bad.) Méchant, mauvais, qui ne vaut rien, qui n'eft pas bon.

You are very naught or naughty. Vous êtes fort méchant.

Naught for the eyes. Qui ne vaut rien pour les yeux.

Naught (or brafs) money. De l'argent faux, de l'argent qui n'eft pas bon.

Naught, (or lewd.) Qui n'eft pas fage, qui mene une mauvaife vie, impudique.

Naught, fubft. V. Nought.

NAUGHTILY, adv. Malicieufement.

NAUGHTINESS, f. Malice, méchanceté.

NAUGHTY, adj. (not good.) Mauvais, méchant.

A naughty boy. Un mauvais ou méchant garçon.

A naughty trick. Une malice, une méchanceté.

A naughty (or difhoneft) woman. Une femme qui n'eft pas fage, une femme de mauvaife vie.

NAVIGABLE, adj. (paffable for fhips or boats.) Navigable, fur quoi l'on peut naviguer.

A navigable river. Une riviere navigable ou marchande.

NAVIGABLENESS, f. Etat de ce qui eft navigable.

To NAVIGATE, verb. neut. (or fail.) Naviger ou plutôt naviguer.

To navigate, verb. act. a fhip (to fteer her.) Naviguer, gouverner, conduire un vaiffeau.

NAVIGATION, f. (or failing.) La navigation, la marine, l'art de naviguer, l'action de naviguer.

NAVIGATOR, f. (one fkilful in fteering a fhip.) Pilote.

Navigator, (or fea-traveller.) Navigateur, voyageur par mer.

NAULAGE, f. (or fare to crofs over the water.) Naulage.

NAUMACHY, fubft. (or fea-fight reprefented on the ftage.) Naumachie, combat de mer repréfenté fur un théatre.

To NAUSEATE, v. act. (or to loath.) Hair, avoir de l'averfion ou du dégoût pour quelqu'un ou pour quelque chofe, en être dégoûté, la hair.

NAUSEOUS, adj. (or loathfome.) Dégoûtant, défagréable, ennuyeux, dans le propre & dans le figuré.

NAUSEOUSLY, adv. D'une maniere dégoûtante.

NAUSEOUSNESS, f. Dégoût.

NAUTICAL, } adj. (belonging to fhips
NAUTICK, } or feamen.) De matelot, de marinier, nautique.

NAUTILUS, fub. Nautile, forte de coquillage.

NAVY, fubft. Marine, forces maritimes d'un Etat.

Navy, fignifie auffi le Corps de la Marine Royale.

Navy-board. Affemblée ou efpece de Confeil des Officiers civils de la Marine.

Navy-Office. Les bureaux de la Marine furbordonnés aux Lords de l'Amirauté.

A commiffioner of the navy. Un commiffaire de la marine.

The navy-office. L'Amirauté.

NAY, adv. (or no.) Non, même.

Nay, he is a covetous man, il eft même fort avare.

Nay, it is or 'tis quite another thing. Au contraire, c'eft tout autre chofe.

Nay, (or by your favour.) Avec votre permiffion.

He has enough, nay too much. Il en a affez, même trop.

NAY, } fub. Refus.
NAYWORD, }

I will have no nay. Je ne veux point effuyer de refus, je ne prétends point que vous me refufiez cela.

He would not be faid nay. Il fallut lui promettre.

His coufin would not be faid nay, (or would not take a denial.) Son coufin ne fe le tint pas pour dit.

NAZAL, f. (the nofe-piece) of an helmet. Le nafal d'un cafque.

NAZAREEN, } fubft. (a fect among the
NAZARITE, } ancient Jews.) Un Nazaréen.

To NEAL, verb. act. Recuire.

To neal glafs or metals. Recuire du verre ou des métaux.

To neal (or foften) iron. V. to Soften.

Nealed, adj. Recuit.

NEALING, fubft. Recuit.

NEAP, adj. (low, decreafing.) Ex. Neap tide or dead-neap. Baffe marée, morte eau ou morte marée.

NEAPED or BE-NEAPED, adject. Situation d'un vaiffeau qui eft amorti dans un port, ou retenu par les baffes marées ;

3K 2

rées ; c'est-à-dire , qui ayant échoué dans le temps des grandes marées, reste là jusqu'aux prochaines grandes marées, jusqu'au temps de la pleine lune ou quelquefois même de l'équinoxe.
NEAR , prép. & adverb. (nigh at hand.) Proche, près, auprès, de près.
Near the Church. *Proche de l'Église.*
Near the town. *Près de la ville.*
Near the Prince. *Auprès du Prince.*
You must come near to see it. *Il vous faut voir cela de près.*
NEAR , adv. (almost.) *Presque.*
Very near. *Bien près, fort près.*
Very near or near upon, (almost.) *A peu près , presque, environ , près.*
The standing corn is near ripe. *Les blés sont presque mûrs.*
Near about the matter. *A peu près.*
Near about five thousand. *Environ ou près de cinq mille.*
A woman near her reckoning. *Une femme qui approche de son terme, qui est prête d'accoucher.*
Near at hand. *De près, proche, près, tout près.*
It must be near at hand, (or ready.) *Il faut qu'il soit tout prêts.*
The kingdom of God is near at hand. *Le royaume de Dieu est proche.*
This error has spread itself far and near. *Cette erreur s'est déjà répandue bien loin.*
He is nothing near so bad. *Il ne se porte point si mal qu'il faisoit, il se porte beaucoup mieux.*
He is nothing near so severe as he was. *Il n'est point à beaucoup près si sévère qu'il étoit.*
He was near being killed. *Peu s'en fallut qu'il ne fût tué, il pensa être tué.*
They were very near coming to blows. *Il ne tint presque à rien qu'ils n'en vinssent aux mains.*
As near as I can remember. *Autant que je puis m'en souvenir.*
To come or go near. *Approcher.*
Come near me. *Approchez-vous de moi.*
He will go near to do it. *Il y a apparence qu'il en viendra à bout, ou il est à craindre qu'il ne le fasse.*
He was very near making me do it. *Il m'avoit presque persuadé de la faire.*
To go as near the wind (to be as saving) as one can. *Vivre d'épargne ou d'économie, faire le moins de dépense qu'on peut.*
NEAR , adject. Proche, qui touche de près.
He is my near kinsman, or he is near of kin to me, or my near relation. *Il est mon proche parent, il me touche de près.*
A near concern. *Une affaire qui touche de près.*
A near (or saving) man. *Un homme épargnant, un bon ménager.*
Near , (or niggardly.) *Chiche, mesquin.*
P. Near is my coat, but nearer is my skin, (or P. charity begins at home.) P. *La chair est plus proche que la chemise ;* P. *charité bien ordonnée commence par soi-même.*
The near (or left) foot of a horse. *Le pied du montoir, ou pied gauche d'un cheval.*
NEARER , adject. (the comparative of Near.) *Plus proche, plus près.*
NEAREST , adject. (the superlative of Near.) *Le plus proche, le plus près.*

This is the nearest way, (or shortest cut.) *C'est ici le plus court chemin.*
NEARLY , adv. *De près.*
That nearly concerns or touches me. *Cela me touche de près.*
Nearly , (or niggardly.) *Mesquinement, chichement.*
NEARNESS , subst. *Voisinage, proximité.*
Nearness of kin. *Proximité du sang, parenté.*
Nearness , (by marriage.) *Affinité.*
Nearness , (or savingness.) *Humeur ménagere ou épargnante.*
Nearness , (niggardliness.) *Mesquinerie.*
NEAT , adject. (cleanly , spruce, handsome, trim or fine.) *Propre , beau , bien fait , joli , bien tourné , mignon.*
A neat man. *Un homme propre.*
A neat suit of clothes. *Un habit propre.*
To be neat in one's clothes , (or to go neat.) *Être propre , être vêtu fort proprement.*
A neat tooth-picker. *Un cure-dent bien fait , joli ou mignon.*
A neat (or polite) style. *Un style net ou poli.*
A neat discourse. *Un discours poli.*
Neat, (cunning or subtle.) *Adroit , fin , habile.*
Neat-handed. *Adroit, habile, ingénieux, qui fait les choses adroitement ou avec adresse.*
Neat-handedness, subst. *Adresse , habileté.*
NEAT , subst. (an ox or cow.) *Bœuf ou vache.*
A neat's tongue. *Une langue de bœuf.*
Neat's feet. *Des pieds de bœuf.*
Neat-herd , (or cow-herd.) *Un vacher.*
Neat's leather. *Vache ou cuir de vache.*
Neat-house. *Étable à bœuf.*
NEATLY , adv. *Proprement, adroitement, poliment, juste.*
To trim neatly. *Faire proprement le poil.*
To manage a business neatly , (or cunningly.) *Conduire adroitement une affaire.*
To speak or-write neatly. *Parler ou écrire poliment ou juste.*
NEATNESS , s. (cleanliness.) *Propreté.*
Neatness , (spruceness, compactness, beauty.) *Propreté , beauté , agrément , délicatesse.*
Neatness of style. *Netteté, justesse ou politesse de style.*
NEB. V. Nose & Beak.
NEBULA, s. *Nuage.*
NEBULOUS, adj. (cloudy.) *Nébuleux, chargé de nuées.*
NECESSARIES, subst. *Le nécessaire , les nécessités , les choses nécessaires pour les besoins de la vie.*
NECESSARILY, adv. *Nécessairement, de toute nécessité, absolument, par un besoin absolu.*
Necessarily, (inevitably.) *Nécessairement, inévitablement.*
NECESSARY, adj. (or needful.) *Nécessaire, utile, dont on ne peut se passer.*
To make one's self necessary, (to be a busy body.) *Faire le nécessaire.*
Necessary, (inevitable.) *Nécessaire, inévitable, infaillible.*
A necessary effect. *Un effet nécessaire.*
A necessary (or convenient) house. *Les commodités , les lieux , la garde-robe, le privé.*

To NECESSITATE, v. act. (to force or compel.) *Nécessiter, contraindre, obliger, réduire à la nécessité de faire quelque chose.*
Necessitated , adj. *Nécessité, contraint, obligé.*
NECESSITOUS, adj. (needy.) *Nécessiteux , pauvre , qui est dans la nécessité, indigent.*
NECESSITOUSNESS , } s. *Pauvreté, besoin.*
NECESSITUDE, }
NECESSITY , subst. (indispensableness,) *Nécessité : il se dit de tout ce qui est nécessaire & indispensable.*
Of necessity. *De nécessité , nécessairement.*
P. Necessity has no law. P. *Nécessité n'a point de loi.*
To consult with necessity, or P. To make a virtue of necessity. P. *Faire de nécessité vertu.*
Necessity, (constraint, force.) *Nécessité, contrainte, force.*
Necessity, (indigence.) *Nécessité, pauvreté, disette, indigence.*
NECK, s. *Le cou.*
A long neck. *Un grand cou, un cou de grue.*
A short neck. *Un petit cou ou cou court.*
To take one about the neck or to fall about one's neck. *Se jeter au cou de quelqu'un , l'embrasser.*
A woman's neck, (or bosom.) *Le cou ou le sein d'une femme.*
A neck of mutton. *Un collet de mouton.*
A neck of land , (an isthmus.) *Un isthme, une langue de terre entre deux mers.*
The neck of a violin and other musical instruments. *Le manche d'un violon & autres instruments de musique.*
The neck of a barber's basin. *La gorge d'un bassin à barbe.*
The neck of a periwig. *Le derriere d'une perruque.*
The neck-lock of a wig. *La boucle de derriere d'une perruque.*
† To slip one's neck out of the collar, († to hang an arse.) *Refuser de faire ce que l'on avoit promis, se retirer, † tirer le cul en arriere.*
To slip one's neck out of the collar, (to get out of a scurvy business,) † *Tirer son épingle du jeu, se tirer d'affaires ou d'intrigue.*
To break the neck of an affair, an intrigue, &c. *Rompre le cou à une affaire , à une intrigue, &c. l'empêcher de réussir.*
P. One mischief comes on the neck of another. P. *Un malheur ne vient jamais seul ; malheur sur malheur.*
In the neck of these mischiefs this also comes. *Ceci arrive par un surcroît de malheur , ou pour comble de malheur.*
Neck-piece, (part of the armour.) *Gorgerin.*
The neck-band, (or collar of a shirt.) *Le cou d'une chemise.*
Neck-lace. *Un collier.*
Neck-cloth. *Un tour de cou , une cravatte de mousseline, un col.*
† Neck-weed, (or hemp.) *Du chanvre.*
NECKERCHIEF, subst. *Mouchoir de cou, tour de cou.*
NECROMANCER, s. (or conjurer.) *Un nécromancien.*
NECROMANCY, s. (the black art , a kind of divination by calling up the spirits of the dead.) *Nécromancie.*
NECROMANTICK,

NECROMANTICK, adj. De nécromancie.
NECTAR, s. (a delicious liquor, feigned to be the drink of the fabulous Gods.) Le nectar, la boisson des Dieux de la fable.
NECTAREAN,
NECTARINE, } adj. De nectar.
NECTAREOUS,
NECTARINE, subst. (a sort of peach.) Pavie, sorte de pêche.
NEED, s. (want, necessity or occasion.) Besoin, nécessité, affaire.
To stand in need of a thing, to have need of it. Avoir besoin ou affaire de quelque chose.
What need is there to do it? Quelle nécessité y a-t-il de le faire?
There is no need of it. Il n'est pas besoin de cela, cela n'est point du tout nécessaire.
Need, (want, poverty, indigence.) Besoin, nécessité, pauvreté, indigence.
To be in great need. Être dans un grand besoin ou en grande nécessité, être dans l'indigence.
Need drives us. Nous sommes réduits à la nécessité, ou La nécessité nous force.
P. A friend is known in time of need. P. On connoît l'ami au besoin.
P. Need makes the naked man run, the naked quean spin, an the old wife trot. P. La nécessité fait tout faire.
I will not do it, but upon great need. Je ne le ferai qu'à toute extrémité.
If need be. S'il est nécessaire ou besoin, s'il le faut, en cas de besoin.
You had need mind that business. Vous feriez bien de songer à cette affaire.
To do one's needs, (to go to stool.) Aller à ses nécessités, faire ses affaires, décharger son ventre.
To NEED, v. act. (to want.) Avoir besoin, manquer.
I do not need it. Je n'en ai pas besoin.
He needs necessaries. Il manque du nécessaire.
To need, v. act. (to want or be poor.) Être dans le besoin, dans la nécessité ou dans l'indigence.
P. I may see him need, but I will not see him bleed. Je veux bien qu'il souffre, mais je ne peux pas tout-à-fait l'abandonner.
To need, is rendered sometimes by the impersonal verbs. Il s'exprime souvent par des verbes impersonnels.
You need not come. Il n'est pas besoin ou nécessaire que vous veniez.
If we should need it, we should have needed other eyes. Il faudroit que nous eussions perdu la vue pour n'en pas demeurer d'accord.
You need not fear. Vous n'avez que faire de craindre, vous ne devez pas craindre.
You need but tell him. Vous n'avez qu'à lui dire.
There is nothing yet that you need be afraid of. Vous n'avez encore aucun sujet de craindre.
What need you care? De quoi vous mettez-vous en peine?
What needs so many words? A quoi bon tant de paroles? Qu'est-il besoin de tant de paroles?
It needs not. Il n'est pas nécessaire, il n'est pas besoin.
There needs no dispute about the matter. Ce n'est pas une chose dont il faille disputer.

He needs but carry himself well. Il n'a qu'à se bien conduire ou à marcher droit.
NEEDFUL, adj. (necessary.) Nécessaire.
NEEDILY, adv. Pauvrement.
NEEDINESS,
NEEDFULNESS, } s. (necessity, indigence.) Besoin, nécessité, pauvreté, indigence.
NEEDLE, s. Aiguille à coudre.
A sewing needle. Aiguille.
The needle of a dial. L'aiguille ou le style d'un cadran.
To work needle-work. Travailler à l'aiguille.
A needle-ful. Une aiguillée.
A needle-case. Aiguillier, étui à aiguilles.
A needle-maker. Un faiseur d'aiguilles.
The needle-fish. Aiguille, poisson de mer.
A packing needle. Aiguille à emballer.
Sail needles. Aiguilles à voile.
Bolt-rope needles. Aiguilles à ralingue.
Magnetical-needle. Aiguille de boussole ou aiguille aimantée.
NEEDLESSLY, adv. (without necessity.) Inutilement, sans aucune nécessité.
NEEDLESS, adj. (from need, unnecessary, superfluous.) Inutile, superflu, qui n'est pas nécessaire.
NEEDLESSNESS, s. Inutilité.
NEEDS, adv. (of necessity.) Nécessairement, absolument, de nécessité, de toute nécessité, d'une nécessité absolue.
It must needs be so. Il faut nécessairement que cela soit, il ne se peut autrement.
If you will needs be gone. Si vous voulez absolument vous en aller, si vous voulez vous en aller à toute force.
Do it no more than needs must. Ne le faites que le moins qu'il se pourra.
I must needs tell you. Il faut que je vous dise, je ne puis m'empêcher de vous dire.
NEEDY, adj. (poor, indigent.) Nécessiteux, qui est dans la nécessité, pauvre, indigent.
NEEP, or rather NEAP TIDE, subst. (the tide when the moon is in the first and last quarter.) Morte ou basse marée, basses eaux.
NE'ER. V. Never.
NEF, s. (the body of a church.) Nef.
NEFANDOUS, adj. (heinous, not to be named.) Horrible, détestable.
NEFARIOUS, adj. (wicked, accursed.) Scélérat, méchant.
NEGATION, s. (a denying.) Négation, le contraire d'affirmation.
NEGATIVE, adj. (belonging to negation.) Négatif, qui nie.
The negative voice. Voix négative.
Negative, s. (a denying proposition.) Négative, proposition qui nie.
Negative at law. Négative ou dénégation en justice.
NEGATIVE-PREGNANT, s. (a law-term, a negative implying an affirmative.) Une négative qui comprend une affirmative.
NEGATIVELY, adv. (with denial.) Négativement.
NEGATORY, adj. (belonging to denial.) Négatif.
NEGLECT, s. (or carelessness.) Négligence, peu de soin, nonchalance.
To NEGLECT, v. act. (not to take care of, to slight.) Négliger, se peu soucier, se mettre peu en peine, mépriser.

To neglect one's salvation. Négliger son salut.
To neglect one's duty. Négliger son devoir, y manquer.
To neglect an opportunity, (to let it slip.) Négliger une occasion, la laisser échapper.
To neglect one's self, (to take no care of one's dress.) Se négliger, n'avoir pas soin de se tenir propre.
Neglected, adject. Négligé, dont on se soucie peu, &c. V. to Neglect.
NEGLECTER, s. Celui ou celle qui néglige, négligent, négligente.
NEGLECTFUL, adj. Négligent, qui néglige.
NEGLECTFULLY, adv. Négligemment.
NEGLECTING, s. Négligence ou l'action de négliger.
NEGLIGENCE, subst. (or carelessness.) Négligence, nonchalance, paresse, peu de soin qu'on a de quelque chose ou de quelque personne.
NEGLIGENT, adj. (or careless.) Négligent, paresseux, nonchalant, qui a de la négligence ou qui a peu de soin.
NEGLIGENTLY, adv. (or carelessly.) Négligemment, avec négligence, nonchalamment.
To NEGOTIATE, v. act. (to manage or transact.) Négocier, traiter, conduire, manier.
To negotiate a business. Négocier une affaire, traiter une affaire.
To negotiate a bill of exchange. Négocier, trafiquer une lettre de change.
To negotiate, verb. neut. (or traffick.) Négocier, trafiquer, faire négoce.
Negotiated, adject. Négocié, conduit, manié, traduit.
NEGOTIATING, sub. L'action de négocier, &c. V. to Negotiate. Négociation, conduite.
NEGOTIATION, s. (managing of a business.) Négociation, intrigue pour réussir dans quelque grande affaire.
Negotiation, (or trafficking.) Négoce, trafic, commerce.
NEGOTIATOR, s. (or manager.) Négociateur, médiateur, pour faire quelque chose d'importance.
NEGRO, s. (a blackmore, one of negroland in Africa.) Un nègre, une négresse, homme ou femme de Nigritie.
NEGUS, s. Sorte de limonade composée de vin, eau, sucre, muscade & citron.
NEIF,
NEIFE, } s. (a law-term for a bond woman.) Une esclave.
* Neif. V. Fist.
To NEIGH, verb. neut. (as horses do.) Hennir, comme un cheval.
Neigh, s. (voice of a horse.) Hennissement.
NEIGHBOUR, subst. (one that lives by another.) Voisin, voisine.
P. A good lawyer is a bad neighbour. P. Bon Avocat, mauvais voisin.
Neighbour, (in terms of scripture.) Le prochain, en termes sacrés.
To love one's neighbour. Aimer son prochain.
NEIGHBOURHOOD, s. (the place near that one lives in.) Voisinage, lieu proche de celui où demeure quelqu'un.
Neighbourhood, (the neighbours.) Le voisinage, les voisins.
Neighbourhood, (or neatness.) Voisinage, proximité.

NEIGHBOURING,

NEIGHBOURING, adject. (bordering or adjoining.) Voisin, proche.
NEIGHBOURLY, adj. Ex. A neighbourly man. Un bon voisin, un homme qui voit souvent ses voisins ou ses voisines.
A neighbourly office. Un service de bon voisin.
Neighbour'y, adv. A l'amiable.
To compound neighbourly with one. S'accommoder à l'amiable avec quelqu'un.
NEIGHING, s. (from to neigh.) Hennissement, cri de cheval.
NEITHER, conj. Ni.
He is neither covetous nor prodigal. Il n'est ni avare ni prodigue.
Neither more nor less. Ni plus ni moins.
Let me not in this be thought arrogant neither. Ceci soit dit sans me vanter.
Neither is he so bad as you say. Il n'est pas tout-à-fait si méchant que vous dites ou que vous le faites.
NEITHER, adj. Ni l'un ni l'autre.
Neither of them will do it. Ni l'un ni l'autre n'en veut rien faire.
To be on neither side or to take neither part, (to stand neuter.) Être ou demeurer neutre.
Neither, adverb. or particle disjunctive elegantly used in transactions.
Ex. Neither are these all our grievances. Et ce ne sont pas là encore tous nos griefs.
NENUPHAR, subst. (water-lily.) Nénufar, plante qui croît dans les marais.
NEOPHYTE, s. (a new convert.) Néophyte, nouveau converti.
NEOTERICK, adj. (of late time or new.) Nouveau.
NEP, s. (cat-mint, an herb.) Pouliot sauvage.
NEPENTHE, s. Panacée.
NEPHEW, s. (the son of a brother or sister.) Neveu, fils du frère ou de la sœur.
NEPHRITICK, s. (a sort of cholick.) La néphrétique.
NEPOTISM, s. Népotisme.
NEREIDES, s. f. (the nymphs of the sea.) Néréides, les nymphes de la mer.
NEROLY, subst. (a sort of perfume.) Néroly, sorte de parfum.
NERVE, s. (or sinew.) Nerf.
Money is the nerve of war. L'argent est le nerf de la guerre.
A man of strong nerves, (a robust or lusty man.) Un homme fort, puissant ou robuste.
NERVOSITY, s. (or fullness of nerves.) Etat de ce qui a beaucoup de nerf.
Nervosity, (or strength.) Force.
NERVELESS, adj. Sans nerfs, énervé.
NERVOUS, adj. (full of nerves.) Nerveux, plein de nerfs.
Nervous, (or strong.) Nerveux, fort, robuste.
Nervous, (strong, weighty, solid.) Nerveux, fort, qui est de grand poids, solide, plein de force & de solidité.
NESCIENCE. V. Ignorance.
NESS, s. (a word formerly used for a point of land running into the sea.) Pointe de terre qui s'avance dans la mer, cap, promontoire.
NEST, s. Un nid.
To build or make his nest. Nicher, se nicher, faire son nid.
To feather his nest. V. to Feather.
A nest of birds, a whole nest of birds. Nichée d'oiseaux.

A nest (or receptacle) of thieves, pirates, &c. Un réceptacle, une retraite ou un repaire de voleurs, de pirates, &c.
† Nest-cock, (one that never was from home.) Un homme qui n'a point voyagé.
A nest-egg, (an egg left in the nest.) Œuf qu'on laisse dans le nid.
To NESTLE, v. neut. (or make a nest.) Faire son nid, nicher, se nicher.
To nestle, (or to settle any where.) S'établir, se nicher en quelque endroit.
To nestle ABOUT. Se tourner, se remuer.
NESTLING, s. (a young bird unfledged.) Un oiseau qui n'a point encore de plumes, un jeune oiseau nouvellement éclos.
NET, s. Rets, filet.
Hunter's net. Rets ou filet de chasseur.
To lay or spread a net. Tendre des rets ou des filets.
A fishing net. Filet de pêcheur.
To fall into a net. Tomber dans les filets.
Nets, (or toils.) Toiles, grands filets.
A net, (such as walnuts, apples, &c. are put into to be sold.) Un réseau.
Net-work. Réseau.
A net-maker. Faiseur de filets, de rets ou de réseaux.
Net masonry, (a sort of muring or walling.) Maçonnerie maillée.
Net-wise. En forme de filets ou en réseau.
Net, (to boil any thing in.) Une coiffe.
NETHER, adj. (or lower.) Bas ; infernal.
The Nether-Lands. Les Pays-Bas.
NETHERMOST, adj. Le plus bas.
NETTING, subst. (a sea-term.) Filets de bastingage.
NETTLE, s. (a sort of stinging plant.) Ortie, plante pleine de petits piquants.
Blind-nettle. Scrofulaire.
The sea-nettle, (a fish.) Ortie, poisson de mer.
A nettle-bush. Un buisson plein d'orties.
A nettle-tree. Un alizier.
To NETTLE, verb. act. (or sting with nettles.) Piquer, frotter avec des orties.
To nettle, (to nip, bite or vex.) Piquer, fâcher, aigrir, provoquer, faire enrager.
Nettled, adj. Piqué, &c. V. to Nettle.
NETTLING, s. L'action de piquer, &c. V. to Nettle.
NETWORK. V. Net-work, sous Net.
NEVER, adv. (at no time.) Jamais.
Never since. Jamais depuis.
He will never come. Il ne viendra jamais.
Never, (or not.) Ne pas , point.
Never deny him so small a kindness. Ne lui refusez pas une si petite faveur.
Never a one. Pas un.
Never a whit. Point du tout.
Let him be never so rich. Quelque riche qu'il soit.
If I would never so fain. Quelque envie que j'en eusse.
If I do never so well. Lors même que je fais le mieux du monde.
Never so little. Tant soit peu.
If you do never so little amiss. Si vous faites la moindre faute.
I would not do it for never so much. Je ne le ferois pas pour quoi que ce soit.
Do it now or never. Faites-le maintenant, ou ne vous en mêlez point du tout.
Never-ceasing. Qui ne cesse jamais, continuel.
Never-failing. Qui ne manque jamais, infaillible.
NEVERTHELESS, conj. Néanmoins, toutefois, cependant, pourtant.
Nevertheless philosophy broke through

all those obstacles. La philosophie n'a pas laissé de se faire jour à travers tous ces obstacles.
NEUROLOGY, s. Nevrologie.
NEUROTOMY, s. Dissection des nerfs.
NEUT. V. Newt.
NEUTER, adj. (a term in grammar.) Neutre, qui n'est ni masculin ni féminin ; neutre, par opposition à actif.
Ex. The neuter gender in the latin tongue. Le genre neutre dans la langue latine.
A verb neuter. Un verbe neutre.
Neuter , (of neither party or side.) Qui n'est d'aucun parti , qui garde la neutralité.
NEUTRAL, adj. Neutre.
In a neutral sense. Dans un sens neutre.
To stand neutral. Demeurer neutre.
NEUTRALITY, s. Neutralité.
NEUTRALLY, adv. (in a neutral sense.) Neutralement, dans un sens neutre.
NEW, adj. (never used or worn before.) Neuf , qui n'a pas encore servi.
A new suit of clothes or new hat. Un habit ou un chapeau neuf.
Spick and span new. Tout battant neuf.
New , (made-lately , fresh , of little standing.) Neuf , nouveau ou nouvel qui est depuis peu, frais.
New money. Argent neuf ou nouvelle monnoie.
The new castle. Le château neuf.
New wine. Du vin nouveau.
New fashion. Nouvelle mode.
New year. Un nouvel an.
New moon. Nouvelle lune.
New-year's-gift. Etrenne du nouvel an ; ou simplement étrennes.
New bread or butter. Du pain ou du beurre frais.
A new thing. Chose nouvelle, nouveauté.
This is something new (or strange) to me. Je trouve ceci un peu étrange.
That is no new thing with him. Cela lui est assez commun ou ordinaire.
To put on a new face. Changer de visage.
A new beginner. Un commençant , un novice.
A new reckoning. Surcôt.
New-year's-day. Le premier jour de l'an.
I had a pair of gloves given me for a new-year's-gift. On m'a étrenné d'une paire de gants , ou j'ai eu une paire de gants pour mes étrennes.
NEW, (for newly,) adv. Nouvellement.
New-married. Nouvellement marié.
New-found. Nouvellement découvert.
New-made. Nouvellement fait ou nouveau.
A new laid egg. Un œuf frais.
New-dressed. Rhabillé.
New-comer. Nouveau venu.
To new-vamp , verb. act. Rhabiller, raccommoder , regratter.
To new-mould , verb. act. Refondre.
To new-dress , verb. act. Rhabiller , habiller de nouveau.
A-new, adv. De nouveau, encore.
To NEW-COIN , verb. act. the money. Refabriquer ou refaire la monnoie , la refondre & la refrapper.
To new-coin words. Inventer des mots.
New-coined, adj. Refait, refabriqué, &c. nouveau, nouvellement inventé.
NEW-COINING , subst. Ex. The new-coining of the money brings it all into the King's coffers, whenever he pleases. Les refontes des monnoies apportent au Roi tout l'argent du royaume quand il lui plait.
NEWFANGLED.

NEWFANGLED, adj. *Nouvellement inventé, de nouvelle mode.*
NEWEL, *f. Noyau d'escalier.*
NEWGATE, *subst. Une des prisons de Londres.*
A newgate bird, (a thief, a rogue.) *Un scélérat, un pendard, un homme qui file sa corde, un vrai gibier de potence.*
NEWING, *subst.* (barm, yest.) *Levûre, levain de biere.*
NEWISH, *adject.* (something new.) *Nouveau.*
NEWLY, *adj. Nouvellement, depuis peu, fraîchement.*
NEWNESS, *subst.* (or novelty.) *Nouveauté.*
NEWS, *subst.* (tidings, advice of a thing that has been done lately.) *Nouvelle, nouvelles.*
Is there any news stirring? *Y a-t-il quelques nouvelles?*
A true piece of news. *Une nouvelle vraie ou assurée.*
To spread news abroad. *Débiter des nouvelles, semer ou faire courir une nouvelle.*
This is news to me. *C'est une nouvelle pour moi, je n'en savois rien, vous me surprenez.*
Printed news. *Des nouvelles imprimées, une gazette.*
Written-news, news-letter, news-paper. *Nouvelles à la main ou nouvelles écrites.*
The news-paper. *La gazette.*
A news-writer, a news-man, a news monger. *Un nouvelliste, un gazetier.*
I had news, or news came to me, that. *J'ai appris que.*
What is the best news? *Que dit-on de bon?*
NEWT, *subst.* (a sort of lizard.) *Sorte de lézard.*
NEXT, *adj.* (near, contiguous.) *Prochain, proche, attenant, qui touche.*
The next house. *La maison voisine ou attenante.*
The very next house to the Church. *La plus proche maison de l'église.*
He is my next neighbour. *Il est mon plus proche voisin.*
The next month. *Le mois prochain.*
Next, (or following.) *Suivant, qui suit.*
Tell me the next word. *Dites-moi le mot qui suit ou le mot suivant.*
Next, (or first.) *Premier.*
He is the next man to the King. *Il est le premier après le Roi.*
Next time we meet together. *La premiere fois que nous nous rencontrerons.*
The next town you come to. *La premiere ville que vous rencontrerez.*
The next day. *Le lendemain, le jour suivant, le jour d'après.*
I will do better next time, (or hereafter.) *Je ferai mieux à l'avenir.*
I was the next man to him. *J'étois tout près de lui, j'étois à son côté.*
See in the next room. *Voyez dans l'autre chambre ou dans la chambre prochaine.*
Next before Easter. *Immédiatement devant Pâques.*
Of all the planets, the moon is next to us. *De toutes les planetes, la lune est la plus proche de nous.*
Next TO or next AFTER, *prép. Après.*
You shall be the next to him. *Vous serez immédiatement après lui.*
That part of France which is next to Germany. *Cette partie de la France qui confine à l'Allemagne.*
He lives next to me. *Il est mon plus proche voisin.*
Next, *adv.* (in the next place.) *Ensuite.*
NIAS, *adj. Ex.* A nias hawk, (a young hawk taken out of the nest, that has not yet preyed for herself.) *Un faucon niais.*
NIB, *subst.* (or bill.) *Bec.*
The nib of a pen. *Le bec d'une plume.*
† To NIB, *verb. act.* (to criticize upon.) *Mordre, critiquer, trouver à redire.*
NIBBED, *adj.* A hard-nibbed pen. *Une plume qui a le bec dur.*
To NIBBLE, *verb. act.* (to bite a little and often.) † *Grignoter, ronger tout autour, manger.*
The mice have nibbled all the cheese. *Les souris ont grignoté ou rongé tout le fromage.*
He gave no solid answer to my book, he did but nibble at it. *Il n'a point répondu solidement à mon livre, il n'a fait que l'effleurer.*
NIBBLED, *adject. Rongé, &c. Voy. to Nibble.*
NIBBLER, *subst.* (or carper.) *Un homme mordant, un critique.*
NIBBLING, *subst. L'action de ronger, &c. V. to Nibble.*
Nibblings, (things nibbled.) *Rongeure, mangeure.*
NICE, *adj.* (or dainty.) *Délicat, qui a de la délicatesse.*
A nice man in his diet. *Un homme délicat dans son boire & dans son manger.*
Nice, (tender.) *Délicat, douillet, qui aime ses aises.*
Nice, (ticklish, touchy.) *Délicat, tendre, pointilleux, chatouilleux, qui se fâche pour rien.*
Nice, (shy, scrupulous.) *Délicat, scrupuleux, circonspect, réservé.*
P. He is more nice than wise. *Il est trop circonspect, il fait trop de façons.*
Nice, (exact.) *Exact, soigneux, raffiné, recherché.*
A nice examination. *Examen exact, soigneuse recherche.*
A nice speech. *Un discours raffiné ou trop recherché*
A very nice (ticklish or dangerous) business. *Une affaire fort délicate, chatouilleuse ou dangereuse.*
Nice, (or difficult.) *Délicat, difficile.*
A nice point. *Une matiere délicate ou difficile.*
The French is a nice language. *Le François est une langue délicate ou difficile.*
To be nice in something. *Raffiner en quelque chose.*
NICEAN, { *adj.* (belonging to Nicea, a city of Bythynia.) *De Nicée.*
NICENE, }
The Nicene Council. *Le Concile de Nicée.*
NICELY, *adv. Délicatement, avec délicatesse.*
Nicely, (exactly.) *Exactement, soigneusement, avec soin.*
NICENESS, *subst.* (or curiousness.) *Délicatesse, raffinement.*
Niceness, (exactness.) *Exactitude, soin exact.*
NICETY, *f.* (or subtlety.) *Délicatesse, raffinement, pointillerie, subtilité.*
The niceties (or nice ways) of a woman. *Les délicatesses, les petites mines, les minauderies d'une femme.*

The niceties of politicks. *Les raffinements de la politique.*
The niceties (or punctilios) of honour. *Les délicatesses du point d'honneur.*
The niceties of Logick. *Les subtilités de la Logique.*
Nicety, (or exactness.) *Exactitude, soin exact.*
NICHE, *f.* (a hollow place in a wall for a statue.) *Une niche.*
NICHOLAITANS, *f.* (a sort of Hereticks.) *Nicolaïtes, sorte d'Hérétiques.*
NICK, *subst. V. Notch.*
In the very nick of time. *A point nommé, tout à point, à propos.*
Old nick, (or the Devil.) *Le Diable.*
To NICK. *V. to Notch.*
To nick, *verb. act.* (or hit it, to do in time.) *Rencontrer, faire à propos.*
He has nicked the business. *Il a bien rencontré, il a bien réussi.*
I nicked you. *Je vous ai rencontré fort à propos.*
To nick the time. *Venir à point nommé.*
To nick, (or cozen.) *Tromper.*
NICKERS. *V. Marbles.*
NICKNAME, *f. Sobriquet.*
To NICKNAME one, *verb. act. Donner un sobriquet à quelqu'un.*
How many do we nickname friends, that prove but strangers at a pinch? *Nous appellons ami tel qui, dans le besoin, ne voudroit peut-être pas nous connoître.*
Nicknamed, *adj. A qui l'on a donné un sobriquet.*
NICOTIAN, *f.* (tobacco.) *Tabac.*
NIDE, *subst. Ex.* A nide (or brood) of pheasants. *Une nichée, une couvée de faisants.*
† NIDERING, } *Voy.* Nithing.
† NIDERLING, }
NIDGET, *subst.* (an idiot or ninny.) *Un niais, un sot, un badaud, un nigaud, un poltron.*
NIDIFICATION, *subst. L'action de construire des nids.*
NIDOROUS, *adj. Nidoreux, qui a un goût & une odeur de viande rôtie.*
NIDULATION, *f. Le temps que les oiseaux restent dans leur nid.*
NIECE, *subst.* (a brother's or sister's daughter.) *Niece, fille du frere ou de la sœur.*
NIGELLA, *subst.* (or gitth.) *Nielle, plante.*
NIGGARD, *f.* (a covetous man.) *Un homme fort chiche, un avare fieffé, un taquin, un vilain.*
To NIGGARD. *V. to Stint.*
NIGGARDLINESS, *f. Avarice, vilenie, taquinerie.*
NIGGARDISH, *f. Qui a quelque disposition à l'avarice.*
NIGGARDLY, *adj. Avare, chiche, taquin, vilain.*
A niggardly man. *V. Niggard.*
Niggardly doings. *Bassesses, vilenies, taquinerie.*
Niggardly, *adv. Chichement, en taquin ou en vilain.*
NIGGARDNESS. *V. Niggardliness.*
NIGH, *adj.* (or near.) *Proche.*
Nigh of kin. *Proche parent.*
NIGH, *adv. Proche, près.*
To draw nigh to. *S'approcher de.*
Winter is nigh at hand. *L'hiver s'approche.*
Well nigh, (or almost.) *Presque, quasi.*
NIGHER.

NIGHER, adj. (or nearer.) Plus proche, plus près.
You will be never the nigher. Vous n'en serez pas plus avancé, vous n'avancerez pas davantage, vous n'y gagnerez rien.
NIGHEST, adj. & adv. (or nearest.) Le plus proche.
NIGHT, subst. (the space of time during which the sun is under the horizon.) La nuit.
Last night. Hier au soir.
By night. De nuit.
Day and night. De jour & de nuit.
In the dead time of the night. Dans le silence ou dans le repos de la nuit.
It grows night. Il se fait tard, la nuit approche.
Dark night. Nuit close ou nuit noire.
Night, (the latter part of the day, before one goes to bed.) Nuit, soir.
To wish or bid one good night or to wish him a good night's rest. Souhaiter ou donner le bon soir à quelqu'un, lui souhaiter une bonne nuit.
He will come back to-night. Il reviendra ce soir.
To walk night and day. Se promener soir & matin.
Tuesday-night. Mardi au soir.
The night before he came. La veille de son arrivée.
A night-walker. Un coureur ou une coureuse de nuit.
Night-hawk. Hulote.
Night-studies. Etudes nocturnes, veilles.
A night-gown. Robe de chambre.
Night-dress. Coiffure de nuit, déshabillé.
A night-cap. Un bonnet de nuit.
A night-rail, (or combing cloth.) Un peignoir.
Night-shade, (or morel.) Morelle herbe.
Great night-shade. Belle de nuit.
Night-mare. Incube, cauchemar.
Night-watches. Les veilles de la nuit.
Night-revellings. Réjouissances de nuit.
The night-revelling of witches. Le sabat des sorciers.
In the night-time. De nuit, durant la nuit.
NIGHTINGALE, s. (a bird.) Rossignol, oiseau.
NIGHTLY, adject. (that happens in the night.) Nocturne, qui se fait ou qui arrive de nuit.
Nightly, adv. (or every night.) Tous les soirs ou toutes les nuits, chaque nuit, nuitamment.
NILL, subst. (the sparkles or ashes that come from brass tried in the furnace.) Bluettes ou étincelles qui sortent de l'airain dans la fournaise.
To NILL, verb. neut. (to be unwilling.) Ne vouloir pas.
Will he, nill he. Bon gré, malgré ; par force ; soit qu'il le veuille ou non.
† To NIM, verb. act. (to filch.) Dérober, † escamoter.
NIMBLE, adject. (active, agile.) Agile, dispos, léger, actif.
NIMBLENESS, subst. Agilité, légéreté, activité.
NIMBLY, adv. Agilement, avec agilité.
NIMMER, subst. Un voleur.
NINCOMPOOP, subst. Un fou, un nigaud.
NINE, adj. Neuf, nom de nombre.
Nine-pins. Quilles, jeu de quilles.
P. A nine-days wonder. Une merveille de neuf jours, une chose qui fait d'abord grand bruit, & dont on ne parle plus au bout de quelques jours.
The sacred nine, (the muses.) Les neuf Sœurs, les Muses.
A pair of nine-holes, (a board with holes to play with little bowls.) Un trou-madame.
NINEFOLD, adv. Neuf fois autant.
NINETEEN, adv. Dix-neuf.
NINETEENTH, adj. Dix-neuvieme.
NINETIETH, adj. Quatre-vingt-dixieme † nonantieme.
NINETY, adj. (or four score and ten.) Quatre-vingt-dix * nonante.
NINNY, NINNY-HAMMER, } s. (a silly fellow, a dolt.) Un niais, un sot, un benêt, un badaud, un nigaud.
NINTH, adj. (from nine.) Neuvieme.
NINTHLY, adv. En neuvieme lieu.
NIP, s. (or pinch.) Une atteinte, un coup d'ongle ou de dent.
To NIP, v. act. (or to pinch.) Pincer.
This weather nips the blossoms. Ce temps pince les fleurs des arbres.
To nip, (a sea-expression.)
Ex. To nip the cable. Saisir le cable avec les garcettes de la tournevire.
To nip the laniard of a shroud. Amarrer ou saisir la ride d'un hauban, après avoir été ridé.
To nip OFF. Couper.
† To nip, (or taunt.) Pincer, piquer, donner un lardon ou des coups de dents.
† I nipped him by the by. Je lui ai donné un petit lardon en passant.
Nipped, adject. Pincé, &c. Voy. to Nip.
NIPPERS, subst. (or pincers.) Pinces, tenailles.
Nippers, s. pl. (a sea-term.) Garcettes de tournevire.
NIPPING, subst. L'action de pincer, &c. V. to Nip.
Nipping, adj. (biting, cutting.) Fort, piquant, mordant.
A nipping or taunting jest. Une raillerie forte, piquante ou mordante, un mot piquant, † un lardon, un brocard.
NIPPINGLY, adv. Satiriquement.
NIPPLE, s. (the teat or dug of a breast.) Le tetin ou le mamelon, le petit bout de la mamelle.
She has got a sore nipple. Elle a mal au mamelon.
NIT, s. Lente.
Lice come from nits. Les poux s'engendrent des lentes.
NITHING, s. (a coward, a villain.) Un lâche, un coquin.
NITID, adj. Luisant, brillant.
NITRE, sub. (a salt-like substance, mistaken by some for saltpetre.) Nitre, sorte de sel qu'on confond mal-à-propos avec le salpêtre.
NITROUS, adject. Nitreux, plein de nitre, ou qui tient du nitre.
NITTILY, Voy. Lousily.
NITTY, adj. Plein de lentes.
NIVIOUS, NIVID, } adject. Blanc comme la neige.
NIZY, s. (a fool.) Un niais, un benêt, un sot.
NO, adv. (not.) Non, ne pas, point.
Will you do it or no? Voulez-vous le faire ou non?
No, I will not. Non, je ne le veux pas.
No, not if I were to die. Non pas même quand il m'en coûteroit la vie.

You shall come to no harm. Il ne vous arrivera aucun mal.
I desire no more. Je ne demande pas davantage.
He has no money. Il n'a point d'argent.
No, (or none at all.) Nul, aucun.
I have no reason to doubt of it. Je n'ai nul sujet d'en douter.
In no manner. En aucune maniere.
He put us in no small fear. Il nous fit grand-peur.
To no purpose. En vain, inutilement.
No where. Nulle part.
By no means. Nullement, en aucune maniere.
No body, no man. Personne, nul.
It is no matter. N'importe.
No such matter. Point du tout.
To NOBILITATE, v. act. (to make noble.) Anoblir, faire noble.
Nobilitated, adj. Anobli, mis au rang de la noblesse.
NOBILITY, subst. (all the noblemen.) Noblesse, la grande Noblesse, les Nobles.
The nobility and gentry. La grande & la petite Noblesse.
Nobility, (the quality of a nobleman.) Noblesse, qualité par laquelle un homme est noble.
To forfeit one's nobility. Déchoir du droit de noblesse.
R. En Angleterre il n'y a que les Ducs, Marquis, Comtes, Vicomtes & Barons qui passent pour Nobles : le reste de la Noblesse ; savoir, les Chevaliers, Ecuyers & simples Gentilhommes, sont compris sous le mot Gentry.
NOBLE, adj. (raised above the gentry and plebeians, either by birth or the King's grant.) Noble, qui est élevé au-dessus des roturiers & des simples gentilshommes.
R. Cette distinction n'a lieu qu'en Angleterre.
He is noble or of a noble extraction. Il est noble, il est noble d'extraction ou de naissance.
Noble, (great, brave, illustrious.) Noble, illustre, grand, relevé.
A noble action. Une action noble.
A noble soul. Un cœur noble, une grande ame.
A noble style. Un style noble, relevé ou sublime.
The noble parts of the body, (viz. the liver, heart and brain) Les parties nobles ; savoir : le cœur, le foie & le cerveau.
He is noble, (generous or free.) Il est généreux ou libéral.
A noble (or splendid) entertainment. Un festin magnifique.
A noble (or stately) building. Un bâtiment superbe ou magnifique.
The noble order of the garter. L'ordre illustre de la Jarretiere.
A Nobleman or a Noble. Un noble, un Duc, un Marquis, un Comte, un Vicomte ou un Baron en Angleterre.
The Noblemen of the Kingdom. Les Nobles ou la Noblesse du Royaume, les Pairs.
Noble, s. (an ancient gold coin worth six shillings and eight pence.) Un noble ou un noble à la rose, monnoie d'or qui valoit six schellings huit sous d'Angleterre.
P. To bring one's noble to nine pence. P. Faire

P. *Faire de cent sous quatre livres, & de quatre livres rien.*
NOBLENESS, *s.* (nobility of blood.) *Nobleſſe de race.*
Nobleneſs, (greatneſs, ſublimity of mind, of expreſſions, &c.) *Nobleſſe, grandeur, ſublimité.*
* NOBLES, *s.* (or Nobility, the Noblemen.) *La Nobleſſe, les Nobles.*
NOBLY, *adv.* Noblement, *d'une maniere noble.*
Nobly, (or generouſly.) *Généreuſement.*
He has treated us nobly, (or ſpendidly.) *Il nous a traités noblement, magnifiquement, ſplendidement.*
Nobly born, (or deſcended.) *Noble d'extraction, de naiſſance, de ſang ou de race.*
NOBODY. V. *ſous* No.
NOCENT, *adj.* (guilty.) *Coupable, criminel.*
Nocent, (hurtful.) *Nuiſible.*
NOCK. *Vey.* Notch.
NO-COUNTENANCE, *ſubſt. Exemp.* By the no - countenance his Majeſty had ever ſhewed towards him. *Parce que le Roi n'avoit jamais approuvé ſa conduite.*
NOCTAMBULIST, } *ſ. Noctambule, ſomnambule.*
NOCTAMBULO,
NOCTIDIAL, *adj. Qui comprend une nuit & un jour.*
NOCTUARY, *ſ. Mémoire de ce qui ſe paſſe pendant la nuit.*
NOCTURN, *ſ.* (a nocturnal prayer.) *Nocturne, partie de l'office de Matines dans l'Egliſe Romaine.*
NOCTURNAL, *adj.* (or nightly.) *Nocturne, qui ſe fait la nuit.*
Nocturnal, *ſubſt.* (a mathematical inſtrument.) *Un nocturlabe, inſtrument de mathématique.*
NOD, *ſ.* (a ſign with one's head.) *Signe qui ſe fait de la tête.*
To give a nod for a denial. *Faire ſigne de refus.*
To NOD, *v. n.* (or give a nod.) *Faire ſigne de la tête.*
To nod, (or ſleep upon a chair, &c. with a motion of the head.) *Dormir ſur une chaiſe, &c. en branlant la tête.*
NODDING, *ſ.* Signe qu'on fait de la tête, l'action de branler la tête, &c. V. to Nod.
† NODDLE, *ſ.* (or the head, in contempt.) *La tête, † la caboche.*
My noddle akes. *La tête me fait mal.*
This cannot enter into your noddle ; your noddle can't apprehend it. *C'eſt une choſe au-delà de votre portée, † vous avez la caboche trop dure pour le comprendre.*
NODDY, *ſ.* (or ninny.) *Un niais, un benêt, un ſot, un badaud, un dandin, un nigaud.*
NODE, } *ſ.* (a knot or hard ſwelling.) *Un nodus.*
NODUS,
NODOSITY, *ſubſt.* (the being nodous.) *Multitude ou grand nombre de nœuds ; embrouillement, difficulté.*
NODOUS, *adj. a.* (or knotty.) *Nœueux, plein de nœuds.*
A nodous plant. *Une plante nœueuſe.*
Nodous, (knotty, difficult.) *Difficile, plein de nœuds & de difficultés.*
† NOGGIN, *ſ. Godet, voſe à boire, qui n'a ni pied ni anſe.*
NOYANCE. *Voy.* Nuſance.
NOISE, *ſ.* (any kind of ſound.) *Bruit, éclat, fracas, vacarme, tintamarre, tempête.*

Tome II.

To make a great *or* mighty noiſe. *Faire un grand bruit.*
The noiſe of drums and trumpets. *Le bruit ou le ſon des tambours & des trompettes.*
That makes a great noiſe in the world. *Cela fait un grand éclat dans le monde.*
He makes a noiſe in the world. *Il fait du bruit, il fait un grand fracas dans le monde.*
What a thundering noiſe do they make there ? *Quel tintamarre, quel vacarme fait-on là ?*
The thundering noiſe of cannons. *Le bruit des canons.*
The thunder makes a hollow noiſe. *Le tonnerre gronde.*
A noiſe in one's ear. *Bourdonnement d'oreilles, tintement ou tintouin.*
To NOISE abroad, *verb. act. Divulguer, publier.*
Noiſed abroad, *adj. Divulgué, publié.*
It is noiſed abroad. *Le bruit court, le bruit s'en eſt répandu par-tout, on diſ par-tout.*
NOISEFUL, *adj.* Bruyant.
NOISELESS, *adj.* Tranquille.
NOISOME, *adj.* (ill or hurtful.) *Nuiſible, mauvais, mal-faiſant, qui empoiſonne, dégoûtant.*
NOISOMELY, *adv.* (with a naſty ſtench;) offenſively.) *Avec une mauvaiſe odeur ou une odeur infecte ; offenſivement.*
NOISOMENESS, *ſ. Qualité mal-faiſante ou nuiſible.*
NOISY, *adj. Qui fait beaucoup de bruit ou de fracas, pétulant, bruyant, où il y a beaucoup de bruit.*
NOLI-ME-TANGERE, *ſ.* (a cancer in one's face ; alſo a plant.) *Noli-me-tangere, cancer au viſage ; forte de plante.*
NOLITION, *ſ.* Répugnance.
NO-MAN'S-LAND, *ſubſt. comp.* (a ſea-term.) *Eſpece d'échafaud porté ſur des potences, entre le gaillard d'avant & le gaillard d'arriere de certains bâtimens, pour ſervir à tenir les mats & vergues de rechange, des cordages, palans, &c.*
NOMBLES, *ſ. Les entrailles du daim.*
NOMENCLATOR, *ſ.* (or remembrancer amongſt the Romans.) *Nomenclateur, parmi les Romains.*
NOMENCLATURE, *ſ.* (or vocabulary.) *Une nomenclature, liſte ou dénombrement de pluſieurs noms de perſonnes ou de choſes.*
NOMINAL, *adject.* (of or belonging to a name.) *Qui appartient à un nom, de nom.*
A nominal King. *Un Roi de nom, un Roi titulaire.*
NOMINALLY, *adv.* (by name.) *Nommément, ſpécialement.*
To NOMINATE, *verb. act.* (to name or appoint.) *Nommer, choiſir, déſigner.*
Nominated, *adj.* Nommé, &c.
NOMINATING, *ſ. L'action de nommer, nomination.*
NOMINATION, *ſ.* Nomination.
He has the nomination of that living. *Ce bénéfice eſt à ſa nomination.*
NOMINATIVE, *ſ. & adj.* Nominatif.
The nominative caſe or only the nominative. *Le nominatif.*
NON-ABILITY, *ſ.* (a law-term, that is, an exception taken againſt the plaintiff or defendant.) *Exception, terme de droit.*
NONAGE, *ſ.* (being under age, minority.) *Minorité.*

NON-APPEARANCE, *ſ.* (at law.) *Défaut, en termes de droit.*
NONCE, *ſ. Ex.* For the nonce, (or deſignedly.) *Exprès, tout exprès, à deſſein, de propos délibéré, de deſſein prémédité.*
NON-COMPLIANCE, *ſ.* Refus.
NON-CON, *ſubſt.* (a nick - name, for Non - conformiſt.) V. Non-conformiſt.
NON-CONFORMIST, *ſ.* (or diſſenter, one that does not conform to the Church of England.) *Un Non-conformiſte : c'eſt ainſi qu'on appelle en Angleterre tous les Proteſtans qui refuſent de ſe conformer aux cérémonies de l'Egliſe Anglicane.*
NON-CONFORMITY, *ſ. Non-conformité, l'état de non-conformiſte.*
NONDESCRIPT, *adj.* Dont on n'a pas encore fait la deſcription.
NONE, *adj. ou pron.* (not one.) *Aucun, pas un, perſonne, qui que ce ſoit, nul.*
There is none of us but will do it. *Il n'y a aucun de nous, ou qui que ce ſoit d'entre nous qui ne le faſſe.*
None of them. *Pas un d'eux.*
None ever had a more genteel way of obliging. *Perſonne n'a jamais ſu obliger de meilleure grace.*
None will be excepted. *Nul n'en ſera excepté.*
It is none of my fault. *Ce n'eſt pas ma faute, je n'en puis mais.*
Of none effect. *Qui n'a point d'effet, qui n'a nul effet.*
It is none of the beſt. *Il n'eſt pas fort bon, ce n'eſt pas du meilleur.*
He is none of the moſt honeſt men. *Il n'eſt pas fort honnête homme.*
Let there be none put in. *Qu'on n'y en mette point du tout.*
We can ſpeak none but our mother tongue. *Nous ne parlons que notre langue maternelle.*
That befalls none but fools. *Cela n'arrive qu'à des ſots.*
I have none. *Je n'en ai pas un.*
I will have none on't. *Je n'en veux point.*
It is none of ours. *Il n'eſt pas à vous.*
It could be none elſe. *Ce ne pouvoit être que lui.*
None, *ſubſt.* (a canonical hour in the Roman Church.) *Nones, une des heures canoniales.*
NO-NEARER ! } *adv. imper.* (a ſea-phraſe.) *Ne viens pas*
NO-NEAR !
NEAR ! *au vent ! Déſie du vent !*
Ne chicane pas le vent ! Commandement au timonnier.
NON-ENTITY, *ſ.* (nothing.) Néant.
NONES, *ſubſt.* (the ſix days in March, May, July, October, and in other months the four days next after the calends or firſt day, among the Romans.) *Nones, certains jours du mois parmi les anciens Romains.*
NON-EXISTENCE, *ſubſt. État de ce qui n'exiſte point.*
NON-JURING, *adj. Qui refuſe le ſerment de fidélité.*
NON-JUROR, *ſ. Celui qui refuſe de prêter ſerment de fidélité.*
* NONOBSTANTE, *adv.* (notwithſtanding.) *Nonobſtant.*
NONPARIEL, *ſ.* (one of the leaſt Printing letters.) *Nompareille, petite lettre d'imprimerie.*
Nonpareil. *Sans pareille, forte de pomme.*
NON-PAYMENT, *ſub.* (failure of payment.) *Faute de payement.*
NON-PERFORMANCE,

3 L

NON-PERFORMANCE, *s.* (or not performing.) *Inexécution.*

NON-PLUS, *s.* Ex. To put one to a nonplus or stand, (to stop his mouth.) *Mettre quelqu'un à quia, le mettre à bout, lui fermer la bouche.*

To put one to a non-plus, (to puzzle him.) *Embarrasser quelqu'un, le réduire à l'étroit.*

To be at a non-plus. *Ne savoir plus que dire ou que faire,* † *être à sec, être à quia.*

To NON-PLUS, *v. act.* (to put to a nonplus.) † *Mettre à quia, mettre à bout, fermer la bouche, embarrasser.*

Non-plus, *adj.* Qui ne sait plus que dire ou que faire, † *qui est à quia, qui est embarrassé ou en peine.*

NON-RESIDENCE, *s.* (an unlawful absence from the place of one's charge.) *Absence, particuliérement des gens d'Eglise qui ne font pas résidence à leurs bénéfices ; non-résidence.*

NON-RESIDENT, *s.* (absent from his spiritual charge.) *Qui ne fait pas sa résidence à son bénéfice.*

NON-RESISTANCE, *s.* The doctrine of non-resistance, (or passive obedience.) *La doctrine de l'obéissance passive ou aveugle.*

NONSENSE, *subst.* (impertinence, absurdity.) *Impertinence, sottise, chose ridicule ou qui est contre le sens commun, absurdité.*

It is nonsense to believe it. *C'est une absurdité de le croire.*

His book is full of nonsense, (one knows nor what to make of it.) *Son livre est plein de galimatias.*

NONSENSICAL, *adject.* *Impertinent, sot, absurde, qui n'a point de sens.*

A nonsensical discourse. *Un discours impertinent ou sot, un discours plein de sottises & d'impertinences.*

NONSENSICALLY, *adverb.* *Impertinemment, contre le bon sens, contre le sens commun.*

NON-SOLVENT, *adj.* (not able to pay.) *Insolvable, qui n'a pas de quoi payer.*

NONSUIT, *s.* (a renouncing of the suit at law.) *Désertion de cause.*

To NONSUIT, *v. act.* *Condamner quelqu'un par désertion de cause.*

Non suited, *adj.* *Condamné par désertion de cause.*

NON-TERM, *subst.* (vacation - time.) *Vacation.*

NOODLE, *s.* (an oaf, a silly fellow.) *Un sot, un niais, une buse, un benêt, un nigaud.*

NOOK, *s.* (or corner.) *Coin, recoin, enfoncement, réduit.*

NOON, *subst.* (the middle of the day.) *Midi, le milieu du jour.*

At noon-day. *En plein midi, en plein jour.*

At last the night advancing to her noon. *Enfin, comme minuit approchoit.*

The forenoon. *L'avant-midi, le matin.*

The afternoon. *L'après-midi.*

To sleep at noon. *Faire la méridienne.*

NOONING, *s.* (or noon-rest.) *La méridienne.*

NOONTIDE, *s. & adj.* *Midi, de midi.*

NOOSE, *s.* (the running knot of a cord.) *Nœud coulant.*

The noose of matrimony. *Le nœud du mariage.*

Noose, (or snare.) *Piége, panneau, filet.*

To run one's self into a noose. *Donner dans un piège, s'enferrer.*

To NOOSE, *v. act.* (to insnare.) *Faire donner dans le panneau, arrêter, prendre ou attraper au filet.*

Noosed, *adj.* *Pris, attrapé, qui a donné dans le piège ou dans le panneau, arrêté au filet.*

NOR, *conj.* *Ni, ne.*

Neither fortunate nor wise. *Ni heureux, ni sage.*

He eats no breakfast nor does he eat any supper. *Il ne déjeune point & ne soupe jamais.*

NORBERTINS, *s.* (a religious order called also Premonstratenses.) *Prémontrés, ordre de Religieux.*

NORMAN, *subst.* (a sea-word.) *Barre de bois qui se place dans un des trous du vindas, dans les bâtimens ma chands pour servir comme de bittes à amarrer le cable.*

NORREY, } *sub.* (or norroy King at arms.) *C'est ainsi qu'on appelle un des trois Rois d'armes ou Hérauts d'Angleterre, dont la juridiction s'étend vers le nord, au-delà de la riviere de Trent.*
NORROY,

NORTH, *s.* (one of the four corners of the world.) *Le nord, le septentrion, les parties septentrionales.*

The north of England or Scotland. *Le nord d'Angleterre ou d'Ecosse.*

North, *adj.* *Du nord, arctique, septentrional.*

The north-star. *L'étoile du nord.*

A north-wind. *Vent du nord ou du nord, le nord, bise ou vent de bise.*

The north-pole. *Le pole arctique ou septentrional.*

Northeast, *Nord-est.*

To steer one's course northeast. *Décliner du nord vers le nord-est ; nord-ester, en termes de navigation.*

Northwest. *Nurd-ouest.*

North by west. *Nord-quart-nord-ouest.*

Northwest half west. *Entre le nord-ouest & le nord-ouest-quart-d'ouest,* &c.

A northwest wind. *Vent du nord-ouest.*

To steer one's course northwest. *Décliner vers le nord-ouest ; nord-ouester, en termes de mer.*

Northward or northwards, *adv.* *Du côté du nord.*

NORTHERLY, *adj.* *De ou du nord, du septentrion, septentrional.*

A northerly wind. *Un vent du nord ou de nord.*

NORTHERN, *adject.* *Du nord, septentrional.*

NOSE, *s.* *Le nez.*

A flat nose. *Un nez camus.*

A large or broad nose. *Un nez épaté.*

A high-mounted nose. *Un nez à triple étage.*

To speak in the nose. *Parler du nez.*

The nose (or nozel) of a pair of bellows. *Le tuyau ou canon d'un soufflet.*

† To lead one by the nose , (to govern him entirely.) † *Mener quelqu'un par le nez, le gouverner, lui faire faire ce qu'on veut.*

† To thrust one's nose into every corner, (to concern one's self with every thing.) † *Mettre le nez par-tout.*

† To put one's nose out of joint, (to supplant one.) *Supplanter quelqu'un,* † *lui couper l'herbe sous les pieds.*

† To make one pay through the nose, (or very dear.) *Faire payer quelque chose bien cher à quelqu'un.*

† There will be many bloody noses. *Il y aura bien du sang répandu.*

† There they fuddle their noses. *Là ils s'en donnent, c'est-là qu'ils boivent à tire-larigot.*

† He did it under my nose, (or before my face.) *Il le fit devant moi, sous mes yeux, à ma barbe, en ma présence.*

† To tell noses, (to tell how many there are to pay the reckoning.) *Compter combien l'on est pour payer l'écot.*

† To tell or count noses, (or the number of any company or the votes of any assembly.) *Compter les têtes , compter combien de gens il y a dans la compagnie , compter les suffrages ou les voix d'une assemblée.*

To NOSE one, *v. act.* (to lead him by the nose.) *Mener quelqu'un par le nez, le gouverner comme on veut, lui faire faire ce qu'on veut.*

Nosed, *adject.* (or led by the nose.) *Mené par le nez, gouverné.*

Flat-nosed. *Camus.*

Hawk-nosed. *Qui a le nez aquilin.*

Well-nosed. *Qui a un bon nez.*

NOSE-BAND, *s.* (for a horse.) *Muselière ou muserolle.*

NOSE-BLEED, *s.* (or milfoil, a plant.) *Mille-feuille,* plante.

NOSEGAY, *s.* *Un bouquet.*

NOSELESS, *adj.* *Sans nez.*

NOSLE, *s.* *Tuyau, bout de quelque chose.*

NOSTRIL, *s.* *La narine.*

The nostrils of a horse, ox or cow. *Les naseaux d'un cheval, d'un bœuf ou d'une vache.*

His memory will stink in the nostrils of mankind. *Sa mémoire sera odieuse à la postérité.*

NOSTRUM, *s.* *Remede qu'on a en propre.*

NOT, *adv.* *Non, pas, point, non pas, ne pas.*

Why not ? *Pourquoi non ?*

Not a drop. *Pas une goutte.*

Not at all, not in the least. *Point de tout ; nullement.*

Not yet, not as yet. *Non pas encore, pas encore.*

And not. *Et non pas.*

I will not. *Je ne veux pas.*

Not but that I think him an honest man. *Non que je doute ou ce n'est pas que je doute de sa probité.*

Not long after. *Peu après, peu de temps après.*

I shall not do it. *Je n'en ferai rien.*

NOTABLE, *adject.* (remarkable, considerable.) *Notable, remarquable, considérable, d'importance.*

Notable, (great or extraordinary.) *Notable, grand, insigne, signalé, extraordinaire.*

A notable liar. *Un grand, un insigne menteur.*

A notable sum of money. *Une grande somme d'argent, une somme notable.*

A notable favour. *Une faveur signalée ou extraordinaire.*

Notable, (careful, bustling.) *Ménager, industrieux.*

She is a notable woman. *C'est une bonne ménagere.*

NOTABLY, *adv.* (very much.) *Notablement, beaucoup, grandement.*

Notably well. *Parfaitement bien, d'une maniere extraordinaire.*

NOTARIAL, *adj.* *Notarié.*

NOTARY, *sub.* (a scrivener.) *Notaire, Garde-note, Tabellion.*

A publick Notary. *Un Notaire public.*

NOTATION, *s.* *Marque, remarque, sens.*

NOTCH.

NOTCH, subst. (a dent or jag.) Coche, cran, entaillure.
The notch of a cross-bow. La coche ou le cran d'une arbalete.
The notch (or score) on a tally. Coche de taille.
The notch of an arrow. La coche d'une fleche.
To NOTCH, v. act. (to make a notch.) Entailler, faire une coche, un cran, une entaillure.
To notch hair. Couper les cheveux inégalement, les couper mal.
Notched, adject. Entaillé, plein de coches, &c. V. to Notch.
NOTCHING, subst. Coupure, entaillure, coche.
NOTE, s. (or mark.) Note, marque.
Put a note in the margin to find that passage again. Mettez une note ou faites une marque à la marge pour retrouver ce passage.
Note, (or remark.) Note, observation, remarque.
Note, (merit, credit, consideration.) Marque, mérite, crédit, considération.
A man of great note. Un homme d'une grande considération, un homme illustre ou distingué.
A town of note. Une ville considérable.
Note, (in musick.) Note, en termes de musique.
A white or black note. Note blanche ou noire.
To sing the notes. Entonner les notes.
To prick down the notes in a musick book. Noter un livre de musique.
A note (or point) in grammar. Point, en termes de grammaire.
A note of interrogation. Le point interrogant ou point d'interrogation.
A note of admiration. Le point admiratif ou point d'admiration.
Note or bill under one's hand. Promesse, billet, écrit.
The notes or natural notes of birds. Le ramage des oiseaux.
Notes, (short hand or abbreviations of a discourse.) Notes, chiffres, abréviations pour recueillir un discours aussi vite qu'il est prononcé.
To confer notes, (to consult or concert together.) Conjurer, concerter, rendre des mesures ensemble.
He sings the same note with her. Il tient le même langage qu'elle.
Of great note. De grande considération, illustre ou distingué, considérable.
A note book. Un livre de remarque.
To NOTE, v. a. (or observe.) Noter, remarquer, prendre garde.
To note DOWN, (or mark.) Marquer.
Note down the names of those who make default to appear. Marquez les noms de ceux qui manquent de comparoitre.
Noted, adject. Noté, remarqué, V. to Note.
Noted, (notable, famous.) Fameux, illustre, considérable, distingué, notable.
Noted, (notorious or arrant.) Insigne, grand, fameux.
NOTEDLY, adverb. Notamment, spécialement.
NOTER, subst. Qui note, qui fait des remarques.
NOTHING, subst. (a word made of no and thing.) Rien, néant.
He has nothing. Il n'a rien.
I know nothing of it. Je n'en sais rien.

God made the world out of nothing. Dieu a tiré le monde du néant.
P. Of nothing nothing comes. De rien on ne peut rien faire.
That is nothing, (no matter.) Cela n'est rien, cela n'y fait rien, n'importe.
P. Nothing venture, nothing have. P. Qui ne s'aventure, n'a ni cheval ni mule.
That's nothing to me. Cela ne me touche, ne me regarde pas.
Nothing of a gentleman would have done such a thing. Il n'y a pas d'honnête homme qui eût voulu faire une action de cette nature.
He is nothing but skin and bones. Il n'a que la peau & les os.
They live on nothing but herbs and roots. Ils ne vivent que d'herbes & de racines.
He does nothing but eat, drink and sleep. Il ne fait que manger, boire & dormir.
He does nothing but grieve. Il se livre continuellement à la douleur.
Prodigality is nothing near to much blamed as covetousness. La prodigalité est beaucoup moins blâmée que l'avarice.
This is nothing near so good. Ceci n'est pas si bon, à beaucoup près.
To make nothing of one, (to slight him.) Mépriser quelqu'un, se moquer de lui, n'en tenir aucun compte.
He makes nothing of that, (he slights it.) Il se moque de cela, il ne s'en met point en peine.
He makes nothing on't, (he does it with a wet finger.) Il fait cela sans peine, cela ne lui coûte rien, cela ne lui fait point de peine, il n'en fait point de difficulté.
I can make nothing of it, (I do not understand it.) Je n'y vois goutte, je n'y comprends ou je n'y entends rien.
He could make nothing on't, (he could not compass it.) Il n'a pu ou su en venir à bout.
That business will come to nothing. Cette affaire tombera à terre ou viendra à rien.
He is nothing taller than he was. Il n'a point crû du tout.
He is nothing courageous. Il n'est point courageux, il n'a point de courage ou de cœur.
Nothing doubting but if he came, &c. Ne doutant point ou ne faisant aucun doute que s'il venoit, &c.
Little or nothing. Presque point, si peu que rien, fort peu.
NOTHINGNESS, s. Néant.
NOTICE, sub. (knowledge or remark.) Connoissance, remarque, garde, avis, avertissement.
To take notice of a thing. Prendre connoissance d'une chose, remarquer une chose.
Take notice that. Remarquez, prenez garde que.
I took notice of it before you. J'ai fait cette remarque avant vous.
Take no notice of any thing. Ne faites semblant de rien.
He took no notice of me. Il n'a pas fait semblant de me voir.
Without taking any notice. Sans faire semblant de rien, comme si de rien n'étoit.
To take notice of one, (to salute him.) Saluer quelqu'un.
Notice, (or advice.) Connoissance, avis, avertissement.
To have notice of a thing. Avoir connoissance d'une chose, en avoir avis.

To give notice. Donner avis, avertir, faire savoir.
This is the second notice I give you. Voici la seconde fois que je vous en avertis.
Take notice that it is not good meddling with him. Apprenez ou sachez qu'il ne fait pas bon avoir aucun démêlé avec lui.
He went away without taking the least notice of the money he owed him. Il partit sans lui donner le moindre signe de vie sur sa dette, sans lui en dire un mot.
Two hours being spent, and not the least notice taken of him. Deux heures s'étant passées, sans qu'on lui donnât le moindre signe de vie.
The notices of external objects. Les indices des objets extérieurs.
NOTIFICATION, s. Notification, déclaration.
To NOTIFY, verb. act. (to make known or to signify.) Notifier, déclarer, faire savoir.
Notified, adj. Notifié, déclaré, qu'on a fait savoir.
NOTIFYING, sub. Notification, déclaration, l'action de notifier, de déclarer ou de faire savoir.
NOTION, s. (knowledge or understanding.) Notion, idée, connoissance.
A confused notion. Une notion confuse.
Spiritual notions. Des idées spirituelles.
Airy notions. Des idées creuses.
Notion, (thought or fancy.) Pensée, imagination, vision.
A silly notion. Une sotte pensée ou imagination.
Notion, (or respect.) Egard.
In either notion. A l'un ou à l'autre égard.
NOTIONAL, adj. Idéal, en idée, de l'imagination.
A notional property. Une propriété idéale ou de l'imagination.
NOTIONALLY, adv. En idée.
NOTITIA, s. (this is the title of some books of Geography.) Notice, livre qui donne la connoissance d'une province, d'un pays, &c.
NOTORIETY. V. Notoriousness.
NOTORIOUS, adj. (or manifest.) Notoire, connu, manifeste, clair, évident.
Notorious, (or arrant.) Insigne, grand, fameux.
A notorious lie. Un insigne mensonge.
A notorious highway-man. Un grand, un fameux, un insigne voleur.
NOTORIOUSLY, adv. Clairement, évidemment, notoirement, de notoriété.
NOTORIOUSNESS, subst. Evidence ou notoriété.
To NOTT. V. to Shear.
NOTWITHSTANDING, prép. & adverb. Nonobstant, malgré.
Notwithstanding all your endeavours Nonobstant ou malgré tous vos efforts.
Any thing to the contrary notwithstanding. Nonobstant tous autres jugemens contraire.
NOVAL, subst. (land newly ploughed up.) Novais, terre nouvellement défrichée & mise en labour.
NOVATION, s. (a making new.) Action de renouveller, novation, en termes de pratique.
NOVATOR, s. Novateur.
NOVEL, s. (an ingenuous story of a pleasant intrigue.) Nouvelle, historiette.

Novel,

NOVEL, adj. (or new.) Nouveau.
A novel party. Un nouveau parti.
A novel assignment, (in law.) Une nouvelle assignation.
NOVELIST, subst. Novateur, nouvelliste.
NOVELTY, s. Nouveauté.
NOVEMBER, s. (one of the 12 months of the year.) Novembre, un des 12 mois de l'année.
NOVENARY, adj. (belonging to nine.) Qui appartient au nombre de neuf.
NOVERCAL, adj. De marâtre.
NOUGHT, subst. (or nothing.) Néant, rien.
You shall not make a fool of me for nought. Vous ne vous moquerez pas de moi impunément.
To set at nought. Mépriser, ne faire aucun compte d'une chose.
To come to nought. Venir à rien, ne pas réussir, tomber à terre.
A nought, (or cypher.) Un zéro.
NOVICE, s. (a monk or nun newly entered into the Order.) Un novice, une Novice, dans un Couvent.
A novice, (or young beginner.) Novice, un apprenti dans quelque chose que ce soit.
A novice at play. Un novice au jeu, une mazette.
NOVICIATE, s. Noviciat.
To pass a long noviciate. Faire un long noviciat.
NOVITY, s. (newness.) Nouveauté.
NOUN, s. (a part of speech in Grammar.) Un nom.
To NOURISH, v. act. (to feed, keep or maintain.) Nourrir, entretenir d'alimens, alimenter.
To nourish, (or be nourishing.) Nourrir, sustenter, servir d'alimens.
To nourish, (or cherish.) Nourrir, entretenir, fomenter.
To nourish one UP (to countenance him) in lewd courses. Entretenir quelqu'un dans ses débauches.
Nourished, adject. Nourri, &c. V. to Nourish.
NOURISHER, subst. Nourricier, celui qui nourrit.
NOURISHING, subst. L'action de nourrir, &c. V. to Nourish.
Nourishing, adj. Nourrissant, nutritif, qui sustente, qui nourrit beaucoup.
NOURISHMENT, s. (or food.) Nourriture, aliment.
To NOUSEL, verb. act. (to entrap or ensnare; to bring up.) Attraper, attirer dans le piege ; élever, nourrir.
NOW, adv. (at present or at this time.) Maintenant, à présent, présentement.
Just now, (presently.) Tout maintenant, tout-à-l'heure.
Go thither now or just now. Allez-y, ou allez-là tout-à-l'heure, maintenant ou présentement.
Till now hitherto. Jusqu'à présent, jusques à présent.
He came e'en now, he came but just now. Il ne fait que d'arriver, il vient d'arriver.
I just now received my money. Je viens de toucher mon argent.
Now-a-days. Aujourd'hui, maintenant, présentement.
Now and then, (sometimes.) Quelquefois, de temps en temps, de fois à autre.
They stand now on one foot and then on another. Ils se tiennent tantôt sur un pied, tantôt sur un autre.

Before now. Auparavant, autrefois.
This happened before now. Cela est arrivé autrefois, ce n'est pas la premiere fois que cela est arrivé.
How now ? Que veut dire ceci ?
The now King. Le Roi d'à présent, le Roi régnant.
Now at length. Enfin.
Now, (after this.) Puisque cela est.
Now, conj. Or, or est-il que.
Now there was a sick man. Or, il y avoit un homme malade.
All that is good is to be loved ; now God is infinetely good, therefore — Tout ce qui est bon doit être aimé ; or est-il que Dieu est infiniment bon, donc —
NOWED, adject. (a term of heraldry.) Noué, terme de Blason.
NOWHERE, adv. Nulle part.
NOWISE, adv. Nullement.
NOXIOUS, adj. (hurtful ; guilty.) Nuisible, mal-faisant, venimeux, qui peut nuire ; coupable, criminel.
NOXIOUSNESS, subst. Qualité nuisible.
NOXIOUSLY, adverb. D'une maniere nuisible.
NOZEL, subst. (or upper part) of a candlestick. Le tuyau d'un chandelier.
The nozel of a bellows. V. Nose.
† To NUBBLE, v. act. (to bruise with handy cuffs.) Frapper, battre, meurtrir.
NUBIFEROUS, adject. Qui apporte les nuages, nuiéleux.
To NUBILATE, v. act. Faire des nuages, couvrir de nuages.
NUBILE, adj. Nubile.
NUBILOUS, adj. (cloudy.) Convert de nuages, sombre, nébuleux, nuageux.
NUCIFEROUS, adject. Qui produit des noix.
NUDATION, subst. (a making bare or naked.) Action de dépouiller, de mettre tout nu.
To NUDDLE along, verb. neut. (to go carelessly and in haste.) Aller vite & sans faire attention à rien.
* NUDE, adj. (bare or naked.) Nu, simple.
A nude contract, (without any consideration, whence no action can arise.) Une simple promesse.
NUDITY, s. (nakedness.) Nudité.
A nudity or naked picture. Une nudité.
NUEL, subst. (or spindle of a winding staircase.) Noyau ou vis de montée.
NUGACITY, s. Frivolité, futilité.
NUGATORY, s. (or trifling.) Badin, sot, ridicule, impertinent.
NUISANCE, subst. Incommodité, ce qui incommode.
NULL, adject. (void, of no force.) Nul, invalide.
To NULL, verb. act. (to make null.) Annuller, rendre nul, casser, abolir.
Nulled, adj. Annullé, cessé, aboli.
NULLIBIETY, subst. L'état d'être nulle part.
To NULLIFY, v. act. (or null.) Annuller, casser.
NULLITY, subst. (a cypher standing for nothing.) Nulle, caractere qui ne signifie rien dans les lettres écrites en chiffre.
Nullity. Nullité, terme de Palais.
To NUMB, v. act. (or benum.) Engourdir.
Numbed, adj. part. Engourdi.
NUMBEDNESS, subst. Engourdissement.
NUMBER, s. (many units considered to-

gether.) Nombre, plusieurs unités considérées ensemble.
An even or odd number. Nombre pair ou impair.
A broken number. Un nombre rompu ; fraction.
I want one of my number. J'en trouve un de moins.
To be in the number, (or amongst.) Être au nombre ou parmi, être du nombre.
The singular or plural number in Grammar. Le nombre singulier ou pluriel dans la Grammaire.
Number , (or cadence of words.) Nombre ou cadence de mots, harmonie qui résulte d'un certain arrangement de paroles.
The golden number, (among Astronomers and Chronologers.) Le nombre d'or, parmi les Astronomes & les Chronologistes.
Numbers , (a book of the Old Testament.) Nombres, livre de l'ancien Testament.
To NUMBER, v. act. (or count.) Nombrer, compter, supputer.
Numbered, adject. Nombré, compté, supputé.
NUMBERER, subst. Celui qui compte.
NUMBERLESS, adject. Innombrable, infini.
NUMBING, subst. Engourdissement, ou l'action d'engourdir.
NUMBLES, s. (the entrails of a deer.) Les entrailles d'un cerf, &c.
NUMBNESS, subst. (torpor.) Engourdissement.
NUMERABLE, adj. Qui se peut compter.
NUMERAL, adject. Numéral, qui marque quelque nombre.
NUMERARY, adject. Qui regarde un certain nombre.
NUMERATION, s. (that part of Arithmetick which teaches the value of figures in their several places.) Numération, en termes d'Arithmétique : l'art ou l'action de compter.
NUMERATOR, subst. (in Arithmetick.) Le numérateur, terme d'Arithmétique.
NUMERICAL, adj. Numérique.
A numerical difference, (in Logick.) Une différence numérique.
NUMERICALLY, adverb. Numériquement.
NUMERO, subst. (a term used among merchants for number.) Numéro, nombre.
NUMEROSITY, subst. Grand nombre ; multitude.
NUMEROUS, adject. (or great.) Nombreux, grand.
Numerous, (harmonious, sounding well.) Nombreux, harmonieux.
NUMEROUSNESS, s. (or numerosity.) Grand nombre, multitude.
Numerousness, (cadence, harmony.) Nombre, cadence, harmonie.
The numerousness of his verses. Le nombre, la cadence de ses vers.
NUMMARY, adject. Qui regarde la monnoie.
NUMMED. V. Benummed.
NUMSKULL, subst. (blockhead.) Une bête, une buse.
NUMSKULLED, adject. (dull, stupid or doltish.) Un stupide, un lourdaud.
NUN, sub. (a virgin separated from the world, and devoted to the service of God.) Une Religieuse, † une Nonne, † une Nonnain.

NUNCHION,

NUNCHION, *f.* (an afternoon's repaſt.) *Le goûté.*
NUNCIATURE, *f.* (the office of a nuncio.) *Nonciature.*
NUNCIO, *f.* (the Pope's Ambaſſadeur.) *Nonce, Ambaſſadeur du Pape.*
NUNCUPATIVE,
NUNCUPATORY, } *adj.* (verbal, by word of mouth.) *Nuncupatif, verbal, fait verbalement.*
A nuncupative or a verbal will. *Un teſtament nuncupatif ou de vive voix.*
NUNNERY, *ſubſt.* (a monaſtery of nuns.) *Un Couvent de Religieuſes, un Cloitre.*
NUPTIAL, *adj.* (of wedding.) *Nuptial, qui regarde les noces, de noces.*
A nuptial ſong. *Une chanſon nuptiale, un epithalame.*
NUPTIALS, *f. Noces, mariage.*
NURSE, *f.* (child's nurſe.) *Une nourrice.*
A nurſe, (a woman who has the care of a ſick body or a woman in child-bed.) *Une garde.*
A nurſe-child. *Un nourriſſon.*
To NURSE, *v. act. Nourrir, élever.*
To nurſe a child. *Nourrir un enfant, lui donner à teter.*
To nurſe (or take care of) a ſick body. *Garder un malade, en prendre ſoin, le ſoigner.*
To nurſe one up. *Prendre ſoin de quelqu'un, veiller à ſa ſanté ou l'élever.*
Nurſed, *adj. Nourri,* &c. *V.* to Nurſe.
A child may be nurſed to death. *A force de ſoins on tue quelquefois l'enfant.*
NURSERY, *ſubſt.* (the nurſe's chamber.) *La chambre de la nourrice.*

Nurſery, (or nurſe-child.) *Nourriſſon.*
Nurſery of trees. *Une pépinière d'arbres.*
A nurſery (or ſeminary) of young people deſigned for prieſthood. *Une pépinière ou un ſéminaire de jeunes gens deſtinés à la Prêtriſe.*
NURSING, *f.* (from to nurſe.) *L'action de nourrir,* &c. *V.* to Nurſe.
NURSLING, *ſubſt. Nourriſſon, mignon.*
NURTURE, *f.* (or education.) *Nourriture, éducation.*
Prov. Nurture goes beyond nature. *P. Nourriture paſſe nature.*
To NURTURE, *v. act. Nourrir, élever.*
NUSANCE,
NUISANCE, } *ſubſt.* (or annoyance.) *Tort, préjudice, dommage, incommodité.*
He is a publick nuſance. *C'eſt une peſte publique.*
To NUSTLE, *v. act.* (to fondle or cheriſh, corrupted from nuſtle.) *Mignarder, dorloter.*
NUT, *ſubſt.* (a fruit.) *Une noix.*
A wall-nut. *Noix de noyer.*
A wall-nut tree. *Un noyer.*
Hazel-nut or ſmall nut. *Noiſette.*
A hazel-nut tree. *Un noiſetier.*
A cheſt-nut. *Une châtaigne. V.* Cheſtnut.
He is a devil: miſchief is nuts to him. *C'eſt un diable : le mal eſt pour lui du pain bénit.*
The nut of a croſs-bow or gun. *La noix d'une arbalète ou d'une arme à feu.*

The nut, (in a leg of mutton.) *Noix de giges de mouton.*
The nut of a printing preſs. *Écrou de preſſe.*
Nut-ſhell. *Écale de noix.*
A nut-cracker. *Un caſſe-noiſette.*
Nut-gall. *Noix de galle.*
Nut-peach. *Pêche noix.*
Nut-brown, (of the colour of ripe nuts.) *Châtain.*
Nuts of the anchor, *ſubſt. plur. Tenons de la verge d'une ancre.*
NUTMEG, *ſubſt. Muſcade, noix muſcade.*
NUTRIFICATION, *f. Nutrification.*
NUTRIMENT, *f.* (nouriſhment.) *Nourriture, aliment.*
NUTRIMENTAL. *V.* Nutritious.
NUTRITION, *f.* (a nouriſhing.) *Nutrition, action de la faculté nutritive.*
NUTRITIOUS,
NUTRITIVE, } *adject. Nourriſſant, nutritif.*
NUTTING, *part. Ex.* To go a nutting. *Aller cueillir des noiſettes.*
NUTRITURE, *ſubſt. La faculté de nourrir.*
To NUZZLE, *verb. act. Se cacher,* * *ſe muſſer.*
To nuzzle in the blankets. *Se cacher dans les couvertures du lit, s'en couvrir tout-à-fait.*
To nuzzle, (as a hog.) *Fouiller.*
NYE, *ſubſt. Volée.*
A nye of pheaſants. *Une volée, bande ou troupe de faiſans.*
NYMPH, *f. Une nymphe.*

O.

O

O, *ſubſt.* eſt la quinzième lettre de l'alphabet anglois, & la quatrième des voyelles.
Il ſe prononce de trois manières différentes en anglois.
1. Il a le ſon de l'*o* bref en françois. *Ex.* Not ſe prononce *note.*
2. Il a le ſon de l'*ô* circonflexe en françois. *Ex.* Note ſe prononce *nôte.*
3. Il a le ſon de la diphtongue *ou* en françois. *Ex.* Noose ſe prononce *nouſe.*
Cette voyelle prend ces trois ſons, & eſt très-irrégulière ; comme ces différens ſons ſe trouvent de la même terminaiſon, elle les change en celui du premier *u,* & elle emprunte ſouvent celui du troiſième *a* anglois. *Ex.*
Dans les mots month, monk, ſponk, work, word, elle ſe prononce comme le premier *u* anglois.

O

Dans les mots oft, ſoft, cord, lord, cork, fork, broth, cloth, froth, elle ſe prononce comme le troiſième *a* anglois.
Mais elle ſe prononce le plus ſouvent en anglois, comme l'*o* bref en françois ; il faut la prononcer longue lorſqu'elle eſt ſuivie d'une conſonne avec un *e* final. *Ex.* Globe, robe, mode, drone.
Excepté, dans ceux-ci, où l'*e* n'eſt compté pour rien ; ſavoir, come, ſome, done, purpoſe, Europe, love, glove, dove, above, &c.
Dans ces mots-ci, l'*o* ſe prononce long ; ſavoir, comb, both, moſt, ghoſt, poſt. Cependant il eſt bref dans coxcomb, & dans ces compoſés de moſt, hithermoſt, furthermoſt, uppermoſt, undermoſt.
Yolk, maggot, anchor, women, ſe prononcent yelk, maguette, enker, ouimen.
Enfin l'*o* ſe prononce fort légèrement à la

O

fin des mots qui ſe terminent par une conſonne devant on ; comme capon, mutton, reckon, reaſon, &c.
Il en faut excepter, ſon, con, cannon, ſermon, abandon, & quelques autres où l'*o* ſe prononce fortement.
Mais l'*o* eſt comme muet en faſhion, cuſhion, puncheon, & quelques autres de cette nature.
O, *interj.* O, ha ! plût à Dieu !
O God ! *O Dieu !*
O that we were ſo happy ! *Plût à Dieu que nous fuſſions ſi heureux !*
O ſad ! *Quel malheur.*
O brave ! *Quel bonheur ! voilà qui va bien.*
-La diphtongue oa ſonne comme ô long. *Ex.* Oak, boat, coach, coat, &c.
Exceptez ces mots où elle ſe prononce en *à long; ſavoir,* groat, broad, abroad, & celui-ci où elle ſe prononce breve, oatmeal.

Loath,

OAF OBE

Loath, (l'adj.) s'écrit maintenant sans a, & se prononce lôth.
OAF, subst. Un fou, un idiot, un benêt.
OAFISH, adj. Stupide.
OAFISHNESS, subst. Stupidité.
OAK, subst. (a tree.) Un chêne, arbre.
The barren scarlet oak. Yeuse.
Oak, (wood or timber of the oak tree.) Du chêne, du bois de chêne.
The gall-bearing oak. Rouvre, le chêne qui porte les noix de galle.
Holm-oak. Yeuse, chêne vert.
Oak-apple. Noix de galle, fruit du chêne qu'on appelle rouvre.
Oak-grove. Chénais, bois planté de chênes.
OAKUM, subst. (old ropes untwisted.) Fil de caret; étoupe.
White oakum. Étoupe blanche.
Black or tarred oakum. Étoupe noire ou goudronnée.
OAKEN, adject. (of oak, made of oak.) De chêne.
OAKENPIN, subst. Sorte de pomme.
OAR, subst. (a long stick to row with.) Rame, aviron.
The blade of an oar. Le plat d'une rame.
To ship the oars. Armer les avirons.
Ship oars. Avirons de vaisseaux.
Double banked oars. Avirons à couples.
Oars, (or a boat with two watermen to row.) Bateau à deux rameurs.
To OAR, v. n. Ramer.
OARY, adj. Qui sert de rame.
OATCAKE, s. Sorte de gâteau.
OATEN, adj. D'avoine.
OATMILAL. V. Oats.
OATH, subst. (a lawful swearing.) Serment.
To take one's oath, (or swear.) Prêter serment.
To take another man's oath. Recevoir le serment d'une personne.
To put one to his o. th. Faire prêter serment à quelqu'un.
To render him the oath. Lui déférer le serment.
He said he was under an oath of secrecy not to tell any body. Il dit qu'il avoit promis sous le sceau de la confession de ne le dire à personne.
An oath, (a curse, an unlawful swearing.) Serment, jurement, blasphême.
OATS, subst. (a sort of corn.) Avoine.
P. To sow one's wild oats, (to play one's youthful pranks.) † Jeter sa gourme ou le premier feu de la jeunesse.
Oat-cake, Sorte de gâteau à l'Angloise.
Oatmeal. Gruau d'avoine, avoine concassée.
To OBDUCE. V. to Draw over.
OBDURACY, s. Endurcissement.
OBDURATE, adject. (or hardened.) Endurci.
An obdurate sinner. Un pécheur endurci.
Obdurate, (hard or obstinate.) Endurci, insensible, obstiné, opiniâtre.
OBDURATELY, adv. Opiniâtrément.
OBDURATENESS, ⎫
OBDURATION, ⎬ s. Endurcissement, insensibilité, opiniâtreté.
OBDURED. V. Obdurate.
OBEDIENCE, subst. (from to obey.) Obéissance, ou obédience en termes de Couvent.
I did it in obedience to you. Je l'ai fait pour vous obéir.

OBE OBJ

OBEDIENT, adject. (or dutiful.) Obéissant, qui obéit, soumis.
To be obedient to one's father. Être obéissant à son pere, lui obéir.
OBEDIENTIARY, subst. (so was formerly called in England an inferior monk in a monastery.) Obédiencier, Religieux subalterne dans un Monastere.
OBEDIENTIAL, adj. Conforme aux regles de l'obéissance.
OBEDIENTLY, adv. Avec obéissance, avec soumission.
To carry one's self obediently. Être obéissant.
OBEISANCE, subst. (bow, courtesy.) Révérence, prosternation.
OBELISK, sub. (a high square tapering stone, in form of a pyramid.) Obélisque, espece de pyramide.
OBERRATION, sub. L'action d'errer çà & là.
OBESE, adj. Gras, lourd.
OBESENESS, ⎫
OBESITY, ⎬ sub. Obésité, terme de médecine.
To OBEY, verb. act. Obéir, être obéissant.
To obey God's commands. Obéir aux commandements de Dieu.
Obeyed, adject. Obéi.
I will be obeyed. Je veux être obéi, je veux qu'on m'obéisse.
He must be obeyed. Il faut lui obéir.
OBJECT, subst. (any thing that affects the outward senses or the faculties of the soul.) Objet.
A pleasant object to the sight. Un objet agréable à la vue.
The object of my love. L'objet de mon amour.
Object of hatred. Objet de haine.
To OBJECT, verb. act. (or make an objection.) Objecter, faire une objection, opposer une difficulté à une proposition.
This he objects against it. Voici ce qu'il objecte à cela.
To object, (to reproach or to lay to one's charge.) Objecter, reprocher, supposer quelque chose de honteux à quelqu'un.
He foresaw to what reproaches he should object (or expose) himself. Il prévit à quels reproches il s'exposeroit.
Objected, adject. Objecté, &c. V. to Object.
OBJECTGLASS, subst. Verre objectif, terme d'optique.
OBJECTING, subst. L'action d'objecter, &c. V. to Object.
OBJECTION, subst. (difficulty raised against a proposition.) Objection, difficulté qu'on oppose.
To raise, to start or make an objection. Faire, former une objection.
Objection, (or reproach.) Reproche, accusation.
OBJECTIVE, adj. Objectif, terme didactique.
OBJECTOR, sub. Celui qui fait ou qui a fait une objection.
OBIT, subst. (funeral obsequies.) Obit, service qu'on fait pour une personne morte.
OBJURGATION, subst. (reproof.) Censure, réprimande, reproche.
To OBJURGATE, v. act. (to chide.) Censurer, réprimander.
OBJURGATORY, adject. De reproche,

OBL

plein de reproches, qui sert à censurer ou à reprendre.
OBLAT, subst. (a soldier, who being disabled in the King's service, had the benefit of a monk's place assigned him in an abbey.) Oblat ou Moine lai.
Oblats of S. Jerome, (a Congregation of secular Priests in Italy, founded by S. Charles Borromeo.) Oblats de S. Jérôme, sorte de Congrégation en Italie.
OBLATE, adj. Applati aux pôles.
OBLATION, subst. (or offering.) Oblation ou offrande.
OBLECTATION, s. (or delight.) Joie ou plaisir.
OBLIGATION, s. (a bond containing a penalty with a condition annexed.) Obligation, acte public.
Obligation, (engagement, duty or tie.) Obligation, devoir, engagement.
A strict obligation. Une étroite obligation.
It is a great obligation. C'est un grand engagement.
I am under no such obligation. Je n'y suis point du tout obligé.
There's no obligation upon me to do it. Je ne suis pas obligé de le faire.
Obligation, (an engagement arising from a benefit conferred or received.) Obligation, engagement qui vient de quelque bon office qu'on a reçu.
You have laid a fresh obligation on me. Je vous ai une nouvelle obligation.
OBLIGATORY, adject. (which obliges.) Obligatoire, qui oblige, qui a la force d'obliger.
To OBLIGE, verb. act. (to bind, compel or engage.) Obliger, contraindre, engager par un acte public, par devoir ou par bienséance.
What reason obliges you to do it? Quelle raison vous oblige, vous engage ou vous porte à le faire?
To oblige one, (to do him a kindness.) Obliger quelqu'un, faire plaisir à quelqu'un, lui rendre un bon office.
Obliged, adject. Obligé, &c. Voy. to Oblige.
OBLIGEE, subst. (he to whom the bond is made.) Celui à qui l'on a imposé l'obligation.
OBLIGEMENT, subst. (or obligation.) Obligation.
My obligations to him. Les obligations que je lui ai.
OBLIGER, sub. (a law word.) La personne qui s'oblige ou qui s'est obligée.
OBLIGING, subst. L'action d'obliger, &c. V. to Oblige.
Obliging, adject. (kind or complaisant.) Obligeant, officieux, complaisant, honnête, gracieux.
OBLIGINGLY, adv. Obligeamment, d'une maniere obligeante.
OBLIGINGNESS, s. Maniere obligeante, civilité, honnêteté.
OBLIQUATION. V. Obliquity.
OBLIQUE, adj. (not direct, crooked, awry.) Oblique, qui n'est pas droit, qui est de biais ou de travers.
Oblique case, (in terms of Grammar, any case but the nominative.) Les cas obliques, en termes de Grammaire.
† Oblique (or crooked) dealings. Procédé oblique, mauvais, frauduleux.
OBLIQUELY, adverb. Obliquement, d'une maniere oblique.
OBLIQUITY, ⎫
OBLIQUENESS, ⎬ sub. Obliquité, détour.

To

To OBLITERATE, v. act. (or blot out of one's memory.) Effacer le souvenir, faire oublier.
To obliterate, (to efface or destroy.) Effacer, détruire.
Obliterated, adj. Effacé, oublié.
OBLITERATION, } f. L'action d'effa-
OBLITERATING, } cer de la mémoire, d'abolir, &c.
OBLIVION, f. (or forgetfulness.) Oubli.
An act of oblivion, (an amnesty.) Une amnistie, un oubli des injures passées.
OBLIVIOUS, adj. (forgetful.) Oublieux, qui oublie aisément ou qui fait oublier.
OBLOCUTOR, sub. (a backbiter.) Un médisant.
OBLONG, adject. (longer than broad.) Oblong, qui est plus long que large.
OBLONGLY, adverb. Dans une direction oblongue.
OBLOQUIOUS, adject. (slandering.) Médisant.
OBLOQUY, subst. (or slander.) Médisance, détraction.
To lie under some obloquy. Être diffamé.
They care not what obloquy they cast upon him. Ils en disent tout le mal imaginable.
OBNOXIOUS, f. (or liable.) Sujet.
Obnoxious to punishment, (guilty, criminal.) Coupable de quelque crime, criminel.
An obnoxious (or guilty) conscience. Une conscience ulcerée.
OBNOXIOUSLY, adv. Dans un état de sujétion, étant sujet à ….
OBNOXIOUSNESS, sub. État de ce qui est sujet.
To OBNUBILATE, verb. act. (to cloud or darken.) Obscurcir, rendre obscur, couvrir de nuages.
Obnubilated, adj. Obscurci, couvert de nuages.
OBOLE, subst. (in pharmacy twelve grains; with us a farthing.) Obole, monnoie ancienne qui valoit un demi sou d'Angleterre, & un demi-denier de France; petit poids de douze grains.
OBREPTION, f. (stealing or creeping in.) L'action de se glisser, de se couler, de se fourrer adroitement; obreption, terme de pratique.
The obreptions of thoughts in a man's sleep. Les pensées qui se glissent, qui viennent dans l'esprit d'un homme en dormant.
OBREPTITIOUS, adject. (which has cunningly stolen upon.) Obreptice.
OBSCENE, adj. (unclean, bawdy, smutty.) Obscene, sale, impudique, impur, déshonneste.
OBSCENELY, adverb. D'une maniere obscene.
OBSCENITY, sub. (ribaldry, bawdry.) Obscenité, ordure, saleté, impureté qui blesse la pudeur.
OBSCURATION, f. (a making obscure.) Obscurcissement ou l'action d'obscurcir.
OBSCURE, adj. (dark, without light.) Obscur, ténébreux.
Obscure, (dark, difficult to understand.) Obscur, qui n'est pas clair, difficile à entendre.
An obscure (or mean) birth. Une naissance obscure & basse.
Obscure, (secure, little known.) Obscur, caché, peu connu, qui n'a nul éclat.
To live in an obscure condition. Vivre dans l'obscurité, sans crédit, sans réputation.

To OBSCURE, verb. act. (or darken.) Obscurcir, rendre obscur.
To obscure (drown, darken or eclipse) another man's merit. Obscurcir, éclipser ou effacer le mérite d'un autre.
He obscured himself, (he lived in an obscure condition.) Il vivoit dans l'obscurité.
Obscured, adj. Obscurci, &c. Voy. to Obscure.
OBSCURELY, adv. Obscurément, d'une maniere obscure, dans l'obscurité.
OBSCURING, subst. Obscurcissement ou l'action d'obscurcir, &c. V. to Obscure.
OBSCURITY, } sub. (or darkness.)
OBSCURENESS, } Obscurité, ténèbres.
To OBSECRATE, v. act. (earnestly to beseech.) Prier, supplier, conjurer.
OBSECRATION, f. (or supplication.) Supplication, prière faite avec beaucoup d'instance.
OBSEQUIES, subst. (or funeral solemnities.) Obsèques, funérailles, enterrement.
OBSEQUIOUS, adj. (complaisant.) Condescendant, complaisant, obligeant.
Obsequious, (dutiful.) Obéissant, soumis, qui fait bien son devoir.
OBSEQUIOUSLY, adv. (or with complaisance.) Avec condescendance, avec complaisance, volontiers.
Obsequiously, (dutifully.) Avec soumission, avec obéissance.
OBSEQUIOUSNESS, sub. (or complaisance.) Condescendance, complaisance.
Obsequiousness, (dutifulness.) Soumission, obéissance.
OBSERVABLE, adject. (or remarkable.) Remarquable, digne d'être remarqué, qui est à remarquer ou à observer.
This is another observable thing. Voici une autre chose à observer.
OBSERVABLY, adverb. D'une maniere remarquable.
OBSERVANCE, f. (respect, attention.) Respect, égard, soumission, considération qu'on a pour quelqu'un, démonstration de respect.
For the observance of his word. Pour l'accomplissement de sa parole.
The observances, (rules or customs of a Monastery.) Les observances, les coutumes, les regles d'un Monastère.
OBSERVANT, adj. (docile, dutiful or obsequious.) Qui a des égards, qui a de la considération pour quelqu'un, obéissant, soumis, docile, qui fait sans répugnance ce qu'on lui ordonne de faire.
Observant (or keeper) of his word. Exact à tenir ce qu'il promet, qui tient ou accomplit sa promesse.
OBSERVANTS, } sub. (a branch of
OBSERVANTINS, } the order of grey Friars.) Observantins, Cordeliers de l'étroite Observance.
OBSERVATION, f. (or remark.) Observation, remarque.
OBSERVATOR, f. Observateur.
OBSERVATORY, f. (a building erected to make natural and astronomical observations.) Observatoire.
To OBSERVE, verb. act. (to mark.) Observer, remarquer, faire une remarque ou des remarques.
To observe, (or study.) Observer, étudier.
To observe, (or watch.) Observer, éclairer, reconnoître.
To observe (or keep) the laws. Observer ou garder les lois, les suivre, les accomplir.

To observe (or mind) one's master. Écouter avec respect les instructions de son maître, lui donner une attention respectueuse.
Observed, adj. Observé, remarqué, &c. V. to Observe.
Fit to be observed. Remarquable, qui est à observer ou à remarquer.
OBSERVER, f. Observateur, qui observe, qui accomplit ce qui est prescrit.
OBSERVING, f. L'action d'observer, &c. V. to Observe.
OBSERVINGLY, adverb. Attentivement, soigneusement.
* OBSESSED, adj. (haunted with an evil spirit.) Obsédé, tourmenté par le malin Esprit.
OBSESSION, f. Action d'assiéger; obsession.
OBSIDIONAL, adj. Ex. The obsidional crown, (a crown given to him that relieved a town besieged.) Couronne obsidionale, qu'on donnoit à celui qui avoit fait lever le siège d'une place parmi les anciens Romains.
OBSOLETE, adj. (grown out of use.) Hors d'usage, vieux, qui a vieilli.
An obsolete word. Un vieux mot, mot hors d'usage ou qui a vieilli.
OBSOLETENESS, f. État de ce qui est hors d'usage.
OBSTACLE, f. (or hinderance.) Obstacle, empêchement.
The King perceived that the want of a portion was the only obstacle to that match. Le Roi s'apperçut qu'il ne tenoit qu'au Lien que ce mariage ne se fît.
OBSTINACY, subst. (wilfulness or stubbornness.) Obstination, opiniâtreté.
OBSTINATE, adj. (stubborn, wilful.) Obstiné, opiniâtre, entêté.
An obstinate man or woman. Un obstiné ou une obstinée; un ou une opiniâtre.
To be (or grow) obstinate in a thing. S'obstiner, s'opiniâtrer à quelque chose.
OBSTINATELY, adv. Obstinément, opiniâtrément, avec obstination ou opiniâtreté.
To be obstinately bent against one. S'acharner contre quelqu'un.
They are obstinately resolved, either to vanquish or to die. Ils se sont déterminés à vaincre ou à mourir.
He is obstinately resolved to eat nothing. Il s'opiniâtre à ne rien manger.
He persists obstinately in it. Il s'obstine à cela.
OBSTINATENESS, f. (or obstinacy.) Obstination.
OBSTIPATION, subst. L'action de boucher un passage.
OBSTREPEROUS, adj. (making a great noise, troublesome.) Étourdissant, incommode, turbulent.
In case he be too obstreperous. En cas qu'il veuille faire le mauvais ou faire du bruit.
OBSTREPEROUSLY, adverb. Avec grand bruit.
OBSTREPEROUSNESS, f. (loudness, clamour, noise.) Bruit, clameur.
OBSTRICTION, f. Lien, obligation.
To OBSTRUCT, v. act. (to stop up.) Boucher, fermer.
This will obstruct (or hinder) your design. Ceci rompra votre dessein ou vos mesures, ceci vous empêchera d'accomplir vos desseins.
There must new difficulties arise to obstruct the action of the play. Il faut qu'il

qu'il naisse de nouvelles difficultés pour embarrasser l'intrigue de la piece.

Obstructed, *adject.* Bouché, fermé, &c. *V.* to Obstruct.

OBSTRUCTER, *subst.* Celui ou celle qui empêche.

OBSTRUCTING, *subst.* L'action de boucher, &c. *V.* to Obstruct.

OBSTRUCTION, *subst.* (or stoppage in the human body.) Obstruction des vaisseaux du corps humain.

Obstruction, (or hinderance.) Un empêchement ou obstacle.

OBSTRUCTIVE, *adject.* (or stopping.) Obstructif, opilatif, qui cause des obstructions.

OBSTRUENT. *V.* Obstructive.

OBSTUPEFACTION, *s.* Suspension des facultés de notre ame; stupeur.

OBSTUPEFACTIVE, *adj.* Qui produit la stupeur.

To **OBTAIN**, *v. act.* (or get.) Obtenir, avoir ce qu'on demande, remporter, gagner.

To obtain one's pardon. Obtenir sa grace.

To obtain the victory. Obtenir ou remporter la victoire.

I cannot obtain leave of him to do it. Je ne saurois obtenir de lui la permission de le faire.

To obtain, *v. n.* (to get ground as an opinion, &c.) S'établir, prévaloir, en parlant d'une opinion, &c.

There is nothing that has more universally obtained in all nations. Il n'y a rien de si généralement établi parmi tous les peuples.

This notion never obtained to have the force of natural laws. Cette notion n'a jamais eu la force des loix naturelles.

Obtained, *adject.* Obtenu, &c. *Voy.* to Obtain.

OBTAINABLE, *adj.* Qu'on peut obtenir, se procurer, ou acquérir.

OBTAINER, *s.* Celui qui obtient.

OBTAINING, *subst.* Obtention, l'action d'obtenir, &c. *V.* to Obtain.

To **OBTEMPERATE**, *verb. neut.* (to obey.) Obéir, obtempérer, ce dernier est en terme de Palais.

OBTEMPLRATION, *sub.* (or obeying.) Obéissance.

To **OBTEND**, *verb. act.* Opposer, prétendre.

OBTENEBRATION, *s. V.* Obscuration.

OBTENSION, *subst.* Opposition, prétention.

† To **OBTEST**. *V.* to Entreat.

OBTESTATION, *subst.* (or earnest intreaty.) Instance, prière, supplication.

OBTRECTATION, *subst.* (backbiting, detraction.) Médisance.

To **OBTRUDE**, *verb. act.* (to offer or give one something against his will, to impose.) Donner, présenter quelque chose à quelqu'un malgré lui, la lui imposer, vouloir la lui faire recevoir ou accepter en dépit de lui.

To obtrude new laws upon the people. Imposer de nouvelles loix au peuple, vouloir les lui faire recevoir.

He would fain obtrude these his wild conceits upon the world. Il tâche d'établir dans le monde ces extravagantes productions de son esprit.

To obtrude (or thrust) one's nose every where. Fourrer son nez par-tout.

Obtruded, *adject.* Imposé, &c. *V.* to Obtrude.

A jest may be obtruded upon any thing.

Il n'y a rien qui soit à couvert de la raillerie.

OBTRUDER, *s.* Celui qui impose, &c. *V.* to Obtrude.

OBTRUDING, *s.* L'action d'imposer, &c. *V.* to Obtrude.

OBTRUSION, *subst.* Intrusion, imposition.

To **OBTUND**, *v. act.* Emousser.

OBTUSANGULAR, *adject.* Obtusangle, terme de géométrie.

OBTUSE, *adj.* (or blunt.) Obtus.

An obtuse angle, (when two lines include more than a square or ninety-degrees.) Un angle obtus.

OBTUSELY, *adverb.* Sans pointe; stupidement.

OBTUSENESS, *subst.* Qualité de ce qui est obtus.

OBTUSION. *V.* Dulling.

OBVENTION, *subst.* Obvention, impôt ecclésiastique.

To **OBVERT**, *v. act.* Tourner contre.

To **OBVIATE**, *verb. act.* (or prevent.) Obvier, prévenir, aller au devant.

To obviate a danger. Prévenir un danger, obvier à un danger.

Obviated, *adject.* A quoi l'on a obvié, que l'on a prévenu.

OBVIATING, *subst.* L'action d'obvier, de prévenir ou d'aller au devant.

OBVIOUS, *adj.* (common, ordinary.) Commun, ordinaire, qui n'est pas rare, qu'on trouve aisément.

Obvious, (easy to find or understand.) Sensible, facile à voir ou à entendre.

I will make it obvious by an example. Je le rendrai sensible par un exemple.

This is obvious to all the Christian world. Toute la Chrétienté le sait.

This is not obvious to every common understanding. C'est une chose qui n'est pas à la portée de tout le monde.

It is obvious to take notice of it. On ne peut qu'en prendre connoissance.

'Tis obvious to the eye, (one cannot but see it.) Cela saute aux yeux.

OBVIOUSLY, *adv.* Evidemment.

OBVIOUSNESS, *s.* Clarté, évidence.

To **OBUMBRATE**, *verb. act.* (to overshadow.) Ombrager, faire ombrage, couvrir.

OBUMBRATION, *s.* L'action d'ombrager, &c.

OCCASION, *s.* (or opportunity.) Occasion, temps propre, heureux moment, rencontre ou conjecture propre, occurrence, opportunité; ce dernier est de peu d'usage.

To take the occasion by the forelock. Prendre l'occasion aux cheveux.

Occasion, (cause, reason, matter.) Occasion, cause, sujet, raison, lieu, matiere.

To give an occasion of complaint. Donner occasion ou sujet de se plaindre.

He was the occasion of it. Il en a été la cause.

Occasion, (want or necessity.) Besoin, affaire, nécessité.

I have occasion for it. J'en ai besoin, ou j'en ai affaire.

If my occasions (or concerns) give me leave. Si mes affaires le permettent.

To **OCCASION**, *v. act.* (to cause.) Causer, être la cause d'une chose, en faire naitre l'occasion, occasionner.

OCCASIONAL, *adject. Ex.* An occasional cause, (in Philosophy.) Cause occasionnelle, en termes de Philosophie.

Occasional, (done by chance.) Qui s'est fait par occasion.

OCCASIONALLY, *adv.* Par occasion.

OCCASIONED, *adject.* Causé, fait, &c. *Voy.* to Occasion.

This was occasioned through inadvertency. Cela arriva par mégarde.

OCCASIONER, *s.* Qui occasionne.

OCCLCATION, *s.* L'action d'aveugler.

OCCIDENT, *subst.* (or west.) Occident, couchant, ouest.

OCCIDENTAL, *adj.* (or western.) Occidental, qui est d'occident ou à l'occident, qui regarde l'occident ou l'ouest.

OCCIDUOUS, *adj. Voy.* Occidental.

OCCIPITAL, *adj.* Occipital, terme d'anatomie.

OCCIPUT, *s.* Occiput.

OCCISION, *sub.* (a killing or slaying.) Meurtre, carnage.

To **OCCLUDE**. *Voy.* to Shut.

OCCULTATION, *s.* Occultation, terme d'Astronomie.

OCCULT, *adj.* (secret or hidden.) Occulte, secret, caché.

OCCUPANCY, *s.* Prise de possession.

OCCUPANT, *s.* (the possessor.) Possesseur, celui qui est en possession.

OCCUPATION, *s.* (a business or employ.) Occupation, emploi, travail, affaires.

Occupation, (trade.) Emploi, vacation, métier.

Occupation (or tenure) of land. Possession d'une terre.

OCCUPATIVE, *adj. Ex.* An occupative field, (in the sense of the law.) Un champ abandonné dont un autre a pris possession.

OCCUPIER, *s.* (of land.) Un possesseur d'une terre, celui qui en a l'usufruit, un tenancier.

To **OCCUPY**, *v. act.* (to improve, to hold) land. Faire valoir une terre, en jouir, en être possesseur.

To occupy, (to employ.) Occuper, employer.

To occupy a house. Habiter une maison.

To occupy, *v. n.* (to trade.) Trafiquer.

Occupied, *adject.* Occupé, rempli, joui, &c. *Voy.* to Occupy.

To **OCCUR**, *v. neut.* (or offer itself.) Se présenter, se rencontrer.

OCCURRENCE, *s.* (or occasion.) Occurrence, rencontre, occasion, conjoncture.

Occurrence, (event, news.) Evénement, nouvelle.

OCCURRING, *adj.* Qui se rencontre.

OCCURSION, *s.* Rencontre, choc.

Various is the occursion of thoughts in a man's sleep. Un homme qui dort est sujet à mille pensées qui lui viennent dans l'esprit.

The occursions of a ghost. Les apparitions d'un esprit.

OCEAN, *s.* (the vast collection of waters which surround the globe of the earth.) L'Océan.

Ocean or oceanick, *adj.* Qui est de l'Océan.

OCELLATED, *adject.* Qui ressemble à l'œil.

OCHIMY, *s.* Métal où il y a beaucoup d'alliage.

OCHRE, *s.* Ocre, sorte de terre.

OCHRIOUS, } *adj.* D'ocre, ou qui tient
OCHREY, } de l'ocre.

OCTAGON, *s.* Un octogone.

OCTANGULAR,

OCTANGULAR, adj. (eight cornered.) Octogone, qui a huit angles.
OCTANT, f. Octant, terme d'astronomie, se dit d'un instrument ou secteur de 45 degrés. Il signifie aussi la distance entre deux planetes éloignées l'une de l'autre de 45 degrés.
OCTAVE, subst. (eight days together, following some feast, in the Church of Rome.) Octave, terme de l'Eglise Romaine.
An octave, (or eighth in musick.) Octave, en musique, huit tons.
OCTAVO, f. An octavo book, (having eight leaves to a sheet.) Un in-octavo, un livre in-octavo.
OCTENNIAL, adj. (of eight years.) De huit ans.
OCTOBER, f. (one of the twelve months of the year.) Octobre, un des douze mois de l'année.
OCTOGONE, } f. (a figure of eight
OCTAGON, } angles.) Octogone, figure à huit angles.
OCTOEDRICAL, adject. (having eight sides.) Qui a huit côtés.
OCTONARY, adj. (belonging to eight.) Qui appartient au nombre de huit.
OCULAR, adj. (belonging to the eyes.) Oculaire.
OCULATE, adj. (quick-sighted.) Clairvoyant, qui a de bons yeux.
OCULIST, f. (a physician for the eyes.) Un oculiste.
OCULUS CHRISTI, f. (an herb, otherwise called, wild-clary.) Orvale sauvage, herbe.
ODD, adject. (not even.) Impair, non-pair.
An odd number. Un nombre impair.
An odd volume of a work. Un volume ou tome séparé d'un livre qui en a plusieurs.
To play at even and odd. Jouer à pair ou non.
An odd glove, (that has not its fellow.) Un gant déparié.
Odd, (or strange.) Étrange, bizarre, grotesque, extraordinaire, qui n'est pas commun.
An odd kind of man. Un étrange homme, un homme grotesque, † qui est un peu vereux.
I saw her in an odd kind of dress. Je l'ai vue habillée d'une maniere assez grotesque ou bizarre.
An odd expression. Une étrange expression, une expression bizarre.
Odd, (or ill.) Mauvais, méchant.
An odd kind of smell. Une mauvaise odeur.
An odd kind of business. Une méchante affaire.
It is odd ('tis a wonder) if he don't do it. C'est une merveille s'il ne le fait.
There is some odd money. Il y a quelque argent de reste.
The bill comes to ten pounds odd money. Les parties montent à dix livres sterling & au-delà.
He is fourscore and odd. Il a quatre-vingts années.
ODDLY, adv. (from odd.) D'une étrange maniere, d'une maniere bizarre, bizarrement.
ODDNESS, f. Bizarrerie.
The oddness of one's humour. La bizarrerie de l'humeur de quelqu'un.
I could not but smile at the oddness of his proposal. Je ne pus m'empêcher de rire d'une proposition si étrange ou d'une telle proposition.
ODDS, f. (difference or disparity.) Disparité, différence.
Odds, (or advantage.) Avantage.
You must give me odds. Il faut que vous me donniez de l'avantage.
To have the odds of one. Avoir l'avantage sur quelqu'un.
To lay odds with one. Faire une gageure inégale, parier double, triple, &c. contre simple.
To fight against odds. Se battre avec désavantage, se battre avec quelqu'un plus fort que soi.
Two against one is odds. Deux contre un, c'est trop, ou la partie n'est pas égale.
To play without any odds. Jouer but à but ou sans avantage.
Odds, (difference, quarrel.) Différent, dispute, querelle.
To be at odds with one. Être en différent avec quelqu'un, ne s'accorder pas avec lui.
They are ever at odds, (or variance.) Il y a toujours quelque querelle († il y a toujours maille à partir) entr'eux.
To set at odds. Désunir, brouiller, mettre la division.
Odds-bobs, (a comical oath.) Vertu de ma vie, ventre-bleu, ventre-saint-gris, jurements burlesques.
ODE, f. (a song or lyrick poem.) Ode, sorte de poême lyrique.
ODIBLE, adj. Haïssable.
ODIOUS, adject. (hateful, detestable.) Odieux, haïssable, détestable, vil.
An odious crime. Un crime odieux, crime énorme ou atroce.
ODIOUSLY, adverb. Odieusement, d'une maniere odieuse, malignement.
ODIOUSNESS, subst. Qualité odieuse, ce qu'une chose a d'odieux, énormité.
The odiousness of the fact. L'énormité du fait.
ODIUM, subst. (hatred, bad opinion.) Haine, mauvaise opinion.
Odium, (or fault.) Faute.
To cast the odium upon one. Rejetter la faute sur quelqu'un.
ODONTALGICK, adject. Odontalgique, terme de médecine.
ODORATE, adj. Qui a beaucoup d'odeur.
ODORIFEROUS, } adj. (sweet smel-
ODOROUS, } ling.) Odorant, odoriférant, qui sent bon, qui a une agréable odeur.
ODOUR, subst. (or smell.) Odeur, senteur.
Œ. La diphthongue œ a le son d'un e simple, comme dans œconomy, hormis à la fin du mot, où elle se prononce en o long. Ex. Foe, toe, floe, doe; excepté thoe qui se prononce chou.
ŒCONOMICK, } adject. (belonging
ŒCONOMICAL, } to œconomy.) Œconomique.
Œconomicks, Voy. Œconomy in the first sense.
ŒCONOMIST, subst. (one that orders a family.) Œconome, ménager, ménagere.
To ŒCONOMIZE, v. n. Économiser.
ŒCONOMY or rather ECONOMY, f. (the government of a house or family.) Économie, conduite d'un ménage.
The œconomy (or dispensation) of the law. Économie ou dispensation de la loi.
The disturbance of the humours troubles the whole œconomy of the body. Le dérèglement des humeurs trouble toute l'œconomie du corps.
ŒCUMENICAL, adj. (or general.) Œcuménique, général, universel.
An œcumenical council. Un concile œcuménique.
ŒDEMA, subst. Œdeme, terme de médecine.
ŒDEMATICK, } adj. Œdémateux.
ŒDEMATOUS, }
ŒILIAD, f. (glance; wink.) Œillade.
O'ER. Voy. Over.
ŒSOPHAGUS, f. (the gullet or mouth of the stomach.) Œsophage.
OF, prép. pronon. ov. (which generally denotes the genitive case.) De, de l', du, des.
The glory of God. La gloire de Dieu.
The duty of man. Le devoir de l'homme.
The vanity of mankind. La vanité du genre humain.
The priviledges of the subject. Les priviléges des sujets.
A Doctor of Physick, Law or Divinity. Docteur en Médecine, en Droit, ou en Théologie.
Of all things, (or above all things.) Surtout, sur toutes choses.
The pleasures of a godly life have this advantage of all worldly joys. Les plaisirs d'une vie religieuse ont cet avantage sur toutes les joies mondaines.
Of (or among) ten shillings, six were found naught. Sur dix schellings il y en avoit six de faux.
Of (or through) his great mercy. Par sa grande miséricorde.
If you come of (or in) an afternoon. Si vous venez l'après-midi.
I shall come of (or on) a sunday. Je viendrai un dimanche.
A boy of an honest look. Un garçon qui a bonne physionomie.
A maid of some beauty. Une fille passablement belle, qui a quelque beauté.
To be fond of honour. Aimer la gloire avec passion.
To be of good cheer. Avoir bon courage.
To take counsel of one. Demander avis ou conseil à quelqu'un, consulter quelqu'un.
At ten of the clock. A dix heures.
He is ten years of age. Il a dix ans.
I had an ill journey of it. Je fis là un fâcheux voyage.
Of (or for) a tradesman he is pretty honest. Pour un homme de métier il est assez honnête.
We had one at home to learn of. Nous avions une personne chez nous qui nous enseignoit.
A man ill spoken of. Un homme de mauvaise réputation, ou qui est en mauvaise odeur.
It is cheap of twenty pounds. C'est un bon marché à vingt livres sterling.
I brought him up of (or from) a little one. Je l'ai élevé dès son enfance ou dès le berceau.
Out of hand. D'abord, de la main.
Of late. Depuis peu, nouvellement.
Of old. Anciennement, autrefois.
A friend of old. Un vieux ami, un ami de longue main.
In days of yore. Jadis.
It is well done of him. C'est bien fait à lui, il en a bien agi.
It will be wisely done of you. Vous ferez sagement.

OFF

He is a friend of mine. *Il est un de mes amis.*
This is an expression of his. *C'est une de ses expressions.*
Never had any man such a friend as I have of him. *Personne n'a jamais eu un tel ami qu'il l'est à mon égard.*
He has never a coach of his own. *Il n'a point de carrosse à lui.*
If you bring a sincere desire of your own. *Si vous venez avec un désir sincere.*
I never saw the like of him. *Je n'ai jamais vu d'homme fait comme lui, je n'ai jamais vu son pareil.*
That was all of my providing. *C'est moi qui ai tout fourni, j'en ai fait toute la dépense.*
OFF, *adv. & prép.* The chief use of this word as adverb, is to be joined to verbs & it then forms a part of their signification. *Comme adverbe il se trouve souvent à la suite des verbes anglois, & en effet c'est son principal usage, & alors il fait partie de leur signification. On s'en sert dans les manieres de parler qui suivent & autres semblables.*
Ex. To Take off. *V.* to Take. To Go off. *V.* to Go. To Leave off. *V.* to Leave, &c.
Far off. *Loin.*
A great way off. *Fort loin.*
How far is it off? *Combien y a-t-il d'ici là?*
It is or 'tis ten miles off. *Il y a dix milles.*
My cloaths are off. *Je suis déshabillé.*
To speak to one with his hat off. *Parler à quelqu'un le chapeau bas, ou la tête découverte, ou nu-tête.*
Off with your hat. *Chapeau bas, ou découvrez-vous.*
His hat went off and on. *Tantôt il se couvroit, tantôt il se découvroit.*
To have one's shoes or stockings off. *Être déchaussé.*
To have all the skin off. *Avoir la peau toute écorchée.*
Off the Cape or off the Cape of good hope. *A la hauteur du Cap de Bonne-Espérance.*
The off-side (or right side) of a horse. *Le côté d'un cheval hors du montoir.*
To be off with a thing. *Être dégoûté d'une chose, n'y songer plus, en être revenu.*
To be off from one's youthful pranks. *Être revenu des folies de la jeunesse.*
To be off from one, (or with one.) *N'avoir plus rien à faire ou à démêler avec quelqu'un, rompre avec lui; ou bien, ne se soucier plus de lui.*
I am off, (speaking of a wager, &c.) *Je n'en suis plus, je m'en dédis, en parlant d'une gageure.*
To be well off. *Se tirer heureusement d'affaire ou d'intrigue, en être quitte à bon marché.*
He is but ill off or but poorly off. *Il a mal passé son temps, il est mal dans ses affaires.*
To be off and on. *Être irrésolu, inconstant, porté tantôt pour une chose & tantôt pour une autre, barguigner, marchander, être en suspens ou en balance.*
Off and on, (sometimes well, sometimes ill.) *Tantôt bien, tantôt mal.*
To keep off and on. *Amuser quelqu'un,* † *lui tenir le bec dans l'eau.*
Off, (a sea-term.) Ex. Off Portsmouth. *A la hauteur de Portsmouth.*

Off, (used at sea.) *Au large.*
Off and on. *Bord à terre, bord au large.*
Off hand, (presently.) extempore. *D'abord, sur le champ.*
There are several starts of fancy, that off-hand look well enough. *Il y a des saillies d'imagination, qui dites a-propos ou qui d'abord ont assez bonne grace.*
Off-reckoning. *s. Décompte.*
Off-spring. *subst. Descendant, postérité, race.*
OFFAL, *s.* (broken pieces or scraps of meat, remnant of meats.) *Bribe, relief, reste de viande.*
The Duke of S— gives all the offals of his table to the poor. *Le Duc de S— donne aux pauvres tous les reliefs de sa table.*
Offal, (refuse.) *Rebut.*
OFFENSE, *s.* (or fault.) *Offense, faute, crime, péché.*
Offence, (or affront.) *Offense, injure, affront.*
To give offence. *Offenser, faire un affront, choquer.*
To take offence (or to take pet) at something. *S'offenser, se choquer de quelque chose.*
He is a publick offence wherever he comes. *Par-tout où il paroît sa figure choque tout le monde.*
Good breeding is shewn, rather in never giving offence, than in doing obliging things. *La civilité consiste plus à ne jamais choquer personne, qu'à faire des choses obligeantes.*
Offence, (or scandal.) *Scandale.*
To give an offence. *Donner sujet de scandale, scandaliser.*
Without the offence of any sort of sluttishness. *Sans le désagrément ou le dégoût d'aucune saleté.*
To OFFEND, *verb. act.* (to injure or affront.) *Offenser, choquer, faire un affront.*
To offend, (or displease.) *Offenser, choquer, déplaire, incommoder.*
To offend chaste ears. *Offenser ou choquer les oreilles chastes.*
The smell of tobacco offends me. *L'odeur du tabac me déplaît ou m'incommode.*
To offend, (or hurt.) *Choquer, blesser.*
To OFFEND, *verb. neut.* (to commit a fault.) *Faillir, faire une faute, offenser Dieu.*
Offended, *adj. Offensé, choqué, &c. V.* to Offend.
Offended AT or WITH one. *Fâché contre quelqu'un, irrité, qui veut mal à quelqu'un.*
OFFENDER, *s. Délinquant, contrevenant, malfaiteur, criminel.*
OFFENDING, *s. L'action d'offenser, &c. V.* to Offend.
OFFENSIVE, *adj.* (or abusive.) *Offensant, choquant, injurieux.*
Offensive, (or hurtful.) *Mal-faisant, mauvais.*
Offensive, (fit to attack.) *Offensif, pour attaquer.*
Offensive arms. *Armes offensives.*
OFFENSIVELY, *adverb. Offensivement, d'une maniere offensive.*
OFFENSIVENESS, *s. Qualité mal-faisante ou nuisible.*
OFFER, *subst. Offre, proposition, entreprise.*
To make an offer at a thing, (to attempt it.) *Faire un effort, faire une tentative*

pour réussir à quelque chose, tâcher d'en venir à bout.
To OFFER, *verb. act.* (to proffer or present.) *Offrir, faire offre de, présenter.*
I offer myself to do you that service. *Je m'offre à vous rendre ce service.*
To offer battle. *Présenter le combat.*
To offer, (to bid.) *Offrir, proposer de donner tant pour quelque chose.*
To offer (or propound) a thing to one's consideration. *Proposer une chose à quelqu'un, lui en faire la proposition.*
I have one reason to offer, which I think is unanswerable, to take off the testimony of this historian. *J'ai une raison à alléguer, à laquelle, selon moi, on ne sauroit répondre, pour décréditer ou détruire le témoignage de cet historien.*
To offer (or expose) an object to one's sight. *Offrir, exposer un objet à la vue de quelqu'un.*
To offer violence to one. *Faire violence à quelqu'un.*
To offer a blow at one. *Porter un coup à quelqu'un.*
To offer an abuse to one. *Maltraiter quelqu'un.*
To offer, *verb. neut.* (to undertake or take upon one.) *S'offrir, s'engager, entreprendre.*
Would you offer (or dare) to do such a thing? *Oseriez-vous prendriez-vous bien la liberté de faire une telle chose?*
He offered to clap his hand to his sword. *Il fit semblant de porter la main à l'épée.*
No man imagined that he would have offered at the Consulship. *Personne ne se fut jamais imaginé qu'il eût osé demander le Consulat ou qu'il eût prétendu au Consulat.*
I offered him to lie with me. *Je l'ai invité à coucher avec moi.*
He offered to see her home. *Il lui proposa de la conduire chez elle.*
Do not offer to do it. *Gardez-vous bien de le faire.*
Offered, *adject. Offert, &c. Voy.* to Offer.
Offering, *part. Ex.* He would be offering to imitate the shepherd's voice. *Il tâchoit de contrefaire la voix du berger.*
OFFERER, *subst.* Celui qui offre, qui fait une offrande.
OFFERING, *s. L'action d'offrir, &c. V.* to Offer.
An offering, (or oblation.) *Une offrande, oblation.*
Burnt-offering. *Holocauste.*
Peace-offering. *Sacrifice de propitiation, sacrifice propitiatoire.*
Trespass-offering or sin-offering. *Sacrifice pour le péché.*
OFFERTORY, *s.* (that part of the mass where the offering is made.) *Offerte ou offertoire de la Messe.*
OFFICE, *subst.* (place or employment.) *Office, place, charge ou emploi.*
Offices, (rooms for mean uses in a house.) *Offices, dans une maison.*
Office, (the place where a man does the business belonging to his place.) *Bureau.*
The treasurer's office. *Le bureau du trésorier, la trésorerie.*
The secretary's office. *Le secrétariat.*
The post-office. *Le bureau de la poste, la poste.*

Office.

Office, (turn or service.) *Office, service, plaisir.*
To do one a good or a bad Office. *Rendre un bon ou un mauvais office à quelqu'un.*
But he took the office from me , and did it for us both. *Mais il me déchargea de ce soin, & le fit lui-même pour tous deux.*
You shall have a better office. *C'est une expression triviale dont le vulgaire se sert en forme de compliment envers une personne qui se rend officieuse au-dessous d'elle.*
Office , (or divine Service.) *Office, Service divin.*
Office, (part or duty.) *Office, devoir de la vie humaine.*
It is the office of a King. *Il est de l'office d'un Roi.*
Hardness of heart does them the office of Philosophy. *La dureté de cœur leur sert ou leur tient lieu de philosophie.*
An house of office. *Les lieux, le privé, la garderobe, les commodités.*
OFFICER, *s.* (one that is in an office.) *Officier, qui a un office ou une charge.*
An officer, (a bailiff.) *Un sergent, un pousse-cul.*
OFFICERED, *adj.* Commandé, qui a des commandants.
An army well officered. *Une armée où il y a de bons Officiers, qui est bien commandée.*
OFFICIAL, *subst.* (the Chancellor of an episcopal Court.) *Official, le Juge d'une Cour épiscopale.*
Official, (an Archdeacon's deputy.) *Le substitut d'un Archidiacre.*
OFFICIALITY, *s.* Officialité.
To OFFICIATE, *verb. neut.* (or perform the divine Service.) *Officier, faire le Service divin avec cérémonie.*
OFFICINAL, *adj.* (or belonging to a shop.) *Dont on se sert dans une boutique, officinal.*
OFFICIOUS, *adj.* (serviceable or friendly.) *Officieux, honnête, obligeant, serviable, prompt à rendre service.*
OFFICIOUSLY, *adv.* Officieusement, honnêtement, obligeamment.
OFFICIOUSNESS, *s.* Humeur officieuse, honnête ou obligeante, inclination à rendre service.
OFFING, *s.* (a sea-term ; the open sea.) *Le large, le côté du large ou de la pleine mer.*
To stand for the offing. *Avoir le bord au large; ou courir au large.*
The sea runs high in the offing. *Il y a grosse mer en dehors.*
OFFSCOURING, *s.* (the dirt that comes from scouring and washing.) *Les lavures, les balayures, l'ordure.*
OFFSET, *subst.* (sprout.) *Bourgeon, rejeton.*
OFFSPRING, *subst.* Descendant, postérité, race.
To OFFUSCATE, *verb. act.* (to make dark or dim.) *Offusquer, empêcher de voir nettement, obscurcir, embarrasser, empêcher la vue.*
Offuscated, *adj.* Offusqué, &c. V. to Offuscate.
OFFUSCATING, } *subst.* L'action d'offusquer, &c. V. to Offuscate.
OFFUSCATION,
OFT,
OFTEN, } *adv.* Souvent, plusieurs fois.
OFTENTIMES,

As oft as, as often as. *Aussi souvent que, autant de fois que, tant que.*
So often. *Tant de fois.*
How often? *Combien de fois.*
Not often. *Rarement.*
If I should go to him never so oft , it would be to no purpose. *J'ai beau y aller, ce sera toujours en vain.*
OFTTIMES. *V.* Oft.
OFTWARD, *subst.* (a sea-term, toward the sea.) *Vers-le large, vers la mer ou à la marine.*
To sail to the oftward. *Prendre le largue ou se mettre à la largue, larguer.*
OGEE,
OGIVE, } *subst.* (a wreath , circlet or round band in Architecture.) *Ogive, en Architecture.*
OGLE , *subst. Coup d'œil, † œillade, † lorgnade.*
To OGLE, *verb. act.* (to eye.) *Lorgner, regarder fixément.*
OGLER, *subst.* Lorgneur, lorgneuse.
OGLING, *subst.* L'action de lorgner ou lorgnerie.
OGLIO, *subst.* (a Spanish dish made up of all manner of meat, fowl, &c.) *Oille, sorte de mets à l'Espagnole.*
OGRESS, *subst.* (round black figures in heraldry.) *Tourteaux de sable dans le blason.*
OH ! *V.* O.
OIL, *subst. Huile, de l'huile.*
Pure oil. *Huile vierge.*
Oil of roses. *Huile rosat.*
The holy oil used in the Church of Rome. *Les Saintes Huiles.*
To throw oil into the fire. *Jeter de l'huile dans le feu, allumer la colere des gens qui sont en querelle, † mettre le feu aux étoupes.*
† He could get oil out of a flint. *Il tireroit de l'huile d'un rocher, il tireroit de l'argent de l'homme du monde le plus avare & le plus tenant.*
An oil-man. *Vendeur d'huile.*
An oil-bottle. *Bouteille à huile.*
Oil-case. *Toile cirée.*
Oil-shop. *Boutique où l'on vend l'huile.*
To OIL, *verb. act.* Huiler, lubrifier.
Oiled, *adj. Huilé.*
† She has her tongue well oiled. *Elle a la langue bien pendue, elle cause bien , c'est un bec qui n'a pas la pépie.*
OILINESS, *s.* (the being oily.) *Qualité huileuse, huile, graisse, &c.*
OILING, *s. L'action d'huiler.*
OILY, *adject. Huileux, oléagineux, onctueux.*
Oily urine. *Urine huileuse.*
Oily wine. *Du vin gras.*
† An oily tongue. *Une langue bien pendue.*
To OINT, *verb. act.* Oindre.
OINTMENT, *subst.* Onguent.
OISTER. *V.* Oyster.
OKER , *subst.* (a mineral whereof colours are made.) *Ocre.* See Ochre.
Yellow-oker. *Ocre jaune, ocre de Berri.*
Red-oker. *Ocre rouge.*
OLD , *adj.* (ancient or aged.) *Ancien, vieux, vieil, vieille, âgé.*
An old man. *Un vieux homme ou vieil homme , un vieillard, un homme âgé.*
An old woman. *Une vieille femme, une femme âgée, une vieille.*
He died , being very old. *Il mourut de vieillesse.*
Old , (or worn.) *Vieux, usé.*
An old suit. *Un vieux habit.*

An old book. *Un vieux livre.*
Old, (or obsolete.) *Vieux, hors d'usage.*
Old, (of a long standing.) *Vieux, ancien, antique.*
The old castle. *Le vieux château.*
Old times. *Le vieux temps.*
The old man. *Le vieil homme, en termes d'écriture.*
How old is he ? *Quel âge a-t-il ?*
He is eight and twenty years old. *Il a vingt-huit ans.*
To grow old. *Vieillir, devenir ou se faire vieux.*
† Old nick , (the devil.) *Le diable, diantre.*
Old age. *La vieillesse.*
The old King , (the late King.) *Le feu Roi, le Roi défunt.*
Old clothes , (clothes left off.) *La dépouille.*
Of old or in old time. *Autrefois, anciennement, jadis.*
A friend of old. *Un vieux ami.*
An old beaten soldier , an old soldier. *Un vieux routier, un soldat qui a vieilli sous les armes.*
An old beaten fox, an old fox. *Un vieux renard.*
OLDER, (the comparative of old.) *Plus vieux.*
To grow older. *Vieillir.*
OLDEST , (the superlative of old.) *Le plus vieux.*
OLDISH , *adj. Vieillot, un peu vieux, qui commence à avoir un air de vieillesse.*
OLDFASHIONED , *adject. A la vieille mode.*
OLDNESS , *s.* (or old age.) *Vieillesse.*
OLEAGINOUS , *adj.* (or oily.) *Oléagineux , huileux , onctueux , gras.*
OLEAGINOUSNESS , *s.* (or oiliness.) *Onctuosité, qualité huileuse.*
OLEASTER, *s.* Olivier sauvage.
OLEOSE. *V.* Oily.
OLFACTORY , *adj. Olfactoire, olfactif, terme d'anatomie.*
The olfactory nerves. *Les nerfs olfactoires ou olfactifs.*
OLID,
OLIDOUS, } *adj.* (fœtid.) *Fétide , puant.*
OLIGARCHICAL , *adj.* (governed by a few men.) *Oligarchique, gouverné par peu de personnes.*
OLIGARCHY , *subst.* (a government in the hands of a few men.) *Oligarchie.*
OLIO , *subst.* (a sort of dish.) *Oille, sorte de mets.*
Olio , (or hotch potch.) *Un salmigondis.*
OLITORY , *adj. Qui regarde le jardin potager.*
OLIVASTER , *adject.* (olive-coloured.) *Olivâtre.*
OLIVE , *s.* (the fruit of the olive-tree.) *Olive, fruit d'olivier.*
An olive tree. *Un olivier.*
Olive-colour. *Couleur d'olive.*
An olive grove. *Un lieu planté d'oliviers.*
An olive-bit. *Olives, sorte d'embouchure de cheval.*
OLIVITY , *subst.* (the time of gathering olives.) *Le temps de cueillir les olives.*
OLYMPIAD , *s.* (the space of four years.) *Olympiade, espace de quatre ans.*
OLYMPIAN,
OLYMPICK , } *adj. Olympique, Olympien.*

OLYMPUS,

OLYMPUS, *s.* (a mountain in *Theffaly*, used by the poets for heaven.) *Olympe*, terme poétique pour dire *le Ciel*.

OMBRE, *subst.* (a *Spanish* game at cards.) *Hombre*, jeu des cartes.

Omber, (or grayling, a fish.) *Ombre*, poisson.

OMEGA, *subst.* (the last letter of the greek alphabet.) *Oméga*.

OMELET, *subst.* (a pancake of eggs.) *Une omelette*.

OMEN, *subst.* (a sign portending good or bad luck.) *Augure*, *préfage*, *pronostic*.

OMENTUM, *s.* (the cawl enwrapping the bowels.) *La coiffe*, membrane qui couvre les boyaux.

OMER or GOMER, *subst.* (a Hebrew measure containing three pints and a half.) *Un homer*, mesure parmi les *Hébreux*.

To OMINATE, *verb. act.* (fore-tell or presage.) *Prédire*, *préfager*, *augurer*, *pronostiquer*.

Ominated, *adj.* (portending ill luck.) *De mauvais augure ou de mauvais préfage*, *finistre*, *fatal*.

OMINOUSLY, *adv.* D'une maniere qui préfage bien ou mal.

OMISSION, *s.* (or neglect.) *Omiffion*, *manquement*, *défaut*.

To OMIT, *verb. act.* (leave out, pass by or neglect.) *Omettre*, *manquer à faire ou à dire*, *laiffer échapper*, *négliger*, *oublier*, *paffer sous silence*.

I omit to tell you that— *J'omets ou je paffe sous silence que—*

He omits nothing. *Il n'oublie rien*, *il ne laiffe rien échapper*.

He has not omitted to shew his value of vulgar arts. *Il n'a pas oublié*, *ou il n'a pas manqué de faire voir l'estime qu'il fait des arts méchaniques*.

Omitted, *adj*. *Omis*, &c. *V*. to Omit.

OMITTANCE, *V*. Forbearance.

OMNIFARIOUS, *adj*. *De toute espece*.

OMNIFICK, *adject*. (that brings forth all things.) *Qui porte*, *qui produit toutes choses*.

OMNIFORM, *adject*. (having every shape.) *Qui a toutes sortes de formes*.

OMNIGENOUS, *adj*. *De tout genre*, *de toute espece*.

OMNIPOTENCY, } *s*. *Toute-puiffance*.
OMNIPOTENCE,

OMNIPOTENT, *adj*. (or almighty.) *Tout-puiffant*, *qui peut tout*.

OMNIPRESENCE, *s*. *Immenfité*, attribut par lequel *Dieu* est préfent en tous lieux.

OMNIPRESENT, *adject*. (who is every where.) *Immense*, *qui est préfent en tous lieux*.

OMNISCIENCE, } *subst*. *Connoiffance*
OMNISCIENCY, } *infinie*.

OMNISCIENT, } *adj*. (that knows all.)
OMNISCIOUS, } *Qui sait tout*, *à qui rien n'est caché*.

OMNIVOROUS, *adj*. *Qui dévore tout*.

OMOPLATE, *s*. (the shoulder-blade.) *L'omoplate*.

ON, *prep*. (or upon.) *Sur*.

Ex. To lean on one's elbow. *S'appuyer fur le coude*, *s'accouder*.

I rely on you. *Je me repofe fur vous*.

On, A, *au*, *aux*.

On the right hand. *A la main droite ou à droite*.

On the left hand. *A la main gauche*, *à gauche*.

On foot or on horseback. *A pied ou à*

On purpose. *A deffein*, *exprès*.

On the contrary. *Au contraire*.

I thought on you. *Je penfois à vous*.

On. *De*, *du*, *de la*.

On my part, on my fide. *De mon côté*, *pour moi*.

On the one fide. *D'un côté*.

On a sudden, (of a sudden, or suddenly.) *Tout d'un coup*, *fubitement*.

On (or towards) the east. *Du côté d'orient*.

To play on the harp or violin. *Jouer de la harpe ou du violon*.

I seized on him. *Je me faifis de lui*.

To go on. *Paffer outre*.

I am going on my twenty-fourth year. *J'entre dans ma vingt-quatrieme année*.

I had my hat on. *J'avois mon chapeau fur la tête*, *j'étois couvert*.

I have got my cloak on. *J'ai mon manteau fur moi*.

To have one's cloaths on. *Etre habillé*.

My shoes are on. *J'ai mis mes souliers*, *je fuis chauffé*.

To have one's boots on. *Etre botté*.

To get one's boots on. *Mettre fes bottes*, *fe botter*.

Having a purple gown on. *Vêtu d'une robe de pourpre*.

On high. *En haut*.

From on high. *D'en haut*.

On that day. *Ce jour-là*.

To be on one's way. *Etre en chemin*.

We went on our way. *Nous pourfuivîmes notre route*.

To be off and on. *V*. Off.

He looks merrily on it-or on't. *Il paroît fort gai*.

On't, for of it. *Ex*. I don't believe a word on't. *Je n'en crois rien*.

R. *Enfin cette particule fe trouve fouvent à la fuite des verbes Anglois*, *& alors elle fait partie de leur fignification*.

To put on. *V*. to Put.

To set on. *V*. to Set.

To look on, &c. *V*. to Look.

Et il est à remarquer qu'en ce cas, *elle exprime la continuation de l'action du verbe*.

Ex. To play on. *Continuer de jouer*.

ONCE, *adv*. (one time.) *Une fois*, *une feule fois*.

More than once. *Plus d'une fois*, *plufieurs fois*.

Once for all. *Une fois pour toutes*.

At once. *Tout d'un temps*, *en même temps*.

All at once. *Tout à la fois*, *tout d'un temps*, *ou tout d'un train*, *tout de fuite*, *tout d'un coup*, *tout d'une venue*.

Once, (or formerly.) *Autrefois*, *anciennement*.

If it would but once come to that. *Si jamais la chofe en venoit là*, *fi jamais cela fe faifoit*.

ONE, *adject*. (that is singular in number.) *Un*, *une*, qui est singulier en nombre.

There is but one or only one man. *Il n'y a qu'un homme*.

Here is one. *En voici un ou une*.

One, (the first number in counting.) *Un*.

One, two, three, &c. *Un*, *deux*, *trois*, &c.

One, (or the same.) *Un*, *le même*.

'Tis all one, (or the fame thing or equal.) *C'est tout un*, *tout cela revient à un*, *ce n'est qu'un*, *c'est la même chofe*.

It is all one, (or 'tis no matter.) *C'est tout un*, *il n'importe*.

One, (in oppofition to other.) *L'un*, *l'une*, *par oppofition à autre*.

One or other. *L'un ou l'autre*.

One with another. *L'un portant l'autre*.

ONE, *subst*. Ex. Such a one. *Un tel*, *une telle*.

If he be such a one as you described to me. *S'il est tel que vous me l'avez dépeint*.

One, (or somebody.) *Quelqu'un*, *une perfonne*.

To be angry with one. *Etre fâché contre quelqu'un*.

One, (or a man.) *On*, *l'on*.

How shall one do it ? *Comment le fera-t-on ?*

He speaks as one would have him. *Il parle comme l'on veut*.

What shall one do with such folks ? *Que faire avec de telles gens ?*

They differ from one another. *Ils different entr'eux*, *il y a bien de la différence*.

To eat one another. *S'entre-manger*, *fe manger l'un l'autre*.

To love one another. *S'entr'aimer*, *s'aimer l'un l'autre*.

P. One mischief on the neck of another. P. *Malheur fur malheur*.

It is one thing to do this, and another to do that. *Il y a bien de la différence entre faire ceci & faire cela*.

'Tis all one as if you threw your money in the river. *C'est comme fi vous jettiez votre argent dans la riviere*.

This is a good one. *En voici un bon ou une bonne*.

To be one and all with a man. *Etre intime avec quelqu'un*, *être tout-puiffant auprès de lui*.

As if one should say. *Comme qui diroit*.

One while he says this, and another time that. *Tantôt il dit ceci*, *tantôt cela*.

Some one, some one or other. *Quelqu'un*.

He is one of the gang. *Il est de cette cabale*.

My little one. *V*. Little.

What one thing did there fall out as he fore-told ? *Qu'est-ce qui est arrivé en tout ce qu'il a prédit ?*

That one thing is wanting. *Il ne manque plus que cela*.

All under one, (all at once.) *Tout d'un temps*, *tout à la fois*, *tout d'un train*, *tout d'une venue*.

With one accord. *D'un commun accord*, *unanimemens*.

There is but this one shift. *Il n'y a plus que cette reffource*, *il n'y a point d'autre remede*.

As one would have it. *A fouhait*.

To put (to come) in for one. *Se mettre du nombre ou de la partie*, *s'affocier*.

To make one. *Etre du nombre*.

But one word. *Un mot feulement*.

To have two strings to one's bow. *Avoir deux cordes à fon arc*.

To live according to one's estate. *Vivre à proportion de fes biens*.

Words that have one and the same fignification. *Des mots qui ont une même fignification*.

In one and the same syllable. *Dans une même fyllabe*.

One's

One's felf, (for himfelf or herfelf.) Soi-même, fe.
Every one. Chacun. V. Every.
Any one. Quelqu'un, qui que ce foit. Voy. Any.
ONES, fubft. (in the plural is ufed in an expletive manner.) On fe fert d'ones au pluriel, d'une maniere explétive.
Ex. Give me fome good ones. Donneq-m'en de bons ou de bonnes.
Here are very good ones. En voici de fort bons ou de fort bonnes.
They are but little ones. Ils font fort petits.
The little and the great ones. Les petits & les grands.
To bring forth young ones. Faire fes petits.
One-eyed. adj. Borgne, qui n'a qu'un œil.
One-handed. adj. Manchot, qui n'a qu'une main.
ONEIROCRITICK, fubft. Interprete des fonges.
ONENESS, fubft. Unité.
ONERARY, adj. (ferving for burden or carriage.) De charge.
To ONERATE, v. act. (to load or over-charge.) Charger ou accabler.
ONEROUS, adject. Onéreux.
ONION, fubft. (a bulbous fort of plant.) Un oignon.
ONLY, adj. (from one, fole, alone.) Seul, unique.
He is the only man that can do it well. Il n'y a que lui qui le puiffe faire comme il faut.
My only defire is, that. Tout ce que je vous demande ou que je fouhaite de vous, c'eft que.
His fear was his only punifhment. Il en fut quitte pour la peur, ou il n'en eut que la peur.
ONLY, adv. Seulement, fimplement.
Not only. Non-feulement.
I only deliver their words. Je rapporte fim-plement leurs paroles, je ne fais que rap-porter ce qu'ils ont dit.
ONOMANCY, f. Divination par le moyen des noms.
ONOMANTICAL, adj. Qui prédit par le moyen des noms.
ONSET, fubft. (an attack or affault.) Attaque, affaut, charge.
To give a frefh onfet. Revenir à la charge.
† ONSLAUGHT, fubft. (a word taken from the Dutch, to fignify the ftorming of a town.) Affaut.
ONT. V. On it or of it.
ONTOLOGIST, fubft. Métaphyficien.
ONTOLOGY, fubft. Métaphyfique.
ONWARD, adverb. (from on, that is, forward.) En avant.
Directly onward. Tout droit en avant, tout droit.
To come onward. S'approcher.
To go onward. Pourfuivre, avancer.
ONYCHA, fubft. (an odoriferous fnail or fhell.) Onyce.
ONYX, fubft. (a precious ftone.) Onyx, efpece d'agathe.
Remarque fur la diphtongue OO.
La diphthongue Angloife OO fe prononce comme ou François.
Ex. Book, } { bouk.
Food, } prononcez { foud.
Good, &c. } { goud, &c.
OOZE, fubft. Marécage, marais.
To OOZE, verb. neut. Couler doucement.
OOZINESS, fubft. Marécage, vafe.

OOZY, adject. (foft, flimy or muddy.) Marécageux, de marais, humide.
Oozy ground. Marais, marécage, terre baffe & humide.
To OPACATE, verb. act. (to darken.) Obfcurcir.
OPACITY, f. (the contrary to tranfpa-rency.) Opacité.
OPACOUS. V. Opaque.
OPAL, fubft. (a precious ftone.) Opale, pierre précieufe.
OPAQUE, adj. (dark, fhady, not tranf-parent.) Opaque, qui n'eft pas tranf-parent.
To OPE, (poetical.) V. to Open.
OPEN, adj. (not fhut.) Ouvert, qui n'eft pas fermé.
A little open. Entr'ouvert.
Wide oper. Qui eft tout-à-fait ouvert.
To keep open table, (to keep a table where a man may come without being invited or bidding.) Tenir table ou-verte.
He keeps open houfe. Sa maifon eft ou-verte à tout le monde.
My bundle is open. Mon paquet eft dé-fait, il eft dépaqueté.
The letter is open, (or unfealed.) La lettre eft ouverte, la lettre eft décache-tée, on en a rompu ou levé le cachet.
To lie open (or expofed)to fome danger. Être expofé à quelque danger.
Open, (not covered.) Ouvert, décou-vert, nu.
Her breaft is open. Elle a la gorge ouverte, nue ou découverte.
An open country. Un pays ouvert ou dé-couvert.
Open, (or evident.) Manifefte, évident, clair.
With open (or main) force. A force ou-verte, les armes à la main.
Open, (or declared.) Ouvert, déclaré.
Open war. Guerre ouverte ou déclarée.
An open (or publick) theatre. Un théatre publik.
A man of an open temper, (an ingenious or a free-hearted man.) Un homme ou-vert, fincere, franc.
An open (or unfortified) town. Une ville fans défenfe.
To keep one's body open, (or one's belly loofe.) Tenir le ventre libre ou lâche.
Open (or mild) weather. Un temps doux ou tempéré.
Open (clear or ferene) weather. Un temps clair ou ferein.
In the open air. A l'air.
To lie in the open air. Coucher à l'air, † coucher ou loger à la belle étoile.
To lay open. Étaler, faire voir, décou-vrir.
To fet or throw open. Ouvrir.
In the open field or air. En plaine ou en rafe campagne.
In the open ftreet. En pleine rue.
In open court. En pleine audience.
A tree that loves an open air. Arbre qui aime le plein vent.
As long as my eyes are open (or as long as I live.) Tant que je vivrai.
Open-mouthed. Qui a la bouche ouverte ou la gueule béante.
Open-hearted. Ouvert, franc, fincere, qui n'eft point diffimulé.
Open-handed, (or generous.) Libéral, généreux, magnifique.
Open-arfe, (or medlar.) Nefle, fruit de néflier.

Open, fubft. (at fea.) Ouvert.
To be open with any port. Être à l'ouvert d'un port, d'une rade, &c.
We have the fea-gates open. Nous fommes à l'ouvert de la pleine mer.
To OPEN, verb. act. (the contrary of to fhut.) Ouvrir, par oppofition à fermer.
Open the door or the window. Ouvrez la porte ou la fenêtre.
To open (or undo) a bundle. Défaire un paquet, le dépaqueter.
To open the files. Ouvrir, élargir les files.
To open the trenches, (to break the ground.) Ouvrir la tranchée, commencer à creufer ou fouiller la terre pour faire des tranchées.
To open a letter. Ouvrir ou décacheter une lettre.
To open (or difclofe) one's heart to a friend. Ouvrir ou découvrir fon cœur à un ami, s'ouvrir à lui, lui déclarer ce qu'on penfe.
To open, (that which was ftopped.) Ou-vrir, déboucher.
To open trees at the root. Déchauffer les arbres.
To open, (to lay open, to make plain or manifeft.) Expofer l'état ou le fait de, expliquer, découvrir.
To open (or begin) the campaign. Ouvrir ou commencer la campagne.
To open one's head after a fit of fick-nefs. Se rafraîchir la tête apres une ma-ladie.
To open the body, (to loofen the belly.) Lâcher le ventre, tenir le ventre libre.
To open, (or cut.) Ouvrir, entamer, fendre, faire une incifion, percer.
To open a corpfe. Ouvrir un corps mort.
To open an impofthume. Ouvrir ou percer un abcès ou un apoftheme.
To OPEN, verb. neut. (to unclofe it-felf, not to remain fhut.) S'ouvrir ou ouvrir.
The door opened of itfelf. La porte s'ou-vrit d'elle-même.
That door never opens. Cette porte n'ouvre jamais.
To open, (as a flower does or fuch like.) S'ouvrir, éclorre, s'épanouir.
To open, (to begin, to fit, as fome affem-blies do.) Ouvrir, commencer à tenir fes féances.
The campaign opens (or begins) be-times this year. La campagne ouvre de bonne heure cette année.
To open, (or bark as a dog does.) Aboyer, japper.
Opened, adject. Ouvert, défait. V. to Open.
OPENING, fub. L'action d'ouvrir, ouver-ture, &c. V. to Open.
Opening (or beginning) of the campaign. L'ouverture ou le commencement de la cam-pagne.
Opening, (at fea.) Ouverture ou paffage entre deux terres.
Opening, adj. (that opens or relaxes the body.) Apéritif, laxatif.
OPENLY, adv. (publickly.) Ouvertement, publiquement.
Openly, (plainly, evidently, mani-feftly.) Clairement, évidemment, mani-feftement.
To fpeak openly, (freely.) Parler ou-vertement, franchement, fans déguife-ment.
OPENNESS, fubft. (freedom.) Franchife, fincérité, ouverture de cœur.

An

An openneſs (or ſincerity) of temper. *Une humeur franche ou ſincere, qui eſt ſans déguiſement.*

OPERA, *ſub.* (a play with ſongs and muſick.) *Opéra, comédie en muſique.*

To OPERATE, *verb. act.* (to work.) *Opérer, faire quelque opération ou quelque effet.*

OPERATION, *ſubſt.* (action, effect.) *Opération.*

They are very ſlow in their operations. *Ils vont bien lentement en beſogne.*

OPERATIVE, *adject.* (or working.) *Qui opere, parlant d'un remede; efficace.*

OPERATOR, *ſubſt.* (or workman.) *Ouvrier.*

Operator, (or quack.) *Un opérateur, un charlatan, un vendeur d'orviétan ou de thériaque.*

OPEROSE, *adject.* (laborious, buſy at work.) *Laborieux, qui travaille, qui s'occupe.*

Operoſe, (laborious, hard.) *Laborieux, pénible, fatigant, difficile.*

OPHITES, *ſubſt.* Ophite, ſorte de marbre.

OPHTHALMY, *ſubſt.* (an inflammation of the outermoſt ſkin of the eye.) *Ophſhalmie, maladie des yeux.*

OPHTHALMICKS, *ſubſt. plur.* Remedes ophthalmiques ou bons pour les yeux.

OPIATE, *ſ.* (a medicine that cauſes ſleep.) *Un ſoporifique, un ſoporifere.*

Opiate, *adj.* Soporifique, qui procure le ſommeil.

OPINATION, *ſub.* (or opining.) *Action d'opiner.*

OPINATOR, *ſubſt.* Qui ſoutient une opinion.

To OPINE, *verb. neut.* (to give one's opinion.) *Opiner, dire ſon avis ou ſon ſentiment, déclarer ſon opinion.*

OPINER, *ſubſt.* (he that gives his opinion.) *Opinant, celui qui opine.*

OPINIATIVE, } *adject.* (wedded to his own humour or opinion.) *Opiniâtre, attaché à ſon propre ſentiment, entêté, obſtiné.*
OPINIATRE,

OPINIATIVENESS, } *ſubſt.* (obſtinacy inflexibility.) *Opiniâtreté, obſtination, entêtement.*
OPINIATRETY,
OPINIATRY,

OPINING, *ſ.* (from to opine.) *L'action d'opiner.*

OPINION, *ſ.* (judgment, ſentiment or thoughts.) *Opinion, avis, ſentiment, penſée, jugement.*

If I were to ſpeak my opinion. *Si j'oſois dire ma penſée, ſi j'oſois dire ce que j'en penſe.*

That is my opinion. *C'eſt-là mon opinion ou ma penſée.*

I am of a contrary opinion. *Je ſuis d'un ſentiment contraire.*

According to the opinion of the learned. *Au jugement des ſavants.*

Opinion, (belief or ſentiment.) *Opinion, croyance, ſentiment.*

To broach new opinions. *Semer de nouvelles opinions.*

Opinion, (or eſteem.) *Opinion, eſtime.*

He has a pretty good opinion of himſelf. *Il a aſſez bonne opinion de lui-même, il s'en fait un peu accroire.*

To OPINION, *verb. act.* (to believe or think.) *Croire.*

OPINIONATED, *adject. Voyez* Opinionative.

OPINIONIST, *ſ.* (one who is wedded to his own opinion; an obſtinate or ſtubborn perſon.) *Un opiniâtre, un obſtiné, un entêté, un homme attaché à ſes ſentiments.*

OPINIONATIVENESS, *ſ. Opiniâtreté.*
OPINIONATIVELY, *adv. Opiniâtrément.*

OPIUM, *ſubſt.* (a ſleepy potion, the juice of black poppy.) *Opium, ſuc de pavot.*

OPOBALSAMUM, *ſubſt.* (the gum diſtilling from the balm-tree.) *Opobalſamum, eſpece de baume.*

OPOPONAX, *ſ.* (the gummy juice of the roots of *Hercules* all-heal.) *Opoponax, ſorte de gomme.*

OPPIDAN, *ſubſt.* (a ſchool-term for a towns-boy.) *Écolier de la ville qui n'eſt pas entretenu par le college.*

To OPPIGNORATE, *verb. act.* Mettre en gage, donner pour gage.

To OPPILATE, *verb. act.* (or obſtruct.) *Opiler, cauſer quelque opilation ou obſtruction.*

This is apt to oppilate. *Ceci eſt opilatif ou obſtructif.*

Oppilated, *adject. Opilé, qui a quelque opilation ou obſtruction.*

OPPILATION, *ſ.* (obſtruction or ſtoppage.) *Opilation, obſtruction.*

OPPILATIVE, *adj.* (obſtructive.) *Opilatif, obſtructif.*

OPPONENT, *ſubſt.* (an antagoniſt in a diſputation.) *Antagoniſte, adverſaire.*

OPPORTUNE, *adj.* (ſeaſonable or convenient.) *Convenable, qui eſt à propos, ſelon le temps & le lieu.*

He came in an opportune (or ſeaſonable) time. *Il vint fort à propos ou à point nommé, * il vint en temps opportun.

OPPORTUNELY, *adv.* À point nommé, dans le temps qu'il faut, fort à propos.

OPPORTUNITY, *ſubſt.* (or occaſion.) *Occaſion, heureux moment, temps propre pour faire quelque choſe.*

P. Opportunity makes the thief. P. *L'occaſion fait le larron.*

Opportunity, (to ſend any thing to one.) *Une commodité, une occaſion.*

To OPPOSE, *v. act.* (to ſet againſt.) *Oppoſer, avancer ou offrir au contraire.*

I oppoſe his authority to what you ſay. *J'oppoſe ſon autorité à ce que vous dites.*

To oppoſe or withſtand one. *S'oppoſer ou réſiſter à quelqu'un.*

To oppoſe one's ſelf to a thing, *v. récip.* or to oppoſe a thing, *v. act.* (to be againſt it, to thwart it, to reſiſt or contradict it.) *S'oppoſer à une choſe, y être contraire, y mettre empêchement, la traverſer, la combattre.*

He oppoſes all my deſigns. *Il s'oppoſe à tous mes deſſeins, il traverſe tous mes deſſeins, il me contrarie en tous mes deſſeins.*

Oppoſed, *adject. Oppoſé, &c. Voy. to* Oppoſe.

OPPOSER, *ſ.* (adverſary.) *Adverſaire, antagoniſte, contradicteur.*

OPPOSITE, *adj. act.* (or over-againſt.) *Oppoſé, qui eſt vis-à-vis.*

Oppoſite, (or contrary.) *Oppoſé, contraire.*

Oppoſite, *adverb.* (over-againſt.) *Vis-à-vis.*

OPPOSITENESS, *ſubſt.* (the ſtate of being oppoſite.) *État de ce qui eſt oppoſé ou contraire; oppoſition.*

OPPOSITES, *ſ. pl.* (contraries.) *Oppoſés, contraires.*

OPPOSITION, *ſ.* (the being oppoſed or contrary.) *Oppoſition, contrariété.*

Oppoſition, (obſtacle or reſiſting.) *Oppoſition, obſtacle, empêchement, réſiſtance.*

Licentiouſneſs has broke through all oppoſition. *La licence a rompu toutes ſes digues.*

The oppoſition of the ſtars, (in aſtronomy.) *L'oppoſition des aſtres, en termes d'aſtronomie.*

To OPPRESS, *verb. act.* (to overlay or ſmother.) *Oppreſſer, cauſer une oppreſſion.*

The night-mare oppreſſes one's breaſt. *Le cauchemar oppreſſe la poitrine.*

To oppreſs, (to overcharge, to lie heavy upon.) *Oppreſſer, opprimer, accabler.*

To oppreſs the innocent. *Oppreſſer ou opprimer l'innocent.*

Oppreſſed, *adj. Opprimé, &c. Voy. to* Oppreſs.

My heart is oppreſſed with grief. *J'ai le cœur ſerré de douleur, je ſuis fort affligé.*

OPPRESSING, } *ſ. Oppreſſion,* l'action d'oppreſſer ou d'opprimer, *Voyez* to Oppreſs.
OPPRESSION,

An oppreſſion of the heart. *Un reſſerrement de cœur.*

OPPRESSIVE, *adject. Qui opprime, qui oppreſſe.*

OPPRESSOR, *ſ. Oppreſſeur, tyran, celui qui opprime.*

OPPROBRIOUS, *adj.* (or reproachful.) *Injurieux, offenſant, choquant.*

OPPROBRIOUSLY, *adverb. Injurieuſement.*

OPPROBRIOUSNESS, *ſub.* (ſcurrility.) *Scurrilité, bouffonnerie.*

To OPPUGN, *verb. act. Ex.* To oppugn (or oppoſe) an opinion. *Combattre une opinion.*

OPPUGNANCY. *See* Oppoſition.
OPPUGNED, *adj. Combattu.*
OPPUGNER, *ſ. Un adverſaire.*

OPTATIVE, *ſ.* or optative mood, *adj.* (a term of Grammar.) *Optatif ou mode optatif, terme de Grammaire.*

OPTICAL, } *adject.* (belonging to the opticks.) *Optique.*
OPTICK,

OPTICIAN, *ſ. Opticien.*

OPTICKS, *ſubſt.* (the optick ſcience.) *L'optique.*

OPTIMACY, *ſ. Les Nobles, le corps de la Nobleſſe.*

OPTION, *ſ.* (or choice.) *Option, choix.*

He had his option. *Cela étoit à ſon option ou à ſon choix.*

OPULENCY, } *ſ.* (or wealth.) *Opulence, richeſſes, abondance de biens.*
OPULENCE,

A man of great opulency. *Un homme fort riche ou opulent, qui a de grandes richeſſes.*

OPULENT, *adj.* (or wealthy.) *Opulent, riche, abondant en biens.*

OPULENTLY, *adv. Opulemment, d'une maniere opulente.*

OPUSCLE, } *ſ.* (a ſhort ingenious work.) *Opuſcule, petit ouvrage d'eſprit.*
OPUSCULE,

OR, *conj.* (a disjunctive particle.) *Ou.*

Friend or foe. *Ami ou ennemi.*

More or leſs, over or under. *Plus ou moins.*

Or

Or else. *Ou bien, autrement.*
Or ever. *Avant que.*
There must have been a strange neglect, or such immense sums could never have been so soon squandered away. *Il faut qu'il y ait eu beaucoup de négligence, sans quoi, ou autrement, des sommes si immenses, n'auroient pas été si-tôt dissipées.*
OR, *subst.* (gold colour, in heraldry.) *Or*, en termes de blason, couleur jaune.
ORA, ORE, *s.f.* (a sort of old Saxon money.) *Espèce de monnoie parmi les Saxons en Angleterre.*
ORACH, *s.* (an herb.) *Arroche.*
ORACLE, *s.* (an answer or counsel from a deity.) *Oracle, réponse d'une divinité.*
The divine oracles or prophecies. *Les oracles divins, les prophéties.*
Oracle, (the god which delivered oracles.) *Oracle, la divinité qui rendoit les oracles.*
Oracle, (a saying or decision full of truth.) *Oracle, décision, donné par des personnes d'autorité ou de savoir.*
ORACULAR, ORACULOUS, *adj.* Divin, qui tient de l'oracle.
ORACULOUSLY, *adv. En oracle.*
ORAL, *adj.* (belonging to the mouth or voice.) *Oral, vocal.*
The oral law of the Rabbins. *La loi orale des Rabins.*
An oral prayer. *Prière orale.*
ORALLY, *adv.* Par la bouche, de bouche, de vive voix.
ORANGE, *s.f.* (a sort of fruit.) *Orange, sorte de fruit.*
A seville orange. *Orange aigre.*
Candied oranges. *Des oranges confites.*
Orange peel. *Écorce d'orange.*
Orange-chips. *Orangeat.*
Orange-colour. *Couleur d'orange, orange.*
Orange-coloured. *Orangé, qui est de couleur d'orange.*
An orange-tree. *Un oranger.*
An orange-house or green-house. *Orangerie, serre.*
An orange woman. *Une vendeuse d'oranges.*
Orange-musk. *Sorte de poire.*
ORANGERY, *s. Orangerie.*
Orangery snuff. *Tabac parfumé.*
ORATION, *subst.* (or speech.) *Oraison, harangue.*
Oration, (or prayer.) *Oraison, prière.*
ORATOR, ORATOUR, *s.* (an eloquent speaker or pleader.) *Orateur.*
Orator-like. *En orateur, oratoirement.*
Orator, (law-term, used in the Courts of Exchequer and Chancery, instead of petitioner.) *Suppliant, requérant, en termes de Palais.*
ORATORIANS, *subst.* (a Religious fraternity or Order.) *Les Pères de l'Oratoire.*
ORATORICAL, *adj.* Qui appartient à l'art oratoire.
ORATORIO, *s.* (a kind of sacred drama set to music.) *Concert spirituel, oratorio.*
ORATORY, *adj.* (pertaining to an orator.) *Oratoire, qui est d'orateur.*
Oratory, *s.* (eloquence or the art of making publick speeches.) *L'art oratoire, l'éloquence, la déclamation.*
Oratory, (a private chapel of devotion.) *Un oratoire, petite chapelle.*

ORB, *subst.* (or sphere.) *Orbe, orbite ou sphère, globe, cercle.*
ORBED. V. *Orbicular.*
ORBICULAR, *adj.* (round.) *Orbiculaire, rond, circulaire.*
ORBICULARLY, *adv. Orbiculairement, en rond.*
ORBIT, *s.* Orbite d'une planète.
ORBITY, *s. L'état de celui qui n'a point de parens ou d'enfans.*
ORC, ORK, *s.f.* (sea-monster.) *Orque.*
ORCHANET, *s.f.* (wild buglofs, a plant.) *Orcanette, sorte de plante.*
ORCHARD, *s.* (a garden of fruit-trees.) *Un verger.*
ORCHESTRE, *s.* (the place in a theatre where the Musicians sit.) *L'orchestre.*
ORCHIS, *s.* (or dogs-stones, a plant.) *Orchis, sorte de plante.*
To ORDAIN, *v. act.* (or to command.) *Ordonner, commander, prescrire.*
To ordain, (appoint or design.) *Destiner.*
To ordain, (or confer the holy orders.) *Ordonner, conférer les Ordres de l'Eglise.*
Ordained, *adj. Ordonné,* &c. Voy. to Ordain.
ORDAINER, *subst.* Celui qui ordonne ou qui commande, &c. V. to Ordain.
ORDAINING, *subst.* L'action d'ordonner, de commander ou de prescrire, ou bien ordination, l'action d'ordonner ou de conférer les Ordres.
ORDALIAN, *adj. Ex.* The ordalian law, (a law which instituted the ordeal fire and water.) *Certaine loi qui avoit établi ce qui s'appelloit ordeal fire and water.*
ORDEAL, *subst.* (a particular way of trial, derived from the heathen *Saxons*, by which persons charged with crimes of which there was no evidence, were to clear their innocence, either in person or by proxy.) *Ordalie, épreuve ou preuve.*
Ordeal by combat or by camp fight. *Épreuve du duel ou combat en champ clos.*
Ordeal by fire. *Ordalie du feu, l'épreuve du fer chaud.*
Water ordeal or ordeal by hot water. *L'épreuve de l'eau bouillante.*
Ordeal by cold water. *La preuve de l'eau froide.*
Ordeal was a remnant of heathenism adopted either by superstitious or knavish christians. *L'ordalie étoit un reste de paganisme adopté par des Chrétiens ou superstiticux ou fourbes.*
ORDER, *subst.* (a disposing of things in their place.) *Ordre, arrangement, disposition des choses mises dans leur rang ou dans leur place.*
To set in order. *Mettre en ordre, ranger.*
To put out of order. *Mettre en désordre ou en confusion, déranger.*
Order, (manner or custom.) *Ordre, manière, coutume, conduite ordinaire.*
Order, (rule or discipline.) *Ordre, réglement, règle, discipline.*
Order, (duty or behaviour.) *Ordre, devoir.*
To keep one in good order. *Tenir quelqu'un dans l'ordre ou dans le devoir, le faire marcher droit.*
An order in Architecture, (a certain proportion for the making of pillars.) *Ordre d'Architecture.*

Order, (ordering.) *Ordonnance.*
Order, (a command from a superiour.) *Ordre, commandement d'un supérieur.*
Order, (a word used among traders.) *Ordre,* en termes de marchands.
Ex. I promise to pay it you or your order. *Je m'engage de payer cette somme à vous ou à votre ordre.*
Order, (a company of certain persons bound to God by a vow or an oath.) *Ordre, compagnie de certaines personnes qui font vœu à Dieu,* &c.
A religious or military order. *Un ordre religieux ou militaire.*
The orders of the Church, the Church orders, the holy orders. *Les Ordres de l'Eglise, les Ordres sacrés.*
To confer the orders. *Donner ou conférer les Ordres, ordonner.*
To be out of order, (or indisposed.) *Se porter mal, être indisposé.*
A horse in good order. *Un cheval en bon état.*
I shall take order about it. *J'y pourvoirai, j'en prendrai soin, j'y mettrai bon ordre.*
An order, (a decree or law.) *Décret, ordonnance.*
New orders. *De nouvelles ordonnances.*
An order to arrest one. *Un décret de prise de corps.*
The due order (or ordering) of a building. *L'ordonnance d'un bâtiment.*
In order to, *adv. A dessein, dans la vue, pour.*
In order (or with a design) to. *Pour, dans la vue ou à dessein.*
I did it in order to that. *Je le fis pour cela ou dans cette vue ou à ce dessein.*
To ORDER, *verb. act.* (to command or appoint.) *Ordonner, commander, donner ordre, prescrire.*
To order, (to dispose or put in order.) *Ordonner, ranger, disposer, mettre en ordre.*
To order, (to manage or govern.) *Ordonner, conduire, gouverner, conduire.*
He ordered the matter so as to be in the company of Tiresias. *Il fit en sorte qu'il se trouva en la compagnie de Tiresias ou il prit si bien ses mesures qu'il,* &c.
To order, (to keep within bounds.) *Ranger, mettre à la raison, réduire, faire marcher droit.*
To order (to correct or to punish) an unlucky boy. *Punir ou châtier un méchant garçon.*
Ordered, *adj. Ordonné, prescrit, commandé,* &c. V. to Order.
A well ordered house. *Une maison bien réglée ou bien ordonnée.*
A commonwealth well-ordered. *Un Etat bien policé.*
ORDERER, *subst. Ordonnateur, celui qui ordonne les choses.*
ORDERING, *subst.* L'action d'ordonner, &c. V. to Order.
The ordering (or managing) of a business. *La conduite, le maniement d'une affaire.*
The ordering of a feast or ceremony. *L'ordonnance d'un festin ou d'une cérémonie.*
The due ordering (or order) of a building. *L'ordonnance d'un bâtiment.*
ORDERLINESS, *s. Régularité.*
ORDERLY, *adj.* (or sober.) *Réglé, retenu, sage, modéré.*
An orderly (or docile) child. *Un enfant sage,*

sage, docile, qui a de la docilité, facile à gouverner, traitable.
An orderly man, (one that loves things in order,) Un homme réglé, qui aime l'ordre, qui hait la confusion.
An orderly (or listed) soldier. Un soldat enrôlé, qui est dans la liste.
ODERLY, adv. Par ordre, avec ordre, dans l'ordre.
ORDINAL, adject. (of order.) Ordinal, d'ordre.
An ordinal number, as first, second, &c. Nombre ordinal, comme premier, second, &c.
ORDINAL, subst. (or ritual; a book of directions for bishops to give holy orders.) Le livre des Ordres ou de l'ordination.
Ordinal, (a book containing the orders and constitutions of a religious house or college.) Livre des Ordres d'un Couvent ou d'un College.
ORDINANCE, subst. (law or statute.) Ordonnance, loi, statut, règlement.
Ordinance, (or a.tillery.) Artillerie.
ORDINARILY, adv. (usually,) Ordinairement, d'ordinaire, pour l'ordinaire, la plupart du temps.
ORDINARY, adj. (common, usual or frequent.) Ordinaire, commun, fréquent, usité.
Ordinary, (common, mean, indifferent.) Ordinaire, simple, commun, vulgaire, médiocre, passable, qui n'a rien d'extraordinaire.
A very ordinary sort of man. Un homme fort ordinaire.
Ordinary sailors. Matelots à la basse paye.
Ordinary, subst. (a victualling-house,) Table d'hôte, un ordinaire, lieu où l'on mange à prix réglé.
Ordinary, (any Judge in civil law, having power to take cognizance of a suit in his own right.) Juge ordinaire, le Juge naturel d'une personne.
Ordinary, (in common Law, he that has ordinary jurisdiction in ecclesiastical causes.) Ordinaire, Evêque ou Prélat qui a jurisdiction ecclésiastique.
R. On donne aussi le titre d'Ordinary au Ministre de Newgate, une fameuse prison à Londres.
In ordinary, (a title given to some officers.) Ordinaire.
A Physician in ordinary. Médecin ordinaire.
A Chaplain to the King in ordinary. Chapelain ordinaire du Roi.
ORDINARY, adv. A l'ordinaire.
Later than ordinary. Plus tard qu'à l'ordinaire.
ORDINARY, s. Etat d'ouvriers & de gens de mer employés à garder & à entretenir les vaisseaux désarmés.
Ships in ordinary. Vaisseaux désarmés, qui ont seulement un petit état d'ouvriers & de gardiens pour leur entretien, dans l'usage des arsenaux d'Angleterre.
To ORDINATE. V. to Appoint.
ORDINATION, subst. (from to ordain, the conferring holy orders.) Ordination, l'action d'ordonner ou de conférer les saints Ordres.
ORDNANCE, s. Artillerie, canons.
ORDURE, subst. (or filth in general.) Ordure, saleté, vilenie.
Ordure, (or excrements of men or beasts.) Ordure, excrément.

† ORE, subst. (a tract or little country.) Pays, p.tit pays.
Lemster's ore, in Hereford-shire. Le pays de Lemster, dans la province de Hereford.
Ore, (an old coin.) V. Ora.
Ore, (metal.) Métal, mine, minéral.
'Ore or rather O'er, (an abbreviation of over.) prép. Sur, dessus. V. Over.
Ore, (metal mixed with the earth, or stone of the mine.) Mine ou pierre de mine.
Ore of gold or silver. Mine d'or ou d'argent.
Brass ore. Mine de cuivre, calamine.
* ORFRAIES,
* ORFRAYES, s. (a frizled cloth of gold worn formerly in England.) Orfroi, sorte de drap d'or frisé.
ORGAIN. V. Organ.
ORGAL, subst. (the lees of wine dried, and used by dyers.) Lie de vin séchée dont se servent les teinturiers.
ORGAN, subst. (an instrument of some faculty in the animal.) Organe.
The organs of the senses. Les organes des sens.
An organ, (a man used as a tool.) Organe, instrument.
An organ or a case of organs, (the greatest of musical instruments.) Orgues ou orgue.
A pair of organs is a pneumatick machine. Un jeu d'orgues est une machine pneumatique.
Organ-pipes. Tuyaux d'orgue.
ORGANLING, subst. (a sort of ling or saltfish corruptly so called for orkneyling.) Sorte de morue.
ORGANICAL,
ORGANICK, adject. (belonging to the organs or having organs.) Organique ou organisé.
ORGANICALLY, adv. Par le moyen d'organes.
ORGANIST, s. (a player of the organs.) Un Organiste.
ORGANISM. V. Organization.
ORGANIZATION, subst. Organisation.
To ORGANIZE, verb. act. (to form the organs.) Organiser.
Organized, adj. Organisé.
ORGANY, subst. (wild or bastard marjoram.) Origan, marjolaine bâtarde.
ORGASM, s. (violence.) Orgasme, terme de médecine.
ORGIES, s. (revels instituted to the honour of Bacchus.) Orgies, fêtes en l'honneur de Bacchus.
ORICHALCH, s. (a copper metal like gold.) Laiton, oripeau.
ORIENT, subst. (or the east.) L'orient, l'est.
An orient pearl. Perle d'orient.
ORIENTAL, adj. act. (eastern.) Oriental, qui est d'orient.
ORIFICE, sub. (hole or mouth.) Orifice, entrée, bouche ouverte.
The orifice of the stomach. L'orifice de l'estomac.
ORIFLAMB, subst. (the holy standard of France, otherwise called the standard of S. Denis.) Oriflamme, la fameuse & la plus ancienne banniere de France.
ORIGAN. V. Organy.
ORIGINAL, adj. (belonging to the original or to the first draught.) Original ou originel.
An original cause. Cause premiere, origine, source.

Original, subst. (the first draught of a writing.) Original, écrit non copié.
Original, (or first pattern.) Original; premier modele.
Original, (beginning or origin.) Origine, commencement, principe.
Original, (origin, stock or pedigree.) Origine, extraction.
Original, (or etymology.) Origine, étymologie.
ORIGINALLY, adv. Originairement, primitivement, dans l'origine, originellement.
ORIGINARY, adject. (primitive.) Primitif.
ORIGINATION, subst. Ex. The daily originations of some animals and the dissolutions of others. Les générations journalieres de certains animaux & les dissolutions des autres.
ORIGIN, subst. (rise or beginning.) Origine, source, principe, commencement.
Origin, (or pedigree.) Origine, extraction.
ORION, s. (a constellation in heaven.) Orion, constellation céleste.
ORISON, subst. (or prayer.) Oraison ou prière.
ORK,
ORC, subst. (a sea-monster.) L'ourque, monstre marin.
Ork, (a kind of sea-vessel.) Hourque, sorte de vaisseau.
ORLE, subst. (a term of heraldry.) Orle, terme de blason.
ORLOP, subst. (a sea-term.) Pont ou tillac de navire, faux pont.
Orlop-beams. Baux du faux pont ou faux baux.
ORNAMENT, s. (or set off.) Ornement, embellissement, parure.
ORNAMENTAL, adject. Qui sert d'ornement.
ORNAMENTALLY, adv. Pour servir d'ornement.
ORNAMENTED. adj. Orné, paré.
ORNATURE. V. Ornament.
ORNITHOLOGY, s. Ornithologie.
ORPHAN, subst. (fatherless child.) Un orphelin, une orpheline.
ORPHANISM, subst. (or orphanage.) L'état d'un orphelin ou d'une orpheline.
ORPHANOTROPHY, sub. Hôpital pour les orphelins.
ORPIMENT, subst. (a kind of arsenick.) Orpin, orpiment, espece d'arsenic.
ORPINE, subst. (a sort of herb.) Orpin, plante.
Orpine or orpiment. V. Orpiment.
ORRERY, s. Instrument qui représente la révolution des corps célestes.
ORRIS, subst. Sorte de plante.
ORTHODOX, adj. (found or agreable to truth, in opposition to heretical.) Orthodoxe.
ORTHODOXLY, adverb. D'une maniere orthodoxe.
ORTHODOXY, subst. (or true belief.) Orthodoxie ou véritable croyance.
ORTHODROMY, s. Orthodromie, terme didactique.
ORTHOGONAL, adj. Orthogonal; terme de géométrie.
ORTHOGRAPHER, sub. Celui qui orthographie.
ORTHOGRAPHICAL, adject. Orthographique.
ORTHOGRAPHICALLY, adv. Selon les regles de l'orthographe.

To

To ORTHOGRAPHIZE, verb. n. (to practife orthography.) Orthographier.
ORTHOGRAPHY, fubft. (the right way of fpelling.) L'orthographie.
ORTIVE, adj. Qui fe leve, en parlant d'une planete ou une étoile.
ORTHOPNŒA, fubft. Orthopnie, terme de médecine.
ORTOLAN, f. (a delicious bird.) Ortolan, oifeau.
† ORTS, fubft. (fcraps or mammocks.) Graillons, des reftes de viande, bribes, rebut.
ORVAL, fubft. (clary or clear-eye, a plant.) Orvale, forte d'herbe.
ORVIETAN, f. Orviétan.
OSCILLATION, fubft. (the act of moving like a pendulum.) Ofcillation.
OSCILLATORY, adj. Ofcillatoire.
OSCITANCY, ⎱ fubft. (yawning, negligence or fluggifhnefs.) Négligence, nonchalance, pareffe.
OSCITATION, ⎰
OSCITANT, adj. Lâche, endormi.
OSIER, f. Ofier, arbriffeau.
OSPRAY, fub. (a fort of ravenous bird.) Orfraie, oifeau de rapine.
OSSELET, fub. Offelet, maladie du cheval.
OSSICLE, f. Offelet, petit os.
OSSIFICK, adj. Qui peut offifier.
OSSIFICATION, f. Offification.
To OSSIFY, verb. act. (to change to bone.) Offifier.
OSSIFRAGE, fubft. (the bone-breaker eagle, a ravenous bird, which fome take to be the fame with the ofpray.) Offifrague, efpece d'aigle qui rompt les os ; quelques-uns le confondent avec l'orfraye.
OSSIVOROUS, adj. (devouring bones.) Qui dévore les os.
OSSUARY, f. (a charnel-houfe or place where dead people's bones are kept.) Charnier.
OSTENSIVE. V. Showing.
OSTENTATION, f. (boafting, fhow or vain-glory.) Oftentation, vanité, fafte, vaine gloire, montre, vanterie, parade.
OSTENTATIOUS, adject. (fet out for fhew.) Plein de fafte ou d'oftentation.
OSTENTATIOUSLY, adverb. Faftueufement.
OSTENTATIOUSNESS, f. Vanité, vaine gloire.
OSTENTATOUR, fubft. (or boafter.) Un vantard, qui fe vante, un bavard.
OSTEOLOGY, fub. (a difcourfe on the nature of bones.) Oftéologie, ou traité de la nature des os.
OSTIARY, fubft. (a church-doorkeeper ; the mouth of a river.) Portier, celui qui empêchoit l'entrée dans l'Églife à ceux qui en étoient indignes ; l'embouchure d'une riviere.
OSTLER or Hoftler, fub. Valet d'écurie.
OSTRACISM, f. (an Athenian banifhment for ten years.) Oftracifme, banniffement de dix ans qui fe pratiquoit à Athenes.
OSTRICH, fubft. (a great African fowl.) Autruche, grand oifeau d'Afrique.
OTHER, adj. (of the nature of a pronoun.) Autre.
Where is the other? Où eft l'autre?
On the other fide. De l'autre côté ou d'autre part, d'autre côté, d'ailleurs.
Another time. Une autre fois.

To love one another. S'aimer l'un l'autre, ou s'entr'aimer.
Others, (in the plural number.) Les autres.
R. But fometimes other is beft left out in French. Quelquefois other n'eft pas exprimé en François.
Somebody or other. Quelqu'un.
You will run into fome mifchief or other. Vous allez vous expofer à quelque malheur.
Some author or other. Quelque écrivain.
Did you think any other? En doutiez-vous?
That which is other men's or people's. Le bien d'autrui.
Every other day. De deux jours l'un.
Every other year. De deux en deux ans.
Other fome, adj. D'autres.
Other-where, V. Elfewhere.
Other-while, adv. Tantôt.
OTHERWISE, adv. Autrement.
Otherwife than I expected. Autrement que je ne penfois.
It can not be otherwife. Cela ne fe peut autrement.
I find you otherwife than I thought. Je vous trouve tout autre que je ne croyois.
If he fhould do otherwife than well, (or if he fhould chance to die.) S'il venoit à manquer, ou à mourir.
OTTER, f. (an amphibious creature.) Une loutre.
Remarqne fur la diphtongue OU.
La diphthongue ou fe prononce en Anglois aou.
Thou, cloud, mouth, about.
Exceptez I. ces mots où elle n'a que le fon d'un o ; favoir, adjourn, country, couple, courage, courtefy, double, doublet, flourifh, gourmet, journey, journal, nourifh, fcourge, fource, touch, trouble, young. Et ceux-ci, où l'o fe prononce un peu long ; favoir, coulter, moulter, poultice, poultry, four, courfe, concourfe, difcourfe, foul, fouldier, fhoulder, mould, through, dough, though, although.
II. Les fubftantifs finiffant en our, comme Saviour, factour, neighbour, &c.
III. Les adjectifs finiffant en ous, comme vicious, malicious, righteous, &c.
Quand cette diphtongue eft fuivie de ght, elle prend le fon d'un a long, & le gh font muets ; comme ought, nought, brought, bought, qui fe prononcent àt, nât, brât, bât, &c.
Exceptez drough & doughty, qui fe prononcent draont, daouty.
Borough & thorough, fe prononcent, boro, thoro ; cough, caff ; rough, though, enough, roff, taff, enoff.
Enfin, cette diphtongue a le fon François en ces mots : would, could, fhould, you, your, youth, & dans ces mots propres : Portfmouth, Plymouth, Yarmouth, Waymouth, Monmouth.
OVAL, adj. (of the fhape of an egg.) Ovale.
Oval, f. (a round and oblong figure.) Un ovale.
An oval, (in a wall.) Un œil-de-bœuf.
OVARIOUS, adject. (confifting of eggs.) D'œufs.
OVARY, fub. Ovaire, terme d'anatomie.
OVATION, f. (a leffer fort of triumph among the ancient Romans.) Ovation, efpece de triomphe parmi les anciens Romains.

OUCH, fubft. (a collar of gold formerly worn by women.) Collier d'or que les femmes portoient autrefois.
Ouch, (a bofs or button of gold fet with fome rich ftone.) Boffe ou bouton d'or enchaffé de quelque pierre précieufe.
OVEN, fubft. Four.
To bake in an oven. Cuire au four.
An oven-peel. Une pelle de four.
An oven-full. Fournée.
An oven-fork. Rable, fourgon.
An oven-tender. Un fournier.
OVER, prép. Sur, par-deffus.
The evils that hang over our heads. Les maux qui penchent fur nos têtes, ou qui nous menacent.
Over head and ears. Par-deffus les oreilles.
To read a book over, (or perufe it.) Lire un livre d'un bout à l'autre.
Over the way. De l'autre côté de la rue ; vis-à-vis.
An hundred times over. Cent fois de fuite.
My heart is fo light over what (or to what) it ufed to be. Je me trouve fi fort à mon aife, au prix de ce que j'étois.
P. Over fhoes over boots. † P. Il faut jouer de fon refte ; autant vaut être bien battu que mal battu.
The bufinefs is over, (or done.) Voilà qui eft fait.
My work is over. Mon ouvrage eft fait ; j'ai achevé mon ouvrage.
To be over, (to ceafe.) Paffer, ceffer.
To be over head and ears in debt. Être noyé ou accablé de dettes.
It is or 'tis well over. C'eft un bonheur quand le danger eft paffé.
His anger is over. Sa colere eft paffée ou appaifée.
As foon as the noife fhall be over. Dès que le bruit aura ceffé.
The danger is over. Le danger eft paffé, il n'y a plus de danger.
The ftorm is over. La tempête eft paffée.
Indebted over head and ears. Accablé, noyé de dettes.
Over or under. Plus ou moins.
To be over, (to remain or be left.) Refter, être de refte.
There is nothing over, (or left.) Il ne refte rien, il n'y a rien de refte.
To mourn over a dead friend. S'affliger fur ou pour la perte d'un ami, pleurer la mort d'un ami.
To comfort one over fome misfortune. Confoler quelqu'un fur quelque malheur.
Joy fhall be in heaven over one finner that repents. Il y aura joie au Ciel pour un feul pécheur qui fe repent.
All over. Par-tout.
All the town over or all over the town. Par toute la ville.
He was clad all over with leather. Il étoit tout couvert de cuir.
Over and over. Plufieurs fois.
Over againft. Vis-à-vis.
Over and befides. Outre.
Over and above. Outre, de plus, pardeffus.
R. Cette prépofition fe trouve fouvent à la fuite des verbes, & alors elle fait partie de leur fignification.
To GO over. V. to Go.
To CARRY over. V. to Carry, &c.
Remarquez auffi qu'elle fe compofe avec plufieurs mots, où elle exprime ordinairement

OVE — OVE — OVE

de l'excès, comme vous verrez dans les exemples suivans.

To OVER-ABOUND, v. n. Être surabondant ou superflu.

To OVER-ACT a thing, verb. act. (to do it with too much affectation.) Outrer quelque chose, la porter au-delà de la juste raison.

To OVER-ARCH, v. a. Couvrir en forme de voûte.

To OVER-AWE, verb. act. Tenir en crainte.

Over-awed, adj. Qu'on tient en crainte, tenu en crainte.

OVER-BALANCE, subst. Ex. His design was frustrated by the over-balance of numbers in the nation, in proportion to the strangers. Son dessein échoua à cause du grand nombre des naturels, en comparaison des étrangers.

To OVER-BALANCE, v. act. Emporter la balance, surpasser.

To OVER-BEAR, v. act. (or overcome.) Vaincre, surmonter, prévaloir.

To over-bear, (or oppress.) Opprimer, accabler.

To OVER-BID, verb. act. (to bid too much.) Offrir trop, ou enchérir.

To OVERBLOW, verb. imperf. comp. Ex. It overblows the clouds. Il fait un coup de vent qui chasse les nuages.

It is like to overblow. Il y a apparence d'un coup de vent, ou ceci s'annonce comme un coup de vent.

OVER-BIG, adj. Trop gros.

OVER-BLOWN, adj. Passé, en parlant d'une tempête, &c.

OVER-BOARD, adv. Hors le bord, ou à la mer.

The leaky state of the ship obliged us to throw the guns over-board. Les voies d'eau du vaisseau nous obligerent à jeter tous nos canons à la mer.

Two men fell over-board. Il tomba deux hommes à la mer.

OVER-BOLD, adject. Trop hardi, téméraire.

OVERBORN, adj. (from to overbear.) Surmonté, vaincu ou oppressé, opprimé, accablé.

To OVER-BOIL, verb. act. Faire trop bouillir.

Over-boiled, adj. Ebouilli, trop cuit.

To OVERBURDEN, verb. act. Charger trop, surcharger, accabler.

Over-burdened, adject. Trop chargé, surchargé, accablé.

To OVER-BUY, v. a. Acheter trop cher.

OVER-CAST, adject. (dark, cloudy.) Couvert, obscur, sombre, ténébreux.

The weather begins to be over-cast. Le temps commence à s'obscurcir, ou à se troubler.

He is over-cast with melancholy. Il est plein de mélancolie ; il est triste, morne ou mélancolique.

Over-cast, (a term used by taylors.) Surjeté, en termes de Tailleur.

A wall overcast (or lined) with free-stone. Mur revêtu de pierres de taille.

To OVER-CAST, verb. act. (to cover, or cloud.) Couvrir, obscurcir.

To over-cast, (or whip, a term used by taylors.) Surjeter, faire une couture élevée, faire un surjet.

To over-cast (or line) a wall with free-stone. Revêtir un mur de pierres de taille.

To over-cast the jack at bowls. Passer le but du jeu de boule.

OVER-CASTING, subst. L'action de couvrir, &c. V. to Over-cast.

OVER-CAUTIOUS, adj. Trop circonspect, qui prend trop de précautions.

To OVER-CHARGE, v. act. Charger trop, surcharger, accabler, opprimer.

Over-charged, adject. Surchargé, trop chargé, accablé, opprimé.

OVER-CHARGING, subst. L'action de trop charger, &c. V. to Over-charge.

To OVER-CLOUD, verb. act. Couvrir de nuages, obscurcir, dans le propre & dans le figuré.

Over-clouded, adject. Couvert de nuages, obscurci.

OVERCOME, adj. Vaincu, surmonté.

Overcome by the heat of fire. Abattu par une chaleur excessive de feu.

Overcome by some smell. Qui se trouve mal de quelque senteur, à qui quelque senteur fait mal.

To OVERCOME, verb. act. (to vanquish or surmount.) Vaincre, surmonter, dompter.

This smell overcomes me. Cette senteur est trop forte pour moi, elle me fait mal, je ne puis l'endurer.

OVERCOMER, subst. Vainqueur.

OVERCOMING, subst. L'action de vaincre, &c. V. to Overcome.

OVER-CONFIDENT, adject. Trop hardi.

He is over-confident in the opinion of himself. Il est présomptueux, il s'en fait trop accroire.

OVERCORNED, adject. Ex. Beef over-corned. Du bœuf trop salé.

OVER-CURIOUS, adj. (or too inquisitive.) Trop curieux.

Over-curious, (or over-nice.) Trop délicat.

OVER-CURIOUSNESS, sub. (or overniceness.) Une trop grande délicatesse, un excès de délicatesse.

To OVER-DO, v. act. (or do too much.) Outrer, faire avec excès, faire ou dire plus qu'on ne doit.

To over-do, (to make one work too hard.) Accabler de travail, outrer, fatiguer trop, surcharger de travail.

To over-do one's self. Faire plus qu'on ne peut, épuiser ses forces, fatiguer ou se fatiguer trop.

Over-done, adject. Outré, &c. V. to Over-do.

To OVER-DRESS, verb. act. Charger de parure.

To OVER-DRINK one's self, verb. récip. Se souler, boire avec excès, se gorger de vin.

To OVER-DRIVE, verb. act. Pousser trop, trop loin ou trop fort.

OVER-EARNEST, adject. Trop ardent, empressé, qui fait avec trop d'ardeur ou d'empressement.

OVER-EARNESTNESS, subst. Une trop grande ardeur, une trop grande passion, empressement.

To OVER-EAT one's self, verb. récip. Manger avec excès, se crever de manger, se gorger de viandes.

To OVER-EYE, verb. act. Surveiller, observer.

OVERFALL, s. Cataracte.

OVER-FIERCE, adj. (too bold.) Trop fier, ou trop hardi.

Over-fierce, (too eager.) Trop ardent, empressé.

OVER-FIERCELY, adverb. Trop fiérement.

To OVER-FILL, verb. act. Emplir trop, gorger.

OVER-FINE, adj. Trop fin.

To OVER-FLOAT, v. n. Flotter.

To OVER-FLOW, v. act. & neut. S'épancher, regorger, déborder, inonder.

The choler has overflowed the whole body. La bile s'est épanchée par tout le corps.

A pipe that overflows. Un tuyau qui regorge.

The rivers overflow the land. Les rivieres débordent, les rivieres inondent les pays.

Over-flowed, adject. Epanché, regorgé, débordé, inondé.

OVERFLOWING, subst. Epanchement, regorgement, débordement, inondation, ou l'action de s'épancher, &c. Voy. to Overflow.

Overflowing, adject. Ex. The overflowing grace of our crucified Saviour. La surabondance de la grace de Jesus-Christ crucifié.

To OVER-FLY, verb. act. & neut. Voler au-delà.

OVER-FOND, adject. Qui aime trop, qui a trop de tendresse, qui aime à la folie, qui est fou de quelque chose ou de quelqu'un.

OVER-FORWARD, adj. Trop empressé, trop ardent, qui se porte à quelque chose avec trop d'ardeur ou d'empressement ; trop hardi.

OVER-FORWARDNESS, sub. Excès de hardiesse ou d'empressement.

To OVER-FREIGHT, verb. act. Surcharger, charger trop.

Over-freighted, adject. Trop chargé, surchargé.

OVER-FULL, adj. Trop plein, qui regorge.

To OVER-GET, v. act. Atteindre.

To OVER-GLANCE, v. a. Jeter un coup d'œil sur.

To OVER-GO, v. neut. Aller au passer au-delà, surpasser.

OVER-GREAT, adject. Trop grand, excessif.

To OVERGROW, verb. neut. Croître en trop grande abondance.

Overgrown, adj. Qui a trop crû, ou qui est trop grand.

A garden overgrown with (covered with or full of) weeds. Un jardin tout couvert ou plein de mauvaises herbes.

An overgrown sea. Une mer très-haute ; une mer haute comme les monts.

History affords numberless instances of overgrown favourites, who have made sufficient atonement for all their insolence, cruelty and oppression in the days of their prosperity, by the terrible manner of their fall, and the ignominious condition to which they have been reduced. L'histoire fournit un nombre infini d'exemples de favoris enflés d'orgueil & de puissance, qui par leur chute terrible & l'infamie où ils ont enfin été réduits, ont suffisamment expié l'insolence, la cruauté & la barbarie qu'ils avoient exercées pendant leur prospérité.

OVER-GROWTH, subst. Accroissement excessif.

To OVER-HALE a rope, verb. act. (a sea term, i. e. to pull the contrary way a rope that was haled too stiff, in order to slacken it.) Larguer une corde.

To over-hale, (to rummage, in order to look for a thing.) Remuer, pour chercher quelque chose.

To

To over-hale an account. *Examiner de nouveau, revenir à un compte.*
To over-hale a business, (that was dropt.) *Remettre une affaire sur le tapis.*
To OVER-HANG, v. n. *Pencher sur.*
To OVER-HARDEN, verb. act. *Rendre trop dur.*
To OVER-HASTEN, verb. act. *Presser ou hâter trop, précipiter.*
Over-hastened, adj. *Trop pressé, trop hâté, précipité.*
OVER-HASTILY, adverb. *Avec précipitation, précipitamment.*
OVER-HASTINESS, sub. *Précipitation, trop grande hâte.*
OVER-HASTY, adj. *Qui se presse trop, qui agit avec précipitation ou précipitamment, trop ardent.*
Over-hasty fruits. *Des fruits précoces ou prématurés.*
To OVER-HAUL, v. act. (a sea-term.) *Reprendre un palan.*
To over-haul, se dit aussi en style vulgaire pour *Visiter, examiner, inspecter.* V. to Over-hale.
To OVER-HEAR, verb. act. *Entr'ouir, entendre comme en passant.*
Over-heard, adj. *Qu'on a entendu.*
OVER-HEARING, subst. *L'action d'entendre ou d'entr'ouir.*
To OVER-HEAT, v. neut. *Chauffer trop, échauffer.*
OVER-HEAVY, adj. *Trop pesant, trop lourd.*
OVER-JOY, s. *Transport de joie.*
To OVER-JOY, v. act. *Transporter, ravir.*
Over-joyed, adject. *Réjoui, ravi de joie, extasié, ravi en extase, ravi d'aise.*
To OVERLABOUR, verb. act. *Travailler trop, prendre trop de peine.*
OVER-LARGE, adj. *Trop large.*
To OVERLAY, v. act. *Etouffer.*
She has overlaid her nurse child. *Elle a étouffé son nourrisson.*
OVERLAYING, s. *L'action d'étouffer.*
To OVERLEAP, v. act. (to pass by a jump.) *Franchir.*
To OVERLIVE, verb. neut. & act. *Survivre, vivre trop.*
To OVERLOAD, verb. act. *Charger trop, surcharger.*
Overloaded, adject. *Trop chargé, surchargé.*
OVERLOADING, subst. *L'action de trop charger ou de surcharger.*
OVERLONG, adj. *Trop long.*
To OVERLOOK, verb. act. (to have an eye upon, to survey.) *Avoir l'œil dessus ou surveiller, avoir inspection.*
To overlook a piece of work. *Avoir l'œil sur quelque ouvrage, en avoir l'inspection, surveiller un ouvrage.*
To overlook, (or over-top.) *Commander, être plus haut, avoir la vue sur.*
To overlook, (or connive at.) *Conniver, ne pas prendre connoissance, faire semblant de ne pas voir.*
To overlook, (or scorn.) *Regarder avec mépris, mépriser, regarder de haut en bas.*
To overlook (or pass by) a fault. *Laisser glisser une faute, ne pas s'en appercevoir.*
Overlooked. V. Overlookt.
OVERLOOKER, subst. *Surveillant, inspecteur, celui qui a l'œil sur les ouvriers ou qui les fait travailler.*
OVERLOOKING, s. *L'action de veiller, &c.* V. to Overlook.
OVERLOOKT, adj. *Sur quoi l'on a eu l'œil, &c.* V. to Overlook.

OVERLOOP. V. Orlop.
OVERMASTED, adj. comp. *Qui a trop de mâture, ou trop haut mâté.*
To OVERMASTER, v. act. *Maîtriser, subjuguer.*
OVERMATCH, subst. (unequal match.) *Partie inégale.*
To OVERMATCH, verb. act. *Être trop fort, accabler, surmonter.*
Overmatched, adj. *Accablé, surmonté, qui a du dessous.*
OVER-MEASURE, subst. *Surplus, ce qu'on donne par dessus la mesure.*
† OVERMOST. V. Uppermost.
OVERMUCH, adj. *Trop grand, superflu, excessif.*
This is overmuch. *Ceci est superflu.*
Overmuch, adv. *Trop, excessivement.*
To OVERNAME, verb. act. *Nommer de suite.*
OVERNIGHT, subst. *La nuit passée ou dernière; au soir.*
OVER-OLD, adj. *Trop vieux.*
OVEROFFICIOUS, adj. *Trop officieux.*
OVERPAID, adject. *A qui l'on a trop payé, qui est trop payé, cher.*
To OVERPASS. V. to Surpass.
OVERPAST, adj. *Passé.*
The time is overpast. *Le temps est passé.*
To OVERPAY, verb. act. *Payer trop, payer plus qu'il ne faut ou que la chose ne vaut.*
To OVER-PERSUADE, verb. act. *Persuader mal-à-propos.*
Overpersuaded, adject. *Persuadé mal-à-propos.*
OVERPLUS, subst. *Surplus, surcroît, ce qui reste de plus, de surcroît.*
To OVERPLY, verb. act. *Accabler de travail.*
OVERPOISE, s. *Poids prépondérant.*
To OVERPOISE, verb. act. *Contre-balancer.*
Overpoised, adject. *Contre-balancé.*
To OVERPOWER, v. act. *Être le plus fort.*
Overpowered, adject. *Surmonté.*
To OVERPRESS, v. act. *Accabler.*
To OVERPRINT one's self, verb. récip. (to print too many books, as some booksellers do.) *Imprimer trop, faire trop imprimer.*
To OVERPRIZE, v. act. *Mettre un prix trop haut, estimer trop.*
To OVERRAKE, verb. neut. comp. *Se dit des coups de mer qui passent d'un bord à l'autre.*
OVERRANK, adj. *Trop gras, trop fort.*
OVERRATE, subst. (an excessive rate.) *Survente, prix excessif, vente trop chère ou excessive.*
To OVERRATE, v. act. (or overprize.) *Mettre un prix trop haut, estimer trop.*
To overrate a commodity, (to ask too high for it.) *Demander trop de sa marchandise, la surfaire, la survendre.*
To overrate, (or assess too high.) *Cotiser trop, taxer trop.*
Overrated, adj. *Sur quoi l'on met un prix trop haut.* V. to Overrate.
OVERRATING, subst. *L'action de surfaire, &c.* V. to Overrate.
Overrating. *Cotisation excessive ou déraisonnable.*
OVERREACH, sub. (a horse's disease.) *Nerf-férure, atteinte violente que le cheval se donne.*
To OVERREACH, v. a. (or to cozen.)

Surprendre, tromper ou attraper adroitement, être plus fin que, duper.
He has overreached me. *Il m'a attrapé, il a été plus fin que moi.*
To overreach the King's justice. *Surprendre la justice du Roi.*
To overreach one's self, (to hurt one's self with reaching.) *Se fouler le nerf à force de tendre le bras.*
To overreach, (or prevent.) *Prévenir.*
To overreach, verb. neut. (as a horse does.) *Forger, avancer trop les pieds de derrière, en parlant d'un cheval.*
Overreached, adj. *Attrappé, surpris, &c.* V. to Overreach.
OVERREACHER, s. *Trompeur.*
OVERREACHING, subst. *L'action d'attraper, &c.* V. to Overreach, v. act. & neut.
Overreaching, adj. Ex. An overreaching horse. *Cheval qui forge.*
To OVERREAD one's self, verb. récip. *Lire trop, se faire mal à force de lire.*
To OVERRECKON, verb. act. *Compter trop.*
OVERRID, adj. (or overridden.) *Foulé, fatigué, outré.*
To OVERRIDE, verb. act. *Fouler, fatiguer, outrer.*
To override a horse. *Outrer ou surmener un cheval, le fatiguer.*
OVERRIGGED, adv. comp. *Qui a de trop gros agrès, des mâts trop longs & trop gros, de trop longues vergues, de trop grosses poulies, &c.*
OVERRIGID, adj. *Trop rigide, trop austère, trop sévère.*
OVERRIGIDNESS, s. *Une trop grande rigueur, austérité ou sévérité.*
OVERRIPE, adj. *Trop mûr, mou.*
To OVERROAST, v. a. *Rôtir trop, cuire trop.*
Overroasted, adj. *Trop rôti, trop cuit.*
OVERROASTING, s. *L'action de rôtir trop.*
To OVERRULE, v. act. (to domineer or beat sway.) *Dominer, gouverner, être plus fort ou être le maître.*
She overrules my policy. *Elle est plus fine que moi.*
To overrule an argument or objection at law, (as the judges do, that is, not to allow of it, to reject it.) *Rejetter, ne pas admettre ou ne pas recevoir une allégation ou une objection en Justice, prononcer contre une allégation, &c.*
Overruled, adj. *Qui a du dessous.* Voy. to Overrule.
OVERRULING, subst. *L'action de dominer, &c.* V. to Overrule.
Overruling, adj. *Qui gouverne tout.*
To believe an overruling providence. *Croire une providence qui gouverne tout le monde ou toutes choses.*
OVERRUN, adj. *Tout plein, tout couvert, inondé, &c.* V. to Overrun.
To OVERRUN, verb. act. (to out-run or out-strip.) *Aller plus vite.*
To overrun, (or cover all over.) *Couvrir, remplir.*
To overrun, (to invade every where.) *Inonder, envahir.*
To overrun the enemies country. *Inonder le pays ennemi.*
To overrun a sheet, (in terms of Printing, to make up the lines and pages that compose it another way.) *Remanier une feuille,* en termes d'Imprimeur.

OVERSCRUPULOUS,

OVERSCRUPULOUS, adj. Trop scrupuleux.

OVER-SEA, adj. D'outre-mer, de delà la mer.

To OVERSEE or INSPECT, v. act. (to have the inspection or conduct of.) Avoir l'inspection ou la conduite de, surveiller à.

To oversee, (to overlook or let slip, to pass by.) Laisser glisser, ne pas voir une chose, ne pas s'en appercevoir.

How came you to oversee that mistake ? Comment avez-vous laissé glisser cette méprise ? Comment cette faute vous a-t-elle échappé?

OVERSEEING. V. Oversight.

OVERSEEN, adj. Qui est sous l'inspection ou la conduite de quelqu'un, ou bien, qu'on a laissé, dont on ne s'est pas apperçu. V. to Oversee.

Overseen, (or blinded.) Aveuglé.

Overseen, (or mistaken.) Qui s'est trompé ou mépris.

† Overseen in drink. V. Overtaken.

OVERSEER, s. (or overlooker.) Inspecteur, surveillant.

To OVERSEETH, v. n. Se trop cuire, ébouillir.

To OVERSELL, v. act. Survendre, surfaire, vendre trop cher.

To OVERSET, v. act. (or to overturn.) Renverser ou verser.

To overset (or turn) a coach. Renverser un carrosse, verser un carrosse.

To overset a ship. Faire sombrer un vaisseau sous voiles.

To overset, v. neut. comp. (speaking of a ship.) Chavirer, faire capot.

Overset, adj. Renversé.

A ship overset by a sudden gust of wind. Un vaisseau qui sombre sous voiles.

To OVERSHADOW, } v. act. Ombrager,
To OVERSHADE, } couvrir de son ombre, faire ombrage.

Overshadowed, adj. Ombragé.

OVERSHADOWING, s. L'action d'ombrager.

To OVERSHOOT, verb. act. (to overshoot the mark.) Porter trop loin.

To overshoot the mark, to overshoot one's self, (to go too far in a business.) Aller trop avant dans quelque affaire.

Overshot or overshotten, adject. part. Qui est allé trop loin. Voy. to Overshoot.

OVERSIGHT, sub. (the over-seeing, inspection or conduct.) Inspection, charge, conduite.

Oversight, (or mistake.) Méprise, bévue, faute, inadvertance.

To OVERSIZE, verb. act. Surpasser en grandeur ; enduire de plâtre.

To OVERSKIP, v. act. Franchir.

To OVERSLEEP one's self, verb. récip. Dormir trop long-temps, dormir au-delà de son heure.

OVERSLIP, s. Omission.

To OVERSLIP, v. act. Omettre, laisser passer, passer par-dessus.

Overslipped, adj. Omis.

OVERSLIPPING, sub. Omission, l'action d'omettre, &c.

The overslipping of opportunities. La perte des occasions.

OVERSODDEN, adj. (or overboiled.) Ébouilli.

OVERSOLD, adj. (from to Oversell.) Survendu, vendu trop cher.

OVERSOON, adv. Trop tôt.

OVERSPENT, adj. Épuisé.

To OVERSPREAD, v. act. Couvrir.

Overspread, adj. Couvert.

OVERSPREADING, subst. L'action de couvrir.

To OVERSTOCK one's self, verb. récip. Faire de trop grandes provisions, faire une trop grande emplette.

Overstocked or overstockt, adject. Qui a trop d'une chose.

Overstocked with commodities. Qui a trop de marchandises.

To OVERSTRAIN, v. act. Outrer, pousser une chose plus loin qu'elle ne doit aller, la faire avec affectation.

To overstrain (or strain) one's self. Se fouler quelque nerf, se donner une entorse.

Overstrained, adject. Outré, &c. V. to Overstrain.

OVERSTRAINING, subst. L'action d'outrer, &c. V. to Overstrain.

To OVERSTRETCH, verb. act. Étendre trop.

To overstretch a matter, to overstrain it.) Outrer une matière.

Overstretched, adj. Trop étendu, outré.

OVERSTRETCHING, s. L'action d'étendre trop ou l'action d'outrer.

To OVERSWAY, verb. act. Dominer, faire plier.

To OVERSWELL, v. act. (to rise above.) Inonder, déborder.

OVERT, adj. (or open.) Manifeste.

An overt act, (in the sense of the law.) Une action qui prouve le dessein qu'on avoit, démarche qu'on fait pour exécuter un dessein.

To OVERTAKE, verb. act. (or catch.) Attraper, atteindre.

The night overtook us. La nuit nous surprit.

The storm overtook us. La tempête nous accueillit.

This punishment at last overtook him. Il ne put pas enfin éviter ce châtiment.

A cracker overtakes him. Un pétard saute vers lui.

Overtaken, adject. Attrapé, atteint, surpris.

We were overtaken on our passage by a terrible tempest. Nous fûmes accueillis en chemin d'une furieuse tempête.

Overtaken in drinking. Surpris par la boisson, soûl, ivre.

Overtaken with cowardice. Coupable de lâcheté.

OVERTAKING, subst. L'action d'attraper, d'atteindre ou de surprendre.

To OVERTALK one's self, verb. récip. Parler trop, se faire mal à force de parler.

To OVERTASK, verb. act. Surcharger de travail, de devoirs.

To OVERTAX, verb. act. Accabler d'impôts, surcharger.

Overtaxed, adj. Accablé d'impôts, surchargé.

OVERTHROW, subst. (defeat or rout.) Défaite, déroute.

To OVERTHROW, verb. act. (to pull or cast down, to overturn, to destroy.) Renverser, abattre, coucher ou jeter par terre, détruire.

To overthrow the laws. Renverser les loix.

To overthrow (defeat, disappoint or frustrate) the designs of one's enemies. Renverser les desseins de ses ennemis, les ruiner, les faire échouer.

To overthrow (or rout) an army. Défaire une armée, mettre une armée en déroute.

To overthrow one at law, (to cast him.) Avoir gain de cause contre sa partie.

OVERTHROWER, subst. Celui qui renverse, &c. V. to Overthrow.

OVERTHROWING, subst. L'action de renverser, &c. V. to Overthrow.

OVERTHROWN, adject. Renversé, &c. V. to Overthrow.

OVERTHWART, adject. (across, from side to side.) De travers, de biais, oblique.

Overthwart, (or froward.) Qui a l'esprit de travers, opiniâtre, bourru.

Overthwart, (or out of order.) De travers, mal arrangé, mal en ordre.

Overthwart, adv. (or across.) De travers, de biais, obliquement.

To OVERTHWART, verb. act. (or cross.) Traverser, aller à la traverse, s'opposer.

To Overthwart, (or contradict.) Contrarier, contredire.

Overthwarted, adj. Traversé, &c.

OVERTHWARTLY, adv. V. Overthwart.

OVERTHWARTNESS, s. Opiniâtreté, travers.

To OVER-TIRE, verb. act. Fatiguer trop, harasser.

Over-tired, adj. Trop fatigué, harassé.

OVERTLY, adv. (from Overt.) Ouvertement, manifestement.

To OVERTOIL, verb. neut. Se fatiguer par le travail, travailler au-delà de ses forces.

Overtoiled, adj. Fatigué, accablé par le travail, épuisé à force de travail.

To OVERTOP, verb. act. (to be taller.) Être plus grand ou plus haut.

He overtops me already. Il est déjà plus grand que moi.

To overtop, (to surpass.) Être élevé ou être au-dessus de, surpasser, surmonter.

Overtopped, adj. Qui est au-dessous, inférieur, surpassé, surmonté.

To OVERTRADE one's self, verb. récip. Faire un trop grand négoce, entreprendre trop à la fois.

OVERTURE, subst. (or proposal.) Ouverture ou proposition.

To make an overture. Faire une ouverture, proposer quelque chose.

To OVERTURN, verb. act. Renverser, verser, bouleverser.

Overturned, adj. Versé, renversé, bouleversé.

OVERTURNER, subst. Destructeur.

OVERTURNING, subst. L'action de verser, &c. V. to Overturn. Renversement, bouleversement.

The overturning of a coach. Chute d'un carrosse qui verse.

To OVERTWATTLE one, verb. act. Rompre la tête à quelqu'un à force de lui parler, l'étourdir de paroles.

Overtwattled, adj. Qui a la tête rompue de babil, &c.

OVERTWATTLING, subst. Rompement de tête à force de parler.

To OVERVALUE, verb. act. Estimer trop, faire trop valoir.

To overvalue one's self. S'estimer trop, avoir trop bonne opinion de soi-même.

Overvalued, adj. Qu'on estime trop, qu'on fait trop valoir.

OVERVALUING, subst. L'action d'estimer

timer trop, trop grande eſtime, trop bonne opinion.
To OVERVEIL, verb. act. Couvrir.
To OVERVOTE, verb. act. Avoir la pluralité des voix.
Overvoted, adj. Sur qui l'on a l'avantage des voix.
OVERWATCHED, adject. Qui a trop veillé, qui a les yeux appeſantis à force de veilles.
OVERWEAK, adj. Trop foible.
To OVERWEARY, verb. act. Accabler de fatigue.
To OVERWEEN, verb. neut. Se complaire, ſe flatter, avoir bonne opinion de ſoi-même, s'en faire accroire, être entêté de ſon propre mérite.
Overweened, adj. Préſomptueux, entêté de ſon propre mérite.
OVERWEENING, ſubſt. Préſomption, bonne opinion qu'on a de ſoi-même, entêtement.
OVERWEENINGLY, adv. Avec préſomption.
To OVERWEIGH, verb. act. Peſer plus ou davantage, l'emporter, être plus peſant.
Overweighed, adj. Qui peſe plus.
Overweighed with affection. Sur qui l'affection l'emporte.
OVERWEIGHT, ſ. Ce qu'une choſe peſe au-delà, ſurplus de poids.
OVERWELL, adv. Trop bien.
To OVERWHELM, verb. act. Enfoncer, accabler.
To overwhelm in water. Enfoncer dans l'eau.
To overwhelm with grief. Accabler de chagrin ou de douleur.
Overwhelmed, adj. Enfoncé, accablé.
OVERWHELMING, ſ. L'action d'enfoncer, &c. V. to Overwhelm.
To OVERWIND, verb. act. (or ſtrain) a string. Bander trop une corde.
OVERWORN, adj. (oppreſſed, born down with,) Accablé.
Overworn with grief. Accablé d'ennui ou de chagrin.
OVERWROUGHT, adj. Trop travaillé.
OVERZEALOUS, adj. Trop zélé.
OUGHT, ſubſt. (or any thing.) Quelque choſe.
If I had ought to do with him. Si j'avois quelque choſe à faire avec lui.
R. Le plus grand uſage de ce mot eſt dans les expreſſions qui ſuivent.
It may be ſo for ought I know. Cela peut être, quoique je n'en ſach. rien ; ou cela peut bien être.
For ought I ſee. A ce que je puis voir.
OUGHT, v. imperfect. (a preterit of the verb to owe.) Ex. I ought to go thither. Je ſuis obligé ou c'eſt mon devoir d'y aller, il faut que j'y aille.
You ought to have done it. Vous deviez le faire.
It ought to be ſo. Cela doit être ainſi.
It ought to have been done. On devoit le faire.
† Ought. (for Owed.) C'eſt un vieux prétérit du verbe to Owe. V. to Owe.
OVIPAROUS, adject. (a term uſed by Philoſophers, that breeds by eggs or ſpawn.) Ovipare, qui ſe multiplie en faiſant des œufs.
OUNCE, ſubſt. (a ſort of weight.) Une once, ſorte de poids.
Half an ounce. Une demi-once.
Ounce, (a ſort of beaſt, a lynx.) Once, bete fort douce & privée dont on ſe

ſert en Perſe pour aller à la chaſſe des gazelles.
OUR, pron. poſſ. Notre, nos, à nous.
Our friend. Notre ami.
Our friends. Nos amis.
That is our houſe. Cette maiſon eſt à nous.
OURS, pron. poſſ. Which follows the ſubſtantive. A nous ou le nôtre, la nôtre.
This is ours. Ceci eſt à nous, celui-ci eſt le nôtre.
That is none of ours. Cela n'eſt point à nous.
OURSELF, } pron. Nous-mêmes, nous.
OURSELVES,
OUSE, ſubſt. (tanner's bark.) Tan.
OUSEL, ſubſt. Sorte de merle.
To OUST, verb. act. Oter.
OUSY. V. Ouzy.
OUT, prép. & adv. (not within.) Hors, dehors.
Out of the houſe. Hors de la maiſon.
Out of danger. Hors de danger.
To be out of one's wits. Etre hors de ſens, avoir perdu le ſens.
Throw it out. Jetez-le dehors.
Out of (or through) kindneſs. Par amitié.
He did it out of (or with) a deſign. Il l'a fait à deſſ.in.
Out of (or beyond) meaſure. Outre meſure, avec excès, exceſſivement.
To be out of (or without) hope. Etre ſans eſpérance.
The fire is out, (or extinguiſhed.) Le feu eſt éteint.
The candle is out. La chandelle eſt éteinte.
A barrel that is out, (or empty.) Un tonneau vide.
The time is out, (or expired.) Le temps eſt expiré ou échu.
The cherries are quite out, (or out of ſeaſon.) Les ceriſes ne ſont plus de ſaiſon, il n'y a plus de ceriſes.
Speak out, (or aloud.) Parlez haut, élevez votre voix afin qu'on vous entende.
To laugh out. Rire fort & ferme, éclater de rire, rire à gorge déployée.
My dream is out, (or fulfilled.) Mon ſonge eſt accompli.
Out of favour. Diſgracié, qui n'eſt plus en faveur.
Out of place. Qui n'a point d'emploi, hors de place.
Out of command. Qui a perdu, à qui l'on a ôté ſon commandement.
Out of faſhion. Qui n'eſt plus à la mode, hors de mode.
A book out of print. Un livre qui ne ſe trouve plus à acheter, un livre dont l'édition eſt tout-à-fait vendue.
Out at the elbow. Percé au coude.
Out at heels. Qui a un trou au talon.
Things out of order, (or in confuſion.) Des choſes qui ſont en déſordre ou en confuſion, qui ſont dérangées.
Out of order, (or indiſpoſed.) Incommodé, indiſpoſé, malade.
To drink out of a glaſs. Boire dans un verre.
A way out. Une ſortie, une iſſue.
To be out of the way, (or abſent.) Etre abſent, ne ſe trouver pas.
To go out of the way. S'abſenter, ſe cacher.
That is out of my way. C'eſt une choſe que je n'entends pas, ou à quoi je ne ſuis pas propre.
To aſk out of the way. Demander trop, ſurfaire.

To bid out of the way. Offrir trop peu.
To be out, (or to be miſtaken.) Se tromper, ſe méprendre, errer, † prendre une choſe à gauche, † donner à gauche.
He is grievouſly out, (or miſtaken.) Il ſe trompe lourdement.
To be out, (as when a man's memory fails him in a diſcourſe.) N'avoir pas le mot à dire, demeurer court, perdre le fil de ſon diſcours.
Out, (as it is uſed among printers, when they leave out any matter in the compoſing.) Oublié, omis.
Out of ſight. Qu'on ne voit plus, qui ſe dérobe à la vue, perdu de vue, à perte de vue.
It is out of my head or 'tis out of my mind. Je l'ai oublié, je ne m'en ſouviens plus, cela m'eſt échappé de la mémoire.
P. Out of ſight, out of mind. P. Hors de vue, hors du ſouvenir.
To be out of taſte. Avoir le goût dépravé.
To be out of humour. Etre de mauvaiſe humeur, n'être pas de bonne humeur.
I am ſo much out of purſe or out of pocket. J'ai débourſé tant.
To be out of ſtock. N'avoir plus d'une choſe.
He is out of tobacco. Il n'a plus de tabac.
He is out of all. Il n'a plus rien, il a tout perdu.
Out of patience. Qui a perdu patience.
Out of his wits. Qui eſt hors du ſens, qui a perdu le ſens.
Time out of mind. Temps immémorial.
An inſtrument out of tune. Un inſtrument déſaccordé, diſcordant, qui n'eſt pas d'accord.
To be out of tune or out of humour. Etre de mauvaiſe humeur.
To be out of tune to a thing, ('to be unfit for it.) N'être plus propre à quelque choſe.
My hand is out. Je ne ſuis pas en train, je ne ſuis pas d'humeur, je ſuis détraqué.
To be out of charity with one. N'aimer pas quelqu'un, avoir quelque animoſité contre lui.
To be out of love with one's ſelf. Se déplaire.
I am out with him, (or I have done with him, I have nothing to ſay to him.) Il a fait avec moi, j'ai rompu avec lui.
Out of hand, (immediately.) De la main, incontinent.
Out of doubt, (undoubtedly.) Sans doute, indubitablement.
It will out, (he will never keep it ſecret.) Cela lui échappera, il ne le tiendra pas toujours ſecret.
Out with him. Qu'on le chaſſe, qu'on le faſſe ſortir d'ici.
Get you out of my ſight. Otez-vous de devant moi, ſortez de ma préſence.
Get you out of doors. Sortez de céans.
To vaniſh out of ſight. Diſparoitre.
Shut him out. Fermez-lui la porte.
Let him out. Laiſſez-le ſortir, ouvrez-lui la porte.
To ſmoke a pipe out. Fumer une pipe entière.
To read a book out. Lire un livre d'un bout à l'autre, le lire tout entier.
Pray

OUT

Pray hear me out. *Laissez-moi, je vous prie, achever mon discours ; attendez que j'aie tout dit ; écoutez-moi jusqu'au bout.*
I love to hear a story out. *J'aime à entendre toute la suite d'une histoire.*
Out upon him. † *Foin de lui.*
Out with it, (speak it.) *Parlez donc, dites ce que c'est.*
Out, *adv.* (at sea.) *Dehors, c'est-à-dire, déployé & orienté,* en parlant des voiles.
R. Cette proposition se trouve souvent à la suite des verbes anglois, en leur communiquant sa signification. Ex.

To Go out,		to Go.
To Come out,	V.	to Come.
To Fall out, &c.		to Fall, &c.

Elle a d'ailleurs un usage tout particulier, très-fort en anglois, lorsqu'on s'en sert dans le sens des phrases qui suivent.
Ex. To whip a child OUT of his tricks. *Fouetter un enfant jusqu'à ce qu'il se corrige, le réduire à force de coups de fouet.*
To physick one out of his life. *Tuer quelqu'un à force de médecines.*
OUT, *subst.* (an omission in printing.) *Bourdon.*
To OUT, *verb. act.* (or turn out.) *Dépouiller, destituer, déposséder, expulser.*
To out one of his estate. *Dépouiller, déposséder quelqu'un de ses biens.*
To OUTACT, *verb. act. Outrer.*
To OUTBALANCE, *verb. act. L'emporter sur.*
To OUTBAR, *verb. act. Fermer dehors.*
To OUTBID, *verb. act. Enchérir sur, augmenter.*
OUTBIDDER, *s. Enchérisseur.*
OUTBIDDING, *subst. L'action d'enchérir, enchère.*
OUTBORN, *adj. Etranger.*
OUTBOUND, *adj.* (in speaking of a ship.) *Chargé pour un pays éloigné.*
To OUTBRAVE, *verb. act. Braver, affronter.*
Outbraved, *adj. Bravé, affronté.*
OUTBRAVING, *subst. L'action de braver ou d'affronter.*
OUTCASE, *subst. Etui de dehors.*
OUTCAST, *subst.* (refuse.) *Rebut.*
Outcast, (expelled.) *Banni, exilé.*
OUTCRY, *subst.* (a cry or noise.) *Cri, bruit, vacarme.*
An outcry, (or portsale.) *Une criée, une enchere ou un encan.*
To OUTDARE, *verb. act. Passer au-delà sans crainte.*
To OUTDATE, *verb. act. Abolir.*
To OUTDO, *verb. act. Réussir ou faire mieux, surpasser.*
He has quite outdone me. *Il a beaucoup mieux réussi que moi.*
OUTDOER, *subst. Qui réussit mieux, qui surpasse.*
OUTDOING, *s. L'action de surpasser ou de mieux réussir.*
OUTDONE, *adj. Surpassé, qui n'a pas si bien réussi qu'un autre.*
To OUTDRINK, *verb. act. Boire plus qu'un autre.*
OUTED, *adj.* (from to out.) *Dépouillé, dessaisi, déposédé.*
OUTER, *adj. De dehors, extérieur.*
Outer darkness, *Les ténèbres de dehors.*
OUTERMOST, *adj. Le plus éloigné du milieu.*
To OUTFACE, *v. act. Soutenir en face, nier en face, braver.*

This is to outface the sun at noon day. *C'est nier qu'il fait jour en plein midi.*
OUTFALL, *subst.* (canal, ditch or drain to carry off waters.) *Canal, rigole, saignée, tranchée, fossé, pour l'écoulement des eaux.*
OUTFIT, *subst.* (speaking of a ship.) *Dépense de l'armement.*
To OUTFLY, *verb. act. Voler plus loin, fuir, échapper.*
OUTFORM, *subst. Extérieur.*
OUTGATE, *subst. Issue.*
To OUTGIVE, *verb. act. Donner plus.*
To OUTGO one, *verb. act. Aller plus vîte qu'un autre, le devancer.*
OUTGOING, *subst. L'action d'aller plus vîte ou de devancer.*
Outgoing, (or way out.) *Issue, sortie.*
OUTGONE, *adj. Devancé.*
To OUTGROW, *verb. act. Devenir plus grand, croître trop.*
OUTGUARD, *s. Garde avancée.*
OUTHOUSE, *s. Dépendance d'une grande maison, un bâtiment qui en dépend, un appentis.*
To OUTJEER one, *v. act. Railler quelqu'un jusqu'à lui fermer la bouche, le pousser à bout, l'emporter sur lui en fait de raillerie.*
Outjeered, *adj. Poussé à bout en fait de raillerie.*
OUTJEERING, *sub. L'action de pousser à bout par la raillerie.*
OUTJUTTING, *adj. Qui est hors d'œuvre ou en saillie, qui avance.*
An outjutting wall. *Une muraille qui est hors d'œuvre ou en saillie.*
OUTLANDISH, *adject. Etranger, qui est d'un autre pays.*
Outlandish people. *Des étrangers.*
An outlandish man or woman. *Un étranger, une étrangère.*
Outlandish like. *En étranger, comme un étranger.*
To OUTLAST, *v. act. Durer davantage.*
OUTLAW, *s.* (a person deprived of the benefit of the law, and out of the King's protection.) *Un proscrit, qui est déchu de la protection des lois & du Prince.*
To OUTLAW one, *v. act.* (to deprive him of the benefit of the law.) *Proscrire quelqu'un ou le condamner par contumace.*
Outlawed, *adj. Proscrit, qui est déchu de la protection des lois, contumacé, condamné ou jugé par contumace.*
OUTLAWRY, *sub. Proscription, condamnation par contumace.*
OUTLEAP, *s. Saillie, échappée.*
To OUTLEAP, *v. act. Sauter plus loin.*
To OUTLEARN, *v. act. Apprendre plus qu'un autre, faire plus de progrès que lui dans ses études.*
OUTLET, *s.* (passage of egress.) *Issue.*
OUTLICKER, *Voy.* Bumkin.
OUTLINE, *s. Ligne de dehors ou extérieur.*
The outlines of a picture. *Les traits extérieurs d'un portrait, les contours.*
To OUTLIVE, *v. act. & neut. Survivre, vivre davantage qu'un autre.*
OUTLIVER, *subst. Survivant, celui qui survît.*
OUTLIVING, *s. Survie.*
To OUTLOOK, *v. act. Regarder fixement ou en face.*
To OUTLUSTRE, *v. act. Surpasser en éclat, effacer.*
OUTLYING, *adj. Irrégulier.*
To OUTMARCH, *v. act. Devancer.*

OUTMOST, *adj. Qui est le plus en dehors ou le plus avancé.*
To OUTNUMBER, *v. act. Surpasser en nombre.*
OUT-OF-TRIM, *adverb.* (speaking of a ship.) *Hors de son assiette, mal-arrimé,* en parlant d'un vaisseau.
To OUTPACE, *v. act. Devancer.*
OUTPARISH, *subst. Paroisse dans les fauxbourgs.*
OUTPART, *s. Partie éloignée.*
OUTPARTERS, *s.* (a kind of thieves in Scotland.) *Certains voleurs ou bandits d'Ecosse.*
OUTPENSIONER, *s.* Ex. The outpensioners of Chelsea-hospital. *Les externes des invalides de Chelsea.*
To OUTPRIZE, *v. act. Estimer trop.*
OUTRAGE, *s.* (or injury.) *Outrage, affront, injure atroce.*
Outrage, (violence, cruelty.) *Avanie, cruauté, violence, déchaînement.*
The outrages of war. *Les cruautés ou violences de la guerre.*
To OUTRAGE, *v. act. Outrager.*
OUTRAGEOUS,   ⎫
OUTRAGIOUS,   ⎬ *adj.* (abusive, injurious.) *Outrageux, outrageant, injurieux.*
Outragious, (cruel, fierce, violent.) *Violent, furieux, cruel, qui use de violence.*
An outragious (or dangerous) mistake. *Une erreur dangereuse.*
OUTRAGIOUSLY, *adv.* (injuriously.) *Outrageusement, injurieusement.*
Outragiously, (fiercely, violently.) *Furieusement, avec violence.*
OUTRAGIOUSNESS, *subst.* (violence or cruelty.) *Violence, fureur, cruauté.*
To OUTREACH, *v. act. Devancer.*
To OUTRIDE, *v. act. Devancer à cheval, piquer mieux qu'un autre, aller plus vîte.*
OUTRIDERS, *s.* (bailiffs-errant, employed by the sheriffs for their deputies.) *Serpents que les Shérifs emploient.*
OUT-RIGGER, *subst. comp. Aiguille de carenna.*
C'est aussi un boutehors, boutelof ou portelof, placé sur la hune, & faisant saillie du côté du vent pour pousser en dehors les galhaubans.
OUTRIGHT, *adverb.* (without delay.) *D'abord, sur le champ, de la main.*
To laugh outright. *Eclater de rire, rire à gorge déployée.*
OUTRODE, *s. Excursion.*
To OUTROOT, *verb. act.* (or extirpate.) *Extirper, déraciner.*
OUTRUN, *adject. Devancé, qui s'est laissé devancer à la course.*
To OUTRUN, *v. act. Courir mieux qu'un autre, le devancer à la course, aller plus vîte que lui.*
To outrun the constable, (to run out in expences.) † *Manger son blé en herbe ou en vert, dépenser son bien par avance.*
To outrun one's method, (to go further than one's method led one.) *Passer les bornes qu'on s'étoit prescrites, s'échapper au-delà de sa méthode.*
OUTRUNNING, *sub. L'action de courir mieux qu'un autre ou de le devancer à la course.*
To OUT-SAIL a ship, *v. act. comp. Dépasser un vaisseau, avoir la marche sur un vaisseau.*
To OUTSCORN, *verb. act. Braver, mépriser.*

To

To OUTSEL, v. act. Surfaire, vendre trop cher, vendre plus cher qu'un autre.
To OUTSHINE. verb. act. Etre plus brillant, surpasser en splendeur, obscurcir, effacer.
To OUTSHOOT, verb. act. Tirer plus loin.
OUTSIDE. s. (the outward part.) Le dehors d'une chose, l'extérieur, la partie extérieure.
The outside of a coat. Le dehors d'un habit.
Outside, (or appearance.) Dehors, extérieur, apparence.
The outside of an action. Les dehors d'une action.
To affect a grave outside. Affecter un extérieur grave.
This is the outside of his demand. C'est tout ce qu'il demande.
It is or 'tis the outside. C'est tout au plus.
To OUTSIT, v. act. Se tenir assis au-delà du temps.
To OUTSPREAD, v. act. Répandre.
To OUTSTAND, verb act. Soutenir, résister.
OUTSTANDING, s. (or projecture in Architecture.) Saillie ou avance, en termes d'Architecture.
OUTSTREET, s. Rue de faubourg, rue près de la campagne.
To OUTSTRETCH, v. act. Étendre.
To OUTSTRIP, verb. act. (or out-run.) Devancer, aller plus vite.
To outstrip, (or surpass.) Devancer, surpasser, avoir l'avantage sur.
Outstripped or outstript, adject. Devancé, &c. V. to Outstrip.
To OUTSWEAR, verb. act. L'emporter à force de juremens.
To OUT-TALK, } v. act. Accabler
To OUT-TONGUE, } à force de parler.
To OUTVIE, v. act. Surpasser.
To OUT-VOICE another, v. act. Avoir meilleure voix qu'un autre.
Out-voiced, adj. Qui n'a pas si bonne voix.
To OUTVOTE, v. act. Avoir la pluralité des suffrages.
To OUTWALK one, v. act. Lasser quelqu'un à force de marcher, marcher mieux que lui.
I shall outwalk ye. Je vous lasserai.
Outwalked, adject. Lassé, qui ne marche pas si bien.
OUTWALL, s. Un contre-mur ou avant-mur.
OUTWARD, adj. Extérieur, de dehors, superficiel.
An outward (or feigned) friendship. Une amitié extérieure, un dehors d'amitié.
In outward appearance. Extérieurement, apparemment, à l'extérieur.
The outward law, (in opposition to the laws of nature.) Les loix humaines.
An outward court. Une avant-cour.
An outward shew, (or pretence.) Mine, semblant.
An outward shew, (parade or ostentation.) Montre, parade, ostentation.
Outward, adv. (on the out-side.) Au dehors.
The mourning is but outward. Le deuil n'est qu'au dehors.
To laugh but from the teeth outward, (to make a fair shew of laughter.) Ne

rire que du bout des levres, rire d'un ris forcé.
A ship outward bound. Un navire frété pour quelque pays étranger.
OUTWARDLY, adv. (on the out-side.) Au dehors, extérieurement.
Outwardly, (or in outward appearance.) Extérieurement, à l'extérieur, apparemment.
To OUTWEAR, v. act. Passer avec ennui, durer plus long-temps.
To OUTWEIGH, verb. act. Peser davantage, emporter la balance, l'emporter sur.
Outweighed, adject. Qui pese davantage.
To OUTWIT, v. act. Attraper, duper.
Outwitted, adject. Qui a du dessous, attrapé.
OUTWORK, s. Un dehors.
The outwork of a place. Les dehors d'une place.
OUTWORN, adj. Tout usé.
To OUTWORTH, v. act. Valoir mieux, surpasser en valeur.
OUZE, subst. (or moisty ground.) Terre humide ou marécageuse.
OUZEL. Voy. Ousel.
OUZY, adj. (from ouze.) Humide, marécageux.
To OWE, verb. act. (to be in debt.) Devoir.
To owe money. Devoir de l'argent.
He owes more than he is worth. Il doit plus qu'il n'a.
He owes (or is indebted to) every body. Il doit au tiers & au quart.
I owe my life to you. Je vous dois la vie ou je vous suis redevable de ma vie.
A debt we owe. Dette passive.
I owe him a good turn. Je lui ai de l'obligation, je lui suis redevable.
† To owe one no good-will or to owe him a spite, (to have a grudge against him.) Avoir une dent de lait contre quelqu'un, lui en vouloir.
To owe, (to be obliged to do any thing.) Voy. Ought.
OWING, s. L'action de devoir.
Owing, adj. Dû, qu'on doit.
A great deal of money is owing me. On me doit ou il m'est dû beaucoup d'argent.
To pay what is owing. Payer ce que l'on doit.
These advantages are owing to their own courage. Ces avantages sont les effets ou les fruits de leur courage.
A debt owing to us. Dette active.
OWL, subst. (a night bird.) Chouette, oiseau de nuit.
Owl, the great owl. Hibou, chat-huant.
† To make an owl (or a fool) of one. Se moquer, se jouer de quelqu'un.
Owl-eyed. Qui a des yeux de chat-huant.
OWLER, s. (one that exports wool contrary to law.) Celui qui transporte ou fait sortir de la laine hors d'Angleterre, contre les lois.
OWLET, subst. Chouette, chat-huant. Voy. Owl.
OWLING, subst. Transport ou sortie des laines contre les lois.
OWN, adj. Propre.
He wrote it with his own hand. Il l'écrivit de sa propre main.
As my own brother. Comme mon propre frere.
Of his own accord. De son propre mouvement ou de lui-même.

R. Sometimes own must be left out in French. Quelquefois own n'est pas exprimé en François.
My own-self. Moi-même.
Our own-selves. Nous-mêmes.
Your own-selves. Vous-mêmes.
It is or 'tis in your own choice. C'est à votre choix.
'Tis his own fault. C'est sa faute.
You do not know your own mind. Vous ne savez ce que vous voulez.
To be one's own man. Être à soi, être en liberté, ne dépendre de personne.
At his own house. Chez lui, dans sa maison.
My own. Ce qui est à moi, le mien.
He has nothing of his own. Il n'a rien à lui.
Every one likes his own best. Chacun aime le sien préférablement à tout autre.
To make one one's own, (to make sure of him.) Gagner quelqu'un.
I told him his own. Je lui ai dit ses vérités.
To OWN, verb. act. (to confess or acknowledge.) Avouer, confesser, reconnoître.
To own one's crime. Avouer, confesser son crime.
His father would never own him for his son. Son pere ne l'a jamais voulu avouer ou reconnoître pour son fils.
To own, (to claim or challenge as one's own.) S'attribuer, s'approprier, réclamer, adopter.
To own, (or possess.) Jouir, être en possession, être propriétaire.
Who owns that house? A qui est cette maison? qui en est le propriétaire?
Owned, adj. Avoué, confessé, reconnu, &c. Voy. to Own.
OWNER, s. (or proprietor.) Propriétaire, celui ou celle qui possede en propre, un intéressé, une intéressée.
Owner, (of a ship.) Propriétaire, Armateur, ou Marchand chargeur d'un bâtiment.
OWNERSHIP, s. Propriété.
OWNING, s. Aveu, action d'avouer, &c. V. to Own, dans tous ses sens.
OWRE, s. Sorte de bête sauvage.
OWSE, } s. Tan, poudre d'écorce de
OUSE, } chêne pilée.
OWSEL, } sub. (a sort of black-bird.)
OUSEL, } Sorte de merle.
OX, s. au plur. OXEN, (a bullock or castrated bull.) Un bœuf.
A sea-ox. Un bœuf marin.
Oxgang, (twenty acres of land.) Mesure de vingt arpens de terre, autant de terre qu'un bœuf peut labourer.
Oxcheek. Mâchoire de bœuf.
Oxhouse, (or oxstall.) Une étable à bœufs.
Oxfly. Taon, espece de mouche.
Oxbill. Sorte de tortue.
Oxeye, (an herb.) Œil-de-bœuf, herbe.
Oxeye, s. comp. Œil-de-bœuf, météore qui se remarque au Cap de Bonne-Espérance, & qui présage un coup de vent.
Oxtongue, (an herb.) Buglose, herbe.
Oxbane. Mort-aux-bœufs.
OXLIP, s. (or cowslip.) Primevere, fleur.
OXICRATE, s. (a mixture of water and vinegar.) Oxycrat, mélange d'eau commune & de vinaigre.

OXIGON,

OXIGON, *s.* (a triangle of three acute angles,) *Oxygone, triangle qui a les trois angles aigus.*
OXYMEL, *subst.* (a potion or sirup made of honey, vinegar and water.) *Oxymel.*
OXYRRHODINE, *s. Oxyrrhodin,* terme de médecine.
OYER, *s. Ex.* Oyer and terminer, (a commission granted by the King to some eminent persons, for the hearing and determining of one or more causes,) *Commission particuliere du Roi pour juger certaines causes, & en particulier les criminelles.*
A justice of oyer and terminer. *Un juge délégué pour juger des causes en vertu de cette commission.*
OYES, or hear ye, (from the French, *oyez*; this is the word used by the criers, as well in courts as elsewhere, when they make proclamation of any thing.) *C'est le mot dont se servent les crieurs, tant dans les cours de Justice qu'ailleurs, lorsqu'ils vont crier quelque chose.*
OYSTER, *s.* (a sort of shell-fish.) *Huitre, poisson à écaille.*
An oyster-shell. *Une écaille d'huitre.*
An oyster man or woman, *Un vendeur ou une vendeuse d'huitres à écailles.*
OZIER, } *subst. Osier.*
OSIER, }
The ozier-withy. *L'osier franc, ou franc-oisier.*
OZÆNA, *s. Ozene,* ulcere dans le nez.

P.

P, *subst.* est la seizieme lettre de l'alphabet anglois & la douzieme des consonnes; il se prononce comme en françois, & il faut seulement remarquer qu'il est muet en ces mots, psalm, tempt, receipt.
PABULAR, } *adj. Qui fournit la nourriture, qui alimente.*
PABULOUS, }
PABULATION, *s. L'action de nourrir ou de procurer des aliments.*
PACE, *s.* (or step.) *Pas.*
A common or geometrical pace. *Un pas commun ou géométrique.*
Pace (or rate in going.) *Pas, train.*
To go a great pace. *Marcher à grands pas, aller vite, faire diligence, se hâter, se dépêcher.*
To go a slow pace, (or gently.) *Marcher à pas lents ou d'un pas lent, marcher lentement.*
To mend one's pace, (or go faster.) *Doubler ou hâter le pas.*
A horse that goes a good pace. *Un cheval qui va bien le pas, qui a un bon train, qui va bon train.*
To keep always one pace. *Aller toujours le même train.*
To keep pace with one, (to go as fast as he.) *Tenir pied à quelqu'un.*
The other design kept equal pace with it. *L'autre dessein avançoit en même temps, ou on poussoit en même temps l'autre dessein.*
He has made his translation keep pace with the original. *Il a bien rendu son original, sa traduction est fort fidelle.*
A pace (or herd) of asses. *Un troupeau d'ânes.*
To **PACE,** *v. n.* (as a horse.) *Aller le pas, aller lentement, aller l'amble.*
PACER, *adject. Cheval qui va le pas, qui amble.*
PACIFICATION, *s.* (peace making.) *Pacification, rétablissement de la paix.*
PACIFICATOR, *s. Pacificateur.*
PACIFICATORY, } *adj. Pacifique.*
PACIFICK, }
The pacifick (or south) sea. *La mer pacifique, ou la mer du sud.*
PACIFIED, V. Pacify.
PACIFIER, *s. Pacificateur.*
To **PACIFY,** *v. act.* (or quiet.) *Pacifier, appaiser.*
Pacifyed, *adj. Pacifié, appaisé.*
PACIFYING, *s. L'action d'appaiser ou de pacifier.*
PACING, *s. Pas, l'action d'aller au pas.*
PACK, *sub.* (or bale.) *Balle ou ballot, charge.*
A pack of wool. *Un ballot de laine.*
A pack (or cry) of hounds. *Une meute de chiens.*
A pack of knaves. *Un tas ou une bande de scélérats.*
A pack of cards. *Un jeu de cartes.*
A pack of troubles. *V.* Peck.
Packcloth. *Serpiliere.*
A packneedle. *Aiguille à emballer.*
A packhorse. *Cheval de bât, de somme, ou de charge.*
Packsaddle. *Bât.*
To put on the packsaddle. *Mettre le bât, bâter.*
Pack-thread. *Ficelle.*
To **PACK** up, *verb. act. Emballer, empaqueter.*
† To pack up one's tools or † to pack away. † *Plier bagage, décamper, faire ou trousser son paquet.*
To pack the cards, (to order them so that one may know how they lie.) *Faire des pâtés, ou faire le pâté en mêlant les cartes.*
To pack a house of Commons. *Faire une chambre des communes contre les droits d'une élection libre, n'y faire entrer que des gens gagnés & dévoués aux intérêts de la Cour.*
To pack a jury. *Faire un choix partial des jurés, choisir des jurés gagnés ou corrompus.*
† To pack OFF, (or die.) *Plier bagage, mourir.*
PACKER, *s. Un emballeur.*
PACKET, *s.* (or bundle.) *Un paquet.*
A packet of letters. *Un paquet de lettres.*
A packet of goods. *Un paquet ou un ballot de marchandises.*
Packet or Packetboat. *Un paquet-bot, le bateau de la poste.*
PACKING up, *sub. L'action d'emballer, d'empaqueter,* &c. V. to Pack.
† A packing away. *L'action de plier bagage, de décamper, de faire ou de trousser son paquet.*
Get thee packing. *Plie bagage, trousse ton paquet.*
† To send one packing. *Envoyer paître quelqu'un, l'envoyer promener.*
† He has sent him packing from his service. *Il l'a renvoyé avec son sac & ses quilles.*
Packing whites, (a kind of cloth.) *Carpettes, sorte de toile.*
PACKT up, *adj. Emballé, empaqueté,* &c. V. to Pack up, or to pack.
PACT, } *subst.* (contract.) *Pacte,*
PACTION, } *paction, accord, convention.*
PACTITIOUS, *adj.* (according to pact.) *Dont on est convenu, arrêté.*
PAD, *s.* (a roll or little cushion stuffed with flocks, cotton, &c.) *Bourlet, coussinet.*
She makes up her shape with pads. *Elle remédie aux défauts de sa taille avec des bourlets.*
A pad for a close stool. *Bourlet de chaise percée.*
Pad for a horse to carry a portmantle. *Coussinet de cheval pour porter une valise.*
A pad of straw. *Un lit de paille.*
A padway. *Un chemin battu ou un grand chemin.*
A pad, or pad-nag, (a nag that goes easy.)

PAD PAG

eafy.) *Un cheval qui va l'amble, une haquenée.*
A footpad, (or foot-highway-man.) *Un voleur à pied, voleur de grand chemin, qui vole à pied les gens.*
† A tonguepad. *Homme ou femme qui a la langue bien pendue.*
* Pad , *f.* (to stuff chairs, the infide af coaches, &c.) *Matelas.*
To PAD , *v. neut.* (to travel gently.) *Voyager doucement ou lentement.*
To pad , *verb. act.* (to rob upon the road.) *Voler fur le grand chemin.*
To pad, (to ftuff with flocks.) *Bourrer, garnir ou remplir de bourre.*
Padded, *adject. Bourré, qui eft garni de bourre, matelaffé.*
She is padded. *Elle porte des bourlets.*
PADDER , *f. Voleur.*
PADDING , *f.* *L'action de voler fur le grand chemin.*
PADDLE, *fubft.* (a fhort but broad oar ufed by the *Indians.*) *Pagaye, rame courte & large.*
To PADDLE , *verb. neut.* (to row with a paddle.) *Ramer avec une pagaye.*
To paddle in the dirt. *Patrouiller dans la boue.*
PADDLE-STAFF , *f. Ratiffoire.*
PADDLING , *fub.* *L'action de ramer, de patrouiller.*
PADDOCK , *f.* (a great toad.) *Un crapaud , un gros crapaud.*
Paddock , (a fmall inclofure.) *Un petit parc pour renfermer du gibier , &c.*
Paddock-courfe in a park (a place paled in very narrow on both fides, for hounds or grey-hounds to run matches.) *Lieu fermé dans un parc où l'on exerce les chiens à la chaffe du cerf ou du daim.*
PADELION , *f.* (an herb.) *Pas-de-lion, herbe.*
PADLOCK , *f. Un cadenas.*
An Italian padlock. *Une ceinture de chafteté , que les jaloux en Italie font porter à leurs femmes & à leurs maîtreffes.*
To PADLOCK , *v. act. Cadenaffer, mettre un cadenas.*
Padlocked, *adj. Cadenaffé.*
PADY , *f.* (or rice in the hufk.) *Riz qui n'eft pas émondé.*
PEAN , *f. Chant de triomphe.*
PAGAN , *f.* (or heathen.) *Un païen, une païenne.*
Pagan , *adj.* (belonging to a heathen.) *Païen, idolâtre.*
PAGANISM , *fubft.* (or heathenifm.) *Le paganifme, la religion païenne ou des païens.*
PAGE , *fubft.* A page of a book , &c. (or the fide of a leaf.) *Une page d'un livre , &c.*
A nobleman's or lady's page. *Un page d'un homme ou d'une Dame de qualité.*
A foldier's page. *Un goujat.*
To PAGE , *v. act.* *Marquer les pages.*
PAGEANT , *f.* (a triumphal chariot.) *Un char de triomphe.*
Pageant , (or great fhew.) *Spectacle, pompe.*
He is but the pageant of a friend , (or a friend in fhew.) *Il n'eft ami qu'en apparence.*
Pageant , *adject.* (fhowy.) *Pompeux, brillant.*
PAGEANTRY , *fubft.* (or great fhew.) *Fafte, pompe.*
It is or 'tis but mere pageantry, (or pretence.) *Ce n'eft qu'une comédie.*

PAG PAI

PAGOD , *f.* (a word contracted from pagan's God, a little image worfhipped by the pagans.) *Pagode, idole païenne.*
Pagod , (an *Indian* piece of gold.) *Pagode, piece de monnoie d'or parmi les Indiens ; of about 9 fhillings value.*
Pagod, (an *Indian* Temple.) *Pagode, Temple des Indiens.*
PAID. *V.* to Pay & payed.
PAIL , *f. Seau.*
A pail full of water. *Un feau plein d'eau, un feau d'eau.*
PAILMAIL. *V.* Pell-mell.
PAIN , *f.* (or punifhment.) *Peine , châtiment, punition.*
Upon pain of death. *Sur peine de la vie, ou fous peine de mort.*
Pain , (or torment.) *Peine , tourment, fouffrance.*
Pain , (or ake.) *Douleur, mal.*
A pain in the head or belly. *Mal de tête ou de ventre.*
The pains of a woman in labour. *Les douleurs ou tranchées d'une femme qui eft en travail.*
You put me to much pain. *Vous me faites bien fouffrir.*
To be full of pain. *Souffrir de grandes douleurs.*
Pain , (grief or uneafinefs.) *Douleur , chagrin , inquiétude.*
I am in pain. *Je fuis en peine, je fuis inquiet.*
Pains , (labour or toil.) *Peine , travail , fatigue.*
To take pains. *Prendre de la peine, fe peiner.*
To beftow a great deal of pains upon a thing, to take great pains about it. *Se peiner pour faire quelque chofe ou peiner pour faire quelque chofe.*
P. Without pains no gains. P. *Nul bien fans peine.*
He is an afs for his pains. *Il en a agi comme un fou.*
They called him a fool for his pains. *Ils le traiterent de fou pour fes peines.*
He had his labour for his pains. *Il a eu l'aller pour le venir.*
Painftaker. *Laborieux , qui prend de la peine.*
Painftaking. *Peine qu'on prend à faire quelque chofe.*
To PAIN , *verb. act.* (or put to pain.) *Tourmenter, faire mal , caufer des douleurs.*
It pains me horribly. *Cela me caufe de grandes douleurs, cela me fait un mal prodigieux.*
To pain, (or trouble.) *Peiner, faire ou donner de la peine.*
PAINFUL , *adject.* (hard, difficult.) *Pénible , difficile , qui donne de la peine, laborieux.*
A painful man , (a painftaker.) *Un homme laborieux , qui prend bien de la peine.*
Painful , (full of pain.) *Douloureux, qui fait beaucoup de mal.*
PAINFULLY , *adverb. Péniblement , avec beaucoup de peine, en prenant bien de la peine.*
PAINFULNESS , *f. Difficulté, peine.*
PAINIM , *f. & adj.* (or Pagan.) *Païen.*
PAINLESS , *adj.* *Facile , fans peine.*
PAINT , *fubft.* (a counterfeiting colour.) *Fard , couleur.*
White and red paint. *Du blanc & du rouge d'Efpagne.*
Paint for fhoes. *Machinoir.*

PAI PAL

To PAINT , *v. act.* (to draw pictures.) *Peindre.*
To paint in oil, in frefco, &c. *Peindre en huile , à frefque , &c.*
To paint , (to beautify the face.) *Peindre, farder.*
To paint fhoes. *Machiner les points d'un foulier.*
To paint , *verb. neut.* (to lay colours on the face.) *Se peindre , fe farder.*
Painted , *adject. Peint , fardé. Voyez* to Paint.
PAINTER , *f.* (one that paints in oil.) *Un peintre, qui peint en huile.*
Painterftainer , (one that paints coats of arms and other things belonging to heraldry.) *Celui qui peint des armoiries & autres chofes qui regardent le Blafon.*
Painterftainer. *Faifeur de toiles peintes.*
Painter's gold. *Or moulu.*
A painter upon glafs. *Un apprêteur, peintre qui peint fur le verre.*
Painter , (a fea-term.) *Cablot , fervant à amarrer une chaloupe ou un canot.*
Shank-painter. *V.* Shank.
PAINTING , *f. L'action de peindre, &c. V.* to Paint.
A painting in oil. *Peinture à l'huile.*
The art of painting. *La peinture ou l'art de peindre.*
Painting , (or paint for one's face.) *Fard.*
† PAINTRESS , *f.* (a woman fkilled in the art of painting.) *Femme peintre, femme ou fille qui peint , qui fait l'art de peindre.*
PAINTURE. *V.* Painting.
PAIR , *fubft.* (or couple.) *Une paire, une couple.*
A pair of pigeons. *Une paire ou une couple de pigeons.*
A pair of gloves, ftockings, piftols, &c. *Une paire de gants , de bas , de piftolets , &c.*
A happy pair of lovers. *Un heureux couple d'amans.*
A pair of bellows. *Un fouflet.*
A pair of tables. *Un trictrac.*
A pair of ftairs. *Montée , étage.*
A pair royal, (at dice.) *Raffle, aux dés.*
To PAIR , *v. act.* (or to match.) *Apparier, affortir.*
To pair, (or couple.) *Apparier, accoupler.*
To pair , *verb. n.* (as birds do.) *S'apparier, s'accoupler.*
Paired, *adj. Apparié, afforti, accouplé.*
PAIRING , *f. L'action d'apparier.*
Pairing time for birds. *Temps où les oifeaux s'apparient.*
PALACE , *f.* (a ftately houfe.) *Palais , bâtiment magnifique, maifon royale ou de Prince.*
PALADIN , *fubft.* (a knight of the round table.) *Paladin , chevalier de la Table-ronde.*
PALANQUE , *fubft.* (a little fort made with pales.) *Palanque, petit fort fait de pieux.*
PALANQUIN , *fubft.* (fedan.) *Palanquin.*
PALATABLE , *adj.* (pleafant to the tafte.) *Agréable au goût ou qui flatte le goût, bon.*
PALATE , *f.* (the roof of the mouth.) *Le palais de la bouche.*
Palate , (or tafte.) *Palais , goût.*
To have a dainty palate. *Avoir le palais friand ou le goût délicat.*

Tome II. 30 To

PAL — PAL — PAL PAN

To have the palate (or uvula) of the mouth down. *Avoir la luette abatue.*
PALATINE, *adj.* (a name of a certain dignity.) *Palatin.*
A Count Palatine. *Un Comte Palatin ou un Palatin.*
A County Palatine or a Palatinate, *subst. Palatinat.*
PALE, *adject. Pâle, blême, qui a de la pâleur.*
To grow pale or wan. *Pâlir, devenir pâle.*
A pale (or faint) blue. *Un bleu pâle ou mourant.*
Pale red wine. *Vin paillet.*
PALE, *s.* (or stake.) *Un pieu.*
A fence or inclosure with pales. *Palissade.*
Pale, (in heraldry.) *Pal,* en termes de blason.
To be within the pale (or the Communion) of the Church. *Être dans le giron ou dans la communion de l'Église.*
To PALE, *verb. act.* Palissader, fermer d'une palissade.
* To pale up a tree. *Palisser un arbre, l'attacher contre une muraille.*
To pale, (to make pale.) *Rendre pâle, faire pâlir.*
Paled in, *adject.* Palissadé, fermé d'une palissade.
* Paled up. *Palissé.*
PALELY, *adv. Avec pâleur.*
PALEOUS, *adj.* Plein de paille.
PALENESS, *subst.* (from pale, *adject.*) *Pâleur.*
PALETTE, *V.* Pallet.
PALFREY, *s.* (a small horse for a lady.) *Un palefroi, cheval bon pour une dame.*
PALINDROME, *s.* (a sentence or verse where the syllables are the same backward as forward.) *Vers ou sentence dont les syllabes sont toujours les mêmes de quelque côté qu'on lise.*
PALING, *s. V.* to Pale.
PALINODE, } *subst.* (or recantation.)
PALINODY, } *Palinodie, rétractation.*
PALISH, *adj. Un peu pâle.*
PALISSADE, } *s. Palissade.*
PALISSADO, }
To PALISSADE, *v. act.* (or fence with palissades.) *Palissader, revêtir de palissades.*
Palissaded, *adj.* Palissadé, revêtu de palissades.
PALL, *s.* (a black cloth laid over a coffin.) *Poêle, drap mortuaire.*
Pall, (a narrow ornament of lamb's wool, worn by Archbishops at the altar.) *Pallium.*
Pall, (a long robe of the knights of the garter.) *Manteau, que portent les chevaliers de la Jarretière.*
* Pall, *adj.* (or dead, as liquor.) *Éventé, poussé.*
Pall-mall, *subst.* (a sort of game or pastime or the place where it is played.) *Mail, jeu de mail.*
To PALL, *verb. neut.* (or die, as liquor does.) *S'éventer, être poussé.*
You let your wine pall. *Vous laissez éventer votre vin.*
To pall, *verb. act.* Affoiblir, rendre insipide, saouler, affadir.
PALLED, *adj.* (or dead, from to pall.) *Éventé, poussé.*
PALLET, *subst.* (a painter's thin oval piece of wood that holds his colours.) *Palette de peintre.*

A pallet-bed, (a mean bed of straw.) *Un grabat, un lit de veille.*
PALLIAMENT, *s. Robe, vêtement.*
To PALLIATE, *v. act.* (to colour or cloak.) *Pallier, plâtrer, colorer, déguiser, couvrir ingénieusement.*
To palliate (or patch up) a distemper. *Pallier le mal, ne le guérir qu'en apparence.*
Palliated, *adj.* Pallié, plâtré, &c. Voy. to Palliate.
PALLIATING, *s. L'action de pallier,* &c. *V.* to Palliate.
PALLIATION, *s. Palliation, déguisement.*
PALLIATIVE, *adj. & s. Palliatif.*
A palliative cure. *Une cure palliative ou imparfaite.*
PALLID, *adj.* (a poetical word for pale.) *Pâle.*
PALLISSADE. *V.* Palissade.
PALLMALL, *s.* Mail. *V.* sous Pall.
PALM, *s.* (the inward part of the hand.) *La paume, le dedans de la main.*
Palm, (a hand's breadth.) *Palme, étendue de la main.*
Palm or palm-tree. *Palmier.*
A branch of palm-tree. *Palme, branche de palmier.*
Palm, (triumph.) *Palme, triomphe.*
Palm-sunday, (the next sunday before Easter.) *Le jour des Rameaux, Pâques fleuries.*
Dwarf-palm or palmetto-tree. *Palmier nain.*
Palm-berries. *Dattes, fruit de palmier.*
Palm, (at sea.) *Paumelle de voilier.*
To PALM, *v. act.* (or handle.) *Manier, toucher.*
To palm, (or juggle in one's hand.) *Escamoter.*
PALMA-CHRISTI, *s.* (a plant.) *Palma-Christi, plante.*
PALMATORY, } *s.* (or ferula.) *Une férule.*
PALMER, }
Palmer, (or crown of a deer's head.) *Couronnure de tête de cerf.*
Palmer, (a caterpillar.) *Une chenille.*
Palmer, (or pilgrim.) *Un pèlerin.*
PALMETTO, *s.* Sorte de palmier.
PALMIPEDE, *adj.* (webfooted as ducks, geese, &c.) *Palmipède.*
PALMISTER, *s.* (or chiromancer.) *Un Chiromancien, une Chiromancienne.*
PALMISTRY, *s.* (or chiromancy.) *Chiromance.*
PALMY, *adj.* Qui porte des palmes.
PALPABLE, *adj.* (that may be felt or easily perceived.) *Palpable, qui se peut sentir.*
PALPABLENESS, *s. Qualité palpable ou sensible.*
PALPABLY, *adv.* Sensiblement.
PALPATION, *sub.* (stroking with one's hand.) *Attouchement, action de toucher quelqu'un doucement avec la main.*
To PALPITATE, *verb. neut.* (to beat as the heart, to pant, to flutter.) *Palpiter.*
PALPITATION, *s.* (or panting.) *Palpitation, battement, mouvement déréglé & inégal du cœur.*
PALSGRAVE, *subst.* (a german count or earl.) *Palatin, Comte Palatin.*
PALSY, *subst.* (a disease.) *Paralysie.*
To have (or be sick of) the palsy. *Avoir une paralysie, être paralytique.*
A man or woman sick of the palsy. *Un ou une paralytique.*
To PALTER, *verb. neut.* (or to play fast and loose, not to deal fair.) *Biaiser, n'aller pas droit avec une personne.*

To palter, *verb. act.* Ex. To palter (or squander) away an estate. *Prodiguer son bien, le dépenser follement.*
PALTERER, *subst.* Celui ou celle qui biaise ou qui ne va pas droit avec une personne.
PALTRINESS, *subst.* Qualité méprisable.
PALTRY, *adject.* (sorry, pitiful, bad.) *Méchant, sot, pitoyable, qui fait pitié.*
A paltry book. *Un sot livre.*
A little paltry house. *Une méchante petite maison,* † *un méchant petit trou de maison.*
PALY. *V.* Pale.
PAM, *subst.* Valet de trefle, au jeu des cartes.
To PAMPER, *verb. act.* (to make much of.) *Choyer, dorloter, bien entretenir, bien traiter, bien nourrir, engraisser.*
To pamper one's self. *Se bien traiter, se bien nourrir, se dorloter, se choyer, se délicater.*
To pamper a horse for sale. *Maquignonner un cheval.*
Pampered, *adject. Dorloté,* &c. Voy. to Pamper.
PAMPERING, *s. L'action de choyer,* &c. *V.* to Pamper.
PAMPHLET, *s.* (a little stitched book.) *Feuille volante, une brochure, un pamphlet.*
A pamphlet or scurrilous pamphlet. *Un libelle ou libelle diffamatoire.*
PAMPHLETEER, *subst.* (or a pamphlet-writer.) *Un auteur de libelles ou un auteur de pamphlets.*
PAN, *s.* (a general name for many utensils.) *C'est un terme général dont on se sert pour exprimer plusieurs ustensiles.*
Ex. A pan, (or frying-pan.) *Une poële à frire.*
A dripping-pan. *Une léchefrite.*
A warming-pan. *Une bassinoire.*
An earthen-pan. *Une terrine.*
A baking-pan. *Une tourtière.*
A close-stool-pan. *Bassin de chaise percée.*
A perfuming-pan. *Une cassolette.*
The fire-pan of a gun. *Le bassinet d'une arme à feu.*
A snuffers-pan. *Assiette à mouchettes, porte-mouchettes.*
The brain-pan, (the scull.) *Le crâne.*
A pan-pudding. *Boudin cuit au four.*
† To stand to one's pan-pudding, (to stand it out to the utmost.) *Tenir bon, tenir ferme.*
Pan-tile, (or hollow tile.) *Faîtière, tuile courbe.*
PANACEA, *sub.* (an universal medicine.) *Panacée, remède universel.*
PANADO, *subst.* (a kind of food made of crumbs of bread and currants, milk and sugar.) *Panade.*
PANCAKE, *subst.* (from pan.) *Sorte d'omelette, carême-prenant.*
PANCART, *s.* (a paper of all the rates of the customs due to the King of France.) *Pancarte.*
PANCH, *subst.* (a sea-term.) *Natte, baderne, ou tissu de vieux cordages pour fourrer les vergues,* &c.
PANCREAS, *subst.* (or sweet-bread.) *Le pancréas.*
PANCREATICK, *adject.* Contenu dans le pancréas.
PANDARISM, *s.* (pimping or bawding.) *Maquerellage.*
PANDECTS, *sub.* (books treating of all matters.) *Pandectes, livre qui traite de toutes sortes de matières.*

Pandects,

Pandects, (a volume of the civil law, called also digests.) Pandectes ou digeste.
PANDER, s. (a pimp.) † Un maquereau, un suppôt de bordel.
PANDICULATION, subst. (or stretching one's self and gaping together.) L'action de s'étendre en bâillant.
PANE, s. (a square of wood or glass.) Panneau, losange.
A pane of glass. Panneau ou losange de vitre.
A pane of wainscot. Un panneau de lambris.
A pane of a wall. Un pan de muraille.
PANEGYRICK, s. (a poem or speech made in the praise of one.) Un panégyrique, éloge.
PANEGYRIST, s. (a maker of panegyricks.) Panégyriste, un faiseur de panégyriques.
PANEL, s. (the parchment or roll of paper wherein are written the names of such jurors as the Sheriff returns.) Liste des jurés choisis par le Shérif.
The panel of a hawk, (the pipe next the fundament.) Mulette de faucon.
To PANG, verb. act. Tourmenter.
PANGS, subst. plur. (or assaults.) Atteinte, attaque, coup, assaut, angoisse, transes.
The pangs of death. Les atteintes ou les assauts de la mort, les dernières angoisses, les angoisses, les transes de la mort, l'agonie.
PANICK, } s. (sort of millet.) Panicaud ou panicum.
PANNICK, }
PANICK, adj. & subst. Panique.
Panick or Panick fright, (sudden fright without cause.) Terreur panique.
PANIER. V. Pannier.
PANNAGE, s. (the mast of the woods.) Glandée, le gland d'une forêt où l'on met les cochons.
Pannage, (the money taken for the swines feeding in the king's forest.) Ce que l'on paye pour la glandée.
Pannage, (a tax upon cloth.) Un impôt sur les draps.
PANNEL, sub. (a kind of rustick saddle.) Bât.
PANNICLE, s. Ex. The fleshy pannicle, (the fourth covering of the body from head to foot.) Panicule, sorte de membrane.
PANNICLE, } s. Panicum, plante.
PANNICK, }
PANNIER, s. Panier où l'on porte le pain.
Pannier-man, (an under - officer in the inns of court.) Un des bas officiers dans un college de Droit.
PANOPLY, s. Armure complette.
PANSY, } subst. (a flower.) Pensée, fleur.
PANCY, }
To PANT, v. neut. (or fetch one's breath short.) Haleter, avoir la respiration embarrassée ou pressée, panteler.
To pant, (or beat quick.) Palpiter, battre.
To pant (to wish earnestly) for — Soupirer pour —
To pant (or quake) for fear. Trembler de peur.
PANT, subst. Palpitation.
PANTALOON or PANTALOON BREECHES, subst. Pantalon.
PANTESS, subst. (a hawk's hard fetching of wind.) Pantoiment, courte haleine de faucon.

To have the pantess, (to be short-winded.) Avoir le pantoiment.
PANTHEON, s. (a Roman temple dedicated to all the gods.) Panthéon, temple de l'ancienne Rome.
PANTHER, sub. (a fierce wild creature.) Une panthere.
PANTILE. V. Pan.
PANTING, adject. (that pants or fetches his breath short.) Pantelant, haletant.
Panting, (or beating.) Palpitant.
Panting, sub. (or fetching one's breath short.) L'action de haleter.
Panting (or beating) of the heart. Palpitation du cœur.
PANTINGLY, adv. En palpitant.
PANTLER, s. (he that keeps the bread.) Le panetier.
PANTOFLE, } s. (or slipper.) Pantoufle.
PANTOUFLE, }
† To stand upon one's pantofles. Faire le fier ou l'entendu, † se tenir sur ses ergots, † monter sur ses grands chevaux.
PANTOMIME, subst. (a buffoon that mimicks all parts.) Un pantomime, un bouffon.
PANTRY, subst. (the room where the bread and cold meat are kept.) Paneterie, dépense.
The yeoman of the pantry, (at the King's court.) Le panetier du Roi.
PAP, subst. (a sort of spoon-meat for children.) Sorte d'aliments qu'on donne tout chaud aux enfants, bouillie.
Pap, (of a fruit.) La pulpe d'un fruit.
Pap, (or teat.) Mammelle, teton.
PAPA, subst. (or father.) Papa.
PAPACY, subst. (the Pope's dignity.) Papauté, dignité de Pape.
PAPAL, adj. (of the Pope.) Papal, du Pape.
PAPALITY. V. Papacy.
PAPAVEROUS, adj. (belonging to poppies.) De pavot, ou semblable au pavot.
PAPER, subst. Papier.
Writing-paper. Papier à écrire.
Post-paper. Papier de poste.
To set pen to paper. Mettre la main à la plume.
A paper-mill. Moulin à papier, papeterie.
A paper-maker. Papetier.
† A paper-blurrer. Un gâteur de papier.
A paper-book. Un livre en blanc.
Paper windows. Chassis.
Paper-buildings, (slight buildings.) Maisons de cartes.
Papers, (or writings.) Des papiers, titres, mémoires ou autres écritures.
PAPILIO, sub. (butterfly.) Papillon.
PAPILIONACEOUS, adject. Papilionacée, terme de botanique : légumineux.
PAPIST, subst. (from Pope.) Papiste, Catholique Romain.
PAPISTRY. V. Popery.
PAPPY, adj. Succulent.
PAR, adv. Ex. To be at par, (or equal.) Être égal, aller de pair.
PARABLE, s. (or similitude.) Parabole, similitude.
* Parable, adj. ('which may be got.) Que l'on peut avoir, facile à obtenir.
PARABOLA, subst. (one of the crooked lines proceeding from the cutting of a cone or cylinder.) Parabole, ligne mathématique.
PARABOLICAL, } adject. (belonging to
PARABOLICK, }

a parable, or to a parabola.) Parabolique.
PARABOLICALLY, adv. Par maniere de parabole.
PARACENTESIS, subst. Ponction, en Chirurgie.
PARACENTRICAL, } adj. Qui s'écarte
PARACENTRICK, } de la ligne circulaire.
PARACLET, subst. (or comforter, the Holy Ghost.) Consolateur, le Saint-Esprit.
PARADE, s. (or great shew.) Parade, ostentation, montre.
To keep up a parade in town. Faire une grande ou une belle figure dans la ville, y faire du fracas.
Parade, (the place where soldiers meet.) Parade, lieu où les soldats s'assemblent.
PARADISE, sub. (a garden of pleasure.) Paradis, jardin délicieux.
Paradise, (the place of bliss in heaven.) Paradis, le séjour des Bienheureux dans le Ciel.
To bring one into a fool's paradise, (to give him a false joy.) Donner une fausse joie à quelqu'un, le nourrir de vaines espérances, lui faire des promesses magnifiques, ou lui promettre des montagnes d'or.
The bird of paradise. L'oiseau du paradis.
The grain of paradise, (a fruit.) Graine de paradis.
PARADOX, subst. (a thing that seems absurd and contrary to the common opinion.) Paradoxe.
PARADOXAL, } adj. (belonging to
PARADOXICAL, } a paradox.) Qui tient du paradoxe, paradoxal.
PARADOXICALLY, adv. D'une maniere paradoxale.
PARAGE, subst. (equality of names, blood or dignity, but more especially of land, in the partition of an inheritance between coheirs.) Partage ou parage.
PARAGON, s. (a perfect model.) Un modele parfait, * un parangon.
A paragon of beauty. Une beauté achevée ou incomparable.
To PARAGON, verb. act. (to match or equal.) Comparer, égaler, * parangonner.
PARAGRAPH, subst. (a distinct part of a discourse; the subdivision of a section.) Paragraphe, petite section d'un discours.
PARAGRAPHICALLY, adv. Par paragraphes.
PARAKITE, } s. Perruche, petit per-
PARROQUET, } roquet vert des Indes.
PARALLACTICK, adject. (belonging to a parallax.) Qui concerne la parallaxe.
PARALLAX, s. (the difference between the true and the apparent place of a star.) Parallaxe.
PARALLEL, adj. (equally distant asunder.) Parallele, également distant.
Without parallel, (or example.) Sans exemple.
To run parallel. Garder une distance égale.
PARALLEL, sub. (or parallel line.) Une parallele, une ligne parallele.
A parallel, (or comparison of persons or things.) Un parallele, une comparaison.

To

302

PAR

To PARALLEL, *v. act.* (or compare.) Comparer une chose avec une autre, les mettre en parallèle.
Paralleled, *adject.* Comparé, mis en parallèle.
Those things are not to be paralleled. Ces choses n'ont pas de proportion entre elles, il n'y a point de comparaison.
PARALLELISM, *f.* Parallélisme, terme de Géométrie.
PARALLELOGRAM, *subst.* (a square drawn with parallel lines.) Un parallélogramme.
PARALLELLY, *adv.* (or equally.) Également.
PARALOGISM, *subst.* (a fallacious syllogism.) Paralogisme, faux raisonnement.
† To PARALOGIZE, *v. n.* (to reason falsely.) Faire des paralogismes.
PARALYSIS, *f.* (or palsy, a resolution of the nerves.) Paralysie.
PARALYTICAL, *adject.* Qui tient de la paralysie.
PARALYTICK, *adj.* (sick of the palsy.) Paralytique, atteint de paralysie.
Paralytick, *subst.* Un paralytique, une paralytique.
PARAMENTS, *sub.* (or robes of state.) Robes de cérémonies.
PARAMETER, *f.* Parametre, terme de Géométrie.
PARAMOUNT, *adject.* Lord paramount, (the highest lord of a fee, of whom the meine lords hold.) Seigneur souverain ou dominant, ou d'un fief dominant.
The King is patron paramount to all the benefices of England, Le Roi est patron en chef de tous les bénéfices d'Angleterre.
A peramount (or sovereign) authority. Une autorité souveraine, un pouvoir souverain ou absolu.
PARAMOUR, *sub.* (a he or she lover.) Un amant, une amante.
PARANYMPH, *sub.* (a bride-man.) Paranymphe, celui qui conduisoit par honneur l'épousée & à qui l'on commettoit le soin des noces.
Paranymph, (he that makes a speech in the University in praise of those that are commencing doctors.) Paranymphe, celui qui, dans l'Université, fait l'éloge de chaque licencié.
PARAPEGM, *sub.* Parapegme, sorte de table.
PARAPET, *f.* (a breast-work on a rampart.) Parapet.
PARAPHE, *subst.* (a flourish in any writing.) Paraphe.
PARAPHIMOSIS, *subst.* Paraphimosis, terme de Médecine.
PARAPHERNALIA, *subst.* (a Law-term: all things that the woman brings her husband, besides her dowry, as furniture for her own chamber, jewels, &c.) Biens paraphernaux.
PARAPHRASE, *sub.* (a large exposition of a thing.) Paraphrase.
Paraphrase, (a mark in Printing.) Paraphrase, marque dont les Imprimeurs se servent.
To PARAPHRASE, *v. act.* Paraphraser, faire quelque paraphrase.
Paraphrased, *adj.* Paraphrasé.
PARAPHRAST, *subst.* Paraphraste.
PARAPHRASTICAL, }
PARAPHRASTICK, } *adj.* Fait par voie de paraphrase.
PARAPHRASTICALLY, *adv.* Par voie de paraphrase.

PAR

PARAPHRENITIS, *sub.* Inflammation du diaphragme.
PARASANG, *subst.* (a Persian measure of ground of different length.) Parasange.
PARASELENE, *subst.* (a mock-moon.) Paraselene.
PARASITE, *f.* (a small-feast, a spunger.) Un parasite, une parasite, un écornifleur, une écornifleuse.
PARASITICAL, }
PARASITICK, } *adj.* De parasite, parasitique.
A parasitical plant. Une plante parasite qui vit de la nourriture des autres plantes.
PARASOL, *subst.* Parasol.
PARAVAIL, *adj. Ex.* A tenant paravail, (the lowest tenant) Celui qui tient sa terre d'un autre qui la tient du Seigneur du fief.
To PARBOIL, *v. act.* (to boil by halves.) Parbouillir, faire cuire à moitié.
Parboiled, *adject.* Parbouilli, à moitié cuit.
† To PARBREAK, *verb. act.* (or vomit.) Vomir.
† PARBREAKING, *subst.* Vomissement, ou l'action de vomir.
PARBUCKLE, *subst.* Trévire, corde servant à hisser au haut d'un quai, ou à tirer du fond d'un vaisseau un tonneau, &c.
PARCEL, *subst. f.* Pièce, partie.
A parcel, (or sum.) Une somme.
A parcel (or bundle) of linen. Un paquet de linge.
A pretty good parcel, (or deal.) Une assez bonne quantité.
He has a pretty parcel of books to sell. Il a des livres à vendre.
A parcel of rogues. Un tas de faquins, de coquins ou de fripons.
Parcel-makers, (two Officers of the Exchequer.) On appelle ainsi deux Officiers de l'Echiquier ou de la Tréforerie en Angleterre.
To PARCEL, *v. act.* (or divide into parcels.) Partager, diviser, morceler: ce dernier ne se dit que d'une terre.
To parcel a seam, *verb. act.* (a sea term.) Couvrir une couture avec des bandes de vieille toile.
Parcelled, *adj.* Partagé, divisé, morcelé.
PARCELLING, *subst.* L'action de partager, &c. V. to Parcel.
Parcelling, *subst.* Morceaux ou bandes de toile pour fourrure.
PARCENERS, *f.* (or coparceners, joint heirs or tenants.) Copartageans, cohéritiers ou copropriétaires.
PARCENERY, *subst. Ex.* To hold land in parcenery (jointly, without dividing it.) Posséder une terre par indivis.
To PARCH, *v. act.* (to dry up.) Sécher, brûler, rôtir, griller.
To Parch, *verb. neut.* Se sécher, être grillé.
PARCHED, *adject.* Sec, tout sec, brûlé, rôti.
PARCHING, *subst.* L'action de sécher, de brûler ou de rôtir.
Parching, *adj.* Brûlant, qui brûle, qui rôtit.
PARCHMENT, *subst.* Parchemin.
A parchment-maker. Un parcheminier.
PARD, }
PARDALE, } *subst.* (leopard.) Léopard.
PARDON, *subst.* (or forgiving.) Pardon, rémission, grace.

PAR

The pardon of sins. Le pardon des péchés.
To obtain the King's pardon. Obtenir sa grace du Roi.
The Pope's pardons, (or indulgences.) Les pardons ou les indulgences du Pape.
Pardon-monger. Celui qui trafique ou qui fait négoce d'indulgence.
Pardon, (or excuse.) Pardon, excuse.
To PARDON, *verb. act.* (or forgive.) Pardonner, excuser, faire grace a.
Pardon me. Pardonnez-moi.
To pardon a malefactor. Faire grace à un criminel.
Pardoned, *adj.* Pardonné, excusé, ou à qui on a fait grace.
A crime not to be pardoned, an unpardonable crime. Un crime qui n'est point pardonnable ou graciable.
PARDONABLE, *adj.* (to be pardoned.) Pardonnable, qui mérite d'être pardonné, graciable, rémissible.
PARDONABLY, *adv.* D'une maniere excusable ou pardonnable.
PARDONERS, *f.* (those who carried about the Pope's Indulgencies in order to sell them.) Vendeurs d'indulgences.
PARDONING, *subst.* L'action de pardonner, d'excuser, de faire grace.
To PARE, *verb. act.* (to clip or cut) the nails. Couper, rogner les ongles.
To pare a horse's foot. Parer le pied d'un cheval.
To pare (or chip) bread. Chapeler du pain.
To pare a little the end of a cloak. Rafraichir un manteau, en couper tant soit peu les extrémités.
To pare en apple or pear. Peler une pomme ou une poire.
Pared, *adj.* Coupé, rogné, &c. V. to Pare.
PARENCHYMA, *f.* Parenchyme, terme de médecine.
PARENCHYMATOUS, }
PARENCHYMOUS, } *adject.* Qui a rapport au parenchyme.
PARENESIS, *subst.* Parenese, terme didactique.
PARENT, *f.* (father or mother.) Pere ou mere.
Parents. Pere & mere, parents.
God is the great parent of the world. Dieu est le grand architecte ou le créateur du monde.
Plenty is the parent of luxury. L'abondance est la mere du luxe.
PARENTAGE, *f.* (or kindred.) Parenté, parentage: ce dernier vieillit.
PARENTAL, *adject.* Qui appartient aux parents.
PARENTALS, *subst.* (feast at the funeral of relations.) Festin qu'on faisoit aux enterremens des parents.
PARENTHESIS, *subst.* (words making a distinct sense, and inserted in a period; also, the marks that include those words, viz (). Une parenthese.
PARER, *f.* (a farrier's tool.) Boutoir, instrument de maréchal ferrant.
PARGET, *subst.* (or plaster.) Crépi, ou crépissure.
To PARGET, *verb. act.* (or plaster.) Plâtrer, crépir.
PARGETTER, *subst.* Crépisseur.
PARGETTING, *f.* L'action de plâtrer ou de crépir, crépissure.
PARHELION, *subst.* (or mock-sun, a meteor.) Parhélie.

PARIETAL,

PAR

PARIETAL, *adj. Ex.* Parietal bones. *Les os pariétaux*, terme d'anatomie.

PARILITY, *subst. V.* Parity.

PARING, *s.* (from to Pare.) *L'action de couper, de rogner*, &c. *V.* to Pare. The parings, (things pared off , as of nails , &c.) *Rognure, comme des ongles*, &c.

A paring knife , (for a shoemaker.) *Un tranchet.*

The parings of an apple or cheese. *Pelure de pomme ou de fromage.*

PARISH , *subst. Paroisse.*

A parish-church. *Paroisse ou église paroissiale.*

The parish-duties. *Les charges ou les droits de la paroisse.*

The parish-Priest. *Le Prêtre, le Curé ou le Ministre de la paroisse.*

PARISHIONER, *s. Un paroissien , une paroissienne.*

PARISYLLABICAL, } *adj. D'un même*
PARISYLLABICK, } *nombre de syllabes.*

PARITOR, *s.* (or apparitor of a spiritual Court.) *Appariteur, huissier ou bedeau d'une Cour ecclésiastique.*

PARITY, *s.* (or equality.) *Parité, égalité, convenance , rapport.*

PARK , *subst.* (a piece of ground inclosed and stored with wild beasts of chace.) *Un parc, où l'on nourrit des bêtes sauvages pour la chasse.*

The park for the artillery in a camp. *Le parc de l'artillerie dans un camp.*

To PARK, *v. act.* Enfermer , environner d'une palissade , d'une muraille , faire un parc.

Parked, *adj. Enfermé, environné d'une palissade ou d'une muraille.*

PARLEY, *subst.* (a conference with the besiegers, toward the surrender of the place.) *Pourparler, conférence avec les assiégeans.*

To desire a parley. *Demander à parlementer.*

To beat a parley. *Battre la chamade.*

To PARLEY, *verb. neut.* (or to come to a parley.) *Parlementer.*

PARLIAMENT, *subst.* (supreme court of judicature.) *Parlement.*

The Parliament of *England*, (the greatest assembly of the Kingdom, consisting of the King and the three Estates of the realm.) *Le parlement d'Angleterre, la plus grande assemblée du Royaume , qui est composée du Roi & des trois Etats.*

The Parliaments of *France* were supreme Courts of Judicature. *Les Parlemens de France étoient des Cours souveraines.*

The Parliament house. *Le Palais où s'assemble le Parlement.*

A Parliament-man. *Un membre de Parlement.*

Parliament-heel, *subst. comp.* (at sea.) *Demi-bande.*

PARLIAMENTARY, *adj. Parlementaire.*

To do things in a parliamentary way. *Faire les choses régulièrement , & avec une liberté convenable au Parlement.*

PARLOUR, *subst.* (a room below to receive company in.) *Salle ou salle basse.*

A parlour , (in a monastery or nunnery.) *Parloir dans un monastere.*

† PARLOUS, *adj.* (dangerous or subtle.) *Dangereux, fin , rusé.*

PARMACITTY, *subst.* (for sperma-ceti the whale's seed, a sort of excellent ointment.) *Sperma-ceti , ou sperme de baleine.*

PARMESAN , *s.* (excellent cheese made in the Dukedom of Parma in Italy.) *Parmesan, fromage d'Italie.*

* PARNEL , *subst. Ex.* A pretty parnel , (or woman lover.) *Une jeune fille , une jeune amoureuse.*

PAROCHIAL , *adject.* (of the parish.) *Paroissial , de la Paroisse.*

PARODY, *s. Parodie.*

To PARODY , *verb. act. Parodier.*

PAROLE , *subst.* (a word or promise.) *Parole , promesse verbale.*

Upon his parole. *Sur sa parole.*

A lease-parole , (a lease by word of mouth.) *Un bail de vive voix.*

Parole-evidence. *Témoignage de vive voix.*

A will-parole , (or nuncupative will.) *Un testament nuncupatif ou fait verbalement.*

Bargain-parole , (a bargain by word of mouth.) *Marché fait de vive voix.*

PARONYCHIA, *subst.* (or a whitlow.) *Paronychie.*

PAROQUET , *s. Espèce de perroquet.*

PAROTIS , *subst. Parotide*, terme d'anatomie.

PAROXYSM, *s.* (or fit.) *Paroxisme , redoublement.*

PARREL, *subst.* (a sea-term.) *Racage.*

Ribs of a parrel. *Bigots de Racage.*

Parrel rope. *Bâtard de racage.*

Parrel truck. *Pomme de racage.*

Parrel trufs. *Drosse de racage.*

Trufs-parrel. *Racage simple, ou racage à l'Angloise.*

PARRICIDE , *subst.* (a killer of father , mother or any of near kin.) *Parricide , celui ou celle qui a tué son pere , sa mere ou un proche parent.*

Parricide , (the crime of killing father , mother, &c.) *Parricide, le crime d'avoir tué son pere, &c.*

PARRICIDIAL , }
PARRICIDIOUS , } *adj. Parricide.*

PARROT , *subst.* (a sort of bird.) *Un perroquet.*

To PARRY, *verb. act.* (to fence.) *Parer , éviter.*

To parry a blow. *Parer un coup.*

To parry and thrust. *Riposter.*

PARRYING , *s. L'action de parer.*

To PARSE a word , *verb. act.* (a scolastick term.) *Faire les parties d'un mot.*

PARSIMONIOUS , *adj.* (saving or thrifty.) *Frugal, épargnant , économe , ménager , qui a de l'économie.*

PARSIMONIOUSLY, *adv. Frugalement, avec frugalité , avec épargne , économie ou parcimonie.*

PARSIMONY , }
PARSIMONIOUSNESS , } *subst.* (savingness.) *Frugalité, épargne , économie , parcimonie.*

PARSING, *s.* (from to Parse.) *L'action de faire les parties d'un discours.*

PARSLEY , *s.* (a pot-herb.) *Persil, herbe potagere.*

Garden-parsley. *Persil cultivé.*

Hill-parsley. *Persil de montagne ou persil d'âne.*

Wild-parsley. *Persil d'eau ou de marais.*

Bastard-parsley. *Persil sauvage.*

Parsley-pert. *Perce-pierre , herbe.*

PARSNEP , *subst.* (a well known root.) *Panais.*

Yellow parsneps , (or carots.) *Carottes.*

PAR

PARSON , *subst.* (from Parish , the rector of a parish-church.) *Le Ministre ou Curé d'une paroisse.*

PARSONAGE , *s.* (the parson's house.) *Le presbytere, la maison presbytériale, la maison du Curé , le logis du Curé de la paroisse.*

I am going to the parsonage. *Je m'en vais au presbytere, je m'en vais chez le Ministre ou Curé.*

PART , *subst.* (or any thing.) *Partie.*

The parts of the body. *Les parties du corps.*

The parts of speech. *Les parties d'oraison.*

To sing one's part in musick. *Chanter sa partie de musique.*

A part of a period. *Un membre d'une période.*

Part, (or share.) *Part , portion.*

Pray , let the company take part with you. *Faites-en part , je vous prie , à la compagnie.*

What part of the town do you live in ? *En quel quartier de la ville demeurez-vous ?*

Part , (or side.) *Parti , défense , querelle.*

To take part with one , (or to take one's part.) *Prendre le parti de quelqu'un, épouser sa querelle.*

Part , (or duty.) *Devoir , fonction , partie.*

It is your part to do it. *C'est votre devoir de le faire , c'est à vous à le faire.*

'Tis the part of wife a man to — *C'est le devoir d'un homme sage de— ou il est d'un homme sage de —*

To exercise all the parts of a good husband. *Faire toutes les fonctions d'un bon mari.*

He discharges his part very well. *Il tient bien sa partie.*

Part , (of a player.) *Rôle , personnage de pieces de théâtre.*

To play any part. *Etre à tout faire , jouer toutes sortes de personnages.*

Parts , (or natural endowments.) *Talents , qualités , avantages de l'esprit , le bon sens ou l'esprit.*

He has all the parts requisite for a commander. *Il a toutes les qualités requises pour commander.*

A man of parts , a man of good or sound parts. *Un homme d'esprit, un homme de bon sens , un savant homme , un homme qui a de grands talens.*

A man's parts grow rusty in the country. *L'esprit s'enrouille dans la province.*

I take part in all your concerns. *Je prends part à tout ce qui vous touche ou qui vous regarde.*

To take in good part. *Prendre en bonne part , savoir bon gré.*

To take in bad or ill part. *Prendre en mauvaise part , savoir mauvais gré.*

The greatest part of mankind. *La plupart des gens.*

Men are for the most part ignorant. *La plupart des hommes sont ignorants.*

For the most part , (or most times.) *La plupart du temps , le plus souvent , ordinairement.*

In the former part of his life. *Au commencement de sa vie.*

For my part , (or for my own part.) *Pour moi , pour ce qui est de moi , en mon particulier.*

To PART, *verb. act.* (or to divide.) *Partager, diviser , séparer.*

To

PAR

To part, (to put asunder.) Séparer, désunir.
To part people that are fighting, to part the fray. Séparer des gens qui se battent, mettre le holà.
To part the gold and silver. Faire le départe de l'or & de l'argent.
To part WITH a thing. Quitter une chose, la laisser, se priver de quelque chose, s'en défaire.
To part with one's right. Céder son droit, relâcher de son droit.
I will part with my life first. Je perdrai plutôt la vie.
To part with a thing (to give it) to the poor. Donner quelque chose aux pauvres.
To part, (or separate, as man and wife do sometimes.) Se séparer.
To part with or FROM one, (to leave him.) Se séparer de quelqu'un, le quitter, le laisser.
To part, verb. neut. (to go from one.) Se séparer, se quitter.
To part, (or go away.) Partir, s'en aller.
PARTABLE, adject. Divisible, qui peut être partagé.
PARTAGE, subst. (parting.) Partage, division.
To PARTAKE, verb. neut. (or take part of.) Participer, avoir part, prendre part, s'intéresser.
I partake of your sufferings. Je participe à vos souffrances.
I made him partake of it. Je lui en fis part.
To partake, v. act. Partager, avoir part.
PARTAKER, subst. Participant, participante.
To be partaker with one in a crime. Être participant d'un crime, participer au crime de quelqu'un, être son complice.
PARTAKING, subst. Participation ou l'action de participer.
PARTED, adj. (from to Part.) Partagé, séparé, &c. V. to Part.
PARTER, subst. Qui sépare.
PARTERRE, s. (a flower-garden; a spot of level ground.) Un parterre, un terrain uni.
PARTIAL, adj. (inclining to one party more than another.) Partial.
A partial Judge. Un Juge partial ou inique.
Partial consideration. Considération partiale.
PARTIALITY, subst. Partialité.
To PARTIALIZE, verb. neut. (to use partiality.) Être partial.
PARTIALLY, adv. Avec un esprit partial, avec partialité.
*PARTIARY, adj. (that does participate.) Participant, qui participe.
PARTIBLE, adj. (which may be parted.) Divisible.
PARTICIPABLE, adj. A quoi l'on peut participer.
To PARTICIPATE of, verb. neut. (or partake.) Participer, avoir ou prendre part à.
He participates in all my sorrows. Il prend part à tous mes chagrins, il partage toutes mes peines.
PARTICIPATING,
PARTICIPATION, } s. Participation, action de participer.
Their satisfactions are doubled and their sorrows lessened, by participation. Leurs plaisirs redoublent, & leurs chagrins diminuent en les partageant.
PARTICIPIAL, adj. De participe.
PARTICIPIALLY, adv. En participe, dans le sens d'un participe.
PARTICIPLE, subst. (a part of speech being an adjective derived from a verb, with signification of time.) Un participe.
PARTICLE, subst. (a small undeclined word.) Une particule.
A particle, (or little part.) Particule, parcelle, petite partie.
PARTICULAR, adj. (singular or special.) Particulier, tout particulier, singulier.
He gave me a particular account of the whole business. Il m'a fait le détail de toute l'affaire, il m'en a dit toutes les particularités.
To be particular (or singular) in a thing. Être particulier ou singulier en quelque chose, être le seul à la faire, affecter de se distinguer.
A particular way. Une singularité, une chose singulière & particulière.
A particular friend. Un ami intime, un ami du cœur, un ami pour qui l'on a une considération particulière.
That is one of his particular ways. C'est là une de ses singularités.
PARTICULAR, s. (a particular circumstance.) Particularité, point, circonstance, détail.
Tell me the particulars. Dites-moi toutes les particularités, faites-m'en le détail.
You missed in that particular. Vous avez failli dans ce point ou dans cette circonstance.
To instance in particulars, (or to insist upon particulars.) Apporter, produire des exemples, particulariser, marquer les particularités ou le détail.
A particular of one's estate. Un inventaire des biens de quelqu'un.
The particulars (or writings) of a case. Les pièces d'un procès.
Particular, (or private person.) Un particulier.
Both for the good of the publick, and for the happiness of each particular. Tant pour le bien public, que pour le bonheur de chaque particulier.
To PARTICULARIZE, verb. act. (or mention particulars.) Particulariser, marquer les particularités ou le détail, spécifier.
Particularized, adj. Particularisé, &c. V. the verb.
PARTICULARLY, adv. Particuliérement, singulièrement, en particulier.
PARTILS. V. Party.
PARTING, s. (from to Part.) L'action de partager ou de séparer, &c.
Parting, (or separation.) Séparation.
Parting, (or going away.) Départ.
The parting cup. Le vin de l'étrier.
Parting, part. act. Action d'aller en dérive, parlant d'un vaisseau dont le cable a été rompu par le mauvais temps.
PARTISAN, s. (a weapon much like a halberd.) Une pertuisane.
Partisan, (or favourer.) Partisan, fauteur.
Partisan, (a leader of a party in war.) Partisan, celui qui mene un parti à la guerre.
PARTITION, subst. (or division.) Partition, partage, division.
The rule of partition. La règle de partition.
An equal partition of lands. Un partage égal de terres.
To hold by one title, without partition. Tenir en commun & par indivis.
A partition, (to divide one room into two.) Une cloison.
A partition-wall, (betwixt two houses.) Un mur mitoyen.
*PARTLET, subst. (a kind of neck-kerchief or band.) Un tour de cou.
Partlet, (hen.) Poule.
PARTLY, adv. En partie, à peu près.
PARTNER, subst. (one that goes shares with another.) Associé, associée.
Partner of one's bed, (or spouse.) Époux, épouse, chère moitié.
Partner, (in dancing.) Danseur, danseuse, celui ou celle qui danse avec un autre.
To be a lady's partner. Mener une dame, danser avec elle.
Partners, s. plur. (a sea-term.) Étambrais : les trous même où passent les mâts, appelés de même en France, Étambrais.
Partners of the main mast. L'étambrai du grand mât.
Partners of the pumps. Les étambrais des pompes.
Partners of the bowsprit. Étambrais pour le beaupré sur le second pont; ce qui ne se pratique pas dans la construction Françoise.
PARTNERSHIP, subst. Société, association.
To enter into partnership. Entrer en société, s'associer.
PARTOOK, (imp. tense of the verb to partake.) Ex.
We all partook of his generosity. Nous avons tous eu part à sa générosité.
PARTRIDGE, subst. (a dainty fowl.) Une perdrix.
A young partridge. Un perdreau.
PARTURIENT, adject. (a word borrowed from the latin, and said of a female in labour.) Qui est prête à mettre bas.
PARTY, s. (or person.) Une personne.
Party, (one that is at law with another.) Partie, qui plaide contre quelqu'un.
We are too much parties in that business. Nous sommes trop intéressés dans cette affaire.
Party, (association or faction.) Parti, personnes opposées à d'autres en quelque chose.
To draw one to his own party. Attirer quelqu'un dans son parti, le mettre dans ses intérêts.
To make one's self a party in a thing. Soutenir une chose, prendre ce parti-là.
Party, (a set of company.) Partie, compagnie.
I was always of the party. J'étois toujours de la partie.
Party (or detachment) of soldiers. Parti, détachement de soldats.
To go upon a party. Aller en parti.
To make one's party good. Se bien défendre, se revancher.
These are the conditions sworn to by both parties. Ce sont là les conditions qui ont été jurées de part & d'autre.
Party, adj. (a term of heraldry.) Parti, en terme de blason.
PARTY-COLOURED, adj. Bigarré, de diverses couleurs.
PARTY-JURY, s. (or half tongue.) Jurés mi-partis, c'est-à-dire, qui sont moitié Anglois,

'Anglois, & moitié étrangers, comme quand on juge un criminel de nation étrangere.
PARTY-MAN, f. Un factieux.
PARTY-WALL, f. Mur mitoyen.
* PARVIS, f. (or porch.) Parvis.
PARVITY,
PARVITUDE, } sub. (a term used in Philosophy for littleness.) Petitesse.
Parvity, (or non-age.) Minorité.
PAS, f. (precedence.) Le pas.
She, as ambassadress, had the pas before them all. En qualité de femme d'ambassadeur, elle eut le pas sur toutes les autres.
PASCHAL, adj. (of the passover.) Pascal, qui est de Pâques.
The paschal lamb. L'agneau pascal.
Paschal (or synodal) rents. Droits que les Curés payoient à l'Evêque ou à l'Archidiacre, lorsque l'un ou l'autre faisoit sa visite à Pâques.
To PASH, verb. act. Ecacher, écraser, froisser.
Pashed, adj. Ecaché, écrasé, froissé.
PASHING, f. L'action d'écacher ou de froisser.
PASQUE-FLOWER, f. Coquelourde.
PASQUIL,
PASQUIN, } f. (a scurrilous libel posted up for publick
PASQUINADE, } view.) Pasquinade.
To PASQUIN, v. act. (to set up pasquils against) one. Afficher ou faire des pasquinades contre quelqu'un.
PASS, f. (or condition.) Passe, point, état, situation.
I am at a fine pass. Me voilà en belle passe.
The business is at the same pass. L'affaire est au même point ou au même état où elle étoit.
Things are come to that pass. Voilà la situation où sont les affaires.
Pass, (or licence to travel.) Un passeport.
Pass or passport. Congé ou passe-port de bâtiment marchand.
There is never a pass, (or passage.) Il n'y a aucun passage.
A pass-by (or passenger) hawk. Un faucon ou oiseau de passage.
A pass, (in fencing.) Passe, botte, coup de fleuret ou d'épée.
He is come to that pass (he is so proud) that none dares speak to him. Il est devenu si fier que personne n'ose lui parler.
It is but a short pass thither. Il n'y a pas loin d'ici là.
To PASS, v. neut. (to go from one place to another by crossing a middle place.) Passer, aller d'un lieu en un autre en travers fant un milieu.
He passed (or went) by our door. Il a passé devant notre porte.
To pass, verb. act. (to cross.) Passer, traverser.
To pass the sea. Passer la mer.
To pass, (to go beyond.) Passer, aller au-delà, excéder.
Now we have passed the danger, (now the danger is over.) Nous avons passé le danger.
To pass one's troops over a river. Faire passer une riviere à ses troupes.
The horse passed the river. La cavalerie passa la rivière à la nage.
To pass (to spend) the time. Passer, consumer ou employer le temps.
To pass the winter in town. Passer l'hiver en ville.

To pass (or make) an act. Passer un acte.
To pass (to receive) a bill in Parliament. Passer, recevoir un bill ou projet d'acte dans le Parlement.
That will never pass, verb. neut. (or be approved of.) Cela ne passera jamais.
The compositions that pass the world in his name. Les ouvrages qui courent dans le monde sous son nom.
To pass judgment upon (to condemn) one's self. Se condamner soi-même, passer condamnation.
To pass a severe test. Subir un examen rigoureux.
To pass a ball , (or to brickoll) at tennis. Bricoller.
To pass or surpass one. Passer, surpasser quelqu'un, le surmonter en mérite.
To pass a compliment upon one. Faire un compliment à quelqu'un.
To pass a jest upon one. Railler quelqu'un, se railler de lui.
To pass one's word for one , (to be bound for him.) Engager sa parole pour quelqu'un, répondre pour lui.
To pass muster. Passer en revue ou passer à la montre.
To pass a trick upon one, (to shew or play him a trick.) Faire ou jouer un tour ou une piece à quelqu'un.
To pass one's approbation upon a thing. Approuver une chose.
To pass one's verdict. Opiner, dire son sentiment, déclarer son opinion, prononcer.
To pass sentence. Prononcer la sentence.
To PASS, verb. neut. (to be done.) Se passer.
I shall tell you what passed. Je vous dirai ce qui s'est passé.
The thing passed thus. La chose se passa ainsi.
Oaths have sometimes passed between the greatest friends. Les sermens ont été quelquefois employés entre les plus grands amis.
There passed some hard words betwixt them. Ils se sont dit quelques duretés.
To come to pass. Arriver, avenir, venir.
From whence it comes to pass. D'où vient que.
To bring a thing to pass. Effectuer une chose, l'exécuter , la mettre en effet, la faire réussir.
To be well to pass, (or rich.) Être à son aise, être en belle passe, avoir les pieds chauds, être riche.
To let pass, (to omit.) Laisser, omettre.
To let pass , (not to take notice of.) Laisser passer, ne pas prendre connoissance.
To pass, (or serve one's turn.) Passer, suffire.
To pass, (to go over or cease.) Passer, cesser, finir.
He is in a passion, but that will pass. Il est en colere, mais cela passera.
But let that pass. Mais laissons cela, mais ne parlons plus de cela.
And let the world pass. † Et vogue la galere.
To pass ALONG, v. n. Passer, passer le long de.
As I passed along. En passant on chemin faisant.
To pass BY, v. n. Passer.
To pass by, v. act. (to take no notice of, to omit or to forget.) Passer ou

passer par-dessus, passer sous silence, oublier, omettre, ne parler pas.
To pass in silence. V. to Pass over.
To pass by (or forget) injuries. Oublier les injures.
To pass OVER in silence, v. a. Passer, passer sous silence, omettre.
To pass over a word in reading. Passer, sauter un mot en lisant.
To pass over a business slightly. Passer une chose, ne s'y arrêter pas.
To pass a thing over , (to forget it.) Oublier une chose, n'en parler pas ou n'en parler plus.
These things being past over , (or dispatched.) Ces choses ayant été expédiées.
To pass FOR, verb. neut. (to be reputed.) Passer pour, être estimé, être réputé.
To pass AWAY the time, v. act. Passer, consumer, employer le temps.
To pass (or make) away an estate. Transporter, céder un bien , en faire un transport.
To pass away, v. neut. Passer, se passer, s'écouler.
While that passed ON. Dans ces entrefaites.
I have said nothing but what passed ABOUT in common discourse. Je n'ai dit que ce que tout le monde dit dans le discours ordinaire.
To let a crime pass unpunished. Laisser un crime impuni.
To let a service pass unrewarded. Laisser un service sans récompense.
PASSABLE, adject. (that one may go through.) Par où l'on peut passer, praticable.
A road not passable, (an impassable way.) Un chemin impraticable.
Money that is passable, (that will go.) Argent qui est de mise ou qui est de cours.
Passable , (or indifferent.) Passable, qui est assez bon dans son espece, tolérable, raisonnable.
PASSADE, sub. (alms given to passengers.) Passade, aumône qu'on donne aux pauvres passants.
Passade, (the manage of a horse backward and forward.) Passade, en termes de manege.
PASSADO, f. (a pass in fencing.) Passe, botte , coup.
PASSAGE, f. (the place through which one goes.) Passage, lieu par où l'on passe.
Passage , (a going from one place to another.) Passage, action de passer, traversée, action de passer d'un port à un autre.
The winds having been fair, the transports made their passage. Les vents ayant été favorables, les vaisseaux de transport sont arrivés heureusement, ou sont arrivés à bon port, ou ont fait la traversée.
He took a passage for Lydia with the Ambassadors. Il passa en Lydie avec les Ambassadeurs.
Passage, (the liberty of passing.) Passage, liberté de passer.
Passage, (the fare for passing.) Passage, ce que l'on paye pour passer.
Passage, (a place in a book or discourse.) Passage, endroit d'un livre ou d'un discours.
The passage (or pipe) of the urine. Le conduit de l'urine.

Passage,

PAS

Passage, (an event, a transaction.) *Aventure, évènement, accident, fait, chose arrivée, et qui se passe.*

A street that has no passage, (or thorough-fare.) *Une rue qui n'a point d'issue, un cul-de-sac.*

Passage, (a game with three dice.) *Passe-dix, jeu avec trois dés.*

PASSAREE, *s.* (a sea-term.) *Petit cordage servant, lorsque le vent est foible, à assujettir l'amure de la grande voile contre le côté du vaisseau; espece de manchette.*

PASSED, *adj.* (from to pass.) *Passé, &c. V. to Pass & Past.*

PASSENGER, *subst.* (or traveller.) *Un passant.*

Passenger in a ship. *Un passager.*

A passenger hawk. *Un oiseau ou faucon de passage.*

PASSER, *s. Un passant.*
PASSIBLENESS, } *s. Passibilité.*
PASSIBILITY,
PASSIBLE, *adj.* (or capable of suffering.) *Passible, capable de souffrir.*

PASSING, *s.* (from to pass.) *L'action de passer, &c. V. to Pass.*

In passing, (or by the way.) *En passant, chemin faisant.*

PASSING, *adj.* (supreme; eminent.) *Suprême, éminent.*

A passing beauty. *Une beauté extraordinaire ou une femme belle au suprême degré.*

Passing, *adv.* Extrêmement, tout-à-fait, parfaitement.

That is passing fine. *Cela est parfaitement bien.*

PASSINGBELL, *s. La sonnerie pour un enterrement, cloche mortuaire.*

PASSION, *s.* (or transport of the mind.) *Passion, agitation ou mouvement de l'ame.*

Passion, (strong inclination.) *Passion, pente, penchant, inclination.*

He knows the passions of the people with whom he deals. *Il connoit l'humeur ou les inclinations de ceux avec qui il a affaire.*

Passion, (or love.) *Passion, amour, affection, ardeur, zele.*

Passion, (transport.) *Passion, fougue.*

Passion, (or anger.) *Passion, colere, emportement.*

To put one in a passion. *Mettre quelqu'un en colere, l'irriter, le fâcher.*

Passion, (or suffering.) *Passion, souffrance.*

The iliack passion. *La passion iliaque.*

Our Saviour's passion. *La passion ou les souffrances de Notre Sauveur.*

The passion-week. *La semaine de la passion, qui précede la semaine sainte.*

PASSIONATE, *adj.* (or soon angry.) *Colere, prompt, emporté, qui est sujet à se mettre en colere.*

Passionate, (done in a passion.) *Passionné, outré, fait avec emportement.*

Passionate doings. *Des actions outrées ou d'un homme emporté.*

Passionate for a thing, (that has a strong inclination for it.) *Passionné pour quelque chose, qui a de la passion pour quelque chose, qui la désire avec passion.*

Passionate, (full of love.) *Passionné, touchant, tendre, amoureux.*

PASSIONATELY, *adverb.* (or angrily.) *Avec passion, avec emportement.*

Passionately, (with a strong love.) *Passionnément, avec passion, ardemment.*

To be passionately in love with. *Aimer passionnément ou éperdument, être passionnément amoureux de —, être passionné pour —*

PASSIVE, *adj.* (the contrary of active.) *Passif.*

PASSIVELY, *adv. Dans un sens passif.*

PASSIVENESS, *sub.* *Qualité endurante, soumission, passibilité.*

PASSOVER, *s.* (feast.) *Pâque.*

Passover, (sacrifice.) *Agneau pascal.*

PASSPORT, *s.* (permission of egress.) *Un passeport.*

PASS-VELOURS, *s.* (a flower.) *Passe-velours, fleur.*

PASS-VOLANT, *subst.* (a fagot in the mustering of soldiers.) *Un passevolant.*

PAST, *adj.* (from to pass.) *Passé, &c. V. to Pass.*

When we were past the streights. *Quand nous eûmes passé le détroit.*

The time past. *Le temps passé, le passé.*

In times past, (formerly.) *Autrefois, jadis.*

Past the best. *Suranné, vieux.*

A woman past child-bearing. *Une femme qui est hors d'âge d'avoir des enfans.*

Past marrying. *Hors d'âge de se marier.*

Past all danger. *Hors de tout danger.*

Meat past eating. *Viande gâtée, qui n'est pas bonne à manger.*

Past cure, (or incurable.) *Incurable, désespéré.*

A thing past cure or past help. *Une chose où il n'y a plus de remede, un malheur sans ressource.*

He is past recovery. *On désespere de sa santé, il est désespéré, il est abandonné des Médecins.*

Past a child. *Qui a passé l'enfance, qui n'est plus enfant.*

† I am past my latin, (or at my wit's end.) *Je suis au bout de mon latin.*

His book has past the press. *Son livre est imprimé.*

Past dispute, (not to be disputed.) *Hors de dispute, incontestable.*

Past the reach of his enemies. *Qui n'est plus au pouvoir de ses ennemis.*

To be past shame. *Avoir perdu toute honte.*

It is a thing past and done. *C'est une chose faite.*

A quarter past ten. *Dix heures & un quart.*

Half an hour past nine. *Neuf heures & demie.*

About four months last past. *Il y a environ quatre mois.*

These four months last past. *Ces quatre derniers mois, ou depuis quatre mois.*

PASTE, *s.* (or dough.) *Pâte, pâte fine.*

Paste, (to glue things together with.) *Colle de farine.*

Paste, (wherewith poultry is fattened.) *Pâte, pâte avec quoi on engraine la volaille.*

A paste-bowl. *Jatte où le relieur met sa colle.*

Paste-board. *Carton.*

To PASTE, *v. act.* (to stick with paste.) *Coller.*

To paste a heel. *Pâter un talon, en termes de Cordonnier.*

To paste UP. *Afficher.*

Pasted, *adj. Collé, &c. V. to Paste.*

Pasted up. *Affiché.*

PASTEL, *s.* (an herb.) *Pastel, plante.*

PASTERN, *s.* (the hollow of a horse's heel.) *Pâturon.*

PASTIL, *sub.* (a composition of sweet paste.) *Pestille.*

Pastil. *Crayon, pinceau.*

PASTIME, *s.* (sport or recreation.) *Passetemps, plaisir, divertissement, recreation, † ébat.*

By way of pastime. *Par passe-temps, en se jouant.*

PASTING, *s.* (from to paste.) *L'action de coller. V. to Paste.*

† PASTLER, *V.* Pastry-cook.

PASTOR, *s.* (properly a shepherd, and figuratively a Church-Minister.) *Pasteur, Ministre de l'Eglise.*

PASTORAL, *adj.* (belonging to a shepherd.) *Pastoral, de berger.*

Pastoral, (belonging to a Minister of the Church.) *Pastoral, de pasteur spirituel.*

Pastoral, *s.* (a sort of poem.) *Pastorale, Eglogue, sorte de poeme.*

PASTRY, *s.* (from paste, the place where pastry-work is made.) *Boulangerie ou le lieu où l'on pâtisse.*

Pastry-work. *Patisserie.*

A pastry-cook. *Un pâtissier.*

A pastry-cook's wife. *Une pâtissiere.*

PASTURABLE, *adj. De pâturage, où il y a des pâturages.*

PASTURAGE, *s.* (or pasture ground.)
PASTURE,

Pâturage, le lieu où les bêtes pâturent.

Pasture, (fodder or food.) *Pâture.*

The pasture, (or viands of deer.) *Viandis, pâture ou paisson de bêtes fauves.*

Pasture, (the feeding place of deer.) *Viandis, lieu où les betes fauves viandent.*

To PASTURE, *v. act.* (to put in pasture.) *Faire paitre, mener paitre.*

To pasture, *v. n. Paitre.*

PASTURING, *s.* (or fodder for cattle.) *Pâture.*

PASTY, *s.* (from paste, a great pie.) *Pâté.*

PAT, *s.* (or little stroke.) *Un coup, petit coup, † une tape.*

To PAT one, *v. act.* (or to give one a pat.) *Donner un coup à quelqu'un, † le taper, on † le tapoter.*

To pat or beat mortar. *Corroyer le mortier.*

To pat the door. *Frapper à la porte.*

PAT, *adj.* (convenient or pertinent.) *A propos, convenable, propre, commode.*

PATACHE, *s.* (a small ship.) *Patache, petit vaisseau léger.*

PATACOON, *s.* (a Spanish coin worth about four shillings and eight pence.) *Un patagon.*

PATCH, *s.* (or piece.) *Piece.*

An old suit of patches. *Un vieux habit tout rapiéceté, un rapiéctage, ou un habit rapetassé.*

Patch, (to wear on one's face.) *Mouche de visage.*

† He is a cross patch. *C'est un esprit de contradiction.*

Patch, (spot of ground.) *Exemp. A patch of cleared land. Morceau de terre défrichée.*

To PATCH. *v. act.* (or piece.) *Rapiéceter ou rapiécer, mettre des pieces, rapetasser, raccommoder.*

Prov. To patch a fox's tail to a lion's skin. P. *Coudre la peau du renard à celle du lion.*

To patch UP, (or to patch.) *Rapiéceter, rapiécer, repetasser, raccommoder.*

To patch up a wall. *Plâtrer ou replâtrer un mur.*

T 2

To patch up a disease. *Plâtrer, pallier un mal.*
To patch up a business. *Plâtrer, replâtrer une affaire.*
To patch up a guilty conscience. *Plâtrer une conscience ulcérée.*
He did what he could to patch up his wretched speech. *Il fit ce qu'il put pour renouer, rejoindre ou rassembler les misérables pieces de sa harangue.*
To patch, v. act. (to put patches on one's face.) *Mettre des mouches.*
Patched, adject. *Rapiécé, rapiéceté, raccommodé,* † *rapetassé,* &c. V. to Patch.
Patched, (full of patches on the face.) *Qui porte des mouches, dont le visage est couvert de mouches.*
PATCHER, s. *Ravaudeur ou ravaudeuse, rapetasseur, rapetasseuse.*
PATCHING, s. *L'action de rapiécer, de rapiéceter,* &c. V. to Patch.
PATCH-WORK, s. *Rapiécetage.*
PATE, s. (or head.) *La tête.*
How came that crotchet into your pate? *Comment est-ce que cette fantaisie vous est entrée dans l'esprit?*
To bring mischief on your own pate. *S'attirer quelque malheur.*
PATEE, s. *Pâté.*
Petty patees. *Des petits pâtés.*
Patee, adj. Ex. Cross patee, (in heraldry.) *Croix pcée, en termes de blason.*
PATEFACTION, s. (act or state of opening or discovering.) *Action de découvrir ou de déclarer.*
PATENT, adj. Ex. Letters patent, (open writings sealed with the broad seal of the kingdom.) *Patentes ou lettres patentes.*
PATENT, subst. (a writ conferring some exclusive right or privilege.) *Brevet d'invention,* &c.
PATENTEE, subst. *Celui ou celle qui a des lettres patentes ou un brevet d'invention; impétrant, impétrante.*
PATER-GUARDIAN, s. (the head of a Franciscan college.) *Père Gardien.*
PATERNAL, adject. (fatherly.) *Paternel, de pere.*
PATERNITY, s. (fatherhood.) *Paternité, qualité de pere.*
PATER-NOSTER, sub. (the Lord's prayer.) *Le Pater, l'oraison dominicale,* † *pater bôtre.*
Pater-nosters, (the great beads of a chaplet.) *Paters.*
PATH, s. (or by-way.) *Un sentier.*
PATHETICAL,
PATHETICK,   } adj. (that stirs up the affections.) *Pathétique, touchant, qui émeut les passions.*
PATHETICALLY, adv. *Pathétiquement, d'une maniere pathétique ou touchante.*
PATHLESS, adj. *Qui n'est pas frayé.*
PATHOGNOMONICK, adj. *Pathognomonique,* terme de médecine.
PATHOLOGICAL,
PATHOLOGICK, } adj. (belonging to pathology.) *Pathologique.*
PATHOLOGIST, s. *Auteur qui écrit sur la pathologie.*
PATHOLOGY, s. (a part of physick, treating of the causes and differences of diseases.) *Pathologie, partie de la médecine.*
PATHOS, s. (the moving the passions by a discourse.) *Pathos.*
PATHWAY, s. *Sentier.*
PATIBLE, adject. (sufferable.) *Qu'on peut souffrir.*
† PATIBULARY, adject. (belonging to a

gallows.) *Patibulaire, qui appartient au gibet.*
PATIENCE, s. (a virtue.) *Patience, vertu.*
To take patience. *Prendre patience, avoir patience, se donner patience, patienter.*
You tire or wear out my patience. *Vous mettez ma patience à bout.*
To be out of patience, to lose patience. *Perdre patience.*
Patience, (an herb.) *Patience, herbe.*
PATIENT, adject. *Patient, qui souffre, qui endure.*
PATIENT, s. (a doctor's patient.) *Un malade.*
PATIENTLY, adverb. *Patiemment, avec patience.*
PATINE, subst. (the cover of a chalice.) *Patene, vase sacré.*
PATLY, adv. (from pat.) *Commodément, convenablement, a propos.*
PATRIARCH, s. (the head of a family or Church.) *Un Patriarche.*
PATRIARCHAL, adj. *Patriarcal.*
PATRIARCHATE,
PATRIARCHY, } s. *Patriarcat.*
PATRICIAN, s. (a noble Roman, one descended from a Roman Senator.) *Patricien ou patrice.*
PATRICIATE, s. (the dignity of a patrician.) *Patriciat, dignité de patrice.*
PATRIMONIAL, adj. (of or belonging to patrimony.) *Patrimonial.*
PATRIMONY, subst. (an inheritance from one's father or mother.) *Patrimoine.*
The patrimony of St. Peter, (an Italian province belonging to the Pope.) *Le patrimoine de Saint Pierre, ou la province du patrimoine.*
PATRIOT, s. (One whose ruling passion is the love of his country.) *Patriote, celui ou celle qui aime sa patrie.*
PATRIOTISM, s. *Patriotisme.*
To PATROCINATE, v. act. (to protect or defend.) *Protéger, défendre.*
PATROCINATION, subst. *Protection, défense.*
PATROL, s. (or rounds.) *Patrouille, guet de nuit.*
To PATROL, v. n. *Faire la patrouille.*
PATRON, s. (protector or chief friend.) *Patron, défenseur, protecteur.*
Patron of a book, (the person to whom it is dedicated.) *Le Mécene d'un livre.*
Patron, (in the civil law, he that made his bond-man free.) *Celui qui donnoit la liberté à quelque esclave, le maitre d'un affranchi.*
Patron, (the Saint of a Kingdom, Town, &c.) *Patron, le Saint d'un Royaume, d'une ville,* &c.
Patron, (who has the right of presentation to a benefice.) *Patron d'un bénéfice.*
PATRONAGE, s. (the right of presentation to a benefice.) *Patronage.*
Patronage, (or protection.) *Protection, défense.*
PATRONAL, adj. (belonging to a patron.) *Qui appartient à un patron.*
PATRONESS, subst. *Patronne, protectrice.*
To PATRONISE, v. act. (to protect or defend.) *Défendre, protéger, soutenir, favoriser.*
Patronised, adj. *Défendu, protégé, soutenu, favorisé.*
PATRONYMICAL,
PATRONYMICK, } adject. (a term of grammar.) *Patronymique, qui vient de famille.*

PATTEN, s. (a wooden shoe with an iron bottom.) *Patin à l'Angloise.*
To wear pattens, to go in pattens. *Porter des patins.*
A pattenmaker. *Un faiseur de patins.*
The pattenmaker of a pillar, (whereon the base is set.) *Soubassement d'une colonne.*
To PATTER out prayers, verb. act. (to mumble prayers.) *Marmotter quelques prieres, marmotter des patenôtres.*
To patter, v. n. *Faire du bruit.*
PATTERN, s. (model.) *Patron, modele.*
Pattern, (a piece of cloth, &c.) *Echantillon.*
PAVAN,
PAVIN, } s. (the pavan dance.) *Pavane, danse grave & sérieuse.*
PAUCITY, s. (fewness.) *Petit nombre, petite quantité.*
To PAVE, v. act. *Paver.*
Paved, adj. *Pavé.*
PAVEMENT, s. (the stones of a street.) *Un pavé.*
PAVER,
PAVIER, } s. *Un paveur.*
PAVIAGE, s. (money paid towards the paving of the streets or high ways.) *L'argent qu'on paye pour le pavé des rues ou des grands chemins.*
PAVICE, sub. (a large shield or target.) *Pavois, grand bouclier.*
PAVILLON, s. (a tent.) *Pavillon, tente.*
Pavillons, (the main part of a building or a building by itself.) *Pavillon, en Architecture.*
PAVIN. V. Pavan.
PAVING, s. (from to pave.) *L'action de paver.*
Paving, adject. Ex. A paving beetle. *Hie ou demoiselle.*
PAULS,
PAWLS, } s. plur. (a sea-term,) *Eliguets de cabestan, de vindas, & tous cliquets en général, soit de bois ou de fer.*
Hanging pauls. V. Hangings.
Pauls-bits. *Cadre de charpente, & potence établie vers le milieu du vindas, & où l'on établit les cliquets ou chiquets.*
To PAUL, v. act. (to paul the capstern.) *Mettre les élinguets au cabestar.*
PAUNCH, s. (or belly.) *La panse, le ventre,* † *la bedaine.*
Paunch-bellied, *d'anse, ventru, qui a une grosse panse.*
To PAUNCH, v. act. *Eventrer.*
Paunched, adj. *Eventré.*
PAUPER, s. *Un pauvre.*
PAUSE, s. (or stop.) *Pause, repos.*
Pause in musick. *Pause de musique.*
A pause in a verse. *Pause ou repos de vers.*
To PAUSE, verb. n. (or make a pause.) *Pauser, faire une pause, s'arrêter, se reposer.*
To pause upon a thing, (to consider of it, on it or ou't.) *Considérer bien une chose, y songer, y faire des réflexions.*
PAUSER, s. *Qui réfléchit ou délibere.*
PAUSING, s. *L'action de pauser ou de faire une pause,* &c. Voy. to Pause.
PAW, subst. (the foot of some beasts.) *Patte, le pied de certains animaux.*
† Paw, (hand.) *Pate.*
A great ugly paw. *Une grosse vilaine pate.*
To PAW, v. act. *Remuer avec la patte ou avec le pied, porter la patte sur.*
A dog that paws his master. *Un chien qui porte sa pate sur son maitre pour le caresser.*
To paw, (or fumble.) *Patiner.*

PAWED,

PAWED, adj. Sur quoi l'on a porté sa pate, patiné, chiffoné.
Pawed. Qui a des pates.
Sharp-pawed. Qui a la pate pointue.
PAWING, f. L'action de porter sa pate sur, &c. Voy. to Paw.
PAWN, subst. (or pledge.) Gage.
To lend upon pawn. Prêter sur gage.
A pawn at chefs. Un pion, au jeu des échecs.
To PAWN, v. act. (or to give in pawn.) Engager, mettre ou donner en gage.
Pawned, adject. (from to pawn.) Engagé, &c.
PAWNBROKER, f. Engagiste, celui ou celle qui prete sur gages.
PAWNER, f. Celui ou celle qui engage, &c.
PAWNING, subst. L'action d'engager, de mettre ou de donner en gage.
PAX, sub. (a patin to cover the chalice.) Paix, la patene que l'on donne à baiser quand on va à l'offrande.
PAY, f. (wages, hire.) Paye.
He is very good pay. Il paye fort bien, c'est une bonne paye.
A soldier's pay. Paye, solde ou prêt de soldat.
He has many spies in his pay. Il a plusieurs espions à ses gages.
A good paymaster. Un bon payeur, une bonne paye, un homme qui paye bien.
The paymaster of the King's houshehold. Le tresorier ordinaire de la guerre.
The general paymaster in time of war. Le tresorier de l'extraordinaire.
To PAY, v. act. (to acquit a debt.) Payer, satisfaire, donner ce qu'on doit.
P. To rob Peter to pay Paul. Changer de creancier, emprunter d'un creancier pour en payer un autre.
To pay one's felf. Se payer soi-même, se payer par ses mains.
To pay, (or return.) Rendre.
To pay a visit. Rendre une visite.
To pay one's respects to another. Rendre ses respects à un autre.
† I paid him in his own, or in the same coin, (I was even with him.) Je l'ai payé en même monnoie, je lui ai rendu la pareille.
I shall pay him, (or be revenged of him.) Il me la payera, je me vengerai de lui.
To pay for one's folly, (to be punished for it.) Payer pour sa folie.
To pay a ship, (to lay on the stuff in graving) Suiver un vaisseau.
To pay a ship's bottom Espalmer un bâtiment ou donner un suif ou couroi à un vaisseau.
To pay a mast or a yard. Enduire ou goudronner un mât ou une vergue, &c.
To pay a seam. Goudronner une couture.
Pay away more cable! Fila du cable!
To pay OFF one's debts. Payer, acquitter ses dettes, les payer tout-à-fait.
† To pay (or claw) one off. Relancer quelqu'un, † le rembarrer, † lui river les clous.
· To Pay one off, to pay his bones, (to beat him soundly.) Battre quelqu'un comme il faut, le rosser, le frotter d'importance, l'accommoder comme il faut.
To pay BACK. Rendre, restituer.
To pay AWAY money. Payer une somme d'argent.
To pay DOWN. Payer argent comptant ou argent bas.
PAYABLE, adj. (or to be paid.) Payable, qu'on doit payer.

PAYED, adject. Payé, &c. Voy. to Pay.
To get one's debts payed. Payer ou faire payer ses dettes.
PAYER, f. Payeur, payeuse, qui paye.
PAYING, f. Payement, l'action de payer, &c. Voy. to Pay.
Paying ladle. Voy. Ladle.
PAYING-OFF, part. act. & f. comp. Enduedu du côté de dessous le vent.
Paying off, signifie aussi la revue du désarmament d'un vaisseau.
Paying out or Paying away. Action de filer un cable ou une amarre hors de vaisseau.
PAYMASTER, f. Payeur.
PAYMENT, subst. Payement.
PAYMISTRESS, f. Payeuse.
PEA, f. Un pois. Voy. Pease, the plural number.
PEA-COCK, and pea-hen, Voy. Peacock and Peahen, in the alphabetick order.
PEACE, f. (rest or quietness.) Paix, repos, tranquillité.
The peace of the soul. La paix ou la tranquillité de l'ame.
Peace, (concord, good intelligence.) Paix, concorde, tranquillité.
To live in peace, (or quietly.) Vivre en paix.
A Justice of peace. Un Juge de paix, Magistrat établi pour prendre connoissance de ceux qui troublent le repos public.
Peace of God and the Church, (vacation time.) Les vacations.
To bind one to the peace. Obliger quelqu'un dans les formes, & sous caution, de ne faire aucune violence à la personne qui a porté ses plaintes contre lui.
Peace, (the countrary of war.) Paix, le contraire de la guerre.
To make peace. Faire la paix.
To clap up a peace. Faire une paix fourrée.
A peace or a treaty of peace. Un traité de paix ou une paix.
Peace, (or reconciliation.) Paix, réconciliation.
To make one's peace with one. Faire sa paix avec quelqu'un, se réconcilier avec lui.
Peace, (or silence.) Paix, silence, cessation de bruit.
To hold one's peace. Se taire, faire silence.
Peace here. Paix-là, paix donc, silence, qu'on fasse silence.
Peace with your impertinent questions. Treve de vos sottes demandes.
Peace-maker. Pacificateur.
Peace-offering. Sacrifice de prospérités.
PEACEABLE, adj. (or quiet.) Pacifique, paisible, tranquille, qui aime la paix, ou qui vit en paix.
PEACEABLENESS, subst. Humeur ou naturel paisible ou pacifique.
PEACEABLY, adv. Paisiblement, tranquillement, en paix.
PEACEFUL, adject. (or quiet.) Paisible, tranquille.
PEACEFULLY, adv. Paisiblement, tranquillement, en paix.
PEACEFULNESS, subst. Etat paisible ou tranquille, paix, tranquillité.
PEACH, subst. (a sort of fruit.) Pêche, fruit.
The quince peach, or yellow-peach. Pêche-coing.
The nut-peach. Pêche-noix.
Peach-tree. Pêcher.
To PEACH, verb. act. (see to impeach.)

Accuser, servir de témoin contre quelqu'un.
Peached, adj. Accusé.
PEACHER, subst. Un accusateur, un délateur.
PEACHICK, subst. Le petit du paon; paonneau.
PEACHING, subst. Accusation, l'action d'accuser.
PEACOCK, subst. (a bird.) Le paon, on prononce pan.
The peacock spreads its tail or train. Le paon fait la roue.
A young peacock. Paonneau, jeune paon.
PEAHEN, subst. Paonne, la femelle du paon, on prononce panne.
PEAK, subst. Pointe.
The peak of a mourning coif. Pointe de coiffure de deuil.
The peak (or top) of a hill. La pointe ou le sommet d'une montagne.
A green peak, (or woodpecker, a bird.) Un pivert.
To PEAK, v. n. Avoir l'air malade. V. to Sneak.
PEAKING, adj. (of a sickly constitution.) Maladif, malingre.
PEAL, subst. (a great noise of bells.) Son de cloches, volée de cloches.
To ring the bells in peal. Sonner les cloches à la volée ou en branle.
Peal, (great noise in general.) Grand bruit, fracas.
Peal of rain, (as when it rattles down.) Une bourasque, une ondée de pluie.
A peal of hail. Une grande grêle.
† To ring one a peal, (to scold at him soundly.) † Laver la tête à quelqu'un, lui faire la mercuriale, la gronder.
To PEAL, v. act. (to assail with noise.) Etondir avec le bruit du canon, des cloches, des tambours, &c.
PEAR, subst. (a fruit of which we have different sorts.) Poire, sorte de fruit.
The golden pear. Poire de fin or.
The boon christian pear. Poire de bon-chrétien.
A winter-pear. Poire d'hiver ou de garde.
A choak-pear. Poire d'angoisse.
† He gave him a notable choak-pear. † Il lui a bien fait avaler des poires d'angoisses.
A pearmain. Une poire-pomme.
Pear-tree. Poirier.
Pear pye. Tarte de poires.
A pear-hit. Poires secrettes, embouchure de cheval.
PEARL, f. (a precious stone.) Perle.
Mother of pearl. Nacre de perle.
A ragged pearl. Une perle barroque, qui est d'une figure irrégulière & raboteuse.
A cross set out with pearls. Une croix perlée.
Pearl (or web) on the eye. Taie dans l'œil.
Pearl, (the small kind of printing-letters.) Parisienne ou Sédanoise.
PEARLED, adj. Perlé.
PEARLY, adj. Plein de perles.
PEASANT, subst. (or country-man.) Un paysan.
PEASANTRY, f. (a collective for country people.) Les paysans.
PEASCOD, } f. Cosse de pois.
PEASHELL, }
PEASE, f. (from pea, a sort of pulse.) Des pois, sorte de légume.
Peale

Peafe porridge or peafe foup. *De la foupe aux pois.*
Peafe pudding. *Espece de purée de pois très-épaisse.*
PEAT, *s. Sorte de tourbe.*
PEBBLE,
PEBBLESTONE, } *subst.* (a round and hard stone.) *Caillou.*
PEBBLED,
PEBLLY, } *adj. Plein de cailloux.*
PECCABLE, *adj. Peccable, capable de pécher.*
PECCADILLO, *subst.* (a small fault or venial sin.) *Petit péché, faute légere, péché véniel,* † *peccadille.*
PECCANT, *adj.* (a term of physick.) Ex. A peccant humour. *Une humeur peccante.*
† PECCAVI, *subst.* (a latin word used in this vulgar expression.) I will make him cry peccavi. *Je lui ferai demander pardon.*
PECK, *subst.* (a sort of measure.) *Picotin d'Angleterre, la quatrieme partie d'un boisseau.*
† To be in a peck of troubles. *Être fort en peine, être bien embarrassé.*
To PECK, *verb. act. Béqueter, donner des coups de bec.*
To peck THROUGH. *Percer à coups de bec.*
Pecked, *adj. Béqueté, &c. V.* to Peck.
PECKER, *subst.* (bird.) *Pivert.*
PECKING, *subst. L'action de béqueter, &c. V.* to Peck.
PECKLED. *V.* Sp ckled.
PECKT. *V.* Pecked.
PECTORAL, *adj.* (of the breast.) *De la poitrine, qui regarde la poitrine, pectoral ou bon pour la poitrine.*
A pectoral sirup. *Un sirop pecto al.*
Pectoral, *subst.* (or breast-plate.) *Un pectoral.*
PECULATION,
PECULATE, } *subst.* (robbing the publick.) *Péculat, vol des deniers publics.*
PECULATOR, *subst.* (he that commits peculation.) *Celui qui pille, qui vole le public, qui est coupable du crime de péculat.*
PECULIAR, *adj.* (or singular.) *Singulier, particulier, tout particulier.*
Peculiar, (private, proper.) *Particulier, spécial, propre.*
He is my peculiar friend. *C'est mon intime, c'est mon bon ami.*
PECULIARS, *subst.* (parishes exempt from other ordinaries, and peculiarly belonging to the see of Canterbury.) *Chapelles ou paroisses privilégiées, qui dépendent immédiatement de l'Archevêque de Cantorbery.*
Regal peculiar, (the King's chapel.) *La Chapelle Royale.*
PECULIARITY, *s. Singularité.*
PECULIARLY, *adv. Particulièrement, d'une façon particuliere, d'une maniere propre ou spéciale.*
PECUNIARY, *adj.* (of money.) *Pécuniaire, d'argent.*
PECUNIOUS, *adj.* (or full of money.) *Pécunieux, qui a beaucoup d'argent.*
PED. *V.* Basket.
PEDAGOGICAL, *adj. Pédagogique.*
PEDAGOGISM, *subst.* (the office of a pedagogue.) *Emploi de pédagogue.*
PEDAGOGUE, *s.* (a teacher or instructor.) *Un pédagogue.*
PEDAGOGY, *s. Pédagogie, éducation.*

The pedagogy of the law. *La Pédagogie de la loi.*
PEDAL, *adj.* (of a foot.) *D'un pied, qui a un pied, en long, &c.*
PEDALS, *s.* (a low key of some organs.) *Pédales, gros tuyaux d'orgue.*
PEDANEOUS, *adj.* (going on foot.) Ex. A pedaneous Judge. *Juge pédanée, qui juge debout.*
PEDANT, *subst.* (an ordinary schoolmaster.) *Pédant, régent de college, ou pédagogue dans une maison particuliere.*
Pedant, (an affected scholar.) *Un pédant, un homme qui fait sottement le docte.*
Pedant-like, *adverb. Pédantesquement, d'un air, d'une maniere qui sent le pédant.*
PEDANTICALLY, *adv. En pédant.*
PEDANTICK,
PEDANTICAL, } *adj. Pédantesque, qui sent le pédant, qui tient du pédant.*
A pedantick woman. *Une pédante.*
PEDANTISM,
PEDANTRY, } *subst. Pédantisme, pédantrie, maniere pédante, un air pédante.*
† To PEDANTIZE, *verb. neut.* (or act the pedant.) *Pédantiser, faire le pédant.*
PEDERERO, *s.* (a sort of ship artillery.) *Pierrier, piece d'artillerie.*
PEDESTAL, *subst.* (or foot-stall.) *Piédestal.*
The pedestal of a figure. *Le piédestal d'une figure.*
PEDICLE, *s.* (the little stalk of leaves or fruit.) *Pédicule.*
PEDICULAR,
PEDICULOUS, } *adject.* (lousy.) *Pédiculaire.*
The pediculer (or lousy) disease. *La maladie pédiculaire.*
PEDIGREE, *s. Généalogie.*
PEDIMENT, *subst.* (or fronton in architecture.) *Fronton, ornement d'architecture.*
PEDLER, *sub.* (a hawker, a petty dealer, a wandering merc'ant.) *Un colporteur, petit mercier qui porte sa boutique sur soi.*
Pedler's ware or trade. *Quincaille ou quincaillerie.*
To deal in pedler's ware. *Faire le métier de quincailler.*
† Pedler's french or gibberish. *Jargon, baragouin.*
PEDLERY, *s. Quincaillerie.*
PEDDLING, *adj.* Ex. To go peddling about. *Aller de lieu à autre vendre ses marchandises, faire le métier de colporteur, de petit mercier ou de quincailler.*
A peddling (or small) sum. *Une petite somme.*
PEDOBAPTISM, *subst.* (or baptizing of children.) *Le baptême des enfants.*
PEEK,
PEAK, } *subst.* Pic ou vergue supérieure des grandes voiles de certains bâtiments, comme sloops, goelettes, brigantins, ou comme cells d'artimon de certains vaisseaux ; c'est aussi le coin d'en haut de ces voiles, & la vergue est plus proprement appellée gaff. *Voy. ce mot.*
Peek haliards. *Martinet du pic de ces mêmes voiles.*
To PEEK, *verb. act.* En parlant des vergues, *apiquer.* Ex.

Peek the mizen ! *Apique la vergue d'artimon ! C'est-à-dire de la redresser contre son mât.*
PEEL, *subst.* (the skin of any thing.) *Peau.*
The peel of an onion. *Peau d'oignon.*
Orange-peel. *Ecorce d'orange.*
An oven-peel. *Rondeau de pâtissier.*
A printer's-peel. *Etendoir d'Imprimerie.*
To PEEL, *verb. act.* (to cut off the peel.) *Peler.*
To peel barley. *Peler de l'orge.*
To peel hemp. *Teiller du chanvre.*
To peel, (or plunder.) *Piller.*
To peel off, *verb. neut. Se peler.*
To peel off, (as a picture, &c.) *S'écailler.*
Peeled, *adj. Pelé, teillé, &c. V.* to Peel.
PEELING, *subst. L'action de peler ou de teiller.*
PEEP, *s.* (or break) of day. *La pointe ou le point du jour.*
Peep, (sly look.) *Œillade.*
To PEEP, *verb. neut. Poindre, paroître.*
The day begins to peep. *Le jour commence à poindre.*
To peep, (to begin to grow or bud out, as horns, teeth, &c.) *Percer, en parlant des cornes, des dents, &c.*
To peep, (to look through a hole or chink.) *Regarder par un trou ou sans être apperçu, regarder par curiosité.*
To peep IN. *Regarder dedans, entrevoir.*
† To peep OUT. *Regarder dehors.*
† To peep OVER, (to die.) † *Passer le pas, mourir.*
To peep, (as chicks do.) *V.* to Piep.
PEEPHOLE,
PEEPINGHOLE, } *subst.* Trou par lequel on regarde sans être vu.
PEEPING, *subst. L'action de regarder par un trou ou en cachette, &c. V.* to Peep.
You shall pay for your peeping. *Votre curiosité vous coûtera cher.*
PEER, *subst.* (a nobleman.) *Un Pair.*
A Peer of the realm. *Un Pair du Royaume.*
Peers, (or equals, jury-men.) *Pairs ou égaux, ceux qui ont également droit de juger.*
To be tried by one's peers. *Être jugé par ses pairs ou ses égaux.*
Peer or rather Pier, (a solid wall between two doors or casements.) *Trumeau, terme d'architecture.*
A peer, (a sort of square pillar.) *Un pied-droit.*
A peer, (or mole.) *Un mole.*
To PEER upon or at a thing, *verb. neut.* (to leer or peep at it.) *Guigner une chose, la lorgner.*
PEERAGE, *s.* (a peer's dignity.) *Pairie ou dignité de Pair.*
PEERDOM, *s. Une pairie.*
PEERESS, *s.* (a peer's lady.) *La femme d'un Pair du Royaume.*
PEERLESS, *adj.* (incomparable.) *Incomparable, sans pareil, sans égal.*
PEERLESSNESS, *subst.* Grande supériorité.
PEEVISH, *adject.* (cross, morose.) *Hargneux, de mauvaise humeur, chagrin, bourru, fantasque.*
PEEVISHLY, *adv.* D'un air chagrin, avec chagrin.
PEEVISHNESS, *s. Humeur hargneuse, mauvaise humeur, humeur chagrine.*

PEG, *subst.* Une cheville.
† To come down a peg, or to lower a peg, (not to be so stiff as formerly.) *Se radoucir, céder quelque chose.*
A peg to put into a broached veffel. *Un fauffet.*
To PEG, *verb. act. Cheviller, attacher avec des chevilles.*
Pegged, *adj. Chevillé, attaché avec des chevilles.*
PELAGIANS, *f.* (a fort of hereticks.) *Pélagiens, forte d'hérétiques.*
PELF, *subst.* (or paltry stuff.) *Une chose de néant:* on fe fert de ce mot de *pelf*, en parlant avec mépris des *biens, des richeffes.*
PELICAN, *f.* (a fort of bird.) *Pélican, forte d'oifeau.*
Pelican, (a chymical veffel.) *Pélican, vaiffeau chimique.*
Pelican, (a tooth-drawers inftrument.) *Pélican, inftrument d'arracheur de dents.*
PELLET, *subft.* (any little ball.) *Balle, pelote, boule.*
Pellets for a pop-gun. *Balles de papier pour une canonnière.*
PELLICLE, *f.* (a thin skin.) *Pellicule, peau mince.*
PELLITORY of the wall, *f. Pariétaire, forte d'herbe.*
PELLMELL, *adv. Confufément, pêle-mêle.*
PELLS, *subft.* Rôle des fommes reçues & payées au tréfor du Roi d'Angleterre.
PELLUCID, *adjec.* (or transparent.) *Tranfparent.*
PELLUCIDITY,
PELLUCIDNESS, } *f. Tranfparence.*
PELT, *subft.* (or skin.) *Peau.*
Pelt of a dead sheep. *Peau de brebis morte.*
Pelt-monger or skinner. *Peauffier.*
Pelt-wool. *Laine tirée d'une brebis morte.*
Pelt, (a skin without the wool.) *Peau de mouton fans laine.*
Pelt, (a target of skins like a half-moon.) *Efpèce d'écu ou de bouclier de peau.*
To PELT, *verb. act. Tirer deffus,* † *canarder ,f.*
They pelted us with their fmall shot as we crossed the river. *Ils nous canardoient à coups de moufquet pendant que nous traverfions la rivière.*
To pelt one with libels. *Accabler quelqu'un de libelles, le fronder.*
* To pelt, *verb. n. Ex.* To pelt and chafe, to be in a pelting chafe, to fret and fume. *Enrager, tempêter, être dans une grande colère.*
Pelted, *adj. Canardé,* &c. *V.* to Pelt.
PELTING, *f. L'action de canarder,* &c. *V.* to Pelt.
PEN, *subft.* (a quill cut to write with.) *Plume à écrire.*
To make a pen. *Tailler une plume.*
To fet pen to paper. *Mettre la main à la plume.*
A pen or a pen-man, (one that writes well or ill.) *Plume, écrivain, celui qui écrit bien ou mal.*
A pen, (a writer or author.) *Auteur.*
A pen-full. *Une plumée.*
A pen-knife. *Un canif.*
A pen-cafe. *Cafe d'écritoire.*
A pen, (or coop.) *Un poulailler.*
A pen or fold for sheep. *Parc, lieu où parquent les brebis.*

To PEN, *verb. act.* (to write.) *Ecrire, mettre par écrit, peindre.*
To pen, (to indite or couch in writing.) *Ecrire, coucher par écrit.*
To pen a harpficord. *Emplumer un clavecin.*
To pen (or coop) UP. *Enfermer.*
To pen up sheep. *Faire parquer les brebis ou les enfermer dans un parc.*
PENAL, *adject. Pénal, qui porte une peine.*
The penal laws againft diffenters. *Les loix pénales contre les non-conformiftes.*
PENALTY, *subft. Peine, amende.*
To decree a thing under a certain penalty. *Ordonner quelque chofe fous une certaine peine.*
PENANCE,
PENNANCE, } *f.* (or mortification.) *Pénitence.*
* PENATES, *f.* (houfehold-gods.) *Pénates, dieux domeftiques.*
PENCE, *c'eft le pluriel de* penny. *Deux fous.*
Three half-pence. *Trois fous, douze liards. V.* Peter-pence.
PENCIL, *subft. Pinceau ou crayon.*
A painter's pencil, (or a pencil of painture.) *Pinceau.*
To write with a pencil. *Ecrire avec un crayon.*
Pencil-cloth or rag. *Torche-pinceau.*
Pencil-cafe. *Porte-crayon.*
PENDANT, *f.* (or ear-jewel.) *Pendant, pendant d'oreille.*
The pendants or ftreamers of a ship. *Les pendants ou flammes d'un navire.*
Broad pendant. *Guidon ou cornette.*
Pendant, eft auffi ce que nous nommons *pendeur.*
Ex. Main-tackle pendant. *Pendeur de grand palan ou de grande calior̄ne.*
Fore tackle pendant. *Pendeur de la caliorne de mifaine.*
PENDENCE, *f.* (flopeness; inclination.) *Penchant.*
PENDENCY, *subft. Délai,* terme de Droit.
PENDENT, *f.* (a fupporter of ftone in building.) *Un atlante.*
PENDENT, *adj.* (or hanging.) *Pendant, qui pend. V.* Pendant.
PENDILOCHE, *sub.* (a piece of cryftal cut like a pear.) *Pendeloque, morceau de criftal taillé en poire.*
PENDING, *adject.* (a law-term.) *Ex.* Pending the fuit, (whilft the fuit is depending.) *La caufe pendante.*
PENDULOUS, *adj.* (hanging.) *Qui eft pendu ou fufpendu.*
Pendulous, (irrefolute.) *Incertain, irréfolu.*
PENDULUM, *subft.* (a regulator exactly proportioning the time in clocks, watches, &c.) *Un pendule.*
A pendulum watch. *Une montre à pendule.*
Pendulum, (or pendulum clock.) *Une pendule.*
PENETRABILITY, *subft.* (aptnefs to be penetrated.) *Pénétrabilité, qualité pénétrable.*
PENETRABLE, *adj.* (that may be penetrated.) *Pénétrable, qui peut être pénétré.*
PENETRANCY. *V.* Penetrativeness.
PENETRANT, *adj.* (or piercing.) *Pénétrant, fubtil, qui pénètre.*
To PENETRATE, *v. act.* (to pierce or go through.) *Pénétrer, percer, paffer à travers.*

To penetrate, (to go deep into.) *Pénétrer, entrer bien avant.*
I cannot penetrate (or dive) into that myftery. *Je ne fçaurois pénétrer ce myftère.*
To penetrate (or affect) with love. *Pénétrer d'amour.*
Penetrated, *adj. Pénétré,* &c.
PENETRATING, *subft. Pénétration ou l'action de pénétrer,* &c. *Voyez* to Penetrate.
PENETRATION, *f.* (or piercing thro'.) *Pénétration, action ou vertu de pénétrer.*
Penetration (fagacity) of wit. *Pénétration, fagacité, fubtilité d'efprit.*
PENETRATIVE, *adj. Pénétratif, pénétrant, qui pénètre aifément, fubtil.*
PENETRATIVENESS,
PENETRANCY, } *sub.* (power of penetrating.) *Qualité de ce qui est pénétrant.*
PENGUIN, *subft. Sorte d'oifeau & de fruit.*
PENINSULA, *subft.* (almoft an ifland.) *Péninfule, prefqu'île.*
PENISTONS, *subft.* (a kind of coarfe woollen cloth.) *Sorte de gros drap.*
PENITENCE, *subft.* (repentance.) *Pénitence, repentance ou repentir.*
PENITENT, *adj.* (or forrowful for what he has done.) *Pénitent, repentant, qui fe repent d'avoir péché.*
Penitent, *subft. Pénitent, pénitente.*
PENITENTIAL, *adject. Pénitentiel, qui regarde la pénitence.*
Penitential, *subft.* (the book which directs priefts in enjoining pennance.) *Le pénitenciel,* livre qui règle la pénitence felon la nature des péchés.
PENITENTIARY, *subft.* (the priest, &c. that enjoins the offender his pennance.) *Pénitencier.*
Penitentiary, (a place in *Rome* to hear confeffion, and abfolve fome particular fins in) *Pénitencerie.*
PENITENTLY, *adv. Avec pénitence.*
PENMAN. *V.* Pen.
PENNACHED, *adject. Panaché,* terme de fleurifte.
PENNANCE, *subft. Pénitence.*
PENNANT, *f.* (a rope to hoife up any thing aboard a ship.) *La corde dont on fe fert pour embarquer quelque fardeau.*
Pennant, (or ftreamer, a fort of fmall enfign of a ship.) *Banderole, flamme.*
PENNATED, *adj.* (winged.) *Ailé.*
PENNED, *adj.* (from to pen.) *Ecrit,* &c. *V.* to Pen.
PENNER, *f.* (or pen-cafe.) *Cafe d'écritoire.*
PENNING, *subft. L'action d'écrire.*
PENNON, *subft.* (flag.) *Petit pavillon.*
PENNY, *f.* (a fmall coin worth four farthings.) *Deux fous.*
Half-penny. *Un fou ou quatre liards.*
P. No penny, no Pater-nofter. *Point d'argent, point de Suiffe.*
P. Penny wife and a pound foolish. *C'eft un proverbe qui s'applique à ceux qui regardent de près à une bagatelle, & qui font d'ailleurs des dépenfes exceffives; qui font trop ménagers en petites chofes, & prodigues en autres.*
To wind or turn the penny, (to improve one's fmall ftock.) *Faire valoir le talent.*
Penny. *Denier.*
To pay the hundredth penny. *Payer le centième denier.*

A penny weight. *Denier de poids.*
To pay the fifth penny and the fifth part of that. *Payer le quint & requint.*
A penny worth of any thing. *Deux sous de quelque chose.*
To buy a penny worth of apples. *Acheter deux sous de pommes.*
Penny worth or good penny worth, (cheap.) *Bon marché.*
To sell a penny worth. *Faire bon marché.*
To buy a good penny worth. *Acheter à bon marché.*
I had a penny worth of it. *J'en ai eu bon marché.*
I cannot buy or sell such penny worths, (I cannot buy or sell, so cheap.) *Je ne saurois acheter ou vendre à si bon marché.*
Penny-less, (or money-less.) *Qui est sans argent,* † *grélé.*
Penny-post. *La poste de deux sous,* qui sert pour la ville de Londres & dix milles aux environs.
Penny white. Ex. P. Gold makes a woman penny white. *L'or donne de la beauté à une femme.*
Penny father. *Un vieux taquin , un avare,* † *pere aux écus.*
Penny royal , (a plant.) *Pouliot, herbe.*
Penny grass. *L'herbe aux poux.*
Penny wort, (or wild mint.) *Menthe sauvage.*
Penny-rot (a plant.) *Le nombril de Vénus.*
PENNYWEIGHT, *f.* (24 grains troy.) *Denier de poids.*
PENORCEL, } *subst.* (a sort of flag, banner or streamer.) *Pennon.*
PENCH,
PENSILE, *adj.* (or hanging, suspended.) *Suspendu, qui pend en l'air.*
PENSION, *f.* (or yearly allowance.) *Une pension.*
Pension, (or boarding.) *Pension,* ce qu'on donne pour être logé & nourri.
Pensions in the inns of court, (certain annual payments of each member of the house,) *Droits d'un college de Droit que chaque membre paye tous les ans au college.*
The pension of Gray's-Inn, (that which is called council in Lincoln's-Inn, and parliament in the two Temples.) *Le conseil du college nommé Gray's Inn.*
PENSIONER, *f. Pensionnaire, qui a une pension.*
The King's pensioners or gentlemen pensioners, (the noblest sort of guard to the King's person.) *C'est quelque chose d'approchant de ce qu'on appelloit en France, les gentilshommes au bec-de-corbin.*
PENSIVE, *adj.* (or thoughtful.) *Pensif, rêveur, morne.*
Pensive, (or sad.) *Triste, chagrin, mélancolique, sournois.*
PENSIVELY, *adv. D'un air pensif, d'un air triste & mélancolique.*
PENSIVENESS, *f.* (thoughtfulness.) *Air ou état pensif, méditation.*
Pensiveness, (or sorrow.) *Tristesse, chagrin, mélancolie.*
PUNT UP, *adj.* (from to pen up.) *Enfermé. V. to Pen.*
PENTACHORD, *sub. Pentacorde, lyre à cinq cordes.*
PENTAEDROUS, *adj. A cinq côtés.*
PENTAGON, *subst.* (a figure of five angles.) *Un pentagone,* figure de cinq angles.
PENTAGONAL, *adject.* (of five angles.) *Pentagone, de cinq angles.*

PENTAMETER, *subst.* (a sort of latin verse consisting of five feet.) *Un pentametre.*
PENTATEUCH, *f.* (the five books of Moses.) *Pentateuque,* les cinq livres de Moïse.
PENTECOST, *f.* (or Whitsuntide.) *La Pentecôte.*
PENTECOSTALS, *subst.* (pious oblations made formerly at the feast of Pentecost.) *Offrandes pieuses que les paroissiens faisoient autrefois à leur Curé le jour de la Pentecôte.*
PENTHOUSE, } *f.* (or eves, by which the water slides from the wall.) *Auvent.*
PENTICE,
Penthouse, (any piece of building, added to the main house.) *Un appentis de maison.*
Penthouse, (or mantlet used in sieges.) *Un mantelet,* machine de guerre.
Penthouse of a steeple. *Abat-vent.*
PENTILE, *subst. Tuile creuse.*
PENULTIMA, *f. Pénultième syllabe.*
PENUMBRA, *subst. Pénombre,* terme d'astronomie.
PENURIOUS, *adj.* (niggardly.) *Tenant, avare, chiche, taquin, intéressé, attaché, qui est trop ménager.*
Penurious, (or very poor.) *Pauvre, miserable, indigent.*
PENURIOUSLY, *adverb.* (or niggardly.) *Chétivement, en taquin.*
PENURIOUSNESS, *f.* (or niggardliness.) *Avarice, taquinerie.*
PENURY, *f.* (or want.) *Disette, pauvreté, indigence, besoin, misere.*
PEONY, *f.* (an herb.) *Pivoine, herbe.*
PEOPLE, *subst.* (a multitude of men of the same country, a nation.) *Peuple, nation.*
The people of Israel. *Le peuple d'Israël.*
The English people. *Le peuple d'Angleterre, la nation Angloise, les Anglois.*
People, (the subjects of a Prince.) *Peuple, les sujets d'un Prince.*
The people or the common people or the common sort of people, (the meaner sort of men.) *Le peuple, le petit peuple, le bas peuple, le menu peuple, le commun du peuple, le vulgaire.*
The people, (in opposition to the Clergy.) *Le peuple, par opposition au Clergé.*
People, (men in general.) *Peuple, gens, monde.*
There is a world of people (a multitude of inhabitants) in London. *Il y a bien du monde, il y a une infinité de peuple à Londres.*
They are good people. *Ce sont de fort bonnes gens.*
They are ill people. *Ce sont de mauvaises gens.*
The English are a warlike people. *Les Anglois sont une nation guerriere.*
I met with a great many, with abundance, with a power of people. *J'ai rencontré une grande quantité de monde.*
What will people say, if you do thus? *Que dira-t-on, si vous faites cela?*
A town very full of people, (or well peopled.) *Une ville fort peuplée.*
To PEOPLE, *v. act. Peupler, remplir de peuple* ou *d'habitants.*
To people, *v. neut. Se peupler.*
Peopled, *adject. Peuplé.*
PEOPLING, *f. L'action de peupler.*

PEPASTICK, *adject. & subst. Pépastique,* terme de Médecine.
PEPPER, *subst.* (a sort of spice.) *Poivre,* sorte d'épice.
White pepper. *Poivre blanc.*
Black pepper. *Poivre noir.*
Round pepper. *Poivre en grains.*
Beaten pepper. *Poivre pilé.*
† To take pepper in the nose, (to be angry.) † *Prendre la chevre, se fâcher, se dépiter.*
Pepperwort. *Poivrée, herbe.*
Pepperproof. *Qui est à l'épreuve du poivre, qui est fait au poivre ou qui n'a aucune incommodité qui l'empêche d'en manger.*
The pepper plant or tree. *Poivrier,* arbrisseau qui porte le poivre.
Wallpepper, (a plant.) *Joubarbe ou pourpier sauvage.*
A pepper box. *Poivrier,* ustensile où l'on met le poivre.
Pepper corn. *Bagatelle.*
To PEPPER, *verb. act.* (to season with pepper.) *Poivrer, assaisonner de poivre.*
† To pepper, (or to clap.) † *Lâcher, donner quelque mal vénérien.*
Peppered, *adj. Poivré, &c.*
PEPTICK, *adject. Peptique,* terme de Médecine.
PER, (a preposition borrowed from the Latin, and used instead of By.) *Par, pour.*
Ex. Per force. *Par force.*
Per annum. *Par an.*
Five per cent. *Cinq pour cent.*
PERACUTE, *adj.* (or very sharp.) *Fort aigu, fort violent.*
PERADVENTURE, *adv.* (or perhaps.) *Peut-être, par hasard.*
Without peradventure, (without question, undoubtedly.) *Sans doute, indubitablement, très-assurément.*
PERAGRATION, *subst.* (a ramble or voyage.) *Voyage ou l'action de voyager.*
The month of peragration, (in terms of astronomy.) *Le mois de peragration.*
To PERAMBULATE, *v. neut.* (or travel about.) *Faire le tour, parcourir, se promener.*
PERAMBULATION, *f. Voyage, tour, action de parcourir.*
Perambulation of a forest. *Visite d'une forêt.*
PERAMBULATOR, *f. Celui qui fait un tour en quelque lieu.*
PERCASE. *V. Perhaps.*
PERCEIVABLE, *adj.* (or perceptible.) *Perceptible, qui peut être apperçu.*
PERCEIVABLY, *adv. Clairement.*
To PERCEIVE, *v. act.* (to begin to see.) *Appercevoir, s'appercevoir, découvrir, commencer à voir, remarquer.*
To perceive, (to understand or apprehend.) *Concevoir, entendre, comprendre, s'appercevoir.*
To perceive before hand. *Préssentir.*
Perceived, *adj. Apperçu, découvert, &c.*
V. to Perceive.
PERCEIVING, *f. L'action d'appercevoir; &c. V.* to Perceive.
PERCEPTIBILITY, *f. Qualité de ce qui est perceptible.*
PERCEPTIBLE, *adj.* (that may be perceived.) *Perceptible, que l'on peut appercevoir, dont on peut s'appercevoir; visible.*
PERCEPTION, *subst. Perception, intelligence, l'action de comprendre ou de concevoir quelque chose.*

PERCEPTIVE,

PER

PERCEPTIVE, adject. Qui a la faculté d'appercevoir.
PERCEPTIVITY, subst. Puissance d'appercevoir.
PERCH, s. (rod or pole, of five yards & a half, to measure land.) *Perche*, mesure de terre.
Perch, (a fresh-water fish.) *Une perche*, (poisson d'eau douce.)
Perch, (for birds.) *Une perche*.
To PERCH, v. n. *Se percher*.
Perching, adj. *Perché*.
PERCHANCE, adv. (peradventure, perhaps.) *Peut-être, par hasard*.
PERCHING, s. *L'action de se percher*.
A perching stick. *Un perchoir, bâton de cage*.
PERCIPIENT. V. Perceptive.
To PERCOLATE, verb. act. (to strain.) *Couler, passer une liqueur*.
PERCOLATION, s. (straining through.) *L'action de couler ou de passer une liqueur, filtration*.
PERCONTATION, } subst. (diligent
PERCUNCTATION, } enquiry.) *Enquête, interrogation, demande, inquisition*, * percunctation.
To PERCUSS, v. act. *Frapper*.
PERCUSSION, s. (or striking.) *Percussion, l'action de frapper*.
PERCUSSIVE, adj. *Qui frappe*.
PERDITION, subst. (ruin or destruction.) *Perdition, ruine, destruction, dernier malheur*.
PERDRIGON, subst. (a sort of plum.) *Perdrigon, sorte de prune*.
PERDUE, adj. (close, in ambush.) *Caché, en embuscade*.
To lie perdue, (or flat on one's belly.) *Être couché ventre à terre*.
Perdue, subst. (an advanced sentinel.) *Sentinelle avancée ou perdue*.
Perdues, (the forlorn hope of an army.) *Enfants perdus d'une armée*.
PERDURABLE, adj. (lasting.) *Durable, permanent*.
PERDURATION, subst. (a continuing.) *Durée*.
PEREGRINATION, subst. (or travelling.) *Voyage, l'action de voyager, d'aller dans les pays étrangers*, * pérégrination.
PEREGRINE, adj. (or foreign.) *Étranger, pèlerin*.
A peregrine hawk. *Un faucon pérégrin ou pèlerin*, en termes de fauconnerie.
PEREMPTION, s. (a law term.) *Voyez* Crush.
PEREMPTORILY, adverb. *Absolument, d'une manière décisive, péremptoirement*.
He stood peremptorily to what he first affirmed. *Il se tint à ce qu'il avoit avancé; il n'en démordit point*.
PEREMPTORINESS, s. *Manière décisive, air décisif, ton de maître*.
Peremptoriness in a man's own opinion. *Entêtement de sa propre opinion*.
PEREMPTORY, adject. (final or determinate.) *Péremptoire, définitif, décisif*.
Peremptory, (magisterial or pragmatical.) *Absolu, décisif dans ses manières, qui n'en veut point démordre, qui parle d'un ton de maître, qui décide en docteur; hardi, téméraire, qui s'en fait trop accroire*.
To play a peremptory game. *Jouer une partie sans plus*.
PERENNIAL, adj. (lasting all the year.) *Qui dure toute l'année*.
Perennial, (or everlasting.) *Continuel, perpétuel, permanent*.

PER

PERENNITY, subst. (long continuance.) *Durée perpétuelle, perpétuité*.
PERFECT, adj. (or complete.) *Parfait, achevé, à qui rien ne manque*.
Perfect, (or well-filled.) *Consommé, qui a une connoissance parfaite, qui sait bien à quoi s'en tenir à fond*.
To be perfect in a thing, (to have a thing perfect, (to know it by heart.) *Savoir une chose par cœur*.
Perfect, (or meant.) *Pur, franc, fieffé*.
To PERFECT,   } verb. act. (to
To PERFECTIONATE,   } make perfect.) *Achever, rendre parfait, perfectionner, mettre en sa perfection*.
Perfected, adject. *Parfait, perfectionné, achevé*, &c. V. to Perfect.
PERFECTER, subst. *Qui rend parfait*.
PERFECTING, subst. *L'action d'achever*, &c. V. to Perfect.
PERFECTION, subst. *Perfection, achèvement*.
Perfection, (great accomplishment, excellence.) *Perfection, qualité excellente, excellence*.
To PERFECTIONATE, v. a. *Perfectionner*. V. to Perfect.
PERFECTIVE, adj. *Qui perfectionne*.
PERFECTLY, adverb. *Parfaitement bien, d'une manière parfaite*.
Perfectly, (by heart, without book.) *Par cœur*.
PERFECTNESS, subst. (or perfection.) *Perfection, état parfait d'une chose*.
PERFIDIOUS, adject. (false or treacherous.) *Perfide, infidèle, déloyal, sans foi, traître*.
A perfidious man. *Un perfide, un traître*.
A perfidious woman. *Une perfide, une traîtresse*.
PERFIDIOUSLY, adv. *Perfidement, avec perfidie*.
PERFIDIOUSNESS, } subst. *Perfidie*,
PERFIDY,   } *déloyauté, manquement de foi, trahison, infidélité*.
To PERFLATE, v. a. (to blow through.) *Souffler à travers*.
PERFLATION, subst. *L'action de souffler à travers*.
To PERFORATE, verb. act. (or bore through.) *Percer tout outre, percer à travers, trouer*.
Perforated, adject. *Percé tout outre ou à travers, troué*.
PERFORATION, s. *L'action de percer ou de trouer, perforation*.
Perforation, (or hole.) *Trou, passage*.
PERFORATOR, subst. *Instrument de Chirurgie*.
PERFORCE, adv. *Par force*.
To PERFORM, v. act. (to accomplish.) *Effectuer, accomplir, exécuter, s'acquitter, faire*.
To perform (to keep) one's word or promise. *Effectuer ce qu'on a promis, accomplir ou tenir sa promesse, s'en acquitter, garder sa parole*.
To perform a design. *Exécuter un dessein*.
To perform a concert of musick. *Exécuter un concert de musique*.
I have performed your orders. *J'ai exécuté vos ordres*.
To perform wonders. *Faire des merveilles*.
To perform one's devotions. *Faire ses dévotions*.
PERFORMABLE, adject. *Praticable, faisable*.

PER

PERFORMANCE, sub. (or performing.) *Accomplissement, exécution*.
Performance, (or work.) *Ouvrage*.
An ingenious performance. *Ouvrage d'esprit*.
Military performances. *Exploits militaires ou de guerre*.
I had rather have performances without promises, than promises without performances. *J'aimerois mieux qu'on fît plus & qu'on promît moins*.
PERFORMED, adject. *Effectué*, &c. V. to Perform.
PERFORMER, subst. *Celui ou celle qui effectue, qui exécute, exécuteur*, &c. V. to Perform.
Performer, (player on musick.) *Musicien, joueur d'instrument, symphoniste*.
PERFORMING, s. *L'action d'effectuer*, &c. Voy. to Perform.
To PERFRICATE, verb. act. *Frotter avec force*.
PERFUME, s. (or sweet scent.) *Parfum, agréable senteur*.
To PERFUME, v. act. *Parfumer, communiquer une bonne odeur ou un agréable parfum; faire sentir bon, embaumer*.
Perfumed, adject. *Parfumé*, &c. Voy. to Perfume.
PERFUMER, s. *Un parfumeur*.
PERFUMING, sub. *L'action de parfumer*, &c. Voy. to Perfume.
Perfuming, adj. Ex. A perfuming pan or pot. *Une cassolette ou un encensoir*.
PERFUNCTORILY, adv. (sligtly or carelessly.) *Négligemment, par manière d'acquit, légèrement ou en passant*.
PERFUNCTORY, adject. (done carelessly.) *Fait par manière d'acquit, légèrement ou en passant*.
To PERFUSE, Voy. to Over-spread.
PERHAPS, adv. *Peut-être*.
PERIAGUA, s. (a sort of small vessel.) *Pirogue*.
PERIAPT. Voy. Amulet.
PERICARDIAN, } adject. Exemp. The
PERICARDICK, } pericardick or pericardian vein. *Veine du péricarde*.
PERICARDIUM, s. (a membrane which surrounds the heart.) *Le péricarde*.
PERICARPIUM, subst. *Péricarpe*.
PERICLITATION, subst. (or danger.) *Péril, danger*.
PERICRANIUM, s. (a membrane which infolds the skull.) *Péricrane*.
PERIDOT, s. (a greenish sort of precious stone.) *Péridot, pierre précieuse*.
PERIGEE,   } subst. (that point of the
PERIGEUM, } heaven wherein the sun or any other planet is in its nearest distance possible from the earth.) *Périgée*.
PERIHELIUM, s. (the point wherein a planet is nearest the sun.) *Périhélie*.
PERIL, subst. (or danger.) *Péril, danger, risque*.
As they will answer the contrary at their own peril. *A faute de quoi ils en répondront en leur propre, ou à leurs risques, périls & fortunes*.
PERILOUS, adj. (dangerous.) *Périlleux, dangereux, où il y a du péril*.
PERILOUSLY, adv. *Périlleusement, dangereusement, avec péril*.
He walked perilously. *Il courut grand risque en son voyage*.
PERIMETER, subst. (the utmost line of any solid body.) *Périmètre*.
PERINEUM, sub. (the ligamentous seem
betwixt

PER

betwixt the privy parts and the fundament.) *Le perinée.*
PERIOD, *subst.* (revolution of a star.) *La période, révolution d'un astre.*
Period (or return) of a fit of an ague. *Une période ou révolution d'une fievre qui revient en de certains temps réglés.*
In the last period of his life, (towards the latter time of his life.) *Dans le dernier période de sa vie.*
The highest period (or pitch) of glory. *Le plus haut période de la gloire.*
To bring to a period, (or to an end.) *Finir, terminer.*
Period, (a certain or full term of time.) *Période, espace de temps.*
The Julian period. *La période Julienne.*
Period, (a small part of a discourse.) *Période, portion d'un discours.*
A discourse made up of accurate periods. *Discours périodique.*
PERIODICAL, } *adj. Périodique, qui*
PERIODICK, } *a ses périodes.*
PERIODICALLY, *adv. Périodiquement.*
PERIŒCI, *subst. plur.* (a term used in geography, for those who inhabit the same climate.) *Périœciens,* terme de Géographie.
PERIOSTEUM, *subst.* (a membrane that incloses immediately the greatest part of the bones.) *Le périoste.*
PERIPATETICK, *s.* (a follower of Aristotle.) *Péripatéticien, Aristotélicien ou disciple d'Aristote.*
PERIPHERY, *s.* (circumference.) *Périphérie, circonference.*
PERIPHRASE, } *subst.* (a circumlocu-
PERIPHRASIS, } tion.) *Périphrase, circonlocution.*
To PERIPHRASE, *v. act.* (to use circumlocution.) *Périphraser, user ou se servir de circonlocution, parler par périphrase.*
Periphrafed, *adj. Périphrasé.*
PERIPHRASTICAL, *adject.* Qui tient de la périphrase.
PERIPHRASTICALLY, *adverb.* Par périphrase, par circonlocution.
PERIPNEUMONICAL, *adject. Péripneumonique.*
PERIPNEUMONY, *s.* (an inflammation of the lungs.) *Péripneumonie ou inflammation des poumons.*
PERISCIANS, } *subst. plur.* (a term of
PERISCII, } geography.) *Périsciens,* ceux qui habitent les deux zones froides.
To PERISH, *v. n. Périr, prendre fin.*
To perish with hunger. *Mourir de faim.*
PERISHABLE, *adject. Périssable, sujet à périr.*
PERISHABLENESS, *s. Qualité périssable.*
PERISHED, *adj. Péri.*
PERISHING, *s. L'action de périr.*
Perishing, *adj. Voy.* Perithable.
PERISTALTICK, *adj.* Ex. The periftaltick (or vermicular) motion of the guts. *Le mouvement péristaltique des intestins.*
PERISTYLE, *subst.* (a circular range of pillars.) *Péristile.*
PERISYSTOLE, *s. Périsystole.*
PERIT, *subst.* (a small sort of weight lesser than a grain.) *Petit poids au-dessous du grain.*
PERITONEUM, *s.* (a membrane which clothes the whole abdomen.) *Le péritoine.*
To PERJURE (or forswear) one's self, *verb. récip. Se parjurer, violer son serment.*

PER

Perjured, *adj. Qui s'est parjuré, qui a fait un faux serment, parjure.*
A perjured man. *Un parjure.*
A perjured woman. *Une parjure.*
PERJURER, *s. Parjure,* celui ou celle qui *se parjure.*
PERJURY, *sub.* (or false oath.) *Parjure, faux serment.*
PERIWIG, *s.* (a cap of false hair.) *Une perruque.*
To wear a periwig. *Porter la perruque.*
Periwig-maker. *Un Perruquier.*
PERIWINKLE, *subst.* (a sort of herb.) *Pervenche,* sorte d'herbe.
Periwinkle, (a sea-nail.) *Petoncle,* coquillage de mer.
To PERK UP, } *v. n.* (or to
To PERK UP AGAIN, } recover.) *Se remettre, se refaire, reprendre ses forces, se ravoir, revenir d'une maladie.*
Perkt up or perkt up again, *adj. Revenu d'une maladie, qui a repris ses forces.*
PERKING UP, } *s. L'action de*
PERKING UP AGAIN, } *se refaire, &c. Voy.* to Perk up.
PERLOUS. *V.* Perilous.
PERMAGY, *s.* (a little *Turkish* boat.) *Ferme.*
PERMANENCE, } *subst. Durée, per-*
PERMANENCY, } *manence.*
PERMANENT, *adject.* (durable.) *Permanent, durable, qui dure.*
PERMANENTLY, *adverb.* D'une maniere permanente.
To PERMEATE, *verb. act.* (or pervade.) *Pénétrer, passer à travers.*
PERMISSIBLE, *adject.* Qui peut être permis.
PERMISSION, *s.* (leave or allowance.) *Permission, pouvoir, liberté, privilège, licence de faire, de dire, &c.*
PERMISSIVE, *adj.* Ex. If the permissive providence of God suffers any villany to succeed. *Si la Providence divine permet que quelque scélératesse réussisse.*
PERMISSIVELY, *adverb.* Avec permission.
PERMISTION, } *subst.* Mixtion, mé-
PERMIXTION, } *lange.*
To PERMIT, *verb. act.* (to give leave, or suffer.) *Permettre, souffrir, donner la permission, donner pouvoir, liberté ou licence de faire, de dire, &c. laisser, souffrir.*
To permit, (or grant to.) *Accorder, donner.*
Permitted, *adject.* Permis, &c. *Voy.* to Permit.
PERMITTING, *s. L'action de permettre, &c. Voy.* to Permit.
PERMUTATION, *subst.* (or exchange.) *Permutation, échange.*
To PERMUTE, *v. act.* Ex. To permute livings. *Permuter un bénéfice contre un autre, changer, faire un échange de son bénéfice avec un autre.*
Permuted, *adject.* Permuté, changé, échangé.
PERMUTER, *s. Permutateur.*
PERNICIOUS, *adj.* (dangerous.) *Pernicieux, dangereux, nuisible, mauvais.*
PERNICIOUSLY, *adv. Pernicieusement,* d'une maniere pernicieuse.
PERNICIOUSNESS, *s. Qualité pernicieuse ou nuisible; danger.*
PERNICITY, *s. Vitesse.*
PERORATION, *s.* (a conclusion of an oration or speech.) *Péroraison.*

PER

To PERPEND, *v. act.* (to weigh or examine.) *Peser, examiner, considérer.*
Perpended, *adject. Pesé, examiné, considéré.*
PERPENDER, } *subst.* (a stone
PERPEND-STONE, } fitted to the thickness of a wall.) *Pierre qui est justement de la largeur de la muraille.*
PERPENDICLE, *subst.* (a plumb-line.) *A-plomb ou perpendicule.*
PERPENDICULAR, *adj. Perpendiculaire.*
A perpendicular line. *Une ligne perpendiculaire, ou une perpendiculaire.*
PERPENDICULARITY, *s. Etat de ce qui est perpendiculaire.*
PERPENDICULARLY, *adj. Perpendiculairement, à-plomb.*
PERPENSION, } *s. L'action de con-*
PERPENSATION, } *sidérer avec grande attention.*
To PERPETRATE, *v. act.* (or commit.) *Commettre, faire,* † *perpétrer,* en termes de Palais.
Perpetrated, *adject.* Commis, † *perpétré.*
PERPETRATING, } *subst. L'action de*
PERPETRATION, } *commettre ou de perpétrer.*
PERPETUAL, *adj.* (endless.) *Perpétuel, continuel, qui ne cesse point, qui dure toujours, éternel.*
The perpetual belief of a doctrine. *La perpétuité de la foi sur une doctrine.*
PERPETUALLY, *adv.* (always.) *Perpétuellement, toujours, éternellement, continuellement, sans cesse, sans discontinuation.*
To PERPETUATE, *v. act.* (to eternize, to make perpetual.) *Perpétuer, rendre perpétuel, faire durer toujours, éterniser, immortaliser.*
Perpetuated, *adject. Perpétué, éternisé, immortalisé.*
PERPETUATING, } *subst. L'action de*
PERPETUATION, } *perpétuer, &c.*
PERPETUITY, *subst.* (everlastingness.) *Perpétuité, durée éternelle.*
To PERPLEX, *verb. act.* (to confound, puzzle or trouble.) *Mettre en perplexité ou en peine, embarrasser.*
To perplex (or confound) a business. *Embrouiller, embarrasser une affaire.*
PERPLEX, *adj.* (full of perplexity.) *Embarrassé, embrouillé.*
PERPLEXED, *adj. Embarrassé, &c. Voy.* to Perplex.
A perplexed business. *Une affaire embrouillée, embarassée, pleine d'épines.*
A perplexed style. *Un style confus.*
PERPLEXEDLY, *adverb.* Avec embarras, d'une maniere embrouillée ou confuse.
PERPLEXING, *s. L'action d'embarrasser, &c. Voy.* to Perplex.
PERPLEXITY, } *s.* (doubtfulness;
PERPLEXEDNESS, } trouble.) *Perplexité, embarras d'esprit, incertitude.*
Perplexity, (or confusion.) *Embarras, confusion, embrouillement.*
PERPOTATION, *subst. L'action de boire beaucoup.*
PERQUISITES, *s. pl.* (profits arising by the by.) *Casuel, tour de bâton, profits casuels, émoluments.*
A man's perquisites. *Tout ce qu'un homme gagne par son industrie, outre ses gages.*
PERQUISITION, *s.* (or strict inquiry.) *Perquisition, exacte recherche.*
PERQUISITOR, *sub.* (a searcher.) *Celui qui*

q il fait une recherche exacte, qui examine.

PERRUQUE. V. Periwig.

PERRY, subst. (drink made of pears.) Poiré.

To PERSECUTE, v. act. (to trouble or torment.) Persécuter, tourmenter, vexer, inquiéter, faire souffrir persécution.

It is shameful to see Christians persecute one another. Il est honteux de voir les Chrétiens se persécuter.

To persecute, (to importune.) Persécuter, importuner, presser avec importunité.

Persecuted, adject. Persécuté, &c. V. to Persecute.

PERSECUTING, s. L'action de persécuter, &c. V. to Persecute.

PERSECUTION, sub. Persécution, vexation, poursuite, injuste & violente.

PERSECUTOR, s. Persécuteur.

PERSEVERANCE, subst. (or constancy.) Persévérance, constance.

PERSEVERANT, adject. (or constant.) Persévérant, qui a de la persévérance, constant, ferme.

To PERSEVERE, v. neut. (to be constant or stedfast.) Persévérer, continuer, être ferme ou constant ; avoir de la persévérance ou de la constance en quelque chose.

PERSEVERING, s. L'action de persévérer, persévérance.

PERSEVERINGLY, adverb. Avec persévérance.

To PERSIST, verb. neut. (continue or hold on.) I csister, continuer ou demeurer ferme.

PERSISTENCE, } subst. Constance, fermeté ; l'action de persister, de continuer ou de demeurer ferme.
PERSISTENCY,

A head-strong persistence in an ill opinion. Entêtement, obstination, opiniâtreté.

PERSON, subst. (a man or woman.) Une personne, homme ou femme.

A public or private person. Une personne publique ou privée.

The magistrate represents the King's person. Le Magistrat représente la personne du Prince.

To have respect to persons. Avoir égard aux personnes.

To appear in person, (or personally.) Comparoître en personne ou soi-même.

Person, (the outward form or shape of one's body.) Personne, la figure ou l'extérieur du corps.

I am extremely pleased with his person. Sa personne me plaît extrêmement ou me revient fort.

Person, (a term used in divinity.) Personne, en termes de Théologie.

The three persons of the blessed Trinity. Les trois personnes de la sainte Trinité.

The persons of a verb. Les personnes d'un verbe.

PERSONABLE, adj. (of a good presence or mien.) De bonne mine, qui a bon air, qui a bonne façon, bien fait de sa personne.

Personable, (a law-term ; enabled to maintain plea in court or to take any thing granted or given.) Qui est en liberté ou en droit de plaider, ou qui est en droit de prendre ou de recevoir.

PERSONAGE, s. Personnage, personne, ce mot se dit en anglois de l'un & de l'autre sexe.

She was a comely personage. C'étoit une femme bien faite ou une belle personne.

PERSONAL, adj. (belonging to a person.) Personnel, qui regarde la personne.

Personal appearance. Comparution personnelle.

He has a good personal valour. Il est brave de sa personne.

Personal (or moveable) goods. Biens meubles, biens mobiliaires.

PERSONALITY, } subst. Ex. An action in the personality, (which is brought against the right person.) Action personnelle.
PERSONALITY,

Personality, (personal reflection.) Personnalité, injure, invective.

Personality, (in divinity, that which constitutes the persons in the godhead.) Personnalité.

Human understanding cannot conceive any difference between the personality and the divine essence of the three persons of the most holy Trinity. L'entendement humain ne sauroit concevoir aucune différence entre la personnalité & l'essence divine des trois Personnes de la très-sainte Trinité.

PERSONALLY, adv. Personnellement, en personne.

I was desirous of being convinced personally of a fact, of which there is no instance in nature. Je souhaitois de me convaincre par moi-même touchant un fait dont on n'a point d'exemple dans la nature.

To PERSONATE, v. act. (to act or represent.) Jouer le personnage, faire le personnage, représenter.

Dogget personates the seamen admirably well. Dogget joue ou fait admirablement bien le personnage du matelot.

Personated, adj. Représenté, dont on a joué le personnage.

PERSONATING, } subst. L'action de représenter, de jouer ou de faire le personnage &c.
PERSONATION,

To PERSONIFY, v. act. Personnifier.

PERSONIFICATION, sub. Personnification.

PERSPECTIVE, s. (a part of the opticks.) Perspective, partie de l'optique.

Perspective glass. Lunette d'approche.

Perspective, (or landskip.) Perspective, paysage.

Perspective, (or prospect.) Perspective, vue, aspect.

Perspective, adject. Voy. Optick.

PERSPICACIOUS, adj. (quick-sighted.) Clairvoyant, éclairé, intelligent, pénétrant.

PERSPICACITY, subst. (quickness of apprehension.) Perspicacité ; force, vivacité, pénétration d'esprit.

PERSPICUITY, sub. (clearness or plainness.) Clarté, netteté, en parlant d'un discours, &c.

PERSPICUOUS, adject. (clear, plain.) C'air, net, évident, manifeste.

PERSPICUOUSLY, adv. Clairement.

PERSPICUOUSNESS. V. Perspicuity.

PERSPIRABLE, adj. (capable of perspiration.) Capable de transpiration.

PERSPIRATION, s. (or transpiration.) Transpiration.

To PERSPIRE, verb. neut. (or perform excretion by the cuticular pores.) Transpirer, sortir par les pores de la peau.

To PERSTRINGE, verb. act. (to touch lightly or to glance at) a thing in discourse. Toucher quelque chose en peu de mots, la passer légèrement, ne faire que couler par-dessus.

To PERSUADE, verb. act. (to advise or put one upon.) Persuader, résoudre, porter à quelque chose, faire faire.

To persuade, (or make one believe.) Persuader, faire croire, convaincre.

To persuade one's self, verb. récip. (to believe or imagine.) Se persuader, croire, s'imaginer.

Persuaded, adject. Persuadé, &c. V. to Persuade.

I cannot, I am not to be persuaded ; that it is so. Je ne puis pas me persuader que cela soit vrai.

Men are easily persuaded of what they desire. Les hommes se persuadent aisément ce qu'ils désirent.

He was easily persuaded to it. Il s'est laissé aisément persuader à cela.

I should question it, were I not well persuaded of the love you have for me. J'en douterois, si je n'étois bien persuadé de l'affection que vous avez pour moi.

PERSUADER, subst. Celui ou celle qui persuade ou qui a persuadé.

PERSUADING, subst. L'action de persuader, &c. V. to Persuade.

PERSUASIBLE, adj. Qui peut être persuadé, en parlant d'une chose.

PERSUASIBLY, adv. D'une manière persuasive & convaincante.

PERSUASION, subst. (solicitation.) Persuasion, sollicitation, instigation.

Persuasion, (or belief.) Persuasion, opinion, croyance.

Persuasion, (or religion.) Croyance, religion.

PERSUASIVE, adj. Persuasif, qui a la force de persuader.

PERSUASIVELY, adv. D'une manière persuasive.

PERSUASORY. V. Persuasive.

PERT, adject. (brisk or lively,) Vif ; éveillé, plein de feu, égrillard.

Pert, (or talkative.) Qui a trop de caquet ou de babil, † fort en bouche.

Pert, (or saucy.) Impertinent.

To PERTAIN, verb. neut. (or rather to appertain, to concern.) Regarder, concerner.

PERTINACIOUS, adject. (obstinate.) Obstiné, opiniâtre, entêté.

PERTINACIOUSLY, adv. Opiniâtrement, avec opiniâtreté.

PERTINACITY, } subst. Opiniâtreté, obstination, entêtement.
PERTINACY,

PERTINENCE, } subst. (fitness or suitableness.) Qualité propre ou commode ou convenable.
PERTINENCY,

PERTINENT, adj. (fit or pat.) Pertinent, convenable, à propos, qui est tel qu'il convient.

A pertinent excuse. Excuse pertinente.

This is pertinent (or exactly) to my purpose. Ceci m'accommode fort.

PERTINENTLY, adverb. Pertinemment, à propos, ainsi qu'il convient, avec jugement.

PERTINGENCY, subst. (a reaching to.) Action d'atteindre ou de frapper.

The pertingency of the object to the sensitive organ. L'action d'un objet qui frappe l'organe sensitif.

PERTINGENT, adject. (reaching to, touching.) Qui atteint, qui touche.

PERTNESS,

PER

PERTNESS, subst. (or liveliness, from pert.) Feu ou vivacité.
Pertness, (talkativeness.) Babil, caquet.
Pertness, (or fauciness.) Impertinence.
To PERTURB, } verb. act. (to
To PERTURBATE, } trouble.) Troubler, causer du trouble, mettre en désordre.
Perturbated, adj. Troublé, &c.
PERTURBATION, subst. (or trouble.) Trouble, désordre, agitation, perturbation.
PERTURBATOR, subst. (or disturber.) Perturbateur, perturbatrice.
PERTUSION. V. Piercing.
To PERVADE, v. act. (or go through.) Pénétrer, percer à travers, passer.
PERVASION, subst. L'action de pénétrer, &c.
PERVERSE, adv. (froward, cross or untoward.) Pervers, méchant, dépravé.
PERVERSELY, adv. Malicieusement, avec perversité.
Perversely incredulous. Qui s'opiniâtre à ne rien croire.
PERVERSENESS, } subst. Perversité
PERVERSITY, } méchanceté, dépravation.
PERVERSION, subst. (or perverting.) L'action de pervertir, &c. Voy. to Pervert. Dépravation ou renversement, perversion.
The perversity of manners. La perversité des mœurs.
To PERVERT, verb. act. (to debauch or deprave.) Pervertir, débaucher, dépraver, corrompre.
To pervert manners. Pervertir, corrompre les mœurs.
To pervert a thing to a wrong end. Pervertir l'usage d'une chose, se servir d'une bonne chose à mauvais dessein.
To pervert (overthrow or transpose the order of things.) Pervertir, troubler, renverser l'ordre des choses.
Perverted, adj. Perverti, &c. V. to Pervert.
PERVERTER, subst. (or debaucher.) Corrupteur, celui qui pervertit, &c.
PERVERTIBLE, adj. aisé à pervertir.
PERVERTING, subst. L'action de pervertir, &c. V. to Pervert.
PERVICACIOUS. V. Pertinacious.
PERVICACY, } V. Pertinacy.
PERVICACITY, }
PERVIOUS, adj. (admitting passage, pervading.) Par où l'on peut passer.
It is hardly or scarce pervious. A peine y peut-on passer.
PERVIOUSNESS, subst. Pénétrabilité.
PERUKE. V. Periwig.
PERUSAL, subst. (or reading over.) Lecture ou action de parcourir un écrit, un livre, &c.
The perusal of a book. La lecture d'un livre d'un bout à l'autre.
After your perusal of it. Après que vous l'aurez lu ou examiné.
To PERUSE, verb. act. (to look or read over.) Lire d'un bout à l'autre, parcourir.
Perused, adject. Lu, lu d'un bout à l'autre, parcouru, examiné.
PERUSER, subst. Celui qui lit ou qui a lu, qui parcourt ou qui a parcouru.
PERUSING, subst. Lecture, l'action de lire ou de parcourir.

PER PET

PERUVIAN, adject. Qui est du Pérou.
The peruvian bark, (or the Jesuits bark.) Le quinquina.
PESADE, subst. Pesade, terme de manège.
PESAGE, subst. (custom for weighing.) Droit qu'on paye pour le poids des marchandises.
PESSARY, subst. (a suppository for a woman's privy parts.) Pessaire, suppositoire pour la matrice.
PEST, subst. (or plague.) La peste, la contagion.
Pesthouse. Maison des pestiférés.
He is the pest (or bane) of the commonwealth. Il est la peste de la république.
To PESTER, verb. act. (to plague or trouble.) Embarrasser, incommoder, importuner, † tarabuster.
The pirates pester (or infest) our coast. Les pirates infestent nos côtes.
Pestered, adj. Embarrassé, &c. V. to Pester.
PESTERER, s. Fâcheux.
PESTERING, subst. L'action d'embarrasser, &c. V. to Pester.
PESTEROUS, adj. Embarrassant, &c.
PESTIFEROUS, adj. (that causes the pest.) Pestifère, qui cause la peste.
Pestiferous, (or pernicious.) Pernicieux.
PESTILENCE, subst. (or plague.) La pestilence, la peste, la contagion ou maladie contagieuse.
PESTILENT, } adj. Pestilent, pes-
PESTILENTIAL, } tilentiel, qui tient de la peste, contagieux.
A pestilent fever. Fièvre pestilente.
PESTILENTLY, adj. Ex. A smell pestilently noisome. Une odeur pestilentielle, une odeur empestée ou qui tient de la peste, une odeur infecte.
PESTILLATION, subst. L'action de piler, de broyer.
PESTLE, subst. (or pounder.) Un pilon.
A pestle of pork, (the very end of the leg.) L'extrémité d'un jambon, l'os d'un jambon.
PET, subst. Dépit, boutade.
To take pet at a thing. Se piquer, se fâcher, s'offenser, se choquer de quelque chose.
He is in a great pet. Il est fort fâché.
To go away in a pet. S'en aller de dépit.
PETAL, s. Pétale, terme de botanique.
PETARDAL, subst. (a Systercian banishment for five years.) Fétalisme.
PETALOUS, adj. Qui a des pétales.
PETARD, } s. (a mortarlike engine
PETAR, } to break open gates.) Pétard, machine de guerre.
To fasten the petard against a gate. Appliquer le pétard à une porte.
To blow up with a petard. Faire sauter avec un petard, pétarder.
PETARDEER, subst. Un pétardier.
PETECHIAL, adject. Accompagné de pétéchies, en parlant de fièvres.
PETER-PENCE, subst. (Rome-fee, Romescot or Rome-penny, a tribute paid formerly to the Pope, which was a penny for every house.) Denier de S. Pierre, impôt de deux fois par maison, que l'on payoit autrefois au Pape.
PETERERO, s. (a little iron cannon.) Un pierrier.

PET

PETITION, s. (request to a superior.) Requête, placet ou supplique, en termes de Sorbonne.
To present a petition to the King. Présenter un placet au Roi.
† Petition in writing. Requête par écrit.
Petition, (demand or desire.) Demande, prière.
A petition, (or demand at law.) Pétitoire.
To PETITION one, verb. act. (to put up a petition to him.) Présenter une requête ou un placet à quelqu'un, lui demander quelque chose, le prier ou le supplier de quelque chose.
Petitioned, adj. A qui l'on a présenté une requête ou un placet, &c.
Petitioned against, Contre qui l'on a présenté un placet ou une requête.
PETITIONARY, adj. Pétitoire, terme de Jurisprudence.
PETITIONER, s. Suppliant, suppliante ou exposant, exposante; pétitionnaire.
PETITIONING, s. L'action de présenter un placet ou une requête, &c.
PETITORY, adj. (belonging to a petition.) Pétitoire.
PETRARY, subst. (or mangonel, an engine of old to cast stones.) Un mangoneau.
PETRE, subst. Nitre.
PETRESCENT, adj. (becoming stone.) Qui se pétrifie.
PETRIFICATION, } s. Pétrification,
PETRIFACTION, }
PETRIFICK, adject. Qui a la vertu de pétrifier.
To PETRIFY, verb. act. (or turn into stone.) † pétrifier, convertir en pierre.
To petrify, verb. neut. (to become stone.) Se pétrifier, devenir pierre.
Petrified, adject. Pétrifié, converti en pierre.
PETRIFYING, s. L'action de pétrifier ou de se pétrifier, pétrification.
PETROBUSIANS, subst. (a sort of heretics.) Pétrobusiens, sorte d'hérétiques.
PETROL, } s. Pétrole, bitume.
PETROLEUM, }
PETRONEL, subst. (a horseman's gun.) Pistolet, sorte d'arme à feu.
PETTICOAT, s. Ex. Une jupe, † une cotte, † un cotillon.
An under petticoat. Une jupe de dessous, un jupon.
Prov. The smock is nearer than the petticoat. P. La chair est plus proche que la chemise.
PETTIFOGGER, sub. (a petty lawyer or attorney, a trouble-town, without law or conscience.) Un avocat ou procureur ignorant & fripon, un chicaneur.
PETTIFOGGING, s. (the practice of a pettifogger.) Chicane.
PETTINESS, V. Smallness.
PETTISH, adj. (peevish or touchy.) Fâcheux, chagrin, de mauvaise humeur à qui rien ne plait, qui s'offense ou qui se pique de la moindre chose.
PETTISHNESS, subst. Humeur chagrine.
PETTITOES, s. (or sucking pig's-feet.) Des pieds de cochon de lait.
PETTO, s. Ex. To keep a thing in petto, (to keep it in one's breast.) Conserver le souvenir d'une chose.
PETTY, adj. (or little.) Petit.
A petty King. Un petit Roi, un Roitelet.
A petty Prince. Petit Prince.
Petty-larceny,

Petty-larceny, (or small theft.) *Petit larcin.*
PETULANCY, *f.* (a being petulant.) *Pétulance.*
PETULANT, *adj.* (rude, saucy, malapert.) *Pétulant, emporté, insolent.*
Petulant, (wanton.) *Lascif.*
PETULANTLY, *adv. Pétulamment.*
PEW, *f.* (or church-seat.) *Banc, banc fermé d'Eglise, un prié-Dieu.*
The reader's pew. *Le banc du lecteur.*
The Church-warden's pew. *L'œuvre.*
PEWET, *subst. Huppe, vanneau, oiseau.*
PEWTER, (or tin.) *Etain, de l'etain.*
Pewter, (dishes, plates, &c. of pewter.) *Vaisseau d'étain.*
PEWTERER, *subst. Un potier d'étain.*
Remarque sur *PH*.
PH, *a le même son en Anglois qu'en François, c'est-à-dire d'une F.*
Ex. *Phrase, philosophy, prophet, epitaph, triumph, &c.*
PHÆNOMENA, *le pluriel de phænomenon.*
PHÆNOMENON, *f.* (an appearance in the works of nature.) *Un phénomène.*
PHAETON, *f. Sorte de cabriolet très-élevé & découvert.*
PHAGEDINA, *f. Sorte d'ulcère.*
PHAGEDENICK,
PHAGEDINOUS, *adj. Phagédénique, terme de médecine.*
PHALANGARIANS, *subst.* (the soldiers of a phalanx.) *Les soldats qui composoient la phalange.*
PHALANGEARY, *adject.* (belonging to the phalanx.) *Qui appartient à la phalange.*
PHALANX, *f.* (a body of foot among the Macedonians.) *Phalange, corps d'infanterie parmi les Macédoniens.*
PHANCY,
PHANTASY, } *V.* Fancy, Fantasy, Fantaim,
PHANTASM, } Fantastical, &c.
PHANTASTICAL, &c.
PHANTASTRY, *f.* (whimsies.) *Fantaisies, caprices.*
PHANTOM, *f.* (spectre.) *Fantôme.*
PHARE, *f.* (a light-house near the sea.) *Phare.*
The phare of Messina, in Sicily. *Le phare de Messine, en Sicile.*
PHARISAICAL, *adj.* (belonging to pharisaism.) *De pharisien.*
PHARISAISM, *f.* (the religion of the pharisees.) *Pharisaïsme, la religion des pharisiens.*
PHARISEE, *subst.* (a sectary among the Jews.) *Pharisien, sorte de sectaire parmi les Juifs.*
PHARMACEUTICAL,
PHARMACEUTICK, } *adj.* (belonging to Pharmacy.) *Qui appartient à la Pharmacie.*
PHARMACY, *subst.* (the Apothecary's trade.) *Pharmacie, l'art de préparer les remèdes.*
PHARMACOPŒIA, *subst. Pharmacopée, traité de Pharmacie.*
PHARMACOPOLIST, *subst. Apothicaire, pharmacien.*
PHAROS. *V.* Phare.
PHASELS, *f.* (french beans.) *Fasèole.*
PHASIS, *plur.* phases, *f.* (appearance.) *Phase, apparence.*
The phases of the moon. *Les phases de la lune.*
PHEASANT, *subst.* (a dainty fowl.) *Un faisan.*
A hen-pheasant. *Une poule faisane.*

A pheasant-pout *or* a young pheasant. *Un faisandeau.*
PHENIX, *f. Phénix.*
PHENOMENON. *V.* Phænomenon.
PHEON, *subst.* (a term of heraldry, the head of a dart or arrow.) *Phéon, terme de blason, fer de dard.*
PHIAL, *f.* (or a thin glass bottle.) *Une fiole.*
A little phiale. *Une petite fiole.*
PHILANTHROPAL, *adject.* (full of philanthropy.) *Humain, doux, bon, honnête, philantropique.*
PHILANTHROPY, *subst.* (or humanity.) *Philantropie, humanité, douceur, honnêteté, bonté.*
PHILAUTY, *f.* (self-love.) *Philautie, amour propre.*
PHILIPPICK, *f. Philippique, invective.*
† PHILISTINS, *f.* (lewd or drunken people.) *Des débauchés.*
PHILOLOGER, *f. Philologue, un homme de lettres ou d'érudition.*
PHILOLOGICAL, *adj. Philologique, de philologie, de belles lettres.*
PHILOLOGIST. *V.* Philologer.
PHILOLOGY, *f.* (criticism or grammatical learning.) *Philologie, érudition, littérature.*
PHILOMEL,
PHILOMELA, } *subst.* (a nightingale.) *Philomele, le rossignol.*
PHILOMOT, *adj.* (a dead leaf colour.) *Feuille-morte.*
PHILOSOPHASTER, *f.* (a paltry Philosopher.) *Un méchant philosophe.*
PHILOSOPHER, *f. Un philosophe.*
A natural Philosopher. *Un physicien, un Naturaliste.*
A moral Philosopher. *Un Moraliste.*
Philosopher-like. *En philosophe.*
The Philosopher's-stone. *La pierre philosophale.*
PHILOSOPHICAL, *adj. Philosophique, de philosophie ou de philosophe.*
PHILOSOPHICALLY, *adv. Philosophiquement, en philosophe, d'une manière philosophique.*
To PHILOSOPHIZE, *verb. neut. Philosopher, parler, raisonner à la manière des Philosophes.*
PHILOSOPHY, *f.* (the study of wisdom or knowledge in things rational, natural and moral.) *La Philosophie.*
Natural Philosophy. *La Physique.*
Moral philosophy. *La Morale.*
Philosophy, (firmness or constancy of mind.) *Philosophie, fermeté & élévation d'esprit.*
To understand Philosophy well, (to be a good Philosopher.) *Entendre bien la Philosophie.*
PHILTER, *f.* (a love-potion.) *Philtre, breuvage amoureux.*
Philter-charmed, (enchanted with love-potions.) *Enchanté par quelque filtre amoureux.*
PHIZ, *f. Visage. V.* Face.
To PHLEBOTOMIZE, *v. a.* (let blood.) *Phlébotomiser.*
PHLEBOTOMY, *f.* (the art of letting blood.) *Phlébotomie, l'art de saigner.*
PHLEGM, *f. Flegme.*
PHLEGMATIC, *adj. Flegmatique.*
PHLEGMON, *f.* (a swelling against nature, with an inflammation of the blood.) *Phlegmon, tumeur avec inflammation du sang.*
PHLEME, *f.* (a farrier's instrument to bleed with.) *Flamme.*

PHLOGISTON, *f. Phlogistique, terme de chimie.*
PHŒNIX,
PHLNIX, } *subst.* (a fabulous bird.) *Phénix, oiseau fabuleux.*
PHOSPHOR,
PHOSPHORUS, } *f.* (the morning-star.) *Phosphore, l'étoile du berger.*
Phosphorus, (a chymical substance or composition which, exposed to the air, takes fire.) *Phosphore, corps qui a la propriété de luire & de brûler.*
PHRASE, *f.* (expression or proper form of speech.) *Phrase, façon de parler.*
A phrase-book. *Un livre de phrases.*
An elegant phrase. *Une phrase élégante.*
To PHRASE, *verb. act.* (or express.) *Exprimer.*
Phrased, *adj. Exprimé.*
PHRASEOLOGY, *f.* (diction, style.) *Diction, style.*
Phraseology, (or phrase-book.) *Un livre de phrases.*
PHRENSY, &c. *V.* Frenzy, &c.
PHTHISICK,
PHTHISIS, } *sub.* (a consumption of the lungs.) *Phthisie, consomption.*
PHYLACTERIES, *f. pl.* (scrolls of parchment, wherein were written some parts of the law, and which were worn by the Jews.) *Phylactères.*
PHYSICAL, *adj.* (belonging to natural Philosophy.) *Physique, naturel.*
Physical motion. *Mouvement physique ou naturel.*
Physical, (or medicinal.) *Médicinal ou médical.*
A physical remedy. *Un remède, une médecine.*
PHYSICALLY, *adv.* (or naturally.) *Physiquement, naturellement.*
Physically, (according to Physick.) *Selon la Médecine.*
PHYSICIAN, *f.* (one skilled in natural Philosophy.) *Physicien, qui sait la Physique.*
Physician, (a Doctor of Physick.) *Un Médecin, un Docteur en Médecine.*
PHYSICK, *f.* (Medicine, the art of curing diseases.) *Médecine, art de guérir les maladies.*
Physick, (or purge.) *Médecine, purgation.*
Physick, (remedy in general.) *Remède, médicament.*
Averse from physick. *Qui a de la répugnance pour les remèdes.*
To practise (or profess) physick. *Pratiquer la médecine.*
To take physick before one be sick. *Prendre médecine avant que d'être malade.*
The physick has not worked as one expected. *La médecine n'a pas eu l'effet que l'on espéroit.*
To PHYSICK, *v. act.* (to give physick.) *Médicamenter, droguer, donner ou faire prendre des médecines.*
Physicked, *adj. Médicamenté, drogué.*
PHYSICKING, *f. L'action de médicamenter ou de droguer.*
PHYSICKS, *f. pl.* (or natural philosophy.) *Physique, la philosophie naturelle.*
Physicks, (books treating of physick.) *Livres de médecine, livres qui traitent de la médecine.*
PHYSIOGNOMER,
PHYSIOGNOMIST, } *f. Physionomiste.*
PHYSIOGNOMY, *subst.* (the science of discovering

PHY — PIC

discovering men's natures by their looks.) *Physionomie.*
Physiognomy, (or looks.) *Physionomie, air de visage.*
To have skill in physiognomy. *Entendre la physionomie.*
That young man has a good physiognomy. *Ce jeune homme a bonne physionomie.*
PHYSIOLOGIST, *s.* (a practiser of physiology.) *Celui qui est versé dans la physiologie.*
PHYSIOLOGICAL, *adj. Physiologique.*
PHYSIOLOGY, *s.* (that part of physicks which treats of the composition and structure of a man's body.) *La physiologie.*
PHYSY. V. Fusee.
PHYTOLOGY, *s.* Traité de botanique.
PHYZ, ? *subst.* (the face.) *Le visage*
PHIZ,) † *la trogne.*
Two things a drunkard doth disclose, a fiery phyz and a crimson nose. *A la trogne on connoit l'ivrogne.*
PIACULAR, ? *adj.* (or expiatory.)
PIACULOUS,) *Expiatoire, piaculaire.*
PIA-MATER, *s.* (the inmost skin inclosing the brain.) *Pie-mere.*
PIASTER, *s.* (a foreign coin about the value of a crown.) *Piastre, monnoie étrangere qui vaut environ un écu.*
* PIAZZA, *s.* (a broad open place, as a market place.) *Une place publique.*
Piazza, (a walk under a roof supported by pillars.) *Un portique.*
PIBBLE, ? *subst.* (a little flint.) *Un*
PEBBLE,) *caillou.*
* PICA, *s.* (a longing, as of women with child.) *Pica, appétit dépravé, envie de femme grosse.*
Pica, (a Printing-letter.) *Cicéro, caractere d'Imprimerie.*
Small pica. *Cicéro approché ou à petit œil.*
PICAROON. V. Pickaroon.
PICCAGE. V. Pickage.
PICK, *s.* (a fort of tool.) *Marteau de Sculpteur.*
A pickaxe. *Pic ou pioche.*
A forked pickaxe. *Houe qui a deux fourchons.*
A picklock, (one that picks locks, an instrument to open locks.) *Un crocheteur de serrures, un crochet.*
† He is a picklock of the law, (he is an excellent lawyer.) † *C'est un diable en procès, c'est un homme savant en droit, c'est un grand jurisconsulte.*
A pick-pocket or pick-purse. *Un filou, un voleur.*
A pickthank, (one that tells stories to curry favour, a tale bearer.) *Un flagorneur ou une flagorneuse.*
A pickthankly fellow. V. Pickthank.
Pick-a-pack. *Ex.*
To carry one a pick-a-pack, (or on one's back.) *Porter quelqu'un sur son dos.*
To PICK, *v. a.* (to cleanse.) *Eplucher, nettoyer, curer.*
To pick a fallet. *Eplucher une salade.*
To pick wool. *Carder de la laine.*
To pick (as a bird does) herself. *S'éplucher.*
To pick one's teeth. *Se curer ou nettoyer les dents.*
To pick a horse's foot. *Curer le pied d'un cheval.*

To pick a bone. *Ronger un os, le décharner, en ôter la chair.*
† To give one a bone to pick, (to cut out work for him.) *Donner un os à ronger à quelqu'un.*
To pick a bird or fowl, (to pluck off the feathers.) *Plumer un oiseau, en ôter ou arracher la plume.*
To pick a quarrel with one, (to pick a hole in his coat) *Chercher querelle à quelqu'un, lui faire querelle.*
And then he picks a quarrel with the coals. *Et ensuite il s'en prend au charbon.*
To pick, (or gather.) *Cueillir, amasser.*
To pick or to pick and chuse. *Choisir, trier.*
To pick a lock. *Crocheter une serrure.*
To pick and steal. *Escamoter, dérober, voler en cachette.*
To pick one's pocket. *Vider les poches à quelqu'un, le voler, le filouter.*
To pick (or make) an acquaintance with one. *Faire connoissance avec quelqu'un.*
See how the pigeons pick the corn. *Voyez comment les pigeons mangent le grain.*
A picklock, (an iron to pick locks.) *Un crochet.*
To pick thanks, (to be a tale-bearer, to curry favour by telling tales of other people.) *Flagorner.*
To pick (or throw) a dart. *Jeter, lancer un dard, darder un javelot.*
To pick. V. to Pique.
To pick OUT. *Trier, choisir.*
Where has he picked that out ? *D'où a-t-il tiré cela, où l'a-t-il pris ?*
To pick (or pull) out a corn. *Arracher un cors.*
To pick out a livelihood. *Gagner sa vie.*
Pick out the filthy part of it. *Otez ou ôtez-en toutes les saletés.*
To pick UP. *Ramasser, prendre, enlever.*
The King asked me, whether a man's house might not better be defended by himself, his children and servants, than by half a dozen rascals picked up adventure in the streets, for small wages, who might get an hundred times more by cutting their throats ? (*Gulliver's Travels.*) *L. Roi me demanda, si la maison d'un particulier n'étoit pas mieux gardée ou défendue, par le pere de famille, ses enfans & ses domestiques, que par une douzaine de coquins, ramassés au hazard sur le pavé, pour des gages modiques, & qui gagneroient le centuple à leur couper la gorge.*
† He is not gone thither to pick up straws, (or for nothing.) *Il n'est pas allé là pour enfiler des perles.*
† He is fit for nothing but to pick up straws, (he is a simpleton.) *C'est un innocent, il est à demi-fou.*
To pick up the stones with a twibill. *Arracher les pierres avec une pince.*
To pick up a wench or strumpet. *S'accrocher avec une gueuse.*
† To pick up one's crumbs, (to recover.) *Se refaire, se remettre, reprendre ses forces, se ravoir.*
PICKAGE, *s.* (the money paid in fairs for breaking of the ground to set up booth or stalls.) *Etalage.*
PICKAROON, *subst.* (a sort of pirate-ship.) *Sorte de vaisseau de pirates.*

Pickaroon, (a pirate.) *Un pirate, un corsaire.*
PICKED, *adj.* (from to pick.) *Epluché,* &c.
Picked, *adj.* (or sharp.) *Pointu.*
A picked (or high crown) hat. *Un chapeau pointu.*
To PICKEER, *v. a.* *Piller, voler.*
PICKER, *s. Ex.* A picker of quarrels. *Un querelleur.*
An ear picker. *Un cure-oreille.*
A tooth-picker. *Un cure-dent.*
A lock picker. *Un crocheteur de serrures ou un crochet pour les crocheter.*
A purse or pocket picker. *Un filou.*
A horse picker. *Un cure-pied.*
PICKEREL, *s.* *Brocheton, petit brochet.*
Pickerel-weed. *Sorte de plante.*
PICKET, ? *s.* (a game at cards.) *Pi-*
PIQUET,) *quet, jeu de piquet.*
To play at piquet. *Jouer au piquet.*
PICKETTY, ?
PICKETTEE,) *s.* (a sort of carnation variegated different ways.) *Piqueté, œillet marbré, dont il y a plusieurs sortes.*
PICKING, *sub.* *L'action d'éplucher,* &c. V. to pick.
Picking of thanks. *Flagornerie.*
Pickings, (that which is picked out.) *Les épluchures.*
PICKLE, *s.* (a seasoning made of brine, vinegar, &c.) *Marinade, assaisonnement composé sur-tout de sel & de vinaigre.*
It must lie so long in the pickle. *Il faut le laisser tremper tant de temps dans le sel & dans le vinaigre.*
† To be in a sad pickle, (or condition.) *Etre mal-accommodé, être tout en désordre, être fort sale.*
To PICKLE, *v. b. act. Confire, saler, mariner, accommoder avec du sel & du vinaigre,* &c.
To pickle cucumbers. *Confire des concombres.*
To pickle herrings. *Saler des harengs.*
Pickled, *adj. Confit, salé, mariné.*
Pickled herrings. *Des harengs pecs.*
† A pickled herring, (or arch rogue.) *Un scélérat achevé, un scélérat en cramoisi ; un bouffon.*
PICKLING, *s.* *L'action de confire,* &c. V. to Pickle.
PICKREL ?
PICKEREL,) *s.* (a young pike-fish.) *Brocheton, petit brochet.*
PICKT, *adj.* (from to pick.) *Epluché,* &c. V. to Pick.
PICK TOOTH. ?
PICK-THANK.) V. sous Pick.
To PICQUE one, *v. a.* (a term used at piquet.) *Faire pic, au jeu de piquer.*
PICT, *s. Pict ;* celui ou celle qui se peint le corps.
PICTORIAL, *adj. Fait par un peintre.*
PICTURE, *s. Portrait, tableau, peinture, ouvrage de Peintre, image, copie ou représentation.*
To sit for one's picture. *Se faire tirer, se faire peindre.*
To make or draw one's picture. *Faire le portrait de quelqu'un.*
A picture that is like. *Portrait qui ressemble.*
A rich picture. *Un riche tableau.*
He is the picture of his father. *Il est le portrait, l'image ou la copie de son pere.*

He is a picture of ill luck. *Sa physonomie est sinistre.*
Picture-drawing. *Peinture, art de peindre.*
A picture-drawer. *Un peintre.*
To PICTURE, *verb. act.* (or describe.) *Dépeindre, représenter.*
Pictured, *adj. Dépeint, représenté.*
To PIDDLE, *verb. neut.* (to eat here and there a bit.) *Pignocher, manger en dégoûté.*
To piddle, (to stand trifling.) *Badiner, s'amuser à la bagatelle.*
To piddle, (or do a thing slightly.) *Faire une chose fort légèrement.*
PIDDLER, *subst.* (or squeamish eater.) *Celui ou celle qui pignoche.*
Piddler, (or trifler.) *Badin.*
PIDDLING, *s. L'action de pignocher.*
Piddling, *adj.* a piddling (or fiddling) business. *Une bagatelle, niaiserie ou sottise.*
PIDGEON. *V.* Pigeon.
PIE, *s. Un pâté.*
To cut a pie. *Ouvrir ou entamer un pâté.*
A minced-pie. *Rissole.*
A pie-house. *Pâtisserie.*
A pie or mag-pie, *s.* (a bird.) *Une pie.*
PIEBALD, *adj.* (of various colours, as black and white &c.) *Pie. Ex.*
A piebald horse. *Un cheval pie.*
PIECE, *s.* (a part of a whole.) *Piece, morceau,* partie d'un tout.
Piece-meal, *adv. Piece par piece, peu à peu.*
To tear a thing piece-meal. *Déchirer, mettre une chose en pieces.*
A broken piece of a sword, lance, &c. *Tronçon d'épée, de lance,* &c.
A piece of candle. *Un bout de chandelle.*
A piece, (a guinea or twenty one shillings.) *Piece,* monnoie d'Angleterre; vingt-un schellings, vingt-quatre sous plus d'une livre sterling.
Piece, (a certain number of ells or yards of cloth or stuff.) *Piece,* certain nombre d'aunes ou de verges.
A birding or a fowling-piece, (or gun.) *Fusil de chasse.*
A soldier's piece, (or musket.) *Un mousquet.*
A piece of ordnance, (a cannon.) *Une piece d'artillerie ou de canon, un canon.*
A field-piece. *Piece de campagne.*
A piece, (money coined.) *Piece, argent monnoyé.*
A piece of gold or silver. *Une piece d'or ou d'argent.*
A chimney-piece, (or picture.) *Un tableau de cheminée.*
A piece or piece of work, (a work.) *Piece, ouvrage.*
A piece of wit. *Un trait ou un tour d'esprit.*
R. Piece is sometimes used only for emphasis sake.
Ex. A piece of good counsel, (a good counsel.) *Un bon conseil ou avis.*
It is a great piece of folly. *C'est une grande sollie.*
A piece, (or each piece.) *Piece, la piece,* chacun, chacune.
These horses cost me fifty pounds a piece. *Ces chevaux me coûtent cinquante livres sterling piece ou la piece.*
To PIECE, *verb. act* (or patch.) *Rapiécer, rapiéceter, raccommoder, rajuster, mettre une piece ou des pieces.*

We pieced, (or patched) up the matter as well as we could. *Nous plâtrâmes l'affaire du mieux que nous pûmes.*
Pieced, *adj. Rapiécé, rapiéceté, raccommodé, rapetassé.*
PIECEMEAL. *V. sous* Piece.
PILCER, *subst.* (or botcher.) *Rapetasseur, ravaudeur.*
Piecing, *subst. L'action de rapiécer,* &c. *V. to* Piece.
PIED, *adj.* (black and white, or white and bay.) *Pie.*
A pied horse. *Cheval pie.*
To PIEP, *v. n.* (like a chick.) *Pioler.*
PIEPING, *s. Cri des poulets ou l'action de pioler.*
PIE-POWDER-COURT, *subst.* (a court held in fairs to redress all disorders.) *Cour qui se tient dans les foires pour faire prompte justice.*
PIER, *s.* (of a bridge.) *Trumeau.*
Pier, (from the french *Pierre.*) *Jetée d'un port.*
To PIERCE, *v. act.* (or to bore.) *Percer,* faire un trou ou une ouverture.
To pierce a hogshead of wine, (to broach it.) *Percer un muid de vin, le mettre en perce.*
To pierce, (or penetrate.) *Percer, pénétrer.*
That pierced my very heart, (or grieved me to the very heart.) *Cela m'a percé le cœur, cela m'a touché fort vivement.*
To pierce quite through. *Percer de part en part.*
Pierced, *adj. Percé,* &c. *V. to* Pierce.
PIERCER, *sub.* (an instrument to pierce or broach a vessel.) *Un perçoir.*
PIERCING, *sub. L'action de percer,* &c. *V. to* Pierce.
Piercing, *adj.* (sharp, acute.) *Perçant, pénétrant, subtil.*
Piercing eyes. *Des yeux perçans.*
PIERCINGLY, *adv. Subtilement.*
PIETY, *subst.* (or godliness.) *Piété, dévotion, religion.*
Piety, (duty to those in superior relation, parents, &c.) *Piété, amour qu'on doit avoir pour ses supérieurs & pour ses parents.*
PIG, *s. Un jeune cochon.*
A sucking pig. *Un cochon de lait.*
A Guinea-pig. *Cochon d'Inde.*
A pigsty. *Etable à cochons.*
A pig-nut. *Une truffe.*
A pig of lead. *Un saumon de plomb.*
A boar-pig. *Un jeune verrat.*
A pig-badger. *Un taisson, un blaireau.*
As fat as a pig. *Gras comme un cochon.*
P. He sleeps like a pig. P. *Il dort comme un sabot, il dort fort bien.*
P- To buy a pig in a poke, (to buy a thing unseen.) P. *Acheter chat en poche.*
Pig-eyed, (that has little eyes.) *Qui a des yeux de cochon, qui a de petits yeux ridés.*
To PIG, *verb. neut.* (or bring forth pigs.) *Cochonner, faire de petits cochons.*
PIGEON, *s.* (or dove.) *Pigeon.*
A rough-footed pigeon. *Pigeon pattu.*
A hen-pigeon. *La femelle du pigeon, pigeon femelle.*
A young pigeon. *Pigeonneau.*
A pigeon-house. *Un pigeonnier ou colombier.*
A pigeon-hole. *Boulin.*
A pigeon-pie. *Un pâté de pigeons ou une tourte de pigeonneaux.*

Pigeons-herb. *Verveine,* sorte d'herbe.
PIGGIN, *subst. Petit seau.*
PIGGING, *subst. L'action de cochonner,* &c. *V. to* Pig.
PIGHT. *V.* Pitched or Fixed.
PIGMENT, *subst.* (paint.) *Fard.*
PIGMY, *subst.* (or dwarf.) *Un pygmée, un mirmidon, un nain.*
PIGSNEY, *subst.* A pretty pigsney, (a pretty boy or girl.) *Un gentil enfant, un joli poupon, une jolie pouponne.*
PIKE, *subst.* (a fish.) *Brochet,* poisson.
A sea pike. *Un loup marin.*
Pike, (a sort of long weapon.) *Pique,* sorte d'arme à long bois.
Armed with a pike. *Armé d'une pique.*
To present the pikes against the cavalry. *Abaisser les piques contre la cavalerie.*
† To pass many pikes, (to endure much hardship.) *Souffrir beaucoup, prendre bien de la peine,* † *manger de la vache enragée.*
A pike-man. *Un piquier.*
The pike-men. *Les piquiers, les piques.*
Pike-staff. *Bâton pointu.*
PIKED. *V.* Sharp.
PILASTER, *subst.* (a square pillar.) *Pilastre,* pilier quarré.
PILCH, } *sub.* A pilch for a saddle.
PILCHER, } *Couverture de selle.*
A pilcher, (for a young child.) *Bande de flannelle dont on couvre les parties d'un jeune enfant.*
PILCHER, *subst.* (a sort of sea-fish.) *Pilaruide,* sorte de poisson.
* PILCROW, *s.* (or paragraph.) *Un paragraphe.*
PILE, *sub.* (or heap.) *Pile, tas, monceau.*
A pile of books or other things heaped up. *Une pile de livres ou d'autres choses entassées.*
Wood-pile. *Bûcher.*
Funeral pile. *Bûcher,* où l'on brûloit les corps morts, parmi les anciens.
A stately pile of building. *Un bâtiment superbe.*
Pile, (a great piece of wood rammed into the ground to build upon.) *Pilotis.*
To drive piles into the ground. *Ficher des pilotis en terre.*
To build upon piles. *Bâtir sur pilotis.*
To strengthen with piles. *Piloter.*
Pile-work. *Pilotage.*
Cross or pile, (a sort of game.) *Croix ou pile,* sorte de jeu; *pile* dans ce sens signifie le côté de l'espece où est la tête du Prince.
Piles, (or emrods.) *Les hémorrhoïdes.*
Pile-wort, (a plant.) *Scrofulaire,* plante.
Pile or pille, (in the idiom of Lancashire seems to be a sort built on a creek of the sea.) *Un fort.*
To PILE or HEAP UP, *v. act. Ex.* To pile up wood. *Entasser du bois, le mettre en pile,* ou *l'empiler,* en termes de marchand.
Piled up, *adject. Entassé, mis en pile, empilé.*
PILER, *s. Qui entasse.*
To PILFER, *v. act.* (to steal little things.) *Faire de petits vols, dérober des choses de peu de conséquence, escamoter.*
Pilfered, *adject. Volé, dérobé, escamoté.*

PILFERER,

PIL

PILFERER, *subst.* *Un petit larron ou voleur, un petit filou, un escamoteur.*
PILFERING, *subst.* *L'action de voler, &c. Larcin.* V. to Pilfer.
PILFERINGLY, *adv.* *Par larcin, en voleur, en larron.*
PILFERY, *subst.* *Petit larcin.*
PILGRIM, *subst.* (a devout traveller to some holy place.) *Un pélerin.*
Pilgrim-fave. *Onguent fait avec l'excrément d'homme.*
PILGRIMAGE, *subst.* *Pélerinage.*
PILING up, *sub.* *L'action d'entasser, &c.* V. to Pile up.
PILL, *f.* (a physical pellet.) *Une pilule.*
† I was fain to swallow that pill, (or to bear it patiently.) *Il m'a fallu avaler cette pilule, ou souffrir cela tout doucement;* † *il m'a fallu avaler ce goujon ou cette couleuvre.*
Beautiful women are compared to bitter pills. *On compare les belles femmes à des pilules amères.*
Pill-garlick, (a pitiful sneaking fellow, one out of countenance.) *Un homme tout déconcerté, qui fait une sotte figure.*
To PILL. V. to Peel.
To pill and poll, (to use extortion.) *Voler, piller, user d'extortion ou de concussion.*
To pill or pillage. V. to Pillage.
PILLAGE, *subst.* (or plunder.) *Pillage, saccagement.*
To PILLAGE, *verb. act.* (or to plunder.) *Piller, saccager.*
Pillaged, *adj.* (or sacked.) *Pillé, saccagé.*
To give up a town to be pillaged. *Mettre ou abandonner une ville au pillage.*
PILLAGER, *subst.* (or plunderer.) *Celui qui pille, voleur.*
PILLAGING, *subst.* *Pillage, ou l'action de piller, de saccager.*
PILLAR, *sub.* (or column.) *Pilier, colonne.*
He is a pillar of the Church. *C'est un des piliers de l'Eglise.*
A main pillar of a coach. *Un pied cornier d'un carrosse.*
PILLARED, *adject.* *Qui ressemble à une colonne.*
PILLING, *subst.* Ex. Pilling and polling in one's office, (extortion.) *Pillerie, volerie, concussion ou extorsion.*
PILLION, *subst.* (or soft saddle for women to ride on.) *Une selle de femme.*
PILLORIED, *adj.* *Pilorié.*
PILLORY, *subst.* *Le pilori.*
To set one in the pillory. *Mettre quelqu'un au pilori, le pilorier.*
† Pillory knight. *Un faux témoin.*
PILLOW, *subst.* *Un oreiller.*
P. To advise with one's pillow. *P. Prendre conseil de la nuit.*
A pillow-beer or pillow-case. *Taie d'oreiller.*
Pillow, (at sea.) *Coussin du mât de beaupré.*
PILOT, *subst.* (a steersman.) *Un pilote; un pilote-côtier.*
To PILOT a ship, *verb. act.* *Piloter un vaisseau, le conduire dans le port.*
PILOTAGE, *subst.* (the office or hire of a pilot.) *Pilotage, l'art de conduire un vaisseau.*
PIMENTA, *subst.* *Piment, plante.*
‡ PIMLICO, Ex. Set out in pimlico. *Tiré à quatre épingles.*

PIM

PIMP, *subst.* (a procurer.) *Maquereau.*
To PIMP, *verb. neut.* *Faire le maquereau, faire un maquerellage.*
PIMPERNEL, *sub.* (or burnet, an herb.) *Pimprenelle,* herbe.
PIMPING, *subst.* *Maquerellage, métier de maquereau.*
Pimping, *adj.* (or pitiful.) *Chétif, de néant, de peu d'importance, fichu.*
A pimping fellow. *Un chétif homme, un homme de néant,* † *un fichu homme.*
A little window that gives but a pimping light. *Une petite fenêtre qui donne peu de clarté.*
PIMPLE, *f.* *Bouton, pustule, élevure.*
A face full of pimples. *Un visage boutonné, plein de boutons, &c.*
A red pimple. *Rougeur.*
PIN, *subst.* (a little piece of iron or brass wire, pointed at one end and headed on the other.) *Une épingle.*
A pin, (of wood, nine of which make up a sort of play.) *Quille.*
To play at nine pins. *Jouer aux quilles.*
A pin, (or peg.) *Une cheville, un gros clou.*
A pin to make a door fast. *Tourniquet pour fermer une porte.*
The pins of a watch. *Les goupilles d'une montre.*
To write in a table-book with a pin. *Écrire sur des tablettes avec une aiguille, avec une touche ou avec un poinçon.*
The pin (or lock) of a sun dial. *Le style d'un cadran.*
A pin and web in the eye. *Taie ou cataracte dans l'œil.*
The pins of a watch case. *Les clous d'une boîte de montre.*
Axle-pin or linch-pin, (of a wheel.) *Esse, cheville de roue.*
Pin of a block. *Essieu de poulie.*
Turned-pins, (to belay ropes to.) *Chevillots pour amarrer les manœuvres.*
A larding-pin. *Lardoire.*
A rolling-pin, (to make pie-crust, &c.) *Rouleau, de pâtissier.*
A crisping-pin. *Aiguille de tête.*
† It is not worth a pin. *Cela ne vaut pas une épingle, cela ne vaut rien, cela ne vaut pas un zéro.*
† I care not a pin, I do not or don't care a pin's head. *Je ne m'en soucie point, je ne m'en mets aucunement en peine, je m'en moque.*
† I would not give a pin's head for it. *Je n'en donnerois pas une épingle, ou un clou.*
† To be in a merry pin, (or humour.) *Être gai ou joyeux, être de bonne humeur.*
† You have put me in a laughing pin. *Vous m'avez mis en humeur ou en train de rire.*
† Pin-basket, (the last child a woman bears.) *Le dernier enfant dont une femme accouche.*
A pincate. *Un étui pour des épingles.*
A pincushion. *Un pluton ou une pelote.*
A pinmaker. *Un épinglier, ou faiseur d'épingles.*
The art of pinmaking. *L'art de faire des épingles.*
Pindust. *Limaille.*
The pin (or pen) of writing-tables. *Touche, style, avec quoi l'on écrit sur des tablettes.*
Pinfold, (or pen for sheep.) *Un parc de brebis.*

PIN

To PIN, *verb. act.* *Attacher, attacher avec une épingle.*
Pin my gown. *Attachez ma robe, mettez-y une épingle.*
A dog that pins a bull, (that fastens at his nose.) *Un chien qui prend le taureau par le nez, ou qui s'acharne au nez d'un taureau.*
To pin one DOWN to a bargain. *Clouer quelqu'un à un marché, l'y engager si fortement qu'il ne puisse s'en dédire.*
To pin one's opinion UPON another man's sleeve. *Suivre le sentiment d'un autre, s'en tenir à son sentiment.*
To pin one's reason to a woman's petticoat. *Se soumettre en tout & par-tout à une femme, être son esclave.*
To pin one's self upon one, (to hang or to spunge upon him.) *S'accrocher à quelqu'un ou vivre à ses dépens.*
To pin a window. (to make it fast with an iron pin.) *Fermer une fenêtre avec une cheville & une clavette.*
To pin UP a gown. *Trousser une robe en la fixant avec des épingles.*
† To pin up the basket, (a low figurative expression, signifying to make an end of a business.) *Couronner l'œuvre.*
† She has pinned up her basket, (she bears no more children.) *Elle ne fait plus d'enfants.*
To pin up the basket, (to conclude or make an end.) *Conclure, finir.*
To pin up the basket, he alledges, that. — *Pour dernière raison, il allègue, que.* —
To pin (to pen up) cattle. *Enfermer les bestiaux.*
To pin a house under the groundsel. *Reprendre une maison sous œuvre.*
PINACLE. V. Pinnacle.
PINCER, *subst.* (a surgeon's instrument to draw teeth.) *Davier.*
A pincer, (to cut one for the stone.) *Tenette.*
PINCERS, *s. plur.* (an iron tool to pull out nails, &c.) *Tenailles; pince.*
PINCH, *subst.* *Pincée.*
Ex. A pinch of snuff. *Une pincée de tabac en poudre, une prise de tabac.*
To give one a deadly pinch, (to pinch him.) *Pincer quelqu'un fortement, le pincer jusqu'au sang.*
Pinch, (strait or great necessity.) *Extrémité, nécessité, besoin, embarras, peine, état cruel ou violent.*
To be under the pinch of pressing necessity. *Se trouver dans une grande nécessité, être réduit à l'extrémité, être pressé de la nécessité, être dans l'indigence.*
His courage failed him upon the very pinch. *Son courage lui manqua au plus grand besoin.*
To be at a pinch. *Être en peine, être embarrassé, être dans l'embarras.*
To fear the pinch. *Craindre la touche, être sensible.*
To let one in the lurch at a pinch. *Abandonner quelqu'un au besoin.*
That was a notable pinch. *Cela étoit cruel ou violent.*
If ever it comes to the pinch, (or to the trial.) *Si jamais l'affaire vient à être éprouvée.*
† A pinch-penny, a pinch-fist, (or a penny-father.) *Un avare, un taquin, un misérable,* † *un pince-maille, un homme dur à la dépense.*
† A pinchgut, or a pinchbell. *Un avare qui se plaint de manger, ou qui plaint la pain.*

PIN PIN PIP PIP PIQ

pain à ses gens, un homme qui s'affame, ou qui affame sa famille.
To PINCH, verb. act. (or nip with the fingers.) Pincer.
To pinch, (or wring, as shoes do.) Presser, blesser, mettre à la torture.
To pinch, (to reduce to a pinch or necessity.) Presser, réduire à l'étroit ou à la nécessité.
Fortune now and then pinches me. La fortune me donne de temps en temps quelque atteinte.
To pinch one, (or use one hardly.) Maltraiter quelqu'un.
To pinch, (nip or taunt.) Pincer, railler, donner des coups de langue, satiriser, piquer, † donner des lardons.
To pinch one's guts or belly. Epargner sur sa vie ou sur sa bouche, se plaindre ou se refuser le nécessaire, s'en priver.
To pinch one of his meat. Retrancher la nourriture à quelqu'un, lui plaindre le pain.
To pinch somewhat from one's self. Se priver de quelque chose.
To pinch OFF. Arracher.
To pinch the hair off. Arracher le poil.
To pinch off a piece. Emporter la pièce en pinçant.
To Pinch, verb. neut. (to suffer or be at a pinch.) Patir, souffrir, endurer, être dans la nécessité, s'épargner.
Pinched, adj. Pincé, &c. V. to Pinch.
He has not pinched (or cramped) the controversy, but rather wrought it up with many incidental observations. Bien loin d'étrangler ou de trop serrer la dispute, il l'a étendue par plusieurs remarques tirées du sujet.
Pinched with hunger. Affamé, pressé de la faim.
PINCHBECK, s. Similor.
PINCHER, s. Celui ou celle qui pince, &c. V. to Pinch.
PINCHING, subst. L'action de pincer, &c. V. to Pinch.
PINCUSHION, ⎫
PINDUST, ⎬ V. Pin.
PINDARICAL, ⎫
PINDARICK, ⎬ adj. Pindarique.
A pindarick ode. Une ode pindarique.
PINE, subst. (or pine-tree.) Un pin.
The wild pine. Pin sauvage.
A pine apple. Un ananas.
The kernel of a pine or rather fir apple. Pignon, noyau de pomme de pin.
A pine-grove. Une pinaie, un lieu planté de pins.
Pine-kernel. La glande pinéale, partie du cerveau.
To PINE, ⎫
To PINE AWAY, ⎬ v. neut. (to languish or wear away.) Languir, déchoir, avoir très-peu de santé, dessécher de chagrin ou de douleur.
To pine one's self to death, v. récip. Se laisser mourir de faim.
Pined away, adj. Déchu, accablé, &c.
PINEAL, adj. Ex. Pineal gland. La glande pinéale.
PINFOLD, subst. Bergerie.
PINGLE, s. Un petit enclos, une piece de terre.
PINING, subst. (or pining away.) Langueur.
Pining, adject. Languissant.
PINION, s. (a piece of a clock or watch.) Pignon, partie d'une montre ou d'une horloge.

The pinion (or wing) of a fowl. L'aile d'un oiseau.
To PINION one, verb. act. (to bind one's arms fast.) Lier les bras à quelqu'un.
Pinioned, adject. Qui a les bras liés.
PINK, subst. (a flower.) Œillet, fleur.
A purple pink. Un œillet violet.
Pink-eyed. Qui a de petits yeux.
Pink, (a ship.) Pinque ou flûte, sorte de bâtiment.
To PINK, verb. act. (to cut cloth.) Decouper, figurer ou moucheter une étoffe.
To pink, v. n. (to wink.) Clignoter, cligner les yeux.
Pinked, adject. Moucheté, découpé.
PINKER, subst. Un découpeur.
PINKING, s. Découpure, moucheture.
Pinking, adj. Qui cligne les yeux, qui clignote.
PINMONEY, s. L'argent qu'un mari accorde à sa femme pour ses menus plaisirs.
PINNACE, subst. (a small sea-vessel.) Pinasse, sorte de chaloupe marée en goelette.
Pinnace. Autre sorte de chaloupe à huit avirons; c'est ordinairement le second canot d'un vaisseau de guerre.
PINNACLE, s. (or battlement.) Pinacle, creneau.
The pinnacle (or height) of glory. Le pinacle ou le faîte de la gloire.
PINNAGE, subst. (or pounding of cattle.) L'action d'enfermer le bétail dans un parc.
PINNED, adject. (from to Pin.) Attaché, &c. V. to Pin.
PINNER, subst. (a maker of pins.) Un épinglier.
Pinner (or pounder) of cattle. Celui qui enferme le bétail dans un parc.
Pinner, (a sort of dress for a woman's head.) Sorte de coiffe de femme.
PINNING, subst. L'action d'attacher, &c. V. to Pin.
PINT, subst. (a sort of measure.) Pinte d'Angleterre ou chopine de France.
Half a pint. Une demi-pinte, mesure d'Angleterre, ou environ demi-setier de Paris.
PINTLES, subst. plur. Eguillots de gouvernail.
PINULES, subst. (the sights of the alhidada, a mathematical instrument.) Pinnules d'astrolabe.
PIONEER, s. (a digger in an army.) Un pionnier, un travailleur.
PIONING, s. Travaux de pionnier.
PIONY. V. Peony.
PIOUS, adject. (godly.) Pieux, dévot, qui a de la pieté; pie, adj. f.
A pious (or holy) man. Homme pieux.
Pious cheats. Des fraudes pieuses.
PIOUSLY, adv. Pieusement, dévotement, avec pieté, d'une manière dévote.
PIP, subst. (a white scale under the tip of the tongue in poultry.) La pépie.
The green pip, (or green sickness.) Les pâles couleurs.
Pip, (or spot upon cards.) Point de cartes.
To PIP, v. act. (to take away the pip.) Oter ou arracher la pépie.
To pip over. V. to Peep.
PIPE, subst. (to smoke tobacco in.) Une pipe pour prendre du tabac en fumée.
The hole of a pipe. L'embouchure d'une pipe.

A pipe, (or conduit.) Tuyau, conduit, canal.
A water-pipe. Un tuyau, conduit ou canal pour la conduite des eaux.
A leaden pipe. Chencan.
The wind-pipe, (the pipe of the lungs.) Le conduit de la respiration, le sifflet, la trachée artère.
To have the wind-pipe stopped. Avoir une oppression d'haleine.
To have a fine pipe, (or voice.) Avoir la voix belle.
A pipe (a but or half a tun) of wine. Une pipe de vin, un muid & demi de vin.
Pipe, (or flute.) Pipeau, chalumeau, flûte champêtre.
To play upon a pipe. Jouer de la flûte.
Pipe, (the great roll in the exchequer.) Le grand rouleau de l'échiquier en Angleterre.
The pipe-office. C'est un bureau de la Trésorie, où préside l'Officier appellé Clerk of the pipe.
A bagpipe. Une cornemuse.
A clysterpipe. Une seringue pour donner des lavements.
The pipe of a clysterpipe. Le canon ou la canulle d'une seringue.
To PIPE, verb. neut. (to play on the pipe.) Jouer de la flûte, flûter.
To pipe, (or smoke tobacco.) Fumer, prendre du tabac en fumée.
To pipe, (or to be piping, as sickly people do.) Gémir, se plaindre.
PIPER, s. (one who plays on the pipe.) Joueur de flûte, un flûteur.
A bagpiper. Un joueur de cornemuse.
Piper, (or smoker.) Un fumeur.
PIPING, subst. (or playing on the flute.) L'action de flûter ou jouer de la flûte.
Piping, (or smoking.) L'action de fumer.
Piping, adject. Ex. Piping hot. Tout chaud.
PIPKIN, subst. (an earthen pot.) Un pot de terre, un pot qui endure le feu.
PIPPED, adj. (from to Pip.) A qui on a ôté ou arraché la pépie.
PIPPIN, s. (an excellent sort of apple.) Reinette, pomme reinette.
PIQUANT, adj. (quick or sharp.) Qui a de la pointe, piquant.
Piquant wine. Du vin piquant, qui pique le goût.
Piquant (or poignant) satyr. Satire piquante.
PIQUANTLY, adverb. D'une manière piquante.
PIQUE, subst. (a grudge.) Petite querelle, petit différent ou démêlé, † pique.
There is a pique between them, (they are at variance.) Il y a un petit différent entre eux, ils ont quelque petit démêlé ensemble, † ils sont en pique l'un contre l'autre, il y a entre eux quelque petite pique.
I have no other pique of honour in prospect than— Je n'aspire qu'à la gloire de, je n'ai d'autre ambition que de—
To PIQUE, verb. act. (to vex, to fret.) Fâcher, chagriner.
To pique or pride one's self on a thing, verb. récip. (to pretend to excel in it.) Se piquer d'une chose.
To pique. Piquer ou pigner d'honneur.
Piquant, adject. aigu, chagrin.
To PIQUEER, verb. neut. (or skirmish.) Escarmoucher.
To piqueer (or ogle) with the eyes. Escarmoucher.

PIQ PIS

Escarmoucher des yeux, jouer de la prunelle, lorgner.
PIQUEERING, subst. Escarmouche, &c. V. to Piqueer.
PIQUET, subst. (a game at cards.) Piquet.
PIRACY, subst. (the trade of a pirate.) Piraterie, métier ou courſe de pirate.
To exercice piracy. Exercer la piraterie, infeſter les mers par des pirateries, pirater.
PIRATE, subst. (a ſea-robber.) Pirate, corſaire, voleur ou écumeur de mer, un forban.
To drive a pirate's trade. Faire le métier de pirate, pirater.
Pirate, (a plagiary of books.) Un plagiaire, un pilleur de livres.
To PIRATE, verb. act. (to play the plagiary.) Piller un Auteur, faire le métier de plagiaire.
To pirate, (to rob by ſea.) Pirater.
PIRATICAL, adj. De pirate ou appartenant à un pirate.
PISCARY, ſ. (a law-term, that ſignifies a liberty of fiſhing in another man's waters.) Le privilège de la pêche, la liberté de pêcher dans l'eau d'autrui.
PISCATORY, adj. Qui a rapport aux poiſſons ou à la pêche.
PISCES, ſ. (one of the twelve celeſtial ſigns.) Les poiſſons, l'un des douze ſignes céleſtes.
PISCIVOROUS, adj. Qui ſe nourrit de poiſſons.
PISH, interj. Nargue, terme de mépris.
To PISH, verb. neut. Narguer, témoigner du mépris.
PISMIRE, ſ. (an ant or emmet, an inſect.) Une fourmi.
PISS, subst. Piſſat, urine.
A piſs-pot, (or chamber-pot.) Un pot de chambre.
Piſs-burnt, (a colour occaſioned by piſs.) Couleur de piſſat.
A piſs-a-bed, (one that piſſes a-bed.) Un ou une piſſenlit.
Piſs-a-bed, (yellow flower.) Piſſenlit, herbe.
To PISS, verb. neut. (or make water.) Piſſer, uriner, faire de l'eau.
To piſs often. Piſſer ſouvent, piſſoter.
To piſs upon one, (to abuſe him, to make a fool of him.) Bafouer quelqu'un, ſe moquer de lui, lui faire des niches.
† They both piſs through one quill, (they agree perfectly together.) † Ce ſont deux têtes dans un bonnet, ils s'entendent parfaitement bien, † ils ſe chauſſent à un même point.
† I ſhall piſs upon your grave, (or I ſhall outlive you.) P. Je piſſerai ſur votre foſſe, je vivrai plus long-temps que vous.
A hardneſs to piſs. Difficulté de piſſer.
P. Piſs not againſt the wind, (ſtrive not againſt the ſtream.) Il ne ſe ſert de rien de nager contre le torrent.
To Piſs, verb. act. Ex. To piſs blood. Piſſer du ſang.
To piſs the fire out. Eteindre le feu en piſſant.
Piſſed upon, adject. Sur quoi l'on a piſſé, &c. V. to Piſs.
PISSIN, subst. L'action de piſſer.
Piſſing, adj. Ex. A piſſing-place. Piſſoir, lieu à piſſer.
A piſſing man. Un piſſeur.
A piſſing woman. Une piſſeuſe.

PIS PIT

PISTACHIO, } ſ. (a ſmall kind of
PISTACHE-NUT, nut.) Piſtache.
The piſtachio-tree. Piſtachier.
PISTE, ſ. (french.) Piſte, veſtige, trace que laiſſe l'animal ſur ſon paſſage.
PISTOL, ſ. (a ſort of ſmall gun.) Piſtolet.
A pair of fine piſtols. Une belle paire de piſtolets.
To ſhoot off a piſtol. Tirer un coup de piſtolet.
Piſtolbag. Faux fourreau de piſtolet.
Piſtolcaſe. Cuſtode.
Piſtolſhot. Portée d'un coup de piſtolet.
PISTOLE, subst. Ex. A Spaniſh piſtole, (a Spaniſh piece of gold worth ſeventeen ſhillings and ſix pence.) Une piſtole d'Eſpagne.
PISTON, subst. Piſton.
PIT, subst. Foſſe, creux.
To be at the pit's brink, (to be very old.) Être ſur le bord de la foſſe, avoir un pied dans la foſſe.
To be at the pit's brink, (to be in great danger.) Être au bord du précipice, être en grand danger.
A pit, (or deep hole made in the ground to catch beaſts in.) Foſſe, pour la chaſſe des bêtes ſauvages.
The pit of the ſtomach. Le creux de l'eſtomac.
The armpit. L'aiſſelle.
A bottomleſs pit. Un abîme.
The pit, (in a play-houſe.) Le parterre d'une comédie.
A coalpit. Une mine de charbon.
A claypit. Un endroit plein d'argile, une argilière.
A ſandpit. Une ſablière.
A gravelpit. Une ſablonière.
Pitfall, (or a gin to catch birds.) Trébuchet.
Pitcoal. Charbon de terre.
To PIT, verb. neut. & act. Creuſer, ſe dit, en parlant d'hydropiſie, de la chair du malade qui cède à l'impreſſion du doigt.
PITANCE, subst. (or allowance.) Ce que l'on donne à quelqu'un pour ſon entretien. V. Pittance.
PITAPAT, ſ. (a flutter, a palpitation or frequent beating of the heart.) Mot pour exprimer le battement du cœur, lorſqu'on eſt ému de quelque paſſion.
Ex. My heart goes pitapat, (I quake for fear.) Je tremble de peur, le cœur me bat.
Pitapat, adj. Ex. A pitapat ſtep. Un pas léger & court.
PITCH, subst. (a gluiſh black ſubſtance.) Poix ; braiſée, en termes de mer.
Stone-pitch. Poix ſèche ou endurcie.
Pitchtree. Pin, ſapin, tout arbre qui produit la poix.
Pitch and tar. Goudron.
A pitch fork. Une fourche de fer.
Pitch, (ſize, degree.) Taille, ſtature, hauteur, degré.
The higheſt pitch (or top) of a thing. Le plus haut point, le faîte ou période d'une choſe.
He is of a good pitch. Il eſt d'une bonne taille.
Birds that fly a very high pitch. Des oiſeaux qui volent fort haut.
To bring one to a right pitch. Faire boire quelqu'un.
To ſtrain one's ſkill to the higheſt pitch. Faire tous ſes efforts, montrer tout ce qu'on ſait faire.

PIT

To PITCH, verb. act. (to ſmear over with pitch.) Poiſſer, couvrir ou enduire de poix, goudronner.
To pitch a wheel. Poiſſer une roue.
To pitch (or pay) a ſhip. Goudronner ou brayer un navire.
To pitch the ſeams, verb. act. Brayer ou goudronner les coutures.
To pitch a tent. Dreſſer une tente.
To pitch a net. Tendre un filet.
To pitch a camp. Aſſeoir ou poſer un camp.
To pitch a bar. Jeter une barre, faire tomber une barre ſur un bout.
To pitch, (or pave.) Paver.
To pitch UPON a thing, (to chuſe it.) Choiſir une choſe, en faire choix.
To pitch (or fall) upon one's head. Tomber la tête la première.
To pitch upon a place. Choiſir une place, s'y arrêter.
To pitch (or appoint) a time to do any buſineſs. Aſſigner un certain temps pour faire quelque affaire.
To pitch, (or ſtrike.) Ficher, enfoncer, faire entrer par la pointe.
To pitch one's foot in the ground. Ficher ſon pied dans la terre.
To pitch, (or fall.) Tomber.
PITCHED, adj. Poiſſé, couvert ou enduit de poix, &c. V. to Pitch.
A pitched fight, (or battle.) Bataille rangée.
A pitched-cap, ſuch as is uſed to take away the hair from ſcabby heads.) Un emplâtre dépilatoire.
PITCHER, subst. (an earthen waterpot.) Une cruche.
P. The pitcher goes ſo often to the well, that is comes home broken at laſt. P. Tant va la cruche à l'eau, qu'à la fin elle ſe caſſe.
A true pitcherman. Un bon buveur.
Pitcher. Inſtrument pour creuſer la terre.
PITCHFORK. V. Pitch.
PITCHINESS, subst. (or darkneſs) Ténèbres.
PITCHING, subst. L'action de poiſſer, &c. V. to Pitch.
Pitching, part. act. & subst. Tangage ou action de tanguer.
The ſhip will pitch her maſts by the board. Le vaiſſeau riſque de démâter par le tangage.
Pitching-pence, (a duty paid in fairs and markets for the ſetting of commodities.) Étalage, droit qu'on paye dans les marchés & dans les foires.
PITCHY, adj. (of pitch.) De poix.
PITEOUS, adj. (pitiful or wretched) from Pity.) Pitoyable, piteux, pauvre, chétif.
It is very piteous with him. Il eſt dans un pitoyable ou dans un piteux état.
PITEOUSLY, adv. Pitoyablement, piteuſement, mal, d'une pitoyable manière.
PITEOUSNESS. V. Pity.
PITFALL. V. Pit-fall, ſous Pit.
PITH, subst. (or marrow.) Moëlle.
Pith of a loin or tree. Moëlle d'une longe ou d'un arbre.
To take all the pith (or quinteſſence) out of a book. Tirer la moëlle d'un livre, en tirer la quinteſſence.
The pith of a quill, the light ſtuff that is within it.) Larron de plume.
PITHILY, adv. Fortement, avec énergie, vigoureuſement.
PITHLESS, adv. Qui n'a point de moëlle, &c.

PITHY,

PITHY, *adj.* Moelleux, dans le figuré.
PITIFUL, *adject.* (that deserves to be pitied,) Pitoyable, digne de pitié, piteux, triste, lamentable. Piteux is old.
Pitiful, (forry or wretched.) Pitoyable, chétif, misérable, méprisable, à faire pitié, mauvais.
A pitiful fellow. *Un misérable, un faquin.*
A pitiful (or compassionate) heart. *Un cœur pitoyable, un cœur plein de pitié ou rempli de compassion.*
Pitiful, (or compassionate.) *Enclin à la pitié, ému de pitié.*
PITIFULLY, *adv.* (wretchedly ill.) Pitoyablement, d'une maniere misérable ou chétive, mal, misérablement.
Pitifully, (with pity.) *Avec pitié, avec compassion.*
PITIFULNESS, *subst.* La maniere pitoyable dont une chose est faite.
Let the pitifulness of thy great mercy loose us, (an expression used in the common prayer.) *Que ta grande miséricorde nous délivre de ces liens.*
PITILESLY, *adv.* Impitoyablement.
PITILESS, *adj.* (unmerciful.) Impitoyable, qui n'a point de pitié, cruel.
PITTANCE, *subst.* (the small portion of victuals given to monks in colleges.) Pittance, portion de pain, de vin, &c. qu'on donne à un Religieux à chaque repas.
A small pittance, (or commons.) *Un petit ordinaire.*
Small pittance (or part) of any thing. *Une petite partie de quelque chose.*
PITTANCER, *subst.* (the monk appointed to provide or distribute victuals in a monastery.) Pitancier, officier claustral qui distribue la pitance aux Moines.
PITTED, *adj. Ex.* Pitted with the small pox. *Gravé de la petite vérole.*
PITUITE, *subst.* (phlegm.) Pituite.
PITUITOUS, *adject.* (phlegmatick or waterish.) Pituiteux, flegmatique, plein de pituite.
PITY, *subst.* (or compassion.) Pitié, compassion.
To move to pity. *Emouvoir à pitié ou à compassion, exciter la pitié.*
Pity, (sad thing, misfortune.) *Pitié, dommage.*
It is or 'tis pity it is not bigger. *C'est dommage qu'il ne soit pas plus gros.*
To PITY, *verb. act.* (or to take pity of.) Plaindre, prendre ou avoir pitié, prendre compassion, être touché de pitié.
He that pitieth another remembereth himself. *Ce'ui qui prend pitié d'un autre se souvient de soi-même.*
PITYABLE, *adj.* (to be pitied.) Pitoyable, digne de pitié.
PITYED, *adj.* Dont on prend pitié, que l'on plaint.
Prov. 'Tis better to be envyed than pityed. P. *Il vaut mieux faire envie que pitié.*
PIVOT, *subst.* (a pin on which any thing turns.) Pivot.
PIX, *subst.* (a little chest in which the consecrated wafer is kept.) Ciboire.
PIZZLE, *subst.* Nerf, la partie du taureau qui sert à la génération.
A bull's pizzle. *Nerf de bœuf.*
The pizzle of a whale. *Patenas.*
PLACABILITY, } *subst.* (placable temper.) Douceur ; humeur douce, facilité à s'appaiser.
PLACABLENESS, }

PLACABLE, *adj.* (easily appeased.) Aisé à appaiser.
PLACARD, } *subst.* (a proclamation,
PLACART, } an edict or ordinance.) *Un placard, une ordonnance, un édit, un manifeste.*
Placard, (a particular license whereby a man is permitted to maintain unlawful games.) *Permission particuliere qu'on donne à quelqu'un de donner à jouer des jeux défendus.*
A french placard, (or table wherein laws, orders, &c. are written, and posted or hung up.) *Un placard, écrit ou imprimé qu'on affiche.*
PLACE, *subst.* (room or space wherein a thing or person is or may be.) Place, lieu, endroit, espace, part.
To yield one's place. *Céder sa place.*
A pleasant place. *Un lieu agréable.*
A trading place, a town or place of trade. *Place marchande.*
From what place? *D'où?*
In some place, (or in some place or other.) *En quelque endroit, en quelque part.*
In another place. *Dans un autre endroit, en quelqu'autre part, ailleurs.*
To put every thing in its right place. *Mettre chaque chose en sa place, en son ordre ou rang.*
To put one in another's place, (room or stead.) *Mettre quelqu'un en la place d'un autre.*
A place (or passage) of Scripture. *Un passage de l'Ecriture.*
A place of refuge. *Un lieu de refuge.*
Place, (town or hold.) *Place, ville ou forteresse.*
Place (or emploiement.) *Place, condition, emploi, charge, dignité, poste.*
He has got a good place. *Il a trouvé une bonne place, il a un bon emploi.*
The King has promised me the first place that falls in his Council of State. *Le Roi m'a promis la premiere place vacante en son Conseil d'Etat.*
All the places in the Parliament are filled, there are none vacant. *Toutes les places du Parlement sont pleines, il n'y en a point de vacantes.*
Place, (rank.) *Rang, qualité.*
To give place, (or yield.) *Céder, donner la préséance.*
This must give place to that, (or must not come in competition with it.) *Il n'y a point de comparaison.*
To take a place of one. *Prendre le pas ou la main sur quelqu'un, prendre place au-dessus de lui, avoir le pas sur lui.*
The effectual grace is needless where sufficiency takes place. *La grace efficace est inutile où la suffisance est établie.*
He measures all things by interest, and will not allow virtue to take place. *Il mesure tout par l'intérêt & ne donne rien à la vertu.*
To lay one's hand upon the sore place. *Porter la main sur la partie offensée ou malade.*
A shady place. *Un ombrage.*
To PLACE, *verb. act.* (to put, to lay.) Placer, mettre, agencer.
Where will you place your books? *Où voulez-vous placer vos livres?*
To place a cannon. *Braquer un canon, asseoir une piece d'artillerie.*
Place it to my account. *Mettez-le sur mon compte.*

To place (or procure an employment.) *Placer, donner ou procurer une place ou un emploi.*
I placed OUT my son. *J'ai placé mon fils.*
To place a sentry. *Poser une sentinelle.*
To place a sentry in the market place. *Placer une sentinelle au marché.*
Placed, *adject.* Placé, &c. *V.* to Place.
PLACID, *adj.* (benign, kind, gracious.) Bénin, doux, gracieux.
PLACIDLY, *adverb.* Doucement, paisiblement.
PLACING, *s.* L'action de placer, &c.
PLACKET, *subst.* (the fore-part of a woman's petticoat or shift.) Le devant d'une jupe ou d'une chemise de femme, &c.
PLAD, *subst.* A Scotch plad, (a kind of cloak.) Vêtement que les montagnards dans les parties septentrionales d'Ecosse portent au lieu de manteau.
Plad, (a sort of Irish or Scotch stuff.) Sorte d'étamine ou de serge d'Irlande ou d'Ecosse.
PLAGIARIAN, *adject. Ex.* The plagiarian law, (against plagiaries.) Loi contre les plagiaires ou contre ceux qui enlevent des enfans.
PLAGIARISM, *subst. Métier de plagiaire; plagiat.*
PLAGIARY, *s.* (or Kidnapper, a stealer of other men's children or servants.) *Un voleur d'enfants.* On appelle ainsi ceux qui enlevent les enfans dans les ports de mer pour les faire transporter aux Indes où on les vend comme des esclaves.
Plagiary, (or book-thief) *Un plagiaire, celui qui s'attribue les ouvrages d'autrui;* † fripier d'écrits, qui pille çà & la dans les auteurs.
PLAGUE, *s.* (a pestilential disease.) La peste, maladie populaire & contagieuse, la contagion.
One that has the plague. *Un pestiféré, un homme atteint ou frappé de peste.*
Those kind of people are the plague (the pest or bane) of mankind. *Ces sortes de gens sont la peste du genre humain.*
A plague-force, (or token.) *Charbon de peste.*
Plague, (a troublesome man.) *Fléau, une personne qui nous tourmente, un fâcheux.*
Such a wife must be a perpetual plague to you. *Cette femme ne peut manquer de faire le tourment de votre vie.*
Plague (punishment or judgment.) *Fléau, jugement, punition.*
The plagues of Egypt. *Les plaies d'Egypte.*
To PLAGUE, *verb. act.* (to vex or teize.) Tourmenter, incommoder, importuner, † tarabuster.
Plagued, *adject.* Tourmenté, &c. *V.* to Plague.
I never was so plagued in my life. *Jamais de ma vie je ne fus tant tourmenté.*
PLAGUILY, *adv.* Fortement ou d'une maniere forte; † diablement.
PLAGUING, *sub. L'action de tourmenter, &c. Voy.* to Plague.
PLAGUY, *adject.* Méchant, pernicieux, maudit, dangereux.
A plaguy man. *Un homme méchant, qui ne cherche qu'à faire du mal à autrui.*
PLAICE, *s.* (a sea-fish.) Plie, poisson de mer.
PLAID. *Voy.* to Play.

PLAIN,

PLA

PLAIN, adj. (even, smooth, flat.) Plain, uni, qui n'est point raboteux.
Plain, (in geometry.) Plan, en termes de géométrie.
Ex. A plain superficies. Une surface plane, un plan.
Plain, (or open.) Ex. A plain and open country. Un pays plain & découvert.
Plain song, (in musick.) Le plain-chant, en musique.
Plain, (without ornament.) Uni, simple, &c. sans ornements ou embellissement.
A plain suit of clothes. Un habit uni, un habit tout simple.
Plain linen. Du linge uni, sans dentelle.
A plain man, (a man that goes plainly drest.) Un homme habillé tout simplement ou qui est simple dans ses habits.
A book plain bound. Un livre relié simplement, sans dorure, sans enjolivement.
A plain style. Un style simple, sans ornement.
Plain coats of arms, (without rebatements.) Armes pures & pleines, sans brisure.
Plain, (or clear.) Clair, sans obscurité, évident, manifeste, aisé à entendre.
A plain man, (that is not formal.) Un homme sans façon.
A plain (a downright, sincere, honest) man. Un homme franc, sincere, candide, ingénu, naif, qui fait les choses de bonne foi & sans déguisement, un honnête homme, un homme conscientieux, qui va droit.
The plain truth. La franche verité.
Plain dealing, (fair or honest dealing.) Droiture, equité, sincérité, probité, conduite franche ou honnête, bonne foi.
Plain dealing, (a game at cards.) Sorte de jeu de cartes en Angleterre.
A plain dealer. Un honnête homme, un homme franc, sincere, de bonne foi, equitable.
To make a thing plain. Eclaircir une chose, la mettre au jour, l'expliquer.
A plain way of preaching. Maniere de prêcher simple ou populaire, qui est à la portée du peuple.
In plain terms. En propres termes, en termes formels, ouvertement, sans déguisement.
To be plain with one or speak to him in plain terms or freely. Dire franchement, librement ou ingénument sa pensée à quelqu'un, ne point dissimuler avec lui, lui parler franchement.
Plain, adv. Ex. To speak plain, (or distinctly.) Parler distinctement ou intelligiblement, articuler bien les mots.
He spoke plain enough upon that subject. Il s'est assez bien expliqué là-dessus.
To go plain or to wear plain clothes. Etre habillé tout simplement, être simple dans ses habits.
PLAIN, sub. (a level extent of country.) Plaine, campagne unie.
A plain, (or level surface.) Plan, surface plane.
A globe drawn upon a plain. Un planisphere.
A plain, (a tool that carpenters or joiners use.) Un rabot.
To PLAIN, v. n. (or to lament.) Plaindre, se lamenter.
PLAINER
PLAINEST } (the comparat. and superlat. of plain.) Vey. Plain.
PLAINLY, adv. (or freely.) Franchement, tout net, ingénument, librement, sincérement, naivement ou de bonne foi.

Tome II.

PLA

Plainly, (or manifestly.) Clairement, manifestement, évidemment.
Plainly, (or without ornament.) Simplement, d'une maniere simple, sans ornement.
PLAINNESS, s. (or evenness.) Egalité, surface unie.
The plainness (or clearness) of a discourse. La clarté d'un discours.
The plainness (or simplicity) of the gospel. La simplicité de l'Evangile.
The plainness of his cloaths. La simplicité de ses habits.
PLAINT, s. (the exhibiting of any action, personal or real, in writing.) Plainte, griefs, demande en justice.
PLAINTFUL, adject. Gémissant, qui se plaint.
PLAINTIFF, s. (a man or woman that has entered an action against another.) Demandeur, demanderesse.
PLAINTIVE, adj. Plaintif.
PLAINWORK, subst. Ouvrage à l'aiguille sans broderie.
PLAISTER. Voy. Plaster.
PLAIT, s. (or fold.) Un pli.
A plait of hair. Tresse de cheveux.
To PLAIT, v. act. Plisser.
To plait the hair. Tresser les cheveux.
Plaited, adj. Plissé, tressé.
PLAITING, sub. L'action de plisser ou de tresser.
PLAN, s. (or draught.) Un plan, délinéation ou dessein tracé sur le papier.
A plan of the King's camp. Plan du camp du Roi.
Plan, (scheme or draught of a project.) Le plan, le dessein ou le projet d'un ouvrage.
To PLAN, verb. act. (to scheme.) Tracer, projeter.
PLANCHER, subst. (or board.) Une planche.
PLANE, subst. (a joiner's tool.) Un rabot.
A cornith-plane or bed-moulding plane. Galere, sorte de rabot.
Plan or plain, (a term used in geometry.) Plan, surface plane.
To PLANE, v. act. (or make smooth with a plane.) Raboter, polir, doler.
* To plane, v. n. (as a bird that flies or hovers without moving her wings.) Planer, voler en l'air sans presque remuer les ailes V. to hover.
PLANE-TREE, sub. (a tall sort of tree.) Plane ou platane, sorte d'arbre.
PLANED, adj. Raboté, poli, dolé.
PLANER, subst. Qui rabote.
PLANET, s. (a wandering star.) Planete, étoile errante.
To be born under a lucky planet. Etre né sous une heureuse planete.
There are seven planets, the Sun, Moon, Venus, Jupiter, Mercury, Mars and Saturn. Il y a sept planetes, le Soleil, la Lune, Vénus, Jupiter, Mercure, Mars & Saturne.
Planet-struck, (or blasted.) Brouï ou gâté par la nielle.
Planet-struck, (astonished or amazed.) Etonné, qui est dans l'étonnement, tombé des nues, dans la derniere consternation.
PLANETARY, adject. De planete ou des planetes, planétaire.
PLANIMETRY, s. (the measuring of plane surfaces.) Planimétrie.
PLANING, s. (from to plane.) L'action de raboter, de polir, de doler.
To PLANISH, v. act. Ex. To planish a

PLA

dish, (as goldsmiths, silversmiths, &c. do.) Planer un plat.
PLANISHER, s. (he that planishes silver plate.) Qui plane.
PLANISPHERE, s. (a sphere drawn on a plain.) Planisphere.
PLANK, subst. (or board.) Une planche, un ais.
To PLANK, v. act. Planchéier.
To plank, (or join planks and boards.) Planchéier, faire un plancher.
To plank a house. Planchéier une maison.
To plank, (in ship-building; du mot PLANK, bordage.) or to lay on the skin. Border un vaisseau.
Planked, adj. Planchéié.
PLANT, subst. Une plante.
A plant bearing fruit. Plante qui porte fruit, plante parfaite.
That beareth plants. Qui porte des plantes.
To water his plants. Arroser ses plantes.
Noble plants suit not a stubborn soil. Les nobles plantes ne viennent pas d'un méchant terroir.
The plant (or sole) of the foot. La plante du pied.
A young plant, (a young man or maid.)
† Une jeune plante, un rejeton, un jeune homme ou une jeune fille.
A plant or young tree to set. Plant ou jeune arbre pour planter.
A plant animal. Corps qui tient de l'animal & de la plante, un zoophyte.
To PLANT, v. act. (or to set.) Planter.
To plant young vines. Planter une vigne.
To plant colonies, (to make plantations.) Etablir des colonies, faire des peuplades.
To plant the christian faith in a country. Planter la Foi chrétienne dans un pays, y introduire la Religion chrétienne.
To plant the cannon. Pointer ou braquer le canon, le mettre en état pour tirer.
To plant, v. neut. (or settle.) S'établir, se fixer.
PLANTAIN, subst. (an herb.) Plantain, herbe.
Broad-leaved plantain. Le grand plantain.
Ribwort plantain. Le petit plantain.
PLANTAL, adject. (vegetative.) Végétable.
PLANTATION, subst. (the planting of tobacco, sugar-reeds, &c. in America.) Plantage.
Plantation, (or colony.) Colonie, habitation, peuplade, plantation.
PLANTED, adject. Planté, &c. Voy. to Plant.
PLANTER, s. Planteur.
Planter, (one that has a plantation.) Le maître d'un plantage ou d'une colonie, &c. d'une plantation.
PLANTING, s. L'action de planter, &c. Voy. to Plant.
Planting-stick. Plantoir.
PLASH, s. (a place full of standing water.) Gâchis, margouillis.
To PLASH, v. act. (or to bend.) Plier.
To plash mortar. Gâcher du plâtre.
Plashed, adj. Plié, &c.
PLASHING, s. L'action de plier, &c.
PLASHY, adj. Gâcheux.
PLASTER, s. (an outward remedy for sores.) Emplâtre.
To lay a plaster to a sore. Appliquer un emplâtre à une plaie.

Plaster,

3 R

PLA

Plaster, (or mortar to daub with.) *Plâtre, ciment, mortier.*
Plaster of Paris. *Stuc.*
Plaster or plastering. *Enduit.*
To PLASTER, v. act. (to daub with plaster.) *Enduire de plâtre ou de ciment.*
To plaster a wall. *Enduire une muraille.*
To plaster, (to cover with a medicated plaster.) *Couvrir d'un emplâtre.*
Plaster-ing, adj. *Enduit.*
PLASTERER, sub. *Plâtrier, ouvrier qui fait le plâtre.*
PLASTERING, subst. (from to plaster.) *L'action d'enduire.*
Plastering, (or place plastered.) *Enduit.*
PLASTICK, adject. (a didactical term.) *Plastique.*
The plastick power. *La vertu plastique.*
Plastick or plastique, subst. (sculpture.) *Sculpture, le métier d'un sculpteur ou d'un statuaire.*
PLASTRON, s. (a fencing master's breast-leather for his scholars to push at.) *Plastron de maître en fait d'armes.*
PLAT, s. A plat (or piece) of ground. *Un morceau de terre, un petit champ.* Voy. Plot.
Plat. *Fourrures de vieux cordages pour les cables.*
Plat, adject. Ex. The plat veins of a horse. *Les ars, les veines où l'on saigne les chevaux, une au bas de chaque épaule.*
To PLAT, v. act. *Tresser,* V. to Weave.
Platted, adj. *Tressé.*
PLATANE, s. *Platane,* arbre.
PLATE, s. (gold or silver dishes.) *Vaisselle, vaisselle d'or ou d'argent.*
A plate, (to be run for.) *Un prix de course, piece de vaisselle d'argent qu'on propose pour le prix d'une course.*
A plate, (to eat upon.) *Une assiette.*
Plates, (kickshaws or ragouts served at table between the courses and before the fruit.) *Entremets.*
A plate, (or flat piece of metal.) *Plaque, planche, platine ou lame de métal.*
A copper plate well engraved. *Planche de cuivre bien gravée.*
The plates of a watch. *Platines d'une montre.*
Plate-wheel, (in a clock or watch.) *Roue de cadran.*
Plate buttons. *Boutons d'orfèvrerie.*
A plate-candlestick, (or hand candlestick.) *Une plaque, chandelier à manche.*
Back-stay plates. *Chaînes de galhaubans.*
Futtock plates. Voy. Futtock.
Plate, signifie quelquefois *Bande de fer.*
To PLATE, verb. act. (to cover with a thin plate of gold or silver.) *Couvrir de feuilles d'or ou d'argent.*
To plate brass money. *Couvrir de la fausse monnoie avec des feuilles d'or ou d'argent, faire des espèces fourrées.*
To plate a metal, (or bring it into plates.) *Mettre du métal en lames.*
Plated, adject. *Couvert de feuilles d'or ou d'argent, fourré.*
A plated half-crown. *Une pièce de trois livres fourrée.*
Plated metal. *Métal mis en lames ou lame de métal.*
The plated or scaly crocodile, (in a poetical style.) *Le crocodile écaillé! ou couvert d'écaille.*
PLATEN, subst. (the plate of a Printer's press.) *Platine de presse d'Imprimeur.*

PLA

PLATFORM, s. (an elevation in building or fortification.) *Plateforme.*
Platform, (the ichnography or groundwork of a building.) *Plan, ichnographie.*
PLATING, s. (from to plate.) *L'action de couvrir de feuilles d'or ou d'argent, &c.* Voy. to Plate.
PLATOON, s. *Peloton,* terme de guerre.
PLATTER, subst. (an earthen or wooden dish.) *Un plat de bois ou de terre.*
A platter-face. *Un grand visage.*
PLAUDIT. Voy. Applause.
PLAUSIBLE, adject. (fair, colourable.) *Plausible, spécieux.*
PLAUSIBLENESS, } s. *Qualité plausible*
PLAUSIBILITY, } *ou ce qui rend une chose plausible.*
PLAUSIBLY, adv. (with applause.) *Fort bien, avec approbation, avec applaudissement, spécieusement.*
PLAY, s. (or game.) *Jeu, exercice où l'on se divertit en jouant.*
To play fair play. *Jouer franc jeu, jouer bon jeu ou beau jeu.*
To play foul play. *Tromper, tricher au jeu.*
Publick plays, (shews or spectacles.) *Jeux ou spectacles publics.*
A play, a stage-play, (a comedy or a tragedy.) *Comédie ou tragédie, pièce de théâtre.*
To go to play. *Aller à la comédie.*
To beat one at his own play. *Battre quelqu'un de ses propres armes.*
This is not fair play, this is foul play, (or you do not deal fairly.) *Cela n'est pas honnête, cela n'est pas de bonne foi, vous n'en agissez pas bien ou comme il faut.*
I fear some false play from him. *Je crains qu'il ne nous joue un mauvais tour ou qu'il ne nous donne un coup de jarnac.*
To give one fair play, (or to let him do his worst.) *Donner beau jeu à quelqu'un, le laisser faire, lui donner tous les avantages qu'il peut souhaiter.*
And to give him fairer play, she still bantered him about Miss. B——. *Et pour lui donner plus beau jeu, elle ne cessoit de le railler sur le sujet de Mademoiselle B——.*
To hold or to keep one in play, (to amuse him.) *Tenir quelqu'un en haleine, l'amuser.*
Play, (sport, mad trick.) *Jeu, badinage, action folâtre, folâtrerie.*
To leave boy's play. *Quitter les jeux de l'enfance ou les actions puériles, devenir grave ou posé.*
A child full of play. *Un enfant badin ou folâtre, qui aime à badiner, à folâtrer ou à faire de petites folies.*
A dog or a cat full of play. *Un chien ou chat divertissant.*
A playfellow. *Compagnon de jeu.*
A playday, (at school.) *Vacances, jour de campos ou de relâche.*
A playhouse. *Une comédie, un théâtre.*
A playbook. *Recueil de pièces de théâtre.*
A playdebt. *Dette de jeu.*
A playgame. *Jeu d'enfant.*
To PLAY, v. neut. & act. *Jouer, s'exercer au jeu.*
To play at cards. *Jouer aux cartes.*
To play a set or game. *Jouer une partie.*
To play for something. *Jouer quelque chose.*
To play sure play, (to go on sure grounds.) *Jouer à jeu sûr, être assuré de réussir.*
To play the game over again. *Refaire au jeu.*

PLA

Those two cunning statesmen play the game into each other's hands by turns, now dividing, then uniting, as the scene of affairs happens to shift. *Ces deux rusés politiques s'entendent comme deux filous qui se donnent beau jeu tour à tour, tantôt se divisant, tantôt s'unissant, selon que la situation des affaires vient à changer.*
To play, to play the fool, (to be full of play or mad tricks.) *Jouer, badiner, folâtrer.*
To play upon words, (to quibble or pun.) *Jouer ou se jouer sur les mots ou sur les paroles.*
To play upon a musical instrument. *Jouer d'un instrument de musique.*
To play (to act) a comedy or a part in a play. *Jouer, représenter une pièce de théâtre ou un personnage.*
To play the fool, (to act the part of a fool.) *Faire le fou.*
To play the fool, to play mad tricks, to be full of play. *Faire le fou, folâtrer, badiner.*
He plays the fool with himself. *Il fait le fou, il fait une folie.*
To play the knave. *Faire des friponneries, friponner.*
To play the whore. *Faire le métier de prostituée, courir le guilledou.*
To play the truant. *Faire le fainéant.*
To play one a trick. *Faire ou jouer une pièce à quelqu'un, lui faire ou lui jouer un tour ou lui jouer d'un tour.*
To play the engines, (to set them a going.) *Faire jouer, faire aller les machines ou les pompes pour éteindre un incendie.*
To play upon a bastion with great guns. *Faire jouer le canon contre un bastion, le canonner, le battre à coups de canon.*
An engine that plays well. *Une machine qui joue ou qui va bien, qui a l'aisance & la facilité du mouvement.*
To play with a man at his own weapon. *Battre quelqu'un de ses propres armes.*
To play with the most difficult things, (to make nothing of them.) *Se jouer des choses les plus difficiles, n'avoir guère de peine à les faire.*
To play pranks. *S'échapper, faire des échappées, s'émanciper, prendre trop de liberté.*
Our cannon played upon the enemy. *Notre artillerie faisoit feu ou jouoit sur l'ennemi.*
To play the thief. *Dérober, s'amuser à dérober.*
To play, (as a precious stone.) *Briller, avoir un brillant.*
To play AWAY. *Jouer, perdre au jeu.*
To play UPON one, (to jeer or banter him.) *Jouer quelqu'un, se jouer de lui, le railler, le pincer, se moquer de lui.*
Played, adj. *Joué,* &c. V. to Play.
PLAYBOOK, } V. Play.
PLAYDEBT, &c. }
PLAYER, subst. (or musician.) *Joueur, joueuse.*
A player upon instruments. *Un joueur ou une joueuse d'instruments.*
Player, (one that acts in a play-house.) *Un comédien ou une comédienne.*
A sword-player. *Un gladiateur.*
PLAYFUL, adj. *Folâtre.*
PLAYING, s. *Jeu, l'action de jouer,* &c. V. to Play.

PLAYSOME,

PLA PLE

PLAYSOME, adject. (wanton.) Folâtre, léger.
PLAYTHING, s. Babiole, jouet.
PLEA, s. (that which either party alledges for himself in Court.) Plaidoyer, raisons ou preuves qu'on allegue pour la défense d'une cause.
The Court of common-pleas. La Cour des plaidoyers communs.
Plea, (or excuse.) Prétexte, excuse.
I took up the plea in his defense. Je plaidai sa cause, j'entrepris sa défense ou son apologie.
* To PLEACH. V. to Bend.
To PLEAD, v. act. Plaider, défendre.
To plead, verb. neut. guilty or not guilty. Avouer ou désavouer l'accusation, répondre que l'on est coupable ou innocent.
To plead, verb. act. (to alledge or pretend.) Prétendre, alléguer, s'excuser sur.
He pleaded poverty. Il allégua sa pauvreté, il s'excusa sur sa pauvreté.
To plead ignorance. Prétendre cause d'ignorance.
In answer to that I can plead for myself. Pour répondre à cela je puis dire en ma défense.
PLEADABLE, adj. Qui peut être plaidé.
PLEADED, adject. Plaidé, &c. Voy. to Plead.
PLEADER, s. Un plaideur.
PLEADING, s. Plaidoirie ou l'action de plaider.
PLEASANT, adj. (or agreeable.) Plaisant, agréable, gracieux, divertissant.
That is a pleasant fancy. Cela est plaisamment imaginé.
Pleasant, (impertinent, ridiculous.) Plaisant, impertinent, ridicule.
PLEASANTLY, adv. Plaisamment, agréablement, d'une manière agréable ou plaisante.
Pleasantly, (ridiculously) Plaisamment, ridiculement.
PLEASANTNESS,
PLEASANTRY, } s. Agrément, charme, ce qui rend une chose plaisante, agréable.
Pleasantry, (humour, jest.) Plaisanterie, raillerie.
To PLEASE, verb. act. (to content or satisfy.) Plaire, contenter, agréer, être au gré, donner du plaisir, satisfaire.
To please every body. Plaire à (ou contenter) tout le monde.
To please the King. Agréer au Roi.
That pleases me. Cela me plait ou me donne du plaisir.
To please one, (to pleasure or oblige him.) Faire plaisir à quelqu'un, l'obliger.
To please one, (to be complaisant to him, to humour him.) Complaire à quelqu'un, avoir de la complaisance pour lui, faire ce qu'il veut.
A thing that pleases the palate. Une chose qui flatte le goût.
To please, v. neut. (or to be pleased, to be willing.) Plaire, vouloir.
Will you please to drink? Vous plait-il de boire?
As you please or as you please for that. Comme il vous plaira.
You are pleased to say so. Cela vous plait à dire.
If you please. S'il vous plait, si vous le voulez, si vous le souhaitez.
If God please or if it please God. S'il plait à Dieu.

PLE

To please one's self, v. récip. Ex. I please myself with such things. Je prends plaisir ou je me plais à ces choses-là.
Let him please himself. Qu'il fasse ce qu'il voudra, qu'il se contente, laissez-le contenter.
Please yourself, (or chuse.) Contentez-vous, choisissez.
PLEASED, adj. Content, satisfait.
Hard to be pleased. Difficile à contenter.
P. The devil himself is good when he is pleased. P. Le diable même est bon quand on lui plait.
To be pleased (or contented) with a thing. Être content ou satisfait d'une chose, y prendre plaisir, l'agréer, la goûter.
I never was more pleased with any thing. Jamais rien ne m'a plû davantage, cela m'a extrêmement plû.
I am not ill pleased with (or not sorry for) it. Je n'en suis pas fâché.
If he be angry, he must be pleased again. S'il est fâché, qu'il se défâche.
I am pleased so to do. Il me plait de faire cela.
PLEASING, adj. (acceptable or agreeable.) Plaisant, agréable, qui donne du plaisir.
PLEASINGLY, adv. Agréablement.
PLEASINGNESS, sub. (delightfulness.) Agrément, charme.
PLEASURABLE, adject. (or pleasant.) Plaisant, agréable.
The pleasurable (or gay) part of mankind. Les gens de plaisir, par opposition aux gens d'affaires.
PLEASURE, subst. (content, joy, delight.) Plaisir, contentement, joie, satisfaction.
Pleasure, (or diversion.) Plaisir, divertissement, récréation.
A house of pleasure. Une maison de plaisance.
Pleasure, (good turn or office, kindness, service.) Plaisir, grace, gracieuseté, faveur, bon office, service.
Pleasure, (or will.) Plaisir, volonté, fantaisie, gré.
For such is our will and pleasure. Car tel est notre plaisir.
At his own pleasure. A sa volonté ou comme il lui plaira, à sa fantaisie.
You may say your pleasure, but— Vous en direz ce qu'il vous plaira ou ce que vous voudrez, mais—
Your pleasure, Madam? Que vous plait-il, Madame? Que souhaitez-vous?
He did it at pleasure, (or had his own time for it.) Il l'a fait à loisir, il a pris son temps pour le faire.
It is my pleasure so to do. Il me plait de faire cela, je veux le faire.
To PLEASURE, verb. act. (to please or content.) Plaire, faire plaisir, contenter.
To pleasure, (to humour.) Complaire, faire ce qu'on veut, avoir de la complaisance.
To pleasure, (or oblige.) Faire plaisir, obliger.
To pleasure one with a thing. Accommoder quelqu'un d'une chose.
Pleasured, adj. A qui l'on a fait plaisir, &c. V. to Pleasure.
PLEBEIAN, s. (one of the vulgar sort.) Homme du peuple, un homme du commun, un roturier, un plébéien.
Plebeian, adj. Vulgaire.

PLE

* PLEBEITY, s. (the commonalty.) Le menu ou le petit peuple, le commun du peuple, la populace.
PLEDGE, s. (surety or pawn.) Gage, assurance.
He is my pledge, (or surety, he bails me.) Il est caution pour moi. On a dit autrefois pleige, dans ce même sens.
Pledges, (or hostages) in war. Des otages.
This is a sufficient pledge (or proof) of the truth I assert. Ceci prouve suffisamment la vérité que j'avance.
Frank pledge. V. Frank.
To PLEDGE, v. act. (or pawn.) Engager, mettre en gage.
To pledge one, (in drinking.) Faire raison à celui qui boit à nous.
Pledged, adject. Engagé, &c. Voy. to Pledge.
To see one's self pledged, Prendre garde qu'on nous fasse raison, ou que celui à qui nous avons bu, boive à son tour.
PLEDGET, s. (a sort of flat tent for a wound.) Plumasseau, sorte de tente pour une plaie.
Pledget, (a piece of rag which the surgeon applies after letting blood.) Une compresse.
PLEDGING, s. L'action d'engager ou de mettre en gage, l'action de faire raison en buvant.
PLEIADS,
PLEIADES, } s. (a northern constellation.) Les pléiades, constellation.
PLENARILY, adverb. (fully.) Pleinement.
PLENARTY, s. (a benefice being full.) Le temps qu'un bénéfice est rempli.
PLENARY, adj. (or full.) Plénier, entier, parfait, complet.
Plenary Indulgence. Indulgence plénière.
PLENIPOTENCE, s. (or full power.) Plein pouvoir.
PLENIPOTENT, adj. Revêtu d'un plein pouvoir, tout-puissant.
PLENIPOTENTIARY, s. (one that has full power from a prince or state, to treat and conclude upon all things contained in his commission.) Plénipotentiaire, celui qui a plein pouvoir de traiter.
PLENIST, s. (a Philosopher that admits of no vacuum.) Philosophe qui croit que tout est plein, ou qui n'admet point de vide.
PLENITUDE, subst. (or fullness.) Plénitude.
PLENTEOUS, &c. V. Plentiful, &c.
PLENTEOUSNESS, s. Abondance, fertilité.
PLENTIFUL, adj. (abundant or fertile.) Abondant, fertile.
Plentiful, (or great.) Grand.
A plentiful estate. De grands biens, de grandes richesses.
A plentiful dinner. Un grand ou un bon repas.
He gave us a plentiful entertainment. Il nous a fait un grand régal, il nous a fort bien régalés ou traités, il nous a fait fort bonne chere.
PLENTIFULLY, adverb. Abondamment, dans l'abondance, copieusement, grassement.
PLENTIFULNESS, sub. Abondance, fertilité.
PLENTY, subst. (or great store.) Abondance, quantité.

To

To have plenty of all things. *Avoir abondance (vivre dans une abondance) de toutes choses.*
Money is plenty with him. *L'argent roule chez lui, il en a beaucoup.*
Money begins to be plenty, (or flush.) *L'argent commence à rouler.*
PLEONASM, *s.* (a figure of rhetorick, by which more words are used them are necessary.) *Pléonasme.*
PLEONASMICK, *adj.* (belonging to a pleonasm.) *De pléonasme, superflu.*
PLETHORA,
PLETHORY, *s.* (an abundance of humours and blood.) *Pléthore.*
PLETHORETICK,
PLETHORICK, *adj.* (full of humours.) *Plein d'humeurs.*
PLEVIN. *V.* Replevin.
PLEURA, *s.* (a membrane that incloses the breast and its entrails, the inward skin of the ribs.) *Fleure, membrane qui environne les côtes ou le dedans de la poitrine.*
PLEURISY, *subst.* (a disease caused by the inflammation of the pleura.) *Pleurésie.*
PLEURITICAL,
PLEURITICK, *adj.* (diseased with or denoting a pleurisy.) *Qui a ou qui indique la pleurésie.*
PLIABLE, *adject.* (or flexible.) *Pliable, flexible, aisé à plier,* au propre & au figuré.
Pliable, (easy to be handled.) *Maniable.*
Wax is pliable. *La cire est maniable.*
PLIABLENESS,
PLIANCY, *s.* Qualité de ce qui est pliable, *flexible* ou *maniable, souplesse.*
PLIANT, *adj.* (or yielding , in a proper and figurative sense.) *Pliable, flexible, souple, qui plie aisément,* au propre ; *souple, flexible, pliable, doux, humble, soumis, obéissant,* au figuré.
PLIANTNESS, *s. Souplesse.*
Pliantness , (pliant humour or nature.) *Humeur ou naturel souple, flexible ou pliable.*
PLICA, *subst.* (an epidemical disease in Poland.) *Plica, sorte de maladie qui regne en Pologne.*
PLICATURE,
PLICATION, *s.* (or folding.) *L'action de plier.*
PLIED. *V.* to Ply.
PLIERS, *s. pl. Petites tenailles.*
PLIGHT, *subst.* (or state of the body.) *Etat, santé, habitude du corps.*
To be in a good plight or case. *Etre en bonne santé, avoir de l'embonpoint.*
To PLIGHT , *v. act.* (to engage or promise.) *Promettre, engager, donner.*
To plight one's faith or troth. *Promettre, donner ou engager sa parole.*
PLINTH, *subst.* (or supper , the square lower and upper part of a pillar.) *Plinthe, abaque, tailloir,* membre d'architecture.
Plinth , (the abacus of the capital, in the *Tuscan* order.) *Plinthe, abaque ou tailloir,* dans l'ordre *Toscan.*
Plinth. *V.* Fascia.
PLITE, *s.* (an ancient sort of measure, such as a yard or an ell.) *Sorte de mesure d'autrefois, à quoi répond la verge ou l'aune d'aujourd'hui.*
To PLOD, *v. n. ut. Ex.* To plod or toil upon a business, (to have one's head full of it.) *Avoir l'esprit bandé à quelque chose, ne songer qu'à cela uniquement, la ruminer, la repasser dans son esprit, y rêver.*
To plod at one's book. *Etudier, pâlir sur les livres.*
Plodding, *adj. Ex.* He went plodding about. *Il s'en alloit tout pensif ou rêveur.*
A plodding head. *Un esprit pensif ou rêveur.*
PLOT, *s.* (a secret and ill design.) *Complot, trame, dessein.*
To lay a plot. *Faire des complots, comploter, conduire ou concerter un dessein.*
He has a plot against or upon me. *Il a quelque dessein sur moi, il trame ma ruine.*
A plot , (or conspiracy.) *Conspiration, conjuration.*
A plot against the King or State. *Une conspiration ou conjuration contre le Roi ou contre l'Etat.*
A plot swearer. *Un témoin d'une conspiration.*
The plot of a play. *L'intrigue d'une piece de théâtre.*
The unravelling of the plot , (the discovery.) *Le dénoûment de l'intrigue.*
Plot (or spot) of ground. *Une piece de terre. V.* Plat.
The ground-plot of a building. *Le plan, le sol d'un bâtiment. V.* Ground.
To PLOT, *v. act.* & *neut.* (to conspire, to machinate.) *Comploter, tramer, conspirer, machiner, faire un complot, faire une conspiration.*
They have plotted his ruin. *Ils ont comploté sa ruine.*
To plot (or conspire) against the King. *Conspirer contre le Roi.*
They plot against your life. *Ils conspirent contre votre vie.*
To plot, (advise or consult together.) *Concerter, prendre des mesures.*
PLOTTER, *s. Un conspirateur, un conjuré.*
PLOTTING, *s. L'action de comploter,* &c. *V.* to Plot.
A plotting, *adj.* (or designing) head. *Un esprit inventif.*
PLOTTON,
PLATOON, *s.* (a military term , a small division.) *Peloton.*
To fire by plottons. *Faire feu par pelotons.*
PLOVER, *s.* (a bird.) *Pluvier,* oiseau.
PLOUGH, *s.* (an instrument to till the ground.) *Charrue.*
† To return to the plough , (to go to one's work.) † *Reprendre le collier de misère.*
The plough-tail or plough-handle. *Manche de charrue.*
The ploughshare. *Le soc ou le fer de la charrue.*
The ploughstaff. *Curoir.*
A ploughman , Plow-man or Ploughjobber. *Un laboureur.*
Ploughland or hide of land. *V.* Hide.
A ploughwright. *Un faiseur de charrues, un charron.*
Plough-alms , (a penny which every plough payed formerly to the Church.) *Deux sous qu'on payoit autrefois à l'Eglise pour chaque quarante a: pens.*
Ploughmonday , (next after twelfthday.) *Le lundi des charrues. C'est ainsi qu'on appelle le lundi d'après le jour des Rois, à l'occasion d'une cérémonie qui se pratique ce jour-là par les laboureurs, en plusieurs endroits d'Angleterre.*
To PLOUGH, *verb. act.* (to till.) *Labourer.*
To plough one's self weary , *v. réc. Labourer à n'en pouvoir plus.*
Ploughed, *adj. Labouré.*
PLOUGHER, *s. Laboureur.*
PLOUGHING, *s. L'action de labourer ; labourage ou labour.*
PLOW, &c. *V.* Plough.
PLUCK, *s. Fressure.*
Ex. A calf's pluck. *Fressure de veau.*
A fire-pluck , (a pump made in several parts of *London* and *Westminster*, to supply engines with water in case of fire.) *Pompe pour tirer de l'eau pour éteindre les incendies qui arrivent dans la ville de Londres.*
To PLUCK, *v. act.* (or pick) a fowl. *Plumer une volaille.*
† To pluck a crow with one , (to expostulate with him about something.) *Faire un reproche à quelqu'un , lui reprocher quelque chose.*
To pluck UP. *Arracher, tirer de force.*
To pluck up by the root. *Déraciner, arracher.*
To pluck asunder or in pieces. *Séparer avec force, détacher.*
To pluck up one's spirit , to pluck up a good heart. *Se rassurer, se remettre, prendre courage, reprendre ses esprits.*
They plucked down a stag. *Ils attraperent ou prirent un cerf.*
To pluck of a bird's feathers, (to pick a bird.) *Plumer un oiseau.*
Plucked, *adj. Arraché, plumé,* &c.
PLUCKING up, *s. L'action d'arracher,* &c. *V.* to Pluck.
PLUCKT up , *adj. Arraché,* &c. *V.* to Pluck.
PLUG, *s.* (or great peg.) *Fiche, cheville.*
Plug. *Tampon.*
House plugs. *Tampons d'écubiers.*
Shot plugs. *Tampons de différentes alibres, pour boucher les trous faits par le canon.*
PLUM, *s.* (fruit.) *Prune.*
A grafted plum. *Prune franche.*
A wild plum or sloe. *Prune sauvage , prunelle.*
A Damask-plum or Damson. *Prune de Damas.*
Plum-tree. *Prunier.*
Plums , (or raisins.) *Raisins secs.*
A plum-pudding. *Pouding où il y a des raisins secs.*
Plumporridge. *Potage aux raisins secs , que les Anglois font ordinairement aux fêtes de Noël.*
A plumcake. *Gâteau , où il y a des raisins de Corinthe,* &c.
Plums or Suga-plums. *Dragées , sorte de confiture.*
Plum , (a word used by the *Londoners* for 100000 pounds.) *Cent mille livres sterling.*
A plum-man. *Un homme qui a cent mille livres sterling de bien.*
A half plum-man. *Un homme qui a vaillant cinquante mille livres sterling.*
PLUMAGE, *s.* (feathers of a bird.) *Plumage,* toutes les plumes d'un oiseau.
Plumage, (a bunch of feathers). *Bouquet de plumes.*
PLUMB,
PLUMB-RULE, *s. Plomb* ou *niveau.*
Plumb , *adverb.* (perpendicularly.) *A plomb, droit, perpendiculairement.*

Down

PLU

Down plumb. *Droit en bas, perpendiculairement.*
Plumb over. *Droit en haut ou par-dessus.*
To PLUMB, *v. act.* (to found.) *Sonder.*
To plumb, (or regulate.) *Mettre à-plomb.*
PLUMBAGIN, *f.* (lead naturally mingled with silver.) *Plombagine, minéral de plomb & d'argent.*
Plumbagin, (artificial plumbagin, lead turned almoſt into aſhes by the vehemency of fire.) *Plombagine artificielle, plomb presque réduit en poudre par la chaleur du feu.*
PLUMBER, *f. Plombier.*
PLUMBERY, *f. Plomberie.*
PLUME, *f.* (a tuft of feathers for ornament.) *Panache ou plumet.*
A plume-ſtriker, (a paraſite.) *Un paraſite, un écornifleur.*
To PLUME, *v. act.* (to pick or pluck the feathers off.) *Plumer, arracher la plume.*
† To plume one, (to ſtrip him of his money, cloaths, &c.) *Plumer quelqu'un, le dépouiller, lui attraper, lui eſcroquer de l'argent, des nippes, &c.*
Plumed, *adj. Plumé.*
PLUMING, *f. L'action de plumer.*
PLUMMER,
PLUMBER, } *f.* (a worker in lead.) *Plombier.*
PLUMMET, *f.* (a maſon's or carpenter's plummet.) *Perpendicule, plomb de maçon ou de charpenſier.*
Plummet, (to found the depth of the fea.) *Sonde, plomb de ſonde. V. Plumb.*
PLUMP, *adj. Potelé, replet, gros, dodu, gras, qui a de l'embonpoint.*
A plump face. *Un viſage potelé.*
A fat and plump man. *Un homme gras & replet.*
Plumpfaced. *Qui a le viſage potelé.*
To PLUMP, *v. act.* (or ſwell.) *Enfler.*
To Plump, *verb. neut. Ex.* To plump in the water, (to fall plump into it.) *Tomber à plomb dans l'eau.*
Plumped, *adj. Enflé.*
PLUMPNESS, *ſub. L'état d'une perſonne replete ou groſſe & graſſe, embonpoint.*
PLUMY, *adj.* (covered with feathers.) *Convert de plumes.*
PLUNDER, *f.* (or booty got by plundering.) *Butin, ce qu'on prend ſur les ennemis.*
To PLUNDER, *v. act.* (to rob or ſpoil.) *Butiner, piller, ſaccager.*
To plunder one of his cloaths. *Dépouiller quelqu'un, lui ôter ſes habits.*
Plundered, *adj. Pillé, ſaccagé.*
To give up a town to be plundered. *Mettre ou abandonner une ville au pillage.*
PLUNDERER, *f. Celui qui butine, qui pille ou qui ſaccage.*
PLUNDERING, *f. Pillage, l'action de butiner, de piller ou de ſaccager.*
PLUNGE, *f.* (or trouble.) *Mauvais pas, peine, embarras, perplexité.*
To be put to a plunge or to be in a great plunge. *Être dans un mauvais pas, être fort en peine, être en grande perplexité ou dans un grand embarras, être bien embarraſſé.*
To PLUNGE, *v. act.* (to dip) over head and ears. *Plonger, enfoncer.*
He has plunged himſelf into all manner of lewdneſs. *Il s'eſt plongé dans toutes ſortes de diſſolutions, il s'y eſt abandonné.*

PLU

Plunged, *adj. Plongé.*
PLUNGEON, *f.* (or ducker, a waterfowl.) *Plongeon, oiſeau aquatique.*
PLUNGER, *ſub.* (or diver.) *Plongeur, qui plonge & ſe cache ſous l'eau, pêcheur de perles.*
PLUNGING, *f.* L'action de plonger.
PLUNKET, *adject. Ex.* Plunket colour. *Couleur d'azur ou vert de mer.*
PLURAL, *adj.* (containing many.) *Pluriel, de pluſieurs.*
Plural, *f.* (the plural number.) *Le pluriel, le nombre pluriel.*
PLURALITY, *f.* (greater number, majority.) *Pluralité, plus grand nombre.*
Plurality, (more than one, multiplicity.) *Pluralité, multiplicité.*
Plurality of livings. *Pluralité de bénéfices.*
PLURALLY, *adj. Au pluriel, au nombre pluriel.*
PLUSH, *f.* (or ſhag, a kind of ſtuff.) *Panne ou peluche.*
PLUVIAL, *ſub.* (a prieſt's cope.) *Pluvial, chappe ou habillement eccléſiaſtique.*
PLUVIOUS,
PLUVIAL, } *adj.* (rainy.) *Pluvieux.*
PLY, *f.* (bent, form, caſt.) *Pli.*
He hath not taken his ply. *Il n'a pas encore pris ſon pli.*
To PLY a thing, *v. act.* (to apply one's ſelf to it.) *S'attacher, s'appliquer à quelque choſe, la faire avec attachement ou avec application.*
To ply one's work. *S'attacher, s'appliquer à ſon travail, travailler fort & ferme.*
To ply one's book or ſtudies. *Etudier fort & ferme, s'appliquer à l'étude.*
To ply one's oars. *Ramer fort & ferme, ramer de toute ſa force, faire force de rames.*
A dog that plies his feet, (or runs very faſt.) *Un chien qui court d'une grande viteſſe.*
To ply one hard, (to make him work hard.) *Faire travailler quelqu'un aſſidument, le fatiguer, lui donner trop à faire, l'accabler de travail.*
To ply one with glaſſes or cups. *Faire bien boire quelqu'un, boire inceſſamment à lui.*
To ply at a place, *verb. neut.* Avoir ſon poſte en quelque endroit, ſe tenir en quelque endroit.
*There my waterman plies. *C'eſt-là le poſte de mon batelier, c'eſt-là qu'il prend le monde pour paſſer l'eau, &c.*
To ply. *Tenir le vent, ſerrer le vent, aller au plus près du vent.*
To ply to the ſouth, weſt, &c. (as a ſhip does.) *Faire route vers le ſud ou l'oueſt, porter au ſud ou à l'oueſt, en parlant d'un vaiſſeau.*
A ſhip that plies from one port to another. *Un vaiſſeau qui fait la traverſée ou qui va d'un port à un autre.*
Plied, *adj. Ex.* Plied with work. *Qui a bien du travail, accablé de beſogne.*
Plied with glaſſes. *Qui l'on fait bien boire.*
PLYER,
PLIER, } *f.* (from to ply.) *Ex.*
A good plyer. *Bon boulinier, vaiſſeau qui tient bien le vent, ou qui bouline bien.*
PNEUMATICK, *adj.* (that acts by the force of the wind or air.) *Pneumatique.*
PNEUMATOLOGY, *ſubſt. Pneumatologie.*

POA

To POACH, *v. act. Pocher.*
To poach eggs. *Pocher des œufs.*
To POACH, *verb. neut. & act.* (or catch illegally any game.) *Tuer ou attraper quelque bête de chaſſe contre les lois, braconner.*
Poached, *adject. Poché, &c. Voy.* to Poach.
POACHER, *f.* (one that illegally catches any game.) *Toute perſonne qui tue ou qui attrape quelque bête de chaſſe contre les lois, braconnier.*
POACHING, *f. L'action de pocher, &c. V. Poke.*
POCK, *f.* (or pimple of the ſmall-pox.) *Grain ou puſtule de petite vérole.*
His face is full of pock-holes. *Il a le viſage tout picoté, marqué ou gravé de la petite vérole.*
POCKET, *ſubſt.* (from poke.) *Poche, pochette.*
The reaſon why plots were ſo frequent in *England* is, becauſe favourites filled their pockets with the forfeitures. *La raiſon pourquoi les conjurations étoient ſi fréquentes en Angleterre, eſt parce que les favoris s'y enrichiſſoient des biens confiſqués.*
A pocket argument. *Une raiſon d'intérêt.*
A pocket (or half a ſack) of wool. *Un demi-ſac de laine.*
A pocketbook. *Un livre de poche, pocheter.*
A pocketbook or letter-caſe. *Un porte-lettre, un porte-feuille.*
Pocket-money. *Argent mignon, argent qu'on prend ſur ſoi pour ſes menus plaiſirs.*
† Put your ſcruple in your pocket to-day and take it out to-morrow. *Gardez votre ſcrupule juſqu'à demain.*
To POCKET,
To POCKET UP, } *v. act.* (to put in one's pocket.) *Empocher, mettre en poche, pocheter.*
To pocket up money. *Empocher de l'argent.*
To pocket up fruit. *Pocheter du fruit.*
To pocket (or put up) an affront. *Boire un affront.*
POCKY, *adj.* (that has got the French pox.) *Vérolé, qui a la groſſe vérole.*
POCULENT, *adject. Propre à boire, que l'on peut boire.*
POD, *f.* (the huſk of any pulſe.) *Coſſe de légume.*
PODAGRICAL, *adj.* (gouty-footed.) *Podagre, qui a la goutte aux pieds.*
PODDERS, *f.* (or peaſe-cod gatherers.) *On appelle ainſi à Londres certaines gens qui ramaſſent les coſſes de pois.*
PODGE, *f. Bourbier.*
PODESTATE, *f.* (a kind of Magiſtrate in Venice, Genua, &c.) *Podeſtat, Magiſtrat dans une ville libre, comme Veniſe, Gennes, &c.*
POEM, *ſub.* (a compoſition in verſe.) *Poeme, poeſie.*
POESY, *f.* (or poem.) *Poeſie, poeme.*
Poeſy, (the art of making verſes.) *La poetique ou la poeſie, art de faire des vers.*
POET, *f.* (one that makes verſes.) *Un Poete.*
POETASTER, *f.* (a paltry poet.) *Un poetereau, un méchant poete, un poete à la douzaine.*
POETESS, *ſubſt.* (a ſhe-poet.) *Femme poete.*
POETICAL,
POETICK, } *adj. Poétique, qui concerne la poeſie.*

POETICALLY,

POETICALLY, *adv. Poëtiquement, en poete, d'une maniere poëtique.*

To POETIZE, *v. n. Ecrire en poete, poëtiser.*

POETRY, *s.* (or poesy.) *Poësie.*
The pastoral poetry. *La poësie pastorale.*

POIGNANCY, *subst.* (sharpness, sting.) *Piquant, sel.*
The poignancy of a satyre. *Le piquant, le sel d'une satire.*

POIGNANT, *adj.* (sharp, in a proper and figurative sense.) *Piquant, au propre & au figuré.*

POIGNIARD. *V.* Poniard.

POINT, *s.* (or sharp top of any thing.) *La pointe.*
The point of a sword, knife or rock. *La pointe d'une épée, d'un couteau ou rocher.*
A point, (used in etching.) *Pointe, pour graver à l'eau-forte.*
A point of land, (a cape or promontory.) *Une pointe de terre, un cap, un promontoire.*
The points of a compass. *Les pointes ou traits du compas, les trente-deux airs de vent marqués sur la boussole.*
Point, (such as men wore about their breeches,) *Aiguillette.*
Point-maker. *Faiseur d'aiguillettes.*
A mathematical point, (which is considered as having no parts.) *Un point mathématique.*
Point of sight, (in perspective.) *Point de vue.*
Point, (head or chief matter.) *Point, matiere ou partie principale d'un discours, d'une méditation, &c.*
The difficulty lies in this point. *La difficulté consiste en ce point.*
Whether he should die or not was the point or question. *Il s'agissoit ou il étoit question s'il mourroit ou non.*
The point of honour. *Le point d'honneur.*
To stand upon one's points or pantofles. *V.* Pantofles.
Point, (issue or pass.) *Point.*
Ex. The matter is come to that point. *La chose en est venue jusqu'à ce point.*
But to bring the matter to a point. *Mais pour couper court.*
He is grateful only upon the point of interest. *Sa reconnoissance n'a en vue que l'intérêt.*
To pursue one's point, (or design.) *Poursuivre sa pointe.*
Point of time. *Point, moment, temps juste, article.*
To be upon the point of doing a business. *Etre sur le point de faire une chose.*
To be at the point of death. *Etre sur le point de mourir ou à l'article de la mort, s'en aller mourir.*
A point, (or full stop.) *Un point, marque de la fin d'une période.*
Point, (a sort of needle-work.) *Point, sorte de dentelle faite à l'aiguille.*
Point of Venice. *Point de Venise.*
Point-maker. *Faiseuse de point.*
The point, (at cards.) *Le point, au jeu des cartes.*
Tell your point. *Comptez ou accusez votre point.*
Point, (at dice.) Ex. The ace-point. *L'as.*
The deuce-point. *Le deux.*
The trey-point. *Le trois.*
The quater-point. *Le quatre.*

The cinque-point. *Le cinq.*
The sice-point. *Le six.*
The point of a dial. *Le gnomon ou le style d'un cadran.*
In point (or matter) of controversy. *En fait de controverse, en matiere de dispute.*
In point of religion. *En fait de religion, sur le chapitre de la religion, pour ce qui regarde la religion.*
It is a material point. *C'est une affaire d'importance.*
'Tis a point of wisdom so to do. *Il est de la prudence d'en agir de la sorte.*
To speak to the point. *Parler juste, venir au fait, ne pas s'écarter du sujet.*
At all points, (entirely.) *De tout point, entierement, totalement.*
A cavalier armed at all points. *Un cavalier armé de toutes pieces.*
Point-wise. *En pointe, fait en pointe.*
To shoot pointblank. *Tirer dans le blanc.*
Pointblank. *Positivement, diamétralement, directement.*
He told me pointblank that he would not do it. *Il m'a dit positivement qu'il n'en vouloit rien faire.*
Pointblank contrary. *Directement contraire, diamétralement opposé.*
To POINT, *v. a.* (or make sharp at the end.) *Aiguiser, affiler, rendre pointu, faire une pointe à quelque chose.*
To point, (or mark with points and stops.) *Ponctuer, mettre les virgules & les points.*
To point AT one. *Montrer quelqu'un au doigt.*
To point at a thing. *Montrer, indiquer une chose.*
He pointed his discourse chiefly at avarice. *Il s'attacha sur-tout à combattre l'avarice.*
To point, (as a pointer does.) *Arrêter, comme fait un chien d'arrêt.*
To point the cannon against the town. *Pointer, tourner, braquer le canon contre la place.*
Pointed, *adj. Pointu, &c. V.* to Point.
Pointed at. *Qu'on montre au doigt.*
The pointed or appointed hour. *Voyez* Appointed.

POINTEDLY, *adv.* Ex. He writes too pointedly. *Ses écrits sont trop remplis de pointes.*

POINTEDNESS, *s. Pointe.*

POINTER, *s.* (a kind of setting-dog.) *Chien d'arrêt.*

POINTING, *s. L'action de rendre pointu, de montrer au doigt ou de pointer.*
Pointing, (or marking with points and stops.) *Action de ponctuer, ponctuation.*
Pointing, *adj.* Ex. His discourses were still pointing that way. *Ses discours se rapportoient ou tendoient toujours à cela; ses discours tournoient toujours de ce côté-là.*
Pointed, *part. act. & subst. Queue de rat des manoeuvres, cordages & cables, & pointe des garcettes de ris : aussi l'action & la maniere de travailler ces queues de rat & ces pointes.*

POINTLESS, *adj. Sans pointe, qui n'a point de pointe.*

POINTS, *subst. pl. Garcettes de ris.*

POISE, *subst.* (or weight.) *Poids, pesanteur.*
A water poise. *Poids à peser l'eau, aréometre.*
Equal poise. *Equilibre.*

POISON, *subst.* (or venom.) *Poison, venin.*
To suck in the poison of a pernicious doctrine. *Sucer le poison d'une pernicieuse doctrine.*
To POISON, *verb. act.* (to give poison in order to kill.) *Empoisonner, donner du poison.*
To poison something, (to put poison in it.) *Empoisonner, envenimer quelque chose, y mettre du poison, l'infecter de poison.*
To poison, (to infect with an ill smell.) *Empoisonner, empuantir, infecter, rendre infect.*
To poison, (to corrupt or vitiate.) *Empoisonner, corrompre, gâter.*
To poison, (to misrepresent by malicious reports.) *Empoisonner, donner un tour malin à ce que les autres disent ou font.*
† To poison a woman, (to get her with child.) *Engrosser une femme, lui faire un enfant.*
Poisoned, *adj. Empoisonné, &c. V.* to Poison.

POISONER, *s. Empoisonneur, empoisonneuse.*

POISONING, *s. Empoisonnement, l'action d'empoisonner, &c. V.* to Poison.

POISONOUS, *adj.* (full of poison.) *Empoisonné, venéneux, venimeux.*
Poisonous, (or dangerous.) *Empoisonné, venimeux, dangereux, pernicieux.*

POITREL, *subst.* (a graving tool.) *Burin.*
A horse's poitrel, (or breast armour.) *Poitrail de selle de cheval.*

To POIZE, *verb. act.* (to weigh with the hand.) *Peser.*
To poize, (to put in an equilibrium.) *Mettre en équilibre.*
Poized, *adject. Pesé, soupesé, &c. V.* Poise.
The ballance stands poized. *La balance est en équilibre.*
A well poized body. *Un corps bien proportionné.*
Poized, (grave, sober.) *Grave, posé.*

POIZING, *subst. L'action de peser ou de soupeser, &c. V.* to Poise.

POKE, *subst.* (or bag.) *Un sachet ou une poche.*
P. To buy a pig in a poke. *V.* Pig.
To POKE, *verb. act. Farfouiller.*
To poke in. *Fourgonner, fouiller, remuer mal-adroitement.*
To poke in the fire. *Fourgonner ou remuer le feu.*
To poke in with a stick. *Fourgonner, fouiller avec un bâton.*
Poked in, *adject. Fourgonné, remué, fouillé.*

POKER, *s. Un fourgon ou un fer pour remuer le feu.*

POKING in, *s. L'action de fourgonner, &c. V.* to Poke.

† POL, *s.* (a diminutive of parrot.) *Perroquet.*
Poor pol. *Pauvre perroquet, perroquet mignon.*

POLACRE, *subst.* (a kind of sea-vessel used in the Mediterranean.) *Polacre, vaisseau levantin.*

POLAR, *adj.* (belonging to the pole.) *Polaire.*
The two polar circles. *Les deux cercles polaires.*

POLE, *subst.* (the end of the imaginary axis of the earth.) *Pole.*

The

POL

The pole arctick and antarctick. *Le pole arctique & l'antarctique.*
Pole, (or long stick.) *Perche, bâton.*
A barber's pole. *Perche ou enseigne de barbier.*
A pole, (or rod) to measure land withal. *Perche dont on se sert pour mesurer la terre.*
The poles of a chair or sedan. *Bâtons de chaise.*
The pole of a coach. *Le timon d'un carrosse.*
The pole-bolt of a coach. *Cheville ouvriere de carrosse.*
A waterman's pole. *Un croc de batelier.*
A pole, (to dance on the rope.) *Un contrepoids.*
A huntsman's pole. *Epieu de chasseur.*
† One may come now within a pole's length of him, (he is not so proud as he used to be.) *Il n'est pas maintenant si fier qu'il a été, il est devenu plus accostable.*
Poleaxe or battleaxe. *Hache d'armes.*
Poleedge or pole-arbour. *Treillage.*
Polecat. *Un putois.*
Polestar. *Etoile polaire.*
Pole-mast. *Mât à pible.*
Pole-masted. *Mâté à pible.*
Under bare poles. *A sec, à mâts & à cordes.*
POLEDAVIES, *subst.* (a sort of coarse canvas, used in packing up wares.) *Sorte de serpilliere.*
POLEINE, *subst.* (a sort of shoe worn of old.) *Sorte de soulier pointu & relevé au bout, qu'on portoit autrefois.*
POLEMICAL,
POLEMICK, } *adj.* (controverted.) *Polémique, de dispute, de controverse.*
A polemical piece. *Un ouvrage polemique ou de controverse, une dispute.*
Polemick divinity. *Théologie scholastique.*
POLEMICKS, *subst.* (disputations.) *Disputes ou livres polémiques.*
POLICE, *subst. Police.*
POLICY, *subst.* (the Government of Church or state.) *Politique, art de gouverner.*
Policy (conduct, addrefs, cunning way.) *Politique, conduite, adresse.*
P. Policy goes beyond strength. P. *L'adresse surmonte la force.*
Policy of insurance, (a course commonly taken by those who merchandize by sea.) *Police d'assurance.*
POLISH, *subst.* (the bright part of a piece of metal polished.) *Le poli, polissure.*
To POLISH, *verb. act.* (to smooth or brighten.) *Polir, rendre poli, dans le propre & dans le figuré.*
POLISHABLE, *adj.* Qu'on peut polir.
POLISHED, *adject. Poli.*
POLISHER, *subst.* Celui ou celle qui polit.
POLISHING, *subst. Polissure ou l'action de polir.*
Polishing, *adj.* Ex. A polishing Iron. *Un polissoir.*
POLITE, *adj. Poli.*
A polite style. *Un style poli.*
A polite young man. *Un jeune homme poli ou qui a de la politesse.*
POLITELY, *adv. Poliment.*
POLITENESS, *subst. Politesse.*
POLITICAL, *adj.* (belonging to policy.) *Politique.*
POLITICALLY, *adv. Politiquement.*
POLITICIAN, *subst.* (or statesman.) *Un politique.*

POLITICK, *adject.* (of or belonging to politicks.) *Politique, qui est de la politique ou qui regarde la politique.*
Politick, (or cunning.) *Politique, fin, adroit.*
To have a politick fit of sickness. *Faire le malade.*
† A fir-politick would be. *Un mystérieux, un homme qui fait un mystere de rien.*
POLITICKLY, *adv. Politiquement, selon l'esprit de la politique.*
POLITICKS, *subst.* (the art of governing.) *Politique, l'art de gouverner les Etats, &c.*
Politicks, (policy or addrefs.) *Politique, conduite fine & adroite.*
He is out in his politicks. *Il a erré dans sa politique, il a fait un faux pas.*
POLITURE, *subst.* (or glofs given by polishing.) *Polissure.*
Politure, (or neatness.) *Politesse.*
POLITY, *s.* (or government.) *Police, gouvernement, ordre.*
The ecclesiastical polity. *Le gouvernement ecclésiastique.*
POLL, *subst.* (or head.) *Tête.*
A poll of cod. *Tête de morue.*
Poll, (the votes of Electors for Parliament-men.) *Les voix ou les suffrages de ceux qui ont droit de choisir leurs représentants au Parlement.*
Poll-tax or poll-money. *Capitation, impôt ou taxe par tête.*
To POLL, *verb. act. Recevoir ou recueillir les voix ou les suffrages.*
To poll, *verb. neut. Donner sa voix ou son suffrage.*
To Poll, *verb. act. Tondre.*
To poll, *verb. neut.* (in case of an election.) *Prendre les noms de tous ceux qui ont droit d'élire, & en faire la supputation.*
To pill and poll. V. to Pill.
POLLARD, *subst.* (a fish.) *Meunier ou têtu, sorte de poisson.*
Pollard, (a sparious coin long since prohibited.) *Sorte de monnoie qui n'a plus de cours.*
Pollard or pollenger, (a tree which has been usually topt.) *Arbre qui a été êté de temps en temps.*
POLLED, *adj.* (from to poll.) *Tondu.*
POLLENGER. V. Pollard, au dernier sens.
POLLER, *subst.* (or voter.) *Celui qui donne sa voix ou son suffrage.*
Poller. V. Robber.
POLLING, *subst.* (from to poll.) *L'action de tondre, &c.* V. to Poll.
Poling and pilling. V. Pilling.
To POLLUTE, *verb. act.* (or defile.) *Polluer, souiller.*
Polluted, *adj. Pollué, souillé.*
POLLUTEDNESS, V. Pollution.
POLLUTER, *s. Corrupteur.*
POLLUTING, *subst. L'action de polluer ou de souiller.*
POLLUTION, *subst.* (or uncleanness.) *Pollution, souillure.*
POLTRON, *subst.* (a coward.) *Un poltron, un lâche.*
POLYANTHOS, *subst.* (a plant.) *Polyantho, fleur.*
POLYCHREST, *subst.* (a chymical salt.) *Polycreste, sel chimique.*
POLYGAMIST, *subst. Polygame.*
POLYGAMY, *subst.* (the being married to many at the same time.) *Polygamie, état de celui qui est marié avec plu-*

sieurs femmes, ou de celle qui a plusieurs maris.
POLYGARCHY, *subst.* (a government in the hands of many.) *Polygarchie, gouvernement de plusieurs.*
POLYGLOT, *adj.* (of many languages.) *Polyglotte, en plusieurs langues.*
The polyglot bible. *La bible polyglotte ou la polyglotte, bible en plusieurs langues.*
POLYGON, *subst.* (a figure that has many angles.) *Polygone, figure qui a plusieurs angles.*
POLYGONAL, *adj.* (having many angles.) *Polygone.*
POLYPETALOUS, *adject. Polypétale, terme de botanique.*
POLYPODY, *subst. Polypode, plante.*
POLYPOUS, *adject. De la nature du polype.*
POLYPHON, *subst.* (a musical instrument.) *Instrument de musique à plusieurs cordes.*
POLYPUS, *subst.* (an excrescence in the nose.) *Polype, mal dans le nez.*
Polypus, (or many-feet, otherwise called pourcontrel, a sort of fish.) *Polype, espece de poisson à plusieurs pieds.*
POLYSYLLABICAL, *adj.* (that has many syllables.) *Qui a plusieurs syllabes.*
POLYSYLLABLE, *subst.* (a word that has many syllables.) *Un polyssyllabe, un mot qui a plusieurs syllabes.*
POLYTHEISM, *s.* (the belief of many Gods.) *Polythéisme.*
POLYTHEIST, *subst. Polythéiste.*
POMADA, *subst.* (a trick in vaulting.) *Pommade, tour qu'un fait en voltigeant à cheval.*
POMADE, *s.* (a fragrant ointment.) *Pommade.*
POMANDER, *s.* (a sweet ball.) *Pomme de senteur.*
POMATUM,
POMADE, } *s.* (a kind of ointment for the hair, scab, &c.) *Pommade.*
To POME, *v. n.* (to grow into a head.) *Pommer.*
A cabbage that begins to pome. *Un chou qui commence à pommer.*

POM

POMECITRON, *subst.* (a kind of fruit.) *Limon, sorte de fruit.*
Pomecitron-tree. *Limonnier.*
POMED, *adj.* (or headed, from to pome.) *Pommé.*
POMEPARADISE, *subst.* (or john-apple.) *Pomme de paradis.*
POMEGRANATE, *subst. Grenade, fruit de grenadier.*
The pomegranate-tree. *Le grenadier.*
POMIGLION, *subst. Bouton d'un canon.*
POMMEL, *subst. Pommeau.*
The pommel of a sword or saddle. *Pommeau d'épée ou de selle.*
To POMMEL, *verb. act.* (to bang, to maul, to beat soundly.) *Battre, frotter, rosser.*
Pommelled, *adj. Battu, frotté, rossé.*
POMP, *subst.* (state or glory.) *Pompe, éclat, splendeur, gloire, magnificence.*
POMPETS, *subst.* (printer's balls, wherewith they put the ink on the letters.) *Balles d'imprimeur.*
POMPION,
PUMPKIN, } *subst.* (a sort of fruit of the nature of melons.) *Courge.*
POMPOUS, *adject.* (stately or glorious, from pomp.) *Pompeux, éclatant, magnifique.*

POMPOUSLY,

POMPOUSLY, *adv. Pompeusement, avec éclat, pompe ou magnificence.*
POMPOUSNESS. *V. Pomp.*
POND, *subst. Un étang.*
To water one's horse in a pond. *Abreuver son cheval en un étang.*
A fishpond, *Etang, vivier, réservoir.*
To PONDER, *verb. act.* (to weigh or consider.) *Peser, considérer, ruminer, repasser ou rouler dans son esprit.*
Pondered, *adj. Pesé, considéré, ruminé.*
PONDERAL, *adj. Réel, de poids,* en parlant des monnoies.
PONDERER, *subst. Un homme qui médite, qui considere, qui pese,* &c. *V. to Ponder.*
PONDERING, *s. L'action de peser,* &c. *V. to Ponder.*
PONDEROSITY, *s.* (or great weight.) *Pesanteur.*
PONDEROUS, *adj.* (or weighty.) *Pesant, lourd.*
Ponderous, (important.) *Important.*
PONDEROUSLY, *adv. Pesamment.*
PONDEROUSNESS. *V. Ponderosity.*
PONENT. *V. Western.*
PONIARD, *subst.* (or dagger.) *Poignard, dague, baïonnette.*
To PONIARD, *verb. act.* (or stab.) *Poignarder, donner des coups de poignard.*
Poniarded, *adj. Poignardé.*
PONTAC, *subst.* (a sort of wine.) *Pontac, sorte de vin.*
PONTAGE, *subst.* (a contribution for the repairing of bridges, also a bridgetoll.) *Pontage.*
PONTIF, *subst.* (a Bishop or Prelate.) *Un Pontife.*
PONTIFICAL, *adject.* (belonging to a pontife.) *Pontifical.*
A pontifical habit. *Habit pontifical.*
The book of pontifical rites. *Le pontifical.*
† PONTIFICALIBUS, *s. plur.* Ex. The Pope was in his pontificalibus, (or pontifical ornaments.) *Le Pape avoit ses habits pontificaux.*
† I saw him in his pontificalibus, (in his best apparel.) *Je l'ai vu dans toute sa gloire ou dans toute sa pompe.*
PONTIFICALLY, *adv. Pontificalement.*
PONTIFICATE, *s. Pontificat, Papauté.*
PONTON, *s.* (a bridge of boats.) *Un ponton, un pont de bateaux.*
PONTOON, *subst. Ponton ou fosse pour le carénage des vaisseaux.*
PONY, *subst.* (a little Scotch or welch horse.) *Un bidet, un petit cheval d'Ecosse ou du pays de Galles.*
POOL, *s.* (or pond.) *Un étang.*
The pool of Jerusalem. *La piscine de Jérusalem.*
POOP, *s.* (or stern in a ship.) *La poupe ou l'arriere du vaisseau, dunette.*
Poop-royal or top-gallant poop. *Logements sur la dunette, ou cabanes des Maîtres.*
POOPING, *adj.* (a pooping sea.) *Grosse mer de vent arriere, ou coup de mer qui s'embarque par l'arriere ou qui se déploie sur la poupe du vaisseau, lorsqu'on fait vent arriere.*
POOR, *adj.* (needy, indigent.) *Pauvre, nécessiteux, indigent, misérable.*
A poor man, (or beggar.) *Un pauvre homme, un pauvre, un mendiant.*
Poor people. *Les pauvres.*
Poor, (is often used out of pity or kindness.) *Pauvre : on se sert souvent de ce mot par un sentiment de compassion ou d'amitié.*
Ex. Poor man, he means no harm. *Le pauvre homme n'y entend point finesse.*
My poor, my dear wife. *Ma pauvre, ma chere femme.*
Poor, (mean, pitiful.) *Pauvre, chétif, pitoyable, mauvais dans son genre.*
A poor (or barren) language. *Une langue pauvre.*
Poor (or lean.) *Maigre, malingre,* en mauvais état.
To make but a poor shift. *Se passer à peu de chose.*
Poorspirited, (mean.) *Chétif.*
Poorspiritedness, (meanness.) *Bassesse, lâcheté.*
The poor, *Le pauvre ou les pauvres.*
POORLY, *adv.* (wretchedly.) *Pauvrement, chétivement, misérablement.*
Poorly clad. *Pauvrement vêtu, habillé en gueux.*
POORNESS, *subst.* (or meanness.) *Pauvreté, bassesse.*
The poorness of his entertainment. *La maniere pitoyable dont il nous reçut.*
To POP in, *verb. neut. Entrer, survenir, entrer inopinément ou lorsqu'on ne s'y attendoit point.*
To pop OUT, (or steal out.) *Sortir, s'en aller, s'échapper, se dérober.*
To pop, *verb. act.* Ex. To pop out a word, (to blurt it out.) *Lâcher un mot ou une parole, dire un mot ou une parole inconsidérément ou sans y penser.*
He popped out a word that spoiled all. *Il lâcha ou il lui échappa un mot qui gâta toute l'affaire.*
To pop into the mouth. *Gober, mettre dans la bouche avec précipitation.*
To pop at a bird with a gun. *Tirer sur un oiseau avec un fusil.*
He popt his finger upon his nose. *Il mit d'abord le doigt sur son nez.*
To pop (or shoot) OFF a pistol. *Lâcher un coup de pistolet.*
To pop off. *Se sauver, s'épouffer, prendre la fuite.*
To pop along. *Marcher.*
POPE, *subst.* (the supreme head of the Church.) *Le Pape.*
The Pope's dignity. *La Papauté, la dignité de Pape.*
† The pope's eye in a leg of mutton. *Le morceau gras d'une échanche ou d'un gigot de mouton.*
† To have a pope in one's belly, (to be addicted to the pope's interest.) *Etre papiste dans le cœur, être tout-à-fait dévoué au service ou aux intérêts du Pape.*
POPEDOM, *s.* (or papacy.) *Papauté, dignité de Pape, Pontificat.*
POPERY, *subst.* (the Roman religion.) *Le Papisme, la religion Romaine.*
POPGUN, *s. Canonniere,* dont se servent les enfants.
POPINJAY, *subst.* (a sort of parrot.) *Sorte de perroquet.*
A popinjay, (a fop.) *Un petit-maître.*
Popinjay-colour. *Vert de perroquet.*
POPISH, *adject.* (or Roman Catholick.) *Papiste, Romain.*
The Popish principles. *Les principes de la religion Romaine ou des Papistes.*
POPISHLY, *adv.* Ex. To be Popishly inclined or affected. *Avoir du penchant pour le Papisme, être à demi Papiste.*
POPLAR, *subst.* The poplar-tree. *Peuplier, arbre.*
POPLITICK, *adject.* (belonging to the ham.) *Du jarret.*
Ex. The poplitick vein or muscle. *La veine ou le muscle du jarret.*
POPPED, *adj. V.* to Pop. *verb. act.*
POPPING in, *subst. L'action d'entrer,* &c. *V.* to Pop in.
POPPY, *sub.* (a kind of plant and flower of which we have several sorts.) *Pavot.*
Garden-poppy. *Pavot cultivé.*
Horned-poppy. *Pavot cornu.*
Spattling-poppy, &c. *Pavot écumant.*
POPULACE, *s.* (the common people.)
POPULACY, *s.* (the common people.) *La populace, le menu peuple, le bas peuple, le commun du peuple.*
POPULAR, *adj.* (of the common people.) *Populaire, du peuple.*
A popular government. *Un gouvernement populaire.*
A popular (or epidemical) disease. *Une maladie populaire, épidémique, qui court parmi le peuple.*
Popular, (that courts the favour of the common people.) *Populaire,* qui capte l'affection du peuple.
Popular, (beloved of the people.) *Populaire, ami du peuple.*
To rule in a popular manner, *Gouverner populairement.*
POPULARITY, *subst.* (the endeavouring to please the people.) *Conduite par laquelle on se rend populaire, esprit populaire.*
Popularity, (the populace, the mobile.) *La populace, le menu peuple, le commun du peuple.*
POPULARLY, *adv. Populairement, d'une maniere populaire.*
To POPULATE, *v. act.* (or to people.) *Peupler, remplir d'habitants.*
Populated, *adj. Peuplé. V.* to Populate.
POPULATING, *sub. L'action de peupler,* &c. *V.* to Populate.
POPULATION, *subst. État d'un pays par rapport au nombre de ses habitants, population.*
POPULOUS, *adj.* (full of people.) *Peuplé, rempli d'habitants, populeux.*
POPULOUSNESS, *subst. Abondance de peuple ou d'habitants.*
PORCELAIN, *subst.* (the chalky earth of which *China* ware is made.) *Porcelaine, sorte de pâte de terre.*
Porcelain, (China.) *Porcelaine, vases de porcelaine.*
Porcelain, (herb.) *Pourpier.*
PORCH, *s.* (a portico or piazza.) *Porche, portique, vestibule.*
PORCUPINE, *subst.* (a kind of hedgehog.) *Porc-épic.*
PORE, *subst.* (passage of perspiration or any narrow spiracle or passage.) *Pore,* trou imperceptible dans les corps.
To PORE, *verb. neut.* (or look close.) *Regarder de près,* comme font ceux qui ont la vue courte.
To pore upon a book. *Avoir les yeux attachés sur un livre ou à un livre, pâlir sur un livre.*
POREBLIND. *V. Purblind.*
PORINESS, *s. Porosité.*
PORING, *adj. part.* Ex.
He is all day poring upon his books. *Il est tous les jours collé sur ses livres.*
PORK, *s.* (or swine's flesh.) *Porc, porc frais, chair de cochon.*
PORKER, *s. Cochon qui ne tette plus.*
POROSITY,

POROSITY, subst. (a being full of pores.) Etat de ce qui est poreux, les pores.
The porosities of the body. Les pores du corps.
POROUS, adject. (full of pores.) Poreux.
POROUSNESS, s. Porosité.
PORPHYRE, ?
PORPHYRY, } sub. (a reddish marble spotted with white.) Porphyre.
PORPOISE, ?
PURPUS, } sub. (or sea-hog.) Marsouin, pourceau de mer.
PORRACEOUS, adj. (greenish.) Poracé.
PORRET, s. Porreau, ciboule.
PORRIDGE, subst. (soup or pottage.) Soupe, potage.
Milk-porridge. Une soupe au lait.
A great porridge-eater, † a porridge-belly. Un grand mangeur de soupe.
A porridgepot. Potager.
A porridgeplate. Assiette de potage.
Pease porridge. V. Pease.
PORRINGER, subst. (a kitchen utensil.) Une écuelle.
A porringer-full. Une écuellée.
A surgeon's porringer, (to receive blood in.) Une palette.
PORT, s. (or haven.) Port, port de mer, havre.
Port, (or gate of a city.) Porte d'une ville.
The port of a billiard-table. La passe d'un billard.
Port or port-holes, (for great guns in a ship.) Sabord, embrasure ou canonnière dans le bordage d'un vaisseau.
Port-lids. Mantelets de sabords.
Gun-room ports. Sabords de Saint-Barbe.
Ports-sells. V. Sells.
Port (or larboard) of a ship. Bas-bord, le côté gauche d'un vaisseau.
Ex. A ship that heels to port, (that inclines to the left hand.) Vaisseau qui donne à la bande, à bas-bord.
Port, or Port the helm ! Babord la barre !
Hard to port ! Babord tout !
Port, (wine from Oporto.) Vin d'Oporto.
Port, (the Court of the Grand Seignior) La Porte, la Cour du Grand-Seigneur.
Port, (mean.) Mine.
Port-sale, s. V. Sale.
Port-vein, (which is seated in the liver.) La veine porte.
To PORT, verb. act. Ex. To port books about to sell. Colporter des livres à vendre.
PORTABLE, adject. (that may be carried.) Portatif.
PORTAGE, s. (or carriage.) Portage, port, voiture.
PORTAL, subst. Portail.
A portal before a door. Tambour, porche d'une église.
PORTCULLIS, subst. (a falling gate like a harrow.) Herse.
To let down the portcullis. Abattre la herse.
Portcullis, (one of the four marshals or pursuivants at arms) Sorte d'huissier ou de poursuivans d'armes.
PORTEND, (s. an to port.) Porté.
To PORTEND, verb. act. (to ominate.) Présager, être un présage, paroître présage, pronostiquer.
Portended, adject. Présagé, &c. Voy. to Portend.

PORTENT, subst. (omen or prodigy.) Présage, prodige.
PORTENTOUS, adject. (ominous.) De mauvais augure ou de mauvais présage.
PORTER, s. (one that keeps the door.) Un portier, un suisse.
The porter of the verge, (that carries a white rod before the Judges.) Le porte-verge, l'huissier ou bedeau de certains Juges.
A porter, (or carrier.) Un porteur, un portefaix, un crocheteur.
PORTERAGE. V. Portage.
PORTGLAVE, } s. (or sword-bearer.) Celui qui porte l'épée devant un Prince ou Magistrat.
* PORTGREVE, s. (a Magistrate in certain sea-coast towns.) C'est ainsi qu'on appelle un Magistrat dans quelques villes maritimes.
PORTICO, s. (or porch.) Un portique.
PORTION, s. (or share.) Portion, part, partie, mesure.
A woman's portion, (that which she brings her husband in marriage.) Dot.
She had a thousand pounds to her portion. Elle a eu mille livres sterling en mariage.
To PORTION, v. act. (to give a portion to a daughter.) Doter une fille, lui donner une dot.
Ælian reports that Homer portioned his daughter with some of his works, for want of money which looks like a foolish jest upon a poor author. Elien rapporte que, faute de bien, Homere donna à sa fille quelques uns de ses ouvrages pour sa dot; mais cela a tout l'air d'une turlupinade sur un bel esprit indigent.
PORTIONER, s. (a minister that shares the tithes with another.) Ministre qui partage les dixmes avec son collègue.
PORT-LAST, ?
PORTOISE, } subst. (comp.) Synonyma de Gun-wale.
To lower the yards down a port-last. Amener les basses vergues.
To ride a portoise. Etre au mouillage avec ses mâts de hune & ses vergues amenées, dans un coup de vent.
PORTLINESS, s. (majestick gait.) Port majestueux, grande mine.
PORTLY, adj. (majestick.) Majestueux, grand, noble.
A portly gait. Un port majestueux, noble.
A portly man. Un homme de bonne mine, qui a l'air grand.
PORTMAN, subst. Bourgeois, habitant.
The twelve portmen (or burgesses) of Ipswich. Les douze bourgeois d'Ipswich.
The portmen (or inhabitants) of the cinque ports. Les habitans des cinq ports.
PORTMANTEAU, subst. Une malle ou une valise, porte-manteau.
PORTMOTE, subst. (a court kept in seaport-towns.) Cour qui se tient dans les villes maritimes.
PORTRAIT, ?
PORTRAITURE, } subst. (or picture drawn after life.) Portrait, peinture, représentation.
A book of portraiture, (to learn to draw by.) Livre de portraiture.
To PORTRAY, verb. act. (or draw.) Peindre, portraire.

Portrayed, adj. Peint, † portrait.
PORTRAYING, subst. L'action de peindre ou de portraire.
PORTRESS, subst. Portière.
PORTSALE, subst. (an outcry or publick sale to them that bid most.) Encan, enchère, criée, vente publique au plus offrant & dernier enchérisseur.
Portsale, (the sale of fish as soon as it is brought into the haven.) La vente du poisson dès qu'il est arrivé au havre.
PORY. V. Porous.
* POSE, s. (a physical term for a rheum in the head.) Enchifrenement, un rhume au cerveau.
To POSE, verb. act. (to puzzle or to nonplus.) Embarrasser, fermer la bouche, † mettre à quia.
Posed, adject. Embarrassé, &c. V. to Pose.
POSER, s. Celui qui embarrasse, &c.
POSING, sub. L'action d'embarrasser, &c. V. to Pose.
POSITION, subst. (or laying.) Position, action de poser.
Position, (or situation.) Position ou situation.
A rule of false position, (or supposition, in arithmetick.) Regle de fausse position.
Position, (or thesis.) Position, these, opinion qu'on soutient ou qu'on défend.
This position being firmly laid, and well understood. Tout cela bien établi & bien entendu.
POSITIVE, adject. (absolute or certain.) Positif, absolu, certain, assuré.
Positive, (real, neither relative, nor arbitrary.) Positif, réel, qui n'est ni relatif, ni arbitraire.
Positive divinity, (that which is according to the positions and tenets of the fathers of the Church.) La Théologie positive.
The positive degree, (the first degree in comparison.) Le degré positif, le positif.
To be positive in a thing, (to stand to it.) Vouloir absolument une chose, n'en point démordre.
To be positive in a thing, (to maintain or to assert it.) Affirmer positivement une chose, la soutenir, l'essayer.
Positive, (headstrong, opinionative.) Opiniâtre, entêté.
POSITIVENESS, subst. (stubbornness in opinion.) Opiniâtreté, entêtement.
POSITIVELY, adv. Positivement, assurément, certainement.
POSITURE, subst. (or manner in which any thing is placed.) Disposition, situation.
The positure of the soul. La disposition de l'ame.
POSNET, subst. (or skillet.) Un poëlon.
† POSE, s. (a large body, set, rabble.) Bande, troupe, foule.
POSSE COMITATUS, s. (all the men that can bear arms in a country.) La milice ou les milices d'une province, le ban & arriere-ban.
To raise the posse. Lever les milices.
† They have raised the posse to make up the sum. Ils ont fait tous leurs efforts, ou ils ont bouffeté pour faire cette somme.
To POSSESS, verb. act. (to enjoy, to be master of.) Posséder, être en possession, jouir, avoir la jouissance, être possesseur de, avoir, avoir à soi, avoir en son pouvoir.

The

The devil possesses (torments or is master of) him. *Le démon le possede.*
To possess, (to transport or animate, as a passion does.) *Posseder, animer, agiter, transporter.*
To possess (or prepossess) one with an opinion. *Préoccuper quelqu'un, le prévenir de quelque opinion.*
To possess one's self of a thing, *v. rec.* (to seize it.) *Prendre possession, se saisir ou s'emparer d'une chose.*
To possess one's self of a town, (to make one's self master of it, to carry it.) *Prendre une ville, s'en rendre maitre, l'emporter.*
Possessed, *adject. Possédé, &c.* V. to Possess.
To be possessed by the devil. *Etre possedé du diable, être tourmenté du démon.*
Possessed with a panick fear. *Saisi d'une terreur panique.*
Possessed (or prepossessed) with a thing. *Préoccupé, prévenu d'une chose.*
To be strongly possessed of (or affected with) God's grace. *Etre vivement touché ou pénétré de la grace de Dieu.*
The enemies were possessed of the hills. *L'ennemi tenoit ou occupoit les montagnes, il en étoit maitre.*
I am possessed of it. *J'en suis possesseur, j'en suis saisi, j'en suis en possession.*
Possessed with business. *Occupé, qui a des affaires.*
POSSESSION, *sub.* (actual enjoyment.) *Possession, jouissance.*
Possession in trust, (or feoffment.) *Jouissance d'une chose qui n'est pas assurée, décrétée,* en termes de Palais.
Possessions (demesnes, lands or tenements.) *Domaines, biens, terres.*
POSSESSIVE, *adj. Possessif, qui marque la possession.*
POSSESSOR, *subst. Possesseur, celui qui possede.*
POSSEST. V. Possessed.
POSSET, *s. Certain breuvage à l'Angloise, dont le grand usage est par rapport à la médecine.*
A plain posset. *Un posset simple, ce n'est proprement que du petit-lait, ou du lait qu'on fait tourner avec de l'aile.*
Sage posset. *Posset où on met de la sauge.*
Sack-posset. *Breuvage pour ceux qui se portent bien, & qui sert à fortifier la nature. C'est un composé de vin sec, de crème, de muscade, d'œufs bien battus, & de sucre.*
POSSIBILITY, *subst. Possibilité.*
POSSIBLE, *sub.* (that may be.) *Possible, qui peut être, qui peut arriver, qui se peut faire.*
POSSIBLY, *adv.* (perhaps.) *Peut-être.*
Possibly you'll say. *Vous direz peut-être.*
I will do it if I can possibly (or can by any means) bring it about. *Je le ferai, si je puis ou s'il est en mon pouvoir.*
POST, *s.* (a term of war, a station or place which soldiers are to defend.) *Poste,* terme de guerre.
Post, (the place where a man's work is.) *Un poste, le lieu où on doit travailler.*
Post, (employment, place.) *Poste, place, emploi, fonction.*

Post, (an expeditious way of travelling.) *La poste, maniere de faire diligemment des voyages.*
Post-horses. *Chevaux de poste.*
To ride post. *Aller en poste, courir la poste.*
He rid post. *Il est venu ici en poste.*
Post, (the messenger that carries letters.) *La poste, le courier qui porte les lettres.*
† The l. me post. *Le boiteux.*
Ex. I will suspend my belief, and wait for the lame post. *Je ne veux rien croire jusqu'à ce que le boiteux vienne.*
A foot-post. *Messager à pied.*
The penny-post. V. Penny.
Post-house, (where post-horses are kept.) *Poste, lieu où l'on prend des chevaux de poste.*
Post-house, (where letters are taken in, and from thence carried to the post-office.) *Poste, maison où l'on reçoit les lettres pour les porter delà à la grand'poste.*
Post-office. *La poste, la grand'poste.*
Post-stage. *Poste, relais de poste.*
There are but three post-stages to that place. *Il n'y a que trois postes d'ici là.*
Post-master. *Maitre de poste.*
Post-boy. *Postillon, valet de poste.*
In post-haste. *A la hâte.*
To make post-haste. *Aller en poste, ou courir la poste, faire toute la diligence possible.*
Post, (a great stake or small wooden pillar driven into the ground.) *Poteau, ou pilier de bois fiché en terre.*
To tie a malefactor to a post. *Attacher un criminel à un poteau.*
Post to be tossed from post to pillar. *Etre furieusement baloté.*
A knight of the post, (a false witness.) *Un faux témoin, un témoin aposté.*
Post and pair, (a game at cards.) *Sorte de jeu des cartes.*
To POST it, *v. n.* (to go post.) *Aller en poste.*
To post away with (to dispatch) a thing. *Depécher quelque chose, l'expedier.*
To POST, *verb. act.* (to place.) *Poster, placer, mettre.*
To post one's self. *Se poster, prendre un poste, se camper.*
To post up, (in order to notify to the publick.) *Afficher.*
To post one for a coward, (to make his cowardice publick.) *Publier par-tout la lâcheté d'un homme, le faire passer pour un lâche.*
To post (or enter) an account from the journal to the ledger. *Rapporter un compte du journal au grand livre.*
Posted, *adj. Posté.*
Who posted you there? *Qui vous a posté là?*
POSTAGE, *s.* Port, *l'argent qu'on paye pour le port d'une chose.*
POST-COMMUNION, *s.* (the office in the Church after the communion.) *Post-communion, l'office de l'Eglise après la communion.*
POST-DATE, *subst. Fausse date, date postérieure.*
To POSTDATE, *v. act. Dater à faux, mettre une date postérieure ou une fausse date, dater de quelque temps après la véritable date.*
Postdated, *adj. Daté à faux, &c.* V. to Postdate.
POSTDILUVIAN, *adject. Postérieur au déluge.*

Postdiluvian, *subst. Qui vivoit après le déluge.*
POSTER, *subst. Courier.*
POSTERIOR, *adject.* (that comes after.) *Postérieur, qui est après à l'égard du temps.*
POSTERIORITY, *s.* (a being or coming after.) *Postériorité.*
† POSTERIORS, *s.* (or back-side.) *Le derriere, le cul ou les fesses.*
POSTERITY, *s.* (or off-spring.) *Postérité, descendans.*
POSTERN, *s.* (or back-door.) *Poterne, fausse porte.*
POSTEXISTENCE, *s. Existence future.*
POSTHASTE, *s.* V. Post.
POSTHUMOUS, *adj.* (born after one's father's death.) *Posthume, né après la mort du pere.*
A posthumous child. *Un enfant posthume.*
An Author's posthumous works, (published after his death.) *Œuvres posthumes d'un auteur.*
POSTICK, *adj.* (that is behind.) *Postérieur, placé derriere, ajouté après.*
POSTIL, *s.* (a short note or exposition.) *Apostille, note, petit commentaire.*
POSTILLON, *sub.* Ex. The postillon of a coach and six. *Le postillon d'un carrosse à six chevaux.*
POSTILLER, *s.* (he that writes postils.) *Un commentateur.*
POSTMERIDIAN, *adj. De l'après-midi, qui est fait l'après-midi.*
To POSTPONE, *v. b. act.* (to put off or delay.) *Renvoyer, renvoyer, tarder, differer, traîner en longueur.*
To postpone, (to leave or neglect.) *Laisser, négliger.*
Postponed, *adject. Renvoyé, differé, &c.* V. to Postpone.
POSTPONING, *s.* (delaying.) *Renvoi, delai, action de traîner en longueur.*
POSTSCRIPT, *s.* (an addition at the end of a writing.) *Postscriptum ou apostille, ce qu'on ajoute à une lettre, à un mémoire.*
POSTULATE, *s.* (fundamental principles in any science taken for granted.) *Demandes.*
To POSTULATE, *v. act.* (or demand.) *Postuler, demander.*
POSTULATION, *s.* (something assumed, a demand.) *Demande.*
POSTULATORY, *adject.* (belonging to a postulate.) *Qui sert à demander.*
POSTULATUM, *sub. Proposition avancée sans preuve.*
POSTURE, *s.* (a certain situation of the body.) *Posture du corps.*
Posture, (condition or state.) *Posture, état.*
Posture, (or order.) *Ordre.*
Posturemaster. *Baladin.*
POSY, *s.* (a device or motto.) *Paroles, devise, mot.*
The posy of a marriage-ring. *La devise ou les paroles d'une bague de mariage.*
A posy, (or nose-gay.) *Un bouquet.*
POT, *s.* (a vessel to put a liquor or any other thing in.) *Pot.*
A drinking-pot. *Un pot à boire.*
A flower-pot. *Un pot à fleurs.*
A watering-pot. *Un arrosoir.*
A gallipot. *Un pot de faïence.*
Pot, (a measure.) *Pot, mesure.*
Pot or pot full of any liquor. *Un pot, un pot plein de liqueur.*
A pot of wine. *Un pot de vin.*
A seething-pot. *Un pot à cuire, une marmite.*
† To

† To go to pot, (to be punished.) Être châtié ou puni.
Pot, (or head piece.) Pot en tête, casque.
A potlid. Un couvercle de pot.
A pothook. Une anse de pot.
A pothanger. Une cremaillere.
Potiherd. Têt de pot cassé.
Potgun. Canonniere.
Potashes, (to make soap.) Potasse, cendres dont on fait le savon.
Potbutter, (or salt butter.) Beurre salé.
Potherb. Herbe potagere.
A potful. Une potée, plein un pot.
Potbellied. Ventru, panju, qui a un gros ventre.
A pot-companion. Un compagnon de débauche, un débauché, un ivrogne, un biberon.
To POT, v. act. Mettre dans un pot.
POTABLE, adject. (or drinkable.) Potable, qu'on peut boire.
POTAGER. Voy. Porringer.
POTATO, s. POTATOES, plur. (a sort of eatable root.) Patate, espece de topinambour; pomme de terre.
POTENCED, adj. (a term of heraldry.) Potencé, terme de blason.
POTENCY, subst. (or power.) Pouvoir, puissance.
POTENT, adject. (or mighty.) Puissant, qui a du pouvoir.
POTENTATE, s. (a sovereign Prince.) Potentat, Prince souverain.
POTENTIAL, adject. Potentiel.
POTENTIALLY, adverb. (a philosophical word, opposite to actually.) Potentiellement, virtuellement.
POTENTLY, adv. Puissamment.
POTENTNESS, s. Pouvoir, force.
POTHER. Voy. Pudder.
POTION, s. (a physical drink.) Potion, breuvage, remede liquide.
A love potion. Un breuvage d'amour, un philtre amoureux.
POTTAGE, s. (or porridge.) Potage, soupe. French pottage. Potage ou soupe à la françoise.
POTTED, adject. (from to pot.) En pot, mis dans un pot.
POTTER, s. (a maker or seller of earthen ware.) Potier.
Potter's ware. Poterie.
Potter's clay. Terre grasse, argille.
A potter's work-house. Poterie.
POTTLE, s. (two quarts or half a gallon.) Deux quartes d'Angleterre, ou un demi-gallon. Environ deux pintes ou une quarte de Paris.
POUCH, s. Poche, bourse.
A birding-pouch. Une gibeciere.
A pouch-mouth. Grosses levres qui avancent.
To POUCH. V. to Pocket or Pour.
POVERTY, s. (the being poor.) Pauvreté, disette, necessité, misere, indigence.
POULDAVIS, sub. (sail cloth.) Sorte de serpillere.
POULTERER, s. (he that sells poultry.) Poulailler, marchand qui vend de la volaille.
POULTICE, s. Un cataplasme.
To POULTICE, v. act. Mettre un cataplasme.
POULTRY, subst. Volaille.
POUNCE, s. (or talon.) Serre, griffs. The pounces of an eagle. Les serres d'un aigle.
Pounce, (a powder.) Poudre de pierre-ponce, sand rague.
To POUNCE, v. act. (or grasp with the pounces.) Tenir sous ou dans ses serres, percer.
To pounce, (to rub with pounce.) Frotter le papier avec de la sendaraque.
Pounced, adj. Qui est sous les serres d'un oiseau de proie, percé, frotté, &c.
POUND, s. (an inclosure to keep in cattle distrained or put in for any trespass done by them.) Espece de prison pour le bétail que l'on a saisi mangeant l'herbe ou les blés dans les terres d'autrui.
Pound, (a sort of coin used in reckoning.) Livre, monnoie de compte.
A pound sterling, (twenty shillings.) Une livre sterling, vingt schellings ou quatre écus d'Angleterre.
A pound Scotch, (twenty pence.) Livre d'Ecosse, vingt sols.
Pound-weight. Le poids d'une livre.
To POUND, v. act. (or beat in a mortar.) Piler, broyer.
To pound or impound cattle. Mettre du bétail en fourriere, l'enfermer dans ce que les anglois appellent un pound. V. Pound au premier sens.
POUNDAGE, s. (a shilling in the pound.) Un schelling par livre sterling, ou selon notre maniere de compter en France, le sou par livre.
A steward that takes poundage. Un homme d'affaires qui reçoit pour son compte un schelling par livre sterling ou qui prend le sou par livre des sommes qu'il paye.
Poundage, (subsidy granted the King of a shilling in the pound of all merchandise imported and exported.) Le sou par livre, subside accordé au Roi sur les marchandises à l'entrée & à la sortie. On ne se sert pas du mot de poundage en parlant des affaires d'Angleterre.
To pay poundage. Payer le sou par livre.
Poundage, (the allowance given by the King of France to the farmers of his revenues.) Les taxations.
POUNDED, adj. (from to pound.) Pilé, brisé, &c. Voy. to Pound.
POUNDER, s. (from pound.) Ex. A ten pounder. Un canon de dix livres de balles.
POUNDING, subst. L'action de piler, de briser, &c. Voy. to Pound.
POUPETON, s. Poupée.
To POUR, v. act. Verser.
To POUR OUT, v. act. Verser.
P. To pour water into a sieve. P. Verser dans un tonneau percé, obliger un ingrat.
P. To pour water on a drowned mouse. P. Se venger lâchement d'une personne qui n'est pas en état de se défendre.
To pour one's forces into the enemies country. Fondre sur l'ennemi, se jetter dans ses terres, inonder son pays.
To pour out of one vessel into another. Transvaser.
To POUR, v. neut. Couler, se précipiter, fondre.
It pours down, or it rains as fast as it can pour. Il pleut à verse.
POURED, adj. (from to pour.) Versé, &c. Voy. to Pour.
* POURFIL, PROFILE, subst. Ex. The profile of a face, (in painting.) Le profil d'un visage ou d'une tête.
A face drawn in profile, (a side-face.) Un visage representé en profil.
POURING, s. L'action de verser, &c. V. to Pour.
POURPARTY, sub. (a law word for division.) Partage.
To make pourparty, (to divide the lands amongst the partners who, before the partition, held it jointly.) Faire le partage des terres entre des copartageans qui en jouissent par indivis.
To POURTRAY, &c. V. to Portray, &c.
POURVEYOR, &c. V. Purveyor.
POUT, s. (or sea-lamprey.) Lamproie, poisson de mer.
Eel-pout, (a kind of fish, a small-eel.) Petite anguille, une lotte.
Pout, (a sort of bird.) Un francolin.
A pheasant-pout, (or young pheasant.) Un faisandeau.
A Turkey-pout or young turkey. Un dindonneau.
To POUT, v. n. (to look gruff or surly.) Se refrogner, se rechigner, faire une mine rechignée, faire la mine, bouder.
To pout, v. act. Ex. To pout (or hang) out one's lips. Baisser les levres.
POUTING, subst. Air rechigné, mine rechignée.
Pouting, adj. Ex. A pouting fellow. Un homme refrogné, rechigné.
POWDER, subst. Poudre.
Sweet powder, Poudre de senteur.
The Jesuits powder, (or quinquina.) Le quinquina.
Gun-powder. Poudre à canon.
Gun-powder-treason-day. Le jour des poudres, le 5 de Novembre, jour auquel on célebre la mémoire de l'heureuse découverte de la conspiration des Jésuites, qui avoient formé le dessein de faire sauter les deux Chambres de Parlement avec de la poudre à canon.
To make one's head all white with powder. Poudrer excessivement ses cheveux, † s'enfariner la tête.
† To do a thing with a powder, (or in great haste.) Faire une chose avec empressement.
Powder-sugar. Du sucre réduit en poudre.
A powderbox. Un poudrier.
Powderhorn. Poire à poudre.
Powdermill. Moulin à poudre.
Powdercase. Pulverin.
Powder-chests, subst. comp. plur. Caisses d'artifices.
Ink-powder. Poudre pour faire de l'encre.
Powder-room. La Sainte-Barbe.
A powder-monkey. Un goujat d'un vaisseau.
To POWDER, v. act. Poudrer.
To powder a periwig. Poudrer une peruque.
To powder beef, (to salt it.) Saupoudrer du boeuf, le saler.
To powder, v. n. (to come violently.) Fondre, attaquer impétueusement.
Powdered, adject. Poudré, &c. Voy. to Powder.
Powdered with spots. Tacheté, marqueté, moucheté.
The surcoat and hood of the Knights of the garter were, at first, powdered all over with garters. Le surtout ou la saie & le chaperon des Chevaliers de la Jarretiere, étoient d'abord chamarrés de jarretieres.
POWDERING, sub. L'action de poudrer, &c. Voy. to Powder.
Powdering, adj. Ex. A powdering tub. Saloir.
Down comes a kite powdering upon them. Un milan vient fondre sur eux.
POWDERY, adv. Poudreux; friable.
POWER, s. (ability or force.) Pouvoir, puissance, force.
Power, (or authority.) Pouvoir, autorité. Power,

One under age has no power to contract. *Un mineur ne peut valablement contracter.*

Power, (or influence.) *Pouvoir, influence.*

Power, (Puissance, sovereign State or Prince.) *Puissance, Prince ou Etat souverain.*

Those two Powers keep a good correspondence together. *Ces deux Puissances sont entr'elles de bonne intelligence.*

The powers (or faculties) of the soul. *Les puissances, ou les facultés de l'ame.*

Power, (a great deal.) *Grand nombre, grande quantité, beaucoup, infinité, abondance.*

Power of redemption. *V.* Redemption.

POWERABLE. *Voy.* Powerful.

POWERFUL, adj. (that has power or authority.) *Puissant, qui a du pouvoir ou de l'autorité.*

Powerful, (efficacious, prevailing.) *Puissant, efficace.*

POWERFULLY, adv. *Puissamment, fortement, de la maniere la plus forte, efficacement.*

POWERFULNESS, *s.* (strength, energy.) *Force, énergie.*

The powerfulness of Plato's writing. *La force, l'énergie des ouvrages de Platon.*

POWERLESS, adj. *Foible, sans pouvoir.*

POX, *s. f.* The French pox, (the verole ou l.a grosse véerole.) *Vérole, la grosse vérole, le mal de Naples.*

The small-pox. *La petite vérole.*

Chicken pox. *Espèce de petite vérole volante.*

POZ, *s.* (the pole used by rope dancers.) *Contre-poids de danseur de corde.*

To POZE. V. to PUZZLE.

POZZOLANA, *s.* (sand found near Naples.) *Sorte de sable, pozzolane.*

PRACTICABLE, adj. (which may be done.) *Praticable, qui se peut faire ou qui se peut pratiquer.*

PRACTICABLY, adv. *D'une maniere praticable.*

PRACTICAL, *⎫*
PRACTICK, *⎬* adj. (belonging to practice, the contrary of speculative.) *Pratique, qui n'est pas spéculatif.*

The practical part of a thing. *La Pratique.*

Practical, (or moral.) *Ex.*

Practical Divinity. *La Théologie pratique, la Morale.*

PRACTICALLY, adv. *En pratique.*

PRACTICALNESS, *subst.* Qualité de ce qui est praticable.

PRACTICE, *s.* (actual exercise.) *Pratique, usage, exercice.*

To bring into practice. *Réduire en pratique.*

You want but some practice. *Il ne vous manque qu'un peu de pratique.*

Practice, (or custom.) *Pratique, usage, coutume, maniere, façon d'agir reçue.*

The practice of the Court, (the way of proceeding in Law-suits.) *La pratique, la connoissance de la procédure, le style du Palais.*

Practice, (the exercise of a Lawyer's or Physician's profession, the having clients or patients.) *Pratique, affaires d'Avocat ou de Médecin.*

That Lawyer or Physician has a great deal of practice. *Cet Avocat ou ce Médecin a beaucoup de pratique.*

Practice, (under-hand dealing, intrigue, way of proceeding.) *Pratique, intrigue, menée ou voie secrete d'agir, trame.*

By foul (or shameful) practices. *Par des voyes indirectes.*

He had notice given him of a practice set on foot in the house of Commons for impeaching him. *Il eut avis d'une menée qui se tramoit dans la chambre des Communes pour l'accuser.*

He entered into new practices with several English Nobles. *Il entretint de nouvelles pratiques avec plusieurs Seigneurs Anglois, ou il commença de nouveau à pratiquer plusieurs Seigneurs Anglois.*

PRACTICK. *Voy.* Practical.

To PRACTISE, *verb. act.* (or to put into practice.) *Pratiquer, mettre ou réduire en pratique.*

To practise, (to profess or exercise a profession.) *Pratiquer, exercer, faire profession.*

To practise Physick. *Pratiquer, exercer la médecine, en faire profession.*

To practise upon one, (to tamper with him, to endeavour to draw him into one's interest, &c.) *Pratiquer quelqu'un, le solliciter, tâcher de l'attirer & de le gagner à son parti.*

To practise a piece of musick in order to perform it the better. *Concerter une piece de musique, pour la mieux exécuter.*

Practised, adj. *Pratiqué, &c. Voyez* to Practise.

He is well practised in the Law. *Il a la pratique du Barreau, c'est un homme rompu aux affaires.*

PRACTISER, *s.* Celui qui pratique.

PRACTISING, *s.* L'action de pratiquer, &c. V. to Practise.

How many innocent and excellent persons have been condemned to death by the practising of Ministers upon the corruption of Judges! *Combien de personnes innocentes & d'un grand mérite les Ministres n'ont-ils pas fait condamner à la mort en pratiquant des Juges corrompus!*

PRACTITIONER, *⎫*
PRACTISANT, *⎬ s.* (one that practises in the law.) *Un Praticien.*

N. B. Those words that are not to be found with *pra*, look for them with *pre. Cherchez par pre les mots qui ne se trouvent pas ici avec pra.*

PRÆCOGNITA, *sub.* Connoissances préliminaires.

PRÆDATORY, adj. (belonging to robbing.) *De voleur, de pirate.*

PRÆEXISTENCE. *V.* Preexistence.

PRÆMUNIRE. *V.* Premunire.

PRÆTOR, *subst.* (a kind of magistrate amongst the ancient Romans.) *Préteur, magistrat parmi les anciens Romains.*

The Prætor's house. *Prétoire, l'hôtel du Préteur.*

PRÆTORIAN, adj. *Prétorien, de Préteur.*

PRÆTORSHIP, *s.* Préture, charge & dignité de Préteur.

PRAGMATICAL, *⎫*
PRAGMATICK, *⎬* adj. Pragmatique.

The pragmatical sanction, (or the pragmatick.) *Pragmatique sanction, la pragmatique.*

A pragmatical fellow, (a busy intermeddler.) *Un brouillon, un homme qui se mêle mal-à-propos des affaires d'autrui, qui fait l'important & le nécessaire.*

PRAGMATICALLY, adv. *En brouillon.*

PRAGMATICALNESS, *sub.* Humeur ou conduite de brouillon. *Voy.* Pragmatical fellow.

PRAGMATICK, *s.* (an ordinance about ecclesiastical affairs.) *Pragmatique ou pragmatique sanction.*

PRAISE, *s.* (commendation or honour.) *Louange, gloire, honneur.*

Praise-worthy or worthy of praise. *Digne de louange, louable.*

To turn a thing to one's own praise. *Se faire un mérite de quelque chose.*

To PRAISE, *v. act.* (to commend, to cry up.) *Louer, donner des louanges ou de l'encens; prôner, vanter, élever.*

P. Praise the sea, but keep on land. *Admirez la mer tant qu'il vous plaira, mais demeurez toujours à terre.*

To praise God, (to give him thanks.) *Louer Dieu, lui rendre graces, le bénir.*

To praise, (for to prize.) *Estimer, priser, apprécier, faire l'estimation ou l'appréciation, taxer, évaluer, mettre le prix.*

Praised, adj. *Loué, prôné, &c. V.* to Praise.

PRAISEFUL, adj. (or commendable.) *Louable, digne de louange.*

PRAISER, *subst.* (a praiser of goods.) *Un estimateur, celui qui taxe le prix ou qui regle la valeur des choses, huissier priseur.*

PRAISING, *subst.* L'action de louer, &c. V.* to Praise.

PRANCE, *s.* Sorte de bac ou d'allée.

To PRANCE, *v. neut.* (to throw up the fore-legs, as horses do.) *Se cabrer, se lever devant, en parlant des chevaux.*

PRANCER, *s. Le cheval qui se cabre.*

PRANCING, adj. *Qui se cabre.*

A prancing horse. *Un cheval qui se cabre.*

PRANK, *subst.* (or trick.) *Tour, piece, malice qu'on fait à une personne, niche, algarade.*

To play one a shrewd prank. *Faire une piece à quelqu'un, lui jouer un mauvais tour, lui jouer une algarade.*

Prank, or mad prank. *Folie, extravagance, fredaine.*

To PRANK up, *v. act.* (or set off.) *Parer, orner, ajuster.*

To prank up one's self. *S'ajuster, se requinquer.*

Pranked up, adj. *Orné, paré, ajusté, bien mis, requinqué.*

PRANKING up, *subst.* L'action de parer ou d'orner, &c. parure, beaux habits, bravais.

To PRATE, *v. n.* (to chatter or talk idly.) *Causer, babiller, avoir du babil, caqueter, jaser.*

PRATER, *subst.* (an idle talker, a chatterer.) *Un causeur, une causeuse, un babillard, une babillarde, un jaseur, un jaseuse.*

PRATIC, *⎫*
PRATIQUE, *⎬ s.* Entrée, faculté de communiquer dans les ports sujets à quarantaine.

PRATING, *⎫*
PRATLING, *⎬ s.* Babil, caquet.

Hold your prating. *Taisez-vous.*

Prating, adj. *Caqueteur, babillard, causeur, jaseur.*

A prating-man. *Un caqueteur, un causeur, un babillard, un joueur.*

A prating housewife, or a prating woman. *Une babillarde, une caqueteuse, une causeuse.*

PRATIQUE,

PRA PRE

PRATIQUE, *sub.* (a licence to traffick, granted to the master of a ship in the ports of Italy, upon a bill of health.) *Pratique, commerce, communication, permission de négocier.*

To PRATTLE, *v. neut.* (or to prate.) *Causer, jaser, babiller, avoir du babil, caqueter.*

PRATTLER, *s. Un causeur, un babillard, un jaseur.*

Prattling. *V.* Prating.

PRAVITY, *s.* (or corruption.) *Corruption, malice, méchanceté.*

To PRAUNCE, &c. *V.* to Prance, &c.

PRAWN, *s.* (a little sort of sea-fish.) *Langouste, salicoque, sorte de petite écrevisse de mer.*

To PRAY, *v. a.* (to desire or beg of.) *Prier, supplier, demander avec soumission, requerir.*

Pray (for I pray) tell me what it is. *Je vous prie, ou de grace, dites-moi ce que c'est.*

Pray do it. *Faites le je vous en prie, je vous prie de le faire.*

To pray to God, (to call upon God.) *Prier Dieu, invoquer Dieu, s'adresser à Dieu par des prieres.*

To pray to the Saints. *Prier les Saints, adresser ses prieres aux Saints.*

Prayed for, *adj. Pour qui l'on a prié.*

Prayed OUT of Purgatory. *Sorti du Purgatoire à force de prieres.*

PRAYER, *s.* (desire or request.) *Priere, requisition, demande faite avec soumission.*

Prayer, (a supplication to God.) *Priere, oraison.*

The common-prayers. *Les communes prieres, les prieres publiques.*

The Lord's prayer. *L'oraison dominicale.*

To be at prayers or to say one's prayers. *Prier Dieu.*

A prayer-book. *Un livre de prieres.*

PRAYING, *subst. Priere ou l'action de prier,* &c. *V.* to Pray.

To PREACH, *v. act.* (to publish or proclaim.) *Prêcher, annoncer.*

To preach, *v. act. & neut.* (to make a sermon.) *Prêcher, faire un sermon ou une prédication.*

† To preach, (to read a lecture to one.) *Sermoner, haranguer.*

† To preach over one's liquor, (to talk instead of drinking.) *Prêcher sur la vendange, causer au lieu de boire.*

To preach UP, (to cry up.) *Prêcher, publier, prôner, exalter, vanter, faire valoir.*

To preach one's self up. *Se prêcher soi-même, faire son panegyrique.*

Preached, *adject. Prêché,* &c. *Voyez* to Preach.

A mean or a sorry preacher. *Un pauvre* † *prêcheur, un* † *autre* † *prédicant.*

† A preacher, (one that takes upon him to read lectures to others.) *Un sermoneur, un harangueur.*

PREACHING, *s. Prédication ou l'action de prêcher,* &c. *V.* to Preach.

PREACHMENT, *subst.* Ex. Leave your preachments. *Cessez de sermoner ou de haranguer, cessez de rescrire des sermons.*

PRE-ADAMITES, *sub.* (those who are supposed by some to have lived before Adam.) *Pri-adamites, ceux que quelques-uns ont cru avoir été avant Adam.*

PREAMBLE, *subst.* (or preface.) *Préambule, avant-propos.*

A long preamble, (a tedious discourse.)

PRE

Un long préambule, un discours long, ennuyeux & inutile.

PREAPPREHENSION, *s. Préjugé.*

PREBEND, *s.* (a Canon's place or revenue.) *Prébende ou Chanoinie, bénéfice ordinairement attaché au Canonicat.*

PREBEND, } *subst.* (he that has a
PREBENDARY, } prebend.) *Un Chanoine, un Prébendier.*

PREBENDAL, *adj.* (belonging to a prebend.) *Qui concerne une prébende ou un prébendier.*

PRECARIOUS, *adj.* (granted or enjoyed by favour.) *Précaire, dont on jouit par grace, par faveur ou par emprunt.*

A precarious authority. *Une autorité précaire.*

Precarious praises. *Des louanges mendiées.*

A precarious King. *Un Roi qui n'a qu'une autorité précaire, un Roi qui regne comme par emprunt.*

He will not have it in a precarious way. *Il ne veut pas le mendier.*

This is not a precarious book, (it is a book that will go off itself.) *Ce livre n'a que faire de mendier son débit, il n'a pas besoin de recommendation, il se recommande par son propre mérite.*

PRECARIOUSLY, *adverb. Précairement, d'une maniere précaire.*

To reign precariously. *Régner précairement, n'avoir qu'une autorité précaire.*

PRECARIOUSNESS, *s. Incertitude.*

PRECAUTION, *subst.* (a caution used or given beforehand.) *Une précaution.*

To use great precautions. *User de grandes précautions.*

To PRECAUTION, *v. act.* (to give caution, to forewarn.) *Avertir.*

To PRECEDE, *v. act.* (or go before.) *Préceder, aller devant, tenir le premier rang, avoir le pas ou la préseance.*

To precede (or excel) one. *Préceder, devancer, surpasser quelqu'un.*

Proceeded, *adj.* &c. *Voyez* to Precede.

PRECEDENCE, } *subst. Préseance ou*
PRECEDENCY, } *le pas.*

To give one the precedency. *Donner le pas a quelqu'un, lui donner la préseance, lui deferer par civilité.*

PRECEDENT, *adj.* (or foregoing.) *Précedent, qui précede ou qui va devant.*

Precedent, *subst.* (often pronounced and fully written precedent, an example.) *Un préjugé, un example, une chose qui doit servir de regle.*

This is not to be drawn into precedent. *Ceci ne doit pas tirer à conséquence.*

A precedent-book, (designed for precedents or draughts for attorneys, &c.) *Protocole.*

PRECEDENTIAL, *adject.* (belonging to precedency.) *Qui concerne la préseance ou le pas.*

PRECEDENTLY, *adv.* (or before.) *Précedemment, auparavant.*

* PRECEDENCE, } *s.* (excellency a-
* PRECEDENCY, } bove another thing.) *Excellence, avantage, qualité de perfection particuliere, degré de bonté particuliere, préeminence.*

To give a thing the precedency above another. *Préferer une chose à une autre, lui donner la préference.*

PRECENTOR, *s.* (the chanter that begins a tune in a cathedral.) *Precenteur.*

PRE

PRECEPT, *s.* (or instruction.) *Precepte, enseignement, instruction.*

Precept, (or rule.) *Precepte, regle.*

Precept, (or commandment.) *Precepte, commandement, ordre.*

Precept, (order of a judge or superior, summons to appear.) *Ordre, ajournement personnel.*

PERCEPTIVE, *adj.* (belonging to precepts.) *Instructif.*

PRECEPTOR, *s.* (a tutor or master.) *Un précepteur.*

PRECEPTORIAL, *adj.* Ex. Preceptorial prebend. *Prébende préceptoriale.*

PRECESSION, *s. L'action de preceder.*

PRECINCT, *subst.* (bounds or extent of Jurisdiction.) *Juridiction, territoire, ressort.*

PRECIOSITY. *V.* Preciousness.

PRECIOUS, *adj.* (from price.) *Précieux, de prix.*

PRECIOUSLY, *adv. Précieusement.*

PRECIOUSNESS, *sub. Qualité précieuse, le prix d'une chose.*

PRECIPICE, *subst.* (a high steep place.) *Précipice.*

Precipice, (or danger.) *Précipice, danger.*

Precipice, (misfortune.) *Précipice, disgrace.*

PRECIPITANCE, } *subst. Précipitation,*
PRECIPITANCY, } *emportement, empressement excessif.*

PRECIPITANT, *adject. Dangereux, précipité.*

A precipitant conceit. *Une pensée dangereuse.*

PRECIPITANTLY, *adv. Précipitamment.*

PRECIPITATE, *adj.* (over-hasty.) *Précipité, hâtif.*

Precipitate, or Mercury precipitate, *subst.* (a corrosive mercurial medecine.) *Mercure precipité.*

To PRECIPITATE, *v. act. & neut.* (to throw down.) *Précipiter, jetter dequelque lieu élevé dans un lieu fort bas, se précipiter.*

To precipitate a business, (to hurry it over.) *Précipiter une affaire, la faire avec précipitation.*

To precipitate mercury, (an expression used by chymists.) *Précipiter du mercure, en termes de chymie.*

Precipitated, *adj. Précipité,* &c.

PRECIPITATELY, *adv.* précipitamment, avec précipitation.

PRECIPITATION, *s.* (or hurry.) *Précipitation, trop grande hâte ou vitesse.*

Precipitation, (a chymical preparation.) *Précipitation, préparation chimique.*

PRECIPITOUS, *adject.* (or rash.) *Violent, étourdi, qui fait les choses avec précipitation.*

PRECISE, *adj.* (exact or determined.) *Précis, exact, déterminé, arrêté, fixé.*

A precise (scrupulous or superstitious) man. *Un homme scrupuleux ou superstitieux.*

Precise, (finical, affected.) *Précieux, affecté.*

A precise (or finical) woman. *Une précieuse, une pimbesche.*

PRECISELY, *adv. Précisément, exactement, justement, au juste, scrupuleusement.*

PRECISENESS, *s.* (or exactness.) *Précision, exactitude.*

Preciseness, (or finicalness.) *Affectation, formalité, minutie, air précieux.*

PRECISIAN, *s.* (one that is over-scrupulous

PRE

pulous in points of religion.) *Un scrupuleux, un superstitieux, un bigot.*
PRECISION, *subst.* (exact limitation.) *Précision.*
To PRECLUDE, *v. act. Exclure.*
PRECOCIOUS, *adj. Précoce.*
PRECOCITY, *f.* (forwardness in ripening.) *Qualité des fruits précoces, qualité qui consiste à mûrir avant la saison.*
To PRECOGITATE, *v. act.* (or think of before-hand) *Préméditer.*
Precogitated, *adj. Prémédité.*
PRECOGNITION, *sub.* (or fore-knowledge.) *Préscience ou l'action de connoître auparavant.*
PRECONCEIT, *f. Un préjugé.*
PRECONCEITED, *adj. Ex.* A preconceited opinion. *Un préjugé.*
To PRECONCEIVE, *v. act.* (to imagine before-hand.) *Concevoir, imaginer d'avance.*
Ex. This is an opinion which he has preconceived. *C'est une opinion dont il est prévenu.*
PRECONCEPTION, *f. Préjugé.*
PRECONTRACT, *f.* (or a former bargain.) *Un précédent contrat, un contrat antérieur.*
To PRECONTRACT, *v. act. Contracter par avant.*
PRECURSOR, *f.* (or forerunner.) *Précurseur, avant-coureur.*
PREDATORY. V. Prædatory.
PREDECESSOR, *f.* (he that was in a place before one.) *Prédécesseur dans un emploi.*
Predecessors, (or ancestors.) *Prédécesseurs, ancêtres.*
PREDESTINARIAN, *f.* (one that believes predestination even to reprobation.) *Une personne qui croit la prédestination & un decret éternel de réprobation.*
To PREDESTINATE, *v. act.* (or to appoint from eternity.) *Prédestiner, destiner de toute éternité.*
PREDESTINATED, *adj. Prédestiné, &c.*
PREDESTINATION, *f.* (or fore-appointment.) *Prédestination.*
PREDETERMINATION, *f. Prédétermination*, terme scolastique.
To PREDETERMINE, *v. a.* (or to determine beforehand.) *Déterminer par avance, prédestiner, prédéterminer.*
Predetermined, *adj. Déterminé par avance, préd stiné.*
PREDIAL, *adj. Ex.* Predial tithes, (or tithes of things growing from the ground only.) *Dîmes qui proviennent de la terre, comme blé, soin, &c.*
PREDICABLE, *adj.* (which may be given to the subject, in terms of logick.) *Prédicable,* terme de logique.
Predicable, *f.* (or universal, : term of logick.) *Universel,* terme de logique.
PREDICAMENT, *f.* (a term of logick, which signifies a rank, class or order.) *Prédicament, catégorie,* terme de logique.
Predicament, (case, condition, state.) *Etat, condition, qualité.*
By our extravagance and luxury we have brought ourselves into this predicament. *Nos excès & notre luxe nous ont réduits à cet état.*
PREDICATE, *f.* (a logical term, that which is affirmed of the subject.) *Prédicat, ce qui est affirmé ou dit d'un sujet.*
To PREDICATE, *v. act.* (to publish, say or preach up.) *Prêcher, publier, annoncer.*

PRE

To Predicate, *v. n.* (a term of logick.) *Ex.* These two terms predicate upon another. *Ces deux termes sont prédicables l'un de l'autre.*
Predicated, *adject. Publié, prêché, annoncé.*
PREDICATION, *f.* (crying up.) *L'action de prêcher, de publier, d'annoncer; publication.*
To PREDICT, *verb. act.* (to foretell.) *Prédire.*
PREDICTION, *f.* (foretelling.) *Prédiction, prophétie.*
To PREDISPOSE, *v. act.* (or to dispose before-hand.) *Disposer par avance, préparer.*
Predisposed, *adj. Disposé par avance, préparé.*
PREDISPOSITION, *f. Préparation.*
PREDOMINANCE, } *f.* Qualité ou vertu
PREDOMINANCY, } *prédominante, qui prédomine.*
PREDOMINANT, *adj.* (over-powering or chief.) *Prédominant, dominant, qui prédomine.*
To PREDOMINATE, *verb. neut.* (or over-power.) *Prédominer, surabonder, être plus fort par la qualité ou par la quantité.*
PREDY, *adj.* (a sea-term for ready.) *Prêt.* Make the ship predy for a fight. *Préparez le navire pour un combat.*
To PREELECT, *v. act.* (or chuse before.) *Elire auparavant.*
Preelected, *adj. Elu auparavant.*
PREELECTION, *subst.* (election made beforehand.) *Election faite auparavant.*
PREEMINENCE, *subst.* (right of excellence, advantage, prerogative.) *Prééminence, avantage, prérogative.*
PREEMINENT, *f.* (or above the rest.) *Prééminent, qui tient le premier rang, qui est au-dessus des autres.*
PREEMPTION, *subst.* (first buying.) *L'action d'acheter le premier ou par avance.*
To PREENGAGE, *verb. act.* (to engage before-hand.) *Engager par avance.*
Preengaged, *adj. Engagé par avance.*
PREENGAGEMENT, *f. Engagement fait par avance.*
PREENGAGING, *subst. L'action d'engager par avance.*
To PREEXIST, *verb. neut.* (to exist before.) *Préexister, être ou exister auparavant.*
PREEXISTENCE, *subst. Préexistence.*
PREEXISTENT, *adj. Qui préexiste.*
PREFACE, *f.* (a kind of introduction to a book.) *Préface, discours préliminaire, avant-propos.*
Preface, (or preamble.) *Préface, préambule.*
To PREFACE, *verb. act.* (to tell beforehand.) *Dire par avance ou par manière de préface.*
He prefaces his discourse with these words. *Voici ce qu'il dit au commencement de son discours.*
PREFATORY, *adj. Préliminaire, en forme de préface.*
A prefatory discourse. *Discours préliminaire à ce en forme de préface, une préface, un avant propos.*
PREFECT, *subst.* (a Magistrate among the ancient Romans, and now among the French.) *Préfet, Magistrat parmi les Romains, & maintenant chez les françois.*
PREFECTURE, *f. Préfecture,* charge ou dignité de préfet.

PRE

To PREFER, *verb. act. Ex.* To prefer one thing before or to another, (to esteem it more.) *Préférer une chose à une autre, l'estimer davantage, lui donner la préférence ou l'avantage.*
To prefer one, (to advance him, to make his fortune.) *Pousser quelqu'un, l'avancer, faire sa fortune, lui donner quelque place.*
To prefer (or promote) a book. *Mettre un livre en crédit, le faire débiter.*
To prefer a law. *Proposer une loi.*
To prefer a bill against one in chancery. *Poursuivre quelqu'un à la chancellerie.*
PREFERABLE, *adj. Préférable.*
PREFERABLY, *adv. Préférablement.*
PREFERRED, *adj. Préféré.* V. to Prefer.
PREFERENCE, *subst. Préférence.*
PREFERMENT, *subst.* (advancement.) *Avancement, élévation, agrandissement de fortune, promotion.*
To come to preferment. *S'avancer, faire sa fortune.*
Preferment, (place or employ.) *Place; emploi.*
Preferment in the Church. *Promotion, bénéfice.*
PREFERRER, *subst. Ex.* The preferrer of an indictment. *Un accusateur, un délateur ou dénonciateur.*
PREFERRING, *subst. L'action de préférer, &c.*
To PREFIGURATE, } *verb. act.* Figu-
To PREFIGURE, } *rer par avance.*
PREFIGURATION, *f. Représentation ou figure antérieure.*
To PREFIX, *verb. act.* (or put before.) *Mettre une chose devant une autre.*
To prefix (or appoint) a time. *Nommer, marquer le temps.*
Prefixed or prefixt, *adj.* (or put before.) *Mis devant.*
Prefixed or appointed. *Préfix, déterminé, conclu, arrêté.*
PREFIX, *f. Particule qui se met devant un mot.*
PREGNANCY, *f.* (or the state of being with child.) *Grossesse ou l'état d'une femme enceinte.*
She pleaded pregnancy. *Elle allégua qu'elle étoit enceinte.*
Pregnancy (or sharpness) of wit. *Subtilité d'esprit.*
PREGNANT, *adj.* (or with child.) *Grosse, enceinte.*
A pregnant (or subtle) wit. *Un esprit fécond, subtil ou pénétrant, qui conçoit les choses.*
A pregnant (or forcible) reason. *Une raison forte ou convaincante.*
A pregnant (or infallible) token. *Un présage infaillible.*
Negative pregnant. V. Negative.
PREGNANTLY, *adv. Fort, avec raison.*
The crime whereof he is pregnantly suspected. *Le crime dont il est fort soupçonné.*
PREGUSTATION, *f.* (a tasting before.) *Avant-goût.*
To PREJUDGE, *verb. act.* (to judge before.) *Préjuger,* en termes de Palais.
To prejudge, (or guess.) *Deviner.*
PREJUDICATE, *adject. Ex.* Prejudicate opinions. *Préjugés, préventions, entêtement.*
A prejudicate stiffness. *Une pure opiniâtreté.*
PREJUDICATION, *subst.* (or precedent at law.) *Préjugé,* en termes de Palais.
PREJUDICE,

PRE

PREJUDICE, *subst.* (rash judgment before trial, prepossession.) *Préjugé, prévention, préoccupation.*
The commendable prejudice, and honourable partiality *Homer* bears his countrymen. *La louable prévention & la partialité honorable qu'Homere a pour ses compatriotes.*
Prejudice, (harm, loss, damage.) *Préjudice, tort, perte, dommage.*
To PREJUDICE, *verb. act.* (to hurt or do prejudice to.) *Préjudicier, porter préjudice, causer du préjudice, faire du tort ou faire tort, nuire.*
This will prejudice your health. *Ceci préjudiciera ou nuira à votre santé.*
I shall not prejudice you in the least. *Je ne ferai pas la moindre chose à votre préjudice.*
To prejudice (to propossess one) against another. *Prévenir, préoccuper quelqu'un contre un autre.*
Prejudiced, *adject.* (that has received damage.) *A quoi l'on a préjudicié, nui ou fait du tort.* V. to Prejudice.
Prejudiced, (prepossessed.) *Prévenu, préoccupé.*
PREJUDICIAL, *adj.* (hurtful.) *Préjudiciable, nuisible, qui porte préjudice ou qui cause du préjudice, qui fait tort.*
PRELACY, *subst.* (a prelate's dignity.) *Prélature, dignité de prélat.*
PRELATE, *subst.* (one that has a great dignity in the Church.) *Un prélat.*
PRELATURE, **PRELATESHIP**, } *subst.* (or prelacy.) *Prélature.*
PRELATICAL, *adject.* *Qui regarde les prélats, ecclésiastique.*
PRELATION, *subst.* *Préférence.*
PRELECTION, *subst.* (reading.) *Lecture.*
PRELIBATION, *subst.* (or fore-taste.) *Avant-goût.*
PRELIMINARY, *adj.* (that goes before.) *Préliminaire.*
Preliminary, *s.* (or first step in a great negociation.) *Préliminaire, premiere démarche dans une négociation importante.*
PRELUDE, **PRELUDIUM**, } *subst.* (the preparatory notes of musicians before they begin to play, a voluntary or flourish.) *Prélude.*
A prelude, (an entrance into a business.) *Prélude, entrée, commencement, préparation.*
That is a prelude to atheism. *Cela va ou conduit à l'athéisme.*
To PRELUDE, *verb. neut.* (to play a prelude.) *Préluder, jouer un prélude.*
PRELUDIOUS, *adj.* (or preparatory.) *Qui prépare ou qui dispose, qui sert de prélude ou d'introduction.*
These are preludious suspicions to further evidence. *Ces soupçons servent d'entrée aux preuves.*
PRELUSIVE. V. Preludious.
PREMATURE, *adj.* (too soon ripe.) *Prématuré, précoce, hâtif, mûr avant le temps.*
Premature, (or untimely.) *Prématuré, précipité, qui arrive avant le temps.*
PREMATURELY, *adv.* *Prématurément, avant le temps.*
PREMATURITY, **PREMATURENESS**, } *subst.* *Qualité de ce qui est prématuré.*
To PREMEDITATE, *verb. act.* (to think beforehand.) *Préméditer, penser ou méditer auparavant.*

PRE

Premeditated, *adj.* *Prémédité.*
PREMEDITATION, *subst.* *Préméditation.*
To PREMERIT, *verb. act.* *Mériter d'avance.*
PREMICES, *subst.* (first fruit.) *Prémices.*
PREMIER, *adj.* (first.) *Premier.*
To PREMISE, *verb. act.* (or speak of before.) *Dire une chose, ou parler de quelque chose auparavant ou par avance.*
Premised, *adj.* *Dont on a parlé ou touché auparavant ou par avance.*
PREMISES, *s.* (things spoken before.) *Prémices, les choses susdites ou mentionnées auparavant.*
He lets go the premises, and quarrels with the conclusion. *Il ne dit rien contre les premisses, mais il s'emporte contre la conclusion.*
To PREMIT. V. to Premise.
PREMIUM, *s.* (a word used in schools for a reward.) *Prix, récompense.*
Premium, (a term used amongst merchants and insurers.) *Prime*, en termes de negoce.
To PREMONISH, *v. act.* (or forewarn.) *Avertir par avance.*
PREMONISHED, *adj.* *Averti par avance.*
PREMONITION, *s.* *Avertissement donné par avance.*
To PREMONSTRATE, *verb. act.* (to foreshow.) *Montrer, faire voir par avance.*
PREMONSTRATENSES, *subst.* (a sort of Monks.) *Prémontrés.*
PREMUNIRE, *subst.* (imprisonment and loss of goods.) *Emprisonnement & confiscation de biens.*
Premunire, (or trouble.) *Inconvénient, affaire ou mauvaise affaire.*
To run one's self into a premunire. *Tomber dans quelque inconvénient, s'attirer des affaires.*
To PRENOMINATE, *verb. act.* *Nommer par avance.*
PRENOMINATION, *subst.* *Nomination faite par avance.*
PRENOTION, *s.* (or foreknowing.) *Prescience.*
PRENTICE, *subst.* (or apprentice.) *Un apprenti.*
A the-prentice. *Apprentie.*
To bind one prentice. *Mettre quelqu'un en apprentissage.*
PRENTICESHIP, *s.* *Apprentissage.*
I am out of my prenticeship. *J'ai fait mon apprentissage.*
PRENUNCIATION, *s.* *L'action de déclarer d'avance.*
PREOCCUPANCY, *s.* (prior possession.) *Possession antérieure.*
To PREOCCUPATE, *verb. act.* *Anticiper, prévenir.*
Preoccupated, *adj. act.* (taken beforehand.) *Pris auparavant, anticipé.*
PREOCCUPATION, *s.* (or prejudice.) *Préoccupation, préjugé.*
Preoccupation, (or enjoying before.) Ex. That tend was in his preoccupation. *Il avoit pris auparavant possession de cette terre, il en étoit en possession.*
To PREOCCUPY, *verb. act.* *Préoccuper.*
To PREOMINATE, *v. act.* (to presage.) *Préfager, pronostiquer.*
To PREORDAIN, *verb. act.* (or ordain before-hand.) *Ordonner auparavant.*
Preordained, *adj.* *Ordonné auparavant.*
PREORDINATE, *adj.* (forcordained.) *Ordonné auparavant.*
PREPARATION, *s.* (or disposing before-

PRE

hand) *Préparation, apprêt, préparatif, disposition.*
Preparations of war. *Préparatifs ou apprêts de guerre.*
The preparation (or composition) of remedies. *Préparation ou composition des remedes.*
PREPARATIVE, **PREPARATORY**, } *adj.* *Qui prépare, qui sert à préparer, qui tend à quelque chose.*
A preparatory judgment. *Jugement dispositif.*
PREPARATIVE, *s.* (or preparation.) *Un préparatif, un apprêt.*
PREPARATIVELY, *adv.* *Premièrement, par voie de préparation.*
PREPARATORY, *adj.* *Préparatoire.*
To PREPARE, *v. act.* (to make ready.) *Préparer, tenir prêt ; mettre en état, disposer*, en parlant des choses ; *préparer, disposer*, en parlant des personnes.
To Prepare, *verb. neut.* (to prepare one's self.) *Se préparer, se disposer.*
He prepares for a long voyage. *Il se prépare, il se dispose à faire un grand voyage.*
Prepared, *adject.* *Préparé, prêt, disposé, en état.*
PREPAREDNESS, *subst.* *Préparation, l'état d'une personne préparée à quelque chose.*
PREPARER, *s.* *Qui prépare, préparatif.*
PREPENSED, *adject.* (or forethought.) *Prémédité.*
Malice prepensed. *Malice préméditée.*
PREPONDERANCE, **PREPONDERANCY**, } *s.* *Supériorité de poids.*
To PREPONDERATE, *v. act.* (to weigh a business.) *Examiner ou peser auparavant quelque chose, y songer par avance.*
To preponderate, *verb. neut.* (to exceed in weight.) *L'emporter, être de plus grand poids ou de plus grande importance.*
Preponderated, *adj.* *Examiné ou pesé auparavant*, &c.
To PREPOSE, *verb. act.* (to set before.) *Mettre, placer devant.*
PREPOSITION, *subst.* (one of the parts of speech.) *Préposition.*
PREPOSITIVE, *adject.* *Qu'on met ou qui va devant.*
PREPOSITOR, *subst. Ex.* A prepositor in schools. *Un préposé ou un observateur dans une école.*
To PREPOSSESS, *v. act.* (to prevent, to fill one's mind with prejudices, to bias.) *Préoccuper, prévenir, gagner.*
Prepossessed, *adject.* *Prévenu, prévenu, qui a de la préoccupation ou est prévenu.*
PREPOSSESSING, *subst.* *L'action de préoccuper*, &c.
PREPOSSESSION, *subst.* (or prejudice.) *Préjugé, prévention, entêtement, préoccupation.*
PREPOSTEROUS, *adject.* (done the wrong way or untimely.) *Déplacé, fait tout à rebours ou mal-à-propos, qui est à contre-temps, qui n'est pas de saison, absurde, ridicule.*
Preposterous, (in speaking of persons.) *Sot, absurde.*
Preposterous venery. *Sodomie, péché de la chair contre nature.*
PREPOSTERCUSLY, *adv.* *Tout à rebours, à contre-temps, mal-à-propos, autrement qu'il ne faut.*
PREPOSTEROUSNESS,

PRE   PRE   PRE

PREPOSTEROUSNESS, s. *Absurdité.*

PREPOTENCY, s. *Supériorité de pouvoir.*

PREPUCE, *subst.* (or foreskin.) *Le prepuce.*

PREROGATIVE, *subst.* (advantage or privilege.) *Prerogative, avantage, préeminence, privilège sur un autre.*

The King's prerogative or simply the prerogative, (the royal authority.) *La prerogative ou l'autorité royale.*

It was a capital crime in France to intrench on the prerogative. *C'étoit en France un crime capital, que de donner atteinte à l'autorité royale.*

The prerogative Court, (the Court of the Archbishop of Canterbury, wherein wills are proved.) *La Cour de la prérogative: c'est ainsi qu'on appelle la Cour de l'Archevêché de Canterbury, où l'on vérifie les testamens.*

PRESAGE, *s.* (sign or omen.) *Présage, augure, pronostic, signe d'une chose à venir.*

To PRESAGE, *verb. act.* (to forebode or signify beforehand.) *Présager, donner un pronostic, indiquer.*

To presage, (to guess or foretell.) *Présager, conjecturer, pronostiquer, prédire.*

Presaged, *adj. d. Présagé, &c. V.* to Presage.

PRESAGEMENT. *V.* Presage.

PRESBYTER, *subst.* (or lay-elder.) *Un ancien d'une église.*

Presbyter, (or priest.) *Un Prêtre.*

Presbyter, (a Nonconformist, that holds the government of the Church by Presbyters.) *Un Presbytérien, une Presbytérienne, un ou une Non-conformiste, Calviniste.*

PRESBYTERIAN, *adject. Presbytérien.*

PRESBYTERY, *subst.* (the government of the Church by Presbyters.) *Presbytériat.*

Presbytery, (the Presbyterian Religion.) *La Religion des Presbytériens, le Calvinisme.*

PRESCIENCE, *s.* (or foreknowledge.) *Prescience.*

PRESCIENT, *adj. Qui prévoit l'avenir.*

To PRESCIND. *V.* to Cut.

To PRESCRIBE, *verb. act.* (to order or appoint.) *Prescrire, ordonner, marquer précisément ce qu'on veut qui soit fait.*

To prescribe physick. *Ordonner une médecine.*

To prescribe, (a law-term.) *Prescrire.*

To prescribe against an action, (not to be liable to it for want of being sued within the compass of time limited by the law.) *Prescrire contre une action, avoir une prescription contre quelqu'un.*

Prescribed, *adj. Prescrit, ordonné.*

PRESCRIBING, *s. L'action de prescrire, d'ordonner, &c.*

PRESCRIPT, *adject. V.* Prescribed.

A prescript form of divine service. *Un formulaire de prieres.*

Prescript, *s.* (or order.) *Ordonnance, ordre.*

PRESCRIPTION, *subst.* (an appointing.) *Ordonnance.*

A Physician's prescription. *Ordonnance de Médecin.*

Prescription, (a law-term, a right obtained by a long customary possession.) *Prescription, terme de Palais.*

PRESENCE, *subst.* (priority of place in sitting.) *Préseance.*

PRESENCE, *s.* (the contrary of absence.) *Présence, existance dans un lieu.*

The two armies are in presence (or in view) of one another. *Les deux armées sont en présence.*

Presence, (mien, looks.) *Présence, mine, air, port.*

A man of a good presence. *Un homme d'une présence agréable, qui a bonne mine.*

The presence or Presence-Chamber, (in a Prince's Court.) *La Chambre de Présence.*

Presence of mind, (readiness of wit.) *Présence d'esprit, esprit vif & prompt.*

PRESENT, *adj.* (not absent.) *Présent, qui n'est pas absent.*

Present, (in the time wherein we live.) *Présent, qui est dans le temps où nous sommes.*

The present state of things. *L'état présent des affaires.*

A present or immediate poison, (that kills presently.) *Un poison présent, qui fait son effet sur le champ.*

A present remedy, (that operates presently.) *Un remède présent.*

This present year. *La présente année, l'année courante.*

The present tense of a verb. *Le présent ou le temps présent d'un verbe.*

Present, *subst.* (or gift.) *Présent, don.*

The presents. *Les présents ou la présente.*

At present, *adv.* (for the present, now.) *A présent, maintenant, pour le présent, présentement.*

To PRESENT, *verb. act.* (to offer.) *Présenter, offrir.*

To present a child at the font. *Présenter un enfant pour être baptisé, tenir un enfant sur les fonts.*

To present the musket or pike. *Présenter le mousquet ou la pique.*

To present (or name) to a benefice. *Présenter ou nommer à un bénéfice.*

To welcome one with something, (to make him a present.) *Faire un présent d'une chose à quelqu'un, la lui donner.*

To present (or act) a play. *Représenter une pièce de théâtre.*

To present an offender to the Jury. *Dénoncer, déférer quelqu'un aux Jurés, l'accuser.*

Presented, *adject. Présenté, &c. Voy.* to Present.

PRESENTANEOUS, *adj.* (present, effectual.) *Présent, efficace.*

PRESENTATION, *s.* (the presenting one to a benefice.) *Présentation.*

† A presentation-book. *Un livre dont on fait présent à quelqu'un.*

The presentation (or acting) of a play. *La représentation d'une pièce de théâtre.*

PRESENTEE, *s.* (the clerk that is presented by the patron.) *Celui qui est présenté à l'église par le patron.*

PRESENTER, *s. Celui qui présente.*

PRESENTING, *subst. L'action de présenter, &c. Voy.* to Present.

PRESENTLY, *adv.* (just now, in a moment.) *Tout à l'heure, incessamment, incontinent, tout maintenant, tout présentement.*

PRESENTMENT, *subst.* (a mere denunciation of the matter before other Officer, concerning an offence.) *Dénonciation, simple accusation.*

The presentment (or ending) of a comedy. *La représentation d'une comédie.*

PRESENTNESS, *s. Présence d'esprit.*

PRESERVATION, *s. Conservation.*

To think of self-preservation. *Songer à sa conservation.*

PRESERVATIVE, *sub. Préservatif, antidote.*

PRESERVE, *subst.* (or conserve.) *Confiture, conserve.*

To PRESERVE, *v. act.* (or keep.) *Préserver, conserver, garder, garantir.*

To preserve fruits. *Confire des fruits, faire des conserves.*

Preserved, *adj. Préservé, conservé, &c. Voy.* to Preserve.

PRESERVER, *subst. Conservateur.*

This is a great preserver of health. *C'est une chose admirable pour conserver ou entretenir la santé, c'est une chose fort saine.*

Preservers or preservatives, (a sort of spectacles.) *Conserves, sorte de lunettes.*

PRESERVING, *subst. L'action de préserver, &c. Voy.* to Preserve. *Conservation.*

The preserving of fruits. *L'action de confire les fruits.*

To PRESIDE, *verb. neut.* (to be chief.) *Présider, être chef.*

To preside, (or oversee.) *Présider, surveiller à la direction, à la conduite.*

PRESIDENCY, *subst.* (the place of a President.) *Présidence, la dignité de Président.*

PRESIDENT, *s.* (or chief.) *Président, chef.*

The Lord President of the King's most honourable privy-Council. *Le Président du Conseil privé de sa Majesté.*

The president of a college. *Le chef d'un college. V. Principal.*

The President's Lady. *La Présidente.*

The President of Wales. *Le Gouverneur ou le Lieutenant de Roi du pays de Galles, d'York, ou de Berwick.*

President, (example.) *V.* Précédent.

PRESIDENTSHIP. *Voy.* Presidency.

PRESIDIAL, *subst.* (a special Court of Judicature in France.) *Présidial, sorte de Juridiction en France.*

PRESS, *s.* (an engine to press, to print, &c.) *Presse.*

A printer's press. *Presse d'Imprimerie.*

A rolling press. *Presse d'Image.*

A book in the press. *Un livre sous la presse.*

A leaving press. *Un censoir.*

A wine press. *Un pressoir.*

A press for clothes. *Garderobe.*

A press for books. *Des tablettes qui se ferment, sur lesquelles on met les livres.*

Press, (a crowd.) *Presse, foule, multitude de monde.*

A press-man, (among Printers.) *Imprimeur, preslier, compagnon d'imprimerie, qui travaille à la presse.*

Press-work, (a printer's press-work.) *Tirage.*

Press-stick, (for a book-binder.) *Templet.*

A press-bed. *Lit en forme de garderobe, & qu'on ouvre la nuit pour s'y coucher.*

Press-gang. *Gens autorisés à enlever des matelots.*

Press-money. *V.* Prest.

To PRESS, *v. act.* (to squeeze.) *Presser, pressurer, tirer le jus, étreindre.*

To press the grapes. *Presser ou pressurer le raisin.*

To press, (or hasten.) *Presser, hâter.*

To press one, (to sollicit him, to be earnest with him.) *Presser quelqu'un, le sollicitor, le presser.*

To

PRÉ

To press one by urgent reasons. *Presser, pousser quelqu'un par de vives raisons.*
He presses that very much upon me. *Il me presse fort là-dessus.*
To press soldiers, (to force them.) *Forcer les gens à servir, les enrôler par force, les contraindre à prendre parti.*
To press seamen for the fleet. *Forcer les matelots à servir dans la flotte, les prendre de force, les enlever pour les envoyer a la flotte, presser des matelots.*
To press (or intreat) eagerly FOR a thing. *S'empresser pour une chose, la rechercher avec empressement.*
To press DOWN. *Presser, abaisser à force de presser.*
To press (or intrude) UPON a man's table. *Rechercher un repas chez un autre, se faire inviter.*
To press upon dangers. *S'exposer aux dangers de gaieté de cœur.*
To press (or force) a benefit upon a man. *Obliger quelqu'un malgré qu'il en ait.*
To press in upon one to help him. *Accourir au secours de quelqu'un.*
To press FORTH. *Pressurer, étreindre.*
Pressed, *adject. Pressé, &c. Voy.* to Press.
They were pressed home to their conscience. *On poussa leur conscience à bout.*
PRESSING, *sub. L'action de presser, &c. Voy.* to Press.
Pressing, *adject. Ex.* A pressing iron, (a Taylor's instrument.) *Carreau, fer pour repasser les coutures.*
To be pressing upon or with one. *Presser quelqu'un, le solliciter fortement.*
PRESSURE, *f.* (grief, affliction or calamity.) *Calamité, malheur, affliction.*
Pressure, (or oppression.) *Oppression.*
PREST. *V.* Pressed.
PREST, *s.* (a loan, also a duty in money to be paid by the Sheriff, upon his account in the Exchequer or for money lent in his hands.) *Prêt; c'est aussi un certain argent que le Schérif paye à l'Echiquier.*
Prest *adject.* (ready, not dilatory; neat, tight.) *Prêt, préparé; propre, leste, bien mis.*
PRESTATION-MONEY, *subst.* (paid by Archdeacons yearly to the Bishop.) *Ce que les Archidiacres payent annuellement à leurs Evêques pour leur juridiction.*
PRESTIGIATION, *f.* (a juggling.) *Tours de passe-passe, illusion.*
PRESTIGES, *f.* (delusions, impostures.) *Prestiges, illusions, impostures,* par sortilege.
† PRESTIGIOUS, *adj.* (or deceitful.) *Trompeur.*
A prestigious sleight. *Une illusion.*
PRESTO, *adverb.* (a word, signifying quickly, used by jugglers.) *Preste, vite.*
PRESUMABLE, *adj. Présumable.*
PRÆSUMABLY, *adverb. Par présomption, sans examen.*
To PRESUME, *verb. act.* (to think or imagine.) *Présumer, s'imaginer, conjecturer, prétendre, supposer, croire, penser.*
To presume, (to have too good an opinion of.) *Présumer, avoir trop bonne opinion de.*
He presumes too much of himself or upon his interest. *Il présume trop de soi-même ou de son crédit.*

PRE

PRESUMER, *subst. Présomptueux, arrogant.*
PRESUMPTION, *f.* (conjecture.) *Présomption, conjecture, opinion, supposition.*
Presumption, (arrogance or pride.) *Présomption, orgueil, fierté, vanité, arrogance.*
PRESUMPTIVE, *adj. Présomptif, arrogant.*
PRESUMPTUOUS, *adject.* (proud.) *Présomptueux, orgueilleux, vain, arrogant.*
PRESUMPTUOUSLY, *adv. Présomptueusement, d'une maniere présomptueuse, avec présomption.*
PRESUMPTUOUSNESS, *subst.* (pride.) *Présomption; arrogance, orgueil, fierté, vanité.*
PRESUPPOSAL, *subst. Supposition formée d'avance.*
To PRESUPPOSE, *verb. act.* (to suppose beforehand.) *Présupposer, poser pour vrai, supposer préalablement.*
Presuppofed, *adj. Présupposé.*
PRESUPPOSITION, *sub. Présupposition, supposition préalable.*
PRETENCE, *sub.* (opinion or conceit.) *Opinion, entêtement.*
So strong is their pretence of infallibility. *Ils sont si fort entêtés de l'infaillibilité.*
Pretence, (pretext, colour, appearance.) *Prétexte, couleur, ombre, voile, apparence, feinte, fausse raison.*
To PRETEND, *v. act.* (to imagine, to believe.) *Prétendre, s'imaginer, croire, se persuader.*
To pretend, (to use a pretence or to make as if.) *Prétendre, prendre un prétexte, couvrir d'un prétexte, feindre, faire semblant, s'excuser sur.*
To pretend ignorance. *Prétendre cause d'ignorance.*
I will or I'll pretend this. *Je prendrai ce prétexte.*
He pretends love to me. *Il fait semblant de m'aimer.*
Some men pretend fair. *Il y a des gens qui font de beaux semblants.*
He pretends (or pleads) poverty. *Il s'excuse sur sa pauvreté.*
To pretend business. *Faire l'empressé ou l'empêché.*
To pretend one thing and to do another. *Faire une feinte.*
I will pretend to be his brother. *Je dirai que je suis son frere, je me ferai passer pour son frere.*
To pretend TO a thing. *Se piquer de quelque chose, faire profession d'exceller en quelque chose.*
To pretend to learning. *Se piquer d'être savant.*
Pretended, *adj. Prétendu, &c. Voy.* to Pretend.
He is his pretended (or reputed) father. *C'est son pere putatif.*
Pretended, (or counterfeit.) *Dissimulé ou feint.*
A pretender or sham right and title. *Un prétendu droit.*
PRETENDER, *sub. Prétendant, celui ou celle qui prétend, qui se pique de, &c. Voy.* to Pretend.
We have beheld the pretenders to publick liberty become the greatest tyrants themselves. *Nous avons vu que ceux qui se piquoient le plus d'être les défenseurs de la liberté publique, sont devenus eux-mêmes les plus grands tyrans.*

PRE

PRETENDING, *sub. L'action de prétendre, &c. V.* to Pretend.
Pretending, *adj. Suffisant, orgueilleux, qui s'en fait accroire.*
* PRETENDINGNESS, *subst. Suffisance, orgueil.*
PRETENDINGLY, *adv. Arrogamment.*
PRETENSION, *sub.* (or claim.) *Prétention, droit.*
To set up a pretension to a thing. *Prétendre à une chose, la demander.*
PRETER, *f. & adj. Prétérit.*
A preter imperfect. *Un prétérit imparfait.*
The preter tense. *Le prétérit.*
PRETERIT, *adj. Passé.*
PRETERITNESS, *subst. Etat de ce qui est passé.*
PRETERITION, *f. Prétérition,* terme didactique.
PRETERLAPSED. *Voy.* Past.
PRETERMISSION, *subst.* (or omitting.) *Omission, négligence.*
To PRETERMIT, *v. act.* (to omit, pass by or neglect.) *Omettre, négliger, passer, perdre l'occasion.*
Pretermitted, *adject. Omis, négligé, passé.*
PRETERMITTING, *f. Omission, l'action d'omettre. V.* to Pretermit.
PRETERNATURAL, *adj.* (surpassing nature.) *Surnaturel, qui est contre le cours de la nature, extraordinaire.*
PRETERNATURALLY, *adv. Surnaturellement, d'une maniere surnaturelle.*
PRETERNATURALNESS, *subst. Qualité surnaturelle.*
PRETEXT, *f.* (or pretence.) *Prétexte, fausse raison, couleur, ombre.*
PRETOR, *f.* (a roman judge or chief ruler, a mayor.) *Préteur.*
PRETORIAN, *adject. Prétorien.*
PRETTILY, *adv.* (neatly.) *Joliment.*
PRETTINESS, *f. Beauté, agrément.*
This goes beyond prettiness. *Ceci passe le joli.*
PRETTY, *adject.* (a diminutive of handsome.) *Joli, gentil, mignon.*
She is not beautiful, but she is pretty. *Elle n'est pas belle, mais elle est jolie.*
Pretty, (pleasant or agreable.) *Joli, gentil, plaisant, agréable, divertissant.*
Pretty, (spoken by way of contempt or ironically.) *Joli, beau, plaisant, admirable.*
A pretty thing, indeed. *Voilà qui est joli ou qui est beau.*
Indeed you are a pretty man, (by way of irony.) *Vraiment vous êtes joli ou admirable, vraiment vous êtes un plaisant homme.*
He plays a thousand pretty tricks. *Il fait mille petites gentillesses.*
For a pretty or good while. *Pendant quelque temps.*
PRETTY, *adv.* (so so, indifferent.) *Assez, passablement.*
He is pretty singular in his ways. *Il fait les choses assez singuliérement.*
A pretty handsome woman. *Une femme passablement belle.*
This picture is pretty like you. *Ce portrait ne vous ressemble pas mal.*
Pretty near, (or thereabouts.) *A peu près, à peu de chose près, environ.*
To PREVAIL, *verb. n.* (to have the advantage over, to be of greater force.) *Prévaloir, l'emporter, valoir mieux, avoir l'avantage sur, dominer.*
Virtue ought to prevail over or above riches.

riches. *La vertu doit prév..loir sur les richesses.*
Custom prevails over reason. *La coutume prévaut ou l'emporte sur la raison.*
Cold prevailed over all the vivacity or mettle of eager love. *Le froid dominoit, en dépit de tout ce que les empressements de l'amour ont de plus vif.*
To prevail with one, (to have a power over him.) *Avoir du pouvoir sur quelqu'un.*
Gold and silver cannot prevail with him, (or divert him from his purpose.) *L'or & l'argent n'ont aucun pouvoir sur lui ou sur son esprit, l'or & l'argent ne le mènent pas.*
To prevail WITH or UPON one for a thing, (to obtain it.) *Obtenir quelque chose de quelqu'un, la gagner sur son esprit.*
To prevail upon one by intreaties. *Gagner, fléchir quelqu'un par ses prieres.*
To prevail with one by bribes or by presents. *Gagner ou corrompre quelqu'un à force de présens.*
To prevail with or upon one to do a thing. *Disposer quelqu'un à faire quelque chose ou le persuader de la faire.*
He has prevailed himself (verb. réc.) of all advantages. *Il s'est muni de tous les avantages possibles, il a bien pris ses précautions.*
Prevailed with or upon, *adj. Gagné, &c.* Voy. to Prevail.
Easy to be prevailed with. *Facile à gagner.*
PREVAILING, *s. L'action de prévaloir,* &c. Voy. to Prevail.
Prevailing, *adject.* (powerful, efficacious.) *Puissant, efficace, victorieux, fort.*
A prevailing or reigning sin. *Un péché dominant, un péché qui regne.*
PREVALENCE,
PREVALENCY, } *subst.* (a being prevalent.) *Force, efficace.*
PREVALENT, *adj.* (prevailing.) *Puissant, efficace, fort, qui a beaucoup de force.*
PREVALENTLY, *adv. Efficacement, fortement.*
To PREVARICATE, *v. n.* (to betray a cause, to play fast and loose.) *Prévariquer, user de collusion, s'entendre, être d'intelligence avec la partie adverse, trahir la cause qu'on doit défendre.*
PREVARICATION, *subst. Prévarication, collusion, intelligence avec un autre, trahison.*
PREVARICATOR, *s. Prévaricateur, qui use de prévarication ou de collusion.*
Prevaricator, at Cambridge, (the same as *Terræ Filius* in Oxford,) he that makes an ingenious fatyrical commencement speech.) *On appelle* Prevaricator *à Cambridge, &* Terræ Filius *à Oxford, un Maitre ès Arts choisi d'entre les plus beaux esprits de l'Université, pour faire une déclamation, ou harangue satirique dans le temps de la licence.*
PREVENIENT, *adject.* (that prevents.) *Prévenant, qui prévient.*
To PREVENT, *verb. act.* (to come before.) *Prévenir, arriver devant, venir le premier.*
To prevent, (to anticipate or obviate.) *Prévenir, anticiper, obvier, aller au devant.*
To prevent (to keep off) dangers. *Prévenir, détourner les dangers, empêcher qu'ils n'arrivent.*
To prevent one, (to get the start of him.) *Prévenir quelqu'un, prendre les devants, être le premier à faire ce qu'il vouloit faire.*
Prevented, *adj. Prévenu, &c.* Voy. to Prevent.
PREVENTER, *adject.* (from to prevent.) Epithete qu'on donne à ce que nous nommons fausses manœuvres : Ex.
Preventer brace. *Faux-bras.*
Preventer throuds. *Haubans de fortune, ou faux-haubans.*
Preventer-stay. *Faux-étai.*
PREVENTING,
PREVENTION, } *s. L'action de prévenir,* &c. Voy. to Prevent.
PREVENTION, *subst.* (or prepossession.) *Prévention, préoccupation, entêtement.*
Prevention, (going before.) *L'action de prévenir, de précéder, d'empêcher.*
PREVENTIVE, *s. Préservatif, remede qui sert à prévenir le mal.*
Preventive, *adj.* (foreseeing.) *Qui se fait par précaution.*
Preventive measures. *Des mesures que l'on prend par précaution.*
Preventive or preventing, *adj.* (prevenient.) *Prévenant, qui prévient, qui empêche.*
PREVIOUS, *adject.* (done or that goes before.) *Préalable, antérieur, fait ou qui va devant.*
PREVIOUSLY, *adv. Préalablement, au préalable, par avance, d'avance, avant toutes choses.*
PREVIOUSNESS, *s. Antériorité.*
PREY, *sub.* (whatever is taken away or devoured by a wild beast.) *Proie.*
A bird of prey, (or ravenous bird.) *Un oiseau de proie ou de rapine.*
He became the prey of his enemies. *Il fut la proie de ses ennemis.*
† He makes a prey of me, († he fleeces me.) *Il butine toujours sur moi,* † *il me plume, il me ronge, il tire de moi tout ce qu'il peut.*
To PREY, *verb. neut. Butiner, piller, enlever par force, dévorer.*
Some beasts prey upon their own kind. *Il y a des bêtes qui s'entre-mangent.*
Preyed upon, *adj. Butiné, pillé.*
PREYER, *subst. Qui pille, qui ravage, brigand.* V. to Prey.
PREYING, *subst. L'action de butiner, &c.* V. to Prey.
PRIAPISM, *sub.* (a disease when the yard suffers an erection without any provocation of lust.) *Le priapisme.*
PRICE, *subst.* (or value.) *Le prix, la valeur.*
Price, (or rate.) *Prix, ce qu'une chose se vend, ce qu'on paie, le dernier mot.*
The market price. *Le prix courant, le courant ou le cours du marché.*
A set-price. *Un prix fait ou réglé.*
Tell me the lowest price. *Dites-moi le plus juste prix ou votre dernier mot.*
What is your price? or what is the price of it? (what do you sell it for?) *Quel est le prix de cela? combien le vendez l'estimez, ou le faites-vous? combien en demandez-vous? quel est votre mot ? *
Give me my price for the other two. *Prenez les deux autres à mon mot.*
What price (or how much) did you give for it? *Combien en avez-vous donné? combien vous a-t-il coûté?*
I gave a great price for it. *Il m'a coûté, je l'ai payé bien cher.*
I had it for a small price, (or a trifle.) *Je l'ai eu pour peu de chose, ou à bon marché.*
PRICK, *subst.* (or pricking.) *Piqûre.*
A prick or prickle, (sharp point.) *Pointe, piquant, épine.*
Prick, (of a hare.) *Trace du lievre.*
A prick (or mark) to shoot at. *But, blanc.*
A prick, (remorse of conscience.) *Remords de conscience, syndérèse.*
* The prick and praise of a thing. *La gloire d'avoir fait une chose.*
Prickwood, (or spindle-tree.) *Fusain, arbrisseau propre à faire des haies.*
To PRICK, *v. act.* (to make a hole with a point.) *Piquer,* † *poindre.*
To prick with a needle. *Piquer avec une aiguille.*
To prick with the point of a sword. *Pointer.*
To prick, (as the king pricks sheriffs, &c.) *Piquer, marquer les noms.*
To prick the chart. *Pointer la carte.*
To prick the sails *Recoudre les voiles dans l'entre-deux de chaque couture, lorsqu'elles sont vieilles.*
To prick (or trace the tracks of) a hare. *Suivre un lievre à la piste.*
To prick a tune orsong. *Noter une chanson ou un air.*
To prick a horse to the quick, (in the shoeing.) *Enclouer un cheval.*
To pick a card, (and then put it among the rest of the pack.) *Larder une carte.*
To plick a cask of wine. *Entamer une barrique de vin, la mettre en perce.*
To prick ON or FORWARD. *Piquer, aiguillonner, pousser, exciter, inciter, encourager.*
To prick UP one's ears. *Dresser les oreilles, écouter.*
Prick up both your ears. *Ecoutez des deux oreilles.*
To prick DOWN the notes in a musick-book. *Noter un livre de musique.*
Pricked, *adj. Piqué, &c.*
PRICKER, *s.* (a huntsman who has the care of a pack of hounds.) *Piqueur.*
PRICKET, *s.* (a male deer of one year complete.) *Daguet, jeune cerf ou daim qui a un an accompli.*
Pricket, (a rough brown garden-basket made of willow-twigs.) *Un hotteau.*
PRICKING, *s. Piqûre, l'action de piquer, &c. V.* to prick.
Prickings, (caused by the humours in one's body.) *Picotemens.*
PRICKLE, *s.* (sharp point.) *Piquant, pointe, épine.*
Prickles of a porcupine, (of thorns, &c. *Les piquans d'un porc-épi, des épines, &c.*
PRICKLINESS, *s. Qualité piquante.*
PRICKLY, *adject. Plein de piquans, de pointes ou d'épines.*
PRICKT, *adject. Piqué, &c. Voyez* to Prick.
PRIDE, *subst.* (presumption, vanity.) *Orgueil, fierté, vanité, suffisance, présomption.*
A sottish pride. *Un sot orgueil.*
A noble pride. *Une noble fierté.*
To take a pride in a thing, (to make it one's pride.) *Se piquer d'une chose, &c. V.* to Pride.
Pride, (or lust of beasts.) *Rut.*
Pride-gavel,

Pride-gavel, (a rent-paid to the lord of the manor of *Rudely* in *Glocefterfhire*, for the liberty of fifhing for lampreys in the river *Severn*.) *Droit qu'on paye au feigneur du fief pour la pêche des lamproies dans la Saverne.*

To PRIDE, *v. neut.* or TO PRIDE one's felf, *verb. récip.* in a thing, (or to take a pride in it, to make it one's pride.) *Se piquer d'une chofe, s'en glorifier, en faire gloire, en faire vanité ou trophée, en tirer vanité.*

PRIE. *V.* Privet.

PRIER, *f.* (or fpy.) *Un efpion, celui qui épie.*

PRIEST, *fubft. Un Prêtre, un Sacrificateur.*

A Priest of the Church of *England*. *Un Prêtre* ou *un Miniftre de l'Eglife Anglicane.*

The high-Priest among the *Jews*. *Le Grand-Prêtre* ou *Sacrificateur parmi les Juifs.*

To be ordained a Priest. *Prendre l'Ordre de Prêtrife.*

Priest's-pintle. (an herb.) *Satyrion, forte d'herbe.*

Priest-ridden. *Qui fe laiffe gouverner par les Prêtres, qui fait tout ce qu'ils veulent.*

Priest-craft. *Supercherie de Prêtre.*

PRIESTESS, *f.* (a woman priest.) *Prêtreffe.*

PRIESTHOOD, *fubft. Prêtrife, facrificature.*

PRIESTLY, *adj.* Sacerdotal, *de prêtre.*

The priestly habit. *Les habits facerdotaux.*

† PRIG, *f.* (a whiffling fellow.) *Un impertinent.*

† PRIGGING, *adj.* Ex. A prigging (whiffling, pert, faucy) fellow. *Un petit friquet, un impertinent.*

† PRIM, *adj.* Tiré à quatre épingles, *empefé, affecté.*

† To PRIM, *verb. neut.* (to have affected ways.) *Minauder.*

PRIMACY, *fubft.* (a primate's dignity.) *Primatie, dignité de primat.*

PRIMAGE, *f.* (a duty due to the mariners for the loading of a fhip.) *Ce qu'on paye aux matelots pour avoir chargé un vaiffeau.*

PRIMARILY, *adv.* Sur-tout, *principalement.*

PRIMARINESS, *f. Primauté.*

PRIMARY, *adj.* (or first.) *Premier.*

A primary fubftance. *Une premiere fubftance.*

Primary, (chief.) *Premier, principal.*

PRIMATE, *f.* (a metropolitan, the chief Archbifhop.) *Primat, metropolitain, le premier Archevêque.*

PRIMATESHIP, *f. Primatie.*

PRIME, *adj.* (chief, great, fovereign.) *Grand, fouverain.*

A thing of prime ufe. *Une chofe d'un grand ufage ou d'un ufage fouverain.*

Prime, (excellent or exquifite.) *Exquis, excellent.*

A prime (or an arch) rogue. *Un infigne fripon, un fripon feffé.*

PRIME, *fubft.* (the flower or choice.) *La fleur, l'élite, le choix, ce qu'il y a de meilleur.*

The prime of the nobility. *La fleur de la nobleffe.*

He took the prime, (or the beft.) *Il prit les meilleurs.*

Prime, (the time when a thing is in its greateft beauty.) *La fleur, le printemps.*

He died in the prime of his age. *Il mourut à la fleur ou au printemps de fon âge.*

The prime of a gun. *L'amorce d'une arme à feu.*

Prime, (the first of the canonical hours.) *Prime*, la premiere des heures canoniales.

Prime, (a term ufed in arithmetick.) *Prime*, en termes d'arithmétique.

Prime-print. *V.* Privet.

To PRIME, *verb. act.* (to put the gunpowder into the pan or touch-hole of a gun.) *Amorcer, mettre l'amorce à une arme à feu.*

To prime a picture-cloth *or* to prime a cloth for a picture, (to prepare the first ground with some lays of white, and afterwards with other colours.) *Imprimer le fond* ou *la tuile, préparer le fond d'un tableau.*

Primed, *adject. Amorcé*, &c. *Voyez* to Prime.

PRIMELY, *adv. Premiérement, en premier lieu.*

PRIMENESS, *fubft. Primauté, excellence.*

PRIMER, *fubft.* (a prayer-book which children are taught to read, and to pray by.) *Un alphabet, un petit livre de prieres par où les enfants commencent à lire.*

Primer, (a Popifh prayer-book.) *Heures, livre de prieres parmi les Catholiques.*

The long-primer, (a fort of printing letter.) *Petit-Romain.*

The great-primer. *Le Gros-Romain.*

PRIMERO, *f.* (a game at cards.) *Prime, forte de jeu de cartes.*

PRIMEVAL, *adject.* (or first.) *Premier.*
PRIMEVOUS,

The primeval ages of the Church. *Les premiers fiecles de l'Eglife.*

PRIMICES. *V.* Premices.

PRIMIER, *adj.* Ex. Primier feifin, (a law-word that fignifies the first poffeffion.) *Premiere faifine* ou *poffeffion.*

PRIMIGENIOUS, *adject.* (coming naturally or originally of itfelf.) *Qui eft le premier dans fon efpece.*

PRIMING, *fubft. L'action d'amorcer* ou *d'imprimer*; *amorce. V.* to Prime.

Priming, (among painters.) *Impreffion.*

Priming iron or priming-wire, (an iron made ufe of in priming of a great gun.) *Dégorgoir, épinglette.*

PRIMITIAL, *adject.* (belonging to firftfruits.) *Qui concerne les premices.*

PRIMITIVE, *adject.* (first, not derived from others.) *Primitif, premier.*

A primitive word. *Un mot primitif, une racine d'où les autres mots font formés.*

The primitive Church. *L'Eglife primitive* ou *naiffante.*

PRIMITIVELY, *adv. Primitivement.*

PRIMITIVENESS, *f. Antiquité.*

PRIMNESS, *fubft. Affèterie.*

PRIMOGENIAL. *V.* Original.

PRIMOGENITURE, *fubft.* (birthright.) *Primogéniture, droit d'aineffe.*

PRIMORDIAL, *adject.* (primitive.) *Primordial, primitif.*

PRIMROSE, *fubft.* (a fort of flower.) *Prime-vere.*

PRIMUM MOBILE, *f.* (two words borrowed from the *Latin* by aftronomers the first mover, the tenth orb.) *Le premier mobile.*

PRINCE, *fub.* (one that governs a ftate in chief or is defcended from fuch a one.) *Un Prince.*

The Prince of *Wales. Le Prince de Galles*, titre affecté au fils ainé du Roi d'*Angleterre.*

The Prince, (the chief, first or most excellent.) *Le Prince, le premier, le plus excellent.*

Aristotle is the Prince of Philofophers. *Ariftote eft le Prince* ou *le premier des Philofophes.*

Princelike. *En Prince, royalement.*

Prince's feathers. *Amarante, paffe-clours, fleur.*

PRINCELY, *adj.* De Prince, *digne d'un Prince, royal.*

A princely look. *Un air de Prince.*

He has a princely foul. *Il a l'ame royale.*

He has given us a princely entertainment. *Il nous a traités royalement* ou *en Prince.*

PRINCESS, *f. Une Princeffe.*

PRINCIPAL, *adj.* (or chief.) *Principal, capital, premier, le plus confidérable.*

We find ourfelves engaged as principals in fome difputes, where we have but a very remote concern. *Nous nous trouvons engagés comme parties principales, dans certains démelés où nous n'avons qu'un intérêt fort éloigné.*

The principal man in a bond. *Celui qui a paffé une obligation à quelqu'un avec caution.*

PRINCIPAL, *fubft.* (the principal fum of money borrowed.) *Principal, capital, le fort principal* ou *la fomme capitale d'une dette.*

The principal (or head) of a college. *Le principal, le recteur* ou *le chef d'un college.*

PRINCIPALITY, *f.* (the dignity or dominion of a prince.) *Principauté, fupériorité.*

PRINCIPALLY, *adv.* (chiefly.) *Principalement, fur-tout, fur toutes chofes, particuliérement.*

PRINCIPALNESS, *fub.* Qualité de ce qui eft principal.

PRINCIPLE, *f.* (or first caufe.) *Principe, fource, caufe, origine.*

Principles (or grounds) of an art or fcience. *Les principes, les règles, les commencements* ou *les fondements d'un art* ou *d'une fcience.*

Principle, (motive.) *Principe, motif.*

Out of a principle of honour. *Par un principe d'honneur.*

Principle, (or fentiment.) *Principe, maxime, fentiment, fond.*

To have honeft (or good) principles. *Avoir des principes d'honneur & de probité, avoir de bons principes, être honnête homme, avoir le fond bon, avoir de la vertu.*

That is my principle. *C'eft-là ma maxime.*

To PRINCIPLE, *v. act.* (to infufe good principles into one.) *Inftruire.*

To principle one well. *Donner de bons principes à quelqu'un, lui infpirer de bons fentiments.*

Principled, *adj.* Ex. A man well-principled. *Un homme qui a des principes d'honneur & de probité, un homme vertueux* ou *qui a de la vertu, un honnête homme.*

Ill-principled.

PRI

ill-principled. *Qui n'a pas de vertu, qui n'a pas le fon i bon, mal-honnête.*
PRINCOCK,
PRINCOX, } *f.* (coxcomb, a conceited fellow, a pert young rogue.) *Un jeune homme qui a de l'esprit, mais qui est un peu brouillon, un jeune homme qui fait l'entendu, un fat.*
To PRINK. *V.* to Prank.
PRINT, *subst.* (mark or sign.) *Marque, trace.*
The prints of a rod. *Les marques d'une verge.*
The prints of the foot. *Les traces du pied.*
A print of the nail. *Un coup d'ongle.*
A print, (a cut or figure.) *Une estampe.*
Print, (or letter.) *Impression, lettre, caractère.*
A fine delicate print. *Une belle impression, une impression fort nette, un beau caractère.*
To put one in print. *Imprimer quelqu'un.*
To come out in print. *Voir le jour, être publié.*
A book out of print, (all sold off.) *Un livre qui ne se trouve plus chez les Libraires.*
I saw his name in print. *J'ai vu son nom imprimé.*
To do a thing in print, (or neatly.) *Faire une chose proprement.*
To set one's clothes in print. *Être empesé ou affecté dans sa parure.*
To PRINT, *v. act.* *Imprimer.*
To print a book, a cut or stuff. *Imprimer un livre, une estampe ou une étoffe.*
Printed, *adj.* *Imprimé.*
To cause to be printed. *Faire imprimer.*
PRINTER, *f. Imprimeur.*
PRINTING, *f.* (the action of imprinting.) *L'action d'imprimer, impression.*
A printing-office. *Imprimerie.*
Printing, (the art of printing books.) *Imprimerie, l'art d'imprimer des livres.*
V. Letter.
PRINTLESS, *adject.* *Qui ne laisse aucune empreinte.*
PRIOR, *subst.* (the head of a priory.) *Prieur, le chef d'un prieuré.*
The Prior of a monastery. *Prieur claustral.*
PRIOR, *adj.* (an antecedent.) *Antérieur, précédent.*
A prior engagement. *Un engagement antérieur.*
PRIORESS, *subst.* (a lady superior of a convent of nuns.) *Prieure.*
PRIORITY, *subst.* (advantage of place.) *Primauté.*
Priority, (precedence in time.) *Priorité.*
PRIORSHIP, *f.* (a prior's dignity.) *Qualité ou dignité de Prieur.*
PRIORY, *subst.* (a religious community under the direction of a prior or prioress.) *Prieuré.*
PRISAGE, *f.* (or rather butlerage, the share that belongs to the King out of prizes taken at sea.) *Droits de prise, la part qui revient au Roi d'une bonne prise faite sur mer.*
Prisage of wines. *V. Butlerage.*
PRISE. *V. Prize.*
PRISM, *sub.* (a solid body, whose rectilineal opposed plans are equal.) *Un prisme.*
A triangular or quadrangular prism. *Prisme triangulaire ou quadrangulaire.*

PRI

PRISMATICAL, *adject. Ex.* Prismatical glasses, (certain triangular solid glasses.) *Prismes de verre ou verres prismatiques.*
PRISMATICALLY, *adverb.* *En forme de prisme.*
PRISMOID, *f.* *Dont la forme est presque celle d'un prisme.*
PRISON, *subst.* (or jail.) *Une prison.*
The keeper of a prison. *Le geolier.*
To PRISON, *v. act.* *Emprisonner.*
PRISONER, *subst.* (one in custody.) *Prisonnier, prisonnière.*
A prisoner, (a malefactor going to be executed.) *Patient ou criminel qu'on va exécuter.*
PRISTINE, *adject.* (or former.) *Ancien, premier, qui a été auparavant.*
PRITHEE, I pray thee. *Je te prie.*
PRITTLE-PRATTLE, *sub.* (talk or prating.) *Babil, caquet.*
To PRITTLE-PRATTLE, *verb. n.* *Jaser, causer, caqueter.*
PRIVACY, *subst.* (or familiarity.) *Privauté, familiarité.*
To live with great privacy. *Vivre dans une grande privauté ou familiarité, vivre fort privément.*
Privacy, (or retirement.) *Retraite, solitude.*
With great privacy, (or secrecy.) *Fort secrètement ou en secret.*
PRIVADO, *subst.* (a private friend, a favourite.) *Un favori, un confident, un intime ami.*
PRIVATE, *adj.* (secret or retired.) *Privé, secret, retiré, particulier.*
A private house. *Une maison privée.*
A private place. *Un lieu secret ou retiré.*
A private conversation. *Une conversation particulière, un tête-à-tête.*
He told me that they desired to be private, (or alone.) *Il me dit qu'ils souhaitoient qu'on les laissât seuls ou en particulier.*
Private, (not publick.) *Particulier, privé.*
A private man, (a man that lives privately.) *Un homme privé, qui mène une vie privée, un particulier.*
To make a private purse. *Faire bourse à part.*
A private chapel. *Un prie-Dieu.*
A private staircase. *Un escalier dérobé.*
PRIVATEER, *f.* *Un armateur, un corsaire.*
To PRIVATEER, *verb. neut.* *Aller en course.*
PRIVATELY, *adv.* (in private.) *En particulier, secrètement, en secret.*
PRIVATENESS. *V.* Privacy.
PRIVATION, *f.* (or depriving.) *Privation, action de priver.*
Privation, (want.) *Privation, manque.*
PRIVATIVE, *adj.* *Privatif, qui marque privation.*
PRIVATIVELY, *adv.* *Privativement.*
PRIVET, *f.* or prime-print, (a sort of shrub.) *Troesne, sorte d'arbrisseau.*
Barren-privet. *Alaterne.*
PRIVILEGE, *f.* (a prerogative or advantage.) *Privilège, avantage, immunité, prérogative.*
PRIVILEGED, *adj.* *Privilégié, qui a quelque privilège ou immunité.*
A privileged place. *Un lieu privilégié, un lieu de franchise.*
PRIVILY, *adv.* (or secretly.) *Secrètement, en secret.*
PRIVITY, *f.* (or private knowledge.) *Participation, connoissance, aveu.*

PRI   PRO

She did it without her husband's privity. *Elle l'a fait sans la connoissance, sans la participation ou sans l'aveu de son mari, elle l'a fait à son insu ou sans lui en rien communiquer.*
Privities, (or the privy parts.) *Les parties secrètes, les parties honteuses.*
PRIVY, *adj.* (or secret.) *Secret, caché.*
The privy parts. *Les parties secrettes ou honteuses.*
Privy stairs. *Escalier dérobé.*
Privy, (or particular.) *Privé, particulier.*
The privy council. *Le conseil privé.*
Privy counsellor. *Conseiller du Roi ou de la Reine en son conseil privé.*
The King's privy-purse. *La cassette du Roi.*
He is paid out of the privy-purse. *Il est payé sur la cassette du Roi.*
The privy-purse or the keeper of the privy-purse. *Le trésorier des menus plaisirs & affaires du Roi, ou simplement le trésorier des menus.*
Privy-seal. *Le petit sceau.*
A privy-seal, (a warrant under the privy-seal for the payment of a sum.) *Ordonnance de comptant.*
The Lord privy-seal. *Le garde du petit sceau.*
Privy to, (acquainted with a thing.) *Qui sait une chose, qui en est participant.*
Privy to a crime. *Complice d'un crime.*
Privy, *f.* (or house of office.) *Le privé, les lieux, la garderobe.*
PRIZE, *subst.* (that which is taken, any kind of booty.) *Prise, capture, butin.*
He made prize of the whole town. *Il mit toute la ville au pillage.*
Prize, (a reward proposed to him that shall do any thing best.) *Prix.*
To carry the prize. *Remporter le prix.*
A prize-fighter. *Un gladiateur.*
To PRIZE, *v. act.* (to praise or value.) *Priser, estimer, apprécier, mettre le prix, évaluer.*
Prized, *adj.* *Prisé, estimé, &c.*
PRIZER, *f.* *Appréciateur.*
PRIZING, *f.* *L'action de priser, d'estimer; estimation, &c. V.* to Prise.
Prizing, *part. act.* *Action d'établir un levier pour mouvoir un fardeau.*
PRO, *prép.* *Pour.*
Pro and con. *Pour & contre.*
Pro, *f. Ex.* To know the pro and the con. *Savoir le pour & le contre.*
PROBABILITY, *subst.* *Probabilité, vraisemblance, apparence de vérité.*
PROBABLE, *adj.* (or likely.) *Probable, vraisemblable, qui a de la vraisemblance, qui paroît fondé en raison.*
PROBABLY, *adverb.* *Probablement, vraisemblablement.*
It is or 'tis very probably so. *La chose est assez vraisemblable.*
PROBATE, *f. Ex.* The probate of testaments, (the proving of wills in the spiritual court.) *La vérification des testaments.*
PROBATION, *f.* (or noviceship, a trial of one who is to take his degrees.) *Tentative.*
To go under a probation. *Faire sa tentative.*
Probation, (a trial of one before he is admitted to profess a religious life.) *Probation, noviciat.*
PROBATIONARY, *adj. Ex.* Probationary laws. *Des lois qui ne sont faites que par essai.*

PROBATIONER

PRO

PROBATIONER, *subst.* (a scholar that undergoes a probation.) *Un écolier qui fait sa tentative.*

A probationer in a religious house. *Un ou une novice.*

PROBATIONERSHIP, *f.* Noviciat.

PROBE, *f.* (an instrument to search the depth of a wound.) *Une sonde.*

To PROBE a wound, *verb. act.* (to fathom it with the probe.) *Sonder une plaie, y appliquer la sonde.*

PROBITY, *f.* (uprightness or integrity.) *Probité, vertu, intégrité de vie.*

PROBLEM, *f.* (or question.) *Problème, ou question problématique.*

PROBLEMATICAL, *adj.* (uncertain, which may be argued pro and con.) *Problématique.*

To hold a problematical dispute. *Disputer problématiquement.*

PROBLEMATICALLY, *adv.* Problématiquement, d'une manière problématique.

PROBOSCIS, *f.* Trompe. V. Snout, Trunk.

PROCACIOUS, *adj.* (malapert or saucy.) *Insolent, impudent, effronté.*

PROCACITY, *f.* Insolence, impudence, effronterie.

PROCATARCTICK, *adj.* Procatartique, terme de Médecine.

PROCEDURE, *f.* (management.) *Procédé, conduite.*

PROCEED, *subst.* (what arises from a thing.) *Produit ou provenu.*

Ex. The neat proceeds, (among merchants.) *Le net produit ou provenu.*

To PROCEED, *v. neut.* (to come, to rise, to have one's or its rise from.) *Procéder, venir, provenir, partir, dériver, tirer son origine.*

From whence does that proceed? *D'où procede cela? d'où vient, d'où provient cela?*

These praises proceed from flattery. *Ces louanges partent de la flatterie.*

Proceed, (or go on.) *Poursuivez, continuez, passez outre.*

He proceeded (or arrived) to that height or pitch of impiety. *Il en vint à ce degré d'impieté.*

To proceed, (to act or deal.) *Procéder, agir.*

* To proceed doctor. *Passer docteur, être reçu docteur.*

Proceeded, *adj.* Procédé, &c. Voy. to Proceed.

The malefactor shall be proceeded against. *Il sera procédé contre ce coupable.*

PROCEEDING, *subst.* L'action de procéder, &c. V. to Proceed.

Proceeding, (action or dealing.) *Procédé, maniere d'agir.*

The proceedings at law. *Les procédures de justice, les poursuites, l'ordre judiciaire, la forme de procéder en justice.*

PROCEEDS. *f.* V. Proceed.

PROCERITY, *f.* Hauteur.

PROCESS, *subst.* (the manner of proceeding in a cause or the beginning, or principal part thereof.) *Procès.*

A verbal process. *Un procès verbal.*

A criminal process. *Un procès criminel.*

To take out a process against one. *Faire le procès à quelqu'un, le poursuivre comme criminel.*

This is a true account of the process or transactions of that day. *Voila une fidelle relation de ce qui se passa ce jour-là.*

A process, (or series) of things. *Une suite ou un enchaînement de choses.*

PRO

To run a process in chymistry. *Faire un cours de chimie.*

In process of time. *A la longue, avec le temps, par laps de temps.*

PROCESSION, *subst.* (a solemn march.) *Procession.*

PROCESSIONAL,
PROCESSIONARY, } *adject.* De procession.

PROCESSIONING, *subst.* Ex. To go a processioning. *Aller en procession.*

PROCHRONISM, *subst.* Prochronisme, erreur de chronologie.

PROCINCT. V. Preparation.

To PROCLAIM, *v. act.* (to publish, to declare solemnly.) *Proclamer, publier, déclarer solemnellement, annoncer.*

To proclaim one King. *Proclamer quelqu'un Roi.*

To proclaim peace. *Proclamer la paix.*

Proclaimed, *adject.* Proclamé, déclaré, annoncé.

PROCLAMER, *subst.* Celui qui proclame ou déclare.

PROCLAIMING, *f.* L'action de proclamer, &c. V. to Proclaim.

PROCLAMATION, *subst.* Proclamation, édit, déclaration.

The King has issued out a proclamation. *Le Roi a publié un édit.*

A proclamation of peace. *La proclamation de la paix.*

To make proclamation of a thing, (to publish it.) *Publier ou divulguer une chose.*

† His head is full of proclamations, (his mind is full of rambling thoughts.) *Il est plein d'inquiétudes, † il a du tintouin dans l'esprit.*

PROCLIVITY, *f.* (inclination or disposition.) *Penchant, pente, inclination, disposition.*

† PROCLIVOUS, *adj.* (apt, prone, inclining.) *Enclin, porté, qui a du penchant vers quelque chose.*

PROCONSUL, *f.* (a Roman magistrate of old.) *Proconsul.*

PROCONSULAR, *adj.* Proconsulaire.

PROCONSULSHIP, *f.* Proconsulat.

To PROCRASTINATE, *v. act.* (to delay, to put off from day to day.) *Différer, remettre d'un jour à autre, retarder.*

Procrastinated, *adj.* Différé, remis d'un jour à autre.

PROCRASTINATION, *f.* Remise, délai, retardement.

PROCRASTINATOR, *subst.* Qui diffère, &c.

PROCREANT, *adj.* Qui produit, qui engendre.

To PROCREATE, *v. act.* (to beget.) *Procréer, engendrer.*

Procreated, *adj.* Procréé, engendré.

PROCREATING,
PROCREATION, } *f.* Procréation, génération, action d'engendrer.

PROCREATIVE, *adj.* Qui engendre, &c.

PROCREATIVENESS, *subst.* Faculté de produire, &c.

PROCREATOR, *subst.* Pere, celui qui engendre.

She procreator. *Mere, celle qui engendre.*

PROCTOR, *subst.* (he that undertakes to manage another man's cause, in any Court of the civil or ecclesiastical law, for his fee.) *Procureur, dans une Cour ecclésiastique ou du droit civil, un homme d'affaires.*

PRO

The proctors of the Clergy. *Les procureurs ou députés de l'assemblée du Clergé.*

PROCTORSHIP, *f.* Qualité ou charge de Procureur. V. Proctor.

PROCURABLE, *adj.* Qui se peut obtenir ou procurer, qu'on peut avoir aisément.

PROCURACY, *sub.* (the deed whereby one is made a procurator,) *Procuration, pour exiger les revenus d'un bénéfice.*

PROCURATION,
PROCURATION-MONEY, } *f.* (which parish-priests pay yearly to the Bishop or Archdeacon, in respect of visitation.) *Droit de visite, que le Ministre de chaque Paroisse paye annuellement à l'Evèque ou à l'Archidiacre.*

PROCURATOR, *subst.* (he that gathers the fruits of a benefice for another man.) *Celui qui en vertu d'une procuration a droit d'exiger les revenus d'un bénéfice pour le bénéficier.*

The procurator of St. Mark, (a Venetian magistrate, being the second person in dignity.) *Le procurateur de Saint-Marc, magistrat Vénitien à vie.*

To PROCURE, *v. act.* (or obtain for another.) *Procurer, faire avoir, moyenner.*

To procure, *v. neut.* (to be a pimp or bawd.) *Faire le métier de maquereau ou de maquerelle, procurer des filles de débauche.*

Procured, *adj.* Procuré, moyenné.

PROCUREMENT, *f.* Entremise.

PROCURER, *subst.* (a mediator.) *Celui qui procure, un entremetteur, une entremetteuse.*

A procurer, (a pimp or bawd.) *Un maquereau, une maquerelle, un homme ou une femme d'intrigue.*

PROCURESS, *f.* (a bawd.) *Maquerelle.*

PROCURING, *f.* L'action de procurer, &c. V. to Procure.

The procuring money. *L'argent qu'on donne à quelqu'un pour avoir procuré ce que l'on souhaitoit.*

PRODIGAL, *adject.* (or lavish.) *Prodigue, qui dépense excessivement ou follement.*

A prodigal man, (or a prodigal fool, a spendthrift.) *Un prodigue.*

A prodigal woman. *Une prodigue.*

A prodigal (or luxurious) branch. *Une branche qui pousse avec trop d'abondance.*

Prodigal, (vain, foolish.) *Vain, sot.*

PRODIGALITY, *f.* Prodigalité, dépense excessive, profusion.

PRODIGALLY, *adv.* Prodigalement, en prodigue, avec prodigalité.

To spend prodigally. *Dépenser prodigalement, faire une dépense excessive, prodiguer, dépenser avec excès.*

PRODIGIOUS, *adj.* (monstrous, wonderful.) *Prodigieux, monstrueux, qui tient du prodige, étonnant.*

Prodigious, (or extraordinary.) *Prodigieux, extraordinaire.*

Prodigious, (or excessive.) *Prodigieux, fort grand, excessif.*

PRODIGIOUSLY, *adv.* Prodigieusement, d'une manière prodigieuse, excessivement.

PRODIGIOUSNESS, *subst.* Longueur ou grandeur prodigieuse ou excessive.

PRODIGY, *subst.* (a prodigious, monstrous or wonderous thing.) *Un prodige, une chose prodigieuse.*

PRODITION, *f.* (or treason.) *Trahison.*

PRODITORIOUS, *adj.* (traitor-like.) *Traître.*

PRODROME,

PRO

PRODROME, *subst.* (or fore-runner.) *Avant-coureur, préjage.*
To PRODUCE, *v. act.* (or bring forth.) *Produire, engendrer, donner naissance.*
To produce, (to expose to view.) *Produire, exposer à la vue, à la connoissance.*
To produce, (or cause.) *Produire, causer, être cause de.*
Produced, *adject. Produit, &c. V.* to Produce.
PRODUCE, *s. V. Product.*
PRODUCER, *s. Celui qui produit.*
PRODUCIBLE, *adj. Qui peut être produit.*
PRODUCIBLENESS, *s. Etat de ce qui peut être produit.*
PRODUCING, *subst. L'action de produire, &c. V.* to Produce.
PRODUCT, *s.* (or fruit.) *Production, fruit.*
The products of the earth. *Les productions ou les fruits de la terre.*
The product of one's wit. *Productions, ouvrages d'esprit.*
This is a mere product of his fancy. *C'est un pur effet de son imagination.*
The product of two sums or numbers, (in arithmetick.) *Le produit ou le résultat de deux sommes ou de deux nombres.*
PRODUCTILE, *adj. Qui peut être produit.*
PRODUCTION, *s.* (product or fruit.) *Production, fruit.*
The productions of such marriages are generally unsound and deformed. *Les fruits de tels mariages sont ordinairement mal-sains & défigurés.*
Productions of the brain, (ingenious works.) *Productions, ouvrages d'esprit.*
Productions (works or effects) of nature. *Productions, effets ou ouvrages de la nature.*
PRODUCTIVE, *adject.* (of a thing.) *Qui produit quelque chose.*
PROEM, *s.* (or preface.) *Une préface.*
PROEMIUM, *subst.* (a Latin word for preface, preamble.) *Préface, préambule, apparat de discours.*
PROFANATION, *s. Profanation.*
PROFANE, *adj.* (or impious.) *Profane, impie, qui profane les choses sacrées.*
A profane man or woman. *Un profane, une profane.*
Profane, (not sacred, secular.) *Profane, qui regarde les choses séculieres, par opposition à sacré.*
The sacred and profane histories. *Les histoires sacrées & profanes.*
To PROFANE, *verb. act.* (to abuse holy things.) *Profaner, violer, abuser des choses saintes.*
To profane (to make an ill use of) any thing. *Profaner quelque chose, en faire un mauvais usage.*
Profaned, *adj. Profané, abusé, violé. V.* to Profane.
PROFANELY, *adv. En profane, comme un profane, d'une maniere profane, avec profanation.*
PROFANENESS, *subst. Impiété, profanation.*
PROFANER, *s. Profanateur.*
PROFANING, *s. Profanation ou l'action de profaner. V.* the verb.
To PROFESS, *verb. act.* (to practise or exercise openly.) *Professer, faire profession de, exercer, faire un exercice public.*

PRO

To profess Christianity or to profess one's self a Christian. *Faire profession du Christianisme, professer la religion Chrétienne.*
To profess (or hold) a doctrine. *Professer, tenir une doctrine.*
To profess, (to swear or protest.) *Jurer, protester, déclarer.*
Professed, *adj. Professé, qu'on professe, &c. V.* to Profess.
A professed monk, (one that having made his vow, is admitted into a religious order.) *Un religieux profès, un profès.*
A professed nun. *Religieuse professe, une professe.*
A professed enemy. *Un ennemi déclaré ou juré.*
He is a professed eye-witness of it. *Il témoigne l'avoir vu de ses propres yeux.*
PROFESSEDLY, *adv.* (or openly.) *Ouvertement, publiquement.*
He was professedly his friend. *Il faisoit profession d'être son ami, il se disoit son ami.*
PROFESSING, *s. L'action de professer, &c. V.* to Profess.
PROFESSION, *subst.* (trade or calling.) *Profession, metier, emploi.*
Profession, (or publick confession.) *Profession, aveu public.*
To make an open profession of ignorance. *Faire profession d'ignorance ou d'être ignorant.*
Profession, (or protestation.) *Protestation, témoignage, assurance.*
Profession, (or entering into a religious order.) *Profession de religieux & de religieuse.*
PROFESSIONAL, *adj. Qui a rapport à une profession.*
PROFESSOR, *s.* (a publick reader in an University.) *Un Professeur.*
PROFESSORSHIP, *s. Charge de Professeur.*
To dispute for a professorship in divinity. *Disputer une chaire de théologie.*
PROFEST. *V.* Professed.
PROFFER, *subst. V.* or offer.) *Offre, proposition.*
He made a proffer at it, (he endeavoured at it.) *Il en a fait la tentative.*
To PROFFER, *v. act.* (or offer.) *Offrir, faire offre, proposer de donner, de faire, &c.*
Proffered, *adj. Offert.*
PROFFERER, *subst. Celui qui offre.*
PROFFERING, *subst. Offre, l'action d'offrir, &c.*
PROFICIENCY, *subst. Progrès, avancement, profit.*
PROFICIENT, *adj.* (forward in learning.) *Avancé, qui a fait quelque progrès.*
He is a great proficient in the French tongue. *Il a fait de grands progrès dans la langue Françoise, il est fort avancé.*
PROFICUOUS, *v. Useful.*
PROFILE, *subst.* (a term of drawing; a design which shews the side with the rising and falling of any work.) *Profil.*
The profile of a building or fortification. *Profil de bâtiment ou d'un ouvrage de fortification.*
A profile, (or side face.) *Un visage de profil.*
PROFIT, *subst.* (or gain.) *Profit, émolument, gain, lucre, avantage, utilité.*
A place of profit. *Un emploi lucratif.*
An estate that yields small profits. *Un bien dont les revenus sont petits, ou qui ne rapporte pas beaucoup.*

PRO

Profits (or produce) of land or an estate. *Le rapport, le revenu d'une terre.*
Profits (or perquisites) of an employment. *Le revenant bon, ou le tour du bâton d'un emploi.*
To PROFIT, *verb. n.* (to be proficient) in learning. *Profiter, faire des progrès dans les sciences.*
To profit, (to draw or gain an advantage.) *Profiter, tirer quelque profit, utilité ou avantage d'une chose.*
To profit, (to be useful.) *Profiter, être utile, être profitable ou de quelque utilité, servir.*
PROFITABLE, *adj.* (useful.) *Profitable, utile, avantageux.*
PROFITABLENESS, *subst. Utilité, usage, avantage.*
PROFITABLY, *adv. Utilement, avantageusement ou avec avantage.*
PROFITING, *subst. Profit, progrès.*
PROFITLESS, *adj. Inutile.*
PROFLIGATE, *adj.* (wicked or debauched.) *Scélérat, perdu de débauches, abandonné.*
A profligate man or woman. *Un scélérat, une scélérate, un abandonné ou une abandonnée.*
Profligate (or wicked) doings. *Des actions de scélérat.*
To PROFLIGATE one's self, *verb. réc. S'abandonner.*
PROFLIGATELY, *adv. Hontensement.*
PROFLIGATENESS,   } *s. Abandonnement, abandon, ou action de scélérat.*
PROFLIGACY,
PROFLUENCE, *s. Cours, progrès.*
PROFOUND, *adj.* (or deep.) *Profond; fort creux.*
A profound (or low) reverence. *Une profonde révérence, une révérence fort basse.*
Profound, (deep, great.) *Profond, grand, extrême dans son genre.*
PROFOUNDLY, *adv.* (or deeply.) *Profondément, bien avant, d'une maniere profonde.*
Profoundly (or deeply) learned. *D'une profonde érudition.*
PROFOUNDNESS, *s.* (depth of place.) *Profondeur.*
Profoundness, (or depth of knowledge.) *Profondeur, pénétration.*
Profoundness of learning. *Profondeur de savoir, pénétration dans les sciences.*
PROFUNDITY, *s.* (or depth.) *Profondeur.*
PROFUSE, *adj.* (or lavish.) *Prodigue, qui dépense excessivement, qui fait une dépense excessive.*
PROFUSELY, *adv.* (prodigally.) *Avec profusion, prodigalement, d'une maniere prodigue.*
PROFUSENESS,   } *subst. Profusion;*
PROFUSION,   *prodigalité, abondance ou dépense excessive.*
† To PROG, *v. n.* (to use all endeavours to get something.) *Chercher, tâcher d'avoir, piller, dérober.*
To prog for victuals, to prog for one's belly. *Chercher à manger.*
To prog for riches. *Tâcher de s'enrichir.*
† PROG, *subst. Mangeaille.*
PROGENITOR, *s.* (forefather.) *Aieul, ancêtres, au pluriel.*
PROGENY, *subst.* (offspring or issue.) *Race, postérité, lignée.*
He is a branch of the royal progeny. *Il est une branche de la Maison royale.*
They are the progeny of the Saxons. *Ils sont descendus des Saxons.*

PROGGING,

PROGGING, *f.* (from to prog.) L'action de chercher ou de tâcher d'avoir.
To PROGNOSTICATE, *verb. act.* (or foretell.) Pronostiquer, présager, prédire, deviner.
Prognosticated, *adj.* Pronostiqué, prédit, présagé, deviné.
PROGNOSTICATING,
PROGNOSTICATION, } *subst.* Pronostic, prédiction, présage, l'action de pronostiquer, &c. *V.* the verb.
PROGNOSTICATOR, *subst.* Celui qui pronostique, qui prédit, qui présage ou qui devine.
PROGNOSTICK, *subst.* (a boding sign.) Pronostic, présage.
Prognostick, *adj.* Ex. A prognostick sign. Pronostic ou présage.
PROGRESS, *subst.* (or proficiency.) Progrès, avancement, profit.
Progress, (or journey.) Traite, tour, voyage de plaisir.
Progress of a Prince in his dominions. Tour ou voyage que fait un Prince dans ses Etats.
The King is on his progress. Le Roi visite ses Etats.
PROGRESSION, *subst.* (or going on.) Progression.
Arithmetical progression. Progression arithmétique.
The month of progression, (the lunar month, which contains 29 days and a half.) Le mois lunaire.
PROGRESSIONAL,
PROGRESSIVE, } *adj.* Progressif, qui va en avançant.
A progressional or a progressive motion. Un mouvement progressif ou de progression.
A progressive devotion. Une dévotion qui augmente ou qui s'anime.
PROGRESSIVELY, *adv.* Par progression.
PROGRESSIVENESS, *f.* Progression.
To PROHIBIT, *verb. act.* (or forbid.) Défendre, faire défense, prohiber, terme du Palais ou de Chancellerie.
Prohibited, *adj.* Défendu, prohibé.
A prohibited commodity. Marchandise de contrebande.
PROHIBITING, *subst.* L'action de défendre, de faire défense ou de prohiber.
PROHIBITION, *f.* Prohibition, défense.
PROHIBITORY, *adj.* De défense ou qui défend.
A prohibitory edict. Edit qui défend quelque chose, édit prohibitif.
PROJECT, *f.* (design or contrivance.) Projet, dessein.
To PROJECT, *verb. act.* (to design or contrive.) Projeter, entreprendre, former le dessein de.
To project, (to throw or hurl.) Jeter, lancer.
Projected, *adj.* Projeté, entrepris, &c. *V.* to Project.
PROJECTILE, *f.* (a body put in motion.) Projectile.
PROJECTING, *f.* L'action de projeter, &c. *V.* to Project.
Projecting, *adj.* Inventif.
A projecting head or noddle. Un esprit inventif.
PROJECTION, *subst.* (a chymical operation.) Projection.
Projection, (plan.) Dessin, plan.
Projection, (in Philosophy.) Projection.
PROJECTOR, *subst.* Faiseur de projets, un donneur d'avis.

PROJECTURE, *subst.* (a jutting out in building.) Saillie, avance.
To PROLATE, *verb. act.* (to utter.) Prononcer.
PROLATION, *subst.* Prononciation.
PROLEGOMENA, *subst.* Prolégomènes.
PROLEPSIS, *subst.* (a figure of rhetoric.) Prolepse.
PROLEPTICAL. *V.* Previous.
PROLIFICAL, } *adj.* (fit for generation.) Prolifique, propre à engendrer, qui fait beaucoup d'enfants.
PROLIFICK,
PROLIFICATION, *subst.* (a making prolifical.) Action de rendre prolifique.
PROLIFICALLY, *adv.* Abondamment.
PROLIX, *adj.* (tedious or long.) Prolixe, diffus, trop long, trop étendu.
PROLIXITY,
PROLIXNESS, } *f.* Prolixité, longueur.
PROLIXLY, *adv.* Prolixement, diffusément.
PROLOCUTOR, *subst.* (foreman or speaker of either convocation-house.) L'orateur ou le président de l'une ou l'autre chambre de l'assemblée du Clergé en Angleterre.
PROLOGUE, *f.* (a speech before a play.) Prologue.
To PROLONG, *verb. act.* (to spin out, to lengthen the time.) Prolonger le temps, différer, user de remises, tirer en longueur.
To prolong (or lengthen) one's life. Prolonger ou étendre sa vie, la faire durer plus long-temps.
Prolonged, *adj.* Prolongé, étendu, &c. *V.* to Prolong.
PROLONGATION, *f.* (delay.) Prolongation, délai.
PROLONGER, *subst.* (or save-all.) Un binet.
PROLONGING, *f.* Prolongation, l'action de prolonger, &c. *V.* to Prolong.
PROLUSION, *subst.* Prélude.
PROMINENCE,
PROMINENCY, } *f.* (a jutting out.) Avance, saillie, pro-éminence.
PROMINENT, *adj.* (that juts or stands out.) Qui avance, qui déborde, qui fait saillie, &c.
A prominent (or great) paunch. Une grosse panse.
PROMISCUOUS, *adj.* (confused.) Confus, mêlé, mis pêle-mêle ou confusément.
In a promiscuous sense. Dans l'un & dans l'autre sens, indifféremment.
PROMISCUOUSLY, *adv.* (or indiscriminately.) Confusément, pêle-mêle.
PROMISE, *subst.* Promesse, parole.
To PROMISE, *verb. act.* (to give or pass one's word for the performance of any thing.) Promettre, faire quelque promesse, engager sa parole, faire espérer.
A young man that promises much, (a hopeful young man.) Un jeune homme qui promet beaucoup ou qui donne de belles espérances.
To promise one's self, *v. réc.* (to hope.) Se promettre, espérer.
Promised, *adj.* Promis.
PROMISER, *subst.* Prometteur, prometteuse, qui promet légèrement.
PROMISING, *subst.* L'action de promettre, promesse.
Promising, *adj.* (or hopeful.) Qui promet beaucoup, de grande espérance.
A promising (or hopeful) youth. Un jeune homme qui promet beaucoup.

A promising countenance. Une bonne physionomie.
* PROMISSARY, *subst.* (he to whom a promise is made.) Celui à qui on fait une promesse.
PROMISSION, *subst.* Promission, terme de l'Ecriture.
The land of promission. La terre de promission.
PROMISSORY, *adj.* (belonging to promise.) Qui concerne une promesse.
PROMONTORY, *subst.* (a cape.) Promontoire, cap, pointe de terre qui s'avance dans la mer.
To PROMOTE, *verb. act.* (to advance or raise to an ecclesiastical dignity.) Promouvoir, élever, avancer quelqu'un à une dignité ecclésiastique.
To promote (to advance, to extend or enlarge) the bounds of the Empire. Avancer, étendre les bornes de l'Empire.
To promote (or carry) on a design. Pousser un dessein, tâcher de le faire réussir.
To promote (or increase) trade. Augmenter le commerce, le faire fleurir.
To promote (or encourage) arts and sciences. Faire fleurir les sciences & les beaux arts.
To promote or prefer a book, (to recommend it to the world.) Mettre un livre en vogue ou en crédit, le pousser dans le monde.
To promote God's glory. Contribuer à l'avancement de la gloire de Dieu.
Promoted, *adject.* Promu, &c. *V.* to Promote.
PROMOTER, *subst.* Promoteur, celui qui prend le soin principal d'une affaire.
I have been a great promoter (or instigator) of it. J'y ai beaucoup contribué, j'en ai été le promoteur.
He is a promoter of that opinion. Il est garant de cette opinion.
He was the greatest promoter of that design. Il a été plus poussé à la roue pour faire réussir ce dessein.
Promoter, (one who complains of offenders in a spiritual Court.) Promoteur, procureur-général dans une Cour ecclésiastique.
PROMOTING, *f.* Avancement, aggrandissement, l'action de promouvoir, d'avancer, &c. *V.* to Promote.
PROMOTION, *subst.* (or preferment.) Promotion, élévation, avancement, aggrandissement.
To seek for promotion. Tâcher de se pousser ou s'agrandir, tâcher d'avancer sa fortune ou de s'élever.
PROMPT, *adj.* (or quick.) Prompt, qui agit avec promptitude.
To PROMPT, *verb. act.* (to suggest, tell or remind.) Souffler, faire ressouvenir lorsque la mémoire manque.
To prompt one to a thing, (to put him upon it.) Suggérer, insinuer, inspirer quelque chose à quelqu'un, l'y porter, l'y pousser.
Prompted, *adject.* Soufflé, à qui l'on a suggéré ou inspiré quelque chose. *V.* to Prompt.
PROMPTER, *subst.* (one that prompts another.) Souffleur.
PROMPTING, *f.* L'action de souffler, de suggérer, &c. *V.* to Prompt.
Prompting, (or instigation.) Suggestion, instigation, persuasion.
PROMPTITUDE. *V.* Promptness.

PROMPTLY,

PRO

PROMPTLY, adv. (or readily.) *Promptement, en diligence, vitement.*
PROMPTNESS, *f.* (readiness.) *Promptitude, vitesse, diligence.*
PROMPTUARY, *subst.* (a store-house.) *Un magasin.*
To PROMULGATE. *V.* to Promulge.
PROMULGATION, *f.* (or publication.) *Publication, l'action de publier, promulgation.*
To PROMULGE, *verb. act.* (to publish or proclaim.) *Publier, promulguer.*
To promulge a law, (this is properly said of the Roman laws.) *Publier ou promulguer une loi.*
Promulged, *adj.* Publié, promulgué.
PROMULGER, *subst.* Qui promulgue.
PRONE, *adject.* (inclined to a thing.) *Enclin, porté à quelque chose, qui a du penchant à quelque chose.*
Prone. *Penché, qui n'est pas droit.*
PRONENESS, *subst.* (or inclination.) *Penchant, pente, inclination.*
PRONG, *subst.* (or fork.) *Fourche.*
PRONOMINAL, *adject.* (belonging to a pronoun.) *De pronom, pronominal.*
A pronominal particle. *Une particule qui a le sens d'un pronom, comme sont ces trois particules françoises, dont, y, en.*
PRONOTARY. *V.* Protonotary.
PRONOUN, *subst.* (one of the parts of speech.) *Pronom.*
To PRONOUNCE, *verb. act.* (to utter, to speak.) *Prononcer, proférer, articuler les lettres, les mots, en exprimer les sons.*
To pronounce (or rehearse) a discourse. *Prononcer, reciter un discours.*
To pronounce, (to judge , to decide, to order or declare.) *Prononcer, juger, décider, ordonner, déclarer.*
I will pronounce any man a traitor that shall or dares say so. *Je déclare traitre tout homme qui dira cela.*
Pronounced, *adj.* Prononcé, &c. *V.* to Pronounce.
PRONOUNCER, *subst.* Qui prononce.
PRONOUNCING, *subst.* Prononciation, ou l'action de prononcer, &c. *Voy.* to Pronounce.
PRONOUNCIATION, *f.* Prononciation, maniere de prononcer, articulation, action d'exprimer les lettres, les mots.
PROOF, *subst.* (or trial.) *Epreuve, essai, expérience.*
Proof, (a printed sheet sent to the author or corrector of the press , in order to be corrected.) *Epreuve ou premiere épreuve, en termes d'Imprimerie.*
The author had the proof and the revise. *L'auteur a eu la premiere & la seconde épreuve.*
Proof, (reason or argument of a truth.) *Preuve, raison.*
An authentick proof. *Preuve authentique.*
Proof, (mark or testimony.) *Preuve, marque, témoignage, indice.*
Proof, *adj.* Qui est à l'épreuve.
Musket-proof. *Qui est à l'épreuve du mousquet.*
Pepper proof. *V.* Pepper.
Heaven cannot be proof against his petition. *Le ciel ne sauroit tenir contre sa priere.*
PROOFLESS, *adj.* Sans preuves.
PROP, *subst.* (a stay or shore.) *Un appui, une étaie.*
A vine-prop. *Un échalas.*
Prop, (or support.) *Appui, pilier, soutien.*

To PROP, *v. act.* (to stay or bear up.) *Appuyer, étayer.*
To prop a vine. *Echalasser une vigne, y ficher des échalas.*
To prop one up, (to bear him up.) *Appuyer, soutenir, supporter quelqu'un.*
PROPAGABLE, *adj.* Qui peut être propagé.
To PROPAGATE a vine, *verb. act.* Provigner la vigne.
To propagate, (to increase, to spread.) *Multiplier, étendre, répandre, semer, propager.*
To propagate mankind. *Multiplier le genre humain.*
To propagate the gospel. *Travailler à la propagation de la foi.*
To propagate (or spread) one's opinions. *Semer, répandre ses opinions.*
Propagated, *adj.* Provigné, &c. *V.* to Propagate.
PROPAGATING, } *subst.* Propagation,
PROPAGATION, } l'action de multiplier, de répandre, &c. *V.* the verb.
PROPAGATOR, *f.* Celui qui travaille à la propagation, propagateur.
To PROPEL, *v. act.* (or drive forward.) *Pousser.*
To PROPEND, *verb. neut.* (to incline to a thing.) *Pencher, avoir du penchant ou de l'inclination à quelque chose, être porté à quelque chose.*
PROPENDENCY, *f.* Examen, penchant.
PROPENSE, *adj.* (prone.) *Enclin, porté, qui a du penchant.*
PROPENSION, } *sub.* Pente, penchant,
PROPENSITY, } inclination.
PROPER, *adj.* (peculiar.) *Propre, particulier, qui convient particuliérement.*
Proper words. *Des termes propres.*
A proper name or noun. *Un nom propre.*
A proper judge. *Juge naturel.*
Proper, (or fit.) *Propre, bon, convenable, commode.*
It is not or 'tis not proper (or fitting) for you to do it. *Il n'est pas à propos que vous le fassiez.*
'Tis proper for an orator to speak eloquently. *C'est le propre de l'orateur de discourir éloquemment.*
Proper, (or tall.) *De belle ou de riche taille, grand.*
A fine proper man. *Un homme bien fait & de belle taille.*
A proper owner. *Un ou une propriétaire.*
Proper, *adv.* Proprement, juste, congrument, correctement.
To speak proper. *Parler proprement ou congruement, parler juste.*
PROPERLY, *adv.* Proprement, justement, convenablement.
This is not properly what I look for. *Ce n'est pas proprement ce que je cherche.*
To speak properly, (or congruously.) *Parler proprement, congruement, juste ou correctement.*
PROPERNESS, *f.* (the quality of being proper.) *La qualité d'être propre ou convenable. Voy.* Properly.
PROPERTY, *f.* (natural quality or disposition.) *La propriété, le propre, la nature, la qualité propre & naturelle de chaque chose.*
Property, (or rightful possession of a thing.) *Propriété, bien ou bien propre, droit qui appartient en propre à quelqu'un.*
To invade a man's property. *Se saisir du bien de quelqu'un, lui ravir, lui enlever son bien.*

Properly, (blind, bubble or cully.) *Dupe, jouet, personne qu'on embarque dans quelque dessein contre ses propres intérêts ; personne que l'on joue ou dont on se sert adroitement dans quelque dessein.*
Property, (or tool.) *Instrument.*
The nature of his employment makes him a property to all the measures of the court. *La nature de son emploi l'oblige à se prêter à toutes les mesures de la Cour.*
To PROPERTY. *Voy.* to Invest.
PROPHECY, *f.* (prediction.) *Prophétie, prédiction.*
PROPHESIER. *Voy.* Prophet.
To PROPHESY, *verb. act.* (to foretell.) *Prophétiser, prédire.*
Prophesied, *adj.* Prophétisé, prédit.
PROPHET, *f.* (one that foretells future things.) *Prophete.*
An unlucky prophet. *Un prophete de malheur.*
PROPHETESS, *f.* Prophétesse.
PROPHETICAL, } *adject.* Prophétique.
PROPHETICK, }
PROPHETICALLY, *adverb.* Prophétiquement.
To PROPHETIZE, *v. act.* (to prophesy.) *Prophétiser, prédire.*
PROPHYLACTICK, *adject.* Prophylactique, partie de la médecine.
PROPINQUITY, *f.* (or nearness.) *Voisinage, proximité.*
The propinquity of a place. *Le voisinage ou la proximité d'un lieu.*
Propinquity (or proximity) of blood. *Proximité du sang, parenté.*
To PROPITIATE, *v. n. & act.* (to atone for.) *Expier.*
His charity propitiated for his crimes. *Sa charité a expié ses péchés.*
To propitiate, (to atone for or make propitious.) *Appaiser, rendre propice, rendre favorable.*
PROPITIATION, *f.* (atonement.) *Propitiation.*
PROPITIATOR, *f.* Celui qui expie.
PROPITIATORY, *adject.* Propitatoire, de propitiation.
PROPITIOUS, *adject.* (or favourable.) *Propice, favorable.*
PROPITIOUSLY, *adv.* (or favourably.) *Favorablement.*
PROPITIOUSNESS, *f.* Bonté.
PROPLASM. *Voy.* Mould.
PROPORTION, *subst.* (answerableness or agreement.) *Proportion, rapport, convenance.*
Proportion, (rule or measure.) *Proportion, regle, mesure.*
Beyond all proportions of reason. *Contre toutes les regles de la raison.*
Proportion, (or portion.) *Part, portion.*
To PROPORTION, *v. act.* (or make proportionable.) *Proportionner, faire qu'il y ait de la proportion, garder la proportion & convenance nécessaire.*
PROPORTIONABLE, *adj.* (or fit.) *Proportionable.*
PROPORTIONABLY, *adv.* Proportionnément, à proportion, avec proportion, par proportion.
PROPORTIONAL, *adj.* (answerable in mathematicks.) *Proportionnel.*
PROPORTIONALLY, *adv.* Proportionnellement.
PROPORTIONATE,   } *adject.* Proportionné.
PROPORTIONED,   }
PROPORTIONING, *f.* L'action de proportionner.

PROPOSAL,

PROPOSAL, subst. (proposition or offer.) Proposition, offre.

To PROPOSE, v. act. (or offer.) Proposer, faire une proposition, offrir, faire une offre.

To propose a thing to one's self, (to design to do it.) Se proposer quelque chose, avoir ou former le dessein de la faire.

What do you propose to yourself? Que vous proposez-vous de faire?

Proposed, adject. Proposé, &c. Voy. to Propose.

PROPOSER, s. Celui ou celle qui propose une chose ou qui en fait la proposition.

PROPOSING, s. L'action de proposer, &c. Voy. to Propose.

PROPOSITION, s. (or proposal.) Proposition, chose qu'on propose, offre. Proposition, (a sentence upon any subject.) Proposition, ce qu'on énonce par le discours.

To PROPOUND, v. act. (or to propose.) Proposer, mettre en avant.

Propounded, adject. Proposé.

PROPOUNDER, subst. Qui propose.

† Propounder, (or projector.) Un faiseur de projets.

PROPOUNDING, s. L'action de proposer.

PROPPED, adj. (from to prop.) Etayé, appuyé, &c. Voy. to Prop.

PROPPING, subst. L'action d'étayer, &c. Voy. to Prop.

PROPRIETOR, sub. (or proper owner.) Propriétaire.

The proprietors in a trading company. Les intéressés dans une compagnie de commerce.

PROPRIETY, s. (or proper sense.) Propriété, sens propre.

The proprieties of a language. Les propriétés ou les idiotismes d'une langue.

In propriety of speaking. A proprement parler.

PROPT. Voy. Propped.

To PROPUGN, &c. V. to Defend, &c.

PROPULSION, s. L'action de pousser en avant.

PRORE. Voy. Prow.

PROROGATION, s. Prorogation, renvoi, remise.

The prorogation (or interruption) of the Parliament. La prorogation du Parlement, en parlant des affaires d'Angleterre.

To PROROGUE. v. act. (to put off for some time.) Proroger, renvoyer, remettre.

Prorogued, adject. Prorogé, renvoyé, remis.

PROROGUING, s. Prorogation ou l'action de proroger, &c. Voy. to Prorogue.

PROSAICK, adject. Prosaïque.

To PROSCRIBE, v. act. (to outlaw or to banish.) Proscrire, bannir.

Proscribed, adject. Proscrit, banni.

PROSCRIPT, s. (an outlaw.) Un proscrit, un banni.

PROSCRIPTION, s. (banishment or making one an outlaw.) Proscription, sorte de bannissement parmi les anciens Romains.

Proscription, (or publick sale of a debtor's goods among the ancient Romans.) L'action de mettre les biens du débiteur à l'encan pour la satisfaction de ses créanciers.

PROSE, subst. (the usual way of speaking or writing, in opposition to verse.) Prose.

Prose, (a part of the Mass.) Prose, cantique qu'on chante dans la Messe.

To PROSECUTE, v. act. (to carry on.) Poursuivre, continuer, pousser.

To prosecute a design. Poursuivre, continuer un dessein.

To prosecute (or sue) one at law. Poursuivre quelqu'un en Justice.

To prosecute a story in all its circumstances, (to tell it minutely.) Réciter, dire ou écrire une histoire dans toute son étendue, en faire le détail.

Prosecuted, adj. Poursuivi, &c. V. the verb.

Many expedients have been prosecuted. On a cherché plusieurs expédiens.

PROSECUTING, s. L'action de poursuivre, &c. Voy. to Prosecute.

PROSECUTION, subst. Poursuite, continuation.

To dispose things for a vigorous prosecution of the war. Faire des préparatifs pour continuer la guerre avec vigueur.

PROSECUTOR, subst. (one that sues at law in another's name.) Celui qui poursuit en Justice.

PROSELYTE, sub. (a convert.) Un prosélyte, une prosélyte, un converti, une convertie.

PROSEMINATION, s. Propagation par le moyen de l'ensemencement.

PROSODIAN, s. (one skilled in prosody.) Qui entend la prosodie.

PROSODY, subst. (the art of accenting aright.) La prosodie.

PROSOPOPŒIA, subst. (a figure of rhetorick.) Prosopopée.

PROSPECT, s. (a view far off.) Aspect, perspective, vue.

To hinder one's neighbour's prospect. Empêcher les vues de son voisin.

These houses afford a fine prospect. Ces maisons font une belle perspective ou très-bel effet.

The prospect of torments. La vue des tourments.

Prospect, (view, design, aim) Vue, but, fin, objet.

His only prospect is his private interest. Il n'a que son intérêt en vue, il ne se propose autre chose pour objet.

With a prospect to fall upon them. Dans le dessein de les attaquer.

To have a fine prospect, (or to be in a fair way.) Etre en belle passe, avoir de belles espérances.

The diversity of cases cannot be brought within the prospect of one Law. Une seule loi ne sauroit comprendre ou embrasser la diversité des cas.

PROSPECTIVE, adject. D'approche ou de longue vue.

A prospective glass. Une lunette d'approche ou de longue vue.

To PROSPER, v. act. (to give success.) Faire prospérer, bénir, faire réussir, favoriser, rendre heureux.

To prosper, v. neut. (to succeed.) Prospérer, réussir, avoir un heureux succès.

To prosper, (to be happy, to have a fair gale of fortune.) Prospérer, être heureux, avoir la fortune favorable.

PROSPERITY, subst. (happiness or good fortune.) Prospérité, bonheur, heureux état dans les affaires, bonne fortune.

PROSPEROUS, adject. (favourable, that gives success.) Florissant, heureux, prospere, favorable, propice.

A prosperous fortune. Fortune prospere ou favorable, bonne fortune.

Prosperous, (happy or lucky.) Heureux.

PROSPEROUSLY, adv. Heureusement.

PROSPEROUSNESS. V. Prosperity.

PROSPICIENCE, s. (or foresight.) Prévoyance.

PROSTERNATION, s. (bowing low; dejection.) Action de se prosterner, prosternement; abattement.

PROSTITUTE, adject. (base or lewd.) Infame, impudique.

Prostitute, subst. (a common harlot.) Une prostituée, une abandonnée, une courtisanne.

To PROSTITUTE, v. act. (to expose.) Prostituer, abandonner à l'impudicité.

To Prostitute (or submit) one's self to a man's ambition. Se prostituer ou se soumettre à l'ambition de quelqu'un.

Prostituted, adject. Prostitué, abandonné à l'impudicité.

PROSTITUTING, } sub. Prostitution;
PROSTITUTION, } l'action de prostituer, &c.

PROSTRATE, adj. (or laid flat along.) Prosterné, abattu.

To PROSTRATE one's self, v. réc. Se prosterner, s'abaisser en posture de suppliant, se jetter aux pieds de quelqu'un.

To prostrate, v. act. Abattre.

PROSTRATING, } s. Prosternement ou
PROSTRATION, } l'action de se prosterner.

PROTASIS, s. (the first part of a play.) Protase, première partie d'un poème dramatique.

PROTATICK, adj. (belonging to protasis.) Qui regarde la protase.

To PROTECT, v. act. (or defend.) Protéger, défendre, prendre la défense de.

Protected, adject. Protégé, défendu.

PROTECTING, subst. L'action de protéger ou de défendre; protection, défense.

PROTECTION, s. Protection, défense.

To take a person into (or under one's) protection. Prendre quelqu'un en sa protection, ou prendre la défense de quelqu'un.

A protection, (a writing to secure one from arrest for debt.) Une protection pour mettre quelqu'un à couvert des poursuites pour dettes.

PROTECTOR, s. (or defender.) Protecteur, défenseur.

He betook himself to Cæsar for his protector. Il se mit sous la protection de César, il prit César pour son protecteur.

Protector, (the chief administrator of the Kingdom.) Protecteur, Régent, Administrateur de l'Etat.

PROTECTORSHIP, s. La charge ou la dignité de Protecteur, régence.

PROTECTRESS, subst. (or defendress.) Protectrice, celle qui protege.

PROTERVITY, subst. (insolence, impudence.) Effronterie, impudence, insolence.

PROTEST, s. (a declaration against the party charged with the payment of a Bill of exchange, for refusing to pay the said bill.) Protêt.

Protest, (a solemn declaration against a proceeding, a judgment, &c.) Protestation.

Twenty Peers entered their protest against that resolution. Vingt Pairs firent enregistrer leurs protestations contre cette résolution.

Protest. Procès-verbal fait par le Capitaine & l'équipage d'un vaisseau.

PRO

To PROTEST, v. n. (to vow, to assure or swear.) Protester, promettre fortement, assurer, jurer.
To protest a bill of exchange, verb. act. Protester une lettre de change, faire un protêt. Voy. Protest, subst.
To protest against the proceeding of a Judge, (to oppose it, to declare it unlawful.) Protester contre la procédure d'un Juge, s'y opposer, y former opposition.
PROTESTANCY, s. (the protestant religion.) La religion protestante, le protestantisme.
PROTESTANT, s. (one of the reformed religions, according to Luther, Calvin or the church of England.) Un protestant, une protestante.
Protestant, adject. Protestant.
The protestant religion. La religion protestante.
Protestant-like. En protestant.
PROTESTANTISM. Voy. Protestancy.
PROTESTATION, s. (a solemn vow or assurance.) Protestation, promesse, assurance, serment.
A protestation at law. Protestation, en forme juridique.
PROTESTED against, adject. Contre quoi l'on a protesté, à quoi l'on s'est opposé.
PROTESTER, s. Celui ou celle qui proteste ou qui fait une protestation.
PROTOCOL, s. (the first draught of a deed.) Protocol.
PROTOMARTYR, s. (or first martyr.) Le premier martyr.
S. Stephen the protomartyr. S. Etienne le premier martyr.
PROTONOTARY, s. (a chief officer of the common pleas and King's bench.) Protonotaire.
The protonotary of the Court of Rome. Le Protonotaire de la Cour de Rome.
PROTOPLAST, s. Voy. Original.
PROTOTYPE, s. (an original type or model.) Un prototype ou premier modele.
To PROTRACT, v. act. (to prolong or delay) the time. Prolonger le temps, différer, tirer en longueur.
Protracted, adject. Prolongé, différé.
PROTRACTER, s. Qui prolonge.
Protracter, (a mathematical instrument.) Rapporteur.
PROTRACTING, } subst. L'action de
PROTRACTION, } prolonger, &c. Voy. to Protract.
PROTRACTIVE, adject. (dilatory.) Qui fait traîner en longueur.
PROTREPTICAL, adject. Persuasif, qui conseille, qui exhorte.
To PROTRUDE, v. act. (used by some poets for to trust or push forward.) Pousser en avant.
PROTRUSION, subst. L'action de pousser en avant.
PROTUBERANCE, subst. (or swelling.) Enflure, tumeur, protubérance.
PROTUBERANT, adj. Enflé ou qui fait une bosse.
A protuberant sore. Une enflure, une tumeur.
To PROTUBERATE, v. neut. S'enfler, être enflé.
PROUD, adj. (haughty, presomptuous, from pride.) Orgueilleux, fier, hautain, présomptueux, superbe, arrogant.
A proud man. Un homme fier, un orgueilleux.
A proud woman. Une orgueilleuse.
To be proud of a thing, to pride one's self in it. Voy. to Pride.

PRO

A proud (or stately) horse. Un cheval fier ou qui a de la fierté, un cheval superbe.
A proud bitch. Une chienne qui est en chaleur.
I will speak a proud word for myself. Je dirai ceci à ma louange.
Proud flesh, (or excrescency.) Une excroissance, chair baveuse.
PROUDLY, adv. Fièrement, orgueilleusement.
To carry one's self proudly, (or haughtily.) Le porter haut.
PROUDNESS. Voy. Pride.
To PROVE, verb. act. (to make out or make good.) Prouver, donner des preuves de, faire voir.
He proves it from nature and metaphysicks. Il tire ses preuves de la nature & de la métaphysique.
To undertake to prove a thing false. S'inscrire en faux contre quelque chose.
To prove, (to try or make an experiment.) Eprouver, essayer, expérimenter, faire expérience de quelque chose.
To prove, v. neut. (to become or be, to come to pass,) Devenir, être, se trouver, arriver.
He will prove (or become) a good man at last. Il deviendra honnête homme à la fin.
If what you say prove true. Si ce que vous dites se trouve véritable.
He proved a great knave. C'étoit un grand fripon.
I am afraid it will prove otherwise. Je crains toute autre chose, j'appréhende qu'il n'arrive tout autrement.
Proved, adj. Prouvé, &c. V. to Prove.
PROVEABLE, adj. Probable, qui se peut prouver.
PROVEDITOR, sub. (a Venetian Overseer.) Provéditeur, sorte de Magistrat Venitien.
PROVENDER, subst. (food for cattle.) Fourrage, pâture, nourriture pour le bétail, † provende.
PROVERB, sub. (a common saying or adage.) Un proverbe, une maxime vulgaire.
PROVERBIAL, adj. Proverbial, qui tient du proverbe.
PROVERBIALLY, adv. Proverbialement, d'une maniere proverbiale.
To PROVIDE, v. act. (to furnish with.) Pourvoir, munir, garnir, fournir.
To provide a town with ammunition. Pourvoir une place de munition.
He has provided them with a full power. Il les a munis d'un plein pouvoir.
To provide (or to get) one a lodging. Trouver une chambre à quelqu'un.
To provide one with a benefice, (to confer it upon him.) Pourvoir quelqu'un d'un bénéfice, le lui conférer.
To provide what to say. Préméditer ce qu'on a à dire, y songer par avance.
To provide, verb. neut. (to take care.) Pourvoir, avoir soin ou prendre soin, donner ordre, mettre ordre.
He has provided for all his children. Il a pourvu tous ses enfants.
I shall provide for you. Je prendrai soin de vous, je ferai quelque chose pour vous, je pourvoirai à vos besoins.
To provide for one's self. Se pourvoir, prendre un parti.
To provide against tumults. Mettre ordre qu'il n'arrive aucun tumulte.

PRO

To provide (or fore-arm) one's self. Se munir, se précautionner, se préparer.
Provided with, adj. Pourvu, &c. V. to Provide.
Provided with necessaries. Pourvu des choses nécessaires.
Provided with a good breakfast. Muni d'un bon déjeûné.
It was wisely provided by our ancestors. Nos ancêtres y ont sagement pourvu.
I am provided for it. J'y suis préparé.
He was provided with an answer. Il avoit sa réponse toute prête.
To be well provided for, (to have enough to live upon.) Avoir de quoi vivre honnêtement, être bien pourvu, n'avoir besoin de rien.
It is provided by the law. Il est porté, il est ordonné par la loi, la loi porte.
PROVIDED, }
PROVIDED THAT, } adv. (on condition that.) Pourvu que, à condition que.
PROVIDENCE, subst. (the supreme intelligence whereby God governs the world.) La Providence.
It is a great providence that he was not drowned. C'est par une providence toute particuliere, c'est par un effet particulier de la providence qu'il ne s'est pas noyé.
Providence, (timely care, foresight.) Prévoyance, circonspection.
Providence, (husbandry.) Economie, ménage, épargne.
PROVIDENT, adj. (wary.) Prévoyant, qui a de la prévoyance, prudent, circonspect.
To take a provident care. Se précautionner, user de précaution.
Provident, (thrifty, saving.) Ménager, économe.
A provident man, (a good husband.) Un bon ménager ou économe.
PROVIDENTIAL, adject. De la providence.
PROVIDENTIALLY, adv. Par un effet de la providence.
PROVIDENTLY, adv. (warily.) Prudemment, avec prévoyance, avec circonspection.
PROVIDER, subst. Pourvoyeur.
PROVIDING, s. L'action de pourvoir, &c. V. to Provide.
All this is of my providing. C'est moi qui ai fourni tout ceci.
PROVINCE, sub. (a shire or county, a part of a State.) Province, partie d'un Etat.
A Roman province. Une province Romaine.
The province of Canterbury and York, (the circuit of each Archbishop's jurisdictions.) La province ou la juridiction des Archevêques de Cantorbery & d'York.
Province, (or business.) La charge de faire quelque chose, emploi.
It is or 'tis his province to do it. C'est son affaire, c'est à lui à le faire, c'est son partage.
Nothing shall escape my notice, that falls within the province which I have now undertaken. Je n'ometrai rien de tout ce qui aura du rapport au plan que je me suis fait.
It is not within my province, (or sphere.) Cela n'est pas de mon ressort.
PROVINCIAL, adject. Provincial, de province.

Provincial,

Provincial, *subst.* (a Superior of all the Religious houses in his province.) *Un Provincial.*
To PROVINCIATE, *verb. act.* Ériger en province.
To PROVINE, *v. act.* (to lay a stock or branch of a vine in the ground to take root.) *Proviguer la vigne.*
Provined, *adj. Froviqné.*
PROVING, *f. L'action de prouver*, &c. *V.* to Prove.
PROVINING, *f. L'action de provigner.*
PROVISION, *f.* (a providing before hand, measure taken, victuals, food.) *Provision, fourniture des choses nécessaires, vivres.*
Provisions for an army. *Vivres pour une armée.*
Before ever a provision was thought of for the preventing of this evil. *Avant qu'on eût songé à un remede pour prévenir ce mal.*
Till farther provision be made. *Par provision, provisionnellement, provisoirement.*
Provision for a successor be, before the incumbent's death. *Provision, collation d'Evêché avant la mort du présent Evêque ; grace expectative.*
To make a provision for one, (to provide for him.) *Pourvoir quelqu'un, pourvoir à ses besoins, avoir soin de lui, lui donner de quoi vivre.*
PROVISIONAL, *adj. Provisionnel, fait par provision, provisoire.*
PROVISIONALLY, *adverb. Par provision.*
PROVISO, *subst.* (or clause.) *Condition ou clause annexée à un contrat.*
With a proviso. *Conditionnellement.*
PROVISOR, *subst.* (a dignity in some colleges.) *Proviseur.*
PROVISORY,
PROVISIONAL, *adj. Provisoire.*
PROVOCATION, *subst. Provocation, l'action de provoquer*, &c. *Voyez* to Provoke.
He did it without the least provocation. *Il l'a fait sans qu'on lui en ait donné aucun sujet.*
PROVOCATIVE, *adj.* (apt to strengthen nature.) *Qui échauffe ou qui fortifie la nature.*
PROVOCATIVE, *subst.* (any thing apt to provoke.) *Chose qui échauffe, qui provoque l'appétit ; aiguillon.*
To PROVOKE, *verb. act.* (to move or stir up.) *Provoquer, émouvoir, exciter, irriter.*
To provoke God's anger. *Provoquer la colere de Dieu, l'irriter.*
To provoke, (to anger or to urge.) *Provoquer, aigrir, fâcher, agacer, irriter, mettre en colere, pousser.*
To provoke (or to prompt) to. *Provoquer, porter, disposer à quelque chose, inciter.*
That provokes vomiting, (or makes one vomit.) *Cela provoque ou cause le vomissement.*
To provoke urine. *Faire uriner ou pisser.*
Provoked, *adject.* (or irritated.) *Provoqué*, &c. *V.* to Provoke.
PROVOKER, *subst. Celui ou celle qui provoque*, &c. *V.* to Provoke.
PROVOKING, *subst. Provocation ou l'action de provoquer*, &c. *V.* to Provoke.
Provoking, *adject. Qui provoque, qui irrite.*

PROVOKINGLY, *adv. Insolemment.*
PROVOST, *subst.* (a name of office.) *Prévôt, nom d'office.*
Provost-marshal in the navy. *Prévôt marinier.*
A Provost-marshal, on land. *Prévôt des Maréchaux.*
A Provost-marshal, in the army. *Prévôt de l'armée.*
The Provost of Merchants, (or the Lord-mayor in Paris.) *Le Prévôt des Marchands ou de l'Isle de France.*
A Provost of the mint. *Prévôt des monnoies.*
The Provost (or principal) of a College. *Le Prévôt, le chef ou le principal d'un college.*
PROVOSTAL, *adject.* (belonging to a provost.) *Prévôtable.*
PROVOSTSHIP, *f.* (a Provost's office.) *Prévôté, charge de Prévôt.*
PROW, *subst.* (the fore-part of a ship.) *Proue ou l'avant du vaisseau, berthelot ou fleche des bâtimens latins.*
PROWESS, *subst.* (or valour.) *Valeur, prouesse.*
To PROWL, *verb. neut.* (to pilfer.) *Attraper, escamoter, friponner.*
PROWLER, *subst. Qui cherche la proie.*
PROWLING, *adj. Lx.* A prowling fellow. *Un homme qui tâche d'escamoter ou d'attraper ce qu'il peut, un escamoteur, un voleur.*
A prowling wolf. *Un loup qui rode autour de la bergerie, cherchant sa proie.*
PROXIMATE,
PROXIME, } *V.* Next.
PROXIMATELY, *adv. Immédiatement, sans intervention.*
PROXIMITY, *sub.* (or nearness.) *Proximité, voisinage.*
Proximity of blood. *Proximité du sang.*
The proximity of a place. *La proximité ou le voisinage d'un lieu.*
PROXY, *subst.* (he that does the part of another in his absence.) *Procureur, député, celui qui fait la fonction d'un autre en son absence.*
Proxy, (or procuration.) *Procuration. V.* Procurtion.
PRUDE, *subst.* (a precise or an affected woman.) *Une prude.*
PRUDENCE, *f.* (or wisdom.) *Prudence, sagesse, circonspection.*
PRUDENT, *adject.* (or wise.) *Prudent, sage, circonspect, avisé.*
He has acted a very prudent and commendable part. *Il s'est conduit avec beaucoup de prudence, & d'une maniere digne de louange.*
PRUDENTIAL, *adj. Sage, prudent, tel que la prudence suggere.*
PRUDENTIALITY, *subst.* (or prudence.) *Prudence.*
There is a sort of affinity betwixt our prudentiality and our appetites. *Il y a une espece d'affinité ou de rapport entre notre jugemens & nos appétits.*
PRUDENTIALLY, *adv. Prudemment.*
PRUDENTIALS, *f. Maximes de la prudence.*
PRUDENTLY, *adv. Prudemment, avec prudence.*
PRUDERY, *subst. Pruderie.*
PRUDISH, *adj. De prude.*
PRUNE, *subst.* (a plum.) *Prune, sorte de fruit.*
A prune or a dried prune. *Un pruneau.*
To PRUNE trees, *verb. act.* (to lop them.) *Elaguer, tailler, émonder, rajeunir les arbres.*

To prune a vine. *Tailler la vigne ou l'ébourgeonner.*
Pruned, *adj. Elagué, taillé, émondé, rajeuni, ébourgeonné.*
PRUNELLO, *f.* (a sort of fruit.) *Prune de brignole.*
Prunello, (or wild plum.) *Prunelle, prune sauvage.*
Prunello. *Etoffe dont les Ecclésiastiques s'habillent, prunelle.*
PRUNER, *subst.* (he that prunes or lops.) *Celui qui élague, qui taille, qui émonde, V.* to Prune.
PRUNIFEROUS, *adj. Qui porte des prunes.*
PRUNING, *sub.* (from to prune.) *L'action d'élaguer, d'émonder ou d'ébourgeonner.*
A pruning knife. *Une serpe, instrument qui sert à émonder les arbres.*
PRURIENCE,
PRURIENCY, } *sub. Démangeaison, desir ardent.*
PRURIENT, *adj.* (or itching.) *Qui démange, qui cause une démangeaison.*
To PRY, *verb. neut.* (to search, to enquire into.) *Tacher de découvrir, rechercher soigneusement, faire une exacte recherche, chercher avec grand soin, fouiller dans quelque chose.*
To pry into other men's concerns. *Se mêler des affaires d'autrui, † mettre le nez partout.*
Pryed into, *adj. Qu'on a tâché de découvrir, dont on a fait une exacte recherche,* &c. *V.* to Pry.
PRYING, *subst. Une exacte recherche ou l'action de rechercher,* &c. *V.* to Pry.
PSALM, *subst.* (a divine song.) *Pséaume, cantique sacré.*
To sing psalms. *Chanter des pséaumes, psalmodier.*
PSALMIST, *subst.* (a writer of psalms.) *Psalmiste.*
PSALMODY, *subst. Psalmodie.*
PSALTER, *f.* (a book of psalms.) *Pséautier, livre de pséaumes.*
PSALTERY, *f.* (an instrument of musick.) *Psalterion.*
PSEUDO, in Greek, signifies *false* or *counterfeit*, and is sometimes used in compound words derived from that language ; *Ex.*
PSEUDOAPOSTLE, *f.* (a counterfeit apostle.) *Un faux apôtre.*
PSEUDOGRAPHY, *sub.* (false writing.) *Ecrit faux.*
PSEUDOLOGY, *f.* (falsehood of speech.) *Fausseté, mensonge.*
PSEUDOPHILOSOPHER, *subst.* (a false Philosopher.) *Un faux Philosophe.*
PSEUDOPHILOSOPHY, *subst.* (false or counterfeit philosophy.) *Fausse philosophie.*
PSHAW, *interj. Nargue.*
PTISAN, *f. Tisane.*
PTYALISM, *subst. Ptyalisme,* terme de médecine.
PUBERTY,
PUBESCENCE, } *f.* (the time in which the two sexes begin first to be acquainted.) *Puberté.*
PUBESCENT, *adj. Qui arrive à l'âge de puberté.*
PUBLICAN, *f.* (a tax or toll gatherer ; an innkeeper.) *Un publicain, un péager ; un aubergiste.*
PUBLICATION, *subst. Publication.*
PUBLICK, *adject.* (manifest, known by every body.) *Public, manifeste, connu de tout le monde.*

PUB PUD

Publick, (common, belonging to every body.) *Public, commun.*
The publick good or weal. *Le bien public.*
A publick place, (as a Church, market-place, &c.) *Un lieu public.*
A publick person, (one that serves the publick.) *Une personne publique ou qui sert le public.*
A publick-house, (or ale-house.) *Un cabaret.*
To present a book to the publick, (to publish it.) *Publier un livre, donner un ouvrage au public.*
A publick's concern, (or business.) *Une affaire qui regarde le public.*
Publick-spirited. *Qui est pour le bien public.*
PUBLICK, *subst.* (every body in general.) *Le public.*
In publick (or publickly) adv. (openly or in the market place.) *Publiquement, en public, à la face du soleil, devant tout le monde.*
PUBLICKNESS, *subst. Publicité.*
To PUBLISH, v. act. (to make publick or cry.) *Publier, rendre public.*
Published, adj. *Publié, rendu public.*
PUBLISHER, *subst.* Celui qui publie ou qui a publié.
PUBLISHING, *subst. Publication, l'action de publier,* &c. V. to Publish.
PUCELLAGE, *subst.* L'état de virginité; *pucelage.*
PUCK; *s. Une fée, une sylphide.*
To PUCKER, verb. neut. (not to lie close to the body, speaking of a suit of clothes.) *Loussir, se replier, n'être pas juste au corps, en parlant d'un habit, &c.*
Puckered, adj. *Replié.*
PUCKFIST, *subst.* (a clumsy great fist.) *Un gros poing, un poing de paysan.*
Puckfist, (or puff-ball.) *Vesse de loup, faux champignon.*
PUDDENING, *s.* (from pudding.) Ex. Puddening of a boat's stem. *Collier de défense d'une chaloupe.*
Puddening of a mast. *Bourrelet d'un mât.*
Puddening of an anchor. *Emboudinure d'une ancre.*
PUDDER, *s.* (noise, bustle.) *Bruit, fracas, tintamarre.* V. Pother.
To PUDDER, verb. neut. *Faire de la poussière, du bruit, du tumulte.*
To pudder, v. act. *Agiter, tourmenter.*
PUDDERING, *subst. Agitation violente, mouvement perpétuel.*
PUDDING, *subst. Boudin.*
White or black pudding, *Boudin blanc ou noir.*
R. Outre ces boudins qui se font dans des boyaux de cochon, les Anglois donnent ce nom à certaines farces qu'on appelle pouding en France, dont les unes se cuisent au four, Celles-là s'appel'ent boiled puddings; & celles-ci, baked or pan-puddings; il y a encore d'autres espèces de boudins.
Pudding-maker. *Faiseur ou faiseuse de boudins.*
† To give the crow a pudding, (to die.) *Passer le pas, mourir.*
† To come in pudding-time. *Venir fort à propos ou à point nommé.*
Pudding, (a fire-work.) *Saucisse, sorte de feu d'artifice.*
A pudding or roll about a child's head. *Bourrelet d' enfant.*
PUDDLE, *subst. Bourbier, margouillis, gachis,* † *patrouillis.*
Puddle-water. *De l'eau bourbeuse, ou* † *patrouillage.*

PUD PUL

To PUDDLE, verb. neut. *Patrouiller.*
PUDDLY, adj. *Bourbeux.*
PUDENCY, } *subst.* (chastity.) *Pudicité,*
PUDICITY, } *chasteté, modestie dans les mœurs.*
PUDS, *s.* (the large sleeves of the gown of a priest of the Church of England.) *Grandes manches de la robe d'un Ministre Anglican.*
† PUEFELLOW, *s.* (a partner, a crony.) *Camarade.*
PUERILE, adj. (or childish.) *Puéril, enfantin, qui est d'enfant.*
PUERILITY, *subst. Puérilité, action ou discours d'enfant.*
PUET, *subst.* (a bird.) *Huppe, oiseau.*
PUFF, *subst.* (of wind.) *Bouffée de vent.*
Puff, (a sort of plait.) *Godron, bouillon.*
Puff-paste. *Pâte feuilletée, feuilletage.*
An earth-puff, (or truffle.) *Une truffe.*
Puff-ball, puff-fist or puck-fist. *Vesse de loup.*
Puff, (for hair.) *Houppe à poudrer.*
To PUFF, verb. act. (to blow.) *Souffler.*
To puff, verb. neut. (to swell.) *Bouffer, s'enfler.*
He huffs and puffs, (his heart is big, or he is in his fumes.) *Il bouffe, il est dans une colere qui n'éclate pas.*
He puffed it out, (he spoke it huffing and puffing.) *Il dit ces paroles avec fierté.*
To huff and puff, (as one out of breath.) *Haleter, comme une personne qui est presque hors d'haleine.*
To puff one UP with pride, v. a. *Bouffir, enfler quelqu'un d'orgueil.*
Puffed up, adj. *Bouffi, enflé.*
PUFFER, *subst.* Qui souffle.
PUFFIN, *subst.* (a sea-fowl.) *Plongeon de mer.*
PUFFY, adj. (or puffed up.) *Bouffi, enflé.*
A swelling puffy style. *Un style bouffi & enflé.*
PUG, *subst.* (or little monkey.) *Un singe, un petit singe.*
† A pug, (or a youth full of tricks.) *Un badin, une badine, terme d'amitié.*
PUGGERED, adject. Ex. The red puggered attire of the turkey. *Les parties rouges du coq d'Inde.*
PUGIL, *subst.* (a term used by physicians and apothecaries for half a handful.) *Pincée.*
PUISNE, } *subst.* (law-term for younger;
PUNY, } a name given in the house of lords to the youngest baron, and in *Westminster Hall* to the youngest Judge.) *Puisné ou le dernier des Barons dans la Chambre des Pairs ou le moins ancien des douze grands Juges d'Angleterre.*
The puisne Judge. *Le plus jeune des Juges d'une Cour de Justice.*
PUISSANCE, *s.* (power.) *Puissance.*
PUISSANT, adj. (powerful or mighty.) *Puissant.*
PUISSANTLY, adv. *Puissamment.*
To PUKE, v. neut. (or have an inclination to vomit or spew.) *Avoir envie de vomir, être sur le point de vomir.*
PUKE, } *subst. Vomitif.*
PUKER, }
PUKING, adject. Ex. To have a puking (or queasy) stomach. *N'avoir pas bon estomac.*
PULCHRITUDE, *s.* (or beauty.) *Beauté.*
To PULE, verb. neut. (as chickens and young birds do.) *Crier, pioler, comme font les poussins & les autres petits des oiseaux.*

PUL

To pule, (or pipe, as sickly people do.) *Geindre, gémir.*
To pule or to be puling, (as children that do not thrive.) *Se chétiver.*
PULING, adject. (or sickly.) *Maladif.*
PULIOL, } *subst.* (the same as
PULIOL ROYAL, } penny-royal.) *Pouliot.*
PULL, *s.* (or pluck.) *Effort qu'on fait en tirant; secousse.*
To give one a pull. *Tirer quelqu'un.*
Give your patience another pull. *Ayez encore un peu de patience.*
Pull-back, (or hinderance.) *Obstacle, empêchement.*
To PULL, v. act. (to draw.) *Tirer.*
Ex. Pull hard. *Tirez fort.*
To pull money out of one's pocket. *Tirer de l'argent de sa poche.*
To pull (or pick) a fowl.) *Plumer un oiseau, en arracher la plume.*
To pull AWAY. *Tirer, arracher.*
To pull ASUNDER. *Arracher.*
To pull (or draw) BACK. *Tirer en arrière, reculer, faire reculer.*
To pull DOWN. *Tirer en bas ou faire tomber.*
To pull down a wall or a house. *Abattre, démolir une muraille ou une maison.*
To pull down one's spirits, (to humble him.) *Abattre quelqu'un, l'humilier.*
To pull down (or spend) one's spirits. *Diminuer, abattre les forces de quelqu'un, le rendre moins vigoureux.*
To pull down one's hat close to one's head. *Enfoncer son chapeau.*
To pull IN. *Tirer dedans.*
Pull in the bridle. *Serrez la bride.*
To pull in pieces. *Déchirer, mettre en pièces.*
To pull TO. *Tirer à soi, serrer.*
To pull OFF. *Tirer, arracher, ôter, lever.*
To pull off one's shoes or stockings. *Tirer ses souliers ou ses bas, se déchausser.*
To pull or take off one's boots. *Tirer ses bottes ou se debotter.*
To pull one's hair off. *Arracher les cheveux à quelqu'un.*
To pull off one's hat to one. *Oter son chapeau à quelqu'un, se découvrir, lever le chapeau, saluer.*
To pull off the mask. *Lever le masque ou se démasquer.*
To pull off one's clothes. *Se déshabiller.*
To pull OUT. *Arracher, tirer, ôter.*
To pull out one's eyes. *Arracher les yeux de la tête.*
To pull UP. *Tirer en haut, lever, élever.*
To pull up by the roots. *Arracher, déraciner.*
To pull or pluck up a good heart. *Prendre courage, se rassurer, se remettre, reprendre ses esprits.*
To pull, v. act. & neut. *Nager, ramer, voguer.*
Pull away! *Avant!* Commandement pour animer les rameurs à voguer.
Pull starboard! *Avant tribord!*
PULLEN, *subst.* (poultry.) *Volaille.* V. Poultry.
PULLED, adj. *Tiré, &c.* V. to Pull.
PULLET, *s.* (a young hen.) *Une poulette.*
A large and fat pullet. *Une poularde.*
PULLEY, *s.* (a little wheel used to pull up or let down burdens.) *Poulie.*
To pull up with a pulley. *Lever avec une poulie.*

Pulley-piece

Pulley-piece, (an armour for the knee.) Genouillere.

The pulley-piece of a boot. La genouillere d'une botte.

A pulley-door. Porte à valet ou à poulie, qui se ferme d'elle-même par le moyen d'un poids.

PULLING, subst. L'action de tirer, &c. Voy. to Pull.

To PULLULATE, v. n. (to bud, to germinate.) Pulluler.

PULLY. Voy. Pulley.

PULMONARY, adj. (belonging to the lungs.) Qui regarde les poumons.

Pulmonary, f. (or lung-wort.) Pulmonaire, Herbe.

PULMONICK, adject. (diseased in the lungs.) Pulmonique.

PULP, sub. (the fleshy part of a thing.) Poulpe, chair ou partie charnue.

The pulp of any fruit. La poulpe ou la chair du fruit.

PULPIT, subst. Chaire.

Pulpit-cloth. Le drap qui couvre la chaire.

PULPOUS. Voy. Soft.

PULSATION, subst. Pulsation, terme didactique.

PULSE, f. (the beating of the arteries.) Pouls, on prononce pous, le battement des arteres.

A low pulse. Un pouls profond.

To feel one's pulse. Tâter le pouls à quelqu'un.

To feel one's pulse, (to see how he stands affected.) Tâter le pouls à quelqu'un, le sonder, le pressentir ou tâcher de découvrir son inclination.

PULSE, subst. (beans, pease, &c.) Légume.

PULVERISATION, subst. Action de pulvériser.

To PULVERIZE, v. act. (or reduce to powder.) Pulvériser, réduire en poudre.

Pulverized, adject. Pulvérisé, réduit en poudre.

PULVIL, subst. Parfum.

To PULVIL, v. act. Parfumer.

PUMICE, subst. Pierre-ponce.

To rub off one's beard with a pumice-stone. Se faire la barbe avec une pierre-ponce.

PUMKIN. Voy. Pumpion.

To PUMMEL, &c. V. to Pommel, &c.

PUMP, subst. (an engine to draw up water, &c.) Pompe.

Chain-pump. Pompe à chapelet.

Hand-pump. Pompe à main, ou pompe à brimbale, ou pompe royale.

Head pump. Pompe de l'avant du vaisseau, pour puiser de l'eau de mer.

Hood of a pump. Capot qui recouvre la roue d'une pompe à chapelet.

The pump (or lip) of a cruet. Biberon de vinaigrier.

The plug of a pump. Le piston d'une pompe.

Pump-water. Eau de pompe.

Pump-dale. Manche de pompe.

Pump-break. Brimbale de pompe.

PUMPS, f. plur. (a sort of light shoes.) Escarpins, sorte de souliers légers.

To PUMP, v. act. Pomper, faire jouer la pompe.

To pump one, (to wash one under a pump, as they do at the bath, &c.) Donner la douche à quelqu'un.

To pump one or to pump a thing out of one. Sondar quelqu'un, † lui tirer les vers du nez, le faire causer pour découvrir quelque chose.

I have so pumped her, that she has to'd me all at last. Je l'ai tant tournée, qu'enfin elle m'a tout déclaré.

Pumped, adject. Pompé, sondé, &c. V. to Pump.

That confession was pumped out of him. On tira adroitement cette confession de sa bouche.

PUMPER, subst. Qui pompe.

PUMPING, f. L'action de pomper, &c. Voy. to Pump.

PUMPION, subst. Citrouille, plante potagere.

PUN, sub. (or quibble.) Pointe, pointe d'esprit, rencontre, jeu de mots.

To PUN, v. neut. (or to quibble.) Parler par pointes.

PUNCH, f. (a shoemaker's tool to make holes withal.) Emporte-piece.

Punch, (or puncheon.) Poinçon.

Punch, (a sort of strong drink made of brandy, water, sugar, and juice of lemons.) Punch, sorte de boisson forte composée d'eau-de-vie & d'eau commune, de sucre & de jus de citron, &c.

Punch or punchinello. Polichinel.

† He is a very punch, (he is as thick as he is long.) Il est tout de graisse.

To PUNCH, v. act. Ex. To punch shoes with a punch. Percer des souliers avec un emporte-piece.

To punch money. Percer la monnoie avec un poinçon.

To prnch (or thrust) one with one's fist. Pousser quelqu'un à coups de poing.

Punched, adject. Percé, &c. V. to Punch.

PUNCHEON, } subst. Poinçon.
PUNCHER,

PUNCHINELLO, sub. (a stage-punch.) Polichinel.

PUNCHING, f. L'action de percer, &c. Voy. to Punch.

PUNCHION, } subst. (a kind of chizel.) Poinçon.
PUNCHEON,

Puncheon of wine, (a sort of wine vessel containing 80 gallons.) Un poinçon de vin.

PUNCTILIO, f. (a trifle.) Vétille, bagatelle ou chose de rien.

To stand upon punctilios. S'amuser à des vétilles, pointiller.

The punctilio of honour. Le point d'honneur.

PUNCTILIOUS, adj. (trifling.) De peu de conséquence, de rien.

Punctilious, (or captious.) Pointilleux.

PUNCTILIOUSNESS. Voy. Punctilio.

PUNCTO, f. Coup de pointe dans l'escrime; cérémonial sétilleux.

PUNCTUAL, adject. (or exact) Ponctuel, exact, régulier, qui fait à point nommé ce qu'il doit faire.

PUNCTUALITY, } subst. Ponctualité,
PUNCTUALNESS, exactitude.

PUNCTUALLY, adverb. Ponctuellement, exactement, régulièrement.

PUNCTUATION, f. (or pointing.) La ponctuation.

To PUNCTULATE, v. act. Ponctuer.

PUNCTURE, subst. (pricking.) Piqûre, action de piquer.

† PUNDLE, f. (or squab.) Ex. She is a very pundle, (or ill-shaped and ill-droited creature.) C'est une hallebreda.

PUNGAR, f. (a sea-fish.) Pagne, poisson de mer.

PUNGENCY, f. (or pricking.) Pointe, piqure, qualité piquante.

PUNGENT, adj. (or poignant,) Piquant; qui à une pointe.

PUNICE, f. (bug.) Punaise.

To PUNISH, v. act. (to inflict a punishment, to chastise.) Punir, châtier.

PUNISHABLE, adj. Punissable, qui doit être puni, qui mérite quelque châtiment.

PUNISHED, adject. Puni, châtié.

PUNISHER, f. Celui ou celle qui punit ou qui châtie.

PUNISHING, subst. L'action de punir ou de châtier.

PUNISHMENT, f. Punition, châtiment, peine.

To bring one to an exemplary punishment. Punir quelqu'un exemplairement.

PUNITION, f. (or punishment.) Punition, châtiment, peine.

PUNITIVE, adject. Pénal, qui inflige une peine.

PUNK, f. (a common prostitute.) Une coureuse, une prostituée.

PUNSTER, subst. (quibbler.) Un faiseur de pointes.

To PUNT, verb. neut. Ponter, terme de jeu.

PUNT, sub. (du françois Pont.) Ras de carene ou pont flottant.

PUNY, f. (a younger brother.) Un puiné, un cadet.

Puny, adject. (little, small.) Petit, chétif.

A puny judge. Voy. Puisne.

To PUP, v. act. & neut. (to bring forth puppies, as a bitch does.) Chienner, mettre bas, comme une chienne.

PUPIL, f. (one under age and tuition.) Pupille, celui ou celle qui est sous tutelle.

Pupil, (a disciple of a tutor.) Pupille, écolier, disciple, eleve.

The pupil (or black) of the eye. La prunelle de l'œil.

Painters give a light touch of pure white to the pupil, to make the eye bright and lively. Les Peintres donnent un petit coup de blanc pur sur le crystalin, pour faire briller l'œil & lui donner la vie.

PUPILAGE, f. (the condition of a pupil.) Minorité, etat de mineur.

PUPILLARY, adject. Pupillaire, qui concerne le pupille ou le mineur.

PUPPET, subst. Marionnette.

A puppet-play or puppet-shew. Jeu de marionnettes.

To go to a puppet-shew. Aller aux marionnettes.

A puppet-player or puppet-man. Un bateleur.

PUPPY, f. (a bitch's whelp.) Un petit chien, un jeune chien.

Puppy, (an abusive word.) Un sot, un maraut, un fat.

To PUPPY, v. neut. (to bring forth puppies, as a bitch.) Chienner.

PURBLIND, adject. Qui a la vue basse ou courte.

PURBLINDNESS, f. Courte vue.

PURCHASABLE, adj. Qui peut être acquis.

PURCHASE, f. (or bargain.) Acquisition, acquêt ou achat.

To buy an estate at twenty years purchase. Acheter un lieu au denier vingt.

At two and twenty years purchase. Au denier vingt-deux.

At fifty years purchase. Au denier cinquante.

How many years purchase have you given for your annuity? A quel denier de constitution avez-vous mis votre argent?

Five

PUR

Five years purchase. *Au denier cinq.*
Twenty years purchase. *Au denier vingt.*
Five and twenty years purchase. *Au denier vingt-cinq.*
Fifty years purchase. *Au denier cinquante.*
† You have surely found a good purchase, you laugh so to yourself. *Il faut que vous ayez fait quelque bonne rencontre, puisque vous riez tout seul.*
Purchase, (or booty.) *Butin, proie.*
Purchase. *Appareil*, & en général, *tout pouvoir mécanique.*
To PURCHASE, *v. act. Acheter, acquérir, obtenir.*
To purchase lands or houses. *Acheter, acquérir des terres ou des maisons.*
To purchase, *v. act. & neut.* qui exprime l'effet d'un pouvoir mécanique.
Ex. To purchase the anchor. *Lever l'ancre, la tirer du fond.*
The capstern purchases a-pace. *Le cabestan fait son effet, l'ancre vient à bord.*
Purchased, *adject. Acheté, acquis, obtenu.*
PURCHASER, *subst.* Acheteur ou acquéreur, celui ou celle qui achette ou qui acquiere.
PURCHASING, *subst. L'action d'acheter, d'acquérir ou d'obtenir, achat, acquisition.*
PURE, *adject.* (or unmixt.) *Pur, simple, qui est sans aucun mélange, sans mixtion.*
Pure wine. *Du vin pur.*
Pure gold. *De l'or pur.*
God is a most pure being. *Dieu est un Être très-simple.*
Pure, (unspotted.) *Pur, sans tache, sans souillure.*
A pure (or chaste) virgin. *Une vierge pure ou chaste.*
Pure, (clear, absolute, without any condition.) *Pur & simple, absolu, qui n'a nulle condition, sans restriction.*
Ex. A pure gift. *Une donation pure & simple, sans aucune condition.*
A pure air, (clear or subtle.) *Un air pur ou subtil.*
Pure (or exact) style. *Un style pur, qui a de l'exactitude, de la justesse.*
Pure, (mere or downright.) *Pur, vrai, franc, véritable.*
Pure malice. *Pure malice.*
He is a pure knave. *C'est un vrai fripon.*
Pure, (very good, agreeable or excellent.) *Bon, fort bon, excellent, admirable, agréable, charmant, ravissant.*
This is pure bread. *C'est d'excellent pain.*
You lead a pure (or happy) life, (or you live purely.) *Vous vivez bien à votre aise, vous vivez heureusement, vous menez une vie heureuse.*
† You lead a pure life, (spoke by way of irony.) *Vous menez une belle vie.*
† He is a pure youth. *C'est un bon garnement.*
* Pure, *adv.* (or very.) *Fort.*
This is pure good. *Celui-ci est fort bon.*
Pure-clear. *Fort net.*
PURELY, *adv.* (exactly.) *Purement, correctement, avec exactitude.*
Purely, (very well.) *Fort bien, parfaitement bien.*
Purely, (only, merely.) *Purement, simplement, seulement.*
I did it purely out of love. *Je l'ai fait purement par amitié ou par pure amitié.*
To look purely. *Avoir fort bon visage.*
PURENESS, *f. Pureté, innocence.*
PURFLE, *f.* (bodkin-work, made of tinsel

PUR

er gold thread.) *Tissu d'or, broderie tissue d'or.*
To PURFLE, *v. act. Faire un tissu d'or.*
Purfled, *adject. Tissu d'or.*
PURGATION, *f.* (or cleansing, a term used in Chymistry.) *Purgation*, terme de Chimie & de Médecine.
Purgation, (the clearing one's self of a crime.) *Purgation d'un crime.*
Canonical purgation, (by an oath.) *Purgation canonique ou par serment.*
PURGATIVE, *adj.* (purging.) *Purgatif, qui purge.*
PURGATORY, *f.* (the place in which the souls of those who die in a state of grace, but have not been sufficiently penitent in this world, are supposed to expiate their sins before they are received into heaven.) *Le purgatoire.*
PURGE, *f.* (a purging potion.) *Purgation, remède qui purge, médecine.*
To PURGE, *v. act. Purger, donner une purgation.*
To purge one's self. *Se purger, prendre une purgation.*
To purge (or to clear) one's self of a crime. *Se purger, se justifier d'un crime dont on a été accusé.*
Purged, *adj.* Purgé, &c. *V.* to Purge.
PURGING, *sub. L'action de purger*, &c. *Voy.* to Purge.
Purging, *adject. Purgatif, qui purge.*
PURIFICATION, *f.* (or cleansing.) *Purification, nettoyement.*
The feast of the purification of the blessed Virgin Mary, or Candlemas-day. *La fête de la Purification de la Ste. Vierge, la Chandeleur.*
PURIFICATORY, *subst.* (the little linen cloth with which the priest wipes the chalice.) *Purificatoire.*
To PURIFY, *v. act.* (to cleanse or to make pure.) *Purifier, rendre pur, nettoyer, rendre net, dans le propre & dans le figuré.*
Purified, *adj.* Purifié, rendu pur, nettoyé, net.
PURIFYING, *f.* Purification ou l'action de purifier, &c. *V.* to Purify.
PURIM, *f.* (a feast among the Jews.) *Purim*, fête parmi les Juifs.
PURIST, *f.* (one superstitiously nice in language.) *Puriste.*
PURITAN, *subst.* (one who pretends to a purity of doctrine and worship beyond all other protestants.) *Un puritain, un presbytérien.*
A puritan, (or hypocrite.) *Un tartuffe, un hypocrite.*
PURITANICAL, *adj. De puritain.*
PURITANISM, *subst.* Doctrine des puritains.
PURITY, *f.* (from pure.) *Pureté.*
PURL, *subst.* (at the bottom of lace.) *Engrelure*, que l'on met au bas d'une dentelle.
Purl-royal. *Du vin sec avec de l'absinthe.*
Purl, (a sort of drink.) *Bière d'absinthe.*
To PURL, *v. n.* (to run with a murmuring noise as a stream, &c.) *Gazouiller, murmurer*, en parlant d'un ruisseau, &c.
PURLIEU, *f.* (grounds severed from the ancient forest in which the owner may hunt and kill deer.) *Certaines terres qui ont été démembrées des forêts royales, & sur lesquelles le propriétaire a droit de chasser.*
A purlieu-man, (one that has ground within the purlieu.) *Celui qui possède des*

PUR

terres démembrées d'une forêt royale, sur lesquelles il a droit de chasser.
I never jest with such matters as fall within the purlieus of Religion. *Je ne raille ou je ne plaisante jamais sur ce qui a du rapport à (ou qui regarde) la religion.*
PURLING, *adj.* (from to purl.) *Ex.* The pleasant noise of purling streams. *Le plaisant ou l'agréable murmure des eaux, le murmure ou le gazouillement des ruisseaux.*
To PURLOIN, *v. act.* (to pilfer or steal.) *Dérober, piller, voler.*
Purloined, *adj. Dérobé, pillé, volé.*
PURLOINER, *subst.* Celui ou celle qui dérobe, pille ou vole.
PURLOINING, *subst. L'action de dérober, piller ou voler ; vol, larcin.*
PURPLE, *f.* (or Venus-shell.) La pourpre, porcelaine de Vénus, poisson à coquille.
PURPLE-FISH,
Purple, (the dye anciently taken out of the purple-fish.) *La pourpre, teinture précieuse.*
Purple, (a sort of colour.) *Le pourpre, couleur qui tire sur le violet.*
A light or a dark purple. *Pourpre clair ou brun.*
Purple, (stuff died in purple.) *La pourpre, étoffe teinte en pourpre.*
Purple velvet-flower. *Amarante, passevelours ou fleur de jalousie.*
Purple, (the dignity of Kings, Cardinals, &c.) *La pourpre, dignité des Rois, des Cardinaux*, &c.
Purple, (pomp or magnificence.) *Pourpre, pompe, magnificence.*
The purples, (or the spotted fever.) *Le pourpre ou la fièvre pourprée.*
Purple, *adj. Pourpré, violet.*
A purple ribband. *Un ruban violet.*
To PURPLE, *v. act.* Teindre en pourpre.
PURPLISH, *adj.* Qui tire sur la couleur de pourpre.
PURPORT, *subst.* (or meaning.) *Sens, signification.*
Purport, (or tenour of a writing.) *La teneur ou le contenu d'un écrit.*
PURPOSE, *f.* (design, resolution, project.) *Dessein, résolution, vue, projet*, propos, ce qu'on se propose de faire.
To change one's purpose. *Changer de dessein ou de résolution.*
He came with a firm purpose to fight him. *Il vint avec un ferme propos de le combattre.*
For that purpose. *A ce dessein-là, dans cette vue.*
A thing done on purpose. *Une chose faite à dessein ou de propos délibéré.*
Purpose, (subject, matter of discourse.) *Propos, sujet, discours.*
To speak much to the purpose. *Parler fort à propos ou pertinemment.*
To play at cross purposes. *Jouer à propos interrompus.*
To be all for cross purposes, (or to be of a contradicting humour.) *Être d'une humeur contrariante.*
To no purpose, (in vain.) *Inutilement, en vain.*
It will or 'twill be to no purpose for you to— *Il ne vous servira de rien de—*
To no purpose, (useless.) *Inutile, qui ne sert de rien.*
All those remedies will be to no purpose. *Tous ces remedes seront inutiles ou ne serviront de rien.*

To

PUR

To what purpose? *A quel dessein? à quoi bon? à quoi sert-il?*
What can be said more to the purpose? *Que peut-on dire de plus fort?*
He has told me some other fooleries to as little purpose. *Il m'a dit quelques autres fadaises d'aussi peu de conséquence.*
This is nothing to the purpose. *Ceci ne signifie rien.*
He thought it would be to a good purpose. *Il a cru y trouver son compte ou son avantage.*
To all intents and purposes. *Voyez* Intent.
That is nothing to my purpose. *Cela ne fait rien à mon affaire.*
It will be to as much purpose. *Ce sera tout un ou la même chose.*
He spoke much to the same purpose. *Il a dit à peu près la même chose.*
He proved it by a passage out of Euripides to this purpose. *Il l'a prouvé par un passage d'Euripide sur ce sujet.*
He has done it to some purpose or to the purpose. *Il l'a fait de la belle manière ou comme il faut.*
He is a man for my purpose, (or turn.) *C'est un homme propre pour moi, c'est l'homme qu'il me faut, c'est-là mon fait.*
To PURPOSE, v. act & neut. (to design or intend.) *Se proposer, faire état, faire dessein, avoir dessein, former le dessein, être résolu.*
He purposes to be gone very speedily. *Il se propose, il fait état de partir bientôt.*
P. Man purposes and God disposes. P. *L'homme propose & Dieu dispose.*
Purposed, *adj. Résolu.*
PURPOSELY, *adv. A dessein, de propos délibéré.*
PURPRESTURE, *subst.* (a law-word, an incroaching upon any one's ground, but especially the King's.) *Empiétement sur le terrain du Roi.*
PURPRISE, *s.* (inclôture.) *Pourpris.*
PURR, *subst.* (a sort of bird.) *Alouette de mer.*
To PURR, *verb. neut.* (as a cat does.) *Filer ou faire le rouet*, en parlant d'un chat.
PURRING, *s. Le bruit d'un chat qui fait le rouet ou qui file.*
PURSE, *s.* (a little bag to put money in.) *Bourse.*
I am a great deal of money out of purse, (or pocket.) *J'ai déboursé ou dépensé beaucoup d'argent.*
Purse-bearer. *Boursier.*
Purse, (money or estate.) *Bourse, argent, bien.*
Purse, (a gratification of 500 crowns given by the Grand Seignior,) *Bourse, gratification de 500 écus que donne le Grand-Seigneur.*
A little leathern purse. *Un bourson.*
A cut-purse. *Un coupeur de bourse, un filou.*
Purse-strings. *Cordon de bourse.*
Purse-net. *Bourse, poche*, sorte de filet.
Privy purse. *V.* Privy.
Purse-proud. *Qui est fier parce qu'il a de l'argent.*
A purse-maker. *Un boursier*, celui qui fait & qui vend des bourses.
To PURSE up, *v. act. Embourser, mettre en bourse.*
PURSER, *s.* Ex. The pay master of a ship. *Munitionnaire de navire.*

PUR

The purser, (of a college.) *Le questeur d'un collège.*
PURSINESS, *subst.* (or short wind, from pursy.) *Pousse, courte-haleine, difficulté de respirer.*
PURSLAIN, *subst.* (an herb.) *Pourpier*, herbe.
Sea-purslain. *Pourpier marin.*
Garden-purslain. *Pourpier cultivé.*
PURSUANCE, *s. Suite, conséquence.*
Ex. In pursuance of what. *Ensuite de quoi, en conséquence de quoi.*
In pursuance of the orders he received from Court. *Suivant les ordres ou conformément aux ordres qu'il reçut de la Cour.*
PURSUANT, *prép.* (or according to.) *Ensuite de, conformément à, en conséquence de, en conformité de.*
To PURSUE, *verb. act.* (to run after one.) *Poursuivre, suivre, aller après quelqu'un.*
Nothing is more difficult than to make a multitude sensible of and pursue their own interest. *Rien n'est plus difficile que de faire voir à une multitude ses véritables intérêts, & de les lui faire suivre.*
To pursue, (or follow.) *Suivre.*
To pursue, (to carry on) an enterprize. *Poursuivre, pousser ou continuer un dessein.*
To pursue one's point. *V.* Point.
It would be endless to pursue this subject. *On n'auroit jamais fait si on vouloit épuiser cette matière.*
To pursue a conjecture. *S'amuser à une conjecture.*
To pursue close, (or tread upon the heels.) *Talonner, être aux trousses.*
Pursued, *adj. Poursuivi, suivi. Voy.* to Pursue.
PURSUER, *s. Celui qui poursuit.*
PURSUING, *subst. L'action de poursuivre, &c. V.* to Pursue.
PURSUIT, *s.* (or running after.) *Poursuite, l'action de poursuivre ou de courir après.*
He was engaged in the pursuit of the enemy. *Il s'étoit engagé à la poursuite des ennemis.*
The enemies were always in the pursuit of us, (or at our heels.) *Les ennemis étoient toujours à nos trousses.*
Pursuit, (trouble or diligence to get any thing.) *Poursuite, soin, diligence pour obtenir quelque chose.*
Pursuit, (or sollicitation.) *Poursuite, sollicitation.*
PURSUIVANT, *subst.* A pursuivant at arms, (attending and commonly succeeding the Heralds.) *Poursuivant d'armes*, celui qui s'attache à un Héraut pour pouvoir avoir sa charge : c'est une espece de sergent.
PURSY, *adj.* (or short-winded.) *Poussif*, qui a la pousse, en parlant d'un cheval.
† A pursy fat man. *Un gros poussif.*
† PURTLANCE, *subst.* (or appendix.) *Appartenance, dépendance.*
Purtenance, (pluck.) *Fressure.*
To PURVEY, *v. act.* (to provide.) *Pourvoir, faire provision.*
He purveyed all necessaries. *Il fit provision de toutes choses nécessaires.*
PURVEYANCE, *s.* (the providing corn, fuel, victuals, &c. for the King's house.) *Provision de blé, de chauffage, de vivres, &c. pour la maison du Roi.*

PUR PUT

PURVEYOR, *s. Un pourvoyeur.*
PURVIEW, *s.* (the body of an act beginning with, be it enacted.) *Le dispositif d'un acte du Parlement.*
PURULENCE, } *subst. Génération de*
PURULENCY, } *pus.*
PURULENT, *adj.* (full of matter.) *Purulent, plein de pus ou mêlé de pus.*
PUS, *subst.* (or putrefied matter.) *Pus, matière putréfiée.*
PUSH, *s.* (or shove.) *Coup qu'on donne en poussant.*
To give one a push, (or thrust.) *Donner un coup à quelqu'un en le poussant, le pousser.*
Pushpin. *Jeu d'épingles*, parmi les enfants.
Push, (efforts to do a thing.) *Effort.*
We had best make a push of it. *Nous ferions bien de tout risquer.*
The business is come to the last push. *La chose en est venue à l'extrémité.*
But when it came to the push. *Mais quand on en vint à la décision.*
At one push. *D'un seul coup.*
I will have another push for it. *Je ferai une autre tentative.*
To make a push, (at play.) *Pousser, au jeu.*
To bring a thing to the last push. *Pousser une affaire à bout.*
Push, (or blister.) *Pustule, élevure.*
To PUSH, *v. act.* (or thrust.) *Pousser.*
To push BACK. *Pousser en arriere, repousser.*
To push back (or beat off) the enemy. *Repousser l'ennemi, le faire reculer ou fuir.*
They pushed him headlong from the rock. *Ils le précipiterent du haut du rocher.*
To push ON. *Pousser, pousser en avant.*
To push (or put) on a horse. *Pousser, lancer, piquer un cheval.*
To push (to carry) on a business briskly. *Pousser vivement une affaire.*
Pushed, *adj. Poussé, &c.*
PUSHER, *s. Qui pousse.*
PUSHING, *subst. L'action de pousser, &c. V.* to Push.
France was brought to the brink of ruin by pushing at universal empire. *La France a été à deux doigts de sa perte, pour avoir affecté la monarchie universelle.*
PUSILLANIMITY, *subst.* (faint-heartedness.) *Pusillanimité, abattement de courage, lâcheté.*
PUSILLANIMOUS, *adj.* (faint-hearted.) *Pusillanime, lâche, qui manque de courage.*
PUSILLANIMOUSNESS. *Voyez* Pusillanimity.
PUSS, *s.* (cat.) *Chat ou chatte.*
† A dirty puss, (or slut.) *Une salope, une maussade.*
† An ugly puss, (or an ugly woman.) *Une laideron.*
PUSTULE, *subst.* (a pimple or bladder on the skin.) *Une pustule.*
PUSTULOUS, *adject. Plein de pustules.*
PUT, *s.* (a game at cards.) *Sorte de jeu de cartes qui se joue en Angleterre.*
Upon a forced put. *En cas de nécessité, par force.*
It is a forced put, (or a case of necessity.) *C'est une nécessité.*
A put, (a fool.) *Un sot, un benêt, une dupe.*

A

PUT

A put-off, (or delay.) *Délai, remise, renvoi.*

PUT, *adj.* (from to Put.) *Mis, &c. Voy.* to Put.

A word well put in. *Un mot bien placé ou placé à propos.*

To be hard put to it. *Être embarrassé, être en peine.*

To be put to a pinch. *Être réduit à une grande extrémité.*

To PUT, *v. act.* (to lay, set or place.) *Mettre, poser, placer.*

To but by, to put aside. *Mettre à côté.*

To put asunder, (or apart.) *Mettre à part.*

To put up, down, under, in, out, before, after, between. *Mettre en haut, en bas, dessous, dedans, dehors, devant, après, entre-deux.*

Put that upon the table. *Mettez, posez cela sur la table.*

To put one in a passion. *Mettre quelqu'un en colère, le fâcher.*

To put one's self into a passion. *Se mettre en colère, se fâcher, s'emporter.*

She put her hand before her face. *Elle mit ou porta la main sur son visage.*

To put one's arms about one's neck. *Embrasser quelqu'un.*

To put cases. *Faire des suppositions, poser le cas, supposer.*

To put a supposition. *Faire une supposition, supposer.*

Put the case, (or suppose.) *Posez le cas, supposez, mettez en fait.*

To put, (or propose.) *Proposer.*

To put a riddle. *Proposer une énigme.*

He put that case to me. *Il m'a proposé ce point, il m'a fait cette question.*

He put fair to be a great man. *Il s'est mis en passe de faire une haute fortune.*

To put one's self (or to go) aboard a ship. *S'embarquer.*

To put AGAIN. *Remettre.*

To put one in courage again. *Redonner du courage à quelqu'un,* † *lui remettre le cœur au ventre.*

To put AWAY. *Ôter.*

Put that away. *Ôtez cela.*

To put away cards, (at play.) *Écarter des cartes.*

To put away a servant, (to turn him out of service.) *Renvoyer un domestique, le congédier, lui donner son congé, le chasser.*

To put away one's wife. *Répudier sa femme, faire divorce avec elle.*

To put away cares. *Bannir les soins ou les soucis, vivre sans souci.*

To put ABOUT. *Faire courir, faire passer de main en main.*

To put the glass about. *Boire à la ronde.*

To put BACK. *Reculer.*

Put back your coach. *Reculez votre carrosse.*

To put BY. *Parer, détourner, esquiver, éviter.*

To put by (or ward) the blow. *Parer, esquiver le coup.*

To put by (or turn off) a jest. *Détourner une raillerie.*

I put by (or refuted) his argument. *J'ai réfuté son argument.*

He put me by, (he refused to admit me.) *Il m'a refusé.*

To put one by, (to slight or neglect him.) *Négliger quelqu'un, le mépriser.*

To put DOWN, (or suppress.) *Supprimer.*

To put FORTH, (or produce.) *Produire, mettre en avant.*

Put it forth. *Produisez-le.*

To put forth, (or propose.) *Proposer, avancer, dire.*

Put forth (or stretch out) your hand. *Avancez ou étendez la main.*

To put forth (or publish) a book. *Publier un livre, le mettre au jour.*

A tree that puts forth (or shoots out) leaves. *Un arbre qui pousse des feuilles.*

To put FORWARD. *Pousser, mettre en train.*

To put one's self forward. *Se pousser, se faire valoir.*

A man that puts himself forward. *Un homme intrigant, hardi à se produire.*

To put forward, (to hasten.) *Hâter, presser.*

To put IN for a place. *Briguer une place, la demander, la postuler, la poursuivre.*

To put in for one. *Se mettre du nombre ou de la partie, être de la partie.*

To put in bail. *Donner caution.*

To put in some hope. *Donner quelque espérance.*

To put in an answer in writing. *Donner sa réponse par écrit.*

To put in a word for one. *Dire un mot ou parler en faveur de quelqu'un.*

I put in a word here, and asked him if. *Là-dessus je pris la parole, & je lui demandai si——*

To put in for an harbour. *Tâcher de gagner un havre, relâcher.*

To put in mind, (or remind.) *Avertir, faire souvenir, remettre dans l'esprit, rafraîchir la mémoire.*

To put in print. *Imprimer.*

To put in fear, (or terrify.) *Faire peur.*

To put INTO a fright, or to put into some fear. *Faire peur, faire appréhender.*

To put (or throw) into a deep melancholy. *Jeter dans une profonde mélancolie.*

To put into some heart, (to encourage.) *Encourager, faire prendre courage, rassurer, remettre le cœur au ventre.*

He put himself into the habit of a shepherd. *Il prit un habit de berger, il s'habilla en berger.*

To put into the main. *Alarguer, courir en haute mer, voguer en pleine mer.*

To put into an harbour. *Entrer dans un havre, relâcher.*

To put (or pull) OFF. *Dépouiller, quitter.*

To put off the old man. *Dépouiller le vieil homme.*

To put (or take) off one's hat. *Lever le chapeau, ôter le chapeau.*

To put off, (or delay.) *Remettre, renvoyer, tarder, traîner, reculer, tirer en longueur, différer.*

He puts me off from day to day. *Il me remet de jour en jour.*

He did not long put off his punishment. *Il ne tarda guère à le châtier.*

To put off a business. *Traîner ou faire traîner une affaire, la tirer en longueur.*

He put it off cunningly. *Il s'excusa fort adroitement, il tourna la chose adroitement.*

He put it off with a jest or droll. *Il tourna la chose en raillerie.*

To put off (or sell) a commodity. *Débiter, vendre, se défaire d'une marchandise.*

To put off a piece of money, (to make it go.) *Passer, mettre ou faire passer une pièce de monnoie.*

To put off one's clothes. *Se déshabiller.*

To put off one's shoes or stockings. *Se déchausser, ôter ses souliers ou ses bas.*

To put off one's boots. *Se débotter.*

You must not think to put me off so. *Ne croyez pas me renvoyer de la sorte, ou que je me veuille contenter de cela.*

To put ON. *Mettre.*

Put on your hat, (or put on.) *Mettez votre chapeau, couvrez-vous,* † *mettez dessus.*

To put on one's shoes or stockings. *Se chausser, mettre ses souliers ou ses bas.*

To put on the new man. *Revêtir le nouvel homme.*

He put on a smiling countenance. *Il prit un air riant.*

He would fain put on some pleasantness, but was not able to conceal his vexation. *Il vouloit paroître content, mais il ne lui fut pas possible de cacher son chagrin.*

To put on, (to drive away.) *Toucher, chasser avec le fouet.*

Ex. Put on (or rather drive on) coachman. *Touche, cocher.*

To put on, (to go, to ride fast.) *Partir, pousser, piquer.*

To put on, (or hasten,) *Hâter, presser.*

To put OUT, (or remove.) *Démettre, déposer.*

Ex. To put one out of his place. *Démettre quelqu'un de sa charge, le déposer.*

Put (or blot) out that word. *Effacez ce mot-là.*

To put out (or extinguish) the fire or candle. *Éteindre le feu ou la chandelle.*

To put out one's eyes. *Arracher ou crever les yeux à quelqu'un.*

You put me out. *Vous me troublez, vous me faites manquer.*

To put out (or publish) a proclamation. *Publier un édit.*

To put out (or publish) a book. *Mettre un livre au jour, le publier.*

To put out money. *Placer de l'argent, le mettre à intérêt.*

To put out to sea. *Démarrer, partir, faire voile, se mettre en mer, mettre à la mer commencer à voguer en route.*

To put (or hang) out the flag. *Arborer le pavillon.*

To put one out of his bias. *Détourner quelqu'un, lui faire perdre ses mesures, le détraquer.*

To put out of order. *Détraquer.*

This meat has put my stomach out of order. *Cette viande m'a détraqué l'estomac.*

To put (or turn) one out of doors. *Faire sortir quelqu'un de la maison, le mettre dehors, le chasser.*

To put one out of heart, (or discourage him.) *Décourager quelqu'un, lui faire perdre courage.*

To put one out of conceit with a thing. *Dégoûter quelqu'un d'une chose, lui en donner du dégoût, lui en ôter, lui en faire perdre l'envie.*

He puts me out of all hope. *Il m'ôte toute espérance.*

To put a thing out of one's head. *Ôter une chose de l'esprit de quelqu'un, la lui faire oublier.*

To put out of joint, (or dislocate.) *Démettre, disloquer.*

† To

PUT

† To put one's nose out of joint. *Supplanter quelqu'un, lui couper l'herbe sous les pieds.*
To put one out to service. *Mettre quelqu'un en service, le placer.*
He puts out his children to trades. *Il fait apprendre des metiers à ses enfans, il les met en apprentissage.*
To put out apprentice. *Mettre en apprentissage.*
To put out a child to a boarding-school. *Mettre un enfant en pension chez un maitre d'école.*
I will put all women out of my mind. *Je veux bannir le sexe de mon esprit.*
To put out a thing to do. *Donner quelque chose à faire à quelqu'un.*
To put TO. *Ajouter, joindre.*
To put one hard or sadly to it. *Embarrasser quelqu'un, le presser, le pincer, lui faire de la peine, l'incommoder.*
Since you put me to it. *Puisque vous m'y incitez, puisque vous m'obligez à cela.*
To put it to one or to put a question to one. *Faire une question à quelqu'un, lui demander quelque chose.*
To put an army to hard service. *Harceler, harasser, fatiguer une armée.*
I shall not put you to that. *Je ne veux pas exiger cela de vous.*
I will not put you to that trouble. *Je ne veux pas vous donner cette peine ou cet embarras.*
To be put to one's last shifts. *Ne savoir où donner de la tête, être fort embarrassé de sa personne.*
Your put me to much pain. *Vous me faites bien souffrir.*
To put (or send) a child to school. *Envoyer un enfant à l'école.*
To put all to the sword or to the edge of the sword. *Faire main basse sur l'ennemi, passer tout au fil de l'épée.*
To put one to his oath. *Faire prêter serment à quelqu'un, lui déférer le serment.*
I put all to him, (I leave it all to his judgment.) *Je m'en rapporte ou remets entièrement à lui.*
To put one to silence, (or a nonplus.) *Imposer silence à quelqu'un, le faire taire, lui fermer la bouche, le mettre à quia.*
To put to sea or to put out to sea. *V. to put OUT.*
To put one to shame. *Faire honte à quelqu'un.*
To put one to the blush. *Faire rougir quelqu'un, lui faire monter la rougeur au visage.*
To put one to his shifts or to his trumps. *Abandonner quelqu'un, l'at abandonner à lui-même. V. Shifts and Trumps.*
To put one to his last shifts, (to perplex him.) *Embarrasser quelqu'un, lui faire bien de la peine.*
To put a thing to the test. *Examiner une chose, en faire l'examen.*
To put to the venture. *Risquer, hasarder.*
He put it to the fortune of the war. *Il l'abandonna à la fortune de la guerre.*
To put one to charges. *Faire coûter ou dépenser de l'argent à quelqu'un, le mettre en frais, lui faire faire de la dépense.*
To put a thing to the vote. *Demander les suffrages, aller aux opinions.*
To put a stop to a thing. *S'opposer à quelque chose, en empêcher les progrès ou le cours.*
To put UP. *Tendre.*
To put up a suit of hangings. *Tendre une tapisserie.*
To put (or offer) up a prayer to God. *Faire ou adresser une prière à Dieu.*
To put up a petition to the King. *Présenter un placet au Roi.*
To put up a motion. *Proposer une chose, en faire la proposition, la mettre sur le tapis, faire une motion.*
To put up a text against another. *Opposer un passage à un autre, se servir d'un passage pour en combattre un autre.*
To put up a thing, (to lay it up.) *Serrer quelque chose.*
To put up (or pocket) an affront or injury. *Boire un affront, l'essuyer, le souffrir patiemment, l'oublier.*
To put up one's sword. *Remettre son épée dans le fourreau, la rengainer.*
To put up (or put in) for a place. *Briguer, postuler, demander, poursuivre un emploi.*
To put up a claim to a thing. *Former une prétention sur quelque chose, la demander.*
To put up (or start) a hare. *Faire partir ou lever un lièvre.*
To put a trick UPON one. *Jouer, quelqu'un un tour ou une pièce à quelqu'un, en user mal envers lui.*
To put a joke upon one. *Railler quelqu'un.*
To put a bad commodity upon one. *Vendre de méchante marchandise à quelqu'un.*
To put a good construction upon a doubtful action. *Donner un sens favorable à une action suspecte, en juger charitablement.*
To put upon one, (to cheat him, to impose upon him.) *En imposer à quelqu'un, lui en donner à garder, le tromper, lui en faire accroire.*
To put one upon a thing. *Engager quelqu'un dans une affaire, lui faire faire une chose, l'y porter, l'y pousser.*
He put me upon it. *C'est lui qui me l'a fait faire ou qui m'a poussé à cela.*
This puts me upon some deliberation. *Ceci demande du temps pour y songer.*
Will you put it upon that issue. *Voulez-vous vous en tenir là ou en demeurer là ?*
To put a horse to the gallop. *Mettre un cheval au galop, galoper un cheval.*
PUTAGE, *subst. (a law-term for fornication on the woman's side.) Fornication du côté de la femme.*
PUTANISM, *subst. Putanisme.*
PUTATIVE, *adject. (supposed.) Putatif, prétendu, supposé.*
PUTID, *adj. (stinking.) Puant, qui sent mauvais.*
Putid, (mean, low, base, worthless.) *Vil, bas, mesquin, méprisable.*
PUTLOG, *subst. (a piece of wood to put in a scaffolding hole.) Boulin.*
PUTREDINOUS, *adj. Puant, putride.*
PUTREFACTION, *s. (rottenness.) Putréfaction, corruption, pourriture.*
PUTREFACTIVE, *adject. Qui engendre la corruption.*
To PUTREFY, *verb. act. (to corrupt or rot.) Putréfier, corrompre, faire pourrir.*
To putrefy, *verb. neut. (to rot.) Se putréfier, pourrir, se corrompre.*
Putrefied, *adj. Putréfié ou † putréfait, corrompu, pourri.*

PUT PYX

PUTREFYING, *sub. Putréfaction, l'action de putréfier, &c. V. to Putrefy.*
PUTRESCENCE, *subst. L'état d'une chose qui se corrompt, corruption.*
PUTRESCENT, *adj. Qui pourrit, qui se corrompt.*
PUTRID, *adj. (rotten.) Putride, corrompu, mêlé de pourriture.*
A putrid fever. *Une fièvre putride.*
PUTRIDNESS, *sub. Corruption.*
PUTTER on, *subst. Instigateur.*
PUTTING, *s. (from to put.) L'action de mettre, &c. V. to Put.*
PUTTINGSTONE, *subst. Grande pierre dont les Ecossois se servent pour essayer leur force.*
PUTTOCK, *s. (or buzzard.) V. Buzzard.*
PUTTY, *subst. (a powder of calcined tin, used by artificers.) Potée, plomb ou étain calciné.*
PUZZLE, *subst. (or difficulty.) Embarras, difficulté.*
To put to a puzzle. *Jeter dans un embarras, embarrasser.*
† A dirty puzzle, (or a dirty slut.) *Une salope.*
To PUZZLE, *verb. act. Embarrasser, mettre en peine, donner à penser.*
Puzzled, *adj. Embarrassé.*
PUZZLER, *subst. Celui qui embarrasse.*
PUZZLING, *subst. Embarras.*
There was a notable puzzling among the Doctors. *Les médecins étoient dans un grand embarras ou étoient fort embarrassés.*
Puzzling, *adj. Embarrassant ou qui embarrasse l'esprit.*
A puzzling fool. *Un évanté, un écervelé ; un évaporé.*
† PYCAR }
PYKER } *subst. (a kind of ship so called of old.) Sorte de navire du temps jadis.*
PYGMEAN, *adj. De pygmée.*
PYGMY, *subst. (or dwarf.) Un pygmée ; un nain.*
PYLORUS, *subst. (the lower orifice of the stomach.) Le pylore.*
PY-POUDER. *V. Pie-powder.*
PYRAMID, *subst. Une pyramide.*
PYRAMIDAL, }
PYRAMIDICAL, } *adj. Pyramidal, en figure pyramidale ou de pyramide.*
PYRAMIDICALLY, *adv. Pyramidalement.*
PYRAMIS. *V. Pyramid.*
PYRE, *s. (a pile to be burnt.) Bûcher.*
PYRITES, *s. (fire-stone.) Pyrite.*
PYROMANCY, *s. (or divination by fire.) Pyromancie ou divination par le feu.*
PYROTECHNICAL, *adj. Pyrotechnique.*
PYROTECHNY, *s. (the art of making fire-works.) Pyrotechnie.*
PYROTICKS, *s. (burning medicines.) Pyrotiques.*
PYRRHONIAN, *adj. & subst. (a philosopher that doubts of every thing.) Pyrrhonien, philosophe qui doute de tout.*
PYRRHONISM, *s. (scepticism or the opinion of pyrrhonians.) Pyrrhonisme, scepticisme, affectation de douter de tout.*
The famous Bayle is charged with pyrrhonism. *On accuse le fameux Bayle de pyrrhonisme.*
Pyrrhonism, *s. Pyrrhonisme ou la secte de Pyrrhon.*
PYTHONESS, *subst. (a sorceress.) Pythonisse, sorcière.*
PYX, *subst. (the vessel wherein the sacred host is kept.) Ciboire ou soleil pour tenir l'hostie.*

Tome II.

Q.

Q   QUA

Q, *subst.* C'est la dix-septieme lettre de l'alphabet anglois, & la treizieme des consonnes.

Q a le son d'un k, excepté lorsqu'il est suivi d'un u qui précède une autre voyelle, comme dans ces mots quarrel, question, antiquity; où les deux voyelles font une diphtongue : dans les mots pique, antique, les deux dernières voyelles font muettes, & le son de la consonne k finit la même syllabe.

Cette lettre est toujours suivie d'un u, en anglois comme en françois ; mais la différence entre la langue angloise & la langue françoise consiste en ce que dans cette derniere l'u est muet, & le q s'unit à la voyelle suivante, ayant le son d'un k ; en anglois l'u forme une diphtongue avec la voyelle suivante, comme dans le mot françois quoi, le seul où le son d'une diphtongue soit admis. Cette lettre n'est jamais muette.

QUACK,
QUACK-SALVER, } *subst.* (or mountebank.) Un charlatan, un empyrique, un vendeur de thériaque ou d'orviétan.

To QUACK, *verb. neut.* Faire le métier de charlatan.

To quack, (as a duck.) *Barboter*, crier comme font les canards.

QUACKERY,
QUACKING, } *subst.* (quack's tricks.) Charlatanerie, métier ou tour de charlatan, &c. V. Quack.

QUACKSALVER. V. Quack.

QUADRAGENARIOUS, *adject.* (of forty years.) Qui a quarante ans, âgé de quarante ans.

QUADRAGESIMA, *subst. Ex.* Quadragesima-sunday, (the first sunday in lent.) Dimanche de la quadragésime, le premier dimanche de carême.

QUADRAGESIMAL, *adject.* (belonging to lent.) Quadragésimal, qui appartient au carême.

QUADRANGLE, *subst.* (a figure of four angles.) *Un quarré.*

QUADRANGULAR, *adj. Quadrangulaire*, qui a quatre angles.

QUADRANT, *subst.* (or fourth part.) Le quart ou la quatrieme partie.

Quadrant, (a mathematical instrument being a quarter of a circle.) *Un quart de cercle*, quartier pour prendre hauteur.

QUADRATE, *subst.* (a piece of lead used by Printers.) *Quadrat*, en Imprimerie.

Quadrate, (a geometrical instrument.) *Un quart de cercle.*

Quadrate, *adj.* (or four square.) *Carré ou quarré.*

To QUADRATE, *verb. neut.* (to agree or

QUA

answer.) *Quadrer*, avoir de la convenance, du rapport ; s'accorder.

The answer does not quadrate with the question. *La réponse ne quadre pas avec la demande.*

QUADRATURE, *subst.* (or squaring.) Quadrature, réduction d'une figure à un carré.

QUADRIENNIAL, *adj.* Quadriennal, qui se fait de quatre en quatre ans.

QUADRILATERAL, *adject.* (having four sides.) Quadrilatere.

QUADRILLE, *subst.* (game.) Quadrille.

QUADRIPARTITE, *adj.* (divided into four parts.) *Divisé en quatre parties.*

QUADRISYLLABLE, *s.* (a word of four syllables.) *Mot qui a quatre syllabes.*

QUADRUPED, *adj.* (having four feet.) Qui a quatre pieds.

QUADRUPED, *s.* (a four-footed beast.) *Quadrupede*, bête à quatre pieds.

QUADRUPLE, *s.* (or four-fold.) Quadruple, quatre fois autant.

To QUADRUPLICATE, *verb. act.* Quadrupler, augmenter de trois fois autant un premier nombre.

QUADRUPLICATION, *subst.* Action de quadrupler.

QUADRUPLY, *adverb.* (four times.) *Au quadruple.*

The innocent person is quadruply recompensed. *L'innocent est indemnisé au quadruple.*

QUÆRE, (enquire, seek.) *Cherchez, allez querir. Comme substantif ; V.* Query.

QUÆSTOR, *subst.* (a magistrate or treasurer, among the Romans.) Questeur, juge criminel ou trésorier parmi les anciens Romains.

QUÆSTORSHIP, *subst.* (the place of a Roman quæstor.) *Questure.*

QUÆSTUARY, *adject.* (or gainful.) Lucratif.

QUAFF, (a Scotch word signifying a sort of drinking cup.) *Coupe, tasse, gobelet.*

To QUAFF, *verb. neut.* (or to drink hard.) Boire beaucoup, boire à grands traits, † yvrogner, † gobeloter.

QUAFFER, *s. Yvrogne*, grand buveur.

QUAFFING, *s. Yvrognerie*, débauche.

A quaffing-cup or quaffing-bowl. *Une tasse, une coupe, un gobelet.*

QUAGGY, *adj. Marécageux.*

QUAGMIRE, *s. Fondriere.*

QUAIL, *subst.* (a bird.) *Caille.*

A young quail. *Un cailleteau.*

A water-quail. *Une gelinote d'eau.*

A quail-pipe. *Un appeau.*

To QUAIL, *v. n.* (or languish.) Languir.

QUAINT, *adject.* (polite, fine, pretty.) *Poli, beau, juste, fin, delicat, joli.*

QUA

A quaint discourse. *Un discours poli, juste, bien tourné, élégant.*

A quaint way of joking. *Une raillerie fine, délicate, agréable, la belle raillerie.*

QUAINTLY, *adv. Poliment*, avec politesse, délicatement, agréablement, avec grace.

QUAINTNESS, *sub. Politesse, délicatesse, élégance, air galant, bonne grace, justesse.*

To QUAKE, *verb. neut.* (to tremble.) *Trembler, trembloter.*

QUAKER, *subst.* Trembleur.

Quakers, (a modern sort of enthusiasts.) *Quakers ou Trembleurs*, sorte de fanatiques d'Angleterre.

QUAKERISM, *sub.* (the religion of quakers.) *La religion des Quakers.*

QUAKING, *s.* Tremblement ou l'action de trembler, &c.

Quaking, *adject.* Tremblant.

QUALIFICATION, *s.* (or condition of a thing.) *Qualité, condition, état d'une chose.*

Qualification, (quality, endowment.) *Qualité, talent, don, avantage.*

QUALIFIED, V. to Qualify.

To QUALIFY, *v. act.* (or to make fit.) Rendre propre, conditionner.

To qualify, (to temper.) *Tempérer, modérer, modifier.*

To qualify (appease or soften) anger. *Appaiser, adoucir la colere.*

To qualify, (to denominate the quality.) *Qualifier.*

It is the intention that qualifies the action. *C'est l'intention qui qualifie l'action.*

To qualifie (or entitle) one's self, *v. réc. Se qualifier*, prendre le titre de.

To qualify one's self, *verb. récip.* (to take the oath) for an employment. *Prêter les sermens requis pour exercer une charge.*

In *England* a man must not only take the usual oaths, but also receive the Sacrament, according to the rites of the Church of *England*, to qualify himself for a place in the government. *En Angleterre, il faut non-seulement prêter les sermens accoutumés, mais aussi recevoir la Communion, selon les rites de l'Eglise Anglicane, pour être en état de posséder une charge publique.*

A wife Prince chuses none for employments but persons qualified to exercise them. *Un Prince sage ne choisit pour les emplois, que des personnes capables d'en faire les fonctions.*

Qualified, *adj. Propre, qui a les conditions qu'il faut, ou les qualités requises,* &c. V. to Qualify.

In

QUA

In a qualified sense. *Dans un sens modifié, avec quelque modification ou adoucissement.*
A man well qualified. *Un homme qui a de belles qualités.*
To be qualified for two livings. *Être en termes d'avoir deux bénéfices.*
QUALIFYING, *subst. L'action de rendre propre*, &c. V. to Qualify.
QUALITY, *sub.* (nature or condition of a thing.) *Qualité, condition, nature, état naturel d'une chose.*
The qualities of meats. *La qualité des viandes.*
Quality, (inclination or habit.) *Qualité, inclination, habitude, naturel.*
Good or ill qualities. *Bonnes ou mauvaises qualités ou inclinations.*
A horse that has a great many ill qualities. *Un cheval qui a de grands vices, qui est fort vicieux.*
Quality, (or noble birth.) *Qualité, la condition d'une personne noble.*
Quality, (or title.) *Qualité, titre.*
To take upon one the quality of an Earl. *Prendre la qualité de Comte, se qualifier Comte.*
QUALM, *subst. Mal de cœur.*
A sudden qualm. *Saississement de cœur.*
A qualm of conscience. *Un scrupule ou un délicat de conscience.*
QUALMISH, *adj. Qui a mal au cœur.*
† QUANDARY, *sub.* (a study or doubt what to do.) *Suspens, doute, incertitude, irrésolution.*
To be in a quandary. *Être en suspens, être irrésolu ou en balance, ne savoir à quoi se déterminer.*
QUANTITIVE, *adj. Que l'on estime selon la quantité.*
QUANTITY, *subst.* (bigness, extent.) *Quantité, étendue.*
Quantity, (number, abundance.) *Quantité, nombre, grand nombre, multitude, abondance.*
A small (or little) quantity. *Une petite quantité ou tant soit peu.*
The quantity or measure of the syllables. *La quantité ou la mesure des syllabes.*
QUANTUM, *s.* V. Quantity.
QUARANTAIN,
QUARANTINE, } *s.* (the space of forty days, during which persons coming or suspected to come from an infected place must wait for admittance.) *Quarantaine.*
To perform the quarantine. *Faire la quarantaine.*
QUARREL, *sub.* (strife, dispute, difference.) *Querelle, démêlé, dispute, différend, procès.*
To make a quarrel betwixt two persons. *Mettre deux personnes en querelle, les mettre mal ensemble, les désunir.*
He picks a quarrel with me for not answering his letters. *Il me fait un procès de ce que je n'ai pas répondu à ses lettres.*
Some time the quarrel between two Princes is so decided which of them shall dispose of a third of his dominions, where neither of them pretend to any right. *Quelquefois deux Princes se disputent à qui dépouillera un troisième de ses États, où ils ne prétendent ni l'un ni l'autre d'avoir aucun droit.*
To have a quarrel about a thing, (to find fault with it.) *Trouver à redire à quelque chose, se fâcher contre quelque chose, s'en plaindre.*
A quarrel of a cross-bow. *Une flèche carrée d'une arbalète.*

QUA

An unfeathered quarrel. *Une flèche carrée sans pennes ou désempennée.*
A quarrel (or rather quarry) of glass. *Carreau, losange de vitre.*
To QUARREL, *verb. neut.* (to dispute or fall out.) *Se quereller, disputer, être en dispute, se picoter.*
To quarrel with one, (to pick a quarrel with him.) *Quereller quelqu'un, lui faire querelle ou une querelle, lui faire un procès.*
To quarrel (or find fault) with. *Se plaindre de, trouver à redire à, se fâcher contre.*
I do not quarrel with you about it, (I don't charge you with it.) *Je ne m'en prends pas à vous.*
Quarrelled with, *adj. Qu'on a querellé*, &c. V. to Quarrel.
QUARRELLER, *sub. Un querelleur, une querelleuse.*
QUARRELLING, *subst. Querelle, l'action de quereller ou de se quereller*, &c. V. to Quarrel.
† QUARRELLOUS. V. Quarrelsome.
QUARRELSOME, *adjet. Querelleur, qui aime à quereller.*
A quarrelsome man. *Un querelleur.*
A quarrelsome woman. *Une querelleuse.*
QUARRELSOMENESS, *sub. humeur querelleuse.*
QUARRY, *subst.* (a place from whence stones are dug.) *Carrière.*
A quarry-man. *Un carrier.*
Quarry, (the dead fowl taken by birds of prey.) *La proie des oiseaux de chasse.*
To be eager upon the quarry. *Être ardent à la proie.*
Quarry, (the hounds or hawks reward after the taking of deer, fowl, &c.) *Curée.*
To QUARRY, *verb. neut.* (to feed) upon. *Faire curée de, manger, dévorer.*
QUART, *subst.* (a known sort of measure.) *Quarte, mesure d'Angleterre qui revient à peu près à la pinte de Paris.*
A quart-pot or quart-bottle. *Pot ou bouteille qui tient quarte.*
Quart, (a sequence of 4 cards at picquet.) *Une quatrième, au jeu de picquet.*
QUARTAN, *sub. & adj.* (that comes every fourth day.) *Quarte.*
A quartan ague. *Une fièvre quarte.*
QUARTATION, *s. Quartation, opération de metallurgie.*
QUARTER, *s.* (or fourth part.) *Quart, quartier, quatrième partie, quarteron.*
A quarter of a pound, &c. *Un quart de livre*, &c.
A quarter of mutton or lamb. *Un quartier de mouton ou d'agneau.*
A quarter of a year. *Quartier d'année, trois mois.*
A quarter of a hundred of pears, apples, &c. *Un quarteron de poires, de pommes*, &c. 25 ou la quatrième partie de cent.
A quarter of a pound of cheese or butter. *Un quarteron de fromage ou de beurre, un quart de livre.*
A quarter of wheat, (that is, eight bushels or strikes.) *Mesure d'Angleterre qui contient huit boisseaux de froment coupé.*
Quarter, (or piece of timber foursquare, and four inches thick.) *Un cube de bois de quatre pouces de hauteur.*
Quarter, (the compounding for or sparing one's life in a fight.) *Quartier, vie, miséricorde.*

QUA

To cry quarter, to call for quarter. *Demander quartier, demander la vie.*
To give quarter. *Donner quartier.*
† To keep a heavy quarter, (or noise.) *Faire un grand bruit, un grand vacarme, un grand tintamarre.*
The four quarters of the world. *Les quatre coins du monde.*
The four quarters of a geographical map. *Les quatre régions d'une carte géographique.*
Quarters, (in the plural number, the place where one lives.) *Quartier, lieu où l'on demeure.*
Quarters, (part of a camp.) *Quartier, partie d'un camp.*
The King's or the General's quarters. *Le quartier du Roi ou du Général.*
Summer quarters. *Quartier d'été ou de rafraîchissement.*
Winter-quarters. *Quartier d'hiver.*
To beat up the quarters of a body of soldiers. *Enlever un quartier.*
† I shall come one of these days and beat up your quarters. *Je viendrai vous surprendre un de ces quatre matins.*
Quarters (or lodging) for soldiers. *Quartier ou logement de gens de guerre.*
To have free quarters. *Être logé à discrétion.*
They sent messengers into all quarters. *Ils envoyèrent par-tout des messagers.*
The enemy broke out upon us from all quarters. *Les ennemis se jetèrent ou fondirent sur nous de tous côtés.*
Quarterday. *Le jour de quartier.*
Quarter-sessions, (a court held by the justices of peace in every county once every quarter of a year.) *Cour de justice qui se tient quatre fois l'année dans chaque province par les Juges de paix de la province.*
A quarter-waiter. *Un Officier qui sert par quartier, chez un Prince.*
A quarter-master. *Un maréchal de logis, un quartier-maître.*
Quarter, *subst.* (at sea.) *Arrière du vaisseau, depuis les grands porte-haubans jusqu'à la poupe; ce qu'on nomme quelquefois en François, les hanches.*
On the quarter. *Cette expression usitée en parlant du gisement des objets que l'on découvre en mer, signifie ce qui est plus en arrière que le travers du vaisseau.*
To play on the quarter of a ship. *Canonner un vaisseau dans la hanche.*
Quarter-badge. V. Badge.
Quarter-gallery. *Le haut des bouteilles.*
Quarter-pieces. *Les montans des côtés de la galerie.*
Quarter-cloths. *Bastingage du gaillard d'arrière & de la dunette, garni de pavois ou de toile peinte.*
Quarter ladders. V. Ladder.
Quarter netting. *Filets de bastingage du gaillard d'arrière & de la dunette.*
Quarter rails. *Filarets de bastingage ou lisses du bastingage du gaillard d'arrière & de la dunette.*
Quarter deck. *Gaillard d'arrière.*
Quarter, se joint aux noms qui désignent les Maîtres ou Officiers mariniers de différentes espèces, pour exprimer les aides ou subalternes de chaque maître: *Ex.*
Quarter-gunner. *Aide canonnier*; on en met un pour chaque quatre canons.
Quarter-master. *Quartier-maître*, Officier marinier de marine.
Quarters, *subst. plur. Postes désignés à chacun pour le combat.*

Quarter

QUA

Quarter bill. *Rôle de combat.*
Quarters of the yard. *Brasselages des vergues ; partie des vergues comprise entre le grand diametre & les bouts de vergue.*
A quarter-staff. *Un bâton à deux bouts.*
Quarter piece of a shoe. *Quartier de soulier.*
A quarter-wind. *Vent de quartier ou vent largue.*
Quarters ! *interj.* Exclamation des vaincus qui demandent quartier.
To QUARTER, *v. act.* (to break or cut into quarters.) *Ecarteler ou mettre en quartiers.*
To quarter, (in heraldry, to divide into four.) *Ecarteler, en termes de blason.*
To quarter soldiers, (to put them into quarters.) *Mettre les troupes en quartier d'hiver ou d'été.*
To quarter (or lodge) soldiers. *Loger des soldats, leur donner le logement.*
To quarter soldiers upon one. *Donner des logemens de gens de guerre à quelqu'un.*
To quarter, *verb. neut.* (to be quartered or to lodge.) *Etre en quartier ou loger en quelque endroit.*
Quartered, *adj.* Ecartelé, &c. *V.* to Quarter.
QUARTERAGE, *subst.* (quarter's salary or allowance.) *Quartier.*
QUARTERING, *subst.* L'action d'écarteler, &c. *V.* to Quarter.
Quartering, *adj.* A quartering wind or a wind on the quarter. *Vent grand largue,* celui qui est moyen entre le vent arriere & le vent par le travers, ou perpendiculaire à la quille.
QUARTERLY, *adv.* Par quartier.
Quarterly, *adj. Ex.* The quarterly seasons of devotion, (the ember-weeks.) *Les quatre temps.*
QUARTERN, *subst.* (the fourth part of a pint.) *Un quart de pinte,* d'Angleterre.
QUARTILE, *adj. Ex.* Quartile aspect, (in astrology, the distance of three signs.) *Quadrat,* aspect des astres quand ils sont éloignés de 90 degrés.
QUARTO, a word borrowed from the latin. *Ex.* A book in-quarto or a quarto book, (every sheet whereof makes four leaves.) *Un in-quarto ou un livre in-quarto.*
QUASH. *V.* Pompion.
To QUASH, *verb. act.* (to overthrow or bring to nothing.) *Gâter, rompre, renverser, ruiner.*
Quashed, *adj.* Gâté, rompu, renversé, ruiné.
QUASHING, *subst.* L'action de gâter, de rompre ou de renverser, de ruiner.
QUATERCOUSINS, *subst. plur.* Bons amis.
They are not quatercousins. *Ils ne sont pas trop bons amis, il y a quelque inimitié cachée entre eux.*
QUATERNARY, *adject.* (belonging to a quaternion.) *De quatre, quaternaire.*
QUATERNION,
QUATERNITY, } *sub.* (the number of four.) *Nombre de quatre, quaterne.*
QUATRAIN, *s.* (a stanza of four verses.) *Quatrain.*
† To QUAVE, *v. neut. Ex.* To quave with fat. *Etre chargé de graisse.*
QUAVER, *subst.* (or half a crotchet in musick.) *Démi-croche,* en musique.
To QUAVER, *verb. neut.* (or run a division.) *Faire des fredons, fredonner faire des roulemens.*
To quaver, (as a wren.) *Chanter comme fait le roitelet. V.* to Tremble.
QUAVERER, *s. Chanteur, qui fredonne ou qui fait des roulemens.*
QUAVERING, *subst.* Fredons, roulade ou roulement.
QUAY, *subst.* Quai. *V.* Key.
QUEAN, *subst.* (or jade.) *Une guenipe, une méchante coquine, une truande, une friponne.*
QUEASINESS, *s.* (aptness to vomit.) *Débilité, foiblesse d'estomac, disposition à vomir.*
Queasiness or squeasiness. *Dégoût, délicatesse.*
QUEASY, *adject.* Débile, foible, prêt à vomir, en parlant de l'estomac.
Queasy, (fastidious.) *Dégoûtant.*
To QUECK, *v. n.* Se rétrécir, donner des marques de souffrance.
QUEEN, *subst.* Reine.
Queen gold, (a duty belonging to every Queen consort.) *Sorte de revenu affecté à la Reine pendant qu'elle est mariée au Roi.*
The queen, (at cards or chess.) *La dame,* au jeu des cartes ou des échecs.
† QUEER, *adject.* Bizarre, singulier, étrange.
† A queer fellow. *Un homme étrange, ridicule, bourru.*
QUEERLY, *adv.* Bizarrement, singulièrement.
QUEERNESS, *subst.* Singularité, originalité.
QUEEST, *subst.* (or ring-dove.) *Pigeon-ramier.*
To QUELL, *verb. act.* (to repress, to restrain, to keep under, to stop.) *Dompter, réprimer, arrêter, retenir, étouffer.*
Quelled, *adject.* Dompté, &c. *Voyez* to Quell.
QUELLER, *subst.* Dompteur, celui qui dompte, qui réprime, &c.
QUELLING, *subst.* L'action de dompter, &c. *V.* to Quell.
To QUENCH, *verb. act.* (to put out, to extinguish in a proper and figurative sense.) *Eteindre,* dans le sens propre & figuré.
To quench one's thirst. *Eteindre ou étancher sa soif, se désaltérer.*
Quenched, *adj.* Eteint.
QUENCHABLE, *adject.* Qui peut s'éteindre.
QUENCHER, *subst.* Celui ou celle qui éteint.
QUENCHING, *subst.* L'action d'éteindre.
QUENTIN, *subst.* (a sort of linen cloth.) *Quentin,* sorte de toile.
QUERIMONIOUS, *adj.* Plaintif.
QUERIMONIOUSLY, *adverb.* Plaintivement.
QUERIST, *subst.* (enquirer.) *Questionneur.*
* QUERISTER, *s.* (for chorister.) *Choriste,* chantre d'Eglise.
QUERK,
QUIRK, } *subst.* (cavil.) *Finesse, subtilité, chicane, pointillerie.*
The querks and tricks of the law. *Les tours & détours de la loi, la chicane.*
QUERN, *subst.* (or hand-mill.) *Moulin à bras, moulinet.*
QUERPO. *V.* Cuerpo.
QUERRY, *subst.* (a Prince's stables.) *Ecurie d'un Prince.*
A querry or a gentleman of the querry to a Prince. *Sous-écuyer d'un Prince.*
QUERULOUS, *adj.* (or doleful.) *Plaintif, dolent.*
QULRY, *subst.* (or question.) *Question, proposition faite en forme de question.*
To QUERY, *v. act.* Questionner.
QUEST, *s.* (inquest, inquiry.) *Enquête, recherche, perquisition.*
Quest-men, (or side-men who are chosen and meet about Christmas, to enquire into misdemeanors in the ward.) *Gens de paroisse qu'on choisit vers la Noël pour assister les Marguilliers dans la recherche des abus, principalement dans les poids & mesures.*
Quest, (or search.) *Quête, action de chercher.*
To go in quest of new adventures. *Se mettre en quête de nouvelles aventures, les chercher.*
I was in quest of you. *Je vous cherchois.*
To QUEST, *verb. neut.* (to seek out as a dog.) *Quêter.*
QUESTION, *s.* (or demand.) *Question, demande.*
To ask one a question. *Faire une question à quelqu'un, lui demander quelque chose.*
The question was put to me. *On me demanda.*
To beg the question. *Supposer ce qui est en question.*
To give up the question. *Accorder tout ce qu'on demande.*
That is now the matter in question. *C'est ce qui est maintenant en question, c'est de quoi il est question ou de quoi il s'agit maintenant.*
When it was a question to march. *Quand il fut question de marcher, quand il s'agit de partir, quand il fallut partir.*
Question, (or doubt.) *Doute.*
I make no question of it. *Je n'en fais aucun doute, je n'en doute aucunement.*
There is no question to be made of it. *Il n'en faut pas douter.*
To call into question. *Révoquer en doute:* We shall not make a question here of the merit of such an action, (we shall not examine it.) *Nous n'examinerons pas ici les mérites de cette action.*
Question, (or account.) *Compte qu'on fait rendre à quelqu'un.*
To call one in or into question. *Faire rendre compte à quelqu'un, le rechercher.*
Questions and commands. *Petit jeu de conversation, où celui qui préside fait à chacun de la compagnie deux questions & un commandement ... ou une question & deux commandemens burlesques pour divertir la compagnie.*
To QUESTION one, *verb. act.* (to ask one questions.) *Questionner quelqu'un, lui faire des questions, l'interroger, l'examiner.*
To question one, (to call him into question.) *Rechercher quelqu'un, lui faire rendre compte.*
To question, (or doubt.) *Douter, révoquer en doute.*
I question his honesty, (or probity.) *Je doute de sa fidélité.*
QUESTIONABLE, *adject.* Dont on doit rendre compte.
Questionable, (or doubtful.) *Douteux, incertain, qu'on peut révoquer en doute.*
QUESTIONED, *adject.* Questionné, &c. *V.* to Question.

Questioned,

Questioned, (or doubted.) Dont on doute.
QUESTIONER, subst. Celui ou celle qui questionne, qui fait des demandes, qui examine.
QUESTIONING, subst. L'action de questionner, &c. V. to Question.
QUESTIONLESS, adv. (doubtless.) Sans doute, assurément.
QUESTOR. V. Quæstor.
QUESTUARY, adj. Mercenaire.
QUIBBLE, subst. (or pun.) Pointe, rencontre, jeu de mots.
To QUIBBLE, v. neut. Parler par pointe, rechercher les jeux de mots.
They do nothing but quibble whenever they come together. Dès qu'ils sont ensemble, c'est à qui aura les meilleures rencontres.
He endeavoured to quibble away (to elude) the sanctity of an oath. Il tâcha d'éluder par une méchante pointe la sainteté du serment.
QUICK, adject. (or alive.) Vivant, vif, qui est en vie, qui a vie.
Quick , (sprightly , lively or subtle.) Vif, fin, raffiné, subtil, pénétrant.
To have a quick wit. Avoir l'esprit vif, fin, pénétrant ou subtil.
A quick apprehension. Une imagination vive, un esprit vif.
A quick ear. Oreille fine ou subtile.
To be quick of apprehension. Avoir l'esprit vif.
A quick fire. Un feu ardent ou bien allumé.
A quick fire of coals. Un bon brasier.
Quick , (diligent or ready.) Habile, prompt, diligent.
To be quick in one's repartees. Avoir la répartie prompte ou prête.
To make a quick return, (to sell well, as a commodity.) Être d'un prompt débit.
Quick , (nimble, swift of motion.) Vite, prompt, qui va vite.
A quick motion. Un mouvement prompte.
He is as quick as the wind. Il est vite comme le vent.
A quick (or moving) sand. Un sable mouvant, qui n'est pas ferme.
She is quick , or she is quick with child. L'enfant remue ou l'enfant se fait déjà sentir.
This wine has a fine quick taste. Ce vin a une fort bonne pointe.
Quick of scent. Qui a bon nez, qui a le nez fin.
To have a quick eye , (to have sparkling eyes or a piercing sight.) Avoir les yeux vifs, brillans ou pleins de feu, avoir la vue perçante.
P. Quick at meat, quick at work. P. Celui qui mange vite, travaille vite.
I will be quick about it. Je ferai cela d'abord, je l'aurai bientôt fait.
They were not very quick at it. Ils ne se sont pas fort pressés.
To have a quick draught, (as one that keeps an ale-house or tavern.) Avoir un prompt débit, en parlant d'un cabaret.
Be quick, (make haste.) Vite, qu'on se dépêche.
P. Good wares make quick markets. P. Marchandise qui plaît est à demi vendue.
To give quick strokes. Frapper dru & menu.
QUICK, subst. (or live flesh.) Vif, chair give.

To cut to the quick. Couper jusqu'au vif ou jusqu'à la chair vive.
To cut or to touch one to the quick. Piquer quelqu'un jusqu'au vif.
To draw to the quick, (or to the life.) Peindre au naturel, peindre vivement.
Quick-grass or quitch-grass. Dent-de-chien, herbe.
Quick-beam or quicken-tree. Sorbier ou cormier, frêne.
Quick-sand. Banc de sable, écueil.
Quick-sets. Des racines vives.
Quick-sighted , (in a proper sense.) Qui a la vue bonne, claire, nette, aigue, perçante ou subtile.
Quick-sighted, (in a figurative sense.) Clair-voyant , éclairé , subtil , pénétrant.
Quick-sightedness. Vue claire, clair-voyance, pénétration d'esprit, subtilité, sagacité.
Quick-witted. Qui a l'esprit vif, pénétrant, subtil.
A quick-pated lad. Un jeune garçon qui a l'esprit vif.
A quick set hedge. Une haie vive.
Quick-silver, (or mercury.) Vif-argent, mercure.
Quick work, (in a ship.) Œuvres vives du vaisseau.
QUICK, adv. Vite, tôt, promptement.
Quick, quick away. Vite, tôt, qu'on décampe.
To QUICKEN, v. act. (to vivify.) Animer, vivifier, donner la vie.
To quicken, (to encourage or excite.) Animer, encourager.
To quicken, (to put forward.) Animer, hâter, presser, aiguillonner.
This is one of those sins that quicken the pace of God's judgments. C'est un de ces péchés qui hâtent ou qui avancent les jugements de Dieu.
To quicken a discourse, (to give life to it.) Animer un discours, l'égayer, le rendre plus vif.
To Quicken, v. neut. Ex. She was very bad before she came to quicken. Elle étoit fort malade pendant les premiers mois de sa grossesse ou avant qu'elle sentit remuer l'enfant.
Quickened, adject. Animé, &c. V. to Quicken.
QUICKENING, f. L'action d'animer, &c. V. to Quicken.
Quickening, adject. Vivifiant, qui vivifie.
A quickening grace. Grace vivifiante.
QUICKLY, adv. (readily.) Vite, vitement, promptement.
Quickly, (soon.) Tôt, bientôt.
P. He that gives quickly, gives twice. P. Qui tôt donne, donne deux fois donne.
QUICKNED. V. Quickened.
QUICKNESS, subst. (swiftness.) Vitesse, promptitude.
Quickness, (readiness, subtility.) Vivacité, subtilité, sagacité, pénétration d'esprit.
QUIDDANY, subst. (a conserve of quinces.) Cotignac.
QUIDDITY, subst. (a term in philosophy, the essence, being or definition of a thing.) L'essence d'une chose.
Quiddity, (or pun.) Quolibet, pointe.
Quiddity, (or subtle question.) Subtilité, chicane, pointillerie.
† QUID PRO QUO, f. (among Physicians.) Un quiproquo d'Apothicaire.
Quid pro quo , (in law, is the reciprocal performance of both parties to a contract.) Quid pro quo, dans la jurisprudence Angloise, est l'exécution réciproque d'un engagement par les deux parties qui ont contracté ensemble.
QUIESCENCE, } subst. Tranquillité, repos.
QUIESCENCY,
QUIESCENT, adj. Immobile, en repos.
QUIET, f. (rest or peace.) Repos, paix, tranquillité.
Quiet, adj. (or peaceable.) Tranquille, doux, paisible, qui ne trouble le repos de personne.
Quiet , (at rest, peaceful, calm.) Tranquille, paisible, calme, qui est en repos.
A quiet life. Une vie tranquille ou paisible.
A quiet mind. Une ame tranquille.
His mind is never quiet. Son esprit n'est jamais en repos, il n'a jamais l'esprit en repos.
Let me be quiet or be at quiet, or be quiet, (let me alone.) Laissez-moi en repos , laissez-moi tranquille, laissez-moi là, demeurez ou tenez-vous en repos.
The quiet he enjoyed was owing to his wisdom. Le calme dont il jouissoit étoit le fruit de sa sagesse.
Happy is he that lives a quiet life. Heureux celui qui vit tranquillement ou qui mene une vie tranquille.
To make a crying child quiet, (or pacify it.) Appaiser un enfant qui pleure.
I would give any thing for a quiet life. Je donne tout à mon repos, j'achete le repos à quelque prix que ce soit.
To be quiet, (to hold one's peace.) Se taire.
Quiet - minded. Paisible, doux, tranquille.
To QUIET, verb. act. (to make quiet or to appease.) Appaiser, assoupir, calmer.
QUIETER, f. Qui repose, qui calme.
QUIETING, f. L'action d'appaiser, &c. V. to Quiet.
Quieting, adject. Qui endort , qui fait dormir, qui assoupit, soporatif, soporifique.
A quieting bolus. Un bolus qui donne la mort.
QUIETISM, f. (the sect of the quietists; tranquillity.) Le quiétisme; tranquillité.
QUIETISTS, f. (a sect of religion.) Les quiétistes, sorte de sectaires.
QUIETLY, adv. Tranquillement.
QUIETNESS, f. Tranquillité.
QUIETUDE, f. Quiétude.
QUIETUS EST , (an expression used in the Exchequer for an acquittance given to an accountant.) Quitance comptable de l'Echiquier en Angleterre.
† He has got his quietus est , (he is put out of his place.) Il est démis de sa charge.
QUILL, f. Plume, tuyau.
A dutch quill. Plume de Hollande.
The quill of a pen. Le tuyau d'une plume.
The quill (or tap) of a barrel. Le robinet, la canule ou la fontaine d'un tonneau.
Quill, (used on which weavers wind their thread.) Trame de Tisserand.
Quill, (to draw wine or other liquor out of a cask.) Brochet.
† To piss through one quill. Voyez to Piss.
† A hero of the quill. Un grand, un célebre auteur, un grand écrivain.

† A

† A brother of the quill, (a fellow-writer.) *Un membre de la société des auteurs, un auteur, un écrivain.*

QUILLET, *s. Ex.* The querks and quillets of the law. *Les tours & détours, les subtilités, les chicanes ou les chicaneries du palais.*

QUILT, *s. Couverture de lit piquée, courtepointe.*

Quilt-maker. *Un faiseur de couvertures.*

To QUILT, v. act. *Piquer ou matelasser.*

Quilted, adj. *Piqué, matelassé.*

QUILTING, *s. L'action de piquer, &c.*

Quilting, *part. act. & subst. Action de retrinquer ou garnir une jarre, un baril, &c. avec de vieux cordages; aussi la garniture ou le trelingage de cette jarre ou barril.*

QUINARY, adj. *De cinq, quinaire.*

QUINCE, *s.* (a sort of fruit.) *Un coin, sorte de fruit.*

A quince-tree. *Un cognassier.*

QUINCUNCIAL, adj. *De quinconce.*

QUINCUNX, *s. Quinconce.*

QUINQUAGESIMA, *sub. Ex.* Quinquagesima sunday; (that is, shrove sunday.) *Le dimanche de la quinquagésime, qui est immédiatement devant le carême.*

QUINQUANGULAR, adject. *Qui a cinq angles.*

QUINQUENNIAL, adject. (of five years continuance.) *De cinq ans.*

QUINQUINA, *s.* (or Jesuits bark.) *Le quinquina, sorte de drogue.*

QUINSY, *subst.* (a disease in the throat.) *Esquinancie.*

QUINT, *s.* (a sequence of five cards at piquet.) *Une quinte au jeu de piquer.*

QUINTAIN, *s.* (a game or sport which consists in running a tilt with poles against a quintain.) *L'exercice de la quintaine.*

To run at the quintain. *Courre la quintaine.*

QUINTAL. V. Kintal.

QUINTESSENCE, *subst.* (the purest substance extracted out of any thing.) *Quintessence.*

QUINTESSENTIAL, adj. (belonging to quintessence.) *Qui regarde la quintessence d'une chose.*

QUINTIN, *s.* (a thick plank set first in the high-way.) Quintain. V. Quintain.

QUINTUPLE, *s. Quintuple.*

QUINZAIN, *s.* (a stanza of fifteen verses.) *Une stance de quinze vers.*

QUINZIEME, *s.* (or fifteenth, a tax so called.) *Quinzième, sorte de taxe.*

Quinzieme, (the fifteenth day after any feast, as quinzime of St. John Baptist. *Le quinzième jour après quelque fête.*

QUIP, *s.* (or jeer.) *Raillerie, lardon, brocard, mot piquant.*

He gave him a notable quip. *Il l'a cruellement raillé, il lui a donné un lardon.*

QUIRE, *s.* (a choir) of a Church. *Le choeur d'une église.*

A quire of paper, (consisting of 24 sheets.) *Une main de papier.*

A book printed in quires, (or double sheets.) *Livre imprimé en cahiers ou doubles feuilles.*

A book in quires, (unbound.) *Livre en blanc ou en feuilles.*

QUIRK, *s. Critique.* V. Querk.

QUIT, adj. (free or even.) *Quitte.*

You are not quit yet. *Vous n'êtes pas encore quitte.*

You and I are quits, (we are even.)

Nous voilà quittes, nous sommes quitte à quitte.

I shall be quit or quits (or even) with you. *Je vous rendrai la pareille, vous me le payerez.*

To go quit , (to come off scot-free.) *Etre hors d'affaires.*

Quit-rent , (a small rent or acknowledgement.) *Cense.*

To QUIT, verb. act. (to leave.) *Quitter, laisser.*

I quitted him just now. *Je viens de le quitter.*

To quit , (to leave off.) *Quitter, se départir de.*

To quit an employment. *Quitter un emploi, s'en défaire, s'en démettre.*

To quit, (or let go.) *Quitter, lâcher, laisser aller.*

To quit (or give over) a design. *Quitter ou abandonner un dessein, une entreprise, s'en désister, quitter prise.*

To quit , (to renounce , to yield or give up.) *Quitter, céder, délaisser, renoncer.*

He quitted (or robbed) us of all we had. *Il nous a dépouillés de tout notre bien, il nous a ravi ou enlevé tout notre bien.*

To quit (or raise) a siege. *Lever, abandonner un siége.*

To quit, (to free, to dispense with or excuse.) *Quitter, exempter, affranchir, décharger, dispenser.*

I quit you from it. *Je vous en quitte, je vous en exempte, je vous en dispense.*

I quit you for half the money. *Je vous quitte la moitié de la dette.*

I will quit (acquit or justify) you to the King. *Je vous justifierai auprès du Roi.*

To quit (or acquit) one's self like a man. *S'acquitter d'une chose en galant homme.*

To quit (or rid) one's self of one. *Se défaire de quelqu'un.*

To quit one's ground. *Lâcher le pied.*

It will never quit cost. *Cela n'en vaut pas la peine,* † *le jeu n'en vaut pas la chandelle.*

To quit (or rid) one's self of a troublesome business. *Se tirer d'un mauvais pas, se débarrasser d'une méchante affaire.*

To quit score with one or to quit with one, v. neut. (to pay him what one owes him.) *Payer quelqu'un, s'acquitter de ce qu'on lui doit.*

QUITCH-GRASS, *s.* (or couch-grass.) *Chiendent ou pied chien, sorte d'herbe.*

QUITE, adv. (wholly, entirely.) *Tout-à-fait, entièrement, absolument, tout.*

I have quite forgot it. *Je l'ai oublié, je l'ai oublié entièrement.*

To run quite away. *S'enfuir tout de bon.*

My hand is quite out of tongue. *Je suis tout détraqué, je ne suis point en train.*

There he is quite confounded. *Le voilà tout confus.*

It is of 'tis quite another thing. *C'est tout autre chose, il y a bien de la différence.*

Quite contrary . (or the reverse.) *Au contraire, tout au contraire.*

I am quite of another mind. *Je suis d'un sentiment tout opposé.*

Quite and clean. *Tout-à-fait, entièrement, absolument.*

You are quite out , (or grossly mistaken.) *Vous vous trompez lourdement.*

QUITS, adj. (or even.) *Quitte.* V. Quit.

QUITTANCE. V. Acquittance.

† To cry quittance, (or be even.) *Rendre la pareille.*

QUITTED, adj. *Quitté, &c.* V. to Quit.

*QUITTER, *s.* (matter of a sore.) *Bone, pus d'ulcere.*

Quitter, (or dross of tin.) *La crasse ou l'ordure qui sort de l'étain quand on le fond.*

QUITTING, *s. L'action de quitter, &c.* V. to Quit.

QUIVER, *s.* (a case for arrows.) *Un carquois.*

† QUIVER, adject. (or active.) *Actif, agissant, vif, alerte.*

To QUIVER, v. neut. (or shiver with cold.) *Trembler, frissonner.*

QUIVERED, adj. *Armé d'un carquois.*

QUIVERING, *s. Frisson, tremblement ou l'action de trembler de froid.*

To QUOB, v. n. (to move as the child in the belly.) *Remuer, en parlant de l'enfant dans le ventre de la mere.*

To quob, (or beat, as the heart.) *Battre, palpiter, en parlant du coeur.*

QUODLIBET, *s.* (a querk or quiddity.) *Subtilité, pointilleric, quolibet.*

QUODLIBETICAL, adject. *Ex.* A quodlibetical question, (a quoblibet.) *Une subtilité, une question subtile.*

QUOIF. Voy. Coif.

QUOINS, *s. pl.* (or coins, the corner stones) of walls. *Les encoignures d'une muraille.*

Quoin. *Coin de mire.*

C'est aussi toute sorte de coins, cales ou pieces de bois servant à arrimer & accorer des tonneaux, caisses, ballots, &c.

QUOIT, *s. Disque, palet.*

To QUOIT, verb. n. *Jouer au disque ou au palet.*

QUORUM, (a Latin word frequently used to signify the number of a committee, of a court, of a company, of commissioners, &c. sufficient to do business.) *C'est un mot Latin, dont on se sert fréquemment en Anglois, pour signifier un nombre de députés, de commissaires d'une compagnie, &c. suffisans pour agir.* In a committee of seven members, four make a quorum. *Dans un comité de sept membres de la Chambre basse, il suffit qu'il y en ait quatre pour agir.*

A justice (of peace) of the quorum. *Un des principaux Juges de paix.*

QUOTA, *s.* (or share of contribution.) *Quote-part, contingent.*

QUOTATION, *s. Citation.*

To QUOTE, v. act. (to alledge or bring in,) *Citer, alléguer.*

Quoted, adj. (or cited.) *Cité, allégué.*

QUOTER, *s. Citeur.*

† QUOTH-I or SAY-I. *Dis-je.*

Quoth-he. *Dit-il.*

Quoth-she. *Dit-elle.*

QUOTIDIAN, adject. (or daily.) *Quotidien, de chaque jour.*

QUOTIENT, *s.* (a term of arithmetick: the number arising out of any division.) *Quotient, terme d'arithmétique.*

QUOTING, *s.* (from to quote.) *Citation, l'action de citer ou d'alléguer.*

QUO WARRANTO, *s.* (a writ that lies against a corporation or man that takes upon him any franch se or liberty against the King, without a good title.) *Une injonction du Roi adressée à un particulier ou à une communauté pour rentrer compte des droits royaux qu'on a usurpés.*

R.

R, Dix-huitième lettre de l'alphabet anglois, se prononce de même qu'en françois.
Tout ce qu'il y a de particulier, c'est qu'en certains mots la voyelle qui suit l'R se prononce devant, comme en here, fire, hire, hundred, apron, iron, &c.

To RABATE, v. act. Rabattre, terme de fauconnerie.

RABET,
RABETTING, } subst. (a shipwrights term for the hollowing away of the planks that are let into the keel of the ship.) Rablure.

RABBIN,
RABBI, } subst. (a jewish Doctor.) Rabin ou Rabbin, Docteur Juif.

The Rabbins opinion or doctrine. Rabbinisme, la doctrine ou l'opinion des Rabbins.

RABBINICAL, adject. (belonging to the Rabbins.) Rabbinique.

RABBINIST, s. (a follower of the Rabbins.) Un Rabbiniste.

RABBIT, s. (a buck-rabbit.) Un lapin.
A doe-rabbit, Une lapine.
A young rabbit. Lapereau ou jeune lapin.
Rabbit's-nest. Rabouillère, creux ou la lapine fait ses petits.
Rabbit, (in a ship.) Rablure.
Rabbit of the keel, Rablure de la quille.
Rabbit of the stem. Rablure de l'étrave.
Rabbit of the stern post. Rablure de l'étambord.
Rabbit of the wing transon. Rablure de la lisse d'hourdi.

RABBLE, s. (the mob or rascality of the people.) Racaille, la canaille, la lie du peuple, la populace.

RABBLEMENT, s. (a heap of impertinent stuff.) Enfilade, kyrielle.
A long rabblement of whimsical titles. Une longue enfilade de titres chimériques.

RABBY. Voy. Rabbin.

RABDOMANCY, subst. (divination by rods.) Rabdomance.

RACE, s. (stock, family.) Race, lignée, extraction, famille.
The first of all human race. Le premier homme.
Race, (or running.) Course.
A horse-race. Course de chevaux.
A foot-race. Course de gens à pied.
There is a race to be run to-morrow. Demain il se doit faire une course.
A race-horse. Un cheval de course, un coursier.
Race, subst. Ras de marée.

RACEMATION. Voy. Cluster.

RACEMIFEROUS, adject. Qui porte des grappes.

RACER, subst. Coursier.

RACK, s. (a wooden engine for several uses.) Râtelier.
A rack for a manger. Un râtelier pour une mangeoire.
A kitchen-rack. Un râtelier de cuisine.
A rack to lay the spit on. Hâtier ou contre-hâtier.
Rack, (or torture.) Torture, question, gêne.
To put to the rack. Appliquer à la torture ou à la question.
To put one's brains upon the rack, (or puzzle them.) Donner la gêne ou la torture à son esprit, le mettre en torture.
The racks (or sides) of a cart. Les ridelles d'un chariot.
To set up a cross-bow with a rack. Monter une arbalète avec une monture.
Rack, subst. Râteau de poulies ou râtelier.
Rack of the bowsprit. Râtelier du beaupré.
A rack of mutton. Le derriere d'un collet de mouton.
A rack-bone. Os du derriere d'un collet de mouton.
† To leave all at rack and manger. Laisser tout à l'abandon.
† All lies at rack and manger. Tout est à l'abandon.
† Rack vintage, (the second voyage into France, &c. for racked wines.) Le second voyage que les marchands de vin font en France & ailleurs, pour acheter les vins raffinés.
Rack, (a strong liquor.) Voy. ARACK.
To RACK, v. act. (or to torture.) Appliquer à la torture, donner la question ou la torture à.
To rack, (or torment.) Donner la torture, tourmenter.
To rack (to grind or oppress) the people. Fouler ou opprimer le peuple.
To rack wine, (or draw it off the lees.) Soutirer le vin, le raffiner, le tirer d'un vaisseau dans un autre.
To rack vines. Châtrer les ceps de vigne.
To rack. Écuisser un palan.
Racked, adj. Appliqué à la torture, &c. Voy. to Rack.
Misery racked up to the highest, would make one thing cease to be. Si la misère étoit portée à la dernière extrémité, elle anéantiroit la nature.

RACKET, s. (to play at tennis, &c.) Raquette.
A racket-maker or racket-seller. Raquetier, faiseur ou vendeur de raquettes.
† To keep a racket, (or to make a noise.) Faire du bruit, du tapage, du fracas, faire du tintamarre.

RACKING, s. (from to rack.) Torture,

ou l'action d'appliquer à la torture, &c. Voy. to Rack.

RACKOON, s. (an American animal.) Sorte de Blaireau d'Amérique.

RACY, adject. (strong and full of spirits, speaking of some wines.) Fort, spiritueux, moelleux, en parlant de certains vins.

RADIANCE,
RADIANCY, } subst. (or brightness.) Splendeur, brillant, éclat, rayonnement; ce dernier est peu d'usage.

RADIANT, adj. (bright, that casts forth bright beams.) Rayonnant, reluisant, brillant, éclatant, qui jette ou qui répand des rayons.

To RADIATE, verb. neut. Rayonner, briller.

RADIATION, s. (or casting forth bright beams.) Irradiation, rayonnement, éclat.

RADICAL, adj. (belonging to the root.) Radical.
The radical moisture. L'humide radical, l'humidité radicale.
A radical word. Mot radical, racine, mot primitif.

RADICALITY,
RADICALNESS, } subst. (the being radical.) État de ce qui est radical, source, principe.

RADICALLY, adv. Radicalement.

RADICATE, adject. (or radicated.) Enraciné, qui a pris racine, &c. V. Radicated.

To RADICATE, v. act. (to root; in a proper or figurative sense.) Enraciner, au propre & au figuré.

Radicated, adject. Enraciné, qui a pris racine.

Radicated, (inveterate, old.) Enraciné, vieux, invétéré.

RADISH, subst. (a well-known root.) Rave.
Horse-radish. Raifort.

RADIUS, s. (the upper and lesser bone of the arm.) Un des os du bras.
Radius, (a line from the centre to the circumference of a circle.) Rayon, demi-diametre d'un cercle.

† RAIF. Voy. Riff-raff.

RAFFLE, } subst. (a game with three
RAFFLING, } dice.) Rafle, jeu des dés.

To RAFFLE, v. neut. (to play at raffle.) Rafler, jouer à la rafle.
To raffle for a thing. Jouer aux dés à qui aura une chose.

RAFT, subst. (a float-boat of timber.) Radeau, train de bois.
Raft. Radeau de bois de construction ou de mâture.

Raft-port.

Raft-port. Se bord à embarquer les bois dans les bâtimens marchands ou flûtes, pratiqué à l'arriere & presque au niveau de la flottaison.

RAFTER, *s.* (a piece of timber.) *Solive, chevron.*

RAFTERING, *subst.* L'action de faire des étages ou des planchers.

RAG, *s.* (tatter, old piece of cloth.) *Drapeau, guenille, lambeau, haillon, chiffon.*

Meat boiled to rags. *De la viande en charpie.*

His clothes are worn out to rags or tatters, *Son habit est tout déchiré, son habit s'en va en lambeaux.*

A rag or rack of colts. *Voy.* Rake.

RAGAMUFFIN, *s.* (a rascally fellow.) *Un gueux, un coquin.*

RAG-BOLT, *s. comp.* Fiche.

RAGE, *s.* (fury or madness.) *Rage, fureur ou grande colere, emportement.*

Rage, (or cruelty.) *Rage, grande cruauté.*

To RAGE, *v. n.* (to be in a rage.) *Enrager, être furieux, être fort en colere, fulminer, tempêter, faire rage.*

To rage, (as the sea does.) *Se courroucer, être courroucé.*

RAGEFUL, *adject.* Furieux, enragé.

RAGGED, *adj.* (from rag.) *Tout déchiré, qui tombe tout en pieces ou en lambeaux, frippé,* en parlant d'un habit: *couvert de haillons ou de guenilles, mal vêtu, mal couvert,* en parlant des personnes.

Ragged stones. *Blocaille ou blocage, moelon.*

A ragged (or broken-feathered) hawk. *Un oiseau halbrené,* en termes de chasse.

RAGGEDNESS, *s.* L'état de celui dont les habits font en lambeaux.

RAGING, *adj.* (from to rage.) *Enragé, furieux, plein de fureur, violent, courroucé.*

A raging sea. *Une mer courroucée.*

Raging, *s.* *Rage, fureur, courroux.*

RAGINGLY, *adv.* Avec fureur, avec rage, *comme un furieux, comme un enragé.*

RAGOO, RAGOUT, } *subst. Un ragoût, un ragoût à la Françoise.*

RAGSTONE, *s.* Sorte de pierre à aiguiser.

RAIL, *s.* (a spear or pieces of wood or iron for inclosures.) *Barriere.*

Rail on the side of a gallery. *Une balustrade.*

The rail of the chancel, *La balustrade de l'autel.*

The rai.e of a bridge. *Les gardes-foux d'un pont.*

The rails (or rakes) of a cart. *Les ridelles d'un chariot.*

Rail, (bird.) *Râle.*

A night-rail. *Un peignoir.*

Rails, *s. pl.* (a sea-term.) *Lisses d'accastillage.*

Wash-rails. *Lisses de vibord.*

Sheer rail. *Lisse ou preinte en dessous de la lisse de vibord.*

Drift-rails. *Lisses de plat-bord des gaillards.*

Rails of the head. *Lisses de herpes.*

Fife rails. *Lisses des rabattues,* qui ne font plus d'usage dans la construction Françoise.

Rough tree rails. *Lisses de batayoles de bois.*

To RAIL in, *v. act.* Environner ou fermer de barrieres ou de balustres.

To rail, *verb. neut.* To rail at one, (to inveigh or speak bitterly against him.)

Injurier quelqu'un, lui dire des paroles injurieuses, le maltraiter de paroles, dire des invectives contre lui, médire ou parler mal de lui.

Railed in, *adject.* Environné ou fermé de barrieres ou de balustres.

Railed at, *adject.* Injurié, maltraité de paroles.

RAILER, *s.* Celui ou celle qui injurie, &c. Médisant. *Voy.* to Rail at.

RAILING at, *s.* Médisance, l'action d'injurier, &c. *Voy.* to Rail at.

Railing in, L'action d'environner ou de fermer de barrieres.

RAILINGLY, *adv.* (in a railing manner.) *En termes injurieux, offensans ou choquans, avec médisance.*

RAILLERY, *subst.* Raillerie.

RAIMENT, *subst.* Vêtement.

RAIN, *s. Pluie, eau,* qui tombe du Ciel.
P. A small rain lays great dust. P. *Petite pluie abat grand vent.*

Rain-water. *Eau de pluie.*

The rain-bow. *L'arc-en-ciel.*

A rain-deer. *Une renne.*

The rain of a bridle. *Voy.* Rain.

To RAIN, *verb. n.* Pleuvoir.

It rains. *Il pleut.*

It is or 'tis a going to rain. *Il va pleuvoir, il va tomber de la pluie.*

To rain, *verb. act.* Ex. To rain dogs, cats, &c. *Pleuvoir des pierres, des grenouilles, &c.*

To rain or pour down a shower of arrows upon the enemy. *Faire pleuvoir une grêle de fleches sur l'ennemi.*

RAINY, *adj. Pluvieux, de pluie, sujet à la pluie ou abondant en pluie.*

*RAP, *s.* (a rod to measure ground.) *Perche,* avec quoi on arpente la terre.

To RAISE, *v. act.* (to lift or lift up, to set higher.) *Lever, élever, soulever, hausser, relever, rehausser, exhausser, tirer de bas en haut.*

To raise a thing from the ground. *Lever une chose de terre.*

To raise a wall, (to make it higher.) *Élever ou hausser un mur.*

To raise a floor. *Relever ou rehausser un plancher.*

To raise a purchase. *Faire un appareil,* & en général, préparer une force mécanique.

To raise the stern frame. *Elever ou mettre en place Porcasse.*

To raise the stem. *Elever l'étrave ou mettre en place l'étrave.*

To raise, (or set up a monument.) *Elever, bâtir, dresser, ériger un monument.*

To raise from the dead. *Ressusciter d'entre les morts.*

He will raise us out of our graves. *Il nous fera sortir de nos tombeaux.*

To raise (or to levy) men or an army. *Lever du monde, lever des troupes, lever une armée, faire des levées, enrôler des soldats.*

To raise (levy or gather) taxes. *Lever les impôts, les recueillir.*

To raise (or quit) a siege. *Lever, abandonner un siege.*

To raise (or make the besiegers raise) the siege. *Faire lever le siege.*

The sun raises (or attracts on high) vapours. *Le soleil eleve des vapeurs, il les attire en haut.*

To raise one's voice, (to speak louder.) *Elever, hausser, renforcer sa voix, parler plus haut.*

To raise (or increase) the price. *Rehausser, hausser ou augmenter le prix; enchérit.*

To raise, (to prefer or advance.) *Elever, avancer, agrandir.*

To raise or advance one's self, to raise one's fortune. *S'élever, s'agrandir, relever sa condition, s'avancer.*

He raised the reputation of the English. *Il releva le nom Anglois.*

To raise, (to excite or cause.) *Exciter, émouvoir, susciter, faire naitre, causer.*

To raise a storm. *Exciter une tempête.*

To raise a sedition. *Exciter, causer une sédition.*

A pathetical discourse that raises our affections, (that affects us.) *Un discours pathétique, qui émeut, qui touche ou qui anime nos passions.*

To raise quarrels. *Susciter, causer, faire naitre des querelles.*

To raise false witnesses. *Susciter ou aposter de faux temoins.*

To raise pride in one. *Donner de la fierté à quelqu'un, le rendre fier ou vain.*

To raise (or call up) the devil or spirits. *Evoquer le démon ou les esprits, les appeler, les faire venir à soi.*

If I can but raise money. *Pourvu que je puisse trouver ou faire de l'argent.*

To raise a bell. *Mettre une cloche en branle.*

To raise a bank or causey. *Faire une levée de terre ou une chaussée.*

To raise a fund or stock of money. *Lever ou faire un fond.*

To raise plants, (to make them grow.) *Elever des plantes, les faire venir.*

To raise one's style. *Elever son style, prendre un style plus sublime.*

To raise a man's soul by his discourse. *Elever l'esprit de quelqu'un par ses discours.*

To raise the dust. *Faire de la poussiere, faire voler la poudre.*

To raise a man's passion, choler or indignation. *Mettre quelqu'un en colere, le facher, l'irriter, allumer sa colere.*

P. Raise no more spirits than you can lay down. *Ne vous picnez pas à plus fort que vous.*

To raise the country. *Faire prendre les armes à la Province.*

To raise a report. *Faire courir ou semer un bruit, en être l'auteur.*

To raise an outcry. *S'écrier.*

To raise UP. *Lever, élever, relever, susciter.*

To raise up, (to prefer.) *Elever, avancer.*

Raised, *adj.* Levé, &c. *V.* to Raise.

RAISER, *s.* Celui qui leve, &c. *V.* to Raise.

RAISING, *s.* L'action de lever, &c. *V.* to Raise.

RAISINS, *subst.* (or dry grapes.) *Raisins secs.*

Raisins of the sun. *Des raisins séchés au soleil.*

RAKE, *subst.* (a tool for husbandry.) *Râteau.*

Rake, (at sea.) *Quête.*

Rake of the stern post. *Quête de l'étambord.*

Rake of the stem. *Elancement de l'étrave.*

Rake of the stern or length of the rake abaft. *Quête de la poupe, depuis le couronnement jusqu'à la quille.*

P. As lean as a rake. P. *Maigre comme un hareng.*

A coal-rake, (for an oven.) *Un fourgon.*

A

A rake (or rag) of colts. *Un troupeau de poulains.*
A rake or rake-hell, (a wicked or lewd fellow.) *Un fcélérat, un perdu, un abandonné, un débauché.*
A rake - shame , (a base , rascally fellow.) *Un homme de néant & de mauvaife vie , un belitre , un vaurien.*
The rake (or run) of a ship. *Le fillage , trace du cours d'un vaiffeau fur mer.*
To RAKE, v. act. (or fcrape.) *Racler, ratiffer.*
To rake into the ashes of the dead. *Fouiller dans les cendres des morts.*
To rake the fire. *Ratifer le feu.*
To rake (or enfilade) a ship. *Enfiler ou fcringuer un vaiffeau en le canonnant.*
To rake or to rake UP, (to gather with a rake or raker.) *Rateler, amaffer, ramaffer avec le rateau ou avec une ratifoire.*
To rake and fcrape for an eftate. *Amaffer du bien à tort & à travers, tâcher de devenir riche par toutes fortes de voies.*
† Rake hell, and skin the devil, (do whatever you can) you can not find fuch another man. *Vous auriez beau chercher, vous ne fauriez trouver un homme fait comme lui.*
To rake up the graves. *Fouiller dans les tombeaux.*
To rake (or search) into. *Fouiller, examiner, éplucher, chercher foigneufement.*
Raked, adject. *Raclé &c. Voyez* to Rake.
RAKER, f. (or a rake for an oven.) *Un fourgon.*
Raker, (a piece of iron to fcrape the dirt off.) *Ratiffoire.*
Raker, (or duft-man.) *Un boueur.*
RAKING, f. *L'action de racler, &c. Voy.* to Rake.
Raking knees, (a fea-term.) *Courbes obliques ou à angle obtus.*
A raking ftem or a flaring ftem. *Etrave fort élancée.*
Raking, adj. *Avare.*
Ex. A raking fellow. *Un avare, un attaché, qui tâche d'attraper de tous côtés.*
RAKISH, adj. *Débauché.*
RALLERY, } f. (or jeft.) *Raillerie,*
RAILLERY, } *plaifanterie, action de railler.*
In raillery. *En raillerie , en riant.*
To RALLY, verb. act. (to re - unite.) *Rallier, raffembler, remettre enfemble.*
To rally, verb. act. (to jeer or banter) one. *Railler (ou fe railler de) quelqu'un, le jouer, fe moquer de lui.*
To rally, verb. neut. *Se rallier, fe raffembler.*
Rallied , adject. (or got together.) *Rallié.*
Rellied , or jeered. *Raillé.*
RALLYING, fubft. (or getting together again.) *Ralliement, l'action de rallier, ou de fe rallier.*
Rallying, (or jeering.) *Raillerie ou l'action de railler.*
RAM, fubft. *Bélier.*
Ram or battering ram. *Bélier, machine de guerre.*
Ram's-head, (an iron pincer to heave great ftones with.) *Une louve.*
Ram's-block. *Cap de mouton.*

To RAM in or down, v. act. *Enfoncer, poufer en avant.*
To ram in ftones or piles. *Enfoncer des pierres ou des pilotis.*
To ram down a paving. *Hier un pavé.*
To ram the powder into a gun. *Bourrer la poudre.*
RAMAGE, fubft. (boughs or branches of trees,) *Branches, branches d'arbre.*
A ramage hawk or faulcon , (a hagard.) *Un faucon hagard.*
A ramage unmanned hawk. *Oifeau non-affaité.*
To have a ramage tafte. *Sentir le fauvagin.*
To RAMAGE, verb. neut. (or ramble.) *Roder, courir ou aller çà & là.*
RAMBERGE, fub. (a fwift fea-veffel.) *Ramberge.*
RAMBLE, f. *Courfe, l'action de courir ou de roder.*
To be all upon the ramble. *Courir toujours çà & là.*
To RAMBLE, verb. neut. (to go up and down.) *Roder, courir d'un côté & d'autre, aller çà & là.*
He rambles in his difcourfe. *Il fait des écarts dans fon difcours, il change toujours de fujet, il roule inceffamment d'un fujet à un autre.*
Man is ever rambling from one thought to another. *L'homme voltige inceffamment de penfée en penfée.*
RAMBOOZE, } fubft. (a drink made
RAMBUSE, } of wine, ale, eggs and fugar.) *Boiffon compofée de vin, d'aile, d'œufs & de fucre.*
RAMIFICATION, fubft. *Ramification.*
To RAMIFY, v. act. & n. *Ramifier, fe ramifier.*
RAMMED in, adj. (from to ram.) *Enfoncé, &c. V.* to Ram.
RAMMER, fubft. (a paver's tool.) *Hie ou demoifelle.*
A rammer, (to drive in piles.) *Un mouton.*
Rammer, (or gun-ftick.) *Baguette.*
RAMMING, } f. *L'action d'enfoncer,*
RAMMING IN, } *&c, V.* to Ram.
RAMMISH, adj. (from ram, the fubft.)
Ex. To fmell rammifh or to have a rammifh fmell. *Sentir le bouquin.*
RAMMISHNESS, fubft, *Bouquin, odeur de bouc.*
RAMOUS, adj. *Rameux.*
RAMP, fubft. A great ramp, (or a great ramping girl.) *Une gigue, une grande gigue. V.* Romp.
Ramp. V. Leap.
To RAMP, verb. neut. (or get up.) *Monter, grimper.*
To ramp or to rig and ramp, (to jump and play gambols, as a ram does.) *Giguer, gambader, danfer, fauter, folâtrer.*

RAMPANT, adj. (a term of heraldry.) *Rampant, terme de blafon.*
Ex. A lion rampant. *Lion rampant.*
A rampant (or low) fancy. *Une penfée rampante.*
Rampant, (or wanton.) *Folâtre, lafcif, qui paffe les bornes.*
RAMPART, } f. (a fortrefs wall or bul-
RAMPIRE, } wark.) *Rempart.*
RAMPING, f. *L'action de monter, &c. V.* to Ramp.
Ramping, adject. Ex. A ramping girl or a ramp. *Une gigue, une groffe gigue.*
RAMPIONS, fubft. (a fallet-root.) *Raiponce, plante.*
RAMPIRE. V. Rampart.
RAMPIRED, adj. (or ftrengthened with ramparts.) *Fortifié de remparts.*
RAN, *prétérit du verbe to* Run.
* RAN, f. (an old *Saxon* word, fignifying an open or publick theft.) *Vol. V.* Rap.
To RANCH. V. to Sprain.
RANCID, adj. *Rance.*
RANCIDITY, } f. *Rancidité.*
RANCIDNESS, }
RANCOROUS, adject. *Plein de fiel ou d'animofité.*
RANCOROUSLY, adv. *Avec aigreur, avec animofité.*
RANCOUR, fubft. (grudge or hatred.) *Rancune, haine invétérée, animofité, reffentiment.*
RAND. V. Border.
RANDOM, fub. (or chance.) *Aventure, hafard.*
To run at random. *Errer à l'aventure.*
To leave all at random. *Laiffer aller les chofes à l'aventure, laiffer tout à l'abandon.*
To fhoot at random, (or without taking aim.) *Tirer à coup perdu ou au hafard, tirer fans vifer nulle part.*
A random-fhot or blow. *Un coup perdu.*
† Random fhot, (a fhot ftroke or ftlow without aim.) *Chaffe-morte.*
Random-fhot, fubft. comp. *Toute volée des canons ou mortiers.*
At random, adv. (rafhly, inconfiderately.) *A la volée, inconfidérément, étourdiment, fans jugement, à l'aventure, à tort & à travers.*
RANG, *prétérit du verbe to* Ring.
RANGE, f. (row or rank.) *Rang.*
A range, (or grate in a kitchen.) *Une grille pour le feu de la cuifine.*
Range, (or fieve.) *Tamis, fas, bluteau pour paffer de la farine.*
Range, (or coach-beam.) *Timon ou fleche de carroffe.*
Range, (at fea.) *Longueur du cable paré fur le pont pour mouiller l'ancre.*
Range. *Portée des canons ou mortiers.*
Point - blank range. *Portée de but en blanc.*
Range, (rambler or jaunt.) *Tour, courfe.*
They took a great range. *Ils ont fait un grand tour.*
Women that love to take their free range abroad. *Des femmes qui aiment à courir la † pretantaine.*
To give one's fancy its free range. *Donner carriere à fon imagination, fe donner carriere.*
Range or ranging, (excefs, in a figurative fenfe.) *Excès, dans le fens figuré.*
He delivered himfelf up to a mad range

of pleasure. *Il se livra ou il s'aladonna à toutes sortes de plaisirs.*

To RANGE, verb. neut. (to ramble.) *Rodr, aller ou courir d'un côté & d'autre,* † *battre du pays.*

To range up and down. *Courir de tous côtés, battre bien du pays.*

To range, verb. act. (or set in order.) *Ranger, mettre en ordre.*

Ranged, adj. *Rangé, mis en ordre,* &c. *V.* to Range.

RANGER, *s.* (an officer of a park or forest.) *Garde-chasse, ou plutôt capitaine de chasse.*

A dog that is a good or high ranger. *Un chien qui quête bien, un chien qui bat beaucoup de pays.*

RANGERSHIP, *s.* (the place of a ranger of a park.) *Emploi de garde-chasse, capitainerie.*

RANGING, *s. L'action de ranger, d'aller d'un côté & d'autre,* &c. *V.* to Range, verb. neut. & act.

RANK, *subst.* (order on disposition of several persons or things.) *Rang, ordre.*

A rank of soldiers. *Un rang de soldats.*

Rank, (place or dignity.) *Rang, dignité, degré d'honneur, place.*

Rank, adj. (or fruitful.) *Bon, fertile, gras, de grand rapport, abondant.*

Rank, (that shoots out too many leaves or branches.) *Qui pousse avec trop d'abondance.*

To grow rank, (as plants do.) *Pousser avec trop d'abondance.*

Rank, (strong.) *Fort.*

A rank smell. *Mauvaise odeur, odeur forte.*

To smell rank. *Sentir mauvais, avoir une odeur forte.*

It is or 'tis rank poison. *C'est un parfait poison.*

Rank, (arrant.) *Insigne, outré.*

A rank papist. *Un papiste outré.*

To RANK, verb. act. (to put in the rank or number.) *Ranger, mettre au nombre.*

To rank, verb. neut. Ex. I will not rank with him. *Je ne veux pas figurer avec lui.*

To RANKLE, verb. neut. (to fester.) *S'envenimer, gagner, en parlant d'une plaie.*

RANKNESS, *s.* (or fruitfulness.) *Bonté, fertilité.*

Rankness, (or superfluity of leaves or branches.) *Trop grande abondance. V.* Rank.

Rankness, (strong smell.) *Odeur forte, puanteur.*

To RANSACK, verb. act. (to plunder or rifle.) *Piller, saccager.*

Ransacked, adj. *Pillé, saccagé.*

RANSACKING, *s. Pillage, saccagement, l'action de piller ou de saccager.*

RANSOM, *subst.* (a sum paid for the redeeming of a prisoner of war.) *Rançon.*

To RANSOM, verb. act. (or redeem.) *Racheter.*

To ransom, (or exact a ransom from.) *Rançonner.*

He compelled him to ransom himself for money. *Il le rançonna, il lui fit acheter sa liberté.*

Ransomed, adj. *Racheté,* &c. *Voy.* to Ransom.

RANT, *subst.* (an extravagant flight or transport in poetry, &c.) *Saillie, transport, fureur, verve; il se prend en mauvaise part.*

To RANT, verb. neut. (or rage.) *Faire l'enragé ou l'extravagant, tempêter.*

As I found she began to rant, (or to be upon her high heels.) *Voyant qu'elle montoit sur ses grands chevaux.*

RANTER, *s. Un étourdi, un enragé.*

Ranters, (a sort of hereticks.) *Sorte d'hérétiques.*

RANTIPOLE, *s. Un étourdi, un écervelé, un bavard.*

RANTING, adj. *Enragé, étourdi, turbulent.*

Ranting, *s. V.* Rant.

RANULA, *subst. Ranule,* terme d'anatomie.

RANULAR, adj. Ex. The ranular vein. *Veine ranulaire.*

RANUNCULUS, *subst.* (crow-foot.) *Renoncule.*

RAP, *s.* (a quick smart blow on the head, &c.) *Tape.*

A rap (or fillip) on the nose. *Nazarde ou chiquenaude sur le nez.*

To RAP, verb. neut. (or knock.) *Frapper fort & ferme, frapper avec empressement.*

To rap at the door. *Frapper à la porte avec empressement.*

To rap, v. act. Ex. Whatsoever he can rap and rend, (or snatch and catch.) *Tout ce qu'il peut attraper.*

To rap out a great oath. *Faire un grand serment ou jurement.*

RAPACIOUS, adject. (or ravenous.) *Rapace, avide & ardent à la proie, ravissant.*

RAPACITY,
RAPACIOUSNESS, } *subst. Rapacité, disposition ou penchant à la rapine.*

RAPE, *subst.* (the ravishing a woman.) *Rapt, enlevement, ravissement, viol.*

To commit a rape. *Commettre un rapt, violer.*

The rape of Proserpine. *Le ravissement de Proserpine.*

Rape of the forest, (a trespass committed in the forest.) *Crime commis dans une forêt, dont la connoissance est réservée au Roi.*

Rape, (a farrier's tool.) *Rape, outil de maréchal ferrant.*

Rape, (or wild radish.) *Rave sauvage.*

Rape-seed. *Grain de navette.*

Rape, (a part of a country, particularly in the county of Sussex.) *Sorte de subdivision de province, particulièrement du comté de Sussex.*

RAPID, adj. (or swift.) *Rapide, qui va ou qui coule avec vitesse.*

RAPIDITY,
RAPIDNESS, } *s. Rapidité, vitesse.*

RAPIDLY, adv. *Rapidement, avec rapidité.*

The stream runs rapidly. *La rivière coule rapidement, le coulant est rapide.*

RAPIER, *subst.* (a long sword.) *Brette, estocade,* † *une rapière.*

RAPINE, *sub.* (robbery, violent theft.) *Rapine, voierie.*

RAPINOUS, adj. (ravenous.) *Rapace, ravissant, qui vit de rapine.*

† RAPPER, *subst.* (or great oath.) *Un grand jurement.*

RAPPING, *sub.* (from to rap.) *L'action de frapper,* &c. *V.* to Rap, verb. neut. & act.

RAPSODY. *V.* Rhapsody.

RAPT,
RAPT UP, } adj. (or ravished.) *Ravi, transporté, enlevé.*

Rapt into an extasy. *Ravi en extase.*

Rapt up with joy. *Ravi ou transporté de joie.*

RAPTURE, *subst.* (a taking away by force or fraud.) *Ravissement, enlèvement.*

Ex. The rapture of St. Paul unto the third heaven. *Le ravissement de Saint Paul jusqu'au troisième Ciel.*

Rapture, (extasy or transport.) *Extase, ravissement ou transport d'esprit.*

A poetical rapture or fury, (the heat of a poet's fancy.) *Verve ou saillie poétique.*

RAPTURED, adj. (or ravished.) *Ravi, enlevé, transporté.*

To be raptured in bliss. *Être ravi ou transporté de joie, jouir d'un bonheur ravissant.*

RAPTUROUS, adj. *Ravissant, qui ravit.*

RARE, adj. (that happens but seldom.) *Rare, qui n'est pas ordinaire.*

Rare, (or scarce.) *Rare, difficile à avoir, qui n'est pas commun.*

Rare, (or excellent.) *Rare, excellent, extraordinaire, singulier.*

A rare man in his way. *Un homme rare, un habile homme dans sa profession.*

A rare walker. *Un bon marcheur.*

Rare, (a term of physick, thin, not compact.) *Rare, qui n'est pas compacte.*

* Rare, adv. (or very good.) *Fort, parfaitement.*

Ex. This is rare good. *Ceci est fort bon, très-bon, parfaitement bon, admirable.*

RAREESHOW, *subst.* Ex. A Savoyard's rareeshow. *Curiosité de Savoyard.*

RAREFACTION, *subst. Raréfaction.*

RAREFIABLE, adj. *Raréfiable.*

To RAREFY, v. act. & n. (to make or become thin.) *Raréfier, se raréfier.*

Rarefied, adj. *Raréfié.*

RAREFYING, *subst. L'action de raréfier, raréfaction.*

RARELY, adv. (seldom.) *Rarement, peu fréquemment, peu souvent.*

Rarely or rarely well, (very well.) *Parfaitement, admirablement, fort bien.*

RARENESS, *subst.* (or uncommonness.) *Rareté, singularité.*

To RARIFY, &c. *V.* to Rarefy.

RARITY, *subst.* (a rare thing.) *Rareté, une chose rare.*

Rarity, (or thinness, opposite to density, in philosophy.) *Rareté, l'état d'une chose qui est rare ou raréfiée.*

RASBERRY,
RASPBERRY, } *subst.* (a sort of fruit.) *Framboise.*

To give any thing a taste of rasberries. *Framboiser quelque chose.*

Rasberry-ale. *De l'ale framboisée ou de framboisier.*

A rasberry-tree or a rasberry-bush. *Framboisier.*

RASCAL, *subst.* (a rogue.) *Un coquin, un bélître, un homme de néant, un faquin.*

A rascal deer, (or a lean deer.) *Un cerf un daim maigre.*

† A rascal, (a man who has no stones.) *Un homme sans testicules.*

RASCALITY, *s.* (the dregs of the people.) *La racaille, le petit peuple, la lie du peuple, la canaille, la populace.*

RASCALLY, adj. *De coquin, de bélître, de faquin.*

A rascally servant. *Un coquin de valet.*

The rascally sort of people. *La canaille. Rascally,*

Rascally, adverb. En coquin, comme un coquin.
To RASE, &c. V. to Raze, &c.
RASH, adj. (hasty , unadvised.) Téméraire, inconsidéré, imprudent, mal-avisé, peu sage, peu judicieux, précipité.
He is very rash in all his undertakings. Il est fort téméraire en tout ce qu'il entreprend.
A rash word, a rash expression. Une parole inconsidérée.
Rash-headed. Téméraire, qui a la tête chaude, qui va trop vite en besogne.
RASHER, subst. (a thin slice of bacon.) Tranche ou riblette de lard grillé, une grillade de lard.
A rasher on the coals. Une carbonade.
RASHLY, adv. (from rash.) Témérairement, imprudemment, inconsidérément, précipitamment, avec précipitation.
RASHNESS, subst. Témérité, imprudence, précipitation.
RASING, V. Razing.
RASP, s. (a kind of file.) Une rape.
To RASP, verb. act. Raper.
Ex. To rasp bread. Raper du pain.
Rasped, adj. Rapé.
RASPBERRY. V. Rasberry.
RASPBERRY-BUSH. V. Rasberry.
RASPING, s. L'action de raper.
RASURE, subst. (or erasement.) Rature, effaçure.
RAT, subst. (a well known animal of the mouse kind.) Un rat.
A house-rat. Un rat domestique.
A water-rat. Un rat d'eau.
† I smell a rat, (I distrust something.) Je me défie ou je me doute de quelque chose, je soupçonne quelque chose.
Rats-bane. Mort-aux-rats.
Rat-trap. Une ratière.
Rat-catcher. Un attrapeur de rats.
RATABLE, adj. Qu'on peut évaluer.
RATABLY, adv. (or by equal portions.) Egalement, par égales portions.
RATAFIA, s. (liquor.) Ratafia.
RATAN (Indian cane.) Canne.
RATE, s. (price or value.) Prix, valeur, taux.
An extravagant rate. Un prix déraisonnable ou exorbitant.
At a low rate. A vil prix, à bon marché.
To set rates upon provisions. Mettre le taux aux denrées, les taxer.
Corn is at a great rate, it bears or yields a great rate, (it is dear.) Le blé est fort cher, le blé se vend fort cher.
To give a great rate for a thing, (to pay dear for it.) Acheter quelque chose bien cher, la payer cher.
To sell it at a great rate. La vendre bien cher.
To spend at a huge rate, (to spend high.) Faire une grande dépense.
To drink at a great rate, (or with excess.) Boire beaucoup, boire excessivement, faire la débauche.
He lives at an extravagant rate. Il vit prodiguement, c'est un prodigue.
Rate , (tax or assesment.) Taxe, taux.
A moderate rate. Une taxe ou un taux modique.
Rate , (rank or order.) Rang, volée.
A writer of the first rate. Un auteur du premier rang ou de la première volée.
Rate , (interest for money lent.) Taux, denier.
To lent money at the rate of 5 per cent. Prêter de l'argent au dernier vingt ou à cinq pour cent.

Rate, (or proportion.) Raison, pied, proportion.
Ex. I bought it at the rate of twenty shillings a yard. Je l'ai acheté sur le pied ou à raison de vingt-quatre livres la verge.
At that or this rate, (if it be so.) De cette manière, à ce compte.
I can live no longer at this rate, (or in this manner.) Je ne saurois vivre plus long-temps de cette manière, ou sur ce pied.
You talk at a high rate. Vous parlez bien haut.
At a strange rate. D'une étrange manière.
At the old rate, at the usual rate, (as formerly.) A l'ordinaire, comme à l'ordinaire.
Rate tythe, (for cattle kept in a parish less than a year. Certaine dîme qu'on paye pour les bestiaux.
Rate , (speaking of ships.) Rangs des vaisseaux de guerre.
First rate. Premier rang, qui comprend les vaisseaux de cent canons & au-dessus.
Second rate. Second rang, qui comprend les vaisseaux de quatre-vingt-dix canons & environ.
Third rate. Troisième rang, qui comprend les vaisseaux depuis quatre-vingts canons jusqu'à soixante-quatre.
Fourth rate. Quatrième rang, composé des vaisseaux de cinquante à soixante canons.
Fifth rate or frigates. Cinquième rang, qui comprend les frégates de trente-deux à quarante canons, les brulots, & les bâtiments, servant d'hôpital.
Sixth rate. Sixième rang, qui est composé de frégates de vingt à vingt-huit canons, les galiotes à bombes, & ce qu'on nomme sloops of war, qui répond à notre terme corvette.
To RATE, verb. act. (or value.) Taxer, estimer, faire l'estimation, priser, mettre à prix, mettre un taux.
To rate, (or assess.) Cotiser, taxer, imposer une taxe.
To rate, (to chide or reprimand.) Censurer, réprimander, faire une serte réprimande, faire une mercuriale.
Rated, adject. Taxé, estimé, prisé, &c. V. to Rate.
RATEEN, s. (a woollen stuff.) Ratine.
RATER, subst. (from to rate.) Estimateur.
RATH, adj. (early ripe.) Hâtif, précoce, qui mûrit bientôt.
Rath fruits. Des fruits hâtifs, des fruits précoces.
A rath egg. Un œuf mollet, propre à avaler.
Rath, adv. (soon.) Bientôt, tôt, de bonne heure.
RATHER, adv. Plutôt, mieux.
I will rather die than tell you. Je mourrai plutôt que de vous le dire.
To have rather. Aimer mieux.
She had rather. Elle aimeroit mieux, elle voudroit bien.
You should do it rather for that. Vous devriez la faire à plus forte raison.
RATIFICATION, subst. Ratification, consimation.
To RATIFY, v. act. (to confirm.) Ratifier, approuver, confirmer, valider, rendre valide.
Ratified, adj. Ratifié, approuvé, confirmé, validé.
RATIFYING, subst. Ratification, l'action de ratifier, &c. V. to Ratify.
RATIN }
RATINE } V. Rateen.
RATING, s. (from to rate.) Estimation, l'action d'estimer. V. to Rate.

RATIO, s. Ration, proportion, rapport; raison.
To RATIOCINATE, verb. act. Raisonner.
RATIOCINATION, subst. (or reasoning.) Raisonnement.
RATIOCINATIVE, adject. (belonging to ratiocination.) Où l'on emploie le raisonnement.
RATIONAL, adject. (reasonable.) Raisonnable, qui a de la raison, du sens ou du jugement, qui peut raisonner en parlant de l'homme.
A very rational discourse. Un discours bien raisonné.
The rational horizon. L'horison rationel.
RATIONALE, subst. Ex. The history and rationale of a phænomenon. L'histoire & la raison physique d'un phénomène.
RATIONALIST, subst. Esprit fort.
RATIONALITY, s. V. Reasonableness.
RATIONALLY, adv. Raisonnablement, avec jugement.
RATLINGS, subst. plur. Enflechures : aussi les quaranteniers, menus cordages dont on fait les enflechures.
Nine thread ratling. Quarantenier de neuf fils, &c.
RATSBANE, subst. Mort-aux-rats, arsenic.
RATTEEN, s. Ratine.
RATTLE, s. (a child's toy.) Sonnette ou hochet, jouet d'enfant.
Rattle, (noise.) Bruit, tapage.
A cock's rattles or waddles. La barbe d'un coq.
A rattlesnake. Un serpent à sonnettes.
Rattle-heads, (a nick-name given to the cavaliers in the late civil wars.) Têtes à sonnettes, sobriquet que les rebelles du temps de Charles I. donnoient aux Royalistes.
To RATTLE, verb. act. (to make a noise as a rattle, &c.) Faire du bruit.
Do you or d'ye hear how it rattles ? Entendez vous le bruit qu'il fait.
To rattle in the throat. Râler comme une personne mourante.
He rattled a long time before he gave up the ghost. Il a râlé long-temps avant que de rendre l'esprit.
His throat began to rattle, and soon after he died. Le râlement le prit, & un peu après il mourut.
To rattle, verb. act. (to scold at, to quarrel with.) Gronder, quereller, faire la mercuriale, laver la tête, réprimander.
To rattle (or rap out) a great oath. Faire un grand serment.
To rattle it over, (to speak fast.) Parler vite, bredouiller.
RATTLEHEADED, adj. Ex. A rattleheaded fellow. Un étourdi, un écervelé, un fou.
RATTLING, s. (or noise.) Bruit.
The rattling of a coach. Le bruit d'un carrosse.
The empty rattling of words. La vaine pompe du discours.
Rattling in the throat. Râlement, action de râler.
Rattling, (or scolding.) Action de gronder, &c. V. to Rattle.
Rattling, (sea-term, the steps of the shipshrouds. Enflechures, en termes de mer.
RATTOON, s. Sorte de renard des îles.
RAVAGE, s. (havock or spoil.) Ravage, dégât, désordre, ruine.
To RAVAGE, verb. act. (to spoil or ruin.) Ravager, faire ravage, ou faire du ravage, ruiner, désoler.
Ravaged, adj. Ravagé, ruiné, désolé.
RAVAGER,

3 Y 2

RAVAGER, *f. Destructeur, qui ravage.*
RAVAGING, *subst. Ravage, dégât, l'action de ravager, de ruiner, ou de désoler.*
RAUCITY, *subst. Etat de ce qui rend la son rauque.*
To RAVE, *verb. neut.* (or be light-headed.) *Rêver, être en délire, extravaguer.*
To rave and fear, (to be mad for grief.) *Se désoler, se désespérer.*
To RAVEL, *verb. act. Embarrasser, embrouiller.*
To ravel out, *verb. neut. S'effiler, s'en aller en fils; asiler.*
RAVELIN, *f.* (a kind of half-moon in fortification.) *Un ravelin.*
RAVELLED, *adj.* (from to ravel.) *Embarrassé, embrouillé.*
RAVELLING, *f. L'action d'embarrasser,* &c. *V.* to Ravel.
RAVEN, *subst.* (a well known bird.) *Un corbeau.*
Sea-raven. *Cormoran, corbeau pêcheur, ou corbeau marin.*
To RAVEN, *V.* to Prey.
To raven, (to devour.) *Dévorer, manger goulument.*
RAVENING, *subst.* (rapine.) *Rapine.*
RAVENOUS, *adj.* (or rapacious.) *Rapace, ravissant, avide à la proie.*
Ravenous, (or greedy.) *Goulu, glouton, qui mange goulument ou d'une manière goulue.*
RAVENOUSLY, *adv.* (with rapacity.) *Avec rapacité.*
Ravenously, (greedily.) *Goulument, d'une manière goulue.*
* RAUGHT, *c'est un vieux prétérit & participe passé du verbe à* Reach.
RAVIN, *f.* (rapaciousness.) *Rapacité.*
Ravin. *V.* Prey.
RAVING, *subst.* (from to rave.) *L'action de rêver, rêverie, délire.*
Raving, *adj.*
Ex. A raving fancy. *Une folle imagination, qui tombe dans le délire.*
RAVINGLY, *adv. Avec frénésie.*
To RAVISH, *verb. act.* (to take away by force.) *Ravir, enlever par force, emporter avec violence.*
To ravish a virgin, (to commit a rape upon her.) *Ravir une fille,* ou *l'enlever par force, la violer.*
To ravish, (to transport with pleasure.) *Ravir, enlever l'esprit, charmer, plaire extrêmement.*
You ravish me with joy. *Vous me ravissez de joie.*
To ravish one into admiration. *Ravir quelqu'un en admiration.*
Ravished, *adj. Ravi,* &c. *V.* to Ravish.
To be ravished with love. *Etre dans des transports d'amour, être éperdument amoureux, brûler d'amour.*
RAVISHER, *subst.* (or spoiler.) *Ravisseur.*
RAVISHING, *subst. L'action de ravir,* &c. *V.* to Ravish.
Ravishing, *adj. Ravissant, qui ravit.*
RAVISHMENT, *subst.* (rapture, great joy or transport.) *Ravissement, grande joie, grand contentement, transport.*
The ravishment (or rape) of a virgin. *Le ravissement, le rapt, l'enlevement* ou *le viol d'une fille.*
RAW, *adj.* (neither boiled, roasted, nor baked, &c.) *Cru, qui n'est pas cuit.*
Raw meat. *De la viande crue.*
Raw fruit. *Fruit cru.*
Raw (or indigested) meat in one's stomach. *Une viande crue, indigeste, mal-digérée.*
Raw, (not wrought.) *Cru, qui n'est pas travaillé.*
Ex. Raw hemp. *Chanvre cru.*
Raw silk. *Soie crue.*
Raw leather, (not curried or dressed.) *Cuir cru,* ou *cuir vert, qui n'est pas corroyé.*
Raw, (or unskilled.) *Ignorant, qui ne sait encore rien, qui n'a point d'expérience, qui n'a encore rien appris, neuf.*
A raw scholar. *Un écolier qui ne sait encore rien, un novice.*
A raw (or new-raised) soldier. *Un soldat sans expérience, qui n'est pas bien discipliné, soldat nouvellement levé, soldat de recrue.*
Raw weather, (cold and moist weather.) *Un temps froid & humide, un temps gris.*
To have a raw stomach. *Sentir* ou *avoir des crudités d'estomac, avoir des indigestions.*
Raw cloth, (not coloured or dyed.) *Du drap qui n'est point teint, qui est de la couleur de la laine.*
Raw-head, (a word used in this popular expression.) Ex.
Raw-head and bloody bones, (a scarecrow or bugbear.) *Un épouvantail, un loup-garou.*
A raw-boned fellow, (a great strong lean fellow.) *Un homme grand & nerveux, qui n'est pas chargé de graisse.*
RAWLY, *adv. Maladroitement, gauchement, en novice.*
RAWNESS, *subst.* (crudity.) *Crudité.*
Rawness, (unskilfulness.) *Faute d'expérience.*
Rawness of the weather. *La froideur* ou *l'humidité du temps.*
RAY, *subst.* (or beam of light.) *Rayon, trait de lumière.*
The ray, (or skate, a sea-fish.) *La raie, poisson de mer.*
The rack ray, (or thornback.) *La raie bouclée.*
A ray (or thin leaf) of gold. *Une feuille d'or.*
To RAY out, *v. act.* (to cast forth rays.) *Rayonner, jeter des rayons.*
RAYLE, *subst.* (a bird.) *Râle, oiseau.*
To RAZE, *verb. act.* (to lay even with the ground.) *Raser, démolir, détruire entièrement, abattre rez-pied rez-terre.*
Razed, *adject. Rasé, démoli entièrement, détruit, abattu.*
RAZERS, *subst.* (the two teeth or tusks of a boar.) *Défenses de sanglier. V.* Fangs.
RAZING, *subst. L'action de raser,* &c. *Voy.* to Raze.
RAZOR, *f.* (shaving instrument.) *Rasoir.*
RAZURE, *f.* (or blot.) *Rature.*
REACH, *subst.* (the distance as far as a gun, a bow, &c. can carry or as a man can come at.) *Portée.*
Within reach of gun-shot. *A la portée d'un mousquet.*
It is out of my reach. *Cela n'est pas à la portée de mon bras; je ne saurois y atteindre.*
Reach, (or capacity.) *Portée, capacité.*
Reach of thought. *Pénétration d'esprit, sagacité.*
Reach, (or power.) *Pouvoir.*
It is not in my reach. *Cela n'est pas en mon pouvoir, je ne suis pas en pouvoir de le faire.*
This speech gives us great light into the views and reaches of the faction. *Ce discours met au grand jour les vues & les desseins de la faction.*
Reach, (or fetch.) *Une finesse, une ruse.*
A man of deep reach. *Un adroit, un homme fin, un politique, un homme qui a de l'intrigue.*
The reach of a river, (the distance of two points of land which bear in a right line to one another.) *La largeur d'un bras de rivière entre deux pointes.*
To REACH, *v. act.* (to come at.) *Atteindre, toucher à une chose.*
I cannot reach it. *Je ne saurois l'atteindre* ou *y atteindre.*
To reach or over-reach. *Atteindre, attraper, joindre en chemin.*
To reach a place, (to come to it.) *Gagner un endroit, y arriver.*
To reach, (or give.) *Tendre, avancer, donner, bailler.*
Reach me my sword. *Tendez* ou *donnez-moi mon épée.*
To reach (or apprehend) the meaning of a thing. *Attraper, concevoir le sens d'une chose, la comprendre, en pénétrer le sens.*
To reach, (or to concern.) *Toucher, regarder, concerner.*
It is or 'tis not possible for the law to reach (or comprehend) all the various cases. *Une seule loi ne sauroit comprendre tous les cas différents.*
It costs too dear, I cannot reach the price of it. *Cela est trop cher, je ne saurois y mettre tant d'argent.*
To reach AT a thing. *Tâcher d'attraper quelque chose.*
To reach, *verb. neut.* (to be extended.) *S'étendre, régner.*
That forest reaches fifteen leagues along the highway. *Cette forêt s'étend ou règne quinze lieues le long du grand chemin.*
To reach to vomit. *Faire des efforts pour vomir, tâcher de vomir.*
Reached, *adject. Atteint, attrapé,* &c. *V.* to Reach.
REACHING, *f. L'action d'atteindre,* &c. *V.* to Reach.
To REACT, *verb. act. Réagir.*
REACTION, *sub.* (a philosophical term) *Action réciproque.*
* READ, *f.* (or counsel.) *Un conseil.*
Read, *adj. Lu.*
A well-read man, (or a man of letters.) *Un homme qui a beaucoup lu, un homme d'érudition.*
To READ, *v. act. Lire.*
Read ON. *Poursuivez, continuez de lire.*
To read OUT or aloud. *Lire tout haut, lire à haute voix.*
To read out, (or finish.) *Lire tout ou lire d'un bout à l'autre, parcourir.*
To read OVER. *Lire, parcourir, lire tout, lire d'un bout à l'autre.*
A man may read his distemper in his face. *Son mal est écrit sur son visage.*
To read ABOUT. *Lire tour à tour.*
To read AGAIN, to read over again. *Relire, lire encore une fois.*
To read (to teach in publick) Divinity. *Faire des leçons de Théologie.*
A professor that reads. *Un professeur qui donne leçon.*
Read, *prétérit & participe passé du verbe à* Read.
READEPTION, *f. Recouvrement.*
READER, *f. Ex.* The reader of a Church. *Le lecteur d'une Eglise.*
A reader (or professor) in a college. *Un Professeur d'un college, celui qui donne leçon.*

A great reader, (one that reads much.) *Un grand liseur ou une grande liseuse.*
READERSHIP, *s. Place de lecteur.*
READILY, *adv.* (or quickly, from ready.) *Promptement, vîtement, sans hésiter.*
Readily, (gladly, chearfully.) *Avec joie, avec plaisir, de bon cœur, avec empressement.*
Readily, (or without book.) *Par cœur.*
READINESS, *s.* (or diligence.) *Promptitude, diligence.*
Readiness of wit. *Présence d'esprit.*
To set in readiness, (to make ready.) *Préparer, tenir prêt.*
To be in readiness. *Être prêt.*
READING, *s.* (from to read.) *Lecture ou l'action de lire.*
A reading-desk, (in a Church.) *Un lutrin.*
A reading, (or lecture in schools.) *Leçon.*
When does the reading begin? *Quand est-ce qu'on donne leçon?*
Reading, *adj.* Ex. The reading part. *Ce qui regarde la lecture.*
To READJOURN, *v. act.* (or adjourn again.) *Réajourner.*
Readjourned, *adj. Réajourné.*
READJOURNING, *s. Réajournement ou l'action de réajourner.*
READMISSION, *s. Seconde admission.*
To READMIT, *v. act.* (to admit again.) *Admettre de nouveau.*
Readmitted, *adj. Admis de nouveau.*
To READORN, *v. act. Orner de nouveau.*
READY, *subst.* (ready money.) *Argent, argent comptant.*
READY, *adj.* (prepared at hand, in readiness.) *Prêt, préparé, en état, qui est sur le point de, qui est tout porté.*
Is dinner ready? *Le dîner est-il prêt?*
Ready at hand. *Tout prêt, à la main.*
I am ready to go. *Je suis près, je suis en état ou sur le point de partir.*
Ready, (inclined, prone.) *Prêt, enclin, disposé, porté, prompt.*
When will you be ready, (or drest?) *Quand serez-vous prêt, quand serez-vous habillé?*
Ready, (or quick.) *Habile, prompt, vif, présent.*
A ready writer. *Un habile écrivain, un écrivain qui a la main legere.*
To have a ready wit. *Avoir l'esprit présent.*
To have a strange ready wit. *Avoir une facilité d'esprit admirable.*
To have a ready tongue. *Avoir une grande facilité d'expression, avoir la langue bien pendue.*
Ready money, (money down on the nail.) *Argent comptant, argent bas.*
To make or get any thing ready. *Préparer quelque chose, la tenir prête.*
To get supper ready. *Apprêter, préparer le soupé.*
To make ready or to get one's self ready. *Se préparer, se disposer, se tenir prêt.*
To get one's self ready, (or to put one's own clothes on.) *S'habiller.*
This is a ready way to honour. *C'est une bonne voie, c'est la voie la plus courte pour parvenir aux honneurs.*
Now so many mischiefs are ready to light upon our heads. *Maintenant que nous sommes menacés de tant de dangers.*
READY, *adv.* (for already.) *Déjà.*
The tents were ready pitched. *Les tentes étoient déjà dressées.*

Rooms to be let ready furnished. *Chambres à louer toutes garnies.*
REAFAN, *s.* (the royal banner or standard of the Danes.) *C'étoit le nom de l'étendard royal des Danois du temps que l'Angleterre leur étoit soumise.*
REAFFIRMANCE, *subst. Seconde confirmation.*
RE-AFFORESTED, *adj.* (a law-word, made again forest.) *Que l'on a derechef érigé en forêt.*
REAL, *adj.* (that is indeed, true.) *Réel, qui est vraiment & réellement; effectif, qui est en effet, vrai, véritable.*
Real estate. *Biens immeubles.*
Real, *s.* (a Spanish coin.) *Réal ou réale, monnoie d'Espagne.*
REALGAR, *s. Realgal,* arsenic rouge.
REALITY, *subst.* (the being indeed, the truth.) *Réalité, vérité.*
The reality of my friendship. *La sincérité de mon amitié.*
I cannot apprehend what reality there is in greatness. *Je ne puis pas comprendre ce que la grandeur a de réel.*
To REALIZE, *v. act.* (to turn into reality.) *Réaliser.*
REALIZING, *s. Action de réaliser.*
Misers call realizing the hoarding up of gold and silver. *Les avares appellent réaliser faire des monceaux d'or & d'argent.*
REALLY, *adv.* (indeed or in effect.) *Réellement, effectivement, en effet, véritablement.*
Really, (in earnest, truly.) *Vraiment, assurément, tout de bon.*
REALM, *s.* (or Kingdom.) *Royaume.*
REALTY. *V.* Loyalty.
REAM, *subst.* (twenty quires of paper.) *Rame de papier.*
To REANIMATE, *v. act. Ranimer, redonner ou rendre la vie.*
Reanimated, *adj. Ranimé.*
To REANNEX, *verb. act. Rejoindre, réunir.*
To REAP, *v. a.* (to gather.) *Moissonner, faire la moisson, recueillir.*
To reap (or gather) the fruits of one's labour. *Recueillir les fruits de son travail.*
The benefit you shall reap by it. *Le profit que vous en tirerez ou qui vous en reviendra.*
Reaped, *adj. Moissonné, recueilli.*
REAPER, *s. Moissonneur, ma sonneuse.*
REAPING, *s. L'action de moissonner ou de recueillir.*
Reaping (or harvest) time. *Moisson, le temps de la récolte.*
A reaping sickle. *Une faucille.*
REAR, *subst.* (the hinder troop of an army or the hinder line of a fleet.) *L'arriere-garde, la queue d'une armée.*
To bring up the rear. *Faire l'arriere-garde, être à la queue.*
To attack an enemy in flank and rear. *Attaquer l'ennemi en flanc & en queue.*
Rear-Admiral. *Contre-amiral.*
A rear-egg. *V.* Rath.
REARMOUSE, } *s. Chauve-souris.*
RAREMOUSE, }
To REAR, *s. act.* (to set up on end.) *Elever, ériger, dresser.*
To rear a child. *V.* to Rear up.
The tower began to rear a head of great height. *La tour commença à s'élever d'une grande hauteur.*
To rear a boar. *Lancer un sanglier ou le faire partir de la bauge,* en termes de chasse.

To rear UP. *Lever, élever, dresser, ériger.*
A horse that rears himself up. *Un cheval qui se leve sur ses deux pieds de derriere, un cheval qui se cabre.*
To rear up a building. *Elever un édifice, le construire, le bâtir.*
To rear, (or bring up.) *Elever, nourrir.*
To rear up a child. *Elever ou nourrir un enfant.*
I reared up this horse from a colt. *J'ai élevé ce cheval.*
To rear one up, (to raise him up.) *Elever quelqu'un aux charges, l'avancer, faire la fortune à quelqu'un.*
To rear one's self up. *S'élever, s'agrandir, se pousser, faire sa fortune.*
To rear, *v. neut.* (as a horse does.) *Se cabrer,* en parlant d'un cheval.
Reared, *adj. Elevé,* &c. *V.* to Rear.
REARING, *subst. L'action d'élever, &c. V.* to Rear.
REARWARD, *s. L'arriere, la queue.*
To REASCEND, *verb. act. & neut. Remonter.*
REASON, *subst.* (that faculty of the soul whereby we discourse and judge of things.) *Raison, bon sens, jugement.*
Second reason. *Droite raison, bon sens.*
To speak reason. *Parler en homme de bon sens.*
Reason, (or proof.) *Raison, preuve.*
Reason, (or cause.) *Raison, cause, motif, sujet, lieu.*
What is the reason that—? *D'où vient que, pourquoi—?*
By reason of. *A cause de.*
By reason that. *Parce que.*
Reason, (consideration.) *Raison, considération.*
Reason, (reasonable terms, justice, right, duty.) *Raison, droit, équité, justice, devoir.*
To bring one to reason. *Ranger, mettre, réduire quelqu'un à la raison.*
To speak reason, to have reason, (to be in the right.) *Avoir raison.*
To yield or submit to reason. *Se mettre à la raison.*
There is all the reason in the world in it. *Il n'y a rien de plus juste.*
As reason was. *Comme de raison, comme il étoit juste, comme il étoit raisonnable.*
A thing contrary to reason, which is against, beyond or out of all reason. *Une chose déraisonnable, qui est contre tout droit & raison.*
It were more reason. *Il seroit bien plus raisonnable.*
Good reason too, and good reason. *A bon droit, avec raison.*
To do one reason, (to give him satisfaction.) *Faire raison à quelqu'un, lui donner contentement sur quelque chose.*
To REASON, *v. neut.* (to discourse.) *Raisonner, discourir.*
To reason, (or dispute.) *Raisonner, disputer.*
To reason with one's self. *Méditer, considérer, songer profondément à quelque chose.*
REASONABLE, *adj.* (or rational.) *Raisonnable, doué de raison, qui a la faculté de raisonner.*
Reasonable, (or just.) *Raisonnable, juste, équitable.*
Reasonable, (or moderate.) *Raisonnable, qui n'excede pas, qui n'est pas exorbitant.*

Reasonable;

Reasonable, (convenient or competent.) Raisonnable, convenable, qui est au-dessus du médiocre.
Reasonable aid, (a duty formerly paid to the lord of the fee, and taken away by act of Parliament.) Sorte de redevance féodale qui a été abolie par acte du Parlement.
REASONABLENESS, s. Justice, équité.
REASONABLY, adv. Raisonnablement, passablement.
REASONER, s. Raisonneur, logicien.
REASONING, s. Raisonnement ou l'action de raisonner.
REASONLESS, adj. Sans raison.
To REASSEMBLE, verb. act. Rassembler, remettre ensemble, ramasser.
To reassemble, v. neut. Se rassembler.
Reassembled, adj. Rassemblé.
To REASSERT, v. act. Affirmer de nouveau.
To REASSUME, v. act. Reprendre.
Reassumed, adj. Repris.
REASSUMING, subst. L'action de reprendre.
To REASSURE, verb. act. Rassurer, dissiper les craintes.
To REAVE. V. to Rive.
To REBAPTIZE, verb. act. (to christen again.) Rebaptiser.
Rebaptized, adj. Rebaptisé.
REBAPTIZATION, } subst. L'action de
REBAPTIZING, } rebaptiser.
REBATE, subst. (or chamfering.) Cannelure.
To REBATE, v. act. (to chamfer.) Canneler.
To rebate, (or blunt.) Emousser.
To rebate (or check) one's price. Rabattre, abaisser l'orgueil de quelqu'un.
To rebate (or deduct) in account. Rabattre, déduire, décompter.
Rebated, adj. Cannelé, &c. V. to Rebate.
Coats of arms rebated, (or diminished.) Armes brisées.
REBATEMENT, subst. (or diminution of figures.) Diminution de figures.
Rebatement (or rebating) of coats of arms. Brisure d'armoiries.
Rebatement, (or deduction.) Déduction, décompte.
REBATING, s. L'action de canneler, &c. V. to Rebate & Rebatement.
REBECK, subst. (a three-stringed musical instrument.) Rebec, sorte d'instrument de musique qui n'avoit que trois cordes.
* A rebeck, (an old trot.) Une vieille.
REBEL, s. (one that revolts against his Sovereign.) Un rebelle.
To REBEL, v. neut. (or revolt against one's Sovereign.) Se révolter.
REBELLING, s. Rebellion, l'action de se révolter, &c. V. to Rebel.
REBELLION, s. Rebellion, révolte.
REBELLIOUS, adj. Rebelle, enclin à la rebellion ou qui tend à la rebellion.
A rebellious (or undutiful) child. Un enfant rebelle, un enfant désobéissant.
REBELLIOUSNESS, subst. Rebellion, révolte.
To REBELLOW, v. neut. (to bellow a second time.) Mugir une seconde fois, répéter le mugissement.
REBOUND, s. Bond ou second bond.
To REBOUND, v. neut. Faire un bond, bondir ou rebondir.
Rebounded, adj Bondi ou rebondi.

REBOUNDING, s. Second bond, rebondissement, l'action de rebondir.
REBUFF, s. (or repulse.) Rebuffade, rebut, refus, mauvais accueil, résistance.
To REBUILD, v. act. Rebâtir.
REBUILDING, s. L'action de rebâtir.
REBUILT, adj. Rebâti.
REBUKABLE, adj. Blâmable, qui mérite des reproches.
REBUKE, s. (check or reproof.) Réprimande, censure, mercuriale.
To give one a rebuke. Faire une réprimande à quelqu'un, lui faire la mercuriale.
To REBUKE, v. act. (or check.) Reprendre, quereller, censurer, réprimander, gronder, † laver la tête, faire la mercuriale.
P. The devil rebukes sin. P. Le renard prêche aux poules.
Rebuked, adj. Repris, censuré, querellé, réprimandé, &c.
REBUKEFUL, adj. Aigre, rude.
He did it with such rebukeful language. Il le fit avec tant d'aigreur ou d'une manière si aigre.
REBUKEFULLY, adv. Avec aigreur, rudement.
REBUKER, s. Celui ou celle qui reprend, qui querelle, qui censure ou qui réprimande ; un censeur, un grondeur.
REBUKING, s. L'action de reprendre, &c. V. to Rebuke.
Rebuking, adj. Ex. A rebuking letter. Une lettre de réprimande.
REBUS, s. (a sort of symbolical device.) Un rébus.
To RECALL, v. act. (or to call home.) Rappeler, faire revenir, donner ou envoyer ordre de retourner.
Recalled, adj. Rappelé.
RECALLING, s. Rappel, ordre de revenir, ou l'action de rappeler.
To RECANT, verb. act. (to unsay.) Rétracter, désavouer.
To recant, verb. neut. Se rétracter, se dédire, chanter la palinodie.
RECANTATION, s. (or unsaying.) Rétractation, l'action de se rétracter ou de chanter la palinodie.
Recanted, adj. Rétracté, désavoué.
RECANTING, s. Rétractation, l'action de rétracter, &c. V. to Recant.
To RECAPITULATE, v. act. (to sum up briefly.) Récapituler, faire la récapitulation d'un discours, résumer ce qui a été dit.
Recapitulated, adj. Récapitulé.
RECAPITULATION, subst. Récapitulation.
To RECARRY, v. act. (to carry back.) Rapporter.
To RECEDE, verb. neut. (or go back.) Reculer.
I am under such engagements, that I cannot recede. Je suis lié de telle sorte, que je ne saurois reculer ou m'en dédire.
RECEIPT, s. (the way of composing a physick, &c.) Recette.
Receipt, (or money received.) Recette de deniers.
Receipt, (or the act of receiving.) Réception, recette.
The receipt of rents. La recette des rents.
The receipt of a letter. La réception d'une lettre.
Receipt, (or note of a thing received.) Reçu, quittance.

RECEIVABLE, adj. Recevable.
To RECEIVE, verb. act. Recevoir, dans tous ses sens.
To receive money. Recevoir, toucher de l'argent.
To receive great honours. Recevoir de grands honneurs.
The tree receives its nourishment from the roots. L'arbre reçoit, prend ou tire sa nourriture des racines.
To receive (or gather) the taxes. Recevoir les taxes, en faire la recette.
To receive (or entertain) one at one's house. Recevoir, retirer quelqu'un chez soi, lui faire un bon accueil, l'accueillir.
To receive, (or admit) one into an office. Recevoir quelqu'un à une charge, l'y admettre.
To receive (or approve of) an excuse. Recevoir une excuse.
To receive (or embrace) an opinion. Recevoir une opinion, l'embrasser, l'approuver.
To receive (or sustain) a great loss. Faire une grande perte.
To receive (or conceal) stolen things. Receler quelque vol.
Received, adj. Reçu, &c. V. to Receive.
RECEIVER, s. Receveur.
A receiver of rents. Un receveur de rentes.
Receiver of stolen goods. Receleur, receleuse.
RECEIVING, s. L'action de recevoir, &c. V. to Receive. Recette, réception.
To RECELEBRATE, verb. act. Célébrer de nouveau.
RECENCY, s. Nouveauté.
RECENSION, s. Enumération.
RECENT, adj. (late, fresh, new.) Récent, tout nouveau, frais.
RECENTLY, adv. Récemment, nouvellement, depuis peu, fraîchement, ou tout fraîchement.
RECEPTACLE, s. Réceptacle, retraite ou repaire.
RECEPTARY, s. Chose reçue.
RECEPTIBILITY, subst. Possibilité de recevoir.
RECEPTION, sub. (or entertainment.) Réception, accueil.
RECEPTIVE, adject. (apt or fit to receive.) Capable de recevoir, propre à recevoir.
RECEPTORY, adj. Généralement reçu.
RECESS, s. (or withdrawing, from to recede.) Retraite, éloignement, l'action de s'éloigner.
The recess (or rising) of the British Parliament. La levée ou la séparation du Parlement Britannique.
The recess (or resolutions) of an Imperial Diet. Les résolutions, les procédures d'une Diete de l'Empire.
A private recess, (a by-place, a solitude.) Retraite, solitude, lieu retiré, particulier ou à l'écart.
The most secret recesses of our souls. Les replis de nos ames, les secrets de notre cœur.
RECESSION, s. (or receeding.) Action de céder, concession.
Ex. A recession from some material articles. Concession de quelques articles importants.
To RECHANGE, v. act. Rechanger.
To RECHARGE, v. act. Recharger.
To RECIDIVATE, v. n. (or to relapse.) Récidiver, faire une rechute.
RECIDIVATION,

RECIDIVATION, *f.* (*or* relapse.) *Récidive, rechute.*
RECIPE, *f.* (the bill whereby the Physician directs the Apothecary.) *Récipé, ordonnance de Médecin.*
RECIPIENT, *f.* (the vessel that receives what comes out of the alembick.) *Récipient.*
RECIPROCAL, *adj.* (*or* mutual.) *Réciproque, mutuel.*
A pronoun *or* a verb reciprocal. *Un pronom ou un verbe réciproque.*
RECIPROCALLY, *adv. Réciproquement, mutuellement, l'un à l'autre.*
RECIPROCALNESS, *subst. Réciprocité, retour mutuel.*
To RECIPROCATE, *v. act. Réfléchir.*
Ex. Reciprocal verbs reciprocate the action upon the agent. *Les verbes réciproques réfléchissent l'action sur l'agent.*
RECIPROCATION, *subst.* Ex. A reciprocation (*or* interchanging) of love. *Une amitié ou un amour réciproque, retour d'amour.*
RECISION, *f.* (*or* cutting off.) *L'action de couper, de trancher.*
RECITAL, *f.* (relation *or* account.) *Récit, relation, narration ou narré.*
The recital of an act of Parliament. *L'exposé d'un acte du Parlement.*
RECITATION, *f.* (*or* rehearsing.) *Récit, action de reciter.*
RECITATIVE, *adj. Ex.* Recitative musick *or* a recitative , *subst. Récitatif, ou récit en musique.*
To RECITE, *v. act.* (*or* say without book *or* by heart.) *Réciter, dire par cœur.*
To recite, (*or* relate.) *Réciter, raconter.*
Recited, *adject. Récité, &c. Voyez* to Recite.
RECITER, *f. Celui ou celle qui récite.*
RECITING, *f. L'action de réciter, &c. Voy.* to Recite.
* To RECK. *Voy.* to Care.
To RECKON, *v. act.* (to count *or* compute.) *Compter, calculer, supputer.*
To reckon, (*or* to esteem.) *Compter, estimer, réputer, tenir, mettre au rang, considérer.*
I reckon him for a dead man. *Je le compte pour mort.*
I shall reckon it a favour. *Je tiendrai cela à faveur.*
To reckon, (to believe , to think.) *Croire, penser, s'imaginer.*
To reckon, (to design.) *Compter, faire état, faire dessein.*
To reckon, (to rely, to depend upon.) *Compter, faire son compte, prendre ses mesures, faire fond, s'assurer.*
To reckon upon a thing , (to expect it.) *Compter sur quelque chose, s'y attendre.*
I reckon little of it. *Je m'en promets peu de chose.*
To reckon UP. *Compter, supputer, faire la supputation ou le dénombrement.*
Reckoned, *adj. Compté, supputé, &c. Voy.* to Reckon.
RECKONER, *subst. Celui ou celle qui compte, arithméticien.*
RECKONING, *subst. L'action de compter, compte. Voy.* to Reckon.
P. Even reckonings make long friends.
P. Les bons comptes font les bons amis.
To come to a reckoning with one, *Compter avec quelqu'un.*
Reckoning, (in a publick house.) *Ecot, compte de cabaret.*
After-reckoning. *Un subrécot.*
He makes no reckoning (or account) of it. *Il n'en fait aucun compte, il ne s'en soucie point.*
We make more reckoning of our liberty than of your friendship. *Nous préférons notre liberté à votre amitié.*
Reckoning, (of a woman with child.) *Terme d'une femme enceinte.*
She went to her reckoning. *Elle accoucha au bout de son terme.*
She is near her reckoning. *Elle est prête à accoucher.*
The same reckoning (or judgment) is to be made of clothing. *Il en faut juger de même du vêtement.*
Off-reckoning. *Décompte.*
Reckoning, *f.* (at sea.) *Estime.*
Dead reckoning. *Route estimée.*
To RECLAIM, *v. act.* (to recall one from ill courses.) *Corriger quelqu'un de ses vices, le mettre à la raison, le ranger à son devoir, le réduire, lui faire changer de vie ou d'inclination, le réformer.*
To reclaim (or gainsay) a thing. *Réclamer contre une chose, contredira, s'opposer à quelque chose.*
To reclaim, (a term of hunting.) *Réclamer,* terme de chasse.
The partridge reclaims. *La perdrix réclame.*
To reclaim a hawk. *Réclamer l'oiseau.*
To reclaim, *v. neut.* (to take up, and leave off one's vices.) *Se corriger, se réformer, changer de vie.*
Reclaimed, *adject. Corrigé, réclamé, &c. Voy.* to Reclaim.
RECLAIMING, *f. L'action de corriger, &c. Voy.* to Reclaim.
RECLAIMLESS, *adj.* Incorrigible, *perdu, abandonné.*
To RECLINE, *v. act. Pencher.*
Reclined, *adj. Penché.*
To RECLOSE, *v. act. Refermer.*
To RECLUDE, *v. act. Ouvrir.*
RECLUSE, *adject.* (shut up or secret.) *Enfermé, secret, caché.*
Recluse, *subst.* (a monk, friar or nun shut up in a cloister.) *Un reclus, une recluse.*
RECOGNISANCE, *subst.* (a bond or obligation of record.) *Reconnoissance, obligation que l'on passe dans une cour de justice.*
Recognisance of assize, (the verdict of the twelve men impannelled upon an assize.) *Le jugement des douze Jurés.*
To RECOGNISE, *v. a.* (to acknowledge.) *Reconnoître.*
RECOGNISEE, *f.* (he to whom one is bound in a recognizance.) *Celui à qui l'on passe l'obligation nommée recognisance.*
RECOGNISOR, *f. Celui qui a passé cette sorte d'obligation.*
RECOGNITION, *subst.* (or acknowledgment.) *Reconnoissance.*
Recognition, (review or examination.) *Revue, examen.*
RECOGNITORS, *f.* (the jury impannelled upon an assize.) *Les douze jurés de la cour des Assises.*
RECOGNIZANCE. *V.* Recognisance.
Recognizance, *f.* (a law - term.) *Soumission. Voy.* Soumission in the French volume.
RECOIL, *f.* (or giving back.) *Recul.*
To RECOIL, *v. n.* (to give back, as a gun.) *Reculer, repousser.*
To recoil, (to give ground.) *Reculer, lâcher le pied.*
To recoil from one's promise. *Se dédire de sa promesse, ne pas tenir sa promesse, reculer.*
His arguments recoil , (or are against him.) *Ses preuves sont contre lui.*
RECOILING, *f. Recul, l'action de reculer, &c. Voy.* to Recoil.
To RECOIN money, *v. act.* (to coin it anew.) *Frapper, battre de nouvelle monnoie, refaire ou renouveller la monnoie.*
Recoined, *adj. Frappé ou battu de nouveau. Voy.* to Recoin.
RECOINAGE, } *f. Renouvellement de la*
RECOINING, } *monnoie, &c. Voy.* to Recoin.
RECOLLECT. *Voy.* Recollects.
To RECOLLECT one's self, *v. réc.* (to reflect upon one's self.) *Se recueillir, rentrer dans ou en soi-même.*
Pray, recollect yourself, (call it to mind or think of it.) *Songez-y bien, avisez-y, rappelez-en la mémoire ou le souvenir, tâchez de vous le remettre.*
Be so good as to recollect a little the terms of your letter. *Ayez la bonté de rappeler un peu les expressions de votre lettre.*
When he had recollected (or recovered) himself from his fright. *Après qu'il se fut remis de sa frayeur, après qu'il en fut revenu.*
RECOLLECTION, *f.* (reflection of the mind.) *Recueillement, récollection de l'esprit, action de l'esprit qui se recueille.*
Recollection, (or recapitulation,) *Récapitulation.*
RECOLLECTS, *subst.* (a branch of the Franciscan friars.) *Récollets,* Ordre de Religieux de Saint François.
To RECOMFORT, *v. act. Réconforter, donner une nouvelle vigueur.*
To RECOMMENCE, *v. act. Recommencer, renouveller.*
Recommenced, *adject. Recommencé, renouvellé.*
To RECOMMEND, *v. act. Recommander, prier d'avoir soin de, prier d'être favorable à.*
A book that recommends itself to the world. *Un livre qui porte sa recommandation avec lui ; un livre qui se rend recommandable par lui-même.*
If you will recommend yourself to the esteem of men. *Si vous voulez gagner ou vous attirer l'estime du monde.*
RECOMMENDABLE, *adject. Recommandable, louable, estimable.*
RECOMMENDATION, *subst. Recommandation.*
RECOMMENDATORY, *adject. Qui recommande, de recommandation ou de faveur.*
Ex. A recommandatory letter. *Une lettre de recommandation ou de faveur.*
RECOMMENDED, *adj. Recommandé.*
RECOMMENDER, *f. Celui ou celle qui recommande.*
To RECOMMIT, (to commit anew.) *Voy.* to Commit.
RECOMPENSATION. *Voyez* Compensation.
RECOMPENSE, *f.* (requital or reward.) *Récompense.*
Recompense, (or amends.) *Récompense, compensation, dédommagement.*
To RECOMPENSE, *v. act.* (to requite.) *Récompenser, reconnoître.*
To recompense, (or make amends.) *Récompenser, dédommager.*
Recompensed, *adject. Récompensé, &c. Voy.* to Recompense.
RECOMPENSER,

RECOMPENSER, *f. Celui ou celle qui récompense.*
RECOMPENSING, *subst. L'action de récompenser.*
RECOMPILEMENT, *subst. Nouvelle compilation.*
To RECOMPOSE, *v. act. Recomposer, composer une seconde fois.*
To RECONCILE, *verb. act. (to make friends, to make up differences.) Réconcilier, accorder, accommoder, remettre en bonne intelligence, rajuster, réunir, mettre d'accord.*
To reconcile, (to make agree what seems contrary.) Concilier, accorder ce qui paroît être contraire; ajuster, rajuster.
To reconcile the principles of several sects. *Accorder ou concilier les principes de diverses sectes.*
Death reconciles all things. *La mort rajuste toutes choses.*
He could not reconcile himself to do it. *Il ne put s'y résoudre.*
Reconciled, *adj. Réconcilié, &c. V. to Reconcile.*
These things cannot be reconciled. *On ne sauroit concilier ou accorder ces choses.*
She will quickly be reconciled to you. *Elle reviendra bientôt à vous.*
He cannot be reconciled to tobacco, (he cannot endure it.) *Il ne sauroit souffrir le tabac.*
RECONCILEABLE, *adject. Que l'on peut réconcilier ou accommoder.*
RECONCILEMENT, *f. (or reconciliation.) Réconciliation, raccommodement, réunion.*
RECONCILER, *subst. Conciliateur, conciliatrice.*
RECONCILIATION, *f. Réconciliation, raccommodement, réunion.*
RECONCILING, *f. L'action de réconcilier, &c. V. to Reconcile.*
To RECONDENSE, *v. act. Condenser de nouveau.*
RECONDITE, *adj. (secret or hidden,) Secret, caché, impénétrable.*
To RECONDUCT, *v. act. Reconduire.*
Reconducted, *adj. Reconduit.*
To RECONJOIN, *v. act. Rejoindre.*
To RECONNOITRE, *verb. act. Reconnoître.*
To RECONQUER, *v. act. Reconquérir.*
To RECONSECRATE, *v. act. Consacrer de nouveau.*
To RECONVENE, *v. act. Rassembler.*
To RECONVEY. *Voy. to Convey.*
RECORD, *f. (an act committed to writing in any of the king's courts.) Acte public enregistré.*
A court of record. *Greffe, lieu où se gardent les registres.*
It is or 'tis upon record. *Cela est enregistré.*
To search the records. *Visiter les actes & journaux.*
Record, (or authentick testimony.) *Témoignage authentique.*
To bear record. *Rendre témoignage.*
The records of the tower. *Les archives d'Angleterre, que l'on garde dans la tour de Londres.*
Records of time. (history.) *L'histoire.*
'Tis a maxime in the law of England, that nothing can be averred that is out of record. *C'est une maxime de droit en Angleterre, qu'aucun fait n'est avéré, à moins qu'il ne soit prouvé par titres ou actes authentiques.*

'Tis upon record. *L'histoire rapporte ou fait mention.*
Of whom there is so much record in the ancient poets. *Dont les anciens Poetes ont tant parlé.*
His letter is still upon record. *L'histoire nous a conservé sa lettre.*
To RECORD, *v. act. (to register.) Enregistrer.*
To record a thing in history. *Mettre une chose dans l'histoire, en conserver la mémoire ou le souvenir.*
Recorded, *adject. Enregistré. Voy. to Record.*
You will find it recorded in history. *Vous le trouverez dans l'histoire.*
Your name shall be recorded in my works. *Je ferai mention de vous dans mes ouvrages, vous verrez votre nom dans mes ouvrages.*
RECORDATION, *f. Ressouvenir.*
RECORDER, *f. (he that keeps the records.) Un greffier.*
A recorder, (or mayor's associate.) *Un Assesseur ou un Juge-assesseur.*
A recorder, (or flute.) *Flûte.*
To RECOVER, *v. act. (to get again.) Recouvrer, ravoir, reprendre, retirer, rattraper.*
To recover one's health or liberty. *Recouvrer sa santé ou sa liberté.*
To recover one's wind or breath. *Reprendre haleine.*
To recover one's money. *Retirer ou ravoir son argent.*
To recover (to repair or retrieve) a loss. *Réparer une perte, s'en refaire, s'en remettre.*
To recover, (to restore one's health.) *Refaire, remettre, redonner la santé, restaurer les forces.*
To recover a hare. *Relancer un lievre.*
To recover one out of a swoon. *Faire revenir quelqu'un de pamoison.*
To recover a thing to one's memory. *Faire ressouvenir quelqu'un d'une chose, lui en rafraichir la mémoire, la lui remettre dans l'esprit.*
To recover ONE'S SELF, *v. réc. (to come to one's self egain.) Revenir à soi, reprendre ses esprits, recouvrer ses forces, se remettre.*
To recover, *v. n. (or to begin to recover from a sickness.) Relever d'une maladie, en revenir, en réchapper, recouvrer la santé, se remettre, se ravoir, se rétablir, se renforcer, se mieux porter, commencer à guérir.*
RECOVERABLE, *adject. (that may be regained.) Recouvrable, que l'on peut recouvrer.*
RECOVERED, *adj. Recouvré, rattrapé, retiré, &c. Voy, to Recover.*
He is not yet recovered of his losses. *Il se ressent encore de ses pertes.*
RECOVERING, *f. L'action de recouvrer, &c. Voy. to Recover.*
RECOVERY, *f. (regaining.) Recouvrement.*
The recovery of our liberty. *Le recouvrement de notre liberté.*
Recovery, (the obtaining a thing by trial of law.) *Recouvrement, perception de ce qui est dû.*
Recovery of health or recovery. *Recouvrement de santé, rétablissement, convalescence, guérison.*
He is past recovery or past hope of recovery. *C'est fait de lui, sa santé est désespérée, il n'en relevera jamais.*

I have no hopes of his recovery. *Je désespere de sa santé.*
Recovery, (remedy, help.) *Remede, ressource.*
I am lost without hopes of recovery. *Je suis perdu sans ressources.*
It is a thing past recovery. *C'en est fait, il n'y a plus de remede ou de ressource.*
To RECOUNT, *v. act. (to tell or relate.) Conter, raconter, réciter.*
Recounted, *adj. Conté, raconté, récité.*
RECOURSE, *subst. (refuge.) Recours, réfuge.*
To have recourse to justice. *Avoir recours à la justice, recourir à la justice.*
When the blood has a free recourse, (or passage.) *Quand le sang a le passage libre.*
The recourse (or return) of spirits. *Le retour des esprits.*
Recourse, (retort or concourse.) *Concours, abord.*
† RECREANT, *f. Un lâche, un poltron, un apostat.*
To RECREATE, *verb. act. (to refresh or divert.) Récréer, divertir, réjouir, rendre joyeux ou gai, donner de la joie, ranimer.*
Recreated, *adject. Récréé, diverti, réjoui.*
RECREATION, *subst. (refreshment or pastime.) Récréation, passe-temps, divertissement.*
RECREATIVE, *adj. (pleasant or delightful.) Récréatif, divertissant, qui donne du plaisir, qui récrée, qui réjouit.*
RECREATIVENESS, *subst. Qualité récréative.*
RECREDENTIALS, *subst. (an answer to the credential letters of an ambassador.) Lettres de récréance.*
RECREMENT, *f. Voy. Dross.*
RECREMENTAL,
RECREMENTITIOUS, } *adject. Plein d'écume.*
To RECRIMINATE, *v. n. (to return an accusation or reproach.) Récriminer.*
RECRIMINATION, *subst. (the returning an accusation or reproach.) Récrimination.*
RECRUIT, *f. (a soldier listed to fill up a vacancy in a troop or company.) Un soldat de recrue.*
Recruits, (in the plural, several of such soldiers together.) *Une recrue, une bande de soldats de recrue.*
A recruit of provisions. *Nouvelles provisions.*
To RECRUIT, *v. a. (to supply or fill up.) Recruter, remplacer ou remplir ce qui manque, renforcer.*
To recruit a regiment. *Recruter un regiment.*
To recruit the fire, (to add fuel to it.) *Mettre du bois ou du charbon au feu.*
To recruit one's self, (to refresh one's self, to gather strength.) *Se rafraichir, prendre du rafraichissement, se refaire, réparer ses forces, se remettre.*
Recruited, *adj. Recruté, &c. Voy. to Recruit.*
RECRUITING, *subst. L'action de recruter. Voy. to Recruit.*
RECTANGLE, *f. (a figure of four right angles.) Un rectangle.*
RECTANGULAR, *adj. (having one or more right angles.) Rectangle, qui a un ou plusieurs angles droits.*
RECTIFIABLE, *adject. Qui peut être rectifié.*
RECTIFICATION,

RECTIFICATION, *sub.* (or rectifying.) Rectification, l'action de rectifier.
RECTIFIER, *subst.* Celui ou celle qui rectifie, &c.
To RECTIFY, *v. act.* (to redress, to set to rights, to correct.) Rectifier, redresser, corriger.
I cannot rectify his mistake. *Je ne saurois redresser son erreur.*
You have rectified my thoughts as to that. *Vous m'avez heureusement détrompé a cet égard.*
Rectified, *adject.* Rectifié, &c. V. the verb.
RECTIFYING, *f.* Rectification, l'action de rectifier, &c. V. to Rectify.
RECTILINEAL,
RECTILINEOUS, } *adj.* (consisting of strait lines.) Rectiligne, dont les lignes sont droites.
RECTITUDE, *f.* (or straitness.) Rectitude, état de ce qui est droit.
Rectitude, (uprightness, justice.) Rectitude, droiture, équité, justice.
RECTOR, *f.* (governor or principal) of a college. Recteur, principal ou chef d'un collège.
The rector of a Parish. *Le Ministre ou le Curé d'une paroisse.*
RECTORIAL, *adj.* (belonging to a rector.) Qui appartient à un recteur ou à un Curé.
RECTORSHIP, *subst.* Rectorat.
RECTORY, *subst.* (or parsonage.) Paroisse, Eglise paroissiale avec tous ses droits.
RECUSATION,
RECUMBENCY, } *subst.* (relying or depending upon.) Confiance, repos.
He had a great recumbency upon his promise. *Il se reposoit entierement, il faisoit fond sur sa promesse, il comptoit sur sa promesse.*
RECUMBENT, *adj.* (leaning or resting.) Qui s'appuye, qui se repose.
To RECUPERATE, *v. act.* (or recover.) Recouvrer.
RECUPERATION, *subst.* Recouvrement.
RECUPERATORY, *adject.* (belonging to recuperation.) Qui sert à recouvrer.
To RECUR, *verb. neut.* (to run back or return.) Revenir.
To recur, (or have recourse to.) Recourir, avoir recours a.
To RECUIL, *v. act.* Culbuter.
RE-URRENCE,
RECURRENCY, } *f.* Retour.
RECURRENTS, *sub.* or recurrent verses, *adj.* (that are read the same backward and forward.) Vers qui se lisent de même à rebours que tout droit, en commençant par la derniere lettre.
RECURSION, *subst.* (or running back.) Retour.
RECURVATION, *f.* Courbure en arriere.
RECURVOUS, *adject.* (bent backward.) Recourbé.
RECUSANT, *f.* (any person that refuses to come to Church, and that will not communicate.) Un sectaire, celui qui refuse d'aller à l'Eglise & de s'y présenter à la communion. On peut dire *récusant*, lorsqu'on parle des affaires d'Angleterre.
To RECUSE, *v. act.* Récuser.
RED, *adj.* Rouge.
Red wine. *Du vin rouge.*
A red ribband. *Un ruban rouge.*
Red lips or cherry lips. *Levres rouges ou vermeilles.*

Fine red cherries. *Des cerises vermeilles.*
To make or grow red. *Rougir, rendre ou devenir rouge.*
Red lead. Mine. *V.* Lead.
Red-weed. *Pavot rouge, coquelicot.*
Red-hot. *Tout rouge, tout chaud.*
A red pimple. *Rougeur, bouton, rubis.*
Red-herrings. *Hareng saurets.*
† A witch's red book, (a catalogue of such as have sealed to the devil with their own blood.) *La liste des forciers.*
Red deer, (or fallow deer.) *Une bête fauve ou des bêtes fauves.*
† The red-letter tribe. *C'est un sobriquet qu'on donnoit autrefois aux Catholiques Romains.*
Red streak, (a sort of apple.) *Sorte de pomme.*
Red-streak cyder. *Sorte de cidre.*
Red-faced. *Haut en couleur, rouge trogne, rubicond, rougeaud.*
Red-flecked eyes. *Des yeux rouges.*
Red-haired. *Roux, rousseau, qui a le poil roux.*
Red tail, red start, (or bull-finch.) *Rouge-queue, oiseau.*
Robin-red-breast, (a bird.) *Rouge-gorge, oiseau.*
Red, *subst.* (or red - colour.) *Rouge, couleur rouge.*
A crimson-red. *Un rouge cramoisi.*
Faint-red. *Rouge mort.*
Blood-red. *Rouge de sang.*
Red, (or red paint.) *Rouge, sorte de fard.*
She paints red. *Elle met du rouge.*
A natural red. (or a vermilion tincture upon the face.) *Vermillon.*
REDCOAT, *subst.* Nom que l'on donne aux soldats anglois, à cause de leurs habits rouges.
To REDDEN, *v. act. & neut.* (to make or grow red.) Rougir.
REDDISH, *adj.* Rougeâtre, un peu rouge, qui tire sur le rouge.
REDDITION, *f.* (a restoring or yielding.) Reddition ou restitution.
REDDITIVE, *adj.* (belonging to reddition.) Qui regarde la reddition.
REDDLE, *f.* Ocre rouge.
To REDEEM, *verb. act.* (to buy off, to recover.) Racheter, degager, retirer.
Christ has redeemed us by his blood. *Le Christ nous a rachetés par son sang.*
To redeem goods in pawn. *Dégager des hardes qu'on avoit mises en gage.*
To redeem time. *Racheter le temps, en réparer la perte.*
REDEEMABLE, *adj.* Rachetable, qui se peut racheter.
Redeemed, *adject.* Racheté, dégagé, retiré.
REDEEMER, *subst.* Rédempteur, sauveur, libérateur.
CHRIST the Redeemer of mankind. *Le CHRIST Rédempteur ou Sauveur du genre humain.*
REDEEMING, *subst.* L'action de racheter, de dégager ou de retirer, rédemption.
To REDELIVER, *verb. act.* (or deliver again.) Délivrer une seconde fois, restituer.
Redelivered, *adject.* Délivré derechef, restitué.
REDELIVERY, *subst.* Restitution.
To REDEMAND, *v. act.* (to ask again,) Redemander.
Redemanded, *adj.* Redemandé.

REDEMPTION, *f.* (ransom.) Rédemption, rachat, rançon.
A power of redemption, (in law.) Retrait lignager ou faculté de réméré; ce sont des termes de Palais.
REDEMPTORY, *adject.* Payé pour la rançon.
To REDINTEGRATE, *v. a.* (or renew.) Recommencer, rétablir, renouveller, remettre sur pied.
Redintegrated, *adject.* Recommencé, rétabli, renouvellé ou remis sur pied.
REDINTEGRATION, *f.* Rétablissement, renouvellement.
REDNESS, *sub.* (the being red.) Rougeur.
REDOLENT, *adj.* (fragrant or perfumed.) Odorant, odoriférant, qui sent bon, parfumé.
To REDOUBLE, *verb. act. & neut.* (or increase.) Redoubler, augmenter, dans un sens actif & neutre.
His fever redoubles upon him by night. *Sa fievre lui redouble sur le soir, il a la fievre avec des redoublements.*
Redoubled, *adject.* Redoublé.
REDOUBLING, *f.* Redoublement, l'action de redoubler.
REDOUBT, *f.* (a piece of fortification.) Une redoute.
REDOUBTABLE, *f.* Redoutable.
REDOUBTED, *adj.* (a word used by some poets for dreaded.) Redouté, redoutable, craint.
To REDOUND, *v. neut.* (to abound.) Rebonder, être superflu, surabonder.
To redound, (or accrue.) Revenir.
To redound, (to return or light.) Rejaillir, retomber.
That affront redounds upon you. *Cet affront rejaillit, retombe sur vous.*
REDRESS, *f.* Réformation, correction.
To REDRESS, *verb. act.* (to set to rights or reform.) Redresser, réformer, corriger.
To redress the faults of an author. *Redresser un auteur qui se trompe.*
To redress grievances. *Réformer les abus.*
To redress a fag, (to put him off his changes.) *Défaire ou démêler les ruses du cerf.*
To redress one's self, (to do one's self justice.) *Se faire justice à soi-même.*
Redressed, *adject.* Redressé, réformé, corrigé.
These things must be redressed. *Il faut redresser ces choses.*
REDRESSER, *subst.* Réformateur, réformatrice.
REDRESSING, *f.* Réformation ou l'action de redresser, &c.
REDRESSLESS, *adject.* (or without remedy.) Sans réformation, à quoi l'on ne remédie point.
Redressless. Incorrigible.
REDRESSIVE, *adj.* Secourable.
REDUBBERS, *f.* (so the Law calls those that buy stolen cloth, knowing it to be stolen, and change it into some other form or colour that it may not be known.) Ceux qui achetent du drap qui a été volé, & qui le revendent après lui avoir donné une autre forme, ou lui avoir fait prendre une autre couleur.
To REDUCE, *v. act.* (or to bring.) Réduire.
To reduce into powder. *Réduire en poudre.*
To reduce to an extremity. *Réduire à l'extrémité.*

To

To reduce a town, (to bring it under subjection.) *Réduire, soumettre une ville.*
To reduce foreign measures to our own. *Réduire les mesures étrangeres aux nôtres, en faire la réduction.*
To reduce one to his former health. *Rendre la santé à quelqu'un, le remettre, lui procurer le rétablissement de sa santé, le refaire.*
Reduced, adj. *Réduit.*
REDUCEMENT. V. Reduction.
REDUCIBLE, adj. *Réductible, qui se peut ou que l'on peut réduire.*
REDUCING, } *s. Réduction, action de réduire, &c.*
REDUCTION, }
REDUCTIVE, adj. *Réductif, qui aide à réduire.*
A reductive salt, (in Chymistry.) *Sel réductif.*
REDUCTIVELY, adv. *Par réduction.*
It is or 'tis in substance, and reductively this. *En voici la substance.*
REDUNDANCE, } *s. (a being redundant.) Rédondance, superfluité, abondance superflue, du superflu.*
REDUNDANCY, }
REDUNDANT, adj. (overflowing, superfluous.) *Rédondant, superflu, qui est au-delà du nécessaire.*
REDUNDANTLY, adverb. *Avec superfluité.*
To REDUPLICATE, v. a. (or redouble.) *Redoubler.*
Reduplicated, adj. *Redoublé.*
REDUPLICATION, s. *Réduplication.*
REDUPLICATIVE, adj. *Réduplicatif.*
To REE. V. to Sift.
To REECHO. V. to Echo.
REED, subst. *Un roseau, une canne.*
The sweet-smelling reed. *Roseau aromatique.*
A reed-plot or a reed-bank. *Lieu planté de roseaux ou de cannes.*
Reed-stop of an organ. *Anche d'orgue.*
To REEDIFY, &c. V. to Rebuild.
REEDY, adj. (full of reeds.) *Plein de roseaux ou de cannes.*
REEF, subst. *Ris des voiles.*
Reef, signifie aussi un *récif.*
Reef-band. *Bande des ris.*
Reef-lines. *Garcettes de ris.*
Reef-tackle. *Palan de ris.*
To REEF, } verb. act. *Prendre les ris.*
To REEF IN, }
Reef in the fore top-sail! *Prends un ris au petit hunier.*
A ship close reefed. *Vaisseau qui a tous ses ris pris.*
To be close reefed. *Être au bas ris, avoir tous ses ris pris.*
REEK, subst. (or mow of hay.) *Tas de foin.*
Reek, (or steam.) *Fumée, vapeur.*
To REEK, v. neut. (to cast a steam or smoke.) *Fumer, jeter de la fumée.*
His body reeked with sweat. *Son corps fumoit de sueur ou étoit tout en sueur.*
Reeking, adj. *Fumant, qui jette de la fumée.*
REEL, s. (to wind thread or yarn on.) *Un dévidoir.*
Reel of the log. *Tour du loc.*
To REEL, verb. act. (or wind.) *Dévider.*
To reel thread. *Dévider du fil, le mettre en peloton ou en écheveau.*
To reel, verb. neut. (to stumble, trip or stagger in going.) *Chanceler, comme un homme qui est ivre; broncher, vaciller, trébucher.*
Reeled, adject. *Dévidé.*
REELER, subst. *Dévideur ou dévideuse.*
REELING, s. (or winding.) *L'action de désider.*
Reeling, (or staggering.) *L'action de chanceler.* V. to Reel.
To REELECT, v. act. *Réélire.*
REELECTION. subst. *Réélection.*
To REEMBARK, verb. *Rembarquer ou se rembarquer.*
To REENACT, verb. act. *Décréter de nouveau.*
REENFORCEMENT, s. *Renfort.*
To REENFORCE, verb. act. *Renforcer.* V. to Reinforce.
To REENTER, v. neut. (to resume the possession of a thing.) *Rentrer en possession, être réintégré.*
To REENTHRONE, verb. act. *Replacer sur le trône.*
REENTRANCE, } subst. *Reprise de possession, réintégrande; rentrée.*
REENTRY, }
REERMOUSE, subst. *Chauve-souris.*
To REESTABLISH, verb. act. (to settle again.) *Rétablir.*
Reestablished, adject. *Rétabli.*
REESTABLISHING, s. *Rétablissement ou l'action de rétablir.*
REESTABLISHMENT, subst. *Rétablissement.*
REEVE, } subst. (the builiff of a franchise or mannor, especially in the west of England.) *Un Baillif.*
REVE, }
To REEVE, verb. act. *Passer une manœuvre dans ses poulies, cosses, &c.*
REEXAMINATION, sub. *Un second examen.*
To REEXAMINE, verb. act. (to examine again.) *Examiner de nouveau, revoir.*
To reexamine an account. *Faire la révision d'un compte, revoir un compte.*
Reexamined, adject. *Examiné de nouveau; &c.*
REFECTION, s. (or repast.) *Réfection ou repas.*
REFECTORY, subst. (the room wherein the friars or nuns eat together.) *Réfectoire.*
To REFEL, v. act. (to refute, to disprove.) *Réfuter, combattre.*
Refelled, adj. *Réfuté, combattu.*
REFELLING, subst. *Réfutation, l'action de réfuter ou de combattre.*
To REFER, v. act. (or send.) *Renvoyer, remettre.*
He refers me to a passage in Plautus. *Il me renvoie à un passage de Plaute.*
The court has referred the parties to their proper judge. *La Cour a renvoyé les parties des ant leur juge naturel.*
To refer (or leave) to. *Remettre ou s'en remettre, s'en rapporter.*
He referred it to the Senate. *Il a remis l'affaire au Sénat.*
I refer it to you. *Je m'en remets ou je m'en rapporte à vous, je vous en laisse le maitre, je vous en fais juge.*
To refer a difference to arbitration. *Mettre un different en arbitrage.*
To refer a cause to be examined in order to a report. *Faire la distribution d'un procès.*
REFEREE, subst. (or arbitrator.) *Un arbitre.*
REFERENCE, s. (or sending.) *Renvoi.*
A reference to one's ordinary. *Renvoi vers son juge naturel.*
A dictionary full of references. *Un dictionnaire plein de renvois.*
Reference, (or arbitration.) *Arbitrage, décision des arbitres.*
In reference (in order, in relation) to that. *Par rapport ou eu égard à cela.*
REFERENDARY, s. (an Officer under the Master of Requests, at the Emperor's and Pope's Courts, as also at the Courts and Parliaments of France.) *Référendaire ou Maître des Requêtes, titre d'office.*
To REFERMENT, verb. act. *Fermenter de nouveau.*
REFERRED, adj. *Renvoyé, &c.* V. to Refer.
REFERRIBLE, adject. *Qui se peut rapporter.*
REFERRING, s. *L'action de renvoyer, &c.* V. to Refer.
To REFINE, verb. act. (or make finer.) *Raffiner, affiner, épurer, rendre plus fin ou plus pur, purger.*
To refine gold. *Raffiner ou affiner de l'or.*
To refine a liquor. *Raffiner une liqueur, la purger de la lie, la clarifier.*
To refine a language. *Raffiner sur une langue.*
Refined, adject. *Raffiné, &c.* Voyez to Refine.
REFINEDLY, adv. *Avec un refinement d'élégance.*
REFINEMENT, subst. *Raffinement.*
REFINER, subst. *Raffineur.*
REFINING, subst. *Affinage ou raffinement, l'action de raffiner, &c.* V. to Refine.
To REFIT a ship, v. act. *Donner le radoub à un vaisseau, le radouber.*
To refit, (or repair.) *Réparer.*
Refitted, adj. *Radoubé, réparé.*
REFITTING, s. *Radoub, l'action de radouber, &c.*
To REFLECT, v. act. (to force or send back light or heat.) *Réfléchir, réverbérer, renvoyer ou repousser la lumiere ou la chaleur.*
To reflect, verb. neut. (to be beaten back.) *Réfléchir, rejaillir, être renvoyé.*
To reflect, (to return, to redound.) *Réfléchir, rejaillir, retomber.*
This reflects upon you. *Ceci réfléchit, rejaillit ou retombe sur vous.*
To reflect upon a thing, to make a reflection upon it, (to think seriously of it.) *Réfléchir, faire réflexion sur quelque chose, y penser mûrement.*
To reflect upon one's self. *Faire réflexion, réfléchir ou se replier sur soi-même.*
To reflect upon one, (to be sharp upon him, to abuse him.) *Attaquer quelqu'un, lui faire quelque reproche, le choquer, faire des réflexions injurieuses sur lui.*
Reflected, adject. *Réfléchi, &c.* V. to Reflect.
A thing reflected upon, (or considered of.) *Une chose sur quoi l'on a fait réflexion.*
REFLECTENT, adj. *Qui recule ou qui se renverse en arriere.*
REFLECTING, sub. *Réfléchissement, l'action de réfléchir, &c.* V. to Reflect.
The beasts are not capable of reflecting on their actions. *Les bêtes ne sont pas capables de réfléchir sur leurs actions.*

REFLECTING,

REFLECTING, adj. (or reflective.) Réfléchi, réfléchissant.
Reflecting, (that reflects upon one.) Injurieux, choquans, offensant.
REFLECTION, subst. (a beating back.) Réflexion, rejaillissement, réfléchissement, réverbération.
Reflection, (consideration, meditation.) Réflexion, méditation sérieuse, considération attentive.
Reflection, (reproach or abuse.) Réflexion injurieuse, reproche, injure, paroles choquantes.
That casts reflections on you. Cela rejaillit sur vous.
REFLECTIVE, adject. Réfléchissant, qui réfléchit.
REFLECTOR, subst. Celui ou celle qui réfléchit.
REFLEXIVE, adj. Qui réfléchit ou qui est capable de réfléchir.
REFLEXIVELY, adv. En arrière.
REFLORESCENCE, subst. Seconde fleuraison.
To REFLOURISH, verb. act. Refleurir.
To REFLOW, verb. neut. (or flow back.) Retourner à sa source, remonter, en parlant des eaux, d'un fleuve, &c.
REFLUX, subst. (the ebbing of the water.) Reflux, le retour des flots de la mer.
REFORM, f. (reformation or mending.) Réforme, réformation, rétablissement dans l'ancienne forme.
Reform, (a disbanding of some part of the army.) Réforme de gens de guerre.
To REFORM, verb. act. (to mend.) Réformer, corriger, redresser.
To reform an Officer, (to bring him lower as to his pay.) Réformer un Officier, lui retrancher partie de sa paye.
To reform troops, (to cashier part of them.) Réformer des troupes, en casser une partie.
REFORMADO, f. (a reformed Officer.) Un Officier réformé.
* A reformado (or volunteer) in a man of war. Un volontaire dans un vaisseau de guerre.
REFORMATION, subst. Réformation, réforme.
REFORMED, adj. Réformé, &c. V. to Reform.
The reformed (or protestant) religion. La religion réformée ou protestante.
REFORMER, subst. Réformateur, réformatrice.
REFORMING, subst. Réforme ou réformation, l'action de réformer, &c. V. to Reform.
REFORMIST, subst. Un réformé, un Religieux qui a pris la réforme.
To REFRACT, verb. act. Rompre le cours des rayons.
REFRACTED, adject. (a philosophical term.) Ex. A refracted beam. Un rayon qui souffre réfraction ou qui passe au travers de quelque corps.
REFRACTION, f. (a term used in natural philosophy.) Réfraction.
REFRACTIVE, adj. Qui produit la réfraction.
REFRACTORILY, adv. (or stubbornly.) Avec une résistance opiniâtre, d'une manière revêche.
REFRACTORINESS, f. (or unruliness.) Naturel opiniâtre & fier; humeur ou conduite revêche.
REFRACTORY, adj. (unruly or stubborn.)

Revêche, opiniâtre, intraitable, mutin, rebelle, désobéissant, réfractaire.
This last is seldom used. V. Refractaire in the first volume.
A refractory child. Un enfant revêche, mutin, intraitable, rebelle, désobéissant, opiniâtre.
To REFRAIN, v. act. (to curb.) Retenir, réprimer, modérer, arrêter.
To refrain, v. neut. & act. (to forbear.) S'empêcher, s'abstenir, se retenir.
REFRAINING, f. Action de retenir, &c. V. to Refrain.
REFRANGIBILITY subst. Réfrangibilité, terme de physique.
REFRANGIBLE, adj. Réfrangible, terme de physique.
REFRENATION, subst. L'action de réprimer.
To REFRESH, verb. act. (to recreate.) Rafraîchir, refaire, remettre, délasser, soulager.
To refresh, (or renew.) Rafraîchir, renouveller.
To refresh the memory with a thing. Se rafraîchir la mémoire de quelque chose, rappeler quelque chose à sa mémoire, la repasser dans son esprit, se la remettre dans l'esprit.
To refresh one's self, verb. récip. or to refresh, verb. neut. Se rafraîchir, prendre du rafraîchissement, se refaire, se remettre, se reposer.
Refreshed, adj. Rafraîchi, délassé, refait, remis.
Refreshed with sleep. Qui a bien reposé, qui s'est reposé en dormant.
REFRESHER, f. Celui ou celle qui rafraîchit, qui récrée, &c.
REFRESHING, f. Rafraîchissement, l'action de rafraîchir, &c. V. to Refresh.
Refreshing, adj. Qui rafraîchit, qui refait, qui remet, &c.
REFRESHMENT, subst. Rafraîchissement, relâche, repos.
REFRIGERANT, V. Refrigerative.
To REFRIGERATE, verb. act. (a term of Physick, to cool.) Rafraîchir, rendre frais.
Refrigerated, adj. Rafraîchi.
REFRIGERATING, }
REFRIGERATION, } subst. Réfrigération, rafraîchissement ou l'action de rafraîchir.
REFRIGERATIVE, adject. (or cooling.) Rafraîchissant, réfrigérant, réfrigératif.
REFRIGERATORY, f. (or cooling vessel.) Un réfrigérant.
REET, part. of Reave. Privé.
REFUGE, subst. (a place of safety, a sanctuary.) Refuge, asyle.
He is fled to me for refuge. Il est venu chercher un asyle chez moi, il s'est réfugié chez moi.
Refuge, (or protector.) Refuge, appui, protecteur, protection.
That is the last refuge (or shift) of those of your party, Voilà le dernier retranchement ou le dernier refuge de ceux de votre parti.
REFUGED, adj. (that is fled to a place for refuge.) Réfugié.
REFUGEE, subst. (a French Protestant who has fled from the late persecution in France.) Réfugié, réfugiée, Protestant François qui s'est sauvé de la persécution.
REFULGENCE, subst. (brightness.) Brillant, éclat, splendeur, lueur.
REFULGENT, adj. (bright or glittering.) Brillant, éclatant, reluisant.

To REFUND, verb. act. (to pay or give back.) Rendre, restituer, rendre gorge; refondre, ce dernier est un terme de Palais.
REFUSAL, subst. (or denial.) Refus.
He met with a refusal. Il fut refusé ou rebuté.
To have the refusal of a thing. Avoir le choix d'une chose, avoir la préférence, avoir la liberté de la prendre ou de la laisser préférablement à une autre.
REFUSE, f. (or outcast.) Rebut, refus.
He is the refuse of all the sex. Il est le rebut de tout le sexe.
I will not or won't have another man's refuse. Je ne veux point du refus d'un autre.
To REFUSE, verb. act. (to deny or reject.) Refuser, rejeter une demande ou une offre.
I will refuse no pains. Il n'y a point de peine que je ne veuille bien prendre.
Refused, adj. Refusé.
Not to be refused. Qui n'est pas de refus ou à refuser.
To be refused, (or denied.) Essuyer un refus.
REFUSER, subst. Celui ou celle qui refuse.
REFUSING, subst. Refus ou l'action de refuser.
REFUTATION, f. Réfutation.
To REFUTE, verb. act. (or confute.) Réfuter.
Refuted, adj. Réfuté.
To REGAIN, verb. act. (to gain or get again.) Regagner, rattraper.
Regained, adj. Regagné, rattrapé.
REGAINING, f. L'action de regagner.
REGAL, adj. (or royal.) Royal.
The regal fishes, (as whales, sturgeons, and porpoises which by the king's prerogative belonged to him.) Les grands poissons, comme la baleine, l'esturgeon & le marsouin.
Regal, f. Régale, un des jeux de l'orgue.
REGALE, subst. (the French King's prerogative in disposing of great benefices.) La Régale.
To REGALE, verb. act. (or treat nobly.) Régaler, faire bonne chère, traiter magnifiquement, faire ou donner un régal.
Regaled, adj. Régalé.
REGALEMENT, f. Régal.
REGALIA, subst. (the ensigns of the royal dignity.) Les marques de la royauté ou de la dignité royale.
Regalia, (the rights and royalties of a sovereign.) Droits régaliens ou prérogatives royales.
REGALITY, subst. (or kingship.) Royauté.
REGALLY, adv. Royalement, en Roi.
REGARD, subst. (respect, consideration.) Egard, considération, attention, circonspection.
I thank you for the regard you shewed my wife. Je vous remercie des égards ou des attentions que vous avez eues pour ma femme.
In regard, (or consideration.) Eu égard à, en vue, en considération de, pour ce qui regarde.
In regard to. A l'égard de, par rapport à, en comparaison de.
She had a favourable regard for him. Elle avoit des égards, elle avoit de la considération pour lui.
So great a regard there was amongst the ancients in making war. Telle étoit la circonspection des anciens lorsqu'ils vouloient déclarer la guerre.
He is lost to all patience, and gives up all the regards of his life. Sa patience est tout-à-fait

à-fait hors des gonds, & il n'observe aucune bienséance.

The regard of the forest. L'inspection d'une forêt.

To REGARD, verb. act. (to heed or consider.) Regarder, prendre garde, avoir égard, considérer.

You ought to regard his merit. Vous devez avoir égard à son mérite, vous devez le considérer ou le regarder.

He does not regard (or care for) what any man says of him. Il ne se met pas en peine de ce qu'on dit de lui.

REGARDABLE, adject. Qui mérite d'être considéré.

REGARDANT, adj. (a term of heraldry.) Regardant, terme de blason.

REGARDED, adj. Regardé, considéré, &c. V. to Regard.

REGARDER, subst. (an officer of the forest appointed to make the regard of the forest.) Officier qui a l'inspection en chef d'une forêt.

REGARDFUL, adj. Soigneux, attentif.

REGARDFULLY, adv. Avec attention, avec respect.

REGARDING, s. L'action de regarder, &c. V. to Regard.

REGARDLESS, adject. Qui n'a point d'égard ou de considération, qui n'a aucun égard.

They are so regardless of their lives. Ils sont si prodigues de leur vie ou ils font si peu de cas de leur vie.

REGENCY, subst. (the government of a Kingdom by one subject or more, during the King's minority or absence, &c.) Régence.

REGENERATE, adject. (new-born.) Régénéré.

To REGENERATE, verb. act. Régénérer; faire renaître en Jesus-Christ.

Regenerated, adj. Régénéré.

REGENERATION, subst. (new and spiritual birth.) Régénération, renaissance en Jesus-Christ.

REGENT, s. (he or she that governs a Kingdom during the King's minority, absence, &c.) Régent, régente.

REGENTSHIP, subst. Régence.

To REGERMINATE, verb. neut. Germer de nouveau.

REGERMINATION, subst. Production d'un nouveau germe, seconde germination.

REGIBLE, adj. Que l'on peut régir.

REGICIDE, s. (the murderer of a King.) Un Régicide ou meurtrier d'un Roi.

Regicide, (the murder of a King.) Régicide, le crime de faire mourir un Roi.

REGIMEN, s. Régime.

REGIMENT, subst. (a certain number of troops or companies of soldiers.) Régiment.

* Regiment, (or government.) Régime, gouvernement, conduite.

The regiment of a religious house. Le régime d'une maison religieuse.

The regiment of the Church. Le gouvernement de l'Église.

For the regiment of our actions. Pour la conduite de nos actions.

REGIMENTAL, adj. Qui appartient à un régiment, militaire.

REGIMENTALS, subst. plur. Habit d'uniforme complet.

REGION, s. (or country.) Région, contrée, pays.

The three regions (or parts) of the air. Les trois régions de l'air.

The region (or seat) of the heart. La région du cœur.

REGISTER, subst. (a book of records.) Régistre ou Régître.

To enter a thing into a register. Écrire, mettre, coucher quelque chose sur le régistre, l'enregistrer.

Register, (recorder, one that keeps registers.) Greffier, officier qui garde les actes de justice.

Register. V. Registry.

Register, (in printing.) Régistre, en termes d'Imprimeur.

Register, (or mark in a book.) Signet ou tourne-feuillet.

To REGISTER, verb. act. (or to record.) Enregistrer ou enregîtrer, mettre, coucher sur le régistre.

To register a thing in one's memory. Graver ou imprimer quelque chose dans sa mémoire.

Registered, adj. Enregistré ou enregîtré.

REGISTRING, s. L'enregistrement, l'action d'enregistrer, &c. V. to Register.

REGISTRY, subst. (the office and books of a register.) Greffe, bureau de Greffier.

Registry, (a book kept by the Churchwarden for births, marriages and burials.) Régistre baptistère.

To REGORGE, v. act. (to bring or cast up.) Vomir, rendre gorge.

REGRANTED, adj. Accordé de nouveau.

To REGRATE, verb. act. Regratter, habiller, raccommoder.

REGRATER, subst. (a broker of clothes.) Un frippier.

Regrater, (or huckster.) Regrattier.

REGRESS, } subst. (returning.) Retour.

REGRESSION,

To have free egress and regress. Avoir libre entrée & sortie, avoir le passage libre.

REGRET, subst. (or grief.) Regret, chagrin, déplaisir.

To do a thing with regret. Faire une chose à regret, à contre-cœur ou avec chagrin.

To REGRET, verb. act. (to lament, to grieve for.) Regretter, plaindre, être fâché ou affligé d'une perte qu'on a faite.

Regretted, adj. Regretté, plaint.

To REGUERDON, v. act. Récompenser, * guerdonner.

REGUERDON, s. Récompense, * guerdon.

REGULAR, adject. (which is according to a certain rule, orderly.) Régulier, réglé.

A regular building. Un bâtiment régulier.

A regular motion. Un mouvement régulier ou réglé.

To live a regular life. Mener une vie régulière, vivre régulièrement.

To do things in a regular way. Faire les choses régulièrement, dans les règles ou dans les formes.

Regular, (exact or punctual.) Régulier ou qui est en règle.

Regular, (not lay or secular.) Régulier, qui est en règle, qui n'est pas séculier.

A regular canon. Un chanoine régulier ou qui est en règle.

REGULARITY, s. Régularité, ordre bien gardé.

REGULARLY, adv. (according to rule.) Régulièrement, selon les règles, réglément.

Regularly, (constantly, precisely.) Régulièrement, régiment, précisément.

REGULARS, subst. plur. (or regulat troops.) Troupes réglées par opposition à la milice.

The regulars, or the regular, clergy. Les réguliers, les moines, les religieux, & les chanoines réguliers.

To REGULATE, verb. act. (to square, rule, frame or direct.) Régler, ordonner, former, conduire, diriger.

To regulate (or discipline) troops. Régler, discipliner des troupes.

To regulate (or settle) one's expences. Régler la dépense, la fixer, la réduire dans certaines bornes.

To regulate, (to decide or determine.) Régler, décider, déterminer.

Regulated, adject. Réglé, &c. Voy. to Regulate.

REGULATING, s. L'action de régler, &c. V. to Regulate.

REGULATION, s. Réglement.

REGULATOR, s. Celui qui règle.

REGULUS, subst. (a term of chymistry; the purest part of a metal or other substance precipitated to the bottom of the crucible.) Régule, terme de chimie.

Regulus of antimony. Régule d'antimoine.

To REGURGITATE, verb. act. (to throw back.) Rejouer, avaler de nouveau.

REHABILITATION, s. (a re-enabling.) Réhabilitation.

To REHEAR, verb. act. (to hear over again.) Écouter de nouveau, écouter encore une fois.

REHEARING, subst. (a law-term.) Nouvelle ou seconde audience, révision de procès.

REHEARSAL, subst. (or relation.) Récit, relation.

Rehearsal, (private practising.) Répétition.

The rehearsal of a play. La répétition d'une comédie.

To REHEARSE, verb. act. (to tell or relate.) Réciter, conter, raconter.

To rehearse, (or repeat.) Répéter; redire.

To rehearse, (to practise in private, in order to perform in publick.) Répéter.

Rehearsed, adject. Répété. Voy. to Rehearse.

REHEARSER, subst. Celui qui récite, &c. V. to Rehearse.

REHEARSING, s. L'action de réciter, &c. V. to Rehearse.

To REJECT, verb. act. (to cast off or slight.) Rejetter, mépriser, rebuter, n'a-gréer pas, ne vouloir pas recevoir.

Rejected, adj. Rejetté, &c. V. to Reject.

REJECTABLE, adj. Qu'on doit rejetter, qui est à rejetter.

REJECTING, } subst. L'action de rejetter, &c. V. to Reject.

REJECTION,

Since the rejection of the Pope. Depuis qu'on a rejeté le Pape.

REIGN, s. (government of a country by a sovereign Prince.) Règne.

To REIGN, verb. neut. (to rule as a King, &c.) Régner, gouverner en qualité de Roi, &c.

To reign, (to have the sway.) Régner, dominer, avoir un souverain pouvoir.

To reign, (to be in vogue.) Régner, être en crédit ou en vogue.

REIGNING, subst. L'action de régner.

Reigning, adj. (or predominant.) Régnant, dominant.

Reigning winds. Vents régnants de chaque parage.

To

To REIMBODY, verb. act. *Réincorporer.*
To REIMBURSE, verb. act. (or pay back again.) *Rembourser.*
Reimbursed, adj. *Remboursé.*
REIMBURSER, subst. *Celui ou celle qui rembourse.*
REIMBURSEMENT, f. *Remboursement.*
REIN, subst. (a thong of leather for a bridle.) *Rêne.*
To hold the reins even. *Tenir les rênes égales.*
To bring a horse to a certainty of rein. *Assurer la bouche d'un cheval.*
To let loose the reins. *Lâcher la bride, au propre & au figuré.*
To hold the reins of the Empire, (to sit at the helm or to reign.) *Tenir les rênes de l'Empire ou de l'État, gouverner l'État.*
Encouraged with this success, he took the reins into his own hands. *Animé par ce succès, il s'empara de tout le pouvoir.*
I could give the reins to my discourse. *Je pourrois donner carrière à mon discours.*
The reins, (or kidneys.) *Les reins, les rognons.*
The running of the reins, (the gonorrhoea.) *La gonorrhée.*
To REIN, v. act (to govern by a bridle; to restrain.) *Gouverner, contenir un cheval ; reunir.*
To REINFORCE or rather REENFORCE, verb. act. (to strengthen again.) *Renforcer, rendre plus fort.*
Reinforced, adj. *Renforcé.*
REINFORCEMENT, subst. (or recruit.) *Un renfort, un secours.*
REINFORCING, subst. *L'action de renforcer.*
To REINGRATIATE one's self with one, verb. réc. (to get into his favour again.) *Regagner l'amitié de quelqu'un, rentrer dans ses bonnes graces ou rentrer en grace auprès de lui, se remettre bien en sa lui.*
REINS. V. Rein.
To REINSPIRE, verb. act. *Inspirer de nouveau.*
To REINSTATE, verb. act. (or restore.) *Rétablir, remettre.*
Reinstated, adj. *Rétabli, remis.*
REINSTATING, f. *Rétablissement, l'action de rétablir ou de remettre.*
To REINTEGRATE, verb. act. *Réintégrer.*
To REINVEST, v. act. *Remettre en possession, rétablir.*
REINVESTING, } f. *Rétablissement.*
REINVESTMENT, }
REINVESTITURE, }
To REJOICE, v. act. (to fill with joy, to delight.) *Réjouir, donner de la joie, récréer.*
To rejoice, verb. neut. (to be merry or glad.) *Se réjouir, avoir de la joie, être bien aise, être joyeux.*
Rejoiced, adj. *Réjoui, tout réjoui, qui a de la joie, joyeux, qui est bien aise.*
REJOICING, f. *Réjouissance, joie.*
Rejoicing, adject. *Réjouissant, agréable, joyeux, qui réjouit.*
To REJOIN, verb. act. (to join again.) *Rejoindre.*
To rejoin, (or make a rejoinder.) *Fournir ses dupliques.*
To rejoin, (or reply.) *Répliquer.*
REJOINDER, f. (an answer or exception to a replication in civil law.) *Dupliques, écritures contre les répliques du demandeur.*

REISTER, f. (a German trooper.) *Reître, cavalier Allemand.*
To REITERATE, verb. act. (to repeat.) *Répéter, réitérer, recommencer, redoubler.*
Reiterated, adj. *Réitéré, répété, &c.*
REITERATION, f. *Réitération, répétition, redoublement.*
To REJUDGE, v. act. *Juger, examiner de nouveau.*
REJUVESCENCY, subst. (the growing young again.) *Action de rajeunir, qualité de ce qui rajeunit.*
* To REKE, v. act. (or rather to reck; to care for.) *Se soucier.*
I reke not such a thing. *Je ne me soucie point de cela.*
To REKINDLE, v. act. *Rallumer.*
To RELAND, v. act. (to land a second time.) *Remettre à terre, débarquer une seconde fois.*
Fraudulent traders export goods entitled to draw-backs, and afterwards reland them without payment of duty. *Les négocians frauduleux font sortir des marchandises qui portent rabais de droit d'entrée, & les font ensuite remettre à terre sans payer ces droits.*
RELAPSE, f. (return of a disease.) *Rechûte ou retour de maladie.*
Relapse, (the committing of the same fault over again.) *Rechûte, récidive, retour dans la même faute, &c.*
Relapse, (one that is relapsed into his abjured heresy.) *Un relaps.*
To RELAPSE, verb. neut. (to fall sick again.) *Retomber malade, avoir une rechûte.*
To relapse into the same fault. *Récidiver, retomber dans la même faute.*
Relapsed, adj. *Retombé malade, &c. Voy,* to Relapse.
RELAPSING, f. *L'action de retomber, &c. V.* to Relapse.
To RELATE, v. act. (to recount.) *Réciter, raconter, rapporter, dire.*
To relate, verb. neut. (to belong to a thing.) *Se rapporter, avoir du rapport à quelque chose.*
Related, adj. (recounted.) *Récité, rapporté, raconté.*
Related, (or a kin.) *Parent, allié.*
RELATER, f. (he that relates a thing.) *Celui qui fait la relation d'une chose, l'auteur de la relation.*
RELATION, subst. (or account.) *Relation, récit, rapport.*
By relation. *A ce qu'on dit.*
It is so by relation. *On dit que cela est.*
Relation, (or respect.) *Rapport, trait, égard.*
In relation to that. *Par rapport à cela.*
All that has any relation to the finances of France. *Tout ce qui a trait ou du rapport aux finances de France.*
Relation, (or affinity.) *Relation, rapport, affinité, convenance.*
Relation, (kinsman or kinswoman.) *Parent, parente.*
RELATIST. V. Relater.
RELATIVE, adj. (having relation to.) *Relatif, qui a relation ou du rapport.*
A pronoun relative. *Un pronom relatif.*
Relative, f. *Un relatif.*
RELATIVELY, adverb. (or in relation.) *Par relation, par rapport, relativement.*
To RELAX, v. a. (to loosen or slacken.) *Relâcher ou lâcher.*

The substance of broth relaxes the membranes. *La substance des bouillons relâche les membranes.*
To relax, (or yield.) *Relâcher, céder, abandonner, remettre quelque chose, se relâcher de quelque chose.*
To relax (or unbend) one's mind. *Se donner du relâche, se reposer, se divertir, se délasser.*
To relax (to be remiss in) one's government. *Modérer son gouvernement, se relâcher de sa sévérité.*
To relax, verb. neut. (to abate, to cool.) *Se relâcher, se ralentir, se refroidir.*
To RELAXATE. V. to Relax.
RELAXATION, subst. (or slackening.) *Relaxation, relâchement.*
Relaxation, (or breathing time.) *Relâche, repos ou récréation.*
To give now and then some relaxation to one's mind. *Se relâcher quelque fois l'esprit, se délasser l'esprit.*
Relaxed, adj. *Relâché, &c. Voyez* to Relax.
RELAXING, f. *L'action de relâcher, &c. V.* to Relax.
RELAY, f. (the place where the dogs are put in readiness to be cast off when the game passes that way.) *Relais.*
To be in relay. *Tenir le relais.*
Relay, (the cry or kennel of relay-hounds.) *Le relais, la meute des chiens de relais.*
Relays, (or fresh horses.) *Relais, chevaux frais.*
RELEASE, subst. (or discharge.) *Décharge.*
The release of prisoners. *L'élargissement, la liberté des prisonniers.*
To RELEASE, v. act. (to set a liberty, to let go.) *Relâcher, élargir, laisser aller, donner la liberté.*
To release, (or free.) *Décharger, exempter, dégager, quitter.*
To release one FROM an oath. *Décharger quelqu'un d'un serment.*
To release one from his promise. *Dégager quelqu'un de sa promesse, l'en quitter.*
Released, adject. *Relâché, &c. Voy.* to Release.
* RELEASEMENT, f. Ex. Orders are come for the releasement of ships. *Les ordres sont venus pour laisser partir les navires.*
RELEASING, f. *L'action de relâcher, &c. V.* to Release.
To RELEGATE, v. act. (to send to a certain place as an exile.) *Reléguer, exiler.*
Relegated, adj. *Relégué, exilé.*
RELEGATION, subst. (a banishment for a time only.) *Action de reléguer, exil.*
To RELENT, v. neut. (to sweat.) *Suer, suinter.*
The marble relents. *Le marbre sue ou suinte.*
The ice relents, (or melts.) *La glace se fond ou commence à se fondre.*
The heat relents, (abates or diminishes.) *La chaleur se ralentit, diminue ou s'abat.*
To relent, (to grow pitiful.) *S'attendrir, être touché.*
He relented at his crime, (he was sorry for it.) *Il se repentit de son crime.*
To relent, (or yield.) *Céder.*
Relented, adject. *Ralenti, &c. Voy.* to Relent.

RELENTING,

RELENTING, *subst.* Ralentissement, l'action de ralentir, &c. *V.* to Relent.
Relenting, (repentance.) Repentir, repentance, remords de conscience.
RELENTLESS, *adj.* Impitoyable.
RELIANCE, *subst.* (trust.) Confiance.
RELICK, *subst.* (some part or other of a saint's body or clothes.) Reliques.
He keeps that like a relick, (or like a precious thing.) Il garde cela comme une relique.
RELICT, *subst.* (or widow.) Une veuve.
RELIEF, *subst.* (comfort or alleviation.) Soulagement, adoucissement, allégement.
Relief, (succour or reinforcement.) Secours, renfort.
Reliefs (or remnants) of meat. Reliefs, restes de viandes.
The relief of a hare. L'endroit où le lievre va paitre sur le soir.
Relief, (or redress at law.) Recours.
Relief, (the prominence of a picture or figure.) Relief. *V.* Relievo.
To **RELIEVE**, *verb. act.* (to comfort or alleviate.) Soulager, adoucir, alléger.
To relieve, (succour or assist.) Secourir, assister, subvenir.
To relieve a place. Secourir une place.
To relieve one. Secourir, assister quelqu'un.
To relieve a sentry or the guard. Lever ou relever une sentinelle ou la garde.
Relieved, *adject.* Soulagé, &c. *Voy.* to Relieve.
RELIEVER, *subst.* Celui ou celle qui soulage, &c. *V.* to Relieve.
RELIEVING, *s.* L'action de soulager, &c. *V.* to Relieve.
Relieving tackles. Deux forts palans employés lorsqu'on abat un vaisseau en carene, pour faire l'office de ce que nous nommons attrapes.
Relieving tackle. Le palan de recul des canons.
RELIEVO, *subst.* (an imbossed work.) Relief.
Alto and baso relievo. Haut & bas relief.
To **RELIGHT**, *v. act.* Rendre la lumiere.
RELIGION, *subst.* (the worship of a God.) Religion, culte qu'on rend à la Divinité.
The religion (or sacredness) of oaths. La religion ou la sainteté du serment.
RELIGIONIST, *s.* (a bigot to any religious persuasion.) Religionnaire.
RELIGIOUS, *adj.* (belonging to religion.) Religieux, pieux, de religion, de piété, de dévotion.
Religious worship. Culte religieux.
Religious debates. Des disputes de religion, des controverses.
Religious exercises. Des exercices de piété ou de dévotion.
Religious cheats. Fraudes pieuses.
Religious, (pious or godly.) Religieux, pieux, qui craint Dieu.
A religious (exact or punctual) observer of his promise. Un religieux, exact ou punctuel observateur de sa promesse.
Religious, (belonging to a regular order.) Religieux, qui appartient à un ordre régulier; de religion.
Religious houses. Des maisons religieuses, les Eglises, les Couvents.
A religious habit. Habit de religion, véture.
A religious order. Ordre religieux, religion.
To be admitted into a religious order. Entrer en religion.

RELIGIOUS, *subst.* (or monk.) Un religieux, un moine.
RELIGIOUSLY, *adv.* (or piously.) Religieusement, d'une maniere religieuse, avec pieté, pieusement.
Religiously, (punctually.) Religieusement, scrupuleusement, exactement, ponctuellement.
RELIGIOUSNESS, *s.* (or godliness.) Religion, pieté.
To **RELINQUISH**, *v. act.* (to forsake.) Céder, quitter, abandonner.
Relinquished, *adj.* Cédé, quitté, abandonné.
RELINQUISHER, *s.* Celui ou celle qui abandonne, qui délaisse, &c.
RELINQUISHMENT, *sub.* L'action de céder, &c. *V.* to Relinquish.
RELINQUISHING, *s.* L'action de céder, &c. *V.* to Relinquish.
RELIQUATOR, *s.* (he that is behindhand in payment.) Reliquataire, celui qui doit des arrérages.
RELISH, *subst.* (or taste.) Goût, au propre & au figuré.
To **RELISH**, *v. act.* (to give a relish.) Donner bon goût.
To relish, (to like or approve.) Goûter, trouver bon, agréer, approuver.
To relish, *v. neut.* Avoir bon goût.
This meat relishes very well. Cette viande a fort bon goût.
No meat relishes with me. Toutes les viandes me sont insipides.
To relish. Etre approuvé, être agréable, plaire.
These words do not relish well. Ces paroles ne sont point agréables, elles sont choquantes.
This relished so ill with him. Cela lui déplut si fort, il s'en piqua tellement.
RELISHABLE, *adj.* Qui a bon goût.
RELISHED, *adj.* Ex. Well-relished. Qui a bon goût.
Relished, (liked.) Goûté, approuvé.
RELISHING, *sub.* L'action de donner bon goût, &c. *V.* to Relish: approbation, action d'approuver, &c.
To **RELIST**, *v. act.* Enrôler de nouveau.
Relisted, *adj.* Enrôlé de nouveau.
RELUCENT, *adj.* (shining.) Brillant, clair.
To **RELUCT**, *v. n.* (to struggle against.) Résister, combattre, tenir ferme.
RELUCTANCY, *subst.* (or averseness.) Répugnance, contrainte, violence.
To do a thing with reluctancy. Faire une chose avec répugnance, par contrainte ou à contre-cœur, se faire violence, faire violence à soi-même.
RELUCTANT, *adject.* Qui agit malgré soi.
RELUCTATION. *V.* Reluctancy.
To **RELUME**, *v. act.* Rallumer.
To **RELY**, *v. neut.* (or depend) upon. Se reposer, se fier, s'assurer, faire fondement ou faire fond à, compter.
I rely upon you. Je me repose, je m'assûre en vous, je me fie à vous.
Relied upon, *adj.* Sur qui ou sur quoi l'on se repose, &c. *V.* to Rely.
RELYING upon, *subst.* Confiance, l'action de se reposer, &c. *V.* to Rely.
To **REMAIN**, *verb. neut.* (or be left.) Rester, être de reste.
To remain (or stay) behind. Demeurer derriere.
I know not whether it be true or no, it remains upon those that I have it from. Je ne sais si cela est vrai, je m'en rapporte à ceux qui me l'ont dit.

It remains that I shift for myself. Il faut, au reste, que je prenne garde à moi.
What remains is my wife's services and respects to yourself. Je finis par les baisemains de ma femme.
REMAINDER, *subst.* Reste, restant, le résidu, le demeurant.
The remainder of the money. Le reste de l'argent, le restant de la somme.
Sad remainders of the army. Les tristes restes de l'armée.
The remainder of an account. Le reste ou le reliquat d'un compte, en termes de Palais.
REMAINING, *adj.* Restant, qui reste, qui se trouve encore.
REMAINS, *subst.* (or remainder.) Restes, reliques.
The remains of the army. Les restes de l'armée.
The sad remains (or remnants) of his fortune. Les tristes débris de sa fortune.
To **REMAKE**, *v. act.* Refaire.
To **REMAND**, *v. a.* (or send for home.) Rappeler, renvoyer quérir.
To remand, (or send back again.) Renvoyer.
Remanded, *adj.* Rappelé, renvoyé quérir ou renvoyé.
REMANDING, *s.* L'action de rappeler, &c. *V.* to Remand.
REMARK, *subst.* (note or observation.) Remarque, observation.
Remark, (note or worth.) Marque, considération.
A person of remark. Une personne de marque ou de considération.
To **REMARK**, *verb. act.* (or observe.) Remarquer, observer, faire attention à, prendre garde à.
Remarked, *adj.* Remarqué, observé.
REMARKABLE, *adj.* Remarquable, digne de remarque, qui se fait remarquer ou distinguer.
REMARKING, *s.* L'action de remarquer ou d'observer.
REMEDIABLE, *adj.* Remédiable.
REMEDIATE, *adj.* Médicinal.
REMEDILESS, *adject.* (without or past remedy.) Irrémédiable, à quoi l'on ne sauroit remédier, sans remede, sans ressource.
REMEDY, *subst.* (physick, medicine.) Remede, tout ce qui sert à guérir un mal.
To use remedies or physick. User de remedes, avoir recours aux remedes.
Past remedy, (where there is no hope.) Incurable, où il n'y a pas de remede.
Remedy, (comfort or relief for the distempers of the mind.) Remede, soulagement.
There are few remedies against jealousy. Il y a peu de remedes contre la jalousie.
Remedy, (help or shift in misfortunes, &c.) Remede, ressource dans les malheurs.
Remedy, (at law.) Recours, droit de recours.
Where will you have your remedy? Contre qui aurez-vous votre recours?
To **REMEDY**, *v. act.* (to cure or help.) Remédier à, apporter du remede, apporter remede à.
Remedied, *adj.* A quoi l'on a remédié ou apporté du remede, &c.
Not to be remedied. Irrémédiable, à quoi l'on ne sauroit remédier.
REMEDYING.

REMEDYING, *f. L'action de remédier ou d'apporter du remede.*

To REMEMBER, *verb. act.* (to have in one's memory, or to call to mind.) *Se souvenir ou se ressouvenir de, conserver le souvenir de quelque chose, la retenir, ou la rappeler dans sa mémoire, se la remettre dans l'esprit.*

I remember that. *Je me souviens de cela.*

As far as I can remember. *Autant que je puis m'en souvenir.*

Remember that you are no longer children. *Ressouvenez-vous que vous n'êtes plus enfants.*

I cannot remember his face. *Je ne saurois me remettre son visage.*

To remember, (to be mindful of, to mind.) *Se souvenir, songer, penser, faire reflexion, avoir soin.*

Remember your promises. *Souvenez-vous de vos promesses.*

Remember (or think of) me. *Souvenez-vous de moi, songez à moi.*

To remember, (or put in mind of.) *Faire souvenir, rappeler le souvenir, remettre dans l'esprit ou dans la mémoire.*

Remember me, remember (or present) my service or my respects to him. *Faites-lui bien mes baisemains, faites-lui mes civilités ou mes amitiés; saluez-le de ma part, ou assurez-le de mon respect.*

Remembered or remembered of, *adj. Dont on se souvient, dont on s'est souvenu, &c.*

Well remembered, for I had like to have forgot it. *Vous avez bien fait de m'en faire souvenir, car apparemment je l'aurois oublié.*

REMEMBERING, *f. L'action de se souvenir, &c. Voy.* to Remember.

REMEMBRANCE, *f. Souvenir, mémoire.*

To call a thing to remembrance. *Rappeler une chose en sa mémoire, en rappeler le souvenir, se la remettre dans l'esprit.*

To put in remembrance. *Faire souvenir, rafraîchir la mémoire, remettre dans l'esprit.*

To come to remembrance. *Venir dans l'esprit.*

A remembrance-book, or a book of remembrance. *Un mémoire.*

REMEMBRANCER, *f.* (one that puts in mind.) *Moniteur.*

The three remembrancers of the exchequer. *Les trois secrétaires de l'échiquier ou de la trésorerie.*

To REMIGRATE, *v. n. Retourner.*

To REMIND, *v. act.* (to put in mind.) *Faire souvenir ou ressouvenir, remettre dans l'esprit, renouveller l'idée.*

Reminded, *adj. Qu'on a fait souvenir.*

REMINDING, *f. L'action de faire souvenir.*

REMINISCENCE, *subst.* (the faculty of remembering.) *Réminiscence, mémoire, ressouvenir, la faculté de se ressouvenir.*

REMISS, *adj.* (slack or careless). *Lâche, paresseux, négligent, lent, qui se relâche, nonchalant.*

REMISSLY, *adv.* (or carelessly.) *Négligemment, froidement, lentement, nonchalamment.*

REMISSNESS, *f.* (or slackness). *Négligence, lenteur, lâcheté, relâchement, nonchalance.*

REMISSIBLE, *adj.* (pardonable.) *Rémissible, pardonnable.*

REMISSION, *f.* (forgiveness.) *Rémission, pardon.*

To REMIT, *v. act.* (to forgive.) *Remettre, pardonner, quitter.*

To remit sins. *Remettre ou pardonner les péchés.*

To remit a debt. *Quitter ou remettre une dette.*

To remit, (to yield or abate.) *Remettre, céder, relâcher, diminuer.*

To remit something of one's right. *Remettre, céder ou relâcher une partie de son droit.*

To remit, (or send back.) *Renvoyer.*

To remit (or send) a sum of money by bills of exchange. *Remettre une somme d'argent, en faire la remise, l'envoyer par lettres de change.*

To remit (or leave) a thing to providence. *Remettre, laisser, abandonner une chose à la providence.*

To REMIT, *verb. neut.* (or abate.) *Diminuer.*

The cold weather remits. *Le froid diminue, le temps s'adoucit.*

REMITMENT, *f.* (or return.) *Remise.*

REMITTANCE. *Voy.* Remitment.

REMITTED, *adj. Pardonné, quitté, remis, &c. Voy.* to Remit.

REMITTING, *f. L'action de pardonner, &c. Voy.* to Remit.

REMNANT, *f.* (what remains.) *Reste, restant, résidu, ce qui reste.*

REMONSTRANCE, *f.* (an expostulatory declaration.) *Une remontrance.*

Remonstrance, (wherein the Sacrement is exposed on the altar,) *Custode pour l'autel.*

REMONSTRANTS, *f.* (an Arminian sect who presented a writing to the states of Holland in 1611, concerning predestination.) *Remontrants, Arminiens, hérétiques en Hollande.*

To REMONSTRATE, *v. act.* (to shew.) *Remontrer, représenter, faire voir, faire connoître.*

REMORA, *f.* (a sea-lamprey, which is said to stop the course of a ship, obstacle.) *Remore; remors, obstacle, retardement.*

To REMORATE, *v. act.* (or retard.) *Retarder, retarder.*

REMORSE, *f.* (check or sting of conscience.) *Remords, syndérèse, en termes de morale.*

REMORSELESS, *adj. Qui n'a aucun remords.*

REMOTE, *adj.* (far distant.) *Éloigné, reculé.*

REMOTELY, *adv. Loin.*

REMOTENESS, *f. Éloignement, grande distance.*

REMOTION, *f. Éloignement, l'action d'écarter.*

REMOVABLE, *adj. Qu'on peut éloigner, amovible.*

REMOVAL, *subst.* (or removing.) *Action d'ôter, &c., translation. Voy.* to Remove.

Removal of lodgings. *Déménagement, changement de demeure.*

Since my removal. *Depuis que j'ai changé de demeure.*

REMOVE, *sub. Ex.* To give one a remove, (to push him.) *Faire reculer quelqu'un, le pousser pour le faire changer de place.*

To give one a remove, (or get him out of his employ.) *Débusquer quelqu'un, faire perdre à quelqu'un sa place ou son emploi.*

The remove of a Clergyman from one place to another. *La translation d'un Ecclésiastique.*

He is my cousin one remove or once removed, (he is my second cousin.) *Il est mon cousin issu de germaine.*

It is but a remove from nothing, ('tis almost nothing.) *Ce n'est presque rien.*

To REMOVE, *v. act.* (to set or take away.) *Ôter, lever, éloigner, emporter, transporter, transférer.*

Remove that chair. *Ôtez cette chaise de là.*

We must remove him from the King. *Il faut l'éloigner d'auprès du Roi.*

To remove from one all his suspicions. *Ôter, lever à quelqu'un tous ses soupçons.*

We should try to remove their ignorance by proper instructions, and their errors by sound arguments. *Nous devrions tâcher de dissiper leur ignorance par de bonnes instructions, & leurs erreurs par de bons argumens.*

Wormwood removes all obstructions. *L'absinthe emporte les obstructions.*

To remove from one place to another. *Transporter d'un lieu à un autre.*

To remove a prisoner. *Transférer un prisonnier.*

To remove a Court. *Transférer une Cour de judicature.*

To remove (to kill or dispatch) one out of the way. *Se défaire de quelqu'un, le dépêcher, le tuer.*

To remove, *v. n.* (to shift lodgings.) *Déloger, déménager, changer de demeure, se transporter ailleurs.*

REMOVEABLE, *adj. Que l'on peut transporter.*

REMOVED, *adj. Ôté, &c. Voyez* to Remove.

He is removed from his government. *On lui a ôté son gouvernement.*

He caused him to be removed. *C'est lui qui est cause de son éloignement.*

Removed, *Voy.* to Remove.

REMOVER, *f. Celui ou celle qui ôte, &c. Voy.* to Remove.

REMOVING, *subst. L'action d'ôter, &c. Voy.* to Remove.

To REMOUNT, *v. act.* (to mount again.) *Remonter. Voy.* to Mount.

Remounted, *adj. Remonté.*

REMUNERABLE, *adj. Digne de récompense.*

To REMUNERATE, *v. act.* (to reward.) *Rémunérer, récompenser.*

Remunerated, *adj. Rémunéré, récompensé.*

REMUNERATION, *subst. Rémunération, rétribution, récompense.*

REMUNERATIVE, *adj. Qui aime à récompenser.*

To REMURMUR, *v. n.* (a poetical word, to murmur again.) *Faire un murmure, résonner, retentir.*

RENARD, *f.* (the name of a fox.) *Renard.*

RENASCENT, *adj. Renaissant.*

RENCOUNTER, *f.* (or meeting.) *Rencontre.*

Rencounter, (a chance-fight.) *Rencontre, combat de personnes qui se rencontrent par hasard.*

To RENCOUNTER, *v. n.* (or meet by accident.) *Se rencontrer.*

To REND, *v. act.* (or tear.) *Déchirer, rompre, mettre en pieces.*

To rend, (to divide by factions or heresies.) *Déchirer, diviser.*

To

REN

To RENDER, verb. act. (or return.) Rendre.
To render thanks. Rendre graces, remercier.
To render like for like. Rendre la pareille.
To render (or give.) Rendre, donner.
To render a reason why. Rendre raison pourquoi.
To render (or surrender) a place. Rendre, livrer une place.
To render (or do) one a good office. Rendre un bon office à quelqu'un, lui faire un plaisir.
He rendered his master all the offices of a faithful servant. Il s'acquitta envers son maitre de tous les devoirs d'un fidele serviteur.
To render (or make) one's self considerable. Se rendre considérable, le devenir.
To render, (to turn or translate.) Rendre, traduire, tourner.
Rendered, adj. Rendu.
RENDERING, f. L'action de rendre, &c. Voy. to Surrender.
A rendering of thanks. Action de graces.
A rendering of a place. Reddition d'une place.
A rendering (or translating) out of one tongue into another. Traduction.
Rendering, part. etc. Courant, en parlant des marchandises, lorsqu'il n'est les arrêter ou gêner dans leur passage à travers les routes, &c. &c.
RENDEZVOUS, f. (an assignation to meet.) Rendezvous, assignation.
Rendezvous, (a meeting-place.) Un rendez-vous, lieu où l'on se doit rencontrer.
Rendezvous. Rendez-vous d'une escadre en cas de séparation.
To RENDEZVOUS, v. n. (to meet.) Aller au rendez-vous, se rencontrer, s'assembler en un certain endroit.
RENDIBLE, adj. (to be rendered.) Qui peut être rendu, &c. V. to Render.
RENEGADE,
RENEGADO, f. (one that apostatises from the faith, an apostate, a revolter.) Un négat, un apostat; un révolté.
To RENEGE, v. act. Nier, désavouer.
To RENEW, v. act. (to begin a-new.) Renouveler, recommencer.
To renew an old custom. Remettre ou renouveler une ancienne coutume.
To renew the fight. Recommencer le combat, le rétablir.
To renew an old friendship with one. Renouer amitié avec quelqu'un.
Your looks will renew my wounds. Vos regards vont rouvrir mes blessures, ou renouveler mes maux.
Renewed, adj. Renouvellé, recommencé, &c. Voy. to Renew.
RENEWABLE, adj. Qui peut être renouvellé.
RENEWAL, f. Renouvellement.
RENEWING, f. Renouvellement, l'action de renouveler, &c. V. to Renew.
RENITENCY, f. Résistance, opposition.
RENITENT, adj. Résistant.
RENNET, f. (the maw of a calf.) Présure, mulette de veau.
Rennet or Reneting. Reinette, pomme.
Rennet-berg. Mulette.
To RENOVATE, &c. V. to Renew, &c.
RENOVATION, f. Renouvellement.
To RENOUNCE, v. act. (to forsake.) Renoncer à, abandonner.
To renounce, v. n. (or revoke at cards.) Renoncer, au jeu des cartes.
Renounced, adj. A quoi l'on a renoncé.

REN

RENOUNCEMENT,
RENOUNCING, f. Renoncement, l'action de renoncer.
RENOWN, f. (or fame.) Renom, renommée, réputation.
To RENOWN, v. act. Rendre fameux.
Renowned, adj. (or famous.) Renommé, fameux, illustre.
RENOWNEDLY, adv. Exemp. To act renownedly. S'acquérir du renom ou de la réputation, faire de grandes & glorieuses actions.
RENT, f. (a sum of money, or other consideration, issuing yearly out of lands and tenements.) Rente, revenu.
A yearly rent. Une rente annuelle.
Rent-service. Rente seodale, redevance.
Fee-farm rent. Voy. Fee.
Quit-rent. Voy. Quit.
Rent-resolute. Voy. Resolute.
House-rent. Loyer, louage, terme, ce qu'on paye pour le loyer d'une maison.
To pay one's rent. Payer le louage ou le loyer, payer son terme.
Rent, (from to rend.) Déchirure, rupture.
Rent (or schism) in the Church. Schisme, division de l'Eglise.
To RENT, v. act. (to take by rent.) Louer, prendre à louage.
RENTABLE, adj. (that may be rented.) Qui peut être loué.
RENTAL, f. (particular of the rents or profits of an estate.) Etat du revenu annuel d'un bien.
RENTED, adj. Loué, pris à louage.
RENTER, f. Rentier, qui doit des rentes seigneuriales.
Renter-warden, f. Receveur de rentes.
RENUNCIATION, f. (f ert to renounce.) Renonciation, renoncement.
RENUNCULUS. Voy. Ranunculus.
To REOBTAIN, v. act. Obtenir de nouveau, regagner.
Reobtained, adj. Qu'on a obtenu de nouveau.
To REORDAIN, v. act. Réordonner.
REORDINATION, subst. Réordination, seconde ordination.
REPAID, adj. Payé encore une fois.
REPAIR, subst. (to altering or minding.) Réparation.
To keep a house in repair. Faire les réparations d'une maison, l'entretenir.
A house kept in good repair. Une maison bien entretenue.
The repair of (or refitting) a ship. Le radoub d'un vaisseau.
Repair, (or journey.) Voyage.
To REPAIR, v. act. (to mend a building.) Réparer, refaire, rétablir quelque chose, à un bâtiment, faire des réparations à un bâtiment.
To repair a figure of marble. Restaurer une figure de marbre.
To repair (or make up) a loss. Réparer une perte.
To repair an injury, (to give satisfaction for it.) Réparer une injure, en faire satisfaction.
To repair (or refit) a shattered vessel. Donner le radoub à un vaisseau délabré, le radouber.
To repair, v. n. (to go.) Se rendre, aller, s'en aller, se retirer.
When he shall repair into our dominions. Quand il reviendra sur nos terres.
To repair to one for a thing. S'adresser à quelqu'un pour quelque chose.
Repaired, adj. Reparé, &c. Voy. to Repair.

REP

Not to be repaired. Irréparable.
REPAIRER, f. Réparateur, celui qui répare ou qui fait des réparations.
REPAIRING, f. L'action de réparer, &c. Réparation. Voy. to Repair.
REPARABLE, adj. Réparable.
REPARATION, f. (or mending.) Réparation, action de reparer.
Reparation, (or satisfaction.) Réparation, satisfaction.
Reparation, f. Dédommagement.
REPARTEE, f. (a quick and witty reply or answer.) Repartie, reponse vive & prompte, riposte, réplique.
To be quick in one's repartees. Avoir la repartie prompte ou avoir la riposte en main.
REPARTITION, subst. (or subdivision.) Répartition, subdivision.
To REPASS, v. act. Repasser.
Exemp. To repass a river. Repasser une rivière.
REPAST, subst. (or meal.) Petit repas, réfection.
To REPAY, v. act. (or pay again.) Payer encore une fois.
To repay, (to pay back.) Payer, rembourser, rendre.
To repay (or acknowledge) a benefit. Reconnaitre un bienfait, payer une faveur.
REPAYING,
REPAYMENT, subst. Double payement ou l'action de payer encore une fois, &c. Voy. to Repay.
REPEAL, f. (revoking.) Revocation.
To REPEAL, v. act. (to revoke or annul.) Révoquer, casser, abolir, annuler, rapporter.
To repeal an act of parliament. Rapporter une loi.
REPEALABLE, adj. Révocable.
REPEALED, adj. Révoqué, cassé, aboli, annullé, rapporté.
REPEALING, f. Abolition, révocation, l'action de révoquer, &c. V. to Repeal.
To REPEAT, v. act. (to rehearse or tell over again.) Répéter, redire, dire de nouveau.
To repeat, (to reiterate or do over again.) Répéter, réitérer.
Repeated, adj. Répété, &c. Voy. to Repeat.
REPEATER, subst. Répétiteur, celui qui répète ou qui fait répéter.
Repeater, (or repeating-watch.) Montre à répétition.
REPEATING, subst. Répétition, l'action de répéter, &c. Voy. to Repeat.
REPEEK, f. (at the game called piquet.) Repic.
To REPEEK, v. act. Faire repic.
Repeeked, adj. Qui est repic.
To REPEL, v. act. (to push or drive back.) Repousser, rechasser.
To repel an objection. Réfuter une objection.
To repel, (to strike in.) Répercuter, faire rentrer en dedans.
Oxycrat repels. L'oxycrat répercute la chaleur en dedans.
Repelled, adj. Repoussé, &c. Voy. to Repel.
REPELLENT, subst. Un répercussif.
REPELLER, subst. Celui ou celle qui repousse, &c.
Repeller, (or repelling medicine.) Remède répercussif.
REPELLING, subst. L'action de repousser, &c. Voy. to Repel.
To REPENT, v. n. & act. (to be sorry for

REP

for any thing done amiss.) *Se repentir, être marri, avoir regret d'avoir fait quelque chose.*
He does not at all repent it or repent of it. *Il ne s'en repent point du tout.*
To repent, *v. imp. Ex.* It repents me, (for he repents it or of it.) *Je m'en repents.*
He repented of his promise. *Il se repentit de sa promesse.*
Repented of , *adj. Dont on se repent, dont on s'est repenti.*
Who would buy at so dear a rate a thing to be repented of? *Qui voudroit acheter si cher un repentir?*
REPENTANCE , *subst. Repentance, repentir.*
REPENTANT , *adj.* (penitent or sorrowful.) *Repentant, pénitent, qui se repent d'avoir failli.*
To REPEOPLE , *v. act.* (or people again.) *Repeupler, peupler de nouveau.*
Repeopled , *adject. Repeuplé, peuplé de nouveau.*
REPEOPLING , *s. L'action de repeupler.*
* To REPERCUSS , *verb. act.* (or strike back.) *Répercuter.*
REPERCUSSION , *s.* (or striking back.) *Répercussion, réverbération.*
REPERCUSSIVE , *adj. Répercussif, qui répercute.*
A repercussive medicine. *Un remede répercussif, un repercussif.*
REPERTORY , *s.* (a book wherein things are set down methodically , for the ready finding out of the same.) *Répertoire, inventaire, table, index.*
REPETITION , *s. Répétition, redite.*
A repetition in musick. *Reprise*, en musique.
To REPINE , *verb. neut.* (to grieve.) *Etre fâché, se repentir, murmurer.*
To repine at one's good fortune. *Etre fâché du bonheur d'autrui , envier son bonheur , en avoir du chagrin ou du déplaisir.*
If he gives any thing , he repines at it. *S'il donne quelque chose, il s'en repent après.*
REPINER , *s. Murmurateur.*
REPINING , *subst. Chagrin , déplaisir , murmure.*
REPIQUE , &c. *V. Repeek, &c.*
To REPLACE , *verb. act.* (to supply the place of , to make good a thing that is taken away.) *Remplacer.*
To replace the sums that where taken out of a fund. *Remplacer des sommes qui ont été prises d'un fonds.*
Replaced , *adj. Remplacé.*
REPLACING , *s. Remplacement , l'action de remplacer.*
To REPLAIT , *verb. act. Plisser, remplier.*
To REPLANT , *verb. act. Replanter.*
Replanted , *adj. Replanté.*
REPLANTING , *subst. L'action de replanter.*
To REPLENISH , *verb. act.* (or fill.) *Remplir ; augmenter ; finir.*
Replenished, *adj. Rempli , plein , augmenté.*
REPLENISHING , *s. L'action de remplir.*
REPLETE , *adj.* (or full.) *Plein , rempli.*
REPLETION , *s. Réplétion , plénitude.*
REPLEVIABLE , *adject. Ex.* Repleviable goods. *Meubles ou effets dont on peut obtenir la réintégrande.*
REPLEVIN, } *subst.* (the bringing a writ
REPLEVY } called repleigiare facias, for the releasing of things distrained.) *Main-levée ou réintégrande.*

Tome II.

REP

Replevy , (or bailing of a man.) *Cautionnement.*
To REPLEVY , *verb. act.* (to recover.) *Avoir la réintégrande, recouvrer.*
To replevy a distress , (to recover goods distrained.) *Avoir la réintégrande d'une chose dont on a fait saisie.*
Replevied, *adj. Recouvré.*
REPLICATION , *subst.* (the plaintiff's reply to the defendant's answer.) *Répliques.*
REPLY , *s.* (or answer.) *Réplique, réponse, répartie.*
To REPLY , *verb. act. Répliquer, répondre, répartir.*
It is or 'tis true , replied she, that—. *Il est vrai , reprit-elle , que—.*
Replied , *adj. Répliqué , &c.*
REPLYER , *s. Qui réplique.*
REPLYING , *s. L'action de répliquer , &c. V.* to Reply.
To REPOLISH , *verb. act. Repolir.*
REPORT , *s.* (rumour , talk.) *Bruit qu'on fait courir.*
There is such a report or such a report goes abroad. *On fait courir ce bruit-là , on en parle , on le dit.*
A flying report. *Un bruit qui court , un bruit qui se répand.*
By report. *A ce qu'on dit.*
Report , (or malicious tale.) *Rapport , discours malin fait à dessein de nuire à quelqu'un.*
Report , (relation or account.) *Rapport , récit , relation , compte , témoignage.*
Report , (a repetition of a cause debated.) *Rapport.*
To make a report of a cause. *Faire le rapport d'une cause ou d'un procès.*
Report , (name or reputation.) *Réputation , renom , odeur.*
To have an ill report. *Avoir un mauvais renom , être en mauvaise réputation ou en mauvaise odeur.*
The report (or noise) of a gun. *Le bruit ou la détonation d'une arme à feu.*
To REPORT , *v. act.* (to tell or relate.) *Rapporter, dire , raconter , faire le récit de ce qu'on a vu ou entendu.*
To report , (to tell again , as a talebearer.) *Rapporter , redire , faire des rapports.*
To report , (to give an account of.) *Rapporter , faire le rapport , exposer , déduire l'état d'une affaire , en rendre compte.*
To report a law-suit. *Rapporter un procès , en faire le rapport , déduire, exposer l'état d'une affaire.*
To report ill of one. *Parler ou dire du mal de quelqu'un.*
* To report , *v. n.* (to make a noise , as a gun.) *Peter , faire du bruit.*
Reported, *adj. Rapporté. V.* to Report.
It is reported. *On dit , le bruit court.*
A man ill reported of. *Un homme qui est en mauvaise réputation ou odeur.*
They believed any thing that was reported of him, *Ils croyoient tous les rapports qu'on faisoit de lui.*
REPORTER , *subst. Rapporteur , celui qui rapporte , &c.*
REPORTING , *subst. L'action de rapporter , &c. V.* to Report.
REPORTINGLY , *adv. D'après le bruit public.*
REPOSAL , *subst. L'action de se reposer.*
REPOSE , *s.* (or rest.) *Repos.*
To take some repose , (to rest.) *Prendre du repos , se reposer.*

REP

To REPOSE , *v. act.* (to put or lay upon,). *Mettre , commettre.*
To repose one's trust in one. *Mettre sa confiance en quelqu'un, se reposer , compter , s'assurer , faire fond sur quelqu'un , se fier à quelqu'un , se confier en lui.*
I reposed a great trust in him. *Je lui ai confié ou j'ai commis à sa fidélité des choses d'importance , je lui en ai fait une grande confidence.*
To repose an entire confidence in one. *Se reposer entièrement sur quelqu'un, s'assurer en lui , se fier à ou en quelqu'un , se confier en lui.*
To repose one's self , *verb. récip. or* to repose , *verb. neut.* (to rest.) *Se reposer , prendre du repos.*
Reposed , *adject. Mis , &c. Voyez* to Repose.
He has betrayed the trust reposed in him. *Il est coupable de malversation.*
REPOSING , *subst. L'action de mettre , &c. V.* to Repose.
To REPOSITE , *verb. act. Mettre en lieu de sûreté , mettre de côté.*
REPOSITION , *subst.* (a settling again.) *Rétablissement.*
The reposition of the forest. *Le rétablissement de la forêt.*
REPOSITORY , *s.* (a place where things are laid up and kept.) *Dépenst ou lieu où l'on serre les choses.*
To REPOSSESS , *verb. act. Recouvrer , posséder de nouveau.*
Repossessed of a thing , *adj. Remis ou rentré en possession , qui a eu la réintégrande de quelque chose.*
To REPREHEND , *v. act.* (or to reprove.) *Reprendre , corriger , réprimander.*
Reprehended , *adj. Repris , corrigé , réprimandé.*
REPREHENDER , *s. Censeur.*
REPREHENDING , *s. Action de reprendre , &c. censure , correction.*
REPREHENSIBLE , *adj. Digne de censure , réprehensible.*
REPREHENSIBLY , *adv. Réprehensiblement.*
REPREHENSION , *subst. Censure , réprimande , mercuriale.*
To REPRESENT , *verb. act.* (to make appear , to shew.) *Représenter , montrer , faire voir ou connoître , exposer devant les yeux , remontrer.*
To represent, (to figure , to be like to.) *Représenter , figurer , exprimer.*
To represent (to be in the room of) one. *Représenter quelqu'un , tenir sa place.*
REPRESENTATION , *s. Représentation.*
REPRESENTATIVE , *adj. Représentatif , qui représente.*
Representative , *s.* (one that represents another.) *Un représentant.*
The members of the house of commons are the representatives of the people. *Les membres de la Chambre des communes sont les représentants du peuple.*
REPRESENTED , *adj. Représenté , &c. V.* to Represent.
REPRESENTER , *s. Représentant.*
REPRESENTING , *s. Représentation ou l'action de représenter , &c. V.* to Represent.
REPRESENTMENT , *s. Représentation.*
To REPRESS , *verb. act.* (or hinder.) *Réprimer , arrêter , retenir.*
Repressed , *adj. Réprimé , arrêté , empêché , retenu.*
REPRESSER , *subst. Celui ou celle qui réprime , &c.*

REPRESSING,

4 A

REPRESSING, *subst.* L'action de réprimer, &c.
REPRESSIVE, *adj.* Répressif, qui réprime.
REPRIEVE, *subst.* (a respite from execution.) Répit, délai, surséance d'exécution.
To REPRIEVE, *verb. act.* (to respite a malefactor.) Surseoir l'exécution d'un criminel condamné à mort, lui donner du répit.
Reprieved, *adj.* (or respited.) De qui on a sursis l'exécution, à qui on a donné du répit.
REPRIEVING, *subst.* Répit, l'action de surseoir l'exécution ou de donner du répit.
REPRIMAND, *s.* (a check or reproof.) Réprimande, réprehension, correction, mercuriale.
To REPRIMAND, *verb. act.* Réprimander, censurer, faire une censure ou une réprimande, faire la mercuriale, reprendre avec autorité, † laver la tête.
Reprimanded, *adject.* Réprimandé, censuré, &c. V. to Reprimand.
To REPRINT, *v. act.* Réimprimer, imprimer une seconde fois.
Reprinted, *adj.* Réimprimé.
REPRINTING, *subst.* L'action de réimprimer, seconde impression.
REPRISAL,
REPRISE, } *s.* (seizure by way of recompence.) Représailles ou droit de représailles.
To make use of reprisals. User de représailles.
REPRISE, *subst.* (a repetition in a song.) Reprise, en termes de musique.
Reprise. Vaisseau repris. V. Reprisal.
Reprises, (a law-word for charges and duties.) Charges, frais.
Besides all reprises. Tous frais faits ou toutes charges faites.
REPROACH, *s.* (or infamy.) Reproche, opprobre, flétrissure, infamie, honte, ignominie.
Reproach, (injury or offence.) Injure, affront, outrage.
Reproach, (an upbraiding or what is cast in a man's teeth.) Reproche, ce qu'on objecte à une personne.
To REPROACH, *verb. act.* (to upbraid or reflect upon.) Reprocher, faire des reproches, objecter.
To reproach one with ingratitude. Reprocher à quelqu'un son ingratitude.
To reproach (or to charge) with. Accuser, taxer.
REPROACHABLE, *adject.* Reprochable, digne de reproche ou de blâme.
REPROACHED, *adj.* Reproché, &c. V. to Reproach.
REPROACHFUL, *adject.* (outrageous or injurious.) Injurieux, outrageant, offensant, choquant.
To give one reproachful language. Injurier quelqu'un, l'outrager de paroles, l'offenser.
REPROACHFULLY, *adv.* Outrageusement, injurieusement, avec insulte.
REPROACHING, *subst.* L'action de reprocher, &c. V. to Reproach.
REPROBATE, *subst.* Un Réprouvé.
A reprobate, (a wicked man.) Un réprouvé, un méchant garnement, un scélérat, un perdu, un impie.
To REPROBATE, *v. act.* (to condemn, to reject.) Improuver, réprouver, rejetter, désapprouver, condamner.
Prov. To reprobate all cats for witches.

Faire passer tous les chats pour des sorciers.
Reprobated, *adj.* Réprouvé, rejetté.
REPROBATING, *subst.* L'action de réprouver ou de rejetter, réprobation.
REPROBATION, *f.* Réprobation.
To REPRODUCE, *verb. act.* (produce again.) Reproduire.
REPRODUCTION, *f.* Reproduction.
REPROOF, *adj.* (check or reprimand.) Censure, réprimande, mercuriale.
REPROVABLE, *adject.* Digne de censure, qui mérite d'être censuré ou réprimandé.
To REPROVE, *verb. act.* (to check or rebuke.) Reprendre, censurer, réprimander, faire la mercuriale.
Reproved, *adj.* (or censured.) Repris, censuré, réprimandé.
REPROVER, *subst.* Celui ou celle qui reprend, qui censure, &c. un censeur.
REPROVING, *subst.* L'action de reprendre, de censurer ou de réprimander.
REPTILE, *subst.* (a creeping thing.) Un reptile.
REPTILE, *adj.* Rampant, reptile.
REPUBLICAN, *subst.* (a commonwealth's man.) Un Républicain, sujet d'une République, partisan du Gouvernement républicain.
Republican, *adj.* Républicain, d'un républicain, d'un homme qui a l'esprit de république.
REPUBLICA, *subst.* (a commonwealth without a king.) République.
The tenth year of the French republick. L'an dix de la République françoise.
REPUDIABLE, *adj.* Qui mérite d'être répudiée ou qui peut être répudiée.
To REPUDIATE, *verb. act.* (to divorce or put away one's wife.) Répudier sa femme, la renvoyer, faire divorce avec elle.
Repudiated, *adj.* Répudié.
REPUDIATION, *f.* Répudiation, divorce.
To REPUGN, *verb. neut.* (to resist or be contrary.) Répugner, être contraire, ne s'accorder pas, contredire.
REPUGNANCY, *f.* (contrariety or contradiction.) Répugnance, contrariété.
The repugnancy of two propositions. La répugnance de deux propositions.
Repugnancy, (or averseness.) Répugnance, aversion, difficulté, peine qu'on a à faire quelque chose.
REPUGNANT, *adj.* (or contrary.) Opposé, contraire, qui répugne, qui choque, qui blesse.
REPUGNANTLY, *adv.* Avec répugnance, avec peine.
To REPULLULATE, *verb. neut.* Pousser de nouveaux bourgeons.
REPULSE, *subst.* (or denial.) Refus, rebuffade.
To meet with or suffer a repulse. Être refusé, essuyer un refus ou une rebuffade.
To REPULSE, *verb. act.* (or deny.) Rebuter, refuser.
Repulsed, *adj.* Rebuté, refusé.
He was repulsed when he stood for consul. Il essuya un refus lorsqu'il demanda le Consulat.
REPULSING,
REPULSION, } *subst.* L'action de repousser ou de refrapper.
REPULSIVE, *adject.* Répulsif, terme de physique.
To REPURCHASE, *verb. act.* Racheter.
REPUTABLE, *adject.* (of good repute.) Qui a bonne réputation.
REPUTABLY, *adv.* Avec honneur.
REPUTATION, *subst.* (fame, credit or

esteem.) Réputation, nom, renom, estime, crédit, opinion publique.
She is ruined in her reputation. Elle est perdue de réputation.
To ruin a man's reputation. Perdre quelqu'un de réputation.
REPUTE, *subst.* (or reputation.) Réputation, renom, estime, opinion publique, odeur.
To be in good repute. Être en bonne réputation ou en bonne odeur.
To REPUTE, *verb. act.* (to count or look upon.) Réputer, estimer tel, tenir pour tel.
They repute him a wise man. On le répute homme sage, il passe pour homme sage.
Reputed, *adj.* Réputé, estimé, tenu, qui passe pour tel.
REPUTELESS, *adject.* Sans honneur, dégradé.
REQUEST, *f.* (or petition.) Requête, prière, demande, réquisition.
At my request. À ma requête, à ma réquisition.
A master of requests. Un Maître des requêtes.
The court of requests. La Chambre ou la Cour des requêtes.
To make a request to one. Faire une requête à quelqu'un, prier quelqu'un d'une chose, requérir quelqu'un de quelque chose.
Request, (vogue.) Vogue, réputation, crédit, cas.
They are in no request, (or esteem.) On n'en fait aucun cas, ils ne sont pas de mise ou en crédit.
To REQUEST, *verb. act.* (to beg.) Requérir, prier, demander humblement.
Requested, *adj.* Requis, demandé, qu'on demande.
REQUESTER, *subst.* (or petitioner.) Un suppliant.
REQUIEM, *subst.* (a mass for the dead.) Requiem, Messe pour les morts.
To REQUIRE, *v. act.* (to ask or demand.) Demander, requérir, exiger.
To require satisfaction. Demander satisfaction.
As far as necessity shall require. Autant que la nécessité le requerra ou l'exigera.
As occasion shall require. Selon que la chose l'exigera, suivant l'occasion qui se présentera.
The business requires haste. L'affaire requiert célérité ou diligence, l'affaire presse.
Required, *adj.* Demandé, requis, exigé.
To what purpose should this acknowledgement be required ? À quoi serviroit-il d'exiger cette reconnoissance ?
REQUIRING, *f.* L'action de demander, de requérir ou d'exiger.
REQUISITE, *adj.* (necessary or convenient.) Requis, nécessaire, convenable, qui est à propos.
Requisite, *f.* (a thing requisite.) Chose requise, chose nécessaire.
REQUISITELY, *adv.* Nécessairement.
REQUISITENESS, *subst.* Nécessité.
REQUISITION, *subst.* Réquisition.
REQUITAL, *subst.* (reward or acknowledgment.) Récompense, reconnoissance.
To REQUITE, *verb. act.* (or reward.) Récompenser, reconnoître.
To requite a man in his own way. Rendre la pareille à quelqu'un, le payer de la même monnoie.
Requited, *adj.* Récompensé, reconnu.
REQUITER, *f.* Celui ou celle qui récompense.

REQUITING,

REQUITING, *s.* L'action de récompenser ou de reconnoître.
RERE-BOILED, *adj.* (or half-boiled.) Parbouilli, à demi-cuit.
A rere-builed egg. *Un œuf trop mollet, qui n'a pas assez bouilli.*
REREMOUSE, *subst.* (or bat.) *Chauve-souris.* V. Rearmouse.
REREWARD, *s.* (or rear) of an army. *L'arriere-garde d'une armée.*
To RESAIL, *verb. neut.* Se rembarquer.
RESALUTATION, *subst.* Résalutation.
To RESALUTE, *verb. act.* Resaluer, rendre le salut.
Resaluted, *adject.* Resalué.
To RESCIND, *verb. act.* (to repeal, cut off or disannul,) Rescinder, abolir, casser, annuler.
Rescinded, *adj.* Rescindé, aboli, cassé, annullé.
RESCISSION, *subst.* (a disannulling or cutting off.) Rescision, cassation, abolition.
RESCISSORY, *adj.* Rescissoire.
RESCOUS, *s.*
RESCUE, *subst.* Reprise, recousse.
RESCRIPT, *s.* (an answer to a petition or the return of a writ.) *Un rescrit.*
RESCUE, *subst.* (delivrance of a distress or person arrested.) *Recousse, reprise, délivrance des personnes ou des choses qu'on enleve.*
To RESCUE, *verb. act.* (to save or to deliver.) Reprendre, sauver, mettre en liberté, délivrer une personne de ceux qui l'emmenent ; regagner, rattraper une chose qu'on prend & qu'on enleve.
Rescued, *adj.* Sauvé, &c.
RESCUER, *s.* Celui qui sauve, libérateur.
RESCUING, *subst.* Recousse, l'action de sauver, &c. V. to Rescue.
RESEARCH, *s.* (or strict enquiry.) Recherche.
Philosophical researches. *Recherches philosophiques.*
To RESEAT, *verb. act.* Remettre, replacer.
To RESEIZE, *v. act.* Ressaisir, faire une seconde saisie.
RESEIZER, *s.* Celui qui ressaisit.
RESEIZURE, *s.* Seconde saisie.
RESEMBLANCE, *s.* (or likeness.) Ressemblance, rapport.
This bears no resemblance with that. *Ceci ne ressemble point à cela, il n'y a aucun rapport.*
To RESEMBLE, *v. act. & neut.* (to be like.) Ressembler, avoir de la ressemblance, être semblable, se rapporter.
He resembles his father. *Il ressemble à son pere.*
To resemble, (to compare.) *Comparer, faire une comparaison.*
RESEMBLING, *subst.* Ressemblance, rapport.
Resembling, *adj.* Semblable, qui ressemble, qui se rapporte, qui a du rapport.
To RESEND, *verb. act.* Renvoyer.
To RESENT, *verb. act.* (to be sensible of) an affront. Ressentir un affront, se ressentir d'un affront, en avoir du ressentiment.
Resented, *adj.* Ressenti.
RESENTFUL, *adj.* (full of resentment.) Plein de ressentiment, sensible, vindicatif.
RESENTING, *s.* Ressentiment ou l'action de ressentir.
RESENTINGLY, *adv.* Avec ressentiment, d'un maniere sensible.

RESENTMENT, *sub.* (a sensible apprehension or revengeful remembrance of an injury.) Ressentiment, chagrin, déplaisir que l'on ressent de quelque injure.
I could not but tell my Lord *Sunderland* of these resentments. *Je ne pus m'empêcher de dire à Mylord Sunderland ce que j'avois sur le cœur.*
RESERVATION, *s.* (or keeping in store.) Réserve, réservation.
Reservation, (restriction.) Réservation, restriction.
Mental reservation. *Restriction mentale.*
Reservation, (in law.) Réserve, en termes de palais.
RESERVATORY, *s.* Réservoir.
RESERVE, *subst.* (things kept in store.) Réserve.
Reserve, (or reservation.) Réserve.
I am yours without reserve. *Je suis à vous sans réserve.*
Reserve, (discretion or wariness.) Réserve, retenue, circonspection.
To RESERVE, *v. act.* (to keep in store, to save.) Réserver ou se réserver, ménager, retenir.
Reserved, *adj.* Réservé, gardé. Voy. to Reserve.
Reserved, (close or wary.) Réservé, retenu, circonspect, caché.
RESERVEDLY, *adv.* Avec réserve, avec retenue.
RESERVEDNESS, *subst.* (the being reserved and close.) Réserve, retenue, discrétion.
RESERVOIR, *s.* Réservoir.
A reservoir of water. *Réservoir d'eau.*
To RESETTLE, *v. act.* (or reestablish.) Rétablir.
Resettled, *adj.* Rétabli.
RESETTLEMENT, *s.* Rétablissement.
RESIANT, *adj.* (a law-term, for residing, dwelling.) Résident, domicilié, qui habite en un certain lieu.
To RESIDE, *verb. neut.* (to abide or continue.) Résider, demeurer, faire sa demeure.
RESIDENCE, *s.*
RESIANCE, *s.* (or dwelling-place.) Résidence, demeure ordinaire, lieu où l'on réside.
Residence, (stay or sejourning.) Résidence, séjour.
To make his residence in one's living. *Faire sa résidence à son bénéfice.*
To be bound to residence. *Etre obligé à résidence.*
Residence, (or the employ of a resident.) *Résidence, charge de Résident.*
RESIDENT, *adj.* (that resides.) Résident, qui réside ou qui fait sa résidence.
Resident, *s.* (a prince's minister sent to another prince, a dignity somewhat inferior to an ambassador or envoy.) *Un Résident.*
RESIDENTIARY, *s. Ex.* He was a constant residentiary in his benefice. *Il faisoit toujours résidence à son bénéfice.*
RESIDUARY, *adj.* A residuary legatee, (is a person to whom the testator or devisor bequeaths the remainder of his estate, after the payment of private legacies and lawful debts.) *Légataire universel, est celui à qui le testateur laisse ou legue tous ses biens après le payement des legs particuliers & des dettes légitimes.*
RESIDUE, *s.* (or remainder.) *Le résidu, le reste, le restant, ce qui reste.*

To RESIGN, *verb. act.* (to give up or surrender.) Résigner, faire une résignation, céder, se démettre de.
To resign one's place to one. *Résigner sa place à quelqu'un, s'en démettre en sa faveur.*
To resign one's self (to submit wholly) to God's will. *Se résigner, se soumettre ou s'abandonner entierement à la volonté de Dieu.*
RESIGNATION, *s.* (a voluntary giving up.) Résignation, démission volontaire.
A resignation (or entire submission) to God's will. *Résignation, abandonnement, soumission, déférence pleine & entiere à la volonté de Dieu.*
RESIGNED, *adject.* Résigné, &c. V. to Resign.
RESIGNEE, *subst.* (the party to whom a thing is resigned.) Résignataire.
RESIGNER, *s.* (the party that resigns.) Résignant.
RESIGNING, *s.*
RESIGNMENT, *s.* subst. Résignation, l'action de résigner, &c. V. to Resign.
RESILIENCE, *s.*
RESILIENCY, *s.* subst. (or rebounding.) L'action de rejaillir, rejaillissement.
RESILIENT, *adj.* (rebounding.) Rejaillissant, qui rejaillit.
RESILITION, *s.* (or resiliency.) Rejaillissement.
RESIN, *s.* Résine.
RESINOUS, *adj.* (of resin.) Résineux, plein de résine.
RESIPISCENCE, *s.* (or repentance.) Résipiscence, repentance.
To RESIST, *verb. act. & neut.* (to withstand,) Résister, faire résistance, se roidir contre, s'opposer à.
To resist stoutly. *Résister vigoureusement, faire une vigoureuse résistance.*
To resist against one's own reason. *Se roidir contre sa raison, renoncer à ses propres lumieres.*
RESISTANCE, *s.* (or defence.) Résistance, action de résister, défense.
Resistance, (or opposition.) Résistance, opposition.
RESISTED, *adject.* A qui l'on résiste ou à qui l'on a résisté, &c.
RESISTER, *s.* Celui ou celle qui résiste.
RESISTIBILITY, *s.* Qualité ou puissance de résister.
RESISTIBLE, *adj.* A quoi on peut résister.
RESISTING, *s.* Résistance ou l'action de résister, &c. V. to Resist.
RESISTLESS, *adj.* Irrésistible, à quoi l'on ne peut résister.
RESOLVABLE, *adj.* Qui peut se résoudre, &c. V. to Resolve.
RESOLUBLE, *adj.* Dissoluble, qu'on peut fondre.
RESOLVE, *s.* (purpose, design, intention.) Résolution, dessein, intention.
Resolve, (deliberation, decision.) Résolution, délibération, décision.
I can give you no resolve in that point. *Je ne puis pas vous satisfaire sur ce point.*
To RESOLVE, *verb. act.* (to untie, to decide, to determine a hard question, difficulty, &c.) Résoudre, *soudre, décider, determiner une question, démêler le nœud d'une question, &c.*
To resolve, (to dissolve, soften or melt.) *Résoudre, amollir, dissiper.*
To resolve, (or reduce into.) *Résoudre, réduire.*
To resolve one's faith into the Pope's authority. *Réduire sa foi à l'autorité du Pape.*

Into

RES

Into what can we resolve this strong inclination of mankind? *A quoi pouvons-nous rapporter ou attribuer cette forte inclination du genre humain?*

To resolve, verb. neut. (to design or purpose, to come to a resolution.) *Résoudre, se résoudre, prendre une résolution, se disposer, se déterminer à quelque chose, déterminer ou arrêter de faire, délibérer, conclure.*

To resolve upon something. *Prendre une résolution, se résoudre à quelque chose, s'y déterminer.*

The war is resolved upon. *On a résolu la guerre.*

To resolve against it. *Se résoudre au contraire, s'y opposer.*

To resolve, v. neut. or to resolve itself, verb. récip. (to turn or change.) *Se résoudre, se réduire, se changer.*

To resolve (or gather) into matter. *Se résoudre en pus, suppurer, venir à suppuration.*

Then the parliament resolved itself into a committee of the whole house. *Ensuite la chambre se forma en grand comité.*

The moral of the fable resolves into this. *La morale de la fable se réduit ou revient à ceci.*

Resolve (or tell) me what it is. *Dites-moi ce que c'est.*

Resolve me (let me know your mind) quickly. *Declarez-moi au plutôt votre volonté.*

Resolved, adject. *Résolu, disposé, &c.* V. to Resolve.

There I shall be resolved. *Là j'apprendrai, là je saurai la vérité, on me dira là ce que c'est.*

RESOLVEDLY, adv. (or with a resolved mind.) *Résolument, de propos délibéré, de dessein formé.*

RESOLVEDNESS, s. (or firm disposition.) *Résolution, ferme disposition ou intention.*

RESOLVENT, subst. *Résolvant, dissolvant.*

RESOLVER, s. *Qui résout.*

RESOLVING, s. *L'action de résoudre, &c.* V. to Resolve.

The resolving of a hard question. *La solution d'une difficulté.*

RESOLUTE, adj. (or stout.) *Résolu, déterminé, de résolution, brave, hardi, ferme.*

Rents resolute, (anciently payable to the crown out of Abbey lands.) *Rentes ou dîmes qui revenoient au Roi des fonds de terre que les Couvens & les Abbayes possédoient autrefois en Angleterre.*

RESOLUTELY, adv. (stoutly.) *Résolument, fièrement, d'une façon déterminée, avec fermeté, avec résolution, hardiment, avec intrépidité.*

RESOLUTENESS, sub. (stoutness.) *Résolution, fermeté, hardiesse, courage, intrépidité.*

RESOLUTION, subst. (resolve or determination.) *Résolution, détermination, décision.*

Resolution, (or design.) *Résolution, dessein, délibération.*

Resolution, (resoluteness.) *Résolution, fermeté, hardiesse, courage.*

Resolution, (or reduction.) *Résolution, réduction, action de réduire.*

The resolution of a body into its principles. *La résolution d'un corps en ses principes.*

RES

The protestant resolution of faith. *La résolution protestante réduite à ses principes.*

RESOLUTIVE, adject. *Résolutif*, terme de pharmacie.

RESONANCE, s. *Echo, son.*

RESONANT, adj. (sounding again.) *Résonnant, retentissant.*

RESORT, s. (or concourse.) *Concours, abord.*

Resort, (or refuge.) *Ressource, refuge.*

An oath is the last resort of truth. *Le serment est le dernier refuge de la vérité.*

To RESORT, v. n. *Se rendre, s'assembler, aller, aborder, fréquenter.*

To resort to a place. *Se rendre, s'assembler dans quelque lieu, fréquenter un lieu.*

Resorted to, adj. *Où l'on se rend, où l'on s'assemble, fréquenté.*

RESORTER, subst. *Celui ou celle qui se rend dans quelque lieu, &c.*

RESORTING, s. *L'action de se rendre, &c.* V. to Resort.

To RESOUND, v. neut. (to ring again.) *Résonner, retentir, renvoyer le son.*

His fame resounds high in the ears of all the world. *Sa renommée fait grand bruit par-tout, tout le monde retentit de ses louanges.*

To resound, verb. act. Ex. Such an action resounded his fame. *Une si belle action fit retentir ou éclater sa renommée.*

RESOUNDING, s. *Résonnement.*

Resounding, adj. *Résonnant, qui rend un son, retentissant.*

RESOUNDINGLY, adv. *D'une maniere résonnante ou retentissante.*

RESPECT, s. (esteem.) *Respect, égard, estime, sentiment d'estime, considération.*

I have a great deal of respect for him. *J'ai beaucoup de respect ou d'estime pour lui.*

With God there is no respect of persons. *Dieu ne fait point acception de personnes.*

Out of respect to you. *A votre considération.*

Respect, (honour, reverence.) *Respect, honneur, vénération, révérence, déférence.*

With respect be it spoken. *Sauf le respect.*

To shew a great deal of respect to one. *Montrer beaucoup de respect, avoir beaucoup de déférence pour quelqu'un.*

To pay one's respects to one. *Rendre ses respects à quelqu'un.*

Respect, (or consideration.) *Respect, considération.*

A worldly respect. *Un respect humain.*

In respect to (or in comparison with.) *Au respect ou en comparaison de.*

Respect, (or relation.) *Egard, rapport.*

In some respect. *A quelque égard.*

Respects, (in the plural, is used by way of compliment.) *Respect ou respects, baisemains, compliments, civilités.*

Pray, remember or present my respects to him. *Assurez-le, je vous prie, de mon respect ou de mes respects; faites-lui mes baise-mains, mes compliments ou mes civilités.*

To RESPECT, verb. act. (or honour.) *Respecter, honorer, considérer, révérer, porter du respect.*

To respect, (to consider or regard.) *Avoir égard, considérer, regarder.*

To respect, (or concern.) *Regarder, concerner.*

RES

Respected, adj. *Respecté, honoré, &c.* V. to respect.

That will make you respected by all the world. *Cela vous attirera le respect de tout le monde.*

RESPECTABLE, adj. *Respectable.*

A very respectable man. *Un homme fort respectable.*

RESPECTER, s. of persons. *Qui fait acception de personnes.*

God is no respecter of persons. *Dieu ne fait aucune acception de personnes.*

RESPECTFUL, adject. (full of outward civility.) *Respectueux, humble, plein de respect, plein de soumission, qui porte respect ou révérence.*

RESPECTFULLY, adv. *Respectueusement, avec beaucoup de respect ou de soumission.*

RESPECTFULNESS, subst. *Respect, soumission, déférence.*

RESPECTIVE, adject. (reciprocal.) *Respectif, réciproque.*

Each did wonders in his respective place. *Chacun fit des merveilles dans son poste.*

Respective, (relative, having relation.) *Respectif, relatif, qui a rapport.*

RESPECTIVELY, adv. (in relation or comparison.) *Par rapport, en comparaison, au prix.*

Respectively, (reciprocally.) *Respectivement, réciproquement.*

RESPIRATION, subst. *Respiration, action de respirer.*

To RESPIRE, v. neut. (to take breath.) *Respirer.*

RESPITE, sub. (breathing time, forbearance or delay.) *Répit, relâche, délai, surséance.*

To give one's debtor some respite. *Donner du répit à son débiteur.*

My business gives me no respite. *Mes occupations ne me donnent point de relâche ou ne me laissent pas respirer.*

Respite of homage. *Surséance d'hommage.*

To RESPITE, verb. act. (to give some respite.) *Donner du répit.*

To respite (or put off) the time of execution. *Différer ou remettre l'exécution.*

* To respite (or suspend) an officer from pay. *Suspendre un officier, lui retenir sa paye.*

Respited, adj. part. *A quoi l'on a donné du répit ou à qui l'on a arrêté la paye.*

RESPITING, subst. *L'action de donner du répit, &c. Répit, suspension.*

RESPLENDENCE, } s. (brightness.)
RESPLENDENCY, } *Resplendissement, splendeur, éclat, brillant.*

RESPLENDENT, adject. (bright.) *Resplendissant, brillant, éclatant.*

RESPLENDENTLY, adv. *Avec éclat.*

To RESPOND, verb. neut. (to answer, as the clerk and people do, at divine service, according to the rites of the Catholick and Anglican Church.) *Répondre.*

RESPONDENT, s. (he that answers to interrogatories at Doctors commons.) *La partie qui répond aux interrogatoires.*

Respondent, (he that answers the opponent in disputations.) *Répondant, celui qui soutient une these.*

RESPONSE, s. (the answer made by the clerk and people in service-time.) *Réponse.*

Response, (an answer.) *Réponse.*

RESPONSIBILITY, } subst. *Responsabilité.*
RESPONSIBLENESS, }

RESPONSIBLE, adj. (able to answer or
to

RES

to pay.) Solvable, qui a de quoi ou qui est capable de payer.
Responsible, (or accountable.) Responsable.
RESPONSION, subst. (or surety.) Assurance, cautionnement.
RESPONSORY, adv. (answering.) Qui répond.
RESSORT. V. Resort.
REST, s. (the contrary of motion.) Repos, par opposition au mouvement.
Rest, (repose or cessation of work.) Repos, relâche, cessation de travail.
To take some rest. Prendre du repos, se reposer.
A day of rest. Un jour de repos.
Rest, (or sleep.) Repos, sommeil, action de dormir ou de reposer.
To take one's rest, (or to sleep.) Prendre son repos, dormir, reposer.
I had my rest very well. J'ai fort bien dormi.
I had a very good night's rest. J'ai fort bien reposé toute la nuit.
We took little rest last night. Nous avons dormi fort peu la nuit passée.
Rest, (quiet, peace.) Repos, quiétude, paix, tranquillité de corps ou d'esprit.
Rest, (or pause in poetry.) Repos, pause, en poésie.
A rest for a musket. Une fourchette de mousquet.
The rest of a lance. Arrêt de lance.
Rest-harrow, (or camock, a sort of herb.) Arrête-bœuf, sorte d'herbe.
Rest, (residue or remnant.) Reste, résidu, ce qui reste, ceux qui restent.
All the rest (or others) went away. Tous les autres s'en allerent.
To REST, v. neut. (to take some rest or repose.) Se reposer, prendre du repos, cesser de travailler.
To rest, (or sleep.) Reposer, dormir.
To rest (or, lean) upon a thing. S'appuyer sur quelque chose.
To rest, (to lean or bear upon.) Porter, poser sur.
To rest, (to remain.) Demeurer, rester.
Rest yourself satisfied about that, (never trouble yourself about it.) Mettez-vous l'esprit en repos de ce côté-là.
The difficulty rests (or lies) in that. La difficulté consiste en cela, c'est-là la difficulté.
The fault must needs rest upon my misfortune. Il en faut imputer ou attribuer la faute à mon malheur.
To rest, verb. act. Ex. God rest his soul. Dieu lui fasse paix, que Dieu l'absolve.
RESTAURATION, subst. (or restoring.) Restauration, rétablissement.
RESTFUL, adj. Qui repose, qui dort ou qui prend du repos.
After he took the julep, he was restful. Dès qu'il eut pris le julep, il commença à dormir.
He slept very restful. Il a fort bien dormi ou reposé.
RESTIFF. V. Resty & Restive.
RESTIFLY, adverb. (frowardly.) En revêche, d'une manière revêche, en opiniâtre.
RESTIFNESS, sub. (speaking of a horse.) Qualité d'un cheval rétif.
Restiness, (. frowardness, obstinacy.) Opiniâtreté, obstination, humeur revêche, naturel rétif.
RESTING, s. (or rest.) Repos, relâche.
Resting, adj. Ex. A resting-place. Lieu de repos.

RES

Resting or landing-place in a staircase. Repos ou pallier d'escalier.
Resting or landing-stairs. Escalier à repos ou à pallier.
RESTITUTION, subst. (a restoring.) Restitution.
RESTIVE, adj. (as a horse.) Rétif, en parlant d'un cheval.
Restive or resty. V. Resty.
RESTIVENESS. V. Restiffness.
RESTLESS, adj. (that does not sleep.) Qui ne dort point, qui ne prend point de repos.
Restless, (or impatient.) Impatient, inquiet, turbulent.
RESTLESSLY, adv. Sans dormir ou sans reposer.
RESTLESSNESS, subst. (want of rest.) Défaut de repos, insomnie.
Restlessness, (or impatience.) Impatience, inquiétude.
RESTORABLE, adject. Que l'on peut restaurer.
RESTORATIVE, adject. Restauratif, qui fortifie.
RESTORATION. V. Restauration.
RESTORATIVE, subst. Restaurant.
To RESTORE, verb. act. (to bring or give back.) Rendre, restituer.
To restore, (to re-establish or settle again.) Refaire, rétablir, remettre.
To restore one to his place. Remettre ou rétablir quelqu'un dans son emploi.
To restore one to favour. Remettre quelqu'un en grace.
To restore one to life again. Rendre ou redonner la vie à quelqu'un, le ressusciter.
To restore one to liberty. Affranchir quelqu'un, le mettre en liberté.
Restored, adject. Rendu, restitué, &c. V. to Restore.
RESTORER, subst. Restaurateur, qui rétablit.
RESTORING, subst. Restitution, l'action de rendre, &c. V. to Restore.
Restoring or restoration. Restauration, rétablissement.
To RESTRAIN, verb. act. (to repress or curb.) Retenir, réprimer, arrêter, brider, tenir en bride, empêcher, détourner.
To restrain (or hinder) one from doing a thing. Empêcher quelqu'un de faire quelque chose, l'en détourner.
To restrain, (to stint, limit or confine.) Restreindre, limiter, gêner.
To restrain a word to a signification. Restreindre un mot à une signification.
Restrained, adject. Réprimé, &c. V. to Restrain.
RESTRAINABLE, adj. Qui peut être retenu ou contraint.
RESTRAINEDLY, adv. Avec retenue.
RESTRAINER, subst. Celui ou celle qui retient, qui réprime, &c. Voy. to Restrain.
RESTRAINING, subst. L'action de réprimer, &c. V. to Restrain.
RESTRAINT, s. (or curb.) Contrainte, opposition, empêchement.
To be under no restraint. Être en liberté, avoir pouvoir d'agir.
A man who affects popularity must put himself under several uneasy restraints in his behaviour. Un homme qui tâche de se rendre populaire, est obligé de se gêner & de se contraindre en plusieurs occasions ou de plusieurs manieres.
To RESTRICT, v. act. Limiter, borner.
RESTRICTION, subst. (limitation.) Res-

RES RET

triction, limitation, modification, réserve.
RESTRICTIVE. V. Restringent.
To RESTRINGE, verb. act. (or bind.) Restreindre, resserrer, constiper.
Restringed, adj. Restreint, resserré.
RESTRINGENT, adj. Restringent, astringent, qui resserre.
RESTY, adj. (drawing back instead of going forward, as a horse does.) Rétif, qui recule au lieu d'avancer.
Resty, (froward, stubborn.) Rétif, revêche, têtu, opiniâtre.
RESULT, s. (upshot, issue, conclusion.) Résultat.
Result, (effect or fruits.) Effet, fruits.
To RESULT, v. neut. (to follow.) Résulter, s'ensuivre.
To result, (to accrue.) Revenir, provenir.
RESUMABLE, adject. Que l'on peut reprendre.
To RESUME, v. act. (or take up again.) Résumer, reprendre, recueillir en peu de paroles.
To resume a business, (to take it again in hand.) Renouer une affaire ou la reprendre en main.
Let us resume our former discourse. Retournons, retournons à notre propos.
Resumed, adject. Résumé, &c. Voy. to Resume.
RESUMING, sub. L'action de résumer, &c. V. to Resume.
RESUMMONS, subst. (or second summons.) Réajournement, nouvelle assignation.
RESUMPTION, subst. (the act of resuming what had been alienated by gift, grant, &c.) Réunion, reprise d'un fief, d'une concession.
RESURRECTION, RESUSCITATION, sub. (a rising up again to life.) Résurrection.
To RESURVEY, verb. act. Examiner de nouveau, revoir.
To RESUSCITATE, v. act. (or revive again.) Ressusciter, renouveler, faire revivre, réveiller.
To resuscitate a dispute. Ressusciter, renouveler une dispute.
Resuscitated, adj. Ressuscité, renouvelé, réveillé.
RETAIL, sub. (or selling by small quantities.) Détail.
To sell by retail. Vendre en détail ou par le menu.
The retail-trade. Vente en détail.
To RETAIL, verb. act. & neut. (to sell by retail.) Détailler, vendre en détail ou par le menu.
Retailed, adject. Détaillé, vendu en détail ou par le menu.
RETAILER, subst. Détailleur, qui vend en détail.
RETAILING, subst. L'action de détailler, de vendre en détail, &c.
To RETAIN, v. a. (to keep.) Retenir, garder par devers soi.
To retain, (or remember.) Retenir, se ressouvenir, mettre ou imprimer dans sa mémoire.
I retained (or bespoke) him for my council. Je l'ai retenu, je l'ai pris pour mon avocat, je m'en suis assuré par avance.
RETAINABLE, adject. (that may be retained.) Qui peut être retenu.
RETAINED, adj. Retenu, &c. V. to Retain.
RETAINER,

RETAINER, *subst.* (a servant attending only upon special occasions.) *Une personne engagée au service de quelqu'un sans être son domestique.*
A retainer to reason and ingenuity. *Une personne qui se rend à la raison & qui fait profession de bonne foi.*
RETAINING, *subst.* L'action de retenir, &c. V. to Retain.
To RETAKE, *v. act.* (to take again.) *Reprendre, rattraper.*
Retaken, *adj.* Repris, rattrapé.
To RETALIATE, *verb. act.* (or return.) *Rendre, rendre la pareille, se revancher, prendre sa revanche.*
To retaliate a kindness. *Rendre un bienfait, s'en revancher.*
Retaliated, *adject.* Rendu.
RETALIATION, *subst.* La pareille, revanche.
By way of retaliation. En revanche.
Retaliation of an injury. *Talion, revanche d'une injure.*
To RETARD, *verb. act.* (to stop or delay.) *Retarder, différer, empêcher d'avancer.*
Retarded, *adj.* Retardé.
RETARDER, *s.* (hinderer.) Qui empêche, obstacle.
RETARDING, } *subst.* Retardement
RETARDATION, } ou l'action de retarder.
To RETCH, *v. n.* (to force up something from the stomach, to vomit.) *Être sur le point de vomir quand on crache, cracher avec envie de vomir.*
RETCHLESS, *adject.* (lazy or careless.) *Faréssux, fainéant, qui demeure les bras croisés, nonchalant.* V. Reckless.
*RETCHLESSLY, *adv.* En faisant, en paresseux, les bras croisés, nonchalamment.*
*RETCHLESSNESS, *s.* (laziness or carelessness.) *Paresse, fainéantise, nonchalance.*
RETECTION, *s.* L'action de découvrir ou d'appercevoir.
RETENTION, *s.* (the act of retaining.) *Rétention, mémoire, souvenir.*
Retention of urine. *Rétention d'urine, difficulté d'uriner.*
RETENTIVE, *adject.* (that retains.) *Qui retient.*
The retentive faculty. *La faculté de retenir, la mémoire.*
RETICENCE, *subst.* (concealment or passing over in silence.) *Réticence, suppression volontaire de ce qu'on devroit decire.*
RETICULAR, } *adj.* (having the form
RETIFORM, } of a small net.) *Réticulaire*, terme d'Anatomie.
RETICULATED, *adj.* Fait en forme de filet.
RETINUE, *subst.* (train of attendants.) *Train, suite, cortège, accompagnement.*
RETIRATION, *s.* (the outside of a sheet which is printing.) *Retiration, le dernier côté de la feuille qu'on imprime.*
To RETIRE, *v. ib. neut.* (or withdraw.) *Se retirer, s'en aller, s'éloigner.*
To retire home. *Se retirer, s'en aller chez soi.*
To retire from business, (to lay it afide.) *Se retirer des affaires, quitter les affaires, se débarrasser des choses qui occupent, se désoccuper.*
To Retire, *verb. act.* (or withdraw.) *Retirer.*

Which forced him to retire his forces. *Ce qui l'obligea de retirer ses forces.*
Retired, *adj.* Retiré, qui s'est retiré, &c. V. to Retire.
Retired, (or solitary.) *Retiré, solitaire*, en parlant des lieux & des personnes.
RETIREDLY, *adv.* Solitairement, dans la retraite.
RETIREDNESS, *subst.* (or solitariness.) *Solitude, vie solitaire, retraite.*
RETIREMENT, *sub.* (or solitude.) *Retraite, solitude.*
RETIRING, *subst.* L'action de se retirer, &c. V. to Retire.
A retiring place. *Retraite, lieu de retraite.*
Nature's dark retiring room, (the grave.) *Le tombeau.*
RETIRINGLY, *adv.* En reculant, en se retirant, en arrière.
RETORT, *s.* (a sort of chymical vessel.) *Retorte,* vaisseau chimique.
To RETORT, *verb. act.* (or return) an argument. *Rétorquer un argument.*
To retort a crime, (or to recriminate.) *Récriminer.*
Retorted, *adject.* (or returned.) *Rétorqué.*
Retorted, (or curved.) *Tortu, renversé, retourné en arrière.*
RETORTER, *subst.* Celui ou celle qui rétorque.
RETORTING, } *sub.* L'action de rétor-
RETORTION, } quer, &c. V. to Retort.
The retorting of an argument. *Rétorsion d'un argument.*
To RETOSS, *verb. act.* Rejetter. Voyez to Toss.
To RETOUCH, *v. act.* Retoucher.
To RETRACE, *v. act.* Retracer.
To RETRACT, *v. act.* (to draw back.) *Retirer.*
To retract, (to recant or unsay.) *Rétracter, se rétracter, se dédire, chanter la palinodie.*
To retract what one had said. *Rétracter, se dédire de ce qu'on a dit.*
RETRACTATION, *subst.* (recantation.) *Rétractation, action de se rétracter.*
RETRACTED, *adj.* Retiré, &c. V. to Retract.
RETRACTING, *sub.* (or retractation.) *Rétractation, action de rétracter.*
Retracting or retraction, (a drawing back.) *Retirement, action de retirer, rétraction ;* ce dernier est un terme de médecine.
RETREAT, *sub.* (a retiring.) *Retraite, action de se retirer.*
To found the retreat. *Sonner la retraite.*
Retreat, (or retiring place.) *Retraite, lieu où l'on se retire ou lieu de refuge.*
To RETREAT, *verb. neut.* (to make one's retreat.) *Faire sa retraite, se retirer.*
Being retreated. *Après notre retraite.*
To RETRENCH, *v. act.* (to cut off.) *Retrancher, ôter, diminuer.*
To retrench, (to cast up a retrenchment.) *Retrancher, fortifier de quelque retranchement.*
To retrench, *verb. neut.* (to live at less expence.) *Retrancher sa dépense.*
Retrenched, *adj.* Retranché, &c. V. to Retrench.
RETRENCHING, *s.* L'action de retrancher, &c. V. to Retrench.

RETRENCHMENT, *s.* Retranchement ; sorte de fortification.
To RETRIBUTE, *verb. act.* Rendre en payement.
RETRIBUTION, *s.* (or requital.) *Rétribution, récompense.*
RETRIBUTIVE, V. Repaying.
RETRIEVABLE, *adj.* Recouvrable.
To RETRIEVE, *v. act.* (or to recover.) *Retrouver, recouvrer, regagner, réparer, rétablir.*
To retrieve an old invention. *Retrouver une vieille invention.*
To retrieve one's honour. *Recouvrer son honneur.*
To retrieve a loss. *Réparer une perte.*
Aurelian retrieved the affairs of the Empire. *Aurélien rétablit les affaires de l'Empire.*
To retrieve partridges, (to spring or find them again.) *Faire partir les perdrix à la remise.*
Retrieved, *adject.* Retrouvé, recouvré, &c. V. to Retrieve.
They were retrieved from their due fate of being rooted out. *Ils méritoient d'être extirpés, mais on les a épargnés ou on leur a fait grace.*
RETRIEVING, *subst.* L'action de retrouver ou de recouvrer, &c. Voyez to Retrieve.
RETROACTIVE, *adj.* (or driving back.) *Rétroactif, qui repousse en arrière.*
To RETROCEDE, *v. n.* Reculer.
RETROCESSION, *subst.* L'action de reculer.
RETROGRADATION, *subst.* (or going back.) *Rétrogradation, action de rétrograder.*
RETROGRADER, *adj.* (that retrogrades.) *Rétrograde, qui rétrograde.*
To RETROGRADE, *v. n.* (to go back contrary to the succession of the signs, as planets do.) *Rétrograder, retourner en arrière, se mouvoir contre l'ordre des signes, en parlant des planètes.*
Retrograded, *adject.* Rétrogradé.
RETROGRADING, *s.* Rétrogradation ; action de rétrograder.
RETROGRESSION, *sub.* (or retrogradation.) *Rétrogradation.*
RETROMINGENCY, *s.* (pissing backward.) *L'action de pisser par derrière.*
RETROMINGENT, *adject.* (that pisses backward.) *Qui pisse par derrière.*
RETROSPECT, } *subst.* (a looking
RETROSPECTION, } back.) *L'action de regarder en arrière.*
To have a retrospect upon something. *Jetter les yeux derrière, repenser à une chose à quoi l'on ne songeait plus.*
Human laws have no retrospect upon crimes committed before those laws were enacted. *Les loix humaines n'ont point un pouvoir rétroactif sur les crimes commis avant que ces loix fussent faites.*
To RETROSPECT, *verb. neut.* Regarder en arrière, réfléchir sur le passé.
RETROSPECTIVE, *adj.* Qui regarde en arrière.
To RETUND, *v. act.* (to blunt or turn.) Ex. To blunt or retund the edge of a knife. *Émousser le tranchant d'un couteau.*
RETURN, *subst.* (or coming back.) *Retour ; arrivée au lieu d'où l'on étoit parti.*
Return, (or answer.) *Réponse.*
To make a return to one's friendship. *Répondre à l'amitié de quelqu'un.*
Return,

Return, (or acknowledgment.) *Reconnoissance.*
To make a return of kindnesses. *Rendre la pareille, reconnoître un bienfait par un autre.*
An ungrateful or unthankful return. *Un retour d'ingrat.*
Return in love. *Retour en amour.*
The return of writs by Sheriffs and Bailiffs, (a certificate of what is done in the execution of writs.) *Le rapport des Shérifs & des Baillis sur les ordres qu'ils ont reçus de la Cour, &c.*
A return (or remittance) of money. *Une remise d'argent.*
To make one a return of money. *Remettre de l'argent à quelqu'un.*
A commodity that yields a quick return. *Une marchandise de prompt débit, qui se vend bien ou qui se débite d'abord.*
I made him a sharp return, (I paid him off, I fitted him.) *Je l'ai relancé vertement ou comme il faut.*
If you strike them, they make no return. *Si vous les frappez, ils ne se revanchent ou ne se défendent point.*
To RETURN, v. neut. (or come back.) *Retourner, revenir.*
He returned at length to a sense of his duty. *Il reconnut enfin son devoir.*
To return (redound or reflect) upon one. *Retourner, retomber ou rejaillir sur quelqu'un.*
To return, verb. act. (to restore or render.) *Rendre, restituer, redonner.*
To return a thing borrowed. *Rendre ou restituer une chose qu'on a empruntée.*
To return thanks. *Rendre graces, remercier.*
To return (or send back) a shopkeeper his commodity. *Renvoyer au marchand sa marchandise.*
To return (or give) an answer. *Rendre réponse, répondre.*
To return, (to pay or requite.) *Reconnoître.*
To return (or remit) a sum of money. *Remettre une somme d'argent.*
RETURNABLE, adj. *De renvoi.*
A returnable commodity. *Marchandise de renvoi.*
RETURNED, adj. *Revenu, retourné, &c. V.* to Return, *v. neut. & a.*
To get a sum of money returned to one. *Faire une remise d'argent à quelqu'un, lui faire tenir une somme d'argent.*
RETURNER, *f. Qui remet de l'argent.*
RETURNING, *f. L'action de retourner, &c. V.* to Return.
To REVEAL, v. act. (or discover.) *Réveler, découvrir, déclarer, publier, faire connoître ou savoir.*
Revealed, adj. *Révélé, découvert, publié.*
REVEALER, *f. celui ou celle qui révèle, découvre, publie ou fait connoître.*
REVEALING,
REVELATION, *f. Révélation, l'action de révéler, &c. Voy.* to Reveal.
Revelation, (things revealed.) *Révélation, les choses révélées.*
St. John's revelation. *La révélation de Saint Jean, l'Apocalypse.*
REVEL. *Voy.* REVELS.
Revel-rout, (mob.) *Foule, assemblée, grand concours de peuple.*
To REVEL, v. n. (to make merry, especially in the night-time.) *Se réjouir, faire des réjouissances de nuit, faire des orgies.*
REVELLER, *f. Un baladin, un danseur.*

REVELLING, *f. Réjouissances ou divertissements nocturnes.*
REVELRY. *Voy.* Revels.
REVELS, *f.* (night-sports of dancing, masking, comedies, and such like, still used in the inns of courts, and some great men's houses.) *Orgies, réjouissances ou divertissements nocturnes, danses, mascarades, comédies, fracas, &c.*
The master of the revels to the King. *L'Intendant des menus plaisirs.*
REVENGE, *f.* (the punishing one for an injury.) *Vengeance, revanche.*
He took his revenge upon him. *Il prit vengeance ou il se vengea de lui, il en a eu sa revanche.*
In revenge. *En revanche.*
Revenge, (among gamesters.) *Revanche*, en termes de jeu.
To REVENGE, v. act. (or to take vengeance of.) *Venger, se revancher.*
To revenge an affront. *Venger un affront, prendre ou tirer vengeance d'un affront, s'en revancher.*
Revenged, adj. *Vengé.*
I will be revenged of him. *Je me vengerai de lui, ou j'en prendrai vengeance, j'en aurai ma revanche.*
REVENGEFUL, adj. *Vindicatif, qui aime la vengeance.*
REVENGEFULLY,
REVENGINGLY, *adv. D'une manière vindicative.*
REVENGEFULNESS, *subst. Esprit de vengeance.*
REVENGER, *f.* (or avenger.) *Vengeur, vengresse.*
REVENGING, *subst. L'action de venger, vengeance.*
REVENUE, *subst.* (income or rent.) *Revenu, rente.*
The publick revenues. *Les revenus de l'État, les deniers publics.*
To REVERBERATE, v. act. (to strike, reflect or beat back again.) *Réverbérer, réfléchir, repousser, renvoyer la chaleur ou la lumière.*
To reverberate, (a chymical term; to calcine bodies by an actual fire.) *Réverbérer ou calciner les corps par un feu violent.*
Reverberated, adj. *Réverbéré, réfléchi.*
Reverberated fire. *Feu de réverbère.*
REVERBERATION, *f. Réverbération, répercussion, réfléchissement de lumière ou de chaleur.*
A chymical reverberation. *Réverbération chimique.*
REVERBERATORY, adj. *Qui répercute, qui réfléchit.*
To REVER, v. act. (to respect or honour.) *Révérer, honorer, respecter, porter respect.*
REVERENCE, *f.* (or respect.) *Révérence, honneur, respect.*
With reverence. *Sauf le respect.*
† A fir-reverence, *f.* (or turd.) *De la merde, du bran.*
To REVERENCE, v. act. (to honour or respect.) *Révérer, honorer, respecter, porter respect.*
Reverenced, adj. *Révéré, honoré, respecté.*
REVERENCER, *subst. Celui ou celle qui révère, &c. Voy.* to Reverence.
REVERENCING, *f. L'action de révérer, &c. respect, vénération.*
REVEREND, adj. *Révérend, vénérable, digne d'être révéré, digne de vénération.*
Right reverend, most reverend, (proper

titles, the first to Bishops, the second to Archbishops.) *Révérendissime.*
REVERENT,
REVERENTIAL, *adj.* (or respectful.) *Respectueux, plein de respect ou qui honore, humble.*
To have a reverential regard for the authority of the Church. *Avoir du respect pour l'autorité de l'Eglise, la révérer.*
REVERENTLY, adv. *Avec respect, respectueusement.*
REVERSAL, *f.* (the annulling of a decree or sentence.) *Cassation d'un arrêt ou d'un jugement.*
REVERSE, *f.* (the wrong side, in opposition to the right.) *Le revers.*
The reverse of a medal. *Le revers d'une médaille.*
The reverse, (opposite or contrary.) *Le contraire, l'antipode, ce qui est directement contraire ou diamétralement opposé.*
He is the reverse of his brother. *Il est l'antipode de son frère.*
To REVERSE, v. act. (or repeal.) *Abolir, casser, annuler, révoquer.*
Reversed, adj. *Aboli, cassé, annullé, révoqué.*
Reversed, (in heraldry.) *Renversé.*
REVERSIBLE, adj. (to be reversed.) *Révocable, qui peut être aboli, cassé, &c. Voy.* to Reverse.
REVERSION, *f.* (a returning of a possession to the former owner or his heirs.) *Réversion ou droit de réversion ou de retour à un bien aliéné.*
The reversion of an office. *La survivance d'un office.*
To REVERT, v. act. *Ex.* She unwilling parts, and oft reverts her eye. *Elle part avec regret, & se tourne souvent pour regarder l'objet dont elle se sépare.*
To revert, v. n. (or return.) *Retourner, revenir.*
Reverted, adj. *Retourné.*
REVERTIBLE, adj. (subject to reversion.) *Réversible.*
REVERY, *subst.* (irregular thought.) *Rêverie.*
REVESTIARY, *subst.* (the vestry in a Church.) *Revestiaire.*
To REVIBRATE, v. act. & n. *Vibrer une seconde fois, éprouver une vibration.*
To REVICTUAL, v. act. *Ravitailler.*
To revictual a ship. *Ravitailler un vaisseau.*
REVICTUALLING, *sub. Ravitaillement, action de ravitailler.*
REVIEW, *subst.* (a looking over or examination.) *Revue, recherche, inspection exacte.*
Review, (or muster of soldiers.) *Revue, montre de troupes.*
A bill of review, (in Chancery.) *Requête civile pour la révision d'un procès dans la Chancellerie.*
To REVIEW, v. act. (to look over or examine again.) *Revoir, faire la revue, examiner de nouveau.*
Reviewed, adject. *Revu, &c. Voy.* to Review.
REVIEWING, *f. Revue, l'action de revoir, &c. Voy.* to Review.
To REVILE, v. act. (to abuse or rail at.) *Injurier, dire des paroles injurieuses, dire des invectives, maltraiter de paroles.*
Reviled, adject. *Injurié, maltraité de paroles, &c.*
REVILER, *f. Celui ou celle qui injurie, &c. Voy.* to Revile.

REVILING,

REVILING, *f. Injures, outrages, l'action d'injurier,* &c. *Voy.* to Revile.
REVILINGLY, *adv. Ignominieusement.*
REVISAL, *subst.* (second examination.) *Revue, second examen, révision.*
Upon revisal he found it otherwise. *Quand il vint à revoir la chose, il trouva que c'étoit tout autrement.*
REVISE, *f.* (a second proof in printing.) *Une seconde épreuve, terme d'imprimeur.*
Revise. *Voy.* Review.
To REVISE, *v. act.* (or review.) *Revoir, examiner de nouveau.*
To revise a piece of work, (to look it over again in order to mend it, to retouch it.) *Revoir un ouvrage, le retoucher, le corriger, le polir.*
Revised, *adj. Revu,* &c. *V.* to Revise.
REVISER, *subst. Celui qui revoit,* &c. *Voy.* to Revise.
Revisor, (an Officer in the Court of Rome.) *Reviseur, Officier de la Chancellerie apostolique.*
REVISING, } *subst. L'action de revoir,* &c. *Voy.* to Revise.
REVISION, }
To REVISIT, *v. act. Revisiter, visiter de nouveau.*
REVIVAL, *subst. Rétablissement.*
To REVIVE, *v. act.* (to bring to life again, to refresh or recreate, to renew,) *Faire revivre, rétablir, remettre en vigueur, ressusciter, remettre en bon état, renouveller, faire valoir de nouveau, donner un nouvel éclat ou un nouveau lustre.*
To revive the true spirit of Christianity. *Faire revivre le véritable esprit du Christianisme.*
To revive the memory of great men. *Faire revivre la mémoire des grands hommes.*
It has quite revived me. *Cela m'a tout-à-fait remis ou réjoui.*
To revive an old quarrel. *Recommencer, renouveler une vieille querelle, la faire revivre.*
You can scarce revive me into a smile. *Vous aurez de la peine à m'arracher un souris.*
To REVIVE, *v. neut.* (to come to life again, to recover.) *Revivre, revenir à soi, reprendre ses sens ou ses esprits, se remettre sur pied, se rétablir.*
He begins to revive, (or he comes to himself again.) *Il commence à revenir à soi ou à reprendre ses sens.*
He soon revived from his lethargy. *Il revint bientôt de sa léthargie.*
We shall see trade revive. *Nous verrons le négoce se rétablir ou se remettre sur pied.*
Revived, *adj. Remis,* &c. *V.* to Revive.
REVIVER, *f. Celui qui fait revivre,* &c. *Voy.* to Revive.
A bill of reviver, (in Chancery when one party dies, to revive and finally determine the former cause.) *Reprise de procès.*
REVIVING, *f. L'action de faire revivre, de remettre,* &c. *V.* to Revive.
REVIVIFICATION, *f. L'action de rappeler à la vie.*
REVIVISCENCY, *f. Renaissance.*
REUNION, *f.* (or joining again.) *Réunion, action de rejoindre.*
Reunion, (or reconciliation.) *Réunion, réconciliation.*

To REUNITE, *v. act.* (to join together again.) *Réunir, rejoindre.*
To reunite, (or reconcile.) *Réunir, réconcilier, remettre en bonne intelligence.*
Reunited, *adject. Réuni,* &c. *Voy.* to Reunite.
REUNITING, *subst. Réunion, l'action de réunir,* &c. *Voy.* to Reunite.
REVOCABLE, *adj.* (that may by revoked.) *Révocable, qu'on peut révoquer.*
REVOCATION, *subst.* (or repealing.) *Révocation.*
A revocation of errors. *Abjuration d'erreurs.*
To REVOKE, *verb. act.* (or to repeal) a law. *Révoquer, abolir, casser, annuller une loi.*
To revoke (or renounce) one's errors. *Abjurer ses erreurs, y renoncer.*
To revoke, *v. n.* (or to renounce at cards.) *Renoncer au jeu des cartes.*
Revoked, *adj. Révoqué, cassé, aboli, annullé.*
That cannot be revoked. *Irrévocable, qui n'est pas révocable.*
REVOKING, *subst. L'action de révoquer,* &c. *Voy.* to Revoke.
REVOLT, *f.* (insurrection or defection.) *Révolte, rébellion, soulevement.*
To REVOLT, *v. act.* (or rebel.) *Se révolter, se rebeller.*
To revolt from one's religion, (to renounce or forsake it.) *Se révolter, renoncer à sa religion, l'abandonner.*
Revolted, *adj. Révolté.*
REVOLTER, *f.* (a deserter.) *Rebelle, renégat.*
REVOLTING, *subst. Révolte ou l'action de se révolter,* &c.
To REVOLVE, *verb. act.* Ex. To revolve a thing in one's mind. *Rouler, repasser, ruminer une chose dans son esprit.*
Revolved, *adj. Roulé, repassé, ruminé.*
REVOLVING, *f. L'action de rouler, de repasser ou de ruminer.*
REVOLUTION, *sub.* (course or turning about.) *Révolution, tour & retour, cours & suite.*
Ex. The revolution of the sun. *La révolution du soleil.*
Revolution, (change or vicissitude.) *Révolution, changement, vicissitude.*
The various revolutions to which a man is liable. *Les différentes vicissitudes auxquelles l'homme est sujet.*
To REVULSE humours, *v. act.* (to draw or force them from one part to another.) *Causer ou faire une révulsion d'humeurs, détourner les humeurs.*
REVULSION, *subst.* of humours. *Révulsion d'humeurs.*
To REVY, *v. n.* (a term at a game of cards.) *Renvier, faire un renvi, terme de jeu, rehausser sur l'envi.*
REWARD, *subst.* (recompense.) *Récompense, salaire.*
To give one a reward. *Donner une récompense à quelqu'un, le récompenser.*
The reward of a stag. *Curée de cerf.*
To REWARD, *v. act.* (to requite.) *Récompenser.*
God reward you. *Dieu vous le rende.*
To reward dogs or hawks. *Faire curée aux chiens ou aux oiseaux.*
Rewarded, *adj. Récompensé.*
REWARDABLE, *adject. Digne de récompense.*
REWARDER, *subst.* Celui ou celle qui récompense.

REWARDING, *subst. L'action de récompenser.*
REWET, *f.* (the lock of an arquebuse.) *Rouet d'arquebuse.*
To REWORD, *v. act.* (to echo back, to repeat.) *Répéter.*
Reworded, *adj. Répété.*
REWORDING, *f. Action de répéter.*
RHABDOMANCY. *Voy.* Rabdomancy.
RHAPSODIST, *f.* (or compiler.) *Un faiseur de rapsodies, un compilateur.*
RHAPSODY, *f.* (a confused collection or compilation of non-sense.) *Rapsodie, compilation ou recueil confus de plusieurs choses de divers Auteurs; galimatias.*
RHENISH, *f.* (or Rhenish wine.) *Du vin du Rhin.*
RHETOR, *subst.* (he that teaches rhetorick.) *Rhéteur, celui qui enseigne la rhétorique.*
RHETORICAL, *adj. De rhétorique.*
RHETORICALLY, *adv. En orateur, avec éloquence.*
To RHETORICATE, *v. n.* (to use rhetorical figures.) *Faire l'orateur, se servir de figures de rhétorique.*
RHETORICIAN, *subst.* (one skilled in rhetorick.) *Rhétoricien, qui sait la rhétorique.*
A rhetorician or rhetor. *Un rhéteur ou un professeur en rhétorique.*
RHETORICKS, *f. Des tours de rhétorique, des raisonnements sans logique ou en l'air.*
RHETORICK, *f.* (the art of speaking eloquently.) *Rhétorique, l'art de bien dire.*
RHEUM, *subst.* (a thin watery matter oozing through the glands, chiefly about the mouth.) *Humeur âcre & aqueuse qui sort des glandes & particulièrement de celles de la bouche.*
RHEUMATICK, *adject. Incommodé d'un rhume, qui a un rhume, enrhumé, enchifrené; qui a le rhumatisme.*
RHEUMATISM, *f.* (a distemper.) *Rhumatisme, sorte de mal.*
RHEUMY, *adj.* (full of sharp moisture.) *Plein d'une humeur âcre & aqueuse.*
RHINOCEROS, *f.* (a vast beast in the east-indies armed with a horn in his front.) *Rhinocéros.*
RHOMB, *f.* (a sea-term.) *Rumb de vent, pointe de compas.*
Rhomb-line. *Rumb de vent sur la carte.*
Rhomb, (a figure of equal sides, whose opposite angles are also equal.) *Rhombe, losange.*
RHOMBOIDAL, *adject.* (belonging to a rhomboid.) *Qui appartient à un rhomboide.*
RHOMBOID, *subst.* (a rhomb, whereof two sides are longer than the other two.) *Rhomboide, sorte de figure.*
Rhomboides, (a muscle in the shoulder-blade.) *Rhomboide, muscle qui sert à mouvoir l'épaule en arrière.*
RHUBARB, *f.* (a kind of plant much used in Physick.) *Rhubarbe.*
Bastard-rhubarb, (an herb.) *Parelle, sorte de plante.*
RHYME, *f.* (the uniformity of sound at the end of two words.) *Rime.*
There is neither rhyme nor reason. *Il n'y a ni rime ni raison.*
Rhyme, (or verse.) *Vers,* † *rime.*
Doggrel rhyme, paltry rhyme. *Une méchante rime,* † *rimailles.*
To RHYME, *v. n.* (to make rhymes or verses.) *Rimer, faire des rimes.*

Tq

To make one verse rhyme (or jingle) with another. *Faire rimer un vers avec un autre.*
Rhymed, *adj. Rimé.*
RHYMER, *subst. Rimeur.*
A paltry rhymer. *Un méchant rimeur, un rimailleur, un poetereau.*
RHYMING, *s. Rime, ou l'action de rimer.*
RIB, *s.* (a bone in the body.) *Côte du corps.*
Rib, (or side-timber of a ship.) *Côte ou membre de vaisseau.*
RIBALD, *s. Débauché, ribaud*; ce dernier est un terme déshonnête.
RIBALDRY, *s.* (lewd or licentious talking.) *Paroles sales, discours impudiques, saletés, obscénités.*
RIBAND, *subst. Ruban.*
RIBBANDS, *s. pl.* (composé de rib, côté, & de band.) *Lisses des couples.*
RIBBED, *adj. Garni de côtes.*
† RIBBLE-RABBLE, *subst.* (ill or pitiful stuff.) *Méchante marchandise, rebut, drogue, fretin.*
RIBBLE-ROW, *subst. Une enfilade.*
A long-ribble-row. *Une longue enfilade.*
RIBBON, *s. Ruban.* See Riband.
A ribbon-weaver. *Un rubanier, un tissutier-rubanier.*
† To RIB-ROAST, *v. act.* (to beat foundly.) *Battre comme du plâtre, battre à plate couture, assommer de coups.*
RIBS, *s. pl.* Ribs of a parrel. *Bigots de racage.*
Ribs of a ship. *Côtes ou membres d'un vaisseau.*
RICE, *s.* (a sort of corn.) *Riz, espèce de grain.*
RICH, *adj.* (or wealthy.) *Riche, opulent, qui a beaucoup de biens.*
A rich heiress. *Une riche héritière.*
He married a rich wife. *Il a fait un riche mariage, il s'est marié richement.*
Rich, (very precious, noble.) *Riche, de grand prix, magnifique.*
A rich tapestry. *Une riche tapisserie.*
A rich stone. *Une pierre de grand prix.*
A rich banquet. *Un festin magnifique.*
Rich, (abounding with, plentiful.) *Riche, abondant, fertile.*
Rich in virtue. *Riche en vertus.*
A rich country. *Un pays riche.*
A rich language. *Une langue riche, qui est abondante en mots ou en expressions.*
Rich wine. *Vin qui a de la qualité.*
Rich, *s.* (or rich people.) *Les riches.*
RICHES, *subst.* (or wealth.) *Richesse, richesses, abondance de biens, grands biens, opulence.*
RICHLY, *adv. Richement, magnifiquement.*
Richly clad. *Richement vêtu.*
It was very well or 'twas richly worth his money. *Il en a eu grand marché.*
RICHNESS, *subst.* (or magnificence.) *Richesse, beauté, magnificence.*
The richness or costliness of his attire. *La richesse de ses habits, ou de son ajustement.*
The richness, (or copiousness of a language.) *La richesse ou les richesses d'une langue, sa fertilité.*
RICK, } *s. Un tas, un monceau.*
RECK, }
A rick of corn. *Un tas de blé.*
RICKETS, *s.* (a distemper in children, from an unequal distribution of nourishment, whereby the joints grow knotty, and the limbs uneven. *Rachitis, nœuds qui se forment aux jointures des enfants.*
To have the rickets. *Être rachitique, être noué.*

RICKETY, *adj. Noué, rachitique.*
RID, *adj.* (or freed.) *Délivré, débarrassé.*
To get rid. *Se défaire, se délivrer, se débarrasser, se tirer.*
At last I got rid of that troublesome fellow. *Enfin, je me suis défait ou débarrassé de ce fâcheux.*
How shall we get rid of these troubles? *Comment est-ce que nous nous tirerons d'affaires?*
To get rid of a distemper. *Être délivré de quelque maladie, en réchapper.*
To RID, *verb. act.* (to free or to disengage.) *Délivrer, débarrasser, tirer, décharger, détacher, dégager, défaire.*
To rid one of all his troubles. *Délivrer quelqu'un de toutes ses misères.*
To rid one's self of all one's cares. *Se débarrasser, se décharger de tous ses soins.*
To rid one's self of one's company. *Se détacher, se dégager, se débarrasser de la compagnie de quelqu'un, se défaire de quelqu'un.*
To rid one's self of a troublesome business. *Se tirer d'un mauvais pas, se débarrasser d'une méchante affaire, s'en dépêtrer, se tirer d'intrigue.*
To rid (or cheat) one of his money. *Attraper l'argent de quelqu'un, lui escroquer son argent,* † *le plumer.*
To rid one of all, (or strip him.) *Oter à quelqu'un tout ce qu'il a, se saisir de tout ce qu'il a, le dépouiller.*
RIDDANCE, *s. Délivrance, défaite.*
To make a clear riddance, (where there is a confusion.) *Débarrasser un lieu, ôter tout ce qui l'embarrasse.*
I made at last a good riddance of it. *Enfin, je m'en suis heureusement débarrassé ou tiré.*
If all such knaves were hanged, it wou'd be a good riddance. *Quand de tels fripons feroient pendus, ce ne seroit pas grand dommage.*
To make a quick riddance of a commodity. *Se défaire bientôt d'une marchandise.*
RIDDEN, *adj.* (from to ride.) *Ex.*
Over-ridden. *Outré, surmené.*
Priest-ridden. *V. Priest.*
RIDDLE, *subst.* (or hard question.) *Enigme.*
A riddle. *Crible.*
To RIDDLE coals, *v. act. Cribler le charbon de terre quand il est à demi-brûlé, pour en séparer les cendres.*
Riddled, *adj. Criblé.*
RIDDLING, *subst. L'action de cribler.*
RIDE, *subst.* (or riding on horse-back or in a coach.) *Promenade à cheval ou en carrosse. pour prendre l'air V. Riding.*
To RIDE, *v. neut.* (to go on horseback, to go in a coach, cart, &c.) *Aller à cheval, monter a cheval, aller en carrosse, ou dans quelqu'autre voiture.*
Ex. To ride a horse-back or upon a horse. *Aller à cheval, monter un cheval.*
To ride upon a mule, *monter un mulet.*
To ride in a coach or cart. *Aller en carrosse ou dans un chariot.*
To ride hard. *Aller fort vite, faire diligence; ourrer, surmener un cheval.*
To ride AWAY. *S'en aller, se sauver.*
To ride BACK. *S'en retourner.*
To ride ABOUT. *Faire un tour, aller d'un côté & d'autre.*
To ride, (to manage a horse.) *Monter à cheval, monter un cheval.*
To learn to ride. *Apprendre à monter à cheval.*

To ride, (speaking of a ship.) *Être à l'ancre ou être mouillé.*
To ride athwart. *Être mouillé au courant, & évité en travers du courant & du vent, qui sont opposés l'un à l'autre.*
To ride a peek. *V. A-peek, &c.*
A ship that rides at anchor, (that is holden fast with her anchors.) *Un vaisseau qui est à l'ancre ou sur le fer.*
To ride in triumph. *Marcher en triomphe.*
To ride one, (to keep him under or in subjection.) *Avoir le dessus sur quelqu'un, lui tenir le pied sur la gorge, le gouverner, le maîtriser.*
To ride, (or be born) upon men's shoulders. *Être porté sur les épaules.*
To ride, *v. act.* (to be mounted upon) a horse. *Monter un cheval, être monté sur un cheval.*
To ride (or manage) a horse. *Monter un cheval, monter à cheval, manier un cheval ou faire manier un cheval.*
To ride the great horse. *Monter à cheval.*
To ride a horse too hard. *Outrer un cheval.*
To ride a horse with judgment, (to manage a horse well.) *Travailler un cheval avec jugement, en termes de manège.*
To ride a free horse to death, (to abuse one's good nature.) *Abuser de la bonté ou de la patience d'une personne.*
RIDER, *subst. Un cavalier, celui qui est ou qui va à cheval.*
Riders, *s. pl.* (a sea-term.) *Porques.*
Riders futtocks. *Genoux & alonges de porques.*
Lower futtock riders. *Genoux de porques.*
Middle futtock riders. *Alonges de porques.*
Upper futtock riders. *Aiguilletes de porques.*
Floor riders. *Varangues de porques.*
RIDGE, *subst.* (or top.) *Sommet, faîte, faîtage.*
The ridge of a hill. *Le sommet d'une montagne.*
The ridge of a house. *Le faîte ou faîtage d'une maison.*
A ridge-tile. *Faîtière.*
A ridge of land between two furrows. *Sillon d'une terre labourée.*
Ridges, (between the channels of timber or wrought stone.) *Filets, espaces qui sont entre les cannelures.*
A long ridge of hills. *Une longue chaîne ou suite de montagnes.*
The ridge-bone of the back. *L'épine du dos.*
Ridge band, (that part of a draught-horse's harness, which runs cross his back.) *Dossière.*
Ridge, (a sea-term.) *Ecueil, récif ou banc de rochers.*
RIDGED, *adj.* (raised.) *Haut, élevé.*
Ridged, (that has many ridges and channels.) *Cannelé, fait en cannelures.*
RIDGELING, } *s.* (a beast half castrated.) *Animal mâle qui n'a été qu'à demi-châtré ou à qui l'on n'a coupé qu'un testicule.*
RIDGIL, }
RIDGY, *adj. Élevé.*
RIDICULE, *s.* (that which is ridiculous.) *Ridicule, ce qui est ridicule.*
To turn into ridicule, (or to make sport with. *Tourner en ridicule, ridiculiser.*
To turn one's self into ridicule, (to make one's self a laughing-stock.) *Se tourner, se traduire en ridicule, se donner en ridicule.*
To RIDICULE, *v. a.* (or make ridiculous.) *Ridiculiser, rendre ridicule, tourner*

Tome II. 4B

tourner en ridicule, se jouer, se moquer de.
To ridicule one's self, verb. récip. Se rendre ridicule, se ridiculiser, se donner un ridicule.
Ridiculed, adjec. Ridiculisé, tourné en ridicule, &c.
RIDICULING, subst. L'action de ridiculiser, &c. V. to Ridicule.
RIDICULOUS, adj. (fit to be laughed at.) Ridicule, digne de risée ou de moquerie, sot, impertinent, extravagant.
A ridiculous man. Un homme ridicule, un ridicule.
A ridiculous woman. Une femme ridicule, une ridicule.
RIDICULOUSLY, adv. Ridiculement, d'une manière ridicule.
RIDICULOUSNESS, subst. (that which is ridiculous.) Le ridicule, ce qu'il y a de ridicule dans une chose ou dans une personne.
RIDING, s. L'action d'aller à cheval, &c. V. Ride.
To take a riding or ride in a coach. Se promener ou prendre l'air en carrosse.
I take a riding or ride every morning on horseback in Hide-Park. Je me promène tous les matins à cheval dans Hide-Park.
Riding, (or cavalcade.) Une cavalcade.
A muck riding, (in publick derision of a man that has suffered himself to be beaten by his wife.) C'est ce qu'on appelle monter l'âne, en quelques endroits de France, lorsqu'un mari s'est laissé gouverner par sa femme.
A riding habit. Habit de cheval ou d'amazone.
A riding cap. Un tapabor, un bonnet de voyage ou de campagne.
A riding-hood or cloak. Une cape ou un capuchon de femme.
A riding coat. Une casaque de campagne, un brandebourg, un surtout, une redingote.
A riding-rod. Une houssine.
A woman's riding-hood. Cape de femme
Riding, (a division of Yorkshire.) Subdivision de la province d'York.
RIE, subst. (an esculent grain.) Seigle.
RIFE, adj. (or common.) Commun, qui règne fort, qui domine.
The small-pox is very rife this year. La petite vérole règne fort cette année.
The ruin has been very rife this summer. Les pluies ont dominé pendant cet été.
RIFENESS, s. Abondance, quantité.
RIFF-RAFF, subst. (sorry stuff.) Rebut, chose de néant.
To RIFLE, v. act. (to rob, to take away or steal.) Enlever, piller, voler.
To rifle the barrel of a pistol or gun. Rayer le canon d'un fusil ou d'un pistolet.
Rifled, adj. part. Pillé, volé, &c.
A rifled gun. Un fusil rayé.
RIFLER, s. Celui ou celle qui enleve, qui pille ou qui vole.
RIFLING, s. L'action d'enlever, de piller ou de voler.
RIFT, s. (or chink, from to rive.) Fente, crevasse.
To RIFT, v. act. (to cleave.) Fendre.
RIG, s. (a horse that has had one of his stones cut out, and yet has got a colt.) Cheval qui, n'ayant qu'un testicule, a engendré un poulain.
Rig. V. Ridge.
Michaelmas-Rigs. Les vents de la Saint Michel.
To RIG, v. act. Funer.

To rig a ship, (to furnish her with cordage or ropes.) Gréer un vaisseau, le garnir de cordages.
To rig (or fit) out a ship. Equiper un vaisseau.
To rig a mast. Garnir ou gréer un mât.
To rig a yard. Garnir ou gréer une vergue.
To rig out a boom. Pousser en dehors un boutehors, arc-boutant, bâton de foc, &c.
To rig and ramp. V. to Ramp.
Rigged, adj. part. Funé, équipé.
RIGADOON, s. (dance.) Rigodon.
RIGATION, subst. L'action d'arroser, arrosement.
RIGGER, s. (one that rigs a ship.) Celui qui grée, qui équipe un vaisseau.
RIGGING, subst. L'action de gréer ou d'équiper.
The rigging of a ship, (the ropes or cordages belonging to her.) Les agrès, les manœuvres, le funin ou le cordage d'un vaisseau.
Standing rigging. Manœuvres dormantes.
Running rigging. Manœuvres courantes.
RIGGISH, adj. Lubrique, lascif.
To RIGGLE about, verb. neut. or to wriggle ones body, v. act. (to joggle about, from rig.) Se démener, je remuer, frétiller.
To riggle (or to insinuate) one's self, v. recip. S'insinuer, gagner avec adresse.
Ex. To riggle one's self into a person's favour. S'insinuer dans l'esprit de quelqu'un, le gagner avec adresse.
RIGGLING, adj. L'action de se démener, &c. V. to Riggle.
RIGHT, adj. it. (in opposition to left.) Droit, par opposition à gauche.
Ex. The right hand. La main droite.
To give one the right hand, (or place of honour.) Placer quelqu'un à sa droite.
Right, (or straight.) Droit, direct, qui n'est pas courbe.
A right line. Une ligne droite ou directe.
The right way. Le droit chemin.
Right, (honest or just.) Droit, honnête, sincere, qui a de l'honneur ou de la bonne foi, qui va droit, juste, équitable.
Right, (downright or true.) Franc, parfait, vrai, véritable.
He is a right debauchee. C'est un parfait ou franc débauché.
A right buffoon. Un vrai bouffon.
A right stoick. Un véritable stoïcien.
Right, (true or proper.) Vrai, véritable, propre, convenable, qui convient.
This is the right way or means. C'est le véritable ou le vrai moyen.
To give one a right name. Donner à quelqu'un un nom qui lui soit propre ou qui lui convienne.
This is his right name. C'est-là son vrai ou véritable nom.
A right owner. Un vrai propriétaire, un propriétaire.
Right, (true, natural.) Vrai, bon, naturel.
A right diamond. Un diamant fin.
This wine is not right. Ce vin n'est pas bon, ce vin n'est pas naturel.
To be in one's right senses. Être en son bon sens.
Right, (found in health.) Sain, qui se porte bien.
To settle a right (or perfect) understanding. Établir une bonne ou parfaite intelligence.
He goes the right (or true) way to work. Il s'y prend du bon biais, il s'y prend bien ou comme il faut.

RIGHT, s. (or claim.) Droit, droits; prétention fondée sur quelque titre.
To maintain one's right. Maintenir ses droits ou son droit.
I have a right to it. Je suis en droit de le demander, j'ai des prétentions fondées en droit.
He asks but that which is his right. Il ne demande que ce qui lui est dû ou qui lui appartient de droit.
In right of his mother he inherited that estate. Il hérita de ce bien du chef de sa mere.
Right, (prerogative or privilege.) Droit, prérogative, privilège.
Birth-right. Droit d'aînesse.
Right, (authority or power.) Droit, autorité, pouvoir, puissance, privilège.
Right, (justice, equity or reason.) Droit, justice, ce qui est juste, raison.
To do one right. Faire justice ou raison à quelqu'un.
To be in the right on't. Avoir raison.
This belongs to me by right. Ceci m'appartient de droit ou en propre.
You should not have it by right. Vous ne devriez pas l'avoir, il n'est pas proprement à vous.
I should do it by right. Ce seroit à moi à le faire.
A buck seven years old carries a head with all its rights. Le daim de sept ans porte tous les cors qu'il portera jamais.
To set to rights, (to redress or rectify.) Redresser, rectifier, mettre en ordre, remettre dans le bon chemin, rajuster.
To set to rights people that are fallen out, (to reconcile them.) Raccommoder ou remettre bien ensemble des personnes qui s'étoient brouillées, les raccommoder, les rajuster.
RIGHT, adv. (well.) Bien, très, fort, parfaitement, comme il faut.
I am not right. Je ne me porte pas bien, je me trouve indisposé.
To go right (or properly) about a thing. Travailler à faire quelque chose avec adresse.
Right, very right. Fort bien.
A right honest man. Un très-honnête, un fort honnête, un parfaitement honnête homme, un véritable honnête homme.
R. C'est dans ce même sens qu'on qualifie les pairs du Royaume & les Conseillers du Roi en son Conseil privé Right Honourable, les Evêques Right Reverend, & les Juges de poix Right Worshipful.
A right learned man. Un fort savant homme.
Guess at it, and I will tell you if you are right. Devinez, & je vous dirai si vous rencontrez ou si vous y êtes.
You say right, you are in the right. Vous dites vrai, vous avez raison.
Right or wrong. A tort ou à droit, à tu & à travers.
Right over-against. Tout contre, tout vis-a-vis.
To RIGHT, v. act. (or to do justice.) Faire ou rendre justice, faire raison.
To right one's self. Se faire justice, se venger.
To right a ship. Redresser un vaisseau qui a été abattu en carene.
The ship rights. Le vaisseau se releve ou se redresse.
To right the helm. Dresser la barre.
Right ho! Comme ça! droit comme ça? Cor mandement au timonnier.
Right the helm! Droit de barre!
RIGHTEOUS,

RIGHTEOUS, adj. Droit, juste, équitable.
RIGHTEOUSLY, adv. Droitement, justement, équitablement, avec justice, avec équité.
RIGHTEOUSNESS, subst. Droiture, justice, équité, rectitude.
RIGHTFUL, adj. (or lawful.) Légitime.
RIGHTFULLY, adv. Légitimement, de droit, par des voies légitimes.
RIGHTFULNESS, subst. Droiture, intégrité.
RIGHTLY, adv. (or well.) Bien, comme il faut.
He is served rightly. Il le mérite bien.
RIGID, adj. (severe or strict.) Rigide, sévère, austère, inflexible.
RIGIDITY, } subst. (a being rigid.)
RIGIDNESS, } Rigidité, sévérité, inflexibilité.
RIGIDLY, adv. Rigidement.
RIGLET, sub. (among Printers.) Réglet, en termes d'Imprimeur.
RIGOROUS, adj. Rigoureux, rude, sévère, cruel, plein de rigueur.
Rigorous courses. Voies de rigueur, rigueur.
RIGOROUSLY, adv. Rigoureusement, rudement, avec rigueur, d'une maniere rigoureuse.
RIGOUR, subst. (or severity.) Rigueur, sévérité, dureté, austérité.
In the utmost rigour. A la rigueur, à la derniere rigueur ou à toute rigueur.
RILL, s. (or brook.) Un ruisseau.
RILLET, s. Petit ruisseau.
RIM, s. (border or margin.) Le bord, l'extrémité de quelque chose.
The rim of the belly. Le péritoine ou la coiffe, membrane qui enveloppe les boyaux.
Rim or Brim, (a sea-term.) Bord extérieur des hunes, ou lisseau des hunes.
Gallery rim. V. Gallery.
RIME, s. (hoar frost.) Verglas.
Rime, (mist.) Bruine, brouillard.
Rime, (hole.) Trou, fente.
RIMY, adj. (hazy or foggy; speaking of the weather.) Humide, plein de brouillard, de brouée ou de bruine, en parlant du temps.
To RIMPLE, v. act. (to pucker.) Chiffonner. V. to Crumple and Rumple.
RIND, s. (or bark) of a tree. L'écorce d'un arbre.
The rind (or peel) of an orange. L'écorce d'une orange.
RINDED, adj. Qui a de l'écorce.
Thick rinded. Qui a l'écorce épaisse.
RING, s. (an ornament for the finger.) Bague, anneau que l'on porte au doigt
The devil's gold ring. V. Gold.
A wedding-ring. Bague de mariage.
A plain-ring or hoop-ring. Bague unie, un anneau.
A diamond ring. Bague à diamant.
A seal ring. Un cachet qui sert de cachet.
A ring, (to run at.) Bague pour s'exercer à la course.
To run the ring or to run at the ring. Courre la bague.
The ring of a door. L'anneau d'une porte, fer dont on se sert au lieu d'un marteau.
The ring of an anchor. L'organeau d'une ancre.
Hatch-rings. Anneaux des écoutilles.
Port-rings. Anneaux des sabords.
Ring-bolt. V. Bolt.
Ring-ropes, subst. comp. plur. Bosses du cable attachées aux boucles de fer qui sont sur le premier pont.
Ring-tail, subst. comp. Paille-en-cul, voile.
C'est une sorte de bonnette, placée en dehors de la grande voile des sloops & guelettes.
Ring-tail-boom. V. Boom.
The ring on a piece of coin. Cordon ou filet de piece de monnoie.
A ring about the small end of a handle. Virole de manche.
A ring of people. Un cercle de monde, de gens, de spectateurs.
The ring of a manege. La volte d'un manege.
A fine ring of bells. Une belle sonnerie.
Give it a ring. Sonnez la cloche.
The ring upon which the bell clapper hangs. Belière.
An ear-ring. Bague d'oreille, pour y attacher des pendants.
A ring-dove. Un pigeon-ramier.
A ringworm, (or tetter.) Dartre.
Ringleader, (or chief.) Chef, le chef d'un parti ou d'une faction.
A ringthimble. Dé de tailleur, qui se met au doigt comme un anneau.
To RING, v. act. & neut. Sonner, dans un sens actif & neutre.
To ring the bells. Sonner les cloches.
The bell rings. La cloche sonne.
To ring OUT. Sonner en branle.
To ring or to ring AGAIN. Retentir, résonner.
The adulteries of which Israel did ring. Les adulteres qui étoient si fréquens en Israel.
† I have something to ring in his ear or ears, (or twit him with.) J'ai quelque chose à lui reprocher.
To ring a hog. Mettre un anneau de fer au grain d'un cochon.
To ring a mare. Boucler une jument.
RINGER, subst. Un sonneur, celui qui sonne les cloches.
RINGING, s. L'action de sonner.
Ringing of bells. Son de cloches.
RINGLE, s. (a ring to ringle a mare, &c.) Une boucle.
To RINGLE } a mare, v. act. Boucler
To RING } une jument ou une cavale.
To RINSE, verb. act. Rincer, fringuer, laver.
To rinse a glass. Laver un verre, le fringuer, le rincer.
Rinsed, adj. Rincé, fringué.
RINSER, s. Laveur, laveuse.
RINSING, s. L'action de rincer, &c.
RIOT, s. (excess, debauchery.) Excès, débauche, libertinage, dérèglement, désordre.
To run riot upon a thing. Se laisser aller, s'abandonner à quelque chose.
His head runs riot upon hawks and hounds. Il n'a l'esprit rempli ou occupé que d'oiseaux & de chiens de chasse.
A riot, (in law, the forcible doing of an unlawful thing by three or more persons.) Violence, émeute ou désordre commis par trois personnes ou davantage.
To RIOT, v. neut. Faire des excès, des désordres ou des violences.
RIOTER, s. Un mutin, un séditieux.
RIOTOUS, adj. Débauché, libertin.
A riotous person. Une personne qui vit dans l'excès, dans la débauche ou dans le libertinage.

A riotous person, (in the law sense.) Une personne qui a commis quelque désordre ou quelque violence.
RIOTOUSLY, adv. Ex. To live riotously. Vivre dans l'excès, dans la débauche ou dans le libertinage.
RIOTOUSNESS. V. Riot.
To RIP, } v. act. (to unsew.) Dé-
To RIP UP, } coudre.
To rip up an old sore. Rouvrir ou renouveler une plaie qui s'étoit fermée.
To rip up or to rip up one's belly. Fendre le ventre à quelqu'un.
RIPE, adj. (in a proper and figurative sense,) Mûr, qui est en sa maturité, au propre & au figuré.
Ripe fruit. Fruit mûr.
Ripe years. Un âge mûr.
A virgin ripe for marriage. Une fille qui est mûre ou prête à marier, ou en âge de se marier.
A design ripe for execution. Une affaire mûre, un dessein prêt à être exécuté.
When things are ripe for action. Quand il sera temps d'agir.
P, Soon ripe, soon rotten. P. Les fruits hâtifs ne sont pas de garde.
Ripe bottled beer or ale. Biere qui est mûre, de la biere qui a été assez long-temps en bouteille, & qui est bonne à boire.
RIPELY, adv. Mûrement, à propos.
To RIPEN, v. act. (to bring to ripeness or maturity.) Mûrir, faire mûrir, au propre & au figuré.
Time has ripened my designs. Le temps a mûri mes desseins.
To ripen, v. n. (or grow ripe.) Mûrir, devenir mûr.
Ripened, adj. Mûri.
RIPENESS, sub. Maturité.
RIPENING, sub. L'action de mûrir, &c. V. to Ripen.
RIPIER, s. (one that brings fish from the sea coast to sell in the in-land parts of the country.) Chasse marée.
RIPLING, s. Bouillonnement des eaux, ou clapotage occasionné par un courant près des côtes.
RIPPED, } adj. (from to rip.) Dé-
RIPPED UP, } cousu, &c. V. to Rip.
RIPPING, s. Celui ou celle qui découd.
RIPPING UP, } s. L'action de décou-
RIPPING UP, } dre, &c. V. to Rip.
Ripping-chisel, subst. comp. Ciseau à rompre les bordages ou à démolir.
Ripping-irons. Bec de corbin, instrument de calfat.
RISE, subst. (head, spring or source) of a river. La source d'une rivière.
Rise, (occasion or cause.) La source, l'origine, la naissance, la cause.
The rise of the sun or the sun-rise. Le lever du soleil.
The extraordinary rise of South-Sea stock. L'augmentation extraordinaire des actions de la Compagnie du Sud.
Rise, (or preferment.) Elévation, avancement.
To RISE, v. neut. (to spring up, as a river, &c.) Sortir, sourdre, avoir sa source en quelque lieu.
To rise, (to begin, come or proceed.) Venir, provenir, procéder, naître.
To rise, (speaking of seeds that begin to shoot out.) Lever.
To rise, (to get up from bed or from one's

4 B 2

one's feat.) *Se lever, sortir du lit ou se tenir debout.*

He likes to rise early. *Il aime à se lever matin.*

To rise from table. *Se lever, sortir de table.*

To rise, (to begin to appear on the horizon, as the stars do.) *Se lever, commencer à paroître sur l'horizon.*

The sun rises. *Le soleil se leve.*

To rise, (to go upwards.) *S'élever.*

The vapours rise from the water. *Les vapeurs s'elevent de l'eau.*

A hill that rises by degrees. *Une colline qui s'éleve peu à peu, ou qui a une pente aisée.*

He fell down, and I was forced to help him to rise. *Il tomba à terre, & je fus obligé de l'aider a se relever.*

To rise, (to make an insurrection.) *Se soulever, se revolter.*

A bird that rises from the ground, (that takes its flight.) *Un oiseau qui prend son vol, qui s'envole.*

To rise, (to grow bigger or swell.) *S'enfler, lever, grossir.*

Her body begins to rise. *Son ventre commence à lever.*

The waters begins to rise, (or to swell.) *Les eaux commencent à s'enfler.*

To rise, (as dough or paste does.) *Lever, fermenter.*

To rise in blisters. *S'élever en pustules.*

The corn begins to rise, (or to grow dearer.) *Le blé commence à rencherir.*

The stocks rise. *Les actions montent ou haussent.*

To rise, (to arise or begin to blow as the wind or a tempest does.) *Se lever, en parlant du vent, d'une tempête, &c.*

He begins to rise (or to be preferred) in the world. *Il commence à s'élever, à se pousser dans le monde, il commence à s'avancer ou à s'agrandir.*

To rise to a higher degree. *Monter d'un degré plus haut.*

To rise or to rise AGAIN from the dead. *Ressusciter des morts, ou simplement, ressusciter.*

To rise UP in arms. *Prendre les armes, se soulever, se revolter, se rebeller.*

To rise up to one. *Se lever quand quelqu'un passe, pour lui faire honneur.*

Risen, *adj.* Levé, &c. V. to Rise.

RISER, *f.* An early riser. *Un homme qui se leve matin.*

RISIBLE, *adject.* (capable of laughing.) *Risible.*

RISING, *subst.* L'action de se lever, &c. V. to Rise.

The rising of the sun. *Le lever du soleil.*

The rising of a hill. *Le penchant ou la pente d'une colline ou d'une montagne.*

A rising of the skin, (or of swelling.) *Une tumeur ou enflure.*

A rising, (or insurrection.) *Un soulevement, une révolte ou rebellion.*

A rising from the dead. *Résurrection.*

Rising, *adj.* Levant, naissant.

The rising sun. *Le soleil levant.*

A rising passion. *Une passion naissante.*

A rising ground, (a little hill.) *Une hauteur, une éminence; un tertre, une colline.*

A rising man, (a thriving man.) *Un homme qui se pousse, qui s'éleve, qui s'avance ou qui s'agrandit.*

Rising-line, *f. comp.* (a ship-building

term.) *Lisses des façons, terme d'architecture navale.*

RISK, *f.* (hazard or venture.) *Risque, hasard, péril, danger.*

To RISK, *v. act.* Risquer, hasarder.

RITE, *f.* (or Church-ceremony.) *Rit ou rite, ceremonies de l'Eglise.*

Funeral rites. *Funérailles, obseques.*

RITUAL, *subst.* (a book containing the rites.) *Rituel.*

RITUALIST, *f. Un homme qui sait bien le rituel ou les cérémonies.*

RIVAL, *f.* (or competitor in love.) *Un rival ou concurrent en amour.*

A she or female rival. *Une rivale.*

A rival, (or competitor in general.) *Un rival, un concurrent, un compétiteur.*

To RIVAL one, *v. act.* (to be his rival.) *Etre rival de quelqu'un.*

Rivalled, *adject.* Qui a un rival ou des rivaux.

RIVALITY,
RIVALRY, } *subst.* Rivalité, concurrences.

RIVALSHIP. V. Rivality.

To RIVE, *v. act.* Fendre.

To rive asunder or to rive in pieces. *v. neut. Se fendre, s'entr'ouvrir.*

To RIVEL. V. to Wrinkle.

RIVEN, *adj.* Fendu.

RIVER, *f.* Rivière, fleuve.

River water. *Eau de rivière.*

RIVET, *subst.* (a rivetted nail.) *Rivet, petit clou rivé.*

To RIVET, *v. act.* (or clench.) *River, riveter un clou.*

To rivet a nail. *River un clou.*

To rivet or fasten a thing in one's mind. *Imprimer, graver quelque chose dans l'esprit de quelqu'un.*

Rivetted, *adj.* Rivé.

That opinion is fast rivetted in him. *Cette opinion a déjà pris racine dans son esprit.*

RIVETTING, *f.* L'action de river.

RIVING, *f.* (from to rive.) L'action de fendre, &c. V. to Rive.

RIVULET, *subst.* (or little brook.) *Un ruisseau.*

RIXDOLLAR, *f.* (a dollar, a German coin, worth about four shillings and six pence.) *Risdale.*

ROACH, *f.* (a sort of fresh water fish.) *Gardon, sorte de poisson d'eau douce.*

† As found as a roach. *Frais comme un gardon.*

ROAD, *f.* (or high-way, from to ride.) *Route, grand chemin.*

Road, (where ships ride at anchor.) *Rade, lieu d'ancrage vers une côte.*

Road, (for inroad.) *Course, incursion.*

ROADER, *subst.* Vaisseau au mouillage ou à l'ancre.

To ROAM, *v. neut.* Roder, courir ou aller çà & là.

ROAMER, *f.* Rodeur, vagabond.

ROAMING, *f.* L'action de roder.

ROAN, *adj.* (a sort of colour.) *Rouan, sorte de couleur.*

A roan horse. *Un cheval rouan.*

To ROAR, *v. neut.* (as a lion does.) *Rugir, en parlant d'un lion.*

The sea roars. *La mer gronde, la mer bruit.*

To roar, (to bawl out hideously.) *Rugir, crier, pousser des cris horribles.*

ROARING, *f.* Rugissement.

Roaring of the sea. *Le bruit d'une mer courroucée.*

Roaring of a lion. *Rugissement d'un lion.*

ROAST, *adj.* Rôti.

Roast meat. *De la viande rôtie, du rôti, du rôt.*

† To cry roast meat, (to proclaim one's happiness, to boast of ladies favours.) *Publier son bonheur, se vanter des faveurs des belles.*

† To rule the roast, (to domineer or to bear sway.) *Gouverner, dominer, commander à la baguette.*

To ROAST, *v. act.* Rôtir, cuire auprès du feu.

To roast mutton. *Rôtir du mouton.*

To roast an apple. *Cuire une pomme auprès du feu.*

To roast one's self near a great fire. *Se rôtir auprès d'un grand feu.*

ROASTING, *f.* L'action de rôtir ou de cuire auprès du feu.

To ROB, *v. act.* Voler, dérober, piller, prendre, ôter.

To rob a house. *Voler, piller une maison.*

To rob one of his money. *Voler quelqu'un, lui ôter, lui prendre ou lui dérober son argent.*

I will not rob you of that pleasure. *Je ne veux pas vous priver de ce plaisir.*

P. To rob Peter to pay Paul. P. *Emprunter de l'argent d'une personne pour en payer une autre.*

To rob, *verb. neut.* Ex. To rob upon the highway. *Voler sur le grand chemin.*

Robbed, *adj.* Volé, &c. V. to Rob.

ROB, *subst.* (inspissated juices of some fruit or plant.) *Rob, suc de fruit ou de plante épaissi par la cuisson.*

ROBANDS. V. Rope-bands.

ROBBER, *subst.* (or highway-man.) *Voleur, voleur de grand chemin, brigand.*

A sea-robber. *Un pirate, un corsaire, un forban.*

A church-robber. *Un sacrilege.*

ROBBERY, *subst.* Vol, brigandage, pillerie.

ROBBING, *f.* Vol ou action de voler. V. to Rob.

A robbing of the publick treasury. *Péculat.*

ROBE, *f.* Robe de solemnité.

The Gentlemen of the long Robe. *Les Gens de Robe ou de Palais.*

Master of the robes. *Maître de la Garderobe.*

To ROBE, *verb. neut.* (to put on the royal robes, as a King or Queen does.) *S'habiller, mettre ses habits royaux.*

ROBIN red-breast, *f.* (a bird.) *Rougegorge, oiseau.*

Robin good-fellow, (a boon companion.) *Un bon compagnon, un gaillard, un drôle, un goinfre.*

ROBINS,
ROBBINS, } *subst.* (small ropes.) *Rubans.*

ROBUST,
ROBUSTIOUS, } *adj.* (strong.) *Fort ou puissant, robuste.*

ROBUSTNESS, *f.* (or strength.) *Force, complexion robuste.*

ROCAMBOLE, *subst.* Rocambole. Voyez Garlick.

ROCHE-ALUM, *f.* Alun de roche.

ROCHET, *subst.* (a Bishop's ornament.) *Rochet.*

ROCK, *f.* (a mass of stone rooted in the ground.) *Roc, roche, rocher.*

Rock-crystal, *Cristal de roche.*

Rock-salt, *Sel minéral.*

Rock-oil,

Rock-oil. *Pétrole, huile de pétrole.*
A sea full of rocks. *Une mer pleine de rochers ou d'écueils.*
Rock, (or distaff.) *Sorte de quenouille.*
To ROCK, v. act. *Bercer.*
To rock a child. *Bercer un enfant.*
To rock, v. neut. (to rool.) *Chanceler, branler.*
Rocked, adj. *Bercé.*
ROCKER, subst. (a woman that rocks a child.) *Une berceuse.*
ROCKET, subst. (an herb.) *Roquette, herbe.*
Rocket, (a sort of fire-work.) *Fusée volante.*
ROCKING, s. (from to rock.) *L'action de bercer, &c.*
ROCKLESS, adj. (without rocks.) *Sans rochers.*
ROCKROSE, subst. *Ciste, plante.*
ROCKWORK, s. *Grotte de rocaille.*
ROCKY, adj. (full of rocks.) *Plein de rochers.*
ROD, s. (or wand.) *Verge, baguette.*
The golden rod, (an herb.) *La verge d'or, herbe.*
The black rod. *La baguette ou verge noire.*
The black rod or Usher of the black rod. *L'Huissier de la verge noire, l'Huissier de la Chambre des Pairs.*
Rod, (to whip withal.) *Verges pour fouetter.*
Rod (perch or pole) to measure land. *La perche pour l'arpentage.*
An angling rod. *Ligne de pêcheur.*
Curtain rod. *Tringle.*
The rod or roddle-horse, (the horse next to a cart or waggon drawn by several horses.) *Le limonnier.*
RODE, *prétérit du verbe* to Ride.
RODOMONTADE, s. (a vain-glorious bravado.) *Rodomontade, fanfaronnade, vain éclat qu'on fait de bravoures.*
To RODOMONTADE, verb. neut. *Faire des rodomontades, faire le rodomont, se vanter de grands exploits qu'on n'a jamais faits.*
ROE, s. (a kind of deer, the female of the hart.) *Chevrette, femelle du chevreuil.*
A roe-buck. *Un chevreuil.*
The hard roe of fish. *Œufs de poisson.*
The soft roe of fish. *La laite du poisson.*
ROGATION, subst. Ex. The Rogation-week, (gang-week or grass-week, the next but one before Whitsunday.) *Les Rogations.*
ROGUE, s. (or rascal.) *Un coquin, un pendart, un fripon, un bélitre.*
Rogue, (or thief.) *Un voleur, un larron.*
Rogue, (used in a familiar way, is a word of kindness.) *Fripon, friponne, terme badin & familier.*
He or she is a pretty rogue. *C'est un joli fripon ou une jolie friponne.*
To play the rogue, (or the fool.) *Folâtrer, badiner.*
To play the rogue, (or to jest.) *Railler, dire quelque chose en riant ou par raillerie, plaisanter.*
Rogues-yarn, subst. comp. *Fil blanc mis dans un des torons d'un cordage goudronné, & fil goudronné dans les cordages blancs, pour servir à reconnoitre les cordages de fabrique royale d'avec ceux des particuliers.*
† To ROGUE one OFF, v. act. (to scold at one severely.) † *Chapitrer quelqu'un, † lui laver la tête.*

To rogue, v. neut. *Faire le coquin, faire la débauche, courir le guilledou; badiner, railler, folâtrer.*
ROGUERY, subst. (or knavery.) *Action de coquin, méchante action, friponnerie.*
Roguery, (or malice.) *Malice, tour de malice, tour matois.*
Roguery, (banter, raillery.) *Raillerie, plaisanterie.*
ROGUING, subst. *L'action du verbe* to Rogue.
ROGUISH, adj. (or knavish.) *De coquin, méchant, scélérat.*
Roguish, (or malicious.) *Malicieux, plein de malice.*
Roguish, (or wanton.) *Fripon.*
A roguish look. *Air fripon, mine friponne.*
Roguish eyes. *Des yeux fripons.*
ROGUISHLY, adverb. (in a roguish or wanton manner.) *En riant, en folâtrant, en badinant, ou d'un air badin ou fripon.*
To look roguishly. *Avoir des yeux fripons, avoir l'air fripon ou la mine friponne.*
ROGUISHNESS, s. (or malice.) *Malice, tour de malice.*
Roguishness, (or bantering.) *Raillerie, plaisanterie.*
To ROIST, verb. neut. (or swagger.) *Faire l'entendu, faire le fier ou le faux brave, faire des fanfaronnades ou des rodomontades, jouer le rodomont.*
ROISTER,
ROISTERER, s. *Un faux brave, un rodomont, un fanfaron.*
ROISTING, subst. *Fausse bravoure, rodomontade, fanfaronnade.*
Roisting, adj. Ex. A roisting fellow. *Un faux brave, un rodomont, un fanfaron.*
ROLL, subst. (or scroll.) *Un rouleau, paquet de quelque chose qui est roulé.*
A roll of parchment. *Un rouleau de parchemin.*
A roll of tobacco. *Un rouleau de tabac.*
A roll, (to wind a rope about.) *Un tranceu.*
A roll for a woman's or child's head. *Un bourrelet ou bourlet.*
A roll, (used by bookbinders to gild the edges of a cover.) *Roulette de relieur.*
The roll (or cartridge) of the chapiter of a pillar. *Volute de chapiteau.*
Roll-butter. *Du beurre en rouleau.*
A roll, (or strickle to strike any measure even.) *Une racloire.*
Roll, (or list.) *Rôle, liste.*
Roll, (a register or record.) *Registres, archives.*
Rolls, (the office of the rolls Chancery.) *Le greffe ou le bureau des registres de la Chancellerie.*
The Master of the rolls. *Le Greffier ou le garde des rôles ou des régistres de la Chancellerie.*
To ROLL, verb. act. & neut. (to turn.) *Rouler, tourner.*
To roll one's eyes. *Rouler les yeux.*
To roll a walk with a roller. *Applanir une allée avec un rouleau, passer le rouleau sur une allée pour l'applanir.*
To roll DOWN, verb. act. & neut. *Rouler en bas.*
To roll ABOUT, verb. act. & neut. *Rouler à l'entour.*
To roll UP, verb. act. *Rouler, placer en rouleau ou en rond.*

To roll IN money, verb. neut. *Être riche en argent, nager dans les biens ou dans les richesses, rouler sur l'or.*
Rolled, adj. *Roulé.* V. to Roll.
Rolled stockings. *Des bas à rouler.*
ROLLER, sub. (a gardener's cylinder.) *Rouleau, cylindre de pierre, de bois ou de fer.*
A roller, (or roll for a child's head, to keep it from being hurt by a fall.) *Un bourlet.*
Roller, (for infants.) *Maillot.*
A weaver's roller. *Ensouple de tisserand.*
Roller, (at sea.) *Virevaut.*
Rollers. *C'est aussi toute sorte de rouleaux, servant à conduire & faciliter le transport des pièces de bois, &c.*
ROLLING, s. *Roulement ou l'action de rouler.*
Rolling, part. act. & subst. *Roulis, mouvement de roulis & action de rouler.*
Rolling-tackle. *Palan de roulis des vergues.*
Rolling, adj. Ex. A rolling pin. *Rouleau de pâtissier.*
Rolling eyes. *Des yeux qui roulent dans la tête.*
P. A rolling-stone gathers no moss. *Pierre qui roule n'amasse point de mousse.*
ROMAGE, subst. *Tumulte, remuement, tapage.*
ROLLING-PRESS, s. *Presse d'Imprimeur d'estampes ou de toiles.*
ROMAN, adj. *Romain.*
The Roman Church. *L'Église Romaine, la Communion de Rome.*
The roman letter. *Le romain, la lettre ronde.*
Roman-like. *A la romaine.*
ROMANCE, s. (a feigned story containing an amorous adventure.) *Un roman.*
A romance, (a tale of a fib, a lie.) *Un roman, un conte bleu, une fable, un mensonge.*
To ROMANCE, verb. neut. (to tell a magnificent lie.) *Faire un roman, hâbler.*
He does nothing but romance. *Tout ce qu'il dit n'est qu'un roman, il hâble furieusement.*
ROMANCER, s. *Un faiseur de romans, un hâbleur.*
ROMANCIST, sub. (a romance-writer.) *Un romancier.*
ROMANIST, s. (or Papist.) *Un Catholique romain, un Papiste.*
To ROMANIZE, verb. act. Ex. He has romanized his grecian Ladies. *Il a fait des matrones romaines des Dames grecques.*
ROMANTICK, adject. (from romance.) *Romanesque, de roman, qui sent le roman; romanesque.*
A Romantick situation. *Un site romantique.*
ROMESCOT,
ROOMSCOT, sub. (or peter-pence.) *Tribut que l'Angleterre payoit autrefois au souverain Pontife.*
ROMISH, adj. *Romain, de Rome; Papiste, Catholique.*
ROMP, s. *Badinage ou jeu grossier.*
Romp. *Femme hommasse.*
To ROMP, v. n. *Badiner, jouer grossièrement.*
RONDEAU, subst. *Rondeau, pièce de poésie.*
ROOD, s. (the fourth part of an acre.)

ROO

Le quart d'un acre de terre, mesure d'Angleterre.

* Rood, (an old word for cross.) Une croix.

The Holy rood days. Les jours de Saint Croix.

Rood-loft, (a shrine whereon was placed a Crucifix.) Boîte qui contenoit un Crucifix.

ROOF, s. (the top of the house.) Le toit d'une maison, le faîte, le comble d'une maison.

The roof of a tennis-court. Le toit d'un jeu de paume.

A roof-tile. Une faîtière.

The roof (or palate) of the mouth. Le palais de la bouche.

The roof of a coach. L'impériale d'un carrosse.

Heaven's starry roof. La voûte étoilée ou azurée.

ROOFED, adj. Couvert.

ROOK, s. (a bird like a crow, it feeds not on carrion, but grain.) Grolle, fr. ux, sorte d'oiseau qui ressemble fort à la corneille.

What has the jack-daw to do with the rooks. Si vous êtes aussi honnête homme que vous paroissez l'être, pourquoi fréquentez-vous de si méchantes gens?

Rook, (one of the chess men.) Tour, pièce du jeu des échecs.

Rook, (a cheat or sharper.) Un filou, un trompeur.

† Rook, (or cunning man.) Un rusé, un adroit, † un fin merle.

To ROOK, verb. act. (to cheat or bubble.) Attraper, tromper, † avoir le poil à quelqu'un, le filouter.

Rooked, adj. Attrapé, trompé, † à qui l'on a eu le poil, filouté.

ROOKING, s. L'action d'attraper ou de tromper, &c. V. to Rook.

ROOM, s. (the place or space which is or may be filled up by a person or thing.) Place, lieu, espace.

Here is but little room. Voici bien peu de place ou d'espace.

Fresh men came in their room. Il vint des hommes tout frais en leur place.

A room, (or chamber.) Une chambre.

A large room. Une grande chambre.

A dining-room. Salle à manger, la salle où l'on mange.

A withdrawing room. Une antichambre.

Bread-room. Soute au pain, qui occupe tout l'arrière des vaisseaux de guerre Anglois.

Steward's room. Soute du Commis.

Sail-room. Soute aux voiles.

Filling-room. Soute vitrée, où l'on remplit les gargousses, placée, dans les vaisseaux de guerre Anglois, au pied & en arrière du mât de misaine.

Store-room. V. Store.

Room, (occasion or reason.) Lieu, occasion, raison, sujet.

Thus there will be no room left for complaints. Ainsi il n'y aura point lieu de se plaindre.

There is or there's no room for trifling in religious matters. Il ne faut pas se jouer de la Religion.

He has a great deal of room. Il est logé fort spacieusement.

ROOMACE, ROOMINESS, } subst. Espace, étendue.

ROOMY, adj. (spacious.) Spacieux, grand.

ROOST, s. (a hen-roost.) Juchoir.

The hens go to roost. Les poules se vont jucher.

ROO ROP

ROOT, s. (that part of a plant which grows downwards.) Racine.

Hairy root. Racine chevelue.

To take root. Prendre racine, s'enraciner.

Root of the nails, of hair, of a corn &c. Racine d'ongle, de cheveu, de cor, &c.

Root, (principle, rise or beginning.) Racine, source, principe, commencement.

P. Covetousness is the root of all evil. P. L'avarice est la racine de tous maux.

Root, (or primitive word.) Racine, mot primitif.

Root, (in arithmetick, a number multiplied by itself.) Racine, nombre multiplié par soi-même.

The square and cubick root. La racine carrée & cubique.

To root UP or to root OUT, v. act. (in a proper and figurative sense.) Déraciner, arracher, extirper, au propre & au figuré.

To root up an herb. Déraciner une herbe.

To root out a vice. Extirper, déraciner un vice.

To ROOT, verb. neut. (as swine do.) Fouiller la terre avec le groin.

To root, (or dig, as a wild boar does.) Fouger.

Rooted IN, adj. Enraciné.

Rooted OUT or rooted UP. Déraciné, extirpé.

ROOTING OUT,
ROOTING UP, } s. (from to root.) L'action de déraciner, extirpation, &c.

A swine's rooting. L'action d'un cochon quand il fouille la terre avec le groin.

The rooting (or digging) of a wild boar. Fouge de sanglier.

The rooting (or mark) of a boar's snout. Les boutis d'un sanglier.

ROOTY, adject. (full of roots.) Qui a beaucoup de racines, plein de racines.

ROPE, s. (or cord.) Une corde.

A hanging or dancing rope. Une corde à pendre ou à danser.

Rope-girt. Ceint d'une corde.

The ropes (or cordage) of a ship. Les cordes ou le cordage d'un navire.

Cable-laid ropes. Cordage deux fois commis, ou commis à la façon des cables.

Hauser-laid ropes. Cordage une fois commis ou haussières.

Rope bands. Rabans de frelage.

Cat rope. V. Cat.

Entering ropes. V. Entering.

Guess-rope or guest-rope of a boat. Cap de remorque d'un canot ou d'une chaloupe.

Parrel-rope. V. Parrel.

Top rope. V. Top.

Tiller-rope. V. Tiller.

P. Name not a rope before the friend of one who was hanged. P. Il ne faut point parler de corde dans la maison d'un pendu.

† To give one rope enough, (to let him do what he pleases.) Lâcher la bride à quelqu'un, lui mettre la bride sur le cou, le laisser faire.

To be upon the high rope, (to carry it high.) Monter sur ses grands chevaux, le porter haut.

A rope of onions. Une glane d'oignons.

A rope of pearls. Un fil de perles.

ROP ROT

† Rope-ripe. Qui mérite la corde, pendard.

A rope-yard. Une corderie.

A rope-maker. Un cordier.

A rope-dancer. Un danseur de corde.

Ropeweed. V. Bindweed.

Rope yarn, (the yarn of any rope untwisted at sea.) Fil de caret, en termes de mer.

To ROPE, verb. neut. (as some viscous liquors do.) Filer, comme font certaines liqueurs gluantes.

ROPER. s. Cordier.

ROPINESS, s. Viscosité.

ROPY, adject. (or slimy.) Gluant, qui file.

ROQUELAURE, sub. (a man's cloak.) Roquelaure, manteau d'homme.

RORAL. V. Rorid.

To RORE. V. to Roar.

RORID, adject. (dewy or moist.) Humide.

Ex. A rorid cloud. Une nuée humide ou qui dégoutte.

ROSARY, s. (a pair of beads called fifteens containing fifteen pater nosters, and 150 aves.) Rosaire, chapelet à quinze dizaines.

ROSA-SOLIS, subst. (an herb.) Rossolis, herbe.

Rosa-solis, (a sort of liquor.) Rossolis, sorte de liqueur composée.

ROSE, s. (a sort of flower.) Rose, sorte de fleur.

P. No rose without a thorn. P. Il n'est point de roses sans épines.

Oil of roses. Huile rosat.

Honey of roses. Miel rosat.

Be it spoken under the rose, (or betwixt you and I, let no body know of it.) Que cela n'aille pas plus loin, cela soit dit entre nous, ou entre vous & moi, sous la foi du secret.

A rose-bud. Bouton de rose.

A rose-bush. Un rosier.

Rose-water. Eau de rose ou eau-rose.

Rose-cake. Pain de rose.

Rose-vinegar. Vinaigre rosat.

The rose of a musical instrument. La rose d'un instrument de musique.

Rose noble, (a sort of coin.) Noble à la rose, ancienne monnoie d'Angleterre.

Rose-bay or rose-laurel. Laurier-rose.

Rose, prétérit du verbe to Rise.

ROSIATE. V. Rosy.

ROSEMARY, subst. (an ever-green shrub.) Romerin, arbuste toujours vert.

The garden rosemary. Le romarin cultivé.

ROSIER, s. Lieu planté de rosiers.

RESIN,
ROSIN, } s. Résine, poix résine.

Hard rosin, (such as they rub fiddlesticks withal.) Colofane.

ROSINY, adj. (full or of the nature of rosin.) Résineux.

ROSTRUM, s. (beak.) Bec.

Rostrum, Tribune aux harangues des Romains.

ROSY, adj. (from rose.) De rose, vermeil.

Ex. A rosy mouth. Une bouche de rose, une bouche vermeille.

ROT, subst. (a mortal and contagious disease among sheep.) Tac, mortalité ou maladie contagieuse parmi les brebis.

† Rot, (or file of soldiers.) Une file, en termes de guerre.

To

To ROT, verb. act. Pourrir, corrompre, faire pourrir.
This will rot your cough. Ceci fera mûrir votre toux.
To rot, verb. neut. Se pourrir, se gâter, se corrompre.
To rot in a jail. Pourrir en prison, y croupir misérablement.
ROTA, subst. (the chief jurisdiction of the Court of Rome.) Rote, la principale juridiction de la Cour de Rome.
ROTATION, sub. (or wheeling.) Tournoyement.
Rotation, (or vicissitude.) Tour, vicissitude, changement, révolution.
ROTE, subst. Routine.
Ex. To learn by rote. Apprendre par routine ou par cœur.
ROT-GUT, s. Mauvaise biere.
* ROTHER-BEASTS, subst. (or horned beasts.) Bêtes à corne.
Rother-soil, (the dung of horned beasts.) La fiente des bêtes à cornes.
ROTTEN, subst. (from to rot.) Pourri, corrompu, véreux, vermoulu, vicié, gâté.
Exemp. A rotten apple. Une pomme pourrie.
Rotten flesh. Chair pourrie ou corrompue.
Rotten dung. Fumier consommé.
A rotten (or worm-eaten) apple. Une pomme véreuse.
Rotten-wood, (wood that is not found.) Un bois vicié ou vermoulu.
He is dead and rotten. Il est mort & mangé des vers.
Fruit that is half rotten. Un fruit mou, & qui tend à la pourriture.
These cherries begin to grow rotten. Ces cerises commencent à tourner.
A rotten egg. Un œuf couvi.
My cough is not yet rotten, (or ripe.) Ma toux n'est pas encore mûre.
¦ A man rotten at the core, (not found at the bottom.) Un homme gâté, qui n'a pas de bons principes, ou qui n'a pas le fonds bon.
† A rotten (or base) trick. Un méchant tour, une méchante action.
ROTTENNESS, s. Pourriture, corruption.
ROTUNDITY, s. (or roundness.) Rotonités, rondeur.
ROTUNDO, subst. Rotonde.
To ROVE about, v. n. (to ramble about.) Courir, rôder.
To rove about the seas. Courir les mers, écumer les mers.
To rove, (or to have rambling thoughts.) Avoir l'esprit distrait ou égaré.
ROVER, s. (or pirate.) Un corsaire, un pirate, un écumeur de mer, un forban.
Rover. Un inconstant.
AT ROVERS, adv. (at random.) Étourdiment, inconsidérément, à la volée.
He shoots at rovers, (or does things at random.) Il fait étourdiment tout ce qu'il fait.
ROVES, s. pl. Virolés.
ROUGE, subst. Rouge dont les femmes se servent.
ROUGE-CROSS, } subst. (two of
ROUGE-DRAGON, } the four marshals, or pursuivants at arms.) La croix rouge, & le dragon rouge, deux des quatre poursuivants d'armes en Angleterre.
ROUGH, adj. (harsh, uneven, rugged.) Rude, âpre, raboteux.

A rough skin. Une peau rude.
A rough sort of wine. Un vin rude, âpre, grossier ou désagréable.
A rough way. Un chemin rude ou raboteux.
Rough, (harsh, severe, grim.) Rude, sévere, dur, austere, chagrin, fâcheux, d'une humeur incommode, bourru.
A rough diamond, (neither cut nor polished.) Diamant brut.
Rough, (or uncouth) style. Un style rude, dur, qui n'est point poli.
What you say is something rough, (or had.) Ce que vous dites est un peu fort ou offensant.
Rough, (hairy or bristly.) Rude, hérissé, couvert de poil.
Rough, (or homely.) Rude, grossier.
Rough, (or proud.) Insolent, arrogant, fier, superbe.
A rough (or tempestuous) sea. Une mer agitée, courroucée, qui roule de grands flots.
A rough draught. Une ébauche, un crayon, une esquisse.
The rough draught of a deed. La minute ou la grosse d'un contrat.
Rough-cast, adj. Crépi, &c.
A rough footed pigeon. Pigeon pattu.
To ROUGH-CAST, v. act. Crépir, enduire de chaux & de gros sable.
ROUGH-DRAUGHT, s. Ébauche.
To ROUGH-HEW, v. act. Ébaucher.
To rough-hew a piece of timber. Ébaucher du bois.
Rough hewn, adj. Ébauché.
ROUGHLY, adv. (harshly, severely, &c.) Rudement, durement, aigrement, sévèrement, avec aigreur, fâchement.
ROUGHNESS, subst. (or ruggedness.) Rudesse, âpreté.
The roughness (or brackishness) of some waters. L'âpreté de certaines eaux.
Roughness (uncouthness) of style. Rudesse, grossièreté de style.
Roughness, (severity.) Rudesse, sévérité, austerité, dureté.
The roughness of the sea. L'agitation, le courroux de la mer.
ROVING, adj. (from to rove.) Distrait, égaré.
ROUNCE, subst. (of a Printer's press.) Manivelle de presse d'Imprimeur.
ROUNCEVAL, adj. Ex. Rounceval pea, (a great sort of pea that came first from Ronceval, a place at the foot of the Pyrenees.) Gros pois de ronceaux.
† A rounceval girl, (or a lusty bouncing girl.) Une grosse fille.
ROUND, adj. (or circular.) Rond, circulaire.
To make round. Arrondir.
To have a round delivery, (or clear utterance.) Parler ou s'exprimer facilement.
Good round trot, (a quick trotting pace.) Un grand trot.
A round (a good large) sum. Une bonne somme, une bonne somme d'argent.
A round fagot-stick. Un rondin.
A round pile of fir. Un rondin de sapin.
The round-heads, (or the rebels under King Charles I.) Les têtes rondes, sobriquet que les Royalistes donnoient aux Parlementaires, sous le regne de Charles I. Roi d'Angleterre.
A round-house. La prison du guet.
ROUND-HOUSE, s. comp. (in a ship.) Chambre de Conseil dans les vaisseaux des Indes & dans les gros vaisseaux marchands.

ROUND, subst. (or ring.) Un rond, un cercle.
To take a round, (or turn.) Faire un tour.
Exemp. The sun having performed his round. Le soleil ayant fait ou achevé son tour.
To walk the round or the round, (among soldiers.) Faire la ronde.
To keep a round of formal visits. Faire ses visites, faire un certain tour de visites d'apparat.
In the whole round (or course) of my life. De mon temps, dans toute ma vie.
The frigate gave us a whole round with her cannon. La frégate nous fit une décharge de tous ses canons.
They discharged three rounds of all their cannon. Ils firent trois salves de toute leur artillerie.
A Cheshire round, (a sort of dance.) Tricotets, sorte de danse.
ROUND, adv. En rond.
Ex. To turn round. Tourner, se mouvoir en rond.
My head turns round, (or is giddy.) La tête me tourne.
Cook sailed round the world. Cook a fait le tour du monde.
All the year round. Toute l'année.
To drink round. Boire à la ronde.
Ten miles round, (or about.) À dix milles à la ronde.
To ride round. Faire le tour à cheval.
To fail round. Faire voile autour.
A place fenced in round. Une place fermée tout au tour ou entourée d'une haie, d'une muraille.
Round about. Tout autour, tout à l'entour, de tous côtés.
I took a view of the countries round about. Je visitai tous les pays d'alentour.
You must go round about. Il faut que vous fassiez le tour.
To ROUND, v. act. (to make or cut round.) Arrondir, évider, couper en arrondissant.
To round a cloak. Arrondir un manteau.
To round a sleeve. Évider un manche.
To round (or whisper) a thing in one's ear or to round a man in the ear with a thing. Souffler une chose à l'oreille de quelqu'un, la lui tourner aux oreilles.
To round IN. Haler, en parlant des manœuvres courantes dont la direction est à-peu-près horizontale.
Round in the weather braces! Hale les bras du vent!
To round up. Haler, en parlant des manœuvres courantes de dont la direction approche de la perpendiculaire.
Rounded, adj. Arrondi, &c. Voy. to Round.
ROUNDEL, }
ROUNDELAY, } s. (a kind of catch-song.) Rondeau, sorte de couplet.
ROUNDER, subst. Circonférence.
ROUNDING, s. (from to round.) Arrondissement, l'action d'arrondir, &c. V. to Round.
Rounding. Fourrure de cable, faite avec des quarantaines ou autres menus cordages.
Rounding of the beams. Bouge des baux.
Rounding up of the wing transom. Bouge vertical de la lisse d'hourdi.
Rounding

Rounding aft of the wing transom. *Bouge horisontal de la lisse d'hourdi.*
Rounding of the stce or tumbling home. *Voy. Tumbling home.*
ROUNDLY, *adv.* (honestly, sincerely.) *Rondement, sincerement, sans artifice, sans façon.*
To go roundly to work. *Aller rondement en besogne, agir prudement, de bonne foi ; aller son grand chemin, sans y chercher beaucoup de finesse.*
Roundly, (boldly, freely.) *Franchement, librement, hardiment, nettement.*
A horse that goes roundly on. *Un cheval qui suit sa cadence, qui manie toujours de même cadence, qui demeure également entre les deux talons.*
ROUNDNESS, *f.* Rondeur, rotondité.
ROUNDS, *Voy.* Round.
To ROUSE, *v. act.* (or awake.) *Réveiller, éveiller en sursaut.*
To rouse one or to rouse him up. *Eveiller, tirer aller quelqu'un.*
He roused me out of my first sleep. *Il a interrompu mon premier sommeil.*
To rouse a deer. *Lancer un cerf, le faire partir de sa repoſée.*
To rouse up one's spirits. *S'exciter, s'animer.*
To rouse, *v. n.* S'éveiller.
Rouſed, *adj.* Réveillé, &c. *Voy.* to Rouſe.
ROUSING, *f. L'action de réveiller, &c. Voy.* to Rouſe.
Routing, *adj. Ex.* A rouſing lie. *Un grande faussité, un grand mensonge.*
To ROUSSE, *v. act.* Haler ensemble sur un simple cordage, sans l'aide d'aucun palan, ni autre machine, pour tirer à soi un fardeau, &c. dont le commandement se fait en François : *Saille, oh saille!*
ROUSSELET, *subst.* (a kind of delicate pear.) Rousselet, sorte de poire.
ROUT, *subst.* (a multitude, a throng of people.) *Multitude, foule, concours de peuple, cohue.*
A rout, (going forcibly to commit a riot.) *Une assemblée, une bande, un attroupement.*
Rout, (squable, noise.) *Bruit, désordre, vacarme.*
Rout, (the way which soldiers are to march) *Route de gens de guerre.*
Rout (or defeat) of an army. *Déroute, défaite d'une armée.*
To ROUT, *v. act.* (or to put to the rout.) *Mettre en déroute, défaire, mettre en fuite.*
To rout one, (to put him out of his measures.) *Embarrasser quelqu'un, lui faire de la peine.*
To rout, *v. n.* (or to snore.) *Ronfler.*
To rout, (or to fart.) *Peter, faire un pet.*
To rout, (as swine.) *Voy.* to Root.
ROUTE, *f.* Route, chemin.
ROW, *subst.* Rang.
A row of houses or trees. *Rang de maisons ou d'arbres.*
A row of teeth. *Rang de dents, denture.*
To set in a row. *Ranger.*
The row of the pipes of an organ. *Jeu d'orgue.*
Criss-cross-row or christ-cross-row. *Croix de par Dieu, l'a, b, c.*
A row-barge. *Un bateau qui va à voiles & à rames.*
Row galley. *Galere, bâtiment à rames.*

Row-locks. *Tolletieres*, places pour les avirons sur le plat bord d'un canot.
Row-ports. *Sabords des avirons.*
To ROW, *v. n.* (to tug at the oar.) *Ramer, tirer à la rame ou à l'aviron.*
To row with or against the stream. *Ramer à vau l'eau ou à contremont.*
† To look one way and row another. *Faire semblant de faire une chose, & viser à une autre.*
† They do not row (or don't agree) together. *Ils ne s'accordent pas ensemble, ils n'agissent pas d'intelligence ou de concert ; l'un tire d'un côté, l'autre de l'autre.*
ROWEL, *subst.* (the rowel of a spur.) Molette d'éperon.
Rowel, (a seton to make an issue.) *Séton, espece de cautere.*
To ROWEL, *v. act. Ex.* To rowel a horse. *Mettre une sortie ou donner des plumes à un cheval.*
ROWER, *f.* (one that rows.) *Un rameur ou canotier*, terme de mer.
The fore-rower or chief rower in a galley. *Le vogue-avant dans une galere.*
The rower that rows with the first oar in a galley. *L'espalier*, rameur près de l'espale ou de la poupe.
ROYAL, *adject.* (kingly.) Royal, d. Roi.
His Royal Majesty. *Sa Majesté Royale.*
The Royal society. *Voy. Society.*
The Royal assent. *Le consentement du Roi.*
Royal, (noble, magnificent.) *Royal, noble, magnifique.*
Royal, *subst.* (a sea-term.) *Perroquet volant.*
Main-top-gallant-royal sail. *Voile de gand perroquet volant.*
Fore-top-gallant-royal yard. *Vergue de petit perroquet volant, &c.*
ROYALIST, *f.* Un royaliste.
ROYALLY, *adv. Royalement, en Roi, noblement, magnifiquement.*
ROYALTY, *f.* (or kingship.) Royauté, dignité royale.
The ensigns of Royalty. *Les marques de la Royauté.*
The Royalties, (or Royal rights.) *Les prérogatives Royales ou du Roi.*
To ROYNE, *v. act.* Ronger, mordre. *Voy.* to Grow.
ROYNISH, *adj.* Miserable, bas, grossier.
RUB, *f.* (obstacle, hinderance.) *Obstacle, empêchement, difficulté.*
Rub, (friction.) *Frottement.*
He gave him deadly rubs. *Il l'a cruellement raillé.*
To RUB, *v. act.* Frotter, frayer.
To rub shoes. *Frotter des souliers.*
To rub them clean. *Les nettoyer a force de les frotter.*
To rub one's head against a thing. *Se frayer la tête contre quelque chose.*
To rub, (or scratch.) *Galer, gratter.*
To rub a horse, or to rub him DOWN. *Bouchonner un cheval.*
Rub, rub, (a word used by way of interjection at bowls.) *Tout doucement, tout bellement.*
To rub OFF the dirt of any thing. *Décrotter quelque chose.*
To rub off a spot. *Oter, enlever une tache à force de la frotter.*
To rub ON, *v. n. Ex.* Things rub on bravely. *On fait de grands progrès.*
I make shift to rub on, (or to live.) *Je gagne ma vie tout doucement.*

† To rub one UP, (to give him a rub.) *Donner un lardon à quelqu'un, le railler, lui donner un coup de bec.*
To rub up one's memory or to rub up the remembrance of a thing. *Rappeler quelque chose dans sa mémoire, s'en rafraichir la mémoire, se la remettre.*
If you go to him, you must rub up your Latin. *Si vous allez voir, il faut vous préparer à lui parler Latin.*
Rubbed, *adj.* Frotté, &c. *Voy.* Rub.
RUBBER, *subst.* (or rubbing-cloth.) *Un frottoir.*
Rubber, (one that rubs.) *Frotteur.*
Rubber, (at cuffs.) *Coups de poing.*
Rubber, (a whetstone for a scythe.) *Queux à faux.*
RUBBERS or RUBBER, *f.* (the winning two sets in three, at some games.) *Vole, partie double, ou le gain de deux parties en trois.*
To play rubbers. *Jouer partie, revanche, le tout.*
I won the rubber. *J'ai gagné la vole.*
RUBBING, *subst. L'action de frotter, &c. Voy.* to Rub.
A rubbing-cloth. *Frottoir, un chiffon.*
A rubbing-brush. *Une décrotoire.*
RUBBISH, *subst.* (rubble or pieces of a building.) *Décombres, ruines, débris, démolitions d'un bâtiment, du moilon, de la blocaille.*
Rubbish, (old tattered clothes.) *Guenilles, haillons, vieilles nippes.*
Rubbish, (sorry stuff.) *Rebut, menuaille, fretin*, tout ce qu'on méprise.
Take this rubbish (or this dirt) away. *Otez ces ordures, ôtez ces saletés.*
RUBICUND, *adj.* (blood-red.) *Rubicond, rouge.*
RUBIED. *Voy.* Red.
RUBRIC, *f.* (a special title or sentence of the law or of any book, written or printed in red.) *Rubrique.*
Rubrick, *adject.* Rouge.
To RUBRICK, *v. act.* (to make with red letters in a kalendar, &c.) *Marquer en lettres rouges.*
Rubricked, *adj.* Marqué en lettres rouges.
RUBSTONE, *f.* Pierre à aiguiser.
RUBY, *f.* (a precious stone.) *Rubis.*
Ruby, (pimple.) *Bouton.*
Ruby, *adj.* (red.) *Rouge.*
RUCTATION, *f.* (or belching.) *Rot. Sour frothy ructations. Des rots âcres & bilieux.*
RUDDER, *f.* (of a ship.) *Le gouvernail d'un navire.*
Main piece or chocks of the rudder. *Mèche du gouvernail.*
After piece of the rudder. *Safran du gouvernail.*
Back of the rudder. *Doublage du gouvernail.*
Sole of the rudder. *Voy.* Sole.
RUDDINESS, *f.* Rougeur.
RUDDLE, *subst.* (a sort of red earth.) *Rubrique*, craie rouge.
RUDDY, *adj.* (red, rubicund.) *Rouge, rubicond.*
A ruddy complexion. *Un visage rubicond ou couperosé.*
RUDE, *adj.* (rough or unpolished.) *Grossier, grossièrement fait.*
A rude (or rough) draught. *Un plan grossier, un ébauche.*
Rude, (or clownish.) *Grossier, rustique, mal-poli, rustre.*
Rude, (uncivil, insolent.) *Incivil, brutal, insolent.*

Rude

Rude, (unskilful or ignorant.) Grossier, ignorant.
The rude multitude, (the vulgar.) La folle multitude, le vulgaire.
Rude, (unlucky or roguish.) Méchant, malicieux, malin, plein de malice.
To give one rude language. Parler incivilement ou insolemment à quelqu'un, le maltraiter de paroles.
RUDELY, adv. (or coarsly.) Grossiérement, peu délicatement.
Rudely, (or uncivilly.) Incivilement, insolemment, vilainement, brutalement.
RUDENESS, subst. (clownishness.) Grossiéreté, rusticité.
Rudeness, (unskilfulness.) Grossiéreté, ignorance.
Rudeness, (uncivility, insolence.) Incivilité, brutalité, insolence.
Rudeness, (or roguishness.) Malice.
RUDESBY, subst. Un homme dur, malhonnête; un enfant tapageur.
RUDIMENT, subst. (principle, beginning or grounds.) Rudiment, principe, commencement.
RUDIMENTAL, adj. De commencement, par où l'on commence.
RUE, s. (an herb.) Rue, herbe.
To RUE, v. act. (to be sorry for.) Se repentir.
You shall rue it as long as you live. Vous vous en repentirez toute votre vie.
I will or I'll make him rue the time that ever he did it. Je lui ferai maudire le jour qu'il a fait cela.
RUEFUL, adj. (sad, pitiful.) Pauvre, pitoyable, chetif.
Rueful, (or dreadful.) Terrible.
RUEFULLY, adv. Ex. He looked ruefully. Il avoit les yeux hagards ou farouches.
RUEFULNESS, subst. Tristesse, douleur, chagrin.
RUELLE, s. Un cercle, une société.
RUFF, s. (or fardingale, formerly worn by women about their waist.) Vertugadin.
Ruff, (at cards.) Le point, au jeu des cartes.
He was killed in the ruff (or highest degree) of his glory. Il fut tué au milieu ou au plus haut point de sa gloire.
To RUFF, v. act. (to trump at cards.) Couper, prendre avec une triomphe aux cartes.
RUFFIAN, subst. (a wicked or profligate fellow.) Un scélérat, un déterminé.
Ruffian, (or debauchee.) Un debauché.
RUFFIANLIKE,
* RUFFIANLY, } adj. (boisterous, rude or illbred.) Grossier, mal-poli.
RUFFLE, s. Manchette.
Laced ruffles. Manchettes à dentelles.
To fold into ruffles. V. to Ruffle.
To RUFFLE, v. act. Friser.
Ex. To ruffle a napkin, (to fold it into ruffles.) Friser une serviette.
To ruffle, (to rumple) Chiffonner, froisser, mettre en désordre.
To ruffle, (to discompose or disorder.) Troubler, mettre en désordre, déranger.
Anger ruffles the mind. La colère trouble l'esprit, elle le met en désordre.
Nor was Lycurgus so sullen and cynically grave, but that now and then he would ruffle his gravity and sacrifice an hour to the little God of laughter. Lycurgue n'étoit pas si sévere, ni si cynique, qu'il ne dérangeât ou qu'il ne quittât quelquefois sa gravité pour sacrifier quelques moments au Dieu de la joie.

Ruffled, adj. Frisé, &c. V. to Ruffle.
RUFFLING, subst. L'action de friser, &c. V. to Ruffle.
RUFTER-HOOD, s. Capuchon.
RUG, subst. (a coarse covering.) Couverture velue, pour un lit.
Rug, (a rough woolly dog.) Barbet.
† Rug, adj. (a word used among gamesters for sure to win.) Ex. 'Tis all rug. C'est un jeu sûr.
RUGGED, adj. (rough, uneven, in a proper and figurative sense.) Rude, raboteux, âpre, inégal, qui n'est pas uni, au propre & au figuré.
A rugged skin. Une peau rude.
A rugged way. Un chemin rude ou raboteux.
A rugged style. Un style rude, dur, qui n'est point poli.
A rugged (cross or rough) man. Un homme rude, fâcheux, brusque, chagrin, difficile à contenter.
A rugged (skittish) person. Un esprit bourru, fantasque.
To give a rugged (or cross) answer. Faire une réponse sèche, choquante, rude, brusque, désobligeante, offensante; répondre sec ou sèchement, rudement, désobligeamment ou brusquement à quelqu'un.
Rugged, (rigid, severe.) Rude, sévere, austere, rigide, dur.
RUGGEDLY, adv. (roughly, severely.) Rudement, avec rigueur, d'une maniere rude, sévérement, rudement.
To write ruggedly. Avoir un style rude ou mal-poli.
RUGGEDNESS, s. Rudesse, âpreté.
RUGINE, s. Sorte de rape de Chirurgien, rugine.
RUGOSE, adj. Ridé, inégal.
RUIN, s. (destruction or undoing.) Ruine, destruction, chûte, décadence, perte.
The ruin of a family. La ruine d'une famille.
He has been the ruin of me. Il a causé ma ruine, il m'a ruiné.
To build one's fortune upon another man's ruin. Bâtir sa fortune ou s'élever sur les ruines d'un autre.
That business has been the ruin of me. Cette affaire a été ma ruine, elle m'a ruiné ou m'a coupé la gorge.
To bring one to ruin. Ruiner, perdre quelqu'un.
To come to ruin. Se ruiner, se perdre.
Ruins, (in the plural number.) Ruines.
Ex. The ruins of a building. Les ruines d'un bâtiment, les débris d'un bâtiment abattu.
The ruins of a good face. Des restes de beauté, de beaux restes.
To RUIN, verb. act. (to destroy or waste, to bring to ruin.) Ruiner, détruire, désoler, renverser, être la cause de la ruine.
To ruin a party. Ruiner ou détruire un parti.
To ruin a family. Ruiner, désoler, renverser une famille.
To ruin (or supplant) one in another man's favour. Ruiner, détruire, perdre quelqu'un dans l'esprit d'un autre.
Ruined, adject. Ruiné, &c. Voyez to Ruin.
RUINING, subst. L'action de ruiner, &c. V. to Ruin.
RUINOUS, adj. (falling to decay.) Ruineux, qui menace ruine.
Ruinous, (dangerous, that brings to ruin.) Ruineux, qui cause la ruine; fatal, dangereux.
RUINOUSLY, adv. D'une maniere ruineuse.
RULE,
RULER, } subst. (an instrument to rule with.) Regle, instrument pour régler.
A carpenter's rule, (or square.) Regle de charpentier, une équerre.
Rule, (model, exemplar.) Regle, modele, exemple.
Rule, (precept or principles to go by.) Regle, précepte, enseignement, maxime.
To learn a language by rule, (or grammatically.) Apprendre une langue par regles, ou par principes.
Done according to rule. Fait dans les regles ou réguliérement; régulier.
The rules of the gospel. Les préceptes de l'Evangile.
Rule, (statute or constitution of a religious order.) Regle, statues ou constitution d'un ordre religieux.
Rule, (or order.) Regle, Ordre.
There is no rule in that house. Il n'y a point de regle dans cette maison.
Rule, (custom.) Regle, coutume, usage.
Rule, (sway or command.) Commandement, pouvoir, autorité.
To bear rule. Avoir le comandement, gouverner.
To have the chief rule. Gouverner en chef.
A rule given by a judge upon the opening of the cause. Réglement sur les demandes & les défenses des parties.
To RULE, verb. act. (to draw lines with a rule.) Régler, tirer les lignes avec une regle.
To rule a paper. Régler un papier.
To rule, (to square, frame or order.) Régler, conduire, diriger, conformer.
To rule one's life by the dictates of reason. Régler, diriger sa vie sur les préceptes de la raison, la conformer aux regles de la raison.
To rule, v. act. & n. or to rule OVER, v. n. Régir, gouverner conduire.
To rule a state. Régir un Etat, le gouverner.
To rule injustly. Gouverner injustement, tyranniser.
To rule the roast. V. Roast.
To rule, (to command or master.) Dompter, vaincre, subjuguer, réprimer, modérer, commander à.
To rule one's affections. Dompter, vaincre, subjuguer ses passions, commander à ses passions.
Ruled, adj. Réglé, &c. V. to Rule.
Be ruled by me. Croyez-moi, suivez mon conseil.
He would not be ruled by me. Il n'a pas voulu m'en croire.
RULER, s. (or governor.) Conducteur, gouverneur.
Ruler, (or rule.) V. Rule.
RULING, subst. L'action de régler, &c. V. to Rule.
RUM, subst. Eau-de-vie de sucre que l'on fait principalement à la Jamaïque; rhum.
To RUMBLE, verb. neut. (or make a hollow noise.) Murmurer, faire un bruit sourd.
My guts rumble. Mon ventre murmure.
A rumbling of the belly, a rumbling of the guts with wind. Un murmure de ventre.
RUMINANT, adj. Qui rumine.

To RUMINATE, verb. neut. (or to chew the cud.) *Ruminer, remâcher à vide.*
To ruminate upon (to consider of) a thing. *Ruminer quelque chose, y rêver, la rouler en son esprit, la bien digérer dans son esprit.*
RUMINATING,
RUMINATION, } *subst. L'action de ruminer.*
To RUMMAGE, v. act. (to remove any goods or luggage.) *Remuer des meubles ou des merchandises, les transporter d'un endroit à l'autre.*
To rummage, (to take up, to search diligently.) *Fouiller, chercher en fouillant, visiter.*
RUMMAGING, *s. L'action de remuer, &c.* V. to Rummage.
RUMMER, *s.* (a great drinking-glass.) *Un grand verre.*
Rummer, (or brimmer.) *Une rasade, un verre tout plein.*
RUMOUR, *subst.* (or report.) *Bruit qui court, nouvelle.*
RUMOURED, adj. Ex. 'Tis a thing rumoured about or abroad, *On en fait courir le bruit, on en parle, cela se dit.*
RUMP, *subst.* (the rump of fowls.) *Le croupion.*
† The rump or the rump Parliament. *C'est un terme de mépris affecté au reste de ce malheureux Parlement qui détrôna le Roi Charles I.*
RUMPLE, *subst. Pli qui se fait à force de chiffonner.*
To RUMPLE, v. act. (to ruffle.) *Chiffonner, froisser.*
Rumpled, adj. *Chiffonné, froissé.*
A rumpled (or wrinkled) skin. *Une peau toute ridée.*
RUMPLING, *s. L'action de chiffonner ou de froisser.*
RUN, *participe passé du verbe to Run.* V. to Run.
Run, *s.* Ex. To put a man to the run, (to make him run away.) *Faire fuir quelqu'un.*
At the long run. *A la longue.*
A run, (before one leaps.) *Une escousse, un élan.*
To take a run. *Prendre son escousse.*
Good or ill run at play. *Bonheur ou malheur au jeu.*
There is a run upon the bank. *Tout le monde court à la banque pour en retirer son argent.*
The run (rake or course) of a ship. *Le sillage, le cours ou chemin d'un vaisseau.*
Run, *Les ailes ou extrémités de la cale : la partie de la cale ou du vaisseau qui est vers les façons de l'arriere, & qui va en rétrécissant.*
To RUN, *verb. neut. Courir, courre, aller de vitesse.*
Whither do you run so fast ? *Où courez-vous, où allez-vous si vite ?*
To run before or after. *Courir devant ou après.*
To run post. *Courir la poste.*
To run at the ring. *Courre la bague.*
To run after one. *Courir après quelqu'un, le poursuivre.*
To run about, to run-up and down. *Courir de coté & d'autre.*
To run with full speed, to run amain, to run a pace. *Courir de toute sa force.*
To run, v. act. (to pursue in order to catch,) *Courre ou courir.*
To run a stag. *Courre ou courir le cerf.*

To run the ring. *Courre la bague.*
To run a hazard, (to be exposed to it.) *Courir risque.*
To run one through with one's sword. *Passer son épée au travers du corps de quelqu'un, l'enfiler.*
To run a riband through or in a ring. *Passer un ruban dans un anneau.*
To run the gantlet , (a military punishment.) *Passer par les baguettes.*
To run, v. neut. (to drop.) *Couler, dégoutter, suinter.*
His nose runs. *Son nez dégoutte, il a la roupie.*
A vessel that runs, (or leaks.) *Un vaisseau qui coule ou qui suinte.*
To run, (to flow.) *Courir, couler ou rouler.*
The river runs by the walls. *La riviere coule ou court le long, ou passe tout auprès des murailles, elle arrose les murailles.*
The hour-glass does not run. *Le sable ne coule pas ou ne va pas.*
A period that runs well. *Une période qui coule bien, qui est bien cadencée.*
A verse that runs smooth. *Un vers qui coule doucement.*
To run, (to go on or go away, as time or things relating to time.) *Courir, couler.*
Time runs away insensibly. *Le temps court ou coule insensiblement.*
His wages run on. *Ses gages courent.*
To run (or go) FROM. *Se dérober.*
To run from one's company. *Se dérober, ou se dérober d'une compagnie.*
To run from one's word. *Se dédire.*
To run with matter, (to suppurate.) *Jeter du pus, jeter de la matiere, suppurer.*
The sore runs. *La plaie suppure.*
To run against a post. *Heurter contre un poteau.*
He run, verb. act. his head against the wall. *Il a donné de la tête contre la muraille.*
To run to one's help. *Courir ou voler au secours de quelqu'un.*
To run to seed, (as plants do.) *Monter en graine, grener.*
To run, (speaking of flowers that change their colour.) *Changer de couleur.*
This very cast of the dice runs for all. *A ce coup de dés je joue de tout mon reste.*
Her tongue runs perpetually. *Elle parle incessamment, sa langue est dans un mouvement perpétuel, elle a la langue bien pendue.*
Her tongue runs on wheels or runs at random. *Sa langue n'a point d'arrêt.*
Your tongue runs before your wit. *Vous ne songez pas à ce que vous dites.*
My tongue did run before my wit. *Ma langue a prévenu ma pensée.*
His eyes run. *Il est chassieux, il a la chassie.*
To laugh till one's eyes run. *Pleurer, verser des larmes à force de rire.*
To run away, (to fly.) *Fuir ou s'enfuir.*
To run one's country. verb. act. *Abandonner le pays.*
To run a race. verb. act. *Faire une course.*
I will or I'll run with ye for a wager. *Je parie que j'aurai l'avantage sur vous à la course, je vous défie à la course.*
To run mad or distracted. *Devenir fou, perdre le sens, être fou à courir les rues.*
That would make one run mad. *Cela est capable de faire enrager un homme, ou de lui faire perdre le sens.*
It runs in the blood of your whole family to hate ours. *Vous haïssez notre famille de pere en fils.*

It runs in their blood to do so or so. *Ils chassent de race.*
To suffer a child to run a-head. *Souffrir ou permettre toutes choses à un enfant, lui laisser faire tout ce qu'il veut.*
To run a division. *Fredonner, faire des fredons.*
The sense runs thus. *En voici le sens, voici quel est le sens.*
My genius does not run (or turn) that way. *Mon génie n'est pas tourné ou n'est pas propre à cela.*
To run A-GROUND or to run on ground, verb. neut. (as a ship does.) *Echouer, toucher ou donner de la quille contre un fond de mer.*
To run a ship a-ground or a shore, v. act. *Echouer un navire, le faire échouer.*
To run AGAINST a rock, (as a ship does.) *Echouer contre un écueil.*
One of our gallies ran against another. *Une de nos galleres en choqua une autre.*
These words run against the genius of some men. *Ces expressions sont contraires au génie de quelques personnes.*
To run FOR a thing. *Aller vite querir quelque chose.*
To run for it or for't, (to scamper away.) *Se sauver par la fuite, s'enfuir, gagner au pied.*
To run for succour or refuge. *Chercher du secours, chercher un refuge ou un asyle, se réfugier.*
That ever runs in my mind. *J'ai toujours cela dans l'esprit, je ne saurois m'ôter cela de l'esprit, cela me revient toujours dans l'esprit.*
This runs parallel with that. *Ceci se trouve parallele à cela.*
To run low and dreggy, (as liquor in a vessel.) *Etre au bas, comme la liqueur d'un tonneau qui est presque vuide.*
To run, (or be expressed.) *Etre exprimé.* Ex. The definition runs thus. *La définition est exprimée en ces termes.*
To run AWAY. *Prendre la fuite, s'enfuir, s'en aller, se sauver, s'écarter, gagner au pied.*
Time runs away. *Le temps coule, le temps s'écoule, le temps passe.*
Our life runs away. *Notre vie s'écoule.*
To run away with, (to carry away.) *Emporter ou enlever.*
To run away with a virgin. *Enlever une fille.*
That horse will run away with you. *Ce cheval vous emportera, vous ne sauriez l'arrêter.*
The collectors run away with a good part of the revenue. *Les collecteurs emportent une partie du revenu.*
To run away with (to fancy or imagine) a thing. *S'imaginer une chose, s'en croire à la légere & sans l'approfondir ; se figurer, se mettre dans l'esprit.*
To run away from one's text, (to make a digression.) *Faire une grande digression, s'égarer.*
To run BACK. *Rebrousser chemin, retourner sur ses pas.*
The river runs back. *La riviere rebrousse ou remonte contre ou vers sa source.*
To run COUNTER, (to be contrary to, to clash with.) *Etre contraire ou opposé, choquer.*
The accusations run high on both sides; *Les accusations sont fortes de part & d'autre.*
The sedition runs so high. *La sédition devient si grande, ou si furieuse.*

T 2

To run DOWN a ftag, v. act. Forcer un cerf, le prendre apres l'avoir long-temps couru.
To run one down, (to run down his opinion.) Démonter quelqu'un, lui fermer la bouche, avoir l'avantage fur lui, l'abimer, le confondre.
To run him down with arguments. Le convaincre à force d'argumens, l'obliger à fe rendre, l'accabler de raifons, le miner tambour battant.
To run one down with ill language. Infulter quelqu'un ou l'accabler d'injures.
To run a thing down, (to defpife or undervalue it.) Méprifer quelque chofe, la ravaler.
To run down, v. neut. (to drop) with blood. Dégoutter de fang.
To run from one thing to another, (to make digreffions in a difcourfe.) S'écarter de fon fujet, faire des digref-fions.
To run, verb. neut. or to run one's felf, verb. récip. INTO mifchief. S'expofer à quelque malheur.
To run into debt or to run one's felf into debt. S'endetter, contracter des dettes.
To run one's felf into expences. Se mettre en frais.
To run into any fin. S'abandonner à quelque péché, s'y laiffer aller.
A thorn ran into my foot. Une épine m'entra dans le pied.
To run a pin into one. Piquer quelqu'un avec une épingle, lui ficher une épingle dans quelque partie du corps.
To run ON, (to go on) Ex. He runs on ftill in his lewd courfes. Il va ou il fuit toujours fon vieux train ou fon même train.
If you run on at this rate, you will quickly be a beggar. Si vous fuivez ce train, vous ferez bientôt réduit à la mendicité.
To run on into extreme violences. Se porter à des violences extrêmes.
To run the curtains on a curtain rod. Enfiler ou paffer les rideaux dans une verge de fer.
To run (or go) OVER to a place. Paffer ou s'en aller en quelque lieu.
To run over to the ftronger fide. Paffer ou fe ranger du côté du plus fort.
To run over a book, (to perufe it in hafte.) Parcourir un livre, le lire promptement, & fans y faire beaucoup de réflexion.
To run (or lick) over one's work again. Repaffer, revoir, retoucher fon ouvrage; le potir, le lécher.
To run over a thing, (to glance at it, to fay little to it.) Paffer légèrement fur quelque chofe, n'en parler qu'en paffant, la toucher en peu de mots, ne faire que l'effleurer.
The rivet runs over (or overflows) its banks. La rivière fe déborde, elle fort de fon lit, elle regorge, elle fe répand fur le rivage.
The pot runs (or boils) over. Le pot coule par deffus les bords, le pot verfe.
To run OUT of doors, (or to make one's efcape.) Se fauver.
To run out or to run one's felf out. Manger fon blé en vert, dépenfer fon revenu par avance.
To run out into excefs. Aller à l'excès.
To run out into expences, (to fpend too high.) Faire une trop grande dépenfe.

To run out an eftate, v. act. or out of an eftate, verb. neut. (to lavifh it away.) Prodiguer, dépenfer, manger fon bien.
To run one's felf, verb. récip. out of breath or to a ftand. Se mettre hors d'haleine, courir à perte d'haleine.
To run out, v. act. (to end) one's race. Finir fa courfe.
To run out of one's wits. Perdre le fens. V. To run mad.
To run out in length. Etendre en longueur.
The time runs out, (or expires.) Le temps expire.
To run THROUGH. Percer, percer de part en part.
This moral runs through the whole bufinefs of human life. Cette morale comprend toute l'affaire de la vie humaine.
To run through a book, (or to read it over.) Parcourir un livre.
To run through thick and thin. S'expofer à toutes fortes d'incommodités.
To run (or get) UP. Monter.
We muft ran up to the original or the fountain head. Il nous faut remonter ou aller à la fource.
To run up (or raife) a wall. Elever promptement une muraille.
To run it up too high. La faire trop haute.
A building that runs up. Un bâtiment qui avance fort.
The fcore runs up mighty faft. La taille fe remplit fort vite.
To run up, verb. act. a thing too high, (to over ftretch it.)) Outrer une chofe, la porter au-delà de fes juftes bornes.
To run (or fall) UPON one. Se jeter fur quelqu'un.
His difcourfe runs upon that. Son difcours roule fur cela, ou porte fur cela.
A beam that runs upon the wall. Une poutre qui porte ou qui paffe fur la muraille.
† To run upon great dangers. S'expofer à de grands dangers.
To run out a warp. Porter une touée en dehors du vaiffeau.
RUNAGATE, fubft. (or renegado.) Un renégat.
Runagate, (a rambling or roving fellow.) Un vagabond, un coureur, qui n'a ni feu ni lieu.
RUNAWAY, fubft. (or deferter.) Un déferteur, un fugitif.
A runaway, (in a fight.) Un fuyard.
RUNDLE. V. Round.
Rundle-head. V. Capftern.
RUNDLET, fubft. (a certain meafure of wine, oil, &c.) Un petit baril ou une certaine mefure de vin, d'huile, &c. contenant dix-huit gallons & demi.
RUNG, prétérit & participe paffé du verbe to Ring. Voy. to Ring.
Rung heads, f. comp. (or floor-heads.) Fleurs d'un vaiffeau.
RUNNER, fub. (from to run.) Coureur, coureufe.
The runnet (or upper ftone) of a mill. Une meule de deffus, une furmeule de moulin.
A runner at all, (one that ventures upon every thing.) Un homme qui donne à tout, ou qui donne au poil & à la plume.
Runner, (a fmall merchant fhip.) Petit vaiffeau marchand.
Runner. Itague d'un palan, &c.

RUNNET, fubft. Préfure; ce qui fert à faire cailler le lait.
RUNNING, f. Courfe, l'action de courir, &c. V. to Run.
The running of the reins. La gonorrhée, perte de femence.
A running of the nofe. La roupie.
Running, adj. Ex, A fine running-place, Un lieu propre à courir.
Running water. Eau courante ou vive.
A running knot. Un nœud coulant.
A running fore. Plaie qui fuppure ou qui jette du pus.
A running banquet. Collation qu'on fait fans s'affeoir.
The running title of a book, (the top title that runs over every page.) Le titre qu'on met à chaque page d'un livre.
They betook themfelves to a running fight. Ils fe battirent en retraite ou en fe retirant.
† His fhoes are made of running leather. Il n'eft jamais en repos, il court inceffamment.
RUNNINGLY, adv. En courant.
RUNT, fubft. (a Scotch or Welfh runt.) Bœuf d'Ecoffe ou de Galles; animal nain.
† An old runt, (or old trot.) Une vieille.
RUPTION, f. Rupture.
RUPTORY, fubft. (a corrofive cauftick.) Rupteire, cautere potentiel.
RUPTURE, f. (burftennefs or hernia.) Defcente de boyaux, hernie.
Rupture-wort. Herniaire, forte d'herbe.
Rupture, (or falling out.) Rupture, brouillerie.
RURAL, adj. (of the country.) Rural, champêtre, de la campagne.
To take the rural divertiffemens. Prendre les divertiffemens de la campagne.
A rural dean. Un doyen rural.
RUSH, f. (a plant.) Un jonc.
The fea-rufh. Le jonc marin.
The fweet-rufh. Le jonc odorant.
A rufh-light. Chandelle de réfille.
† A rufh, (a thing of no value.) Une chofe de néant, un rien, un zeft, un fétu.
It is not worth a rufh or a button. Il ne vaut rien ou tout.
I would not give a rufh for it or for't. Je n'en donnerois pas un zeft ou un fétu.
I do not value it a rufh or a pin. Je ne m'en foucie point.
I don't value him a rufh. Je me moque de lui.
To RUSH, v. n. Se jeter, fe précipiter, fe lancer ou s'élancer.
To rufh (or feize) upon one. Se jeter fur quelqu'un.
He rufhed among the naked fwords. Il fe lança ou fe précipita au milieu des épées nues.
To rufh IN. Entrer de force, forcer le paffage.
To rufh in upon one, (to take him napping.) Surprendre quelqu'un.
To rufh FORWARD. S'élancer.
To rufh THROUGH any danger. S'expofer hardiment à toute forte de danger.
To rufh OUT of company. Sortir avec impétuofité, quitter brufquement la compagnie.
RUSHING, f. L'action de fe jeter, &c. V. to Rufh.
RUSHY, adj. (full of rufhes.) Plein de joncs.

RUSSET,

RUSSET, adj. (or brown.) Brun.
A russet colour. Couleur brune.
RUSSETIN,
RUSSET, } subst. Roussette, sorte de pomme.
RUST, subst. Rouille.
To gather rust. Amasser de la rouille.
To rub away, to get out or fetch off the rust. Dérouiller, ôter la rouille.
To RUST, v. n. (or grow rusty.) Se rouiller.
RUSTICAL, adj. (clownish.) Rustique, rustre, rustaud, grossier, peu poli, incivil, rude.
A very rustical man. Un homme fort rustre ou grossier, † un grand rustaud, un palet.
RUSTICALLY, adv. Rustiquement, d'une manière rustique ou grossière.
To RUSTICATE, verb. act. Confiner, reléguer à la campagne.
To Rusticate. Exiler à la campagne.
To rusticate, v. n. Vivre à la campagne.
Rusticated, adj. Devenu campagnard.
Rusticated. Exilé, relégué, &c.
RUSTICITY, subst. (or clownishness.) Rusticité, grossièreté, rudesse, humeur, action, manière d'agir rustique ou qui sent le rustre & le paysan.
RUSTICK. V. Rustical.

RUSTINESS, s. (or rust.) Rouille.
The rustiness of iron. La rouille du fer.
The rustiness (for rancidness of bacon.) L'rancissure, le goût rance du lard.
To RUSTLE, verb. neut. (or make a noise.) Faire du bruit.
RUSTLING, subst. Cliquetis, bruit, bruit d'armes ou de choses semblables.
RUSTY, adj. (covered with rust.) Rouillé, couvert de rouille.
To grow rusty, (in a proper and figurative sense.) Se rouiller ou s'enrouiller, au propre & au figuré.
Iron grows rusty. Le fer se rouille ou s'enrouille.
A man's parts grow rusty in the country. L'esprit se rouille, s'enrouille ou s'encrasse dans la province.
Rusty, (speaking of clothes.) Crasseux, couvert de crasse.
Rusty (for rancid) bacon. Du lard rance.
To grow rusty, (as bacon.) Rancir, devenir rance.
RUT, subst. (the copulation of deer.) Rut, temps où les bêtes fauves sont en amour.
The rut (or track) of a wheel. Orniere ou trace de roue.

To RUT, verb. neut. (as deer do.) Être en rut.
RUTHFUL, adj. (or compassionate; sad.) Tendre, plein de tendresse, pitoyable, qui a de la pitié; triste, chagrin.
Ruthful, (piriful, that deserves pity.) Pitoyable, misérable.
RUTHFULLY, adv. Misérablement, pitoyablement, tristement.
RUTHFULNESS, s. Pitié, compassion.
RUTHLESS, adj. (or pitiless.) Cruel, impitoyable.
RUTTIER, subst. (a directory for the knowledge or finding out of courses, whether by sea or land.) Routier, livre qui donne des instructions pour les routes de mer ou les chemins de terre.
† Ruttier, (an old beaten soldier.) Un vieux routier.
RUTTING, sub. (from to rut.) Ex. The rutting time. Rut, le temps où les bêtes fauves sont en amour.
RUTTISH. V. Wanton.
RYE, subst. (a kind of corn.) Seigle; sorte de blé.
Rye bread. Pain de seigle.
Ryegrass, s. Sorte d'herbe propre à faire des prairies artificielles.

S.

S, subst. est la dix-neuvième lettre de l'alphabet anglois, & la quinzième des consonnes.
Elle a quatre sons différens, 1. le son ordinaire, comme dans so, yes; 2. celui de z, comme dans rose; 3. celui de sh (ou de ch françois) comme dans passion (qui se prononce pashun;) 4. celui de zh (ou de j françois) comme dans osier.
Elle a toujours le son naturel au commencement des mots.
Elle l'a aussi à la fin des mots, 1. lorsqu'ils sont terminés en as, excepté les monosyllabes as, has, was, & le pluriel des noms en ea, tels que fleas, pleas, &c.; 2. dans tous les mots finissant en ss, comme faultless, depress, &c.; 3. tous les mots terminés en is, comme this, tennis, excepté le verbe is, & le pronom his, où elle a le son d'un z; 4. tous les mots terminés en us ou ous, comme circus, genius, cutaneous, nauseous; 5. quand dans la même syllabe elle est précédée par une des muettes pures, k, p, t, on th & f, comme locks, caps, hats, baths, scoffs.
Elle a le son d'un z, 1. quand dans la même syllabe elle est précédée par toute autre consonne, excepté les muettes pures

& th & f, comme blabs, beds, begs, bells, dans, &c.; 2. elle a le son d'un z, quand elle termine un mot précédée de la voyelle e, comme riches, series, excepté quand elle est précédée par une muette pure dans la même syllabe, comme dates, cakes, &c.
Elle a le son de sh (ou ch françois) dans les mots terminés en sion, précédés d'une consonne, comme dispersion, emulsion, expansion, &c.
Enfin, celui de zh (ou j françois) dans sion, précédé d'un voyelle, comme dans occasion, cohesion, incision, explosion, confusion; & devant ual, ure, comme dans usual, measure, &c.; & dans tous les mots terminés en sier, comme dans crosier, hosier.
L'S est muette dans les mots où l'S se prononce ai, savoir island, islander, isle, viscount, viscountess, & d'ordinaire on ne la fait presque point sentir dans years, pounds & miles, qui sont les pluriels de year, pound & mile.
S, sub. (an iron-bar like an S, used to strengthen a wall.) Un esse ou S, une ancre.
SABAOTH, subst. pl. Armées, multitude innumerable.
† SABBATARIAN, s. (a rigid observer of

the Sabbath.) Un rigide observateur du Sabbat.
Sabbatarians, (a sort of hereticks, who kept the Jewish Sabbath instead of the Lord's day.) Sabbatarians ou Sabbatarites, hérétiques.
SABBATH, s. (the seventh day of the week, and day of repose among the Jews, which is Saturday among the Christians.) Sabbat, le jour du repos parmi les Juifs, qui est le samedi parmi les Chrétiens.
The Christian Sabbath, (the Lord's day or Sunday.) Le Sabbat des Chrétiens, le jour du Seigneur, le Dimanche.
The Sabbath-day. Le jour du Sabbat.
Sabbath-breaker. Violateur du Sabbat.
Sabbath-breaking. Violation du Sabbat.
SABBATICAL, adj. Sabbatique.
SABBATISM, subst. (the keeping of the Sabbath.) L'observation du Sabbat.
SABELLIANS, s. (a sort of hereticks.) Sabelliens, sorte d'hérétiques.
SABINE, s. Sabine, plante.
SABLE, s. (a beast not unlike a polecat.) La zibeline, martre-zibeline.
Sable, (a dark fur.) Zibeline, peau de zibeline, martre, peau de martre.
Sable, (in heraldry, the black colour.) Sable, en termes de blason, le noir.

SABRE.

SABRE, f. (a kind of cymetar.) Sabre, espece de cimeterre.
SABULOSITY, f. Nature d'un terrain sablonneux.
SABULOUS, adj. Sablonneux.
SACCADE, subst. Saccade, terme de manege.
SACCHARINE, adj. Qui tient de la qualité du sucre.
SACERDOTAL, adj. (or priestly.) Sacerdotal.
SACHEL, f. (small sack.) Sachet.
SACK, f. (or great bag.) Un sac.
A fack, (a measure of wool.) Un sac, mesure de laine, qui contient 364 livres pesant en Angleterre, & 384 en Ecosse.
Sackful. Sachée, plein un sac.
Sackcloth. Sac, haire.
Sackcloth and ashes. Le sac & la cendre.
Sack, Spanish or Canary wine. Vin sec, vin d'Espagne ou des Canaries.
Sack. Espece de robe de femme.
To SACK, v. act. (to plunder, to lay waste.) Saccager, piller.
To sack up. Mettre dans un sac.
SACKBUT, f. (a musical instrument.) Sorte de flûte.
SACKED, adj. (from to sack.) Saccagé, pillé.
SACKER, subst. Celui ou celle qui saccage, qui pille.
SACKING, f. Sac, saccagement, l'action de saccager ou de piller.
The sacking of Troy. Le sac de Troye.
Sacking or Sackcloth, (to make sacks withal.) Toile ou étoffe à faire des facs.
SACRAMENT, f. (a visible sign of an invisible grace.) Sacrement.
The Sacrament or Communion. Le Sacrement, la Communion, la Sainte Cene.
SACRAMENTAL, adj. Sacramentel ou sacramental.
SACRAMENTALLY, adverb. Sacramentallement ou sacramentalement, dans un sens sacramentel, ou d'une maniere sacramentale.
SACRAMENTARIANS, subst. (a name given by the Papists to the Protestans, but chiefly to the Calvinists.) Sacramentaires, nom que les Catholiques donnent aux Protestans, & sur-tout aux Calvinistes.
SACRED, adj. (or holy.) Sacré, saint.
His sacred Majesty. La personne sacrée du Roi.
Sacred, (or inviolable.) Sacré ou inviolable.
She swore by all that is sacred that she would not give him the hearing as long as she lived. Elle jura sur grands dieux, qu'elle ne l'écouteroit de sa vie.
SACREDLY, adv. Saintement, religieusement, d'une maniere sainte & sacrée.
SACREDNESS, f. Sainteté.
The sacredness (or the religion) of an oath. La religion du serment.
SACRIFICATOR, f. Sacrificateur.
SACRIFICE, f. (or offering.) Un sacrifice.
To make (or to offer up) a sacrifice. Faire un sacrifice, sacrifier.
To make one a sacrifice (to quit or abandon him.) Sacrifier quelqu'un, en faire un sacrifice, l'abandonner.
To SACRIFICE, v. act. (to offer up a sacrifice.) Sacrifier, faire un sacrifice.
To sacrifice, (to devour.) Sacrifier, dévorer.

To sacrifice, (to quit or abandon a thing upon certain considerations.) Sacrifier, faire un sacrifice de.
I sacrificed to him all my resentments. Je lui ai fait un sacrifice de tous mes ressentimens, ou je lui ai sacrifié tous mes ressentimens.
Sacrificed, adj. Sacrifié, &c. Voy. to Sacrifice.
SACRIFICER, f. Sacrificateur.
SACRIFICIAL, } adject. De sacrifice,
SACRIFICK, } destiné pour le sacrifice.
SACRIFICING, f. L'action de sacrifier, sacrifice.
SACRILEGE, f. (the robbing of sacred things.) Sacrilege, larcin des choses saintes.
SACRILEGIOUS, adject. (guilty of a sacrilege.) Sacrilege, qui a commis un sacrilege.
A sacrilegious man or woman. Un sacrilege, une sacrilege.
A sacrilegious act. Un sacrilege.
SACRILEGIOUSLY, adv. En sacrilege, d'une maniere sacrilege.
SACRIST, } f. m. (an officer in a ca-
SACRISTAN. } thedral.) Sacristain.
SAD, adject. (sorrowful, melancholy.) Triste, mélancolique, morne; lourd.
Sad, (grievous.) Triste, fâcheux, funeste, touchant, sensible, cruel, qui donne du déplaisir.
It is or 'tis a sad thing. Cela est fâcheux, cela est cruel ou sensible, ou c'est un malheur, c'est une misere.
Sad bread. Du pain qui n'est pas levé.
Sad news. De tristes ou de fâcheuses nouvelles.
A very sad mischance. Un malheur fort touchant.
'Tis sad living without money. Il fait mal vivre sans argent.
He is a sad (or odd kind of) man. C'est un étrange homme, c'est un homme fort bizarre ou d'une etrange humeur.
Sad, (pitiful, sorry, bad,) Mauvais, méchant, pitoyable, pauvre, chétif, miserable, qui fait pitié.
Sad (or wretched) verses. De méchans, de miserables ou de pitoyables vers, des vers qui font pitié.
A sad workman. Un méchant ou pauvre ouvrier.
A sad (michievous) youth. Un méchant garçon, un jeune homme malin ou plein de malice.
Sad (bad or dirty) weather. Vilain temps ou un temps fort sale.
Sad or colour, (dun,) Brun, obscur, qui tire sur le noir.
A sad-coloured cloth. Un drap obscur.
To SADDEN, verb. neut. (to look sad,) Paroître triste, avoir le visage triste.
To sadden, verb. act. Attrister, rendre triste.
SADDLE, subst. Selle, pour un cheval.
† To put the saddle upon the right horse. Donner le blâme à celui qui a tort.
† I am resolved to win the horse or lose the saddle. J'ai résolu de jouer à quitte ou à double.
A saddle-bow. Arçon de selle.
The saddle-tree. Bois de selle.
Saddle-cloth. V. Housing.
A pack-saddle. Un bât.
Saddle backed. Qui a le dos fort large, & pour ainsi dire, propre pour une selle.
Saddle, (a sea-term.) Taquet en forme

de croissant, placé au bout des vergues; pour le passage des boute-hors de bonnettes.
Saddle of the bowsprit. Taquet du beaupré.
To SADDLE, verb. act. Seller, mettre la selle.
† To saddle, (or ride one.) Bâter, faire porter le bât, au figuré.
Ex. Some people are content to be saddled, provided they may ride others. Il y a des gens qui veulent bien endosser le bât, pourvu qu'ils le puissent faire porter à d'autres.
† To saddle one with a thing. Enbâter quelqu'un de quelque chose, la lui mettre sur le dos.
Saddled, adj. Sellé.
SADDLER, f. (a maker of saddles, &c.) Sellier, faiseur de selles.
SADDLING, f. L'action de seller.
SADDUCEES, f. plur. (an heretical sect amongst the ancient Jews.) Saduceens, hérétiques parmi les anciens Juifs.
SADDUCISM, subst. (the heresy of the Sadducees.) L'hérésie des Saduceens.
SADLY, adv. (sion sed, sorruy, pitifully, ill,) Mal, pis, tristement, misérablement.
Sadly, (extremely.) Fort, extrêmement.
To be sadly hurt. Etre fort blessé.
SADNESS, f. (heaviness, melancholy.) Tristesse, mélancolie.
In sober sadness, (seriously.) Sérieusement ou d'un air sérieux.
SAFE, adj. (out of danger.) Sauf, sûr, en sûreté, hors de danger.
To return safe and sound. S'en revenir sain & sauf.
With a safe conscience. En sûreté de conscience.
A safe place. Un lieu sûr, un lieu de sûreté ou d'assurance.
A safe opinion. Une opinion sûre.
A safe remedy. Un remede sûr, innocent, qui n'est point dangereux.
A safe (or trusty) man. Un homme sûr, à qui l'on peut se fier.
Safe, (or happy.) Heureux.
A safe return. Un heureux retour.
I wish you safe home. Je vous souhaite un heureux retour chez vous.
He is come home safe. Il est arrivé heureusement.
This is a good safe way. C'est une bonne voie.
A safe conduct. Un sauf-conduit.
I do not or don't think it safe for us to stay here. Je ne crois pas que nous soyons ici en assurance ou en sûreté.
This is not a place safe enough to talk in, C'n n'est pas ici un lieu où l'on puisse parler avec assez de sûreté ou d'assurance.
Your money will be safe in his hands. Votre argent sera sûrement entre ses mains.
God keep you safe. Dieu vous conserve.
It is not safe travelling. Il y a du danger à voyager.
Safe, subst. (a sort of cup-board.) Un garde-manger.
SAFECONDUCT. V. Safe.
SAFEGUARD, f. (or protection.) Sauvegarde ou protection.
A woman's safeguard, (a kind of coloured stuff apron.) Tablier d'étoffe que les bonnes ménageres portent pour conserver leurs jupes.

SAF SAI SAI SAI SAL

An infant's safeguard. *Linge qu'on met aux petits enfants au maillot, & qui prend de la ceinture en bas.*

SAFELY, *adv.* (without danger.) *Sûrement, avec assurance, sans crainte, sans danger, sans avoir lieu de craindre.*

Safely, (with a safe conscience.) *En sûreté de conscience.*

SAFER, ⎱ *Le premier est le comparatif, & le second le superlatif de* Safe.
SAFEST, ⎰

SAFETY, *s. Sûreté, assurance, salut.*

A place of safety. *Un lieu de sureté, un asyle.*

The safety of the State. *Le salut de l'état.*

SAFFRON, *s.* (a plant.) *Safran.*

Urine of saffron-colour. *Urine safranée, ou jaune comme du safran.*

Saffron-flower. *Crocus, fleur de safran.*

SAGACIOUS, *adject.* (that has a quick nose.) *Qui a le nez fin, qui a le sentiment bon.*

Sagacious, (quick of apprehension.) *Vif, subtil, pénétrant.*

SAGACITY, *s.* (or quick nose.) *Nez fin, sentiment subtil.*

Sagacity, (quickness of apprehension, penetration.) *Sagacité, pénétration d'esprit, perspicacité, subtilité.*

SAGE, *adj.* (wise, grave.) *Sage, prudent, grave.*

Sage, *subst.* (a wise man.) *Un sage, un philosophe.*

Sage, *subst.* (a sweet-smelling plant.) *Sauge, plante.*

Broad sage or great sage. *La grande sauge.*

Sage-royal or common sage. *Sauge franche, petite sauge.*

Sage of generation. *Pulmonaire.*

SAGELY, *adv. Sagement, prudemment.*

SAGENESS, *s.* (wisdom.) *Sagesse.*

SAGGING to leeward, *part. act. Action de dériver ou tomber sous le vent, en naviguant au plus près.*

SAGITTAL, *subst.* (a suture.) *Sagittale, terme d'anatomie.*

SAGITTARY, *s.* (one of the 12 celestial signs.) *Le sagittaire, un des 12 signes célestes.*

SAICK, *s.* (a sea-vessel.) *Saique, sorte de bâtiment grec.*

SAID, *prétérit & participe passé of the verb* to Say.

Ex. Said he. *Dit-il.*

It is or 'tis my fate, and there is no more to be said for him. *C'est mon destin, & c'est tout dire.*

There is something to be said for him. *On peut l'excuser en quelque manière, il est en quelque manière excusable. V. to* Say.

SAIL, *subst. Voile* de navire.

Lateen sails. *Voiles latines.*

Stay sails. *Voiles d'étai.*

Shoulder-of mutton sails. *Voiles auriques.*

Cross jack sail. *Voile quarrée ou voile de fortune d'un sloop ou d'une goëlette.*

Bermudoes sails or boom sails. *Voiles à gui, comme les voiles de bateau à Bermudiens, de goëlette, la grande voile d'un brigantin.*

Lug sails. *Voiles auriques de barques, &c.*

Smack sails. *Voiles à gui des Seniaques, semblables à celles des bateaux Beimadiens.*

Sprit-sail. *Voyez* Sprit.

Studding sails. *Bonnettes.*

Main sail, *Grande voile.*

Fore sail. *Misaine.*

Mizen sail. *Voile d'artimon.*

Top-sails. *Huniers.*

Mizen top-sail. *Perroquet de fougue.*

Sprit-top-sail. *Contre-civadière.*

Gallant-sails. *Perroquets.*

Main-top-gallant sail. *Grand perroquet.*

Main-top-gallant stay sail. *Voile d'étai du grand perroquet.*

Fore stay sail. *Trinquette, tourmentin ou petit foc.*

Fore-top stay sail. *Second foc.*

A sail. *Une voile, un navire ou bâtiment quelconque.*

To set sail. *Mettre à la voile, faire voile, appareiller.*

To be under sail. *Être sous les voiles, se tenir, demeurer sous voiles, faire route.*

To make sail. *Faire de la voile, forcer de voiles.*

To shorten sail. *Diminuer de voiles.*

To strike sail. *Amener les voiles, saluer des voiles.*

In a few days sail (or sailing) they arrived at Goulette. *Après quelques jours de navigation, ils arriverent à la Goulette.*

A fleet of a hundred sail, (or ships.) *Flotte de cent voiles ou de cent vaisseaux.*

The sails of a wind-mill. *Les ailes d'un moulin à vent.*

Sail-maker. *Voilier.*

Sail-yard. *Vergue, antenne.*

To SAIL, *v. neut.* (to set sail.) *Mettre à la voile, partir ou sortir d'un port ou d'une rade.*

To sail, (or be under sail.) *Faire voile, faire route, courir, naviguer.*

To sail northward. *Faire voile, naviguer, faire route, courir ou porter au nord.*

To sail into the main. *Courir en haute mer, courir ou se mettre au large, s'élever, tirer à la mer, alarguer.*

To sail along the coast, (to coast along.) *Ranger la côte, naviguer terre à terre, côtoyer le rivage.*

To sail BACK. *Relâcher.*

SAILER, ⎱ *s.* (or sea-man.) *Marinier, matelot, navigateur.*
SAILOR, ⎰

A very good sailer, (or a ship that sails well.) *Un vaisseau fin de voiles, un excellent voilier, un vaisseau léger à la voile.*

A bad sailer. *Vaisseau pesant de voiles, un mauvais voilier.*

SAILING, *subst. Navigation.*

Sailing, *part. act. & subst. Action de naviguer, d'être à la voile, de faire voile, cingler ou faire route.*

Order of sailing. *Ordre de marche.*

Plain sailing. *Méthode de naviguer sur la carte plane.*

Mercator's sailing. *Méthode de naviguer sur la carte de Mercator ou sur la carte réduite, &c.*

SAINFOIN, *sub.* (a kind of grass, otherwise called holy-grass, meadle-fodder Spanish tresoil, iresil or horned clover-grass.) *Sainfoin, herbe.*

SAINT, *subst.* (a holy person.) *Saint, sainte.*

St. Peter. *S. Pierre.*

St. Ann. *Ste. Anne.*

The Saints in heaven. *Les Saints triomphants, les bienheureux.*

Saint Anthony's fire, (a disease growing to a scab like a tetter.) *Feu Saint-Antoine.*

All-saints day. *La Toussaint.*

To SAINT, *verb. act.* (or canonize.) *Canoniser.*

To Saint it, *verb. neut. Faire le dévot.*

Sainted, *adj. Canonisé.*

SAINTLY, *adv. Saintement.*

SAINTSHIP, *s. Qualité de saint.*

SAKE, *subst.* (account, consideration.) *Amour, considération, égard.*

For God's sake. *Pour l'amour de Dieu.*

For my sake. *Pour l'amour de moi, à ma considération.*

For peace sake. *Pour avoir la paix.*

For brevity's sake. *Pour être court.*

Beasts are bred for men's sake. *Les bêtes sont créées pour l'usage de l'homme.*

He is my name's-sake. *Il a même nom que moi.*

SAKER, *subst.* (a saker-hawk.) *Sacre, oiseau de proie.*

Saker, the saker-gun. *Sorte de canon de muraille.*

SAL. *V.* Salt.

SALACIOUS, *adj.* (full of lust.) *Chaud, chaud en amour, lubrique.*

SALACITY, *subst.* (lust or wantonness.) *Chaleur, amour, lubricité.*

SALAD. *V. Sallet.*

SALAMANDER, *s.* (a fabulous creature supposed to live in the fire.) *Salamandre.*

SALAMANDRINE, *adj. De Salamandre.*

SALARY, *subst.* (a stipend or allowance of wages.) *Salaire, gages, appointements.*

SALE, *s.* (from to sell.) *Vente.*

Sale by inch of candle. *Vente à l'encan.*

SALEABLE, *adj.* (that sells well.) *De bon débit ou qui se vend bien.*

Saleable, (marketable.) *Bien conditionné.*

SALESMAN, *s.* (he that sells live cattle.) *Marchand de bétail.*

Salesman, (one that sells new clothes ready made.) *Fripier faisant la cour.*

SALIANT, *adj. Saillant, terme de blason.*

SALICK, ⎱ *adj. Salique.*
SALIQUE, ⎰

Ex. The salique law, (a French law which excluded females from the crown.) *La loi salique.*

The salique land, (France, or the land about it.) *Le pays où la loi salique avoit lieu, la* France.

SALIENT, *adj. Qui saute, qui s'élève, jaillissant.*

SALINE, ⎱ *adj. Salin.*
SALINOUS, ⎰

Saline blood. *Un sang salin.*

SALIVA, *s. Salive.*

SALIVAL, ⎱ *adj.* (belonging to the spittle.) *Salivaire, terme d'anatomie.*
SALIVARY, ⎰

To SALIVATE, *verb. neut.* (or to flux.) *Saliver.*

To Salivate, *verb. act. Donner le flux de bouche.*

Salivated, *adj. A qui l'on a donné le flux de bouche.*

SALIVATION, *subst. Salivation, flux de bouche.*

SALLET, *s. Une salade.*

Sallet-dish. *Saladier.*

Sallet-oil. *Huile d'olive.*

Sallet-parsley, (an herb.) *Berle, sorte d'herbe.*

SALLETING, *s. Herbes dont on fait des salades.*

SALLIED. *V.* to Sally.

SALLIES. *V.* Sa'y.

SALLOW, *adj.* (pale.) *Pâle.*

SALLOW-TREE,

SAL

SALLOW-TREE, *subst.* (or willow-tree.) *Saule, sorte d'arbre.*
SALLY, *s.* (an irruption of the besieged upon the besiegers.) *Sortie de troupes d'une ville assiégée pour insulter les assiégeans.*
Sally, (or transport of a passion.) *Saillie, fougue, transport de quelque passion, emportement, boutade, échappée.*
To SALLY out or to sally forth, *verb. neut.* *Faire une sortie.*
SALMAGUNDI, *subst.* (an Italian dish.) *Salmigondis, plat à l'Italienne.*
SALMON, *s.* (a sea-fish.) *Saumon.*
A salmon trout. *Truite saumonée.*
Salmon-pipe. *Machine pour prendre des saumons,* &c.
Salmon-fewfe, (the young fry of salmons.) *Du frai de saumon.*
SALOON, *s.* (a great parlour.) *Salon.*
SALSIFY, *s.* (a plant.) *Salsifix.*
SALSUGINOUS. *V.* Saltish.
SALT, *s. Sel.*
Salt-made of sea-water. *Le sel marin.*
Bay-salt. *Du sel gris.*
A salt or salt-cellar. *Une salière.*
A salt-box, (for a kitchen.) *Une boîte à sel, une saunière.*
A salt-tub. *Un saloir.*
SALT, *adj.* (or salted.) *Salé, saupoudré.*
Salt-beef. *Du bœuf salé.*
Salt meat or fish. *Saline.*
A salt (or a proud) bitch. *Une chienne qui est en chaleur ou en amour.*
A salt march or salt-pit. *Un marais salant, une saline.*
A salt-maker. *Saunier.*
Salt making. *L'art de faire du sel.*
Salt-house, (a house wherein salt is made.) *Saline ou saunerie.*
A salt-spring. *Une fontaine d'eau salée.*
A salt-shop. *Boutique où l'on vend du sel.*
A salt-man. *Un saunier, un vendeur de sel.*
Salt-petre. *V.* Saltpetre, *dans l'ordre alphabétique.*
SALTCELLAR, *s. Salière.*
To SALT, *verb. act. Saler, assaisonner avec du sel.*
Salted, *adj. Salé.*
SALTATION, *s.* (dancing or jumping; a beat.) *L'action de danser ou de sauter; battement.*
SALTER, *s. Saunier, vendeur de sel.*
SALTERN, *s. Saline.*
SALTIER, *adj.* (a term used in heraldry.) *Ex.* A saltier cross. *Croix de S. André.*
SALTINBANCO, *subst.* (quack.) *Saltimbanque.*
SALTING, *s.* L'action de saler.
A salting (or pickling) tub. *Un saloir.*
SALTISH, *adj. Un peu salé.*
SALTLESS, *adj. Qui n'a aucun goût de sel, fade.*
SALTNESS, *s. Salure.*
SALTPETRE, *subst.* (a kind of salt.) *Salpêtre.*
A saltpetre-house. *Salpêtrière.*
A saltpetre-man or saltpetre-maker. *Salpêtrier.*
SALVAGE, *s.* (the saving or preserving goods out of a wreck.) *Sauvetage, sauvement.*
Salvage-money. *Salvage.*
SALVATION, *subst. Salut, félicité éternelle.*
He denies it upon his salvation, *Il le nie sur sa damnation.*
That brings salvation. *Salutaire.*
SALUBRIOUS, *adject.* (or wholesome.) *Salubre, sain.*

SAL SAN

SALUBRITY, *s.* Qualité de ce qui est salubre; *salubrité.*
SALVE, *subst.* (or ointment.) *Onguent, remède.*
An eye - salve. *Un onguent propre pour les yeux.*
A salve for all sores. *Un remède à toutes fortes de maux.*
To SALVE, *verb. act.* (or save.) *Sauver.*
To salve appearances. *Sauver les apparences.*
To salve the matter, (or to come off well.) *Se bien tirer d'affaire.*
Salved, *adj. Sauvé.*
SALVER, *s.* (one that salves a ship or her goods.) *Celui qui a sauvé un vaisseau ou ses marchandises.*
Salver, (a piece of plate so called.) *Une soucoupe, un plateau.*
SALVING, *s. L'action de sauver.*
SALVO, *s.* (or exception.) *Exception ou correctif.*
Salvo, (or come off.) *Echappatoire.*
To find a salvo for every objection. *Trouver une réponse à chaque objection,* † *trouver à chaque trou une cheville.*
SALUTARY, *adj.* (wholesome.) *Salutaire, sain.*
SALUTATION, *subst.* (or greeting.) *Salutation, action de saluer, * saluade.*
SALUTE, *s.* (an outward mark of civility.) *Salut.*
To give a salute. *Saluer, honorer du salut.*
Salute, (or kiss.) *Un baiser.*
To SALUTE, *verb. act. Saluer.*
To salute, (or kiss.) *Saluer, baiser, donner un baiser.*
Saluted, *adj. Salué,* &c.
SALUTER, *s. Celui ou celle qui salue.*
SALUTIFEROUS, *adj. Salutaire.*
SALUTING, *s. L'action de saluer,* &c.
V. to Salute.
SAME, *adj. Même.*
At the same time. *Au même temps.*
In the same place. *Au même endroit.*
The same is it with me. *C'en est de même de moi, j'en suis-là.*
We continue in health, I hope you do the same. *Nous nous portons toujours bien, j'espère qu'il en est de même à votre égard.*
In one and the same syllable. *Dans la même syllabe.*
It is the very same. *C'est le même.*
R. Same, *se met quelquefois au lieu du pronom* it.
Ex. The same is a stately palace. *C'est un superbe palais.*
For the punctual performance of the same. *Pour s'en acquitter comme il faut.*
SAMENESS, *s. Identité.*
SAMLET, *s.* (little salmon.) *Saumonneau.*
SAMPHIRE, *s.* (a sea-plant.) *Crête marine ou fenouil marin, plante.*
SAMPLAR, *subst.* (a corruption of the Latin *exemplar,* a pattern or model.) *Un exemple, un patron, un modèle.*
SAMPLE, *s.* (sample of any commodity.) *Montre de quelque marchandise.*
SAMPLER. *V.* Samplar.
SAMSON'S POST, *subst. comp. Epontille des écoutilles,* servant d'échelle pour descendre dans la cale.
SANABLE, *adj. Qui peut être guéri.*
SANATION, *subst. Cure, l'action de guérir.*
SANATIVE, *adj.* (healing.) *Qui guérit, qui consolide les plaies, &c.*

SAN

SANCE-BELL, *s.* (a little bell formerly used in Churches.) *Sorte de petite cloche qu'on sonnoit autrefois pendant le service divin.*
SANCTIFICATION, *sub. Sanctification, consécration.*
SANCTIFIER, *s. Celui qui sanctifie.*
To SANCTIFY, *verb. act.* (to make holy.) *Sanctifier, rendre saint, donner la sainteté.*
Sanctified, *adj. Sanctifié.*
SANCTIFYING, *s. Sanctification, l'action de sanctifier.*
SANCTIMONIOUS, *adj.* (holy.) *Saint.*
SANCTIMONY, *s. Sainteté.*
SANCTION, *s.* (or decree.) *Sanction, ordonnance, règlement sur les affaires ecclésiastiques.*
The pragmatical sanction. *La pragmatique sanction, la pragmatique.*
Sanction, (or confirmation, settlement.) *Confirmation, affermissement, établissement.*
The laws of Christianity have the firmest sanction of any laws in the world. *Les loix du Christianisme sont établies sur les fondemens les plus fermes qu'aucunes loix puissent avoir.*
SANCTITY, *s.* (holiness.) *Sainteté.*
An outward shew of sanctity. *Un extérieur de sainteté.*
SANCTUARY, *s.* (the most holy place in the tabernacle.) *Le sanctuaire.*
Sanctuary, (or Church.) *Sanctuaire, Eglise.*
Sanctuary, (or refuge.) *Asyle, refuge, lieu de sûreté.*
There he took sanctuary. *C'est - là son asyle, c'est-là qu'il s'est réfugié.*
No man takes sanctuary in falsehoods, who has truth on his side. *On ne recourt pas au mensonge quand on a la vérité de son côté.*
SAND, *s. Sable, arena* : ce dernier mot est plus de la poésie que de la prose.
Sand, (small sand.) *Sablon.*
To scour the pewter with sand. *Sablonner l'étain, le nettoyer avec du sablon.*
Sands, (a shelf of sand, in the sea.) *Banc de sable.*
Sand-box. *Poudrier.*
Sand-pit. *Sablonnière.*
Sand-gavel, (a payment for liberty to dig sand.) *Droit que l'on paye au Seigneur de la terre pour avoir la liberté de prendre du sable.*
Sand-blind or pur-blind. *Qui a la vue basse ou courte.*
SANDAL, *s.* (a sort of old fashioned flat shoe, the uppermost part whereof is open.) *Sandale.*
A sandal-maker. *Faiseur de sandales.*
Sandal. *V.* Sanders.
SANDARACK, *s.* (the best red arsenick or orpine.) *Sandaraque, espèce d'arsenic ou d'orpiment.*
Sandarack, (a sort of gum, otherwise called varnish.) *Sandaraque, vernis, gomme de genevrier.*
SANDED, *adj. Sablonneux.*
SANDERS, *s.* (a precious sort of Indian wood.) *Sandal, sorte de bois.*
SANDEVER, *sub.* (a very white salt.) *Suint de verre.*
SANDING, *s.* (a sea fish.) *Barbue, poisson de mer.*
SANDISH, *adject. Qui tient de la nature du sable.*
SANDY, *adject.* (full of sand.) *Sablonneux, plein de sablon.*

Sandy,

Sandy, (red or red-haired.) Roux.
Sandy hair. Des cheveux roux, des cheveux ardens.
A Sandy pig. Un cochon roux.
SANE, adj. Sain.
SANG, preter. of to Sing.
SANGUIFICATION, f. (the turning of the nourishment into blood.) Sanguification.
SANGUINARY, adj. (bloody or cruel.) Sanguinaire, cruel, qui aime le sang, qui se plait à répandre le sang humain, meurtrier.
SANGUINE, adj. (blood-red.) Sanguin, de couleur de sang.
Sanguine, (full of blood or in whom blood predominates.) Sanguin, qui a beaucoup de sang, ardent, chaud.
Sanguine, f. (one of a sanguine complexion.) Un sanguin.
The south-sea project has succeeded even beyond what the most sanguine could expect or even beyond the expectation of the most sanguine. Le projet de la compagnie du Sud a eu des succès supérieurs à ce que la confiance la plus hardie en pouvoit attendre.
SANGUINENESS,
SANGUINITY, } subst. Audace, confiance, présomption.
SANGUINEOUS, adject. (full blood of.) Plein de sang.
SANHEDRIM,
SANHEDRIN, } f. (the supreme Court of justice among the ancient Jews.) Sanhédrin, Cour de justice parmi les anciens Juifs.
SANICLE, sub. (or self-heal, an herb.) Sanicle, herbe.
SANIES, f. Sanie, terme de Chirurgie.
SANIOUS, adject. Sanieux, terme de Chirurgie.
SANITY, f. (or health.) Santé.
SAP, f. (the juice of trees.) Seve.
The trees are in sap. Les arbres sont en seve.
Sap, (the white part of a tree, betwixt the bark and the wood.) Aubier.
Sap, (a term of engineering.) Sappe.
To SAP, verb. act. (or undermine) a wall. Sapper une muraille.
To sap, verb. neut. Se glisser.
SAPHICK, adj. Saphique.
Saphick verses. Des vers saphiques.
SAPID. V. Tasteful.
SAPIDNESS. V. Tastefulness.
SAPIENCE, subst. (or wisdom.) Sagesse, prudence.
SAPLESS, adj. Qui n'a point de seve, sec.
SAPLING, subst. (or young tree.) Jeune arbre.
SAPONACEOUS,
SAPONARY, } V. Sopy.
SAPOR, f. (taste.) Saveur, goût.
SAPPED, adj. Sappé.
SAPPHIRE, sub. (a precious stone.) Saphir, pierre précieuse.
SAPPY, adj. (or full of sap.) Plein de seve.
SARABAND, f. (a dance.) Sarabande, danse.
SARCASM, subst. (a biting or nipping jest.) Sarcasme, satyre, raillerie piquante, maligne, forte ou sanglante.
SARCASTICAL,
SARCASTICK, } adject. (biting.) Satyrique, piquant, malin, fort, sanglant.
SARCASTICALLY, adv. D'une maniere satyrique.

To SARCLE, verb. act. (to weed.) Sarcler.
SARCLING, adj. Ex. Sarcling (or weeding) time. Le temps auquel on sarcle les blés.
SACOCELE, f. (excrescence of the testicles.) Sarcocèle.
SARCOMA, f. (a fleshy excrescence.) Sarcome.
SARCOPHAGOUS, adject. (feeding on flesh.) Sarcophage.
SARCOTICK, adj. & subst. Sarcotique, terme de médecine.
SARDIN, subst. (a little sea-fish.) Une sardine.
SARDIUS, SARDONYX or SARDONIAN STONE, f. (a precious stone.) Sardoine, pierre précieuse.
SARP-CLOTH, f. (canvas to wrap up wares in.) Serpillière.
SARPLAR, f. (a pocket or a half-sack.) Un demi-sac.
A sarplar of wool. Un demi-sac de laine.
SARPLIER. V. Sarp-cloth.
SARSE, f. bst. Tamis.
To SARSE, v. act. Tamiser.
SARSENET, sub. (a slight sort of silk.) Tafferas, du plus bas prix.
SARSING, f. L'action de tamiser.
SASH, f. (or girdle.) Une ceinture.
Sash-window. Fenêtre à chassis.
SASHOON, subst. (leather put under a boot, about the small of the leg.) Cuir que l'on porte sous la botte au bas de la jambe.
SASSAFRAS, f. (a tree that grows in Florida.) Sassafras, arbre qui croît dans la Floride.
SASSE, subst. (a lock of a river, a flood gate or a sluice.) Une bonde, une écluse.
SAT, preterit du verbe to Sit.
SATAN, f. (the devil.) Satan, le diable, le démon.
SATANICAL,
SATANICK, } adject. (devilish.) Diabolique, de satan.
SATCHEL, f. (or bag.) Un sachet, un petit sac.
SATED, adj. (or glutted.) Soûl, rassasié. Sated with meat or drink. Qui a mangé ou bu tout son soûl.
SATELLITE, f. (a serjeant or yeoman of the guard.) Satellite.
The satellites of Jupiter, (four little stars that are near that planet.) Les satellites ou les gardes de Jupiter.
To SATIATE, verb. act (to satisfy or glut.) Rassasier, souler, dans le propre; assouvir, contenter, satisfaire, dans le figuré.
Satiated, adject. Rassasié, soûlé, assouvi, &c.
SATIATING, subst. L'action de rassasier, de souler, d'assouvir, &c. Voyez to Satiate.
SATIETY, f. (or fulness.) Satiété, assouvissement, réplétion qui va jusqu'au dégoût.
SATIN, f. (a sort of shining silk.) Satin, étoffe de soie.
Satin-riband. Ruban satiné.
SATIRE, subst. (a poem or discourse to inveigh against vice, &c.) Une satyre, discours en prose ou en vers pour censurer les vices, &c.
SATIRICAL, adj. Satyrique, mordant, piquant, médisant.
SATIRICALLY, adverb. Satyriquement, d'une maniere satyrique & mordante.

SATIRIST, subst. (a writer of satires.) Poete ou écrivain satyrique.
To SATIRIZE, v. neut. Satyriser, railler d'une maniere satyrique.
SATISFACTION, sub. (or content.) Satisfaction, joie, contentement.
Satisfaction, (or amends.) Satisfaction, raison, réparation.
She has full satisfaction (she is sufficiently revenged) for the wrong done her. Elle est bien vengée des injures qu'on lui a faites.
SATISFACTORILY, adv. D'une maniere satisfaisante.
SATISFACTORY, adj. (sufficient to satisfy.) Satisfaisant, satisfactoire, qui suffit ou qui satisfait.
The death of our Saviour is satisfactory. La mort de Notre Sauveur est satisfactoire.
A satisfactory reason. Une raison satisfaisante.
SATISFIED. V. to Satisfy.
To SATISFY, v. act. (to fill with meat.) Rassasier, souler.
To satisfy, (to content.) Satisfaire, contenter.
To satisfy (or satiate) one's lust. Assouvir sa convoitise.
To satisfy (or indulge) a passion. Satisfaire ou contenter une passion, s'y laisser aller, s'y abandonner.
To satisfy, (or to pay.) Satisfaire; payer.
To satisfy, (to convince.) Convaincre; faire voir.
Satisfied, adj. Rassasié, soûlé, &c. V. to Satisfy.
Satisfied, (contented or pleased.) Satisfait, content.
I am not satisfied with him. Je ne suis pas content de lui.
I am not satisfied whether it be so or not. Je ne suis pas assuré si cela est vrai ou non.
I am not satisfied with your reasons. Vos raisons ne me satisfont pas.
Rest yourself satisfied as to that, never trouble yourself about it. Mettez-vous l'esprit en repos de ce côté-là, que cela ne vous embarrasse pas.
He was satisfied, (he made no reply.) Il se le tint pour dit.
I am satisfied, (I stand corrected.) Je me le tiens pour dit.
You ought to be satisfied that I warned you before. Il vous doit suffire que je vous aye averti auparavant.
SATISFYING, subst. L'action de satisfaire, &c.
Satisfying, adj. V. Satisfactory.
SATRAP, f. (the Governor of a Persian province.) Un Satrape.
SATURABLE, adject. Qui peut être rassasié.
To SATURATE, v. act. (to fill, to cause saturity.) Rassasier, souler; saturer, terme de chimie.
Saturated, adj. Soûlé, soûl.
SATURDAY, subst. (the last day of the week.) Samedi.
SATURITY, f. (or satiety.) Satiété.
To feed to saturity. Se rassasier, se souler.
SATURN, f. (the highest of the planets.) Saturne.
Saturn, (or lead, among chymists.) Saturne ou plomb.
Saturn. V. Senter.
SATURNALS, f. (the feast of Saturn, among

among the ancient *Romans*.) *Saturnales.*
SATURNIAN, }
SATURNINE, } *adject.* (dull or melancholy.) *Sombre, mélancolique, triste, taciturne, sournois.*
A saturnine man. *Un esprit saturnien ou mélancolique, un sournois.*
SATYR, *subst.* (a fabulous demi-god, half man, half goat.) *Satyre, demidieu fabuleux, moitié homme, moitié bouc.*
SATYRIASIS, *sub.* Satyriasis, terme de médecine.
SATYRION, *s.* (or standle-wort, an herb.) *Satyrion,* herbe.
SAVAGE, *adj.* (or wild.) *Sauvage, farouche.*
Savage, *f. Un sauvage.*
A female savage. *Une sauvage.*
SAVAGELY, *adv. Cruellement, en sauvage.*
SAVAGENESS, }
SAVAGERY, } *f. Humeur ou naturel sauvage, férocité.*
SAVAGES, *subst. pl.* (or wild people in *America.*) *Les sauvages de l'Amérique.*
SAVANNA, *f.* (open meadow.) *Savane, prairie découverte & sans bois.*
SAUCE, *f.* Sauce.
To dip in the sauce. *Tremper dans la sauce, saucer.*
A sauce-pan. *Un poëlon à faire des sauces.*
† A sauce box, (or impudent fellow.) *Un effronté, un insolent, un arrogant, un impudent.*
P. To have sweet meat and sour sauce. *Avoir du bien & du mal.*
† To give one sweet meat and four sauce. *Faire du bien & du mal à quelqu'un, mêler le bien qu'on lui fait de quelque chose de fâcheux.*
† I will serve him the same sauce. *Je lui rendrai les poires au fou.*
† It will cost him sauce. *Cela lui coûtera cher, cela lui coûtera bon.*
To SAUCE, *v. act. Assaisonner.*
Sauced, *adj. Assaisonné.*
Meat well sauced. *Viande bien assaisonnée.*
SAUCER, *subst. Une saucière, une soucoupe.*
† Saucer-eyed, (that has large eyes.) *Qui a des yeux de bœuf ou de grands yeux.*
Saucer, (at sea.) *Ecuelle de cabestan.*
Saucer-headed bolt. *Chevilles à tête ronde & plate.*
SAUCILY, *adj. Effrontement, impudemment, arrogamment, insolemment, avec effronterie, impudence, arrogance ou insolence.*
To carry one's self saucily. *Faire l'insolent ou l'arrogant, avoir de l'effronterie.*
SAUCINESS, *f. Effronterie, impudence, arrogance, insolence.*
SAUCISSE, *f.* (in gunnery.) *Saucisse.*
SAUCY, *adj.* (impertinent, malapert.) *Effronté, impudent, arrogant, insolent.*
A saucy man, *Un effronté, un impudent, un arrogant, un insolent.*
A saucy woman. *Une effrontée, une impudente, une arrogante, une insolente.*
To give one a saucy answer. *Répondre arrogamment ou insolemment à quelqu'un.*
SAVE, *prép.* (except, but.) *Hormis, excepté.*

All save (or except) him. *Tous hormis ou excepté lui.*
The last save one, (or but one.) *Le dernier moins un, le pénultième.*
Save, *adv. Hormis, sinon.*
Save that. *Hormis que.*
Save only to you. *Sinon à vous.*
To SAVE, *v. act.* (to deliver.) *Sauver, délivrer, garantir, tirer du péril, mettre en sûreté.*
I saved his life. *Je lui ai sauvé la vie.*
To save one from the gallows. *Sauver la corde ou la potence à quelqu'un.*
To save, (or lay up.) *Réserver, garder, épargner.*
To save, (or to spare.) *Sauver, épargner.*
That will save me charges. *Cela me sauvera de la dépense.*
I will save you that labour. *Je vous épargnerai ou je vous sauverai cette peine.*
To save one's longing. *Faire passer l'envie de quelque chose à quelqu'un, contenter son envie.*
I saved the poor fellow a sound whipping. *J'empêchai ce misérable d'être fouetté.*
To save (or prevent) quarrels. *Prévenir ou empêcher une querelle.*
God save the King. *Vive le Roi.*
God save him. *Dieu le conserve ou le préserve, Dieu le garde de mal.*
To save time. *Pour ne point perdre de temps.*
To save one harmless, (to indemnify him.) *Indemniser, garantir ou dédommager quelqu'un.*
SAVEALL, *subst. Un binet.*
To make use of a saveall. *Faire binet.*
SAVED, *adj. Sauvé, &c. V.* to Save.
P. A penny saved is a penny got. *Un sou épargné est un sou gagné.*
SAVER, *f. Un économe, un bon ménager.*
SAVIN, *f.* (a shrub.) *Savinier, arbrisseau.*
SAVING, *f.* (from to save.) *L'action de sauver, &c. Voy.* to Save.
For the saving (or salvation) of our souls. *Pour le salut de nos ames.*
The finest way of saving is from mouth-expenses. *La plus belle de toutes les épargnes, est celle de la bouche.*
A saving, (a salve or exception.) *Une exception.*
We must yield to the times, but with a saving still to honour and conscience. *Nous devons céder au temps, pourvu toutefois que cela n'intéresse ni l'honneur ni la conscience.*
Saving, *adj.* (that saves.) *Salutaire, qui sauve.*
A saving faith. *Une foi salutaire ou qui sauve.*
Saving, (or thrifty.) *Ménager, épargnant, économe.*
To be saving. *User d'épargne, être bon ménager.*
SAVINGLY, *adv.* (or sparingly.) *Frugalement, avec frugalité, avec épargne.*
SAVINGNESS, *f.* (sparingness.) *Epargne, frugalité, ménage, économie.*
SAVIOUR, *f. Sauveur, libérateur.*
Our Saviour Jesus-Christ. *Notre Sauveur Jésus-Christ.*
He is the saviour of his country. *Il est le libérateur de sa patrie.*
SAUNDERS. *Voy.* Sanders.
To SAUNTER about, *v. n.* (to go idling up and down.) *Battre le pavé, courir les rues, comme une personne qui n'a rien à faire.*

SAVONET, *f.* (or wash-ball.) *Savonnette.*
SAVORY, *f. Sarriette,* plante.
SAVOUR, *f.* (taste.) *Saveur, goût.*
Savour, (scent or smell.) *Senteur, odeur.*
P. Something has some savour. P. *Encore vaut-il mieux quelque chose que rien.*
To SAVOUR, *v. act.* (to taste or relish.) *Savourer, goûter.*
To savour, *v. n.* (to taste.) *Avoir quelque goût.*
To savour, (or smell.) *Sentir.*
To savour, (to have something of, to be like.) *Sentir, avoir les qualités, les manières, l'air, l'apparence de.*
That opinion savours of heresy. *Cette opinion sent l'hérésie.*
SAVOURINESS. *Voy.* Savour.
SAVOURILY, *adv. Savoureusement, avec plaisir, de bon appétit.*
SAVOURY, *adj.* (that has a good savour.) *Savoureux, qui a de la saveur.*
Savoury (or delicious) kisses. *Des baisers savoureux ou délicieux.*
SAVOY, *f.* (a sort of cabbage.) *Chou de Savoie.*
SAUSAGE, *subst. Saucisse.*
A Bolonia sausage. *Saucisson de Boulogne.*
SAW, *f.* (a tool to saw with.) *Scie.*
A hand-saw. *Une scie à main.*
Saw-dust. *Sciure.*
Two hand saw. *Scie de travers ou tareau.*
Whip saw. *Scie à main ou harpon.*
Hack saw. *Scie suite d'une vieille faux, pour couper les bouts des chevilles.*
Saw-fish. *Scie, poisson de mer monstrueux.*
* An old saw, (for an old saying.) *Un vieux proverbe.*
Saw, *prétérit du verbe* to See.
To SAW, *v. act. Scier.*
Sawed, *adj. Scié.*
SAWING, *f. L'action de scier.*
SAWYER, *subst. Un scieur.*
SAXIFRAGE, *subst.* (or stone-break, an herb.) *Saxifrage,* herbe.
Red saxifrage. *Filipendule.*
SAY, *f.* (a thin sort of silk stuff.) *Sorte d'étoffe de soie.*
A say, (or sample, used by contraction from assay.) *Une montre. V. Sample,*
He had no sooner said out his say, (or what he had to say.) *D'abord qu'il eut achevé son discours, d'abord qu'il eut dit ce qu'il avoit à dire.*
To SAY, *verb. act. Dire.*
He has something to say. *Il a quelque chose à dire.*
They say so, so they say. *On le dit.*
All he could say for himself. *Toute la raison que j'eus de lui.*
What can he say for himself? *Qu'a-t-il à dire ou à alléguer pour sa justification?*
That is to say. *C'est à-dire.*
My father was a great man, and though I say it that should not say it, I myself take after him. *Mon père étoit un grand homme, & sans vanité ou & sans me vanter, j'ose dire que je tiens de lui.*
To say one's lesson, to say it without book. *Dire, réciter sa leçon.*
To say Mass. *Dire la Messe.*
To say one's prayers. *Dire ses prières; prier Dieu.*
He said not a word of his adventure. *Il ne souffla pas le mot de son aventure.*
To say OVER one's beads. *Dire son chapelet.*

To say over AGAIN. *Redire, répéter, dire une seconde fois.*
Say you so? *Est-ce ainsi tout de bon?*
SAYING, *subst. L'action de dire.*
For my saying so. *Pour avoir dit cela.*
A fine saying, (or sentence.) *Une belle sentence.*
A common (or old) saying. *Un dire commun, un dicton, un proverbe.*
A true saying. *Une vérité.*
SCAd, *s.* (or itch.) *La gale ou la rogne.*
The scab of an ulcer or sore. *La croûte d'un ulcere, une gale.*
SCABADO, *s.* (or the scab.) *La gale ou rogne.*
SCABBARD, *subst. Un fourreau.*
The scabbard of a sword. *Le fourreau d'une épée.*
A scabbard-maker. *Un faiseur de fourreaux.*
A Printer's scabbard. *Un feuillet d'Imprimeur.*
SCABBED, } *adj.* (from scab.) *Galeux.*
SCABBY, }
P. One scabbed sheep infects a whole flock. *Il ne faut qu'une brebis galeuse pour infecter tout le troupeau.*
SCABBEDNESS, }
SCABBINESS, } *subst. Etat de ce qui est galeux.*
SCABIOUS, *adj. Voy.* Itchy.
SCABIOUS, *subst.* (an herb.) *Scabieuse, herbe.*
SCABROUS, *adj.* (rough, uneven.) *Scabreux, rude, raboteux.*
A scabrous verse. *Un vers rude ou dur.*
SCAFFOLD, *subst. Un échafaud.*
To SCAFFOLD, *v. act. Echafauder.*
SCAFFOLDING, *subst. Echafaudage.*
A scaffolding hole. *Un boulin.*
SCALADE, }
SCALADO, } *sub.* (or scaling, from the verb to scale.) *Escalade.*
To SCALD, *v. act. Echauder.*
Scalded, *adj. Echaudé.*
Scald, or scald head. *subst. Teigne. Voy.* Scall.
SCALDING, *s. L'action d'échauder.*
Scalding, *adject.* A butcher's scalding-house. *Un échaudoir de boucher, une tuerie.*
Scalding hot. *Bouillant, tout bouillant.*
SCALE, *subst.* (the covering of a fish.) *Ecaille de poisson.*
The scale of a map, &c. *L'échelle d'une carte géographique, &c.*
Scale of musick, (or gamut.) *La game, en termes de musique.*
Scales on the head. *Crasse de tête.*
Scales, (that fall from hot iron when it is beaten.) *Les étincelles ou bluettes de feu qui sortent du fer chaud quand on le bat.*
A scale (or bason) of a balance. *Le plat ou le bassin d'une balance.*
A pair of scales. *Des balances.*
The scale (or handle) of a razor. *La chasse d'un rasoir.*
To SCALE a fish, *v. act. Ecailler un poisson, lui ôter les écailles.*
To scale the walls of a town. *Escalader les murailles d'une ville, monter à l'escalade.*
To scale the guns. *Souffler les canons.*
Scaled, *adject. Ecaillé, escaladé, &c.*
SCALENE, *subst. Scalene, terme de géométrie.*
SCALING, *s. L'action d'écailler, ou escalade, l'action d'escalader.*
Scaling-ladders, *Echelles de siege.*

SCALL, *s.* (or scurf on the head.) *Teigne.*
Scall-pated or scalled, *adj. Teigneux, qui a la teigne ou couvert de teigne.*
A scalled head or scald head. *Une tête teigneuse.*
SCALLION, *subst. Ciboule.*
SCALLOP, *subst. Pétoncle, coquillage.*
To SCALLOP, *v. act. Denteler. Voy.* to Scollop.
SCALP, *s.* (the skin that covers all the skull.) *Le péricrane.*
To SCALP, *v. act.* (to cut as the Indians do with pen-knives.) *Balaffrer, faire des balaffres.*
To scalp. *Enlever le péricrane.*
SCALPEL, *subst. Scalpel*, instrument de Chirurgien.
SCALPING, *adj. Ex.* A scalping-iron or a scalp, *subst.* (a surgeon's instrument.) *Un bistouri, instrument de Chirurgien.*
SCALY, *adj.* (or full of scales.) *Ecaillé, écailleux, couvert d'écailles.*
A scaly fish. *Poisson écaillé.*
SCAMBLE, *s. Turbulence ; dissipation.*
To make a scamble of one's meat. *Manger une partie de la viande & jeter ou écarter le reste.*
To SCAMBLE, }
To SCAMBLE AWAY, } *v. act. Mêler, brouiller, consumer mal-à-propos. V.* to Scramble.
To scamble for a thing. *Voy.* to Scramble
Scambled or scambled away, *adj. Dissipé, &c. Voy.* to Scramble.
SCAMBLING, }
SCAMBLING AWAY, } *subst. Dissipation, l'action de dissiper ou de prodiguer. Voy.* Scrambling.
Scambling for a thing. *V.* Scrambling.
Scambling, *adj.* (for straggling.) *Ex.* A scambling town. *Une ville qui n'est pas ramassée, où les bâtiments sont écartés les uns des autres, une villasse.*
A hamlet is a small number of little scambling country houses. *Un hameau est un petit nombre de maisons champêtres écartées les unes des autres.*
To lead a scambling (vagrant or uncertain) life. *Mener une vie vagabonde ou déréglée.*
SCAMBLINGLY, *adv. Avec tumulte.*
To write or print scamblingly. *Ecarter trop les mots dans l'écriture ou dans l'impression. Voy.* to Scramble.
SCAMMONY, *s.* (purging bind-weed.) *Scammonée, plante.*
To SCAMPER, *v. n.* (or to fly away in haste.) *Fuir, s'enfuir, prendre la fuite, gagner au pied, gagner les champs.*
To SCAN a verse, *v. act.* (to measure its feet.) *Scander un vers.*
To scan (or canvass) a business. *Examiner bien une affaire, l'éplucher, la considérer, la passer.*
SCANDAL, *s.* (or offence.) *Scandale.*
To raise a scandal. *Causer du scandale, donner sujet de scandale.*
Scandal, (or shame.) *Honte, opprobre, ignominie.*
He brought a scandal upon his profession. *Il fit honte à sa profession, il la déshonora.*
Scandal, (reproachful aspersion.) *Médisance, calomnie, diffamation.*
To lie under a scandal, (to have an ill name.) *Avoir un mauvais renom, être en mauvaise odeur ou en mauvaise réputation, être accusé ou soupçonné de quelque crime.*
To SCANDAL, *verb. act.* (to slander or defame.) *Scandaliser, diffamer, déchirer, décrier, flétrir, noircir, médire ou parler mal de.*
To SCANDALIZE, *verb. act.* (or to give offence.) *Scandaliser, choquer, offenser, donner sujet de scandale.*
To scandalize, (or to scandal.) *Scandaliser, décrier, diffamer, &c. Voy.* to Scandal.
Scandalized, *adj. Scandalisé, &c. V.* to Scandalize.
SCANDALIZING, *s. L'action de scandaliser, &c. Voy.* to Scandalize.
SCANDALLED, *adj.* (from to scandal.) *Scandalisé, décrié, diffamé, flétri, noirci, &c. Voy.* to Scandal.
SCANDALLING, *s. L'action de scandaliser, de diffamer, &c. Voy.* to Scandal.
SCANDALOUS, *adj.* (that gives offence.) *Scandaleux, infâme, qui porte scandale, qui cause du scandale.*
Scandalous, (defaming, abusive.) *Diffamatoire, choquant, offensant.*
A scandalous libel. *Un libelle diffamatoire.*
SCANDALOUSLY, *adv. Scandaleusement, d'une maniere scandaleuse.*
SCANDALUM magnatum, *s.* (a wrong done to any high personage by false reports, &c.) *Le crime ou l'offense d'une personne qui a diffamé ou mal-parlé de quelque Pair du Royaume ou de quelque personne distinguée.*
SCANNED, *adj.* (from to scan, measured, as a verse.) *Scandé.*
Scanned, (sifted or examined.) *Examiné, épluché.*
That counsel ought suspiciously to be scanned. *On doit tenir ce conseil ou cet avis pour suspect.*
SCANNING, *subst. L'action de scander, examen ou l'action d'examiner, &c. V.* to Scan.
SCANSION, *s.* (the scanning of a verse.) *L'action de scander un vers.*
SCANT, *adj.* (or scarce.) *Rare.*
Scant, *adv.* (scarcely.) *A peine.*
To SCANT. *Voy.* to Straiten.
To scant, *v. n.* (speaking of the wind.) *Refuser*, en parlant du vent.
The wind scants. *Le vent refuse.*
Scanted, *adj. Ex.* I was something scanted in time. *A peine avois-je assez du temps pour cela.*
SCANTINESS, }
SCANTNESS, } *subst.* (scarcity.) *Disette, rareté.*
The scantiness (or insufficiency) of second causes. *L'insuffisance des causes secondes.*
SCANTLET, *s. Petit morceau. V.* Scantling.
SCANTLING, *subst.* (size or measure.) *Grandeur, mesure.*
A scantling, (or little piece.) *Un petit morceau, une petite piece.*
Scantling. *Echantillon des pieces de bois ± chevrons de six pouces d'équarrisage & au dessous.*
SCANTLY, *adv. Avec épargne, mesquinement.*
SCANTNESS, *s. Petitesse.*
SCANTY, *adj.* (short or scarce, as provisions.) *Rare ou qui manque*, en parlant des provisions.
Scanty (too straite, that has not cloth enough.) *Trop étroit, qui n'a pas assez d'étoffe.*
A scanty suit of clothes. *Un habit trop court ou trop étroit, un habit ginguet.*

Scanty.

SCA

Scanty. En parlant des pieces de bois, maigre, où le bois manque.
† SCAPE, *f.* (or fart.) *Un pet qu'on a laissé échapper.* Voy. Escape.
To let a scape. *Faire, lâcher un pet sans y penser.*
To SCAPE, &c. Voy. to Escape, &c.
SCAPULAR, } *adj. & f. Qui appartient aux épaules ; scapulaire.*
SCAPULARY,
SCAR, *f.* Cicatrice ou *escarre.*
Full of scars. *Couvert de cicatrices, tout cicatrisé.*
To SCAR, *verb. n.* (to heal up to a scar.) *Se cicatriser, se former en cicatrice.*
SCARAB, *f.* (a beetle.) *Scarabée, escarbot, insecte volant.*
SCARAMOUCH, *subst.* (a buffoon in motley dress.) *Scaramouche, bouffon ou zany.*
SCARCE, *adj.* Rare.
Money is scarce with him. *L'argent est clair-semé chez lui.*
It is very scarce with us. *Nous en avons fort peu.*
SCARCE, } *adverb.* (or hardly.)
SCARCELY, *A peine.*
These words were scarce out of his mouth. *A peine achevoit-il de parler.*
SCARCENESS, } *f. Disette, rareté.*
SCARCITY,
To SCARE, *v. act.* (to fright.) *Faire peur, effrayer, épouvanter.*
You will scare him out of hits wits. *Vous l'allez mettre hors de lui-même à force de l'épouvanter.*
To scare AWAY. *Effaroucher.*
SCARECROW, *f. Un épouvantail.*
SCARED, *adj.* Effrayé, épouvanté, hors de lui-même, effaré.
To have a scared countenance. *Être tout effaré, avoir les yeux hagards.*
Scared away. *Effarouché.*
SCARF, *f. Une écharpe.*
Scarfskin. *L'épiderme, la peau extérieure du corps humain.*
Scarf, (a ship-building term.) *Ecart ou empature, assemblage quelconque de deux pieces de bois.*
Scarfs of the keel. *Ecarts de la quille.*
Scarfs of the stem. *Ecarts de l'étrave.*
Scarfs of the beams. *Assemblage des baux*, &c.
† SCARFED, *adject.* Ex. She went out hooded and scarfed. *Elle est sortie avec sa coiffe & son écharpe.*
Scarfed. *Empaté.*
SCARIFICATION, *f. Scarification.*
SCARIFIER, *f. Scarificateur*, instrument de Chirurgie.
To SCARIFY, *v. act.* (to cut or lance.) *Scarifier, découper.*
Scarified, *adj. Scarifié.*
SCARIFYING, *f. Scarification ou l'action de scarifier.*
SCARING, *f.* (from to scare.) *L'action de faire peur*, &c. V. to Scare.
SCARLET, *f.* (or scarlet-colour.) *Ecarlate, couleur rouge fort belle.*
Scarlet or scarlet cloth. *Ecarlate*, drap d'un fort beau rouge.
A scarlet robe. *Robe d'écarlate.*
A scarlet riband. *Ruban ponceau.*
A scarlet-oak. *Yeuse ou chêne verd.*
SCARP, *subst.* (a term of fortification.) *Escarpe.*
SCARRED, *adj.* (from to scar.) *Cicatrisé, formé en cicatrice.*

SCA SCH

SCATCH, *subst.* (a horse-bit.) *Escache, embouchure de cheval.*
Scatches, (or stilts.) *Echasses.*
To SCATCH. V. to Trig.
SCATE, *f.* (a sea-fish.) *Sorte de poisson de mer qui a la peau fort rude, raie.*
Scates, (to slide upon ice.) *Patins pour aller sur la glace.*
To SCATE, *v. neut.* Aller sur des patins, glisser avec des patins, patiner.
† SCATH, *f.* (or hurt.) *Mal.*
To do scath. *Faire du mal.*
To SCATH, *v. a.* Dévaster, détruire.
† SCATHFUL, *adj.* (or hurtful.) *Malfaisant.*
To SCATTER, *v. act.* Répandre, disperser, dissiper, écarter.
SCATTERING, *f. L'action de répandre, de disperser, de dissiper ou d'écarter.*
SCATTERINGLY, *adverb.* En confusion, l'un ici, l'autre là ; l'un d'un côté, l'autre de l'autre.
SCATTERLING, *f. Un vagabond.*
SCAVENGER, *f.* (a parish-officer for the cleansing of streets.) *Un boueur.*
SCENE, *subst.* (the fore-part of a stage.) *Scene, le devant du théâtre.*
Scene, (or decoration of a stage.) *Décoration.*
Scene, (the changing of persons on a stage.) *Scene, partie d'un acte d'une piece de théâtre.*
Scene, (the place where the action of the drama has happened.) *Scene*, lieu où l'action d'une piece dramatique s'est passée.
Scene, (the place of any great action.) *Théâtre*, lieu où se passe quelque chose de remarquable.
The scene of war. *Le théâtre de la guerre.*
The scene of affairs is changed. *Les affaires ont changé de face.*
A new scene of affairs opens in Europe. *Il s'ouvre en Europe une nouvelle scene, la face des affaires change en Europe.*
SCENERY, *subst.* (the ordering of the scenes of a play.) *Arrangement des scenes d'une piece de théâtre.* V. Scene.
SCENICK, *adj.* (belonging to a Scene.) *De scene, théâtral.*
SCENOGRAPHICAL, *adject. Scénographique*, terme de Mathématiques.
SCENOGRAPHY, *subst.* (the draught of any work represented according to perspective.) *Scénographie.*
SCENT, *f.* (or smell.) *Senteur, odeur.*
It has a good scent with it. *Cela sent fort bon.*
Scent. *Frais, odorat*, en terme de chasse.
To SCENT, *v. act.* (to perfume.) *Parfumer.*
To scent, (or smell as a dog.) *Flairer, sentir.*
I scent him, (I have him in the wind.) *Je sais où il en est.*
Scented, *adj. Parfumé.*
SCEPTRE, *f.* (or royal staff.) *Sceptre, bâton royal.*
A sceptre bearer. *Celui qui porte le sceptre.*
SCEPTRED, *adj.* Celui qui porte le sceptre.
SKEPTICAL, } *adj.* (belonging to scepticism.) *Sceptique.*
SCEPTICAL,
SCEPTICISM, } *subst. Le sentiment ou la doctrine des sceptiques.*
SKEPTICISM,
SCEPTICK, } *f. Sceptique*, Philosophe qui doutoit de tout.
SKEPTICK,
R. *Le premier c de sceptick, sceptical & scepticism, prend le son du k.*

SCH

SCHEDULE, *subst.* (a little inventory or scroll of paper or parchment.) *Feuille ou rouleau de papier ou de parchemin.*
SCHEMATISM, *subst.* (figure or form.) *Figure, forme.*
SCHEMATIST, *sub.* (or projector.) *Un faiseur de projets.*
SCHEME, *subst.* (or plan.) *Un plan, un modele.*
SCHEMER, *subst. Un homme à projets.*
SCHIRRHUS, *f.* (a hard swelling without pain.) *Le squirre.*
SCHIRRHOUS, *adj.* Squirreux.
SCHISM, *f.* (a division in the Church.) *Schisme.*
SCHISMATICAL, } *adj. Schismatique, qui fait schisme.*
SCHISMATICK,
SCHISMATICALLY, *adv.* En schismatique, à la maniere des schismatiques.
SCHISMATICK, *f.* (one who separates from the church.) *Un schismatique, une schismatique.*
SCHOLAR, *f.* (from school, one who learns of a master.) *Ecolier, écoliere.*
Scholar, (a man of learning.) *Un homme de lettres, un homme d'étude, un savant ou un savant homme.*
Scholar, (learned woman.) *Une femme savante.*
To be bred a scholar. *Être élevé dans les belles lettres, étudier.*
A great scholar. *Un savant homme, un homme docte ou d'une grande érudition.*
A general scholar. *Un homme universel, qui entend toutes sortes de sciences.*
A mean or pitiful scholar. *Un homme qui n'a pas grand savoir, un demi-savant.*
Scholar-like. *En écolier ou en homme de lettres, en savant, savamment.*
SCHOLARSHIP, *f.* (the being a scholar.) *La qualité d'écolier.*
Scholarship, (learning.) *Savoir, science, doctrine, érudition.*
SCHOLASTICAL, *adj. Scolastique.* Voy. Scholastick.
SCHOLASTICALLY, *adv.* En scolastique, à la maniere des scolastiques.
SCHOLASTICK, *adj.* (of the school.) *Scolastique ou qui est de l'école.*
Scholastick divinity. *Théologie scolastique, la scolastique.*
SCHOLIAST, *subst.* (or commentator.) *Scoliaste ou commentateur.*
SCHOLION, } *f.* (a brief comment.) *Scolie.*
SCHOLY,
SCHOOL, *subst.* (the place where any thing is taught.) *Ecole.*
To keep a school. *Tenir école.*
A grammar-school or a latin school. *Ecole de grammaire, une école latine.*
A boarding-school. *Une école où l'on prend en pension les écoliers, une pension.*
A fencing-school. *Une salle d'armes.*
A dancing-school. *Une salle de maître à danser.*
A schoolmaster. *Un maître d'école.*
A schoolmistress or a schoolmistress. *Une maîtresse d'école.*
A schoolboy. *Un écolier.*
A schoolfellow. *Un compagnon ou un camarade d'école.*
Schoolmaster of a ship. *Maître d'école d'un vaisseau*, embarqué sur les vaisseaux Anglois pour instruire les volontaires & les mousses.
A schoolman or a schooldivine. *Un scolastique, un théologien scolastique.*
School-divinity.

School-divinity. *La scolastique, la théologie scolastique.*
To SCHOOL, v. a. (to tutor or chide.) *Reprendre, censurer, réprimander, faire la mercuriale à.*
Schooled, *adject. Censuré, repris, réprimandé, &c.*
SCHOOLING, *subst. L'action de censurer, &c.* V. to School.
To pay for a child's schooling. *Payer le maître d'école.*
SCHOONER, *subst.* (a sort of ship.) *Goelette, sorte de bâtiment.*
SCIATHERICAL, } *adj. Sciatérique,*
SCIATHERICK, } terme de gnomonique.
SCIATICA, } *subst.* (or hip-gout.) *La*
SCIATICK, } *sciatique.*
SCIATICAL, } *adj. Sciatique.*
SCIATICK, }
The sciatick vein. *La veine sciatique.*
SCIENCE, *f.* (or knowledge.) *Science, savoir, doctrine, érudition.*
Science, (or liberal art.) *Art libéral.*
The seven liberal sciences. *Les sept arts libéraux.*
SCIENTIFICAL, } *adj. Plein d'érudi-*
SCIENTIFICK, } *tion, scientifique.*
SCIENTIFICALLY, *adv. Scientifiquement.*
SCIMITAR. V. Simitar.
SCINTILLATION, *subst.* (or sparkling.) *Etincellement, scintillation.*
SCIOLIST, *subst.* (a smatterer in many things.) *Un demi-savant.*
SCION, *subst.* (a sprig or young shoot.) *Scion, jet d'arbre, petit rejeton.*
SCISSIBLE, } *adj. Scissile, qui peut être*
SCISSILE, } *fendu.*
SCISSION, *f. Scission.*
SCLEROTICK, *adject. Sclérotique,* terme d'anatomie.
SCOFF, *f. Raillerie, moquerie, brocard.*
To SCOFF at one, *v. neut. Railler quelqu'un, se railler ou se moquer de lui, le brocarder.*
Scoffed at, *adject. Raillé, moqué, brocardé.*
SCOFFER, *subst. Moqueur, moqueuse, railleur, railleuse.*
SCOFFING, *subst. Raillerie, l'action de railler, &c.* V. to Scoff.
Scoffing, *adj. Railleur.*
A scoffing humour. *Une humeur railleuse.*
SCOFFINGLY, *adverb. En raillant, par raillerie.*
SCOLD or a scolding woman, *subst.* (a shrew.) *Une querelleuse, une grondeuse, une femme qui aime à gronder ou à quereller, une diablesse.*
To SCOLD, *v. neut. Gronder, criailler, quereller, faire des reproches.*
To scold at one. *Gronder ou quereller quelqu'un.*
Scolded at, *adj. Grondé, querellé.*
SCOLDING, *subst. L'action de gronder, de quereller ou de criailler, criailleries.*
Scolding, *adject.* (a scolding man.) *Un grondeur, un criailleur ou un querelleur.*
A scolding woman. *Une grondeuse, une criailleuse, une querelleuse, une diablesse.*
SCOLDINGLY, *adv. En grondant, en criaillant ou en querellant.*
SCOLLOP, } *sub.* (a kind of shell-fish.)
SCALLOP, } *Pétoncle, sorte de poisson à coquille.*
Scollop-shell. *Coquille de pétoncle.*

Scollop, (a kind of indenting.) *Manière de découpure à languettes.*
SCOLOPENDRA, *f.* (a venomous insect or reptile.) *Scolopendre, insecte terrestre.*
Scolopendra, (a fish that frees himself of the hook, by casting out his bowels.) *Scolopendre aquatique ou de mer.*
SCONCE, *f.* (or fort.) *Un fort.*
† To build a sconce, (to run upon score from one publick house to another.) *Changer de cabaret quand on ne peut pas payer, faire un trou à la lune.*
Sconce, (for a candle.) *Bras, chandelier en forme de bras.*
To SCONCE, *verb. act.* (an universityword, to signify the setting up for much in the buttery book upon one's head, to be paid as a punishment for a duty neglected or an offence committed.) *Condamner à une amende, mettre à l'amende.*
Sconced, *adj. Condamné à une amende, mis à l'amende.*
SCONCING, *subst. Condamnation à une amende.*
SCOOP, *f.* (a sort of wooden shovel.) *Ecope à la main.*
To SCOOP away, *verb. act.* (to throw away with a scoop.) *Jeter ou vider avec une écope.*
To scoop out water. *Oter de l'eau avec une écope.*
To scoop, (to cut hollow.) *Creuser.*
SCOOPER, *f. Qui vide avec l'écope.*
SCOPE, *subst.* (aim, end, prospect.) *But, visée, dessein.*
To have free scope, (or latitude.) *Avoir la liberté de faire quelque chose, se donner carrière.*
He gives his anger scope. *Il donne carrière à sa colère, à son ressentiment ou à sa passion.*
SCORBUTICAL, } *adject.* (belonging to
SCORBUTICK, } the scurvy.) *Scorbutique.*
Scorbutick, (troubled with the scurvy.) *Qui a le scorbut ou qui est atteint du scorbut.*
To SCORCH, *v. act.* (to parch, to burn superficially.) *Brûler, rôtir, griller, roussir.*
Scorched, *adj. Brûlé, rôti, grillé, &c.*
SCORCHING, *subst. L'action de brûler, de rôtir, de griller, &c.*
Scorching, *adject. Brûlant, qui brûle, qui rôtit, qui grille.*
SCORDIUM, *subst.* (water-germander, an herb.) *Scordium, germandrée aquatique, herbe.*
SCORE, *subst.* (account or reckoning.) *Compte, écot.*
To quit scores, (or be even.) *Faire ou arrêter compte ensemble, ou se payer l'un l'autre.*
A score, (or tally.) *Une taille.*
A score, (or twenty.) *Vingt, une vingtaine.*
Four-score. *Quatre-vingts.*
Six-score. *Six-vingts.*
Three-score. *Soixante.*
Score, (account or consideration.) *Considération, égard.*
I desire it upon the score of friendship. *Je le demande en considération de notre amitié.*
Upon what score? (why?) *Pourquoi? en vertu de quoi?*
Upon a new score, (anew, afresh.) *De nouveau, à nouveaux frais.*
An opera in score, (the words with the musick to them.) *Un opéra en musique ou en notes.*

To SCORE, *v. act.* (or to score up.) *Marquer, marquer sur la taille, mettre en compte, mettre sur le compte.*
To score a writing, (to draw lines under it.) *Bâtonner une écrit.*
To score out. *Effacer, rayer.*
Scored or scored up, and. *Marqué, &c.* V. to Score.
Scored out. *Effacé, rayé.*
SCORIA, *subst.* (dross.) *Scorie.*
SCORING, *f. L'action de marquer, &c.* Voy. to Score.
SCORN, *subst.* (or contempt.) *Mépris, dédain, hauteur.*
To look upon one with scorn. *Regarder quelqu'un avec mépris ou d'un air méprisant, le regarder du haut en bas.*
The scorn with which she refused it. *La hauteur avec laquelle elle le refusa.*
He is the scorn of all the town. *Il est le rebut de toute la ville.*
† To think scorn (or be ashamed) to do a thing. *Croire se déshonorer en faisant quelque chose.*
To SCORN, *verb. act.* (or despise.) *Mépriser, dédaigner, ne point se soucier, mépriser ma compagnie.*
He scorns my company. *Il dédaigne ou méprise ma compagnie.*
I scorn it, I scorn to do such things. *Je ne suis pas homme à faire de telles choses, je tiens cela au dessous de moi.*
I scorn your words. *Je me moque de ce que vous dites.*
I scorn your instructions. *Je ne veux point, je ne sais que faire de vos instructions, je m'en moque.*
I scorn to entreat those whom I scorn to fear. *Je dédaigne de prier ceux que je dédaigne de craindre.*
† I scorn (or I am vexed) that he should not think me worth a civil question. *J'enrage ou je suis fâché de ce qu'il ne me croit pas digne de faire conversation avec lui.*
Scorned, *adj. Méprisé, dédaigné, &c.* V. to Scorn.
SCORNER, *subst. Moqueur, dédaigneux, celui qui méprise, &c.*
He acts the scorner. *Il fait le dédaigneux.*
SCORNFUL, *adject. Méprisant, dédaigneux, fier.*
To look upon one with a scornful eye. *Regarder quelqu'un dédaigneusement ou avec mépris.*
SCORNFULLY, *adv. Avec mépris, d'un air méprisant, dédaigneusement, fièrement.*
SCORNING, *f. L'action de mépriser, &c.* V. to Scorn.
P. After scorning comes catching. *Souvent on est bien aise d'attraper ce que l'on regardait avec mépris.*
SCORPION, *subst.* (a venomous insect.) *Scorpion,* insecte venimeux.
Scorpion, (a fish.) *Scorpion, sorte de poisson.*
Scorpion, (one of the twelve celestial signs.) *Scorpion, un des douze signes célestes.*
Scorpion, (an engine formerly used to shoot arrows.) *Scorpion, sorte de grande arbalète dont on se servait anciennement.*
Scorpion-wort or scorpion-grass. *Herbe aux scorpions.*
SCOT, *subst.* (part or portion.) *Part, quote-part.*
To pay scot and lot. *Payer les droits de la paroisse, &c.*
A Scot, (or Scotchman.) *Un Ecossais.*
Scot-free, (that pays nothing.) *Franc, qui ne paye rien.*

SCO SCR

Scot free, (or unpunished.) *Impuni.*
SCOTCH-COLLOPS, *f.* (flices of veal fried with bacon, &c.) *Fricandeaux.*
SCOTOMY, *f. Étourdissement.*
SCOUNDREL, *subst.* (a pitiful or base fellow.) *Un homme de néant, un coquin, un faquin, un bélitre.*
To SCOUR, *v. act. Écurer, nettoyer.*
To scour clothes. *Dégraisser les habits.*
To scour the seas. *Écumer les mers, pirater, exercer la piraterie.*
† I shall scour (or beat) you. *Je vous battrai, je vous frotterai.*
To scour AWAY, *verb. n.* (to scamper away.) *Se sauver, s'enfuir, gagner au pied.*
To scour ABOUT, (to ramble or run raking up and down.) *Rodr, courir çà & là.*
Scoured, *adj. Écuré, nettoyé,* &c. *Voy.* to Scour.
SCOURER, *f. Écureur, écureuse.*
A good scourer of pewter. *Une femme qui écure bien la vaisselle.*
A scourer of clothes, (a fuller.) *Un dégraisseur d'habits.*
Scourer, (or rambler.) *Rodeur, coureur.*
SCOURGE, *subst.* (or whip.) *Fouet, fouet de cuir.*
Scourge, (plague.) *Fléau.*
To SCOURGE, *verb. act.* (to whip or lash.) *Fouetter, donner le fouet.*
To scourge, (to punish or chastise.) *Punir, châtier.*
Scourged, *adject. Fouetté,* &c. *Voyez* to Scourge.
SCOURGER, *subst.* Celui qui fouette, qui punit, qui châtie.
SCOURGING, *subst. L'action de fouetter,* &c. *Voy.* to Scourge.
SCOURING, *sub. L'action d'écurer,* &c. *Voy.* to Scour.
I escaped a good scouring. *Je l'ai échappé bella, peu s'en est fallu que je n'aye été bien puni, ou que je ne sois tombé dans quelque disgrace.*
A scouring, (or looseness.) *Un grand cours de ventre.*
To SCOURSE, *v. a. Troquer, échanger.*
SCOUT, *subst.* (one that is sent to bring tidings of the enemy's army.) *Un coureur d'armée, un batteur d'estrade.*
To send out scouts. *Envoyer à la découverte.*
Scouts or scout-watches. *Les vedettes ou les sentinelles avancées.*
A scout, (or Judge in Holland.) *Sorte de Magistrat en Hollande.*
Scout, (or advice-boat.) *Corvette.*
To SCOUT,
To SCOUT ABOUT, } *v. n. Battre l'estrade, aller à la découverte.*
To SCOWL, *verb. neut.* (to pout.) *Se refrogner, faire la mine, faire une mine rechignée.*
SCOWLING, *f. Mine, l'action de se refrogner, mine rechignée.*
To SCRABBLE, *verb. act.* (to paw with the hands, to scrape or scratch.) *Égratigner, déchirer avec les ongles.*
SCRAG, *f.* (or a lean thing.) *Un squelette; dans le figuré, un corps qui n'a que la peau & les os.*
The scrag-end of a neck of mutton. *Le bout saigneux d'un collet de mouton.*
SCRAGGILY, *adv. Ex.* He looks scraggily. *Il paroît fort maigre.*
SCRAGGINESS, *f. Maigreur.*
SCRAGGY, *adj.* (very lean.) *Fort maigre, qui n'a que la peau & les os.*

SCRAMBLE,
SCRAMBLING, } *subst.* (the snatching or endeavouring to get something before another.) *Gribouillette, jeu où l'on tâche d'attraper quelque chose; action du verbe* to Scramble.
I have little or no share in the scramblings of the world. *Je n'ai que peu ou point de part aux biens de ce monde, que les hommes s'empressent d'amasser, ou pour lesquels les hommes se donnent tant de mouvement.*
While they were engaged in scrambling for those piece of gold. *Pendant qu'ils étoient occupés à ramasser ces pieces d'or à l'envi les uns des autres.*
To SCRAMBLE for a thing, *verb. neut.* (to snatch or endeavour to get it from others.) *Jouer à la gribouillette, tâcher de prendre, de gripper ou d'attraper quelque chose, se battre à qui aura quelque chose.*
To throw things up and down to make people scramble for them. *Jeter quelque chose parmi la foule pour voir à qui l'emportera.*
To scramble (or climb) UP. *Grimper.*
SCRAMBLER, *f.* Celui qui prend, &c. *V.* to Scramble.
A scrambler, (or climber.) *Celui qui grimpe.*
SCRAMBLING, *subst. L'action de prendre avec avidité & émulation,* &c. *Voy.* Scramble.
A scrambling up. *L'action de grimper.*
To SCRANCH, *verb. act.* (to grind a hard thing with the teeth.) *Mordre, croquer.*
Scranched, *adj. Mordu, croqué.*
SCRANCHING, *f. L'action de mordre ou de croquer.*
SCRAP, *f.* (or remnant of meat.) *Reste, bribe, graillon.*
Scraps of latin. *Bribes de latin.*
† SCRAPE, *f.* (unlucky affair, plunge.) *Intrigue, nasse, bourbier, fâcheuse affaire.*
To bring one into a scrape. *Mettre quelqu'un dans la nasse ou dans le bourbier, lui attirer une fâcheuse affaire.*
I thank God, I am out of the scrape. *Je suis, grace à Dieu, hors d'intrigue, hors de la nasse ou hors d'affaire.*
To SCRAPE, *verb. act. Ratisser, racler, gratter.*
To scrape a root. *Ratisser une racine.*
To scrape at the door. *Gratter à la porte.*
To scrape. *Gratter ou racler le bord du vaisseau, un mât,* &c.
† To scrape a leg, (to make an aukward bow.) † *Faire le pied de veau.*
† To scrape acquaintance with one. *Faire connoissance avec quelqu'un.*
To rake and scrape for an estate. *Amasser du bien avec peine, tâcher de s'entichir ou de devenir riche par toutes sortes de voies.*
To scrape UP a sum of money. *Amasser une somme d'argent, l'amasser peu à peu,*
To scrape OFF the dirt from one's shoes. *Décrotter ses souliers.*
To scrape (or blot) OUT. *Raturer, effacer.*
Scraped, *adject. Ratissé,* &c. *Voy.* to Scrape.
SCRAPE-GOOD,
SCRAPE-PENNY, } *f. Un chiche, un taquin, un pince-maille.*

SCR

SCRAPER, *f.* Celui ou celle qui ratisse, &c. *V.* to Scrape.
A scraper, (to scrape with.) *Ratissoire.*
Scraper. *Grate ou racle, en termes de mer.*
A double-headed scraper. *Grate double ou grande racle.*
† A scraper or sorry fiddler. *Un racle-boyau, ou un racleur de boyau, un méchant joueur de violon.*
SCRAPING, *f. L'action de ratisser,* &c. *V.* Scrape.
Scraping, (the thing scraped.) *Ratissure.*
† SCRAT, *f.* (a kind of hermaphrodite.) *Un hermaphrodite.*
SCRATCH, *f. Égratignure.*
A slight scratch. *Une petite égratignure.*
He gave me such a scratch, that— *Il m'a si fort égratigné que—*
A scratch with the nail. *Un coup d'ongle.*
Scratches, *plur.* (cracked ulcers or scabs in a horse's foot.) *Arrêtes ou grapes, maladie de cheval.*
To SCRATCH, *v. act.* (to rub with the nails.) *Gratter, galer.*
To scratch one's self. *Se gratter.*
† Never scratch your head (or trouble yourself) about that matter. *Ne vous en mettez pas en peine.*
To scratch, (to take the skin off with the nails, &c.) *Égratigner.*
To scratch (or pull) OUT one's eyes. *Arracher les yeux de quelqu'un à coups d'ongle.*
To scratch (or blot) out a writing. *Raturer, rayer, effacer un écrit.*
Scratched, *adject. Gratté,* &c. *Voy.* to Scratch.
SCRATCHER, *f.* Celui ou celle qui gratte ou qui égratigne.
SCRATCHING, *subst. L'action de gratter,* &c. *V.* to Scratch.
SCRAW, *f. Surface.*
To SCRAWL, *verb. act.* (to scribble.) *Écrire mal, écrire vite & mal,* † *griffonner,* | *grauer le papier,* † *faire des pieds de mouche.*
To scrawl OUT words upon sand or ashes. *Écrire quelques mots sur du sable ou sur des cendres.*
Scrawled, *adj. Mal-écrit, griffonné,* &c.
SCRAWLER, *subst. Un méchant écrivain,* † *un griffonneur.*
SCRAWLING, *subst. Méchante écriture,* † *griffonnage.*
SCRAY, *subst.* (a sort of sea-swallow.) *Sorte d'hirondelle de mer.*
To SCREAK, *verb. neut. Faire du bruit, comme une roue mal-graissée, une porte, des souliers neufs,* &c. *V.* to Screek.
SCREAKING, *f. Bruit.*
SCREAM, *subst. Cri aigu.*
To SCREAM,
To SCREAM OUT, } *verb. neut. Crier, jeter, pousser des cris, s'écrier, sur-tout quand on est saisi de peur.*
SCREAMING, *f.* (or (screaming out.) *Cris que l'on pousse, l'action de crier,* &c.
To SCREECH, *verb. neut.* (to make a noise, as screech owls do.) *Crier comme une fréfaie.*
SCREECH-OWL, *subst. Fréfaie,* sorte de chouette.
* To SCREEK,
To SCREAK, } *v. neut. Crier, pousser des cris.*
* SCREEKING, *f.* (or screaking out.) *Cris, l'action de crier.*
SCREEN, *subst. Un écran.*
Screen or a folding screen. *Un paravent.*
To

SCR

To SCREEN, *verb. act. Mettre à couvert, couvrir.*

To screen a criminal from justice. *Mettre un criminel à couvert des atteintes de la justice.*

Screened, *adj. A couvert, en sûreté.*

SCREW, *subst. Une vis.*

A screw or cork-screw, (to draw out the cork of a bottle.) *Un tire-bouchon.*

Screw-tree. *Plante des Indes.*

To SCREW IN,} *verb. act. Faire entrer, faire entrer en tournant.*
To SCREW IN,}

To screw a gun or to screw the barrel of a gun. *Rayer un fusil.*

To screw (to be hard upon) one. *Faire faire quelque chose à quelqu'un à vil prix, ou lui retrancher une partie de ce qu'il a gagné.*

To screw one's self INTO one's favour. *S'insinuer dans les bonnes graces de quelqu'un, gagner l'amitié ou les bonnes graces de quelqu'un.*

To screw one's self into other people's matter's. *S'ingérer, se mêler des affaires d'autrui.*

† To screw one's self into the acquaintance of a person. *Faire connoissance avec quelqu'un.*

To screw a thing OUT of one, (to pump it out of him.) *Tirer les vers du nez à quelqu'un, le faire causer pour découvrir quelque chose.*

To screw UP. *Fermer à vis.*

To screw one up to a thing. *Faire venir quelqu'un à quelque chose.*

To screw up a thing, (to overdo it or strain it too high.) *Outrer une chose, la porter trop loin.*

To screw one up (to raise him) to a higher pitch. *Elever quelqu'un plus haut.*

Screwed, *adj. Rayé, &c. V.* to Screw.

SCREWING, *subst. L'action de rayer, &c. V.* to Screw.

SCRIBBLE, *subst.* (worthless writing.) *Ecrit de peu de valeur.*

The common scribbles of politicks are to me a very dull entertainment. *Les écrits ordinaires sur les matieres de politique ne me divertissent guere.*

To SCRIBBLE, *verb. neut.* (to scrawl or write without care.) *Ecrire mal, griffonner.*

To scribble, (to write ill, speaking of an author.) *Ecrire mal, griffonner du papier, en parlant d'un méchant auteur.*

SCRIBBLER, *s.* (an author, un méchant auteur, un griffonneur de papier.

SCRIBBLING, *s. L'action d'écrire. V.* to Scribble.

SCRIBE, *subst.* (an expounder of the law among the Jews.) *Scribe, docteur de la loi parmi les Juifs.*

Scribe, (or writer.) *Scribe, écrivain.*

SCRIMER, *s. Maître d'escrime.*

SCRIP, *s.* (a budget or bag.) *Une mallette.*

† Scrip (a little piece) of paper. *Morceau de papier.*

SCIPTORY, *adj.* (written.) *Par écrit.*

SCRIPTURAL, *subst. De l'écriture, tiré de l'écriture.*

SCRIPTURE, *subst.* The holy Scripture (or the holy Writ.) *L'Ecriture, la sainte Ecriture.*

SCRIVENER, *subst. Un Notaire.*

SCROFULA, *s. Scrofules, écrouelles.*

SCROFULOUS, *adj. Scrofuleux,* terme de médecine.

SCROLL, *subst. Une bande, un rouleau de parchemin ou de papier.*

SCR

SCROTUM, *subst. Scrotum, les bourses des testicules.*

SCRUB, *subst.* (an old broom.) *Un vieux balai, un méchant balai, un balai tout usé.*

A scrub, (a sorry horse.) *Une rosse, une haridelle, un méchant cheval.*

† Scrub, (a shabby or pitiful fellow.) *Belître, taquin, homme de néant, pied poudreux, pied plat.*

He is a mere scrub, (or little pitiful fellow.) *Ce n'est qu'un petit bout d'homme.*

A scrub, (a vile nasty servant.) *Un valet malotru & maussade.*

To SCRUB, *verb. act.* (to rub hard.) *Frotter fort & ferme.*

SCRUBBED,}
SCRUBBY, } *adj.* (sorry, pitiful.) *Méchant, chétif.*

† A scrubby poet. *Un méchant poète, un rimailleur.*

† A scrubby writer. *Un méchant écrivain, un auteur qui travaille pour la beurriere.*

SCRUBBER, *subst.* (a sort of brush.) *Ratissoire.*

SCRUBBING, *subst. L'action de frotter.*

Here is a deal of rubbing and scrubbing. *On frotte ici d'une grande force.*

SCRUFF, *subst.* (little sticks, coals, cockle-shells, &c. which poor people gather up for fuel at ebbing water, by the side of the Thames.) *Sorte de chauffage que les pauvres gens ramassent quelquefois sur les bords de la Tamise, lorsque la marée est basse.*

SCRUPLE, *subst.* (doubt of conscience.) *Scrupule, doute.*

A scruple, (a weight, the third part of a drachm.) *Scrupule, la troisieme partie d'une dragme.*

To SCRUPLE AT something, *verb. neut. Faire scrupule ou difficulté d'une chose.*

Scrupled at, *adj. Dont on fait scrupule.*

SCRUPULOSITY. *V. Scrupulousness.*

SCRUPULOUS, *adj. Scrupuleux, sujet à avoir des scrupules.*

You make me scrupulous. *Vous me donnez du scrupule.*

SCRUPULOUSLY, *adj. Scrupuleusement, avec scrupule.*

SCRUPULOUSNESS, *subst. Une humeur scrupuleuse.*

To SCRUSE. *V.* to Scruze.

SCRUSING, *subst. L'action de presser, &c.*

SCRUTATOR, *subst.* (enquirer.) *Scrutateur.*

SCRUTINEER, *subst.* (he that examines and tells the votes after balotting.) *Celui qui fait le scrutin.*

To SCRUTINIZE, *verb. act. & neut.* (to examine.) *Examiner, faire une exacte recherche, sonder.*

To scrutinize a business, or to scrutinize into a business. *Faire une exacte recherche d'une chose, l'examiner à fond.*

You scrutinize too far into it. *Vous sondez trop avant la chose, vous allez trop avant.*

Scrutinized or scrutinized into, *adj. Examiné, sondé, dont on a fait une exacte recherche.*

SCRUTINY, *subst.* (a gathering of votes.) *Scrutin, recueil ou examen des suffrages.*

Scrutiny, (diligent inquiry.) *Recherche, exacte recherche, examen.*

SCRUTOIRE, *subst.* (case of drawers for writings.) *Etudiole, petit bureau.*

To SCRUZE, *verb. act.* (to crowd or

SCR SCU

thrust hard.) *Presser, serrer, incommoder une personne en se mettant trop près d'elle.*

To scruze OUT. *Eprendre, faire sortir en pressant.*

Scruzed, *adj. Pressé, &c. V.* to Scruze.

SCRY, *subst.* (a great flock of fowl.) *Une troupe ou bande d'oiseaux.*

† SCUD, *s.* (or sudden shower.) *Ondée, guilée.*

To SCUD *verb. neut.*

To SCUDDLE AWAY,} *verb. n.* (to scamper away all of a sudden.) *Gagner au pied, se sauver, s'enfuir.*

To scud ALONG. *Se hâter, faire diligence.*

SCUDDING, *part. act. Action de faire vent arriere dans un coup de vent, ou courir devant le vent.*

Scudding under the fore sail. *Faire vent arriere avec la misaine.*

Scudding under bare poles. *Courir à sec, courir à mâts & à cordes.*

SCUFFLE, *subst.* (a confused quarrel with fighting.) *Bruit, désordre, querelle, démêlé, contraste,* † *bagarre.*

To SCUFFLE, *verb. neut. Avoir un démêlé, avoir du bruit, se quereller.*

We have nothing to scuffle for. *Nous n'avons rien à demêler ensemble.*

SCULK, *subst. Troupe.*

Exempl. A sculk of foxes. *Une troupe de renards.*

To SCULK, *verb. neut.* (or hide one's self.) *Se cacher.*

To sculk (or go) after one. *Suivre quelqu'un à la dérobée.*

SCULKER, *s. Celui qui se cache.*

SCULKING, *subst. L'action de se cacher, &c.*

Sculking, *adj. Ex.* A sculking place or a sculking hole. *Un lieu propre à se cacher, une cache.*

SCULL, *subst.* (the bone of the head, the brain-pan.) *Le crâne.*

An iron scul-cap, (or helmet.) *Un casque, un heaume.*

A scull-cap. *Coiffe de toile que quelques gens portent sous la perruque.*

Scull, (or little oar.) *Petite rame.*

SCULLER, *subst.* (a sort of boat.) *Bateau à petites rames, bateau qui n'est conduit que par un batelier.*

Sculler, (a waterman that has such a boat.) *Batelier seul à conduire un bateau.*

SCULLERY, *subst.* (a place to wash or scour the dishes in.) *Lavoir.*

SCULLION, *subst.* (a kitchen drudge.) *Un marmiton ou valet de cuisine.*

A scullion-wench. *Une souillon, une marmitonne.*

SCULP, *s.* (or cut.) *Taille-douce, figura en taille-douce.*

SCULPTOR, *s.* (or graver.) *Sculpteur en métal.*

Sculptor, (or carver.) *Sculpteur ou sculpteur en pierre & en bois.*

SCULPTURE, *s.* (graving or carving.) *Sculpture,* art de sculpter ou ouvrage de Sculpteur.

Sculpture, (sculp or figure.) *Figure.*

SCULPTURED, *adj. Sculpté, gravé.*

SCUM, *subst. Ecume.*

The scum of the pot. *L'écume du pot.*

The scum (or dregs) of the nation or people. *La lie du peuple, le petit peuple, la canaille, la racaille.*

The scum of the world. *Le rebut de toute la terre.*

The

The scum (or drofs) of metals. *La craffe ou l'ordure des metaux, quand on les fond.*
To SCUM, verb. act. (or skim.) *Ecumer, ôter l'écume.*
Scummed, adj. *Ecumé.*
SCUMMER, subst. *Ecumoire.*
SCUPPERS, subst. plur. or Scupper-holes, (a sea-term.) *Dalots.*
Wood scuppers. *Dalots a tuyaux de bois ou garnis de bois.*
Lead scuppers. *Dalots à tuyaux de plomb ou garnis de plomb.*
Scupper-hose. *Cuir des dalots ou manches des dalots.*
Scupper-nails. *Clous à maugere.*
SCURF, subst. (scab on the head.) *Teigne, galle de tete.*
The scurf (or scab) of a wound. *La croûte d'une plaie.*
SCURFY, adj. *Teigneux, qui a la teigne.*
SCURRILITY, subst. (or saucy jesting.) *Sécurilité, plaisanterie baffe, raillerie choquante.*
SCURRIL,
SCURRILOUS, } adj. (basely abufive, faucily scoffing.) *Choquant, injurieux, diffamatoire, bouffon.*
That is scurrilous. *Cela est injurieux, bouffon.*
SCURRILOUSLY, adv. *Injurieusement, d'une maniere bouffonne.*
SCURVILY, adv. *Mal.*
To do a thing scurvily. *Faire mal une chose.*
SCURVY, adj. *Méchant, mauvais.*
He is a scurvy fellow. *C'est un méchant campagnon.*
A scurvy business. *Une méchante affaire.*
Scurvy. V. Scabbed.
Scurvy, s. (the scorbutick disease.) *Le scorbut.*
Scurvy-grass. *Sorte de plante.*
Scurvy-grass ale, *Aile purgative où il y a de cette plante.*
SCUT, subst. (or tail.) *Queue.*
The scut of a rabbit or hare. *La queue d'un lapin ou d'un lievre.*
SCUTCHEON, subst. (or escutcheon, a coat of arms.) *Ecuffon, écu où l'on met les armes d'une personne ou d'une famille.*
The scutcheon of a lock. *Ecuffon de serrure.*
Scutcheon, (bud for inoculation.) *Ecuffon, maniere d'enter les arbres.*
Scutcheon, (the key or centre ftone in a building.) *La clef ou la pierre qui est au centre d'un bâtiment.*
SCUTTLE, sub. (or dust-basket.) *Panier ou l'on met les ordures.*
A scuttle in a mill. *Anche.*
Scuttles, (or hatches.) *Ecoutille.*
Scuttle. *Ecoutillon.*
Cap-scuttle. *Ecoutillon à panneau.*
To SCUTTLE away. V. to Scud.
To scuttle here and there. *Aller & venir.*
To scuttle, verb. act. (to scuttle the ship's fide.) *Ouvrir de grands fabords ou trous dans les côtés d'un vaisseau naufragé, pour en retirer les marchandises ou munitions.*
To scuttle the deck. *Ouvrir un grand fabord ou écoutille dans le pont, ou crever le pont, pour redreffer le vaisseau dans un danger imminent où il se trouve engagé & chargé à la baside, par un volume d'eau que la mer y a jeté.*
To SDEIGN, V. to Difdain.

SEA, subst. (the ocean, the water oppofed to the land.) *La mer, en général ou en particulier.*
Billows of the sea. *Les vagues de la mer.*
To go to sea. *Aller sur mer.*
To put out to sea. *Mettre à la mer, faire voile.*
By sea and land. *Par mer & par terre.*
A great sea, (or stormy weather.) *Un gros temps, un temps de mer.*
If there by any thing of a sea. *Si la mer est tant soit peu orageuse ou agitée.*
A sea, (a sea-gate, a wave or billow, a surge.) *Vague, houle, lame de mer ou flot.*
A sea, *Un coup de mer.*
A heavy sea. *Un gros coup de mer.*
A heavy sea broke over our bow. *Nous reçumes un gros coup de mer par l'avant.*
We shipped a heavy sea. *Nous embarquâmes un gros coup de mer.*
There is a great sea in the offing. *La mer est groffe du côté du Large.*
The sea sets to the southward. *Il y a une mer du Nord, ou la mer est du Nord ou vient du Nord; proprement, la mer ou la lame porte vers le Sud.*
We had a great sea a head. *Nous avions groffe mer de l'avant.*
The ship heads the sea. *Le vaiffeau va debout à la lame ou à la mer.*
A long sea. *Mer longue.*
A short sea. *Mer courte.*
A sea boat. *Vaiffeau qui se comporte bien à la mer, ou vaiffeau bien battant.*
Sea marks. *Amers ou reconnoiffances.*
Sea room. *Belle dérive ou grand espace de mer fous le vent, lorfqu'un vaiffeau, furpris par un coup de vent, est obligé de faire vent arriere, & qu'il peut le faire fans rifquer de trouver aucune terre: on dit proprement qu'on a de l'eau à courir.*
To lie under sea. *Être de côté fous l'eau.*
Sea water. *Eau de mer.*
A sea-captain. *Un capitaine de navire.*
A sea-fight. *Un combat naval.*
A sea-man. *Un marinier, un matelot.*
Sea-sick. *Qui a le mal de mer.*
Sea-girt. *Environné de la mer.*
Sea-coast. *Côte ou côtes, les côtes de la mer.*
The sea-side. *Le bord de la mer, le rivage.*
A narrow sea, (a narrow arm of the sea.) *Un détroit.*
The narrow seas, (the channel.) *La Manche, canal de mer entre la France & l'Angleterre.*
A sea-port or sea-port-town or sea-town. *Un port de mer.*
A sea-chart or sea-map. *Carte marine.*
A sea-voyage. *Voyage par mer, traversée, trajet d'un port à un autre.*
A sea-rover. *Un corsaire, un écumeur de mer, un pirate.*
Sea gates, (waves, surges or billows of the sea.) *Houles ou lames de mer, les vagues ou les flots de la mer.*
Sea-longs, pl. (the froth of the sea.) *L'écume de la mer.*
Sea-ward. *En haute mer.*
A ship that fails sea-ward. *Un navire qui court en haute mer, qui alergue.*
Sea-green. *Vert de mer.*
Sea-coals or pit-coals. *Charbon de terre.*
A sea-cob or sea-gull. *Mouette, oifeau aquatique.*
Sea-weed or sea-wares. *Plantes marines.*

Sea-coal, (an herb.) *Chou marin.*
A sea-calf. *Un veau marin.*
A sea-hog, (or porpoife.) *Marfouin, pourceau marin.*
A sea-duck. *Macreufe.*
A sea-mew. *Une mouette.*
Sea-groundling, (a fish.) *Melette.*
Sea-lettice. *Tithymale, herbe.*
Sea-onion or sea-leek. *Oignon marin.*
Sea-faring, adj. (who is at sea.) *Qui navigue, homme de mer, navigateur, marin.*
Sea-faring men or sea-farers. *Gens qui voyagent par mer.*
Sea-ward, adv. (towards the sea.) *Du côté de la mer, vers la mer.*
SEAL, subst. *Sceau, scel, cachet.*
The great and little seal. *Le grand & le petit sceau.*
The King's privy seal. *Le scel secret du Roi.*
His pardon has passed the seals. *Sa grace a paffé au sceau.*
To set the seal. *Appliquer le sceau.*
A private seal for letters, &c. *Un cachet.*
To put the seal upon. *Appofer le scellé.*
To take off the seal. *Lever le scellé.*
An agreement under hand and seal. *Un contrat scellé, signé.*
To tell a thing under the seal of secrecy. *Dire ou confier quelque chose fous le sceau du secret.*
Our lady's seal, (the black briony or wild vine.) *Vigne sauvage.*
A seal-ting. *Une bague gravée en cachet.*
SEAL, s. (or sea-calf.) *Veau marin.*
To SEAL, v. act. *Sceller, cacheter.*
To seal a writing. *Sceller un acte.*
To seal a letter. *Cacheter une lettre.*
Sealed, adj. *Scellé, cacheté.*
SEALER, subst. *Celui qui appofe le sceau; un officier du sceau.*
SEALING, subst. *L'action de sceller ou de cacheter.*
SEAM, subst. *Couture.*
Seam-rent. *Découfure.*
Seams, subst. plur. (in a ship.) *Coutures entre les bordages; coutures des voiles.*
Monk-seam. *Couture double ou triple.*
The seams of the scull. *Les sutures du crâne.*
Seam, (the fat of a hog clarified and tried.) *Saindoux.*
A seam (or eight bushels) of corn. *Huit boiffeaux de blé.*
A seam of glafs, (that is 120 pounds.) *120 livres de verre.*
Seams (or joints) of stone in building. V. Joints.
Seams in a horse. *Avelures.*
SEAMAN, au pluriel SEAMEN. V. Seaman, fous Sea.
SEAMED, adj. (that has seams.) *Coufu; qui a des coutures.*
SEAMLESS, adj. (without seam.) *Qui est sans couture, tout d'une piece.*
SEAMSTRESS, subst. *Lingere ou couturiere.*
SEAN, subst. (a long fish-net.) *Seine, forte de filet.*
Sean-fish, (fish taken with a sean.) *Sorte de poiffon que l'on pêche avec une seine.*
SEAR, adj. *See, flétri, fané.*
Sear-leaves, (withered leaves, as in the fall.) *Feuilles seches ou mortes.*
To SEAR, v. act. (to burn with a hot iron.)

Iron.) Roussir avec un fer chaud, cautériser.
To sear a stuff with a searing-candle. Bougier quelque étoffe.
SEARCE, sub. (or seace, a hair-sieve.) Sas, tamis.
To SEARCE, v. act. (to sift.) Sasser, tamiser, passer au sas ou par le tamis.
Searced, adj. Sassé, tamisé.
SEARCH, s. (or enquiry.) Recherche, visite, examen.
To SEARCH, verb. act. (to seek or inquire after.) Chercher, visiter, fouiller.
To search for a thing. Chercher une chose.
To search a house. Visiter une maison.
To search every chink and corner. Chercher, fouiller par-tout.
To search one. Fouiller quelqu'un.
To search a wound. Sonder une plaie.
To search INTO, (to enquire into, to examine.) Rechercher ou examiner, s'enquérir ou s'informer de.
To search OUT. Faire une exacte recherche de.
To search AFTER. Rechercher, faire une exacte recherche de.
Searched, adject. Visité, fouillé, &c. V. to Search.
SEARCHER, s. Visiteur, celui qui a droit de visiter.
God is the searcher of hearts. Dieu est le scrutateur des cœurs.
SEARCHING, s. L'action de visiter, de fouiller, &c. V. to Search.
Searching, (or sifting.) L'action de sasser ou de tamiser.
Searching, adj. Pénétrant.
A searching cold. Un froid humide & pénétrant.
SEAR-CLOTH, subst. (cloth dipped in a plaistery composition.) Emplâtre.
SEARED, adj. (from to sear.) Roussi, bougié. V. to Sear.
A seared conscience. Une conscience cautérisée.
A seared (or dead) bough. Une branche morte.
SEARING, s. L'action de roussir ou de bougier. V. to Sear.
A searing candle. Bougie à bougier.
SEASON, s. (one of the four parts of the year.) Saison, une des quatre parties de l'année.
Season, (a proper time to do any thing.) Saison, temps propre.
A thing in season. Une chose qui est de saison.
To do every thing in its season or in due season. Faire chaque chose en son temps ou à propos.
In the mean season. Cependant.
To SEASON meat, v. act. Assaisonner la viande.
To season a denial with kind words. Assaisonner un refus de paroles douces & honnêtes.
Children should be seasoned betimes to virtue. On devroit accoutumer les enfants de bonne heure à la vertu.
SEASONABLE, adj. (or in season.) Qui est de saison.
Seasonable, (proper, convenient.) Propre, commode, favorable.
SEASONABLENESS, subst. (the being in season.) Qualité de ce qui est de saison.
Seasonableness, (opportunity.) Saison, temps propre, opportunité.
SEASONABLY, adv. A propos, à point nommé, au temps qu'il faut.

SEASONED, adj. Assaisonné.
A seasoned cask. Un tonneau aviné.
To be seasoned for a country. Etre bien disposé pour vivre dans un pays.
Well-seasoned timber. Bois sec ou propre à mettre en œuvre.
SEASONER, subst. Celui ou celle qui assaisonne.
SEASONING, subst. Assaisonnement ou l'action d'assaisonner.
The seasonings, pl. (an aguish distemper which strangers are subject to in the West-Indies, upon their first coming.) Fievres à laquelle les étrangers qui viennent aux Indes Occidentales sont sujets.
SEAT, s. (any thing to sit upon.) Siege, chaise, banc, &c.
A seat of earth. Un siege de gazon.
Seat, (or capital city.) Siege; ville principale ou capitale.
A bishop's seat or see. Siege Episcopal.
The seats of Kings. La résidence des Rois.
Seat, (scene or theatre.) Le théâtre.
Seat, (or situation of a town.) La situation d'une ville.
A fine seat, (or country-house.) Une belle maison de campagne.
The seats of the choir of a Church. Formes de Chœur.
The seat of a close-stool. La lunette d'une chaise percée.
The seat of a shift. Le derriere d'une chemise de femme.
A judgment-seat. Un tribunal ou un siege de Juge.
The mercy-seat. Le propitiatoire.
A seat in a gallery, Church, &c. Une tribune.
To SEAT, v. act. (to place.) Situer, poser, placer.
To seat, (or settle.) Etablir.
To seat one's self in a good place. S'établir dans un bon endroit.
Seated, adject. Situé, &c. Voyez to Seat.
A strongly seated place. Une place forte d'assiette.
A Cupid seated on an eagle. Un Cupidon assis sur un aigle.
SEATER, s. (an old Idol of the Saxons worshipped on the day called Saturday, which thence took its denomination.) C'est le nom d'une Idole que les anciens Saxons adoroient.
SEAX, } sub. (a kind of sword made like a scythe, and used by the old Saxons.) Sorte d'épée en forme de faux, dont se servoient les anciens Saxons.
SAXE,
SECANT, subst. (a term of geometry.) Sécante.
To SECEDE, v. n. Se détacher, se séparer de retirer.
SECEDER, s. Celui qui fait scission, qui se retire, &c.
To SECERN. V. Separate.
SECESSION, subst. (or going aside.) L'action de se retirer à part ou à l'écart.
The secession (or adjournment) of a Parliament. La séparation du Parlement.
To SECLUDE, v. act. (or to shut out.) Exclure.
Secluded, adj. Exclus.
SECLUDING, } sub. Exclusion, l'action d'exclure.
SECLUSION,

SECOND, adj. Second, deuxieme.
A second-hand suit. Un habit de la seconde main, qui a déja été porté.
A second (or another) Alexander. Un second ou un autre Alexandre.
A second cousin. Cousin issu de germain.
A second mourning. Le petit deuil.
The second wheel in a watch. Roue moyenne de montre.
A second-hand dinner. Un diné de viande réchauffée.
Second thoughts. Secondes pensées, nouvelles réflexions.
Upon second thoughts I am of another mind. Je me suis ravisé, & je suis maintenant d'un autre sentiment.
Second, s. (one that backs or defends another.) Un second.
To be one's second. Seconder, appuyer quelqu'un.
A second, (the 60th part of a minute.) Une seconde.
To SECOND, v. act. (to aid or back.) Seconder, aider, soutenir, appuyer.
SECONDARY, adject. (second, next to the chief.) Second, qui dépend d'un autre.
A secondary, (an officer who is the second or next to the officer.) Officier en second ou qui suit le premier.
The secondary of the compters, (the next officer to the sheriffs of London.) Le sous-sheriff de Londres.
SECONDARILY, adv. Secondairement.
SECONDED, adj. Secondé, aidé, soutenu, appuyé.
SECONDLY, adv. Secondement, en second lieu.
SECONDRATE, s. Second ordre.
SECRECY, sub. Exactitude ou fidélité à garder le secret.
To swear secrecy. Jurer ou promettre d'être secret.
To carry on a business with great secrecy. Conduire une affaire fort secretement.
SECRET, adject. (hidden, not known.) Secret, caché.
The secret (or privy) parts. Les parties secretes ou honteuses.
Secret prayers, (said by the Romish priests at mass.) Secretes.
Secret (or underhand) dealings. Sourdes pratiques.
Secret, (close that can keep a secret.) Secret, qui sait se taire, qui garde le secret.
SECRET, subst. (a secret thing.) Un secret.
To tell one a secret. Dire, confier un secret à quelqu'un, lui dire quelque chose dans le secret.
In secret, (or secretly.) Secretement, en secret.
Secret, (any means or way known to few people to do any thing.) Secret, moyen connu de peu de personnes pour faire quelque chose.
To be in the secret. Etre du secret, être dans le secret, † savoir le dessous des cartes.
† Secret, (scrape, plunge.) Embarras, nasse, fâcheuse affaire.
† To let one into a secret, (to trick or cheat him.) Attraper quelqu'un, le duper, le mettre dans la nasse.
SECRETARY, s. Secrétaire.
SECRETARYSHIP, subst. Secrétariat; charge de secrétaire.

To SECRETE, v. act. (a law-term, to conceal.) *Cacher, celer.*
Secreted, *adj. part. Caché, celé.*
SECRETING, *f. L'action de cacher ou de celer.*
SECRETION, *subst. Sécrétion*, terme de médecine.
SECRETLY, *adv.* (in secret.) *Secrétement, en secret.*
SECRETNESS, *V.* Secrecy.
SECRETORY, *adject. Sécrétoire*, terme de médecine.
SECT, *sub.* (a party professing the same opinion.) *Secte, nombre de personnes qui suivent les mêmes opinions.*
Sect, (a particular opinion in religion.) *Secte, opinion particulière ou suspecte, en fait de religion.*
SECTARY, *subst.* (the follower of a sect divided from the Church.) *Sectaire, schismatique.*
SECTATOR, *subst. Sectateur.*
SECTION, *f.* (a division.) *Section.*
Conick section. *Section conique*, en termes de mathématique.
SECTOR, *f.* (part of a circle.) *Secteur de cercle.*
Sector, (a geometrical instrument.) *Secteur.*
SECULAR, *adject.* (or temporal.) *Séculier, temporel.*
A secular priest, (not regular.) *Un prêtre séculier, qui n'est pas religieux.*
The secular games, (celebrated at the end of every age, among the ancient Romans.) *Les jeux séculaires.*
SECULARITY, *sub. Etat séculier, mondanité.*
SECULARIZATION, *f. Sécularisation.*
To SECULARIZE, *verb. act.* (or make secular.) *Séculariser.*
Secularized, *adj. Sécularisé.*
SECUNDINE, *subst.* (the after-birth in women.) *L'arrière-faix.*
Secundine, (a membrana in beasts) *Membrane qui enveloppe les petits des bêtes dans le ventre de la mere.*
SECURE, *adj.* (or safe.) *Sûr, assuré, qui est hors de danger, qui est en sûreté.*
We are at present equally secure in our liberties and properties. *Nos libertés & nos biens sont à présent également en sûreté.*
Secure, (fearless or careless.) *Qui se croit assuré, qui est dans la sécurité.*
To SECURE, *v. a.* (to save, to shelter.) *Sauver, mettre en lieu de sûreté.*
To secure one's self. *Se mettre à couvert, se sauver, se mettre en lieu de sûreté.*
To secure (or keep) FROM. *Mettre à couvert de, garantir, examiner, exempter.*
To secure (or assure) of. *Assurer, affirmer, rendre témoignage.*
To secure (or to apprehend) one. *S'assurer ou se saisir de quelqu'un, l'arrêter, le prendre, le mettre en prison, l'emprisonner.*
To secure (or to seize) a thing. *Prendre une chose, s'en saisir, s'en emparer.*
Secured, *adj. Sauvé, &c. V.* to Secure.
Secured of a truth. *Assuré, juré d'une vérité.*
SECURELY, *adv.* (in safety.) *Sûrement, en sûreté, en assurance.*
Securely, (or carefully.) *Sans chagrin, sans inquiétude, tranquillement, dans une pleine sécurité.*
SECURING, *f. L'action de sauver, &c. Voy.* to Secure dans tous ses sens.
SECURITY, *f.* (or assurance.) *Sûreté, assurance.*

Security, (or bail.) *Caution, répondant.*
City-security. *Caution bourgeoise.*
Security, (safety, the being out of danger.) *Sûreté, éloignement de tout danger.*
Security, (assurance, carelessness.) *Sécurité, confiance assurée, tranquillité d'esprit, négligence; exemption de soin, d'inquiétude, de chagrin.*
SEDAN, *f.* (or chair to be carried in.) *Chaise à porteur.*
SEDATE, *adj.* (composed or undisturbed.) *Tranquille, calme, paisible, rassis, modéré.*
With a sedate mind. *De sens rassis.*
SEDATELY, *adv. Tranquillement.*
SEDATENESS, *subst.* (or tranquillity.) *Tranquillité, calme, modération.*
SEDATIVE, *adj. Calmant, qui appaise.*
SEDENTARY, *adj.* (sitting much.) *Sédentaire.*
A sedentary man. *Un homme sédentaire, † un cul de plomb.*
A sedentary (or fixed) Parliament of France. *Un Parlement sédentaire ou fixe, qui n'est pas ambulant.*
SEDGE, *f.* (flags growing in the water.) *Herbe de marais, sorte de jonc pointu.*
SEDGY, *adj. Plein de joncs. V.* Sedge.
SEDIMENT, *f.* (or settling.) *Sédiment.*
SEDITION, *f.* (or mutiny.) *Sédition, révolte, mutinerie, émeute, soulevement.*
SEDITIOUS, *adj.* (or mutinous.) *Séditieux, mutin, turbulent*, en parlant des personnes; *séditieux, qui tend à la sédition*, en parlant d'un discours, &c.
SEDITIOUSLY, *adv.crb. Séditieusement, d'une maniere séditieuse, en séditieux.*
SEDITIOUSNESS, *f. Humeur séditieuse.*
To SEDUCE, *verb. act.* (to mislead or deceive.) *Séduire, tromper, abuser, faire tomber dans l'erreur, sur-tout par rapport à la religion ou aux mœurs.*
To seduce, (to debauch or corrupt.) *Séduire, débaucher, corrompre.*
Seduced, *adject. Séduit, trompé, &c. Voy.* to Seduce.
To suffer one's self to be seduced. *Se laisser séduire.*
SEDUCEMENT, *f. Séduction, tromperie.*
SEDUCER, *f. Séducteur ou trompeur.*
SEDUCIBLE, *adj. Que l'on peut séduire.*
SEDUCING, } *sub. Séduction, l'action de séduire, &c. Voy.* to Seduce.
SEDUCTION, }
SEDULITY, *f. Soin, diligence, attachement, assiduité.*
SEDULOUS, *adj.* (diligent or careful.) *Soigneux, diligent, assidu, attaché.*
SEDULOUSLY, *adv. Soigneusement, diligemment, assidûment, avec attachement ou avec application.*
SEE, *f. Ex.* A bishop's see, (or seat.) *Siege épiscopal, le siege d'un évêque, la ville où il fait sa résidence.*
Whilst the Popes kept their see at Avignon. *Pendant que les Papes tenoient le siege ou siegeoient à Avignon.*
See, (or episcopal dignity.) *Siege, dignité épiscopale ou pontificale.*
To SEE, *verb. act.* (to discern with the eyes, to look or behold.) *Voir, regarder, découvrir par le moyen de la vue, appercevoir.*
I see nothing, I do not or don't see at all. *Je ne vois rien, je ne vois goutte.*
He sees no body, (he receives no visits.) *Il ne voit personne, il ne reçoit point de visites.*
To go see, (to make a visit.) *Aller voir, rendre visite.*

To see, (to enquire, to ask.) *Voir, demander, s'informer.*
See what he would have. *Voyez, demandez-lui ce qu'il veut, informez-vous de ce qu'il veut.*
To see, (to examine.) *Voir, examiner.*
He sees no further than his nose, (he has no forecast.) *Il ne voit pas plus loin que son nez, il a peu de prévoyance.*
To see, (to conceive, apprehend or understand.) *Voir, comprendre, concevoir, s'appercevoir, connoître.*
To see, (or take care.) *Prendre soin, pourvoir.*
See or take care that all be ready. *Prenez soin que tout soit prêt.*
To see, (to take heed.) *Prendre garde, se garder.*
See (or look) to it. *Vous y aviserez; ayez en soin.*
I will see, (I'll consider of it.) *Je verrai, j'y penserai, j'y aviserai.*
I'll see you (or wait upon you) home. *Je vous conduirai chez vous, je vous accompagnerai jusques chez vous.*
I shall see you paid. *Je vous ferai payer, je mettrai ordre qu'on vous paye.*
To let one see, (to show.) *Laisser voir, montrer.*
To see (or look) FOR a thing. *Chercher une chose.*
A gal'ant navy to see TO. *Une belle flotte en apparence.*
To see INTO a thing. *Pénétrer une affaire, en voir le fond.*
SEED, *f.* (any grain, &c. that is sown.) *Semence, grain ou graine qu'on sème.*
To run to seed, (as plants do.) *Monter en graine, gémer.*
Seed, (or sperm of animals, that serves for their generation.) *Semence, sperme.*
Seed, (a cause that produces some effects.) *Semence, cause éloignée d'où il doit naître de certains effets.*
The seeds of virtue. *Les semences de la vertu.*
Seedcake. *Gâteau sucré & parsemé de graines aromatiques.*
Seed-time, (or sowing-time.) *La semaille ou les semailles.*
Seed plot. *Pépiniere.*
A seedsman. *Grenetier, marchand de grains.*
Seed pearl. *Semences de perles.*
To SEED, *v. n. Grener, monter en graine.*
SEEDING, *f. L'action de grener.*
SEEDLING, *f. Jeune plante qui sort du germe.*
SEEDY, *adj.* (or full of seed.) *Grenu, plein de graine.*
SEEING, *f. L'action de voir, &c. V.* to See.
P. Seeing is believing. *Quand on voit la chose on la croit.*
The thing is not worth seeing. *La chose ne vaut pas la peine de l'aller voir.*
The sense of seeing, (the sight.) *La vue.*
Seeing or seeing that, *conj. Vu que, puisque.*
To SEEK, } *v. act.* (to look for.)
To SEEK FOR, } *Chercher, se mettre en peine de trouver.*
To seek for preferment. *Chercher fortune, tâcher de se pousser ou de s'avancer.*
To seek for help or assistance. *Chercher ou demander du secours.*
To seek the truth. *Chercher la vérité.*
To seek trouble. *Chercher malheur.*
To seek (or endeavour) to do good. *Tâcher de faire du bien.*
To seek (to plot or design) one's ruin. *Tramer,*

Tramer, conspirer, machiner la ruine de quelqu'un.
To seek (or make address to) one for something. S'adresser à quelqu'un pour une affaire.
To seek OUT. Chercher d'un côté & d'autre.
To seek out, (as a dog.) Quêter, en parlant d'un chien.
To seek AFTER. Rechercher, faire la recherche de.
To seek after an office. Rechercher un emploi, briguer une charge, tâcher de l'obtenir.
To be to seek. Être en peine ou embarrassé, ne savoir pas.
I am further to seek than I was. Me voilà plus en peine ou plus embarrassé qu'auparavant.
Whether that be true or no, I am as yet to seek. Je ne sais encore si cela est vrai ou non.
I am still to seek, (I know not what to make of it.) Je n'en sais pas davantage, je n'en suis pas plus avancé.
He is utterly to seek in (or at a loss about) what relates to his own interest. Il ignore absolument ses propres intérêts, il n'y voit goutte.
SEEKER, s. Chercheur, chercheuse, celui ou celle qui cherche, &c.
SEEKING, s. L'action de chercher, &c. Voy. to Seek.
The seeking after a thing. La recherche d'une chose.
SEEL,
SEELING, } subst. (a sea-term which signifies a violent and sudden tumbling of a ship.) Le roulis d'un vaisseau.
To SEEL, verb. n. (as a ship does, to lean on one side.) Pencher d'un côté, rouler, en parlant d'un vaisseau.
To seel a hawk, (to close its eyes.) Ciller le faucon.
Seeling or seel. V. Seel.
SEEM of glass. V. Seam.
To SEEM, verb. neut. (to appear.) Sembler, paraître.
That seems reasonable. Cela semble ou paroit raisonnable.
That action seems to be honest. Cette action est honnête en apparence.
It seems, v. imp. Il semble, ce semble.
It seems (or appears) to me. Il me semble, il m'est avis.
SEEMING, adj. Apparent.
He concealed his joy with a seeming grief. Il cacha sa joie sous une tristesse apparente ou sous une fausse apparence de chagrin.
A man of great seeming piety. Un homme d'un grand dehors de piété ou de dévotion.
SEEMINGLY, adv. Apparemment, en apparence, selon les apparences.
SEEMLINESS, s. Bienséance.
SEEMLY, adject. (or decent.) Honnête, bienséant.
Seemly, adv. Décemment, convenablement.
SEEN, adj. (from to see.) Vu.
He is so little that he cannot be seen. Il est si petit qu'on ne sauroit le voir.
It is commonly so seen. C'est une chose qui se voit ou qui arrive ordinairement.
His head alone was seen (or appeared) above water. Sa tête seule paroissoit hors de l'eau.
A man well seen (or well versed) in a business. Un homme expert, adroit ou qui s'entend en quelque chose.

SEER, s. Voyant, sage, prophète.
The Prophets are called Seers in the old Testament. Les Prophètes sont appelés Voyans dans le Vieux Testament.
SELSAW, s. (a boyish play.) Balançoire ou bascule.
To play at seesaw. Jouer à la bascule ou à la balançoire.
Seesaw. Balancement.
To SELSAW, v. neut. Se balancer.
To SEETH, v. neut. (or boil.) Bouillir doucement.
To seeth OVER. Se répandre, bouillir par-dessus.
SEETHING, s. L'action de bouillir.
A seething-pot. Un pot à cuire, une marmite.
SEGMENT, subst. (piece or parcel.) Un morceau, une pièce, une partie de quelque chose.
Segment (a part) of a circle. Segment de cercle.
To SEGREGATE, v. act. (or separate.) Séparer.
To segregate, v. n. Se séparer.
Segregated, adj. Séparé.
SEGREGATION, s. Séparation.
SEIGNIOR, s. (or Lord.) Seigneur.
Ex. The Grand Seignior, (the Turkish Emperor.) Le Grand-Seigneur.
Seignior, (in the sense of the law, the Lord of the fee or of a manor.) Le Seigneur du fief.
SEIGNIORY, s. (or Lordship.) Seigneurie.
SEIGNORAGE, s. (the King's challenging an allowance for gold and silver brought in the mass to be coined.) Seigneuriage.
To SEIGNORISE, v. act. Dominer.
SEINE, s. (a net.) Seine.
SEIZABLE, adj. Qu'on peut saisir, dont on peut se saisir.
To SEIZE,
To SEIZE UPON, } v. act. (to take by violence, to lay hold of.) Saisir, se saisir, prendre, arrêter, empoigner.
He seized him by the arm. Il lui saisit le bras, il l'empoigna par le bras.
To seize a thing or upon a thing, (to take it by force, to usurp it.) Se saisir d'une chose, l'usurper, s'en rendre maître par force.
To seize, (a sea-expression.) Eguilleter, faire un amarrage, frapper un cordage, &c.
To seize, (as distemper or passions do.) Saisir, en parlant des maux, des passions, &c.
To seize upon AGAIN. Reprendre.
Seized, seized upon, adj. Saisi, dont on s'est saisi.
Seized of a thing. Saisi d'une chose, qui en est en possession.
SEIZIN, s. (in law.) Saisine, prise de possession.
SEIZING, s. L'action de saisir, de se saisir, &c. Voy. to Seize.
Seizing. Amarrage.
SEIZURE, s. Saisie, arrêt fait par ordre de Justice.
SELDOM, adj. Rarement, peu souvent.
SELDOMNESS, s. Rareté.
The seldomness of his appearing was taken notice of. On remarqua qu'il se produisoit fort rarement.
SELECT, adj. (or choice.) Choisi.
Select troops. Troupes choisies, l'élite.
To SELECT, v. act. (or pick out.) Choisir, recueillir, ramasser avec choix, mettre à part.

Selected, adj. Choisi. &c.
SELECTING,
SELECTION, } s. Choix, l'action de choisir.
SELECTOR, s. Qui choisit.
SELF, pron. Même, soi.
Ex. Myself, thyself, himself, herself one's self, itself. Moi-même, toi-même, lui-même, elle-même, soi-même.
Ourselves, yourselves, themselves. Nous-mêmes, vous-mêmes, eux-mêmes ou elles-mêmes.
I went thither by myself, (or alone.) Je m'y en allai seul ou tout seul.
You shall have it all to yourself. Vous l'aurez tout à vous.
Self or one's self, (a man's own person.) Soi-même, soi, se.
To commend one's self. Se louer.
To look to one's self. Prendre garde à soi.
To clear one's self. Se purger, se justifier.
To live like one's self. Vivre selon sa qualité.
To be like one's self. Être toujours le même, ne se point démentir.
It came of itself. Il est venu naturellement.
Your royal self, (speaking to the King or Queen.) Votre Personne Royale.
To lay a thing by itself. Mettre une chose à part.
P. Self do, self have. Le mal retombe sur celui qui le fait; qui fait la faute la boit.
Self-heal, (or sanicle, an herb.) Sanicle, herbe.
Self-same. Même.
The self-same day. Le même jour.
Self-conceit, self-conceitedness. Présomption, vanité, bonne opinion qu'on a de soi-même, entêtement.
Self-conceited. Rempli de soi-même, qui a bonne opinion de soi-même; entêté.
Self-love. L'amour-propre.
Self-ends or self-interest. Intérêt propre.
Self seeking. Intéressé, qui ne cherche que ses propres intérêts.
Self-will. Obstination, opiniâtreté.
Self-willed. Obstiné, têtu, opiniâtre.
Self-denial or self-renunciation. Renoncement à soi-même, mortification.
Self-dependent. Qui ne dépend de personne.
Self-evident. Clair, évident, démonstratif, qui n'a besoin d'aucune preuve étrangère.
Self-murder. Meurtre qu'on commet sur soi-même, suicide.
Self-murderer. Celui qui s'est tué, qui s'est défait lui-même.
Self-excellency. Excellence naturelle.
Self-wife. Qui abonde en son sens, présomptueux.
R. On pourroit rapporter quantité d'autres composés de self qui sont en usage parmi les Théologiens & les Philosophes, comme self-subsistence, self-motion, self-extension; mais les exemples précédents suffiront pour en faire connoître la signification.
SELFISH, (or own.) Propre.
Ex. For selfish ends. Pour ses propres intérêts.
Selfish, (that is all for himself.) Intéressé, attaché, qui ne regarde que ses propres intérêts.
A selfish man. Un intéressé.
SELFISHNESS, subst. Humeur intéressée; amour-propre.
SELLANDER,
SELLANDER, } s. (a dry scab growing in the very bent of the ham of a horse's hinder

, hinder leg.) *Solandrée*, maladie de cheval.
To SELL, v. act. *Vendre, débiter.*
To sell one's commodities. *Vendre ou débiter ses marchandises.*
To sell OFF. *Vendre tout, débiter.*
To sell, v. neut. *Se vendre, se débiter, avoir du débit.*
SELLANDER, *f. V.* Sellander.
SELLER, *f.* (one that sells.) *Un vendeur, une vendeuse.*
SELLING, *subst. Vente* ou *l'action de vendre.*
SELLS of the ports, or port-sells, *s. pl.* (a sea term.) *Seuillets de sabords.*
Depth of the port-sells. *Hauteur des seuillets.*
SELVAGE, *s.* (the edge of linen cloth.) *Le bord de la toile, la lisière.*
Selvage, (at sea.) *Estop ou sbire,* servant à rider les haubans & les étais.
To SELVAGE, *verb. act. Border, couvrir le bord de quelque chose.*
SELVAGING, *subst. L'action de border.*
SELVES, *le pluriel de* Self.
SEMBLABLE, *adj.* (or like.) *Semblable.*
SEMBLABLY, *adv. Semblablement.*
SEMBLANCE, *subst.* (or appearance.) *Apparence.*
Semblance of truth. *Apparence de vérité, vraisemblance.*
SEMBLANT. *V.* Like.
SEMBLATIVE, *adj. Qui ressemble, propre, convenable.*
To SEMBLE, *V.* to Resemble.
SEMIBREF, *s.* (in musick.) *Sémi-breve.*
SEMICIRCLE, *subst.* (or half circle.) *Un demi-cercle.*
A semicircle, (used by mathematicians and divided into 180 degrees.) *Un rapporteur ou demi-cercle divisé en 180 degrés.*
SEMICIRCULAR, *adj. Fait en demi-cercle.*
SEMICOLON, *subst.* (a point with a comma below it, thus (;). *Un point & une virgule.*
SEMI-DIAMETER, *s.* (half a diameter.) *Demi-diamètre, rayon de cercle.*
SEMIDOUBLE, *s. Sémi-double*, terme de bréviaire.
SEMILUNAR, *adj. En demi-lune.*
SEMINAL, *adject.* (belonging to feed.) *Séminal*, terme d'anatomie.
SEMINARY, *s.* (or nursery.) *Séminaire, pépinière.*
A seminary Priest. *Un séminariste, un Prêtre d'un séminaire.*
SEMI-PROOF, *s. Sémi-preuve.*
SEM'QUAVER, *subst.* (half a quaver in musick.) *Un demi-fredon, une double croche,* en termes de musique.
SEMI-TONE, *s.* (half a tone in musick.) *Un demi-ton.*
SEMIVOWEL, *s.* (so are called certain consonants, such as *f, l, m, n, s,*) *Une demi-voyelle.*
SEMPITERNAL, *adject.* (or eternal.) *Eternel, qui dure toujours.*
SEMPSTRESS, } *s. Couturière, lingère.*
SEMSTRESS,
SENARY, *adj.* (belonging to the number six) *Appartenant au nombre six.*
SENATE, *subst.* (the assembly or supreme council of the Senators.) *Sénat, le corps des Sénateurs.*
The senate, or senate-house. *Le sénat,* le lieu où s'assemble le sénat.
A senate, (or great council.) *Un sénat, une grande compagnie, ou une grande assemblée.*
SENATOR, *s. Un sénateur.*

SENATORIAL, } *adject. De sénateur,*
SENATORIAN, *sénatorial.*
To SEND, *verb. act.* (to cause one to go, or a thing to be carried.) *Envoyer, faire partir, faire aller une personne, faire en sorte qu'une chose soit portée en un certain lieu.*
To send one on or of an errand or message. *Envoyer quelqu'un pour faire un message.*
To send a messenger. *Envoyer, faire partir, dépêcher un messager.*
To send a letter by the post. *Envoyer une lettre par la poste.*
To send one money. *Envoyer, remettre, faire tenir de l'argent à quelqu'un.*
To send one word, (to let him know,) *Mander, faire savoir, faire dire quelque chose à quelqu'un.*
To send to one, (to send him a messenger or a letter.) *Envoyer une lettre ou un messager à quelqu'un.*
To send FOR one to come. *Envoyer quérir quelqu'un, le mander, le faire venir.*
Send me ALONG with him. *Envoyez-moi avec lui.*
To send BACK, to send BACK again. *Renvoyer.*
To send IN. *Faire entrer.*
To send in dinner or supper. *Faire servir le dîné ou le soupé.*
To send a letter AWAY. *Envoyer une lettre.*
Send (or dispatch) him away quickly. *Dépêchez-le promptement.*
To send away (to turn out) a servant. *Renvoyer, congédier un domestique.*
If God send me life. *Si Dieu me prête vie, si Dieu me fait la grâce de vivre.*
God send he be well. *Dieu veuille qu'il se porte bien.*
To SEND, } *v. n.* (a sea term.) *Tanguer.*
To SOND,
SENDAL, *s.* (a kind of thin silk.) *Sorte d'étoffe de soie rance & dilitée.*
SENDER, *s. Qui envoie.*
SENDING, *subst. L'action d'envoyer, &c. V.* to Send.
He will come without sending for. *Il viendra sans qu'on l'envoie quérir.*
SENDING, } *part. act. & subst.* (a sea
SONDING, term.) *Action de tanguer, tangage.*
SENECTUDE, } *s. Vieillesse.*
SENESCENCE,
SENESCHAL, *subst. Ex.* The lord high Seneschal, (or steward of England.) *Le grand Sénéchal d'Angleterre.*
SENGREEN, *s.* (or houseleek, an herb.) *Joubarbe.*
SENIGHT. *V.* Sennight.
SENILE, *adj. De vieillard, qui a rapport à la vieillesse.*
SENIOR, *adj.* (orelder.) *Ancien, premier en date, qui a été reçu le premier dans une charge ; aîné.*
SENIORITY, *s. Ancienneté.*
SENNA, *s.* (a physical tree.) *Séné.*
Bastard senna tree. *Baguenaudier,* arbrisseau.
SENNIGHT, *s.* (seven-night.) *Huit jours, huitaine.*
This day sennight. *Il y a aujourd'hui huit jours,* ou *d'aujourdhui en huit.*
SENNIT, *s.* (a sea-term, from seven and knit) *Garcettes, Eguillettes.*
SENSATION, *s.* (an impression of the objects upon the senses.) *Sensation.*
SENSE, *subst.* (the faculty of the animal whereby he receives the impression of external and corporeal objects.) *Sens.*

The five natural senses. *Les cinq sens de nature.*
Sense, (or feeling.) *Sentiment, la fonction des sens.*
He has lost his senses. *Il a perdu le sentiment ; il est devenu fou.*
Sense, (an impression of the objects upon the senses.) *Sentiment, sensation.*
Sense, (an affection or passion of the soul.) *Sentiment, affection ou passion de l'ame.*
He has no sense of humanity. *Il n'a aucun sentiment d'humanité.*
Sense, (or reason.) *Sens, raison, faculté de raisonner, jugement, esprit.*
Common sense. *Sens commun.*
Good sense. *Bon sens.*
A book which is scarce sense, where there is scarce a word of sense. *Un livre où il n'y a pas de sens.*
To speak very good sense. *Parler de fort bon sens, raisonner parfaitement bien.*
Sense, (or wit.) *Esprit.*
Sense, (or opinion.) *Sens, avis, opinion, sentiment.*
Sense (or signification.) *Sens, signification.*
SENSELESS, *adject.* (that has no sense or feeling.) *Qui a perdu l'usage de ses sens, qui est comme mort, qui n'a point de sentiment.*
Senseless, (foolish, impertinent.) *Impertinent, qui choque le sens commun ; sot, absurde, ridicule.*
SENSELESSLY, *adv. Contre le bon sens, impertinemment, sottement, sans jugement.*
SENSELESSNESS, *subst. Impertinence, absurdité, manque de bon sens.*
SENSIBILITY, *subst. Sensibilité.*
SENSIBLE, *adj.* (that may be felt, that falls under our senses.) *Sensible, qui se fait sentir, qui tombe sous les sens.*
A sensible motion. *Un mouvement sensible.*
Sensible, (grievous.) *Sensible, fâcheux, touchant.*
Sensible, (that feels.) *Sensible, qui a du sentiment.*
A sensible part. *Une partie sensible.*
To be sensible of pleasure and pain. *Etre sensible au plaisir & à la douleur.*
I am very sensible of your kindnesses. *Je suis fort sensible aux faveurs que vous m'avez faites, j'en ai du ressentiment.*
To be sensible of a thing, (to know it, to be persuaded of it.) *Savoir, voir, connoitre une chose.*
I am sensible that I have done amiss. *Je sais que j'ai mal fait, je le vois, je le connois.*
Sensible, (of good sense, judicious.) *De bon sens, judicieux, qui a de l'esprit ou du jugement.*
He is a very sensible man. *C'est un homme d'un grand sens.*
SENSIBLENESS, *subst.* (sensibility.) *Sensibilité.*
Sensibleness, (good sense.) *Bon sens, esprit, jugement.*
SENSIBLY, *adv. Sensiblement, d'une manière sensible, avec jugement.*
SENSITIVE, *adj. Sensitif, qui a le pouvoir de sentir.*
Ex. The sensitive soul *L'âme sensitive.*
The sensitive plant. *La sensitive.*
SENSITIVELY, *adv. Avec sentiment.*
SENSORY, } *s.* (the seat of sense.)
SENSORIUM, *Sensorium,* terme didactique.
SENSUAL, *adj.* (that indulges the senses voluptuous.)

4 E 2

voluptuous.) *Senfuel, qui aime le plaifir des fens, voluptueux.*
Senfual (or carnal) pleasures. *Les plaifirs senfuels, les plaifirs des fens ou de la chair.*
SENSUALITY, f. *Senfualité, attachement aux plaifirs des fens.*
To SENSUALIZE, verb. act. *Rendre senfuel.*
Sensualized, adj. *Devenu senfuel.*
SENSUALLY, adv. *Senfuellement, d'une maniere senfuelle, voluptueusement.*
SENSUOUS, adj. *Pathétique, tendre.*
SENT, part. of send. *Envoyé.*
SENTENCE, subst. (or phrase.) *Une sentence, une phrase.*
A sentence, (or wise saying.) *Sentence, dit mémorable, apophthegme.*
Sentence, (or judgment.) *Sentence, arrêt, jugement.*
To SENTENCE, verb. act. (or to pass sentence upon.) *Condamner, prononcer sentence de condamnation.*
Sentenced, adj. *Condamné, à qui l'on a prononcé la sentence.*
SENTENCING, subst. *L'action de condamner,* &c.
SENTENTIOSITY, subst. *Qualité de celui qui est sentencieux.*
SENTENTIOUS, adj. (or full of sentences.) *Sentencieux, plein de sentences.*
SENTENTIOUSLY, adv. *Sentencieusement, par sentence.*
SENTIMENT, subst. (or opinion.) *Sentiment, sens, opinion, avis.*
SENTINEL,
SENTRY, } f. *Sentinelle.*
SENTERY,
SENTRYBOX, f. *Guérite.*
SEPARABILITY, subst. *Qualité de ce qui est séparable, divisibilité.*
SEPARABLE, adj. *Séparable, qui se peut séparer, divifible.*
SEPARATE, adj. (or distinct.) *Séparé, diftinct, particulier, différent.*
To allow one's wife a separate maintenance. *Faire une pension à sa femme en cas de séparation.*
To SEPARATE, verb. act. (to part.) *Séparer, diviser, désunir.*
To separate themselves, verb. récip. or to separate, verb. neut. *Se séparer.*
Separated, adj. *Séparé.*
SEPARATELY, adv. *Séparément, à part.*
SEPARATENESS, f. *Etat de séparation.*
I speak of the separateness of their functions. *Je parle de la fonction de chacun en particulier.*
SEPARATING, f. *Séparation ou l'action de séparer,* &c.
SEPARATION, f. *Séparation.*
SEPARATIST, subst. (or schismatick.) *Un ou une schismatique, un ou une séctaire.*
SEPT, f. *Tribu, race, génération.*
SEPTANGULAR, adj. *Qui a sept angles.*
SEPTEMBER, subst. (one of the twelve months of the year.) *Septembre.*
SEPTENARY, adj. (belonging to seven.) *Septenaire, de sept.*
Septenary, f. (seven yars of one's life.) *Septénaire, sept ans dans la vie.*
SEPTENNIAL, adj. *Qui a duré ou qui doit durer sept ans.*
SEPTENTRION, subst. *Septentrion, nord.*
SEPTENTRIONAL, adj. (or northern.) *Septentrional.*
To SEPTENTRIONATE, verb. neut. *Tendre vers le nord.*
SEPTICAL, adject. *Qui engendre la putréfaction.*

SEPTIEME, subst. (a sequence of seven cards, at piquet.) *Septieme, en termes du jeu de piquet.*
SEPTIMARIAN, f. (a weekly officer in monasteries.) *Semainier.*
SEPTUAGENARY, adj. (seventy years old.) *Septuagénaire, âgé de soixante & dix ans.*
SEPTUAGESIMA, f. (the third sunday before lent.) *La septuagésime ou le dimanche de la septuagésime.*
SEPTUAGESIMAL, adj. *Septuagésime.*
SEPTUAGINT, f. (the greek translation of the Bible by the septuagints.) *La bible ou la version des Septantes.*
SEPTUAGINTS, f. (the LXX or LXXII interpreters.) *Les Septante.*
SEPULCHRAL, adj. *Sépulcral, funebre.*
SEPULCHRE, subst. (or grave.) *Sépulcre, tombeau.*
To SEPULCRE, verb. act. (to bury.) *Enterrer, ensevelir.*
SEPULTURE, f. (or burial.) *Sépulture, enterrement.*
SEQUACIOUS, adj. (easily following.) *Qui suit facilement.*
SEQUEL, f. (or series.) *Suite.*
Ex. In the sequel of the discourse. *Dans la suite du discours.*
Sequel, (or consequence.) *Suite, conséquence.*
SEQUENCE, f. (a following of things in order.) *Séquence.*
In the sequence or sequel of the story. *Dans la suite de l'histoire.*
It follows in sequence. *Il s'ensuit.*
SEQUENT, adj. *Qui suit, qui succede.*
To SEQUESTER, verb. act. (to separate a thing in controversy from the possession of both parties.) *Séquestrer, mettre en sequestre ou en main-tierce.*
To sequester, (as a widow does when she disclaims to meddle with the estate of her deceased husband.) *Renoncer au bien du mari défunt, mettre la clef sur la fosse.*
† To sequester, (or separate.) *Séquestrer, séparer.*
To sequester one's self from the world. *Se séquestrer du monde, renoncer au monde, se retirer du monde.*
To SEQUESTRATE. V. to Sequester.
SEQUESTRATION, subst. *Séquestre, état d'une chose litigieuse remise en main-tierce.*
SEQUESTRATOR, subst. (he that keeps things in sequestration.) *Séquestre.*
SEQUESTRATED,
SEQUESTERED, } adj. *Séquestré,* &c.
SEQUESTRING, subst. *L'action de séquestrer,* &c.
SERAGLIO, f. (the palace of an eastern Prince.) *Sérail, palais.*
Seraglio, (a place to keep concubines in.) *Sérail, lieu où l'on tient des femmes de plaisir.*
SERAPH, f. *Séraphin.*
SERAPHICAL,
SERAPHICK, } adj. *Séraphique.*
SERAPHIM, f. (angels of the highest order of the celestial hierachy.) *Séraphins.*
SERASKIER,
SERASQUIER, } sub. (a general among the Turks.) *Sérasquier, général parmi les Turcs.*
SERENADE, f. (or night musick from a lover to his mistress.) *Sérénade.*
To SERENADE, verb. act. *Donner des sérénades.*
SERENE, adj. (without clouds, clear,

open.) *Serein, clair, qui n'est troublé par aucun nuage.*
Serene weather or a serene sky. *Un temps ou ciel serein.*
A serene (or calm) mind. *Un esprit serein ou tranquille.*
A serene (or chearful) countenance. *Un visage serein ou gai.*
Most serene, (a title given to great Princes.) *Sérénissime.*
SERENELY, adv. *Avec sérénité, d'une maniere sereine & calme.*
SERENENESS,
SERENITY, } subst. (in a proper and figurative sense.) *Sérénité.*
Serenity, (a title of honour.) *Sérénité, titre d'honneur.*
SERGE, subst. (a kind of woollen stuff.) *Serge.*
A maker or seller of serges. *Serger.*
SERGEANT, subst. (an inferior officer of foot or dragoons.) *Sergent, bas officier de guerre.*
A sergeant at law. *Docteur en droit civil, un Avocat.*
The King's sergeant at law. *L'Avocat du Roi.*
A sergeant, (an officer of justice.) *Sergent, bas officier de Justice.*
A sergeant at arms, *Un sergent d'armes.*
Seageants of the mace. *Sergents ou huissiers portant masse, massiers.*
SERGEANTRY, subst. (a service due to the King by his tenant's tenure.) *Sergenterie, espece de fief.*
Grand sergeantry. *Grande sergenterie.*
Petit or petty sergeantry. *Petite sergenterie.*
SERGEANTSHIP, subst. *Sergenterie, la charge de sergent.*
SERJEANT, &c. V. Sergeant, &c.
Serjeant-porter to the King. *Capitaine des portes des maisons royales.*
SERIES, subst. (order or course.) *Suite; tissu, enchaînement, enchainure: ce dernier est peu d'usage.*
SERIOUS, adject. (sober or grave.) *Sérieux, grave: il se dit des choses & des personnes.*
A serious man. *Un homme sérieux, un homme grave.*
He is in his serious mood. *Il est dans son sérieux.*
His serious carriage chills me. *Son sérieux me glace.*
A serious (or important) affair. *Une affaire sérieuse ou importante.*
Serious, (true, earnest, sincere.) *Sérieux, sincere, vrai, non-simulé.*
Are you serious ? (do you speak in earnest ?) *Ce que vous dites est-il sérieux ? dites-vous tout de bon, parlez-vous sérieusement ?*
SERIOUSLY, adv. (gravely.) *Sérieusement, gravement, avec gravité.*
Seriously, (or in earnest,) *Sérieusement, dans le sérieux, tout de bon, sans rire, véritablement, raillerie à part.*
SERIOUSNESS, f. *Sérieux, air sérieux, gravité.*
SERMON, f. *Sermon, prédication, prêche.*
A funeral sermon. *Une oraison funebre.*
To SERMONIZE, verb. neut. *Prêcher, sermonner.*
SEROSITY, f. (a thin or watery part of the blood.) *Sérosité.*
SEROUS, adj. (or watery.) *Séreux, plein de sérosités.*
SERPENT, f. (or creeping thing.) *Un reptile.*

Serpent,

SER

Serpent, (or snake.) *Un serpent.*
A little serpent. *Serpenteau, un jeune serpent.*
Serpent's tongue, (an herb.) *Langue-de-serpent*, herbe.
A serpent, (a sort of squib.) *Serpenteau*, sorte de fusée.
Serpent, (a musical instrument.) *Serpent*, instrument de musique.
SERPENTARY, *s.* (vipers-grass.) *Serpentaire*, sorte d'herbe.
SERPENTINE, *adj. De serpent.*
Ex. A serpentine wiliness. *Ruse de serpent.*
Serpentine, (going in and out.) *Serpentant.*
Serpentine verses, (that begin and end with the same word.) *Des vers qui commencent & finissent par un même mot.*
Serpentine, *subst.* (a sort of stone.) *Serpentine*, sorte de pierre.
† SERPET, *s.* (a kind of basket.) *Sorte de panier.*
SERPIGO, *subst. Sorte de dartre.*
To SERR, } *verb. act. Serrer.*
To SERRY, }
SERRATE, } *adject. Dentelé* comme une scie.
SERRATED, }
SERRATURE, *subst. Denteleure.*
SERVANT, *subst.* (a menial servant, a domestick in general.) *Un serviteur, une servante, un domestique.*
A servant, a man-servant. *Un serviteur, un valet.*
A servant, a maid or woman servant. *Une servante.*
To be servant to one, (to serve him as a menial servant.) *Servir quelqu'un, être à son service.*
Servant, (by way of compliment.) *Serviteur ou valet, servante, par manière de compliment.*
I am your most humble servant. *Je suis votre très-humble serviteur.*
Servant, (or lover.) *Serviteur, amant.*
Servant-like. *En serviteur, en servante.*
To SERVE, *v. act.* (to be a servant to one.) *Servir, être à un maître, comme son domestique.*
To serve, (to do service or kindness.) *Servir, rendre service, rendre de bons offices, aider, assister.*
To serve the King, (to be in some employ for his service.) *Servir le Roi.*
To serve in the war, (to bear arms.) *Servir à la guerre, porter les armes.*
To serve God, (to worship him.) *Servir Dieu, l'adorer, lui rendre le culte qui lui est dû.*
To serve the ladies, (to ingratiate one's self with them by an obliging carriage.) *Servir les Dames, chercher à leur plaire par des offices galans.*
To serve a battery well, (to see that the guns play well.) *Servir bien une batterie, avoir soin qu'elle tire bien.*
To serve, (a sea-term.) *Fourrer.*
To serve meat UP at the table. *Servir, mettre sur table les plats.*
To Serve, *v. neut.* (to be instead of.) *Servir, tenir la place, faire l'office de—*
To serve, (to be of some use, to be useful.) *Servir, être d'usage, être utile, bon ou propre à quelque chose.*
It will serve for an example. *Il servira d'exemple.*
To serve one's self, *verb. récip.* (or to make use) of an opportunity. *Se servir de l'occasion, en profiter.*

Do you serve (or use) me so? *Est-ce ainsi que vous me traitez? est-ce ainsi que vous en agissez avec moi?*
You served him right. *Vous avez bien fait, il le méritoit bien.*
I will serve him in his kind or I'll serve him the same sauce. *Je lui rendrai la pareille, je le payerai de la même monnoie.*
To serve (or play) one a trick. *Faire une pièce à quelqu'un, lui jouer un tour ou un mauvais tour.*
When occasion shall serve. *Quand l'occasion se présentera.*
Now the wind serves. *Le vent est bon présentement, il est favorable.*
Why did not you do it while time served? *Que ne l'avez-vous fait, lorsque le temps étoit propre ou favorable?*
While time serves bethink yourself. *Songez-y pendant que vous en avez le temps.*
These things will serve, (or suffice.) *Ces choses suffiront.*
To serve one's turn or to serve, (to suffice or be enough.) *Être assez.*
That will not or won't serve my turn. *Cela ne me suffit pas, cela ne fait pas mon affaire, cela n'est pas assez pour moi.*
Here is as much as will serve your turn. *En voici autant qu'il vous faut, en voici assez pour vous.*
There is as much as will serve ten folks. *En voilà assez pour dix personnes.*
A little meat and drink serves his turn. *Il ne mange & bois que fort peu.*
A little work serves his turn. *Il n'aime pas à travailler beaucoup.*
Little entreating serves my turn. *Je ne me fais pas beaucoup prier.*
When his turn is served, he will care no more for us. *Après qu'il aura fait son coup ou son affaire, il ne se souciera plus de nous.*
A worse than that will serve my turn. *Je me contenterai bien d'un moindre que celui-là.*
I think this might serve his turn. *Il me semble que celui-ci est assez bon pour lui.*
Nothing would serve him but the doing such a thing, (or but he must do such a thing.) *Il voulut absolument le faire, il voulut le faire à toute force, il n'y avoit point de repos qu'il n'eût fait cela.*
My sight does not serve me to read this print. *Je n'ai pas assez bonne vue pour lire ce caractère.*
And yet my heart will not serve (or permit me) to speak it. *Et cependant je n'ai pas le cœur de le dire.*
To serve a warrant or a writ upon one. *Exécuter ou signifier un ordre de prise de corps; assigner ou arrêter quelqu'un.*
To serve one's prenticeship. *Faire son apprentissage.*
To serve or be prentice to a trade or to serve one's time to it. *Faire l'apprentissage d'un métier, apprendre un métier.*
To serve OUT one's time. *Achever le temps qu'on est obligé de servir.*
To serve out one's prenticeship. *Achever son apprentissage.*
Served, *adj. Servi,* &c.
P. First come, first served. *Les premiers venus sont les premiers servis.*
He is well enough served. *Il l'a bien mérité.*

SERVICE, *s.* (the condition of a servant.) *Service, condition, qualité de domestique.*
P. Service is no inheritance. P. *Service de grand n'est pas héritage.*
He is fled from his service. *Il s'est enfui de chez son maître.*
Service. *Service, usage, user*; en parlant de draps, &c.
It has done me good service. *Il m'a été d'un bon user.*
Service, (good turn or office.) *Service, bon office, assistance.*
At your service. *A votre service ou pour vous servir.*
Service, (the employ of one that serves the King.) *Service,* emploi de ceux qui servent le Roi.
Service, (or divine service.) *Service, prières ou office divin.*
Service, (or course.) *Service de table.*
I ever owed much service (or respect) to your lordship. *J'ai toujours eu beaucoup de respect pour votre grandeur.*
Have you any service to him? *N'avez-vous rien à me commander auprès de lui?*
Remember my service to him. *Faites-lui mes baise-mains ou mes amitiés, saluez-le de ma part.*
All the family give their service to you. *Toute la famille vous salue.*
Hard service. *Fatigue.*
To put to hard service. *Fatiguer, harasser.*
Service, (at tennis.) *Service,* en termes du jeu de paume.
To give service, (at tennis.) *Servir*; en termes de tripot.
Service, (or sea.) *Fourrure,* soit de vieux cordages, de vieille toile, cuir, &c.
Service or service-berry. *Corbe ou sorbe.*
Service or service-tree. *Cormier ou sorbier,* arbre.
SERVICEABLE, *adject.* (useful.) *Utile, d'un grand usage.*
Serviceable, (as officious.) *Serviable, prêt à servir, officieux, commode, nécessaire.*
SERVICEABLENESS, *subst.* (usefulness.) *Usage, utilité.*
Serviceableness, (or officiousness.) *Humeur serviable ou officieuse.*
SERVICEABLY, *adverb.* (officiously.) *D'une manière fort serviable ou officieuse, officieusement.*
SERVILE, *adject.* (slavish.) *Servile, qui sent le valet ou l'esclave, qui est bas & rampant.*
SERVILELY, *adverb. Servilement, d'une manière servile, en esclave.*
He servilely fawned upon him. *Il le flattoit servilement.*
SERVILENESS, } *sub.* Inclination d'esclave, humeur d'esclave, esprit bas.
SERVILITY, }
SERVING, *s.* (from to serve.) *L'action de servir,* &c. V. to Serve.
Serving, *adject.* Ex. A serving-man. *Un homme de service, un serviteur, un valet.*
SERVITOR, *subst.* (a poor University scholar who attends others.) *Un serviteur, un pauvre écolier qui sert dans l'Université.*
Servitors of bills, (tipstaves or bailiffs of the King's bench.) *Sergents ou huissiers de la Cour du banc du Roi.*
SERVITUDE, *sub.* (slavery.) *Servitude, esclavage.*
SERUM, *subst. Petit-lait; sérosité.*
SESQUIALTER,

SESQUIALTER, } adject. (containing
SESQUIALTERAL, } one and a half) Sesquialtere, qui contient une fois & demie autant.

SESQUIPEDAL, } adj. D'un pied &
SESQUIPEDALIAN, } demi.

SESS, subst. Taxe, &c. V. Rate.

SESSION, subst. (or sitting.) Séance, session.

Session of Parliament. Séance de Parlement.

The session of a general council. Session d'un Concile général.

The quarter (or general) sessions. Les assises qui se tiennent quatre fois l'année dans toutes les provinces du royaume, pour juger de certaines causes civiles & criminelles.

A sessions-hall. Une Cour de justice.

SESTAIN, } V. Sextain.
SESTIN, }

SESTERCE, sub. (an old Roman coin.) Sesterce, ancienne monnoie Romaine.

SET, adj. Enchassé, placé, posé, planté, fixé, &c.

A set meal. Un repas réglé.

A set price. Un prix réglé.

A set hour. Une heure réglée.

A set form of prayers. Un formulaire de prieres.

Set, (made on purpose.) D'apparat.

A set visit. Visite d'apparat.

A set speech. Un discours d'apparat ou étudié.

A well set body. Un corps ramassé, carré ou bien pris.

A set battle. Bataille rangée.

If the weather be set in for rain. Si le temps se met à la pluie.

To be set (fixed or bent) upon mischief. Être enclin à mal faire, être malin ou malicieux, être porté au mal.

A stag that was hard set by the huntsmen. Un cerf qui étoit pressé par les chasseurs.

To be set out with merit and honour. Être revêtu de mérite & d'honneur.

† I am finely set out, (in an ironical sense.) Me voilà bien arrangé.

A set (or firm) resolution. Une ferme résolution.

Upon or on set purpose. Exprès, à dessein, de propos délibéré.

SET, subst. (a compleat suit of any thing.) Garniture, assortiment complet de quelque chose que ce soit.

A set of diamants. Une garniture de diamants.

A set of buttons. Une garniture de boutons.

A whole set of prints engraved by John Audran. Tout l'œuvre de Jean Audran, Graveur.

A fine set of silver plate. Un beau service de vaisselle d'argent.

Set, (of a setting-dog.) Arrêt, de chien qui arrête.

Set, (or game.) Une partie ou un jeu.

Set (or concert) of musick. Un concert de musique.

A set (or row) of trees. Un rang d'arbres.

A set of teeth. Rang de dents ou denture.

A set of coach-horses. Un attelage de chevaux de carrosse.

A set (or company) of men. Une bande ou une troupe de gens, un certain nombre de personnes.

A set of violins. Une bande de violons.

You find in his writings a set (or a series) of ideas which more and more discover the principle they result from. Vous trouverez dans ses écrits une suite d'idées, qui font appercevoir de plus en plus le principe d'où elles partent.

A set, (or plant of a tree.) Un plant.

A set, (or slip of an herb.) Un pied d'une plante.

A set-off. Agrément, ornement, enrichissement.

She is a set-off to you, (she is a foil to you, her homeliness serves to set you off.) Elle sert à relever l'éclat de votre beauté, † elle vous sert de mouche.

Set-foil, (tormentil or aih-weed.) Tormentille, herbe.

To SET, verb. act. (to put, lay or place.) Mettre, poser, placer.

To set in order. Mettre en ordre.

To set a fine upon one. Mettre quelqu'un à l'amende.

To set a thing before one, (or propose it to him.) Mettre une chose devant les yeux de quelqu'un, la lui proposer.

To set (or put) a town under contribution. Mettre une ville sous contribution.

To set free, (or at liberty.) Mettre en liberté, affranchir, délivrer.

To set (or write) DOWN. Mettre par écrit, écrire.

To set ON shore. Mettre à terre, débarquer.

To set a thing on foot. Mettre une chose sur pied.

To set on the pot, to set it on the fire. Mettre le pot sur le feu.

To set one on horseback. Mettre quelqu'un à cheval.

To set a house on fire. Mettre le feu à une maison.

To set TO sale. Mettre, exposer en vente.

Set your heart (or your mind) AT rest. Mettez votre esprit en repos de ce côté-là.

To set (or put) the seal to a publick writing. Mettre ou apposer le sceau à un acte public.

To set ASIDE. Mettre à part, mettre de côté.

To set sail. Mettre à la voile, faire voile, partir du port ou de la rade.

To set a sentry. Poser une sentinelle.

To set a dial horizontally. Placer un cadran horizontalement.

To set. Relever un objet avec la boussole.

To set the sails. Déployer les voiles, mettre les voiles au vent.

To set (or place) one upon a chair. Asseoir quelqu'un sur une chaise.

To set a stone in gold. Monter ou enchâsser une pierre dans l'or.

To set a page, (to compose it as Printers do.) Composer une page.

To set a song, to set it to musick. Composer une chanson, la mettre en musique.

To set (or plant) a tree. Planter un arbre.

To set, verb. neut. (as blossoms do in a fruit-tree.) Se nouer.

To set a cross bow-on the stocks. Monter une arbalete.

The King whom God has set over us. Le Roi que Dieu a établi sur nous.

To set a price on or to a thing. Fixer le prix d'une chose, y mettre un prix, la priser.

To set (or appoint) a time. Fixer ou nommer un temps, le marquer.

To set a watch by a sun-dial. Régler une montre sur un cadran au soleil.

To set a bone, (to set it into joint.) Remettre, remboîter un os, le remettre en sa place.

To set a razor. Passer, affiler un rasoir.

To set one's self above the level of one's countrymen, (to distinguish one's self from them.) Se tirer du pair, se distinguer de ses compatriotes.

To set (to excite) one against another. Pousser, animer, inciter une personne contre une autre.

To set a dog upon one. Haler un chien après quelqu'un.

To set one his task. Donner une tâche à quelqu'un.

It is or 'tis a fine which fortune sets upon us. C'est un tribut que la fortune exige de nous.

To set meat before one. Donner à manger à quelqu'un, lui présenter quelque chose à manger.

To set nets or lime-twigs. Tendre des filets ou des gluaux.

To set (to lay) a trap for one, (in order to bubble him.) Tendre un piege à quelqu'un, l'embaucher pour le duper.

To set (or make) a step. Faire un pas.

To set (or leave) open a door. Ouvrir une porte.

To set (or give) one a lesson to learn. Donner une leçon à apprendre à quelqu'un.

To set (or give) one a copy to write by. Donner un exemple à quelqu'un.

To set (or show) good examples to follow. Donner de bons exemples à suivre ou à imiter.

To set (or let) a house. Louer ou affermer une maison.

To set one's hand to a thing, (to sign it.) Signer quelque chose, y mettre son seing.

To set (or subscribe) one's name to a letter. Signer une lettre.

As to that, set your mind at rest. Ayez sur cela l'esprit en repos.

To set, verb. neut. (as the stars do.) Se coucher, en parlant des astres.

The tide sets to the South. La marée porte au Sud.

The sea sets to the North-west. La mer vient du Sud-est ou la mer porte au Nord-ouest.

To set AGOING, (or put in motion.) Faire aller, faire jouer.

He has set all the wheels (or springs) of his wit agoing. Il a fait jouer tous les ressorts de son esprit.

To set ABOUT a thing. Entreprendre une chose, s'y mettre après.

To set HARD at or to work. Presser, hâter.

To set one AGOG. V. Agog.

To set a story ABROAD. Divulguer quelque chose, la publier, en semer le bruit.

To set (or throw) a bell topsyturvy. Tourner une cloche sens dessus dessous.

A dog that sets a partridge. Un chien qui arrête une perdrix.

To set aside all laws, (or trample all laws under foot.) Passer par-dessus toutes les loix.

To

SET

To set AGAIN in its place, (or replace.) *Remettre en sa place.*
To set again a page, (in printing.) *Recomposer une page.*
To set one's mind AGAINST a thing. *Concevoir de l'aversion pour quelque chose, s'en faire une aversion.*
I will set his mind against it. *Je lui en ferai concevoir de la haine ou de l'aversion, je l'en détournerai.*
To set one's self against one, (to oppose him.) *S'opposer à quelqu'un.*
Why would you set such a man against you? *Pourquoi vous êtes-vous fait un ennemi si considérable?*
This set him against her most of all. *Ceci sur-tout l'a fait rompre avec elle.*
We must set that man against him. *Il lui faut mettre en tête cet homme-là, il lui faut opposer cet homme-là.*
To set one thing against another. *Mettre en balance une chose avec une autre, opposer une chose à une autre.*
To set FORTH, (to shew or represent, as a petition, &c.) *Exposer, dire, déduire, faire connoître, représenter.*
To set BY, (or esteem.) *Estimer, faire cas.*
He sets too much store by himself. *Il s'estime trop, il a trop bonne opinion de lui-même, il s'en croit trop.*
To set AT NAUGHT. *Mépriser, ne faire aucun cas, ne faire aucun compte.*
To set AT DEFIANCE. *Défier.*
To set one at work, (to employ him.) *Employer quelqu'un, lui donner de l'ouvrage ou de l'occupation, le charger de faire quelque chose, lui faire faire quelque chose.*
To set (or put) AWAY. *Ôter.*
To set BACK. *Reculer.*
To set FORTH a book. *Publier un livre, le mettre au jour, le donner au public.*
To set forth God's praise. *Publier ou annoncer les louanges de Dieu.*
To set forth, (or ordain.) *Ordonner, établir.*
To set forth a language in its greatest latitude. *Exposer une langue dans toute son étendue.*
To set one forth, (to praise him much.) *Louer quelqu'un, le prôner, le vanter.*
To set one's self forth. *Se vanter ou se faire valoir.*
To set forth one's beauty. *Rehausser la beauté, relever l'éclat de sa beauté.*
To set forth, (to go away.) *verb. neut. Partir, s'en aller.*
To set one FORWARD, *verb. act.* (to hasten or to encourage him.) *Animer quelqu'un, l'encourager, le pousser, le solliciter, l'inciter, le mettre en train, le pusher.*
To set (or push) one's self forward, *verb. récip. Se faire valoir, se pousser, s'intriguer.*
To set forward, *v. n.* (to go away.) *Partir, s'en aller.*
To set OFF. *Embellir, orner, parer, relever, rehausser, enjoliver.*
She had nothing to set off her beauty. *Elle n'avoit rien pour rehausser ou relever l'éclat de sa beauté.*
To set off a pair of beads. *Enjoliver un chapelet.*
To set off (or embellish) a discourse finely. *Habiller magnifiquement un discours.*
To set off a thing, (or show it to the best advantage.) *Mettre une chose dans un beau jour.*
To set ON a lock. *Mettre une serrure.*
To set on the miner. *Attacher le mineur.*
To set the teeth on edge. *Agacer les dents.*
To set (or egg) one on. *Animer quelqu'un, le pousser, le porter, l'inciter, le solliciter, le mettre en train.*
To set (or place) one's affections on a woman. *Devenir amoureux d'une femme,* † *s'en coiffer ou* † *s'en amouracher.*
To set store by. *Faire grand cas, estimer.*
To set thick with precious stones. *Semer de pierreries.*
To set one TO work. *Faire travailler quelqu'un, le mettre en train.*
Set him to it. *Faites-le lui faire.*
To set to work, *verb. neut.* or to set one's self to work, *v. récip. Se mettre à travailler, se mettre en train de faire quelque chose, se mettre après quelque chose.*
To set one's self (to endeavour) to please one. *Tâcher de plaire à quelqu'un.*
Set (or send) some body to enquire. *Envoyez quelqu'un pour prendre langue.*
To set UP. *Dresser, ériger, élever.*
To set up a monument. *Dresser, élever, ériger un monument.*
To set up a shop, to set up a trade, to set one's self up. *Lever boutique, s'établir.*
To set up a tavern. *Lever un cabaret à vin.*
To set one up again, (to put him in a way to retrieve his fortune.) *Rétablir quelqu'un.*
To set one up again or to set one again upon his legs, (to recover his health.) *Rétablir quelqu'un, lui donner la santé.*
To set up for, *v. neut.* (to pretend to be.) *S'ériger, faire, se faire.*
To set up for a reformer. *Faire le réformateur, s'ériger en réformateur.*
To set up a flag. *Arborer un pavillon.*
To set up a maypole. *Planter le mai.*
To set up the shrouds. *Palanquer les haubans pour les rider.*
To set up a mouse trap. *Tendre un souricière.*
To set up a cry. *Se mettre à crier.*
To set up for one's self or to set up a private interest. *Agir pour soi, travailler pour son intérêt particulier.*
After this victory over Mark Anthony, Augustus had a mind to set up for himself. *Après avoir remporté cette victoire sur Marc-Antoine, Auguste voulut se rendre le maître.*
To set up for one's self, (in any competition with others.) *Se mettre sur les rangs.*
To set up a laughter. *Éclater de rire.*
To set up (or paste) a play bill on a post. *Afficher une comédie.*
To set a gloss UPON a thing. *Donner un tour favorable à une chose, la faire voir par ses beaux côtés.*
To set one's heart upon a thing. *Attacher son cœur à quelque chose.*
To be much set on a thing, (to desire it earnestly.) *Avoir une chose fort à cœur, la souhaiter ardemment.*
To set (or fall) upon one. *Se jeter sur quelqu'un, l'attaquer.*
To set a stamp upon coin. *Monnoyer l'argent, marquer ou imprimer la monnoie, lui donner l'empreinte.*
To set a stamp on paper. *Timbrer le papier.*
To set one upon a thing. *Faire faire quelque chose à quelqu'un, l'y porter, l'y inciter.*
To set (or bend) one's heart or mind upon a thing. *S'appliquer, s'attacher à quelque chose.*
To set one OVER a thing. *Donner à quelqu'un la charge ou l'intendance d'une chose, lui en donner le soin ou la conduite, l'en faire le directeur, le commettre, le préposer à ou sur quelque chose.*
To set OUT, *v. act. Mettre à part.*
To set out, (to set off.) *Parer, orner, embellir, relever ou rehausser l'éclat de.*
To set (or fit) out a fleet. *Équiper une flotte, la mettre en mer.*
To set out a thing to the best advantage, (to make the best of it.) *Donner un tour favorable à une affaire, la faire voir par ses beaux côtés.*
To set one out in proper colours. *Faire connoître une personne avec tous ses défauts, la déchiffrer,* † *la mettre en beaux draps blancs.*
To set one out, (or speak much to his praise.) *Donner de grandes louanges à quelqu'un, lui donner de l'encens, le prôner, le vanter.*
To set out a child (to dress him) in order to go abroad. *Habiller un enfant pour sortir, le mettre en état.*
To set out (or assign) lands. *Assigner des terres.*
Every man has his share of provisions and business set out. *Chacun a sa portion de vivres & de travail marquée.*
To set (or put) out a book. *Publier un livre, le mettre au jour, le donner au public.*
To set out the walls of a city. *Tracer les murailles d'une ville.*
To set out, *v. n.* (to go away.) *Partir, s'en aller, se mettre en chemin.*
SET-FOIL, and set off. *V.* Set, *subst.*
SETACEOUS. *V.* Bristly.
SETON, *subst. Séton.*
SETTLE, *subst. Sofa, canapé.*
SETTER, *s.* (a spy.) *Un espion, celui qui va à la découverte.*
A setter, (or pimp.) *Un maquereau.*
A setter, (an associate of sharpers, to get them bubbles.) *Un embaucheur de dupes.*
A bailiff's setter. *Un recors, une mouche de sergens.*
Setter, (or setting-dog.) *Un chien couchant.*
SETTING, *s. L'action de mettre,* &c. *Voy.* to Set.
Setting of stones. *Remplissage ou remplage de pierres.*
Setting, *adj. Ex.* A setting or composing stick, (a Printer's tool.) *Composteur.*
A setting-dog. *Un chien couchant.*
A setting-stick, (a gardener's tool.) *Un plantoir.*
SETTLE, *s.* (settle-bed.) *Couche, lit de valet qui se ferme le jour.*
To SETTLE, *verb. act.* (to establish or fix.) *Établir, rendre stable, fixer.*
To settle one's abode somewhere. *Établir ou fixer sa demeure en quelque endroit, s'y établir.*
To settle one's mind. *Fixer son esprit.*
To settle one's spirits, (after a sudden passion, &c.) *Rassurer ses esprits.*
To settle one's head or brains, after a drinking bout. *Se remettre après une débauche, revenir de l'étourdissement causé par une débauche, cuver son vin.*

To settle, (to regulate, fix or determine.) *Régler, fixer, arrêter, ajuster, déterminer.*
To settle the Nation. *Régler l'etat.*
To settle the value of the coin. *Fixer ou régler la valeur de la monnoie.*
To settle an account. *Régler ou arrêter un compte.*
To settle one's concerns. *Régler ses affaires, y mettre ordre.*
I sell my land only to settle my affairs. *Je ne vends ma terre que pour m'arranger.*
To settle a yearly pension upon one, to settle so much a year upon him. *Assigner ou constituer une rente à quelqu'un.*
To settle one's estate upon one. *Substituer son bien à quelqu'un, l'instituer ou le faire son héritier.*
To SETTLE, verb. neut. (to rest as liquors do.) *Se rasseoir, se reposer, en parlant des liqueurs.*
To settle. *Faire son effort, en parlant des bois dans la construction d'un vaisseau.*
The deck is settled. *Le pont a fait son effort; les bois se sont affaissés en se desséchant.*
We have settled the land. *Nous avons noyé la terre.*
He is in a passion, stay till his mind is settled. *Il est fort ému, laissez rasseoir ses esprits.*
To settle to the bottom. *Aller à fond, s'enfoncer.*
To settle (or fix) to something. *Se fixer, s'arrêter, se déterminer à quelque chose.*
The weather settles. *Le temps se rassure.*
His ague begins to settle, (or to return about the same time.) *Sa fievre commence à se régler.*
To settle (or to settle one's self) somewhere. *S'établir quelque part.*
Settled, adj. *Etabli, rassis, &c.* V. to Settle.
One must be settled at last. *Il faut faire un établissement une fois en sa vie.*
SETTLEDNESS, subst. (or firmness.) *Stabilité, fermeté.*
SETTLEMENT, subst. (or settling.) *Etablissement, l'action d'établir, de fixer, de régler, règlement.*
Settlement, (or establishment.) *Etablissement, poste avantageux.*
Settlement, (the settling a rent or estate upon one.) *Constitution, établissement d'une rente, &c.*
He has a settlement of a thousand pounds a year. *Il a mille livres sterling en constitution.*
To make a settlement upon one. *Constituer quelque chose à quelqu'un.*
Settlement (settling or sediment) of a liquor. *Le sédiment ou le résidu d'une liqueur.*
A settlement, (or agreement.) *Un accord.*
A settlement (or plantation) in the west Indies. *Une habitation dans les Indes occidentales.*
SETTLING, subst. *L'action d'établir, &c.* Voy. to Settle.
Settling (or sediment) of a liquor. *Le sédiment ou le résidu d'une liqueur.*
SETWAL, sub. (an herb.) *Valérienne, herbe.*
SETWORT, subst. (or bear's-foot, an herb.) *Branche-ursine, plante.*
SEVEN, adj. *Sept.*
Sevenfold. *Septuple.*
Sevenfold, adv. *Sept fois autant.*
SEVENNIGHT, } subst. *Huitaine.*
SENNIGHT,
SEVENTEEN, adj. *Dix-sept.*

SEVENTEENTH, adj. *Dix-septième.*
SEVENTH, adj. *Septième.*
SEVENTHLY, adverb. *Septièmement, en septième lieu.*
SEVENTIETH, adv. *Soixante & dixième ou septantième.*
SEVENTY, adj. *Soixante & dix, septante.*
To SEVER, v. act. (or part.) *Séparer, diviser.*
SEVERAL, adj. (or divers.) *Plusieurs, divers, quantité.*
Several persons. *Plusieurs personnes ou quantité de gens.*
In several places. *En divers lieux.*
Our several interests. *Nos intérêts, l'intérêt de tant de gens.*
P. Several men, several minds. P. *Tant d'hommes, tant d'avis; chacun a un sentiment différent de celui des autres.*
Several (or different) genius. *Un génie différent.*
A several (or divided) inheritance or a several tail. *Un héritage partagé, & qui n'est plus en indivis.*
Several, s. *Etat de séparation; terre enclose.*
On all the several points (or particulars) we are to run through. *Dans tous les points dont il nous faudra traiter.*
SEVERALLY, adv. (or asunder.) *Séparément, à part, en particulier, à un, l'un après l'autre.*
To go out severally, (or by divers ways.) *Sortir par divers endroits, sortir l'un d'un côté, l'autre de l'autre.*
SEVERANCE, s. (a law-word used for partition or separation.) *Séparation, division.*
Severance of corn. *L'action de couper les blés ou de mettre à part la dîme du reste du blé.*
SEVERE, adj. (rigorous; hard, stern.) *Sévère, rigoureux, rude, cruel, rigide, dur, âpre, en parlant des choses & des personnes.*
A severe judge, father or master. *Un juge, un père ou un maitre sévère, dur, rigoureux.*
A severe winter. *Un rude hiver, un hiver âpre ou extrêmement froid.*
To be severe upon one. *Traiter quelqu'un avec rigueur ou à la rigueur, user de sévérité envers lui, le traiter rudement.*
Tiberius gave a severe check to the Judges. *Tibère reprit les Juges aigrement; leur fit une sévère ou verte réprimande.*
Severe, (austere or grave.) *Sévère, austère, grave.*
SEVERELY, adv. (rigorously or cruelly.) *Sévèrement, rigoureusement, avec sévérité, rudement, cruellement.*
To chide one severely. *Faire une sévère ou verte réprimande à quelqu'un.*
SEVERITY, s. *Sévérité, rigueur, rigidité, rudesse.*
Severity (or austerity) of life. *Austérité de vie ou de mœurs.*
To SEW, v. act. (to sew with a needle.) *Coudre.* Voy. to Sow.
To sew a pond. *Pécher un étang.*
Sewed, adj. *Cousu, &c.* V. to Sew.
Sewed, (speaking of a ship.) *Amorti: situation d'un vaisseau qui porte sur terre dans un port de marée, & qui n'a pas assez d'eau pour le tenir à flot, jusqu'au retour des grandes marées.*
SEWER, subst. A Gentleman sewer, (or Carver.) *Un Ecuyer-tranchant.*
Sewer, (shore, passage or gutter to carry water into the sea or a river.) *Canal ou conduit, pour l'écoulement des eaux.*

A common sewer (now corrupted to common shore.) *Un égout, un cloaque.*
† A common sewer or common shore, (a prostitute.) *Une prostituée.*
SEWET, } s. *Suif, graisse ferme dont*
SUET, *on fait le suif.*
Beef-sewet or mutton-sewet. *Suif de bœuf ou de mouton.*
SEX, s. (the nature of male and female, which distinguishes one from the other.) *Sexe.*
The masculine sex, (or men.) *Le sexe masculin, les hommes.*
The female or fair sex, (the women.) *Le sexe, le sexe féminin, les femmes.*
SEXAGENARY, adj. *Sexagénaire.*
SEXAGESIMA, subst. *The sexagesima-sunday, (the second sunday before lent.) Sexagésime.*
SEXENNIAL, adj. (of six years standing.) *De six ans, qui a duré six ans.*
SEXTAIN, s. (a stanza of six verses.) *Sixain.*
SEXENNIAL, adj. *Qui arrive tous les six ans, ou qui dure six ans.*
SEXTANT, subst. *La sixième partie d'un cercle.*
SEXTARY, (an ancient measure containing about a pint and a half.) *Ancienne mesure qui contenoit environ une pinte & demie d'Angleterre.*
SEXTE, s. (one of the seven canonical hours.) *Sexte.*
SEXTILE, s. (an aspect of sixty degrees between two planets.) *Sextil ou aspect sextil, terme d'astrologie.*
SEXTON, subst. *Sacristain.*
SEXTONSHIP, s. *Office de Sacristain.*
Remarque sur SH.
SH, en Anglois, se prononce comme ch en François.
† SHAB, s. *Un gredin.*
† SHABBILY, adverb. *En gredin, en gueux.*
To go shabbily. *Etre habillé en gredin, être mal-habillé.*
SHABBINESS, s. *Gredinerie, gueuserie.*
† SHABBY, subst. (beggarly.) *Gredin, gueux, mal-mis, mal-habillé.*
A shabby fellow. *Un gredin, un homme habillé en gredin.*
A shabby wench. *Une gredine.*
A shabby suit. *Un méchant habit, un habit tout usé.*
Shabby (base or pitiful) doings. *Des actions basses ou lâches, des actions indignes d'un honnête homme.*
SHACKLE, subst. *Fers, chaines de prisonnier.*
A hand-shackles. *Menotes.*
Shackles, (in a ship.) *Boucles intérieures des sabords.*
To SHACKLE, verb. act. *Mettre dans les fers, enchaîner.*
Shackled, adject. *Qui est dans les fers, enchainé.*
SHAD, subst. (a sea-fish.) *Alose, poisson de mer.*
SHADE, subst. (a place sheltered from the sun, &c.) *Ombre ou ombrage.*
Night-shade, (an herb.) *Morelle, sorte d'herbe.*
Shade, (an ornament for a woman's head.) *Ornement de tête pour femme.*
To SHADE, verb. act. *Ombrager, couvrir de son ombre.*
Shaded, adj. *Ombragé.*
SHADINESS, subst. (or shade.) *Ombre, ombrage.*
SHADOW

SHA

SHADOW, *subst.* (darkness caused by a body opposed to the light.) *Ombre.*
The shadow of a man or house. *L'ombre d'un homme ou d'une maison.*
Shadow, (or dark colours in painting.) *Ombre*, en termes de peinture.
To be afraid of one's own shadow, (to fear without a cause.) *Avoir peur de son ombre, avoir peur de tout.*
Shadow, (favour, protection.) *Ombre, faveur, protection.*
Under the shadow of so powerful a master. *Sous l'ombre d'un si puissant maitre.*
Shadow, (or appearance.) *Ombre, apparence.*
They have nothing but the shadow of liberty. *Ils n'ont que l'ombre de la liberté.*
There is not the least shadow (mark or sign) of profanation. *Il n'y a aucune ombre, aucune marque, aucun vestige de profanation.*
Shadow, (type or sign of a thing to come.) *Ombre, type, signe, figure.*
To SHADOW, *verb. act.* (or to shade.) *Ombrager, faire de l'ombre, couvrir de son ombre, donner de l'ombre.*
To shadow a picture. *Ombrer un portrait.*
To shadow a tapestry. *Nuancer une tapisserie.*
Shadowed, *adj. Ombregé*, &c. *Voy.* to Shadow.
SHADOWING, *subst. L'action d'ombrager*, &c. *V.* to Shadow.
Shadowing of colours, (in tapestry.) *Nuances de couleurs.*
SHADOWY, } *adject. Epais, obscur,* SHADY, } *où il y a de l'ombre ou qui fait de l'ombre, ombrageux.*
The shady woods. *Les épaisses forêts.*
The shady side of a street. *L'ombre d'une rue.*
SHAFT, *subst.* (an arrow.) *Flèche, dard.*
The shaft of a pillar. *Le fût ou la tige d'une colonne.*
The shaft (or spire) of a Church. *La pyramide d'une Eglise.*
The shaft of a chimney. *La souche d'une cheminée.*
Shaft, (amongst the Derbyshire miners, is a round or square hole, like a well.) *Creux rond ou carré comme un puits.*
SHAG, *f.* (a sort of stuff.) *Peluche.*
Shag-breeches. *Des chausses de peluche.*
A shag-haired dog. *Un Barbet, sorte de chien à grand poil.*
Shag, (a sea-fowl.) *Sorte d'oiseau de mer.*
SHAGGED, } *adj.* (or rough with hair.) SHAGGY, } *Velu, plein de poil, à poil long.*
A shagged dog. *Un barbet.*
SHAGREEN or rather CHAGRIN, *adject.* (vexed, out of humour.) *Chagrin de mauvaise humeur.*
Shagreen, (a sort of rough-grained fish-skin.) *Chagrin.*
Ex. A shagreen case. *Etui de chagrin.*
To SHAGREEN or rather CHAGRIN, *v. a.* (to vex.) *Chagriner.*
SHAKE, *f.* (jerk or pull.) *Secousse.*
Shake, (in Musick.) *Tremblement*, en Musique.
SHAKES, *subst.* plur. *Fentes & gerçures dans les pieces de bois.*
To SHAKE, *verb. act. Brunler, ébranler, écrouler, mouvoir, sécouer, agiter, remuer.*
† To shake one's head. *Branler la tête.*
To shake a tree. *Secouer un arbre.*
To shake a wall. *Ebranler un mur.*

The fear of death shakes the stoutest man alive. *La frayeur de la mort ébranle le plus ferme.*
To shake one's cane over one, (to threaten him with it.) *Menacer quelqu'un du bâton ou de la canne.*
To shake hands. *Toucher à la main, se donner la main l'un à l'autre par amitié.*
To shake hands with one, (to part with him.) *Quitter quelqu'un.*
To shake hands with a thing, (to have done with it, to bid it farewel.) *Quitter une chose, y renoncer, dire adieu à quelque chose.*
To shake OFF. *Secouer, faire tomber à force de secouer, dans le propre & dans le figuré.*
To shake off the yoke. *Secouer le joug, se mettre en liberté.*
To shake off poverty. *Se dépêtrer de la pauvreté.*
To shake off prejudices. *Secouer les préjugés.*
It is or 'tis a nick-name which he will never shake off whilst he lives. *C'est un sobriquet qui lui demeurera toute sa vie.*
To shake one off, (to rid one's self of him.) *Se défaire ou se débarrasser de quelqu'un.*
To shake IN. *Faire entrer dedans à force de secouer.*
To shake OUT. *Faire sortir à force de secouer.*
To shake to PIECES. *Faire tomber en pieces.*
To shake, *verb. neut. Trembler, branler,* † *grouiller.*
His hand shakes. *La main lui tremble.*
His head shakes. *La tête lui branle ou lui grouille.*
To shake, (in Musick.) *Faire des tremblemens*, en Musique.
Shaken, *adj. Ebranlé, branlé,* &c. *V.* to Shake.
SHAKER, *s.* Qui ébranle, &c.
SHAKING, *subst. Secousse, l'action de secouer, de branler; tremblement, l'action de trembler,* &c. *V.* to Shake, *verb. act. & neut.*
SHALE, *f. Cosse.*
SHALL. *C'est un signe du temps futur des verbes Anglois.*
Ex. I shall love. *J'aimerai.*
I shall do it. *Je le ferai.*
R. Au lieu de shall, *les Anglois se servent aussi de* will *; mais avec cette différence, que* shall *dans les premieres personnes marque une déclaration, dans les secondes & troisiemes, un commandement; au lieu que* will *marque partout une promesse, une résolution ou une intention. V. la Grammaire angloise.*
R. On se sert souvent du signe sans le verbe, pour éviter la répétition de celui-ci.
Ex. Shall you do it ? I shall. *Le ferez-vous ? Je le ferai.*
He would have me go thither, but I shall not. *Il voudroit que j'y aille, mais je n'en ferai rien, ou je n'irai point.*
Shall I or no ? *Le ferai-je ou non ?*
To be at shili-I-shall-I ? (to be at a loss or in suspense.) *Etre dans le doute ou dans l'irrésolution, être en suspens, marchander si l'on fera une chose ou non.*
SHALLOON, *subst. Sorte d'étoffe de laine.*
SHALLOP, *subst.* (a small vessel.) *Chaloupe, petit bâtiment.*
SHALLOW, *adj.* (not deep.) *Bas, qui n'est pas profond, où il y a peu d'eau.*
A shal'ow-pated, shallow-witted or shallow-man, a shallow wit or shallow brains. *Un esprit léger, un petit esprit,*

une personne qui a peu de sens & peu de cervelle.
Shallow, (dry or insipid, as a discourse.) *Maigre, sec, insipide ; sans esprit.*
SHALLOW, *subst.* (or a flat.) *Bas-fond ; batture, fond où il y a peu d'eau.*
SHALLOWLY, *adv.* (or simply.) *Sottement, impertinemment, sans esprit.*
SHALLOWNESS, *subst.* (the not being deep.) *Peu d'eau.*
Shallowness, (or shallow wit.) *Peu d'esprit, peu de sens ou peu de cervelle.*
SHALM, *subst.* (a sort of musical instrument.) *Sorte d'instrument de musique à vent.*
SHALOT, *subst.* (a bulbous plant.) *Echalotte.*
SHAM, *subst.* (or sham.) *Baie, moquerie, illusion, tromperie.*
To put a sham upon one. *Donner la baie à quelqu'un, jouer quelqu'un, se moquer de lui.*
Sham, (a false sleeve.) *Fausse manche.*
Sham, *adj.* (pretended, false.) *Prétendu, faux, supposé, postiche.*
A sham business. *Une chose supposée, une supposition.*
A sham name. *Un nom supposé, faux.*
A sham nose. *Un nez postiche.*
To SHAM one, *verb. act. Donner la baie à quelqu'un, jouer quelqu'un, le tromper en se moquant de lui.*
To sham one thing for another upon a person. *Duper quelqu'un, lui donner ou lui faire recevoir une chose pour une autre, la lui faire accroire.*
He would fain sham it upon me that he does me a service. *Il voudroit me faire accroire qu'il me rend service.*
SHAMADE or rather CHAMADE, *subst.* (a military term, a parley.) *Chamade, terme de guerre.*
To beat the shamade. *Battre la chamade, demander à capituler.*
SHAMBLES, *subst.* (a butcher's stall.) *La boucherie.*
SHAMBLING, *adj. Qui marche gauchement.*
SHAME, *subst.* (reproach, ignominy.) *Honte, opprobre, infamie, ignominie, chose honteuse ou infame.*
For shame. *Fi, fi.*
Shame, (shamefacedness, bashfulness.) *Honte, pudeur, modestie.*
To lose all shame or to be past shame. *Perdre la honte.*
If he has any shame. *S'il a tant soit peu de modestie ou de pudeur.*
I take shame to myself that. *J'avoue à ma honte, que.*
Every body cries shame on't. *Tout le monde blâme cette action.*
To discover one's brother's shame. *Découvrir la turpitude de son frere.*
To SHAME, *v. act.* (or disgrace.) *Faire honte à, déshonorer.*
To shame one, to make him ashamed of a thing. *Faire honte à quelqu'un de quelque chose.*
Shamed, *adj. Couvert de honte, déshonoré.*
SHAMEFACED, *adject.* (bashful.) *Honteux, qui a de la honte ou de la pudeur, timide.*
SHAMEFACEDLY, *adv. Avec pudeur, d'une maniere honteuse & timide.*
SHAMEFACEDNESS, *subst. Honte, pudeur, timidité.*
SHAMEFUL, *adj.* (base, ugly, dishonest.) *Honteux, vilain, qui n'est pas honnête, dont on doit avoir honte.*

SHAMEFULLY,

Tome II. 4F

SHA

SHAMEFULLY, adv. *Honteufement, d'une maniere honteufe, avec ignominie.*
SHAMEFULNESS, *f. Infamie, ilenie.*
SHAMELESSNESS, *subst. Impudence, effronterie.*
SHAMELESS, *adj.* (impudent, brazen-faced.) *Impudent, effronté, qui n'a point de honte.*
A thameless action. *Une action impudente.*
P. Shameless craving must have a shameful nay. *Celui qui demande avec effronterie, mérite un refus honteux.*
A thameless fellow. *Un effronté, un impudent.*
A thameless huffy. *Une effrontée, une impudente.*
SHAMELESSLY, adv. *Impudemment, effrontément, d'un air impudent, d'une maniere effrontée.*
SHAMING, *f.* (from to shame.) *L'action de faire honte ou de déshonorer, &c.*
SHAMED, *adj.* (from to sham.) *A qui l'on a donné la baie, &c. V. to* SLAM.
SHAMMER, *f. Un donneur de baies.*
SHAMMING, *subst. L'action de donner la baie, &c. V. to* Sham.
Shamming, *adj. Ex.* A shamming trick. *Une baie.*
SHAMOIS, *subst.* (a kind of wild goat.) *Chamois, forte de chevre sauvage.*
Shamois or shamois-leather. *Chamois, peau de chamois.*
SHAMPINION or rather CHAMPIGNON, *f.* (a kind of mushroom.) *Champignon.*
SHANK, *subst.* (or leg.) *Jambe.*
The shank of a tobacco pipe. *Le tuyau d'une pipe à fumer.*
Small spindle shanks. *Jambes de fuseau.*
The shank (or stalk) of a plant. *La tige d'une plante.*
The shank of a candlestick or key. *Tige de flambeau ou de clef.*
The shank (or tunnel) of a chimney. *Tuyau de cheminée.*
The shank of an anchor. *La verge d'une ancre.*
SHANK-PAINTER, *subst. comp. Cordage & chaîne servant à brider l'ancre contre le bord, comme chez nous les ferrebosses.*
SHANKER, *f.* (a sort of ulcer.) *Chancre, sorte d'ulcere.*
SHAPE, *f.* (form or figure.) *Forme, figure.*
To come to some shape. *Se former.*
Shape, (stature or proportion of the body.) *Taille, stature ou proportion du corps.*
A shape for a woman's stays. *Tour de point ou de dentelle, que les femmes attachent au haut de leur corps de jupe.*
To SHAPE, *verb. act.* (to form or proportion.) *Donner la forme ou les proportions qu'il faut; former, proportionner.*
To shape (or steer) one's course toward a place at sea. *Faire route vers un lieu.*
To shape the course. *Commander la route, donner la route.*
Shaped, *adj. Formé, proportionné.*
To be well shaped, (or to have a body well turned.) *Avoir la taille bien faite, avoir un corps bien proportionné, être bien fait de corps.*
SHAPELESS, *adj.* (of no shape.) *Malproportionné, où il n'y a point de proportion.*
SHAPELINESS, *f. Beauté, belle proportion.*
SHAPING, *adject. L'action de donner la forme ou les proportions qu'il faut, &c. V. to* Shape.

SHA

SHARD, *f. Morceau, tét.*
SHARE, *subst.* (or part.) *Part, portion, partage.*
I take no more than comes to my share. *Je ne prends que ma part ou que ce qui m'appartient.*
For my share, (as for me.) *Pour moi, pour ce qui est de moi, quant à moi.*
The share or plough-share. *Soc ou fer de charrue.*
† Share, (or man's yard.) *La verge d'un homme.*
Share, (the groin.) *L'aine.*
The share-bone. *L'os bertrand.*
Share-wort. *Herbe qui guérit la douleur de l'aine.*
Share. *V.* Flotfon.
To SHARE,
To SHARE OUT, } *verb. act.* (to divide into shares.) *Partager, diviser.*
To share a thing with one, (to make him partake of it.) *Partager quelque chose avec quelqu'un, lui en faire part.*
To share a thing with one, (to enjoy it together.) *Partager quelque chose avec quelqu'un, en jouir ensemble.*
What rank or condition of men, what professions have not shared the riches that sprung or flowed from this new scheme? *Quelle condition, quelle profession ne s'est pas sentie des richesses éclofées du nouveau système?*
Shared or shared out, *adj. Partagé, &c.*
SHARER, *f. Celui ou celle qui partage.*
SHARING, *subst. Partage ou l'action de partager.*
SHARK, *subst.* (a voracious seafish.) *Requin, le goulu de mer, sorte de gros poisson.*
A shark or sharking fellow, (one that lives upon the catch.) *Un escroc, un parafite, un écornifleur.*
To SHARK up and down, *v. neut.* (to go sharking about.) *Escroquer, faire le métier d'escroc, de parafite ou d'écornifleur.*
SHARKING, SHARKING up and down, or SHARKING about, *f. L'action d'escroquer ou d'attraper ce qu'on peut.*
Sharking, *adj. Ex.* A sharking trick. *Un tour d'escroc.*
A sharking fellow. *Un escroc.*
SHARP, *adj.* (or keen.) *Aigu, qui coupe bien, affilé, acéré.*
Sharp, sharp at the top, (pointed.) *Aigu, pointu.*
Sharp, sharp bottom. *Fond fin, en parlant de la construction d'un vaisseau.*
A sharp trimmed ship. *Vaisseau orienté au plus près, ou vaisseau au plus près.*
To trim all sharp. *Orienter toutes les voiles au plus près.*
A sharp wind. *Vent au plus près.*
Sharp (or shrill) voice. *Une voix aiguë, claire, perçante.*
A sharp (or quick) sight. *Une vue aiguë, perçante, subtile, pénétrante.*
A sharp (quick or subtle) wit. *Un esprit aigu, vif, perçant, subtil, fin, pénétrant.*
Sharp, (or cunning.) *Ingénieux, fin, habile, subtil, rusé, adroit, qui a l'esprit alerte.*
A courtier must look out sharp, and watch all opportunities of advancing himself. *Un courtisan doit avoir l'œil au guet, on doit être alerte & épier les occafions de s'avancer ou de se pouffer.*
Sharp, (or smart.) *Acre, mordicant, mordant, qui a de l'acrimonie, falin.*
Sharp urine. *Urine âcre & mordante.*
A very sharp blood. *Un sang fort falin.*

SHA

Sharp, (in taste.) *Piquant, fort, aigre.*
Sharp, (acute or violent, as a disease or pain.) *Aigu, vif, violent, grand.*
A sharp (or keen) stomach. *Grande faim ou grand appétit.*
Sharp, (bloody or cruel.) *Rude, sanglant, cruel.*
A sharp fight. *Un rude ou un sanglant combat.*
A sharp (or severe) winter. *Un hiver rude, âpre, rigoureux, extrêmement froid.*
A sharp (or nipping) cold. *Un froid piquant, aigu, rude, pénétrant.*
Sharp, (in words, or biting.) *Mordant, aigre, piquant, véhément, satyrique, en parlant d'un style, d'un discours, &c.*
Sharp dispute. *Une dispute pleine de chaleur, une dispute opiniâtre.*
A sharp (or severe) reproof, check or reprimand. *Une verte ou severe reprimande.*
To be sharp, (or eat with a good stomach.) *Manger de bon appétit.*
To be sharp (or severe) upon one. *Maltraiter quelqu'un, le traiter trop rudement, le rudoyer, le traiter avec rigueur.*
To look sharp upon one. *Regarder quelqu'un fiérement.*
To look sharp. *Avoir l'œil au guet ou aux champs, être sur ses gardes.*
P. Poverty is a sharp weapon. P. *La pauvreté est un glaive bien acéré.*
Sharp-set, (or very hungry.) *Affamé, qui a grand'faim, qui a bon appétit,* † *qui a les dents bien longues.*
Sharp-set (or eager) upon pleasures. *Avide de plaisirs.*
A sharp - raifed vault. *Voûte à d'os d'âne.*
Sharp-fighted. *Qui a bonne vue, qui a la vue aiguë, perçante ou subtile.*
Sharp - witted. *Qui a l'esprit vif, pénétrant, subtil ou aigu.*
SHARP, *f.* (in musick.) *Béquarre, en termes de musique.*
To SHARP, *v. a.* (to cheat.) *Filouter, attraper.*
To SHARPEN, *verb. act.* (or make more sharp.) *Aiguifer, affiler ou rendre pointu.*
To sharpen (or to whet) the stomach. *Aiguifer l'appétit.*
Sharpened, *adject. Aiguifé, affilé.*
SHARPENING, *f. L'action d'aiguifer ou d'affiler, &c.*
SHARPER, *f.* (or cunning fellow.) *Un adroit, un rusé.*
Sharper, (a bite, a cheat.) *Un filou; un fripon, un escroc,* † *un chevalier d'industrie.*
SHARPLY, adv. (smartly, wittily.) *Subtilement, avec esprit.*
To take one up sharply, (or severely.) *Reprendre quelqu'un aigrement ou rudement, lui faire une verte réprimande.*
SHARPNED *V.* Sharpened.
SHARPNER, *subst. Emouleur.*
SHARPNESS, *fub.* (keenness of edge or point.) *Tranchant, fil, pointe.*
Sharpness of vinegar. *Aigreur de vinaigre.*
Sharpness (or acrimony) of humours. *Acreté ou acrimonie des humeurs.*
The sharpness of the air or weather. *L'inclémence de l'air ou du tems.*
The sharpness of winter. *Les rigueurs de l'hiver.*
The sharpness of cold. *L'âpreté ou la rigueur du froid.*
Sharpness (or quickness) of sight. *Subtilité de vue.*

Sharpness

Sharpness (or keenness) of wit. *Subtilité d'esprit, pénétration.*
Sharpness of stomach. *Bon appétit.*
SHARPNING. *V.* Sharpening.
Sharpning corn, (given to the smith for sharpening husbandry-tools.) *Certaine quantité de blé que les fermiers ou laboureurs payent au forgeron pour aiguiser leurs outils.*
SHASH, *subst.* (the linen of which the turbant is made.) *La toile qui fait le tuban d'un Turc.*
* Shath or sash, (a girdle.) *Ceinture, écharpe.*
SHATTER, *s.* (or small piece.) *Eclat, petite piece.*
To SHATTER, *v. act. & n.* (or break into pieces.) *Casser, briser; se casser, &c.*
Shattered, *adj. Cassé, brisé, endommagé.*
A shattered (or damaged) vessel. *Vaisseau incommodé ou maltraité.*
SHATTER-PATED, *adj. Ex.* A shatter-pated (or crack-brained) fellow. *Un étourdi, un écervelé.*
SHATTERY, *adj. Friable, qui n'est point compacte.*
To SHAVE, *v. act. Raser, faire la barbe, ou couper le poil.*
To shave close. *Raser de près.*
Shaved, *adj. Rasé.*
I am shaved twice a week. *Je me fais raser ou je me rase deux fois la semaine.*
Her head was shaved close. *Elle avoit la tête rasée.*
SHAVELING, *s.* (a shaven priest.) *Un tonsuré.*
SHAVEN, *adject. Tonsuré, qui a reçu la tonsure.*
Ex. A shaven Priest, a Priest with a shaven crown. *Un tonsuré.*
SHAVER, *subst.* (or barber.) *Barbier, celui qui rase.*
† He is a notable cunning shaver. *C'est un adroit ou un rusé.*
SHAVING, *s. L'action du rasoir.*
A shaving-knife, (a razor.) *Un rasoir.*
Shavings of wood. *Des copeaux.*
A book-binder's shaving-tub. *Le portepresse d'un relieur de livres.*
SHAW, *subst. Bosquet.*
SHAWM. *V.* Cornet.
SHE, (pronoun, the feminine of He.) *Elle.*
Ex. She loves. *Elle aime.*
She sleeps. *Elle dort.*
She is a woman. *Elle est femme, c'est une femme.*
R. SHE is also sometimes used to express the feminine gender of such words as are promiscuously used for both genders. *Quelquefois on se sert de SHE pour spécifier le genre féminin des mots dont on se sert indifféremment pour les deux sexes.*
Ex. A she (or female) friend. *Une amie.*
A she cat. *Une chatte.*
SHEAF, *subst.* of corn. *Une gerbe de blé.* SHEAVES au pluriel.
A sheaf (or bundle) of arrows. *Un paquet de flêches.*
To SHEAF corn, *v. act.* (to bind it up into sheaves.) *Engerber le blé, le mettre en gerbes.*
To SHEAR, *v. act. Tondre.*
To shear the sheep or cloth. *Tondre les brebis ou le drap.*
SHEAR. *V.* Shears.
SHEARER or SHEEP-SHEARER, *s.* (from to shear.) *Un tondeur de brebis.*
SHEARING, *s. L'action de tondre.*

Shearing-time. *Tonte, temps où l'on tond les brebis.*
Shearings, (what is shorn off.) *Tontures.*
Shear-hook. *V.* Sheer-hook.
SHEAR-MAN, *s.* (one that shears cloth.) *Tondeur de drap.*
SHEARS, *s. Forces, gros ciseaux.*
SHEAT, } *s.* (or sheat-ropes in a ship.)
SHEET, } *Ecoutes, sorte de cordages de navire.*
The sheat anchor, (the biggest-anchor.) *La grosse ancre.*
The sheat cable. *Le maître-cable.*
The sheat fish. *Sorte de poisson du Nil.*
SHEATH, *s.* (a case for any thing.) *Un fourreau, une gaine.*
A horse's sheath. *Fourreau d'un cheval.*
A sheath for a knife. *Une gaine de couteau.*
A sheath-maker. *Un gainier.*
A sheath (or scabbard) for a sword. *Fourreau d'épée.*
To SHEATH, *verb. act.* (to put up a sword in the scabbard.) *Rengainer une épée.*
He sheathed his sword in her breast. *Il lui plongea ou enfonça son épée dans le sein.*
To sheath a ship, (to case it under water with thin boards or copper to keep out the southern worms.) *Doubler un vaisseau, lui donner le doublage, le revêtir de planches ou de cuivre.*
Sheathed, *adject. Rengainé, plongé, &c. V.* to Sheath.
SHEATHING, *s. L'action de rengainer, d'enfoncer, &c. V.* to Sheath.
Sheathing, *part. act. & subst.* (a ship-building term.) *Action de doubler & doublage, soit de planches de sapin ou cuivre, soit de feuilles de cuivre, &c.*
SHEAVES, *s. pl.* (a sea-term.) *Rouets de poulies.*
Brass sheaves, *Rouets de fonte.*
Lignum vitæ sheaves. *Rouets de gayau.*
Sheaves of lignum vitæ with brass coaks. *Rouets de bois de gayac & de fonte.*
Sheaves, plural de Sheaf.
SHED, *adj. Répandu, épandu, épanché, versé.*
Shed, *subst.* (a little house adjoining to a great one.) *Un appentis ou un étau.*
A shed, (against a dead wall.) *Un hangar, un auvent.*
Blood-shed, *s. Effusion de sang.*
To SHED, *v. act. Répandre, verser, épandre, épancher.*
He begins to shed his teeth. *Les dents commencent à lui tomber.*
To shed the horns, (as deer.) *Muer, être en mue.*
SHEDDING, *s. L'action de répandre, &c. V.* to Shed.
Shedding of blood. *Effusion de sang.*
SHEEN,   }
SHEENY, } *adj.* (or bright.) *Luisant, éclatant.*
SHEEP, *s. Eclat.*
SHEEP, *s. Brebis, mouton.*
† To cast a sheep's-eye at one. *Jeter des œillades à quelqu'un, le lorgner.*
Sheep-skin or fell. *Peau de mouton.*
Sheep's head. *Tête de mouton.*
Sheep's-pluck. *Fressure de mouton.*
Sheep's dung. *Fiente de brebis.*
Sheep rot. *Le tac ou la mortalité entre les brebis.*
Sheepcoat or sheepcote. *Parc de brebis ou de moutons.*

Sheepfold. *Bergerie, l'étable des moutons; parc de moutons.*
A sheephook. *Une houlette.*
Sheep-shank, (a sea-term.) *Jambe de chien, nœud qu'on fait à l'itague d'un palan pour la raccourcir lorsque les poulies se touchent.*
To SHEEP-SHANK, *verbe formé du sub. précédent. Ex.* To sheep-shank the runner of a tackle. *Raccourcir ou reprendre l'itague d'un palan, pour remettre les poulies qui se touchent, en état d'agir encore.*
SHEEPISH, *adj.* (or silly.) *Simple, niais.*
He looks very sheepish. *Il a la physionomie d'un mouton qui rêve.*
SHEEPISHNESS, *s. Simplicité, bêtise.*
SHEEPSHEARING, *s. Tondaison, tonte de moutons.*
SHEER, *adj.* (or quite.) *Tout, tout-à-fait.*
Sheer-through. *Tout au travers.*
He carried it sheer away. *Il l'emporta tout-à-fait.*
Sheer, (pure.) *Pur, sans mélange.*
Sheer, *s. Tonture des précintes, tonture ou relèvement des ponts.*
To SHEER, *v. neut.* (a ship under sail is said to sheer or to go sheering, when she is not steadily steered.) *Rouler, en parlant d'un vaisseau.*
To sheer, *verb. act. Faire des embardées ou donner des embardées en gouvernant.*
To sheer off. *S'éloigner, s'écarter, fuir ou prendre chasse.*
† To sheer off, (to get away.) *S'enfuir, gagner au pied.*
SHEERED, *adject.* (speaking of a ship.) *Tonturé.*
A round sheered ship. *Vaisseau fort tonturé ou gondolé.*
A moon sheered ship. *Vaisseau fort enhuché.*
A strait sheered ship. *Vaisseau qui a peu de tonture.*
SHEER-HOOK, *s.* (a great iron hook.) *Grapin, harpeau.*
SHEERING, *s.* (the sheering of a ship.) *Le roulis d'un vaisseau.*
Sheering, *adj. Ex.* A ship that goes a sheering. *Vaisseau qui roule.*
SHEERS, *subst. plur.* Big ets, les pontons ou fosses servant de machine à mâter dans les arsenaux d'Angleterre, ou machine à mâter flottante.
SHEET, *s. Une feuille de papier.*
A book in sheets, (or in quires, not bound.) *Un livre en feuilles ou en blanc.*
Sheet, (for a bed.) *Linceul, drap.*
Sheet, (a sea-term.) *Ecoute.*
To haul aft the sheets. *Border les écoutes.*
Both sheets aft. *Les deux écoutes bordées arriere; situation d'un vaisseau qui est droit vent arriere.*
Let fly the sheets! *Largue les écoutes!*
Up tacks and sheets! *Largue le lof!* ou *leve le lof!* commandement fait lorsqu'on vire de bord.
The sheet anchor. *La grosse ancre.*
To SHEET, *v. act.* (to put sheets to the bed.) *Mettre des draps au lit.*
Sheeted, *adj. Ex.* Are the beds sheeted? (are the rooms put in order?) *A-t-on mis des draps aux lits? les chambres sont-elles faites?*
SHEETING, *subst. L'action du verbe* to Sheet.

Sheeting,

4F 2

SHE

Sheeting, (linen for sheets.) *Toile pour les draps de lit.*

SHEKLE, *sub.* (or ficle, a Jewish coin.) *Sicle, sorte de monnoie des Juifs.*

SHELF, *s.* (a board to lay things on.) *Tablette.* SHELVES au pluriel.

The shelf (or till) of a Printer's press. *Tablette de presse d'Imprimeur.*

Shelf, (or heap of sand in the sea.) *Ecueil, banc de sable, dangers ou récifs.*

SHELFY, *adj.* (full of shelves and rocks.) *Plein d'écueils & de rochers.*

A shelfy coast, long infamous for ships and sailors lost. *Une côte pleine d'écueils & célèbre en naufrages, en termes de poësie.*

SHELL, *subst.* Ecaille, coquille, coque, écale.

Oyster-shells. *Des écailles d'huitre.*

A tortoise-shell. *Ecaille de tortue.*

An egg-shell. *Coquille, coque ou écale d'œuf.*

A nut-shell. *Coquille, coque ou écale de noix.*

A fish-shell. *Coquille de poisson.*

Shell-fish. *Poisson à coquille, Coquillage.*

Shell-work. *Coquillage, ouvrage à coquille.*

The shells of peas and beans. *Cosses des pois & des feves.*

A sword-shell. *Plaque d'épée.*

The shell (or rind) of a pomegranate. *Ecorce de grenade.*

A shell, (or bomb.) *Une bombe.*

Shell of a block. *Corps d'une poulie.*

To SHELL peafe or beans, *verb. act.* *Ecosser des pois ou des feves.*

To shell walnuts. *Ecaler des noix, en ôter l'écale.*

Shelled, *adject.* Ecossé, &c. Voyez to Shell.

Shelled, (that has scales or shells.) *Qui est couvert d'écailles ou de coquilles.*

SHELLING, *sub.* L'action d'écosser, &c. V. to Shell.

SHELLY, *adj.* Plein de coquillages.

SHELTER, *s.* (a safe place against ill weather.) *Abri, couvert.*

To get shelter while it rains. *Se mettre à l'abri ou à couvert de la pluie.*

Shelter, (refuge, sanctuary, protection.) *Abri, asyle, lieu de sûreté, refuge, protection.*

To fly to a place for a shelter. *Se réfugier en quelque lieu.*

He is fled to me for shelter. *Il s'est réfugié auprès de moi.*

Shelter, (or lodging.) *Couvert, retraite, logement.*

To SHELTER one, *v. act.* (to receive him into one's house or to protect him.) *Recevoir quelqu'un chez soi, lui donner le couvert, le protéger, le mettre à l'abri ou à couvert.*

SHELTERING, *sub.* L'action de mettre à couvert, &c. V. to Shelter.

SHELTERLESS, *adj.* Qui n'a aucun asyle ou refuge, qui est exposé à toutes sortes de dangers.

SHELVES, *c'est le pluriel de* Shelf.

SHELVING, *s.* (slope, declivity.) *Pente, penchant, talus.*

Shelving, *adject.* (sloping.) *Qui va en pente, qui penche.*

A land shelving towards the sea. *Terre en pente douce.*

SHENT, *adject.* (or blamed.) *Blâmé, grondé.*

SHE

SHEPHERD, *s.* (from sheep.) *Berger, pastoureau :* ce dernier ne se dit que dans des chansonnettes.

SHEPHERDESS, *s.* Bergere, pastourelle : ce dernier ne se dit que dans des chansons.

SHERBET, *s.* (a sort of pleasant drink.) *Sorbet, sorte de boisson.*

SHERIFF, *subst.* (from shire, a sort of yearly Officer in a town or county.) *Shérif, sorte de Magistrat annuel en Angleterre, dont les fonctions sont à peu près les mêmes qu'étoient celles du Prévôt de l'Ile de France.*

SHERIFFALTY,
SHERIFFDOM, } *subst.* (the being a Sherif.) *La charge de Shérif ou le temps pendant lequel on l'exerce.*

SHERIFFWICK, *subst.* La juridiction du Shérif.

SHERRY,
SHERRY-SACK, } *s.* Vin d'Espagne, certain vin d'Espagne qui croît dans l'Andalousie.

SHEW,
SHOW, } *subst.* (appearance, pretence, colour.) *Apparence, prétexte, couleur, ombre.*

To make a shew, (to make as if, to pretend,) *Faire semblant, faire mine.*

To make a shew of anger. *Faire semblant d'être fâché.*

Shew, (or spectacle.) *Spectacle, pompe.*

Shew, (or parade.) *Montre, parade, ostentation.*

To make a shew of one's riches. *Faire montre ou parade de ses richesses.*

That was a fine shew indeed. *Vraiment cela étoit beau à voir.*

To make a fine shew, (or figure.) *Faire une belle figure ou paroître fort.*

A raree shew. *Une curiosité.* V. Raree.

Shew-bread. *Les pains de proposition.*

To SHEW,
To SHOW, } *v. act.* (or let see.) *Montrer, faire voir, exposer à la vue.*

To shew (or communicate) a letter to one. *Montrer ou communiquer une lettre à quelqu'un.*

To shew, (or to discover.) *Montrer ou découvrir.*

To shew, (to prove or make appear.) *Montrer, faire paroître, faire voir, prouver, donner des preuves.*

To shew one a great deal of kindness. *Témoigner beaucoup d'amitié à quelqu'un, lui faire de grandes amitiés ou de grandes caresses.*

To shew, (teach or learn.) *Montrer, enseigner, expliquer.*

To shew, (to declare or to represent.) *Représenter, remontrer.*

To shew, (or make known.) *Annoncer, faire savoir, publier.*

To shew. Faire.

Ex. To shew mercy to one. *Faire grace à quelqu'un, lui pardonner.*

To shew tricks. *Faire ou jouer des tours.*

To shew one a trick. *Faire une piece à quelqu'un, lui jouer un tour.*

To shew one a trick for his trick. *Tromper un trompeur,* † *lui rendre les poires au sac.*

The landlady shewed me or shewed me into a tolerable neat room. *L'hôtesse me mit dans une chambre assez propre.*

To shew (or to exercise) one's cruelty upon one. *Exercer sa cruauté sur quelqu'un.*

SHE SHI

To shew respect or civility to one. *Porter du respect à quelqu'un, lui faire des civilités, avoir des égards pour lui.*

To shew cause, (to shew a reason why.) *Donner des raisons.*

† To shew one a pair of heels, (to scamper away.) *Se sauver, gagner au pié, s'enfuir.*

To shew FORTH. *Publier, annoncer.*

To shew one's self a man, *v. réc.* *Faire voir qu'on a du cœur, donner des preuves de son courage.*

To Shew, *v. neut.* (to appear or look.) *Paroître.*

That shews black. *Cela paroit noir.*

It shews (or looks) like an isle. *Il ressemble à une isle.*

To shew, (or make shew as if.) *Faire semblant, faire mine.*

Shewed, *adject.* Montré, &c. Voyez to Shew.

SHEWER,
SHOWER, } *subst.* Celui ou celle qui montre.

A shewer of tricks. *Un charlatan, un joueur de passe-passe.*

SHEWING, *sub.* L'action de montrer, &c. V. to Shew.

SHEWN. V. Shewed.

SHEWY,
SHOWY, } *adject.* (that makes a great shew, gay.) *Voyant, brillant, pimpant, éclatant.*

SHIDE. V. Board.

SHIELD, *s.* (or buckler.) *Un bouclier, un écu.*

Shield-bearer. *Porte-bouclier.*

Shield, (defence, protection.) *Bouclier, défense, protection ou protecteur.*

To SHIELD, *v. act.* (or defend.) *Défendre, protéger, mettre à l'abri ou en mettre à couvert.*

Shielded, *adj.* Défendu, protégé, mis à couvert.

To SHIEVE, *v. n.* (or fall astern, a term of navigation.) *Scier, en termes de mer.*

SHIFT, *s.* (a woman's smock.) *Une chemise de femme.*

Shift, (after-game, remedy, expedient.) *Ressource, expédient, ce qu'on emploie au défaut d'autres moyens.*

A poor shift. *Une pauvre ressource.*

To find out a sudden shift. *Trouver d'abord quelque expédient.*

Shift, (a subterfuge, an evasion.) *Echappatoire, défaite, détour, subterfuge, fuite, faux-fuyant, excuse frivole.*

He uses shifts and evasions. *Il use de fuites ou de subterfuges; c'est un homme qui gauchit, qui ne va pas droit.*

A shift, (or cunning shift.) *Un tour d'adresse, une ruse.*

To put one to his shifts, (to puzzle him.) *Mettre quelqu'un en peine, l'embarrasser, le mettre dans l'embarras.*

To be put to one's shifts or to one's last shifts. *Etre en peine, être embarrassé, ne savoir de quel côté se tourner ou de quel bois faire fleche.*

Upon this his Majesty being put to a new shift. *Sur cela Sa Majesté se voyant dans un nouvel embarras.*

I made shift to go thither. *Je m'y portai avec assez de peine.*

I shall make shift to do it. *Je le ferai d'une maniere ou d'autre.*

He makes shift to live. *Il vivote, il gagne sa vie tout doucement : ou bien, à force de soins ou de régime il se conserve en vie.*

Ha

SHI

He was at a hard shift to live. *Il avoit bien de la peine à gagner sa vie.*
I shall be at a hard shift but I shall compass it. *Je ferai tant que j'en viendrai à bout.*
I should have made some shift to prevent it. *J'aurois tâché de le prévenir.*
To make shift with any thing. *S'accommoder de tout.*
I can make shift without it. *Je m'en passerai bien, je saurai bien m'en passer.*
Shift of the planks, (a ship-building term.) *Distance laissée entre les écarts ou les bouts de deux vitures de bordages qui se touchent, ou de deux pieces voisines, comme la quille & la contre quille, l'étrave & la contre-étrave ; ce qu'on appelle en François doubler les écarts.*
To SHIFT, *verb. act.* (or to change.) *Changer.*
To shift one's lodging or clothes. *Changer de logis ou d'habit.*
To shift one's self, (to put on a clean shirt or shift.) *Changer de chemise, mettre une chemise blanche.*
To shift the scene. *Changer la scene.*
To shift one from place to place. *Transporter quelqu'un d'un lieu à un autre.*
To shift a liquor out of one vessel into another. *Transvaser quelque liqueur.*
To shift a ship. *Changer un vaisseau de place dans un port.*
Shifting a tackle or fleeting. *Action d'affaler ou reprendre un palan.*
To shift the helm. *Changer la barre.*
Shift the helm! *Change la barre!*
To shift the voyal. *Changer la tournevire.*
To shift the sails. *Changer les voiles ou trelucher.*
To shift, *v. n.* (to change one's lodgings.) *Changer de demeure ou de quartier.*
To shift for one's self, (to take care of one's self.) *Songer à soi, pourvoir à ses affaires, trouver les moyens de vivre, s'aider ou s'accommoder.*
To shift for one's self, (to go away.) *S'enfuir, prendre la fuite.*
To shift, (a term in hunting, being said of beasts that are hunted.) *Ruser, aller & venir sur les mêmes voies,* en termes de chasse.
To shift, (to use shifts or evasions, to dodge.) *Ruser, se servir de ruses, chercher des faux-fuyans, user de fuites ou de subterfuges, gauchir.*
The wind shifts from one point to another. *Le vent saute,* (en termes de mer,) *change & passe d'un rumb à l'autre.*
To shift OFF (or elude) an argument. *Eluder un argument.*
He could not shift off (or shun) death. *Il ne put éviter la mort.*
To shift one off, (to rid one's self of him.) *Se défaire, se débarrasser de quelqu'un, l'éconduire, le renvoyer.*
To shift off a thing to another, *Rejeter une chose sur quelqu'un, s'en décharger sur lui.*
Shifted, *adj.* Changé, &c. V. to Shift.
A shifted ship. *Vaisseau dont le lest est dérangé, ou la charge & l'arrimage changés par le roulis ou par la grande inclinaison donnée au vaisseau par le vent.*
The wind is shifted. *Le vend a changé.*
SHIFTER, *subst.* S'embarquer.
A shifting fellow, (ona that dodges.) *Un homme qui use de fuites, de subterfuges,*

SHI

de détours, d'échappatoires, qui se sert de ruses, qui ruse, qui gauchit dans une affaire ; un fourbe.
Shifter. *Matelot ou mousse qui est destiné à aider le coq.*
SHIFTING, *s.* L'action de changer, &c. V. to Shift.
Shifting, *adj.* Ex. A shifting fellow. *Un fourbe, un homme qui gauchit ou qui ne va pas droit.* Voy. Shifter.
A shifting trick. *Finesse, ruse, fourberie, détour.* Voy. Shift.
SHIFTINGLY, *adv.* (or cunningly.) *Finement, avec adresse, en se servant de détours, de ruses, de finesses.*
SHILLING, *subst.* (a silver coin worth twelve pence.) *Schelling, monnoie d'argent qui vaut douze sous d'Angleterre, vingt-quatre sous de France.*
A shilling-worth. *La valeur d'un schelling, un schelling de quelque chose.*
SHILL-I-SHALL-I, *adj.* Chancelant, indéterminé. Voy. Shall.
SHILY, *adj.* (or reservedly, from shy.) *Avec réserve, avec retenue, avec circonspection.*
SHIN
SHIN-BONE, } *s.* L'os de la jambe.
SHINE; *s.* Clarté, clair, éclat, splendeur.
The sun-shine. *La clarté du soleil.*
The moon-shine. *La clarté ou le clair de la lune.*
To SHINE, *v. neut.* (to cast a light or brightness, to be bright.) *Eclairer, luire, reluire, briller, jeter ou répandre de la lumiere ; éclater.*
The sun or moon shines. *Le soleil ou la lune luit ou éclaire.*
Their arms shine. *Leurs armes reluisent.*
A diamond that shines. *Un diamant qui brille ou qui reluit, qui jette beaucoup de feu.*
To shine, (to appear glorious, being spoken of wit, virtue, &c.) *Briller, éclater.*
Courage shines in that Prince. *La valeur brille dans ce Prince.*
That verse shines more than the next. *Ce vers brille plus que le suivant.*
Of all the Actresses in the two playhouses M^{rs}. Siddons shines most. *De toutes les actrices des deux théatres Mad. Siddons est celle qui brille le plus.*
This is the unluckiest day to me that ever shined. *C'est le plus fatal de mes jours.*
The moon shines with a borrowed light. *La lune brille d'une lumiere empruntée.*
SHINESS, *subst.* (or reserve, from shy.) *Réserve, retenue.*
SHINGLE, *subst.* (or lath.) *Bardeau, ais, latte.*
Shingles, (a kind of St. Anthony's fire.) *Feu volage ; ceinture, feu persique, érésipele.*
SHINGLER, *s.* (a maker of shingles.) *Un faiseur de bardeaux ou de lattes.*
SHINING, *s.* (from to shine,) *Lueur, éclat, splendeur, brillant.*
Shining, *adject.* Luisant, resplendissant, brillant.
SHININGLY, *adv.* D'une maniere brillante, remarquable.
Ex. To look shiningly. *Reluire, briller.*
SHINY, *adj.* Brillant, éclatant.
SHIP, *s.* (a sea vessel.) *Navire, vaisseau ou bâtiment de mer.*
To take ship. *S'embarquer.*
Ships of war. *Vaisseaux de guerre.*
Ship of the line. *Vaisseau de ligne ; tout*

SHI

vaisseau de guerre qui porte cinquante canons & au-dessus.
Admiral ship. *Vaisseau Amiral ou vaisseau Commandant d'un armée navale.*
Hospital-ship. *Vaisseau servant d'hôpital dans une armée.*
Merchant ship. *Vaisseau marchand.*
Store ship. *Vaisseau armé en flute, à la suite d'une armée navale ou autrement.*
Transport ship. *Bâtiment de transport.*
A shipboat. *Esquif, une chaloupe.*
A shipboy. *Mousse ou garçon de navire.*
Shipboard. *Bord, vaisseau.*
To go on shipboard. *Aller à bord, s'embarquer.*
Ship-pitch. *Brai.*
A shipwright or ship-carpenter. *Charpentier de navire.*
Shipmoney. *Impôt qu'on a levé en divers temps en Angleterre, pour la construction des navires.*
Ship-wreck. V. Shipwreck, *dans l'ordre alphabétique.*
Ship's-steward, *Le maitre-valet ou le dépensier d'un vaisseau.*
SHIPMATE, *s.* Camarade de vaisseau.
To SHIP,   }
To SHIP AWAY, } *v. act.* Embarquer.
To ship away one's forces. *Embarquer ses troupes.*
To ship a heavy sea. *Recevoir un gros coup de mer à bord, ou embarquer un coup de mer.*
To ship the oars. *Armer les avirons.*
To ship the swivel guns. *Monter les pierriers sur leurs chandeliers.*
To ship the tiller. *Mettre en place la barre du gouvernail.*
Shipped or shipped away, *adject.* Embarqué.
SHIPPING, *s.* Embarquement ou l'action d'embarquer.
To take shipping, (to go on ship-board) *S'embarquer.*
The harbour is crowded with shipping. *Le port est couvert de vaisseaux.*
Shipping, (or navy.) *Flotte.*
SHIP-SHAPE, *adv. comp.* A la maniere des vaisseaux, c'est-à-dire, proprement, avec goût & exactitude.
Ex. Trim your sails ship-shaped! *Orientez mieux vos voiles!*
This mast is not rigged ship-shape. *Ce mât n'est pas gréé proprement, ou ce mât est mal-garni.*
SHIPWRECK, *subst.* Naufrage, au propre & au figuré.
To SHIPWRECK, *verb. neut.* (to suffer shipwreck.) *Faire naufrage, échouer.*
To shipwreck, *v. act.* Faire faire naufrage, faire périr ou échouer.
Shipwrecked, *adj.* Naufragé.
SHIPWRIGHT. Voy. Ship-wright, *sous* Ship.
SHIRE, *subst.* (a county or province.) *Comté ou Province d'Angleterre.*
England properly so called, is divided into so many shires, and the Principality of Wales into twelve. *L'Angleterre proprement dite est divisée en quarante Provinces, & la Principauté de Galles en douze.*
To get in the shire what one loses in the hundred. *Donner un sou pour avoir un bœuf.* Prov.
SHIRK, to shirk, &c. Voy. Shark, to Shark, &c.
SHIRT, *subst.* Chemise d'homme.
A shirt of mail. *Chemise de maille.*
SHIRTLESS, *adj.* Sans chemise.

To

SHI SHO — SHO — SHO

To SHITE, verb. neut. *Chier, faire ses affaires.*
SHITE-A-BED, *f. Celui ou celle qui a chié au lit.*
SHITE-BREECH, *subst. Celui ou celle qui a chié dans ses chausses.*
† SHITE-FIRE, *f. (the Spanish cacafuego, a hectoring blade.) Un rodomont, un fier à bras, un avaleur de charrettes ferrées.*
SHITTEN, *adj. Foireux.*
A shitten boy. *Un petit foireux.*
A shitten girl. *Une petite foireuse.*
† A shitten (or pitiful) fellow. *Un pauvre homme, un petit esprit.*
† A shitten trick. *Un vilain tour, une vilaine action.*
† SHITTENLY, *adv. (or pitifully.) Fiteusblement, chétivement, d'une manière pitoyable.*
He came off very shittenly. *Il s'est mal tiré d'affaire, il a fait une cacade.*
To look shittenly, (or poorly.) *Avoir mauvaise mine, avoir pauvre mine.*
To look shittenly, (to be abashed, to be badly out of countenance.) *Paroitre tout déconcerté.*
SHITTIM, SHITTAH or SHITTIM-WOOD, *f. Bois précieux d'Arabie.*
SHITTLE,
SHITTLE-HEADED, *adj. (fickle.) Léger, inconstant, incertain, volage, étourdi.*
Shittle, (or shuttle.) V. Shuttle.
† Shittle come shites, (or idle stories.) *Des contes à dormir debout, des balivernes, des fariboles.*
SHITTLE-COCK, *subst. Un volant.*
SHIVE, *f. Eclat de bois; tranche.*
SHIVER, *subst. Eclat, piece de bois qui se fend.*
To SHIVER, *v. n. (to quake with cold.) Frissonner, trembler.*
To set all shivers, (a sea-term.) *La voile prise ou barbeyée, en termes de mer.*
To shiver, *v. a. (to break in pieces.) Briser, rompre en pieces.*
To shiver. 1. act. & neut. (speaking of sails.) *Faser, en parlant des voiles.*
Shiver the main top sail! *Mets le grand hunier à faser!*
Shivered, *adj. Rompu, brisé.*
SHIVERING, *subst. A shivering fit. Un frisson.*
SHIVERY, *adj. Qui se met aisément en morceaux.*
SHOAL, *f. (crowd.) Multitude.*
Shoal, (bank.) *Banc de sable, basse, batture ou bas fond.*
Shoal of herrings. *Banc de harengs.*
SHOCK, *f. (encounter or fight.) Choc, rencontre, combat.*
A shock (a heap of sheaves) of corn. *Un tas de gerbes de blé.*
A shock of ten sheaves. *Un dixeau.*
To SHOCK, *verb. act. (to clash with or to knock against.) Choquer, offenser.*
SHOD, *adj. (from to shoe.) Chaussé.*
A horse well shod. *Un cheval bien ferré.*
All well-carriages shod with iron. *Toutes les voitures à roues garnies de fer ou à roses ferrées.*
SHOE, *Un soulier.*
A horse-shoe. *Un fer de cheval.*
Wooden shoes. *Des sabots.*
P. Every shoe fits not every foot. *Tout le mon e ne se chausse pas à un même point, tout le monde ne s'accommode pas d'une même chose.*

To throw an old shoe after one, (a foolish manner of wishing one good luck at his going upon some design.) *Jeter un vieux soulier à quelqu'un, ce qui se fait quelquefois parmi le peuple, comme une chose de bon augure, quand on part pour quelque entreprise.*
A shoe-string. *Cordon ou attache de soulier.*
A shoe-boy or shoe-cleaner. *Un décrotteur.*
A shoe-clout. *Un torchon avec quoi on nettoie les souliers.*
To save shoe-leather. *Epargner ses souliers.*
† As honest a man as ever trod shoe leather. *Un aussi honnête homme qui ait jamais porté.*
Shoe of the anchor. *Sabatte de l'ancre, piece de bois qui s'emboîte au bout de la patte de l'ancre, pour garantir le bord du vaisseau de son frottement.*
To SHOE a horse, *verb. act. Ferrer un cheval.*
SHOEING, *subst. L'action de ferrer.*
Shoeing-horn. *Un chausse-pied.*
SHOEMAKER, *subst. (from shoe.) Cordonnier.*
A good shoemaker. *Un bon Cordonnier, un cordonnier qui chausse bien.*
Shoemakers-row or shoemakers-street. *Cordonnerie.*
To be in the shoemaker's stocks. † *Être dans la prison de Saint-Crépin, avoir le pied à la torture, avoir des souliers trop étroits.*
SHOLE,
SHOAL, *subst. Multitude.*
Ex. A shole of fishes. *Une multitude de poissons.*
Sholes, (or flats in the water.) *Basfond.*
SHOLING, *subst. (a sea term.)*
Ex. Here is good sholing, (a very safe and commodious going in with the shore.) *Cette rade est commode pour rendre le bord.*
To SHOO. V. to Shake.
SHOG, *subst. Secousse.*
SHONE, *prét. of Shine.*
SHOOK, *prét. of to Shake. V. to Shake.*
SHOOT, *subst. (a bud or sprig.) Jet, rejeton, bourgeon; scion.*
A young shoot. *Un nouveau jet.*
A shoot, (or great pig.) *Un cochon qui ne tette plus, un goret.*
Shoot, (a shooting with an arm.) *Coup qu'on tire avec une arme.*
I shot three shoots at him. *J'ai tiré trois coups sur lui.*
To SHOOT, *verb. neut. (as plants do.) Pousser, jeter, en parlant des plantes.*
To shoot (or grow) UP. *Pousser, croître.*
To shoot OUT. *Bourgeonner.*
To shoot out in ears, (as corn does.) *Epier, monter en épi.*
To shoot, (as lightning does.) *Passer, comme un éclair.*
To shoot, (as a star does.) *Tomber, en parlant d'une étoile.*
To shoot forth, (to run swiftly forward.) *S'élancer.*
A cape that shoots or that shoots forth into the sea. *Un cap qui s'avance dans la mer.*
To shoot, (as a pricking pain does.) *Elancer, causer des élancements.*
My finger shoots. *Le doigt m'élance, j'y sens des élancements.*

To shoot, *verb. act. (to cast forth.) Tirer, lancer, jeter de force & de roideur.*
To shoot flying. *Tirer au vol ou en volant.*
To shoot an arrow. *Tirer, décocher une fleche.*
To shoot darts. *Lancer des traits.*
To shoot at one. *Tirer sur quelqu'un.*
To shoot quite besides the mark. *S'écarter tout-à-fait du but, s'en éloigner de beaucoup.*
To shoot THROUGH. *Percer de part en part ou d'outre en outre.*
To shoot a joint, (in joinery.) *Raboter le bord d'une planche.*
To shoot, (or wound.) *Blesser, percer.*
To shoot (or to empty) corn, coals, out of a sack. *Vider, jeter un sac de blé ou de charbon.*
To shoot off a gun. *Décharger une arme à feu.*
To shoot off the great guns. *Tirer, faire jouer l'artillerie.*
To shoot one to death. *Passer quelqu'un par les armes.*
To shoot the bridge, (to go through it.) *Passer par dessous le pont.*
And how have you shot the gulph? (or gone over it?) *Et comment avez-vous passé ou franchi le gouffre?*
To shoot a mast by the board. *Abattre un mât.*
SHOOTER, *subst. Tireur.*
The shooter of a lock. *Le pêne d'une serrure.*
SHOOTING, *subst. L'action de pousser, de tirer, &c. Voy. to Shoot.*
Shooting, (the shooting of game with a gun.) *Chasse à tirer, chasse au fusil.*
To go a shooting. *Aller à la chasse au fusil.*
The shooting of plants. *La pousse des plantes.*
Shooting, *adj. Ex. A shooting star. Une étoile volante.*
A Printer's shooting stick. *Un cognoir ou décognoir d'Imprimeur.*
SHOP, *f. Boutique.*
A shop-book. *Livre de compte ou livre journal de marchand.*
A shop-board. *Un établi.*
A shop-lifter or a shop-lift, (one that pretends to cheapen, and steals wares.) *Un filou, qui vole des marchandises en faisant semblant de les vouloir acheter.*
Shop-keeper. *Un homme de métier ou un marchand qui tient boutique.*
SHORAGE, *f. (from shore.) Droit de rivage.*
SHORE, *f. (the sea-side.) Bord ou rivage de la mer, côte.*
To go to shore. *Aller à terre.*
To come ashore. *Débarquer.*
Bold shore. *Côte de fer ou côte à pic.*
SHORES. *Les accores ou épontilles des vaisseaux sur le chantier.*
Shore, (or sewer.) V. Sewer.
Shore, (or prop.) *Appui, étai, chevalet, étançon.*
To SHORE up, *verb. act. (or to prop up.) Appuyer, étayer, soutenir, étançonner.*
With a small liberality we may shore up a family that is ready to fall. *Nous pouvons par une petite liberalité soutenir une famille qui est prête à tomber.*
Shored up, *adj. Appuyé, étayé, soutenu, étançonné.*
SHORLING, *f. (the fell of a shorn sheep.) La peau d'une brebis tondue.*
SHORN, *adjed. (from to shear.) Tondu, rasé.*

King.

SHO

King Childerick III. was depofed, fhorn and confined in a Monaftery. *Le Roi Childeric III. fut dépofé, rafé & renfermé dans un Monaftere.*

The fetting fun appears fhorn of its beams. *Le foleil couchant paroît dépouillé de fes rayons.*

Shorn velvet. *Du velours ras.*

SHORT, adj. (not long in extent of place.) *Court, qui n'eft pas long.*

A short ftick. *Un bâton court.*

Short, (not long in duration.) *Court, qui n'a dure guere.*

The days are fhort in winter. *Les jours font courts en hiver.*

Short, (fuccinct, brief, clofe.) *Court, fuccinct, bref, ferré.*

Ex. A fhort fpeech. *Une harangue courte.*

A fhort ftyle. *Un ftyle fuccinct ou ferré.*

To be fhort, (as a preacher, &c. not to fpeak long.) *Être court ou fuccinct, ne parler pas long-temps.*

And to make fhort work on't. *Et pour c mot court, pour avoir bientôt fait.*

To be fhort of money, (to want money.) *Être court d'argent, en manquer.*

To have but fhort (or fmall) commons. *N'avoir qu'un petit ordinaire.*

A fhort (or compendious) Dictionary. *Un petit Dictionnaire, abregé de Dictionnaire.*

To be fhort, to cut fhort, in fhort. *Pour faire court, pour couper court, pour abreger.*

Short-breath. *Courte haleine, difficulté de refpiration.*

A fhort man or woman. *Un homme court, une femme courte, un ragot, une ragotte.*

A fhort pen. *Un bout de plume.*

A fhort candle. *Un bout de chandelle.*

To be fhort (or blunt) with one. *Parler brufquement à quelqu'un.*

Short-hand, (or tachygraphy.) *Tachygraphie, maniere d'écrire par abréviations & par notes.*

Some fhort time. *Quelques jours.*

A fhort while. *Peu de temps.*

In a fhort time. *Bientôt, dans peu de temps.*

A thing of fhort continuance. *Une chofe de peu de durée.*

A fhort bowl. *Boule qui demeure, qu'on n'a pas pouffée affez fort.*

Short, adv. *Court.*

To turn fhort. *Tourner court, fe retourner tout court.*

To come or fall fhort of one's defign, (to mifs one's aim.) *Se trouver court, ne pas venir about de fon deffein, manquer fon coup.*

Our provifions fell fhort, (or failed us.) *Nos provifions nous manquerent.*

To fall fhort of one's expectations, (to be difappointed.) *Être frufré de fes efpérances.*

He comes fhort of (or is inferiour to) no man in that. *Il ne cede à perfonne en cela.*

To come, to be or to fall fhort, (to be inferiour, to fail or be below, not to come near.) *Céder, être inférieur, n'approcher pas.*

The tranflation falls fhort of the original. *La traduction n'approche pas de l'original.*

Nor has the reft of his life fince come fhort of the infolence of that action. *Et le refte de fa vie n'a pas démenti depuis l'infolence de cette action.*

Our beft actions are far fhort of perfect. *Il s'en faut beaucoup que nos meilleures actions ne foient parfaites.*

SHO

Tell me now, what is this fhort of a peftilence? Or, *dites-moi où eft la différence de ceci à une pefte?*

If liberality will do it, I fhall not come fhort of any. *S'il ne tient qu'à donner, je ne ferai pas des derniers.*

You are a cup too fhort. *Il vous manque encore un verre, vous avez encore un coup à boire.*

To cut fhort a difcourfe. *Abréger un difcours, l'accourcir.*

To fpeak fhort, to have a fhort way of fpeaking. *Manger fes mots, parler d'une maniere à ne fe pas faire entendre.*

To fpeak fhort of what the thing is. *Faire une defcription imparfaite d'une chofe.*

To cut a thing fhorter. *Rogner quelque chofe, l'accourcir.*

His writings are far fhort of what is reported. *Ses écrits ne répondent pas à l'eftime qu'on en fait.*

Meat that eats fhort. *Viande ferme, qui n'a à point de flandres.*

To fetch one's breath fhort. *Avoir la courte haleine, avoir peine à refpirer.*

To keep one fhort of victuals. *Affamer quelqu'un, lui donner peu à manger.*

To keep one fhort of money. *Donner peu d'argent à quelqu'un.*

To take one up fhort, to be fhort with him, (to give him a fmart check.) *Faire une courte mais fanglante réprimande à quelqu'un, le rabrouer.*

To take one up fhort (to hinder him) in the profecution of his defign. *Faire avorter le deffein de quelqu'un.*

SHORT, fubft. (a fummary account.) *Sommaire.*

Ex. I will know the fhort and the long of that bufinefs. *Je veux favoir le court & le long de cette affaire.*

Compofés de Short.

Short-fighted. *Qui a la vue courte ou baffe.*

Short-fighted, (that has no fore-caft.) *Qui a les vues courtes, qui manque de prévoyance.*

Short-lived. *Dont la vie eft courte, qui ne vit pas long-temps, de peu de durée; court.*

Short-winded. *Qui a courte haleine, pouffif.*

Short-thank, or fhort-ftart, (a fort of apple.) *Capendu, ou court-pendu, forte de pomme.*

To SHORTEN, v. act. (to make fhorter.) *Raccourcir, accourcir, abréger, diminuer.*

And to fhorten the ftory. *Et pour abréger l'hiftoire, & fans m'étendre d'avantage fur l'hiftoire.*

To fhorten, verb. n. (to grow fhorter.) *Se raccourcir, décroître, diminuer.*

I muft fhorten my hand in this work, (I muft employ fewer hands about it.) *Il faut que j'employe moins d'ouvriers dans cet ouvrage.*

Shortened, adject. *Raccourci, abregé, diminué.*

SHORTENING, fubft. *L'action de raccourcir, &c. V. to Shorten.*

SHORTER, (the comparative of fhort.) *plus court, &c.*

To cut fhorter. *Rogner.*

SHORTEST, (the fuperlative of fhort.) *Le plus court, &c.*

The fhorteft cut. *Le plus court chemin.*

SHORTLY, adv. (in a fhort time.) *Dans peu de temps, bientôt.*

Shortly after. *Peu après, peu de temps après.*

SHORTNESS, f. *Petiteffe, briéveté.*

Shortnefs of breath. *Courte haleine, difficulté de refpiration.*

SHO

Shortnefs of time. *Peu de temps.*

SHORY, adj. *Qui eft près des côtes de la mer.*

SHOT, adj. (from to fhoot.) *Tiré, &c. V. to Shoot.*

Being fhot in the thigh. *Ayant reçu un coup de balle à la cuiffe.*

Her main top maft is fhot by the board. *Nous l'avons démâté de fon grand mât de hune.*

SHOT, f. *Ce qui compofe la charge d'une arme à feu.*

Ex. Small fhot, (ufed to fhoot with a birding-piece.) *Dragée, cendre de plomb.*

Great-fhot. *Balles de plomb.*

Great and fmall fhot, (great guns and muskets.) *Le canon & fa moufqueterie.*

A volley of fhot. *Salve de moufquetades.*

This fhip plays her fmall fhot. *Ce vaiffeau fait jouer fa moufqueterie.*

Cannon-fhot, (or bullet.) *Boulet de canon.*

Round fhot or bullet. *Boulet rond.*

Bar fhot or double headed fhot. *Boulet torré, ou boulet à deux têtes.*

Chain fhot. *Boulets enchaînés.*

Cafe fhot. *Charge à mitraille.*

Grape fhot. *Charge à la Suédoife, ou charge en grappe.*

Shot, (or reach.) *Portée d'une arme à feu.*

To be within cannon-fhot. *Être à la portée du canon.*

Within-musket-fhot. *A la portée du moufquet.*

Shot. *Cable de deux ou trois longueurs épiffées enfemble; Ex.*

The feeth fhot. *Le maitre-cable.*

† To make a fhot or a bow of a bufinefs, (to make an end of it.) *Terminer une affaire.*

Shot, (fcot or reckoning.) *Ecot.*

Shot-free, or fcot-free. *Franc, qui ne paye rien.*

Shot-free, or fcot-free, (fafe.) *Hors de danger d'être bleffé.*

Shot free, (or unhurt.) *Qui n'eft point bleffé, fans être bleffé.*

Shot-free, (or proof.) *Qui eft à l'épreuve.*

He is fhot-free againft all the attacks of honour. *Il n'a aucun fentiment d'honneur, il eft infenfible au point d'honneur.*

SHOTTEN, adj. Ex. A fhotten herring. *Un harang qui s'eft déchargé de fon frai.*

He looks like a fhotten herring, (or pitifully.) *Il a pauvre mine, il eft maigre comme un harang.*

Shotten (or curdled) milk. *Du lait tourné ou qui s'eft caillé pour avoir été gardé trop long-temps.*

SHOVE, f. (or thruft.) *Coup que l'on donne en pouffant.*

Shove-net. *Seine, efpece de filet.*

To SHOVE, verb. act. (to pufh or thruft.) *Pouffer.*

To fhove ALONG or forward. *Pouffer en avant, faire avancer.*

To fhove back. *Pouffer en arriere, faire reculer.*

To fhove in the head of a cask. *Défoncer un tonneau.*

A hard fea fhove out our larboard quartergallery. *Un coup de mer défonça notre bouteille de babord.*

Shoved, adj. *Pouffé.*

SHOVEL, fubft. *Une pelle.*

Shovel-ful. *Pellée, plein une pelle.*

Shovel-board, (a game) *Galet, jeu où l'on pouffe une efpece de palet fur une longue table.*

SHOVELLER,

SHOVELLER, *subst.* (orpelican, a fowl.) Pélican, sotte d'oiseau.

SHOULD, (from shall, generally signifies, ought.) *Ce mot qui vient de* shall *sert à exprimer l'imparfait du subjonctif du verbe* devoir.

I should do it. *Je devrois le faire.*

It should or ought to be so. *Cela devroit être ainsi.*

R. *On se sert aussi de* should *en Anglois, comme d'un signe de l'imparfait du subjonctif de quelque verbe que ce soit.*

Ex. I should love him with all my heart. *Je l'aimerois de tout mon cœur.*

I should be very sorry for it. *J'en serois bien fâché.*

R. *On s'en sert encore de cette maniere.*

Should I do that, (for, if I should do that.) *Si je faisois cela.*

Whom should I meet but such a one. *Il m'arriva de rencontrer un tel.*

Truly we do not know who he should be. *En vérité nous ne savons pas qui c'est.*

As it should seem. *A ce qu'il paroit.*

SHOULDER, *s.* Epaule.

To have good broad shoulders. *Avoir les épaules larges, avoir de bonnes épaules.*

† Over the left shoulder, (the wrong way.) † *Du côté que les Suisses portent la hallebarde, du côté gauche.*

P. One shoulder of mutton draws down another. P. *En mangeant l'appétit vient.*

This horse's shoulder is out of joint. *Le cheval est épaulé.*

Shoulder-bone or shoulder-blade. *L'os de l'épaule, l'omoplate.*

Shoulder-slip, *s.* Dislocation de l'épaule.

A shoulder-piece. *Epaulière, armure d'épaule.*

A shoulder-belt. *Un baudrier.*

To SHOULDER, *verb. act.* (to lay on the shoulders.) *Mettre sur l'épaule ou sur les épaules.*

Shoulder your musket! (a military command.) *Monsieur sur l'épaule!*

To shoulder up a burden. *Mettre un fardeau sur les épaules.*

To shoulder one up, (to bear one up.) *Epauler quelqu'un, l'appuyer, l'assister.*

To shoulder, *Pousser avec insolence & violence.*

To shoulder a horse, (to sprain his shoulder, or put it out of joint.) *Epauler un cheval.*

Shouldered, *adj.* Ex. Broad-shouldered, (or bacony backed.) *Qui a les épaules larges.*

SHOULDERING, *adj.* Ex. A shouldering piece, (in Architecture.) *Un modillon.*

SHOUT, *s.* Cri, acclamation.

To SHOUT, *verb. neut.* Crier, faire des cris ou des acclamations.

SHOUTING, *s.* Cris, acclamations.

SHOW, &c. V. Shew, &c.

SHOWER, *subst.* Une ondée, une pluie soudaine.

A little shower. *Une ondée qui passe bientôt.*

To SHOWER down, *verb. neut.* Pleuvoir à verse.

To shower, *verb. act.* (to pour thick,) *Faire pleuvoir.*

They shower on his shield a rattling war. *Ils font pleuvoir sur son bouclier une grêle de flèches.*

SHOWERY, *adj.* Pluvieux.

Ex. Showery weather. *Un temps de grosses pluies.*

SHOWISH, }
SHOWY, } *adj.* Brillant, pompeux.

SHRED, *adj.* (or cut small, from to shred.) Haché, coupé menu.

To SHRED, *v. a.* (to cut small.) *Hacher, couper menu ou en petits morceaux.*

To shred meat. *Couper, hacher de la viande.*

SHREDS, *s. plur.* of cloth. *Coupons ou restes de drap.*

Parchment shreds, *Coupures de parchemin.*

SHREDDING, *s.* L'action de hacher, &c. V. to Shred.

SHREW, *s.* (or scold.) *Une grondeuse, une querelleuse, une criaillleuse, une méchante femme, une diablesse.*

Shrew-mouse, (a kind of fieldmouse.) Musaraigne.

SHREWD, *adj.* (sharp or cunning.) Adroit, fin, subtil, rusé.

He is a shrewd (or cunning) fellow. *C'est un adroit, ou un homme fin.*

To give one a shrewd (or smart) answer. *Faire une réponse subtile, répondre subtilement.*

A shrewd (or ticklish) business. *Une affaire chatouilleuse ou délicate, où il est mal-aisé de se bien gouverner.*

A shrewd (or ill) turn. *Un méchant ou un vilain tour.*

He had a shrewd (or tough) bout of it. *Cela lui a fait bien de la peine.*

SHREWDLY, *adv.* (cunningly.) *Adroitement, subtilement.*

It was shrewdly said of him. *Il le dit fort pertinemment.*

I shrewdly (or very much) suspect it. *Je le crains fort, je m'en doute fort.*

SHREWDNESS, *subst.* Adresse, subtilité.

SHREWISH, *adj.* Grondeuse.

SHREWISHLY, *adv.* En grondeuse, en criailleuse.

SHRIEK, *s.* Cri.

To SHRIEK, *v. neut.* Crier, jeter des cris.

SHRIEKING, *subst.* Cris, l'action de jeter des cris.

SHRIFT, *s.* (auricular confession.) Confession auriculaire.

SHRILL, *adj.* Aigre, grêle, perçant, aigu, glapissant.

A shrill voice. *Une voix aigre, grêle ou perçante.*

To SHRILL, *verb. neut.* Faire un bruit aigre & perçant.

SHRILLY, *adv.* Avec un son aigu & perçant.

Ex. To speak shrilly. *Avoir un ton de voix aigre, grêle & perçant.*

SHRILLNESS, *subst.* Ton aigre, grêle ou perçant.

SHRIMP, *s.* (a little sea-fish.) *Chevrette, petit poisson de mer.*

Shrimp, (a little fellow, a dwarf.) *Un petit homme, un nain, un bout-d'homme.*

SHRINE, *subst.* (that which contains the body or reliefs of a saint.) *Châsse ou reliquaire.*

To SHRINK, *verb. act.* Faire retirer, diminuer, rétrécir, raccourcir.

To shrink, (or crimp.) *v. n. Se retirer, se resserrer, se rétrécir, se raccourcir.*

A stuff that shrinks. *L'étoffe qui se retire.*

My money begins to shrink, (or melt.) *Mon argent commence à s'en aller, à baisser ou à diminuer.*

To shrink (or quake) for cold or fear. *Trembler de froid ou de peur.*

To shrink from a man's defence. *Se tenir à l'écart lorsqu'il faut défendre quelqu'un.*

He shrunk a little at first at the horror of the assassination. *Il eut tout d'un coup de l'horreur pour l'assassinat, l'assassinat lui fit d'abord quelque peine.*

To shrink under the weight of misfortunes. *Succomber sous les malheurs.*

Our spirits are apt to shrink at the thoughts of death. *Notre esprit a naturellement de l'horreur pour la pensée de la mort.*

SHRINKING up of the sinews, *s.* Contraction rétrécissement des nerfs, convulsion.

Shrinking, *adjct.* Qui se retire, ou se raccourcie, &c. V. to Shrink.

The shrinking-shrub, (or sensitive plant.) *La sensitive, plante.*

SHRIVALTY, *subst.* V. Sheriffalty.

† To SHRIVE, *verb. act.* (to hear an auricular confession.) *Confesser, entendre en confession.*

SHRIVING, *subst.* (or shrift.) *Confession.*

To SHRIVEL, *verb. neut.* (or wrinkle.) *Se rider.*

To Shrivel, *verb. act.* Rider.

Shrivelled, *adj.* Ridé.

SHRIVER, *s.* Confesseur.

SHROUD, *s.* (a winding-sheet, such as a dead body is wrapt in.) *Drap mortuaire.*

Shroud, (or shelter.) *Couvert, abri.*

Shroud, (in fortification.) *Défense, ouvrage de fortification.*

Shrouds, (of a ship.) *Haubans.*

Main shrouds, *Grands haubans ou haubans de grand mât.*

Fore shrouds, *Haubans d'artimon.*

Main top shrouds, *Haubans du grand mât de hune.*

Main top gallant shrouds. *Haubans du grand perroquet, &c.*

To ease the shrouds. *Mollir les haubans.*

To set up the shrouds. *Rider les haubans.*

To SHROUD, *verb. act.* (to cover.) *Couvrir, cacher.*

To shroud, (or shelter.) *Couvrir, mettre à couvert ou à l'abri.*

To shroud one's self, *verb. récip. Se couvrir, se mettre à couvert.*

Shrouded, *adj.* Couvert, caché, &c. V. to Shroud.

SHROVE-TIDE, *subst.* (or carnaval.) *Le carnaval.*

SHROVE-TUESDAY, *s.* Mardi gras.

SHRUB, *subst.* (or little tree.) *Arbrisseau.*

Shrub, (a liquor.) *Sorte de liqueur.*

A shrub, (or shrimp.) *Un petit homme, un bout-d'homme, un nain.*

To SHRUB, *verb. act.* (or cudgel) one. Battre, rosser quelqu'un.

Shrubbed, *adj.* Battu, rossé.

SHRUBBY, *adj.* Plein d'arbrisseaux.

To SHRUG, *verb. neut.* or to SHRUG up one's shoulders, *v. act.* (to shrink them up.) *Hausser, lever les épaules.*

SHRUNK, }
SHRUNK IN, } *adj.* Retiré, diminué, V. to Shrink.

My heart is shrunk (or oppressed) with grief. *J'ai le cœur serré de douleur.*

To SHUDDER, *verb. neut.* (or shiver.) Frissonner, trembler.

To SHUFFLE, *verb. act.* Mêler, battre.

Ex. To shuffle the cards. *Mêler ou battre les cartes.*

To shuffle (or shift) one off. *Se défaire de quelqu'un, le renvoyer, l'éconduire.*

To shuffle OFF a business. *Gauchir, trouver des biais pour éluder une affaire.*

To

To fhuffle (or fhift) off a fault on another. *Rejeter une faute fur un autre, s'en décharger fur lui.*
They fhuffled off the matter as well as they could. *Ils fe font tirés d'affaire le mieux qu'ils ont pu.*
To fhuffle, v. neut. (to dodge or boggle.) *Gauchir, n'aller pas droit, rufer, fe fervir de rufes, chercher des faux-fuyans, ufer de fuites.*
Shuffled, adv. *Mêlé, battu,* &c. *V.* to Shuffle.
SHUFFLER, *fubft.* (or fharping fellow.) *Un fourbe, un malhonnête-homme, un homme qui ganchit ou qui ne va pas droit, un homme qui rufe,* &c.
SHUFFLING, *fubft.* (the fhuffling of cards.) *L'action de mêler ou de battre les cartes.*
Shuffling, (or fhifting.) *Rufes, détours, conduite peu fincere, faux-fuyans, fuites.*
Shuffling, adj. *Ex.* A fhuffling fellow. *Un fourbe,* &c. *V.* Shuffler.
SHUFFLINGLY, adv. *En biaifant, en fourbe.*
To SHUN, verb. act. (or avoid.) *Eviter, fuir.*
Shunned, adj. *Evité,* &c.
SHUNLESS, adj. *Inévitable.*
SHUNNING, *f. L'action d'éviter,* &c.
† To SHUNT (a country-word for to fhove.) *V.* to Shove.
SHUT, adj. *Fermé,* &c. *V.* to Shut.
To get fhut of a bufinefs, (to rid one's felf of it.) *Se tirer, fe débarraffer d'une affaire, s'en dépêtrer.*
To get fhut (or rid) of one. *Se défaire, fe débarraffer de quelqu'un.*
To get fhut of the prejudices of education. *Se dépouiller, fe défaire des préjugés de l'éducation.*
To SHUT, verb. act. *Fermer.*
Ex. He fhut the door upon me. *Il m'a fermé la porte au nez.*
To fhut IN. *Enfermer.*
To fhut one OUT. *Fermer la porte à quelqu'un, l'empêcher d'entrer.*
To fhut UP fhop. *Fermer boutique.*
To fhut (or join) two pieces of red hot iron together. *Corroyer deux morceaux de fer chaud.*
To fhut, v. n. *Fermer ou fe fermer.*
This door does not fhut clofe. *Cette porte ne ferme pas bien.*
SHUTTER, *fubft.* Volet de fenêtre.
SHUTTING, *fubft. L'action de fermer,* &c. *V.* to Shut.
The fhutting in of day, (twilight or clofe of day.) *Le crépufcule, l'entre chien & loup.*
SHUTTLE, *fubft.* (a weaver's fhuttle.) *Une navette de Tifferand.*
Shuttle-cock. *Un volant. V.* Shittlecock.
† A fhuttle-cock, (a giddyheaded fellow.) *Un étourdi, un écervelé.*
SHY, adj. (or referved.) *Réfervé, retenu, froid.*
She is very fhy, (or coy.) *Elle eft fort retenue ou fort réfervée, elle fait la prude.*
To look fhy (or coldly) upon one. *Faire ou battre froid à quelqu'un.*
He is very fhy of me. *Il m'évite tant qu'il peut, il me fuit, il fe cache de moi.*
He was fome-what fhy. *Il fe fit un peu tirer l'oreille.*
To be fhy of unufual words. *Eviter les termes qui ne font pas autorifés par l'ufage.*

A fhy man in things of no confequence, († fir politick-would-be.) *Un myftérieux, un homme qui fait myftere d'un rien.*
SHYNESS. *V.* Shinefs.
SIBILATION, *f.* (or hiffing.) *Sifflement.*
SIBILANT, adj. *Sifflant.*
SIBYL, *fubft.* (a prophetefs among the ancient heathens.) *Sibylle.*
SICAMORE, *fubft. Sicomore,* arbre.
SICCITY, *fubft.* (a term ufed in Philofophy for drynefs.) *Sécherefse, aridité.*
SICE, *fubft.* (the fice-point at dice.) *Le fix,* au jeu des dés.
SICK, adject. *Malade, indifpofé, qui fe porte mal, qui a du mal.*
A fick man. *Un malade.*
A fick woman. *Une malade.*
Sick at heart or heart-fick. *Qui a un mal de cœur.*
To be fick (or weary) of a thing. *Etre foûl, être las ou dégoûté de quelque chofe.*
I am fick of this troublefome, ungrateful world. *Je fuis las de ce monde fâcheux & ingrat.*
His fancy fell to fick upon it. *Cela l'en dégoûta fi fort.*
† To be fick of the fimples, (to be filly.) *Etre fort fimple ou niais.*
The fick, *f. pl. Les malades.*
To SICKEN, verb. neut. (to fall fick.) *Tomber malade, tomber en langueur.*
To ficken, v. act. *Incommoder, rendre malade.*
SICKISH, adj. *Qui fe porte un peu mal, qui eft un peu indifpofé.*
SICKLE, *f.* (or reaping-hook.) *Une faucille.*
SICKLER, } *V.* Reaper.
SICKLE-MAN. }
SICKLINESS, *f. Peu de fanté, difpofition à être malade.*
SICKLY, adj. *Maladif, mal-fain, fujet à être malade.*
A fickly time. *Un temps de maladie.*
SICKNESS, *f.* (or difeafe.) *Maladie, mal, indifpofition.*
The green-ficknefs. *Les pâles couleurs.*
The falling-ficknefs. *Le haut-mal, le mal caduc, l'épilepfie.*
The ficknefs or great-ficknefs, (the plague.) *La pefte, la contagion.*
SICLE. *V.* Shekle.
SIDE, *f. Côté, flanc.*
To have a pain in one's fide. *Avoir un mal de côté.*
To walk by one's fide. *Marcher à côté de quelqu'un.*
Side, (of a fhip.) *Côté du vaiffeau.*
Side, (or part of any thing.) *Côté, part, partie, endroit.*
On that fide. *De ce côté-là.*
The right fide of a ftuff. *Le côté de l'endroit d'une étoffe, l'endroit d'une étoffe.*
On the other fide. *D'autre part, d'ailleurs.*
On the other fide the water. *De l'autre côté de l'eau, par delà l'eau.*
On this fide the Rhine. *Au deçà ou en deçà du Rhin, par deçà le Rhin.*
On both fides. *Des deux côtés, d'un côté & d'autre, d'une part & d'autre.*
Side, (or party.) *Côté, parti.*
I am of neither fide. *Je ne fuis d'aucun côté ou d'aucun parti.*
To take one's fide. *Se mettre, fe ranger du côté de quelqu'un, prendre fon parti.*

Side, (or line of confanguinity.) *Côté, ligne de parenté.*
The bed-fide. *La ruelle du lit.*
The water-fide. *Le bord de l'eau.*
The fea-fide. *Le bord ou le rivage de la mer.*
The fide of a hill. *Le penchant ou la pente d'une colline.*
A fide, (or page.) *Une page.*
To fpeak on one's fide, (or behalf.) *Parler en faveur, parler à l'avantage de quelqu'un.*
I give it on your fide. *Je juge en votre faveur, ou je vous donne gain de caufe.*
The trial will go on his fide. *Il l'emportera ou aura gain de caufe.*
To beat one's fides. *Battre quelqu'un, le roffer.*
The fide-bars of a faddle. *Les bandes d'une felle.*
The fide-boards of a tub. *Les douves d'une cuve.*
The fide-beams of a Printer's prefs. *Jumelles de preffe d'Imprimeur.*
The fide-lining of a fhoe. *Ailette de foulier.*
A fide-board table. *Buffet.*
Side-face. *Tête de profil.*
Side-man. *V.* Queft-man.
A fide-wind. *Un vent de côté.*
To go or fail with a fide-wind. *Aller à la bouline, bouliner.*
A fide-blow. *Un coup de revers.*
Side-long, fide-ways or fide-wife, adv. (obliquely.) *De côté, de biais, obliquement, de travers.*
I paffed gentle and fideling. *Je paffai doucement à côté.*
To SIDE, verb. neut. (or hold) with one or a party. *Se mettre ou fe ranger d'un côté, prendre un parti, s'intéreffer, entrer dans un parti, fe joindre.*
SIDELAYS, *fub.* (a term of hunting, dogs that are let flip at a deer as he paffes.) *Relais.*
SIDELONG. *V.* Side-long, *fous* fide.
SIDESMEN. *V.* Queft-men.
SIDERAL. *V.* Starry.
SIDERATION, *f.* (a blaft.) *Attaque; gangrene fubite, privation de l'ufage des fens.*
A SIDESADDLE. *f. Selle de femme.*
SIDESMAN, *f. Affiftant.*
SIDEWAYS. *Voyez* Side-ways, *fous* Side.
SIDING, *fub. L'action de prendre parti,* &c. *V.* to Side.
I fear his fiding with them will be a great blow to us. *Je crains que leur jonction ne nous foit fatale.*
To SIDLE, v. n. *Marcher de guingois ou en fe tournant de côté.*
SIDLE, adv. *Ex.* To go fidle-fidle, (to waddle.) *Marcher de guingois.*
SIEGE, *f.* (laid to a town.) *Siege.*
To lay the fiege before the town. *Mettre le fiege devant une place, l'affiéger.*
SIEVE, *f. Un crible.*
A meal-fieve. *Un fas.*
A fieve-maker. *Un faifeur de cribles ou de fas.*
The fieve-like bone of the nofe. *L'os criblenx.*
To SIFT, verb. act. *Cribler, paffer au crible.*
To fift (to pump or found) one. *Sonder quelqu'un, tâcher avec efprit de découvrir fon fentiment ou ce qu'il a dans le cœur,* † *lui tirer les vers du nez.*
To fift (to fcan, to examine) a bufinefs. *Cribler, paffer une affaire, la bien examiner, la bien difcuter.*

Tome II. 4G

To sift OUT a thing. *Tâcher de découvrir une chose, la rechercher, en faire une exacte recherche.*
Sifted, *adj. Criblé*, &c. V. to Sift.
Sifted OUT. *Découvert.*
SIFTER, *s. Cribleur.*
SIFTING, *s. L'action de cribler*, &c. V. to Sift.
A sifting OUT. *Exacte recherche.*
Siftings, (that which is sift, l out.) *Criblures.*
SIGH, *s. Soupir.*
To SIGH, *verb. neut.* Soupirer, *jeter ou pousser des soupirs.*
SIGHING, *subst.* Soupir ou l'action de *soupirer.*
Sighing, *adj. Ex.* A sighing lover. *Un soupirant, celui qui soupire pour quelque belle.*
SIGHT, *s.* (from to see, one of the five senses,) *Vue, un des cinq sens.*
Sight, (the act or faculty of seeing.) *Vision, action ou faculté de voir.*
What part of the eye does the sight reside in ? *En quelle partie de l'œil se fait la vision ?*
Sight, (the organs of the sight, the eyes.) *La vue, l'organe de la vue, les yeux, les regards.*
Pleasant to the sight. *Agréable à la vue.*
To lose sight of a thing, (to see it no more.) *Perdre de vue une chose, cesser de la voir.*
Death is before my sight, (or eyes.) *La mort se présente à ma vue ou à mes yeux.*
In the sight (or presence) of the whole world. *A la vue de tout le monde ou à la face de toute la terre.*
To pay at sight. *Payer à vue.*
To know one by sight. *Connoître quelqu'un de vue.*
Sight, (or show.) *Spectacle, chose remarquable à voir, coup d'œil.*
The Knight was surprized at the first sight (or prospect) of the show. *Le premier coup d'œil du spectacle surprit le Chevalier.*
What a contemptible and beastly sight a drunken man is ! *Quel objet méprisable & brutal est un homme dans l'yvresse !*
The sight-hole of a cross-bow or the sight of a gun. *Le guidon d'une arbalète ou d'un fusil.*
To come in sight. *Paroître, se faire voir, se produire.*
He never comes into my sight, (or near me.) *Je ne le vois jamais.*
At the first sight or at first sight. *A la premiere vue, d'abord, au premier abord.*
I was never out of his sight. *Il ne m'a jamais perdu de vue, j'ai toujours été avec lui.*
He cannot abide me out of his sight. *Il ne sauroit vivre sans moi.*
He flies your sight. *Il vous fuit, il fuit votre compagnie, il vous évite.*
Get you out of my sight. *Ôtez-vous de devant moi, que je ne vous voie plus.*
To vanish out of sight. *Disparoître.*
To have a thing in sight or prospect, (to aim at it.) *Avoir une chose en vue, se la proposer pour objet.*
SIGHTED, *adj. Ex.* Quicksighted. *Qui a bonne vue, qui a des yeux perçans.*
Quick-sighted or quick-witted. *Clairvoyant, éclairé, pénétrant.*
Short-sighted. *Qui a la vue courte, myope.*
Dim-sighted. *Qui a la vue trouble.*
SIGHTLESS, *adj.* (or blind.) *Aveugle.*

SIGHTLY, *adj.* (or handsome.) *Beau, bien fait.*
SIGIL, *s. Sceau, cachet.*
SIGN, *s.* (token or mark.) *Signe, marque, indice, apparence, présage.*
To make signs to one. *Faire signe à quelqu'un.*
I could not forbear to give him broad signs, that. — *Je ne pus m'empêcher de lui faire connoître, que* —
Sign, (or foot-step.) *Trace ou vestige.*
The sign (or representation) of the Cross. *Le signe ou la représentation de la Croix.*
Troth, little sign of it or on't, says the other or t'other. *Vraiment, il y paroit peu, dit l'autre.*
A sign before a door. *Une enseigne de maison.*
The twelve signs of the Zodiack. *Les douze signes ou les douze constellations du Zodiaque.*
A sign manual. *Seing, signature.*
To SIGN, *v. act.* Signer, *mettre son nom à quelque écrit.*
To sign and seal, (to engage or embark in a business.) *S'engager, s'embarquer dans quelque affaire.*
To Sign, *verb. neut.* (to make signs) to one. *Faire signe à quelqu'un.*
SIGNAL, *adject.* (great, remarkable, famous.) *Signalé, beau, considérable, remarquable, grand, insigne, éclatant.*
SIGNAL, *s. Signal.*
To give the signal for battle. *Donner le signal du combat.*
Signals, *s. plur.* (at sea.) *Signaux.*
Day signals. *Signaux de jour.*
Night signals. *Signaux de nuit.*
Fog signals. *Signaux de brume.*
To SIGNALIZE, *v. act.* Signaler, *rendre remarquable.*
To signalize one's self. *Se signaler.*
Signalized, *adj. Signalé.*
SIGNALLY, *adv. D'une manière distinguée, éminemment.*
SIGNATURE,
SIGNATION, } *sub.* (or hand.) *Signature, seing.*
Signature, (amongst Printers, a letter of the alphabet to mark a sheet.) *Signature, en termes d'Imprimeur.*
SIGNED, *adj.* (from to sign.) *Signé.*
A blank signed. *Un blanc-signé.*
SIGNET, *s.* (the King's private seal.) *Cachet du Roi.*
A letter under the King's signet. *Une lettre sous le cachet du Roi.*
SIGNIFICANCE,
SIGNIFICANCY, } *subst.* (emphasis or energy.) *Emphase, énergie.*
SIGNIFICANT, *adj.* (expressive or emphatical.) *Emphatique, qui a de l'emphase, fort énergique, qui exprime bien ce qu'on veut dire.*
SIGNIFICANTLY, *adv. Emphatiquement, d'une manière expressive.*
SIGNIFICATION, *s.* (meaning.) *Signification, sens.*
SIGNIFICATIVE, *adj. Significatif.*
To SIGNIFY, *v. act.* (or mean.) *Signifier, avoir un certain sens.*
To signify, (to notify or declare.) *Signifier, notifier, déclarer, faire connoître.*
To signify, (or notify in course of Law.) *Signifier, faire signification, notifier par procédure de Justice.*
To signify, (to presage, to be a sign

of.) *Signifier, dénoter, présager, marquer, être signe de quelque chose.*
Signified, *adject. Signifié*, &c. V. to Signify.
SIGNIFYING, *s. Signification, l'action de signifier,* &c. V. to Signify.
SIGNING, *s. L'action de signer,* &c. V. to Sign.
* SIKER, *adj.* (or sure.) *Sûr, certain, assuré.*
* SIKERLY, *adv. Assurément, certainement.*
* SIKERNESS, *s. Sûreté.*
SILENCE, *s.* (peace, cessation of noise or of speaking.) *Silence, paix.*
Silence (or peace) there. *Qu'on fasse silence, paix-là.*
To break silence. *Rompre le silence, commencer à parler.*
To put one to silence. *Imposer silence à quelqu'un, fermer la bouche à quelqu'un, le faire taire.*
To SILENCE, *verb. act.* Imposer silence, *faire faire silence, faire taire, fermer la bouche à.*
I silenced him, (or put him to a non-plus.) *Je le fis taire ou je lui fermai la bouche.*
To silence the play-house. *Interdire la comédie.*
To silence (or suspend) a Churchman. *Interdire ou suspendre un homme d'Eglise.*
Silenced, *adj. A qui l'on a imposé silence.*
SILENCING, *subst. L'action d'imposer silence,* &c. *Voy.* to Silence.
SILENT, *adject.* (that holds his peace.) *Silencieux, taciturne, qui garde le silence, qui se tait, qui ne dit mot.*
Be silent. *Taisez-vous, ne dites mot.*
Silent, (peaceful without a noise.) *Tranquille, paisible, où il n'y a point de bruit.*
By silent steps, (insensibly.) *Insensiblement, imperceptiblement, peu à peu.*
SILENTLY, *adv.* (without noise.) *Sans dire mot, à la sourdine, sans bruit, doucement.*
SILICIOUS, *adj. Fait de crin.*
SILIQUA, *subst. Silique,* terme de botanique.
SILIQUOSE,
SILIQUOUS, } *adj. Qui a des siliques ou des capsules, capsulaire.*
SILK, *s. Soie.*
Raw or wrought silk. *Soie crue ou apprêtée.*
Silk-stockings. *Bas de soie.*
Silk, (or silk-stuff.) *Soie ou étoffe de soie.*
A silk gown or petticoat, *Une robe ou jupe de soie.*
Silk, (silk-wares.) *Soierie, marchandises de soie.*
A silk-man. *Un marchand de soie.*
A silk-weaver. *Un ouvrier en soie.*
Silk-throwsters. *Tordeurs de soie.*
Silk-dyer. *Teinturier en soie.*
Silk-worm. *Ver à soie.*
SILKY,
SILKEN, } *adj.* (of silk.) *De soie.*
SILL, *s.* (or threshold.) *Seuil.*
SILLABUB, *s. Sorte de boisson composée & rafraîchissante, qui se fait avec du lait & d'autres ingrédiens.*
Whipt sillabub. *Crême fouettée.*
That fine discourse is but a sillabub, (or a florid, frothy and empty puff.) *Ce beau discours n'est que de la crême fouettée.*
SILLILY, *adv. Sottement, niaisement, sans esprit.*
SILLINESS, *s. Sottise, niaiserie, simplicité, badauderie.*

SILLY,

SILLY, *adj.* (simple, foolish.) *Simple, fot, niais, ridicule, neuf, badaud.*
A silly look or countenance. *Un visage niais, une mine niaise, un sot visage, une sotte mine.*
A silly fellow. *Un sot, un niais, un badaud, une bête.*
A silly jade. *Une sotte, une niaise.*
A silly thing. *Une sottise, une † coïonnerie.*
Silly doings. *Des sottises, des niaiseries.*
SILT, *s.* (dirt or filthiness in a river.) *Vase, fange, bourbe.*
The land-floods drive away the silt the tides bring with them. *Les torrents entraînent la vase que les marées apportent.*
SILTED, *adj.* (choaked up with silt.) *Plein de vase, bourbeux, fangeux.*
SILVER, *s.* (a sort of metal.) *Argent,* sorte de métal.
Quick-silver, (or mercury.) *Vif-argent, mercure.*
Silver or silver - coin. *Argent, monnoie d'argent.*
Silver wire. *Argent trait.*
Silver-foam. *Litharge d'argent.*
To do a thing over with silver. *Argenter quelque chose, la couvrir de feuilles d'argent.*
A silver-hilted sword. *Une épée à poignée d'argent.*
SILVER, *adj.* D'argent, *argentin.*
Silver lace. *Dentelle d'argent.*
A silver plate or spoon. *Une assiette ou une cuiller d'argent.*
Silver mine. *Mine d'argent.*
Silver oar or silver in the oar. *Mine d'argent.*
Silver-eyed. *V.* Wall-eyed.
Silver-thistle, (a plant.) *Acanthe ou branche ursine,* plante.
Silver-weed. *Argentine,* plante.
To SILVER over, *verb. act.* (or gild.) *Argenter.*
Silvered over, *adj. Argenté.*
SILVERY, *adj.* Tacheté d'argent.
SIMAR, *subst.* Simarre, sorte d'habillement.
SIMILAR, } *adj.* (of the same nature,
SIMILARY, } a word used in Anatomy.) *Similaire, homogène, de même nature.*
SIMILE, *s.* (or comparison.) *Comparaison, similitude.*
Simile, (or example.) *Exemple.*
SIMILITUDE, *s.* (or simile.) *Similitude, comparaison.*
SIMILITUDINARY, *adj.* Qui regarde une similitude ou qui est exprimé à la manière d'une similitude.
SIMITAR, *s.* (a broad kind of sword.) *Un cimeterre,* sorte de sabre.
To SIMMER, *verb. n.* (to boil gently.) *Bouillir doucement.*
SIMNEL, *s.* (a sort of cake.) *Gâteau ou sorte de confitures.*
SIMONIACAL, *adj.* (done by simony.) *Simoniaque, fait par simonie.*
SIMONIACALLY, *adv. Par simonie.*
SIMONIACK, *s.* (one guilty of simony.) *Un simoniaque.*
SIMONY, *subst.* (the crime of buying or selling church preferment.) *Simonie.*
To SIMPER, *verb. neut.* (or smile.) *Sourire.*
To simper upon one. *Sourire à quelqu'un, regarder quelqu'un avec un visage riant.*
To simper, (to begin to boil as the pot does.) *Frémir, commencer à bouillir.*

SIMPERING, *sub. Souris ou l'action de sourire,* &c. *V.* to Simper.
SIMPLE, *adj.* (not compound.) *Simple, qui n'est pas composé.*
Simple, (single, not double.) *Simple, seul, unique, qui n'est pas double.*
Simple, (innocent, harmless.) *Simple, ingénu, sans malice, innocent, sans déguisement.*
Simple, (silly, foolish.) *Simple, sot, niais, ridicule.*
A simple thing. *Une simplicité, une sottise, une bagatelle.*
A simple fellow. *Un homme simple, un sot, un badaud, un innocent.*
* Simple, *s.* (the weak sort of people.) *Les simples.*
Simples, (physical herbs.) *Les simples,* herbes médicinales.
SIMPLENESS, *subst.* (or silliness.) *Simplicité, sottise, niaiserie, bêtise.*
SIMPLER, } *s.* (one that has skill in
SIMPLIST, } simples.) *Celui qui connoit les simples, un botaniste.*
SIMPLETON, *s.* (a silly oaf.) *Un homme simple, un sot, une bête, un badaud, un niais.*
A simpleton, (or silly woman.) *Une niaise, une sotte.*
SIMPLICITY, *s.* (or artlessness.) *Simplicité, naïveté, ingénuité.*
Simplicity, (or silliness.) *Simplicité, bêtise, sottise, faute d'esprit, niaiserie.*
SIMPLING, *s. Ex.* To go a simpling, (or gathering of simples.) *Herboriser, aller cueillir des simples.*
SIMPLIST. *V.* Simpler.
SIMPLY, *adv.* (or sillily.) *Sottement, sans esprit.*
He looks simply upon it. *Il est tout déconcerté, il paroît tout déconcerté.*
Familiar dialogues look somewhat simply in print. *Les dialogues familiers paroissent un peu ridicules quand ils sont imprimés.*
To SIMULATE, *v. act.* Simuler, *feindre.*
SIMULATION, *subst.* (or dissembling.) *Dissimulation, feinte, déguisement.*
SIMULTANEOUS, *adj.* (acting together.) *Simultanée.*
SIN, *subst.* (a transgression of the divine Law.) *Péché, transgression de la Loi divine.*
A sin-offering. *Une offrande pour le péché.*
A sin, (fault or crime.) *Péché, faute, crime.*
To SIN, *verb. neut.* (to transgress God's Law.) *Pécher, transgresser la Loi divine.*
To sin, (to commit a fault.) *Pécher, faillir contre quelque regle.*
SINAPISM, *s.* (an outward medicine of mustard-seed, &c.) *Sinapisme,* remede extérieur.
SINCE, *prep. & adv.* (from that time.) *Depuis, depuis que.*
Since his death. *Depuis que.*
Since the beginning of the world. *Depuis le commencement du monde.*
That happened since. *Cela s'est passé depuis ou depuis ce temps-là.*
What became of him since? *Qu'est-il devenu depuis?*
Some days since. *Depuis quelques jours.*
How long since was it done? *Combien y a-t-il que cela s'est fait?*
How long is it since? *Combien y a-t-il de cela?*

Long since or long ago. *Il y a long-temps.*
Not long since. *Dernièrement, depuis peu, il n'y a pas long-temps.*
A while (or some time) since. *Il y a quelque temps.*
Many years since. *Il y a plusieurs années.*
He died some years since. *Il y a quelques années qu'il est mort.*
This is the third day since I heard of it. *Il n'y a que trois jours qu'on me l'a dit ou que je l'ai appris.*
It is not four days since, (or ago.) *Il n'y a pas quatre jours.*
Since, *conj.* (whereas.) *Puisque.*
Since 'tis so. *Puisque cela est ainsi.*
SINCERE, *adj.* (true or honest.) *Sincere, honnête, qui n'est point dissimulé, véritable, franc, sans artifice.*
SINCERELY, *adv. Sincèrement, avec sincérité, avec franchise, de bonne foi, sans dissimulation, franchement.*
SINCERENESS, } *subst.* (or candour.)
SINCERITY, } *Sincérité, franchise, candeur, bonne foi.*
The whole affair turns and depends on the sincerity or unsincerity of our allies. *Toute cette affaire roule sur la bonne ou la mauvaise foi de nos alliés.*
SINE, *s.* (a perpendicular from one extreme of an arch of a circle to the diameter.) *Sinus,* ligne de Géométrie.
SINE-CURE, *subst.* (a benefice without cure of souls.) *Bénefice simple ou qui n'a point charge d'ames, bénéfice à simple tonsure.*
SINEW, *s.* (or nerve.) *Un nerf.*
Money is the sinew of war. *L'argent est le nerf de la guerre.*
SINEWY, } *adject.* (full of sinews.)
SINEWED, } *Nerveux, plein de nerfs.*
SINFUL, *adj.* (from sin.) *Criminel, fort corrompu.*
Sinful pleasures. *Des plaisirs criminels.*
A sinful nation. *Une nation fort corrompue, où le crime régne.*
A sinful man. *Un grand pécheur.*
To mend one's sinful life. *Changer de vie, s'amender.*
SINFULLY, *adv. Ex.* To live sinfully. *Vivre dans le péché, dans la corruption, dans le crime.*
SINFULNESS, *s.* Corruption.
To SING, *v.* Chanter.
To sing an air of the opera. *Chanter un air d'opéra.*
To sing one asleep. *Endormir quelqu'un en chantant.*
To sing, (a poetical term for to praise.) *Chanter, célébrer, louer, publier les louanges.*
To SINGE, *verb. act.* Flamber, *passer légèrement par-dessus la flamme.*
To singe a capon. *Flamber un chapon.*
To singe one's clothes. *Brûler son habit, le brûler légèrement ou en passant.*
Singed, *adj. Flambé,* &c. *V.* to Singe.
SINGER, *s.* (from to sing.) *Chanteur, chanteuse.*
SINGING, *s. Chant ou l'action de chanter.*
The singing of birds. *Le chant des oiseaux.*
Singing, (vocal Musick.) *Musique vocale, concert, harmonie.*
Singing, (hissing, as an arrow, a ball, &c.) *Sifflement, en parlant d'une fleche, d'une balle,* &c.
SINGING, *adj. Ex.* A singing man. *Un chantre.*

4G 2

SIN

A sin*g*ing-boy in a quire. *Un enfant de chœur.*
A Singing-master. *Maitre à chanter.*
A singing place, (in a Roman Church or Chapel.) *Jubé.*
SINGLE, *adj.* (simple, alone.) *Simple, seul.*
A single game. *Une partie simple.*
His single testimony. *Sa seule déposition ou son simple témoignage.*
A single or unmarried man, (a Batchelor.) *Un homme qui n'est point marié.*
A single woman. *Une fille ou femme qui n'est point mariée.*
A single life. *Célibat, la vie d'un garçon ou d'une fille, état opposé à celui du mariage.*
To live single. *Vivre dans le célibat.*
A single house. *Une maison qui n'a qu'une chambre de plain-pied.*
A single combat, (or duel.) *Un combat singulier, un duel.*
Single hearted, (true, honest.) *Sincere, honnête, qui n'est point dissimulé, franc.*
Single-soled. *A simple semelle.*
SINGLE, *s.* (the tail of a deer.) *La queue d'une bête fauve.*
To SINGLE.
To SINGLE OUT, } *verb. act.* Ecarter, prendre à l'écart ou à part, séparer.
To single out a deer. *Ecarter un daim.*
Singled out, *adj.* Ecarté, &c. *Voy.* to single.
SINGLENESS, *sub.* *Simplicité, sincérité, ingénuité.*
SINGLY, *adv.* (one by one.) *Un à un, l'un après l'autre, séparément.*
SINGULAR, *adject.* (in opposition to plural.) *Singulier, par opposition à pluriel.*
Singular, (special, particular.) *Singulier, particulier, unique, qui n'a point de semblable.*
Singular, (rare, excellent.) *Singulier, rare, excellent.*
Singular, (particular, odd, that affects singularity.) *Singulier, particulier, bizarre, affectant de se distinguer.*
Singular, *s.* (or singular number.) *Le singulier.*
SINGULARITY, *subst.* (in opposition to plurality.) *Singularité, le contraire de pluralité.*
Singularity, (uncommonness, excellence.) *Singularité, rareté, excellence.*
Singularity, (an affected way of being particular.) *Singularité, maniere affectée d'agir différente de celle des autres.*
To SINGULARIZE, *verb. act.* (or distinguish.) *Distinguer.*
Singularized, *adj. Distingué.*
SINGULARLY, *adv.* (in a singular manner.) *Singulièrement, d'une façon particulière.*
SINISTER, *adject.* (or unjust.) *Illicite, inique, méchant.*
Sinister, (or ill.) *Matin, malicieux.*
Sinister, (unlucky, sad.) *Sinistre, malheureux, fâcheux, funeste, fatal.*
Sinister, (left, not dexter.) *Gauche.*
SINISTROUS, *adj.* (absurd, perverse.) *Absurde, pervers, entêté.*
SINISTROUSLY, *adv. Sinistrement, d'une façon sinistre & fâcheuse.*
SINK, *s.* (to drain the waters of a kitchen.) *Evier.*
A sink, (to wash dishes in, &c.) *Un lavoir, une dalle.*

Common sink, or common shore. *Un cloaque, un égout, un réceptacle ou amas d'ordures.*
The sink of a ship. *La sentine d'un navire.*
The sink-hole. *Le trou d'un évier, &c. V. Sink.*
To SINK, *verb. act.* *Couler à fond, couler bas.*
To sink a ship. *Couler un navire à fond, le couler bas.*
To sink, (to destroy, to undo.) *Abîmer, faire périr, détruire, exterminer.*
To sink (or keep) part of a sum of money. *Garder une partie d'une somme d'argent, l'empocher.*
To sink a fund. *Eteindre, supprimer, amortir un fond.*
In matter of annuities the capital is sunk for the lender. *En fait de constitution le capital meurt pour le prêteur.*
To SINK, *verb. neut.* (to go to the bottom as a ship.) *Couler à fond, couler bas.*
To Sink, (to go to the bottom in general.) *S'enfoncer, aller à fond.*
Eyes sunk in one's head. *Des yeux enfoncés.*
This paper sinks or blots, (the ink sinks through the paper.) *Ce papier boit.*
To sink, (to go lower, as a great weight.) *S'affaisser, s'abaisser, s'abîmer.*
His courage sinks or lowers, (his courage fails him.) *Son courage s'abat, le cœur lui manque.*
Mean spirits rise or sink, as fortune smiles or frowns. *Les petits esprits s'élèvent ou s'abattent, selon que la fortune leur rit ou leur est contraire.*
His merit sinks, (or lowers.) *Son mérite baisse ou diminue.*
To sink down under one's own forrows, to sink in one's troubles, (to be overwhelmed by them.) *Se laisser aller, s'abandonner à son chagrin.*
To sink (or bend) under a burden. *Plier sous un fardeau, succomber sous un faix.*
To sink into one's mind, (to make an impression.) *Pénétrer, entrer bien avant dans l'esprit de quelqu'un, faire impression sur son esprit.*
When the subject is excellent, it is hard not to sink below the dignity of it. *Lorsqu'on traite un sujet grand & excellent, il est difficile d'en soutenir la dignité.*
The very foundations of reason sink at last into a paradox. *Les principes mêmes de la raison deviennent enfin des paradoxes.*
To sink, (to perish, to be undone.) *Périr, se perdre.*
I had rather sink. *Je périrois plutôt.*
Let him sink or swim, I do not concern myself for him. *Qu'il lui arrive bien ou mal, ce m'est tout un, je ne m'y intéresse pas.*
† His heart was even sunk into his breeches. *Il chioit de peur.*
SINKING, *s. L'action de couler à fond, &c. V. to Sink.*
Sinking, *adj. Ex.* Sinking (or blotting) paper. *Papier qui boit.*
SINLESS, *adj. Exempt de péché, innocent.*
SINNED, *prétérit du verbe to Sin.*
SINNER, *s. Pécheur, pécheresse.*

SIN SIT

SINNING, *s. L'action de pécher. V. to Sin.*
SINOPLE, } *sub.* (a mineral.) *Sinople, sorte de craie ou de minéral.*
SINOPER,
Sinople, (or green, in heraldry.) *Sinople ou vert, en termes de blason.*
To SINUATE, *v. act. Rendre sinueux, plier de différents côtés.*
SINUATION,
SINUOSITY, } *s.* (or turning and winding.) *Sinuosité, plis & détours.*
SINUOUS, *adj. Sinueux.*
SINUS, *s.* (a gulph or large bay.) *Golfe ou anse.*
SION. *V. Scion.*
SIP, *s.* (or small draught.) *Petit coup, en buvant.*
Ex. I had but two little sips. *Je n'ai bu que deux petits coups.*
To SIP, *verb. neut.* (to drink but a little at a time.) *Buveter, boire peu à la fois.*
SIPHON, *s.* (a pipe to convey liquors by.) *Un siphon.*
SIPPER, *s. Un petit buveur, une personne qui boit peu à la fois.*
SIPPET, *subst.* (a small piece of bread.) *Soupe, petite tranche de pain.*
SIPPING, *s. L'action de buveter ou de boire peu à la fois.*
SIR, (a title of honour given to any Gentleman.) *Monsieur.*
Save you, sir, (an ancient and familiar way of accosting one.) *Dieu vous garde, monsieur.*
R. Sir, before a Christian name, is a proper title for a Knight or Baronet. *Sir, devant un nom de Baptême, est un titre affecté aux Chevaliers Anglois.*
Ex. Sir John W. *Monsieur le Chevalier W.*
A sir-reverence. *De la merde.*
SIRE, *subst.* (speaking to the King.) *Sire; titre d'honneur affecté aux Rois.*
Great Sire. *Grand Roi.*
Sire, (in speaking of horses.) *Ex.* This horse had a well bred sire. *Le pere de ce cheval étoit de bonne race.*
SIRE, *s.* (or father in poetry.) *Pere.*
Grand-sire. *Grand-pere.*
SIREN, *subst.* (or mermaid.) *Une sirene.*
A siren-song. *Une chanson de sirene ou une chanson ncharmante, un doux chant.*
SIRINGE. *V. Syringe.*
SIRIUS, *subst.* (the dog star.) *Sirius; terme d'astronomie.*
SIROC,
SIROCCO, } *s. Vent du Sud-Est.*
SIRRAH, *s.* (a compellation of reproach and insult.) *Terme de mépris ou d'injure, qui veut dire à peu près, tripon, bélître, coquin, drôle.*
What are you doing there sirrah? *Que faites vous là, drôle.*
SIRUP,
SIROP, } *s. Sirop.*
Sirup pot. *Chevrette.*
SIRUPY, *adj. Comme du sirop.*
SISE. *V. Size, Sice & Session.*
SISKIN, *subst.* (or green-finch, a bird.) *Verdier, oiseau qui a le plumage vert.*
SISTER, *s. Une sœur.*
Sister in law. *Belle-sœur.*
The nine sisters, (or the sacred nine; the nine muses.) *Les neuf sœurs, les doctes sœurs, les muses.*
SISTERHOOD, *s. Société de sœurs, ou qualité de sœurs.*
SISTERLY, *adj. De sœur.*
To SIT, *verb. neut.* (from seat.) *Etre assis, s'asseoir, se mettre.*

Ex.

SIT

Ex. He sits by me. *Il est assis auprès de moi.*
To sit at table. *S'asseoir, se mettre à table.*
He sits him down, and says not a word. *Il s'assied sans dire mot.*
To sit. *Se tenir, être, demeurer.*
Ex. To sit fast on horseback. *Se tenir bien à cheval.*
To sit long at table. *Demeurer ou être long temps à table.*
To sit well in the saddle, to sit handsomely on horseback, or to sit well on horseback. *Etre bien placé dans la selle, être bien à cheval.*
To sit in the sun. *Se tenir au soleil.*
Which way does the wind sit? *Où est le vent? quel vent est-ce qui souffle? de quel côté vient le vent?*
A hen that sits, that sits upon eggs, (or broods.) *Une poule qui couve, ou qui couve ses œufs.*
To sit, (or be assembled.) *S'assembler, tenir séance, ou tenir ses séances.*
To sit waiting for one. *Attendre quelqu'un.*
To sit drinking. *Passer le temps à boire.*
To sit still, (or not stir.) *Ne bouger pas, demeurer assis, se tenir ou demeurer en repos.*
To sit still, (or to be idle.) *Etre oisif, être ou croupir dans l'oisiveté, demeurer les bras croisés ou à ne rien faire.*
To sit sotting in an ale-house. *S'accoquiner ou s'accagnarder dans un cabaret.*
To sit at work. *Travailler assidument; travailler assis.*
I sit at work three or four hours together. *Je travaille trois ou quatre heures de suite ou † d'arrache-pied.*
The desire of seeing this work performed sits so much on my mind. *L'envie de voir cet ouvrage exécuté me tient si fort au cœur.*
To sit airing one's self in an arbour. *Prendre le frais dans un cabinet de jardin.*
To sit for one's picture. *Se faire peindre.*
To sit CLOSE. *Se serrer.*
To sit close to one's work. *Travailler assidument, travailler fort & ferme, s'appliquer, s'attacher à son ouvrage.*
A coat that sits close to the body, (a close coat.) *Un habit juste, un justaucorps.*
This coat does not sit close enough. *Cet habit est trop large ou trop ample pour moi.*
It sits too close. *Il est trop étroit.*
† I shall sit as close to you as your shirt to your back. *Je vous tiendrai de près, je ne vous laisserai point en repos.*
A coat that sits well. *Un habit bien fait.*
That coat does not sit well. *Cet habit est mal-fait.*
To sit UP at night, (to watch.) *Veiller.*
To sit up with a sick body, (to watch with him.) *Veiller un malade.*
To sit up at play. *Passer la nuit au jeu.*
To sit up at work. *Travailler de nuit.*
To sit up in one's bed. *S'asseoir dans son lit, se tenir assis dans son lit.*
To sit up, (to rise.) *Se lever, cesser d'être assis.*
To sit UPON thorns. *Etre sur des épines, être contraint ou gêné.*
Why do you or d'ye sit upon thorns? be free with us. *Pourquoi vous contraignez-vous? mettez-vous à votre aise.*
The Doctors sat upon him. *Les médecins consultèrent sur sa maladie.*
To sit upon one or upon a thing, (to sit as

SIT SIX

a Judge.) *Juger quelqu'un ou quelque chose.*
The Coroner sat upon the dead body. *Le Commissaire a visité le corps mort.*
† He will sit upon your skirts. *Il vous fera de la peine ou des affaires, il vous nuira, il vous tourmentera, il vous fera enrager, il vous menera mal, il vous combera sur le corps ou sur la friperie.*
To sit DOWN. *S'asseoir.*
Sit you down. *Asseyez-vous.*
He is contented to sit down and rest satisfied with it. *Il veut s'en tenir ou en demeurer-là.*
To sit down, or to sit down at table. *Se mettre à table.*
To sit down before a place, (to lay siege to it.) *Assiéger une place.*
To sit one down, v. act. *Asseoir quelqu'un.*
SITE, s. (situation.) *Situation, assiette, &c.*
* SITH, conj. (for since.) Ex. Sith that. *Puisque, vu que.*
SITHE, s. (an instrument to mow with.) *Une faux.*
SITTER, s. (from to sit.) *Qui est assis.*
He was a long sitter. *Il demeuroit long-temps assis, il étoit sédentaire.*
SITTING, subst. *L'action d'asseoir, &c. V. to Sit.*
Few good pictures have been finished at one sitting. *Il y a peu de bons portraits qui aient été finis dès la première séance.*
Sitting, (or session of an assembly.) *Séance, tenue, session.*
The sitting of the Parliament. *Séance de Parlement.*
The sitting of the States. *La séance ou la tenue des Etats.*
The sitting of a Council. *La session d'un Concile.*
Since their first sitting. *Depuis leur première séance, depuis leur ouverture.*
The sittings of the Court of Chancery. *Les audiences de la Cour de la Chancellerie.*
A sitting at table or at play. *Séance de table ou de jeu.*
I lost twenty crowns in two sittings. *J'ai perdu vingt écus dans deux séances.*
Sitting, adj. Ex. To do one's work sitting. *Travailler assis.*
A sitting-place. *Un lieu commode pour s'asseoir.*
SITUATE, adj. (seated.) *Situé, sis: ce dernier est un terme de Palais.*
SITUATION, s. (or seat.) *Situation, assiette.*
The situation of a town. *La situation, l'assiette d'une ville.*
The situation of a building. *La situation d'un bâtiment.*
SIVIL, adj. Ex. A Sivil (or Sevil) orange. *Orange d'Espagne, orange de Séville en Espagne, ou une orange aigre.*
SIX, adj. Six. *Six.*
Six-handed, adj. Six cents. *Six cents.*
At sixes and sevens, (at random, without any order.) *A l'abandon, en désordre, dans la dernière confusion.*
† To leave all at sixes and sevens. *Laisser tout à l'abandon.*
SIXFOLD, adj. Sextuple, *qui est six fois autant.*
Sixfold. *Six fois autant.*
SIXTHSALE. V. *Sixième.*
SIXPENCE, s. (a coin.) *Demi-schelling.*
SIXSCORE, adj. Cent-vingt.
SIXTEEN, adj. Seize.
A book in sixteen. *Un livre in-seize.*
SIXTH, adj. Sixième.

SIX SKE

Sixth, s. (a sixth part.) *Un sixième.*
SIXTEENTH, adj. Seizième.
SIXIETH, adj. Soixantième.
SIXTHLY, adv. Sixièmement, en sixième lieu.
SIXTY, adj. Soixante.
SIZE, subst. (proportion, bigness, length, &c.) *Grandeur, taille, grosseur, volume, longueur.*
My shoes must be of this size. *Il faut que mes souliers soient de cette grandeur.*
These are of too large a size. *Ceux-ci sont trop grands.*
A middle size man. *Un homme de médiocre taille.*
An arm of a fine size. *Un bras d'une belle grosseur.*
The size of paper. *Volume ou longueur de papier.*
The size of coin. *Volume de monnoie.*
What size are his shoes of? *A combien de points se chausse-t-il?*
Size, (a shoemaker's measure.) *Compas de cordon. ier.*
A leg all of a size, (an ill-shaped leg.) *Une jambe tout d'une venue.*
Size, (a sort of paste used by shoe-makers.) *Colle dont se servent les Cordonniers.*
Size, (a farthing worth of bread, &c. noted with an S in the butter-book at Cambridge.) *Liard de pain, &c. dans les collèges de Cambridge.*
Size, (glush-stuff that comes from leather before it is tanned.) *Colle.*
To SIZE, verb. act. (or measure pots, vessels, &c.) *Mesurer.*
To size the blanks or pieces for coining. *Ajuster les flans, en termes de monnoie.*
To size, (as taylors do seams.) *Bougir, terme de tailleur.*
To size a wall, (to wash it first, in order to whiten it.) *Laver une muraille pour la blanchir.*
To size, (in Cambridge, the same as to battel in Oxford.) *Marquer ce qu'un écolier prend pour sa dépense de bouche, comme pain, bière, beurre, &c.*
Sized, adj. Mesuré, &c. V. to Size.
SIZABLE, adj. (of a good size.) *D'une bonne grandeur, assez grand, bien proportionné.*
SIZER, subst. (the same in Cambridge as servitor in Oxford.) *On nomme size à Cambridge ceux qu'on appelle servitor à Oxford. V. Servitor.*
SIZIEME, s. (a sequence of six cards at piquet.) *Une sixième, au jeu de piquet.*
SIZING, s. (from to size.) *L'action de bougir, &c. V. to Size.*
SIZY, adj. (glush.) *Gluant.*
SKAIN, s. (a knot of thread or silk wound and doubled.) *Un écheveau de fil ou de soie, &c.*
SKALLION. V. Scallion.
SKATE. V. Scate.
SKEAN. V. Skeyn.
SKEET, s. (a sea-term.) *Ecoup, grand écoup, ou écoup à rafraîchir.*
SKEG, s. Prune sauvage.
SKELETON, s. (the dry carcass of a man or woman.) *Un squelette.*
SKIP, subst. (a vessel to put corn in.) *Vaisseau où l'on conserve le blé.*
SKIPTICK. V. Sceptick, &c.
SKETCH, s. (chalking, or first draught of a picture.) *Esquisse, crayon.*
To SKETCH, verb. act. (to chalk, to design.) *Esquisser, crayonner, dessiner.*

SKETTLES,

SKITTLES, *s.* (small nine-pins to play with.) Quilles.
SKEW, *See.* Skue, &c.
SKEWER, *s.* Une brochette.
To SKEWER up meat, *verb. act.* Trousser la viande.
SKLYN or SKEAN, *s.* (an Irish skeyn, a short sword used by the Irish kern.) Sorte de petite épée.
SKIDS }
SKEEDS } *subst. plur. Défenses*, pieces de construction dans les vaisseaux.
SKIFF, *subst.* (a ship-boat.) Un esquif, un petit bateau, une chaloupe.
SKILFUL, *adj.* (knowing, experienced.) Expert, adroit, habile, savant, entendu, expérimenté, versé, qui s'entend en quelque chose.
He is a skilful painter. *C'est un habile peintre.*
SKILFULLY, *ads.* (or dexterously.) Savamment, habilement, en habile homme, adroitement.
SKILFULNESS, *s.* Habileté, adresse.
SKILL, *subst.* (knowledge, experience.) Science, savoir, habileté, adresse, expérience, capacité, savoir-faire.
Now it is time for you to shew your skill. *C'est maintenant que vous devez faire paroître votre adresse ou ce que vous savez faire.*
To have skill in any thing. *Entendre quelque chose ou s'entendre en quelque chose, être entendu à quelque chose ou en quelque chose.*
This business must be managed with skill. *Il faut manier cette affaire avec adresse.*
He has skill in Greek. *Il entend le Grec.*
I have no skill in horses. *Je ne me connois pas en chevaux.*
He has great skill in the mathematicks. *Il est entendu ou savant dans les mathématiques.*
His skill is alike in both. *Il entend l'un aussi bien que l'autre.*
To try one's skill, to give a trial of one's skill. *Faire voir ce que l'on sait faire, en donner des preuves.*
The two Generals had a mind to have a trial of skill between them. *Les deux Généraux avoient envie de s'éprouver l'un contre l'autre.*
I know wherein lies his skill. *Je sais ou je connois son fort.*
SKILLED, *V.* Skilful.
SKILLET, *s.* (a small kettle.) Poêlon.
To SKIM, *verb. act.* (or scum.) Ecumer, ôter l'écume.
To skim a thing over, (to pass it over slightly.) *Effleurer une matière, la passer légèrement, ne l'approfondir pas, ne s'y arrêter pas.*
Skimmed, *adj.* Ecumé.
SKIMMER, *s.* Une écumoire.
SKIMMILK, *s.* Lait écrémé.
SKIMMING, *subst.* L'action d'écumer.
SKIN, *s.* Peau, cuir.
A man's or woman's skin. *La peau d'un homme ou d'une femme.*
The skin of beasts, fishes, &c. *La peau des animaux.*
The skin of some fruits, &c. *La peau de certains fruits.*
He came off with a whole skin, (or unhurt.) *Il se tira d'affaires bagues sauves.*
He is afraid of his skin, (he does not like to fight.) *Il a peur de sa peau, il craint les coups.*
‡ I would not be in his skin, (or his place.)

Je ne voudrois pas être en sa peau ou à sa place.
He is nothing but skin and bones, (he is very lean.) *Les os lui percent la peau, il a la peau collée sur les os, il n'a que la peau & les os.*
The upper or outward skin of a man or woman. *Surpeau, épiderme.*
The woody skin quartering the kernel of a walnut. *Le zeste d'une noix.*
To SKIN, *verb. act* (to take off the skin.) *Ecorcher*, ôter le cuir ou la peau.
To skin an ox, a calf or a rabbit. *Ecorcher un bœuf, un veau ou un lapin.*
† He would skin a flint. *Il trouveroit à tondre sur un œuf.*
To SKIN, or skin OVER, (as a wound.) *v. neut. Se fermer*, parlant d'une plaie.
SKINK, *subst.* (a kind of strong Scotch pottage.) *Sorte de fort bon potage à l'Ecossoise.*
A skink, (a four footed serpent.) *Scinque*, serpent à quatre pieds, espece de crocodile terrestre.
† To SKINK, *verb. n.* (or to fill drink.) *Verser à boire.*
† SKINKER, *s.* Echanson, celui qui verse à boire.
SKINNED, *adj.* (from to skin.) Fermé, pelé, *V.* to Skin.
Thick-skinned, (that has a thick skin.) *Qui a la peau épaisse ou grossière.*
SKINNER, *s.* Un pelletier.
The skinner's trade. *La pelleterie.*
SKINNY, *adj.* Maigre, décharné, qui n'est que de peau.
SKIP, *subst.* Saut.
To give a skip. *Faire un saut.*
† That is not worth three skips of a louse, (it is good for nothing.) *Cela ne vaut pas les quatre fers d'un chien.*
Skip-frog, (a sort of play, amongst boys.) *La poste, la sauterelle*, sorte de jeu parmi la jeunesse.
A skip-jack, (or pitiful intruder.) *Un sot qui se fourre par-tout, un fâcheux.*
† A skip or skip-kennel, (a nick-name for a foot-boy.) *Un trottin, un galopin, un laquais.*
To SKIP, *verb. neut. Sauter*, sautiller.
To skip BACK. *Sauter en arrière.*
To skip OVER. *Sauter par-dessus, franchir.*
To skip, *verb. act,* or to skip over in reading. *Sauter en lisant, passer par dessus quelque chose sans la lire.*
Skipped over, *adj.* Que l'on a sauté.
SKIPPER, *s.* (one that skips.) *Sauteur, sauteuse.*
A skipper (or master) of a Dutch ship. *Le maître d'un navire Hollandois.*
A skipper, (or common seaman.) *Un matelot.*
SKIPPING, *subst.* L'action de sauter, &c. *V.* to Skip.
SKIRMISH, *s.* (a small engagement with the enemy.) *Escarmouche.*
To SKIRMISH, *v. n.* Escarmoucher.
SKIRMISHER, *s.* Escarmoucheur.
SKIRMISHING, *s.* Escarmouche ou l'action d'escarmoucher.
To SKIRR, }
To SKIRRE, } *v. act. Courir rapidement, voler.*
SKIRRET, *s.* (a sort of root.) *Chervis*, sorte de racine.
SKIRT, *s.* (edge or extremities, border.) *Bord, pan.*
The skirts of a garment. *Les bords d'un vêtement.*

The skirt of a gown. *Pan de robe.*
The skirts of a doublet. *Les basques d'un pourpoint.*
The skirts of a forest. *Le bord d'un bois.*
The skirts of a country. *Les frontières ou confins d'un pays.*
To sit upon one's skirts. *V.* to Sit.
To SKIRT, *verb. act.* (to border.) Border.
SKITTISH, *adject.* (shy or resty, as a horse.) *Ecouteux, rétif, ombrageux, qui saute au lieu d'aller en avant, qui ne part pas de la main franchement*, en parlant d'un cheval.
Skittish, (humoursome, rugged.) *Fantasque, capricieux, scabreux, bourru.*
SKITTISHLY, *adv.* Par sauts & par bonds, par boutades.
SKITTISHNESS, *s.* (of a horse.) *Qualité d'un cheval écouteux. V.* Skittish.
Skittishness, (capricious humour.) *Humeur fantasque, capricieuse ou scabreuse.*
SKREEN, *V.* Screen.
SKUE or rather ASKUE, *adv. De travers*, de guingois.
To look skue upon one, (to look upon him with an evil eye.) *Regarder quelqu'un de travers, le regarder de mauvais œil.*
To SKUE, *v. neut.* (or to walk skuing.) *Marcher tout de guingois.*
SKUING. *V.* to Skue.
To SKULK, *verb. neut.* (to hide or lurk in fear or malice.) *Se cacher.*
SKULL, *s.* (bone of the head.) *Crâne.*
SKY, *subst. Firmament*, le ciel où sont les étoiles.
The vaulted sky. *La voûte du ciel, la voûte azurée ou céleste.*
S'cy or sky-colour. *Azur, bleu céleste.*
Skylark. *V.* Lark.
Skylight. *Abat-jour.*
Skyrocket. *Fusée volante.*
SKYEY, *adject.* (or ethereal.) *Ethéré, du firmament.*
SLAB, *subst.* (or puddle.) *Gâchis, margouillis.*
Slab, (a plane of stone.) *Es.*
A marble slab. *Grand carreau de marbre.*
Slab, (the utmost board sawn off a piece of timber.) *Dosse.*
Slab line, *s. comp. Cargue-à-vue.*
Slab-timber, *subst. comp. Faux gabarit ou fausse along mise pour un temps pour soutenir les lisses dans un endroit où les couples ne font pas encore montés.*
To SLABBER, } *v. act. Salir avec*
To SLUBBER, } *de l'eau sale, &c. salir*
To SLAVER, } *ou faire un gâchis.*
To slabber one's clothes or to slabber one's self. *Salir ses habits, y répandre de l'eau sale.*
To slabber a room. *Salir une chambre, y faire un gâchis.*
To slabber, *v. neut.* (or drivel.) *Baver, jeter de la bave.*
† Slabber-chops. *Un baveux, une baveuse.*
Slabbered, *adj.* Sali, &c.
The room is slabbered all over. *Il y a un grand gâchis dans la chambre.*
SLABBERER, *s. Un baveux, une baveuse.*
SLABBERING, *s.* L'action de salir, &c. *V.* to Slabber.
To make a slabbering. *Faire un gâchis.*
Slabbering, *adj. Ex.* A slabbering man. *Un baveux.*
A slabbering woman. *Une baveuse.*
A slabbering-bib. *Une bavette.*
SLABBINESS, *subst.* (the being slabby.) *Etat de ce qui est gâcheux.*

SLABBY,

SLA

SLABBY, *adj.* (plashy, full of dirt.) *Gâcheux, sale.*
A flabby way. *Un chemin gâcheux.*
Slabby weather. *Un temps sale.*
SLACK, *adj.* (loose, unbent.) *Lâche, qui n'est pas tendu.*
A flack rope. *Cordage lâche, mou ou peu tendu.*
A flack fail. *Voile qui n'est pas pleine ou qui ne porte pas.*
Slack water. *Morte eau ; intervalle entre le flux & le reflux ou entre le reflux & le flux, pendant lequel temps l'eau n'a aucun mouvement.*
Slack, (flow or careless.) *Lâche, négligent, nonchalant, lent, mou, froid, qui fait les choses avec négligence.*
Slack in payment. *Qui paye bien lentement.*
To grow flack. V. to Slacken.
To SLACK, *v. neut.* (to abate.) *Se relâcher, se ralentir, diminuer.*
To flack, *verb. act.* (to loosen or unbend.) *Relâcher ou lâcher.*
To flack, (or retard.) *Ralentir, retarder.*
Slack (or lose) no time. *Ne perdez point de temps.*
We did not flack our design ever the more for that. *Nous ne fîmes pas moins de diligence pour cela.*
To flack one's speed. *N'aller pas si vite, se ralentir.*
To flack one's hand, (in point of work.) *Se relâcher, travailler moins, travailler avec moins d'application.*
To flack one's hand, (in point of liberality.) *Être moins libéral, donner moins libéralement qu'on ne faisoit.*
To flack (or kill) lime. *Éteindre, amortir, délayer ou détremper de la chaux.*
To SLACKEN, *verb. act.* (to loosen or unbend.) *Relâcher ou lâcher, mollir.*
To flacken, (to abate or retard.) *Ralentir, rendre moins ardent, retarder.*
To flacken one's hand. V. to Slack.
To flacken, *v. neut.* *Se ralentir, se relâcher, mollir.*
His fever flackens. *Sa fièvre se relâche, se ralentit ou diminue.*
Slackened, *adj.* *Relâché, ralenti, &c.*
SLACKENING, *subst.* *L'action de ralentir, &c.* V. to Slacken.
SLACKLY, *adv.* *Lâchement, mollement, lentement, froidement, négligemment, nonchalamment, avec peu de vigueur.*
SLACKNESS, *subst.* *Lâcheté, lenteur, froideur, négligence, manque de vigueur, mollesse.*
SLAG, *s.* *Résidu des métaux.*
SLAIE, *s.* *Trame de tisserand.*
SLAIN, *adj.* (from to flay.) *Tué, tuée.*
SLAKE, *s.* or rather FLAKE of snow. *Un flocon de neige.*
To SLAKE, *v. act.* (or dilute.) *Délayer, détremper.*
To flake (or quench) one's thirst. *Étancher, éteindre ou appaiser sa soif, je désaltérer.*
To flake one's desires. *Modérer ou ralentir ses désirs.*
SLAKING, *sub.* *L'action de détremper, &c.* V. to Slake.
To SLAM, *verb. act.* *Gagner la vole au jeu de wisk.*
SLAM, *subst.* (or vole, the winning all the tricks at cards.) *Vole, au jeu des cartes.*
SLANDER, *subst.* (or backbiting.) *Médisance, calomnie.*

SLA

To SLANDER, *v. act.* (to backbite one.) *Médire, parler mal de quelqu'un, le calomnier.*
SLANDERER, *s.* *Un médisant, une médisante, un calomniateur, &c.*
SLANDERING, *s.* *Médisance ou l'action de médire, &c.* V. to Slander.
Slandering, *adj.* *Médisant.*
SLANDEROUS, *adject.* (or flandering.) *Médisant, adonné à la médisance.*
A flanderous (or envenomed) tongue. *Une méchante langue.*
Slanderous, (or falsely abusive,) *Calomnieux, faux.*
SLANDEROUSLY, *adv.* *Calomnieusement, outrageusement, d'une manière injurieuse, avec médisance.*
His tongue runs flanderously. *Sa langue est en train de médire.*
SLANK, *adj.* V. Slim.
S'ank, *s.* (a sea-weed.) *Herbe marine que quelques-uns appellent algue & d'autres mousse de mer.*
SLANT } *adj.* *De travers, de côté, oblique.*
SLANTING }
A flanting blow. *Un coup de travers.*
To give a flanting blow. *Frapper de travers.*
SLANTLY, } *adv.* *Obliquement, de travers, indirectement.*
SLANTWISE, }
SLAP, *s.* (stroke or blow.) *Coup.*
To give one a flap. *Donner un coup à quelqu'un, le frapper.*
A flap on the chops or a flap over the face. *Un soufflet ou une mornifle.*
Slap, (or slop, being said of a drink or potion.) *Un lavage.*
He takes too many flaps, (or too much physick.) *Il se drogue trop, il prend trop de médecines.*
A flap (or flab) in a room. *Un gâchis, un margouillis.*
A flap-sauce, (or lick-dish.) *Un lèche-plat, un croque-lardon.*
Slap-dash, *adverb.* (cleverly, on the sudden.) *Vite, d'abord, tout d'un coup.*
To SLAP, *v. act.* (or strike.) *Frapper.*
He flapt me first. *Il m'a frappé le premier.*
To flap one over the face. *Donner un soufflet à quelqu'un.*
To flap a room. *Faire un lavage ou un gâchis dans une chambre.*
To flap UP, (or swallow.) *Avaler, gober.*
Slapped, *adj.* *Frappé, &c.*
SLAPPING, *sub.* *L'action de frapper, &c.* V. to Slap.
Slapping of rooms. *Gâchis ou lavage.*
SLAPPY, *adj.* (or flabby.) *Gâcheux.*
SLAPT, V. Slapped.
SLASH, *subst.* (of a whip.) *Un coup de fouet.*
Slash, (or cut.) *Estafilade, taillade, coupure, balafre.*
To give one a great flash. *Faire une grande estafilade, taillade ou balafre à quelqu'un, le tailladler.*
A sleeve cut into several flashes. *Une manche à plusieurs tailladles.*
To SLASH, *v. act.* (or whip.) *Fouetter, donner des coups de fouet.*
To flash, (or cut.) *Tailladler, balafrer, faire une taillade, balafre ou estafilade.*
Slashed, *adj.* *Tailladé, &c.*
SLASHING, *sub.* *L'action de fouetter, de balafrer,* V. to Slash.

SLA SLE

SLATCH, *sub.* (a sea-term.) *Intervalle ou durée d'une brise ou d'un vent passager & variable.*
A flatch of fair weather. *Un moment de beau temps.*
SLATE, *subst.* (a sort of stone.) *Ardoise.*
To SLATE, *v. act.* (or cover with slate.) *Couvrir d'ardoise.*
Slated, *adj.* *Couvert d'ardoise.*
SLATER, *s.* *Couvreur en ardoise.*
SLATING, *subst.* *L'action de couvrir d'ardoise.*
To SLATTER, *verb. neut.* (to mind nothing, to leave all at random.) *Être négligent, ne prendre aucun soin, laisser tout en désordre ou à l'abandon.*
SLATTERN, *sub.* (a flattering woman.) *Une négligente, une maussade, une femme mal-propre & qui laisse tout en désordre,* † *gâcheuse.*
SLAVE, *subst.* (bond man or woman.) *Un ou une esclave.*
To make a flave of one. *Traiter quelqu'un en esclave.*
To be a slave to one's passions, (to be conquered by them.) *Être esclave de ses passions.*
To SLAVE, *v. neut.* (to toil and moil like a flave.) *Prendre de la peine, travailler comme un esclave.*
SLAVER, *s.* (or drivel.) *Bave.*
To SLAVER, *v. n.* (to slabber or drivel.) *Baver.*
SLAVERY, *s.* (or bondage.) *Esclavage, servitude.*
Slavery, (or great dependance.) *Esclavage, assujettissement, grande dépendance.*
SLAUGHTER, *subst.* (from to flay.) *Carnage, tuerie, boucherie, massacre.*
Man-slaughter. V. sous Man.
A flaughterman, (or butcher.) *Un boucher.*
A flaughterhouse. *Une tuerie ou un échaudoir.*
To SLAUGHTER, *verb. act.* *Tuer, massacrer.*
Slaughtered, *adj.* *Tué, massacré.*
SLAVING, *subst.* (from to flave.) *Peine, travail.* V. to Slave.
SLAVISH, *adj.* *D'esclave.*
A flavish life. *Une vie d'esclave.*
In a flavish condition. *Dans un état d'esclavage, dans l'esclavage.*
A flavish employment. *Un emploi assujettissant.*
SLAVISHLY, *adv.* *En esclave.*
SLAVISHNESS, *s.* *Esclavage, assujettissement, sujétion.*
SLAY, *subst.* (an instrument of a weaver's loom, having teeth like a comb.) *Peigne de tisserand.*
To SLAY, *v. act.* (or kill.) *Tuer.*
SLAYER, *sub.* Ex. A man-slayer. *Un meurtrier, un homicide.*
SLAYING, *s.* *L'action de tuer ou de massacrer.*
SLEASY. V. Sleazy.
SLEAVE. V. Sleeve.
SLEAVED, *adj.* (wrought, fit for use.) *Travaillé.*
Sleaved silk. *Soie travaillée.*
SLEAZY, *adject.* (thin.) *Claire, mal travaillé.*
A sleazy stuff. *Étoffe claire, mal travaillée.*
SLED, } *s.* (from to slide.) *Un traîneau, sorte de voiture.*
SLEDGE, }

Smith's

SLE

Smith's sledge ou sledge-hammer. *Un marteau d'enclume.*
To SLEE. *v. neut.* (a sea-term.) The ship slees. *Le vaisseau roule.*
SLEEK, *adj.* (or smooth.) *Lisse, poli, uni.*
A sleek stone. *Lissoire.*
To SLEEK, *v. act.* (to smooth.) *Lisser, polir, unir.*
† The good old woman sleeks over her skin. *La bonne vieille se requinque.*
Sleeked, *adj. Lissé, poli, uni.*
SLEEKING, *subst. L'action de lisser,* &c. *V.* Sleek.
SLEEP, *s. Somme, sommeil, repos.*
To awake one out of his sleep. *Troubler le sommeil ou le repos de quelqu'un, l'éveiller.*
To be in a sound or dead sleep, † to fetch a good sleep. *Être dans un profond sommeil, dormir d'un bon somme.*
I have not or I han't got a wink of sleep. *Je n'ai pas dormi une minute.*
To sleep a dog's-sleep. *Faire semblant de dormir.*
In his sleep. *En dormant, comme il dormoit.*
To SLEEP, *v. neut. Dormir, reposer.*
To sleep in a whole skin, to sleep on both ears. *Dormir en assurance, dormir sans crainte.*
P. He sleeps like a pig. P. *Il dort comme un sabot.*
To sleep very late. *Dormir bien tard, dormir bien avant dans le jour,* † *dormir la grasse matinée.*
To sleep AWAY, *verb. act. Ex.* To sleep one's head-ach away. *Faire passer son mal de tête en dormant.*
To sleep the fumes of wine away or to sleep one's self sober. *Dissiper en dormant les vapeurs du vin qu'on a bu, cuver son vin.*
To sleep away sorrow. *Dormir pour faire passer son ennui.*
SLEEPER, *s. Dormeur, dormeuse.*
The seven sleepers. *Les sept dormans.*
SLEEPERS, *s. pl.* Pieces de liaison placées dans plusieurs vaisseaux de construction Angloise à l'avant & à l'arriere : especes de vaigres obliques.
SLEEPILY, *adv. En dormant, froidement, avec froideur.*
SLEEPINESS, *s.* (drowsiness,) *Sommeil assoupissement, inclination ou disposition à dormir, envie de dormir.*
My sleepiness keeps me from action, *Je suis si endormi que je ne saurois rien faire.*
SLEEPING, *sub. L'action de dormir, sommeil, repos.*
Sleeping, *adj. Ex.* Riches come to him sleeping. *Les biens lui viennent en dormant.*
A sleeping-place. *Un lieu propre à dormir.*
SLEEPLESS, *adject.* Qui ne dort point, *qui passe la nuit sans dormir.*
I got up sleepless this morning. *Je me suis levé ce matin sans avoir dormi une minute ou sans avoir fermé l'œil de toute la nuit.*
Sleepless night. *Nuit sans sommeil.*
SLEEPY, *adv.* (drowsy.) *Endormi, tout endormi, assoupi, tout assoupi, qui a sommeil, soporifique.*
The sleepy disease, (or lethargy.) *Lithargie.*
SLEET, *subst.* (rain and snow together.) *Pluie & neige tout ensemble.*
To SLEET, *verb. neut. Pleuvoir & neiger tout ensemble.*

SLE SLI

SLEETY, *adj. Ex.* Sleety weather. *Temps de pluie & neige.*
SLEEVE, *s. Manche.*
A shirt or coat-sleeve. *Manche de chemise ou d'habit.*
To laugh in one's sleeve. *Rire sous le bonnet ou rire sous cape.*
Sleeve, (or calamary, a fish.) *Casseron, poisson.*
SLEEVED, *adj.* Qui a des manches.
SLEEVELESS, *adj.* Sans manches, *qui n'a point de manches.*
A sleeveless (or foolish) errand. *Un message impertinent.*
SLEIGHT, *s.* (or artful trick.) *Ruse, finesse, tour d'adresse.*
Sleight of hand. *Tour de passe-passe.*
* SLEIGHTLY, *adv. Finement, adroitement, avec ruse, par finesse.*
SLENDER, *adject.* (or small.) *Mince, délié, grêle.*
A very slender woman. *Une femme fort mince ou déliée.*
A very slender dinner. *Un dîné fort mince.*
Slender, (small, sorry, pitiful.) *Mince, petit, médiocre, chétif.*
A slender kindness. *Une petite faveur, une faveur bien mince.*
A slender wit. *Un petit, un chétif esprit.*
He has a slender merit. *Il a un mérite bien mince ou médiocre.*
He has but slender parts. *Il n'a pas grand esprit.*
To have but a slender estate. *N'être pas riche, n'avoir pas de grands biens.*
SLENDERLY, *adv. Chétivement, petitement, médiocrement.*
Slenderly lettered. *Qui a peu de savoir, qui a un savoir bien mince.*
SLENDERNESS, *subst.* Qualité mince ou déliée, &c. *V.* Slender.
The slenderness of his parts. *Son petit génie.*
SLEPT, *prét. du verbe to* sleep. *Voyez* Sleep.
SLEW, *prét. du verbe to* slay. *Voyez* Slay.
SLICE, *subst.* (or thin cut.) *Tranche, loche.*
A Printer's ink-slice. *Encrier d'imprimeur.*
The slice of a Printer's galley. *Coulisse de galée d'Imprimeur.*
A slice of melon. *Une côte de melon.*
A slice, (to take up fried meat with.) *Un friquet.*
To SLICE, *verb. act.* Couper par tranches, *trancher.*
Sliced, *adject. Coupé par tranches, tranché.*
SLICING, *subst. L'action de couper par tranches ou de trancher.*
SLID, *c'est un prétérit du verbe to* Slide.
SLIDE, *s.* (a frozen place to slide upon.) *Glissoire.*
To SLIDE, *v. neut. Glisser.*
To slide, *v. act. Glisser ou faire glisser, couler.*
To slide one's hand into another's pocket. *Glisser ou couler la main dans la poche de quelqu'un.*
SLIDER, *s. Glisseur.*
SLIDING, *sub. L'action de glisser. V. to* Slide.
Sliding, *adject. Ex.* A sliding knot. *Un nœud coulant.*
Sliding-place. *Glissoire.*
SLIGHT, *adj.* (thin or flemsy, as a stuff.) *Clair, mince, qui n'est pas serré, qui n'est pas de bon user.*

SLI

A slight (or thin) wrought basket. *Un panier à claire-voie ou à jour.*
A slight business, (a business of small consequence.) *Une affaire de peu d'importance ou de peu de conséquence.*
Slight, (light, small.) *Petit, léger.*
A slight scratch. *Une petite ou légere égratignure.*
To have a slight wound. *Avoir une légere blessure, être légerement blessé.*
To make slight of a thing, (to slight it.) *Mépriser une chose, n'en faire aucun cas, n'en tenir aucun compte.*
To SLIGHT, *v. act.* (to despise or neglect.) *Mépriser, faire peu de cas, négliger.*
To slight (or pull down) the fortifications of a place. *Ruiner, démolir les fortifications d'une place, la démanteler.*
Slighted, *adj. Méprisé,* &c.
SLIGHTER, *s.* (one who slights.) *Celui qui méprise.*
SLIGHTING, *s. Mépris, l'action de mépriser,* &c. *V.* to Slight.
SLIGHTINGLY, *adv. Avec mépris, avec dédain.*
SLIGHTLY, *adv.* (or slightingly.) *Avec mépris, avec dédain.*
Slightly, (or lightly.) *Légerement, superficiellement, en passant.*
Slightly, (or carelessly.) *Légerement ; négligemment.*
SLIGHTNESS, *s.* Qualité de ce qui est léger, clair, &c. *V.* Slight.
Slightness, (negligence.) *Négligence.*
SLILY, *adv.* (from sly.) *Finement, adroitement.*
He looked very slily. *Il avoit un fin regard.*
SLIM, *adj.* (or slender.) *Mince, délié, grêle.*
A tall slim fellow, (a lathback.) *Un grand flandrin.*
SLIME, *s. Glaire, humeur ou matiere visqueuse ou gluante.*
SLIMINESS, *subst.* Qualité visqueuse ou gluante.
SLIMY, *adj. Glaireux, plein de glaires, visqueux, gluant.*
SLINESS, *s.* (designing artifice.) *Finesse, adresse.*
SLING, *s.* (a missive weapon to throw stones.) *Une fronde.*
A sling-maker. *Un faiseur de frondes.*
To wear one's arm in a sling. *Porter le bras en écharpe.*
SLINGS, *s. pl.* (a sea-term.) *Elingue de corde.*
Slings of a buoy. *Voyez* Buoy.
Slings of a yard. *Voyez* Yard.
Boat-slings. *Bouts de cordes avec des cosses, fixés aux deux extrémités d'un bâtiment à rames, pour y accrocher les palans servant à le hisser dans le vaisseau, & à le remettre à la mer.*
The slings of a crane. *La louve d'une grue.*
A brewer's sling. *Gros bâton avec deux crochets de fer avec quoi les valets des brasseurs encavent la biere en Angleterre.*
To SLING, *verb. act. Jeter; suspendre.*
To sling on a tree. *Suspendre à un arbre.*
To sling stones. *Jeter des pierres avec une fronde.*
SLINGER, *s. Un frondeur.*
To SLINK, *v. act. Avorter,* en parlant des animaux.
To SLINK away *v. n.* (or to steal away.) *S'échapper, se sauver, se dérober, s'en aller adroitement & sans être apperçu.*

To

SLI

To flink afide. *Se mettre ou fe tenir à l'écart.*
SLINKING away, *f.* (or ſtealing away.) *L'action de s'échapper, de ſe ſauver ou de ſe dérober.*
SLIP, *f.* (the act of ſlipping.) *Gliſſade, faux pas.*
Slip. *Terrain en pente douce, propre à la conſtruction des vaiſſeaux; cales ou plans inclinés, pour l'embarquement & le débarquement des marchandiſes & munitions.*
Slip, (fault or miſtake.) *Faux pas, erreur, faute, bévue.*
A ſlip, (a twig to ſet in the ground.) *Plant ou bouture.*
A tree that comes eaſily of a ſlip. *Un arbre qui vient aiſément de bouture.*
Slip of a plant. *Tige d'herbe.*
A ſlip of thyme or roſemary. *Un brin de thim ou de romarin.*
A ſlip, (or ſtring in which a greyhound is held.) *Laiſſe ou corde pour mener des levriers.*
A hempen ſlip. *Une corde.*
A ſlip (or ſmall piece) of paper. *Un morceau de papier.*
The ſlip, (or ſupplement to the French gazette printed in Holland.) *Le lardon.*
† To give one the ſlip, (to ſteal away.) *Se ſauver, ſe dérober, s'échapper, s'en aller adroitement & ſans être apperçu, planter-là quelqu'un.*
Slip-knot. *Nœud coulant.*
Slip-ſhoe. *Soulier en pantoufle.*
Slip-ſhod. *Qui a le ſoulier en pantoufle.*
Slip ſlop, (an odd kind of diſh.) *Un méchant ſalmigondis, un lavage.*
To SLIP, *verb. neut.* (or ſlide.) *Gliſſer, couler.*
The razor ſlipt out of my hands. *Le raſoir m'a gliſſé des mains.*
My tongue ſlipt. *Ma langue s'eſt échappée.*
To let ſlip (or fall) a thing. *Laiſſer tomber quelque choſe.*
To ſlip (or ſteal) AWAY. *Se couler, s'en aller tout doucement, ſe dérober, s'échapper, ſe ſauver.*
I ſlipt away under the piazza. *Je me coulai par-deſſous les arcades.*
To ſlip away, (as time.) *S'écouler, paſſer.*
To ſlip DOWN. *Gliſſer, tomber ou ſe laiſſer tomber.*
To ſlip INTO or to a place. *Se gliſſer, ſe couler, ſe fourrer en quelque lieu.*
To ſlip OUT. *Se gliſſer dehors, ſortir adroitement.*
It will or 'twill ſlip out of my memory or mind. *Cela m'échappera de la mémoire, je l'oublierai.*
That word ſlipt out before I was aware. *Cette parole m'eſt échappée, j'ai lâché cette parole ſans y penſer.*
To SLIP, *v. act. Gliſſer, couler.*
Ex. To ſlip money into one's pocket. *Gliſſer ou couler de l'argent dans la poche de quelqu'un.*
To ſlip (or let ſlip) a fair opportunity. *Perdre ou laiſſer échapper une belle occaſion.*
To ſlip out a word. *Lâcher une parole.*
To ſlip one's neck out of the collar, (to get out of a bad buſineſs.) † *Tirer ſon épingle du jeu, ſe tirer d'une mauvaiſe paſ ou d'une méchante affaire, ſe tirer de la preſſe.*
To ſlip one's neck out of the halter, (to hang an arſe.) † *Tirer le cul en*

SLI SLO

arriere, refuſer de faire ce que l'on avoit promis.
To ſlip beans out of their ſkins. † *Dérober des feves, leur ôter la robe.*
To ſlip (or let looſe) a dog. *Lâcher un chien.*
To ſlip one's clothes ON. *S'habiller vite, promptement ou à la hâte.*
To ſlip on one's ſhoes. *Mettre vîtement ſes ſouliers.*
To ſlip (or pull) OFF one's ſhoes. *Tirer ſes ſouliers.*
To ſlip, off a flower. *Cueillir une fleur.*
To ſlip off a bough of a tree. *Arracher une branche d'arbre.*
SLIPPED. *Voy.* Slipt.
SLIPPER, *f. Pantoufle, mule de chambre.*
SLIPPERINESS, *f. Qualité gliſſante.*
SLIPPERY, *adj.* (that one cannot ſtand upon.) *Gliſſant, où l'on gliſſe malgré qu'on en ait, ſur quoi l'on ne peut ſe tenir ferme.*
A ſlippery way. *Un chemin gliſſant.*
Slippery, (that ſlips out of one's hands.) *Gliſſant, qui gliſſe des mains.*
A ſlippery eel. *Une anguille gliſſante.*
A ſlippery (or free) tongue. *Une langue trop libre, qui dit tout, qui ne cache rien.*
A ſlippery woman, (a woman too free or wanton.) *Une femme libre ou qui ſe donne trop de liberté, une femme libertine.*
A ſlippery (or dangerous) buſineſs. *Un pas gliſſant, une affaire chatouilleuſe.*
A ſlippery place or employment. *Un emploi difficile à conſerver, un pas ou un poſte gliſſant.*
A ſlippery trick. *Un méchant ou un vilain tour.*
SLIPPING, *ſubſt. L'action de gliſſer, &c. Voy.* to Slip.
SLIPT, *adj. Gliſſé, &c. Voy.* to Slip.
SLIT, *adj. Fendu.*
To SLIT, *v. act. Fendre.*
Slit, *f. Fente, ouverture, trou.*
To Slit, *verb. neut. Se fendre.*
SLITTING, *f. L'action de fendre ou de ſe fendre.*
† SLIVER, *f.* (or ſlice.) *Une tranche.*
† To SLIVER, *verb. act.* (to cut into ſlivers.) *Couper en tranches.*
Ex. † To ſliver a loaf. *Couper un pain en tranches.*
† Shivered, *adj. Coupé en tranches.*
To SLOBBER, &c. *V.* to Slabber, &c.
SLOE, *f.* (bellace or wild plum.) *Prunelle ou prune ſauvage.*
Sloe-tree. *Prunier ſauvage.*
A ſloe-worm. *Sorte de reptile aveugle.*
SLOOP, *f.* (a ſmall ſea-veſſel.) *Une chaloupe, ſloop, bateau Bermudien.*
Sloop of war. *Corvette.*
SLOP, *f.* (had liquor of any kind.) *Mauvais vin, &c.*
To SLOP, &c. *V.* to Slap, &c.
SLOPE, *f.* (a ſlanting cut.) *Echancrure.*
Slope or ſloping, (a ſhelving.) *Une pente, un penchant, un talus.*
SLOPE, *adverb.* (obliquely, not perpendicular.) *Obliquement, en pente.*
To SLOPE, *v. n. Biaiſer, aller de travers.*
To Slope, *verb. act.* (to cut a ſlope.) *Echancrer, vider, couper en dedans.*
SLOPENESS, *f.* (or obliquity.) *Biais, travers, obliquité.*
Slopeneſs, (or ſhelving.) *Pente, penchant, talus.*
SLOPING, *adj.* (or thwart.) *Qui va de travers, oblique.*

SLO

Sloping, (or ſhelving.) *Qui va en pente, qui penche.*
SLOPINGLY, *adv. De biais, de côté, de travers, obliquement ou en pente.*
SLOPS, *ſubſt.* (ſeamen's trowſers.) *Des chauſſes, des braies à la mateloſe.*
SLOT, *f.* (the view or print of a ſtag's foot in the ground.) *Voie, d'une bête fauve.*
SLOTH, *f.* (idleneſs.) *Oiſiveté, pareſſe, fainéantiſe.*
SLOTHFUL, *adject. Fainéant, pareſſeux, adonné à l'oiſiveté.*
A ſlothful man. *Un fainéant, un pareſſeux.*
SLOTHFULLY, *adverb. Froidement, en fainéant, en pareſſeux.*
SLOTHFULNESS. *V.* Sloth.
SLOUCH, *f.* A great ſlouch, (a lubberly fellow.) *Un gros ruſtre, un ruſtaud, un gros piffre, un gros payſan, un gros pitaud.*
SLOUCHING, *adj. Ex.* A ſlouching hat. *Un grand chapeau rabattu.*
SLOVEN, *f. Un ſalop, un vilain, un homme mal-propre, qui n'a point de propreté.*
SLOVENLINESS, *f. Saloperie, ſaleté, vilenie, mal-propreté.*
SLOVENLY, *adj. Salope, ſale, mal-propre, vilain.*
A ſlovenly fellow. *Un homme mal-propre.*
Slovenly, *adv. Salement, mal-proprement, d'une maniere ſale & mal-propre.*
SLOUGH, *f.* (a deep and muddy place.) *Un bourbier, une fondriere.*
The ſlough (or ſoil) of a wild boar. *La fouille d'un ſanglier.*
The ſlough (or bed) of a wild boar. *Bauge de ſanglier.*
The ſlough (or damp) of a coal-pit. *L'humidité d'une mine de charbon.*
The ſlough of a wound. *L'eſcarre d'une plaie.*
The ſlough (or caſt ſkin) of a ſnake. *Dépouille de ſerpent.*
SLOUGHY, *adj. Bourbeux.*
* SLOUTH, *f.* (or herd.) *Troupe.*
Ex. A ſlouth of bears. *Une troupe d'ours.*
SLOW, *adj.* (the contrary of quick.) *Lent, tardif, qui n'eſt pas vite, qui ſe remue ou qui agit avec peu de promptitude.*
A ſlow animal. *Un animal lent.*
A ſlow motion. *Un mouvement lent.*
A ſlow (or lingering) poiſon. *Un poiſon lent, qui opere lentement.*
A very ſlow man. *Un homme fort lent ou fort long.*
A ſlow-back, (a ſack man, one that declines work.) *Un homme lent, lâche ou pareſſeux, un fainéant, un pareſſeux.*
You are mighty ſlow of ſpeech. *Vous êtes bien lent à parler, vous parlez bien lentement.*
A ſlow (heavy or dull) wit. *Un eſprit lent ou peſant.*
Slow or dull witted. *Qui a l'eſprit lent ou peſant.*
He is ſlow, but ſure. *Il eſt lent, mais il eſt ſûr.*
Slow-worm. *Sorte de petit ſerpent aveugle.*
SLOWLY, } *adv. Lentement, avec lenteur.*
P. Great bodies move ſlowly. P. *Les grandes machines ſe meuvent avec lenteur.*

My watch goes too slow. *Ma montre retarde.*
SLOWNESS, *s. Lenteur, paresse, manque d'activité.*
To SLUBBER, *v. act. Ex.* To slubber a thing over. *Faire une chose légèrement ou grossièrement, la faire négligemment ou sans application.*
Slubbered over, *adject. Grossièrement fait.*
To SLUE, *verb. neut.* (a sea-term.) *Tourner sur son axe ou sur son pivot, pivoter.*
SLUG, *s.* Sorte de balle pour une arme à feu.
Slug, (a commodity that does not go off.) *Garde-boutique.*
This commodity grows a slug or drug, (it does not sell off.) *Cette marchandise n'est qu'une drogue, c'est un garde-boutique.*
Slug, (a ship that sails heavily.) *Un vaisseau qui est mauvais voilier ou pesant de voiles.*
Slug or Slug-snail, (or dew-snail.) *Limas, limace ou limaçon.*
A slug-a-bed. *Un dormeur, qui aime trop à dormir, un paresseux.*
SLUGGARD, *subst.* (or slug-a-bed.) *Un paresseux, un dormeur, qui aime trop à dormir.*
SLUGGISH, *adject.* Qui aime à dormir, paresseux, lent.
SLUGGISHLY, *adv.* En faisant, en paresseux, lentement.
SLUGGISHNESS, *s.* Paresse, fainéantise, lenteur.
SLUICE, *subst.* Une écluse.
To SLUICE,
To SLUICE OUT, } *v. act. & neut.* Déborder, se débonder.
SLUMBER, *s.* Sommeil, sommeil léger.
To fall into a slumber. *S'endormir, se laisser aller au sommeil.*
To SLUMBER, *verb. neut.* Sommeiller, reposer, dormir légèrement.
SLUMBERING, *s.* Sommeil, l'action de sommeiller.
SLUMBEROUS,
SLUMBERY, } *adject.* Qui invite au sommeil.
SLUNG, *prétérit & participe passé du verbe* to Sling.
Slunk, *prétérit & participe passé de* to Slink.
SLUR, *subst.* (or trick.) *Tour ou pièce.*
Ex. To put a slur upon one. *Jouer un tour, faire une pièce à quelqu'un.*
To SLUR, *verb. act.* (or to soil.) *Salir.*
Ex. To slur one's clothes. *Salir ses habits.*
To slur one, (or put a trick upon one.) *Jouer un tour ou faire une pièce à quelqu'un.*
To slur a die. *Flatter le dé.*
To slur (or sham) a thing upon one. *V.* to Sham.
SLURRED, *adj. Sali. V.* to Slur.
SLURRING, *subst. L'action de salir, &c. V.* to Slur.
To SLURRY. *V.* to Slur.
SLUT, *s.* (a dirty or a stinking woman.) *Une femme ou fille mal-propre, une salisson, une salope, une souillon, une maussade.*
SLUTTERY, *subst.* (or sluttishness.) *Saleté, mal-propreté, saloperie.*
SLUTTISH, *adj. Mal-propre, sale, salope, maussade.*
Sluttish doings. *Des vilenies, des saletés, des saloperies.*

SLUTTISHLY, *adv. Salement, maussadement, mal-proprement, d'une manière sale & mal-propre.*
SLUTTISHNESS, *s. Saleté, saloperie, mal-propreté, manieres mal-propres.*
SLY, *adject.* (or cunning.) *Fin, rusé, adroit.*
A sly blade. *Un fin matois.*
SLYLY, *adv. Avec finesse.*
SMACK, *subst.* (or taste.) *Goût.*
It has an ill smack with it. *Il a un mauvais goût.*
He has a smack of his country in his speech. *Il se sent toujours de sa province, il a l'accent provincial.*
To have a little smack (or tincture) of learning. *Avoir quelque teinture ou légere connoissance des sciences.*
Smack, (or kiss.) *Baiser.*
To kiss one with a smack. *Baiser quelqu'un d'une maniere à se faire entendre, lui appliquer un baiser retentissant.*
Smack, (a small sea vessel.) *Sémaque, sorte de bâtiment servant à la pêche, mâté comme un sloop, d'une construction plus grossiere & plus forte.*
Smack-sail. *Voile latine, voile à oreille de lievre ou tiers-point.*
To SMACK, *v. n.* (to have a taste.) *Avoir un goût bon ou mauvais.*
This smacks (or favours) of atheism. *Ceci sent l'athéisme.*
To smack, (to make a noise in eating, as horses do.) *Faire du bruit en mangeant, comme font les chevaux à la mangeoire.*
To smack, *v. act.* (to make a smart noise.) *Claquer, faire un bruit aigu.*
To smack a woman, (to kiss her with a good glee.) *Baiser une femme d'une maniere à se faire entendre, lui appliquer des baisers retentissans.*
SMACKER, *subst.* Celui ou celle qui goûte.
SMACKING, *adj.* (well smacking.) *Qui a bon goût.*
SMACKERING, (mind or longing.) *Envie, desir.*
To have a smackering after a thing. *Desirer, souhaiter quelque chose.*
SMALL, *adj.* (little, not great.) *Petit, qui n'est pas grand, menu.*
A small number. *Un petit nombre.*
A small print. *Petit caractère, un caractere menu.*
To cut small. *Couper menu, hacher.*
A small-tooth comb. *Un peigne à petites dents, un peigne fin.*
Small, (light or flight.) *Petit, léger.*
A small fault. *Une petite ou légere faute.*
Small, (not strong.) *Petit, qui n'est pas fort.*
Small wine. *Petit vin.*
Small beer. *De la petite biere.*
Small, (thin, slender.) *Petit, mince, léger.*
A small (or poor) supper. *Un petit souper, un souper mince ou léger.*
A man of small learning. *Un homme dont le savoir est bien mince.*
It is or 'tis a small matter. *C'est peu de chose, c'est une chose de peu d'importance, c'est une bagatelle.*
To teach at a small rate. *Enseigner pour peu de chose.*
It yields but a small price. *Il se donne ou se vend à bon marché.*
A man of small credit. *Un homme qui n'a pas grand crédit, dont le crédit est fort mince.*

He has but small means. *Il n'a pas beaucoup de bien.*
Small-coal. *Braise.*
Small-pox. *Petite vérole.*
Smallwares. *V. Wares.*
Small-shot. *V. Shot.*
Small arms. *Mousqueterie.*
The small cards. *Les basses cartes.*
Fine and small hair. *Des cheveux fins & déliés.*
To put one into no small fear. *Faire grand peur à quelqu'un.*
He needs but small (or little) invitation. *Il ne se fait pas beaucoup prier, on n'a que faire de le presser beaucoup.*
SMALL, *s. Ex.* The small of one's back. *Le défaut des côtes.*
The small of the sword. *Le foible de l'épée.*
The small of the leg. *Le bas de la jambe.*
SMALLAGE, *subst.* (herb.) *Ache, grand persil,* herbe.
SMALLNESS, *subst. Petitesse.*
The smallness of the charge will go a great way with me. *Il y a si peu de frais à faire, que cette consideration me menera bien loin.*
SMALT, *s.* (a blue-coloured powder.) *Email, couleur d'azur.*
SMART, *adj.* (quick, violent.) *Cuisant, qui fait mal, qui cause de la douleur, vif, grand, violent, aigu.*
A smart remedy. *Un remede cuisant, qui cause une douleur âpre & aigue.*
A smart pain. *Une vive douleur, une douleur cuisante, une douleur aiguë.*
Smart money, (money given to a recruiting officer to disengage a soldier just inlisted.) *L'argent que l'on paie pour le dégagement d'un soldat.*
Smart, (or sharp of taste.) *Piquant, aigre, fort au goût.*
Smart (or sharp) fight. *Un combat âpre ou rude.*
Smart, (sharp, biting in discourse.) *Subtil, fin, piquant, mordant, fort.*
A smart repartee. *Une repartie fine ou subtile.*
A smart fellow. *Un petit maitre.*
To give one a smart answer. *Répondre vertement à quelqu'un, lui repondre avec hardiesse ou avec liberté.*
SMART, *s.* (lively pain.) *Cuisson, douleur cuisante.*
You will have the smart on't, (you will suffer for it.) *Il vous en cuira, vous en pâtirez, vous en porterez la peine.*
Smart, (one who affects briskness & vivacity.) *Un petit maitre, un éveillé.*
To SMART, *verb. neut. Cuire, faire du mal, causer de la douleur, imprimer une douleur cuisante, âpre ou aiguë.*
My wound smarts. *Ma blessure me cuit.*
You shall smart (or suffer) for it. *Il vous en cuira, vous en pâtirez, vous en porterez la peine.*
A rod will make one smart. *La verge se fait bien sentir.*
SMARTING, *subst. Douleur cuisante ou très-sensible.*
SMARTLY, *adv.* (or sharply.) *Subtilement, avec subtilité, vivement, vigoureusement, fortement, en des termes forts, vertement, avec fermeté, hardiesse ou liberté.*
SMARTNESS, *s.* (of pain.) *La violence de la douleur.*
The smartness (sharpness or subtility) of a discourse. *La force ou la subtilité, la véhémence d'un discours.*

SMATCH.

SMATCH, *f. Ex.* He has a fmatch of it, (he has fomething of it ftill.) *Il en tient encore quelque chofe, il s'en fent encore.*
To have a fmatch (or fmattering) of learning. *Avoir quelque teinture des fciences.*
SMATTER, *V.* Smattering.
SMATTERER, *fubft.* (one that has fome tincture of learning.) *Une perfonne qui a quelque teinture des fciences, qui en a quelque connoiffance, un demi-favant.*
SMATTERING, *f.* (or tincture.) *Teinture, connoiffance légère.*
He has got a fmattering of the latin tongue. *Il entend un peu de latin.*
To get a fmattering in books. *Avoir un peu de Lecture.*
To SMEAR, &c. *V.* to Befmear, &c.
SMELL, *f. Senteur, odeur.*
A ftrong (or rank) fmell. *Une odeur forte, le fagueneus.*
The fmell of meat. *L'odeur ou le fumet des viandes.*
To have a good or bad fmell. *Sentir bon ou mauvais.*
A fmellfeaft. *Un écornifleur, un parafite.*
A fmellfmock. *Un efféminé, un homme qui s'accoquine auprès des femmes.*
To SMELL, *verb. neut.* (to have or caft a fmell.) *Sentir, rendre quelque odeur.*
To fmell fweet. *Sentir bon.*
This meat fmells of burning. *Cette viande fent le brûlé.*
To fmell, *verb. act. & neut. Sentir, flairer.*
Smell this rofe or fmell to this rofe. *Sentez, flairez cette rofe.*
† I fmell a rat, (I diftruft fomething.) *Je me défie de quelque chofe.*
To fmell a thing OUT. *Découvrir quelque chofe, s'en appercevoir, s'en douter.*
Smelt, *particip. Senti*, &c.
SMELLER, *f. Celui qui fent.*
SMELLING, *f. L'action de fentir*, &c. *V.* to Smell.
Smelling, (the fenfe of fmelling.) *L'odorat.*
SMELT TO, *adj. Que l'on a fenti.*
Smelt OUT. *Découvert.*
SMELT, *fubft.* (a fifh.) *Eperlan, forte de poiffon.*
The fea-fmelt. *Eperlan de mer.*
Smelt, *prétérit & participe paffé de to Smell.*
To SMERK, *verb. neut.* (or to look pleafant.) *Avoir un vifage riant, prendre un air riant.*
To fmerk upon one. *Regarder quelqu'un avec un vifage riant.*
SMERKING, *f. Vifage ou air riant.*
SMERKY, } *adj. Gai, enjoué.*
SMIRK, }
To SMICKER, *verb. neut.* (or to look amoroufly.) *Jeter des œillades ou des regards amoureux.*
SMICKERING, *f. Œillades, ou regards amoureux.*
SMICKET, *fubft.* (or fmock.) *Chemife de femme.*
SMILE, *fubft. Un fouris, un fourire.*
To SMILE, *verb. n.* (or fimper.) *Sourire, faire un fouris, rire.*
She fmiled upon me. *Elle m'a fouri.*
To fmile, (to look pleafant.) *Rire, être agréable, plaire aux yeux.*
Fortune fmiles upon him, every thing fmiles upon him or favours him, (or every thing fucceeds with him.) *La fortune lui rit, tout lui rit, tout rit à fes defirs.*
SMILING, *f. Souris ou l'action de fourire*, &c. *V.* to Smile.

Smiling, *adj. Riant.*
SMILINGLY, *adv. D'un air riant.*
To SMIRCH, *v. act. Souiller; obfcurcir.*
SMIRK }
SMERKY } *adj. Gai, enjoué.*
SMIT, *un participe paffé de* to Smite.
To SMITE, *v. act.* (or ftrike.) *Frapper, donner des coups.*
She has fmit me, I am fmitten. *Elle m'a gagné le cœur, j'en tiens,* † *j'en ai dans l'aîle.*
SMITER, *f. Celui ou celle qui frappe*, &c. *V.* to Smite.
SMITH, *fubft.* (or blackfmith.) *Un forgeron, maréchal ferrant.*
A fmith's-fhop. *Une forge.*
A goldfmith. *Un orfèvre.*
A gunfmith. *Un armurier.*
A lockfmith. *Un ferrurier.*
A filverfmith. *Un orfèvre qui travaille en argenterie.*
SMITHY, *fubft.* (a black-fmith's trongh, wherein he cools hot iron.) *Auge de forgeron.*
SMITING, *fubft. L'action de frapper*, &c. *V.* to Smite.
SMITTEN, *adj. & participe paffé de* to Smite. *Frappé*, &c.
To be fmitten with a woman, (to be paffionately in love with her.) *Être paffionément amoureux d'une femme, en être amourachi,* † *en être coiffé, en être féru.*
Smitten with lunacy. *Lunatique, fou, qui tient de la lune.*
SMOCK, *f.* (or fhift.) *Chemife de femme.*
A fmock-faced fellow. *Un vifage efféminé.*
Smellfmock. *V. fous* Smell.
Smock-fail. *V.* Smack-fail.
SMOKE, *f. Fumée.*
P. Where there is fmoke there is fire. *Il n'y a point de feu fans fumée.*
To hang or dry in the fmoke. *Pendre ou fécher à la fumée, fumer.*
Smoke-dried. *Fumé.*
This is good fmoke, (or good tobacco.) *C'eft de fort bon tabac.*
To SMOKE, *v. n.* (to caft forth fmoke.) *Fumer, jeter de la fumée.*
This room fmokes. *Cette chambre fume.*
To fmoke, *verb. act.* (to hang or dry in the fmoke.) *Fumer, pendre à la fumée.*
To fmoke tobacco. *Fumer du tabac.*
To fmoke, (to befmo'ke or trouble with fmoke.) *Enfumer, incommoder par la fumée.*
To fmoke (or fmell out) a bufinefs. *Se douter ou s'appercevoir de quelque chofe, la découvrir, la deviner.*
The cunning gipfy fmoked out the matter prefently. *La fine matoife fe douta d'abord de ce qui en étoit.*
† He will fmoke you or make you fmoke. *Il vous fera enrager, il vous fera de la peine.*
† I fhall fmoke you for it or make you fmoke for it. *Je vous punirai de la belle manière, vous me la payerez.*
Smoked, *adj. Fumé*, &c. *V.* to Smoke.
SMOKELESS, *adj. Sans fumée.*
SMOKER, *f. Un fumeur.*
SMOKINESS, *f. Grande fumée.*
SMOKING, *fubft. L'action de fumer*, &c. *V.* to Smoke.
SMOKY, *adj.* Plein de fumée, qui fume.
SMOOTH, *adj.* (even or level.) *Uni, poli.*
A fmooth table. *Une table unie.*
A fmooth or even way. *Un chemin uni, un chemin égal.*

To plane fmooth. *Planer uniment.*
Smooth, (fleek, r foft,) *Liffe, doux au toucher.*
Smooth, (or courteous.) *Doux, affable, civil, honnête.*
Smooth (or eafy) ftyle. *Un ftyle doux, poli, aifé, qui coule doucement ou agréablement.*
A verfe that runs fmooth. *Un vers qui coule doucement ou agréablement.*
Smooth gold, (not burnifhed.) *Or ras, non-bruni.*
A fine fmooth file. *Une lime fourde.*
He has got a fmooth (or eafy) way of doing it. *Il a trouvé un moyen aifé de le faire.*
He has a notable fmooth way of jefting. *Il raille fi finement qu'il n'y touche pas.*
A fmooth (or honied) tongue. *Une langue qui charme, une langue flatteufe ou emmiellée.*
Smooth-tongued. *Qui a une langue flatteufe ou emmiellée.*
To SMOOTH, *v. act.* (to make fmooth.) *Unir, polir, applanir, liffer.*
To fmooth one UP. *Cajoler, flatter ou careffer quelqu'un.*
To fmooth DOWN with the nail, (as tailors and feamftreffes do.) *Gratter une rentraiture, en termes de tailleur.*
Smoothed, *adj. Uni,* &c. *V.* to Smooth.
SMOOTHING, *f. L'action d'unir*, &c.
A fmoothing iron. *Fer à liffer ou à paffer le linge.*
SMOOTHLY, *adv. Uniment, tout doucement, avec douceur.*
To go on fmoothly in any bufinefs. *Pourfuivre une affaire tout doucement, fans fe preffer.*
SMOOTHNESS, *f. Douceur, au propre & au figuré.*
A fmoothnefs of ftyle. *Douceur ou politeffe de ftyle.*
SMOTE, *prét. de* to fmite.
To SMOTHER, *verb. act.* (to ftifle or choke.) *Etouffer, fuffoquer.*
To fmother, (as fuppreffe.) *Etouffer, fupprimer.*
Smothered, *adj. Etouffé, fuffoqué,* &c.
SMOTHERER, *fubft. Celui ou celle qui étouffe*, &c.
SMOTHERING, *fubft. L'action d'étouffer*, &c.
† To SMOULTER, *verb. act.* (to ftifle.) *Etouffer.*
SMOULTRY, *adj. Etouffant.*
Smoultry heat. *Une chaleur étouffante.*
SMUG, *adject.* (or fpruce.) *Propre, bien mis.*
To SMUG one's felf up, *verb. récip.* (or to fet one's felf off to the beft advantage.) † *Se requinquer, fe bien mettre, fe bien ajufter.*
Smugged up, *adject. Propre, bien mis,* † *requinqué.*
To SMUGGLE, *verb. act.* (to defraud the King of the duties.) *Paffer des marchandifes par fraude, frauder la douane, faire entrer des marchandifes à la dérobée, pour éviter les frais de la douane.*
† To fmuggle the coal, (to make people believe one has no money when the reckoning is to be paid.) *Faire accroire qu'on n'a point d'argent quand il s'agit de payer l'écot.*
To fmuggle a wench, (to towfe, fumble and kifs her.) *Etre aux prifes avec une fille, l'embraffer, la baifer malgré fa réfiftance.*

SMUGGLER,

4H 2

SMUGGLER, *f.* Fraudeur de douane, contrebandier.
SMUGGLING, *f.* L'action de frauder la douane, &c. V. to Smuggle.
SMUGNESS, *subst.* (from smug.) L'état d'une personne bien mise † ou requinquée.
SMUT, *subst.* (dirt, nastiness.) Saleté, vilenie.
Smut, (bawdy discourse.) Vilenies, saletés, obscénités.
To SMUT, v. act. Barbouiller, salir avec la fumée ou des mouchures de chandelle.
Smutted, *adj.* Barbouillé, sali.
To SMUTCH, verb. act. Noircir.
SMUTTILY, *adv.* Ex. To speak smuttily, (or obscenely.) Tenir des discours sales ou impudiques, dire des saletés.
SMUTTINESS, *f.* Saleté, obscénité, impureté, impudicité.
SMUTTING, *f.* L'action de barbouiller.
SMUTTY, *adj.* (immodest, obscene.) Sale, impur, obscène, impudique, déshonnête, qui blesse la pudeur.
SNACK, *subst.* (or share.) Part.
To go snacks with one. Partager avec quelqu'un.
To put in for snacks. Prétendre à une portion, vouloir sa part de quelque chose.
SNACOT, *f.* Sorte de poisson.
SNAFLE, *f.* Filet, sorte de bride.
SNAG, *f.* (a knot or bunch.) Nœud ou bosse.
Snag. V. Snagged.
SNAGGED, *adject.* Ex. A snagged tooth or snag-tooth, (that does not stand even.) Une dent qui n'est pas égale, une surdent.
SNAIL, *f.* (or dew-snail, the snail without a shell.) Limas, limace.
Snail, the shell-snail. Escargot, limaçon.
Snail-claver. Herbe à limaçon.
Snail-stone. Pierre de limaçon.
Snail-water. Eau de limaçon.
Snail-trefoil (a plant.) Luserne, plante.
SNAKE, *f.* Un serpent.
A rattle-snake. Serpent à sonnettes.
There is a snake hid under the grass. Il y a un serpent caché sous les fleurs, il y a du venin caché.
Snake-weed. Bistorte.
SNAKY, *adj.* De serpent, serpentin.
SNAP, *f.* (or noise.) Bruit, éclat.
It gave such a snap. Cela fit un si grand bruit.
Snap, (morsel or bit.) Un morceau.
Snap, (a young cur.) Un petit chien.
A cunning snap or cunning blade. Un homme fin, un fin matois, un rusé ou ératé.
Snap-sack or a soldier's nap-sack. Havre-sac.
Snap haunce, (or fire-lock.) Rouet d'arquebuse.
Snap short. V. Snappish.
To SNAP, verb. act. (or break.) Rompre, briser.
To snap, (to catch.) Happer, prendre, saisir, attraper.
The dog snapt his leg. Le chien lui happa la jambe.
He sent out men to snap him. Il envoya des gens pour le happer, pour le saisir ou pour l'arrêter.
To snap one up or cut short his discourse, (to speak roughly to him, to snub him,) Rabrouer quelqu'un, lui parler rudement ou d'un ton rude ou rébarbatif, le gourmander.
To snap or snatch a thing AWAY. Arracher une chose, la prendre de force.
To snap at a thing, (to snatch at it.)

Happer quelque chose ou tâcher de l'attraper.
To SNAP, verb. n. (or break.) Eclater, se rompre.
To snap, (or to give a snap.) Eclater, faire du bruit, faire des éclats.
Snapped. V. Snapt.
SNAPPERS, *f.* Castagnettes.
SNAPPING, *f.* L'action de rompre, &c. V. to Snap, verb. act. & neut.
SNAPPISH, *adj.* (rough, morose.) Peu civil, qui parle rudement aux gens, rébarbatif, hargneux, rustre, brutal.
A snappish man. Un rustre, un brutal, un homme rébarbatif.
SNAPPISHLY, *adv.* Rudement, d'un ton rude ou rébarbatif.
SNAPT, *adj.* Rompu, &c. V. to Snap.
SNARE, *f.* Piège, embûches.
To SNARE. V. to Ensnare.
To SNARL, v. act. (to intangle.) Mêler, embarrasser.
To snarl silk or thread. Mêler de la soie ou du fil.
To snarl, verb. neut. (as a dog does.) Rognonner & montrer les dents, comme un chien qui a envie de mordre.
Snarled, *adj.* Mêlé, embarrassé.
SNARLER, *f.* Un brutal, un grondeur.
SNARLING, *f.* L'action de mêler, &c. V. to Snarl, verb. act. & neut.
Snarling, *adj.* Ex. A snarling dog. Un chien hargneux.
A snarling impudence. Une impudence outrée.
SNAST, *f.* Mouchures de chandelle.
SNATCH, *subst.* (or bit.) Un morceau.
A snatch and away. Manger vite un morceau & s'en aller.
† A snatch-pasty. Un voleur de pâtés, qui veille les restes d'un pâté pour s'en saisir.
† To do a thing by girds and snatches. Faire une chose à la dérobée ou par échappées.
Snatch-block. V. Block.
To SNATCH AWAY, }
To SNATCH, } v. act. Arracher, prendre de force, enlever, emporter, surprendre, happer.
To snatch AT a thing. Tâcher d'attraper quelque chose, ou happer quelque chose.
Snatched or snatched away, *adj.* Arraché, pris de force, enlevé, &c. V. to Snatch.
SNATCHER, *subst.* Celui ou celle qui arrache, qui surprend ou qui prend de force, &c. V. to Snatch.
SNATCHING, *subst.* L'action d'arracher, &c. V. to Snatch.
SNATCHINGLY, *adv.* A force d'arracher, &c. V. Hastily.
To SNEAK, v. n. (or creep.) Ramper.
To sneak ALONG or to sneak up and down. Aller la tête baissée, aller d'un air rampant, ramper.
To sneak AWAY. S'en aller tête baissée, se retirer tout confus, s'en aller à la dérobée.
To sneak INTO corners, (to lurk into corners.) Se cacher d'un coin dans un autre.
SNEAKER, *f.* (a large vessel.) Bassin.
SNEAKING, *f.* L'action de ramper, &c. V. to Sneak.
Sneaking, *adj.* (base, pitiful.) Rampant, bas, vil, faquin.
A sneaking elf, (or mean pitiful fellow.) Un homme qui a l'ame basse, qui a l'esprit rampant, un faquin.

A sneaking vice. Un vice bas & rampant.
Sneaking (or beggarly) doings. Des bassesses, des manieres faquines.
Sneaking, (poor, sorry, pitiful.) Pauvre, chétif, pitoyable, misérable.
Sneaking, (niggardly, dirty.) Vilain, avare, sordide.
A sneaking wretch. Un vilain, un avare.
SNEAKINGLY, *adv.* (or basely.) Bassement, en faquin, comme un faquin.
Sneakingly, (or pitifully.) Chétivement, pitoyablement.
SNEAKINGNESS, *subst.* (baseness.) Bassesse, humeur rampante, abattement de courage.
SNEAKS, }
† SNEAKSBY, } *f.* Ex. A poor sneaks or a poor sneaksby, (a pitiful fellow, that scarce dares shew his head.) Un pauvre malheureux, qui n'ose presque pas se produire.
To SNEAP, }
To SNEB, } V. to Snub.
To SNEER, verb. neut. (to laugh and sneer.) Ricaner, rire à demi.
SNEERER, *sub.* Un rieur sous cape, un ricaneur.
SNEERING, *sub.* Maniere ridicule de rire, action de ricaner.
Sneering, *adj.* Ex. A sneering fellow. Un ricaneur.
To SNEEZE, v. neut. Eternuer.
SNEEZE, *subst.* V. Sneezing.
Sneeze-wort, *subst.* (a plant.) Herbe à éternuer.
SNEEZING, *sub.* Eternuement ou l'action d'éternuer.
To SNIB. V. to Snub.
SNICKER SNEE, *subst.* (the Dutch way of fighting with pointed knives.) Combat à coups de couteaux, à la maniere de la populace Hollandoise.
To SNICKER. V. to Snigger.
To SNIFF. verb. neut. (or snuff up.) Renifler.
† To SNIGGER, verb. neut. (to laugh in one's sleeve.) Rire sous cape ou sous le bonnet.
SNIP, *f.* (or a little bit.) Un peu, un morceau, un petit morceau.
He has got some snips (or something) out of it. Il en a écorné quelque chose.
I shall get some snips out of it or on't. J'en aurai quelque morceau, † j'en tirerai pied ou aile.
This horse has a snip of white on his nose. Ce cheval a une petite tache blanche sur le nez.
To go snips (or snacks) with one. Partager avec quelqu'un.
To SNIP off, verb. act. (or cut off with a jerk.) Couper vite & adroitement, couper tout d'un coup.
SNIPE, *f.* (a sort of small wild fowl.) Bécassine.
SNIPING off, *subst.* (from to snip.) Maniere prompte & adroite de couper quelque chose.
SNIPT off, *adject.* Coupé adroitement ou tout d'un coup.
SNITE, *f.* (a bird.) Un siancolin, oiseau.
SNIVEL, *f.* (the running of the nose.) Roupie.
To SNIVEL, verb. neut. (to snuff up.) Renifler, faire remonter la morve dans les narines.
To snivel, (to weep like a child.) Pleurer comme un enfant.
SNIVELLER, *subst.* Un pleureur.
SNIVELLING,

SNI SNU

SNIVELLING, *adject*. *Roupieux, qui a toujours quelque roupie au nez.*
An old snivelling husband. *Un vieux roupieux de mari.*
A snivelling slut. *Une roupieuse.*
A snivelling cold. *Un rhume de cerveau.*
To SNOOK, *verb. neut.* (or lie lurking for a thing.) *Être aux aguets pour tâcher d'attraper quelque chose.*
To SNORE, *v. neut. Ronfler.*
To snore in one's sleep. *Ronfler en dormant.*
SNORER, *f. Ronfleur, ronfleuse.*
SNORING, *sub.* Ronflement ou *l'action de ronfler.*
To SNORT, *v. n.* (as high mettled horses do.) *Ronfler.*
A horse that snorts. *Un cheval qui ronfle.*
SNOT, *subst. Morve.*
SNOTTER, *subst.* Collier fixé au mât de certains bâtimens, pour tenir le pied de la livarde ou baleston de la voile.
SNOTTY, *adj. Morveux, plein de morve.*
SNOUT, *subst.* (of a hog.) *Groin de pourceau.*
The snout (or trunk) of an elephant. *La trompe d'un éléphant.*
The bellow's snout or nose. *Tuyau de soufflet.*
SNOUTED, *adj. Ex.* Big-snouted. *Qui a un gros groin ou un gros museau.*
SNOW, *subst. Neige.*
A snow-ball. *Pelote de neige.*
Snow, (a sort of sea vessel.) *Senau*, sorte de bâtiment.
To SNOW, *v. neut. N:iger.*
It snows thick and in small flakes. *Il neige dru & menu.*
SNOWY, *adj. Neigeux, de neige, abondant en neige.*
Snowy weather. *Un temps neigeux ou de neige.*
This will be a snowy day. *Nous aurons de la neige, ou il neigera aujourd'hui.*
Snowy, (white as snow) *Blanc comme neige.*
To SNUB one, *v. act.* (to take him up sharply.) *Gourmander, rabrouer, gronder quelqu'un.*
To snub, (or keep under one's thumb.) *Réprimer, retenir, arrêter, tenir le pied sur la gorge.*
To snub, *v. neut.* (or to sob.) *Sanglotter, pousser des sanglots.*
Snubbed, *adj. Rabroué, &c.*
SNUBBING, *subst. L'action de rabrouer. V. to* Snub.
SNUDGE, *sub.* (and old curmudgeon or close-fisted fellow.) *Un vieux taquin, un vilain, un avare.*
To SNUDGE along, *verb. neut.* (to go like an old snudge or like one whose head is full of bonnets.) *Marcher comme un vieux faquin ou d'un air rampant & pensif.*
SNUDGING along, *subst. Démarche de faquin, manière de marcher d'un air rampant & pensif.*
Snudging-fellow. *V.* Snudge.
SNUFF, *f.* (of a candle or lamp.) *Mèche de chandelle ou de lampe, la mèche allumée.*
Snuff, (wick or cotton of a lighted candle.) *Lumignon, mèche allumée.*
Snuff, (bit of a candle cut off.) *Mouchure.*
Snuff, (or little piece of a candle.) *Bout de chandelle.*
Snuff-dish. *Porte-mouchettes, une assiette à mouchettes.*

SNU SO

Snuff, (to take at the nose.) *Tabac en poudre.*
A snuff-box. *Une tabatière.*
† To take snuff or to take a thing in snuff. *Prendre une chose en mauvaise part, s'en fâcher, s'en piquer.*
† To go away in a snuff or huff. *S'en aller en colère, s'en aller mal-satisfait.*
To SNUFF, *v. act. Ex.* To snuff the candle. *Moucher la chandelle.*
To snuff UP a thing into one's nose. *Prendre quelque chose par le nez.*
Snuff it up. *Attirez-le en haut.*
To snuff up the stinks of the town. *S'infecter le cerveau des mauvaises odeurs de la ville.*
To snuff up one's snot. *Renifler, faire remonter la morve dans les narines.*
To snuff OUT the candle. *Éteindre la chandelle, en la mouchant plus bas que la flamme.*
To snuff AT a thing, *v. neut.* (to take it in dudgeon.) *Se fâcher, se piquer de quelque chose, la prendre en mauvaise part.*
To snuff at one, (to be angry at him.) *Se fâcher contre quelqu'un.*
Snuffed, *adj. Mouché, &c. V.* to Snuff.
SNUFFER, *subst.* (he that snuffs and lights the candles at the play-house.) *Moucheur & allumeur de chandelles.*
SNUFFERS, *subst. Des mouchettes.*
Snuffers-pan or snuffers-stand. *Assiette à mouchettes, porte-mouchettes.*
SNUFFING, *sub. L'action de moucher, &c. V.* to Snuff.
To SNUFFLE, *v. neut.* (or speak through the nose.) *Parler du nez, nasiller.*
SNUFFLER, *f.* Celui ou celle qui parle du nez.
SNUFFLING, *f. L'action de parler du nez.*
SNUG, *adj.* (or close.) *Serré.*
To lie snug in bed. *Se serrer dans un lit, se bien envelopper.*
A snug (or well compacted) ship. *Un vaisseau bien construit, bien bâti, bien joint.*
A little snug house. *Une petite maison bien close & chaude.*
To SNUG, *verb. neut. Se joindre, s'approcher.*
To snug to one's bedfellow. *S'approcher de celui avec qui l'on couche, le serrer de près pour se tenir chaudement, l'embrasser.*
To SNUGGLE, *v. neut.* (or to snuggle together.) *Se serrer, s'embrasser dans un lit.*
SO, *adv.* (or thus.) *Ainsi, de cette manière, comme cela.*
Is it so? *Est-ce ainsi?*
So then. *Ainsi donc.*
So, (or the same.) *Ainsi, de même.*
It is not so with us. *Il n'en est pas ainsi, il n'en est pas de même de nous autres.*
So, (thus, that.) *Cela.*
Suppose it to be so. *Posez que cela soit.*
Why do you to? *Pourquoi faites-vous cela?*
Why d'ye say so? *Pourquoi dites-vous cela?*
Why so? *Pourquoi cela?*
So, (or so much.) *Tant, si, aussi.*
I do so love him, *Je l'aime tant, je l'aime si fort.*
It is or 'tis so good. *Il est si bon.*
So well. *Si bien.*
So ill. *Si mal.*
This is not so good as the other. *Celui-ci n'est pas aussi bon que l'autre.*

SOA

So that. *Si bien, de sorte, de telle manière, tellement que.*
So, (or provided that.) *Pourvu que, en cas que.*
So he do me no hurt. *Pourvu qu'il ne me fasse point de mal.*
So he were dead. *Pourvu qu'il fût mort.*
That is not so. *Cela n'est pas, cela n'est pas vrai.*
If it be so, that — *S'il est vrai, que —*
Is is so. *Cela est vrai, j'en demeure d'accord.*
Can you deny me so small a kindness? *Pourriez-vous bien me refuser ce petit plaisir?*
Do so no more. *N'y retournez plus.*
If ever I do so again. *Si jamais j'y retourne.*
So we came to know it. *Voilà comment nous l'apprîmes, voilà comment la chose est venue à notre connoissance.*
Do so as I tell you. *Faites comme je vous dis ou faites ce que je vous dis.*
As you wished, so 'tis fallen out. *La chose est arrivée comme vous souhaitiez.*
So, so, (indifferent.) *Passablement, médiocrement,* † *là là, tellement quellement.*
So, so (or well, well) I am glad of it or on't. *Voilà qui va bien, j'en suis bien aise.*
And so forth. *Et ainsi du reste, & cætera* ou *&c.*
So far, so much, so many, *&c. V.* Far, Much, Many, *&c.*
R. Quelquefois cette particule n'est pas exprimée en François, & l'on change la tournure de la phrase, comme dans les exemples suivans.
As that was painful, so this is pleasant. *Celui-ci n'est pas moins agréable que l'autre étoit pénible.*
As man is sensible on one side of his sins, so on the other he fears God's judgments. *L'homme sent d'un côté ses péchés, & de l'autre il craint les jugemens de Dieu.*
SOAK, *f. Ex.* You need give it but one good soak. *Vous n'avez qu'à le tremper une bonne fois.*
Soak, (in the law-sense, the privilege of keeping a Court.) *Le droit de tenir une Cour.*
To SOAK, *v. act.* (or steep.) *Tremper, faire boire, mouiller.*
To let the bread in the soup soak upon a chafingdish. *Mitonner ou faire mitonner la soupe.*
To soak (or drain) one's pockets. *Vider les poches de quelqu'un, épuiser sa bourse.*
To soak IN or soak UP. *Boire, s'imbiber.*
To soak THROUGH. *Percer, pénétrer.*
Soaked, *adj. Trempé, &c. V.* to Soak.
SOAKER, *f.* (a toper or hard drinker.) *Un biberon.*
SOAKING, *f. L'action de tremper, &c. V.* to Soak.
To lay the bread a soaking in the soup. *Mitonner ou faire mitonner la soupe.*
SOAP, ⎫
SOPE, ⎬ *subst. Savon.*
To wash with sope. *Savonner.*
To SOAP, ⎫
To SOPE, ⎬ *verb. act.* Mettre du savon; *savonner.*
Soped, *adj. Savonné.*
Sope-boiler, *subst. Celui qui fait & qui vend du savon.*
Sope-house, (where sope is made.) *Savonnerie.*

To

To SOAR, v. neut. (to fly high.) *S'essorer, prendre l'essor, prendre son vol en haut, pointer.*

He soars up a little too high. *Il prend son vol un peu trop haut, il s'élève un peu trop.*

To soar high after sublime notions. *Rechercher des pensées sublimes, donner l'essor à son esprit.*

SOAR-HAWK, *subst. Oiseau faure.*

SOARING, *sub. L'action de s'essorer, &c. V.* to Soar.

Soaring, *adj.* Ex. A high-soaring (or a lofty) style. *Un style sublime, haut, relevé ou élevé, se sublime.*

A soaring imagination. *Une imagination qui se donne l'essor.*

SOB, *subst. Sanglot.*

To SOB, verb. neut. *Sangloter, pousser des sanglots.*

SOBBING, *subst. Sanglots ou l'action de sangloter.*

SOBER, *adj.* (temperate, modest, wise, staid, grave.) *Sobre, modéré, tempérant, sage, modeste, retenu, rassis, sérieux, composé, grave, réglé.*

All sober inquirers into truth. *Tous ceux qui s'appliquent sérieusement à la recherche de la vérité.*

Sober, (not drunk.) *Qui n'a pas bu avec excès, qui se possède bien.*

In sober sadness, (seriously.) *Sérieusement ou d'un air sérieux.*

To SOBER, verb. act. (to make sober after a debauch.) *Désenivrer.*

SOBERLY, *adv. Sobrement, avec sobriété, d'une manière sobre, avec retenue.*

SOBERNESS, *subst.* (or sober look.) *Air modeste, grave, sérieux ou composé.*

SOBRIETY, }
SOBERNESS, } *s.* (temperance.) *Sobriété, tempérance.*

SOCCAGE, *sub.* (a tenure by some husbandry-service.) *Roture.*

SOCCAGER, }
SOCMAN, } *subst.* (a tenant that holds lands and tenements by soccage.) *Un roturier.*

SOCIABLE, }
SOCIAL, } *adject. Sociable, qui aime la société, qui est d'un bon commerce.*

A sociable game. *Un jeu de commerce.*

SOCIABLENESS, *s. Humeur sociable.*

SOCIABLY, *adv. D'une manière sociable, honnête & paisible.*

SOCIAL, }
SOCIABLE, } *adj. Sociable, social.*

Social virtues. *Les vertus sociales, la civilité, la complaisance, &c.*

SOCIALNESS, *sub. Qualité sociable, bon commerce.*

SOCIETY, *subst.* (company, conversation, civil intercourse.) *Société, commerce civil, compagnie, fréquentation, conversation.*

Society, (company or body.) *Société, compagnie, corps.*

The Royal Society in *England*, (a fellowship of noble, learned and ingenious men, founded by K. *Charles* II. for the improvement of natural knowledge.) *La Société Royale d'Angleterre.*

SOCINIANS, *subst.* (an heretical sect, which deny the divinity of the son of God.) *Sociniens, hérétiques.*

SOCINIANISM, *s.* (the socinians heresy.) *Socinianisme.*

SOCK, *s.* (the shoe of the ancient comick actors; something put between the foot and the shoe.) *Soeque; chausson.*

A pair of linen or woollen socks. *Une paire de chaussons de toile ou de laine.*

SOCKET, *sub.* (of a candlestick.) *Bobèche de chandelier.*

The socket of a pike. *La douille du talon de la pique.*

The socket of a tooth. *L'alvéole d'une dent.*

The socket of a lamp. *Bec de lampe.*

Socket. *Soubassement, en architecture.*

SOCLE, *s. Socle,* terme d'architecture.

SOCMAN. *V.* Soccager.

SOCOME, *s.* (a custom of grinding at the Lord's mill.) *Coutume de moudre au moulin banal.*

Boand-socome. *Banalité.*

SOD, *subst.* (or turf.) *Un gazon, une motte de terre.*

Sod, *adj.* (or sodden, from to seeth.) *Bouilli.*

SODALITY, *s.* (or fellowship.) *Société, confrérie.*

SODDEN, *adj. & participe passé* de to Seeth. *V.* Sod.

SODER, }
SOLDER, } *subst.* (metallick cement.) *Soudure.*

To SODER, }
To SOLDER, } *verb. act. Souder, attacher par quelque soudure.*

Sodered, *adj. Soudé, où il y a de la soudure.*

SODERING, *sub. Soudure,* ou *l'action de souder.*

SODOMITE, *s.* (one who is guilty of sodomy.) *Un sodomite.*

SODOMITICAL, *adj. De sodomie.*

SODOMY, *s.* (a heinous unnatural crime, buggery.) *Sodomie.*

SOE. *V.* Cowl.

SOEVER, c'est une particule qui se compose avec les pronoms who, what, which. Ex. Whosoever. *Qui que ce soit.*

Whatsoever. *Quoi que ce soit.*

R. Cette particule est souvent détachée du pronom.

Ex. Which way soever. *En quelque manière que ce soit.*

SOFA, *subst.* (a turkish sofa.) *Sofa, estrade parmi les Turcs.*

SOFT, *adj.* (tender, not hard.) *Mou, mollet, tendre, mollasse.*

A soft bed. *Un lit mou ou mollet.*

Soft (or new) bread. *Du pain tendre, ou du pain mollet.*

A soft stone. *Une pierre tendre ou molasse.*

Soft to the hand. *Doux au toucher.*

She has very soft hands. *Elle a les mains fort douces.*

Soft, (mild or gentle.) *Doux, tendre, honnête, bon, humain, débonnaire.*

To have a soft voice. *Avoir la voix douce ou agréable.*

To speak in a soft (or low) tone of voice. *Parler bas, parler à voix basse.*

Soft, (not brisk, unactive.) *Mou, qui a peu de vigueur.*

Soft, (or effeminate.) *Mou, efféminé.*

The soft roe of a fish. *Laite de poisson.*

P. Soft fire makes sweet malt. *La meilleure drèche se fait à petit feu,* pour dire, *que la douceur réussit mieux que la violence.*

A soft pace or step. *Pas de larron.*

† To have a soft place in one's head, (or to be crazed.) *Avoir le cerveau blessé, être un peu fou.*

Soft-brained, soft-headed, or soft-pated. *Qui est un peu fou, qui a le cerveau blessé, simple, innocent.*

Soft-hearted. *Qui a le cœur tendre, qui est facilement touché de compassion.*

Soft, *adv.* Ex. To lie soft. *Être couché mollement.*

Soft, *interject.* (hold there.) *Tout doucement, tout beau, halte-là.*

To SOFTEN, *verb. act.* (to make soft.) *Amollir, adoucir.*

To soften, (to lenify, mollify, alleviate or appease.) *Adoucir, appaiser, fléchir, rendre moins fâcheux & plus supportable, alléger.*

To soften, (or effeminate.) *Amollir, rendre efféminé.*

To soften tempered iron. *Détremper le fer, lui faire perdre la trempe.*

To SOFTEN, *verb. neut.* (to grow soft.) *S'amollir, s'adoucir.*

Softened, *adject. Amolli, adouci, &c. V.* to Soften.

SOFTING, *subst. L'action d'amollir,* ou *d'adoucir, &c. V.* to Soften.

SOFTISH, *adj. Mollet, doux, qui n'est pas dur.*

SOFTLY, *adv.* (or without noise.) *Doucement, tout doucement, sans bruit.*

Softly, (leisurely or slowly.) *Doucement, bellement, lentement, sans se hâter, pas à pas.*

He went very softly to work. *Il allait doucement en besogne.*

Softly, (hold there.) *Tout beau, halte-là.*

Speak softly, (or gently.) *Parlez doucement, tout bas, ou à voix basse.*

SOFTNED. *V.* Softened.

SOFTNER, *s. Qui adoucit, qui pallie.*

SOFTNESS, *s.* (the being soft.) *Douceur au toucher, &c. V.* Soft.

Softness, (or effeminacy.) *Mollesse.*

SOFTNING. *V.* Softening.

SOHO! *interj. Hé! hola!*

SOIL, *s.* (ground considered with respect to its quality.) *Sol, terroir.*

This soil is good for corn. *Ce sol est bon pour les blés.*

A fruitful soil. *Un terroir fertile.*

Native soil, (or country.) *Pays natal.*

Soil, (ground with respect to its situation.) *Terrain.*

Soil, (or dung.) *Fumier.*

The soil of a wild boar, (the slough wherein he wallows.) *La souille d'un sanglier.*

To take soil, (in terms of hunting.) *Battre l'eau,* terme de chasse.

To SOIL, *verb. act.* (or dung.) *Fumer.*

To foil, (to pollute.) *Souiller, profaner.*

To soil (or dirty) one's clothes. *Salir ses habits.*

Soiled, *adj. Fumé, sali.*

SOILING, *s. L'action de fumer, l'action de salir.*

SOJOURN, *s.* (temporary residence.) *Séjour.*

To SOJOURN, *verb. n.* (to tarry or stay a while in a place.) *Séjourner, demeurer quelque temps dans un lieu, y faire quelque séjour.*

SOJOURNER, *s. Etranger, étrangère.*

SOJOURNING, *subst.* (or stay.) *Séjour dans un pays étranger.*

SOL, *s.* (a musical note.) *Sol,* note de musique.

Sol, (or the sun, one of the seven planets.) *Le soleil,* une des sept planètes.

SOLACE, *s.* (or comfort.) *Consolation, joie ou plaisir.*

To SOLACE, *verb. act.* (to comfort.) *Consoler.*

To

To solace (or recreate) one's self. *S'égayer, se divertir.*
SOLAR, ⎱ adj. (of or belonging to
SOLARY, ⎰ the sun.) *Solaire, du soleil.*
Ex. A solar year. *Une année solaire.*
SOLD, *adj.* (from to sell.) *Vendu.*
A thing to be sold. *Une chose à vendre.*
SOLDAN, *s.* (emperor of the Turks.) *Soudan.*
SOLDER, &c. V. Soder, &c.
SOLDIER, *subst.* Soldat, homme de guerre.
A soldier with his musket slung on his shoulder. *Un soldat avec son fusil en bandouliere.*
A soldier, (or a foot-soldier.) *Un soldat, un fantassin.*
Soldier-like. *De soldat, en soldat, qui sent le soldat, soldatesque.*
A poor-soldier. *Un pauvre soudrille.*
The soldier's pay. *La solde ou la paye.*
A soldier's boy. *Un goujat, valet de soldat fantassin.*
SOLDIERLY, *adv.* En soldat, en homme de guerre, à la maniere d'un soldat.
SOLDIERY, *subst.* La soldatesque, les soldats, les troupes, les gens de guerre.
SOLE, *adj.* (only or alone.) *Seul, unique.*
This is the sole reason that hindered me. *C'est la seule raison qui m'en a empêché.*
Sole, *subst.* (of the foot.) *La plante du pied.*
Sole of a shoe. *Semelle de soulier.*
Sole, (of a horse's foot.) *Sole, semelle de corne qui est au-dessous du pied du cheval.*
Sole, (a sort of flat fish.) *Sole, sorte de poisson plat.*
Sole, (or port-sell of a gunport.) *Sole ou feuillet des sabords.*
Sole of the rudder. *Piece ajoutée au-dessous du gouvernail, pour le mettre de niveau avec la fausse-quille.*
To SOLE, *verb. act.* Mettre des semelles.
Ex. To sole a pair of shoes. *Mettre des semelles à une paire de souliers.*
SOLECISME, *subst.* (an incongruity of speech.) *Solécisme.*
Solecism, (a fault in general.) *Faute.*
SOLELY, *adv.* (only, singly.) *Seulement, uniquement.*
To be a man's heir solely and wholly. *Etre héritier universel de quelqu'un.*
SOLEMN, *adj.* (done publickly every year.) *Solennel, qui se célebre en certains jours de l'année.*
Solemn, (done with great pomp.) *Solennel, qui se fait avec beaucoup de pompe ou de solennite.*
Solemn, (or authentick.) *Solennel, authentique.*
A solemn promise. *Une promesse solennelle.*
To take a solemn oath. *Jurer solennellement.*
Solemn, (grave, reserved.) *Grave, réservé.*
A solemn look. *Un air ou une mine grave.*
SOLEMNLY, *adv.* Solennellement, avec solennité.
SOLEMNIAL, *adject.* (or solemn.) *Solennel, célebre.*
SOLEMNITY ⎱
SOLEMNESS ⎰ *subst.* Solennité, célébrité.
Marriages are seldom governed by a solemnity of choice. *Les mariages ne se font guere par un choix solennel.*
SOLEMNIZATION, *s.* (or celebration.) *Solennisation, célebration.*

To SOLEMNIZE, *verb. act.* (or to celebrate.) *Solenniser, célébrer.*
Solemnized, *adj.* Solennisé, célébré.
SOLEMNIZING, *subst.* Solennisation, célébration, l'action de célébrer ou de solenniser.
SOLEMNLY, *adv.* Solennellement, d'une maniere solennelle.
To SOLICIT, *verb. act.* (or prosecute.) *Solliciter, poursuivre.*
To solicit, (to spur on, to induce or persuade.) *Solliciter, inciter, exciter, porter, induire, pousser à faire quelque chose.*
SOLICITATION, *subst.* (motion or inducement.) *Sollicitation, instance, persuasion, instigation.*
Solicited, *adject.* Sollicité, &c. V. to Solicit.
SOLICITING, *s.* Sollicitation, l'action de solliciter, &c. V. to Solicit.
SOLICITOR, *s.* (one employed to take care of a suit depending.) *Solliciteur.*
SOLICITOUS, *adj.* (troubled or concerned about a thing.) *Inquiet, qui est en peine, qui est chagrin.*
SOLICITOUSLY, *adv.* Avec inquiétude.
SOLICITRESS, *subst.* Femme ou fille qui sollicite, sollicitese.
SOLICITUDE, *s.* (trouble or anxiety.) *Sollicitude, inquiétude, chagrin, peine d'esprit, souci.*
SOLID, *adj.* (that has length, breadth, and depth.) *Solide.*
Solid, (hard or massy.) *Solide, dur, massif, ferme, compacte & serré.*
Solid gold. *De l'or massif.*
Solid, (real, substantial, found, not vain or frivolous.) *Solide, réel, effectif, durable; qui n'est point léger, vain, chimérique ou frivole.*
Solid, *subst.* (a solid body.) *Un solide, un corps solide.*
SOLIDITY, *s.* (in a proper and figurative sense.) *Solidité.*
SOLIDLY, *adv.* Solidement, avec solidité.
SOLIFIDIAN, *subst.* (one holding faith only necessary to salvation.) *Celui qui croit être sauvé par la foi seule sans les œuvres.*
SOLILOQUY, *subst.* (a discourse of one that speaks alone.) *Soliloque.*
SOLING, *subst.* (from to sole.) *L'action de mettre des semelles.*
My shoes want soling. *Mes souliers ont besoin d'être ressemelés.*
SOLIPEDE, *s.* Solipede, terme d'histoire naturelle.
SOLITAIRE, *s.* Solitaire, Ermite.
SOLITARILY, *adv.* (privately.) *Solitairement, d'une maniere solitaire.*
SOLITARINESS, *subst.* (or solitary life.) *Vie solitaire, solitude, retraite.*
SOLITARY, *adj.* (lonesome, private, retired.) *Solitaire, peu fréquenté, éloigné du commerce du monde, retiré.*
Solitary, (retired, that loves to be alone.) *Solitaire, retiré, qui aime à être seul ou à vivre dans la solitude.*
SOLITUDE, *s.* (solitary place.) *Solitude, lieu solitaire, retraite.*
Solitude, (a retirement, a solitary life.) *Solitude, vie solitaire, retraite.*
SOLLAR, *s.* Chambre haute, grenier.
SOLO, *s.* Un solo, terme de musique.
SOLSTICE, *s.* (the time when the sun is come to either of the tropicks.) *Solstice.*
SOLSTICIAL, *adj.* Solsticial.
Ex. The solstitial points. *Les points solsticiaux.*

SOLUBILITY, *s.* (susceptibility of separation.) *Qualité de ce qui est soluble.*
SOLVIBLE, *adj.* (that may be resolved.) *Que l'on peut résoudre.*
SOLUBLE, *adj.* Qui peut se résoudre ou se dissoudre, soluble.
To keep the belly soluble. *Lâcher le ventre, donner un bénéfice de ventre.*
To SOLVE, *verb. act.* (to resolve, or decide.) *Soudre, donner la solution, résoudre, décider.*
Solved, *adj.* Dont on a donné la solution, résolu, &c. V. to Solve.
SOLVENCY, *s.* Solvabilité.
SOLVENT, *adj.* (able to pay.) *Solvable, qui a de quoi payer.*
SOLUTION, *s.* Solution ou résolution.
SOLUTIVE, *adj.* (or loosening.) *Laxatif, qui lâche le ventre.*
SOMATOLOGY, *s.* (doctrine of bodies.) *Somatologie.*
SOME, this is a sort of pronoun which is generally rendered into French by, *Quelque.*
Ex. In some measure, in some sort. *En quelque façon, en quelque sorte.*
In some place or other. *En quelque lieu.*
Some time or other. *Quelque jour.*
To forego some part of one's right. *Céder une partie de son droit.*
Some, (or a little.) *Du, de l', de la, un peu de.*
Give me some bread. *Donnez-moi du pain ou un peu de pain.*
Some meat. *De la viande ou un peu de viande.*
He has some wit. *Il a de l'esprit.*
Some, (or some men.) *Les uns.*
Ex. Some one way, some another. *Les uns d'un coté, les autres d'un autre, † qui çà, qui là.*
Some, (or certain.) *Certain, quelque.*
Ex. The harshness of some liquors. *L'âpreté de certaines liqueurs.*
Some, (or some people.) *Quelques-uns.*
Ex, Some will not believe it. *Quelques-uns ne le veulent pas croire, il y en a qui ne le veulent pas croire.*
Some body, some body or other, Some one, some one or other. *Quelqu'un.*
Some body else. *Quelque autre.*
He will be some body, (he will make his fortune.) *Il s'avancera, il fera fortune, il fera quelque jour belle figure.*
He will be looked upon as some body. *Il veut être considéré.*
Give me some on't, or of it. *Donnez-m'en, donnez-m'en un peu.*
Some, (about.) *Quelque, environ.* Ex. I was some twenty miles off. *J'en étois éloigné de quelque vingt milles.*
SOMEHOW, *adv.* De façon ou d'autre.
SOMERSET, *subst.* (a sort of tumbling trick.) *Saut périlleux.*
SOMETHING, *subst.* Quelque chose.
Do that, and there will be something for you. *Faites cela, & il y aura quelque petite douceur pour vous.*
He is something (or a little) troublesome. *Il est un peu incommode.*
SOMETIMES, *adv.* Quelquefois, tantôt.
SOMEWHAT, *subst.* (or something.) *Quelque chose.*
To part with somewhat (or part) of one's right. *Céder une partie de son droit.*
Somewhat, (or little.) *Un peu, tant soit peu.*
SOMEWHERE, *adv.* Quelque part, en quelque lieu.

He

SOM   SOO   SOP   SOR   SOR

He is gone somewhere else. *Il est allé quelqu'autre part*, ou *en quelque autre lieu, il est allé ailleurs.*
SOMMER, } *subst.* (a piece of timber
SUMMER, } in building.) *Sommier.*
SOMNIFEROUS, } *V.* Soporiferous.
SOMNIFICK, }
SON, *s. Fils.*
He is son to such a one. *Il est le fils d'un tel.*
A son-in-law. *Un beau-fils, un gendre.*
A grandson. *Un petit-fils.*
A godson. *Un filleul.*
Every mother's son. *Chacun.*
SONATA, *subst. Sonate.*
To SOND, *verb. neut.* Tanguer.
The ship sonds. *Le vaisseau tangue.*
SONG, *s.* (from to sing.) *Une chanson.*
To sing the same song over and over , (to harp still upon the same string.) *Chanter toujours la même chanson.*
To give a thing for an old song , (or for little or nothing.) † *Donner quelque chose pour un morceau de pain.*
Song, (poesy.) *Chants , poeme.*
SONGSTER , *subst. Un chanteur , une chanteuse.*
SONGSTRESS, *s. Chanteuse.*
SONNET , *subst.* (a sort of short poem.) *Un sonnet.*
SONNETTEER , *s. Poëtereau , méchant poëte.*
SONOROUS, *adj.* (that makes a great sound.) *Sonore, résonnant, qui a beau son.*
SONOROUSLY, *adv.* Ex. That bell run more sonorously. *Cette cloche avoit un meilleur son.*
SONOROUSNESS, *s. Qualité sonore , son éclatant.*
* SONSHIP, *s.* (from son.) *Qualité de fils ou filiation.*
SOON, *adv.* (or quickly.) *Tôt, bientôt, vîte.*
Too soon. *Trop tôt.*
As soon as you. *Aussi-tôt que vous.*
Soon after. *Bientôt après, peu après.*
As soon as may be. *Au plutôt.*
As soon as I saw him. *Aussi-tôt que je le vis, dès que je le vis.*
How soon will you come back ? *Quand serez-vous de retour ?*
SOONER, *adv.* (the comparative of soon.) *Plutôt.*
SOONEST, *adv.* (the superlative of soon.) *Le plutôt.*
At the soonest. *Au plutôt.*
* SOUP, } *s.* (or pottage.) *Soupe ,*
SOUP, } *potage.*
A French soup. *Une soupe , un potage à la Françoise.*
SOOT, *s.* (the black stuff that sticks in the chimney.) *Suie.*
To SOOTH, *v. act.* (to flatter ; to calm.) *Flatter, caresser, donner de bonnes paroles, cajoler, amadouer ; calmer.*
To sooth one up , (to lull him) in his roguery. *Entretenir quelqu'un dans ses crimes, l'encourager toujours à mal faire.*
Soothed up , *adj. Flatté , caressé , &c.* V. to Sooth up.
SOOTHING up, *s. Flatterie , l'action de flatter , &c. V.* to Sooth up.
To SOOTHSAY, *verb. neut. Prédire.*
SOOTHSAYER , *s. Devin , prophete.*
SOOTHSAYING , *s. L'action de deviner.*
SOOTY, *adj.* (full of soot.) *Plein de suie.*

SOP , *s.* (a piece of bread dipt in sauce.) *Pain saucé, morceau trempé.*
A wine-sop. *Soupe au vin , pain trempé dans du vin.*
Sugar-sops. *V.* Sugar.
To SOP, *verb. act.* Tremper , saucer.
SOPE , *s. Savon. V.* Soap.
SOPE-WORT, *s. Saponaire* , herbe.
SOPH, *subst.* (or Sophister at Cambridge.) *Un sophiste.*
SOPHI, *subst.* (the King of Persia.) *Le Sophi, le Roi de Perse.*
SOPHISM, *subst.* (a fallacious argument.) *Un sophisme , raisonnement capticux & trompeur.*
SOPHIST , }
SOPHISTER , } *s.* (a cunning and cavilling disputer.) *Un Sophiste.*
A sophister , (a cunning or sharp man.) † *Un fin renard , fin merle ou fin matois.*
SOPHISTICAL, *adv.* (captious.) *Sophistique, capticux, faux, trompeur.*
SOPHISTICALLY, *adv. En sophiste.*
To SOPHISTICATE , *verb. act.* (to mingle or adulterate.) *Sophistiquer, falsifier, frelater.*
Sophisticated , *adj. Sophistiqué , falsifié , frelaté.*
SOPHISTICATING, } *s. Sophistique-*
SOPHISTICATION, } *rie , frelaterie , l'action de sophistiquer , de falsifier ou de frelater.*
SOPHISTICATOR, *s. Celui qui sophistique, qui falsifie ou qui frelate.*
SOPHISTRY, *s.* (circumvention by false arguments.) *Sophistiquerie, fausse subtilité , l'art d'un sophiste ou l'art de tromper par des raisonnements sophistiques.*
A piece of sophistry. *Une sophistiquerie ou fausse subtilité , une illusion sophistique, une chicanerie fine & subtile.*
To SOPORATE , *v. act.* (to lay asleep.) *Assoupir, faire dormir.*
SOPORIFEROUS , *adj. Soporifique , soporisere ou soporatif, qui endort , qui fait dormir.*
SOPORIFEROUSNESS , *subst. Qualité soporifique.*
SOPPED, } *adj.* (from to sop.) *Trempé,*
SOPT, } *saucé.*
SOPPER, *s.* Celui ou celle qui sauce, qui trempe.
SORB , *subst.* (a service-berry.) *Sorbe ou corme, sorte de fruit.*
A sorb-tree. *Sorbier ou cormier* , forte d'arbre.
SORBONIST , *subst. Docteur ou Bachelier en Théologie de la maison de Sorbonne, à Paris.*
SORCERER , *s.* (one that uses witchcraft.) *Un sorcier , un magicien.*
SORCERESS, *s.* (or witch.) *Une sorciere , une magicienne.*
SORCERY, *s.* (or witchcraft.) *Sorcellerie , sortilege.*
SORD. *V.* Turf.
SORDER. *V. Sordine.*
SORDID, *adj.* (dirty or base.) *Sordide , vil , vilain , honteux , bas , infame.*
A sordid man. *Un avare sordide , un avare infame & vilain , un taquin.*
SORDIDLY, *adv. Sordidement , d'une maniere sordide.*
SORDIDNESS, *s. Humeur sordide , manieres sordides , vilenie.*
SORDINE *s.* (the little pipe put into the mouth of a trumpet to make it sound low.) *Sourdine de trompette.*

SORE, *adj.* (painful.) *Qui fait mal, où l'on sent de la douleur , malade.*
A sore place. *Un endroit qui fait mal quand on le touche , une partie malade , un mal.*
Sore ears. *Un mal d'oreille.*
Sore eyes. *Mal aux yeux.*
A sore head, throat, breast or finger. *Mal à la tête , à la gorge , au sein ou au doigt.*
Sore, (or great.) *Grand , rude.*
A sore brunt. *Un grand ou rude choc.*
It is or 'tis a sore trouble to me. *Ce m'est un grand chagrin.*
SORE, *s.* (or sore place.) *Mal.*
Here lies my sore. *C'est ici qu'est mon mal.*
Lazarus full of sores , (or ulcers.) *Lazare tout plein d'ulceres.*
Sore, (a male fallow-deer , four years old.) *Un daim de quatre ans.*
SORE, *adv.* (or greatly.) *Fort, grandement.*
I was sore (or horribly) afraid. *J'avois grand'peur, j'appréhendois fort.*
Sore wounded. *Fort blessé.*
This reproach sat sore upon me. *Ce reproche me tient au cœur.*
My heart is sore vexed with grief. *J'ai le cœur percé ou outré de douleur.*
Full sore against my will. *Bien malgré moi.*
SOREL, *s.* (a male fallow-deer of three years old.) *Daim de trois ans.*
SORELY , *adv. Grievement , fort , beaucoup , d'une maniere rude & fâcheuse.*
SORENESS, *s. Mal.*
Ex. Soreness of the eyes. *Mal des yeux.*
SORITES, *s. Sorte d'argument.*
SORREL , *subst.* (an herb.) *Oseille* ; herbe.
Wood sorrel. *Oseille sauvage.*
Roman sorrel. *Oseille romaine.*
Pettysallet sorrel or small sheep sorrel. *Petite oseille ou oseille sauvage.*
SORREL, *adj.* (a sort of colour amongst horses.) *Alezan , saure.*
Ex. A sorrel-horse. *Cheval alezan , cheval saure.*
SORRINESS, *s.* (meanness , wretchedness ; badness.) *Bassesse , mauvaise qualité.*
SORRILY , *adv.* (scurvily , meanly.) *Mal , pitoyablement , chétivement.*
SORROW, *s.* (or misfortune.) *Malheur, chagrin.*
Sorrow, (affliction , grief.) *Affliction , déplaisir, douleur, chagrin , regret , tristesse, ennui , souci.*
Full of sorrows. *Accablé de chagrin. V.* Sorrowful.
To drown one's sorrows in wine. *Noyer ses chagrins dans le vin.*
To my great sorrow. *A mon grand regret.*
The more my sorrow. *C'est ce qui me fâche.*
P. When sorrow is asleep , wake it not. *Quand ton mal est assoupi , garde-toi bien de le réveiller.*
Sorrow-proof, (insensible of sorrow.) *Indolent, qui n'est touché de rien , insensible.*
To SORROW , *verb. neut. Être affligé ; être contristé.*
SORROWFUL, *adj.* (sad.) *Triste , affligé , dolent , accablé d'ennuis.*
Sorrowful, (pitiful or miserable.) *Malheureux, misérable.*
SORROWFULLY , *adv.* (sadly , with sorrow.) *Tristement.*
Sorrowfully, (or miserably.) *Malheureusement , misérablement.*

SORROWING,

SORROWING, *subst.* (from to sorrow.) L'action de s'affliger.
SORRY, *adj.* (that grieves.) Fâché, marri, qui a du chagrin, du regret ou du déplaisir d'une chose, qui se plaint, qui se repent de.
I am sorry for it. J'en suis fâché, j'en suis marri, j'en ai bien du chagrin ou du déplaisir.
I am sorry for you. J'en suis fâché pour l'amour de vous, je vous plains.
Sorry, (bad or paltry.) Méchant, mauvais, pauvre, chétif, pitoyable, qui ne vaut pas grand'chose, misérable.
P. He that marries for love has good nights, but sorry days. Celui qui se marie par amourette a de bonnes nuits & de mauvais jours.
SORT, *s.* (or kind.) Sorte, espece.
Sort, (way or manner.) Sorte, manicre.
After this sort. De cette sorte, de cette maniere.
The common sort of people, (the vulgar.) La populace, le menu peuple, le commun du peuple, les petites gens.
The better sort. Les honnêtes gens.
The elder sort. Les plus avancés en âge.
In like sort, (or manner.) De même, par la même raison.
To be out of all sorts, (or out of humour.) Être chagrin, triste ou mélancolique.
To put out of sorts, (to perplex or vex.) Déranger, fâcher, chagriner, déconcerter, troubler.
To SORT, *verb. act.* (or to match.) Assortir.
To sort. Séparer par classes.
To sort, *verb. neut.* Convenir, s'accorder.
SORTANCE. V. Agreement.
SORTED, *adj.* Assorti.
SORTILEGE, *s.* Sortilege.
SORTING, *s.* L'action d'assortir
SORTMENT, *subst.* (a set of several things of the same sort.) Assortiment, distribution.
To SOSS, *v. neut.* Tomber lourdement sur une chaise.
SOT, *sub.* (or blockhead.) Un sot, un fou, une bête, une sotte, une folle.
A sot, (or drunken sot.) Un ivrogne, une ivrognesse.
To SOT, *verb. act.* Ex. To sot one's time away, (to spend it foolishly.) Employer sottement son temps.
To sot one's time away or to sit drinking in a tavern. S'accoquiner, s'accagnarder dans un cabaret, ivrogner.
SOTTISH, *adj.* Sot, ridicule, impertinent.
A sottish fellow. Un sot, un ridicule, un impertinent.
SOTTISHLY, *adv.* Sottement, follement, impertinemment, sans esprit.
SOTTISHNESS, *s.* Sottise, bétise.
SOVEREIGN, *adj.* (absolute, independent.) Souverain, absolu, indépendant, qui ne releve de personne.
Sovereign, (excellent, supreme.) Souverain, excellent, suprême.
A sovereign remedy. Un remede souverain ou excellent.
The sovereign (or highest) felicity. La souveraine félicité.
Sovereign, *s.* (a sovereign Prince.) Un Souverain, un Prince souverain.
SOVEREIGNLY, *adv.* Souverainement,

d'une maniere souveraine, absolue, indépendante.
Sovereignly, (excellently, perfectly.) Souverainement, excellemment, parfaitement.
SOVEREIGNTY, *s.* (or supreme power.) Souveraineté, souveraine puissance.
A Sovereignty, (or Sovereign State.) Souveraineté, Etat d'un Prince souverain.
SOUGH, *subst.* (subterraneous drain.) Tranchée souterraine.
SOUGHT; c'est le prétérit du verbe to Seek.
Sought, *adj.* (from to seek.) Cherché, &c. V. to Seek.
SOUL, *s.* (the principle of life in all living things.) Ame.
The soul of beasts or plants. L'ame des bêtes ou des plantes.
Soul, (mind or spirit.) Ame, esprit.
A great and generous soul. Une ame grande & généreuse.
The souls of the dead. Les ames des trépassés.
Soul, (or person.) Ame, esprit, personne.
A good honest soul, (or creature.) Une bonne ame, une bonne personne.
A dull soul. Un esprit stupide.
Soul, (or conscience.) Ame, conscience.
Upon my soul it is so. Sur mon ame cela est.
With all my soul, (or heart.) De toute mon ame, de tout mon cœur.
Soul, (life, that which acts and animates any thing.) Ame, ce qui anime ou qui fait agir quelque chose.
Charity is the soul of christian virtues. La charité est l'ame des vertus chrétiennes.
Did you perform all this without felling your foul to the devil for his help? Avez-vous fait tout cela sans vous donner au diable?
Soul-mass-cakes (or halimass-cakes.) Sorte de gâteau d'avoine, qu'on donne aux pauvres en certains lieux d'Angleterre, le jour des Morts.
All-souls day. La fête des Morts.
Soul-saving, (presbyterian expression.) Salutaire.
† A soul, (a gossip that loves brandy.) Femme qui aime l'eau-de-vie.
SOULLESS, *adj.* Sans ame.
SOUND, *s.* (the object of hearing.) Son, l'objet de l'ouïe.
To make or yield a sound. Rendre un son, sonner ou résonner.
The Sound, (a streights of the baltick sea.) Le Sund ou le détroit de la mer Baltique.
Sound, (a surgeon's instrument, called a probe.) Sonde, instrument de chirurgie.
Sound-board. Sommier.
Ex. The sound board of an organ. Sommier d'orgue.
The sound-post of a musical instrument. Ame d'instrument de musique.
The sound-hole. L'ouverture du violon, &c.
A sound, (or cuttle-fish.) Une seche, poisson.
SOUND, *adj.* (or whole.) Entier, à quoi rien ne manque, qui n'a rien de gâté, qui est en bon état, bien conditionné.
Sound commodities. Marchandises bien conditionnées.
Sound, (or healthful.) Sain, qui se porte bien, qui n'a aucun mal.

His entrails are not sound. Ses intestins sont offensés.
Sound, (or orthodox.) Sain, orthodoxe, éloigné de l'erreur.
Sound, (judicious or solid.) Sain, judicieux, solide, en parlant d'un discours, &c.
To give one a sound (or a great) blow. Donner un grand coup, un bon coup à quelqu'un, lui donner un coup bien serré.
A sound kiss. Un baiser bien serré.
To be in a sound (or profound) sleep. Être dans un profond sommeil, être fort endormi.
Wood that is not sound, (rotten wood.) Du bois vicié ou gâté.
To have sound (honest or good) principles. Avoir des principes d'honneur & de probité, ou avoir un fond d'honneur & de probité, être homme de bien.
P. Sound love is not soon forgotten. On n'oublie pas aisément ce que l'on a aimé parfaitement.
To SOUND, *v. act.* (to make a noise, to cause a sound.) Sonner, faire rendre un son.
To sound a trumpet. Sonner de la trompette.
To sound the charge. Sonner la charge, donner le signal du combat.
To sound FORTH. Faire retentir ou résonner.
To sound (or pronounce) a letter. Prononcer une lettre, la faire sonner.
To sound the depth of the sea or of a river, (to try the depth with a line.) Sonder la mer ou une riviere, jeter la sonde.
To sound, (to pump or to sift one.) Sonder quelqu'un, tâcher avec esprit de découvrir son sentiment ou ce qu'il a dans le cœur, † lui tirer les vers du nez.
To sound, *v. neut.* (or yield a sound.) Sonner, retentir, résonner, rendre un son.
The trumpet sounds. La trompette sonne.
To sound like an echo. Retentir ou résonner comme un écho.
They were not able to hear the trumpets sound. Ils ne pouvoient pas endurer le bruit des trompettes.
A name that sounds strangely. Un étrange nom.
An action that sounds well or ill, (that is well or ill spoken of.) Une action dont on parle bien ou mal.
There is not one sentence in the whole Bible that sounds like it, (or that signifies any such thing.) Il n'y a pas une seule sentence dans tout l'Ecriture qui approche de cela ou qui signifie rien de tel.
Sounded, *adj.* Sonné, &c. V. to Sound.
SOUNDER, *adj.* (the comparat. of sound.) Plus sain, &c. V. Sound, *adj.*
SOUNDING, *s.* L'action de sonner, de sonder, &c. V. to Sound, *v. act.* & *n.*
SOUNDING-LEAD, *s.* Une sonde.
The sounding-line. La ligne de la sonde.
The soundings. Les sondes.
Sounding, *adj.* Sonnant, qui retentit, qui résonne, résonnant.
SOUNDLY, *adv.* Fort & ferme, bien, comme il faut, de la belle maniere, d'importance.
To sleep soundly. Dormir bien, dormir fort & ferme, être dans un profond sommeil, être fort endormi.
SOUNDNESS, *subst.* (incorrupt state.) Etat parfait.

Tome II. 41 Soundness,

Soundness, (or perfect state of health.) Santé.
To speak with soundness of reason. Parler avec solidité ou solidement.
SOUP, s. (broth, pottage.) Soupe.
SOUR, adj. (acid.) Aigre, sur.
A sour taste. Un goût aigre ou sur.
A sour apple. Une pomme aigre.
To turn sour. S'aigrir, devenir aigre.
A man of a sour (bitter or crabbed) temper. Un homme aigre ou rude, un esprit aigre.
A sour (crabbed or stern) look or countenance. Une mine rechignée ou chagrine, un visage ou un regard sévère ou rechigné.
To have a sour look, to look sour. Avoir l'air chagrin ou sévère, faire une mine rechignée.
† To be tied to the sour apple-tree, (to have an ill husband.) Avoir un méchant mari.
To give one sweet meat and sour sauce. Faire du bien & du mal à quelqu'un, accompagner le bien qu'on lui fait de quelque chose de fâcheux.
To SOUR, verb. neut. (or turn sour.) S'aigrir, devenir aigre.
To sour, verb. act. (to make sour, in a proper and figurative sense.) Aigrir, au propre & au figuré.
Soured, adj. Aigri, V. to Sour, v. act. & neut.
SOURCE, s. (head or spring; in a proper and figurative sense.) Source, au propre & au figuré.
SOURISH, adj. (a little sour.) Aigrelet, suret.
SOURLY, adv. (in a figurative sense.) D'un air chagrin ou de mauvais œil.
Ex. To look sourly upon one. Regarder quelqu'un d'un œil chagrin ou de mauvais œil.
SOURNESS, s. Aigreur.
Sourness of one's look. Air chagrin, mine rechignée, visage sévère ou rechigné.
SOUS, s. (a French penny.) Un sou.
SOUSE, s. (or pork soused.) Port mariné; porc bouilli avec de la bière, du sel & du vinaigre.
To SOUSE pork, verb. act. Mariner du porc, bouillir du porc avec de la bière, du sel & du vinaigre, pour le manger froid après avoir trempé quelque jours dans cette liqueur.
To souse, (to plunge or dip in water, &c.) Plonger, mouiller.
To souse, (to strike, to give a box on the ear.) Donner une mornifle ou un soufflet, frapper.
Soused, adj. Mariné, &c. V. to Souse.
SOUTERRAIN, s. Souterrain.
SOUTH, subst. Midi, sud, partie méridionale.
South, adj. (or southern.) De midi, de sud, méridional.
A South wind. Un vent du midi, vent de sud.
The south countries. Les pays méridionaux.
South-east. Sud-est.
South-west. Sud-ouest.
South south-east, &c. Sud-sud-est, &c.
SOUTHERLY, } adj. De midi, de sud.
SOUTHERN,
Southern, (that lies south.) Méridional, qui est au midi ou du côté du midi.
A southerly wind. Vent du sud.
Southern-wood, (a sort of plant.) Auronne, plante.

SOUTHSAYER, subst. Un devin ou une devineresse. V. Soothsayer.
SOUTHSAYING, s. L'action de deviner.
SOUTHWARD, adverb. (towards the south.) Au midi, vers le midi, du côté du midi.
SOW, subst. (the female of a hog.) Une truie, la femelle du verrat.
A wild sow. Une laie.
P. To take a wrong sow by the ear, (to mistake the person.) Se tromper, prendre martre pour renard, se méprendre.
P. To grease the fat sow on the arse, (to give to those that do not want it.) Donner à ceux qui n'en ont pas besoin.
A sow (or great lump) of melted iron. Une gueuse de fer.
A sow of lead. Un grand saumon de plomb.
A sow-pig or a little sow. Une petite truie.
A sowgelder. Châtreur de cochons.
Sowbread, (or truffle.) Truffe, pain de pourceau.
Sowthistle. Laisseron.
To SOW, v. act. (to cast or strew the feed.) Semer, ensemencer, jeter de la semence.
To sow a field. Semer ou ensemencer un champ.
To sow dissention among friends. Semer la discorde ou la zizanie entre des amis, les mettre mal ensemble, causer des divisions entre amis.
P. To sow one's wild oats, (to leave off one's youthful pranks.) Jeter sa gourme, jeter le feu de la jeunesse, se retirer de toutes ses folies.
To Sow. V. to Sew.
Sowed, adj. Semé, &c. V. to Sow.
To SOWCE, v. act. Jeter dans l'eau.
SOWER, s. Semeur.
SOWING, subst. L'action de semer, &c. V. to Sow.
The sowing-time, (or seed-time.) La semaille, le temps où l'on seme.
SOWN, adj. Semé, ensemencé.
Beans must be sown in the spring. Il faut semer les feves au printemps.
SPAAD, subst. (a mineral.) Sorte de minéral.
SPACE, s. (or extent.) Un espace, une étendue d'un terme à un autre.
A space of time and place. Un espace de temps & de lieu.
A space between. Un entre-deux.
The equal spaces, (that ought to be between some pieces of architecture.) Espacement, en termes d'architecture.
The space between two beams, (amongst builders.) Travée.
In so short a space of time. En si peu de temps.
For the space of three years. Pendant trois ans.
SPACIOUS, adject. (great or large.) Spacieux, grand, d'une grande étendue.
SPACIOUSLY, adv. D'une manière vaste & spacieuse.
A thing that spreads spaciously. Une chose qui prend beaucoup d'espace, qui s'étend fort.
SPACIOUSNESS, subst. Grandeur, grand espace, grande étendue.
SPADE, sub. (a tool to dig the ground.) Bêche.
Spade, (a colour of cards.) Pique, point noir au jeu des cartes.

Spade, (a deer three years old.) Bête fauve de trois ans.
P. To call a spade a spade. P. Appeler chaque chose par son nom.
SPADILLE, s. Spadille, terme de jeu.
SPAID. V. to Spay.
SPAKE, c'est un vieux prétérit du verbe to Speak.
SPALT, s. (a mineral.) Zinc.
SPAN, subst. (a measure, from the thumb-end to the top of the little finger.) Un palme ou empan.
Spick and span new. Tout battant neuf.
Span. Pendeurs à deux branches fixés à un mât ou à un étai pour y passer les bras, les boulines de quelque voile ; aussi brague.
Span-shackle, subst. comp. Boucle carrée établie sur le guillard d'avant des vaisseaux Anglois pour servir d'appui au davied qui leur sert à lever les pattes de l'ancre contre le bord.
To SPAN, v. act. Mesurer par palmes ou par empans.
SPANGLE, s. Paillette.
A spangle-maker. Un faiseur de paillettes.
SPANGLED, adj. Orné de paillettes.
The spangled skies, (poetical expression.) La voûte étoilée, azurée ou céleste, le firmament.
SPANIEL. } s. Un épagneul.
SPANIEL DOG.
A spaniel bitch. Une épagneule.
To SPANIEL, verb. neut. (to fawn like a spaniel.) Caresser comme font les épagneuls, faire le chien couchant.
SPANISH, adj. Espagnol, d'Espagne.
Spanish fly. Cantharide.
Spanish paint. Céruse, blanc de plomb.
Spanish red. Cinabre, vermillon.
† SPANKING, adj. (spruce ; large, big.) Leste, pimpant, bien mis, qui se porte beau ; gros.
SPANNER, sub. La clef d'une carabine à rouet. V. Lock.
SPAR, s. (a bar of wood.) Une barre de bois.
The spars of a spinning-wheel. Les rais d'un rouet à filer.
Spars, s. pl. Esparres de sapin.
Spar, (or Muscovy glass.) Verre de Moscovie.
To SPAR, v. act. Barrer, † bacler.
To spar a door. Barrer une porte.
To spar, (to wrangle or fight.) Se quereller, se battre.
SPARE, adj. (lean or thin.) Maigre, mince.
A spare man. Un homme maigre.
A spare diet. Maigre chere, vie frugale, abstinence, régime, sobriété.
Spare, (that one has saved.) De réserve, de reste.
A spare thing. Une chose de réserve.
Spare, (a sea-term.) De rechange.
Spare top masts. Mât de hune de rechange.
Spare sails. Voiles de rechange.
Spare rigging. Manœuvres de rechange.
Spare-tiller. Barre de rechange.
Spare time. Temps de réserve, loisir.
Spare money. Argent de reste ou de réserve, argent mignon.
Spare hours. Heures perdues ou de loisir.
Spare-ribs. Côtes de porc frais.
Sparo, subst. Ex. Make no spare, (or do not spare it.) Ne l'épargnez point.
To SPARE, verb. act. (to save, to husband.) Epargner, ménager, user d'économie, user d'épargne.

To

SPA

To spare one's money. *Epargner son argent.*
To spare for nothing. *N'épargner rien.*
P. To spare at the spigot, and let it run out at the bung-hole. *Epargner cinq sous d'un côté & en prodiguer cent d'un autre.*
To spare (or save) a man. *Epargner ou favoriser quelqu'un , lui être favorable.*
He does not spare himself. *Il ne s'épargne point , il n'épargne pas sa peine ou ses pas.*
I will or I'll spare (or save) you that trouble. *Je vous épargnerai cette peine.*
To spare something for a beggar, (to give him something.) *Donner quelque chose à un mendiant.*
Cannot or can't you spare this book (or make shift without it) for a while? *Ne sauriez-vous vous passer quelque temps de ce livre?*
That compliment might have been spared. *Vous auriez pu vous passer de faire ce compliment.*
P. Spare to speak and spare to speed. *Faute de parler on manque souvent son coup.*
If God spare my life. *Si Dieu me fait la grace de vivre, † si Dieu me prête vie.*
If I can spare any time , if I have any time to spare. *S'il me reste quelque temps ou si j'ai quelque temps de reste.*
I have some to spare, (or more than I want.) *J'en ai de reste , j'en ai plus qu'il ne m'en faut.*
Spared, *adject. Epargné,* &c. *Voyez* to Spare.
SPARING, *s.* (from to spare.) *Epargne, ménage , économie, l'action d'épargner,* &c. *V.* to Spare.
Sparing, *adject. Epargnant , ménager, chiche.*
To be sparing of one's tongue or words. *Être chiche de ses paroles.*
To be sparing in doing a thing , (to go but slowly about it.) *Faire une chose avec froideur, lenteur ou nonchalance.*
SPARINGLY, *adverb. Avec épargne, avec économie.*
To live sparingly. *Vivre ou user d'épargne, épargner , ménager sa bourse.*
SPARK, *s.* (a small particle of fire, in a proper and figurative sense.) *Bluette, étincelle.*
A spark , (or a beau.) *Un damoiseau, un dameret.*
A spark, (a galant or lover.) *Un galant, un amant.*
Spark , (or small diamond.) *Petit diamant, petit brillant.*
SPARKFUL, ?
SPARKISH, } *adj. Gai, espiegle, galant.*
SPARKLE, *subst.* (or spark.) *Etincelle, bluette.*
Sparkles of iron. *Paillettes de fer qui tombent du fer qu'on bat.*
To SPARKLE, *v. neut.* (to cast sparks.) *Etinceler, jeter des étincelles , pétiller.*
To sparkle, (in a figurative sense.) *Etinceler, pétiller, briller, éclater.*
Wine that sparkles. *Vin qui pétille.*
His eyes sparkle. *Ses yeux étincellent ou pétillent.*
SPARKLING, *subst. L'action d'étinceler. V.* to Sparkle.
I admire the sparkling of her eyes. *J'admire le feu ou le brillant de ses yeux.*

SPA

Sparkling, *adject. Etincelant , pétillant, brillans , qui pétille , qui brille.*
SPARKLINGNESS, *s. Lustre éclatant.*
SPARROW , *s.* (a sort of bird.) *Moineau, passereau.*
A cock-sparrow. *Un moineau mâle.*
A hen-sparrow. *Un moineau femelle.*
A hedge-sparrow. *Verdon, sorte d'oiseau.*
† Sparrow-mouthed , (that has a wide mouth.) *Qui a une grande bouche, qui a la bouche bien fendue ; † bien fendu de gueule.*
Sparrow bills. *Sorte de cloux dont quelques paysans garnissent leurs souliers.*
SPARROWHAWK , *s. Epervier,* oiseau de proie.
SPARROWGRASS , *subst. Asperge. Voy.* Asparagus.
SPASM, *sub.* (a shrinking of the sinews.) *Spasme.*
SPASMODICK , *adj. Spasmodique,* terme de médecine.
SPAT , *subst.* (the spawn of oysters.) *Frai d'huitres.*
Spat or spatter. *V.* Spatula.
To SPATTER, *verb. act.* (or bespatter.) *Salir, crotter, éclabousser. V.* to Bespatter.
You have spattered me. *Vous m'avez crotté.*
To spatter (to blacken) a man's reputation. *Noircir , flétrir , ternir la réputation de quelqu'un.*
Spattered, *adj. Sali, crotté , éclaboussé.*
SPATTERDASHES , *s. pl. Guètres.*
SPATTERING, *s. L'action de salir , de crotter ou d'éclabousser.*
SPATULA , *sub.* (a slice used by Surgeons and Apothecaries.) *Une spatule.*
SPAVIN, *s.* (a horse's disease.) *Eparvin,* maladie de cheval.
To SPAWL , *verb. neut.* (or to spit and spawl.) *Cracker, crachotter.*
SPAWL , *s. Crachat.*
SPAWLING , *s.* (a spitting and spawling.) *L'action de cracher ou de crachotter, crachottement.*
SPAWN, *s.* The spawn of fish. *Frai, œufs de poisson.*
† Spawn , (offspring.) *Enfans , les petits des animaux.*
To SPAWN, *v. neut. Frayer.*
To spawn. *V.* to Produce.
SPAWNER, *s.* (the female fish.) *Poisson femelle.*
Spawner , (or young fish.) *Frai, fretin.*
SPAWNING , *s. Frai , l'action de frayer.*
Spawning-time, *s. Frai* ou *le temps que les poissons frayent.*
To SPAY, *v. act. Couper , châtrer.*
To spay a mare. *Couper une cavale.*
Spayed, *adj. Coupé , châtré.*
SPAYING , *subst. L'action de couper* ou *de châtrer.*
To SPEAK , *v. act. & neut.* (to pronounce, to utter words.) *Parler, proférer, prononcer, articuler des mots.*
To speak, (to harangue.) *Haranguer.*
To speak out. *Parler à haute voix , parler haut.*
To speak low or softly. *Parler bas ou parler à voix basse, parler doucement.*
To speak of a thing. *Parler d'une chose.*
To speak to one or with one. *Parler à quelqu'un.*
To speak for one. *Parler en faveur de quelqu'un.*
The thing speaks of itself. *La chose parle d'elle-même.*
To speak , (or to say.) *Dire.*
To speak the truth. *Dire la vérité.*

SPE

To speak one's mind. *Dire sa pensée ou son sentiment , dire ce qu'on pense.*
To speak contrary to one's thoughts. *Dire le contraire de ce qu'on pense , trahir ses sentimens.*
I shall only speak a few words to the principal point. *Je dirai seulement quelque chose touchant le point principal , je traiterai en peu de mots le point principal.*
If I were to speak my opinion. *Si j'ofois dire ce que j'en pense.*
To speak without book , (or without grounds.) *Dire quelque chose à crédit.*
To speak not a word. *Ne dire mot, se taire.*
To speak, (or to express.) *Témoigner, faire voir , déclarer.*
To speak one's satisfaction about a thing. *Témoigner la satisfaction que l'on a de quelque chose.*
To speak fair of one. *Faire beau semblant à quelqu'un, le flatter, lui donner de bonnes paroles.*
P. Speak fair , and think what you will. *Donnez toujours de bonnes paroles & pensez ce que vous voudrez.*
To speak to one's disadvantage. *Tenir des discours désavantageux de quelqu'un.*
To speak the word. *Trancher le mot, dire franchement & sans détour ce qu'on veut dire.*
To speak, (to shew.) *Montrer, faire voir ou faire connoître.*
The first words of the prologue speak the play to be a copy. *Les premiers mots du prologue montrent ou font voir que la comédie n'est qu'une copie.*
His mien speaks him a gentleman. *Il a l'air d'un gentilhomme.*
That which best speaks our faith , is —. *La plus grande marque de notre foi, c'est—*
SPEAKABLE , *adj. Dont on peut parler,* ou *qui peut parler.*
SPEAKER , *s. Orateur, président.*
The speaker of the house of commons. *L'Orateur* ou *le Président de la Chambre des communes.*
SPEAKING, *sub. L'action de parler, &c. V.* to Speak.
Speaking, *adj. Parlant.*
Ex. A speaking trumpet. *Une trompette parlante , un porte-voix.*
SPEAR , *subst.* (or lance.) *Lance,* sorte d'arme d'hast.
Spear head. *La pointe d'une lance.*
Spear staff. *La hampe* ou *le bois d'une lance.*
Spear-man. *Lance ou lancier , soldat armé d'une lance.*
Pump-spear, *subst. comp. Verge de pompe.*
A little spear or short spear, (a javelin.) *Une javeline , un javelot.*
A french spear, (a sort of dart.) *Un dart.*
A boar-spear. *Un épieu.*
Spear-mint. *Menthe aiguë ,* sorte d'herbe.
Eel-spear. *Un trident.*
To SPEAR , *verb. act. Percer à coups de lance.*
SPECIAL , *adject.* (singular , particular, signal,) *Spécial, singulier , particulier, signalé , considérable, remarquable.*
Special , (excellent, extraordinary.) *Excellent , fort bon, admirable, extraordinaire.*
This is special wine. *Ce vin-ci est excellent, il est admirable.*
A special servant. *Un fort bon domestique.*

† You

† You are a special youth, (in an ironical sense.) *Vous êtes un brave ou un joli garçon.*
By his Majesty's special command. *De l'exprès commandement de Sa Majesté.*
SPECIALLY, *adv.* Spécialement, singulièrement, sur-tout, principalement.
SPECIALITY, *s.* (a law-word signifying a bond, bill or such like instrument.) *Toute sorte d'instrument ou d'acte public, comme une obligation, une reconnaissance,* &c.
SPECIES, *s.* (or sort.) *Espece, sorte.*
The propagation of the species. *La propagation de l'espece.*
Such men are the scandal of their species. *De tels hommes sont la honte du genre humain.*
Species, (images and representations of objects.) *Espèces, images, représentation des objets des sens.*
The perspective informs us of the sight and species. *La perspective rend raison de la vue & des espèces visuelles ou des objets.*
Species, *s.* (money coined.) *Espèces, argent monnoyé.*
Ex. To pay a sum in species. *Payer une somme en espèces.*
SPECIFICAL. *V.* Specifick.
SPECIFICALLY, *adv. verb.* Spécifiquement, d'une manière spécifique.
SPECIFICATION, *subst.* (or specifying.) *Spécification, action de spécifier.*
SPECIFICK, *adj.* Spécifique, propre spécialement à quelque chose.
A specifick medicine. *Un spécifique.*
Specifick, *subst.* (a specifick medicine.) *Un spécifique.*
To SPECIFY, *v. act.* (or particularize.) *Spécifier, particulariser, exprimer, déterminer en particulier.*
Specified, *adject.* Spécifié, &c. *Voy.* to Specify.
SPECIFYING, *subst.* L'action de spécifier, &c. *V.* to Specify.
SPECIMEN, *s.* (a sample or proof.) *Un essai un modele, un échantillon.*
SPECIOUS, *adject.* (plausible or fair in appearance.) *Spécieux, plausible.*
SPECIOUSLY, *adv.* Spécieusement.
SPECK, *s.* (or spot.) *Tache, petite tache, marque.*
A natural speck on the skin. *Tache ou marque naturelle sur la peau.*
To SPECKLE, *verb. act.* Tacheter, marqueter, marquer de diverses petites taches.
Speckled, *adject.* Marqueté, tacheté, bariolé.
A speckled magpie. *Pie-griechz.*
SPECKLING, *s.* L'action de tacheter ou de marqueter, &c.
* SPECTABLE, *adj.* (to be looked upon.) *Digne d'être vu ou regardé.*
SPECTACLE, *s.* (a publick show or sight.) *Spectacle, représentation ou cérémonie publique, objet extraordinaire qui attire la vue.*
A pair of spectacles. *Des lunettes.*
A spectacle-maker. *Un lunetier, un faiseur de lunettes.*
SPECTACLED, *adject.* Qui a ou qui porte des lunettes.
SPECTATOR, *s.* (or beholder.) *Spectateur, regardant.*
SPECTATRESS, *sub.* (or she-beholder.) *Spectatrice, regardante.*
SPECTRE, *sub.* (or apparition.) *Spectre, fantôme.*

SPECULAR, *adj.* Qui a les qualités du miroir, spéculaire.
To SPECULATE, *v. act.* (to watch on high, to contemplate.) *Spéculer, contempler.*
SPECULATION, *s.* (or contemplation.) *Spéculation ou contemplation.*
Speculation, (or theory.) *Spéculation, théorie.*
SPECULATIVE, *adj.* (or contemplative.) *Spéculatif, contemplatif.*
SPECULATIVELY, *adv.* Dans un sens spéculatif, dans la spéculation ou dans la théorie.
SPECULATOR, *s.* (one that speculates.) *Spéculateur, qui spécule.*
SPECULATORY, *adject.* (belonging to speculation.) *Spéculatif, contemplatif.*
SPED, *prétérit du verbe* to Speed.
How have you sped? *Comment avez-vous réussi.*
SPEECH, *sub.* (the faculty of speaking.) *Parole, faculté de parler.*
Speech, (tongue or language.) *Langue, langage.*
A vulgar speech. *Une langue vulgaire.*
Speech, (discourse, harangue, oration.) *Harangue, discours, oraison.*
He made a speech to the people. *Il harangua le peuple.*
He made a good speech. *Il fit une belle harangue.*
Tully's speeches, (or orations.) *Les oraisons de Cicéron.*
The eight parts of speech, (in grammar.) *Les huit parties d'oraison.*
To be slow of speech, (to speak slowly.) *Parler lentement, être lent à parler.*
The last speech of a dying person. *Les dernieres paroles d'un mourant.*
How shall I come to the speech of him? *Comment pourrai-je lui parler?*
SPEECHLESS, *adject.* Qui a perdu la parole, ou qui n'a pas l'usage de la parole, muet, interdit.
He stood speechless. *Il demeura interdit.*
SPEED, *s.* (haste.) *Hâte, diligence.*
To make speed, *Faire diligence, se hâter, se dépêcher.*
To make more haste than good speed. *Se précipiter, se hâter trop, faire quelque chose avec précipitation.*
He will come with all speed. *Il viendra au plutôt ou au premier jour.*
Go thither with all speed. *Allez-y au plutôt, au plus vite ou promptement.*
To run with all speed or to run with full speed. *Courir de toute sa force.*
To gallop with full speed, (or go on a full gallop.) *Galoper à bride abattue ou à toute bride.*
To stop (or pull in) a horse upon full speed. *Arrêter un cheval qui court à bride abattue, ou à toute bride.*
To SPEED, *verb. neut.* (to succeed.) *Réussir, avoir bon succès, aller bien.*
To speed, *verb. act.* (to prosper.) *Faire réussir, donner un bon succès.*
God speed him well, (or protect him.) *Dieu le conduise.*
To speed, (to make haste.) *Se hâter, se dépêcher.*
To speed, (to dispatch.) *Expédier, tuer.*
SPEEDILY, *adv.* Promptement, vite, d'abord.
SPEEDINESS, *s.* Diligence, hâte, promptitude.
SPEEDWELL, *sub.* (the herb fluellin.) *Véronique, sorte d'herbe.*
SPEEDY, *adj.* (or quick.) Prompt.

Let me have a speedy answer. *Faites-moi réponse ou répondez-moi au plutôt.*
SPEIGHT, *subst.* (a sort of bird.) *Pic, sorte d'oiseau.*
SPELL, *s.* (or charm.) *Caractere magique, sortilege, charme, enchantement.*
Spell, (a sea-term.) *Temps réglé pendant lequel les Matelots font un certain service, comme à la pompe, à la sonde, au timon, à la découverte au haut des mâts, &c. après lequel temps ils se relevent alternativement.*
To SPELL, *verb. act.* (to name the letters.) *Epeler, assembler ou nommer les lettres.*
He begins to spell the letters. *Il commence à épeler les lettres.*
To spell (or to write) a word right. *Orthographier un mot comme il faut.*
To spell, (or enchant.) *Enchanter, charmer.*
Spelled, *adj.* Epelé, orthographié, &c.
SPELLER, *s.* Celui ou celle qui épelle.
A good or bad speller, (in point of writing.) *Une personne qui sait bien ou mal l'orthographe.*
SPELLING, *subst.* L'action d'épeler ou d'orthographier.
The art of spelling. *L'orthographe ou l'art d'écrire les mots correctement.*
SPELT, *adj.* Epelé ou orthographié. *V.* to Spell.
To SPELT, *v. n.* Se fendre, se rompre.
SPELTER, *s.* (or zink, a kind of semi-metal.) *Zinc, espece de minéral.*
To SPEND, *verb. act.* (to lay out or consume.) *Dépenser, employer, consumer.*
He has spent (or squandered away) all his estate. *Il a dépensé, il a mangé tout son bien.*
To spend, (or pass away.) *Passer, employer.*
Ex. To spend most of one's time in reading. *Employer ou passer la plupart du temps à l'étude ou à lire.*
To spend, (or waste.) *Consumer, épuiser, dissiper.*
Ex. To spend one's spirits. *Epuiser ou dissiper ses esprits.*
To spend one's self. *S'épuiser, se consumer.*
You spend your breath in vain. *Vos paroles sont inutiles, tout ce que vous dites-là ne sert à rien.*
To spend one's youth in pleasure. *Passer sa jeunesse dans les plaisirs.*
The season is far spent. *La saison est presque passée.*
They spent themselves upon it. *Ils ont sué sang & eau là-dessus.*
A ship that has spent (or lost) her mast. *Un vaisseau qui a perdu son mât.*
To spend, *verb. neut.* (to spermatize.) *Faire émission de semence.*
Meat that spends. *Viande qui profite.*
SPENDER, *subst.* (that spends much.) *Un dépensier, une dépensière.*
A great spender. *Un grand dépensier, un prodigue, un homme qui fait une grande dépense.*
SPENDING, *s.* L'action de dépenser, &c. *V.* to Spend.
This I keep for my own spending. *Je garde ceci pour moi ou pour mon usage.*
SPENDTHRIFT, *subst.* Un prodigue, celui qui dépense vite ce que l'on a amassé avec bien de la peine.
SPENT, *adj.* Dépensé, &c. *V.* to Spend.
P. Ill got, ill spent. *Les biens mal ac-*

SPE SPI

quis s'en vont comme ils sont venus. P. Ce qui vient par la flûte s'en retourne par le tambour.

Three days were spent (or past) in those contests. Trois jours se passerent en ces sortes de disputes.

When night was far spent, (or advanced.) La nuit étant fort avancée.

I am quite spent. Je suis tout épuisé, je n'en puis plus.

Spent with cares. Accablé de soins ou d'ennuis.

My stock of patience is quite spent. Ma patience est à bout.

A horse quite spent. Un cheval outré.

A bullet spent. Une balle perdue, une balle qui a perdu sa force.

SPERM, subst. (or seed of an animal.) Sperme, semence de l'animal.

SPERMACETI, subst. Spermaceti, sperme de baleine.

SPERMATICAL, } adj. Spermatique.
SPERMATICK,

To SPERMATIZE, verb. neut. (or eject seed.) Faire émission de semence.

SPERMATOCELE, subst. Spermatocele, terme de chirurgie.

To SPEW, } verb. act. (to cast up
To SPEW UP, or vomit.) Vomir, rendre par la bouche, dégobiller.

To spew up wine. Dégobiller du vin.

To spew one's heart out. Crever à force de vomir.

Spewed or spewed up, adj. Vomi.

SPEWING, subst. Vomissement ou l'action de vomir, &c. V. to Spew.

SPHACELUS, subst. Sphacele, terme de médecine.

SPHERE, subst. (a solid round body.) Sphere ou globe, corps solide rond.

The sphere (or a representation) of the world. La sphere ou la représentation du monde.

The sphere of a planet, (the place wherein it is conceived to move.) La sphere d'une planete.

The sphere of activity, (in natural bodies.) Sphere d'activité.

Sphere, (the reach of one's power or knowledge.) Sphere, étendue de pouvoir ou de connoissance.

That is or that's out of his sphere. Cela est hors de sa sphere.

SPHERICAL, } adj. (round.) Sphérique, rond.
SPHERICK,

SPHERICALLY, adv. Sphériquement, d'une maniere sphérique, en rond.

SPHERICALNESS, } s. Sphéricité.
SPHERICITY,

SPHEROID, subst. Sphéroïde, terme de géometrie.

SPHERULE, s. Petite sphere.

SPHINX, subst. (a fabulous monster.) Sphinx, monstre fabuleux.

* SPIAL. V. Spy.

SPICE, s. (an aromatical drug.) Epice, aromate, drogue aromatique.

Good spices. Bonnes épices, bonne épicerie.

That has a spice of profaneness. Cela sent un peu le profane.

A spice (or beginning) of a disease. Une atteinte de maladie.

Spice (or remains) of a distemper. Le levain ou ressentiment du mal.

To SPICE, verb. act. (or season with spices.) Epicer, assaisonner avec de l'épice.

Spiced, adj. Epicé, assaisonné avec de l'épice.

SPICER, subst. (or grocer.) Epicier.

SPICERY, subst. (a place where spices are kept.) Epicerie, l'endroit où l'on tient les épices.

SPICING, subst. L'action d'épicer ou d'assaisonner avec de l'épice.

SPICK, Ex. Spick and span new. Tout battant neuf.

SPICY, adj. Aromatique.

SPIDER, s. (a sort of insect.) Araignée, insecte venimeux.

SPIDER-WORT, s. Sorte d'herbe bonne contre la morsure d'une araignée venimeuse.

SPIGOT, subst. (for a faucet.) Robinet, ou siphon.

SPIKE, subst. Pointe.

A door fenced with iron spikes. Une porte garnie en haut de pointes de fer ou de chardons.

The spike of grass. La pointe de l'herbe.

SPIKES, subst. plur. Nom synonyme de nails, pour les clous de neuf pouces & au dessus.

Spike, (or spikenard.) Aspic, lavande.

Oil of spike. Huile d'aspic.

To SPIKE, v. act. Garnir de morceaux de fer pointus, clouer.

To spike (or nail up) a great gun. Enclouer un canon.

To spike up the hatches of a prize. Sceller les écoutilles d'une prise.

To spike one's self, (or to fall upon spikes.) Tomber sur des pointes de fer.

Spiked, adj. Pointu, &c. V. to Spike.

SPIKENARD, subst. (a sweet smelling plant.) Aspic ou lavande, plante odoriférante.

SPILL, subst. Ex. A small spill, (or little gift of money.) Un petit présent en argent.

To SPILL, verb. act. (to shed.) Verser, répandre.

To spill. Déventer une voile qui est sur ses cargues, pour la serrer ou pour prendre un ris.

To Spill, (to waste.) Prodiguer, détruire.

Spilled, adj. Versé, répandu, prodigué, détruit.

SPILLING, subst. L'action de verser ou de répandre.

SPILLING-LINES, subst. plur. comp. Especes de sassines ou dégorgeoirs placés par occasion dans un gros temps, pour aider à carguer le fond des basses voiles.

SPILT. V. to Spill.

To SPIN, verb. act. (to make into a thread.) Filer, faire du fil.

To spin gold into thread. Filer de l'or.

To spin OUT the time, (or to use delays.) Prolonger le tems.

To spin out a business, (to protract it.) Trainer ou faire trainer une affaire, la tirer en longueur.

To spin out (or prolong) the war. Prolonger la guerre, la faire durer.

To SPIN, verb. neut. Ex. The top spins, (or turns round on the same place.) Le sabot dort.

The blood spins (or gushes) OUT of his nose. Le sang ruisselle de son nez.

SPINAGE, } subst. (a pot herb.) Epinards, herbe potagere.
SPINACH,

SPINAL, adj. (belonging to the spine.) De l'épine du dos, la moelle épiniere.

Ex. The spinal marrow. La moelle de l'épine du dos.

SPINDLE, s. Fuseau pour filer.

Spindle-legs or spindle-shanks. Jambes de fuseau.

The spindle (or nuel) of a winding staircase. Noyau ou vis de montée.

The spindle-tree, (or prick-timber.) Fusain, arbrisseau.

Spindle, (a term among florists : the little twig that grows about the pedicles of some flowers, such as lilies, pinks or carnations, tulips, &c.) Dard.

Spindle of a vane. Fer de girouette.

Spindle of the steering wheel. Essieu de la roue de gouvernail.

Spindle of a capstern. Pivot d'un cabestan.

To SPINDLE, verb. neut. (to shoot spindles, as some flowers do.) Pousser son dard, en parlant de fleurs.

SPINE, subst. (the back-bone.) L'épine du dos.

SPINEL, s. Spinelle, sorte de rubis.

SPINET, subst. (a sort of musical instrument,) Une épinette.

SPINNER, subst. (a sort of spider.) Faucheur ou faucheux.

SPINNING, subst. L'action de filer.

A spinning-wheel. Rouet à filer.

SPINOSITY, subst. (or difficulty.) Epines, difficulté, matiere épineuse.

SPINOUS. V. Spiny.

SPINSTER, subst. (one that spins.) Une fileuse ou filandiere.

Spinster, (the title given to all unmarried women, from the Viscount's daughter downward.) C'est le titre qu'on donne en Angleterre, dans les filles publics, aux filles non-mariées qui sont au-dessous des filles de Vicomte.

SPINY, adject. (thorny.) Epineux, plein d'épines.

SPIRACLE, s. Soupirail.

SPIRAL, adj. Spiral.

SPIRALLY, adv. Spiralement, d'une maniere spirale.

SPIRATION, s. (or breathing.) Respiration.

SPIRE, subst. (or pyramid.) Aiguille ou pyramide.

Ex. The spire of a Church. L'aiguille ou la fleche d'une Eglise.

To SPIRE, verb. neut. (as corn does.) Epier, monter en épi.

SPIRIT, subst. (a substance distinct from matter.) Esprit, substance immaterielle.

God is a spirit. Dieu est un esprit.

Spirit, (virtue or supernatural power that animates the soul.) Esprit, vertu ou puissance surnaturelle.

To be actuated by the spirit of the devil. C'est l'esprit du démon qui agit en lui.

Spirit, (or soul,) L'esprit, l'ame.

Spirit, (or ghost of a dead body.) Esprit ou l'ame d'une personne morte.

Spirit, (a term of Chymistry, the subtilest substance extracted from mixt bodies.) Esprit, terme de Chimie.

Spirit of salt. Esprit de sel

Spirits, (in the plural number.) Esprits. The vital or animal spirits. Esprits vitaux ou animaux.

The spirits of wine and other strong liquors. Les esprits de vin & d'autres liqueurs fortes.

Spirit, (genius, humour or nature.) Esprit, génie, caractere, humeur.

That is the spirit of their society. C'est-là l'esprit de leur société.

To do a thing out of a spirit (or principle)

ciple) of charity. *Faire une chose par un esprit ou par un principe de charité.*
Spirit, (wit or liveness.) *Esprit, feu, vivacité.*
A noble spirit animates all these addresses. *Une noble ardeur anime toutes ces adresses.*
Spirit, (courage or pride.) *Cœur, courage, fierté.*
To pull down one's spirit. *Abattre la fierté de quelqu'un, l'humilier.*
To have a high or great spirit. *Etre fier ou altier.*
To put spirits into one. *Animer, encourager quelqu'un.*
To recover one's spirits, (to come to one's self again.) *Reprendre ses esprits ou ses forces, se remettre, se reconnoitre, revenir à soi.*
To SPIRIT, verb. act. (to encourage.) *Animer, encourager.*
To spirit AGAIN. *Ranimer, ranimer le courage.*
To spirit (or animate) the soldiers. *Animer, encourager les soldats.*
To spirit (or countenance) a faction. *Animer, fomenter, appuyer, soutenir une faction.*
To spirit AWAY, (or kidnap.) *Enlever.*
Ex. To spirit (or inveigle) away children. *Enlever des enfants, ou les gagner par adresse pour les envoyer aux Indes.*
SPIRITED, adj. (or encouraged.) *Animé, encouragé.*
Spirited, (lively.) *Animé, vif.*
Nothing can be more spirited and affecting than this enthusiasm of Hector. *Rien n'est plus animé ni plus intéressant ou touchant que cet enthousiasme d'Hector.*
High-spirited. *Fier, qui a l'ame noble, qui a le cœur bien placé.*
Low-spirited. *Qui a l'ame basse ou rampante; mélancolique.*
Spirited away. *Enlevé, &c.*
SPIRITLESS, adject. *Rampant, abattu, sans courage.*
SPIRITUAL, adj. (incorporeal.) *Spirituel, immatériel, incorporel.*
Spiritual, (ecclesiastical.) *Spirituel ecclésiastique.*
Spiritual, (devout or religious.) *Spirituel, pieux, dévot.*
SPIRITUALS, subst. V. Spirituality.
SPIRITUALITY, subst. (the contrary of temporality.) *Le spirituel, le contraire du temporel.*
The spiritualities of a Bishop. *Le spirituel d'un Evêché, les revenus d'un Evêque, en tant qu'Evêque, & non pas comme Pair du Royaume.*
Spirituality, (essence distinct from matter.) *Spiritualité.*
SPIRITUALISATION, subst. (a chymical term.) *Spiritualisation.*
To SPIRITUALIZE, verb. act. (a term of chymistry: to change a compact body into spirits.) *Spiritualiser, réduire les corps compactes en esprit.*
Spiritualized, adject. *Spiritualisé.*
SPIRITUALLY, adv. *Spirituellement.*
SPIRITUALTY, s. (ecclesiastical body.) *Clergé.*
SPIRITUOUS, adj. (or full of spirits.) *Spiritueux, plein d'esprits.*
SPIRKETING, s. (a sea-term.) *Feuilles bretonnes.*
To SPIRT, verb. act. (or squirt.) *Seringuer.*
To spirt, verb. neut. (or shoot up.) *Jaillir.*

To SPIRTLE, verb. act. *Dissiper.*
SPIRY, adj. *Pyramidal.*
SPISS, adj. *Epais, serré, ferme.*
SPISSITUDE, subst. (philosophical word for thickness.) *Epaisseur, consistance.*
SPIT, subst. (to roast meat withal.) *Une broche.*
A turnspit. *Un tourne-broche.*
Spitful. *Brochée.*
Spitfish. *Brochet de mer.*
Spit; c'est un prétérit du verbe to Spit.
Spit, adj. *Craché.*
† He looks as like his father as if he was spit out of his mouth. † *C'est son pere tout craché.*
To SPIT, verb. act. (to put on the spit.) *Embrocher, mettre à la broche.*
To spit, verb. neut. & act. (to throw out of one's mouth.) *Cracher.*
To spit in one's face. *Cracher au visage de quelqu'un, ou lui cracher au nez.*
To spit blood. *Cracher du sang.*
To spit OUT or spit UP one's lungs. *Cracher les poumons.*
To SPITCHCOCK, v. act. *Arranger une anguille à la tartare.*
SPITCHCOCK, s. (a spitchcock-eel.) *Grosse anguille rôtie.*
SPITE, subst. (malice, grudge, spleen.) *Malice, envie, haine, ressentiment, rancune.*
He has a spite (or grudge) against him. *Il a quelque haine ou ressentiment contre lui, il a une dent de lait contre lui, il lui en veut.*
In spite, adj. *En dépit, malgré.*
To do a thing in spite of one, in spite of his heart, or in spite of his teeth. *Faire une chose en dépit de quelqu'un, la faire malgré lui, malgré qu'il en ait, malgré ses dents.*
To SPITE, verb. act. *Piquer, fâcher, faire dépit, donner du dépit.*
Spited, adj. *Piqué, fâché, à qui on a fait dépit.*
SPITEFUL, adj. *Méchant, malin, envieux, qui fait du mal par malice, haine, envie ou dépit.*
SPITEFULLY, adv. *Malicieusement, par malice, de rage ou par dépit.*
SPITEFULNESS, subst. *Malice, méchanceté.*
SPITTED, adj. (from to spit.) *Embroché ou craché.* V. to Spit.
SPITTER, subst. (one that spits often.) *Un cracheur, une cracheuse.*
The spitters of a deer. *Dagues de cerf.*
A spitter, (or brocket, a red male deer above a year old.) *Daguet, jeune cerf qui est à la seconde année.*
SPITTING, subst. *L'action d'embrocher, de mettre à la broche, ou l'action de cracher.* V. to Spit.
A spitting-box. *Un crachoir.*
SPITTLE, s. *Salive ou crachat.*
A spittle or spittle-house, (the word being probably contracted from Hospital.) *Un Hôpital.*
P. To rob the spittle. *Voler l'Hôpital, voler un misérable, dépouiller un homme du peu qu'il a.*
To SPLASH, v. act. *Eclabousser.*
Splashed, adj. *Eclaboussé.*
SPLASHING, s. *L'action d'éclabousser.*
SPLASHY, adj. *Gâcheux.*
* SPLATCHY, adj. (painted, counterfeit.) *Fardé.*
To SPLAY a horse, verb. act. (to part his shoulder from his breast.) *Epauler un cheval.*

SPLAY-FOOTID, adj. *Cagneux, qui a les jambes, les genoux ou les pieds tournés en dedans.*
SPLAYING, subst. *L'action d'épauler un cheval.*
SPLEEN, subst. (the milt under the left short ribs.) *La rate.*
To purge the spleen. *Désopiler ou décharger la rate.*
To be troubled with the spleen. *Etre incommodé du mal de rate.*
Spleen, (spite, hatred or grudge.) *Fiel, haine, colère, aigreur, ressentiment, animosité, dent de lait.*
To have spleen (animosity) against one. *Concevoir de la haine ou de l'animosité contre qu'un, avoir une dent de lait contre lui.*
Spleensick, (or troubled with the spleen.) *Incommodé du mal de rate, mélancolique.*
SPLEENWORT, s. (miltwaste.) *Scolopendre, herbe.*
SPLENDENT, adj. (shining or bright.) *Brillant.*
The splendent rays of precious stones, *Le brillant ou l'éclat des pierreries.*
SPLENDID, adj. (great or magnificent.) *Splendide, magnifique, somptueux.*
He has given us a splendid entertainment. *Il nous a donné un repas splendide, il nous a régalés magnifiquement.*
SPLENDIDLY, adv. *Splendidement, magnifiquement, avec splendeur ou d'une maniere splendide.*
SPLENDOUR, s. (or brightness.) *Splendeur, grand éclat de lumiere.*
Splendour, (pomp, magnificence.) *Splendeur, pompe, magnificence, éclat de gloire & d'honneur.*
To live in great splendour. *Vivre avec beaucoup de splendeur, vivre fort splendidement, vivre d'une maniere splendide ou magnifique.*
SPLENETICK, adject. (or spleen-sick.) *Mélancolique, incommodé du mal de rate.*
Splenetick, (belonging to the spleen.) *Splénique.*
Ex. The splenetick vein or artery. *La veine ou l'artere splénique.*
SPLENICK, adj. *Splénique.*
SPLINT, } s. (a piece of a broken
SPLINT, } bone.) *Esquille, éclat d'os rompu.*
Splint, (a flat piece of wood for a broken bone.) *Eclisse, ais délié pour serrer un os où il y a fracture.*
Splent, (a disease in a horse's leg.) *Sur-os, tumeur dure sur l'os du canon de la jambe du cheval.*
Splents, plur. (or covering for the arms.) *Brassard.*
To SPLICE, v. act. Ex. To splice ropes, (a sea-expression; to make fast the ends of ropes one into another by opening the twists at the end of both ropes.) *Joindre deux bouts de corde ensemble, en défaisant les cordons & les ossemblant ensuite l'un avec l'autre; épisser.*
SPLICE, subst. (a sea-term.) *Epissure.*
Short splice. *Epissure courte.*
Long splice. *Epissure longue.*
Eye splice. *Epissure d'estrop ou de gance.*
Cunt splice. *Epissure en portiere de vache.*
To SPLINT, } v. a. (to put splents
To SPLINTER, } about a broken bone.) *Eclisser.*
SPLINTER, s. *Eclat de bois.*
Splinter,

SPL SPO

Splinter, (or splint of a bone.) *Une esquille.*
To SPLINTER, v. act. *Fendre ou couper en plusieurs morceaux.*
SPLIT, adj. *Fendu.*
To SPLIT, v. act. *Fendre.*
To split asunder. *Fendre en deux.*
To split a cause. *Incidenter, faire naître des incidens dans un procès.*
To split, v. n. *Se fendre.*
To split upon a rock, (in a proper and figurative sense.) *Echouer contre un écueil, faire naufrage.*
To split one's sides or to split one's self, v. récip. or to split, v. n. with laughing. *Eclater de rire.*
Splitted or split, adj. *Fendu en deux ou en plusieurs morceaux.*
A sail split. *Voile déchirée par le vent.*
SPLITTING, s. *L'action de fendre, &c.* V. to Split, v. act. & neut.
SPLUTTER, V. Sputter.
SPODIUM, subst. (footy dregs of dross in melting of brass.) *Spode.*
SPOIL, subst. (or robbery.) *Vol, larcin, pillage.*
To commit spoils, (or robberies.) *Faire des vols, voler, piller.*
Spoils, (or booty.) *Dépouilles, butin, proie.*
To SPOIL, v. act (to marr.) *Gâter, dans tous les sens.*
To spoil one's work. *Gâter sa besogne.*
He spoils his children. *Il gâte ses enfants.*
To spoil (or to break) one's measures, or sport. *Rompre les mesures de quelqu'un, l'empêcher de faire quelque chose.*
To spoil (or to undo) one. *Perdre ou ruiner quelqu'un.*
To spoil, (or to rob.) *Dépouiller, voler, piller.*
To spoil (to ruin or destroy) a country. *Désoler, ravager, ruiner, saccager un pays.*
Spoiled, adj. *Gâté, &c.* V. to Spoil.
I am quite spoiled for a wrestler. *Je ne vaux plus rien pour lutter, je ne suis plus bon à la lute.*
Fruit that is spoiled by the shadow of the tree. *Fruit étouffé par l'ombre de l'arbre.*
SPOILING, subst. *L'action de gâter, &c.* V. to Spoil.
SPOKE: *c'est un prétérit du verbe* to Speak.
Spoke, subst. *Rais de roue.*
SPOKEN, adj. (from to speak.) *Parlé, dit.*
The thing spoken of. *La chose dont on a parlé ou dont on a fait mention.*
Not to be spoken. *Qui ne se peut exprimer.*
A well spoken man. *Un beau ou agréable parleur, un homme éloquent ou qui parle bien.*
SPOKESMAN, s. (speaker.) *Orateur, celui qui porte la parole.*
He was my spokesman, (he spoke for me.) *C'est lui qui a parlé pour moi.*
He was the spokesman. *Il portoit la parole.*
To SPOLIATE, verb. act. (to spoil or rob.) *Spolier, terme de pratique, dépouiller.*
SPOLIATION, s. (a term used in the spiritual court.) *Spoliation, dépouillement.*
SPONDEE, s. (a measure of two long syllables in Greek and Latin verses.) *Spondée.*

SPO

SPONDYLE, subst. (a knuckle or turning joint of the back-bone.) *Vertebre.*
SPONGE, & ses dérivés. V. Spunge, &c.
SPONSOR, s. (proxy, surety.) *Caution, répondant.*
A sponsor, (or godfather.) *Un parrain.*
SPONTANEITY, s. (or voluntariness.) *Mouvement spontanée ou volontaire.*
SPONTANEOUS, adj. (or voluntary.) *Spontanée, volontaire, qui se fait de bon gré.*
SPONTANEOUSLY, adv. *Volontairement, de son plein gré, de son propre mouvement, par un mouvement spontanée.*
SPONTANEOUSNESS, s. *Spontanéité, terme didactique.*
SPOOL, s. (or quill of a silk-weaver.) *Epoule.*
To SPOOL, v. act. *Dévider la trame sur les épaules.*
Spooling, adj. Ex.
The spooling-wheel. *Rouet qui sert à dévider la trame sur les épaules.*
SPOOM-DRIFT, subst. comp. *Poussière d'eau de mer, qui couvre toute la surface des eaux dans un gros coup de vent.*
SPOON, subst. *Une cuiller.*
The broad end of the spoon. *Le cuilleron.*
The sea-spoon, (a kind of long cockle.) *Sorte de coquillage.*
To be past the spoon, (to be beyond the state of infancy.) *Etre hors de l'enfance, n'être plus un enfant.*
A spoon-full. *Une cuillerée, plein la cuiller.*
Spoonwort. *Sorte de plante.*
Spoonmeat. *Tout ce qui se mange avec la cuiller, comme la soupe, le lait, &c.*
To SPOON a ship, v. act. (to put her right before the wind and sea without any sail.) *Mettre à sec, naviguer avec les voiles serlées.*
To spoon, v. neut. Ex. A ship that spoons or a ship spooning. *Vaisseau qui met à sec ou qui est à mâts & à cordes.*
SPORT, subst. (play or pastime.) *Jeu, passe-temps, divertissement, plaisir, récréation, badinage.*
An innocent sport. *Un jeu innocent.*
For sport's sake. *Par plaisir.*
You shall see pretty sport. *Vous verrez beau jeu, vous verrez quelque chose de divertissant.*
That is or that's but sport to him, (he does it with ease.) *Ce n'est qu'un jeu pour lui, il fait cela fort facilement.*
She is used to the sport. *Elle est faite au badinage.*
Sport, (hunting, fowling, fishing, &c.) *Le plaisir de la chasse, de la pêche.*
To make sport, (or divert.) *Divertir, faire rire.*
To make sport, (to laugh or play.) *Rire, jouer, se récréer, passer le temps, badiner.*
He did it only to make sport. *Il n'a fait cela que pour rire ou passer le temps.*
They make sport together. *Ils jouent l'un avec l'autre.*
Tyrants make their best subjects to bleed in wanton sport. *Les tyrans font mourir leurs meilleurs sujets de gaieté de cœur.*
To make sport with one, (to laugh at him, to make a fool of him.) *Jouer quelqu'un, se jouer de quelqu'un, s'en divertir, en faire un sujet de risée & de moquerie, en faire son jouet, se moquer de lui.*

SPO

Sport, (measures or way of proceeding.) *Jeu, mesures, manege, manigance, manière d'agir, procédé artificieux.*
I am acquainted with his sports. *Je sais son jeu ou sa manigance.*
To spoil one's sport. *Rompre les mesures de quelqu'un.*
The stranger especially, who had never been at this sport before. *Sur-tout l'étranger qui n'avoit jamais vu un tel manege.*
Sport, (a basket or pannier used by mendicant Friars.) *Sporte, panier de Religieux mendians.*
To SPORT, v. neut. or to sport one's self, v. récip. *Jouer, se jouer, se divertir, folâtrer.*
They sport together. *Ils jouent, ils badinent, ils folâtrent ensemble.*
Fortune sports with men. *La fortune se joue des hommes.*
To sport with one, (to make a fool of him.) *Se jouer de quelqu'un, se jouer, se moquer de lui.*
To sport (or trifle) with Religion. *Se jouer de la Religion.*
Sported with, adj. *Dont on s'est joué ou diverti, &c.*
SPORTER, subst. *Joueur, joueuse, qui badine, qui joue, qui folâtre.*
SPORTFUL, adj. (or diverting.) *Divertissant, récréatif, qui donne du plaisir, qui divertit.*
Sportful, (gamesome, full of play.) *Badin, folâtre, enjoué.*
SPORTFULLY, adv. *Par passe-temps, par manière de divertissement.*
SPORTFULNESS, V. Sport.
SPORTING, s. *Jeu, badinage, divertissement ou l'action de se divertir, &c.* V. to Sport.
SPORTIVE. V. Sportful.
SPORTSMAN, subst. *Chasseur.*
A great sportsman or a great lover of the sports of the field. *Un grand chasseur ou un homme qui aime fort la chasse ou la pêche.*
SPOT, subst. (a blot or stain.) *Tache, souillure, salissure.*
A spot of oil. *Tache d'huile.*
A spot of dirt. *Salissure de boue.*
The spot of sin. *La tache ou souillure du péché.*
A spot (blur or blemish) in one's reputation. *Une tache à sa réputation.*
Spot, (a speck or mark.) *Tache, marque, moucheture.*
The spots of a lynx. *Les mouchetures du lynx.*
Spots of gauze. *Mouchetures de gaze ou broderie de gaze.*
A fine spot of ground. *Un bon morceau de terre.*
A fruitful spot of ground. *Une terre fertile.*
I was upon the spot. *J'ai été sur les lieux.*
He died upon the spot. *Il mourut sur la place.*
Upon the spot, (immediately.) *Incontinent, sur le champ.*
To SPOT, v. act. (or stain.) *Tacher, salir, souiller.*
To spot (to tarnish or blemish) one's honour or reputation, &c. *Tacher l'honneur ou la réputation de quelqu'un.*
To spot a printed sheet. *Maculer une feuille imprimée.*
To spot, (to speckle.) *Tacheter, marquer de diverses taches, moucheter.*

To

SPO SPR

To spot gauze-hoods. *Moucheter ou broder des coiffes de gaze.*
SPOTLESS, *adj. Sans tache, qui n'a point de tache.*
A spotless life. *Une vie sans tache, une vie irréprochable.*
SPOTTED, *adj. Taché ou plein de taches, &c. V.* to Spot.
The spotted fever. *La fievre pourprée, la pourpre.*
SPOTTER, *subst. Brodeuse.*
A spotter of gauze. *Une brodeuse de gaze.*
SPOTTY, *adj.* (or full of spots.) *Taché ou plein de taches, sali.*
SPOUSAL, *adj. Nuptial, conjugal.*
SPOUSE, *f.* (bridegroom or husband.) *Epoux, mari.*
Spouse, (bride or wife.) *Epouse, femme.*
SPOUSED, *adject.* (wedded.) *Epousé, V.* Espoused.
SPOUT, *subst.* (a water-spout.) *Un jet d'eau, un jet de fontaine, une eau jaillissante.*
A spout or water-spout, (or sudden fall of rain, like a torrent.) *Un torrent de pluie.*
The spout of a conduit, (or cock.) *Un robinet.*
A spout for the rain on house-eaves. *La gargouille d'une gouttiere.*
The spout of a mill-hopper. *Auget de tremie de moulin.*
To SPOUT,
To SPOUT OUT, } *v. act.* (to throw out.) *Faire jaillir, sortir ou saillir avec impétuosité, jeter, pousser avec violence.*
To spout or spout out, *verb. neut.* (to gush out.) *Jaillir, sortir impétueusement,* † *sourdre.*
Moses caused a spring to spout out of the rock. *Moyse fit jaillir ou sourdre une fontaine du rocher.*
To spout or to spout UP, (to fly, to spurt up.) *Rejaillir.*
To spout DOWN, *Tomber à verse.*
SPOUTING OUT, *f. L'action de jaillir, &c. V.* to Spout or Spout out.
Spouting out, *adj. Jaillissant, &c.*
SPRAIN, *subst. Détorse, entorse, foulure de nerfs, &c.*
To SPRAIN, *v. act. Fouler, se détordre, se donner une détorse ou entorse.*
That sprained my foot. *Cela m'a foulé le pied ou m'a donné une entorse au pied.*
He has sprained his arm. *Il s'est détordu le bras, il s'est donné une détorse ou entorse.*
Sprained, *adj. Foulé, détordu, &c. V.* to Sprain.
SPRAINTS, *f. pl.* (the dung of an otter.) *La fiente d'une loutre.*
SPRANG, *prét. de* to Spring.
SPRAT, *subst.* (a fish.) *Melette, poisson.*
To SPRAWL, *v. neut.* (or lie sprawling along.) *S'étendre tout de son long.*
To sprawl, *V.* to Tumble.
SPRAWLING, *subst. L'action de s'étendre tout de son long.*
SPRAY, *subst.*\ (a bough or sprig.) *Menu bois ou menu branchage.*
Spray-faggots, *Fagots de menu bois, fagots faits de menus branchages.*
Spray, (at sea.) *Eclaboussure d'eau de mer, chassée par le vent du sommet d'une vague.*
SPREAD, *adj. Tendu, étendu, répandu, &c. V.* to Spread.

His praise is spread abroad far and wide. *Toute la terre publie ses louanges ou retentit de ses louanges.*
To SPREAD, *v. act.* (or stretch out.) *Etendre, ouvrir, déployer.*
To spread OUT one's arms. *Etendre les bras.*
Spread out your legs. *Etendez, ouvrez les jambes.*
To spread (or lay) the cloth. *Mettre la nappe.*
To spread (or bend) a net. *Tendre des filets.*
To spread sail. *Tendre les voiles, les mettre au vent.*
To spread, (or scatter.) *Epandre, répandre, éparpiller.*
To spread dung. *Epandre du fumier.*
To spread straw about a room. *Eparpiller de la paille dans une chambre.*
To spread the war every-where. *Répandre la guerre par-tout.*
To spread or spread ABROAD a report. *Répandre, semer, faire courir un bruit.*
To spread the grais, (to make hay.) *Epandre du foin pour le faner.*
To spread, *verb. neut. S'étendre, s'épandre, se répandre, au propre & au figuré.*
To spread or spread ABROAD, (as a report.) *S'épendre, se répandre.*
To spread, (as a flower.) *S'épanouir ou éclorre en parlant des fleurs.*
SPREADER, *subst.* of false reports. *Semeur de faux bruits.*
SPREADING, *subst. L'action de tendre, d'étendre, &c. V.* to Spread, *verb. act. & neut.*
The spreading of the commerce. *L'étendue du commerce.*
Spreading, *adj. Qui se répand.*
Examples are of a spreading nature. *Les exemples sont contagieux.*
A spreading tumour. *Une tumeur ambulante.*
SPRIG, *f.* (sucker or slip.) *Jet, rejeton.*
A young sprig. *Un nouveau jet, un rejeton.*
Sprig of thyme, rosemary, &c. *Une branche ou un brin de thym, de romarin, &c.*
A sprig, (a nail without a head used by the glaziers.) *Une pointe.*
SPRIGGY, *adj.* (or full of sprigs.) *Plein de rejetons.*
SPRIGHT, *subst.* (spirit or hobgoblin.) *Un esprit, un spectre, un fantôme.*
Sprights, plur. (short arrows, formerly used for sea-fights.) *Fleches courtes dont on se servoit autrefois sur mer.*
SPRIGHTFUL, *V.* Sprightly.
SPRIGHTLINESS, *subst. Vivacité, feu.*
SPRIGHTLY, *adj.* (lively, full of life.) *Vif, plein de feu, plein d'ardeur, animé.*
SPRING, *f.* (source or fountain.) *Source, fontaine.*
Spring-water. *Eau de fontaine, eau vive.*
Spring, (or origin.) *Source, origine, principe, cause, commencement.*
The spring (or dawn) of day. *L'aube, la pointe ou le point du jour.*
The spring or spring-time, (one of the four seasons of the year.) *Le printemps.*
Spring tides, (or great tides.) *Grandes ou hautes marées, malins.*
Spring. *Fente oblique ou transversale dans une piece de mature, qui la rend douteuse.*
Spring. *Embossure ou cable servant à faire embossure; & en général, toute amarre passant par l'arriere d'un bâtiment, & qui a son point d'appui en avant ou en travers du bâtiment.*
Spring, (a principle of motion, in a proper and figurative sense.) *Un ressort, au propre & au figuré.*
The spring of a lock. *Le ressort d'une serrure.*
He sets all springs a going in order to get that employment. *Il fait jouer toutes sortes de ressorts pour avoir cet emploi.*
The spring-tree bar of a coach. *Palonnier de carrosse.*
A spring, (or run, in order to take a leap.) *Une élancée.*
To take a spring, (in order to leap.) *Prendre son élancée.*
The cat gave a spring at me. *Le chat s'élança sur moi.*
To SPRING, or To SPRING OUT, FORTH or FROM, *verb. neut,* (to rise, to come or spout out, as a river or water.) *Sortir, avoir sa source, jaillir ou saillir.*
There the river springs. *C'est de-là que sort la riviere, c'est-là qu'elle a sa source.*
The water that springs out of the rock. *L'eau qui jaillit ou saillit du rocher.*
To spring, to spring OUT, FORTH or UP, (to sprout or shoot out as plants and flowers.) *Pousser, bourgeonner naître,* en parlant des plantes & des fleurs.
To spring again or up AGAIN. *Rejeter; repousser,* en parlant des plantes & des fleurs.
To spring out again, (as a river that has been under ground.) *Renaître,* en parlant d'une riviere qui s'étoit cachée sous terre.
To spring, (to raise or proceed.) *Naître, se produire, être produit, prendre origine, proceder, provenir, venir, commencer d'être.*
Thence spring all our misfortunes, *De-là naissent, viennent, proviennent ou procedent tous nos malheurs.*
To spring, (or leap.) *Sauter.*
To spring, (as an iron-spring does.) *Repousser,* en parlant d'un ressort.
To spring UP. *Tressaillir.*
To spring FORWARD. *Sauter en avant, s'élancer.*
To spring, *verb. act. Ex.* To spring a partridge. *Faire lever une perdrix.*
To spring a mine. *Faire jouer une mine.*
The storm has sprung our mast, (a sea phrase, when the mast is only creckt, and not quite broken.) *La tempête a fendu le mât.*
To spring (or dig) a well. *Creuser un puits.*
To spring a leak, (as a ship does,) *Faire eau, puiser de l'eau, être gagné de l'eau.*
To spring a butt. *Tête de bordage qui s'est lâchée.*
To spring the luff. *Faire une aulofée.*
To spring a mast or yard. *Rompre un mât ou une vergue.*
Our main yard sprang. *Notre grande vergue consentit.*
A mast which is sprung. *Mât qui a consenti,* ou qui a quelque fente qui le rend douteux.
SPRINGAL, *sub.* (a stripling.) *Un jeune homme, un garçon.*
SPRINGE, *subst.* (twisted wire, to catch birds or small beasts.) *Piege, lacet pour prendre le gibier.*

A springe to catch wood-cocks. *Un filet pour prendre des bécasses.*
SPRINGER, *f.* (one who springs or rouses game.) *Celui qui fait lever ou partir du gibier.*
SPRINGHALT. V. Stringhalt.
SPRINGINESS, *subst.* Elasticité.
SPRINGY, *adject. Ex.* Springy (or elastick) bodies. *Corps élastiques ou qui ont du ressort.*
SPRINKLE, *f.* (a holy-water sprinkle.) *Un aspergès, goupillon avec quoi on jette l'eau-bénite.*
To SPRINKLE, *verb. act.* (to asperse with water.) *Asperger, arroser, épandre, répandre, jeter çà & là.*
To sprinkle with holy water. *Asperger ou arroser d'eau-bénite, répandre ou jeter de l'eau-bénite sur quelque chose.*
To sprinkle with salt. *Saupoudrer.*
Sprinkled, *adject. Aspergé, arrosé,* &c. *V.* to Sprinkle.
SPRINKLING, *f. Aspersion, arrosement, action d'asperger, d'arroser,* &c. *V.* to Sprinkle.
With some small sprinklings (or tincture) of *Italian* and *Spanish. Avec quelque légere teinture de l'Italien & de l'Espagnol.*
To SPRIT. V. to Sprout.
SPRIT, *subst. Livarde ou baleston d'une voile de certains canots, chaloupes ou autres petits bâtiments, qui traverse diagonalement cette voile.*
Sprit-sail. *Voile à livarde ; en Provence, voile à targuier.*
Sprit-sail; nom de la voile du *civadiere* dans les vaisseaux.
Sprit-sail-top-sail. Contre-civadiere.
SPRITE, *f.* (spirit.) *Esprit, revenant.*
SPROUT, *subst.* (or young coleworth.) *Jeune chou, rejeton de chou, broccoli.*
To SPROUT
To SPROUT FORTH } *verb. neut.* (to spring or shoot forth.) *Bourgeonner, pousser, rejeter, repousser.*
SPROUTING, *adject. Qui pousse, qui jette, qui bourgeonne, en parlant des plantes.*
SPRUCE, *adj.* (neat or fine in clothes.) *Leste, propre, bien mis, brave.*
A spruce (or fine) phrase. *Une belle phrase.*
Spruce leather (corruptly so called for *Prussian* leather.) *Cuir de Prusse.*
SPRUCE, *f. Espece de sapin.*
SPRUCEBEER, *subst. Bierre faite avec une sorte de térébenthine.*
To SPRUCE, *v. neut. Se parer, s'orner, se mettre fort proprement.*
SPRUCELY, *adverb.* (neatly.) *Proprement.*
SPRUCENESS, *f.* (neatness.) *Propreté.*
SPRUNG, c'est un prétérit & participe du verbe to Spring. V. to Spring.
SPRUNT, *adject.* (very active.) *D'une activité extraordinaire.*
† SPUD (a kind of short knife.) *Une espece de petit couteau.*
A spud, (or little fellow.) *Un petit homme,* † *un bout-d'homme.*
SPUME, *f.* (or seum) of gold or silver. *Ecume d'or ou d'argent.*
SPUMOUS,
SPUMY, } *adj.* (foamy or frothy.) *Ecumeux, plein d'écume.*
SPUN, *prétérit & participe du verbe to* spin. *V.* to Spin.
Homespun. V. Home.
Homespun-yarn or rope-yarn. *Fil de carret, en termes de mer.*

Spun-yarn, *subst. comp. Bitord.*
SPUNGE, or rather SPONGE, *f.* (a sort of moss that sticks on sea-rocks.) *Éponge.*
Spunge, (of a cannon.) *Ecouvillon.*
To SPUNGE, *v. act. Ex.* To spunge a thing over, (to wash or rub it over with a spunge.) *Laver ou nettoyer quelque chose avec une éponge.*
To spunge upon one, (to eat and drink at his cost.) *Ecornifler quelqu'un, faire le métier d'écornifleur ou de parasite.*
Spunged over, *adj. Lavé, nettoyé avec une éponge.*
Spunged upon, *Ecornifle.*
SPUNGER, or rather SPONGER, *f. Un écornifleur ou une écornifleuse,* † *un chercheur de franches lipées, un parasite.*
SPUNGINESS, *f. Qualité spongieuse.*
SPUNGING, *f.* (from to spunge.) *L'action d'écornifler, écornifleria.*
A spunging-house. *Une maison de sergent.*
SPUNGIOUS,
SPUNGY, } *adj.* (of the nature of a spunge.) *Spongieux, qui tient de l'éponge.*
SPUNK, *f.* (half-rotten wood.) *Bois à demi-pourri.*
Spunk, (an excrescence on the sides of trees.) *Sorte d'excroissance qui vient à côté des arbres.*
Spunk, (or match.) *Meche.*
SPUR, *subst.* (a prick for a horse.) *Un éperon.*
Spur, (or enticement.) *Éperon, aiguillon.*
A cock's spurs. *Les éperons ou les ergots d'un coq.*
To be upon the spur, (or in great haste.) *Etre fort pressé.*
To come upon the spur. *Venir en diligence.*
Spur-leather. *Monture d'éperon.*
Spurs of the beams, *sub. plur.* or Crow-feet of the beams, (a ship-building term.) *Pieces de construction qui tiennent lieu de nos demi-baux à l'endroit des écoutilles, dans la construction Angloise.*
Spurs of the bits. *Courbes des bittes.*
To SPUR, *v. act. Donner de l'éperon, piquer, pousser.*
To spur one ON, (to put or egg him on or forward.) *Pousser quelqu'un, le presser, l'exciter, l'animer, l'encourager, lui servir d'aiguillon, l'aiguillonner.*
† To spur one a question, (to start him a question in haste.) *Faire une question, ou demander une chose avec empressement.*
To SPUR-GALL, *verb. act.* (a horse.) *Blesser un cheval avec les éperons.*
SPURGE, *f.* (a sort of herb.) *Espurge, sorte d'herbe.*
Spurge-olive. *Thymelée.*
Spurge-laurel. *Lauréole.*
SPURIOUS, *adj.* (bastard or counterfeit) *Bâtard, falsifié, faux, supposé, corrompu.*
SPURKETS,
SPIRKETS, } *f. plur.* V. Spirketing.
SPURLING, *subst. Petit poisson de mer.*
To SPURN, *verb. act. & neut.* (to kick and spurn.) *Ruer, détacher des ruades, regimber.*
He spurned him away. *Il le chassa à coups de pied.*
SPURRED, *adj.* (pricked with a spur.) *Piqué, poussé,* &c. *V.* to Spur.

Spurred, (having spurs on.) *Éperonné, qui a des éperons aux talons.*
A cock spurred. *Un coq éperonné ou ergoté.*
SPURRIER, *subst.* (a maker of spurs.) *Eperonnier.*
SPURRING, *f. L'action de piquer,* &c. *V.* to Spur.
SPURRY, *subst.* (a sort of herb.) *Sorte d'hépatique.*
SPURT, *subst. Boutade, saillie, caprice, fantaisie.*
To be all for a spurt or upon a spurt. *Faire tout par boutades, être fait à boutades ou à fantaisies.*
A spurt (or gust) of wind. *Un coup, un souffle de vent.*
To SPURT, *v. neut.* (or to spurt up.) *Jaillir, rejaillir.*
Spurted up, *adj. Rejailli.*
SPURTING up, *subst. Rejaillissement ou l'action de rejaillir.*
SPUTATION, *sub. Sputation, terme de médecine.*
SPUTTER, *f.* (noise or bustle.) *Bruit, vacarme, désordre, tintamarre.*
To SPUTTER, *v. neut.* (or spit fast in a hasty discourse.) *Ecarter la dragée, crachotter, cracher dru & menu, comme quand on parle vite.*
SPUTTERER, *f. Une personne qui écarte la dragée.* V. to Sputter.
SPUTTERING, *f. Action de crachotter.* V. to Sputter.
SPY, *f. Un espion.*
To SPY, *v. act.* (to observe, to watch.) *Veiller, épier, observer.*
To spy, (to see, to perceive.) *Voir, découvrir, appercevoir.*
To spy OUT a fault. *Trouver, découvrir une faute.*
Spyed, *adj. Veillé, épié, observé,* &c. *V.* to Spy.
SPYBOAT, *subst. Corvette.*
SQUAB, *adj.* (little and fat or thick and short.) *Dodu, potelé, gras, petit & gras.*
A squab child. *Un jeune enfant dodu, potelé, petit & gras.*
Squab, *f.* (a stuffed stool.) *Un tabouret garni ou rembourré.*
A squab, (or very soft cushion.) *Coussin fort mou.*
A squab, (or stuffed couch.) *Une forme ou un lit de repos rembourré.*
A squab, (a thick fat man.) *Un petit homme replet.*
A squab, (or little fat woman.) *Une* † *dondon.*
To SQUAB one, *v. act.* (to beat him, to mash.) *Applatir quelqu'un de coups,* † *lui mettre la tête ou le visage à la compote.*
To squab, *v. n. V.* to Squash.
Squabbed, *adj. Applati de coups.*
SQUABBIE, *sub.* (quarrel or dispute.) *Querelle, dispute,* † *bagarre.*
To SQUABBLE, *v. n.* (to quarrel.) *Se quereller, se picoter, disputer, contester, être en querelle ou en différent.*
Squabbled, *adject.* (among Printers.) *Ex.* A form squabbled, (some lines whereof happen to be out of their due order.) *Une forme dont les lignes sont dérangées.*
SQUABBLER, *f. Querelleur.*
SQUABBLING, *sub. Querelle, picoterie, dispute, l'action de se quereller,* &c. *V.* to Squabble.
SQUADRON, *f.* (a certain number of horse.) *Un escadron de cavalerie.*

SQU

A squadron of men of war. *Une escadre de vaisseaux de guerre.*
SQUADRONED, *adject.* Rangé en escadron.
To SQUALL, *verb. neut.* (to cry out.) *Crier, pousser des cris quand on sent quelque douleur, &c.*
She is in labour, I heard her squall. *Elle est en travail, j'ai entendu ses cris.*
The least thing that ails him makes him squall. *Le moindre mal qu'il a le fait crier miséricorde.*
SQUALL, *subst.* (a sea-term.) *Risée, rafale ou grain de vent.*
SQUALLER, *s.* Celui ou celle qui crie, *crieur, crieuse.*
SQUALLING, *subst.* Crierie, cris, bruit, *l'action de crier, &c.* V. to Squall.
SQUALLID, *adject.* (or nasty.) *Sale, crasseux, mal-propre.*
SQUALLS, *subst. plur.* (a sea-term.) *Rafales, bouffées de vent qui soufflent entre les montagnes.*
SQUALLY, *adject.* Ex. A squally road, *Rade sujette aux rafales.*
Squally weather. *Temps orageux, ou temps accompagné de grains.*
SQUAMOUS. V. Scaly.
To SQUANDER away, *v. act.* (to spend or waste.) *Dissiper, consumer, prodiguer, manger, dépenser follement.*
Squandered away, *adject.* Dissipé, consumé, prodigué, &c. V. to Squander away.
SQUANDERER, *subst.* Dissipateur, prodigue.
SQUANDERING away, *s.* L'action de dissiper, de consumer, &c. V. to Squander away.
SQUARE, *adj.* (having four sides, and four right angles.) *Carré ou quarré.*
This beam is twenty inches square. *Cette poutre a vingt pouces en carré,* ou *vingt pouces d'équarrissage.*
A square battalion. *Un bataillon carré.*
A square number, (in arithmetick, a number multiplied by itself.) *Un nombre carré.*
The square root. *La racine carrée.*
Square yards, *Vergues carrées.*
Square sails. *Voiles carrées.*
On appelle aussi *square sail*, la voile de fortune ou trésou d'un bâtiment latin ou à voiles auriques, comme sloop, goelette, tartane, &c.
Square rigged. *Mâté à carré*, ou *traitquarré* ; se dit aussi pour exprimer qu'un vaisseau a beaucoup d'envergure.
The yards are very square. *Les vergues ont beaucoup d'envergure.*
The sails are very square. *Les voiles ont beaucoup d'envergure.*
Square tuck. V. Tuck.
A square sterned ship. *Vaisseau à poupe carrée* ou *large*, comme celle des vaisseaux de guerre.
Square, (honest, just, fair.) *Honnête, juste, franc.*
Square dealings. *Un procédé* ou *une conduite honnête, d'un honnête homme, d'un homme d'honneur.*
SQUARE, *s.* (or square figure.) *Carré, figure carrée.*
A square, (or carpenter's, &c. rule.) *Equerre.*
To bring a thing into squares, to work it up square. *Equarrir une chose, la faire carrée.*
It is or 'tis out of square, (or irregular.) *Il n'est pas égal ou régulier.*

A square, (or plinth at the bottom of a pillar.) *Plinthe.*
A square, (the abacus or plinth at the top of a pillar.) *Plinthe, abaque* ou *tailloir.*
A square, (a square open place in a town.) *Une place carrée, grande place publique dans une ville.*
St. James's square. *La place de St. Jacques.*
A square, (or pane) of glass. *Un carreau* ou *panneau de vitre.*
This moral does not lie so square, as to bear any great weight upon it. *La morale de cette fable ne porte pas si juste, qu'on puisse y appuyer beaucoup.*
Upon the square, (fairly, honestly, without deceit or dissimulation.) *Franchement, sincérement, honnêtement, de bonne foi, avec candeur, de bonne guerre.*
To play upon the square. *Jouer franc jeu, jouer beau jeu, ne pas tricher au jeu.*
Upon the square, (without odds.) *De pair, sens avantage, également.*
How go squares or matters ? *Comment vont les affaires ?*
I understood by him how squares went. *J'appris de lui l'état des affaires.*
That will break no squares, *Cela n'est pas une affaire, il n'en sera ni plus ni moins, nous n'en serons pas moins bons amis pour cela.*
Square built. *Bâti en carré.*
To SQUARE, *v. act.* (to make square.) *Equarrir, rendre carré.*
To square (to rule or frame) a thing by another. *Régler une chose sur une autre.*
To square the yards, (a sea-term.) *Brasser carré.*
To square, *verb. neut.* (to quadrate or agree.) *Quadrer, s'accorder, avoir de la convenance* ou *du rapport.*
Things squarred well (or went well) with him. *Tout alloit bien pour lui, tout lui réussissoit.*
Square, *adj. Equarri.*
The yards are squared by the lifts. *Les vergues sont bien balancées* ou *horizontales.*
The yards are squared by the braces, *Les vergues sont brassées carré.*
SQUARENESS, *subst.* Etat de ce qui est carré, quadrature.
SQUARING, *subst.* L'action d'équarrir, *quadrature.*
The squaring of the circle. *La quadrature du cercle.*
To SQUASH, *v. act.* (to mash or bruise flat.) *Ecacher, écraser, aplatir, rendre plat.*
Squashed, *adj. Ecaché, écrasé, aplati, plat.*
SQUASHING, *subst.* L'action d'écacher, *d'écraser, &c.* V. to Squash.
SQUAT, *adj.* (or squat upon the tail.) *Accroupi.*
To lie or sit squat, *S'accroupir, se tapir.*
A short squat fellow, (a short and thick fellow.) *Un petit homme trapu* ou *ramassé.*
A squat (snug or well compacted) house. *Une petite maison bien bâtie* ou *bien troussée.*
To SQUAT, *verb. neut.* (to lie or sit squat.) *S'accroupir, se reposer sur le derrière, se ramasser, se tapir.*
To squat down one's breech, *verb. act.* (before one's betters.) *S'asseoir lorsqu'on devroit se tenir debout par respect.*

SQU STA

SQUATTING, *subst.* L'action de se tapir, &c.
SQUEAK, *subst.* Cri que la frayeur fait pousser.
To give a squeak. *Pousser* ou *jeter un cri* ou *des cris.*
To SQUEAK, *v. neut.* (to cry out, as men in a surprize or as a hare, &c.) *Crier, s'écrier, pousser des cris.*
To squeak, (as bad musical instruments do.) *Jurer.*
To make one squeak, (to make him confess what he knows.) *Faire chanter quelqu'un.*
To squeak OUT a sermon, *v. act.* Prêcher en criant d'une terrible force.
SQUEAKING, *substant.* Cri ou cris de frayeur, l'action de s'écrier ou de pousser des cris.
To SQUEAL, *v. n.* (to cry as an infant.) *Crier comme un jeune enfant.* V. to Squall.
SQUEAMISH, *adj.* (nice.) *Délicat, dégoûté.*
A squeamish (or weak) stomach. *Un estomac délicat.*
SQUEAMISHNESS, *s. Délicatesse, dégoût.*
To SQUEEZE, *v. act.* (to press hard.) *Serrer, presser.*
To squeeze or to squeeze OUT, (in order to extract the juice.) *Exprimer, faire sortir, presser.*
Squeezed, *adject. Serré, &c.* Voy. to Squeeze.
SQUEEZING, *subst.* L'action de serrer, &c. V. to Squeeze.
SQUIB, *subst.* Fusée, sorte de feu d'artifice.
SQUILL, *subst.* (or sea-onion.) *Squille, oignon marin :* c'est aussi le nom d'un poisson.
SQUINANCY, *s. Esquinancie.*
SQUINT, *subst.* (a squint eye or one that is squint-eyed.) *Louche, qui a un œil un peu de travers.*
To SQUINT, *v. n.* (or look a-squint.) *Loucher, regarder un peu de travers.*
SQUINTING, *subst.* L'action de loucher.
SQUINTINGLY, *adv.* En louchant, en regardant de travers.
SQUIRE, *subst.* (or esquire.) *Ecuyer.* V. Esquire.
The squire of the parish. *Le Seigneur de la paroisse.*
† A trencher-squire, (or spunger.) *Un écornifleur, un parasite.*
SQUIRREL, *s.* (a small nimble animal that lives in woods.) *Un écureuil.*
SQUIRT, *s.* (or looseness.) *Foire, cours* ou *flux de ventre.*
Squirt, (or syringe.) *Une seringue.*
† To SQUIRT, TO SQUIRT IT or SQUIRT IT OUT, *v. n. & act. Foirer, jeter par le fondement des excremens fluides.*
† To squirt one's wits, (to be in great fear.) † *Chier de peur.*
To squirt (or syringe) water. *Seringuer de l'eau.*
SQUIRTER, *s. Qui seringue.*
SQUIRTING, *s.* L'action de foirer, &c. V. to Squirt.
A squirting (or pitiful) fellow. *Un pauvre homme, un petit génie.*
To SQUITTER. V. to Squirt.
STAB, *s.* Un coup de poignard.
Ex. To give one a stab. *Donner un coup de poignard à quelqu'un.*
To STAB, *verb. act.* (to kill with a dagger.) *Poignarder, tuer à coups de poignard.*

Stabbed,

STA

Stabbed, adj. Poignardé.
STABBER, f. Meurtrier.
STABBING, f. L'action de poignarder.
STABILITY, f. (or firmneſs.) Stabilité, état ferme.
STABLE, adj. (firm or conſtant.) Stable, ſolide, ferme, conſtant.
STABLE, f. Une étable.
A ſtable for ſwine, (a hog-ſty.) Etable à cochons.
A ſtable for ſheep. Une étable à moutons, une bergerie.
A ſtable, (for horſes.) Une écurie.
To STABLE, v. act (to houſe cattle in a ſtable.) Etabler.
Stabled, adj. Etablé.
STABLEBOY, } f. Valet d'écurie.
STABLEMAN, }
STABLENESS. V. Stability.
† To STABLISH, v. act. (for to eſtabliſh.) S'établir, ſe fixer.
STACCADO, f. (a pale or fence.) Une eſtocade.
To STACK, v. act. Mettre en meule, entaſſer.
STACK, f. A ſtack of wood, (in Eſſex is a pile of wood fourteen feet in length, and three in height and breadth.) Voie ou corde de bois, ayant 14 pieds en longueur & 3 en hauteur & en largeur.
A ſtack of chimneys. Un rang de cheminées.
Stack of ſtraw. V. Straw.
STACTE, ſubſt. (the gum of the myrrh-tree.) La partie la plus liquide de la myrrhe.
STAFF, f. (or ſtick.) Un bâton.
A quarter ſtaff. Bâton à deux bouts ou brin d'eſtoc.
Croſs-ſtaff or Jacob's ſtaff, (a mathematical inſtrument.) Arbaleſte ou bâton de Jacob, fleche ou rayon aſtronomique.
Staff, (a ſea-term.) Bâton ou mâtereau.
Jack ſtaff. Bâton de pavillon de beaupré.
Flag ſtaff. Bâton ou mât de pavillon ou bâton d'enſeigne.
Enſign ſtaff at the maſt heads. Bâton de commandement.
Bread is the ſtaff of life. Le pain eſt le ſoutien de la vie.
A hunting-ſtaff, (or bore-ſpear.) Un épieu de chaſſe.
The ſtaff of an halberd. La hampe d'une hallebarde.
The white ſtaff, (or rod, ſuch as is carried by ſome of the King's principal officers.) La baguette blanche.
A croſier ſtaff or Biſhop's ſtaff. Croſſe, une croſſe d'Evêque.
Staff, (or power.) Pouvoir, autorité, droit.
To let the ſtaff go out of one's hands. Céder ſon poſte ou ſon pouvoir.
A ſtaff (or ſtanza) of verſes. Un couplet, une ſtance de vers.
STAG, f. (a red male deer, the male of the hind.) Cerf à la troiſième tête ou de cinq ans.
The ſtag-beetle, (the great horn-beetle.) Cerf volant.
STAGE, f. (theatre.) Théâtre, ſcene.
To have a clear ſtage, (to meet with no oppoſition.) Avoir le champ libre, ne trouver aucun obſtacle ou aucune oppoſition.
Stage, (ſcene, ſeat or place where any thing happens.) Théâtre, ſcene, lieu ou quelque action ſe paſſe.

STA

To bring one upon the ſtage. Mettre une perſonne en jeu.
To go off the ſtage, (in a proper ſenſe.) Se retirer après qu'on a joué ſon perſonnage.
To go off the ſtage, (or to die.) Mourir, quitter ce monde, † plier bagage.
A ſtage-play. Piece de théâtre, comédie ou tragédie.
A ſtage-writer. Un auteur qui écrit pour le théâtre, un poëte dramatique.
A ſtage-player. Un comédien, une comédienne, un acteur, une actrice.
Stage, (of a journey.) Relais.
To come to the ſtage. Arriver au relais.
* A ſtage-horſe. Cheval de relais ou un relais.
A ſtage-coach. Carroſſe de voyage, un coche.
Stage, (a ſea term.) Echaffaud.
A floating ſtage. Bas de carene.
A hanging ſtage. Pont volant.
Cable ſtage. Plancher de la foſſe aux cables.
STAGER, ſubſt. Routier; comédien.
An old experienced ſtager. Un vieux routier, fin & madré.
STAGGARD, f. (the red male deer, four years old.) Jeune cerf à la ſeconde tête ou de quatre ans.
To STAGGER, verb. neut. (to reel.) Chanceler, n'être pas ferme ſur ſes pieds, ſaciller.
To ſtagger, (to waver or be in doubt.) Chanceler, vaciller, être incertain ou irréſolu, n'être pas ferme dans ce qu'on veut.
To ſtagger, verb. act. (to move or ſhake.) Ebranler, émouvoir, faire vaciller.
Nothing ought to ſtagger our faith. Rien ne doit être capable d'ébranler ou d'émouvoir notre foi.
STAGGERER, f. Celui ou celle qui chancelle, &c.
STAGGERING, ſubſt. L'action de chanceler, &c. V. to Stagger.
Staggering, adj. (in a proper and figurative ſenſe.) Chancelant, vacillant, au propre & au figuré.
STAGGERINGLY, adv. En chancelant, d'une maniere chancelante.
STAGGERS, f. pl. (a horſe's diſeaſe.) Vertigo de cheval.
STAGNANCY, f. (the being ſtagnant.) Etat croupiſſant, ſtagnation.
STAGNANT, adj. (motionleſs, ſpeaking of water or blood.) Croupiſſant, ſtagnant ou dormant, en parlant de l'eau ou du ſang.
To STAGNATE, verb. neut. (to lie ſtill, to have no courſe or ſtream.) Croupir, être ſans mouvement.
Ex. Blood that ſtagnates. Du ſang qui croupit, qui ne fait pas ſa circulation.
STAGNATION, f. Stagnation, état des eaux ſtagnantes.
STAID, adj. (ſober, grave.) Sérieux, grave.
Staid, prétérit du verbe to Stay. Voyez Stayed, &c.
STAIN, f. (or ſpot.) Tache, ſouillure.
To STAIN, v. act. (or ſpot.) Tacher.
To ſtain, (to blacken or blemiſh) one's reputation. Tacher, flétrir, ternir, noircir la réputation de quelqu'un.
Stained, adj. Taché, qui a des taches, &c. V. to Stain.
STAINER, f. Celui ou celle qui tache ou qui a taché.

STA

STAINING, ſub. L'action de tacher, &c. V. to Stain.
STAIR, f. (ſtep.) Un degré, une marche, une montée.
Stairs or ſtair-caſe. Degré ou degrés, eſcalier, montée.
A private and winding ſtair-caſe. Un eſcalier dérobé & à vis.
An ugly pair of ſtairs. Un vilain eſcalier, une vilaine montée.
One pair of ſtairs, (the firſt ſtory.) Premier étage.
Two pair of ſtairs. Le deuxieme étage.
A room up one pair or two pair of ſtairs. Une premiere ou ſeconde chambre, une chambre au premier ou ſecond étage.
STAKE, f. (or poſt.) Pieu ou poteau.
P. He goes to it like a bear to the ſtake. P. Il marche comme un homme qu'on mene pendre, il y va à contre-cœur.
Pointed ſtakes about the walls of a town. Fraiſes.
Stake, (what every one lays down at play.) Enjeu.
To ſweep ſtakes, (in a proper ſenſe.) Tirer l'enjeu.
To ſweep ſtakes, (to take all away.) Faire rafle ou rafler tout.
Our honour lies at ſtake, (or is concerned.) Il y va ou il s'agit de notre honneur, notre honneur en dépend ou y eſt intéreſſé; cela intéreſſe notre honneur.
As if the welfare of Great Britain were at ſtake, in every diſpute that happens in the Continent. Comme ſi le ſalut de la Grande-Bretagne étoit intéreſſé dans toutes les diſputes qui ſurviennent dans le Continent.
King Charles II ſhewed more care of his perſon, than became a Prince who had ſo much at ſtake. Le Roi Charles II ne paya pas aſſez bien de ſa perſonne, pour un Prince qui jouoit ſi gros jeu : ou bien, le Roi Charles II témoigna plus de ſoin de ſa perſonne, qu'il ne convenoit à un Prince qui jouoit ſi gros jeu.
To lay all at ſtake, (or to venture all.) Jouer de ſon reſte, haſarder le tout pour le tout.
All lies at ſtake. Il y va de notre reſte, nous courons riſque de tout perdre ou de tout gagner.
The intereſt of all Europe lies at ſtake. Il y va du tout pour toute l'Europe.
Beef-ſtake or beef-ſteak. Tranche de bœuf. V. Steaks.
To STAKE, v. act. (to lay down one's ſtake.) Mettre au jeu, mettre ſon enjeu.
To ſtake, (to hazard.) Haſarder.
To ſtake, (with poſts.) Garnir de pieux.
Staked, adj. Mis au jeu.
Staked, (full of wooden ſtakes.) Garni de pieux.
STALACTITES, f. Stalactite, ſorte de pierre.
STALE, adj. (or old.) Vieux, ſuranné.
Stale beer. De la biere vieille.
A ſtale (or old) maid. Une vieille fille, une fille ſurannée ou qui eſt juſte le retour.
Stale bread. Du pain raſſis, du pain dur.
To grow ſtale. Vieillir.
STALE, ſubſt. (piſs or urine.) Piſſat, urine.
A ſtale (or round) of a ladder. Un échelon.
To make one a ſtale (a property or ſtalking-horſe) to one's deſign. Se ſervir de quelqu'un adroitement pour accomplir ſes deſſeins.

To

4K 2

To STALE, verb. neut. (to piss, to make water.) *Pisser, uriner.*
STALENESS, *f. Vieilleffe*, &c. V. Stale.
STALK, *f.* (or ftem of a plant.) *Tige, côte.*
The ftalk of a flower. *La tige d'une fleur.*
The ftalks of purflain. *Les côtes du pourpier.*
The ftalk of corn or hemp. *Tuyau de blé ou de chanvre.*
Stalk, (proud ftep.) *Démarche fiere.*
Stalk, (of a leaf or any fruit.) *Queue de feuille ou de fruit.*
The ftalk of a bunch of grapes. *Rafle.*
To STALK, verb. neut. (to go or walk softly, as fowlers do.) *Aller tout doucement, comme font ceux qui chaffent aux oifeaux.*
To ftalk, (to walk with fuperb fteps.) *Marcher fiérement.*
STALKERS, *f.* (a kind of fifhing-nets.) *Sorte de filets à pêcher.*
STALKING, *adj.* Ex. A ftalking-horfe. *Cheval pour chaffer à la tonnelle.*
To make one a ftalking horfe, (a ftale or property.) *Se fervir de quelqu'un adroitement pour accomplir fes deffeins.*
STALKY, *adj.* (hard like a ftalk.) *Boifeux, coriace.*
STALL, *f.* (or ftable.) *Une étable.*
Ex. An ox-ftall. *Une étable de boeufs.*
Stall, (or little fhop.) *Etau, échope.*
A butcher's ftall. *Etau de boucher.*
A cobler's ftall. *Echope ou étau de favetier.*
A ftall in a fair or market. *Etau ou boutique de foire ou de marché.*
Stall money or ftallage. *Etalage ou étabiage.*
The ftall of a fhop. *Le devant d'une boutique.*
A ftall in a quire. *Un fiege ou une place dans le choeur de l'Eglife.*
The head-ftall of a bridle. *Tétiere de bride.*
Stall-boat, (a kind of fifher's boat.) *Sorte de bateau de pêcheur.*
Stall-fed. *Nourri dans l'étable.*
A thumb-ftall or finger-ftall, (a rag, filk, &c. tied round a fore thumb or finger.) *Poupée.*
To STALL, *v. a.* (or to put in the ftable.) *Etabler, mettre dans l'étable.*
STALLAGE, *sub.* (the money paid for pitching ftalls in a fair or market.) *Etalage.*
Stallage, (or the right of ftallage.) *Droit de lever l'étalage.*
STALLED, *adj.* (from to ftall.) *Etablé, mis dans l'étable.*
Stalled with a thing, (weary of it.) *Las d'une chofe, qui en eft foûl ou raffafié.*
STALLFED, *adj.* V. fous Stall.
STALLING, *f.* l'action d'établer.
STALLION, *f.* (a ftone-horfe kept for covering mares,) *Un étalon.*
To turn a ftallion amongft mares. *Donner l'étalon aux cavales.*
STAMINA, *f.* (or thread) of life. *Le fil, la trame de la vie.*
Every man has a certain ftamina (date or term) of life allotted him by fate. *Le deftin file ou détermine la trame de la vie de tous les hommes.*
STAMINE, *fubft.* (a light fort of french ftuff.) *Etamine, étoffe légere.*
STAMINEOUS, *adj.* Ligamenteux, ligamenteufe.

To STAMMER, *v.* neut. (or to ftutter.) *Bégayer, brédouiller.*
To ftammer, (to faulter in one's fpeech.) *Héfiter, prononcer mal.*
He ftammers. *Il héfite, ou la langue lui vacille.*
STAMMERER, *f. Begue,* qui a un défaut de langue, un brédouilleur ou une brédouilleufe.
STAMMERING, *f. Bégayement,* l'action de bégayer, héfitation, l'action d'héfiter. V. to Stammer.
Stammering, *adj.* Qui héfite, qui bégaye, &c. V. to Stammer.
STAMMERINGLY, *adv.* En bégayant ou en héfitant. V. to Stammer.
STAMP, *f.* (cut or print.) *Une eftampe.*
Stamp, (print or mark.) *Empreinte, impreffion, marque.*
A ftamp, (to ftamp money.) *Un coin pour monnoyer la monnoie.*
Of the right ftamp. *Marqué au bon coin, vrai, véritable.*
With feveral other men of the fame ftamp. *Avec plufieurs autres perfonnes de la même trempe.*
That book is not of the right ftamp, ('tis a fpurious book.) *Ce livre eft contrefait ou falfifié.*
Stamp, (mark on paper or parchment, &c.) *Timbre.*
To STAMP, verb. act. (to print or mark.) *Empreindre, imprimer, marquer.*
To ftamp money. *Monnoyer la monnoie, lui donner l'empreinte.*
To ftamp a meafure with the publick mark. *Etalonner une mefure.*
To ftamp (to mark) paper or parchment. *Timbrer un papier ou du parchemin.*
To ftamp, (or pound.) *Piler, broyer.*
To ftamp under one's feet. *Fouler, ou fouler aux pieds.*
To ftamp, verb. neut. (to go heavily.) *Marcher pefamment.*
To ftamp with one's foot. *Frapper du pied ; trépigner.*
Stamped, *adject. Marqué,* &c. V. to Stamp.
STAMPER, *fubft.* A great ftamper, (one that walks very heavily, &c.) *Une perfonne qui marche pefamment ou qui fait beaucoup de bruit en marchant.*
Stamper. *Sorte d'inftrument pour piler.*
STAMPING, *f.* L'action d'imprindre, &c. V. to Stamp, verb. act. & neut.
Heavy ftamping. *Un terrible frappement de pied.*
STANCH, *adj.* (good or found.) *Bon, bien conditionné.*
A ftanch commodity. *Une bonne marchandife, une marchandife bien conditionnée.*
Stanch, (or downright.) *Franc, véritable, fieffé, parfait.*
A ftanch knave. *Un fripon fieffé.*
Stanch, (firm.) *Ferme, déterminé.*
A ftanch toper. *Un corps aviné, un biberon aviné.*
A ftanch hound. *Un chien affûré.*
To STANCH, verb. act. (or ftop.) *Etancher, arrêter l'écoulement d'une chofe liquide.*
To ftanch the blood. *Etancher, arrêter le fang.*
To ftanch, verb. neut. *S'étancher, s'arrêter.*
Stanched, *adj. Etanché, arrêté.*
STANCHING, *f. Etanchement,* l'action d'étancher ou d'arrêter.
STANCHION. V. Prop.

STANCHIONS, *fubft. plur.* (or pillars.) *Eponilles des entreponts.*
Stanchions of the awnings. *Montans des tentes.*
Stanchions of the netting. *Batayoles.*
Iron ftanchions. *Chandeliers de fer pour batayoles.*
STANCHNESS, *f. Sincérité, bonté.*
STAND, *f.* (paufe or ftay.) *Halte.*
To make a ftand. *Faire halte, s'arrêter.*
To make a ftand, (to ftand the fust brunt.) *Soutenir le premier choc.*
Stand, (poft or ftanding-place.) *Pofte.*
Stand, (fufpence, uncertainty, doubt, trouble.) *Peine ou embarras d'efprit, doute, incertitude, balance, fufpens.*
The glorious ftand lately made by the States of Sweden, deferves to be recorded to their eternal honour. *L'action de vigueur que les Etats de Suede viennent de faire, mérite d'être conférvée dans l'hiftoire à leur gloire éternelle.*
To put one to a ftand. *Mettre quelqu'un en peine, le jeter dans l'incertitude.*
To be at a ftand, (or unrefolved.) *Etre en fufpens, être irréfolu, ne favoir à quoi fe terminer, être en balance, vaciller, héfiter.*
To put to a ftand, (to puzzle.) *Embarraffer, jeter dans l'embarras ; † mettre à quia.*
To be at a ftand, (not to know what to fay.) *Héfiter, demeurer court, ne favoir que dire, † être à quia.*
Stand , (an utenfil to fet a candleftick on.) *Guéridon.*
Stand , (to fet veffels on in a cellar.) *Un chantier de cave.*
A ftand, (to fet a difh upon.) *Un porte-affiette.*
I am at a ftand, (or have no work to do.) *Je n'ai rien à faire.*
The law fuit is now at a ftand (it does not go forward.) *Le procès eft pendu au croc, on ne le pourfuit plus.*
To keep at a ftand, verb. n. ut. *Demeurer toujours dans le même état, n'avancer ni reculer.*
To STAND, verb. nent. (to ftop, not to go forward.) *S'arrêter, demeurer.*
Stand there. *Demeurez-là.*
Stand or you are a dead man. *Arrête ou je te tue.*
My watch ftands, (or does not go.) *Ma montre s'arrête.*
To ftand ftill, (as water.) *Dormir, croupir,* en parlant de l'eau.
Stand ftill, (do not ftir.) *Ne bougez pas, demeurez-là.*
To ftand (or to infift) upon a thing. *Infifter fur quelque chofe.*
To ftand, (to be, to keep, to perfift or continue.) *Demeurer, fe tenir, être, perfifter, continuer, s'arrêter, fe fixer, fe rapporter.*
To ftand neuter. *Etre, fe tenir ou demeurer neutre.*
To ftand ftill, (to do nothing.) *Demeurer fans rien faire, demeurer les bras croifés.*
Stand ftill , (be quiet.) *Demeurez ou tenez-vous en repos.*
To ftand upon one's guard. *Se tenir fur fes gardes.*
To ftand to one's refolution. *Perfifter dans la réfolution qu'on a prife, y demeurer ferme, n'en point démordre.*
To ftand to an opinion. *Continuer, perfifter dans une opinion, s'y tenir.*
To ftand to one's word or promife. *Se*

STA

tenir à ce qu'on a promis, tenir sa parole ou sa promesse.
I shall stand to whatsoever you shall think fit. Je m'en tiendrai ou je m'en rapporterai à tout ce que vous jugerez à propos.
As matters or affairs stood betwixt them. Dans les termes où ils en étoient.
To stand, (or subsist.) Subsister.
To stand for one, (to be of his side.) Tenir pour quelqu'un, être de son parti ou dans ses intérêts, être de son sentiment ou de son opinion.
To stand, (or be good, as a bargain.) Tenir, en parlant d'un marché.
To stand or stand UP, (the contrary of to sit.) Se tenir debout ou droit, être debout, n'être pas assis, se soutenir.
I am scarce able to stand. A peine puis-je me tenir debout ou me soutenir.
He stands and I sit. Il est debout & moi je suis assis.
To stand upon one's legs. Se tenir sur ses jambes.
To stand on tiptoe. Se tenir, s'élever sur le bout des pieds, se hausser.
To stand up, or stand up an end, (to bristle, as the hair.) Se dresser, se hérisser, en parlant des cheveux.
To stand sentry. Etre en sentinelle ou en faction.
To stand, or to stand trifling, (to loiter, to stay or tarry.) S'arrêter, demeurer, s'amuser, tarder.
Where did you stand all this while? Où vous êtes-vous arrêté? où avez-vous demeuré si long-temps?
To stand talking or prating. S'amuser à parler ou à caqueter.
To stand, (a sea-term.) Porter vers un objet, en parlant d'un vaisseau à la voile.
To stand off. Porter au large, ou avoir le cap au large.
The enemy stands in shore. L'ennemi a le cap sur la terre, ou porte la bordée à terre.
At day break we discovered three sails standing to the Northward. A la pointe du jour nous découvrimes trois voiles qui faisoient route au Nord?
How stands that ship? Quelle route fait ce vaisseau? ou comment porte ce vaisseau?
To stand AGAINST or BEFORE, to stand, verb. act. (to hold one, to resist.) Tenir à ou tenir contre, tenir ferme, tenir bon, résister, se défendre, soutenir.
To stand against or before an army. Tenir contre une armée, tenir bon, tenir ferme.
They stood it out to the third assault. Ils tinrent ferme jusqu'au troisième assaut.
To stand the shock. Soutenir le choc.
To stand a siege. Soutenir un siège.
If that scheme had succeeded, he was able to stand all demands. Si ce projet eût réussi, il étoit en état de faire face à tout.
To stand all hazards. Risquer ou hasarder le tout pour le tout, ou prendre le hasard sur soi.
To stand against (or oppose) one. S'opposer à quelqu'un.
To stand (or come) before one. Se présenter devant quelqu'un, paroître ou comparoître devant lui.
To stand (to defend or dispute) one's ground. Disputer le terrain, tenir bon, tenir ferme, tenir pied ferme.

STA

To stand to a thing or in a thing, (to maintain or affirm it.) Soutenir, assurer, maintenir, affirmer une chose ou qu'une chose est vraie.
To stand (or submit) to the Pope's authority. Se soumettre, se tenir ou se rapporter à l'autorité du Pape.
To stand upon (to dispute or disagree about) a trifle in a bargain. Se tenir à peu de chose ou à une vétille, dans un marché ; contester pour peu de chose, être en différent pour une chose de rien.
To stand fair, (playing at bowls.) Piéter, tenir pied à boule.
To stand ABOUT. Environner.
A great many people stood about him. Il étoit environné de plusieurs personnes.
To stand, (or be situated.) Etre situé.
Ex. This house stands very well. Cette maison est fort bien située.
To stand shill-I-shall-I, (or considering.) Marchander, balancer.
The case stands thus. Voici l'état de la chose.
As the case stands. Dans l'état ou dans la situation où sont les affaires.
How the matter stands. En quelque état que l'affaire soit.
The fact stood thus. La chose se passa de la sorte.
Since the world stood. Depuis que le monde est monde, depuis la création du monde.
To stand good in Law. Etre valable ou valide.
That does not stand good in Law. Cela n'est pas valide ou valable, cela est invalide ou nul.
It will or 'twill never stand the touch. Cela n'est point à l'épreuve.
He stands betwixt him and the Crown. Il lui est un obstacle pour parvenir à la Couronne.
Do not stand arguing the case with me. Ne faites point ici le raisonneur, ou ne raisonnez pas tant.
To stand on thorns. Marcher sur des épines.
I must know first how he stands affected, (I must first feel his pulse.) Il faut premièrement que je sache sa disposition ou que je lui tâte le pouls.
As every one stands affected, (or pleases.) Chacun suivant ses inclinations, chacun à sa fantaisie.
To stand God-father or God-mother to a child. Tenir un enfant sur les Fonts, en être Parain ou Maraine.
To stand BY one, (or to bear him up.) Soutenir quelqu'un, l'appuyer.
To stand FOR an office or to stand UP for it, (to put in for it.) Briguer une charge, la poursuivre, la demander, la postuler, la rechercher.
To stand FOR, (or signify.) Signifier.
Ex. A. stands for Anthony. A. signifie Antoine.
This mark stands for (or is instead of) his name. Cette marque est au lieu de son nom.
To stand FORTH. S'avancer, se présenter.
To stand OFF, (to go back.) Reculer, se ranger à quartier.
To stand off for advantage. Reculer pour mieux sauter.
He stands off, (or he hangs an arse.) Il recule, il n'y est pas porté, il n'y a pas de penchant ou d'inclination, † il tire le cul en arrière.

STA

Stand off, (do not come near.) N'approchez pas.
He stood off the cape of good hope. Il étoit à la hauteur du cap de Bonne-Espérance.
We stood three leagues off from that port. Nous étions à trois lieues par le travers ou au large de ce port.
To stand IN, (to cost.) Coûter, revenir.
Ex. That stands me in twenty pounds. Cela me coûte vingt livres sterling ou me revient à vingt livres sterling.
To stand in the way. Empêcher, être un obstacle.
To stand in need of a thing. Avoir besoin d'une chose.
To stand in stead. Servir, rendre service, être utile.
The tears stand in his eyes. Il a la larme à l'œil.
To stand in one's light. Oter le jour ou faire ombre à quelqu'un, dans le propre ; lui faire tort, lui causer du dommage, dans le figuré.
You stand in your own light. Vous vous faites tort.
To stand in defence of a thing. Défendre une chose, en entreprendre la défense, la soutenir, la maintenir.
To stand in one's own defence. Se défendre, défendre sa cause ou ses intérêts.
To stand in competition with one. Etre le compétiteur de quelqu'un, poursuivre la même chose avec lui.
To stand in fear of one. Craindre ou appréhender quelqu'un.
To stand in for an harbour. Relâcher, en termes de mer.
We stood in for that island. Nous relâchâmes dans cette île.
To stand to the North, (to sail towards it.) Faire le Nord, naviguer vers le Nord.
To stand OUT, (or stick out.) Avancer.
To stand out, (to maintain or affirm.) Soutenir ou maintenir avec opiniâtreté, s'obstiner.
He stands out, (he will not meddle.) Il s'est retiré, il n'est pas du nombre.
Stand out of the way, stand clear, (make room. Faites place, reculez-vous, ôtez-vous du chien in, mettez-vous à l'écart, rangez-vous à quartier.
Stand out of my sight. Otez-vous de devant moi.
To stand, (or hold it out.) Résister, défendre, tenir ferme, tenir bon, soutenir.
To stand out against one. Faire tête à quelqu'un, lui résister, se cabrer.
He stood it out (he faced it out) for two hours. Il fit personnage, il tint bon pendant deux heures.
† To stand to one's trickling or to one's pan-pudding, (to stand it out.) Tenir bon, tenir ferme, ou tenir pied ferme.
I will stand to the loss, (or I'll bear the loss.) J'en porterai la perte, ce sera sur mon compte.
To stand UP, (to rise.) Se lever ou se tenir debout.
To stand up an end. Se dresser, se hérisser.
His hair stands up an end, Ses cheveux sont tout hérissés, ou lui dressent à la tête.
To stand up for the protestant Religion, (to be a protector of it.) Défendre, maintenir la religion protestante.

To

STA

To stand UPON one leg. *Faire le pied de grue, se tenir sur un pied.*
To stand upon one's legs or own bottom, (to maintain one's self.) *Se soutenir, avoir de quoi subsister, être en état de vivre sans le secours d'autrui, ou de se passer des autres.*
To stand upon one's reputation. *Soutenir son crédit ou sa réputation.*
To stand (or insist) upon one's privilege. *Insister sur son privilege.*
Instead of confessing their sins, they stand upon their own justification. *Au lieu de confesser leurs péchés, ils prétendent ou ils veulent se justifier.*
To stand upon the point of honour. *Se piquer d'honneur.*
To stand upon punctilios. *S'amuser à des vétilles.*
To stand WITH, (to be consistent or agree with.) *S'accorder, compatir, convenir.*
That cannot stand (or coincide) with your generosity. *Cela ne peut compatir avec votre générosité.*
Not to stand with. *Ne pas s'accorder, être contraire ou croisé.*
It does not stand with reason. *Il n'y a pas en cela de raison, cela est contraire à la raison.*
When it shall stand with (or suit) your own conveniency. *A votre commodité.*
If it might stand with your conveniency. *Si cela se pouvoit faire sans vous incommoder.*
As far as it may stand (or agree) with your health. *Tant que cela ne fera point de tort à votre santé.*
I will not stand (or dispute) with you for so small a matter. *Je ne veux pas contester avec vous pour si peu de chose.*
STANDARD, *subst.* (or ensign.) *Etendard, sorte d'enseigne ou de drapeau.*
The standard bearer. *Porte-étendard.*
Royal standard. *Etendard royal qui se place au grand mât, lorsque le Roi ou la Reine d'Angleterre sont à bord.*
Standard of a coach. *Mouton d'un carrosse.*
Standard, (a tree in the open air.) *Arbre en plein vent.*
Standard, (the standing measure, to the scantling whereof all the measures of the land ought to be framed,) *Etalon, mesure sur laquelle on regle toutes les autres.*
To frame the measures according to the standard. *Régler les mesures sur l'étalon, étalonner les mesures.*
The standard of the coin. *Le titre de la monnoie.*
Standard, (model or rule.) *Modele, regle.*
The French have brought their prose and poetry to a standard. *Les François ont établi des regles certaines pour leur prose & pour leurs vers.*
His regulations were the standard of those lately made at Utrecht, would to God, his politicks had been so too! *Ses réglements furent le modele de ceux qu'on fit dernièrement à Utrecht, & plût à Dieu qu'il en eût été de même de sa politique!*
Standard, (a tree left for growth,) *Baliveau.*
An old standard, (one that has lived long in a place, or has been a long time of a society.) *Un vieux pilier, un homme qui a demeuré long-temps dans un endroit ou qui a été long-temps d'une société.*
Standards, (a ship-building term.) *Courbes verticales des ponts, dont une branche se cheville sur le pont, & l'autre sur le côté du vaisseau entre les sabords.*
Standard knees. *Des courbes verticales, employées le plus souvent aux baux du faux-pont; elles se chevillent d'un côté contre la face verticale du bau, & de l'autre contre le bord du vaisseau, différentes de celles qu'on nomment simplement standards.*
Standars of the bits. *Courbes des bittes.*
STANDER-BY, *s.* *Un spectateur, un regardant.*
STANDER-GRASS, *sub.* *Satyrion, sorte d'herbe.*
STANDING, *subst.* *L'action de s'arrêter,* &c. *V.* to Stand.
Standing or standing-place. *Poste, place, lieu où l'on se tient, lieu où l'on est.*
To be of an old standing, (to have been long settled in a place.) *Etre depuis long-temps établi en quelque lieu.*
We are friends of an old standing. *Nous sommes amis de longue main ou de vieille date.*
We are of the same standing. *Nous sommes contemporains.*
A thing of three years standing. *Une chose qui a duré ou continué trois ans, qui est faite depuis trois ans.*
STANDING, *adj.* Ex. Standing water. *Des eaux dormantes ou croupissantes.*
Standing corn. *Du blé en herbe, blé qui n'est pas coupé.*
A standing crust. *Croûte ferme d'un pâté.*
The standing part of a rope or tackle. *Dormant d'un cordage ou d'un garant de palan.*
Standing rigging. *V.* Rigging.
Standing masts. *V.* Masts.
A standing (or constant) dish. *Plat ordinaire,* † *pain quotidien.*
To take a standing measure of (or to state) the controversy. *Etablir l'état de la dispute ou de la question.*
A standing regiment. *Régiment en pied, régiment conservé sur pied.*
To keep a standing army. *Entretenir une armée sur pied.*
Standing forces. *Troupes qui sont sur pied, troupes réglées.*
To do a thing standing. *Faire quelque chose debout.*
STANDISH, *subst.* *Ecritoire de table.*
STANG. *V.* Perch.
STANK, *pret. of* to Stink.
STANNARY, *subst.* (or tin-mine.) *Mine d'étain.*
Stannary-men. *Mineurs, ceux qui travaillent aux mines d'étain.*
STANZA, *subst.* (a certain number of verses.) *Stance, certain nombre de vers.*
A stanza of four verses. *Stance de quatre vers, un quatrain.*
STAPLE, *subst.* (a publick magazine, mart or city, whither the English merchants were, by act of Parliament, to carry their commodities for wholesale.) *Etape, entrepôt, magasin ou marché public.*
Statute-staple. *V.* Statute.
The staple of a lock. *La gâche d'une serrure.*
Staples, *s. pl.* *Crampes de fer.*
Staple, *adj.* *D'étape ou conforme aux lois du commerce.*
A staple commodity. *Marchandise d'étape.*
STAR, *subst.* *Astre, étoile.*
The motion of the stars. *Le mouvement des astres.*
The fixed stars. *Les étoiles fixes.*
The North-star. *L'étoile du Nord.*
The Dog-star. *La canicule.*
The sea-star, (an insect.) *Etoile de mer, insecte.*
A flying or shooting star, (a meteor.) *Etoile, ou étoile volante, météore.*
The star-flower, the star of Bethlehem or Jerusalem, (a little white flower.) *Etoile ou ornithogale, petite fleur blanche.*
The star (or white spot) in a horse's forehead. *L'étoile ou la pelote, au front d'un cheval.*
A star, (a thing made or cut in the figure of a star.) *Etoile, ce qui est fait ou coupé comme une étoile.*
A star, (in printing.) *Un astérisque.*
Star, (that which is supposed to influence on men's fortunes or actions.) *Astre, étoile, destinées.*
To be born under an unlucky star. *Etre né sous un astre malheureux ou sous une étoile maligne.*
The seven stars, (the pleiades.) *Les Pléades.*
A blazing star. *Une comete.*
A Star-gazer. *Un Astronome.*
Star-hawk. *Lanier, oiseau de chasse.*
Star-light, *adj.* *Etoilé.*
Ex. A star-light night. *Une nuit où les étoiles brillent, une nuit étoilée.*
Star-Chamber, (a Court at Westminster put down by 17 Car. I.) *La Chambre étoilée, Cour de Justice extraordinaire abolie l'an 1641, sous le regne de Charles I.*
STARBOARD, *subst.* (the right side of a ship.) *Tribord, côté droit du vaisseau.*
Starboard the helm! or helm a-starboard! *Tribord la barre!*
STARCH, *subst.* *Empois, amidon.*
To STARCH. *verb. act.* (to stiffen with starch.) *Empeser.*
To starch, (to do a thing with affectation.) *Empeser, faire avec affectation.*
Starched, *adject.* *Empesé.* *Voyez* to Starch.
A starched discourse. *Un discours empesé, un discours affecté ou plein d'affectation.*
A starched (or a formal) man. *Un homme plein d'affectation.*
STARCHER, *subst.* (a woman that starches.) *Empeseuse.*
STARCHING, *subst.* *Empesage, l'action d'empeser,* &c. *V.* to Starch.
STARCHNESS, *s.* *Manieres affectées.*
STARE, *sub.* (a starling, a sort of bird.) *Un étourneau, sorte d'oiseau.*
STARE, *subst.* (surprize.) *Surprise, étonnement qui fait qu'on ouvre de grands yeux.*
To put one upon the stare. *Faire ouvrir de grands yeux à quelqu'un.*
To STARE, *verb. act.*
To STARE AT or UPON, *v. n.* } (to look stedfastly.) *Regarder avec attention, regarder fixement ou entre deux yeux, envisager.*

To

STA

To stare one in the face, *or* to stare upon one. *Regarder quelqu'un entre deux yeux, l'envisager fixement & avec quelque sorte d'effronterie.*
To stare, (to have a wild look.) *Avoir les yeux égarés, hagards ou effarés ; regarder avec surprise & avec étonnement.*
Some sins do stare a man's conscience in the face. *Certains péchés causent de grands remords.*
His hair stares up, (or stands up an end.) *Ses cheveux se dressent ou se hérissent.*
STARING, *subst.* L'action de regarder avec attention. *V.* to stare.
P. There is a difference between staring and stark mad. P. *Il y a de la différence entre un borgne & un aveugle.*
Staring, *adj. Ex.* A staring look. *Des yeux égarés, hagards ou effarés.*
He stood staring and gaping as they were telling him those extravagancies. *Il ouvroit de grands yeux, à mesure qu'on lui contoit ces extravagances.*
A staring cravat. *Une cravate qui bouffe trop.*
STARINGLY, *adverb. Ex.* To look staringly. *Regarder fixement ou entre deux yeux.*
STARK, *adj. Ex.* A stark sycophant. *Un vrai calomniateur.*
Stark, *adv.* (or quite.) *Tout, tout-à-fait.*
Stark naked. *Tout nu.*
He is stark mad. *Il est tout-à-fait fou, il a perdu le sens.*
Stark naught. *Qui ne vaut rien du tout.*
STARLESS, *adj. Sans étoiles.*
STARLIGHT. *V.* Star.
STARLING, *s.* (or stare, a bird.) *Etourneau,* forte d'oiseau.
A starling of a stone bridge. *Avant-bec d'un pont de pierre.*
STARRED, *adject.* (seeded with stars.) *Etoilé, semé d'étoiles.*
STARRY, *adj.* (or full of stars.) *Etoilé, plein d'étoiles.*
Ex. The starry sky. *Le ciel étoilé, la voûte étoilée, le firmament.*
START, *subst. Ecart, saut causé par la peur, tressaillement.*
To give a start. *Faire un écart, sauter de peur, tressaillir.*
To get the start of one, (to be beforehand with him.) *Devancer ou prévenir quelqu'un, gagner ou prendre les devants, le gagner de la main.*
I have the start of him. *J'ai l'avantage sur lui.*
A start (or spurt) of fancy. *Boutade, saillie, caprice.*
By starts. *Par boutades.*
A start-up. *V.* Upstart.
To START, *verb. neut.* (to give a start or sudden leap, &c.) *Tressaillir, sauter de peur, faire un écart, faire des écarts, se jeter brusquement à côté.*
To start back. *Sauter en arrière.*
A horse that starts aside. *Un cheval qui fait un écart ou qui se jette brusquement à côté.*
To start (or go) from one's subject. *S'écarter, s'éloigner de son sujet.*
To start into religious thoughts. *Avoir tout à coup des pensées pieuses.*
To start, (or begin to run.) *Partir, commencer à courir.*
To start UP, (to arise, to begin to appear.) *S'élever, commencer à paroître.*

He starts up a Gentleman. *Il commence à faire le G.ntilhomme.*
To start, *verb. act.* (to put up) a hare. *Lancer un lievre, le faire partir, le faire lever.*
To start (or move) a new question. *Lever le lievre, faire proposer une nouvelle question.*
To start a truth. *Découvrir une vérité.*
To start an opportunity. *Faire naître une occasion.*
† To start out a discourse. *Commencer ou entamer un discours.*
Started, *adj. Lancé, &c. V.* to Start, *verb. act.*
STARTER, *subst. Ex.* He was no starter, (he sat close to it.) *Il tint bon, il ne quitta point.*
A starter, (or young coney.) *Un lapereau.*
STARTING, *subst.* L'action de tressaillir, &c. *V.* to Start, *verb. act. & neut.*
Starting, *adj. Ex.* A starting horse. *Un cheval ombrageux ou peureux.*
Starting-place, (at horse-races.) *La barriere, l'endroit d'où l'on commence la course.*
A starting-hole, (a come-off or subterfuge.) *Une défaite, un subterfuge, une échappatoire.*
A starting dinner, (a snatch and away.) *Un dîné de voyageur.*
STARTISH, *adj.* (speaking of a horse.) *Un peu ombrageux.*
To STARTLE, *verb. act.* (to cause one to start by a sudden fright.) *Surprendre, étonner, jeter dans l'étonnement, faire peur, faire tressaillir ou trembler de peur.*
You startled me. *Vous m'avez fait peur.*
To startle, *verb. neut.* (to start or tremble for fear.) *Tressaillir ou trembler de peur.*
Startled, *adject. Surpris, étonné, &c. V.* to Startle.
STARTLING, *s.* L'action de surprendre, &c. *V.* to Startle.
To STARVE, *v. a.* (or famish.) *Affamer, faire jouffrir la faim, faire mourir de faim.*
To Starve, *verb. neut.* (to be famished.) *Etre affamé, mourir de faim.*
He is ready to starve for hunger. *Il meurt de faim, il est affamé.*
To starve with cold, (to freeze almost to death.) *Mourir ou geler de froid.*
Starved, *adject.* (or famished.) *Affamé, qui a grande faim, qui meurt de faim, famélique.*
Starved with cold. *Qui meurt ou qui gele de froid, qui a grand froid.*
Starved to death with hunger or cold. *Mort de faim ou de froid.*
STARVING, *s.* L'action d'affamer, &c. *V.* to Starve.
STARVFLING, *adject.* (almost starved.) *Affamé.*
STATARY, *adject. Fixé, déterminé.*
STATE, *subst.* (condition, disposition.) *Etat, condition, disposition.*
The present state of Europe. *L'état présent de l'Europe.*
State, (a country living under the same government.) *Etat,* pays qui est sous une même domination.
The states of Christendom. *Les états de la Chrétienté.*
State, (the Government of a Prince, or in a commonwealth.) *Etat, Empire, Royaume, Souveraineté ou République.*

A council of State. *Un conseil d'Etat.*
State-affairs. *Affaires d'Etat.*
State, (or canopy for Princes to sit under.) *Dais,* meuble de parade chez les Princes.
The state-room. *La chambre de parade.*
State, (pomp, great show, magnificence.) *Eclat, pompe, grandeur, splendeur, magnificence, parade.*
In great state. *Avec beaucoup d'éclat, de splendeur, de pompe ou de magnificence.*
A bed of state. *Un lit de parade.*
To lie in state, (as a dead body.) *Être exposé sur un lit de parade, parlant d'une personne morte.*
To live in great state. *Vivre splendidement.*
State, (or pride.) *Fierté.*
To take state upon one, (to carry it high.) *Le porter haut, trancher du grand, faire le fier, prendre de grands airs, se donner de grands airs.*
State, (rank or degree.) *Etat, rang, qualité.*
The three States of the Kingdom. *Les trois Etats du Royaume.*
The States General or the States of Holland, or the States of the united Provinces, (the Republick of Holland and the other Dutch Provinces.) *Les Etats ou les Etats confédérés, ou les Etats des Provinces-Unies ; la Hollande & autres Provinces de la Belgique.*
The United states of America. *Les Etats-Unis d'Amérique.*
State craft, (politicks.) *La politique, l'art de gouverner un Etat.*
† A State-tinker. *V.* Tinker.
To STATE, *verb. act.* (to regulate or determine.) *Régler, arrêter, établir, déterminer.*
To state an account. *Régler ou arrêter un compte.*
To state the question. *Etablir la question.*
Stated, *adj. Réglé, arrêté, établi, déterminé.*
STATELINESS, *subst.* (grandeur, magnificence.) *Grandeur, magnificence, somptuosité, splendeur.*
Stateliness, (stately look, Majesty.) *Majesté,* air grand & noble.
Stateliness, (or pride.) *Orgueil, fierté, présomption.*
STATELY, *adj.* (magnificent.) *Superbe, magnifique, somptueux, splendide.*
To be in a stately garb. *Porter ou avoir un habit magnifique, être magnifiquement habillé.*
Stately, (or majestick.) *Majestueux, grand, noble.*
Stately, (or proud.) *Fier, superbe, orgueilleux, présomptueux, altier, qui le porte haut.*
A stately courser. *Un cheval fier.*
A stately Palace. *Un superbe Palais.*
Stately, *adv.* (or magnificently.) *Superbement, magnifiquement, somptueusement, splendidement.*
Stately, (with majesty.) *Majestueusement, avec majesté, d'une manière noble.*
STATER, *subst.* (an ancient Greek coin of several sorts.) *Un statere,* monnoie grecque.
STATESMAN, *subst.* (or politician.) *Un politique.*
A Prince's Statesman or Minister of State. *Un Ministre d'Etat.*
STATESWOMAN, *s. Une politique.*
STATICAL,

STATICAL, } adj. *De statique.*
STATICK,
STATICKS, *s.* (the science of weights and measures.) *La Statique.*
STATING, *s.* (from to state.) *L'action de régler*, &c. *V.* to State.
STATION, *s.* (a standing in a place.) *Station, demeure de peu de durée en un lieu.*
A planetary station. *Station de planetes.*
Station, (a Church or chapel among the catholicks appointed to pray and gain Indulgences.) *Station.*
To visit the stations to gain indulgences. *Faire ses stations pour gagner les indulgences.*
Station, (post or rank.) *Poste, place, rang, condition, emploi.*
To know the station of the wind. *Savoir où est le vent.*
Station-staff, (a surveying pole.) *Perche d'arpenteur.*
STATION, *sub.* (post of a ship at sea.) *Poste, parage.*
To STATION, *v. act.* (to post.) *Poster.*
Stationed, *adj. Posté.*
STATIONING, *s. Action de poster.*
STATIONARY, *adj.* (settled in a place.) *Stationnaire, qui semble n'avancer ni reculer.*
Stationary planets. *Planetes stationaires.*
STATIONER, *s.* (one that sells paper, ink, wax, &c.) *Papetier, marchand de papier, d'encre, de plumes, de cire & de livres de papier en blanc.*
A Stationer, (or Bookseller.) *Libraire, marchand Libraire.*
The company of Stationers, (which includes printers, booksellers, bookbinders, and stationers properly so called.) *La communauté ou le corps des Libraires qui comprend en Angleterre les Imprimeurs, les Papetiers, les Libraires, & les Relieurs de livres.*
STATIST. *V.* Statesman.
STATUARY, *sub.* (a carver of statues.) *Un statuaire.*
Statuary, (or sculpture.) *Sculpture.*
STATUE, *s.* (a standing image of wood, stone, &c.) *Une statue, figure humaine de plein relief.*
STATURE, *s.* (size or pitch.) *Stature, taille.*
STATUTABLE, *adj.* (agreeable to the statutes in an university.) *Conforme aux statuts, régulier.*
STATUTABLY, *adj. Conformément aux statuts, régulièrement.*
STATUTE, *s.* (law or regulation.) *Statut, loi, ordonnance, réglement.*
The statute laws or the statutes of England, (the acts of Parliament.) *Les statuts d'Angleterre, les lois parlementaires.*
Statute-merchant or statute-staple, (a bond made and acknowledged in form directed by the statutes.) *Sorte d'obligation faite dans les formes prescrites par acte du Parlement.*
To STAVE, *verb. act.* (from staff.) *Défoncer, enfoncer.*
Ex. To stave a wine-vessel. *Défoncer un tonneau de vin.*
To stave (or keep) OFF. *Empêcher de nuire, écarter, détourner.*
To stave off two fighting dogs. *Séparer deux chiens qui se battent ou qui sont aux prises, en leur mettant de gros bâtons dans la gueule.*
Staved, *adj. Défoncé*, &c. *V.* to Stave.

STAVES, c'est le pluriel de Staff.
STAVESACRE, *s.* (a medicinal herb.) *Staphisaigre ou herbe aux poux.*
STAY, *s.* (or stop.) *Retardement, délai.*
Stay, (a sojourning or staying in a place.) *Séjour, demeure.*
There I shall make some stay. *J'y ferai quelque séjour.*
Make no stay, (do not tarry.) *Ne tardez point, ne vous amusez ou ne vous arrêtez point.*
The business was at a stay, (or did not go forward.) *L'affaire demeura en suspens, imparfaite ou surseise.*
I was at a stay, (I was irresolute.) *Je demeurai en suspens ou irrésolu.*
To keep at a stay. *Tenir en bride.*
A stay, (for a child's cap.) *Bride de beguin d'enfant.*
A stay-band, (for a new-born child.) *Têtiere d'enfant nouveau-né.*
Stay, (or support,) *Appui ou soutien.*
The stay of a weaver's loom. *Peigne de tisserand.*
Stay, (or prop.) *Etai, appui.*
Main stay. *Grand étai ou étai de grand mât.*
Main-top stay. *Etai de grand hunier, ou étai de grand mât de hune.*
Main-top-gallant stay. *Etai de grand perroquet.*
Fore stay. *Etai de misaine.*
Preventer stay. *Faux étai.*
Main preventer stay. *Faux étai de grand mât.*
Fore preventer stay. *Faux étai de misaine.*
Back-stays. *Galhaubans.*
Stay sails. *Voiles d'étai, focs qu'on distingue par la dénomination particuliere: Ex.*
Main-top stay-sail. *Voile d'étai de grand hunier.*
Fore-top stay-sail. *Le second foc.*
To bring a ship upon the stays or to stay a ship. *Donner vent devant ou faire tête au vent pour virer de bord vent devant.*
Stay, (a sort of rope in a ship.) *Etai, sorte de cordage de navire.*
To STAY, *v. neut.* (to stand or wait.) *Attendre, se tenir, demeurer, s'arrêter.*
Stay there. *Attendez ou demeurez-là, tenez-vous-là, arrêtez-vous-là.*
Stay a little while. *Attendez un peu.*
To stay FOR, (to expect.) *Attendre.*
Stay (or wait) for me. *Attend. z-moi.*
To stay, (to stop or tarry.) *S'arrêter, demeurer, tarder, s'amuser.*
He never stays in any place. *Il ne s'arrête nulle part.*
Where did you stay so long? *Où avez-vous tant tardé ou demeuré?*
To stay, (to tarry or sojourn.) *Séjourner, s'arrêter, demeurer, faire quelque séjour.*
To stay, *v. act.* (to make one stay, to stop.) *Arrêter, retenir.*
To stay (or stop) bleeding. *Arrêter ou étancher le sang.*
To stay (or appease) one's fury. *Arrêter, appaiser la fureur de quelqu'un, calmer sa colere.*
To stay one's stomach. *Appaiser la faim ou étourdir la grosse faim.*
To stay a ship. *Faire prendre vent devant à un vaisseau, ou donner vent devant.*
A ship that would not stay. *Vaisseau qui a refusé de virer ou manqué de virer.*

I staid (or kept) him from it. *Je l'en ai empêché ou détourné.*
To stay, (or prop.) *Etayer, appuyer, étançonner, soutenir.*
STAYED, *adj.* (grave, sober, serious.) *Grave, sérieux, sage, posé, rassis, modéré, racenu.*
STAYEDLY, *adv. Gravement, avec gravité, retenue ou modération.*
STAYEDNESS, *s. Gravité, sérieux, retenue, modération.*
STAYER, *s. Celui qui arrête*, &c.
Ex. May Jove, the stayer of our troops in rout, Que Jupiter, *qui arrêta nos fuyards*—. *Les anciens Romains le nommoient Jupiter Stator.*
STAYING. *s. L'action d'attendre*, &c. *V.* to Stay.
STAYS, *s.* (a pair of women's stays.) *Un corps de jupe; corset.*
STEAD, *s.* (place.) *Place, lieu.*
In his stead. *En sa place.*
In stead of that. *Au lieu de cela.*
To stand in good stead. *Servir, rendre bon service, être utile.*
To be of no stead or to serve in no stead, *Ne servir à rien, être inutile.*
To STEAD, *v. act.* (or to do service.) *Servir, rendre service, être utile.*
STEADFAST, *adj.* (firm.) *Ferme, solide.*
STEADFASTLY, *adv. Fermement.*
STEADILY, *adv. Avec fermeté ou assurance, d'un pas ferme, ou constamment.*
STEADINESS, *subst. Fermeté, assurance; constance.*
STEADY, *adj.* (or firm.) *Sûr, ferme.*
A steady hand. *Une main sûre.*
Steady, (firm, constant.) *Ferme, constant, inébranlable.*
A steady resolution. *Une ferme résolution.*
A steady ship. *Un navire qui ne roule pas.*
Steady, or steady as you go! (a word of command at sea.) *Droit comme ça! droit! Avertissement de gouverner droit sans donner des embardées.*
STEAKS, *s.* Ex. Mutton steaks. *Côtelettes.*
Steaks or beef-steaks. *Tranches de bœuf grillées.*
To STEAL,
To STEAL AWAY, } *verb. act. Dérober, voler, fipponner, soustraire, emporter.*
He stole away my watch. *Il m'a dérobé, volé ou friponné ma montre.*
She stole away the best things in the house. *Elle a soustrait ou emporté ce qu'il y avoit de meilleur dans le logis.*
To steal a marriage. *Se marier clandestinement.*
To steal one's self a passage thro'. *Passer par quelque lieu adroitement & sans être apperçu.*
To steal away, *verb. neut.* (to go away by stealth or unseen.) *Se dérober, s'échapper, s'enfuir ou se sauver secrétement ou sans être apperçu, se retirer à la dérobée.*
He stole out of the camp. *Il s'est sauvé du camp.*
To steal over the bridge. *Passer un pont à la dérobée, se sauver par dessus le pont.*
To steal (or creep by degrees) into one's favour. *S'insinuer peu à peu dans l'amitié de quelqu'un, gagner adroitement son amitié.*

To

S T E

To ſteal upon one, (to ſurpriſe him.) Surprendre quelqu'un, venir à lui ſans qu'il s'en apperçoive.
STEALER, ſubſt. Voleur, filou.
STEALING, ſ. L'action de dérober, &c. V. to Steal.
STEALINGLY, adv. (or by ſtealth.) Secrétement, à la dérobée.
He came ſtealingly (or unawares) upon me, Il me ſurprit.
STEALTH, ſubſt. Ex. To do a thing by ſtealth. Faire une choſe à la dérobée, en cachette, furtivement ou ſecrétement.
STEAM, ſ. Odeur ou ſenteur forte, vapeur.
To STEAM, v. neut. Jeter, exhaler quelque ſenteur forte ou méchante, ou quelque vapeur.
STEATOMA, ſ. Stéatome, ſorte de tumeur.
STEADFAST,
* STEDFAST, } adj. (firm or conſtant.) Ferme, conſtant, inébranlable.
STEADFASTLY,
* STEDFASTLY, } adv. Conſtamment, avec fermeté, avec conſtance.
To look ſtedfaſtly. Regarder fixement.
STEADFASTNESS,
* STEDFASTNESS, } ſ. Fermeté, conſtance.
STEED, ſ. (or a horſe.) Un cheval, un courſier.
P. It is too late or to no purpoſe, when the ſteed is ſtolen, to think of locking the ſtable door. P. Il n'eſt plus temps de fermer l'étable quand les chevaux ſont dehors.
STEEL, ſubſt. Acier.
Steel buckles. Des boucles d'acier.
The ſteel pieces of a watch. Tenons de montre.
A ſteel, (to ſtrike fire withal.) Fuſil, briquet.
A ſteel, (a butcher's ſteel.) Fuſil pour aiguiſer les couteaux.
Steel-yard, (a kind of balance to weigh goods with.) Une romaine, un peſon.
To STEEL, v. act. (to put ſteel to iron.) Acérer, garnir d'acier.
To ſteel, (or harden) Endurcir.
Ex. To ſteel one's ſelf (or obdurate one's heart) in any ſin. S'endurcir dans quelque péché.
To ſteel one's front or forehead, (to put on a brazen face.) S'armer d'impudence, renoncer à la pudeur, ſe faire un front d'airain.
To ſteel one againſt another. Animer l'un contre l'autre.
Steeled, adj. Endurci, &c.
Stee'ed in impudence. Qui n'a honte de rien, qui a perdu toute honte, qui a renoncé à la pudeur, effronté.
SLEELY, adj. D'acier, de fer acéré, acéré.
STEELYARD. V. Steel.
STEEP, adject. Roide, eſcarpé, difficile à monter.
A ſteep rock. Un rocher eſcarpé.
Steep-to, adject. comp. Ex. A ſhore ſteep to. Côte de ſer, côte acore ou côte à pic.
STEEP, ſ. Précipice.
To STEEP, v. act (or to ſoak.) Tremper, faire tremper ou infuſer.
To ſteep, v. neut. Tremper, infuſer.
Steeped, adj. Qui a trempé, qu'on a mis tremper, infuſé.
Steeped hemp. Chanvre roui.
STEEPING, ſ. L'action de mettre tremper, &c. V. to Steep.
STEEPLE, ſubſt. Un clocher.
† A ſteeple-houſe, (a fanatical nick-name for a Church.) Une maiſon à clocher, ſobriquet que les Fanatiques donnent à une Egliſe des Epiſcopaux.
STEEPNESS, ſ. (from ſteep.) Roideur, pente roide ou difficile à monter.
The ſteepneſs of a hill. La roideur d'une montagne.
STEEPY. V. Steep, adj.
STIER, ſ. (or bullock.) Un bouvillon, un jeune bœuf.
To STEER, verb. act. Gouverner, conduire.
To ſteer a ſhip, (to guide her with the helm.) Gouverner un navire.
To ſteer Northward, to ſteer one's courſe Northward. Gouverner Nord, gouverner au Nord, faire route, porter, courir, naviguer, faire voile ou faire ſa courſe au Nord.
† Which way do you ſteer your courſe? Où allez-vous ? de quel côté tirez-vous ?
To ſteer one off from Atheiſm, Détourner quelqu'un de l'Athéiſme.
STEERAGE, ſ. C'eſt, dans les vaiſſeaux de guerre Anglois, une chambre en avant de la cloiſon de la grande chambre, & qui lui ſert comme de veſtibule ou d'anti-chambre.
Dans les vaiſſeaux marchands, c'eſt le logement des Matelots, placé ordinairement en avant de la chambre.
C'eſt auſſi l'effet du gouvernail.
Steerage-way. Sillage ou chemin du vaiſſeau, qui le met en état de ſentir ſon gouvernail.
There is good ſteerage-way. Il y a bon ſillage ; le vaiſſeau va de l'avant & gouverne bien.
There is no ſteerage-way. Il n'y a point de ſillage, le vaiſſeau ne gouverne pas.
STEERED, adj. Gouverné, conduit.
STEERING, ſubſt. Gouvernement, conduite, l'action de gouverner ou de conduire.
STEERSMAN, ſ. (or pilot.) Timonnier, pilote.
To STEEVE, v. a. Ex.
The bowſprit ſteeves. Le beaupré eſt trop élevé.
STEEVING, part. act. du verbe to Steeve. Elévation du mât de beaupré.
STELLATE, adject. Ex. Stellate plants. Plantes dont les feuilles ſont radiées ou diſpoſées autour de leurs tiges en forme d'étoile.
STELLION, ſ. (animal.) Sorte de lézard.
STELLIONATE, ſubſt. (a cozenage in ſelling a thing.) Stellionat.
STEM, ſ. (or ſtalk of plants.) Tige de plantes.
The ſtem (or ſtalk) of fruit. Queue de fruit.
A noble ſtem, (or race.) Une tige noble, une race illuſtre.
The ſtem of a ſhip, (that which guides the rake of a ſhip.) L'éperon, la pouliane, le cap ou l'avant d'un vaiſſeau, l'étrave.
To STEM, v. act. (or ſtop.) Arrêter le cours, s'oppoſer à.
To ſtem a thing, (or put a ſtop to it.) S'oppoſer à quelque choſe, en empêcher le progrès, y apporter de l'obſtacle.
To ſtem the wind or the tide. Eviter au vent ou à la marée ; c'eſt-à-dire, préſenter l'étrave ou l'avant au vent ou à la marée.
To ſtem the tide, ſignifie auſſi quelquefois refouler la marée.

S T E

STEMPSON, ſ. comp. Marſouin d'avant.
STENCH, ſ. (or ſtink.) Puanteur.
STENTOREAN,
STENTOROPHONICK, } adject. Ex. Stentorean voice. Voix de Stentor, voix extrêmement forte.
STEP, ſ. (or pace.) Pas, enjambée.
Step after ſtep, ſtep by ſtep. Pas à pas. I will take a ſtep thither. Je m'en vais y faire un tour.
He is not gone one ſtep forward. Il n'a point avancé du tout.
Step, (or footſtep.) Pas, veſtige, marque ou trace du pied.
To follow one's ſteps. Marcher ſur les pas ou ſur les veſtiges de quelqu'un, ſuivre ſes traces, l'imiter.
The ſtep (or threſhold) of a door. Le pas ou le ſeuil de la porte.
The ſteps (or ſtairs) of a ſtair-caſe. Les marches ou degrés d'un eſcalier.
A broad ſtep, (or landing place, in a ſtair-caſe.) Palier ou repos d'eſcalier.
The ſtone ſteps before the door of a great houſe. Un perron.
The ſteps (or rounds) of a ladder. Les échelons d'une échelle.
Step. Carlingue des mâts ou des cabeſtans.
Steps for ladders. Echelons & taquets d'échelles.
Step, (in one's conduct, way of proceeding.) Pas, démarche.
To make a falſe ſtep. Faire un faux pas. I ſhall make the firſt ſtep towards it. Je ferai les premières démarches, je ferai les avances.
He thought the ſtep was not great from the Church of England to the Church of Rome: Il crut qu'il n'y avoit pas beaucoup de chemin à faire de l'Egliſe Anglicane à celle de Rome.
The love of glory is a fair or great ſtep to virtue, (it goes a great way towards it.) L'amour de la gloire eſt un grand acheminement à la vertu.
The principal ſteps and motions uſed in dancing, are the following, to wit. Les pas & les mouvements principaux de la danſe, ſont les ſuivants ; ſavoir :
1. The minuet-ſtep. Le pas de menuet.
2. The boree-ſtep. Le pas de bourrée.
3. The courant ſtep. Le pas grave ou le pas coulant.
4. The coopee. Le coupé.
5. The gaillard-ſtep. Le pas de gaillarde.
6. The falling-ſtep. Le pas tombé.
7. The twiſted ſtep. Le pas tortillé.
8. The ſtarting-ſtep. Le pas échappé.
9. The beaten-ſtep. Le pas battu.
10. The firſt ſtep in the rigadoon or the jump. Le pas de ſix ſons.
11. A hop. Le contre-temps.
12. A bound. Le jeté.
13. A croſs-caper. L'entrechat.
14. The pirouette, (or turning upon one leg, the other up.) La pirouette.
15. The balance. Le balancé.
16. The drive. Le chaſſé.
17. A caper. Une cabriole.
A forward, backward or ſide-caper. Une cabriole en avant, en arriere ou de côté.
STEP, en compoſition, ſignifie quelqu'un qui n'eſt allié que par le mariage. Ex.
Step-father. Beau-père, père d'un enfant que ſa femme a eu d'un autre mari.
Step-mother. Marâtre, belle-mere.
Step-ſon. Beau-fils.
Step-daughter. Belle-fille.
To STEP, v. neut. (or make a ſtep.) Aller.

Tome II.

4L

STE

Aller, faire un tour ou aller faire un tour.
Will you step thither? *Voulez-vous y aller? voulez-vous faire un tour jusques-là? voulez-vous y aller faire un tour?*
To step to one. *Aller vers quelqu'un, l'aller trouver.*
To step AFTER. *Suivre.*
To step ASIDE. *Se mettre à l'écart, faire un écart, s'écarter, se ranger à quartier.*
To step BACK. *Retourner sur ses pas, rebrousser chemin.*
To step UP. *Monter.*
To step DOWN. *Descendre.*
To step IN. *Entrer.*
To step OUT. *Passer, traverser.*
To step OVER. *Passer, traverser.*
To step INTO an estate. *Entrer en possession d'un bien, en prendre possession.*
STEPPING, subst. *L'action d'aller, &c.* V. to Step.
He is stepping into years. *Il avance en âge.*
STEPT, prétérit du verbe to Step.
STERCORATION. V. Dunging.
STEREOGRAPHY, subst. *Stéréographie, terme de perspective.*
STEREOMETRY, *s.* (the measuring of solid bodies.) *La stéréométrie.*
STERIL, adj. (or barren.) *Stérile, qui ne produit rien.*
STERILITY, subst. (or barrenness.) *Stérilité.*
To STERILIZE, v. act. *Frapper de stérilité, rendre stérile.*
STERLING, *s.* (a name given to English money.) *Sterling.*
A pound sterling, (or twenty shillings.) *Une livre sterling, vingt schellings ou quatre écus d'Angleterre.*
STERLING, adject. *Pur, sans mélange.*
STERN, adj. (severe, crabbed.) *Sévère.*
A stern look. *Un air ou une mine sévère.*
A stern man, a man that looks sternly. *Un homme qui a une mine sévère.*
STERN, *s.* (the hindermost part of a ship.) *Poupe, arriere de navire.*
Stern-post. *Etambord, piece de charpenterie dans un navire.*
To fall a-stern. *Scier, virer un bâtiment de bas bord à force de rames.*
Stern-fast. *Croupiere, amarre qui tient un vaisseau par l'arriere.*
Stern-most. *Le plus en arriere, en parlant de la situation des vaisseaux les uns par rapport aux autres dans une escadre.*
Stern-seats of a boat. *Chambre d'un canot.*
Stern sheets of a boat. *Cordages servant, dans certains canots Anglois, à mener le gouvernail.*
Stern-way. *Chemin que fait un vaisseau par l'arriere lorsqu'il cule, ou culée.*
Stern-frame. *Arcasse, terme de construction.*
Stern ports. *Sabords de retraites.*
Pink stern or flute stern. *Poupe étroite & formée par deux ailes, comme celles des pinques, des felouques, des galetes, des chebecs, &c.*
Nota. *Des deux composés précédents, on fait les adjectifs, square sterned & pink sterned vessel, qui signifient bâtiment à poupe carrée & bâtiment à poupe étroite.*
The stern (or tail) of a grey-hound. *La queue d'un levrier.*

STE

STERNLY, adv. *D'un air sévere.*
STERNNESS, *s.* (or stern look.) *Mine ou visage sévere.*
STERNON, subst. (or breast-bone.) *Le sternum.*
STERNUTATION, subst. (or sneezing.) *Eternement.*
STERNUTATORY, *s.* (sneezing powder.) *Remede qui provoque l'éternument, sternutatoire.*
STEW, *s.* (a place to keep fish in alive.) *Un réservoir.*
A stew-pan. *Terrine où l'on fait étuver de la viande.*
Stew, (hot-house.) *Etuve.*
Stew, (brothel.) *Bordel, lieu de débauche.*
To STEW, verb. act. *Faire une étuvée ou faire cuire à l'étuvée.*
To stew a carp. *Faire cuire une carpe à l'étuvée.*
STEWARD, *s.* (in a noble or gentleman's house.) *Maître d'hôtel, intendant d'une grande maison.*
The steward of a ship. *Le munitionnaire d'un navire, le commis des vivres.*
A Land steward or the steward of a manor. *Un receveur de rentes, l'homme d'affaires du Seigneur d'un fief.*
The Lord steward of the King's household. *Le Grand Maître de la maison du Roi.*
The Lord high steward of England. *Le Grand-Maître d'Angleterre ou Juge extraordinaire que le Roi établit pour présider au Jugement d'un Pair du Royaume, & qu'on nomme Grand Sénéchal.*
STEWARDSHIP, *sub.* *La charge de maître d'hôtel.* V. Steward, *dans ses diverses significations.*
To give an account of one's stewardship. *Rendre compte de son administration.*
STEWED, adj. (from to stew.) *A l'étuvée, cuit à l'étuvée.*
Stewed meat or a dish of stewed meat. *Une étuvée.*
Stewed beef, after the French way. *Du boeuf à la mode.*
Stewed pears or apples. *Compote de poires ou de pommes.*
STEWING, subst. *L'action de faire cuire à l'étuvée.*
STEWS, *s.* pl. (or bawdy-house.) *Un lieu infame, un lieu de débauche, un bordel.*
STICK, *s.* (a piece of wood small and long.) *Un bâton.*
A fagot-stick. *Un bâton de fagot.*
A stick of wax. *Un bâton de cire d'Espagne.*
A stick of rosemary. *Un brin ou une branche de romarin.*
A fine stick of round wood. *Un beau brin ou jet d'arbre.*
A round stick, (to play at billiards.) *Queue de billard.*
The devil upon two sticks. *Le diable boiteux.*
A Printer's composing-stick. *Le compositeur.*
Small sticks, (to kindle or light the fire with.) *Broussailles.*
Candle stick. *Chandelier.*
To STICK, v. a. *Attacher, mettre, ficher.*
To stick a nail in the wall. *Attacher un clou à la muraille.*
To stick a piece of roast-beef with rosemary. *Mettre du romarin à une piece de boeuf qu'on rôtit, la larder de romarin.*
To stick a pig. *Tuer un cochon.*

STI

I shall stick you to or against the wall. *Je vous enfilerai contre cette muraille.*
To stick INTO. Ex. He stuck the dagger into his breast. *Il lui plongea le poignard dans le sein.*
To STICK, verb. neut. *S'attacher, tenir, se tenir, demeurer.*
To stick like bird-lime. *S'attacher comme de la glu.*
It sticks too fast. *Il tient trop ferme, il est trop ferme.*
To stick to one. *S'attacher à quelqu'un.*
They stick close together. *Ils se tiennent ferme, ils sont étroitement unis ensemble, il y a entr'eux une étroite union, ils sont inséparables.*
Atoms that stick together. *Des atomes qui se tiennent.*
It is or 'tis a nick-name that will stick by him as long as he lives. *C'est un sobriquet qui lui deviendra toute sa vie.*
I fear this commodity will stick by me or stick upon my hands. *Je crains que cette marchandise ne me demeure entre les mains, je crains de ne pouvoir pas m'en défaire.*
To stick at a thing, (to make it a conscience or scruple.) *Faire conscience, scrupule ou difficulté de dire.*
He sticks at nothing for lucre's sake. *Il ne fait conscience de rien quand il s'agit de gagner, il n'est rien qu'il ne fasse pour le lucre.*
He does not stick to say. *Il ne fait pas scrupule ou difficulté de dire.*
He did not stick at any danger. *Il s'est exposé à toutes sortes de dangers.*
What do you stick at? *Qu'est-ce qui vous retient.*
He sticks at nothing. *Rien ne le retient.*
He sticks at no principles of honour. *Il foule aux pieds tous les principes d'honneur.*
Meat or fruit that stick to the stomach. *De la viande ou du fruit que l'estomac ne digere pas, ou qui demeure indigeste dans l'estomac.*
† Nay, wife, says he, if it sticks there, (if that be all the difficulty.) *Ma femme, dit-il, si c'est-là la difficulté ou si c'est de là que vient le mal, ou s'il ne tient qu'à cela.*
A thing that sticks to or in one's stomach, that sticks upon him, (which he is displeased with.) *Une chose qui choque quelqu'un, qui lui déplait, qui lui tient au coeur.*
But the late injury still sticking in my stomach. *Mais me ressouvenant de l'outrage que j'avois reçu.*
That sticks to my heart the most of any thing. *C'est ce qui me tient le plus au coeur, c'est ce qui m'afflige ou me chagrine le plus.*
To stick BY. Ex. Meat that sticks by the ribs. *Une viande gluante ou solide.*
His losses stick by him still. *Il se ressent encore de ses pertes.*
† To stick (or stand) by one. *Soutenir quelqu'un, l'appuyer.*
To stick IN. Ex. To stick in the mire. *Etre embourbé ou enfoncé dans un bourbier.*
† You stick in the same mire, (or you are in the same trouble.) *Vous êtes dans le même bourbier ou embarras.*
His mind sticks between hope and fear. *Son esprit est partagé ou est en suspens entre l'espérance & la crainte.*
To stick OUT. Ex. He sticks out, (or stands

STI

stands out, he will not meddle.) *Il se retire, il ne veut pas en être, il ne veut pas s'intriguer dans cette affaire.*
To stick (or jut) out. *Sortir, avancer.*
Eyes that stick out of one's head. *Des yeux qui sortent de la tête.*
A belly that sticks out. *Un gros ventre.*
To stick (or insist) UPON a thing. *Insister sur quelque chose, faire quelque difficulté là-dessus.*
He sticks fast in the mud. *Il est embourbé.*
STICKING, *s. L'action d'attacher*, &c. V. to Stick.
To STICKLE, *verb. neut.* Ex. To stickle hard in a business. *Être ardent en quelque chose, s'y porter ou la pousser avec vigueur.*
STICKLER, *sub. Un homme ardent, un acteur, une personne qui conduit ou qui a conduit une intrigue, un chef de parti.*
He was a great stickler in that business. *Il s'est porté vigoureusement dans cette affaire.*
A stickler, (or disputer.) *Un disputeur.*
A stickler, (or zealous man.) *Un zélateur, un partisan zélé.*
STICKLING, *s. L'action de pousser une chose ou de conduire une intrigue vigoureusement.*
STICKY, *adj.* (or clammy.) *Gluant.*
STIFF, *adject.* (hard, not flexible.) *Roide, fort tendu, qu'on a de la peine à plier.*
As stiff as a stake. *Roide comme un bâton.*
Stiff with gum. *Roide de gomme, gommé.*
Stiff with starch or starched stiff. *Roide d'empois, empesé.*
Stiff, (or benummed, in a proper and figurative sense.) *Roide, engourdi, au propre & au figuré.*
My legs are stiff. *J'ai les jambes roides.*
To make stiff, (or benum.) *Rendre roide, engourdir, au propre & au figuré.*
To grow stiff. *Se roidir, devenir roide, s'engourdir.*
A man's parts grow stiff through idleness. *L'esprit s'engourdit dans l'oisiveté.*
A stiff ship. *Vaisseau dur à abattre, vaisseau qui porte la voile comme un rocher, vaisseau qui a beaucoup de stabilité.*
Stiff, (starched or affected.) *Empesé, affecté, plein d'affectation.*
Stiff, (resolute, constant, obstinate.) *Roide, résolu, ferme, constant, opiniâtre, obstiné.*
To be stiff in one's purpose. *Se tenir roide, être résolu, témoigner de la fermeté, ne pas fléchir, s'obstiner dans sa résolution.*
The stiff (or rigid) Presbyterians. *Les Presbytériens rigides, outrés ou entêtés.*
Stiff, (not free or natural, speaking of the style, &c.) *Dur, qui n'est pas naturel.*
Stiff, (not free, in painting.) *Dur, en termes de peinture.*
A stiff gale, (at sea.) *Vent frais.*
A stiff gown. *Une robe à corps de jupe.*
Stiff-necked, (or obstinate.) *Roide, opiniâtre, inflexible, qui se roidit ou qui s'opiniâtre.*
The Jews were a stiff-necked people. *Les Juifs étoient un peuple au cou roide ; c'est une expression de l'Ecriture.*
To STIFFEN, *verb. act. Roidir, rendre roide ou ferme.*

To stiffen with starch. *Roidir avec de l'empois, empeser.*
To stiffen, (or benum.) *Roidir, engourdir, au propre & au figuré.*
To stiffen with gum. *Gommer.*
To stiffen, *verb. neut. Se roidir, devenir roide ou s'engourdir.*
Stiffened, *adj. Roidi,* &c. V. to Stiffen.
STIFFENING, *s. L'action de roidir,* &c. V. to Stiffen.
STIFFLY, *adverb. Fermement, opiniâtrément.*
To be stiffly bent on or upon a thing. *S'opiniâtrer à quelque chose, n'en vouloir point démordre, se tenir roide.*
STIFFNESS, *subst.* (the being stiff.) *Roideur, tension, qualité de ce qui est roide.*
Stiffness, (or numbness.) *Roideur de froid, engourdissement.*
Stiffness of opinion. *Roideur, fermeté dans quelque opinion, attachement opiniâtre, opiniâtreté, obstination.*
To STIFLE, *v. act. Etouffer, suffoquer.*
To stifle one's resentments. *Etouffer ses ressentimens.*
Stifled, *adj. Etouffé, suffoqué.*
STIFLING, *s. L'action d'étouffer ou de suffoquer.*
Stifling, *adj. Etouffant, qui étouffe ou qui est capable d'étouffer.*
STIGMA, *subst. Tache, marque d'infamie.*
STIGMATICK, } *adj.* (or branded STIGMATICAL, } with infamy.) *Infame, noté d'infamie.*
To STIGMATIZE, *verb. act.* (or to brand with a hot iron.) *Stigmatiser, marquer avec un fer chaud.*
To stigmatize, (to mark or brand with infamy.) *Noter d'infamie, déchirer, noircir la réputation de quelqu'un, médire de lui.*
Stigmatized, *adj. Stigmatisé, noté d'infamie,* &c. V. to Stigmatize.
STIGMATIZING, *sub. L'action de stigmatiser,* &c. V. to Stigmatize.
STILE, *s.* (a set of steps to go from one field to another.) *Espace de barrière ou pas de haie, par où l'on passe d'une prairie ou d'un champ à un autre.*
To help one over a stile. *Aider quelqu'un à passer.*
A turn-stile. *Un tourniquet.*
Stile, &c. V. Style, &c.
STILETTO, *subst.* (an Italian dagger.) *Stylet.*
STILL, *adj.* (calm or quiet.) *Tranquille, calme, qui est en repos, qui n'est point agité.*
Still (or standing) water. *Eau dormante.*
The wind is still. *Le vent a cessé.*
STILL, *s.* (an alembick.) *Un alambic.*
Still. *Silence, calme.*
STILL, *adv.* (or always.) *Toujours.*
They still desire more. *Ils demandent toujours davantage.*
Still, (or yet.) *Encore.*
Is he a bed still? *Est-il encore au lit ?*
Still, (at quiet, without motion.) *Sans mouvement, en repos.*
He thinks that all things stand still. *Il s'imagine que toutes choses sont sans mouvement.*
To fit still. *Se tenir en repos.*
Sit you still. *Ne bougez pas, demeurez assis, ou demeurez en repos.*
Stand still, lie still, hold still. *Ne bougez pas.*
Must I stand still. V. to Stand.

Hold still or hold your tongue. *Taisez-vous, faites silence.*
To STILL, *v. act.* (or distill.) *Distiller.*
To still waters. *Distiller des eaux.*
To still, (to quiet or make quiet.) *Calmer, rendre tranquille, appaiser, mettre en repos.*
To still a noise. *Faire cesser le bruit.*
I shall still your din, (or make you hold your tongue.) *Je vous ferai bien taire.*
STILLATORY, *s.* (a still.) *Un alambic.*
STILLBORN, *adj. Mort-né, qui n'est pas venu à terme.*
STILLED, *adj. Distillé.* V. to Still.
STILLING, *subst.* (from to still.) *Distillation ou l'action de distiller,* &c. V. to Still.
A stilling (or stand) in a cellar. *Un chantier de cave.*
STILLNESS, *subst.* (or silence.) *Silence, cessation de bruit.*
The stillness (or silence) of the night. *Le silence de la nuit.*
Stillness, (calmness, in a proper and figurative sense.) *Calme, tranquillité, repos.*
* Still-yard. V. Steel-yard, *sous* Steel.
STILLY, *adv. En silence, doucement, sans tumulte.*
STILTS, *subst. plur. Des échasses.*
To go upon stilts. *Marcher sur des échasses.*
To STIMULATE, *verb. act.* (to prick.) *Aiguillonner, picoter.*
To stimulate, (to spur on.) *Aiguillonner, inciter, pousser, porter, animer, encourager.*
Stimulated. *Aiguillonné, incité, poussé, porté, animé, encouragé.*
STIMULATING, *s. L'action d'aiguillonner, de picoter,* &c. *picotement.*
Stimulating, *adj. Qui picote, picotant.*
STIMULATION, *subst.* (a pricking or putting forward.) *Aiguillonnement, aiguillon, incitation.*
STING, *subst. Aiguillon.*
The sting of a wasp, &c. *L'aiguillon d'une guêpe,* &c.
The sting of conscience. *Les remords ou reproches de la conscience.*
A jest that carries a sting in the tail. *Une raillerie piquante ou qui emporte la pièce.*
To STING, *verb. act. Piquer, mordre.*
That stung me to the heart. *Cela me perça le cœur.*
I have been stung to the quick. *J'ai été piqué jusqu'au vif.*
STINGILY, *adverb. Sordidement, avec avarice.*
STINGINESS, *subst.* (from stingy.) *Taquinerie, mesquinerie, avarice sordide.*
STINGING, *subst.* (from to sting.) *Piqûre, morsure, l'action de piquer ou de mordre.*
STINGO, *subst.* (fine old strong beer.) *Bierre forte & vieille.*
STINGY, *adj.* (or miserably covetous.) *Taquin, mesquin, avare, intéressé, chiche.*
He is a very stingy fellow. *C'est un taquin, c'est un avare fieffé, c'est un ladre.*
STINK, *subst.* (or stench.) *Puanteur, mauvaise odeur.*
Here is a deadly stink. *Il put terriblement ici.*
The stink of the little house. *La puanteur des commodités.*
To STINK, *verb. neut. Puer, être puant, ou sentir mauvais.*

4L 2

His

STI

His breath stinks. *Son haleine put, son haleine sent mauvais, il a l'haleine puante.*
To stink of garlick. *Sentir l'ail.*
STINKARD, *subst.* Un puant.
STINKER, *subst.* Tout ce qui put.
STINKING, *adj.* Puant.
A stinking fellow. *Un puant.*
† A stinking (or pitiful) fellow. *Un homme de néant ou qui a l'ame basse, un belitre.*
STINKINGLY, *adv.* (like a stinking fellow.) *Lâchement, d'une manière lâche.*
Stinkingly, (with a stink.) *Puamment.*
STINKPOT, *subst. comp.* Pot rempli de matières fétides.
STINT, *s.* (bounds or measure.) *Bornes, mesures.*
To go beyond one's stint. *Passer les bornes qu'on s'est prescrites.*
To STINT, *verb. act.* (or limit.) *Borner, limiter, mettre ou donner des bornes, astreindre.*
To stint, (to constrain.) *Gêner, contraindre.*
To stint one in his victuals. *Régler le manger de quelqu'un.*
We must stint ourselves in our play. *Il faut que nous gardions quelque mesure dans le jeu.*
To stint, (curb or appease) one's anger. *Réprimer ou dompter la colere de quelqu'un, appaiser sa colere.*
Stinted, *adj.* Limité, borné, à qui l'on a donné des bornes, &c. V. to Stint.
STINTING, *s.* L'action de limiter, &c. V. to Stint.
STIPEND, *sub.* (or salary.) *Gages, salaire, appointemens.*
STIPENDIARY, *s.* (that takes wages.) *Serviteur à gages, qui prend ou qui a des gages, stipendié.*
STIPONE, *s.* (a kind of sweet compound liquor.) *Sorte de liqueur douce & composée.*
To STIPPLE, *verb. neut.* (to make points in miniature.) *Pointiller, terme de miniature.*
STIPPLING, *s.* Pointillage.
STIPTICAL, *adjecl.* (that is binding.)
STIPTICK, *Stiptique, astringent ou restringent, qui resserre.*
A stiptick water, (that stanches blood.) *Eau qui arrête ou étanche le sang.*
STIPTICK, *sub.* Un remede stiptique ou astringent.
To STIPULATE, *v. act.* (to covenant or agree.) *Stipuler, convenir, faire une stipulation.*
Stipulated, *adj.* Stipulé, dont on est convenu de part & d'autre.
STIPULATION, *s.* Stipulation, convention, pacte.
STIPULATOR, *subst.* Celui ou celle qui stipule.
STIR, *s.* (noise, bustle.) *Bruit, bruit de querelle, tumulte.*
Ex. To make a great stir. *Faire un grand bruit.*
Stirs, *pl.* (rising, commotion, troubles in a state.) *Mouvemens, troubles, brouilleries.*
To STIR, *verb. act.* (or move.) *Remuer, mouvoir, branler, agiter.*
To stir (or move) a table. *Remuer une table, la branler.*
To stir (or turn) the corn. *Remuer ou manier le blé.*

STI

I cannot stir it, (or lift it up.) *Je ne saurois le remuer ou le mouvoir.*
To stir (or provoke) the humours. *Émouvoir les humeurs, les mettre en mouvement.*
To stir the lees, (as vinegar-makers do.) *Raboter la lie.*
To stir, *verb. neut.* (to move, to wag, &c.) *Remuer, se remuer, se mouvoir, branler, bouger.*
Do not stir from that place. *Ne remuez, ne bougez ou ne branlez pas de là.*
He cannot stir, (or wag.) *Il ne sauroit se mouvoir.*
To stir, (as money, to circulate.) *Se remuer, rouler, circuler, en parlant de l'argent.*
To stir, (to rise or cause a rising in a state.) *Remuer, exciter des troubles & des mouvemens dans un Etat, se soulever.*
To stir in a business, (to bestir one's self in it.) *Se remuer ou être agissant dans une affaire, agir vigoureusement, y se trémousser.*
I cannot stir ABROAD or OUT, (I cannot go out.) *Je ne puis pas sortir.*
To stir out of one's bed, (to rise.) *Sortir du lit, se lever.*
To stir (or walk) ABOUT. *Se promener, se promener dans la chambre.*
To stir about, (as money.) *Se remuer, rouler, en parlant de l'argent.*
To stir about, (to be stirring in a business.) *Se remuer, être agissant, je trémousser.*
To stir UP, *verb. act.* (to cause.) *Susciter, causer, faire naitre, émouvoir.*
To stir up a rebellion, or to stir up the people to rebellion. *Susciter, causer, faire naitre une rebellion, émouvoir le peuple à sédition, le faire soulever.*
To stir up, (to move, excite or quicken.) *Mouvoir, émouvoir, remuer, exciter, animer, pousser, porter, faire agir, aiguillonner.*
A speech that stirs up the passions. *Un discours qui émeut ou remue les passions.*
Grace stirs up the will. *La grace meut la volonté.*
Stir up our devotion. *Excite ou anime notre dévotion.*
You must stir him up, (or push him on.) *Il faut que vous l'animiez ou que vous l'aiguillonniez.*
To stir up (or to quicken) the appetite. *Exciter, réveiller l'appétit.*
To stir up one to anger. *Fâcher quelqu'un, l'émouvoir, le mettre en colere, l'irriter, le provoquer.*
To stir up (to provoke) God's anger. *Provoquer la colere de Dieu.*
Stirred, *adj.* Remué, &c. V. to Stir.
STIRP, *subst.* Génération, race, famille.
STIRRER, *subst.* Celui ou celle qui remue, qui excite, qui provoque, &c. V. to Stir.
A stirrer up of sedition. *Un séditieux, un incendiaire.*
STIRRING, *subst.* L'action de remuer, &c. V. to Stir.
A stirring, (or insurrection.) *Un soulevement, une révolte.*
Stirring, *adject.* Ex. To be stirring, (or arising.) *Se lever.*
To be always stirring, (or in motion.) *Être remuant, être toujours en action ou en mouvement.*

STI STO

A stirring (or seditious) man. *Un homme ou un esprit remuant, un esprit brouillon, propre à exciter des troubles.*
A stirring man, (a man fit for business.) *Un homme agissant, ardent, intriguant, qui se remue, qui se donne du mouvement.*
There is no wind stirring. *Il ne fait aucun vent.*
There's no money stirring. *L'argent ne roule ou ne circule pas.*
There is no news stirring or abroad. *Il n'y a aucune nouvelle.*
STIRRUP, *subst.* Un étrier.
To fit the stirrups. *Ajuster les étriers.*
The stirrup-leather. *L'étriviere.*
Stirrup-stockings. *Des bas à étrier, des chaussettes.*
A shoemaker's stirrup. *Tire-pied de cordonnier.*
† To give one some stirrup oil. *Donner les étrivieres à quelqu'un.*
The stirrup-cup. *Le vin de l'étrier.*
STIRRUPS, *sub. plur.* Etriers de marchepied.
Iron stirrups. *Etriens de fer employés à lier & contenir ensemble la quille & la fausse quille, dans les vaisseaux Anglois.*
STITCH, *subst.* Point, un point d'aiguille.
To make a stitch. *Faire un point.*
Stitch, (a sharp pain.) *Point, sorte de douleur aiguë.*
To take up a stitch, (in knitting.) *Reprendre une maille, en tricotant.*
† To go through stitch with a thing, (to make an end of it.) *Achever ce qu'on a commencé, venir à bout d'une entreprise.*
Stitch-wort. Camomille.
To STITCH, *verb. act.* (to sew.) *Coudre, piquer.*
To stitch a book. *Brocher un livre.*
To stitch down a lining. *Glacer une doublure.*
Stitched, *adject.* Cousu, &c. Voyez to Stitch.
A stitched book. *Un livre broché.*
STITCHING, *subst.* L'action de coudre, &c. V. to Stitch.
Stitching silk. *Grosse soie.*
STITHY, *subst.* (or anvil.) *Une enclume.*
Stithy, (a disease amongst oxen.) *Maladie qu'ont les bœufs, qui fait que leur peau s'attache si fort à leurs côtes qu'ils ne se peuvent remuer.*
To STIVE, *verb. act.* (to stew) meat. *Faire cuire de la viande à l'étuvée, faire une étuvée.*
To stive, (to stifle with heat in a close place.) *verb. act. & neut. Etouffer, faire perdre ou perdre la respiration, par l'excès de la chaleur.*
Stived, *adj. part.* Etouffé.
STIVER, *s.* (a Dutch-penny.) *Un sou, en Hollande.*
STIVING, *sub.* L'action de faire une étuvée ou d'étouffer.
Stiving, *adj.* Etouffant.
A place stiving hot. *Un lieu où l'on étouffe de chaud.*
STOAKED, *adj.* (a sea-term for stoped.) *Bouché.*
Ex. The pump is stoaked. *La pompe est bouchée.*
STOAT, *subst.* Sorte de furet ou plutôt de belette.
STOCCADO, *sub.* (a thrust with a weapon.)

STO

pon.) *Eſtocade, coup d'eſtocade, coup d'épée.*
STOCK, *ſubſt.* The ſtock (or ſtem) of a tree. *Le tronc ou le corps d'un arbre.*
A rotten branch of a noble ſtock. *Branche pourrie d'un tronc illuſtre.*
Stock, (race or family.) *Tige, famille, race.*
The ſtock of an anvil. *La ſouche d'une enclume.*
Stock of an anchor, (or anchor-ſtock.) *Jât d'ancre ou jas d'ancre.*
Anchor-ſtock-faſhion. *Voy.* Anchor.
† Why do you ſtand there like a ſtock? *Pourquoi vous tenez-vous là comme une ſouche, comme une idole ou comme une ſtatue?*
He ſtood like a ſtock. *Il s'arrêta tout court.*
The ſtock of a gun, piſtol, &c. *Monture de fuſil, de piſtolet, &c.*
To put a new ſtock to a gun. *Remonter une arme à feu.*
A ſtock, (ſet in the ground to graft on.) *Plant, pour être greffé.*
A wild-ſtock. *Un ſauvageon.*
Stock, *V.* Stockgillyflower.
A ſtock, (or fund of money.) *Fonds, capital.*
To be in ſtock, (to have money.) *Être en fonds, avoir de l'argent.*
A merchant's ſtock. *Le fonds ou le capital d'un marchand.*
Stock or ſtocks, (or ſhares of publick funds.) *Actions.*
How goes South-Sea ſtock? *Comment vont les actions de la Compagnie du Sud? à quel prix ſe vendent-elles?*
Good or great ſtock, (abundance.) *Quantité, beaucoup.*
To have a good ſtock of commodities. *Avoir quantité de marchandiſes, être bien aſſorti.*
A great ſtock of learning or malice. *Un grand fonds de ſavoir ou de malice.*
Stock, (the cards not dealt at piquet, &c.) *Le talon, en termes de jeu.*
Stock, (or ſtore of wine, beer, coals, &c.) *Proviſion de vin, de biere, de charbon & autres choſes néceſſaires dans le ménage.*
To lay in a ſtock of wine. *Faire ſa proviſion de vin.*
A leaning-ſtock. *Un appui, un ſoutien.*
A laughing-ſtock. *Jouet, riſée, objet de riſée ou de moquerie.*
To be made a laughing-ſtock. *Être le jouet, la riſée ou l'objet de la riſée des autres, être tourné en ridicule, être joué.*
If you take a farm, you muſt have a ſtock of cattle. *Si vous prenez une ferme, il vous faut avoir du bétail pour la faire valoir.*
A flock of bees. *Une ruche d'abeilles.*
To STOCK, *v. a.* (to furniſh, to ſupply.) *Fournir, pourvoir, donner.*
I ſtocked him with clothes. *Je l'ai fourni d'habits, je l'en ai pourvu.*
To ſtock a ſhop. *Aſſortir une boutique.*
To ſtock a park with deer, and warrens with rabbits. *Peupler un parc de bêtes fauves, & des garennes de lapins.*
Stocked, *adj.* *Fourni, pourvu, &c. V.* to Stock.
I am ſtocked with every thing. *J'ai tout ce qui m'eſt néceſſaire ou qu'il me faut.*
Well ſtocked with cattle. *Riche en bétail.*
STOCKDOVE, *ſubſt. Biſet.*
STOCKFISH, *ſ. Stokfiſhe, poiſſon de mer, ſorte de morue ſeche.*
STOCKGILLYFLOWER, *ſ.* (a plant

STO

and flower.) *Giroflier, plante; il ſignifie auſſi Giroflée, fleur.*
STOCKING, *ſub.* L'action de fournir, &c. *V.* to Stock.
Stocking, *ſubſt.* (or hoſe.) *Un bas.*
A ſtocking mender. *Une ravaudeuſe.*
To STOCKING, *v. a. Mettre des bas.*
To STOCK-JOB, *v. act. & neut Agioter, faire commerce d'actions, trafiquer en papier.*
STOCK-JOBBER, *ſubſt. Agioteur.*
STOCK-JOBBING, *ſubſt. Agiotage.*
STOCKLOCK, *ſubſt.* (a lock fixed in wood.) *Serrure à pêne dormant.*
STOCKS, *ſ.* (poſts framed to build a ſhip or boat upon.) *Chantier.*
A ſhip upon the ſtocks. *Un vaiſſeau en chantier.*
Stocks, (a pair of ſtocks for malefactors.) *Des ceps.*
† To be in the ſhoemaker's ſtocks. *Avoir le pied à la torture,* † *être dans la priſon de Saint-*Crépin.
STOCKSTILL, *adj.* (motionleſs.) *Qui ne bouge, qui ne ſe remue non plus qu'une ſouche, immobile comme un rocher.*
He ſtood ſtockſtill. *Il s'arrêta tout court, il ne branla pas.*
STODE. *V.* Stud, *au dernier ſens.*
STOICAL, *adject.* (of the Stoicks.) *Stoïque, ſtoïcien.*
A ſtoïcal gravity. *Une gravité ſtoïque.*
A ſtoïcal maxim. *Maxime ſtoïcienne.*
STOICALLY, *adverb.* (ſtoïck-like.) *En ſtoïcien, à la ſtoïcienne.*
STOICISM, *ſubſt.* *La ſecte des Stoïciens.*
STOICK, *ſubſt.* (a diſciple of Zeno at Athens.) *Un Stoïcien, Philoſophe de la ſecte de Zenon.*
A ſtoïck, a more ſtoïck, (a man ſevere, firm and conſtant.) *Un ſtoïcien, ou un vrai ſtoïcien, un homme qui ne s'émeut de rien.*
STOLE, *ſubſt.* (a part of the prieſtly ornaments.) *Une étole.*
Stola, (or ſtool.) *Garde-robe.*
Ex. The groom of the ſtole, (the head Gentleman to a Prince's bed-chamber.) *Le Gentilhomme de la Garde-robe.*
Stole, *prétérit du verbe to* Steal. *V.* to Steal.
STOLEN, *adj. & participe paſſé de* to ſteal, *Dérobé, &c. V.* to Steal.
STOMACH, *ſubſt. L'eſtomac.*
To be ſick at the ſtomach. *Avoir mal à l'eſtomac.*
Good for the ſtomach. *Bon pour l'eſtomac, qui fortifie l'eſtomac, ſtomacal.*
Stomach, (or appetite to meat.) *Appétit, faim.*
To have a good ſtomach. *Avoir bon appétit.*
To ſtay the ſtomach. *Appaiſer ou étourdir la faim.*
To turn one's ſtomach. *Faire vomir, donner du dégoût.*
That goes againſt my ſtomach, (I have an averſion to it.) *J'ai de l'averſion pour cela.*
Stomach, (heart or ſpirit.) *Cœur, fierté.*
His Stomach could not digeſt or brook that affront. *Sa fierté ne peut digérer cet affront.*
A child that has a high ſtomach. *Un enfant d'une grande fierté, un enfant revêche.*
To STOMACH, *verb. act.* ⎱ (to be angry
To STOMACH AT, *v. n.* ⎰ at, to reſent a thing.) *Se fâcher ou être indigné de quelque choſe,* † *s'en eſtoma-*

STO

quer, s'en choquer, en avoir du reſſentiment, la prendre à cœur.
STOMACHER, *ſubſt.* (that women wear before their bodice.) *Piece de corps-de-jupe.*
A Stomacher of ribbons. *Echelle de rubans.*
A ſtomacher, (a piece of cloth to put over one's breaſt.) *Piece de drap ou d'étoffe qu'on met devant l'eſtomac pour ſe tenir chaud.*
STOMACHFUL, *adj.* (that has a great ſtomach or ſpirit.) *Fier ou revêche, têtu, opiniâtre, qui a le cœur gros.*
STOMACHICAL, ⎱ *adject.* (relating to
STOMACHICK, ⎰ the ſtomach.) *Stomachique.*
The ſtomachick vein. *La veine ſtomachique.*
STOMACHLESS, *adject.* (that has no appetite.) *Qui n'a point d'appétit, dégoûté.*
STOMACHOSITY, *ſub.* (the being ſtomachous.) *Fierté, dédain.*
STOMACHOUS, *adj.* (ſoon angry, diſdainful.) *Qui ſe met facilement en colere, dédaigneux.*
STOND. *V.* Stop.
STONE, *ſ. Une pierre.*
A free-ſtone. *Pierre de taille.*
A pumice-ſtone. *Pierre-ponce.*
A precious ſtone. *Une pierre précieuſe.*
To leave no ſtone unturned. *Mettre toute pierre en œuvre; remuer ciel & terre.*
P. To kill two birds with one ſtone. *P. Faire d'une pierre deux coups.*
I don't like to walk upon the ſtones. *Je n'aime point à marcher ſur le pavé.*
The ſtone, (or gravel; a diſeaſe.) *La pierre ou la gravelle.*
To be troubled with the ſtone. *Avoir la pierre ou la gravelle.*
The ſtones (or teſticles) of either man or beaſt. *Les teſticules d'un homme ou d'une bête.*
A ſtone horſe. *Un cheval entier.*
A ſtone, (in ſome ſort of fruit.) *Noyau de fruit.*
A cherry, olive, peach or apricot ſtone. *Noyau de ceriſe, d'olive, de pêche ou d'abricot.*
Stones of grapes. *Pepins de raiſins.*
Stone, (a weight of 8 pounds in London; and of 14 in other parts of England.) *Poids de huit livres à Londres & de quatorze dans d'autres parties de l'Angleterre.*
A ſtone of wool, (half a tod or 14 pounds of wool.) *Quatorze livres de laine.*
Stone-pitch. *Poix ſeche ou endurcie.*
Stone-bow. *Arbalete à jalet.*
Stone-crop, (an herb.) *Herbe aux perles, grenil.*
Stone-break, (or ſaxifrage.) *Saxifrage, ſorte d'herbe.*
Blood-ſtone. *Sanguine.*
Chalk-ſtone. *Craie.*
Flint-ſtone. *Pierre à fuſil.*
Load-ſtone. *Aimant.*
Mill-ſtone. *Meule de moulin.*
Pebble-ſtone. *Caillou.*
Stone-allum. *Alun de roche.*
Stone-throw. *Jet de pierre.*
Stone-wall. *Muraille de pierre.*
A ſtone-cutter. *Un tailleur de pierre.*
Stone-work. *Maçonnerie, ouvrage de maçonnerie.*
A ſtone-bottle. *Bouteille de grès.*
† A ſtone doublet, (or a cloſe priſon.) *Tout point de pierre de taille, priſon.*
To put one in a ſtone-doublet. *Donner à quelqu'un*

STO

quelqu'un un pourpoint de pierre de taille, claquemures quelqu'un.
Stone-dead, adj. Roide mort.
To STONE, v. act. Lapider, assommer de pierres, tuer à coups de pierres.
Stoned, adj. Lapidé, &c.
STONING, s. Lapidation ou l'action de lapider, &c.
STONY, adj. (or full of stones.) Pierreux, plein de pierres.
Stony fruit. Fruit pierreux.
A stony heart. Un cœur de rocher ou de roche, un cœur dur & insensible.
STOOD, pretérit du verbe to Stand. V. to Stand.
STOOK, s. (a shock or pile of sheaves of corn.) Un tas de gerbes de blé.
STOOL, s. Placet, selle, siege sans dossier, tabouret.
P. Between two stools the breech comes to the ground. P. Entre deux selles le cul à terre.
Stool or close stool. Selle ou chaise percée.
Stool, (the excrements that are voided by going to stool.) Selle.
He had six good stools. Il a eu six bonnes selles.
To give one a stool. Faire aller à la selle.
A joint-stool. Un escabeau.
A foot-stool. Un march-pied.
A shoe-maker's stool, (to put his tools upon.) Un sellier de cordonnier.
STOOLBALL, s. Le tamis, sorte de jeu de balle.
STOOP, s. Ex. A hawk that makes a stoop at a partridge. Un oiseau de proie qui fond sur une perdrix.
Stoop, (submission.) Soumission.
Stoop, (of liquor.) Tonneau plein de quelque liqueur.
To STOOP, v. act. Baisser.
To stoop, verb. neut. Se baisser, se courber.
To stoop (or bend down) to the very ground. Se baisser jusqu'à terre.
To stoop forward. Pencher en avant.
To stoop, (to cringe or submit.) S'abaisser, se soumettre, plier, faire des bassesses.
He stooped to that. Il s'est abaissé jusques-là, il s'est jour is a cela.
I shall make him stoop. Je le ferai bien plier, je l'humilierai.
He makes his reason stoop to the exorbitancies of his passion. Il soumet sa raison aux extravagances de sa passion.
To stoop to sordid degenerate practices. Faire des actions basses & indignes d'un honnête homme.
To stoop, (to bend down as a hawk does to strike a fowl.) Fondre, en parlant d'un oiseau de proie.
STOOPING, s. L'action de baisser, &c. V. to Stoop, v. act. & neut.
STOP, s. (stay or delay.) Retardement, délai.
Stop, (rub or obstacle.) Obstacle, empêchement.
To put a stop to a business. Apporter un obstacle à quelque chose, s'y opposer, l'empêcher.
That put a stop to my voyage. Cela arrêta mon voyage.
Put a stop to your grief. Cessez de vous affliger.
To put a stop to the war. Terminer la guerre, mettre fin à la guerre, étouffer la guerre.
Stop, (used in writing.) Point, marque de distinction, en fait d'écriture.

STO

A full stop. Un point.
A stop, (in walking.) Pause, station.
A stop, (or fret of a musical instrument.) Touche d'instrument de musique.
A stop-gap. Un bouche-trou.
† He is a mere stop-gap to him, (he is only made use of to save his bacon.) Il lui sert de plastron, c'est lui qui pare tous les coups.
To STOP, v. act. (to stay, to keep from going forward.) Arrêter, empêcher d'aller plus loin, faire cesser le mouvement.
To stop a thief. Arrêter un voleur.
Stop thief, stop thief, (a cry after a thief.) Au voleur, au voleur.
To stop the blood, (to stanch it.) Etancher ou arrêter le sang.
To stop a looseness. Arrêter un flux de ventre.
To stop, (to suspend or cause to cease.) Arrêter, suspendre, faire cesser, en parlant des actions morales & physiques.
To stop, (to retard or hinder.) Arrêter, retarder, empêcher.
To stop, v. neut. S'arrêter, cesser d'aller, demeurer, faire halte.
A horse that stops well. Cheval qui pare bien.
Revenge stops at nothing that is violent and wicked. La vengeance met toute sorte de violence & de méchanceté en œuvre.
To stop, or stop UP, v. act. (to shut or fill up.) Boucher, fermer.
To stop a bottle. Boucher une bouteille.
To stop one's mouth. Fermer la bouche.
To stop a neighbour's light. Boucher la vue d'un voisin, lui ôter la vue ou le jour.
To stop a passage. Boucher ou fermer un passage.
To stop one's breath, (to choak, stifle or strangle him.) Ôter la respiration à quelqu'un, l'étouffer, le suffoquer, l'étrangler.
STOPPAGE, s. Obstruction, suppression, suffocation, opilation.
STOPPED, adj. Arrêté, &c. V. to Stop.
My breath is sometimes stopped. Il me prend quelquefois des étouffements.
STOPPER, s. Bouchon. V. Stopple.
A tobacco-stopper. Fouloir, avec quoi on foule une pipe à tabac.
STOPPERS, subst. pl. (a sea-term.) Bosses.
Knotted stoppers. Bosses à bouton.
Stoppers of the cables. Bosses de cables.
Stopper bolts. Chevilles à boucles pour les bosses du cable.
Crowning of the stoppers. V. Crowning.
STOPPING, subst. L'action d'arrêter, &c. V. to Stop.
Stopping, adj. act. (causing stoppages.) Obstructif, qui cause des obstructions, opilatif.
STOPPLE, subst. Un bouchon.
Stopple of an organ. Biseau de l'orgue.
STOPT. V. Stopped.
STORAX, s. (a fragrant gum so called.) Storax.
STORE, s. (abundance, plenty, much, many.) Abondance, quantité, force, beaucoup, bon ou grand nombre.
Great store of provisions. Grande abondance ou quantité de vivres.
We had store of all things. Nous avions toutes choses en abondance.

STO

P. Store is no sore. P. Ce qui abonde ne vicie pas, l'abondance ne fait point de mal.
Store of money. Force argent.
To keep or lay up in store. Garder, réserver, mettre en réserve.
To have in store. Avoir en réserve.
To let store by. V. to Set.
A good store of servants. Beaucoup, bon nombre ou grand nombre de domestiques, un grand train.
A great store of ships. Un grand nombre de navires.
Store, (or provision in victuals.) Provision de bouche.
To lay in stores of provisions. Faire sa provision.
Stores, (for an army or a town.) Munitions ou provisions de guerre.
The Commissary of the stores. Le munitionnaire.
The stores (or provisions) of a ship. L'équipement ou avitaillement d'un navire.
Store-room, (in a ship.) Soute.
Captain's store-room. Soute aux provisions du Capitaine.
Boatswain's store-room. Soute aux rechanges du Maître.
Gunner's store-room. Soute aux rechanges du Maître-canonnier qui occupe tout l'avant des vaisseaux de guerre Anglois.
STORE, adj. V. Hoarded.
To STORE, verb. act. (to furnish with stores or provisions.) Munir, garnir, pourvoir des choses nécessaires.
To store a town with provisions. Munir une place de provisions ou de vivres.
To store a ship. Munir, équiper ou avitailler un vaisseau.
To store a pond with fish. Peupler un étang.
To store, or lay up in store. Garder, serrer, réserver, mettre en réserve.
Stored, adj. Muni, &c. V. to Store.
STOREHOUSE, s. (or magazine.) Un magasin.
STOREKEEPER, s. Garde-magasin.
STORER, s. (one who lays up.) Celui qui garde.
STORIED. V. to Story.
STORIES, pluriel de Story.
STORING, s. (from to Store.) L'action de munir, &c. V. to Store.
STORK, subst. (a great sort of fowl.) Cigogne.
STORKSBILL, s. (an herb or flower.) Géranion, herbe ou fleur.
STORM, subst. (blustering weather, a tempest.) Tempête, tourmente, orage, bourasque, gros temps, gros coup de vent.
To raise a storm. Exciter, faire lever une tempête.
A storm of rain. Une bourasque de pluie.
It blows a storm. Il fait une tempête, il vente horriblement.
P. After a storm comes a calm. P. Après la pluie le beau temps.
Storm, (noise, bustle, scolding, &c.) Tempête, orage, bruit, vacarme, tintamarre.
Storm, (trouble, persecution, sedition.) Tempête, trouble, orage, persécution, désordre, sédition.
Storm, (assault or sudden attack.) Assaut, attaque violente qu'on fait à l'improviste.
To take a town by storm. Prendre une ville d'assaut, l'emporter d'assaut.

A ſtorm of muſket-ſhot. *Un orage ou une grêle de mouſquetades.*
To STORM, v. n. *S'emporter, criailler, faire grand bruit, foudroyer.*
To ſtorm, v. act. (or aſſault.) *Ex.* To ſtorm a town. *Donner l'aſſaut à une ville.*
Stormed, adject. *A qui l'on a donné l'aſſaut.*
STORMING, ſ. *Emportement, l'action de tempêter,* &c. *V.* to Storm.
STORMY, adj. (or tempeſtuous.) *Orageux; violent, emporté.*
STORY, ſ. (or hiſtory.) *Hiſtoire.*
'Tis recorded in ſtory. *L'hiſtoire rapporte.*
* The ſtory of England. *L'hiſtoire d'Angleterre.*
Story, (recital of any particular adventure.) *Hiſtoire ou hiſtoriette.*
A ſtory, (or tale.) *Une hiſtoire, un conte.*
An old woman's ſtory. *Un conte de ma mere l'oie, un conte de vieille.*
The ſtory goes or the ſtory has it. *On dit, on raconte.*
A merry ſtory. *Un conte fait à plaiſir, un conte pour rire.*
A ſtory, (a fable or flam.) *Un conte, une fable, une fornette.*
To find one in a ſtory, (or lie.) *Trouver quelqu'un menteur.*
A ſtory, (in building.) *Un étage.*
A houſe three ſtories high. *Une maiſon à trois étages.*
To STORY, v. act. (to report or relate.) *Rapporter, raconter, dire.*
Storied, adj. *Ex.* It is ſtoried of ſuch a one. *On raconte d'un tel.*
STORY-TELLER, ſ. *Conteur de fornettes.*
STOTE, ? ſ. (a ſmall ſtinking animal ſome
STOAT, § what like a polecat.) *Sorte de fuet puant.*
STOVE, ſ. (a ſort of furnace to warm a room.) *Poêle, fourneau pour échauffer une chambre.*
Stove, (a room where a furnace is.) *Poêle.*
A ſtove, (ſuch as Dutch women uſe under their petticoats.) *Un couvet, une chauffrette.*
A ſtove, (or hot bath.) *Une étuve, un bain chaud.*
To STOUND, &c. *V.* to Stun, &c.
STOUND, ſ. *Chagrin, malheur, ſurpriſe, étonnement.*
STOUT, adj. (courageous.) *Courageux, vaillant, brave, qui a le cœur hardi.*
Stout, (ſturdy or proud.) *Fier, qui a le cœur haut, qui ne veut point céder.*
Stout, (or luſty.) *Fort, vigoureux, robuſte, gros, plein de force, plein de vigueur.*
Stout, (or vigorous.) *Vigoureux, généreux, plein de courage.*
To make a ſtout reſiſtance. *Faire une vigoureuſe réſiſtance, réſiſter vigoureuſement, ſe défendre vaillamment, combattre courageuſement.*
Stout (or ſtrong) ale. *De l'aile forte, de la biere forte.*
† A ſtout (or great) bottle. *Une groſſe ou une bonne bouteille.*
Stout-hearted. *V.* Stout au premier ſens.
Stout, ſ. *V.* Stout ale.
STOUTLY, adj. (courageouſly.) *Courageuſement, vaillamment, avec beaucoup de valeur ou de bravoure.*
Stoutly, (or vigorouſly.) *Vigoureuſement, verſement.*

Stoutly. *Fort & ferme.*
To ſtrike ſtoutly. *Frapper fort & ferme.*
To cry ſtoutly. *Pleurer fort & ferme, pleurer à chaudes larmes.*
To hold out ſtoutly. *Tenir bon, tenir ou faire ferme.*
To drink ſtoutly. *Boire copieuſement,* † *boire à tire-larigot, boire beaucoup.*
STOUTNESS, ſ. (courage.) *Bravoure, courage, valeur, réſolution, fermeté.*
Stoutneſs, (pride.) *Fierté, arrogance.*
Stoutneſs, (ſtaneſs or ſturdineſs.) *Humeur revêche, humeur inflexible, roideur.*
To STOW, v. act. (to lay up.) *Ranger, arranger, ſerrer, garder, mettre en réſerve.*
To ſtow goods in a ware-houſe. *Ranger, arranger ou ſerrer des marchandiſes, les mettre dans un magaſin.*
To ſtow goods in a ſhip. *Arrimer des marchandiſes dans un navire.*
To ſtow the hold. *Arrimer ou charger.*
STOWAGE, ſ. (the place where goods are laid.) *Lieu où l'on ſert quelque choſe; un magaſin, un cellier,* &c.
† To have a good ſtowage for drink. *Avoir une panſe qui tient beaucoup de boiſſon,* † *être un ſac à vin.*
Stowage, (the money paid for the place where goods are ſtowed.) *L'argent qu'on paye pour la place qu'on occupe dans le magaſin.*
Stowage, (of goods in a ſhip.) *Arrimage, terme de marine.*
STOW-BALL, ſ. *Sorte de jeu où la jeuneſſe jouë avec une balle & une croſſe.*
STOWED, adject. *Arrangé, ſerré,* &c. *V.* to Stow.
STOWING, ſ. *L'action d'arranger,* &c. *V.* to Stow.
To STOWN, &c. *V.* to Stun, &c.
STRABISM, ſ. (ſquinting.) *Strabiſme, terme de médecine.*
To STRADDLE, v. neut. (to go ſtraddling.) *Ouvrir ou écarter les jambes en marchant.*
Straddling, adject. *Ex.* To ride ſtraddling, (as men do.) *Aller à cheval jambe deçà jambe delà, ou à califourchons.*
To go ſtraddling. *V.* to Straddle.
To STRAGGLE, v. neut. (to go from one's company, as ſoldiers do.) *S'écarter, ne marcher pas en compagnie.*
To Straggle, (to rove, to ramble.) *Errer, vaguer de côté & d'autre.*
STRAGGLER, ſ. (or ſtraggling ſoldier.) *Traîneur, ſoldat qui ne marche pas en compagnie.*
STRAGGLING, adject. *Ex.* A ſtraggling ſoldier. *V.* Straggler.
STRAIGHT, adj. *Droit, qui n'eſt pas courbé. V.* le Nota ſous Strait, adj.
To make ſtraight. *Dreſſer, rendre droit.*
To make ſtraight again. *Redreſſer.*
STRAIGHT, adv. (preſently.) *Préſentement, tout de ce pas, ſur le champ.*
Go ſtraight there. *Allez-y ſur le champ.*
STRAIGHTNESS, ſ. *Droiture, rectitude, qualité droite; ce qui fait qu'une choſe eſt droite.*
To STRAIGHTEN, verb. act. *Dreſſer ou redreſſer, rendre droit.*
STRAIN, ſ. (or tune.) *Air, accord, ſon de muſique.*
A ſtrain of muſick. *Un air de muſique.*
Melodious ſtrains. *Accords ou ſons mélodicus.*
A high ſtrain of ſpeech or eloquence. *Maniere de parler élevée, qui n'a rien de bas, ſtyle élevé ou ſublime.*

He is too much upon the high ſtrain; *Il s'éleve un peu trop, il eſt guindé.*
A high ſtrain of verſes. *Des vers magnifiques.*
A ſtrain of law. *Une entorſe qu'on donne à la loi, un paſſe-droit.*
A ſtrain (or breed) of horſes. *Race de chevaux.*
The ſtrain (or view) of deer. *La piſte ou la voie d'une bête ſauve.*
To STRAIN, ? verb. act.
To STRAIN THROUGH, § (ſpeaking of a liquor.) *Couler, paſſer.*
To ſtrain, (to preſs and wring, to ſqueeze,) *Preſſer, ſerrer.*
To ſtrain out the juice of any fruit. *Exprimer le jus de quelque fruit.*
To ſtrain (or bind) hard. *Serrer fermement.*
To ſtrain one's voice, (to raiſe or force it high.) *Hauſſer, élever, pouſſer ſa voix, crier fort haut.*
To ſtrain (or bend) the ſtring too high. *Bander trop les cordes.*
To ſtrain (or bend) one's wit. *Bander ſon eſprit, avoir l'eſprit bandé; appliquer, attacher ſon eſprit avec grande contention.*
To ſtrain, (to force, to wreſt or offer violence.) *Forcer, violenter, faire violence à.*
By ſtraining his genius he loſes that eaſy, plain, and natural air, without which a man can never pleaſe nor perſuade. *En faiſant violence à ſon génie, il perd cet air aiſé, naïf & naturel, ſans lequel on ne ſauroit ni plaire, ni perſuader.*
They have ſtrained their art to the higheſt. *Ils ont porté ou pouſſé leur adreſſe juſqu'au dernier point.*
To ſtrain too high, (to over do.) *Outrer.*
To ſtrain or diſtrain. *V.* to Diſtrain.
To ſtrain one's ſelf, v. récip. *Se forcer.*
Don't ſtrain yourſelf. *Ne vous forcez pas.*
To ſtrain (or ſprain) one's wriſt. *Se détordre le poignet, ſe donner une détorſe ou une entorſe au poignet.*
To ſtrain, verb. neut. (or endeavour greatly.) *S'efforcer, tâcher de toutes ſes forces, faire ou employer tous ſes efforts, s'évertuer.*
Strained, adj. *Coulé, paſſé,* &c. *V.* to Strain.
STRAINER, ſ. *Un couloir, une paſſoire.*
STRAINING, ſ. *L'action de couler ou de paſſer,* &c. *V.* to Strain.
Without any ſtraining. *Sans aucune violence.*
STRAIT, adj. (or narrow.) *Etroit, ſerré.*
Strait-handed, (or cloſe-fiſted.) *Serré, dur à la deſſerre, meſquin, attaché, avare.*
Strait-laced. *Ex.* None are ſo ſtrait-laced as common cheats upon the topick of conſcience. *Les plus grands impoſteurs ſont d'ordinaire les plus rigides caſuiſtes.*
Nota. Strait, &c. *eſt ſouvent confondu avec* Straight, &c.
STRAIT, ? ſ. (arm or narrow of
* STREIGHT, § the ſea.) *Détroit.*
The ſtraits of Sunda. *Le détroit de la Sonde, entre les îles de Java & de Sumatra.*
Nota. Le détroit du Sund, à l'entrée de la mer Baltique, ſe nomme the Sound.
The ſtraits of Dover. *Le pas de Calais.*
Strait,

STR   STR   STR

Strait, (narrow pass.) *Défilé.*
Strait, (distress.) *Pauvreté, difficulté.*
To be in great straits, (want or penury.) *Etre à l'étroit ou réduit à l'étroit, être réduit à l'extrémité, se trouver dans une grande nécessité.*
To be in great straits, (or trouble.) *Etre fort en peine, être fort embarrassé, être dans un mauvais etat.*
To STRAITEN, verb. act. (to incommode, to confine.) *Gêner, resserrer.*
To straiten, (to make strait or less wide.) *Etrécir ou rétrécir, rendre étroit.*
To straiten, (to press hard, to put hard to it.) *Presser vivement, réduire à l'extrémité, incommoder.*
STRAITENED, adj. *Gêné*, &c. V. to Straiten.
To be straitened, (pinched or reduced to straits.) *Etre réduit à l'étroit ou au petit pied, être dans un état misérable,* &c. V. to Straiten.
STRAITENING, s. *L'action de gêner,* &c. V. to Straiten.
STRAITLY, adj. (or narrowly.) *Etroitement, à l'étroit, d'une manière serrée.*
Straitly, (or strictly.) *Exactement, expressément, formellement.*
STRAITNESS, subst. *Qualité étroite ; ce qui fait qu'une chose est étroite.*
STRAKE, subst. (the iron about the felies of a wheel.) *Bande de fer d'une roue.*
Strokes or Streaks, subst. plur. (a sea-term.) *Virure, piés ou cours de bordages.*
The garboard strake. *Le gabord.*
To heel a strake. *Abattre un vaisseau d'une virure.*
STRAND, subst. (or high shore.) *Rivage élevé, bord.*
Strand, (a twist of a rope.) *Cordon de corde, toron de cordage.*
A rope of four strands. *Cordage à quatre torons, ou cordage commis en quatre.*
Strand. *Rivage de la mer, ou le bord.*
To STRAND, verb. act. *Echouer sur la côte.*
Stranded, adj. (or run a-ground.) *Qui a échoué sur la côte ou sur le rivage.*
STRANGE, adj. (surprising, uncommon, wonderful.) *Etrange, surprenant, extraordinaire, admirable, étonnant.*
To have a strange ready wit. *Avoir une facilité d'esprit admirable, avoir l'esprit fort présent.*
Strange, (or odd.) *Etrange, bizarre.*
Strange, (or foreign.) *Etranger, d'un autre pays, lointain, de dehors.*
Strange nations. *Nations éloignées ou étrangères.*
Strange countries. *Pays étrangers.*
Strange Gods. *Dieux étrangers ou de faux dieux.*
To look strange (or shy) upon one. *Faire mauvais visage à quelqu'un, lui faire mauvaise mine, ne le regarder pas de bon œil, lui battre froid.*
Oh strange ! interj. *Prodige ! chose surprenante ! et-ce-je chose !*
To STRANGE, verb. act. V. to Estrange.
To strange at, (verb. neut. to wonder.) *Etre surpris, être étonné ou s'étonner de.*
I strange at it. *Cela me surprend, j'en suis étonné, je m'en étonne.*
STRANGELY, adv. *Etrangement, d'une étrange manière, extrêmement.*
To look strangely or strange. V. Strange.

STRANGENESS, subst. *Rareté, singularité.*
So great was their strangeness, (they were so estranged.) *Il y avoit entr'eux une si grande aliénation ou une si grande froideur.*
STRANGER, s. (one of another country, family or society.) *Un étranger, une étrangère.*
To make a stranger of one. *Traiter quelqu'un comme un étranger, faire des façons avec lui.*
To make one's self a stranger. *Faire l'étranger, faire des façons.*
To be a stranger in one's own country, (not to know what is a-doing in it.) *Etre étranger dans son pays, ne savoir pas ce qui s'y passe.*
Are you such a stranger here ? *Avez-vous si peu de connoissance de ce qui se passe ici ?*
I am altogether a stranger (or unknown) to him. *Je ne lui suis point du tout connu ou je ne le connois point du tout, je lui suis inconnu.*
I am a stranger to that business, (I know nothing of it.) *Je ne sais rien de cette affaire-là, c'est une affaire qui s'est faite à mon insu.*
Such sounds or words as these are strangers to my ears. *De tels sons n'ont jamais frappé mes oreilles, je ne suis pas accoutumé à de telles paroles on à un tel langage.*
Love is a stranger to fear. *L'amour ne connoit point la crainte.*
I am a stranger to that sort of learning. *Je ne suis point versé dans cette sorte de science, je n'y vois goutte, je n'y comprends ou je n'y entends rien.*
They are to nothing greater strangers than to naval exercise and the working of a ship. *Il ne savent rien moins (ou il n'est rien qu'ils ignorent plus) que la marine & la manœuvre d'un vaisseau.*
You are a great stranger (you seldom come) here. *Vous êtes ou devenez bien rare.*
To be a stranger at Court. *Etre nouveau à la Cour.*
To STRANGLE, verb. act. (or throttle.) *Etrangler.*
Strangled, adj. *Etranglé.*
STRANGLES, subst. (a horse's disease.) *Gourme, maladie de cheval.*
STRANGLING, subst. *L'action d'étrangler.*
STRANGULATION, subst. *Strangulation,* terme de médecine.
STRANGURY, s. (or stoppage of urine attended with pain.) *Suppression d'urine, difficulté d'uriner, strangurie.*
STRAP, subst. *Courroie, bande ou lien de cuir.*
To STRAP, v. act. (to beat with a strap.) *Donner les étrivières.*
STRAPPADO, subst. (a kind of rack.) *L'estrapade.*
To give a soldier the strappado. *Estrapader un soldat, lui donner l'estrapade.*
STRAPPER, subst. (a strapping woman or girl.) *Une grande femme ou fille.*
† STRAPPING, adj. *Grand.*
A strapping girl. *Une grande fille.*
STRATA, subst. plur. de Stratum.
STRATAGEM, subst. (a cunning shift, especially in war.) *Stratagème, ruse ou finesse, sur-tout à la guerre.*
To STRATIFY, verb. act. (to range in beds.) *Stratifier,* terme de chimie.

STRATUM, s. (term of philosophy.) *Lit.*
STRAW, subst. *Paille.*
To lie upon straw. *Coucher sur la paille.*
A straw. *Une paille, un brin de paille.*
A stack of straw. *Un tas de paille.*
† A man of straw, (an insignificant fellow.) † *Un homme de paille, un homme de néant.*
A straw, (a rush , a thing of no moment.) *Un fétu, un zeste, un rien, une chose de rien.*
I would not give a straw (a rush or a pin's head) for it. *Je n'en donnerois pas un zeste ou un fétu.*
I care not a straw. *Je m'en moque, je m'en soucie point, je ne m'en mets aucunement en peine.*
It is not worth a straw. *Cela n'est bon à rien, cela ne vaut rien du tout.*
To pick straws , like a mad-man. *Faire des actions de lunatique.*
† He is not gone thither to pick straws, † *Il n'y est pas allé pour enfiler des perles.*
To be in the straw, (to lie in as a woman.) *Etre en couche, faire ses couches.*
To stumble at a straw. V. to Stumble.
A straw hat. *Un chapeau de paille.*
A straw bed. *Une paillasse.*
STRAWBERRY, subst. (a sort of fruit.) *Fraise.*
The strawberry-plant. *Fraisier.*
A strawberry-tree. *Un arbousier.*
STRAWBUILT, } adj. *De paille.*
STRAWY,
STRAY, adj. (or strayed.) *Epave, égaré, perdu.*
Stray, s. (a strayed beast.) *Bête épave, égarée, perdue.*
To STRAY, verb. neut. (to go astray.) *S'égarer, se perdre, † se fourvoyer.*
Strayed, adj. *Egaré.*
STRAYING, s. *Egarement ou l'action de s'égarer.*
STREAK, s. (a line of colour, stripe ; mark.) *Raie.*
The streaks or iron streaks of a wheel. *Bande de fer d'une roue.* V. Strake.
Red-streak, (a sort of apple.) V. Red.
To STREAK, verb. act. *Rayer, faire des raies.*
To streak with streaks of several colours. *Faire des raies de diverses couleurs, bigarrer.*
Streaked, adj. *Rayé.*
Streaked with several colours. *Bigaré.*
A rose that begins to be streaked with several colours. *Une rose qui commence à se panacher.*
A streaked melon. *Un melon brodé.*
Fine streaked bacon. *Du petit lard.*
STREAM, s. (running water.) *Courant, eau qui court.*
Stream-anchor. V. Anchor.
Stream-cable. V. Cable.
Stream, (or course of a river.) *Le fil de l'eau, le courant ou le cours d'une rivière.*
To go with or to go down the stream. *Suivre le fil de l'eau.*
A stream (or torrent) of eloquence. *Un torrent d'éloquence.*
Streams of fire seen in the airs. *Rayons de lumière ou feux qui paroissent dans l'air.*
A stream or a small stream , (a rivulet.) *Un ruisseau, un petit ruisseau.*
A stream of vinegar, (out of any vessel.) *Un filet de vinaigre.*
Stream-works.

STR

Stream-works, *plur.* (works in the tin mines where the miners follow the veins of tin by trenching.) *Sorte de travail dans les mines d'étain, qui consiste à détourner les eaux qui s'y rencontrent.*
To STREAM,
To STREAM OUT, } *verb. neut.* (to run out.) *Couler, sortir, ruisseler, saillir.*
To stream out, (as beams of light.) *Rayonner.*
STREAMER, *s.* (in a ship.) *Pendant, flamme ou banderolle de navire.*
STREAMING,
STREAMING OUT, } *subst.* L'action de *couler, &c.*
Streaming, *adject. Qui coule, qui ruisselle.*
Streaming eyes. *Des yeux qui fondent en larmes, des yeux baignés de pleurs.*
STREAMY, *adj. Coulant.*
STREET, *subst.* (a way in a town.) *Une rue.*
To run up and down the streets. *Courir les rues, battre le pavé.*
A street-walker, (an idle man.) *Un coureur de rues, un batteur de pavé.*
A street-walker, (a common strumpet.) *Une coureuse, une abandonnée.*
A street-door. *Porte sur la rue.*
* STREIGHT,
STRAIT } *s.* (a narrow arm of the sea.) *Un détroit.*
The streights or rather straits of Gibraltar. *Le détroit de Gibraltar.*
Streights or rather straits, (between hills.) *Gorge de montagnes.*
STRENGTH, *subst.* (or vigour of body in a proper sense.) *Force, vigueur de corps.*
To gather strength after a great fit of sickness. *Se fortifier, reprendre, recouvrer ses forces, se renforcer, se refaire après une grande maladie.*
An evil that gathers new strength every day. *Un mal qui se fortifie tous les jours.*
The strength (or fortifications) of a town. *La force ou les fortifications d'une place.*
The strength (or penetration) of the mind. *La force de l'esprit, la pénétration, l'habileté.*
The strength (or energy) of a word. *La force, l'énergie ou l'emphase d'un mot.*
Strength, (power or ability.) *Forces, pouvoir.*
That's above his strength. *Cela est au-dessus de ses forces.*
Strength, (the quality wherein a man excells.) *Le fort d'un homme.*
I know his strength. *Je connois son fort.*
To STRENGTHEN, *verb. act.* (to fortify, to give strength or to give new strength, in a proper and figurative sense.) *Fortifier, affermir, rendre plus fort, augmenter les forces, enforcir, renforcer, donner des nouvelles forces, au propre & au figuré.*
To strengthen the body. *Fortifier le corps.*
To strengthen one's party. *Fortifier son parti.*
To strengthen one's health. *Affermir sa santé.*
To strengthen the garrison. *Renforcer la garnison.*
Strengthened, *adj. Fortifié, &c. V.* to Strengthen.
STRENGTHENER, *s. Corroboratif.*
To make use of strengtheners. *Se servir de corroboratifs.*

STRENGTHENING, *subst.* L'action de *fortifier, d'affermir, &c. Voyez* to Strengthen.
* STRENUITY. *V.* Strenuousness.
STRENUOUS, *adject.* (bold, valiant, stout; zealous.) *Hardi, vigoureux, ferme, courageux, vaillant; zélé, actif.*
STRENUOUSLY, *adv. Hardiment, courageusement, avec courage, avec vigueur.*
* STRENUOUSNESS, *s. Vigueur, hardiesse, force, valeur.*
STREPENT,
STREPEROUS, } *adj. Bruyant.*
STRESS, *subst.* (or main point in a business.) *Nœud, fond, point essentiel ou principal.*
The stress of the war. *Le fort de la guerre.*
The stress of a body. *Le poids d'un corps.*
Stress of weather, (or storm.) *Tempête, gros temps.*
We were driven in by stress of weather. *La tempête nous obligea de relâcher.*
To lay stress (to rely or insist) upon a thing. *Faire fond, se fonder, insister sur quelque chose.*
They lay too much stress upon ceremonies. *Ils s'attachent trop aux cérémonies.*
STRETCH, *s.* (or extent.) *Étendue.*
Stretch, (effort.) *Effort.*
To put one's thoughts and wits upon the stretch. *Mettre son esprit à la torture.*
To put a man's patience to the utmost stretch. *Pousser à bout la patience de quelqu'un.*
'Tis not the first time, he has made greater stretches. *Ce n'est pas la première fois qu'il s'est donné de plus grandes libertés; ou qu'il a donné de plus grandes entorses à la vérité.*
To SRETCH, *verb. act. Étendre, élargir, ouvrir.*
To stretch one's arms or hands. *Étendre ses bras ou les mains.*
To stretch OUT. *Étendre.*
To stretch out a cord. *Rouler une corde.*
To stretch or stretch OUT, *verb. neut. S'étendre, s'élargir, prêter.*
He may stretch (or be hanged) for't. *Cela pourroit bien lui coûter la corde.*
To stretch (or strain) in order to do a thing. *S'efforcer, faire un effort pour réussir.*
To stretch, (a sea-term.) *Faire force de voiles au plus près du vent.*
Stretched, *adject. Étendu, &c. V.* to Stretch.
STRETCHER, *subst.* (for a glover.) *Un paisson.*
Stretchers, *subst. plur. Traversins placés dans un bâtiment à rames, pour les pieds des rameurs.*
STRETCHING, *s.* L'action d'étendre, *&c. V.* to Stretch, *verb. act. & neut.*
To STREW, *verb. act.* (or spread.) *Joncher, répandre, parsemer.*
To strew flowers. *Répandre des fleurs.*
To strew the ground with flowers. *Joncher la terre de fleurs.*
To strew (or sprinkle) with flour or sugar. *Saupoudrer avec de la farine ou avec du sucre.*
Strewed, *adject. Jonché, &c. Voy.* to Strew.
STREWING, *s.* L'action de joncher, *&c. V.* to Strew.
STRIÆ, *subst.* (in natural history.) *Stries.*
STRIATED, *adj. Cannelé,* en parlant de colonnes ou coquillage.

STRIATURE, *subst. Disposition des stries V.* Striæ.
STRICKEN, *adj. Avancé.*
Stricken in years. *Avancé en âge.*
STRICKLE, *subst.* (a thing used to strike corn level with.) *Raclaire, instrument de bois dont les mesureurs de grains se servent pour couper le blé.*
STRICT, *adj.* (close.) *Étroit, serré.*
A strict alliance. *Une étroite alliance.*
A strict friendship or familiarity. *Étroite amitié ou familiarité.*
Strict, (or punctual.) *Exact, ponctuel qui a de l'exactitude, régulier,* en parlant des personnes.
Strict, (positive.) *Étroit, précis, formel, positif, exprès.*
Strict, (rigid or rigorous.) *Étroit, rigide, rude, sévère, rigoureux.*
A strict conscience. *Une conscience étroite, une bonne conscience.*
A strict master. *Un maître rude ou sévère.*
Strict, (exact, done with exactness.) *Exact, fait avec exactitude.*
To have a strict eye upon one. *Observer quelqu'un de près, ne le perdre pas de vue.*
To keep a strict hand over one. *Tenir quelqu'un de court.*
True friendship is never so strict. *La véritable amitié n'est pas si pointilleuse, elle ne regarde pas de si près.*
Strict, *adv. Ex.* To keep one very strict. *Tenir quelqu'un de court, lui donner peu de liberté.*
STRICTLY, *adv.* (or closely.) *Étroitement.*
Strictly united. *Étroitement uni.*
Strictly, (exactly, punctually.) *Étroitement, ponctuellement, exactement, à la rigueur, dans toutes les regles.*
Strictly, (rigorously, positively.) *Étroitement, expressément, formellement, en termes formels.*
To forbid strictly. *Défendre étroitement, faire une devoite défense.*
STRICTNESS, *s.* (rigour or exactness.) *Rigueur, exactitude.*
The strictness (or severity) of laws. *La rigueur ou la sévérité des lois.*
† STRICTURE, *s.* (or spark from a red hot iron.) *Étincelle, bluette ou paillette de fer chaud, contraction.*
Brutes have some strictures of ratiocination. *Les bêtes brutes ont quelques étincelles de raison.*
STRIDE, *s. Enjambée.*
Cock-stride. *V.* Cock.
To STRIDE, *verb. neut. Enjamber, faire une enjambée.*
STRIDINGLY, *adv. En faisant des enjambées, en enjambant.*
STRIDULOUS, *adj. Qui crie, qui fait un petit bruit.*
STRIFE, *subst.* (dispute or quarrel.) *Dispute, différent, contestation, querelle, débat.*
STRIKE, *subst.* or measure.) *Mesure, boisseau.*
To STRIKE, *v. a.* (to beat, to give one a blow or several blows.) *Frapper, battre, donner ou porter un ou plusieurs coups.*
He struck me on the head. *Il m'a frappé ou il m'a porté un coup à la tête.*
To strike fire. *Battre le fusil, faire du feu avec un fusil.*
Prov. Strike the iron while it is hot. *P. Il faut battre le fer pendant qu'il est chaud.*

Tome II.   4 M   To

STR

To strike, (to affect or make an impression upon the senses or mind.) *Frapper, toucher, faire impression sur les sens ou sur l'esprit.*
To strike to the very heart. *Percer le cœur.*
To strike, verb. neut. & act. (as the clock does.) *Frapper, sonner.*
The clock strikes. *L'heure frappe ou l'horloge sonne.*
It struck twelve o' clock. *Il a sonné douze heures, il est midi sonné.*
To strike corn, (to make measure even with a strickle.) *Couper ou racler le blé.*
To strike, (a sea-term for to pull down.) *Amener, abaisser, caler, baisser, abattre, mettre bas, affaler.*
To strike sail. *Amener, caler, abaisser les voiles, les mettre bas.*
To strike the flag. *Baisser le pavillon.*
To strike an ensign. *Amener un pavillon.*
To strike a top-sail. *Amener un hunier.*
To strike a top-mast or yard, or a top-gallant-mast or yard, &c. *Amener un mât de hune, ou une vergue de hunier, un mât ou une vergue de perroquet, &c.*
Strike the mizzen and set it! *Borde l'artimon! fais servir l'artimon!*
To strike the sands or to strike, verb. neut. (to run a-ground.) *Toucher, échouer, donner à travers.*
To strike or hit one's head against the wall, (in a proper and figurative sense.) *Donner, se donner ou heurter de la tête contre la muraille, au propre & au figuré.*
To strike fire out of a flint. *Tirer ou faire sortir du feu d'une pierre.*
This fable strikes at our follies. *Cette fable porte coup à nos folies, ou reprend nos folies.*
To strike a colour. *Donner une couleur.*
To strike blind. *Frapper d'aveuglement, rendre aveugle.*
To strike root, or absolutely to strike, (speaking of plants, to take root.) *Prendre racine, ou absolument, prendre.*
To strike (give or join) battle. *Donner ou livrer bataille.*
† To strike one, (to ask money of one.) † *Porter ou allonger une estocade à quelqu'un.*
To strike AT, verb. neut. Ex. He strikes at (or undertakes) every thing. *Il se donne à tout, il entreprend indifféremment toutes choses.*
That doctrine strikes at the order of providence. *Cette doctrine choque ou attaque l'ordre de la providence; cette doctrine donne atteinte à l'ordre établi par la providence.*
That strikes at the Atheist as well as at us. *Cela fait contre l'Athée aussi bien que contre nous.*
To strike (or go) THROUGH. *Traverser.*
There is a divine providence that strikes through all things. *Il y a une providence divine qui se fait sentir par-tout, ou qui regne en toutes choses.*
To strike IN (or join) with. *Se joindre avec, se ranger du côté de, se mettre de partie.*
To strike ASUNDER. *Faire tomber en pieces.*
To strike AGAIN. *Se revancher, se défendre lorsqu'on est attaqué.*
To strike AGAINST, (to clash with.) *Choquer, être contraire ou opposé.*
To strike DOWN. *Faire tomber, renverser par terre à force de coups.*
This alley strikes (or goes) INTO the broad street. *Cette ruelle répond ou mene à la grand'rue.*
It struck him into the jaundice. *Cela lui fit venir la jaunisse.*
To strike one into admiration. *Ravir quelqu'un en admiration.*
To strike a nail into a place. *Planter, ficher, cogner ou faire entrer un clou en quelque lieu.*
To strike OFF. *Faire tomber, abattre à force de coups.*
To strike (or cut off) one's head. *Couper la tête à quelqu'un, lui faire sauter la tête.*
To strike, (or blot out.) *Effacer, rayer.*
To strike UP (or beat) a drum. *Battre le tambour.*
To strike up, (as musicians do when they begin to play.) *Jouer ou commencer à jouer, en parlant de la musique.*
To strike (or trip) up one's heels. *Donner le croc en jambe à quelqu'un, faire tomber quelqu'un par adresse.*
To strike or strike up a bargain. *Faire, arrêter ou conclure un marché.*
STRIKER, s. *Celui qui frappe, &c.*
STRIKING, s. *L'action de frapper, &c.* V. to Strike.
Without striking a blow. *Sans coup férir.*
STRING, subst. *Attache, cordon.*
A shoe-string. *Attache ou cordon de soulier.*
Bow-string. *Corde d'arc.*
The strings of a musical instrument. *Les cordes d'un instrument de musique.*
The small erings (or thread) of roots. *Les fibres ou filets des racines.*
The heart-strings. *Les fibres du cœur.*
The strings of a vine and of some plants. *Tenons, scions tendres de signe, &c., vrilles.*
To have the world in a string, (or all things at command.) *Avoir tout à souhait.*
The string-board of a staircase. *Le limon d'un escalier.*
String, (a sea-term.) *Bauquiere des gaillards, à l'endroit des passe-avants; c'est-à-dire, proprement le bordage qui est intérieurement placé, contre le bord, pour former la jonction des deux bauquieres.*
To STRING, v. act. *Garnir de cordes; enfiler.*
To string a violin. *Garnir un violon de cordes.*
To string pearls. *Enfiler des perles.*
Stringed, adject. *Garni de cordes.*
STRINGENT, adject. (binding.) *Astringent, qui resserre.*
STRINGHALT, s. (a disorder in horses which makes them twitch or snatch up one or both of their hinder legs much higher than they ought to do.) *Mouvement convulsif qui fait qu'un cheval leve une jambe de derriere ou même toutes les deux beaucoup plus haut qu'il ne le devroit.*
STRINGY, adj. (from string.) *Cordé.*
Ex. A stringy radish. *Une rave cordée.*
A stringy root. *Une racine fibreuse.*
STRIP, subst. (of cloth.) *Petite bande de drap ou de toile.*
To make strip and waste, (or to make strop and waste, in a law-sense.) *Prodiguer, mal-user.*
To STRIP, v. act. (or to strip naked.) *Dépouiller, ôter les habits à quelqu'un.*
To strip the masts. *Dégréer les mâts ou les dégarnir.*
To strip, (to plunder.) *Ravager, piller.*
To strip off. *Dépouiller, peler.*
STRIPE, s. (or blow.) *Coup.*
The stripes or streaks of a striped stuff. *Les raies ou barres d'une étoffe rayée.*
To make white or yellow stripes. *Rayer de blanc ou de jaune.*
To STRIPE, v. act. (to variegate with different coloured lines.) *Rayer, faire des raies.*
Striped, adj. *Rayé.*
STRIPLING, subst. (a youth.) *Un jeune garçon; un jeune homme foible de corps.*
STRIPPED. V. Stript.
STRIPPER, subst. *Celui ou celle qui dépouille.*
STRIPPING, s. *L'action de dépouiller.* V. to Strip.
STRIPT, adj. *Dépouillé.*
To STRIVE, verb. neut. (to struggle, to endeavour.) *Tâcher, s'efforcer, faire des efforts, s'évertuer.*
To strive, (or to struggle.) *Se débattre, se démener, être aux prises.*
To strive (or to contend) with one. *Contester, disputer avec quelqu'un.*
To strive for mastery. *Faire à qui l'emportera, faire à qui sera le maître, faire au plus fort, tirer au bâton ou au court bâton avec quelqu'un.*
To strive who shall run best. *Faire à qui courra le mieux.*
He commands with so much grace, that every body strives in obedience. *Il a le commandement si beau, qu'il y a presse à lui obéir, ou qu'on lui obéit à l'envi, ou qu'on s'empresse de lui obéir.*
All strived who should be foremost in serving him. *Ils s'empressoient à l'envi de le servir.*
To strive against the stream. *Naviguer contre le torrent, naviguer contre le courant.*
STRIVER, s. *Celui qui tâche, &c.* V. to Strive.
STRIVING, s. *L'action de tâcher, &c.* V. to Strive.
STROKE, s. (from to strike, a blow.) *Un coup, action de frapper.*
A stroke with a stick. *Un coup de bâton.*
To give quick strokes. *Frapper dru & menu.*
A stroke, (at-sea.) *Coup de rame.*
Row a long stroke! *Rame ou vogue à l'Angloise!* *Ordre donné aux Rameurs de laisser un certain intervalle entre chaque coup de rame.*
To come under the stroke of justice. *Être puni, souffrir quelque supplice.*
The clock is upon the stroke of eleven. *Il s'en va onze heures, l'horloge va frapper onze heures.*
A stroke of a pen or pencil. *Un coup ou trait de plume ou de pinceau.*
† He has a good stroke in the mouth (he eats with a good stomach.) *Il mange de bon appétit,* † *il pile bien, il pile comme il faut.*
He bears a great stroke, (or sway.) *Il a beaucoup de pouvoir, il peut beaucoup.*
To STROKE, verb. act. *Flatter, caresser avec la main.*
To stroke (or milk) a cow. *Finir de traire une vache.*
Stroked, adject. *Flatté, &c.* Voyez to Stroke.
STROKES-MAN, s. comp. (a sea-term.) *Vogue-avant; c'est-à-dire, celui des Rameurs qui donne le coup de rame pour régler la vogue, & faire aller tous les Rameurs ensemble & en mesure.*
STROKING, s. *L'action de flatter, &c.* V. to Stroke.
The strokings of milk. *Le dernier lait qui sort.*

fort du trayon de la vache quand on la trait.
To STROLL, *verb. neut.* (to go or ramble about.) *Trôler, rouler, roder.*
To ſtroll, *v. act.* (or carry) one about. *Trôler quelqu'un.*
STROLLER, *subst.* (a ſtrolling player.) *Un comédien de campagne.*
Stroller, (a vagrant.) *Vagabond.*
STROLLING, *adj.* Qui roule, qui rôde, ambulant, qui n'eſt pas fixé en un lieu.
A ſtrolling company of ſtage-players. *Troupe de comédiens ambulants ou de campagne.*
A ſtrolling lady of the town. *Une coureuſe, une proſtituée.*
STROND, *ſ. Rivage, &c. V. Strand.*
STRONG, *adj.* (robuſt, luſty, vigorous, ablebodied.) *Fort, puiſſant, robuſte, qui a de la force, vigoureux.*
Strong, (mighty, powerful, conſiderable.) *Fort, puiſſant, conſidérable.*
A ſtrong army. *Une forte ou puiſſante armée.*
Strong, (able to reſiſt.) *Fort, capable de réſiſter.*
Ex. A ſtrong place. *Une place forte.*
Strong, (or thick.) *Fort gros ou épais de matière.*
A ſtrong beam. *Une poutre forte.*
A ſtrong box. *Un coffre-fort.*
Strong liquors, (liquors full of ſpirits, ebriating liquors.) *Liqueurs fortes, pleines d'eſprits.*
I won't play with you, you are too ſtrong for me. *Je ne veux pas jouer contre vous, vous êtes plus fort que moi.*
Strong, (forcible, powerful, ſolid.) *Fort, puiſſant, ſolide, appuyé ſur de bons principes.*
A ſtrong wind. *Un vent fort.*
A ſtrong pulſe. *Un pouls fort & élevé.*
A ſtrong inclination or paſſion. *Une forte inclination ou paſſion.*
The devil was ſtrong in him. *Le diable le poſſédoit d'une terrible force ou manière.*
A ſtrong clayey ſoil or ground. *Terre forte, terre graſſe & tenace, difficile à labourer.*
A ſtrong (or emphatical) expreſſion. *Une expreſſion forte, ſignificative, emphatique ou énergique.*
Strong ſoup, pottage or broth, (full of gravy.) *Soupe ſucculente ou de bon ſuc.*
Strong, (ſharp to the taſte or ſmell.) *Fort, âcre & piquant au goût ou à l'odorat.*
Strong vinegar. *Du vinaigre fort.*
Strong, (of an ill taſte or ſmell.) *Fort, qui a un mauvais goût, ou qui ſent mauvais.*
A ſtrong breath. *Une haleine forte.*
A ſtrong (or rank) Papiſt. *Un Papiſte outré ou entêté.*
Strong-water. *De l'eau-de-vie diſtillée avec des ingrédients.*
A ſtrong water ſhop. *Une boutique où l'on vend de l'eau-de-vie.*
It ſmells too ſtrong of the minerals. *Cela ſent trop les minéraux.*
They were but ten thouſand men ſtrong. *Ils n'avoient que dix mille hommes; leurs forces n'étoient qu'au nombre de dix mille hommes.*
To be ſtrong in the purſe. *Avoir beaucoup d'argent, avoir la bourſe bien garnie, avoir les reins forts.*
How ſtrong are you? what money have

you? *Quel argent ou combien d'argent avez-vous?*
I am but a crown ſtrong. *Je n'ai qu'un écu.*
You are ſtrong enough, or your purſe is ſtrong enough for our preſent occaſion. *C'eſt aſſez, cela ſuffit, cela fera notre affaire.*
I have a ſtrong ſuspicion of it. *Je le ſoupçonne fort.*
Strong-limbed, ſtrong-docked, (or well ſet.) *Robuſte, trapu, fort, qui a bon dos.*
A ſtrong-backed horſe. *Cheval d'eſquine, ou qui va ſur l'eſquine.*
A ſtrong-bodied man. *Un homme fort ou robuſte, un puiſſant homme, un puiſſant corps.*
Strong-bodied wine. *Vin qui a du corps, vin ferme ou de garde.*
STRONGFISTED, } *adject.* Fort du
STRONGHANDED, } poignet.
STRONGHAND, *ſ.* (force.) *Force, violence.*
STRONGLY, *adv. Fortement, fort, vigoureuſement, puiſſamment, fermement, ſolidement.*
Puſh on ſtrongly. *Pouſſez fortement, fort ou vigoureuſement.*
A ſtrongly-ſeated town. *Place forte d'aſſiette.*
STROOK. *V.* Struck.
STROP, *subſt.* (a ſea-term.) *Eſtrop de cordages, eſtrop de poulies, &c.*
Iron ſtrops, (corrompu de Stirrups.) *Etriveux de fer en général. V. Stirrups.*
Strops, terme de corderie. *Hélingues.*
STROPHE, *ſ.* (ſtanza.) *Strophe.*
STROVE, *c'eſt un prétérit du verbe to Strive.*
To STROUT, &c. *V.* to Strut, &c.
To STROW, &c. *V.* to Strew, &c.
STRUCK, *adj.* (from to ſtrike.) *Frappé, &c. V.* to Strike.
Planet ſtruck, (ſtunned or amazed.) *Frappé d'étonnement, tout étourdi, éperdu.*
STRUCTURE, (or fabrick.) *Structure, conſtruction.*
The ſtructure (order, diſpoſition) of a diſcourſe. *La ſtructure d'un diſcours, l'ordre, la diſpoſition ou l'arrangement de ſes parties.*
STRUGGLE, *subſt.* (reſiſtance, effort.) *Effort, réſiſtance, diſpute.*
To STRUGGLE, *verb. neut.* (to ſtir one's ſelf violently.) *Se débattre, ſe démener, s'agiter, ſe remuer violemment.*
To ſtruggle, (to ſtrive or endeavour.) *Se démener, ſe remuer, tâcher, faire des efforts, s'efforcer, prendre de la peine.*
A child that ſtruggles for birth. *Un enfant qui fait des efforts pour ſortir du ventre de ſa mère.*
To ſtruggle, (to wreſtle, fight or contend.) *Etre aux priſes, lutter, combattre, chicaner, diſputer.*
To ſtruggle with or againſt death. *Combattre, chicaner avec la mort, lutter contre la mort.*
He ſtruggles for breath. *Il lutte contre la mort.*
He did ſo ſtruggle, that he got away. *Il s'eſt tant débattu qu'il s'eſt enfin ſauvé.*
To ſtruggle out of one's clutches. *Se débarraſſer de quelqu'un à force de bras.*
STRUGGLER, *subſt.* *celui ou celle qui ſe débat, &c. V.* to Struggle.
STRUGGLING, *subſt. L'action de ſe débattre, &c. V.* to Struggle.

There's no ſtruggling with neceſſity. *Il faut céder à la néceſſité.*
STRUMA, *ſ.* (King's evil.) *Ecrouelles.*
STRUMOUS, *adj. Qui a les glandes enflées.*
STRUMPET, *subſt.* (or common whore.) *Une proſtituée, une putain publique, une coureuſe.*
STRUNG, *adj.* (from to ſtring.) *Garni de cordes, enfilé.*
To STRUT, } *verb. neut.* (to
To STRUT ALONG, } walk proudly along.) *Se carrer, marcher d'un air fier & orgueilleux, † piaffer.*
To ſtrut, *V.* to Swell.
STRUTTING, } *ſub. Démarche*
STRUTTING ALONG, } *fière & orgueilleuſe, † piaffe.*
STUB, *subſt.* (or ſtump.) *Tronc, chicot.*
A ſtub nail. *Un clou tout uſé.*
To STUB, *verb. act.* (to force up.) *Extirper.*
Stubbed, *adject.* (rooted up; ſhort and thick.) *Extirpé; trapu, membru.*
STUBBLE, *ſ. Eteule ou chaume.*
A ſtubble gooſe. *Une oie d'automne.*
STUBBORN, *adject.* (headſtrong, obſtinate.) *Têtu, obſtiné, opiniâtre, rétiche.*
STUBBORNLY, *adv. En têtu, en opiniâtre, opiniâtrément, obſtinément, avec obſtination.*
STUBBORNESS, *ſ. Opiniâtreté, obſtination.*
STUBBY, *adj.* (ſhort and ſtrong.) *Trapu, membru.*
A ſtubby fellow. *Un trapu.*
STUCCO, *ſ.* (a kind of plaſter.) *Stuc.*
STUCK, *adj.* (from to ſtick.) *Attaché, &c. V.* to Stick.
The child cries at if it were ſtuck. *L'enfant crie comme s'il étoit poignardé.*
Stuck, *eſt auſſi un prétérit du verbe to Stick.*
STUD, *ſ.* (a nail embosſed in any thing.) *Clou dont on garnit quelque choſe pour l'ornement.*
Stone-ſtud, (or poſt.) *Une borne.*
Stud. *Haras.*
A ſtud of mares, (a ſtock of breeding mares.) *Un haras de cavalles.*
To STUD, *verb. act. Garnir de clous.*
Stadded, *adj. Garni de clous.*
Studded with gems. *Garni de pierres précieuſes.*
STUDDING, *adject. Ex.* ſtudding-ſails. *Bonnettes.*
Lower ſtudding-ſails. *Bonnettes baſſes.*
Top-maſt ſtudding-ſails. *Bonnettes des huniers.*
Studding-ſail boom. *V.* Boom.
STUDENT, *subſt.* (or ſcholar.) *Un étudiant, un écolier.*
A great ſtudent, (a ſtudious man.) *Une perſonne fort ſtudieuſe, qui étudie fort.*
STUDIED, *adj.* (learned.) *Savant.*
STUDIER, *subſt. Qui étudie.*
STUDIES. *V.* Study.
STUDIOUS, *adj.* (or bookiſh.) *Studieux, qui aime fort l'étude, qui ſe plaît à l'étude.*
To live a ſtudious life. *Paſſer ſa vie dans l'étude.*
I am very ſtudious (I endeavour) to pleaſe him. *Je m'étudie ou je m'attache à lui plaire, je tâche de lui plaire.*
STUDIOUSLY, *adverb. Avec étude, avec application, avec attachement.*
STUDIOUSNESS, *ſ. Attachement à l'étude.*
STUDY, *subſt.* (application of mind to learn any thing.) *Etude.*

He

4 M 2

STU

He is following his studies at the University. *Il fait ses études à l'Université.*
To hinder one's study. *Empêcher quelqu'un d'étudier, l'interrompre quand il étudie.*
Study, (or closet to study in.) *Etude, cabinet où l'on étudie.*
Study, (application of mind to do any thing.) *Etude, application d'esprit.*
He makes it his study. *C'est-là son étude, il y met toute son étude.*
I will make it my study (or business) to please you. *Je m'étudierai ou je mettrai toute mon étude à vous plaire, je tâcherai de vous plaire, je ferai tous mes efforts pour vous plaire.*
† To be in a brown study, (to be dull or melancholy. *Être sournois, sombre, rêveur, mélancolique, pensif.*
To STUDY, *verb. act.* (to apply one's mind to a thing in order to learn it.) *Etudier, s'appliquer ou s'attacher à quelque chose pour l'apprendre.*
To study hard. *Etudier fort & ferme, étudier ardemment, être attaché à l'étude.*
To study, (to prepare or meditate beforehand.) *Etudier, méditer, préparer, composer.*
To study a compliment. *Etudier un compliment.*
To study, (to observe in order to know.) *Etudier, observer pour connoître.*
To study men. *Etudier le monde.*
To study one's humour. *Etudier l'humeur de quelqu'un.*
To study one's brains about a thing. *Se fatiguer l'esprit sur quelque chose.*
To study, *verb. neut. & act.* (to endeavour.) *S'étudier, tâcher, s'attacher, s'appliquer, faire ses efforts, songer.*
Ex. He studies to please all the world. *Il s'étudie à plaire à tout le monde, il tâche de plaire à tout le monde.*
He studies (he gives his mind to) all manner of wickedness. *Il s'étudie à toute sorte de méchancetés, il ne s'étudie qu'à faire du mal.*
I would have you study how to bring it about. *Je voudrois bien que vous vous étudiassiez à trouver le moyen d'en venir à bout.*
He does nothing but study mischief. *Il ne songe ou il ne s'étudie qu'à faire du mal.*
Studied , *adject.* (or done with much study.) *Etudié, médité, préparé avec attention, fait avec soin.*
STUDYING , *f. L'action d'étudier, &c. V.* to Study.
STUFF , *sub.* (any matter used in manufactures, wearing apparel, &c.) *Etoffe, matiere de manufactures.*
Woollen or silk stuff. *Etoffe de laine ou de soie.*
Shoes made of very good stuff , (or leather.) *Des souliers de bonne étoffe ou d'un cuir bien conditionné.*
A bell of good stuff. *Une cloche de bonne étoffe.*
Stuff, (materials for building, as mortar, boards.) *Matériaux pour bâtir, comme du mortier, de la brique, des planches, &c.*
Stuff. *Ce mot signifie en général tout corroi, suif ou résine dont on enduit le fond d'un vaisseau, ses œuvres mortes, & même ses mâts & vergues.*
Household stuff. *Des meubles.*
Kitchen-stuff. *Graisse de cuisine.*

STU

R. *On se sert du mot stuff, dans le discours familier, pour exprimer une infinité de choses : ainsi on dira,*
The stuff that runs out of a sore. *Le pus ou la matiere qui sort d'une plaie.*
What nasty stuff is this? *Quelle vilenie est ceci?*
'Tis good stuff, taste it. *C'est quelque chose de fort bon, goûtez-le.*
Did you ever read such paltry stuff? *Avez-vous jamais rien lu de si chétif ou de si pitoyable?*
I never saw such stuff in my life. *Je n'ai jamais rien vu de tel.*
There's stuff indeed to laugh at. *Vraiment il y a de quoi rire.*
'Tis all stuff, (or lies.) *Ce sont toutes faussetés, il n'y a rien de cela.*
Stuff, *interj. Bagatelle.*
To STUFF , *verb. act.* (to fill or cram.) *Farcir, remplir, rembourrer.*
To stuff beef with herbs. *Farcir du bœuf avec des herbes.*
To stuff one's belly or guts with meat. *Se farcir, se remplir ou s'emplir la panse de viande,* † *se rembourrer le ventre ou rembourrer son pourpoint.*
To stuff a chair. *Rembourrer une chaise, la garnir de bourre.*
To stuff a saddle , to stuff it with felt. *Rembourrer ou feutrer une selle, la garnir de feutre.*
To stuff (or stop) UP. *Boucher.*
This meat stuffs me up. *Cette viande me charge l'estomac.*
Stuffed , *adject. Farci, &c. V.* to Stuff.
He is stuffed UP, (he does not freely fetch his breath.) *Il a les conduits de L respiration bouchés.*
My head is stuffed up with a cold. *Je suis tout enchifrené, j'ai un enchifrenement.*
Stuffed up in a close place, (that wants air.) *Qui n'a pas assez d'air , qui est dans un lieu trop serré.*
STUFFING , *subst. L'action de farcir. V.* to Stuff.
STUKE, *f.* (plaster of Paris.) *Stuc.*
STUM , *subst.* (the flower of fermenting wine.) *Surmoût.*
To STUM , *verb. act.* (to sophisticate) decayed wine. *Sophistiquer, falsifier, frelater, mixtionner du vin.*
† To STUMBLE , *verb. neut.* Faux pas , *l'action de trébucher.*
Ex. But the damsel, after a little stumble &c. *Mais la jeune fille, après avoir fait un petit faux pas , &c,*
Stumble. *Méprise, l'action de broncher.*
To STUMBLE , *verb. neut.* (to trip.) *Broncher, trébucher.*
A horse that stumbles every step. *Cheval qui bronche ou qui mollit à chaque pas.*
P. 'Tis a good horse that never stumbles. P. *Il n'y a si bon cheval qui ne bronche.*
To stumble at (or scruple) a thing. *Faire scrupule ou difficulté d'une chose.*
P To stumble at a straw, and leap over a block. *Faire scrupule des choses les plus aisées ou les plus innocentes, & se jouer de celles qui sont difficiles & d'une suite dangereuse.*
To Stumble UPON or INTO a thing , (to find it or light upon it by chance.) *Trouver , rencontrer une chose par hasard.*
Stumbled AT , *adj.* Dont on fait scrupule.

STU

Stumbled UPON. *Trouvé ou rencontré par hasard.*
STUMBLER , *subst. Celui ou celle qui bronche.*
STUMBLING , *subst. Bronchade , l'action de broncher, &c. V.* to Stumble.
Stumbling , *adj. Ex.* A stumbling block. *Pierre de scandale ou pierre d'achoppement, écueil, achoppement.*
A stumbling horse. *Cheval qui mollit ou qui bronche.*
STUMMED , *adj. Sophistiqué, falsifié, &c. V.* to Stum.
STUMMING , *s. L'action de sophistiquer, &c. V.* to Stum.
STUMP , *subst.* Tronc, moignon, chicot.
The stump of a tree. *Le tronc d'un arbre ou un chicot d'abre.*
The stump of one's leg cut off. *Tronc ou moignon de jambe coupée.*
The stump of a tooth. *Chicot de dent.*
† To bestir one's stumps , (to be stirring or in action.) *Se remuer, se donner du mouvement ou de l'action.*
Stump-footed. *Qui a le pied tout d'une piece.*
To STUN , *verb. act. Etourdir, frapper d'étonnement, étonner.*
That blow stunned him. *Ce coup-là l'étourdit ou lui étonna le cerveau.*
STUNG , *adject.* (from to sting.) *Piqué, mordu. V.* to Sting.
STUNK , *prét. de* to Stink.
STUNNED , *adj.* (from to stun.) *Etourdi, frappé d'étonnement, étonné.*
STUNNING , *subst. Etourdissement, l'action d'étourdir, &c. V.* to Stun.
To STUNT , *verb. act.* (to hinder the growth of any thing.) *Rabougrir, empêcher de croître.*
Stunted , *adject. part.* (crooked , misshapen.) *Rabougri.*
To grow stunted. *Se rabougrir.*
STUPEFACTION , *subst.* (or dulness.) *Stupéfaction, engourdissement.*
Stupefaction , (astonishment.) *Etonnement.*
STUPEFACTIVE , *adject.* (that stupifies.) *Qui stupéfie, narcotique, assoupissant.*
STUPENDOUS , *adj.* (wonderful.) *Prodigieux, étonnant.*
STUPID , *adj.* (or blockish.) *Stupide , hébété, d'esprit grossier, lourd, & pesant.*
The stupid worship of images. *Le culte grossier des images.*
Stupid, (senseless, dismayed.) *Stupide, interdit,* † *stupéfait.*
STUPIDITY , *subst. Stupidité, bêtise, pesanteur d'esprit.*
STUPIDLY , *adverb. Stupidement, d'une maniere stupide.*
To STUPIFY , *verb. act.* (to benum or make insensible.) *Stupéfier , engourdir, rendre insensible.*
To stupify , (to make stupid or dull.) *Hébéter, rendre stupide.*
To stupify, (or astonish.) *Etonner, rendre interdit.*
Stupified, *adj. Stupéfié, &c. V* to Stupify.
STUPIFYING , *subst. Stupéfaction, action de stupéfier, &c. V.* to Stupify.
STUPOR , *f.* (deprivation of sensibility.) *Stupeur , engourdissement.*
To STUPRATE , *v. act. Violer.*
STUPRATION , *subst.* (a deflowering, a rape.) *Rapt, viol.*
STURDILY , *adv.* (or bluntly.) *Brusquement, d'une maniere brusque.*
Sturdily, (or saucily.) *Insolemment, d'une maniere insolente.*

STURDINESS,

STU SUB

STURDINESS, *f.* (or bluntness.) Brusquerie, humeur, conduite ou action brusque.
Sturdiness, (or sauciness.) Insolence.
STURDY, *adj.* (strong, lusty.) Fort, robuste, vigoureux.
Sturdy beggars. Mendians valides.
Sturdy, (or blunt.) Brusque, insolent.
STURGEON, *subst.* (a sea-fish.) Esturgeon, poisson de mer.
STURK, *f.* V. Steer.
To STUT,
To STUTTER, } *v. neut.* (to stammer.) Bégayer, bredouiller.
STUTTERER, *subst.* Begue, celui ou celle qui bégaie, bredouilleur ou bredouilleuse.
STUTTERING, *f.* Bégaiement, bredouillement, l'action de bégayer ou de bredouiller.
STY, *subst.* A hog-sty. Etable à cochons.
STYGIAN, *adj.* Infernal.
STYLE, *f.* (or way of writing.) Style.
Style, (the way of reckoning the beginning of the year.) Style.
Ex. The old and new style. L'ancien ou le vieux & le nouveau style.
Style, (in dialing.) Style de cadran, dont l'ombre sert à marquer les heures.
Style, (or title.) Titre.
The royal style was proclaimed. On fit la proclamation royale, on proclama les titres royaux.
Style, (or manner of painting.) La maniere, le goût de peindre.
Raphael's or Tintoret's style. La maniere de Raphael ou de Tintoret.
To STYLE, *v. act.* (to give the title.) Donner le titre, nommer.
To style one's self, *verb. récip.* Prendre le titre, se dire.
STYPTICK, *adject.* Stiptique, terme de médecine.
SUASIVE,
SUASORY, } *adj.* Persuasif.
SUAVITY, *subst.* (or sweetness.) Douceur, suavité.
SUB, dans les composés, marque un degré inférieur.
SUB-ALMONER, *f.* Un sous-Aumônier.
SUBALTERN, *adj.* (placed under another.) Subalterne, inférieur.
Subaltern, *subst.* (an inferior Officer.) Un subalterne, un Officier subalterne.
SUBALTERNATE, *adj.* (succeeding by turns, successive.) Successif, qui succede tour à tour.
SUB-BRIGAD'ER, *subst.* Sous-Brigadier.
SUB-CHANTER, *f.* Sous-Chantre.
SUB-COMMISSIONER, *f.* Sous-Commis.
The imperial sub-Commissioners. Les commissaires délégués de l'Empire.
SUB-DEACON, *f.* Sous-Diacre.
SUB-DEACONSHIP, *f.* Sous-Diaconat.
SUB DEAN, *f.* Sous-Doyen.
SUBDELEGATE, *adject.* (or appointed under.) Subdélégué, substitué.
Subdelegate, *f.* Substitut.
To SUBDELEGATE, *v. a.* Subdéléguer.
Subdelegated, *adj.* Subdélégué.
SUBDELEGATING,
SUBDELEGATION, } *f.* Subdélégation.
SUBDITITIOUS, *adj.* (put in the place of another's person or thing.) Supposé, mis en la place d'une autre personne ou chose.
To SUBDIVIDE, *verb. act.* (to divide a division.) Subdiviser.
Subdivided, *adj.* Subdivisé.
SUBDIVISION, *f.* Subdivision.
SUBDOLOUS, *adj.* (crafty, deceitful.) Trompeur, rusé, où il y a de la fourberie.
To SUBDUCE,
To SUBDUCT, } &c. V. to Subtract, &c.

SUB

To SUBDUE, *verb. act.* (to bring under, to conquer or master; in a proper and figurative sense.) Subjuguer, conquérir, soumettre, vaincre, assujetti, dompter, surmonter, maîtriser.
To subdue (or mortify) one's flesh. Mortifier sa chair.
Subdued, *adj.* Subjugué, conquis, &c. V. to Subdue.
SUBDUER, *f.* Celui qui subjugue ou qui a subjugué, &c. V. to Subdue.
SUBDUING, *f.* L'action de subjuguer, &c. V. to Subdue.
SUBDUPLE,
SUBDUPLICATE, } *adj.* Sous-double, terme de mathématique.
SUBJECT, *adj.* (bound, obliged to any dependance.) Sujet, soumis, astreint, obligé à quelque dépendance.
Subject, (apt or wont.) Sujet, accoutumé.
Subject to steal. Sujet à dérober.
Subject to several diseases. Sujet à plusieurs maladies.
The subject matter. Le sujet ou la matiere qu'on traite, &c.
SUBJECT, *f.* (one that is under the domination of a sovereign Prince or state.) Sujet, sujette.
Subject or subjects, (the people in a State.) Le peuple, les sujets d'un Etat.
The King's interest is inseparable from that of the subject. L'interêt du Roi est inséparable de celui du peuple ou de celui de ses sujets.
It is impossible to raise great taxes without grieving the subjects. Il est impossible de lever de gros impôts sans fouler le peuple.
Subject, (the matter treated of.) Sujet, matiere dont on traite.
Subject, (the substance to which qualities adhere.) Sujet, substance qui a quelque qualité.
Subject, (in grammar, is the nominative case to a verb.) Sujet du verbe.
To SUBJECT, *verb. act.* (or subdue.) Soumettre, assujettir, dompter, ranger sous sa domination.
To subject, (to make liable, to oblige.) Assujettir, obliger, astreindre.
SUBJECTED, *adj.* Assujetti, &c. V. to Subject.
SUBJECTION, *subst.* (great dependance, slavery.) Sujétion, dépendance, servitude, assujetissement.
Subjection, (obligation, necessity.) Sujétion, obligation, nécessité.
Subjection, (the being a subject.) Sujétion, condition d'un sujet.
To bring into or under subjection. Assujettir, soumettre.
To SUBJOIN, *verb. act.* (to add.) Ajouter, joindre à.
Subjoined, *adj.* Ajouté, joint.
SUBJOINING, *f.* L'action d'ajouter ou de joindre à.
SUBITANEOUS, *adj.* (or sudden.) Subit, soudain, prompt, imprévu.
To SUBJUGATE, V. to Subdue, &c.
SUBJUNCTIVE, *adject.* (in grammar.) Subjonctif.
Ex. The subjunctive mood. Le mode subjonctif, le subjonctif.
SUBLIMATE, *f.* (or white mercury.) Sublimé, mercure sublimé.
To SUBLIMATE, *verb. act.* (a term of chymistry.) Sublimer.
Sublimated, *adj.* Sublimé.

SUB

SUBLIMATING,
SUBLIMATION, } *subst.* Sublimation ou l'action de sublimer.
SUBLIMATORY, *subst.* (an instrument or vessel of sublimation.) Sublimatoire.
SUBLIME, *adj.* (lofty.) Sublime, relevé, haut, extraordinaire.
A sublime genius. Un génie sublime, grand, extraordinaire.
A sublime style. Style sublime, le sublime.
To SUBLIME. V. to Sublime.
To sublime, (to raise or refine.) Elever, raffiner, spiritualiser.
To sublime one's flesh into a soul. Spiritualiser sa chair.
Sublimed, *adj.* Elevé, raffiné, spiritualisé.
SUBLIMLLY, *adv.* Sublimement.
SUBLIMITY, *f.* Sublimité, élévation.
SUBLUNAR,
SUBLUNARY, } *adj.* (under the moon.) Sublunaire.
SUBMARINE, *adj.* Qui est ou qui agit sous la mer.
SUB-MARSHAL, *f.* (or Under-Marshal.) Le Geolier de la prison qu'on appelle the Marshalsea.
To SUBMERGE, *v. a.* (to drown, to put under water.) Submerger, noyer.
SUBMERSION, *f.* (or drowning.) Submersion.
To SUBMINISTER, *verb. act.* (to supply with.) Fournir, donner, administrer.
To subminister, *v. n.* (to serve under.) Etre en sous-ordre.
Subministred, *adj.* Fourni, donné, administré.
SUBMISS. V. Submissive.
SUBMISSLY. V. Submissively.
SUBMISSION, *f.* (respect or yielding.) Soumission, respect, déférence.
Sir, with submission. Monsieur, sauf le respect que je vous dois.
With submission to better judgment. Je me soumets ou je m'en rapporte au jugement de ceux qui sont plus éclairés que moi.
With an entire submission (or resignation) to God's will. Avec une entiere soumission ou résignation à la volonté de Dieu.
SUBMISSIVE, *adj.* (humble or respectful.) Soumis, humble, plein de respect, plein de soumission, respectueux.
SUBMISSIVELY, *adverb.* D'une maniere soumise, avec soumission.
SUBMISSIVENESS, *f.* Humilité.
To SUBMIT, *verb. act.* (to bring under, to subject.) Soumettre, assujettir, ranger sous la puissance de.
To submit one's self, *v. verb. récip.* (to yield.) Se soumettre, se conformer à.
To submit, (to leave or refer.) Soumettre, déférer, se remettre, se rapporter.
To submit, *verb. neut.* (to yield.) Se soumettre, fléchir, plier, se conformer à, passer par.
You must submit to that. Il vous faut soumettre à cela, il vous faut passer par-là.
To make a man submit to one's own terms. Faire venir quelqu'un aux conditions, aux termes ou au point que l'on veut, † le faire venir à jubé.
Submitted, *adj.* Soumis, &c.
SUBMITTING, *sub.* L'action de se soumettre, &c. V. to Submit.
SUBMULTIPLE, *adj. & f.* Sous-multiple, terme d'arithmétique.
SUBORDINACY, *subst.* État d'être subordonné.
SUBORDINATE, *adj.* (interiour.) Subordonné.

To

To SUBORDINATE, verb. act. (to set under another.) Subordonner.
Subordinated, adj. Subordonné.
SUBORDINATLY, adv. Subordonnément.
SUBORDINATION, sub. (dependency.) Subordination, dépendance.
To SUBORN, v. act. (to seduce and debauch one, to make him do an ill thing.) Suborner, débaucher, aposter, attirer, séduire.
Suborned, adj. Suborné, aposté, &c.
SUBORNATION, s. Subornation, l'action de suborner.
SUBORNER, s. Suborneur.
SUBORNING, s. L'action de suborner, subornation, &c. V. to Suborn.
SUPOENA, subst. (a law term, a writ to summon people to appear in Court.) Citation, ajournement, assignation.
To SUBPOENA, verb. act. (to cite or summon to appear.) Citer, ajourner, assigner.
SUB-READER, s. (he that is an under-reader in one of the inns of Court.) Etudiant en droit, choisi par celui qui tient chaire dans un College de Droit pour l'assister lorsqu'il fait leçon en public.
SUBREPTITIOUS, &c. Voy. Surreptitious, &c.
To SUBROGATE, &c. V. Surrogate, &c.
To SUBSCRIBE, verb. act. & neut. Souscrire, signer, mettre son nom au bas de quelque écrit.
To subscribe a letter of attorney. Souscrire une procuration.
To subscribe a letter. Signer une lettre.
I conclude and subscribe myself your very humble servant. Je conclus en vous assurant que je suis votre très humble serviteur.
To subscribe (to submit or consent) to a thing. Souscrire, se soumettre, consentir à quelque chose, s'accorder.
To subscribe. Abonner, s'abonner.
To subscribe for a journal, Abonner à un journal.
Subscribed, adject. Signé, &c. V. to Subscribe.
SUBSCRIBER, s. Celui ou celle qui signe ou qui a signé, &c. V. to Subscribe.
A subscriber to a book. Une personne qui s'est engagée de prendre un livre qui s'imprime aux conditions publiées par l'Auteur ou par le Libraire, souscripteur.
SUBSCRIBING, s. L'action de signer, &c. V. to Subscribe.
SUBSCRIPTION, subst. (sign manual.) Souscription, seing, signature.
To publish a book by way of subscription. Publier un livre par souscription, c'est-à-dire, en proposant des avantages à ceux qui voudront avancer une partie de l'argent avant que l'impression soit finie.
Subscription. Abonnement.
SUBSEQUENT, adj. (immediately following.) Subséquent, suivant.
SUBSEQUENTLY, adv. Subséquemment, ensuite, après.
To SUBSERVE, verb. act. (or help.) Servir, favoriser, aider, seconder, appuyer, servir sous quelqu'un.
SUBSERVIENCY, subst. Utilité.
These reports are spread in subserviency to some politick design. On fait courir ces bruits par politique.
SUBSERVIENT, adj. Utile, qui sert, qui aide, qui favorise, qui seconde, qui sert d'instrument.
To make all things subservient to one's private interest. Rapporter tout à son profit ou à ses intérêts.
To SUBSIDE, v. n. (to stoop or lower.) S'abaisser, baisser ou aller au fond.
The streams subside from their banks. Les ruisseaux se retirent de leurs bords.
SUBSIDENCE, s. (or settlement.) Sédiment, résidu.
SUBSIDIARY, adj. (auxiliary, helping.) Subsidiaire, qui aide.
SUBSIDY, subst. (aid or tax.) Subside, impôt.
Subsidy, (a supply of money.) Subside, secours d'argent.
To SUBSIGN. V. to Subscribe.
Subsigned. V. Subscribed.
To SUBSIST, verb. neut. (to exist or continue to be.) Subsister, exister, être encore, continuer d'être.
To subsist, (to live.) Subsister, vivre, s'entretenir.
SUBSISTENCE, subst. (abiding, continuance.) Existence.
Subsistence, (food or livelihood.) Subsistance, entretien, nourriture, entretenement.
Subsistence-money, (half-pay given to soldiers.) Subsistance, demi-paye qu'on donne aux troupes.
SUBSISTENT, adj. (being.) Existant.
SUBSTANCE, s. (a being subsisting of itself.) Substance, être.
Substance, (or matter.) Substance, matière.
Substance, (the best, the nourishing part of a thing.) Substance, ce qu'il y a de meilleur, de plus succulent, de plus nourrissant.
The substance (the quintessence or most material parts) of a discourse. La substance, la quintessence d'un discours, ce qu'il y a de plus essentiel, de plus précis, le précis.
Substance, (or reality.) Substance, réalité.
Substance, (estate, goods.) Substance, bien ou biens.
SUBSTANTIAL, adj. (essential.) Substantiel, essentiel.
Substantial (or juicy) meat. Viande substantielle ou succulente.
The substantial part of a discourse. Ce qu'il y a de plus substantiel, de plus solide ou de plus important dans un discours, la substance d'un discours.
Substantial (or strong) woollen cloth. De bon drap, du drap fort, du drap moelleux.
Substantial linen-cloth. De bonne toile, de la toile forte, toile bien travaillée.
A substantial (or strong) building. Un bâtiment solide.
A substantial (or rich) man. Un homme aisé, un homme riche.
Substantial, (real, solid.) Réel, solide.
SUBSTANTIALLY, adv. Substantiellement, en substance, d'une manière substantielle.
SUBSTANTIALNESS, s. Solidité, fermeté, force.
SUBSTANTIVE, adj. (a term in Grammar.) Substantif.
Ex. A noun substantive or a substantive subst. Un nom substantif, un substantif.
SUBSTANTIVELY, adv. Substantivement, en manière de substantif.
SUBSTITUTE, subst. (or deputy.) Un substitut.
To SUBSTITUTE, verb. act. (to appoint in the room of another.) Substituer, mettre en la place d'un autre, subroger.

Substituted, adj. Substitué.
SUBSTITUTING, } subst. Substitution
SUBSTITUTION ou l'action de substituer, &c.
To SUBSTRACT, verb. act. (to deduct or take off.) Soustraire, ôter.
Substracted, adj. Soustrait, ôté.
SUBSTRACTING, s. L'action de soustraire.
SUBSTRACTION, subst. Soustraction. Substraction or the rule of substraction in Arithmetick. La soustraction ou la regle de soustraction.
SUBSTYLAR, adj. Sous-stylaire, terme de gnomonique.
SUBTANGENT, subst. Sous-tangente, terme de géométrie.
SUBTENSE, subst. (a chord of the arch of a circle.) Sous-tendante, terme de géométrie.
SUBTERFLUOUS, adj. (which flows or runs under, a term of Philosophy.) Qui coule par dessous.
SUBTERFUGE, subst. (shift or evasion.) Subterfuge, échappatoire, fuite, faux-fuyant.
SUBTERRANEAN }
SUBTERRANEOUS } adject. (under ground.) Souterrain, qui est sous terre.
SUBTILE, adject. (thin, penetrating, piercing.) Subtil, délié, fin, menu, pénétrant, perçant, adroit, rusé.
SUBTILELY, adv. Subtilement.
SUBTILLNESS, s. Subtilité, finesse.
SUBTILIZATION, s. Subtilisation.
To SUBTILIZE, verb. act. (to make subtle or rarify.) Subtiliser, rarefier ou rendre subtil, délié ou pénétrant.
To subtilize, verb. n. (to use subtleties.) Subtiliser, raffiner, finasser.
Subtilized, adject. Subtilisé.
SUBTILIZING, subst. Subtilisation, action de subtiliser. V. to Subtilize.
SUBTILLY. V. Subtly.
SUBTILTY. V. Subtlety.
SUBTLE, adj. (or cunning.) Subtil, fin, adroit.
A subtle trick. Un tour subtil, un tour de finesse, une subtilité.
SUBTLETY, subst. (the being subtle.) Subtilité, qualité de ce qui est subtil.
Subtleties, pl. (or quirks.) Subtilités, fin sses, détours, chicanes.
SUBTLY, adv. (or cunningly.) Subtilement, finement, adroitement.
To SUBTRACT. V. to Substract.
SUBVERSED. V. Subverted.
SUBVERSION, subst. (or overthrow.) Subversion, ruine, renversement.
To SUBVERT, verb. neut. (or to overthrow.) Renverser, perdre, bouleverser, détruire, ruiner.
Subverted, adj. Renversé, perdu, bouleversé, détruit, ruiné.
SUBVERTER, subst. Celui ou celle qui renverse ou qui a renversé, &c.
SUBVERTING. V. Subversion.
SUB-VICAR. s. Sous-Vicaire.
SUB-VICARSHIP, s. Sous-vicariat.
SUBURB, subst. (that part of a town or city, which lies without the walls.) Un faubourg.
SUCCEDANEOUS. V. Succeeding, adj. A succedaneous medicament, (used instead of another.) Médicament substitué à un autre.
SUCCEDANEUM, subst. Ce qui sert à remplacer une autre chose.
To SUCCEED, verb. act. (to come after.) Succéder, venir après, suivre, prendre la place de.

Hatred

SUC

Hatred succeeds love. *La haine succede à l'amour.*
One year succeeds another. *Les années se suivent.*
To succed one, (or be one's heir.) *Succéder à quelqu'un, être son héritier.*
To succeed one, (or to prosper.) *v. act. Bénir, faire réussir, donner bon succès.*
To SUCCEED, *verb. neut.* (to have good success, to prosper.) *Succéder, réussir, avoir bon succès.*
To succeed, (to fall out.) *Réussir, tourner, aller bien ou mal.*
Succeeded, *adject. Succédé, suivi,* &c. *V.* to Succeed.
SUCCEEDING, *f. L'action de succéder,* &c. *V.* to Succeed.
Succeeding, *adj. Suivant, futur.*
SUCCESS, *f.* (or event.) *Succès, bon ou mauvais événement.*
Succefs, (prosperous event, happy issue.) *Succès, réussite, bon ou heureux succès.*
To have success, (to succeed well.) *Réussir, succéder.*
SUCCESSFUL, *adj.* (or fortunate.) *Heureux, qui a bien réussi.*
SUCCESSFULLY, *adv. Heureusement, avec succès.*
SUCCESSFULNESS. *V.* Succefs.
SUCCESSION, *subst.* (the succeeding another, an inheritance.) *Succession, hérédité.*
Succession (or series) of time. *Succession de temps, suite d'années.*
For many successions of ages. *Pendant plusieurs siecles de suite.*
SUCCESSIVE, *adv. Successif, qui se suit, qui vient immédiatement après.*
SUCCESSIVELY, *adv. Successivement, l'un après l'autre, tour à tour.*
SUCCESSLESS, *adj. Malheureux, infortuné, qui ne réussit pas ou à qui rien ne réussit.*
SUCCESSOR, *subst.* (he that succeeds another in his place or estate.) *Successeur.*
SUCCINCT, *adj.* (short or brief.) *Succinct, court, en peu de paroles, bref, serré.*
SUCCINCTLY, *adv. Succinctement, briévement, en peu de mots, sommairement.*
SUCCINCTNESS, *f. Briéveté, qualité de ce qui est succinct.*
SUCCORY, *f.* (an herb.) *Chicorée, herbe.*
SUCCOUR, *f.* (help or relief.) *Secours, aide.*
To SUCCOUR, *verb. act.* (to help or relieve.) *Secourir, donner du secours, aider.*
Succoured, *adj. Secouru, aidé.*
SUCCOURER, *subst. Celui qui donne du secours.*
SUCCOURING, *f. L'action de secourir, de donner du secours ou d'aider.*
SUCCOURLESS, *adj. Destitué de secours.*
SUCCUBUS, *subst.* (a devil that takes a woman's shape to lie with a man.) *Un succube.*
SUCCULENCY, *f. Suc, abondance de suc, substance.*
SUCCULENT, *adj.* (or juicy.) *Succulent, plein de bon suc, substantiel.*
To SUCCUMB, *verb. neut.* (to sink or be overcome.) *Succomber, plier, être accablé, n'en pouvoir plus.*
SUCCUSSION, *f. Secousse.*
SUCH, *adj.* (same, like or of the same manner.) *Tel, de même, pareil, semblable.*
Such as it is. *Tel qu'il est.*

SUC

Many such men. *Beaucoup de telles gens, beaucoup de ces gens-là.*
I will have no such thing. *Je ne veux rien de tel.*
Such, (or so.) *Si.*
Ex. For such a small matter. *Pour si peu de chose.*
I am not such a fool. *Je ne suis pas si fou.*
Such, (or so great.) *Tel, si grand.*
He made such a noise, that... *Il faisoit un tel bruit, que...*
We had such tempests. *Nous eûmes de si grandes tempêtes.*
Such as, (those that.) *Ceux ou celles qui.*
Ex. Such as rule the State. *Ceux qui gouvernent l'État.*
Let us take such as we can get. *Prenons de ceux qu'il y a.*
How happy am I to have such a friend as you! *Que je suis heureux d'avoir un ami comme vous!*
For such a man as I. *Pour un homme comme moi ou de ma façon.*
I am not such a man as to disagree about that. *Je ne suis pas homme à disconvenir de cela.*
After such a time that. *Après que.*
And such like. *Et autres semblables.*
SUCK, *subst.* (milk given by females.) *Lait.*
Ex. To give suck. *Donner à teter, donner la mamelle, allaiter.*
† A suck-spigot, (or toper.) *Un bon biberon.*
Suck-stone, (or sea-lamprey, supposed by some to be the remora of the ancients.) *Lamproie de mer.*
To SUCK, *verb. act.* To suck, *tirer le suc ou quelque liqueur avec la bouche.*
To suck, *verb. act. & neut.* (to suck the breasts.) *Teter.*
A child that sucks, (a sucking child.) *Un enfant qui tette.*
A calf that sucks its dam. *Un veau qui tette sa mere.*
To suck one's substance, to suck his very marrow, (to get his money by degrees.) *Sucer quelqu'un, l'épuiser, le ruiner.*
To suck IN. *Sucer.*
To suck in an error with one's mother's milk. *Sucer une erreur avec le lait, en être imbu de bonne heure.*
To suck OUT. *Sucer, faire sortir à force de sucer.*
To suck out the air. *Pomper l'air.*
To suck UP. *Sucer, vider.*
SUCKER, *subst.* (one that sucks.) *Celui ou celle qui suce ou qui tette,* &c. *V.* to Suck.
Sucker, (a pipe.) *Tuyau.*
The sucker of a pump. *Soupape ou piston de pompe.*
A sucker of the root of a flower. *Caieu d'oignon de fleur.*
Suckers of a tree. *Rejeton d'arbre.*
SUCKET, *subst.* (a sort of sweet-meat.) *Sorte de confiture.*
SUCKING, *subst. L'action de sucer,* &c. *V.* to Suck.
Sucking, *adj. Ex.* A sucking-pig. *Un cochon de lait.*
A sucking-lamb. *Agneau qui tette encore.*
A sucking-bottle. *Biberon.*
He is not well past his sucking-bottle. *Il est à peine hors du berceau.*
To SUCKLE, *verb. act.* (to give suck.) *Allaiter, donner la mamelle, donner à teter, nourrir.*

SUC SUF

Suckled, *adj. Allaité, nourri.*
SUCKLING, *f. L'action d'allaiter,* &c. *V.* to Suckle.
Suckling, (a lamb that sucks the dam.) *Agneau qui tette sa mere.*
SUCTION, *subst.* (or sucking.) *L'action de sucer.*
SUD. *V.* Suds.
SUDATION, &c. *V.* Sweat.
SUDATORY, *subst.* (a sweating bath.) *Étuve.*
SUDDEN, *adj.* (hasty, quick, subitaneous.) *Soudain, subit, prompt, qui vient tout à coup ou presque tout à coup.*
To die a sudden death. *Mourir d'une mort subite, mourir subitement.*
Sudden, (unlooked for.) *Imprévu, inopiné, à quoi l'on ne s'attendoit pas.*
Upon a sudden or on a sudden or all of a sudden, *adv. Subitement, soudainement, tout à coup, tout d'un coup, tout court.*
SUDDENLY, *adv. Soudainement, subitement.*
He died suddenly. *Il mourut subitement.*
SUDDENNESS, *f. Promptitude.*
I was startled at the suddenness of the thing. *La chose arriva si subitement que j'en fus tout alarmé.*
SUDORIFICK, *adj.* (or causing sweat.) *Sudorifique, qui fait suer.*
Sudorifick, *subst. Un sudorifique.*
SUDOROUS, *adj. De sueur.*
SUDS, *subst. plur. Eau de savon.*
† To be in the suds, (or in a plunge.) *Être dans l'embarras ou dans le bourbier.*
To SUE at law, *verb. act. Poursuivre en justice, faire un procès à.*
To sue a bond or to sue upon a bond. *Poursuivre quelqu'un sur son obligation.*
To sue one another. *Être en procès.*
To sue, (or entreat earnestly.) *Prier, supplier, demander avec instance.*
To sue (or apply one's self) to one for a thing. *S'adresser ou avoir recours à quelqu'un pour quelque chose.*
Sued, *adj. Poursuivi en justice,* &c.
Sued FOR. *Brigué, sollicité,* &c. *V.* to Sue.
SUER, *subst.* (is vulgarly and abusively used for more or prop.) *V.* Shore.
SUET, *f.* (hard fat.) *Suif.*
SUETY, *adj. De la nature du suif.*
To SUFFER, *verb. act.* (to endure or bear with.) *Souffrir, pâtir, endurer, supporter.*
All religions are suffered in Holland. *On souffre ou on tolere toutes sortes de religions en Hollande.*
To suffer. *Faire.*
Ex. To suffer (or sustain) a great loss. *Faire une grande perte.*
To suffer shipwreck. *Faire naufrage.*
To suffer, *verb. neut.* (to be punished, to undergo punishment.) *Souffrir, pâtir, porter la peine, être puni.*
To suffer for a fault. *Être puni d'un crime, en porter la peine, en pâtir.*
To day the prisonners suffer, (or are to be executed.) *Aujourd'hui l'on supplicie ou l'on exécute les criminels.*
His modesty suffers when he is praised. *Sa modestie souffre quand on le loue.*
SUFFERABLE, *adj. Supportable.*
SUFFERABLY, *adv. Supportablement.*
SUFFERANCE, *subst.* (forbearance or toleration.) *Tolérance, souffrance.*
Sufferance, (leave or permission.) *Permission.*

Long-sufferance,

Long-sufferance, (in scripture phrase.) Longue attente.
SUFFERED, adj. Souffert, enduré, &c. V. to Suffer.
This is not to be suffered, (or born.) Ceci est insupportable, c'est une chose que l'on ne doit pas souffrir.
SUFFERER, s. Celui qui souffre ou qui pâtit, qui a souffert ou qui a pâti.
Sutterer, (or loser.) Celui qui a perdu.
SUFFERING, s. L'action de souffrir, &c. V. to Suffer.
Long-suffering. V. Long.
To SUFFICE, v. neut. (to be enough.) Suffire.
To suffice, v. act. Satisfaire, fournir, suffire.
SUFFICIENCY, subst. (or ability.) Suffisance, pouvoir suffisant.
Sufficiency, (or capacity.) Suffisance, capacité, doctrine, érudition.
Sufficiency, (competence.) Suffisance, aise.
Sufficiency or self-sufficiency (pride,) Suffisance, orgueil.
SUFFICIENT, adj. (that suffices.) Suffisant, qui suffit, qui est assez.
Sufficient bail. Une bonne & suffisante caution, qui a du bien, qui est en état de payer.
Sufficient, (or able.) Habile, capable, qui a de la capacité.
A sufficient (or credible) witness. Un témoin sans reproche ou irréprochable.
SUFFICIENTLY, adverb. (or enough.) Suffisamment, assez, assez bien.
† SUFFISANCE, subst. (excess, plenty.) Abondance, excès.
To SUFFOCATE, v. act. (or smother.) Suffoquer, étouffer.
Suffocated, adj. Suffoqué, étouffé.
SUFFOCATING,
SUFFOCATION, } subst. (the act of choaking.) Suffocation, action de suffoquer.
SUFFOCATIVE, adj. Suffoquant.
SUFFRAGAN, subst. (a vicegerent of a Bishop, or a Bishop subordinate to a Metropolitan.) Un suffragant ou un Eveque suffragant.
SUFFRAGE, s. (or vote.) Suffrage, voix.
Suffrage, (or approbation.) Suffrage, approbation.
To SUFFUSE, v. act. (to spread over with something expansible as with a vapour or tincture.) Donner une teinte, teindre.
A modest blush suffused her face. Une rougeur modeste se répandit sur son visage.
SUFFUMIGATION, subst. (an external remedy.) Suffumigation.
SUFFUSION, subst. (a spreading of humours in the body.) Suffusion, épanchement d'humeurs.
Suffusion (a pin or web) in the eye. Suffusion de l'œil, cataracte.
SUG, subst. Puce marine.
SUGAR, subst. Sucre.
Double refined sugar. Sucre royal.
To sweeten with sugar. Sucrer.
A sugar-loaf. Un pain de sucre.
A sugar caster or sugar-box. Un sucrier.
Sugar soup. Soupe à la biere assaisonnée de sucre.
To SUGAR, verb. act. (or sweeten with sugar,) Sucrer, mettre du sucre, assaisonner avec du sucre.
Sugared, adj. Sucré.

Sugared words. Des paroles sucrées ou emmiellées.
SUGARY, adj. De sucre.
To SUGGEST, verb. act. (to prompt or put into one's mind.) Suggérer, inspirer, mettre, faire entrer dans l'esprit.
They have suggested (or proposed) the making. On a proposé de faire.
Soon after they met again, when it was suggested, &c. Ils se rassemblerent quelque temps après, & il fut proposé, &c.
Suggested, adject. Suggéré, inspiré, &c. V. to Suggest.
SUGGESTER, subst. Celui ou celle qui suggere, inspire, &c.
SUGGESTING, subst. L'action de suggérer, &c. V. to Suggest.
SUGGESTION, subst. (a prompting or persuasion.) Suggestion, instigation, persuasion.
The suggestion of a petition. L'exposé d'une requête.
To SUGILLATE, v. act. Meurtrir, faire des contusions.
SUICIDE, s. (a word derived from the Latin, to signify self murder, or the making away with one's self.) L'action de se défaire ou de se tuer soi-même, suicide.
SUING, subst. (from to sue.) Poursuite, brigue, &c. V. to Sue.
SUIT at Law or in Law, subst. (from to sue.) Procès.
To have a suit against one. Avoir un procès contre quelqu'un, être en procès avec lui, plaider avec ou contre lui.
A suit, (or petition among lawyers.) Requête, requisitoire.
Suit, (request, petition, motion.) Requête, demande, priere, sollicitation, instance.
He made his humble suit to Venus that. Il pria ou supplia très-humblement Venus de.
Suit of clothes. Habit.
Suit, (or set of things.) Un assortiment.
A suit of hangings. Une tenture, ou une tenture de tapisserie.
A suit of cards. Couleur de cartes.
I have none of that suit. Je n'ai pas de cette couleur.
To SUIT with, verb. neut. (or agree.) S'accorder, s'accommoder, convenir, être propre & sortable, se rapporter.
To suit, verb. act. (or match.) Assortir.
To suit cards, (to put the suits together.) Assembler les cartes, mettre chaque couleur ensemble.
SUITABLE, adj. (agreeable.) Convenable, conforme, sortable, qui s'accorde, qui a du rapport, proportionné.
SUITABLENESS, subst. Convenance, conformité.
SUITABLY, adv. D'une maniere convenable, convenablement.
SUITER,
SUITOR, } s. (candidate for an office.) Prétendant, postulant.
Suiter in Chancery. Un plaideur en Cour de Chancellerie.
A suitor, (for marriage.) Un galant, un amant, qui recherche une fille ou femme en mariage.
SUITORING or rather SUITING, s. L'action de faire l'amour, &c. V. to suit.
SULCATED, adj. Sillonné.
SULKY. V. Sullen.
SULL, s. (a western word for a plough.) Une charrue.

† Sull-paddle, (or plough-staff.) Le manche de la charrue.
SULLEN, adj. act. (morose or peevish.) Hargneux, chagrin, de mauvaise humeur, rechigné, en parlant des personnes.
Sullen, (gloomy.) Sombre, triste.
A sullen (or crabbed) look. Un air chagrin, une mine rechignée.
Sullen, (stubborn.) Têtu, opiniâtre, obstiné.
SULLENLY, adv. D'un air chagrin.
Sullenly, (or stubbornly.) Opiniâtrément, avec opiniâtreté, obstinément.
SULLENNESS, subst. (or peevishness.) Humeur chagrine, mauvaise humeur.
Sullenness, (or stubbornness,) Humeur têtue, opiniâtreté, obstination.
To SULLY, v. a. (or dirty.) Salir, tacher, souiller.
To sully (to blemish) a man's reputation. Noircir, ternir ou tacher la réputation de quelqu'un.
Sullied, adj. Sali, &c. V. to Sully.
SULLY, subst. (spot.) Tache.
SULLYING, subst. L'action de salir, &c. V. to sully.
SULPHUR, subst. (brimstone.) Soufre.
A sulphur-pit. Une mine de soufre.
SULPHUREOUS,
SULPHUROUS, } adj. Sulfureux.
SULPHURY, adj. Ex. Sulphury waters. Des eaux sourdées ou chargées de soufre.
SULTAN, subst. (or Grand Seignior.) Le Sultan, le Grand-Seigneur, l'Empereur des Turcs.
The Sultans of Egypt. Les Soudans d'Egypte.
SULTANA,
SULTANESS, } s. the Grand Seignior's wife.) La Sultane, la Reine Sultane.
SULTANIN, subst. (a Turkish coin of gold.) Sultanin.
SULTRINESS, subst. (suffocating heat.) Chaleur étouffante.
SULTRY, adj. (hot.) Etouffant, brûlant.
SUM, s. (quantity of money.) Somme, somme d'argent, quantité d'argent.
The sum (or substance) of a discourse. La substance, le sommaire, l'abrégé, le précis d'un discours.
The sum (or abridgment) of a book. La somme, le sommaire ou l'abrégé d'un livre.
To SUM up, verb. act. (or to cast up.) Nombrer, calculer.
To sum up (to make a recapitulation of) a discourse. Faire la récapitulation d'un discours, résumer ou recapituler ce qui a été dit.
To sum up all. Enfin, en un mot, † en somme, † somme toute, pour conclusion.
SUMAGE,
SUMMAGE, } subst. (load or carriage.) Somme, charge d'un cheval de somme.
Sumage, (a toll for carriage on horseback.) Droit qu'on payoit pour la charge d'un cheval.
SUMACH, subst. (a shrub.) Sumach, arbrisseau.
SUMLESS, adj. Innombrable.
SUMMARILY, adv. Sommairement, succinctement, en abrégé, briévement.
SUMMARY, adj. (short or brief.) Sommaire, bref, succinct, court, abrégé.
Summary, s. Sommaire, précis, abrégé, extrait.
SUMMED up, adj. Sommé, calculé, &c. V. to Sum up.
SUMMER, s. (one of the four seasons of the year.) L'été.

P. One

P. One swallow makes no summer. P. *Une hirondelle ne fait pas le printemps.*
Summer-weather. *Un temps d'été, beau temps.*
A summer-house. *Un pavillon ou side-boutille dans un jardin.*
Summer-suit. *Habit d'été.*
Summer-quarters. *Quartiers de rafraichissement.*
Summer, (or main beam in a building.) *Maîtresse poutre, grosse solive.*
A summer tree. *Lambourde.*
A summer (or architrave) betwixt two pillars. *Une sablière ou un poitrail, en architecture.*
To SUMMER, verb. neut. (or pass the summer.) *Passer l'été.*
To Summer, v. act. *Tenir chaud.*
SUMMERSAULT, } *s.* (or gambol.)
SUMMERSET, } *Soubresaut.*
SUMMIT, *s.* (or top.) *Sommet, le haut, la partie la plus élevée, sommité, pointe.*
The summit of a hill. *Le sommet d'une montagne.*
The summit of a plant. *La sommité ou la pointe d'une plante.*
To SUMMON, v. act. *Sommer, ajourner, assigner, donner assignation pour comparoître, citer.*
To summon, (to bid or command.) *Sommer, commander, signifier à quelqu'un qu'il ait à faire quelque chose.*
He summoned up all his courage for that enterprize. *Il réveilla tout son courage pour cette entreprise.*
Summoned, adj. *Sommé, assigné, &c. V.* to Summon.
SUMMONER, *subst. Sergent, huissier.*
SUMMONING, *s. L'action de sommer, d'assigner, &c. V.* to Summon.
SUMMONS, *subst.* (or order.) *Sommation, assignation.*
SUMPTER, *s. Ex.* A sumpter horse. *Un sommier ou cheval de somme, ou un mallier.*
Sumpter saddle. *Selle de cheval de somme, bât.*
SUMPTION, *s.* (the act of taking or assuming.) *L'action de prendre ou de s'arroger.*
SUMPTUARY, adj. *Somptuaire, qui modère la dépense.*
Sumptuary laws. *Lois somptuaires.*
SUMPTUOUS, adj. (splendid, costly or stately.) *Somptueux, superbe, magnifique, splendide, de grande dépense.*
SUMPTUOUSLY, adv. *Somptueusement, splendidement, magnifiquement ou avec magnificence.*
SUMPTUOUSNESS, } *sub. Somptuosité, magnificence.*
SUMPTUOSITY, }
SUN, *s.* (a luminous planet, the spring of heat and light.) *Le soleil.*
To travel betwixt sun and sun, (that is, between the rising and the setting of the sun.) *Voyager entre deux soleils.*
To walk in the sun. *Se promener au soleil.*
Sun, (in a figurative sense.) *Soleil, au figuré.*
The sun of righteousness, (a Scripture phrase for JESUS-CRIST.) *Le Soleil de justice.*
To adore the rising sun, (to make one's court to a rising power.) *Adorer le soleil levant.*
Raisins of the sun. *Raisins secs, raisins séchés au soleil.*
To SUN, v. act. (to set or dry in the sun.) *Mettre au soleil ou à l'abri du soleil, exposer ou sécher au soleil.*

SUNBEAMS, *s. pl.* (the rays of the sun.) *Les rayons du soleil.*
SUNBURNING, *subst. Hâle.*
SUNBURNT, adj. *Hâlé.*
SUNDAY, *s.* (the first day of the week.) *Dimanche.*
P. When two sundays come together, (never.) P. *La semaine des trois dimanches, jamais.*
Palm-sunday, Rogation-sunday. *V.* Palm or Rogation.
To SUNDER, v. act. *Séparer, diviser.*
SUNDIAL, *subst. Cadran solaire.*
SUNDRY, adj. (or several.) *Divers, plusieurs.*
In sundry places. *En divers endroits.*
Sundry ways. *Plusieurs manières.*
SUNG, *prétérit & part. passé de* to sing. *Chanté. V.* to Sing.
SUNK, adj. (from to sink.) *Coulé à fond, enfoncé, &c. V.* to Sink.
Sunk in his interest. *Qui a perdu son crédit.*
A foul low sunk into the body or sunk down into the senses. *Une ame qui croupit dans le corps, qui s'abaisse & se rend esclave des inclinations de la chair, une ame ensevelie dans les sens ou dans la chair.*
The sunk minds of sensual mortals. *L'esprit abâtardi des hommes sensuels.*
SUNK, *prétérit & part. passé de* to Sink.
SUNLESS, adj. *Sans soleil.*
SUNNED, adj. (from to sun.) *Mis, exposé, séché au soleil. V.* to Sun.
SUNNING, *s. L'action de mettre, d'exposer ou de sécher au soleil.*
To sit sunning. *S'asseoir, être, se tenir ou se chauffer au soleil.*
SUNNY, adj. (exposed to the sun.) *Exposé au soleil.*
SUNRISE, } *subst.* (morning; the appearance of the sun.) *Le soleil levant, le lever du soleil.*
SUNRISING, }
SUNSET, *s. Le soleil couchant.*
SUNSHINE, *s. La clarté du soleil.*
SUNSHINY, adj. *Clair & serein.*
A sunshiny day. *Un jour de soleil, un jour clair & serein.*
SUP, *subst. Ex.* To take a sup. *Humer, humer tant soit peu de quelque chose.*
To SUP, verb. neut. (to eat one's supper.) *Souper.*
To sup, verb. act. (to swallow or gulp down.) *Humer, avaler quelque chose de liquide.*
To sup, (to treat with supper.) *Traiter, donner à souper.*
SUPERABLE, adj. (to be overcome.) *Qui peut être surmonté.*
To SUPERABOUND, v. neut. & v. act. (to be over and above.) *Surabonder, abonder avec excès, surpasser.*
Your goodness superabounds my desert. *Votre bonté surpasse mon mérite.*
SUPERABUNDANCE, *s. Surabondance, abondance excessive, superflu.*
SUPERABUNDANT, adj. *Superflu.*
SUPERABUNDANTLY, adv. *Surabondamment, avec surabondance, de reste.*
To SUPERADD, v. act. (to add over and above.) *Ajouter, ajouter par-dessus, augmenter.*
Superadded, adj. *Ajouté.*
A superadded favour. *Une nouvelle faveur, un surcroit de faveur, une autre faveur.*
SUPERADDITION, *subst. Un surcroit, une augmentation.*
A superaddition of favour. *Un surcroit de faveur.*

A superaddition of salary. *Une augmentation de gages.*
SUPERANNUATED, adj. (worn out, impaired or past the best.) *Suranné, vieux, trop vieux pour rendre service.*
†A superannuated (or antiquated) beauty. *Beauté surannée.*
A superannuated soldier, (a veteran.) *Un vieux soldat, un soldat incapable de servir davantage.*
SUPERB, adj. (magnificent.) *Pompeux, majestueux, superbe.*
SUPERBLY, adv. *Superbement, magnifiquement.*
SUPERCARGO, *subst.* of a merchant ship. *L'écrivain ou le surveillant d'un vaisseau marchand, subrécargue.*
SUPERCILIOUS, adj. (proud, severe or grave.) *Sévère, grave, mais d'une sévérité arrogante, présomptueuse; fier, arrogant, présomptueux.*
SUPERCILIOUSLY, adverb. *Fièrement, d'un air fier & sévère, avec une gravité présomptueuse.*
SUPERCILIOUSNESS, *s. Fierté sévère, air ou regard grave & présomptueux, sévérité arrogante, fierté, orgueil, arrogance.*
SUPEREMINENCE, } *s* (excellency or prerogative.) *Prééminence.*
SUPEREMINENCY, }
SUPEREMINENT, adj. (eminent in a very high degree.) *Éminent, excellent, qui surpasse.*
SUPEREMINENTLY, adv. *Éminemment, extraordinairement, excellemment.*
To SUPEREROGATE, verb. act. (to give or do more than is required.) *Donner ou faire plus qu'on n'est obligé.*
SUPEREROGATION, *s. Surérogation.*
SUPEREROGATORY, adj. *Surérogatoire.*
SUPEREXCELLENT, adj. *Très-excellent.*
SUPEREXCRESCENCE, *s. Excroissance.*
SUPERFETATION, *s.* (fresh conception after another, so that both are in the womb.) *Superfétation.*
SUPERFICE. *Voy.* Superficies.
SUPERFICIAL, adj. (or outward.) *Superficiel, qui est en la superficie; extérieur, au propre & au figuré.*
SUPERFICIALLY, adv. *Superficiellement, d'une manière superficielle.*
SUPERFICIALNESS, *s. Qualité de ce qui est superficiel.*
SUPERFICIES, *s.* (surface.) *Superficie, surface.*
The superficies of the earth. *La superficie de la terre, ou le rez de chaussée.*
He only knows the superficies (or outside) of things. *Il ne sait que la superficie des choses, c'est un homme superficiel.*
SUPERFINE, adj. (or very fine.) *Superfin, très-fin.*
SUPERFLUITY, *s. Superfluité, superflu.*
SUPERFLUOUS, adj. (or overmuch.) *Superflu, qui est de trop, excessif.*
Superfluous, (needless, useless.) *Superflu, inutile.*
SUPERFLUOUSLY, adv. *Excessivement, prodiguement, en prodigue.*
SUPERHUMAN, adj. *Plus qu'humain, qui est au-dessus de l'humanité.*
To SUPERINDUCE, verb. act. (to lay upon, to cover or draw over.) *Couvrir, mettre, vêtir ou revêtir, étendre par-dessus.*
His speech not only confirms the other's, but superinduces a further proof. *Non-seulement son discours confirme celui de l'autre, mais il y ajoute même une nouvelle*

velle preuve, ou le fortifie d'une nouvelle preuve.
Superinduced, adj. Couvert, mis, vêtu, revêtu.
A superinduced darkness. Des ténèbres qui couvrent la terre.
SUPERINDUCTION, s. Action de couvrir, &c.
Superinduction, (addition.) Addition.
SUPERINSTITUTION, subst. (thus the lawyers call one instituti on upon another, as when one is admitted and instituted to a benefice upon a title, and another is admitted and instituted to it by the presentation of another.) Institution double, en droit Canon.
To SUPERINTEND, v. neut. (to inspect or oversee.) Avoir la surintendance ou l'inspection, surveiller.
SUPERINTENDENCY, s. Surintendance, inspection.
SUPERINTENDENT, s. (or chief overseer.) Un surintendant, un inspecteur, un surveillant.
Superintendent, adj. Qui gouverne, qui est au-dessus.
SUPERIORITY, s. (a being superior.) Supériorité, prééminence, élévation.
SUPERIOR, } adject. (that is above,
SUPERIOUR, } upper.) Supérieur, qui est au-dessus.
Superiour, (that is above others in authority, power, &c.) Supérieur.
The superiour Father, (in a Monastery.) Le Père supérieur.
The superiour Mother. La Mere supérieure.
Their force was much superiour to ours. Leurs forces étoient beaucoup supérieures aux nôtres, leurs forces surpassoient beaucoup les nôtres.
Superior or superiour, s. Un supérieur, une supérieure.
SUPERLATIVE, adj. (above the comparative) in Grammar. Superlatif.
Ex. The superlative degree. Le degré superlatif.
Superlative, (very great, extraordinary.) Fort grand, extraordinaire.
SUPERLATIVELY, adverb. (or extraordinarily.) † Superlativement, † au superlatif ou au dégré superlatif, extrêmement.
SUPERLATIVENESS, subst. Excellence.
SUPERNAL, adject. (that comes from above.) D'en-haut.
SUPERNALLY, adverb. D'en-haut, par en-haut.
SUPERNATANT, adj. Qui surnage.
SUPERNATATION, sub. L'action de surnager.
SUPERNATURAL, adj. (being above the powers of nature.) Surnaturel.
SUPERNATURALLY, adv. Surnaturellement, d'une maniere surnaturelle.
SUPERNUMERARY, adject. (above the limited number.) Surnuméraire.
SUPERPURGATION, subst. Superpurgation, purgation outrée.
To SUPERSCRIBE, verb. act. Ecrire, mettre le dessus ou l'adresse, mettre la suscription.
Superscribed, adj. Dont l'adresse ou suscription est mise ou écrite.
SUPERSCRIBER, s. Celui ou celle qui écrit l'adresse ou la suscription.
SUPERSCRIBING, s. L'action d'écrire le dessus, l'adresse ou la suscription.
SUPERSCRIPTION, subst. Suscription, dessus ou adresse qu'on met à une lettre.

To SUPERSEDE, v. act. (to set aside, to make void.) Superséder à, surseoir, annuler.
To supersede an order. Superséder à un ordre, surseoir un ordre.
To supersede an officer of the army, (to take his commission from him.) Désappointer ou démettre un officier, donner sa commission à un autre.
SUPERSEDEAS, s. (in the sense of the Law, is a writ to forbear the doing of that which otherwise ought to be done.) Arrêt ou lettre de surséance.
SUPERSEDED, adj. Sursis, &c.
SUPERSEDING, s. L'action de superséder à, &c. V. to Supersede.
SUPERSTITION, s. (false devotion or overscrupulousness in Religion.) Superstition.
SUPERSTITIOUS, adj. Superstitieux, où il y a de la superstition ou qui a de la superstition.
A superstitious man. Un superstitieux, un bigot.
A superstitious woman, (or bigot.) Une superstitieuse, une bigote.
SUPERSTITIOUSLY, adv. Superstitieusement, avec superstition.
To SUPERSTRUCT, verb. act. (to build upon.) Bâtir, fonder dessus : il ne se dit guere qu'au figuré.
Superstructed, adject. Bâti ou fondé dessus.
SUPERSTRUCTURE, s. Edifice, tout ce qu'on éleve sur quelques fondements.
To SUPERVENE, verb. act. (or to come unlooked for.) Survenir, surprendre, ou venir à l'improviste.
SUPERVENIENT, adj. Ajouté.
To SUPERVISE, verb. act. (to oversee.) Avoir l'inspection, la surintendance ou la conduite d'une chose en chef, surveiller à.
He is to supervise the business. Il a l'inspection de cette affaire.
To supervise, (to revise or examine.) Revoir, examiner de nouveau.
To supervise (or examine) a will. Voir si la volonté du testateur est bien exécutée suivant la teneur & les termes du testament.
Supervised, adj. Revu, &c. V. to Supervise.
SUPERVISING, sub. L'action de revoir, d'examiner, &c. V. to Supervise.
SUPERVISOR, sub. (or overseer.) Directeur, inspecteur en chef, surveillant.
The supervisor of a will. L'directeur d'un testament, celui qui en surveille l'exécution.
To SUPERVIVE, v. neut. (to outlive.) Survivre.
SUPINE, adj. (with the face upward, careless.) Oisif, paresseux, négligent, nonchalant, mou, lâche ; couché sur le dos.
Supine, sub. (a term of Latin Grammar.) Un supin.
SUPINELY, adverb. (carelessly.) Négligemment, nonchalamment, en paresseux, sans se mettre en peine de rien, mollement.
SUPINENESS, } s. (sloth or negligence.)
SUPINITY,   }
Paresse, nonchalance, négligence, indifférence, fainéantise, mollesse.
SUPPED, prétérit du verbe to Sup.
Supped UP or OFF. Eu, avalé, humé.
SUPPER, s. Souper ou soupé.
To bring in supper. Servir le soupé.
To eat a good supper. Faire un bon soupé, souper bien.
To go to supper. Aller souper.

The Lord's Supper. La sainte Cene, la Cene du Seigneur, la Communion.
To eat the Lord's supper. Participer au S. Sacrement de la Cene, à la Communion.
Supper-man. Celui qui est accoutumé à souper.
Supper-time. L'heure du souper.
SUPPERLESS, adj. Sans souper, qui n'a point soupé.
SUPPING, subst. (from to sup.) L'action de souper, &c. V. to Sup.
To SUPPLANT, verb. act. (to trip up one's heels or undermine.) Supplanter, débusquer, donner le croc en jambe, couper l'herbe sous les pieds.
Supplanted, adj. Supplanté, &c. V. to Supplant.
SUPPLANTER, s. Qui supplante.
SUPPLANTING, s. L'action de supplanter, &c. V. to Supplant.
SUPPLE, adj. (soft or limber.) Souple, qui plie aisément, flexible, maniable.
Supple, (pliant, complaisant.) Souple, humble, soumis, complaisant.
To SUPPLE, verb. act. (or make supple.) Rendre souple.
Suppled, adj. Rendu souple.
SUPPLEMENT, s. (an addition to supply some defect.) Supplément.
A supplement to the gazette. Un extraordinaire, un supplément.
SUPPLEMENTAL   } adject. Qui sert
SUPPLEMENTARY } de suppléments, qui supplée.
SUPPLENESS, sub. (the being supple.) Souplesse, qualité de ce qui est souple, flexible ou maniable.
Suppleness, (compliance, submission.) Souplesse, complaisance, soumission.
SUPPLETORY, adject. (used to supply.) Qui sert à réparer quelque imperfection ou à suppléer à ce qui manque.
SUPPLIANT, } subst. (a petitioner.)
SUPPLICANT,} Un suppliant, une suppliante.
I come an humble supplicant to you. Je viens vous faire une très-humble requête.
To SUPPLICATE, v. neut. (to entreat, beseech or pray.) Prier, supplier quelqu'un, faire requête, demander très-humblement & avec instance quelque chose à quelqu'un, implorer quelque chose de quelqu'un.
SUPPLICATION, s. Supplication, priere ou requête avec soumission.
SUPPLIED, adj. V. to Supply.
SUPPLY, subst. (or relief.) Secours, renfort.
A supply of men or money. Un secours ou un renfort d'hommes ou d'argent.
To receive a supply of provisions. Recevoir de nouvelles provisions.
Supply, (at sea.) Remplacement des vivres, de rafraichissements & de munitions.
To SUPPLY, verb. act. (to make up) what is wanting. Suppléer ce qui manque ou suppléer à ce qui manque, ajouter, fournir ce qui manque.
To supply (or fill up) one's place. Occuper ou remplir la place de quelqu'un.
To supply (or furnish with.) Fournir, munir, pourvoir, donner.
He appointed his workmen to supply the timber out of that forest. Il commanda à ses ouvriers de prendre le bois dans cette forêt.
Supplied, Supplié, &c. V. to Supply.
SUPPLYING,

SUPPLYING, *subst.* L'action de suppléer, &c. *V.* to Supply.
SUPPORT, *sub.* (help, prop or protection.) *Support, appui, soutien, aide, protection.*
To SUPPORT, *verb. act.* (or bear up.) *Supporter, porter, appuyer, soutenir, étayer, dans le sens propre.*
To support, (or maintain.) *Soutenir, tenir en état, maintenir.*
To support, (or help.) *Assister, soutenir.*
To support, (to favour or protect.) *Supporter, soutenir, appuyer, favoriser.*
Support the truth and you will find your advantage in it. *Soutenez la vérité & vous y trouverez votre propre avantage.*
To support, (to maintain, to feed.) *Soutenir, sustenter, faire vivre.*
He supports himself by rapine and violence. *Il vit de rapine & d'extorsion.*
SUPPORTABLE, *adv.* Supportable, *tolérable.*
SUPPORTANCE. *f.* (maintenance.) *Support, entretien.*
SUPPORTED, *adject.* Supporté, appuyé, soutenu, &c. *V.* to Support.
He is supported by the parish. *Il vit aux frais de sa paroisse.*
SUPPORTER, *f.* (one who supports, a protector.) *Support, appui, soutien protecteur.*
Supporters, (or images to bear up posts, &c. in building.) *Atlantes.*
A supporter (or foot) of a table. *Colonne de table.*
Supporters, (in heraldry.) *Supports, dans le blason.*
SUPPORTING, *f.* L'action de supporter, &c. *V.* to Support.
SUPPOSABLE, *adj.* Qui est à supposer.
SUPPOSAL. *V.* Supposition.
To SUPPOSE, *verb. act.* (or put the case.) *Supposer, présupposer, poser le cas, mettre en fait.*
To suppose, (to produce a false thing instead of the true.) *Supposer, produire pour vrai ce qui est faux.*
To suppose, *verb. neut.* (to think.) *Penser, croire, s'imaginer.*
Supposed, *adject.* Supposé, &c. *V.* to Suppose.
It is to be supposed. *Il faut croire.*
His supposed (or reputed) father. *Son pere putatif.*
SUPPOSING, *f.* L'action de supposer, &c. *V.* to Suppose.
SUPPOSITION, *f.* (or case put.) *Supposition, proposition que l'on suppose.*
Supposition, (the putting one thing instead of another.) *Supposition d'une chose fausse.*
SUPPOSITITIOUS, *adject.* (false.) *Supposé, faux.*
SUPPOSITORY, *f.* (a remedy put up into the body to make it soluble.) *Un suppositoire.*
To SUPPRESS, *verb. act.* (to stifle or stop.) *Supprimer, empêcher ou faire cesser d'avoir cours ou de paroître, étouffer.*
To suppress (to abolish) a charge or an office. *Supprimer une charge, l'abolir, la casser.*
Suppressed, *adj.* Supprimé, &c. *V.* to Suppress.
SUPPRESSING. }
SUPPRESSION, *subst.* Suppression, extinction, abolition, &c. *V.* the verb.
SUPPRESSOR, *f.* Celui qui supprime.
To SUPPURATE, *verb. neut.* (to run,

as a fore.) *Suppurer, jeter du pus, jeter ou rendre de la matiere.*
SUPPURATION, *f.* Suppuration.
SUPPURATIVE, *adject.* Suppuratif, qui fait suppurer.
SUPPUTATION, *subst.* (or reckoning.) *Supputation, compte, calcul.*
To SUPPUTE, *verb. act.* (to reckon.) *Supputer, faire une supputation ou un compte, calculer, compter.*
Supputed, *adj.* Supputé, compté, calculé.
SUPPUTING, *f.* Supputation, compte, calcul ou l'action de supputer, &c. *V.* to Suppute.
SUPREMACY, *subst.* (the Pope's supreme power in religious matters.) *Suprématie.*
Supremacy, (highest place or rank.) *Supériorité, premier rang.*
SUPREME, *adj.* (or highest.) *Suprême, le plus haut, le plus éminent.*
The King our supreme Governor. *Le Roi notre Souverain.*
SURANTLER, *sub.* (of a deer's head.) *Surandouiller de tête de cerf.*
SURBATE, *subst.* (a horse's-disease.) *Solbature.*
To SURBATE a horse, *verb. act.* Fouler un cheval, le blesser au pied.
Surbated, *adj.* Solbatu, foulé.
SURCEASE, *f.* (stop.) *Cessation, sursis.*
To SURCEASE, *verb. act.* (to give over.) *Surseoir.*
Surcease (or free yourself) from any further trouble. *Laissez cela, ne vous mettez plus en peine ou ne vous embarrassez plus de cela.*
Surceased, *adj.* Sursis.
SURCEASING, *f.* L'action de surseoir.
SURCHARGE, *f.* (charge upon charge.) *Surcharge.*
To SURCHARGE, *verb. act.* (to overload.) *Surcharger, charger trop.*
Surcharged, *adj.* Surchargé.
SURCHARGING, *subst.* L'action de surcharger, surcharge.
SURCINGLE, *f.* (or girth for a saddle.) *Sursaix,* forte de sangle.
Surcingle, (the girdle of a cassock.) *Ceinture.*
SURCLE, *f.* (shoot.) *Rejeton.*
SURCOAT, *f.* (or upper coat.) *Un surtout.*
SURD, *adj.* (a term used in Mathematicks.) *Sourd.*
Ex. A surd number. *Un nombre sourd.*
SURDITY, *f.* (or deafness.) *Surdité.*
SURE, *adject.* (assured or certain, that knows for certain.) *Sûr, assuré, certain, qui sait certainement.*
I am sure that — *Je suis sûr que —*
We are sure (or certain) of the victory. *Nous sommes assurés de la victoire, la victoire nous est certaine ou assurée.*
Sure, (true or undoubted.) *Sûr, assuré, certain, indubitable.*
Sure-footed. *Qui ne bronche pas, à qui la jambe ne mollit pas.*
Sure, (or infallible.) *Sûr, immanquable, infaillible.*
Sure, (true or faithful.) *Sûr, vrai, fidelle,* en qui on peut se fier.
Sure, (or safe.) *Sûr, hors de danger, où il n'y a rien à craindre.*
A sure or good paymaster. *Un bon payeur, un homme qui paye bien, une bonne paye.*
Sure, (or firm.) *Sûr, ferme, solide.*
To play a sure game or to go upon sure ground. *Jouer à jeu sûr, être sûr de son fait ou de sa partie.*

To make sure of one, (in order to have him on one's side.) *S'assurer de quelqu'un, pour l'avoir de son parti.*
To make sure of a thing, (to seize it.) *S'emparer d'une chose, s'en saisir.*
She is sure, (or promised in marriage.) *Elle est fiancée, elle est promise.*
P. Sure bind, sure find. P. *La méfiance est la mere de sûreté.* P. *Abandon fait larron.*
Be sure you do it, (or be sure to do it.) *Ne manquez pas de le faire.*
Be sure not to — *Gardez-vous bien de —*
Be sure not to take notice of it. *Gardez vous bien d'en prendre connoissance, ne faites semblant de rien.*
He may be sure to be laughed at. *On ne manquera pas de se moquer de lui.*
As sure as I live, as sure as I am alive *Aussi vrai que je vis.*
To be sure, as sure as can be, as sure as any thing, sure enough or surely. *assurément, sans doute, vraiment oui.*
Yes sure. *Assurément.*
No sure. *Bagatelle, cela n'est pas croyable.*
SURELY, *adv.* (or certainly.) *Sûrement, assurément, vraiment, certainement.*
Will he come? yes, surely. *Viendra-t-il? oui, sûrement ou assurément.*
Surely, (securely.) *Sûrement, avec sûreté, en sûreté.*
To tread surely. *Marcher sûrement ou à pas sûrs.*
SURENESS, *f.* (or certainty.) *Assurance, certitude.*
SURETISHIP, *f.* (the being a surety.) *Cautionnement.*
SURETY, *subst.* (or bail.) *Caution, répondant.*
Surety, (evidence.) *Sûreté.*
Surety, (hostage.) *Otage.*
SURFACE, *subst.* (or outside.) *Surface, superficie.*
SURFEIT, *f.* (an excess in eating and drinking, overcharging one's stomach.) *Crapule, excès de manger & de boire, indigestion.*
To take a surfeit. *Avoir une indigestion.*
Surfeit-water. *Eau distillée avec des pavots & autres herbes propres à guérir d'une indigestion.*
Surfeit, (or satiety.) *Satiété, dégoût.*
SURF, *f.* (a sea-term.) *Ressac de la mer contre une côte ou des rochers.*
To SURFEIT, *v. act.* (to make sick with eating.) *Faire trop manger ou boire, crever à force de nourriture.*
To surfeit one's self, *v. réc. Crapuler, se surcharger l'estomac, s'attirer une indigestion.*
To surfeit (satiate or glut) one's self with a thing. *Se souler de quelque chose, s'en rassasier, en avoir du dégoût.*
SURFEITING, *f. Crapule, l'action de crapuler,* &c. *V.* to Surfeit.
SURGE, *f.* (a billow or wave of the sea.) *Houle, lame, une grosse vague.*
To SURGE, *v. neut.* (or rise up in waves.) *S'enfler, faire de grosses vagues,* en parlant de la mer.
To surge, *v. a.* To surge the capstern. *V.* Capstern.
SURGEON, *f.* (a contraction of Chirurgeon.) *Un Chirurgien.*
SURGERY, *subst.* (or chirurgery.) *Chirurgie.*
SURGY, *adj.* (rising in billows.) *Enflé,* en parlant de la mer.
SURLILY, *adv.* (in a morose manner.) *Fierement, arrogamment, insolemment.*

SURLINESS, *f.* (moroseness, very ill nature.) *Fierté, arrogance, naturel fier, présomption, orgueil, insolence.*
SURLY, *adj.* (proud, haughty, fierce, insolent.) *Fier, orgueilleux, arrogant, superbe, insolent.*
SURMISE, *subst.* (a thought or opinion.) *Pensée, imagination, opinion, soupçon.*
To SURMISE, *v. act. & n.* (to suspect, to imagine.) *Penser, s'imaginer, se mettre quelque chose en tête, croire, soupçonner.*
Surmised, *adject.* Imaginé, &c. V. to Surmise.
SURMISING, *subst.* Pensée, soupçon, imagination, l'action de s'imaginer, &c. V. to Surmise.
To SURMOUNT, *verb. act.* (to overcome or excel.) *Surmonter, surpasser, exceller.*
Surmounted, *adj.* Surmonté, surpassé.
SURMOUNTABLE, *adject.* Qui peut être surmonté.
SURMOUNTING, *subst.* L'action de surmonter, &c.
SURNAME, *f.* (the name of one's family, or an appellation added to the original name.) *Surnom.*
To SURNAME, *v. act.* (or give an appellation.) *Surnommer, donner un surnom, donner une épithete.*
Surnamed, *adj.* Surnommé.
SURNAMING, *f.* L'action de surnommer.
To SURPASS, *verb. act.* (to exceed, excel or go beyond.) *Surpasser, passer, exceller, surmonter.*
To surpass one's self. *Se surpasser soi-même ou se surmonter.*
Surpassed, *adj.* Surpassé, &c.
SURPASSING, *f.* L'action de surpasser.
SURPASSINGLY, *adv.* D'une maniere extraordinaire, d'une maniere qui surpasse, extraordinairement, éminemment.
He is surpassingly ingenious. *Il a infiniment d'esprit.*
SURPLICE, *f.* (the white linen garment the priest wears over his cloaths.) *Surplis.*
SURPLUS, } *subst.* (overplus, remainder.) *Surplus, surcroît.*
SURPLUSAGE, }
In surplusage. *Par surcroît.*
SURPRISAL, } *subst.* (a sudden assault or perplexity.) *Surprise*, action par laquelle on surprend.
SURPRISE, }
Surprise, (or astonishment.) *Surprise, étonnement, trouble, sursaut.*
To SURPRISE, *verb. act.* (to take unawares.) *Surprendre, prendre à l'improviste, prendre au dépourvu.*
To surprise (or to amaze.) *Surprendre, étonner.*
Surprised, *adject.* Surpris, &c. V. to Surprise.
I am surprised with an extraordinary business. *Il m'est survenu une affaire extraordinaire.*
SURPRISING, *f.* L'action de surprendre, &c. V. to Surprise.
Surprising, *adject.* (or strange.) *Surprenant, étonnant, merveilleux, étrange, imprévu.*
SURPRISINGLY, *adv.* Avec surprise ou d'une maniere surprenante.
SURQUEDRY, *subst.* (pride, superciliousness.) *Orgueil, fierté, arrogance.*
SURREJOINDER, *subst.* (a law-term.) a second defence of the plaintiff's action opposite to the defendant's rejoinder.) *Réponse aux dupliques.*

SURRENDER, *f.* (a law-term.) *Acte de résignation.*
The surrender of a town. *La reddition d'une place.*
To SURRENDER, *verb. act.* (to yield or give up.) *Rendre, livrer.*
To surrender (or give up) one's place. *Se démettre de sa charge.*
To surrender one's self a prisoner. *Se rendre prisonnier.*
To surrender, *verb. neut.* (to yield.) *Se rendre, se livrer, se donner, se remettre.*
To surrender one's self, (as a trader that fails and gives up all he has to his creditors upon oath.) *Faire cession de ses biens, faire banqueroute.*
Surrendered, *adj.* Rendu, livré, &c.
SURRENDERING, *f.* Reddition, l'action de rendre, &c. V. to Surrender.
SURREPTION, *f.* (a doing any thing by stealth.) *Subreption, surprise.*
SURREPTITIOUS, *adj.* (done by stealth.) *Qui se fait secretement, à la dérobée ou par surprise, subreptice ou obreptice, en termes de palais.*
SURREPTITIOUSLY, *adv.* *Secretement, à la dérobée, par surprise, subrepticement, en termes de palais.*
To get surreptitiously. *Obtenir par surprise, surprendre.*
SURROGATE, *f.* Un *substitut*, un *subdélégué*, celui qui exerce une charge pour un autre.
To SURROGATE, *verb. act.* (to put in the place of another.) *Subroger, substituer, mettre ou établir en la place d'un autre.*
Surrogated, *adj.* Subrogé, substitué.
SURROGATING, *f.* L'action de mettre ou de substituer quelqu'un à la place d'un autre.
To SURROUND, *verb. act.* (to encompass or environ.) *Environner, entourer.*
Surrounded, *adj.* Environné, entouré.
SURROUNDING, *f.* L'action d'entourer ou d'environner.
SURSISE, *subst.* (a word properly used in the castle of Dover for a penalty.) *Amende.*
SURSOLID, *subst.* Sursolide, terme d'algebre.
SURTOUT, *subst.* (or great coat.) *Un sur-tout.*
SURVEY, *f.* (or general view.) *Vue.*
Survey or surveying (measuring) of land. *Arpentage, mesurage d'une terre.*
To take a survey (or draught) of one's lands. *Prendre ou lever un plan de ses terres.*
He took a survey of the coasts and country adjacent. *Il a visité les côtes & les pays voisins.*
Survey, (a sea-term.) *Inspection ou visite des Officiers dans un port.*
To SURVEY, *verb. act.* (to view or look about.) *Regarder de toutes parts, jeter les yeux de tous côtés, promener sa vue tout à l'entour, avoir la vue sur.*
To survey (or measure) land. *Arpenter la terre.*
To survey, (or oversee.) *Avoir l'intendance ou l'inspection de, surveiller à.*
Surveyed, *adject.* Regardé, &c. V. to Survey.
SURVEYER. V. Surveyor.
SURVEYING, *f.* L'action de regarder, &c. V. to Survey.
Surveying (or measuring) of land. *Arpentage ou l'action d'arpenter.*

SURVEYOR, *subst.* (or overseer.) *Intendant.*
A surveyor of the King's high-ways. *Voyer.*
Surveyor, (architect or master builder.) *Un architecte.*
Surveyor (or measurer) of land. *Un arpenteur.*
Surveyors, *plur.* (of the Navy.) *Inspecteurs de la Marine d'Angleterre, qui sont au nombre de deux.*
SURVEYORSHIP, *f.* L'office ou *la qualité d'intendant*, &c. V. Surveyor.
SURVIVAL, *f.* (or surviving.) *Action de survivre.*
SURVIVANCE, *f.* (an outliving of one.) *Survie.*
To SURVIVE, *verb. act.* (or outlive.) *Survivre à, vivre plus long-temps qu'un autre.*
Survived, *adj.* À qui on a survécu.
SURVIVER, } *subst.* (the longest liver.) *Survivant.*
SURVIVOR, }
SURVIVING, *f.* L'action de survivre.
SURVIVORSHIP, *f.* Survivance.
SUSCEPTIBLE, *adj.* (apt to take impression.) *Susceptible.*
SUSCEPTION, *subst.* (the act of taking.) *Susception des ordres sacrés.*
SUSCEPTIVE, *adj.* Susceptible.
SUSCIPIENT, *f.* Celui qui reçoit.
To SUSCITATE, *verb. act.* (or raise.) *Susciter, exciter, faire naître.*
Suscitated, *adj.* Suscité, &c.
SUSCITATING, } *f.* Suscitation, action de susciter, &c.
SUSCITATION, }
SUSKIN, *f.* (a sort of old coin.) *Sorte d'ancienne monnoie.*
To SUSPECT, *verb. act.* (to fear or mistrust.) *Soupçonner, avoir du soupçon, se défier.*
To suspect (or fear) one's own strength. *Se défier de ses propres forces.*
To suspect (to surmise or think.) *Soupçonner, croire, s'imaginer, penser.*
Suspected, *adj.* Soupçonné, suspect, dont on se défie, dont on a du soupçon.
SUSPECTFUL, *adj.* (distrustful.) *Soupçonneux, défiant, enclin à soupçonner.*
SUSPECTING, *subst.* L'action de soupçonner ou d'avoir du soupçon, &c. V. to Suspect.
To SUSPEND, *verb. act.* (to hang up.) *Suspendre, attacher par en haut, élever en l'air.*
To suspend any thing in a church or temple. *Appendre quelque chose dans une Eglise ou dans un temple.*
To suspend, (to keep in suspense or doubt.) *Suspendre, tenir en suspens.*
To suspend, (to defer, delay or stop.) *Suspendre, surseoir, différer, cesser, discontinuer.*
To suspend one from his office, (to forbid him the function of it.) *Suspendre quelqu'un de son office.*
Suspended, *adject.* Suspendu, &c. V. to Suspend.
SUSPENDING, *f.* Suspension, l'action de suspendre, &c. V. to Suspend.
SUSPENSE, *subst.* (or doubt.) *Suspens, incertitude.*
Ex. To be in suspense. *Être en suspens; hésiter, balancer, être irrésolu, ne savoir à quoi se déterminer.*
SUSPENSION, *f.* (the being suspended from one's office.) *Suspense ou suspension, interdiction.*
SUSPENSORY,

SUSPENSORY, *subst.* (a sort of truss or bandage.) *Suspensoire, bandage.*
SUSPICABLE, *adj.* (or liable to suspicion.) *Suspect; qui cause du soupçon, de la défiance.*
SUSPICION, *subst.* (jealousy or mistrust.) *Soupçon, défiance, suspicion, ce dernier est un terme de pratique.*
To entertain a suspicion (or doubt) of one. *Former des soupçons sur quelqu'un, le soupçonner.*
SUSPICIOUS, *adj. Suspect, dont on a soupçon, qui cause de la défiance.*
Suspicious, (jealous, distrustful.) *Soupçonneux, enclin à soupçonner, défiant.*
SUSPICIOUSLY, *adv. D'une maniere suspecte.*
SUSPICIOUSNESS, *f.* (doubt.) *Doute.* V. Suspicion.
SUSPIRATION, *f.* (or sigh.) *Soupir.*
To SUSTAIN, *verb. act.* (to give strength, to maintain or feed.) *Soutenir, sustenter, donner de la force, entretenir, nourrir.*
To sustain, (to support or bear up.) *Soutenir, appuyer.*
To sustain, (or suffer.) *Soutenir, souffrir, supporter.*
To sustain a loss. *Faire une perte.*
Sustained, *adject. Soutenu,* &c. V. to Sustain.
SUSTAINING, *f. L'action de soutenir,* &c. V. to Sustain.
SUSTENANCE, *subst.* (food or nourishment.) *Nourriture, subsistance, entretien, entretenement.*
SUSTENTATION,
To SUSURRATE, *verb. neut. Chuchoter, parler à l'oreille.*
SUSURRATION, *f. Chuchoterie.*
SUTLER, *f.* (one that follows an army to sell victuals.) *Un vivandier.*
SUTURE, *f.* (or seam.) *Suture, en termes de Chirurgien, couture.*
The coronal suture, *Suture coronale, suture extérieure du crâne.*
SWAB, *f.* (mop.) *Torchon, vadrouille.*
Swab, (in a ship.) *Faubert.*
To SWAB, *verb. act.* (to clean.) *Laver.*
SWABBER, *subst.* (the drudge of a ship.) *Mousse ou page dans un navire, balayeur.*
SWAD, *f.* (a word used in some parts of England for a peasecod.) *Cosse ou gousse de pois.*
To SWADDLE, &c. V. to Swathe, &c.
† To swaddle, (or to cudgel one.) *Battre quelqu'un, le battre à coups de bâton, le bâtonner.*
Swaddled, *adject.* V. Swathed.
† Swaddled, (or cudgelled.) *Battu à coups de bâton, bâtonné.*
SWADDLING, *f. & adj.* V. Swathing.
To SWAG,
To SWAG DOWN. } *verb. act.* (to sink.) *Effondrer, affaisser, abaisser, faire tomber, faire descendre.*
To swag, *verb. n. S'effondrer, s'abaisser, s'affaisser, s'abattre, plier, se laisser tomber,*
His belly swags, (or hangs down.) *Son ventre s'abaisse à force de grossir.*
To let one's limbs swag. *Laisser aller son corps.*
A wheelbarrow that swags. *Brouette qui chancelle parce qu'elle est trop & mal chargée.*
SWAG-BELLY, *subst. Gros ventre, grosse panse, un gros pansu.*
To SWAGE, &c. V. to Assuage, &c.
To SWAGGER, *verb. n.* (to crack, boast

or hector.) *Se vanter, se glorifier, bavarder, faire le glorieux, le faux brave ou le fanfaron, faire le rodomont, faire des rodomontades.*
SWAGGERER, *f.* (or bully.) *Un glorieux, un rodomont, un faux brave.*
SWAGGERING, *subst. Fausse bravoure, fanfaronnade, rodomontade.*
SWAGGING, *adj.* (from to swag.) *Ex.* A swagging breast. *Une tetasse, un gros teton qui pend.*
SWAGGY, *adj. Pendant, qui pend.*
SWAIN, *subst.* or a country swain, (a clown.) *Un paysan, un villageois.*
Swain, (or a shepherd.) *Un berger.*
Boat-swain, (on prononce Bosson.) *Bosseman.*
SWAINMOTE, *f.* (a Court incident to a forest.) *Cour qui juge les affaires relatives aux eaux & forêts.*
SWALLOW, *subst.* (a bird.) *Hirondelle, oiseau.*
The sea-swallow, (a flying fish.) *L'hirondelle de mer.*
Swallow-tail, (in fortification.) *Queue d'aronde.*
Swallow-tail-scarf, *subst. comp. Assemblage à queue d'aronde.*
Swallow, (or gulf.) *Un gouffre.*
† A large swallow, (or throat.) *Une belle avaloire, un grand gosier.*
To drink a glass of wine at one swallow. *Sabler un verre de vin, le boire tout d'un trait.*
To SWALLOW, *verb. act.* (or to take down the throat.) *Avaler, † gober.*
Prov. He has swallowed a spider, (or played the bankrupt.) *Il a fait banqueroute, il a fait faillite.*
He will never swallow this opinion *Il ne s'accommodera jamais de cette opinion.*
† To swallow one's words. *Se retracter, se dédire.*
To swallow UP. *Engloutir, absorber.*
Swallowed, *adject. Avalé,* &c. V. to Swallow.
SWALLOWING, *f. L'action d'avaler,* &c. V. to Swallow.
SWAM: *prétérit du verbe to* Swim.
SWAMP, *f.* (marsh, bog, fen.) *Terre marécageuse, marécage, fondriere.*
SWAMPY, *adj. Marécageux.*
SWAN, *f.* (a large water fowl.) *Un cygne, gros oiseau aquatique.*
Swan-skin. *Peau de cygne.*
A wild swan. *Un pélican.*
SWANSKIN, *f.* (flannel.) *Sorte de flanelle ou molleton.*
To SWAP. V. to Swop.
SWARD, *f.* (or rind) of bacon. *Couenne de lard.*
The green-sward (or surface) of the earth. *La surface verte de la terre.*
A level green-sward. *Une pelouse.*
SWARE, *prét. de* to Swear.
SWARM, *f.* of bees. *Un essaim d'abeilles, jet de mouches à miel.*
A swarm, (or great number.) *Fourmilliere, multitude, grand nombre.*
A swarm of bees. *Un essaim d'abeilles.*
A swarm of lice. *Une fourmilliere de poux.*
A swarm of people. *Une fourmilliere de gens, une foule, une multitude.*
To SWARM, *verb. neut.* (as bees do.) *Essaimer, faire un essaim, en parlant des abeilles.*
To swarm, (to be full of.) *Fourmiller, être plein, abonder.*
The streets swarmed with people. *Les rues fourmilloient de monde.*

To swarm UP a tree or a rope. *Grimper sur un arbre ou sur une corde.*
To SWART. V. to Blacken.
SWARTHINESS, *subst.* (swarthy complexion.) *Teint basané, brulé ou hâlé.*
SWARTHISH, *adj.* (a little swarthy.) *Un peu basané.*
SWART, } *adj.* (sun-burnt, tawny, blackish.) *Basané, hâlé,*
SWARTH, } *brulé ou noirci par le soleil.*
SWARTHY, }
SWARTNESS. V. Swarthiness.
SWASH, *f.* (or great spout of water.) *Grand rejaillissement d'eau.*
To SWASH, *verb. act.* (or make fly about.) *Faire sauter, faire rejaillir.*
To swash, (or make a noise with swords.) *Ferrailler.*
† SWASH-BUCKLER, *f.* (a hectoring blade.) *Un fanfaron, un faux brave, un fier à bras, un rodomont,* † *un avaleur de charrettes ferrées.*
SWATH, *f. Rang, bande.*
Ex. A swath of grass, barley, &c. *Un rang d'herbe coupée, d'orge, & choses semblables.*
To SWATHE, *verb. act.* (to wrap up in swathing-clothes.) *Emmailloter, mettre dans le maillot, envelopper de langes.*
Swathed, *adject. Emmailloté, mis au maillot.*
SWATHING, *f. L'action d'emmailloter.*
Swathing, *adj. Ex.* Swathing-clothes. *Maillot, couches, langes.*
A swathing-band. *Bande de maillot.*
SWAY, *subst.* (power, rule, command.) *Pouvoir, autorité, gouvernement, domination, empire.*
To SWAY, *verb. neut.* (to bear sway or rule.) *Dominer, régner, commander, avoir du pouvoir, de l'autorité, gouverner, être le maître, avoir un empire absolu.*
To sway with one. *Avoir du pouvoir sur quelqu'un.*
To sway, *verb. act.* (to govern.) *Gouverner, conduire, commander.*
To sway the scepter. *Porter le sceptre, avoir le sceptre en main.*
To sway up the lower yards. *Hisser les basses vergues,* &c.
Swayed, *adject. Gouverné,* &c. V. to Sway.
To SWEAL, } *verb. n.* (or melt away.)
To SWALE, } *Se fondre.*
Ex. The candle sweals. *La chandelle se fond.*
SWEAP. V. Swipe.
To SWEAR, *verb. neut. & act.* (to affirm, confirm or promise with an oath.) *Jurer, affirmer, assurer, confirmer ou promettre par serment.*
To swear friendship together. *Jurer amitié ensemble.*
To swear (or vow) one's ruin. *Jurer la perte ou la ruine d'une personne, faire vœu de la perdre, faire une forte résolution de la ruiner.*
To swear, (to curse or blaspheme.) *Jurer, faire des sermens ou des juremens, blasphémer.*
P. He swears like a tinker. *P. Il jure comme un charretier.*
To swear one, (to give or tender him the oaths.) *Faire jurer quelqu'un, lui déférer le serment, lui faire prêter serment.*
To swear one to secrecy or privacy. *Faire jurer quelqu'un d'être secret.*
SWEARER, *f. Un jureur, une jureuse.*
SWEARING,

SWEARING, *f. Jurement ou l'action de jurer.* V. to Swear.
SWEAT, *f. Sueur, eau.*
To cause or promote sweat. *Faire suer, provoquer les sueurs.*
To SWEAT, *v. n. & act.* (to emit a watery humour through the pores.) *Suer.*
To sweat blood and water. *Suer sang & eau.*
He sweats for fear. *Il sue de peur, † il a la suée.*
To sweat for the pox. *Suer la vérole, ou simplement, suer.*
To sweat, *verb. act.* (to cause sweat.) *Faire suer.*
To sweat OUT a distemper, *verb. act. Guérir d'une maladie à force de suer.*
Sweated out, *adj. Chassé par la sueur.*
SWEATER, *subst. Qui est sujet à suer.*
SWEATING, *subst. Sueur ou l'action de suer.*
Sweating, *adj.* (or sweaty.) *Suant.*
SWEATY, all sweaty, *adj. Suant, tout en eau, tout en sueur.*
To SWEEP, *verb. act. Balayer, nettoyer avec un balai.*
To sweep the chimney. *Ramonner la cheminée.*
Prov. Sweep before your own door , (meddle with your own business.) *Mêlez-vous de vos affaires.*
To sweep flakes, or to sweep AWAY , (to take away.) *Rafler, faire rifle, enlever ou emporter tout avec violence.*
To sweep away, (to destroy.) *Ravager, détruire.*
To sweep, *verb. act. & neut.* (a sea-term.) *Draguer une ancre ou tel autre objet qu'on cherche au fond de la mer, par le moyen d'un cordage.*
SWEEP of the tiller , *subst. Tamise ou tamisaille.*
SWEEPER, *subst. Balayeur , balayeuse , celui ou celle qui balaye.*
A chimney-sweeper. *Un ramoneur de cheminée.*
SWEEPING, *f. L'action de balayer, &c.* V. to Sweep.
Sweepings, *pl.* (filth or dust swept out.) *Les balayures.*
A goldsmith's sweepings. *Les lavures d'un Orfèvre.*
SWEEPNET, *subst.* (a fishing-net.) *Epervier, filet de pêcheur.*
SWEET, *adj.* (luscious to the taste.) *Doux, doux au goût.*
Sweet or sweetened with sugar. *Sucré ou doux.*
Sweet , (fragrant to the smell.) *Doux, agréable à l'odorat, odorant ou odoriférant, qui sent bon.*
A sweet breath. *Une haleine douce.*
A sweet perfume. *Un doux parfum.*
A very sweet flower. *Une fleur qui sent fort bon.*
A sweet look. *Un doux regard.*
A sweet smile. *Un doux souris.*
To be sweet (to look sweet or amorously) upon a woman. *Faire les yeux doux à une femme.*
Sweet (kind or good) nature or temper. *Un naturel doux, un esprit doux , un bon naturel, une humeur douce, traitable ou affable , douceur.*
She is of a very sweet temper. *Elle a une grande douceur.*
Sweet , (or pretty.) *Joli, beau, mignon, gentil.*
A sweet child. *Un bel enfant, un joli enfant.*

† You made a sweet business on't or of it, (ironically spoken.) *Vous avez fait-là une belle affaire.*
A sweet style , (a free, easy style.) *Un style doux, un style aisé & coulant , un beau style.*
Sweet , (that does not stink, that has no ill smell.) *Qui ne sent ou qui ne pue pas, qui ne sent point mauvais, qui n'a point de mauvaise odeur.*
Ex. Sweet meat. *Viande qui ne sent pas ou qui ne put pas.*
A sweet woman. *Une femme charmante ou aimable.*
To keep one's self sweet and clean. *Se tenir propre, avoir toujours du linge blanc.*
To have a sweet tooth, (to be fond of sweet things.) *Aimer les douceurs, aimer les choses douces , être friand, aimer les friandises.*
Revenge is sweet. *La vengeance est une chose douce.*
Life is sweet when one wants for nothing. *La vie est douce quand on ne manque de rien.*
To use sweet (or flattering) expressions to the fair ladies. *Conter des douceurs ou dire des douceurs aux belles, leur contr.r fleurettes, les cajoler.*
Sweet-singers. *C'est une sorte de secte en Ecosse.*
A sweet-bag. *Coussinet de senteur.*
Sweet-smelling. *Odorant , odoriférant , qui sent bon, qui a une bonne odeur.*
Sweet-scented. *Parfumé.*
Sweet-natured, sweet conditioned. *Doux, d'un naturel doux.*
SWEET , *subst.* (pleasure or comfort.) *Douceur , plaisir , bien.*
The sweets of peace. *Les douceurs de la paix.*
P. No sweet without some sweat. P. *Nul bien sans peine.*
Sweets , (or perfumes.) *Douceurs ou parfums.*
SWEETBREAD , *f.* (of a breast of veal.) *Ris de veau.*
SWEETBRIAR, *f. Eglantier odorant.*
SWEETHEART, *subst. Amant , amante.* V. Heart.
To SWEETEN , *v. act.* (to make sweet.) *Adoucir , rendre doux.*
To sweeten with sugar. *Adoucir avec du sucre, sucrer.*
To sweeten an expression. *Adoucir une expression.*
To sweeten , (to soften or alleviate) *Adoucir, alléger , soulager , rendre moins fâcheux.*
To sweeten one's anger. *Adoucir, calmer, appaiser la colère de quelqu'un.*
Sweetened, *adject. Adouci, &c.* V. to Sweeten.
SWEETENER , *subst.* (a decoy among gamesters.) *Un embaucheur , un enjoleur.*
SWEETENING, *f. L'action d'adoucir, &c.* V. to Sweeten.
SWEETING , *subst.* (a sort of apple.) *Pomme Saint-Jean.*
† Sweeting, (sweetheart or lover.) *Serviteur, amant, galant.*
SWEETISH, *adj. Douçâtre.*
SWEETLY , *adv.* (or pleasantly.) *Doucement, d'une manière douce , agréablement.*
SWEETMEATS, *f. pl. Confitures. Ex.* Dry or liquid sweetmeats. *Confitures sèches ou liquides.*

SWEETNESS, *f. Douceur.*
SWIETS. V. Sweet, *subst.*
SWELL , *subst. Ex.* The swell of the sea. *Les houles ou les vagues de la mer , levée.*
There is a great swell setting into the bay. *Il y a beaucoup de houle à l'entrée de la baye.*
To SWELL, *v. act.* (to puff or fill up.) *Enfler, bouffir, remplir , gonfler.*
To swell or swell UP , (to increase or make bigger.) *Enfler, grossir, augmenter.* Ex. The rain has swelled up the river. *La pluie a enflé ou grossi la rivière.*
To swell up a volume. *Grossir un volume, enfler le cahier.*
To swell , *verb. neut.* (in a proper and figurative sense.) *Enfler ou s'enfler.*
A book that swells too much. *Un livre qui grossit trop.*
The river swells. *La rivière enfle ou s'enfle.*
His philosophical discourses are now swelled almost to the bulk of his orations. *Ses traités de philosophie font déjà un volume presque aussi gros que ses oraisons.*
To swell OUT , (as a wall does.) *Pousser en dehors , en parlant d'une muraille.*
Swelled , *adj. Enflé, &c.*
SWELLING , *subst. L'action d'enfler, &c.* V. to Swell.
Swelling , (or tumour.) *Enflure, tumeur.*
A swelling in the groin. *Poulain.*
To SWELTER , *verb. neut.* (to be pained with heat...) *Etouffer de chaleur.*
SWELTRY , } *adj. Etouffant , qui étouffe.*
SULTRY , }
Sultry heat or sweltry weather. *Chaleur étouffante.*
SWEPACE , *subst.* (the crop of hay got in a meadow.) *La récolte de foin qu'on a faite dans un pré , après que les bestiaux y ont pâturé.*
* SWEPE. V. Swepage and Swipe.
SWEPT, *adj.* (from to sweep.) *Balayé, &c.* V. to Sweep.
SWERD. V. Sward.
To SWERVE , *verb. neut.* (to go from.) *Se détourner , s'éloigner , s'écarter.*
SWERVING , *subst. L'action de se détourner , de s'éloigner ou de s'écarter.*
SWIFT , *adj.* (quick , nimble, fleet or rapid.) *Vite , léger, prompt , rapide , roide.*
A swift horse. *Un cheval vite ou léger à la course.*
A swift river. *Une rivière rapide , qui coule avec vitesse ou avec rapidité.*
To go a swift pace. *Aller bon pas, aller vite , hâter le pas.*
Swift, *subst.* (a bird.) *Martinet.*
To SWIFT , *v. act.* (a sea-term.) Ex. To swift a boat or vessel. *Mettre une ceinture à un bâtiment.* V. Swifter.
To swift a capstern. *Placer le garde-corps aux barres d'un cabestan , ou garnir les barres d'un cabestan de leur cordage.*
SWIFTER , *subst.* (swifter of a capstern.) *Garde-corps ou ure-veille du cabestan , cordage qui tient au bout de toutes les barres du cabestan lorsqu'il est armé, pour aider à virer & assujettir les barres.*
Swifter, est aussi la ceinture d'un bâtiment.
Swifters , *pl. Rubans de fortune ou faux-haubans , & plus proprement les haubans impairs.*
SWIFTLY , *adv. Vite, vitement, rapidement , avec vitesse , avec rapidité.*
SWIFTNESS.

SWIFTNESS, subst. Vitesse, célérité, rapidité, roideur.
To SWIG, verb. n. (to drink by large draughts.) Boire à longs traits.
SWILL, s. (or hog's-wath.) Lavure, qu'on donne aux cochons.
To SWILL, v. act. (to gulp or swallow down.) Avaler, guber.
To swill, v. neut. (to drink hard and greedily.) Boire à grands traits, boire comme un cochon, boire avec avidité, ivrogner.
Swill-bellied, Pansu, qui a une grosse panse.
SWILL-BOWL, } subst. (a drunkard.)
SWILLER, } Un goinfre, un ivrogne, qui avale à grand. traits la boisson.
SWILLING, adj. ivrogne, qui s'adonne à la crapule ou à l'ivrognerie.
Swilling, subst. Crapule, ivrognerie.
To SWIM, verb. neut. Nager, au propre & au figuré.
My head swims, (or I have a swimming or dizziness in the head.) J'ai des vertiges ou la tête me tourne.
To swim AWAY. Se sauver à la nage.
A liquor that swims OVER. Une liqueur qui surnage.
To swim over a river. Passer une rivière à la nage.
The oil swims on the top of all other liquors. L'huile surnage sur toutes les autres liqueurs.
SWIM, s. Vessie de poisson.
SWIMMER, s. Un nageur, une nageuse.
SWIMMING, subst. Nage, l'action de nager.
To save one's life by swimming. Se sauver à la nage.
A swimming of the head, (or dizziness.) Vertige, tournoiement de tête.
A swimming place. Une baignoire.
† SWIMMINGLY, adv. (very well, with good success, easily.) Fort bien, avec succès, aisément, en se jouant.
SWINDLER, subst. Filou, imposteur, fourbe.
SWINE, subst. (or hog.) Cochon, porc, pourceau.
Sea-swine. Marsouin ou cochon de mer.
Wild-swine. Un sanglier.
Swine-cresses, (a plant.) Corne de cerf, plante.
Swine-grass, (a plant.) Renouée ou centinode, plante.
Swine-pox, (a sort of measles.) Espèce de rougeole qui vient aux enfants.
Swine like, adv. En cochon, à la manière des cochons.
SWINEBREAD, s. (or truffle.) Truffe.
SWINEHERD, s. Porcher, porchère.
SWING, subst. (a sort of sport, with a loose rope.) Escarpolette ou jeu de l'escarpolette, brandilloire, balançoire.
Swing. (or jerk.) Secousse.
To give one a swing. Pousser quelqu'un.
To follow the swing of one's genius. S'abandonner, se livrer à son génie.
‡ Let him take his swing, Qu'il s'en donne à cœur joie.
A swing, (to swing withal.) Brandilloire.
† He may have a swing (or be hanged) for't. Il pourroit bien lui en coûter la corde.
To SWING, v. act. & neut. Brandiller ou se brandiller, se balancer.
To swing ABOUT. Tourner ou faire tourner, tournoyer.
To swing, (a sea-term.) Eviter au changement de vent ou de la marée, en parlant d'un vaisseau à l'ancre.
To swing. Abattre ou faire son évolution : Ex.
Let her swing ! Laisse abattre !
To SWINGE, } v. act. (to whip,
To SWINGE OFF, } to bang, to maul.) Fouetter, fesser, étriller, battre, bourrer de la belle manière, maltraiter de coups ou de paroles.
Swinged, adject. Fouetté, fessé, &c. V. to Swinge.
† SWINGER, s. (something very great.) Ce mot se dit de certaines choses qui sont d'une grandeur ou d'une grosseur extraordinaire.
Swinger, (from swing.) Celui qui se balance, &c. V. to Swing.
SWINGGATE, s. (a gate that goes to and fro.) Sorte de barrière qui s'ouvre des deux côtés.
SWINGING, s. (from to swing.) Brandillement ou l'action de brandiller.
Swinging or swinging OFF, (from to swing.) L'action de fouetter, de fesser, &c. V. to Swing.
Swinging, adj. (or great.) Grand, fort grand ou fort gros.
SWINGINGLY, adv. (or at a great rate.) Extraordinairement.
SWINGLE-STAFF, sub. (a staff to beat flax with.) Sorte de bâton avec quoi on bat le lin.
SWINISH, adj. De cochon, en cochon.
* SWINK, s. (or labour.) Travail, labeur.
* SWINKER, subst. Un ouvrier.
SWIPE, subst. (an instrument with cross beams to draw water, &c.) Une bascule.
To SWITCH, v. act. Donner des coups de houssine.
SWIVEL, subst. (a ring.) Un anneau.
Swivels, s. pl. (at sea.) Tourniquets de fer.
Swivel-guns, subst. plur. comp. Pierriers.
SWOBBER, s. (a term at cards.) Terme du jeu de cartes. V. Swabber.
† SWOLING, s. A swoling of land, (as much as one plough can till in a year.) Autant de terre qu'une charrue en peut labourer dans un an.
SWOLN, } adj. (from to swell.)
SWOLLEN, } Enflé, &c. V. to Swell.
Swoln style. Style ampoulé ou enflé.
SWOM, c'est un prétérit du verbe to Swim.
SWOON, subst. Evanouissement, pamoison, défaillance.
To SWOON, v. n. (to faint.) Evanouir ou s'évanouir, tomber en défaillance, en foiblesse ou en pamoison.
SWOONING, subst. (or fainting away.) Evanouissement, pamoison, défaillance ou foiblesse, syncope.
To SWOOP. verb. act. (to catch up as a bird of prey does with his claws.) Enlever avec les griffes, en parlant d'un oiseau de proie.
To SWOP, v. act. (or change.) Troquer, changer.
To Swop. V. to Swoop.
SWOPPING, subst. Troc, l'action de troquer ou de changer.
SWORD, s. (a known weapon.) Epée, fer.
A little or a short sword, Une petite ou une courte épée, un couteau.
To wear a sword. Porter l'épée.
To fight with swords. Se battre à l'épée.
To put all to the sword. Passer tout au fil de l'épée.
To put all to fire and sword. Mettre tout à feu & à sang.
By dint of sword. A la pointe de l'épée.
He is as good at the pen as the sword. C'est une bonne plume & une bonne épée.
To make one's way through swords and flames. Se faire ou s'ouvrir un chemin à travers les épées (ou le fer) & les flammes, percer au travers du fer & des flammes.
The King's sword-bearer. Celui qui porte l'épée royale devant Sa Majesté.
A sword-player, Un gladiateur.
Sword-sleiper, (a north-country word for a sword-cutler.) Fourbisseur.
SWORDFISH, s. L'Empereur, grand poisson.
SWORDGRASS, s. (or gladder.) Glaïeul.
SWORE, c'est un prétérit du verbe to Swear.
SWORN, adject. (from to swear.) Qui a prêté serment, juré, &c. V. to Swear.
He was sworn a privy Counsellor. Il prêta le serment en qualité de Conseiller du Roi.
SWUM, part. pass. de to Swim.
SWUNG, adj. (from to swing.) Brandillé. V. to Swing.
† SYB, s. (or kindred.) Parenté.
Syb and som, (an old Saxon expression, signifying peace and security.) Paix & sûreté.
SYBIL. V. Sibyl.
SYCAMINE, } s. (a tree.) Sycomore,
SYCAMORE, } arbre.
SYCOPHANT, s. (a pick-thank or parasite.) Un flagorneur, un flatteur, un rapporteur, un parasite, un sycophante.
To SYCOPHANT, verb. neut. Faire le sycophante.
SYDERATION, } subst. (or blasting of
SIDERATION, } trees.) Maladie des arbres, sur laquelle on croit que les astres ont quelque influence.
SYLLABAR, subst. (a book treating of syllables.) Livre qui traite des syllabes, syllabaire.
SYLLABICAL, } adject. Syllabique ou de
SYLLABICK, } syllabe.
SYLLABLE, subst. (an articulate found formed of one or more letters.) Syllabe.
Do not or don't speak a syllable of it. N'en dites rien, ne faites semblant de rien.
SYLLABUB, subst. Mélange de lait, de vin, de citron & de sucre.
SYLLOGISM, subst. (a logical way of arguing or an argument formed of three members or propositions.) Syllogisme, argument.
SYLLOGISTICAL, } adj. Qui se fait en
SYLLOGISTICK, } forme ou dans les formes ou par syllogismes ; syllogistique.
SYLLOGISTICALLY, adverb. En forme syllogistique.
To SYLLOGIZE, verb. neut. (to argue by syllogism.) Argumenter, raisonner dans les formes.
SYLVAN, adj. (of the woods or forests.) Des bois, des forêts.
SYLVANUS, subst. (the fabulous God of woods.) Sylvain, le Dieu fabuleux des bois.
SYMBOL, subst. (a sign or token.) Symbole, marque ou signe.
The Apostolical symbol, (the creed.) Le symbole des Apôtres, les XII articles de la Foi chrétienne.
SYMBOLICAL,

SYMBOLICAL, adj. Symbolique, mystique, qui tient du symbole.
SYMBOLICALLY, adv. D'une maniere symbolique.
To SYMBOLIZE, v. act. (to represent by certain outward signs some hidden thing.) Représenter par un symbole, être un symbole de.
To symbolize with one, verb. neut. (to concur or agree in any thing with him.) Symboliser avec quelqu'un, lui ressembler en quelque chose.
Symbolized, adject. Représenté par des symboles.
SYMBOLIZING, subst. Représentation par symboles.
Symbolizing, adj. Symbolique, qui représente, qui est un symbole de.
SYMMETRICAL, adj. Fait avec symétrie.
SYMMETRIST, f. Qui observe exactement les proportions.
SYMMETRY, f. (uniformity, a regular proportion of each part of the whole.) Symétrie, proportion.
SYMPATHETICAL, } adj. Sympathique,
SYMPATHETICK, } de sympathie, qui a une certaine sympathie.
SYMPATHETICALLY, adverb. Sympathiquement, d'une maniere sympathique.
SYMPATHETICK, adject. (belonging to sympathy.) Sympathique, de sympathie.
To SYMPATHIZE, v. neut. (to agree.) Sympathiser, avoir de la sympathie, s'accorder, avoir un rapport d'humeur.
To sympathize (to be affected) with one's troubles. Compatir aux maux de quelqu'un, en être touché de compassion.
SYMPATHY, f. (the natural agreement of things.) Sympathie, conformité naturelle.
Sympathy, (fellow-feeling.) Compassion.
SYMPHONIOUS, adject. (harmonious.) Harmonieux.
SYMPHONY, f. (harmony or concert of musick.) Symphonie, concert de musique, harmonie.

SYMPHYSIS, f. Symphyse, terme d'anatomie.
SYMPOSIACKS, subst. Ex. Plutarch's symposiacks, (or table-talk.) Les symposiaques ou les conversations de table de Plutarque.
SYMPTOM, f. (an accident in a disease.) Symptôme, accident de maladie.
Symptom, (or sign.) Symptôme, signe, indice, marque.
SYMPTOMATICAL, } adject. Sympto-
SYMPTOMATICK, } matique, où il survient quelque symptôme, ou causé par quelques symptômes.
SYNAGOGUE, f. (or Jewish Church.) Synagogue.
SYNARTHROSIS, subst. Synarthrose, terme de Chirurgie.
SYNCHRONICAL, } adject. Synchrone,
SYNCHRONOUS, } qui arrive en même temps.
SYNCHRONISM, f. Synchronisme.
To SYNCOPATE, v. act. (to swoon.) Tomber en syncope, s'évanouir.
To syncopate, v. act. (to make an elision or syncope.) Faire une syncope ou une élision.
SYNCOPATION, f. (in musick, notes driven till the time falls even again.) Syncope, en termes de musique.
SYNCOPE, f. (a term of grammar; the cutting away of a syllable or letter in the middle of a word.) Syncope, en termes de grammaire.
Syncope, (or swooning.) Syncope, défaillance, évanouissement.
SYNDICK, subst. (a censor or comptroller.) Syndic, sorte de Magistrat.
SYNDICABLE, adject. (subject to censure.) Qui mérite d'être censuré.
SYNDICATE, } subst. (the place of a
SYNDICKSHIP, } syndick or time of one's being a syndick.) Syndicat.
SYNECDOCHE, f. (a figure in rhetorick, consisting in putting a part for the whole or the whole for a part.) Synecdoque, figure de rhétorique.
SYNEUROSIS, subst. Synévrose, terme d'anatomie.
SYNOD, f. (or convocation.) Synode

ou assemblée de plusieurs Théologiens ou du Clergé.
SYNODAL, subst. (a tribute in money formerly paid to the Bishop or Arch-Deacon, by the inferior Clergy, at Easter-visitation.) Droit que le Clergé inférieur payoit autrefois à l'Evêque ou à l'Archidiacre à la visite de Pâques.
SYNODAL, } adj. (done in a synod.)
SYNODICAL, } Synodal, qui est de sy-
SYNODICK, } node.
SYNODICALLY, adverb. Synodalement, en synode.
SYNODICK, adj. (or lunar.) Synodique ou lunaire. Ex.
A synodick month. Un mois synodique.
SYNONIMA, subst. plur. (words of one and the same signification.) Synonymes, termes synonymes, qui ont la même signification.
SYNONIMOUS, adject. Synonyme, qui signifie la même chose.
SYNOPER. V. Sinoper.
SYNOPLE. V. Sinople.
SYNOPSIS, subst. (or compendium.) Abrégé, sommaire ou somme de quelque chose.
SYNTAX, subst. (or construction of words into sentences of grammar.) Syntaxe ou construction, en termes de grammaire.
SYNTHESIS, f. Synthese.
SYNTHETICK, adj. Synthétique, terme de géométrie.
SYPHON, f. Syphon.
SYRINGE, subst. (or squirt.) Une seringue.
To SYRINGE, v. act. Seringuer.
Syringed, adj. Seringué.
SYRINGING, f. L'action de seringuer.
SYRUP. V. Sirup.
SYSTEM, f. (the body or compass of the principles of a science.) Système.
SYSTEMATICAL, adject. Réduit en système, systématique.
He is altogether for systematical learning. Il aime à apprendre les sciences par système.
SYSTEMATICALLY, adv. Systématiquement.
SYSTOLE, f. (in anatomy.) Systole.

T.

T, est la vingtieme lettre de l'alphabet anglois, & la seizieme des consonnes.
Cette lettre a son véritable son au commencement des mots, & se prononce alors comme en françois.
Elle a le son d'une s dans satiety, celui de sh (ou ch françois) dans toutes les terminaisons en tion, comme nation, sanction, notion, excepté quand une s precede, dans lequel cas elle prend le son de tsh (ou de tch françois), comme bastion, question.
La lettre T a encore le son de sh (ou de ch françois) dans toutes les terminaisons en tial, comme martial, nuptial, excepté quand elle est précédée d'une s, comme bestial, celestial, où elle a le son d'un ch, ou de tch françois.
Le T retient sa propre prononciation dans les dérivés des mots finissant en ty; exemple,

TAB

exemple, pitied, *qui vient de pity*; mightier, *de mighty*, &c
Nota. *Pour la prononciation du* th, *voyez* th *dans l'ordre alphabétique.*
TABARD, *s.* (an herald's coat.) *Cotte d'armes.*
TABBY, *s.* (a silk-stuff.) *Tabis.*
Tabby-like. *Tabisé, fait en forme de tabis.*
Tabby, adj. *Tacheté, tout tacheté, tigré.*
A tabby cat. *Chat tigré.*
To TABEFY, *v. n.* V. to Waste, *v. n.*
TABELLION, *s.* (a law-word, a notary publick.) *Tabellion, notaire public.*
TABERD. V. Tabard.
TABERNACLE, *sub.* (a tent or pavilion among the Israelites.) *Tabernacle, tente ou pavillon parmi les Israëlites.*
Tabernacle, (the tent where the Ark of the covenant was kept.) *Tabernacle ou le tabernacle du Seigneur, tente où reposoit l'Arche de l'Alliance.*
Tabernacle, (a sacred place on the Altar, in which the consecrated host and pyx are preserved.) *Tabernacle, la partie de l'autel où l'on met le ciboire.*
TABID, *adject.* (dry, lean or wasting away.) *Sec, tout sec, languissant; tabide, en termes de médecine.*
TABLATURE, *subst.* (a sort of musick-book.) *Tablature.*
Ex. To give a lesson upon the guitar in tablature. *Donner une leçon de guitarre par tablature.*
TABLE, *s.* (a piece of household-stuff for several uses.) *Table, meuble qui sert à divers usages.*
A table to write upon. *Table à écrire.*
A table for meat. *Table, ou table à manger.*
To rise from table. *Sortir ou se lever de table.*
To keep a good table, (to live plentifully.) *Tenir bonne table, se bien traiter, faire bonne chere.*
To keep an open table, (or house.) *Tenir table ouverte.*
To come to the Lord's table, (to receive the communion.) *S'approcher de la table du Seigneur, recevoir la communion.*
Table, (whereon the ancients used to write their laws.) *Tables.*
Ex. The law of the twelve tables among the ancient Romans. *Les loix des douze tables parmi les anciens Romains.*
The table (or index) of a book. *La table ou l'indice d'un livre.*
Tables, (to play at.) *Trictrac.*
A pair of fine tables. *Un beau trictrac.*
The tables are turned, (the times or affairs are changed.) *Les affaires ont changé de face, le temps a changé.*
Table-cloth. *La nape.*
Table plate. *Vaisselle de table d'or ou d'argent.*
Table beer, (or small beer.) *Petite biere, bien qu'on buit ordinairement aux repas.*
Table-basket. *Manne, ou manne à desservir.*
Table-talk. *Discours de table, entretien de table.*
Table-dialogue. *Dialogue de table.*
A table-bed. *Lit qui sert de table le jour, lit qui se plie & qui sert de table.*
A table-diamond. *Diamant à table.*
A table-book. *Des tablettes.*
A side-table. *Un buffet.*
To TABLE, *v. neut.* (to live at the table of another, to board.) *Être en pension, manger à la table de quelqu'un.*

TAB

To table one, *v. act.* (to entertain him at one's table.) *Donner sa table à quelqu'un, le nourrir à sa table.*
To table fines, (to draw the contents of every fine passed in any one term.) *Faire une table ou une liste des droits qui sont échus au Roi dans chaque terme.*
TABLER, *s.* (boarder.) *Pensionnaire.*
TABLET, *subst.* (or little table.) *Petite table.*
Tablet, (a medicine.) *Tablette.*
Tablet, (a surface written on.) *Tablettes.*
TABLING, *subst.* (or boarding.) *Pension,* &c.
Tabling, (a sea-term.) Tabling of the sails. *Tablir & renfort des voiles.*
Tablings of the beams. *Entailles & adens faits dans l'assemblage des bancs.*
TABOUR, *s. Tambour de basque ou tambourin.*
To TABOUR, *v. neut.* (or to play upon the tabour.) *Jouer du tambour de basque ou du tambourin, tambouriner.*
TABOURER, *s. Celui qui joue du tambour de basque, ou tambourineur.*
TABOURET, *s.* (a small drum or tabour.) *Tambourin,* &c. Voy. Tabour.
Tabouret. Ex.
To have the privilege of the tabouret, (which was a privilege for some great ladies in France to sit in the Queen's presence.) *Avoir le tabouret.*
TABOURING, *subst.* (the playing on the tabour.) *L'action de tambouriner.* Voy. to Tabour.
TABRET. V. Tabour.
TABULAR, *adj. En forme de table.*
TACES, *s.* (an armour for the thighs.) *Cuissards.*
TACHE, *subst.* (a clasp, hook or buckle.) *Crochet, annelet, boucle ou agraffe.*
To TACHE, &c. V. to Tack, &c.
TACHIGRAPHY, *s.* (short-hand.) *Tachygraphie ou tachéographie, maniere d'écrire vite à l'aide des abréviations.*
TACIT, *adj.* (not expressed.) *Tacite, qui n'est pas exprimé, qui est sous-entendu.*
TACITLY, *adv. Tacitement, d'une maniere tacite.*
TACITURNITY, *sub.* (habitual silence.) *Taciturnité, silence, humeur d'une personne taciturne.*
TACK, *sub.* (a little nail with a head.) *Broquette, petit clou à tête.*
To hold tack, (hold fast.) *Tenir ferme.*
This business will hold you tack, (or will keep you employed.) *Cette affaire vous tiendra long-temps, elle vous donnera de l'occupation.*
Tack, (ill tasted.) V. Tang.
Tacks, (a sort of ship-ropes.) *Cargues, cargue-point ou cargue-fond, tailles de point ou de fond, sorte de cordage de navire.*
A tack-wind. *Vent de bouline.*
Tack, *s. Écouet & amure.*
The main-tacks. *Les écouets de la grande voile.*
Aboard main tack ! *Amure la grande voile !*
The fore tacks. *Les écouets de misaine.*
Tack of a stay-sail. *Amure d'une voile d'étai ou d'une stay.*
Tack of a studding-sail. *Amure d'une bonnette.*
Tack-tackle. V. Tackle.
Up tacks and sheets ! *Leve le lof ! ou largue le lof !* Commandement fait en virant vent devant.

TAC

On étend aussi la signification de ce terme au point du vent d'une voile ; ce que nous appelons aussi *le lof* d'une voile.
The ship is on the starboard tack. *Le vaisseau a les amures à tribord.*
Tack, est aussi un bord ou une bordée en louvoyant.
A good tack. *Une bonne bordée.*
To TACK, *v. act.* (or fasten.) *Attacher, clouer.*
To tack foul linen together. *Accoupler le linge sale pour le mettre à la lessive.*
To tack (or join) together. *Joindre, assembler, faire l'assemblage de quelque chose, coudre.*
To tack the ship or to tack ABOUT, (to bring her head about.) *Virer, tourner, mettre à l'autre bord.*
To tack, *verb. act. & neut. Virer vent devant.*
To tack about, (to take other measures.) *Prendre un autre tour, prendre d'autres mesures, changer de batterie.*
Tacked, *adj.* &. *Attaché,* &c. Voyez to Tack.
† TACKER, *s.* Sobriquet qu'on a donné aux Membres de la Chambre basse du Parlement d'Angleterre, qui en l'année 1704 opinerent qu'on cousit le bill contre la conformité occasionnelle, à celui de la taxe sur les terres.
TACKING, *sub. L'action d'attacher,* &c. V. to Tack.
TACKLE, *s.* (a sea-term.) *Palan.*
Ground tackle. V. Ground.
Reef tackle. V. Reef, &c.
Tack-tackle. *Palan d'amure dans les bâtiments à voiles auriques.*
Stay-tackle. *Palan d'étai.*
Tack-hook. *Croc à palan.*
TACKLING, *sub.* (or ropes) of a ship. *Cordages de navire.*
Tackling, (things, goods, household stuff.) *Affaires, hardes, meubles.*
Kitchen-tackling. *Batterie de cuisine.*
† To look well to one's tackling. *Prendre bien garde à soi ou à ses affaires.*
† To stand to one's tackling, (or to stand to one's pan-pudding.) *Se tenir fier.*
TACTICAL, } *adj. Qui appartient à la*
TACTICK, } *tactique.*
TACTICKS, *s. Tactique, l'art des évolutions militaires.*
TACTILE, *adject.* (that may be felt.) *Tactile, qui se peut toucher.*
TACTION, *s.* (or feeling, a word used in Philosophy.) *Le tact, le toucher ou l'attouchement.*
Taction, (or touching, a word used in geometry.) *Taction, terme de géométrie.*
TADPOLE, *s. Un petit crapaud ou grenouille qui n'est point encore formé.*

TAG

TAFFAREL, *subst.* (from the aft-rail, a sea-term.) *Le tableau & le couronnement des vaisseaux Anglois, dont les poupes sont couvées différemment des nôtres.*
TAFFETA, *s.* (a sort of thin silk.) *Taffetas.*
TAG, *s. Fer, ferret.*
Ex. The tag of a lace or point. *Fer de lacet ou d'aiguillette.*
Tag-rag fellow. *Un gueux, un gredin.*
There were none but tag-rag and bob-tail, (or a company of scoundrels.) *Il n'y avoit que trois tondus & un pelé.*

To

Tome II.   40

TAG TAK TAK TAK

To TAG, v. act. *Ferrer, joindre.*
Ex. To tag a lace or a point. *Ferrer un lacet ou une aiguillette.*
To tag, v. neut. (after one, to follow him.) *Suivre quelqu'un, être à ses trousses ou à ses côtés, être pendu à la ceinture de quelqu'un.*
TAGGER, sub. Ex. A tagger after women, (a dangler.) *Un coquet, un homme qui pend toujours à la ceinture des femmes.*
TAGGED, adj. *Ferré, joint.*
TAGGING, s. *L'action de ferrer.*
TAIL, s. (or train.) *Queue.*
A fox's, dog's or cat's tail. *Queue de renard, de chien ou de chat.*
The tail of a comet. *La queue d'une comete.*
The dragon's tail, (in astronomy.) *Queue de dragon.*
The tail of a letter. *La queue d'une lettre.*
The plough tail, *Le manche de la charrue.*
Tail, (in the sense of the law, for a tally.) V. Tally.
Tail in the sense of the law. Ex. Fee tail, (the fee which is opposite to fee-simple.) *Bien substitué.*
† She gets a livelihood by her tail. *Elle gagne sa vie en se prostituant, elle fait le métier de putain.*
Squat upon the tail, *Accroupi, courbé sur le cul, qui se repose sur le derrière.*
Tail, (at sea.) *Fin d'un coup de vent lorsqu'il a beaucoup diminué.*
Tail block. *Poulie simple estropée à fouet.*
Tail-piece, (a printer's ornament in a book,) *Cul de lampe.*
TAILED, adj. (that has a tail.) *Qui a une queue.*
TAILLAGE. V. Tallage.
TAILLE, s. (see.) *Taille.*
TAILOR, s. *Tailleur.* V. Taylor.
TAINCT, sub. (a kind of red coloured little spider.) *Petite araignée roug'.*
* TAINT, adj. (or convicted of a crime.) *Atteint & convaincu de quelque crime.*
TAINT, subst. (or conviction.) *Conviction.*
Taint, (infection.) *Infection.*
A pestilential taint. *Une infection contagieuse.*
Taint, (blur or spot.) *Tache, flétrissure.*
To TAINT, v. act. (to corrupt.) *Corrompre, gâter.*
Hot weather taints the meat. *La chaleur corrompt ou gâte la viande.*
To taint the blood. *Corrompre le sang.*
Treason taints the blood. *La trahison tache le sang ou déshonore la famille du traître.*
To taint, (to corrupt or bribe.) *Corrompre, gagn.r.*
Tainted, adj. *Corrompu, gâté.* Voy. to Taint.
TAINTLESS, adj. *Incorruptible.*
TAINTURE, s. (tinge.) *Souillure.*
† TAKABLE, adj. (that may be taken.) *Prenable, qui peut être pris.*
Take him where he is takable. *Prenez-le par où il est prenable, prenez-le par son foible.*
To TAKE, v. act. *Prendre,* dans la plupart de ses significations.
Take this, and be contented. *Prenez ceci, & soyez content.*
To take physick. *Prendre médecine.*
To take some broth. *Prendre un bouillon.*
To take upon tick (or credit.) *Prendre à crédit.*

To take one by the hand. *Prendre quelqu'un par la main.*
I took him at his wo.d. *Je le pris au mot.*
To take one's part. *Prendre le parti de quelqu'un, épouser ses intérêts, tenir pour lui.*
I take him for my arbitrator. *Je le prends pour mon arbitre.*
To take (or apprehend) a malefactor. *Prendre un criminel, s'en saisir, l'arrêter.*
To take one in the fact. *Prendre quelqu'un sur le fait, le surprendre.*
Who do you or d'ye take me to be? *Pour qui me prenez-vous?*
Take my advice. *Prenez ou suivez mon conseil, croyez-moi.*
To take to heart. *Prendre à cœur.*
To take a thing in good or ill part, to take it well or ill. *Prendre une chose en bonne ou mauvaise part, en savoir bon ou mauvais gré.*
You do not take it in the right sense. *Vous le prenez mal, vous ne le prenez pas comme il faut.*
To take snuff. *Prendre du tabac.*
To take a town. *Prendre une ville, s'en rendre maître, l'emporter.*
To take heed. *Prendre garde.*
To take pity or compassion of one. *Prendre pitié de quelqu'un.*
To take root. *Prendre racine.*
To take (or to catch) fire. *Prendre feu.*
To take (or drink) the waters. *Prendre les eaux.*
To take in marriage, (or to marry.) *Prendre en mariage, épouser.*
She took a great liking to him. *Elle le prit fort en amitié ou en affection.*
To take warning or example. *Prendre exemple.*
To take, (or receive.) *Prendre, recevoir.*
To take an impression. *Recevoir ou prendre quelque impression.*
To take (or catch) one in a lie or falsehood. *Surprendre ou attraper quelqu'un dans un mensonge, le trouver menteur.*
To take him in adultery. *Le surprendre en adultère.*
To take (or take away) one's life. *Oter la vie à quelqu'un.*
To take a place in a coach. *Retenir une place dans un carrosse.*
To take (or set) in writing. *Mettre par écrit.*
To take in pieces. *Mettre en pieces, démonter.*
To take a rough draught of a contract. *Lever la grosse d'un contrat.*
I shall take it as a great favour. *Je tiendrai cela à grande faveur, je vous en aurai grande obligation.*
To take the meat out of the pot or off the spit. *Tirer la viande du pot ou de la broche.*
To take, verb. n. (to succeed.) *Réussir, avoir du succès.*
A play that takes. *Une comédie qui a du succès.*
A book that takes, (or has a great run.) *Un livre qui réussit bien ou qui est de bon débit, un livre qui prend bien.*
To make a project take. *Faire réussir un projet.*
This will not take with me, (or won't please me.) *Ceci ne me plait pas, je n'en suis point content.*

To take (or go) towards a place. *Prendre ou aller vers quelque lieu.*
To take a view or prospect of. *Regarder, considérer.*
To take a turn or a walk. *Faire un tour de promenade, se promener.*
To take one's turn, (to do a thing in one's turn.) *Faire quelque chose à son tour, rouler avec d'autres personnes.*
To takes one's self to one's heels or to take to one's heels, (or to betake one's self to one's heels, to run away.) *S'enfuir, gagner au pied, détacher, † gagner la guérite.*
What course shall I take or what shall I do now? *Que ferai-je maintenant? quelles mesures prendrai-je?*
Let him take his swing. *Qu'il fasse ce qu'il voudra.*
Take you no care of that. *Ne vous mettez pas en peine de cela, que cela ne vous embarrasse pas.*
Let your friends take part with you. *Faites-en part à vos amis, partagez-le avec vos amis.*
That takes a great deal of time. *Cela emporte bien du temps.*
It took me a year's time to consider of it or on't. *Je fus un an à songer à cela.*
To take hold of a thing. *Prendre une chose; se saisir d'une chose.*
To take hold of an opportunity. *Embrasser l'occasion, saisir une occasion.*
To take alarm at something. *S'alarmer de quelque chose, prendre l'alarme.*
To take oath of a thing. *Faire ou prêter serment de quelque chose.*
To take sanctuary in a place. *Se réfugier en quelque endroit, s'y mettre à couvert.*
To take coach. *Monter en carrosse.*
To take horse. *Monter à cheval.*
A mare ready to take horse. *Une cavale qui entre en chaleur, qui est prête à recevoir l'étalon.*
A horse that takes head, (that is unruly.) *Un cheval qui prend le frein ou le mors aux dents, un cheval rétif, rebelle, malicieux, qui ne veut pas obéir.*
To take ship or shipping. *S'embarquer.*
To take one napping or unawares. *Surprendre quelqu'un, le prendre au dépourvu.*
To take (to give) one a box on the ear. *Donner un soufflet à quelqu'un.*
To take pet, to take huff or exception. *Se fâcher, s'offenser, se choquer, se piquer, prendre en mauvaise part.*
To take one's fortune, to take one's chance. *Tenter fortune, faire comme on peut.*
To take an account of a thing. *S'informer ou s'instruire de quelque chose.*
Take this along with you, (remember or mark this by the by.) *Souvenez-vous de ceci, ou remarquez ceci en passant.*
To take offence (or be offended) at something. *Se piquer, se choquer, se fâcher, ou se scandaliser de quelque chose.*
To take a thing into debate. *Mettre une chose en délibération ou en balance, l'agiter.*
To take pride in a thing. *Se piquer d'une chose, en faire gloire, s'en glorifier, en triompher.*
Won't you or will you not take any answer? *Ne voulez-vous pas vous le tenir pour dit?*

Take

TAK

Take my word for it. *Croyez-m'en sur ma parole.*
He will take my word before your oath. *Il se fiera plutôt à ma parole qu'à votre serment.*
To take, (or believe.) *Croire, penser.*
I take it to be the best way. *Je crois que c'est la meilleure voie.*
What will you take for it? *Combien en voulez-vous avoir?*
I won't take under or less. *Je ne veux pas le donner à moins.*
To take (or follow) bad courses. *Prendre un mauvais train, s'abandonner aux vices, se débaucher.*
To take one's pleasure. *Se divertir, passer le temps.*
To take place of one. *Prendre place au dessus de quelqu'un, passer devant quelqu'un, avoir la préséance sur lui, prendre le pas sur lui, le précéder.*
To take place, (to be preferred or more esteemed.) *Être préféré.*
To take. *Faire.*
Ex. To take a leap. *Faire un saut, sauter.*
To take a journey. *Faire un voyage, voyager.*
To take a tour. *Faire un tour.*
It is or 'tis plaguy heavy, but we will take the other heave. *Cela est diablement pesant, mais faisons encore un effort pour le lever.*
To take (or draw) one's breath short. *Haleter.*
To take a disease in time. *Remédier de bonne heure à une maladie.*
Take his advice along with you before you do it. *Ne faites pas cela avant de le consulter.*
If you take his whole life at one view. *Si vous considérez toute sa vie d'une seule vue.*
To take a thing kindly of one. *Savoir bon gré d'une chose à quelqu'un.*
I take it very ill. *Je le trouve fort mauvais.*
To take one's choice. *Choisir.*
To take thought. *Se mettre en peine.*
To take a light taste of a thing. *Goûter une chose du bout des lèvres.*
To take a deep root. *Jeter de profondes racines.*
To take the law of one, (to go to law with him.) *Faire un procès à quelqu'un, le poursuivre en justice.*
To take the field. *Se mettre en campagne.*
To take a denial. *Essuyer un refus.*
When they saw that he would take no denial. *Lorsqu'ils virent qu'il voulait l'avoir à toute force.*
To take (or put up) an affront. *Souffrir un affront.*
To take effect. *Réussir, succéder.*
The sentence will take effect. *La sentence sortira son plein & entier effet.*
To take a man's words out of his mouth. *Dire justement ce qu'un autre allait dire.*
To take flesh. *S'incarner,* en parlant de notre Sauveur Jesus-Christ.
To take, (or conceive, as a mare does.) *Concevoir, retenir.*
To take for granted. *Supposer, poser en fait, préssuposer.*
To take orders to send some goods. *Recevoir des ordres pour l'envoi de quelques marchandises.*
To take a thing into consideration. *Considérer une chose, l'examiner avec réflexion, aviser à quelque chose, y songer.*

To take TO a thing, *verb. neut.* (to fancy it.) *Se plaire à quelque chose, s'y appliquer avec plaisir.*
To take one to pieces. *Médire de quelqu'un, le déchirer.*
To take a thing to pieces. *Démonter ou défaire une chose.*
Take the world to pieces, and there are a thousand sots to one Philosopher. *Examinez les hommes un à un, & vous trouverez mille sots pour un Philosophe ou pour un homme de bon sens.*
To take to task. *V.* Task.
To take one ABOUT the neck or waist. *Embrasser quelqu'un.*
To take AGAIN. *Reprendre.*
To take AFTER one. *Tenir de quelqu'un, en avoir de l'air, ressembler à quelqu'un.*
To take one ALONG with himself. *Prendre quelqu'un avec soi.*
To take ASUNDER, (or separate.) *Séparer, désunir.*
To take AWAY. *Prendre, ôter, emporter, ravir, enlever.*
To take away (or usurp) one's estate. *Usurper le bien de quelqu'un, s'en emparer avec injustice.*
To take away, (to clear the table.) *Desservir.*
To take a thing DOWN. *Descendre une chose, l'abaisser.*
To take down a suit of hangings. *Détendre une tapisserie.*
To take one down, (to humble him.) *Humilier quelqu'un, l'abaisser.*
My courage was so taken down that I durst not lift up my eyes. *J'étais si déconcerté ou j'étais dans un si grand abattement, que je n'osais pas même lever les yeux.*
To take IN. *Prendre.*
Ex. Take in some milk when the milkwoman comes. *Prenez du lait quand la laitière viendra.*
To take in fresh water. *Faire aiguade, faire de l'eau,* en termes de marine.
To take in the sails. *Serrer les voiles,* lorsque le vent est trop fort.
To take in hand, (or undertake.) *Entreprendre.*
He begins to take in, (or to be a better husband.) *Il commence à se retrancher ou à vivre d'épargne.*
To take one in, (to admit him.) *Admettre quelqu'un, le recevoir.*
To take one in, (to cheat or bubble him.) *Embaucher ou duper quelqu'un, le tromper, l'attraper.*
To take OFF. *Lever, ôter.*
Ex. To take off one's hat. *Ôter le chapeau, se découvrir.*
To take off the mask. *Lever le masque.*
To take one off from the love he bears to his mistress. *Détacher ou dégager quelqu'un de l'amour de sa maîtresse.*
To take off, (or away.) *Emporter, enlever.*
To take one off from his work. *Débaucher quelqu'un de son travail, le détourner, l'interrompre.*
To take off the edge of a knife. *Émousser un couteau.*
It will, or 'twill take off the edge of his wit. *Cela lui émoussera l'esprit.*
To take off the edge of cold drink. *Chauffer tant soit peu la boisson.*
To take off the edge of one's stomach. *Étourdir la grosse faim.*
To take off the skin, (to make the skin come off.) *Enlever la peau, écorcher.*

To take one off from an ill course. *Retirer ou détourner quelqu'un du vice.*
Will you take my bargain off my hands? *Voulez-vous prendre mon marché? voulez-vous prendre cela au prix que je l'ai acheté?*
To take one's care off of his hands. *Soulager quelqu'un de ses soins.*
To take OFF, FROM, (to diminish, to derogate from.) *Diminuer, déroger, faire tort.*
To take one off by death. *Faire mourir quelqu'un.*
To take off the testimony of an Historian. *Décréditer, détruire ou invalider le témoignage d'un Historien.*
To take off taxes. *Supprimer des taxes ou des impôts.*
To take ON. *Prendre, prendre toujours.*
To take on, *v. neut.* (in the service, to list one's self.) *S'enrôler, prendre parti.*
To take on, (to grieve.) *S'affliger, s'attrister.*
To take OUT. *Faire sortir, tirer, ou tirer dehors.*
To take UP arms. *Prendre les armes.*
This will take up (or engross) a good deal of time. *Ceci prendra ou emportera bien du temps.*
To take up (or occupy) a great deal of room. *Prendre, occuper bien de la place.*
To take up a thing that is fallen. *Ramasser une chose tombée, la relever.*
To take up a trick at cards. *Faire une levée de cartes.*
Take up that meat, it is boiled enough. *Tirez cette viande, elle est assez cuite.*
To take up, (or cause to rise.) *Faire lever.*
To take up, (or help to rise, &c. to dress.) *Lever, aider à se lever & à s'habiller.*
Take up the child. *Levez l'enfant.*
To take one up sharply, (to check, or reprimand him.) *Reprendre aigrement quelqu'un, le relancer vigoureusement, le rabrouer.*
He takes him up (or snaps at him) every time. *Il ne lui laisse rien passer, il le corrige de tout.*
She took him up at that rate, that he was forced to beg her pardon. *Elle le prit sur un ton si haut, qu'il fut contraint de lui demander pardon.*
Any thing that has the name of diversion amuses the Court, in such remote places where people take up with any thing to pass away the time. *Tout ce qui s'appelle divertissement amuse la Cour, dans les lieux écartés, où l'on se saisit de tout pour se désennuyer.*
To take up (or to borrow) a sum of money. *Emprunter une somme d'argent.*
To take (or fill) up a space. *Remplir ou occuper un espace.*
To take up, (to busy or keep employed.) *Occuper, donner de l'occupation.*
To take up a trade. *Entreprendre un négoce.*
To take up a fashion. *Suivre une mode.*
Aristotle first took it up. *Aristote s'en est servi le premier.*
Any unnatural part is long taking up, and as long laying aside. *On est long-temps à apprendre à jouer un rôle contre nature, & long-temps à le désapprendre ou à s'en défaire.*
To take up a stitch in knitting. *Reprendre une maille.*

He

TAK TAL

He begins to take up, *verb. neut.* (or to be reclaimed.) *Il commence à se réduire ou a se réformer.*
To take up the cudgels. *S'engager dans une querelle, entrer en lice.*
To take up a quarrel, (to adjust it.) *Accorder ou vider un différent, réconcilier ou accommoder des personnes qui sont en différent.*
To take up (or espouse) a quarrel. *Epouser une querelle.*
To take up a challenge. *Accepter un défi.*
To take a thing upon one's self, (to undertake it.) *Prendre une chose sur soi, entreprendre une chose, s'en charger, s'engager de la faire.*
To take a debt or fault upon one's self. *Se charger d'une dette ou d'une faute.*
To take a thing upon trust, (to have it only upon hear say.) *Ne savoir une chose que par oui-dire.*
He takes the blame upon himself. *Il s'en donne le tort.*
To take upon one (or accept) the command of an army. *Prendre le commandement d'une armée.*
He took upon him the name of *Cæsar. Il prit le nom de César.*
To take upon one, to take state upon one. *Trancher du grand, faire le grand, faire le renchéri, s'en faire accroire, se donner des airs.*
To take upon one (to make bold) to do a thing. *Prendre ou se donner la liberté de faire une chose, s'ingérer de la faire.*
Having taken upon him (or having been so free as) to give his sister some cautions on this head, he did not fare the better for it. *S'étant mêlé de donner à sa sœur quelques petits avis sur ce sujet, il ne s'en trouva pas bien.*
I take upon me the honour. *Je me donne l'honneur.*
He takes upon him to teach. *Il se mêle d'enseigner.*
TAKEN, *adject. Pris, surpris, saisi,* &c. *V.* to Take.
He was taken with a dizziness, or swimming in his head. *Il lui prit un vertige.*
He was taken ill, (he fell sick.) *Il tomba malade.*
I am much taken with her. *Elle me plaît, elle m'agrée, elle me revient fort.*
I am so taken up (or busy) that. *Je suis si fort occupé que.*
TAKER, *s. Un preneur, une preneuse, celui ou celle qui prend.*
TAKING, *s. Prise, l'action de prendre,* &c. *V.* to Take.
† Taking, (trouble or fear.) *Peine, embarras, transe, crainte.*
† To be in a heavy taking about a thing. *Être fort en peine, ou dans un grand embarras, être déconcerté.*
Taking, *adj.* (or pleasing.) *Agréable, engageant, insinuant, obligeant, touchant.*
He has something very taking in his looks. *Il a quelque chose de fort agréable dans sa physionomie, il a quelque chose qui prévient en sa faveur.*
TALBOT, *s.* (a spotted dog with a turned-up tail.) *Un chien qui a la peau tachetée & la queue retroussée.*
TALCUM, *s.* (a mineral.) *V.* Talk.
TALE, *s.* (fable or story.) *Conte, fable, histoire, sornette.*

TAL

An old woman's tale, (or a tale of a tub.) *Un conte de vieille, un conte à dormir debout, un conte de ma mère l'oie, un conte bleu,* &c.
To tell tales. *Conter, dire ou raconter des sornettes.*
Tale, (malicious report or story of one.) *Rapport, rapport malin, faux rapport, fausseté.*
To tell tales of one. *Dire des faussetés ou faire des rapports ou de faux rapports de quelqu'un.*
A tale teller. *Un conteur de sornettes.*
Tale, (number or quantity.) *Compte, nombre, quantité.*
TALEBEARER, *s.* (or a telltale.) *Un rapporteur, une rapporteuse, celui ou celle qui fait des rapports malins.*
TALENT, *s.* (a certain sum of gold or silver among the ancients.) *Talent, somme d'or ou d'argent.*
Talent, (good parts, gift of nature.) *Talent, don de nature, capacité, habileté.*
TALESHIDE. *V.* Talthide.
TALISMAN, *subst.* (an artificial magical character made under certain constellations.) *Un talisman.*
TALISMANICK, *adj. Talismanique.*
TALK, *s.* (discourse or prate.) *Discours, entretien, caquet, babil, action de parler, causer,* &c.
Table-talk. *Entretien de table.*
To be made a common talk. *Faire parler de soi.*
I must have a little talk with him. *Il faut que je lui parle ou que je l'entretienne.*
His folly is the common talk of all the world or of every one. *On ne parle partout que de sa folie, sa folie fait l'entretien de tout le monde.*
She is all the town talk. *On ne parle que d'elle par toute la ville.*
I can not abide her talk. *Je ne saurois souffrir son caquet ou son babil.*
She is full of talk. *C'est une grande causeuse ou parleuse.*
Talk, (a sort of mineral.) *Talc, minéral.*
Talk-worthy. *adj. Qui mérite qu'on en parle.*
To TALK, *verb. neut.* (to speak or to prattle.) *Parler, discourir, causer, caqueter.*
Let us make him talk. *Faisons-le causer, faisons-le parler ou discourir.*
P. He that talks much, lies much. P. *Les grands parleurs sont de grands menteurs.*
To talk over, *v. act.* (to relate.) *Raconter, conter.*
King *Charles* II. liked to talk over all the stories of his life, to every new man that came about him. *Le Roi Charles II. aimoit à raconter toutes les avantures de sa vie au premier venu.*
To talk, *v. act.* Ex. The story will talk itself a sleep. *Le bruit cessera ou tombera de lui-même.*
To talk one out of his dinner. *Empêcher quelqu'un de dîner en lui parlant lorsqu'il est à table.*
TALKATIVE, *adj.* (full of talk.) *Parleur, causeur, qui parle beaucoup, babillard.*
TALKATIVENESS, *s. Babil, caquet.*
TALKED of, *adj.* Dont on parle, ou dont on a parlé, qui fait du bruit.
A thing much talked of. *Une chose qui fait grand bruit.*

TAL

To be much talked of, (or to be famous.) *Faire parler de soi.*
TALKER, *s. Parleur, causeur, parleuse; causeuse.*
P. Greatest talkers are always the least doers. P. *Les grands parleurs sont ceux qui font le moins d'affaires.*
TALKING, *subst. L'action de parler,* &c. *V.* to Talk.
Much talking. *Babil, caquet.*
TALKT, *V.* Talked.
TALKY, *adj. De talc, qui ressemble au talc.*
TALL, *adj.* (or high.) *Grand, haut.*
A tall tree. *Un grand arbre.*
A wood of tall trees. *Un bois de haute futaie.*
A tall man. *Un grand homme, un homme d'une haute taille.*
TALLAGE, *s.* (a general name for all taxes.) *Taxe, impôt, imposition en général.*
Tallage, (from the French, taille: an imposition anciently paid either to the King as Lord paramount or to a subordinate Lord.) *Taille, sorte d'imposition.*
* To TALLAGE, *v. act.* (to assess or charge the tallage.) *Mettre la taille, imposer ou lever la taille.*
* TALLAGEABLE, ⎫
* TAILLABLE, ⎭ *adject. Sujet à la taille.*
TALLNESS, *s.* (the being tall.) *Grandeur, hauteur.*
TALLOW, *s. Suif.*
To TALLOW, *v. act.* (to do over with tallow.) *Suiver.*
Tallowed, *adj. Suivé.*
Tallowed, (or full of tallow.) *Plein de suif.*
TALLOWCANDLER *s. Un chandelier ou vendeur de chandelles.*
TALLY, *subst.* (a cloven piece of wood to score up an account upon by notches.) *Taille, morceau de bois avec quoi l'on tient compte.*
A tally upon the exchequer. *Une taille de l'echiquier ou sur l'échiquier.*
Tally at basset. *Une taille au jeu de la bassette.*
To TALLY, *v. act.* (to score up on a tally.) *Marquer sur la taille.*
To tally at basset, *v. neut. Tailler à la bassette.*
To tally, (to agree, to answer exactly.) *Quadrer, s'ajuster, répondre exactement, se rapporter.*
To tally, (a sea-term.) Border les basses voiles.
Tallied, *adj. Marqué sur la taille.*
TALMUD, *s.* (a book of the decrees and constitutions of the *Jewish Rabbies.*) *Le Talmud.*
TALMUDICAL, *adject. Qui regarde le Talmud.*
TALMUDIST, *subst. Un Talmudiste.*
TALON, *s.* (bird's claw.) *Serre.*
* TALSHIDE, ⎫
* TALWOOD, ⎭ *s.* (fire-wood cleft and cut into billets of a certain length.) *Bois coupé en bûches pour le chauffage.*
TAMARIND, *subst.* (a sort of Indian physical fruit.) *Tamarin, sorte de datte sauvage.*
TAMARISK, *subst.* (a sort of shrub.) *Tamaris ou tamarise, arbrisseau.*
TAMBOUR, *subst.* of a tennis-court. *Tambour de jeu de paume.*
TAME, *adj.* (gentle, not wild.) *Apprivoisé, doux, qui n'est point farouche.*
Tame

Tame beasts. *Bêtes apprivoisées, animaux domestiques.*
A tame lion. *Un lion apprivoisé.*
Tame, (or humble.) *Humble, soumis, doux, traitable.*
To grow tame. *S'apprivoiser, devenir humble.*
To TAME, *v. act.* (or make gentle.) *Dompter, apprivoiser, rendre doux ou moins farouche.*
To tame, (to humble, lower or conquer.) *Dompter, humilier.*
Tamed, *adj. Dompté,* &c. V. to Tame.
TAMEABLE, *adj. Domptable.*
TAMELY, *adv.* (with submission.) *Avec soumission, d'une manière soumise.*
Tamely, (cowardly, without resistance.) *Lâchement, sans faire aucune résistance.*
TAMENESS, *f. Soumission ou manière soumise, timidité.*
TAMER, *f. Vainqueur, dompteur, apprivoiseur.*
TAMING, *f. L'action de dompter,* &c. V. to Tame.
TAMINY, *subst.* Sorte d'étoffe de laine.
TAMKIN, *subst.* (or woodenstopple.) *Tampon, gros bouchon de bois.*
The tamkin of a great gun. *Le tampon d'un canon.*
TAMMY, *f.* (a sort of woollen stuff.) *Sorte d'étoffe.* V. Taminy.
To TAMPER with one, *verb. neut.* (to practise upon him, to endeavour to draw him in.) *Pratiquer quelqu'un, le solliciter, lui tâter le pouls, tâcher de le gagner.*
To tamper too much with a disease, (to take a great deal of physick without necessity.) *Prendre trop de remèdes ou se choyer trop dans une maladie.*
Tampered with, *adj. Pratiqué, sollicité,* &c. V. to Tamper.
To be tampering with one. *Solliciter quelqu'un.*
TAMPOY, *subst.* (a curious sort of drink made of gilliflowers in the Molluccas and Philippine islands.) *Sorte de boisson délicieuse qu'on fait dans les Moluques & dans les Îles Philippines.*
TAN, *f.* (the bark of oak.) *Tan, écorce de chêne moulue.*
To TAN, *v. act.* (to dress with bark.) *Tanner, passer au tan.*
Ex. To tan leather. *Tanner du cuir.*
To tan, (or burn as the sun does.) *Hâler, brûler le teint.*
To tan, *v. neut. Se hâler.*
TANG, *f.* (or tack, an ill taste in meat.) *Event, mauvais goût de viande.*
Tang, (ill taste in drink.) *Déboire.*
To TANG, *v. n.* (to ring with.) *Sonner.*
TANGENT, *f.* or a tangent line, *adj.* (a right line perpendicularly raised on the extremity of a radius, which touches a circle so as not to cut it.) *Une tangente.*
TANGIBILITY, *f.* (or being tangible.) *Qualité de ce qui peut être touché.*
TANGIBLE, *adj.* (that may be touched.) *Qui peut être touché.*
To TANGLE, *v. act. Embarrasser.* V. to Intangle.
TAN-HOUSE, *f.* (from to tan.) *Tannerie, le lieu où l'on tanne.*
A tan-vat or tan-pit. *Fosse où l'on met les cuirs pour les tanner.*
TANISTRY, *f.* (an Irish law or custom whereby the most powerful and worthy inherited the Principality.) *Loi ou coutume autrefois établie en Irlande, par laquelle ceux qui avoient le plus de mérite parmi les Princes & les plus grandes familles, héritoient au préjudice de l'aîné.*
TANK, *f.* (a large bason or cistern to keep water in.) *Grand bassin, citerne.*
TANKARD, *subst.* (a pot with a cover.) *Pot à couvercle.*
A silver tankard. *Un pot d'argent.*
TANNED, *adj. Tanné,* &c. V. to Tan.
Tanned, (or tawny.) *Hâlé, basané.*
TANNER, *subst. Tanneur.*
A tanner's wife or widow. *Une tanneuse.*
TANNING, *sub. L'action de tanner,* &c. V. to Tan.
† TANQUAM, *f.* (an University word, one that is fit company for fellows.) *Une personne qui a du mérite & qui est considérée parmi ceux qui ont quelque rang dans l'Université.*
TANSY, *f.* (an herb.) *Tanaisie, herbe.*
A Tansy custard. *Mets à l'Angloise, fait avec du lait, où l'on exprime du jus de tanaisie, avec un mélange d'œufs, de sucre, de muscade & de vin d'Espagne.*
To TANTALIZE, *v. a.* (to tease with false hopes.) *Faire envie, faire naître à quelqu'un l'envie d'une chose ou la lui offrir & ensuite se moquer de lui ; braver.*
Tantalized, *adj. A qui l'on a fait naître l'envie d'une chose pour ensuite se moquer de lui ; bravé.*
TANTALIZER, *subst. Celui ou celle qui fait naître à quelqu'un l'envie d'une chose pour ensuite se moquer de lui.*
TANTALIZING, *subst. L'action exprimée dans le verbe* to Tantalize.
TANTAMOUNT, *adj.* (or equivalent,) *Equivalent, qui vaut autant.*
TANTIVY, *adv.* (with haste or full speed.) *A la hâte, au grand galop.*
To ride tantivy. *Aller au grand galop, courir à toute bride.*
† A tantivy, *f.* (a nickname given by fanaticks to a worldly Churchman that besties himself for preferment.) *Un Ecclésiastique intéressé, qui se remue incessamment, ou qui remue sous & terre pour s'avancer dans l'Église.*
TAP, *f.* (whereat liquor runs out of a vessel.) *Robinet de bois.*
Tap-house, (or ale-house.) *Un cabaret à bière.*
Tap-droppings. *Ce qui a dégoutté par le robinet.*
Tap, (for a wound.) *Canule, tuyau qu'on met dans une plaie.*
Tap, (blow or rap.) *Tape, coup,* † *taloche.*
To give one a tap, (or tap.) *Donner une tape à quelqu'un, le taper.*
To TAP, *v. act.* (or to broach.) *Percer, mettre en perce ou en vidange, en parlant d'un tonneau de bière : on se sert du verbe* to pierce*, en parlant du vin.*
To tap one for the dropsy. *Faire l'opération de la paracentèse à quelqu'un.*
To tap one, (to put a tap to his wound, &c,) *Mettre une canule à quelqu'un.*
To tap ; (or give a blow.) *Taper, donner une tape.*
To tap a tree at the root. *Cerner un arbre par le pied.*
TAPE, *subst. Ruban de fil ou tissu de fil.*
Tape-lace. *Dentelle faite avec du tissu.*
TAPER, *subst. Torche, flambeau.*
A wax taper. *Un cierge.*
Taper or tapering, *adj.* (conical, regularly narrowed from the top to the bottom like a cone or pyramid.) *Conique, pyramidal, qui est droit & va en pointe.*
To TAPER, *v. neut.* (to grow smaller by regular degrees.) *Aller en pointe.*
TAPESTRY *or* TAPESTRY HANGINGS, *f. Tapisserie de haute-lice.*
A rich tapestry. *Une riche tapisserie.*
A tapestry-maker. *Un tapissier ou faiseur de tapisserie.*
TAPPED, *adj.* (from to tap.) *Percé, mis en perce,* &c. V. to Tap.
TAPPING, *f.* (operation for the dropsy.) *Paracentèse.*
TAPSTER, *subst. Celui qui tire la bière dans un cabaret.*
TAR, *subst.* (liquid pitch.) *Goudron.*
To do over with pitch and tar. *Goudronner.*
A tar or jack-tar. *Un Matelot, par dérision, comme on dit vulgairement en François papa goudron ou cul goudronné.*
Tar-pawling. V. Tarpawling.
To TAR, *v. act.* (to do over with tar.) *Goudronner.*
TARANTULA, *f.* (a spider whose bite is cured by musick.) *Tarentule.*
TARDILY, *adv.* (or slowly.) *Lentement, froidement, avec lenteur, lâchement.*
TARDINESS, ⎱ *f.* (slowness.) *Lenteur,*
TARDITY, ⎰ *lâcheté.*
TARDY, *adj.* (slow.) *Long, lent, qui est long-temps à faire quelque chose, paresseux, tardif, qui tarde beaucoup, lâche.*
† To have one's belly tardy. *Avoir le ventre paresseux, être un peu constipé.*
A tardy (dull or slow) wit. *Un esprit pesant, lent, grossier.*
Tardy, (neglectful.) *Négligent.*
Tardy, (faulty, in a fault.) *Coupable, qui est en faute ou en défaut.*
I never found him tardy. *Je ne l'ai jamais trouvé en défaut.*
I found him tardy , (he had little or nothing to say for himself.) *Je l'ai trouvé sans excuse.*
TARE, *subst.* (a sort of weed.) *Ivroie, ou plutôt espèce de vesce sauvage.*
Tare and tret, (two words used in the book of rates : the first is the weight of boxes, straw, cloaths, &c. where in goods are packed ; the other is a consideration in the weight for waste in emptying and resale.) *Tare, déchet, diminution ou rabais qu'on alloue sur le poids des marchandises pour leur déchet. Tare, c'est un prétexte du verbe* to Tear.
To TARE, *v. act. Rabattre du prix d'une marchandise pour la tare.*
TARGE, ⎱ *f.* (a great shield used of
TARGET, ⎰ *old.) Targe, grand bouclier d'autrefois.*
TARIFF, *subst.* (cartel of commerce.) *Tarif.*
To TARNISH, *verb. récip.* (to lose its gloss or splendor.) *Se ternir, perdre son éclat.*
To tarnish, *v. act. Ternir.*
Tarnished, *adj. Terni.*
TARPAWLING, *subst.* (a tarred canvass laid on the deck of a ship to keep the rain out.) *Tente goudronnée dont on se sert dans un navire, prélart.*
A tarpawling, (or downright seaman,) *Un vrai matelot.*
† I am your true tarpawling or downright servant. *Je suis votre très-humble valet.*

TARRED,

TARRED, adj. Goudronné.
TARRAGON, subst. (dragon-wort.) Serpentine, herbe.
TARRIANCE, s. (delay, stop, hinderance.) Retard, délai, empêchement.
TARRIER, subst. Sorte de chien de chasse; celui qui retarde ou qui diffère.
To TARRY, v. neut. (to stay, to lag or loiter.) Tarder, demeurer, attendre, s'arrêter, s'amuser.
Where did you tarry so long? Où avez-vous tant tardé? où vous êtes-vous amusé si long-temps?
To tarry, (to stay or remain.) Demeurer, rester, s'arrêter, attendre.
We tarried there two days. Nous demeurâmes ou nous restâmes là deux jours, nous nous y arrêtâmes deux jours.
Tarry for me there. Attendez-moi là.
TARRYING, s. L'action de tarder, &c. V. to Tarry.
TARSEL, s. (a kind of hawk.) Sorte d'oiseau de proie.
TARSUS, s. Tarse, terme d'Anatomie.
TART, adj. (or sharp, in a proper and figurative sense.) Vert, aigre, piquant, dans le sens propre & figuré.
Tart fruit. Du fruit vert ou piquant.
Tart-wine. Vin vert ou piquant.
Tart in his reproofs. Aigre dans ses réprimandes.
To be tart with one. Reprendre quelqu'un aigrement, lui faire une verte réprimande.
To give one a tart (or sharp) answer. Faire une réponse verte ou piquante à quelqu'un, lui répondre vertement.
TART, subst. Une tarte.
An apple tart. Une tarte de pommes.
A tart-pan. Une tourtière.
TARTANE, subst. Une tartane, grosse barque dont on se sert sur la Méditerranée.
TARTAR, subst. (the lees or dregs of wine that stick on the sides of wine-vessels.) Tartre.
Refined tartar. Tartre purifié.
To catch a tartar, (to meet with one's match.) Prendre martre pour renard : P. trouver chaussure à son pied, trouver à qui parler.
† To catch a tartar, (to be disappointed.) Manquer son coup.
TARTAREAN, adject. (of hell, from the Latin, tartarus.) Infernal.
TARTAROUS, adj. Qui se réduit en tartre, tartareux.
TARTLY, adv. (sharply, sourly, severely.) Aigrement, avec aigreur, vertement.
TARTNESS, subst. (the being tart of taste.) Aigreur, qualité aigre, verdeur, acidité.
Tartness, (in words.) Aigreur, paroles aigres, paroles piquantes ou choquantes.
TASK, s. (work imposed, employment, business.) Tâche, chose à faire.
Ex. To set one a task. Donner une tâche à quelqu'un, lui donner quelque chose à faire.
A hard task. Une chose difficile à faire, une chose bien difficile.
† To take one to task (to scold at him) for a thing. Gronder quelqu'un pour quelque chose, † lui laver la tête, parler à sa barrette, l'entreprendre.
Task-master. Celui qui donne à chacun sa tâche.
TASS, subst. Tassette.
Ex. The tass of an armour. La tassette d'une cuirasse.

TASSEL, s. (for a book.) Signet qu'on met dans les livres; tourne-feuillet.
The tassels of a coach. Mains de carrosse.
Tassel or tassel-hawk. Tiercelet de faucon, le mâle du faucon.
The tassel of a taber. Sacret, mâle du sacre.
Neck-cloth-tassels. Glands de cravate.
TASTABLE, adj. (savoury, good.) Savoureux, agréable au goût.
TASTE, s. (one of the five natural senses.) Goût, un des cinq sens de nature.
To be out of taste, to have one's mouth out of taste. Avoir le goût dépravé.
That has put my mouth out of taste with all manner of meat. Cela m'a ôté le goût des viandes, cela m'a tout dégoûté.
Taste, (or discerning faculty.) Goût, discernement.
Taste, (or savour.) Goût, saveur.
To take a light taste of a thing. Tâter ou goûter quelque chose du bout des lèvres.
To have a taste of a thing. Goûter quelque chose ou de quelque chose.
† To give an ill taste (or character) of one. Parler mal de quelqu'un, en parler en mauvais termes, le mettre mal dans l'esprit de quelqu'un.
To TASTE, verb. act. Goûter, tâter.
To taste wine. Goûter du vin, en faire l'essai.
To taste, verb. neut. Avoir quelque goût.
This tastes well. Ceci a bon goût.
This tastes well to my palate or this suits my taste. Je le trouve à mon goût, je le trouve fort bon.
Tasted, adj. Goûté, tâté.
Well-tasted, (or agreeable.) Qui a bon goût.
Ill-tasted, (or desagreeable.) Qui a mauvais goût.
TASTFUL, adj. (savoury.) Savoureux, de haut goût.
TASTELESS, adj. (insipid.) Insipide, fade, sans goût.
TASTLESSNESS, s. Insipidité.
TASTER, s. Celui qui colte qui goûte.
The King's taster. Celui qui fait l'essai de ce que le Roi va boire ou manger.
A taster, (a little cup to taste the liquor with.) Petite tasse.
TASTING, s. L'action de tâter.
The sense of tasting. Le goût.
TATCH. V. Tache.
TATTER, s. (or rag.) Lambeau, guenille, haillon.
He has scarce a tatter to his breech. A peine a-t-il de quoi se couvrir le derrière.
TATTERDEMALION, s. (a ragged man or woman.) Un gredin, une gredine, un homme ou une femme couverte de haillons ou de guenilles.
TATTERED, adj. Tout déchiré, couvert de haillons ou de guenilles.
To TATTLE, v.b. neut. (to prattle.) Babiller, causer, jaser, caqueter.
TATTLER, s. (a tattling man or woman.) Un babillard, une babillarde, un causeur, un causeuse.
TATTLING, s. Babil, caquet ou l'action de babiller, de causer, de caqueter.
Tattling, adj. Causeur, babillard.
TATTOO, subst. (a beat of drum.) Retraite.
TAVERN, s. Cabaret à vin, taverne.

A tavern-keeper. Cabaretier, tavernier, cabaretière, tavernière.
A tavern-haunter. Un homme qui fréquente les cabarets ou qui se plaît au cabaret, un débauché.
TAUGHT, adj. (from to teach.) Enseigné, &c. V. to Teach.
Prov. You are better fed than taught. Vous êtes trop bien nourri & trop mal appris.
Taught, (a sea-term; the contrary of slack.) Roide ou tendu.
A taught rope. Manœuvre ou cordage roidi ou tendu; en parlant des manœuvres dormantes, nous disons, ridé.
A taught sail. Voile enflée, voile qui est bien pleine, voile qui porte.
TAUNT, s. (a reproachful bitter jest.) Raillerie, raillerie mêlée de reproches, brocard, lardon.
Taunt, adj. (a sea-term for extraordinary tall.) Fort grand, fort haut, d'une grande hauteur.
Ex. The masts of that ship are very taunt. Les mâts de ce vaisseau sont d'une grande hauteur.
A taunt mast. Une haute mâture.
Taunt masted. Dont les mâts sont trop grands.
To TAUNT, verb. act. & neut. Railler, brocarder, reprocher.
To taunt one or to taunt (or joke) upon one. Railler quelqu'un, lui donner des lardons, le brocarder.
Taunted, adj. Raillé, brocardé.
TAUNTER, s. Railleur, railleuse.
TAUNTING, subst. Raillerie ou l'action de railler, &c. V. to Taunt.
TAUNTINGLY, adj. En raillant, par raillerie.
TAURUS, subst. (one of the twelve celestial signs.) Le taureau, un des douze signes du Zodiaque.
TAUTOLOGICAL, adj. (full of tautologies.) Plein de redites ou de répétitions.
TAUTOLOGIST, s. Qui fait des répétitions ennuyeuses.
TAUTOLOGY, s. (a repeating of one and the same thing in other words.) Tautologie, redite, répétition.
TAW, subst. (a sort of marble ball with which the children play.) Petite balle ou boule de marbre, avec laquelle les enfants jouent.
To TAW, verb. act. (or tan.) Tanner.
† I shall taw your hide, (or belabour your bones.) Je vous rosserai.
TAWDRY, adject. (ridiculously gay.) Voyant, pimpant, qui paraît beau, mais d'une beauté ridicule.
Ex. A tawdry dress. Un habit trop voyant, un habit de comédien.
A tawdry woman. Une femme pimpante, qui s'habille comme une comédienne.
TAWNY, adject. (of a tawny colour.) Tanné, de couleur de tan.
A tawny (or swarthy) complexion. Un teint basané, teint hâlé ou brûlé.
TAX, subst. Taxe, impôt, imposition, charge.
A land-tax. Impôt sur les biens de terre, taille.
The parish-taxes. Les charges de la paroisse.
A tax-gatherer. Un collecteur.
To TAX, verb. act. (to lay a tax.) Taxer, imposer ou faire une taxe, mettre des impôts.
To tax, (or charge one with a thing.) Taxer

TAX TEA

Taxer ou accuser quelqu'un d'une chose, la lui reprocher.
To tax, (or blame.) *Taxer , blâmer.*
TAXABLE, *adj.* (or liable to taxes.) *Sujet aux taxes.*
TAXATION, *s. Taxation , taxe.*
TAXED, *adj. Taxé, &c. V.* to Tax.
TAXER, *s.* (he who taxes.) *Celui qui assied les impôts.*
TAXERS, *s. pl.* (two yearly Officers at Cambridge, who gage all weights and measures.) *On appelle ainsi à Cambridge deux Officiers qui ont l'inspection sur les poids & sur les mesures.*
TAXING, *s. L'action de taxer, &c. V.* to Tax.
TAYLOR, ⎱ *subst.* (one that makes cloaths.) *Un tailleur.*
TAILOR, ⎰
A man's taylor. *Tailleur pour hommes.*
A woman's taylor. *Tailleur pour femmes.*
A woman-taylor. *Une femme qui fait le métier de tailleur.*
TAZEL, *s.* (a kind of hard bur used by clothiers,) *Chardon, dont se servent les ouvriers en drap.*
TEA, *subst.* (an Indian shrub or the leaf of it.) *Thé, arbrisseau Indien, ou la feuille de cet arbrisseau.*
Tea, (the drink made with the leaf of the tea-shrub.) *Du thé, boisson qui se fait avec les feuilles du thé.*
To drink tea. *Prendre ou boire du thé.*
Tea table. *Table à thé.*
Tea-spoon. *Cuiller à thé.*
To TEACH, *verb. act.* (to learn or instruct.) *Enseigner, apprendre, montrer.*
To teach one to read. *Apprendre ou montrer à quelqu'un à lire.*
Teach (or how) me how to do it. *Montrez-moi comment cela se fait.*
P. To teach one's grandam to suck eggs. P. *Apprendre à son père à faire des enfants.*
To teach, (or preach.) *Prêcher.*
To teach one wit. *Déniaiser quelqu'un.*
TEACHABLE, *adj.* (willing to be taught.) *Docile, qui a la volonté d'apprendre.*
TEACHABLENESS, *s. Docilité.*
TEACHER, *subst.* (or Professor.) *Celui qui enseigne, qui montre ou qui apprend, un Maître, un Docteur.*
A Teacher , (or preacher.) *Un Prédicateur , celui qui prêche , un Ministre.*
TEACHING, *s. L'action d'enseigner , de montrer ou d'apprendre.*
* TEAGE. *V.* Tigh.
TEAL , *s.* (a sort of wild fowl.) *Sarcelle , sorte d'oiseau.*
TEAM, *s. Attelage.*
| Ex. A team of horses or oxen. *Un attelage de chevaux de charrue ou de bœufs.*
To TEAM , *verb. act. Atteler.*
TEAR , *s. Larme , pleurs.*
To shed tears. *Répandre ou verser des larmes.*
Tears of joy. *Des larmes de joie.*
Tear , *s.* (from to tear.) *Déchirure.*
To TEAR ⎱ *verb. act.* (to rend
To TEAR OFF ⎰ or pull in pieces.) *Déchirer , mettre en pièces.*
To tear one in pieces. *Déchirer quelqu'un ou le mettre en pièces.*
To tear one to pieces , (or tire his heart out.) *Désoler quelqu'un , le tourmenter , ne le laisser point en repos.*
To tear , *verb. récip.* Se *déchirer.*
TEARER, *s. Qui déchire.*
TEARING , *s. Déchirement, l'action de déchirer ou de se déchirer.*

Tearing, (or thing torn.) *Déchirure.*
Tearing, *adj. Fort , puissant.*
Ex. A tearing (or loud) voice. *Une forte ou puissante voix.*
A tearing (or high flown) lass. *Une fille qui le porte haut ou qui prend de grands airs.*
† Tearing'y, *adv.* Ex. She goes tearingly (or wonderfully) fine. *Elle le porte extrêmement beau , elle va toujours parfaitement bien mise , elle est toujours pimpante.*
To TEASE, ⎱ *verb. act.* (to vex , to
To TEIZE ⎰ weary with a thing unpleasant.) *Tourmenter , faire enrager , † tarabuster , impatienter.*
Teased, *adj. Tourmenté , qu'on a fait enrager , &c.*
To TEASE, *v. act.* (to comb wool or flax.) *Peigner le lin ou la laine.*
TEASING, *s. L'action de tourmenter ou de faire enrager.*
TEASEL, *s.* (plant.) *Chardon.*
TEASER, *s. Celui qui tourmente.*
TEAT, *s.* (or dug.) *Mamelle.*
Teat, (or nipple of bears.) *Tette.*
TECHILY, *adv. De mauvaise grace , de mauvaise humeur.*
TECHINESS, *subst.* (from techy ; frowardness.) *Mauvaise humeur , humeur revêche.*
TECHNICAL, *adject.* (belonging to an art or science.) *Technique , d'art ou de science.*
A technical work. *Un terme d'art.*
A technical Dictionary. *Un Dictionnaire technique ou des arts & des sciences.*
TECHY, *adj.* (peevish , easily provoked, apt to find fault , fretful.) *Revêche , de mauvaise humeur , à qui rien ne plait , qui trouve par-tout à redire.*
To TED, *verb. act. Étendre l'herbe nouvellement coupée.*
To TEDDER, *verb. act. V.* to Tether.
TE-DEUM , *s.* (a hymn of thanksgiving.) *Le Te Deum , hymne saint, qu'on chante pour remercier Dieu.*
To sing Te Deum. *Chanter le Te Deum.*
TEDIOUS, *adj.* (long , slow.) *Long , lent.*
Tedious, (long, tiresome.) *Long , ennuyeux , ennuyant , lassant , fatigant.*
A tedious Preacher. *Un Prédicateur ennuyant.*
A tedious discourse. *Un discours ennuyeux.*
TEDIOUSLY, *adv. D'une manière ennuyeuse.*
He kept us tediously long in discourse. *Il nous a fort ennuyés.*
TEDIOUSNESS, *s. Longueur, longueur ennuyeuse.*
To TEEM, *v. neut.* (or to be with child,) *Être enceinte ou grosse.*
To teem. *V.* to Pour.
TEEMFUL, *adj.* (prolifick.) *Fécond.*
TEEMING , *adj. Fertile , féconde , qui fait beaucoup d'enfants ; en parlant d'une femme.*
Teeming , (or fruitful.) *Fertile , fécond , abondant.*
TEEMLESS, *adj. Stérile.*
TEEN. *V.* Sorrow.
TEENS. Ex. She is just entered into her teens , (she is just thirteen.) *Elle a justement treize ans. Cette expression vient de ce qu'en Anglois les nombres depuis douze jusqu'à vingt finissent tous en teen.*
TEETH , *subst. plur. Dents , c'est le pluriel de* tooth.

† To throw something in one's teeth , (to reproach him with it.) *Jeter quelque chose au nez de quelqu'un , la lui reprocher.*
TEGUMENT, *s.* (cover.) *Tégument , terme d'anatomie.*
TEIL-TREE, *s.* (or linden or lime tree.) *Tilleul , sorte d'arbre.*
TEINT , *subst. Teinte , touche de pinceau.*
TELESCOPE, *subst.* (or prospective-glass.) *Un télescope , sorte de lunette d'approche.*
TELESCOPICAL, *adj.* Ex. Telescopical stars. *Étoiles qu'on ne peut découvrir qu'à la faveur d'un télescope.*
To TELL , *verb. act.* (to say or declare.) *Dire , déclarer.*
To tell one's opinion. *Dire son sentiment.*
To tell (or divulge) a thing abroad. *Dire une chose à tout le monde , la divulguer , la publier.*
This is to tell (or teach) us. *C'est pour nous apprendre.*
To tell, (to shew.) *Montrer , faire voir.*
That very thing tells who you are. *Cela même fait voir qui vous êtes.*
To tell one of a thing , (by way of information or advice.) *Dire ou faire savoir une chose à quelqu'un , l'en avertir , l'en informer , lui en donner avis.*
To tell one of a thing , (to communicate it to him.) *Communiquer quelque chose à quelqu'un.*
To tell one of a thing , (by way of remembrance.) *Dire quelque chose à quelqu'un , faire souvenir quelqu'un de quelque chose , lui en parler.*
To tell , (to count or compute.) *Compter , nombrer , supputer.*
To tell , (to recount or relate.) *Dire , conter , raconter , réciter , narrer.*
To tell news. *Dire des nouvelles.*
To tell a story. *Faire un conte , réciter , raconter , narrer , conter une histoire.*
To tell stories (or tales) of one. *Dire des faussetés de quelqu'un , faire des rapports ou de faux rapports de quelqu'un.*
To tell one what he shall write , (to dictate.) *Dicter à quelqu'un.*
My conscience tells me quite contrary. *Ma conscience me dicte toute autre chose.*
To tell one of his faults. *Faire voir à quelqu'un ses défauts , l'en reprendre , lui dire ses vérités.*
I cannot tell (I know not) what to do. *Je ne sais que faire.*
No body can tell. *Personne n'en sait rien.*
I cannot tell (or I know not) how to deny him a kiss. *Je ne saurois lui refuser un baiser.*
I cannot tell, it is more than I can tell. *Je n'en sais rien.*
A tell-tale. *V.* Tale.
TELLER, *s. Diseur , diseuse.*
Ex. A fortune-teller. *Un diseur ou une diseuse de bonne aventure.*
A teller of money. *Un compteur d'argent.*
The tellers of the exchequer. *Les compteurs , les comptables ou les receveurs de l'échiquier.*
A tale-teller. *Un conteur de sornettes.*
TELLING, *subst. L'action de dire , &c. V.* to Tell.
TEMERARIOUS, *adj.* (or rash.) *Téméraire , hardi avec imprudence.*
TEMERITY, *subst.* (or rashness.) *Témérité , hardiesse imprudente.*
TEMPER, *subst.* (or constitution of body.) *Tempérament , complexion.*

To

Temper, (nature, humour or genius.) *Humeur, naturel, esprit.*
To be of a good temper. *Être de bonne humeur ou de bon naturel.*
Two brothers of a quite contrary temper. *Deux frères de deux humeurs entièrement opposées.*
To show or carry on an even temper. *Faire paroitre une égalité d'esprit ou d'ame.*
Revenge is contrary to the temper of the Gospel. *La vengeance est contraire à l'esprit de l'Evangile.*
The temper of iron and steel. *Trempe de fer ou d'acier.*
Tempet, (moderation.) *Modération, flegme.*
Be in a good temper. *Soyez de bonne humeur, ne vous mettez pas en colere.*
Keep your temper, (do not fly into a passion.) *Ne vous emportez pas, retenez votre colere.*
Had who till now had known no trouble, began to lose temper. *Celui qui, jusqu'alors, ne s'etoit jamais vu dans l'embarras, commença à perdre patience.*
The old fox had a marvellous temper upon those occasions. *Le vieux renard se possedoit à merveille dans ces occasions.*
To TEMPER, verb. act. (to moderate.) *Tempérer, modérer.*
To temper, (or season.) *Assaisonner.*
To temper iron or steel. *Tremper du fer ou de l'acier, lui donner la trempe.*
To temper colours, (as painters do.) *Détremper, délayer des couleurs.*
TEMPERAMENT, s. (or constitution.) *Tempérament, complexion.*
Temperament, (or medium in any business or controversy.) *Tempérament, adoucissement, accommodement.*
TEMPERANCE, subst. (or moderation, a moral virtue.) *Tempérance, modération.*
TEMPERATE, adj. (neither too hot nor too cold.) *Tempéré, qui n'est ni trop chaud ni trop froid.*
Temperate climate. *Climat tempéré.*
Temperate weather. *Un temps doux, qui n'est ni trop chaud ni trop froid.*
Temperate, (or sober.) *Tempérant, tempéré, modéré, sage, posé.*
TEMPERATELY, adv. *Avec tempérance.*
TEMPERATENESS, subst. (mediocrity, calmness.) *Modération.*
TEMPERATURE, subst. (of the air.) *Température.*
Temperature, (of the mind.) *Modération.*
TEMPERED, adject. *Tempéré, &c. V. to Temper.*
An even-tempered man. *Un homme d'une humeur égale.*
TEMPERING, s. *L'action de tempérer d'assaisonner ou de mêler. V. to Temper, dans tous ses sens.*
TEMPEST, subst. (or storm.) *Tempête, tourmente, orage.*
To raise a tempest. *Exciter une tempête.*
TEMPESTUOUS, adj. (stormy.) *Orageux.*
TEMPLARS, s. (knights Templars; a sort of military and monkish order.) *Templiers, Ordre militaire & monastique.*
A templar, (a member of Templar's inn.) *Un étudiant en droit, un membre du Temple, qui est un fameux Collège de droit à Londres.*
TEMPLE, s. (or Church.) *Temple, Église.*
The temple of Jerusalem. *Le temple de Jérusalem.*

Holy men are the temples of the living God. *Les saints hommes sont les temples du Dieu vivant.*
Temple, (a part of the head.) *La tempe.*
The Temple, (or templar's-inn in Fleet-street.) *Le Temple, fameux College de droit à Londres.*
TEMPLES, s. *Sorte de joyaux que les Dames de première qualité portoient autrefois au front & à leurs tempes.*
TEMPORAL, adject. (continuing for a time.) *Temporel, qui ne dure que quelque temps.*
Temporal, (secular, not spiritual.) *Temporel, séculier, par opposition à spirituel.*
They have a temporal reward. *Ils sont récompensés temporellement.*
TEMPORALITIES, ⎱ s. (the temporal
TEMPORALS, ⎰ estate of the Church or church-men.) *Le temporel, les biens temporels, revenu temporel.*
TEMPORALLY, adv. (only for a time.) *Temporellement, pour un temps, durant un temps.*
TEMPORANEOUS, ⎱ adj. (lasting but
TEMPORARY, ⎰ for a time.) *Temporel, qui ne dure que quelque temps, qui n'est que pour un certain temps.*
Temporary, (or transient.) *Passager, de peu de durée.*
To TEMPORIZE, verb. neut. (to comply with the times.) *Temporiser, s'accommoder au temps.*
TEMPORIZER, subst. (or time-server.) *Temporiseur, un homme qui s'accommode au temps.*
TEMPORIZING, s. *Temporisement, l'action de temporiser.*
To TEMPT, verb. act. (or entice.) *Tenter, pousser, solliciter à faire quelque chose de mal.*
To tempt one's fidelity, (to make an attempt upon it.) *Tenter la fidélité de quelqu'un, tâcher de la corrompre.*
To tempt, (to invite, to set agog.) *Tenter, inviter, donner envie, faire naître le desir ou l'envie.*
Tempted, adj. *Tenté, &c.*
TEMPTABLE, adject. *Sujet à la tentation.*
TEMPTATION, s. *Tentation.*
To yield to temptation. *Succomber, s. laisser aller, se rendre à la tentation.*
TEMPTER, s. *Tentateur.*
The tempter, (the devil that tempted our Saviour.) *Le tentateur ou l'esprit tentateur, le diable qui tenta Jesus-Christ.*
TEMPTING, s. *L'action de tenter, &c. V. to Tempt.*
Tempting, adj. *Tentant, qui tente.*
TEN, adj. *Dix.*
Ten years old. *Qui a dix ans.*
Tenfold. *Dix fois autant.*
TENABLE, adj. (holdable or capable of defence.) *Tenable, qui peut tenir, qui peut résister.*
A tenable place. *Une place tenable.*
Tenable, (that can be maintained.) *Soutenable, qui se peut soutenir ou défendre.*
This opinion is not tenable. *Cette opinion n'est pas so tenable.*
TENACIOUS, adj. (sticking fast) *Tenace, qui tient extrêmement, visqueux.*
Tenacious of his liberty, (that keeps is

with might and main.) *Qui est très attaché à sa liberté, qui en est jaloux.*
Tenacious, (close-fisted or covetous.) *Tenace, attaché, taquin, chiche, avare, mesquin, intéressé, dur à la desserre, &c.*
TENACIOUSLY, adv. (or covetously.) *Chichement, mesquinement, en taquin.*
TENACITY, s. (stiffness in opinion; sticking fast.) *Ténacité, entêtement; viscosité.*
Tenacity, (or covetousness.) *Ténacité, taquinerie, avarice, chicheté, mesquinerie, humeur intéressée.*
TENANCY, s. (a place to live in, held of another.) *Maison que l'on tient d'un autre.*
TENANT, s. (one that holds any land or tenement on certain conditions.) *Possesseur, toute personne qui possède des fonds de terre ou une maison, par prix d'argent, &c.*
He is only tenant for life of the paternal estate. *Il n'a que l'ujufruit du bien paternel sa vie durant.*
A tenant, (that holds land for a certain rent he pays to the landlord.) *Un Tenancier ou un Fermier.*
A tenant, (that holds by homage.) *Un tenancier, un vassal.*
A tenant that holds a house (or part of a house) of another. *Un ou une locataire.*
TENANTABLE, adj. *Logeable.*
TENANTLESS, adj. (unoccupied, uninhabited, empty.) *Qui n'est pas loué, inhabité.*
An empty house. *Maison inhabitée.*
TENCH, s. (a fresh water-fish.) *Tanche, poisson d'eau douce.*
To TEND, verb. neut. (to drive or aim at.) *Tendre, aboutir, butter, viser, aller à une certaine fin, à un certain but.*
I know what your discourse tends to. *Je sais où tend votre discours.*
To tend or swing, (a sea-term.) *Eviter ou changement de la marée, en parlant d'un vaisseau à l'ancre.*
To tend, v. act. (to look to.) *Soigner, avoir soin ou prendre soin, garder, accompagner.*
Ex. To tend a sick person. *Prendre soin d'un malade, le garder, le soigner.*
To tend (or keep) the cattle. *Garder le bétail.*
To tend (or offer) an averment in law. *Offrir les preuves.*
TENDENCE, ⎱ s. (or drift.) *But, fin,
TENDENCY, ⎰ penchant.*
A medicine of an universal tendency. *Une médicine universelle, un catholicon, un remède à toutes sortes de maux.*
Tendency, (or disposition.) *Disposition.*
TENDER, adj. (or soft.) *Tendre, qui n'est pas dur.*
Tender age or tender years. *L'âge tendre, le bas âge, la jeunesse, la première jeunesse.*
Tender, (nice, the contrary of hardy.) *Délicat, foible, qui n'est pas fait à la fatigue.*
Tender, (kind, good natured.) *Tendre, sensible, qui a de l'amour ou de l'amitié.*
He has a tender (or soft) heart. *Il a le cœur tendre.*
To be tender of one or to have a tender love for him. *Être tendre pour quelqu'un, avoir de la tendresse pour lui, l'aimer tendrement.*
Tender words. *Des paroles tendres.*
She has a tender love for her children. *Elle aime tendrement ses enfans.*

To

To have a tender regard to or for a woman's reputation. *Prendre un foin particulier de la réputation d'une femme.*
As to the rights and cuftoms of war, they are points we muft be very tender of. *Pour ce qui eft des droits & des coutumes de la guerre, ce font des chofes pour lefquelles nous devons avoir de grands égards.*
Tender (or fcrupulous) confciences. *Confciences tendres, fcrupuleufes ou délicates, des efprits foibles.*
A tender equity. *Une équité timide.*
Tender-eyed. *Qui a les yeux tendres.*
Tender-hearted. *Senfible, qui a le cœur tendre.*
Tender-heartednefs. *Tendreffe, tendreffe de cœur.*
TENDER, *f.* (a nurfe of fick people.) *Une garde.*
Tender, (regard.) *V.* Tendernefs.
Tender, (or offer.) *Offre.*
Tender , (a fort of fmall fea-veffel.) *Allege, forte de barque.*
Tender. *Patache, forte de patache fervant de cayenne, de corvette, &c. C'eft un bâtiment qui ramaffe les hommes qu'on a preffés pour le fervice.*
To TENDER, *v. a.* (or to offer.) *Offrir, préfenter.*
To tender, (to indulge.) *Traiter avec tendreffe ou avec indulgence.*
To tender, (to regard with kindnefs.) *Aimer, avoir de la tendreffe pour, chérir.*
As you tender your life , be gone. *Si votre falut vous eft cher, éloignez-vous.*
As they tender his Majefty's difpleafure. *Sous peine d'encourir l'indignation ou la difgrace de Sa Majefté.*
Tendered, *adj.* Offert, &c. *V.* to Tender.
TENDERING, *f. L'action d'offrir, &c. V.* to Tender.
TENDERLY, *adv.* (gently , foftly, kindly.) *Tendrement, avec tendreffe.*
TENDERNESS, *f.* (foftnefs.) *Qualité tendre & oppofée à fa dureté ; tendreté, en parlant des viandes, &c. Le mot de tendreffe ne fe dit guere qu'au figuré.*
Tendernefs (fcrupuloufnefs) of confcience. *Délicateffe de confcience.*
Tendernefs of age. *Age tendre, jeuneffe, la fleur de l'âge.*
Tendernefs , (or indulgence.) *Indulgence.*
Tendernefs , (love or kindnefs.) *Tendreffe, tendre amitié ou amour tendre & paffionné.*
TENDINOUS, *adj.* (containing tendons, confifting of tendons, finewy.) *Tendineux, terme d'anatomie.*
TENDON , *fub.* (a finew , a ligature by which the joints are moved.) *Tendon.*
TENDRIL, *f.* (a tender branch of a vine or plant.) *Tendron, jeune branche ou rejeton des plantes.*
Tendril of a vine. *Surgeon de l'avantin.*
A tendril, (or griftle.) *Tendron, cartilage.*
TENEBRÆ, *fub.* (the Roman fervice on wednefday, thursday, and faturday before Eafter.) *Ténèbres, office qui fe dit dans l'Eglife Romaine le mercredi, le jeudi & le vendredi faint.*
TENEBRICOSE,
TENEBRIOUS, *adj.* (dark, gloomy.) *Ténébreux , obfcur ou plein de ténèbres.*
TENEBROSITY, *f.* (or darknefs.) *Ténèbres, obfcurité.*
TENEMENT, *f.* (houfe or land that a man holds of another.) *Tenement, terme de pratique, maifon ou terre que l'on tient d'un autre.*
TENENT. *V.* Tenet.
TENERITY, *f.* (or tendernefs.) *La qualité d'être tendre, en parlant d'une plante , &c.*
TENESMUS , *f.* (a frequent but vain defire of going to ftool.) *Teneſme.*
TENET, *fubft.* (an opinion.) *Dogme, opinion.*
TENNIS, *f.* Jeu de paume.
TENNIS-BALL, *f.* Balle de tripot.
TENNIS-COURT , *f. La paume ou le jeu de paume , un tripot.*
TENON, *f.* (the part of a poft or rafter which is put into a mortife-hole.) *Un tenon.*
TENOR,
TENOUR, } *f.* (conftant mode, ftate.) *Ordre , maniere , état.*
Tenor , (drift or purport of a writing.) *Teneur, contenu.*
The tenor (or drift) of his difcourfe. *Le fens de fon difcours.*
Tenor , (conftant way or conduct.) *Ex.* It is not a death-bed repentance , but the tenor of a man's life that muft determine his fate to eternity. *Ce n'eft pas le repentir au lit de la mort, mais la conduite foutenue ou régulière de la vie qui doit décider du fort de l'homme pour l'éternité.*
Tenor , (that part in mufick next the bafs.) *Taille, en termes de mufique.*
Ex. To play or fing the tenor. *Faire la taille.*
Counter-tenor. *Baffe-taille.*
TENSE , *f.* (a term of Grammar.) *Temps, en termes de Grammaire.*
TENSION,
TENSENESS,
TENSURE, } *f.* (bending or ftretching.) *Tenfion.*
TENT, *f.* (or pavilion.) *Tente , forte de pavillon.*
A tent maker. *Un faiſeur de tentes.*
Tent-cloth. *Coutil.*
A tent, (for a wound.) *Tente pour une plaie.*
Tent , (a fweet fort of Spanifh wine of a deep red.) *Vin couvert d'Alicante ou d'Efpagne.*
To TENT, *v. act.* Mettre une tente à une plaie ; dreffer des tentes.
TENTED , *adj.* Couvert de tentes.
Ex. A tented field. *Un camp.*
TENTATION , *f.* (or trial.) *Effai , épreuve, tentative, tentation.*
TENTATIVE, *V.* Trying.
TENTER, *f.* Croc ou crochet.
Tenter-hook, *f.* Clou à crochet.
It is or 'tis a Court humour to keep people upon the renters, (or to keep them at a bay.) *C'eft l'efprit de la Cour d'amufer les gens ou de leur tenir le bec dans l'eau.*
To TENTER. *V.* to Stretch.
TENTH, *adj.* (ordinal of ten.) *Dixieme ;* on prononce *dixume.*
TENTHLY, *adv.* En dixieme lieu.
TENTHS, *f.* (the yearly portion which all eccleſiaſtical livings pay to the King.) *Dîcſmes.*
TENUOUS. *V.* Tenuous.
TENUIS, *f.* (a latin word to expreſs a Greek confonant that has no afpiration.)
TENUITY , *f.* (the being tenuous.) *Ténuité, délicateſſe, fubtilité.*
TENUOUS, *adj.* (a word uſed in philofophy, for fine, fubtile, thin.) *Ténu, fubtil, délié, peu compacte.*

TENURE , *fubft.* (the title or manner , whereby lands and tenements are holden of their lords.) *Tenure, redevance, mouvance d'un fief , titre en vertu duquel on poffede un tenement.*
Free-tenure. *Tenure en franc-aleu, un franc-aleu.*
TEPID, *adj.* (or lukewarm.) *Tiede, qui n'eft ni chaud ni froid , au propre & au figuré.*
TEPIDITY, *f.* (lukewarmnefs.) *Tiédeur.*
TEPOR, *f.* (gentle heat.) *Chaleur bénigne.*
TERCE, *f.* (a meaſure of liquids.) *Un tiers, le tiers d'un muid.*
TERCEL. *V.* Taffel.
TERCET, *fubft.* (a third , in mufick.) *Tierce, en mufique.*
TEREBINTHINE,
TEREBINTHINATE, } *adj.* (confifting of turpentine.) *De térébenthine.*
To TEREBRATE. *V.* to Pierce.
TERGIVERSATION, *f.* (fhift or evafion.) *Tergiverfation, chicane, détours , fuite.*
TERM , *f.* (or word.) *Terme , mot ou parole , expreffion.*
Term, (bound or limit,) *Terme, fin, borne.*
Term, (fet time.) *Terme , temps préfix & réglé.*
The term of three years. *Le terme de trois ans.*
He has a leafe for term of life. *Il a un bail pour fa vie durant.*
The four terms of the year, (when places of judgment are open for all lawfuits.) *Les quatre termes de l'année, les quatre temps auxquels on tient les cours de juftice dans le palais de Weftminfter.*
Term-time. *Plaidoirie , le temps auquel on tient les féances des cours de juftice.*
Terms, (in the plural, conditions.) *Condition ou conditions, point , termes.*
The terms of capitulation. *Les conditions d'une capitulation.*
I ſhall make him come (or fubmit) to my own terms. *Je le ferai venir à mon point.*
Upon what terms are they with the Emperor? *En quels termes font-ils avec l'Empereur ?*
She was refolved not to tafte of love or not to make any experiment in love but upon honourable terms. *Elle ne vouloit entendre parler de l'amour qu'à bonnes enfeignes.*
To make good terms with one. *Faire une compofition avantageufe avec quelqu'un.*
To be upon even terms with one. *N'céder en rien à quelqu'un , être à deux de jeu.*
Not upon any terms, (by no means.) *En aucune maniere, pas pour quoi que ce foit.*
To keep good terms with one, (or keep in with him.) *Garder des mefures avec quelqu'un.*
Women's terms, (or monthly flowers.) *Les mois, les ordinaires, les purgations ou les fleurs des femmes.*
To TERM, *v. act.* (to call, to name.) *Nommer, appeler.*
TERMAGANCY, *fub.* (turbulence.) *Vacarme.*
TERMAGANT, *f.* (a ranting , fcolding, lufty, bold woman.) † *Un vrai gendarme, une virago.*
TERMAGANT, *adj.* (turbulent, fcolding, furious,) *Turbulent, impétueux , grondeur, furieux , violent.*
TERMED , *adj.* Appellé , nommé.
TERMINABLE, *adj.* Qu'on peut limiter.

To

To TERMINATE, verb. act. (to bound or limit.) Terminer, borner, limiter, donner des bornes.
To terminate, (to end.) Terminer, finir, achever.
To terminate (or decide) a difference. Terminer, vider, décider un différend.
To terminate, v. neut. (to be limited to end.) Finir, se terminer, s'achever, aboutir.
Terminated, adj. Terminé, borné, &c. V. to Terminate.
TERMINATION, s. (limiting or bounding.) Limitation.
Termination, (end or conclusion.) Conclusion.
Termination, (word, term.) Terme, mot, diction.
The termination or ending of a word. La terminaison ou la désinence d'un mot.
TERMINER, s. Ex. A justice of oyer and terminer. V. Justice & Oyer.
TERMINTHUS, sub. (a tumour.) Terminthe.
TERMLY, adv. (term by term.) Chaque terme.
TERMOR, subst. (a law term, he or the that holds for a term of years or life.) Celui ou celle qui a un bail pour un certain nombre d'années ou pour sa vie durant.
TERNARY, } s. (the number three.)
TERNION,
Trois, nombre de trois, nombre ternaire.
TERRACE, s. (a small mount of earth made by art and covered with grass.) Terrasse.
* To TERRACE, v. act. Terrasser.
TERRAQUEOUS, adject. (composed of earth and water.) Terrestre.
The terraqueous globe. Le globe terrestre.
TERRAR, }
TERRIER, } s. (a book or roll wherein the several lands of a manor are described.) Terrier, rôle des terres qui relevent d'un Seigneur.
TERRENE. V. Terrestrial.
TERREOUS, adj. (earthy.) Terreux.
TERRESTRIAL, adj. (or earthly.) Terrestre.
* TERRE-TENANT, subst. (he that has the actual possession of the land.) Bientenant, celui qui est en possession d'une terre.
TERRIBLE, adj. (formidable, frightful, dreadful.) Terrible, épouvantable, horrible, affreux.
TERRIBLENESS, subst. (formidableness, dreadfulness.) Horreur, qualité terrible ou horrible.
TERRIBLY, adv. (formidably, dreadfully, violently.) Terriblement, horriblement, furieusement, épouvantablement.
Ex. To look terribly. Paroitre terrible, avoir la mine furieuse ou le regard furieux.
TERRIER, s. (a small dog that follows his game under ground.) Basset, chien propre pour chasser en terre.
Terrier, (register of lands.) Terrier.
Terrier, (wimble, auger or borer.) Vilebrequin, tarière.
TERRIFICK, adj. (frightful.) Terrible, affreux, horrible.
To TERRIFY, v. act. (to fright, to shock with fear.) Epouvanter, donner de la terreur, effrayer, faire peur.
Terrified, adj. Epouvanté, effrayé.
TERRIFYING, subst. L'action d'épouvanter, &c. V. to Terrify.

TERRITORIAL, adj. Qui appartient à un territoire.
TERRITORY, subst. (land, country, district, dominion.) Territoire.
He was upon my territories. Il étoit sur mes terres.
TERROR, }
TERROUR, } s. (dread, great fear.) Terreur, épouvante, grande crainte, grande frayeur.
To strike terrour into one or to strike him with terrour. Donner de la terreur à quelqu'un, l'épouvanter.
He is the terror of the universe. Il est la terreur de l'univers.
TERSE, adj. (neat, smooth, cleanly written.) Net, poli, clair.
Ex. A terse style. Un style net ou poli.
Terse, s. V. Terce.
TERTIAN, adj. (returning or coming every third day.) Tierce.
Ex. A tertian ague. Une fièvre tierce.
To TERTIATE, v. act. Ex. To tertiate ground, (to till it a third time.) Tiercer, donner aux terres une troisième façon.
TEST, s. (an instrument on which they refine gold and silver.) Coupelle.
Test, (an oath appointed by an act of Parliament.) Le Test ou serment du Test, serment établi par acte de Parlement.
To take the test. Prêter le serment du Test.
Test, (or trial.) Epreuve, touche, pierre-de-touche.
To put one to the test. Mettre quelqu'un à l'épreuve.
He will not or won't stand the test. Il craint la touche, il n'en viendra jamais à l'épreuve.
TESTACEOUS, adj. (made or consisting of shells.) Testacée.
TESTAMENT, s. (or last will.) Testament ou acte de dernière volonté.
Testament, (or covenant, in the scripture phrase.) Testament, alliance, en termes d'Ecriture sainte.
The testament, (a book containing the new testament.) Le nouveau testament.
TESTAMENTARY, adj. (belonging to a testament.) Testamentaire.
TESTATE, adject. (having made a will.) Qui a testé.
TESTATOR, s. (he that makes or has made a will or testament.) Testateur.
TESTATRIX, s. (a woman who leaves a will.) Testatrice.
TESTER, subst. (or six pence.) Six sous, pièce de six sous anglois & douze de France.
Tester, (of a bed.) Fond de lit ou ciel de lit.
TESTICLE, s. (or stone.) Testicule.
* TESTICULAR, adj. (of the testicles.) Qui concerne les testicules.
TESTIFICATION, }
TESTIFICATOR, } s. (one who witnesses.) Celui qui rend témoignage.
TESTIFIER,
To TESTIFY, v. act. (to witness or certify.) Témoigner, attester, rendre témoignage, assurer, certifier.
Testified, adj. Témoigné, attesté, dont on a rendu témoignage, assuré, certifié.
TESTIFYING, s. L'action de témoigner, d'attester, &c. V. to Testify.
* TESTIMONIAL, adj. (belonging to testimony.) Testimonial.
TESTIMONIAL, s. (a writing produced by any one as an evidence for himself.) Certificat, attestation.

Testimonial, (or certificate of an ecclesiastical superiour.) Testimoniales ou lettres testimoniales.
TESTIMONY, s. (or witness.) Témoignage, rapport juridique d'un ou de plusieurs témoins.
To bear testimony (or witness.) Témoigner, rendre témoignage.
Testimony, (relation, report or account.) Témoignage, rapport en général.
Testimony, (or proof.) Témoignage, preuve, marque, assurance, foi.
In testimony whereof. En foi de quoi.
Testimony, (a scripture-word for law, ordinance.) Témoignage, loi, ordonnance, dans le style de la sainte Ecriture.
TESTINESS, s. (peevishness, moroseness.) Mauvaise humeur, humeur bourrue, caprice.
TESTON, s. (an ancient french coin.) Un teston.
TESTY, }
TETCHY, } adj. (peevish, apt to be angry.) Rébarbatif, bourru, bizarre, capricieux, fantasque.
TÊTE À TÊTE, sub. (cheek by jowl.) Tête-à-tête.
TETHER, sub. (a rope to tie a horse's leg with.) Entraves d'un cheval.
To be brought to a tether, (or under subjection.) Être assujetti.
To hold one to his tether. Tenir quelqu'un de court, le tenir sujet.
To keep within one's tether. S'assujettir, se tenir dans les bornes.
To TETHER, v. act. (to restrain or tie up.) Entraver, mettre des entraves.
Tethered, adj. Entravé.
TETRARCH, s. (the governor of the fourth part of a province.) Tétrarque.
TETRARCHY, s. (the government of a tetrach.) Tétrarchie.
TETRASTICK, s. (an epigram or stanza of four verses.) Un quatrain, quatre vers.
TETRICAL. V. Froward.
TETTER, subst. (or ring-worm.) Une dartre.
TEUTONICK, adj. Teutonique, germanique, tudesque.
The Teutonick Order. L'Ordre Teutonique.
The old teutonick language. Le tudesque, langage des anciens Allemands.
To TEW. V. to Tug.
To tew the mortar. Raboter le mortier.
Tewed, adj. Raboté.
TEWEL, s. Tuyaux.
To TEWTAW. V. to Break.
TEXT, s. Texte.
The text of the law, (the very words of the law.) Le texte de la loi.
The text of a sermon. Le texte d'un sermon.
Text-letter, (a letter with a flourish.) Un cadeau ou lettre-grise parmi les Imprimeurs.
TEXTILE, adj. (capable of being woven.) Textile.
TEXTUARIST, s. (a divine well versed in scripture.) Un théologien ou un homme versé dans le texte de la Bible.
TEXTUARY, adj. & s. Contenu dans le texte ou qui a l'autorité du texte.
A good textuary, (one who is well versed in the holy scriptures.) Un homme qui entend bien le texte de la Bible.
TEXTURE, s. (manner of weaving, a web.) Tissu, tissure.
Texture,

Texture, (form disposition of the parts of bodies.) Contexture.

Remarque sur TH ou ETH.

N. B. Je place une voyelle devant le *TH*, afin que l'on s'accoutume à le prononcer de cette manière.

TH ou ETH a deux sons; l'un se trouve dans le mot thin, l'autre dans le mot then. La seule différence qui existe entre ces deux sons, c'est que le premier est formé par la respiration, & le second par un mélange de la voix & de la respiration.

Comme la langue françoise n'offre point de son qui imite celui d'ETH, comme par cette raison les françois réussissent rarement à le bien prononcer, je vais être obligé d'entrer dans quelques développements sur la méthode qu'ils doivent suivre pour y parvenir.

Il faut d'abord observer que dans la langue françoise toutes les articulations se forment daar la bouche, & que la langue ne s'avance jamais au-delà des dents. Par conséquent, les françois ne placeront point d'eux-mêmes l'organe dans une position qui leur est absolument étrangere, si on ne leur indique de quelle manière ils doivent s'y prendre. Il arrive delà que s'ils sont obligés de prononcer le son de l'ETH, qui est entièrement nouveau pour eux, sans qu'on leur ait fait voir auparavant le méchanisme des organes, ils prononcent celui qui en approche le plus dans leur langue. Par exemple, voulant prononcer le mot then, ils disent den, & de la même manière, thin, dans leur bouche, devient tin; c'est-à-dire, qu'ils changent le premier ETH en D, & le second en T. Pour perdre une mauvaise habitude qu'ils garderoient toute leur vie, ils doivent faire attention à la méthode suivante : elle est aussi simple qu'aisée. Nous parlerons d'abord de l'ETH au commencement d'un mot ou d'une syllabe.

De l'ETH au commencement d'un mot ou d'une syllabe.

1. Pour prononcer l'ETH au commencement d'un mot ou d'une syllabe, il faut avancer le bout de la langue entre les dents & même au-delà ; dans cette position, pressez-la contre les dents supérieures, sans toucher nullement les inférieures ; ainsi faites un effort de voix comme pour prononcer le mot then, retirez la langue en même-temps derrière les dents, & vous produirez nécessairement la véritable son. Pour prononcer le second ETH, placez les organes exactement dans la même position, mais observez avec soin de pousser la respiration avant de retirer la langue : de cette manière, vous prononcerez avec justesse le mot thin,

De l'ETH à la fin d'un mot ou d'une syllabe.

Si l'ETH se trouve à la fin d'un mot ou d'une syllabe, comme dans ces mots breathe, breath; remarquez qu'après avoir prononcé les lettres précédentes, vous devez finir le son en appliquant le bout de la langue sur le bord des dents supérieures, comme nous l'avons expliqué ; ayez surtout l'attention de prolonger la voix jusqu'à la fin, en prononçant le mot breathe ; au lieu que dans breath, la v. ix s'éteint à la voyelle, & la con-

sonne TH n'est formée que par la respiration. Dans ces deux cas, il sera utile de conserver la langue dans cette même position, quelque temps après avoir prononcé l'ETH, & de prolonger en même-temps le son de la voix dans le premier des deux mots, & celui de la respiration dans le second, jusqu'à ce que la pratique vous les ait rendus familiers.

La nature des deux sons que le TH renferme dans la combinaison, & la manière de les former, ont été suffisamment expliqués ; il ne nous reste plus qu'à en montrer la véritable application aux deux usages.

TH est toujours aspiré au commencement des mots, c'est-à-dire, qu'il est entièrement formé par la respiration, excepté,
1. dans le pronom thou & ses dérivés thee, them, thine, their, &c. 2. Dans les monosyllabes suivants, than, that, the, then, thence, there, this, thither, though, où le TH a le son vocal ; mais s'il est suivi d'un K ou d'un W, il a son premier son, comme dans les mots, throw, thwart, &c.

Le son du TH est aspiré à la fin des mots, excepté dans les suivants, to sheath, beneath, underneath, wreath, to seeth, booth, smooth, to sooth. La particule with est aspirée & vocale; aspirée devant une consonne, vocale devant une voyelle ; comme withstand, without. On observe la même regle, non-seulement quand elle est composée, mais dans tout autre mot détaché, comme with many more; with all my heart. Si TH est suivi d'un E muet final dans la même syllabe, il est vocal, comme dans bathe, breathe.

S'il est suivi d'un Y à la fin des mots, il est aspiré, comme dans sympathy, healthy, excepté dans les mots wreathy & worthy. Quand TH se trouve dans les syllabes au milieu des mots, la regle la plus générale est qu'il a le son aspiré devant les consonnes, & vocal devant les voyelles, excepté dans les mots dérivés & composés, qui retiennent le son de leurs primitifs. Ainsi, loathsome retient le son primitif de to loath, quoique suivi d'une consonne, & toothing, l'aspiration originelle de tooth, quoique suivi d'une voyelle.

Il n'y a que quatre mots anglois où TH soit prononcé comme en françois, savoir : Thill, thyme, Thames & Thomas.

THALMUD. *V.* Talmud.

THAN, *adv.* (placed or employed in comparison after the comparative adjective.) *Que.*
Ex. Gold is more precious than silver. *L'or est plus précieux que l'argent.*
Than which never was any thing more absurd or ridiculous, or never was any thing more absurd or ridiculous than, &c. *Qui est la chose du monde la plus absurde & la plus ridicule qui fut jamais.*

THANAGE, *f. Ex.* Thanage of the King, (a part of the King's lands of which the Governor was called Thane.) *Certaine partie du domaine du Roi, sous la conduite d'un Gouverneur qu'on appelloit Thane.*

THANE, *f.* (an old Saxon word which signifies sometimes a nobleman, sometimes a Magistrate, but more properly an Officer or Minister of the King.) *Un Noble, un grand Seigneur ou un Officier du Roi.*

To THANK, *v. act.* (to return acknowledgments for any favour or kindness.) *Remercier, rendre graces.*

I thanked him a thousand times. *Je lui fis mille remerciments.*
I am better, I thank God. *Je me porte mieux, graces à Dieu ou Dieu merci.*
He may thank me for it or for't. *C'est moi qui en suis la cause, il m'en a l'obligation ou il m'en a est redevable.*
He is ruined, and he may thank himself for't. *Il est ruiné, & c'est lui qui en est la cause ou qui l'a bien voulu, il s'est ruiné par sa propre faute.*

Thanked, *adj. Remercié.*
God be thanked, (or praised.) *Dieu merci, Dieu soit loué, ou grace à Dieu.*

THANKFUL, *adj.* (full of gratitude, grateful.) *Reconnoissant, plein de reconnoissance, qui a de la gratitude.*
He was very thankful to me. *Il m'a fort remercié, ou il m'en a su bon gré.*

THANKFULLY, *adv.* (with a lively and grateful sense of favour.) *Avec action de graces, avec remerciment, d'une manière pleine de reconnoissance.*

THANKFULNESS, *f.* (gratitude.) *Gratitude, reconnoissance.*

THANKLESS, *adj.* (ungrateful.) *Ingrat.*

THANKLESSNESS, *f. Ingratitude.*

THANKS, *f. pl. Graces, remerciments.*
Give God thanks. *Rendez graces à Dieu.*
Does he expect any thanks for this ? *Croit-il qu'on veuille l'en remercier ? s'imagine-t-il qu'on lui en sache gré ou qu'on lui en ait de l'obligation ?*
I shall have some money and no thanks (or obligation) to you. *J'aurai de l'argent sans vous, ou sans vous en avoir l'obligation.*

THANKOFFERING, *f.* Sacrifices d'action de graces.

THANKSGIVING, *f.* Action de graces.

THANKWORTHY, *adj.* (deserving gratitude.) *Qui mérite des remerciments.*

THAT, (pronoun demonstrative.) *Ce ou cet, cette, celui-là, celle-là, cela.*
Ex. That dog. *Ce chien.*
That child, *cet enfant.*
That woman. *Cette femme.*
That is, or that is to say. *C'est-à-dire.*
Take this and give me that. *Prenez celui-ci & me donnez celui-là, prenez celle-ci & me donnez celle-là.*
What book is that? *Quel livre est-ce là ?*
With that. *A ces mots.*
It is or 'tis a strange delight that some people take in telling of lies. *C'est un étrange plaisir que celui que prennent certaines gens à mentir.*
We are now of that age that we must mind the time to come, (or that we must think of futurity.) *Nous sommes maintenant d'un âge à songer à l'avenir.*
He is of that humour that none can agree with him. *Il est d'une telle humeur que personne ne peut s'accorder avec lui.*
According to that saying of Horace. *Suivant ce que dit Horace.*
I thought it would come to that. *J'ai cru que la chose en viendroit-là.*
At that time. *En ce temps-là, alors.*
That way. *Par-là.*
What of that ? *Qu s'ensuit-il ?*

That, (a relative pronoun, which.) *Qui, que, quoi, lequel, laquelle.*
He that speaks. *Celui qui parle.*
Those that I see, (or those I see.) *Ceux que je vois.*
The horse that I rid upon, (or the horse I rode upon.) *Le cheval que je montois, ou sur lequel j'étois monté.*
This is the subject that we are met for, (or

THA THE THE THE

(or this is the subject we are met upon, or the cause of our meeting.) *C'est le sujet pour lequel nous sommes assemblés.*
THAT, *conj. Que, afin que, parceque.*
So that, insomuch that. *Si bien, de telle sorte, de sorte ou tellement que.*
Seeing that. *Vu que ou puisque.*
I will take care that you shall be acquainted with all that passes. *Je prendrai soin de vous informer de tout.*
He does his duty only that he may be praised. *Il ne fait son devoir qu'afin d'être loué.*
That I may be short. *Pour être court, afin d'être court.*
THATCH, *s.* (straw or stubble used for the covering of a house.) *Chaume.*
To THATCH, *v. act. Couvrir de chaume.*
Thatched, *adj. Couvert de chaume.*
A thatched house. *Une chaumine ou chaumière, maison couverte de chaume.*
THATCHER, *s. Un couvreur en chaume.*
THATCHING, *s. L'action de couvrir de chaume.*
THAW, *s. Dégel.*
To THAW, *verb. act. & neut. Dégeler,* dans un sens actif & neutre.
It thaws. *Il dégele.*
Thawed, *adj. Dégelé.*
THAWING, *s. L'action de dégeler.*
Thawing, *adj. Ex.* 'Tis thawing weather. *Le temps est au dégel.*
THE, *article défini* (denoting some particular thing, in opposition to A the indefinite article.) *Le, la, les.*
Ex. The world. *Le monde.*
The house. *La maison.*
The boys and girls. *Les garçons & les filles.*
R. Cet article est quelquefois une marque de distinction, de restriction où d'excellence.
Ex. The one of them is dead, the other alive. *L'un d'eux est mort, l'autre est en vie.*
We have undone the man. *Nous avons ruiné ce pauvre homme.*
Alexander the Great. *Alexandre le Grand.*
The higher we are, the more humbly we ought to behave ourselves. *Plus nous sommes élevés, plus nous devons faire paroître d'humilité dans notre conduite.*
He is never the better. *Il n'en est pas meilleur, il n'en vaut pas davantage.*
THEATINES, *subst.* (a religious order.) *Théatins,* sorte d'ordre religieux.
THEATRAL, *adj.* (belonging to a theatre.) *Théatral.*
THEATRE, *s.* (a playhouse.) *Un théâtre.*
The theatre of war. *Le théâtre de la guerre.*
THEATRICAL, }
THEATRICK,   } *V. Theatral.*
THEATRICALLY, *adverb. D'une manière théâtrale, théâtralement.*
THEE, c'est un cas du pronom thou. *Toi, te.*
I give it thee. *Je te le donne.*
THEFT, *s.* (the act of stealing, the thing stolen.) *Larcin, vol.*
* Theft-bote, (a law-word for the receiving of goods from a thief.) *L'action de receler un vol.*
THEIR, (*c'est le pluriel du pronom possessif* His & Her.) *Leur, leurs.*
Ex. Their folly. *Leur folie.*
Their pleasures. *Leurs plaisirs.*
Theirs, *c'est un pronom possessif qui dérive de* their, *& qui veut dire à eux, ou à elles. Voy. les Grammaires.*
This is theirs. *Ceci est à eux, ou à elles.*
THEISM, }
THEIST, } *V.* { *Déisme.*
         }   { *Déiste.*

THEM, (pluriel de He & She.) *Les, eux, elles, leur.*
Ex. I love them. *Je les aime.*
I was with them. *J'étois avec eux ou avec elles.*
Give it them *or* give it to them. *Donnez-le leur.*
I spied some faults in them. *J'y ai remarqué quelques fautes.*
Look to them. *Prenez-en soin.*
THEMSELVES, *pron. plur. Eux-mêmes, elles-mêmes.*
THEME, *subst.* (a subject to write or speak upon.) *Sujet ou matière d'un écrit ou d'un discours.*
THEN, *adv.* (at that time,) *Alors, pour lors,* en ou dans ce temps-là.
Now and then, (sometimes.) *De temps en temps, quelquefois.*
Then, (or afterwards.) *Puis, ensuite, après.*
We are first to speak of honesty and then of profit. *Nous parlerons premièrement de l'honnête & puis de l'utile.*
THEN, *conj.* (therefore, for this reason.) *Donc.*
He breathes, then he lives. *Il respire, donc il vit.*
What shall I do then? *Que ferai-je donc?*
I see it, and what then? *Je le vois bien, mais qu'inférez-vous de là?*
THENCE, *adv.* (for that reason or from that place.) *De là.*
Thence it comes to pass or thence it is that. *De là vient que.*
He is gone or departed from thence. *Il est parti de là.*
It took its rise from thence. *C'est-là son origine.*
THENCEFORTH, *adv. Depuis ce temps-là, dès-lors, dès ce temps-là.*
THEOCRACY, *s.* (government superintended by God.) *Théocratie.*
THEOCRATICAL, *adj. Théocratique.*
THEODOLITE, *subst.* (a mathematical instrument used by surveyors.) *Sorte d'instrument de mathématique dont se servent les arpenteurs.*
THEOGONY, *s.* (the generation of the Gods,) *Théogonie, généalogie des dieux de la fable.*
THEOLOGIAN, *subst.* (a Divine.) *Un Théologien.*
THEOLOGICAL, *adj.* (belonging to Divinity.) *Théologique, de théologie,* qui regarde la théologie.
Faith, hope, and charity are the theological (or divine.) virtues. *La foi, l'espérance & la charité sont les vertus théologales ou qui ont Dieu pour objet.*
THEOLOGICALLY, *adverb. Théologiquement, d'une manière théologique.*
THEOLOGIST, } *sub.* (or divine.) *Un*
THEOLOGUE, } *théologien.*
THEOLOGY, *s.* (or divinity.) *Théologie.*
THEORBO, *s.* (a musical instrument.) *Téorbe.*
THEOREM, *s.* (a position laid down as an acknowledged truth.) *Un théorème.*
THEOREMATICK,   } *adj.* (consisting
THEOREMATICAL, } *of theorems.*
THEOREMICK,   } *Qui consiste en théorèmes.*
THEORETICK,   }
THEORICAL,   } *adject.* (speculative.)
THEORICK,   } *Théorique ou spéculatif.*
THEORETICALLY, }
THEORICALLY,   } *adv. Théoriquement.*

THEORIST, *subst.* (speculatist.) *Spéculateur.*
THEORY, *s.* (or speculation.) *Théorie, spéculation ou contemplation.*
THERAPEUTICK, *subst.* (the art of curing diseases.) *Thérapeutique,* l'art de guérir.
THERE, *adv.* (in that place.) *Là.*
There he is. *Il est là, le voilà.*
In there. *Là-dedans.*
Here and there, *Çà & là.*
There (or in that particular) I hold with you. *En cela je suis de votre avis.*
There is or there are, *Il y a.*
THEREABOUT,   }
THEREABOUTS, } *adv.* (about that number.) *Environ.*
Thereabout, (or about it.) *Là-dessus, touchant cela.*
Thereabouts, (about that place.) *Par-là, aux environs.*
It is somewhere thereabouts. *Il est quelque part par-là.*
Ten pounds or thereabouts. *Dix livres sterling ou environ.*
Are you thereabouts? *En êtes-vous là?*
THEREAFTER, *adv.* (accordingly.) *Selon cela.*
P. According as the wind blows, thereafter is the sail set. *Selon le vent on met la voile.*
THEREAT, *adv.* (at that.) *Par-là.*
Ex. Many there be (or are) that go in thereat. *Il y en a beaucoup qui entrent par-là.*
He is troubled thereat, or on that account. *Il en est fâché.*
THEREBY, *adv.* (by means of that.) *Par-là.*
THEREFORE, *conj.* (in consequence, for that reason.) *C'est pourquoi, pour cet effet, c'est pour cela que.*
Therefore, (or then.) *Donc,* † *doncques.*
I did imagine it and therefore I prevented him. *Je m'en doutai bien, aussi le prévins-je.*
THEREFROM, *adv.* (from that, from this.) *En de cela.*
This is distinct therefrom. *Ceci en est distingué.*
THEREIN, *adv.* (in that.) *En cela, y.*
Ex. Therein you are to blame. *En cela vous êtes à blâmer.*
And all that is therein, (or in it.) *Et tout ce qui y est.*
THEREOF, *adv.* (of that or of this.) *De cela, en.*
Ex. He gave me an account thereof. *Il m'a rendu compte de cela, il m'en a rendu compte.*
THEREON, *adv.* (on that.) *Là-dessus.*
THEREOUT, *adv.* (out of that.) *De-là.*
THERETO,   }
THEREUNTO, } *adv.* (to that.) *A cela, y.*
Thereto he added, *A cela il ajouta.*
And all that belongs thereto. *Et tout ce qui en dépend.*
THEREUPON, *adv.* (upon that, in consequence of that.) *Là-dessus, sur cela.*
THEREWITH, *adv.* (with that, immediately.) *Avec cela.*
THEREWITHAL, *adv.* (over and above, also, with that.) *De plus.*
THERIACAL, *adj. Thériacal, médicinal.*
THERMOMETER, *s.* (or weatherglass.) *Thermomètre.*
THERMOSCOPE, *subst. Sorte de thermomètre.*

To

To THESAURIZE, verb. neut. (to hoard up a treasure.) Thésauriser.
THESE, (c'est le pluriel du pronom démonstratif this.) Ces, ceux-ci, celles-ci.
Ex. These men. Ces hommes.
I will not part with these. Je ne veux pas me défaire de ceux-ci ou de celles-ci.
These are the things I looked for. Voici ce que je cherchois.
These are men of undaunted courage. Ce sont des hommes d'un courage intrépide.
THESIS, subst. (a general argument or position.) Thèse.
THEURGY, f. (a kind of magick performed by lawful means, as by prayer to God.) Théurgie.
THEW, subst. (manners, quality; bulk.) Mœurs, civilité, qualité; grandeur, grosseur.
THEY, (c'est le pluriel du pronom personnel He & She.) Ils, elles.
THICK, adject. (the contrary of thin.) Épais, qui a de la consistance, gros, grossier.
Ex. Thick stuff. Etoffe épaisse.
Thick porridge. Du potage épais.
Thick buth. Un buisson épais.
A thick board. Une planche épaisse.
A thick (or fat) man. Un homme épais, un gros homme.
A thick (or spiss) air. Un air grossier ou épais.
Thick (or muddy) water. De l'eau trouble.
A thick basket, a thick-wrought (or close-worked) basket. Un panier dont le tissu est serré, qui n'est point à jour.
To stand or lie very thick, (or close.) Être fort serrés.
He is as thick as he is long. Il est tout rond de graisse, il est aussi large que long.
An inch thick. De l'épaisseur d'un pouce.
Thick milk. De la bouillie.
To speak thick. Avoir la langue grasse, grassèyer.
Thick of hearing. Dur d'oreille, qui a l'oreille dure, qui entend dur, journdaud, qui entend avec peine quand on lui parle.
To go (or to run) through thick and thin, or over shoes and boots. S'exposer à toutes sortes d'incommodités.
To lay one's strokes on very thick, Frapper dru & menu, charger de coups, rosser d'importance.
You come very thick upon me. Vous me pressez trop.
Thick-lipped, (or blubber-lipped.) Lippu.
Thick-set. Épais, plantés près l'un de l'autre.
Thick-skinned. Qui a la peau dure ou épaisse.
Thick-shelled, (as some nuts.) Anglenx.
Thick-sculled, (or stupid.) Qui a la tête dure.
THICK, f. Ex. To fall into the thick of the forest. Entrer dans l'épaisseur du bois.
Thick, adv. En foule.
His creditors come so thick (or fast) upon me, that I am weary of the charge. Ses créanciers viennent à moi en si grande foule, que je suis las de m'être chargé de ses affaires.
To THICKEN, v. a. Épaissir, rendre épais.
Ex. To thicken a sauce. Épaissir ou lier une sauce.
To Thicken, verb. neut. S'épaissir, devenir épais.
The air thickens into a cloud. L'air s'épaissit en nuée, l'air se charge.

THICKENED, adj. (from to thicken.) Épaissi.
THICKENING, f. L'action d'épaissir, &c. V. to Thicken; épaississement.
THICKET, f. A thicket of bushes. Hallier, buisson fort & épais.
A thicket of trees. Un bosquet, une touffe d'arbres.
THICKLY, adv. Épais, dru.
THICKNESS, f. Épaisseur, consistance, grosseur, &c. V. Thick, adj.
THICK-STUFF, subst. comp. (a shipbuilding term.) Vaigres plus épaisses que les vaigres ordinaires, qui se placent dans la construction des vaisseaux Anglois, vis-a-vis les jonctions des alonges des couples.
THIEF, f. Larron, voleur, larronnesse, voleuse.
P. Opportunity makes a thief. P. L'occasion fait le larron.
To play the thief. Voler, dérober.
THIEFCATCHER, } f. Agent de police
THIEFTAKER, chargé de découvrir & d'arrêter les voleurs.
To THIEVE, verb. neut. (or steal.) Dérober, voler.
THIEVERY. V. Thieving.
THIEVES, c'est le pluriel de Thief.
THIEVING, f. Larcin ou l'action de voler. Given to thieving. Adonné au larcin.
THIEVISH, adj. (apt to steal.) Enclin à dérober, sujet ou adonné au larcin, † qui a les mains crochues.
THIEVISHLY, adv. En voleur, en larron.
THIEVISHNESS, f. Inclination ou penchant à dérober.
THIGH, f. La cuisse.
THILL, f. (the beam or draught-tree, whereupon the yoke hangs.) Limon ou timon.
THILLER, } f. Limonier, le che-
THILL-HORSE, val qui est au limon.
THIME. V. Thyme.
THIMBLE, f. Dé à coudre, cosse d. f.
THIN, adj. (not thick.) Clair, qui n'est pas épais, rare, mince.
Ex. Thin cloth. De la toile claire.
Thin broth. Bouillon clair.
The corn is very thin here. Le blé est fort clair ici.
A thin body. Un corps rare.
The ears of the corn are but thin in this field. Les épis sont rares en ce champ.
A thin stuff. Une étoffe mince.
A thin (or light) suit of clothes. Un habit léger.
To go in thin clothes or lightly clothed. Être légèrement vêtu, ne porter qu'un habit léger.
Thin, (little, small.) Petit, mince, chétif.
A thin congregation. Une petite assemblée.
A thin table. Un petit ou chétif ordinaire.
A thin (or subtle) air. Un air pur ou subtil.
Very thin, (or lean.) Fort maigre.
To go through thick and thin. Voyez Thick.
A city thin of inhabitants. Une ville où il y a peu de monde.
The town is very thin of people. La ville est presque déserte, il y a peu d'habitans.
A thin field. Un champ où il y a peu de blé.
A thin meadow. Un pré où il y a peu d'herbe.

To grow thin, (or fall away.) S'éclaircir ou devenir clair, ou bien, maigrir, devenir maigre.
Thin bodied. Maigre.
Thin visaged, (lantern jawed.) Qui a le visage maigre.
THIN, adv. V. Thinly.
To THIN, verb. act. (or make thin.) Eclaircir, rendre clair.
To thin plants. Éclaircir les plantes.
THINE, (a pronoun possessive, sometimes used instead of thy, before words that begin with a vowel.) Ton, ta, tes.
Thine uncle. Ton oncle.
Thine aunt. Ta tante.
Thine enemies. Tes ennemis.
Thine, (at the end of a sentence.) A toi, tien, tienne.
Ex. This is thine. C'est à toi.
Here is thine. Voici le tien ou la tienne.
THING, f. (whatever is, not a person.) Chose, affaire.
A strange thing. Une chose étrange, une étrange affaire.
Above all things. Sur toutes choses, surtout, principalement.
It is or 'tis an usual thing with us. C'est notre coutume, nous y sommes accoutumés, cela nous est ordinaire.
It comes all to one (or the same) thing. Tout cela revient au même.
Any thing. V. Any.
R. Thing is sometimes used to express a person in a scornful sense. On se sert quelquefois de thing pour exprimer une personne dans un sens de mépris.
She is a proud thing. Elle est fière.
She is a little scornful thing. C'est une petite dédaigneuse.
Where is that thing which is called, &c. Où est ce qu'on appelle, &c.
Where are my things ? (or goods.) Où sont mes hardes, mes habits, mon linge ?
To THINK, verb. neut. (to frame in one's mind the notion, idea or image of a thing.) Penser, former dans son esprit l'idée de quelque chose.
The foul thinks. L'âme pense.
To think, (or reason.) Penser, raisonner.
To think well or ill. Penser bien ou mal.
To think of, on or upon, (to muse upon or remember.) Penser, songer, ruminer, considérer, faire réflexion, se souvenir.
To think of what one has to say. Penser ou songer à ce qu'on doit dire.
That made me think on't or of it. Cela m'en a fait souvenir ou m'an fait venir la pensée.
He thinks of some great matter. Il rumine quelque chose de grand.
To think of or on (to imagine or devise) a thing. Penser, imaginer une chose.
To think, (to have a design.) Penser, avoir une chose en tête, avoir quelque dessein.
That is a good place for you, you ought to think of it. C'est une bonne place pour vous, vous devriez y penser.
To THINK, verb. act. (to have in one's mind.) Penser, avoir dans l'esprit.
He never speaks what he thinks. Il ne dit jamais ce qu'il pense.
To think, (to imagine, to believe or judge.) Penser, croire, imaginer, juger, trouver, avoir bonne ou mauvaise opinion.

He

He thinks himself an able man. *Il pense être habile homme, il se croit un habile homme.*
I think so, so I think. *Je crois qu'oui ou je le crois.*
As you think fit or good. *Comme vous le trouverez ou jugerez à propos.*
To think well or ill of one. *Penser bien ou mal de quelqu'un, en avoir bonne ou mauvaise opinion.*
To think well or ill of a thing. *Avoir bonne ou mauvaise opinion d'une chose, l'approuver ou la désapprouver.*
You must not think (or pretend) to be above us. *Il ne faut pas que vous prétendiez être au-dessus de nous.*
I should think it no disgrace. *Je ne prendrois point cela à déshonneur.*
He thinks (or takes) me to be an orator. *Il me prend pour un orateur.*
What think you of it? (what do you say to it?) *Qu'en pensez-vous? qu'en dites-vous?*
I know not what to think on't. *Je ne sais qu'en dire.*
One would think. *On diroit.*
I think 'tis a very hard case. *Il me semble que cela est bien rude.*
To think much, (to complain, to grudge.) *Trouver à redire, regretter, plaindre, se plaindre.*
He thinks much of any expence that is not for himself. *Il trouve à redire, il regrette, il plaint la moindre dépense qui ne se fait pas pour lui même.*
He thinks much to go thither. *Il fait difficulté ou il fait scrupule d'y aller.*
To think light of a thing, (to make little account of it.) *Mépriser une chose, en faire peu de cas.*
To think ill of a thing, (to have an ill opinion of it.) *Avoir méchante opinion de quelque chose.*
I am troubled to think what will come of it or on't. *Cela me fait de la peine quand je songe à quoi tout cela aboutira.*
Did you think any other? *En doutiez-vous?*
But I began to think that... *Mais il me vint dans l'esprit que...*
I cannot call to mind or think of his name. *Je ne saurois me souvenir de son nom, je ne saurois me remettre son nom.*
I cannot but think how I was surprised. *Je ne puis pas m'ôter de l'esprit de la manière dont je fus surpris.*
Without you think otherwise. *A moins que vous ne soyez d'un autre avis ou d'un autre sentiment.*
I think it long till I embark. *Il me tarde que je m'embarque, il me tarde de m'embarquer.*
Would you think it civil or handsome in me if I should do so? *Approuveriez-vous ma conduite, si j'en agissois de la sorte?*
To think well or think much of one's self. *Se flatter, avoir bonne opinion de soi-même, être plein de soi-même.*
To think AWAY. Ex. I have not the strength of mind to think away my solitude. *Je n'ai pas assez de force d'esprit pour passer ma solitude dans la méditation.*
THINKER, *s.* (one that thinks much.) *Un homme qui pense beaucoup.*
A free-thinker, (one that thinks freely in religious matters, a modern philosopher, a libertine.) *Un esprit fort, un libertin, en fait de religion.*

THINKING, *s.* *L'action de penser, &c.* *V.* to Think.
In my thinking. *A mon avis, selon moi.*
Way of thinking, (an expression to indicate a particular opinion, sentiment or persuasion in Religion, interest, party or politicks.) *Opinion, sentiment, idée, notion, en matiere de religion; parti, en fait de politique.*
Men differ no less in their ways of thinking, than in the features of their faces. *Les hommes ne diffèrent pas moins dans leurs opinions, que dans les traits du visage.*
He is of another way of thinking, (or party.) *Il est d'un autre parti.*
Free-thinking. *Esprit fort, libertinage d'esprit.*
Thinking, *adj.* (judicious, reasonable or sober.) *Judicieux, raisonnable, de bons sens.*
THINLY, *adv.* *Clair.*
Ex. Thinly sown. *Clair semé.*
Thinly inhabited. *Peu habité, où il y a peu d'habitants.*
THINNESS, *s.* *Ténuité, qualité de ce qui est clair ou mince, &c.* *V.* Thin, *adj.*
THIRD, *adject.* (from three.) *Troisieme, tiers.*
The third day. *Le troisieme jour.*
The third state. *Le tiers état.*
To put a thing into a third hand. *Mettre une chose en main-tierce.*
Every third day. *De trois en trois jours.*
A third person spoils all in love. *Un troisieme ou un tiers gâte tout en amour.*
A third part of an ell. *Un tiers d'aune.*
THIRD, *s.* *Le tiers, la troisieme partie.*
A third, (or tierce in musick.) *Une tierce, ou intervalle de deux tons en musique.*
THIRDLY, *adv.* *Troisiémement, en troisieme lieu.*
THIRST, *subst.* (the being dry.) *Soif, envie de boire.*
To have a great thirst upon one. *Avoir grand'soif, mourir de soif, être pressé de la soif.*
Thirst, (a great and violent longing for any thing.) *Soif, grande envie, grande passion de posséder quelque chose.*
A bloody thirst, a thirst after blood. *La soif du sang.*
His thirst after a crown. *La soif qu'il a de régner.*
To THIRST, *verb. neut.* *Avoir soif, souffrir la soif.*
To thirst for or after a thing. *Avoir soif de quelque chose, la désirer ardemment.*
THIRSTINESS, *s.* *Soif, altération.*
THIRSTY, *adj.* (or dry.) *Altéré, qui a soif.*
Blood-thirsty. *Sanguinaire, cruel, altéré de sang humain; qui se plait à répandre le sang.*
THIRTEEN, *adj.* *Treize.*
THIRTEENTH, *adj.* *Treizieme.*
THIRTIETH, *adj.* *Trentieme.*
THIRTY, *adj.* *Trente.*
One and thirty, (a sort of game at cards.) *Trente-un, sorte de jeu des cartes.*
A book in thirty-two. *Un livre in-trente-deux, dont la feuille a trente-deux feuillets.*
Thirty-all, (at tennis.) *Trentain, terme du jeu de paume.*
THIS, (pronoun demonstrative.) *Ce ou cet, cette, celui-ci, celle-ci, ceci.*
Ex. This boy. *Ce garçon.*

This child. *Cet enfant.*
This woman. *Cette femme.*
This I am for. *Celui-ci me plait.*
Give me this. *Donnez-moi celle-ci.*
This, this thing. *Ceci, cette chose-ci.*
What does this mean? *Que veut dire ceci?*
This is the man I look for. *Voici ou c'est ici l'homme que je cherche.*
By this place or this way. *Par ici, par cet endroit.*
From this place. *D'ici.*
To this place. *Ici, jusqu'ici.*
By this, (or by this time.) *Présentement; déjà, maintenant.*
As they were talking of this and that. *Comme ils parloient de choses & d'autres.*
THISTLE, *subst.* *Chardon.*
Fuller's thistle. *Chardon à carder.*
The order of the thistle in Scotland. *L'ordre du Chardon ou l'Ordre de Saint-André, en Ecosse.*
Thistle-down. *Coton de chardon.*
THISTLY, *adject.* (spread with thistle.) *Plein de chardons.*
THITHER, *adv.* *Là, y.*
Go thither. *Allez-vous-en là, allez-y.*
Hither and thither. *Ici & là; par-ici, par-là.*
We are but half way thither. *Nous ne sommes qu'à moitié chemin.*
THITHERTO, *adv.* (or to that place.) *Jusques-là.*
THITHERWARD, *adv.* *Vers ce lieu-là, de ce côté-là.*
THO'. *V.* Though. *Quoique.*
THOLES, *subst. plur.* *Toulets: dans les canots Anglois, l'aviron est contenu entre deux toulets.*
THONG, *s.* (a strap or string of leather.) *Courroie, sangle ou bande de cuir.*
The thong of a wallet. *La sangle d'une besace.*
THONGED, *adj.* (or tied with thongs.) *Lié avec des courroies.*
THOR, *subst.* (Jupiter, an idol of great esteem among the old *Saxons* and *Teutonicks*; the day called *Thursday*, and by the *Danes* and *Swedes* Thorsday, was dedicated to his peculiar service, and thence took the denomination.) *Thor, idole de Jupiter, en grande vénération parmi les anciens Saxons & Allemands.*
THORACICK, *adj.* *Thorachique, terme de Médecine.*
THORN, *subst.* (a tree or shrub full of prickles.) *Epine, arbre ou arbrisseau qui a des piquants.*
White-thorn or haw-thorn. *Epine blanche aubépine.*
Black-thorn. *Epine noire.*
Buck-thorn or purging thorn, (a shrub.) *Nerprun, arbrisseau.*
Thorn, (or prickle.) *Epine, piquant.*
He sits or walks upon thorns. *Il est assis ou il marche sur des épines.*
Why do ye sit upon thorns? take your freedom. *Pourquoi vous contraignez-vous? agissez-en avec liberté.*
A thorn-bush. *Un buisson d'épines.*
THORNBACK, *s.* (a sea-fish.) *Une raie.*
THORNY, *adject.* (full of thorns.) *Epineux, plein d'épines, qui a des épines.*
THOROUGH, *prép.* *Par, au travers à travers.*
Thorough that lane. *Par cette rue.*
He ran him thorough the body with his sword. *Il lui donna un coup d'épée au travers du corps.*

To

THO

To go thotough ftitch, (or finish a thing.) Pouffer une affaire à bout, achever ce qu'on a commencé.

A thorough-fare, (or passage.) Un lieu de passage ou qui traverse, chemin passant ou rue passante.

Thorough-change. Un parfait ou entier changement.

Thorough-paced. Accompli, parfait, achevé.

Thorough-toll. Droit qu'on payoit autrefois aux Comtes de Richemont dans la province d'York.

† The thorough go-nimbly, (or squirt.) La foire, le flux de ventre.

THOROUGHLY, } adv. (completely, THROUGHLY, } entirely.) Bien, entièrement, tout-à-fait, parfaitement, à fond.

THORP, f. (a village or country town.) Un village ou une petite ville.

THOSE, fubft. (c'est le pluriel de that.) Ces, ceux-là, celles-là, cela.

Thofe men. Ces hommes.

Thofe are not right. Ceux-là ne font pas bons, celles-là ne font pas bonnes.

What books are thofe? Quels livres sont-ce là? quels font ces livres là?

THOU, (pronoun perfonal.) Tu, toi.

Thou art an honeft man. Tu es un honnête homme.

Neither thou nor he. Ni toi, ni lui.

Thou art not much to be feared. Tu n'es pas beaucoup à craindre.

To THOU, verb. act. Tutoyer.

Ex. The quakers thou every body. Les Trembleurs ou quakres tutoyent tout le monde.

THOUGH, } conj. (although.) Quoique, THO', } encore que, bien que, quand même.

Though you be older than he. Quoique vous foyez plus âgé que lui.

Though it were fo. Quand même cela feroit.

Every body has his fancy, though it be but in a trifle. Chacun a fa fantaifie, quand ce ne feroit que dans les chofes de la moindre importance.

Can you not keep your money there? yes, I may, but it is not fo safe tho'. Ne fauriez-vous garder là votre argent? oui, je le pourrois, mais il feroit plus sûr ailleurs.

He is not gone yet; he is tho'. Il n'eft pas encore parti; fi fait vraiment.

But I tafted enough on't tho', to know the mifery of it. Mais cependant j'en ai affez tâté pour en connoître la mifere.

As though. Comme fi.

As though he did not. Sans faire femblant de rien.

THOUGHT, adj. prét. & part. paffé de from to think. Penfé, &c. V. to Think.

It is well thought on. C'eft bien penfé.

'Tis well thought of or on. Vous faites bien de vous en fouvenir, vous en parlez fort à propos.

Marriage is a thing ferioufly to be thought (or confidered) of. Le mariage eft une chofe à laquelle on doit penfer mûrement.

The bufinefs was done before it was thought of. La chofe fut faite avant qu'on eût le temps d'y penfer.

'Tis thought there will be a peace. On croit que la paix fe fera.

I would not have it thought. Je ne voudrois pas que l'on le crût.

A thing not thought of. Une chofe inopinée ou imprévue.

THO THR

THOUGHT, fubft. (the act of thinking.) Penfée, action de l'efprit qui penfe ou ce qu'on penfe.

That thought came into my head. Cette penfée me vint dans l'efprit.

Thought, (or confideration.) Penfée, confidération, réflexion.

Thought, (or care.) Penfée, foin, fouci.

He has no thought for the future. Il n'a aucun fouci de l'avenir.

Take no thought for the morrow. Ne foyez point en fouci du lendemain.

Thought, (fentiment, opinion.) Penfée, fentiment, opinion, ce qu'on croit.

I will fpeak my thoughts. Je veux dire ma penfée, mon fentiment ou mon opinion.

To entertain ill thoughts of one. Avoir mauvaife opinion de quelqu'un.

Thought, (defign or aim.) Penfée, deffein, vifée, vue.

It has been a long time in my thoughts. Il y a long-temps que j'en ai la penfée ou que j'en ai formé le deffein.

He has other thoughts. Il a d'autres vifées, il fonge à d'autres chofes.

Thought, (or mind.) Penfée, efprit, imagination.

Ex. It came into my thoughts. Il me vint dans la penfée ou dans l'efprit.

Whatever we do, the excellency of human nature fhould prevail in our thoughts above that of brutes. Dans toutes nos actions, nous devons avoir égard à l'excellence de la nature humaine fur celle des bêtes brutes.

The merry thought of a fowl. Lunette de volaille.

THOUGHTFUL, adject. Penfif, rêveur, qui fonge ou qui rêve.

THOUGHTFULLY, adv. (or penfively.) D'un air penfif ou rêveur.

THOUGHTFULNESS, f. Humeur penfive ou rêveufe.

THOUGHTLESS, adj. (or giddy.) Qui ne fonge pas à ce qu'il fait, qui fait bruſquement les chofes.

THOUGHTLESSNESS, f. Inadvertance, inattention, peu de foin, peu d'attention.

THOUSAND, adj. Mille, mil.

A thoufand times. Mille fois, un million de fois.

The year one thoufand eight hundred and two. L'an mil huit cents deux.

Thoufand, fubft. Un millier, un mille.

THOUSANDTH, adj. Millième.

The thoufandth part. La millième partie.

THOWL. V. Tholes.

THRALL. V. Thraldom.

A thrall, (or flave.) Un efclave.

THRALDOM, f. (flavery.) Efclavage, fervitude.

THRAPPLE, f. (the windpipe of any animal.) Trachée-artere.

To THRASH, v. act. Battre.

Ex. To thrafh corn. Battre le blé.

† To thrafh one, to thrafh one's coat, (to beat him foundly.) Battre ou roffer quelqu'un, † lui repaffer le buffle, † l'accommoder tout de rôti.

† He thrafhes night and day at the ftudy of antiquity. Il s'applique nuit & jour à l'étude de l'antiquité.

Thrafhed, adj. Battu.

THRASHER, fubft. Batteur ou batteufe en grange.

P. To eat like a thrafher. P. Manger comme un bouvier ou comme un payfan.

THR

manger beaucoup, être un grand mangeur.

THRASHING, fubft. Action ou travail de battre le blé.

Thrafhing floor. Aire.

THRASONICAL, adject. (or boaftful.) Plein d'oftentation, fanfaron.

THRAVE, f. (two ftooks, 24 fheaves of corn.) Un tas de blé compofé de vingt-quatre gerbes.

THREAD, f. Fil, dans le sens propre & figuré.

A bottom of thread. Un peloton de fil.

To reaffume the thread of one's difcourfe. Reprendre le fil de fon difcours.

The thread of a fcrew. Le filet d'une vis.

The thread, (rough edge or wire-edge of a razor, knife, &c.) Morfil.

To THREAD, v. act. a needle. Enfiler une aiguille.

THREADBARE, adject. Tout ufé, qui montre la corde.

THREADING, fubft. L'action d'enfiler.

To THREAP } verb. act. (a
To THREAP DOWN, } country word denoting to affirm or contend.) Affirmer, maintenir, foutenir.

THREAT, fubft. (menace, dénunciation of ill.) Menace.

Full of threats. Plein de menaces, menaçant.

To THREAT, } verb. act. Menacer,
To THREATEN, } faire des menaces, ufer de menaces.

That threatens (or menaces) fome difmal calamity to the ftate. Cela menace l'Etat de quelque grande calamité.

To threaten, (to promife.) Menacer, promettre.

Threatened, adj. Menacé.

P. Threatened folks live long. Ceux qui font les plus menacés font ceux qui vivent le plus long-temps.

THREATENER, fubft. Celui ou celle qui menace.

THREATENING, f. Menaces ou l'action de menacer.

Threatening, adj. Menaçant, qui menace.

THREATENINGLY, adv. D'un air menaçant.

THREATFUL, adj. Menaçant.

THREE, adj. Trois.

Three times. Trois fois.

Three half pence. Trois fous.

Three-leaved grafs, (or trefoil.) Trefle, herbe.

Three-footed. Qui a trois pieds.

A three-footed ftool, (or triped.) Un trépied.

Three-headed. A trois têtes, qui a trois têtes.

Three-forked. Qui a trois fourchons.

Three-cornered, (or triangular.) Triangulaire ou a trois angles.

† To be born under a three-penny planet, (to be ftingy or penurious.) Etre avare, taquin, mefquin.

THREEFOLD, adj. (divided into three, or of three forts.) Divifé ou partagé en trois, de trois fortes.

Threefold, (thrice repeated.) Triple, trois fois autant.

He laid his ftrokes on thick and threefold. Il redoubloit fes coups.

THREESCORE, adj. (or fixty.) Soixante.

THRENODY, f. (a lamentation or funeral fong.) Un chant funebre ou une lamentation.

THRESHOLD, f. Le feuil de la porte.

THREW,

THR

THREW, prétérit du verbe to throw. V. to Throw.

THRICE, adv. (three times.) Trois fois.

To THRID, v. a. (to slide through a narrow passage.) Glisser par un passage étroit.

THRIFT, subst. (savingness.) Frugalité, épargne, économie.

A spend-thrift. Un prodigue.

THRIFTILY, adv. (frugally, sparingly.) Frugalement, avec frugalité, d'épargne, d'économie.

THRIFTINESS. V. Thrift.

THRIFTLESS, adj. (profuse.) Prodigue.

THRIFTY, adj. (frugal, sparing.) Frugal, ménager, qui vit d'épargne.

To THRILL, v. act. (to bore.) Fraser, percer.

To thrill, v. neut. (to feel a sharp tingling sensation.) Tressaillir.

To thrill, (to strike the ear with a sharp sound.) Retentir.

Thrilled, adj. Frosé, percé.

THRIMSA, sub. (an old piece of money worth a groat.) Ancienne monnoye qui valoit environ quatre sous Anglois.

To THRIVE, verb. act. (to prosper, to grow rich.) Profiter, faire un gain, s'enrichir, devenir riche, amasser du bien, réussir, faire bien ses affaires.

To thrive, (to grow, as a child does.) Profiter, se bien nourrir, croître, se fortifier, en parlant d'un enfant.

To thrive, (as a plant or tree.) Profiter, se bien nourrir, croître, venir bien, en parlant d'un arbre ou d'une plante.

To thrive, (in health.) Se bien porter, être en bon état, s'engraisser, devenir gras, en parlant des personnes & des bêtes.

To thrive in learning. Profiter, faire des progrès dans les sciences.

THRIVER, subst. (one that prospers.) Celui qui réussit, qui s'enrichit.

THRIVING, sub. L'action de s'enrichir, &c. V. to Thrive.

Thriving, (or prosperity.) Bonheur, prospérité.

Thriving, adject. Ex. A thriving man. Un homme qui fait bien ses affaires, qui se pousse dans le monde, qui fait sa fortune.

THRIVINGLY, adv. Heureusement, avec succès.

He goes on very thrivingly. Il réussit admirablement bien, ses affaires prospèrent.

THROAT, s. Gosier, gorge.

To have a sore throat. Avoir mal à la gorge ou au gosier.

The throat-band of a bridle. Sous-gorge de bride.

Throat, (a sea-term.) C'est la corne d'une vergue, ou la partie du pic (ou vergue supérieure des voiles auriques, comme grande voile d'un brigantin d'une goelette, &c.) qui est la plus voisine du mat; le bout opposé du pic se nomme peek. Voyez Peek & Gaff.

Throat haliards. Drisses de ces voiles.

Throat of a knee. Collet d'une courbe.

THROATED, adject. Ex. Frog-throated or wide-throated. Qui a une grande avaloire.

THROATPIPE. V. Windpipe.

THROATWORT, s. Gantelée, herbe.

To THROB, v. n. (to beat, to heave.) Palpiter, battre.

His heart throbs. Son cœur palpite, le cœur lui bat.

THR

THROBING, sub. (or panting.) Palpitation, battement de cœur.

THROE, sub. (the pains of childbearing.) Douleurs de l'enfantement; agonie.

To THROE, v. a. (to put in agonies.) Mettre à l'agonie.

THRONE, s. (a royal seat.) Un trône.

Throne, (a crown, or a King's sovereign power.) Trône, la puissance souveraine des Rois.

To sit upon the throne, (to reign.) Être assis ou être élevé sur le trône, régner.

To raise one to the throne, to set him upon the throne, (to make him King or Emperor.) Elever quelqu'un sur le trône, le faire Roi ou Empereur.

To THRONE, verb. act. (to enthrone.) Elever sur le trône.

THRONG, s. (or croud.) Foule, presse, multitude de monde.

To THRONG, verb. neut. (or to croud together.) Aller ou venir en foule, accourir.

To throng, v. a. (to oppress with crouds.) Presser.

Thronged, adj. Pressé.

THROSTLE. V. Thrush.

To THROTTLE, verb. act. (to choak, to strangle.) Etrangler, suffoquer.

Throttled, adj. Etranglé, suffoqué.

THROTTLING, s. L'action d'étrangler ou de suffoquer.

THROVE, prét. de to Thrive.

THROUGH, prép. Par, au travers, à travers.

To walk through (about or up and down) the town. Se promener par la ville.

To go through a Church. Passer par une Eglise, passer au travers d'une Eglise.

To look through a grate. Regarder à travers une jalousie.

Through him, (or by his means.) Par son moyen.

Through him, (or upon his motion.) A sa sollicitation.

I am wet through, I am wet quite through. Je suis mouillé jusqu'à la peau, la pluie a percé mon habit.

To run a person through (or thorough) with one's sword. Donner un coup d'épée à quelqu'un au travers du corps.

THOROUGHLIGHTED, adj. Eclairé des deux côtés.

THOROUGHPACED, adj. Parfait, complet.

THOROUGHSPLINT, subst. (a horse's disease.) Suros chevillé.

THOROUGHLY, } adv. (or perfectly.)
THOROUGHLY, } Entièrement, tout-à-fait, à fond, dans toute son étendue, ou sussament.

He did not execute his office thoroughly. Il n'a pas rempli comme il faut les devoirs de sa charge.

THROUGHOUT, prép. Ex. Throughout all the year. Toute l'année, tout le long de l'année.

Throughout (or in) the world. Par ou dans tout le monde.

He treats him throughout with respect. Il le traite par-tout avec bien du respect.

THROW, subst. (or cast.) Coup, jet.

A throw of dice. Un coup de dés.

A stone's-throw. Un jet de pierre.

The throws (or pangs) of a woman in labour. Les douleurs, les tranchées d'une femme en travail d'enfant.

To THROW, v. a. (to cast or sling.) Jeter.

THR

To throw a doublet, (at dice.) Jeter un doublet.

F. To throw the helve after the hatchet. P. Jeter le manche après la cognée.

He is vigorous and throws at all. Il est vigoureux, & donne au poil & à la plume.

To throw silk. Tordre de la soie.

To throw UP. Jeter en haut.

To throw DOWN. Jeter en bas.

He threw her down upon the bed. Il la jeta ou la renversa sur le lit.

To throw OUT a glister. Rendre un lavement.

To throw one INTO the sea or into a river. Jeter quelqu'un dans la mer ou dans une rivière.

To throw into prison. Jeter ou mettre en prison.

To throw OUT. Jeter dehors, chasser.

To throw a man or to throw him down. Terrasser un homme, le jeter par terre.

To throw one's cloak about one's shoulders. S'envelopper de son manteau.

To throw away a thing, (or abandon it.) Jeter une chose, comme quand on veut s'en défaire.

To throw away one's money, (or spend it prodigally.) Prodiguer son argent, le dépenser mal-à-propos.

To throw away one's life. Exposer, prodiguer sa vie.

To throw one's self away. S'exposer à toutes sortes de malheurs, se perdre, se ruiner.

To throw off one's cloak. Quitter son manteau, s'en défaire, s'en débarrasser.

To throw (or cast) one off. Se défaire, se débarrasser de quelqu'un.

To throw up the ground. Jeter la terre en un monceau.

To throw up the cards. Jeter les cartes ou quitter le jeu.

To throw one's self upon one's favour. Se recommander à quelqu'un ou à ses bonnes graces.

To throw the house out at the windows. Jeter tout par la fenêtre.

To throw a thing into one's dish, (to twit him in the teeth with it.) Jeter quelque chose au nez de quelqu'un, reprocher quelque chose à quelqu'un.

THROWER, subst. (that throws,) Qui jette.

THROWING, s. L'action de jeter, &c. V. to Throw.

THROWN, adject. Jeté, &c. Voyez to Throw.

THROWSTER, s. Celui qui tort la soie.

THRUM, s. Bordure de toile, &c.

A thrum-cap. Sorte de bonnet.

To THRUM, v. act. (to grate, to play badly on an instrument.) Jouer mal ou racler d'un instrument, † racler le boyau.

Thrummed, adj. Raclé.

THRUSH, s. (a kind of singing bird.) Une grive.

A cock-thrush. Une grive mâle.

A hen-thrush. Une grive femelle.

Thrush, (a sort of small ulceration in the mouth.) Sorte de petit ulcere dans la bouche.

THRUST, s. (or push.) Un coup, coup que l'on donne à quelqu'un en le poussant.

To give one a thrust. Pousser quelqu'un.

Thrust, (or pass in fencing.) Une botte.

To falsify a thrust. Faire une feinte.

To THRUST, v. act. Pousser.

To thrust one forward. Pousser quelqu'un en

THR THU

en avant, le faire avancer à force de le pousser.
To thrust one into prison. *Mettre ou traîner quelqu'un en prison.*
To thrust AWAY. *Ecarter, éloigner, repousser, chasser.*
To thrust in. *Cogner, faire entrer de force.*
To thrust BACK or OFF. *Repousser.*
To thrust one's self against the wall. *Se serrer contre la muraille.*
To thrust (or to obtrude) a thing upon one. *Donner, présenter quelque chose à quelqu'un malgré lui, vouloir la lui faire prendre en dépit de lui.*
Why should a man of sense desire to thrust himself upon an ill-natured world? *Pourquoi un homme de bon sens veut-il se livrer à un monde malin & ingrat, ou se jeter à la tête d'un monde malin & ingrat?*
THRUST, *adj.* Poussé, &c. *V.* to Thrust.
THRUSTING, *s. L'action de pousser,* &c. *V.* to Thrust.
THUMB, *subst. Le pouce.*
The thumb's breadth. *La largeur d'un pouce, un pouce.*
Thumb-stall, (a piece of rag, &c. about a cut thumb.) *Poupée, morceau de guenille,* &c. *autour du pouce, où l'on s'est coupé.*
Thumb-stall, (a thimble.) *Un dé.*
To THUMB, *v. a.* (to handle awkwardly.) *Patiner, manier gauchement.*
To Thumb or thumb over books, (to turn and read them over negligently.) *Feuilleter, lire ou parcourir des livres.*
THUMP, *s.* (a hard blow.) *Coup, coup de poing ou coup de bâton.*
To THUMP, *v. act. Frapper, donner des coups de poing ou de bâton.*
Thumped, *adj. Frappé.*
Grievously thumped. *Roué de coups.*
THUMPER, *s. Celui ou celle qui frappe.*
Thumper, *Ex.* This child is a thumper. *Cet enfant est d'une grosseur monstrueuse.*
THUMPING, *s. L'action de frapper,* &c.
Thumping, *adj.* (or big.) *Gros.*
Ex. Thumping faggots. *De gros fagots.*
THUNDER, *subst. Le tonnerre.*
A clap of thunder, a thunder-clap. *Un coup de tonnerre, l'éclat du tonnerre.*
Thunder bolt. *La foudre.*
A thunder-stone. *Carreau.*
To THUNDER, *v. neut. Tonner, faire du tonnerre.*
It thunders. *Il tonne.*
To thunder, *v. act. Foudroyer.*
To thunder one about, (to rattle him.) *Gronder quelqu'un d'une terrible manière,*
† *lui laver la tête.*
THUNDERING, *adj. Foudroyant, terrible.*
Thundering, (great, very loud.) *Grand, éclatant.*
A thundering noise. *Un grand bruit, un bruit éclatant, un tintamarre.*
A thundering voice. *Une voix forte ou éclatante, une voix de tonnerre.*
To THUNDERSTRIKE, *v. act. Frapper d'étonnement, surprendre, foudroyer.*
Thunderstruck, *adject. partic. Frappé d'étonnement, surpris, foudroyé.*
THURIFEROUS, *adj.* (bearing frankincense.) *Qui produit de l'encens.*
THURIFICATION, *subst. Encensement.*
THURSDAY, *s.* Jeudi, *un des sept jours de la semaine. V.* Thor.
Maundy-thursday. *Jeudi saint, le jeudi devant Pâques.*
Holy-thursday or Ascension-day. *Le jour de l'Ascension.*

THU THY

THUS, *adv.* (so, in this manner.) *Ainsi, de cette manière, de la sorte, de cette sorte, en ces termes.*
Do it thus or so. *Faites-le ainsi ou de cette manière.*
Having thus spoken. *Ayant parlé de la sorte.*
A monster of which thus *Virgil*. *Un monstre dont Virgile parle en ces termes,*
And thus he said. *C'est ainsi qu'il dit.*
Thus it is. *Voilà comment.*
Thus far, (or hitherto.) *Jusqu'ici.*
All of them were thus far of his opinion, that the sweetness of *English* verses was never understood by our forefathers. *Ils demeurent tous d'accord avec lui, que la douceur de la poésie Angloise n'avoit jamais été connue de nos ancêtres.*
Thus much (or so much) for that. *C'est assez pour cela.*
Thus much (or so much) for this time. *C'est assez pour cette fois.*
For thus they reason. *Car voici comment ils raisonnent.*
Thus! (a word of command at sea.) *Comme ça! ou Droit comme ça! commandement au Timonnier.*
† THWACK, *subst.* (or blow.) *Tappe, coup.*
To THWACK, *verb. act.* (to bang.) *Battre, tapper, frapper.*
Thwacked, *adj. Battu.*
† THWACKING, *s. L'action de frapper, de tapper ou de battre.*
THWART, *adj.* (transverse, cross, perverse.) *En travers, de travers, pervers, méchant.*
Thwart, *s.* (sea-term.) *Banc de rameurs.*
Thwart-ships. *V.* Athwart.
To THWART, *v. act.* (or to cross.) *Traverser, empêcher, mettre obstacle ou contrecarrer.*
Thwarted, *adj. Traversé, empêché.*
THWARTING, *s.* (or crossing.) *L'action de traverser,* &c. *V.* to Thwart.
Thwarting, *adj. Contrariant, contraire, tout opposé.*
THWARTINGLY, *adv. D'une manière contraire ou opposée.*
† THWICK-THWACK, *interj.* (expressing repeated blows.) *Flic-flac, mot pour exprimer le bruit des coups qu'on donne à quelqu'un.*
Tu tu thwick-thwack. *Frapper fort & ferme, redoubler les coups.*
P: When a couple are newly married, the first month is all honey-moon or smick-smack, the second is hither and thither, the third is thwick-thwack, and the fourth the devil take them that brought the tot me together. *Ce proverbe veut dire que le premier mois du mariage se passe d'ordinaire avec bien des douceurs, mais qu'au second on commence: déjà à se quereller, au troisième à se battre, & au quatrième à donner au diable ceux qui ont fait le mariage.*
THY, *pronom possessif,* (of or belonging to thee.) *Ton, ta, tes, à toi.*
Thy husband. *Ton mari.*
Thy wife. *Ta femme.*
Thy children. *Tes enfants.*
THYSELF, *pron.* Toi-même.
THYME, *subst.* (a sweet herb.) *Thym, herbe.*
Wild or creeping thyme. *Du serpolet.*
THYRSE, *subst.* (*Bacchus's* staff or spear wrapt about with ivy and vine-leaves.) *Thyrse, javelot de Bacchus environné de pampre & de lierre.*

TIA TID

TIAR, TIARA, *s.* (a sort of diadem.) *Tiare, espece de diadème.*
Tiara, (or Pope's triple crown.) *Tiare, triple couronne du Pape.*
TICK, *subst.* (a sort of cloth.) *Coutil, sorte de toile.*
A bed-tick. *Toile de matelas.*
The tick of a pillow. *Toile d'oreiller.*
Tick, (a little blackish insect.) *Tique, petit insecte noirâtre.*
Tick, (a horse's disease.) *Tic, maladie de cheval.*
That horse has got the tick. *Ce cheval a le tic, ce cheval tique.*
To go upon tick, (or trust.) *Prendre à crédit.*
To TICK, *verb. neut.* (or go upon tick.) *Prendre à crédit.*
TICKEN, TICKING, *subst.* (a thick cotton and thread cloth.) *Coutil, sorte de grosse toile de fil & coton. V.* Tick.
TICKET, *s.* (a note put on a bag, a box, &c. to show what is contained in it.) *Etiquette.*
Ticket, (a note to be let in or admitted any where.) *Un billet, en vertu de quoi on entre ou on est admis.*
A funeral ticket. *Billet d'enterrement.*
He has got a ticket to go to the play. *Il a un billet pour entrer à la comédie.*
To TICKLE, *v. act. Chatouiller, faire rire.*
To tickle, (to please or flatter.) *Chatouiller, plaire, flatter, donner un plaisir délicat & sensible.*
Wine tickles the palate. *Le vin chatouille le palais.*
† He tickles it off, (he does it very cleverly.) *Il fait des merveilles, il avance bien.*
† I tickled it off to-day. *J'ai fait beaucoup d'ouvrage aujourd'hui.*
To tickle a horse with the spurs. *Solliciter un cheval de l'éperon, en termes de manege.*
To tickle. *v. neut. Être chatouillé.*
To tickle one's self, *v. récip. Se chatouiller pour se faire rire.*
Tickled, *adj. Chatouillé,* &c. *Voyez* to Tickle.
TICKLER, *s. Chatouilleur, chatouilleuse.*
TICKLING, *s. Chatouillement, l'action de chatouiller,* &c. *V.* to Tickle.
Tickling, *adj. Ex.* Tickling (cold, nipping) weather. *Un froid perçant ou pénétrant.*
TICKLISH, *adj.* (easily tickled and provoked to laugh.) *Chatouilleux.*
Ticklish, (touchy, exceptious.) *Chatouilleux, délicat, qui se pique ou s'offense aisément, tendre aux injures.*
Ticklish, (nice, dangerous.) *Chatouilleux, délicat, où il est difficile de se bien gouverner.*
A ticklish business. *Une affaire chatouilleuse.*
TICKLISHNESS, *s. Qualité chatouilleuse.*
TICK-TACK, *s.* (a game at tables so called.) *Trictrac, sorte de jeu.*
TID, *adj.* (or dainty.) *Délicat, friand, fort bon.*
A tid bit. *Un morceau délicat ou friand, une friandise.*
Tid, *s.* (a tid bit.) *Un morceau friand, V.* Tid, *adj.*
To TIDDLE, To TIDDER, *v. act.* (to humour, to make much of.) *Dorloter, choyer, mitonner, caresser, ménager adroitement,*
To

To tiddle one up in his humour. *S'accommoder à l'humeur de quelqu'un, faire ce qu'il veut, lui complaire.*
TIDE, *subst.* (the flux and reflux of the sea.) *Marée, le flux & reflux de la mer.*
A tide of flood, (in the sea-phrase.) *Flux de mer, flot ou montant de la marée.*
A tide of ebb. *Reflux, l'ebbe, le jusant ou le descendant.*
A windward tide, (a tide against the wind.) *Marée contre le vent.*
A leeward tide. *Vent & marée.*
To go up with the tide. *Avoir la marée.*
Spring-tide and neap-tide. *V.* Spring and neap.
A tide-gate, (as when the tide runs strong.) *Une forte marée, vas de marée.*
A tides-man or tide-waiter, (an officer attending ships till the custom be paid.) *Commis de la douane, qui va au-devant des vaisseaux qui viennent au port, & qui prend garde qu'on ne fraude point les droits de la douane.*
It flows tide and half-tide. *C'est-à-dire, que la marée sera haute vers la côte, trois heures plutôt qu'en pleine mer.*
Tide, (the water or sea.) *L'eau, la mer, les flots.*
Turn of the tide, (misfortune.) *Revers, désastre, malheur.*
Tide, (torrent, vogue, interest.) *Torrent, vogue, crédit.*
The tide runs very strong in his favour. *Le torrent est pour lui, il a un fort parti.*
Tide, (time or season.) *Temps, saison.*
Whitsun-tide. *La Pentecôte, la saison de la Pentecôte.*
Martlemas-tide. *La Saint-Martin, la saison de la Saint-Martin.*
Evening-tide. *Le soir.*
Twelfth tide. *V.* Twelfth.
To TIDE it over, to tide it up into any place, *verb. neut. Faire un trajet à la faveur de la marée.*
TIDES-MAN. } *V. sous* Tide.
TIDE-WAITER. }
TIDILY, *adject.* (neatly.) *Avec adresse, proprement.*
TIDINESS, *s.* (neatness.) *Propreté.*
TIDINGS, *s.* (news.) *Nouvelles.*
TIDY, *adj.* (neat, ready.) *Adroit, habile, qui fait les choses avec adresse, propre.*
TIE, *s.* (bond.) *Lien, nœud, attachement, au figuré.*
Marriage is a sacred tie. *Le mariage est un lien sacré.*
The shameful ties of the flesh. *Les honteux attachements de la chair.*
A tie-wig, *Perruque nouée, perruque à la cavalière.*
Ties, (the ropes by which the yards of a ship hang.) *Bras ou cordages amarrés aux bouts des vergues.*
To TIE, *verb. act.* (to bind, to fasten.) *Lier, nouer, serrer, nouer.*
To tie one thing to another. *Attacher une chose à une autre.*
Tie it a little harder, (or faster.) *Serrez-le un peu davantage.*
† To tie one's cod-piece. *Nouer l'aiguillette à quelqu'un.*
To tie, (to bind or oblige.) *Lier, engager, obliger, astreindre.*
To tie a knot, or to tie in a knot. *Faire un nœud, nouer.*
To tie UP, (or to tie.) *Lier, attacher,* &c. *V. to* Tie.

He tied himself up by a vow, if he succeeded in his design. *Il s'obligea par un vœu, il fit un vœu ou il voua que s'il réussissoit dans son dessein.*
To tie up, *verb. neut.* (to leave off or cease.) *Cesser, quitter.*
Tied, *adj. Lié, attaché, noué, serré,* &c. *V. to* Tie.
TIER, *s.* (row.) *Rangée.*
Tier, (in a ship.) *Rang de canons ou un côté de la batterie d'un vaisseau.*
Tier of the cable. *Rang de cable composé de plusieurs plis, lorsqu'il est roué ou plié.*
Cable-tier or cable stage. *V.* Stage.
TIERCE, *s.* (one of the seven canonical hours.) *Tierce, une des sept heures canoniales.*
Tierce, (at the game of piquet.) *Tierce, au jeu de piquet.*
Tierce, (a thrust in fencing.) *Tierce, en termes de Maître d'armes.*
TIERCET, *s.* (a song of triple stanzas, or a stanza of three verses.) *Un tercet.*
† TIFF, *s.* (squabble, angry words.) *Chamaillis, picoterie.*
† Tiff, (liquor, drink.) *Boisson.*
To TIFF, *v. n.* (to quarrel.) *Se quereller.*
TIFFANY, *s.* (a sort of light silk stuff.) *Sorte de gaze.*
TIGER, *s.* (a fierce creature.) *Un tigre.*
Tiger, (a cruel fierce man.) *Un tigre, un inhumain, un homme cruel & impitoyable.*
A the tiger. *V.* Tigress.
* TIGH, *s.* (a close or enclosure.) *Un clos, un espace de terre fermé de haies.*
TIGHT, *adj.* (less than neat.) *Propre.*
Tight, (speaking of a ship, the contrary of leaky.) *Etanche, opposé à* Leaky. *V. ce mot.*
A tight ship. *Vaisseau étanche, ou qui ne fait point d'eau.*
A tight cask. *Tonneau ou futaille qui ne coule pas ou qui tient l'eau.*
A tight woman. *Une femme propre.*
Tight, (close.) *Serré.*
To tie a thing tight, (or close.) *Lier une chose fort serrée, serrer une chose.*
To TIGHTEN, *verb. act.* (or straiten.) *Serrer.*
TIGHTER, *s. Espece de lacet de femme.*
TIGHTLY, *adv.* (closely.) *Ferme.*
Tightly, (neatly.) *Proprement.*
TIGHTNESS, *subst.* (closeness.) *Qualité de ce qui est serré.*
TIGRESS, *s.* (or the-tiger, in a proper and figurative sense.) *Tigresse.*
† TIKE, *s.* A Yorkshire tike, (or cur.) *Un chien de la Province d'Yorck.*
Tike, (tick.) *Tique. V.* Tick.
TILE, *s. Une tuile.*
A ridge or a hollow tile. *Tuile creuse, tuile faîtiere.*
A tile-kiln. *Tuilerie.*
Tile-shard. *Tuileau.*
Tile-maker. *V.* Tiler.
A tile of wood, *Bardeau, un morceau de bois, dont on se sert pour couvrir les maisons.*
Tile-making. *L'art ou l'action de faire les tuiles.*
To TILE, *verb. act. Couvrir, couvrir de tuiles.*
Tiled, *adj. Couvert, couvert de tuiles.*
TILER, *s.* (or tile-maker.) *Tuilier, ouvrier qui fait de la tuile.*
Tiler, (one who covers houses with tiles.) *Un couvreur en tuiles.*
TILING, *s. L'action de couvrir de tuiles.*

Tiling, (a tiled roof.) *Toit.*
TILL, *s.* (a little drawer in which shopkeepers put their current cash.) *Un petit tiroir.*
The till of a Printer's press. *Tablette de presse d'Imprimeur.*
TILL, *adv.* (until.) *Jusqu'à, jusques à, jusqu'à ce que, avant que.*
Till now, (or hitherto.) *Jusqu'à présent, jusqu'ici, jusqu'à maintenant.*
Till then, till that time. *Jusqu'alors.*
Till nine o' clock. *Jusqu'à neuf heures.*
Do not stir till I come. *Ne bougez pas jusqu'à ce que je vienne.*
Till the Ambassadors were come back. *Avant que les Ambassadeurs fussent revenus.*
Don't stay till I entreat you. *N'attendez pas que je vous en prie.*
I never heard of it till then. *C'est la premiere fois que j'en ai oui parler.*
To TILL, *verb. act.* (to cultivate, to plough.) *Labourer, cultiver.*
TILLABLE, *adj.* (arable.) *Labourable.*
TILLAGE, *s.* (or husbandry.) *Labourage, labour, culture.*
Land fit for tillage. *Terre labourable ; qu'on peut labourer, ou qui est propre à être labourée.*
TILLER, *subst.* (or plough-man.) *Laboureur.*
Tiller, (a small tree left to grow till it be fellable.) *Un baliveau.*
Tiller, (in a boat, is the same as the helm in a ship.) *Le gouvernail d'un bateau, la barre du gouvernail.*
To ship the tiller. *Mettre en place la barre du gouvernail.*
Tiller-rope. *Drosse de gouvernail.*
Tiller of a saw. *Manche d'une scie à main.*
Tiller, (a small drawer.) *Petit tiroir.*
TILLING, *subst. Labourage, labour ; culture, l'action de labourer ou de cultiver.*
TILT, *subst.* (a cloth or tent to cover a boat.) *Une banne ; tendelet de canot.*
A tilt-boat. *Une cabane, un bateau couvert.*
Tilts or tilting, (a martial exercise.) *Combat à la barriere, joute.*
Tilt-yard, (the place to tilt in.) *Barriere, champ clos.*
To run at tilts. *Jouter, faire des joutes.*
To run a tilt at one. *Courir avec impétuosité contre quelqu'un, le choquer rudement.*
Tilt, (fighting.) *Coup d'épée, combat singulier.*
To have a tilt with one. *Faire un coup d'épée avec quelqu'un, ferrailler avec lui.*
To TILT, *verb. act. Ex.* To tilt a vessel when the liquor begins to be low. *Baisser un tonneau quand la liqueur commence à tirer vers sa fin.*
To tilt, *v. n.* (to run at tilts.) *Jouter.*
To tilt, (with swords or foils.) *Ferrailler.*
Tilted, *adject. Baissé*, en parlant d'un tonneau.
TILTER, *s. Jouteur, qui joute.*
TILTH, *s.* (husbandry, culture.) *Ex.* A field out of tilth. *Un champ qui n'est point cultivé, qui est en friche.*
A tilth (a fallow.) *Une terre en jachere, une jachere.*
TILTING, *subst.* (the action of stooping forward.) *L'action de baisser,* &c. *V. to* Tilt, *verb. act.*
A tilting-staff, (a lance.) *Une lance.*
Tiltings,

Tiltings, (liquor running low.) *Baissieres.*
Tilting, (or tournament.) *Joute, tournois.*
TIMARIOT, *s.* (a soldier among the Turks who holds lands by a kind of knight's service.) *Timariot, soldat Turc qui jouit d'un bénéfice militaire, au moyen duquel il est obligé de s'entretenir lui & quelques autres miliciens qu'il fournit.*
TIMBER, *subst.* (wood for building.) *Merrain, bois de charpente, gros bois à bâtir, bois de construction, charpente.*
Oak-compass-timber. *Bois courbans de chêne.*
Strait timber. *Bois droits ou bois de haute futaie.*
Timber yard. *Chantier de bois de construction & autres.*
Timber-merchant. *Un marchand de bois de charpente.*
A timber-broker. *Un courtier de bois.*
Timber-wood. *Bois de charpente, merrain.*
Timber-work, (timber on the top of a house.) *Comble, charpenterie qui fait le faîte d'un bâtiment.*
A flat timber-work. *Un comble plat.*
A parted timber-work. *Comble brisé.*
† Belly-timber, (eatables.) *Vivres, provisions,* † *marchandises de gueule,* † *mangeaille.*
A timber of skins, (among furriers is forty skins.) *Quarante peaux.*
Timbers of a ship. *Couples de vaisseau,* & toutes les pieces dont ils sont composés.
Cant-timbers. *Couples dévoyés.*
Floor-timbers. *Varangues.*
Knuckle-timber. *Couple de coltis.*
Square-timbers. *Couples perpendiculaires à la quille ou placés à l'équerre, par opposition à ceux qui sont dévoyés.*
Top-timbers. *Alonges de revers.*
Filling-timbers. *Remplissage des couples.*
Timber-room, a room and space. *Maisse ou interval es entre les couples.*
Rough-tree timbers. *Têtes des alonges de revers,* qu'on laisse dépasser quelquefois par-dessus l'accastillage ou le vibord, pour tenir lieu de montants de batayoles.
To TIMBER, *v. n.* (to light on a tree, to nestle, speaking of a bird of prey.) *Se percher, nicher, faire son nid,* en parlant d'un oiseau de proie.
To timber, *v. act.* (to furnish with beams or timber.) *Mettre le comble.*
Timbered, *adj. Bâti.*
Ex. A house well or ill timbered. *Maison bien ou mal construite.*
A well timbered man. *Un homme bien planté ou bien bâti.*
TIMBREL, *s.* (or taber.) *Tambourin ou tambour de basque.*
TIME, *s.* (the measure of motion and duration.) *Temps, mesure du mouvement & de la durée.*
Ex. The time past, present and to come. *Temps passé, présent & à venir.*
Time out of mind. *Temps immémorial.*
In time. *Avec le temps, ensuite.*
From time to time. *De temps en temps, ou de temps à autre.*
Prov. A mouse in time may bite a cable in two. *Avec le temps on vient à bout de tout.*
Time, (or age.) *Temps, siecle, jours, espace de temps où l'on vit.*
The revolution of time. *La révolution des siecles.*

The primitive times of the Church. *Les temps de la primitive Eglise.*
Persons much esteemed in their times. *Des personnes fort estimées dans le siecle où elles ont vecu.*
In our time. *De notre temps ou de nos jours.*
Times, (with relation to the state of things, manners or government, &c.) *Temps,* par rapport à l'état des choses, des affaires, des manieres, du gouvernement, &c.
Hard times or difficult times. *Temps durs, temps fâcheux, temps difficiles.*
If the times change. *Si le temps change, si les affaires viennent à changer de face.*
Time, (season or occasion.) *Temps, saison, occasion, conjoncture.*
To take a seasonable time. *Prendre bien son temps.*
Fruit that is ripe before the time, (premature fruit.) *Fruit qui est mûr avant la saison, fruit précoce.*
To watch a time. *Epier l'occasion.*
All in good time. *Toutes choses dans leur saison.*
It is high time to think of it. *Il est bien temps d'y songer.*
Time, (or leisure.) *Temps, loisir.*
Time, (day or hour.) *Temps, jours ou heure.*
To set a time. *Nommer ou fixer le temps, limiter le temps.*
Prayer-time. *Temps d'aller aux prieres.*
Church-time. *Temps d'aller à l'Eglise.*
Dinner or supper-time. *Temps de dîner ou de souper.*
Times of eating. *Heures de repas.*
Bed-time. *Temps de s'aller coucher.*
One time or other. *Quelque jour.*
The time is past. *L'heure est passée.*
What time of the day is it? *Quelle heure est-il.*
Are you a bed at this time of the day? *Etes-vous au lit à cette heure-ci?*
Is it that time of day? *Est-ce qu'il est si tard?*
Time, (set or prefixed time, a term of time.) *Temps, terme, temps ou terme préfix.*
The time is expiring. *Le terme va expirer.*
The time is expired. *Le temps est échu.*
She is brought to bed before her time. *Elle est accouchée avant le terme.*
A child born before his time, (an abortive child.) *Un enfant qui n'est pas venu à terme, un avorton.*
A woman near her time. *Une femme qui est à terme, ou prête d'accoucher.*
Time, (or delay.) *Temps, terme, délai.*
To give one time for payment. *Donner du temps à quelqu'un pour payer, lui donner terme.*
Time, (in musick.) *Temps, mesure, en termes de musique.*
There are several times in musick. *Il y a diverses mesures dans la musique.*
To beat time. *Battre le temps de la mesure, battre la mesure.*
Time, (or hout.) *Fois.*
This is not the first time. *Ce n'est pas la premiere fois.*
Every time. *Chaque fois, toutes les fois.*
To come time enough. *Venir, arriver assez tôt.*
To come in good time, in the very nick

of time. *Venir de bonne heure, venir fort à propos, venir à point nommé.*
'Tis all in good time. *Nous avons le temps, ne soyez pas si pressé.*
To wait for God's time. *Se résigner à la volonté de Dieu, se soumettre à sa providence, attendre patiemment le temps de sa délivrance.*
In times past, in former times. *Autrefois, anciennement, par le passé.*
Long before this time. *Long-temps auparavant.*
At that time. *Alors.*
At this time. *A présent, présentement, maintenant.*
From this time forth. *Dès à présent, désormais, à l'avenir.*
In time coming or in time to come. *A l'avenir.*
If you can come at any time, do it. *Si vous pouvez venir quelquefois, venez.*
I will do it at any time for you or when you will. *Je ferai cela pour vous quand vous voudrez ou quand il vous plaira.*
If at any time you chance to go thither. *Si jamais vous y allez.*
He does so every time, (or moment.) *Il fait toujours cela, il fait cela à tout bout de champ.*
At no time, (never.) *Jamais.*
Mean time, in the mean time. *Cependant.*
I shall be with you by the time you have dined. *Je serai à vous d'abord que vous aurez dîné ; vous n'aurez pas si-tôt dîné que je serai à vous.*
Get it ready by that time I come home. *Qu'il soit prêt quand je reviendrai ou à mon retour.*
By the time I got half way thither. *Quand je suis venu à moitié chemin.*
To hinder one's time. *Détourner, interrompre quelqu'un, lui faire perdre du temps.*
He spent it in less than a year's time. *Il l'a dépensé en moins d'un an.*
In a day's time. *Dans un jour.*
In a hour's time. *Dans une heure.*
In the day-time. *De jour.*
In the night-time. *De nuit.*
He lived long after their time. *Il vécut long-temps après eux.*
My lord Mayor for the time being. *Le Lord-Maire actuel.*
To TIME, *verb. act.* *Prendre bien son temps, prendre un temps favorable, faire à propos.*
To time a business well. *Prendre bien son temps pour faire quelque chose, la faire dans un temps propre ou favorable, la faire à propos.*
To time, (to measure harmonically.) *Garder la mesure.*
Timed, *adj.* Ex. A design well timed. *Un dessein bien pris, bien concerté.*
TIMEFUL, *adj.* (seasonable.) *A propos, à temps.*
TIMELESS, *adj.* (unseasonable.) *Hors de saison, prématuré.*
TIMELY, *adj.* (or seasonable.) *De saison, qui vient à temps, fort à propos ou à point nommé.*
To give timely notice. *Avertir de bonne heure, prévenir à temps.*
Timely, *adv.* (seasonably.) *A propos, à point nommé.*
Timely, (or soon.) *De bonne heure, bientôt.*
TIMESERVER, *subst.* *Une personne qui tourne*

tourne à tous vents, qui se plie aux circonstances.
TIMID, adject. (timorous, wanting courage, fearful.) Timide, craintif.
TIMIDITY, s. (or fearfulness.) Timidité, crainte.
TIMING, subst. L'action de prendre son temps, &c. V. to Time.
* TIMONEER. s. (from the french.) Timonier.
TIMOROUS, adj. (or fearful.) Timide, craintif.
To make timorous. Rendre timide, donner de la timidité.
TIMOROUSLY, adj. Avec crainte, avec timidité, en tremblant.
TIMOROUSNESS, subst. (or timidity.) Timidité, crainte.
TIMOUS. V. Timely.
TIMPANY. V. Tympany.
TIN, s. (sort of white metal.) Etain, étain fin.
Tin or iron tinned over. Fer-blanc.
Tin-glass. Bismuth ou étain de glace.
A tin candlestick. Un chandelier de fer-blanc.
Tinman. Ferblantier.
To TIN over, verb. act. Etamer, blanchir quelque métal avec de l'étain.
TINCAL, s. Sorte de minéral.
TINCT, s. (a colour, die, stain.) Teinte.
TINCTURE, s. (colour or taste superadded by something.) Teinture.
Tincture of antimony. Teinture d'antimoine.
Tincture, (or impression.) Teinture, impression.
Tincture, (smack or smattering.) Teinture, légere connoissance, connoissance superficielle.
Tincture, (in physick.) Une infusion.
A tincture of the bark or Jesuits powder. Une infusion de quinquina.
To TINCTURE, verb. act. Donner une teinture, teindre.
Tinctured, adj. Qui a quelque teinture, teint.
He is tinctured with that opinion. Il est imbu de cette opinion.
To TIND, verb. act. (or light.) Allumer.
To tind a candle. Allumer une chandelle.
TINDER, subst. Amadou, matiere préparée pour prendre aisément feu par le moyen d'un fusil.
A tinder-box. Boîte à fusil.
To TINE. V. to Kindle & to Smart.
To TINGE, verb. act. Ex. To tinge a glass of water with a dash of claret. Teindre, colorer un verre d'eau avec un filet de vin.
Tinged, adj. Coloré ou teint légerement, qui n'a qu'une léger teinture.
TINGENT, adject. (having the power to tinge.) Qui teint.
TINGLASS, s. Bismuth.
To TINGLE, verb. act. (as a bell does.) Tinter.
My ears tingle. Les oreilles me tintent, j'ai un tintouin ou tintement d'oreille, † les oreilles me cornent.
The pain tingles UP to my little finger. La douleur me répond au petit doigt.
TINGLING, subst. (the tingling of a little bell.) Tintement, son ou bruit de petits cloche.
Tingling in the ears. Tintouin ou tintement d'oreille.

TINKER, subst. Drouineur, chaudronnier de campagne.
P. Tinker's work, mend one hole and make two. Il fait comme les drouineurs qui, en bouchant un trou, en font deux.
† State tinker, (a blue aproned Statesman.) Un homme de néant qui se mêle des affaires d'Etat.
To TINKLE, verb. neut. (to make a sharp quick noise.) Faire un bruit aigu & perçant.
TIN-MAN. V. sous Tin.
TINNED, adj. (from to tin.) Etamé, blanchi avec de l'étain.
Iron tinned over. Du fer-blanc.
TINSEL, subst. (stuff or cloth made of silk and copper.) Brocatelle, étofe de soie mêlée avec du cuivre.
Tinsel, (glittering stuff.) Clinquant.
To TINSEL, verb. act. Orner de clinquant.
TINTAMAR, subst. (a great noise as of heavy things falling down.) Grand bruit, grand fracas, tintamarre.
TINT, s. (die.) Teinture, couleur.
TINY, adject. (slender, thin.) Mince, petit.
TIP, subst. (extremity or point.) Bout, pointe.
The tip of the nose. Le bout du nez.
The tip of the finger. Le bout du doigt.
Tip-toe. Le bout des pieds.
To stand a tip-toe. S'élever sur le bout des pieds, se hausser.
The tip (or point) of a needle. La pointe d'une aiguille.
† To spoil one's tip, (to hinder him from drinking.) Empêcher quelqu'un de boire.
The tip of the crown of a hat. Cul de chapeau.
Tip-staff, (one of the wardens of the fleet's men.) Sergens ou huissier à baguette.
The tip of a boar's foot, (or foreclaws.) Pince de sanglier.
To TIP, v. act. (to top.) Couvrir.
To tip a rod with silver. Ferrer d'argent une baguette.
To tip pins or nine-pins. Abattre des quilles.
I carried two pins and tipt five. J'ai fait deux quilles de venue & cinq de rabat.
† To tip one a wink or the twinkle. Jeter une œillade à quelqu'un, lui donner un coup d'œil, lui faire un clin d'œil.
† To tip one's hand, (to give him a bribe or fee.) † Graisser la patte à quelqu'un.
To tip one a box on the ear. Donner un soufflet à quelqu'un.
I tipt him ten guineas. Je lui donnai dix guinées, je lui graissai la patte de dix guinées.
To tip (or fall) OFF, verb. neut. Tomber.
† To tip off, to tip OVER, to tip over the perch, (to die.) † Passer le pas, mourir.
TIPPED, adj. Tipt.
TIPPET, s. The tippet of a Doctor of Divinity or a Lord's Chaplain, &c. Echarpe que portent en Angleterre les Docteurs en Théologie & les Chapelains des Pairs du royaume, &c.
A woman's tippet. Une palatine.
TIPPING, s. L'action de ferrer.
TIPPLE, s. Boisson.

To TIPPLE, v. neut. Boire, ivrogner; † gargoter, † grénouiller.
TIPPLER. s. Un buveur, un ivrogne.
TIPPLING, s. Ivrognerie.
A tippling-house. Un cabaret.
TIPSTAFF. V. Tip.
TIPSY, adj. (a little in drink.) Gaillard, demi-ivre, entre deux vins, gris, un peu gris, qui a un peu bu, qui a un peu fait la débauche.
TIPT, adject. (from to tip.) Ferré, &c. V. to Tip.
A verge tipt with silver. Une verge ferrée d'argent.
TIPTOE. V. Tip.
TIRE, s. (or attire.) Ornement, parure, atours, équipage, ornement de tête.
She was in a scurvy tire. Elle étoit fort mal mise ou dans un fort méchant équipage.
Sin appears often in a religious tire. Souvent le vice se pare des dehors de la vertu.
A tire-woman. Une coiffeuse.
A tire-woman to the Queen. Dame d'atours de la Reine.
A Tire (set or row) of guns in a ship. Une rangée de canons dans un vaisseau.
To TIRE, verb. act. (to dress.) Orner, parer.
To tire, (or weary.) Lasser, fatiguer.
To tire, (to weary or be tedious.) Lasser, fatiguer, ennuyer.
I fear I shall tire you, I fear I shall tire your patience. Je crains de vous lasser, je crains d'abuser de votre patience.
To tire, v. neut. (to be or grow tired.) Se lasser, se rendre, n'en pouvoir plus.
My body is a jade that tires under me. Mon corps est épuisé de forces & ne peut plus me supporter.
I am tired (or fatigued) with walking. Je suis las de me promener.
Give me none of that meat, I am quite tired of it. Ne me donnez point de cette viande, je suis las d'en manger ou j'en suis dégoûté.
TIRESOME, adj. Ennuyant, lassant, fatigant, incommode, fâcheux, importun.
TIRESOMENESS, subst. Ennui, fatigue, lassitude.
TIRING, s. L'action de lasser, &c. V. to Tire.
TIRWHIT, s. (a bird.) Un vanneau, sorte d'oiseau.
'TIS, (for it is.) C'est.
'Tis pity. C'est dommage.
TISICAL or rather PHTHISICAL. V. Consumptive.
TISICK, s. (an ulceration of the lungs; accompanied with a hectick fever, that causes a consumption.) La phthisie. V. Phthisick.
TISSUE, s. (cloth of tissue.) Drap d'or ou d'argent.
TISSUED, adj. Tissu.
TIT, s. (a small horse.) Haridelle.
The great tit-mouse. Le carbonnier, sorte de mésange.
A welch tit, (or little horse.) Un petit cheval de Galles, une haridelle, un bidet, un méchant petit cheval.
Tit, Tomtit or tit-mouse. Mésange, petit oiseau.
† Tit, (a scornful word for a woman or girl.) Ex. An envious tit. Une envicuse.
To give one tit for tat. Rendre les poires au sac.

TITBIT,

TITBIT, *subst.* (a nice bit.) *Morceau friand.*
TITHEABLE. *adj.* *Sujet à la dîme.*
TITHE, *subst.* (the tenth part of all fruits predial and personal.) *Dîme, dixieme partie des fruits, que l'on paye à l'Eglise.*
A tithe-gatherer. *Un décimateur ou dîmeur.*
To TITHE, *verb. act.* (or take the tenth part.) *Dîmer, prendre ou lever les dîmes.*
To tithe a field. *Lever les dîmes d'un champ, dîmer un champ ou en un champ.*
Tithed, *adj.* *Dîmé, dont on a pris ou levé les dîmes.*
TITHER, *s.* (or tithe-gatherer.) *Dîmeur ou décimateur, celui qui prend & leve les dîmes.*
TITHING, *s.* *L'action de dîmer.*
Tithing, (the number or company of ten men, with their families.) *Dizaine, société ou nombre de dix hommes avec leurs familles.*
A tithing-man, (the chief of a tithing.) *Dizenier, chef d'une dizaine.*
TITHYMAL, *s.* (a sort of herb, otherwise called sea-lettuce, wolf-milk or milk-thistle.) *Tithymale, épurge,* sorte d'herbe.
To TITILLATE, *v. act.* (to tickle.) *Chatouiller.*
TITILLATION, *s.* (or tickling.) *Chatouillement.*
TITLARK, *subst.* (bird.) *Sorte d'alouette.*
TITLE, *s.* (or inscription.) *Titre, inscription, écriteau.*
The title-page of a book. *Le titre ou la page qui contient le titre d'un livre.*
Title, (quality, great name.) *Titre, qualité honorable, nom de dignité.*
Title of honour. *Un titre d'honneur.*
Title, (right or claim.) *Titre, droit.*
By a good title. *A bon ou à juste titre.*
To give up one's title, (or right.) *Céder son droit.*
Title, (writings or record to prove one's right.) *Titre, acte authentique pour prouver un droit.*
To TITLE, *v. act.* *Intituler.*
Ex. To title a book, to give it a title or make a title to it. *Intituler un livre, lui donner le titre.*
Titled, *adj. Intitulé.*
TIT-MOUSE, *s.* *Mésange.*
To TITTER, *verb. neut.* (to laugh.) *Rire.*
TITTER, *subst.* (restrained laugh.) *Ris.*
TITTLE, *s.* *Titre,* point ou trait sur une lettre.
A french ï with two tittles to it. *Un i avec deux points, un i tréma.*
† Not a tittle (or syllable) on't or of it. *Pas une syllabe.*
He will not part with a tittle of his right. *Il ne veut rien quitter ou céder de son droit, il n'en veut rien démordre.*
TITTLE-TATTLE, *s.* (or prattle.) *Caquet, babil.*
Let us have a little tittle-tattle. *Causons ou caquetons un peu.*
Tittle-tattle, (a prattler.) *Un causeur, une causeuse.*
To TITTLE-TATTLE, *v. neut.* (to prate idly.) *Caqueter, causer, jaser.*
TITULAR, *adj.* (that has a title only.) *Titulaire, honoraire,* qui n'a que le titre.

A titular Bishop. *Un Evêque titulaire.*
A titular office. *Une charge honoraire.*
TITULARY, *adj. & subst. Titulaire, honoraire.*
TIVY, *adv.* (tantivy.) *Promptement.*
TO, *prép.* *A, à la, à des, au, aux.*
I spoke to him. *J'ai parlé à lui, je lui ai parlé.*
I said to the woman. *J'ai dit à la femme.*
I speak to men of understanding. *Je parle à des gens judicieux.*
He is gone to Paris. *Il est allé à Paris.*
To go to school. *S'en aller à l'école.*
To the college. *Au college.*
To the mines. *Aux mines.*
But to the ghost again. *Mais retournons à l'esprit.*
R. Remarquez ici en passant que l'Anglois imite le Latin en se servant de différentes prépositions avec les verbes qui marquent un mouvement & ceux qui n'en marquent point ; ainsi on dit :
To go To Paris. *Aller à Paris,* & to be AT or IN Paris. *Etre à Paris.*
To, (in a place.) *En.*
Ex. To go to France. *Aller en France.*
To commend one to his face, or before his face. *Louer quelqu'un en sa présence.*
From top to toe. *De pied en cap.*
From door to door. *De porte en porte.*
From hand to hand. *De main en main.*
To expose to sale. *Exposer en vente.*
He gave it into my custody. *Il me l'a donné en garde.*
To have a title to a thing. *Avoir droit sur quelque chose.*
Rise early to your work. *Levez-vous de bon matin pour travailler.*
To, (or toward.) *Vers, envers.*
He went strait to the place. *Il s'en alla tout droit vers ce lieu-là.*
To be ungrateful to one. *Etre ingrat envers quelqu'un.*
Two ships passed by this port to the westward. *Deux vaisseaux passerent à la hauteur de ce port, tenant la route de l'ouest.*
To, (as far as.) *Jusques, jusqu'à.*
I waited on him to his house. *Je l'accompagnai jusques chez lui.*
I see to the bottom. *Je vois jusqu'au fond.*
I am unpaid to this day. *Je ne suis pas encore payé.*
To, (towards or for.) *Envers, pour.*
A fervent charity to all men. *Une ardente charité envers ou pour tous les hommes.*
My love to you. *L'amitié que j'ai pour vous.*
That is lost to me. *Cela est perdu pour moi.*
I lost twenty pounds to him at play. *Je perdis vingt livres sterling avec lui,* ou *il me gagna vingt livres sterling au jeu.*
Pomerania was lost to the Elector of Brandeburg. *La Poméranie fut perdue & tomba entre les mains du Duc de Brandebourg.*
To, (or with.) *Avec.*
To drink to excess. *Boire avec excès, boire excessivement.*
To, (or in comparison of.) *Au prix, en comparaison.*
You are but an ass to him. *Vous n'êtes qu'un âne auprès de lui.*
This is nothing to what I have seen. *Ce n'est rien en comparaison de ce que j'ai vu.*

There is no fool to (or like) the sinner. *Il n'y a point de si grande folie que celle du pécheur.*
To. *Auprès, devant.*
Ex. The pleasures of the next life to a wise man, weigh down all the evils of this. *Les plaisirs de la vie future ont plus de poids auprès d'un homme sage que tous les maux de celle-ci.*
Men's wisdom is but folly to God. *La sagesse des hommes est folie devant Dieu.*
They said to him or her. *Ils lui dirent.*
They said to them. *Ils leur dirent.*
This is no prejudice to you. *Ceci ne vous fait aucun tort.*
He will not or won't be spoken to. *Il ne veut pas qu'on lui parle.*
He lived to a great age. *Il vécut fort long-temps, il mourut fort vieux.*
That's or that is nothing to me. *Cela ne me regarde pas.*
There are a thousand fools to a Philosopher. *Il y a cent fous pour un Philosophe.*
There are two, to my knowledge. *Il y en a deux, a ma connoissance.*
Not to my knowledge. *Non pas que je sache.*
Speak to the best of your knowledge. *Dites ce que vous en savez.*
Do it to the best of your power. *Faites tous vos efforts, faites tout votre possible, faites le mieux que vous pourrez.*
I am to fight a duel, and there must be four to four. *Je dois me battre en duel, & nous devons être quatre contre quatre.*
I am undone to all eternity. *Je suis ruiné ou perdu pour jamais.*
He is a kind of antipodes to common sense. *Il est l'antipode du sens commun.*
As to that. *Pour ce qui regarde cela, quant à cela.*
I have no enmity to that. *Je ne suis point ennemi de cela, je n'ai aucune aversion pour cela.*
He has a covetous man to his father. *Son pere est un avare, il a un taquin de pere.*
She has got a clown to her husband. *Elle a un rustre de mari.*
These troops were ordered to Dalmatia. *On donna ordre de faire passer ces troupes en Dalmatie.*
That's or that is to herself. *C'est une affaire qui la regarde proprement.*
That's nothing to me. *Cela ne me regarde pas, cela ne me touche point.*
A man ought to be honest to himself and others. *On doit être honnête à son égard & à l'égard des autres.*
To fall to, according to, contrary to, to the purpose. *V. to Fall,* According, Contrary, purpose.
To it again, no body comes. *Recommençons, il ne vient personne.*
To-day. *Aujourd'hui.*
To-night. *Ce soir.*
To-morrow. *Demain.*
After to-morrow. *Après demain.*
To and fro. *Çà & là,* de part & d'autre.
To handy a business to and fro or backwards and forwards. *Agiter une question.*
To fight hand to hand. *En venir aux mains ou aux prises.*
To and again, (one way and the other way.) *De côté & d'autre.*

He

He went to and again. *Il alloit & il revenoit.*
To the end that. *Afin que.*
TO, before a verb, is, as in the Greek tongue, a sign of the infinitive mood. *On se sert en Anglois, de même qu'en Grec, de cette particule to pour marquer l'infinitif des verbes.*
Ex. To love, *aimer*: to teach, *enseigner.*
To, between two verbs, is the sign of what the Latins call *gerunds*, and is rendered in French, by one of these particles *de, à, pour.* To, *entre deux verbes, est la marque d'un gérondif, & s'exprime en François par de, à, pour.*
Ex. Are you resolved to go away? *Etes-vous résolu de vous en aller?*
He likes to travel. *Il aime à voyager.*
He is named to go Ambassador thither. *Il est nommé pour aller là en qualité d'Ambassadeur.*
I weep to think on't or of it. *Je pleure quand j'y pense.*
For the time to come. *A l'avenir.*
TOAD, *f.* (a venomous reptile.) *Un crapaud.*
To swell like a toad, (to be desperately angry.) *S'enfler comme un crapaud.*
TOAD-STONE, *f. Crapaudine.*
TOAD-STOOL, *f.* Sorte de champignon *qui n'est pas bon à manger.*
TOAST, *subst. Rôtie.*
A toast and butter. *Une rôtie au beurre.*
A toast and ale. *Rôtie trempée dans l'ale.*
Toast, (a celebrated beauty.) *Une belle, une beauté régnante.*
Toast, (or health.) *Une santé.*
Above a year before the fair *Temple* came to be a toast. *Plus d'un an avant qu'il fût question de la belle Temple.*
† An old toast, (or jolly old fellow.) *Un bon goinfre ou un vieux penard.*
He is as drunk as a toast. *† Il est ivre comme une soupe.*
To TOAST, *v. act. Rôtir.*
To toast cheese. *Rôtir du fromage.*
To toast a piece of bread. *Faire une rôtie.*
To toast a lady. *Boire à la santé d'une dame.*
† To toast one, (to give him as good as he brings.) *Relancer quelqu'un, le railler aussi fortement qu'on nous raille.*
Toasted, *adj. Rôti, &c. V.* to Toast.
TOASTER, *f. Qui boit à la santé, &c. V.* Toast.
TOASTING, *f.* L'action de rôtir, *&c. V.* to Toast.
A toasting-iron. *Un instrument de fer qui sert à faire des rôties.*
TOBACCO, *f.* (a plant.) *Tabac.*
Tobacco in stalks or in the leaf. *Tabac en côtes ou en feuilles.*
To smoke or take tobacco. *Fumer ou prendre du tabac.*
A tobacco-pipe. *Pipe pour prendre du tabac en fumée.*
A tobacco-stopper. *Un foulior.*
Tobacco-box. *Tabatiere, boîte à tabac.*
TOBACCONIST, *subst. Un marchand ou vendeur de tabac.*
TOD, *f.* (28 pounds or two stones.) *Le poids de 28 livres.*
Ex. A tod of wool. *Vingt-huit livres de laine.*
TOE, *f. Orteil, doigt du pied.*
The great toe. *Le gros orteil.*

The little toe. *Le petit orteil.*
From top to toe. *De pied en cap.*
To kiss the Pope's toe. *Baiser la mule du Pape.*
The toes of a shoe or last. *Les cartes d'un soulier ou d'une forme de soulier.*
To turn the toes out. *Tourner la pointe du pied en dehors.*
To go with one's toes in. *Tourner la pointe du pied en dedans.*
A horse's toe. *Pince, le devant du pied d'un cheval.*
* TOFORE. *V.* Before.
TOFT, *f.* (a place where a messuage has stood.) *L'endroit où il y a eu autrefois une maison & des terres dépendantes.*
TOGETHER, *adv. Ensemble, de compagnie.*
To walk together. *Se promener ensemble.*
Let us go together. *Allons de compagnie.*
Together, (or at once.) *A la fois.*
Together! (a word of command used at sea.) *Ensemble!* Commandement aux Matelots qui font une manœuvre.
Three days together, (or one after another.) *Trois jours de suite ou trois jours consécutifs.*
To fight together, to fall together by the ears. *S'entre-battre, se battre l'un l'autre.*
To mix together, (in a neutr'l sense.) *S'entre-mêler.*
To gather together, (or collect) *Assembler ou s'assembler. V.* to Gather.
TOGGEL, *subst.* (a sea-word.) *Cheveillot ou quinçonneau.*
TOIL, *subst.* (pain, trouble.) *Peine, fatigue.*
It was a great toil to me. *Cela m'a bien donné de la peine, cela m'a bien fait suer.*
Toils, (hunter's nets.) *Toiles, grands filets de chasse.*
To TOIL, *verb. neut.* (to labour.) *Travailler, peiner, se fatiguer, prendre bien de la peine, se donner de la peine, suer.*
TOILER, *subst. Celui ou celle qui se fatigue.*
TOILET, *subst.* (or dressing table.) *Toilette.*
TOILING, *subst.* Action de fatiguer, fatigue, *&c. V.* to Toil.
Toiling and moiling, *subst.* (from to toil.) *Peine, f. fatigue.*
TOILSOME, *adj.* (from to toil.) *Pénible, fatigant, laborieux.*
TOILSOMENESS, *f.* (trouble, fatigue.) *Etat ou qualité de ce qui est pénible, fatigant, &c.*
TOKEN, *sub.* (mark, sign or testimony.) *Marque, signe, témoignage, enseigne ou enseignes.*
A token of love. *Une marque d'amitié, un témoignage d'affection.*
By the same token, that, *A telles enseignes, que.*
By a false token. *A fausses enseignes.*
Token, (or present.) *Présent, petit présent d'amitié qu'on envoie pour une marque de son souvenir.*
Token, (or plague - token.) *Charbon, charbon de peste.*
† He is not worth a token. *Il n'est bon à rien.*
They care not a token for him. *Ils le méprisent, ils n'en font point de cas.*
TOLD, *adj.* (from to tell.) *Dit, déclaré, &c. V.* to Tell.

I am told so. *On me l'a dit, je me le suis laissé dire.*
To TOLE. *V.* to Train.
TOLERABLE, *adj.* (sufferable.) *Tolérable, supportable, qui se peut souffrir, qu'on peut supporter.*
Tolerable, (or indifferent.) *Tolérable, médiocre, raisonnable, passable.*
TOLERABLENESS, *subst. Ex.* The tolerableness of a thing. *Ce qu'une chose a de tolérable ou de passable, médiocrité.*
TOLERABLY, *adv.* (or indifferently.) *Tolérablement, médiocrement, passablement, d'une maniere passable ou supportable.*
TOLERANCE, *sub.* (act of enduring.) *Patience.*
To TOLERATE, *v. act.* (to bear with, to wink at.) *Tolérer, souffrir, supporter par complaisance.*
Tolerated, *adject. Toléré, souffert, supporté.*
TOLERATING, *f. Tolérance, l'action de tolérer, &c. V.* to Tolerate.
TOLERATION, *f. Tolérance, souffrance, connivence ou permission.*
The King has granted the Dissenters a toleration. *Le Roi a accordé liberté de conscience aux Non-conformistes.*
TOLL, *f. Péage, passage ou droit seigneurial, qui se prend sur le bétail ou sur la marchandise qui passe.*
To pay the toll. *Payer le péage.*
All merchant men pay a toll at the Sound to the King of *Denmark*. *Tous les vaisseaux marchands payent le passage du Sund au Roi de Danemarck.*
A toll-gatherer. *Un collecteur de péage.*
Toll money. *Péage, l'argent du péage.*
Toll-free. *Privilégié, exempt de tout péage.*
Toll-booth. *L'endroit où l'on paye le péage.*
Toll, (liberty to buy and sell within the precincts of a manor.) *Privilège de vendre & d'acheter dans une Seigneurie.*
To TOLL, *v. act. & neut. Tinter*, dans un sens actif & neutre.
To toll a bell. *Tinter une cloche, la faire sonner lentement.*
The bell tolls. *La cloche tinte.*
To toll ON, (or intice.) *Inciter, porter, encourager quelqu'un.*
Tolled, *adj. Tinté.*
Tolled on. *Incité, porté, encouragé, poussé.*
TOLLBOOTH, *f.* (a gaol in *Edinburgh* in *Scotland*.) *Le nom de la principale prison d'Edimbourg en Ecosse.*
TOLLING, *subst.* (from to toll.) *L'action de tinter.*
TOMAHAWK, *sub. Hache d'armes parmi les Indiens.*
TOMB, *subst.* (a monument or grave.) *Tombeau ou tombe, en termes de poésie; sépulcre, monument.*
A tomb-stone. *Une tombe, pierre qu'on met au-dessus de la fosse.*
TOMBOY, *sub.* (a girl that rambles about like a boy.) *Une garçonnière.*
TOME, *sub.* (part or volume of a book.) *Tome ou volume.*
TOMPION, *subst. Tampon ou tape des canons.*
TOMRIG. *V.* Tomboy.
TOMTIT, *f.* (a bird.) *Mésange.*
† TOM-TURD-MAN, *subst.* (he that empties houses of office.) *Vidangeur, heureur, maitre des basses œuvres, gadouard.*

TON,

TON

TON, *subst.* (weight.) *Tonneau.*
TONE, *subst.* (accent or note.) *Ton , ton de voix , accent.*
A doleful or difmal tone. *Un ton plaintif.*
You may know by his tone that he is a Frenchman. *Vous pouvez connoître à son accent qu'il est François.*
TONGS, *s.* Pincettes.
TONGUE, *s.* (inftrument of speech in human beings, & with which animals lick.) *Langue.*
A man's, a bird's, a horse's or fish's tongue. *La langue d'un homme , d'un oifeau , d'un cheval ou d'un poiffon.*
The tongue is the organ of the fpeech. *La langue est l'organe de la parole.*
His tongue is well hung or well oiled, he has his tongue at command. *Il a la langue bien pendue , ou il dit tout ce qu'il veut.*
His tongue runs upon wheels, he has got a flippery or glib tongue. *La langue lui va toujours. fa langue n'a point d'arrêt , il est difficile d'arrêter fa langue , il a une grande volubilité de langue.*
He is all tongue, (he is a blab.) *Il a bien de la langue, il a la langue bien longue, il ne faurait tenir fa langue, il dit tout ce qu'il fait.*
He is all tongue, (his tongue runs continually.) *La langue lui va toujours.*
She has got an ill tongue, a railing or a feurvy tongue. *Elle a une méchante langue ou c'est une méchante langue , c'est une perfonne extrêmement médifante & qui déchire les gens.*
Your tongue is no flander. *Tout ce que vous dites est fans conféquence.*
P. Your tongue runs before your wit.
P. *Vous parlez avant d'avoir penfé.*
P. What the heart thinks, the tongue fpeaks. P. *De l'abondance du cœur la bouche parle.*
To govern one's tongue. *Brider fa langue, être maître de fa langue.*
He has loft his tongue, (he cannot fpeak.) *Il a perdu fa langue , il ne dit mot , † il a le bec gelé.*
To find one's tongue again. *Retrouver fa langue ; commencer à parler après quelque filence.*
To have a thing at one's tongue's end. *Avoir une chofe au bout de la langue ou fur le bord des lèvres.*
A neat's-tongue. *Langue de bœuf.*
Dog's- tongue. (an herb.) *Langue de chien , herbe.*
Tongue, (language or fpeech.) *Langue, langage.*
The gift of tongues. *Le don des langues.*
The Englifh tongue is moft copious, rich, noble, ftrong and fignificant. *La langue Angloife est très-abondante, riche, pompeufe, forte & énergique.*
The tongue of a balance. *L'aiguille ou la languette d'une balance ou d'un trébuchet.*
The tongue of a razor. *Le talon d'un rafoir.*
The tongue of a fword-blade. *La foie d'une lame d'épée.*
To hold one's tongue in one's tongue. *Se taire, tenir fa langue.*
Turn your tongue (or difcourfe) upon another fubject. *Changez de difcours, parlez d'autres chofes.*
Keep good tongues in your heads, I advife you. *Parlez comme il faut , fi vous m'en croyez.*
His tongue failed him. *La parole lui manqua.*

TON TOO

To be under an ill tongue. *Être maléficié.*
Tongue-tied, (fpeechlefs.) *Interdit, qui ne dit mot, † qui a le bec gelé.*
Tongue tied, (that has not the liberty to fpeak.) *Qui a la langue liée, qui n'ofe pas ou qui n'a pas la liberté de parler.*
TONGUED, *adject.* Ex. A long-tongued (or blabbing) fellow. *Un caufeur, un babillard , un homme qui a la langue bien longue , ou qui a bien de la langue.*
An ill-tongued man or woman. *Une mauvaife langue , une méchante langue, une langue de ferpent ou de vipere.*
Double-tongued, (or diffembler.) *Un diffimulé , un homme qui dit tout ce que l'on veut.*
TONICAL, } *adject.* Tonique, terme de
TONICK,   } mufique & de médecine.
TONNAGE, *s.* (a cuftom.) *Tonnage.*
Tonnage, (or burthen.) *Port d'un vaiffeau en tonneaux.*
TONSILS, *subst. pl.* Amygdales, glandes qui fe trouvent fous la luette.
TONSURE, *subst.* L'action de couper les cheveux ; tonfure.
TONTINE, *s.* Tontine.
TOO, *adv.* (or alfo.) *Auffi.*
Ex. And you too? *Et vous auffi?*
Too, (or even.) *Même.*
We have need of your counfel and favour too. *Nous avons befoin de votre confeil , & même de votre faveur.*
Too, (beyond what is fitting.) *Trop.*
Too big. *Trop gros.*
Too little. *Trop petit.*
Too foon. *Trop tôt.*
Too well. *Trop bien, trop.*
I love you too well. *Je vous aime trop.*
Too much, too many. *Trop.*
P. Too much of one thing is good for nothing. *L'excès gâte tout , le trop ne veut rien en quoi que ce foit.*
TOOK, c'eft un prétérit du verbe to Take. *V.* to Take.
TOOL, *s.* Outil. *inftrument.*
Tool, (a perfon or thing made ufe of to bring any thing about.) *Inftrument.*
He made her the tool of his revenge. *Il la fit fervir d'inftrument à fa vengeance.*
† He is a fad tool. *C'eft un pauvre ou un chétif homme, c'eft un homme qui n'eft bon à rien.*
He is a fit tool for the times. *Il eft moulé pour la conjoncture où nous fommes , on fe fert de lui comme d'un homme à tout faire.*
To TOOT. *V.* to Pry.
TOOTH, *subft.* Une dent.
A loofe tooth. *Une dent qui branle.*
To have a fweet tooth, (to like daintities.) *Être friand, aimer les friandifes.*
To have an aking tooth at (or a grudge against) one. *Avoir une dent de lait contre quelqu'un.*
Teeth. *Les dents.*
To breed teeth. *Jeter les dents, commencer à jeter les dents.*
† I fhall do it in fpite of you or your teeth. *Je le ferai en dépit de ou malgré vos dents, ou malgré vous.*
The cats fell upon him tooth and nail. *Les chats jouerent fur lui de la griffe & de la dent.*
† To go to it tooth and nail, (or with

TOO TOP

might and main.) *S'y prendre de toute fa force, † y aller de cul & de tête.*
The teeth of a faw, rake, comb or harrow. *Les dents d'une fcie , d'un râteau, d'un peigne ou d'une herfe.*
To laugh from the teeth outward. *Rire du bout des lèvres, ou ne rire que du bout des lèvres, rire d'un ris forcé.*
To make one's teeth water, to fet his teeth a watering, (to make him long for any thing.) *Faire venir l'eau à la bouche de quelqu'un , lui donner envie de quelque chofe.*
† To keep one's words or tongue betwixt one's teeth. *Se taire.*
Tooth-ach or tooth-ake. *Mal de dents.*
A tooth-picker. *Un cure-dent.*
A tooth-drawer. *Un arracheur de dents.*
TOOTHED, *adj.* Qui a des dents.
TOOTHING, *subft.* (a corner-ftone to continue more building.) *Pierre d'attente.*
TOOTHLESS, *adject.* Edenté , à qui il manque une ou plufieurs dents, en parlant des perfonnes ; qui n'a point de dents , en parlant de certains animaux, &c.
TOOTHSOME, *adj.* (palatable or pleafant to the tooth.) *Bon , agréable au goût.*
TOOTHSOMENESS, *s.* Goût agréable.
TOP, *subft.* (height or fharp end.) *Le fommet , la cime , le haut , la pointe, la croupe , le deffus , le faîte , le comble , la partie la plus élevée.*
The top (or fummit) of a hill. *Le fommet , la cime , le haut , le deffus , la pointe ou croupe d'une montagne.*
The top of a rock. *Le fommet, la pointe ou le bout d'un rocher.*
The top of the head. *Le fommet de la tête.*
The top of a houfe. *Le haut , le faîte ou le comble d'une maifon.*
The top (or tefter) of the bed. *Le ciel ou le haut du lit.*
The top of the water. *La furface de l'eau.*
From top to bottom. *Du haut en bas.*
From top to toe. *De pied en cap.*
Top (or height) of honour, glory, &c. *Le fommet , le comble , le faîte , le plus haut degré des honneurs, de la gloire, &c.*
A top-knot. *Une fontange.*
Top-heavy, (too heavy at the top fo that the weight of it fwags it one way or other.) *Pefant en haut.*
† Top heavy, (or fo drunk that he cannot hold up his head.) *Si plein de boiffon , qu'il ne fauroit tenir la tête droite.*
A child's top. *Un fabot.*
The top, (or rather the fcuttle of a fhipmaft.) *La hune.*
Main top. *Grande hune.*
Fore top. *Hune de mifaine.*
Mizen top. *Hune d'artimon.*
Top-armour. *V.* Armour.
Top-block. *Poulie de guindereffe.*
Top-chain. *V.* Chain.
Top-lanter. *Fanal de hune.*
Top-rope. *Guindereffe.*
Top-tackle. *Palan de guindereffe , palan fixé au bas de la guindereffe dans les vaiffeaux Anglois , pour aider à la manœuvre.*
Top-fails. *Huniers ou voiles de hune.*
Main top-fail. *Grand hunier.*
Fore top-fail. *Petit hunier.*
Mizen top-fail. *Perroquet de fougue.*
Top-timber.

Top-timber. V. Timber.

Laying-top. *Toupin ou couchoir*, instrument de corderie.

Top-mast, top-gallant mast. *Mât de hune.*

The sprit-sail top-mast, and the mizen top-mast. *Le perroquet du beaupré & de l'artimon.*

The main top-gallant mast and the fore-top-gallant mast. *Le perroquet du grand mât & de la misaine.*

The top-sail. *La voile du perroquet.*

† A top-gallant spark, (or beau of the first rate.) *Un damoiseau de la haute volée ou du premier ordre.*

The top (or upper leather) of a shoe. *La pièce d'un soulier.*

Top, *adj.* (or chief.) *Premier, principal.*

He is the top man of all. *Il est le premier de tous.*

This is the top (or principal) evidence. *C'est ici la principale ou la meilleure preuve.*

To TOP, *verb. act.* (to crop, to cut off.) *Etêter.*

To top, (or cover.) *Couvrir.*

To top, (or rise above.) *S'élever au-dessus.*

To top, (to outgo.) *Devancer.*

† To top (or snuff) a candle. *Moucher une chandelle.*

An actor that tops his part. *Un comédien qui joue bien son rôle.*

To top a yard. *Apiquer une vergue, ou mettre une vergue en pantanne.*

To top, *verb. neut.* (to be the first.) *Primer.*

To top upon one, (to go beyond him.) *Renchérir sur quelqu'un, le primer, prendre le montant sur lui.*

TOPAZ, *subst.* (a precious stone.) *Une topaze.*

† To TOPE, *v. n.* (or to drink briskly.) *Boire beaucoup, boire copieusement.*

TOPER, *subst.* (or drinker.) *Buveur.*

TOPFUL, *adj.* (full to the top.) *Plein.*

TOPICAL, *adj.* (fetched from a topick, belonging to topicks.) *Tiré de quelque lieu commun, topique.*

A topical discourse. *Discours tiré d'un lieu commun.*

Topical logick. *Logique topique.*

Topical, (in medicine.) *Topique.*

TOPICK, *sub.* (a common place of discourse.) *Un lieu commun.*

A topick, (or subject.) *Sujet, matiere.*

The topick, (that part of logick which treats of the invention of arguments.) *Topiques, chefs généraux d'où l'on tire les arguments probables.*

TOPMOST, *adject.* (highest.) *Le plus haut.*

TOPOGRAPHER, *subst.* *Celui qui fait la description d'un lieu particulier.*

TOPOGRAPHICAL, *adject.* (belonging to topography.) *Topographique.*

TOPOGRAPHY, *subst.* (the description of a particular place.) *Topographie, description d'un lieu particulier.*

TOPPED, *adject.* (from to top.) *Etêté, dont on a coupé la tête, &c. Voyez to Top.*

Sharp-topped. *Pointu, qui a une pointe au bout.*

TOPPING, *subst.* *L'action d'étêter, &c. V. to Top.*

The topping of a coach-horse or the like. *Aigrette.*

Topping, *adj.* (first, chief.) *Premier, principal, distingué, de la premiere volée.*

A topping man, *Un des plus huppés ou des plus hauts huppés, un des premiers ou des plus distingués.*

TOPPING-LIFT, *subst. comp. Balancine de qui, & celles des vergues à cornes.*

TOPSY-TURVY, *adj.* (upside down.) *Sens dessus-dessous, de fond en comble, cul par dessus tête.*

All lies topsy-turvy. *Tout est sens dessus-dessous.*

To turn a house topsy-turvy. *Abattre une maison de fond en comble.*

To turn topsy turvy, (or top over tail.) *Faire le saut de la carpe.*

TORCH, *subst.* (or taper.) *Torche ou flambeau.*

Torch-bearer, (or link boy.) *Celui qui porte une torche.*

Torch-weed, *Bouillon-blanc, herbe.*

TORE, *prét. du verbe to tear. Voyez to Tear.*

TORIES, *c'est le pluriel de Tory.*

TORMENT, *sub.* (or great pain.) *Tourment, peine, souffrance, supplice, grande douleur, martyre.*

The torments of love. *Les tourments amoureux, les maux que l'amour fait souffrir.*

To TORMENT, *verb. act.* (or put to great pain.) *Tourmenter, faire souffrir quelque tourment de corps ou d'esprit.*

Tormented, *adject. Tourmenté.*

TORMENTER, } *subst.* (one that torments.) *Celui ou celle qui tourmente.*

TORMENTOR, }

Tormenter, *s.* (or hangman.) *Un bourreau.*

TORMENTIL, *s.* (or tetfoil, an herb.) *Tormentille, herbe.*

TORMENTING, *s.* (from to torment.) *L'action de tourmenter.*

Tormenting, *adject.* *Qui tourmente, cruel.*

TORN, *adj.* (from to tear.) *Déchiré, &c. V. to Tear.*

TORNADO, *s.* (a Spanish word for a sudden and violent storm at sea.) *Ouragan, tourbillon ou grain de vent.*

TORPID, *adj.* (benumbed.) *Engourdi.*

TORPIDNESS, } *s. Engourdissement.*

TORPITUDE, }

TORPEDO, *subst. Torpille, poisson qui engourdit la main lorsqu'on le touche.*

TORREFACTION, *s.* (the act of drying by the fire.) *Torréfaction.*

TORRENT, *s.* (a violent or strong land-flood.) *Torrent, courant d'eau très-rapide.*

A torrent of eloquence. *Un torrent d'éloquence.*

TORRID, *adj.* (or burning, very hot.) *Torride, brûlant, excessivement chaud.*

Ex. The torride zone. *La zone torride.*

To TORRIFY, *verb. act.* (to dry by the fire.) *Torréfier.*

TORSEL, *subst. Torse*, terme de sculpture.

TORT, *s.* (a word used in the law for wrong or injury.) *Tort.*

TORTEAUX, *subst.* (round coloured figure, like cakes, in heraldry.) *Tourteaux*, en termes de blason.

TORTFEASOR, *subst.* (a law term for trespasser.) *Malfaiteur.*

TORTOISE, *s.* (an amphibious creature.) *Tortue*, animal amphibie.

A land-tortoise. *Tortue de terre.*

A sea-tortoise. *Tortue de mer.*

A tortoise-shell. *Ecaille de tortue.*

TORTUOUS, *s.* (wreathed or winding.) *Tortueux, qui va en tournant.*

TORTURE, *subst.* (or rack.) *Torture, gêne, question.*

Torture, (or torment.) *Torture, gêne, tourment.*

He lay in great torture. *Il étoit à la torture, il souffroit furieusement, il étoit fort gêné.*

To TORTURE, *verb. act.* (to put to great pain.) *Donner la torture, tourmenter, faire bien souffrir.*

Tortured, *adj. Tourmenté.*

TORTURER, *subst. Bourreau*, celui ou celle qui tourmente.

TORTURING, *s. Torture ou l'action de tourmenter.*

TORVITY, *s.* (sourness.) *Regard farouche.*

TORY, *subst.* (an Irish robber.) *C'est ainsi qu'on appelle les voleurs d'Irlande, qui sont à peu près comme les bandits en Italie & les Miquelets en Catalogne.*

Tory, (or Royalist.) *C'est un sobriquet que les ennemis de la Cour sur la fin du regne de Charles II. donnoient aux Royalistes, soit Protestants ou Catholiques Romains. Les Royalistes en revanche donnoient le sobriquet de Whig à tous ceux qui étoient du parti contraire. V. Whig.*

TOSS, *s.* (a pull or jerk.) *Secousse.*

A toss in a blanket. *Berne.*

To be in a toss, (or trouble.) *Etre fort en peine, être en grande perplexité ou inquietude, être bien embarrassé.*

† A toss-pot, (or immoderate drinker.) *Un gaillard, un guinfre qui aime à boire.*

To TOSS, *verb. act.* (to shake, to move up and down.) *Secouer, agiter, balloter.*

To toss one in a blanket. *Berner quelqu'un.*

To toss one in a blanket, (to make sport with teazing of him.) *Berner quelqu'un, se moquer de lui, se jouer de lui en le chagrinant, le bafouer.*

To toss (to bandy or discuss) a business. *Balloter, agiter une affaire, la discuter.*

To toss (or revolve) a thing in one's mind. *Rouler, repasser, ruminer quelque chose en son esprit.*

To toss one ABOUT, to toss him TO and FRO. *Balloter quelqu'un, se moquer de lui.*

To toss a thing about. *Jeter une chose d'un endroit à un autre, comme une chose dont on fait peu de cas.*

To toss a ball. *Se renvoyer la balle.*

† To toss up a dish, (to make a ragoat.) *Faire un ragoût, faire une fricassée.*

To toss up a couple of chickens, (to make a fricassee of them.) *Mettre deux poulets en fricassée, en faire une fricassée.*

To toss, *verb. neut.* (a term used in a tennis-court.) *Balloter, peloter.*

Tossed, *adj. Secoué, agité, balloté, &c. V. to Toss.*

Tossed from pillar to post. *Balloté d'un lieu à un autre.*

TOSSING, *s. Secousse, agitation, l'action de secouer, &c. V. to Toss.*

The continual tossing of the sea. *Les refreins de la mer.*

TOSSINGLY, *adv. Avec des secousses.*

TOST, *prét. de to Toss.*

* To TOT, *verb. act.* (a law-term, to assess.) *Cotiser, taxer.*

Totted,

Totted, adj. *Cotifé, taxé.*
TOTAL, adj. (or whole.) *Total, entier.*
The total fum. *La fomme totale, le total.*
TOTALITY, f. (the whole, the amount.) *La totalité, le total, le tout.*
TOTALLY, adv. (wholly, fully, completely, utterly.) *Totalement, entiérement, tout-à-fait.*
T'OTHER, (contraction of the other.) *L'autre.*
T'other day. *L'autre jour.*
TOTTED, adj. (a word ufed in the exchequer , borrowed from the latin *tot* ; for a good debt to the King is by the foreign appofer , or other officer in the exchequer , noted for fuch by writing this word *tot* to it.) *C'eft un mot dont on fe fert à l'échiquier pour marquer une bonne dette due au Roi.*
To TOTTER, verb. neut. (to fhake or ftagger.) *Branler, chanceler, vaciller, être prêt à tomber.*
The Turkifh Empire begins to totter. *L'Empire des Turcs eft fur fon déclin, ou tombe en décadence.*
TOTTERING, f. (from to totter.) *L'action de branler*, &c. *V.* Totter.
Tottering, adj. *Branlant, chancelant, vacillant.*
A tottering houfe. *Une maifon branlante.*
A tottering crown. *Une couronne chancelante.*
TOTTERINGLY, adv. *D'une maniere chancelante.*
TOTTERY, ⎱ adj. (fhaking, unfteady, TOTTY, ⎰ dizzy.) *Chancelant, vacillant, étourdi.*
TOUCH, f. (the act of touching, the fenfe of feeling.) *Attouchement, toucher ou tact, en termes de philofophie.*
By a touch alone our *Saviour* cured the fick. *Notre-Seigneur guériffoit les maladies par le feul attouchement.*
To give one a touch, (to touch him.) *Toucher quelqu'un.*
Touch, (or ftroke in painting.) *Touche, trait ou coup de pinceau.*
A bold touch. *Une touche hardie, un trait hardi.*
Touch, (witty expreffion.) *Trait, trait d'efprit, pointe ou tour d'efprit.*
Touch, (tincture or fmattering.) *Teinture, légere connoiffance.*
Touch, (effay of gold or filver.) *Touche, effai d'or ou d'argent.*
Touch-ftone. *Pierre-de-touche.*
To bring gold to the touch, to try it by the touch-ftone. *Toucher de l'or, en faire l'effai à la touche.*
Touch, (or trial.) *Touche, épreuve.*
He fears to come to the touch or trial. *Il craint la touche.*
It will or 'twill never ftand the touch. *Cela n'eft point à l'épreuve.*
A touch, (or gentle wipe.) *Un lardon, un mot piquant.*
To give one a touch by the by. *Donner un lardon à quelqu'un fans faire femblant de rien, le pincer adroitement.*
A touch of a difeafe. *Une touche, une attaque, une atteinte ou un reffentiment de quelque maladie.*
A touch of the gout. *Touche ou reffentiment de goutte.*
If one gives him the leaft touch, he cries out. *Pour peu qu'on le touche, il crie miféricorde.*
She is a very touch and take. *V.* to Touch.
It has a touch of purple. *Il tient un peu de la couleur de pourpre.*

I muft have a touch with him ; (he and I muft fight.) † *Il faut que j'en découfe avec lui, il faut que nous nous battions.*
Let us have a touch at it, or let us fay fomething of it. *Difons-en quelque chofe, parlons un peu de cela.*
To give a fhort touch upon every thing. *Toucher légèrement chaque chofe, effleurer chaque point.*
I have a mind to have another touch, (or begin again.) *L'envie me prend de recommencer.*
† To keep touch (to be as good as one's word) with one. *Tenir fa parole ou tenir parole à quelqu'un.*
The touch-hole of a gun. *La lumière d'une arme à feu.*
The touch-pan of a gun. *Le baffinet d'une arme à feu.*
Touch-wood. *Sorte de bois pourri qui fert d'amorce ou de meche.*
To TOUCH, verb. act. (to meddle with, to reach.) *Toucher.*
To touch with one's hand or foot , or with a ftick. *Toucher de la main ou du pied, ou avec un bâton.*
The King will touch for the evil. *Le Roi touchera les écrouelles, ou fimplement le Roi touchera.*
To touch , (to be contiguous or next to.) *Toucher, joindre, être contigu.*
To touch one another. *Se toucher.*
To touch a thing , (to take fome of it.) *Toucher à une chofe , en prendre, en ôter.*
I will not touch that money till he comes. *Je ne veux pas toucher à cet argent jufqu'à ce qu'il vienne.*
To touch a mufical inftrument, (to play upon it.) *Toucher un inftrument de mufique, jouer de quelque inftrument.*
To touch , (or paint.) *Toucher, peindre.*
To touch , v. n. (to caft anchor or go a fhore.) *Toucher, mouiller, donner fond dans quelque ancrage, aborder.*
We touched at Malta. *Nous touchâmes à Malte, nous relâchâmes à Malte.*
Touch the wind ! *Commandement au Timonnier de fe tenir près du vent. Lof ! gouverne au plus près !*
To touch upon a thing, (to fpeak of it by the way.) *Toucher une chofe, en parler incidemment.*
To touch or touch upon , (to concern.) *Toucher, regarder, concerner, intéreffer.*
It nearly touches me. *Cela me touche ou me regarde de fort près.*
To touch, (to affect or move.) *Toucher, émouvoir, faire une impreffion.*
God has touched his heart. *Dieu lui a touché le cœur.*
I touched (or nettled) him to the quick. *Je l'ai piqué jufqu'au vif.*
To touch one , verb. act. (to bribe or corrupt him with money.) *Gagner quelqu'un, le corrompre à force d'argent, † lui graiffer la patte.*
† To touch , verb. neut. (to receive money, to do a dirty thing.) *Recevoir de l'argent ou des préfens, fe laiffer gagner ou corrompre.*
Where the fea touches upon Sicily. *Là où la mer baigne les côtes de Sicile.*
It is but touch and take with her , or fhe is a very touch and take. *Elle conçoit d'abord qu'on la touche.*

TOUCHABLE, adj. *Qui fe peut toucher ; qu'on peut manier.*
TOUCHED, adj. *Touché*, &c. *Voy.* to Touch.
A little touched , (or tainted.) *Qui fent un peu.*
A little touched, (or foolifh.) *Un peu timbré.*
TOUCHING, f. *L'action de toucher*, &c. *V.* to Touch.
Touching. *Situation des voiles qui font prêtes à faſeyer, ou en ralingue.*
Touching, adject. (or moving.) *Touchant, qui touche le cœur, qui émeut les paffions.*
Touching, prép. (or concerning.) *Touchant, concernant, fur le fujet de.*
TOUCHINGLY, adv. (feelingly.) *D'une manière touchante.*
TOUCHY, adj. (exceptious.) *Tendre ; fenfible, délicat, qui fe pique aifément, chatouilleux.*
TOUGH, adj. (ftiff , not brittle.) *Coriace, dur , qui n'eft pas tendre.*
Ex. This meat is tough. *Cette viande eft coriace ou bien dure.*
He is a tough (or ftrong) fellow. *C'eft un homme fort ou robufte.*
Tough, (hard, cruel.) *Rude, cruel.*
Tough , (hard, difficult.) *Difficile.*
A tough bufinefs. *Une grande difficulté.*
You will have a tough undertaking of it or on't. *Cela vous donnera bien de la peine.*
He had a tough (or fhrewd) bout of it. *Cela lui a fait bien de la peine.*
TOUGHNESS, fubft. *Dureté*, &c. *Voy.* Tough.
TOUPET, f. (curl.) *Toupet.*
TOUR, fubft. A tour of hair. *Un tour de cheveux.*
Tour , (travel or roving journey.) *Tour, voyage.*
Ex. To make the tour of *France*. *Faire le tour de France.*
TOURNAMENT, ⎱ f. *Tournois.*
TOURNEY, ⎰
To TOUSE, verb. act. (to pull or tug about.) *Houfpiller, tirailler, fecouer.*
To toufe (or card) wool. *Carder de la laine.*
Toufed , adject. *Houfpillé*, &c. *V.* to Toufe.
TOUSER, f. (one that makes a buftle or ftir.) *Un homme turbulent, un brouillon, un efprit remuant.*
TOUSING, f. *L'action de houfpiller, de tirailler*, &c. *V.* to Toufe.
TOW, f. (hard or coarfe part of hemp and flax.) *Etoupes.*
TOW-LINE, f. comp. *Hauffière de touée.*
Tow-rope. *Grelin ou hauffière à touer.*
Tow , (a boat to tow a fhip with.) *Chaloupe qui fert à touer un vaiffeau.*
To TOW a fhip , verb. act. (a fea-term.) *Touer ou remorquer un vaiffeau.*
TOWAGE, fubft. (the act of towing.) *Touage.*
TOWARD, adj. (docile.) *Docile.*
He has a toward genius to vice. *Il eft enclin ou porté au vice.*
TOWARD, ⎱ prép. (in a direction to.) TOWARDS, ⎰ *Vers, du côté de, devers.*
Towards White-hall. *Du côté de Whitehall.*
Towards the Rhine. *Vers le Rhin.*
Towards the right hand. *A main droite ou à droite.*
Towards the left hand. *A main gauche, à gauche.*

Toward or towards, (a prep. of time.) *Vers, sur.*

Towards the end of the week. *Vers ou sur la fin de la semaine.*

It grows towards night. *Il se fait nuit ou tard, il est presque nuit.*

Towards his last. *Comme il approchoit de sa fin, ou comme il tiroit vers sa fin.*

They were somewhat towards the right. *Ils avoient quelque sorte de raison.*

To grow towards man. *Commencer à avoir le jugement mûr ou rassis.*

* There is no quarrel towards, I hope. *J'espere qu'il n'y aura point de querelle entre vous, ou que vous n'allez pas vous quereller.*

Towards, (to or for.) *Envers, à l'égard de, à l'endroit de, pour.*

Charitable toward the poor. *Charitable envers les pauvres.*

His love towards her. *L'affection qu'il a pour elle.*

R. Comme cette préposition est composée des mots To & Ward, on les sépare quelquefois par un pronom.

Ex. God's infinite mercy to us ward. *La bonté de Dieu envers nous.*

Mais ces façons de parler ne sont pas du beau style, & on ne doit pas les employer.

Toward, adv. (to or in order to.) *Pour.*

Ex. Toward the erecting of a true judgment upon things of this kind. *Pour porter ou former un jugement juste sur des choses de cette nature.*

TOWARDLINESS, s. (docility, tractableness.) *Bon naturel, naturel doux ou traitable, docilité, aptitude pour apprendre, disposition qu'on a pour être enseigné.*

TOWARDLY, adject. (gentle, tractable.) *De bon naturel, d'un naturel doux ou traitable, facile à gouverner, qui n'est pas revêche.*

Towardly, (or docile.) *Docile, qui a de la docilité, qui a de la disposition à apprendre, qui apprend bien.*

Towardly, adv. *Adroitement, avec adresse, de bon biais.*

TOWARDNESS. V. *Towardliness.*

TOWARDS. V. *Toward.*

TOWED, adject. (from to tow.) *Toué, remorqué.*

TOWEL, s. *Serviette à essuyer les mains; essuie-main, en termes d'Eglise.*

A long round towel. *Une touaille.*

TOWER, s. *Une tour.*

The tower of London. *La tour de Londres.*

Tower, s. (from to tow.) *Toueur, celui qui toue un navire.*

To TOWER, verb. neut. (to fly or rise high.) *Pointer; prendre son vol en haut, prendre l'essor.*

To tower aloft, to tower to high thoughts (to soar high.) *S'élever, avoir des pensées sublimes.*

TOWERING, subst. *L'action de pointer, de prendre son vol en haut, &c. V. to Tower.*

Towering, adj. (or high, in a proper and figurative sense.) *Élevé, haut, relevé, au propre & au figuré.*

Ex. A towering structure. *Un édifice élevé.*

A man of a towering (or ambitious) spirit. *Un ambitieux, un hautain.*

Towering thoughts. *Des pensées ambitieuses.*

TOWERY, adj. (guarded with or having towers.) *Garni de tours.*

TOWING, s. (from to tow.) *Touage, l'action de touer ou de remorquer. V. to Tow.*

TOWN, s. *Une ville, une place.*

A small country town. *Petite ville de province.*

An inland town. *Ville méditerrane.*

A seaport town. *Ville maritime.*

A good trading town. *Ville marchande, ville de négoce ou de commerce.*

A strong or fortified town. *Une ville forte, une ville de guerre, une place de guerre.*

A strong-seated town. *Une ville forte d'assiete.*

Town, (the town of London.) *La ville de Londres par excellence.*

To go up to town. *S'en aller à Londres.*

Town, (the manner of the town) in opposition to the Court. *La ville, par opposition à la Cour.*

A woman of the town, (a lady of pleasure, a strumpet.) *Une fille de joie, une courtisane.*

A man of the town, (a libertine.) *Un débauché.*

A sea-port town. *Un port de mer.*

Towns-men, (the inhabitants of a town.) *Bourgeois ou habitants d'une ville.*

He is my towns-man. *Nous sommes lui & moi d'une même ville, il est mon concitoyen.*

The town-walls. *Les murailles de la ville.*

The town-house. *La maison de ville ou l'hôtel-de-ville.*

Town-talk. *Bruit de ville, discours commun d'une ville.*

This is the town-talk. *C'est le bruit qui court par la ville.*

She was all the town-talk. *On ne parloit que d'elle par toute la ville.*

TOWNSHIP, s. (the extent of a town's jurisdiction.) *La juridiction ou le territoire d'une ville.*

* To TOWSE. V. to Touse.

TOY, s. (or play-thing for children.) *Jouet, amusement, amusette, babiole.*

A toy, (a knack or pretty little thing.) *Bijou, curiosité, breloque, colifichet, ornement de peu de valeur.*

* Toys (or dainties) for children to eat. *Des friandises pour des enfants.*

A toy, (a silly thing.) *Une babiole, une bagatelle, une niaiserie, une sotise.*

† The toy took him in the head or in the crown to — (he had a great mind or fancy to—) *Il lui prit envie de fantaisie, il se mit en tête de —*

A toy-shop. *Boutique de tabletier.*

A toy-man, (one that sells toys.) *Un bijoutier ou un tabletier.*

To TOY, v. n. (to dally amorously, to play.) *Badiner, jouer, folâtrer.*

TOYING, s. *Badinage, action de badiner, &c. V. to Toy.*

TOYISH, adj. *Badin, folâtre.*

TRACE, s. (mark, sign, token, footstep, remains.) *Trace, piste, vue, marque ou impression du pied, &c.*

The traces of ravenous beasts, as wolves, wild boars, &c. *La piste du loup, les traces ou voies du sanglier, &c.*

He discovered betimes the traces of villainy and mischief, lurking under the mask of publick service. *Il découvrit bientôt les traces de la scélératesse & de la mauvaise foi qui se cachoient sous le masque du patriotisme.*

The traces of draught-horses. *Les traces des chevaux de trait.*

To TRACE, verb. act. (or follow by the footsteps or remaining marks.) *Suivre à la piste, suivre pas à pas.*

To trace a thing to its origin or cause. *Remonter à la source, à l'origine, à la cause ou au principe d'une chose, la reprendre de plus loin.*

To trace premises into consequences. *Tirer des consequences des prémisses.*

To trace OUT, (or follow.) *Suivre.*

To trace OUT or UP, (to find out.) *Découvrir, trouver.*

He went to trace out the limits of the world. *Il entreprit de découvrir les limites du monde.*

To trace up the author of a pamphlet. *Découvrir l'auteur d'un libelle.*

Traced, adj. *Suivi, &c. V. to Trace.*

TRACER, s. *Celui ou celle qui suit.*

TRACING, sub. *L'action de suivre, &c. V. to Trace.*

Tracing-line, subst. comp. *Cordeau de tente ou tel autre cordage servant à tenir quelque chose suspendu, comme le palans des vergues.*

TRACK, subst. (mark or foot-step.) *Trace, vestige, piste.*

To follow one by the track, (to follow his foot-steps.) *Suivre les traces de quelqu'un, le suivre à la piste.*

Track, (or mark remaining of any thing.) *Trace, vestige, marque.*

A great track (or row) of hills. *Une longue chaîne de montagnes.*

The track (or rut) of a coachwheel, &c. *Ornière.*

The track (or run) of a ship. *Le sillage d'un vaisseau.*

TRACKING, part. act. & subst. *Action de haler un bateau, &c. le long d'une riviere ou d'un canal à force de bras ou avec des chevaux; & halage.*

TRACK-SCOUT, s. comp. *Bateau ou chaloupe de Hollande & des pays voisins de la mer Baltique que l'on hale le long des canaux & rivieres.*

TRACKLESS, adj. (rough, untrodden.) *Sans trace, raboteux.*

TRACT, s. (or extent.) *Etendue.*

A tract of land. *Une étendue de pays.*

A tract (or space) of time. *Un espace de temps ou d'années, laps de temps, en termes de pratique.*

In tract or process of time. *Avec le temps, à la longue ou par le laps du temps, en termes de palais.*

The tract (or footing) of a boar. *La trace d'un sanglier.*

It is or 'tis but following the tract of a soaring imagination. *On n'a qu'à suivre les traits ou le feu d'une imagination qui se donne l'essor.*

A tract, (or treatise.) *Un traité, discours sur quelque sujet.*

* To TRACT, v. act. (or prolong) the time. *Prolonger le temps, tirer en longueur, gagner du temps. V. to Protract.*

TRACTABLE, adj. (docile, gentle.) *Traitable, flexible, doux, affable, aisé, commode, facile à gouverner.*

TRACTABLENESS, subst. (gentleness.) *Douceur, affabilité, &c. V. Tractable.*

* TRACTABLY, adv. (gently.) *D'une maniere traitable, douce, affable, &c.*

TRACTATE, s. (treatise.) *Traité.*

TRACTILE, adj. (ductile.) *Que l'on peut étendre en tirant, flexible, ductile.*

TRACTILITY, s. *Ductilité.*

TRACTION,

TRACTION, *f.* L'action de tirer.
TRADE, *f.* (a mechanick art.) Métier, art mécanique.
To make or drive a trade of a thing. *Faire métier de quelque chose.*
Trade, (profession or employment.) *Métier, profession, emploi.*
Trade, (or tools.) *Boutique, tous les outils ou instruments d'un artisan, &c.*
Have you all your trade about you? *Avez-vous là toute votre boutique?*
Trade (or traffick.) *Négoce, commerce, trafic, marchandise.*
Trade is dull. *Le commerce ne va pas, il y a très-peu de négoce, on ne vend rien présentement.*
There is no trade stirring. *Le négoce ne va pas.*
The wool trade. *Commerce de laine.*
He carries on the wine trade. *Il fait commerce de vin.*
To drive a trade of sacred things. *Faire trafic des choses sacrées, mettre les choses saintes en trafic.*
† Trade, (life or way of living.) † *Vie ou manière de vivre.*
Ex. Is this the trade you drive? *Est-ce ici la vie que vous menez?*
† What trade (or what doings) is here? *Que veut dire ce bruit?*
† Here is or here's a fine trade indeed. *En vérité voilà qui est beau.*
Trade-wind (a monsoon.) *Vent alisé, vent de saison, vent réglé, mousson, nuaison.*
To TRADE, *v. n.* (to deal, to hold commerce, to traffick.) *Trafiquer, négocier, faire un négoce, faire trafic, faire marchandise.*
He trades (or deals) in every thing. *Il fait commerce ou trafic de toutes sortes de marchandises.*
Traded, *adj.* (versed, practised, accustomed.) *Versé, exercé, accoutumé.*
TRADER, *f.* Un *négociant, un commerçant, un marchand en gros.*
TRADESFOLK, *f.* (people employed in trades.) *Artisans.*
TRADESMAN, *f.* Un *artisan, un homme de métier.*
A tradesman, (or citizen.) *Un marchand, un bourgeois.*
TRADESWOMAN, *f.* Une *femme de métier, femme d'artisan, ou bien une marchande, une bourgeoise.*
TRADING, *f.* Négoce, trafic, marchandise, commerce ou l'action de négocier & de trafiquer.
Trading, *adj.* Marchand, commerçant, de négoce.
A trading nation. *Une nation commerçante.*
A trading town. *Une ville marchande.*
TRADITION, *subst.* (a delivery of religious doctrines by word of mouth.) *Tradition.*
The traditions of the Church of Rome. *Les traditions de l'Eglise Romaine.*
Tradition, (delivery of any story not belonging to religion, by word of mouth.) *Tradition.*
TRADITIONAL, *adj.* (delivered
TRADITIONARY, } by tradition.) *Que*
TRADITIVE, } *l'on a par tradition, qui n'est fondé que sur des traditions, en parlant d'une opinion, &c.*
TRADITIONALLY, *adv.* Par tradition.
To TRADUCE, *verb. act.* (to defame or detract from.) *Parler mal, détracter, médire de, diffamer, calomnier.*

You traduce him without cause. *Vous parlez mal de lui sans sujet.*
To traduce, (or accuse.) *Accuser.*
He traduced me of heresy. *Il m'a accusé d'être hérétique, il a voulu me faire passer pour hérétique.*
Traduced, *adj.* Diffamé, &c. *V.* to Traduce.
TRADUCEMENT, *subst.* (false censure.) *Médisance.*
TRADUCER, *f. Un médisant, un calomniateur, un détracteur.*
TRADUCIBLE, *adj.* (that may be derived.) *Qu'on peut tirer.*
TRADUCING, *f. Médisance, détraction, calomnie ou l'action de médire, &c. V.* to Traduce.
TRADUCTION, *f.* (derivation.) *Dérivation, transmission.*
TRAFFICK, *subst.* (trade, commerce.) *Trafic, négoce, commerce, marchandise.*
To TRAFFICK, *v. neut.* (or to trade.) *Trafiquer, négocier, faire un négoce, faire trafic.*
TRAFFICKER, *f.* (trader.) *Marchand.*
TRAGACANTH, *f.* (a sort of gum.) *Adragant ou gomme-adragant.*
TRAGEDIAN, *subst.* (a writer of tragedy.) *Un poete tragique ou qui fait des tragédies.*
A tragedian, (an actor of tragedy.) *Acteur d'une tragédie.*
TRAGEDY, *subst.* (a dramatick representation of a serious action the end of which is to strike terror, and excite pity and compassion in the spectators.) *Une tragédie.*
To act a tragedy. *Jouer une tragédie.*
Tragedy, (or fatal event.) *Tragédie, évènement funeste.*
TRAGICAL, } *adj.* (relating to tra-
TRAGICK, } gedy.) *Tragique, qui appartient à la tragédie.*
A tragical or tragick poet or writer. *Un poete tragique.*
A tragical (high or lofty) style. *Un langage tragique ou qui sent la tragédie, un style élevé ou sublime.*
Tragical, (mournful, sad or fatal.) *Tragique, fatal ou funeste.*
TRAGICALLY, *adv.* (in a tragical manner.) *Tragiquement, d'une manière tragique.*
TRAGICOMEDY, *subst.* (a merry and serious drama.) *Tragi-comédie.*
TRAGICOMICAL, *adj.* Tragi-comique.
To TRAJECT. *V.* to Throw.
TRAJECT, *f.* (a passage for a water-carriage.) *Trajet.*
TRAJECTITIOUS, *adj.* Ex. Trajectitious money or wares, (money or wares carried over sea, at the peril of the creditor.) *Argent ou marchandises transportés par mer au péril du créancier.*
TRAJECTORY, *f. Trajectoire,* terme de *Géométrie.*
To TRAIL, *v. act.* (to drag along.) *Trainer, tirer après soi.*
To trail a pike. *Trainer la pique.*
To trail a sword. *Trainer ou porter l'épée.*
To trail, *verb. neut.* (to hang on the ground.) *Trainer, pendre jusqu'à terre.*
TRAIL, *subst. Trace, queue.*
Trail-board, *subst. comp.* (in a ship.) *Fisse entre les jottereaux ou fisse de l'éperon.*
TRAILING, *subst.* L'action de trainer.
Trailing, *adj. Trainant.*

TRAIN, *f.* (or retinue.) *Train, suite.*
He has a noble train (or a great retinue.) *Il a un beau train ou une belle suite.*
A train of artillery. *Un train d'artillerie, tout l'attirail nécessaire pour servir l'artillerie.*
Train, (or trail.) *Queue.*
The train of a bird. *La queue d'un oiseau.*
The train of a gown. *Queue de robe.*
The train of a whale. *La queue d'une baleine.*
Train-oil. *Huile de baleine.*
A train of hunters, falconers, hawks and dogs. *Déduit, train ordinaire des chasseurs, des oiseaux & des chiens.*
A train of ideas. *Un enchaînement ou une suite d'idées.*
A train of gun-powder. *Une trainée ou longue amorce de poudre à canon.*
Train, (artifice, stratagem of enticement.) *Embuches, piege, amorce, ruse.*
To lay a train for one. *Tendre des embuches ou un piege à quelqu'un.*
Train bands. *La milice, les bourgeois sous les armes.*
The train-bearer to the Pope or a Cardinal. *Le caudataire d'un Pape ou d'un Cardinal.*
To TRAIN, } *v. act. Instruire, lever,*
To TRAIN UP, } *former, faire, dresser, discipliner.*
To train up youth. *Instruire, élever, former la jeunesse.*
To train up one to a thing. *Elever ou faire quelqu'un à quelque chose.*
To train or train up the soldiers. *Dresser ou discipliner les soldats, les exercer, les instruire au métier de la guerre, leur faire faire l'exercice.*
We are insensibly trained up from one vice to another. *Nous sommes insensiblement entrainés d'un vice à un autre.*
To train, (to draw along.) *Trainer.*
Trained or trained up, *adj. Instruit, élevé, formé, discipliné, fait.*
TRAINBANDS. *V.* sous Train.
TRAINING up, *f.* L'action d'instruire, &c. *V.* to Train.
TRAIPSE. *V.* Trapes.
To TRAIPSE. *V.* to Trape.
TRAITOROUS, *adj. Traitre, de traitre, perfide.*
A traitorous action. *Une action traitresse ou de traitre.*
TRAITOROUSLY, *adv. En traitre, en trahison :* on dit *traitreusement,* en termes de pratique.
To act traitorously. *Faire une action de traitre, agir en traitre.*
TRAITOR, *f. Un traitre.*
To be a traitor to one. *Trahir quelqu'un.*
Traitor-like. *En traitre.*
TRAITRESS, *subst.* (a woman traitor.) *Traitresse.*
To TRALINEATE, *verb. neut. S'écarter, dévier.*
TRAMMEL, *f.* (or drag-net.) *Tramail,* sorte de filet pour pêcher.
To TRAMPLE upon, or under foot, *v. act. Fouler, fouler aux pieds, mettre le pied dessus.*
They trample under their feet (or contemn) their Prince's authority. *Ils foulent aux pieds ou ils méprisent l'autorité de leur Prince.*
To tramp*le* upon one's enemy. *Passer sur le ventre de l'ennemi.*
Trampled, *adj. Foulé, &c. Voy.* to Trample.

TRAMPLING,

4 R 2

TRA   TRA   TRA

TRAMPLING, *subst. L'action de fouler, &c. V.* to Trample.

Trampling, *adj. Ex.* A trambling noise. *Bruit que l'on fait avec les pieds en marchant.*

TRANCE, *s.* (or extafy.) *Extafe, aliénation ou égarement d'esprit, un tranfport d'esprit hors de fon affiette naturelle.*

To fall into a trance or to be in a trance. *Être en extafe, avoir l'esprit égaré.*

TRANQUIL, *adj.* (quiet.) *Tranquille.*

To TRANQUILLIZE, *v. act.* (to caufe tranquillity.) *Tranquillifer, rendre tranquille.*

Tranquillized, *adj. Tranquillifé.*

TRANQUILLITY, *s.* (quiet or calmnefs.) *Tranquillité, repos.*

To be in tranquillity of mind. *Avoir l'efprit tranquille ou en repos.*

To TRANSACT, *v. act.* (to manage, to negociate.) *Expédier, dépêcher, négocier, terminer.*

To tranfact (or conduct) an affair. *Expédier, dépêch.r ou négocier une affaire.*

To tranfact, (to perform, to do, to carry on.) *Faire, mener.*

It is he who tranfacts his bufinefs. *C'eft lui qui mene fes affaires.*

Tranfacted, *adj. Expédié, &c. V.* to Tranfact.

TRANSACTING, *s. Action d'expédier, &c. V.* to Tranfact.

TRANSACTION, *subst.* (management, dealing between man and man.) *Ce qui fe fait ou ce qui fe paffe, faite.*

Let me know all their tranfactions. *Faites-moi favoir tout ce qui fe paffe entr'eux.*

While thefe tranfactions were on foot. *Pendant que cela fe paffoit ; dans ou fur ces entrefaites.*

The philofophical tranfactions of the royal fociety. *Les tranfactions philofophiques de la fociété royale.*

Tranfaction, (negociation.) *Affaire, négociation.*

* Tranfaction, (or agreement.) *Tranfaction, convention.*

TRANSACTOR, *s. Celui qui négocie ou qui fait quelque chofe.*

TRANSALPINE, *adj.* (that lies or lives on the other fide of the *Alpes.*) *Tranfalpin, de delà les Alpes.*

The tranfalpine *Gaule. La Gaule tranfalpine.*

The tranfalpine countries or *Italian* regions. *Les pays qui font par-delà les Alpes, l'Italie.*

To TRANSCEND, *v. act.* (to furpafs or go beyond.) *Surpaffer, paffer.*

TRANCENDENCE,
TRANSCENDENCY, } *s.* (excellence ; exaggeration.) *Excellence ; exagération.*

TRANSCENDENT, *s.* (a philofophical term, any thing beyond conception or human underftanding.) *Ce qui paffe l'entendement humain.*

Tranfcendent, *adj.* (furpaffing the predicaments, in Logick.) *Tranfcendant, terme de Logique.*

Tranfcendent, (or extraordinary.) *Tranfcendant, extraordinaire, élevé, fublime.*

TRANSCENDENTLY, *adv.* (fupereminently, excellently.) *Parfaitement, extraordinairement, d'une maniere tranfcendante ou extraordinaire.*

She is tranfcendently handfome. *Elle eft parfaitement belle.*

To TRANSCOLATE, *v. act.* (to ftrain through a fieve.) *Couler, paffer.*

To TRANSCRIBE, *verb. act.* (to copy out.) *Tranfcrire, copier, mettre au net.*

To tranfcribe the manufcript of an auther. *Copier, mettre au net le manufcrit d'un auteur, &c.*

Tranfcribed, *adject. Tranfcrit, copié, &c.*

TRANSCRIBER, *subst. Copifte, celui ou celle qui tranfcrit, &c.*

TRANSCRIBING, *s. L'action de tranfcrire, &c. V.* to Tranfcribe.

TRANSCRIPT, *subst.* (the duplicate or copy of an original.) *Une copie ou double d'un écrit.*

TRANSCRIPTION, *s.* (act of copying.) *Tranfcription.*

To TRANSCUR, *v. n.* (to ramble from one place to another.) *Courir, paffer ou aller d'un lieu à un autre, errer ;à & là.*

TRANSCURSION, *subst. Courfe, mouvement d'un lieu à un autre.*

The tranfcurfion of a comet. *Le cours ou le mouvement d'une comete.*

TRANSE. *V.* Trance.

To TRANSFER, *verb. act.* (to remove from one place to another.) *Tranfférer, tranfporter d'un lieu à un autre ; traduire.*

He transferred the *Roman* empire into *Germany. Il tranféra ou il tranfporta l'empire Romain en Allemagne.*

He has transferred them into his prifons. *Il les a tranfférés ou traduits dans fes prifons.*

To transfer (to make over) a bufinefs to another man. *Remettre une affaire entre les mains d'un autre.*

Transferred, *adj.* (or removed.) *Tranfféré, tranfporté, traduit.*

TRANSFERRING, *s. L'action de tranfférer, de tranfporter ou de traduire.*

To TRANSFIGURATE. *V.* to Tranfigure.

TRANSFIGURATION, *s.* (the changing of one fhape or figure into another.) *Transfiguration, changement de figure & de forme.*

The day of our Saviour's transfiguration. *Le jour de la transfiguration de notre Sauveur, ou fimplement, la Transfiguration.*

To TRANSFIGURE, *v. act.* (to change from one form to another.) *Transfigurer.*

Transfigured, *adj. Transfiguré.*

To TRANSFIX, *v. a.* (to run through.) *Tranfpercer, percer de part en part.*

Tranfixed, *adj. Tranfpercé.*

To TRANSFORM, *verb. act.* (to change from one fhape to another.) *Tranfformer, métamorphofer, changer en une autre forme.*

To transform, *verb. neut. Être métamorphofé.*

TRANSFORMATION, *subst. Tranfformation, métamorphofe, changement en une autre forme.*

Transformed, *adject. Tranfformé, métamorphofé, changé en une autre forme.*

TRANSFORMER, *subst. Celui ou celle qui tranfforme, &c.*

TRANSFORMING, *s. Tranfformation, l'action de tranfformer, &c. V.* to Tranfform.

To TRANSFUSE, *v. act.* (to pour out of one veffel into another.) *Tranfvafer, verfer d'un vafe dans un autre.*

Transfufed, *adj. Tranfvafé, verfé d'un vafe dans un autre.*

TRANSFUSION, *s. Transfufion.*

A transfufion of blood. *Une transfufion de fang.*

To TRANSGRESS, *v. act.* (to trefpafs upon) a law or order. *Tranfgreffer, violer une loi, outrepaffer un ordre, contrevenir.*

Transgreffed, *adject. Tranfgreffé, violé ; outrepaffé.*

TRANSGRESSING,
TRANSGRESSION, } *subft. Tranfgreffion, violation, action de tranfgreffer, de violer, d'outrepaffer ou de contrevenir.*

TRANSGRESSOR, *subst. Tran,greffeur, qui tranfgreffe, qui viole une loi, &c.*

TRANSIENT, *adj.* (tranfitory.) *Tranfitoire, paffag.r.*

TRANSIENTLY, *adv.* (flightly.) *En paffant, legèrement.*

TRANSIT, *s.* (the paffing of any planet juft by or under any fixt ftar.) *Paffage.*

The tranfit of venus. *Le paffage de venus fur le difque du foleil.*

TRANSITION, *s.* (a rhetorical figure, confifting in paffing from one fubject to another.) *Tranfition, figure de rhétorique.*

TRANSITIVE, *adj.* (in grammar.) *Tranfitif.*

TRANSITORY, *adj.* (lafting but a fhort time.) *Tranfitoire, paffager, qui ne fait que paffer.*

The tranfitory pleafures of the world. *Les plaifirs paffagers du monde.*

To TRANSLATE, *verb. act.* (to explain or interpret in another language.) *Traduire, tourner, rendre d'une langue en une autre. On a dit autrefois, tranflater.*

To tranflate word for word. *Traduire mot pour mot ou mot à mot.*

To tranflate, (to tranfer or remove.) *Transférer, tranfporter.*

To tranflate a Bishop to another bishoprick. *Transférer un Evêque à un autre Evêché, faire la tranflation d'un Evêque à un autre Evêché.*

Tranflated, *adj. Traduit, &c. Voy.* to Tranflate.

Tranflated to another bishoprick. *Transféré ou promu à un autre Evêché.*

TRANSLATING, *s. Traduction, tranflation, l'action de traduire, &c. Voy.* to Tranflate.

TRANSLATION, *s.* (or verfion.) *Traduction, verfion.*

The tranflation (or removing) of a Bishop to another bishoprick. *La tranflation d'un Evêque à un autre Evêché.*

TRANSLATOR, *s. Traducteur.*

TRANSLUCENT,
TRANSLUCID, } *adj.* (tranfparent.) *Tranfparent, diaphane.*

TRANSMARINE, *adject.* (from beyond fea.) *D'oultre-mer, de delà ou de l'autre côté de la mer.*

To TRANSMIGRATE, *verb. n.* (to pafs from one place or body to another.) *Paffer d'un lieu ou d'un corps dans un autre.*

They fay the foul transmigrates out of one body into another. *Ils difent que l'ame paffe d'un corps dans un autre, its affument la tranfmigration des ames.*

Tranfmigrated, *adj. Paffé d'un lieu ou d'un corps dans un autre.*

TRANSMIGRATION, *subst.* (or paffage.) *Tranfmigration, paffage.*

The

The transmigration of souls. *La transmigration des ames, métempsycose.*
The Jews transmigration into Babylon. *La transmigration des Juifs en Babylone.*
TRANSMISSION, *V.* Transmitting.
TRANSMISSIVE, *adj.* (transmitted.) *Transmis.*
To TRANSMIT, *verb. act.* (to convey over.) *Transmettre, faire passer.*
The glory which he derived from his predecessors he transmitted to his successors. *Il transmit à ses successeurs la gloire qu'il avoit reçue de ses ancêtres.*
Transmitted, *adj. Transmis, qu'on a fait passer.*
TRANSMITTAL, *s. Transmission.*
TRANSMITTING, *s. L'action de transmettre ou de faire passer.*
TRANSMUTABLE, *adj.* (capable of change.) *Capable de transmutation.*
TRANSMUTATION, *subst.* (or change.) *Transmutation, mutation, changement.*
To TRANSMUTE, *v. act.* (to change.) *Changer, faire la transmutation.*
To transmute a metal. *Faire la transmutation d'un métal, le changer en un autre par quelque opération chimique.*
Transmuted, *adj.* (or changed.) *Changé, dont on a fait la transmutation.*
TRANSOM, *s.* (a thwart beam or lintel over a door.) *Traverse, piece de bois mise en travers.*
A transom window. *Une croisée.*
Transoms, *subst. pl.* (in a ship.) *Barres d'arcasse.*
Helm port transom. *Barre au bout de l'étambord.*
Wing-transom. *Lisse de hourdi.*
Deck-transom. *Barre du premier pont.*
First transom. *Barre de la soute du Maitre canonnier*, ou la premiere barre au-dessous de celle du premier pont.
Second transom. *Seconde barre d'arcasse, en-dessous de celle du premier pont.*
Third transom, &c. *Troisième barre d'arcasse, en-dessous de celle du premier pont, & ainsi de suite.*
Filling transom. *Barre d'arcasse entre celle du premier pont & la lisse de hourdi, dans les vaisseaux de guerre anglois.*
Transom knees. *V.* Knees.
TRANSPARENCY, *subst.* (great brightness, great clearness.) *Transparence, qualité de ce qui est transparent ou diaphane.*
TRANSPARENT, *adj.* (translucent, that one may see through.) *Transparent, diaphane.*
To TRANSPIERCE, *verb. act.* (to pierce through.) *Transpercer.*
Transpierced, *adj. Transpercé.*
TRANSPIRATION, *s.* (emission in or by vapours.) *Transpiration.*
To TRANSPIRE, *verb. neut.* (to come out by transpiration or through the pores of the body.) *Transpirer, s'exhaler, sortir par transpiration, sortir par les pores du corps.*
To transpire, (to become known.) *Transpirer, être connu.*
Transpired, *adj. Transpiré, exhalé.*
TRANSPIRING, *s. Transpiration, action de transpirer.*
To TRANSPLANT, *verb. act.* (or plant in another place.) *Transplanter, planter ailleurs, planter en un autre endroit.*
TRANSPLANTATION. *Voy.* Transplanting.

TRANSPLANTED, *adj. Transplanté.*
TRANSPLANTER, *subst. Celui ou celle qui transplante.*
TRANSPLANTING, *s. Transplantation, l'action de transplanter.*
TRANSPORT, *subst.* (rapture, sally.) *Transport, saillie, écart.*
Transport, (or extasy.) *Transport, ravissement, extase.*
Transport, (transportation.) *Transport.*
A transport or transport-ship. *Un vaisseau de transport, un vaisseau de charge.*
To TRANSPORT, *verb. act.* (to carry over to another place.) *Transporter, porter ailleurs, porter d'un lieu à un autre.*
To transport malefactors. *Déporter, transporter les criminels,* les envoyer en esclavage aux Indes, aulieu de les faire mourir.
To transport a ship. *Changer un vaisseau de place dans un port.*
To transport, (to carry or put besides one's self.) *Transporter, mouvoir avec violence, mettre hors de soi.*
Love transports him. *L'amour le transporte.*
TRANSPORTABLE, *adject.* (that may be transported.) *Que l'on peut transporter.*
TRANSPORTATION, *sub.* (or carriage from one place to another.) *Transport.*
Transportation, (banishment of certain criminals.) *Déportation.*
TRANSPORTED, *adj. Transporté,* &c. *V.* to Transport.
TRANSPORTER, *subst. Qui transporte.*
TRANSPORTING, *s. Transport, l'action de transporter,* &c. *V.* to Transport.
Transporting, *adj. Ravissant, qui transporte.*
Transporting pleasures. *Des plaisirs ravissans ou qui enlèvent.*
TRANSPOSAL, *subst.* (transposition.) *Transposition.*
To TRANSPOSE, *verb. act.* (to put out of its place or in the place of another) *Transposer,* mettre hors de sa place.
Transposed, *adj. Transposé.*
TRANSPOSING, *subst. Transposition ou l'action de transposer.*
TRANSPOSITION, *s. Transposition.*
To TRANSUBSTANTIATE, *verb. act.* (to change one substance into another.) *Transsubstantier, changer la substance d'une chose en une autre.*
Transubstantiated, *adj. Transsubstantié.*
TRANSUBSTANTIATION, *sub. Transsubstantiation,* le changement du pain au corps de Jesus-Christ, & du vin en son sang.
TRANSUBSTANTIATOR, *subst.* (one that holds the doctrine of transubstantiation.) *Un défenseur de la transsubstantiation.*
To TRANSUDE, *verb. neut.* (to pass through in vapour.) *Transsuder.*
TRANSVERSAL, *adject.* (running crosswise.) *Transversal.*
TRANSVERSALLY, *adv. Transversalement.*
TRANSVERSE, *adj.* (being in a cross direction.) *Qui est mis de travers, qui traverse ou qui se fait à travers.*
TRANSVERSELY, *adverb.* (in a cross direction.) *Transversalement.*
TRANTERS, *V.* Ripiers.
TRANTERY, *sub.* (in some manors the money arising by amercements of alesellers and victuallers.) *Sorte d'amende.*

TRAP, *subst.* (a sort of snare or gin to catch beasts, &c.) *Trappe, sorte de piege.*
To set a trap. *Tendre une trappe.*
A trap to catch rats. *Une ratiere.*
A mouse-trap. *Une souriciere.*
A trap, (a snare or train.) *Une attrapoire, piège, embûche, amorce, finesse pour surprendre quelqu'un.*
You do not understand trap. *Vous n'y entendez pas finesse.*
Trap-door, (or falling-door.) *Trappe, porte qui fait de trappe ou faite en forme de trappe.*
To TRAP, *verb. act.* (to set out with trappings.) *Enharnacher, mettre le harnois.*
To trap one, (to catch or deceive him.) *Attraper quelqu'un, le surprendre, le tromper.*
To TRAPE, *verb. neut.* (to go idly up and down, used only of women.) *Battre le pavé, courir de côté & d'autre, roder.*
TRAPES, *s.* (a flattern or flut.) *Une femme mal-propre, une salope, une maussade, une guenipe.*
TRAPEZIUM, *s.* (a geometrical figure of four unequal sides and oblique angles.) *Trapeze, figure géométrique.*
TRAPPED. *V.* Trapt.
TRAPPINGS, *s. Harnois, ornement de cheval de selle.*
TRAPT, *adj. Enharnaché,* &c. *Voy.* to Trap.
She was trapt, (or caught.) *Elle a donné dans le panneau.*
TRASH, *s.* (trumpery or pitiful stuff.) *Méchante marchandise, vieilles nippes, friperie, rebut.*
Trash, (or bad fruit.) *De méchant fruit.*
TRASHY, *adj. Méchant, de rebut.*
TRAVADO, *subst.* (a sort of whirlwind at sea.) *Sorte de tourbillon de vent.*
TRAVAIL, *sub.* (labour, toil.) *Travail; peine, fatigue.*
Travail, (child-birth.) *Travail d'enfant.*
To TRAVAIL, *verb. neut.* (to labour.) *Travailler.*
To travail, (to be in labour.) *Être en travail d'enfant.*
To travail, *v. act.* (to tire.) *Travailler; tourmenter.*
TRAVE, *subst.* (a little place made purposely to shoe unruly horses in.) *Un travail où l'on ferre des chevaux.*
TRAVISE,
TRAVEL, *s. Travail. V.* Travail.
Travel, (journey or voyage.) *Voyage;*
Travels, (or a book of travels.) *Voyage, livre qui traite de quelque voyage.*
To TRAVEL, *v. neut.* (or take pains.) *Travailler, prendre de la peine. V.* to Travail.
To travel, (to go or be upon a journey.) *Voyager, faire un voyage ou être en voyage.*
He has travelled all over *France. Il a voyagé par toute la France, il a fait le tour de France.*
To travel, *v. act. Ex.* After he had travelled (or seen) several countries. *Après qu'il eût voyagé en plusieurs pays ou après avoir vu plusieurs pays.*
Travelled. *V.* to Travel.
Travelled, or travelled over, *adject. Par où l'on a voyagé.*

TRAVELLER,

TRA

TRAVELLER, *s. Voyageur.*
A woman traveller. *Une femme qui a voyagé, une voyageuse.*
Traveller, (a sea-term.) *Horse, racambeau ou gros anneau servant à amener & hisser les vergues de perroquet.*

TRAVELLING, *s. L'action de voyager.*
A woman's travelling with child. *Travail d'une femme qui est prête d'accoucher.*
Travelling, *adject. Passager, qui ne fait que passer, de passage.*
A travelling doctor or quack. *Un charlatan qui voyage de ville en ville.*
Whither are you travelling? (or going?) *Où allez-vous?*

TRAVERSE, *s. Ex.* The traverse of a ship at sea, (the way or going of the ship, with respect to the points of the compass whereon she sails.) *Bordée, cours d'un vaisseau depuis un virement jusqu'à l'autre.*
To sail by traverse. *Faire plusieurs ou diverses bordées, faire plusieurs routes, courir de rumb en rumb, bordayer.*
Traverse. *Route oblique.*
Traverse-board. *Renard des pilotes.*
Traverse, (a piece of fortification.) *Traverse, en fortification.*
Traverse, (in heraldry.) *Traverse, en termes de blason.*
Traverses, (crosses, troubles.) *Traverses, afflictions, obstacles, empêchements, oppositions.*
The traverses of fortune. *Les traverses de la fortune.*

To TRAVERSE, *v. act.* (to cross or go cross.) *Traverser, passer au travers, aller à la traverse.*
To traverse one's ground in fighting, (to go this and that way.) *Aller à la traverse quand on se bat.*
To traverse a country. *Traverser un pays.*
To traverse, (to cross or thwart.) *Traverser, empêcher, susciter des obstacles, s'opposer.*
To traverse (or oppose) one's designs. *Traverser les desseins de quelqu'un, s'opposer à ses desseins.*
To traverse an action at law. *S'opposer à une action en justice, y mettre empêchement, y faire ou y former opposition.*
To traverse an indictment, (to contradict or deny some point of it.) *Nier quelque article de l'accusation formée contre nous.*
To traverse an office, (to prove that an inquisition made of lands or goods by the Escheator is defective.) *Renverser, détruire par des preuves une prétention à des biens qu'on prétend être échus par droit d'aubaine.*
Traversed, *adject.* Traversé, &c. *V.* to Traverse.

TRAVERSING, *s. L'action de traverser,* &c. *V.* to Traverse.

TRAVESTED, *adj.* (or disguised.) *Travesti.*
Virgile or Ovid travested. *Virgile ou Ovide travesti.*

TRAVISE. *V.* Trave.

TRAUMATIC, *adj.* (vulnerary.) *Bon pour les blessures, vulnéraire.*

TRAY, *sub.* (a hollow sort of vessel of wood.) *Un baquet.*
A tea tray. *Un plateau, un cabaret sur lequel on met des tasses pour prendre du thé.*
A milk-tray. *Baquet où l'on met le lait.*
A mason's tray. *Auge ou oiseau de maçon.*

TRE

A tray-man *Goujat, celui qui porte le mortier aux maçons avec l'oiseau.*

TREACHEROUS, *adj.* (perfidious, unfaithful.) *Traître, traîtresse, perfide, infidelle, de traître, trompeur.*
A treacherous man or woman. *Un traître ou une traîtresse, un perfide ou une perfide.*
A treacherous memory. *Une mémoire infidelle, labile.*
Treacherous doings. *Des actions de traître, des actions de trahison ou de perfidie.*
Treacherous hopes. *Des espérances trompeuses.*

TREACHEROUSLY, *adv.* En traître, en perfide, en trahison, traîtreusement; ce dernier ne se dit qu'au palais.

TREACHERY
TREACHEROUSNESS } *s.* (or perfidiousness.) *Trahison, perfidie.*

TREACLE, *s.* (a physical composition.) *Thériaque.*
Venice-treacle. *Thériaque de Venise.*
† Poor man's treacle, (or garlick.) *De l'ail.*

TREAD, *subst. Manière de marcher, allure.*
Tread, (track.) *Vestige, trace.*

To TREAD, *verb. neut.* (to walk,) *Marcher.*
Ex. To tread upon one's foot. *Marcher sur le pied de quelqu'un.*
To tread softly, (or gingerly.) *Marcher doucement ou à pas de larron.*
To tread handsomely. *Marcher bien, porter bien le pied.*
To tread outward or inward. *Porter le pied en dehors ou en dedans.*
To tread in the foot-steps of the ancients. *Marcher sur les traces, ou suivre les traces des anciens.*
To tread upon a thing, or to tread a thing, *verb. act.* (to trample it) under foot. *Marcher sur quelque chose, la fouler, ou la fouler aux pieds.*
To tread upon flowers. *Marcher sur des fleurs, fouler les fleurs aux pieds.*
To tread (or stamp) the grapes. *Fouler la vendange.*
The cock treads the hen. *Le coq coche la poule ou la couvre pour la génération.*
He is as honest a man as ever trod upon shoe-leather. *C'est un aussi honnête homme que la terre en ait jamais porté.*
To tread upon one's heels, (to follow one close.) *Marcher sur les talons de quelqu'un, le suivre de près, le talonner.*
To tread one's shoes down at the heels. *Fouler ses souliers, plier en dedans les quartiers de derrière.*

TREADER, *s. Qui foule.*
Ex. A treader of grapes. *Celui qui foule la vendange.*

TREADLE, *s.* The treadle of a weaver's loom. *Les marches d'un métier de tisserand.*
The treadle of a turner's turn. *La marche du tour d'un tourneur.*
Treadle, (of the cock.) *Sperme du coq.*

TREASON, *s.* (treachery or perfidiousness.) *Trahison, perfidie.*
Treason, (high offence or crime.) *Crime d'état, crime de lèse-majesté.*
High treason, (an offence against the security of the King or commonwealth.) *Crime de lèse-majesté au premier & se-*

TRE

cond chef: en parlant des affaires d'Angleterre, on dit haute trahison.
To be guilty of high-treason. *Etre coupable de haute trahison ou de lèse-majesté, être criminel d'Etat.*
Petty-treason, (the crime of a servant, wife, priest or lay-man, killing their master, husband, ordinary or superiour.) *Petite trahison, le crime d'un domestique qui tue son maître, d'une femme qui tue son mari, ou d'une personne laïque ou ecclésiastique, qui fait mourir son supérieur ou celui à qui il doit foi & hommage.*
† A treason-monger, (one that deals in treasonable practices.) *Un traître.*

TREASONABLE,
TREASONOUS, } *adj.* (traiterous.) *Traître, de traître.*

TREASONABLY, *adv.* (or traitor-like.) *En traître, en trahison.*

TREASURE, *subst.* (a store of riches.) *Trésor, richesses, amas d'or & d'argent.*
To heap up treasures. *Amasser des trésors, thésauriser.*
The King's treasure. *Le trésor du Roi, l'épargne.*
Treasure, (a thing of great value and excellence.) *Trésor, chose belle, rare, précieuse & excellente.*
Treasure-house, (or treasury.) *Trésor, ou la chambre du trésor.*

To TREASURE up, *verb. act.* (to hoard up riches.) *Thésauriser, amasser des trésors ou des richesses.*
Treasured up, *adj. Thésaurisé, amassé.*

TREASURER, *s.* (an officer that keeps the money of a prince, state or corporation.) *Trésorier.*
The lord-treasurer of England. *Le grand trésorier d'Angleterre.*
The treasurer's lady. *La trésorière, ou femme de trésorier.*
Treasurer of the wars. *Trésorier de l'ordinaire & de l'extraordinaire des guerres.*
He was an ill treasurer of secrets. *C'étoit un mauvais confident.*

TREASURESHIP, *s. La charge de trésorier.*

TREASURING up, *s. L'action de thésauriser ou d'amasser des richesses.*

TREASURY, *s.* (or place for money.) *Trésor.*
The royal treasury. *Le trésor royal, l'épargne.*
The publick treasury. *Le trésor public.*
Treasury, (or treasure house.) *Trésor ou chambre du trésor.*
Treasury, (or treasury-office.) *Trésorerie.*

TREAT, *s.* (or entertainment.) *Régal, repas qu'on donne à quelqu'un, le régaler.*
To give one a treat. *Faire ou donner un régal à quelqu'un, le régaler.*

TREAT, } *adj.* (a law term used for withdrawn or taken out.) *Excepté du nombre.*

To TREAT, *verb. act.* (to give a treat, to entertain.) *Traiter, régaler.*
To treat, (to use or deal with) one. *Traiter, agir avec quelqu'un, en user avec lui de telle ou telle manière.*
To treat one kindly. *Traiter quelqu'un en ami, le bien traiter, le traiter honnêtement, en agir ou en user bien avec lui.*
I will treat you no better than. *Je n'aurai pas plus d'égard pour vous que.*
To treat (or discourse) of a thing. *Traiter d'une chose ou d'une matière, en parler, en discourir, en raisonner.*

T q

To Treat, *verb. neut. Ex.* To treat with one about business. *Traiter d'une affaire ou traiter une affaire avec quelqu'un, être en traité avec lui, négocier une affaire avec lui.*
To treat about peace, *or* to treat of peace with the enemy. *Traiter de la paix, ou traiter la paix avec les ennemis.*
TREATABLE, *adject.* (moderate, not violent.) *Traitable, raisonnable.*
TREATED, *adject. Traité, &c. V.* to Treat.
TREATING, *s. L'action de traiter, &c. V.* to Treat.
A treating (or eating) house *or* ordinary. *La maison d'un traiteur ou un ordinaire.*
TREATISE, *s.* (or discourse.) *Un traité, un discours sur quelque matiere.*
TREATMENT, *s. Traitement.*
TREATY, *subst.* (agreement, covenant.) *Traité, accord, convention, accommodement.*
There is a treaty on foot. *Il y a un traité sur pied.*
To be upon a treaty with one concerning a business. *Etre en traité d'une affaire avec quelqu'un.*
TRIBLE, *adj.* (or three-fold.) *Triple, trois fois autant.*
We were treble their number. *Nous étions trois fois plus de monde.*
Treble, *s.* (or treble-part, in musick.) *Le dessus, en musique.*
The first treble. *Le premier dessus, la haute taille.*
The second treble. *Le second dessus, ou le bas dessus.*
A faint treble. *Fausset.*
To TREBLE, *verb. act. Tripler, mettre deux fois autant, rendre triple.*
Trebled, *adj. Triplé.*
TREBLING, *s. L'action de tripler.*
TREBLY, *adv. Triplement.*
TREE, *s.* (a large vegetable with one woody stem.) *Un arbre.*
A fruit tree *or* a fruit-bearing-tree. *Un arbre fruitier.*
R. En Anglois *les arbres fruitiers s'expriment par le nom du fruit en y ajoutant le mot de* Tree.
Ex. Apple-tree. *Un pommier.*
A pear-tree. *Un poirier.*
A plum-tree. *Un prunier.*
Tree, (a long and thick piece of timber.) *Arbre, longue & grosse piece de bois.*
A tree of consanguinity, (a figure drawn in form of a tree.) *Arbre de généalogie, arbre généalogique.*
The tree of a cross-bow. *La monture d'une arbaléte à jalet.*
The tree of a saddle. *Le bois d'une selle.*
The tree-ivy. *Le lierre grimpant.*
Tree goose. *V.* Barnacle.
TREE-NAILS, *subst. plur. Gournables.*
* TREET, *s.* (an old word for wheat, perhaps from the latin *triticum*.) *Du froment.*
TREFOIL, *s.* (or three-leaved-grass.) *Trefle, herbe.*
The shrub trefoil, (or honey-suckle.) *Chevre-feuille.*
TREILLAGE, *s.* (from the French.) *Treillage.*
TRELLIS, *s.* (or lattice.) *Treillis, jalousie, barreaux de bois qui se croisent.*
Trellis, (a sort of stiff linen cloth.) *Treillis, toile gommée.*

TRELLISED, *adj.* (latticed, grated with wood.) *Jalousé, qui a un treillis de bois ou une jalousie.*
To TREMBLE, *v. neut.* (to shake, to quake.) *Trembler, je trémousser, trembloter.*
Ex. To tremble for fear. *Trembler de peur.*
His body trembles all over. *Il tremble, ou il frissonne de tout son corps.*
To tremble, (or fear.) *Trembler, craindre, appréhender, avoir grand'peur.*
He trembles at the sight of you. *Votre vue le fait trembler.*
TREMBLING, *s.* (or shaking.) *Tremblement, trémoussement, l'action de trembler ou de se trémousser.*
To cause trembling. *Faire trembler.*
Trembling, *adj. Tremblant, tout tremblant, tremblotant.*
TREMBLINGLY, *adv. En tremblant.*
TREMENDOUS, *adj.* (or dreadful.) *Redoutable, effroyable, épouvantable.*
TREMENDOUSLY, *adv. Epouvantablement, terriblement, d'une maniere effrayante.*
TREMOUR, *s.* (a word borrowed from the latin, and signifying trembling.) *Tremblement.*
TREN, *s.* (an instrument somewhat like an eel-speat, wherewith mariners strike and kill fish at sea.) *Sorte de dard ou de harpon, avec quoi on tue les gros poissons sur mer.*
TRENCH, *s.* (a ditch for several uses.) *Tranchée, jossé pour divers usages.*
A trench or drain a pond. *Une tranchée pour saigner ou déssécher un étang.*
A trench to set trees in. *Une tranchée pour planter des arbres.*
To make a trench about a house. *Environner une maison d'un fossé.*
A trench, (made before a town, in order to attack it.) *Une tranchée ou un boyau, pour approcher d'une place qu'on attaque.*
To open the trenches. *Ouvrir la tranchée.*
A trench, (or line to defend an army.) *Un retranchement, une ligne.*
What a trench (hole or cut) have you got here in your forehead? *Quel abreuvoir à mouches, quel trou ou quelle balafre avez-vous au front?*
To TRENCH about, *verb. act.* (to fence with trenches.) *Environner d'un fossé, d'un retranchement ou d'une tranchée.*
Trenched about, *adj. Environné d'un fossé, d'un retranchement ou d'une tranchée.*
TRENCHANT, *adj. Tranchant.*
TRENCHER, *s. Tranchoir, tailloir, assiette de bois.*
† A good trencher-man, (a great eater.) *Un grand mangeur.*
† A trencher friend, a trencher-squire, *or* trencher-fly, (belly-friend or parasite.) *Un écornifleur, une écornifleuse, ou un parasite.*
TRENDLE, *subst.* (a sort of weight or post in a mill.) *Le pivot d'une meule de moulin.*
TRENNELS, *s.* (long pins of hard oak with which the planks are fastened to the timber in a ship.) *Grandes chevilles de chêne, dont on se sert dans la construction des vaisseaux.*
TRENTAL, *s.* (an office for the dead, that continues thirty days, or consists of thirty Masses.) *Service pour les morts qui dure trente jours, ou qui est composé de trente Messes.*

TREPAN, *s.* (or trepan-iron, a chirurgical instrument.) *Un trépan, instrument de Chirurgien.*
A trepan, (a snare.) *Piege.*
To TREPAN, *verb. act. Ex.* To trepan a scull, (to raise up the crushed parts of it, and take out pieces of bones and clotted blood.) *Trépaner un crâne, trouer, percer, couper les os de la tête pour en tirer les corps étrangers.*
To trepan, (to catch, to ensnare, to decoy.) *Attraper, surprendre, tromper, attirer ou engager adroitement.*
A crafty knave may, for some time, trepan the affections of his countrymen by plausible pretences. *Un habile fripon, ou un malhonnête homme rusé, peut, pendant quelque temps, en imposer à ses compatriotes, & gagner leur affection sous de fausses apparences.*
To trepan one, (or bring him into a præmunire.) *Attraper quelqu'un lui jouer un mauvais tour.*
Trepanned, *adj. Trépanné, &c. V.* to Trepan.
TREPANNING, *s. L'action de trépaner, V.* to Trepan.
TREPHINE, *s. Sorte de petit trépan.*
TREPIDATION, *s.* (or trembling.) *Trépidation, tremblement, trémoussement.*
TREPOLY. *V.* Tripoly.
TRESPASS, *subst.* (offence or crime.) *Offense, péché, transgression, délit, crime.*
Forgive us our trespasses. *Pardonnez-nous nos offenses.*
To TRESPASS against, *v. n.* (or offend.) *Offenser, checquer, s'opposer à.*
To trespass against one. *Offenser quelqu'un.*
You trespass against the authority of the schools. *Vous vous opposez à l'autorité de l'école.*
To trespass upon, (to transgress.) *Outre-passer, violer, transgresser, enfreindre.*
To trespass upon a law. *Outre-passer, violer une loi, la transgresser.*
I fear to trespass upon ye or upon your patience. *Je crains d'abuser de votre patience.*
TRESPASSER, *s. Celui ou celle qui offense, qui viole, &c. V.* to Trespass.
TRESSES, *s.* (or locks of hair.) *Tresses de cheveux.*
Her golden tresses. *Ses tresses blondes, ou ses cheveux blonds.*
TRESTLE, *s.* (a three-footed stool.) *Trépied, selle ou siege de bois à trois pieds.*
A trestle, (to set a table or any thing else upon.) *Un treteau.*
TRESTLE-TREES, *s. plur.* (a sea-term.) *Barres maitresses des hunes.*
Cross-trees. *Barres traversieres des hunes.*
TRET. *V.* Tare.
TREVET, *s.* (an iron utensil with three feet.) *Un trépied de fer.*
TREVISE. *V.* Trave or Travel.
TREY, *s.* (a three.) *Un trois.*
TRIABLE, *adj. Qui peut être éprouvé.*
TRIAL, *s.* (essay or experiment, from to try.) *Epreuve, essai, preuve ou expérience.*
To make a trial of a thing. *Faire l'épreuve d'une chose, en faire l'essai ou l'expérience, l'essayer, l'éprouver, l'expérimenter.*

To

TRI   TRI   TRI

To give a trial of one's skill. *Donner des preuves de ce que l'on sait faire.*
A trial, (or endeavour.) *Tentative, effort.*
Trial, (or temptation.) *Epreuve, affliction, tentation.*
Trial at law. *Jugement, connoissance d'une cause, action de juger d'une cause, procès.*
When are you to have a trial? *Quand jugera-t-on votre cause ? quand est-ce que votre cause sera jugée ?*
We had a trial in open Court. *Notre affaire a été jugée à l'Audience.*
To bring a prisoner to his trial. *Faire le procès à un criminel, le juger.*
I will have a trial for it, (speaking of a civil cause.) *Je veux m'en remettre à la décision des juges.*
TRIANGLE, *subst.* (a figure with three angles.) *Un triangle.*
TRIANGULAR, *adj.* (three-cornered.) *Triangulaire.*
TRIARIANS,   } *s.* (the stout *Roman*
TRIARII,   } Soldiers in the rear.) *Triaires, l'élite des Soldats parmi les Romains.*
TRIBE, *s.* (a kindred or company of people that dwell together in the same ward or liberty.) *Tribu, une des parties dont un peuple est composé.*
Tribe,   (race or family.) *Race, famille.*
He is one of the tribe. *Il est de la race, il est de la famille.*
Tribe, (or sort.) *Race, sorte, espèce.*
TRIBLET,
TRIBOULET, } *subst.* (a Goldsmith's tool.) *Triboulet, outil d'Orfèvre.*
TRIBULATION, *s.* (a scripture-word used for trouble or affliction.) *Tribulation, trouble, affliction, adversité, traverse ou misere.*
TRIBUNAL, *subst.* (the seat of a judge.) *Tribunal, le siege d'un Juge.*
TRIBUNE, *s.* (a Magistrate among the ancient *Romans*.) *Tribun, sorte de Magistrat parmi les anciens Romains.*
The office of a *Roman* Tribune. *Tribunat, la charge ou la dignité d'un Tribun.*
TRIBUNITIAL,
TRIBUNITIOUS, } *adj.* *Tribunitien, de Tritum.*
TRIBUTARY, *adj.* (that pays tribute.) *Tributaire, qui paye tribut.*
TRIBUTE, *s.* (what a State or Prince pays to another as a token of dependance.) *Tribut, ce qu'un Etat ou un Prince paye à un autre pour marque de dépendance.*
Tribute, (or tax.) *Tribut, impôt.*
To pay a tribute to nature, (to die.) *Payer le tribut à la nature, mourir.*
Accept our tribute of praise and thanks, (speaking to God.) *Acceptez le tribut ou le sacrifice de nos louanges & de nos actions de graces ; en s'adressant à Dieu.*
TRICE, *s. Ex.* In a trice, *Dans un moment, en moins de rien, en un tournemain ou en un tour de main.*
TRICK, *s.* (device or way to bring a thing about.) *Invention, moyen, manigance.*
I know none of their tricks. *Je n'entends point leur manigance.*
Trick or juggling trick. *Tour, trait de subtilité & d'adresse de main.*
To shew juggling tricks. *Faire des tours de gibeciere, des tours de gobelets ; ou des tours de passe-passe.*
To shew tricks with cards. *Faire des tours de cartes.*
Trick, (a fetch, a wile, a reach.) *Tour, trait d'habileté, ruse, finesse, trait d'esprit, une fourbe, une tromperie.*
To play any one a trick, to serve him a trick, to put a trick upon him. *Jouer un tour à quelqu'un, l'attraper.*
Trick, (action or proceeding.) *Tour, procede, action, façon de faire.*
A base or vile trick, a knavish or rascally trick. *Un vilain ou un lâche tour, une action lâche, une action de fripon, un tour de fripon.*
A simple-trick. *Une sottise.*
A slippery trick. *Manquement de parole.*
To play one a slippery trick, (to fail of one's promise to him.) *Manquer de parole à quelqu'un.*
Trick, (malice or abuse.) *Tour de malice, piece, niche.*
To play or serve one a trick. *Faire un tour de malice, une piece ou une niche à quelqu'un.*
He is full of tricks, (or full of roguery.) *Il est plein de malice.*
A trick, (or lift of cards.) *Une levée, une main de cartes.*
To TRICK, *v. a.* (to put a trick upon, to babble or cheat.) *Jouer un tour, attraper, filouter, tromper, duper.*
To tick in painting. *Croquer, ébaucher, dessiner grossièrement.*
To trick UP, (to set out.) *Parer, orner.*
To trick one's self up. *Se parer, † se requinquer.*
Tricked, *adj.* *Attrapé.* V. to Trick.
TRICKER,
TRIGGER, } *subst.* (of a gun or pistol.) *Détente.*
TRICKING, *s.* (from to trick.) *Ebauche ou l'action d'ébaucher, &c.* Voy. to Trick.
Tricking up. *L'action de parer ou d'orner.*
Tricking, (playing of tricks.) *Fourberie, fourbe, duperie, tromperie.*
Tricking, *adj. Ex.* A tricking fellow. *Un fourbe, un trompeur.*
TRICKISH, *adj. Trompeur.*
TRICKLE, *subst.* (or drop.) *Une goutte d'eau.*
A trickle of water. *Une goutte d'eau.*
To TRICKLE,
To TRICKLE DOWN, } *v. neut. Dégoutter, tomber goutte à goutte, couler, distiller.*
The tears trickle down his cheeks. *Les larmes lui tombent ou coulent des yeux.*
Trickling, *adj. Qui dégoutte, qui tombe, qui coule ou qui distille.*
TRICKSTER, *subst.* or tricking fellow, (a cheat.) *Un patelin, un fourbe, un trompeur.*
TRIDENT, *sub.* (a three-forked mace.) *Trident.*
Ex. Neptune's trident or scepter. *Le trident ou le sceptre de Neptune.*
TRIDING, *sub.* *La troisieme partie d'un comté,* en Angleterre.
TRIED, V. to Try.
TRIENNIAL, *adject.* (of three years.) *Triennal, qui dure trois ans.*
A triennial Parliament. *Un Parlement triennal.*
A triennial meeting. *Une assemblée qui se fait de trois en trois ans ou une fois chaque troisieme année.*
TRIER, *s.* (from to Try.) *Celui ou celle qui essaye, &c.*
To TRIFALLOW, *v. act.* (to plough land the third time for the same crop.) *Donner aux terres la troisieme façon.*
TRIFLE, *s.* (a whisling or silly thing.) *Bagatelle, vétille, niaiserie, sottise.*
'Tis a mere trifle. *C'est une bagatelle.*
To stand upon trifles. *S'amuser à des vétilles.*
Trifle, (or toy.) *Bagatelle, babiole, colifichet, breloque.*
To TRIFLE, *verb. neut. & act.* (or toy.) *Badiner, faire des sottises, s'amuser à la bagatelle.*
To trifle away one's time. *Employer mal son temps, perdre son temps, s'amuser à des sottises ou à la bagatelle,* † *baguenauder.*
To trifle with one, (to amuse him.) *Amuser quelqu'un.*
TRIFLER, *s. Un badin, un folâtre ou un baguenaudier.*
TRIFLING, *subst. Badinage, badinerie, sottise.*
The trifling away of one's time. *L'action d'employer mal son temps.*
Trifling, *adj.* (of no moment, insignificant.) *De rien, de peu de conséquence, de néant, frivole, vain.*
A trifling business. *Une chose de néant, une bagatelle, un amusement, une vétille.*
A trifling story. *Un conte de vieille, un conte à dormir debout.*
TRIFLINGLY, *adv. En badin, d'une maniere badine & ridicule.*
To TRIG, *verb. act.* (or skid) a wheel. *Enrayer une roue, l'arrêter avec une enrayure.*
To trig one that plays at nine-pins, &c. *Marquer à quelqu'un l'endroit d'où il doit jouer, le faire piéter.*
To trig, *verb. neut.* (to set one's foot at the trigger at bowls or nine-pins.) *Piéter.*
Trigged, *adject. Enrayé, &c.* Voy. to Trig.
TRIGAMY, *s.* (the having of three husbands or wives at once.) *L'état de celui qui a trois femmes, ou de celle qui a trois maris en même temps.*
TRIGGER, *s.* (an iron to trig a wheel.) *Enrayure.*
A trigger for one that plays at nine-pins, &c. *Marque pour faire tenir pied à boule.*
Trigger, (of a gun.) *Détente.*
TRIGGING, *s. L'action d'enrayer, &c.*
TRIGLYPH, *s.* (an hollow carving like three furrows or gutters.) *Un triglyphe, triple cannelure dans la frise de l'ordre Dorique.*
TRIGON, *s.* (or triangle.) *Un triangle.*
TRIGONAL, *adj.* (triangular.) *Triangulaire.*
TRIGONOMETRY, *s.* (the art of measuring triangles.) *Trigonométrie, l'art de mesurer les triangles.*
TRIGONOMETRICAL, *adj. Trigonométrique.*
TRILATERAL, *adj. Qui a trois côtés.*
TRILL, *sub.* (or quavering in musick.) *Fredon, cadence, roulade ou roulement de voix harmonieux.*
To TRILL, *verb. neut.* (or quaver.) *Fredonner, faire des fredons, des roulades, des roulements ou des tremblemens.*

To

To trill (or trickle) down. *Couler, dégoutter.*

TRIM, *adj.* (neat in cloaths, spruce.) *Propre, leste, bien mis, bien ajusté.*

Trim, (neat, fine, handsome.) *Propre, agréable, beau, joli, bien tourné, poli.*

A trim period. *Une belle période, une période bien tournée.*

Trim, *s. Ex.* The trim of a ship, (that ballasting of her which most conduces to her good sailing.) *L'assiette d'un navire, son estive, le juste contre-poids qu'on donne à chaque côté du vaisseau pour faciliter son cours.*

The trim of the hold. *L'arrimage de la cale le plus convenable à la marche & à la stabilité du vaisseau.*

Trim of the masts. *Juste position des mâts.*

† Trim, (sorry dress.) *Equipage.*

How dare you appear in publick in such a trim? *Comment osez-vous paroître en public en cet équipage?*

I dare not appear abroad in the trim I am in. *Je n'ose paroître, ou je n'ose me montrer dans l'équipage où je suis.*

In the trim she was in, she looked like a mad woman. *Fagottée comme elle étoit, elle paroissoit folle.*

To TRIM, *v. act.* (to decorate.) *Garnir.*

To trim a suit of clothes with ribbons. *Garnir de rubans un habit.*

To trim (or shave) one. *Raser quelqu'un, lui faire la barbe.*

To trim (or dress) UP. *Ajuster, polir, accommoder, parer.*

To trim up a discourse. *Polir un discours.*

To trim (to mend or furbish) up old clothes. *Raccommoder de vieux habits, les rapatisser, les rapiécer.*

To trim up things for sale. *Farder ses marchandises, les regratter pour les mieux vendre.*

To trim up a garden. *Faire un jardin, le cultiver.*

To trim, (a sea-term.) *Arranger, orienter ou disposer convenablement le vaisseau ou ses parties.*

To trim the hold. *Arrimer la cale.*

To trim the sails. *Orienter bien les voiles.*

A sharp-trimmed ship. *Vaisseau orienté au plus près.*

Trim the boat! *Barque droite!*

To trim a boat, (to set her so even, on both sides as to balance her, so that she may not swag one way more than the other.) *Mettre un bateau en estive ou en bonne assiette, le balancer, lui donner un juste contre-poids.*

To trim, *v. n.* (to temporize or fluctuate between two parties.) *Naviguer entre deux eaux, se ménager entre deux partis.*

TRIMLY, *adv.* (or neatly.) *Proprement.*

To trim up a tree. *Tailler un arbre.*

TRIMMED, *adj. Garni*, &c. Voy. to Trim.

TRIMMER, *s.* (one that carries it fair between two parties.) *Une personne qui nage entre deux eaux, qui se ménage entre deux partis.*

TRIMMING, *s. L'action de garnir*, &c. V. to Trim.

The trimming of a suit. *La garniture, la petite oie ou l'assortiment d'un habit.*

TRINE, *adj.* (belonging to three.) *Ex.* Trine aspect, (in astronomy the distance of four signs.) *Trin aspect, en termes d'astronomie.*

TRINITARIANS, *subst.* (or Mathurins.) *Trinitaires ou Mathurins, sorte de Religieux.*

Trinitarians, (so the Socinians call those that believe the Trinity.) *Trinitaires, ceux qui croient la Trinité.*

Trinitarians, (a sort of Hereticks.) *Trinitaires, Hérétiques qui suivent des erreurs sur le mystère de la Trinité.*

TRINITY, *s.* (three persons united in one Godhead.) *Trinité, un seul Dieu en trois personnes.*

The blessed and glorious Trinity. *La sainte & adorable Trinité.*

Trinity-sunday, (the first sunday after whitsunday.) *Le Dimanche de la Trinité.*

† TRINK, *s.* (a sort of net to catch fish with.) *Sorte de filet pour pêcher.*

TRINKET, *subst.* (a sea-term; the top gallant of any mast.) *La voile de perroquet.*

Trinkets, *pl.* (or toys.) *Colifichets, breloques, babioles, choses de néant, terme de mépris pour dire, l'attirail ou les hardes d'une personne.*

† Trinkets of a woman. *Affiquets, colifichets de femme.*

TRIP, *s.* (or stumble.) *Bronchade, faux pas, glissade.*

To give one a trip or fall, (to trip up one's heels.) *Donner à quelqu'un le croc-en-jambe, lui jouer le tour du basque, le faire tomber, au propre; le supplanter, au figuré.*

To take a trip (or little journey) into the country. *Faire un tour à la campagne.*

Trip (or herd) of goats. *Un troupeau de chèvres.*

Trip, (a sea-word.) *Voyage dans les pays étrangers, ou campagne.*

C'est aussi une bordée en louvoyant.

A trip. Voyez A-trip.

To TRIP, *v. neut.* (to stumble.) *Broncher, faire un faux pas, glisser.*

To trip it or to trip along, (to go fast and by little steps.) *Marcher, aller vite mais à petits pas.*

To trip it, (to hop.) *Sauter, sautiller.*

He trips with his tongue. † *Sa langue fourche, il dit un mot pour un autre, la langue lui vacille.*

To trip one up, *v. act.* (or lay him on his back,) *Faire tomber quelqu'un, lui donner le croc-en-jambe.*

To trip one up, (to put his nose out of joint or to supplant him.) *Supplanter quelqu'un, lui couper l'herbe sous les pieds,* † *lui donner le croc-en-jambe.*

To trip, (a sea-term.) To trip the anchor. *Faire laisser l'ancre ou lui faire quitter le fond.* V. A-trip.

TRIPARTITE, *adj.* (divided into three.) *Divisé en trois parties.*

TRIPE, *s.* (the intestines, the guts.) *Une tripe.*

A tripe-woman. *Une tripière, une femme qui vend des tripes.*

A tripe-house. *Triperie.*

TRIPERY, *subst.* (or tripe-market.) *Triperie, marché aux tripes.*

TRIPHTHONG, *s. Triphtongue.*

TRIPLE, *adj.* (or three-fold.) *Triple, qui est composé de trois.*

The Pope's triple crown. *La triple couronne ou la tiare du Pape.*

The triple-tree, (or gallows.) *Le gibet, la potence.*

To TRIPLE, *v. act. Tripler, multiplier par trois.*

TRIPLET, *s.* (three of a kind.) *Trois.*

Triplet, (three verses.) *Trois vers qui riment ensemble.*

TRIPLICATE. V. Triple.

TRIPLICATION, *s.* (the act of trebling.) *Action de tripler.*

TRIPLICITY, *s.* (a word used in astrology for three signs supposed to be of the same nature.) *Triplicité, trois signes de même nature.*

TRIPMADAM, *subst.* (herb.) *Tripe-madame.*

TRIPOD, *s.* (a three-footed stool in the temple of Apollo.) *Trépied, le siège à trois pieds sur lequel s'asseyoit la Prêtresse d'Apollon.*

TRIPOLY, *s.* (a sort of soft stone or sharp cutting sand.) *Tripoli, pierre tendre d'un grain très-fin, dont on se sert pour polir des ustensiles de métal.*

TRIPPED. V. Trip.

TRIPPER, *s.* (one who trips.) *Celui qui fait un faux pas, celui qui bronche.*

TRIPPING, *s.* (from to trip.) *Bronchade, glissade, l'action de broncher, de glisser ou de faire un faux pas*, &c. Voy. to Trip.

Tripping, *adj. Ex.* † I endeavoured to catch him tripping or deviating in some part of his story. *Je tâchai de le faire couper ou de le trouver en défaut, dans quelque particularité de son conte.*

To take one tripping. *Attraper quelqu'un, le surprendre, avoir quelque prise sur lui.*

He lay at catch with him to take him tripping wherever he could. *Il le veilloit pour l'attraper dans quelque contradiction.*

TRIPPINGLY, *adv.* (with agility.) *Avec agilité.*

TRIPT, *c'est un prétérit du verb.* to Trip.

TRIREME, *s.* (a galley.) *Trirème.*

TRISECTION, *s. Trisection*, terme de Géométrie.

To TRISE, *v. act.* (a sea-term,) *Hisser promptement quelque fardeau.*

TRISYLLABICAL, *adject. De trois syllabes.*

TRISYLLABLE, *adj. & subst. Trissyllabe ou mot composé de trois syllabes.*

TRITE, *adject.* (thread-bare, common,) *Commun, usé.*

A trite (or battered) saying. *Un dire commun, un proverbe.*

TRITENESS, V. Staleness.

TRITON, *subst.* (a sea-God, Neptune's trumpeter.) *Triton, sorte de Dieu marin qui est le trompette de Neptune.*

* Triton, (or weather-cock.) *Coq de clocher, girouette.*

TRITURABLE, *adj.* (that may be triturated.) *Qui peut être trituré.*

To TRITURATE, *v. act.* (to reduce to powder with a mullar, to pulverize.) *Triturer, broyer, terme de chimie.*

Triturated, *adj. Trituré.*

TRITURATION, *s. Trituration.*

TRIVET. V. Tivet.

TRIVIAL, *adj.* (common, ordinary or vulgar.) *Trivial, commun, ordinaire, vulgaire.*

TRIVIALLY, *adv.* (in a trivial manner.) *Trivialement, d'une manière ordinaire & triviale.*

TRIVIALNESS, *s. Trivialité, peu de conséquence.*

TRIUMPH, *s.* (a solemn show among the Romans, at the return of a general from noted victories.) *Triomphe.*

TRI TRO   TRO   TRO

To decree a triumph. *Décerner le triomphe.*

Triumph, (or victory.) *Triomphe, victoire.*

He makes a triumph of it , (he takes a pride in it.) *Il en fait un sujet de triomphe, il triomphe là-dessus, il en tire vanité.*

To TRIUMPH, *verb. neut.* (to make a solemn and pompous entry.) *Triompher, recevoir l'honneur du triomphe.*

To triumph over, (to vanquish or overcome.) *Triompher de, vaincre, subjuguer, obtenir ou remporter la victoire.*

To triumph (or gain a victory) over one's enemies. *Triompher de ses ennemis.*

To triumph, (to hug or pride one's self.) *Triompher, s'applaudir ou faire vanité de.*

TRIUMPHAL, *adject.* (belonging to a triumph.) *Triomphal, appartenant au triomphe.*

A triumphal char. *Char triomphal ou de triomphe.*

TRIUMPHANT, *adject.* (or triumphal.) *Triomphal, de triomphe.*

Triumphant , (that triumphs , victorious.) *Triomphant, qui triomphe , victorieux.*

TRIUMPHANTLY , *adv.* (in a triumphant manner,) *D'une manière triomphante, en triomphe.*

TRIUMPHED over , *adject.* Dont on a triomphé, vaincu.

TRIUMPHER, *s.* *Triomphateur.*

TRIUMPHING , *s.* L'action de triompher, &c. *Voy.* to Triumph ; *triomphe, réjouissance.*

TRIUMVIR , *subst.* (one of the three Magistrates that governed Rome in chief, and who were called *Triumviri.*) *Triumvir.*

TRIUMVIRATE ; *sub.* (the government of old Rome by the Triumviri.) *Triumvirat.*

TRIUNE , *adj.* (three in one.) *Ex.* The triune God. *Un seul Dieu en trois personnes.*

TROCAR, *subst. Trocar,* instrument de Chirurgie.

TROCHEE, *subst.* (a foot in Greek and Latin verses.) *Trochée,* sorte de pied dans la poésie Grecque & Latine; pron. *Trokee.*

TROCHINGS , *s.* (the many small branches on the top of a deer's head.) *Trochure,* cors ou épois au sommet de la tête d'un cerf.

TROCHISC, *s.* (a physical composition.) *Trochisque, médicament dur & solide.*

TROD, } *adj.* Foulé, &c. participe passé de Tread.

TRODDEN, }

Trodden road. *Chemin battu.*

TROGLODYTE , *s.* (one who inhabits caves of the earth.) *Troglodite.*

To TROLL about , *v. neut.* (to ramble up and down in a sluttish or careless dress.) *Trôler, roder, rouler,* † *courir la prétantaine, courir de côté & d'autre dans un équipage mal-honnête.*

She trolls it in a hack all day long. *Elle trôle, elle roule tout le jour en fiacre.*

† I have been trolling in my head. *Un air, une chanson me roule dans la tête.*

To troll it away , (to make haste with one's business.) *Se dépêcher, dépêcher vite ce qu'on fait.*

To troll , (to fish for pike.) *Pêcher des brochets.*

TROLL-MADAM, *s.* (or pigeon-holes , a sort of game.) *Trou-madame,* sorte de jeu.

TROLLOP, *s.* (a flattern or flut.) *Une fille ou femme mal-propre, une salope, une maussade.*

† A young trollop , (or serving-maid.) *Une petite servante qui apprend à servir, une jeune fille qui sert,* † *un petit tortillon.*

TRONAGE , *s.* (a custom or toll taken for weighing of wool.) *Droit que l'on paye pour peser la laine.*

TRONATOR, *subst.* (an Officer in the city of London , whose business it is to weigh wool.) *Officier établi à Londres pour peser la laine.*

TROOP , *sub.* (a multitude of people.) *Troupe, multitude de gens.*

Ex. A troop of soldiers. *Une troupe de soldats.*

A troop of horse. *Une compagnie de cavalerie ou de chevaux-légers.*

Troops , *pl.* (or forces.) *Troupes ou forces de gens de guerre, une armée.*

To TROOP , *verb. neut.* (or to get together.) *S'attrouper, s'assembler, marcher en corps.*

To troop AWAY or troop OFF. *Se retirer, se sauver.*

TROOPER , *s.* (a horse soldier.) *Un cavalier.*

TROPE , *s.* (a term of rhetorick , the turning of a word from its proper signification.) *Un trope,* terme de rhétorique.

TROPHIED, *adject.* (adorned with trophies.) *Orné de trophées.*

TROPHY, *subst.* (a glorious monument of a victory, set up in the place where the enemy was vanquished.) *Un trophée.*

Trophies of honour , (carried at a pompous funeral before the corps.) *Les honneurs.*

Trophy money , (or four pence paid yearly by house keepers , as trainbands , but charged upon the landlord for the drums, colours, &c. of their company.) *Quatre sous que chaque chef de famille paye tous les ans pour les frais des tambours, de l'enseigne, &c. de sa compagnie.*

TROPICAL, *adject.* (figurative.) *Figuré, métaphorique.*

Tropical , (placed near or belonging to the tropicks.) *Qui est près des tropiques.*

TROPICKS , *sub.* (two circles imagined for the sun's course.) *Tropiques,* deux cercles parallèles à l'équateur.

TROPOLOGICAL , *adject.* (varied or changed by tropes.) *Tropologique, figuré.*

The tropological (or moral) sense. *Le sens tropologique, figuré ou moral.*

TROPOLOGY , *subst.* (figurative or moral discourse.) *Discours figuré ou moral.*

TROSSERS , *s.* Grandes culottes de matelot.

TROT , *subst.* (a horse's going between pace and gallop.) *Trot ,* allure d'un cheval entre le pas & le galop.

A hard trot. *Un rude trot.*

A gentle trot. *Le petit trot.*

† An old trot , (or decrepit woman.) *Une vieille.*

† A trot town , (or gadder.) *Un batteur de pavé.*

To TROT , *v. neut.* (as a horse does.) *Trotter, aller le trot.*

Your horse trots very hard. *Votre cheval a un rude trot, ou le trot dur.*

A horse that trots freely. *Cheval qui a le trot libre, qui est ferme au trot.*

To bring a horse to trot. *Rompre un cheval au trot , le faire souvent trotter.*

A horse that begins to trot. *Un cheval qui se met au trot.*

To trot , (or run up and down.) *Trotter, courir çà & là , faire bien des pas ou bien des voyages.*

TROTH , *s.* (or faith.) *Foi.*

By my troth. *Par ma foi.*

In troth. *En bonne foi.*

TROTTER , *subst.* (or trotting horse.) *Trotteur, cheval qui trotte ou qui va le trot.*

Trotters , *pl.* (or sheeps-feet.) *Pieds de mouton.*

TROTTING , *subst.* Trot ou l'action de trotter. *V.* to Trot.

Trotting , *adject.* *Ex.* A trotting horse. *Cheval qui trotte ou qui va le trot.*

A hard trotting horse. *Cheval qui a le trot dur.*

TROUBLE , *s.* (pains , inconveniency.) *Peine, travail, fatigue, embarras, incommodité.*

I am loth to put you to that trouble, I am ith you should take that trouble. *Il me fâche de vous donner cette peine-là ou de vous en donner la peine.*

What trouble were it for you ? *Quelle incommodité vous seroit-ce de...?*

To be a trouble (or to be troublesome) to. *Incommoder, importuner, fâcher.*

His old age is no trouble to him. *Sa vieillesse ne l'incommode pas.*

Without any trouble. *Sans s'incommoder, sans peine, sans embarras.*

With little trouble. *Sans beaucoup de peine, sans s'incommoder beaucoup.*

Trouble , (misfortune , cross , accident , misery , affliction, sorrow.) *Mal, misère, malheur, traverse, chagrin, fâcherie, affliction.*

To bring troubles upon one's self. *S'attirer des maux ou des malheurs.*

It is or 'tis a great trouble to me. *C'est un grand chagrin pour moi, ce m'est une grande affliction. J'en suis bien fâché, j'en suis bien affligé.*

Trouble , (inconveniency , danger , præmunire.) *Peine, embarras, inconvénient, affaire ou fâcheuse affaire, intrigue.*

To be in trouble. *Être en peine, avoir des affaires fâcheuses.*

To bring one into trouble. *Faire des affaires ou de la peine à quelqu'un , le mettre dans l'embarras, lui nuire, l'inquiéter.*

To bring one's self into trouble. *Se faire ou s'attirer de mauvaises affaires.*

To get out of trouble. *Se tirer ou sortir d'affaire, se débarrasser, se tirer d'intrigue.*

Trouble , (confusion or disturbance.) *Trouble, trouble, confusion, brouillerie.*

The troubles of a State or civil wars. *Les troubles ou les mouvemens d'un Etat, les guerres civiles.*

During the late troubles. *Pendant les derniers troubles.*

Trouble , (vexation, anxiety of mind.) *Trouble, inquiétude ou peine d'esprit, inquiétude, agitation d'esprit, chagrin, souci.*

A trouble feast , (or mal-ebate.) *Un trouble-fête , un importun, un fâcheux.*

To TROUBLE , *v. act.* (to make a liquor thick and muddy.) *Troubler, rendre trouble.*

To trouble the water of a spring. *Troubler*

bler l'eau d'une fontaine, la rendre trouble.
To trouble, (to be troublesome, to importune.) Incommoder, embarrasser, importuner, donner de l'incommodité.
Get you gone, you trouble me. Allez-vous-en, vous m'incommodez, vous m'importunez, vous êtes un importun ou un incommode.
Why do you trouble yourself with such a man? Pourquoi vous embarrassez-vous d'un tel homme?
To trouble, (to cause trouble or confusion, to disorder.) Troubler, apporter du trouble ou du désordre, causer de la brouillerie.
To trouble the publick peace. Troubler le repos public.
To trouble the State. Troubler l'Etat, causer des brouilleries.
To trouble one's joy. Troubler la joie de quelqu'un.
To trouble, (to disturb or interrupt.) Troubler, interrompre, détourner, empêcher.
He troubled their conversation. Il troubla leur entretien ou leur conversation.
To trouble one at work. Détourner quelqu'un de son travail, l'interrompre, l'empêcher de travailler.
To trouble, (to vex, to disquiet, to afflict.) Embarrasser, fâcher, inquiéter, affliger, chagriner, mettre en peine, faire de la peine.
That news troubles me very much. Cette nouvelle m'afflige, me fâche ou me chagrine fort.
Nothing is able to trouble him. Rien ne lui fait de la peine, il ne se met en peine ou il ne s'embarrasse de rien.
What need you trouble yourself? De quoi vous mettez-vous en peine?
That is not the thing that troubles me. Ce n'est pas ce qui m'inquiète ou ce qui me fait de la peine.
To trouble, (to bring into trouble, to find business.) Chagriner, inquiéter, faire des affaires, faire de la peine.
To trouble, (to cause pain, to torment.) Travailler, incommoder, tourmenter, bourreler.
The gout troubles him mightily. La goutte le travaille extrêmement, la goutte l'incommode ou le tourmente furieusement.
That troubles his conscience. C'est ce qui bourrelle sa conscience.
Do not trouble me with it. Ne me rompez plus la tête de cela.
To trouble, verb. imperf. Ex. It troubles me. Il me fâche, j'en ai du chagrin ou du déplaisir, cela me fait de la peine.
Troubled, adject. Troublé, &c. V. to Trouble.
Troubled with a distemper. Incommodé ou attaqué de quelque maladie.
I am troubled (or grieved) at it. J'en suis fâché, cela me fait de la peine.
Antiquity would be troubled to find, &c. Toute l'antiquité auroit peine à produire, &c.
Troubled water. Eau trouble.
P. To fish in troubled water. P. Pêcher en eau trouble.
TROUBLER, s. Perturbateur, auteur de troubles.
TROUBLESOME, adj. (vexatious, tiresome, teasing, sad.) Incommode, fâcheux, importun, persécutant, embarrassant, fatigant, qui fait de la peine, en parlant des choses & des personnes.
A troublesome business. Une affaire fâcheuse, épineuse, incommode, qui fait de la peine.
A troublesome man. Un incommode, un fâcheux, un importun.
To be troublesome. Être incommode ou importun, incommoder, importuner, faire de la peine, chagriner, fâcher, inquiéter.
I have had a very troublesome night. J'ai eu ou j'ai passé une fort mauvaise nuit.
He is a troublesome neighbour. Il est mauvais voisin.
Do I not stay till I am troublesome? Ne vous incommodé-je pas de rester si long-temps?
A troublesome (or dangerous) business. Une affaire dangereuse ou fâcheuse.
A troublesome man at law. Un chicaneur.
This is a troublesome world we live in. Ce monde-ci est plein de traverses & de fâcheries.
The noise of bells is very troublesome. Le son des cloches étourdit.
TROUBLESOMELY, adv. D'une manière importune, &c.
TROUBLESOMENESS, s. (uneasiness, importunity.) Chagrin, peine, importunité.
TROUBLING, subst. L'action de troubler, &c. V. to Trouble.
TROUBLOUS, adj. (tumultuous, confused, disordered.) Tumultueux, confus, mêlé, mis en désordre.
TROVER, s. Poursuite en justice contre celui qui ayant trouvé quelque effet perdu, refuse de le rendre.
TROUGH, s. (vessel for hogs to feed in.) Auge.
A Printers's trough. Baquet d'Imprimerie.
A kneading trough. Huche où l'on pétrit.
Trough of the sea. Le creux au intervalle qui est entre deux lames ou vagues, ou l'entre-deux des lames.
The ship lies in the trough of the sea. Le vaisseau est en travers de la lame.
To TROUL. V. to Troll.
To TROUNCE, v. act. (to punish by a law suit, to harass, to beat.) Maltraiter, † bourrer, faire des affaires à, rosser.
To trounce (to sharp or bubble) one out of his money. Attraper ou escroquer l'argent de quelqu'un, le filouter.
Trounced, adj. Maltraité, &c. Voy. to Trounce.
* TROUP, &c. V. Troop.
TROUSF, TROUSERS, sub. plur. (sailor's breeches.) Chausses, culottes de matelot.
TROUT, s. (a delicate fresh water fish.) Truite, poisson.
The salmon-trout. Truite saumonnée.
† I am your humble trout, (or servant.) Je suis votre valet.
To TROW. V. to Think.
TROWEL, s. (a mason's tool.) Truelle, outil de maçon.
TROY-WEIGHT, sub. (a weight of 12 ounces to the pound.) Sorte de poids à 12 onces la livre. V. Weight.
TRUANT, adject. (a vagabond or common beggar.) Un gueux, un caimand, † un truand, ce dernier est vieux & bas.
A truant, (or idle fellow.) Un fainéant, un vaurien.
To play the truant, (speaking of a boy that plays instead of going to school.) S'absenter de l'école pour jouer, † faire l'école buissonnière.
TRUANTSHIP, subst. (idleness.) Fainéantise.
TRUBTAIL, s. (a little squat woman.) Une petite femme grosse & trapue, une ragotte.
TRUCE, s. (cessation of arms.) Treve, suspension d'armes, cessation de tous actes d'hostilité.
Truce-breaker. Violateur de treve.
TRUCIDATION, subst. (cruel murder, slaughter.) Tuerie, carnage, boucherie.
TRUCK, sub. (exchange or bartering.) Troc & échange.
Trucks, subst. plur. (a sea-word.) Ce mot signifie diverses petites pieces de bois.
Ex. Trucks of a gun carriage. Roues d'affût.
Trucks of the mast heads. Pommes de girouettes & de pavillon à la tête des mâts.
Trucks of the patrels. Pommes de racape.
Trucks of the shrouds or seizing-trucks. Cosse de bois ou margouillets fixés aux haubans pour la conduite des manœuvres.
To TRUCK, v. act. (to barter, to chop, to swap.) Troquer, changer, faire un troc.
Trucked, adj. Troqué, changé.
TRUCKLE, s. (a little running wheel.) Roulette, petite roue.
A truckle-bed. Lit à roulettes que l'on met sous un autre lit.
TRUCKS, s. (a kind of billiards.) Sorte de billard.
Truck-table. Table où l'on joue à ce jeu.
To TRUCKLE, verb. neut. (to buckle, to submit.) Se soumettre, céder, † bouquer.
To truckle under or to one. Se soumettre à quelqu'un.
TRUCKLING, s. Soumission ou l'action de se soumettre.
TRUCULENCE, s. Férocité, air féroce.
TRUCULENT, adject. (or fierce.) Farouche, cruel, impitoyable.
To TRUDGE, verb. neut. (to toil and moil.) Prendre bien de la peine, trancasser.
To trudge it a foot. Battre la semelle, aller à pied, trotter.
TRUDGING, subst. Corvée, peine qu'on prend à faire quelque chose.
TRUE, adj. (sure, certain.) Vrai, véritable, certain, sûr, assuré.
His account is true. Son récit est vrai.
He does not speak a true word, (or a word of truth.) Il ne dit pas un mot de vrai.
True, (right, that is as it should be, genuine.) Vrai, véritable, qui est tel qu'il doit être, naturel, par opposition a faux ou à artificiel.
A true diamond, (a brilliant not a rose diamond.) Un vrai ou véritable diamant, un diamant fin.
True Canary, (not adulterated.) Du véritable vin de Canarie.
That is the true sense of the Apostle's words. C'est-là le vrai sens des paroles de l'Apôtre.
True, (perfect, sincere, real or arrant.) Vrai, réel, véritable, parfait, franc.

TRU

A true Poet. *Un vrai Poëte.*
A true or errant drunkard. *Un franc ou un véritable ivrogne.*
This is the true motive. *C'est le vrai ou le véritable motif.*
A true friend. *Un vrai ou véritable ami, un ami sincere ou désintéressé.*
To be true (or faithful) to one. *Être fidelle à quelqu'un.*
True, (fit, convenient, proper.) *Vrai, propre, convenable.*
To put or place a picture in its true light. *Mettre un tableau dans son vrai jour.*
True (or exact.) *Exact.*
True (or strict) justice. *Une justice exacte.*
A true correction. *Une correction exacte.*
To speak true (or good) English. *Parler bon Anglois, parler Anglois correctement.*
To speak true, (or the truth.) *Dire la vérité, dire vrai.*
It is or 'tis likely enough to be true. *La chose est assez vraisemblable, il y a bien de l'apparence.*
He catched it true. *Il l'a attrapé juste.*
A horse that does not gallop true. *Un cheval faux ou qui galope faux.*
To be true to one's trust, (or faithful.) V. *Trust.*
TRUE-BORN, *adj. Ex.* True-born gentleman. *Vrai ou bon Gentilhomme.*
TRUEHEARTED, *adject.* (or sincere.) *Franc, sincere, désintéressé, fidelle, de bonne foi, véritable, vrai.*
† TRUELY. V. *Truly.*
TRUENESS, *s.* (sincerity, faithfulness.) *Sincérité, franchise, fidélité.*
TRUFFLE, *s.* (or subterraneous mushroom.) *Truffe.*
TRUGG, *s.* (a tray or hod to carry mortar in.) *Auge ou ciseau de maçon.*
TRUISM, *s.* (certainty, fact.) *Une vérité.*
TRULL, *s.* (a low vagrant strumpet.) *Une putain, une coureuse.*
TRULY, *adv.* (in truth, sincerely.) *Vraiment, en vérité, véritablement, sans mentir, à ne point mentir, sincérement, de bonne foi.*
To do a thing truly, (as it ought to be.) *Faire bien une chose, la faire comme il faut.*
They say so, how truly I can not tell. *On le dit, mais je ne sais s'il est vrai ou je ne sais sur quel fondement.*
TRUMP, *subst.* (the card that is turned up at certain games.) *Triomphe, la retourne.*
To have trumps. *Avoir de la triomphe ou des triomphes.*
To renounce trumps. *Renoncer à la triomphe.*
The trump-card. *La triomphe, la carte qu'on tourne après qu'on a donné les cartes.*
† To be put to one's trumps, (or shifts.) *Être réduit à l'extrémité, être bien en peine ou bien embarrassé.*
Trump, (or trumpet.) *Trompette, trompe.*
A Jews-trump. *Trompe, petit instrument de fer.*
The trump (or trunk) of an elephant. *Trompe d'éléphant.*
To TRUMP, *verb. act.* (to take with a trump.) *Prendre ou couper avec une triomphe.*
To trump, (or cry up.) *Prôner, faire valoir.*
To trump up an old title. *Déterrer ou faire valoir un vieux titre.*

TRU

To trump up a false will. *Faire valoir un testament faux.*
Trumped, *adject. Pris, coupé. Voy. to Trump.*
TRUMPERY, *subst.* (trash, old pitiful stuff.) *Friperie, rebut, vieilles hardes, guenilles.*
Trumpery, (empty talk.) *Vain discours.*
TRUMPET, *subst.* (an instrument of musick.) *Une trompette, une trompe.*
To sound the trumpet. *Sonner ou jouer de la trompette.*
To proclaim by sound of trumpet. *Publier à son de trompe.*
A marine trumpet. *Une trompette-marine.*
He is fain to be his own trumpet, (or to commend himself.) *Il est obligé de se louer lui-même.*
A speaking trumpet. *Une trompette parlante ou un porte-voix.*
Trumpet, (trumpeter.) *Un trompette.*
To TRUMPET, *v. act.* (to proclaim.) *Trompetter, publier, proclamer, prôner.*
Homer trumpets forth Achilles's praise. *Homere chante la gloire d'Achille.*
To trumpet a thing continually in one's ears. *Battre toujours d'une même chose les oreilles de quelqu'un.*
TRUMPETER, *s.* (one who sounds a trumpet.) *Un trompette.*
To TRUNCATE, *verb. act. Couper, estropier.*
TRUNCHEON, *s.* (or short club.) *Un gros bâton, un gourdin, un tricot ; bâton de commandement.*
To TRUNDLE, *verb. act.* (to roll along.) *Rouler ou faire rouler.*
To trundle a piece of silver. *Rouler ou faire rouler une piece d'argent.*
To trundle, *verb. neut.* (or roll.) *Rouler.*
TRUNDLE-BED. V. *Truckle-bed.*
TRUNDLE-HEAD of a mill, *s. Lanterne de moulin.*
† TRUNDLE-TAIL. *s.* (a woman that runs frisking up and down with a draggled tail.) *Une coureuse, une femme malpropre, qui court de côté & d'autre avec une queue trainante.*
TRUNK, *s.* (or chest.) *Coffre.*
A trunk covered with leather. *Un coffre, un bahut.*
An iron trunk. *Un coffre de fer, un coffre-fort.*
A trunk-maker. *Un bahutier.*
Fire-trunks. *Coffres à feu, qui entrent dans la disposition d'un brûlot.*
The trunk (or body) of a tree. *Le tronc d'un arbre ou le gros d'un arbre, la tige sans les branches.*
The trunk of a man's body, (which reaches from the neck to the hips.) *Le tronc du corps humain.*
The trunk of a figure. *Le tronc d'une figure.*
A trunk, (or wooden pipe for the conveyance of water.) *Un tuyau de bois.*
A trunk for a sky-light in a shop. *Un abattant de boutique.*
Trunk-light, (or sky-light.) *Abatjour.*
An elephant's trunk, (or trump.) *La trompe d'un éléphant.*
Trunk-breeches. *Chausses de page, trousses.*
Trunks, (or troll-madam, a sort of play.) *Trou-madame, sorte de jeu.*

TRU

To TRUNK, *verb. act.* (to break) a spear. *Tronçonner, rompre une lance.*
Trunked, *adj. Ex.* A trunked spear. *Tronçon de lance.*
TRUNNIONS, *s.* (two knobs on the sides of ordinance.) *Tourillons d'un canon.*
TRUSS, *s.* (fardel or bundle.) *Trousse, faisceau.*
A truss of hay. *Une trousse de foin.*
Truss, (suspensory for such as are bursten.) *Bandage, brayer, suspensoir.*
Truss, (a sea-term.) *Bâtard de racage; servant de racage aux vergues de perroquet, &c. Aussi Drosse de racage.*
Parrel-truss. *Drosse de racage ou palan de drosse.*
Truss-parrel. *Racage simple, ou racage fait d'une simple corde, bâtard ou drosse, comme ceux des perroquets.*
To TRUSS up, *verb. act.* (to tie up.) *Nouer, lier, attacher.*
To truss up one's hair. *Lier ses cheveux.*
To truss a fowl. *Trousser une volaille.*
To truss (or make a fardel.) *Empaqueter.*
To truss (or to snatch) one up. *Trousser quelqu'un en malle, l'enlever.*
An eagle trusses a leveret. *Un aigle enleve un levraut.*
To truss (or to hang) one upon a tree. *Pendre quelqu'un à un arbre.*
Trussed up, *adject. Noué, &c. Voy. to Truss.*
TRUSSING, *s. L'action de nouer, &c. V.* to Truss.
A horse well trussed. *Un cheval bien troussé, bien gigoté.*
TRUST, *s.* (or confidence.) *Confiance, assurance.*
To put one's trust in God. *Mettre sa confiance en Dieu, se confier en Dieu.*
There is no trust (or confidence) to be put in him. *Il n'y a point d'assurance en lui, ce n'est pas une personne à qui l'on puisse se fier.*
Trust, (or deposit.) *Dépôt.*
To put one in trust with a thing, (or confide it to one.) *Confier quelque chose à quelqu'un, la mettre en dépôt entre ses mains, l'en faire le dépositaire.*
Trust, (in the sense of the law.) *Fidéicommis.*
A feoffee of trust. *Un fidéicommissaire.*
A place of great trust. *Une charge de grande importance, une grande charge, une charge publique, un grand emploi.*
Be true (or faithful) to your trust. *Acquittez-vous fidelement du pouvoir ou de l'autorité qui vous a été donnée.*
A man of great trust. *Un homme d'une grande fidélité.*
Trust, (credit without payment.) *Crédit.*
To go (or to take) upon trust. *Prendre à crédit.*
To give upon trust. *Faire crédit, donner à crédit.*
To TRUST, *verb. act.* (to put one in trust with,) *Fier, confier, commettre à la fidélité de quelqu'un, faire dépositaire.*
I trust you with this diamond. *Je vous fie ou je vous confie ce diamant, je mets ce diamant en dépôt entre vos mains.*
To trust one with a secret. *Confier ou communiquer un secret à quelqu'un.*
To trust, (to depend or rely upon.) *Se fier, se confier, s'assurer, se reposer.*
I will not or won't trust him. *Je ne veux pas me fier à lui.*

TRU

P. I'll trust him no further than I can see him. *C'est une façon de parler proverbiale, pour dire qu'on ne veut point se fier à quelqu'un.*

To trust one, (to give him credit.) *Faire crédit à quelqu'un, lui donner quelque chose à crédit.*

Who will trust (or believe) one word or any thing he says? *Qui croira un mot de ce qu'il dit? Qui voudra ajouter foi à ce qu'il dit?*

To Trust, *v. n.* (to rely or depend upon.) *Se confier, se fier, avoir confiance, mettre sa confiance, se reposer, s'assurer, faire fonds.*

To trust too much to one's self. *Avoir trop de confiance en soi-même, se fier trop à ses propres forces.*

To trust in God or to providence. *Mettre sa confiance en Dieu, se reposer sur la providence, se confier en la providence.*

To have something to trust to, (or to live upon.) *Avoir de quoi vivre.*

'Tis all I have to trust to. *C'est tout ce que j'ai dans le monde.*

To trust, (to hope or expect.) *Espérer, s'attendre.*

I trust in God he will comme back. *J'espère que Dieu lui fera la grace de revenir.*

I have a mind (or should be glad) to know what I have to trust to. *Je voudrois savoir à quoi je dois m'attendre.*

Trusted, *adj.* A quoi l'on se fie, à qui l'on fait crédit, &c. V. to Trust.

He is not to be trusted, (or confided in.) *Ce n'est pas un homme à qui l'on puisse se fier.*

TRUSTEE, *s.* (one that keeps a trust.) *Dépositaire ou fidécommissaire.*

A trustee, (of the goods of one under age, a guardian.) *Un curateur.*

Trustees for forfeited estates. *Commissaires pour la régie des biens confisqués.*

TRUSTILY, *adv.* (faithfully.) *Fidellement.*

TRUSTINESS, *s.* Fidélité, intégrité.

TRUSTING, *s.* L'action de confier, &c. V. to Trust.

TRUSTY, *adj.* (faithful.) *Fidelle, sûr.*

To our trusty and well-beloved, &c. *A nos amés & féaux,* &c. *selon le style de la Chancellerie.*

TRUTH, *s.* (reality, certainty, faithfulness, honesty.) *Vérité, vrai, fidélité.*

To speak (or to tell) the truth. *Dire la vérité, dire vrai.*

The naked truth. *La vérité toute nue ou toute pure, la franche vérité.*

He never speaks a word of truth. *Il ne dit jamais un mot de vérti.*

P. All truths are not to be spoken at all times. *Toutes les vérités ne sont pas bonnes à dire.*

To speak the truth, (really.) *A dire vrai, à vrai dire, à ne point mentir.*

To preach the truths of the gospel. *Prêcher les vérités évangéliques ou de l'Evangile, ou la véritable doctrine.*

There is no truth in man, (man is not to be trusted to.) *Il n'y a point d'assurance en l'homme.*

There's no truth in any thing. *Il n'y a rien d'assuré sous le ciel.*

In truth, (of a truth, (seriously, without jesting.) *Tout de bon, sérieusement, raillerie à part, au vrai.*

You shall know the whole truth (or

TRU TUB

the long and short) of the matter. *Vous saurez le fond de l'affaire.*

There is no truth in it. *Cela n'est point vrai, il n'y a rien de plus faux.*

TRUTINATION, *s.* L'action de peser.

To TRY, *verb. act.* (to allay or essay, to prove.) *Essayer, éprouver, mettre à l'épreuve, faire l'essai ou l'épreuve, expérimenter, faire l'expérience, tenter.*

Try this pair of shoes or try them on. *Essayez ces souliers.*

To try a friend. *Eprouver un ami.*

To try a medicine. *Essayer ou expérimenter une médecine, en faire l'essai ou l'expérience.*

To try (or prove) a gun. *Essayer ou éprouver une arme à feu.*

To try gold by the touch-stone. *Faire l'essai de l'or à la touche.*

To try the chance of war. *Tenter la fortune de la guerre.*

To try (or examine) out a matter. *Examiner une affaire, la considérer.*

To try by the weight. *Peser.*

To try one, (to feel his pulse about a business.) *Sonder quelqu'un, le tâter, ou lui tâter le pouls sur une affaire, tâcher de découvrir sa pensée ou ses sentiments.*

To try a quarrel by dint of sword. *Vider, décider, terminer un différent à la pointe de l'épée.*

To try one for his life, (to bring him to his trial.) *Faire le procès à quelqu'un, le juger.*

To try, (to cleanse or purify.) *Epurer, purifier, rendre pur.*

To try a liquor. *Epurer ou purifier une liqueur.*

To try metals. *Purifier des métaux.*

To try the match of a musquet. *Compasser la mêche d'un mousquet.*

To try experiments. *Faire des expériences.*

To try conclusions. *Hasarder l'affaire, † hasarder le paquet.*

To try masteries with one. *Tirer au court bâton, ou tirer au bâton avec quelqu'un.* V. Mastery.

I will try it, (I will have a trial for it.) *Je veux m'en remettre à la décision des juges.*

To try (or give a trial of) one's skill. *Faire voir (ou donner des preuves de) ce que l'on fait faire.*

To TRY, *v. n.* (to endeavour.) *Essayer, tenter, tâcher, faire ses efforts.*

To try, (a sea-term, to have no more sails forth but the main-sail.) *Mettre à la cape, ou mettre le vaisseau à la cape, faire servir la grande voile seule.*

Tried, *adj.* Essayé, &c. V. to Try.

TRY-SAIL, *s. comp.* Voile de senau.

TRYING, *subst.* L'action d'essayer, &c. V. to Try.

It is or 'tis but trying. *Il ne coûte pas tant d'essayer.*

Trying, *part. & subst.* (a sea-term.) *Action de caper, d'être à la cape.*

A ship a-try or trying. *Vaisseau à la cape.*

TUB, *s.* (a sort of wooden vessel.) *Une cuve, un cuvier, une tine.*

A bucking-tub. *Cuve à lessive ou cuvier.*

A water-tub. *Cuve à conserver de l'eau.*

A bathing-tub. *Cuve à se baigner, un bain.*

A tub-full. *Cuvée ou plein une cuve.*

TUB TUG

The tub of *Diogenes*. *Le tonneau de Diogène.*

A tub with ears. *Tinette.*

A kneading-tub, (or trough.) *Voyez Trough.*

A fish-tub. *Un cuvier.*

A salting or powdering tub. *Un saloir.*

† A tale of a tub, (an idle or Canterbury tale.) *Un conte jaune, bleu, borgne, un conte de vieille, un conte de ma mere l'oie.*

TUBE, *s.* (or pipe.) *Tube ou tuyau.*

An optick tube. *Un télescope.*

TUBERCLE, *s.* (a little swelling pustule, as in the small-pox.) *Tubercule, pustule, petite tumeur.*

TUBEROSE, *s.* (a white fragrant flower.) *Tuberense.*

* TUBEROSITY, *s.* (or bunch.) *Tuberosité, bosse, tumeur.*

TUBEROUS, *adj.* (full of bunches or knots.) *Plein de tubercules.*

TUBULATED, } V. Fistular.
TUBULOUS, }

TUCK, *s.* (or rapier.) *Estoc, longue épée.*

Tuck, (in a ship.) *La partie intérieure de la poupe, comprise entre la lisse d'hourdi & les estains; ce qu'on appelle aussi les fesses d'un bâtiment.*

A square tuck. *Une poupe quarrée, un cul quarré.*

To TUCK, *verb. act.* (to turn or gather up. *Trousser, retrousser, relever, replier, ce qui pend trop bas.*

She tucked up her gown. *Elle troussa ou retroussa sa robe.*

To tuck in the bed clothes. *Border un lit, faire entrer les bords de la couverture dans le lit.*

Tucked up, *adj.* Troussé, retroussé, &c. V. to Tuck.

TUCKER, *s.* (the neck of a woman's shirt, made of lace, cambrick, lawn, &c.) *Le jabot d'une chemise de femme, tour de gorge.*

Lace-tucker, (that goes about the top of a woman's stays.) *Tour de dentelle qui orne le dessus d'un corps de jupe.*

TUCKING up, *s.* L'action de trousser ou de retrousser, &c. V. to Tuck.

TUESDAY, *subst.* (the third day of the week.) *Mardi, le troisième jour de la semaine.*

Shrove-tuesday. *Mardi-gras.*

TUET, *s.* Touffe, coupet.

Tuft of rushes. *Une touffe de joncs.*

A tuft (or lock) of hair. *Touffe de cheveux ou toupet de cheveux.*

A little turf of hair. *Petite touffe ou toupillon de cheveux.*

A tuft of silk. *Touffe de soie.*

A tuft (or bunch) of feathers. *Touffe de plumes.*

A tuft of trees. *Une touffe d'arbres.*

Tuft of grass. *Une touffe d'herbe, ou un gazon.*

Tuft, *adj.* Velouté, qui tient du velours.

Tuft r'bend. *Ruban velouté.*

TUFTTAFFETY, *subst.* (a shaggy kind of silk.) *Tripe de velours.*

TUFTED, } *adj.* Velouté, peluché.
TUFTY, }

A tufted flower. *Une fleur veloutée ou peluchée.*

A tufted lace. *Une aiguillette peluchée.*

Tufted buttons. *Boutons à freluche.*

TUG, *s.* (or pull.) *Action de tirer, effort qu'on fait pour tirer quelque chose.*

To

TUG TUM

To give a tug. *Tirer.*
† I had a hard tug of it. *Cela m'a bien fait suer, cela m'a bien donné de la peine.*
Tug, (or waggon to carry timber.) *Chariot pour porter du bois de charpente.*
To TUG, v. act. (to pull with long continued strength.) *Tirer, tirer avec effort, tirailler.*
To tug, v. n. (to pull.) *Tirer.*
To tug at the oar. *Tirer à la rame ou à l'aviron, tirer la rame.*
† To tug (or to labour) hard for a thing. *Prendre bien de la peine, faire de grands efforts, ou suer pour quelque chose.*
To tug. V. to Touse.
Tugged, adj. *Tiré, tiraillé, &c.*
TUGGER, s. *Celui ou celle qui tire avec effort, qui travaille ou qui se fatigue beaucoup.*
TUGGING, subst. *L'action de tirer, &c.* V. to Tug.
† Old tugging. *Dispute opiniâtre.*
† There's old tugging for it. *On y est toujours aux prises.*
Tugging, adj. Ex. A tugging horse. *Cheval qui tire bien.*
TUITION, s. (care or government.) *Soin, conduite.*
Tuition (patronage, protection.) *Protection, défense.*
TULIP, s. (a beautiful short lived flower.) *Tulipe.*
TUMBLE, s. (a fall). *Chute.*
To get a tumble. *Tomber.*
To TUMBLE, verb. act. (to throw or roll.) *Rouler, jeter, renverser.*
To tumble stones down a hill. *Rouler des pierres du haut d'une montagne.*
To tumble one upon a bed. *Jeter quelqu'un sur un lit, le jeter de force, le renverser sur un lit.*
To tumble a bed. *Défaire un lit, le mettre en désordre.*
To tumble (or rumple) one's clothes. *Chiffonner, froisser les habits de quelqu'un.*
To tumble DOWN , (to make fall.) *Faire tomber, jeter ou renverser par terre.*
To tumble OVER a great many books. *Feuilleter, lire, parcourir plusieurs livres.*
To tumble, verb. neut. to tumble down, (to fall.) *Tomber.*
To tumble down , (as a wall.) *S'ébouler.*
To tumble , (to roll or wallow throw or stretch one's self.) *Se vautrer, se rouler, se jeter, se renverser, s'étendre, se démener.*
To tumble upon the bed. *Se jeter, se renverser, se démener sur un lit.*
A ship that tumbles , (rolls or labours in the sea. *Vaisseau qui roule ou qui ne fait que rouler.*
To tumble , (to play tumbling tricks.) *Sauter, faire des sauts périlleux.*
Tumbled, adject. *Roulé, &c.* V. to Tumble.
TUMBLER, subst. *Sauteur, sauteuse, celui ou celle qui fait des sauts périlleux.*
A tumbler , (to drink out of.) *Gobelet sans pied.*
A tumbler-dog. *Un basset.*
TUMBLING, s. *L'action de rouler, &c.* V. to Tumble. verb. act. & neut.
Tumbling , adj. Ex. To play tumbling tricks. *Faire des sauts périlleux.*

TUM TUN

TUMBLING-HOME, s. comp. (or in old language , housing-in.) *Rentrée des œuvres mortes d'un vaisseau.*
TUMBREL, s. (or dun-cart.) *Tombereau, sorte de charrette.*
TUMEFACTION, s. (the making tumid.) *Enflure , action de tuméfier.*
To TUMEFY , verb. act. (to swell.) *Tuméfier, causer une tumeur, faire enfler.*
Tumefied , adj. *Tuméfié.*
TUMEFYING, s. *L'action de tuméfier.*
TUMID, adj. (or swelled, pompous.) *Enflé.* A tumid style. *Un style enflé.*
TUMOUR , subst. (or swelling.) *Tumeur, enflure, dans le propre & dans le figuré.*
A tumour in the groin. *Une tumeur à l'aîne, un poulain.*
TUMOUROUS, adj. (swelling, pompous.) *Enflé.*
TUMULT , s. (an uproar, a bustle , a riot.) *Tumulte, trouble, désordre, émotion, bruit avec confusion.*
TUMULTUARILY, adverb. *Tumultuairement, en tumulte, d'une maniere tumultuaire.*
TUMULTUARY, adject. (done in a tumult.) *Tumultuaire, qui s'est fait dans un tumulte contre les formes & les loix.*
TUMULTUOUS, adj. (done with tumult, riotous.) *Tumultueux, tumultuaire, fait avec tumulte, séditieux.*
TUMULTUOUSLY, adverb. *Tumultueusement, tumultuairement, séditieusement.*
TUN, s. (a pipe.) *Un tonneau.*
Tun , (a measure of liquids containing 252 gallons.) *Tonneau, mesure d'huile, de vin, &c. qui contient deux cents cinquante-deux gallons d'Angleterre, à quatre pintes de Paris le gallon.*
Tun , (a weigh of two thousand pounds.) *Tonneau, le poids de deux mille livres.*
A ship of 200 tuns. *Un bâtiment de deux cents tonneaux.*
A tun of timber , (is 40 solid feet.) *Mesure de quarante pieds cubiques de bois de charpente.*
Tun-bellied. *Qui a un gros ventre, pansu.*
To TUN , verb. act. (to put in a tun.) *Entonner, verser dans un tonneau, mettre dans un tonneau.*
To TUN UP,
TUNABLE, adj. *Accordant, harmonieux, mélodieux.*
A tunable voice. *Une voix accordante ou harmonieuse.*
TUNABLENESS, s. *Accord.*
TUNABLY, adv. *Harmonieusement, mélodieusement, avec harmonie, avec mélodie.*
TUNE, subst. (consonance in sound.) *Accord, ton, consonance ou union de son.*
Melodious tunes. *Accords mélodieux.*
A musical instrument in or out of tune. *Un instrument de musique qui est ou qui n'est pas d'accord.*
Those two instruments are in tune with each other. *Ces deux instruments sont montés sur le même ton.*
Tune, (air, way of singing or playing.) *Air, ton, mode de chanter ou de jouer de certains instrumens.*
The tune of a song. *L'air d'une chanson.*
The tunes to which the psalms are sung. *Les tons sur lesquels on chante les pseaumes.*
To sing another tune. *Changer de ton ou de note.*

TUN TUR

† To be out of tune, (or out of humour.) *N'être pas de bonne humeur.*
† My body is now out of tune (or unfit) for that sport. *Mon corps n'est plus propre à ce badinage.*
† To beat one to some tune. *Battre quelqu'un de la belle maniere , le battre fort & ferme.*
† To rattle one to some tune. † *Laver la tête à quelqu'un , le gronder , lui faire la mercuriale.*
To TUNE , v. act. *Accorder , mettre d'accord, monter à un certain ton.*
To tune a lute. *Accorder un luth.*
Tuned, adj. *Accordé.*
TUNER, s. *Celui qui accorde.*
TUNEFUL, adj. V. Tunable.
TUNELESS, adj. (without tune or harmony.) *Discordant.*
TUNICK, s. (a sort of sleeveless coat.) *Une tunique, sorte de vêtement de dessous.*
A tunick and vest. *Tunique & veste.*
Tunick or tunicle, subst. (a little coat or skin.) *Tunique, membrane, pellicule.*
The tunicle of the eye. *La tunique de l'œil.*
TUNING, s. (from to tune.) *L'action d'accorder.*
TUNNAGE,
TONNAGE, sub. (an imposition upon every tun.) *Tonnage ; un impôt sur chaque tonneau.*
TUNNED, adj. (from to tun.) *Entonné, versé ou mis dans un tonneau.*
TUNNEL, subst. (or funnel , through which liquor is poured into a vessel.) *Un entonnoir.*
A tunnel, (a sort of net to catch partridges,) *Tonnelle, espece de filet pour prendre des perdrix.*
The tunnel (or funnel) of a chimney. *Tuyau de cheminée.*
TUNNELLER, s. (one that takes partridges with a tunnel.) *Tonneleur.*
TUNNY, s. (a sea-fish.) *Thon, poisson de mer.*
TUP, s. (or ram.) *Belier.*
To TUP, v. act. (as the ram does the ewe.) *Couvrir, en parlant du belier qui couvre la brebis.*
TURBANT, subst. (a sort of cap worn by the Turks and most of the Eastern people.) *Turban, coiffure des Turcs & de la plupart des Orientaux.*
TURBARY, subst. (a right to dig turves upon a common.) *Privilege ou droit de prendre des tourbes dans des communes.*
TURBID, adj. (muddy.) *Trouble.*
TURBIDNESS, s. (muddiness.) *Bourbe.*
TURBINATED, adject. *Turbiné,* terme d'histoire naturelle.
TURBITH, s. (plant.) *Turbith.*
TURBITH-MINERAL, s. (yellow precipitate.) *Turbith minéral, précipité jaune du mercure.*
TURBOT, s. (a sea-fish.) *Turbot.*
TURBULENCE, s. (turbulent humour or spirit.) *Esprit turbulent, séditieux, remuant, inculte; turbulence.*
TURBULENT, adject. (or boisterous.) *Furieux, impétueux.*
Turbulent, (seditious.) *Turbulent, séditieux, remuant.*
TURBULENTLY, adv. *Turbulemment, d'une maniere turbulente.*
TURCISM, subst. (the religion of the Turks.) *La religion des Turcs, le Mahométisme.*
TURCOIS, subst. (a turcois-stone.) *Une turquoise.*

TURD;

TUR

TURD, *f.* (excrement.) *Merde, vilenie, ordure, matiere fécale, bran.*
P. A turd is as good for a fow as a pancake. *P. La truie aime mieux le bran que les roses.*
TURDY, *adj.* (ill or scurvy.) *Méchant, mauvais.*
A turdy reception. *Méchant accueil.*
† Turdy, (rude, incivil.) *Incivil, désobligeant.*
† To be very turdy, (or peevish.) *Être fort chagrin ou d: fort mauvaise humeur.*
TURF, *f.* (a clod covered with grass.) *Gazon, motte de terre pleine d'herbe.*
A turf or dry tuff, (a fort of fewel.) *Une tourbe.*
Turf, (the green furface of the ground.) Ex. To run over the turf. *Courir fur le gazon.*
To TURF, *v. act.* *Gazonner.*
TURFY, *adj.* *Plein de gazon ou de tourbes.*
TURGENT. *V.* Turgid.
TURGESCENCE,
TURGESCENCY, *f.* (the act of fwelling, or ftate of being fwollen.) *Enflure.*
TURGID, *adj.* (fwollen or puft up.) *Enflé ou qui s'enfle: il ne fe dit guere qu'au figuré.*
TURGIDITY, *f. Enflure.*
TURK, *f.* (name of a nation.) *Turc, nom de nation.*
Turk, (the turkish language.) *Le turc ou la langue turque.*
Turk's cap, (a fort of flower.) *Martagon.*
TURKEY, *f.* (a country in Europe and Afia.) *La turquie.*
A Turkey merchant. *Marchand qui trafique en Turquie.*
A turkey or a turkey-cock. *Un coq d'Inde.*
A tor'key-hen. *Une poule d'Inde.*
A turkey-pout or a young turkey-cock. *Un chapon, un poulet d'Inde, un dindonneau.*
TURKISH, *adj.* Turc, turque, des turcs.
A turkish drefs. *Un habillement turc.*
The turkish language. *Le turc ou la langue turque.*
The Turkish Empire. *L'Empire des Turcs.*
TURKOIS. *V.* Turcois.
TURMERICK, *f.* (an indian root used for dying yellow.) *Sorte de racine jaune bonne pour la teinture.*
TURMOIL, *f.* (trouble, difturbance.) *Tumulte, bruit, brouillerie, vacarme.*
To TURMOIL, *v. act.* (to toil, to harrafs, to weary.) *Peiner, tourmenter, haraffer, laffer.*
TURN, *f.* (or turner's lathe.) *Un tour de tourneur.*
Turn, (or walk.) *Tour, promenade.*
To take a turn. *Faire un tour de promenade, fe promener.*
Turn, (or fhort way.) *Tour, petit chemin qu'on fait pour aller en un lieu.*
Will you take a turn with me thither? *Voulez-vous faire un tour avec moi jufques-là?*
To gallop a horfe two or three turns. *Faire faire deux ou trois paffades à un cheval.*
Turn, (or courfe.) *Tour, rang alternatif ou fucceffif.*
Every one in his turn. *Chacun à fon tour, fucceffivement.*
When it comes to your turn. *Quand votre tour viendra.*
By turns. *Tour a tour, chacun à fon tour, fucceffivement.*
To take one's turn with another. *Rouler avec un autre.*

TUR

To take one's turn. *Faire quelque chofe à fon tour.*
At every turn. *A tout propos, à chaque moment, à tout bout de champ, à toutes rencontres.*
Turn, (or change.) *Changement, révolution.*
Turn, (an office good or bad.) *Office, fervice, trait, tour.*
To do one a good turn. *Rendre un bon office à quelqu'un, lui rendre un bon fervice.*
F. One good turn deferves another. P. *A beau jeu beau retour.*
A friendly turn. *Un trait d'ami, un tour d'ami.*
To do one an ill turn. *Faire un mauvais tour à quelqu'un, lui jouer une piece, lui rendre un mauvais office.*
The Sheriff's turn, (a Court incident to the office of a Sheriff.) *La Cour du Shérif, qui fe tient deux fois l'année.*
Turn, (or turning.) *Tour, l'action de tourner.*
Give it a turn. *Tournez-le.*
A turn, (of a bowl or wheel.) *Tour de boule ou de roue.*
In the turn of a hand, (in a moment.) *En un tour de main ou en un inftant, en moins de rien.*
† It was or 'twas within the turn of a die. *Il n'a tenu qu'à un cheveu.*
Which turn muft I take to go to London? *Par où faut-il que je tourne pour aller à Londres?*
Turn, (way of writing or of managing a bufinefs.) *Tour, maniere d'écrire ou de conduire une affaire.*
There is or there's a noble turn in all his writings. *Il y a un tour noble à tout ce qu'il écrit.*
He gives every thing what turn he pleafes. *Il donne le tour qu'il lui plait aux affaires.*
It is upon the turn of twelve, of one, &c. *Midi ou une heure vient de fonner.*
It is not fit for my turn, (or bufinefs.) *Il ne fait pas mon affaire, il ne m'accommode pas, il n'eft pas propre pour moi.*
When his turn was ferved he left his friends in the lurch. *Lorfqu'il eut fait fon coup ou fes affaires, lorfqu'il fut venu à bout de fon deffein, il laiffa fes amis dans la naffe, dans le bourbier ou l'embarras.*
That man will ferve your turn very well. *Cet homme fera bien votre fait, c'eft l'homme qu'il vous faut.*
Does that ferve your turn? *Cela fait-il votre affaire? cela fait-il pour vous? cela vous fuffit-il? vous accommodez-vous de cela? V.* to Turn.
That place would be much for his turn. *Cette place eft fort à fa bienféance.*
To fupply one's turn, (or place.) *Remplir la place de quelqu'un, faire les fonctions de fa charge.*
To do one a good turn for a bad one. *Rendre le bien pour le mal.*
To rejoice at an ill turn. *Se réjouir du mal d'autrui.*
I will or I'll do you as good a turn another time. *Je vous rendrai la pareille une autre fois, ou à la premiere occafion.*
There are more thieves than the law expofes to a turn at Tyburn. *Il y a plus*

TUR

de voleurs que la Juftice n'en fait pendre à Tyburn.
A turn-coat, (one that goes over to another party.) *Un homme qui a tourné cafaque, qui a changé de parti.*
Turn-coat, (in Religion.) *Un révolté, un apoftat, un renégat, en fait de Religion.*
A turn-back, (or coward.) *Un lâche, un poltron, un fuyard, qui tourne d'abord le dos à l'ennemi.*
A turn-fol, (or fun-flower.) *Soleil, tournefol, un héliotrope, forte de fleur.*
A turn-broach or rather a turn-fpit. *Un tournebroche.*
Turn-pike, (or calthrops.) *Chauffetrape.*
Turn-pike, (a kind of bar to ftop a paffage.) *Tourniquet.*
Turn-ftile. *Tourniquet.*
To TURN, *v. act.* (to move round or fomething like it.) *Tourner, mouvoir en rond ou d'une maniere qui approche du mouvement en rond.*
To turn a wheel. *Tourner une roue.*
To turn the fpit. *Tourner la broche.*
To turn or turn over the leaves of a book. *Tourner les feuillets d'un livre.*
To turn the toes in or out. *Tourner les pieds en dedans ou en dehors.*
To turn head, (to make head againft.) *Tourner tête ou tourner vifage, faire tête.*
To turn tail, (to fhuffle or fhift.) *Tournoyer, biaifer, tergiverfer, chercher des détours, n'aller pas droit.*
To turn one's back of one, (to forfake him.) *Tourner le dos à quelqu'un, le quitter, l'abandonner.*
To turn one's back, (or to fly.) *Tourner le dos, s'enfuir.*
He does not know which way to turn himfelf, (he is put to his laft fhifts.) *Il ne fait plus de quel côté tourner ou fe tourner, ou de quel bois faire flèche.*
To turn, (or point the canon againft a wall.) *Tourner ou pointer le canon contre une muraille.*
To turn, (to turn the infide out.) *Tourner, retourner, tourner d'un autre fens.*
To turn a fuit of clothes. *Tourner, retourner un habit.*
To turn up fpades, diamonds, hearts or clubs. *Tourner ou retourner de pique, carreau, cœur ou trefle.*
To turn (or weight down) the fcale. *Faire pencher la balance.*
To turn the milk of a nurfe. *Troubler le lait d'une nourrice.*
To turn, (to fafhion with a turn or turner's lathe.) *Tourner, façonner au tour.*
To turn (or bend) one's thoughts to fomething or upon fomething. *Tourner, porter ou appliquer fes penfées à quelque chofe.*
To turn (or convert) one's heart to God. *Tourner fon cœur à Dieu, fe tourner à Dieu.*
To turn (to tranflate) out of one language into another. *Tourner, traduire, rendre ou mettre d'une langue en une autre.*
To turn every thing to one's advantage. *Tourner tout à fon avantage.*
He had his own jeft turned upon him in earneft. *On lui rétorqua dans le férieux ce qu'il n'avoit dit qu'en raillerie.*

TUR

To turn one all manner of ways, (to pump him, to examine how he stands affected.) *Tourner quelqu'un de tous les sens ou de tous les côtés, tâcher de découvrir son sentiment ou son dessein.*
To turn a thing into ridicule, (to make a jest of it.) *Tourner une chose en raillerie, se moquer de quelque chose.*
To turn one into ridicule, (to make a fool of him.) *Tourner quelqu'un en ridicule, le rendre ridicule par des traits de raillerie.*
I turn and wind him (I manage him) as I please. *Je le tourne comme je veux, je lui fais faire tout ce que je veux.*
To turn (or manage) a business well or ill. *Tourner, conduire ou ménager bien ou mal une affaire, lui donner un bon ou mauvais tour ou biais.*
To turn, (to order to a certain turn in one's thoughts or words, prose or poetry.) *Tourner, donner un certain tour aux pensées & aux paroles.*
To turn a period well. *Tourner bien une période.*
Mr. Dryden turns a verse admirably well. *Mr. Dryden tourne admirablement bien un vers.*
To turn a notion pleasantly. *Tourner agréablement une pensée, lui donner un tour agréable.*
To turn, v. n. (to move or go round.) *Tourner, se mouvoir en rond.*
To turn, (to move this or that way.) *Tourner, se tourner, se mouvoir d'un côté & d'autre.*
To turn every way, (or on all sides.) *Tourner ou se tourner de tous côtés.*
To turn upon the enemy. *Tourner tête ou visage à l'ennemi, faire volte face.*
My head turns round, (I am giddy.) *La tête me tourne, je suis étourdi.*
To turn to all winds, (to be very inconstant.) *Tourner à tout vent, être fort inconstant.*
To turn to windward, (a sea-term.) *Pincer le vent, serrer le vent, aller au plus près ou louvoyer.*
To turn, (to incline, to end, to have a certain issue.) *Tourner, se tourner, incliner, about r à une certaine fin.*
That will turn to account. *Cela tournera à profit, il y a du profit à faire, on y trouvera son compte.*
That will turn to your shame. *Cela tournera à votre honte.*
That will never turn to good. *Cela ne tournera jamais à bien.*
To turn, (as milk does.) *Tourner ou se tourner, en parlant du lait.*
To turn, (or turn back.) *Retourner.*
Rivers turn seldom to their fountain head. *Les rivieres retournent ou remontent rarement vers leur source.*
To turn (or rather return) goods upon a shopkeeper's hands. *Renvoyer des marchandises à un marchand, les lui rendre.*
To turn, v. act. (to bend another way.) *Détourner, tourner ailleurs.*
To turn the course of a river. *Détourner le cours d'une rivière.*
To turn one's eyes from one object to another. *Détourner les yeux d'un objet, & les porter sur un autre.*
To turn (to change or convert) one thing into another. *Changer ou convertir une chose en une autre.*

TUR

I pray to God to turn his heart. *Je prie Dieu qu'il le convertisse.*
To turn (or change) one's Religion. *Changer de religion, se faire d'une autre Religion, se convertir ou se pervertir.*
To turn one, (to make him turn his Religion.) *Faire changer quelqu'un de Religion, le convertir ou le pervertir, le faire révolter.*
To turn, verb. neut. (to be changed or converted, to become.) *Se tourner, se changer, se convertir, passer d'un état à un autre, devenir, se faire.*
To turn into stone, (to petrify.) *Se tourner ou se changer en pierre, devenir dur comme une pierre.*
Turn unto the Lord your God. *Convertissez ou retournez-vous à l'Éternel votre Dieu, tournez votre cœur à Dieu.*
To turn sour. *Devenir aigre, s'aigrir, se faire aigre.*
To turn Physician. *Se faire Médecin.*
To turn from one Religion to another, (to change one's Religion.) *Changer de Religion, se faire d'une autre Religion.*
To turn Papist. *Se faire Papiste.*
The wind turns, (or changes.) *Le vent change.*
To turn, verb. act. (or to send) a horse to grass. *Mettre un cheval à l'herbe, donner, faire manger le vert à un cheval.*
That is enough to turn his brain. *Cela est capable de lui faire tourner ou de lui renverser la cervelle, ou de lui faire tourner la tête.*
That turns my stomach. *Cela me fait soulever le cœur, ou me fait presque vomir.*
To turn a chamber to the west. *Exposer une chambre au couchant.*
To turn the penny, (to improve one's small stock.) *Faire valoir le talent, faire valoir ce qu'on a.*
To turn the tables upon one, (to be even with him.) *Rendre la pareille à quelqu'un, lui donner sa revanche, s'en venger.*
† Turn the tables. *Tournez la médaille.*
To turn bankrupt, v. n. *Faire banqueroute, faire faillite.*
To turn cat in pan, verb. neut. (to be a turn-coat.) *Tourner casaque, changer de parti, se tourner ou se ranger du parti contraire.*
When the times turn, verb. n. *Quand les affaires changeront de face.*
To turn (to go over) to one, v. n. *Se tourner ou se ranger du côté de quelqu'un, se joindre à lui.*
To turn a stallion amongst mares, verb. act. *Donner l'étalon aux cavales.*
To turn ABOUT or ROUND, v. n. (to move round.) *Tourner, tournoyer.*
To turn about upon one foot. *Pirouetter.*
To turn about or back, (to face about.) *Se tourner, se retourner.*
There's so little room that one can hardly turn about. *La chambre est si petite qu'à peine s'y peut-on remuer.*
To turn AGAIN, verb. neut. (to make head against.) *Se retourner, se défendre.*
To turn AWAY a servant, verb. act. *Congédier un domestique, se défaire de lui, lui donner son congé, le chasser.*
To turn away from one, verb. neut. (or forsake him.) *Quitter le parti de quelqu'un, l'abandonner.*

TUR

To turn (or to go) BACK, verb. neut. *S'en retourner, rebrousser, rebrousser chemin, retourner sur ses pas.*
To turn back. V. to Turn about.
To turn DOWN, verb. act. *Plier.*
To turn one HOME, verb. act. *Faire retirer ou renvoyer quelqu'un chez soi, l'obliger de se retirer.*
To turn home, v. n. *Se retirer, s'en retourner, s'en aller chez soi.*
To turn one OFF, verb. act. (or discard him.) *Se défaire de quelqu'un ou le renvoyer.*
He turned it off with a laugh or a droll. *Il tourna la chose en raillerie, il se mit à plaisanter de cette aventure.*
To turn a thing off of one's stomach. *Faire passer une chose qui s'attache à l'estomac, ou que l'estomac ne peut pas digérer.*
† That will turn him off (or kill him) as soon as any thing. *C'est là le véritable moyen de lui faire passer le pas.*
To turn off or FROM, (to avert.) *Détourner.*
To turn off a malefactor, (to let him swing.) *Pendre un criminel, l'abandonner à la corde.*
To turn IN, verb. act. *Remplier, redoubler.*
To turn IN and OUT, verb. neut. *Serpenter, tournoyer.*
That will turn you INTO a looseness, verb. act. *Cela vous donnera le flux de ventre.*
To turn a thing OVER to one, v. act. *Remettre une chose à quelqu'un, la mettre entre ses mains.*
To turn one's children over to servants. *Remettre le soin de ses enfants à des domestiques.*
Turn him over to me. *Renvoyez-le moi.*
To turn over books. *Lire, feuilleter, parcourir des livres.*
To turn over every leaf of a book. *Feuilleter un livre d'un bout à l'autre.*
To turn over a new leaf, (to take another course.) *Prendre d'autres mesures.*
To turn over a new leaf, (to change one's course of life.) *Changer de vie.*
To turn one OUT, or out of doors, verb. act. *Chasser quelqu'un de la maison, le mettre dehors, le faire sortir de force.*
To turn one out of his office, or commission. *Oter une charge à quelqu'un, lui ôter sa commission, le déposer, le dépouiller de son emploi.*
To turn out, verb. neut. (to go out.) *Sortir, décamper, déloger.*
To turn, (to take or tuck.) *Tourner, retourner, lever, relever, trousser, retrousser.*
To turn up a card. *Tourner ou retourner une carte.*
To turn up one's mask. *Lever le masque, se démasquer.*
To turn up one's whiskers. *Relever ou retrousser ses moustaches.*
To turn (or cock) up one's hat. *Retrousser son chapeau.*
To turn (or cast) a thing up. *Rendre ou vomir quelque chose.*
To turn or dig up the ground. *Remuer la terre, la fouir.*
To turn TO. *Consulter, recourir à.*
To turn UPSIDE DOWN. *Tourner ou renverser sens dessus dessous.*

TURNAMENT,

TURNAMENT, TOURNAMENT, *subst.* (a martial exercise on horseback, a justing or tilting.) *Tournois, joute.* V. Tournament.

TURNED, *adject.* Tourné, &c. V. to Turn.

His industry is turned upon him as a crime. *On lui fait un crime de son industrie.*

My stomach is turned against it. *Cela répugne à mon estomac, j'ai de l'aversion pour cela.*

I am turned of twenty. *J'ai passé vingt ans ; je passe la vingtième année, j'ai vingt ans passés.*

TURNER, *s.* Tourneur, artisan qui façonne du bois au tour.

Turner, (that sells all manner of household implements of wood.) *Un boisselier.*

TURNING, *s.* Tour ou *l'action de tourner,* &c. V. to Turn.

In the turning of a hand, (in a trice.) *En un tour de main ou en un tour ne-main.*

Turning, (a place that turns.) *Détour, tour, sinuosité.*

The turning of a street. *Le détour d'une rue.*

The turnings and windings of a river. *Les tours & retours, les replis, les sinuosités d'une riviere.*

The turning up (or cock) of a hat. *Retroussis de chapeau.*

Turning, &c. Ex. A turning joint. *Vertebre, os de l'épine du dos.*

TURNIP, *s.* (a white esculent root.) *Navet.*

TURNESOL, TURNSPIT, *&c.* V. Turn.

TURPENTINE, *subst.* (a clear gum, from the pine, larch and other trees of that kind.) *Térébentine, résine qui coule du térébinthe.*

The turpentine-tree. *Le térébinthe,* arbre résineux.

TURPITUDE, *subst.* (inherent vileness, great baseness.) *Turpitude, infamie, bassesse, laideur.*

TURQUOISE. V. Turcois.

TURREL, *s.* (a cooper's tool.) *Tiresond de tonnelier.*

TURRET, *s.* (or little tower.) *Une tourelle, une petite tour.*

TURTLE, *subst.* (or sea-tortoise.) *Tortue de mer.*

Turtle or turtle-dove. *Une tourterelle ou tourtre.*

† TUSCAN, *adject.* (of Tuscany.) *Toscan.*

Ex. The tuscan order. *L'ordre toscan en architecture.*

‡ TUSH, TUT, } (a flighting interjection.) *Fi.*

TUSKS, *s.* Ex. The tusks of a wild boar, (the great teeth that stand out.) *Défenses de sanglier.*

TUSKED, TUSKY, } *adj.* (that has tusks.) *Qui a des défenses.*

TUT. V. Tush.

TUTANAG, *s.* Sorte de métal qui ressemble à l'étain.

TUTELAGE, *s.* (guardianship.) *Tutelle, curatelle ; l'état d'un enfant en tutelle.*

TUTELAR, TUTELARY, } *adject.* (or guardian.) *Tutélaire, gardien, qui garde ou qui protège.*

A tutelar (or guardian) Angel. *Ange tutélaire ou gardien.*

TUTIE. V. Tuty.

TUT-MOUTHED, *adj.* (that has the chin and nether jaw growing farther out than the upper.) *Dont le menton & la levre de dessous avancent plus que celle de dessus.*

TUTOR, *subst.* (one who has the care of another's learning or morals, a preceptor, a governor.) *Précepteur ou gouverneur.*

A tutor of a college in the university. *Précepteur d'un college dans l'université, un professeur qui enseigne en particulier.*

* Tutor, (or guardian.) *Tuteur,* celui qui est chargé de quelque tutelle.

To TUTOR, *verb. act.* (to instruct, to teach, to chide or treat with severity.) *Reprendre, corriger, censurer, apprendre à vivre, apprendre à quelqu'un son devoir.*

Tutored, *adj.* Repris, corrigé, censuré, &c. V. to Tutor.

TUTORAGE, *s.* (the office of a tutor.) *Place ou emploi de précepteur.*

TUTORESS, *s.* (directress, governess.) *Gouvernante,* femme chargée de l'éducation des enfants.

TUTORING, *s.* L'action de reprendre, &c. V. to Tutor.

TUTTY, *subst.* (a sublimate of zinc or calamine collected in the furnace.) *Tutie,* fleur de cuivre & de la calamine qui s'attache au haut du fourneau.

TUZ, *s.* (a lock or tuft of hair.) *Touffe,* toupet ou toupillon de cheveux.

* TWAIN, *adj.* (for two.) *Deux.*

* TWAIT, *s.* (an old law-word for a wood grubbed up and turned to arable.) *Bois défriché.*

TWANG, *s.* (or sharp sound.) *Son aigu.*

The twang of a bow-string. *Le son aigu d'une corde d'arc.*

Twang, (an ill sound or accent in one's pronunciation.) *Mauvais accent, mauvaise prononciation.*

To speak with a twang, (or through the nose.) *Parler du nez.*

Twang. V. Tang.

To TWANG, *verb. neut.* (to sound like the string of an instrument.) *Rendre un son aigu.*

A coach-man that makes his whip twang. *Un cocher qui fait claquer son fouet.*

To twang a bow, *verb. act.* Faire rendre un son aigu à une corde.

'TWAS, for it was. *C'étoit, &c.*

To TWATTLE, *verb. neut.* (to prate or prattle.) *Causer, babiller, caqueter, jaser.*

TWATTLE-BASKET, *subst.* (one that does nothing but twattle.) *Un causeur, une causeuse.*

TWATTLING, *s.* L'action de causer, babil, caquet.

Twattling, *adj.* Ex. A twattling housewife. *Une causeuse, une femme qui a bien du babil.*

TWEAK, *subst.* Ex. To give one a tweak by the nose. *Tordre ou tirer le nez à quelqu'un.*

Tweak, (trouble, perplexity.) *Peine, embarras, perplexité, trouble d'esprit.*

To be in a sad tweak. *Être fort en peine, être bien embarrassé.*

To TWEAK, *verb. act.* (or pull hard) by the nose. *Tirer par le nez.*

TWEEZERS, *s.* (or nippers.) *Pincette* pour s'arracher le poil, &c.

TWELFTH, *adj.* Douzième.

Twelfth-day or Twelfth-tide, (the feast of the Epiphany or three Kings. *Les Rois, le jour des Rois, l'Epiphanie.*

To chuse King and Queen at twelfth-day. *Faire les Rois.*

TWELVE, *adj.* Douze.

A book in twelves. *Un in-douze* ou *un livre in-douze.*

Twelve, (at tick-tack.) *Sonnez, deux six,* au jeu de trictrac.

To throw twelve. *Amener sonnez.*

Twelve-man. V. Jury.

A twelve-month, (or year.) *Un an, une année.*

Twelve-pence. *Un schelling.*

Twelve penny. *D'un schelling.*

TWELVESCORE, *subst.* Deux cents quarante.

TWENTIETH, *adj.* Vingtième.

One and twentieth. *Vingt & unième.*

TWENTY, *adj.* Vingt.

One and twenty. *Vingt & un.*

TWIBILL, *s.* (a halberd.) *Hallebarde.*

TWICE, *adv.* (from two.) *Deux fois.*

P. Old men are twice children. P. *La vieillesse est une seconde enfance.*

P. If things were to be done twice, all would be wise. P. *Chacun apprend ou devient sage à ses dépens.*

Twice. *Doublement.*

TWIG, *subst.* (or young branch.) *Jeune branche, verge, rejeton.*

Lime-twig. *Gluau,* petite verge frottée de glu.

To set lime-twigs. *Tendre des gluaux.*

TWILIGHT, *s.* (or time betwixt day and night.) *Crépuscule, l'entrée de la nuit, l'entre chien & loup.*

Twilight, *adj.* Sombre, obscur.

TWIN, *s.* (one of two born or produced together.) *Jumeau, jumelle.*

Twin, *adj.* Jumeau, jumelle.

They are twins. *Ils sont jumeaux, ce sont deux enfants jumeaux.*

Twin, *s.* (Gemini, sign of the Zodiack.) *Les Gemeaux.*

TWINE, *s.* (shoemaker's twisted thread.) *Du fil retors.*

Sail twine. *Fil à voile.*

Marking twine. V. Rogues-yarn *sous* Rogue.

To TWINE, *verb. act.* Entortiller, entrelacer.

To twine ABOUT. *Embrasser.*

To twine, *verb. neut.* S'entortiller, s'entrelacer.

To twine, (to wind.) *Serpenter.*

Twined, *adj.* Entortillé, entrelacé.

TWINING, *s.* L'action d'entortiller, &c. V. to Twine, *verb. act. & neut.*

TWINGE, *s.* (violent pain.) *Douleur aigue, point.*

The gout gives him many a shrewd twinge. *La goutte le tourmente furieusement.*

Twinge, (or torment.) *Tourment.*

The gripes of avarice and the twinges of ambition. *Les soins rongeurs de l'avarice, & les tourments de l'ambition.*

To TWINGE, *verb. act.* Tourmenter, faire une douleur fort sensible.

Twinged, *adj.* Tourmenté.

TWINKLE, *s.* (or twinkling of an eye.) *Clin d'œil, œillade.*

To give one a twinkle. *Faire un clin d'œil à quelqu'un,* lui faire signe de l'œil.

To TWINKLE, *verb. neut.* (or sparkle as stars do.) *Briller, étinceler,* en parlant des étoiles.

Tome II. 4T To

To twinkle with one's eyes. *Fermer les yeux à demi, cligner les yeux, clignoter.*
TWINKLING, *f. L'action de briller*, &c. V. to Twinkle.
The twinkling of an eye. *Clin d'œil.*
In the twinkling of an eye, (in a moment.) *En un clin d'œil, en un moment, en un tour de main ou en un tournemain.*
Twinkling, *adj. Brillant, étincelant.*
TWIRL, *f. Ex.* Give it a twirl. *Tournez-le.*
To TWIRL. } verb. act. *Tourner, faire tourner.*
To TWIRL ABOUT, }
He twirled the dish, (he gave it a swift turn.) *Il tourna le plat.*
Twirled, *adj. Tourné.*
TWIRLING ABOUT, *f. L'action de faire tourner.*
TWIST, *subst. Cordon*, partie d'une corde.
A rope with three twists, (or a three-twisted rope.) *Une corde à trois cordons.*
Twist, (the hollow of the thigh.) *Le dedans de la cuisse.*
Twist, (contortion.) *Contorsion.*
† Twist, (tea and coffee mixed together.) *Mélange de thé & de café.*
A twist, (or girder, a piece of timber.) *Une solive.*
To TWIST, *verb. act.* (or to twine.) *Entrelacer, entortiller, tordre, retordre, cordonner.*
To twist two things together. *Entortiller deux choses ensemble.*
To twist thread. *Retordre du fil.*
To twist a wig. *Cordonner une perruque.*
To twist hair. *Tresser des cheveux.*
To twist the cord with the ball at tennis. *Friser la corde avec la paume.*
To twist, *verb. neut. S'entrelacer, s'entortiller.*
Twisted, *adj. Entrelacé, entortillé, retors, cordonné*, &c. V. to Twist.
TWISTER, *f. Tordeur, tordeuse.*
TWISTING, *subft. L'action d'entortiller, d'entrelacer, de retordre*, &c. *Voyez* to Twist.
To TWIT, *verb. act. Reprocher*, faire des reproches, jeter quelque chose au nez de quelqu'un.
He ever twits me in the teeth with it. *Il m'en fait incessamment des reproches, il me jette toujours cela au nez.*
TWITCH, *f.* (a pinch or pluck.) *Ex.* He gave me such a twitch, that.... *Il me pinça si fort, que...*
Twitch or twinge. V. Twinge.
To TWITCH, *verb. act.* (or pinch.) *Pincer.*
I twitched (or pulled) him by his coat. *Je le tirai par son habit.*
Twitched, *adj. Pincé, tiré.*
TWITCH GRASS, *f.* (a plant.) *Chiendent, sorte d'herbe.*
TWITCHING, *f. L'action de pincer ou de tirer.* V. to Twitch.

TWITTED, *adject.* (from to twit.) *A qui l'on a fait des reproches.*
To TWITTER (or laugh sneeringly) at one, v. n. *Rire au nez de quelqu'un, le regarder d'un air ou avec un ris moqueur.*
To twitter, (to make a sharp tremulous intermitted noise.) *Faire un bruit interrompu*, comme celui que font les hirondelles.
TWITTERING, } *subst. L'action de rire au nez*, &c. V. to Twitter.
TWITTER, }
† She has a twittering (or fancy) towards a second husband. *Elle a envie de se remarier.*
TWITTING, *f.* (from to twit.) *L'action de reprocher ou de faire des reproches*, &c. V. to Twit.
† TWITTLE-TWATTLE, *subst. Babil, caquet.*
To TWITTLE-TWATTLE, v. neut. *Caqueter, causer, babiller, jaser.*
TWIXT. V. Betwixt.
TWO, *adj. Deux.*
Two and two. *Deux à deux.*
P. Two to one is odds. *Deux contre un c'est trop.*
P. To kill two birds with one stone or to stop two gaps with one bush. P. *Faire d'une pierre deux coups.*
Two-edged. *A deux tranchants.*
A two-handed sword. *Un espadon.*
A two-leaved (or folding) door. *Une porte brisée.*
TWOFOLD, *adject. Double ou qui est divisé en deux.*
The genders are twofold, masculine and feminine. *Il y a deux genres, le masculin & le féminin.*
Twofold, *adv.* (doubly.) *Au double ou deux fois autant, doublement.*
To give twofold. *Rendre au double.*
TWOPENCE, *f.* (a small coin.) *Pièce de quatre sous.*
TYE, *f.* (a sea-term.) *Vague de dressée.*
To TYE, &c. V. to Tie.
TYING, *subst. L'action de lier, d'attacher*, &c. V. to Tie.
TYMBAL, *sub.* (a sort of drum.) *Timbale.*
TYMPAN, *subst.* (of a pediment or fonton, in architecture.) *Le tympan d'un fronton, en architecture.*
A Printer's tympan, (a frame of parchment on which the sheet is printed.) *Un tympan d'Imprimeur.*
TYMPANITES, *sub.* (a sort of dropsy.) *Tympanite.* V. Tympany.
TYMPANUM, *sub.* (or drum.) *Tympan, tambour.*
Tympanum of the ear. *Le tympan de l'oreille.*
TYMPANY, *sub.* (a hard swelling in the belly with wind.) *Tympanite*, espece d'hydropisie qui tend la peau du ventre comme celle d'un tambour.
TYNY, *adj.* (small.) *Petit.*
TYPE, *subst.* (emblem, token,) *Type, figure, représentation, ombre.*

Type, (example or model.) *Type, modèle, original.*
Type, (or printing letter.) *Caractère, lettre d'Imprimerie.*
TYPICAL, } *adj. Typique, représentatif.*
TYPICK, }
TYPICALLY, *adv. Dans un sens typique ou d'une manière typique.*
To TYPIFY, v. act. (to figure.) *Représenter.*
TYPOGRAPHER, *sub.* (or Printer.) *Un Imprimeur.*
TYPOGRAPHICAL, *adj. D'Imprimeur, typographique.*
Ex. A typographical essay. *Un essai typographique.*
TYPOGRAPHY, *subst.* (or printing.) *Imprimerie ou l'art d'imprimer, typographie.*
TYRANNICAL, } *adj.* (cruel, unjust.)
TYRANNICK, }
Tyrannique, tyran, de tyran, qui tient de la tyrannie, qui est injuste, violent, contre droit & raison.
A tyrannical power. *Un pouvoir tyrannique.*
A tyrannical man. *Un tyran.*
TYRANNICALLY, *adv. Tyranniquement, d'une manière tyrannique.*
TYRANNICIDE, *subst.* (that has killed a tyrant.) *Tyrannicide, celui qui a tué un tyran.*
Tyrannicide, (the killing of a tyrant.) *Tyrannicide, meurtre d'un tyran.*
To TYRANNISE, *verb. act.* (to oppress or to use tyrannically.) *Tyranniser, traiter d'une manière tyrannique & cruelle, traiter tyranniquement.*
Tyrannised, *adj. Tyrannisé.*
TYRANNISING, *subst. L'action de tyranniser.*
TYRANNOUS. V. Tyrannical.
TYRANNOUSLY. V. Tyrannically.
TYRANNY, *sub.* (the government of a tyrant.) *Tyrannie, gouvernement d'un tyran.*
Tyranny, (oppression, violence.) *Tyrannie, oppression, violence.*
Tyranny, (or tyrannical power.) *Tyrannie, pouvoir tyrannique que certaines choses ont sur les hommes.*
The tyranny of use and custom. *La tyrannie de l'usage & de la coutume.*
TYRANT, *subst.* (one that has invaded or usurped the sovereign power in a state.) *Tyran*, celui qui a usurpé ou envahi la puissance souveraine dans un Etat.
Tyrant, (a Prince, tho' lawful, that governs with cruelty and injustice.) *Tyran*, Prince ou Princesse légitime qui gouverne avec cruauté & avec injustice.
Tyrant, (any one that abuses his authority.) *Tyran*, celui qui abuse de son autorité.
A petty-tyrant. *Un petit tyran.*
TYRE. V. Tire.
TYRO, *f.* (a learner.) *Novice, apprenti;*

U.

U, vingt-unième lettre de l'alphabet anglois, & la derniere des cinq voyelles : en la nommant il faut dire iou.

L'U anglois a trois sons différents, dont le premier est difficile à représenter en françois, car il approche de ceux de l'O & de la diphtongue eu, sans être précisément ni l'un ni l'autre.

Ce son se trouve dans le mot but, qui se prononce presque comme botte en françois.

Le second son se trouve dans le mot bush, qui se prononce boche en françois ; c'est-à-dire que l'U y a la même prononciation que l'O françois dans le mot poche.

Le troisieme son se trouve dans le mot blue ; il est à-peu-près le même que celui de l'u circonflexe françois.

Dans les monosyllabes, cette voyelle a toujours son premier son, comme dans hurl, lull, pluck ; excepté dans les mots bull, full, pull, bush, push, où elle a le son du deuxieme U anglois.

Suivie d'un E muet, elle a toujours son troisieme son, à moins qu'elle ne soit précédée d'une R, alors elle a le son du troisieme O anglois, ou de la diphtongue ou en françois, comme rule, rude, prude, &c., qui se prononcent roule, roude, proude, &c ; mais si l'E final est précédé de deux consonnes, elle a le son du premier U anglois. Ex. Curse, drudge, &c., se prononcent presque comme Ceurse, dreudge, &c.

Bury & busy, & leurs dérivés, se prononcent bery, besy, &c.

UBERTY, sub. (abundance.) Abondance, fertilité.

UBIQUITY, subst. (or omnipresence.) Présence universelle.

UDDER, subst. (or dug.) Tetine.

A sow's or cow's udder. Tetine de truie ou de vache.

UDDERED, adj. Qui a des tetines.

† UDS-NIGGERS, } (two comical
† UDS-BUDDIKINS, } oaths.) Ventre-saint-gris, ventre-bleu, sermens burlesques.

UGLILY, adv. (filthily, with deformity.) Vilainement, mal.

UGLINESS, f. (deformity, homeliness.) Laideur, difformité.

The ugliness (or depravity) of vice. La laideur du vice.

The ugliness (or enormity) of a crime. L'énormité d'un crime.

UGLY, adject. (deformed.) Laid, difforme, vilain.

An ugly woman. Une femme laide, une vilaine.

To grow ugly. Devenir laid, enlaidir.

Ugly, (or unbecoming.) Vilain, indécent, mal-honnête.

Ugly, (or naughty.) Vilain, méchant.

Ugly tricks. De vilains tours.

An ugly (base or shameful) action. Une vilaine action, une action lâche, honteuse, basse, infame, mal-honnête.

ULCER, subst. (a running sore full of putrid virulent matter.) Un ulcere.

To ULCERATE, verb. act. (or cause an ulcer.) Ulcérer, faire un ulcere.

Ulcerated, adj. Ulcéré.

ULCERATING, adject. Qui ulcere, qui cause un ulcere.

ULCERATION, subst. Ulcération.

ULCEROUS, } adject. (full of ulcers.)
ULCERED, } Plein d'ulceres.

ULIGINOUS. V. Slimy.

ULLAGE, f. (the quantity which a cask wants of being full.) La quantité de liqueur qui manque à un tonneau pour qu'il soit plein.

ULTIMATE, adj. (final, last.) Dernier.

ULTIMATELY, adv. Ex. They ultimately resolved upon the business. Ils ont pris leur derniere résolution.

ULTIMATUM, subst. (final resolution.) Ultimatum.

ULTIMITY, f. (last stage or state, last consequence.) Le dernier période, le dernier résultat.

ULTRAMARINE, adject. (from beyond sea.) D'outre-mer, de delà la mer.

Ultramarine, subst. (the finest sort of blue used by painters.) Outremer.

ULTRAMONTANE, adj. & subst. Ultramontain, qui est au-delà des monts.

ULTRONEOUS. V. Spontaneous.

UMBEL, f. Ombelle, terme de Botanique.

UMBER, f. (a yellow paint.) Terre d'ombre.

UMBER. V. Grayling.

UMBERED, adj. (dark, in heraldry.) Ombré.

Umbered arms. Des armes brunies.

UMBILICAL, adj. (of or belonging to the navel.) Du nombril, ombilical.

UMBLES, subst. (of a deer.) Les nombles d'un cerf.

UMBO, f. La partie supérieure d'un bouclier.

UMBRAGE, f. (or shade.) Ombrage, ombre.

Umbrage, (pretence or colour.) Ombre, prétexte, couleur.

Umbrage, (resentment, suspicion of injury.) Ombrage, soupçon, jalousie.

UMBRAGEOUS, adj. (shady.) Obscur, où il y a de l'ombre.

UMBRELLA, f. (a cover to keep one from the sun or rain.) Un parasol, un parapluie.

Umbrella, (to keep off the sun from a window.) Natte à fenêtre, paillasson.

UMPIRAGE, f. (or arbitration.) Arbitrage, compromis.

UMPIRE, subst. (arbitrator.) Arbitre, personne choisie pour terminer un différent.

UN, (a negative or privative particle which is placed almost at will before adjectives and adverbs.) Un est une préposition négative inséparable qui répond à l'in des Latins & des François, mais qui est d'une étendue beaucoup plus grande en Anglois, puisqu'on la peut joindre à presque toutes sortes de noms & de verbes. Je fais ici cette remarque, afin que s'il arrive qu'on trouve dans quelque livre ou ailleurs, des composés de cette particule qui ne soient pas spécifiés dans le dénombrement de cet article, on en cherche la signification dans leur simple.

UNABASHED, adj. Sans être confus.

UNABILITY, subst. Incapacité.

UNABLE, adj. Incapable.

Unable to pay. Insolvable.

UNABLENESS, subst. Incapacité.

UNABOLISHED, adj. Valide.

UNABSOLVED, adj. Qui n'est pas absous.

UNACCEPTABLE, adject. Désagréable, qui déplait, qui ne plait pas, déplaisant.

UNACCEPTED, adj. Qui n'est pas reçu.

UNACCOUNTABLE, adject. (not to be justified.) Qu'on ne peut justifier.

Unaccountable, (odd or strange.) Etrange, bizarre.

So unaccountable a proceeding. Un procédé si étrange, si bizarre, si peu concevable, si fort hors des regles.

UNACCOUNTABLY, adv. Etrangement, d'une étrange maniere.

UNACCURATE, adj. Inexact.

UNACCURATENESS, f. Inexactitude.

UNACCUSTOMED, adv. (unusual.) Inaccoutumé, qui n'est pas ordinaire.

Unaccustomed, (not used.) Qui n'est pas accoutumé.

* UNACCUSTOMEDNESS, f. Qualité de ce qui est inaccoutumé.

UNACKNOWLEDGED, adj. Méconnu, qui n'est pas reconnu.

UNACQUAINTANCE, subst. Ignorance.

UNACQUAINTED with, adj. Qui ignore, qui ne connoit pas, qui n'est pas versé.

UNACQUAINTEDNESS, } subst. Igno-
UNACQUAINTANCE, } rance ou faute de connoissance.

Unacquaintance with a thing. Ignorance de quelque chose.

UNACTIVE, adject. Qui n'est point agissant, lent, paresseux.

UNADDICTED, adject. Qui n'est point adonné ou attaché.

UNADMIRED, adj. Peu regardé.

UNADORNED,

UNADORNED, adj. Simple, sans ornemens.
UNADVISEABLE, adject. Que l'on ne doit pas conseiller, qui n'est pas de la prudence, mal-à-propos.
UNADVISED, adject. Mal-avisé, imprudent, indiscret, inconsidéré.
UNADVISEDLY, adv. Imprudemment, mal-à-propos, indiscrettement.
UNADVISEDNESS, sub. Imprudence, indiscrétion.
UNADULTERATED, adject. Sans altération.
UNAFFECTATION. V. Unaffectedness.
UNAFFECTED, adj. (or natural.) Sans affectation, qui n'est point affecté, simple, naïf, naturel, aisé.
Unaffected, (not moved.) Qui n'est point touché ou ému, sans être touché ou ému.
UNAFFECTEDLY, adv. Sans affectation, d'une manière aisée & naturelle.
UNAFFECTEDNESS, s. (or plainness.) Simplicité, manière de parler ou d'agir sans affectation.
UNAFFLICTING, adj Qui ne frappe pas, qui n'intéresse pas, qui ne touche pas, qui n'est pas intéressant.
UNAGREEABLE, adj. (inconsistent, unsuitable.) Qui ne s'accorde pas.
UNAGREEABLENESS, subst. Incompatibilité.
UNAIDED, adj. Sans secours, sans aide.
UNALIENABLE, adj. Inaliénable, qu'on ne peut aliéner.
UNALIENATED, adject. Qui n'est pas aliéné.
UNALLIED, adj. (not related to.) Qui n'a point d'alliances, ou qui n'a point de rapport ou de relation à une autre chose.
UNALLOWABLE, adject. (not to be allowed.) Qu'on ne doit pas souffrir ou permettre.
UNALLOWED, adj. Qui n'est pas permis, illicite.
UNALTERABLE, adj. Inaltérable, qu'on ne peut changer.
UNALTERABLY, adv. Constamment, immuablement.
UNALTERED, adject. Qui n'est point changé, ou sans être changé.
UNAMAZED, adj. Intrépide, qui ne s'étonne point, sans s'étonner, sans s'épouvanter.
UNAMBITIOUS, adj. Sans ambition.
UNAMENDABLE, adj. Incorrigible.
UNAMIABLE, adject. Désagréable, qui n'est point aimable.
UNANIMITY, s. (agreement in mind, will or advice.) Unanimité, conformité ou union de sentimens, de volontés.
UNANIMOUS, adj. (of one mind, of one accord.) De commun accord, qui est de même sentiment, de même volonté.
Unanimous, (done with one accord.) Unanime, qui se fait unanimement ou d'un commun consentement.
UNANIMOUSLY, adverb. (with one accord.) Unanimement, conjointement, de concert, de commun accord, d'une commune voix, d'un commun sentiment.
To act unanimously, (to go hand in hand in a business.) Agir de concert.
It was unanimously resolved. Il fut résolu d'une commune voix.
UNANSWERABLE, adj. A quoi l'on ne sauroit répondre ou répliquer.
UNANSWERABLY, adv. De manière qu'on n'y peut répondre, d'une manière incontestable.

UNANSWERED, adject. A quoi l'on n'a pas répondu, sans qu'on y ait répondu, qui est demeuré sans réponse ou sans replicus.
UNAPPALLED, adj. Sans crainte.
UNAPPEASABLE, adj. (or implacable.) Implacable, qui ne peut être appaisé.
UNAPPLEASED, adject. Qui n'est pas appaisé.
Ex. His manes shall not wander unappeased. Je ne laisserai pas ses manes errer sans venge me.
UNAPPLICABLE, adj. Inapplicable.
UNAPPREHENSIVE, adject. Qui ne comprend pas, qui ne s'apperçoit pas, qui ne voit pas.
UNAPPROACHED, adj. (inaccessible.) Inaccessible.
UNAPPROVED, adject. Qui n'est pas approuvé.
UNAPT, adject. Qui n'est pas propre ou capable, qui n'a point d'aptitude ou de disposition.
UNAPTLY, adverb. (or untowardly.) Mal, maladroitement, sans aptitude.
UNAPTNESS, subst. Incapacité, peu de disposition.
UNARGUED, adj. Sans discussion.
UNARMED, adject. Sans armes, qui n'a point d'armes, désarmé.
UNARTFUL, adj. Sans art ou artifice.
UNASKED, adject. Qu'on n'a point demandé ou sans le demander.
UNASSISTED, adj. Qui n'est pas assisté ou secouru, sans secours.
UNASSISTING, adj. Qui n'assiste pas.
UNASSUMING, adject. Modeste, sans prétention.
UNASSURED, adj. Qui n'est pas assuré, incertain.
UNASSWAGED, adject. A quoi l'on ne appaisé, &c. V. Asswaged.
UNATTAINABLE, adj. A quoi l'on ne peut pas parvenir, qui est hors de notre portée.
UNATTAINED, adj. A quoi l'on n'a pu parvenir.
UNATTAINABLENESS, s. Impossibilité de parvenir à.
UNATTEMPTED, adj. Qu'on n'a point essayé, tenté ou éprouvé.
UNATTENDED, adj. (unaccompanied.) Qui n'est pas accompagné, sans suite, seul.
Unattended to, (disregarded.) A quoi l'on n'a pas fait attention, négligé.
UNATTENDING, adj. Qui néglige.
UNATTENTIVE, adj. Qui n'est pas attentif, distrait, dissipé.
UNAVAILABLE, } adject. Inutile, vain,
UNAVAILING, } infructueux, qui ne sert à rien, qui ne profite de rien.
UNAVOIDABLE, adj. Inévitable.
UNAVOIDABLY, adv. Inévitablement.
UNAUTHORISED, adj. Sans autorité.
UNAWAKED, adj Qui n'est pas éveillé ou sans être éveillé, tout endormi, en dormant.
UNAWARE, } adv. (suddenly, unex-
UNAWARES, } pectedly, unthought of or unlooked for.) Subitement, tout à coup, inopinément, à l'improviste, au dépourvu.
That came upon me unawares. Cela m'arriva subitement, tout à coup ou inopinément.
To take one unawares, (or napping.) Prendre quelqu'un à l'improviste ou au dépourvu, le surprendre.

Unawares, (through an oversight or mistake.) Sans y penser, par mégarde ou par inadvertance.
UNAWED, adj. Sans être intimidé.
UNBACKED, adj. (not tamed, not taught to bear the rider.) Indompté, qui n'a jamais été monté, en parlant d'un cheval.
Unbacked, (not countenanced, left alone.) Sans assistance, qui n'est pas soutenu.
UNBALANCED, adj. Qui n'est point en équilibre.
To UNBALLAST, verb. act. (a sea-term.) Délester.
UNBALLASTED. V. Unsteady.
To UNBAR, verb. act. Débarrer, ôter la barre ou les barres.
Unbarred, adj. Débarré.
UNBARRING, s. L'action de débarrer.
UNBEATEN, adject. Qui n'est point battu.
UNBECOMING, adj. Mal-séant ou messéant, qui n'est pas bienséant, indécent.
UNBECOMINGNESS, s. Indécence.
UNBEFITTING, adject. Qui ne convient pas, qui n'est pas convenable.
UNBEGOT, } adject. Non-engen-
UNBEGOTTEN, } dré.
UNBELIEF, s. Incrédulité.
UNBELIEVER, subst. Un infidelle ou un incrédule.
UNBELIEVING, adject. Infidelle, incrédule.
To UNBEND, verb. act. Débander, relâcher, détendre. V. to Bend.
To unbend (to ease or refresh) one's mind. Se donner du relâche, se délasser l'esprit, se reposer.
To unbend, (a sea-term.) Démarrer, détacher.
UNBENDING, s. L'action de débander, &c. V. to Unbend.
UNBENEVOLENT, adj. Qui n'a pas le cœur bon, tendre ou humain, sans humanité, impitoyable, dur.
UNBENIGHTED, adj Sans nuit.
UNBENIGN, adj. Méchant.
UNBENT, adject. Débandé, détendu, &c. V. to Unbend.
To UNBENUM, v. act. Dégourdir, ôter l'engourdissement.
Unbenummed, adj. Dégourdi.
UNBENUMMING, s. Dégourdissement.
To UNBESEEM, v. neut. Être mal-séant; messéant ou indécent.
It may not unbeseem me so to do. Peut-être n'aussi- t pas tort de le faire.
UNBESEEMING, adj. (or unbecoming.) Mal-séant, messéant, indécent.
UNBESEEMINGNESS, s. Indécence.
UNBESEEMINGLY, adv. Indécemment.
To UNBESOT, verb. act. Déniaiser.
UNBEWAILLED, adj. Qui n'est pas regretté.
To UNBEWITCH, v. act. Désensorceler.
Unbewitched, adj. Désensorcelé.
UNBIASSED, adj. (impartial.) Qui ne s'est point laissé gagner, qui n'est point préoccupé ou partial, désintéressé.
UNBIASSEDLY, adv. Sans préjugé.
UNBIL, } adj. Qui n'est pas com-
UNBIDDEN, } mandé, qui n'est pas invité ou prié, sans être invité ou prié. V. to Bid.
UNBIGOTTED, adj. Sans bigoterie.
To UNBIND, v. act. (to untie.) Délier, détacher.
UNBINDING, s. L'action de délier ou de détacher.

To

UNB

To UNBIT, verb. act. (a sea-term.) *Débitter*, en parlant du cable.
UNBITTED, adj. *Effréné, sans frein.*
UNBLAMABLE, adj. *Innocent, irréprochable, sans reproche.*
UNBLAMABLENESS, subst. *Innocence, qualité de ce qui est irréprochable, sans reproche.*
UNBLAMABLY, adv. *Innocemment, d'une manière innocente ou irréprochable, sans reproche.*
UNBLAMED. V. Unblamable.
UNBLEMISHED, adj. *Sans tache.*
UNBLEST, adj. *Qui n'est pas béni, sans être béni; malheureux.*
To UNBLIND, v. act. *Rendre la vue à un aveugle, au propre; éclairer l'esprit, au figuré.*
Unblinded, adject. *Qui a recouvré la vue, &c.*
UNBLINDING, s. *L'action de redonner la vue ou d'éclairer l'esprit.*
UNBLOODY, adj. *Sans effusion de sang, où il ne s'est point versé de sang, qui n'a point coûté de sang, non-sanglant.* The unbloody sacrifice of the Mass. *Le sacrifice non-sanglant de la Messe.*
UNBLOWN, adj. *Qui n'est pas épanoui.*
UNBLUNTED, adj. *Non-émoussé.*
UNBODIED, adj. *Incorporel.*
UNBOILED, adj. *Qui n'est pas bouilli.*
To UNBOLT, v. a. *Ouvrir, tirer le verrou.*
Unbolted, adj. *Ouvert.*
UNBOLTING, s. *L'action d'ouvrir.*
To UNBONE, v. act. *Désosser.*
Unboned, adj. *Désossé.*
UNBOOTED, adj. *Débotté, sans bottes.*
To UNBORDER, v. act. *Déborder.*
Unbordered, adj. *Débordé.*
UNBORN, adj. *Qui n'est encore né, qui est encore au ventre de sa mère.*
UNBORROWED, adj. *Naturel, qui n'est pas emprunté.*
To UNBOSOM one's self to one, v. r. *Ouvrir son cœur ou s'ouvrir à quelqu'un.*
UNBOTTOMED, adj. *Sans fond.*
UNBOUGHT, adj. *Qui n'est pas acheté.*
UNBOUND, adject. (from to unbind.) *Délié, détaché, qui est en liberté.*
UNBOUNDED, adj. (without bounds.) *Infini, immense, qui n'a point de bornes, sans bornes, démesuré.*
UNBOUNDEDLY, adv. *Sans bornes.*
UNBOUNDEDNESS, s. *Immensité.*
To UNBOWEL, verb. act. (to draw out the guts.) *Eventrer.*
Unbowelled, adj. *Eventré.*
UNBOWELLING, s. *L'action d'éventrer ou de vider un animal.*
To UNBOY, verb. act. *Mettre hors de page.* It was now time to unboy the prince, by putting him into some action and acquaintance with business. *Il étoit déjà temps de mettre le Prince hors de page, en le faisant agir & en lui donnant quelque connoissance des affaires.*
To UNBRACE, v. act. *Déboucler, délier, détacher, relâcher.*
Unbraced, adj. *Débouclé, &c.*
UNBRACING, subst. *L'action de déboucler, &c.*
UNBRED, adject. *Sans éducation, impoli.*
UNBRIBED, adj. *Qui n'est pas corrompu ou gagné; désintéressé.*
To UNBRIDLE, v. act. *Débrider, ôter la bride.*

Unbridled, adj. *Débridé.*
An unbridled lust. *Une convoitise effrénée.*
UNBRIDLEDNESS, subst. *Licence effrénée.*
UNBROKE, } adj. *Entier, qui n'est pas rompu.* V. to Break.
UNBROKEN, }
An unbroken horse. *Un cheval indompté.*
UNBROTHERLIKE, } adj. *Indigne d'un frère.*
UNBROTHERLY, }
To UNBUCKLE, v. act. *Déboucler.*
To UNBUILD, verb. act. *Détruire, démolir.*
UNBUILT, adj. *Qui n'est pas bâti.*
To UNBUNG, v. a. *Débondonner, ôter le bondon.*
Unbunged, adj. *Débondonné.*
To UNBURDEN, } v. act. *Décharger, soulager.*
To UNBURTHEN, }
Unburdened, adj. *Déchargé, soulagé.*
UNBURIED, adj. *Qui n'est pas enterré, sans sépulture.*
UNBURNED, } adj. *Qui n'est pas brûlé, sans être brûlé.*
UNBURNT, }
To UNBURY, v. act. (or to drag out of the grave.) *Déterrer.*
To UNBUTTON, v. act. *Déboutonner.*
To unbutton (or open) one's bosom. *Se débrailler.*
Unbuttonned, adj. *Déboutonné.*
UNCALLED, adj. *Qui n'est pas appelé, sans être appelé ou demandé.*
To UNCALM, v. act. *Troubler.*
UNCANDID, adj. *Sans candeur, où il n'y a point de candeur.*
An uncandid and fallacious way of arguing. *Une manière de raisonner captieuse & peu franche.*
UNCANONICAL, adj. *Qui n'est pas canonique.*
UNCAPABLE, adj. (or incapable.) *Incapable, inhabile.*
Uncapable of succeeding. *Inhabile à succéder,* terme de Palais.
UNCARED for, adj. (or disregarded.) *Peu regardé, négligé.*
To UNCASE, v. act. *Oter ou tirer de l'étui.*
To uncase (or strip) a man. *Dépouiller un homme, lui ôter ses habits.*
To uncase (or flay) a rabbit or fox. *Dépouiller un lapin ou un renard.*
Uncased, adj. *Oté de l'étui, &c.* V. to Uncase.
UNCAUGHT, adj. *Qui n'est pas attrapé.*
UNCAUTIOUS, adj. *Inconsidéré.*
UNCELEBRATED, adject. *Sans être célébré.*
UNCENSURED, adj. *Qui n'est pas censuré ou critiqué.* V. Censured.
UNCERTAIN, adj. (not certain or sure, doubtful.) *Incertain, qui n'est pas certain, douteux.* Etre uncertain, (changeable or fickle.) *Incertain, inconstant, changeant, variable,* en parlant du temps, de l'humeur.
Uncertain, (or irresolute.) *Incertain, irrésolu, qui ne fait à quoi se résoudre.*
To be in an uncertain condition. *Etre dans l'incertitude ou dans l'irrésolution.*
To be uncertain (not to know) whether. *Etre incertain ou ne savoir pas si.*
Uncertain, (indefinite, unlimited.) *Incertain, indéfini, indéterminé.*

UNC

An uncertain number. *Un nombre incertain.*
UNCERTAINLY, adverb. *Sans certitude, avec incertitude ou doute, d'une manière incertaine ou douteuse.*
UNCERTAINTY, subst. (doubtfulness.) *Incertitude, doute, peu d'assurance.*
Uncertainty, (irresolution.) *Incertitude, irrésolution.*
UNCESSANT or rather INCESSANT, adj. *Continuel.*
To UNCHAIN, v. act. *Déchaîner.*
Unchained, adv. *Déchaîné.*
UNCHANGEABLE, adj. *Immuable, qui ne change point, qui est toujours le même; constant, ferme.*
UNCHANGEABLENESS, subst. *Immutabilité, fermeté, constance.*
UNCHANGEABLY, adv. (or resolvedly.) *Fermement, constamment, d'une manière ferme ou constante.*
UNCHANGED, adject. *Qui n'est point altéré; inaltérable.*
UNCHANGING, adject. *Qui ne change point.*
UNCHARITABLE, adject. *Sans charité, qui n'est point charitable, qui n'a point de charité.*
UNCHARITABLENESS, subst. *Manque de charité.*
UNCHARITABLY, adv. *Sans charité.*
UNCHARY, adj. *Etourdi, nonchalant, sans précaution.*
UNCHASTE, adj. (not chaste, lecherous.) *Qui n'est pas chaste, qui n'a pas le don de continence, incontinent,* lascivious.) *Sale, impur, impudique, lascif, obscène.*
UNCHASTELY, adv. *Impudiquement, dans l'impudicité, d'une manière opposée à la chasteté.*
UNCHASTITY, subst. (lewdness.) *Incontinence, lasciveté.*
UNCHEERFULNESS, subst. *Mélancolie, tristesse.*
UNCHEWED, adj. *Qui n'est point mâché, sans être mâché.*
UNCHRISTIAN, adj. *Indigne d'un Chrétien ou peu Chrétien.*
UNCHRISTIANLY, adv. *D'une manière peu chrétienne ou indigne d'un chrétien.*
To UNCHURCH, verb. act. *Excommunier.*
Unchurched, adj. *Excommunié.*
UNCIRCUMCISED, adj. *Incirconcis.*
A man uncircumcised. *Un incirconcis.*
UNCIRCUMCISION, s. *L'état d'un incirconcis, incirconcision.*
UNCIRCUMSCRIBED, adj. *Qui n'est pas borné, sans limites.*
UNCIRCUMSPECT, adj. (or unwary.) *Imprudent, indiscret, qui n'est pas circonspect.*
UNCIRCUMSPECTLY, adv. *Imprudemment, indiscrètement, sans aucune circonspection.*
UNCIRCUMSTANTIAL, adj. *Peu intéressant.*
UNCIVIL, &c. V. Incivil, &c.
UNCLAD. V. Uncloathed.
To UNCLASP, v. act. *Dégrafer.*
Unclasped, adj. *Dégrafé.*
UNCLASPING, s. *L'action de dégrafer.*
UNCLASSICK, adj. *Qui n'est pas classique.*
UNCLE, subst. (the father's or mother's brother.) *Oncle.*
UNCLEAN, adj. (or filthy.) *Impur, sale, impudique, immonde.*

Unclean

Unclean discourses. *Des discours sales ou impudiques.*
An unclean spirit. *Un esprit immonde.*
UNCLEANLINESS, *subst. Saleté.*
UNCLEANLY, *adv. Salement, mal-proprement, d'une manière sale & mal-propre.*
UNCLEANNESS, *subst. Impureté, saleté, impudicité.*
UNCLEANSED, *adj. Qui n'est pas nettoyé.*
UNCLEFT, *adj. Qui n'est pas fendu.*
To UNCLENCH, *verb. act. Ouvrir le poing.*
To UNCLOATH, *verb. act. (or strip.) Dépouiller, ôter les habits.*
Uncloathed, *adj. Dépouillé, tout nu.*
UNCLOATHING, *subst. Dépouillement, l'action de dépouiller ou d'ôter les habits.*
To UNCLOSE. V. to Disclose.
UNCLOUDED, UNCLOUDY, } *adj. Serein, qui n'est point offusqué de nuages, au propre & au figuré.*
To UNCOIF a woman, *v. act. (to pull off her cap.) Décoiffer une femme.*
UNCOLOURED, *adj. Qui n'est pas teint ou coloré.*
UNCOMBED, *adj. Qui n'est pas peigné ou sans être peigné.*
UNCOMEATABLE, *adject. (not to be reached.) Qu'on ne peut atteindre, qu'on ne peut avoir.*
A man uncomeatable, (or inaccessible.) *Un homme inaccessible, un homme qu'on ne sauroit approcher.*
UNCOMELINESS, *f. Indécence.*
UNCOMELY, *adj. Indécent, mal-séant ou messéant.*
Uncomely, *adv. Indécemment, d'une manière indécente ou mal-séante.*
UNCOMFORTABLE, *adj. (sad, grievous, troublesome, miserable.) Fâcheux, misérable, malheureux, désagréable, incommode, triste.*
Uncomfortable (or naughty) children. *De méchants enfants, qui donnent du chagrin à leurs pere & mere.*
UNCOMFORTABLENESS, *f. Désagrément, misere, qualité fâcheuse, &c. Voy.* Uncomfortable.
UNCOMFORTABLY, *adv. Misérablement, sans aucun plaisir, sans aucun contentement, avec désagrément.*
UNCOMMANDED, *adj. Qui n'est pas commandé.*
UNCOMMODIOUS, *&c. V.* Incommodious, &c.
UNCOMMON, *adj. (or rare.) Qui n'est pas commun, qui n'est pas ordinaire; rare, extraordinaire.*
UNCOMMONNESS, *f. Rareté.*
UNCOMMUNICABLE, *adj. Incommunicable, qui ne se communique point.*
UNCOMPELLED, *adj. Qui n'est point forcé, sans être forcé; volontaire.*
UNCOMPLAISANT, *adj. Sans complaisance, incivil.*
UNCOMPLEAT, *adject. Incomplet, qui n'est pas complet; imparfait, défectueux. V.* Incomplest.
UNCOMPOUNDED, *adj. Simple, qui n'est pas composé.*
UNCOMPRESSED, *adject. Sans compression.*
UNCONCEIVABLE, *adj. Inconcevable, incompréhensible. V.* Inconceivable.
UNCONCEIVABLENESS, *subst. Qualité de ce qui est inconcevable; incompréhensibilité.*

UNCONCEIVED, *adj. Non-imaginé.*
UNCONCERN, *subst. Indifférence, négligence.*
UNCONCERNED, *adj. Qui n'est point ému ou touché, qui n'est point déconcerté; indifférent, désintéressé. V.* Concerned.
Say what you will to him, still he is unconcerned. *Quoi que vous lui disiez, rien n'est capable de l'émouvoir ou de le déconcerter.*
To live unconcerned. *Vivre indifféremment ou dans l'indifférence.*
UNCONCERNEDLY, *adverb. Sans être ému ou touché; indifféremment, d'un air désintéressé.*
UNCONCERNEDNESS, *subst. Indifférence.*
UNCONCERNING, *adject. Peu intéressant.*
UNCONCLUDING, *adj. Qui ne conclut rien.*
An unconcluding argument. *Un argument qui ne conclut rien.*
UNCONCOCTED, *adj. Cru, qui n'est pas cuit ou digéré dans l'estomac.*
UNCONDEMNED, *adj. Qui n'est pas condamné ou sans être condamné.*
UNCONDITIONAL, *adj. Absolu, sans condition.*
UNCONFINED, *adj. (unlimited.) Qui n'est pas limité, sans bornes.*
Unconfined, (free.) *Libre.*
UNCONFIRMED, *adject. Qui n'est pas confirmé.*
UNCONFORMABLE, *adj. Qui ne s'accorde point, contraire.*
UNCONFORMITY, *f. Différence.*
UNCONFUSED, *adj. Sans confusion, net, distinct.*
UNCONFUSEDLY, *adverb. Sans confusion.*
UNCONFUTABLE, *adj. Irréfragable.*
UNCONNECTED, *adj. Qui n'est pas lié, qui n'a point de connexion.*
UNCONQUERABLE, *adj. Invincible, insurmontable, qui ne peut être conquis ou vaincu.*
UNCONQUERABLY, *adv. Invinciblement.*
UNCONQUERED, *adj. Qui n'a pas été conquis ou vaincu, sans être conquis ou vaincu.*
UNCONSCIONABLE, *adj. Déraisonnable, qui n'a point de conscience; injuste.*
UNCONSCIONABLENESS, *f. Manque de raison.*
UNCONSCIONABLY, *adv. Sans conscience, d'une manière déraisonnable.*
UNCONSCIOUS, *adj. Qui ignore, qui ne connoit point.*
UNCONSECRATED, *adj. Qui n'est pas consacré, sans être consacré.*
UNCONSEQUENT, *&c. Voy.* Inconsequent.
UNCONSTRAINED, *adj. (or free.) Qui n'est point contraint; libre, qui n'est point forcé ou sans être forcé.*
UNCONSTRAINEDLY, *adv. Sans contrainte, en toute liberté.*
UNCONSULTING, *adj. Imprudent, téméraire.*
UNCONSUMABLE, *adj. (or endless.) Qui ne peut être consumé.*
UNCONSUMED, *adject. Qui n'est point consumé, sans être consumé.*
UNCONTEMNED, *adj. Qui n'est point méprisé.*
UNCONTESTABLE, *adj. Incontestable.*
UNCONTESTABLY, *adv. Incontestablement.*

UNCONTESTED, *adj. Qui n'est point contesté.*
UNCONTROULABLE, *adject. Qu'on ne doit point contrôler.*
Uncontroulable, (not to be disputed.) *Indisputable, incontestable.*
UNCONTROULED, *adj. Qui n'est point contrôlé.*
Uncontrouled, (or indisputed.) *Qui n'est point disputé ou contesté.*
UNCONVERSABLE, *adject. (not to be conversed with.) Insociable, impraticable.*
UNCONVERTED, *adj. Qui n'est pas converti à la religion chrétienne.*
UNCONVINCED, *adj. Qui n'est pas convaincu.*
UNCONVINCIBLE, *adject. Qu'on ne sauroit convaincre, qui ne veut jamais se rendre.*
An unconvincible (or stubborn) humour is my aversion. *Il n'est rien que j'abhorre tant qu'un homme qui ne veut jamais se rendre.*
To UNCORD, *verb. act. (or untie.) Détacher, délier ce qui est attaché avec une corde.*
Uncorded, *adj. Détaché, délié.*
UNCORRECT or rather INCORRECT, *adj. Qui n'est pas correct ou châtié.*
UNCORRECTED, *adject. Qui n'est pas corrigé, sans être corrigé.*
He left it uncorrected. *Il l'a laissé sans le corriger.*
UNCORRUPT, UNCORRUPTED, } *adj. Qui n'est pas corrompu.*
A man whose life is uncorrupt. *Un homme qui vit bien ou qui mene une bonne vie.*
UNCORRUPTIBLE, *&c. V.* Incorruptible, &c.
UNCORRUPTNESS. *V.* Incorruption.
UNCORRUPTLY, *adv. Sans se laisser corrompre, avec intégrité.*
To UNCOVER, *verb. act. Découvrir, ôter la couverture.*
Uncovered, *adj. Découvert.*
Be uncovered, (or take off your hat.) *Découvrez-vous.*
UNCOVERING, *subst. L'action de découvrir.*
UNCOUNTERFEIT, *adj. (or genuine.) Vrai, qui n'est point contrefait.*
To UNCOUPLE, *verb. act. Découpler.*
Uncoupled, *adj. Découplé.*
UNCOURTEOUS, *&c. Voy.* Discourteous.
UNCOURTLY, *adj. (against the Court.) Opposé à la Cour ou aux sentiments de la Cour.*
Uncourtly, (unmannerly.) *Grossier, incivil, impoli.*
UNCOUTH, *adj. (odd, rough, harsh, unpolished.) Rude, grossier, sauvage, mal-poli.*
An uncouth expression. *Une expression rude, grossiere, sauvage, barbare.*
UNCOUTHNESS, *subst. Rudesse, grossiereté.*
To UNCREATE, *v. act. Anéantir.*
UNCREATED, *adj. Incréé.*
UNCROUDED, *adj. Où l'on n'est pas serré.*
To UNCROWN, *verb. act. Ôter la couronne.*
To uncrown a King. *Ôter la couronne à un Roi, le déposer ou le détrôner.*
Uncrowned, *adj. A qui l'on a ôté la couronne, déposé, détrôné.*

UNCTION,

UNCTION, *subst.* (or anointing.) Onction.
UNCTUOSITY, *f.* (the being unctuous.) Onctuosité, qualité onctueuse.
UNCTUOUS, *adj.* (oily, fat.) Onctueux, huileux, gras.
UNCULLED, *adj.* (not gathered.) Qui n'est pas recueilli.
UNCULTIVABLE, *adj.* (not to be cultivated.) Qu'on ne peut cultiver, ingrat.
An uncultivable (or froward) nature. Un naturel ingrat ou indocile.
UNCULTIVATED, *adj.* (or savage.) Inculte.
UNCURABLE, *adj.* (or incurable.) Incurable, qui ne peut pas guérir.
UNCURBED, *adj.* (or unbridled.) qui n'est pas retenu.
UNCURED, *adj.* Qui n'est pas guéri, sans être guéri.
To UNCURL, *verb. act.* Défriser.
Uncurled, *adj.* Défrisé.
UNCURSED }
UNCURST } *adject.* Qui n'est pas maudit.
UNCUT, *adj.* (or whole.) Entier, qui n'est pas coupé ou entamé.
UNDAUNTED, *adj.* (or intrepid.) Intrepide, sans crainte, qui ne craint rien, ferme, résolu.
UNDAUNTEDLY, *adv.* Avec un courage intrepide.
UNDAUNTEDNESS, *f.* Intrépidité.
UNDAZZLED, *adject.* Qui n'est point ébloui.
UNDECAYING, *adj.* Durable.
UNDECAYED, *adj.* Qui n'est point diminué ou déchu.
UNDECEIVABLE, *adj.* Qu'on ne peut tromper.
To UNDECEIVE, *verb. act.* Détromper, désabuser, tirer d'erreur.
To undeceive one's self. Se désabuser.
Undeceived, *adj.* Détrompé, désabusé.
UNDECEIVING, *f.* L'action de detromper ou de désabuser.
UNDECENT, &c. V. Indecent, &c.
UNDECIDED, *adject.* Indécis, indéterminé.
UNDECISIVE, *adject.* Qui n'est pas decisif.
UNDECKED, *adj.* Mal-poli, mal-ajusté, sans ornement.
UNDECLINED, *adj.* Indéclinable, qui ne se décline point.
UNDEFACED, *adj.* Qui n'est pas défiguré ou détruit.
UNDEFEASIBLE, *adj.* Qu'on ne sauroit perdre, qui subsiste toujours, qu'on ne peut rendre nul.
UNDEFIED, *adj.* Qui n'est pas défié, sans être défié.
UNDEFILED, *adj.* Pur, sans tache.
UNDEFINED, *adj.* Indéfini, qui n'est pas défini.
UNDEFINABLE, *adj.* Indéfinissable, qu'on ne peut pas définir.
UNDEFORMED, *adject.* Qui n'est pas défiguré.
UNDEJECTED, *adj.* Qui n'est pas abattu, ferme, résolu.
UNDELIBERATED, *adj.* Fait sans déliberation, qui n'est pas prémédité.
UNDELIGHTED, *adject.* Insensible, sans plaisir.
UNDELIGHTFUL, *adj.* Désagréable, qui n'a point d'agrément.
UNDEMONSTRABLE, *adject.* Qu'on ne peut démontrer.

UNDENIABLE, *adject.* (undisputable.) Incontestable, qu'on ne sauroit nier.
Undeniable, (not to be refused.) Qu'on ne sauroit refuser.
UNDENIABLY, *adv.* Incontestablement.
UNDEPRAVED, *adj.* (or pure.) Qui n'est pas corrompu, innocent.
The undepraved state of nature. L'état de la nature dans l'innocence.
UNDEPRIVED, *adject.* Qui n'est pas privé.
UNDER, (prep. of place or time.) Sous, dessous, par dessous, au-dessous.
Under the table. Sous la table.
Under colour. Sous prétexte, sous ombre.
From under ground. De dessous la terre.
To go under. Aller par-dessous.
Under fifteen years of age. Au-dessous de quinze ans.
Under, (or less.) Moins, à moins.
Over or under. Plus ou moins.
I cannot sell it under, (or for less.) Je ne puis pas le vendre à moins.
All the country lies under water. Tout le pays est inondé ou submergé.
To swim under water. Nager entre deux eaux.
To be under lock and key. Etre fermé à la clef.
To be under age. Etre mineur.
To be under restraint. N'être pas libre, avoir les bras liés.
To be under (or bound by) an oath. Etre obligé par serment.
To be under an obligation. Etre obligé.
To give a note under one's hand. Donner un billet signé de sa propre main.
Under hand and seal. Scellé & signé.
A ship under sail. Un vaisseau à la voile ou sous voiles.
Religion comforts us under our sharpest sufferings. La religion nous console dans les plus rudes souffrances.
To lie under a distemper. Etre attaqué ou atteint d'une maladie.
To lie under a scandal. V. Scandal.
To do a piece of work under great disadvantages. Faire un ouvrage sans les aides necessaires.
To bring under. Soumettre, assujettir, subjuguer.
To keep under. Tenir de court.
To tread under foot. Fouler aux pieds.
A thing that comes under our consideration. Une chose qui se présente à notre considération.
That will come next under our consideration. C'est un point qu'il nous faudra examiner après celui-ci.
All under one. Tout à la fois, tout d'un train, tout de suite, tout d'une venue.
To do a thing under one's nose, (or before one's face.) Faire une chose devant quelqu'un, sans lui faire peur, en sa présence, † à sa barbe.
Your letter I received under the date of the sixth instant. J'ai reçu votre lettre datée du sixième de ce mois.
Under favour, under correction. Par votre permission, sauf correction, n'en déplaise.
R. See the compounds of UNDER either with or without a division in the alphabetical order. Voyez les composés de under dans leur ordre alphabétique avec division ou sans division.

UNDERACTION, *subst.* Action subordonnée.
To UNDERBEAR, *verb. act.* (to undergo or to suffer.) Souffrir, endurer, supporter.
To UNDERBID, *verb. act.* (to offer less for a thing than it is worth.) Mésoffrir, offrir moins que la chose ne vaut.
To underbid. Offrir moins qu'un autre.
To UNDERBIND, *verb. act.* Lier par-dessous.
UNDERBINDING, *subst.* L'action de lier par-dessous, ligature faite par-dessous.
UNDERBOUND, *adject.* Qui est lié par-dessous.
UNDERBRIGADIER, *subst.* Sous-brigadier.
UNDER-BUTLER, *subst.* Aide de sommelier.
UNDER-CATERER, *f.* Sous-dépensier.
UNDER-CHAMBERLAIN. Voyez Vice-Chamberlain.
UNDER-CHANTER, *f.* Sous-chantre.
UNDER-CLERK, *f.* Sous-secrétaire.
UNDER-COOK, *f.* Aide de cuisine.
To UNDERDO, *verb. act.* Faire moins qu'on ne doit.
To UNDERFLOW, *verb. neut.* Couler par-dessous.
To UNDERGIRD, *verb. act.* Ceindre par-dessous.
Undergirt, *adject.* Qui est ceint par-dessous.
To UNDERGO, *verb. neut.* Souffrir, subir, se soumettre, essuyer.
To undergo a punishment. Subir ou souffrir un châtiment.
Undergone, *adject.* Qu'on a souffert ou subi.
UNDER-GOVERNOR, *f.* Un sous-Gouverneur. V. Vice-Governour.
UNDERGROUND, *adv.* Sous terre.
UNDERHAND, *adv.* (or deceitfully.) Par dessous main ou sous main.
Under-hand dealings. De sourdes ou secretes pratiques.
UNDERIVED, *adj.* Qui n'est pas dérivé.
To UNDERLAY, *v. act.* Redresser.
Ex. To underlay a shoe. Redresser un soulier.
Underlaid, *adj.* Redressé.
UNDERLAYER, *f.* (a piece of wood to shore up any thing.) Un étai, un étançon.
UNDERLAYING, *subst.* L'action de redresser.
UNDER-LEATHER, *subst.* Le cuir de dessous.
UNDER-LIEUTENANT, *f.* Sous-Lieutenant.
To UNDERLINE, *verb. act.* Souligner, marquer par-dessous.
UNDERLING, *subst.* (one that acts under another.) Un inférieur, celui qui agit sous un autre, qui n'agit que par ses ordres, † une ame damnée de quelqu'un.
UNDER-LIP, *f.* Levre de dessous.
To UNDERMINE, *verb. act.* (to waste, consume or destroy by degrees.) Miner, consumer, détruire peu à peu.
His disease undermines him. Son mal le mine.
To undermine one, (to endeavour to supplant him.) Tâcher de supplanter ou de détruire quelqu'un.
To undermine one at Court. Couper l'herbe sous les pieds de quelqu'un à la Cour.
Undermined,

UND

Undermined, adj. Miné, sapé, &c. V. to Undermine.
UNDERMINER, s. Celui qui mine ou qui sape, ennemi caché.
UNDERMINING, s. L'action de miner, de saper, &c. V. to Undermine.
UNDERMOST, adj. Tout au dessous ou qui est au dessous.
UNDERNEATH, adv. (or below.) Dessous, au-dessous, par dessous.
UNDER-OFFICER, s. Officier subalterne, officier en second.
UNDER-PETTICOAT, s. Jupon.
To UNDERPIN, verb. act. Reprendre sous œuvre, rebâtir par le pied.
Underpinned, adj. Repris sous œuvre.
UNDERPINNING, subst. L'action de reprendre sous œuvre ou de rebâtir par le pied.
UNDERPLOT, s. (a by-plot in a play.) Une intrigue subordonnée ou un épisode, dans un poème dramatique.
Underplot, (a clandestine scheme.) Menée, pratique secrete.
UNDERPRIOR, s. Sous-prieur.
To UNDERPRIZE, verb. act. Estimer trop peu.
To UNDERPROP, verb. act. Appuyer, étayer, étançonner.
Underpropped, adject. Appuyé, étayé, étançonné.
UNDERPROPPING, s. L'action d'appuyer, &c. V. to Underprop.
UNDERRATE, subst. Vil prix, bas prix.
To UNDERRATE, verb. act. (to undervalue.) Mépriser, ravilir, ravaler; estimer moins que la chose ne vaut.
To UNDER-RUN, verb. act. (a sea-term.) Ex. To under-run the cable. Pamoyer ou passer sous le cable avec la chaloupe pour le visiter.
To under-run a tackle. Oter les tours d'un palan ou détordre un palan.
UNDER-SECRETARY, subst. Sous-secrétaire.
UNDER-SECRETARYSHIP, s. Emploi de sous-secrétaire.
To UNDERSELL, verb. act. (to sell for less than a thing is worth.) Mévendre, ne pas vendre assez cher.
To undersell, (or to sell cheaper.) Vendre à meilleur marché.
UNDERSELLING, subst. Mévente ou l'action de mévendre ou vendre à meilleur marché.
UNDER-SERVANT, s. Un des domestiques inférieurs.
The under-servants, La valetaille.
To UNDERSET, verb. act. Mettre dessous.
UNDER-SHERIFF, subst. Le sous-Shérif. V. Sheriff.
UNDERSOLD, adj. Mévendu, &c. V. to Undersell.
The thing is undersold. Il y a de la mévente.
UNDER-SHERIFF, s. Sous-Shérif.
To UNDERSTAND, verb. act. (to conceive or apprehend.) Entendre, concevoir, comprendre.
To give to understand. Donner à entendre.
To understand, (to know, to have skill or be skilled in.) Entendre, s'entendre, savoir, être habile en quelque chose.
To understand a trade or a science. Entendre un art ou une science.
He understands a horse. Il s'entend en chevaux.

UND

To understand, (to hear, to be told.) Apprendre, être informé, recevoir avis.
I understand that it was a mistake. J'apprends que c'étoit une erreur.
I understand as much. On me l'a dit, on m'a dit la même chose, on m'en a déjà donné avis ou informé.
To understand, (to think or believe.) Croire, penser.
I understood quite the contrary. Je croyois tout autre chose.
Do not understand me yet, I would not be understood, let it not be understood or let me not be understood as if I meant. Ne croyez ou ne pensez pas que je veuille dire.
To understand one's self, (to know how to carry one's self.) Se connoitre, savoir vivre, savoir se conduire ou se bien gouverner.
* UNDERSTANDER, s. Un connoisseur, une connoisseuse.
UNDERSTANDING, subst. (or the intellect.) L'entendement, l'intellect ou l'intelligence.
Understanding, (knowledge.) Intelligence, connoissance.
He is a man of understanding. C'est un homme qui a de l'intelligence, c'est un homme intelligent.
Understanding, (intelligence, correspondance.) Intelligence, correspondance.
A good understanding. Bonne intelligence, amitié, union, liaison.
There is a good understanding betwixt them. Ils sont en bonne intelligence.
A bad understanding. Mésintelligence, mauvaise intelligence, dissention.
Understanding, adject. (or knowing.) Intelligent, éclairé, qui a du bon sens & de la pénétration, habile, bien versé en quelque chose.
UNDERSTANDINGLY, adv. Pertinemment, avec jugement, en homme de bon sens.
UNDERSTOOD, adject. Entendu, &c. V. to Understand.
Easy to be understood. Intelligible, aisé à entendre ou à comprendre.
It is rare to see merit understood at Court. Rarement connoit-on le mérite à la Cour.
UNDERSTRAPPER, s. (an underling or tool.) Un inférieur qui se prête à un autre, un agent, un instrument, † une ame damnée.
To UNDERTAKE, v. act (to take upon one.) Entreprendre, prendre à tâche, se charger ou s'engager.
To undertake a building. Entreprendre un bâtiment.
I will undertake to do that. Je me charge ou je m'engage de faire cela.
To undertake an employment. Prendre ou embrasser un emploi.
To undertake for one, (to bail him.) Cautionner quelqu'un, répondre pour lui.
To undertake to prove that a thing is false. S'inscrire en faux contre quelqu'un.
To undertake, verb. neut. (to meddle.) S'ingérer, se mêler.
It is not for private persons to undertake matters of publick concernment. Les particuliers ne doivent pas s'ingérer des affaires qui regardent le public.
Undertaken, adj. Entrepris, &c. V. to Undertake.
UNDERTAKER, s. Un entrepreneur.

UND

An undertaker (or bail) for another. Une caution, un répondant.
UNDERTAKING, s. L'action d'entreprendre, &c. V. to Undertake.
Undertaking, (a thing undertaken or a design.) Entreprise, dessein.
UNDERTENANT, s. Sous fermier.
UNDERTOOK, c'est un prétérit du verbe to Undertake.
UNDER-TREASURER, subst. Vice-Trésorier.
UNDERVALUE, subst. (low rate.) Bas prix.
This is no undervalue at all to you. Ceci ne vous fait pas déshonneur.
To UNDERVALUE, v. act. (or slight.) Mépriser, ravaler, ravilir.
Undervalued, adject. Méprisé, ravalé, ravili.
UNDERVALUING, s. L'action de mépriser, &c. V. to Undervalue.
'Tis a great undervaluing (or affront) to him. Cela est beaucoup au-dessous de lui.
UNDER-VASSAL, s. Arriere-vassal.
UNDERWENT, c'est le prétérit du verbe to Undergo.
UNDERWOOD, s. (or coppis.) Taillis, bois taillis.
To UNDERWORK, v. act. (to undermine or endeavour to supplant.) Tâcher de supplanter ou de détruire.
UNDERWORKMAN, subst. Ouvrier inférieur.
UNDERWRITER. V. Insurer.
To UNDERWRITE, v. act. Signer.
Underwritten, adj. Soussigné.
UNDESERVED, adject. Qu'on n'a pas mérité.
UNDESERVEDLY, adverb. Sans l'avoir mérité.
UNDESERVING, adj. Qui n'a pas de mérite, sans mérite.
UNDESIGNED, adj. Involontaire, sans dessein.
UNDESIGNING, adj. Sans dessein, qui n'a point de malice, qui n'en veut à personne.
UNDESIRABLE, adj. Qui n'est pas désirable.
UNDESTROYED, adj. Qui n'est pas détruit.
UNDETERMINABLE, adject. Qui ne se peut terminer ou décider.
UNDETERMINATE, &c. V. Indeterminate, &c.
UNDETERMINED, adj. (or undecided.) Indéterminé, indécis.
Undetermined, (uncertain, irresolute.) Indéterminé, irrésolu, incertain.
UNDEVOTED, adj. (not devoted.) Qui n'est pas dévoué.
UNDID, prét. de to Undo.
UNDIED, adj. Qui n'est pas teint, sans être teint.
UNDIGESTED, &c. V. Indigested.
UNDILIGENT, adject. (or negligent.) Négligent, qui n'est pas diligent.
UNDIMINISHABLE, adj. Qui ne se peut diminuer.
UNDIMINISHED, adj. Qui n'est point diminué, entier.
UNDISCERNIBLE, adj. Qui ne peut être discerné.
UNDISCERNIBLY, adverb. Imperceptiblement.
UNDISCERNING, adject. Qui n'a pas le goût ou le jugement bon.
UNDISCHARGED, adj. Qui n'est point déchargé, &c. V. to discharge.
UNDISCIPLINED,

UNDISCIPLINED, adj. Qui n'est point discipliné ou dressé.
UNDISCOVERABLE, adj. Impossible à découvrir.
UNDISCOVERED, adj. Qui n'est pas découvert; secret, caché.
UNDISCREET, &c. V. Indiscreet, &c.
UNDISGUISED, adject. (open, sincere.) Simple, sans déguisement.
UNDISPOSED of, adj. Dont on n'a pas encore disposé.
UNDISPUTED, adj. Qui n'est pas disputé ou contesté.
UNDISSEMBLED, adj. Déclaré, sincere.
UNDISSOLVING, adj. Qui ne fond jamais.
UNDISTINGUISHABLE, adj. Qu'on ne sauroit distinguer, général.
UNDISTINGUISHED, adject. Qui n'est point distingué, général.
UNDISTINGUISHING, adj. Sans distinction, qui ne met point de différence.
UNDISTURBED, adject. Qui n'est point interrompu, sans interruption, qui n'est point troublé, tranquille, paisible.
He preserved an undisturb'd readiness in the very moment of danger. *Il conservoit un grand sang froid, une grande présence d'esprit ou une grande tranquillité d'ame, dans le plus pressant danger.*
UNDISTURBEDLY, adv. (without being disturbed.) *Sans interruption, sans trouble, tranquillement, paisiblement.*
Undisturbedly, (or without prejudice.) *Sans préoccupation, sans préjugé.*
UNDIVIDABLE, adj. (not separable.) Indivisible, qu'on ne sauroit diviser ou séparer.
UNDIVIDED, adj. Qui n'est pas divisé ou partagé, sans être divisé ou partagé.
To UNDO, v. act. (or to untie) a knot. Défaire, délier un nœud.
To undo a thing, (or to take it in pieces.) Défaire une chose pièce à pièce, la démonter.
To undo, (to disannul) that which was done. Défaire ce qui étoit fait.
To undo (or to break) a match. Défaire ou rompre un mariage.
To undo (or to ruin) one. Ruiner ou perdre quelqu'un.
UNDOER, s. Celui ou celle qui défait, &c. V. to Undo.
UNDOING, s. L'action de défaire, &c. V. to Undo.
That was the undoing of him. *Voilà ce qui l'a perdu ou qui a causé sa ruine.*
UNDONE, adj. Défait, ruiné, &c. V. to Undo.
To leave a thing undone. Laisser une chose imparfaite.
UNDOUBTED, adj. Indubitable, dont on ne doit pas douter, incontestable.
UNDOUBTEDLY, adv. Indubitablement, sans doute, incontestablement.
UNDRAINABLE, adject. Qui ne peut être séché ou mis à sec, qu'on ne sauroit tarir, intarissable, inépuisable.
To UNDRAW, v. act. Ouvrir.
Ex. To undraw the curtains. Ouvrir les rideaux.
UNDREAMED of, adj. A quoi l'on n'a pas pensé ou songé.
UNDRESS, s. Déshabillé.
Ex. To be in an undress. Être en son déshabillé.
To UNDRESS, v. act. Déshabiller.
To undress one's self. Se déshabiller.
Undressed, adj. Déshabillé.
UNDRESSING, s. L'action de déshabiller.

UNDREST. V. Undressed.
UNDRIED, adj. Qui n'est pas sec ou séché, sans être séché.
UNDUE, adj. Indu.
An undue hour. Une heure indue.
To take undue (or ill) courses. Prendre un mauvais ou un méchant train.
UNDUELY, adv. D'une maniere illégitime, contre toute raison, mal, indûment.
UNDULATE,
UNDULATED, adj. (made like waves.) Ondé, fait à ondes.
UNDULATION, s. (a motion like that of the waves.) Ondulation.
UNDUTIFUL, adj. Désobéissant, reviche ou rebelle.
UNDUTIFULLY, adv. Ex. To carry one's self undutifully. Être désobéissant.
UNDUTIFULNESS, s. Désobéissance.
UNEASILY, adv. (or painfully.) Mal à son aise, avec incommodité, avec désagrément, avec inquiétude. V. Easy.
UNEASINESS, s. (incoveniency.) Incommodité.
Uneasiness, (trouble, disquiet,) Inquietude, trouble, agitation, peine d'esprit.
UNEASY, adj. (or difficult.) Mal-aisé, difficile.
Uneasy, (troublesome, inconvenient.) Mal-aisé, incommode, qui n'est point commode.
This chair is very uneasy. Cette chaise n'est point commode.
That fair-case is very uneasy. Cet escalier est fort mal-aisé.
Uneasy, (not at his ease.) Gêné, mal à son aise.
He will be very uneasy under these restraints. Cette affaire le gênera fort.
To lie uneasy. Être mal-couché, être couché mal à son aise.
Uneasy, (disturbed, disquieted, concerned, in pain.) Inquiet, qui est en peine, qui est dans une inquiétude, dans un trouble ou dans une agitation d'esprit.
Uneasy, (stirring, never at ease with his condition or place) Inquiet, qui n'est jamais content de l'état ou de la place où il se trouve.
An uneasy and stirring man. Un esprit inquiet & remuant.
A sick body very uneasy. Un malade fort inquiet.
UNEATEN, adj. Qui n'est pas mangé.
UNEDIFIED, adj. Qui n'est point édifié, sans être édifié.
UNEDIFYING, adj. Qui n'édifie point.
UNEFFABLE, adj. (or rather ineffable.) Ineffable, inexprimable.
UNELECTED, adj. Qui n'est pas choisi.
UNELIGIBLE, adj. Inéligible.
UNEMPLOYED, adj. (not used.) Dont on ne s'est pas servi.
He left no tool unemployed to compass his design. Il n'a rien négligé pour faire réussir son dessein, il a mis toute pierre en œuvre pour en venir à bout.
Unemployed, (having nothing to do, idle.) Qui n'a point d'occupation, qui n'a rien à faire, oisif.
UNENDOWED, adj. Qui n'est point renté ou doté.
UNENJOYED, adj. Dont on n'a point joui.
UNENLIGHTENED, adj. Qui n'est pas éclairé.
UNENTERTAINING, adject. Peu amusant.
UNEQUAL, adject. Inégal, disproportionné.

He was unequal to the imperial dignity. Il n'avoit pas assez de talents pour soutenir la dignité impériale; sa capacité n'étoit pas proportionnée à la dignité impériale.
UNEQUALITY, s. Inégalité.
UNEQUALLED, adj. Incomparable, sans pareil.
UNEQUALLY, adv. Inégalement, d'une maniere inégale.
UNERRING, adj. (that cannot err.) Infaillible, qui ne peut errer.
An unerring judgment. Jugement qui n'erre jamais.
An unerring bow or arrow. Un arc ou un trait sûr, assuré, qui porte juste.
UNERRINGLY, adv. Infailliblement.
UNESPIED, adj. Qui n'est pas apperçu.
UNESSENTIAL, adj. Peu essentiel.
UNESTIMABLE. V. Inestimable.
UNEVANGELICAL, adj. Qui n'est pas conforme ou qui est contraire à l'Evangile.
UNEVEN, adj. (not even, in a proper and figurative sense.) Inégal.
An uneven ground, Un terrain inégal, rude, raboteux, qui n'est pas uni.
An uneven temper. Une humeur inégale.
An uneven style. Un style inégal.
UNEVENLY, adv. Inégalement.
UNEVENNESS, s. Inégalité.
UNEVITABLE, &c. V. Inevitable, &c.
UNEXAMPLED, adject. Qui n'a point d'exemple, sans exemple.
UNEXCEPTIONABLE, adj. (speaking of a witness.) Irreprochable.
Unexceptionable, (unanswerable.) Où il n'y a rien à redire, sans replique.
UNEXCOGITABLE, adject. Que l'on ne peut trouver, inventer ou imaginer.
UNEXCUSABLE. V. Inexcutable.
UNEXECUTED, adject. Qui n'a pas été exécuté.
UNEXEMPLIFIED, adj. Sans exemple.
UNEXERCISED, adj. Sans expérience, peu versé.
UNEXHAUSTED, adject. Qui n'est pas épuisé.
UNEXPECTED, adj. Inopiné, imprévu, à quoi l'on ne s'attend point, à quoi l'on ne s'attendoit pas.
UNEXPECTEDLY, adverb. Inopinément, sans qu'on y pensât, d'une maniere imprévue ou inopinée.
UNEXPECTEDNESS, s. Ex. The unexpectedness of his return. Son retour imprévu.
UNEXPERIENCED, adj. Qui n'est pas versé, qui n'est pas expérimenté, sans expérience.
UNEXPERT, adj. (or unskilful) Inexpérimenté, qui n'est pas expérimenté, qui n'a nulle expérience, qui n'est pas versé.
UNEXPERTLY, adverb. En ignorant, en novice.
UNEXPIRED, adj. Qui n'est pas expiré ou échu.
UNEXPLICABLE. V. Inexplicable.
UNEXPLORED, adject. Qui n'est pas sondé.
UNEXPRESSIBLE, adj. Inexprimable.
UNEXPUGNABLE. V. Inexpugnable.
UNEXTENDED, adject. Qui ne s'étend point.
UNEXTERMINABLE, adject. Qu'on ne sauroit extirper ou exterminer.
UNEXTINGUISHABLE, adject. Inextinguible.
UNEXTINGUISHED, adj. Qui n'est pas éteint.

UNEXTIRPATED,

UNEXTIRPATED, adject. Qui n'est pas extirpé.
UNFADED, adj. Qui n'est pas flétri.
UNFADING, adject. Qui ne peut se flétrir.
UNFAILING, adj Assuré, infaillible.
UNFAIR, adj. Qui n'est pas de bonne foi, injuste. V. Fair.
UNFAIRLY, adv. Injustement, d'une manière injuste ou mal-honnête, ou qui n'est pas de bonne guerre.
UNFAIRNESS, s. Mauvaise foi, tricherie, fraude, injustice.
UNFAITHFUL, adject. (not faithful or trusty, treacherous, false.) Infidelle, deloyal, perfide, traitre.
Unfaithful, (incredulous.) Infidelle, incredule.
Unfaithful, s. pl. (the unbelievers.) Les infidels, les incredules.
UNFAITHFULLY, adv. Infidellement, d'une manière infidelle.
UNFAITHFULNESS, subst. Infidélité, déloyauté, perfidie, trahison.
UNFALSIFID, adj. Qui n'est point falsifié, qui n'est point déguisé, vrai, véritable.
UNFASHIONABLE, adj. Qui n'est pas à la mode.
UNFASHIONABLY, adverb. Contre la mode.
UNFASHIONED, adject. Informe, sans forme.
To UNFASTEN, verb. act. Délier, détacher, défaire.
Unfastened, adj. Délié, détaché, défait.
UNFATHOMABLE, adject. Qui ne peut être sondé, qu'on ne sauroit sonder, impénétrable.
UNFATHOMABLY, adv. De manière à ne pouvoir être sondé.
UNFATHOMED, adject. Qui n'est point sondé.
UNFAVOURABLY, adv. Peu favorablement, défavorablement.
UNFEASIBLE, adj. (or impracticable.) Qui n'est pas faisable, impraticable.
UNFEATHERED, adj. Qui n'a point de plumes, qui a perdu ses plumes.
UNFED, adj. Qui n'a rien mangé.
UNFEED, adject. Qui n'a reçu aucun présent.
UNFEIGNED, adj. Sincere, véritable, qui n'est point dissimulé ou déguisé.
UNFEIGNEDLY, adv. Sincerement, de bonne foi, sans aucune dissimulation, sans deguisement.
UNFEIGNEDNESS, s. Sincerité, bonne foi.
UNFELT, adject. Qu'on ne sent point, insensible.
UNFENCED, adject. Qui n'est point défendu ou fortifié, sans défense ou fortification.
UNFERTILE, &c. V. Infertile, &c.
To UNFETTER, v. act. Oter les fers, mettre en liberté.
Unfettered, adj. A qui l'on a ôté (qui n'est plus dans) les fers.
UNFILLED, adj. Qui n'est pas rempli, vacant.
UNFINISHED, adject. Qui n'est pas fini, qui n'est pas achevé, imparfait.
UNFIT, adj. (not fit, unapt or incapable.) Incapable, qui n'est pas propre ou capable, qui n'a pas de l'aptitude, ou de la disposition, en parlant des personnes.
Unfit, (not fit or convenient.) Qui n'est pas propre, commode ou convenable.

That is or that's a thing not fit to be spoken. C'est une chose qu'il n'est pas à propos de dire ou qui n'est pas bonne à dire.
It is unfit, (or unseemly.) Il ne convient pas, il n'est pas convenable, il n'est pas bienséant.
UNFITLY, adv. Mal, mal à propos.
That is very unfitly applied. Cela est fort mal appliqué ou adapté.
UNFITNESS, s. Incapacité, &c. Voyez Unfit.
UNFITTING, adj. Qui n'est point à propos, qui n'est point convenable ou bienséant.
UNFIXED, adj. Qui n'est point fixe ou fixé.
UNFLEDGED, adj. Qui n'est pas couvert de plumes, qui n'est pas en état de voler, en parlant des oiseaux.
UNFOILED, adj. (or unconquered.) Qui n'est pas vaincu.
To UNFOLD, verb. act. Déplier, développer ; il se dit dans le propre & le figuré.
Ex. To unfold a napkin. Déplier une serviette.
To unfold a mystery. Développer ou expliquer un mystere.
To unfold (or unpen) sheep. Tirer les brebis du parc.
Unfolded, adj. Déplié, développé.
UNFOLDER, s. Celui ou celle qui déplie ou qui développe.
UNFOLDING, s. L'action de déplier ou de développer.
UNFORBID,
UNFORBIDDEN, } adj. Qui n'est pas défendu.
UNFORCED, adj. Qui n'est pas forcé ou sans être forcé, libre, volontaire, naturel.
UNFORCEDLY, adv. (or freely.) Librement, volontairement, sans contrainte.
UNFORCIBLE, adj. (weak.) Foible.
UNFORBODING, adj. Qui ne présage point.
UNFORESEEN, adj. Imprévu, inopiné.
UNFORFEITED, adj. Qu'on n'a pas perdu. V. Forfeited.
UNFORGIVING, adj. Implacable.
UNFORGOTTEN, adj. Memorable.
UNFORMED, adj. (without form.) Informe, qui n'a pas de forme, sans forme.
UNFORTIFIED, adj. Qui n'est point fortifié, sans aucune fortification.
UNFORTUNATE, adj. (or unhappy.) Infortuné, malheureux.
UNFORTUNATELY, adv. Malheureusement, par malheur.
UNFORTUNATENESS, subst. Infortune, malheur.
UNFOUND, adj. Qu'on n'a pas trouvé.
UNFRAMED, adj. Informe, qui n'est pas formé ; sans cadre.
UNFREQUENT, adj. (or rare.) Rare, qui arrive rarement, qui n'est pas fréquent.
UNFREQUENTED, adj. Qui n'est pas fréquenté, desert.
UNFREQUENTLY, adj. (seldom.) Rarement, peu fréquemment.
UNFRIENDLINESS, s. Peu d'amitié.
UNFRIENDLY, adj. Peu obligeant, indigne d'un ami.
Unfriendly, adverb. D'une manière peu obligeante.
UNFROZEN, adj. Qui n'est point gelé.

UNFRUITFUL ; adj. (or barren.) Infertile, infructueux, stérile, au propre & au figuré.
UNFRUITFULLY, adv. Infructueusement, sans profit, sans utilité.
UNFRUITFULNESS, subst. Stérilité, infertilité.
To UNFURL, verb. act. (to unfold.) Déployer.
To UNFURNISH, v. act. Dégarnir.
Unfurnished, adject. Dégarni, qui n'est pas garni.
UNFURNISHING, subst. L'action de dégarnir.
UNGAIN,
UNGAINLY, } adj. (awkward.) Maladroit ; qui fait les choses de mauvaise grace.
She has a tall ungainly fellow to her husband. Elle a un grand flandrin de mari.
Ungainly, adv. En mal-adroit, de mauvaise grace.
UNGARNISHED, adj. Dégarni, qui n'est pas garni.
UNGATHERED, adj. Qui n'est pas cueilli, amassé ou assemblé.
UNGENEROUS, adject. Ignoble, lâche, indigne, ignominieux.
UNGENIAL, adject. Rigoureux, malsain.
UNGENTEEL, adject. (or clownish.) Grossier, qui n'a point l'air galant.
Ungenteel, (not gentleman-like.) Qui n'est pas honnête, indigne d'un honnête homme, peu obligeant.
UNGENTEELLY, adv. D'un air grossier, grossièrement, ou bien, d'une manière peu honnête ou peu obligeante.
UNGENTEELNESS, s. (clownishness.) Air grossier, grossièreté.
UNGENTLE, adj. (or untractable.) Indocile, qui n'est pas docile, qui n'a nulle docilité, intractable.
Ungentle, (severe, hard.) Rude, severe, rigoureux, dur.
UNGENTLEMAN-LIKE, adject. Indigne d'un honnête homme, incivil.
UNGENTLENESS, sub. (or untractableness.) Indocilité.
Ungentleness, (or severity.) Rudesse ; sévérité, rigueur, dureté.
UNGENTLY, adv. Dune manière indocile, ou bien, rudement, sévèrement, rigoureusement, durement. V. Ungentle.
To UNGILD, verb. act. Dédorer, ôter la dorure.
Ungilt, adj. Dédoré.
Ungilt, (or not gilt.) Qui n'est pas doré.
To UNGIRD, verb. act. Dessangler.
Ungirt, adj. Dessanglé ou qui n'est pas sanglé, ou sans être sanglé.
To UNGLUE, verb. act. Décoller.
Unglued, adj. Décollé.
UNGLUING, s. L'action de décoller.
UNGODLILY, adv. Sans religion, d'une manière impie, en impie.
UNGODLINESS, subst. Impiété, irréligion.
UNGODLY, adj. Impie, irréligieux.
An ungodly man. Un impie.
An ungodly act. Une impiété ou action impie.
UNGOVERNABLE, adject. (or unruly.) Qu'on ne peut gouverner, reveche, mutin, indomptable, furieux.
An ungovernable boy. Un garçon mutin ou indomptable.
An ungovernable (or furious) zeal. Un zele furieux ou extravagant.
UNGOVERNED.

UNGOVERNED, adject. Qui n'est point gouverné; licencieux, effréné.
UNGRACEFUL, adj. Disgracieux, qui n'a pas bonne grace, qui a mauvaise grace, choquant, qui déplait, désagréable, dégoutant.
UNGRACEFULLY, adv. De mauvaise grace.
UNGRACEFULNESS, subst. Mauvaise grace.
UNGRACIOUS, adject. (unlucky or untoward.) Mauvais, méchant, sinistre.
UNGRACIOUSLY, adverb. (unluckily.) Mal, sinistrement.
Ungraciously, (or ungenteely.) D'une maniere peu honnête, ou peu obligeante.
UNGRACIOUSNESS, subst. (or ungracious carriage.) Méchanceté, malice, conduite ou maniere désobligeante.
UNGRAFTED, adj. Qui n'est pas enté.
UNGRAMMATICAL, adj. Contraire aux regles de la grammaire.
UNGRAMMATICALLY, adv. Contre les regles de la grammaire.
To UNGRAPPLE, verb. act. Décrocher, ôter le grapin ou le harpon de l'endroit où il est engagé, dans le propre; délivrer, débarrasser, dépêtrer, dans le figuré.
Ungrappled, adj. V. to Ungrapple.
UNGRATEFUL, adj. (or unthankful.) Ingrat, méconnoissant.
An ungrateful man or woman. Un ingrat ou une ingrate.
An ungrateful return. Un tour d'ingrat.
An ungrateful (or barren) soil. Une terre ingrate, stérile, infertile.
An ungrateful piece of work, (a labour that makes no return.) Un travail ingrat, qui n'est point utile ou profitable.
Ungrateful, (unpleasant.) Disgracieux, désagréable.
Harold was of Danish extraction, and therefore ungrateful (or unpleasing) to the English. Harold étoit Danois d'origine, & par cela même odieux aux Anglois.
UNGRATEFULLY, adverb. (or unthankfully.) Sans reconnoissances, avec ingratitude, d'une maniere ingrate.
Ungratefully, (unpleasantly.) Désagréablement.
UNGRATEFULNESS, sub. Ingratitude, manque de reconnoissance.
Ungratefulness, (or unpleasantness.) Désagrément.
To UNGRAVEL, v. act. Ot.r le gravier.
Ungravelled, adject. D'où l'on a ôté le gravier, dans le propre; celui ou cella dont on a levé le scrupule, dans le figuré.
To UNGREASE, verb. act. Dégraisser, ôter la graisse.
Ungreased, adj. Qui est dégraissé, dont on a ôté la graisse.
UNGUARDED, adject. Qui n'est pas gardé, sans être gardé.
Unguarded, (free, indiferent.) Libre, indiferent.
Ex. An unguarded (or imprudent) expression. Une expression libre ou indiscrette, un mot qu'on lâche sans y penser.
He came upon me in an unguarded hour. Il me surprit lorsque je n'étois pas sur mes gardes.
UNGUENT, s. (ointment or salve.) Un onguent.
UNGUIDED, adject. Qui n'est point réglé ou dirigé.

UNGUILTINESS, s. Innocence.
UNGUILTY, adject. Innocent, qui n'est par criminel. V. Innocent.
UNHABITABLE, adj. (not fit to be inhabited.) Inhabitable, où l'on ne peut habiter.
UNHABITABLENESS, s. L'état de ce qui est inhabitable.
To UNHAFT, verb. act. Démancher, ôter le manche de quelque instrument.
Unhafted, adj. Qui est démanché, dont on a ôté le manche.
UNHAFTING, s. L'action de démancher ou d'ôter le manche.
To UNHALLOW, v. act. (to profane.) Profaner.
Unhallowed, adj. Profané ou profane, impie.
UNHALLOWING, s. Profanation, l'action de profaner.
To UNHAND, v. a. Ex. Unhand me, (let me go.) Laissez-moi aller, ne me retenez pas.
UNHANDSOME, adj. (ugly.) Qui n'est pas beau, laid.
U. handsome, (ugly, ungenteel.) Honteux, mal-honnête, qui n'est pas de bonne grace.
To give one unhandsome language. Maltratter quelqu'un de paroles.
UNHANDSOMELY, adv. Mal, de mauvaise grace.
UNHANDSOMENESS, subst. (deformity or indecency.) Indécence, laideur, difformité, mauvaise grace, incivilité.
UNHANDY, adject. (awkward.) Maladroit.
To UNHANG, verb. act. Dépendre, ôter une chose qui est pendue.
To unhang a room. Détendre la tapisserie d'une chambre.
To unhang, (a sea-term.) Démonter ou déplacer.
To unhang the rudder. Démonter le gouvernail.
N. t. C.. mot exprime sur-tout le déplacement des choses qui sont portées par des pentures, comme les sabords, &c.
Unhanged, adj. Dépendu, qui n'est pas pendu.
UNHAPPILY, adv. (or miserably.) Malheureusement, misérablement, mal
Unhappily, (unluckily, unfortunately.) Malheureusement, par malheur, * à la malheure.
UNHAPPINESS, subst. Malheur, misere, infortune, désastre.
UNHAPPY, adject. (unlucky, unfortunate or miserable.) Malheureux, misérable, infortuné.
Unhappy, (unlucky, full of malice.) Méchant, malicieux, malin, plein de malice.
To UNHARBOUR, v. act. (to rouse) a deer. Lancer la bête, la débucher.
UNHARMED, adj. (or unhurt.) Qui n'a reçu aucun mal; sain & sauf.
UNHARMFUL, adject. Innocent, qui ne fait point de mal.
UNHARMONIOUS, adject. Discordant, qui est sans harmonie, où il n'y a point d'harmonie.
To UNHARNESS, v. act. Déharnacher, ôter le harnois.
Unharnessed, adject. Qui est déharnaché.
To UNHASP, v. act. Dégraffer.
Unhasped, adj. Dégraffé.
UNHATCHED, adj. Qui n'est point éclos.

UNHEALED, adj. Qui n'est pas guéri.
UNHEALTHFUL, } adject. (or sickly.)
UNHEALTHY, } Mal-sain, maladif, qui n'a pas de santé, sujet à être malade.
He seems very unhealthful. Il paroit fort mal-sain ou maladif, il n'a point de santé, il ne se porte pas bien.
Unhealthful, (or unwholsome.) Malsain, contraire à la santé.
UNHEALTHFULNESS, subst. (sickliness.) Peu de santé, disposition à être malade.
The unhealthfulness (or unwholsomeness) of a place. L'air mal-sain ou l'insalubrité de quelque lieu.
UNHEALTHY. V. Unhealthful.
UNHEARD of, adj. Inoui, surprenant, extraordinaire, inconnu.
UNHEATED, adject. Qui n'est pas échauffé.
UNHEEDED, adj. (not minded.) Qu'on ne remarque pas, à quoi on ne prend pas garde, insensible.
UNHEEDILY, adv. Négligemment, sans prendre garde.
UNHEEDINESS, subst. Négligence, mégarde.
UNHEEDFUL, adj. (unattentive.) Distrait, qui n'est pas attentif.
UNHEEDING, adject. (negligent.) Négligent, qui fait des fautes par mégarde.
UNHELPED, adj. Sans secours.
To UNHINGE, verb. act. Mettre hors des gonds.
To unhinge (or destroy) a government. Détruire ou changer un gouvernement.
Unhinged, adj. Hors des gonds.
UNHINGING, subst. L'action de mettre hors des gonds, &c. Voyez to Unhinge.
UNHOLINESS, subst. Impiété.
UNHOLY, adj. Profane, impie.
UNHONOURED, adject. Peu honoré ou respecté.
To UNHOOK, v. act. Décrocher.
Unhooked, adj. Décroché.
To UNHOOP, v rb. act. Oter les paniers aux femmes; ôter les cercles d'une barrique.
UNHOPED for, adj. Inspéré, à quoi l'on ne s'attendoit pas.
UNHOPEFUL, adj. Qui ne donne point de bonnes espérances, de qui l'on n'espere rien de bon.
To UNHORSE, verb. act. Démonter, désarçonner.
Unhorsed, adj. Désarçonné.
UNHOSPITABLE. V. Inhospitable.
UNHOUSED, adj. Sans demeure.
UNHUMBLED, adj. Qui n'est pas humilié.
UNHURT, adj. Qui n'est pas blessé, qui n'a reçu aucun mal, sans être blessé, sans avoir reçu aucun mal.
UNHURTFUL, adj. Innocent, qui n'est point nuisible.
UNHURTFULLY, adverb. Innocemment, sans nuire.
UNICORN, s. (a fabulous beast said to have but one horn.) Licorne.
UNIFORM, adject. (regular or even.) Uniforme, régulier, égal, dont toutes les parties sont semblables.
UNIFORMITY, s. Uniformité, conformité, rapport, ressemblance.
UNIFORMLY, adv. Uniformément, avec uniformité, avec conformité.
UNIMAGINABLE, object. Inimaginable, qui passe l'imagination, qui ne se peut imaginer, qui n'est pas imaginable.
UNIMAGINABLY,

UNIMAGINABLY, adv. D'une maniere inimaginable.
UNIMITABLE. V. Inimitable.
UNIMPAIRABLE, adject. Qui ne peut se diminuer.
UNIMPAIRED, adj. Qui n'est point diminué ou usé.
UNIMPORTANT, adj. Qui n'a pas l'air important.
UNIMPROPRIATED, adj. Qui n'est pas incorporé au fief.
UNIMPROVABLE, adj. Qu'on ne peut améliorer.
UNIMPROVED, adj. Qui n'est pas cultivé, qui n'est pas amélioré.
UNINCLINED, adj. (or indisposed.) Indisposé, éloigné, qui n'est pas porté à une chose.
UNINDEBTED, adj. Qui n'est pas endetté ou obligé.
UNINFORMED, adj. Qui n'est point animé, mort; qui n'est point formé, ignorant.
His features are uninformed. Ses traits sont informes.
UNINHABITABLE, adj. Inhabitable.
UNINHABITED, adj. Inhabité, désert.
UNINJURED, adject. Qui n'est point incommodé.
UNINSCRIBED, adj. Sans inscription.
UNINSPIRED, adj. Sans inspiration.
UNINSTRUCTED, adj. Qui n'est pas instruit, sans éducation, ignorant.
UNINSTRUCTIVE, adject. Peu instructif.
UNINTELLIGENT, adj. Ignorant.
UNINTELLIGIBILITY, s. Mystere, qualité inintelligible.
UNINTELLIGIBLE, adj. (not to be understood.) Qui n'est pas intelligible ou que l'on ne peut entendre, inintelligible.
UNINTERESTED, adj. Désinteressé.
UNINTERMITTED, adject. Continuel, sans intermission.
UNINTERRUPTED, adj. Qui n'est pas interrompu.
An uninterrupted (or a long series of) happiness. Un bonheur continu, qui n'est point traversé.
UNINTERRUPTEDLY, adv. Sans interruption.
UNINTHRALLED, adject. (or free.) Qui est libre, qui n'est esclave de personne.
UNINTRENCHED, adj. Sans retranchemens.
UNINVESTIGABLE, adj. Qu'on ne peut découvrir.
UNINVITED, adj. Qui n'est pas invité ou prié.
To UNJOIN, v. act. (to disjoin.) Déjoindre, séparer, diviser.
Unjoined, adj. Déjoint, séparé, divisé.
To UNJOINT, v. act. (to cut at the joint.) Déjoindre, couper par la jointure.
To unjoint, (or put out of joint.) Démettre, disloquer.
Unjointed, adj. (or dislocated.) Déjoint ou demis, disloqué.
UNION, subst. (or joining together.) Union, jonction.
The union (or consolidating) of two Churches into one. L'union de deux Eglises, la réduction de deux Eglises en une.
Union, (or concord.) Union, concorde, correspondance.
The union of colours in a picture. L'union des couleurs dans un tableau.
UNISON, sub. (a term of musick, the agreement of two notes in one.) Unisson, en termes de musique.

Two true friends are like two unison strings, if you touch the one, the other moves necessarily. Deux vrais amis sont comme deux cordes qui sont à l'unisson; l'on ne peut ébranler l'une sans que l'autre ne s'ébranle en même temps.
UNIT, s. (a term in arithmetick, signifying one, or the root of numbers.) Un, unité, le principe de tous les nombres.
Units, tens, hundreds, &c. Nombre, dixaine, centaine, mille, &c.
UNITARIAN, subst. (an Anti-Trinitarian or Socinian, a sort of Heretick.) Unitaire, Antitrinitaire ou Socinien.
To UNITE, v. act. (to join, to make one, in a proper and figurative sense.) Unir, joindre, au propre & au figuré.
United, adj. Uni, joint.
You have united the opinions of mankind with respect to yourself. Les sentimens du public se réunissent par rapport à vous.
UNITEDLY, adv. Avec union.
UNITER, s. Celui ou celle qui unit.
UNITING, s. Union, jonction, l'action d'unir ou de joindre.
UNITIVE, adj. Unitif, terme mystique.
UNITY, subst. (oneness, singularity.) Unité, singularité.
Unity, (union, concord.) Unité, union, concorde.
Unity of possession, (in law; a joint possession of two rights by several titles, as having the leafe of an estate, and then buying the fee simple of it also.) Consolidation ou réunion de l'usufruit à la propriété.
UNJUDGED, adj. Qui n'est pas jugé.
UNIVERSAL, adject. (or general.) Universel, général, qui s'étend par-tout.
To be an universal scholar, to have an universal knowledge. Etre universel, avoir connoissance de toutes choses.
Universal, s. (or predicable, in Logick.) Universel, en termes de Logique.
UNIVERSALITY, subst. Universalité, généralité.
UNIVERSALLY, adv. Universellement, généralement, par-tout.
UNIVERSE, subst. (the whole world.) L'univers, le monde entier.
The universe (or the earth.) L'univers, la terre.
UNIVERSITY, s. (a society of learned men established by publick authority to learn languages, arts and sciences.) Université, académie.
An University man. Un membre de l'Université.
UNIVOCAL, adj. (having one meaning.) Univoque, homonyme, qui convient à plusieurs choses, en parlant d'un mot.
Man is an univocal term whether it be applied to Peter or Paul. Homme est univoque, soit qu'il s'applique à Pierre, soit qu'il s'applique à Paul.
UNIVOCALLY, adverb. D'une maniere univoque.
UNJOYOUS, adj. (not gay.) Sombre, triste.
UNJUST, adj. Injuste, déraisonnable.
An unjust act. Une action injuste, une injustice.
UNJUSTIFIABLE, adject. Illicite, qu'on ne sauroit justifier.
UNJUSTIFIABLENESS, sub. Qualité ou état de ce qui est illicite ou qu'on ne sauroit justifier.
UNJUSTIFIABLY, adv. Illicitement.
UNJUSTLY, adv. Injustement, avec injustice.

To UNKENNEL, verb. act. Ex. To unkennel a fox, (to force him from his hole.) Déterrer un renard.
To unkennel the hounds. Faire sortir les chiens du chenil.
Unkennelled, adj. Déterré.
UNKIND, adj. (not kind, in all its senses.) Désobligeant, peu obligeant, qui n'aime point, qui maltraite, qui n'a point de bonté, d'amitié ou de tendresse; mauvais, dur, rude, cruel, rigoureux, inhumain, &c. V. Kind, adj.
You are very unkind. Vous êtes bien désobligeant.
He is very unkind to me. Il me traite fort mal, il n'a point d'amitié pour moi.
An unkind husband to his wife. Un mari qui n'aime point sa femme ou qui la maltraite.
An unkind usage. Un mauvais traitement, un traitement dur, rude ou inhumain.
A very unkind letter. Une lettre fort désobligeante.
Why are you or what makes you so unkind to me? Pourquoi me traitez-vous ou d'où vient que vous me traitez d'une maniere si désobligeante?
UNKINDLY, adv. Mal, d'une maniere désobligeante, désobligeamment, avec rigueur, durement, rudement.
To take a thing unkindly. Prendre une chose en mauvaise part, en savoir mauvais gré.
UNKINDNESS, subst. Mauvais traitement, manieres désobligeantes, dureté, rigueur.
That is indeed a great piece of unkindness. En vérité cela est bien désobligeant.
To UNKING, verb. act. (or depose.) Déposer un Roi, le détroner.
UNKISSED, adject. Qui n'est point baisé ou sans être baisé.
To UNKNIT, v. act. Défaire ou dénouer.
Unknitted, adj. Défait, dénoué.
UNKNITTING, s. L'action de défaire ou de dénouer.
UNKNOWABLE, adj. (not to be known.) Qu'on ne peut savoir.
UNKNOWING, adject. (ignorant.) Ignorant.
Unknowing how to fear. Qui ne connoit point de danger, intrépide.
UNKNOWINGLY, adv. Ignoramment; sans le savoir.
UNKNOWN, adj. Inconnu, qu'on ne connoit pas, non-entendu, qu'on ne sait pas.
He is unknown to me. Il m'est inconnu; je ne le connois pas.
To pray in an unknown tongue. Prier en une langue qu'on n'entend point.
It is or 'tis unknown to me. Je n'en sais rien.
Unknown to me, to you, to him; to us, &c. (without my, your, his or our knowledge.) A mon insu, à votre insu, à son insu, à notre insu, &c. sans ma, votre, sa ou notre participation.
Unknown to him, (without his perceiving it.) Sans s'en appercevoir, par mégarde.
UNLABOURED, adj. (or untilled.) Qui n'est pas cultivé ou sans être cultivé.
Unlaboured, (not elaborate, spontaneous, voluntary.) Qui n'est pas fait ou travaillé avec soin, spontané, volontaire.

To

To UNLACE, v. act. Délacer.
Unlaced, adj. Délacé.
UNLACING, f. L'action de délacer.
To UNLADE, verb. act. (or disburthen.) Décharger.
To unlade, (to put out.) Vider, verser d'un endroit dans un autre.
Unladen, adj. Déchargé, &c. Voy. to Unlade.
UNLAID, adj. Qui n'est point posé, qui n'est point abattu.
UNLAMENTED, adj. Qui n'est point regretté, qu'on ne regrette pas.
To UNLATCH, verb. act. Ouvrir.
UNLAWFUL, adj. Illicite, illégitime, défendu par les lois.
UNLAWFULLY, adv. Illicitement, illégitimement, d'une manière illicite ou illégitime; contre les lois.
To have to do with a woman unlawfully. Avoir un commerce illégitime avec une femme.
UNLAWFULNESS, f. Ex. The unlawfulness of a thing. L'état d'une chose qui est contraire aux lois, qui est illicite ou illégitime; illégalité.
To UNLEARN, verb. act. (or forget.) Désapprendre, oublier.
Unlearned, adj. Désappris, oublié.
Unlearned, (illiterate, ignorant.) Sans lettres, ignorant, non-lettré, ignare.
An unlearned man. Un homme sans lettres, qui n'a point de savoir, un ignorant.
UNLEARNEDLY, adverb. En ignorant, comme un ignoran'.
UNLEARNT, adj. (or unlearned.) Désappris, oublié.
To UNLEASH, verb. act. (to let go the hounds.) Découpler les chiens.
To UNLEAVE, verb. act. (or pluck off the leaves.) Effeuiller, ôter les feuilles.
Unleaved, adj. Effeuillé.
UNLEAVENED, adj. Sans levain.
Ex. Unleavened bread. Pain sans levain.
UNLEAVING, subst. L'action d'effeuiller, d'ôter les feuilles.
UNLESS, conj. A moins que, si ce n'est que. I cannot do it unless you help me. Je ne peux le faire à moins que vous ne m'aidiez.
UNLETTERED, adj. (illiterate.) Sans lettres, non-lettré, ignorant.
UNLEVELLED, adj. Inégal, qui n'est pas au niveau, qui n'est pas rendu égal ou uni.
UNLICENSED, adj. Qui n'est pas permis, ou fait sans permission.
UNLIGHTED, adj. Qui n'est pas allumé.
UNLIKE, adj. Différent, dissemblable, qui ne ressemble point, où il y a bien de la différence.
They are so unlike, that. Ils se ressemblent si peu, que.
The end is not unlike the beginning. La fin ressemble, se rapporte ou répond au commencement.
This is so unlike a Gentleman, (or so ungentleman-like.) Cette conduite est si indigne d'une personne bien née ou d'un honnête homme.
The vowel O, in English, is often founded not unlike the French A. La voyelle O en Anglois, se prononce souvent comme un A en François.
UNLIKELIHOOD, } subst. Peu d'apparence
UNLIKELINESS, } ou de vraisemblance.
UNLIKELY, adj. Qui n'est pas vraisemblable, où il y a peu d'apparence.
Unlikely, adv. Avec peu de vraisemblance.

UNLIKENESS, subst. Différence, diversité.
UNLIMITABLE, adj. Immense.
UNLIMITED, adj. Qui n'est point limité, sans bornes, indéterminé.
To UNLINE, verb. act. (to take out the lining.) Dédoubler, ôter la doublure.
Unlined, adj. Dédoublé, dont on a ôté la doublure, ou sans doublure, qui n'a point de doublure.
UNLIQUEFIED, adject. Qui n'est pas diffous.
To UNLOAD, verb. act. Décharger.
Unloaded, adj. Déchargé.
UNLOADING, f. Décharge, l'action de décharger.
To UNLOCK, v. act. Ouvrir, ouvrir une chose qui est fermée à la clef.
To unlock one's bosom to a friend. Ouvrir son cœur à un ami, lui découvrir ses sentiments, s'ouvrir à un ami.
Unlocked, adj. Ouvert.
UNLOCKING, f. L'action d'ouvrir.
UNLOOKED for, adj. Imprévu, inopiné, à qui l'on ne s'attendoit pas.
UNLOOPED, adj. (being said of a hat not cocked up.) Qui n'est pas retroussé, en parlant d'un chapeau.
To UNLOOSE, v. act. Déjatte, délier, détacher, dénouer.
To unloose a knotty question. Dénouer une difficulté, la résoudre.
Unloosed, adj. Défait, délié, détaché, dénoué.
UNLOVED, adj. Qui n'est point aimé.
UNLOVELINESS, f. Désagrément.
UNLOVELY, adj. Qui n'est point aimable, qui n'est point agréable, désagréable.
UNLOVING, adj. V. Unkind.
UNLUCKILY, adv. Malheureusement, par malheur.
UNLUCKINESS, subst. (or misfortune.) malheur.
Unluckiness, (malice.) Malice, méchanceté.
UNLUCKY, adject. (or unfortunate.) Malheureux, qui a du malheur, infortuné.
Unlucky, (ill omened, foreshewing ill, inauspicious.) Sinistre, qui porte malheur.
Unlucky, (or mischievous.) Malin, méchant, malicieux, mauvais.
An unlucky boy. Un méchant garçon, un garçon malicieux, un petit démon, une petite peste.
To UNLUTE, verb. act. (a term of Chymistry.) Déluter, ôter le lut, en termes de Chimie.
Uuluted, adj. Déluté.
UNMADE, adj. Qui n'est pas fait, qui n'est pas achevé.
UNMAIMED, adj. Qui n'est pas estropié ou mutilé.
To UNMAN, verb. act. (to geld.) Châtrer.
To unman, (or soften.) Efféminer, rendre mou.
To unman, (or degrade.) Dégrader, ravaler.
To unman, (to deprive of reason.) Priver de la raison.
To unman a ship. Désarmer un vaisseau.
UNMANAGEABLE, adj. (hard to be managed, in a proper and figurative sense.) Qu'on a peine à manier, qu'on manie avec peine, difficile à manier, au propre & au figuré.
An unmanageable (or headstrong) person.

Une personne qu'on a peine à manier ou à gouverner.
An unmanageable affair. Une affaire difficile à manier, à ménager ou à conduire.
UNMANAGED, adject. Indompté; sans éducation.
UNMANLY, } adject. Indigne d'un
UNMANLIKE, } homme, efféminé.
UNMANNED, adj. (from to unman.) Dégradé, désarmé. V. to Unman.
UNMANNERLINESS, subst. Incivilité, grossièreté.
UNMANNERLY, adj. Incivil, qui n'est pas civil, qui n'est pas poli; grossier.
Unmannerly, adv. Incivilement.
UNMANURED, adj. Qui n'est pas cultivé, inculte.
To UNMARRY, verb. act. Démarier, dissoudre le mariage.
Unmarried, adj. Dimarié.
Unmarried, (or single.) Qui n'est pas marié, qui vit dans le célibat.
To UNMASK, v. act. Démasquer, ôter ou lever le masque.
Unmasked, adj. Démasqué, ou bien sans être masqué ou sans masque.
UNMASTERABLE, adj. (untameable.) Indomptable.
UNMASTERED, adj. Dont on n'a pu venir à bout, indompté.
To UNMAT, v. act. Dénatter.
Unmatted, adj. Dénatté.
To UNMATCH, v. act. Déparier, &c. to Match.
UNMATCHABLE, adj. (or incomparable.) Sans exemple.
UNMATCHED, adj. (not matched.) Déparié ou dépareillé.
Unmatched, (or matchless.) Sans pareil, qui n'a point de pareil ou d'égal.
Unmatched in fight. Qui n'a point d'égal dans les combats.
Unmatched, (or unmarried.) Qui n'est pas marié.
UNMEANING, adject. Ex. Unmeaning words. Mots qui n'ont point de sens, galimatias.
UNMEASURABLE, adj. Qui ne se peut mesurer, immense, qui est d'une grandeur démesurée, excessif, qui n'a point de bornes.
UNMEASURABLENESS, f. Immensité.
UNMEASURABLY, adv. Démesurément, sans mesure, excessivement.
UNMEASURED, adj. Qui n'est pas mesuré, sans mesure.
UNMEDITATED, adj. Qui n'est pas prémédité.
UNMELT, adj. (or improper.) Qui n'est pas à propos, qui n'est pas convenable, qui ne convient pas.
UNMELTED, adj. Qui n'est point fondu.
UNMENTIONED, adj. Qui n'est point nommé.
UNMERCIFUL, adj. (cruel.) Impitoyable, sans pitié, qui n'a point de pitié; cruel, barbare, inhumain.
UNMERCIFULLY, adv. Impitoyablement, sans miséricorde, cruellement.
Unmercifully, (or excessively.) Cruellement, excessivement.
It is unmercifully cold. Il fait cruellement froid.
UNMERCIFULNESS, f. Cruauté, inhumanité.
UNMERITED, adject. Qu'on n'a pas mérité.

UNMILKED,

UNMILKED, adj. Qui n'est pas trait.
UNMINDED, adj. Négligé, dont on ne se soucie point, dont on ne se met point en peine.
UNMINDFUL, adj. Négligent, oublieux, qui néglige, qui oublie.
He is very unmindful of me. Il m'oublie tout-à-fait, il me néglige extrêmement.
UNMINDFULNESS, s. Négligence.
UNMINGLED, adj. Simple, qui n'est composé ou mêlé.
UNMIXED,
UNMIXT, } adj. Pur, qui n'est point mélangé.
UNMOIST, adj. Sec, qui n'est pas moite.
UNMOISTENED, adj. Qui n'est pas humecté.
UNMOLESTED, adj. Qui n'est pas molesté, vexé ou inquiété ; sans être molesté, vexé ou inquiété.
To UNMOOR a ship, verb. act. (a seaterm.) Démarrer un vaisseau, couper les amarres, désaffourcher, en termes de mer.
Unmoored, adj. Démarré, qui a levé ou coupé ses amarres.
UNMORTGAGED, adj. Qui n'est point hypothéqué.
UNMORTIFIED, adj. Immortifié.
UNMOVEABLE, adj. Ferme, inébranlable.
UNMOVEABLENESS, s. Fermeté.
UNMOVEABLY, adverb. D'une manière ferme ou inébranlable.
UNMOVED, adj. Immobile.
Unmoved, (not affected.) Qui n'est point touché.
UNMOVING, adj. Peu touchant.
UNMOURNED, adj. Qui n'est pas pleuré.
To UNMUFFLE, v. act. Découvrir le visage ou la face.
UNMUSICAL, adj. Discordant.
To UNMUZZLE, v. act. Oter la muselière.
To UNNAIL, v. act. Déclouer.
Unnailed, adj. Décloué.
UNNATURAL, adj. (contrary to nature, forced, cruel.) Qui est contre nature, ou qui n'est pas conforme à la nature, qui n'est pas naturel ; forcé, outré.
Unnatural, (void of natural affection.) Dénaturé, qui manque d'affection & de tendresse naturelle.
UNNATURALLY, adv. (against nature.) Contre nature, ou contre les règles de la nature.
Unnaturally, (without natural affection.) En dénaturé, d'une manière dénaturée.
UNNATURALNESS, s. Humeur dénaturée.
UNNAVIGABLE, adj. Qui n'est pas navigable.
UNNECESSARILY, adv. Sans aucune nécessité, inutilement.
UNNECESSARY, adj. Qui n'est pas nécessaire.
UNNEIGHBOURLY, adj. Qui n'est point amical, désobligeant.
To UNNERVE, verb. act. Enerver, affoiblir.
UNNOTED, adj. Qui n'est point regardé ; inconnu, sans considération.
UNNUMBERED, adj. Qui n'est pas nombré, innombrable.
UNOBNOXIOUS, adj. Qui n'est point exposé.
UNOBSERVABLE, adj. Imperceptible.
UNOBSERVANT,
UNOBSERVING, } adj. Peu attentif, négligent.

UNOBSERVED, adject. Qui n'est point apperçu.
UNOBSTRUCTED, adj. Qui n'est pas empêché.
UNOBVIOUS, adject. Rare, peu sensible.
UNOCCUPIED, adj. Ex. Land unoccupied. Terre qui n'est pas toute ou cultivée, qu'on ne fait pas valoir.
An unoccupied house. Maison qui n'est point occupée.
UNOFFENDING, adject. Qui ne choque personne, innocent.
UNOPENING, adj. Qui ne s'ouvre point.
UNOPERATIVE, adj. Inefficace.
UNOPPOSED, adj. Sans opposition.
UNORDERLY, V. Disorderly.
UNORDINARY, V. Uncommon.
UNORGANISED, adject. Qui n'est pas organisé.
UNORIGINAL,
UNORIGINATED, } adject. Eternel, sans origine.
UNORTHODOX, adject. Hétérodoxe, hérétique.
UNOWNED, adject. Qui n'est pas reconnu.
To UNPACK, verb. act. (to open.) Déplier, dépaqueter, défaire un paquet.
UNPAID, adject. Qui n'est pas payé, à payer.
I am unpaid to this day. Je ne suis pas encore payé.
UNPAINED, adj. Qui ne souffre point.
UNPAINFUL, adject. Facile, supportable.
UNPALATABLE, adj. Dégoûtant.
UNPARALLELED, adject. Incomparable, sans pareil, sans exemple, qui n'a point de pareil ou d'exemple.
UNPARDONABLE, adj. Impardonnable, irrémissible, qui n'est point pardonnable.
UNPARDONABLY, adv. D'une manière impardonnable.
UNPARDONED, adject. Qui n'est point pardonné.
UNPARDONING, adject. Implacable, cruel.
UNPARLIAMENTARINESS, subst. of a proceeding. Procédé contre les règles ou contre les formes qu'on observe dans le Parlement.
UNPARLIAMENTARY, adj. Qui n'est pas selon les règles ou les formes parlementaires ou du Parlement.
UNPARTED, adj. Qui n'est pas séparé ou divisé.
UNPASSABLE, adj. Impraticable.
Ex. The great rains have rendered the roads unpassable. Les grosses pluies ont rendu les chemins impraticables.
UNPASSIONATE,
UNPASSIONATED, } adj. Sans passion, tranquille.
The unpassionate serenity of the true philosophical spirit. L'égalité tranquille du véritable esprit philosophique.
UNPASSIONATELY, adv. Sans passion.
To UNPAVE, verb. act. Dépaver.
Unpaved, adj. Dépavé.
UNPAWNED, adject. Qui n'est point engagé.
UNPEACEABLE, adj. Qui n'est point paisible ou tranquille ; turbulent.
UNPEACEABLY, adj. Dans le trouble, dans le désordre.
To UNPEG, v. act. Oter la cheville.
Unpegged, adject. Dont on a ôté la cheville.

UNPENSIONED, adj. Sans pension.
To UNPEOPLE, v. act. Dépeupler.
Unpeopled, adj. Dépeuplé.
UNPERCEIVABLE, adj. Imperceptible, dont on ne peut s'appercevoir.
UNPERCEIVABLY, adv. Imperceptiblement, d'une manière imperceptible.
UNPERCEIVED, adj. Dont on ne s'apperçoit pas.
UNPERFECT, &c. V. Imperfect, &c.
UNPERFORMED, adj. Qu'on n'a pas fait ou exécuté, dont on ne s'est pas acquitté, qu'on a négligé.
UNPERISHABLE, adject. Incorruptible, non-périssable, impérissable.
UNPERPLEXED, adj. Simple, qui n'est point embarrassé.
UNPHILOSOPHICAL, adj. Qui n'est pas philosophique ou selon la philosophie, contraire à la raison.
UNPHILOSOPHICALLY, adv. Contre les règles de la philosophie, de la bonne logique ou du raisonnement.
To UNPHILOSOPHIZE, v. act. Dégrader du caractère de philosophe.
UNPIERCED, adj. Qui n'est point pénétré ou percé.
UNPILLARED, adj. Sans colonnes.
To UNPIN, v. act. Défaire, détrousser.
Ex. To unpin a gown. Détrousser une robe.
Unpinned, adject. Défait, détroussé.
UNPITIED, adj. Dont on ne prend point pitié, qui n'est point plaint ou regretté.
UNPITIFULLY, adverb. Impitoyablement.
UNPITYING, adj. Impitoyable.
UNPLACED, adj. Sans place.
To UNPLAIT, v. act. Déplisser.
Unplaited, adj. Déplissé.
UNPLANTED, adj. Sans être planté.
UNPLAUSIBLE, adj. Peu vraisemblable ou peu plausible.
UNPLEASANT, adj. Déplaisant, malplaisant, désagréable, qui déplait, qui ne plait point fâcheux.
UNPLEASANTLY, adverb. Désagréablement, d'une manière déplaisante ou désagréable.
He looked very unpleasantly upon me. Il m'a regardé de fort mauvais œil.
UNPLEASANTNESS, subst. Qualité déplaisante ou désagréable ; désagrément.
UNPLEASING, V. Unpleasant.
UNPLIANT, adject. Inflexible, qu'on ne peut fléchir.
UNPLIANTNESS, s. Inflexibilité.
UNPLOWED, adj. Qui n'est point labouré ou cultivé, qui est en friche, inculte.
UNPOLISHED, adj. Raboteux, qui n'est pas uni ou poli, au propre.
Unpolished gold. Or mat.
A rude unpolished person. Une personne grossière ou qui n'est pas polie.
UNPOLITE, adj. Impoli, grossier.
UNPOLITENESS, s. Impolitesse, grossièreté.
UNPOLLUTED, adject. Qui n'est pas souillé.
UNPOPULAR, adject. Qui n'est pas populaire.
UNPOSSESSED, adject. Qui n'est pas obtenu.
UNPRACTICABLE. V. Impracticable.
UNPRACTISED, adj. (not practised or used.) Qui n'est pas pratiqué, dont on ne fait pas d'usage, qui n'est point mis en usage ou réduit en pratique.
Unpractised,

UNP

Unpractifed, (or unſkilled.) Qui n'eſt point verſé ou expérimenté.
UNPRRAISED, adj. Qui n'eſt pas loué.
UNPRECARIOUS, adj. Indépendant.
UNPRECEDENTED, adject. Qui eſt ſans exemple.
UNPREFERRED, adject. Qui n'eſt pas préféré ou qui n'eſt pas avancé. V. to Prefer.
UNPREGNANT, adj. Stérile.
UNPREMEDITATED, adject. Qui n'eſt point prémédité, ſans être prémédité, ſans préméditation, que l'on fait ſur le champ.
UNPREPARED, adj. Qui n'eſt point préparé, ſans être préparé.
UNPREPAREDNESS, ſubſt. L'état d'une perſonne qui n'eſt point préparée.
UNPREPOSSESSED, adject. Sans préjugés.
UNPRESSED, adj. Qui n'a pas été preſſé ou preſſuré.
Unpreſſed wine. Vin de la premiere goutte.
UNPRETENDING, adj. Modeſte, ſans prétentions.
UNPRINCELY, adj. Indigne d'un Prince.
UNPRINTED, adj. Qui n'eſt point imprimé, inédit.
UNPRISABLE, adject. (or unvaluable.) Ineſtimable, qu'on ne peut aſſez eſtimer.
UNPROFITABLE, adj. (vain or uſeleſs.) Inutile, qui ne ſert à rien, qui n'eſt d'aucune utilité, vain.
Unprofitable, (of no profit or advantage.) Qui n'eſt point profitable ou avantageux, où il y a peu de choſe à gagner ou de profit à faire.
UNPROFITABLENESS, ſ. Inutilité.
UNPROFITABLY, adv. Inutilement, en vain, ſans aucun avantage.
UNPROMISING, adj. Qui n'a pas belle apparence, qui ne promet rien de bon.
UNPRONOUNCED, adj. Qui n'a pas été dit ou prononcé.
Ex. An unpronounced diſcourſe. Un diſcours qui n'a pas été prononcé.
UNPROPER, V. Improper.
UNPROPITIOUS, adj. Siniſtre.
UNPROPORTIONED, adject. Qui n'eſt point proportionné.
UNPROSPEROUS, adj. Malheureux, qui ne proſpere pas.
UNPROSPEROUSLY, adv. Malheureuſement.
UNPROTECTED, adj. Qui n'eſt point protégé.
UNPROVED, adj. Qui n'eſt pas prouvé ou qui n'eſt pas éprouvé. V. Proved.
UNPROVIDED, adj. (not furniſhed with, not ſecured.) Dépourvu, ſans ſe préparer.
To take one unprovided. Prendre quelqu'un au dépourvu, le ſurprendre.
UNPROVIDENT, adj. Imprudent, qui n'eſt point prévoyant, qui n'a point de prévoyance, ſans prévoyance.
UNPROVIDENTLY, adv. Imprudemment, ſans prévoyance.
UNPROVOKED, adj. Sans être provoqué, ſans aucune provocation.
UNPRUNED, adj. Qui n'eſt pas taillé ou émondé.
UNPUBLISHED, adj. Qui n'eſt pas publié ou public; ſecret.
UNPUNISHED, adj. Impuni.
Shall he cauſe thoſe troubles and go unpuniſhed? Cauſera-t-il ces déſordres impunément?
He ſhall not go long unpuniſhed. Il ne le portera pas loin.

UNQ

UNQUALIFIED, adj. Qui n'eſt pas propre; ou capable, qui n'a pas les qualités requiſes.
To UNQUALIFY, verb. act. Rendre incapable.
UNQUENCHABLE, adj. Qui ne s'éteint point.
UNQUENCHED, adj. Qui n'eſt pas éteint ou ſans être éteint.
UNQUESTIONABLE, adj. Indubitable, inconteſtable, dont on ne doit pas douter.
A man of unqueſtionable reputation. Un homme d'une réputation ſans reproche.
UNQUESTIONABLY, adv. Indubitablement, ſans doute.
It is or 'tis unqueſtionably true. La choſe eſt inconteſtable ou indubitable.
UNQUESTIONED, adj. (undoubted.) Indubitable, dont on ne doute point, reconnu de toute le monde.
A man of unqueſtioned probity. Un homme d'une probité reconnue.
UNQUICKENED, adj. Qui n'eſt point animé ou vivifié.
UNQUIET, adject. (reſtleſs, diſſatisfied, uneaſy.) Inquiet, incommode.
To have an unquiet mind. Avoir l'eſprit inquiet.
An unquiet child. Un enfant inquiet ou incommode, qui ne fait que pleurer, qui n'eſt jamais content.
UNQUIETLY, adv. D'une maniere inquiete, avec inquiétude.
To ſleep unquietly. Dormir d'un ſommeil inquiet.
UNQUIETNESS, ſ. (or reſtleſsneſs.) Inquiétude.
UNRACKED, adj. Qui n'eſt point ſoutiré.
UNRANSOMED, adj. Qui n'eſt point racheté, dont on n'a pas payé la rançon.
UNRATED, adj. Ex. Unrated goods, (not mentioned in the book of rates.) Marchandiſes qui ne ſont pas ſpécifiées dans le tariſe.
To UNRAVEL, v. act. Effiler, défaire un titu fil à fil.
To unravel linen. Effiler de la toile.
To unravel a difficult matter, (to clear it up.) Eplucher une matiere difficile, l'éclaircir, la débrouiller, la démêler.
To unravel the whole intrigue of a play. Dévoner l'intrigue de la comédie.
To unravel, verb. neut. S'effiler, ſe défaire.
Unravelled, adj. Effilé, &c. Voyez to Unravel.
UNRAVELLING, ſ. L'action d'effiler, &c. V. to Unravel.
He takes a pleaſure in unravelling the moſt difficult paſſages of the author. Il prend plaiſir à débrouiller tous les paſſages difficiles de cet auteur.
The unravelling of the plot of a play. Le dénouement de l'intrigue d'une comédie.
UNREACHED, adject. Qui n'eſt pas atteint.
UNREAD, adj. Peu lettré; qui n'a pas lû la.
UNREADINESS, ſ. L'état d'une choſe ou d'une perſonne qui n'eſt pas prête.
UNREADY, adj. (not ready.) Qui n'eſt pas prêt, qui n'eſt pas poſſédé.
Unready, (not dreſt.) Qui n'eſt pas habillé.
An unready (or unruly) horſe. Un cheval retif.

UNR

Unready, (ungain.) Mal-adroit.
UNREAL, adject. Qui n'a point de ſubſtance.
UNREASONABLE, adj. Déraiſonnable, ſans raiſon, qui n'a pas de raiſon.
Unreaſonable, (unjuſt.) Déraiſonnable, injuſte.
UNREASONABLENESS, ſ. (or folly.) Défaut de raiſon, folie.
Unreaſonableneſs, (or injuſtice.) Injuſtice.
UNREASONABLY, adv. (without reaſon.) D'une maniere déraiſonnable, déraiſonnablement, ſans raiſon.
Unreaſonably, (unjuſtly.) Déraiſonnablement, injuſtement.
Unreaſonably, (exceſſively.) Trop, exceſſivement.
UNREBUKABLE, adj. Irrépréhenſible.
UNREBUKED, adject. Qui n'a point été repris, cenſuré, blâmé ou réprimandé, ſans être repris, cenſuré, blâmé ou réprimandé.
UNRECALLABLE, adj. Irrévocable.
UNRECLAIMED, adj. Qui n'eſt point réduit ou rangé à ſon devoir, qui n'eſt point mis a la raiſon.
UNRECONCILEABLE, adject. Irréconciliable.
UNRECONCILED, adject. Qui n'eſt pas réconcilié.
UNRECORDED, adject. Qui n'eſt point célebré, enſeveli dans l'oubli.
UNRECOVERED, adj. Qu'on n'a pas recouvré.
UNRECOUNTED, adject. Paſſé ſous ſilence.
UNREDEEMED, adject. Qu'on n'a pas racheté.
UNREDUCED, adj. Qui n'eſt pas réduit.
To UNREEVE, v. act. (a ſea-term.) Ex. To unreeve a rope. Dépiſſer un cordage.
UNREFORMABLE, adj. Qu'on ne ſauroit réformer, incorrigible.
UNREFORMED, adject. Qui n'eſt pas réformé.
UNREFRACTED, adj. Qui ne ſoufre pas de réfraction.
UNREFRESHED, adj. Qui n'eſt pas rafraîchi.
UNREFUNDING, adj. Qui ne rend jamais, qui tient, qui garde bien ce qu'il a pris.
UNREGARDED, adj. (diſregarded or ſlighted.) Négligé, mépriſé.
UNREGARDFUL, V. Unmindful.
UNRELENTING, adj. Inflexible, inexorable, qui ne ſe laiſſe pas toucher ou fléchir.
An unrelenting heart. Un cœur inflexible.
Unrelenting grief. Affliction ou douleur qui ne donne point de relâche.
UNRELIEVABLE, adject. Qu'on ne peut ſecourir.
UNRELIEVED, adj. Qui n'eſt pas ſecouru.
UNREMARKABLE, adj. Qui n'a point remarquable.
UNREMEDIABLE, V. Irremediable.
UNREMITTED, adj. (not pardoned.) Qui n'eſt pas pardonné.
Unremitted, (inceſſant.) Continuel.
UNREMOVEABLE, adj. Qu'on ne peut déplacer.
UNREMOVEABLY, adv. Fermement, ſans pouvoir être déplacé.
UNREMOVED, adject. Qui n'eſt pas déplacé.

UNREPAIRED,

UNREPAIRED, adject. Sans réparations, sans faire aucunes réparations, qui n'est point réparé.
UNREPEALABLE, adj. Qu'on ne peut pas abolir ou abroger, perpétuel, irrévocable.
Ex. An unrepealable law. Une loi qu'on ne peut pas abolir ou abroger, une loi perpétuelle ou irrévocable.
UNREPEALED, adject. Qui n'est point aboli, abrogé ou révoqué, qui est encore en force ou en vigueur.
UNREPENTED, adj. Dont on ne s'est point repenti.
UNREPENTING, adj. Qui ne se repent point.
UNREPINING, adject. Qui ne se plaint pas.
UNREPLENISHED, adject. Qui n'est pas rempli.
UNREPRIEVABLE, adj. Qui n'a point de répit.
UNREPROACHABLY, adv. D'une manière irréprochable.
UNREPROACHED, adject. Irréprochable, sans reproche.
UNREPROVEABLE, adject. Irrépréhensible.
UNREPROVED, adj. Qu'on n'a point repris.
UNREPUGNANT, adject. Qui n'est point contraire.
UNREPUTABLE, adj. De mauvaise réputation.
UNREQUITABLE, adj. Qu'on ne peut pas réparer.
UNREQUITED, adj. Qui n'est point récompensé, sans être récompensé, sans récompense.
UNRESEMBLING, adj. Dissemblable, qui ne ressemble pas.
UNRESENTED, adj. Qui n'excite point de ressentiment.
UNRESERVED, adj. (frank, open.) Ouvert, franc, sans réserve.
UNRESERVEDLY, adv. Franchement, ouvertement, avec franchise, à cœur ouvert.
UNRESERVEDNESS, s. Franchise, ouverture de cœur.
UNRESISTED, adj. A qui ou à quoi l'on ne résiste pas, à qui tout cède.
UNRESISTING, adject. Qui ne résiste point.
UNRESOLVABLE, adj. Insoluble.
UNRESOLVED, adj. Indécis, irrésolu, qu'on n'a point résolu.
UNRESPECTFUL, adject. Qui manque de respect, incivil, irrévérent. V. Disrespectful.
UNRESPECTFULLY, adv. D'une manière peu respectueuse, incivilement, avec irrévérence.
UNRESPECTFULNESS, subst. Manque de respect, incivilité, irrévérence.
UNREST, subst. (or disquietness.) Inquiétude.
UNRESTORED, adject. Qu'on n'a point rendu.
UNRESTRAINED, adj. Qui n'est point limité, illimité, libre.
UNRETRACTED, adj. Qu'on n'a point rétracté.
UNREVEALED, adject. Qui n'a pas été révélé.
UNREVENGED, adj. Dont on ne s'est point vengé, sans être vengé ou sans se venger.
UNREVERENT, &c. Voyez Irreverent, &c.

UNREVERSED, adj. Qu'on n'a point révoqué.
UNREWARDED, adject. Sans récompense.
To UNRIDDLE, v. act. Expliquer, développer, découvrir, débrouiller quelque chose de difficile.
Unriddled, adject. Expliqué, découvert, débrouillé.
To UNRIG, v. a. (a sea-term.) Désumer dégréer ou dégarnir; terme de mer.
Ex. To unrig a mast. Dégréer un mât, lui ôter son cordage ou sa manœuvre.
† To unrig a woman, (to take off or away her cloaths.) Dépouiller une femme, lui ôter ses habits.
Unrigged, adj. Désuni, &c. Voyez to Unrig.
UNRIGTHEOUS, adj. Inique, injuste.
UNRIGHTEOUSLY, adv. Iniquement, injustement.
UNRIGHTEOUSNESS, subst. Injustice, iniquité.
To UNRING, v. act. Ex. To unring a mare. Déboucler une cavale.
To UNRIP, v. act. Découdre.
To unrip, verb. neut. Se découdre.
UNRIPE, { adj. Qui n'est pas mûr,
UNRIPENED, vert.
UNRIPENESS, s. L'état d'une chose qui n'est pas encore mûre.
UNRIPPED, adj. Décousu.
UNRIPPING, s. L'action de découdre.
UNRIVALLED, adj. Qui n'a point de rival, incomparable.
To UNROL, v. act. Dérouler, déplier ce qui est roulé.
Unrolled, adj. Déroulé.
To UNROOST, v. act. (a bird.) Dénicher un oiseau, le faire sortir de son nid.
Unroosted, adj. Qui est déniché ou chassé de son nid.
To UNROOT, v. act. (or eradicate.) Déraciner.
Unrooted, adj. Déraciné.
UNRUFFLED, adj. Qui n'est point troublé, calme, tranquille.
UNRULINESS, subst. Humeur revêche perverse ou indomptable; emportement, fougue.
UNRULY, adj. Méchant, mutin, revêche, indomptable, déréglé, effréné, furieux.
An unruly boy. Un méchant garçon, un garçon indomptable, un mutin.
An unruly passion. Une passion indomptable, dérèglée, effrénée.
An unruly horse. Un cheval indomptable ou fougueux.
To UNSADDLE, v. act. Desseller, ôter la selle.
Unsaddled, adj. Dessellé.
UNSAFE, adj. Dangereux, qui n'est pas sûr, où il y a du danger.
UNSAFELY, adv. Dangereusement, avec danger.
UNSAID, adj. Qu'on n'a pas dit, dont on s'est dédit.
UNSALTED, adj. Qui n'est point salé ; dessalé.
UNSALUTED, adj. Qui n'a pas été salué, sans être salué.
UNSANCTIFIED, adj. Qui n'est pas sanctifié.
UNSATIABLE, &c. V. Insatiable, &c.
UNSATISFACTORINESS, s. Défaut de satisfaction.
UNSATISFACTORY, adj. Imparfait, qui

ne satisfait point, en parlant d'une réponse, d'un récit, &c.
UNSATISFIED, adj. Qui n'est pas content, qui n'est pas satisfait.
UNSATISFYING, adj. Peu satisfaisant.
UNSAVOURINESS, s. Insipidité, goût fade.
UNSAVOURY, adj. (or tasteless.) Fade, insipide.
To UNSAY, verb. act. (to recant.) Se dédire, se retracter, chanter la palinodie.
To unsay a thing. Se dédire d'une chose.
I'll make him unsay (or retract) what he has said. Je lui ferai rentrer les paroles dans la bouche, je l'en ferai dédire.
To say and unsay. Avoir dit & le dédit.
UNSCALY, adj. Sans écailles.
UNSCHOLASTICK, adj. Sans lettres.
UNSCHOOLED, adj. Ignorant.
UNSCREENED, adj. Sans défense.
UNSCRIPTURAL, adject. (not prescribed in the holy scripture.) Qui n'est point fondé ou qui n'a point de fondement dans l'écriture.
To UNSCREW, verb. act. Défaire la vis.
To UNSEAL, v. act. Décacheter, ouvrir, ôter ou lever le cachet ou le scellé.
Unsealed, adj. Décacheté, ouvert, &c. V. to Unseal.
To UNSEAM, v. act. Découdre.
UNSEARCHABLE, adject. Inscrutable, impénétrable, qu'on ne peut fonder ou comprendre, inconcevable, incompréhensible.
UNSEARCHABLENESS, subst. Qualité incompréhensible, inscrutable ou impénétrable.
UNSEASONABLE, adj. Hors de saison ; qui n'est pas de saison, qui est à contretemps ou mal-à-propos, indu.
Unseasonable weather. Un temps qui n'est point de saison.
To keep unseasonable (or late) hours. Se retirer à des heures indues.
UNSEASONABLENESS, s. L'état d'une chose qui est hors de saison ou à contretemps ou mal-à-propos.
UNSEASONABLY, adv. Hors de saison, à contre-temps.
UNSEASONED, adj. Qui n'est pas assaisonné. V. Unseasonable.
UNSECURE, adj. Qui n'est pas sûr, qui est en danger, qui court risque.
UNSEEMLINESS, s. Indécence.
UNSEEMLY, adj. Indécent, mal-séant, messéant, malhonnête.
UNSEEMLY, adv. Indécemment, malhonnêtement.
UNSEEN, adj. (or invisible.) Invisible, qu'on ne voit pas, qu'on n'a pas vu ou sans être vu.
UNSELFISH, adject. (or disinterested.) Désintéressé.
UNSENT for, adj. Qu'on n'a pas envoyé querir, sans être mandé.
UNSEPARABLE. V. Inseparable.
UNSEPARATED, adject. Qui n'est pas séparé.
UNSERVICEABLE, adject. (of no use.) Inutile, qui ne sert à rien, qui n'est bon à rien.
UNSERVICEABLY, adv. Inutilement.
UNSERVILE, adj. Qui n'est pas servile, qui n'a rien de servile.
UNSET, adj. Sans être planté, qui est venu de lui même.
To UNSETTLE, v. act. Déranger, rendre incertain.
Ex.

UNS

Ex. His wants *or* neceſſities obliged him to impair the fortunes of private perſons, and to unſettle his whole Kingdom. *Ses beſoins l'obligeoient d'altérer les fortunes des particuliers, & de déſorganiſer tout ſon Royaume.*

UNSETTLED, *adj.* (not ſettled, as a liquor.) *Qui n'eſt pas raſſis ou repoſé; en parlant des liqueurs.*

† Unſettled, (inconſtant, fickle.) *Qui n'eſt pas raſſis; inconſtant, volage.*

Unſettled, (that has no ſettlement in the world.) *Qui n'eſt pas établi, qui n'a point d'établiſſement.*

UNSETTLEDNESS, *ſ. État de ce qui n'eſt point raſſis, inconſtance, &c.*

UNSEVERED, *adj. Qui n'eſt pas ſéparé.*

To UNSEW, *v. a. Découdre. V.* to Sew, *&c.*

To UNSHACKLE, *verb. act.* (or releaſe from chains.) *Déchaîner, ôter les chaînes.*

Unſhackled, *adj. Déchaîné.*

UNSHADOWED, *adv. Découvert, qui n'eſt point ombragé.*

UNSHAKEN, *adject.* (not ſhaken or moved.) *Qui n'eſt point ébranlé ou ému.*

Unſhaken, (not to be ſhaken from.) *Inébranlable, ferme.*

A man of an unſhaken fidelity. *Un homme dont la fidélité eſt inébranlable.*

UNSHAMED, *adj. Qui n'eſt point honteux.*

UNSHAPEN, *adject. Difforme, qui n'eſt pas bien fait, dont la taille eſt mal-faite.*

UNSHAVED,
UNSHAVEN, } *adject. Qui n'eſt pas raſé.*

To UNSHEATH, *v. act. Dégaîner, tirer du fourreau.*

To unſheath one's ſword. *Tirer l'épée.*

Unſheathed, *adj. Dégaîné, tiré.*

UNSHED, *adj. Qui n'eſt pas verſé.*

UNSHELTERED, *adject. Expoſé, ſans ſoutien.*

To UNSHIP, *verb. act. Ôter d'un vaiſſeau; démonter, déplacer.*

To unſhip the oars. *Déſarmer les avirons.*

To unſhip the tiller. *Démonter la barre du gouvernail.*

UNSHIP. *Ex.* Ship-and-unſhip, *adv. comp. Qui exprime l'état de toutes choſes mobiles & aiſées à placer & déplacer, comme les cloiſons à panneaux.*

A ſhip - unſhip bulk - head. *Voyez* Bulk-head.

UNSHOCKED, *adject. Qui n'eſt pas choqué.*

To UNSHOE, *v. act.* a horſe. *Déferrer un cheval, lui ôter les fers des pieds.*

UNSHOED,
UNSHOD, } *adj.* (as a horſe.) *Déferré ou qui n'eſt pas ferré.*

UNSHOEING, *ſ. L'action de déferrer.*

UNSHOOK, *adject.* (not ſhaken.) *Qui n'eſt pas ébranlé.*

UNSHORN, *adj. Qui n'eſt pas tondu.*

Unſhorn velvet. *Velours à poil.*

UNSHUT, *adject. Ouvert, qui n'eſt pas fermé.*

UNSIGHTLY, *adject.* (unpleaſant to the ſight.) *Déſagréable à la vue, qui fait un mauvais effet.*

UNSINCERE, *adj. Qui n'eſt pas ſincere, Diſſimulé.*

UNSINCERITY, *ſ. Diſſimulation.*

To UNSINEW, *verb. act.* (to deprive of ſtrength.) *Énerver.*

UNSINNING, *adj.* (or perfect.) *Parfait, exempt de péché.*

Tome II.

UNS

UNSKILFUL,
UNSKILLED, } *adject. Qui ne s'entend pas ou qui n'entend pas, qui n'eſt pas verſé; ignorant, inexpérimenté, inhabile.*

It was done by an unſkilful hand. *Cela a été fait par quelque mal-adroit.*

UNSKILFULLY, *adv. Mal, avec ignorance, en ignorant.*

UNSKILFULNESS, *ſ. Ignorance, manque d'habileté.*

UNSLAIN, *adj.* (or unkilled.) *Qui n'eſt pas tué; en vie.*

UNSLAKED, *adject. Ex.* Unſlaked lime. *Chaux qui n'eſt pas éteinte, amortie, délayée ou détrempée.*

UNSLEEPING, *adject. Qui veille toujours.*

UNSOCIABLE, *adj. Inſociable, qui n'eſt pas ſociable; impraticable.*

UNSOCIABLENESS, *ſubſt. Humeur inſociable.*

UNSOCIABLY, *adv. D'une maniere inſociable.*

UNSOILED, *adj. Qui n'eſt pas ſali; net, propre.*

UNSOLD, *adj. Qui n'eſt pas vendu.*

To UNSOLDER, *v. act. Deſſouder, ôter la ſoudure.*

Unſoldered, *adj. Deſſoudé.*

UNSOLDERING, *ſub. L'action de deſſouder.*

UNSOLDIERLIKE, *adject. Qui n'eſt pas militaire, contraire à la diſcipline militaire.*

To UNSOLE, *v. act. Deſſoler.*

Ex. To unſole a horſe. *Deſſoler un cheval, lui arracher la ſole du pied.*

To unſole a ſhoe. *Ôter la ſemelle d'un ſoulier.*

Unſoled, *adj. Deſſolé.*

UNSOLID, *adj. Qui n'eſt pas ſolide.*

UNSOLLICITED, *adject. Qu'on n'a pas ſollicité, ſans être ſollicité.*

UNSOLLICITOUS, *adject. Qui ne ſe met point en peine, qui ne s'embarraſſe pas, tranquille.*

UNSOLVED, *adject. Qui n'eſt pas réſolu.*

UNSOPHISTICATED, *adject. Qui n'eſt point falſifié.*

UNSOUGHT, *adject. Qu'on n'a pas recherché.*

UNSOUND, *adj.* (unhealthy.) *Qui n'eſt pas ſain, qui n'eſt pas de ſanté, qui a du mal.*

Unſound, (corrupt, rotten.) *Corrompu, gâté, vicié; faux, méchant.*

Unſound wood. *Bois vicié ou gâté.*

UNSOUNDNESS, *ſubſt.* (the being corrupt or rotten.) *Qualité de ce qui eſt gâté ou corrompu; erreur, foibleſſe, corruption.*

UNSOURED, *adject. Qui n'eſt pas aigri.*

To UNSOW, *v. act. Découdre.*

UNSOWN, *adj. Qui n'eſt pas ſemé.*

UNSPARED, *adject. Qui n'eſt pas épargné.*

UNSPEAKABLE, *adj. Inexprimable, qui ne ſe peut exprimer; ineffable, inénarrable.*

UNSPEAKABLE, *adverb. D'une maniere qui ne ſe peut exprimer, d'une maniere ineffable ou inénarrable.*

UNSPENT, *adj. Qui n'eſt pas dépenſé, employé ou conſumé.*

To UNSPHERE, *verb. act. Tirer de ſa ſphere.*

UNSPIED, *adj. Qui n'eſt pas apperçu.*

UNSPILT, *adj. Qui n'eſt pas répandu.*

UNS

UNSPIRITED, *adj. Découragé, froid.*

UNSPOTTED, *adj. Pur, ſans tache; il ne ſe dit guere que dans le figuré.*

To keep one's ſelf unſpotted from the world. *Se conſerver ſans tache parmi la corruption du ſiecle.*

UNSTABILITY, *ſ.* (or rather inſtability.) *Inſtabilité, inconſtance.*

UNSTABLE, *adj.* (not faſt.) *Inconſtant, mal-aſſuré.*

UNSTAID, *adject.* (or giddy.) *Qui n'eſt point poſé ou prudent; qui n'eſt point ſtable.*

UNSTAINED, *adj. Sans tache, qui n'eſt pas taché.*

UNSTATUTABLE, *adj.* (contrary to the ſtatutes.) *Contraire aux ſtatuts, irrégulier.*

UNSTATUTABLY, *adv. Contre les ſtatuts, irréguliérement.*

UNSTAUNCHED, *adject. Qui n'eſt pas étanché.*

UNSTAYED, *adj. Volage, léger, inconſtant, qui n'eſt pas raſſis.*

UNSTEADILY, *adv. Légérement, &c.*

UNSTEADINESS, *ſub. Légéreté, inconſtance.*

UNSTEADY, *adj.* (not ſteady, fickle or uncertain.) *Qui n'eſt pas ſteady ou ſerme; léger, inconſtant, foible, qui n'a point de fermeté.*

An unſteady (or irregular) motion. *Un mouvement irrégulier, qui n'eſt pas réglé.*

UNSTEADFAST, *adj. Qui n'eſt pas ferme, inconſtant, changeant.*

UNSTEEPED, *adj. Qui n'eſt pas trempé.*

UNSTIRRED, *adj. Qu'on n'a point remué.*

To UNSTITCH, *v. act.* (or unrip.) *Découdre.*

Unſtitched, *adj. Découſu.*

To UNSTOP, *v. act,* (or open.) *Déboucher, ouvrir.*

Unſtopped, *adj. Débouché.*

UNSTOPPING, *ſ. L'action de déboucher ou d'ouvrir.*

UNSTRAINED, *adj.* (eaſy.) *Naturel.*

UNSTRENGTHENED, *adj. Qui eſt ſans aſſiſtance.*

To UNSTRING, *v. act. Délier, relâcher, ôter les cordes.*

UNSTRUNG, *adject. Qui n'a point de cordes, en parlant d'un inſtrument de muſique.*

UNSTUFFED, *adj. Qui n'eſt pas farci; qui n'eſt pas ſoutenu ou appuyé.*

UNSUBDUED, *adj. Qui n'eſt pas vaincu, qui n'eſt pas dompté, ſubjugué ou aſſujetti.*

UNUSBSTANTIAL, *adject. Peu ſolide, imaginaire.*

UNUSCCESSFUL, *adject. qui n'a pas réuſſi, qui n'a pas eu un bon ſuccès; malheureux.*

UNSUCCESSFULLY, *adv. Sans ſuccès, ſans y réuſſir.*

UNSUCCESSFULNESS, *ſubſt. Malheur, mauvais ſuccès.*

UNSUCCESSIVE, *adj. Qui n'eſt pas ſucceſſif.*

UNSUFFERABLE, *adj.* (or intolerable.) *Inſupportable, intolérable.*

UNSOFFERABLY, *adv. Inſupportablement, d'une maniere inſupportable ou intolérable.*

UNSUFFICIENT, &c. *Voyez* Inſufficient, &c.

UNSUITABLE, *adj. Qui n'eſt pas convenable, qui ne convient pas, qui ne répond ou ne s'accorde pas.*

UNSUITABLENESS,

4 X

UNS UNT   UNT   UNT

UNSUITABLENESS, subst. L'état d'une chose qui n'est point convenable; incongruité.

UNSULLIED, adj. Qui n'est point souillé.

UNSUNG, adj. Qui n'est pas chanté ou célébré.

UNSUPPLIED, adj. Dégarni, qui n'est pas secouru.

UNSUPPORTABLE. V. Insupportable.

UNSURE, adj. Incertain, qui n'est pas sûr.

UNSURMOUNTABLE, adj. Insurmontable, invincible.

UNSUSCEPTIBLE, adj. Incapable, qui n'est pas susceptible.

UNSUSPECTED, adj. Imprévu, qui n'est pas soupçonné.

UNSUSPECTING,
UNSUSPICIOUS, } adject. Sans soupçonner, qui ne soupçonne point.

UNSUSTAINED, adj. Qui n'est pas soutenu.

To UNSWATHE, v. act. Démailloter.
To unswathe a child. Démailloter un enfant, défaire les langes qui l'enveloppent.

Unswathed, adj. Démailloté.

UNSWATHING, s. L'action de démailloter.

UNSWAYABLE, adj. Inflexible.

To UNSWELL, verb. act. & neut. Désenfler.

UNSWOLLEN, adj. Désenflé.

UNSWORN, adject. Qui n'a point prêté serment.

UNTAINTED, adj. (not tainted, sweet, as meat.) Qui n'est pas corrompu, qui ne sent pas mauvais, en parlant de la viande.

Untainted, (or unspotted.) Sans tache, qui n'est point taché.

UNTAKEN, adj. Qui n'est pas pris.
Untaken notice of, adj. Qu'on n'a pas remarqué, à quoi on n'a pas fait attention.

UNTAMEABLE, adj. Indomptable, dans le propre & dans le figuré.

UNTAMEABLENESS, subst. Qualité indomptable.

UNTAMED, adj. Indompté, qui n'est pas dompté.

To UNTANGLE, v. act. (or untie.) Débarrasser, démêler.

Untangled, adj. Débarrassé, démêlé.

UNTASTED, adj. Qu'on n'a pas touché ou goûté.

UNTASTING, adject. Qui n'a point de goût.

UNTAUGHT, adject. Qu'on n'a pas enseigné, sans avoir eu de maître, ignorant.

To UNTEACH, v. act. Faire oublier ou enseigner le contraire de ce qu'on avoit appris.

UNTEACHABLE, adj. Qui ne veut point apprendre, indocile.

To UNTEAM, v. act. Dételer.
Ex. To unteam horses or oxen. Dételer des chevaux ou des bœufs.
Unteamed, adj. Détélé.

UNTEAMING, s. L'action de dételer.

UNTEMPERATE, &c. Voyez Intemperate, &c.

UNTEMPERED, adj. (as iron.) Qui n'est pas trempé.

UNTEMPTED, adj. Qui n'est pas tenté.

UNTENABLE, adject. Qui n'est pas tenable, où l'on ne peut pas demeurer commodément.

His new lodgings were made in a moment as untenable as the others. Ses nouveaux appartement furent dans un moment aussi peu tenables que les autres.

UNTENANTED, adj. Sans tenancier

UNTENDED, adj. Sans suite.

UNTERRIFIED, adject. Qui n'est point effrayé, qui n'est point ému; intrépide, sur qui la crainte ne fait aucune impression.

UNTHANKFUL, adject. Ingrat, qui n'est point reconnoissant.
An unthankful (or ungrateful) man. Un ingrat.
This is an unthankful office. C'est un service ou un office sujet à des reproches, ou dont personne ne nous sait bon gré.

UNTHANKFULLY, adv. En ingrat ou d'une maniere ingrate.

UNTHANKFULNESS, s. Ingratitude.

UNTHAWED, adject. (not thawed.) Qui n'est pas dégelé.

UNTHINKING, adject. Indifferent, qui n'a point de prévoyance, qui ne songe point à ce qu'il fait.
An unthinking (or thoughtless) man. Un homme qui ne pense à rien, un homme sans souci.

UNTHOUGHT of, adject. Inopiné, imprévu, à quoi l'on ne s'attendoit pas.

To UNTHREAD a needle, v. act. Désenfiler une aiguille.

UNTHREATENED, adj. Qui n'est pas menacé.

UNTHRIFT, subst. Un prodigue, un débauché.

UNTHRIFTILY, adverb. Prodigalement, avec prodigalité.

UNTHRIFTINESS, subst. Prodigalité, dépense excessive.

UNTHRIFTY, adject. Prodigue, qui dépense excessivement.
An unthrifty (or extravagant) man, Un prodigue.

UNTHRIVING, adj. Qui ne profite pas, qui ne réussit pas, qui ne va pas bien. V. to Thrive.

To UNTHRONE, v. act. Détrôner.
Unthroned, adj. Détrôné.

To UNTIE, verb. act. Détacher, délier, dénouer, défaire, abattre.
To untie a knot. Défaire un nœud, le dénouer.
To untie the curtains. Abattre les rideaux.
Untied, adj. Détaché, dénoué, défait, abattu.

UNTIL, prépos. Jusqu'à, jusqu'à ce que. V. Till.

To UNTILE, v. act. a house. Découvrir une maison, en ôter la couverture.
Untiled, adj. Découvert.

UNTILING, s. L'action de découvrir.

UNTILLED, adj. Qui n'est pas cultivé; inculte.

UNTIMED, adj. Fait à contre-temps ou hors de saison, où l'on n'a pas bien pris son temps; déplacé, fait ou dit mal à propos. V. Ill-timed.

UNTIMELINESS, sub. L'état d'une chose qui se fait ou qui arrive avant le temps ou à contre-temps.

UNTIMELY, adj. (unseasonable.) Hors de saison, qui n'est pas de saison, qui est à contre temps ou mal-à-propos; prématuré.

Untimely, (hasty, before the time.) Hâtif, précoce, précipité, qui arrive trop tôt ou avant le temps.

Untimely fruit. Fruit hâtif ou précoce.
An untimely (or sudden) death. Une mort précipitée ou qui arrive trop tôt; mort violente.
An untimely birth. Avortement.

UNTINGED, adj. Qui n'est pas teint, qui n'est pas infecté.

UNTIRABLE, adj. Infatigable.

UNTIRED, adject. Qui n'est point las ou fatigué.

UNTO, prép. (or to.) A.
And he said unto him, Et il lui dit.
R. La préposition unto commence à vieillir; & ceux qui parlent & écrivent poliment se servent toujours de to.

UNTOLD, adj. (not said.) Qu'on n'a pas dit.
Untold, (not counted.) Qu'on n'a pas compté.
He took the money untold. Il prit l'argent sans le compter.
He may be trusted with untold gold. C'est un homme d'une fidélité à toute épreuve.

UNTOUCHABLE, adj. Qu'on ne sauroit toucher, qui ne peut souffrir l'attouchement.

UNTOUCHED, adj. (or pure.) A quoi l'on n'a pas touché; qui n'est pas touché ou ému.

UNTOWARD, adj. (unruly, stubborn.) Méchant, têtu, opiniâtre, revêche, pervers.

Untoward, (unlucky, scurvy, sad.) Méchant, mauvais, fâcheux, sinistre, malheureux.
This is an untoward business. C'est une méchante affaire, c'est une affaire fâcheuse.
An untoward physiognomy. Une physionomie sinistre.
To pass an untoward judgment upon one. Porter un jugement injuste sur quelqu'un.
Untoward, (or awkward.) Mal-adroit, qui fait les choses de mauvaise grace.

UNTOWARDLY, adv. (or stubbornly.) Opiniâtrement, en têtu.
Untowardly, (unluckily.) Sinistrement, à la traverse, malheureusement.
Untowardly, (or awkwardly.) De mauvaise grace, en mal-adroit.
Untowardly, (against the grain, unwillingly.) A contre-cœur, malgré soi, avec peine, cahin caha.

UNTRACEABLE, adj. Qu'on ne peut pénétrer ou découvrir.

UNTRACTABLE, adj. (stubborn.) Intraitable.

UNTRACTABLENESS, s. Humeur revêche ou intraitable.

UNTRADING, adj. Qui ne trafique point.

UNTRAINED, adj. Qui n'est pas formé; indomptable.

UNTRANSFERABLE, adj. Qui ne peut être transféré.

UNTREATABLE, adject. (a word used by Sir William Temple for untractable.) Intraitable.

UNTRIED, adj. (not tried, not attempted, unknown.) Qu'on n'a pas tenté, essayé ou éprouvé, inconnu.

UNTRIMED, adj. (not adorned.) Qui n'est point orné ou embelli.
Untrimed, (or unshaved.) Qui n'est pas rasé ou sans être rasé.

UNTROD,
UNTRODDEN, } adject. Où l'on n'a point marché, qui n'est point frayé, qui n'est point foulé, en parlant d'un chemin, de l'herbe, &c.

UNTROUBLED,

UNTROUBLED, adj. Qui n'est pas troublé, &c. V. to Trouble.
UNTRUE, adj. (not true, false.) Qui n'est pas vrai ou véritable; faux. Interest is never untrue to itself. L'intérêt ne se dément jamais.
Untrue, (false, treacherous.) Infidèle, perfide, déloyal.
UNTRULY, adv. Faussement.
UNTRUSTY, adj. (false or roguish.) Perfide, déloyal, infidèle.
UNTRUSTINESS, f. Perfidie, déloyauté, infidélité.
UNTRUTH, f. (or lye, from untrue.) Une fausseté, un mensonge, une chose qui n'est pas ou qui est contraire à la vérité, une erreur, un abus.
To UNTUCK, verb. act. Détrousser.
Untucked, adj. Detroussé.
UNTUNABLE, adj. Discordant. V. Intunable.
To UNTUNE, verb. act. Désaccorder, déranger.
UNTURNED, adj. Qui n'est pas tourné.
To leave no stone unturned, (to use all possible means.) Mettre toute pierre en œuvre, remuer ciel & terre, faire tous ses efforts.
UNTUTORED, adj. Qui n'est pas repris ou corrigé. V. Tutored.
To UNTWINE, v. act. Détordre, détortiller, défaire ce qui est entrelacé ou tortillé.
To untwine or untwist, v. n. Se détordre, se détortiller.
Untwined or untwisted, adj. Détors, détortillé.
UNTWINING, subst. L'action de détordre, &c.
To UNTWIST, v. act. Défiler, débarrasser, démêler.
UNTYING, f. L'action de détacher, de délier, de dénouer ou de défaire.
To UNVAIL, verb. act. Dévoiler, ôter le voile.
Unvailed, adj. Dévoilé.
UNVAILING, f. L'action de dévoiler.
UNVALUABLE, adj. Inestimable, sans prix.
UNVANQUISHED, adj. Indompté, qui n'est pas vaincu ou sans être vaincu.
UNVARIABLE, adj. Invariable, qui ne varie point.
UNVARIABLENESS, f. Qualité invariable, immutabilité.
UNVARIABLY, adv. D'une manière invariable.
UNVARIED, adj. Qui n'a point varié ou changé, qui est toujours le même.
To UNVEIL, verb. act. Découvrir, dévoiler.
UNVERSED, adj. Qui n'est pas expérimenté.
UNVEXED, adj. Qui n'est point troublé.
UNVIOLABLE, adj. Inviolable.
UNVIOLATED, adject. Qui n'est point violé.
UNVISITED, adj. Qui n'est point fréquenté.
UNUNIFORM, adj. Qui n'est pas uniforme, irrégulier.
UNUSED, adj. (or obsolete.) Inusité, dont on ne se sert pas.
UNUSEFUL, adj. Inutile.
UNUSUAL, adj. (uncommon, extraordinary.) Rare, qui n'est pas ordinaire; extraordinaire, inaccoutumé.
To be shy of unusual words. Eviter les termes qui ne sont pas autorisés par l'usage.

UNUSUALNESS, f. Rareté.
UNUTTERABLE, adject. Inexprimable, ineffable, inénarrable, qui ne se peut exprimer.
UNVULNERABLE, adj. Invulnérable.
UNWAKENED, adject. Qui n'est pas réveillé.
UNWALLED, adj. Sans murailles, qui n'a point de murailles.
A unwalled town. Une ville qui n'a point de murailles, une ville démantelée.
UNWARILY, adv. (from unwary.) Imprudemment, inconsidérément, par mégarde, par inadvertance.
UNWARINESS, f. Imprudence.
UNWARLIKE, adj. Qui n'est point guerrier ou propre à la guerre.
UNWARNED, adject. Qui n'a pas été averti.
UNWARRANTABLE, adj. Insoutenable, qu'on ne sauroit justifier.
UNWARRANTABLY, adverb. Injustement.
UNWARRANTED, adj. Incertain.
UNWARY, adject. (or careless.) Imprudent, inconsidéré, qui n'use point de circonspection.
UNWASHED, adj. Qui n'est point lavé, sans se laver.
UNWASTED, adject. Qui n'est pas consumé.
UNWATERED, adject. Qui n'est point arrosé.
UNWAVERING, adj. Ferme, qui ne change point.
UNWLAPONED, adj. Sans armes.
UNWEARIED, adject. (refreshed.) Délassé.
Unwearied, (or indefatigable.) Infatigable, qui ne se lasse point.
To UNWEARY, verb. act. Délasser.
To UNWEAVE, v. act. Effiler, défaire un tissu fil à fil.
To unweave linen cloth. Défaire ou effiler de la toile.
UNWED, adj. (or single.) Qui n'est pas marié.
UNWEEDED, adj. Dont on n'a pas arraché les mauvaises herbes.
UNWEIGHED, adj. Qu'on n'a point pesé ou examiné.
UNWELCOME, adj. Qui n'est pas bien venu.
Unwelcome, (or unpleasant.) Désagréable, déplaisant, qui déplait, qui chagrine; fâcheux, incommode.
UNWHIPT, adj. Impuni, qui n'a pas été puni.
UNWHOLESOME, adj. Mal-sain, contraire à la santé.
UNWHOLSOMENESS, subst. Qualité mal-saine, insalubrité.
UNWIELDILY, adv. Lentement, pesamment, lourdement.
UNWIELDINESS, subst. Lenteur, pesanteur.
UNWIELDY, adject. (or over-heavy.) Lourd, pesant, qu'on a peine à remuer. He is an unwieldy body. C'est une lourde masse de chair qui est presque immobile.
UNWILLING, adj. Qui ne veut point, qui n'a point d'inclination ou qui n'est point dans la volonté de faire quelque chose, qui n'y est point porté.
He is very unwilling to learn. Il ne veut point apprendre.
I am very unwilling to trouble you. Il me fâche fort de vous incommoder.
Willing or unwilling you must do it. Il vous le faut faire bon gré malgré.

I found him very unwilling to do it. Je l'ai trouvé fort froid là-dessus.
UNWILLINGLY, adv. (or against the grain.) A regret, à contre-cœur, contre son inclination, avec répugnance.
UNWILLINGNESS, f. Manque de volonté; répugnance.
To UNWIND, verb. act. (to get out or disintangle.) Débarrasser, tirer, dépêtrer.
UNWISE, adject. Imprudent, mal-avisé, qui n'est pas sage; fou.
UNWISELY, adv. Imprudemment, follement.
UNWISHED for, adj. Que l'on ne souhaite pas.
UNWITNESSED, adj. Sans témoins.
UNWITTILY, adv. Sottement, sans esprit, d'une manière sotte.
UNWITTING, adject. Qui ignore, qui ne sait pas.
UNWITTINGLY, adv. Sans le savoir, sans y penser, par mégarde.
UNWITTY, adj. Sot, qui n'a point d'esprit, où il n'y a point d'esprit.
UNWONTED, adject. Inaccoutumé, qui n'est point ordinaire, rare, qui arrive rarement.
UNWORKING, adject. Qui vit sans travailler.
UNWORTHILY, adv. Indignement, d'une manière indigne.
UNWORTHINESS, subst. (want of merit or desert.) Indignité, peu de mérite, manque de mérite.
Unworthiness, (indignity, baseness.) Indignité, bassesse, lâcheté, énormité, infamie.
UNWORTHY, adj. (not worthy or deserving.) Indigne, qui n'est pas digne, qui ne mérite pas.
I am unworthy of these favours. Je suis indigne de ces faveurs.
It is or 'tis a thing unworthy of (or below) an honest man. C'est une chose indigne, ou qui est au dessous d'un honnête homme.
Unworthy, (ill, base.) Indigne, méchant, lâche, bas, infame.
An unworthy (or vile) action. Une action indigne, une vilaine action, une action lâche, basse ou infame, une indignité, une bassesse, une lâcheté.
UNWOUND, adj. Débarrassé, &c. V. to Unwind.
UNWOUNDED, adj. Sans blessure, sans être blessé.
UNWOVEN, adj. (or untravelled, from to unweave.) Defait, effilé.
Unwoven, (or not woven.) Qui n'est pas tissu ou qui n'est pas fait au métier.
To UNWREATH, verb. act. (or untwine.) Détordre, détortiller.
Unwreathed, adj. Détors, détortillé.
To UNWRING, v. act. Détordre.
Ex. To wring and unwring linen. Tordre & détordre du linge.
To unwring, verb. neut. Se détordre.
To UNWRINKLE, v. act. (or smooth.) Dérider, ôter les rides.
Unwrinkled, adj. Déridé, qui n'a point de rides, à qui l'on a ôté les rides.
UNWRINKLING, f. L'action de dérider ou d'ôter les rides.
UNWRITTEN, adj. Non-écrit, qui n'est pas écrit, qui n'est pas mis par écrit.
UNWROUGHT, adj. Cru, qui n'est pas travaillé.
Ex. Unwrought silk. Soie crue ou qui n'est pas travaillée.

UNYIELDED,

4 X 2

UNYIELDED, adj. Qui n'est pas cédé.
UNYIELDING, adj. Inflexible, qui ne cede point, rétif.
An unyielding rigour. Une rigueur inflexible.
To UNYOKE, verb. act. Lever ou ôter le joug.
To unyoke oxen. Lever le joug aux bœufs.
To unyoke one's self from bondage or slavery. Secouer le joug, se tirer de l'esclavage, se mettre en liberté, recouvrer sa liberté.
Unyoked, adj. A qui l'on a levé le joug, &c. V. to Unyoke.
UP, adv. (aloft, on high.) En haut.
Ex. To look up. Regarder en haut, lever les yeux en haut.
Up there. Là haut.
Up, (not fitting or lying.) Debout, sur pied, sur ses pieds.
To stand up. Se tenir debout ou sur ses pieds.
Up on end. Debout, tout droit.
It makes my hair stand up on end. Cela me fait dresser les cheveux.
To be up, (stirring or risen from bed.) Etre debout, être levé, être hors du lit.
To be up, (to sit no longer.) Etre levé.
The Parliament is up. Le Parlement est levé, les séances du Parlement sont finies.
How many games up? A combien de jeux va la partie?
Five up. En cinq jeux.
I am up, (at play.) J'ai gagné.
I want but one of up, Il ne m'en manque qu'un.
To fall up stairs. Tomber en montant les degrés.
To get up into a tree. Monter sur un arbre.
The quarter is up, (or expired.) Le quartier est échu ou fini.
To be in the water up to the chin. Etre dans l'eau jusques au menton ou jusqu'au menton.
Up one pair of stairs. Au premier étage.
To run up and down. Courir çà & là, courir de côté & d'autre.
To follow one up and down. Suivre quelqu'un par-tout.
Up-hill. Qui va en montant.
To go up-hill. Monter, monter une colline ou une montagne.
To write up-hill. Ecrire de travers.
My blood is up. Mon sang bout dans mes veines.
From my youth up. Dès mon enfance.
Drink it up, (drink it all.) Buvez tout.
To come up to town. S'en venir à Londres.
To be in love up to the ears. Etre passionnément ou éperdument amoureux.
The river is frozen up. La rivière est toute gelée.
To lock up. Enfermer, fermer à la clef.
To do (or fold) up a letter. Plier une lettre.
Up, up, interj. (rise.) Debout, levez-vous.
Up, up, (rise or get up.) Debout, levez-vous, sortez du lit.
To UPBEAR, verb. act. (to support.) Soutenir.
UPBORN, adj. Soutenu.

To UPBRAID one with a thing, (or for a thing.) verb. act. Reprocher quelque chose à quelqu'un, lui en faire des reproches, la lui jeter au nez.
To upbraid the government. Insulter le gouvernement.
Upbraided, adj. A qui l'on fait des reproches; insulté, &c.
UPBRAIDER, subst. Celui ou celle qui reproche, qui insulte.
UPBRAIDING, s. L'action de reprocher, &c. V. to Upbraid.
UPBRAIDINGLY, adv. Avec reproches.
UPHELD, adj. A. (or supported.) Soutenu, appuyé, supporté, maintenu, favorisé.
UPHILL, adj. (difficult, laborious.) Pénible, difficile, épineux.
It is all uphill work. C'est une affaire épineuse ou fort difficile.
To UPHOLD, verb. act. (to support, maintain or favour.) Soutenir, supporter, appuyer, maintenir, favoriser, lever en haut.
UPHOLDER, s. Appui, soutien, partisan, fauteur, &c.
Upholder, (an undertaker of burials.) Entrepreneur d'enterremens.
Upholder. V. Upholsterer.
UPHOLDING, s. L'action de soutenir, &c. V. to Uphold.
The upholding of a balad, (the burden of it.) La reprise ou le refrain d'une ballade.
UPHOLSTERER, subst. Un tapissier ou couverturier, tapissier qui tend des chambres, &c.
UPLAND, s. (or high-ground.) Montagnes, pays élevé ou de montagnes.
UPLANDISH, adj. Montagnard, qui habite les montagnes; montagneux, en parlant d'un pays.
To UPLIFT, verb. act. (to raise aloft.) Elever.
UPMOST. V. Uppermost.
UPON, prép. Sur, dessus.
Ex. Upon the table. Sur la table.
Upon, (next or near.) Sur, joignant, tout proche.
London is seated upon the river Thames. Londres est situé sur la Tamise.
Upon, a prép. of time, (about, towards.) Sur, environ, vers.
She is upon her departure. Elle est sur son départ, elle est prête à partir.
Upon the news of his coming. Sur le bruit de sa venue.
Upon serves also to express the cause, motive, ground or subject of any action. Sur marque aussi le motif, la cause, le sujet, &c.
Ex. Upon a mere suspicion. Sur un simple soupçon.
Upon my word. Sur ma parole.
Upon pain of death. Sur peine de la vie.
To send letter upon letter. Envoyer lettre sur lettre.
I cannot gain any thing upon him. Je ne puis rien gagner sur son esprit.
A bill upon a merchant. Un billet sur un marchand.
A tax upon paper. Une taxe sur le papier.
Upon, (at or on.) A, sur.
Ex. Upon the first opportunity. A la première occasion.
Upon his coming. A son arrivée.
Upon the right hand. A main droite, sur la droite.
Upon his coming from the bath. A son retour du bain, revenant du bain.

Resolved upon a thing. Résolu à quelque chose.
I did it upon his motion. Je l'ai fait à sa requête.
To make war upon one. Faire la guerre à ou contre quelqu'un.
Upon. En.
Ex. Upon any occasion. En toute occasion.
To be upon duty. Etre en faction.
To be upon a journey. Voyager, faire un voyage, être en voyage.
Come upon a Sunday. Venez un Dimanche.
Upon that very day. Ce jour-là même.
He could not prove it upon (or against) me. Il ne put pas le prouver contre moi.
To depend upon one. Dépendre de quelqu'un, &c. V. to Depend.
Independant upon. Indépendant de.
The vows that are upon us. Les vœux que nous avons faits.
He grew fat upon it. Cela l'engraissa.
To take a servant upon trial. Prendre un serviteur à l'essai.
But upon looking narrowly into it. Mais en l'examinant de près ou lorsqu'il l'eut examiné de près.
Upon a full perusal of your papers. Après que j'eus bien examiné vos papiers.
Upon my finishing of it. Dès que je l'eus fini, ou dès que je l'aurai fini.
The ring that had the town-seal upon it. L'anneau où étoit le cachet de la ville.
As if I were upon taking my last leave with the world. Comme si je disois mon dernier adieu au monde.
We are all upon the club. Nous y sommes chacun pour notre écot.
Upon the matter, or near upon the matter. Presque, à peu près, environ.
Upon the whole matter, or upon the whole. Après tout, au reste, ou de tous ce que je viens de dire.
Methinks I am in the storm myself upon the very hearing of it. Il me semble que je suis dans la tempête, à vous l'entendre seulement raconter.
He has been upon an ambassy to the Emperor. Il a été en ambassade auprès de l'Empereur.
R. Cette préposition fait souvent partie du sens du verbe qui la précède.
Ex. To look upon. Regarder.
To think upon. Penser, songer : en ce cas on n'a qu'à chercher le verbe.
UPPER, adj. Haut, supérieur, de dessus.
Ex. An upper room. Une chambre haute.
The upper house, (or the house of Lords.) La chambre haute ou des Seigneurs, ou la chambre des Pairs dans le Parlement d'Angleterre.
The upper Rhine. Le haut Rhin.
Upper Germany. La Germanie supérieure, la haute Allemagne.
The upper region of the air. La haute région de l'air.
The upper-lip. La lèvre supérieure ou de dessus.
The upper-teeth. Les dents d'en haut.
The upper part of a thing. Le dessus d'une chose.
Upper hand, (or advantage.) Le dessus, l'avantage.
Upper-attaint, (in a horse.) Nerf-férure.
UPPER-DECK, subst. comp. (in a ship.)

Le plus haut pont ; le deuxieme pont, dans les vaisseaux à deux batteries ; & le troisieme pont dans ceux à trois ponts.

UPPER-WORK, *subst. comp.* Œuvres mortes d'un vaisseau.

UPPERMOST, *adj.* Le plus haut, le plus élevé, qui est au dessus de tout, qui a le dessus.

And whatever was uppermost out it came without either fear or reflection. Il dit tout ce qui lui vint à la bouche, sans crainte & sans jugement.

To be uppermost, (to prevail, to have the advantage.) Avoir le dessus, l'emporter.

The uppermost seats. Les premieres places.

† UPPISH, *subst.* (proud.) Fier, qui fait le fier, qui s'en fait accroire.

To UPRAISE, *v. act.* (to exalt; to raise up.) Exalter, célébrer; élever.

To UPREAR. *V.* to Rear.

UPRIGHT, *adj.* (in opposition to lying or sitting.) Droit, tout droit, debout.

Upright, (honest or just.) Droit, honnête, qui va droit, juste, qui agit en honnête homme, ou de bonne foi.

To serve God with an upright heart. Servir Dieu avec un cœur droit.

Upright, (speaking of a ship.) *Ex.* An upright ship. Vaisseau droit, qui ne donne à la bande ni d'un côté ni de l'autre.

Upright dealing. *V.* Uprightness.

Upright, *subst.* (the representation of the front of a building,) Elévation, représentation de la face d'un bâtiment.

UPRIGHTLY, *adv.* Droitement, honnêtement, sincérement, de bonne foi, justement, avec probité; perpendiculairement.

UPRIGHTNESS, *s.* Rectitude, droiture, équité, bonne foi, justice, candeur, sincérité; élévation perpendiculaire.

UPRISING, *subst.* (or first rising.) Lever, le saut du lit, le temps qu'on se leve ou qu'on sort du lit.

To UPRISE, *v. neut.* Se lever.

UPROAR, *subst.* Tumulte, émeute, bruit, rumeur, vacarme.

UPROOTED, *adj.* Déraciné.

UPSHOT, *subst.* (issue, end or event.) Issue, fin, succés, événement.

A gay coat and a grimace is the upshot of what he can pretend to. Un bel habit & quelques grimaces font tout son mérite.

She was with child, and when it came to the upshot, it was found that the was not married. Elle étoit grosse, & quand il en fallut venir au fait, on trouva qu'elle n'étoit point mariée.

Upon the upshot. Au bout du compte, après tout.

The upshot of his passion was only to bid him be gone. Tout son transport se réduisit à lui dire de se retirer.

UPSIDE-DOWN, *adv.* Sens dessus dessous, cul par dessus tête.

UPSITTING, *subst.* (a woman's upsitting after having lain in of a child.) Le temps qu'une femme relève de couche.

To UPSTART, *verb. act.* S'élancer.

UPSTART, *s.*
UPSTART'S MAN, *} s.* Un gueux refait ou revêtu, un homme qui s'est élevé du néant, un parvenu.

Upstart, *adj.* (suddenly rising.) Celui ou celle qui s'élève ou qui paroit tout-à-coup.

To UPTURN, *v. act.* Relever; sillonner.

UPWARD,
UPWARDS, *} adv.* En haut, par haut.

To fly upward. Voler en haut.

Upwards and downwards. Par haut & par bas.

It amounts to ten pounds or upwards. Cela monte à dix livres sterling, ou au-delà, ou bien, ou quelque peu davantage.

Upward goods or merchandize, (so inland traders call goods designed for London.) Marchandises pour Londres.

URBANISTS, *s. pl.* (a sort of nuns.) Urbanistes, religieuses de Ste. Claire.

URBANITY, *s.* (or civility.) Urbanité, honnêteté, civilité, politesse; gaieté.

URCHIN, *subst.* (or hedge-hog.) Un hérisson.

† An urchin, (a little unlucky boy or girl.) Une petite peste, une méchante petite fille.

URE, *s.* (practice, use.) Coutume.

Ex. To put one's self in ure, (to accustom one's self.) S'accoutumer, se faire à quelque chose.

Brought in ure. Accoutumé, fait à quelque chose.

To keep in ure. Exercer.

To keep one's self in ure. S'exercer, de peur d'oublier.

URETERS, *s. pl.* (two conduits by which the urine passes from the reins to the bladder.) Ureteres.

URETHRA, *subst.* (the passage of the urine.) Uretre.

To URGE, *verb. act.* (to press, to sollicit.) Presser, solliciter, demander instamment ou avec instance.

To urge a reason or argument. Faire valoir une raison, un argument, y appuyer.

To urge (to incense, provoke or exasperate) one. Irriter, pousser, provoquer quelqu'un, le mettre en colere, le fâcher, le choquer.

To urge one, (to follow him close in a dispute.) Pousser, pousser quelqu'un, le tenir de près.

To urge a thing (to insist upon it) in a discourse. Presser une chose, insister sur une chose, pousser une chose dans un discours, la faire bien sentir.

Urged, *adj.* Pressé, sollicité, &c. *Voy.* to Urge.

URGENCY, *s.* Nécessité urgente, urgence.

URGENT, *adj.* (or pressing.) Urgent, pressant, qui ne souffre point de retardement.

Upon urgent occasions. Dans les nécessités urgentes.

URGENTLY, *adv.* Instamment, avec instance, ardemment ou avec ardeur.

URGER, *subst.* Qui presse, importun.

URGING, *subst.* L'action de presser ou de solliciter, &c. *V.* to Urge.

Urging, *adj.* *V.* Urgent.

URINAL, *subst.* (a sort of glass-bottle, in which urine is kept for inspection.) Urinal.

URINARY, *adj.* De l'urine.

Ex. The urinary passage. Le conduit de l'urine.

URINATIVE, *adj.* Qui fait uriner.

URINATOR, *subst.* (a diver.) Plongeur, celui qui plonge pour pêcher quelque chose dans la mer.

URINE, *subst.* (the water that comes out of the bladder.) Urine, l'eau qui sort de la vessie.

To provoke urine. Faire uriner.

To URINE, *verb. neut.* (to make water.) Uriner, faire de l'eau, pisser.

URINOUS, *adj.* Qui tient de l'urine, urineux.

Urinous smell. Odeur d'urine.

URN, *s.* (a sort of pitcher in use amongst the ancients.) Urne, vase ou cruche.

URRY, *s.* Sorte de minéral.

URSULINES, *subst.* (a sort of nuns.) Ursulines, sorte de religieuses.

US, *c'est* un cas du pronom personnel we. Nous.

Ex. They love us. Ils nous aiment.

With us. Avec nous.

USAGE, *subst.* (use, practice or custom.) Usage, coutume, pratique reçue.

Usage, (or habit.) Coutume, accoutumance, habitude.

Usage, (or treatment.) Traitement, maniere dont on en use à l'égard des personnes.

A kind or unkind usage. Un bon ou mauvais traitement.

What usage did you find, (or meet with?) De quelle maniere avez-vous été traité?

USANCE, *subst.* (a term used amongst merchants for the space of a month.) Usance.

Ex. A bill of exchange at double usance. Une lettre de change à double usance, ou payable dans deux mois.

USE, *subst.* (or using of a thing.) Usage, emploi auquel on fait servir quelque chose.

A book for the use of a Prince. Un livre pour ou à l'usage d'un Prince.

To make a good use of a thing. Faire un bon usage d'une chose, en profiter, en faire son profit.

He made to good use of the favour of the Prince. Il sut si bien profiter des bonnes graces du Prince.

To make an ill use of it. En faire un mauvais usage, s'en servir ou l'employer mal.

The use of materials for a building. L'emploi des matériaux d'un bâtiment.

To make use of, (to employ or use.) Mettre en usage, user ou se servir de.

Of no use. De nul usage, inutile.

Charitable uses. Œuvres pies.

Use, (enjoyment of a thing for a while.) Usage, jouissance d'une chose pour un temps.

Use, (usage or custom.) Usage, coutume, pratique reçue, us; ce dernier ne se dit qu'au Palais.

Uses and customs of the sea. Les us & coutumes de la mer; sorte de principes de Jurisprudence maritime, reçus de toutes les Nations commerçantes d'Europe.

It was or 'twas the use (or custom) of those times. C'étoit l'usage de ces temps-là.

Use is the tyrant of languages. L'usage est le tyran des langues.

A word received into use or a word in use. Un mot que l'usage a reçu, un mot usité ou en usage, un mot établi.

According to the use (or practice) of that place. Selon l'usage ou la pratique de ce lieu-là.

Use, (practice or exercise.) Usage, pratique, exercice.

The youth is trained up to the use of arms, from the age of seven years. La jeunesse est élevée ou exercée au maniement

maniement des armes dès l'âge de sept ans.
To put a thing into use. Mettre une chose en pratique ou en usage.
Use, (habit or custom.) Coutume, * accoutumance, habitude.
Use, (interest of money.) Intérêt, rente d'argent prêté.
To put one's money out to use or to lend it out upon use. Mettre son argent à intérêt.
Use-money. Intérêt, ce qu'on paye pour l'argent prêté.
Use, (usefulness, utility, service.) Usage, utilité, avantage, service.
It will be of great use, (or service.) Cela sera d'un grand usage ou d'une grande utilité, cela sera fort utile.
A thing of no use. Une chose de nul usage, une chose inutile.
To make use of, (to improve.) Se servir, profiter ou se prévaloir de.
A man must make use of (or improve) every thing. Il faut s'aider de tout.
I desire nothing but what is convenient for necessary uses. Je ne demande que le nécessaire, je ne souhaite que d'avoir de quoi suppléer aux nécessités de la vie.
To USE, verb. act. (to make use of, to employ.) User ou se servir de, employer.
To use remedies. User de remedes.
To use fair means. User de douceur.
To use a word. User ou se servir d'un mot, employer un mot.
To use extremities. En venir à l'extrémité, en agir à toute rigueur.
He uses no exercise. Il ne fait point d'exercice.
To use (or treat) one well or ill. En user ou en agir bien ou mal avec quelqu'un, traiter qu'lqu'un bien ou mal.
To use one ill. En user mal avec quelqu'un, maltraiter quelqu'un.
I will use you as if you were my own brother. Je vous traiterai en frere, j'en agirai avec vous comme si vous étiez mon propre frere.
To use (to accustom or bring up) one to a thing. Accoutumer quelqu'un à une chose, le former, le dresser à une chose.
To use (or frequent) a place. Fréquenter un lieu, y aller souvent.
To use the sea. Fréquenter la mer.
To use, verb. neut. (to be wont or accustomed.) Avoir accoutumé, avoir coutume.
Do as you used to do. Faites comme vous avez accoutumé.
I am not used to do so. Ce n'est pas ma coutume ou je n'ai pas accoutumé d'agir ainsi, ce n'est pas comm. cela que je me conduis.
It is but what you used to do. C'est votre coutume, vous n'en faites jamais d'autres.
More than it used to be, (more than ordinary.) Plus qu'à l'ordinaire.
Used, adj. Qui est en usage, dont on se sert, dont on s'est servi, &c. Voy. to Use.
A word that is used. Un mot usité, qui est en usage.
Such care was used. On prit tant de soin.
USEFUL, adj. (profitable.) Utile, avantageux, profitable, de quelque utilité, de quelque usage.
Useful, (or necessary.) Utile, nécessaire.

To make one's self useful. Se rendre utile ou nécessaire.
USEFULLY, adv. Utilement, avec utilité, d'une maniere utile.
USEFULNESS, s. Utilité, usage, profit, avantage.
USELESS, adj. Inutile.
USELESSLY, adv. Inutilement.
USELESSNESS, s. Inutilité.
USER, s. Qui use, qui fait usage.
USHER, subst. (or a lady's gentleman-usher.) L'écuyer d'une Dame.
An usher, (or under-master in a school.) Un sous-maître, un précepteur.
Usher, (the door-keeper of a court.) Huissier d'une Cour de Justice.
Gentleman-usher of the king's bed-chamber. Huissier de la chambre du Roi.
Gentleman-usher of the presence-chamber. Huissier de l'antichambre.
The usher of the black rod. L'huissier de la baguette ou verge noire.
To USHER in, verb. act. (or introduce, in a proper and figurative sense.) Introduire, au propre & au figuré.
To usher one in. Introduire quelqu'un.
To usher in a new doctrine. Introduire une nouvelle doctrine.
Ushered in, adj. Introduit.
USING, s. Usage, l'action d'user, &c. V. to Use.
USQUEBAUGH, subst. (a strong Irish distilled liquor.) Usquebac, liqueur forte qui se fait en Irlande.
USTION, subst. (or burning.) Ustion, terme de Pharmacie.
USUAL, adj. (common, ordinary or accustomed.) Ordinaire, commun, qui arrive ordinairement, accoutumé, usuel, usité.
In the usual manner, (as usual.) A la maniere accoutumée, à l'ordinaire.
USUALLY, adverb. Communément, ordinairement, d'ordinaire, la plupart du temps.
USUALNESS, subst. Qualité de ce qui est ordinaire ou qui arrive souvent.
The usualness of the danger has made him lose the sense of it. Il s'est si accoutumé à ce danger qu'il en a perdu le sentiment.
USUCAPTION, subst. (the enjoying of a thing by continuance of time, long possession or prescription.) Usucapion, la jouissance d'une chose par droit de prescription.
USUFRUCT, s. (temporary use.) Usufruit.
USUFRUCTUARY, subst. (one that has the use and temporary profit of a thing while the property rests in another.) Usufruitier, usufruitiere.
USURER, s. (a person that lends money at an exorbitant interest.) Un usurier, une usuriere.
USURIOUS, adj. (belonging to usury.) Usuraire.
An usurious contract. Contrat usuraire.
Usurious, (or griping.) Attaché, intéressé, qui ne se fait point conscience de prêter à usure.
To USURP, v. act. (or take wrongfully.) Usurper, s'emparer avec injustice, se rendre maître injustement.
USURPATION, s. Usurpation.
USURPED, adj. Usurpé, dont on s'est emparé avec injustice.
You know he has usurped his neighbour's right. Vous savez qu'il a usurpé le droit de son voisin.

USURPER, s. Usurpateur, usurpatrice.
USURPING, subst. Usurpation ou l'action d'usurper.
USURPINGLY, adv. Injustement.
USURY, subst. (an unreasonable and unlawful interest.) Usure.
To lend upon usury. Prêter à usure.
I shall pay you with usury. Je vous le rendrai avec usure.
UT, s. (one of the chief musical notes.) Ut, note de musique.
UTAS, subst. (a word used in the return of writs, and signifying the eighth day following any term or festival.) Le huitieme jour après un terme ou une fête.
UTENSIL, subst. (any thing necessary in a house, &c.) Ustensile.
UTERINE, adj. (or of the same womb or mother.) Uterin, provenu d'une même mere.
Uterine brothers. Freres utérins.
UTERUS, subst. (womb.) Matrice.
UTILITY, subst. (use, profit or benefit.) Utilité, avantage, usage, profit.
UTMOST, adj. Le plus réculé, le dernier.
The utmost parts of the earth. Les parties les plus réculées de la terre.
I will or I'll do my utmost endeavours. Je ferai mes derniers efforts, je ferai tous mes efforts ou tout mon possible.
I'll serve him to the utmost of my power. Je ferai pour son service tout ce qui dépendra de moi.
Utmost, subst. Ex. I will serve you to the utmost of my power. Je vous servirai de tout mon possible, de tout ce que je pourrai ou de tout ce qui dépendra de moi.
I shall do my utmost. Je ferai tout mon possible.
UTTER, adj. (or total.) Total, entier.
Utter, (or outward.) De dehors, extérieur.
Utter darkness. Tenebres extérieures.
Utter barraisters. V. Barristers.
To UTTER, verb. act. (to speak forth.) Proferer, prononcer.
To utter, (to tell, discover or express.) Enoncer, exprimer, découvrir.
To utter (or speak) one's mind or thoughts. Dire son sentiment, énoncer ou exprimer sa pensée.
To utter (to vend or to sell) wares. Vendre ou debiter des marchandises, les exposer en vente.
UTTERANCE, subst. (or pronunciation.) Pronunciation.
Utterance, (elocution.) Elocution, maniere de parler ou facilité de parler.
A man of good utterance. Un homme qui parle bien, qui dit les choses de bonne grace.
He has no good utterance in his preaching. C'est un prédicateur désagréable, il n'a pas un beau débit.
Utterance (or sale) of commodities. Débit ou vente de marchandises.
UTTERED, adj. Proféré, prononcé, &c. V. to Utter.
UTTERER, subst. Qui prononce, qui divulgue; vendeur.
UTTERING, s. L'action de proférer, &c. V. to Utter.
UTTERLY, adv. (totally or entirely.) Entièrement, tout-à-fait, totalement, de fond en comble, absolument.
UTTERMOST. V. Utmost.
UVEA, adj. Ex. Uvea tunica, (the third coat of the eye, like a grape-skin.) Uvée, la troisieme tunique de l'œil.

UVULA,

U V U

UVULA, *subst. La luette.*
The uvula hanging loose. *La luette abattue.*
The falling of the uvula. *La chute ou inflammation de la luette.*

U X O

UXORIOUS, *adj.* (submissively fond of a wife.) *Qui aime trop sa femme, qui a une lâche complaisance pour elle.*
UXORIOUSLY, *adverb. Avec une lache ou excessive complaisance pour sa femme.*
UXORIOUSNESS, *subst. Complaisance excessive d'un mari pour sa femme.*

V.

V · VAG

V, *subst.* vingt-deuxieme lettre de l'alphabet anglois, *à la même prononciation qu'en françois, & n'est jamais muet.*
VACANCY, *s.* (empty space.) *Vuide ou vide, espace vide.*
Vacancy, (state of a post or employment when it is unsupplied.) *Vacance, place ou charge vacante ou vide, emploi ou dignité qui est à remplir ou qui vaque.*
The vacancy of an episcopal see. *La vacance d'un siege épiscopal.*
Vacancy of time, (leisure.) *Loisir, le vide que les occupations laissent dans le temps de quelqu'un.*
VACANT, *adj.* (void, empty.) *Vacant, vide, qui vaque, qui n'est pas rempli.*
Vacant time, (or leisure.) *Loisir.*
To VACATE, *v. act.* (to empty) a place. *Vuider ou vider un lieu.*
To vacate, (or annul.) *Casser, annuller.*
Vacated, *adject. Vidé, vide, vacant, &c.*
V. to Vacate.
VACATION, *subst.* (all the time from one term to another.) *Vacations ou vacances.* La cessation des séances des gens de Justice.
Vacation, (vacancy of a living.) *Vacance d'un bénéfice.*
Vacation, (leisure, ease.) *Loisir, tranquillité.*
VACCARY, *subst.* (a house to keep cows in.) *Une étable à vaches.*
Vaccary, (or cow-pasture.) *Pâturage pour les vaches.*
VACILLANCY, } *subst.* Vacillation,
VACILLATION, } l'action de vaciller.
* VACILLANT, *adject.* (tottering or wavering.) *Vacillant, qui vacille, chancelant, qui n'est pas ferme.*
VACUITY, } *s.* (emptiness.) *Le vide,*
VACUUM, } *espace vide.*
VACUOUS, *adj.* (empty.) *Vide.*
VADE-MECUM, *subst. Vadé-mecum, un petit livre de poche.*
VAGABOND, *s.* (one that wanders up and down.) *Un vagabond.*
Vagabond, *adj. Vagabond.*
VAGARY, *subst.* (or freak.) *Fantaisie, caprice, boutade, quinte, folie, extravagance, vision, rêverie.*
VAGRANCY, *subst.* (a vagrant or ill life.) *Fainéantise, vie vagabonde.*

VAG · VAL

VAGRANT, *adject.* (wandering up and down.) *Vagabond, qui erre çà & là.*
Vagrant (or unruly) lust. *Une convoitise effrénée.*
Vagrant, *subst.* (a vagabond.) *Un vagabond, une vagabonde.*
VAGUE, *adject.* (loose, incoherent.) *Vague.*
Vague ideas. *Idées vagues.*
His vague and unprofitable studies. *Ses études vagues & inutiles.*
VAIL, *s. Voile, masque.*
To VAIL, *verb. act. Couvrir, cacher, voiler, masquer; verb. neut. Céder.*
VAILS, *s.* (a servant's profits, besides his or her wages.) *Profits, tours de bâton, étrennes.*
VAIN, *adj.* (useless, frivolous, idle, chimerical.) *Vain, inutile, frivole, qui n'est de nulle utilité, qui ne produit rien, chimerique.*
Vain, (or proud.) *Vain, orgueilleux, superbe.*
Vain glory. *Vaine gloire, orgueil, sotte gloire.*
Vain-glorious. *Vain, plein de vaine gloire, orgueilleux, superbe.*
Vain-speaking. *Discours vains & impertinents.*
VAINLY, or IN VAIN, *adv.* (to no purpose.) *Vainement, en vain, inutilement.*
VAINNESS, *s. Vanité, inutilité.*
VAIRE, *s.* (a sort of fur in heraldry.) *Veir, un des émaux du blason.*
VALANCE, *s. Pente.*
Ex. The valances of a bed. *Les pentes d'un lit.*
VALE, *s.* (or valley.) *Vallée.*
VALEDICTION, *s.* (a farewel.) *Congé, adieu.*
He made his valediction. *Il prit son congé, il fit ses adieux.*
VALEDICTORY, *adj. De congé.*
VALENTINE, *s.* (a Saint chosen on the 14th of February as special Patron for that year among the Papists: and among the English, a man or woman, chosen the 14th of February by lot, or the first one sees in the morning, of a different sex, which is accounted one's Love for that year.) *Valentin, Valentine, Saint ou Sainte que les Catholiques Romains choisissent pour leur Patron le 14*

VAL

de Février. Parmi les Anglois on nomme Valentin ou Valentine une personne que l'on choisit, ou plutôt que le sort nous donne pour être notre ami ou amie. Cette coutume de tirer au sort les Valentins se pratique régulièrement en Angleterre le 14 Février, parce que c'est environ ce temps-là que les oiseaux commencent à s'accoupler; ou, au lieu de tirer au sort, on regarde comme son Valentin ou sa Valentine, la premiere personne que l'on voit le matin de ce jour.
VALERIAN, *subst.* (a plant and flower.) *Valériane, plante & fleur.*
VALET, and corruptly *Varlet* in some inns of court, *s.* (a servitor or mean servant.) *Un valet, un serviteur.*
A valet de chambre. *Un valet de chambre.*
Valet denoted anciently any young gentleman under eighteen. *Valet signifioit autrefois un gentilhomme au dessous de l'âge de dix-huit ans.*
VALETUDINARIAN, *adject.* (infirm; sickly.) *Valétudinaire, infirme, foible, maladif.*
VALETUDINARY, *adj.* (sickly.) *Valétudinaire, maladif.*
* Valetudinary, *s.* (or hospital.) *Infirmerie ou hôpital.*
VALIANT, *adject.* (or stout.) *Vaillant, courageux, brave, qui a de la valeur ou de la bravoure, valeureux; ce dernier ne se dit qu'en poésie.*
VALIANTLY, *adv. Vaillamment, avec valeur, courageusement, valeureusement.*
VALIANTNESS. V. *Valour.*
VALID, *adj.* (good in law.) *Valide ou valable.*
To VALIDATE, *v. act.* (to make valid.) *Valider, rendre valide.*
Validated, *adj. Validé.*
VALIDATING, } *s. Validation,* action
VALIDATION, } *de valider.*
VALIDITY, *s. Validité.*
VALLEY, *subst.* (vale or dale.) *Une vallée.*
A little valley. *Un vallon, une petite vallée.*
VALOROUS, &c. V. Valiant, &c.
VALOUR, *subst.* (courage or stoutness.) *Valeur, vaillance, bravoure, courage.*
VALUABLE, *adj.* (of value.) *Précieux, de grand prix, considérable, estimable,*
Valuable,

Valuable, (important, weighty.) *Important, de poids.*
VALVASOUR, *V.* Vavasour.
VALUATION, *f.* (estimate.) *Evaluation, appréciation, estimation.*
VALUATOR, *subst.* (appraiser.) *Estimateur.*
VALUE, *f.* (or price.) *Prix, valeur.*
A thing of value, (or great price.) *Une chose de valeur ou de grand prix.*
Value, (esteem.) *Cas, estime, état.*
To set a great value upon a thing. *Faire beaucoup de cas ou d'estime d'une chose.*
A thing of no value. *Une chose de nulle valeur, une chose de néant, qui n'est bonne à rien.*
To be of some value. *Valoir quelque chose.*
To be of no value. *Ne valoir rien.*
They are of the like value. *Ils valent autant l'un que l'autre.*
To VALUE, *v. act.* (to prize, to rate.) *Estimer, faire l'estimation d'une chose, l'apprécier, l'évaluer.*
To value, (to esteem, to set much store by.) *Estimer, priser, faire cas.*
He values himself very much upon that. *Il s'estime beaucoup à cause de cela.*
He does not value it a ruth. *Il ne s'en soucie point.*
To value one's self very much upon one's nobility, (to be very proud of it.) *S'entêter de sa noblesse, s'en piquer.*
Valued, *adj. Estimé, évalué, &c. V.* to Value.
A thing not to be valued. *Une chose inestimable ou qu'on ne peut assez estimer.*
VALVE, *subst.* (a term used in anatomy.) *Valvule,* terme d'anatomie.
The valves of the heart. *Les valvules du cœur.*
Valve. *V.* Door.
VALVULE, *f. Valvule. V.* Valve.
VALUING, *subst. Evaluation, estimation, estime* ou *l'action d'estimer, &c. V.* to Value.
VAMP, *f.* (or upper-leather of a shoe.) *Empeigne.*
To VAMP or NEW-VAMP, *verb. act.* (to mend or furbish up.) *Raccommoder, rajuster, rhabiller.*
Vamped or new-vamped, *adj. Raccommodé, rajusté, rhabillé.*
VAMPER, *subst. Qui rajuste.*
VAN
VAN-GUARD, } *f.* (the fore-part of an army.) *Avant-garde.*
Van, (or fan to winnow corn with.) *Un van.*
Van, (fan.) *Eventail.*
To VAN, *V.* to Fan.
VANCOURIER, *subst.* (fore-runner.) *Avant-coureur, précurseur.*
VANE, *f.* (a weathercock.) *Girouette.*
Vane-stock. *Fût de girouette.*
Vane-spindle. *Fer de girouette.*
Dog-vane. *Pinon.*
Vane, (or Temple.) *Temple,* lieu sacré.
VANGS, *subst. plur.* (a sea-term.) *Palan de retenue,* ou *bras d'un pic* ou *de la vergue à corne d'un sloop ou d'une goëlette.*
VAN-GUARD. *V.* Van.
VANILLA, *f.* (plant, the fruit of which is used in making chocolate.) *Vanille.*
To VANISH away, *verb. neut.* (to vanish out of sight.) *S'évanouir, disparoître.*
VANITY, *f.* (unprofitableness.) *Vanité, inutilité, peu de solidité.*
Vanity, (or vain-glory.) *Vanité, vaine gloire, orgueil, présomption.*

VANNED, *&c. V.* Fanned, *&c.*
To VANQUISH, *verb. act.* (to subdue or overcome.) *Vaincre, dompter, subjuguer.*
Vanquished, *adj. Vaincu, surmonté, dompté, subjugué.*
VANQUISHER, *subst. Vainqueur, victorieux.*
VANQUISHING, *f. L'action de vaincre, &c. V.* to Vanquish.
VANTAGE, *f.* (profit or overplus.) *Ce qu'on donne quelquefois au-delà du poids ou de la mesure; surpoids.*
Vantage, (or advantage.) *Voyez* Advantage.
VANTBRASS, *f.* (armour for the arm.) *Brassard.*
VANTGUARD. *V.* Van.
VAPID, *adj.* (palled or dead) wine. *Du vin poussé ou tourné, éventé.*
VAPIDNESS, *f. Fadeur, état de ce qui est éventé.*
VAPORATION, *subst.* (or casting off vapours.) *L'action de jeter des vapeurs, évaporation.*
VAPORER, *f.* (boaster.) *Fanfaron.*
VAPORISH,
VAPOROUS, } *adj.* (full of vapours or that sends vapours.) *Vaporeux, qui a des vapeurs, plein de vapeurs* ou *qui envoie des vapeurs.*
VAPOUR, *f.* (a fume or steam.) *Vapeur, fumée.*
Vapours of the stomach. *Des vapeurs* ou *rapports de l'estomac.*
To VAPOUR, *verb. neut.* (to crack or huff.) *Faire le fier, faire le fat & le glorieux, faire l'entendu* ou *le rodomont.*
To vapour away, (or rather, to evaporate.) *S'évaporer.*
VAPOURING, *f. Fierté, rodomontade.*
Vapouring, *adj. Ex.* A vapouring (or bragging) fellow. *Un fat, un glorieux, un rodomont, qui insulte tout le monde.*
VARDINGALE, *f.* (or rather fardingale.) *Vertugadin.*
VARIABLE, *adject.* (changeable, fickle or uncertain.) *Variable, changeant, inconstant.*
VARIABLENESS, *subst. Variation, inconstance.*
VARIABLY, *adv. D'une maniere changeante.*
VARIANCE, *f.* (difference or dispute.) *Différent, dispute, querelle, division, brouillerie.*
To set at variance. *Brouiller, désunir, mettre mal ensemble.*
Variance, (a law-term for variation, alteration or change.) *Variation, changement.*
VARIATION, *f.* (or alteration.) *Variation, changement.*
A variation of notes in musick. *Nuance* ou *changement des notes en musique.*
Variation, (of the compass.) *Déclinaison de l'aiguille aimantée.*
VARICOLOURED, *adject.* (of many colours.) *Bigarré de diverses couleurs.*
VARICOUS, *adj. Variqueux,* terme de médecine.
To VARIEGATE, *verb. act.* (to diversify with several colours.) *Bigarer, diversifier des couleurs.*
Variegated, *adj. Bigarré.*
VARIEGATION, *f. Bigarrure.*
VARIETY, *subst.* (diversity or change.) *Variété, diversité, changement.*

The variety of objects. *La variété des objets.*
VARIOUS, *adject.* (divers, different.) *Divers, différent.*
VARIOUSLY, *adv. Diversement, différemment.*
VARIX, *subst.* (dilatation of the vein.) *Varice.*
VARLET, *subst.* (a rogue or rascal.) *Un homme de néant, un coquin, un gueux, un misérable, un bélitre, un faquin.*
Varlet. *V.* Valet.
VARNISH, *subst.* (a matter laid upon wood, metal, or other bodies, to make them shine.) *Vernis.*
Varnish, (colour, gloss.) *Vernis, couleur, fard,* au figuré.
To VARNISH, *verb. act. Vernir, vernisser, enduire avec du vernis.*
To varnish a picture. *Vernir* ou *rafraichir un portrait* ou *un tableau.*
To varnish over (to colour, to palliate) a plot under pretence of the publick good. *Colorer une conspiration du prétexte du bien public.*
Varnished, *adj. Verni, vernissé.*
VARNISHER, *subst. Vernisseur,* celui qui déguise, qui colore.
VARNISHING, *f. L'action de vernir.*
Varnishing, (or varnish.) *Vernis.*
VARRY, *adj.* (a term of heraldry for argent and azur mixt.) *Vairé.*
VARVELS, *f. pl.* (rings of silver about the hawk's legs with the owner's name.) *Vervelles.*
To VARY, *verb. act.* (to diversify or change.) *Varier, diversifier, changer.*
To vary a piece of work. *Varier* ou *diversifier un ouvrage.*
To vary, *verb. neut.* (to change.) *Varier, changer.*
They varied among themselves, (or they were at variance.) *Ils étoient brouillés.*
Varied, *adj. Varié, diversifié, changé.*
VARYING, *subst. L'action de varier, &c. V.* to Vary.
VASCULAR, *adject.* (full of vessels.) *Vasculaire* ou *vasculeux,* terme d'anatomie.
VASE, *subst.* (a sort of flower-pot.) *Vase dont on se sert pour l'ornement dans un jardin.*
VASSAL, *subst.* (one that holds his land of another by homage and fealty.) *Vassal.*
A she-vassal. *Vassale.*
VASSALAGE, *subst.* (the condition of a vassal.) *Vasselage.*
VAST, *adj.* (large, great.) *Vaste, grand, immense, d'un fort grande étendue.*
A vast country. *Un vaste* ou *un grand pays.*
A vast quantity. *Un grand nombre, une grande quantité.*
A vast power. *Un pouvoir immense.*
Cicero had a vast genius. *Cicéron avoit l'esprit vaste,* † *Cicéron étoit un esprit vaste.*
Vast, *Vaste,* grand, prodigieux, énorme, *Vaste, f. Le vague.*
Ex. The vast of air, (a poetical expression.) *Le vague de l'air.*
VASTATION, *f.* (a destroying.) *Dévastation, désolation, ruine.*
VASTIDITY, *f.* (hugeness.) *Grandeur, étendue.*
VASTLY, *adv. Fort, extrêmement, excessivement.*
VASTNESS, *f. Grandeur, grande étendue.*

VAT,

VAT, *f.* (a large veffel , brewer's working tub , a fat.) *Une cuve.*
A cheefe-vat or cheefe fat. *Eclife où l'on fait le fromage.*
VAVASORY, *fubft.* (lands held by a vavafour.) *Vasaforerie.*
VAVASOUR, *f.* (a dignity of old next to a Baron.) *Vavaffeur, titre de dignité en Angleterre , qui tenoit autrefois le premier rang après celui de Baron.*
VAUDEVIL, *f.* (country-ballad.) *Un vaudeville.*
VAULT, *f.* (a continued arch.) *Voûte.*
Vault , (cellar.) *Cave.*
Vault , (or houfe of office.) *Les lieux, le privé.*
To VAULT, *v. act.* (to arch , to cover with an arch.) *Voûter, faire ou couvrir en forme de voûte.*
To vault upon a horfe, *verb. neut.* (a term of horfemanfhip.) *Voltiger, terme de manège.*
Moft men climb , but fome vault into prefferment at one leap. *La plupart des hommes ne s'avancent que par degrés dans le monde ; mais il y en a quelques-uns qui fautent tout d'un coup aux plus hautes charges.*
VAULTED, *adj.* Voûté.
The vaulted fky. *La voûte célefte ou étoilée.*
VAULTER, *f.* (one that vaults on horfeback , a tumbler.) *Un voltigeur.*
VAULTING, *f. L'action de voûter ou de voltiger. V.* to Vault.
Vaulting , (volt , a term of manage.) *Volte.*
VAULTY, *adj.* (or vaulted.) *Voûté.*
VAUNT, *fubft.* (or boafting.) *Vanterie, oftentation , montre , parade.*
To make a vaunt of a thing , (or to make it one's vaunt;) *Se vanter d'une chofe , s'en glorifier , en faire montre.*
To VAUNT, *v. act.* (to boaft.) *Vanter, exalter , louer avec exagération.*
Vaunted , *adj. Vanté, exalté, &c.*
To VAUNT OF, *v. n.* (to talk with oftentation.) *Se vanter , fe glorifier , faire vanité.*
Vaunted of, *adj. Dont on fe vante, dont on s'eft vanté, &c. V.* to Vaunt.
VAUNTER, *f.* (or boafter.) *Un vantard , un glorieux , un fanfaron.*
VAUNTING, *f. L'action de fe vanter , &c. Voyez* to Vaunt ; *oftentation , parade , vanterie.*
VAUNTINGLY, *adv. Avec oftentation, en fe vantant.*
VAUNTLAY, *f.* (in hunting.) *Relais, chiens en relais.*
VAWARD, *f.* (the forepart, forefront.) *Face , façade ; le devant.*
VAYVODE, *f.* (a Prince or Governor in Tranfylvania , Walachia , &c.) *Vayvode , Prince ou Gouverneur en certains pays.*
VEAL, *f.* (the flefh of a calf killed for the table.) *Veau, chair de veau.*
VECTURE. *V.* Carriage.
To VEER, *v. act.* (a fea-term.) *Filer, en termes de mer.*
Veer more rope, (let more of it run.) *Filez du cable.*
To veer and haul. *Haler un cordage par fecouffes , pour lui donner un balancement & augmenter la force.*
To veer , *v. neut.* (or chop about , as the wind.) *Sauter, changer , paffer d'un rumb à un autre.*
The wind veers aft. *Le vent adonne , ou le vent fe range de l'arriere.*

To veer , fignifie auffi , *virer vent arriere.*
On corrompt fouvent ce mot en difant *to wear*, fur-tout au paffé.
Ex. We wore fhip. *Nous virames vent arriere.*
Veer no more ! N'arrive pas ! *Commandement au timonier de tenir le lof.*
VEGETABLE, *adject.* (or capable of growing) *Végétable.*
VEGETABLES, *f.* (or plants.) *Les végétaux, les plantes.*
To VEGETATE, *v. n.* (to grow as plants,) *Végéter.*
VEGETATION, *fubft.* (or growth.) *Végétation.*
VEGETATIVE, *adj.* (growing.) *Végétatif, qui a la faculté de végéter.*
VEGETATIVENESS, *f. Qualité végétative.*
VEGETE, *adj.* (lively, ftrong.) *Vif, vigoureux.*
VEGETIVE. *V.* Vegetable.
VEHEMENCE, } *f.* (violence, ftrength.)
VEHEMENCY, } *Véhémence , impétuofité , force , violence.*
VEHEMENT, *adj.* (fierce, ftrong, violent.) *Véhément, fort , violent , impétueux.*
VEHEMENTLY, *adv. Avec véhémence, d'une grande force, puiffamment , impétueufement.*
He is vehemently fufpected to be fo. *Il en eft véhémentement foupçonné.*
VEHICLE, *fubft.* (a thing that ferves to carry or convey.) *Véhicule , ce qui fert à faire paffer plus facilement.*
Vehicle, (any carriage.) *Voiture.*
Carts, coaches, and other vehicles that run on wheels. *Des chariots , des carroffes & autres voitures qui roulent fur des roues.*
VEIL, *f.* (to conceal the face.) *Voile.*
To VEIL, *v. act.* (or cover the face.) *Voiler, couvrir d'un voile.*
To give a nun the veil. *Donner le voile à une novice.*
VEIN, *fubft.* (a veffel containing the blood.) *Veine, vaiffeau qui contient le fang.*
To open or breath a vein , (to let blood.) *Ouvrir une veine, faigner.*
A vein of gold, filver or water. *Une veine d'or , d'argent ou d'eau.*
Wood full of veins. *Bois plein de veines.*
A vein in a ftone. *Veine de pierre.*
Poetical vein , (or genius.) *Veine ou génie poétique, talent pour la poéfie.*
To VEIN, *v. act. Ex.* To vein a mantlepiece , (to paint it marble-like with veins.) *Marbrer ou jafper un manteau de cheminée.*
VEINED, } *adj. Veineux.*
VEINY, }
The veiny artery. *L'artere veineufe.*
VELITES, *f. pl.* (light armed foldiers, among the Romans.) *Vélites, foldats légérement armés parmi les Romains.*
VELLEITY, *fub.* (a willing and woulding.) *Velleité , volonté imparfaite.*
To VELLICATE, *v. act.* (to twitch,) *Pincer, picoter.*
To vellicate, (to rail at, to detract from.) *Pincer, fatirifer quelqu'un , le mordre , lui donner des coups de dent.*
VELLICATION, *f. Vellication , picotement , l'action de pincer , &c. Voy.* to Vellicate.

VELLUM, *f.* (parchment.) *Vélin.*
VELOCITY, *f.* (or fwiftnefs.) *Vélocité, viteffe, rapidité.*
* VELT , *f.* (fur, fkin.) *Fourrure, peau.*
VELVET , *fubft.* (a fort of filk-ftuff.) *Velours.*
Velvet-like. *Velouté, qui reffemble à du velours.*
A velvet-maker. *Veloutier, ouvrier en velours.*
Velvet, *adj. De velours.*
A velvet cap, coat or purfe. *Un bonnet, un habit ou une bourfe de velours.*
A velvet gown. *Robe de velours.*
VENAL, *adj.* (to be fold.) *Vénal, qui eft à vendre, qui fe peut vendre.*
A venal employment. *Un emploi vénal.*
Venal, (mercenary, bafe.) *Vénal, mercenaire, bas.*
VENALITY, *fubft.* (the being venal.) *Vénalité.*
To VEND, *v. act.* (to put off or fell.) *Vendre, débiter, faire le débit de.*
VENDEE, *f.* (a term of Law, the purchafer.) *L'achetteur.*
VENDER, *f.* (the feller.) *Le vendeur, celui qui vend.*
VENDIBLE, *adj.* (to be fold.) *Vénal à vendre.*
Vendible, (which one may put off , good.) *Qui fe débite aifément , bon , bien conditionné.*
VENDING, *f. Vente, débit, l'action de vendre ou de débiter. V.* to Vend.
VENDITATION, *fubft. Oftentation, parade.*
VENDITION, *f.* (or felling.) *Vente.*
To VENEER, *v. act.* (to inlay.) *Revêtir, en parlant d'ouvrages de marqueterie.*
VENEFICE, *fubft.* (poifoning or witchcraft.) *Vénéfice, empoifonnement.*
VENEFICIAL, *adj.* (poifoning.) *Qui empoifonne, impuifané.*
VENENOUS, *adj.* (or poifonous.) *Vénéneux ou venimeux , qui a du venin.*
To VENENATE. *V.* to Poifon.
VENERABLE, *adj.* (worthy of refpect.) *Vénérable, digne de vénération.*
VENERABLY, *adv. D'une maniere vénérable.*
To VENERATE, *verb. act.* (to refpect or honour.) *Vénérer, révérer, honorer, porter honneur.*
Venerated , *adj. Vénéré, révéré , honoré , refpecté.*
VENERATION, *fubft. Vénération, grand refpect, honneur qu'on rend.*
VENERATOR, *f. Qui révere.*
VENEREAL, *adj.* (relating to love.) *Vénérien.*
The venereal difeafe. *Mal vénérien.*
Venereal pleafures. *Plaifirs de l'amour.*
VENEREOUS, *adj.* (libidinous, luftful.) *Libidineux, lafcif.*
VENERY, *fubft.* (carnal luft.) *Plaifir de la chair.*
Venery, (or hunting.) *Vénerie, chaffe aux bêtes fauves.*
A book of venery. *Vénerie, livre qui traite de la vénerie.*
VENEY. *V.* Rout.
VENGEANCE, *fubft.* (or revenge.) *Vengeance, action de fe venger.*
To take vengeance of one for an affront given. *Prendre ou tirer vengeance d'un affront , venger un affront ou s'en venger.*
VENGEFUL, *adj.* (a poetical word for revengeful.) *Vindicatif.*

VENIAL,

VENIAL, *adj.* (or pardonable.) *Véniel, pardonnable.*
To commit a venial sin. *Commettre un péché véniel, pécher véniellement.*
VENIALNESS, *f. Qualité véniel le.*
VENISON, *f. Venaison.*
VENOM, *subst.* (or poison.) *Venin, poison, au propre & au figuré.*
To VENOM, *v. act.* (to poison.) *Envenimer.*
VENOMOUS, *adj.* (poisonous.) *Venimeux, qui a du venin, vénéneux.*
Venomous, (virulent or abusive.) *Venimeux, mordant, piquant, satirique.*
VENOMOUSLY, *adv. D'une maniere venimeuse.*
VENOMOUSNESS, *subst. Qualité venimeuse, venin.*
VENOUS, *V. Veiny.*
VENT, *f.* (air-hole.) *Vent, petit trou pour donner passage à l'air.*
To give vent to a cask of wine. *Donner vent à un muid de vin, lui donner de l'air.*
A vent or a vent-hole. *Soupirail.*
Vent, (of a piece of ordnance.) *Lumiere des pieces d'artillerie.*
A vent, (in water-pipes.) *Un puits.*
To give one's passion vent, (to ease it.) *Eventer ou soulager sa passion.*
A vent (or sale) of commodities. *Vente ou débit de marchandises.*
To VENT, *v. n.* (to wind as a spaniel does.) *Fleirer.*
To vent, (to take breath as an otter does.) *Respirer.*
To vent, *verb. act.* Ex. To vent (to divulge a secret.) *Eventer, découvrir, divulguer, publier un secret.*
To vent (or utter) one's thoughts. *S'ouvrir, dire ce qu'on a sur le cœur ou ce qu'on pense.*
To vent one's passion, (to give it vent.) *Soulager sa passion.*
They vented (or discharged) their fury upon him. *Ils déchargerent, ils firent éclater leur fureur sur lui.*
To vent, (or sell.) *V.* to Vend.
Vented, *adject. Eventé, &c. Voy.* to Vent.
VENTER, *f. Ex.* Brother by the same venter. *Frere utérin, qui est provenu de la même mere.*
VENTIDUCT, *f.* (a passage for the wind.) *Ventouse, conduit pour laisser passer l'air.*
To VENTILATE, *v. act. V.* to Fan or winnow.
To ventilate, (to examine, discuss.) *Ventiler.*
Ventilated, *adject. Ventilé, &c. V.* to Ventilate.
VENTILATION, *f. Ventilation. V.* to Ventilate.
VENTILATOR, *f. Ventilateur,* machine qui sert à renouveller l'air.
VENTING, *f. L'action du verbe* to Vent. *V.* to Vent, *v. neut & act.*
VENTOSITY, *subst.* (windiness.) *Ventosité, vent.*
VENTRICLE, *f.* (the stomach.) *Le ventricule, l'estomac.*
Ventricle, (a cavity in the brain or heart.) *Ventricule,* cavité dans le cœur ou dans le cerveau.
VENTURE, *subst.* (or hazard.) *Aventure, hasard, risque.*
At a venture. *A l'aventure, à tout hasard.*
To put a thing to the venture. *Mettre une chose à l'aventure* ou *au hasard, en courir le risque.*

Venture, (goods that a man ventures at sea.) *Marchandises qu'un particulier risque par mer.*
To VENTURE, *verb. act.* (to expose, to hazard.) *Aventurer, hasarder, risquer, mettre ou exposer au hasard.*
P. Nothing venture, nothing have. P. *Qui ne s'aventure, n'a cheval ni mule.*
To venture a wager. *Parier, faire un pari ou une gageure.*
To venture, *v. neut. S'aventurer, se hasarder, oser.*
He ventured too far. *Il s'est trop aventuré ou hasardé.*
To venture upon a thing. *Entreprendre une chose.*
No Painter durst venture upon the finishing of the picture of Venus, which Apelles had begun. *Aucun Peintre n'osa entreprendre d'achever le portrait de Vénus qu'Apelles avoit commencé.*
He is going to venture upon the uncertainties of war. *Il va s'exposer aux chances incertaines de la guerre.*
They durst not venture out of the harbour. *Ils n'osoient sortir du havre.*
Ventured, *adject. Aventuré, hasardé, risqué, &c. V.* to Venture.
It is not a thing to be ventured upon. *C'est quelque chose de trop dangereux.*
VENTURER, *f. Aventurier, aventuriere, celui* ou *celle qui aventure, &c.*
VENTUROUS, *adj.* (that ventures too much.) *Téméraire, hasardeux, hardi, qui hasarde trop,* * *aventureux.*
VENTUROUSLY, *adv.* (or boldly.) *A l'aventure, à tout hazard, hardiment, hasardeusement.*
VENTUROUSNESS, *subst.* (boldness.) *Hardiesse, témérité.*
VENUE, *f.* (a word used in law for a neighbouring place.) *Voisinage.*
VENUS, *f.* (the Goddess of beauty and love, amongst the Heathens.) *Vénus, la Déesse de la beauté & de l'amour parmi les Païens.*
Venus, (one of the seven planets.) *Vénus, l'une des sept planetes.*
VERACITY, *f.* (honesty of report, truth.) *Vérité, véracité,* terme dogmatique.
God's veracity. *La véracité de Dieu, un des attributs de la Divinité.*
VERB, *f.* (one of the parts of speech.) *Verbe,* une des parties d'oraison.
VERBAL, *adj.* (derived from a verb.) *Verbal, dérivé du verbe.*
Verbal, (by word of mouth, not written.) *Verbal, qui est de bouche, qui n'est que de vive voix, qui n'est pas écrit.*
Verbal, *f.* (a verbal noun.) *Un nom dérivé d'un verbe.*
VERBALITY, *f.* (mere or bare words, a verbal promise.) *Verbiage, promesse verbale.*
VERBALLY, *adv. Verbalement, de bouche.*
VERBATIM, *adv.* (word for word.) *Mot pour mot* ou *mot à mot.*
VERBERATION, *f. Verbération,* terme de Physique.
VERBOSE, *adj.* (full of words.) *Qui parle beaucoup, diffus, long, verbeux.*
VERBOSITY, *f. Verbosité, beaucoup de paroles, babil.*
VERD. *V.* Vert.
VERDANT, *adj.* (or green.) *Verdoyant, qui verdit, tapissé de verdure.*
VERDEA, *f.* (white Florentine wine.) *Verdée,* sorte de vin blanc de Toscane.
VERDERER, *f.* (a judicial officer of the King's forest.) *Verdier* ou *Verdier-gruyer, Juge des forêts.*
VERDICT, *f.* (the Jury's answer upon any cause committed by the Court to their decision.) *Le rapport* ou *la réponse des Jurés sur une cause civile* ou *criminelle que la Cour a soumise à leur examen.*
The Jury have brought in their verdict. *Les Jurés ont fait leur rapport.*
Verdict, (judgment, opinion.) *Jugement, sentiment, pensée, avis.*
To give in or pass one's verdict upon something or to put in one's verdict. *Prononcer* ou *opiner sur quelque chose, dire son sentiment, son avis* ou *sa pensée.*
VERDIGRISE, *f.* (a green colour made of the rust of brass or copper.) *Vert-de-gris, verdet* ou *rouillure de cuivre.*
VERDITURE, *f.* (one of the greens used by painters.) *Vert de terre* ou *cendres blues.*
VERDURE, *f.* (greenness.) *Verdure.*
The verdure of trees. *La verdure des arbres.*
VERDUROUS, *adj. Verdoyant, vert, couvert de verdure.*
VERECUND, *adject. Modeste, pudique, timide.*
VERGE, *subst.* (a wand or a sergeant's mace.) *Verge, baguette.*
A tenant by the verge, (one who swearing fealty to his Lord, holds a stick or rod in his hand.) *Vassal qui tient un héritage par la verge.*
Verge, (jurisdiction.) *Juridiction, ressort.*
Verge, (brink, edge.) *Bord, limite.*
He is upon the verge of the grave. *Il est sur le bord de sa fosse.*
Verge of land. *V.* Yard-land.
To VERGE, *v. n.* (to tend, to incline.) *Tendre, incliner.*
VERGER, *f. Sergent à verge, huissier, porte-verge.*
A verger of a Cathedral. *Bedeau* ou *porte-verge d'une Eglise Cathédrale.*
VERIDICAL, *adj.* (telling truth.) *Véridique, qui aime à dire la vérité.*
† **VERIEST**, *adj.* (the superlative of very.) *Ex.* He is the veriest rogue that ever lived. *C'est le plus franc coquin qui ait jamais été.*
VERIFICATION, *f.* (confirmation by due evidence.) *Vérification, preuve.*
To VERIFY, *v. act.* (to prove true.) *Vérifier, prouver.*
Verified, *adject. Vérifié, prouvé.*
VERIFYING, *f. Vérification, preuves, l'action de prouver* ou *de vérifier.*
VERILY, *adv.* (or truly.) *En vérité, vraiment, véritablement.*
VERISIMILAR, *adj.* (or likely.) *Vraisemblable.*
VERISIMILITY, *subst.* (or likelihood.) *Vraisemblance.*
VERITY, *f.* (truth.) *Vérité.*
VERJUICE, *f.* (the juice of sour and unripe grapes or crab-apples.) *Verjus.*
VERMICELLI, *f.* (a paste.) *Vermicelle.*
VERMICULAR, *adj. Vermiculaire.*
VERMICULATED *adj.* (wrought out with divers prickings and colours.) *Vermiculé.*
VERMICULE, *f. Petit ver.*
VERMIFUGE, *subst.* (medicine.) *Vermifuge.*
VERMILION, *f.* (a ruddy colour.) *Vermillon, couleur rouge & vermeille.*
To VERMILION, *v. act.* (to die red.) *Rougir.*

VERMINE,

VERMINE, f. (hurtful insects, as lice, fleas, bugs, caterpillars, &c.) Vermine, insectes nuisibles, comme poux, puces, punaises, chenilles, &c.
This child is covered with vermin. Cet enfant est couvert de vermine.
Vermine, (noxious animals, as mice, rats, &c.) Rats, souris & autres bêtes nuisibles de cette nature.
Vermine, (rogues.) Vermine, engeance méchante, canaille, coquins.
To VERMINATE, v. n. Engendrer de la vermine.
VERMINATION, f. La production de la vermine.
VERNACULAR, adj. (native, of one's own country.) Du pays, de son pays natal.
He has quite forgot his vernacular tongue. Il a tout-à-fait oublié sa langue maternelle.
VERNAL, adj. (belonging to the spring.) Du printemps.
The vernal season, (the spring.) Le printemps.
VERNANT. V. Vernal.
VERNILITY, subst. Soumission servile, bassesse.
VERREL, f. Virole, anneau enchassé au bout d'un manche.
VERSATILE, adj. (turning round, variable, fickle, odd.) Qui tourne ou que l'on peut tourner; changeant, inconstant, bizarre, capricieux, versatile.
VERSATILENESS, } f. (a versatile state
VERSATILITY, } or quality.) Versatilité, qualité d'être versatile ou changeant; inconstance, bizarrerie.
VERSE, f. (a number of words having a certain cadence and determined measure.) Vers.
To make verses. Faire des vers.
A verse-maker or † verse-man. Un versificateur, un rimeur, un rimailleur.
A verse, (or short part of a chapter, &c.) Un verset de chapitre, &c.
VERSED, adj. (skilled in any thing.) Versé.
VERSICLE, f. (or little verse.) Petit verset.
VERSIFICATION, f. Versification, manière de faire des vers.
VERSIFIER, f. (a poet.) Un versificateur, un rimeur ou un poète.
To VERSIFY, verb. neut. (or to make verses.) Versifier ou faire des vers.
VERSIFYING, subst. V. Versification.
VERSION, f. (or translation.) Version, traduction.
VERT, subst. (every thing green in the forest.) Les arbres verts d'une forêt.
VERTEBRAL, adject. (relating to the vertebres.) Vertébral.
VERTEBRE, subst. (a single joint of the backbone.) Vertèbre, un des os qui composent l'épine du dos.
VERTEX, f. Le Zénith; sommet.
VERTICAL, adj. (a term used in astronomy.) Vertical.
A vertical circle. Un cercle vertical.
VERTICALLY, adverb. Verticalement; au zénith.
VERTICITY, f. Ex. Their verticity is about their own centres. Leur nature ou leur puissance est de se mouvoir autour de leurs centres.
VERTIGINOUS, adj. (or giddy.) Vertigineux.
VERTIGO, subst. (giddiness.) Vertige, tournoyement de tête.
VERVAIN, } subst. (pigeon's grass,
VERVINE, } juno's tears or holy herb.) Verveine.

VERVELS. V. Varvels.
VERVISE, f. (a sort of coarse woollen cloth.) Sorte de gros drap.
VERY, adj. (true, real, the same.) Vrai, véritable, parfait.
He is the very picture of his father. Il est le vrai portrait de son père.
Ve y, (true and arrant.) Franc, fieffé, vrai, parfait.
He is a very knave. C'est un franc ou un vrai fripon.
Very, (self or himself, herself, itself.) Même ou mêmes.
This is the very man you saw. C'est le même homme que vous avez vu.
The very name is odious. Le nom même a quelque chose d'odieux.
The very thing which we call decorum. Cela même que nous appelons bienséance.
Very, adv. Fort, très-bien, tout-à-fait, parfaitement.
Very faithful. Fort fidèle.
Very hot. Fort chaud, bien chaud.
Very well. Fort bien.
Very ill. Fort mal.
Your very humble servant. Votre très-humble serviteur.
She is very well. Elle se porte fort bien ou parfaitement bien.
Very before same or self-same, is emphatical in English, but not expressed in French. Ex. The very same day. Le même jour.
It is or 'tis the very self-same. C'est le même.
Very much. Fort.
Very fain. Ex.
I would very fain have him go. Je voudrois bien qu'il s'en allât.
Very lately. Depuis peu, tout nouvellement.
Very speedily. Au plutôt, dans peu de temps.
I am very much afraid of it. J'en ai grand'peur.
He is so very kind to me. Il a tant de bonté pour moi.
He enquired into the very least (or most minute) faults. Il examina jusques aux plus petites fautes.
To VESICATE. V. to Blister.
VESICATORY, f. (a blistering medicine.) Un vésicatoire.
VESICLE, f. (a small cuticle or bladder.) Vésicule, bourse, petite vessie.
Ex. The vesicle of the gall. La vésicule ou la bourse du fiel.
VESPERIES, f. (an exercise or act among the Sorbonists.) Vesperies, acte de Théologie en Sorbonne.
VESPER, subst. Le soir, l'étoile du soir.
VESPERS, f. (evening prayers in the Roman Church.) Vêpres.
VESSEL, sub. (a general name for a great many utensils to put any thing in.) Vase, vaisseau, ustensile, tonneau.
A vessel to put any liquor in. Un vase ou vaisseau à mettre quelque liqueur.
To put out of one vessel into another. Transvaser.
A vessel of election or reprobation, (a scripture-expression for an elect or a reprobate.) Un vase d'élection ou de réprobation, un élu ou un réprouvé.
Vessel, (or ship.) Vaisseau, navire, bâtiment de bois, fait pour aller sur l'eau, sur la mer.
Vessel, (a little conduit for blood or humours in an animal's body.) Vaisseau.

The spermatick vessels. Les vaisseaux spermatiques.
VESSETS, f. (a sort of woollen cloth, commonly made in Suffolk.) Sorte de drap qui se fait principalement dans la province de Suffolk.
VEST, subst. (or waistcoat.) Une veste, un gilet.
To VEST, v. act. (to bestow upon, to admit to the possession of.) Revêtir, investir.
To vest one with a supreme power or to vest supreme power in one. Revêtir quelqu'un du pouvoir souverain.
An act of Parliament to vest the King with certain lands. Un acte du Parlement pour investir le Roi (ou pour donner au Roi l'investiture) de certaines terres.
VESTAL, f. (a pure virgin; name given by the romans to the virgin consecrated to the goddess vesta.) Vestale; fille d'une chasteté exemplaire.
Vestal, adj. (denoting pure virginity.) Qui est vierge.
VESTED, adj. Revêtu, investi. V. to Vest.
The Priest is vested, (speaking of a Roman Priest.) Le Prêtre est en chasuble.
VESTIARY. V. Vestry.
VESTIGE, f. (trace, foot-step.) Vestige, trace.
VESTMENT, sub. (or garment.) Vêtement, habits, habillement.
A Priest's vestment, (or garment which he wears when he says Mass.) La chasuble d'un Prêtre.
VESTRY, subst. (a room belonging to a Church, where the Priest's cloaths and sacred utensils are kept.) La sacristie.
A vestry-keeper. Un sacristain.
Vestry, (a meeting of the chief parishioners in the vestry.) Assemblée des principaux paroissiens dans la sacristie.
To call a vestry. Faire assembler les chefs de paroisse dans la sacristie.
* Vestry-men. Ceux qui composent l'assemblée de la sacristie.
VESTURE, f. (or garment.) Un vêtement.
* Vesture, (possession or admittance to a possession.) Investiture, ensaisinement.
* The vesture (or profit) of an acre of land. Le revenu ou le rapport d'un acre de terre.
VETCH, sub. (a sort of pulse.) Vesce, sorte de légume.
Bitter-vetch. Ers, vesce noire.
VETERAN, adj. Ex. A veteran soldier or a veteran, f. (a soldier long practised in war.) Soldat vétéran, un vétéran.
Veteran, (that has served long in a place or office.) Vétéran, qui a servi long-temps dans une charge, & qui jouit encore de ses prérogatives.
To VEX, v. act. (to teaze, to trouble, to torment.) Fâcher, tourmenter, chagriner, faire enrager.
That will vex him to the heart. Cela le fera enrager ou lui fera perdre patience.
It vexes me to the very heart. Cela me serre le cœur.
To vex one's self, verb. récip. S'affliger, se tourmenter l'esprit, se chagriner.
VEXATION, f. (or trouble.) Vexation, fâcherie, chagrin, déplaisir.
VEXATIOUS, adj. Méchant, fâcheux, chagrinant,

chagrinant, incommode, qui fait enrager, capable de faire enrager; il se dit des personnes & des choses.
A vexatious lawsuit. *Un procès qui est une pure vexation.*
VEXATIOUSLY, adv. *D'une maniere fâcheuse,* &c.
VEXED, adject. *Fâché, tourmenté, chagriné,* &c. *V.* to Vex.
VEXER, subst. *Un fâcheux, une fâcheuse; un ou une incommode; celui ou celle qui tourmente ou qui fait enrager.*
VEXING, s. *L'action de fâcher,* &c. *V.* to Vex.
VEXT. *V.* Vexed.
VIAL, s. (a thin glass-bottle.) *Fiole.*
VIAND, s. (meat.) *Viande.*
Viands, plur. (or pasture of deer.) *Viandis.*
VIATICUM, s. (so the Catholicks call the holy Sacrament given to sick persons.) *Viatique.*
Viaticum, (for a journey.) *Provisions pour un voyage; nécessaire.*
To VIBRATE, verb. act. (to brandish.) *Brandir.*
VIBRATION, s. (a motion to and fro.) *Vibration.*
VICAR, subst (an assistant or substitute.) *Vicaire; celui fait la fonction d'un supérieur.*
Vicar, (the Priest of a Parish where the great tythes are impropriated.) *Vicaire perpétuel, un Curé ou &tinistre d'une Paroisse dont les dixmes ⊂trienncs sont inféodées ou données en fief.*
VICARAGE, subst. (the benefice of a vicar.) *Office ou bénéfice de vicaire perpétuel.*
VICARIOUS, adj. (of a vicar.) *Vicarial, de vicaire.*
Ex. A vicarious power. *Une puissance vicariale.*
VICARSHIP, s. *Vicariat.*
VICE, s. (the course of action contrary to virtue.) *Vice.*
A reigning vice. *Un vice régnant ou dominant.*
The vice (or spindle) of a press. *Vis de presse.*
A vice with two wheels to draw the lead, (used in glazing work.) *Le tire-plomb, sorte de rouet qui sert à filer le plomb.*
A vice, (a sort of instrument used by lock-smiths and other tradesmen.) *Etau.*
The vice-chops. *Les mâchoires d'un étau.*
The vice-pin. *La clef d'un étau.*
A vice or jester in a play. *Un bouffon de théatre, un zani.*
Vice, (a particle that is used in composition for one who performs in his stead, the office of a superior, or who has the second rank in command: as.) *Vice, particule qui ne signifie rien d'elle-même, mais elle se joint à certains mots pour marquer la subordination ou l'état d'une personne qui tient la place d'une autre, comme dans les suivants.*
VICE-ADMIRAL, s. *Vice-Amiral.*
VICE-ADMIRALSHIP, sub. *La charge de Vice-Amiral.*
VICE-CHAMBERLAIN, sub. *Vice-chambellan.*
VICE-CHANCELLOR, subst. *Un Vice-Chancelier.*
VICE-CHANCELLORSHIP, sub. *Charge de Vice-Chancelier.*
VICE-COMMISSARY, s. *Vice-Commissaire.*

VICED, adj. *Corrompu, vicieux, méchant.*
VICE-DOGE, subst. *Vice-Doge ou Vice-Duc.*
VICEGERENT, sub. (or deputy.) *Vicegérent, substitut.*
VICEGERENCY, sub. *Charg. de Vicegérent.*
VICEROY, sub. (or deputy-King.) *Un Vice-Roi.*
VICEROYALTY, s. *Vice-Royauté.*
VICE-TREASURER. *V.* Under-treasurer.
VICINAGE, s.
VICINITY, s. (neighbourhood.) *Voisinage, proximité.*
In England all persons accused are to be tried by the vicinage, (or by their neighbours.) *En Angleterre tous ceux qui sont accusés doivent être jugés par leurs voisins.*
VICINE, adj. (near.) *Voisin.*
VICIOUS, adj. (from vice.) *Vicieux, plein de vices.*
A vicious man. *Un homme vicieux, un vicieux.*
To lead a vicious life. *Mener une vie déréglée, vivre dans le vice ou dans le libertinage.*
A weak and vicious Prince. *Un Prince foible & voluptueux.*
* VICIOUSLY, adv. *Mal, vicieusement.*
* Viciously written. *Mal-écrit, où il y a quantité de fautes, qui est vicieux, en parlant d'un écrit.*
VICISSITUDE, sub. (change or turn.) *Vicissitude, changement, révolution.*
VICOUNT. *V.* Vicount, &c.
VICTIM, s. (a sacrifice, a beast to be sacrificed.) *Victime, bête destinée pour être offerte en sacrifice.*
Victim, (a person made a sacrifice.) *Victime, personne que l'on sacrifie.*
VICTOR, s. (or conqueror.) *Vainqueur, triomphant, victorieux.*
VICTORIOUS, adj. *Victorieux, qui a remporté la victoire, triomphant.*
VICTORIOUSLY, adverb. *Victorieusement, d'une manière victorieuse, en vainqueur, tout triomphant ou couvert de lauriers.*
VICTORY, subst. (the defeat or overthrow of one's enemies, or the getting the better of one in any thing.) *Victoire.*
A victory (or conquest) in love. *Une victoire amoureuse ou galante.*
To get the victory over one's passions, (or subdue them.) *Remporter la victoire sur ses passions.*
VICTUAL. *V.* Victuals.
To VICTUAL, v. act. (to provide with victuals.) *Avitailler, fournir de victuailles ou de vivres.*
To victual a garrison or ship. *Avitailler une garnison ou un vaisseau.*
Victualled, adj. *Avitaillé,* &c.
VICTUALLER, subst. (one that provides victuals; a publican.) *Celui qui fournit les vivres; pourvoyeur ; un aubergiste.*
Victualler, (or victualling-ship.) *Vaisseau qui porte l'avitaillement ou les vivres d'une flotte.*
VICTUALLING, subst. *Avitaillement ou l'action d'avitailler.*
A victualling house. *Un cabaret, une auberge, maison où l'on donne à manger & à boire en payant.*
VICTUALS, sub. pl. (provisions.) *Vivres, provisions, manger, tout ce qu'on mange.*

Victuals for an army. *Des vivres pour une armée.*
He eat his victuals very well. *Il mange fort bien, il a fort bon appétit.*
Victuals for a ship. *Victuailles pour un vaisseau.*
VIDAME, subst. (the judge of a French Bishop's temporal jurisdiction.) *Vidame.*
VIDELICET. *V.* Viz.
* VIDUITY, s. (or widowhood.) *Viduité, veuvage.*
* VIE, subst. (at cards.) *Renvi, terme de jeu.*
* To VIE, v. act. (a term of a game at cards.) *Faire un renvi, en termes de jeu, jouer pour voir qui aura le point le plus haut, la plus haute séquence ou le plus haut fredon.*
To vie, verb. act. & neut. (to contend or stand in competition.) *Contester, disputer, faire à qui l'emportera, défier, faire à l'envi, tirer au bâton ou au cours bâton.*
Ex. To vie cunning with one. *Faire à qui sera le plus fin, faire ou jouer au plus fin.*
I will or I'll vie with him for learning. *Je le défie avec tout son savoir; je lui présenterai le collet quand il voudra.*
VIEW, s. (the sight or eye.) *Vue, l'organe de la vue, les yeux.*
View, (examinations made by viewers or able workmen.) *Examen fait par des experts.*
View, (the sight or act of seeing.) *Vue, position de voir, inspection.*
To judge a thing at first view. *Juger d'une chose à la première vue ou la première fois qu'on la voit.*
At one view. *Tout d'une vue, d'un coup d'œil.*
To take a view of. *Voir, regarder, examiner, reconnoître.*
View, (or prospect.) *Vue, aspect, perspective.*
The view of a building. *La vue d'un bâtiment.*
A view (or review) of soldiers. *Une revue de gens de guerre.*
At first view, at the first view, at first. *D'abord, au premier abord, tout-à-coup.*
View, (the print of a fallow deer's foot.) *Voie, la forme du pied d'une bête fauve en terre nette.*
To VIEW, verb. act. (to see, survey or examine.) *Voir, regarder, examiner, reconnoître.*
To view (to review or muster) soldiers. *Faire la revue des soldats, les passer en revue.*
Viewed, adj. *Vu, regardé, examiné; reconnu,* &c. *V.* to View.
VIEWER, sub. *Celui ou celle qui voit; qui regarde ou qui examine,* &c. *V.* to View.
Viewers, plur. (men sent by the court to see any place or person.) *Des experts ou des prud'hommes, en termes de palais.*
VIEWING, s. *L'action de voir,* &c. *V.* to View.
VIEWLESS, adject. *Invisible, sans être vu.*
VIGIL, subst. (the eve or day before any solemn holyday.) *Veille ou vigile.*
Vigil, (watch.) *Veille.*
VIGILANCE,
VIGILANCY, subst. (watchfulness.) *Vigilance.*

Vigilance, soin, diligence, application d'esprit.
VIGILANT, adj. (or watchful.) Vigilant, qui a de la vigilance, soigneux, attentif, appliqué.
VIGILANTLY, adverb. Vigilamment, avec vigilance, avec soin, avec application.
VIGONE, sub. (a sort of Spanish wool.) Vigogne, sorte de laine d'Espagne.
Vigone, (a hat made of that wool.) Un vigogne.
VIGOROUS, adj. (full of strength and life.) Vigoureux, vif, qui a de la vigueur.
VIGOROUSLY, adv. Vigoureusement, avec vigueur, vivement.
VIGOROUSNESS. V. Vigour.
VIGOUR, subst. (strength and energy.) Vigueur, force & promptitude.
Vigour, (stoutness, resolution.) Vigueur, fermeté dans les affaires.
VILE, adject. (mean, despicable.) Vil, abject, pauvre, méprisable, contemptible.
A vile condition. Une condition vile.
A vile mercenary soul. Une ame vile & mercenaire.
A vile wretch. Un homme vil & abject, un misérable.
A vile commodity. Une marchandise de vil prix ou qui est à vil prix, qui se donne presque pour rien.
VILELY, adv. (basely, meanly, shamefully.) Mal, en mal-honnête homme.
VILENESS, subst. (baseness, meanness.) Bassesse, condition vile.
To VILIFY, verb. act. (to run down, to despise.) Mépriser, ravilir, † vilipender.
To vilify one's neighbour. Parler mal de son voisin.
Vilified, adj. Méprisé, ravili, &c.
VILIFYING, f. L'action de mépriser, &c. V. to Vilify.
* VILITY, f. (baseness or cheapness.) Vileté, bas prix, lassesse, peu d'importance.
VILL, f. (a law-term, sometimes taken for a manor, and sometimes for a parish or part of it.) Terre seigneuriale, paroisse, partie de paroisse; hameau.
VILLA, f. (a country house.) Maison de campagne.
VILLAGE, f. Village.
VILLAGER, sub. (a villageois, une villageoise.
VILLAIN, subst. (bond-servant or man subject to the lord of the mannor.) Un vilain, un serf, en termes de coutumes; un paysan, un roturier.
Villain, (or rogue.) Un coquin, un mal-honnête homme, un bélitre, un lâche, un scélérat.
VILLANAGE, subst. (a tenure by doing servile work for the lord.) Roture & tenure rurale.
VILLANOUS, adject. (or base.) Lâche, bas, infâme, mal-honnête.
A villanous act. Une action lâche, basse, mal-honnête; infamie, bassesse, lâcheté.
VILLANOUSLY, adv. Lâchement, d'une manière lâche, basse, mal-honnête ou infâme.
VILLANY, f. Lâcheté, infamie, bassesse, méchante action, scélératesse.
VILLOUS, V. Shaggy.
VINCIBLE, adj. (that may be overcome.) Qui peut être vaincu, qui n'est pas invincible.
VINCTURE, f. (or binding.) Ligature.

VINDEMIAL, adj. (belonging to vintage.) Qui appartient aux vendanges.
To VINDEMIATE, verb. act. & neut. (to gather grapes.) Vendanger, faire la récolte des raisins.
To VINDICATE, verb. act. (to defend or maintain.) Défendre, maintenir, soutenir.
To vindicate, (to make an apology for, to clear or justify.) Faire l'apologie de, justifier, purger, laver.
To vindicate, (to claim.) Revendiquer.
To vindicate, (or to revenge.) Venger.
Vindicated, adj. Défendu, &c. V. to Vindicate.
VINDICATING, f. L'action de défendre, &c. V. to Vindicate.
VINDICATION, f. (defence.) Défense, protection.
Vindication, (justification.) Justification, apologie.
* Vindication, (or revenging.) Vengeance, l'action de venger ou de se venger.
VINDICATIVE, adj. Vindicatif.
VINDICATOR, f. (defender or assertor.) Défenseur, protecteur, celui qui soutient, qui défend, qui protège.
Vindicator, (or avenger.) Vengeur.
VINDICATORY, adject. Vengeur, qui punit, sévère.
VINDICTIVE, adject. (revengeful.) Vindicatif, qui aime la vengeance.
VINE, subst. (the plant that bears the grape.) Sep de vigne, plante qui porte le raisin.
A vine-bud, branch and leaf. Bourgeon, branche & feui le de vigne.
Vine-dresser. Vigneron.
Vine-knife. Serpe.
Vine-reaper. Vendangeur, vendangeuse.
Vine-fretter or vine-grub. Un liset, un vercoquin, une chenille de vigne, ver qui ronge la vigne.
VINEGAR, f. Vinaigre.
Wine or beer-vinegar. Vinaigre de vin ou de bière.
Seasoned with vinegar, that has vinegar in it. Vinaigré, où il y a du vinaigre.
Vinegar and pepper. Vinaigrette, sauce qu'on fait avec du vinaigre & du poivre.
Beef with vinegar and pepper. Du bœuf à la vinaigrette.
A vinegar-cruet, (or bottle.) Un vinaigrier, petit vase pour mettre du vinaigre.
A vinegar-maker or vinegar-man. Un vinaigrier, un faiseur ou vendeur de vinaigre.
VINEYARD, subst. (a piece of ground planted with vines.) Vigne, étendue de terre plantée de seps de vigne.
A vineyard plot, a plot of vineyards. Un vignoble.
VINNEWED, adject. (mouldy, as bread, pie or cheese kept too long.) Chanci, moisi.
VINOUS, adj. (that has the quality, taste or smell of wine.) Vineux, qui sent le vin ou qui a le goût du vin.
VINTAGE, subst. (vine-harvest.) Vendange, vinée, récolte de raisins pour faire du vin.
Vintage, (the time wherein grapes are gathered.) Les vendanges.
VINTAGER, subst. (or grape gatherer.) Un vendangeur, une vendangeuse.
VINTNER, f. (or tavern-keeper.) Un tavernier, un cabaretier à vin.

The vintner's wife. La tavernière ou cabaretière.
VINTRY, subst. (a place for the sale of wine.) Un lieu fameux pour la vente des vins.
VIOL, subst. (a musical instrument.) Viole.
A viol-maker. Un faiseur de violes.
To VIOLATE, verb. act. (to injure, to transgress.) Violer, enfreindre, transgresser, contrevenir à, fausser.
To violate a law. Violer, enfreindre une loi, contrevenir à une loi.
To violate one's oath. Violer son serment, fausser son serment.
To violate (or ravish) a virgin. Violer ou forcer une fille.
Violated, adj. Violé, enfreint, &c. V. to Violate.
VIOLATING, f. Violement, l'action de violer. V. to Violate.
VIOLATION, f. Violement, infraction, contravention, viol.
VIOLATOR, f. Violateur, infracteur d'une loi; ravisseur.
VIOLENCE, subst. (force, fury, vehemence.) Violence, force, effort, impétuosité, véhémence.
Violence, (force or constraint used unlawfully.) Violence, force ou contrainte.
To offer violence to one. Faire violence à quelqu'un, user de violence envers lui.
VIOLENT, adj. (outrageous, vehement, forcible.) Violent, impétueux, véhément, qui agit avec force, avec impétuosité; il se dit des choses & des personnes.
You are a little too violent, (too hasty or too passionate.) Vous êtes un peu trop violent ou trop emporté.
When parties in a state are violent, it is a hard matter to reconcile them. Lorsque les partis qui divisent un état sont animés ou acharnés les uns contre les autres, il est difficile de les réunir.
A violent (sharp or acute) pain. Une douleur violente ou grande & aiguë.
A violent (or strong) presumption. Une violence ou forte présomption, une forte conjecture, un puissant préjugé.
They laid violent hands upon him. Ils ont attenté violemment sur sa personne.
To lay violent hands upon one's self. Se défaire, se tuer.
VIOLENTLY, adverb. Violemment, avec violence, d'une manière violente; avec force, avec impétuosité, avec ardeur.
VIOLET, f. (a flower.) Violette.
Sirop of violets. Sirop violat ou de violette.
The violet-plant. Le violier ou giroflier.
Violet colour, (of a violet or purple colour.) Violet, de couleur de la fleur qu'on nomme violette.
VIOLIN, f. (or fiddle, a musical instrument.) Violon.
A player upon the violin. Un violon ou joueur de violon.
VIOLIST, subst. (a player upon the viol.) Joueur de viole.
VIOLONCELLO, subst. (instrument of musick.) Violoncelle.
VIPER, f. (a kind of serpent which brings its young alive.) Vipère.
A young or little viper. Un vipereau, un petit de la vipère.
VIPERINE, } adj. (belonging to a VIPEROUS, } viper.) De vipère ou de vipères.

VIRAGO,

VIRAGO, *s.* (a bold resolute woman, a termagant.) *Une vaillante femme, une amazone, une héroïne, une virago.*
VIRELAY, *s.* (a sort of comical song.) *Un virelai.*
VIRGE, *subst.* (a dean's mace.) *Masse de Doyen.*
VIRGIN, *s.* (or maid.) *Vierge, pucelle, fille.*
She is a virgin still. *Elle est encore vierge ou pucelle.*
An old or stale virgin. *Une vieille fille, une fille surannée.*
To keep herself a virgin, (or chaste.) *Garder sa virginité.*
Virgin honey. *Du miel vierge.*
Virgin wax. *De la cire vierge.*
Virgin parchment. *Parchemin vierge.*
VIRGIN, } *adj.* (or maidenly.) *Virginal, modeste, qui tient de la vierge.*
VIRGINAL, }
Virginal milk, (or benjamin-water, a sort of composition.) *Lait virginal.*
VIRGINALS, *s. plur.* (a musical instrument.) *Sorte d'épinette ou de clavecin.*
VIRGINIA, *subst.* (or Virginia tobacco.) *Tabac de Virginie.*
VIRGINITY, *subst.* (or maiden-head.) *Virginité.*
VIRGO, *s.* (one of the twelve celestial signs.) *La vierge, un des douze signes célestes.*
VIRGOLEUSE, *subst.* (a sort of pear.) *Virgouleuse, sorte de poire.*
VIRILE, *adj.* (or manly.) *Viril, mâle, digne d'un homme.*
Viril courage. *Courage viril.*
Virile endeavours. *Des efforts dignes d'un homme.*
VIRILITY, *subst.* (or manhood.) *Virilité, ce qui distingue l'homme de la femme.*
Virility, (manhood or stoutness.) *Cœur, courage, valeur.*
VIRTUAL, *adj.* (or equivalent.) *Virtuel, équivalent.*
VIRTUALLY, *adv. Virtuellement.*
VIRTUE, *subst.* (efficacy, power, propriety.) *vertu, efficacité, force, vigueur, propriété.*
Virtue, (a moral goodness which leads a man to do good and to shun evil.) *Vertu : habitude de l'ame qui porte à faire le bien & à fuir le mal.*
P. To make a virtue of necessity. *P. Faire de nécessité vertu.*
VIRTUELESS, *adj. Sans vertu.*
VIRTUOSO, *s.* (one skilled in antique or natural curiosities, or who is studious of painting, statuary or architecture.) *Un savant, un bel esprit, un curieux, un virtuose, amateur de la peinture, &c.*
VIRTUOUS, *adj. Vertueux, qui a de la vertu & de la probité.*
Virtuous, (efficacious.) *Puissant, efficace.*
VIRTUOUSLY, *adverb. Vertueusement, d'une manière vertueuse & pleine de probité.*
VIRULENCE, } *subst.* (or venom in a venereal disease.) *Virus, venin des maux vénériens.*
VIRULENCY, }
Virulency, (poison or venom.) *Venin, virulence,* dans le figuré.
The virulency of his pen. *Le venin de sa plume, la virulence de sa plume*
VIRULENT, *adj.* (or venomous.) *Virulent, qui a du virus ou du venin.*
A virulent ulcer. *Un ulcere virulent.*
Virulent, (malignant, biting.) *Vénimeux,*

mordant, piquant, médisant, satirique, qui déchire les gens.
VIRULENTLY, *adv. D'une manière mordante ou satirique.*
VISAGE, *s.* (or face.) *Le visage.*
VISARD. V. Vizard.
VISCERAL, *adj.* (which belongs to the bowels or entrails.) *Des viscères, des entrailles ; viscéral.*
To VISCERATE, *v. act.* (to embowel.) *Oter les entrailles.*
VISCID, *adject.* (glutinous.) *Visqueux, gluant.*
VISCIDITY, }
VISCOSITY, } *subst.* (glutinousness, tenacity.) *Viscosité, qualité gluante ou visqueuse.*
VISCOUNT, *s.* (a degree of nobility next to an Earl.) *Un Vicomte.*
VISCOUNTESS, *s. Vicomtesse.*
VISCOUNTY, *s. Vicomté.*
VISCOUS, *adj.* (glutinous, adhesive.) *Visqueux, gluant.*
VISER, *s. Ex.* The viser (or bever) of a head-piece. *Visère de casque.*
VISIBILITY, *s.* (the being perceptible.) *Visibilité, qualité visible.*
VISIBLE, *adj.* (apparent.) *Visible, qui peut être vu, qui se voit, qui tombe sous le sens de la vue.*
VISIBLY, *adv. Visiblement, à vue d'œil, d'une manière visible, clairement, manifestement.*
VISIBLENESS. V. Visibility.
VISIER, *subst.* or grand Visier, (he that governs in chief the Ottoman Empire under the grand Seignier.) *Le grand Visir.*
VISION, *subst.* (seeing or sight.) *Vision, action de voir, vue.*
Vision, (apparition.) *Vision, apparition.*
VISIONARY, *adject. & subst.* (one that has chimeras in his head.) *Un ou une visionnaire.*
Visionary, (imaginary.) *Imaginaire, chimérique.*
VISIT, *s. Visite.*
To make, to pay or to give one a visit. *Faire ou rendre visite à quelqu'un, le visiter.*
To VISIT, *verb. act.* (to go to see.) *Visiter, aller voir, faire ou rendre visite.*
To visit one's friends. *Visiter ses amis.*
To visit, (to go about to see whether things be as they should.) *Visiter, faire la visite.*
To visit, (to afflict, to try.) *Visiter, affliger, éprouver.*
If God should visit us with any disease. *Si Dieu nous visitoit de quelque maladie.*
VISITATION, *s. Visite.*
The visitation of a Diocess. *La visite d'un Diocèse.*
The feast of the visitation of our Lady. *La visitation de la Vierge, ou la visitation.*
To make a good use of God's visitation. *Profiter des afflictions que Dieu nous envoie.*
The visitation (or great sickness) which afflicted England during two years. *La grande peste qui régna en Angleterre en 1665 & 1666.*
VISITED, *adj. Visité, &c. V.* to Visit.
VISITER, *s. Visiteur, un faiseur de visites.*
VISITING, *s. Visite, l'action de visiter, &c. V.* to Visit.
To go a visiting. *Aller en visite.*
I hate visiting. *Je n'aime point à faire des visites.*

VISITOR, *s.* (one that visits a religious house.) *Visiteur, celui qui fait la visite dans un couvent.*
VISOR, *s.* (mask.) *Masque.*
VISORED, *adj. Masqué.*
VISORIUM, *subst.* (an instrument used by printers.) *Visorium.*
VISTA, *subst.* (or prospect.) *Vue, perspective.*
VISUAL, *adj.* (belonging to the sight.) *Visuel, qui appartient à la vue.*
VITAL, *adj.* (necessary to life.) *Vital, qui sert à la conservation de la vie.*
The vital spirits. *Les esprits vitaux.*
VITALITY, *s. Qualité vitale, pouvoir de vivre.*
VITALS, *s.* (parts essential to life.) *Les parties vitales ou les parties nobles.*
To VITIATE, *verb. act.* (to corrupt or spoil.) *Corrompre, gâter :* on peut se servir de *vicier,* dans le dogmatique.
To vitiate, (or defile) a virgin. *Corrompre ou dépuceler une vierge.*
Vitiated, *adject. Corrompu, gâté, vicié. V.* to Vitiate.
† He is vitiated (or disturbed) in his brains. *Il a la cervelle offensée, il a le cerveau blessé.*
VITIOUS, *&c. V.* Vicious, &c. *Vicieux.*
VITREOUS, *adj.* (or glassy.) *Vitré,* en termes d'anatomie.
A vitreous humour. *Humeur vitrée.*
VITRIFICABLE, *adject.* (that may be vitrified.) *Qui peut être vitrifié, vitrifiable.*
VITRIFICATION, *s.* (or vitrifying.) *Vitrification, action de vitrifier.*
To VITRIFY, *v. act.* (to turn into glass.) *Vitrifier.*
To vitrify, *v. n. Se vitrifier.*
Vitrifyed, *adj. Vitrifié.*
VITRIFYING, *subst. L'action de vitrifier, vitrification.*
VITRIOL, *subst.* (a kind of mineral salt.) *Vitriol.*
A spring or stone that has something of vitriol in it. *Une fontaine ou une pierre vitriolique.*
Red vitriol, (lapis calaminaris.) *La pierre calaminaire ou calamine rougeâtre.*
VITRIOLATE, *adj. Vitriolé.*
VITRIOLOUS, }
VITRIOLICK, } *adj.* (of the nature of vitriol.) *Vitriolé ou vitriolique.*
VITUPERABLE, *adj. Blâmable.*
To VITUPERATE, *verb. act.* (to blame or rebuke.) *Blâmer, condamner, gronder, gourmander.*
Vituperated, *adj. Blâmé, condamné, grondé, gourmandé.*
VITUPERATION, *s. * Vitupere, blâme.*
VIVACIOUS, *adj.* (or lively.) *Vif, plein de feu ; vivace.*
VIVACIOUSNESS, }
VIVACITY, } *s.* (liveliness ; longevity.) *Vivacité, activité, promptitude ; longévité.*
VIVARY, *s.* (a law-word used to express a park, warren or fish-pond.) *Un parc, une garenne ou un vivier.*
VIVER, *s.* (a sea-dragon.) *Vive, poisson de mer.*
VIVES, *subst.* (a horse's disease.) *Les avives,* sorte de maladie parmi les chevaux.
VIVID, *adj.* (lively, full of life.) *Vif.*
VIVIDLY, *adv. Vivement.*
VIVIDNESS, *s. Vivacité.*
VIVIFICAL, *adj.* (that vivifies.) *Vivifiant, qui vivifie.*

To

VIV VOI

To VIVIFICATE,) v. act. (to animate,
To VIVIFY,) quicken or revive.) *Vivifier, donner la vie ou donner de la vigueur & de la force.*
VIVIFICATION,) f. *Vivification,*
VIVIFYING,) *action de vivifier.*
VIVIFICK, adj. *Vivifique.*
VIVIPAROUS, adj. (which brings forth the young alive, and does neither spawn nor lay eggs.) *Vivipare, qui fait ses petits sans poudre ou frayer.*
VIXEN, f. (a cross child.) *Un petit grondeur, une petite grondeuse, un lutin.*
Vixen, (a scold.) *Une grondeuse.*
Vixen, (a she-fox.) *Une renarde.*
VIZ , (a particle used for the latin *videlicet*; to wit.) *Savoir, c'est-à-dire.*
VIZARD , f. (or mask.) *Un masque.*
To put on a vizard. *Mettre un masque, se masquer, se déguiser.*
VIZIER, f. (the prime minister of the Turkish empire.) *Visir.*
VOCABULARY, f. (a small Dictionary, a word-book.) *Un vocabulaire.*
VOCAL, adj. (belonging to the voice.) *Vocal, de voix.*
Vocal and instrumental musick. *Musique vocale & instrumentale.*
A vocal prayer. *Prière vocale.*
VOCALITY, subst. (the being vocal.) *Qualité de ce qui est vocal.*
VOCALLY, adv. *Vocalement.*
VOCATION, f. (or calling.) *Vocation, genre de vie auquel Dieu nous appelle.*
VOCATIVE, adject. Ex. The vocative case or the vocative, f. (in Grammar.) *Le vocatif.*
VOCIFERATION, subst. (a crying out aloud,) *L'action de crier, grand cri.*
VOCIFEROUS, adject. *Qui crie beaucoup, qui fait un grand bruit.*
VOGUE, f. (or esteem.) *Vogue, estime, crédit, réputation.*
To be in vogue or in the vogue. *Avoir la vogue, être en vogue ou en crédit.*
A thing in vogue, (or in fashion.) *Une chose qui est en vogue, qui est à la mode, qui a grand cours.*
VOICE, f. (the sound that comes out of the mouth.) *Voix.*
To have no manner of voice. *Manquer de voix, n'avoir point de voix.*
With a low voice. *A voix basse.*
The voice of God, (a scripture expression for the command of God.) *La voix, la parole ou le commandement de l'Eternel.*
The inward voice (or inspiration) of the Spirit. *La voix intérieure ou l'inspiration d i Saint-Esprit.*
Voice, (vote, suffrage or the right of voting.) *Voix, suffrage ou le droit de suffrage.*
Voice, (or approbation.) *Voix, approbation.*
To VOICE, v. act. (to proclaim, to vote.) *Publier; voter.*
Voiced, adj. *Qui est doué d'une voix.*
VOID, adject. (or empty.) *Vide ou vuide.*
Void place or space. *Un espace vide, un vide.*
Void, (or vacant.) *Vacant, vide, qui est à remplir.*
Void, (deprived of, that has not.) *Vide, dépourvu, qui n'a point.*
A discourse void of sense. *Un discours vide ou dépourvu de sens.*
A man void of sense and reason. *Un homme qui n'a ni sens ni raison.*

VOI VOL

To be void of shame, (impudent.) *N'avoir aucune pudeur, être effronté.*
Void of self interest, (desinterested,) *Désintéressé.*
Void of deceit, (ingenuous.) *Franc, ingénu, sans artifice.*
Void, (of no effect.) *Nul, invalide, qui n'a point de force, qui n'a aucun effet.*
The contract is void. *Le contrat est nul.*
To make a lease void. *Résoudre un bail.*
To make void a law, (to annul it.) *Annuller ou révoquer une loi.*
Void, subst. (an empty space.) *Le vide.*
To VOID, v. act. (to go out or depart from a place.) *Vider ou vuider un lieu, sortir d'un lieu ou quitter un lieu.*
He was forced to void the Kingdom. *Il fut obligé de vider le Royaume.*
To void (to throw out) excrements. *Vider, faire ou jeter des excrémens.*
To void much choler. *Vider ou faire beaucoup de bile.*
To void upwards and downwards. *Se vider ou avoir un dévoiement par haut & par bas.*
To void OUT. *Pousser dehors.*
VOIDABLE, adject. *Qui peut être annullé.*
VOIDED, adj. *Vidé, &c. V.* to Void.
VOIDER, f. (a basket.) *Manne.*
VOIDING, subst. *L'action de vider, de jeter, &c. V.* to Void.
VOIDNESS, f. (or emptiness.) *Vide, Voidness, (nullity.) Nullité.*
VOLANT, adj. (or flying.) *Volant.*
VOLATILE, adj. (a term of Chymistry, signifying apt to evaporate.) *Volatil, terme de Chimie; qui s'évapore aisément.*
To make volatile. *Volatiliser, rendre volatil.*
To fix volatile spirits. *Fixer des esprits volatils.*
Volatile, (flying.) *Volatile.*
The young man's volatile humour must be fixed. *Il faut fixer l'esprit volage de ce jeune homme.*
† A volatile book that goes from hand to hand, *Un petit livre qui court de main en main.*
VOLATILITY, f. (the being volatile.) *Volatilité.*
VOLATILISATION, f. *Volatilisation,* terme de Chimie.
To VOLATILISE, v. act. *Volatiliser,* en Chimie.
VOLCANO, f. (a burning mountain.) *Volcan.*
VOLE, f. *Vole,* terme de jeu.
VOLERY, f. (flight of birds.) *Volée.*
VOLITION, f. (a willing.) *Volonté ou saillie; action de vouloir.*
VOLITIVE, adj. *Qui a la faculté de vouloir.*
VOLLEY, f. (or shout.) *Acclamation.*
A volley of musket-shot. *Salve de mousqueterie ou de mousquetades.*
At volley; (or at random.) *A la volée.*
To VOLLEY. V. *to Throw out.*
VOLPONE, f. (the title and chief character of one of Ben Johnson's plays, signifies an old cunning fox.) *Un vieux renard, un fin matois.*
VOLT, subst. (a turn in riding.) *Volte,* terme de manege.

VOL VOR

VOLUBILITY, f. (the act or power of rolling; fluency of speech.) *Volubilité, facilité de se tourner.*
The volubility (or swiftness) of a wheel. *La volubilité d'une roue.*
Volubility of tongue. *Volubilité de langue.*
VOLUBLE, adj. (easily rolled, fluent in words.) *Qui tourne aisément, qui a de la volubilité.*
He has a voluble tongue. *Il a une grande volubilité de langue, il a la langue bien pendue.*
He is voluble in expression. *Il a une grande volubilité de langue, il s'exprime avec facilité.*
VOLUME, f. (or book.) *Volume, livre relié, tome, partie d'un livre.*
Volume, (a poetical word for wave.) *Vague.*
VOLUMINOUS, adj. (or bulky.) *Gros, volumineux.*
VOLUMINOUSLY, adv. *Amplement.*
VOLUNTARILY, adv. *Volontairement, de son plein gré, volontiers.*
VOLUNTARY, adject. (free, without compulsion.) *Volontaire, libre, qui se fait de bon gré, sans force ou sans contrainte, spontané.*
Voluntary, f. (a voluntary action.) *Une action volontaire ou spontanée.*
A voluntary, (a piece of musick played at will.) *Un impromptu en musique.*
VOLUNTEER, f. (one that goes to the wars either without having any employment or taking pay.) *Un volontaire.*
To beat up for volunteers. *Battre la caisse pour lever des soldats.*
VOLUPTUARY, f. (a voluptuous man.) *Un voluptueux.*
VOLUPTUOUS, adj. (given to excess of pleasure, luxurious.) *Voluptueux, sensuel, qui aime les plaisirs charnels, qui a du penchant à la volupté,* en parlant des personnes; *voluptueux, plein de plaisirs & de délices,* en parlant des choses.
VOLUPTUOUSLY, adverb. *Voluptueusement, sensuellement, dans les plaisirs, avec volupté.*
VOLUPTUOUSNESS, subst. (or sensual pleasures.) *Volupté, plaisirs sensuels, plaisirs des sens.*
VOLUTE, subst. (in architecture.) *Volute.*
VOMICA, subst. *Vomique,* abcès dans le poumon.
VOMICKNUT, f. *Noix vomique.*
VOMIT, subst. (an emetick medicine.) *Un vomitif.*
Vomit, (or vomiting.) *Vomissement.*
The dog returns to his vomit. *Le chien retourne à son vomissement.*
To VOMIT, v. act. *Vomir.*
Vomited, adj. *Vomi.*
VOMITING, f. *Vomissement ou l'action de vomir.*
To have both a looseness and a vomiting. *Avoir un dévoiement par haut & par bas.*
Vomiting, adj. Ex. A vomiting nut. *Une noix vomique.*
VOMITORY, adj. (that provokes vomiting.) *Vomitif, qui fait vomir.*
A vomitory potion. *Une potion vomitive, qui fait vomir; un vomitif ou † un vomitoire.*
VORACIOUS, adj. (or greedy.) *Vorace, carnassier, qui dévore; goulu, gourmand,*

mand, qui mange goulument ou avec avidité.

A voracious beast. Une bête vorace, carnassière, goulue.

A voracious man or stomach. Un homme ou un eſtomac vorace.

VORACIOUSLY, adverb. Avec voracité, d'une maniere vorace; goulument, avidement.

VORACITY, ſ. (greediness, ravenousness.) Voracité, avidité à manger, gloutonnerie, gourmandiſe.

VORTEX, in the plur. Vortices, ſubſt. Tourbillon, tournant.

VORTICAL, adj. Ex. Vortical motion. Mouvement en rond.

VOTARESS, } ſubſt. a female votary,
VOTRESS, } friend, &c.) Celle qui ſe dévoue à un ſervice, &c. ou un genre de vie particulier, une dévote.

VOTARY, } ſub. (one devoted, as by
VOTARIST, } a vow, to any particular ſervice, worſhip, ſtudy or ſtate of life.) Celui qui ſe dévoue à un ſervice, un travail, ou un genre de vie particulier, toute perſonne qui a fait vœu de religion.

A votary of love. Un amant, une amante, une perſonne qui a fait vœu d'aimer.

A votary of learning. Une perſonne qui s'eſt entièrement dévouée ou conſacrée aux belles-lettres.

VOTE, ſubſt. (voice, ſuffrage.) Voix, ſuffrage.

Vote, (advice or opinion in a deliberation.) Opinion, avis, voix.

To put to the vote. Aller aux opinions.

The votes went for the deſtroying of the town. On opina à la ruine de cette ville.

Votes, (the things voted for, the reſolves of an aſſembly.) Les réſolutions ou les délibérations d'une aſſemblée qui réſout les choſes par la pluralité des voix.

To VOTE, v. neut. (to give in one's vote.) Porter ou donner ſa voix ou ſon ſuffrage, en opiner, dire ſon opinion ou ſon avis; voter.

To vote, verb. act. (to resolve by the majority of votes.) Arrêter, réſoudre, conclure à la pluralité des voix.

Voted, adject. (or resolved.) Arrêté, réſolu, conclu.

Voted for. Pour quoi ou pour qui l'on a donné ſa voix ou ſon ſuffrage.

Voted againſt. Contre qui ou contre quoi l'on a donné ſa voix ou ſon ſuffrage.

VOTER, ſ. Opinant.

VOTIVE, adj. Voué, votif.

VOTING, ſ. L'action de donner ſa voix, &c. V. to Vote.

To VOUCH, v. act. (to atteſt, to affirm, to maintain.) Affirmer, ſoutenir, maintenir, aſſurer.

I will vouch (or warrant) this horſe for a good one. Je garantis que ce cheval eſt bon.

To vouch (or challenge) a thing. S'attribuer une choſe, la prétendre.

To vouch (to paſs one's word) for one. Répondre pour quelqu'un ou de quelqu'un.

To vouch one, (in the ſenſe of the law, to call one in court to make good his warranty.) Faire venir quelqu'un en juſtice pour répondre à ſa garantie.

Vouched, adj. Affirmé, ſoutenu, &c. V. to Vouch.

VOUCHEE, ſ. (one vouched at law.) Celui qu'on a appelé en juſtice pour répondre à ſa garantie.

VOUCHER, ſ. (he that vouches one at law.) Celui qui appelle un autre en juſtice pour répondre à ſa garantie.

Voucher, (authentick deed, to prove an allegation.) Pièce juſtificative, preuve, titre.

Voucher, (authority or proof in history.) Garant, autorité, preuve.

I do not or don't ſpeak without ſufficient vouchers. Je ne parle pas ſans bons garans.

The Goſpel of peace is made a voucher for ſedition and rebellion. On ſe ſert de l'Evangile de paix pour autoriſer la ſédition & la rebellion.

VOUCHING, ſ. L'action d'affirmer, &c. V. to Vouch.

To VOUCHSAFE, v. neut. (to condeſcend, to be pleaſed to—) Donner, vouloir bien prendre la peine de—

To vouchſafe, v. act. (to grant.) Accorder, octroyer, permettre.

Vouchſafe us the grace of thy holy Spirit. Accorde-nous la grace de ton ſaint Eſprit.

VOUCHSAFEMENT, } ſubſt. Condeſ-
VOUCHSAFING, } cendance ou l'action de daigner, &c. V. to Vouchſafe.

VOW, ſubſt. (a ſolemn promiſe.) Vœu, promeſſe ſolennelle.

To make a vow. Faire un vœu, vouer.

To VOW, v. act. (to promiſe as a vow.) Vouer, faire un vœu.

He vowed a temple to God. Il voua un temple à Dieu.

To vow chaſtity. Faire vœu de chaſteté.

To vow, (to ſwear, proteſt, promiſe or aſſure.) Jurer, proteſter, promettre, aſſurer.

I vow 'tis very good. Je vous aſſure qu'il eſt fort bon; en vérité, ſur ma parole il eſt fort bon.

I vow to God, (a ſort of oath.) Sur mon Dieu.

VOWED, adject. Voué, &c. V. to Vow.

VOWEL, ſ. (a letter which can be uttered by itſelf.) Une voyelle.

VOWING, ſ. L'action de vouer; vœu.

VOYAGE, ſ. (a going from one place to another, eſpecially by ſea.) Voyage, allée & venue d'un lieu à un autre, ſurtout par mer.

To go a long voyage. Faire un long voyage, faire un voyage de long cours.

To ſuffer ſhipwreck in the end of the voyage. Faire naufrage au port.

To VOYAGE, v. act. & neut. Voyager.

VOYAGER, ſ. (or traveller.) Un voyageur.

VOYAL, ſ. (a ſea-term.) Tournevire.

Voyal block. V. Block.

Mouſes of the voyal. V. Mouſe.

VULGAR, adj. (or common.) Vulgaire, commun.

It is or 'tis the vulgar opinion. C'eſt le ſentiment commun, c'eſt l'opinion vulgaire.

The vulgar tranſlation of the Bible. La vulgate, la verſion de la Bible communément reçue dans l'Egliſe.

Vulgar, (common, ordinary, vile, trivial.) Vulgaire, commun, ordinaire, bas, vil, trivial.

Vulgar thoughts. Des penſées vulgaires.

A vulgar ſoul. Une ame vulgaire, une ame baſſe.

A vulgar ſtyle. Un ſtyle vulgaire, bas ou rampant.

Vulgar arts. Arts vulgaires ou mécaniques.

In too vulgar a manner. Un peu trop vulgairement.

Vulgar, ſubſt. (the mobile or common ſort of people.) Le vulgaire, le peuple, le bas peuple, le commun du peuple.

VULGARITY, ſub. Baſſeſſe, qualité vulgaire & baſſe.

Ex. Some expreſſions that are mean in the modern languages, have no vulgarity in the Greek and Latin. Certaines expreſſions qui ſont baſſes dans les langues modernes, n'ont rien de vulgaire dans le Grec ni dans le Latin.

VULGARLY, adv. (or commonly.) Vulgairement, communément.

'Tis vulgarly reported. On dit vulgairement, c'eſt un bruit commun.

Vulgarly, (meanly.) Vulgairement, d'une maniere vulgaire; baſſement.

VULGATE, ſ. (a noted latin verſion of the bible.) Vulgate.

VULGARISM, ſubſt. Expreſſion vulgaire, expreſſion baſſe & populaire.

VULNERABLE, adj. Qui peut être bleſſé.

VULNERARY, adject. (belonging to or curing wounds.) Vulnéraire, qui regarde ou qui guérit les plaies.

A vulnerary potion. Une potion vulnéraire.

Vulnerary, ſubſt. (a cure for wounds.) Un vulnéraire, remede pour guérir les plaies.

To VULNERATE, v. act. (to wound or hurt.) Bleſſer.

VULTURE, ſ. (a great bird of prey.) Un vautour, grand oiſeau de proie.

VULTURINE, adj. (of or like a vulture.) De vautour.

W.

W *est la vingt-troisieme lettre de l'alphabet anglois.*
Pour donner une idée de sa véritable prononciation, il suffit de remarquer qu'il répond exactement à l'ou françois quand il est dipthongue. Par exemple, le pronom We se prononce de même que l'affirmatif oui. Ainsi, dans toutes les dipthongues qui commencent par un W, vous placerez les levres dans la même position que si vous vouliez prononcer ou, & vous ne manquerez pas de produire le véritable son.
Il est tout à fait muet dans answer, sword & tous leurs dérivés ; & two se prononce tou.
† To WABBLE , v. n. (to wriggle about as an arrow does sometimes.) Chanceler, n'aller pas droit au but, en parlant d'une fleche.
WAD, f. (the stuffing of chairs, inside of a coach, &c.) Matelas.
Wad of a night-gown. L'ouate d'une robe de chambre.
A wad (or bunch) of pease or straw. Une botte de pois ou de paille.
Wad, (used in charging a gun or pistol.) Bourre ; valet à canon.
Wad-hook, (or worm.) Un tire-bourre.
To WAD, v. act. (to stuff.) Matelasser, bourrer, garnir d'ouate.
Wadded, adj. Matelassé, bourré, garni d'ouate.
A night gown well wadded. Une robe de chambre bien garnie.
WADDING, f. (stuff put between the inside and outside of a night-gown, &c.) Ouate, étoffe pour garnir une robe de chambre, &c.
To WADDLE, verb. neut. (to wriggle as a duck.) Tortiller, n'aller pas droit en marchant.
To WADE,
To WADE OVER, } verb. act. (to walk or pass through water without swimming.) Guéer, passer à gué.
To wade, verb. n. (or go) in the water. Aller ou marcher dans l'eau.
To wade very deep. Aller, pénétrer bien avant.
To wade (to penetrate or dive) into the depths of one's wisdom. Pénétrer les profondeurs de la sagesse d'un homme, sonder la sagesse d'un homme.
Waded over, adj. Gué, qu'on a passé à gué.
Waded into. Pénétré.
WADING over, f. L'action de guéer ou de passer à gué.
A wading into. L'action de pénétrer.
WAFER, f. Oublie ou gaufre.
Wafer, (to close letters.) Pain à cacheter.
A wafer-iron. Un gaufrier.
WAFT, f. (a sea-term.) Berne.

To hoist the flag with a waft. Hisser le pavillon en berne ou mettre le pavillon en berne.
To WAFT, verb. act. (or convoy.) Servir de convoi, convoyer.
Ye winds, waft him (or waft him over) to me. Vous, vents, amenez-le-moi.
Wafted, adj. Convoyé.
To WAFT, v. n. (to float.) Flotter, nager.
WAFTER, subst. (a frigate to convoy merchantmen.) Un convoi, une frégate ou vaisseau de guerre qui escorte les vaisseaux marchands.
* Wafters or waftors, (Officers created under Edward the IVth. to guard the fishermen on the coasts.) Officiers établis sous le regne d'Edouard IV. pour la sûreté de la pêche.
WAG, subst. (a merry droll.) Un badin, une badine, un esprit badin.
Wag-tail, (a bird.) Bergeronnette, hochequeue.
† A wag-halter. Un pendard, un homme qui traine son lien.
To WAG, verb. neut, Branler, remuer, se remuer, bouger.
* WAGE, f. V. Wages.
To WAGE, v. a. (to lay a wager, engage in, make.) Faire ; hasarder, parier, gager.
Ex. To wage war with a Prince. Faire la guerre à un Prince.
To wage (to hire.) Louer.
To wage law, (to put in security that one will make law at the day assigned.) Donner caution pour comparoitre en justice au jour auquel on est assigné.
To wage law, (in the common acceptation, to prosecute the law.) Poursuivre son droit en justice.
WAGER, f. (or bett.) Gageure, pari.
To lay a wager. Gager ou parier, faire une gageure.
Wager of law, (the offer of making an oath, that a man owes nothing to the plaintiff in the manner as he has declared.) Offre de faire serment qu'on ne détient rien qui appartienne au demandeur ou qu'on ne lui doit rien.
WAGES, subst. plur. (or salary.) Gages, salaire, appointements.
The wages of sin is death. La solde du péché c'est la mort.
WAGGERY, f. (merry pranks.) Badinage, gaillardise, espiéglerie, plaisanterie, malice.
To be full of waggery. Être plein de malice, avoir l'esprit badin.
WAGGING, f. (from to wag.) L'action de branler, &c. V. to Wag.
WAGGISH, adj. (frolicksome merry.) Badin, qui a l'esprit badin ; espiégle.
WAGGISHNESS, f. Badinage, espiéglerie ou humeur badine.

† To WAGGLE, verb. neut. (to be always in motion.) Être toujours en mouvement, frétiller, se démener, se remuer.
WAGON,
WAGGON, } f. Chariot.
Close or covered waggon. Un caisson.
The master of the waggons in an army, &c. Le vaguemestre.
WAGGONER,
WAGONNER, } f. Charretier, voiturier.
WAGGON-MAKER, f. Un charron.
WAGTAIL. V. Wag-tail sous Wag.
WAIF, subst. (any thing that is found and claimed by no body, which is a regality, and belongs to the King.) Chose épave, chose égarée que personne ne réclame, & qui de droit appartient au Roi.
To WAIL, v. act. (to bewail or lament.) Déplorer, pleurer, regretter.
WAILING, f. Lamentation, deuil.
WAIN, f. (a carriage.) Un chariot, une charrette.
A wain-driver. Un charretier.
A wain load. Une charretée.
Charles's-wain, (a northern constellation.) Le chariot ou la grande ourse, constellation.
The wain of the moon. V. Wane.
WAINROPE, f. Corde de chariot.
WAINSCOT, subst. Boiserie, lambris de menuiserie.
† Wain cot skin, (coarse skin.) Une peau grossiere.
A wainscot face. Un teint grossier.
To WAINSCOT, v. a. Boiser, lambrisser.
Wainscotted, adj. Boisé, lambrissé.
WAINSCOTTING, f. L'action de boiser ou de lambrisser, lambrissage.
WAIR, f. (a piece of timber two yards long and one foot broad.) Bois de charpente qui a six pieds de long & un pied de large.
WAIST, f. (the smallest part of the body below the ribs.) Ceinture, le milieu du corps.
Waist-coat. Gilet, veste.
Waist, (at sea.) Le ribord d'un vaisseau à l'endroit des passe-avants, ou l'entredeux des gaillards. Ainsi, l'expression deep-waisted répond à la nôtre haut accastillé, par renversement.
Waist cloths. Pavois.
To put abroad a ship's waist cloths. Garnir un vaisseau de ses pavois ou faire pavois.
Waist-boards. V. Wash boards.
WAIT, f. (ambush.) Guet-à-pens, embûches, piege.
To lay wait or to lie in wait for one. Attendre quelqu'un de guet-à-pens, ou bien tendre des embûches à quelqu'un, lui tendre un piege.

Tome II.   4Z   To

To WAIT, v. act. (to expect, to stay for, to attend.) Attendre.

Wait my leisure. Attendez ma commodité.

To wait, verb. neut. (to stay, to tarry.) Attendre, demeurer.

To wait like a dog. Faire le pied de grue.

To wait FOR, (to stay for, to expect.) Attendre.

We only wait for a good wind. Nous n'attendons qu'un vent favorable.

It was an honour that seemed to wait for you. C'est un honneur qui sembloit être réservé pour vous.

To wait, to wait ON or UPON, (to serve.) Servir.

To wait at table. Servir à table.

He waits upon his master. Il sert son maître.

Who waits? (who is there? calling for a servant.) Qui est là? holà quelqu'un.

To wait on or upon, (to accompany, to go along with.) Accompagner, aller avec, conduire ou reconduire, suivre, être à la suite de ou être de la suite de.

To wait upon one to the door. Accompagner, conduire ou reconduire quelqu'un jusqu'à la porte.

I was then one of those that waited on the King. J'étois alors un de ceux qui accompagnoient ou suivoient le Roi ou qui étoient à la suite du Roi.

To wait on or upon (or as it is sometimes pronounced) to wait of, (to go to visit or pay one's respects to.) Aller voir, visiter, faire ou rendre visite, rendre ses respects, faire la révérence à.

To wait on a friend. Visiter un ami, l'aller voir.

I will wait on you, I'll come to or be with you presently. Je serai à vous ou je viens à vous tout-à-l'heure.

Waited on or waited upon. Servi, &c. V. to Wait.

WAITER, s. (an attendant in a public house, &c.) Celui ou celle qui sert actuellement à table, dans la chambre ou ailleurs, garçon de café ou d'auberge.

Call the waiter. Appelez le garçon.

A gentleman-waiter to a Prince. Un gentilhomme servant chez un Prince.

WAITING, s. L'action d'attendre, &c. V. to Wait.

To be in waiting, (as an Officer at court.) Être de garde, être de quartier ou en quartier.

Waiting, adject. Ex. A Lady's waiting woman. Femme de chambre d'une Dame.

* To WAIVE,
To WAVE,   } verb. act. (to quit or forsake.) Quitter, abandonner, laisser. V. to Wave.

Waived, adj. Quitté, abandonné.

Waived, (for women, is the same as out-lawed for men, for contemptuously refusing to appear.) Condamnée par contumace.

WAKE, subst. (a sort of country merry-meeting upon a holy day, and is generally the feast of the dedication of the church.) Dédicace, kermesse ou karmèsse, fête.

The wake of a ship, (that smooth water which a ship makes astern of her, and shews what way she goes.) Le sillage ou les eaux d'un vaisseau, la trace du chemin d'un vaisseau.

To be in the wake of a ship. Être dans les eaux d'un vaisseau.

To WAKE, v. act. (to rouse.) Éveiller ou réveiller.

To wake, verb. neut. (or to awake.) S'éveiller.

To wake, (or watch.) Veiller, ne pas dormir.

WAKEFUL, adj. (that does not sleep.) Qui veille, qui dort peu, qui ne dort presque point, vigilant.

WAKEFULLY, adv. Ex. He lay very wakefully all night. Il n'a point dormi de toute la nuit, il a eu les yeux ouverts toute la nuit.

WAKEFULNESS, subst. (want of sleep.) Peu de disposition à dormir, insomnie. Wakefulness, (or rather watchfulness.) Vigilance.

WAKEMAN, subst. (the chief Magistrate of Rippon in Yorkshire.) C'est ainsi qu'on appelle le premier Magistrat de Rippon dans la province d'York.

To WAKEN, V. to Wake.

WAKES, s. (or country feasts.) Sorte de réjouissance qui se fait encore en quelques endroits d'Angleterre. V. Wake.

WAKING, s. (from to wake.) L'action d'éveiller, &c. V. to Wake.

WALE, s. (a sea-term.) Echelle par laquelle on monte sur un vaisseau.

WALES, s. pl. Les préceintes d'un vaisseau. Main-wale. Les deux préceintes couplées qui sont au-dessous de la premiere batterie ou au niveau du premier pont; c'est ce que nous nommons la premiere & seconde préceintes, qui n'en font qu'une dans les vaisseaux Anglois. On peut traduire ce mot par préceinte basse.

Channel wale. Les deux préceintes qui sont au niveau du second pont ou en dessous de la seconde batterie, & que nous nommons la troisieme & quatrieme préceintes, qui sont jointes en une seule dans les vaisseaux de guerre Anglois.

WALE-KNOT, subst. (a sea-term for a round knot of a rope.) Nœud rond fait de trois cordons d'une corde, en sorte qu'il ne puisse pas couler.

WALE-REARLD. V. Wallsided.

WALK, s. (a place to walk in.) Une promenade, un promenoir, allée, chemin ou lieu propre à se promener.

Walk or walking. Promenade, tour de promenade, action de se promener.

To take a walk. Faire une promenade, faire un tour de promenade.

Walk, (gait.) Mouvement, démarche.

To WALK, verb. act. (to lead out for the sake of air or exercise.) Promener, mener çà & là, faire marcher.

To walk, v. a. (to go about for pleasure or exercise.) Se promener.

To walk (to go or march.) Aller, marcher.

To walk in the streets. Aller par la ville, aller de rue en rue.

Let us walk thither. Allons jusques-là.

To walk after. Marcher après, suivre.

To walk the rounds. Faire la ronde.

A spirit that walks in a house. Un esprit qui revient dans une maison.

To walk IN. Entrer.

To walk OUT. Sortir.

WALKER, subst. Celui ou celle qui se promene ou qui aime à se promener, un promeneur, † une promeneuse ou † un marcheur, † une marcheuse.

A night-walker, (a common trull.) Une coureuse, une fille publique qui court les rues de nuit.

Walkers, plur. (or foresters.) Gardes de forêt.

WALKING, s. Promenade, l'action de se promener, &c. V. to Walk, verb. act. & neut.

Walking place. Promenade, lieu propre à se promener, un promenoir, une allée.

A walking staff. Un bâton, une canne pour s'appuyer en marchant.

WALL, s. Un mur, une muraille.

A partition wall. Un mur mitoyen, un mur de séparation.

A dead wall. Une muraille sur laquelle il n'y a rien de bâti.

The wall, (or place of honour in walking in the streets.) Le haut du pavé.

To give one the wall. Donner le haut du pavé à quelqu'un.

To live within the walls. Demeurer dans la ville ou dans l'enceinte des murailles.

To live without the walls. Demeurer dans les faubourgs.

Wall-wort. Patietaire, herbe.

Wall-flower. Violette jaune.

Wall-tree. Espalier.

Wall-louse, (or bug.) Punaise.

Wall-creeper, (a sort of bird.) Un grimpereau ou un pic, oiseau.

Wall-eyed horse. Cheval qui a l'œil vairon.

A wall-hook, (to hold leaden pipes.) Gâche.

A wall-gun. Arquebuse de croc.

Wall-sided, adj. comp. A wall-sided ship. Vaisseau qui a le côté droit comme un mur.

To WALL, v. act. (to enclose or defend with a wall.) Murer, fermer ou environner de murailles.

Ex. To wall a town. Murer une ville, la fermer de murailles.

To wall up a window. Murer ou maçonner une fenêtre.

Walled, adj. or walled about. Muré, fermé ou environné de murailles.

Walled up. Muré, maçonné.

WALLET, s. Une besace, un bissac.

WALLING, s. (from to wall.) Maçonnerie, action de maçonner ou de murer. V. to Wall.

WALLOP, s. (or lump) of fat. Lopin de graisse.

To WALLOP, verb. neut. Bouillonner.

To WALLOW, verb. neut. (or roll.) Se vautrer, se rouler: il se dit dans le propre & dans le figuré.

He wallows (or indulges himself) in all manner of uncleanness. Il se vautre dans toute sorte d'impuretés.

To wallow (or swim) in pleasures. Nager dans les plaisirs.

WALLOWING, s. L'action de se vautrer ou de se rouler.

Wallowing-place. Un bourbier.

WALNUT, s. Noix, fruit de noyer.

A walnut-tree. Un noyer.

Walnut-shell. Coquille de noix.

WALT, adj. A walt ship. Vaisseau lege, ou qui n'est pas assez lesté & porte mal la voile.

WALTRON, s. Cheval marin.

To WAMBLE, verb. neut. (to rise up as seething water does.) Bouillonner.

To wamble, (as an arrow.) V. to Wabble.

My stomach wambles. Le cœur me souleve, ce que j'ai bu ou ce que j'ai mangé me fait soulever le cœur, ou me fait mal à l'estomac.

WAMBLING,

WAM WAN

WAMBLING, *subst.* (a wambling in the stomach.) *Soulèvement de cœur, mal d'estomac.*
WAN, *adj.* (or pale.) *Pâle, blême, défait, qui n'a point bon visage.*
WAND, *f.* (or rod.) *Baguette, verge.* Mercury's wand. *Le caducée de Mercure.*
To WANDER, *verb. neut.* (or to ramble up and down.) *Errer, roder, courir ou aller çà & là ; rouler.*
To wander up and down the fields. *Errer par les champs.*
To wander out of the way. *S'écarter du sujet, faire un écart, faire une digression.*
WANDERER, *subst.* (one that wanders.) *Un homme errant, un rodeur, un vagabond.*
WANDERING, *f. L'action d'errer,* &c. *V.* to Wander.
The wanderings of Ulysses. *Les erreurs d'Ulysse.*
Unprofitable wanderings. *Courses inutiles.*
Let us reflect upon our errors and wanderings. *Faisons réflexion sur nos erreurs & nos égaremens.*
Wandering, *adj.* (that wanders.) *Errant, qui erre çà & là ; vagabond.*
A wandering rumour. *Un bruit qui court.*
A wandering (or distracted) mind. *Un esprit distrait, dissipé ou égaré.*
WANE, *subst.* (or decrease) of the moon. *Déclin, décours ou décroissement de la lune.*
The *Turkish* Empire is in the wane. *L'Empire des Turcs est sur son déclin ou est en décadence.*
To WANE, *verb. neut.* (or decrease.) *Décroitre, diminuer.*
WANNESS, *subst.* (from wan.) *Pâleur, mine pâle ou blême.*
WANT, *f.* (need.) *Manque, faute, besoin, affaire, défaut.*
For want of money. *Faute d'argent.*
I shall supply your wants. *Je pourvoirai à vos besoins.*
I have no want of it. *Je n'en ai pas besoin, je n'en ai pas affaire.*
They have no want (or do not stand in need) of any thing. *Ils n'ont besoin de quoi que ce soit ; rien ne leur manque.*
Want, (need, indigence, poverty.) *Indigence, besoin, nécessité, pauvreté, disette.*
I find a want of your love. *Je trouve que vous ne m'aimez pas.*
I bear the want of those things contentedly. *Je me passe aisément de ces choses-là.*
Can they be in want of any things? *Peut-il leur manquer quelque chose?*
I find a want of something in them. *Je trouve qu'il leur manque quelque chose.*
They are in want of some things. *Il leur manque certaines choses.*
I have a great want of him, (I miss him extremely.) *Je le regrette extrêmement.*
A want, (or mole.) *Une taupe.*
Want-hill, (or mole-hill.) *Taupinière.*
To WANT, *verb. act.* (to lack.) *Manquer, avoir besoin, avoir affaire, avoir faute de, n'avoir pas.*
What d'ye want? *Que vous manque-t-il? de quoi avez-vous besoin?*
I want every thing. *Je manque de toutes choses.*
I want strength. *Les forces me manquent.*
You shall want for nothing. *Il ne vous manquera rien.*

WAN

He does not want good will. *Il ne manque pas de bonne volonté.*
I want words to express my love. *Les paroles me manquent pour exprimer mon amour.*
To want wherewithal to sustain one's poor life. *N'avoir pas de quoi sustenter sa pauvre vie.*
An army that wants a head. *Une armée qui n'a point de chef, une armée sans chef.*
If you do not want a contented mind. *Si vous avez l'esprit content.*
The enemies want foot. *Les ennemis n'ont point (ou sont foibles) d'infanterie.*
Chastity does not want for tempters. *La chasteté ne trouve que trop de tentateurs.*
This news wants confirmation. *Cette nouvelle demande ou mérite confirmation.*
It wants a quarter of an hour of six o'clock. *Il est six heures moins un quart.*
To want (or miss) one. *Avoir besoin de quelqu'un, le regretter.*
To want, *verb. neut.* (to be in want, to be poor.) *Être dans la nécessité, dans la pauvreté ou dans l'indigence, être pauvre.*
To want, (to be wanting or missing.) *Manquer, se manquer, n'être pas.*
Here wants a crown. *Il manque ici un écu.*
It wants a great deal of it. *Il s'en manque beaucoup.*
There wants but a little. *Peu s'en faut.*
There wants not (there are) some that are fort or for it. *Il y en a qui sont portés pour cela.*
There will never want civil wars. *Il y aura toujours des guerres civiles.*
Wanted, *adj.* Dont on a besoin, &c. *V.* to Want.
This book is very much wanted. *On attend ce livre avec impatience.*
WANTING, *adj. Qui manque, qui est à dire.*
He was not wanting in courtesy. *Il n'a pas manqué de civilité.*
His bounty is never wanting to our needs. *Sa libéralité supplée toujours à nos besoins.*
Tho' there were not wanting some turbulent men in the assembly. *Quoiqu'il y eût quelques esprits turbulents dans l'assemblée.*
It shall not be wanting on my part. *Je ferai ou je contribuerai de ma part tout ce qui me sera possible ; ce ne sera pas ma faute si la chose ne réussit pas.*
He was not wanting to himself. *Il ne s'abandonna pas lui-même.*
WANTON, *adject.* (gamesome, sportive, licentious.) *Folâtre, badin, libertin.*
A wanton child. *Un enfant folâtre ou badin, un badin, une badine.*
To commit a crime in wanton sport. *Commettre un crime de gaité de cœur.*
Wanton, (lascivious.) *Impudique, lascif, libre.*
Wanton discourses. *Des discours impudiques.*
Wanton, (or roguish.) *Fripon, coquet.*
Wanton eyes. *Des yeux fripons ou lascifs.*
A wanton look. *Un air fripon ou coquet.*
She leads a wanton life. *Elle mene une vie libertine.*

WAN WAR

To grow wanton with too much prosperity. *S'enfler de trop de prospérité.*
This wanton curiosity began to awaken the great men of *Persia*. *Cette folle curiosité commença à faire réveiller les Grands de Perse de leur assoupissement.*
Wanton, *sub. Ex.* You are a wanton. *Vous êtes un badin.*
You make a wanton of your child. *Vous gâtez votre enfant, vous avez trop d'indulgence pour lui.*
To WANTON, *verb. neut.* (to play.) *Jouer, folâtrer, badiner.*
Her hair wantoned in the air. *Ses cheveux flottoient au gré du vent.*
WANTONLY, *adv.* (or waggishly.) *En folâtre, en badin.*
To live wantonly, (or lewdly.) *Vivre dans l'impudicité.*
To talk wantonly. *Tenir des discours sales ou impudiques.*
To look wantonly upon one. *Jeter des regards amoureux ou lascifs sur quelqu'un.*
WANTONNESS, *sub.* (or waggishness.) *Humeur ou conduite folâtre ou badine, badinage.*
Wantonness, (or lasciviousness.) *Lasciveté, impudicité.*
Wantonness, (negligence of restraint.) *Caprice.*
Ex. Our borrowing words from other nations is now a wantonness, not a necessity. *Nous empruntons aujourd'hui des mots des autres nations par caprice, & non par nécessité.*
WAPENTAKE, *f.* (a division of a shire, otherwise called a hundred.) *Canton ou subdivision de certaines provinces, qui s'appelle ailleurs* hundred.
WAR, *f.* (open hostility.) *Guerre.*
To make or to wage war. *Faire la guerre.*
A man of war, (or a soldier.) *Un homme de guerre, un soldat.*
A man of war, (a ship of war.) *Un vaisseau de guerre.*
War, (or arms.) *Armes.*
War, (used in poetry, for fighting, combat.) *Combat, mêlée, choc.*
To rush on the war. *Se jeter dans la mêlée.*
The thickest of the war. *Le plus fort du combat.*
He is at war (or at open defiance) with all the fair sex. *Il est en guerre avec tout le beau sexe.*
A war-horse. *Un cheval de guerre.*
War-scot, (the contribution which was paid towards armours, in the *Saxons* time.) *Subside qu'on payoit pour l'armure, du temps des Anglo-Saxons.*
To WAR, *verb. neut.* Faire la guerre, *aller à la guerre.*
To WARBLE, *verb. neut.* (as birds do.) *Gazouiller, chanter, ramager, en parlant des oiseaux.*
To warble, (to sing in a trilling or quavering way.) *Fredonner, faire des fredons avec la voix.*
WARBLING, *subst.* (of birds.) *Gazouillement, ramage.*
Warbling, (or quavering.) *Fredon, maniere de chanter en fredonnant.*
WARD, *subst.* (of a city.) *Quartier ou partie d'une ville.*
An alderman of a ward. *Un quartenier.*
Watch and ward. *Le guet.*
Ward, (or part of a forest.) *Partie d'une forêt.*

Ward-penny,

WAR

Ward-penny, (the money contributed to watch and ward.) *L'argent du guet, l'argent qu'on paye pour le guet.*
Ward, (one in the hands of a guardian.) *Pupille.*
The Court of wards, when the Kings of England were guardians to Orphans, which was suppressed in the reign of King Charles II. *La Cour des pupilles, lorsque les Rois d'Angleterre avoient la garde noble des pupilles, laquelle fut supprimée sous le regne de Charles II.*
Ward, (or keeper of a prison.) *Garde.*
Ward, (or prison.) *Une prison.*
The ward of a lock. *Le rateau ou les gardes d'une serrure.*
To WARD, verb. neut. Ex. To watch and ward or to keep watch and ward. *Faire le guet.*
To ward, verb. act. (or keep) off a blow. *Parer un coup, l'esquiver, l'éviter.*
WARDAGE, *Voyez* Ward-penny, après ward.
WARDEN, *subst.* (or keeper.) *Gardien, garde.*
The warden of the mint. *Le garde des monnoies.*
The deputy warden. *Le contre-garde.*
The warden of a college, in an University. *Le recteur ou chef d'un college, dans une Université.*
The warden (or gaoler) of the fleet. *Le geolier de la prison qu'on appelle fleet.*
A Church warden. V. Church.
A warden, (in a religious house.) *Custode.*
Warden, (a large sort of pear.) *Grosse poire de garde.*
WARDER, *subst. Garde.*
The warder of the tower. *Les gardes de la tour de Londres, qui gardent les criminels d'Etat.*
The warder of the cinq-ports. *Le Gouverneur des cinq ports.*
WARDMOTE,
WARDMOTE-COURT, } *sub.* (a court in every ward of London.) *Cour de quartenier.*
WARDROBE, *s.* (a room or place where clothes are kept.) *Garde-robe.*
WARDSHIP. V. Guardianship.
WARE, *sub.* (or commodity.) *Marchandise, denrée.*
P. Good wares make quick market. *Marchandise qui plait est à demi-vendue.*
A Ware-house. *Un magasin.*
A Ware-house-man, or ware-house-keeper. *Garde-magasin.*
Ware, (or earthen-ware.) *Poterie, vaisselle de terre.*
China-ware or china. *De la porcelaine.*
Dutch ware. *Faience de Hollande ou porcelaine de Hollande.*
Small wares. *Mercerie, quincaillerie.*
A haberdasher of small wares. *Un mercier ou un quincaillier.*
WARFARE, *s.* (military service, military life.) *La guerre ou la vie militaire.*
To WARFARE, v. n. (to lead a military life.) *Mener la vie d'un militaire.*
WARFARING, adj. Ex. A warfaring man. *Un guerrier, un homme de guerre.*
WARILY, adv. (from wary.) *Prudemment, sagement, avec retenue, avec circonspection, avec toutes les précautions nécessaires.*
WARINESS, *s.* (prudence, circumspection.) *Prudence, sagesse, précaution, circonspection.*

Wariness, (or savingness.) *Economie, bon ménage.*
WARLIKE, adject. (disposed to or fit for war, military.) *Guerrier, belliqueux, qui appartient à la guerre, militaire.*
His warlike (or military) exploits. *Ses exploits guerriers ou militaires.*
Warlike, (that loves war, valiant.) *Guerrier, belliqueux, qui aime la guerre, qui a de l'inclination pour la guerre, vaillant.*
A warlike nation. *Une nation guerriere ou belliqueuse.*
A warlike (or valiant) man. *Un guerrier, un soldat, un vaillant homme, un brave.*
WARM, adj. *Chaud.*
Ex. Warm weather. *Un temps chaud.*
A warm room. *Une chambre chaude.*
To be warm. *Avoir chaud.*
To make warm. *Rendre chaud, chauffer, échauffer.*
When they came once to be warm in their drink. *Après que le vin leur eut échauffé le cerveau ou la cervelle.*
To grow warm. *Devenir chaud, s'échauffer.*
To grow warm in a dispute. *S'échauffer dans une dispute.*
Warm, (passionate.) *Chaud, emporté.*
Warm, (eager.) *Chaud, ardent, empressé.*
Egbert was hardly warm in his throne. *A peine Egbert avoit en le temps de se reconnoitre sur le trône.*
Luke-warm. *Tiede.*
† To be warm, (to have wherewithal to live.) *Etre à son aise, † avoir les pieds chauds.*
* Warm, adv. *Chaudement.*
To be warm clad. *Etre chaudement vêtu.*
To WARM, verb. act. *Chauffer, échauffer, donner de la chaleur.*
To warm one's self. *Se chauffer.*
The sun warms the earth. *Le soleil échauffe la terre.*
To warm AGAIN. *Réchauffer.*
Warmed, adj. *Chauffé, échauffé.*
WARMING, *s.* *L'action de chauffer ou d'échauffer.*
Warming, adj. Ex. A warming-pan. *Une bassinoire.*
The warming-place (or common room) of a Monastery. *Le chauffoir d'un Couvent.*
WARMLY, adv. (with warmth.) *Chaudement, avec chaleur.*
Ex. They maintained the dispute very warmly. *Ils soutinrent la dispute avec bien de la chaleur.*
WARMNESS,
WARMTH, } *subst.* (gentle heat, zeal, passion.) *Chaleur, au propre & au figuré.*
Warmness of nature. *Chaleur de tempérament.*
To WARN, verb. act. (to tell beforehand.) *Avertir, donner avis, faire savoir, informer.*
Ex. To warn one of a thing. *Avertir quelqu'un d'une chose.*
To warn one into (to summon one to appear in) court. *Assigner quelqu'un, lui donner assignation pour comparoitre devant le Juge.*
To warn one away. *Avertir quelqu'un de se pourvoir ailleurs, lui donner congé.*
Warned, adject. *Averti,* &c. *Voyez* to Warn.
WARNING, *subst. Avertissement, l'action d'avertir,* &c. V. to Warn.

To give one warning, (or notice.) *Avertir quelqu'un d'une chose.*
† To give one warning, (to lace his coat for him.) † *Etriller quelqu'un.*
To give one's tenant warning. *Avertir son locataire de se pourvoir ailleurs, lui donner congé.*
To take warning. *Prendre exemple, se tenir pour averti.*
Take it for warning then that you swear nothing rashly. *Que cela vous apprenne à ne pas faire des sermens téméraires.*
Take this for a warning. *Souvenez-vous bien de ce que je vous dis.*
WARNOTH, *s.* (a forfeit of double rent by the tenants of Dover castle, if they fail at the day.) *Certaine coutume par laquelle les vassaux qui relevent du château de Douvre, & qui manquent de payer la rente au jour requis, sont condamnés à payer le double pour la premiere fois, & le triple à la seconde.*
WARP, *s.* (the thread at length, in any thing woven, which is crossed by the woof.) *Chaine, le fil qui est monté sur le métier pour faire de la toile.*
Warp, (a sea-term.) *Cablot, grelin ou haussiere servant à remorquer ou touer un vaisseau, on dit une touée.*
To WARP, verb. act. (a weaver's term, to weave a woof.) *Ourdir une trame, en termes de tisserand.*
To warp, (to turn aside, to contract, to shrivel.) *Courber, écarter, plier, dejeter, resserrer.*
To Warp, verb. neut. (or to cast as boards do when they are not dry.) *Plier, se déjeter, se tourmenter.*
To warp UP, verb. act. Ex. To warp up a ship, (a sea-expression, to tow a ship.) *Touer un vaisseau.*
Warped, adj. *Plié, déjeté,* &c. V. to warp.
Warped, (speaking of timber.) Ex. A warped plank. *Bordage déjeté ou courbé dans le sens de sa largeur.*
WARPEN. V. Ward-penny, après ward.
WARPING, *s.* (from to warp.) *L'action de plier,* &c. V. to Warp.
A weaver's warping loom. *Métier où le tisserand monte la chaine.*
WARRANT, *sub.* (an order, an authentick power.) *Ordre, permission authentique; pouvoir, autorité; prise de corps.*
To have a warrant against one, (to arrest him.) *Avoir une prise de corps contre quelqu'un.*
† A warrant sealed with butter and cheese. *Un ordre qui n'est pas authentique,* † *un ordre de paille.*
A warrant, (for a place at court, &c.) *Un brevet.*
A warrant (or a letter) of attorney. *Une procuration.*
To serve a warrant. V. to Serve.
No body has warrant (power or authority) to do it. *Personne n'a le pouvoir ou l'autorité de le faire.*
By divine warrant, (or permission.) *Par la permission divine.*
To WARRANT, verb. act. (to secure, to maintain.) *Garantir, soutenir, maintenir.*
I warrant it good. *Je vous le garantis bon.*
To warrant, (to assure or promise.) *Assurer, répondre, promettre.*
He has done it, I warrant you. *Je vous assure que (sur ma parole, croyez-moi, assurément) c'est lui qui l'a fait, je vous réponds qu'il l'a fait.*

R

I warrant you he is gone out. *Je suis bien trompé s'il n'est sorti, je vous promets qu'il est sorti.*
WARRANTABLE, adj. *Soutenable.*
That opinion is not warrantable. *Cette opinion n'est pas soutenable, elle est insoutenable.*
WARRANTABLY, adv. *D'une maniere soutenable.*
WARRANTED, adj. *Garanti,* &c.
A thing warranted by daily experience. *Une chose que l'experience confirme tous les jours.*
WARRANTER, s. *Garant.*
WARRANTISE, } subst. (a law-word, a covenant to secure a bargain.) *Garantie, terme de palais, obligation de faire bon.*
WARRANTY, }
An opinion grounded upon no warranty of Scripture. *Une opinion qui n'a aucun fondement dans l'Ecriture.*
WARREN, subst. (a kind of park for rabbets.) *Une garenne.*
WARRENER, sub. (or warren-keeper.) *Garennier.*
WARRIOR, } s. (from war.) *Guerrier, guerriere, qui aime la guerre, qui s'y plait.*
WARRIOUR, }
* WARRING, s. *L'action de faire la guerre.*
WARSCOT. V. War-scot, *sous* War.
WART, s. (a little hard excrescence on the skin.) *Verrue, poireau.*
The wart in the middle of a flower. *Le pistil d'une fleur.*
Wart-wort. *Verrucaire.*
WARTY, adj. (full of warts.) *Plein de verrues ou de poireaux.*
WARY, adj. (prudent, provident, cautious, wise.) *Prudent, circonspect, retenu, précautionné, qui agit avec précaution; sage, avisé, prévoyant.*
Wary, (or thrifty.) *Ménager, économe, qui use d'économie.*
WAS, *prétérit du verbe* Be.
Ex. I was there. *J'étois, je fus ou j'ai été là.*
WASH, subst. (or hog's-wash.) *Lavure d'écuelles qu'on donne aux cochons.*
Goldsmith's wash. *Lavure d'orfevre.*
Glover's wash. *Lavure de gantier.*
Painter's wash. *Lavis de peintre.*
Beauty-wash. *Eau artificielle pour embellir le visage.*
A wash or ten strikes of oysters. *Sorte de mesure d'huitres, qui comprend dix mesures que l'on appelle* strike.
The washes or marishes of Lincolnshire. *Les marais ou les marécages de la province de* Lincoln.
Wash, (or blade.) *Le plat ou la pelle d'un aviron.*
† I have no wash. (I have no silver.) *Je n'ai point d'argent.*
A wash-house. *Un lavoir.*
A wash-tub. *Cuve ou tinette à laver le linge.*
Wash-pot. *Bassin.*
A wash-ball. *Une savonnette.*
To WASH, verb. act. (to cleanse with water or any other liquor.) *Laver, nettoyer avec de l'eau ou quelque autre liqueur.*
To wash one's hands. *Se laver les mains, ou simplement, laver.*
To wash foul linen. *Laver, blanchir du linge sale.*
To wash (or rinse) a glass. *Laver ou rinser un verre.*

To wash (or lather) a beard well. *Laver bien une barbe.*
To wash, (to bathe, to water or lave.) *Laver, baigner, arroser, mouiller.*
The river washes the walls of the town. *La riviere lave ou baigne les murailles de la ville.*
To wash a design, (a term of painting for to lay the colours.) *Laver un dessin, coucher les couleurs à plat.*
The deluge washed the world clean from the filth of luxury and impiety. *Le deluge purgea le monde des ordures du luxe & de l'impiété.*
To wash AWAY, OFF or OUT. *Nettoyer, emporter, effacer.*
To wash (or varnish) OVER with eggs. *Dorer.*
To wash down the phlegm. *Détacher les flegmes.*
Washed, adj. *Lavé,* &c. V. to Wash.
The sea-banks are washed away. *La mer a nettoyé la côte de ses bancs de sable.*
This notion cannot be washed out. *C'est une idée qui ne se peut effacer.*
Wash-boards, subst. comp. plur. *Falques ou coulisses qui ferment la place des toulets dans certains bâtimens à rames.*
WASHER-WOMAN, s. *Une blanchisseuse ou une lavandiere.*
WASHING, s. *Lavement ou l'action de laver; blanchissage,* &c. V. to Wash.
The washing of the Apostles feet. *Le lavement des pieds des Apôtres.*
A washing-tub. *Cuve ou tinette à laver le linge.*
I pay so much for my washing. *Je paye tant pour mon blanchissage.*
WASHY, adj. (feeble, weak.) *Flasque, foible, sans force, sans vigueur, en parlant d'un homme.*
Washy, (watery; damp.) *Insipide; humide.*
WASP, subst. (a sort of insect.) *Une guépe.*
WASPISH, adj. (morose, peevish, ill-humoured.) *Bourru, fantasque, chagrin, de méchante ou de mauvaise humeur.*
WASPISHLY, adv. *D'une maniere choquante ou désobligeante.*
WASPISHNESS, subst. *Humeur bourrue, méchante humeur.*
WASSAIL, subst. (or common feast.) *Repas ou festin où plusieurs boivent ensemble.*
A wassail-bowl. *Une tasse ou un gobelet.*
WASSAILERS, subst. *Une compagnie de gens qui se réjouissent & qui boivent ensemble.*
WASTE, adj. (good for nothing.) *Inutile, qui ne sert à rien, de rebut.*
Waste paper. *Papier de rebut, fretin.*
Waste ground. *Terre vaine ou vague, terre inutile & inculte, que personne ne réclame.*
To lay a country waste, (or ravage it.) *Ravager, désoler, ruiner un pays.*
Waste, subst. (spoil or spoiling, destroying.) *Ravage, dégât, dissipation, mauvais usage.*
The boars have made a great waste in my grounds. *Les sangliers ont fait un grand ravage ou dégât dans mes terres.*
A great waste of wine. *Un grand dégât de vin.*
Waste-well or draining well, (a sink.) *Un puisard.*
To make a waste of a thing. *Dissiper,*

prodiguer une chose, en faire un mauvais usage, en abuser.
As in a waste of mercy. *Comme par une profusion de bonté.*
Waste, (spoil or decay of a house or land, to the prejudice of the heir, &c.) *Dépérissement.*
To make a waste in houses, &c. *Laisser dépérir des maisons,* &c.
Wastes, (lands which are not in any man's occupation, but lie in common.) *Terres vaines ou vagues.*
Waste-book, (amongst traders.) *Le mémorial ou le brouillon d'un marchand.*
Waste or waste-paper, (loose sheets of a printed book, kept by a printer or bookseller, to perfect books that are imperfect.) *Maculatures, défets, bardot d'imperfections.*
† A waste goods or spend-all. *Un prodigue, un panier percé.*
To WASTE, v. act. (to spoil, spend or consume.) *Gâter, dissiper, prodiguer, consumer, dépenser mal-à-propos.*
To waste spoil, lay waste or ruin a country. *Ravager, désoler, ruiner un pays.*
To WASTE, v. neut. (to decay.) *Déchoir, diminuer, s'user, dépérir.*
The day wastes. *Le jour s'en va, le temps s'écoule.*
Wasted, adj. *Gâté,* &c. V. to Waste, and Waste, subst.
His body is wasted, (or decayed.) *Son corps est tout usé.*
* WASTED-BREAD, s. (an obsolete word for the finest sort of bread.) *Ce mot signifioit autrefois le plus beau pain.*
WASTER, subst. (a prodigal.) *Destructeur, dissipateur.*
WASTEFUL, adj. *Prodigue, dissipateur ou dissipatrice, celui ou celle qui dissipe.*
WASTEFULLY, adv. *Prodigalement.*
WASTEFULNESS, s. *Maniere de dissiper les choses, prodigalité, faute d'économie.*
WASTING, s. *L'action de gâter,* &c. V. to Waste. *Dégât.*
† WAT, s. (a nick-name for a hare.) *Un lievre.*
WATCH, subst. (or watchmen, guard.) *Garde ou guet.*
To be upon the watch. *Faire la garde ou le guet.*
A watch-man. *Un homme de guet.*
A watch-tower. *Une échauguette.*
The watch-word. *Le mot, ou le mot du guet.*
Watch, (or fourth part of the night.) *Veille, quatrieme partie de la nuit.*
Scout-watch, (at sea.) *Vedette.*
A watch-light or watch-candle, (a rush light,) *Une chandelle de veille.*
A watch-light, (at sea.) *Un fanal.*
To have a watch (or an eye) upon a man's actions, (to watch him.) *Veiller quelqu'un, avoir l'œil sur lui, l'observer, l'épier.*
Watch, (at sea.) *Quart ou garde, le temps qu'un matelot est en faction.*
To be upon the watch. *Faire le quart.*
The anchor watch. *La garde.*
The sea watch. *Le quart.*
The larboard watch. *Le quart de babord ou les babordais.*
The starboard watch. *Le quart de tribord ou les tribordais.*
Starboard watch oh! *Tribord au quart!*
Dog watch. *Le quart de quatre à huit heures du soir, qui est partagé en deux, de deux heures chacun.*

Watch-glasses,

WAT

Watch-glasses. *Ampoulettes ou horloges de sable.*

To set the watch. *Changer ou relever le quart.*

Watch gun. *Le coup de canon de diane & celui de retraite.*

The morning watch gun. *Le coup de canon de diane.*

The evening watch gun. *Le coup de canon de retraite.*

Watch, (a pocket-clock.) *Montre, horloge portative.*

An alarm-watch. *Un réveille-matin, un réveil.*

A watch-case. *Une boîte de montre.*

A watch-maker. *Un horloger.*

To WATCH, v. neut. (or to sit up.) *Veiller, ne pas dormir.*

To watch, (to look to, to be upon one's guard.) *Veiller, prendre garde, prendre soin, être sur ses gardes.*

But providence continually watching over His Majesty's safety. *Mais la Providence veillant continuellement à la conservation de sa Majesté.*

To watch, (or to watch and ward.) *Faire le guet ou faire la garde.*

To watch, v. act. a sick body, (to sit up with him.) *Veiller un malade, passer la nuit auprès d'une personne malade & en prendre soin.*

To watch, (or observe one.) *Veiller quelqu'un, avoir l'œil sur lui, épier ses actions, l'éclairer, l'observer.*

To watch one's motions. *Observer les démarches de quelqu'un.*

To watch an opportunity, or for an opportunity. *Épier l'occasion.*

Watched, *adject. Veillé, &c. Voyez* to Watch.

WATCHER, *subst. Qui veille, qui observe.*

WATCHET, *s.* (a kind of blue.) *Sorte de bleu.*

WATCHFUL, *adj.* (vigilant.) *Vigilant, attentif, soigneux, appliqué, qui veille avec soin à ce qu'il doit faire.*

The watchful providence of God. *La Providence divine qui prend soin de nous.*

To have a watchful eye over one. *Observer quelqu'un de près, avoir l'œil sur lui.*

To be watchful over a man's failings. *Examiner les défauts de quelqu'un.*

WATCHFULLY, *adv. Vigilamment, avec vigilance.*

He looked very watchfully to him. *Il l'observoit de fort près.*

WATCHFULNESS, *s. Vigilance, soin accompagné de diligence & d'activité.*

WATCHING, *s. L'action de veiller, &c. V.* to Watch.

WATER, *s.* (one of the four elements, being cold and moist.) *Eau, élément humide & froid.*

Foul (or dirty) water. *De l'eau sale.*

Running water. *Eau courante ou eau vive.*

Spring, rock, pump, river or sea-water. *Eau de fontaine, de roche, de puits, de rivière ou de mer.*

Mineral waters. *Des eaux minérales.*

Artificial or distilled waters. *Eaux artificielles ou distillées.*

Cordial waters. *Eaux cordiales.*

Rose-water. *Eau rose.*

Holy-water. *De l'eau-bénite.*

Court holy-water, (fair empty words.) *Eau-bénite de Cour.*

WAT

Water, (or urine.) *Eau, urine.*

To make water, (or to piss.) *Faire de l'eau, uriner, pisser.*

Water, (or rain.) *Eau, pluie.*

We have had a great deal of water fallen. *Nous avons eu beaucoup d'eau, il est bien tombé de l'eau.*

† To be all in a water sweat, (or great perspiration.) *Être tout en eau ou en sueur, suer.*

Water, (a certain lustre of pearls, diamonds, &c.) *Eau, certain lustre, éclat ou brillant des perles, des diamants.*

Pearls of a very good water. *Des perles qui ont une fort belle eau, un beau lustre, un bel éclat.*

Water, (a river, lake or pond.) *Eau, rivière, lac, étang, &c.*

On the water-side. *Au bord de l'eau.*

To swim under water. *Nager entre deux eaux.*

To take water. *Prendre l'eau.*

To go by water. *Aller par eau.*

Water, (or tide.) *Eau, marée.*

High water, (amongst seamen.) *Haute eau, le vif de l'eau, marée haute & pleine.*

It is or 'tis high water. *La marée est haute.*

Low water or dead water. *Basse eau, morte eau, le bas de l'eau, quand la mer a refoulé.*

'Tis low water. *La marée est basse.*

Fresh water. *Eau douce.*

Brackish water. *Eau saumâtre.*

Salt water. *Eau salée ou eau de mer.*

To take in fresh water, (a sea phrase.) *Faire de l'eau ou faire aiguade, en termes de marine.*

† To watch one's waters, (to watch him.) *Veiller quelqu'un, avoir l'œil sur lui, épier ses actions, l'observer, l'éclairer.*

To hold water, (in a figurative sense, to be staunch, sound and good, speaking of an argument, &c.) *Se soutenir, ne se pas démentir.*

Your reasoning does not hold water, (or hang together.) *Votre raisonnement ne se soutient pas,* † *votre argument cloche.*

He could find no shift to hold water. *Il ne put point trouver de bonne échappatoire pour se tirer d'intrigue.*

P. To fish in troubled waters, (to make a benefit of publick troubles.) *P. Pêcher en eau trouble.*

Water-fowls. *Oiseaux aquatiques.*

A water-dog. *Un barbet ou canard, un chien qui va à l'eau.*

A water-snake. *Un serpent d'eau.*

Water-parsley. *Berle, sorte de plante.*

Water-spider. *Araignée d'eau.*

Water-germander. *Germandrée aquatique.*

Water-lily or water-rose. *Lis blanc d'eau, nénuphar.*

A water-trough. *Un abreuvoir.*

A water-tub. *Une cuve ou tinette à conserver de l'eau.*

A water-pail. *Un seau.*

A water-pot. *Un pot à l'eau ou une aiguière.*

A holy-water pot. *Un bénitier.*

A holy-water sprinkle. *Un aspergès ou aspersoir.*

Water-cruet, (for a Popish altar.) *Une burette.*

A water-mill. *Un moulin à eau.*

A water-engine. *Une machine hydrauli-*

WAT

que, machine qu'on fait aller par le moyen de l'eau.

Water-works. *Eaux.*

To set the water-works a going. *Faire jouer les eaux, les faire aller.*

A water-work in form of a hern's top. *Aigrette d'eau.*

A water-work in form of a round cup. *Ronde d'eau.*

A water-spring. *Une source d'eau, une fontaine.*

Water-spout. *Jet d'eau.*

Water-fall. *Cascade ou chute d'eau.*

A water-poise. *Poids à peser l'eau.*

Water-lock. *Sorte d'abreuvoir.*

Water-colours. *Miniature.*

To paint in water-colours. *Peindre en miniature.*

Water-gold. *Or moulu.*

A water-drinker. *Un buveur d'eau.*

Water-born, (just a-float as a ship.) *Qui est à flot.*

Water-gage, (a sea-wall or bank to keep off the water.) *Muraille ou digue au bord de la mer pour la contenir dans ses bornes.*

A water-gage, (or instrument to gauge or measure the quantity or depth of any waters.) *Instrument à mesurer la quantité ou la profondeur de l'eau.*

A water-gang, (or trench to carry a stream of water.) *Canal ou fossé plein d'eau.*

Water-gavel, (a rent formerly paid for fishing in or other benefits received from some river or water.) *Droit qu'on payoit autrefois pour avoir le privilège de la pêche dans une rivière, ou pour quelqu'autre avantage qu'on en tiroit.*

Water-bailiff. *Le collecteur des droits qui reviennent de la Tamise.*

Water-house. *Un réservoir ou un moulin d'où l'on distribue de l'eau dans les quartiers de la ville de Londres.*

Water-lines, (a ship-building term.) *Lignes d'eau.*

Load water-line. *La ligne d'eau en charge, ou la ligne d'eau le vaisseau chargé.*

A water lodge ship. *Vaisseau engagé.*

Water sail. *Bonnette placée sous les plus basses bonnettes, & qui ne peut servir que par une très-belle mer : on n'en fait pas usage dans la marine françoise.*

Water spout. *subst. comp. Trombe ou pompe de mer, sorte de météore.*

Water-ways of a ship. *Gouttières ; terme de construction.*

To WATER, *v. act.* (to sprinkle with water, to bathe or wash.) *Arroser, mouiller, baigner.*

To water a garden. *Arroser un jardin.*

The Seine waters the Isle of France. *La Seine arrose l'Isle de France.*

To water a horse. *Baigner, guéer, faire baigner un cheval.*

To water, (or give water to drink.) *Abreuver.*

Ex. To water a horse. *Abreuver un cheval.*

To water herrings. *Dessaler des harengs.*

† That makes my teeth or mouth water, (that sets me a longing to be at it.) † *Cela me fait venir l'eau à la bouche, cela m'en fait venir l'envie.*

To water, *v. neut. Faire de l'eau ou faire une provision d'eau.*

WATERDOME.

WATERDOME, *f.* (the ancient trial by water.) *V.* Ordeal.
WATERED, *adject. Arrosé, baigné,* &c. *V.* to Water.
Watered, (as stuffs made like waves.) *Ondé.*
Watered camlet. *Du camelot ondé.*
WATERGRUEL, *f. Sorte de bouillie faite avec du gruau.*
WATERING, *f. L'action d'arroser,* &c. *V.* to Water.
A watering place. *Une aiguade ou lieu propre à faire de l'eau.*
A watering-place. *Un abreuvoir.*
A watering-pot. *Un arrosoir.*
WATERISH, *adj. Plein d'eau, aqueux.*
A waterish matter. *Une matiere aqueuse, une sérosité.*
Waterish blood. *Un sang plein de sérosité.*
To taste waterish. *Avoir un goût aqueux ou fade, ne sentir que l'eau.*
WATERISHNESS, *f. Sérosité.*
WATERMAN, *f. Un batelier.*
WATERY, *adj. Humide, plein d'eau.*
Ex. A watery ground. *Un terroir humide.*
Watery (or wet) eyes. *Des yeux baignés de larmes.*
Watery, (tasteless, insipid.) *Insipide, qui n'a nulle saveur, nul goût.*
WATTLE, *f. Cordon, qui fait partie d'une corde.*
Wattle, (a hurdle.) *Claie.*
To **WATTLE**, *verb. act.* (to cover with hurdles.) *Fermer ou couvrir de claies.*
To wattle, (to bind with twigs, to form by platting twigs.) *Lier ou entrelacer avec des brins d'osier ; faire des claies,* &c.
Wattled, *adj. Fermé de claies.*
A wattled wall. *Une cloison de claies enduite de terre grasse.*
WAVE, *f.* (a billow at sea, a surge.) *Vague, onde, flot, lame.*
A ship tossed by the waves. *Un navire battu des ondes.*
Wave-loaves or wave-offerings, (among the jews, certain loaves which were to be paid as the first fruits of every year's increase.) *Des pains dont on faisoit une offrande.*
To **WAVE** up and down or to and fro, *v. neut.* (to rise and fall like waves,) *Ondoyer, flotter par ondes.*
To wave, *v. act.* (to fashion or make like waves, as watered stuffs.) *Façonner en ondes, rendre ondé.*
To wave, (or turn to and fro.) *Tournoyer.*
To wave, (or pass by.) *Passer, laisser.*
To wave (or forego) one's priviledge. *Renoncer à son privilege.*
To wave, (or decline a business.) *Eviter une affaire, biaiser.*
To wave a discourse. *Détourner un discours.*
Waved, *adj. Passé, omis, évité,* &c. *V.* to Wave, *v. act.*
Waved, (as some silks are.) *Fait à ondes, ondé,* en parlant d'une étoffe de soie.
To **WAVER**, *v. neut.* (to doubt, to be irresolute, to be at an uncertainty.) *Balancer, chanceler, vaciller, ne sçavoir à quoi se résoudre, être irrésolu, être dans le doute ou dans l'incertitude.*
WAVERING, *f. L'action de balancer,* &c. *V.* to Waver ; *irrésolution, doute, incertitude.*
Wavering, *adj.* (fickle or uncertain.) *Inconstant, irrésolu, vacillant, qui balance, qui est dans le doute, incertain.*

WAVERINGLY, *adverb. Avec inconstance, en balançant ; avec doute, avec incertitude.*
WAVING, *f.* (from to wave.) *L'action d'ondoyer,* &c. *V.* to Wave.
WAVY, *adject.* (in fashion of waves.) *Ondé, fait ou façonné à ondes.*
To **WAWL**, *verb. neut.* (as a cat doth.) *Crier,* comme les chats quand ils se battent.
WAX, *subst. Cire.*
Bees-wax. *Cire neuve ou cire jaune.*
Sealing-wax. *Cire à cacheter, cire d'Espagne.*
Ear-wax. *Cérumen,* humeur des oreilles.
A wax-candle. *Bougie ou chandelle de cire.*
A wax-taper. *Un cierge.*
Wax-maker. *Cirier, un ouvrier en cire.*
Wax-chandler. *Cirier ou vendeur de cierges & de bougies.*
To **WAX**, *v. act.* (to do over with wax.) *Cirer.*
To **WAX**, *v. neut.* (to grow.) *Devenir, se faire.*
Waxed, *adj. Ciré.*
WAXEN, *adject. Devenu,* V. to Wax, *v. act. & neut.*
Waxen, (made of wax.) *De cire.*
† **WAXING**, *f. Accroissement.*
Waxing, *adject. Qui croit, qui se fait.*
WAY, *subst.* (road, space to go from one place to another.) *Chemin, voie, route, trace.*
The high way. *Le grand chemin, la grande route.*
The Appian way was paved. *La voie d'Appius étoit pavée.*
A deep way. *Chemin rompu par les eaux.*
A covered way, (in fortification.) *Un chemin couvert.*
To go the same way. *Prendre, tenir la même route.*
To go out of one's way. *S'écarter du chemin, s'égarer.*
The way of an eagle through the air. *La trace de l'aigle en l'air.*
Which is the way thither? *Quel chemin faut-il prendre pour y aller ?*
You are out of the way. *Vous n'êtes pas dans le bon chemin.*
To come again into the right way. *Reprendre son chemin.*
I went my way, and said not a word. *Je passai mon chemin sans dire mot.*
To make or give way, to stand out of the way or to clear the way. *S'ôter du chemin, faire place.*
He thought it not amiss to take his cousin's house in his way. *Il crut qu'il ne feroit point mal de prendre son chemin par la maison de son cousin.*
He looked which way I went. *Il me conduisit de l'œil.*
Way, (or side.) *Côté, sens.*
I know not which way to turn myself (or what to do.) *Je ne sais de quel côté me tourner.*
Every way. *De tous côtés ou de tous sens.*
Put it the right way. *Mettez-le du bon côté, du bon sens.*
A figure square every way. *Une figure carrée de tous sens.*
I turned him every way to pump him or to pump it out of him. *Je l'ai tourné de tous côtés ou de tous les sens pour lui tirer les vers du nez.*
Which way do you go ? *De quel côté ou par où allez-vous ?*
This way. *De ce côté ou par ici.*

That way. *De ce côté-là ou par-là.*
The wrong way. *A contre-sens, à rebours, mal, du méchant côté.*
You put it the wrong way. *Vous le mettez à contre-sens.*
To do a thing the wrong way. *Faire une chose à rebours.*
You go the wrong way to work. *Vous vous y prenez mal.*
You take it the wrong way. *Vous le prenez du méchant côté.*
To turn this way and that way. *Tournoyer d'un côté & d'autre, tournoyer çà & là.*
Way, (means, expedient, course.) *Chemin, voie, moyen, expédient, conduite qui mene à quelque fin.*
He would fain make his fortune, but he does not go the right way to it. *Il voudroit faire fortune, mais il n'en prend pas le chemin.*
To make way for one's self. *S'ouvrir, se frayer le chemin, rompre la glace.*
To be in the way of salvation. *Être dans le chemin ou dans la voie du salut.*
The secret ways of providence. *Les voies secretes ou les ressorts de la providence.*
I will shew you (or point out) the way to avoid it. *Je vous ferai voir le moyen de l'éviter.*
You must find out a way for that. *Il vous faut trouver quelque expédient pour cela.*
The surest way. *Le plus sûr. Ex.*
Do it so, it is the surest way. *Faites-le ainsi, c'est le plus sûr.*
Way, (manner, method, course, maxim.) *Maniere, sorte, façon, méthode, maxime, conduite.*
Is that his way ? *Est-ce-là sa maniere d'agir ?*
Any way. *De quelque maniere que ce soit.*
No way or no manner of way. *En aucune maniere, en aucune sorte, point du tout.*
To have smooth insinuating ways. *Avoir des manieres douces & insinuantes.*
He will do it his own way. *Il veut le faire à sa maniere ou à sa fantaisie.*
Well, use your own way. *Eh bien, faites comme vous l'entendrez.*
This is a new way. *C'est une nouvelle maniere.*
Which way ? *De quelle maniere, comment ?*
I am for the old way. *J'aime la vieille méthode, je ne suis point amateur des nouveautés.*
Way, (custom or use.) *Maniere, coutume, usage.*
The ways of a country. *Les manieres ou les coutumes d'un pays.*
Way, (condition, pass.) *Etat, passe, posture.*
To be in a way. *Être en état ou en passe de faire quelque chose.*
He is in a fair way to raise his fortune. *Il est en passe de faire sa fortune.*
To show one the way, (to give him an example.) *Montrer le chemin à quelqu'un, lui donner l'exemple.*
To lead the way, (to go before.) *Conduire, marcher devant.*
Over the way, cross the way, (or the street.) *De l'autre côté de la rue, vis-à-vis.*
To cross the way. *Traverser la rue.*
By the way. *En passant, en chemin faisant.*
Go your ways. *Allez-vous-en, retirez-vous, sortez.*

WAY

Go your ways home. *Allez-vous-en au logis ou chez vous.*
It is a long or a great way thither. *Il y a loin d'ici là, la traite est longue.*
We are a great way off or we have a great way thither yet. *Nous en sommes encore bien loin ou fort éloignés.*
That will go a great way. *Cela ira bien loin.*
We are but a little way from the top. *Nous ne sommes pas loin ou nous sommes près du sommet.*
That will go a great way with (or work much upon) him. *Cela fera un grand effet sur son esprit.*
The authority of the adviser goes a great way in (or contributes much to) the credit of the advice. *L'autorité de celui qui donne un avis, contribue beaucoup à le faire recevoir.*
To be in the way, (or near at hand.) *Etre sous la main ou à portée.*
To be in the way, (or in readiness.) *Se tenir prêt, ne pas s'écarter.*
To come in one's way. *Se présenter devant quelqu'un.*
To stand in one's way. *Empêcher quelqu'un de passer, en se mettant devant lui ; lui barrer le chemin.*
To stand in one's way, (to be an hinderance to him.) *Etre un obstacle à quelqu'un, l'empêcher, lui nuire, lui faire tort.*
If it lies in my way to do you any kindness. *Si l'occasion se présente de vous servir.*
It does not fall in my way. *Je n'en trouve pas l'occasion.*
It it lies in my way I will do it. *Je le ferai s'il m'est possible, si je puis ou s'il est en mon pouvoir.*
A house that stands out of the way. *Une maison écartée, qui est à l'écart, qui n'est pas située dans un lieu fréquenté.*
To go out of the way, to lose one's way. *S'égarer, se perdre.*
To be out of one's way. *S'être égaré.*
To go out of the way, (to absent one's self.) *S'absenter, s'écarter.*
To be out of the way. *Etre absent, s'écarter.*
You are always out of the way. *Vous êtes toujours absent, on ne vous trouve jamais.*
To be out of the way, (or out of its proper place.) *Etre dispersé, égaré ou hors de sa place.*
Let every man be trusted in his own way, (or profession.) *Chacun doit être cru dans sa profession.*
This is a thing out of my way or longitude, (I have no skill in it.) *Cela n'est pas mon affaire, c'est une chose que je n'entends pas, dans laquelle je ne suis pas versé.*
This is a thing out of my way, (it is not in my power.) *C'est une chose qui n'est pas en mon pouvoir ou en quoi je ne puis rien.*
'Tis much out of my way, (or to my loss.) *Cela m'a fait grand tort, j'y perds beaucoup ou j'y ai beaucoup perdu.*
I think it not out of my way, (or improper.) *Je crois qu'il ne sera pas hors de propos.*
To be out of the way, (or in an error.) *Se tromper.*
To keep one out of the way, (to conceal him.) *Cacher quelqu'un.*

To keep out of the way. *verb. neut. Se cacher, s'absenter, s'éloigner.*
To get out of the way, (to be gone or to abscond.) *S'en aller, se retirer, se sauver, se cacher.*
To get one out of the way, (to remove him.) *Eloigner quelqu'un, se défaire de lui.*
To dispatch one out of the way, (to kill him.) *Dépêcher, tuer quelqu'un, l'assassiner, le faire mourir.*
To put things out of the way. *Oter ce qui embarrasse.*
To ask out of the way, (to ask too much.) *Surfaire sa marchandise, en demander trop.*
To give way, (to make room for.) *Faire place.*
To give way (to yield) to fortune. *Céder à la fortune.*
An army that gives way. *Une armée qui plie.*
To give way (or submit) to the times. *Céder ou s'accommoder au temps, temporiser.*
To give way to melancholy. *Se laisser aller ou s'abandonner à la tristesse.*
To give way (or occasion) to a thing. *Donner lieu à quelque chose.*
To give way to a thing, (to suffer it.) *Souffrir ou permettre quelque chose.*
I am inclined that way. *Je donne là-dedans, je suis porté pour cela, j'y ai du penchant.*
I know which way he stands affected. *Je sais son inclination.*
Is there no way with you but you must tell? *Ne sauriez-vous vous empêcher de le dire ?*
It is not for an honest man to make way to a good office by a crime. *Un honnête homme ne doit pas faire un crime pour rendre service.*
I am no ways fited for that. *Je ne suis point du tout propre à cela.*
He has a great gift (or talent) that way. *Il a un grand talent pour cela.*
I hope an essay this way may have some effect. *J'espere qu'un essai sur cette matiere pourra produire quelque bon effet.*
To make way through the crowd. *Percer la foule.*
This is to make way for all manner of crimes. *C'est ouvrir la porte à toutes sortes de crimes.*
He is pretty singular in his ways ; he has some particular ways with him. *Il fait les choses assez singulierement, il a des manieres fort singulieres.*
A cross way. *Un carrefour.*
A way through, (or a passage.) *Un passage.*
A way in, (or entry.) *Une entrée.*
A way out. *Une sortie ou issue.*
A street that has no way out. *Une rue qui n'a point d'issue, un cul-de-sac.*
It does not concern me neither one way nor other. *Cela ne me touche ni en bien ni en mal.*
The overseer of the high-ways. *Le voyer, celui qui a soin de la police des chemins.*
† Way-bit, (a Yorkshire expression for a bit or part of a mile.) *C'est un terme dont on se sert dans les Provinces septentrionales, pour exprimer une partie d'un mille.*
Way-goer, (beggar that has no home.) *Un caimand.*
The way (course, run) of a ship. *Le

chemin, la route, le cours, la course ou le sillage d'un vaisseau.*
The ship is under way. *Le vaisseau fait du chemin ou le vaisseau va de l'avant.*
The ship has fresh way through the water. *Le vaisseau fait beaucoup de chemin.*
Head way. *Chemin de l'avant.*
Stern way. *Chemin que fait un vaisseau par l'arriere lorsqu'il cule, ou culée.*
The ship has stern way. *Le vaisseau marche par l'arriere ou le vaisseau cule.*
Lee-way. V. Lee.
WAYFARER, *s. Voyageur.*
WAYFARING, *adj. Qui est en voyage.*
A wayfaring man. *Un voyageur.*
The wayfaring tree, (or wild vine.) *La viorne.*
WAYLAID, *adj. A qui l'on a dressé ou tendu des embûches.*
To WAYLAY one, *verb. act. Dresser ou tendre des embûches à quelqu'un.*
WAYLAYER, *s. Celui ou celle qui dresse des embûches.*
WAYLAYING, *s. L'action de dresser ou de tendre des embûches.*
WAYMARK, *s. Indication sur une route pour guider les voyageurs.*
WAY-THORN, *s.* (a plant.) *Genêt épineux, plante.*
WAYWARD, *adj.* (peevish or froward.) *Méchant, têtu, opiniâtre, chagrin, de mauvaise humeur, fantasque, bourru, capricieux.*
The wayward sisters, (the witches.) *Les sorcieres.*
WAYWARDLY, *adv. D'une maniere chagrine.*
WAYWARDNESS, *subst. Méchante humeur, humeur bourrue, fantasque ou chagrine.*
WE, (a pronoun, the plural of I.) *Nous.* Ex. We love. *Nous aimons.*
WEAK, *adject.* (feeble, infirm, that has little or no strength, faint.) *Foible, abattu, infirme, débile, caduc, qui n'a point ou qui a peu de forces.*
It is as weak as water, it is very weak. *C'est très-foible ou cela n'est pas plus fort que de l'eau.*
A weak body. *Un corps infirme.*
A weak stomach. *Un estomac foible ou qui ne digere rien.*
Weak, (or simple.) *Foible, simple, imbécille, tendre, qui a des foiblesses d'esprit.*
A weak man or woman, (one that is feeble of mind.) *Un esprit foible ou imbécille, une personne foible.*
Can you be capable of to weak a fancy ? *Seriez-vous capable d'une telle foiblesse d'imagination ?*
Weak, (faint, poor, small, inconsiderable.) *Foible, défectueux, peu considérable.*
A weak discourse. *Un discours foible.*
A weak defence. *Une foible défense.*
A weak remembrance. *Un foible souvenir.*
A weak (or treacherous) memory. *Une mémoire foible, labile, qui ne peut rien retenir.*
The weak side, (in a proper and figurative sense.) *Le foible, au propre & au figuré.*
To WEAKEN, *v. act.* (or make weak.) *Affoiblir, abattre, rendre foible ou infirme, diminuer les forces, débiliter, au propre & au figuré.*
To weaken, *v. neut.* (to grow weak.) *S'affoiblir, devenir foible.*
Weakened,

WEA

Weakened, adj. Affoibli, abattu, devenu ou rendu foible, débilité.
A cushion that accidentally lay on the ground, weakened the force of his fall. Un coussin ou currens qui par hasard se trouva à terre, rompit la force de sa chute.
WEAKENING, subst. Affoiblissement, débilitation, l'action d'affoiblir, &c. V. to Weaken.
It will or 'twill be a great weakening to the state. Cela va affoiblir extrêmement l'Etat.
WEAKLING, subst. (a feeble creature.) Un être foible.
A poor weakling, (a child that has little or no strength.) Un pauvre enfant qui n'a point de vigueur.
WEAKLY, adj. (weak, crazy, fickly.) Foible, caduc, cassé, infirme, maladif.
Weakly, adv. Foiblement, avec peu de vigueur, avec foiblesse, d'une manière foible.
WEAKNESS, subst. (want of strength.) Foiblesse, caducité, manque de forces.
The weakness of one's pulse. La foiblesse du pouls.
The weakness of old age. La caducité de la vieillesse.
Weakness, (weak-side, imbecillity, poorness.) Foible, foiblesse, imbécillité, défectuosité dans les choses qui regardent l'esprit, le jugement, &c.
The weakness of an argument. La foiblesse d'un argument.
WEAKSIDE, s. (foible.) Foiblesse, foible.
WLAL, subst. (happiness, prosperity.) Bien, prospérité, bonheur.
Ex. The common weal. Le bien public.
Weal, (state.) Etat, république.
Weal, (mark of a stripe or stroke.) Enflure qui vient d'un coup de fouet, &c.
WEALD, subst. (a Saxon word that signifies the woody part of a Country.) Les forêts ou les bois d'une Province.
The weald of Kent. Les bois de la Province de Kent.
WEALTH, s. (riches.) Biens, richesses.
P. Contentment is the greatest wealth. P. Contentement passe richesses.
WEALTHILY, adv. (richly.) Richement, opulemment.
WEALTHINESS, subst. Opulence, biens, richesses.
WEALTHY, adj. Opulent, riche, qui a de grands biens.
To WEAN, verb. act. Sevrer.
Ex. To wean a child. Sevrer un enfant.
To wean one's self from a pleasure, (to abstain from it.) Se sevrer de quelque plaisir, s'en détacher, s'en priver.
Weaned, adj. Sevré.
WEANEL,
WEANLING, } subst. (an animal newly weaned.) Un animal qu'on a sevré nouvellement.
A Weanling. Un enfant qui vient d'être sevré.
WEANING, s. L'action de sevrer.
WEAPON, s. Arme, sur-tout une arme qui n'est pas à feu.
Weapon-salve. Onguent sympathique.
WEAPONED, adj. Armé.
Ex. Well or ill weaponed. Bien ou mal armé.
WEAPONLESS, adj. Sans armes, qui n'est point armé.
WEAR, s. (the act of wearing or any thing that is worn for cloathing.) Tout ce qu'on porte ou dont on s'habille, drap ou étoffe.

Ex. This is all my wear. C'est tout ce que je porte.
'Tis all the wear now. On ne porte autre chose à présent.
This is good enough for my wear, (or use.) Celui-ci est assez bon pour moi ou pour mon usage.
A stuff of good wear, (a lasting stuff.) Une étoffe d'un bon usé.
A wear or weir, (a water dam to shut up or raise the water.) Espece de bâtardeau pour arrêter un courant d'eau ou pour tourner l'eau vers un moulin.
To WEAR, verb. act. (to have on or about.) Porter, avoir sur soi.
To wear a suit of cloaths. Porter un habit complet.
To wear a suit to tatters. Porter un habit jusqu'à ce qu'il soit tout déchiré, ou qu'il s'en aille en lambeaux.
To wear cloth. Porter du drap, être habillé de drap.
To wear a gown or a swotd. Porter la robe ou l'épée.
To wear OUT a suit of cloaths. User un habit.
To wear hand out of heart. Epuiser une terre, la rendre stérile.
To wear (or tire) out a man's patience. Mettre à bout la patience de quelqu'un, lui faire perdre patience.
The water wears AWAY the bank. L'eau mine peu à peu la levée ou la digue.
To wear, verb. neut. Ex. This stuff wears very well, (or will do a great deal of service.) Cette étoffe est d'un bon usé, elle rendra fort bon service.
To wear. V. to Veer.
Night wears apace. Le jour approche.
To wear OUT. S'user.
To wear out of use. Devenir hors d'usage, vieillir.
That action will soon wear out of mind, (or be forgotten.) Cette action sera bientôt oubliée ou effacée de la mémoire.
To wear AWAY, (to decay.) S'user, déchoir, se passer, perdre sa force.
WEARER, s. Celui ou celle qui porte.
P. The wearer best knows where the shoe wrings him. P. Il n'y a personne qui sache mieux où est le mal que celui qui le souffre.
WEARI_, adj. (from to weary.) Lassé, fatigué, ennuyé.
WEARINESS, subst. (the being weary.) Lassitude, fatigue ou ennui.
WEARING, s. (from to wear.) L'action de porter, &c.
Every thing is the worse for wearing. Tout s'use à force d'être porté.
Wearing, adject. Ex. Wearing apparel. Nipes, habits, hardes.
WEARISH. V. Watery.
WEARISOME, adject. (tiresome.) Fatiguant, lassant, ennuyant, ennuyeux, incommode.
WEARISOMELY, adv. Avec ennui.
WEARISOMENESS, sub. Qualité lassante ou ennuyante.
WEARY, adj. (or tired.) Las, fatigué.
Weary of walking. Las de se promener.
Weary, (tired or disgusted with.) Las, ennuyé, dégoûté.
Weary of waiting. Las d'attendre.
I am weary of gravity. Je suis dégoûté du grave & du sérieux.
To be or grow weary. Se lasser, s'ennuyer.
He is never weary of well doing. Il ne se lasse jamais de bien faire.

I am never weary of the town. Il ne m'ennuie jamais en ville.
To WEARY, verb. act. (to tire.) Lasser, fatiguer.
To weary, (to incommode.) Lasser, fatiguer, ennuyer, incommoder.
To weary one with one's discourses. Lasser ou ennuyer quelqu'un par ses discours.
WEARYING, s. L'action de lasser, &c. V. to Weary.
WEASAND, subst. (windpipe.) Trachée-artere.
WEASEL, s. (an animal.) Belette.
WEATHER, s. (the fate of the air.) Temps, disposition de l'air, face extérieure du ciel.
Ex. Fine or fair weather. Un beau temps.
Rainy weather, wet weather. Un temps de pluie.
Foul weather, or absolutely weather, (storm, tempest.) Tempête, tourmente, au propre & au figuré.
Dirty weather. Temps sale.
A weather glass. Un thermometre.
Weather-beaten. Enflé, défait à force de fatigue.
Weather-cock. Un coq de clocher ou une girouette.
He is a mere weather-cock, (he turns to every wind.) Il tourne à tous vents comme une girouette.
Weather-wise. Qui sait prévoir le temps qu'il fera, qui est Astrologue.
A hare is more weather-wise than the best Astrologer. Le lievre connoit mieux tous les changements de temps que le meilleur Astrologue.
Weather-gage. L'avantage du vent.
To get the weather-gage, (or come up with the wind.) Monter au vent, gagner le vent, prendre le dessus du vent, se mettre au dessus du vent.
To lose the weather-gage. Perdre l'avantage du vent, tomber sous le vent.
Our ship has the weather gage of another. Notre vaisseau est au vent ou a le vent d'un autre.
The weather side of a ship. Le côté du vent d'un vaisseau.
The weather shrouds. Les haubans du vent, ou les haubans du côté du vent.
The weather braces. Les bras du vent.
A weather shore. Côte ou terre qui est au vent.
A weather the helm! La barre au vent ou arrive!
Hard a weather! Arrive tout!
Weather bit. Beture du cable au côté extérieur du vindas.
Blowing weather. Gros temps ou temps venteux.
Stormy weather. Temps orageux, mauvais temps.
Squally weather. Temps d'orages & de grains.
Clear weather. Temps serein, temps clair.
Thick weather. Temps couvert & embrumé.
Foggy weather. Temps de brouillard.
Hazy weather. Brume, temps embrumé.
Wild weather. Mauvais temps, vilain temps ou temps sauvage.
On entend quelquefois par weather, les injures du temps; & en ce sens:
Weather boards, signifie des planches placées en forme de toits ou d'abat-jours, au-dessus des sabords ou ouvertures

Tome II.

5A

tures quelconques d'un vaisseau désarmé, pour le garantir de la pluie, &c. sans empêcher la circulation de l'air.

To WEATHER, verb. act. (to double or go to the windward of a place.) Doubler, passer au-delà.

To weather a point, Doubler une pointe, passer au-delà.

To weather a ship, a bank, a head land, &c. Passer au vent d'un vaisseau, d'un banc, d'un cap. On dit aussi doubler.

To weather a point, (or overcome a difficulty.) Franchir, surmonter un obstacle.

You must weather it the best you can if you fall into a tempest. Si vous êtes accueilli d'une tempête, il faut vous en tirer le mieux que vous pourrez.

To weather out. Supporter, essuyer.

To weather a hawk, (to set her abroad to take the air.) Jardiner l'oiseau, en termes de fauconnerie.

Weathered, adj. Doublé, &c. Voy. to Weather.

WEATHERING, s. L'action de doubler, &c. V. to Weather.

WEATHERLY, adj. (a sea-term.) Ce qui est du côté du vent ou au vent.

That ship carries a weatherly helm. Ce vaisseau est ardent : littéralement, ce vaisseau a toujours la barre au vent.

To WEAVE, v. act. (to form by texture.) Faire au métier, faire un tissu, tisser.

To weave cloth. Faire de la toile.

To weave ribbons. Faire des rubans.

To weave stockings. Faire des bas au métier.

To weave hair for a periwig. Tresser des cheveux pour faire une perruque.

To weave, (to unite.) Unir, entremêler.

WEAVED. V. Woven.

WEAVER, s. (one who makes threads into cloth.) Un tisserand.

A silk weaver. Ouvrier en soie.

A ribbon weaver. Rubanier.

A man or woman-weaver, (that weaves hair for periwigs.) Un tresseur ou une tresseuse.

WEAVING, subst. Tissure, l'action d'une personne qui travaille au métier. V. to Weave.

WEB, subst. (of cloth.) Toile qui est sur le métier.

Cob-web. Toile d'araignée.

A web of lead. Une feuille de plomb.

A web, (or pearl in the eye.) Taie, tache dans l'œil.

WEB-FOOTED, adj. Qui a le pied plat, & garni d'une membrane, comme les oies, &c.

WEBSTER, subst. (or weaver.) Un tisserand.

To WED, verb. act. (or marry.) Epouser, se marier.

To wed (or marry) a wife. Se marier avec une femme, l'épouser.

Wedded, adj. Marié.

Wedded to his own opinion. Entêté, infatué de son opinion, attaché à son sentiment.

Wedded to his interest. Attaché à ses intérêts, intéressé.

WEDDING, subst. (the celebration of marriage.) Epousailles, célébration du mariage.

Their wedding day. Le jour de leurs épousailles.

Wedding, (a wedding-dinner, supper or rejoicing.) Noce ou noces, festin & autres réjouissances qui accompagnent le mariage.

When he married he made no wedding. Quand il se maria, il ne fit point, il n'y eut point faire de noces.

To make a great wedding. Faire de belles noces.

I was at the wedding. J'ai été de la noce ou des noces.

A wedding garment. Robe de noces.

Wedding day. Jour de noces.

A wedding (or nuptial) song. Une chanson nuptiale, epithalame.

Wedding-ring. Bague de noces, anneau nuptial.

WEDGE, s. (to cleave wood.) Coin, à fendre du bois.

Wedge-wise. En forme de coin.

Iron wedges. Coins de fer ou coins à refendre.

A mason's wedge. Un louveteau de maçon.

Wedge of gold or silver. Lingot d'or ou d'argent.

A wedge of lead. Navette de plomb.

To WEDGE in, v. act. (to put a thing between two others.) Mettre une chose entre deux autres, l'enclaver, l'enfermer.

Wedged in, adject. past. Enclavé, enfermé.

Ex. The Principality of East-Friesland is wedged in between the Republick of Holland and the Electorate of Hanover. La principauté d'Oostfrise est enclavée entre la République de Hollande & l'Electorat d'Hanovre.

WEDLOCK, s. (marriage, matrimony.) Mariage.

Joined in wedlock. Marié.

WEDNESDAY, s. (one of the seven days of the week.) Mercredi.

WEE, adj. Petit, peu important.

WEE BIT. V. Way Bit.

WEED, s. (any wild herb that grows of itself.) Herbe sauvage, méchante herbe.

P. Ill weeds grow apace. P. Les méchantes herbes sont celles qui croissent le plus.

Sea-weed, (a plant.) Algue, plante marine.

Weed or weeds, (habit or garment.) Habit.

Weeds or black-weeds. Habit noir, habit de deuil.

A Friar's weed. Un habit de Moine.

To WEED, v. act. Sarcler, extirper.

Weeded, adj. Sarclé, extirpé.

WEEDER, s. Un Sarcleur.

WEEDHOOK, s. Sarcloir.

WEEDING, s. L'action de sarcler.

A weeding-hook. Un sarcloir.

WEEDY, adj. Plein d'herbes sauvages.

WEEK, s. (the space of seven days.) Semaine.

So much a week. Tant par semaine.

The next week. La semaine prochaine ou qui vient.

WEEKLY, adj. De chaque semaine.

A weekly allowance. Ce qu'on donne chaque semaine ou toutes les semaines.

Weekly, adv. Chaque semaine, toutes les semaines.

WEEL, subst. (kind of trap or net for fish.) Une nasse.

A weel, (a whirl-pool.) Un tournant, un gouffre.

To WEEN, verb. neut. (to think or to suppose.) Penser, croire, estimer.

* WEENING, subst. Pensée, opinion, croyance.

To WEEP, verb. neut. (to cry or shed tears.) Pleurer, verser des larmes.

To weep for the death of a near relation. Pleurer la mort d'un proche parent.

To weep, verb. act. (to lament.) Pleurer.

Her sad eyes weep the woes her country bears. Ses tristes yeux pleurent les malheurs qui affligent sa patrie.

WEEPER, s. Pleureur, pleureuse.

WEEPING, subst. L'action de pleurer, pleurs ou larmes.

R. Weeping-cross. C'est le nom d'une croix qu'il y avoit autrefois près de Stafford, & qui a donné lieu aux expressions suivantes.

† To come home by weeping-cross. S'en revenir mal-content ou la larme à l'œil.

† The way to heaven is by weeping-cross. Le chemin du ciel est un chemin de pleurs.

WEESIL, } subst. (a small animal.)
WEASEL, } Une belette.

WEEVIL, s. (a little black insect that eats corn in corn-lofts.) Calandre, petit insecte noir.

WEFT, } subst. (a thing woven.)
WEFTAGE, } Un tissu.

A weft of hair. Une tresse de cheveux.

Weft, (the woof of cloth.) La trame.

WEIGH, s. (256 pounds of avoirdupois.) Poids de 256 livres à 16 onces la livre.

Ex. A weigh of cheese or wool. 256 livres de fromage ou de laine.

To WEIGH, verb. act. (to poise, to examine how heavy a thing is.) Peser, voir, examiner combien une chose est lourde.

To weigh gold, silver, bread or meat. Peser de l'or, de l'argent, du pain ou de la viande.

To weigh, (to examine, judge or consider.) Peser, examiner, juger, considérer.

You must weigh all those reasons. Vous devez peser toutes ces raisons.

To weigh every word. Peser chaque mot ou chaque parole.

To weigh all things by pleasures and sorrows. Juger de toutes choses par les plaisirs & par les chagrins.

† To weigh salt. Se brandiller.

To weigh DOWN, (to overbalance.) Peser plus, faire pencher la balance, l'emporter.

That weighs down all objections. Cela l'emporte sur toutes sortes d'objections.

To weigh, (a sea-term.) Lever l'ancre.

To WEIGH, v. neut. (to be of weight, to have a certain weight.) Peser, avoir du poids, être lourd, être de poids.

This weighs 20 pounds. Ceci pèse 20 livres.

A pistol that weighs. Une pistole qui pèse, qui est de poids.

To weigh or to be of weight, (to be considerable, important, &c.) Avoir du poids, être important ou considérable.

His authority weighs more than his arguments. Son autorité à plus de poids que ses arguments.

That reason does not weigh with me. Cette

Cette raison n'a point de poids auprès de moi, elle me paroit foible.
Your letters weigh very much with me. Je fais grand cas de vos lettres.
Weighed, adj. Pesé, &c. V. to Weigh.
WEIGHER, s. Celui ou celle qui pese.
WEIGHING, s. L'action de peser, &c.
WEIGHT, s. (the being heavy.) Poids, pesanteur.
The weight (or burden) of business. Le poids, le faix des affaires.
The weight of afflictions. Le poids des afflictions.
Weight, (a mass by which bodies are weighed.) Poids, dont on se sert pour peser.
To sell a thing by the weight. Vendre quelque chose au poids.
To do every thing with weight and measure, (or with deliberation.) Faire toutes choses avec poids & mesures.
Weight, (a quantity proportioned to the weight) Poids, quantité proportionnée au poids, pesant.
To make good weight. Faire bon poids.
He is worth his weight in gold. Il vaut son pesant d'or.
A guinea full weight, that bears down the weight. Une guinée de poids, une guinée trébuchante, pesante ou qui pese.
A hundred pound weight. Cent livres pesant, un quintal.
Weight, (importance, consequence.) Poids, conséquence, considération, importance.
Without adding any more weight to it than it really deserves. Sans exagérer la chose.
Those reasons will have more weight in your mouth than in mine. Ces raisons la auront bien plus de poids dans votre bouche que dans la mienne.
The weights of a clock or kitchenjack. Les poids d'une horloge ou d'un tournebroche.
WEIGHTILY, adv. Avec poids.
WEIGHTINESS, s. (the being weighty.) Poids, pesanteur.
Weightiness, (weight or importance.) Poids, importance, conséquence.
WEIGHTLESS, adj. Léger, sans poids.
WEIGHTY, adj. (or heavy.) Pesant, lourd, qui pese.
Weighty, (important, of consequence.) Important, d'importance, de poids, de conséquence.
For weighty (or important) reasons. Pour d'raisons importantes, pour bonnes raisons.
This reason is very weighty. Cette raison est de grand poids.
WELCH, adj. (of the country of Wales.) Galloïs, du pays de Galles, Breton.
A Welch-man or woman. Un Galloïs, une Galloise.
A welch-rabbet, (toasted bread with toasted cheese upon it.) Un ramequin.
WELCOME, adj. (for welcome.) Bienvenu.
P. Welcome as flowers in May. Aussi bien venu que les fleurs au mois de Mai.
If you like it you are welcome to it. Si vous l'agréez, vous n'avez qu'à l'accepter.
To bid or make one welcome. Recevoir, accueillir quelqu'un, le recevoir avec amitié, lui faire un bon ou un grand accueil.
Your letters are always welcome to me. Je reçois toutes vos lettres avec bien du plaisir, vos lettres me sont toujours fort agréables.
Welcome! interj. Vous êtes le bienvenu!
Welcome, subst. (or happy coming.) Bien-venue, heureuse arrivée.
Welcome, (or reception.) Réception, accueil.
I promise you a cleanly and hearty welcome, (or treat.) Je vous promets un repas propre & d'ami.
To WELCOME, verb. act. (or bid welcome.) Accueillir, faire accueil, recevoir avec amitié.
Welcomed, adject. Accueilli, à qui l'on a fait accueil, qu'on a reçu avec amitié.
His attempt was welcomed with thanks. On le remercia des offres qu'il avoit faites.
WELCOMENESS, s. Accueil, réception, l'action d'accueillir de recevoir quelqu'un avec amitié.
WELCOMER, s. Celui qui reçoit quelqu'un avec amitié.
WELD. V. Wield.
To WELD, v. act. (to join.) Joindre.
WELFARE, s. (health, success, prosperity.) Santé, bonne disposition du corps ou de l'ame, conservation, bon état de quelque chose, prospérité, bonheur.
WELK, } subst. (a sort of shellfish.)
WILK, } Pétoncle.
WELKIN, s. (the sky, the visible regions of the air.) Le ciel, le firmament.
WELL, s. (a deep round narrow pit of water.) Un puits.
A well-spring. La source d'un puits.
Well water. Eau de puits.
A well-house. L'endroit où est le puits.
A draining well. Un puisard.
Well, (in a ship.) Archipompe.
Well of a fishing vessel. Réservoir d'un bateau pêcheur pour tenir le poisson en vie.
Well room of a boat. La sentine d'un canot, bateau, &c.
Well, (or mineral water.) Eau minérale. Ex. Epsom wells. Les eaux d'Epsom, les eaux minérales d'Epsom.
She is at the wells. Elle est aux eaux.
WELL, adv. Bien, comme il faut.
All is well. Tout va bien.
That is well. Voilà qui va bien.
He is very well. Il se porte fort bien, il est en parfaite santé.
Well, (or much.) Bien, beaucoup, fort.
Well-beloved Bien-aimé.
He lives very well, or he is very well to live. Il est fort à son aise ou il vit fort à son aise.
A man that lives well, (a good liver.) Un homme qui vit bien ou en homme de bien.
To grow well again. Se remettre, se rétablir, recouvrer sa santé.
And well it might. Il il ne faut pas s'en étonner.
It is very well if I can do that. C'est beaucoup si je puis faire cela.
It is or 'tis well for you that you met him. Vous fûtes heureux de le rencontrer, ce fut un bonheur pour vous de le rencontrer.
It happened as well as could be. La chose ne pouvoit pas mieux réussir.
To think well of one's self. Avoir bonne opinion de soi, être plein de soi-même, se flatter.
To take a thing well, (or in good part.) Prendre une chose en bonne part.
To take a thing well of one. Savoir bon gré à quelqu'un de quelque chose.
Not to be well in one's wits. N'être pas en son bon sens, être un peu fou.
Whilst things stood well. Pendant que les choses étoient en bon état.
I love you too well. Je vous aime trop.
To with one well. Souhaiter à quelqu'un toute sorte de bonheur & de prospérité, lui souhaiter toute sorte de biens.
He gives more than he is well able. Il donne plus que son bien ne porte, il est libéral au-delà de ses revenus.
If he should do otherwise than well. S'il venoit à manquer.
If any thing should happen but well. Si cela ne réussissoit pas, s'il arrivoit quelque malheur.
Well and good. A la bonne heure, † baste pour cela.
Well-being. Bien-être, bonheur, prospérité.
Well-near, well-nigh. A peu près, près, fort, presque.
Well-born, well-descended. Bien né, qui est de naissance.
Well-bred. Poli, bien élevé.
Well-favoured or well featured. Beau; bien fait, qui a les traits du visage beaux.
Well-affected or well-minded. Bien intentionné.
Well-mannered, or well behaved. Civil, honnête, poli.
Well-wisher. Ami, qui ne souhaite que du bien, partisan.
Well-bottomed. Bien fondé.
Well-disposed, (charitable.) Charitable;
Well-spoken. V. Spoken.
Well-governing. Ex. To consult about the well-governing of the Kingdom. Pour délibérer touchant le bon gouvernement de l'Etat.
WELL MEANING, s. Bonne intention.
Well-meaning, adject. Ex. A well meaning (or honest) man. Un honnête homme, un homme de bonne foi, qui n'a pas de mauvais dessein, qui n'y entend pas finesse.
WELLMET, sub. (a term of salutation.) Soyez le bien venu.
WELLSPENT, adject. Vertueux, passé dans la vertu.
A wellspent life. Une vie vertueuse ou passée dans la vertu.
WELL-TASTED, adj. Qui a bon goût.
† WELLADAY! interj. Ouais!
WELT, subst. (a border, a selvage.) Bordure, bande dont on borde un habillement.
A welt of a shoe. Tripoint de soulier.
To WELT, v. act. Border.
Welted, adj. Bordé.
To WILTER, v. neut. (or wallow.) Se vautrer, se rouler.
To welter in one's blood. Se vautrer ou naper dans son sang.
WILTERING, s. L'action de se vautrer.
WILTING, s. (from to welt.) L'action de border.
† WEM, subst. (the belly or guts.) La bedaine, la panse.
WEN, subst. (a fleshy or callous excrescence.) Une loupe.
A wen on the throat. Goitre.
He has a wen on the throat. Il est goîtreux.
WENCH, subst. (a familiar or contemptuous word for a maid or girl.) Une fille.
A pretty wench. Une jolie fille.

A wench; (whore or strumpet.) *Fille de joie, fille débauchée ; une putain*, terme déshonnête.

To WENCH, v. neut. (or whore.) *Fréquenter les putains, être adonné à la débauche des femmes.*

WENCHER, *subst.* (a fornicator.) *Un putassier, un homme adonné à la débauche des femmes.*

WENCHING, *subst. Commerce illégitime avec les femmes.*

To be given to wenching. *Être adonné à la débauche des femmes.*

Wenching, *adj. V.* Wencher.

* WEND, *subst.* (an old Saxon word signifying a portion of land consisting of about ten acres.) *Une étendue de terre d'environ dix acres ou de seize arpents.*

To WEND. *Voy.* to Go.

WENT, (the only time much in use of the verb to WEND.) *C'est un prétérit, & le seul temps en usage, du vieux verbe to* Wend, *aller, s'en aller : c'est aussi le prétérit du verbe to* Go.

Ex. I went home. *Je m'en allai au logis.*

He went quite into the heart of the country. *Il pénétra jusques au cœur du pays.*

The business went (or passed) thus. *La chose se passa de la sorte.*

WEPT, *prétérit du verbe* to Weep.

Wept for, *adj. Qu'on pleure ou qu'on a pleuré.*

WERE, (the plural of was, in the verb to be.) *C'est le pluriel de* Was *dans le verbe* to be, *être*.

Ex. We were, *nous étions.* You were, *vous étiez.* They were, *ils étoient.*

R. Were is also a singular of the conjunctive mood, as in the following examples. *On se sert aussi de* were *au singulier du subjonctif, comme dans les exemples suivants.*

If I were or ware I rich. *Si j'étois riche.*

If you were or were you an honest man. *Si vous étiez un honnête homme.*

Were it not for his good conduct. *Si ce n'étoit sa bonne conduite.*

Were it not for fear of displeasing you. *Sans la crainte que j'ai de vous déplaire.*

R. Were, *répond aussi quelquefois à ces deux temps françois, je serois, tu serois,* &c. *je fusse, tu fusses,* &c.

Ex. I were a great knave to do it. *Je serois un grand fripon de le faire.*

Were it but for his last kindness. *Quand ce ne seroit que pour la derniere amitié qu'il m'a faite.*

Were it not for that. *Quand il n'y auroit que cela.*

As it were, (in a manner.) *Comme, pour ainsi dire, par maniere de dire.*

WEREWOLF, *subst.* (a man-wolf ; a fabulous animal.) *Un loup garou.*

† WERISH, *adj.* (unsavoury.) *Insipide, fade.*

WERT, *seconde pers. sing. du prét. du verbe* to BE.

WESAND, } *s.* (the windpipe, the
WEASAND, } gullet.) *La trachée artere*
WISIL, *ou le conduit par lequel on respire, la gorge.*

WEST, *subst.* (the region or part of the world where the sun sets at the equinoxes.) *L'ouest, le couchant, l'occident.*

The west, (or western parts.) *Le couchant, l'occident ou les parties occidentales d'un pays.*

West, *adject. Occidental, d'occident, d'ouest.*

The west countries. *Les pays occidentaux.*

The west Indies. *Les Indes occidentales.*

A west wind. *Vent d'occident, vent d'ouest, l'ouest.*

WESTERLY, } *adj. Occidental, d'occident, d'ouest.*
WESTERN, }

A westerly or a western wind. *Vent occidental, vent d'occident, vent d'ouest, l'ouest.*

The western Churches. *Les Eglises d'occident.*

The western world. *Le nouveau monde, l'Amérique.*

WESTWARD, *adv. Au couchant, à l'occident, vers le couchant ou vers l'occident.*

WET, *adj.* (moist or damp.) *Mouillé, humide, moite.*

My cloaths are all wet. *Mes habits sont tous mouillés.*

A wet room. *Chambre humide.*

These sheets are wet still. *Ces draps sont encore moits.*

Her eyes are wet. *Ses yeux sont moites.*

To make wet. *Mouiller, humecter.*

Wet-shod. *Qui a les pieds mouillés.*

A wet-nurse. *Une nourrice ; on ajoute cette épithete au mot de* nurse, *pour la distinguer de* dry-nurse, *qui signifie une garde ou une berceuse.*

Wet sweet meats. *Confitures liquides.*

Wet weather. *Un temps pluvieux, un temps de pluie.*

The ground is wet with dew. *La rosée a humecté la terre.*

† To do a thing with a wet finger, (or easily.) *Faire une chose facilement, en se jouant ou sans peine.*

Wet, *subst.* (moisture or water.) *Humidité, moiteur, eau.*

The wet sticks to my very skin. *La moiteur me tient à la peau.*

To WET, *v. act. Mouiller, humecter.*

To wet one's fingers. *Se mouiller les doigts.*

To wet (or water) the ground. *Humecter ou arroser la terre.*

Wetted, *adj. Mouillé, humecté.*

WETHER, *s.* (a sheep when castrated.) *Un mouton.*

Wether-mutton. *Chair d'un mouton & non d'une brebis.*

Bell-wether. *Mouton qui porte une sonnette.*

To WEX, *v. a.* (to wax, to grow, to increase.) *Croître, augmenter, agrandir.*

WETNESS, *s.* (or moisture.) *Humidité, moiteur.*

WETTING, *subst. L'action de mouiller,* &c. *V.* to Wet.

WEY, *subst.* (measure for dry goods, containing five chaldrons.) *Mesure des choses seches, qui contient 5 chaldrons, à 36 boisseaux le chaldron.*

WEZAND. *V.* Wesand.

Remarque sur *WH.*

Cette combinaison se prononce de deux manieres ; dans la premiere, elle a seulement le son d'un H *simple, comme*

dans who, *prononcez* hou, *où* W *est entièrement inutile.*

Dans la seconde, le W *forme une diphtongue avec la voyelle qui suit l'*H*, dont le son aspiré précede le* W*, comme dans* when, *prononcez comme s'il étoit écrit* houenn.

Les différents usages de WH *peuvent se réduire à une suite regle, que voici. Il n'a le simple son de l'*H *aspirée que devant la voyelle* O ; *quand il précede quelques-unes des autres voyelles, le* W *forme des diphtongues par sa liaison avec elles, si elles sont précédées d'un* H*, comme* whale, wheel, while, why, *qui se prononcent* houaïle, houile, houale, houaï ; *tandis qu'au contraire, le* W *est muet devant la voyelle* O*, comme dans* who, whole, whoop, *qui se prononcent* hou, houle, houp.

WHALE, *s.* (the largest of all fish.) *La baleine.*

Whale-bone. *Baleine.*

There is not whale-bone enough in these stays. *Il n'y a pas assez de baleine dans ce corps de jupe.*

WHARF, *subst.* (a bank or mole raised for the conveniency of lading or emptying vessels.) *Un quai ou port de riviere.*

A wharf-porter. *Un gagne-denier.*

WHARFAGE, *s.* (the fee due for laying goods on a wharf.) *Quayage.*

WHARFINGER, *subst.* (the owner or keeper of a wharf.) *Le maître ou le garde du quai.*

WHAT, (a pronoun.) *Quoi, qui, quel, ce que.*

What, (used indifinitely and by itself.) *Quoi.*

Ex. I know not what. *Je ne sais quoi.*

What, (before a verb,) *Que.*

Ex. What say you ? *Que dites-vous ?*

What, (before a substantive.) *Quel, quelle.*

Ex. What man is this ? *Quel homme est ceci ?*

What, (between two verbs.) *Ce que, que.*

Ex. Is what you say true ? *Ce que vous dites est-il vrai ?*

I know not what to do with it. *Je ne sais qu'en faire.*

What, (being put before soever.) *Quelque.*

Ex. In what condition soever. *Dans quelque état que ce soit.*

What , (instead of that which,) *Ce que, ce qui.*

Mind well what I say to you. *Remarquez bien ce que je vous dis.*

I speak nothing but what is true, (or the truth.) *Je ne dis que ce qui est vrai.*

What (how much) do you ask for it ? *Combien en demandez-vous ?*

What if I did speak to him ? *Posez le cas que je lui ai parlé, ou quand je lui en aurois parlé.*

Well, and what of all this ? *Hé bien qu'entendez-vous par-là ? hé bien à quoi aboutit tout ceci ? ou hé bien que signifie tout cela ?*

Try what a friend I am. *Eprouvez mon amitié.*

What is your name ? *Comment vous appelez-vous ?*

What with his conduct, what with his courage. *Tant par sa conduite que par sa valeur.*

WHATEVER , (a pronoun.) *Quelque, quoi que, quel que, tout ce que, tout ce qui, quelconque.*

Whatever thing happens. *Quelque chose qui arrive, quoi qu'il en arrive.*

Whatever it be. *Quoi que ce soit ou quoi qu'il en soit.*

Whatever he be. *Quel qu'il soit.*
Whatever you will. *Tout ce que vous voudrez.*
Whatever honeſt people there are in the world. *Tout ce qu'il y a d'honnêtes gens dans le monde.*
There is no reaſon whatever that can oblige him to it. *Il n'y a raiſon quelconque qui puiſſe l'y obliger.*
WHATSOEVER. *V.* Whatever.
R. Remarquez que whatſoever eſt un de ces pronoms compoſés qui ſe ſéparent quelquefois en deux.
Ex. In what condition ſoever I be. *En quelque état que je me trouve.*
WHEAL, ſ. (or pimple.) *Bouton, puſtule, élevure. V.* Weal.
WHEAT, ſ. (the beſt of corn for bread.) *Froment, pur froment, blé.*
Indian wheat, (or maïz.) *Blé d'Inde, blé de Turquie, maïs.*
Buck-wheat or French-wheat. *Blé noir, blé ſarraſin.*
A wheat-plum. *Prune jaune.*
WHEATEN, *adj. De froment.*
Wheaten-flower. *Fleur de farine de froment.*
To WHEEDLE, *v. act.* (to draw in by fair words.) *Gagner, attirer par adreſſe, enjoler, tromper quelqu'un en l'attirant par des careſſes.*
Wheedled, *adject. Gagné, attiré par adreſſe, enjolé.*
WHEEDLING, ſ. *L'action de gagner par adreſſe*, &c. *V.* to Wheedle.
Wheedling, *adj. Ex.* A wheedling man or woman. *Enjoleur, enjoleuſe.*
WHEEL, ſ. *Une roue dans le ſens ordinaire.*
Ex. The wheels of a coach or cart. *Les roues d'un carroſſe ou d'un chariot.*
The wheels of a clock or watch, are 1. the balance wheel, 2. the canther (vulgarly called canting) wheel, 3. the great wheel, 4. the minute wheel, and 5. the third wheel. *Les roues d'une horloge ou d'une montre ſont, 1. le balancier ou la roue de rencontre, 2. la roue de champ, 3. la maîtreſſe roue, 4. la roue de minute, & 5. la roue moyenne.*
A water-wheel. *Roue de puits.*
A crane-wheel. *Roue de grue.*
A wheel to break malefactors upon. *Roue à rouer un criminel.*
To break upon the wheel. *Punir du ſupplice de la roue, rompre tout vif.*
Wheel of the helm or ſteering - wheel, *Roue du gouvernail.*
A wheel or ſpinning-wheel. *Rouet, machine qui ſert à filer.*
Balance wheel, (of a watch.) *Balancier d'une montre.*
A chair that goes upon wheels. *Une chaiſe à roulettes.*
The wheel (or viciſſitudes) of fortune. *La roue, les révolutions ou les viciſſitudes de la fortune.*
A turner's wheel. *Un tour.*
To ſet the chief wheels (or ſprings) a going. *Faire jouer les principaux reſſorts.*
To know how the great wheels move, (or what meaſures thoſe take that ſit at the helm.) *Savoir les meſures qu'on prend à la Cour ou apprendre ce que font les Puiſſances.*
Wheel-work. *Rouage.*
A wheel-wright. *Un faiſeur de roues, un charron.*
A wheel-barrow. *Une brouette.*
Wheel fire, (in Chymiſtry.) *Feu de roue, en termes de Chimie.*

To WHEEL, *v. act.* (to roll.) *Rouler.*
To wheel about, *verb. neut.* (to turn about.) *Faire volte-face, ſe tourner.*
Time wheels about. *Le temps s'écoule, une année ſuit l'autre.*
Wheeled about, *adj. Qui a fait volteface.*
WHEELAGE, *ſubſt.* (a duty paid for carts and waggons.) *Rouage, droit de rouage.*
WHEELING ABOUT, ſ. *Volte-face ou l'action de faire volte-face.*
To WHEEZE, *v. neut.* (to breath with noiſe.) *Renifler, reſpirer difficilement & avec bruit.*
WHEEZING, ſ. *Reniflement, reſpiration pénible & bruyante.*
WHELK, *ſub. Protubérance, puſtule.*
To WHELM, *v. act.* (to overwhelm.) *Accabler.*
WHELP, *ſub.* (the young of a bitch or of any beaſt of prey, particularly the lion.) *Le petit d'une chienne & d'une bête de proie, ſur-tout de la lionne.*
A bitch with whelp. *Une chienne pleine.*
A lion's whelp. *Un lionceau.*
† Whelp, (an injurious word for a young rogue.) *Un fripon, un petit coquin, un petit drôle.*
Whelps of the capſtern, (in a ſhip.) *Flaſques de cabeſtan.*
Whelps of the windlaſs. *Flaſques ou taquets du vindas.*
To WHELP, *v. neut.* (to bring forth, as bitches, &c.) *Mettre bas, faire ſes petits*, en parlant de certains animaux.
The birch has whelped. *La chienne a chienné ou fait ſes petits.*
The lionneſs in the tower whelped two young lions the 19th *July* 1727, being her ſecond or third litter, which deſtroys the vulgar error, that lioneſſes conceive but once in their lives. *La lionne qui étoit dans la tour de Londres y mit bas deux lionceaux le 19 Juillet 1727, de la ſéconde ou troiſième portée ; ce qui détruit l'erreur vulgaire que les lionnes ne conçoivent qu'une ſeule fois en leur vie.*
WHEN, *adv.* (of interrogation ; at what time?) *Quand, dans quel temps ?*
When, (at or in the time that.) *Quand, lorſque, dans le temps que, que.*
When you will. *Quand il vous plaira.*
When it is time for it. *Lorſqu'il en ſera temps.*
The other day when I was ſick. *L'autre jour que j'étois malade.*
And when all is ſaid. *Et après tout.*
And when your hand is in. *Et puiſque vous avez la main à la pâte.*
Why thus it is when people will be doing things hand over head. *Voilà ce que c'eſt que de faire les choſes à la volée.*
When or when as, *conj. Au lieu que?*
WHENCE ? from whence ? *adv. D'où ?*
Whence or from whence come you ? *D'où venez-vous ?*
From whence I conclude. *D'où je conclus.*
WHENCE-SOEVER, *adv. De quel côté que ce ſoit.*
WHENEVER,
WHENSOEVER, } *adv. Quand, toutes les fois que.*
WHERE, *adv.* (at which place.) *Où.*
Where is he ? *Où eſt-il ?*
Where I am. *Ici où je ſuis.*
Where you are. *Là où vous êtes.*

Every where. *Par-tout, en tous lieux.*
Any where. *En quelque lieu que ce ſoit, par-tout.*
I will go any where rather than ſtay here. *Je m'en irai en tout autre lieu, plutôt que de demeurer là où je ſuis.*
WHEREABOUT, *adverb. Où, en quel endroit.*
I know whereabout you are. *Je vous entends, je ſais ce que vous voulez dire.*
WHEREAS, *adv.* (or becauſe.) *D'autant que.*
Whereas. *Au lieu que.*
WHEREAT, *adv.* (at which.) *Ex.* Whereat he was much ſurpriſed. *De quoi ou dont il fut fort ſurpris.*
WHEREBY, *adv.* (by which.) *Ex.* The means whereby he compaſſed it. *Les moyens par leſquels il en eſt venu à bout, les moyens qui ont fait réuſſir ſon deſſein.*
WHEREVER, *adv. En quelque lieu que, par-tout où.*
WHEREFORE, *adv.* (or why.) *Pourquoi ?*
Wherefore did you do it ? *Pourquoi l'avez-vous fait?*
Wherefore or therefore. *C'eſt pourquoi.*
WHEREIN, *adv.* (in which.) *En quoi, où, dans lequel, dans laquelle.*
That is it wherein you failed. *C'eſt en quoi vous avez failli.*
A letter wherein he complains. *Une lettre dans laquelle il ſe plaint.*
WHEREINTO, *adv.* (into which.) *Où, dans lequel, dans laquelle, dans leſquels, dans leſquelles.*
The houſe whereinto he went. *La maiſon où il entra.*
WHEREOF, *adj.* (of which,) *Dont, dequoi, duquel, de laquelle, deſquels, deſquelles.*
The thing whereof I ſpoke to you. *La choſe dont je vous ai parlé.*
WHERESOEVER. *V.* Wherever.
WHERETO,
WHEREUNTO, } (to which ou unto which,) *A quoi.*
Whereto he anſwered. *A quoi il répondit.*
WHEREUPON, *adv.* (upon which.) *Avec quoi, dans ou ſur ces entrefaites.*
WHERLWITH, *adv.* (with which.) *Sur quoi, avec lequel, avec laquelle*, &c.
WHEREWITHAL, *adv. De quoi.*
If I had but wherewithal. *Si j'avois ſeulement de quoi.*
He has not wherewithal to do it. *Il n'a pas de quoi le faire.*
† To WHERRET, *verb. act. Donner un ſoufflet, tourmenter.*
WHERRY, ſ. (a very light rivet-boat for paſſengers.) *Un bateau, un bachot.*
A wherry-man. *Batelier.*
† The wherry-go-nimble, (a great looſeneſs.) *Un grand cours de ventre, † la courante, la foire.*
WHET, *ſub. Ex. P.* A whet is no let. *On ne perd point de temps quand on aiguiſe ſes outils.* On applique ce proverbe à un voyageur qui s'arrête pour faire manger l'avoine à ſon cheval.
I muſt have a whet (or drink) firſt. *Il faut que je boive auparavant.*
A whet-ſtone. *Pierre à aiguiſer.*
That is a whet-ſtone to wit. *Cela aiguiſe ou raffine l'eſprit.*
To WHET, *verb. act.* (to make ſharp,

in a proper and figurative sense.) *Aiguiser.*

WHETHER, pron. (which.) *Lequel ou lequel des deux.*

It is or 'tis hard to say whether of them is the richest. *Il est difficile de dire lequel des deux est le plus riche.*

WHETHER, conj. (it.) *Si.*

I will or I'll see whether he be at home. *Je verrai s'il est au logis.*

Whether. *Soit, soit que, que.*

Whether it be true or no. *Soit que la chose soit véritable ou non.*

It is all one to me whether he does it or no. *Ce m'est tout un, qu'il le fasse ou non.*

I will vote for you whether I win or no. *Je vous donnerai ma voix, perte ou gain.*

Whether had you rather live, here or at Paris ? *Où aimeriez-vous mieux demeurer, ici ou à Paris ?*

P. Wives must be had whether good or bad. *On ne peut pas se passer de femmes ; bonnes ou mauvaises, il en faut avoir.*

Whether he will or no. *Bon gré, malgré lui.*

WHETSTONE. *Voy.* Whet-stone, *sous* Whet.

WHETTED, adj. (from to whet.) *Aiguisé.*

WHETTER, *f. Celui ou celle qui aiguise.*

WHETTING, *f. L'action d'aiguiser.*

WHEY, *f. Du petit-lait.*

WHEYISH, adj. *Séreux, plein de sérosités, qui tient du petit-lait.*

WEYISHNESS, *f. Sérosité.*

WHICH, *f.* (a relative pronoun.) *Qui, que, lequel, celui qui.*

A place which is unwholesome. *Un lieu qui est mal-sain.*

The book which you had promised me. *Le livre que vous m'aviez promis.*

Take which you please. *Prenez celui que vous voudrez.*

I know not which it is, or which is which. *Je ne sais lequel c'est des deux.*

R. On omet souvent en Anglois le relatif which *cussi bien que* that, *pour rendre l'expression plus élégante, plus courte & plus coulante ; ainsi on dit:*

Pray, accept of the present I send you, *au lieu de* pray, accept of the present which *or* that *I send you.*

Which , (a pronoun interrogative.) *Quel, lequel, quel est celui qui ?*

Which is the best ? *Quel est le meilleur ?*

Which do you like best ? *Lequel aimez-vous le mieux ? lequel vous plaît d'avantage ?*

Which way ? *De quel côté ? par où ?*

Which way ? (or how ?) *De quelle manière, comment ?*

WHICHSOEVER , (a pronoun.) *L'un ou l'autre, ou quel que ce soit.*

Whichsoever of those two senses. *L'un ou l'autre de ces deux sens.*

WHIFF, *f. Haleinée, souffle, odeur qui sort de la bouche ou de quelque autre partie du corps.*

A whiff of tobacco. *Une haleinée de tabac.*

To WHIFFLE, verb. neut. (to stand trifling.) *S'amuser à des bagatelles, baguenauder.*

WHIFFLER, *f.* (a piper in a company of soldiers.) *Un fifre, joueur de fifre.*

† A whiffler, or whiffling fellow, (a pitiful, poor or inconsiderable fellow.) *Un homme de néant, un chétif homme.*

A whiffler, or whiffling fellow, (a trifler.) *Un baguenaudier.*

WHIFFLING, adj. (mean, inconsidetable.) *Chétif, de néant, mince.*

WHIG, *f.* (in opposition to Tory, a party-name bestowed upon those who are against the encroachment of the minister, and the extention of the king's prerogative.) *Nom de parti que l'on donne à ceux qui s'opposent aux usurpations des ministres, & à l'accroissement de la prérogative royale.*

WHIGGISH, adj. *De* whig.

WHIGGISM, *f. Le parti ou la faction des* Whigs.

WHILE, *f.* (or time.) *Temps, fois.*

You made me stay a long while. *Vous m'avez fait attendre long-temps.*

A while after. *Quelque temps après.*

For a while, for some while. *Pendant quelque temps.*

Between whiles, (from time to time.) *De temps à autre, de temps en temps, de fois à autre.*

But a while since. *Depuis peu, dernièrement.*

One while he flatters, another while he threatens me. *Tantôt il me flatte, tantôt il me menace.*

It is not worth my, your or his while, or 'tis not worth the while. *Cela n'en vaut pas la peine, le jeu n'en vaut pas la chandelle.*

Mean while, in the mean while. *Cependant, sur ou dans ces entrefaites.*

WHILE, conj. *Pendant que, tant que, tandis que, durant que.*

While you do that, I shall do this. *Pendant que vous ferez cela, je ferai ceci.*

While I remember. *Tandis que je m'en souviens ou qu'il m'en souvient.*

He thought it long while he saw the money. *Le temps lui sembloit long jusqu'à qu'il vit l'argent, ou il lui tardoit de voir l'argent.*

Stay while I come out. *Attendez que je sorte.*

To WHILE off, verb. act. (or put off.) *Remettre, renvoyer, différer, tirer en longueur.*

To while away one's time. *Perdre son temps, s'amuser à des bagatelles.*

WHILOM , adv. *Jadis, autrefois.*

WHILST, } adv. *Pendant que, tant que, tandis que, durant que.*
WHILST THAT,

WHIM, }
WHIMSEY, } *f.* (a caprice, an odd fancy.) *Fantaisie, caprice, boutade.*

To WHIMPER, verb. neut. (or cry like a child.) *Se plaindre, pousser des cris plaintifs, faire le dolent.*

WHIMPERING, *subst. Plaintes ou cris plaintifs, doléances.*

WHIMSEY. *V.* Whim.

WHIMSICAL, adj. *Capricieux, fantasque, bizarre.*

A whimsical man or woman. *Un capricieux, une capricieuse, un ou une fantasque, un ou une bizarre.*

WHIN or PETTY WHIN, *f.* (a tree.) *La petit houx.*

Whin-berries. *Les grains que porte cet arbre.*

To WHINE, v. neut. *Se plaindre, pousser des cris plaintifs, rester d'un ton plaintif ou languissant, faire le dolent.*

V. to Whimper.

WHINE, *f.* (complaint.) *Plainte.*

WHINING, *f. Plaintes, doléances, cris plaintifs, l'action ou la manière de se plaindre, &c. V. to* Whine.

Whining, adj. *Plaintif, dolent.*

To WHINNY, verb. neut. (or to neigh.) *Hennir.*

WHINYARD, *subst.* (or crooked sword.) *Sorte d'épée.*

WHIP, *f. Un fouet.*

A coachman's whip. *Le fouet d'un cocher.*

A whip to whip a top. *Un fouet ou une lanière pour fouetter un sabot.*

Whip cord. *Petite corde menue & fort pressée.*

A whip-breech or rod. *Le fouet.*

Ex. I must give this child a whip-breech, *Il faut que je donne le fouet à cet enfant, il faut que je le fesse.*

Whip-hand. *Ex.* To have the whip-hand of one. *Avoir l'avantage sur quelqu'un, lui tenir le pied sur la gorge.*

† He has the whip hand of me. *Il a le dessus, il l'emporte sur moi.*

Whip-lash or whipthong. *Bout du fouet.*

A whip-saw. *Un rabot, un varlope.*

Whip , (a sort of a round stitch.) *Surjet, couture ronde.*

Whip or whip-staff, (in a ship.) *Manivelle de gouvernail.*

Whip. *Cartabon ou petit palan composé de deux poulies simples, ou d'une seule, pour enlever des objets légers.*

To WHIP , v. act. *Fouetter, donner des coups de fouet,* † *fesser.*

Ex. To whip a child. *Fouetter ou donner le fouet à un enfant, le fesser.*

To whip a top. *Fouetter un sabot.*

To whip the cream. *Fouetter la crème, la battre avec des verges pour la faire mousser.*

To whip, (or sew round.) *Surjetter.*

To whip OUT one's sword. *Tirer l'épée, la tirer promptement.*

To whip , verb. neut. (to go or run quickly) to a place. *Aller vite en quelque endroit.*

To whip up or down stairs. *Monter ou descendre au plus vite.*

To whip UP or to whip OFF, (to take suddenly.) *Prendre tout d'un coup, s'emparer, se saisir.*

The clown whips off the drink and gives him the pot again empty. *Le paysan avale la boisson & lui rend le pot vide.*

He whipt up his money and put it in his pocket. *Il prit son argent tout d'un coup, & le mit dans sa poche.*

To whip OFF a thing, (to make short work with it.) *Expédier ou dépêcher promptement une affaire.*

To whip (or to tumble) UP and DOWN, verb. neut. *Courir de côté & d'autre, rôder.*

To whip OUT. *Sortir promptement,* † *s'esquiver,* † *s'époufler.*

To whip UP. *Monter promptement ou à la hâte.*

To whip, verb. act. Ex.
To whip up empty casks. *Enlever des tonneaux vides, &c. à l'aide d'un cartahou ou d'un palan simple.*

To whip the end of a rope. *Faire une liure au bout d'une corde.*

WHIPPED. *V.* Whipt.

WHIPPER, *f. Celui qui fouette.*

WHIPPING, *f. L'action de fouetter, &c. V. to* Whip.

WHI

It will cost you a whipping. *Il vous en coûtera le fouet, vous serez fouetté.*
WHIPSTER, *s.* (a nimble fellow.) *Voy.* Nimble.
WHIPT, *adject.* Fouetté, &c. *Voyez to* Whip.
WHIRL, *s.* (or vortex.) *Un tourbillon.* Thro' this whole book, Helena lives in a whirl of passions, and is agitated by turns with sentiments of honour and love. *Dans tout ce livre, Helene est pour ainsi dire dans un tourbillon de passions, & est tour à tour agitée ou combatue par les sentiments d'honneur & de tendresse.*
Whirl, (a little round thing wich is put on a spindle to spin with.) *Peson, qu'on met à un fuseau pour filer.*
Whirl-bone, the whirl-bone of the knee. *Rotule, l'os du genou.*
A whirl-bone to play with. *Un toton.*
WHIPES, *subst. plur.* Terme de corderie. *Curles ou molettes.*
To WHIRL,
To WHIRL ABOUT, *v. act. & neut.* (to turn swift about.) *Tourner ou faire tourner vite, tourner en rond, faire le tour, pirouetter.*
The primum mobile whirls about the lesser orbs. *Le premier mobile fait tourner ou entrains avec soi tous les autres cercles.*
Whirled about, *adj. Tourné en rond.*
WHIRLIGIG, *subst.* (a play-thing for a child.) *Pirouette, sorte de jouet d'enfant.*
WHIRLING about, *s. L'action de tourner en rond*, &c. *V.* to Whirl.
Whirling. *V.* Whirl, *s.*
WHIRLPOOL, *s. Un tournant, gouffre où l'eau tourne toujours.*
WHIRLWIND, *subst. Un tourbillon ou dragon de vent, en termes de mer.*
WHISK, *s.* (a sort of broth for cloaths.) *Vergettes, époulette composée de menus brins de bouleau.*
Whisk, (the sound of a switch.) *Le bruit d'un coup de houssine.*
Whisk, (a neck-ornament for women, now out of fashion.) *Sorte d'ornement de cou que les femmes portoient autrefois.*
To WHISK off, *v. act.* Ex. Whisk off the dust of that hat. *Vergetez ce chapeau, ôtez-en la poussière avec les vergettes.*
To whisk the air, (a poetical expression.) *Balayer l'air.*
To whisk AWAY, (to make haste or dispatch.) *Se dépêcher, faire vite, faire diligence, expédier.*
WHISKER, *s.* Moustache.
To turn up one's whiskers. *Relever la moustache.*
WHISPER, *s.* (a low soft voice.) *Petit bruit sourd, comme quand on parle à l'oreille, p tit murmure, † chuchotement.*
There is a whisper of such news about the town. *Il en court un bruit sourd par la ville, on en murmure par la ville.*
To WHISPER, *verb. neut. & act.* Parler sous bas, chuchoter, dire tout bas, dire à l'oreille, souffler, murmurer.
They do nothing but whisper. *Ils parlent tout bas, ils ne font que chuchoter.*
Such news is whispered about the town. *On en murmure par la ville, il en court un bruit sourd par la ville.*
To whisper within one's self. *Se dire tout bas.*

WHI

Whispered, *adj. Qu'on a dit tout bas,* &c. *V.* to Whisper.
WHISPERER, *s.* Celui ou celle qui parle tout bas à l'oreille de quelqu'un.
WHISPERING, *s. Chuchoterie, l'action de parler tout bas à l'oreille de quelqu'un*, &c. *V.* to Whisper.
I hear a whispering. *J'entends quelqu'un qui parle tout bas.*
There has been a long whispering between that man and woman. *Il y a eu une longue chuchoterie entre cet homme & cette femme.*
WHIST, (an interjection of silence.) *St, pix, silence, chut.*
Whist, *s.* (a game at cards.) Whist, *sorte de jeu de cartes.*
WHISTLE, *s.* (or little pipe to whistle with.) *Un sifflet.*
Boatswain's whistle. *V.* Call.
Whistle, (wind-pipe or weasand-pipe.) *Le sifflet, la trachée artère, le conduit de la respiration.*
† To wet one's whistle, (to drink.) *Boire, s'humecter le gosier.*
To WHISTLE, *verb. n.* Siffler.
The black-birds whistle. *Les merles sifflent.*
Do you hear the wind whistle? *Entendez-vous siffler le vent?*
WHISTLER, *s.* Siffleur, siffleuse.
WHISTLING, *s.* Sifflement ou l'action de siffler.
The whistling of the wind or of an arrow. *Le sifflement du vent ou d'une flèche.*
Whistling, *adj.* Sifflant, qui siffle.
A whistling noise. *Un sifflement.*
WHIT, *s.* (little.) *Un peu, tant soit peu.*
Not a whit. *Point du tout.*
He does not see a whit. *Il ne voit point du tout, il ne voit goutte.*
He is not a whit, or he is nothing, the richer for it. *Il n'en est pas plus riche.*
You are every whit as bad as I. *Vous êtes à tous égards aussi méchant que moi.*
WHITE, *adj.* (the contrary of black.) *Blanc, le contraire du noir.*
As white as snow. *Blanc comme neige.*
White-lead. *Blanc de plomb.*
White-lime. *Du blanc ou lait de chaux.*
White, (pure, unblemished.) *Blanc, sans tache.*
A white-line, (in the art of printing.) *Un blanc ou une ligne en blanc.*
White-straits, (a kind of coarse cloth made in Devonshire.) *Sorte de gros drap qui se fait dans la province de Devon en Angleterre.*
A white-pot. *Lait cuit au four dans un pot de terre, avec du pain, des œufs & du sucre & de la muscade: on y met aussi quelquefois du vin de Canarie.*
A white-tetter. *Dartre farineuse.*
White-thorn. *Epine blanche.*
WHITE, *s.* (or white-colour.) *Blanc, couleur blanche.*
White or white clothes. *Blanc, habit blanc.*
He was clad (or dressed) in white. *Il étoit vêtu de blanc.*
White, (the white part of any thing.) *Blanc, partie blanche d'une chose.*
The white of the eye. *Le blanc de l'œil.*
White or white paint. *Blanc, fard blanc.*
White, (or blank, in a writing or printing.) *Blanc, vide dans un écrit*, &c.
White, (a white man or woman, in opposition to a black.) *Un blanc, par opposition à Negre.*

WHI   WHO

White (or aim) to shoot at. *Blanc, but où l'on tire.*
To hit the white. *Tirer droit au blanc, donner dans le blanc.*
The whites, (in women.) *Les fleurs blanches, maladie des femmes.*
White-wort. *Matricaire*, herbe.
To WHITE, *v. act.* Blanchir, rendre blanc.
WHITELY, *adj.* Idle, blême.
To WHITEN, *verb. n.* (or grow white.) *Blanchir, devenir blanc.*
Whited or whitened, *adj. Blanchi.*
WHITENESS, *s.* Blancheur.
WHITENING, *s. L'action de blanchir, blanchiment.*
WHITER, *adv.* Où.
Whither do you or d'ye go? whither now? *Où allez-vous?*
R. Comme on dit thither, *au lieu de* there, *avec un verbe qui exprime un mouvement local, ainsi il faut se servir de* whither, *au lieu de* where, *dans le même cas.*
WHITHERSOEVER, *adv.* En quelque lieu que, par tout où.
WHITING, *s.* (from to white.) *L'action de blanchir, blanchiment.*
Whiting, (or size to whiten walls withal.) *Lait de chaux, du blanc.*
Whiting, (a fish.) *Un merlan*, poisson.
Prov. To let go a whiting, (to let slip an opportunity.) *Laisser échapper l'occasion.*
WHITISH, *adj.* (somewhat white.) *Blanchâtre, tirant sur le blanc.*
WHITISHNESS, *subst.* blancheur, couleur blanchâtre.
WHITLOW, *s.* (a preternatural and very troublesome swelling in the fingers ends.) *Panaris.*
WHITSTER, *s.* (from to white.) *Blanchisseur, celui qui blanchit la toile.*
WHITSUN, *adj.* De la Pentecôte.
Ex. Whitsun-holydays. *Les fêtes de la Pentecôte.*
WHITSUNDAY, *subst.* (a solemn festival otherwise called Pentecost.) *La Pentecôte, le jour de la Pentecôte.*
WHITSUNTIDE, *s.* La Pentecôte, la saison de la Pentecôte.
WHITTAIL, *s.* (a dainty sort of little bird.) *Cul-blanc, sorte de petit oiseau très délicat.*
WHITTENTREE, *s.* Obier, sorte d'arbre.
† WHITTLE, *s.* (a little knife.) *Un petit couteau.*
† To WHITTLE, *v. act.* (or to cut.) *Couper.*
Examp. To whittle a stick. *Couper un bâton.*
† Whittled, *adj.* (or cup-shot.) *Qui a bu avec excès, qui est un peu gris.*
To WHIZZ, *v. neut.* Bourdonner; faire un bruit comme une liqueur qu'on verse dans le feu.
WHIZZING, *s.* Bourdonnement; bruit semblable à celui d'une liqueur qu'on verse dans le feu.
WHO, (a pronoun.) *Qui.*
Who is there? *Qui est là?*
I know not who. *Je ne sais qui.*
WHOOBUB, *s.* Tapage. *V.* Hubbub.
WHOODINGS, *subst. pl.* (or whooden ends.) *Barbe des bordages, ou bout des bordages coupés en biseau pour entrer dans les râblures de la quille, de l'étrave, de l'étambot & de la lisse d'hourdi. Vey.* Hood.
WHOEVER, (a pronoun.) *Quiconque, qui que ce soit, tout homme ou toute personne qui.*

WHOLE,

WHOLE, adj. (all, entire.) *Tout, entier, total, tout entier.*
The whole world. *Tout le monde.*
The whole sum. *Toute la somme, la somme totale.*
He could eat a whole ox. *Il mangeroit un bœuf tout entier.*
Whole and sound, (well in health.) *Gaillard, qui se porte bien, qui est en bonne santé, sain.*
To make one whole, (to cure him.) *Guérir quelqu'un, le rendre sain.*
† To sleep in a whole skin. *Dormir à son aise, dormir sans crainte.*
To swallow down one's meat whole. *Avaler la viande sans la mâcher.*
That is the whole duty of man. *C'est là tout le devoir de l'homme.*
Who e, s. *Le tout.*
To divide the whole into its parts. *Diviser le tout en ses parties.*
Upon the whole. *Après tout, de tout ce que je viens de dire.*
To sell by the whole. *Vendre en gros.*
WHOLESALE, s. *Vente en gros.*
A wholesale man. *Un marchand grossier ou qui vend en gros.*
WHOLESOME, adj. (healthful or sound.) *Sain, qui se porte bien, qui n'est point infecté.*
Wholesome, (good for one's health.) *Sain, bon à la santé, salubre.*
A wholesome place or air. *Un lieu ou un air sain.*
Wholesome waters. *Eaux salubres.*
Wholesome food. *Bonne nourriture.*
Wholesome, (true, good.) *Sain, vrai, véritable, bon, salutaire, orthodoxe, solide.*
A wholesome doctrine. *Une saine ou véritable doctrine, une doctrine salutaire.*
WHOLESOMELY, adv. Ex. To look wholesomely. *Avoir bon visage, avoir un visage de santé.*
WHOLESOMENESS, s. *Qualité saine ou salubre, salubrité.*
Wholesomeness (solidity) of a doctrine, &c. *Vérité, solidité d'une doctrine, &c.*
WHOLLY, adv. (entirely.) *Entièrement, tout-à-fait.*
He gives himself wholly to pleading. *Il se donne tout entier à la plaidoirie.*
WHOM, (c'est un cas du pronom who.) *Qui, que, lequel.*
The man whom I spoke to. *L'homme à qui j'ai parlé ou auquel j'ai parlé.*
With whom, from whom, against whom. *Avec qui, pour qui, contre qui ou avec lequel, duquel ou dont, contre lequel.*
The man whom I love. *L'homme que j'aime.*
WHOMSOEVER, (c'est un cas du pronom whosoever.) *Qui que ce soit.*
WHOOP, s. (or pewet, a sort of bird.) *Un huppe, sorte d'oiseau.*
Whoop, interj. *Hola !*
To WHOOP, verb. n. (or hollow.) *Huer, crier.*
† WHORE, s. (a prostitute, a strumpet.) *Une femme ou fille débauchée, une prostituée, † une putain.*
To play the whore. *Faire le métier de putain, courir le guilledou.*
P. To cry whore (to complain) first. *Aboyer le premier.*
Whore-master or whore-monger. *Un débauché, une homme adonné aux putains, paillard ou fornicateur.*

Whore-nest, whore-house or bawdy-house. *Bordel, lieu de débauche.*
To WHORE, verb. n. (or go a whoring.) *Fréquenter les putains, hanter les mauvais lieux ou les bordels, courir le guilledou.*
To whore AWAY one's estate. *Manger, consumer, dépenser, prodiguer son bien avec les putains.*
WHOREDOM, s. *Fornication.*
To commit whoredom. *Commettre la fornication.*
Whore-master and whore-monger. V. sous Whore.
WHORESON, s. *Bâtard.*
WHORING, s. *L'action de fréquenter les putains, &c.* V. to Whore.
WHORISH, adj. *De putain.*
Ex. A whorish look. *Air de putain.*
I fear she is whorish. *Je crains qu'elle n'ait des inclinations au putanisme.*
He is whorish. *Il est adonné aux putains.*
WHORLEBAT. V. Hurlibat.
WHOSE, (a pronoun signifying of whom, from whom, of which, from which,) *Dont, de qui, à qui.*
A woman whose virtue is known every where. *Femme dont la vertu est connue de tout le monde.*
Whose book is this? *A qui est ce livre ?*
In whose ground soever the mine be found. *A qui que ce soit qu'appartienne la terre où l'on trouve la mine.*
† Whose, (a pronoun for whosoever.) *Quiconque, qui que ce soit, toute personne qui.*
WHOSOEVER, (a pronoun; whoever.) *Quiconque, qui que ce soit, toute personne qui.*
To WHURR, verb. n. *Grasseyer ; gronder comme un chien.*
WHY, adv. (for what reason.) *Pourquoi, pour quel sujet, que.*
Ex. Why d'ye so ? *Pourquoi faites-vous cela ?*
Why so ? *Pourquoi cela ?*
Why don't you come ? *Que ne venez-vous ?*
Is there any reason why he should not do it? *Y a-t-il quelque raison qui l'oblige de ne le pas faire ou qui puisse l'en dispenser ?*
To come upon one with a why not. *Reprendre d'une faute au jeu, & la marquer à son profit, comme quand on souffle aux dames, &c.*
He that's always ready can never be taken with a why not. *Celui qui est toujours préparé ne peut jamais être surpris.*
R. Lastly this particle is sometimes merely expletive, as in concessions, replications, &c. *Enfin cette particule est expletive, comme lorsqu'on accorde, qu'on réplique, &c. Ex.*
Why but you boast of it. *Mais vous vous en vantez.*
Why truly, do you question it ? *Vraiment, en doutez-vous.*
† WIC, s. (or borough ; this word is hardly now used, but at the end of some names of towns, as Berwick, and the like.) *Un bourg, un village.*
WICK, s. (of a candle.) *Mèche.*
WICKED, adj. *Méchant, scélérat, impie, criminel.*
Ex. A wicked man. *Un méchant homme, un impie, un scélérat.*

A wicked woman. *Une méchante femme ; une impie.*
A wicked deed or action. *Une méchante action, une action criminelle ou scélérate.*
WICKED, s. Ex. The wicked or reprobate. *Les méchants, les réprouvés, les impies.*
WICKEDLY, adv. *Mal, méchamment, en méchant homme, en impie.*
To do wickedly. *Faire une méchante action.*
WICKEDNESS, s. *Méchanceté, crime, scélératesse, impiété, action impie ou criminelle, énormité.*
He suffers for his wickedness. *Il porte la peine de son crime.*
WICKER, s. *Osier.*
A wicker chair. *Une chaise d'osier ou à fond d'osier.*
WICKET, s. (a little door within a gate.) *Guichet.*
WIDE, adj. (large or broad.) *Large, ample, qui a de la largeur.*
A wide coat. *Une casaque large ou ample.*
How wide is this cloath ? *De quelle largeur est ce drap ?*
Wide, (great or vast.) *Grand, vaste.*
A wide difference. *Une grande différence.*
To be left to the wide world. *Être abandonné de tout le monde, être laissé à l'abandon.*
Wide, adv. Ex. To set a door wide open. *Ouvrir tout-à-fait une porte.*
To leave it wide open. *La laisser toute ouverte.*
Far and wide. *Au long & au large, partout, de tous côtés, par toute la terre.*
Your fame will spread far and wide. *Votre renommée se répandra par-tout, toute la terre publiera vos louanges.*
To shoot wide from the mark. *Tirer ou donner à côté du blanc.*
† You throw wide. *Vous n'y êtes pas, vous vous trompez.*
That is wide (or far) from my purpose. *Cela est bien loin de ma pensée.*
This is not much wide from truth. *Ceci n'est pas fort éloigné de la vérité.*
Altogether wide of the mark. *Tout-à-fait éloigné du but.*
Nor were it much wide of truth to affirm it. *On ne s'éloigneroit pas beaucoup de la vérité, si on le soutenoit.*
WIDELY, adv. *Fort au long, avec beaucoup d'extention.*
Ex. He discoursed widely from the matter. *Il s'est fort écarté du sujet dans son discours, il a fait une grande digression.*
To WIDEN, v. act. *Elargir, étendre.*
To widen, verb. neut. *S'élargir, s'étendre.*
Widened, adj. *Elargi, étendu.*
WIDENESS, s. *Largeur.*
WIDENING, s. *Action d'élargir, &c.*
WIDGEON, s. (a silly sort of bird.) *Sorte d'oiseau fort niais.*
† A widgeon, (or simpleton.) *Un sot, un niais.*
WIDOW, subst. *Une veuve, une femme veuve.*
WIDOWED, adj. *Veuf, qui a perdu sa femme, en parlant d'un homme ; veuve, qui a perdu son mari, en parlant d'une femme.*
WIDOWER, subst. *Un veuf, un homme veuf.*

WIDOWHOOD,

WIDOWHOOD, *f.* (the condition of a widow or widower.) *Veuvage, viduité.*
WIDTH. *Voy.* Wideness.
To WIELD, *v. act.* (to use with full power, as a thing not too heavy, to sway.) *Manier, porter.*
He is able to wield a sword. *Il est en état de manier une épée.*
To wield the sceptre. *Porter le sceptre, gouverner l'Etat.*
WIELDY, *adj.* *Qui se peut manier.*
WIERY, *adj.* (made of wire.) *De fil de métal.*
WIFE, *f.* (a married woman.) *Femme, la femme d'un homme marié.*
House-wife. *Voy.* Huswife.
WIG, *f.* (or periwig.) *Une perruque.*
Wig, (a sort of cake.) *Un échaudé, sorte de gateau.*
† **WIGHT**, *f.* (or person.) *Une personne.*
WIGHT, *adj.* (swift, nimble.) *Vite, léger, prompt, agile.*
WILD, *adj.* (savage, fierce.) *Sauvage, farouche, feroce.*
A wild goose. *Une oie sauvage.*
To lead one a wild goose chase, (to amuse him with fair hopes.) *Amuser quelqu'un,* † *lui tenir le bec dans l'eau, le repaître de vaines espérances.*
A wild (desert or uninhabited country. *Pays sauvage, désert, inhabité.*
Wild, (that grows of itself, as some trees, fruits, plants and herbs do.) *Sauvage,* en parlant des arbres, des plantes & des fruits qui viennent sans culture.
A wild stock. *Un sauvageon.*
Wild look. *Des yeux hagards ou égarés, mine farouche & hagarde.*
He is wild in his locks or he has a wild look. *Il a la mine farouche & hagarde, il est tout effaré.*
I think he is wild or mad. *Je pense qu'il est fou ou enragé.*
A wild (or hair-brained) youth. *Un jeune homme volage, un volage, un jeune étourdi.*
Wild-fire, (a sort of fire invented by the Grecians.) *Feu grégeois.*
The wild-fire, (or running worm, a kind of St. Anthony's fire.) *Feu volage, espece de dartre.*
Wild, (extravagant, impertinent.) *Extravagant, absurde, impertinent.*
Wild conceits. *Extravagances.*
† He has not yet sown his wild oats. *Il n'a pas encore jeté sa gourme.*
WILD, *f.* (desert.) *Un désert ; lande.*
To WILDER, *v. act.* (to puzzle.) *Embarasser.*
WILDERNESS, *f.* *Un désert.*
WILDING, *f.* the fruit of the wilding-tree.) *Arbouse, le fruit de l'arbousier.*
The wilding-tree. *L'arbousier.*
Wilding, (wild fruits.) *Fruits sauvages ou agrestes.*
WILDLY, *adv.* *Extravagamment, d'une manière extravagante.*
WILDNESS, *f.* *Férocité, naturel sauvage ou farouche, &c. V.* Wild *adj.*
The wildness of these rocks. *L'aspect sauvage de ces roches.*
WILDS, *f. pl.* (or wild regions.) *Pays sauvage, déserts, landes.*
WILE, *f.* (cunning or craft.) *Ruse, finesse, adresse, fourberie, tromperie.*
WILFUL, *adj.* (stubborn, obstinate.) *Obstiné, têtu, opiniâtre.*
A wilful man. *Un obstiné, un têtu, un opiniâtre.*

A wilful (or affected) negligence. *Une négligence affectée.*
Wilful, (premeditated, prepensed.) *Prémédité, fait à dessein formé, de propos délibéré, de guet à pens.*
A wilful sin. *Un péché prémédité, que l'on commet volontairement.*
A wilful murder. *Meurtre commis de guet à pens ou de dessein formé, de propos délibéré.*
WILFULLY, *adv.* (obstinately.) *Obstinément, opiniâtrément, avec obstination ou avec opiniâtreté.*
Wilfully, (on purpose, by design.) *De dessein formé, de propos délibéré, de guet à pens.*
WILFULNESS, *f.* *Obstination, opiniâtreté, humeur têtue, humeur opiniâtre.*
WILILY, *adv.* (by craft.) *Par finesse, par ruse, frauduleusement.*
WILINESS. *Voy.* Wile.
WILL, *f.* (a faculty of the soul.) *Volonté, faculté de l'ame.*
Will, (what one would have done, pleasure.) *Volonté, plaisir, gré.*
To submit to God's will. *Se soumettre à la volonté de Dieu.*
For such is our will and pleasure. *Car tel est notre bon plaisir.*
To have one's will with a thing. *Faire sa volonté de quelque chose, en disposer comme on veut.*
Use your own will, (or pleasure.) *Faites-en à votre volonté.*
To do a thing with a good will, (or heart.) *Faire une chose de bonne ou de franche volonté, la faire de bon gré ou sans répugnance, la faire de bon cœur.*
To do a thing with an ill will or against one's will. *Faire une chose contre son gré, malgré soi, à contre-cœur ou avec répugnance.*
He did it of his own good will. *Il l'a fait de son plein gré, de son bon gré ou de son propre mouvement.*
Will, (or resolution.) *Volonté, disposition, résolution.*
P. Where the will is ready the feet are light. P. *Quand on a la volonté, les pieds sont toujours prêts.*
Will, (last will or testament.) *Derniere volonté, testament.*
A will-parol. *Un testament de vive-voix.*
To make one's will. *Faire son testament, tester.*
Will, (a good or bad disposition, a kindness or unkindness towards one.) *Volonté, bonne ou mauvaise volonté envers quelque personne.*
Good-will, (or kindness.) *Bonne volonté, bonté, amitié, bienveillance.*
He wanted no good-will. *Il ne manquoit pas de bonne volonté.*
I have perceived his ill-will to me. *J'ai reconnu sa mauvaise volonté à mon égard.*
To bear ill-will to one. *Vouloir mal à quelqu'un, lui en vouloir.*
The good-will (custom or trade) of a house. *La chalandise d'une maison.*
To let one have his will. *Laisser faire à qu'lqu'un tout ce qu'il veut.*
Let him have his will. *Laissez-le faire, qu'il fasse ce qu'il voudra, accordez lui ce qu'il veut.*
If I might have my will. *Si c'étoit à mon choix ou en mon pouvoir, si cela dépendoit de moi.*
To have all things at will. *Avoir tout à souhait.*
He has wit at will. *Il a infiniment d'esprit, il a l'esprit fort présent.*

Will, (a nick-name or diminutive of *William.*) *Guillot, Guillaume.*
Will-with-a-wisp or jack in a lantern. *V.* Jack.
To WILL, *verb. neut.* (to be willing.) *Vouloir, être dans la volonté de faire quelque chose.*
I will (or I agree to) it. *Je le veux, je le veux bien, j'y consens.*
What you will. *Ce que vous voudrez, ce qu'il vous plaira.*
P. To him that wills, ways are not wanting. *Quand on est porté de bonne volonté, on ne manque pas de moyen.*
Prov. He that will not when he may, when he fain would shall have nay. P. *Qui refuse, muse.*
Will he, nill he. *Bon gré, malgré.*
Be the father or mother, what they will. *Qui que ce soit, le pere ou la mere.*
R. Will *est quelquefois le signe futur de l'indicatif, aussi bien que* shall. *V.* Shall.
Ex. I will go thither. *J'irai.*
To will, *verb. act.* (or desire.) *Prier, supplier.*
I willed (or desired) him to do that for me. *Je l'ai prié de faire cela pour moi.*
To will, (or to order.) *Commander, ordonner.*
Willed, *adject. Ex.* Ill willed. *Porté de mauvaise volonté.*
Self-willed. *Obstiné, têtu, opiniâtre.*
WILLING, *adj.* *Prêt à faire quelque chose, qui le veut bien faire, qui y est porté de bonne volonté.*
Ex. I am very willing to do it. *Je veux bien le faire, je suis tout prêt à le faire.*
To do a thing with a willing mind. *Faire une chose de bon gré, de bon cœur, de bonne volonté, sans contrainte, sans répugnance.*
P. Nothing is impossible to a willing mind. *On ne trouve rien d'impossible quand on veut prendre de la peine.*
Willing or unwilling, he must come to it. *Bon gré, malgré, il faut qu'il passe par-là.*
God willing. *Dieu aidant, s'il plaît à Dieu.*
A willing work. *Un ouvrage que l'on fait avec bonne volonté.*
WILLINGLY, *adv.* (or readily.) *Volontairement, volontiers, de bon gré, de bon cœur, de bonne volonté, sans contrainte, sans répugnance.*
He did it willingly. *Il l'a fait volontairement.*
I shall do it very willingly. *Je le ferai très-volontier.*
I would willingly go to see him. *Je voudrois bien l'aller voir.*
Most willingly. *Très-volontiers.*
WILLINGNESS, *f.* *Disposition à faire quelque chose, bonne volonté.*
WILLOW,
WILLOW-TREE, } *f. Un saule,* arbre.
The weeping willow. *Saule pleureur.*
Spiked-willow. (a shrub.) *Vierge, arbrisseau.*
Willow-plot. *Saussaie.*
WILY, *adj.* (full of wiles, cunning or craft.) *Fin, rusé, adroit.*
WIMBLE, *f.* (a sort of piercer.) *Vilebrequin.*
To WIMBLE, *verb. act.* (to make a hole with a wimble.) *Percer ou faire un trou avec un vilebrequin.*
WIMPLE, *f.* (the plaited linen cloth which nuns wear about their necks.) *Guimpe,*

WIN — WIN — WIN

Guimpe, espece de mouchoir rond que les religieuses portent autour du cou.
A wimple, (a flag or a streamer.) Un pendant, une flamme ou banderole de navire.
To WIN, v. act. (to get or gain.) Gagner, faire du gain.
To win money of one. Gagner de l'argent à quelqu'un.
To win, (to get, to get the better, to obtain, to carry.) Gagner, remporter, remporter l'avantage, obtenir.
To win the prize. Gagner, remporter le prix.
To win a wager. Gagner une gageure.
To win the day or to win the battle. Gagner la bataille, gagner, remporter la victoire.
I have won the set. J'ai gagné la partie.
To win, (to carry, to make one's self master of.) Gagner, se rendre maître, s'emparer, emporter.
To win the counterscarp. Emporter la contrescarpe.
To win a place by assault. Prendre ou emporter une ville d'assaut.
To win (to bribe or prevail with) one by presents. Gagner, corrompre quelqu'un à force de présents.
To win, (to get, gain or acquire.) Gagner, acquérir.
To win one's favour. Gagner l'amitié de quelqu'un, s'insinuer dans ses bonnes grâces.
To win, (or persuade one to a thing.) Gagner quelqu'un, prévaloir sur son esprit, le persuader ou l'engager à faire quelque chose, gagner quelque chose sur lui.
The end of God's benefits is to win us to our duty. La fin des bienfaits de Dieu est de nous engager à faire notre devoir.
I must do what lies in me to win his assent. Il faut que je tente toutes sortes de voies pour avoir ou obtenir son consentement.
To WINCE,
To WINCH, } verb. neut. (to kick as a horse does.) Ruer, détacher des ruades, donner des coups avec le pied ou les pieds de derrière.
WINCH, s. (a kind of engine to draw barges up the water.) Vindas, sorte de machine pour tirer les grands bateaux contre le cours de l'eau; virevau.
Iron winches. Manivelles de fer pour meules, tours de corderie, &c.
WINCHING,
WINCING, } subst. Ruades ou l'action de ruer.
Wincing, adj. Ex. A wincing horse. Un cheval sujet à ruer, un cheval qui rue.
WIND, s. (the air in motion.) Vent, l'air agité.
The four principal or cardinal winds. Les quatre vents principaux ou cardinaux.
A great or high wind. Un grand vent.
The wind blows, there is a wind abroad. Le vent souffle, il fait du vent, il vente.
A wind that blows from the land or sea. Vent de terre ou de mer.
We had both wind and tide with us. Nous avions vent & marée.
To sail or go against the wind. Faire ou prendre vent devant, faire ou prendre vent par proue ou de bout au vent, aller contre le vent.
P. It is an ill wind that blows no body good. P. A quelque chose malheur est bon.
A fore-wind. Vent arriere ou vent en poupe.
To sail before the wind. Faire ou porter vent arriere, prendre le vent en poupe, avoir bon vent.
To get the wind. Gagner le vent, monter ou passer au vent, prendre l'avantage du vent, prendre le dessus ou se mettre au dessus du vent.
To have got the wind of a ship. Être au vent d'un vaisseau, lui avoir gagné le vent, avoir sur lui l'avantage du vent, avoir le vent ou le dessus du vent sur un vaisseau.
To sail near the wind. Serrer le vent, se tenir près, approcher du vent.
To come too near the wind. Être trop près du vent.
A quarter-wind. Vent largue ou vent de quartier.
A side-wind. Vent de côté.
A trade-wind. Vent réglé, vent de saison ou vent alizé.
A ship wind bound. Vaisseau retenu dans un port par les vents contraires.
A wind that comes into a room through a hole, (or a chink.) Vent coulis.
Wind, (or vanity.) Vent, vanité.
Great men are fed with empty wind. On repait les grands de vent & de fumée.
A man that turns with every wind, (a fickle or uncertain man, a weather cock.) Un homme qui tourne à tout vent, un homme changeant, léger, inconstant.
Wind, (breath, respiration.) Vent, haleine, souffle, respiration.
To fetch wind or to fetch one's breath. Prendre son vent, prendre haleine, respirer.
To recover one's wind or to fetch one's wind again. Reprendre haleine, reprendre son vent.
Wind, (air retained in the body of an animal.) Vent, dans le corps de l'animal.
To be troubled with wind. Avoir des vents, être tourmenté de vents.
To break wind or to break wind backwards, (to fart or fizzle.) Lâcher un vent ou des vents, faire un pet ou une vesse, peter ou vesser.
To break wind upward, (or to belch.) Roter, faire un rot.
† To have a thing in the wind, (to have a hint of it, to perceive it.) Avoir vent de quelque chose, s'en appercevoir.
I had it in the wind presently. Je m'en apperçus d'abord.
To get or have one in the wind, (to scent him out.) Sentir quelqu'un, savoir où il est.
To go down the wind. Aller en décadence, faire mal ses affaires, être mal dans ses affaires.
Between wind and water. A fleur d'eau.
A wind-mill. Un moulin à vent.
The wind-pipe. Le conduit de la respiration, la trachée artere, le sifflet.
The wind cholick. La colique venteuse.
Wind-fall, (things pulled or blown down by the wind.) Abattis.
† A wind-fall. Un bonheur, un hasard qui apporte quelque profit, † une aubaine.
The wind flower. Anemone.
A wind egg. Un œuf qui n'a rien dedans.

A wind-beam of a house. Pilier de bois qui soutient une maison.
Wind-bound. Arrêté par le vent.
Wind-gall. Mollette, maladie de cheval.
To WIND, v. act. (or turn,) Tourner.
To wind a ship, (or bring her head about.) Tourner la proue d'un bâtiment ou faire abattre un bâtiment.
To wind silk or thread. Dévider de la soie ou du fil, mettre l'un ou l'autre en peloton.
To wind or to have in the wind, (to scent.) Sentir, flairer, au propre & au figuré.
To wind OFF a bottom. Dévider un peloton, le mettre en écheveaux.
To wind (or turn) one's voice. Fléchir sa voix.
To wind (or blow) a horn. Sonner du cor ou cornet.
To turn and wind (to improve) the penny. Faire valoir le talent ou le peu d'argent qu'on a.
To wind, verb. neut. or to wind or writhe itself, verb. récip. (speaking of a serpent.) S'entortiller, en parlant d'un serpent.
A river that winds through fruitful valleys. Une riviere qui serpente à travers de fertiles vallons.
To wind one in by craft, (to insnare him.) Faire tomber quelqu'un dans le piege, † le faire donner dans le panneau.
To wind one into an absurdity. Faire tomber quelqu'un dans une absurdité.
To wind (or screw) one's self into one's favour. S'insinuer dans l'esprit de quelqu'un, gagner son amitié.
To wind one's self into an amour. S'amouracher ou se rendre amoureux &c.
To wind INTO bottoms. Dévider du fil, &c. pour en faire des pelotons.
To wind one's self OUT. Se dégager ou se démêler adroitement, se tirer d'affaire.
To wind UP a watch, clock, &c. Monter une montre, une horloge, &c.
To wind (or to wrap) up a thing in a piece of paper. Envelopper quelque chose dans un morceau de papier.
To wind up (or finish) a discourse. Conclure ou finir un discours.
And to wind up all in one word. Et pour tout dire en un mot.
To wind up, verb. neut. (speaking of a ship being at anchor.) Être à l'ancre, être sur le fer, en parlant d'un vaisseau.
How winds the ship? Par quel air de vent court le vaisseau? Où est le cap?
To wind a call. Commander la manœuvre avec le sifflet.
Winded, adj. Ex. Short-winded. Qui a courte haleine, poussif, qui a la pousse, en parlant d'un cheval.
Long-winded, (or tedious.) Long, ennuyant.
A long-winded discourse. Un discours long ou ennuyant.
A long-winded preacher. Un prédicateur ennuyant.
WINDER, subst. Un dévideur, une dévideuse.
WINDFALL, V. Wind-fall, sous Wind.
WINDGALL, V. Wind-gall, sous Wind.
WIND.NESS, s. Ex. Windiness of the stomach. Ventosité, flatuosité, vents enfermés dans le corps.
WINDING, s. L'action de tourner, &c. V. to Wind.

The

WIN

The winding of the voice. *Inflexion de la voix.*
Windings and turnings. *Tours & retours, détours.*
The windings of a river. *Les tours & retours, les détours, les sinuosités d'une riviere.*
Winding, *adj. Ex.* A winding sheet. *Un drap mortuaire, un suaire.*
Winding stairs or a winding staircase. *Un escalier à noyau ou à vis.*
A winding river. *Une riviere qui serpente ou qui fait des sinuosités.*
Winding tackle, *s. comp.* (a sea-term.) *Caliorne.*
Winding tackle pendent. *Pendeur de caliorne.*
Winding butt. *Bout ou tête des bordages, qui a une forme courbe vers l'avant du vaisseau, ou une pièce de tour.*
A winding plank. *Bordage de tour.*
WINDAGE, *subst. Vent d'une piece d'artillerie, c'est-à-dire, la différence entre le calibre de l'ame & le diametre du boulet.*
WINDLASS, *s.* (a piece of timber used in some small ships thus for a capstan.) *Vindas ou singe, en termes de mer, sorte de cabestan.*
WINDLE, *s.* (blades to wind yarn on.) *Un dividoir.*
WINDMILL. *V.* Wind-mill, *sous* Wind.
WINDOW, *s.* (an opening to give light to a house.) *Une fenêtre.*
† To throw the house out at the window. † *Jeter tout par les fenêtres.*
The windows of a house in general. *Les fenêtrage d'une maison.*
Paper-windows. *Chassis de papier.*
Glass-windows. *Des vitres.*
Fine clear windows. *Des vitres bien claires.*
A room set out with glass-windows. *Une chambre bien vitrée.*
Window shutters. *Volets de fenêtre.*
WINDOWED, *adj.* Qui est rempli de fenêtres.
WINDPIPE, *s.* Trachée-artere, † *le sifflet.*
WIND-SAIL, *s. comp.* Manche à vent.
WINDWARD, *adj. Ex.* A windward tide. *Marée contre vent.*
The windward islands. *Les isles du vent.*
WINDWARD, *adv.* (towards the wind.) *Au vent.*
WINDY, *adject.* (subject or exposed to the wind.) *Venteux, exposé au sujet aux vents.*
Windy, (flatulent, that causes wind in the body or that is caused by wind.) *Venteux.*
Ex. Windy pulse or vegetables. *Légumes venteux.*
Windy meat. *Viande qui engendre des vents; viande près de se gâter.*
Windy (or flashy) expressions. *Des expressions pleines de vent, ampoulées, impertinentes, extravagantes, où il n'y a rien de solide.*
WINE, *s.* (the juice of the grape.) *Vin, liqueur qui sort des raisins.*
Wine three or four years old. *Vin de trois ou quatre feuilles, c'est-à-dire, de trois ou de quatre ans.*
Tart wine. *Vin vert.*
Sweet luscious wine. *Vin doux.*
Strong-bodied wine. *Vin ferme ou vin de garde.*
Small wine. *Petit vin.*
Decayed or perished wine. *Vin qui se passe.*

WIN

Flat, palled or dead wine. *Du vin éventé.*
French wine. *Du vin de France.*
Spanish wine. *Du vin d'Espagne.*
Rhenish wine. *Du vin du Rhin.*
Wormwood-wine. *Du vin d'absinthe.*
Wine, (a liquor extracted from some other fruits besides the grape.) *Vin, liqueur qui se fait de quelques autres fruits outre le raisin.*
Ex. Rasberry wine. *Du vin de framboises.*
Cherry-wine. *Vin de cerises.*
Currant-wine. *Vin de groseilles.*
The wine disturbs his reason. *Le vin lui trouble la raison.*
A wine-cellar. *Cellier ou cave de vin.*
A wine-pot. *Un pot de vin.*
A wine-glass. *Un verre de vin.*
A wine-press. *Un pressoir à presurer le vin.*
A wine-bibber. *Un biberon, un sac à vin.*
A wine-merchant. *Un marchand de vin.*
A wine-cooper. *Un tonnelier qui fait trafic de vin, un courtier de vin.*
A wine-cunner. *Un gourmet.*
A wine-porter. *Un encaveur.*
Wine licence. *Permission de vendre du vin.*
WING, *s.* (the limb of a bird by which it flies.) *Aîle.*
The wings of an eagle, pigeon or partridge. *L'aîle d'un aigle, d'un pigeon ou d'une perdrix.*
The wing of a fowl. *L'aîle d'une volaille.*
P. One cannot fly without wings. *On ne peut pas voler sans aîles.*
To take wing, (to fly away.) *S'envoler.*
To be upon the wing, (or ready to go.) *Être prêt à partir ou à marcher.*
To clip one's wings, (to diminish his power or credit.) *Rogner les aîles à quelqu'un, diminuer son pouvoir ou son crédit.*
The wings of love or fame. *Les aîles de l'amour ou de la renommée.*
The wings of the Lord. (God almighty's protection.) *Les aîles du Seigneur, la protection de Dieu.*
Wing, (or side.) *Aîle, côté.*
The wings of a great house. *Les aîles d'une grande maison.*
The wings of an army. *Les aîles d'une armée.*
The wings of a fleet. *Les aîles d'une armée navale, lorsqu'elle est placée sur une ligne.*
The wings of the ship's hold. *Les extrémités de la cale, à l'avant & à l'arriere, ou les aîles de l'arrimage.*
Stow the large casks amidships and the smaller in the wings. *Arrimez les gros tonneaux au milieu, & les petits aux extrémités de la cale ou sur les aîles.*
To WING, *v. act.* (to furnish with wings.) *Donner des aîles, élever.*
The spirit that wings the enthusiast. *L'esprit qui éleve celui qui est dans l'enthousiasme.*
To wing a bird, (in shooting.) *Casser l'aîle d'un oiseau, à la chasse.*
To wing it away, *v. neut. S'envoler.*
Winged, *adj. Aîlé, qui a des aîles.*
Ex. A winged horse. *Un cheval aîlé.*
WINGY, *adj. Aîlé.*
WINK, *s.* (or twinkle.) *Clin d'œil, coup d'œil, signe de l'œil.*
To give one the wink or to tip one a wink, (or sign.) *Faire un clin d'œil à quelqu'un, lui faire signe de l'œil.*

WIN   WIP

I did not sleep a wink all night. *Je n'ai pas fermé l'œil de toute la nuit.*
To WINK, *v. neut.* (to wink the eye.) *Cligner les yeux, clignoter, faire les petits yeux, fermer les yeux à demi, clignoter des yeux.*
Onions make a man wink, stink, and blink. *Les oignons offensent les yeux & l'haleine.*
To wink, (or to tip the wink.) *Faire un clin d'œil, faire signe de l'œil ou des yeux.*
To wink (or connive) at. *Conniver ou fermer les yeux à, faire semblant de ne pas voir, ne pas prendre connoissance, tolérer, souffrir, permettre.*
He winks at the riotous excess of his son. *Il connive aux débauches de son fils.*
Winked at, *adject.* A quoi l'on connive, à quoi l'on ferme les yeux, qu'on permet, qu'on tolere.
WINKER, *s.* Celui ou celle qui cligne les yeux, &c. *V.* to Wink.
WINKING, *subst. Clin d'œil, signe des yeux,* &c. *V.* Wink.
Winking at. *Connivence, tolérance.*
WINKT. *V.* Winked.
WINNER, *subst.* (he that wins.) *Gagnant.*
Ex. The winners and losers. *Les gagnans & les perdants.*
WINNING, *s. L'action de gagner,* &c. *V.* to Win.
Winnings, (what one has won.) *Gain, ce qu'on a gagné.*
Winning, *adj. Ex.* The winning side. *Le côté des gagnants.*
To WINNOW, *verb. act.* (or to fan.) *Vanner.*
Ex. To winnow corn. *Vanner le blé.*
Winnowed, *adj. Vanné.*
WINNOWER, *s. Vanneur.*
WINNOWING, *s. L'action de vanner.*
A winnowing sieve. *Un van.*
WINTER, *s.* (one of the four seasons of the year.) *L'hiver.*
A hard, sharp or severe winter. *Un rude hiver, un hiver fâcheux.*
The winter and the head of a Printer's press. *Sommier de presse d'Imprimeur.*
A winter-night. *Une nuit d'hiver.*
The winter-season or the winter-time. *L'hiver, la saison de l'hiver.*
Winter-weather. *Un temps d'hiver.*
A winter-flower. *Une fleur d'hiver.*
Winter cherry. *Alkekengi.*
Winter-quarters. *Quartier d'hiver.*
Winter-heyning, (a law-term for the season comprehended between the 11th of November and the 23d of April.) *Ce mot, en termes de Palais, signifie le temps qui est compris entre le 11 de Novembre & le 23 d'Avril.*
To WINTER, *verb. neut. Passer l'hiver, hiverner.*
WINTERING, *subst. L'action de passer l'hiver.*
A good wintering place. *Bon hivernage.*
WINTERLY, *adj. D'hiver.*
Ex. A winterly weather. *Un temps d'hiver, un temps froid.*
WINY, *adj.* (from wine.) *Vineux, de vin.*
Ex. A winy smell. *Une senteur de vin.*
WIPE, *sub.* (or jeer.) *Lardon, trait de raillerie, mot piquant.*
To give one a deadly wipe, (or stroke.) *Railler cruellement quelqu'un, le bien pincer.*

5 B 2   To

To give one a gentle wipe, (or rub.) *Donner un petit lardon à quelqu'un, pincer quelqu'un en riant, lui faire la guerre d'une manière galante.*
To WIPE, v. act. (to clean by rubbing.) *Essuyer, torcher, nettoyer.*
Wipe your hands. *Essuyez vos mains.*
To wipe one's back-side. *Se torcher le derriere.*
To wipe one's shoes, to wipe them clean. *Nettoyer ses souliers.*
To wipe one's own nose. *Se moucher.*
† To wipe (or wring) one's nose. *Moucher quelqu'un.*
† To wipe one of his money, to wipe his nose of it. *Attraper ou escroquer de l'argent à quelqu'un,* † *le plumer,* † *le tondre.*
To wipe OFF the dust. *Oter la poussiere.*
To wipe off one's tears. *Essuyer, sécher ses larmes.*
You can never wipe it off, (you can never clear yourself from that imputation.) *Vous ne sauriez jamais vous laver de cela.*
To wipe OUT, (or efface.) *Effacer.*
Wiped, adject. *Essuyé, &c.* Voyez to Wipe.
† Your nose is wiped, (you are disappointed.) † *Vous voilà camus, vous voilà frustré de vos espérances.*
WIPER, s. *Celui ou celle qui essuye, &c.*
WIPING, s. *L'action d'essuyer, &c.* V. to Wipe.
A wiping clout. *Un torchon.*
WIRE, s. *Fil de métal.*
Wire or copper-wire. *Fil d'archal.*
Made of wire. *Fait de fil d'archal.*
Iron-wire. *Fil de fer.*
Gold-wire. *Fil d'or, or trait.*
Silver-wire. *Fil d'argent, argent trait.*
Wire strings, plur. (such as are used for some musical instruments.) *Cordes de laiton.*
To WIREDRAW, verb. act. *Tirer en filet.*
Ex. To wiredraw gold or silver. *Tirer l'or ou l'argent en filet.*
To wiredraw a business, (to spin it out.) *Tirer une affaire en longueur, la faire traîner.*
To wiredraw one, (to get what one can out of him.) *Tirer d'une personne ce que l'on peut, l'attraper.*
WIREDRAWER, s. *Tireur en filet.*
WIREDRAWN, adject. *Tiré, &c.* Voy. Wiredraw.
WISARD. V. Wizard.
To WIS. V. to Know.
WISDOM, sub. (the knowledge of high things, human or divine.) *Sagesse, connoissance des choses hautes & sublimes, humaines ou divines.*
Ex. The wisdom of God is infinite. *La sagesse de Dieu est infinie.*
Wisdom, (prudence, discretion.) *Sagesse, prudence, circonspection, retenue, bonne conduite.*
WISE, adj. (prudent, discreet.) *Sage, prudent, circonspect, judicieux, avisé, retenu.*
A wise-man, (a sage or philosopher.) *Un sage, un philosophe.*
† A wise-man of Gotham, (a fool.) *Un benêt, un sot, un badaud, à qui l'on fait faire cent choses contre le bon sens.*
A wise-man or cunning-man. *Un devin.*
A wise-woman, (a witch.) *Une sorciere, une devineresse.*

Wise, (learned, skilled, cunning, witty.) *Savant, entendu, habile, intelligent, d'esprit.*
I am not the wiser for it. *Je n'en suis pas plus savant.*
As wise as you are. *Tout habile homme que vous êtes.*
A wise-man may be caught by a fool. *L'n homme d'esprit est quelquefois la dupe d'un sot.*
A word is enough to the wise. *Le sage ou un homme d'esprit entend à demi-mot.*
WISE, s. (this word is often corrupted into ways.) *Maniere, sorte, façon.*
In this wise. *De cette maniere, de cette sorte ou de cette façon.*
In any wise. *Absolument, à quelque prix que ce soit.*
In no wise. *Nullement, point du tout.*
WISEACRE, sub. (a fool or sottish conceited fellow.) *Un sot, un niais, un badaud, un benêt.*
WISELY, adv. (judiciously, prudently.) *Sagement, prudemment, d'une maniere sage, avisée, prudente.*
WISEMAN. V. Wise-man sous Wise.
WISER, (the comparative of wise.) *Plus sage, &c.* V. Wise.
He thinks himself wiser than his master. *Il croit en savoir plus que son maitre.*
Had she but held her tongue, he had been never the wiser. *Si elle avoit eu l'esprit de retenir sa langue, il n'en auroit jamais rien su.*
They smiled and laughed at him, and he never the wiser. *Ils souricient & se moquoient de lui sans qu'il s'en apperçût.*
WISEST, (the superlative of wise.) *Le plus sage, &c.* V. Wise.
He thought himself the wisest of men but he found in the end he was mistaken. *Il se croyoit le plus sage des hommes, mais il s'est apperçu enfin qu'il se trompoit.*
WISH, sub. (or desire.) *Souhait, vœu, désir.*
According to my wish. *A souhait, comme je le souhaitois.*
His wish was (he made it his wish) that. *Il souhaitoit ou il désiroit que.*
To have one's wish, (or will.) *Avoir ce qu'on souhaite.*
To WISH, v. act. (or desire.) *Souhaiter, désirer, faire des vœux.*
I never wished for any such thing. *Je n'ai jamais rien souhaité de tel.*
I wish you a happy voyage. *Je vous souhaite un heureux voyage.*
To wish one well. *Souhaiter à quelqu'un toute sorte de bien ou de prospérité.*
To wish one dead. *Souhaiter la mort de quelqu'un.*
I wish for, I could wish. *Je voudrois, je souhaiterois.*
I wish I were gone. *Je voudrois m'en être allé.*
To wish one joy of a thing. *Féliciter quelqu'un d'une chose, congratuler quelqu'un sur quelque chose ou de quelque chose, se réjouir avec lui de quelque bonheur qui lui arrive, lui en faire compliment.*
I wish to God you had done it. *Plût à Dieu que vous l'eussiez fait.*
I wished (or longed) for your company. *J'aurois bien voulu avoir votre compagnie.*
Wished or wished for, adject. *Souhaité, désiré.*
A thing to be wished, (or desired.) *Une chose souhaitable, à souhaiter ou à désirer.*
WISHER, s. Ex. A well-wisher to one.

Un bon ami de quelqu'un, une personne qui lui souhaite du bien.
WISHFUL,
WISTFUL, } adject. (or passionate.) *Amoureux.*
WISHFULLY,
WISTFULLY, } adv. *Passionnément.*
WISHING, s. *L'action de souhaiter, &c.* V. to Wish.
WISKET. V. Basket.
WISP, s. A wisp of straw or hay, (to rub horses with.) *Un bouchon ou un torchon de paille ou de foin.*
A wisp, (to carry something on.) *Un espece de bourrelet fait de paille ou de foin, dont on se sert lorsque l'on veut porter quelque chose sur sa tête.*
† An arse-wisp, (or bum-fodder.) *Un torche-cu.*
Will with a wisp or jack in a lantern. V. Jack.
WIST. Ex. Had I wist, (or had I known.) *Si je l'avois su.*
R. *C'est le prétérit & part. passé du verbe* to Wis, *savoir.*
P. Beware of, had I wist. *Prenez si bien vos mesures que vous ne soyez pas réduit à dire, si je l'avois su.*
WISTFUL, adject. (earnest.) *Pensif, attentif, fixe.*
WISTFULLY,
WISTLY, } adv. earnestly, attentively.) *Fixement, attentivement.*
Ex. To look wistly or wistfully upon one. *Regarder quelqu'un fixement.*
WIT, subst. (the faculties of the rational soul.) *Esprit, les facultés de l'ame raisonnable.*
A great and solid wit. *Un esprit grand & solide.*
A ready wit. *Un esprit présent.*
A fine wit. *Un bel esprit, un esprit fin.*
Wit, (genius, fancy or understanding.) *Esprit, génie, faculté de l'imagination & de la conception, imagination, conception.*
She has a great deal of wit. *Elle a beaucoup d'esprit, elle a infiniment d'esprit, elle est fort spirituelle.*
A man of good wit, (or a fine genius.) *Un homme d'esprit.*
A dull heavy wit. *Un esprit pesant & tardif.*
Wit, (wisdom, judgment.) *Esprit, sagesse, prudence, jugement.*
P. Bought wit is best. *Il n'est rien de tel que d'être sage à ses dépens.*
He has not the wit to do his own business. *Il n'a pas l'esprit de faire ses propres affaires.*
Wit, (or cunning.) *Esprit, adresse, finesse, politique.*
To teach one wit. *Déniaiser quelqu'un.*
We must try our wit. *Il faut user de finesse ou de politique.*
To learn wit. *Se déniaiser, se faire.*
† To go a wit gathering. *Aller voyager pour se former.*
Wit, (genius or aptness for any thing.) *Esprit, aptitude, disposition qu'on a à quelque chose.*
He has the wit of criticism. *Il a l'esprit de la critique.*
Wit, (witty or ingenious things in a discourse, &c.) *Esprit, belles choses, ce qui est ingénieux dans un discours, &c.*
His poem is full of wit. *Son poeme est plein d'esprit.*
Where did you learn so much wit? *Où avez-vous appris tant de belles choses?*

Your

WIT

Your tongue runs before your wit. *Vous ne songez pas à ce que vous dites.*
Wit and reason, (a game at cards.) *Sorte de jeu des cartes.*
A wit, (a man of wit, a virtuoso.) *Un bel esprit.*
A wit, (a person who affects to be above the common opinions.) *Un esprit fort.*
Wits, (in the plural, good sense.) *Sens, jugement, raison, esprit.*
To have one's wits about one, to be in one's right wits. *Se posséder, être en son bon sens.*
To be out of one's wits. *Être hors du sens, avoir perdu l'esprit ou le sens, être fou, insensé ou enragé.*
He makes me out of my wits, (or turns my brains.) *Il me fait perdre le sens, il me met hors du sens.*
Wits, (or industry.) *Industrie.*
He lives by his wits. *Il vit d'industrie,* † *c'est un chevalier d'industrie.*
To be at one's wits end. *Être en peine, être embarrassé, ne savoir plus de quel côté se tourner, ne savoir plus que faire; être au bout de son latin.*
To come to one's wits again, (to recover one's self or one's spirits.) *Reprendre ses esprits ou revenir à soi.*
The wits of the age. *Les beaux esprits de ce siecle.*
To WIT, v. neut. (to know.) *Savoir, à savoir est, c'est à savoir.*
* To wit, verb. act. (it was formerly used for the verb to Know.) *Savoir.*
Ex. He stood to wit (or know) what would be done. *Il attendit pour savoir ce qui se passeroit.*
WITCH, sub. (a sorceress.) *Une sorciere, une magicienne.*
WITCHCRAFT,
WITCHERY, } sub. *Sorcellerie, sortilege, charmes, enchantement, maléfice.*
To WITE. V. to Blame.
WITH, (a conjunctive preposition.) *Avec.*
Ex. I was with him just now. *J'étois avec lui tout-à-l'heure.*
Come along with me. *Venez-vous-en avec moi.*
I will join with you. *Je me veux joindre avec vous.*
With, (used to express the matter, instrument and manner whereby a thing is done.) *Avec, &c.*
Ex. To cut with a knife. *Couper avec un couteau.*
To write with a pen. *Ecrire avec une plume.*
With his own hand. *De sa propre main.*
With all my heart. *De tout mon cœur.*
Paved with free-stone. *Pavé de pierre de taille.*
What shall I do with him? *Que ferai-je de lui?*
With a good or an evil eye. *De bon ou de mauvais œil.*
With, (or by.) *De, par.*
Surrounded with the sea. *Environné de la mer.*
To cure a disease with fasting. *Guérir une maladie par l'abstinence.*
I will begin with that. *Je veux commencer par-là.*
With, (is often rendered in French by à.)
Ex. To be in hand with a thing. *Travailler à quelque chose, y être après.*
To speak with one. *Parler à quelqu'un.*
With a loud voice. *A haute voix.*
With much ado. *A grand peine, difficilement.*

To compare one thing with another. *Comparer une chose à une autre.*
With tears in his eyes. *Les larmes aux yeux.*
To be angry with one. *Être fâché contre quelqu'un.*
With, (is often made in French, by the particle en.) Ex. To swear with a safe conscience. *Jurer en sûreté de conscience.*
I know not what to do with him. *Je ne sais qu'en faire.*
I am content with it. *J'en suis content.*
He is very well pleased with him. *Il en est fort satisfait.*
He hurt himself with a fall. *Il s'est fait mal en tombant.*
He goes on with his villany. *Il continue dans son crime.*
That is of little importance with me. *Cela ne me sert de rien.*
He finds fault with it. *Il y trouve à redire.*
To meet with one. *Rencontrer quelqu'un.*
I shall meet (I shall be even) with him. *Je lui rendrai la pareille ou je me vengerai de lui.*
To live with one, (as a domestick.) *Être auprès de quelqu'un, demeurer chez lui en qualité de domestique.*
To be in favour with one. *Être bien auprès de quelqu'un, être dans ses bonnes graces.*
Give me leave to speak a word with you. *Permettez-moi de vous dire un mot, souffrez que je vous dise un mot.*
What would you have with me? *Que me voulez-vous, que souhaitez-vous de moi?*
Did that business succeed with him? *A-t-il réussi dans cette affaire? cette affaire lui a-t-elle réussi?*
Things don't or do not go well with them? *Leurs affaires ne vont pas bien, leurs affaires vont mal.*
He shall not go away with it so. *Il n'en sera pas quitte de la sorte ou à si bon marché.*
To be out of love with one's self. *Se déplaire à soi-même.*
To be out of conceit with a thing. *Être dégoûté de quelque chose, en être revenu.*
It is with us as with the French. *Il en est de nous comme des François.*
It is just so with me. *Il m'en prend tout de même.*
It is not with you as with us. *Il ne vous en prend pas comme à nous, votre état & le nôtre sont bien différents.*
They are all one with us. *Ils sont de même sentiment que nous.*
To stand with one's hat off. *Se tenir chapeau bas ou la tête découverte.*
This is the same with that. *C'est la même chose.*
They are made up of the same elements with you. *Ils sont composés des mêmes éléments que vous.*
He died with (or notwithstanding) all the care and physick that could be used. *Il mourut nonobstant tous les soins qu'on prit de lui & tous les remedes qu'on lui donna.*
With that. *A ces mots.*
We had the wind with us. *Nous avions bon vent, nous avions le vent favorable.*
One with another, (together.) *Ensemble.*
To agree with one another. *S'accorder bien ensemble, être de bon accord ou de bonne intelligence.*
To contend one with another. *Avoir quelque différent ensemble, disconvenir, se quereller, disputer ensemble.*
Their society one with another. *La société qu'il y a entr'eux.*
They are worth a crown a-piece one with another. *Ils valent un écu chacun l'un portant l'autre.*
It is or 'tis an usual thing with him. *C'est une chose qui lui est ordinaire.*
He has some particular ways with him. *Il est assez particulier ou singulier dans ses manieres, il fait les choses assez singulierement.*
They pretended to subject the Ecclesiasticks to the payement of the same duties and excise with the inhabitants. *Ils prétendoient d'obliger les Ecclésiastiques de payer les mêmes droits que les autres habitants.*
It has a good smell (or scent) with it. *Il sent bon, il a une bonne senteur, il est odoriférant.*
That has an ill smell with it. *Cela sent mauvais, cela a une mauvaise senteur.*
With the soonest, with all speed. *Au plûtôt.*
WITHAL, prép. (or with.) *Avec.*
What shall I do it withal? *Avec quoi le ferai-je?*
I have nothing to do it withal? *Je n'ai rien pour le faire.*
Withal, adv. (also or besides.) *Aussi, d'ailleurs, en même temps, de plus.*
To WITHDRAW, verb. act. (to draw away.) *Retirer, faire retirer, tirer hors, ôter.*
He withdrew his forces. *Il retira ou il fit retirer ses forces.*
To withdraw (to alienate or estrange) one's mind from another. *Aliéner l'esprit de quelqu'un, faire perdre l'affection qu'on a pour lui.*
To withdraw, v. neut. (to go away.) *Se retirer, s'en aller, s'éloigner, sortir.*
WITHDRAWING, s. *L'action de retirer, &c. Voy. to Withdraw.*
A withdrawing room. *Une anti-chambre.*
WITHDRAWN, adj. *Retiré, sorti.*
WITHE, s. (willow twig.) *Osier pleyon, brin d'osier ou de bouleau, qui est pliable.*
To WITHER, v. neut. (or to fade.) *Se flétrir, se faner, se sécher, dépérir.*
Withered, adj. *Flétri, fané, séché.*
WITHEREDNESS, s. *Sécheresse.*
WITHERING, adj. *Qui séche ou qui flétrit, qui se séche ou se ferit, &c.*
WITHERS, s. (the withers of a horse.) *Le garrot d'un cheval.*
WITH-HELD, adj. *Retenu, arrêté, empêché.*
To WITH-HOLD, verb. act. (or keep) one from any thing. *Retenir, arrêter quelqu'un, l'empêcher de faire quelque chose.*
To with-hold one's estate. *Détenir, retenir le bien de quelqu'un.*
WITH-HOLDER, s. *Celui qui retient, qui arrête, qui empêche.*
A with-holder, (of another man's estate or right.) *Un détenteur, une détentrice.*
WITH-HOLDING, s. *L'action de retenir, &c. V. to With hold.*
WITHIN, prép. (or in.) *Dans, en dedans, par dedans.*

Within

WIT — WIT — WIT WOM

Within a few days. *Dans ou en peu de jours.*
To keep within the trench. *Se tenir dans la tranchés.*
Within, (expressing the distance of time or place.) *Dans, en, à.*
Within two months. *Dans ou en deux mois.*
Within three miles. *A trois milles.*
Within, (inward.) *En dedans, intérieurement.*
From within. *De dedans.*
Within and without. *Par dedans & par dehors.*
Within, (at home.) *Au logis.*
Is he within? *Est-il au logis?*
To keep within doors. *Se tenir au logis.*
Within? *A. Ex.* Within cannon-shot. *A la portée du canon.*
Within an inch of the ground. *A un doigt de terre.*
Now we are within ourselves. *Maintenant que nous sommes en notre particulier.*
Enjoy it within yourselves. *Jouissez-en en votre particulier.*
This crime is within that statute. *Cette loi s'étend jusqu'à ce crime, ou ce crime est compris dans cette loi.*
That's or that is not within my reach. *Cela est hors de ma portée, je ne saurois y atteindre; & dans le figuré, cela n'est pas en mon pouvoir.*
To be within one's lash. *Etre sous la correction de quelqu'un.*
Within compass. V. *Compass.*
Within a while after. *Quelque temps après.*
Within a small matter. *A peu près, à quelque chose près, il s'en faut peu de chose, il s'en est peu fallu.*
He was within a little of being killed. *Peu s'en fallut qu'il ne fût tué, il pensa être tué.*
WITHINSIDE, *adv. En dedans.*
WITHOUT, *adv.* (out, abroad.) *Dehors, par dehors, en dehors, de dehors.*
He is without. *Il est dehors.*
A fine house without. *Une maison belle par dehors ou en dehors.*
The things without. *Les choses qui sont de dehors.*
Without, *prep.* (out, not within compass of.) *Hors, par dehors.*
Look for him without doors. *Cherchez-le hors de la maison, cherchez le dans la rue.*
Without the town. *Par dehors la ville.*
Without, (an exclusive preposition, the contrary of with.) *Sans, sans que.*
Without the King's order. *Sans les ordres du Roi.*
Without doubt. *Sans doute.*
Without longer staying. *Sans attendre davantage.*
I cannot live without a wife. *Je ne saurois vivre sans femme, je ne saurois me passer de femme.*
Without jesting. *Sans raillerie, raillerie à part.*
I remember it without your telling me. *Je m'en souviens assez, sans que vous me le disiez.*
He will come without sending for. *Il viendra bien sans qu'on l'envoie querir.*
You cannot do it without breach of the laws. *Vous ne le sauriez faire sans violer les loix.*

To learn a thing without book. *Apprendre une chose par cœur.*
Say it without book. *Récitez-le, dites-le par cœur.*
Without punishment. *Impunément.*
They are not without their follies. *Ils ne sont pas exempts de follies.*
He is like to go without it. *Il y a apparence qu'il ne l'aura pas, il faudra bien qu'il s'en passe.*
I cannot be or I cannot make shift without it. *Je ne saurois m'en passer.*
Without, *conj.* (unless.) *A moins que, si ce n'est que.*
He'll or he will not do it without your speaking to him. *Il n'en fera rien à moins que vous ne lui parliez.*
To WITHSTAND, *v. act.* (to resist or oppose.) *Résister, faire résistance, s'opposer, se roidir.*
To withstand God's grace. *Résister à la grace de Dieu.*
To withstand reason. *Se roidir contre la raison.*
Thou withstandest thine own good fortune. *Tu t'opposes à ta bonne fortune, tu fuis ton bonheur.*
WITHSTANDER, *s. Celui ou celle qui résiste, &c. V.* to Withstand.
WITHSTANDING, *s. Résistance, opposition, l'action de résister, &c. V.* to Withstand.
WITHSTOOD, *prétérit du verbe* to Withstand.
WITHY, *s.* (willow.) *Osier.*
WITLESS, *adj.* (without wit.) *Qui n'a point d'esprit, sans esprit, où il n'y a point d'esprit.*
WITLING, *subst.* (small wit.) *Petit esprit.*
WITNESS, *subst.* (one that has seen or heard any thing and may testify it.) *Témoin.*
An eye-witness. *Un témoin oculaire.*
An ear-witness. *Un témoin qui dépose par ouï-dire.*
To hear the witness. *Ouïr ou entendre les témoins.*
To hear them again. *Les récoler.*
To call to witness. *Prendre à témoin.*
I call or I take God to witness. *Je prends Dieu à témoin, Dieu m'est témoin ou Dieu m'en est témoin.*
To be witness (or godfather) to a child. *Etre parrain d'un enfant.*
In witness whereof I have set my hand to this writing. *En foi de quoi j'ai signé le présent écrit.*
Witness, *adv. Témoin.*
Witness my hand and seal. *Témoin mon seing & mon sceau.*
To WITNESS, *verb. act.* (to attest.) *Témoigner, rendre ou porter témoignage, être témoin, servir de témoin.*
Witnessed, *adj. Témoigné, dont on rend ou dont on a rendu témoignage.*
WITNESSING, *s. Témoignage, l'action de témoigner ou de rendre témoignage.*
WITTED, *adj.* (having wit.) *Ex.* Quickwitted. *Qui a l'esprit vif.*
Dull-witted. *Qui a l'esprit pesant ou lourd.*
Half-witted. *Qui a peu d'esprit, qui n'a pas grand esprit; simple, niais.*
A half-witted man. *Un demi-fou.*
WITTICISM, *s.* (or witty saying.) *Un bon mot, un trait d'esprit.*
WITTILY, *adv.* (or ingeniously.) *Spirituellement, avec esprit.*
WITTINESS, *s. Esprit.*

WITTINGLY, *adv. A dessein, de dessein formé, exprès.*
WITTOL. V. *Cuckold.*
WITTY, *adj.* (that has a great deal of wit, ingenious, full of imagination.) *Spirituel, ingénieux, subtil d'esprit, qui a de l'esprit.*
Witty, (sarcastick, keen.) *Satirique, piquant.*
WITWAL, *s.* (a sort of bird.) *Un pic, sorte d'oiseau.*
† To WIVE, *v. n.* (to marry a wife.) *Se marier, prendre une femme.*
WIVES, *c'est le pluriel de* wife.
WIVING, *s.* (or marrying.) *L'action de se marier, mariage.*
WIZARD, *subst.* (a cunning-man or forcerer.) *Un devin, un sorcier, un magicien.*
WO.
WOE, *s.* (calamity, misery, trouble, grief.) *Malheur, infortune, misère, chagrin, douleur.*
To be in great wo. *Etre bien misérable ou malheureux.*
Wo! *interj. Malheur!*
Wo to you. *Malheur à vous.*
Woe is me or wo's me. *Malheur à moi, misérable que je suis! que je suis misérable ou malheureux!*
WOAD, *subst.* (a plant used in dying.) *Gaude, guede, pastel, plante.*
To WOAD, *v. act.* (to die with woad.) *Gueder, teindre avec la guede.*
Woaded, *adj. Guedé.*
WOE. V. *Wo.*
WOFUL, *adj.* (sad or doleful.) *Triste, dolent.*
Woful, (sad, calamitous, unhappy.) *Triste, malheureux, méprisable, infortuné.*
By woful experience. *Par une triste expérience.*
A woful (strange or odd sort of) man. *Un étrange homme, un homme d'une humeur bizarre.*
WOFULLY, *adverb. Tristement, dolemment.*
To complain wofully of one. *Se plaindre fort de quelqu'un.*
WOLD, *s.* (an open champain ground, hilly and void of wood.) *Une étendue de pays découvert & élevé par dessus les terres voisines.*
WOLF, *subst.* (a fierce wild beast.) *Un loup.*
P. To hold a wolf by the ears. P. *Tenir le loup par les oreilles.*
A she-wolf. *Une louve.*
A young wolf. *Un louveteau.*
A sea-wolf. *Un loup de mer.*
A wolf-man or were-wolf. *Un loup-garou.*
Wolf, (a sore in one's legs.) *Loup, ulcere qui vient aux jambes.*
Wolf's-teeth, (a sort of horse's teeth.) *Surdents de cheval.*
Wolf's milk, (a sort of herb.) *Tithymale, sorte d'herbe.*
Wolf's-bane. *Aconit.*
To keep the wolf out of doors. *Avoir de quoi subsister.*
WOLVES, *c'est le pluriel de* wolf.
WOLFISH, *adject.* (greedy.) *Goulu, vorace.*
A wolfish person. *Un goulu, une goulue.*
WOMAN, *s.* (the female of the human race.) *Une femme, la femelle de l'homme,* † *une femelle.*

A

A young woman. *Une jeune femme.*
An old woman. *Une vieille femme, une vieille.*
A manly woman, (a woman of a stout or manly courage.) *Femme d'un courage viril, une amazone.*
A dangerous woman. *Une dangereuse femelle.*
To love women. *Aimer les femmes ou aimer le sexe.*
To be given to women. *Être adonné aux femmes ou à la débauche des femmes.*
A lady's woman or waiting-woman. *La femme de chambre d'une Dame.*
A woman of the town, (a courtezan, a crack.) *Une femme débauchée, une courtisane, une putain.*
WOMAN-HOOD, *f. L'état ou la condition d'une femme.*
WOMANISH, *adj.* (of a woman, effeminate.) *Féminin, de femme, qui convient à une femme, efféminé, mou.*
Ex. A womanish face. *Un visage féminin, visage efféminé.*
To WOMANISE, *v. act. Efféminer.*
WOMANKIND, *f.* (the female sex.) *Les femmes, le sexe féminin.*
WOMANLY, } *adject.* (becoming a
WOMANLIKE, } woman.) *Qui a l'air ou les manieres d'une femme, qui n'est pas enfant.*
Womanly, *adv. En femme.*
WOMB, *f. Matrice, mere.*
A woman's womb. *La matrice d'une femme.*
The womb-passage or womb-pipe. *Le vagin.*
WOMEN, *c'est le pluriel de* woman.
WON, prétérit de to Win.
Won, *adj.* (from to win.) *Gagné,* &c. *Voy. to* Win.
To WON. *Voy. to* Dwell.
WONDER, *f.* (marvel, miracle, prodigy.) *Merveille, miracle, chose merveilleuse ou miraculeuse, prodige.*
To perform or to do wonders. *Faire des merveilles.*
He makes a wonder of it or at it. *Il en parle comme d'un prodige.*
It is or 'tis an easy business that he makes a wonder at. *Ce qui lui paroît si étrange est une affaire fort aisée.*
Wonder, (wondering, admiration, surprise.) *Étonnement, admiration, surprise.*
That is the subject of my wonder. *C'est le sujet de mon étonnement.*
P. It is or 'tis a nine days wonder. P. *Quelque bruit que cela fasse maintenant, on n'en parlera plus au bout de quelques jours.*
Wonder-working. *Étonnant, surprenant.*
To WONDER, *v. neut.* (to marvel, to admire.) *S'étonner, être étonné, s'émerveiller, être surpris, admirer, trouver étrange.*
I wonder at it. *Je m'en étonne, j'en suis tout surpris.*
I wonder you should think. *Je vous admire de penser.*
I wonder if I would fain know what this is. *Je voudrois bien savoir ce que c'est.*
What is or what's that, I wonder? *Qu'est cela, je vous prie?*
Wondered at, *adj. Dont on s'étonne.*
'Tis very much wondered at. *On s'en étonne fort.*
A thing to be wondered at. *Une chose étonnante, surprenante.*

'Tis not a thing to be wondered at. *Ce n'est pas une chose dont il faille tant s'étonner.*
WONDERER, *subst. Admirateur, admiratrice.*
WONDERFUL, *adj. Merveilleux, admirable, étonnant, surprenant.*
Wonderful, *adv.* Ex. Wonderful well. *Admirablement, admirablement bien, à merveille.*
Wonderful rich. *Extrêmement riche, fort riche.*
WONDERFULLY, *adv. Admirablement, merveilleusement, à merveille, extrêmement.*
WONDERING, *f.* (admiration.) *Admiration, étonnement.*
† WONDERMENT, *subst.* (wondering, surprise.) *Étonnement, admiration, surprise.*
He made great wonderment at or of it. *Il fit fort l'étonné, il s'en étonna beaucoup.*
WONDRED at. *Voy. to* Wonder.
WONDROUS, *adject.* (admirable.) *Merveilleux, admirable, surprenant.*
What wondrous thing has he done there? *Quelle merveille a-t-il faite là?*
WONDROUSLY, *adverb.* (wonderfully, extremely.) *Merveilleusement, admirablement, d'une maniere étonnante, extrêmement.*
WON'T, an abbreviation of will not. Ex. I won't. *Je ne veux pas.*
WONT, *adject.* (accustomed or used.) *Accoutumé, qui a coutume, qui a coutume.*
We were wont to do so. *Nous y étions accoutumés, nous étions accoutumés de le faire.*
The Court was wont to be held such a day. *La Cour se tenoit ordinairement un tel jour.*
After my wont, (or custom.) *Selon ma coutume ou mon usage.*
To WONT, } *verb. neut.* (to be
To BE WONT, } usually at a place.) *Se tenir d'ordinaire.*
That bird wonts commonly near the waterside. *Cet oiseau se tient d'ordinaire au bord de l'eau.*
Wonted, *adj. Accoutumé, ordinaire.*
To WOO, *v. act.* (to court, to make love to.) *Faire l'amour, rechercher en mariage.*
I wooed (or prayed) him to do it. *Je le priai ou je le suppliai de le faire.*
WOOD, *f.* (a place set with trees.) *Un bois, une petite forêt.*
Wood, (the substance of trees.) *Bois, la substance des arbres.*
Wood and wood, (a sea phrase when two timbers join close together.) *Cela signifie, en termes de mer, deux pieces de bois qui se joignent parfaitement.*
Wood-bind or wood-bine, (honey-suckle.) *Chevre-feuille, sorte d'arbrisseau.*
Wood-cleaver. *Bûcheron, celui qui met le bois en bûches.*
A wood-pecker. *Un grimpereau, sorte d'oiseau.*
The ordinary wood-pecker, *Un pic ou pivert.*
Wood cock, (a sort of wild-fowl.) *Une bécasse.*
A wood culver or wood-pigeon. *Un pigeon-ramier.*
Wood louse, *Cloporte.*

Wood fretter. *Artison, ver qui ronge le bois.*
Wood-sorrel. *Oseille sauvage.*
Wood-pease. *Pois sauvage.*
Wood house. *Un bûcher, lieu où l'on serre le bois.*
Wood-nymph. *Driade.*
Wood pile. *Une pile de bois, un bûcher.*
Wood stock. *Un tas de bois.*
Wood yard. *Basse-cour où l'on tient le bois.*
A timber-merchant's wood yard. *Magasin de bois de charpente, chantier.*
Wood land. *Pays plein de bois.*
Wood-meil, (a sea-term.) *Sorte de frise ou étoffe grossiere pour les sabords, les écarts de la quille,* &c.
Wood-monger, (or wood-feller.) *Vendeur ou marchand de bois.*
Wood men, (those in the forest that have charge especially to look to the King's wood.) *Forestiers, gardes de forêt.*
Wood-ward, (an officer in the forest.) *Officier de forêt.*
† Wood-mote, (now called the court of attachment.) *Cour forestiere.*
Wood-geld, (immunity from paying of money for taking wood in the forest.) *Le privilege de prendre gratis du bois dans une forêt royale.*
* Wood, *adj.* (or mad.) *Furibond, furieux.*
WOODEN, *adj. De bois.*
Wooden-shoes. *Souliers de bois, des sabots.*
WOODY, *adj.* (full of woods.) *Plein de bois, plein de forêts.*
Woody, (of the nature of wood.) *Boiseux, ligneux.*
WOOER, *f.* (or suitor.) *Un amant, un galant.*
WOOF, *subst.* (thread weaved cross the warp.) *Trame, terme de tisserand.*
WOOING, *subst.* (or courting, from to woo.) *L'action de faire l'amour.* V. to Woo.
Wooing, *adj.* Ex. † A wooing candle, or watch-light. *Chandelle de veille.*
WOOINGLY, *adv. Avec instance.*
WOOL, *f. Laine, de la laine.*
A wool-driver. *Celui qui achete la laine à la campagne pour la revendre au marché ou aux ouvriers en drap.*
Wool-staple. *Étape pour la laine.*
Wool-blade, (a plant.) *Bouillon-blanc, herbe.*
Wool-gathering. Ex. Your wits are a wool-gathering or wandering. *Vous avez l'esprit égaré ou distrait, vous êtes dans un étrange égarement, vous ne songez pas à ce que vous faites.*
Wool-pack. *Sac de laine.*
Wool-pated, *adj. Qui a les cheveux crépus* & *cotonnés, comme les negres.*
To WOOLD, *v.* (a sea-term.) *Rouster ou faire une rousture.*
WOOLDING, *f. Rosture ou Rousture.*
WOOLLEN, *adj. De laine.*
Woollen-cloth. *Du drap.*
Woollen, *subst. Étoffe de laine, tout ce qui est fait de laine.*
To bury in woollen. *Enterrer les morts en habits de laine ou de flanelle.*
WOOLLY, *adj. Laineux, plein de laine ou qui tient de la laine.*
WORD, *f.* (a term or expression.) *Mot, parole, terme, diction, expression.*
A word used, a word in use. *Mot usité ou qui est en usage.*

Word

Word for word. *Mot pour mot, mot à mot.*
Proper words. *Des termes propres.*
Word, (what one speaks or writes.) *Mot, parole, ce qu'on dit ou qu'on écrit.*
Pray speak a word for me. *Je vous prie de dire un mot en ma faveur.*
I will write him a word or two about it. *Je lui en écrirai un ou deux mots.*
A word with you, or let me speak a word with you. *Un mot, s'il vous plaît, que je vous dise un mot.*
A word of comfort. *Un mot de consolation.*
Not to say a word, (to be silent.) *Ne dire mot, ne point parler, se taire.*
At a word, in a word. *En un mot.*
In few words. *En peu de mots, en peu de paroles.*
He had not a word to say. *Il n'eut pas le mot à dire, il n'eut pas le petit mot ou le moindre mot à dire.*
Pray, make no words on't or of it, or say not a word of that, † not a word of the pudding, (mum.) *N'en dites mot, † bouche cousue là-dessus, pas le mot là-dessus.*
Soft words. *Des paroles emmiellées, de belles paroles.*
Words of course. *Paroles de complimens, paroles de civilité, manières de parler.*
Good or fair words. *De bonnes ou de belles paroles.*
Ill or bad words. *De mauvaises paroles, des paroles outrageuses.*
To give ill or injurious words. *Maltraiter de paroles, injurier.*
Words or big words, (ill, abusive language.) *Paroles, grosses paroles, gros mots, discours piquants, aigres, offensants.*
They cannot afford one another a good word. *Ils parlent toujours mal ou ils médisent toujours l'un de l'autre.*
They exchanged words together, there passed some bitter words betwixt them. *Ils ont eu des paroles ou quelques paroles ensemble, ils se sont querellés, ils en sont venus aux gros mots.*
The word or the watch-word. *Le mot du guet.*
To take the word. *Recevoir le mot.*
Word, (offer in any bargain.) *Mot, parole, offre, proposition.*
I have but one word. *Je n'ai qu'une parole, je ne suis pas un homme à deux mots.*
Is that your last word? *Est-ce votre dernier mot?*
I take you at your word. *Je vous prends au mot.*
Word, (or promise.) *Parole, promesse.*
To pass (or engage) one's word. *Donner, engager sa parole.*
A man of his word, a man as good as his word. (an honest man.) *Un homme de parole.*
To keep one's word, to be as good as one's word. *Tenir sa parole ou sa promesse.*
To fall of one's word, to go back from one's word, (to retract or recant.) *Manquer de parole, ne pas tenir sa parole, violer sa parole, se dédire.*
You have said or spoke the word, (you have said all.) *Vous dites-là le mot, c'est-là le nœud de l'affaire.*
Words, vain words, (in opposition to deeds.) *Paroles vaines & vagues, paroles en l'air, par opposition aux effets.*
It is or 'tis but a word and a blow with him. *Il frappe sans dire gare.* Voyez Blow.
P. A word is enough to the wise. *Le sage entend à demi-mot.*
If you will take my word, *Si vous voulez m'en croire.*
Take my word for it. *Croyez-moi.*
To write or send word. *Mander, faire savoir, apprendre, donner avis.*
At that word he flew into a passion. *Là-dessus ou à ces mots, il se mit en colère.*
I will not hear a word you say, I won't hear a word. *Je ne veux pas vous entendre ou vous écouter.*
A man of few words. *Un homme qui parle peu ou qui fait peu de bruit.*
A man of many words. *Un grand parleur, un homme qui parle trop, un homme qui n'est pas à un mot.*
To make or have many words about a trifle. *Contester, disputer long-temps sur une chose de néant.*
Make no more words about it. *N'en parlez plus.*
Do not make so many words of it, *Coupez court.*
He makes more words about it than the thing is worth. *Il marchande, il barguigne plus que la chose ne vaut.*
The words of command, (in military exercise.) *Les commandemens de l'exercice militaire.*
The words of a tune or song. *Les mots d'un air ou d'une chanson.*
I left word that he should do it. *J'ai laissé ordre qu'il le fît.*
I left word with the maid, that I should come again within an hour. *J'ai dit à la servante que je reviendrois dans une heure.*
By word of mouth. *De bouche.*
A word-book. *Un vocabulaire.*
To WORD, v. act. (to express or indite.) *Écrire, mettre par écrit, écrire en certains termes.*
To word a thing well, (or neatly.) *Exprimer bien une chose, la mettre en bons termes.*
I would not descend to word it with her, (or to speak to her.) *Je ne veux pas m'abaisser jusques-là que de lui en parler.*
Word-catching, *Dispute de mots.*
Word-catcher. *Un disputeur, un critique de mots.*
Worded, adj. *Exprimé, écrit, mis par écrit.*
A letter well worded, *Une lettre bien faite, bien écrite, mise en bons termes.*
WORDING, subst. *L'action d'écrire ou d'exprimer bien ou mal une chose.* Voy. To Word.
WORDY, adjec. (verbose.) *Qui parle beaucoup, babillard, assidu, long.*
WORE, *c'est un prétérit du verbe to* Wear.
WORK, s. (labour, employment, pains to do any thing.) *Travail, ouvrage, besogne, peine, jatisse pour faire quelque chose, occupation, affaire.*
To love work. *Aimer le travail, aimer à travailler, se plaire au travail.*
To be at work. *Être à son travail ou à sa besogne, travailler.*
To set to one's work. *Se mettre au travail, se mettre à travailler.*
To mind or to do one's work. *S'attacher, être assidu, être attentif ou vaquer à son ouvrage ou à sa besogne, faire sa besogne.*
He is busy at work. *Il est occupé à son ouvrage, il est occupé, il travaille.*
To set one at work, to find one work. *Mettre quelqu'un en besogne, lui donner du travail, de l'ouvrage ou de l'occupation, l'occuper, l'employer.*
The work of the brain. *Le travail de l'esprit.*
I found him at work. *Je l'ai trouvé qui travailloit.*
To consider or reward one's work. *Récompenser le travail ou le labeur de quelqu'un.*
He has made a good day's work on't or of it. *Il a fait beaucoup d'ouvrage ou bien de la besogne aujourd'hui, il a bien travaillé, il a bien avancé aujourd'hui.*
The work of our salvation. *L'ouvrage ou l'affaire de notre salut.*
Work, (any thing that is to do.) *Travail, ouvrage, besogne, ce qui est à faire.*
There is a twelve-months work, *Il y a du travail ou de l'ouvrage pour un an.*
To give the workmen their work. *Distribuer le travail, l'ouvrage ou la besogne entre les ouvriers.*
To have no work to do. *N'avoir point d'ouvrage, n'avoir rien à faire.*
Work or piece of work, (the production or result of our work or pains.) *Œuvre, ouvrage, travail, besogne, production.*
The works of God and nature. *Les œuvres de Dieu & de la nature.*
A fine piece of work. *Un bel ouvrage, une belle besogne, un beau travail, une belle pièce.*
An ingenious piece of work. *Un ouvrage plein d'invention.*
A master-piece of work. *Un chef-d'œuvre.*
You have made a fine piece of work on't, (in an ironical sense, that is, you have spoiled all.) *Vous avez fait là une belle besogne, pour dire, vous avez tout gâté.*
A work of fortification. *Un ouvrage de fortification.*
A horn-work. *Un ouvrage à corne.*
The works of a siege. *Les travaux.*
A work of the brain, *Un ouvrage d'esprit, une production d'esprit.*
An Author's works. *Les œuvres ou les ouvrages d'un Auteur.*
Work, (deed or action.) *Œuvre ou action.*
Works of supererogation. *Œuvres de surérogation.*
Work, (business, trouble.) *Besogne, peine, exercice, embarras, affaire, trouble, désordre.*
To cut out work for one, to find him work. *Tailler de la besogne à quelqu'un, lui donner de la peine, de l'exercice, de l'embarras, lui donner des affaires.*
He will make work. *Il causera du trouble ou du désordre.*
You make yourself more work than you need, *Vous vous donnez plus de peine que vous ne devriez.*
We'll or we will make one work on't or of it. *Nous en ferons à une seule fois.*
You will find yourself work enough if. *Vous aurez assez à faire si.*

P. A

WOR

P. A woman's work is never ended. *Une femme n'a jamais fait.*
Instead of doing work he makes work. *Au lieu de travailler, il gâte le travail d'autrui.*
He has made a good day's work, (he has got or earned a great deal to-day.) *Il a bien gagné aujourd'hui.*
To be hard at work. *Travailler fort & ferme.*
You should have gone that way to work. *Il falloit vous y prendre ainsi.*
I will or I'll go another way to work. *Je m'y prendrai d'une autre manière, je tenterai une autre voie.*
And that way he did work. *Et comme cela il en vint à bout.*
Work or working in a ship. *Manœuvre.*
To WORK, v. nept. & act. (to be at work, to do work, to labour.) *Travailler, ouvrer, faire une besogne, un ouvrage de corps ou d'esprit.*
Ex. To work hard. *Travailler fort & ferme.*
To work one's self weary. *Se fatiguer à force de travailler.*
It is not lawful to work on holy-days. *Il n'est pas permis d'ouvrer les fêtes: c'est la seule phrase où ouvrer soit en usage.*
His mind works day and night. *Son esprit travaille jour & nuit, il se fatigue l'esprit jour & nuit.*
To work out one's salvation with fear and trembling. *Travailler à son salut avec crainte & tremblement.*
To work (or machinate) a man's ruin. *Travailler à la ruine de quelqu'un, tramer, machiner la perte de quelqu'un.*
To work, v. act. (to fashion.) *Travailler, façonner.*
This marble is well wrought. *Ce marbre est bien travaillé.*
To work iron. *Travailler le fer.*
To work a precious stone. *Mettre une pierre précieuse en œuvre.*
To work wool or silk. *Manufacturer de la soie.*
To work a gown with gold. *Brocher une robe d'or.*
To work a hat. *Fouler un chapeau.*
To work, v. act. & n. (to operate, to do, to act, to have an effect.) *Opérer, faire, produire quelque effet, agir.*
The physick works very well. *La médecine a fort bien opéré.*
The holy Spirit works in our souls. *Le Saint-Esprit opère dans nos âmes.*
The fire works upon our eyes. *Le feu agit sur nos yeux.*
To work a pump. *Faire jouer une pompe.*
To work a ship. *Manœuvrer un vaisseau.*
To work, verb. neut. (to be in a fermentation as wine and other liquors.) *Bouillir, cuver, fermenter.*
The sea begins to work, (or swell.) *La mer commence à s'enfler, elle commence à être agitée.*
The ship works. *Le vaisseau fatigue beaucoup.*
To work to windward. *Tenir le vent, serrer ou prendre le vent.*
To work deceit. *Tâcher de tromper quelqu'un.*
A war is feared, all things work that way. *On craint une guerre, tout semble s'y disposer.*
To work (to wriggle or insinuate) one's self INTO one's favour. *S'insinuer dans l'amitié de quelqu'un.*

WOR

To work one's self into credit or esteem. *S'acquérir de l'estime ou de la réputation.*
To work OUT one's task. *Achever, finir sa tâche.*
To work out one's design. *Venir à bout de son dessein.*
To work one out of a conceit or error, (to undeceive him.) *Désabuser, détromper quelqu'un.*
To work one out of his place, (or to undermine him.) *Débusquer quelqu'un, le supplanter, le faire sortir de sa place.*
To work one's self out. *Tâcher de sortir, faire ses efforts pour sortir.*
It will or 'twill work itself out by degrees. *Cela sortira de soi-même, insensiblement.*
Time will work it out. *Le temps le mettra au jour, cela se découvrira avec le temps.*
To work UPON, (to stir up, to move or affect.) *Emouvoir, toucher, faire impression sur, faire beaucoup d'effet sur, se faire sentir à.*
To work upon the humours. *Emouvoir les humeurs.*
That very thing works upon the minds of most men. *Cela touche les esprits de la plupart des hommes.*
This sad example wrought upon him. *Ce triste exemple fit beaucoup d'impression sur son esprit.*
Women and children are wrought upon by menaces. *Les menaces ont beaucoup de pouvoir ou sont efficaces sur l'esprit des femmes & sur les enfants.*
There is a certain affability and gentleness of acting that does wonderfully work upon the affections of all people. *Il y a une certaine affabilité & une manière d'agir civile & honnête qui servent admirablement bien à gagner l'affection de tout le monde.*
To work one's self OFF. *Se tirer d'affaire, se débarrasser.*
WORKDAY, *f.* *Un jour ouvrier ou ouvrable.*
WORKER, *f.* (one that works.) *Ouvrier.*
Ex. The master-worker of the mint. *Le maître ouvrier de la monnoie.*
A worker in a ship. *Un manœuvrier.*
WORKHOUSE,
WORKINGHOUSE, } *f. L'endroit d'une maison où les ouvriers travaillent de leur métier, le lieu où l'on fait travailler un atelier.*
A hatter's workhouse. *Foulerie.*
WORKING, *f. Travail, ouvrage, l'action de travailler,* &c. *V.* to Work.
The working of physick. *L'opération d'une médecine.*
The working of a sum, (in arithmetick.) *Une opération d'arithmétique.*
The working of the sea. *L'agitation de la mer.*
Working in a ship. *Manœuvre.*
Working, adj. Ex. A working (or fertile) brain. *Un esprit inventif, un esprit qui travaille ou qui ne se donne presque aucun repos ou aucun relâche.*
WORKMAN. *f. Un ouvrier, un artisan.*
P. The better workman, the worse husband. *Les plus habiles ouvriers sont les plus mauvais ménagers.*
WORKMANSHIP, *f. Ouvrage, travail.*
A fine piece of workmanship. *Une belle pièce, ouvrage artistement travaillé.*

WOR

WORKWOMAN, *f. Une ouvrière.*
WORLD, *f.* (the universe, heaven and earth.) *Le monde, l'univers, le ciel & la terre.*
Since the beginning of the world, since the world flood; since the world began. *Depuis le commencement, depuis la création du monde.*
The world, (the earth.) *Le monde, la terre, le globe terrestre.*
To come into the world, (or to be born.) *Venir au monde, naître.*
To go out of the world, to leave this world, (or to die.) *Quitter ce monde, mourir.*
He is the fittest or properest man in the world for that employment. *C'est l'homme du monde le plus propre pour cet emploi.*
He is known all the world over. *Il est connu par tout le monde.*
The new world, (the west-Indies or America.) *Le nouveau monde, l'Amérique, les Indes occidentales.*
The old and new world, (the two hemispheres.) *L'ancien & le nouveau monde, les deux hémisphères.*
World, (the society of men or part of that society.) *Monde, la société des hommes ou partie de cette société.*
To live among the great world, (or grandees.) *Vivre parmi le grand monde, frequenter le grand monde.*
He has seen the world. *Il a vu le monde, il a un grand usage ou une grande pratique du monde.*
All the world (every body) knows it. *Tout le monde le sait.*
To know the world or understand the world. *Entendre ou savoir bien le monde.*
So goes the world. *Ainsi va le monde.*
He lives at the world's end, (or a great way off.) *Il demeure au bout du monde ou dans un quartier extrêmement éloigné.*
World, (a secular life, in opposition to a religious one.) *Monde, vie séculière.*
To renounce (or retire from) the world. *Renoncer au monde.*
To love the world. *Aimer le monde.*
To think of the next world, (or of a future life.) *Penser à l'autre monde ou à la vie future.*
To begin the world, (or set up in business.) *Se mettre en quelque passe pour vivre, s'établir ou commencer à s'établir, faire un établissement.*
To begin the world again. *Recommencer de nouveau, tâcher de se remettre sur pied.*
World, (an expletive term.) *Monde, terme expletif.*
Nothing in the world pleases me so much. *Rien au monde ne me plait tant.*
I would not have it for any thing in the world. *Je ne voudrois pas l'avoir pour rien au monde ou pour quoi que ce soit.*
He says the finest things in the world. *Il dit les plus belles choses du monde.*
He minds nothing in the world. *Il ne se met en peine de rien.*
By no means in the world. *Point du tout, gardez-vous-en bien.*
I know not what in the world to do, (or which way to turn myself.) *Je ne sais que faire ou de quel côté me tourner.*

Tome II.

WOR

I know not which way in the world to hide it. *Je ne sais comment le cacher.*
Just for all the world as if. *Justement comme si.*
It is or 'tis to no end in the world. *C'est en vain, cela ne sert à rien.*
No where in the world. *Nulle part.*
A world, (a great number (a great quantity or deal.) *Infinité, grand nombre, quantité, grande quantité, abondance, beaucoup, bien, † monde.*
A world (or great crowd) of people. *Une infinité de gens ou de monde, un grande foule.*
A world (or mint) of money. *Une infinité ou une grande quantité d'argent.*
She shed a word (or torrent) of tears. *Elle a versé beaucoup de larmes, un torrent de larmes ou un déluge de larmes.*
He has shed a world (or rivers) of blood. *Il a bien versé du sang, il a versé des ruisseaux de sang.*
We have seen a world of prodigies. *Nous avons vu un monde de prodiges.*
World without end, (and expression only used in the common-prayer, for ever.) *A jamais, éternellement.*
To be before-hand in the world. *Être à son aise, faire bien ses affaires.*
To have the world in a string or to drive the world before him. *Être heureux, avoir tout à souhait.*
The world is well amended with him. *Il est en belle passe au prix de ce qu'il a été, ses affaires ont bien changé de face, il s'est bien accommodé.*
To be behind-hand in the world. *Faire mal ses affaires, être mal dans ses affaires.*
One had as good be out of the world, (or be dead.) *Autant vaudroit-il être mort ou n'être point au monde.*
To be going out of the world, (to be dying.) *Être à l'agonie, être à l'extrémité, je mourir.*
I am for woods against the world, (or before any thing.) *Je préfere les bois à toute autre chose.*
To leave one to the wide world, (to leave him to his shifts.) *Abandonner quelqu'un, le laisser à l'abandon.*
World, (the publick.) *Le public.*
To recommend a thing to the world. *Recommander une chose au public.*
World, (or people.) *Monde, gens.*
What says the world of me. *Qu'est-ce que le monde dit de moi? qu'est-ce que les gens disent de moi? que dit-on de moi?*
The world says that. *Le monde (ou on) dit que.*
WORLDLINESS, *subst.* (covetousness, addiction to gain.) *Mondanité, avarice, attachement au monde.*
WORLDLING, *subst.* (a worldly minded man.) *Un mondain, un homme attaché au monde ou aux choses vaines & passageres de ce monde.*
WORLDLY, *adj.* (fond of the vanities of the world.) *Mondain, du monde, attaché au monde, abandonné aux vanités du monde.*
Worldly-minded. V. Worldling.
Worldly (or sensual) pleasures. *Des plaisirs mondains ou sensuels.*
Worldly, *adv. Mondainement.*
WORM, *s.* (a creeping insect.) *Un ver ou vermisseau.*
A silk-worm. *Un ver à soie.*
An earth-worm. *Un ver de terre.*
A belly-worm. *Ver long qui s'engendre dans les entrailles.*
To be full of worms. *Être plein de vers.*
A hand-worm. *Un ciron.*
A glow-worm. *Un ver luisant.*
A dog-worm. *Ver qui s'engendre dans la langue du chien, & qui le rend enragé si on ne l'ôte.*
A wood-worm. *Cosson, artison, ver qui ronge le bois.*
A worm, (a wretched creature.) *Un ver de terre, un malheureux mortel, un misérable, un homme sans biens, sans credit.*
P. Tread upon a worm and it will turn. *P. Un ver de terre ne se laisse point écraser sans tacher de se defendre.*
The worm (or remorse) of conscience. *Le ver de la conscience, le remords de la conscience.*
He has got a worm (or maggot) in his head. *Il a des caprices dans la tête, il a des folies dans l'esprit, il a des fantaisies extravagantes.*
A worm, (for a gun.) *Un tire-bourre.*
The worm of a screw. *L'écrou d'une vis.*
Worm-eating or worm-holes. *Vermoulure.*
This wood has some worm-holes in it. *Il y a de la vermoulure dans ce bois.*
WORM-EATEN, *adj.* Rongé des vers, *vermoulu, véreux, pourri, gâté, qui a quelque ver.*
To grow worm-eaten. *Se vermouler, devenir vermoulu.*
WORMGRASS, *s.* Sorte de plante qui tue les vers.
WORMSEED, *subst.* Poudre aux vers, *barbotine.*
WORMWOOD, *s. Absinthe.*
Wormwood wine. *Vin d'absinthe.*
To WORM, *v. act. Éverner.*
Ex. To worm a dog, (to take a worm from under his tongue.) *Éverner un chien.*
To worm, (a sea-term.) To worm a cable or slay. *Peigner un cable, un étai; on dit aussi congréer un cordage.*
To worm (or work) one out of a place. *Débusquer quelqu'un, le supplanter.*
Wormed, *adj. Éverné, &c.*
WORMING, *s.* L'action d'éverner.
WORMY, *adj.* Qui est plein de vers.
WORN, *adj.* (from to wear.) *Porté, &c.*
V. to Wear.
He is worn out. *Il a fait son temps, il est usé.*
To WORRY, *v. act.* (or tear in pieces.) *Houspiller, déchirer.*
Worried, *adj. Houspillé, déchiré.*
A people worried by oppression. *Un peuple opprimé & foulé.*
WORRYING, *s.* L'action de houspiller, de déchirer.
WORSE, *adj.* (the comparative of bad.) *Plus méchant, plus mauvais, pire, pis.*
Ex. He is worse than ever he was. *Il est plus méchant qu'il n'a jamais été, il est pire que jamais.*
To make one's condition worse. *Rendre sa condition pire, empirer sa condition.*
There is nothing worse than that. *Il n'y a rien qui soit pis que cela.*
A worse thing than that will serve my turn. *Je me contenterois bien d'une chose de moindre importance ou de moindre valeur.*
You are worse than your word. *Vous ne tenez pas votre parole, vous n'êtes pas homme de parole.*
He is worse than nothing, (he owes more than he is worth.) *Il doit plus qu'il n'a vaillant.*
He is five pounds worse than nothing. *Il s'en manque cinq livres sterling qu'il n'ait un sou à lui.*
The worse, *s. Le moins.*
WORSE, *adv. Pis, plus mal.*
It is or 'tis worse and worse. *C'est pis que jamais, c'est de mal en pis ou de pis en pis.*
They can do no worse by him. *Ils ne lui sauroient pis faire, ils ne sauroient lui faire plus de mal.*
He is much worse than he was, in point of health. *Il se porte beaucoup plus mal qu'il ne faisoit.*
I will or I'll deal no worse with you than if you were my own brother. *Je vous traiterai en frere, j'en agirai avec vous comme si vous étiez mon frere.*
† To take one for better for worse, (to marry one.) *Se marier avec quelqu'un, l'épouser.*
R. Worse is sometimes used with the article The before it.
Ex. Every thing is the worse for wear. *Tout s'use à force d'être porté.*
I shall not or shan't value him a hair the worse. *Je ne l'en estimerai pas moins.*
I shall not think the worse of him for that. *Je n'en aurai pas plus mauvaise opinion pour cela.*
Am I the worse for it? *En vaux-je moins pour cela?*
He is never the worse for that terrible fall. *A peine se sent-il de cette terrible chute.*
WORSHIP, *subst.* (adoration, religious service.) *Adoration, culte religieux, service.*
Divine worship. *Le culte ou le service divin.*
Your worship, (a title of honour given to the Justices of peace, &c.) *C'est un titre qui signifie Votre Dignité, & qu'on donne aux Juges de paix, &c.*
P. The more worship the more cost. *P. Plus on veut être honoré, plus il en coûte.*
To WORSHIP, *v. act.* (to adore.) *Adorer, rendre un culte religieux.*
To Worship, (to respect, to honour.) *Respecter, honorer.*
To worship one, (in the scripture phrase, to fall down before him.) *Se prosterner devant quelqu'un.*
WORSHIPFUL or RIGHT WORSHIPFUL, *adject.* C'est une épithete honorable qu'on donne à ceux qu'on traite de worship.
WORSHIPFULLY, *adv. Honorablement, avec honneur.*
WORSHIPPED, *adj. Adoré.*
Worthy to be worshipped. *Qui mérite d'être adoré, adorable.*
WORSHIPPER, *s. Adorateur.*
WORSHIPPING, *s. Adoration ou l'action d'adorer.*
WORST, *adj.* (the superlative of bad.) *Le plus méchant, le plus mauvais, le pire, le moins bon.*
It is or 'tis the worst misfortune that can befal him. *C'est le plus grand malheur ou c'est le pis qui puisse lui arriver.*
He is the worst (or most wicked) of men. *C'est le dernier des hommes.*
WORST, *s.* (the worst thing, the worst part

WOR

part of any thing.) *Le pire, le pis, ce qu'il y a de pire.*
To chuse or to take the worst. *Choisir ou prendre le pire.*
I fear we shall come to the worst of it. *Je crains que nous n'ayons du pire, du dessous ou du désavantage.*
To put matters at worst or to make the worst of a thing. *Prendre une chose au pis aller.*
Let the worst come to the worst or when the worst comes to the worst. *Au pis aller, à toute extrémité.*
He had (or he got) the worst on't or of it. *Il a eu du dessous, il a été le plus maltraité.*
Do your worst, I don't or do not fear you. *Faites du pis que vous pourrez, faites tout votre possible pour me nuire, ou faites-moi tout le mal que vous pourrez, je ne vous crains point ; je vous mets au pis ou au pis faire.*
The worse is past, (the danger is over.) *Les plus grands efforts sont faits,* † *les plus grands coups sont rués, le danger est passé.*
I hope the worst is past, (or that my misfortunes are at an end.) *Je me flatte que mes malheurs s'en vont prendre fin, que mes affaires s'en vont changer de face.*
The worst is yet to come. *Vous avez bien plus à souffrir que vous n'avez encore souffert.*
Worst, *adv. Le plus mal.*
He has done it worst of all. *Il l'a fait le plus mal de tous.*
To WORST one, *v. act.* (to have the better of him.) *Vaincre quelqu'un, avoir l'avantage sur lui.*
Worsted, *adj. Vaincu, qui a eu du pire, du dessous ou du désavantage.*
WORT, *s.* (unfermented beer.) *Moût de bierre.*
Wort, (or herb.) *Herbe.*
R. *Dans le dernier sens,* wort *ne se dit plus seul, mais on le trouve à la fin des noms de certaines herbes, comme,* colewort, spoonwort, liverwort, &c.
WORTH, *adj.* (of a certain price or value.) *Qui vaut, valant, d'un certain prix.*
To be worth. *Valoir, être d'un certain prix ou d'une certaine valeur.*
It is little worth. *Il ne vaut pas grand'chose.*
A thing not worth seeing or reading. *Une chose qui ne vaut pas la peine de l'aller voir ou de la lire.*
It is not worth your labour, pains or while. *Cela n'en vaut pas la peine. Voy.* While.
A diamond worth a thousand crowns. *Un diamant valant mille écus.*
To be worth, (to have as an estate or stock.) *Avoir vaillant, avoir un certain bien.*
He is worth ten thousand pounds. *Il a dix mille livres sterling vaillant.*
It is well worth our knowing who that man was, that. *Il seroit nécessaire ou à propos de savoir qui c'étoit qui.*
His testimony is counted nothing worth. *Son témoignage est réputé nul.*
WORTH, *s.* (price or value.) *Valeur, prix,* (or *value.*) *Quelque chose vaut.*
I will give you the worth of it. *Je vous en donnerai la valeur, le prix ou ce qu'il vaut.*
Worth, (desert or merit.) *Mérite, prix.*

WOR WOU

A man of great worth. *Un homme de grand mérite.*
WORTHIES, *s. De grands hommes, des hommes illustres ou distingués par les grands exploits qu'ils ont faits, des héros.*
The nine worthies. *Les neuf Preux.*
WORTHILY, *adv. Dignement, très-bien, en honnête homme, en homme d'honneur, avec dignité.*
WORTHINESS, *subst. Mérite, dignité, importance.*
WORTHLESS, *adject.* (or vile.) *Vil, indigne.*
WORTHLESSNESS, *s. Indignité.*
WORTHY, *adj.* (deserving.) *Digne, qui mérite quelque chose.*
Worthy of reward. *Digne de récompense, qui mérite une récompense.*
This is well worthy our observation. *Ceci mérite bien qu'on y fasse réflexion.*
Praise worthy. *Digne de louange, louable.*
Thank-worthy. *Qui mérite des remercimens.*
A worthy man, (or a man of worth.) *Un homme de mérite ou qui a du mérite.*
A worthy (virtuous or well principled) man. *Un digne homme, un honnête homme, un homme d'honneur, un homme vertueux ou qui a de la vertu.*
A worthy (or honourable) action. *Une action honorable.*
A worthy friend. *Un ami qu'on estime, que l'on considere, pour qui l'on a des égards ou de l'estime.*
I look upon him as a most worthy friend. *Je le regarde comme un ami digne de toute mon estime.*
WORTHY, *subst. V.* Worthies.
† WOT, *vieux prétérit du verbe* to wit, *dont on se sert quelquefois au lieu du temps présent.*
Ex. God wot, (for God knows.) *Dieu le sait.*
WOVE } *adject.* (from the verb to weave.) *Tissu, fait au métier.*
WOVEN }
Wove stockings. *Des bas faits au métier.*
WOU'D. *Voy.* Would.
WOULD, (from the verb to will) is rendered into French by all these several tenses, *viz: Je voulois, je voulus, j'ai voulu, je voudrois, je voulusse.*
Ex. I could do it, if I would. *Je pourrois le faire, si je voulois.*
I would not do it, before he desired me. *Je ne voulus pas le faire avant qu'il m'en priât.*
I desired him, but he would not do it. *Je t'en ai prié, mais il ne l'a pas voulu faire.*
I would not do it for all the world. *Je ne voudrois pas le faire pour tous les biens du monde.*
It was a great while before he would resolve upon it. *Il se passa bien du temps avant qu'il voulût s'y résoudre.*
R. As WILL is often used for a sign of the first future tense, so is WOULD for a sign of the second.
Ex. I would do it if I could. *Je le ferois si je pouvois.*
He thought no man would find it out or perceive it. *Il crut que personne ne le découvriroit.*
What would you have or what would you please to have with me ? *Que me voulez-vous ? que souhaitez-vous de moi ?*
Would you have any thing more with me before I go ? *Avez-vous*

WOU WRA

quelque autre chose à me dire avant que je m'en aille ?
I would have you know that. *Je veux que vous sachiez ou je vous apprends que.*
That is it or what I would have had. *C'est ce que je demandois ou que je souhaitois.*
To do as one would have him. *Observer les ordres de quelqu'un, faire ce qu'il nous ordonne ou ce qu'il nous dit, suivre ses ordres ou son avis.*
As luck would have it, (or by good fortune.) *Par bonheur ou par malheur.*
It happened as I would have it. *La chose arriva comme je le souhaitois.*
He carried her away whether I would or no, (or in spite of my teeth.) *Il l'amena bon gré malgré.*
You would not have done so. *Vous ne l'auriez pas fait, vous n'en auriez pas agi de la sorte.*
She begs you would be true (or faithful) to her. *Elle vous prie de lui être fidelle.*
They look as if they would do some mischief. *Ils ont la mine de vouloir faire du mal.*
I brought him up (or educated him) as well as my estate would allow. *Je l'ai aussi bien élevé que ma fortune me l'a permis.*
Would, or would to God. *Que, plût à Dieu que.*
Would I might never live if I know it. *Que je meure si je le sais.*
Would he were married. *Plût à Dieu qu'il fût marié.*
Would but this were made an end of, (or finished.) *Je souhaiterois seulement que ceci fut achevé.*
WOUND, *adj.* (from to wind.) *Tourné, &c. Voy.* to Wind.
Wound up, (or wrapt up.) *Enveloppé.*
Wound, *prétérit du verbe à* Wind. *V. to Wind.*
WOUND, *s. Blessure, plaie.*
He died of his wounds. *Il est mort de ses blessures.*
To give one a wound. *Blesser quelqu'un.*
To give him a mortal wound, (or stab.) *Le blesser à mort.*
Love-wound. *Une blessure amoureuse.*
To WOUND, *v. act.* (or to give a wound.) *Blesser, faire une blessure.*
To wound to death. *Blesser à mort.*
To wound, (to offend or wrong.) *Blesser, offenser, faire tort.*
To wound one's conscience. *Blesser sa conscience.*
To wound (or injure) a man's reputation. *Blesser la réputation de quelqu'un, faire tort à sa réputation.*
Wounded, *adj. Blessé.*
WOUNDING, *s. L'action de blesser, &c. V. to* Wound.
WOUNDWORT, *s. Sorte d'herbe.*
† WOUNDY, *adject.* (or prodigious.) *Grand, prodigieux.*
Ex. A woundy (great or vast) deal. *Une grande ou prodigieuse quantité.*
Remarque sur *W R.*
W *est muet lorsqu'il est suivi d'une* R.
Wrack, &c. *se prononcent* Rack, &c.
WRACK, *s.* (the perishing or being cast away of a ship.) *Naufrage ; bâtiment naufragé. V.* Wreck.
To suffer ship-wrack. *Faire naufrage.*
Wrack, (the part of a ship that perished and is cast ashore.) *Varech, bris ou droits de*

5C 2

de vareck ou de bris, en termes de coutumes.
To go to wrack. Aller en ruine, aller en décadence, aller à vau-l'eau.
Sea-wrack, (sea-weed.) Varech, goëmon ou sart, herbe qui croit en mer sur les rochers.
To WRACK, v. n. (to suffer ship-wrack.) Faire naufrage.
To Wrack, v. act. (to torture.) Tourmenter.
Wracked, adj. Naufragé.
To WRANGLE, v. neut. (to brawl, to scold, to quarrel.) Disputer, contester, se quereller, se picoter, criailler, † clabauder.
WRANGLE, s. (a quarrel or dispute.) Querelle.
WRANGLER, s. (a perverse or peevish man.) Un querelleur, une querelleuse, un chicaneur, une chicaneuse, un criailleur, une criailleuse, celui ou celle qui aime à disputer, &c. Voy. to Wrangle.
WRANGLING, s. Dispute, contestation, débat, querelles, criaillerie, † clabauderie, l'action de disputer, &c. V. to Wrangle.
Wrangling, adj. Qui dispute, qui aime à disputer, à criailler, &c.
To WRAP, verb. act. (to twist.) Entortiller.
To wrap UP. Envelopper.
To wrap up one's self in one's cloak. S'envelopper de son manteau, s'affubler de son manteau.
To wrap up a bawdy story in clean linen. Envelopper un conte sale dans des paroles honnêtes, dire un conte en termes couverts.
To wrap (or wind) up all in one word. Dire tout en un mot.
Wrapped. Voy. Wrapt.
WRAPPER, subst. (one that wraps, or that in which any thing is wrapped.) Enveloppe; celui qui enveloppe.
WRAPT, adj. Entortillé.
Wrapt UP. Enveloppé.
Wrapt up in admiration or extasy. Ravi en admiration ou en extase.
To be wrapt up in one's mother's smock. Etre aimé du sexe, † être né coiffé.
I am so wrapt up (or taken) with him. Je l'aime si éperdument, j'en suis si fort coiffé.
WRATH, subst. (anger, indignation.) Colere, courroux, indignation.
The wrath of God or God's wrath. La colere de Dieu.
WRATHFUL, adj. Qui est en colere, courroucé.
WRATHFULLY, adv. Avec colere.
To WREAK, v. act. Se venger, décharger sa colere ou sa vengeance.
Ex. To wreak one's anger upon one. Décharger sa colere sur quelqu'un.
WREAK, s. (revenge.) Vengeance, fureur.
WREATH, s. (a piece of cloth twisted round, a roll.) Tortillon, linge ou torc'on en rond.
A laureate wreath, (or crown.) Une couronne ou une guirlande de laurier.
A wreath, (in Architecture and Heraldry.) Torse ou cordon, en termes d'Architecture & de Blason.
Wreath, (a boar's-tail, amongst hunters.) La queue d'un sanglier.
To WREATH, v. act. (to cast, to twist or convolve.) Tordre.
To wreath about. Tortiller.

To wreath a thing about one's arm. Tortiller une chose autour du bras.
To wreath, (or crown.) Couronner.
Wreathed or wreathen, adj. Tors, &c.
Wreathed about. Tortillé.
WREATHING, s. L'action de tordre. A wreathing about. L'action de tortiller.
WRECK, &c. Voy. Wrack, &c.
WREN, subst. (a small bird.) Roitelet, fort petit oiseau.
WRENCH, s. (or sprain.) Une entorse ou une detorse.
To WRENCH, verb. act. (or sprain.) Se détordre, se donner une détorse ou une entorse.
To wrench one's foot. Se détordre le pied, se donner une entorse au pied.
To wrench open a door, (or to force it open.) Forcer une porte.
Wrenched, adj. Détors, qui a une entorse ou une détorse.
Wrenched open. Forcé.
WRIST, s. (violence.) Violence.
To WREST, v. act. (to wreath, wrap, twist or turn about.) Tordre, tourner, plier de travers.
To wrest (or pull) a thing from one. Arracher une chose à quelqu'un, la lui ôter de force.
To wrest (or force) the sense of a passage. Forcer, détourner le sens d'un passage, lui faire violence, donner un sens forcé à un passage.
Wrested, adj. Forcé, &c. Voy. to Wrest.
WRESTER, s. Celui qui tord, &c.
WRESTING, s. L'action de tordre, &c. Voy. to Wrest.
To WRESTLE, v. neut. Lutter, s'exercer à la lutte.
To wrestle a fall (or to enter the lists) with one. Rompre une lance avec quelqu'un, entrer en lice, lutter avec lui.
WRESTLER, s. (one who professes the athletick art.) Lutteur.
WRESTLING, s. Lutte, sorte d'exercice; l'action de lutter.
There is a wrestling on the market-place. On lutte dans la place.
To practise wrestling. S'exercer à la lutte.
To have skill in wrestling. Savoir lutter.
A wrestling-place. Un lieu destiné pour la lutte, une palestre, quand on parle des lutteurs Romains.
WRETCH, subst. A poor (or miserable) wretch. Un misérable, un malheureux.
An ungrateful wretch. Un ingrat.
WRETCHED, adj. (pitiful, miserable, unfortunate.) Pitoyable, qui fait pitié, misérable, malheureux.
He is a wretched (or a wicked) fellow. C'est un méchant homme, un malheureux, un homme qui ne vaut rien.
A wretched action. Une méchante action.
Wretched, (pitiful, sorry, scurvy, sad.) Pitoyable, qui fait pitié, méchant, mauvais, méprisable dans son genre.
WRETCHEDLY, adv. Malheureusement, dans la misere, misérablement, pitoyablement.
To live wretchedly, (or poorly.) Vivre malheureusement ou dans la misere, vivre sordidement.
Wretchedly, (pitifully, sadly, sorrily.) Pitoyablement, d'une maniere pitoyable, mal.

To do a thing wretchedly. Faire mal une chose, la faire pitoyablement, d'une maniere pitoyable ou qui fait pitié.
To be wretchedly clad. Etre mal-vêtu.
WRETCHEDNESS, s. (misery.) Misere, Wretchedness, (despicableness.) Bassesse, méchanceté.
WRETCHLESS. V. Careless.
To WRIGGLE, verb. neut. (like a snake.) Se plier, se replier ou faire des contours, comme un serpent.
To WRIGGLE, verb. act. (to shake.) Secouer.
He made a hard shift to wriggle his body into a hen-roost. Il eut bien de la peine à se fourrer dans un juchoir de poules.
To wriggle (or screw) one's self into one's favour, verb. récip. S'insinuer dans les bonnes graces de quelqu'un, gagner ses bonnes graces, son amitié.
To wriggle AWAY from one, verb. neut. Se débarrasser de quelqu'un à force de se remuer.
Wriggled, adj. Qui va en serpentant.
WRIGGLING, s. (of a snake.) Plis & replis d'un serpent, maniere de se plier, de se replier, de faire des contours, comme un serpent, &c. V. to Wriggle.
WRIGHT, s. (a workman.) Lat. A cart-wright, Un charron.
A ship-wright. Charpentier de navire.
A wheel-wright. Un faiseur de roues, un charron.
To WRING, verb. act. (to wrest or turn about.) Tordre, tourner de biais & en rond en serrant.
To wring linen. Tordre du linge.
To wring one's arm or nose. Tordre le bras ou le nez à quelqu'un.
To wring a thing from one or out of his hands. Arracher une chose des mains d'une personne à force de la tourner.
He has wrung the secret from me. Il m'a arraché ce secret.
To wring, (to squeeze hard, to pinch.) Presser, serrer, étraindre, épreindre.
This shoe wrings me. Ce soulier me presse ou me blesse.
To wring (or rather squeeze) out the juice of an orange. Epreindre le jus d'une orenge.
His shoe always wrings him in some place or other, (he has still some ailment or other.) Il a toujours quelque fer qui cloche.
I know were it is your shoe wrings you. Je sais où le soulier vous blesse, je sais où est l'enclouure.
This bed is so very hard that it wrings (or tortures) me. Ce lit me fait mal au dos, ce lit est si dur qu'il me rompt presque les os.
The cholick wrings me. Je suis tourmenté de la colique, la colique me fait souffrir de grandes douleurs.
To wring, (a sea-term.) Géner & assujettir les bordages contre les couples, & en général toutes les pieces de construction qui doivent être ajustées & chevillées ensemble.
To wring a mast. Forcer un mât, le tendre courbé; ce qui arrive en ridant trop les haubans pendant toute une campagne.
WRING BOLTS, subst. plur. comp. Longues chevilles de fer munies d'une boucle à une extrémité, & goupillées à l'autre; elles servent à géner & assujettir les bordages contre les couples.
WRINGING, s. L'action de tordre, &c. V. to Wring.

The

The wringing of the guts, (or the iliack passion.) Tranchées violentes dans les intestins, la colique du miserere, la passion iliaque.
The wringings (remorses or checks) of conscience. Les remords, les tourments de la conscience.
WRING STAVES, subst. plur. comp. Les bâtons ou leviers mentionnés dans l'article Wring bolts.
WRINKLE, s. Ride, repli de la peau.
His face is all full of wrinkles. Son visage est tout plein de rides, il est tout ridé.
To WRINKLE, verb. act. (or corrugate.) Rider, faire des rides.
To wrinkle (or contract into furrows) one's fore-head. Se rider, se faire des rides, froncer le front.
To wrinkle, v. n. (or to have wrinkles.) Se rider, avoir des rides.
Wrinkled, adj. Ridé.
WRINKLING, s. L'action de rider.
WRIST, s. Poignet.
WRISTBAND, s. Poignet, en termes de lingerie.
WRIT, s. (a precept that comes either from the King or a Court of judicature; the former being called an Original Writ, and the other a judicial Writ.) Ordre par écrit du Prince ou d'une Cour de Justice qu'on nomme, les premiers Original Writs, & les autres Judicial Writs.
To issue out a writ. Donner un ordre.
To send out a writ. Envoyer un ordre.
A writ of execution. Lettres exécutoires.
A writ, (or warrant to arrest one.) Contrainte ou contrainte par corps, prise de corps.
A writ of error. Proposition d'erreur, appel comme d'abus.
A writ for chusing a representative in Parliament. Ordre ou lettre circulaire, pour élire un député au Parlement.
The holy writ, (or Scripture.) L'Ecriture sainte, l'Ecriture, les Ecritures.
Writ, adj. (from to write.) Ecrit.
Writ est aussi un prétérit du verbe to Write.
To WRITE, v. act. Ecrire, former des caractères ou des lettres.
To write a good hand. Ecrire bien.
To write, (to compose or couch.) Ecrire, faire, composer, mettre par écrit.
To write a book. Ecrire, faire ou composer un livre.
Write (or send) me word how it is. Ecrivez-moi, mandez-moi ou faites-moi savoir ce que c'est.
To write (or qualify) one's self. Se qualifier, prendre le titre de.
To write BACK or BACK AGAIN to one. Répondre ou faire réponse à quelqu'un, lui écrire.

To write a thing OVER AGAIN. Récrire une chose, l'écrire ou la mettre au net.
To write a thing down, (to set it down in writing.) Mettre une chose par écrit, l'écrire.
This is a fair copy to write AFTER, (or to copy.) C'est un bel exemple à copier, au propre & au figuré.
To write (or copy) OUT. Transcrire, copier.
To write out, to write all out. Ecrire tout, écrire d'un bout à l'autre.
WRITER, s. (or scribe.) Ecrivain.
The writer of the tallies, (an officer in the exchequer.) Le clerc des tailles.
A writer, (an author.) Un écrivain, un auteur.
To WRITHE, v. a. (to wring or wreath.) Tordre, tortiller.
Ex. To writhe (or twist) a person's neck. Tordre le cou à quelqu'un.
To writhe the mouth. Tordre la bouche.
To writhe (or wrest) a thing out of one's hands. Arracher une chose des mains de quelqu'un à force de la tourner.
Writhed, adj. Tors, tortillé.
WRITHING, s. L'action de tordre.
WRITING, s. (from to write.) Ecriture, l'action d'écrire, &c. V. to Write.
The art of writing. L'art de l'écriture.
One's writing or hand-writing. L'écriture d'une personne.
Short-hand writing. Une écriture par abbréviation. Voyez Short-hand, sous Short.
To put or set down in writing. Mettre par écrit, écrire.
A writing, (a written paper or note.) Un écrit.
Writings (or papers) of a suit at law. Ecritures, papiers d'un procès.
The writings (or works) of an author. Les écrits, les œuvres ou les ouvrages d'un auteur.
WRITINGDESK, s. Un pupitre.
WRITINGMASTER, subst. Ecrivain ou maître à écrire.
WRITINGSCHOLAR, s. Ecrivain ou écolier qui apprend à écrire.
WRITTEN, adj. Ecrit, &c. V. to Write.
Written news. Des nouvelles écrites à la main ou qui ne sont pas imprimées.
WRONG, adject. (not right, not true, unfit.) Faux.
Ex. To take wrong measures. Prendre de fausses mesures.
I took the wrong glove. J'ai pris un gant pour l'autre, je me suis trompé.
She had the misfortune to laugh in the wrong place. Elle eut le malheur de rire là où il ne falloit pas.
The wrong side of the cloth. L'envers du drap.

The wrong side outward. A l'envers.
The wrong way. V. Way.
P. To take the wrong sow by the ear. V. Sow.
To be in the wrong box, to be wrong, (or to be in an error.) Se tromper.
WRONG, s. (injury, injustice.) Tort, injustice, lésion, dommage qu'on souffre ou qu'on fait souffrir.
You do me wrong. Vous me faites tort, vous me faites une injustice.
To be in the wrong. Avoir tort.
He is in the wrong, (he is to blame.) Il a tort, il n'a pas raison.
Wrong, adv. (amiss.) Mal, à tort.
You understand it wrong. Vous l'entendez mal.
Right or wrong. A droit ou à tort, à tort & à travers, bien ou mal.
To WRONG, v. act. Faire tort, faire injustice.
Wronged, adj. A qui l'on fait ou à qui l'on a fait tort, lésé, en termes de pratique.
WRONGDOER, s. Un homme injuste, qui fait tort à autrui.
WRONGFUL, adj. (unjust.) Injuste.
WRONGFULLY, adv. A tort, injustement, avec injustice, sans raison.
WRONGING, s. L'action de faire tort, injustice.
WRONGHEAD, } adj. Qui a l'esprit
WRONGHEADED, } de travers, entêté.
WRONGLY, adv. (amiss.) Mal.
WROTE, C'est un prét. du verbe to Write.
WROTH, adj. (from wrath.) Irrité, en colere, courroucé.
WROUGHT, adj. (participe passé de to Work.) Travaillé, ouvragé, cuvré, &c. V. to Work.
Wrought silver. Argent ouvré, travaillé ou mis en œuvre.
Wrought brass. Cuivre ouvré.
WRUNG, adj. (from to wring.) Tortillé, tors, &c. V. to Wring.
I am even wrung in the back with lying so long a-bed. J'ai presque le dos rompu pour être resté si long-temps au lit.
WRY, adj. (distorded, crooked.) De travers.
A wry face or wry mouth. Grimace, bouche de travers.
To make wry faces. Grimacer, faire des grimaces, tordre la bouche.
Wry-legged. Qui a les jambes torses.
Wry-mouthed. Qui tord la bouche; qui a la bouche de travers.
Wry-necked. Qui a le cou un peu de travers, un torticolis.
To WRY the neck, verb. act. Porter ou avoir le cou de travers.
Wryed, adj. Qui est de travers.
WRYING, s. L'action de tordre ou de porter de travers.

X.

X

X, vingt-quatrieme lettre de l'alphabet anglois, a deux sons composés, dont l'un a la valeur de ks, l'autre de gz. A la fin des mots il a le son de ks, comme vex, tax.

1. Quand il se trouve dans la premiere syllabe d'un mot, & que l'accent se trouve sur cette syllabe, il a le son de ks, comme exercise, extricate.

2. Suivi d'une consonne ou d'une h aspirée, il a encore le son de ks, sur quelque syllabe que se trouve l'accent, comme exculpate, exhibition, exhilarate.

3. Suivi d'une voyelle, si l'accent n'est pas placé immédiatement sur cette syllabe, il se prononce ks, comme executioner.

X

4. Mais si l'accent est immédiatement placé sur la syllabe suivante, commençant avec une voyelle, le son de x est changé en gz, comme dans example, exalt, exert, exonerate, exuberant, &c.

Enfin, une regle sûre pour la véritable prononciation de x, dans tous les cas, c'est de le prononcer ks dans toute situation, à moins qu'il ne soit suivi d'une syllabe accentuée, commençant par une voy.lle. Pour aider la mémoire, on se rappellera seulement ces deux mots execute, executor.

Il n'y a qu'un cas où il y ait des exceptions à cette regle générale ; savoir, quand le son de gz est gardé dans quelques mots contraires à la regle citée plus haut, ce qui a lieu seulement dans quel-

XEB XER

ques dérivés des primitifs, qui ont le son de gz selon la regle. Ainsi, les mots exemplary, d'example; exaltation, d'exalt, doivent être prononcés egzemplary & egzaltation, quoique l'accent soit changé à la premiere syllabe dans le premier, & à la troisieme dans le second : on doit observer la même chose par rapport à tous les mots de cette classe.

XEBEC, s. Chêbec, sorte de bâtiment de guerre dans la Méditerranée.

XEROPHTHALMY, subst. (a dry red itching of the eyes.) Xérophthalmie, démangeaison & rougeur des yeux.

R. Il y a quelques autres mots Anglois qui commencent par la lettre X ; mais ce sont tous des noms propres d'hommes, de femmes, de villes, &c.

Y.

Y

Y, est la vingt-cinquieme lettre de l'alphabet anglois : en la nommant les Anglois disent, ouai.

Il se prononce de trois manieres différentes en Anglois.

1. Dans le mot lovely, il se prononce presque comme l'i françois, ou plutôt comme ai prononcé très-bref.

2. Dans le mot eye, il se prononce comme aé en françois dans le mot aérien, &c.

3. Au commencement des mots & des syllabes où il est suivi d'une voyelle, il se prononce le plus souvent comme l'i françois. Ex. Yard, yield, lawyer.

A la fin des mots, y a presque toujours le premier son. Ex. Humbly, duty, country, army, very. Mais dans tous les mots qui se terminent en fy, il prend le son d'aé françois. Ex. Rarefy, edify, personify, diversify, &c. Quand fy est representé par phy, il se prononce de la

Y

premiere maniere. Ex. Philosophy, geography, &c.

Dans les monosyllabes, il a le second son, Ex. Try, shy, fry, &c. se prononcent traé, chaé, fraé, &c. Il en est de même de my, thy, by, &c. Quoique dans ces derniers mots la prononciation soit un peu plus douce.

La même regle a lieu à l'égard de la plupart des verbes dont l'insinitif se termine en y, comme to deny, defy, reply, &c. auxquels il faut ajouter le mot awry. Il y a quelques verbes où l'y se prononce de la premiere maniere. Ex. To marry, tarry, carry, hurry, rally, fancy, &c.

On peut remarquer que l'y a le second son à la fin de tous les verbes composés de trois syllabes. Ex. To certify, to occupy, to multiply, &c.

Cette lettre, suivant Mr. Sheridan, ne se trouve jamais, au milieu des syllabes, suivie d'une voyelle dans la même syllabe,

YAC YAR

sa place étant alors remplie par la voyelle i ; mais il auroit dû excepter cependant le mot eye avec tous ses dérivés où il se prononce comme aé en françois.

YACHT, s. se prononce yote. (a small sort of sea-vessel.) Yacht, vaisseau de mer très-léger.

Royal yacht. Yacht du Roi d'Angleterre ; bâtimens de parade dont la plupart sont mâtés en vaisseau.

YARD, s. (a measure three feet long.) Verge, mesure d'Angleterre qui contient trois pieds.

Yard, (a geometrical yard.) Une verge géométrique.

Yard, (a man's yard.) Verge, la partie naturelle de l'homme.

Yard, (the timber cross the mast of a ship, on which the sails hang.) Vergue, ou (en termes de Levantins) antenne, piece de bois qui soutient la voile.

Square yards. Vergues quarrées.

Lateen

Lateen yards. *Vergues latines ou antennes.*
The flings of a yard. *Le milieu ou le grand diametre d'une vergue.*
The yard arms. *Les taquets ou bouts de vergues.*
The quarters of the yards. V. *Quarters.*
Main-top yard. *Vergue de grand hunier.*
Main-top-gallant yard. *Vergue de grand perroquet.*
Fore yard. *Vergue de misaine.*
Fore-top yard. *Vergue de petit hunier.*
Fore-top-gallant yard. *Vergue de petit perroquet volant.*
Main-top-gallant-royal yard. *Vergue de grand perroquet volant.*
Sprit-sail-yard. *Vergue de civadiere.*
Sprit top-sail yard. *Vergue de contre-civadiere.*
Mizen yard. *Vergue d'artimon.*
Cross-jack yard , (prononcez Crojock.) *Vergue feche ou vergue de fougue ou vergue barrée.*
Mizen-top yard. *Vergue de perroquet de fougue.*
Mizen-top-gallant yard. *Vergue de la perruche.*
To brace the yards. V. *to Brace.*
Dock-yard. V. Dock, &c.
A ship-builder's yard. *Chantier d'un constructeur particulier.*
The main yard. *La grande vergue.*
Yard or court in a house. *Cour ou basse-cour.*
YARDLAND, *f.* (a certain quantity of land containing from 15 to 40 acres , as it varies according to the place.) *C'est un nombre d'acres de terre , qui est différent selon les lieux.*
YARDWAND, *f.* (a measure of a yard.) *Mesure d'une verge ou de trois pieds anglois.*
YARE, *adject.* (eager or sharp upon a thing.) *Ardent ou passionné pour quelque chose.*
YARN, *f.* (or spun wool,) *Laine filée.*
Yarn. *Fil de caret.*
Spun yarn. *Bitord.*
Rogue's yarn. V. *Rogue.*
To YARR, *v. n.* (to snail as a dog.) *Gronder comme un chien.*
YARROW, *f.* (milfoil or nosebleed.) *Mille-feuille , sorte de plante.*
† YATE, *f.* (a country word for gate.) *Porte : le mot de yate ne se dit que dans quelques provinces d'Angleterre.*
YAW, *f.* (a sea-term.) *Embardée.*
YAWL, *subst.* (a little vessel.) *Yolle ou esquif.*
To YAWL, *verb. neut.* (or to bawl.) *Crier , criailler , pousser de grands cris.*
YAWLING , *subst.* Cris ou l'action de crier, &c.
YAWN, *f.* (gape or gaping.) *Bâillement.*
To YAWN, *v. n.* (to gape.) *Bâiller.*
YAWNER, *f. Bâilleur.*
YAWNING, *f.* (or gaping.) *Bâillement, l'action de bâiller.*
P. Yawning is catching. P. *Un bon bâilleur en fait bâiller deux.*
YCLAD, *adj.* V. Clad.
YCLEPED, *adj.* (called.) *Appelé, nommé.*
YE, } (a pronoun, the nominative plural of thou.) *Vous.*
YOU, }
This is for ye. *Ceci est pour vous.*
YEA, *adverb.* (yes.) *Oui , vraiment , † voire.*
Say yea or nay , do not swear. *Dites oui ou non , & ne jurez pas.*
R. Remarquez que yea *est le terme d'affirmation que les Trembleurs ou quakers affectent par singularité , & que* yes *est le terme commun & celui qui est le plus en usage parmi les Anglois.*
Yea , (or even.) *De même.*
To YEAN, *v. a.* (to bring forth lambs.) *Agneler.*
YEAR , *subst.* (the full space of twelve calendar-months.) *An ou année.*
A solar or lunar year. *An solaire ou lunaire.*
New year. *Nouvel an.*
The new year's day. *Le jour de l'an.*
Every year. *Tous les ans.*
Once a year. *Une fois l'année.*
Every other year. *De deux en deux ans.*
Every third year. *De trois en trois ans.*
Years , *pl.* (or age.) *Année , âge , l'âge d'une personne.*
To be full of years. *Être accablé d'années.*
Years of discretion. *L'âge de discretion.*
To be in years. *Être avancé en âge, être vieux, être âgé.*
To grow in years. *Devenir vieux, se faire vieux, vieillir.*
P. The more thy years the nearer thy grave. *Plus on vieillit, plus on s'approche du tombeau.*
YEARLING , *f.* (a colt a year old.) *Poulain d'un an.*
Yearling , *adj.* (being a year old.) *Qui n'a qu'un an.*
A yearling calf. *Veau d'un an.*
YEARLY, *adj.* (that happens every year.) *Annuel , qui arrive ou qui se fait tous les ans.*
Yearly, *adv.* (annually, once a year.) *Annuellement, tous les ans, toutes les années.*
To YEARN, *v. neut.* (to be touched.) *Être vivement ému.*
My bowels yearn. *Mes entrailles sont émues de compassion ; je suis touché ou je suis ému de compassion.*
Yearned, *adj.* Ému.
YELK, *f.* (or yolk) of an egg. *Jaune d'œuf.*
To YELL, *v. neut.* (to make a dismal howling.) *Hurler, crier.*
The dog yelled all night long. *Le chien a hurlé pendant toute la nuit.*
YELLING, *f.* (dismal howling.) *Hurlement , cris , l'action de hurler ou de crier.*
YELLOW, *adj.* Jaune.
To make yellow. *Rendre jaune , jaunir.*
To grow or become yellow. *Devenir jaune, jaunir.*
To die yellow. *Teindre en jaune.*
Yellow jaundice. *La jaunisse.*
He looked a little yellow (or jealous) upon it. *Il paroissoit un peu jaloux.*
† To wear yellow stockings, (to be troubled with jealousy.) *Être jaloux, avoir la jalousie en tête.*
Yellow-bay. *Doré.*
Yellow , *f.* Jaune, couleur jaune.
A whitish yellow. *Jaune blanchissant.*
Smoky yellow. *Jaune enfumé.*
YELLOWBOY, *f.* (a gold coin.) *Monnoie d'or tel qu'un louis , une guinée, &c.*
YELLOWISH, *adj.* Jaunâtre, qui tire sur le jaune.
YELLOWISHNESS, *f.* Couleur jaunâtre.
YELLOWNESS, *f.* Couleur jaune ; jalousie.
To YELP, *verb. neut.* (as a fox does.) *Glapir, crier comme un renard.*
YLPING, *adj.* Glapissant.
Yelping , *f.* Glapissement.
YEOMAN, *f.* (a country man that has an estate of his own.) *Un bon ou un riche paysan , un homme qui fait valoir son bien : en parlant des affaires d'Angleterre on se peut servir du mot de* yeoman.
There are also yeomen in the King's house , which are a sort of officers between a sergeant and a groom.
Ex. The yeoman of the wine-cellar. *C'est un Officier qui répond à peu près à ceux qu'on appelloit chez le Roi de France , chef de gobelet & chef d'échansonnerie.*
The yeoman of the chaundry. *Celui qui garde les chandelles.*
The yeoman of the scullery. *Garde-vaisselle, s'il garde l'argenterie ; ou sommier des broches, s'il n'a que le soin de la batterie de cuisine.*
A yeomen of the robes. *Un valet de la gardrobe.*
The yeomen of the guard , (called by a nickname , the beef-eaters.) *Gardes à pied qui font à la Cour du Roi d'Angleterre ce que les cent-Suisses étoient en France.*
Yeoman, (at sea.) *Officier marinier des vaisseaux de guerre Anglois qui , sous les ordres du Maître d'équipage, est chargé de l'arrangement & de la distribution de leurs munitions & rechanges, & d'en tenir compte.*
Yeoman of the sheets. *Officier marinier de manœuvre qui étoit autrefois chargé de veiller les écoutes.*
Yeoman of the powder room. *Gardien de la sainte-barbe.*
Gunner's yeoman. *Officier marinier de canonnage, chargé de l'arrangement & de la distribution des rechanges du Maître canonnier.*
YEOMANRY, *f.* (the collective body of yeomen.) *Le corps de ceux qu'on appelle* Yeomen *au premier sens.*
To YERK, *v. act. Rver.* V. to Jerk.
YES, *adv.* Oui.
Yes truly. *Oui vraiment.*
I say yes. *Je dis qu'oui.*
Yes , *subst. Ex.* One yes may make me happy. *Un oui peut me rendre heureux.*
YEST & BARM, *f.* (the flower of beer in fermentation, used in England to make the dough rise.) *Levure, écume de bière, levain de bière.*
YESTER, *adj. Ex.* Yester sun , (or) yesterday.) *Le soleil ou le jour de hier.*
YESTERDAY, *adv.* Hier.
The day before yesterday. *Avant-hier.*
Yesterday morning, *Hier matin.*
YESTERNIGHT , *adv.* Hier au soir.
YET, as yet, *adv.* Encore.
He is not come yet or as yet. *Il n'est pas encore venu.*
Yet, and yet , but yet , conj. *Néanmoins , toutefois , cependant , pourtant.*
She is ugly and yet he loves her. *Elle est laide & cependant il ne laisse pas de l'aimer.*
YEW , *subst.* (or yew-tree.) *If , forte d'arbre.*
YIWEN , *adj.* D'if.
To YILD , *v. act.* (to give over or up.) *Céder , abandonner.*
To yield the victory. *Céder la victoire.*
To yield one's self to another's mercy. *S'abandonner à la merci d'une personne.*
To yield, (to give or grant.) *Donner, accorder.*
To yield reasons for a thing. *Donner des raisons pour quelque chose.*

They

They must needs yield me this. *Il faut de nécessité qu'ils m'accordent ceci.*
He won't or will not yield (or bate) the least thing. *Il n'en veut pas démordre, il n'en démordra point, il n'en rabattra point.*
To yield, (to produce or bring forth.) *Produire, rapporter, rendre.*
His estate yields him a thousand pounds a year. *Son bien lui rapporte mille livres sterling par an.*
The rose yields a sweet smell. *La rose rend une bonne odeur, la rose sent bon.*
That tree yields very good fruit. *Cet arbre produit de très-bon fruit.*
To yield (or give up) one's right. *Céder, abandonner son droit.*
To yield up, (or make over.) *Céder, faire cession de.*
To yield (or give) up the ghost. *Rendre l'âme, expirer.*
To yield, v. neut. (to submit, to surrender.) *Céder, plier, succomber, se soumettre, se rendre.*
To yield to the times. *Céder au temps.*
All things yield to the force of arms. *Tout plie sous la force des armes.*
To yield to temptation. *Succomber, se laisser aller, je rendre à la tentation.*
He will hardly yield to those terms. *Il aura de la peine à se soumettre à ces conditions.*
To yield, (to grant or confess.) *Avouer, confesser, tomber d'accord.*
To yield (or consent) to a thing. *Consentir à quelque chose, s'y rendre.*
To yield, (or give, as stones do in wet weather.) *Suinter.* V. to Give.
Yield, adj. *Cédé.* V. to Yield.
YIELDING, s. *L'action de céder,* &c. V. to Yield.
Yielding, adject. *Facile, accommodant, qui condescend aisément, qui se rend facilement.*
She is a little too yielding, (or complaisant.) *Elle est un peu trop facile, elle se rend trop facilement.*
* YIELDINGLY, adv. (or freely.) *Librement, franchement.*
* To carry one's self yieldingly, (or humbly.) *Être facile, avoir de la condescendance ou de la complaisance.*
* YIELDINGNESS, s. *Facilité, complaisance, condescendance.*
YOKE, s. (a well known piece of wood to couple oxen.) *Joug.*
To put the oxen to the yoke. *Mettre les bœufs au joug, accoupler les bœufs.*
Yoke, (slavery, subjection.) *Joug, servitude, sujétion.*
To shake off the yoke of a foreign tyrant. *Secouer le joug d'un tyran étranger.*
To be under the yoke. *Être sous le joug, être subjugué.*
The yoke of matrimony. *Le joug du mariage, le lien conjugal.*

† To draw the yoke (or to row) together. *Agir de concert.*
A yoke (or couple) of oxen. *Une couple de bœufs.*
YOKE-ELM, s. (a sort of tree.) *Charme, arbre.*
To YOKE, v. act. *Accoupler, mettre au joug, mettre le joug.*
To yoke the oxen. *Mettre les bœufs au joug, accoupler les bœufs.*
P. It is or 'tis time to yoke when the cart comes to the horses, (it is time to marry when the woman woes the man.) *Il est temps qu'une femme se marie, quand elle recherche l'homme.*
Yoked, adj. *Accouplé, mis au joug.*
YOLK. V. Yelk.
YON, adv. (yond. or yonder.) *Là.*
Ex. Do you see yon fellow? *Voyez-vous cet homme-là.*
YONDER, adv. (or there.) *Là.*
Ex. Yonder he is. *Le voilà.*
Yonder is my brother. *Je vois là mon frère.*
YORE. Ex. Of yore or in the days of yore, adverb. *Jadis, anciennement, du temps jadis.*
YOU, (the plural of thou.) *Vous, c'est le pluriel du pronom personnel tu.*
You love. *Vous aimez.*
I love you. *Je vous aime.*
YOUNG, adj. (not old.) *Jeune, qui a peu d'âge, qui n'est pas vieux.*
A young boy, a young girl. *Un jeune garçon, une jeune fille.*
A young horse. *Un jeune cheval.*
A young plant. *Une jeune plante.*
P. As soon goes the young lamb's skin to the market, as the old ewe's. P. *Aussitôt meurt le veau que la vache.*
P. A young saint, an old devil. *De jeune ange, vieux diable.*
P. A young whore, an old saint. *De jeune putain, vieille dévote.*
P. A young serving-man, an old beggar. *De jeune domestique, vieux gueux.*
To grow young again. *Redevenir jeune, rajeunir.*
A young shoot or spring. *Un nouveau jet, un rejeton.*
Young, (not ripe in judgment.) *Jeune, qui n'a pas le jugement mûr & l'esprit fait.*
A young beginner, (or raw scholar.) *Un apprenti, un novice, un commençant.*
A young beginner, (that does but begin the world.) *Une personne qui entre dans le monde ou qui ne fait que de s'établir.*
Young, (fresh, vigorous.) *Jeune, frais, vigoureux.*
To have a young face. *Avoir le visage jeune.*
YOUNG, s. Ex. The young of a beast. *Les petits d'une bête.*
To bring forth young. *Faire ses petits.*
To bear young. *Porter.*

The bitch is with young. *La chienne est pleine.*
YOUNGER, (the comparative of young.) *Plus jeune.*
Younger brother or sister. *Un cadet, une cadette.*
To be the younger hand, (at play.) *Être dernier en carte, en termes de jeu.*
YOUNGEST, (the superlative of young.) *Le plus jeune.*
The youngest brother of all. *Le plus jeune de tous les frères, le cadet de tous.*
The youngest, (at play.) *Le dernier en carte, celui qui fait ou qui donne.*
YOUNGISH, adj. *Un peu jeune.*
YOUNGSTER, } subst. (a brisk or airy young man.) *Un jeune homme qui a du feu, un jeune éveillé.*
YOUNKER, }
YOUNKERS, sub. plur. *Mousses ou garçons de bord.*
YOUR, subst. (pronoun possessive, from you.) *Votre, & au pluriel vos.*
Ex. Your house. *Votre maison.*
Your houses. *Vos maisons.*
It is or 'tis your own fault. *C'est votre faute.*
Yourself, you yourself or your own self. *Vous-même.*
Yourselves or your own selves. *Vous-mêmes.*
YOURS, (pron. poss.) *Vôtre, à vous.*
This is yours. *Voici le vôtre, celui-ci est à vous.*
I am yours, (that is, your servant.) *Je suis tout à vous, je suis votre serviteur.*
YOUTH, sub. (from young, tender age.) *La jeunesse, le jeune ou le bas-âge.*
From my youth up. *Dès mon bas-âge, dès mon enfance.*
Youth, (or young people.) *La jeunesse; les jeunes gens.*
A youth, (a young man or a boy.) *Un jeune homme, un jeune garçon.*
YOUTHFUL, adject. (young, vigorous.) *Jeune, vigoureux, frais.*
In my youthful days. *Dans mes jeunes ans.*
Youthful, (mad, full of play.) *Jeune, de jeunesse, badin, folâtre.*
A youthful prank or tick. *Un trait de jeunesse, une folie de jeune homme.*
He is mighty youthful or full of youthful ticks. *Il est extrêmement badin, il a mille traits de jeunesse.*
YOUTHFULLY, adv. *En jeune homme; en badin.*
YOUTHFULNESS, s. *Jeunesse ou tour de jeunesse, action de jeune homme.*
YOUTHY, adj. *Jeune.*
YULE, subst. (a north-country word for Christmas.) *Noël.*
Yule games or christmas-gambols. *Danses ou réjouissances de Noël.*
YUX. V. Hiccough, ou Hickup.

Z.

Z c'est la vingt-sixieme & derniere lettre de l'alphabet anglois.
On la trouve dans peu de mots anglois, parce qu'elle est presque toujours remplacée par S; elle a deux sons différents, le sien propre, comme dans Razor, & celui de ZH, ou de J françois, comme dans Azure.
Ces deux sons se trouvent également représentés par S, comme dans Reason, Osier.

ZANY, *subst.* (a tumbler, who procures laughter by his mimick gestures, &c.) Zani, bouffon.

* To **ZANY**, *v. act.* (to mimick.) Imiter, contrefaire, copier.

ZEAL, } *subst.* (or ardent affection.) Zele, affection ardente, ardeur.
ZEALOUSNESS, }

ZEALOT, *f.* (a great stickler in matters of religion.) Un zélateur de la religion, un homme ardent ou zélé pour la religion. Il se prend ordinairement en mauvaise part.

ZEALOUS, *adj.* (ardently passionate in any cause.) Zélé, plein de zele, ardent.

ZEALOUSLY, *adverb.* (with passionate ardour.) Avec zele, avec ardeur.

ZECHIN, *subst.* (a *Venetian* and *Turkish* coin.) Un sequin.

ZEDOARY, *f.* (a root not unlike ginger.) Zédoaire.

ZENITH, *f.* (a term of astronomy.) Zénith ou point vertical.

ZEPHYR, } *subst.* (the west wind; any calm soft wind.) Zéphyr ou zéphyre, vent d'ouest ou d'occident.
ZEPHYRUS, }
The gentle zephyrs. Les doux zéphyrs.

ZERETH, *f.* (an hebrew measure of nine inches.) Zéreth, mesure de neuf pouces parmi les Hébreux.

* **ZERO**, *subst.* (the cypher or nought.) Un zéro.

ZEST, *f.* (the peel of an orange squeezed into a glass of wine to give it a flavour.) Un zeste, morceau d'écorce d'orange.

† Zest, (or afternoon's nap.) Méridienne.
To go to one's zest. S'en aller dormir après qu'on a dîné, faire la méridienne.

ZINK, *f.* (or spelter.) Zinc, antimoine femelle, étain de glace.

ZODIACK, *f.* (one of the great circles of the sphere, which contains the XII celestial signs.) Zodiaque, un des grands cercles de la sphere, qui contient les douze signes célestes.

Zone, *f.* (girdle.) Ceinture.
Zone, (a term of geography signifying a space of land betwixt two circles.) Zone, terme de géographie.
There are five zones, one torrid, two temperate, and two others frigid. Il y a cinq zones, une torride, deux tempérées & deux glaciales.

ZOOGRAPHY, *f.* Zoographie, description des animaux.

ZOOLOGY, *sub.* Zoologie, partie de l'histoire naturelle.

ZOOPHORUS, *f.* Zoophore, terme d'architecture.

ZOOPHYTE, *subst.* (plant-animal, partaking the nature both of plant and living creatures, as spunges, &c.) Zoophyte.

ABBREVIATIONS

Of *English* Christian Names, used in familiar Discourse.

A.
Assy (for Alice.) *Alison, Lisette, Lison.*

B.
Bab (for Baptist.)
Bab (for Barbara.)
Bat (for Bartholomew.)
Beck (for Rebecca.)
Bell (for Arabella.)
Ben (for Benjamin.)
Bess, Bet or Betty (for Elizabeth.) *Babeau, Babet ou Babiche.*
Biddy (for Bridget.)
Bill, Billy or Will (for William.) *Guillot.*
Bob (for Robert.) *Robichon.*

C.
Cass (for Cassandra.)
Chris (for Christopher.)
Cis (for Cicely.)
Clem (for Clement.)
Conny (for Constance.)

D.
Dan (for Daniel.)
Davy (for David.)
Deb (for Deborah.)
Dick or Dicky (for Richard.)
Doll or Dolly (for Dorothy.)
Dy (for Diana.)

E.
Ekiel (for Ezechiel.)
Ellick (for Alexander.)

F.
Fanny (for Frances.) *Fanchon.*
Frank (for Francis.)
Fritz (for Fridswid.)

G.
Gef (for Geffery.)
Gib (for Gilbert.)
Giff (for Griffith.)

H.
Hah (for Herbert.)
Hal or Harry (for Henry.)
Harriot (for Henrietta.)
Hodge (for Roger.)

I & J.
Jack or Jackey (for John.) *Jeannot.*
Ib (for Isabel.) *Isabeau.*
Jef (for Jeffery.)
Jemmy (for James.)
Jenny (for Joan.)
Jerry (for Jeremy.)
Jin (for Jane.) *Jeanneton.*
Joe (for Joseph.)
Jonny (for John.)
Jos (for Joshua.)
Jug (for Joan.)

K.
Kate or Kitty (for Katherine.) *Catin ou Cathos.*
Kellom (for Kenelm.)
Kit (for Christian.)
Kit (for Christopher.)

L.
Lance (for Lancelot.)
Len (for Leonard.)
Let (for Lettice.)

M.
Madge (for Margery.) *Margot, Margoton, Goton.*
Mat (for Matthew.)
Maudlin (for Magdalen.) *Madelon.*
Mer (for Margery.) *Margot.*
Mich (for Michael.)
Mill (for Mildred.)
Moll or Molly, Poll or Polly (for Mary.) *Marion.*
Mun (for Edmund.)

N.
Nab (for Abigail.)
Nam (for Ambrose.)
Nan, Nancy or Nanny (for Anne or Anna.) *Nanon ou Nanette ou Annette.*
Nat (for Nathanael.)
Ned, Ted or Teddy (for Edward.)
Nell or Nelly (for Eleanor or Helena.)
Nib (for Isabel.) *Isabeau.*
Nick (for Nicolas.)
Nobs (for Obadiah.)
Nol (for Olivier.)
Nump (for Humphry.)
Nykin (for Isaac.)

P.
Padge (for Margery.) *Margot.*
Patty (for Martha.)
Peg or Peggy (for Margaret.) *Margot, Margoton, Goton.*
Pel (for Peregrine.)
Pen (for Penelope.)
Phil (for Philip.) *Phlipot.*
Phil (for Phillis.)
Poll or Polly (for Mary.) *Manon.*
Pris (for Priscilla.)
Pru (for Prudence.)

R.
Robin, Bob or Bobby (for Robert.) *Robin, Robichon.*

S.
Sal or Sally (for Sarah.)
Sam (for Samuel.)
Sander (for Alexander.)
Senny (for St. John.)
Sib (for Sebastien or Sibyl.)
Sil (for Silvester.)
Sim (for Simon or Simeon.)
Sis (for Cicely.)
Sue or Suky (for Susan or Susanna.) *Suson.*

T.
Taff (for Theophilus.)
Ted, Teddy or Ned (for Edward.)
Temp (for Temperance.)
Tid or Tit (for Theodore.)
Tim (for Timothy.)
Tom or Tommy (for Thomas.)
Tony (for Anthony.)
Tracy (for Theresa.)

V.
Val (for Valentine.)
Vin (for Vincent.)

W.
Wat (for Walter.)
Will, Bill or Billy (for William.) *Guillot.*
Win (for Winifred.)

Z.
Zach (for Zachary.)

ABBREVIATIONS

Used every Day in public and domestic Affairs, with their Explanations.

A.

a, am or an.
Aft. Afternoon.
Au. Aulus, *a proper name among the Romans.*
Act. Action, active.
A. B. Artium Baccalaureus or *Bachelor of Arts.*
Abp. Archbishop.
Accot. Account.
A D. Anno Domini or Ano. Dni. *in the year of our Lord.*
Adml. Admiral.
Admrs. Administrators.
Agt. Against.
A. M. Artium Magister, *Master of Arts.*
A. M. Antes Meridi, *Before Noon.*
A. M. Anno Mundi, *in the year of the world.*
Amt. Amongst.
Ana. *Of each a like quantity.*
Ap. Apostle, April.
A. R. Anna Regina or Queen Anne. Also Anno Regni or Ano. Rni. *in the year of the reign.*
Ast. Answer.
Ast. P. G. Astronomy Professor in *Gresham College.*
A. U. C. Ab Urbe Condita, *from the foundation of the city.*
Aust. Austin, Austria.
Aug. August.

B.

B. A. Bachelor of Arts.
Bart. Baronet.
B. D. Bachelor of Divinity.
Bp. Bishop.
B. V. Blessed Virgin.
Bucks. Buckinghamshire.

C.

C. Cent. Centum, an hundred.
C. C. C. Corpus Christi College.
Ch. Charles, Chapter, Church.
Cant. Canticle, Canterbury.
Capt. Captain.
Cat. Catechism.
Char. Charity.
Chanor. Chancellor.
Chap, Chapter, Chapter.
Chron. Chronicle.
Cit. Citizen, City, Citadel.
Cl. Clericus, Clergyman, Clement.
Clem, Clement, Clemency.
Co. Country, County.
Col. Colonel, Colossians.
Comr. Commissioner.

Con. Constance, Constant, Constantine, Constantinople, Contest, Controversy.
Conf. Confessor, Confirmation, Confident.
Cor. Corinthians, Corollary.
Corn. Cornelius.
C O S S. Consulibus, *to the Consuls or from the Consuls or by the Consuls.*
C. R. Carolus Rex, *king Charles.*
C. S. Custos Sigilli, *keeper of the Seal.*
C. P. S. Custos Privati Sigilli, *keeper of the Privy Seal.*
Cur. Curtius, Curate, Curius.
Cwt. Hundred weight.

D.

D. Deanery, Doctor, Division, Duke.
D. D. Doctor of Divinity.
D. D. D. Dat Dicat Dedicat, *he gives, he devotes, he makes sure or consecrates.*
Dan. Daniel.
Deac. Deacon.
Dec. or 10ber. December.
Deut. Deuteronomy.
Dit. or D°. Ditto the same.
Dum. Dukedom.
D. C. Dean of *Christ-Church.*

E.

e, em or en.
E. Earl.
Earld. Earldom.
Eccl. Ecclesiastes.
Ecclus. Ecclesiasticus.
Edm. Edmund.
Edw. Edward.
E. g. or Ex. gr. Exempli gratiâ, *as for example.*
Eliz. Elizabeth.
Eng. England, English.
Ep. Epistle.
Eph. Ephesians, Ephesus.
Esai. Esaias.
Esq. Esquire.
Ev. Evangelist.
Exon. Exeter.
Ex. Example, Exodus.
Exp. Express, Exposition, Explanation.

F.

Feb. February.
Fr. France, French.
Fra. Francis, Frances.
F. R. S. Fellow of the Royal Society.

G.

G. God, Gospel, Great.
Gal. Galatians.
Gar. Garrison.

Gen. Genesis, General.
Genmo. Generalissimo.
Gent. Gentleman.
Geo. George.
G. R. Georgius Rex, *King George.*
Gosp. Gospel.
Gov. Governor, Government.
Greg. Gregory.
Grs. Grains in weight.

H.

Hd. Honoured.
h. e. hoc est, *that is or this is.*
Heb. Hebrews.
Hen. Henry.
Hier. Hierusalem, Jerusalem.
Hier. Hierom, Jerome.
Hum. Humphry.
Hundd. Hundred.

I & J.

i, im or in.
ib. ibid, ibidem, *in the same place.*
Id. Idem, *the same.*
i. e. id est, *that is.*
J. H. S. Jesus Hominum Salvator, *Jesus the Saviour of men.*
I'll, *for* I will.
Inst. Instant, Instance, Institution.
I'm, *for* I am.
Isa. Isaiah.
Ja. James.
Jac. Jacobus, Jacob.
Jan. Janus, January.
J. D. Jurium Doctor, *a Doctor of Laws.*
Jer. Jeremy, Jerome.
Jes. Jesus.
Jest. Jesuit.
Jn°. John.
Joh. John.
Josh. Joshua.
J. R. Jacobus Rex, *king James.*
Jud. Judge, Judgment.
Jul. Julius, July.
Ju. Junius, June.
Just. Justice, Justinian.

K.

K. King.
Knt. Knight.
Km. Kingdom.

L.

L. Lord, Lucius, Luke.
l. liber, *a book* ; libræ, *pounds.*
lb. Pound or Pounds.
Lam. Lamentations.
Ladp. Ladyship.
Ldp. Lordship.

L. D.

ABBREVIATIONS.

L. D. Lady Day.
Lev. Leviticus.
Lieut. Lieutenant.
LL. D. Doctor of the Canon and Civil Law.
Lond. London.
L'. Letter.
Luk. Luke.

M.

M. Marquis, Monday, Marcus, Morning.
M. Manipulus, *an handful.*
M. A. Master of Arts.
Maj. Majesty.
Madm. Madam.
Mar. Mark, Martyr, March, Marmaduke.
Mart. Martin.
Mat. Matthew.
Math. Mathematicks.
M. D. Medicinæ Doctor, *Doctor of Physick.*
Md. Memorendum, Medicine.
Mich. Michael, Michaelmas.
Min. Minister.
Mons'. Monsieur.
M'. Master.
M''. Mistress.
MS. Manuscript.
MSS. Manuscripts.
M. S. Memoriæ Sacrum, *Sacred to Memory.*

N.

N. Note.
N. B. Nota bene, *Mark well.*
Nat. Nathanael, Nativity.
Nic. Nicholas.
n. l. non liquet, *it appears not.*
Nov. or 9ber. November.
N. S. New Stile.
N°. Number.

O.

ō, om or on.
O. Olivier, Old.
Obd. Obedient.
Obj. Objection.
Obt. Obedient.
Oct. or 8ber. October.
O. S. Old Stile.

P.

P. Paul, Publius, President.
p. per, pro, pugil, *half an handful.*
Par. Parish.
Parl. Parliament.
Pd. Paid.
Pag. Pagina, *a Page.*
Pat. Patriarch, Patrick, Patience.
P. C. Patres Conscripti, *Senators.*
Pen. Penelope.
Pent. Pentecost.
Per Cent, *by the Hundred.*
Pet. Peter, Petrarch.
Phil. Philip, Philemon, Philippians.
Philom. Philomathes, *a Lover of learning.*
Philomath. Philomathematicus, *a Lover of the Mathematics.*
P. M. Posterior Meridi, *Afternoon.*
P. M. G. Professor of Music at Gresham College.
P. Portion, Proportion.
Pt. Priest.
P. R. Populus Romanus, *the Roman People.*
Prof. Professor.
P. Th. G. Professor of Divinity at Gresham College.
Psalm. Psalm, Psalmist.

Q.

Q. Queen, Question.
Q. C. Queen's College.
q. quasi, *as it were.*
q. d. quasi dicat, *as if he should say.*
q. l. quantum libet, *as much as you please.*
q. s. quantum sufficit, *a sufficient quantity.*
q'. quarter.

R.

R. Rex, Regina, *King and Queen.*
Reg'. Register.
Reg. Dep. Register deputed.
Regmt. Regiment.
Reg'. Regent.
Reg. Prof. Regius Professor.
Rel. Religion, Relation.
Ret. Return.
Rev. Revelation.
Revd. Reverend.
Rd. Richard.
Ro. Robert, Roger.
Rom. Romance, Romans.
R. P. Respublica, *Republic.*
R. R. S'. commonly, F. R. S. Regiæ Societatis Socius, *Fellow of the Royal Society.*
Rt. Wpful. Right Worshipful.
Rt. Honble. Right Honourable.

S.

Sam. Samuel.
Scil. Scilicet, *to wit.*
S. C. Senatus Consultum, *the Decree of the Senate.*
S.D. Salutem Dicit, *he sends his respects.*
St. Saint.
Sept. or 7ber. September.
Salop. Shropshire.
Serj. Serjeant.
Servt. Servant.
Sh. Shire.
Sol. Solution.
S. P. Salutem Precatur, *he prays for his prosperity.*
S. P. D. Salutem Plurimam Dicit, *he wishes much health or sends his best respects.*
S. P. Q. R. Senatus Populusque Romanus, *the Senate and People of Rome.*
Sp. Spain, Spanish.
S'. Sir.
ss. semissis, ½ a pound.
S. S. Sacra Scriptura, *the Holy Scriptures.*
SS. T. P. Sacrosanctæ Theologiæ Professor, *Professor of Divinity.*
Steph. Stephen.
S. V. B. E. E. Q. V. Si vales bene est, ego quoque valeo, *if thou art in health, it is well, I also am well.*
Swd. Sword.

T.

T. Thomas.
Theoph. Theophilus.
Thes. Thessalonians, Thesis.
Tob. Tobias.

U & V.

ū, um or un.
V. Virgin.
v. g. verbi gratiâ, *the same as, e. g. which see at E.*
v. verse; vide, *see.*
U. J. D. Utriusque Juris Doctor, *Doctor of both Laws.*
Venble. Venerable.
vid. videlicet, *that is to say.*
ult. ultimus, *the last.*

W.

Will. William.
Wp. Worship.

X.

Xn. Christian.
Xpher. Christopher.
Xvir. Decemvir.
Xt. Christ.
Xmas. Christmas.

Y.

ye. the.
yn. then.
ye. you.
yo'. your.
ys. this.
&, et, *and.*
&c. et cætera, *and the rest.*

EXPLANATION

Of a few Latin Words and Phrases, used in News-papers, Magazines, &c.

Ad libitum, *at pleasure.*
Ad valorem, *according to the price or valuation of the article in merchandise.*
Affirmatim, *in the affirmative.*
Alibi, *to prove an alibi is to prove that the person accused was absent from the place where the crime was committed, and therefore it could not be committed by him. Aliby means litterally "elsewhere."*
Audi alteram partem, *hear what is to be said on the other side.*
Bonâ fide, *actually, in reality.*
Deo volente, *God willing.*
Ex officio, *officially, or by virtue of an office, as for ex. "the lord mayor attended at court ex officio," by virtue of his office.*
Felo de se, *a suicide.*
Gratis, *for nothing, free of cost.*
Habeas corpus, *a writ which a man, indicted of some trespass, being laid in prison for the same, may have out of the king's bench, thereby to remove himself thither and answer the cause there: this writ protects the subject from false imprisonment, lying long in prison, &c.*
Hic & ubique, *here and there and every where.*
In propriâ personâ, *in person, as, "he attended in propriâ personâ," or was present himself.*
In terrorem, *as a warning to others; to frighten others.*
Ipso facto, *by the fact itself, by the fact.*
Locum tenens, *one who supplies the place of another who may be absent or sick. A substitute.*
Mandamus, *the first word of many writs, &c. from courts of law, in which something is commanded to be done, as a person or persons to make their appearance.*
Nem. con. *i. e. nemine contradicente, unanimously; no one disagreeing.*
Nemine dissentiente, *unanimously or without a dissenting voice.*
Pendente lite, *while the action (at law) is pending or while it is going on.*
Per cent or per centum, *by the hundred. Five per cent. means 5 l. for every 100 l.*
Per se, *by itself.*
Pro & con, *for and against. The arguments pro & con. i. e. the arguments on both sides of the question.*
Pro re nata, *for the very business. A meeting pro re nata is a special or extraordinary meeting for a particular business.*
Quare impedit, *a law term, and means a writ for a person disturbed in his right, against him who disturbs him.*
Quid nunc? *what now? A ludicrous expression used in news-papers to denote a person greedy of news.*
Re infecta, *the business not being done; as, "he returned from France re infecta" without having accomplished his purpose.*
Scand. mag. *or Scandalum magnatum, scandal, or libellous expressions.*
Simplex munditiis, *simply elegant, free of gaudy ornament.*
Sine die, *when a business is put off to a future day, and that day not mentioned, it is said to be put off sine die.*
Versus; *the king versus Mr. ——, means, that the king institutes an action at law against Mr. ——*

End of the second Volume.

www.ingramcontent.com/pod-product-compliance
Lightning Source LLC
Chambersburg PA
CBHW071425300426
44114CB00013B/1318